1 MONTH OF
FREE
READING

at
www.ForgottenBooks.com

ISBN 978-0-666-32351-4
PIBN 10568477

Le Guide Musical

Paraissant tous les jeudis.

THÉATRES – CONCERTS

ACTUALITÉS – HISTOIRE – ESTHÉTIQUE

Principaux Collaborateurs :

Victor Wilder – Camille Benoit – Balthazar Claes – Adolphe Jullien – Arthur Pougin
– E. de Bricqueville – Georges Servières – Michel Brenet (France)
Félix Delhasse – Ed. Vander Straeten – Ed. Evenepoel – Lucien Solvay – M. Kufferath
Marcel Remy – Erasme Raway – Paul Bergmans – Henri Rummel (Belgique)
Edouard De Hartog – Van Zanten-Kolff (Allemagne)
G. P. Harry (Angleterre) - Egidio Cora (Italie) - César Cui (Russie) - Etc. Etc.

Rédacteur en Chef : MAURICE KUFFERATH

TRENTE-TROISIÈME VOLUME — ANNÉE 1887

SCHOTT FRÈRES, ÉDITEURS

Bruxelles, 82, Montagne de la Cour | Paris, 19, Boulevard Montmartre

1887

TABLE DES MATIÈRES

XXXIII° ANNÉE   6 janvier 1887   NUMÉRO I.

Le Guide Musical

Paraissant tous les jeudis.

ABONNEMENT	SCHOTT FRÈRES, ÉDITEURS	ANNONCES
FRANCE & BELGIQUE, 10 francs par an.	Paris, Boulevard Montmartre, 19	LA LIGNE . . . . FR. 0.50.
LES AUTRES PAYS, 10 francs (port en sus)	Bruxelles, Montagne de la Cour, 82	On traite à forfait pour les grandes annonces.

NOTES PARISIENNES

S'il est vrai que Bruxelles soit parfois agacé de l'attention qu'il accorde, bon gré mal gré, aux moindres incidents de la vie parisienne, sa susceptibilité municipale a eu de quoi se calmer depuis trois ou quatre semaines, et Paris, ce me semble, lui fournit une assez belle revanche, car c'est maintenant Bruxelles qui envahit et absorbe Paris, j'entends le Paris de la musique dramatique. Nos deux théâtres d'opéra ne sont plus que des scènes bruxelloises, et les troubles des Pays-Bas, qui jadis ensanglantaient votre cité, font chez nous rage et tapage : à l'Opéra-Comique, avec un héros pour de vrai, personnage historique, auquel vous avez dressé une statue de bronze sur votre place du Petit-Sablon ; à l'Académie nationale de musique, avec un groupe de héros imaginaires, personnages de carton, dont M. Victorien Sardou agite les ficelles, mais dont les statues ne se dressent ni sur la scène, ni dans l'orchestre de M. Paladilhe.

Egmont par-ci, *Patrie !* par-là. Nous ne sortons pas de votre XVI° siècle. Et quelque succès que nous fassions aux œuvres qui nous y introduisent, je me demande si vous aurez la galanterie de les naturaliser belges.

Pour *Egmont* je parierais bien que non. Le poème dramatique de Gœthe n'est pas assez populaire dans votre pays pour que vous fassiez un grave grief aux deux Albert, Wolff et Millaud, des libertés qu'ils ont prises dans leur démarquage, dont la maladresse égale l'irrévérence. Je plaiderais volontiers les circonstances atténuantes du sans gêne des deux Albert. La liberté est la véritable héroïne de leur pièce. Elle les aura grisés. Ils en ont abusé jusqu'à la licence. Quoi de plus naturel ! Le malheur est qu'ils aient induit M. Gaston Salvayre en réminiscence forcée. L'*Egmont* de Gœthe, bien qu'il ne soit pas d'hier, était trop jeune pour ces brillants boulevardiers, et à ses situations musicalement inédites (oublions Beethoven, n'est-ce pas ?), ils ont préféré les effets sûrs de *la Juive*, du *Trouvère* et d'*Aïda*, imposant à leur musicien ce tragique dilemme : « Copie ou meurs. » Il n'a pas copié, ou du moins il ne l'a pas fait exprès ; mais s'il n'est pas mort, il n'en vaut guère mieux.

Nous avons eu pourtant un bon moment de gaîté au 3° acte de cet *Egmont*, à l'entrée du duc d'Albe. Cet homme terrible est accueilli par une bordée de cuivres à faire saigner toutes les oreilles, et il ne trouve que ce mot à dire : « D'où vient ce silence ? » L'effet comique est aussi irrésistible qu'inattendu.

Pour être juste, je dois constater qu'il y a, dans ce même 3° acte, une petite pavane très agréable pour cor et archets, et dansée avec une précision et un charme exquis par des couples de danseurs en costume de cour, satin rose, bleu, gris de fer et blanc.

Passons à l'Opéra. Je ne m'attendais pas à un chef-d'œuvre de la part de M. Paladilhe : aussi n'ai-je pas éprouvé de déception à *Patrie !* C'est un opéra du vieux jeu, imité de Meyerbeer, pour la coupe des scènes, et de Gounod pour le caractère mélodique. Le nombre de réminiscences de l'*Africaine*, qu'on y rencontre, égale celui des cantilènes genre Gounod qui y foisonnent, mais le genre Paladilhe y fait complètement défaut. Ce qu'il y a de pire, c'est encore l'orchestre, absolument dénudé de quatuor et tout en fanfreluches de hautbois, de cor anglais, de cor, de clarinette, de basson, voire de saxophone. On a l'oreille agacée de cet éparpillage de bagatelles qui ne portent sur aucune base sonore. Le public, cependant, trouve cela fort beau, pour deux raisons accessoires et une principale. Les deux accessoires sont que le public crie à la finesse quand il n'entend qu'une flûte ou un hautbois, et à la puissance lorsque le tapage survient, produit par des doublements et des redoublements de parties. La principale, c'est que le mélodrame de M. Sardou, peu favorable à la musique en somme, est connu et fourni d'effets violents. On croit goûter l'œuvre de Paladilhe, et c'est le mélodrame qu'on applaudit.

Je tiens Sardou pour le tambour-major des commis-voyageurs. Dans Patrie ! il a voulu se hausser à l'héroïque, mais son gaudissartisme ne s'est pas évanoui. Connaissez-vous rien d'horripilant comme le personnage de La Trémouille, pseudo-gentilhomme français, spirituel à faux, grimacier ès-élégances, d'une distinction de table d'hôte? Je lui pardonnerais de traverser l'action sans y avoir affaire (à l'exemple du poète dans le Jules César de Shakspeare), je ne puis lui pardonner d'être un fantoche. Si le personnage de Dolorès est bien posé et compréhensible, je consens à être pendu. C'est une passionnée de l'Ambigu, au même titre que le duc d'Albe est un tyran du Châtelet ou de la Gaîté. Karloo et Rysoor sont tout en surface. La figure de Rafaële, la fille du duc d'Albe, tant chérie de son père et si malheureuse de ses cruautés, pourrait être poétique si elle était traitée autrement qu'en silhouette et en illustration de romance. Trois belles scènes se détachent de l'ensemble : Dolorès livrant son mari aux Espagnols et s'apercevant avec horreur qu'elle vient de leur livrer aussi son amant; l'abnégation de Rysoor, sacrifiant son juste ressentiment au salut de la patrie; et la mort du carillonneur, sonnant le glas d'alarme qui éloignera les patriotes, au lieu du carillon d'appel qu'on lui ordonne de lancer pour les attirer en guet-apens. Mais de combien de sornettes, d'épisodes à dormir debout, de petites habiletés mesquines, de complications stériles, l'intrigue est surchargée! Sans parler de la patrouille qui s'engloutit et disparaît sans pousser un cri, sans qu'un soldat se sauve, dans un trou couvert de neige (ridicule incident supprimé à l'Opéra), vous vous rappelez l'écorchure plaie de la main de Karloo, par laquelle Rysoor reconnaît qu'il est l'amant de sa femme. Flaubert ayant vu la pièce, une fois, à Rouen, ne pouvait plus se tenir de parler de cette écorchure révélatrice. « C'est énorme, disait-il, énorme, énorme! » J'entends encore la sonorité remplissante et prolongée qu'il donnait à ce mot.

On appelle souvent Patrie ! une tragédie en prose. J'y vois tout au plus un gros mélodrame, remarquable par endroits. M. Gallet a eu beau chercher à simplifier, le mélodrame n'est pas devenu drame lyrique.

Paladilhe a-t-il cru faire de la musique dramatique? Il n'a fait que de la musique de scène, une amplification des trémolos du boulevard du crime.

La Krauss n'a plus de voix, mais quelle artiste!

Lasalle a beaucoup de voix, mais quel pontife!

Au bref, la pièce est bien montée, et le succès très lancé. Mais je ne crois ni à un succès de très longue haleine, ni surtout à une œuvre qui reste.

X. Y. Z.

De Tout un Peu.

Rectifications. — Un coup d'œil en province. — La France jugée par l'Allemagne. *— Concert César Frank.*

PARIS, 6 janvier 1887.

Le relâche des concerts me permet aujourd'hui de faire ici quelques rectifications, de jeter un coup d'œil sur les concerts en province, de feuilleter les revues et de causer un peu littérature musicale. Je m'empresse de saisir l'occasion, car je pressens que la vraie saison musicale va commencer et donnera fort à faire.

Une rectification urgente, c'est celle des dates d'exécution de la Messe en ré de Beethoven à la Société des Concerts; je vous avais donné le 9 et le 16 de ce mois, tenant ce renseignement de la bouche la plus autorisée; mais, des remplacements à faire parmi les solistes ont amené l'ajournement de cet événement musical ; de mes informations, toujours puisées à la même source, la meilleure en l'espèce, il résulte que l'ordre des deux premières auditions de ce mois sera interverti : la Symphonie avec orgue de M. Camille Saint-Saëns, œuvre encore inconnue en France, sera donnée les dimanches prochains 9 et 16, et la Messe en ré renvoyée, probablement, au 23 et au 30 janvier..., à moins que de nouvelles difficultés imprévues ne surgissent. Je ne puis donc vous donner encore, comme je l'espérais, la liste définitive et les noms des solistes. Les chœurs ont répété et marchent bien, paraît-il. Mais il est facile de comprendre l'importance qu'on doit attacher à une exécution modèle dans un cas pareil et dans ces conditions particulières ; aussi faut-il que le groupe du quatuor vocal isolé forme un ensemble homogène et sûr. Si j'insiste sur cette rectification, c'est que je sais que sur la foi du Guide, plusieurs fervents amateurs de la province et de l'étranger se préparaient à faire le voyage de Paris pour la circonstance. Qu'ils veuillent donc ne pas se presser et attendre patiemment, car rien n'est encore définitivement fixé... Cette grande œuvre est ardue au point de vue vocal, et bien que mise à l'étude, plus les difficultés se révèlent mieux ça ira.

Autre rectification de moindre importance : dans le compte rendu tout récent de la Symphonie légendaire de M. B. Godard, j'ai signalé une pédale supérieure (note prolongée) de harpe ; elle est, si je ne me trompe, en la naturel, et non en la dièse, comme une lecture trop rapide de mon manuscrit l'a fait imprimer.

Nous avons dans nos principales villes (Lyon, Marseille, Bordeaux, Lille, Nancy, etc.) quelques musiciens ou amateurs convaincus, qui ont rapporté de la capitale le goût des concerts classiques du dimanche, et qui sont animés de la louable ambition d'imiter Paris sur ce point. Il faut applaudir de tout cœur à ces tentatives de décentralisation artistique; mais il faut surtout reconnaître à quel point la tâche est ingrate, et combien l'effort le plus généreux, le plus persévérant, est exposé à se heurter à deux obstacles principaux : d'une part, la torpeur, le peu d'élan des populations provinciales, leur manque de saine éducation première en fait d'art (il est difficile de maintenir des concerts faits pour une centaine d'amateurs au courant) ; d'autre part, le peu de souci du gouvernement pour la haute culture musicale en province, surtout par le temps d'impécuniosité où nous avons la malechance de vivre. Je pourrais m'étendre sur le sujet de première importance; je me borne à citer, au premier rang de ce genre d'institutions, les Concerts populaires d'Angers, fondés et soutenus avec une vaillance et une persévérance dignes de tous les éloges par MM. Jules Bordier et Louis de Romain, deux Angevins bien connus. L'œuvre est à sa neuvième année et à son 266° concert: c'est tout dire. Depuis la réouverture de cette saison, elle a fait entendre des compositeurs français et jeunes tels que MM. Emile Bernard, Paul Lacombe, de Maupeau, Arthur Coquard, Pfeiffer, Chaminade, Godard, Pierné, Georges Hüe; des virtuoses comme MM. Ysaye, Marcel Herwegh, Hollmann, Falisse, M*** Marthe Duvivier, Caroline Brun, Roger-Miclos, Louise Steiger, cette dernière dans le Concerto pour piano de Grieg, qu'elle jouait récemment chez Pasdeloup avec un joli succès; des auteurs étrangers vivants comme Svendsen, Grieg, Max Bruch, Tschaïkowsky, A. Flégier. Les " premières auditions „ (soit à Angers, soit en France) sont très nombreuses et forment presque le fond des programmes. Les classiques Bach, Haydn, Mozart, Beethoven, Weber, Schubert, Schumann, Mendelssohn, ne sont pas oubliés, pas plus que MM. Saint-Saëns, Gounod, Massenet, Joncières, sans parler de Liszt, Bizet, Balfe, Raff et Spohr. Un journal, Angers-Revue, non content de rendre compte de ces concerts et de donner des notices biographiques souvent précieuses et intéressantes sur les compositeurs et les virtuoses, tient aussi ses lecteurs au courant de tout ce qui se passe ailleurs d'important, et par conséquent est amené à citer souvent le Guide musical. Il serait injuste de ne pas nommer ici M. Gustave Lelong, le consciencieux et intelligent chef d'orchestre. On a pu juger, par cet aperçu, par ce résumé de deux mois de musique, quel est le mérite des concerts d'Angers, quels services ils ont rendu, rendent et peuvent rendre, et combien il faut encourager et les vaillants organisateurs, et les fidèles auditeurs, et les Parisiens, qui, comme membres honoraires, compositeurs, virtuoses ou journalistes, apportent leurs concours à cette institution, telle qu'il en faudrait de semblables dans toutes nos grandes villes.

Dans un livre récent, La France jugée par l'Allemagne, de M. J. Grand-Carteret, Suisse d'origine si je ne me trompe, tout un chapitre, le XV°, est consacré aux appréciations des musiciens allemands sur notre pays. Ces appréciations sont générales et ne portent pas seulement sur la musique; elles sont le plus souvent sévères, parfois injustes, justes d'autres fois. L'auteur, s'étant à peu près borné dans ce livre à présenter des " documents „ au lecteur, n'avait pas à se préoccuper d'impartialité. Il y a donc, dans son esquisse, les éléments d'un ouvrage plus développé, qui d'ailleurs s'aurait qu'à gagner à paraître d'ici quelque temps. Le chapitre en question traite de Gluck, des deux Mozart, le père et le fils, et spécialement de leurs jugements sur les femmes, de Beethoven, de Weber, de Mendelssohn, et enfin de Wagner... Il paraît que Mendelssohn est l'auteur de cette boutade : " Tous les Français du sexe masculin sont, dès le jour de leur naissance, chevaliers de la Légion d'honneur, et il faudra avoir rendu à l'Etat des services signalés pour obtenir le droit de paraître en public sans décoration. „ Depuis, le Mérite agricole et le ruban d'officier d'Académie sont venus. (A ce propos, je remarque parmi les nouveaux décorés du nouvel an un M. Planché, " compositeur de musique, „ sur lequel je ne serais pas fâché d'avoir quelques renseignements.) Toute cette partie sur Mendelssohn, les cheminées à Paris, les pianos portant tous : Médaille d'or 1827, est piquante, et contient des détails assez peu connus... Weber, moins difficile sur l'article cheminée, goûte fort la cuisine, se régale des huîtres et de la Dame blanche... Il est question aussi de Meyerbeer et de F. Hiller..... La partie sur Wagner, assez développée et impartiale, se ressent néanmoins encore des polémiques récentes. — Je suis obligé de laisser pour une autre occasion une curieuse brochure anglaise sur les poèmes dramatiques de Wagner, contenant des analyses de chaque sujet, faites à un point de vue spécial. Celle de Parsifal est la plus développée. J'y reviendrai.

Il me reste encore à annoncer pour le dimanche 30 janvier, le concert César Frank, avec soli, chœurs et orchestre. Je regrette que les organisateurs aient choisi pour ce programme une salle comme celle du Cirque d'hiver. Dans ce cas particulier, les inconvénients qu'elle présente sont encore plus graves, à tous les points de vue.

BALTHAZAR CLAES.

P.-S. — On me signale, parmi les articles auxquels a donné lieu le livre : La France jugée par l'Allemagne, celui qui a paru aux Débats, sous la signature " André Halirys „ ; en voici la conclusion : " Voilà quinze ans que l'on exploite en France la haine de l'Allemagne pour le plus grand profit des libraires, des marchands et compositeurs de musique, des industriels en drames et chansons, des directeurs de théâtres et cafés-concerts. Trop longtemps les protestations contre un pareil trafic furent rares et timides. Mais aujourd'hui, la patience des hommes de bon sens est à bout: il faut que cette comédie déshonorante prenne fin. A ravaler ai bas le peuple par lequel nous fûmes vaincus, nous avons accru l'humiliation de la défaite sans rien faire pour en réparer le désastre. On peut démentir les calomnies de l'Allemagne mieux qu'en la calomniant elle-même, et au delà du Rhin il y a pour nous autre chose à apprendre que l'art d'injurier et de mentir pro patriâ. „ M. Grand-Carteret annonce un pendant au livre actuel : ce sera, naturellement, L'Allemagne jugée par la France. B. C.

L'ORATORIO DE NOËL

DE J. S. BACH

BALE, 24 décembre 1886.

Jusqu'à présent les auditions auxquelles j'ai eu la bonne fortune d'assister ici ont eu lieu pendant l'été; mes précédentes lettres sur les exécutions de la Matthæus-Passion, de J. S. Bach, et la Missa solemnis (en ré) de Beethoven, étaient datées des mois de mai et de juin. Cette fois, la concordance de l'audition du Weihnachts-Oratorium de J. S. Bach avec les fêtes de Noël, m'avait amené ici par un temps peu agréable sans doute pour voyager, mais très propice à des effets pittoresques tout nouveaux pour moi.

Bâle est transformée en une ville du Nord. Les pignons des maisons se dessinaient avec de blanches lignes de neige. Sur la place du Marché, devant le Rathhaus, se dresse une bonne femme de neige; elle est coiffée d'une corbeille; son visage est fait d'un masque de carton aux joues roses, semblable aux têtes qui servent à " cotillon „, les boutons de la robe sont des rondelles de carottes; à sa ceinture, une sacoche avec une inscription invitant les passants à déposer leur obole pour acheter des chaussures aux enfants pauvres. Plus loin, la cathédrale, toujours rose sur le ciel gris; et coulant au bas du cloître, le Rhin, non plus glauque et azuré, mais gris comme le ciel, et sans cigognes qui le traversent.

Le mercredi 22, à six heures et demie, notre petit groupe de quatre Français assistant donc, dans la cathédrale, à la première audition de la grande et belle œuvre pastorale et mystique de Bach. A part six morceaux supprimés (1), les six parties de l'oratorio ont été exécutées intégralement. Les chœurs surtout ont été parfaits, merveilleux; vu l'importance de l'élément choral dans cette partition, c'était tant mieux. L'orchestre, sauf les hautbois, était convenable; les timbales peu justes. Les soli étaient bien dans le sentiment, mais insuffisants comme moyens vocaux, ou pour mieux dire, employant pour pousser le son une mauvaise méthode. Mais la vigoureuse et intelligente impulsion du chef d'orchestre Volkland a surmonté tout obstacle, atténué les lacunes, donné à l'ensemble une cohésion et une vie admirables.

Je citerai de la première partie, au point de vue de l'effet et de la beauté intrinsèque, le premier chœur, tout rayonnant d'allégresse : Jauchzet, frohlocket (Jubilez! Ecoutez!), le choral et récitatif n° 7 : Er ist auf Erden kommen arm (Il est venu pauvre sur terre), si remarquable par la nouveauté et l'intérêt de la forme.

La deuxième partie s'ouvre par une Sinfonie d'un caractère pastoral qui est une merveille; on avait fait fabriquer exprès des hautbois d'amour dont le son de cornemuse donnait fort bien l'impression des chalumeaux des bergers; le dialogue des instruments est un bijou d'orchestration. Inutile de parler des chorals, toujours superbes d'un bout à l'autre. Mais il faut mentionner l'adorable berceuse : Schlafe, mein Liebster, geniesse der Ruh (Dors, mon bien-aimé, jouis du repos), chantée par le contralto.

Dans la troisième, le vigoureux chœur d'entrée avec trois trompettes, Herrscher des Himmels (Maître du ciel), a été dit avec

(1. 3° partie, n° 29, duo : Herr, dein Mitleid; 4° partie, n° 41, air de ténor : Ich will nur dir zu Ehren leben; 5° partie, n° 47, air; de basse : Erleucht auch meine finster Sinnen; n° 51, trio : Ach, wann wird die Zeit erscheinen; 6° partie, n° 57, air de soprano : Nur ein Wink; n° 61, air de ténor : Nur wozzt ihr stolzen Feinde.

une netteté, un élan, un ensemble de premier ordre. Depuis Bayreuth je n'avais pas été à pareille fête.

Le chœur du début de la quatrième partie a un caractère plus mélodique et moins scolastique qu'il n'est d'ordinaire chez Bach; comme détail d'orchestration, je remarque deux parties de cor, dont la première, trop élevée pour les instruments actuels, a été jouée par un instrument de musique d'harmonie militaire, un bugle, je crois. Presque immédiatement après ce chœur, un *Duett*, très neuf comme forme et très pénétrant d'expression : *Emmanuel, o süsses Wort* (Emmanuel, ô doux nom); on a là comme un pressentiment de Wagner, on saisit la tradition, le lien qui rattache l'un à l'autre les deux génies. Citons en passant, dans l'air de soprano qui suit (*Flösst, mein Heiland...*), les réponses de l'écho. Enfin, l'*Arioso* si expressif (*Jésus, ma joie et mon délice*), qui se pose sur le beau récitatif de la basse.

Je ne peux m'arrêter à tout : je me borne à signaler pour finir le magnifique choral qui termine la sixième et dernière partie, traité avec une liberté d'allures, une fougue d'accompagnement orchestral saisissantes, et scandé par un développement symphonique débordant de joie, dans une forme qui n'est pas selon les procédés habituels du maître dans cette œuvre.

L'audition dure trois heures. Si l'on a retranché quelques morceaux, c'est parce que les six parties n'ont pas été destinées à être ainsi entendues de suite. Bach a composé là six petites cantates pour six fêtes différentes, et en rapport avec le caractère de ces fêtes; il en résulte forcément une similitude de plan et de couleur, une certaine uniformité dans l'emploi des procédés; un exemple : tous les chœurs d'ouverture sont à trois temps.

J'ai tenu à entrer dans quelques développements au sujet d'un oratorio moins connu que la *Passion*, si différent d'elle, et qui est si particulier dans l'œuvre de Bach. Il est désirable que l'exemple donné par la ville de Bâle soit connu et imité...

J'espère que j'aurai encore l'occasion de vous entretenir de quelque exploit musical nouveau ; il est question, pour cet été, de l'*Israël en Egypte* de Hændel... Je quitte donc ce petit centre artistique si actif; je dis adieu à la cité d'Holbein et d'Érasme, ou plutôt : au revoir...

C. B.

Chronique Bruxelloise.

THÉÂTRE ROYAL DE LA MONNAIE

La Monnaie ne perd pas son temps. Pendant que le pauvre monde est tout entier aux visites du nouvel an, aux cadeaux et aux congratulations, elle travaille ferme, dans l'ombre.

On ne peut pas compter pour une " première ", à sensation la représentation de *Robert-le-Diable* avec M. Escalais, qui a eu lieu le 1ᵉʳ janvier. M. Escalais n'était venu à Bruxelles que pour aider momentanément la direction, fort embarrassée depuis le départ de M. Sylva. Et puis, il fallait bien offrir quelque chose au public le jour de l'an : on lui a offert M. Escalais, et ce n'était pas un présent léger. Mais M. Escalais était connu ici, et il l'était même plus favorablement qu'il ne s'est montré ce soir-là. Peut-être les fatigues de la journée étaient-elles pour quelque chose dans l'altération de sa voix et de sa mémoire, qui a un peu nui à son succès; toujours est-il que le succès a été mince, — plus mince à coup sûr que M. Escalais. Mˡˡᵉ Thuringer, également indisposée, s'était fait remplacer par la courageuse Mˡˡᵉ Legault; je ne saurais trop dire si l'on y a gagné ou perdu, et si je le disais, je serais désagréable à l'une ou à l'autre de ces deux intéressantes artistes — ce dont je veux m'abstenir cette fois. L'indisposition de la pre. mière et le courage de la seconde méritent quelque indulgence.

D'ailleurs, un public de jour de l'an n'est pas sévère comme le public de tous les jours; il ne vient pas au théâtre pour régenter ni pour se tourmenter; ne troublons pas son plaisir.

Donc, cette représentation a compté pour peu dans les préoc. cupations de cette semaine à la Monnaie. Tous les efforts se sont portés du côté des ouvrages nouveaux ou anciens que l'on va donner bientôt. *Sigurd* sera marché; puis viendront les *Contes d'Hoffman*, d'Offenbach; et enfin, la *Valkyrie*; — sans compter le ballet de M. Félix Pardon : le *Lion amoureux*, l'acte de Poise et Monselet, l'*Amour médecin*, et autres menus régals. Le

coup de feu, on le voit, sera formidable ; espérons très vivement qu'il fera quelque bruit, et qu'il va tomber beaucoup de gibier dans la carnassière de la direction, — je veux dire beaucoup d'argent dans sa caisse. C'est mon souhait de nouvel an.

Il paraît qu'on a trouvé aussi un fort ténor à la Monnaie, un ténor qui ne remplacera pas précisément M. Sylva, mais qui " doublera „ M. Cossira, tout au moins. Ce fort ténor nous arrive de Marseille et il est flamand, *troun de l'air !* Il s'appelle De Keghel. Excellent musicien, dit-on ; jolie voix ; beaucoup d'années de service en province; très rondelet de sa personne. Nous verrons bien.

L. S.

Les journaux quotidiens ont annoncé que le théâtre de la Monnaie monterait cet hiver *Patrie*, de MM. Sardou, Louis Gallet et Paladilhe. Ce renseignement est tout à fait inexact. Il est vrai que MM. Dupont et Lapissida sont allés à Paris voir le nouvel ouvrage de l'Opéra, mais on s'est un peu trop pressé d'en conclure qu'ils avaient l'intention de le prendre pour la scène bruxelloise. Ils n'ont jusqu'à présent engagé aucuns pourparlers avec les auteurs ou l'éditeur, M. Choudens, et rien n'autorise à dire qu'ils joueront *Patrie*. Il est certain, tout au contraire, qu'ils ne le donneront pas cette année, attendu que l'on vient de jouer sans grand succès au théâtre de la Bourse, à Bruxelles, le drame de Sardou d'où est tiré l'opéra de M. Paladilhe. Ce serait folie, on l'avouera, que de se lancer dans une telle tentative à la fin de la saison. D'ailleurs, le programme de MM. Dupont et Lapissida est arrêté jusqu'à la fin de la saison. Après *Sigurd*, dont la reprise avec M. Cossira aura lieu la semaine prochaine, le théâtre de la Monnaie donnera les *Contes d'Hoffman*, d'Offenbach, et l'*Amour médecin* de Poise, auxquels succédera la *Valkyrie*. M. Lapissida vient de partir pour Dresde, où l'ouvrage wagnérien est monté dans les meilleures conditions et selon les intentions du maître de Bayreuth. La *Valkyrie* passera à la fin du mois ou dans les premiers jours de février. Après cet important ouvrage, la *Gioconda* de Ponchielli entrera immédiatement en répétition, et enfin viendront les *Pêcheurs de perles*, de Bizet, qui termineront la saison.

L'administration des Concerts du Conservatoire vient de faire restituer aux abonnés le montant de leur souscription. On en conclut qu'il n'y aura pas de concerts, cet hiver, ainsi que nous l'avions fait pressentir. Jusqu'à présent, en effet, le Ministre de l'Agriculture et des Beaux-Arts s'est refusé à admettre la manière de voir de M. Gevaert en ce qui concerne la participation des professeurs du Conservatoire aux concerts de la Société. On assure cependant que l'affaire est en voie d'arrangement. M. Gevaert aurait fini par prendre le parti le plus sage, celui d'engager un trombone pour les concerts.

Le théâtre Molière vient de donner, avec un très grand succès, l'*Arlésienne* de Daudet, avec la musique de Bizet. C'est la première fois que ce beau drame, d'une forme et d'une conception si neuves, fait son apparition sur la scène bruxelloise. Il est monté, au théâtre Molière, avec beaucoup de soins et un ensemble excellent. M. Albaiza, l'intelligent et actif directeur du Molière, n'a pas hésité à recruter un orchestre et des chœurs pour la partie musicale de l'œuvre, qui est, même à côté de *Carmen*, la partition la plus originale et la plus délicate de Bizet. L'orchestre, sous l'intelligente direction de M. Maitret, les chœurs, sous la direction de M. Goossens, ont très bien rendu l'esprit et la pensée de cette exquise partition. L'*Arlésienne*, en un mot, est donnée au théâtre Molière dans les meilleures conditions. C'est un spectacle saisissant et délicat que le tout Bruxelles intelligent et lettré voudra aller voir.

M. K.

CORRESPONDANCES

GAND, le 4 janvier 1887.

GRAND-THÉÂTRE. — Lundi 27 décembre, *la Fille de Mᵐᵉ Angot*; mercredi 29, *Hernani* et *Divertissement* ; samedi 1ᵉʳ janvier, *Hamlet* ; dimanche 2, *le Trouvère* et *la Mascotte*.

Le succès d'*Hernani* et d'*Hamlet* ne fait que croître, et la direction fait d'excellentes recettes avec le grand-opéra; malheureusement, l'opérette ne va pas du tout : la *Fille de Mᵐᵉ Angot* a été jouée devant les banquettes, malgré quelques changements de rôles. Ce qui manque surtout, c'est un bon ténor et une bonne chanteuse d'opérette. Mˡˡᵉ Dupouy est charmante, j'en conviens; mais elle n'a pas cet entrain, cette verve qu'exige le genre et que Mˡˡᵉ Chevrier possède à un si haut degré. Tout le monde redemande cette dernière actrice, qu'on ne nous a laissé entendre qu'une seule fois jusqu'ici, malgré les promesses faites au début de la saison.

Notre confrère musical de l'*Impartial*, M. Edouard Blitz, a eu la douleur de perdre, la semaine dernière, sa mère, M⁽ᵐᵉ⁾ J. Blitz, née Clémentine Pyn. Elève favorite d'Albert Dommange, elle s'était fait dans sa jeunesse une certaine réputation locale de cantatrice.

P. B.

LIÉGE, le 4 janvier.

THÉÂTRE-ROYAL. — En attendant impatiemment l'apparition des nouveautés promises, nous avons eu la semaine dernière deux représentations consécutives de la *Reine de Chypre*, données au bénéfice du sympathique et intelligent contrôleur-général, M. Roussel. Ces reprises de la belle partition d'Halévy, qui avaient attiré autant de monde que la salle en peut contenir, ont été à peu de chose près excellentes dans leur ensemble et dans la plupart des détails.

On a également repris *Joli Gilles*, la gracieuse partition de Ferdinand Poise, qui a été réentendue avec un plaisir extrême. Nous devons distinguer, dans un ensemble excellent, M⁽ᵐᵉ⁾ Flavigny et M. Corpait, qui ont joué et chanté avec beaucoup de goût et de talent.

Une nouvelle société d'amateurs vient de se fonder dans notre ville dans le but de faire connaître, en les exécutant publiquement, les œuvres des chefs et des disciples de l'école russe contemporaine. Cette société, placée sous le haut patronage de sa présidente d'honneur, M⁽ᵐᵉ⁾ la comtesse de Mercy-Argenteau, a pris le titre de *Cercle musical russe*. Les auditions ont lieu tous les jeudis, et les programmes donnent une place égale aux œuvres instrumentales et aux œuvres vocales, telles que mélodies détachées, chœurs, scènes lyriques, symphonies, etc. Déjà de nombreuses adhésions sont assurées et font bien augurer de cette intéressante entreprise artistique.

D'autre part, on prête l'intention à M. César Thompson d'organiser dans le courant du mois de mars, des séances de musique de chambre qui auront lieu avec le concours de M⁽ᵐᵉ⁾ Falk-Mehlig et de M. De Greef, pianistes.

JULES GHYMERS.

BERLIN, 4 janvier.

Le comte de Hochberg, le nouvel intendant général des théâtres, vient de nommer second chef d'orchestre de l'Opéra, M. Louis Deppe, très répandu comme professeur de piano dans nos cercles aristocratiques et ancien chef d'orchestre de l'ancienne *Symphonie Kapelle* de notre ville. Il y a quelques années, M. Deppe avait dirigé, dans un concert, l'opéra *der Wärwolf* (le loup garou) du M. de Hochberg. Le capellmeister actuel de l'Opéra, M. Radeke s'était, m'assure-t-on, refusé à diriger cet ouvrage au théâtre royal.

M. Deppe est, du reste, un excellent chef d'orchestre. Il a dirigé dès leur fondation et dirige encore les festivals silésiens, créés précisément par M. de Hochberg, un véritable mécène qui se dévoue corps et âme à la musique. M. Deppe sera spécialement chargé de la direction des opéras classiques et romantiques. Les chefs-d'œuvre de cette école, horriblement maltraités et mutilés du temps de *feu* regretté „ baron de Hülsen, seront, comme je crois vous l'avoir dit, remontés à neuf. M. Deppe commencera par le *Fidelio* de Beethoven, qui passera dans quelques jours. Puis viendra *Don Juan*, suivant un nouvel arrangement. M. Deppe entrera donc en fonctions sans tarder. Il remplacera enfin, au premier jour, M. Radeke, à la tête des *Concerts d'abonnement* de l'orchestre de l'Opéra qui ont lieu au foyer du théâtre. Quant à M. Félix Mottl, il sera paraît-il chargé spécialement, dès le mois de juin ou de juillet, de l'étude des opéras wagnériens et des opéras modernes.

M. Kahl, l'ancien collègue de M. Radeke, à jamais célèbre par l'inoubliable première de la *Valkyrie* à Berlin, restera chargé de la direction des opéras-comiques et des ouvrages inférieurs, tels par exemple que les opéras de M. Nessler, le *Trompette de Säckingen*, et autres banalités.

Enfin, l'excellente nouvelle qui comprendront ceux qui comprennent et admirent l'œuvre de Wagner : la *Gotterdämmerung*, qui devait paraître sur notre scène en janvier sans que le *Rheingold* y eût jamais été représenté, véritable crime de lèse-œuvre imputable à feu M. de Hülsen, la *Gotterdämmerung*, dis-je, est ajournée jusqu'à nouvel ordre. On ne la donnera qu'après le *Rheingold*, et lorsque la *Tétralogie* sera complètement au répertoire. J. VAN SANTEN-KOLFF.

AMSTERDAM, 30 décembre 1886.

Ce n'était certes pas la peine de donner la part du lion de la succession du vieux Verhulst à un Allemand, car l'exécution de l'oratorio *Josué*, de Hændel, au dernier concert de la *Société pour l'encouragement de l'art musical*, à Amsterdam, a prouvé, une fois de plus, qu'en Hollande on a grand tort de croire que la lumière ne peut nous venir que de l'Allemagne.

La direction insuffisante du jeune *Julius Röntgen* a failli compromettre l'exécution. A certains moments on a pu craindre une déroute complète des chœurs et de l'orchestre. Deux chanteurs néerlandais de grande valeur, la basse Messchaert et le ténor Rogmans, ont littéralement sauvé la situation; sans eux le bâtiment aurait sombré avant d'entrer au port. Le vieux dicton " Nul n'est prophète en son pays „ peut s'appliquer surtout aux Pays-Bas. Les Allemands seuls y sont en ce moment prophètes. Le Hollandais a l'air de régner, mais l'Allemand gouverne. Pendant de longues années, M. Lübeck a tenu le sceptre à La Haye; plus tard, ç'a été M. Heinze, à Amsterdam; M. Gernsheim est encore à la tête du mouvement à Rotterdam; et voilà que, grâce à la puissante protection de quelques riches dilettanti, le jeune Röntgen, un pianiste de Leipzig, entre en passant par-dessus la succession et convoitée de M⁽ᵐᵉ⁾ Verhulst, en passant par-dessus une pléiade d'artistes néerlandais d'un mérite bien supérieur, tout au moins plus expérimentés, tels que M. Kes, les frères Brandts-Buys, S. de Lange, Boers, Nicolaï, sans parler des Néerlandais qui habitent et se sont fait une réputation à l'étranger, tels que de : Haan, Ten Brink, de Hartog, Witte et d'autres. Il y a là une injustice et une maladresse de la part du comité de la *Société pour l'encouragement de l'art musical*. Après le concert du 22 décembre, la preuve est faite.

Comme il faut rendre à César ce qui lui appartient, je dois constater l'immense et bien légitime succès obtenu par deux cantatrices allemandes, M⁽ᵐᵉˢ⁾ Moran-Olden, soprano, de Leipzig, et le célèbre contralto Herminie Spiess, de Wiesbaden, dans les parties d'*Achsa* et d'*Othmil*. Toutes deux, la dernière surtout, ont été très goûtées, et elles se sont partagé les honneurs du concert, avec Messchaert (*Caleb*) et Rogmans (*Josué*). C'est une artiste éminente que M⁽ᵐᵉ⁾ Spiess; la voix est superbe, le timbre d'une rare sonorité, la pureté irréprochable, la diction et le style au-dessus de tout éloge. Quant à M⁽ᵐᵉ⁾ Moran-Olden, elle n'est plus de la première jeunesse, les notes élevées sont stridentes et la pureté d'intonation laisse à désirer; mais le style et la diction sont du premier ordre, la passion ne fait certes pas défaut, il y a même souvent excès de zèle. MM. Messchaert et Rogmans (dont la voix a malheureusement un timbre nasal peu agréable) se sont vaillamment comportés. Messchaert a transporté l'auditoire par la façon magistrale dont il a chanté l'air fameux de la basse.

Le *Josué* de Hændel, non content des beautés incontestables, nous a semblé un peu suranné, monotone par l'uniformité de sa conception.

Le *Wagner Verein*, à Amsterdam, a consacré sa dernière audition aux œuvres de Beethoven et de Weber, et le public était enchanté, ravi, de cette heureuse inspiration. Deux de vos compatriotes, les violonistes Thomson et Ysaye, obtiennent en ce moment de beaux succès dans les principales villes des Pays-Bas.

LONDRES, 3 janvier.

La semaine du Christmass : Rien, absolument rien, à vous signaler! Les *pantomimes* et le nouvel hippodrome absorbent tout en ce moment.

Dans les journaux d'art on proteste vivement contre le reproche qu'on nous a fait, à propos de l'insuccès final de la troupe française d'opéra à Her-Majesty, de n'être pas apte à apprécier des œuvres telles que *Carmen* et des artistes telles que M⁽ᵐᵉ⁾ Galli-Marié. Le public anglais s'est, au contraire, montré très accueillant pour les artistes français et il n'eût pas manqué de se presser en foule aux portes du théâtre de la Reine, si la troupe avait été homogène. Voilà juste neuf où s'est trompé M. Meyer. Il a cru qu'avec une étoile et quelques doublures il réussirait à faire une *season* ici. Il s'est absolument trompé. La salle de *Her Majesty* ne serait pas restée vide si l'*ensemble* n'avait pas été médiocre. Elle ne s'est pas remplie parce que, malgré son merveilleux talent, M⁽ᵐᵉ⁾ Galli-Marié ne suffit pas à jouer, seule, toute une pièce. On a fait une expérience analogue lors des représentations de la Patti, il y a deux ans. L'entreprise échoua finalement parce que l'entourage de la diva était insuffisant, et encore il avait été supérieur de beaucoup à l'ensemble de la troupe de M. Meyer.

La réserve du public anglais en cette occasion prouve au contraire son bon goût. Un journal local dit plaisamment que son attitude calme pendant une représentation aussi cahotée que celle de *Carmen*, prouve plus en faveur du cœur qu'en faveur des oreilles (*speaks better for the hearts than for the ears of the british public*) du public anglais. Et il ajoute : " Si des artistes anglais se permettaient devant un public français une aussi mauvaise plaisanterie, il est probable que cet incident deviendrait un *casus belli* entre les deux nations. „

Petites Nouvelles

Il est question, à l'Opéra-Comique de Paris, d'une reprise du *Capitaine Henriot* de Gevaert, dont MM. Sardou et Vaes ont écrit le livret. Le *Capitaine Henriot* fut joué pour la première fois le 29 décembre 1864 ; le rôle d'Henri IV, créé par Couderc, serait repris par M. Fugère.

Nous trouvons dans le *Gaulois* une bien amusante interview de Piccolino avec le baryton Maurel. M. Maurel a daigné donner à Piccolino quelques détails sur l'*Othello* de Verdi.

« Verdi, aurait dit M. Maurel, ne veut pas dans l'orchestre un seul cuivre allemand. Il a été obligé d'*inventer* toute une instrumentation nouvelle : une clarinette à triple tonalité, en *si* bémol, en *la* et en *do*; le légendaire serpent et une viole d'amour, qu'il a payée 20,000 francs au musée de Bruxelles. L'invention la plus originale consiste dans l'adaptation d'une cinquième corde aux violons ; cette simple transformation cause des effets vraiment surprenants. »

Les musiciens ne pourront s'empêcher de sourire en lisant tout cela. Qu'est-ce qu'un cuivre allemand ?

Dans les orchestres de tous les pays du monde on emploie les trompettes, les cors et les trombones, qui n'ont pas de nationalité précise. Les trompettes étaient connues dès l'antiquité la plus reculée, et les cors datent des premiers siècles de l'ère chrétienne. Quant aux trombones, ils sont d'origine italienne. On ne peut pas non plus les instruments inventés par M. Sax qu'on peut qualifier de cuivres allemands, puisque M. Sax est Belge.

De tout temps la clarinette a été en *si bémol*, en *la* et en *do*. Le serpent et la viole d'amour sont également connus. Meyerbeer a accompagné la romance des *Huguenots* « Plus blanche que la blanche hermine », avec une une viole d'amour.

Reste la prétendue invention des violons à cinq cordes. Ce n'est pas une invention du tout ; au siècle dernier on connaissait et l'on jouait diverses violes à *cinq*, à *six*, et même à *sept* cordes. Les modèles les plus connus sont la *viola di gamba* et la *viola di braccio* d'où sont sortis l'*alto moderne* et la *viole d'amour*.

Qu'est-ce qui reste en un mot des surprenantes inventions attribuées à Verdi par l'incompétence de M. Maurel. Dans cette plaisante nomenclature des instruments d'*Othello*, il ne manque vraiment qu'un spécimen nouveau : le canard à trois becs.

Une jeune cantatrice américaine, âgée de quatorze ans à peine, miss Nikita, vient d'arriver à Paris, patronnée par M. Maurice Strakosch. Elle possède, dit-on, une admirable voix de soprano, extraordinaire pour son âge ; c'est, en un mot, un petit prodige vocal, et que l'on entendra prochainement dans un concert qu'il est question d'organiser à son intention.

Les journaux de Lille nous apportent l'écho du grand succès obtenu dans cette ville par Mlle Balthazar-Florence, dans un concert où la jeune et charmante violoniste a joué la semaine dernière. La *Vraie France* la compare à Teresa Milanollo et conclut en ces termes un article très élogieux :

« Son violon est surtout *une âme qui chante*, comme elle nous l'a montré deux fois bien dans la célèbre fantaisie *Appasionata*, de Vieuxtemps et dans une charmante berceuse *Con sordini*, de l'excellent compositeur dont elle est la fille. »

Une plaque commémorative va être apposée dans Paris sur la façade de la maison portant le numéro 26 de la rue de Laval.

Victor Massé, compositeur de musique, né à Lorient le 7 mars 1822, est mort dans cette maison le 5 juillet 1884. »

Plusieurs journaux allemands avaient annoncé qu'il était question d'un engagement de M. Hans de Bülow comme chef d'orchestre au théâtre de Hambourg. Le célèbre capellmeister-pianiste dément lui, même cette rumeur dans une lettre qu'il adresse à l'*Allgemeine Musik-zeitung* : Il ne dirigera au théâtre de Hambourg qu'une seule fois et qu'une seule œuvre, *Carmen*, de Bizet, montée à neuf. Au demeurant, M. de Bülow se déclare prêt à reprendre le bâton de chef d'orchestre et un « théâtre bien organisé », lui en fait la demande.

Le nouvel opéra de Goldmark, *Merlin*, qui attire en ce moment la foule à l'Opéra de Vienne, ne porte pas précisément bonheur à ses interprètes. Il y a quelques jours, M. Reichenberg, qui remplit le rôle du Démon, a reçu, pendant qu'il était en scène, la nouvelle de la mort de son père. Samedi, M. Horwitz, qui joue le rôle de Lancelot, a été douloureusement éprouvé par l'arrivée d'une dépêche qui lui a été remise dans les coulisses, et qui lui annonçait que sa mère venait de rendre le dernier soupir.

Un peu de statistique théâtrale :

Il a été représenté, pendant l'année 1886, dans les théâtres de Paris, un total de 290 actes de comédie ou de drame. — Soit 10 de moins que pour l'année précédente.

Les œuvres musicales, y compris les ballets, ont atteint le chiffre de 74 actes, en augmentation de 24 actes sur le total de l'année 1885. La production théâtrale en Allemagne n'a pas été moins nombreuse. On y a représenté 23 opéras nouveaux, 6 opéras-comiques et 14 opérettes.

On a aujourd'hui le texte du testament de Franz Liszt dont les principales dispositions étaient déjà connues. Voici la teneur de ce document :

« J'institue la princesse de Sayn-Wittgenstein, née Ivanowska, ma légataire universelle, lui laissant le soin de classer et de publier, à son gré, tous mes papiers. Seules les sommes déposées chez Rothschild, à Paris, et que j'ai données comme cadeau de noces à mes filles Blandine, femme Ollivier, et Cosima, femme Bülow, et dont elles ont touché les intérêts jusqu'ici, leur seront remises immédiatement. Ma légataire universelle devra payer à ma mère, vivant actuellement à Paris, et jusqu'à la mort de cette dernière, la somme que celle-ci recevait de moi annuellement. Je prie la princesse de Sayn-Wittgenstein de bien vouloir exécuter mes dernières volontés et de remettre à ceux qui me sont chers et à mes amis les objets que je leur lègue.

« Weimar, 15 août 1861.   Franz Liszt. »

Ce testament date de l'époque où Liszt donna sa démission de maître de chapelle du grand-duc de Saxe-Weimar, pour se rendre à Rome où il entra dans les ordres. Lecture en a été donnée devant le tribunal de Pesth, la légataire universelle, la princesse de Sayn-Wittgenstein ayant présenté à la cour de Pesth une requête tendant à se faire délivrer les livrets de caisse d'épargne déposés à la Caisse centrale de l'État hongrois.

Le tribunal a repoussé cette requête attendu que le testament, étant daté de Weimar ne peut faire loi en Hongrie. Il a déclaré en outre que le testament étant inattaquable en soi, il convenait d'entendre les parents de Liszt avant de passer à l'exécution de ses dispositions testamentaires.

A Darmstadt, la municipalité vient de faire placer une plaque commémorative en marbre noir avec cette inscription : « Dans cette maison a séjourné Carl Maria von Weber, 1810-11. Erigé à l'occasion du centième anniversaire de la naissance du maître par ses admirateurs. »

L'empereur de Russie vient d'envoyer la somme de dix mille marcs (12,580 francs) à l'œuvre du monument de Weber à Eutin, sa ville natale. On sait que jusqu'ici la souscription ouverte en Allemagne n'avait donné que de médiocres résultats.

La *Gazette musicale* de Milan cite un cas amusant de dillettantisme. Un marquis Santiago, millionnaire, amateur passionné du *bel canto*, fit venir dernièrement chez lui le ténor Gayarre et lui dit : « Je vous prie, faites-moi entendre un *ut* de poitrine. Je vous donnerai le même honoraire qu'au théâtre : soit deux mille francs. » Là-dessus Gayarre se mit au piano et chanta une gamme couronnée par un admirable *ut* de poitrine ; le marquis enthousiasmé applaudit avec frénésie. Gayarre sans hésiter fit une seconde gamme. Le marquis, se levant, lui remit un portefeuille contenant quatre billets de mille francs pour les deux *ut* de poitrine, prix convenu. Gayarre, paraît-il, est sorti très satisfait. Il a écrit au marquis qu'aux mêmes conditions il serait heureux de signer un engagement pour un an et même davantage.

VARIÉTÉS

VICTOR HUGO LIBRETTISTE.

Victor Hugo, librettiste. Sous ce titre, M. Soubies donne dans la *Revue d'art dramatique* (1er décembre) une liste des opéras dont les drames du grand poète ont fourni les sujets.

Il y a quatre *Ernani* ; le premier de Bellini, œuvre posthume retrouvée récemment ; les trois autres de Gabussi (Théâtre-Italien de Paris, 1834), de Verdi (Venise, 1844) et de Mazzucato (Gênes, même année).

Puis *Rigoletto* (le *Roi s'amuse*) de Verdi (Venise, 1854).

. *Lucrezia Borgia*, de Donizetti (Milan, 1834).

Trois *Maria Tudor*, de Pacini (Palerme, 1843), de `Kaschpéroff (Nice, 1860) et de Gomès (Milan, 1876).

Trois opéras tirés d'*Angelo* : *Il Giuramento*, de Mercadante (Milan, 1837) ; *Angelo*, de César Cui (Saint-Pétersbourg, 1876), et *Gioconda*, de Ponchielli (Milan, même année).

Douze *Esmeralda* (*Notre-Dame de Paris*) : celle de Mme Bertin d'abord, sur le livret original de Victor Hugo (Opéra de Paris, 1836) ; puis, celles de Mmes Birch-Pfeiffer, sous le titre du *Sonneur de cloches* (Munich, même année),; de Mazzucato (Mantoue, 1838) ; du prince Poniatowski (Livourne, 1847) ; de Dargomijsky (Saint-Pétersbourg, même année) ; de François Lebeau (Bruxelles, 1866) ; de Campana (Londres, 1862) ; de Fry, sous le nom de *Notre-Dame de Paris* (Philadelphie, 1864) ; de Wetterbahn (Chemnitz, 1866) ; du marquis de Colbert-Chabanais, sous le titre de *Djehn-Ara* (Paris, théâtre Duprez, 1868) ; de Pedrell, sous celui de *Quasimodo* (Barcelone, 1875) ; enfin, celle de Goring Thomas (Londres), un des rares spécimens du drame lyrique anglais.

Six *Ruy Blas* ; le premier du prince Poniatowski (Lucques, 1842) ; les autres de Bezanzoni (Plaisance, 1843), du compositeur anglais Howard Glover (Londres, 1861), de Chiaramonte (*Maria di Neuburgo*, Bilbao, 1862), de Filippo Marchetti (Milan, 1869) et du baryton Senatore Sparapani (*Don César di Bazan*, Milan, 1896).

Enfin *I Burgravi* (*les Burgraves*), de Matteo Salvi (Milan, 1840).

En tout trente et un opéras, dont six seulement ont obtenu un succès durable : *Ernani* et *Rigoletto* de Verdi; *Lucrezia Borgia* de Donizetti; *Ruy Blas* de Marchetti, et les deux adaptations musicales d'*Angelo* par César Cui et Ponchielli.

Il est fort naturel que Victor Hugo ait été peu flatté de la manière dont on dérangeait ses drames pour en faire des poèmes d'opéra, sans compter que c'était autant de spoliations ; il s'y opposait quand il pouvait le faire. Aimait-il la musique ? Un biographe le nie.

Non seulement il était rebelle à la musique, mais il l'était aux musiciens qui se s'introduisaient qu'à force de diplomatie dans son salon, avant tout littéraire et politique. — Comment, disent d'autres, n'aurait-il pas aimé la musique, puisqu'il a affirmé que les plus grands poètes de l'Allemagne sont ses musiciens, que le plus grand Italien c'est Dante, le plus grand Anglais Shakspeare, le plus grand Allemand Beethoven ? ,

Ce sont des exagérations qu'on réduira aisément à leur juste valeur. Il en est de même de cette définition de la musique :

" Elle est la vapeur de l'air ; elle est à la poésie ce que la rêverie est à la pensée, ce que le fluide est au liquide, ce que l'océan des nuées est à l'océan des eaux. "

En écrivant un livret d'opéra pour Mme Bertin, Victor Hugo a fait cette déclaration : ·

" Nul n'a droit de dédaigner une scène comme l'Opéra. A ne compter que les poètes, ce royal théâtre a reçu dans l'occasion d'illustres visites, ne l'oublions pas. En 1671, on représenta avec toute la pompe de la scène lyrique une tragédie-ballet intitulée *Psyché*. Le libretto de cet opéra avait deux auteurs : l'un s'appelait Poquelin de Molière, l'autre Pierre Corneille ! ,

J. WEBER.

ÉPHÉMÉRIDES MUSICALES

Le 7 janvier 1777, à Liége, l'*Ami de la maison*, de 9 janvier de Grétry.

Grétry tenait à ce que sa ville natale connût la première celle de ses œuvres que le public parisien avait bien accueillies. Cette fois, nous ignorons pour quelle raison, l'*Ami de la maison* n'y fut représenté que plusieurs années après Fontainebleau (devant la Cour, 26 octobre 1771) et Paris (Comédie-Italienne, 11 mai 1772). A la reprise à ce dernier théâtre, 15 septembre 1803, Elleviou, dans le rôle de Célicour qui semblait peu conforme à la nature de son talent, conserva néanmoins à la musique son esprit et son expression. Mme de Saint-Aubin joua le rôle d'Agathe avec beaucoup de vivacité et de finesse. Voir au surplus *Guide mus.*, 6 mai 1886.

L'*Ami de la maison*, sous le titre : *Der Hausfreund*, a eu, du 25 mai 1778 au 25 septembre 1787, vingt-cinq représentations au *Nationaltheater* de Vienne.

— Le 8 janvier 1855, à Bruxelles, reprise d'*Obéron* de C. M. von Weber. — Artistes : Rodier, Delacquerrière, Soulacroix, Chappuis, Guérin, Mmes Bosman et Legault.

Obéron n'avait plus été joué à la Monnaie depuis vingt-trois ans (16 novembre 1863) ; les jeunes ne le connaissaient guère et les vieux ne s'en souvenaient plus. MM. Stoumon et Calabresi, qui quittaient la direction, donnèrent à cette reprise tout l'éclat d'une vraie solennité.

— A Roncal (Espagne), le 9 janvier 1844, naissance de Julian-Sebastian Gayarra, ténor qui, en février 1884, s'est produit avec tant d'éclat au Théâtre-Italien de Paris. Il fit ses études au Conservatoire de Madrid, et y obtint un premier prix de chant. Varese, une petite

ville de la Lombardie, est le théâtre qui lui servit de début dans l'*Elisir d'amore* de Donizetti.

— Le 10 janvier 1848 (et non 1842, Fétis, *Biogr. univ. des mus.*, t. IV, p. 479), décès à Paris de Henri Karr. Sa naissance à Deux-Ponts (Bavière) en 1784. — Musicien d'origine allemande, professeur à Paris, arrangeur d'un grand nombre de morceaux pour divers instruments, il a donné le jour — c'est là son mérite — à l'humoristique écrivain bien connu, Alphonse Karr, aujourd'hui faisant à Nice le commerce de fleurs. Le père de Henri Karr, dont deux concertos de violon ont été publiés à Paris, s'est fait entendre sur cet instrument au théâtre de Liége, le 25 mars 1781, et deux musiciens du nom de Karr, aîné et cadet, l'un et l'autre cornistes, étaient attachés à l'orchestre de ce même théâtre.

— Le 11 janvier 1675, à Saint-Germain-en-Laye, devant Louis XIV (à Paris, Opéra, avril même année), *Thésée*, tragédie lyrique en 5 actes, de Lully.

Ce fut un des plus longs succès de Lully. *Thésée* resta à la scène jusqu'en février 1779, ce qui lui a fait une existence de cent et quatre ans, sans qu'il fût jamais plus de quinze ans de suite sans être au répertoire.

Mondonville eut l'idée malencontreuse de "remusiquer ,, la tragédie de Quinault (13 janvier 1767) ; mais après quatre représentations, l'œuvre de Lully fut redemandée et jouée vingt fois de suite.

Pareille tentative ne réussit pas davantage à Gossec avec un *Thésée* remanié pour les paroles et réduit en trois actes (1er mars 1782). Il n'y eut de vrai succès que pour un air extrait de la partition de Lully.

— Le 12 janvier 1771, à Liége, *Sylvain*, un acte de Grétry. — *Le Huron*, *le Tableau parlant*, *Lucile* étaient déjà connus des Liégeois, et les seules œuvres, avec *Sylvain*, que le génie de Grétry eût enfantées jusque là. On devine si les esprits s'échauffaient au pays wallon en entendant les douces cantilènes du jeune maître que Paris chaque soir acclamait sur tous les tons. Il avait alors trente ans.

Sylvain eut une bonne reprise à Paris le 5 novembre 1813, c'est-à-dire six semaines après la mort de Grétry. L'élite de l'Opéra-Comique, dit. le *Journal des Débats*, brigua l'honneur de remonter la pièce. *Sylvain* a-t-il depuis reparu, ici ou là ? c'est ce que nous ne savons pas.·

Le *Nationaltheater* de Vienne ne paraît pas avoir goûté la musique de Grétry, puisque *Sylvain* n'y a été joué que deux fois, du 8 novembre 1778 au 21 janvier 1779.

— Le 13 janvier 1809, à Anvers, l'*Aveugle de Clarens ou la vallée* suisse, opéra-comique en 2 actes, de Charles Warot, chef d'orchestre à Liége même. — La musique fut très goûtée. L'auteur a montré du talent dans d'autres compositions ; malheureusement sa carrière fut de trop courte durée. Il s'éteignit à l'âge de 32 ans (29 juillet 1836). Il était en dernier lieu deuxième chef d'orchestre à la Monnaie. Notre ancien ténor Warot appartient à la même famille. . »

BIBLIOGRAPHIE . . .

IL TEATRO ILLUSTRATO (Milan, Zonzogno). La dernière livraison, qui complète la sixième année de cette intéressante publication, vient de paraître ; elle contient :

Illustrations avec texte : Spiro Samara (portrait) ; Georges Bizet (portrait pris à l'âge de 25 ans), *le Pêle de Porthos*, drame de Blavet ; *Viviana*, ballet fantastique de Pugno ; Album de costumes français de 1300 à 1550.

Texte : théâtres de Milan, Vienne, Turin, Gênes, Alexandrie, Bologne, Paris, Barcelone ; esthétique musicale ; Carlo Goldmark ; concerts du Conservatoire ; Bibliographie musicale·; bulletin théâtral de novembre, etc.

Musique : Romance sans paroles de Mendelssohn ; prélude du 4me acte de l'opéra *Maria di Warden*, de Abba-Cornaglia.

Nécrologie.

Sont décédés :

A Gand, le 24 décembre 1886, à l'âge de 55 ans, Mme J. Blitz, née Clémentine Pyn. Elle a eu son heure de célébrité locale comme cantatrice : elle remporta plusieurs premiers prix à Gand, à Louvain, etc. Elle fut l'élève privilégiée d'Albert Dommange et chanta dans un grand nombre de concerts de bienfaisance.

— A Paris, le 27 décembre, à l'âge de 65 ans, Alphonse Baralle, critique musical.

— A Paris, Charles-Louis-Philippe Jourdan, compositeur de musique de danse.

33me année de publication

Le Guide Musical

REVUE HEBDOMADAIRE DE LA MUSIQUE ET DES THÉATRES

Paraissant tous les jeudis en 8 pages de texte et de fréquents suppléments

DONNANT :

Les comptes rendus et nouvelles des théâtres et concerts de France, de Belgique, d'Angleterre, d'Autriche, d'Allemagne, etc.

Des notices biographiques et des études sur les grands compositeurs anciens et modernes;

Des travaux d'histoire et d'esthétique musicale;

Des articles bibliographiques sur tous les ouvrages concernant la musique ;

La nécrologie des artistes célèbres morts dans la semaine

Des éphémérides correspondant à tous les jours du mois.

ABONNEMENT :

Paris, — 10 fr. par an. | **Bruxelles, — 10** fr. par an.

Les autres pays: **10** francs (port en sus).

AVIS IMPORTANT.| — Le GUIDE MUSICAL offre à ses lecteurs la combinaison suivante, sur laquelle nous appelons spécialement leur attention et dont ils saisiront les grands avantages

Tout abonné, ancien ou nouveau, au GUIDE MUSICAL, aura le droit, en versant DIX FRANCS, de choisir, soit parmi les publications nouvelles dont on trouvera la liste encartée dans ce numéro, soit parmi les ouvrages indiqués dans le catalogue général de la Maison Schott frères, les morceaux ou partitions qui lui conviendront, jusqu'à, concurrence d'une valeur de SOIXANTE FRANCS, prix marqués, ou de VINGT FRANCS, prix de vente. C'est, en réalité, une réduction de CINQUANTE pour cent que nous offrons à nos abonnés sur les ouvrages de tout genre que renferme notre catalogue.

On s'abonne à Paris, chez P. SCHOTT, boulevard Montmartre, 19; à Bruxelles, chez SCHOTT frères, Montagne de la Cour, 82; à Mayence, chez les fils de B. SCHOTT; à Londres, chez SCHOTT et Cie, Regent street, et chez tous les marchands de musique.

POUR LA LISTE DES PRIMES, VOIR LE SUPPLÉMENT

Ces primes sont délivrées (pour la province et l'étranger, ajouter le port) dans nos bureaux à Paris, Bruxelles, Mayence et Londres, à partir du 15 décembre 1886, à tout abonné, ancien ou nouveau, sur la présentation de la quittance d'abonnement au GUIDE MUSICAL pour l'année 1887.

Le Guide Musical

Paraissant tous les jeudis.

ABONNEMENT	SCHOTT FRÈRES, ÉDITEURS	ANNONCES
FRANCE & BELGIQUE, 10 francs par an.	**Paris,** *Boulevard Montmartre, 19*	LA LIGNE . . . . FR. 0.50.
LES AUTRES PAYS, 10 francs (port en sus)	**Bruxelles,** *Montagne de la Cour, 82*	On traite à forfait pour les grandes annonces.

Une Nouvelle Méthode de Piano

En 1702, le sieur Christophe Ballard, seul imprimeur du Roi pour la musique, demeurant rue Saint-Jean de Beauvais, au Mont-Parnasse, publia, avec privilège de Sa Majesté, le premier ouvrage spécialement destiné à l'enseignement du clavecin ; c'était : *Les Principes du clavecin, contenant une explication exacte de tout ce qui concerne la tablature et le clavier. Avec des remarques nécessaires pour l'intelligence de plusieurs difficultées* (sic) *de la musique. Le tout divisé par chapitres selon l'ordre des matières. Par Monsieur de Saint-Lambert.* L'auteur commence par faire l'éloge du clavecin, instrument si parfait « que tout ce qu'il y a de gens de distinction veulent maintenant en sçavoir jouer. Ce grand nombre de personnes qui aiment le clavecin, m'a fait songer à donner au public une méthode qui en enseignât les principes ; et j'ay été d'autant plus porté à le faire, que j'ay vu qu'aucun maître ne s'en étoit encore avisé. »

Depuis le temps de Saint-Lambert, combien de maîtres s'en sont-ils avisés à leur tour ! Les méthodes de clavecin, puis de piano, se sont succédé à des intervalles de plus en plus rapprochés ; leur examen formerait un paragraphe intéressant d'une histoire de l'enseignement de la musique, qui sera peut-être écrite un jour. C'est en lisant les ouvrages récemment publiés sur les mêmes matières par Mˡˡᵉ H. Parent, que la vieille méthode de Saint-Lambert nous

est revenue en mémoire, et il nous a paru curieux de rapprocher ces deux dates extrêmes de la théorie du piano.

Puisque nous avons donné tout au long le titre des *Principes du clavecin*, il est temps de reproduire ceux des ouvrages de l'auteur moderne que nous leur opposons ici. Nous disons à dessein *des ouvrages*, car la méthode nouvelle dont il s'agit ne se présente pas à nous sous la forme compacte et sous le titre traditionnel de méthode, mais plutôt par traités séparés, embrassant chacun un point de vue spécial de l'enseignement du piano, et devant former par leur achèvement et leur réunion l'ensemble complet de tout ce que la théorie moderne a apporté de science et de perfectionnements dans le jeu du plus répandu des instruments. Dès aujourd'hui nous avons sous les yeux deux volumes, dont l'un, intitulé *Gammes et Arpèges*, contient à la fois des exercices de mécanisme sur ces deux formes génériques, la théorie du doigté et les principes de la tonalité, et dont l'autre, appelé *Lecture des notes sur toutes les clés*, est en même temps un cours de solfège appliqué au piano et une méthode de transposition (1).

Vouée dès sa sortie du Conservatoire de Paris à l'enseignement féminin du piano, Mˡˡᵉ H. Parent s'est acquis dans ces dernières années une notoriété particulière par la création d'une école préparatoire au professorat du piano, création pour laquelle elle n'a ménagé ni son temps ni ses peines, et qui revêt à la fois un caractère artistique et philanthropique, puisqu'elle est destinée à faciliter aux femmes du monde, atteintes de revers de fortune, l'accès d'une carrière trop souvent embrassée sans préparation sérieuse. Depuis longtemps les mauvais professeurs répandent, surtout dans les provinces, des leçons

(1) Tous deux ont paru en 1886, à Paris, chez M. J. Hamelle, éditeur de musique.

stériles. « Pour faire un bon écolier, disait M. de Saint-Lambert, il faut absolument deux dispositions dans le maître : qu'il le puisse et qu'il le veuille. »

Augmenter le nombre des professeurs instruits, c'est élever celui des bons élèves et rehausser le niveau général de la culture de l'art. « Par le sçavoir d'un maître, dit encore notre vieil auteur, il ne faut pas entendre simplement qu'il soit habile joueur de clavecin et excellent compositeur en musique : il faut entendre qu'il joigne à ces deux avantages le talent de bien montrer, qui est une qualité fort distinguée de celle de célèbre musicien. » Si nous ne craignions d'abuser de la patience de nos lecteurs, nous transcririons ici tout ce que Saint-Lambert exige d'un bon maître de clavecin, et ce programme pourrait servir encore d'examen de conscience à maint professeur moderne. Mais il vaut mieux consacrer l'espace dont nous disposons aux ouvrages de Mlle Parent, qui sont d'un intérêt plus direct et plus pratique pour les artistes de notre temps.

Les exercices gradués formant la première partie de *Gammes et Arpèges*, sont combinés de manière à enseigner à la fois les principes fondamentaux de la tonalité et les formules du doigté; selon les propres paroles de l'auteur, il n'est plus permis aujourd'hui aux élèves d'ignorer des principes « et de faire machinalement des arpèges et des gammes sans en soupçonner l'importance »; quant au doigté, la place considérable qu'il occupe dans l'enseignement élémentaire du piano a été reconnue dès l'origine : tous les défauts du jeu peuvent se corriger, dit Saint-Lambert, mais le mauvais emploi des doigts « est celui de tous qui se répare le plus difficilement quand il est une fois contracté : il demeure souvent toute la vie comme un obstacle éternel à la perfection du jeu. » Notre temps n'a rien retranché de la vérité de cette assertion ; mais le répertoire, en se transformant, a remanié radicalement les règles essentielles du doigté, et la virtuosité moderne a adopté des principes que les anciens clavecinistes eussent regardé comme la perte de l'art.

Pour la partie théorique de son ouvrage, l'auteur de *Gammes et Arpèges* choisit la forme du questionnaire déjà adoptée par elle dans un manuel connu et répandu depuis longtemps (1). Cette forme, qui ne laisse aucune porte ouverte aux digressions ni aux discussions, permet de formuler les règles et les explications en phrases courtes, nettes et précises, s'imposant vite à la mémoire par leur clarté et leur brièveté. L'inconvénient de ce système, excellent à plusieurs points de vue et qui répond particulièrement aux qualités frappantes de l'esprit remarquablement logique, net et méthodique de l'auteur, est parfois de condenser un peu trop, de rendre peut-être trop absolus les termes d'une définition. Par exemple, à la page 57 de *Gammes et Arpèges*, nous lisons : « Qu'est-ce qu'un accord ? — Un accord est une

(1) *L'Étude du piano, manuel de l'élève*. Paris, 2e édition, 1878.

harmonie qui se compose de trois sons au moins, émis simultanément et disposés de tierce en tierce. » Cette formule peut paraître un peu trop brève, n'étant pas immédiatement complétée par celle du renversement des accords; pour cette raison, la définition donnée par M. Émile Durand dans son *Cours d'harmonie*, page 27, nous semble préférable: « On nomme accord l'union de plusieurs sons différents, dont les rapports sont tels qu'on peut les faire entendre simultanément. Tout accord à *l'état d'origine* se compose de trois, quatre ou cinq sons appartenant à une même tonalité et formant une série non interrompue de tierces superposées. » L'auteur de *Gammes et Arpèges* nous trouvera peut-être bien subtil, mais « sans la liberté de blâmer, il n'est point d'éloge flatteur », a dit Beaumarchais; et bienheureux l'écrivain auquel, dans un ouvrage si considérable, on ne trouve à adresser que d'aussi légères critiques.

Le volume intitulé *Leçons de lecture sur toutes les clés*, frappe immédiatement le lecteur par son aspect original. Se basant sur une phrase de M. Legouvé : « De tous les sens de l'enfant, le plus développé est la vue, » Mlle Parent a très ingénieusement employé les sept couleurs du prisme à la représentation des sept notes de la gamme; la même couleur caractérise dans toutes les clés le même nom de note; à leur tour, les portées sont tracées en couleur, de façon que, quelle que soit la position des clés, la ligne de même nuance porte toujours la note de même nom. L'auteur a recueilli de bons effets de cette méthode, qu'elle a employée dans ses cours de solfège appliqué au piano. Pour nous, plus historien que praticien, cette notation multicolore nous a rappelé au premier abord certains manuscrits du moyen âge, où les scribes des monastères cherchaient à éclaircir la confusion de l'écriture neumatique en employant des encres différentes pour tracer les espaces lignes de leur portée primitive ; plus tard, un procédé analogue a été introduit dans un manuscrit de musique de luth, aujourd'hui au Conservatoire de Paris; la tablature de luth, à force de signes divers servant à indiquer les notes, les valeurs, le doigté, les agréments, était devenue très embrouillée, et le copiste de ce manuscrit s'efforçait de distinguer les unes des autres toutes ces pattes de mouche en les colorant diversement.

Les solfèges en couleur de Mlle Parent nous ont paru, nous l'avons dit, extrêmement ingénieux ; le temps seul et l'usage en pourront faire reconnaître toute la valeur pratique. En s'appliquant à faciliter l'étude des clés, au lieu d'ajouter encore une tentative superflue à toutes celles qui ont été faites pour la supprimer, l'auteur a montré bien autrement de sens musical qu'il ne lui en aurait fallu pour *réformer* une fois de plus cette branche de l'enseignement artistique. Ses leçons de lecture se distinguent encore des solfèges ordinaires, en ce qu'elles embrassent l'étendue complète du piano moderne au lieu de se borner au diapason des voix séparées. Enfin, le volume se termine par une méthode de transposition, basée sur le système des clés, le plus simple, quoi qu'en pensent la plupart des amateurs, et le meilleur. M. de Saint-Lambert, qu'on nous permettra de citer encore une fois, disait déjà en 1707 dans son *Nouveau traité de l'accompagnement du clavecin* : « Pour transposer facilement, on se représente les notes sous d'autres noms que ceux qu'elles ont naturellement, et pour le faire, on suppose une autre clé que celle qui préside. »

Aux deux importants ouvrages dont nous venons de parler, Mlle H. Parent a ajouté une brochure qui, sous le titre de *La Méthode dans le travail*, contient un résumé succinct de son précédent ouvrage: *L'Étude du piano, manuel de l'élève*; c'est un abrégé des règles obligatoires pour une étude sérieuse du mécanisme du piano.

D'autres publications projetées par l'auteur, compléteront dans l'avenir l'ensemble des connaissances qu'embrasse l'étude de la musique appliquée au piano; le couronnement de ce travail entrepris avec autant de science que de zèle, sera sans doute un ouvrage spécial sur le style d'exécution et ce qu'on est convenu d'appeler *l'expression*; sur ce terrain, l'auteur rencontrera dans la littérature musicale française et allemande, de redoutables rivaux; la manière brillante dont elle s'est acquittée de la première partie de sa tâche de professeur et de théoricien, est un sûr garant du talent qu'elle saura déployer dans une autre branche de ce vaste sujet. S'il nous était permis d'émettre ici un vœu, ce serait de voir accorder dans cet enseignement une place intégrante à des notions, abrégées si l'on veut, mais exactes, d'acoustique et d'histoire de la musique. Nous regardons une connaissance sommaire de ces deux sciences comme le complément indispensable d'une éducation musicale vraiment soignée.   MICHEL BRENET.

Revue des Concerts

I. — *La nouvelle symphonie (3e) de M. Camille Saint-Saëns.*
II. — *Musique de chambre; la Société nationale et la Trompette.*

PARIS, 12 janvier.

I

A la mémoire de Franz Liszt... Ces mots, inscrits au frontispice de l'œuvre nouvelle de M. Saint-Saëns, n'ont pas été placés là par hasard et comme par caprice : brillants comme des flammes, ils projettent, sur l'ensemble et le détail du monument, leur vive lumière. Vraiment, l'âme du maître défunt revit dans ce mausolée, construit sur un plan nouveau, d'une si noble, d'une si savante et si claire ordonnance. L'adagio, rattaché au premier morceau, le scherzo servant au finale de péristyle contrasté, voici déjà du nouveau : quel soulagement d'être enfin délivré des fastidieuses reprises classiques qui nous gâtent le plaisir jusque dans le Beethoven. Mais cette innovation, déjà introduite dans le quatrième concerto de Saint-Saëns, et surtout extérieure ; il en est une autre qui touche plus au fond des choses, c'est la persistance d'un même thème à travers les fluctuations de l'œuvre, thème toujours reconnaissable sous les diverses métamorphoses que lui font subir les artifices d'harmonisation, les jeux de rythmes et de timbres ; d'un bout à l'autre, il apparaît, imprévu comme un fantôme, tantôt mélancolique et blême, tantôt avec un sourire sardonique, tantôt comme une figure lumineuse, toute rayonnante de sereine immortalité. Quelle est la nature mystérieuse de ce personnage ? Seul, M. Saint-Saëns, qui lui a donné le rôle principal dans son action symphonique, pourrait nous renseigner... La musique, lorsqu'elle est ainsi employée, répond vraiment à sa destination d'art évocateur par excellence, d'art éminemment suggestif, pour me servir d'un mot à la mode... Mais ces réflexions nous mèneraient trop loin, et ne sont pas de mise ici...

C'est bien, je crois, la première fois qu'une œuvre nouvelle d'un vivant, d'un Français, est accueillie au Conservatoire comme l'a été dimanche dernier la troisième symphonie de M. Saint-Saëns. Quand on songe à l'absence de chant, au caractère sévère de l'œuvre. A l'ampleur de ses proportions, les applaudissements sans fin et les bravos de l'auditoire prennent un air de triomphe. Il faut dire aussi que l'exécution a été superbe; l'orchestre et son chef intelligent, M. Garcin, se sont admirablement identifiés à l'œuvre ; quelle vigueur, quelle précision, quelle belle qualité de son ! L'effet du piano, et surtout de l'orgue, a été excellent ; le piano, écrit à quatre mains, est tenu par MM. Vidal et Pierné, ex-prix de Rome, a fait merveille au début du finale, quand le thème initial en *ut* mineur, transfiguré en *ut* majeur, apparaît élargi au quatuor à cordes, avec un caractère adorable de choral mystique ; la harpe, dont j'ai entendu regretter l'absence, se trouve là fort bien remplacée. L'orgue, joué par M. Guilmant, le maître organiste de la Trinité, éclate avec toute sa puissance pour la reprise de ce même thème transfiguré; il prédomine aussi dans l'adagio, où les basses profondes et calmes des 16 pieds soutiennent la phrase principale, chantée par les cordes. Outre ces deux instruments exceptionnels, l'auteur a employé toutes les ressources de l'orchestre moderne, c'est-à-dire que chaque famille d'instruments à vent est complète, composée de ses trois ou de ses quatre membres. J'ai entendu des gens se plaindre que la sonorité, dans ces conditions, fût parfois excessive pour la petite salle de la rue Bergère, quand toute la masse est appelée à donner ; mais l'auteur mande son instrument multiple avec une dextérité si consommée, il sait si bien ménager ses effets et n'en pas abuser, qu'on n'éprouve pas de fatigue ; et puis, c'est une si bonne chose, et si rare, qu'une salle pas trop grande, où l'on se sent vibrer avec la masse sonore.

S'il fallait signaler spécialement quelques passages de cette belle symphonie, où l'on sent que l'auteur est si bien sur son terrain, je m'arrêterais au début du premier allegro, mené si magistralement, puis à l'admirable coda de l'adagio, avec son instrumentation plaintive et mystique, avec ses harmonies neuves et pénétrantes; enfin, la radieuse entrée en matière du finale (après l'intervention saisissante d'un nouveau motif austère). Ici, la combinaison des mesures ternaires et binaires, 9/4, 6/4, les réponses par grandes masses, l'explosion ménagée des fanfares, la vigueur, la simplicité du style et des moyens, forment un ensemble achevé, magistral; l'épisode pastoral est charmant dans son uniformité, peut-être y a-t-il là quelque longueur. La fin est intéressante encore, mais je la goûte moins.

En somme, l'œuvre est tout à fait à sa place au Conservatoire; elle ne s'écarte pas de l'éclectisme si curieux et si intelligent qui a présidé à la composition des grandes œuvres antérieures de Saint-Saëns; elle représente bien la suite des traditions allemandes qui vont de Bach et de Haendel à Liszt et à Wagner, en passant par les trois classiques de la symphonie; mais il me semble que cette nouvelle œuvre penche davantage du côté moderne que les précédentes, par l'emploi réitéré de certaines harmonies d'un caractère spécial, par certaines recherches d'instrumentation, par la composition de l'orchestre, surtout par la façon de faire intervenir le *Leitmotiv* unique et de le transformer. Les ressources variées d'un talent incomparable, un goût extrêmement raffiné pour la mise en œuvre claire et précise, se sont combinés afin de produire cette composition captivante, sinon émouvante, où la façon de présenter les idées vous tient en éveil et vous passionne autant et plus que les idées elles-mêmes. Cette nouvelle et éclatante manifestation du génie propre de M. Saint-Saëns, honore grandement notre art national; je crois y pressentir aussi l'indice d'une évolution ; je me plais à y entrevoir l'aurore d'une nouvelle manière.

Il y a toujours des mécontents et des arriérés, il faut en prendre son parti. Qui croirait que cette œuvre si nettement traditionnelle, si sobrement progressive, ait pu effaroucher certaines gens? Que ce fruit délicat, produit de greffes savantes, de soins habiles et d'une culture assidue, mûri à point pour le Conservatoire, ait pu sembler amer ou trop pimenté à certains palais? N'ai-je pas entendu, auprès de moi, quelqu'un, un vieillard il est vrai, s'écrier, outré des applaudissements prolongés: " Quel galimatias! „ Que venait-il faire là?... Heureusement, la grande majorité de l'auditoire choisi, où l'on comptait des hommes d'Etat rendus à leurs chères études et des savants enlevés à leur laboratoire par les fonctions ministérielles, a démontré, par la chaleur de son approbation, qu'elle est digne d'occuper la place où elle est installée.

II

Deux sociétés musicales privées viennent de recommencer leurs séances : la Société nationale et la Trompette, les premières de Paris en ce genre. Les deux programmes étaient des plus intéressants; souhaitons que cela continue.

A la Société nationale, le trio en fa dièze mineur de César Frank a été remarquablement joué par Mme Breitner pour le violon, MM. Breitner et Delsart pour le piano et le violoncelle; on ne connaît pas assez cette œuvre de large envergure, d'une facture qui semble encore nouvelle, bien que l'œuvre date dé plus de quarante ans; là encore, nous retrouvons un motif persistant qui relie les diverses parties et donne à l'ensemble un caractère particulier d'unité, comme dans la nouvelle symphonie de Saint-Saëns. Comme premières auditions, nous avons entendu un arrangement pour deux pianos, bien habilement fait par M. André Messager, de deux fragments du ballet de Namouna, d'Edouard Lalo ; Prélude et Air varié, exécutés par MM. Vincent d'Indy et Messager; on a beaucoup applaudi la musique et les interprètes; le début du Prélude surtout est d'un rendu orchestral charmant. Succès très chaud pour le quatuor à cordes d'Edward Grieg, une nouveauté à la Société nationale, de toutes façons; en effet, un vote récent de l'assemblée générale vient de décider l'admission au programme d'œuvres étrangères dans des conditions déterminées et limitées, qui ne portent nullement atteinte au principe de l'institution. Le quatuor de Grieg a fait le plus grand plaisir, d'abord parce qu'il est d'une fantaisie piquante dans sa forme rhapsodique (bien que là aussi — décidément le hasard est intelligent — un Leitmotiv d'un caractère national parcoure l'œuvre et lui donne de la cohésion), parce qu'il est orchestré à ravir, et de plus, parce qu'il a été supérieurement joué par MM. Rémy, Parent, Van Waefelghem et Delsart; voilà longtemps, bien longtemps, qu'on n'avait connu à la Société nationale pareille entente, pareille homogénéité, pareil entrain, pareille sûreté et parfaite intelligence d'une œuvre des plus difficiles; ç'a été une jouissance exquise, accrue par l'espérance des jouissances à venir. — A noter l'agréable impression d'un bien joli Nocturne pour deux voix de femmes, sur des vers de Théodore de Banville, accompagné par l'auteur, M. Ernest Chausson, et chanté d'une façon charmante par Mlle Guyon et une jeune Suédoise dont on n'a pas pris le soin de nous annoncer le nom (on a tort d'oublier aussi d'indiquer sur les programmes les différentes divisions des trios et quatuors); ce morceau a été si applaudi que je me demande pourquoi on ne l'a pas bissé .... Si toutes les séances sont aussi réussies que celle-là, la saison sera belle.

A la Trompette, une primeur, le Septuor pour trompette, deux flûtes, deux violons, alto et violoncelle, composé expressément pour cette société par M. Vincent d'Indy. C'est une imitation du style ancien avec des harmonies, des sonorités et des agencements rythmiques modernes; des quatre morceaux: Prélude-Entrée, Sarabande, Menuet, Ronde (sur un thème des Cévennes), c'est la Sarabande, dans la forme canonique et le style de Bach, et le Menuet, avec son trio piquant (un ostinato sur les notes la ré à la partie supérieure, dans le ton dominant de si bémol), qui ont fait le plus de plaisir. L'exécution, malgré tout le talent de M. Marsick, la flûte enchantée de M. Taffanel, et l'étonnante trompette aiguë de M. Teste, s'est ressentie de l'absence de M. Brandoukof, le violoncelliste en titre, retenu en Russie par les neiges, et de celle de M. Brun; le second violon, empêché par le rhume; aussi M. Lemoine a-t-il fait remarquer avec mélancolie ces effets déplorables de la saison rigoureuse. Comme nous

entendrons bientôt l'œuvre de M. d'Indy à la Société nationale, où elle sera donnée dans des conditions meilleures, je sera una occasion pour en parler plus à fond, car elle en vaut la peine. — Une autre audition intéressante était celle du premier recueil des Liebeslieder Walser (op. 52) de J. Brahms, écrites pour piano à quatre mains et quatuor vocal ad libitum; cette suite de mélodies d'un tour populaire, sur des vers de Daumer, est l'œuvre du maître allemand où je trouve le plus de naturel, de grâce, de fraicheur d'inspiration; chacune de ces valses ou poèmes d'amour est charmante par le caractère bien allemand de sentimentalité intime (il y a seulement dans celle en ut mineur une modulation passagère en la naturel majeur à laquelle je ne peux me faire); les harmonies délicates et les rythmes ingénieux font oublier l'uniformité de la mesure ternaire. Quant à l'exécution, il n'y avait pas assez d'homogénéité entre les deux voix d'hommes et les parties féminines, bien tenues par Mmes Henriette Fuchs et Storm. MM. Vidal et d'Indy tenaient le piano en parfaits artistes. — N'oublions pas d'ajouter le succès en jouant avec sa virtuosité prestigieuse la onzième Rhapsodie de Liszt (en la mineur), et deux fines pièces de Couperin, les Papillons et la Favorite, en remplacement de Saint-Saëns, indisposé lui aussi.

BALTHAZAR CLAES.

Chronique Bruxelloise.

THÉÂTRE ROYAL DE LA MONNAIE

On attendait beaucoup de la reprise de Sigurd. Après deux ans, on était curieux de voir l'impression que produirait sur le même public, avec d'autres interprètes, l'œuvre de Reyer. Cette impression a été un peu indécise. Le souvenir de Mmes Caron et Bosman, et celui de M. Jourdain étaient encore trop présents à l'esprit de tous pour ne point nuire un peu aux successeurs de ces intéressants artistes. Je ne sais pas non plus si cette reprise de Sigurd, à la veille de la Valkyrie, était une chose bien habile, au point de vue du succès même, auprès du gros public, de ce dernier ouvrage.

Quoi qu'il en soit, la reprise a eu de l'éclat, et l'œuvre de Reyer, attendue avec impatience, a été écoutée avec attention par un public bienveillant. Les pages fortes, admirablement travaillées, de la partition, étaient assez connues et assez appréciées pour ne pas avoir à craindre même les défaillances de leurs interprètes; et ce que ceux-ci n'ont pu toujours donner, les sympathies des spectateurs y ont suppléé amplement. Sigurd est resté ce qu'il avait paru il y a deux ans: l'effort superbe et courageux d'un maître très instruit et très tenace vers un but, sinon complètement atteint, du moins noblement poursuivi; et la plupart des choses applaudies alors l'ont été encore cette fois, très chaleureusement, aut'ant que l'a voulu l'interprétation.

Cette interprétation, confiée à Mme Litvinne, succédant à Mme Caron, à Mlle Martini, succédant à Mme Bosman, et à M. Balensi dans le rôle créé par Mlle Deschamps, ainsi qu'à MM. Cossira, Seguin et Renaud, — ce dernier, seul survivant des artistes anciens, — a été, non pas égale à celle d'il y a deux ans, mais, dans tous les cas, aussi bonne que possible. Nul ne songera à faire un grief à Mme Litvinne de n'avoir rien de ce qu'avait Mme Caron dans le rôle de la Valkyrie, où elle était si pathétique, ni à Mlle Martini et Balensi de ne point avoir fait oublier Mme Bosman et Deschamps. Mais M. Cossira, tout en nous donnant un Sigurd d'un autre caractère que celui créé par M. Jourdain, un Sigurd plus doux, plus éthéré, plus charmant, n'a pas eu de peine à triompher des souvenirs et à décrocher un succès qu'on ne lui a, du reste, pas marchandé. Il a chanté en artiste de goût, avec sa jolie voix très souple et— qualité rare à la Monnaie— toujours bien " assise „. M. Seguin est, de son coté, excellent dans un rôle où M. Devries était médiocre. Le reste, dans son ensemble, est satisfaisant.

Et maintenant, au tour des vraies « premières ». On annonce l'Amour médecin, de Poise, pour lundi et les Contes d'Hoffmann, d'Offenbach.

L. S.

M. Ernest Reyer assistait vendredi soir à la reprise de *Sigurd* à la Monnaie.

Pendant un entr'acte, le compositeur a été reçu par la Reine.

Il a rendu visite à son collègue de l'Institut, S. A. R. le duc d'Aumale, qui assistait à la représentation dans une loge de baignoire.

Belle soirée, lui a dit l'académicien exilé, mais j'aurais préféré vous entendre à Paris.

❦

L'Académie des beaux-arts de Belgique vient de procéder à l'élection de deux membres correspondants pour la section de musique, en remplacement de Franz Liszt et d'Abraham Basevi. Ont été élus : M. Antoine Rubinstein par 24 voix, et M. Bourgault-Ducoudray, professeur au Conservatoire de Paris, par 19 voix contre 2 données à M. Mathis-Lussy, de Paris, et 2 données à M. Robert Eitner, de Berlin.

Le deuxième concert populaire consacré à la musique russe est ajourné du 16 au 23 janvier, à cause d'une audition d'élèves du Conservatoire. M. César Cui espérait assister à l'exécution des fragments de son opéra *Angelo* ; il est venu pour cela de Saint-Pétersbourg. On a vainement prié M. Gevaert d'ajourner son audition d'élèves afin que le concert populaire puisse avoir lieu le 16.

Comme il est de fort mauvaise humeur depuis quelque temps, M. Gevaert s'obstinément refusé.

CORRESPONDANCES

GAND, le 10 janvier 1887.

GRAND-THÉATRE. — Lundi 3 janvier, *le Grand Mogol* ; mercredi 5, *l'Africaine* ; vendredi 7, *Faust* ; dimanche 9, *Litschen et Fritschen*, et *Hamlet*.

Il me faut de nouveau constater un succès cette semaine, celui de la reprise de l'*Africaine* ; faite avec soin, elle a pleinement réussi et a mis en relief les qualités de nos artistes de grand-opéra : Mᵐᵉˢ Laville-Ferminet, remarquable dans le rôle de Sélika ; M. Merritt, qui se remet peu à peu de sa longue indisposition ; M. Soum, un Nélusko superbe sous tous les rapports, et M. Plain, bon comme toujours. Mˡˡᵉ Boyer n'a pas été tout à fait à la hauteur de ses partenaires, non plus que M. Carbonnel ; mais on ne leur en a pas voulu. Chœurs et orchestre ont marché de manière à valoir une ovation à M. Bärwolf, notre excellent chef d'orchestre. Très belle soirée, le vendredi, pour le bénéfice de notre première basse de grand-opéra, M. Plain ; le public, qui aime beaucoup cet artiste, a tenu à lui donner des preuves durables de son affection ; ni couronnes ni cadeaux n'ont manqué à ce sympathique bénéficiaire.

Le Conservatoire a donné, le samedi 8, un concert avec le concours de Mˡˡᵉ Rachël Uhlmann. Cette jeune pianiste a fait preuve d'une virtuosité brillante, mise un peu froide, dans le concerto en *ré* mineur de Mendelssohn, ainsi que dans les autres morceaux qu'elle a exécutés ; j'aurai l'occasion de vous en parler plus au long la semaine prochaine, en rendant compte de son *piano-recital* annoncé pour mercredi. On a beaucoup applaudi une charmante romance pour cor de Van Cromphout, jouée à la perfection par M. Depres. Le reste du programme se composait de l'ouverture des *Deux Journées*, de celle de la *Flûte enchantée* et de deux petits morceaux de Gluck, le tout habilement dirigé par M. Samuel.

Le même soir avait lieu un grand concert de charité organisé par la société royale de chant le *Willems-Genootschap*, au profit de l'œuvre des Crèches. Outre Mᵐᵉˢ Laville-Ferminet, MM. Merritt, Soum et Plain, du Grand-Théâtre, on y a entendu avec plaisir Mˡˡᵉ Balthasar, une jeune violoniste au talent fort distingué. La pièce de résistance du concert était le grand chœur de Hanssens : *Hymne du matin*, exécuté par les membres de la société organisatrice, sous la direction de M. J.Pauwels.

Ce pauvre Paladilhen'est guère connu à Gand : voici comment le *Journal de Gand* désigne un des airs de sa nouvelle œuvre, inscrit au programme du concert du *Willems-Genootschap* :

2. *Patrie de Paladilhes "* l'air du sonneur,, chanté par M. Soum (***).

What's in a name ?   P. B.

LIÉGE, le 11 janvier.

. Les séances de la *Société des concerts* du Conservatoire auront cette année un attrait de curiosité exceptionnel. Le programme de la première séance, fixée au 5 février, comprendra, outre l'audition du célèbre flûtiste Taffanel, l'exécution de deux fragments de *Tristan et Yseult* de Wagner : le prélude et la scène finale (mort d'Yseult), et pour finir, la *Chevauchée des Walkyries*, telle qu'on l'interprète à la scène, c'est-à-dire avec l'adjonction de neuf voix de femmes.

Au deuxième concert on entendra l'*Orphée* de Gluck, presque au complet.

Les dilettanti liégeois se préoccupent déjà beaucoup de la fête musicale qui se fera à l'occasion de l'inauguration du nouveau Conservatoire, et qui aura lieu dans la seconde quinzaine du mois d'avril. A cette occasion on exécutera la 9ᵉ symphonie avec chœurs, de Beethoven, et la cantate *Patria*, poème lyrique en 3 parties pour soli, chœurs et orchestre, de Théodore Radoux, qui fut exécutée comme on sait avec tant de succès au festival national de Bruxelles, le 27 juillet 1880.

Samedi dernier a eu lieu l'installation de M. Sylvain Dupuis comme directeur de la société chorale la *Légia*. Nombre de sociétaires s'étaient rendus dans les salons de la société pour faire au jeune maëstro liégeois un chaleureux accueil. M. d'Andrimont, bourgmestre et président d'honneur de la société, a, dans un discours improvisé, énuméré les divers titres de M. Dupuis au poste qui lui est confié. M. d'Andrimont a annoncé l'intention du nouveau directeur d'élargir l'action musicale de l'orphéon liégeois. M.Dupuis a répondu en termes heureux au discours de M. le bourgmestre et remercié cordialement les sociétaires de l'accueil sympathique dont il était l'objet.Ensuite,après avoir rendu hommage à ses prédécesseurs MM. Vercken et Toussaint Radoux, il a exposé son propre programme, qui consiste à faire de la société la *Légia* une société de musique exécutant en même temps des œuvres pour voix mixtes et des œuvres pour voix d'hommes uniquement.

Au Théâtre nous avons à enregistrer deux représentations successives de *Robert le Diable*, qui ont été des plus brillantes. MM. Verhees et Guillabert ont supérieurement chanté les rôles de Robert et de Bertram ; Mᵐᵉˢ Chasseriau et Hamackers ont enlevé les bravos dans ceux d'Alice et d'Isabelle.   JULES GHYMERS.

BRUGES, 3 janvier 1887.

Notre saison musicale a eu une certaine animation pendant la dernière quinzaine de décembre. Nous avons eu successivement trois grandes fêtes de bienfaisance où la musique a joué un grand rôle. Je note comme particulièrement réussi le concert donné sous la direction de M. Jules Goetinck. Le programme comprenait deux morceaux à grand orchestre, l'ouverture du *Docteur Vieuxtemps*, de J. Goetinck, et la symphonie en *ut* nᵒ 5, de Mozart, auxquels venait s'ajouter un prélude de Massenet, le *Dernier Sommeil de la Vierge*, pour orchestre réduit.Parmi les solistes de concert, le public brugeois a particulièrement goûté Mˡˡᵉ Urbain, une toute jeune cantatrice blonde comme les blés, dont le talent est plein de promesses.

Le concert donné en faveur des Pauvres honteux a mis en relief les excellentes qualités de l'orchestre de l'*Association musicale*, sous la direction de M. L. Hinderyckx.On a vivement applaudi ce concert Mˡˡᵉ Dyna Beumer, retour de sa grande tournée de concerts en Allemagne. On a fait fête à la charmante cantatrice.

Il n'y a pas jusqu'au Théâtre qui ne se soit donné d'émulation et ne se soit considérablement relevé. Nous avons eu le 28 décembre la primeur d'un petit opéra-bouffe, les *Chevaliers de Tolède*, de M. Joseph Michel, directeur de l'école de musique d'Ostende. Ces *Chevaliers* ont reçu du public un accueil très flatteur. La musique, bien en rapport avec le sujet, ne manque pas de distinction dans sa légèreté, et l'orchestration, très soignée, décèle un compositeur de goût et d'expérience. Le livret, dans sa désinvolture picaresque, semble une page de *Gil Blas* adaptée à la scène. M. Michel, appelé à la chute du rideau, a été l'objet d'une sympathique ovation de la part de l'assemblée, et une magnifique couronne lui a été offerte.

NAMUR, le 9 janvier 1887.

Nous avons eu hier une représentation exceptionnelle de *Faust*, avec Mᵐᵉˢ Martini et Lafeuillade, et MM. Cossira, Kinnel et Mertel. Mˡˡᵉ Martini, du théâtre de la Monnaie, remplissait le rôle de *Marguerite*, qu'elle abordait pour la première fois. Elle l'a joué et chanté avec une aisance et une élégance parfaites. Son succès a été aussi vif que légitime. M. Cossira a été très applaudi et a fait une grande impression. M. Kinnel, la basse chantante du théâtre de Liége, a été très goûté comme comédien et chanteur. L'orchestre a été irréprochable sous la direction de M. Raoul. Cette représentation extraordinaire avait été organisée à l'occasion d'une visite des ministres dans notre ville.

CHARLEROI, le 10 janvier 1887.

Vous m'avez demandé de vous donner en temps des nouvelles du " mouvement musical „ dans la région carolorégienne. Je me mets tout à votre disposition, mais je dois vous prévenir qu'il ne faut pas attendre grand'chose de ce côté. Le mouvement musical n'existe guère chez nous qu'à l'état d'embryon. L'industrie nous absorbe et nous étouffe un peu, et ceux de nous qui ont soif de jouissances artistiques se sont réduits à prendre le train pour Bruxelles, pour Paris, pour Cologne ou pour Aix-la-Chapelle.

Croiriez-vous qu'à Charleroi, une agglomération dense de près de 250,000 âmes, il n'y ait pas de théâtre? J'entends pas de théâtre lyrique, pas de subvention, pas de troupe à demeure, partant pas d'orchestre et pas de chœur. A peine y a-t-il une salle de spectacle; et encore, les particuliers qui l'ont édifiée, l'année dernière, ont-ils pris soin, pour le cas de non-réussite, de ne construire qu'un théâtre à toutes fins, pouvant au besoin se transformer en café et en maison d'habitation. Vous voyez que les entrepreneurs eux-mêmes ont peu de foi dans l'avenir de leur œuvre.

E pur si muove; et cependant, il n'en faudrait pas conclure contre nous à une immobilité absolue. Il y a dans la population des éléments artistiques d'une valeur incontestable, et il suffirait d'un homme de talent, d'initiative et d'autorité, pour donner le branle et créer à Charleroi un foyer musical au moins aussi sérieux que Mons, que Namur, que Verviers, avec la prétention justifiée d'arriver un jour à se trouver au rang des grandes cités comme Liége, Gand et Anvers.

Jusqu'ici, nous n'avons vécu que d'emprunts. Mais ces emprunts sont concluants: l'Alcazar et les Galeries de Bruxelles sont venus l'année dernière nous donner des opérettes à grand spectacle: l'*Étudiant pauvre*, la *Guerre joyeuse*, etc. etc. La brillante recette qu'ils ont toujours faite les a fortement engagés à revenir; et sans les événements de mars, M. Carion eût peut-être exploité le théâtre à demeure, concurremment avec sa troupe bruxelloise. La troupe d'opéra de Liége a joué récemment sur notre scène, devant un public nombreux et enthousiaste.

Il y a donc moyen de faire recette; c'est le principal. Les artistes doivent se trouver là où il y a la vie à gagner; donc, nous en aurons le jour où nous aurons quelqu'un pour les attirer ici et les y maintenir.

En attendant, nous avons, de ci de là, quelques concerts bien organisés qui reçoivent à peu près exclusivement leurs attractions de la capitale. Mais vous savez quel ennui dans l'uniformité de ces exhibitions! Toujours le même cadre; toujours la fantaisie en pot-pourri par la flûte dans l'endroit, puis le solo de piston, de bugle ou de violoncelle, puis l'air de la *Reine de Saba* ou la cavatine de *Faust*, puis enfin le triomphe obligé du chanteur comique à répétitions.

Il y a pourtant des exceptions, de grandes sociétés industrielles, comme Mariemont et Couillet, la Société française de bienfaisance, les *XXV* de Gilly, qui se piquent d'une noble émulation, qui cherchent à faire de l'art, à sortir de l'ordinaire, et qui réussissent le plus souvent.

J'aurai à vous parler à l'occasion de ces diverses sociétés, de leurs manifestations musicales, et surtout de leur organisation. Chose curieuse, le pays de Charleroi, si déshérité au point de vue de la symphonie et de l'art théâtral lyrique, est d'une fécondité et d'une richesse remarquables en sociétés de musique de cuivre. Point de chorales, une seule exceptée, la Société royale des *XXV*, dirigée par M. Duysburgh, qui a acquis à Gand une place honorable entre l'*Orphéon* et les *Artisans réunis* de Bruxelles.

En revanche, une quantité considérable de fanfares et d'harmonies de tout premier ordre qui font honneur au pays et tiennent brillamment la tête dans tous les grands concours. Dans une prochaine correspondance je reviendrai sur ce sujet, qui mérite quelques développements.

A. D.

Petites Nouvelles

Samedi, à l'opéra de Paris, Mme Krauss et M. Duc, indisposés, n'ont pu chanter les rôles de Dolorès et de Karloo, dans *Patrie!* Ils ont été remplacés, au dernier moment, par Mlle Dufrane et M. Sellier.

Mlle Dufrane a remarquablement interprété ce terrible rôle et a su, malgré le souvenir de sa devancière, se faire acclamer dans la scène de la dénonciation, qu'elle a rendue avec un sentiment dramatique très puissant.

M. Sellier a de son côté réussi dans Karloo.

Sosie, tel est le titre d'une opérette en trois actes, paroles de MM. Albin Valabrègue et Kéroul, musique de M. Raoul Pugno, qui sera représentée cet hiver aux Bouffes-Parisiens. Le principal rôle de femme est destiné à Mlle Marguerite Ugalde.

Le *Prix Rossini*, pour une œuvre poétique appropriée à une composition de musique lyrique ou religieuse, pour deux, trois ou quatre voix, n'a pas été décerné cette année. Le concours est prorogé pour cause d'insuffisance des *vingt* compositions littéraires adressées à l'Académie des beaux-arts de France.

Un journal de Paris annonce comme absolument certaine la retraite de M. Carvalho, qui serait remplacé à la direction de l'Opéra-Comique par M. Paravey, directeur à Nantes.

Mlle Gavioli, l'excellente cantatrice qui s'est fait entendre récemment dans le concert de M. César Frank au Cercle artistique et littéraire, à Bruxelles, a obtenu mardi un vif succès à la salle Erard à Paris, dans un concert donné par M. Ernest Moret, un jeune violoniste de grand talent qui a joué des œuvres de Brahms, Vieuxtemps, Paganini, Wilhelmy et Rehfeld. M. Gaston de Try s'est fait applaudir comme pianiste.

La direction du théâtre des Arts, à Rouen, sera vacante à partir du 15 mai 1887, pour deux années. Parmi les candidats qui se présenteraient, on cite MM. Leclère, directeur du théâtre Français; Gravière, directeur du théâtre de Bordeaux; Justin Née, directeur du théâtre de Reims; Bouvard, régisseur général du théâtre de Toulouse; de Beauplan et Ponsard; on parlerait de M. Roudil, directeur du théâtre de Marseille.

A la dernière séance du quatuor, à Reims, vif succès pour l'excellent pianiste Gustave Kefer, de Bruxelles. On a entendu à cette séance le remarquable trio de Louis Kefer, directeur de l'École de musique de Verviers. Le *Courrier de la Champagne* fait le plus grand éloge de cette œuvre du compositeur belge.

Une importante vente d'autographes vient d'avoir lieu à Berlin. Parmi les pièces qui ont atteint les prix les plus élevés, il faut citer un essai de critique sur Meyerbeer, par Wagner, dans lequel les louanges de l'auteur des *Huguenots* sont prodiguées en termes chaleureux; une composition inédite du même Richard Wagner, qui a été adjugée à 980 marks (1200 francs); deux *Polonaises* de Chopin (400 marks); une lettre de Beethoven datée de Vienne, 29 septembre 1816 (200 marks); une de Joseph Haydn, datée d'Esteras, 10 octobre 1786 (225 marks); quatre marches pour piano par Schumann (100 marks); un manuscrit de J.-S. Bach (985 marks), et une *aria* pour soprano de Mozart, *Conservati fedele*, avec accompagnement de deux violons, alto et basse (119 marks). Ce dernier manuscrit est daté de 1765. Mozart l'aurait donc composé à l'âge de 9 ans.

D'autre part, on annonce une vente d'autographes de musiciens et de comédiens, qui aura lieu le 19 janvier à Paris par les soins de M. Eugène Charavay. Dans cette collection très curieuse, où l'on trouve non seulement des lettres, mais de précieux manuscrits autographes de grands compositeurs, nous relevons les noms suivants: pour les musiciens: Liszt, Thalberg, Rossini, Mozart, Ambroise Thomas, Reyer, Gounod, Massenet, Chopin, Viotti, Chérubini, Meyerbeer, Verdi, Boieldieu, Adam, Onslow, Beethoven, Destouches, Ole Bull, Bochsa, Bizet, Ch. de Bériot, Doni, Donizetti, Chelard, Dancla, Dreyschock, Flotow, Dussek, Fumagalli, Haydn, Gossec, Hummel, Kalkbrenner, Martini, Litolff, Ferci, Teresa Milanollo, Paganini, Moscheles, Mme NormanNeruda, Ferdinand Ries, Poise, Paisiello, Reicha, Spontini, Salieri, Théodore Ritter, Saint-Saëns, Schumann, l'abbé Stadler, Sarti, Sarasate, Mme Clara Schumann, Vieuxtemps, Scarlatti, Spohr, Weber, Schubert, Widor, Richard Wagner, Joseph Wieniawski, etc.; parmi les chanteurs et comédiens: Mme Carvalho, Talma, Lafon, Mme Raucourt, Bouffé, la Malibran, Jenny Lind, Mme Sontag, Crescentini, Mme Contat, Mme Dorval, Mlle Duchesnois, Mlle Quinault, Carlin, Larive, Got, Lekain, Frédérick Lemaître, Mlle Georges, Adelina Patti, Mme Mara, Mlle Mars, la Pasta, Monvel, Rachel, Christine Nilsson, Molé, Mme Saint-Huberty, Mlle Ristori, Tamburini, Thérésa, etc. Une des parties les plus précieuses de la collection consiste en plusieurs manuscrits autographes de Félicien David, qui seront vendus en dernier. Ces manuscrits comprennent: la symphonie en *mi* bémol, complète (466 pages de partition); un fragment important, de *Moïse au Sinaï* (95 pages); divers fragments d'*Herculanum*, du *Jugement dernier*, de l'*Eden*, du *Saphir*, et divers autres morceaux.

M. Franz Rummel, le pianiste bien connu, obtient un brillant succès en Angleterre. Il a joué à Leeds et à Huddersfield. Son succès a été tel qu'il a été engagé immédiatement pour la saison prochaine.

D'Angleterre, M. F. Rummel s'est rendu en Allemagne pour y donner des concerts à Neuwied, à Berlin et à Brunswick. — De brillants engagements l'attendent en Scandinavie, au mois de mars.

L'engagement de Mme Materna à l'Opéra impérial de Vienne, expire le 30 de ce mois. La célèbre cantatrice ne paraîtra plus qu'une fois dans le *Merlin* de Goldmark, et le 17 elle jouera pour la dernière fois le rôle d'Yseult. Mais, ainsi que nous l'avons dit, la direction de l'Opéra impérial est en pourparlers avec elle pour un engagement nouveau qui prendrait cours après la tournée que Mme Materna va faire en Russie.

Dimanche on a repris à l'Opéra impérial le *Cosi fan tutte*, de Mozart, avec Mme Lucca.

Le ténor Mierzwinski vient de donner avec un grand succès plusieurs concerts à Vienne, et il est en ce moment à Lemberg, d'où il se rendra en Russie pour une grande tournée.

Le *Fou de la Cour*, l'opérette qui a été récemment un si grand succès à l'*An der Wien*, vient de passer triomphalement sur les planches du *Friedrich Wilhelmstadt* à Berlin. L'auteur de la musique, M. Müller, conduisait, et il a été rappelé plusieurs fois après chaque acte. On n'a pas bissé moins de quatre morceaux.

※

Mme Rosa Sucher, la belle Yseult de Bayreuth, est décidément engagée pour un an à l'Opéra de Berlin. L'engagement vient d'être signé.

Au théâtre de Hambourg, dont Mme Sucher faisait partie, elle sera remplacée par Mlle Klafsky, une cantatrice tchèque dont la voix est dit-on magnifique.

※

M. César Thompson, le grand violoniste liégeois, vient de jouer pour la première fois à Vienne dans un concert de la société *Concordia*. Le *Wiener Fremdenblatt* dit à ce sujet : " M. Thompson est, un des plus remarquables violonistes que nous ayons entendus. En ce qui concerne la virtuosité, depuis l'apparition de Sarasate, nous n'avons pas souvenance d'un artiste qui égale M. Thompson. Sa parfaite et merveilleuse habileté technique, la beauté du son qu'il tire de son instrument, la justesse et la sûreté absolues de son jeu nous rappellent tout à fait la perfection de Sarasate. „

※

Il paraît que l'Opéra de Munich conservera intact le budget qu'il avait jusqu'ici. On se rappelle qu'en présence du déficit laissé par la dernière année, il avait été question de réduire considérablement les frais de l'exploitation, payés en partie par la caisse royale. Le prince régent voulait faire des économies. Dans ces conditions, l'intendant général, M. le baron de Perfall, n'avait pas cru pouvoir conserver son poste et il avait offert sa démission. Grâce à sa fermeté, on annonce aujourd'hui que le prince régent est revenu sur sa détermination et que les économies projetées seront ajournées.

A ce propos, un journal de Paris annonce que *Parsifal* va être joué à Munich. L'intendance aurait l'intention, malgré les protestations de la famille Wagner, de faire usage d'un traité que Wagner aurait signé en 1877, dans un moment de gêne.

Ce renseignement est très sujet à caution, par la raison qu'en 1877 *Parsifal* n'existait pas encore et qu'il est peu vraisemblable que Wagner ait à cette époque pris un engagement en contradiction avec la volonté toujours exprimée par lui, de réserver *Parsifal* exclusivement à la scène de Bayreuth.

Aïda vient d'être représentée pour la première fois à La Haye avec un grand succès. Les interprètes, Mme Millis (Aïda), Mlle Lender (Amnéris), MM. Lestellier (Radamès) et Auer (Amonasro), ont été à la hauteur de leur tâche facile, du reste, par l'excessive impatience du public à entendre le chef-d'œuvre de Verdi.

※

Le Théâtre royal de Stockholm est, paraît-il, à la veille de fermer ses portes. Le Parlement suédois vient de biffer du budget la subvention annuelle qui était attribuée jusqu'ici pour l'exploitation de cette scène importante.

Le député Mariotti a été chargé par le gouvernement italien de se rendre à Paris pour recueillir les restes mortels de Rossini.

La pose de la première pierre du monument qui sera érigé dans l'église de Santa-Croce, aura lieu en même temps que l'inauguration de la façade du dôme de Florence.

Les troupes italiennes n'ont décidément pas de chance depuis quelque temps. L'impresario du théâtre Khédivial, au Caire, signor Boni, vient de déposer son bilan après une saison désastreuse. Tout le personnel de son théâtre se trouve par suite sans aucunes ressources sur le pavé du Caire. On assure que le khédive va faire rapatrier ces malheureux à ses frais.

Le théâtre d'opéra italien de Tunis, dont la campagne avait été peu brillante, vient également de fermer ses portes, après mise en faillite de la direction. Les artistes, en débarquant en Italie, ont trouvé à organiser une série de représentations à Marsala.

Le *Mefistofele* de Boïto est désormais acclimaté en Russie. Donné il y a six ans par la troupe italienne, avec un succès relativement modéré, il vient de passer de la scène italienne à la scène russe avec le succès le plus complet. L'exécution du *Mefistofele* à l'Opéra russe est, du reste, excellente et n'a pas peu contribué à la réussite de l'ouvrage.

※

Les Américains nous devancent décidément. Le *Metropolitan Opera house* de New-York vient de donner avec succès le *Merlin* de Goldmark, dont la première représentation à l'Opéra de Vienne eut lieu il y a un mois à peine. Voilà une impresa qui ne craint pas les nouveautés, et elle s'en trouve bien paraît-il. Tandis que les compagnies qui s'attardent à donner le vieux répertoire, la *Somnambule*, *Norma* et autres *Juive*, subissent de lamentables échecs. C'est ainsi qu'on annonce la déconfiture de la compagnie italienne dont faisait partie Mme Fursch-Madier.

VARIÉTÉS

LE RICHARD WAGNER DE M. ADOLPHE JULLIEN ET LA PRESSE ALLEMANDE

Les journaux d'Allemagne et d'Autriche commencent à nous apporter des articles importants sur le magnifique ouvrage de M. Adolphe Jullien : *Richard Wagner, sa vie et ses œuvres*, et comme on pouvait l'espérer, leur satisfaction égale au moins leur étonnement. La *Nouvelle Presse libre*, de Vienne, la *Gazette de Cologne*, le *Journal de Francfort* viennent de publier coup sur coup des études très bien faites, qui montrent avec quelle vive curiosité et quel sérieux intérêt la presse allemande accueille et juge ce travail si complet et si nouveau de M. Adolphe Jullien.

De la lecture de ces différents journaux de premier ordre, il se dégage un double sentiment: quelque peu de confusion à l'idée que c'est un Français qui rend un hommage aussi considérable au grand maître allemand ; puis une admiration très sincère pour l'ouvrage en lui-même, et l'aveu très franc que c'est bien là l'ouvrage impartial complet et définitif, qu'on devait forcément écrire un jour sur Richard Wagner. L'éloge est précieux à noter, venant des principaux critiques d'Allemagne, en même temps que dans le pays de Richard Wagner il y avait place, en ce qui le concerne, pour un jugement sain, pour une admiration réfléchie, également distante des affolements d'enthousiasme et des violentes négations de parti pris.

Nulle part, peut-être, cette double impression des journalistes d'outre-Rhin en face du livre de M. Adolphe Jullien ne s'est traduite avec plus de louable franchise que dans l'excellent article de la *Post*, de Berlin (10 décembre), auquel la signature de l'éminent critique M. Adolphe Rosenberg prête une importance exceptionnelle :

« Un Allemand quelque peu chatouilleux sur le patriotisme n'est pas sans éprouver un sentiment désagréable quand il lui faut annoncer à ses lecteurs que c'est un Français qui vient d'écrire à propos de Wagner la première biographie digne de ce nom, c'est-à-dire un ouvrage où les qualités du maître sont exposées clairement, jugées avec impartialité, et où l'on n'a pas cherché à dissimuler ses défauts. Au souvenir des scènes turbulentes auxquelles l'exécution à Paris des œuvres de Wagner a donné lieu, le lecteur sera porté à croire qu'il s'agit ici d'une attaque perfide dirigée contre le maître allemand; mais, quand on se propose un but semblable, on écrit une courte brochure, et on n'édite pas un ouvrage de luxe. En feuilletant le livre que l'auteur, M. Adolphe Jullien, m'a adressé il y a une quinzaine de jours, j'ai été péniblement impressionné par le grand nombre de caricatures insérées dans le texte; bien que l'auteur fût, à ma connaissance, et depuis de longues années, un des plus chauds partisans à Paris de la cause wagnérienne, j'eus quelque doute sur l'esprit qui avait guidé sa plume. Mais la lecture attentive de l'ouvrage, dont la composition témoigne d'une somme de travail extraordinaire, eut bientôt fait de dissiper mes appréhensions. Nous nous trouvons en présence d'une œuvre inspirée par la piété la plus noble, et qui obtiendra sûrement un vif succès international, justifié par l'application vraiment étonnante dont il porte la marque à chaque page. „

C'est l'avis que nous avons exprimé dès le premier jour, et nous sommes heureux de voir qu'il prévaut jusqu'en Allemagne, auprès de tous les experts libres et clairvoyants.

ÉPHÉMÉRIDES MUSICALES

Le 14 janvier 1740, à Lucques, naissance de Luigi Boccherini. — Sa mort, à Madrid, le 28 mai 1805, à l'âge de 66 ans.

En supposant que les changements du goût rendissent à jamais impossible un retour vers la musique de Boccherini, le maître n'en vivrait pas moins dans l'histoire de l'art, comme inventeur de la forme suprême de la musique instrumentale. En effet, de ses trios, de ses quatuors, de ses quintettes destinés aux concerts intimes du salon et de la chambre, jaillit ce cadre symphonique que Haydn remplit en ajoutant à la simple famille des instruments à cordes la double famille des instruments à vent, et dans lequel Beethoven, si différent de Boccherini cependant, put faire entrer sans le briser, et sans même altérer la pureté de ses lignes architecturales, les élans sublimes de sa gigantesque fantaisie. Baillot, en France, a été l'interprète le plus grand et le plus passionné de la musique de Boccherini. Fétis, en Belgique, la faisait exécuter par les jeunes artistes du Conservatoire ; « mais disait le vieux maître (*Biogr. univ. des mus.*, t. I, p. 400), quand je ne serai plus, Dieu sait ce qui en adviendra. » On pourrait le savoir en s'adressant à M. Gevaert.

En ces derniers temps, M. Alfredo Boccherini, vivant en Espagne, a publié la biographie de son grand-oncle, laquelle, outre des faits inconnus, contient deux lettres écrites en italien et adressées à Louis Boccherini, en 1785 et 1786, par le prince de Prusse, devenu roi sous le nom de Frédéric-Guillaume III.

— Le 15 janvier 1784, à Paris (Opéra), *la Caravane du Caire*, 3 actes de Grétry. — Un des plus grands succès que mentionne l'histoire du théâtre de l'Opéra ; reprise fréquemment jusqu'en 1829, *la Caravane* atteignit le chiffre énorme de cinq cent six représentations et rapporta plus d'un million de recettes. J.-B. Rongé (*Grétry*), Michel Brenet (*Grétry, sa vie et ses œuvres*), V. Wilder (notice en tête de la partition de *la Caravane* et reproduite *Guide mus.*, 9 septembre 1880), ind. Gregoir (énorme compilation sous le titre : *Grétry*) ont apporté, les uns, des appréciations très fines sur le mérite de l'œuvre de Grétry, l'autre, le fruit de recherches utiles.

— Le 16 janvier 1792, à Paris (Opéra-Comique), *les Deux Couvents*, 3 actes, paroles de Desprez et Rouget de Lisle, musique de Grétry. — « La pièce, dit Michel Brenet, eut si peu de succès que les auteurs durent immédiatement la reprendre pour y faire des changements ; la deuxième audition eut lieu le 16 février, sous le titre de *Cécile Dermanod ou les Deux Couvents*. » Grétry, quoiqu'il ne mentionne pas cette pièce dans ses Mémoires, en parle cependant avec une certaine satisfaction à son collaborateur Rouget de Lisle, l'auteur de *la Marseillaise*. Il lui écrivait ceci sous la date du 4 novembre 1792 : « La recette a été, le jour de la Toussaint, de près de 4.000 francs. Cet ouvrage restera et sera joué souvent, ce qui fera plaisir aux Marseillais du parterre, qui le réclameront toujours. Vos couplets des Marseillais : *Allons, enfants de la patrie !* sont chantés dans tous les spectacles et dans tous les coins de Paris ; l'air est très bien saisi par tout le

monde, parce qu'on l'entend tous les jours chanté par de bons chanteurs. » Grétry, on le voit ici, était dans le mouvement révolutionnaire de l'époque.

— Le 17 janvier 1801, à Bruxelles, naissance de François-Joseph-Baptiste Seghers. — Sa mort, à Margency près Paris, le 2 février 1881. Violoniste, chef d'orchestre, l'un des fondateurs de la Société des concerts du Conservatoire et de la Société Sainte-Cécile de Paris, Seghers, le premier, eut l'honneur de faire exécuter à Paris l'ouverture du *Tannhæuser*, de R. Wagner (24 novembre 1850). Cet hommage lui est rendu dans le beau livre d'Adolphe Jullien, ainsi que dans le dernier numéro de la *Revue wagnérienne*. — Lettre de Belgique, par Edm. Evenepoel.

— Le 18 janvier 1775, à Bruxelles, *Berthe*, comédie héroïque pastorale en 3 actes, mêlée d'ariettes, musique de Philidor, Gossec (et Botson). Ce dernier ne figure pas sur le livret imprimé (Bruxelles 1774) : mais sa part de collaboration est parfaitement établie dans les lettres qui ont été échangées entre les auteurs et le directeur Vitzthumb. *Berthe* forme un curieux chapitre d'une brochure que M. Ch. Piot a publiée, en 1875, sous le titre *Philidor et Gossec.* Voir *Guide mus.*, janvier, février et mars 1878.)

— Le 19 janvier 1883, à Bruxelles, *Méphistophélès*, grand-opéra en 5 actes, poème et musique d'Arrigo Boïto. C'est pour la première fois que se produisait en français cette œuvre née au delà des Alpes, et c'est au théâtre de la Monnaie que le *Mephisto* italien vint demander l'hospitalité. Le *Guide musical* (n° du 11 janvier 1883) a dit combien la réception fut magnifique ; les meilleurs artistes de la troupe : MM. Jourdain, Gresse, Delaquerrière, Mmes Duvivier et Deschamps, l'orchestre conduit par M. Joseph Dupont, tous contribuèrent à assurer le succès de la partition vraiment remarquable de Boïto.

— Le 20 janvier 1881 à Gand, par une troupe allemande, *Tannhæuser*, de Richard Wagner. Les journaux de Gand constatèrent le grand succès de l'œuvre, ainsi que l'excellente interprétation que lui donnèrent Mme Marion (Vénus), Mlle Ottiker (Elisabeth), Grinauer (Wolfram), Roth (Walter), Bajoe et Müschler. L'orchestre était sous la direction très habile de M. Kogel.

Paraissant tous les jeudis.

ABONNEMENT	SCHOTT FRÈRES, ÉDITEURS	ANNONCES
FRANCE & BELGIQUE, 10 francs par an.	**Paris,** *Boulevard Montmartre, 19*	LA LIGNE . . . . FR. 0.50.
LES AUTRES PAYS, 10 francs (port en sus)	**Bruxelles,** *Montagne de la Cour, 82*	On traite à forfait pour les grandes annonces.

RICHARD WAGNER
& Mᵐᵉ MATERNA

Voici quelques lettres intimes de Richard Wagner à la grande artiste qui créa le rôle de Brunhilde au théâtre de Bayreuth. Elles nous donnent un Wagner bien différent, en vérité, de celui que nous ont fait ses détracteurs systématiques.

Jamais compositeur n'aura rendu à l'interprète de son œuvre un plus éclatant hommage de gratitude, non pas un de ces hommages banals que prodigue la politesse intéressée des auteurs, mais un hommage sincère et profond, expression d'une admiration reconnaissante qui vient du cœur, où se révèle l'âme exquise de l'artiste et de l'homme.

C'est dans l'été de 1874, deux ans après la pose de la première pierre du théâtre de Bayreuth, et alors que Wagner s'occupait activement de la réalisation de ses projets concernant la *Tétralogie*, que son attention fut appelée, pour la première fois, sur le nom de celle qui devait par la suite prendre une si grande place dans l'art nouveau. Ce fut le baryton Scaria, désigné par le maître pour le rôle de Hagen, qui lui proposa Mᵐᵉ Materna pour le rôle de Brunhilde.

La « vaillante fille de Wotan », comme Wagner l'appelait plus tard familièrement, était engagée depuis peu à l'Opéra de Vienne ; elle avait été remarquée pour sa belle et puissante voix, mais dans le voisinage de la Dustmann et de la Wilt elle n'avait

pas encore conquis le rang qu'elle occupe aujourd'hui parmi les artistes lyriques de l'Allemagne.

Elle était en représentation à Leipzig lorsqu'elle reçut un mot de Wagner l'invitant à passer par Bayreuth. Malheureusement, cette invitation lui arriva au moment où elle allait partir pour Londres ; elle devait y chanter dans un concert donné par le baron Ferdinand de Rothschild. Avant de s'embarquer, elle se contenta d'envoyer à Wagner un portrait photographique qui la représentait dans le rôle d'Ortrude.

L'impression de Wagner fut, dit-on, désastreuse. Sur ce que lui avait raconté Scaria, il avait rêvé une grande figure de femme, une déesse germanique, aux traits réguliers et fiers, telle enfin qu'il entrevoyait sa Brunhilde. Au lieu de cela, la photographie lui offrait une Ortrude un peu bourgeoise avec, au milieu du visage, un nez retroussé et des pommettes saillantes. On sait combien Wagner attachait d'importance au physique de ses interprètes ; il voulait qu'ils fussent en tout, physionomie, allure, geste, visage, conformes au type que son imagination lui avait représenté. La désillusion fut complète ; et le maître ne songeait déjà plus à la Brunhilde que lui avait recommandée Scaria, lorsqu'un matin, quelques semaines après la lettre adressée à Leipzig, une voiture s'arrêta devant la grille de la villa Wahnfried ; Mᵐᵉ Materna, revenant directement de Londres à Bayreuth avec son mari, se faisait annoncer. Elle fit passer sa carte. Le domestique la pria de repasser le soir, à l'heure où le maître recevait « les étrangers ».

Une étrangère, elle qui venait se mettre à la disposition du maître ! Mᵐᵉ Materna fut atterrée, et lentement, à travers le parc, elle regagnait sa voiture, méditant sans doute un départ immédiat, lorsqu'au moment d'arriver à la grille, une voix d'homme, grêle et stridente, venant du jardin, l'arrêta. C'était

Wagner lui-même, qui accourait haletant. Il se confondit en excuses sur la maladresse des serviteurs et la pria d'entrer.

On sait combien Wagner était impressionnable et nerveux, et avec quelle vivacité ses moindres sentiments se trahissaient en exclamations parfois singulières. Il ne connaissait pas l'art de la dissimulation.

A peine les premiers mots échangés dans le salon, Wagner en gesticulant eut un cri : « Non! non! ce n'est pas vous! ce n'est pas vous! Le portrait a menti! »

La mauvaise impression laissée par l'Ortrude de la photographie était effacée. Mᵐᵉ Materna sourit, la glace était rompue. Wagner déclara aussitôt qu'il ne voulait pas d'autre Brunhilde, qu'elle était bien la femme du rôle, et l'on remit à la soirée l'épreuve de la voix. Mᵐᵉ Materna chanta l'air d'Elisabeth du *Tannhæuser*, au début du 2ᵉ acte :

Salut à toi, noble demeure!

Elle n'avait pas achevé que Wagner, ravi, lui déclarait qu'elle était la Brunhilde tant cherchée, qu'il comptait sur elle pour créer ce rôle, que l'affaire était conclue.

Les répétitions commencèrent dans l'été de 1875. Dès le début elles furent extrêmement sévères. Wagner, invariablement vêtu d'un veston de velours, le béret sur la tête, suivant dans la partition grande ouverte devant lui, exigeait l'attention la plus soutenue et le dévouement le plus absolu. Tout le monde devait chanter à pleine voix. Il entrait dans des accès de colère épouvantables dès qu'un artiste se permettait de marquer ou d'indiquer seulement une phrase. Mᵐᵉ Materna, un jour qu'elle se sentait fatiguée, lui demanda de dire à voix sourde. Wagner refusa. Elle chanta, mais à la fin de la répétition, la vaillante artiste, complètement épuisée, énervée, eut une crise de nerfs et s'évanouit.

Pendant les répétitions en 1876, il y eut souvent des tiraillements entre les artistes et l'auteur. Irritable comme il l'était, Wagner ne pouvait souffrir qu'un étranger assistât à ce pénible travail de la mise au point de l'œuvre. Il s'arrangeait alors de façon que la répétition fût exécrable. Il reprenait tout le monde et, constamment, arrêtait les artistes, si bien qu'à la fin l'intrus s'éloignait sans emporter une impression quelconque de l'œuvre. Il ne se sentait à l'aise et ne se montrait de bonne humeur que quand il se voyait seul à seul avec ses artistes. Il l'a souvent avoué, et le soir, après la première du *Rheingold* en 1876, il déclara avec tristesse que « maintenant c'en était fait de saj oie à se trouver avec ses artistes ».

Autant les répétitions étaient parfois pénibles, autant étaient charmantes les réunions qui leur succédaient, et dans lesquelles Wagner redevenait le plus amusant et le plus aimable des camarades. Il appelait lui-même ces réunions : « la Bourse ». Il demandait à tous les artistes, grands et petits, sans distinction de rang et de rôle, d'assister à ces ré-unions familières où l'on parlait à tort et à travers des sujets et des questions les plus hétérogènes. Plus d'une fois on s'y livra à des farces d'atelier qui témoignaient de la gaîté et de la jovialité des dieux germaniques. C'est ainsi que les échos de Bayreuth ont gardé le souvenir d'une parodie avec musique qui fut exécutée, à Wahnfried, sous la direction de Hans Richter. Il y avait là une ouverture macaronique exécutée par les instruments les plus bizarres et les moins musicaux. Wagner manifestait une joie d'enfant en assistant à ces plaisanteries.

Mais ceci nous éloigne un peu de notre sujet. Revenons à Brunhilde et à son interprète.

Aux représentations de 1876, le public approuva unanimement le choix que Wagner avait fait de cette femme remarquable. Elle joua et chanta le rôle écrasant de Brunhilde avec une vaillance et une sûreté qui lui valurent le succès le plus complet. Nul n'en fut plus heureux que Wagner. Lorsqu'après la troisième série de représentations, Mᵐᵉ Materna reçut du roi Louis II la grande médaille d'or pour l'art, et du grand-duc de Meiningen l'ordre « pour le mérite », Wagner en manifesta la joie la plus vive: « Voilà ma distinction, s'écria-t-il, c'est ma distinction! » voulant dire par là que c'était son choix qui se trouvait ainsi ratifié.

(*A suivre.*)

MAURICE KUFFERATH.

COÏNCIDENCE OU PLAGIAT.

Dans son avant-dernier numéro, le *Musical World* a publié sous ce titre un curieux article où se trouvent comparées deux compositions, l'une de Schumann, l'autre de Wagner, toutes deux inspirées d'une ballade de Henri Heine : *Les Deux Grenadiers.*

Le *lied* de Schumann est très populaire en Allemagne et même en France. Il se chante partout. Les *Deux Grenadiers* de Wagner sont moins répandus. C'est une œuvre de jeunesse de l'auteur de *Tristan*, qui mérite cependant d'être tirée de l'oubli.

Par une rencontre singulière, il s'est trouvé que Schumann et Wagner ont terminé l'un et l'autre leur mélodie par le refrain de la *Marseillaise.* C'est à ce propos que le *Musical World* se demande s'il y a là une simple coïncidence ou un plagiat.

Nous croyons qu'il n'y a qu'une coïncidence toute fortuite. Le doute du *Musical World* résulte d'une erreur de date qu'il commet; les *Deux Grenadiers* de Wagner sont, dit-il, de l'année 1839, et les *Grenadiers* de Schumann datent de 1845. Ce serait par conséquent Schumann qui se serait inspiré de Wagner.

Ces dates ne sont pas exactes. Les *Grenadiers* de Wagner sont de 1840. C'est pendant son premier séjour à Paris qu'il composa cette romance parue, l'année suivante, chez Schott, à Mayence, dans la collection de mélodies intitulée: *l'Aurore.* Elle porte le nᵒ 22.

Les *Grenadiers* de Schumann sont de la même année, et non de 1845. Ils font partie de deux cahiers intitulés *Romances et ballades*, qui forment l'op. 49. Or, dans les notes manuscrites sur ses œuvres, Schumann indique lui-même l'op. 49 comme datant de 1840 (1).

Wagner était alors à Paris. Il venait de Riga où il ne s'était guère occupé de composer des romances. Ce n'est d'ailleurs que

(1) Voyez *Robert Schumann*, de Wasilewsky. Dresde, 1858, pag. 203.

beaucoup·plus tard qu'il fit la connaissance de Schumann à Dresde, et qu'il eut quelques relations avec lui.

Schumann, de son côté, était à ce moment absorbé par la composition de ses premiers *lieders* et tout entier aux préparatifs de son mariage avec Clara Wieck. Matériellement les deux auteurs n'ont pu avoir connaissance des mélodies l'un de l'autre.

Il n'y a donc ici qu'une coïncidence qui s'explique par la donnée même de la ballade de Heine. Wagner et Schumann se sont rencontrés sans le soupçonner. Il n'y a rien là qui ne soit tout naturel, étant donnée l'éducation littéraire et musicale de ces deux maîtres.

Revue des Concerts

I. — M. Joseph Joachim au Châtelet. Séances du quatuor Joachim — Une ouverture de Rubinstein ; Struensée.
II. — Nouvelles : Les symphonies de MM. Edouard Lalo et Vincent d'Idy. — La Messe en ré de Beethoven. — Une séance de musique scandinave.

PARIS, 18 janvier.

I

L'attention publique se porte aujourd'hui sur Joachim, le maître violoniste berlinois. C'est au point que certaines gens accordent à sa présence parmi nous une importance extra-artistique."Venant après le discours de M.de Bismarck,cette visite, disent-ils, est un gage de paix. "Je ne suivrai point ces optimistes sur un tel terrain; je n'ai pas non plus à faire ici la biographie de ce chef d'école, célèbre, non seulement par son talent d'exécutant et de professeur, par sa haute situation dans la capitale de l'Allemagne, mais aussi par la part qu'il a prise dans son pays aux luttes entre les vieux classiques et les novateurs, usant de son influence en faveur de compositeurs comme Johannes Brahms contre Wagner et sa musique. Je me contenterai de dire ici qu'hier, au Châtelet, j'ai écouté avec le plus grand plaisir ce " prince de l'archet. " Dès qu'il paraît, on sent que la première impression ne changera pas, et que l'homme est tout d'une pièce; c'est là, la personne et le jeu, c'est tout un. La personne, bien proportionnée et plutôt ramassée, respire la santé, l'équilibre; la tenue est parfaite, irréprochable sans raideur, digne d'être proposée en modèle et d'être photographiée pour figurer en tête d'une méthode. La physionomie, à première vue, dit l'origine israélite; elle annonce la possession de soi-même, la sûreté des moyens. Mais ce qui est difficile à reproduire, et ce qui frappe avant tout, c'est l'aisance et le parfait accord des mouvements ; ce bras, cette main, ces doigts, en un mot, plus d'heureuse disposition de la nature, ont été merveilleusement ajustés les uns aux autres, puis modelés à ravir par un travail intelligent et assidu. De là, la très rare justesse et la franchise du son, la mâle élégance du coup d'archet, la souplesse du style, et surtout, la suppression complète de cette sensation de gêne qu'on éprouve toujours à l'audition des " difficultés. " Aussi M. Joachim excelle-t-il dans l'interprétation du Bach; la *Sarabande* et la *Bourrée* qu'il a jouées hier (extraites de la deuxième *Suite* en si mineur pour violon seul), m'ont causé un plaisir sans mélange. Bach est certainement le maître qui a poussé le plus loin, dans la voie polyphonique, un instrument aussi " monophonique, , par nature que le violon, essentiellement borné au point de vue de la combinaison simultanée des sons ; en un mot, plus mélodique qu'harmonique. J'avoue que, même chez les virtuoses renommés, j'ai bien souvent souffert à l'audition de ces doubles cordes, traits, arpèges, tenues à l'aigu et sons harmoniques dont on agrémente invariablement tout concerto ou morceau destiné à faire "briller, l'exécutant: c'était·douteux d'intonation dans les doubles cordes, confus et sans netteté rhythmique dans les traits, sabré dans les arpèges, vacillant dans les tenues à l'aigu ; cela sentait la peine et l'effort; le tour de force était exécuté, mais avec quelle lourdeur! Et l'on applaudissait pour soulagement, avec le plaisir de gens qui respirent après une angoisse. Avec Joachim, rien de pareil; à

peine si, en dehors du Bach, dans le classique *Concerto* en la mineur (n° 22) de Viotti, en trois morceaux, et la peu intéressante *Romance* de Max. Bruch, qui ont servi de début au virtuose, j'ai remarqué deux ou trois petits accidents de ce genre. C'est étonnant, et je commence à comprendre le violon ainsi joué. Du reste, grandissime succès après le Viotti, et surtout après le Bach ; rappels sans fin, à la suite desquels M. Joachim a bien voulu ajouter au programme la *Gavotte* bien connue de Bach, en *ré* majeur, à la grande joie de toute l'assistance.

Si j'avais à rapprocher le tempérament de Joachim de celui de quelque virtuose, c'est à un pianiste que je le comparerais, à Camille Saint-Saëns, qui possède des qualités du même ordre; mais Joachim paraît moins nerveux,plus égal. Son apparition au Châtelet n'est qu'un prélude; c'est la préface des séances de quatuor qui vont commencer le 21 de ce mois à la salle Erard, avec le concours de MM. Henri de Ahna, Emmanuel Wirth et Robert Hausmann. On dit merveille de ce groupe d'artistes; un fin connaisseur, M. J.Van Santen-Kolff, en a déjà entretenu les lecteurs du *Guide*. " On ne peut rêver plus bel ensemble, dit-il dans une correspondance récente; les quatre artistes semblent n'avoir qu'une âme et ne faire qu'un corps. Au point de vue technique, pour la magnificence du son et du phrasé, pour l'interprétation poétique, on ne rencontrerait nulle part, à cette heure, pareille perfection. " Je tenais à rappeler ce jugement, à la veille des auditions parisiennes du quatuor Joachim, dont j'aurai bientôt à parler plus longuement.

A mentionner, au même concert du Châtelet, la deuxième audition d'une ouverture d'Antoine Rubinstein, détachée de son premier opéra, *Dimitri Donskoï*, ouvrage en trois actes écrit en 1849 et représenté à Saint-Pétersbourg, en 1852. Cette ouverture, débutant par un allégro d'un caractère sombre et terminé par une sorte d'hymne populaire, n'offre pas un grand intérêt. Rubinstein, comme compositeur, me rappelle beaucoup M. Benjamin Godard. Même caractère d'improvisation, même abondance facile, même banalité d'instrumentation, même verve vulgaire, dans plus d'une œuvre de ces deux musiciens. — A signaler encore une exécution très soignée de toute la partition écrite par Meyerbeer pour la tragédie de Michel Beer, *Struensée;* le chœur de soldats dans la coulisse est aussi exécuté pendant le deuxième numéro (premier entr'acte), la *Révolte, Marche et Chœur.*

II

En passant au Conservatoire, j'apprends la continuation du succès obtenu, dimanche dernier, par la nouvelle symphonie de M. Saint-Saëns. Voilà qui doit encourager M. Garcin et le comité à donner du nouveau et du moderne. Il faut le féliciter de ce point de vue de l'attitude si inattendue et si heureuse du public des abonnés... C'est décidément l'année des symphonies. On m'annonce que M. Edouard Lalo vient, lui aussi, de terminer une symphonie en *sol* mineur. Où l'entendrons-nous ? Chez M. Lamoureux, peut-être ?... M. Vincent d'Indy, lui aussi, achève l'orchestration d'une symphonie en trois parties, pour piano et orchestre, sur des motifs nationaux, dont j'ai déjà parlé dans le *Guide*, et qui sera certainement une des œuvres saillantes de la saison. Il est probable que nous ne tarderons pas à l'entendre chez M. Lamoureux... Avant de quitter le Conservatoire, j'enregistre la nouvelle que l'exécution de la grande *Messe* en *ré* de Beethoven serait définitivement reportée aux dimanches 27 février et 6 mars.

Un mot, avant de finir, sur la séance scandinave donnée jeudi dernier salle Pleyel. Elle a été très goûtée. Grieg et Svendsen, les chefs de l'école norwégienne, en faisaient les frais, ainsi que d'autres compositeurs moins connus de la même région, parmi lesquels il faut retenir le nom de M. Ludvig Schytte, un jeune compositeur danois d'avenir. Beaucoup de mélodies populaires au programme. Mme Christine Nilsson chantait: c'est tout dire ; elle a été l'objet d'ovations sans nombre. A citer aussi le flûtiste Taffanel, le ténor Bjorksten, le pianiste de Greef. L'affluence du public et le succès obtenu par la musique doivent encourager les organisateurs à donner une nouvelle séance, composée cette fois d'œuvres de moins courte haleine et de plus d'importance ; de telles œuvres ne manquent pas dans le répertoire de la musique scandinave.

BALTHAZAR CLAES.

LA SOCIÉTÉ PHILHARMONIQUE DE BERLIN

Parmi les sociétés musicales de la capitale de l'Empire allemand, la plus importante est sans contredit la *Société philharmonique*, dont les concerts sont alternativement dirigés par Joachim et par M. Klindworth.

La fondation de cette remarquable institution ne remonte guère à plus de trois ans. Elle est née du désir de conserver l'*orchestre philharmonique*, dont la vitalité, après deux ou trois années d'une existence problématique, avait fini par devenir plus que douteuse.

Cet orchestre, toujours excellent, et même de premier ordre sous le bâton inspiré de Bülow, de Brahms, de Klindworth, avait été créé vers 1880-81, à la suite d'un véritable coup d'État, d'un 18 brumaire musical. Grâce à l'initiative du corniste Schneider, l'orchestre du populaire et célèbre " kapellmeister „ Bilse, homme de routine, mais n'ayant que du métier, s'était d'abord séparé de son chef; il s'était ensuite constitué pour son propre compte et s'était donné pour chef le " professeur „ et " chevalier „ von Brenner. Mais dès la saison de 1882-83, l'agent de concerts bien connu Hermann Wolff, à côté de ces concerts populaires appelés *Bierconcerts*, parce qu'on y buvait de la bière tout en écoutant la musique, créa une série de concerts d'abonnements " sans bière „ destinés à un public plus distingué, et dans lesquels on entendit successivement les artistes les plus célèbres de l'Europe. Ces concerts d'abonnements de l'orchestre philharmonique furent d'abord dirigés par M. Franz Wüllner, chef d'orchestre de la Cour et directeur du Conservatoire de Dresde.

C'est de cette nouvelle entreprise que sortit la Société philharmonique. Elle eut le bonheur de réussir dès le début, et prit en très peu de temps la vogue, au détriment de toutes les institutions rivales. De l'origine des concerts Wüllner date en réalité une ère nouvelle dans la vie musicale de Berlin. Cet excellent artiste plaça courageusement les œuvres de Wagner, de Berlioz et de Liszt sur ses programmes, à côté de Beethoven, de Schumann et de Brahms. Chef d'orchestre extrêmement habile et soigneux, je me souviens de quelques exécutions sous sa direction, absolument parfaites, entre autres des symphonies de Haydn et de Mozart, de la quatrième de Beethoven, de la *Pastorale*, des ouvertures de *Léonore* (n° 3), du *Tannhäuser*, et de *Richard III* de Volkmann.

Plus tard, Wüllner partagea la direction de ces concerts avec Joachim et Klindworth. Depuis qu'il a été nommé chef d'orchestre et directeur du Conservatoire de Cologne, ses deux collègues se partagent les concerts, réduits à une douzaine, c'est-à-dire à la moitié du nombre d'autrefois.

Aujourd'hui, l'orchestre de la *Société philharmonique*, dont les intérêts sont gérés par une compagnie d'actionnaires, est sans contredit le meilleur de Berlin, quoique les excellents orchestres de Karl Meyden, du " Concerthaus „ et de l'Opéra ne soient pas à dédaigner.

Les actionnaires sont divisés en plusieurs classes; quelques-uns se chargent de supporter le déficit annuel, qui s'est jusqu'ici invariablement produit depuis la clôture de chaque saison. Heureusement il tend à diminuer d'année en année.

Il est impossible que notre point de vue moderne, les programmes de la " série Joachim „ pèchent parfois par une sécheresse et une monotonie désespérantes. — Trop vieux jeu ! Convenons cependant que Joachim a su infuser une vie plus ardente et plus libre qu'autrefois, quoique toujours trop peu " moderniste „, à quelques-uns des concerts de la présente saison. Citons entre autres une exécution véritablement belle comme " première reprise „ à Berlin (1) de la magistrale quatrième symphonie de Brahms, en mi mineur; puis d'une symphonie manuscrite (n° 3), en *mi* majeur de Max Bruch (œuvre 51). Cette

(1) La première exécution de cette symphonie à Berlin, la troisième après Meiningen et Vienne, eut lieu dans la saison dernière, Quoique Brahms et Joachim, amis de jeunesse, se soient à jamais brouillés après le procès malencontreux de ce dernier contre sa femme, la cantatrice bien connue, Brahms a toujours noblement cédé le primeur de chaque nouvelle œuvre symphonique ou chorale à Berlin, en reconnaissance de la propagande que Joachim a faite depuis bon nombre d'années en faveur de sa musique dans la capitale allemande.

œuvre a été écrite il y a environ quatre ans et dédiée à la *Société philharmonique* de New-York. L'auteur l'a considérablement remaniée depuis. C'est une œuvre de talent sans doute, mais non de maître, qui à côté de pages sèches ou insignifiantes, renferme cependant quelques beautés, entre autres, un scherzo plein d'humour, certaines parties chaudement colorées, enfin un andante d'une belle ampleur (choral avec variations).

Nous avons entendu encore le merveilleux *Schicksalslied*, de Brahms, la cantate *Kampf und Sieg* (Combat et triomphe) de Weber, exécutée à l'occasion du centenaire de celui-ci, enfin le *triple concerto* de Beethoven, qu'on n'entend que si rarement (1). Cette belle œuvre a été magnifiquement jouée par les artistes accomplis qui s'appellent "de Ahna (violon), Haussmann (violoncelle) et Henri Barth (piano).

Dans la série Joachim on nous promet en outre la belle ouverture, disons plutôt le poème symphonique de *Richard III*, de Robert Volkmann, et la neuvième symphonie du maître des maîtres, Beethoven.

Joachim, en musicien consommé à tous les points de vue, ne saurait rien faire d'insignifiant ou de mauvais; aussi est-il bon chef d'orchestre, excellent même si l'on veut, seulement ce je ne sais quoi, l'étincelle de la vision intellectuelle de l'œuvre, congéniale à la conception de son créateur, lui fait défaut; et c'est justement ce don rarissime qui, après Wagner, caractérise certains artistes tels que Hans de Bülow, Hans Richter, Klindworth, Arthur Nikisch. Sous la direction de Joachim, l'œuvre, si l'on peut ainsi dire, n'apparaît pas comme une nouvelle et personnelle création d'après la conception du compositeur. C'est simplement une reproduction, souvent excellente, mais souvent aussi un peu bourgeoise. Chez Joachim, le violoniste dépasse le chef d'orchestre de cent coudées. Ne cherchons pas querelle au grand artiste à ce propos : *Ultra posse nemo tenetur*.

Sous la direction de Klindworth, l'orchestre gagne considérablement en finesse; les effets d'opposition, les nuances sont mieux marquées; il y a plus de couleur, plus d'élan et de verve, l'orchestre a une expression poétique individuelle. Klindworth est remarquable, éminent même, par la profonde science et la prodigieuse habileté avec laquelle il préside aux études, souvent nécessairement bien écourtées, trop écourtées, des œuvres qu'il doit diriger. Les concerts de cette saison, sous sa direction ont brillé, entre autres, par une admirable exécution, pleine d'éclat, de l'ouverture du *Vaisseau fantôme*, cette foudroyante marine musicale, la première page de son œuvre où Wagner commence à révéler ce qu'il sera un jour; ensuite par l'admirable concerto en *la* mineur de Schumann, joué magistralement, avec une pénétrante poésie, par Eugène d'Albert; enfin, et surtout, par une exécution vibrante de poésie, de couleur, de vie, de la symphonie en *ut* mineur de Beethoven. A l'exemple de Wagner et de Bülow, Klindworth qui, soit dit en passant, dirigeait cette œuvre pour la première fois à Berlin, y avait introduit quelques nuances et des modifications de détail intelligemment motivées du meilleur effet. Les instruments à vent ont chanté admirablement leurs soli de l'andante; la transition du *scherzo* au *finale* a été d'un effet prestigieux; enfin l'hymne de victoire du finale a eu un éclat éblouissant. On comprendra, en l'écoutant ainsi rendu, cette exclamation d'un vieil invalide qui, au Conservatoire, de Paris avait laissé échappé ce cri d'enthousiasme : " Vive l'empereur !

Dans un de ces concerts, M. Francis Planté a joué le concerto en *sol* mineur de Mendelssohn, avec la grâce, la distinction, l'élégance et le goût parfait qu'on lui connaît. " Lui, toujours lui!... „ Non pas cet excellentissime virtuose, mais cet éternel concerto qui est en train de vieillir horriblement.

Dans ce même concert, l'école française contemporaine, qui est très appréciée des dilettanti berlinois (2), a remporté un grand succès avec un joli fragment, une `sorte de nocturne-scherzo ; *Dans le hamac*, tiré de la *Symphonie orientale* de Benjamin Godard. Pour son prochain concert d'abonnement, M. Klindworth nous promet la *Damnation de Faust*, en allemand, avec MM. Van Dyck et Émile Blauwaert des concerts Lamoureux.

Ce sera, paraît-il, la première exécution intégrale du chef-

(1) Une exécution en a été donnée il y a quatre ans, aux Concerts populaires de Bruxelles, par le regretté Jean Becker, le chef de feu le quatuor florentin, accompagné cette fois de son fils (violoncelle) et de sa fille (piano). (N. de la Réd.)

(2) Saint-Saëns, Lalo, et d'autres figurent souvent aux programmes des concerts. Au théâtre on joue le *Chevalier Jean* de Victorin Jonçières, *Coppélia* de Delibes. Il est question de monter *Lakmé*.

d'œuvre de Berlioz dans la capitale allemande depuis tantôt quarante ans, c'est-à-dire depuis l'exécution triomphale de cet ouvrage sous la direction du compositeur lui-même devant la cour de Prusse (1). Dans l'un des derniers concerts nous aurons la fameuse *septième symphonie* d'Antoine Bruckner, de Vienne.

J. VAN SANTEN KOLFF.

Chronique Bruxelloise.

BRUXELLES, 19 janvier.

M. César Cui n'est plus un nouveau venu pour nous; l'exécution de son *Prisonnier du Caucase* au théâtre de Liége, la fréquente inscription de ses œuvres aux programmes des concerts de Bruxelles, de Liége et d'Anvers, lui ont conquis une sorte de droit de cité en cette Belgique hospitalière aux artistes. Aussi l'annonce d'une soirée consacrée entièrement à ce maître, le plus actif et le plus remuant des rénovateurs de la musique russe, avait-elle vivement piqué la curiosité. Malheureusement, il s'est produit un léger malentendu entre le compositeur et le public. Les organisateurs de la séance n'ont pas su faire un choix judicieux parmi ses œuvres. Il s'est trouvé ainsi que le programme a paru trop long et trop uniforme : trois *suites*, des mélodies se succédant par trois; trois morceaux de piano, trois valses, une série de petites pièces s'échelonnant sans interruption par groupe de trois ou de multiples de trois, il y avait là de quoi lasser la longanimité même des dieux que le nombre *trois* réjouit, dit-on. Le public, qui n'a point la mansuétude des dieux, a eu le tort de faire porter au compositeur le poids d'une faute qui ne lui était pas imputable. Mais aucun musicien ne s'y est trompé : ces compositions de M. Cui ont intéressé vivement les auditeurs attentifs et sérieux. Ce n'est pas qu'en toutes ces œuvres la personnalité du compositeur se marque avec une égale netteté. Elles sont évidemment écloses à des stades différents de son talent, et M. Cui doit pouvoir dire comme de Musset :

    Mes premières chants sont d'un enfant,
    Les seconds d'un adolescent,
    Les derniers à peine d'un homme.

Il faut en écouter cependant, en écouter le plus que l'on pourra, et ne les apprécier qu'en somme. M. Cui n'a pas mis tout ce qui est en lui dans les 38 petits morceaux qui composaient son programme et qu'un auditeur patient a eu la fantaisie de compter. Il y a des pages profondes, d'un caractère étrange et puissant, d'une grandeur sauvage dans son opéra *Angelo*, dont on entendra des fragments au prochain concert populaire. Quelques-unes des mélodies de M. Cui, chantées d'une jolie voix par Mlle De Vigne, donnent comme un avant-goût des facultés puissantes du compositeur. La bêtise bourgeoise d'une partie de l'auditoire s'est effarouchée de la brièveté de ces mélodies. Elles n'en ont que plus de caractère et de couleur, et c'est en elles que se révèle en réalité le poète slave. Le *Crépuscule*, l'*Automne*, l'*Hiver*, *Solitude*, autant de petits poèmes qu'on dirait extraits de l'Anthologie: il n'y a que l'indication vague d'un tableau ou d'un sentiment, mais exprimée avec une telle précision et une telle fermeté de contour, que cette indication suffit pour éveiller une sensation intense.

Pour ma part, j'ai trouvé un charme extrême à ces mélodies qui sont tout à fait en dehors du lied allemand et de la romance française. Dans les trois *suites*, dont l'une pour piano seul et les deux autres pour piano et violon, M. Cui s'est astreint aux règles du genre ; il a volontairement, j'imagine, renoncé à l'originalité. Il a voulu faire de belles pièces de musique de chambre, voilà tout. A part quelques nouveautés harmoniques, ces morceaux sont écrits dans la langue courante, mais c'est déjà beaucoup qu'elles soient réussies et qu'on n'y rencontre ni banalité, ni préciosité. Les idées de M. Cui ont de l'élégance, de l'élan, une verve qui craint les écarts trop bruyants ; mais il n'y a nulle faiblesse dans ces idées, et la forme en est toujours chatoyante. Regrettons que les organisateurs de la séance n'aient pas eu la vue exacte de ce qui convenait au public, mais gardons-nous de reprocher au compositeur une uniformité d'inspiration dont bien

(1) En avril 1867. Voir les *Mémoires* de Berlioz, première édition, pages 423 et suiv.

peu de maîtres et des plus grands pourraient se dire exempts, s'ils étaient exécutés dans les mêmes conditions. M. Cui se certainement une intelligence musicale des mieux douées et ce n'est pas un mérite secondaire d'avoir joué en Russie, au profit de l'art national, un rôle analogue à celui de Schumann aux débuts de l'école romantique en Allemagne.

M. Cui avait confié l'interprétation de ses œuvres instrumentales à des artistes de haute valeur, M. Marsick, l'excellent violoniste qui, à côté d'Isaye et de Thompson, est le représentant le plus en vue de la belle école liégeoise du violon, un artiste fin, élégant, spirituel, dont le jeu est vivant et animé; et M. Raoul Pugno, un maître pianiste, virtuose brillant et musicien accompli, organiste à ses heures et compositeur distingué quand il lui plaît. Le public a fait très chaleureux accueil à l'un et à l'autre.

※

La semaine théâtrale n'a offert qu'un médiocre intérêt. Une médiocre reprise de *Robert le Diable*, pour les débuts du ténor de Khegel à Bruxelles, n'a pas été favorable à cet artiste, et il est inutile par conséquent d'y insister.

Lakmé, les *Huguenots* et *Sigurd* continuent de tenir l'affiche en attendant l'*Amour médecin* de Poise qui aura passé au moment où paraîtront ces lignes, et les *Contes d'Hoffmann*, qu'on annonce pour la semaine prochaine.

A ce propos nous croyons devoir annoncer, dès aujourd'hui, que la *Valkyrie* subira un nouvel ajournement. La *Gioconda* de Ponchielli, dont les chœurs sont sus, passera très probablement avant l'œuvre wagnérienne. Tout le monde approuvera cette intervension, car il y aura tout avantage à ne pas voir la *Valkyrie* succéder, après quelques jours seulement d'intervalle, au *Sigurd* de M. E. Reyer. Ces deux ouvrages ayant un sujet commun, mieux valait les séparer par une œuvre d'un caractère tout à fait différent.

M. Lapissida rentrera ce soir même de Dresde où il a assisté, avec le décorateur, M. Lynen, à une représentation du beau drame wagnérien.

※

Il y a eu, cette semaine, deux auditions au Conservatoire, l'une de musique et d'instruments anciens, l'autre de musique de chambre pour instruments à vent.

L'art musical des XVIIe et XVIIIe siècles, compositions et instruments, a fait les frais de la curieuse séance de musique ancienne. On y a entendu du Lulli, du Rousseau, du Bach, du Lefèvre, enfin d'ingénieux pastiches d'anciens maîtres par MM. Léon Jouret et Gustave Huberti. Le tout exécuté sur des instruments anciens par M. Jacobs (viole de gambe), Mlle Uhlmann (clavecin), M. Aghiez (viole d'amour), M. Léon Jouret (orgue de régale). Ces auditions sont extrêmement curieuses, mais elles ne sont pas publiques et celle-ci a été tout à fait privée. Quelques privilégiés seuls y ont assisté, parmi lesquels d'illustres personnages, S. M. la reine, Mme la comtesse de Flandre et M. le duc d'Aumale.

La séance d'instruments à vent offrait comme attrait de nouveautés, la sérénade pour petit orchestre de Johannes Brahms. Malheureusement l'exécution a laissé beaucoup à désirer. Les parties d'altos ont été constamment couvertes par les instruments à vent et l'on n'a eu en somme qu'une idée très imparfaite de l'ouvrage.

M. K.

Le *Cercle symphonique et dramatique* de Bruxelles organise pour vendredi 21 courant une représentation dramatique, avec le concours de la section symphonique au théâtre du Vaudeville. — Programme: *Les Vivacités du Capitaine Tic*, comédie en trois actes; — Intermède musical; — *L'Homme n'est pas parfait*, tableau populaire en un acte.

※

Un arrêté royal du 17 décembre dernier, qui n'a pas encore paru au *Moniteur*, admet M. Stevenïers, professeur de musique de chambre au Conservatoire, à faire valoir ses droits à la pension de retraite à partir du 1er avril prochain.

Le même arrêté royal réorganise la classe de musique de chambre qui aura désormais deux divisions. La division inférieure est confiée à Mme de Zarembska; la division supérieure à M. A. Dupont, professeur de la classe de piano pour les demoiselles.

Cet arrêté ne nomme pas le successeur de Jules de Zarembski.

Le cours de piano pour les jeunes gens va-t-il rester éternellement sans professeur titulaire?

⌘

Par décret de M. le Président de la République, M. Louis
Cattreux, représentant, pour la France et la Hollande, de la
Société des auteurs et compositeurs dramatiques, et de la Société
des auteurs, compositeurs et éditeurs de musique, est nommé
chevalier de la Légion d'honneur, en récompense des éminents
services qu'il a rendus aux auteurs français en Belgique.

⁂⁂⁂⁂⁂⁂⁂⁂⁂⁂⁂⁂⁂⁂⁂⁂⁂⁂

CORRESPONDANCES

ANVERS, 18 janvier.

THÉÂTRE ROYAL. — *Les Huguenots.* — *Le Grand Mogol et les Rendez-
vous bourgeois.* — *La Traviata.* — *Faust.* — *Carmen et le Trouvère.*

Mardi dernier, nous avons eu le *Grand Mogol* et les *Rendez-vous
bourgeois*, donnés au bénéfice de M. Achard, notre excellent laruette.
Le public lui a prouvé sa sympathie en accourant en foule à cette
représentation.

Le surlendemain, *Faust* se donnait en grand-opéra ou plutôt était
joué par des artistes de grand-opéra. Je dois avouer, sans vouloir
déprécier le talent de Mᵐᵉˢ Martinon et de M. Gulot, que j'aime tout
autant, dans leurs rôles respectifs, Mᵐᵉˢ Beretta et M. Mailland. M. Desmet, la nouvelle basse chantante, a obtenu un succès très mérité ;
nous avons enfin un Méphisto digne de notre scène.

Mᵐᵉˢ Falk et MM. Colyns et Jacobs ont donné la semaine dernière
leur deuxième séance de musique de chambre. Le programme était
composé d'un trio de Beethoven, d'une sonate pour piano et violon de
Raff, et d'un trio de Schumann. Les éminents artistes ont exécuté ces
œuvres d'une manière remarquable, la sonate de Raff, surtout, a été
admirablement interprétée par Mᵐᵉ Falk et M. Colyns.

Ces séances sont suivies par tout ce que le dilettantisme anversois
compte de plus distingué. Massenet vient d'arriver en notre ville pour
diriger les dernières répétitions du *Cid* qui passera probablement après-
demain jeudi.

H. R.

GAND, 17 janvier.

GRAND-THÉÂTRE. — Lundi 10, *le Cœur et la main* ; mercredi 12, *l'Africaine* ; vendredi 14, *Lucie de Lammermoor et les Noces de Jeannette* ;
dimanche 16, *le Cœur et la main et la Fille du Régiment.*

Vendredi a eu lieu le bénéfice de Mᵐᵉ Mathilde Boyer, notre chanteuse légère, et les habitués ne se sont pas fait faute de fêter leur
enfant gâtée, à qui ils ont prodigué les fleurs sous toutes les formes.
Le public raffole de cette jeune artiste, à la voix un peu frêle, mais
fraîche et pure, d'un timbre très agréable ; dans son enthousiasme, il
oublie même, ce me semble, ce qui laisse à désirer chez Mᵐᵉ Boyer
sous le rapport de l'expression et surtout du jeu de scène ; la gaucherie est assez excusable chez une débutante pour qu'il soit inutile
de la qualifier d'adorable naïveté. Très émue dans *Lucie*, elle était
encore sous le coup de cette émotion inséparable d'un premier... bénéfice dans les *Noces de Jeannette*, où elle a fait plaisir cependant.
Passons sur la reprise du *Cœur et la main*, bien médiocre malgré
Mᵐᵉ Dupuy et M. Herbez.

Le piano-récital de Mᵐᵉ Rachel Uhlmann, au Conservatoire, jeudi
dernier, a été fort intéressant. Cette jeune pianiste, élève d'Auguste
Dupont, a révélé de très heureuses dispositions ; elle a un excellent
mécanisme et un jeu très brillant, qui a paru un peu dur à cause du
mauvais Pleyel sur lequel elle jouait ; elle s'est montrée, de plus, musicienne accomplie, absolument maîtresse du rhythme et de la mesure.
Seulement il lui manque encore, et elle doit le comprendre elle-même,
le sentiment ; si elle exécute le Scarlatti à la perfection, on ne peut
dire la même chose du Chopin, qu'elle interprète d'une façon assez
terne ; signalons aussi un abus fâcheux de la pédale forte. Heureusement, elle est encore en âge d'acquérir les qualités qui lui font
défaut, en conservant celles qu'elle a déjà.

Le théâtre flamand a donné hier la pièce de MM. Julius Hoste et
Ch. Miry : *De Kleine Patriot* (Le Petit Patriote), qui a eu tant de
vogue à Bruxelles et à Anvers ; j'espère qu'elle n'en aura pas moins à
Gand, car M. Fauconnier a fait pour la mise en scène de l'ouvrage des
frais considérables. L'interprétation est fort convenable ; citons
Mᵐᵉˢ Tormyn et Verberet, MM. Vanden Kieboom, De Neef, Bernard,

Cackenberg, Barger et Wannyn : le rôle du petit patriote est joué
avec beaucoup de crânerie par le jeune Måtton.   P. B.

VERVIERS, 14 janvier.

Avec l'année nouvelle nous sommes entrés dans la grande période
des fêtes. Profitant du congé annuel de M. Escalaïs, la *Société royale
de chant* et la *Société d'harmonie* ont organisé deux soirées avec le
concours du ténor parisien. La Société de chant nous a conviés à une
représentation de *Guillaume Tell*. M. Escalaïs chantait Arnold,
M. Claeys baryton du Théâtre royal de Liége, Guillaume ; tous les autres
rôles masculins étaient confiés aux solistes de notre société chorale.
Cette représentation a été un succès sans précédent pour M. Escalaïs,
pour M. Claeys et pour M. Schipperges, qui a chanté le double rôle de
Walter et de Gessler avec autant de talent que d'aisance ; pour les
chœurs enfin, chantés par soixante membres de la Société. C'est
M. Voncken qui a conduit cette représentation avec autant d'habileté
que de tact.

Le concert de l'*Harmonie* n'a pas moins bien réussi. M. Escalaïs y a
retrouvé les mêmes ovations qu'au théâtre.

Mᵐᵉ Chassériaux, la falcon du théâtre de Liége, a chanté avec sa
jolie voix un air de *Robert* et de la *Juive*, et, rappelée, a dit d'une
façon adorable *Bonjour Suson*, de Pessard.

M. Schrœder, le violoncelliste qui, il y a deux ans, obtenait un si
légitime succès au concert de l'Émulation, a donné une belle interprétation du superbe concerto de Saint-Saëns.

L'orchestre, auquel était réservée une large part au programme, a
exécuté supérieurement l'ouverture de *Patrie*, de Bizet, et les originales *Scènes napolitaines* de Massenet, sous la direction de
M. L. Kefer.   C.

LONDRES, 18 janvier.

Bien que la période du *Christmas* soit close, la semaine musicale
n'a rien offert de saillant. Au septième des *Symphony concerts* de
M. G. Henschel, nous avons entendu, dans le concerto en si mineur de
Liszt, un jeune pianiste de talent, M. Stavenhagen, qui a eu beaucoup de
succès, ce qui n'est pas facile à Londres où les pianistes pullulent.
Un autre pianiste, Herr Schomberger, de Vienne, a fait sensation à
Saint-James Hall, vendredi, où il a donné un *piano-recital*.

A signaler une nouveauté : Un compositeur américain a débuté au
dernier *Symphony concert* avec une *Sérénade* pour orchestre d'instruments à cordes. Œuvre bien écrite en trois mouvements. Rien dé bien
saillant en somme, mais de l'originalité et de la mélodie.

Nous sommes toujours dans l'attente des deux événements dramatiques de la saison : *Nordika*, l'opéra de J. Corder, qui est ajourné au
26 et qui sera " produit „ à Liverpool, chanté par Mᵐᵉ Goylard et
Burns, MM. Scorell et Sauvage ; et le nouvel opéra comique (lisez opérette) de Gilbert et Sullivan, qui succédera (enfin !) à l'incompressible
Micado au Savoy-théâtre, à Londres. Inutile de vous dire que dans cet
" âge artistique „, ce dernier ouvrage aura infiniment plus de retentissement et de succès que l'œuvre beaucoup plus sérieuse de Corder.
. E. N.

⁂⁂⁂⁂⁂⁂⁂⁂⁂⁂⁂⁂⁂⁂⁂⁂⁂⁂⁂⁂⁂⁂

Petites Nouvelles

Nouvelles des théâtres des départements :

Le directeur de l'Opéra-Comique de Paris, M. Carvalho, a consenti à
prêter M. Delaquerrière au théâtre de Lyon. M. Delaquerrière vient de
débuter devant les Lyonnais avec un très vif succès dans le *Barbier
de Séville*. A côté du charmant ténorino on a vivement applaudi
Mᵐᵉ Verheyden, qui a obtenu dans Rosino son meilleur succès de
l'année.

A Bordeaux, accueil très chaleureux au *Boccace* de Suppé, qui
n'avait pas encore été donné dans cette ville et qui a valu à Mᵐᵉ Marie
Albert, des Bouffes-Parisiens, un long succès.

Au Grand-Théâtre, les affaires de la troupe de grand-opéra ne
marchent pas d'une façon très heureuse, malgré les efforts de la direction. Les artistes qui jouent, on le sait, en société, n'ont touché pour
le mois de décembre que de faibles dividendes. Les artistes, écrit-on
au *Monde Artiste*, sont très découragés.

La cour d'appel de Bordeaux a rendu vendredi son arrêt dans l'affaire Gravière, directeur du Grand-Théâtre de Bordeaux, contre le
ténor Cossira.

La cour, conformément aux conclusions de M. l'avocat général Labroquère, a débouté Cossira de son appel et l'a condamné aux dépens.

Cette décision est fondée sur ce que Cossira a traité en dehors de toute personne intéressée à l'exploitation théâtrale avec Gravière, directeur du Grand-Théâtre de Bordeaux, qui, ayant tous pouvoirs des artistes réunis en société pour conclure des engagements avec appointements proportionnels ou assurés, a qualité pour réclamer à ce dernier l'exécution de la convention.

Dans quelques jours le tribunal statuera sur la demande en dommages-intérêts.

A Nancy, première de *Manon* de Massenet. Succès de pièce et succès d'interprétation grâce à Mme Dequesne (Manon) et à M. Goffoel (Desgrieux), qui ont été très applaudis.

Manon vient également de réussir complètement à Amiens avec le ténor Leroy et Mme Alice Rabany.

A Nantes, la première du *Cid* a été accueillie avec enthousiasme. On loue surtout les deux principaux interprètes: Mlle Violotti et le ténor Devilliers.

Le Théâtre-Italien de Nice, espérant relever ses affaires, vient de monter la *Gioconda* de Ponchielli. Ce bel opéra, sincèrement et dramatiquement écrit, a brillamment réussi. C'est la première fois qu'on le donne dans une ville française.

Signalons, à Rouen, la première représentation dans cette ville de la *Jolie fille de Perth* de Bizet, avec les récitatifs écrits par M. Guiraud. L'exécution a été excellente; en tête, toute la presse est unanime à placer M. Mauras qui jouait le rôle de Henri Smith.

M. Schmidt (Ralph) a également été très applaudi après son air: *Quand la flamme de l'amour*. Le rôle de Catherine était tenu par Mme E. Ambre. Malheureusement l'artiste était un peu souffrante ce soir-là.

M. Warnots a droit à des éloges: l'orchestre et les chœurs ont parfaitement marché.

A l'étude: *Galathée* (reprise), *Mireille* (reprise), *Etienne Marcel* (reprise), et *Manon*.

La *Jolie fille de Perth* a été très chaudement accueillie à Marseille.

※

M. Fernand Le Borne, l'auteur de *Daphnis et Chloé*, dont on n'a pas oublié le succès à Bruxelles, écrit la partition d'un drame lyrique en 4 actes, *Mudarra*, sur un poème de MM. Lionel Bonnenière et Louis Tiercelin.

Cet ouvrage est destiné à une grande scène de l'étranger.

※

Samedi dernier, M. Camille Saint-Saëns a pris part à un grand concert organisé à Bordeaux au profit des inondés du Midi. L'auteur de la superbe symphonie exécutée avec tant de sucées au Conservatoire, devait y diriger en personne le beau quatuor d'*Henri VIII*, et s'y produire aussi comme virtuose avec la *Rhapsodie d'Auvergne* et le *Wedding-Cake*, qu'il a composé dernièrement pour Mme Montigny-Rémaury.

※

Au dernier concert donné à Limoges par le Cercle orphéonique de cette ville s'est fait entendre Mlle Marie Van Eycken, 1er prix de la classe de M. A. Dupont. La jeune pianiste a remporté un brillant succès. L'exécution remarquable de la *Tarentelle* de M. Rubinstein, notamment, lui a valu un double rappel.

L'orchestre et les chœurs, sous l'habile direction de M. Van Eycken, ont marché à merveille.

※

M. Franz Rummel continue, à Berlin, ses séances populaires de musique de chambre. A la quatrième séance, il a fait entendre le *quintette* de Sgambati et un *octette* de Hoffmann. M. Franz Rummel a joué seul ensuite d'une façon parfaite, dit la *Börsen Courrier*, la *Fantaisie chromatique* et *Fugue* de J. S. Bach.

※

Une souscription vient d'être ouverte en Italie pour le monument de Rossini dans l'église de Santa-Croce de Florence. Le premier souscripteur n'est autre que le roi d'Italie, qui s'est fait inscrire tout d'abord pour une somme de 5,000 fr.

※

On écrit de Milan aux journaux de Paris que Mlle Emma Calvé, la belle Calvé, comme on avait l'habitude de l'appeler alors qu'elle faisait partie, l'an dernier encore, de la troupe de l'Opéra-Comique, vient de remporter un très grand succès à la Scala, dans *Flora Mirabilis*, l'opéra de Samara. Mlle Calvé est, du reste, très aimée et très appréciée par le public milanais, devant lequel elle avait déjà chanté, avant de débuter à Paris dans l'*Aben-Hamet*, de M. Théodore Dubois, et le *Chevalier Jean* de M. Victorin Joncières.

※

La direction de l'Opéra de Vienne a fini par s'entendre avec Mme Materna. Son engagement actuel, qui se termine le 20 janvier, a été prolongé de commun accord jusqu'à la fin de mars. Le nouvel engagement de la grande artiste à l'Opéra de Vienne prendra cours à dater du 1er septembre prochain.

※

L'Académie de musique de Pesth vient de consacrer une de ses dernières séances à l'audition de deux œuvres importantes de M. C. Saint-Saëns, le *Déluge* et la *Lyre* et la *Harpe*.

Les solistes, chœurs et orchestre étaient sous la direction de M. Szantner. Grand succès pour les œuvres et les interprètes.

C'était la deuxième audition du *Déluge* en moins d'un an. Le grand effet produit par la première exécution s'est reproduit et même augmenté la seconde fois.

VARIÉTÉS

ÉPHÉMÉRIDES MUSICALES

Le 21 janvier 1839, à Bruxelles, *le Corsaire*, ballet en 3 actes de Bochsa. — Un des plus grands succès que le théâtre de la Monnaie ait obtenus dans la chorégraphie, grâce à la musique eidiablée et de vive couleur de Bochsa. Cinquante représentations la première année; puis autant de fois jusqu'en 1845. c'est une carrière respectable pour un ballet; il datait de Londres, 29 juillet 1837. Quant à l'auteur, voir *Guide mus.* (30 décembre 1885).

— Le 22 janvier 1884, à Paris, décès d'Auguste-Joseph Franchomme. — Sa naissance à Lille, le 10 avril 1808 (et non 1809, Fétis, *Biog. univ. des mus.*, t. III, p. 308). Professeur de violoncelle au Conservatoire depuis 1846, brillant virtuose, il était devenu un maître incomparable pour l'exécution de la musique classique par la sûreté du goût et la pureté du style.

Franchomme avait été l'ami intime de Chopin, avec qui il s'était lié dès l'arrivée de l'illustre pianiste à Paris. Il est resté de leur collaboration un duo célèbre, pour piano et violoncelle, composé sur des motifs de *Robert le Diable*.

— Le 23 janvier 1859, à Berlin (Opéra royal), *Lohengrin* de Richard Wagner. — Artistes: Formes (Lohengrin), Krause (Talamund), Fricke (Henri l'oiseleur), Pfister (hérault) Mmes Wippern (Elsa), Johanna Wagner (Ortrud), Selling (Gottfried). — Chef d'orchestre: Taubert.

Au 1er octobre 1885, *Lohengrin*, à ce même théâtre, avait atteint le chiffre de 200 représentations.

— Le 24 janvier 1771, à Paris (Comédie Italienne), l'*Amitié à l'épreuve*, 2 actes de Favart, musique de Grétry. — Malgré des beautés de premier ordre, malgré les mérites d'une interprétation supérieure, confiée aux acteurs Caillot, Clairval, Mme Laruette, Mme Favart, l'*Amitié à l'épreuve* n'obtint à Paris que douze représentations. Pour la faire reparaître au théâtre, il fallut la remanier; en 1776, on la joua en un acte, sans obtenir plus de succès; en 1786, elle reparut en trois actes, avec l'adjonction d'un rôle comique et de nouveaux morceaux de musique. Cette fois, elle fut plus heureuse, et le public enchanté ayant appelé les auteurs, Grétry se présenta conduisant le vieux Favart déjà aveugle. (M. Brenet, *Grétry, sa vie et ses œuvres*.)

L'*Amitié à l'épreuve* (Die *Freundschaft auf der Probe*) n'eut que deux représentations au *National Theater* de Vienne (22 et 29 janvier 1781).

— Le 25 janvier 1785, à Paris (Opéra), *Panurge dans l'isle des lanternes*, 3 actes de Grétry. — Le succès en fut considérable et s'affirma par plusieurs reprises, formant de 1785 à 1824 un total de 248 représentations. A l'origine, *Panurge* avait pour principaux interprètes la célèbre St-Huberty, Lais, Chéron, et comme danseurs, Vestris, Gardel, la Guimard. Le sujet, emprunté à Rabelais, est la première œuvre du genre bouffe qui ait paru sur la vaste scène de l'Académie de musique. L'ouverture, reprise à la fin de la partition pour servir de musique de ballet, fut encore une innovation de Grétry.

— Le 26 janvier 1888, à Gand, naissance de Marie-Constance Sasse, veuve Castain, dite Castelmary, tour à tour Sax, Saxe, Sass, etc. — Partie du plus bas de l'échelle pour escalader le sommet de l'art du chant, Mme Sasse, retirée du théâtre, se livre aujourd'hui à l'enseignement, et l'on cite comme le produit le mieux réussi de sa méthode, Mme Caron, la cantatrice qui a fait les beaux jours du théâtre de la Monnaie, maintenant à l'Opéra de Paris. La *diva* flamande a été portraiturée dans ces vers :

> Qu'elle soit Sax, Saxe ou Sasse,
> C'est un astre qui tient sa place
> En météore turbulent !
> Voix sonore et femme étoffée,
> Aspect de poularde truffée...
> De talent.

Le sonnet suivant a une forme plus aimable ; nous le tirons de l'*Artiste*, qui avait en tête de sa livraison du 1er septembre 1866 le portrait de Marie Sasse, d'après un buste d'Adrien Nargeot :

> Pour peindre sa Vénus, sa Muse, sa Bacchante,
> Rubens n'eût pas choisi de modèle plus vrai :
> Près d'elle, fleur au sein, superbe et provocante,
> Aux kermesses d'Anvers, Teniers s'est enivré.
>
> Pygmalion la couvrant et de myrte et d'acanthe,
> Lui dit: Sois Galatée et je t'animerai !
> L'*Africaine* à la main, Meyerbeer lui dit : Chante,
> Je serai ton prophète et je t'inspirerai !
>
> Auber, David, Gounod, ont pavoisé sa loge,
> Berlioz lui décerna son romantique éloge,
> Je lui fais un sonnet, Paul Baudry la peindra.
>
> En ce grand avenir que Wagner interroge,
> Par la voix, la beauté, le chant, elle sera
> Une nouvelle Armide au nouvel Opéra.

— Le 27 janvier 1811, à Liége, naissance de Nicolas-Jean-Jacques Masset, professeur de chant au Conservatoire de Paris. Avant d'arriver à la haute position qu'il occupe aujourd'hui, Massel avait été violon à l'Opéra, chef d'orchestre au théâtre des Variétés, puis chanteur à l'Opéra-Comique, où il a créé divers rôles. Joignant la théorie à la pratique, le professeur a publié récemment un ouvrage sur l'*Art de conduire et développer la voix* (Paris, Brandus, 1886). Quand on prêche d'exemple, le meilleur guide est celui qui connaît les dangers de la route et qui, après les avoir évités pour son compte, sait les épargner à autrui. En cela l'auteur a pleinement réussi. Massel, à notre connaissance, est le troisième Liégeois de nos artistes qui, avec Lambert Massart et César Franck, a acquis la naturalisation en France.

Nécrologie.

Sont décédés :

A Marseille, Marius-Pierre Audran, né à Aix le 26 septembre 1816, l'un des plus charmants chanteurs que l'ancien Opéra-Comique

ait possédé, de 1842 à 1852 ; il retourna ensuite en province, où il chanta pendant quelques années l'emploi des premiers ténors légers. On le vit quelque temps à Bruxelles, puis il reparut, en 1857, au Théâtre-Lyrique. Finalement Audran alla se fixer à Marseille, où il accepta les fonctions de professeur de chant au Conservatoire, et qu'il ne quitta plus. Il était le père de l'auteur de la *Mascotte*, une opérette qui a une certaine vogue. (Notice, suppl. Pougin-Fétis, t. I, p. 32.)

— A Paris, Charles-André Verroust, bassoniste de l'Opéra et de la Société des concerts du Conservatoire.

Le Guide Musical

Paraissant tous les jeudis.

Abonnement	Schott Frères, éditeurs	Annonces
France & Belgique, 10 francs par an.	Paris, Boulevard Montmartre, 19	La ligne . . . . Fr. 0.50.
Les autres pays, 10 francs (port en sus)	Bruxelles, Montagne de la Cour, 82	On traite à forfait pour les grandes annonces.

RICHARD WAGNER
& Mᵐᵉ MATERNA (1)

Wagner affectionnait par-dessus tout sa « vaillante fille de Wotan ». Ceux qui ne l'ont pas connu et qui le jugent d'après le Wagner hautain, cassant, égoïste et brutal, que certains de ses détracteurs en ont fait, n'ont jamais pu comprendre la séduction extraordinaire, la fascination qu'il exerça toujours sur les artistes appelés à collaborer avec lui. C'est qu'il y avait en lui deux hommes distincts : le Wagner intime, cœur excellent, esprit généreux, doué d'une sensibilité extrême, d'une délicatesse exquise et du tact le plus fin ; le Wagner extérieur ; le Wagner parlant au public, audacieux, batailleur, très agressif, et voyant un adversaire partout où il ne sentait pas une sympathie.

Les lettres suivantes écrites à Mᵐᵉ Materna montrent de quelle nature étaient ses sentiments à l'égard de la grande artiste et avec quelle reconnaissance il se souvenait du concours qu'elle lui avait prêté. Elles ont été récemment publiées dans le *Fremdenblatt* de Vienne, auquel nous les empruntons.

Peu après la clôture des représentations de Bayreuth, voici ce que Wagner écrivait à sa Brunhilde :

Chère et précieuse Essence (2).
La plus fidèle parmi les fidèles.
Louange, gloire, honneur, affection à vous avant tout autre, à vous, ma vaillante Brunhilde ! Vous avez été la plus loyale, la plus con-

fiante, vous qui n'avez vécu que pour un seul, qui n'avez jamais hésité, qui avez marché courageusement, avec fermeté, et joyeuse d'un succès à l'autre !

Combien je vous remercie, Bonne. Restes pour moi ce que vous avez été et ce que vous êtes : Confiante et courageuse! Ainsi vous contribuerez de nouveau à me réjouir dans la tristesse accablante qui m'envahit maintenant ! J'aspire après l'heure qui me donnera quelque distraction.

Dans quelques jours, probablement jeudi prochain. je pars avec toute la famille pour l'Italie. Je vous enverrai mon salut de là-bas.

En attendant, nous vous saluons tous du plus profond du cœur. Conservez votre affection à votre   RICHARD WAGNER.

Bayreuth, le 9 septembre 1876.

Une autre lettre, écrite en 1877, est ainsi conçue :

Ma bonne et chère enfant !
Affectionnée et fidèle fille de Wotan !

J'en suis arrivé aujourd'hui à renoncer complètement aux représentations de cette année, et une mélancolie noire m'envahit à la pensée que je ne verrai pas et que je n'entendrai pas cette année ma chère Brunhilde ! Croyez-moi, malgré les fatigues et toutes les tristes expériences que j'ai dû faire depuis que nous nous sommes séparés, une chose me rend fier et me réjouit, c'est le souvenir de tous les "Bons, qui m'ont témoigné tant de dévouement, et surtout parmi eux l'image de ma fidèle enfant de Wotan (*Wotanskind*) me souriant au milieu des larmes. Ah! c'était beau — et cela restera ainsi! Je vous remercie, je vous remercie (souligné la seconde fois), chère, loyale amie, du plus profond du cœur! Éloignés l'un de l'autre, qui peut nous séparer? (1) , Même papa Friedrich (2) ne le voudrait pas, car, lui aussi, il m'aime, — je le sais! Saluez de ma part ce fidèle, — et restez toujours dévouée

A votre
    RICHARD WAGNER.

Bayreuth, 18 février 1877.

Voici une autre lettre non moins affectueuse, datée de la fin de 1878 :

Un mot seulement, un mot de souvenir pour vous dire que je ressens encore la joie d'avoir trouvé en vous quelqu'un à qui j'ai pu véritablement enseigner quelque chose! La fidélité et la sincérité de votre interprétation de notre Brunhilde m'ont prouvé d'une manière bien précieuse que je puis encore espérer pour mon art.

Je regrette presque avec douleur que l'on ait pour les représentations de Vienne dérangé tant de choses que nous avions si bien et si sérieusement étudiées ensemble. C'est grand dommage ! Mais, — nous resterons, nous, les *anciens* et les *vrais*.

Bayreuth, 13 novembre 1878.   Votre R. WAGNER.

Lorsqu'au mois de mars 1876, Wagner se rendit à Vienne pour diriger une représentation de *Lohen-*

(1) Suite, voir le numéro 3, du 20 janvier 1887.

(2) En allemand : *Mein liebes theures Wesen*. Le mot *Wesen* qui signifie substance, essence, être, n'a pas d'équivalent exact en français : il s'applique à tout l'être moral ; *Ein reines Wesen*, un être pur, une pure essence.

(1) Allusion à une chanson populaire allemande : *Getrennt wer soll uns scheiden ?*
(2) Allusion à M. Friedrich, mari de la cantatrice.

grin, donnée sans répétition préalable au profit du personnel des chœurs, le maître frappa tout d'abord à la porte de la loge de Mᵐᵉ Materna. Elle demanda qui était là. Wagner répondit plaisamment du dehors : « Le nouveau maître de chapelle venu de Saxe ». Elle et lui se jetèrent dans les bras l'un de l'autre.

En 1877, Mᵐᵉ Materna accompagna Wagner à Londres, ainsi que Hans Richter, afin de prêter son concours aux concerts donnés pendant la *season* dans la capitale anglaise au profit de l'œuvre de Bayreuth. Il ne voulait plus entendre qu'elle; et le fait est qu'il aurait difficilement trouvé à cette époque une artiste comprenant mieux ses intentions.

Aussi, lorsque *Parsifal* fut terminé, ce fut à Mᵐᵉ Materna que Wagner envoya la première partition. L'artiste lui fit remarquer que le rôle était écrit un peu bas pour elle. Wagner lui répondit qu'il ne partageait pas ses craintes, que le caractère dramatique du rôle comportait cet assombrissement, et que bon gré mal gré, elle le chanterait admirablement tel qu'il était écrit. Mᵐᵉ Materna se laissa convaincre et le succès, un succès éclatant confirma la manière de voir du maître. Au cours de la dernière représentation de *Parsifal*, Wagner vint voir Mᵐᵉ Materna dans sa loge et la félicitant chaudement, il eut un mot triste qui fut comme l'expression d'un pressentiment : « Vous verrai-je encore une fois dans Kundry? Hélas, je n'en sais rien. »

Après ces représentations, Wagner lui envoya son buste, plus grand que nature, avec cette inscription gravée sur le socle :

Tantôt Brunhilde,
Tantôt Kundry,
En tout temps parure de l'œuvre.
Août 1882

Ce devait être en effet la dernière fois qu'il la voyait dans *Parsifal*. On sait qu'en septembre Wagner partit pour Venise, où il devait mourir trois mois plus tard. Aussitôt installé, voici ce qu'il écrivit à Mᵐᵉ Materna :

Chère, bonne et précieuse enfant!

Comment allez-vous? M'aimez-vous toujours, et vous rappelez-vous quelquefois avec plaisir comment Kundry a grandi peu à peu? Dans neuf mois nous nous reverrons! Je veux me soigner de mon mieux afin d'être à l'avenir plus solide que cette fois.

Nous sommes très bien installés ici. Tous les miens se souviennent de vous avec bonheur. Et moi?...

Votre bon
RICHARD WAGNER.

Venise, 28 septembre 1882.
Palazzo Vendramin. Canal grande.

Enfin, au mois de janvier, Mᵐᵉ Materna reçut encore ce billet :

Chère enfant et amie bien dévouée!

Donc, cela redevient sérieux! Je suis tout aux invitations et je vous prie de me rekundryser [1] cette année. Mais on ne m'accorde cette fois que le mois de juillet [2]. Je pense qu'avec les répétitions allant jusqu'au 30 juillet, je pourrai donner 12 représentations,

---

(1) Wagner se forge ici un verbe allemand avec le nom de Kundry, *kundrysen*, intraduisible en français, si ce n'est en formant un mot analogue. Il veut dire que Mᵐᵉ Materna jouera encore une fois le rôle de Kundry.

(2) Allusion à l'autorisation donnée par le roi de Bavière à l'orchestre et aux chœurs de l'Opéra de Munich, de se rendre à Bayreuth.

---

de deux en deux jours. Tous les anciens se retrouveront probablement ensemble.

Scaria vous a-t-il dit ce que je lui ai dernièrement écrit au sujet des représentations des *Nibelungen* à Vienne? La comtesse Doenhof m'avait écrit tant de choses enthousiastes au sujet de votre interprétation de Brunhilde, que j'en ai eu de nouveau le cœur tout plein de vous. Soyez remerciée pour votre généreuse et grandiose nature qui a été dans ma vie comme une aspiration satisfaite. — Dieu! quand je pense aux dernières soirées de Kundry!

Adieu, la Chère, la Bonne, l'Excellente! Ma femme vous salue cordialement, ainsi que les enfants qui vous admirent, et moi je vous embrasse maternement.

Votre RICHARD WAGNER.

Venise, 14 janvier.

Ce billet devait être l'un des derniers écrits de Wagner. Un mois après, le 13 février, il tombait frappé subitement par l'apoplexie. Ainsi, jusqu'au dernier jour, jusqu'à son dernier souffle, ses relations avec l'admirable interprète de ses deux plus belles créations, les *Nibelungen* et *Parsifal*, s'inspirèrent d'une mutuelle admiration et d'un dévouement pareil.

Mᵐᵉ Materna avait jusqu'ici dérobé aux regards des curieux et des indifférents ces lettres si précieuses pour elle, mais précieuses aussi pour l'appréciation de l'homme et de l'artiste. Leur publication s'imposait tôt ou tard. Dans leur cordiale familiarité et leur sincérité absolue, il y a une éloquence vraiment touchante. L'homme qui écrivait ainsi n'était pas l'égoïste qu'on nous avait représenté. Si la préoccupation de son œuvre, qui se confondait en lui avec les aspirations les plus hautes de l'art, l'a quelquefois égaré, ce n'est jamais par un intérêt personnel et mesquin qu'il s'est laissé guider. On a dit avec raison que jamais auteur n'avait exercé une telle influence et une si vive séduction sur les artistes chargés de l'interprétation de ses œuvres. Il faut dire aussi que jamais auteur n'a montré à *ses* artistes une reconnaissance plus sincère et une affection plus réelle. La longue et intéressante correspondance qu'il échangea avec Tichatschek, le premier *Tannhæuser* et le premier *Rienzi*, ses lettres à Mᵐᵉ Lehmann, celles qui sont adressées à Mᵐᵉ Materna et que l'on vient de lire, nous montrent en lui un homme d'une sensibilité et d'une délicatesse charmantes.

Il serait bien curieux de connaître les lettres qu'il échangea avec Scaria. Les verrons-nous un jour ?

MAURICE KUFFERATH.

LA WALKÜRE

Dans sa dernière livraison, la *Revue wagnérienne* raconte une histoire très compliquée de procès entre les héritiers Wagner et M. Angelo Neumann, d'où résulterait ceci : que la *Walküre*, ou plutôt la *Valkyrie*, puisque le mot est francisé, ne sera *probablement* pas représentée cette année à Bruxelles.

Ce dernier renseignement est inexact. Nous ne savons ce qui s'est passé entre les héritiers de Wagner et M. Angelo Neumann, si celui-ci a ou non perdu son procès depuis longtemps pendant devant la cour supérieure de Leipzig; et cela importe peu. Ce dont nous sommes absolument certain, c'est que la *Valkyrie* sera donnée cette année à Bruxelles, et *probablement* avant la fin de février.

Ainsi que nous l'avoné dit, jeudi dernier, il avait été question un moment d'intervertir l'ordre des deux grands ouvrages annoncés pour la fin de la saison, et de faire passer la *Gioconda* de Ponchielli avant la *Valkyrie*. Les directeurs de la Monnaie sont revenus à leur première idée et il est définitivement décidé aujourd'hui que la *Valkyrie* passera la première. Les répétitions en scène vont commencer la semaine prochaine. MM. Lynen et Devis travaillent aux décors, les costumes sont à la confection, et l'on sera prêt vers le 20 février.

Nos lecteurs savent déjà que M. Lapissida est allé à Dresde, où l'on donne l'ouvrage wagnérien d'une façon tout à fait remarquable à tous les points de vue. Il en est revenu absolument ravi du merveilleux spectacle qu'il a eu sous les yeux. Le but du voyage de M. Lapissida était d'étudier certaines améliorations apportées à Dresde à la mise en scène de Bayreuth. Un ajournement de la représentation qui l'a forcé de prolonger son séjour là-bas, lui a permis non seulement de se renseigner exactement sur le sujet qui l'occupait, mais aussi d'étudier toute l'organisation du théâtre de Dresde. Il en rapporte d'utiles observations et des trucs nouveaux dont profitera tout d'abord la mise en scène de la *Valkyrie*. Ainsi, le combat de Hunding et de Siegmound, au second acte, sera réglé comme à Dresde. On sait que Wotan et Brunhilde apparaissent dans un nuage et interviennent dans ce combat. A Bayreuth, malgré tous les perfectionnements apportés à la mise en scène, il avait laissé beaucoup à désirer. A Dresde, grâce à des jeux d'ombre et de lumière habilement combinés, il produit un effet magique, et M. Lapissida compte bien obtenir les mêmes résultats à Bruxelles.

L'orage qui précède ce combat sera aussi réglé au point de vue scénique d'après ce qui se fait à Dresde.

Quant à la *Chevauchée des Valkyries* et à la *Conjuration du feu* qui termine le 3e acte, on verra des effets tout nouveaux, grâce à d'ingénieux appareils qui permettent de pousser jusqu'à l'extrême limite de la vraisemblance l'incendie du rocher où Brunhilde est condamnée à sommeiller en attendant Siegfried, le libérateur.

M. Lapissida a rencontré l'accueil le plus courtois auprès de M. le comte Platen, intendant des théâtres royaux de Saxe, et la plus parfaite obligeance de la part de tous ceux auxquels il a dû s'adresser pour obtenir les indications qu'il désirait.

Le fameux machiniste Brandt avait prêté à Wagner, pour le théâtre de Bayreuth, le concours de son expérience. Il y a onze ans de cela. On a continué depuis, en Allemagne, à chercher dans la voie indiquée par Brandt, et l'on a trouvé de nouveaux appareils qui simplifient encore ce que le célèbre machiniste de Bayreuth avait inventé. Il n'est plus d'effet rêvé par la fantaisie du poète qui ne soit aujourd'hui réalisable au théâtre. C'est dont M. Lapissida vient de faire l'expérience à Dresde, et nul mieux que lui n'était à même d'apprécier à leur valeur les progrès accomplis. On peut l'en croire lorsqu'il dit que c'est un théâtre nouveau, à peine entrevu du côté des Vosges, qui s'est révélé à lui.

Si nous insistons sur ces détails de la mise en scène, qui sera splendide, ce n'est pas que nous y attachions une importance exagérée. Seulement, MM. Dupont et Lapissida estiment qu'une œuvre de cette portée doit être donnée dans les meilleures conditions possibles, que rien ne doit être négligé pour que toutes les intentions de l'auteur soient réalisées. C'est ainsi qu'il avait été question de faire la coupure de tradition en Allemagne au second acte. On retranche d'ordinaire le grand récit de Wotan. A Dresde, cette coupure n'a pas lieu; l'intention de MM. Dupont et Lapissida est également de ne pas la faire. On exécutera, en un mot, toute la partition telle qu'elle est écrite. C'est ainsi que M. Mahillon vient de confectionner pour le théâtre de la Monnaie un quatuor de tubas (soprano, ténor, alto et basse). Ces instruments sont nouveaux; ils ont été construits, et nous ne nous trompons, faute d'exécutants capables, la partie qu'ils ont dans la partition avait été confiée au quatuor de ¡Bayreuth. Les directeurs de la Monnaie auront dans leur orchestre le¡quatuor de tubas rêvé par l'auteur. L'effet en sera, paraît-il, délicieux.

Quant à l'orchestre, M. Joseph Dupont est décidé, d'accord avec la ville de Bruxelles, à le rendre invisible. On sait qu'au début de la saison, il a été baissé de dix centimètres environ. Peut-être pourra-t-on l'abaisser davantage encore pour la *Valkyrie*. En tout cas, on en fera l'essai, et si l'essai réussit on cou-

vrirait, tout au moins en partie, la phalange instrumentale. De toute façon, ce sera fait pour l'année prochaine.

Enfin, suivant la coutume de Bayreuth, pendant les représentations de la *Valkyrie*, on fera l'obscurité dans la salle afin de donner plus de relief au tableau scénique. Le public de Bruxelles qui s'est toujours montré très résolument sympathique à la rénovation wagnérienne, fera sans aucun doute bon accueil à ces tentatives, qui ont tout au moins le mérite de la nouveauté sur la scène française.   M. K.

Revue des Concerts

I. — *La première séance du quatuor Joachim*. II. — *La Concordia : La scène des Filles-Fleurs du Parsifal, de Wagner, et le Faust de Schumann*. III. — *La Société Nationale: Le deuxième quatuor de M. Gabriel Fauré*.

PARIS, 25 janvier.

I

Au point de vue de l'interprétation musicale, l'apparition du quatuor Joachim à Paris est décidément l'événement de la saison. Déjà, l'an dernier, nous avions entendu M. Joachim comme virtuose soliste dans nos grands concerts dominicaux, salle Erard, chez son confrère M. Léonard, etc.; cette année, nous avons salué avec joie le retour de l'incomparable maître violoniste, prêts à l'applaudir comme par le passé. Mais il nous restait à le connaître à la tête du groupe admirable d'artistes avec lesquels il exécute depuis plus de douze ans les plus belles pages de la musique de chambre classique. L'attente était grande, elle a été égalée, surpassée peut-être. Je citais l'autre jour l'opinion de mon confrère de Berlin, au goût si fin et si sûr, M. J. Van Santen-Kolff; je puis dire aujourd'hui combien elle était fondée, et avec quelle chaleur elle a été ratifiée par tous les artistes, compositeurs d'œuvres de chambre, émules en interprétation. Vendredi dernier, en effet, on pouvait voir réunis, salle Erard, et applaudissant à tout rompre, MM. Gabriel Fauré, Chevillard, Colonne, Lalo, Rémy, Parent, Léon Reynier, Van Waefelghem, Delsart, etc. Ensemble, justesse, grand style, beauté du coloris, ensemble surtout; si ce n'est pas là la perfection, du moins cela en approche d'aussi près que possible. Dans le quatuor de Schumann en la mineur (op. 411), œuvre d'une grâce familière d'un charme insinuant, où la mélancolie même garde un sourire, il y a un final merveilleux d'un bout à l'autre (chose rare, comme on sait), un finale dont l'allure décidée, entraînante, fait contraste avec l'intermezzo si câlin, l'adagio si rêveur; cette page, à peine interrompue par le délicieux et court épisode mystique du *la* majeur, m'a été enlevée avec un entrain, un *humour*, une poésie qui ont transporté l'auditoire. Le quatuor en *ut* majeur nous dévoile un approche d'ausei près que possible. Dans le quatuor de Mozart nous dévoile par instants un Mozart précurseur de Beethoven, un Mozart nouveau, devant qui s'ouvraient des perspectives plus vastes et se dessinaient des horizons plus beaux; maudites soient la gêne, la domesticité princière, et surtout la mort aveugle, pour avoir arrêté cet essor hardi, pour avoir étouffé avant l'éclosion définitive ce génie impatient, laissant à trente ans un testament tel que le *Requiem*. Beethoven, lui, a pu se développer plus librement; il est enfin parvenu à donner une forme fixe et un corps incorruptible à son rêve intime. Dans le quatuor en *ut* dièze mineur, celui qu'on a appelé " le premier des derniers quatuors „, le maître a atteint la période où il plane au-dessus des choses terrestres, où il habite définitivement le monde supérieur qu'il s'est créé, épanchant tout entière son âme de pitié et d'amour, s'abandonnant aux joies, aux jeux divins, de l'innocence retrouvée. Au fond, voilà le grand charme et la grande, l'incontestable supériorité des auditions de M. Joachim et de ses éminents acolytes: c'est qu'on puisse arriver à oublier même l'exécution, à entrer si avant dans la pensée des maîtres, qu'on échappe à toute préoccupation de l'appareil matériel qui exprime cette pensée. C'est là, pour moi, le comble de l'art, et je ne connais pas de plus haute louange à décerner, ni de plaisir plus profond à éprouver dans cet ordre de choses.

Depuis, j'ai retrouvé, dans l'intimité d'une société particulière, ce sacré violon de ce groupe unique, le professeur Henri de Ahna. Je l'ai entendu *lire*, de façon à donner l'idée d'une exécution dès longtemps préparée, deux œuvres difficiles, le *Trio pos-*

thème d'Alexis de Castillon, et la nouvelle *Sonate pour piano et violon* de César Franck ; il a été très frappé de la valeur de ces compositions, surtout de celle de Franck ; je le crois volontiers, car cette sonate n'est pas seulement une des œuvres les plus remarquables, les mieux venues, de l'auteur des *Béatitudes*, c'est un chef-d'œuvre, au sens le plus strict du mot. M. de Ahna a exécuté aussi, ce jour-là, le Concerto de Mendelssohn, si connu, si bien fait, et toujours agréable à entendre, surtout avec le jeu prestigieux du partenaire de M. Joachim, que M. de Ahna surpasse peut-être dans le *staccato*.

Puisque je reviens à M. Joachim, je dois marquer un de ses principaux mérites : il ne sait pas s'effacer seulement devant l'œuvre et l'auteur, comme je le disais plus haut : il sait se subordonner à ses confrères comme il le faut et quand il le faut. Voyez-le, soliste dans une grande salle, ou premier violon de quatuor dans une petite : c'est toute une transformation. Elle est nécessaire, indispensable, me dira-t-on ; d'accord... Mais combien pourrez-vous me nommer de gens qui en soient capables, qui donnent d'une façon nette cette preuve d'intelligence et d'empire sur soi-même. Si j'insiste sur ce genre de mérite, c'est qu'il est rare, tout à fait rare.

Avant de passer à d'autres sujets, je constate le triomphe de M. Joachim au Châtelet, hier dimanche. Comme œuvres, je crois que le Concerto de Spohr et même la Fantaisie de Schumann ont laissé le public assez froid ; mais les *Danses hongroises* de Brahms l'ont réchauffé et tout à fait réveillé : quels rappels, quels bravos à n'en plus finir ! La salle était mieux composée, car M. Joachim n'a pas mieux joué que dimanche passé, il était d'ailleurs fort ému en commençant, comme cela lui arrive souvent. Mlle Marie Poitevin, dont le beau talent de pianiste s'est manifesté dans des occasions importantes, avait accepté la tâche modeste d'accompagner les *Danses hongroises* de Brahms ; inutile de dire avec quel tact elle s'en est acquittée... En face de moi, je voyais les trois collègues de M. Joachim, MM. Henri de Ahna, Emmanuel Wirth et Robert Hausmann, qui se donnaient le plaisir d'applaudir leur chef d'attaque ; ils ont dû goûter beaucoup le *Rouet d'Omphale* de Saint-Saëns ; l'exécution était soignée, mais le mouvement trop lent, trop lourd...

M. Joachim n'ayant pas encore dit son dernier mot ici, j'aurai encore à reparler de lui. J'entends plusieurs personnes exprimer le vœu qu'il donne à lui tout seul, comme il l'a fait d'un dernier, une séance de musique de chambre, surtout afin de l'entendre jouer du Bach, qu'il rend comme personne. Hier, au Châtelet, après l'ovation qui a suivi les *Danses* de Brahms, plusieurs voix ont réclamé le *bis*, mais inutilement, car c'est un autre numéro non joué des *Danses* que M. Joachim a bien voulu ajouter au programme... Cette semaine, il donnera encore deux séances de quatuor, dont une entièrement consacrée à Beethoven.

II

Dans ce Paris si pauvre en institutions chorales, si inférieur sous ce rapport à tant d'autres capitales, la *Concordia* est bien, je crois, la première et à peu près la seule société d'amateurs de ce genre, grâce à la persévérance et au zèle de sa fondatrice, Mme Henriette Fuchs, grâce au talent, à l'habileté de son chef, M. Widor, grâce au concours assidu des chanteurs, et surtout des dames, qui généralement ont plus de temps à elles et sont plus exactes et assidues aux répétitions, chose si importante. Ce n'est pas un médiocre résultat de la *Concordia* que d'être arrivée, comme mercredi dernier 19 janvier, à nous faire entendre deux œuvres aussi difficiles, aussi différentes de style que la grande scène des Filles-fleurs du *Parsifal* de Wagner, et la 8e partie de la partition de Schumann sur la scène du second *Faust* de Gœthe... et cela d'une façon satisfaisante. On ne peut demander à une société privée, qui commence à sortir de la période du début ce qu'on demanderait par exemple à la Société des Concerts, qui, sauf l'élément choral féminin, est si bien outillée pour donner de belles et parfaites auditions des grandes œuvres anciennes et modernes. Je dois même dire en passant, à ce propos, que l'élément féminin est ce qu'il y a de meilleur à la *Concordia* par le nombre et la qualité des voix ; ordinairement, dans les chœurs, on entend trop les hommes ; l'autre jour, c'était plutôt le contraire, et l'inconvénient est moins grand. C'est un vrai plaisir que d'entendre un ensemble de voix saines et fraîches de personnes du monde, intelligentes, et qui ne font pas métier de chanter. Ne pouvant, dans ce cas particulier, citer des noms et

porter des jugements comme je le fais pour des auditions auxquelles prennent part des artistes de profession, je me bornerai aujourd'hui à ces remarques. Je me contenterai d'ajouter qu'on a bissé, oui bissé, la longue scène de séduction tirée du deuxième acte de *Parsifal*, et que cette admirable inspiration mystique de la fin de *Faust* (O printemps éternel), pour quatuor et double chœur, m'eût causé un vrai ravissement, si elle eût été plus d'aplomb, grâce à un peu plus d'études. Au résumé, tentatives très intéressantes, tout à fait dignes d'encouragements, très propres à répandre le goût et l'intelligence des belles et grandes œuvres de tous les temps. Je me permets de recommander la mise au programme des compositions chorales de Bach, dont le répertoire est si riche en œuvres géniales de cette catégorie. Je sais qu'il y a des projets en train, qu'il est question d'édifier une estrade au dessous de l'orgue de Paris, comme on en fait à Bâle et autres lieux, quand on donne de grandes exécutions de Bach et Hændel ; ce serait fort bien, et il ne me reste qu'à souhaiter que de si beaux projets s'accomplissent.

III

La deuxième séance de la *Société nationale* avait attiré un auditoire nombreux et brillant. La pièce de résistance de ce concert était le nouveau quatuor (2e) pour piano, violon, alto et violoncelle de M. Gabriel Fauré, en quatre parties. Cette œuvre a révélé le talent de l'auteur sous un jour nouveau, au point de vue de l'harmonie et du rythme, au point de vue du caractère passionné et vigoureux de certaines parties, au point de vue du pittoresque et de la couleur orchestrale de certaines autres. Je regrette de ne pouvoir m'étendre, comme je le voudrais et comme il le faudrait sur une œuvre aussi importante, et qui exigerait une analyse détaillée. Comme elle sera rejouée, je saisirai avec empressement l'occasion d'en parler plus longuement. Je me contente pour le moment de mentionner l'impression indiquée plus haut, et de citer le superbe début du premier allegro et la rentrée de la même phrase dans le même premier morceau, les rythmes si originaux de l'intermezzo, le merveilleux andante qui se déroule d'un bout à l'autre avec un charme exquis, avec une fantaisie poétique très personnelle... Je dois dire aussi que l'exécution s'est ressentie des préoccupations toutes naturelles de l'auteur qui tenait le piano, et comme il l'a voulu. D'ailleurs, chaleureux applaudissements et rappel, s'adressant non seulement au compositeur de l'œuvre exécutée, mais aussi à l'auteur aimé et apprécié de tant de pages originales et admirables.

Grand succès aussi pour les mélodies de M. Emmanuel Chabrier, données en première audition et interprétées avec beaucoup de goût et de distinction par M. Maurice Bagès, et pour les trois valses à deux pianos, amusantes dans leur grâce fantasque, et jouées avec beaucoup d'imprévu et de verve par l'auteur et M. Vincent d'Indy. — A mentionner encore, l'exécution par le violoncelliste Delsart, avec beaucoup de charme dans le style et la qualité du son, des chants russes et de la valse et transcription de *Namouna* d'Édouard Lalo, et de la *Vénitienne* d'Émile Bernard ; œuvres et exécutants ont été fort applaudis ; — sans oublier les mélodies de M. Julien Tiersot, chantées par M. Gibert, dont l'exubérance novice aurait besoin d'être dérivée... Le concert avait débuté par le quinzième quatuor de Beethoven en la mineur (op. 132) ; l'incomparable chef-d'œuvre a été religieusement écouté, grâce à la consciencieuse et artistique interprétation de MM. Remy, Parent, Van Waefelghem et Delsart.

BALTHAZAR CLAES.

L'AMOUR MÉDECIN DE C. MONSELET & F. POISÉ

BRUXELLES, 24 janvier.

On se rappelle le très vif succès obtenu, il y a deux ans, par *Joli Gilles*, cette exquise et fine fantaisie de MM. Monselet et Poise. C'est probablement ce succès qui a déterminé la direction de la Monnaie à monter l'*Amour médecin*, de Molière. arrangé par le même Monselet et le même Poise. Peut-être eût-il mieux valu choisir, dans le gentil bagage de ces deux hommes d'esprit, une œuvre du même genre, la *Surprise de l'Amour*. Celle-ci, du moins, n'eût pas causé au public bruxellois l'émotion désagréable qui lui ont causée les médecins et les apothicaires de cet *Amour* effarouchant. Ces médecins et ces apothicaires, avec leurs instruments professionnels, l'ont, en effet, un peu dérouté. Il ne s'attendait pas à du Molière pareil à la Monnaie. Car il a beau avoir fait ses classes et être très fort sur les classiques de la littérature, le public de la Monnaie ne croyait pas qu'on lui aurait servi ainsi, toute nue, sans l'habiller un peu, la joyeuse farce de Poquelin.

Vous me direz : — " Les grandes dames de Versailles, les grands seigneurs de Louis XIV, et Louis XIV lui-même ne s'effarouchaient point, eux, de tout cela ; une seringue ne leur faisait pas peur, et l'énumération des maladies que les docteurs moliéresques faisaient devant eux né chiffonnaient point leur pudeur... „

C'est vrai. Mais il paraît que nous sommes plus sensibles à cet endroit que les seigneurs d'alors, et que notre pudeur, habituée aux audaces d'un autre genre, où se complaît le théâtre moderne, s'est désaccoutumée d'une espèce de plaisanteries qui, jadis, paraissaient innocentes — et le sont, en effet, absolument.

L'Amour médecin n'a donc pas plu à tout le monde. Je parle de la pièce, bien-entendu ; et Molière seul est coupable : c'est lui qui doit supporter, seul, le poids de la réprobation! Le musicien en est sorti plus à son avantage. Bien qu'on ait le cœur un peu troublé par le livret, on a trouvé la musique vive, pimpante, pleine de verve. C'est un peu petit, un peu mince, comme le sont tous les pastiches de musique ancienne ; car la partitionnette de M. Poise est un pastiche, — très ingénieux, il est vrai, et auquel l'auteur a su, d'ailleurs, donner un tour de main qui lui est personnel. Mais, en somme, c'est très agréable et très joliment fait.

On n'a pas eu à regretter l'absence de Lulli en cette affaire, et son remplacement par M. Poise. La musique du vieux maître, tant vantée par Molière, aurait paru bien froide et bien vide aujourd'hui, dans sa naïve solennité! M. Poise a pu s'en inspirer par-ci par-là, pour donner à son œuvre une teinte d'archaïsme et de couleur locale. Mais cette collaboration s'est bornée là ; et il n'y a pas à s'en plaindre.

Ce qui a fait le plus défaut à cet *Amour médecin*, tel que nous l'a donné la Monnaie, c'est l'interprétation. Elle a été lourde et empâtée. Le quatuor des médecins est bon ; il a de la gaîté et de l'entrain, et grâce à lui, les pages comiques ont été mises en valeur d'une manière satisfaisante. Mais le reste a manqué totalement de légèreté et de diable au corps. La plupart de nos chanteurs ne savent pas l'importance d'une bonne diction ; partout où il en faut, ils n'y sont plus : très préoccupés de donner la note et le son, — le plus fort possible, — ils négligent le reste, qui est tout. Aussi, les choses comme *L'Amour-médecin* leur sont fermées ; — ce n'est peut-être pas de leur faute : on les a élevés comme cela, et leur éducation devrait être refaite ; mais avouez que c'est bien mauvaise éducation qu'on leur a donnée là!

L. SOLVAY.

CONCERT RUSSE

BRUXELLES, 24 janvier.

L'école de musique russe a remporté un nouveau succès au Concert populaire du 28 janvier, et c'est une preuve de sa vitalité. L'an dernier, certaines appréhensions s'étaient manifestées dans le public. La belle symphonie de Borodine, les œuvres de Rimsky-Korsakoff et de César Cui eurent promptement dissipé ces inquiétudes. Aussi cette fois est-on venu au concert l'âme tranquille et la conscience en repos.

Toutes les œuvres portées au programme n'ont pas cependant été comprises comme elles le méritaient, notamment les fragments de l'opéra de M. César Cui, *Angelo.*

M. Cui est le plus intransigeant de tous les adeptes de la jeune école russe ; il en est le porte-parole ordinaire et le théoricien attitré. Chose curieuse, c'est à lui qu'on a reproché de se rapprocher le plus de l'école de musique française. Cette appréciation me semble extrêmement superficielle. Elle ne tient pas du moment qu'on se donne la peine d'étudier la partition. Dans la mélodie il y a une recherche d'élégance qui rappelle peut-être l'école française, mais pour le fond, pour l'harmonie et le rythme, cette musique est absolument russe. Il n'est, pour ainsi dire, pas une page où l'on

ne trouve les rythmes changeant, l'accouplement des mesures inégales qui sont un des caractères fondamentaux de la chanson populaire russe. Quant à la mélodie, il est rare qu'elle soit tout entière dans nos modes européens ; presque toujours elle est, tout au moins en partie, écrite dans les anciens modes grecs.

L'ouverture d'*Angelo* est une page de grande et sombre allure, conforme au caractère du drame. On s'attendait peut-être à une pièce symphonique brillante et mouvementée. C'a été une déception. Il est vrai que sur 1900 auditeurs on n'en eût probablement pas trouvé dix qui connussent l'*Angelo* de Victor Hugo.

Les jolis chœurs du second acte qui s'intercalent dans un long récitatif du soprano, sont probablement sur des motifs populaires russes. Ils ont beaucoup plu, mais on les a trouvés un peu italiens. Un vrai comble! Il faut dire que le rôle de Catarina a été tenu avec une mollesse et une froideur navrante par Mᵐᵉ Wolff. Pas une expression, pas une nuance. Il n'en a pas fallu davantage pour rendre inintelligible toute cette scène, traitée selon le procédé que la jeune école russe veut substituer au récitatif italien et au récitatif wagnérien, qui n'est, à ses yeux, qu'un remplissage. Elle veut le récitatif mélodique, c'est-à-dire un récitatif qui soit du chant sans être un air proprement dit. A ce point de vue, l'audition de ces fragments d'*Angelo* devait intéresser vivement les musiciens et les amateurs intelligents. Mᵐᵉ Wolff a eu le don de les endormir. Nous ne parlerons pas du duo de Rodolfo et de Catarina. Ce n'est pas une des pages caractéristiques de l'œuvre. La scène, qui se passe en Italie, exigeait qu'on entendît une sérénade avec accompagnement de guitare. M. Cui a simplement reproduit à l'orchestre les pizzicati de l'instrument. On a failli lui en faire un crime : tant est grande parfois la perspicacité de notre public, quand on lui offre du neuf, et celle de nos critiques, quand ils ont à parler d'œuvres sur lesquelles ils ne peuvent se faire une opinion avec les feuilletons de Paris.

Je regrette pour M. Cui qu'on n'ait pu donner le fragment du 4ᵉ acte, dont il avait d'abord été question, et auquel M. Seguin, qui dévait l'interpréter, aurait donné, avec sa belle et mâle voix, l'accent voulu. Cette page-là est de tout premier ordre et saisissante. Reste à savoir si elle eût produit au concert l'impression de terreur qu'elle doit donner au théâtre. Quoi qu'il en soit, c'est avec un sentiment de pénible contrition que nous notons la froideur du public bruxellois. Le voilà bien noté à Saint-Pétersbourg! Ce qui est clinquant et bruyant dans la musique de M. Cui l'a beaucoup plus intéressé que les réelles beautés harmoniques et mélodiques d'*Angelo*. Il a pris un plaisir extrême aux *Danses circassiennes* du même maître. Il est vrai, pleines de verve et orchestrées avec éclat. Artistiquement, elles ne valent pas assurément le monologue de Catarina.

La deuxième partie du concert s'est ouverte par la symphonie *Antar*, de Rimsky-Korsakoff, symphonie qui est nettement et absolument de la musique descriptive. Il est impossible d'y rien comprendre sans le secours d'un texte explicatif. Feu Berlioz n'entendait pas la musique autrement, on le lui a cruellement reproché ; on pourrait le reprocher de même à M. Korsakoff. Mais nous nous garderons d'ouvrir ici cette querelle. L'important est que M. Korsakoff nous fasse de belle musique.

Or, il orchestre admirablement et c'est un contrepointiste extrêmement habile. Ses thèmes s'enchevêtrent et se combinent avec une facilité surprenante. Il a, par-dessus tout, le don de caractériser fortement. La page maîtresse de sa symphonie est, à ce point de vue, la troisième partie : *Antar goûte les délices de la vengeance.* Tout y respire la cruauté satisfaite, la joie de voir souffrir. Jamais on n'a poussé plus loin la psychologie en musique, et ce morceau, rude et sauvage, se clôt d'un jet à un éclat superbe. Les mêmes qualités distinguent la deuxième partie, les *Délices du pouvoir*, une sorte de marche orientale orchestrée de la façon la plus chatoyante. La dernière partie, la *Jouissance de l'amour*, au milieu de laquelle Antar expire, a moins d'accent. C'est un andante délicat et poétique, mais qui n'a pas l'entraînement furieux des autres parties. En somme, cette symphonie est une des œuvres les plus hardies et les plus neuves de la littérature symphonique contemporaine.

On a entendu ensuite des œuvres de M. Borodine, qui est de tous ces artistes russes celui dont les œuvres paraissent appelées à s'acclimater le plus vite dans l'Europe occidentale. On a bruyamment applaudi sa délicate esquisse *Dans les Steppes;* la cavatine de son opéra le *Prince Igor* a tout à fait gagné-l'auditoire. C'est un morceau très mélodique, d'un beau caractère, large et délicieusement soutenu par une orchestration chaude et colorée. M. Engel en a donné une interprétation excellente. Ah! si l'*Angelo* de Cui avait été chanté de la même façon, M. Joseph Dupont, le toujours jeune et nerveux chef d'orchestre des concerts populaires, eût été mieux récompensé des peines qu'il s'est données pour monter cette œuvre remarquable, et des efforts qu'il fait pour tenir constamment en éveil l'intérêt du public.

Nous allions oublier l'ouverture de *Dimitri Donskof*, de Rubinstein, qui terminait le concert. Mais quoi? Cette page académique et banale a semblé bien incolore auprès des truculences des Russes modernes.   **M. K.**

CORRESPONDANCES

LE CID A ANVERS

ANVERS, 22 janvier.

La première représentation du *Cid*, opéra en 4 actes et 10 tableaux de MM. d'Ennery, Gallet et Blau, musique de Massenet, a eu lieu jeudi dernier, devant une salle comble; on y remarquait bon nombre de Bruxellois. La salle avait l'animation des grands jours. M. Massenet a été accueilli par des acclamations prolongées à son apparition au pupitre. Massenet en effet a dirigé lui-même cette première, et vous savez avec quel art et quelle souplesse il conduit. L'orchestre semblait comme transformé sous sa direction.

Mon éminent confrère parisien, M. Arthur Pougin, vous a rendu compte, l'année dernière, de la première du *Cid* à l'Opéra de Paris, le 30 novembre 1885. Je ne vous parlerai donc ni du poème ni de la partition, si ce n'est pour constater l'impression que l'œuvre a laissée au public d'ici.

Je dois dire tout d'abord qu'elle a obtenu un très franc succès. C'est assurément une partition remarquable, extrêmement captivante, dans laquelle les situations musicales se déroulent largement.

Le succès s'est dessiné dès l'ouverture, morceau brillant et très développé, dont l'orchestration est colorée. Elle a été vivement applaudie. Au premier acte, on a surtout goûté le duo très émouvant entre Chimène et Elvire, la scène d'un caractère très élevé où Rodrigue est créé chevalier et prête serment, enfin, la grande scène où Don Diègue raconte à son fils l'insulte qui lui a été faite.

Le second acte a également porté. La provocation, le combat de Rodrigue et de Don Gormas, la mort de ce dernier, l'arrivée de Chimène et sa douleur en apprenant que son amant est le meurtrier de son père, tout cela M. Massenet l'a exprimé musicalement avec autant de justesse que de vigueur. Mais c'est surtout au troisième tableau, la fête à Burgos, que s'exerce toute la séduction du talent de M. Massenet. Les airs de ballet, qui sont adorablement instrumentés, l'Alleluia que chante Chimène en distribuant des aumônes, la phrase pathétique qu'elle adresse au Roi pour lui demander justice, le grand finale qui accompagne le départ de Rodrigue pour la guerre sont des pages où l'inspiration tour à tour caressante ou passionnée du compositeur ne faiblit pas un instant, et le rideau est tombé au milieu d'unanimes acclamations.

Le premier tableau du troisième acte est aussi très remarquable. L'air de Chimène *Pleures, mes yeux*, est d'un sentiment de tristesse émouvant. Le duo de Chimène et de Rodrigue a produit un grand effet.

Le tableau suivant nous fait entendre des chœurs soldatesques et une rhapsodie mauresque d'un rythme très original. Il a plu.

Enfin, au dernier acte, le chœur : " *Gloire au Cid, au vainqueur,* " la marche pour orchestre dont la franche allure est tout à fait entraînante, la grande scène de Rodrigue, et le monologue de Chimène, *Éclate, ô mon amour,* ne laissent pas languir l'intérêt un seul instant, jusqu'au finale dont la richesse chorale est d'un effet grandiose.

Un mot de l'interprétation. Elle a été de tous points excellente, sauf en ce qui concerne le rôle de Rodrigue. Il était confié à un débutant, grave imprudence. Le pauvre garçon est une nouvelle victime de notre triste climat. Il s'était donné une peine infinie pour apprendre son rôle, et l'on vantait sa belle voix. A peine débarqué à Anvers, il fut pris à la gorge par le froid, tant et bien qu'on crut un moment devoir remettre la première. A force de médicaments on parvint, cependant, à le faire chanter, mais il fut obligé de réclamer, dès le début, l'indulgence du public. Il faut reconnaître qu'elle lui a été largement accordée.

Mme Martinon a été irréprochable dans le rôle de Chimène ; elle en a rendu tous les traits, depuis la passion la plus idéale, jusqu'à la haine la plus violente, avec une incontestable vérité. Mlle Rémy fait une déli-

cieuse infante. M. Couturier est excellent dans le rôle de Don Diègue, et M. Talazac très convenable dans celui du Roi. Les autres rôles, quoique secondaires, ont tous été bien tenus. L'orchestre et les chœurs sont marché admirablement sous la conduite de Massenet. Costumes, décors et mise en scène sont splendides et n'ont rien laissé à désirer. A cet égard la direction mérite les plus vifs éloges.

    H. R.

GAND, 24 janvier.

GRAND-THÉÂTRE. — Lundi 17, *Hernani* et *Divertissement* mercredi 19, *Hamlet ;* vendredi 21, *le Grand Mogol;* dimanche 23 *Norma* et le *Cœur et la Main.*

De bonnes représentations de grand-opéra et une représentation du *Grand Mogol* où nous avons eu enfin le plaisir d'entendre la charmante Mlle Chevrier, du théâtre d'Anvers, voilà le bilan de cette semaine, qui n'a rien offert de neuf; par contre, on nous annonce, outre le *Cid*, une série de reprises : le *Prophète, Charles VI*, la *Traviata,* plus *Joséphine vendue par ses sœurs.*

Le concert de la Société royale des Chœurs, le mardi 18, a parfaitement réussi, et les artistes dont la commission s'était assuré le concours, ont tous eu beaucoup de succès. A côté de Mme Laville-Fermilnet, de MM. Plain et De Beer, de notre Grand-Théâtre, dont je n'ai pas besoin de vous faire l'éloge, on a remarqué M. Liebert, un jeune amateur qui possède une très jolie voix de ténor léger, et qui a, notamment, dit d'une manière ravissante une petite chanson flamande : *Het voosje uit de dalen* (la rose de la vallée). MM. Rinskopf, Warie et Van Avermaete, ont bien interprété le finale du trio en *si* bémol ainsi que l'adagio et l'allegretto du trio en *sol* majeur de Beethoven.

A l'occasion de la seconde représentation du *Kleine Patriot*, il y a eu, au Théâtre Minard, le mardi 18, de légers troubles, qui ont dégénéré hier, à la troisième, en de véritables bagarres. Nos socialistes, qui sont moins flamingants que M. Hoste, n'ont pas voulu laisser passer sans protestations, ses violentes et maladroites attaques contre la Révolution française, et, en général, contre tout ce qui est Français. Malgré les nombreuses expulsions auxquelles le public a procédé, l'ordre n'a pu être que difficilement rétabli, et des sifflets se sont fait entendre jusqu'à la fin de la pièce.   **P. B.**

P. S. Une petite rectification : dans le numéro 3 du *Guide*, p. 23, col. 1, l. 37, lire *le Jour et la Nuit*, au lieu de : *le Cœur et la Main.*

LIÈGE, le 24 janvier.

THÉÂTRE-ROYAL. — *L'Arlésienne*, la *Reine de Chypre*, *Hamlet* et *Giralda.*

La série des nouveautés promises par M. Verellen s'est enfin ouverte avec l'*Arlésienne*. Le chef-d'œuvre de Daudet et Bizet, si injustement dédaigné à son apparition au Vaudeville, en 1872, a trouvé ici, comme en ces derniers temps au théâtre Molière à Bruxelles, un accueil des plus chaleureux.

C'était une tentative intéressante de M. Verellen de nous donner ce drame poignant dans la salle où éclatent d'ordinaire les fanfares bruyantes de l'opéra ; mais il n'aura pas à le regretter : l'ouvrage est très bien donné et il ne peut manquer d'attirer la foule. C'est par les artistes du théâtre du Gymnase que le drame de Daudet est interprété; ils se sont acquittés de leur tâche de la façon la plus louable. On a surtout applaudi Mme d'Albert, qui fait une Rose Mamaï parfaitement caractéristique; Mme Lebrun (la mère Renaude), une physionomie inoubliable, et M. Dupart, artiste intelligent, qui a composé le rôle de Frédéri avec autant de justesse que de goût. Quant à l'exécution musicale; Mme Laura, Elise et Hélène Reuters. Cette l'orchestre et les chœurs, sous la direction de M. Prys, se sont rarement élevés à cette perfection et à cette intelligence de l'œuvre.

A enregistrer, ensuite, une brillante reprise d'*Hamlet*, qui a été l'occasion d'un véritable succès pour notre jeune baryton, M. Claeys. Avec son physique distingué, sa voix souple et bien timbrée, ses habiletés de comédien, il est merveilleusement doué pour le rôle d'*Hamlet*, et il y a été,en effet,excellent. Très applaudi dès son premier récit et son duo avec Ophélie, son succès a grandi d'acte en acte, et a pris des proportions inaccoutumées dans la scène de l'oratoire. Il a, du reste, été très bien secondé par Mlle Hamaekers, qui a joué Ophélie d'une façon vraiment charmante. Citons aussi M. Guillabert, très convenable dans le rôle du Roi; M. Kinnel, superbe d'allure et de maintien sous la cuirasse de l'Ombre. Les ballets sont bien réglés et dansés agréablement par Mlles Laura, Elise et Hélène Reuters. Cette représentation avait lieu au bénéfice de M. Cambon, notre excellent chef d'orchestre, à qui le public a fait une ovation bien méritée.

Vendredi 28, nous aurons une représentation de *Guillaume Tell*, organisée au profit de la Société française de bienfaisance, avec le concours de M. Escalaïs.

La première, si impatiemment attendue du *Chevalier Jean*, de Joncières, entrée depuis un mois en répétition, est fixée au 31.

    JULES GHYMERS.

Petites Nouvelles

Le Figaro a donné cette semaine une nouvelle qui n'a pas laissé d'émouvoir le monde des théâtres. Il racontait que la Scala de Milan avait dû fermer ses portes, l'insuccès de *Flora Mirabilis* ayant désemparé le répertoire, et l'*Otello* de Verdi n'étant pas prêt. Le correspondant du *Figaro* donnait même à entendre que cette fermeture pourrait bien être définitive, ce qui aurait ajourné indéfiniment la première de l'ouvrage de Verdi.

On imagine aisément l'émotion que cette nouvelle a produite. Elle était heureusement inexacte, car voici ce qu'on écrit de Milan à l'*Indépendance belge :*

« Sous prétexte d'indispositions, et aussi pour d'autres causes de boutique, on fait relâche sur relâches pour activer les répétitions, qui marchent, du reste, admirablement sous l'infatigable direction de l'illustre maître, qu'on voit toujours sur pied comme à vingt ans. Heureusement qu'il n'y a plus qu'une semaine, car même le coffre à toute épreuve du ténor Tamagno n'y résisterait pas. Ce qu'il y aura de monde cosmopolite à la première...!!! »

Cette première est définitivement fixée à samedi, le 29 janvier.

※

L'assemblée générale de la Société des compositeurs de musique de France, vient d'avoir lieu, sous la présidence de M. Joncières.

Ont été élus membres du comité : MM. Saint-Saëns, Canoby, Guérant, Gigout, Limagne, Ortolan, de Saint-Quentin, Michelot, de la Tombelle et Lavello.

※

Le concours Cressent vient d'être ouvert par la direction des beaux-arts, 3, rue de Valois. Le poème destiné à être mis en musique pourra être dramatique ou bouffe, opéra ou opéra-comique, en un ou deux actes, avec chœurs. Les Français seuls peuvent concourir pour ce prix, dont la valeur est de 2,500 francs. Les manuscrits devront être déposés du 16 au 30 avril 1887.

※

Le 23 janvier, *les Pêcheurs de perles* de Bizet ont été donnés pour la première fois au théâtre de Francfort avec succès. C'est la cinquième scène allemande qui monte cet ouvrage de l'auteur de *Carmen*. On travaille activement au même théâtre à *Henri VIII* de Saint-Saëns, qui passera sous peu. Ce sera la première représentation de cette œuvre en Allemagne.

※

On vient de donner à Monte-Carlo la première représentation de *Nedjma*, ballet inédit, scénario de M. Nuitter, musique de M. Paul Genevraye, dont le succès a été très grand.

Le jeune compositeur est élève de Guiraud ; c'est à lui que M. Émile Augier a confié le livret que M. Jules Barbier a tiré de la *Ciguë*.

Après Monte-Carlo, *Nedjma* sera représentée au théâtre de la Monnaie de Bruxelles, dit le *Voltaire*.

※

La première représentation de M. Escalais au Théâtre de Strasbourg a fait salle comble.

A l'attrait du rôle d'Arnould par M. Escalais s'ajoutait l'attrait d'un début sympathique aux familles strasbourgeoises, le début de Mlle Louise Perrin, élève de Mme Rucquoy-Weber au Conservatoire. Ce début a été très heureux.

De taille svelte et élancée, naturelle et dégagée en ses manières, le regard vif, Mlle Louise Perrin, dont nous, n'a fait qu'un bond à la scène depuis la salle d'Aubette, où nous l'avons admirée au dernier concert de Mme Rucquoy-Weber comme une soprano à la voix exercée, très souple, très franche, d'une sonorité homogène et d'une justesse irréprochable. A ces qualités Mlle Perrin ajoute l'aplomb de l'excellente musicienne qui possède l'instinct très prononcé des rythmes et des mouvements, et que les surprises de la mesure ne déroutent point.

Mme Perrin a partagé avec M. Escalais le succès du duo d'Arnold et de Mathilde et, au dernier acte, celui du trio avec Gemmy et Hedwige.

※

Samedi soir, au Savoy-Theatre à Londres, a eu lieu la première représentation de la nouvelle opérette de MM. Gilbert et Arthur Sullivan. Succès triomphal. Il y a, paraît-il, une scène à grand effet qui se passe dans l'obscurité la plus absolue, et pendant laquelle le chef d'orchestre, qui était le soir de la première, M. Sullivan lui-même, dirigeait avec un bâton éclairé à l'électricité. L'auteur et les interprètes ont été rappelés quantité de fois dans le cours de la soirée.

※

Le concert sous la surveillance de la police, telle est la nouveauté qu'il était réservé à M. Hans de Bülow d'introduire dans le monde de la musique.

Samedi dernier, il donnait un concert au *Musikverein* à Vienne. Ce concert a donné lieu à un grand déploiement d'agents de police. C'est qu'on craignait des démonstrations bruyantes dirigées contre le fameux pianiste, auquel le parti allemand reproche, on le sait, d'avoir affiché un peu trop ostensiblement, à Prague, ses sympathies tchèques. Hâtons-nous de dire que tout s'est fort bien passé. Quelques jeunes étudiants venus là pour siffler ont été invités à quitter la salle, ce qu'ils ont fait sans récriminer ; et M. de Bülow a été applaudi à tout rompre par l'auditoire.

※

Au troisième concert de la Société philharmonique de Berlin, sous la direction de M. Klindworth, grand succès pour Mlle Elly Warnots de l'Opéra-Comique de Paris, surtout dans l'air du *Défi de Pan* de J.-S. Bach et dans un air de Lotti.

※

Les journaux de musique allemands signalent un nouveau symphoniste qui porte le nom de Richard Strauss. Au dernier concert du *Museum* à Francfort-sur-Mein, l'orchestre a joué de lui une symphonie qui a été accueillie avec des transports d'enthousiasme.

Richard Strauss est un tout jeune artiste, Munichois de naissance, élève de Rheinberger, et qui a pendant quelque temps dirigé l'orchestre de Meiningen. C'est un fervent adepte de l'école wagnérienne. Sa symphonie révèle, dit-on, un talent tout à fait exceptionnel, qui a de la force, de la grandeur et de la grâce, trois qualités qui se trouvent rarement réunies.

※

Le théâtre de Stuttgart vient de monter et de donner (le 21 janvier) le *Manfred* de Byron, avec l'admirable musique de Schumann. Le drame byronien a produit peu d'effet et le public n'a pu dissimuler la lassitude qu'il avait éprouvée en écoutant ce magnifique poème, dont le défaut à la scène est une insupportable monotonie. Le drame se meut du reste dans une gamme de sentiments qui échappent complètement à notre âge réaliste. La musique de Schumann en revanche a produit un grand effet. Elle a été du reste exécutée à la perfection.

※

On annonce que la comtesse Sayn-Wittgenstein, l'exécutrice testamentaire de Liszt, prépare une grande fête commémorative en l'honneur du maître.

Cette fête aurait lieu à Rome, et y exécuterait une œuvre inédite de Liszt, une grand'messe écrite naguère pour le couronnement de Maximilien, empereur du Mexique.

※

M. Henri Heuschling, l'excellent baryton, donnera à Bruxelles un concert exclusivement consacré au chant, ainsi qu'il l'a fait avec succès l'an dernier. Ce concert aura lieu à la salle Marugg, 15, rue du Bois-Sauvage, le samedi 19 février 1887, à huit heures et demie.

VARIÉTÉS

ÉPHÉMÉRIDES MUSICALES

— Le 28 janvier 1789, à Paris (théâtre Feydeau), le *Marquis de Tulipano*, opéra bouffe en 3 actes, de Paisiello. — Un de ses premiers ouvrages — *Il marchese di Tulipano*, joué à Rome — délicieuse composition, dit Fétis (*Biogr. univ. des mus.*, t. vi, p. 410), qui fut accueillie dans toute l'Europe par une vogue sans exemple à cette époque et dont la traduction commença, vingt ans plus tard, la réputation du chanteur français Martin. »

Le Marquis de Tulipano parut pour la première fois devant le public bruxellois, le 2 janvier 1796.

— Le 29 janvier 1810, à Bruxelles, Pierre Rode, célèbre violoniste français, qui s'était déjà fait entendre au théâtre de la Monnaie, le 23 du même mois, y donne un second concert. Ce n'était pas son premier voyage en Belgique, car au dire de Fétis (*Biogr.*, t. vii, p. 39), Rode y était venu donner des concerts à la fin du siècle dernier. Ce fut pour lui que Beethoven écrivit la délicieuse romance de violon et orchestre que Baillot, longtemps après, si entendre avec tant de succès aux concerts du Conservatoire de Paris. Dans un siège qui a été couronnée par l'Académie des Beaux-Arts de Bordeaux, notre ami Arthur Pougin a rectifié et complété la notice de son prédécesseur, Fétis sur P. Rode. (Voir Suppl. ibid, t. ii, p. 425.)

— Le 30 janvier 1777, à Bruxelles, *Céphalide, ou les autres mariages samnites*, opéra-comique en trois actes, de Vitzthumb et Cifolelli. — La pièce, imprimée chez J.-L. de Boubers, ne porte pas le nom de l'auteur des paroles, mais l'on sait que le prince de Ligne l'avait écrite pour une bien tendre amie, la belle Angélique d'Hannetaire, qui y jouait le rôle de Céphalide. Peu de temps avant (30 novembre 1776), le théâtre de la Monnaie avait obtenu un grand succès avec *les Mariages samnites* de Grétry, qui était venu sur les lieux surveiller les répétitions de son opéra. L'honnête et vaillant Vitzthumb cumulait alors les fonctions de directeur, de chef d'orchestre et de compositeur. Bien près de sa ruine il crut se tirer d'embarras par un autre mariage « samnite », de la fabrication d'un prince réputé homme d'esprit. C'est ce qu'il achèva tout à fait : quinze jours après la première de *Cé-*

phalide, l'infortuné Vitzthumb tombait en déconfiture. Décidément, Monseigneur de Ligne n'était pas taillé pour le théâtre ! Le charabia de la préface, le petit bout de dialogue, le couplet égrillard de la fin, vont le prouver à suffisance.

PRÉFACE.

" L'auteur fait cette pièce en même temps que l'autre ; *il* l'envoie à l'auteur de la musique divine des treize opéras ; il s'en charge. On *lui* laisse la pièce. *Il* en ignore le nom, *il* le voit, *il* se désole, et l'auteur aussi. *Il* ôte de la sienne tout ce qui paraît ressembler à l'autre. *Il* le voit jouer. *Il* dit qu'il aurait été ennuyeux, et qu'il aime mieux être ennuyé. *Il* dit que s'il a manqué aux lois et à la gravité de la république, *il* en est fâché, mais que si on rit *il* en est bien aise. "

ZIRPHÉ.

" Il y aurait du malheur si je ne me trouvais pas bien de la bataille ; des dix ou douze jeunes gens de ma connaissance qui y vont, il y en aura bien un, j'espère, qui en reviendra. "

IMÈNE.

" Comme vous parlez, ma sœur ; vous êtes si étourdie ! Si l'on vous entendait .., et puis cela est vilain ce que vous dites. "

ARIETTE.

Dix ou douze ! comme elle y va !
Oui-dà, oui-dà.
On vous en donnera ;
On les comptera ;
On racontera
Qu'une jeune Samnite
En amour allait si vite ,
Que dix ou douze... comme elle y va !

— Le 31 janvier 1679, à Paris (Opéra), *Bellérophon*, 5 actes de Lully. — Son neuvième grand ouvrage qui eut beaucoup de succès, et quatre reprises, la dernière le 6 avril 1728. — A Bruxelles, au théâtre de la Cour, le 8 novembre 1696.

Bellérophon a été remis en musique par Berton et Grenier, le 20 novembre 1773, sans que Lully ait perdu à la comparaison.

— Le 1er février 1878, à Bruxelles, la *Perle du Brésil*, 3 actes de Félicien David. — La partition, à laquelle le maître avait ajouté des récitatifs spécialement pour le théâtre de la Monnaie, ne réussit guère. (Voir Éphém. *Guide mus.* 18 nov. 1896.)

— Le 2 février 1594, à Rome, décès de Giovanni Pierluigi, surnommé da Palestrina. — Il fut inhumé dans le Vatican et on grava sur son tombeau l'inscription suivante :

Joannes-Petrus-Aloysius-Praenestinus,
Musica Princeps.

Un autre monument a été élevé à la gloire du chantre de Préneste, c'est l'édition complète de ses œuvres accompagnées d'un travail étendu sur sa vie par l'abbé Baini, directeur de la chapelle pontificale (Rome 1828, 2 vol. in 4°). L'ensemble de ces deux cents compositions est une des étonnantes productions de l'esprit humain. Sous sa plume, l'harmonie consonnante a atteint le plus haut degré de la perfection.

C'est Cherubini qui, le premier, à Paris, a répandu la connaissance des œuvres de ce grand homme. " Marchant sur ses traces, dit Fétis, j'ai exercé tous mes élèves des Conservatoires de Paris et de Bruxelles sur le *style alla Palestrina*, et j'ai fait pour eux, à plusieurs époques, des analyses des plus beaux ouvrages de ce maître des maîtres. D'autre part, l'exécution de quelques-uns de ses meilleurs motets et madrigaux dans mes Concerts historiques, a fait connaître ces belles compositions, qui ont produit une impression profonde. "

— Le 3 février 1823, à Venise (Fenice) *Semiramide*, op. , seria 3 actes de Rossini. — Son dernier ouvrage écrit en Italie, et, qui fut chanté par Galli, Mariani, Sinclair, Mme Mariani et Colbran Rossini. La partition ne fut payée que 13,000 francs. A Paris (8 décembre 1825, les rôles furent confiés à Galli, Profeti, Bordogni, Mme Schiassetti et Mainvielle-Fodor. Peu de saisons où *Semiramide* ne reparaisse au Théâtre-Italien. A l'une des reprises, Faul de Saint-Victor a pu constater que la musique de Rossini n'avait point vieilli, " elle peut pa. raître aujourd'hui, écrivait-il, un peu chargée d'ornements ; c'est une reine d'Orient somptueusement parée, à la façon asiatique ; le poids de ses joyaux retarde sa marche ; mais que de beautés sous cette richesse excessive, que de grandeur vraie et de passion splendide ! Les morceaux d'ensemble seront toujours rangés parmi les monuments de l'art musical. Il n'y a rien au théâtre de plus grand et de plus tragique que le milieu du tombeau. "

Traduite et mise en vers par Méry, *Semiramis*, en 4 actes, n'a eu, à l'Opéra de Paris, que 30 représentations. Les sœurs Marchisio y acquirent leur réputation.

Nécrologie.

Sont décédés :

— Au Havre, le 19 décembre 1896, André-Jean-Laurent Oeschäner, né à Mayence, le 14 janvier 1815, violoniste et compositeur établi au Havre depuis 1845.

— A Stockholm, à l'âge de 83 ans, F. G. Berg, chanteur de la Cour, et qui pendant bien longtemps avait exercé les fonctions de chef du chant au Grand-Théâtre de cette ville, après avoir obtenu lui-même de grands succès à la scène, particulièrement en Italie et surtout à Venise, où il s'était fait vivement applaudir dans le *Zephir* de General, et dans les opéras de Rossini, de Pacini et de Mercadante.

— A Philadelphie, Mme Emma Seiler, ayant formé grand nombre d'élèves dans l'art du chant. Elle était venue d'Allemagne, il y a plus de vingt ans, et avait publié deux opuscules sur la *voix parlée et la voix chantée.*

— A Londres, F.-W. Grosse, né en Saxe, en 1834, hautboïste solo dans les concerts Hallé depuis 1846.

— A Vienne, Adalbert Maschek, professeur de trompette au Conservatoire et pensionné de l'orchestre de l'Opéra.

— A Zurich, le 24 décembre, Carl Gloggner, professeur de chant à l'école de musique, jadis au Conservatoire de Leipzig.

— A Cork (Angleterre), T.-J. Sullivan, professeur à l'école de musique et organiste à l'église Sainte-Marie depuis trente ans.

XXXIIIᵉ ANNÉE   3 février 1887   NUMÉRO 5.

Le Guide Musical

Paraissant tous les jeudis.

ABONNEMENT	SCHOTT FRÈRES, ÉDITEURS	ANNONCES
FRANCE & BELGIQUE, 10 francs par an.	Paris, *Boulevard Montmartre, 19*	LA LIGNE . . . . Fr. 0.50.
LES AUTRES PAYS, 10 francs (port en sus)	Bruxelles, *Montagne de la Cour, 82*	On traite à forfait pour les grandes annonces.

Les Dernières Étapes de l'Art Musical
ET LA SITUATION FINANCIÈRE
A L'OPÉRA DE PARIS

Patrie, l'œuvre nouvelle due à la triple collaboration de Louis Gallet, de Victorien Sardou et de Paladilhe, vogue paisiblement vers sa trentième représentation. A l'Opéra de Paris, c'est entre trente et quarante que se place l'âge ingrat. Un ouvrage lyrique, s'il n'est pas absolument mauvais comme le fut la *Jeanne d'Arc* de Mermet, réalise environ seize mille francs par soirée pendant une dizaine de représentations; de la dixième à la vingtième, la recette oscille entre douze et seize mille, enfin, jusqu'à la trentième on encaisse une somme à peu près égale à celle qui représente les frais journaliers, soit douze mille francs. Après cela, surviennent les découverts.

Ce résultat est des plus tristes, nous devons l'avouer. Quoi donc, dans une ville où affluent les étrangers et où l'on compte deux millions d'habitants, un opéra termine sa carrière en quelques mois, une année au plus? Hélas! Il en est ainsi depuis plus de quinze ans, à une ou deux exceptions près, et chaque nouvelle tentative semble affirmer de plus en plus l'impuissance de nos compositeurs modernes à égaler ceux qui ont enrichi autrefois le répertoire. On nous répondra qu'il se rencontre dans le cours d'un siècle des périodes glorieuses et des époques déshéritées; qu'il faut savoir attendre pa-

tiemment du hasard l'éclosion des chefs-d'œuvre et se contenter d'estimer le talent quand il est impossible d'acclamer le génie. Nous accepterions le conseil s'il était prouvé que nos artistes contemporains fussent incapables de marquer leur passage par des compositions dramatiques vraiment remarquables, mais, hâtons-nous de le dire, nous croyons que ces dernières années auraient pu être fécondes si de fâcheux malentendus n'avaient jeté le trouble dans presque toutes les consciences.

A certains moments de notre vie artistique, d'audacieux novateurs ont éprouvé le besoin de secouer la torpeur universelle par un prodigieux coup de tam-tam. A la fin du siècle dernier, Glück devint l'initiateur hardi d'une réforme musicale, et après la première heure d'effarement, on comprit qu'il avait pour lui la vérité, la conviction, la foi: ses rivaux durent s'effacer devant lui. En 1807, Spontini jeta un défi superbe aux partisans du passé. Malgré une opposition formidable, la *Vestale* devint l'œuvre rayonnante de toute la période impériale. Plus tard, Berlioz voulut lui aussi lutter contre la routine et frayer des voies nouvelles. Enfin, Richard Wagner, le seul d'entre tous qui ait, pour ainsi dire, codifié son système, a soulevé contre lui une nuée de contradicteurs qui, la plupart, ne voulaient ni l'écouter ni le comprendre.

Berlioz et Wagner, continuateurs de Spontini et de Glück, ont été toute leur vie tenus en suspicion chez nous. Eux seuls pourtant avaient su prendre l'initiative d'une transformation urgente de notre opéra. On ne saurait en rester constamment au genre illustré par Meyerbeer et par Halévy. Il faut marcher coûte que coûte. Or, nos compositeurs n'ont pas voulu marcher. Ils ont piétiné sur place en haine de Wagner, ils ont imité Meyerbeer pour s'éloigner de Berlioz, et aucun d'eux n'étant de force à racheter les vices d'une poétique défectueuse par une grande richesse d'inspiration, ils n'ont pu recueillir autre chose de notre part qu'une indifférence tantôt indulgente, tantôt dédaigneuse.

Que dirons-nous de *Patrie*? — *Patrie*, ce drame, ou plutôt ce mélodrame, dans lequel tout, même la vraisemblance, est sacrifié à quelques effets de scène, ce tissu patiemment suspendu à de fragiles attaches n'a pas la simplicité que réclame la musique. Là, tout est complication, surcharge artificielle, tout s'écroule devant la moindre contradiction. Faut-il rappeler la mort du sonneur, dont le duc d'Albe ordonne le supplice sur une dénonciation de ses amis, alors qu'il eût été facile à eux de lui sauver la vie en gardant le silence? Faut-il insister sur l'infamie de Dolorès et la série d'invraisemblances qui en sont la conséquence? Ajouterons-nous que l'absence de personnages sympathiques dans un drame où le héros se présente sous le profil toujours un peu ridicule d'un mari trompé, a mis le compositeur dans un cruel embarras? — Cela n'est pas nécessaire. *Patrie* est une œuvre honnête, consciencieuse, estimable en un mot, c'est-à-dire, pour qui sait lire à travers les lignes, qu'elle n'a que de faibles droits à notre admiration.

Si maintenant nous remontons d'une année en arrière, nous verrons le *Cid* prendre son essor. L'opéra de Massenet renferme des pages réellement attrayantes; encore celles-là se recommandent-elles par des défauts séduisants plutôt que par de sérieuses qualités. La grâce, la coquetterie, les raffinements de tendresse d'une amoureuse en quête de l'objet de ses rêveries, sont bien du domaine de l'auteur de *Manon*; mais l'énergie noble et chevaleresque, la distinction dans la force, lui manquent absolument. La tragédie de Corneille, avec ses mâles accents, ses ardentes effusions d'amour qui ne se manifestent pas avant d'être devenues honorables et légitimes, demandait un autre musicien que celui de la sérénade du *Passant* ou du *Roman d'Arlequin*.

A six mois de distance du *Cid*, nous rencontrons *Sigurd*. Depuis plus de vingt ans, aucune œuvre dramatique de cette envergure n'avait vu le jour en France. Ernest Reyer a profité des progrès réalisés par Berlioz: son modèle a été *Les Troyens*. Lui, du moins, n'a pas craint, en suivant les traces du plus illustre des musiciens français, de voir ses contemporains invoquer contre lui le spectre rouge, le fantôme de Bayreuth. Les tapageuses revendications de la coterie hostile ne l'ont pas ému. Il savait où il voulait aller, il voyait le but, et ne s'est pas laissé détourner de sa route. *Sigurd*, donné au mois de juin, sans publicité, sans réclames, s'est maintenu sur l'affiche, et chaque jour les qualités de ce beau drame lyrique s'imposent davantage. C'est une des partitions qui n'ont rien à craindre d'un examen approfondi. Plus on y reviendra, plus on sentira le charme pénétrant, plus on sera captivé par le souffle héroïque dont elle est d'un bout à l'autre animée. On

peut n'en pas approuver telle ou telle tendance, mais les partisans de l'ouvrage n'en seront jamais réduits à passer condamnation sur un passage quelconque, sans avoir de bonnes raisons pour le défendre et le justifier.

Nous n'aurons pas la cruauté de remonter au delà de *Sigurd* et de rappeler des dates néfastes. Depuis 1875 jusqu'à 1885, dans une période qui a duré dix ans, si l'on excepte *Aïda*, aucun ouvrage n'a pu se maintenir au répertoire. Quelques-uns pourtant n'étaient pas sans valeur, mais tous absolument dénotaient une grande indécision de facture et un parti pris évident de ne tenir aucun compte des procédés nouveaux. Qu'en est-il résulté? Le public s'est montré d'une froideur extrême, et les musiciens ont déserté en masse la salle si pompeusement aménagée du nouvel Opéra.

Nous avons parlé des procédés nouveaux: ce n'est pas à la formule wagnérienne que nous avons voulu faire allusion. Nous pensons, au contraire, qu'il faut se garder de toute imitation directe du système adopté par un maître. L'homme de génie doit savoir se frayer à lui-même sa voie et ne pas s'en écarter.

Il existe des principes applicables à toutes les formes de la musique dramatique: ceux-là, une fois définis, devraient entrer dans la catégorie des préceptes acquis sans conteste, être placés désormais en dehors de toute discussion, être enseignés dans les écoles et dans les conservatoires. Or, en matière d'œuvre musicale scénique, l'anarchie pleine et entière sévit parmi nous. Une ignorance fatale des notions les plus élémentaires de l'art poétique, dans ses rapports avec l'art musical, maintient énergiquement le *statu quo*.

Dans de pareilles conditions, le progrès de l'art, à l'Opéra de Paris, devient difficile. L'administration n'étant ni soutenue par le prestige des compositeurs, ni dirigée dans ses choix par une fraction intelligente du public, se voit contrainte de subir les influences les plus diverses. Quand on n'a pas adopté une ligne de conduite bien arrêtée, on se laisse facilement dominer par les hasards des relations sociales. Aujourd'hui, les éléments qui auraient pu constituer chez nous une école nationale de drame lyrique, ont été, comme à plaisir, disséminés, désagrégés, annihilés. Les artistes qui seuls auraient pu soutenir la vieille renommée de notre premier théâtre d'opéra, ont été systématiquement écartés. Par suite de quelle série de malentendus, nous le verrons ci-après. Nous essayerons de montrer auparavant dans quelle proportion s'est accentuée d'année en année la baisse constante des recettes, et comment une période d'exploitation malheureuse au point de vue artistique, a donné des résultats pécuniaires dont les plus optimistes n'oseraient se déclarer satisfaits.

(A suivre.)   AMÉDÉE BOUTAREL.

Revue des Concerts

Le Festival César Franck. — La dernière séance Beethoven du quatuor Joachim. — Les reprises de la Valkyrie à l'Eden.

PARIS, 2 février.

e déclare que c'est une mystification du plus mauvais goût que de nous avoir conviés à l'audition des œuvres d'un maître tel que César Franck, pour nous servir l'inqualifiable purée de sons qu'il a bien fallu avaler jusqu'à la dernière bouchée, hier dimanche, au Cirque d'hiver. En annonçant ici le festival Franck, j'ai déploré déjà le choix de ce cirque de malheur, celui de M. Pasdeloup et de son orchestre, où tous les âges sont représentés. surtout les extrêmes; depuis la plus tendre jeunesse jusqu'à la vieillesse la plus chenue; mais je ne pensais pas que les choses iraient si loin. Devant cette confusion de bruits bizarres, devant ce déluge de notes douteuses, on aurait été tenté de ne boucher les oreilles ou de prendre les choses par le côté comique, s'il ne s'était agi du talent et du renom d'un homme de la valeur de Franck. Que de telles équipées artistiques puissent encore se faire en l'an de civilisation musicale 1887, voilà qui me passe, et je sens que je serais long à revenir de ma stupéfaction. Je tiens avant tout à abréger ma tâche pénible, à m'épargner, à moi et à mon lecteur, la recherche et le partage des responsabilités, à couper court aux récriminations tardives et inutiles. Je tiens à mettre hors de cause les solistes, en particulier Mmes Lealino, Gavioli, M. Augyez, et aussi M. Diémer, qui a tenu le piano dans les charmantes *Variations symphoniques*, avec tout le talent dont il est capable. En me dispensant d'énumérer les œuvres massacrées, je tiens à dire que l'assistance était nombreuse et choisie, et que l'accueil fait au maître par ses admirateurs a été à peu près digne de lui et d'eux. Mais les auditeurs qui n'étaient pas préalablement renseignés sur les œuvres et leur valeur intrinsèque, ont dû se faire une singulière idée du talent de M. Franck. C'est là le plus grave, car s'il ne s'agissait que de quelques billets de mille jetés à l'eau, et quelle eau ! on pourrait en prendre plus aisément son parti...

. Maintenant, c'est une affaire à recommencer, avec plus de difficultés qu'avant. Aussi, quand on songera à tenter encore une semblable expérience, espérons que la leçon ne sera pas perdue, et qu'on n'oubliera pas la pitoyable aventure d'hier. Ce serait trop malheureux et difficile à digérer, qu'on l'oubliât.

. Le dernier concert du quatuor Joachim a eu lieu vendredi dernier, salle Erard. Le programme était exclusivement consacré à Beethoven, que les admirables artistes interprètent mieux encore que tout autre compositeur. Trois quatuors du même auteur à la file! Voilà un coup hardi, et qu'on pourrait qualifier de téméraire, s'il ne s'agissait de Beethoven et du quatuor Joachim... Avec l'élite du Paris artistique se pressant dans cette salle devenue trop petite, tous sommes restés, pendant toute une soirée, sous le charme du génie du maître rendu présent et vivant par la magie d'une exécution parfaite, et aussi soucieuse de l'esprit que de la lettre. De tels moments sont rares, et je ne sais si, peut-être Antoine Rubinstein, à part la salle Erard avait depuis longtemps retenti de pareils bravos, aussi chaleureux, aussi sincères, aussi prolongés. Certes, les questions de frontières étaient bien oubliées en cet instant... La modestie tranquille et non jouée avec laquelle les parfaits interprètes de Beethoven ont accueilli l'offre d'une couronne de feuillage, a tout à fait achevé de leur gagner l'estime et la sympathie qui allait à eux tout naturellement.

Sur ce quatuor Joachim, qui n'a qu'une voix. Consultez les émules et pairs en interprétation, consultez les compositeurs, consultez les profanes, vous recueillerez le même avis : comme ensemble, comme plénitude et beauté de son, comme conscience et intelligence, le quatuor Joachim est unique; c'est le " roi des quatuors. , Je m'étais laissé dire que le chef du groupe donnerait, en dehors des concerts dominicaux, un concert particulier à lui tout seul; la chose était désirable, mais n'a pu se faire, vu sa fatigue visible au dernier concert du Châtelet. Je viens d'apprendre que M. Joachim va nous quitter, pour nous revenir au printemps, et qu'il figurera alors aux programmes de la *Société*

des Concerts*, en particulier à celui du Vendredi-Saint. Disons-lui donc au revoir, et remercions avec lui ses dignes associés, MM. de Ahna, Wirth et Hausmann, pour les jouissances rares que nous leur devons.

Deux reprises de la *Valkyrie* à l'Eden (1er acte), viennent d'avoir lieu devant des salles combles et enthousiastes. Constatons le fait, sans qu'il soit nécessaire de nous étendre davantage sur ce sujet, le lecteur étant amplement renseigné par les comptes rendus sur les belles premières auditions de l'an dernier.

M. Lamoureux avait promis de rétablir la deuxième scène entre Hunding, Sieglinde et Siegmund. Voici ce qu'il nous apprend à ce sujet dans le dernier *Petit Bulletin :* " ..... A la demande de plusieurs de nos abonnés, nous avions conçu le projet d'exécuter la deuxième scène qui avait été supprimée à nos concerts de l'an dernier. Mais par suite de causes indépendantes de notre volonté, et dont il serait superflu de parler ici, nous avons dû maintenir sa suppression. A ce propos, nous rappellerons que cette scène est, à notre avis, d'un caractère trop essentiellement théâtral pour pouvoir être détaché de son cadre. , — Je ne pense pas qu'il soit indiscret de dire ici que la principale cause d'empêchement a été la difficulté de se procurer une basse pour le rôle de Hunding, et l'impossibilité où s'est trouvé M. Fontaine, d'Anvers, de se rendre à Paris aux dates où le conviait M. Lamoureux. BALTHAZAR CLAES.

LA SIRÈNE et L'AMOUR MOUILLÉ

La reprise de la *Sirène* d'Auber, à l'Opéra-Comique, sera sans doute la dernière de cet ouvrage, qu'un voisin de fauteuil, à la dent maligne et au calembour facile, qualifiait "l'autre jour de " scie-reine ,..... au fond, personne n'a su gré à M. Carvalho de cette exhumation, et c'est un symptôme de plus à joindre à tous ceux qui donnent à penser que, depuis quel que temps, les choses vont de travers salle Feydeau. C'est à peine si, en l'absence d'une musique et d'une pièce d'intérêt quelconque, on a pu se rattraper sur l'interprétation ; car si MM. Fugère et Grivot sont excellents dans Bolbaya et Popoli, le ténor Lubert n'a guère qu'une jolie voix, et Mlle Marguillier, spécialiste ès-vocalises, continue à être surtout remarquable comme poupée articulée... Savez-vous ce qui a le mieux contribué à nous sauver de l'ennui mortel ? Les vers de Scribe. Il y en a là un assortiment tout à fait étonnant ; cela touche au fantastique, et je regrette de ne pouvoir vous en citer quelque échantillon pour vous dépêtrer la rate un petit quart-d'heure.

La vraiment est je sel de cette insipide parade, que tout le monde s'est accordé à prendre " à la blague ,. En tout cas, cette reprise a eu l'avantage de mettre en lumière deux vérités : la première, c'est que la mode passe de croire qu'on puisse sauver une mauvaise chose par l'interprétation : la seconde, c'est que les auteurs qui abusent de la crédulité, de la bêtise, du "panurgisme, du public à un moment donné, pour se moquer de lui et d'eux-mêmes, sont exposés un jour à n'être plus pris au sérieux. Le public est un grand enfant ; il se laisse trop souvent surprendre et duper par les chevaliers d'industrie qui l'exploitent, mais un beau jour où ça va rd, il finit par y voir clair et par se ressaisir, et alors gare !

Quant à l'*Amour mouillé*, la " première, des Nouveautés, c'est une opérette comme une autre, ni meilleure, ni pire. On peut même dire que le musicien, M. Varney, a retrouvé là un peu de cette grosse verve qui avait aidé au succès de ses premiers ouvrages, les *Mousquetaires au couvent* par exemple, verve dont il semblait avoir perdu le secret dans ses dernières compositions. On peut dire aussi que l'instrumentation est plus soignée, que le deuxième acte, le meilleur, renferme les deux ou trois morceaux les plus réussis, la *Valse du Colibri* entre autres, et que la chanson chantée au troisième acte par Mlle Desclauzas avec son diable au corps habituel est venue fort à propos réchauffer un public attiédi, pour ne pas dire refroidi. Mlle Desclauzas est de beaucoup la meilleure, parmi les interprètes ; Mlle Nixau est vulgaire de voix et de talent ; Mlle Darcelle, une débutante, a du charme dans sa voix et dans sa personne, il lui reste à apprendre la justesse et à gagner l'assurance ; les Brasseur, père et fils, travaillent toujours avec succès dans le cocasse... En ce qui concerne la pièce, je ne crois pas faire tort à MM. Prével et Liorat en disant que je préfère les vers d'Anacréon, à leur prose et à leurs inventions, et qu'elles m'ont donné l'envie d'une seconde fois la charmante adaptation poétique de notre fabuliste La Fontaine, ce dont je les remercie. Grâce à la musique, l'*Amour mouillé*, sans être un grand succès, se maintiendra sur l'affiche, je le crois ; car il est dans l'honnête moyenne des opérettes en cours.

B. C.

A LONDRES
Ruddygore ou la Malédiction de la Sorcière
Opéra-comique en 2 actes.

Samedi, le 22 janvier, au *Savoy-Theatre*, a eu lieu enfin la première tant annoncée de *Ruddygore ou la Malédiction de la Sorcière*, opéra-comique en deux actes, poème de Gilbert, musique de sir Arthur Sullivan.

Cet ouvrage est le *dixième* d'une série ininterrompue d'opéras-comiques ou d'opérettes dus à la collaboration de ces deux auteurs invariablement couronnés de succès. Ce succès s'explique. En gens adroits, ayant une fois pris la mesure de leur public, MM. Gilbert et Sullivan se sont bien gardés de changer de manière, et ils ont continué dans la voie où le public n'a fait aucune difficulté de les suivre. Pas très ambitieux, mais très habile, ce procédé. Quand le public a mordu à un genre, il ne le délaisse pas de sitôt. Peu lui importent les ressemblances et les analogies qui existent entre toutes ces moutures tirées d'un même sac. Il s'y retrouve, et c'est sans aucune fatigue qu'il se met à la suite des auteurs. Gare à eux, au contraire, s'ils tentaient de changer de méthode. C'est là que serait l'écueil. Et se disant cela, MM. Gilbert et Sullivan ont continué et continueront vraisemblablement longtemps encore leur lucratif et facile métier.

Il faut dire, du reste, qu'au *Savoy-Theatre*, le théâtre habituel de leurs exploits, tout se trouve réuni pour faire de cette jolie salle, une bonbonnière, le théâtre le mieux tenu de Londres, en son genre, bien entendu. Les costumes sont piquants, les décors d'un goût parfait, l'orchestre est bon, tous les artistes sont bien en scène, enfin, dans tous les détails se retrouvent un soin et un raffinement qui méritent tous les éloges.

Le sujet de *Ruddygore* est tout ce qu'on peut rêver de plus extravagant. Il s'agit des aventures d'un *wicked baronet*, forcé par la malédiction d'une sorcière de commettre tous les jours un crime! Comme c'est, toutefois, un excellent jeune homme, très moral, il s'arrange de façon à commettre le crime qui lui est imposé le plus tôt possible, aux premières heures du jour, et le reste de sa journée il l'emploie à faire le bien pour expier le forfait du matin. Par exemple, il enlève à l'aube une jeune fille, l'après-midi il fera construire un asile pour les orphelins. Et ainsi de suite! Qu'un jour il oublie de faire son devoir, c'est-à-dire de commettre un crime, aussitôt le voilà exposé à la colère de ses ancêtres, qui ont dû subir la même malédiction pendant leur vie et qui ressusciteront à minuit, descendant des cadres de leurs portraits dans la grande galerie du château, pour châtier le malheureux jeune homme.

De cette fabulation bizarre, digne d'Hoffmann, M. Gilbert a tiré quelques situations assez plaisantes, extravagantes surtout. La pièce doit une partie de son succès au fait que, ça et là, elle contient des parodies très habiles d'un genre de drame romantique très en vogue autrefois, aujourd'hui tout à fait démodé en Angleterre.

La partition que sir Arthur Sullivan a écrite sur ce livret est très gaie, très entraînante, j'allais dire très dansante. Beaucoup d'esprit et de plaisanterie musicale. Bien qu'elle soit écrite tout à fait dans le style populaire, on y reconnaît presque toujours la main d'un artiste, surtout dans l'instrumentation, qui est charmante. Si le compositeur n'atteint pas à une grande originalité dans sa dixième opérette, c'est que le plus souvent il ne fait que se répéter, ce qui n'a rien de bien étonnant vu la similitude de toutes ces pièces. Les rôles sont, du reste, écrits toujours pour les mêmes artistes, qui ont tous leurs qualités spéciales.

Parmi les morceaux les mieux réussis, citons un duo au premier acte : *Je connais un garçon*, chanté par Mlle Braham et Grossmith; un gracieux chœur des filles d'honneur, — un madrigal mélodieux et bien fait, et un finale *chanté* et *dansé* qui a beaucoup d'allure. Il a failli donner envie de danser à toute la salle. Au deuxième acte, un joli duo chanté par Mlle Braham et le ténor Lely. Une scène avec chœur par *les portraits*. Il y a là un solo chanté par le *feu baronet* qui est d'un type plus dramatique et qui fait regretter que Sullivan ne se mette pas à la composition d'un opéra sérieux, au lieu d'en faire toujours des parodies. Mais voilà! Notre bon public aime mieux ces plaisanteries musicales, qui chatouillent l'oreille et ne lui donnent pas la peine de *penser*. Il faut citer enfin un duo très comique, dit avec beaucoup d'es-

prit par Mlle Bond et Barrington; enfin, un *Patter trio* dit par les mêmes artistes et Grossmith, qu'on a redemandé frénétiquement trois fois!

Mlle Bond, dans le rôle de Marguerite la folle, a fait preuve d'un vrai talent, et Lely a su enthousiasmer la galerie en dansant, en sa qualité de jeune matelot, un *hornpipe* qui a fait les délices des *dieux* britanniques. Vous savez qu'ici les spectateurs, qui occupent les galeries supérieures au théâtre, s'appellent " the gods. „

J'aurais voulu vous parler dans cette lettre d'une autre première importante, celle de l'opéra *Nordica*, paroles et musique de M. Corder, qui a été joué, le 26 janvier, au Court-Theatre de Liverpool, par la troupe de Carl Rosa. Je n'ai pu, à mon grand regret, me rendre à cette représentation. *Nordica* sera, du reste, prochainement donné à Londres. J'aurai ainsi l'occasion de vous en parler. En attendant, je constate que toute la presse de Liverpool proclame un grand succès. Plusieurs numéros de la partition ont été bissés, et l'exécution a fait sensation. Il y a notamment un tableau merveilleusement mis en scène, où l'on voit une avalanche. Cette avalanche aurait pu jeter un froid dans la salle. Au contraire, elle a déchaîné un véritable enthousiasme.

Londres, le 29 janvier.　　　　　　　　　　E. N.

LES CONTES D'HOFFMANN
AU THÉÂTRE ROYAL DE LA MONNAIE

On a beaucoup tardé à nous donner à Bruxelles les *Contes d'Hoffmann*, mais on s'y est décidé enfin, et l'on a bien fait. Il semble que le nom d'Offenbach, même après sa mort, porte bonheur partout où il entre. Il a fait la fortune de cent directeurs; il a égayé toute une génération. Lui, l'Allemand, a été le créateur d'un genre essentiellement français; il a été la joie d'un quart de siècle, et si les Français de ce quart de siècle ont connu le rire, c'est grâce à lui... Nous l'avons tout remarquer jadis, ici-même, lorsqu'il mourut, laissant, lui, l'Allemand, la France en deuil, — la France de Rabelais!

Ce n'est pas de cela pourtant qu'il s'agit dans les *Contes d'Hoffmann*, on le sait. Les deux tiers de cet opéra sont aussi lugubres que la muse habituelle d'Offenbach fut plaisante. Est-ce par ironie que le sort a voulu cette chose invraisemblable : l'auteur d'*Orphée aux enfers* mourant dans une apothéose de musicien tragique, l'auteur de la *Grande Duchesse* arrachant des larmes d'attendrissement, l'auteur de la *Vie parisienne* se faisant pathétique?... Car c'est bien cette note-là qui caractérise surtout les *Contes d'Hoffmann*, où toutes les désillusions de l'amour se trouvent réunies en un bouquet : insensibilité, mensonge et mort. Offenbach philosophe, Offenbach schopenhauérisant, est-ce donc ainsi que cela devait finir?

Il est vrai de dire qu'un autre a fortement et visiblement collaboré dans cette affaire. On sent la main de M. Guiraud, non seulement dans l'orchestration de l'ouvrage tout entier, dont il fut chargé, mais aussi dans le second acte, et surtout dans le troisième, dont les éléments n'ont assurément pas été tous puisés dans le fond d'Offenbach. Des phrases d'inspiration toute moderne — je ne dis pas moderniste — se heurtent avec les choses bon enfant qui sont du cru de l'auteur avoué et qui sont bien reconnaissables. Tout cela forme un ensemble qui se tient; il n'y faut pas chercher beaucoup de piquant ni d'originalité; mais prenons l'œuvre pour ce qu'elle est : variée, facile, amusante, intéressante; œuvre de public et de bon rapport.

Je crois inutile d'entrer dans les détails de la composition des actes : les lecteurs du *Guide* les connaissent depuis longtemps. Rappelons cependant qu'il existe deux versions des *Contes d'Hoffmann*, — une première, où l'ouvrage était coupé en quatre actes, y compris le prologue et l'épilogue de la version définitive; l'acte de Venise n'existait pas. C'est celle-là qu'on joua tout d'abord, en 1881. Deux ans après, l'ouvrage fut remanié; le premier acte, très écourté, devint le prologue d'aujourd'hui; on ajouta un acte, celui qui se passe à Venise :il raconte les amours de Giuletta et l'histoire du " Reflet perdu „, et le troisième, qui met en scène l'histoire du " violon de Crémone „, fut remanié considérablement. Cela devint en quelque sorte une œuvre nouvelle, et qui, dans son ensemble, valait mieux que la première.　　．．．

La Monnaie a mis tous ses soins à nous donner une interprétation des *Contes d'Hoffmann* dès plus satisfaisantes. Elle n'a pas eu besoin de faire de grands frais de décors et de costumes pour plaire au public, et elle a bien fait de ne pas en faire. Ce succès, dans ces conditions, donne raison à ce que j'ai toujours dit, à savoir que mieux vaut trois ouvrages nouveaux que de vieux décors qu'un seul vieux dans des décors neufs. Mlle Vuillaume, MM. Engel et Isnardon sont très bien; Mlles Wolf et Legault, MM. Nerval, Chappuis et Frankin ne gâtent rien.

Et maintenant, la parole est à la *Valkyrie!* L. S.

Chronique Bruxelloise.

BRUXELLES, 2 février.

Les répétitions de la *Valkyrie* continuent d'être activement menées au théâtre de la Monnaie, et tout fait prévoir que l'on sera prêt à l'époque indiquée par nous. Une modification vient de se produire dans la distribution. On sait qu'après le départ de M. Sylva, le rôle de *Siegmund* avait été confié à M. Ocselza. Cet artiste a rendu le rôle ces jours-ci, le trouvant trop grave et craignant de déplacer sa voix. C'est donc M. Engel qui chantera Siegmund. Nous ne perdrons pas au change. Voici, du reste, la distribution définitive:

Siegmund, M. Engel; *Wotan*, M. Seguin; *Hounding*, M. Bourgeois; *Brunnhilde*, Mme Litvinne; *Sieglinde*, Mme Martini; *Fricka*, Mme Balensi. Les Huit Valkyries: Mmes Leganit, Wolf, Fion-Bolman, Hellen, Thuringer, Coomans, Baudelait et Van Berten.

A propos de la *Valkyrie*, les journaux français et allemands reproduisent la note de la *Revue wagnérienne*, et la commentant, ajoutent que MM. Dupont et Lapissida n'ont pu s'entendre avec les héritiers Wagner, et qu'ainsi tout peut être remis en question. Il n'y a pas un mot de vrai dans tout cela. Les directeurs de la Monnaie n'ont reçu jusqu'ici aucune communication de Bayreuth, et il y a tout lieu de croire qu'ils n'en recevront pas. Lorsqu'ils ont traité avec M. Angelo Neumann, celui-ci était encore nanti des droits qui viennent de lui être enlevés, à ce qu'on assure (car là chose n'est pas certaine), par la Cour suprême de Leipzig. Or, à ce moment, M. Neumann avait gagné en première instance son procès avec les héritiers Wagner, et il continuait à traiter avec les théâtres allemands comme mandataire de Richard Wagner, en vertu d'un contrat parfaitement régulier. L'application de quelques articles a seule donné lieu à contestation. MM. Dupont et Lapissida ne pourraient donc être attaqués, leur bonne foi étant absolue, et le jugement de Leipzig, s'il existe, ne pouvant être invoqué contre eux. Il est, du reste, radicalement faux que Mme veuve Wagner exige la représentation des *Nibelungen* dans l'ordre des ouvrages qui composent la tétralogie. Cette exigence n'aurait aucun sens en ce qui concerne la représentation de la tétralogie en français, attendu que la version française du *Rheingold* n'est pas faite, non plus que celle du *Crépuscule des Dieux*. D'ailleurs, la représentation séparée de la *Walküre* a été autorisée du vivant même de Wagner, et ce serait de l'aberration de se montrer sur ce point * plus royaliste que le roi. , Tout ce qu'on dit, c'est dit à ce sujet repose donc sur des bruits sans fondement aucun.

Puisque nous parlons de la *Valkyrie*, relevons une légère erreur que nous avons commise en parlant dernièrement du quatuor de tubas que MM. Dupont et Lapissida ont fait construire pour l'exécution de la partition. Nous avons dit qu'à Bayreuth le quatuor de tubas n'existait pas et qu'il avait été remplacé par des cors. Ce dernier détail était erroné. Nos souvenirs, ils remontent à dix ans, nous avaient trompé.

Nous ne croyions pas dire si vrai lorsque nous constations, l'autre jour, à propos de l'*Angelo* de César Cui, qu'il y avait bien dix personnes, au dernier concert populaire, connaissant l'*Angelo* de Victor Hugo.

Le critique musical d'un grand journal n'a pas craint d'attribuer à l'arrangeur du livret les vers, qu'il trouve vulgaires, de la sérénade chantée sur le balcon par Rodolfo.

Or, ces trois couplets sont de Victor Hugo, textuellement:

Mon âme a ton amer c'est donné, etc.

Voir la scène IV, acte II, d'*Angelo*, œuvres complètes de Victor Hugo, Paris, édition que vous voudrez.

Jugez, d'après l'ignorance des critiques, ce que doit être celle du public!

Guerre aux chapeaux!

Nous lisons dans une circulaire adressée à ses membres par la Société de la Grande-Harmonie de Bruxelles, le paragraphe suivant:

" Des réclamations, parfaitement justifiées, nous ont été adressées lors de la dernière représentation, relativement aux chapeaux de dames. En conséquence, les dames prenant place aux fauteuils d'orchestre, aux stalles de parquet, ainsi qu'aux stalles de bourrelet du balcon, seront invitées à ne pas conserver le chapeau sur la tête; il ne sera fait exception à cette règle que pour les personnes âgées et sous la condition que le chapeau n'ait pas une hauteur exagérée. Cette mesure, qui est prise dans l'intérêt de tous les spectateurs, ne peut être efficace que si elle reçoit une application générale, et nous sommes convaincus que MM. les sociétaires voudront bien nous prêter leur concours pour qu'elle soit observée. ,

Voilà qui est tout à fait bien pensé et bien dit.

■

Le *Guide musical* a un ami à Bruxelles, un véritable ami, un de ces amis qui ne vous ménagent pas vos vérités. Comment il se nomme, nous l'ignorons. Il signe des initiales Dr P., dans la *Cæcilia*, journal musical de La Haye, des lettres de Bruxelles, où nous sommes fréquemment pris à parti. C'est ainsi qu'il nous en veut beaucoup de ce que les œuvres de Brahms n'ont pas grand succès aux concerts populaires et qu'on ne les joue pas au Conservatoire royal. Cet excellent Dr P. (danseur, doreur, débardeur, débagouleur, découpeur, distillateur, on ne sait pas au juste ce que signifie ce Dr), nous reproche surtout de ne pas nous occuper des Pays-Bas.

Le malheur a voulu que dans la lettre même où il nous adressait ce reproche, il était obligé de relever une lettre que nous venions de recevoir de La Haye et qui nous mettait au courant de certains tripotages relatifs à la direction des concerts de la Société T. B. d. T.

Nous sommes bien fâchés d'avoir contrarié, en cela, le bon Dr P. Nous le prions seulement de nous laisser, à l'avenir, la liberté de faire le journal comme nous l'entendons. Quand il se passe en Hollande un fait artistique qui nous paraît de nature à intéresser nos lecteurs, nous en parlons. Mais en vérité, il faut être plus Dr P. que nature pour exiger que nous attachions beaucoup d'importance aux mille et un concerts qui se donnent à Deventer, à Zwolle ou à Zwyn, drecht, avec des orchestres de 25 musiciens et un piano pour remplacer l'harmonie absente, quand ce ne sont pas les veaux de l'étable voisine qui font la partie du tuba manquant.

Nous lisons attentivement la *Cæcilia*. Ce n'est pas notre faute si nous n'y trouvons jamais que des renseignements généraux empruntés au *Guide*, et des comptes rendus où il n'est question que du *Bonifacius* de M. Nicolaï. Qu'est-ce que vous voulez que cela nous fasse?

M. K.

■

CORRESPONDANCES

LE CHEVALIER JEAN

AU THÉÂTRE ROYAL DE LIÉGE

LIÉGE, le 1er février.

Notre Théâtre royal ne se décide pas facilement à livrer au public les nouveautés dont son répertoire a pourtant un si grand besoin. Il a donné, hier soir, au bénéfice du régisseur général, M. Flavigny, la première représentation en Belgique du drame lyrique en quatre actes, le *Chevalier Jean*, paroles de MM. Louis Gallet et Edouard Blau, musique de M. Victorin Joncières.

Les librettistes ont puisé le sujet dans le recueil des *Histoires tragiques* du moine milanais Bandello, traduites en langue française par Pierre Boisteau.

L'action se passe, vous le savez, au XIIe siècle, en Allemagne au temps des Burgraves, pillards et violents.

Les principaux personnages sont: le Chevalier Jean, la comtesse Hélène, le comte Arnold, le comte palatin Rudolf et le page Albert, auxquels on peut ajouter l'empereur Frédéric Barberousse, quoique celui-ci n'ait pas de rôle musical à remplir dans cette œuvre.

Ce poème héroïque, incidenté et très bien écrit, offre un ensemble de situations très dramatiques. Le musicien, M. Joncières, n'est pas resté au-dessous de sa tâche. Le 3e acte particulièrement a des accents émus et une très belle couleur.

M. Joncières est un musicien d'un vrai mérite, esprit distingué, et qui occupe dans l'école française un rang élevé.que personne ne lui conteste. Citons les pages les plus applaudies. D'abord, le prélude ouverture, où sont exposés deux fragments de marche, qui apparaissent, l'un dans le finale du premier acte, l'autre dans celui du quatrième, et qui sert d'accompagnement au madrigal chanté par le page Albert à l'adresse de la comtesse. L'air du chevalier Jean: *Elle était ma seule pensée*, a une très belle expression.

Au deuxième acte, le joli chœur des fileuses, qui ne rappelle que de nom celui du *Vaisseau fantôme*; la chanson sarrazine, ravissante de simplicité et de mélancolie avec sa cadence ingénieuse; la scène entre Rudolf et Hélène, coupée en trois parties, duo, arioso, scène et récit, où il y a de la tendresse et de la grâce; les couplets de Rudolf qui suivent, pleins de rythme et joyeux d'allure; la délicieuse cantilène chantée par la comtesse Hélène: *O calme des cieux*, modulée avec beaucoup de légèreté et d'élégance par les arpèges de la flûte et de la clarinette.

Au troisième acte, le ballet, composé de deux morceaux : *Adagio* et *valse*, où le piquant de la forme instrumentale le dispute à l'originalité des motifs. Nous voici au grand duo dramatique de la *confession*, entre la comtesse Hélène et le chevalier Jean. C'est un morceau de maître, et sans contredit l'un des meilleurs de l'ouvrage. Les incidents qu'il contient, les sentiments divers qu'il exprime, tout cela est rendu avec vigueur et accent.

Au quatrième acte on a fort goûté le sextuor avec chœur : *Je t'appelle au combat*, d'un superbe caractère et d'une chaleur entraînante, surtout dans la phrase principale exposée par le chevalier Jean. Cette page, très mouvementée, forme avec la prière : *Reviens, douce espérance*, chantée par la comtesse Hélène, une péroraison d'une irrésistible puissance.

L'exécution du *Chevalier Jean* a été soignée, intelligente et artistique sous le bâton du chef d'orchestre M. Cambou. La direction n'a rien négligé pour que l'ensemble fût digne du nom de l'auteur.

Les rôles du chevalier Jean et de la comtesse Hélène sont les plus importants de l'ouvrage. Mme Chassériaux a été très belle et très dramatique dans le second de ces rôles. Elle y a mis tout ce que le compositeur avait pu concevoir de nuances tendres et passionnées. M. Verhees a chanté le rôle du chevalier Jean en lui donnant un réel cachet de grandeur et de simplicité. M. Claeys, notre sympathique baryton, a donné, par sa belle voix et par une grande fermeté d'accent, au rôle du traître Rudolf dont il a composé la figure avec une vérité saisissante, toute l'importance qu'il comporte. Mlle Passama a bien rendu le rôle du page Albert. Les coryphées et les dames du ballet ont bravement fait leur devoir aussi.

Voilà le bilan de la soirée, laquelle sera suivie, je l'espère, d'autres représentations non moins brillantes.   Jules Ghymers.

ST-PÉTERSBOURG, 25 janvier.

M. Davydoff a quitté la direction du Conservatoire de la Société impériale de musique. Antoine Rubinstein a consenti à reprendre sa succession. Vous savez que l'illustre pianiste a déjà occupé ce poste important il y a quelque vingt ans. Cette institution lui doit du reste son existence. Depuis sa fondation, elle a énormément progressé. Elle ne comptait à l'origine que 171 élèves et une dizaine de professeurs. Aujourd'hui, le nombre des élèves a triplé, et celui des professeurs, recrutés presque tous parmi les anciens élèves de l'établissement, est de soixante. C'est ce somme pendant le gestion de M. Davydoff, qui a duré dix ans, que notre Conservatoire a pris cette remarquable extension.

L'Opéra russe paraît toujours avoir quelque difficulté à se former un répertoire. Après l'*Harold* de Naprawnick, le *Méphisto* de Boïto, et la *Vie pour le Tsar* de Glincka, on vient d'y reprendre *Manon* de Massenet. Mais l'exécution a laissé beaucoup à désirer, et le succès a été médiocre.

La *deux centième* représentation de la *Roussalka* de Dargomysky a passé sans la moindre solennité, et l'interprétation était même passablement négligée.

Quant à nos grands concerts symphoniques, sous la direction de Rubinstein, ils continuent d'offrir un très vif intérêt, grâce aux programmes très impartialement composés. Rubinstein ne redoute pas les contrastes. Ainsi il place hardiment Haydn et Mozart à côté de Liszt et de Wagner. Nous avons eu aux 6e et 7e concert l'ouverture de la *Flûte enchantée* à côté du *Tasse*, et la *Chevauchée des Walkyries* après la *4e symphonie* de Brahms qui, quoique composée cent ans après Mozart, n'en diffère pas essentiellement. Rubinstein nous a fait entendre aussi le *Chant du Destin* de Brahms et des fragments de la *Sainte-Élisabeth* de Liszt. Au 6e concert, on a entendu une nouvelle symphonie de Tchaïkowsky, symphonie dramatique dont le sujet est le *Manfred* de Byron. Une première audition avait eu lieu en 1886 à Paviosk. Cette œuvre contient de grandes beautés. Le finale a le moins fourni. Une bacchanale est suivie d'un lento, où reparaissent deux beaux thèmes de la première partie, l'un représentant *Manfred*, l'autre *Astarté*; enfin éclate une fugue suivie de la coda, qui doit représenter le passage du héros de ce monde dans l'autre, aux sons de l'orgue. Le scherzo (2e partie) est en revanche une merveille d'instrumentation, dans lequel les arpèges des harpes et le pizzicato des instruments à cordes simulent étonnamment le scintillement des gouttes d'eau. Sous la direction de Rubinstein, ce morceau a produit un effet énorme.

En fait, de solistes, nous avons applaudi Mme Sophie Menter, la célèbre pianiste, et M. Safonow, un des meilleurs élèves de Brassin, qui a joué le concerto en *ré* de Mozart avec autant de style que de pureté. M. Klengel, de Leipzig, qui passe pour le premier violoncelliste actuel de l'Allemagne, a été très applaudi au 7e concert symphonique. Son mécanisme est hors ligne. Quoique possesseur d'un bel Amati, le son lui fait défaut dans le forte, mais le piano est d'un moelleux extraordinaire. Ce virtuose a obtenu un brillant succès dans le concerto de Haydn.   S.

GAND, le 31 janvier.

Grand-Théâtre. — Lundi 24, l'*Africaine*; mercredi 26, la *Favorite*; vendredi 28, la *Juive*; dimanche 30, le *Chalet* et l'*Africaine*.

La représentation de la *Juive*, donnée vendredi au bénéfice de notre fort ténor. M. P. Merrit, a été magnifique; malgré les derniers vestiges d'un enrouement qui l'a tenu très longtemps, cet excellent artiste a parfaitement joué et chanté le rôle du juif Éléazar, qui du reste un des meilleurs de son répertoire.

On lui a fait ovations sur ovations, présenté sur présents; signalons seulement parmi ceux-ci le portrait de M. Merrit, peint par notre concitoyen M. Michel. A la représentation de mercredi, on a beaucoup remarqué Mme Laville-Ferminet, remplaçant par complaisance Mlle Monnier dans la *Favorite*. Le *Cid* passera probablement le 9 février; on dit que Massenet assistera à la première mais, qu'il ne la dirigera pas.

Le Conservatoire donnera prochainement une série de trois concerts; le premier comprendra la symphonie .n° 4 en *si* .bémol de Beethoven et des fragments de Waalput; le second, la musique de Beethoven pour l'*Egmont* de Gœthe et le concerto pour flûte de Peter Benoit; enfin, le troisième, la symphonie pastorale et une cantate d'Huberti.

Je vois avec plaisir que M. Samuel a fait une part dans ses programmes aux compositeurs belges.

J'apprends que M. A. Voltus-Van Hamme conservera la direction du Grand-Théâtre, l'année prochaine; sur sa demande, la ville lui a accordé une légère augmentation de subside ainsi que l'autorisation de hausser le prix de certaines places. M. Van H imme a déjà renouvelé pour cette campagne les contrats de Mlle Boyer et de M. Soum.   P. B.

HAL, le 30 janvier.

Le cercle Servais a donné dimanche dernier une séance des plus intéressantes. M. Éd. Jacobs s'y est fait entendre; le concitoyen des Servais a obtenu le plus brillant succès avec la sonate de Boccherini et la suite, *Dans la forêt*, de Popper: il a été acclamé avec enthousiasme. Ce succès est d'autant plus flatteur qu'il est obtenu devant un public appréciateur et habitué à entendre les rois du violoncelle que l'Europe entière a admirés.

La cantate *Les Croisés* de M. E. Houssiau, qui est aussi un enfant de Hal, a produit la plus profonde impression par son cachet de grandeur et de distinction ; les voix d'hommes de la célèbre maîtrise de Notre-Dame, que dirige le compositeur, ont chanté dans la perfection cette œuvre bien écrite pour les voix.

L'accompagnement réduit au piano était tenu par M. Wouters. M. Vermandele a dit *La Conscience* de V. Hugo et une *Comédie* de Dreyfus; la classique diction de l'excellent professeur du Conservatoire de Bruxelles a été très appréciée du public.

ROUBAIX, 1er février.

Jeudi nous avons eu une excellente représentation d'*Hamlet*, par la troupe du théâtre royal de Gand.

M. Soum (Hamlet) est parfait dans .son rôle, il fait faire ressortir toutes les beautés du drame, tout en restant un chanteur superbe. Dans la scène de la folie il a fait valoir toutes ses qualités d'acteur, aussi le public ne lui a-t-il pas ménagé les bravos bien mérités. Mme Laville Ferminet (Gertrude) a été surtout appréciée dans le duo du 3e acte avec Hamlet. Mlle Boyer (Ophélie) a été acclamée et rappelée.

Quant aux chœurs et à l'orchestre, ils se sont parfaitement conduits sous la direction de M. Barwolf.

Jeudi prochain nous aurons la *Norma* au bénéfice de Mme Laville-Ferminet, avec l'ouverture de *Guillaume-Tell* exécutée par l'orchestre sous la direction de M. Barwolf.

Petites Nouvelles

L'*Otello* de Verdi, qui devait passer samedi dernier (29 janvier) à la Scala de Milan, est remis à samedi prochain, le 5 février. Notre éminent collaborateur, M. Victor Wilder est parti pour Milan, et nous adressera de là-bas le compte rendu de cet important ouvrage.

La Liberté assure que la première représentation de *Proserpine*, le nouvel ouvrage de M. Camille Saint-Saëns, aura lieu d'ici une quinzaine de jours à l'Opéra-Comique de Paris. Les répétitions en scène sont commencées depuis une semaine et sont très activement poussées par M. Carvalho.

M. Choudens n'ayant pu s'entendre avec l'Odéon pour la représentation, sur cette scène, du *Jocelyn* de M. Benjamin Godard, a engagé assure-t-on, des pourparlers avec M. Debruyère, directeur de la Gaîté.

Le Conservatoire de musique à Paris vient d'être mis en possession d'un titre de rente de 435 francs, provenant du legs fait à cet établissement par Mme Provost-Ponsin, ancienne sociétaire de la Comédie-Française.

La testatrice, on se le rappelle, avait obtenu le premier prix de comédie au Conservatoire, en 1860. Selon son vœu, il sera institué un « prix Ponsin », qui sera décerné chaque année à l'élève femme des classes de déclamation la plus méritante.

Il est question à l'Opéra de Paris, à la suite d'une audition dans les deux duos des *Huguenots*, de l'engagement de Mlle de Lafertrille, une jeune élève du Conservatoire, qui avait été remarquée aux concours de ces deux dernières années.

On prépare une très prochaine reprise de *Sigurd*, avec Mme Rose Caron dans le rôle de Brunhilde, et M. Melchissédec dans celui de Gûnther.

Le *Ménestrel* reçoit de meilleures nouvelles de la santé de Mlle Van Zandt. La jeune artiste, installée depuis quelque temps déjà à Cannes, à la villa Isabelle, a quitté, hier matin, l'appareil qu'elle n'avait pas quitté depuis plusieurs mois. Elle commence à marcher, bien que les jambes soient encore faibles. Mais on peut, aujourd'hui, prédire que son rétablissement complet n'est plus qu'une affaire de temps. Mignon s'est reprise de goût pour la musique et, souvent, l'on entend de joyeuses mélodies s'échapper de la villa Isabelle, qui, pendant les premiers jours du séjour de Mme Van Zandt à Cannes demeurait tristement silencieuse.

Une trouvaille !

Dans le feuilleton d'un journal de Paris, sur la reprise de la *Sirène*, nous lisons ceci :

« L'orchestre de l'Opéra-Comique a sérieusement et vaillamment interprété ces enfantillages musicaux. Le bel andante qui commence l'ouverture a été joué comme un motif de Wagner. Et qui saurait dire tout ce que Wagner a emprunté à Auber, je ne dis pas dans *Rienzi*, où l'imitation est *évidente*, mais dans le *Tannhäuser*, mais jusque dans *Parsifal* ! »

M. René Guinard, du *Constitutionnel*, le sait, car elle est de lui, cette trouvaille. C'est égal, nous serions bien curieux de voir noter ces emprunts.

VARIÉTÉS

ÉPHÉMÉRIDES MUSICALES

Le 4 février 1839, à Beaune (Côte-d'or), naissance de Paul-Xavier-Désiré marquis Richard d'Ivry. — Adepte de la jeune école française; il est auteur, pour le poète et la musique, d'un opéra en 5 actes, *Les Amants de Vérone*. S'attaquer à un sujet shakespearien, après tant d'autres qui y ont réussi, c'était téméraire de la part d'un nouveau venu. La tentative était des plus louables et elle a eu l'approbation du plus grand nombre. La partition, signée du pseudonyme anagrammatique de Richard Irvid, avait déjà paru que le *Roméo et Juliette* de Gounod n'avait pas encore vu le jour au Théâtre-Lyrique. *Les Amants de Vérone* ne virent au Théâtre Ventadour que le 12 octobre 1878. L'exécution fut parfaite avec Capoul (Roméo) et Mlle Heilbron (Juliette).

— Le 5 février 1810, à Bergen (Norwège), naissance d'Ole Bull. — Sa mort en cette même ville le 17 août 1880.

« Le plus excentrique des violonistes virtuoses, » a dit de lui Fétis, *Biogr. univ. des music.*, t. II, p. 107. Le talent de cet artiste avait en effet quelque chose d'absolument étrange, de bizarre, c'était l'exagération de jeu de Paganini dans le tour de force. Ole Bull n'était point incapable d'émouvoir et de charmer, mais il préférait, en général, étonner son auditoire. Sa vie a été, comme son jeu, pleine d'excentricités; on en ferait un curieux roman.

En 1822, il arriva à Paris dans l'intention de se faire entendre en public; mais l'époque était mauvaise pour les arts; il eut la misère. Désespéré, il se jeta dans la Seine. On le repêche. Il reprend courage et part pour l'Amérique, où il obtient des triomphes et où il amasse une fortune énorme. En Amérique, il séjourne longtemps et emploie sa fortune à aider et à soulager les émigrants européens qui trouvent en lui un bienfaiteur précieux.

Entretemps, il allait et venait des États-Unis en Allemagne et en Norwège, toujours acclamé. Mais voici que le banquier chez qui il avait placé ses deniers fait de mauvaises affaires et le ruine en partie. Ole Bull, alors, reprit le cours de ses voyages artistiques.

C'est à ce moment-là, commencement de novembre 1877, que nous le vîmes à Bruxelles, chez Mme Schott, et qu'il nous joua quelques-uns de ses morceaux favoris. Il y avait quarante ans qu'il était venu se faire entendre à Bruxelles, dans deux concerts donnés au théâtre de la Monnaie (11 et 13 juillet 1837).

C'était un beau vieillard qui avait tout à fait la tournure et la physionomie de Liszt, mais avec plus de douceur et de charme. Il nous parlait de sa Norwège qu'il aimait comme les gens du Nord savent aimer leur patrie.

« La musique que nous affectionnons, disait-il, n'a rien de celle qui est si fort à la mode aujourd'hui. Il nous faut du grand art implicite, du poétique, du vrai. Quand je sors de mon « ermitage » norwégien et que, arrivé en Allemagne, j'entends la musique de Wagner, cela me fait mal; c'est comme si l'on m'insultait. Je ne trouve rien de musical aux rugissements des rhinocéros. »

Ole Bull a écrit ses souvenirs qui ont été recueillis par sa veuve; ils forment un volume des plus curieux sur les faits et gestes du violoniste norwégien dans ses voyages des deux côtés de l'Atlantique. Ce volume, orné d'un beau portrait, a paru d'abord en anglais à Londres, et il vient d'être traduit en allemand sous ce titre : *Ole Bull, der Geiger-könig, sin Künstlerleben, frei nach dem Original der Sarah C. Bull* (Stuttgart, Robert Lutz, 1886. In-12 de 236 p.)

— Le 6 février 1823, à Milan (Scala), la *Vestale*, op. seria 3 actes. de G. Pacini. — Artistes : Lablache, Monelli, Mmes Belloc-Giorgi et Fabbrica.

C'est un sujet sur lequel se sont exercés bien des compositeurs, en Italie (cinq), en Angleterre (deux), en Allemagne (un); mais aucun, depuis Spontini (Paris 1807), n'a pu approcher de la *Vestale* française.

— Le 7 février 1828, à Dantzig, naissance de Richard Genée. — Son opérette, *le Cadet de Marine*, jouée à Bruxelles (Fantaisies Parisiennes, 28 janvier 1880), nous a fait connaître cet artiste distingué. Sa partition a été gravée par la maison Schott. On trouvera sa biographie dans le *Guide mus.* du 25 décembre 1879.

— Le 8 février 1872, à Milan (Scala), *Aïda* de Verdi. Pour la première fois en Italie, son théâtre d'origine étant le Caire en Egypte (24 décembre 1871).

— Le 9 février 1761, à Czaslau (Bohême), naissance de Jean-Ladislas Dussek. — Sa mort, à Paris, le 20 mars 1812, à l'âge de 51 ans.

Dans tous les pays où il s'est montré, son double talent de compositeur et de pianiste a excité l'admiration générale. La plupart de ses œuvres ont singulièrement vieilli et semblent d'un médiocre intérêt; mais tout en faisant une large part aux fluctuations du goût et de la mode, en tenant compte de quelques formules surannées, Dussek est un des rares maîtres de l'époque dont la musique soit demeurée au répertoire de l'enseignement classique. Au milieu de ses voyages incessants, où les succès les plus justifiés accompagnaient le brillant et sympathique pianiste, son instruction solide, ses manières polies, distinguées, son immense talent, sa belle prestance, valurent à Dussek des triomphes de plus d'un genre; il fut, comme plus tard Chopin, Liszt, Litolff et tant d'autres victimes plus ou moins volontaires de l'amour, enlevé à l'admiration des dilettanti pour vivre deux ans sous la loi, et dans les domaines d'une princesse russe que son talent avait charmée.

— Le 10 février 1816, à Paris, décès de Jean-Paul-Egide Martini, à l'âge de 75 ans. De son vrai nom il s'appelait Schwartzendorf et il était né dans le Haut-Palatinat, à Freystadt, le 1er septembre 1741.

Une simple romance : *Plaisir d'amour*, a fait plus pour sa réputation que ses autres productions : *l'Amoureux de quinze ans*, le *Droit du Seigneur*, la *Bataille d'Ivry*, qui eurent du succès au théâtre. La première des trois, traduite en allemand (*Der Liebhaber von fünfzehn Jahren*), a été jouée au Nationaltheater de Vienne, le 29 décembre 1778.

Fétis (*Biogr. univ. des music.*, t. VI, p. 3) cite ce trait de l'ignorance de Schwartzendorf, dit Martini : « Lorsque j'étudiais l'harmonie au Conservatoire de Paris, sous la direction de Rey, Martini vint inspecter la classe de contre-point, et il corrigea une leçon que je lui présentai. Je lui fis remarquer que dans un endroit sa correction n'était pas bonne, parce qu'elle donnait lieu à une succession de quintes directes entre l'alto et le second violon. « Dans le cas dont il s'agit, ; on peut faire des quintes consécutives, me dit-il. — Pourquoi sont-elles permises ? — Je vous dis que dans ce cas on peut les faire. — Je vous crois, monsieur, mais je désire savoir le motif de cette exception. — Vous êtes bien curieux ! A ce mot, tous les élèves partirent d'un éclat de rire, et la grave figure de notre professeur m'alarma se dérida. Depuis ce temps, chaque fois que je rencontrais Martini, il me lançait des regards pleins de courroux. Au surplus, il aurait été difficile de deviner, à la brusquerie, à la dureté de ses manières et au despotisme qu'il affectait avec ses subordonnés, l'auteur d'une multitude de mélodies empreintes de la plus douce sensibilité. »

Nécrologie.

Sont décédés :

A Magdebourg, le 21 janvier, Carl Goetze, né à Weimar en 1836, compositeur et chef d'orchestre. (Notice, *Schuberth Lexicon*.)

— A Paris, le 21 janvier, à l'âge de 46 ans, Charles Richard, compositeur qui a écrit pour le à sa fanfare un certain nombre d'œuvres très goûtées.

— A Covington (Etats-Unis), le 6 janvier, Joseph Tosso, né à Mexico, le 8 août 1802, compositeur et le doyen des musiciens américains. D'un père italien et d'une mère française il avait reçu des leçons de de Bériot pendant un séjour qu'il fit à Paris. Son talent et la réputation généralement appréciée de ses compatriotes, et l'une de ses compositions, *the Arkansas Traveler*, devenue son cheval de bataille, a joui d'une vogue sans pareille. (Notice, *American art journal*, 15 janvier.)

— A Philadelphie, le 10 janvier, Mme Alice Oates, (femme en 3me noces de Samuel P. Watkins) née à Merritt (Tennessee), en 1850, et l'une des cantatrices les plus populaires dans l'opérette. Elle était au théâtre depuis 18 ans. (Notice, *Freund's Music*, du 15 janvier.)

— A New-York, Mme Del Puente, harpiste.

— A Florence, à l'âge de 33 ans, Gaulterio Sarti, professeur de violoncelle, ex-chef d'orchestre à la Pergola, alors qu'il n'avait que 18 ans.

— Henri Demunck, un des fondateurs et le premier chef d'orchestre de la Société royale « la Grande-Harmonie » de Bruxelles, mort en 1882, avait laissé une veuve qui s'est éteinte le 26 janvier dernier, à l'âge de 96 ans. Elle était la mère de François Demunck, violoncelliste fameux, et la grand'mère d'Ernest et de Camille Demunck, l'un violoncelliste comme son père, l'autre violoniste.

XXXIIIe ANNÉE   10 février 1887   NUMÉRO 6.

Le Guide Musical

Paraissant tous les jeudis.

ABONNEMENT	SCHOTT FRÈRES, ÉDITEURS	ANNONCES.
FRANCE & BELGIQUE, 10 francs par an.	Paris, Boulevard Montmartre, 19	LA LIGNE . . . . Fr. 0.50.
LES AUTRES PAYS, 10 francs (port en sus)	Bruxelles, Montagne de la Cour, 82	On traite à forfait pour les grandes annonces.

Les Dernières Étapes de l'Art Musical
ET LA SITUATION FINANCIÈRE
A L'OPÉRA DE PARIS (1)

Les dernières années d'exploitation de l'Opéra dans la salle de la rue Lepelletier, ont été heureuses au point de vue financier. Du 1er novembre 1871, date de l'entrée en fonctions de M. Halanzier, jusqu'au 28 octobre 1873, jour du grand incendie, les bénéfices s'élevèrent à 670,315 fr. Pendant cette période, il ne se donna guère à Paris de fêtes privées. Bals et réceptions furent suspendus. Le mouvement mondain se reporta donc du côté des théâtres.

Pendant onze mois, les représentations d'opéra données à la salle Ventadour produisirent 128,096 fr. de recettes nettes. Il est vrai de dire que l'État fit au directeur une situation exceptionnelle et l'exonéra des charges imposées d'ordinaire en échange de la subvention.

Ce fut le 4 janvier 1875 que s'ouvrit au public le nouvel Opéra. La subvention était de 800,000 fr., mais, par une dérogation bizarre aux conditions spécifiées originairement dans le cahier des charges, une moitié seulement des bénéfices devait appartenir au directeur, tandis que l'autre moitié, mise en réserve, était destinée à faciliter la réfection des ouvrages qui n'auraient pu être reconstitués avec un crédit de 2,400,000 fr. déjà voté par les Chambres.

Voici le bilan des trois premières années :

    1875 — 631,564 fr. de bénéfice.
    1876 — 239,284
    1877 — 242,311

Dès l'année 1878, il parut évident que l'empressement du public s'était considérablement ralenti. Malgré le rétablissement des bals masqués qui n'avaient pas eu lieu depuis 1873 et qui produisirent, net, 137,322 fr., malgré l'Exposition universelle, on ne réalisa pas un bénéfice proportionnellement comparable à celui des années précédentes. Le déficit était dès lors imminent.

Mais aussi, qu'avait-on fait ? — On avait monté *Jeanne d'Arc*, de Mermet (277,144 fr.) (1), *le Roi de Lahore* (272,114 fr.), *Polyeucte* (275,313 fr.) et *la Reine Berthe* (72,806 fr.); on avait reconstitué, en même temps que les œuvres dont le succès n'est pas douteux, celles qui portent des marques nombreuses de leur irréparable vétusté, comme *Robert le Diable* (189,707 fr.), *la Reine de Chypre* (273,970 fr.), *la Favorite* (116,813 fr.). Les opéras de l'ancien répertoire étaient remontés aux frais de l'État.

Le 30 novembre 1879, M. Halanzier, prévoyant des pertes prochaines, cédait la place à M. Vaucorbeil. Voici le bilan des douze premiers mois de la nouvelle gestion :

    Dépenses . . . . . 4,080,847 fr.
    Recettes . . . . . 4,066,345 »

Le découvert était donc de 14,502 fr. On avait joué *la Muette de Portici* (164,175 fr.), *Aïda* (233,991 fr.), *le Comte Ory* (23,164), et l'on devait donner quelques mois plus tard *le Tribut de Zamora* (270,000 fr.). Notons que, par un arrangement spécial avec M. Halanzier, M. Vaucorbeil entra en fonctions dès le 16 juillet 1879.

---

(1) Suite, voir le numéro 5 du 3 février 1887.

(1) Les chiffres placés entre parenthèses indiquent les sommes déboursées pour frais de mise en scène.

En 1880-81, si l'on ne tient pas compte du bénéfice afférent aux bals masqués, tout près de 100,000 fr., le budget s'équilibre à peine.

Pendant l'année 1883, les dépenses excèdent les recettes de 104,047 fr., et nous ne défalquons rien pour les bals. *Françoise de Rimini* (233,224 fr.) avait vu le jour au commencement de 1882, et *Henri VIII* (174,262 fr.), dans le courant de 1883.

Les trois premiers mois de 1884 laissent un découvert de 157,036 francs. La *nouveauté* de la saison avait été *Sapho*, partition aussi pauvre d'idées que peu intéressante au point de vue du style et de l'invention.

Le 27 novembre 1884, MM. Ritt et Gailhard entraient en fonctions à l'Opéra et prenaient à leur charge 79,000 francs du déficit de la direction précédente. En 1885, ils perdirent 167,000 francs et représentèrent *Tabarin, Rigoletto, Sigurd* et *le Cid*. Une note adressée au rapporteur du budget des beaux-arts pour 1887, établit d'une façon assez précise la situation de l'Opéra, telle du moins qu'on peut la prévoir :

« Grâce à des efforts continus, à des économies qu'il serait dangereux de pousser plus loin, l'année actuelle donnera probablement une augmentation de recettes... mais, outre qu'il y a encore incertitude sur le point de savoir si l'augmentation constatée du 1er janvier 1886 à ce jour se continuera, l'augmentation de dépenses résultant de la forme des engagements des artistes, de la mise en scène, etc., rompra fatalement l'équilibre, et les pertes ne paraissent pas pouvoir être évaluées annuellement à moins de 100,000 francs. »

C'est à la mise en scène de *Patrie* qu'il est fait allusion dans ces dernières lignes. C'est aussi à la forme des engagements d'artistes en renom qui se font, non plus à l'année, mais au cachet, pour quinze ou vingt représentations.

Ainsi, de l'aveu même des directeurs de l'Opéra, chaque année doit laisser un découvert de 100,000 francs environ.

Cent mille francs par an, ce n'est pas une bagatelle, même sur un budget de quatre millions, et si l'on considère que l'entretien des bâtiments et du mobilier revient annuellement à 80,000 francs, que le chauffage, l'éclairage, les assurances et les contributions représentent une somme de 390,000 francs, que le droit des pauvres monte à 220,000 francs et les frais de police à 30,000 francs, il est permis de supposer que si les dépenses ne sont pas couvertes, la responsabilité en incombe, pour une part, à l'architecte qui nous a doté d'un monument aussi fastueux que peu en rapport, par son apparence extérieure, avec la destination sérieuse de l'art.

Mais la cause principale du fâcheux état des finances est une cause toute artistique. Avec un répertoire suffisamment renouvelé, varié avec intelligence et choisi parmi les œuvres progressives, on parviendrait certainement à rendre à l'Opéra le prestige qui semble actuellement lui manquer. Les fautes commises dans le passé sont là pour encourager notre espérance. Rien n'est permis, puisque les défaillances des directeurs timides ou mal inspirés qui se sont succédé depuis plus de dix ans, ont eu un résultat aussi naturel que normalement prévu.

(A suivre.)   AMÉDÉE BOUTAREL.

OTELLO

Opéra en 4 actes, paroles de Arrigo Boïto, musique de G. Verdi, Représenté pour la première fois, à Milan, sur le théâtre de la Scala, le 5 février 1887.

Lorsqu'il y a quinze ou seize ans, *Aïda* partit du Caire pour conquérir l'Europe et l'Amérique, tout le monde resta convaincu que Verdi était là de ses triomphes, et qu'après cet éblouissement de gloire, il devait avoir la nostalgie de l'obscurité.

Est-ce le brusque réveil d'une inspiration mal assoupie, est-ce le regret des lauriers trop tôt coupés, qui ont fait sortir le vieux maître d'un silence auquel se dévots eux-mêmes s'étaient déjà résignés ? — Peut-être ! — La fièvre de la renommée est un mal dont on meurt, mais dont on guérit rarement, et les esprits d'une activité turbulente, comme celui de Verdi, s'accomodent difficilement des douceurs du repos ; qui sait si, dans sa retraite prématurée et malgré sa paresse de Napolitain, Rossini n'a pas regretté d'avoir abdiqué la royauté qu'il venait de conquérir avec *Guillaume Tell*.

J'imagine pourtant que le motif déterminant qui a ramené Verdi dans la lice, c'est le sujet proposé à son inspiration. Sa musique violente et brutale est si bien faite pour rendre les fureurs jalouses d'*Otello*, qu'on doit s'étonner s'il ne s'est pas emparé plus tôt d'un sujet si conforme à son génie.

Peut-être a-t-il été arrêté, en se rappelant la partition écrite par Rossini sur une informe imitation du drame de Shakspeare. Scrupule inutile ! La muse de l'auteur du *Barbier* n'était point faite pour rendre les cris délirants du Maure et ses emportements fougueux. Stendhal lui-même, qui est de mode de citer aujourd'hui, Stendhal, l'aveugle panégyriste du maître de Pesaro, le confesse humblement :

« Rossini ne sait pas faire parler l'amour, et quand on ne connaît que par les livres l'*Amour-passion*, il est bien difficile de se tirer de la peinture de la jalousie. »

En cette matière, Verdi est plus expert que son prédécesseur, et si son œuvre nouvelle n'est pas sans défaut, elle ne pêche certainement point par la froideur. On pourrait plutôt lui reprocher trop d'exubérance et regretter ce penchant à l'exagération, qui semble la marque du génie italien et se traduit d'ordinaire par des *colpo di gola* chez les chanteurs, et des explosions excessives de sonorité chez les instrumentistes.

Il y a la même distance entre le livret rimé du *marchesa* Berio et le poème de M. Botto, qu'entre le tempérament de Verdi et celui de Rossini. La pièce de M. Botto, écrite d'une plume littéraire, et fidèlement calquée sur celle de son illustre modèle, est pleine de l'esprit de Shakspeare. Je ne lui ferai qu'un reproche, — mais capital à mon avis, — c'est de supprimer l'exposition si pittoresque et si mouvementée, en amputant le drame anglais de tout le premier acte. C'est une erreur dont Verdi doit porter la responsabilité, — à ce qu'on m'assure, — mais qu'elle soit imputable au musicien ou au poète, la faute n'en est pas moins grossière.

En écrivant la partition d'*Otello*, Verdi a suivi ce penchant irrésistible qui l'entraîne vers la transformation de l'opéra en drame lyrique. Cette transformation est une nécessité inéluctable : tout le monde la sent aujourd'hui ; mais tandis que les uns la subissent, d'autres lui résistent et se flattent follement de s'en affranchir.

C'est l'honneur de Verdi d'aller résolument là où sa conscience le pousse, et de se faire le porte-enseigne du progrès, lorsqu'on réclame son nom, pour en faire le drapeau de la réaction.

Malheureusement, les attaches du maître avec le passé sont trop fortes et trop solidement nouées, pour qu'il puisse les rompre. Encore que l'orchestration d'*Aïda* et d'*Otello* soit très supérieure à celle de ses ouvrages précédents, Verdi n'est pas, ne peut pas être un symphoniste. dans le vrai sens du mot. Son instrument favori, son instrument unique pourrait-on dire, c'est la voix humaine; les autres ne sont là que pour le soutenir et l'*accompagner*. Il en résulte que lorsque la périodicité de la mélodie est troublée par l'accent déclamatoire, la ligne plastique s'en estompe et s'en efface, au point de ne plus présenter à l'esprit qu'une forme vague et peu saisissable.

Ce défaut, sensible déjà dans *Don Carlos* et dans quelques pages d'*Aïda*, le devient davantage encore dans *Otello*, et je ne serais pas surpris si les partisans de la mélodie à tout prix accusaient la nouvelle œuvre de manquer d'inspiration. J'incline à croire aussi que les Italiens la goûteront moins que les Français, les Belges et les Allemands, car malgré l'enthousiasme délirant de la première, on sentait chez le public milanais une certaine réserve pour la partition, réserve qui se manifestait à travers les ovations adressées spécialement à la personne du vieux maître.

Les pages qui m'ont paru produire le plus d'effet sont, au premier acte, un chœur mouvementé, mais sans grande portée, et le *brindisi* dont le refrain a beaucoup de vigueur, surtout lorsqu'il est repris par les masses; mais on a fait un accueil assez froid au duo d'amour d'Otello et de Desdémone, qui est pourtant l'un des morceaux les mieux venus de l'ouvrage.

Au deuxième acte, on a chaleureusement applaudi un superbe monologue d'Iago, mais je crois bien que les acclamations allaient plutôt à l'interprète qu'au compositeur; on a fait fête encore à un ravissant chœur épisodique, qui rappelle, par la grâce et la couleur, celui que chantent les suivantes d'Améris au troisième tableau d'*Aïda*; mais on s'est montré assez froid pour un fort beau quatuor, qui, sans avoir les élans de celui de *Rigoletto*, reproduit à peu près le style et la disposition vocale.

On a montré plus de réserve encore — je parle toujours d'une réserve relative — pour le troisième acte, qui renferme pourtant des pages de haute valeur, et notamment un grand ensemble, — un *pezzo concertato* comme disent les Italiens, — où les sentiments divers des personnages, en gardant leur expression individuelle, viennent se fondre pourtant dans l'harmonieuse unité de la mélodie.

Le quatrième acte est d'un effet saisissant, et je doute que Verdi ait jamais traduit une situation dramatique avec une émotion plus profonde et par des accents plus poignants. Le public milanais, s'abandonnant cette fois sans arrière pensée, l'a salué par de longues et enthousiastes acclamations. Il y a plus particulièrement remarqué la *Romance du saule*, qui est d'une poésie exquise, une *Ave Maria*, dont le début, traité en *parlante*, se résout en une mélodie pleine de tendresse et d'onction, et une ritournelle pittoresque de contrebasse, sur laquelle Otello se précipite vers la victime de son implacable et stupide jalousie.

Si l'on en excepte Maurel, qui a créé le rôle d'Iago avec une grande puissance dramatique, l'interprétation d'*Otello* n'a rien qui justifie la haute renommée du théâtre de la Scala. Tamagno est un ténor de grande vaillance, mais un triste comédien; sa voix blanche est d'ailleurs d'un timbre qui n'a rien de flatteur pour d'autres oreilles que des oreilles italiennes. Quant à Mme Pantaleoni, c'est une artiste finie; elle garde encore quelques qualités expressives, mais la voix est usée et reste au-dessous du ton aussi longtemps qu'elle n'est pas échauffée. Le reste ne vaut pas la peine qu'on en parle; mais en revanche, l'orchestre de la Scala, gouverné par le bâton du maëstro Franco Faccio, est excellent et mérite tous nos compliments.

Victor Wilder.

Revue des Concerts

Parsifal *et la* Valkyrie. — *La deuxième et dernière séance de musique scandinave.* — *Petits concerts;* la Société Nationale; *encore le Festival Franck.*

PARIS, 7 février.

Hier dimanche, du Wagner sur toute la ligne. — Au Châtelet, *Parsifal*: le fragment connu sous le nom de la " Scène du Temple „; terminaison du premier acte, arrangé de façon à passer le rôle d'Amfortas, le roi blessé. Le programme débutait par l'ouverture de *Geneviève* de Schumann, que M. Colonne vient de mettre à son répertoire; elle est moins caractéristique du talent de l'auteur que celles de *Manfred* et de *Faust* (pourquoi ne joue-t-on jamais cette dernière?), elle se rapproche plutôt de Mendelssohn par la mélodie, l'harmonie et l'orchestration ; c'est une page agréable, qui a été convenablement exécutée. Je n'en saurais dire autant de la belle symphonie en *sol* mineur de Mozart : le ralentissement des mouvements, les mièvres recherches d'accentuation aux violons, l'absence de franchise et de simplicité dans le style, m'ont gâté tout le plaisir que je me promettais, sauf peut-être dans le *Menuet*, qui a été bissé. Pour *Parsifal*, c'a été pire : M. Colonne avait déjà donné ce fragment il y a deux ans, et très mal : je pensais qu'à cause du travail d'idées et des progrès accomplis depuis, l'exécution serait plus soignée: combien je me trompais! Les mouvements ne sont jamais bien justes, l'appel des trombones dans la coulisse se fait sur la scène et couvre les sons de cloches, les cuivres sont mous et ternes ou lourdement intempestifs; en un mot, l'ensemble est sans goût ni grâce; les chœurs pourtant se tirent assez bien d'affaire. Mais M. Colonne qui a l'intelligence de bien des choses, n'a pas celle de Wagner; il devrait le sentir et se l'interdire: à quoi bon? Les mauvaises exécutions sont des trahisons... et je sens d'en prendre. Aussi me suis-je sauvé, maudissant la douloureuse condition d'auditeur obligé, pendant qu'un certain nombre d'assistants des petites places, plus clairvoyants que ceux des grandes (peut-être ont-ils été à Bayreuth), témoignaient, en exprimant à voix haute leur mécontentement, qu'ils comprenaient mieux l'auteur massacré que le chef d'orchestre de l'Association artistique... Pour me remettre, je me suis dirigé vers l'Eden, et j'y suis entré au moment où commençait la troisième scène de la *Valkyrie*. Quelle attention, quel orchestre admirable, et quels applaudissements !... Cette dernière audition, si je ne me trompe, est déjà la huitième, cette " sélection „ ayant été donnée cinq fois l'an passé, et trois fois cette année.

Si les organisateurs qui ont composé le programme de la deuxième séance de musique scandinave, ont voulu affirmer la supériorité d'Edvard Grieg sur les musiciens ses compatriotes, ils ont parfaitement atteint leur but.

Quant à Johan Svendsen, le seul compositeur qui puisse supporter le voisinage dangereux de son émule et ami, il était forcément sacrifié dans une séance de solistes, car il a surtout écrit (et la sont ses meilleures choses) de la musique de chambre, pour groupes d'instruments à cordes, et de la musique d'orchestre. Comme Grieg, en dehors de ses œuvres de piano et de ses merveilleux *Lieder*, est en partie dans le même cas que Svendsen, il s'ensuit que les deux seules séances données n'auront pas suffi à faire vraiment connaître ce qu'il y a de nouveau et d'original dans la musique scandinave; l'idée qu'elles en ont laissée est tout à fait superficielle; il y avait au programme un tas de noms que je ne citerai pas, et qui ne méritent pas d'être tirés de l'obscurité des notices et des lexiques... Quant au Danois Niels Gade, quelle peine perdue que de vouloir galvaniser ce cadavre ! Mme Royer-Miclos y a vainement employé tout son talent, qui avait fait si bonne figure dans la *Sonate* pour piano et violoncelle de Grieg. M. A. de Greef, dans ses divers morceaux, a été, lui aussi, très légitimement applaudi.

Mais ce que cette séance a eu de plus intéressant, a été de faire connaître des talents nouveaux; elle a mis spécialement en meilleure lumière le talent, déjà apprécié ici et surtout à l'étranger, du jeune violoniste Marcel Herwegh. Dans la *romance en sol* de Svendsen, surtout dans la jolie *coda*, il a montré des mérites de justesse et de " diction „ musicale qui ne sont pas communs; le son est d'une qualité distinguée et d'un beau volume, la virtuosité très remarquable. Ce qui reste à acquérir au jeune violoniste, c'est plus d'habitude du public, et l'aisance qui en résulte pour le rendu des difficultés; c'est enfin l'autorité qui sait s'emparer d'un auditoire, et lui imposer, en même temps que le vif sentiment du charme et des beautés d'une œuvre, la conscience du talent de l'interprète. M. Marcel Herwegh, qui a été très chaleureusement applaudi jeudi dernier, est dans la bonne voie, et peut à bon droit entretenir l'ambition de figurer à bref délai dans les premiers rangs des virtuoses. — A côté de lui, une jeune cantatrice norvégienne,

Mlle Anna Kribel, a obtenu un grand succès, surtout en chantant les airs populaires de son pays; la voix est d'une belle étendue et d'un timbre particulier, elle a une fraîcheur novice qui s'accordait bien avec la musique, et ajoutait encore à la piquante saveur de terroir qui en faisait l'agrément

Je le répète, le résultat de ces séances, désormais closes, est très superficiel, tout à fait incomplet. A d'autres maintenant le soin de nous faire vraiment connaître Grieg et Svendsen. A ce propos, je ferai remarquer que la *Société nationale* a donné, au commencement de ce mois, le quatuor à cordes si peu connu et si intéressant d'Edvard Grieg, que l'interprétation a été de tout premier ordre, et le succès très grand. A quand les *Danses norvégiennes* à quatre mains?...

Ne pouvant entrer dans le détail des innombrables concerts de piano et de musique de chambre qui se donnent à l'heure qu'il est, je citerai seulement ceux de M. Joseph Wieniawski, de Mme Marie Jaëll, et de M. Ludovic Breitner, ce dernier avec le concours de Mme Breitner qui est une musicienne de goût et une violoniste de talent. Je cite ces concerts à cause de l'intérêt des programmes ou de l'exécution.

La dernière séance de la *Société nationale*, sans avoir l'éclat des précédentes, a donné plusieurs premières auditions d'un intérêt divers. Le *Quintuor* de G. Sgambati (op. 4) en *fa* mineur, avec piano, est d'une forme trop rhapsodique, trop hachée, pour pouvoir être bien attachante, ce défaut n'étant pas racheté par la valeur des idées. Il y a là une mauvaise influence de Liszt. Disons cependant qu'on y trouve des fragments remarquables, tels que certaine phrase de l'*andante sostenuto* et le début du *scherzo vivacissimo*; disons aussi qu'il y a des recherches heureuses de sonorités. J'ajoute qu'il est intéressant d'assister à d'aussi vaillants efforts de la part de la jeune école italienne, à qui on doit faire d'autant plus crédit dans la musique symphonique qu'elle manque de traditions en ce genre. L'exécution, remarquable, et dans laquelle le pianiste Breitner s'est distingué, n'était pour rien dans la froideur avec laquelle l'œuvre a été accueillie.

Le deuxième numéro en *la* mineur les mélodies de Mlle Cécile Chaminade marchent d'une allure plus régulière et moins déconcertante que l'œuvre précédente; c'est de la musique bien écrite, d'un style schumannien clair et généralement agréable; certaines pages, comme le *lento* du trio, ont du charme et montrent que l'auteur peut s'élever à une vraie poésie; l'ensemble est d'un mérite évident, on y voudrait un caractère plus personnel. — Ce qui a beaucoup plus porté ce soir-là, à cause de cette dernière qualité, ce sont les mélodies de M. Charles Bordes, sur des vers de P. Verlaine, *Paysages tristes*; une sincérité communicative d'accent dans l'expression d'une mélancolie souvent maladive, un sentiment harmonique d'une délicatesse pénétrante, ont fait passer sur les mièvreries, les gaucheries, l'insuffisance de certaines formes d'accompagnement, et ont valu à l'auteur et à son interprète l'accueil le plus encourageant et le plus chaleureux.

M. Bordes est exposé à la monotonie; trop de nénufars et d'ifs, trop d'attendrissements factices sur les sarcelles et autres bêtes de rencontre peu communes; mais il a vraiment la *vis elegiaca*. Il faut dire aussi que ces mélodies ont été chantées dans la perfection par Mlle Fanny Lépine, dont la voix et la diction sont des plus captivantes et des plus sympathiques. D'ailleurs nous aurons le plaisir de l'entendre bientôt dans la partie de soprano solo de la *Messe en ré* de Beethoven, qui va décidément être donnée au Conservatoire, les 27 février et 6 mars.

Je voudrais pouvoir citer ici quelque chose des nombreux et chaleureux articles consacrés cette semaine au festival Franck; beaucoup d'éloges pour la musique; quant à l'exécution, un blâme déclaré, des réticences transparentes ou un silence indulgent. Si les ouvrages que je n'ai pas énumérés, particulièrement ceux de la deuxième partie dirigée par l'auteur (Fragments de l'opéra *Hulda*, et surtout de l'oratorio *les Béatitudes*), avaient été donnés dans de bonnes conditions et dans une salle convenable, nul doute que M. Franck eût remporté un triomphe décisif, dont la portée ne se fût pas arrêtée à la personne de l'auteur, mais qui, par ses effets, eût servi avec efficacité la cause du grand art en France. En attendant, il me semble qu'une institution aussi bien outillée que celle de la *Société des Concerts*, s'honorerait en nous donnant quelque jour une des pages magistrales qui abondent

dans *Rédemption* ou dans *les Béatitudes*. Leur place est vraiment là; comme on peut dire, sans être grand prophète, qu'elles sont destinées à l'occuper un jour, il vaut mieux que ce soit plus tôt que plus tard.

BALTHAZAR CLAES.

Chronique Bruxelloise.

BRUXELLES, 8 février.

L'Association des Artistes musiciens, quand elle ne se borne pas à donner des concerts à virtuoses, mérite l'attention des artistes, car elle peut, à côté des concerts populaires, exercer une bienfaisante influence sur le mouvement artistique. En ces dernières années, elle nous a offert d'intéressantes auditions de Saint-Saëns, de Massenet, de Lalo, et d'autres maîtres dont les œuvres occupent un rang distingué dans l'art contemporain. Sans elle, assurément, bien des œuvres modernes eussent continué d'être ignorées du public bruxellois. Il serait à souhaiter que l'Association s'engageât plus résolument dans cette voie; deux au moins de ses concerts, sur les quatre qu'elle donne annuellement, devraient être invariablement donnés aux œuvres symphoniques modernes, belges et étrangères. Le public lui en saurait gré assurément.

La dernière séance a été consacrée à l'audition d'une série d'œuvres d'un jeune compositeur français qui a déjà été joué avec succès à Bruxelles, M. Arthur Coquard. On se rappelle une très belle scène de lui : la *Mort de Cassandre*, qui fut exécutée, il y a deux ou trois ans, à l'Association des artistes musiciens. C'était tout à ses débuts dans la carrière. Le voici arrivé, ou peu s'en faut. Il a en un petit opéra-comique joué avec succès au théâtre d'Angers : l'*Epée du Roi*, en un acte, le *Mari d'un jour*, impitoyablement sacrifié à l'Opéra-Comique, de Paris. Mais il y a certains publics de théâtre, comme il y a certaines gens, dont les appréciations doivent être prises à rebours. Il faut se dire que ce qu'ils condamnent doit dire loué. Le public de l'Opéra-Comique a fait tomber le *Mari d'un jour*; donc, la partition doit ne pas être sans quelque mérite. Il adore le genre Auber. Il a failli siffler naguère *Carmen* et *Faust*. C'est dans l'ordre. Son idéal actuel c'est *Mignon* ou *Lakmé*. Grand bien lui fasse ! M. Coquard a heureusement des visées plus hautes.

S'il s'attarde encore à écrire des menuets et des *gavottes*, — il réussit à merveille ces menus morceaux de factures, — ce ne serait pas cependant les œuvres caractéristiques de sa manière et de son talent. Disciple de César Franck, il s'inspire aux sources profondes de la poésie, aux grands sentiments et aux grandes pensées héroïques. Ce qui le met en très bon rang parmi les " jeunes ", en vue de l'école française, c'est qu'il apporte dans l'illustration musicale de ses modèles littéraires, sinon une originalité fondamentale, tout au moins une fière allure, une fermeté de facture, une vigueur de tempérament au programme de l'Association : deux scènes dramatiques : la *Songe d'Andromaque* et la *Plainte d'Ariane*; un poème symphonique pour orchestre et harpe principale, intitulé *Ossian*. Il ne nous a pas paru que la harpe, dans cette dernière pièce, entrât bien dans le tissu symphonique, quoiqu'elle ait en partage des thèmes qui reparaissent ensuite et se développent à l'orchestre; elle a l'air plutôt d'interrompre le discours symphonique dont l'éclatante sonorité fait paraître plus faible encore ses sonorités cotonneuses. Je ne sais-si je m'abuse, mais le plan de cette composition ne me paraît pas assez nettement indiqué : il manque de clarté, tout au moins. à une première audition. Le *Songe d'Andromaque*, en revanche, est une composition de grand mérite; elle me paraît infiniment supérieure à tous égards, comme fermeté de dessin et rendu orchestral. Cette page est, en outre, tout à fait remarquable par la justesse et la vérité de la déclamation. Elle a des accents d'une énergie saisissante, à côté de traits d'un charme délicat : les jolis couplets, par exemple, qui se terminent par ces mots: O douceur des premiers aveux ! ô douceur du premier baiser ! ont ravi tout l'auditoire. La *Plainte d'Ariane* n'est pas moins intéressante, et dans l'expression de la douleur conserve un cachet de grandeur qui est très éloigné des mièvreries caressantes de tel autre compositeur français très en vogue. C'est là la marque distinctive de la manière de M. Coquard, et l'on peut attendre beaucoup de ce talent qui a charme et vigueur. Citons enfin une *Marche triomphale de Cassandre*, déjà jouée à l'Association, et qui a beaucoup d'éclat et de verve.

Les deux pièces de chant de M. Coquard et le grand air d'*Alceste* de Gluck, ont été dits par une jeune cantatrice française, Mlle Jeanne Raunay, dont la belle voix de contralto et la diction excellente ont fait sur l'auditoire une très grande impression. C'est assurément une artiste d'avenir. Son fin profil de statue grecque paraît fait tout particulièrement pour les grands rôles tragiques, et elle y apportera comme cantatrice, un phrasé large et un style noble. Ce nom de Jeanne Raunay ne doit pas être oublié. Il aura quelque retentissement un jour.

Dans la première partie du même concert, le public a fait un très chaleureux succès au pianiste-compositeur belge, Léon Van Cromphout. Il a joué le concerto en *ré* mineur de Rubinstein et plusieurs petites pièces de virtuosité, en véritable artiste. Son jeu a vigueur 'et rythme. C'est miracle de voir avec quelle sûreté M. Van Cromphout, malheureusement privé de la vue, accomplit des prodiges de virtuosité. Mais il nous plaît surtout par ses qualités musicales, le charme et la distinction de son style, l'intelligence artistique de son interprétation. On devine en M. Van Cromphout un musicien accompli, ce qu'il est en effet. 'A côté de lui, on a fait un accueil très sympathique à la jeune harpiste qui est à la tête de la classe de harpe au Censervatoire, Mme Régis. Elle a joué une jolie bluette d'Aug. Dupont, une ballade sur un rythme de menuet.

Un bon point à l'orchestre qui a très joliment accompagné le concerto de Rubinstein, et qui a joué avec plus de délicatesse que de coutume une gracieuse ouverture, le *Retour au Pays*, de Mendelssohn.

L'Association des jeunes compositeurs annonce une audition d'œuvres de ses membres, qui aura lieu vendredi au Cercle artistique et littéraire. La Reine a promis d'assister à cette séance, dont le programme porte des œuvres de MM. Léon Jehin, Soubre, Degreef, Agniez, Jan Blockx, Léon Van Cromphout.

Le *Guide musical* a rendu compte l'année dernière de l'exécution d'une petite opérette : *la Première de Fridolin*, paroles de MM. Docquier et Courtier, musique de M. Emile Agniez, jouée sur un théâtre de société. Vendredi dernier, cette aimable opérette a eu les honneurs d'une seconde exécution dans l'atelier de MM. Paul Dubois et Emile Charlet. Succès de bon aloi pour l'auteur et les interprètes-amateurs, Mlles Marthe Hiernaux et Paula Verly, MM. Courtier, Vandertappen et Alphonse Agniez. Le compositeur dirigeait l'orchestre, un quatuor et un piano. Avant la pièce, il a fait entendre, avec M. Degreef, l'éminent pianiste, une jolie pièce pour violon et piano de sa composition, qui a été très sympathiquement accueillie.

M. K.

CORRESPONDANCES

GAND, le 7 février.

GRAND-THÉATRE. — Lundi 31 janvier, *la Mascotte* ; mercredi 2 février, *les Dragons de Villars* ; vendredi 4, *les Huguenots* ; dimanche 6, *les Deux Timides* et *Guillaume Tell*.

La Mascotte a été l'occasion d'une charmante manifestation pour notre chanteuse d'opérette, Mlle Dupouy, qui avait renoncé à son bénéfice; les abonnés et habitués lui ont offert des fleurs et des cadeaux comme gage de leur sympathique admiration. Passons sur *les Dragons de Villars* donnés avec M. Mailland, d'Anvers, pour remplacer la reprise de *Carmen*, remise à cause d'une indisposition de Mme Boyer, et cela au grand désappointement du public. La soirée de vendredi a été signalée par de chaleureuses ovations à notre excellent chef d'orchestre, M. Barwolt, au bénéfice duquel on représentait les *Huguenots* ; je m'associe pleinement aux marques d'admiration qu'on a données à ce musicien habile, dont la direction ferme et vigoureuse n'a pas peu contribué au succès de la campagne, actuelle.

Signalons, le samedi 5, le dix-septième concert annuel de charité organisé par la Société royale de chant, les *Ouvriers: réunis*, avec le concours de Mme Boyer, MM. Soum et Plain, du Grand-Théâtre, M. Vlaminck, flûtiste, des chœurs de la société sous la direction de M. R. Bogaert, et de la musique du 2° régiment de ligne, sous la direction de M. Maeck. Le même soir avait eu lieu, paraît-il, le premier concert du *Cercle musical*, avec le concours de Mlle Van Besten et Balthasar-Florence, et du baryton Heuschling. Je ne peux pas vous en parler autrement, n'ayant pas eu l'honneur d'y être invité, ainsi que d'habitude. Cela m'a permis d'assister à l'amusante causerie que M. Frédéric Descamps a faite au Cercle artistique et littéraire, sur les théâtres de petites villes ; le conférencier en a esquissé la physionomie piquante d'une manière alerte et pittoresque, et avec beaucoup de succès. Je ne crois pas avoir perdu au change.

P. B.

CHARLEROI, 9 février.

Le Trouvère à Charleroi! Ce n'est pas précisément du neuf, mais pour nous, tout de même, c'en est nouveau; et pour peu que cela continue, je ne désespère pas; si Dieu me prête vie, d'y voir représenter dans quelque vingt-cinq ou trente ans l'*Otello* qui vient de naître aux feux de la rampe milanaise.

La troupe de Mons, avec Dulaurens et Mme Reuthal comme protagonistes, nous a valu cette aubaine. Et, si j'en crois les on-dit, elle se propose d'y revenir régulièrement donner une série de représentations lyriques. Ce qui m'étonne c'est qu'elle ne l'ait pas fait plus tôt, vu le chiffre des recettes. La question d'art est toujours doublée d'une question de gros ou de petits sous et, celle-ci aplanie, celle-là ne me paraissait pas du tout difficile à trancher. En attendant, nous sommes bien heureux de vivre de ce que nous avons et, nous prenons ce qu'on nous donné.

Vous connaissez Dulaurens, pour l'avoir vu à la Monnaie, il y a déjà belle lurette. Ce ténor n'est pas plus neuf que la pièce, mais enfin la voix est encore vibrante et de large envergure. Par exemple, ne lui demandez pas les doux effets de la demi-teinte, l'instrument surmené y est devenu rebelle ; le son ne veut plus sortir qùe poussé toutes voiles dehors. C'est du fort ténor absolu.

Vous ne vous attendiez certainement pas à voir en cette compagnie Mme Reuthal, la gracieuse cantatrice des Galeries. Il y a loin de *Joséphine vendue par ses sœurs*, à la bohémienne Azucena ; mais les artistes de race suppriment les distances, et quoique tenant le rôle par complaisance, Mlle Reuthal s'y est montrée à la fois tragédienne et musicienne, jouant et chantant avec grande autorité et non moins grand succès.

Les autres artistes, pensionnaires ordinaires du théâtre de Mons, ont convenablement tenu leur place à ses côtés. Aciter parmi eux une excellente basse, M. Boussa, qui me paraît appelé à un brillant avenir. Il n'a qu'un bout de rôle dans la pièce, mais la façon dont il le remplit suffit à le faire estimer.

L'assistance nombreuse a fait fête à tous les artistes ; son accueil chaleureux les engagera certainement à revenir.

A. D.

NAMUR, 2 février.

Salle archi-bondée pour le concert donné, hier mardi, par notre *Cercle musical*. L'empressement du public a été du reste justifié par un programme'des plus alléchants. Mlle A. de Saint-Moulin n'a jamais mieux fait valoir sa superbe voix de contralto et son excellente méthode ; Mlle Balthasar-Florence, qui remplaçait au pied levé M. J. Richard, l'éminent violoncelliste, a pleinement justifié, par son interprétation transcendante, les appréciations si flatteuses de la presse étrangère, et notamment des journaux lillois, qui tout récemment ont parlé de la jeune violoniste comme d'une étoile de première grandeur.; enfin la symphonie du Cercle a prouvé qu'elle marche toujours dans la voie du progrès, en exécutant sous la direction de M. H. Balthasar-Florence, l'ouverture: *Mer calme et heureuse traversée* de Mendelssohn, celle de *Lohengrin* de Wagner, et la *Douzième Rhapsodie hongroise* de Liszt.' L'orchestre a encore donné, mais sous la conduite de l'auteur, l'andante de la suite de Sylvain Dufuis et la danse armée de Mobus du même auteur. Ces morceaux ont valu un franc succès au compositeur à qui le Président du *Cercle musical* a offert une belle couronne en souvenir de la fête.

ROUBAIX, 4 février.

La représentation de *Norma* au bénéfice de Mme Laville-Ferminet a été une longue ovation pour la remarquable artiste. Après l'ouverture de *Guillaume Tell*, exécutée sous la direction de M. Barwolf, le savant chef d'orchestre a été acclamé, les abonnés et habitués du théâtre lui ont offert un très joli souvenir.

Mme Boyer a, comme toujours, recueilli sa part d'applaudissements. Jeudi 10, nous aurons l'*Africaine* avec MM. Soum, Merrit, Plain, et Mme Laville-Ferminet et Boyer.

Le public roubaisien apprécie la valeur de la troupe qui lui donne des représentations, comme on n'en trouve peu ou *pas* en province. Il faut souhaiter qu'il soit aux intelligents directeurs des encouragements qui leur permettent de continuer la saison prochaine : ce ne serait que la juste récompense de leurs efforts.

Petites Nouvelles

Il Trovatore nous apprend que le 2 février, le commandeur Cardero, directeur de la Maison royale, s'est rendu à l'hôtel Milan et a remis au maestro Verdi, de la part du Roi, les insignes grand-croix de chevalier de l'ordre des Saints Maurice et Lazare et la lettre suivante du ministre de la Maison royale :

« Rome, le 27 janvier 1887.

« Illustre et honorable monsieur,

« S. M. le Roi vous envoie les, insignes de chevalier de grand-croix de l'ordre des Saints Maurice et Lazare.

« En vous conférant *motu proprio* cette haute distinction, notre auguste souverain a voulu vous témoigner solennellement sa très vive admiration pour le génie avec lequel vous honorez l'art et l'Italie.

S. M. le Roi vous félicite aussi du merveilleux exemple d'activité infatigable donné par vous à la nation, et fait les vœux les plus chaleureux pour que vous puissiez jouir pendant de longues années de la gloire acquise à votre nom et à la patrie.

Avec un profond respect,

Le Ministre,
VISONE.

„ *A l'illustre et honorable commandeur Giuseppe Verdi, sénateur du royaume. — Milan.*„

Le même jour, Verdi recevait de l'Empereur d'Allemagne l'ordre *Pour le Mérite*, qui n'avait été décerné jusqu'ici qu'aux quatre compositeurs suivants : Mendelssohn, Meyerbeer, Rossini et Liszt.

A l'*Apollo* de Rome on vient de donner avec grand succès les *Lituani* de Ponchielli, que quelques-uns placent au-dessus de la *Gioconda*.

Le succès a été aussi grand pour la musique que pour les artistes.

Les applaudissements ont commencé à se faire entendre dès l'*Ouverture*, exécutée magistralement, et que l'on a dû répéter au milieu des acclamations générales.

La *Prière*, morceau d'un grand effet et fort bien chanté par Mlle Borelli, M. Vecchioni et les chœurs, a dû être aussi répétée.

Il en a été de même pour le *duo* entre Mlle Borelli et M. Marconi, la romance du baryton, supérieurement chantée par M. Dévoyod ; pour le finale du second acte, qui a excité un véritable enthousiasme ; pour l'air du soprano, une page musicale pleine de passion et exécutée par Mme Borelli avec beaucoup de sentiment ; et pour le dernier *duo* entre soprano et ténor, un morceau plein de mélodie, que Mlle Borelli et M. Marconi ont chanté à la perfection.

M. Lamperti peut se dire qu'il a gagné la partie.

Une collection d'instruments de musique, réunie par M. Bonjour, a été vendue à l'hôtel Drouot, à Paris, et a produit des chiffres très élevés : un violoncelle, signé Antonius Stradivarius, et datant de 1689, a été adjugé 19,010 fr. ; un autre violoncelle (1691), du même auteur, 12,000 fr. a été adjugé à M. Hollmann, le célèbre virtuose; un Ruggieri (1690), de Crémone, 3,300 fr. ; un Amati, 760 fr. ; un quatuor de Gand et Bernardel frères, comprenant deux violons, un alto et un violoncelle, 1,300 fr. ; puis des basses italiennes, dont les prix ont varié de 510 à 615 fr.

La plupart des archets ont été adjugés de 50 à 400 fr. ; toutefois, un archet du facteur Tourte est monté à 1,100 fr.

Joyeuseté empruntée à l'*Evénement : Chronique d'un indifférent*, signée Louis Besson, c'est tout dire :

„ Mieux que personne M. Verdi sait le prix qu'il faut attacher à la gloire parisienne. Paris est le centre. Dé là on part pour le tour du monde. *Faust* et *Carmen*, méconnus tout d'abord chez nous, ont, il est vrai, gagné leurs chevrons en Allemagne. Mais ce n'est qu'au *retour*, après une seconde épreuve décisive, que ces chefs-d'œuvre *ont été classés comme il convenait*. Même Beethoven, Gluck, et Schumann n'ont été sacrés *grands hommes* qu'après l'*exeat* des musiciens français. Que manque-t-il encore à *Wagner* ? une représentation triomphale à Paris. *Un jour ou l'autre, le Parisien s'avisera de faire un sort à Hændel qui n'est connu que d'un trop petit nombre. Et Hændel, alors,* rayonnera. Mais jusque-là? ... „

Faire un sort à Hændel est épique !

Oh !.le joyeux crétin !

Demand! z la dernière Bessonnade, demandez !

Les *Signale*, de Leipzig, publient le récit d'une anecdote dont la cantatrice Marianne Brandt aurait été l'héroïne à New-York. Se présentant dernièrement au bureau de poste de cette ville afin de retirer une lettre chargée, il lui fut demandé par l'employé si elle possédait sur elle une pièce quelconque d'identité. „ Non, répondit la cantatrice, je n'ai sur moi ni lettre ni carte de visite, mais je suis la *kammersängerin* Brandt. — Tout le monde peut dire ça, répliqua l'employé. — Mais tout le monde ne peut pas le prouver ; veuillez écouter; „ et aussitôt une gerbe d'étincelantes vocalises remplit le bureau de poste tout entier, et de tous côtés des portes s'ouvrirent, laissant paraître des visages stupéfaits. „ Il n'y a pas de doute, bal, butia l'employé saisi d'admiration, vous êtes bien la fameuse cantatrice Brandt. Voici votre lettre. „

Il nous semble avoir déjà lu cela quelque part.

M. Sylva, le ténor qui a récemment résilié au théâtre de la Monnaie pour cause de maladie, chante en ce moment à Moscou, dont le climat

paraît être beaucoup plus favorable à sa voix. Il a paru à l'Opéra privé avec un grand succès dans la *Norma*, avec Mmes Durand et Arnoldson.

Le ténor Mierzwinski parcourt à cette heure les provinces russes du Midi. De même la compagnie chorale de M. Slaviansky, qui a obtenu l'année dernière un si vif succès dans l'Europe occidentale.

A l'Opéra-Italien de Londres, on compte monter l'été prochain la *Vie pour le Tsar* de Glinka, avec le concours du ténor Gayarre.

A Kiew, on a donné, le 2 janvier, pour la première fois en langue russe, *la Jolie fille de Perth* de Bizet, pour le bénéfice du ténor Souprounenko.

Un concert de bienfaisance qui a eu lieu ces jours-ci à Hasselt, a servi de début à une enfant dont tout le monde s'accorde à admirer le talent précoce, Mlle Céleste Painparé, fille de l'excellent chef de musique du 6e de ligne belge. C'est une petite pianiste, si petite qu'elle doit se servir d'un piano construit spécialement pour elle. Elle n'a guère que huit ans. La façon dont elle a joué l'*allegro* du XVIIe concerto de Mozart, une *Gavotte* de Bach, et diverses autres petites pièces de Mozart et de Haydn, a émerveillé l'auditoire, nous dit *la Campine limbourgeoise*. Le même journal parle avec grand éloge d'une jeune cantatrice, Mme Vanden Berg, qui a prêté son concours à cette fête de bienfaisance, ainsi que M. Painparé et le corps de musique du 6e de ligne. Celui-ci s'est distingué surtout dans l'exécution d'une *Rhapsodie hongroise* de Liszt, transcrite pour harmonie.

M. Polak-Daniels, de Dresde, vient de recevoir pour son quatuor en *sol* mineur, les palmes d'officier de l'Académie Montréal de Toulouse, et le titre de membre d'honneur de cette société. Le compositeur a également reçu récemment la plaque de grand-croix de l'*Étoile du mérite*, des Indes.

VARIÉTÉS

ÉPHÉMÉRIDES MUSICALES

Le 11 février 1741, à Liége, naissance d'André-Ernest-Modeste-Grétry. — Sa mort à Paris le 24 septembre 1813.

Quand Grétry vint, Philidor tenait le sceptre depuis Rameau. Il s'inquiéta peu du nouveau venu, jugeant que si Grétry avait la grâce, il lui restait la force ; que si Grétry avait le charme, il lui restait la science. Mais Philidor comptait sans le public. Or, le public trop enthousiaste, reconnut à Grétry la force et la science. Le jour où Grétry fut joué, Philidor perdit sa partie d'échecs. Certes, Philidor avait son caractère, il maîssait avec énergie, il entraînait avec vigueur. Mais, comme on disait alors, c'était le style gothique, tandis que Grétry donnait au sien toute la désinvolture italienne. Philidor trouvait le cri brutal de la passion ; Grétry arrivait à la passion par la volupté. Il n'en était pas moins profond ni moins ému. Il réveilla la *furia francese* pour la musique, à la grande surprise de Marmontel, son poète ordinaire, qui n'y comprenait rien.

C'était un Flamand (!!) qui avait passé par l'Italie pour se franciser. Rameau avait déclamé la tragédie, Grétry allait chanter la chanson.

ARSÈNE HOUSSAYE.

— Le 12 février 1797, à Lyon, décès d'Antoine Dauvergne, à l'âge de 84 ans. — Sa naissance, à Moulins (Allier) le 3 octobre 1713. Fétis (*Biog. univ. des mus.*, t. II, p. 436), indique erronément pour lieu de naissance : Clermont-Ferrand, et pour date : le 4 octobre.

Ce fut un petit acte de Dauvergne : *les Troqueurs*, dont le succès fut grand, en 1753, qui suivit l'apparition de la *Serva padrona* de Pergolèse, le véritable point de départ de l'opéra-comique en France.

— Le 13 février 1832, à Tournay (Théâtre de la ville), la famille Fay commence ses représentations qui attirent la foule durant tout le mois. Son répertoire se composait plus particulièrement de petits opéras tels que *Adolphe et Clara*, la *Fée Urgèle*, *les Deux petits Savoyards*, *Camille ou le Souterrain*, *le Devin du Village*, *les Prétendus*, etc. Les Fay, toute une nichée gazouillante, le père, la mère, leurs deux fillettes, Léontine et Elisa, chantaient l'opéra et le vaudeville tour à tour. Déjà, en 1816, Léontine, âgée de cinq ans, avait émerveillé les Liégeois dans *Camille* de Dalayrac, papa et maman lui donnant la réplique. On accourait de tous côtés pour entendre „ la petite merveille „ ainsi qu'on l'avait surnommée. A Bruxelles (octobre 1820), dans *Jean et Geneviève* de Solié, Léontine, travestie en garçon, chanta le rôle de Jean, et Mmes Roussélois, sa grand'mère, celui de Geneviève. Qui alors aurait-il prédit à l'actrice de douze ans les succès que l'avenir lui réservait d'abord, au Gymnase, puis, sous le nom de Mme Volnys, à la Comédie-Française, ne se serait certes pas trompé.

A Tournay, la famille Fay mit à l'envers toute la ville. Le critique théâtral de la feuille de l'endroit faillit perdre la sienne par ses articles dithyrambiques, et par une foule de vers mirobolante adressée „ à Mmes Fay et Mmes Elisa et Léontine. „ Le journaliste rimeur — peu le savaient—n'était autre que feu Géchard, le futur archiviste général du royaume, mort à Bruxelles à la fin de 1885.

— Le 14 février 1758, à La Barthe de Neste (Gers), naissance de

François Lays, de son véritable nom Lay. — Sa mort à Ingrande (Maine-et-Loire), le 30 mars 1831; à l'âge de 73 ans.

Chanteur de l'Opéra de Paris (1779 à 1822), puis, en dernier lieu, professeur au Conservatoire, il fut du nombre des artistes que Gossec nous amena en Belgique pour y propager, au moyen du théâtre, les idées républicaines. A Bruxelles, pendant tout le mois de décembre 1792, on l'entendit à la Monnaie que des chants révolutionnaires, le *Ça ira*, l'*Offrande à la liberté*, la *Marseillaise*, etc., etc. Le 14 décembre, par exception, les " missionnaires propagandistes , de l'Opéra jouèrent l'*Œdipe à Colonne*, de Sacchini. Pareil spectacle fut offert aux habitants d'Anvers, de Mons, Gand. Liége, Tournay, etc. Le *Ça ira* ne produisit pas l'effet qu'on en attendait. Les Autrichiens, refoulés de la Belgique depuis quatre mois, y rentrèrent pour n'en plus sortir qu'en juillet 1794. Ce fut la fin de leur domination dans notre pays.

— Le 15 février 1880, à Bruxelles (Conservatoire) Joachim exécute le concerto de Beethoven, une fantaisie de Schumann, l'adagio du 9ᵉ concerto de Spohr, et une *courante* d'une des sonates pour violon seul de Bach. Jamais pareille victoire n'avait ébranlé l'atmosphère d'ordinaire si calme et si placide du Conservatoire. (*Guide mus.*, 19 février 1880.)

Nos correspondants de ces jours derniers nous ont fait connaître l'énorme succès que Joachim vient d'obtenir à Paris aux concerts Colonne, et avec ses séances de quatuor dans la salle Erard.

— Le 16 février 1774, à Bordeaux, naissance de Jacques-Pierre-Joseph Rode. — Sa mort, au château de Bourbon (Lot-et-Garonne) le 26 novembre 1830, à l'âge de 56 ans. Voir Eph. *Guide mus.*, du 27 janvier dernier.

— Le 17 février 1807 (à Paris), *Joseph en Égypte*, 3 actes de Méhul. La dernière reprise au théâtre de l'Opéra-Comique, le 5 juin 1882, et à Bruxelles, le 4 avril 1882.

C.M. von Weber, qui dirigea à Munich la première de *Joseph* (3 juillet 1811), et à Dresde (28 janvier 1817), en a fait le compte rendu qui est reproduit au t. III, pp. 36 et 131, de l'ouvrage de Max de Weber sur son père. — Au National-theater de Vienne, *Joseph und seine Brüder* a été joué 141 fois, du 14 juin 1815 au 16 janvier 1869.

" *Joseph* est un chef-d'œuvre, et nul n'ose y contredire aujourd'hui; mais lorsque je vois cette opinion exprimée par des critiques qui vantent quotidiennement les productions les plus opposées à ce genre de musique, lorsque je les entends louer chez Méhul cette pureté de style, cette vigueur de déclamation, un seul trait, sans une roulade, sans un point d'orgue, alors que tous les jours ils portent aux nues des platitudes surchargées d'ornements inexpressifs, des pauvretés que fait seule applaudir la virtuosité du chanteur, il me prend une défiance invincible de cet enthousiasme factice et de cette admiration de commande. Les plats éloges qu'ils adressent à tant de musiciens sans génie aggravent les injures dont ils ont abreuvé Berlioz, dont ils abreuvent encore aujourd'hui Richard Wagner. , Ad. JULLIEN.

BIBLIOGRAPHIE.

RICHARD WAGNER JUGÉ EN FRANCE, par Georges Servières. — Voici un nouveau livre, que j'ai déjà annoncé ici : *Richard Wagner jugé en France*, par Georges Servières, un nom qui n'est pas inconnu aux anciens lecteurs du *Guide*. D'après l'auteur, le titre même du livre doit avertir qu'il s'agit, non d'une étude critique, mais d'un travail d'histoire musicale contemporaine, d'une relation anecdotique. Parlant du récent ouvrage de M. Ad. Jullien, M. Servières nous dit que ce dernier, bien qu'il fût depuis longtemps, par habitude de collectionneur, largement approvisionné de brochures et d'articles de journaux relatifs à Wagner, a dédaigné, ainsi qu'il le dit dans sa préface, de faire revivre le souvenir des insultes prodiguées au génie, craignant de trop honorer les détracteurs oubliés. La portée même d'un ouvrage à la fois critique et biographique n'aurait pu qu'être diminuée par une discussion rétrospective des jugements absurdes ou passionnés portés sur l'œuvre de Wagner. " Ayant appris, continue M. Servières, que tel était l'objet du présent livre, M. Jullien, avec une bienveillance à laquelle nous sommes heureux de rendre hommage, a mis sous nos yeux les recueils d'articles de journaux catalogués par lui. Nous avons aussi trouvé de précieuses indications bibliographiques dans la collection particulière d'un Wagnérien fervent, bien connu de tous les musiciens, et nous le remercions cordialement de l'intérêt qu'il a bien voulu prendre à l'achèvement de cette étude.

Le livre de M. Servières est divisé en six périodes. La première comprend le premier séjour de Wagner à Paris, de 1839 à 1842; la seconde, l'intervalle compris entre ce premier séjour et celui qu'on est convenu d'appeler le second, bien que Wagner soit revenu passer quelque temps ici dans l'intervalle vers 1850; cette deuxième période va de 1842 à 1860; la troisième comprend ledit second séjour de 1859 à 1862; la quatrième va de la chute du *Tannhæuser* jusqu'à la guerre de 1870; la cinquième nous mène jusqu'à l'ouverture du théâtre de Bayreuth, la *Tétralogie*, en 1876; et la sixième, enfin, va de cette date à nos jours. — Chose fort commode, un répertoire des noms cités et une table chronologique des ouvrages cités sont annexés au volume, qui rendra de nouveaux et importants services à la propagation et à la vulgarisation des œuvres du maître. Cet ouvrage permettra surtout de juger des progrès de sa cause dans notre pays.

BALTHAZAR CLAES.

Reisebriefe von Carl Maria von Weber. (Lettres de voyage de C.-M. von Weber) publiées par son petit-fils. Leipzig 1866, Alphonse Dürr. — *Carl Maria von Weber. Sein Leben und seine Werke* (sa vie et ses œuvres), par Auguste Reissmann, avec portrait et illustrations. Berlin, 1886, Robert Oppenheim.

Deux publications importantes qui se rattachent au centenaire de Weber récemment célébré. La personnalité si attachante de l'auteur du *Freyschütz* a été l'objet de nombreux écrits. Sa vie a été racontée par le menu par son fils unique, mais jusqu'ici on ne connaissait guère qu'un certain nombre de ses lettres. Le petit-fils de l'illustre maître a donc réuni et publié celles qu'il adressa à sa femme Caroline de Weber et qui méritaient d'être tirées de l'oubli.

Elles offrent le plus vif intérêt, non seulement pour la connaissance intime de l'artiste et de l'homme. elles sont aussi pleines de renseignements utiles, d'appréciations curieuses sur les hommes et les choses au temps de Weber. Il n'est pas d'artiste en renom, pas d'événement dont il ne soit question dans ces lettres de voyage. Et c'est un plaisir de voir certaines personnalités gonflées de l'époque, déshabillées en un tour de main avec une prestesse bien amusante par cet artiste exceptionnel, qui fut un grand maître de l'art et un esprit très élevé. Nous nous bornons à annoncer ici sommairement ces lettres auxquelles tous les admirateurs de Weber trouveront intérêt.

Quant à l'ouvrage de M. Reissmann, le nom seul de son auteur est un garant de son mérite. Parmi les musicologues connus de l'Allemagne, il n'en est pas qui aient une connaissance plus exacte de l'histoire, et sur l'ensemble de l'art, des vues plus justes et plus modernes que M. Reissmann. Il raconte avec charme la vie du grand poète lyrique de la renaissance romantique, et il porte sur son œuvre des jugements qui sont d'autant plus intéressants que les rapports historiques y sont nettement marqués. Après le livre anecdotique du fils de Weber il restait à faire cet ouvrage de critique. Nul n'en était plus capable que M. Auguste Reissmann.

A lire tout particulièrement son excellent chapitre sur les origines du mouvement romantique et sur le rôle qu'y joua Weber, il y a là en quelques pages condensées et nettement exposées, toute l'histoire du mouvement des esprits au début de ce siècle.

Parmi les critiques de ce livre, signalons un important appendice musical : c'est le *Kyrie* et l'*Agnus Dei* d'une messe jusqu'ici inédite de Weber. L'ouvrage est d'ailleurs bourré d'exemples de musique et de fac-similés de son écriture. M. K.

MUSIK-LEXICON von Dʳ Hugo RIEMANN, professeur au Conservatoire de Hambourg (Leipzig, librairie Max Hesse), livraison IV à VII (lettres Carissimi à Haupt, in-8º à 2 colonnes, petit-texte. Prix de la livraison, 60 centimes. Il y en aura vingt en tout.

Nous avons déjà dit, à propos des trois premières livraisons, le grand intérêt de ce Dictionnaire de musique. Depuis Fétis, Mendel, Grove, Mendel, bien des nouveaux venus ont pris rang à côté des anciens : il est bon de les faire connaître. Cette tâche, le Dʳ Riemann l'a accomplie avec un soin tout particulier. Nos artistes belges n'auront pas lieu de se plaindre, ils sont là en grand nombre. Un seul aura le droit de réclamer, c'est Joseph Dupont, le public de Bruxelles sait si le vaillant kapellmeister de la Monnaie n'a pas toujours bon pied, bon œil et la main sûre, en le voyant à son pupitre chaque soir.

IL TEATRO ILLUSTRATO (Milan, Sonzogno). — Le numéro de janvier, sixième année, de cette intéressante publication, contient :

Illustration avec texte : Spectacles en vogue pour la saison du carnaval : Carmen, Flora Mirabilis, les Pêcheurs de perles, Mignon; Egmont, de Salvayre; Patrie, de Paladilhe.

Texte : La musique en Norvége, Svendsen et Grieg, par Camille Benoit; le sentiment musical perfectionné par l'éducation, par Langhaus; Correspondance de Milan, Ancone, Messine, Naples, Paris, Vienne; les *Pêcheurs de perles*, à Turin; Carmen, à Ferrare et à Palerme; Mignon, à Mantoue et à Trieste; J. Brahms; bibliographie musicale; concerts; bulletin du mois de décembre.

Musique : Deux morceaux de musique pour piano de A. Buzzi-Peccia et de A. Guarneri.

Nécrologie.

Sont décédés :

A Halle, Georges Unger, né à Leipzig, en 1846, artiste qui devait sa notoriété au wagnérisme, et qui créa le personnage de Siegfried dans la tétralogie de l'*Anneau du Nibelung*. Bruxelles l'a vu, en 1883, dans ce rôle très important. Depuis quelques années, ce ténor, qui avait toujours eu une tendance à chanter trop bas, avait fini par prendre l'habitude de détonner régulièrement. De stature haute et puissante, Unger, de colossal devenu énorme, était devenu difforme. Il a débuté à l'Opéra de Leipzig.

A Breslau, le 24 janvier, Maurice Brosig, né à Fuchswinkel (Silésie), le 15 octobre 1815, organiste et compositeur. (Notice, *Biogr. univ. des mus.* de Fétis, t. II, p. 88.)

A Naples, à l'âge de 57 ans, Felice Cottrau, critique musical et frère du compositeur Jules Cottrau. Sa famille d'origine française. (Voir Suppl. Pougin, *ibid.*, t. I, p. 206.)

XXXIIIe ANNÉE   17 février 1887   NUMÉRO 7.

Le Guide Musical

Paraissant tous les jeudis.

ABONNEMENT	SCHOTT FRÈRES, ÉDITEURS	ANNONCES
France & Belgique, 10 francs par an.	Paris, Boulevard Montmartre, 19	LA LIGNE . . . . Fr. 0.50.
Les autres pays, 10 francs (port en sus)	Bruxelles, Montagne de la Cour, 82	On traite à forfait pour les grandes annonces.

L'abondance des matières nous oblige à remettre à notre prochain numéro la suite du travail de M. Boutarel, sur l'Opéra de Paris.

Richard Wagner en 1840

 a Bibliothèque du Conservatoire de Paris vient d'acquérir, ces jours derniers, par les soins de M. Weckerlin, l'autographe d'un commencement de journal écrit par Richard Wagner lors de son premier voyage à Paris. Ces notes personnelles (qui embrassent un espace de trois mois) n'ont jamais été continuées, du moins on n'en a trouvé de traces nulle part. M. Weckerlin traduit ces notes aussi exactement que possible, et ce presque mot à mot expliquera certaines tournures de phrases qui ne sont pas éminemment françaises.

JOURNAL DE RICHARD WAGNER

Paris, mardi 23 juin 1840.

« Dans ces temps de tristesse et d'inquiétude, j'éprouve vivement le besoin de me tenir un journal régulier (Tagebuch) ; j'espère trouver dans l'indication de mes plus puissantes émotions et dans les réflexions qu'elles m'inspireront, les mêmes consolations pour mon être que celles d'un cœur oppressé, consolé par les larmes. Involontairement mes larmes viennent de couler ; est-on lâche ou bien est-on malheureux quand on s'abandonne volontiers aux larmes ? Un ouvrier allemand, malade, était là. — Je lui dis de revenir pour le déjeuner. Minna me rappela, à cette occasion, qu'elle allait envoyer le dernier argent pour acheter du pain. Oh ! la plus pauvre ! tu as bien raison, nos affaires vont mal, car si je fais bien mes réflexions, je puis prévoir à coup sûr la plus grande misère imaginable ; toute amélioration ne peut dépendre que d'heureux événements, et parmi ceux-là je dois compter les gens sur lesquels je fonde mon espoir et qui, de but en blanc et sans aucun intérêt, feront quelque chose pour moi ; ce seul espoir serait humiliant, et je devrais être convaincu que je compte que sur des aumônes ; heureusement que je suis obligé de convenir que des gens comme Meyerbeer, Laube, ne feraient rien pour moi, s'ils ne croyaient pas que je le mérite. Malgré cela, la faiblesse, le caprice, le hasard peuvent influer sur ces personnes et les éloigner de moi. C'est là une terrible pensée, et ce doute ou plutôt la non-confirmation de leur bonne volonté, est pénible et rend mon âme malade. »

Comment les choses se passeront-elles le mois prochain ? Je l'ignore ; si j'ai eu de l'anxiété jusqu'ici, bientôt le désespoir s'emparera de moi. J'ai cependant espoir maintenant de gagner quelque chose par des articles dans la Gazette musicale ; je vais aussi envoyer quelques écrits à Lewald, à Stuttgard, pour l'Europe, afin de voir si je puis gagner quelque chose avec cela ; mais encore, en mettant tout au mieux, ce qui m'attend est trop formidable pour ne pas me terrasser. Je n'ai plus que 25 francs. Avec cela je dois payer, le 1er, une lettre de change de 150 francs ; au 15, également, mon trimestre de loyer.

Toutes les sources sont taries ; je cache encore à ma pauvre femme que les choses en sont déjà là ; j'espérais toujours que Laube m'enverrait de quoi en attendant ; je n'aurais découvert qu'alors à ma femme que sans lui nous ne pouvions compter sur rien, et que je le lui avais caché pour ne pas inquiéter davantage son existence déjà assez bouleversée. Ce projet s'anéantit d'ailleurs ; le 1er je ne pourrai plus garder le secret. Dieu vienne à mon aide, ce sera un jour terrible s'il n'arrive pas du secours !

Mardi, 30 juin, le soir.

J'ai déclaré aujourd'hui à ma femme, à la promenade, notre situation d'argent. Je plains la pauvre du fond de mon âme ! C'est un triste accord ! — Je veux travailler.

4 août.

La voilà terminée la belle chanson,
La chanson de ma jeunesse !
Celle que j'aimais est maintenant ma femme,
Une femme pleine de bonté et de vertu.

Une femme bonne et vertueuse
Est un beau don,
Elle est plus que mon passe-temps,
Elle est tout mon bien...

Je souhaite à chacun un pareil bonheur
Je ne le voudrais même pas au delà !
Pourtant, en reportant ma pensée de dix ans en arrière,
Je crois que j'agirais plus sagement.

M. Weckerlin avoue n'avoir pas très bien saisi l'idée de cette dernière strophe, et pour en avoir le cœur net, il la donne à l'état original :

Ich wünsche jedem gleiches Glück,
Ich pub' es selbst nicht weiter,
Doch denke ich zehn Jahr zurück,
So mach' ich's doch gescheiter !

Cette strophe est très claire pourtant. Les deux premiers vers que M. Weckerlin n'a pas compris doivent être traduits ainsi : Je souhaite à chacun un pareil bonheur, et pourtant je ne céderais le mien à personne.   M. K.

Revue des Concerts

La Symphonie de M. Lalo; la Chasse fantastique de M. Guiraud;
Mme Szarvadi. — Les revendications de M. Lamoureux. — Les
subventions aux Concerts populaires. — Un rapprochement à
propos de la brochure de Franz Liszt sur Lohengrin et Tann-
hauser.

PARIS, 14 février.

Les symphonies se suivent et ne se ressemblent pas.
La symphonie en *sol* mineur de M. Lalo, exécutée
hier à l'Eden pour la première fois, se rapproche plus
que celle de M. Saint-Saëns de l'ancienne forme, en ce
sens que les quatre morceaux qui la composent sont dans un
simple rapport de juxtaposition contrastée et de parenté tonale,
tandis que les diverses parties de l'autre sont reliées par des
transitions, et surtout par la présence, en chacune d'elles, d'un
même motif reconnaissable sous ses transformations. Où la
symphonie de M. Lalo s'éloigne de l'ancienne forme, et là encore
elle diffère de celle de l'auteur du *Déluge*, c'est par le style et la
fantaisie, qui évitent le développement classique, le vrai développement symphonique, proprement dit : si bien que l'œuvre mériterait plutôt d'être intitulée " Suite d'orchestre „; mais à quoi
bon chicaner sur les mots ?... Telle qu'elle est, la nouvelle composition porte bien la marque du talent ingénieux et spécial de
l'auteur, surtout dans l'intermezzo vivace et l'allegro final, les
deux morceaux que je préfère. L'auteur de *Namouna*, comme on
sait, est un rythmiste de race; ce n'est pas un don commun que
celui de l'invention et de la combinaison des rythmes; en dehors
de M. Lalo, je ne vois guère que MM. Chabrier et d'Indy qui
possèdent ce don d'une façon bien définie; c'est du reste une
qualité qui semble propre à notre école française, et que je ne
trouve pas aussi cultivée et saillante ailleurs; du reste, Berlioz,
le vaillant initiateur, a montré dans ce domaine un génie particulier; peut-être est-ce là, avec certaines imaginations instrumentales, sa marque distinctive et son plus beau titre de gloire;
il ne faut pas oublier que quand il est venu, il y avait presque
tout à faire, et dans cet ordre d'idées surtout; en tout cas, il a
puissamment aidé à provoquer le mouvement intéressant auquel
nous assistons aujourd'hui. Comme lui aussi, M. Lalo a ses façons
d'orchestrer, piquantes et personnelles; il manie les instruments à vent, les *bois* notamment, avec une dextérité, un imprévu
qui sont bien à lui. La fin de sa nouvelle œuvre a été saluée par
des applaudissements nourris et de nombreux bravos, qui s'adressaient aussi à l'auteur de *Mesque*, du *Roi d'Ys*, de la *Symphonie
espagnole*, de *Namouna*, à un des musiciens qui honorent le plus
notre école française moderne.

M. Guiraud, lui aussi, a de la franchise et de la vigueur dans
le rythme, témoin le début de sa *Chasse fantastique*; les sonneries
de cor, avec leurs alternatives de sons ouverts et bouchés, éclat-
tant *es abrupto*, sans ambages, ont un caractère énergique.
Ce " poème symphonique „, œuvre d'effet et de facture, est
d'une donnée compliquée; la simplicité du sujet, jointe à un
emploi très intelligent des ressources toutes modernes de l'orchestration et de l'harmonie, fait que le morceau porte du premier coup; mais je dois dire que si l'impression est rapide et
vive, elle est en même temps superficielle et exposée à s'effacer
rapidement aussi. C'est l'inconvénient des ouvrages où la facture
domine. En tout cas, je connais peu de choses de l'auteur de la
Danse persane, qui ne soient agréables à entendre la première
fois, et souvent la seconde; on y sent toujours une main habile
et un esprit délié, qui reste spirituel jusque dans les sujets d'allure
étrange et de poésie corsée, qui se tient très au courant de tout,
et qui semble mettre son point d'honneur à éviter, en même
temps que la banalité, tout excès de couleur, toute imprudence
de style, toute témérité, j'allais dire toute hardiesse d'invention.
La *Chasse fantastique*, bien menée par l'orchestre, a été très
applaudie. — Grand succès aussi pour le prélude du deuxième
acte de *Gwendoline*, de M. Chabrier ; je me borne à noter la chose
en passant, ayant déjà parlé de l'œuvre ici ; on en a beaucoup
goûté les grâces raffinées.

Mme Szarvady (Wilhelmine Clauss), nous a joué le concerto en
la mineur de Schumann, dédié à Hiller. Mme Szarvady a l'auto-

rité de son talent si foncièrement distingué, de son long et remarquable passé musical; mieux que personne, elle possède la
tradition de Schumann, étant intimement liée avec Mme Clara
Schumann, la veuve du maître, et avec son disciple et continuateur, M. J. Brahms. Je crains qu'avec toutes ses qualités éminentes, Mme Szarvady ne se soit pas assez acclimatée dans l'atmosphère des grands concerts; l'intimité lui va mieux, elle y est
admirable. Hier, elle a été exquise dans les choses de grâce, de
mystère; mais ses qualités de force la trahissaient parfois dans les passages de vigueur et d'éclat. Je ne m'exprimerais pas ainsi s'il ne
s'agissait d'un grand talent, d'une nature musicale supérieure; à
ceux-là, on doit toujours la sincérité, et c'est ma règle constante
ici, ou du moins je m'y efforce autant que faire se peut, étant
donnée notre humaine nature. Inutile de dire que le concerto
de Schumann et sa digne et vaillante interprète ont reçu le
meilleur, le plus sympathique accueil.

A la suite de son intéressant programme, M. Lamoureux, dans
le " Petit Bulletin „, répond à une objection qu'on lui fait parfois,
paraît-il : ce serait de ne pas faire une place assez large, dans ses
concerts, aux compositeurs nationaux. M. Lamoureux fait remarquer la présence de trois compositeurs français à son programme
d'hier, dont un en première audition, M. Lalo, et un autre en
deuxième, M. Guiraud. " Pour démontrer l'inanité de cette critique, ajoute-t-il, j'ai fait faire un relevé complet des auteurs et
des œuvres jouées à mes séances depuis la fondation de mon entreprise artistique jusqu'à l'heure présente. De cet état, il résulte
que, depuis cinq ans, *deux cent dix numéros* de mes programmes
ont été consacrés exclusivement à des compositions d'origine
nationale, parmi lesquelles on pourrait en citer plusieurs de
grandes dimensions, absorbant parfois le concert tout entier et
mettant en ligne une masse imposante de chanteurs, de choristes et d'instrumentistes. J'ai fait entendre, de la sorte, soixante
compositions diverses, je répartissant ainsi les noms de vingt-six
compositeurs français contemporains... Je ne pourrais, je l'avoue,
en risquer davantage, sans compromettre l'existence même de
mon entreprise; car, il faut bien le dire, le public ne seconde
guère, par son empressement, les efforts que l'on fait en faveur
de notre école nationale. S'il ne trouve pas sur l'affiche l'attrait
de noms retentissants et d'œuvres consacrées par le succès ou du
moins réputées par le bruit qu'on a fait autour d'elles, il s'abstient généralement et s'enferme dans l'indifférence. Malgré cette
situation regrettable, je n'ai pas cessé et ne cesserai pas de contribuer, dans la mesure de mon pouvoir, au développement de
notre musique française, en faisant campagne pour ceux de mes
compatriotes dont le talent répond à mes aspirations artistiques... Mais il importe qu'on le sache, cette campagne, je l'entreprends à mes risques et périls, sans d'autres ressources que les
miennes, sans d'autre aide que la faible somme prévue par les
concerts symphoniques sur le budget des Beaux-Arts... Jamais,
en effet, il ne m'est venu à l'idée de suppléer à la modicité du
subside gouvernemental, si disproportionné avec les riches dotations de nos théâtres, en prélevant un tribut sur les compositeurs
qui sollicitent le concours de mon orchestre et en leur demandant d'ouvrir leur bourse avant de me montrer leurs manuscrits. „

. . .

Puisque nous en sommes au chapitre des subventions, je dois
dénoncer ici une injustice criante, et montrer jusqu'où va, en
matière d'art, l'étourderie de nos gouvernants, pour ne pas dire
plus. Dans le premier numéro du *Guide* de cette année, j'ai
énuméré les services rendus par l'institution des concerts d'Angers, fondés par MM. Bordier et Louis de Romain. Eh bien, après
neuf ans d'existence et 269 concerts, au moment où l'institution
rendait le plus de services réels, on s'est avisé de lui supprimer la
maigre subvention qu'elle tenait de l'État... Au
même moment, les sages législateurs votaient les yeux fermés
un subside annuel de 10,000 francs à M. Pasdeloup... Aussi bien
et mieux que personne, je sais les services rendus par M. Pasdeloup, jusqu'à l'heure où il reconnut lui-même qu'il devait prendre
sa retraite, et accepta qu'on donnât à son bénéfice un festival qui
rapporta gros. Assurément, il eût été mieux encore de caser
quelque part l'ancien chef d'orchestre, de lui assurer une place
honorable comme l'État en a beaucoup à sa disposition, au besoin
d'en créer une exprès pour lui, car il l'avait mérité. N'y a-t-il
donc plus rien à inspecter en musique? En province, par exem-

ple, M. Pasdeloup, reprenant la tâche qu'il n'était plus capable de mener à bien à Paris, ne pouvait-il pas contribuer d'une façon efficace à la décentralisation artistique?... Au lieu de cela, on laisse M. Pasdeloup, poussé par je ne sais quels fâcheux conseils, recommencer ses concerts dans le cirque; là, entouré d'un orchestre de dernier ordre (sauf quatre ou cinq exceptions, et je fais bonne mesure), orchestre recruté en partie parmi les apprentis des classes instrumentales du Conservatoire, cet homme de mœurs douces écorche et estropie avec sérénité les vivants et les morts. Seulement, l'hebdomadaire qu'il était, ce petit divertissement est devenu mensuel; c'est quelque chose; peut-être n'est-ce pas assez; un festival annuel de retraite suffirait... Qu'il y ait des victimes volontaires, avides d'être immolées en public, et qui paieraient pour cela au besoin; que M. Pasdeloup trouve des patients prêts à se soumettre à l'opération et se laisser extraire une partition sans douleur... pour lui, c'est son affaire et la leur, cela ne nous regarde point, et nous n'avons rien à dire : la folie du martyre est respectable, elle peut être admirable. Mais que l'Etat encourage ces fantaisies individuelles, c'est-là l'exagération; que nos députés, payés pour être omniscients, ignorent ce que tout le monde ici sait et répète depuis des années au sujet de M. Pasdeloup et de son orchestre, c'est un peu fort; en tout cas, la tâche de le leur corner aux oreilles n'est guère agréable, elle est même pénible. Et c'est au moment où M. Pasdeloup reçoit près de huit mille francs tirés de bourses privées pour le festival Franck, par exemple, au moment où on lui abandonne toute la recette par-dessus le marché, c'est à ce moment que les Mécènes du Palais-Bourbon laissent négligemment tomber dans sa sébile l'obole insuffisante de dix mille francs, qui serait venue encourager si fort à propos l'institution des concerts d'Angers!... Comment donc est-on renseigné au Ministère des Beaux-Arts, et à quoi passe-t-on le temps rue de Grenelle et rue de Valois ? En Angleterre, l'Etat gratifie d'une rente certains musiciens qui, par leur âge, leur situation et leurs anciens services, appellent cette distinction... Je laisse à ceux qui sont placés pour cela le soin de tirer les conséquences, et d'aviser. Il faut cesser d'encourager un jeu barbare, moins innocent que les récentes courses de taureaux dans une autre arène.

* * *

Pour finir sur une impression moins triste, voici un fait qui montre bien le progrès accompli dans les esprits depuis quelques années, par le renom et les idées de Richard Wagner.

En 1872, un amateur de ma connaissance achetait à Paris, pour *trois francs soixante-quinze*, chez Baur et Lippmannsohn, la brochure de Franz Liszt sur *Lohengrin* et *Tannhæuser* (éditée à Leipzig en 1851, chez F. A. Brockhaus).

En 1887, à la vente Vervoitte, qui vient d'avoir lieu ces jours derniers, la même brochure a été adjugée pour *trente-sept francs* au rédacteur en chef de l'*Indépendance musicale et dramatique*, revue bimensuelle qui paraîtra le 1er mars, chez Sagot, l'antiquaire musical bien connu.

La brochure en question, devenue fort rare, fut écrite à propos de la première représentation de *Lohengrin* à Weimar aux fêtes de Herder et de Gœthe, en 1850, par l'entremise et sous la direction de Liszt lui-même. Le style, brillant et curieux, porte la marque de l'époque; le pathos romantique est fleuri. Chose nouvelle à cette date, un supplément musical présente en un seul tableau les *leitmotive* de *Lohengrin* et les principaux thèmes et mouvements de l'ouverture de *Tannhæuser*. Ce très intéressant ouvrage a été cité déjà par M. Lamoureux dans son " Petit Bulletin „.

BALTHAZAR CLAES.

Chronique Bruxelloise.

BRUXELLES, 15 février.

Il est utile au progrès des arts que les jeunes aient bonne opinion d'eux-mêmes. Le doute, l'hésitation, la modestie, autant d'influences paralysantes. Avoir confiance en soi, se lancer bravement, voire à l'étourdie, affirmer audacieusement le chef-d'œuvre, sinon le commencement de la sagesse, au moins la condition de la production artistique. Et puis, c'est un encouragement pour le public. On dit souvent qu'il faut encourager les jeunes. Erreur. Il appartient aux jeunes d'encourager le public, à les écouter à les applaudir. Vous

croyez avoir du talent. C'est votre droit. Bien mieux, c'est votre devoir. Si vous n'en étiez pas convaincu, comment la conviction du public pourrait-elle se former ?

Ces réflexions, dont la profondeur n'échappera à personne, nous sont suggérées par l'audition qu'a donnée vendredi dernier, au Cercle artistique et littéraire, l'Union des jeunes compositeurs belges, sous la présidence d'honneur de M. Gevaert. Cette Union est de création récente. L'hiver dernier, elle risquait le paquet à la Grande-Harmonie. Tentative hardie. Et voici qu'après un an, cette hardiesse trouve sa récompense, puisque le Cercle ouvre ses portes à la société nouvelle, et puisque la reine et la comtesse de Flandre assistaient au concert, au milieu d'un auditoire nombreux et sympathique.

Le succès n'a pas fait défaut à la jeune Union. Certes, tout n'était pas or dans son programme, mais plus d'un morceau indique un filon d'inspiration musicale dont il sera possible de tirer parti avec un peu de veine.

Il faut citer tout d'abord le quintette de M. Jan Blockx, non pas seulement parce que c'était le premier numéro de la soirée, mais parce qu'une exécution médiocre n'a pas empêché les artistes et les connaisseurs d'y noter de sérieuses promesses. Le jeune compositeur anversois a de la fraîcheur dans les idées, et une certaine distinction dans le maniement du style polyphonique. Qu'il continue à s'y exercer. C'est la meilleure école de la symphonie, pour laquelle il a manifesté dès ses débuts d'intéressantes dispositions. La musique de chambre n'a pas dit son dernier mot. Elle est peu cultivée dans notre pays par nos compositeurs. Il y a là une place à prendre, et M. Jan Blockx semble taillé pour y faire bonne figure.

Il y a de la grâce dans les mélodies de M. Van Cromphout, fort bien dites par Mme Cornélis-Servais; de l'élégance dans la suite de M. Emile Agniez pour piano et violon, et de piquantes trouvailles chorales dans les compositions de M. Léon Jehin, une scène d'*Esther*, et de M. Philippe Flon une bénédiction nuptiale. Le pianiste de ce concert, M. A. De Greef, s'est signalé à son ordinaire comme un habile exécutant, et si son *Impression d'automne* est un peu trop impressionniste, sa *Valse-Caprice* ne manque pas d'un certain brio vibriste. Quant à M. Léon Soubre, qui porte un nom musical estimé, il a dépassé les limites de l'audace légitime en s'inspirant, après Schumann, de l'épisode du *Faust* de Gœthe : Marguerite aux pieds de la *Mater dolorosa*, et ce que nous avons de mieux à faire est de réserver notre appréciation pour le moment où ce jeune artiste se sera mesuré avec un motif moins périlleux.

En somme une soirée d'un réel intérêt, dont il est juste de féliciter l'Union des Jeunes et de remercier le Cercle artistique.

※

Au théâtre de la Monnaie, tout le personnel est à la *Valkyrie*. On répète activement dans tous les coins du théâtre et même au Conservatoire de danse. Il y a une grande salle, où la voix sonne admirablement. Les artistes du théâtre et les élèves du Conservatoire qui auront à chanter la *Chevauchée des Valkyries* s'étudient avec un zèle louable à pousser avec la vigueur sauvage requise, le fameux *Hoïo-to-ho*, leur cri de guerre.

La date de la première n'est pas encore fixée, mais elle ne tardera pas à l'être. Il est probable que l'ouvrage de Wagner passera aussitôt après les folâtres journées du *petit* et du *grand* carnaval bruxellois. Ce sera donc pour les premiers jours de mars, du 1er au 3, dit-on.

La *Gioconda* de Ponchielli, qu'il avait été question de monter cette année, est remise à la saison prochaine. Nous aurons aussi alors l'*Otello* de Verdi. MM. Dupont et Lapissida n'attendent plus que l'achèvement de la traduction confiée à MM. Du Locle et Arrigo Boïto, pour signer avec l'éditeur Ricordi, de Milan.

Pour la fin de la saison, nous aurons probablement les *Pêcheurs de perles* de Bizet et un opéra inédit en un acte, *Axaël*, d'un jeune compositeur français déjà applaudi à Bruxelles.

※

Le théâtre de la Bourse a donné, vendredi, avec un très grand éclat, une reprise d'*Orphée aux enfers* d'Offenbach, transformé en féerie. C'est la version identique à celle qui fut donnée à la Gaîté, à Paris, en 1887, sous la direction d'Offenbach lui-même.

Pièce et musique ont beaucoup vieilli; et tout ce qui a été ajouté pour " corser „, la partition n'en a augmenté pas la valeur et n'a point paru beaucoup la rajeunir. Mais le spectacle est incomparable, d'un luxe éblouissant et d'un goût exquis. Décors, costumes, cortèges, tout cela forme un ensemble réellement magnifique.

L'interprétation est bonne. On a distingué Mlle Berthe Thibaut, qui chante le rôle d'Eurydice avec une jolie voix et un joli talent.

La Bibliothèque royale de Bruxelles vient d'acquérir à une vente publique d'autographes à La Haye, une série de lettres fort curieuses et parmi lesquelles il s'en trouve une de Grétry adressée à Mlle Desbordes, poste restante à Rouen. Elle est ainsi conçue :

" N'êtes-vous pas bien sûre que je vous aime, mademoiselle, et pourquoi osez-vous en douter ? Ne m'avez-vous pas vu assez longtemps pour savoir combien je suis sincère dans mes sentiments? Oui, je vous aime et vous respecte comme un ange ; ainsi soyez tranquille et ne me cherchez plus querelle. J'ai brûlé votre lettre ; ainsi, quand vous m'en écrirez une autre, qu'elle soit faite de manière que je puisse la garder. Adieu, petite boudeuse, je vous embrasse cent fois de toute mon âme.   GRÉTRY.

L'*Indépendance belge* reproduit cette lettre. Son éminent critique, M. XX, qui y trouve la " saveur d'un épisode intime, presque romanesque, dont Grétry est le héros „, la fait suivre de ce commentaire : " Cette lettre est datée du 20 novembre 1806. Grétry avait donc soixante-cinq ans lorsqu'il adressait *poste restante* une missive amoureuse à Mlle Desbordes. Qui était cette demoiselle ? Nous ne trouvons pas son nom parmi ceux des actrices de l'Opéra-Comique qu'elle aurait pu quitter, pensions-nous, pour aller tenir un emploi au théâtre de Rouen. Il est cependant à supposer que c'était une personne du monde dramatique. Dans tous les cas, l'autographe du compositeur liégeois est très piquant et ses futurs biographes en pourront faire leur profit. „

La Mlle Desbordes qui intrigue tant M. XX, n'est autre que la célèbre femme-poète, plus tard Mme Desbordes-Valmore. Grétry l'avait connue toute jeunette, il fut touché du doux son de sa voix, lui donna des conseils, puis il la fit débuter dans une de ses pièces à l'Opéra-Comique,d'où elle passa au théâtre de Rouen. Le bon Liégeois, le pauvre père qui avait vu mourir coup sur coup tous ses enfants, ne perdit jamais de vue sa jeune protégée, il ne l'appelait pas autrement que sa *chère fille*. S'il était payé de retour, on le sait de reste, quand on a connu la noble femme dont toute la vie a été tendresse, reconnaissance, dévouement. C'est par ce côté qu'il faut s'expliquer le ton de la prétendue " missive amoureuse „ de Grétry. Toute insinuation contraire serait hasardée. M. XX, en écrivant son article, a oublié que son collaborateur à l'*Indépendance* (numéro du 22 décembre 1886), M. Gustave Frédérix, avait parlé longuement de Mlle Desbordes pendant ses deux séjours à Bruxelles, en 1807 et 1815.

⁂

Les difficultés administratives qui empêchaient les concerts du Conservatoire d'avoir lieu depuis le commencement de l'hiver sont enfin levées, et les amateurs ne continueront pas à être privés de ces occasions d'entendre de belle et bonne musique.

Il y aura donc des concerts du Conservatoire : combien et à quelles dates, c'est ce qui n'est pas encore arrêté ; mais le programme de la saison, malheureusement assez avancée déjà, ne tardera pas à être publié. Les probabilités sont pour que deux concerts soient donnés cette année.

⁂

Au prochain concert populaire, fin mars, on entendra l'*Irlande* de Mlle Augusta Holmès, la nouvelle symphonie de Saint-Saëns et le concerto en *fa* de M. Aug. Dupont, qui sera joué par M. Franz Rummel.

⁂

Lundi, M. Gevaert et M. de Borchgrave, député de Bruxelles, ont remis à M. le ministre des beaux-arts une pétition émanant des compositeurs dramatiques belges. Cette pétition demande une intervention de l'État en faveur des ouvrages dramatiques belges, sous la forme d'un subside destiné à couvrir les frais de mise en scène sur l'un des premiers théâtres du pays.

⁂

Mme Ida Cornélis-Servais, cantatrice, et M. Édouard Jacobs, violoncelliste, professeur au Conservatoire, donneront, avec le concours de Mlle Carry Mess, violoniste, et de M. Arthur De Greef, pianiste, professeur au Conservatoire, un concert dans la Salle de la Grande-Harmonie, le mardi 8 mars prochain, à 8 heures du soir.

⁂

A propos du dernier concert de l'Association des Artistes musiciens, un petit *erratum* : L'*Épée du Roi* de M. A. Coquard est en deux actes ; le *Mari d'un jour* en trois, et non *un* comme nous l'avons imprimé par erreur. Rendons à Coquard...

CORRESPONDANCES

ANVERS, 15 février.

THÉÂTRE ROYAL. — Mme Vaillant-Couturier a reparu sur notre scène dans le rôle de Mireille. Beaucoup de personnes avaient des craintes au sujet de cette rentrée, car Mme Vaillant relève à peine d'une grave maladie. Heureusement tout s'est bien passé. Si sa voix n'est plus d'une très grande fraîcheur, la souplesse en est restée parfaite. Le succès de la charmante artiste a été très grand et s'est surtout accentué après le grand air : " Trahir Vincent „.

Jeudi prochain, reprise du *Cid*, avec Guiot dans le rôle de Rodrigue.
Mercredi dernier, M. E. Fontaine, notre excellente basse, donnait un très beau concert, dans la petite salle de l'Harmonie, avec le concours de plusieurs artistes.

La Société de symphonie a également donné un concert la semaine dernière. Le programme était entièrement composé d'œuvres de Liszt. Comme solistes, il y avait Mlle Flament, cantatrice, et M. A. Siloti, pianiste russe.

M. Siloti est un pianiste pour lequel il n'existe aucune difficulté. Il exécute les passages les plus scabreux avec une innocuance quelquefois même par trop marquée. Cela dénote assurément un grand mécanisme et une grande sûreté, mais au point de vue du sentiment musical, cela laisse quelquefois à désirer. Quant à Mlle Flament, elle a un organe de contralto splendide, unique peut-être, mais voilà tout. L'orchestre, presque exclusivement composé d'amateurs, s'est très bien comporté.   H. R.

⁂

                                                  GAND, 14 février.

GRAND-THÉÂTRE. — Lundi 7, *Carmen* ; mercredi 9, *Hamlet* ; vendredi 11, *le Jour et la Nuit* et les *Noces de Jeannette* ; dimanche 13, *la Favorite* et la *Fille du Régiment*.

La reprise de *Carmen* était attendue avec impatience par nos habitués, qui raffolent de l'œuvre si originale de Bizet, et son interprétation ne les a pas trop déçus. Mlle Dupouy a très convenablement joué et s'est même mieux acquittée du rôle qu'on ne l'aurait osé espérer ; M. Maillard, le ténor du théâtre d'Anvers, a tenu non sans talent celui de Don José, et Mlle Boyer, MM. Soum, Herbed et De Beer ont achevé de former un ensemble satisfaisant ; seuls, les chœurs m'ont semblé un peu laisser à désirer. Notons, le vendredi, la représentation au bénéfice de nôtre amusant laruette, M. Herbez, qui conservera, je pense, un agréable souvenir de la sympathie du public gantois à son égard.

La Société royale des Chœurs a donné hier matin, au Casino, un grand concert avec le concours de l'Harmonie des Charbonnages de Mariemont et de Bascoup, au profit des familles des victimes de la récente catastrophe d'Escouffiaux. Ce concert, dont le programme était des mieux composés et comprenait entre autres la *Chevauchée des Valkyries*, a remporté un très vif et très légitime succès. La célèbre harmonie que dirige M. Dagnelies a fait, une fois de plus, preuve de cette homogénéité et de cette puissance de son, ainsi que de cet ensemble parfait et de cette soigneuse observance des nuances qui la caractérisent. La société organisatrice, sous l'habile direction de M. Paul Lebrun, a exécuté avec son talent habituel les deux chœurs qui lui valent depuis bien des années une si brillante renommée : la *Tristesse* de Hanssens, et *Malheur et Résignation* —ainsi les *Proscrits* — de Gevaert.

Il m'a fallu retourner au Casino dès l'après-midi, pour assister à une intéressante matinée (?) au profit de l'œuvre de la Charité maternelle. A côté de la cantatrice au goût si pur et si classique, Mme Lemmens-Sherrington, c'est fait entendre un pianiste bruxellois, M. Lucien Tonnelier, doué d'une virtuosité remarquable. Les applaudissements ne leur ont pas manqué, non plus qu'à un charmant chœur de dames de la ville, qui a notamment enlevé le chœur des frileuses du *Vaisseau-fantôme* de manière à faire bisser ce ravissant morceau. Le chœur était dirigé avec beaucoup d'autorité par M. Van Reyseschoot, l'excellent mais trop modeste musicien, qui voudra bien me pardonner de citer ici son nom quoiqu'il ne l'ait pas laissé inscrire au programme ; je me permets aussi de vous signaler deux amateurs toujours disposées à prêter à des œuvres de charité le concours de leur talent fort distingué : la baronne Peers de Nieuwburgh et M. Albert Solvyns.

                                                         P. B.

⁂

                                                 LIÉGE, le 14 février 1887.

Le premier concert du Conservatoire, sous la direction de M. Théodore Radoux, a offert un puissant intérêt par la variété des œuvres symphoniques qu'on y a entendues.

La pièce d'introduction était la quatrième symphonie en *ré mineur* de Schumann, exécutée avec une verve et une perfection de détails au-dessus de tout éloge.

Cette symphonie, commencée en 1841 et terminée en 1851, où revivent la tradition et l'esprit de Beethoven, mérite le premier rang parmi les œuvres de Schumann. Des applaudissements chaleureux ont éclaté après chacune des quatre parties.

Bien que les pages empruntées à des ouvrages lyriques perdent plus ou moins à être exécutées au concert, hors du cadre qui leur fut destiné, on n'en a pas moins acclamé le prélude et la scène finale de *Tristan et Iseult* de Wagner, rendus avec fidélité par l'orchestre et la cantatrice très estimée, Mme Fick-Wery, qui a y montré de belles qualités de diction.

A ces fragments, d'où se dégage une héroïque désolation, a succédé la fulgurante *Chevauchée des Valkyries*, accompagnée cette fois des parties vocales. Celles-ci ont été chantées par les élèves de la classe d'ensemble. L'impression produite a été profonde.

On a entendu ensuite, dans cette séance, M. Paul Taffanel, le célèbre flûtiste solo de la Société des Concerts du Conservatoire de Paris. Succès comme rarement virtuose en a obtenu à Liége. A une douceur exquise, à une légèreté sans rivale, M. Taffanel joint une ampleur de sons dont la flûte, avant lui, semblait incapable. Son impeccable virtuosité, le charme incomparable de son jeu, ont plongé l'auditoire dans un enthousiasme à tout moment renouvelé.

M. Taffanel a joué, outre le concerto en *sol* de Mozart avec orchestre, un chef-d'œuvre de grâce et d'esprit, agrémenté de nombreux points d'orgue par M. Gevaert, le deuxième nocturne (op. 15), et la valse en *ré* bémol (op. 64) de Chopin. Le public a bissé cette dernière.

Mentionnons enfin l'accueil très sympathique fait à M. Oscar Dossin, violoniste professeur adjoint au Conservatoire, dont le talent distingué a toutes les qualités qui font le virtuose. Il a interprété le concerto en *sol* mineur de Max Bruch avec un joli style et un sentiment délicat auxquels tout le public a rendu bruyamment hommage.

Enfin, pour terminer ce concert, M. Radoux a fait jouer l'ouverture des *Maîtres Chanteurs*, dont c'était la première exécution à Liége. Cet admirable morceau symphonique, ainsi que tous ceux qui figuraient au programme, ont été rendus avec une habileté et une maëstria superbe, et a valu à l'orchestre et à son chef, M. Radoux, un succès des plus flatteurs.

Quelques jours avant le concert du Conservatoire a eu lieu la réouverture des séances du cercle choral de la société " L'Émulation „. Le programme, consacré à l'audition d'œuvres de l'école moderne italienne, comprenait, indépendamment de l'air de *Sémiramide*, de Rossini, interprété par la jolie voix de Mme de Saint-Moulin, deux compositions d'un haut intérêt : la symphonie en *ré* majeur de Sgambati, et le *Requiem* de Verdi (première exécution).

Ce qui manque à la symphonie de M. Sgambati, nouvelle pour Liége, ce n'est certes pas l'abondance des idées ni la richesse du coloris, mais l'unité du style et la régularité du plan. L'auteur, qui a fait entendre cette œuvre pour la première fois à Rome, au Quirinal, au mois de mars 1881, en présence du Roi et de la Reine, s'est moins préoccupé de la suite logique des tableaux qui se déroulent sous sa plume savante, que de la description isolée des sentiments qu'il traduit, et qui ne paraissent tenir à l'ensemble que par des fils très ténus. L'andante, qui est très mélodique, le scherzo et la sérénade, où les détails piquants abondent, sont les parties les plus heureusement venues et qui ont été le plus goûtées.

Le principal intérêt de la soirée, après la symphonie de M. Sgambati, que l'orchestre, sous la conduite de M. Hutoy, a vaillamment interprétée, s'est concentré tout entier sur le chef-d'œuvre de Verdi, sur ce *Requiem* composé pour l'anniversaire de Manzoni.

Avec un tact surprenant, Verdi, entraîné bien certainement dans le courant romantique de l'école de Wagner, une d'une manière fort habile de tous les artifices de la fugue et du contrepoint ; il accouple, comme le chantre de Bayreuth dans ses dernières productions, les timbres avec une ingéniosité rare. Il brise comme le maître saxon les vieux moules mélodiques, même ceux qui lui étaient personnels ; il recherche les harmonies les plus cossues, donnant à l'accompagnement une trame très serrée et un intérêt qui ne languit jamais. La mélodie n'en est pas moins abondante et expressive.

Le succès du *Requiem* a été des proportions inattendues ; le public a été vivement impressionné, et l'écho des bravos qui ont couvert ce chef-d'œuvre s'est prolongé le lendemain dans les conversations du foyer.

Ajoutons que les interprètes Mmes Fick-Wéry, de Saint-Moulin, MM. Montariol et Marcotty, ainsi que les chœurs et l'orchestre, ont remporté un succès très grand et très mérité, qu'ils doivent en partie à l'excellente direction de M. Hutoy.

Une seconde exécution du *Requiem* de Verdi est fixée au dimanche 27 de ce mois, à trois heures de l'après-midi. Elle sera donnée avec le concours des mêmes éléments et au profit des pauvres.

On me prie d'annoncer la création d'une nouvelle institution analogue à celle des concerts Colonne et Lamoureux de Paris. C'est un musicien et compositeur de talent, M. Sylvain Dupuis, grand prix de Rome, directeur de la société royale la *Légia*, qui a pris l'initiative et qui en aura la direction. Nous reparlerons de l'entreprise de M. Dupuis en temps et lieu ; en attendant, nous faisons les meilleurs vœux pour sa prospérité.

Au Théâtre-Royal, débâcle prévue depuis quelque temps par les initiés : M. Verellen a renoncé à la direction.

Il a écrit au journal *la Meuse* une lettre qui expose la situation et fait connaître les motifs qui l'ont forcé à abandonner la partie. Les chiffres qu'il cite dans cette lettre démontrent qu'il est impossible de continuer l'exploitation du théâtre sans une subvention de la ville.

Il faut plaindre M. Verellen de s'être embarqué dans la galère directoriale du Théâtre-Royal de Liége. S'il a succombé, ce n'est pas faute de courage. Les artistes ont fait contre mauvaise fortune bon cœur, et, à l'unanimité, ils ont décidé de terminer en société la saison théâtrale. Les abonnés et le public liégeois soutiendront, sans aucun doute, leur courageuse entreprise.

JULES GHYMERS.

BERLIN, le 10 février.

Grosse nouvelle, et malheureusement, mauvaise aussi : M. Félix Mottl, dont je vous annonçais récemment la nomination à la direction de l'orchestre de notre Opéra, vient d'adresser sa démission à l'intendant général, M. de Hochberg. Tout était convenu avec cet artiste éminent, dont la venue parmi nous avait été saluée comme un événement important ; les contrats étaient signés ; le prince Guillaume de Prusse avait personnellement insisté beaucoup auprès de M. Mottl pour qu'il acceptât : et voici que tout est remis en question. On m'assure que l'Empereur, de qui dépendent les théâtres royaux, a accepté la demande de M. Mottl. Pour le moment, j'ignore ce qui a motivé la retraite de l'éminent chef d'orchestre ; il a eu à lutter contre des intrigues de toutes sortes à ce qu'il paraît, et comme il est très indépendant, il aura préféré quitter la place. S'il y a lieu, je vous dirai de quoi il retourne.

Le dissentiment qui éloigne M. Mottl ne paraît pas en tout cas imputable à M. de Hochberg, bien que le nouvel intendant n'ait pas jusqu'ici réussi à se faire bien venir de ceux avec lesquels il est en rapports.

Il poursuit activement et avec vigueur les réformes que réclamait l'administration de l'Opéra. C'est un travail d'Hercule que de nettoyer ces écuries d'Augias de Hülsen. M. de Hochberg vient d'être nommé président de l'Association des Théâtres allemands (*Deutsche Buhnengenossenschaft*), qui s'étend comme un vaste filet sur toutes les scènes de l'Empire.

On commence à lui faire la cour un peu partout. Des chanteurs, même des célébrités, comme le grand baryton de Dresde, Paul Bulss, chantent ses " lieder „ dans les concerts ; une de ses compositions inédites figure en fac-simile parmi des autographes de grandissimes maîtres, tels que Liszt et Antoine Bruckner, dans un splendide album que vient de publier le *Männergesangverein* de Strasbourg. Même la presse, cette détestable et pusillanime presse musicale de Berlin, l'encense tout comme elle avait encensé, il y a à peine six mois de cela, son prédécesseur, le " regretté „ baron de Hülsen.

M. Wilhelm Tappert, cet intrépide et érudit champion de la cause wagnérienne, a publié à cette occasion, dans le *Musikalisches Wochenblatt* de Leipzig, un article extrêmement pimenté où il fustige " ces laquais de la presse, qui autrefois accédaient à tout ce que faisait M. de Hülsen, et qui aujourd'hui ne trouvent plus aucune excuse pour les faits et gestes du chef qu'ils adulaient naguère. „

Voilà ce qui s'appelle parler franc.

Parmi les réformes utiles accomplies par M. de Hochberg, signalons en premier lieu la remise à neuf des chefs-d'œuvre classiques et romantiques, naguère donnés d'une façon terriblement bourgeoise. C'est ainsi que l'on vient de reprendre le *Fidelio* de Beethoven. Le *Freischütz*, *Don Juan* et *Iphigénie* attendent leur résurrection dans quelques semaines. Les soins et le talent que M. Deppe a mis à ces *neu-Einstudirungen* lui ont valu l'approbation unanime de la presse musicale berlinoise, voire celle de M. Otto Lessmann, ce critique sévère entre tous.

Le comte de Hochberg voue les mêmes soins aux représentations de tragédie et de comédie du *Schauspielhaus*, où il vient d'engager la seule artiste dramatique supérieure que possède peut-être aujourd'hui l'Allemagne : Mme Marie Seebach, première épouse séparée du chanteur Albert Niemann. Il prépare une représentation de la trilogie de *Wallenstein* de Schiller, avec de nouvelles décorations des grands peintres de Meiningen et de Bayreuth : les frères Bruckner. Intendant et chef d'orchestre méritent bien de l'art.

Les pourparlers avec la belle Mme Rosa Sucher, la grande artiste wagnérienne ont échoué, le contrat de celle-ci avec son directeur actuel, M. Pollini, de l'Opéra de Hambourg, la liant encore pour la saison prochaine.

La première de *Merlin* de M. Philippe Ruefer est de nouveau ajournée ; elle est fixée maintenant, paraît-il, aux derniers jours de ce mois. Espérons pour cette première œuvre dramatique du compositeur, que le voisinage ou plutôt la terrible concurrence de l'opéra de Karl Goldmark, ne lui soit pas funeste !

Le ténor héroïque de l'Opéra Impérial de Vienne, Hermann Winkelmann, un des chanteurs wagnériens les plus en vue, devenu à jamais célèbre par la création du rôle de *Parsifal* en juillet 1882, est l'hôte actuel de notre Opéra, où il remplace pendant quelques semaines le grand Niemann, qui cueille en ce moment tous les lauriers de l'Amérique dans *Lohengrin*, *Tristan*, la *Walküre*, et *le Prophète*.

M. Winkelmann a chanté jusqu'ici les rôles de Tannhauser, de Florestan (Fidélio), de Manrique et du Roi-Prophète. Il est supérieur comme chanteur et comme " voix „ comme jeunesse aussi, au vétéran Niemann; mais celui ci reste infiniment supérieur comme artiste dramatique, comme tragédien.

M. Deppe a inauguré sa direction des concerts d'abonnement symphoniques de l'orchestre de l'Opéra, par la sublime, l'immortelle symphonie en *ut* majeur de Schubert, celle-là même qui a inspiré à Schumann le mot célèbre de " longueur divine „. C'est Schumann lui-même qui, en 1839, exhuma le manuscrit oublié de cette œuvre et qui l'envoya de Vienne à Mendelssohn, qui la fit exécuter au Gewandhaus de Leipzig, le 12 décembre de la même année.

Le professeur Klindworth a dirigé, dans son dernier concert, une exécution superbe, magistrale, de la grande symphonie en *ut* de Mozart, celle où se trouve ce finale merveilleux, inspiration et travail de génie, le plus éblouissant et prodigieux finale avant ceux de l'Héroïque et de la symphonie en *ut* mineur. Toute l'exécution a été remarquable par des nuances intelligemment comprises de couleur, d'expression et de mouvement. Le " menuet „, en particulier, exécuté dans un mouvement tranquille et mesuré, presque lent, seul mouvement exact, à ce qu'il semble, de cette vieille forme de danse sérieuse et noble, a été surtout remarqué. On en fait souvent un " allegro molto „, " et même un presto „, de temps à autre. J'ai cru que cette innovation méritait d'être signalée.

Après le beau concerto de violon en *ré* majeur de Brahms, joué avec une énergie et une expression toutes viriles par la jeune Mlle Marie Soldat, la première exécution de la septième symphonie d'Antoine Bruckner, de Vienne, figurait au programme comme dernier morceau et pièce de résistance; œuvre importante et d'une rare valeur, dont j'espère avoir l'occasion de vous reparler.

L'exécution de la *Damnation de Faust*, sous la direction de M. Klindworth, a été ajournée jusqu'en mars ou avril. Elle promet de devenir phénoménale, à en juger d'après les préparatifs.

A l'occasion de l'anniversaire de la mort de Wagner (13 février), le " Wagner Verein „ je crois vous l'avoir annoncé déjà, donnera une exécution intégrale du *Rheingold*. Cette soirée promet de faire sensation. La tentative est assurément curieuse.

Le bruit a couru la semaine dernière que la " Société philharmonique „ dont je vous ai parlé dernièrement, allait se dissoudre. Il y avait un certain fondement dans cette rumeur. Tous ceux qui étaient initiés au véritable état de choses, flairaient depuis quelque temps une catastrophe. Heureusement elle a été conjurée. Une nouvelle société vient de se constituer et l'avenir des concerts est de nouveau assuré pour plusieurs années. Les fonds nécessaires sont déjà présent souscrits et déposés.

L s concerts populaires, ainsi que les grands concerts d'abonnement, seront conservés; même, l'orchestre vient de signer un contrat de trois années pour la saison des bains à Schéveningue (Hollande), où il jouera de juin à fin septembre; le nouveau " Kurhaus „, actuellement en construction, sera inauguré, paraît-il, dès le mois de mai.

Cependant, les deux chefs d'orchestre de nos concerts d'abonnement philharmoniques déposeront leur bâton dès la clôture de la saison actuelle. La retraite de M. Klindworth (est-elle définitive, irréparable... je ne sais) est une véritable calamité pour nous autres modernes.

Du reste, les causes qui ont amené le désastre de la " Société philharmonique „, les détails du nouvel état de choses, les conclusions définitives, ne seront arrêtés et connus qu'après la réunion des actionnaires et abonnés, qui est annoncée pour la quinzaine prochaine.

La question de qui des futurs chefs de l'orchestre philharmonique ne tardera pas à être résolue, sans doute.

Attendons!

                        J. VAN SANTEN-KOLFF.

Petites Nouvelles

Petites nouvelles des théâtres français: A Strasbourg, jeudi dernier, grand succès pour *le Chevalier Jean*, de Victorin Joncières; à Angers, première représentation de *Sylvana* ou *la Fille des bois*, de Weber; à Amiens, *Manon*, de Massenet, tient toujours l'affiche; à Lille, ce sont *les Pêcheurs de perles*, de Bizet, qui obtiennent le plus de faveur. Sept représentations successives n'en ont pas épuisé le succès. A Lyon, première exécution de *Philémon et Baucis*, de Gounod; on répète activement *Patrie*, de Paladilhe, dont l'interprétation sera confiée à Mmes Baces et Hamann et à MM. Massart, Gourdon et Belhomme.

Le conseil municipal de Rouen vient de nommer directeur du Théâtre des Arts, M. Miral, pour une campagne de deux années, du 15 mai 1887 au 15 mai 1889. Deux autres propositions auraient pu séduire les conseillers: celles de MM. Leclère et Roudil. Mais finalement

M. Miral l'a emporté par 23 voix sur 27 votants. M. Henri Miral, a été premier ténor d'opéra-comique, et à Rouen même, dirige depuis cinq ans le Grand-Théâtre de Dijon. La subvention que la ville de Rouen lui accorde s'élève, tout compte fait, à plus de 189,000 francs.

※

A la librairie Baschet vient de paraître une *Note sur les décors de théâtre dans l'antiquité romaine*, plaquette ornée de nombreux dessins de Paul Stock, texte de M. Camille Saint-Saëns, de l'Institut. Travail intéressant de bibliophile et d'archéologue.

※

Dans sa dernière séance, le conseil municipal de Paris a décidé l'ouverture et réglé les conditions du concours musical annuel organisé par la ville de Paris; il aura lieu en 1887, entre les musiciens français exclusivement. Objet du concours: une œuvre musicale avec *soli*, chœurs et orchestre; prix: 10,000 fr., et exécution aux frais de la ville.

※

M. Wladimir-Alexandrowitch Davidoff a légué au Conservatoire de Paris, un fort beau violon Stradivarius de l'année 1708, et qui est déposé au Musée Davidoff a manifesté le désir que cet instrument fût joué tous les ans, à la distribution des prix, par le lauréat qui aura remporté le premier prix de violon.

※

Un commencement d'incendie a éclaté, le 9 février, au théâtre de Lille.

Le feu, qui avait été communiqué par un calorifère servant à chauffer la scène, a été rapidement éteint.

Les dégâts matériels sont assez importants.

※

Le théâtre de Genève montera dans le courant de cette saison le *Capitaine noir* de M. Joseph Mertens.

※

Nouveautés dramatiques annoncées en Allemagne: Le 28 février, à Weimar, *Quentin Metsys, le Forgeron d'Anvers*, opéra de Goepsart; à Augsbourg, le 3 février, *Palestrina*, opéra en trois actes de M. Emile Sachs; à Pest, le *Dernier des Abencerrages*, d'après Châteaubriand, musique de Franz Sarosi, accueilli avec enthousiasme; à Francfort, *la Tempête*, d'Antoine Urspruch, passera à la fin de la saison.

※

Le premier opéra de Goldmark, *la Reine de Saba*, n'a pas obtenu de succès à Madrid, où cette œuvre a été donnée à la fin de janvier, et cela malgré le concours de Gayarre. En revanche, le *Merlin* du même compositeur a été vivement acclamé à Hambourg, où il a été, représenté pour la première fois le 31 janvier dernier.

※

Par suite d'une indisposition du ténor Tamagno, on n'a pu encore donner la seconde représentation d'*Otello*. On espère seulement pouvoir continuer les représentations de l'œuvre nouvelle de Verdi à la fin de cette semaine. C'est un véritable désastre pour la direction qui a vainement tenté d'attirer le public à *Flora Mirabilés*. Le public milanais se montre décidément réfractaire à l'œuvre du compositeur Zamara. La reprise a été aussi tumultueuse que la première... et l'on parle de nouveau de la fermeture de la Scala !

Verdi a reçu à l'occasion du succès d'*Otello* d'innombrables marques d'admiration et de sympathie Le Conseil municipal vient de lui décerner à l'unanimité le titre de " citoyen „ de Milan.

※

L'impresario de Mme Adelina Patti vient de jouer un assez joli tour aux journaux américains et européens.

Mme Patti est en ce moment à San-Francisco. L'autre jour, pendant qu'elle chantait, un pauvre fou qui était venu au théâtre pour faire sauter un riche propriétaire à qui il en voulait, fit partir une bombe si malheureusement que le projectile lui éclata entre les jambes et le blessa lui-même grièvement. L'impresario a habilement transformé cette affaire en un attentat contre la Patti.

La bonne réclame !

Les journaux des deux mondes ont naïvement accueilli cette malice. Sans cela on n'eût peut-être pas parlé de la tournée de Mme Patti.

※

Saint-Pétersbourg aura l'hiver prochain un opéra italien. M. Lago, l'impresario du Covent-Garden de Londres, vient de louer le Théâtre Panaïew, sur le quai de l'amirauté, pour y donner des représentations d'opéra italien. On dit que M. Cotogni, M. de Reszké (basse) et le ténor Gayarre, sont déjà engagés. Le répertoire renfermera plusieurs nouveautés, entre autres le *Feramors* d'Antoine Rubinstein et l'*Otello* de Verdi.

※

A Moscou, M Tschaïkowsky vient de diriger les trois premières, représentations des *Tchérévitchki*, qui n'est autre que le *Forgeron Vakoula*, représenté à Saint-Pétersbourg il y a plus de dix ans. A l'exception de quatre nouveaux morceaux intercalés, un quintette, un air de ténor au troisième acte, une chanson du maître d'école et les couplets du prince sérénissime — ces deux derniers numéros ont été bissés à la première représentation; la partition primitive n'a subi que peu de changements.

VARIÉTÉS

LES PRÉTENTIONS D'UN CHANTEUR.

L'excellent baryton Maurel, qui nous a donné dernièrement de si plaisantes révélations sur l'orchestration de l'*Otello* de Verdi, a trouvé un concurrent en M. Lasalle de l'Opéra.

" On s'est fort diverti ces temps derniers, écrit M. Adolphe Jullien dans le *Français*, d'une lettre de M. Lassalle où le chanteur donnait son avis, l'auteur de *Patrie* l'encourageait dans la voie qu'il a choisie et le mettait fort au-dessus de divers compositeurs, probablement moins docile, que M. Paladilhe à ses volontés. " *Patrie*, disait-il, est une œuvre sincère, grandiose qui prend sa place parmi les chefs-d'œuvre de l'école française. Paladilhe a eu le courage de rester français, alors que beaucoup de musiciens français se font gloire d'être allemands. Quels sont-ils, ces malheureux si sévèrement traités par M. Lassalle ? En vérité je le soupçonne un peu, mais je n'ose en nommer un seul, tant l'excommunication lancée par le célèbre baryton leur serait douloureuse. Et là-dessus certaines gens d'humeur acariâtre, se rebiffent assurant que c'est le monde renversé, que jamais on n'a vu chanteur juger ainsi l'œuvre qu'il est chargé d'exécuter, etc. Au contraire, au contraire. N'est-ce pas à l'auteur qu'il appartient de féliciter ceux qui ont bien travaillé sous ses ordres, ceux qui se sont associés à son triomphe ? Et l'auteur principal, indispensable, essentiel, du succès de *Patrie* n'est-il pas M. Lassalle ? Avec lui, par sa belle, voix, le rôle de Rysoor, déjà si grand si cornélien dans le drame, est devenu tellement prépondérant dans l'opéra qu'il rejette tous les autres dans l'ombre; et il était-ce pas, dès lors, au grand baryton de féliciter publiquement ceux qui l'ont si bien aidé dans ce grossissement démesuré du rôle de Rysoor ? Sans un Rysoor de cette envergure point de succès pour *Patrie*, et sans M. Lassalle point de Rysoor de cette force. Essayez d'enlever cette colonne, et vous verrez si l'édifice entier ne croulera pas...

" Le fait n'est pas nouveau, du reste, et dès le siècle dernier, le célèbre baryton Larrivée s'écriait : " Il n'y a qu'une vérité dans le monde et c'est Gluck qui l'a trouvée ; , ce qui lui valut une terrible bordée de quolibets et d'épigrammes. Et cependant celui-là, au talent auquel fit, ne se trompait pas — par hasard. Mais la raison de cet enthousiasme ? C'est que Gluck, à l'approche d'*Armide*, ayant besoin de ce premier sujet pour le petit rôle d'Ubalde, lui avait gracieusement dit : " Ce n'est point un rôle que je vous offre ; il n'y a qu'un mot ; mais j'ai besoin de vous pour le dire, toute la pièce est dans ce mot... , Et de ce jour Gluck était devenu pour Larrivée le plus grand compositeur des temps passés, présents et futurs. Tous les mêmes, ces chanteurs ! "

ÉPHÉMÉRIDES MUSICALES

Le 12 février 1786, à Vienne, *Der Schauspiel Director* de Mozart. Voici la traduction de l'affiche annonçant en outre un opéra nouveau de Salieri :

— Aujourd'hui, samedi 18 février 1786, au théâtre près de la Porte de Carinthie, première représentation, donnée par les artistes nationaux de la Cour, de : *Le Directeur de théâtre*, à propos de un acte, avec musique de M. le kapellmeister Mozart.

— Ensuite, par les artistes italiens de la Cour, première représentation, également, de *Prima la Musica, poi le parole* (d'abord la musique, ensuite les paroles), opéra-comique en un acte de M. le kapellmeister Salieri, musicien de S. M. le Roi...

En 1886, le théâtre de la Cour a célébré le centenaire de l'opérette de Mozart; elle n'y avait été jouée jusque-là que trente et une fois. Quant à l'ouvrage de Salieri, il n'eut que trois représentations.

— Le 19 février 1843, à Madrid, naissance d'Adela-Juana-Maria Patti, de père et mère italiens. Femme divorcée du marquis de Caux, elle s'est remariée avec le ténor Nicolas, dit Nicolini. En ce moment, l'aimable complet est en Californie, à la recherche de nouvelles mines d'or.

L'âge, dit-on, n'a pas vieilli la diva; aussi vrai non plus n'a subi la moindre altération; or, le sonnet troubadouresque qu'on va lire, on pourrait aujourd'hui le redire comme au temps jadis :

Es-tu le rossignol, la rose, l'harmonie,
Jeune divinité du ciel italien ?
Es-tu l'amour, l'esprit, le charme, le génie,
Étoile aux éclats d'or de l'art œdilion ?

O dira radieuse ! ô musique infinie !
Tu nous suspends à toi d'un céleste lien.
Tu portes dans ton cil le pleur d'Iphigénie,
La gaîté de Ninon et l'éclat de Tallien.

Chante, ô ma Lucia ; chante, belle Adeline
Tressaille sous ton lys et sous ta mandoline,
Respire dans ta pourpre et dans ta floraison,

O brune Adelina ! comme Vénus la blonde,
De la pointe du pied boit l'écume de l'onde,
Tu sembles une fleur qui boit une chanson !

CHARLES GRANDMOUGIN.

— Le 20 février 1820, à Roubaix (Nord), naissance de Gustave Nadaud. — Comme poète, comme compositeur et comme chanteur, il s'est fait une renommée de bon aloi; il a des idées mélodiques et sait les adapter avec goût aux paroles de ses chansons que lui-même interprète en s'accompagnant au piano. Un *Solfège poétique et musical* qu'il vient de publier et que nous avons recommandé (*Guide* du 23 octobre 1886), a été adopté dans les écoles communales de Bruxelles.

— Le 21 février 1862, à Paris (Théâtre-Lyrique), *la Poupée de Nuremberg*, un acte d'Adolphe Adam. — Bluette charmante qui a eu un succès de refrain lors de la reprise, le 12 août 1886, à l'Opéra National. Nuremberg est la ville de Hambourg.

Adam a raconté qu'il était malade et au lit quand on lui apporta la pièce. En huit jours, il en écrivit la partition. " Je me levai le huitième jour, dit-il, pour me la jouer au piano, j'étais guéri : le travail avait tué la maladie. , (Voir la *Biographie* de Adam, par Pougin, Paris, Charpentier, p. 209).

— Le 22 février 1781, à Paris (Opéra), *Émilie, ou la belle Esclave*, de Grétry. — Petit acte d'opéra-comique formant le quatrième acte de la *Fête de Mirza*, ballet-pantomime de Gardel, pour lequel Gossec avait composé une symphonie, exécutée. Une seule représentation motivée par la chute violente de la pièce. Cela se jouait sur un petit théâtre élevé sur la scène en présence d'une troupe de sauvages. Grétry se garde bien d'en parler dans ses Mémoires.

— Le 23 février 1749, à Cassel, naissance de Gertrude-Élisabeth Mara. — Sa mort à Reval (Russie), le 20 janvier 1833, à l'âge de 84 ans. La vie si pleine d'aventures de cette cantatrice célèbre a donné lieu à bien des écrits, notices, brochures, romans, etc. (l). Tout cela se répète sans grand intérêt pour l'art ; ce qu'il y a de certain, c'est que, à l'époque de ses grands succès à Berlin, à Paris, à Londres, on ne jurait que par la Mara. " On lui donnait, dit Fétis (*Biogr. univ. des mus.*, t. V, p. 434) deux qualités double réunion est rare : une brillante exécution dans le chant de bravoure et beaucoup d'expression dans l'adagio. , Mᵐᵉ Mara a donné des concerts dans toutes les grandes villes de l'Europe. En Belgique, d'après nos propres notes, nous ne la trouvons que à Liège où elle se fit entendre, les 14 et 31 août, 17 et 21 septembre 1788. Elle était accompagnée par son mari qui jouait du violoncelle et de Kreutzer du violon. Un dernier mari bien être le Rodolphe Kreutzer, l'auteur du *Paul et Virginie*, alors déjà très habile virtuose ; le mari de Mᵐᵉ Mara avait du talent, mais il le gâtait par ses débauches et son intempérance ; il l'avait perdu tout à fait quand il alla se fixer en Hollande. C'est là-dessus, alléché sans doute par le bon genièvre de l'endroit, que ce grand buveur eut une fin (1808). Sa femme, qui avait en partie ruinée, habitait Moscou, où elle avait acheté une maison. L'incendie de 1812 faillit la mettre sur la paille. Mᵐᵉ Mara heureusement se créa de nouvelles ressources en donnant des leçons dans le monde russe, ce qui joint au produit d'un concert organisé à son profit, en Angleterre, lui permit d'atteindre tranquillement l'extrême vieillesse. Elle avait quatre-vingts ans et plus quand Gœthe lui adressa des vers inspirés par le souvenir du brillant passée de la cantatrice : *Sangreich war dein Klingenweg* (Weimar, 1831). Tous deux étaient de la même année 1749. Mᵐᵉ Mara survécut de quinze mois à Gœthe.

Nécrologie.

Sont décédés :

À Toulouse, d'aliénation mentale, Jean Morère, né à Couladère (Haute-Garonne) le 6 octobre 1836, ancien ténor de l'Opéra de Paris (1861, 1864 à 1869 et 1871), à la Monnaie, à Bruxelles, 1865 et 1869, à Anvers (1878).

— À Paris, le 8 février, Auguste-Désiré-Bernard Wolff, né à Paris, le 3 mai 1821, pianiste, compositeur et chef de la maison Pleyel qu'il a dirigée pendant trente années. Il avait remporté le premier prix de piano au Conservatoire, en 1839, en partage avec Victor Massé. C'était un exécutant de mérite et un parfait musicien.

La haute situation industrielle à laquelle il avait été appelé lui permit de développer les aptitudes d'une intelligence supérieure, et sa compétence faisait autorité dans les affaires. (Notice, suppl. Pougin à la *Biog. univ. des mus.* de Fétis, T. II p. 578).

— À Paris, à l'âge de 21 ans, Édouard Crosti, élève accompagnateur dans la classe de chant, tenue par son père au Conservatoire.

— À Marseille, le 7 février, à l'âge de 33 ans, Mˡˡᵉ Marie Valette, danseuse du Grand-Théâtre.

(1) La maison Breitkopf et Hærtel, à Leipzig, a publié une *Elisabeth Mara*, par A. Niggli, 1 vol. 1881.

XXXIIIᵉ ANNÉE   février 24 1887   NUMÉRO 8.

Le Guide Musical

Paraissant tous les jeudis.

ABONNEMENT	SCHOTT FRÈRES, ÉDITEURS	ANNONCES
FRANCE & BELGIQUE, 10 francs par an.	Paris, Boulevard Montmartre, 19	LA LIGNE . . . . FR. 0.50.
LES AUTRES PAYS, 10 francs (port en sus)	Bruxelles, Montagne de la Cour, 82	On traite à forfait pour les grandes annonces.

Les Dernières Étapes de l'Art Musical

ET LA SITUATION FINANCIÈRE

A L'OPÉRA DE PARIS (1)

La nomination de M. Vaucorbeil au poste de directeur de l'Opéra de Paris, laissé vacant par la retraite de M. Halanzier, causa, dans le monde musical, une certaine émotion. Bien des âmes d'artistes s'ouvrirent à l'espoir d'une rénovation musicale. Enfin, l'art allait trôner sans partage au lieu même où le mercantilisme paraissait avoir élu domicile. De nobles paroles avaient été prononcées :
« Je ne vais pas à l'Opéra pour y gagner de l'argent, » mais pour y rendre des services artistiques et pour » y restaurer la tradition du travail, complètement » perdue. Je veux remettre l'Opéra en possession » d'un répertoire digne de lui par le nombre, l'im- » portance et la variété des ouvrages de tous les » temps et de toutes les écoles. Avant toutes choses, » je veux affirmer mes tendances et mon drapeau en » reprenant l'Armide de Glück : ce sera là mon pre- » mier acte de directeur. »

Hélas ! Armide ne fut jamais reprise. Le ministère s'y opposait, paraît-il ; et M. Vaucorbeil, après quelques efforts impuissants, rebuté par les obstacles, malade et découragé, se laissa entraîner dans le tourbillon des abus invétérés. S'il manqua d'énergie, il eut du moins conscience de ce qu'il aurait fallu tenter. Trop faible de caractère et pas assez libre peut-être pour oser entreprendre ouvertement de diriger

(1) Suite. — Voir le numéro 6 du 10 février.

en France le mouvement musical contemporain, il essaya, par des concerts historiques, d'amener peu à peu le public à s'intéresser aux œuvres lyriques du siècle dernier. Comme on devait s'y attendre, le résultat ne répondit pas à son attente. Il eût fallu frapper un grand coup, présenter un ouvrage moderne, l'imposer au besoin, car si nous aimons l'ancien, nous ne nous intéressons ardemment qu'à la nouveauté. Elle seule, en effet, satisfait toutes nos aspirations, répond à tous nos besoins intellectuels, tient compte des derniers progrès de la science technique, et sait à l'occasion mêler aux fictions artistiques les idées littéraires ou philosophiques auxquelles se passionne une génération. Faute d'avoir compris cette vérité, M. Vaucorbeil subit le sort des hommes pusillanimes. Son entreprise chemina sans secousses pendant quelques années, et le déficit, grossissant chaque jour, atteignit quatre cent mille francs. Le directeur avait succombé aux ennuis de toutes sortes que lui créait sa situation.

Au lendemain de sa mort, un mot circula dans la presse : L'Opéra est condamné. Ce fut l'oraison funèbre du défunt, et peut-être le plus bel éloge qu'on pût lui adresser à cet instant suprême. La voix qui avait parlé ainsi était l'écho de plusieurs cercles d'amateurs ; elle proclamait bien haut ce que beaucoup d'entre nous avaient pensé tout bas : que M. Vaucorbeil avait assumé une tâche impossible, et que si les soirées d'autrefois, glorieuses pour l'école française, avaient pu se renouveler aujourd'hui, cet artiste honnête et droit nous les aurait rendues. L'expérience est complète, disait-on ; nul ne réussira où M. Vaucorbeil a échoué. L'Opéra est condamné.

La rumeur fut telle, que l'architecte du théâtre, directement pris à partie, se vit contraint de plaider les circonstances atténuantes et de se disculper d'avoir suscité des embarras budgétaires en donnant au monument des proportions exagérées qui devaient en rendre l'entretien par trop dispendieux. M. Garnier a cru pouvoir, dans une lettre rendue publique, fixer à quatre cent soixante mille francs l'augmentation des dépenses provenant du fait des dimensions de l'Opéra. Dans cette somme, l'éclairage figure pour près de deux cent mille francs, et les frais de personnel des machinistes, pour plus de cent mille francs.

La conclusion à laquelle il s'arrête est formulée très nettement :

« Si les dépenses sont plus grandes au nouvel
» Opéra qu'à la salle Lepelletier, les recettes sont
» ou peuvent être aussi plus fortes : le maximum,
» rue Lepelletier, était de 12,500 francs; il est de 21
» ou 22,000 francs par soirée à l'Opéra. Est-ce ma
» faute si le public se désintéresse un peu de la mu-
» sique? Cela dépend-il des ouvrages, des artistes ?
» Je n'en sais rien et ne veux pas le savoir. Mais si
» la salle était pleine, l'Opéra ferait très grandement
» ses affaires. » Cette dernière considération n'a pas grande valeur puisqu'on peut toujours, en majorant le tarif des places, prouver qu'un théâtre serait dans une situation florissante si le public y venait.

La grosse question est de savoir jusqu'où peut s'élever le renchérissement d'un fauteuil ou d'une loge, sans éloigner le spectateur.

Du reste, les considérations purement matérielles doivent pour le moment s'effacer, pour laisser le champ libre à la question d'art. Quand d'utiles réformes auront été tentées au point de vue des interprétations musicales, quand le répertoire aura été rajeuni, épuré, enrichi des œuvres modernes universellement acclamées, quand l'orchestre groupé sous une main ferme ne manquera plus ni de fougue, ni de cohésion, quand les chanteurs et les cantatrices auront, sous la pression d'une autorité sévère, cessé de ralentir les mouvements pour favoriser l'émission vocale, alors, songeant que rien n'a été négligé de ce qui était humainement perfectible, nous pourrons, en désespoir de cause, considérer l'expérience comme définitive, accepter la formule des pessimistes et nous écrier à notre tour : *L'Opéra est condamné.*

Actuellement, notre conviction est toute autre. Nous disons : l'Opéra retrouverait promptement son prestige, si les chefs-d'œuvre du présent y étaient admis et si l'on reléguait au second plan les ouvrages vieux d'un demi-siècle que l'on écoute par respect et par habitude, et qui ne nous captivent plus qu'accidentellement, lorsque reviennent deux ou trois situations capitales.

Certes, nous ne voulons pas ajouter nos dédains à ceux des jeunes artistes affamés de nouveauté qui, dans un esprit de représailles, poursuivent de leurs sarcasmes les favoris de la fortune et du succès, Rossini, Meyerbeer, Halévy, Donizetti, Verdi, Gounod et tant d'autres qui, moins heureux ou moins bien doués, n'ont pas su conserver le rang honorable que leur avait valu une première victoire. Quelles qu'aient été leurs erreurs, ils ont été visités par le génie au moins une fois dans leur vie, et cela suffit pour nous imposer beaucoup de réserve. Ils ont exercé sur leurs contemporains un incontestable ascendant. Quoi qu'il arrive, leur nom est acquis à l'histoire.

Pourtant, sans être injuste à leur égard, sans dépasser les bornes qu'impose à nos prévisions la plus rigoureuse impartialité, nous devons le dire : un temps viendra où l'on ne voudra plus entendre ni *Guillaume Tell*, ni *les Huguenots*, ni *la Juive*, ni *Faust*, ni *le Prophète*, ni aucun des opéras qui ont charmé les loisirs de tant d'amateurs de notre siècle. De quel droit une protestation s'élèverait-elle ?

L'*Alceste* de Gluck, son *Armide*, ses *Iphigénies; la Vestale* et *Fernand Cortez* de Spontini, n'étaient-ils pas, pour leur époque, des manifestations artistiques supérieures à celles de Rossini, de Meyerbeer, d'Halévy, de Gounod ou de Donizetti? Néanmoins, le public s'en est lassé. Tout ici-bas vieillit à la longue, tout se transforme. L'œuvre lyrique doit tôt ou tard terminer sa carrière militante, entrer dans les bibliothèques pour y être respectueusement conservée, servir à marquer les étapes de l'art et à indiquer aux jeunes élèves la voie à suivre, les procédés à imiter, les formes qu'il faut agrandir en les modifiant. Elle n'en sortira plus, si ce n'est à l'occasion d'une circonstance solennelle comme un anniversaire, ou encore sous le patronage d'un musicien épris du passé, qui convie à des auditions organisées dans un but spécial, une élite intellectuelle capable de comprendre et d'admirer ce qui ne rencontrerait chez les foules que froideur et indifférence.

L'œuvre dramatique, si remarquable qu'on la suppose, confine à l'archéologie après un nombre d'années souvent fort restreint. De là, pour les directeurs de nos théâtres lyriques, la nécessité de suivre l'évolution musicale, de la devancer même s'il le peut. Or, depuis un demi-siècle, l'Opéra de Paris demeure étranger à tous les essais, à toutes les tentatives des novateurs. N'ayant en vue que le moment présent, les directeurs ont négligé le côté artistique de l'exploitation. Incertains le plus habituellement sur la durée de leur privilège, ils n'ont aucun avantage à escompter l'avenir.

Le seul moyen cependant d'assurer la prospérité d'une aussi vaste entreprise, serait de ménager ses ressources et ses moyens d'action en vue d'un résultat plus ou moins éloigné. Les entrepreneurs de spectacles ne voient pas ainsi les choses. Quand ils ont mis la main sur un succès, ils le donnent à satiété, l'épuisent en un mot. Qu'arrive-t-il alors? Les compositeurs, témoins de la vogue obtenue par un ouvrage d'un genre particulier, s'empressent d'en imiter les tendances, et comme le plus souvent leur génie propre les solliciterait en sens inverse, impuissants à reproduire les qualités de leur modèle, ils se contentent d'en assimiler les défauts. Ainsi se sont formés en France plusieurs groupes d'artistes, chacun arborant un drapeau différent. Il y a les plagiaires de Meyerbeer, il y a les disciples de Wagner, il y a les prosélytes de Gounod.

D'autre part, les spectateurs se retrouvant sans cesse en présence des mêmes œuvres, il en résulte que, chez eux, le sens esthétique, engourdi par l'habitude, finit par s'atrophier complètement. Il faut alors surexciter leurs sens par des moyens violents, leur offrir des cantatrices à 7,000 francs le cachet, des ténors non moins exigants, des décors à 60,000 francs l'acte, et toute une légion de bayadères.

A l'Opéra de Paris, Meyerbeer a régné sans partage depuis cinquante ans. Il a payé d'avance, disait Henri Heine, faisant allusion à ses générosités intéressées. La vogue exagérée de ses opéras a rendu impossible tout ce qui s'écartait de sa manière. Halévy n'a réussi qu'en se rapprochant de lui. Rossini s'est dérobé, renonçant à la lutte après *Guillaume Tell*. Berlioz s'est vu indéfiniment ajourné par suite de l'échec de *Benvenuto Cellini*; Wagner s'est retiré après la ridicule défaite du *Tannhauser*. Depuis 1836, l'Opéra n'a vécu que pour Meyerbeer et ses satellites. L'exclusion de tous les maîtres qui auraient pu être ses rivaux, a été la cause principale de notre pénurie actuelle.

Si, dès 1838, alors que *Benvenuto Cellini* de Berlioz tomba sous les huées, le directeur de l'Opéra, loin de se replier timidement en arrière et de remettre dans ses cartons l'œuvre méconnue, avait repris de temps à autre cette partition dont le mérite n'est plus contesté par personne, le public se serait accoutumé aux hardiesses de Berlioz, il aurait reconnu son erreur, et *les Troyens* auraient achevé de dissiper ses préventions.

Supposons qu'après la déroute du *Tannhauser*, on fût revenu à la charge avec *Lohengrin*, avec *les Maîtres Chanteurs*, avec *Tristan et Iseult*, peut-être eût-il été nécessaire d'acclimater ces ouvrages au prix de quelques sacrifices ; mais les dépenses consenties pour cela se retrouveraient au centuple aujourd'hui.

Les plus belles partitions fournissent une carrière dont la durée varie de vingt à quarante ans. Celles de Meyerbeer ont obtenu leurs plus grands succès de 1836 à 1866. Berlioz aurait dû, à partir de 1840, partager la dictature de l'auteur des *Huguenots*, et Wagner, un peu plus jeune, serait venu après, au moment où *Lohengrin* se répandit en Europe, vers 1850. Ainsi s'échelonnaient, sans secousses et sans lacunes, les productions des différentes époques.

Ce sont là des vérités que l'on supporte avec impatience dans certains milieux où la musique est admise ou tolérée seulement à titre de distraction. Là, si vous parlez de Berlioz, de Reyer, de Saint-Saëns, vous devenez suspect; on vous traite de Wagnérien. En revanche, vous serez approuvé si vous entonnez un cantique à la louange de Bellini ou de Verdi. L'Opéra de Paris, fermé aux *Troyens* et à *Lohengrin*, s'ouvre devant *Otello*. *Salammbo* attend, mais *Patrie* est entré triomphalement. *Sigurd* a été tenu en échec pendant quinze ans par des ouvrages dont on cherche vainement à se rappeler les noms. *Sigurd* est cependant le plus beau drame lyrique français qui ait paru depuis *les Troyens*. Mais *les Troyens*, cette œuvre suprême d'un artiste qui savait mettre autant de poésie dans ses conceptions que d'originalité dans ses tournures mélodiques et dans son harmonie, quand donc leur tour viendra-t-il? A qui persuadera-t-on que ce magnifique poème musical n'aurait pas avantageusement pris la place de tel ou tel opéra plus récent, pour lequel on a gaspillé plusieurs centaines de mille francs?

Nous ne parlons pas du répertoire de Wagner. Pour nous, *les Troyens* doivent précéder chronologiquement *Lohengrin*. D'ailleurs, quoique l'accès de notre fastueuse Académie de musique soit interdit présentement aux compositeurs dont les idées progressives concordent mal avec les vues rétrogrades ou intéressées des partisans d'un *statu quo* constamment ébranlé, les œuvres de Wagner percent au concert malgré une formidable opposition, et bientôt elles s'imposeront d'elles-mêmes. Il n'en est pas ainsi des *Troyens*. Le système dramatique de Berlioz, moins absolu que celui de son rival et moins logique sous certains rapports, n'intéresse pas au même degré les artistes désireux de se rallier aux principes nouvellement définis. Berlioz a trop peu écrit pour la scène, *les Troyens* constituent une exception dans son œuvre, et les exceptions sont facilement oubliées. Voilà pourquoi nous envisageons très froidement la question wagnérienne, tandis que l'exclusion des *Troyens* nous paraît un fait absolument fâcheux et une faute qui, dans dix ans peut-être, ne sera plus réparable.

L'Opéra est condamné, nous dit-on ! — Nous n'en croyons rien : trop de chefs-d'œuvre attendent encore le bon plaisir des directeurs.

AMÉDÉE BOUTAREL.

Revue des Concerts

PARIS, 21 février.

Pas de Messe en *ré* de Beethoven au Conservatoire: tel est l'événement du jour, et certes il n'est pas heureux, l'événement! Que soixante ans après la mort de Beethoven, les Français désireux de connaître un des monuments de notre musique moderne, une œuvre qui fait époque, une composition considérée par l'auteur comme une de ses plus parfaites, soient obligés pour cela d'aller à Bâle ou en Allemagne, n'est-ce pas une honte?... Encore une victoire remportée par la routine, l'ignorance, l'étroitesse d'esprit, la pusillanimité! Ces victoires-là, on ne les compte plus, et vraiment il n'y a pas lieu d'en être fiers, ce sont des défaites. Rien ne démontre plus cruellement cette piteuse reculade notre facilité à nous payer de mots, notre glorification abusive du soi-disant " progrès „, notre usage profanateur du patriotisme. Dans la question Wagner, on l'a invoqué, ce fameux patriotisme, afin de masquer l'horreur instinctive des âmes médiocres pour tout ce qui est grand, puissant, généreux, élevé, la peur innée des esprits bas en face des choses ardues, rares et peu accessibles. Mon Dieu ! on ne peut en vouloir à quelqu'un de reculer devant l'ascension du Mont-Blanc, d'hésiter à tenter l'escalade de l'Himalaya. Mais ce n'est pas une raison pour essayer d'en dégoûter les autres... Dans la question Beethoven, comme il n'y avait pas le moindre prétexte à sortir le cliché patriotique, on a fait appel à deux raisons : la crainte d'ennuyer le public, et la crainte de la trop grande exiguité de la salle pour le déploiement de certaines sonorités... D'aucuns prétendent qu'on a redouté de s'attirer le reproche de cléricalisme en jouant toute une messe dans un concert dominical; mais je n'en crois rien. Beethoven clérical! ce serait un comble... Non, on n'a pu aller jusque-là... En tout cas, tant de craintes sont bien étranges chez un peuple qui se glorifie d'un renom traditionnel de courage.

Où en serions-nous, après tout, si Habeneck avait baissé pavillon devant les premières difficultés de son entreprise de fondateur, de sa tentative d'initiateur aux symphonies du même Beethoven? Et c'est en vain à qui la Société des Concerts doit son existence qu'est faite cette injure, c'est quand il s'agit de lui qu'elle oublie son glorieux exemple, qu'elle renie ses plus belles traditions? Attend-elle que le public vienne la prendre par la main, et la supplier de lui donner la *Messe en ré?* En vérité, les rôles seraient trop renversés.

Eh bien! en admettant un instant ce renversement des rôles, je parie hardiment qu'une pétition qui lui serait adressée pour avoir la *Messe en ré,* se couvrirait de signatures.

Mais combien cette supposition qu'il faudrait forcer la main au comité est fâcheuse! Qu'il fasse son devoir simplement, sans tant s'inquiéter des conséquences.

Il faut qu'on sache, en tout cas, que le chef élu par la société, M. Garcin a lutté, presque seul et jusqu'au bout, contre les hésitations inexplicables du comité, et qu'il s'est déclaré hautement partisan de la seule façon convenable d'agir en cette affaire, c'est-à-dire de l'exécution intégrale et sans délai de la *Messe en ré.*

Chose incroyable, c'est après toute une série d'études, tout un hiver de travail, après avoir surmonté les plus grands obstacles, après s'être adressée à l'érudition consciencieuse et depuis longtemps estimée de M. Charles Bannelier, pour avoir sur l'œuvre une notice qui eût été certainement des plus intéressantes, c'est au moment où il n'y a presque plus d'effort à faire, où tout est prêt, que la Société des Concerts est prise d'un accès de frayeur et se trouve mal. Espérons que les soins et les cordiaux ne seront pas impuissants à remettre sur pied ce comité tombé en faiblesse. Ah! c'est une embarrassante chose qu'un comité directeur où manquent l'unité de vue, la décision dans l'action, la clairvoyance et l'autorité efficaces!... Que la Société des Concerts y songe, le moment est critique pour elle, c'est une question de vie ou de mort, il faut choisir. Veut-elle faire revivre, continuer et développer la belle tradition d'Habeneck, et mériter des éloges comme ceux que lui décernait Wagner dans son opuscule *Über das Dirigiren* (Sur la direction de l'orchestre), au sujet de l'interprétation de la *Symphonie avec chœurs?* Ou préfère-t-elle tourner toujours dans le même cercle, rester étrangère au mouvement actuel, périr de décrépitude et disparaître comme un organe inutile, où le sang ne circule plus et d'où la vie se retire? Pour conjurer ce péril imminent, il faut plus encore qu'une symphonie de M. Saint-Saëns. Et puisque ce nom vient sous ma plume, est-il heureux que l'œuvre de Beethoven avorte au moment où la composition sévère de l'auteur de la *Danse macabre* réussit auprès du public de la salle Bergère?...

Il me semble que dans cette affaire la question est claire et peu compliquée. Il est temps encore de tout réparer, d'éviter les jugements sévères et les interprétations fâcheuses. Que la Société des Concerts donne la *Messe en ré* à son concert spirituel, intégralement, cela va de soi: tout sera bien, et il n'y aura rien à dire. Je souhaite vivement, dans l'intérêt de tous, pouvoir annoncer ici cette nouvelle.

Peu de choses, d'ailleurs, à signaler cette semaine. A la Société Nationale, le *Quintette à cordes* de Svendsen, très intéressant, plein de choses charmantes et piquantes, d'une orchestration merveilleuse. Deux *Barcarolles* pour piano, de Fauré, toutes semées de trouvailles ravissantes, toutes séduisantes de morbidesse et de coquetterie raffinée; Mᶩᶩᵉ Poitevin s'est fort bien tirée de cette musique difficile et d'un charme si particulier. Mᶩᶩᵉ Marie Poitevin, une de nos premières pianistes, prépare pour le mois prochain un concert dont je rendrai compte. Je profite de l'occasion pour annoncer en même temps les auditions de Sarasate à la salle Erard, et l'exécution de la *Messe de Requiem* de Verdi, encore à l'église Saint-Eustache, hélas!... et au profit d'une de ces œuvres

de bienfaisance qui ne sont jamais un bienfait pour le compositeur exécuté.

Dimanche prochain, très beau programme à l'Eden: le premier acte de *Tristan* avec une nouvelle Yseult, et probablement la nouvelle œuvre pour piano et orchestre de M. d'Indy.

BALTHAZAR CLAES.

Chronique Bruxelloise.

BRUXELLES, 21 février.

Ainsi que nous l'avons dit dans notre dernier numéro, la date de la première de la *Valkyrie* n'est pas encore définitivement arrêtée, et voici pourquoi: MM. Dupont et Lapissida voulant donner l'œuvre dans les meilleures conditions et apporter à son exécution les plus grands soins, ils estiment qu'il est inutile de s'engager vis-à-vis du public avant d'avoir la certitude absolue que tout est prêt. Ce qui est *certain,* c'est que cette première n'aura pas lieu avant le samedi 5 mars. Toutes les autres dates données par les journaux, celle du 28, notamment que nous voyons dans le *Figaro,* sont inexactes.

En ce moment, l'orchestre répète dans l'une des salles du Palais des Beaux-Arts.

Le premier acte est au, le second a été lu, pour la première fois, par l'orchestre, lundi et le 3ᵐᵉ mardi. Les répétitions avec les chanteurs commenceront demain vendredi; ce n'est donc guère que la semaine prochaine qu'on pourra descendre en scène.

M. Gevaert, directeur du Conservatoire, assiste à toutes ces répétitions, qui sont conduites par M. Joseph Dupont avec la maëstria qu'on lui connaît.

Nous avons déjà dit que l'orchestre serait renforcé. Voici les chiffres exacts de ce renfort; il comprend: 4 premiers violons, deux seconds violons, deux altos, une clarinette, une flûte, un basson, un hautbois, une trompette basse, un contretuba, un contretrombone, et quatre cors. L'orchestre ainsi complété, aura 96 musiciens.

Ajoutons que M. Mahillon, qui a, on le sait, construit les nouveaux. tubas: ténor, alto, basse et contre-basse, ainsi que la trompette basse, a gracieusement offert ces instruments au théâtre de la Monnaie. M. Mahillon est du reste connu depuis longtemps pour son désintéressement artistique.

La disposition de l'orchestre subira, elle aussi, des modifications. M. Joseph Dupont se placera selon l'usage de Bayreuth non pas à la hauteur de la scène, mais dans le fond de l'orchestre, contre le bourrelet du premier rang des stalles. De là il a la vue sur toute la scène et domine tout l'orchestre sans que de la salle on puisse le voir. Les instruments seront disposés selon les règles adoptées à Bayreuth, où ils forment des groupes sympathiques selon leur sonorité.

Pour compléter l'analogie avec Bayreuth, indépendamment de l'obscurité qui sera faite dans la salle, on adaptera un rideau s'ouvrant par le milieu et se divisant en deux, au lieu du rideau qui monte vers les frises. On pourra se croire en un mot à Bayreuth. La tentative est assurément curieuse.

Aussitôt après la *Valkyrie* passera le ballet de M. Félix Pardon, qui est actuellement à l'étude et qui a pour titre le *Lion amoureux.*

※

La fameuse question du trombone des concerts du Conservatoire est résolue.

Parmi les amendements de M. de Moreau au budget des beaux-arts, il en est qui ont trait à cette affaire.

Nous avons dit que d'après la cour des comptes, les traitements de disponibilité des professeurs des Conservatoires sont à la charge des dotations de cet établissement, non à la charge du budget des beaux-arts.

Le ministre admet ces observations en principe; mais en fait il augmente de la somme nécessaire aux traitements acquis de disponibilité les dotations des Conservatoires de Bruxelles et de Gand, et réduit d'autant le crédit du budget relatif aux traitements de ce genre. Le transfert est de 5,560 fr.

※

Lundi dernier, le 14 février, les *Artisans-Réunis,* sous la direction de M. Gocssens, ont donné un fort beau concert dans la salle de la Grande-Harmonie. L'excellent choral a chanté avec un ensemble et une justesse parfaite le magnifique chœur de Riga, *Germinal,* un chœur nouveau du même compositeur, *Chanson de Chasse,* avec accompagnement de cors d'un très joli effet, la *Marche du Tannhauser* et les *Dernières Cartouches* de Tilman. Des applaudissements chaleureux ont accueilli chaque exécution des *Artisans-Réunis* et les chœurs de M. Riga, ont été particulièrement goûtés. A côté des *Artisans-Réunis* le public a fait le plus sympathique succès à Mᶩᶩᵉ Buol, qui a chanté d'une façon charmante la chanson de *Mireille* et un air de *Manon*

Lescaut ; à Mlle Van den Hende, la gracieuse violoncelliste ; à M. J. Van Poppel, un baryton bien étoffé ; enfin, à M. Louis Maes, qui a joué de l'harmonium comme son maître Mailly.

Le *Moniteur belge* vient de publier deux arrêtés relatifs au Conservatoire royal de Bruxelles. M. Auguste Dupont est nommé professeur de la classe supérieure de musique de chambre ; Mme de Zarembska est nommée à la classe d'accompagnement en remplacement de M. Steveniers, admis à la retraite.

Une audition d'œuvres de MM. Louis et Gustave Káfer aura lieu samedi prochain, 26 courant, à 3 heures précises, au Salon des XX (ancien Musée de peinture). Ces œuvres seront exécutées pour la première fois à Bruxelles.Le concours de MM. Henri Heuschling.baryton, et M. Édouard Jacobs, violoncelliste, professeur au Conservatoire de musique de Bruxelles, assure aux auteurs une interprétation de premier ordre et aux XX une séance exceptionnellement intéressante.

Le prix d'entrée au Salon des XX reste fixé à un franc.

Notre compatriote, le violoniste Julien Piot, auteur de la remarquable méthode, *Le Violon et son mécanisme*, vient de mettre la dernière main à un grand concerto pour violon et orchestre.

Nous apprenons que le Roi vient d'honorer l'œuvre de notre compatriote en en acceptant la dédicace.

CORRESPONDANCES

GAND, 21 février.

GRAND-THÉÂTRE. — Lundi 14, relâche ; mercredi 16, *le Cid* ; vendredi 18, *Hamlet* ; samedi 19, *le Cid* ; dimanche 20, *Carmen*.

La première du *Cid*, à Gand, a été un de ces événements qui marquent dans la carrière d'un compositeur ; le public, acquis d'avance à Massenet qu'il connaissait déjà par son *Sue*, exécutée ici en 1877, lui a fait une de ces ovations qui ne s'oublient pas ; il lui a prodigué les couronnes et il l'a couvert de fleurs, ne voulant pas que Gand, la ville des fleurs, démente sa réputation ; enfin, le bourgmestre lui a remis une médaille commémorative. Massenet, je le sais, a été fort touché de ces chaleureuses marques de sympathie, et il a déclaré que le souvenir de cette soirée ne s'effacerait jamais de sa mémoire.

Je n'ai pas à vous parler longuement du *Cid*, dont vous ont entretenu successivement mes confrères de Paris et d'Anvers, et je ne dois pas vous signaler les qualités du livret, ni les beautés de la partition. Je ne peux cependant m'empêcher de témoigner de mon admiration pour cette œuvre ; certes, tout n'y est pas parfait ; la puissance continue à faire défaut à l'auteur d'*Hérodiade*, qui essaye vainement de déguiser sa faiblesse à grand renfort de cuivres ; mais dans les passages tendres et délicats, tels que la scène de Chimène, au troisième acte : *Pleurez, mes yeux*, ou dans les airs de ballet du second acte, et dans la délicieuse rapsodie mauresque du troisième, Massenet révèle cette inspiration distinguée et cette instrumentation pittoresque qui le mettent au premier rang parmi les musiciens français contemporains.

L'interprétation, en général, a été satisfaisante ; la plupart des acteurs ne se sont pas élevés au-dessus du médiocre ; mais Mme Laville-Ferminet a fait du rôle de Chimène une création superbe ; tragédienne accomplie, elle lui a donné un relief qui contrastait singulièrement avec le laisser-aller de M. Merrit dans le rôle de Rodrigue ; aussi, c'est à cette excellente actrice que sont allés surtout les applaudissements. Mlle Boyer est infante tout au plus satisfaisante. M. Merrit, je l'ai dit, est terne ; mais nous lui accorderons l'indulgence que sa sérieuse et persistante indisposition lui a fait demander. M. Plain est un Don Diègue très dramatique, et M. Soum fait bonne figure comme roi d'Aragon. Je ne dirai rien, et pour cause, de MM. Carbonneil et Ferrier, qui jouent respectivement le comte de Gormas et Saint-Jacques.

Les chœurs et l'orchestre marchent bien ; ils ont été dirigés, à la première, par Massenet, qui a hautement exprimé sa satisfaction à notre chef d'orchestre, M. Barwolf, pour le soin qu'il a mis aux études du *Cid*. La mise en scène est bien réglée ; le ballet du second acte est très joli, et la *Navarraise* qui le termine, présente un chatoiement de couleurs très original. Les trois décors nouveaux étaient le début d'un de nos concitoyens, M. Tremerie ; comme ils révélaient de garçon qualités et qu'ils font pressentir en lui un très bon peintre-décorateur, je ne me gênerai pas pour dire que le dernier est tout à fait manqué.

Je ne veux pas quitter le théâtre sans vous dire deux mots de la représentation de vendredi, donnée au bénéfice de notre baryton de grand-opéra, M. Soum, dont *Hamlet* est peut-être le meilleur rôle. Ce jeune artiste, qui possède une voix chaude et vibrante, ainsi que de

réelles qualités scéniques, a devant lui le plus bel avenir ; c'est un des favoris de notre public, comme l'ont montré les nombreux présents qu'il a reçus à cette occasion.

Le Conservatoire a donné, le jeudi 17, son premier concert d'abonnement de cette année ; le programme, agréablement composé, comprenait la symphonie n° 4 en *si* bémol de Beethoven, des œuvres de Waelput et des fragments du *Songe d'une nuit d'été* de Mendelssohn, le tout fort bien exécuté, comme toujours, par l'excellent orchestre de M. Samuel ; on a fort remarqué et fort applaudi M. Beyer, le remarquable premier violon des quatuors du Conservatoire, dans le *Rêve de Stella*, de Waelput.

La classe d'ensemble vocal a chanté, sous la direction de son professeur, M. Nevejans, un ravissant madrigal de Waelrant et un chœur de Mendelssohn. P. B.

LIÉGE, 21 février.

THÉÂTRE ROYAL. — *Trouvère, Giralda, Huguenots, Mignon, Africaine, Domino noir.*

Malgré la déconfiture de la direction Verellen, les recettes des représentations par les artistes en société se sont maintenues comme à l'ordinaire.

La troupe d'opéra-comique a repris le *Domino noir*, qui bien que disparu depuis quelque temps du répertoire, ne subit jamais que des éclipses momentanées.

Dans le rôle d'Angèle, Mlle Stella-Bolle, très applaudie, joue avec convenance et chante avec une facilité correcte, faisant regretter parfois que la nature ne lui ait pas donné plus d'entraînement, de chaleur, de passion, et un organe plus riche de sonorité.

Dans le personnage d'Horace, le ténor Maire, qui est plutôt chanteur que comédien, ne trouve guère l'occasion de briller dans les qualités qui lui sont propres. Il s'est borné, en artiste sincère et consciencieux qu'il est, à faire tout justement ce qu'il fallait, à être, du commencement à la fin, le jeune homme ardent, quoique timide et naïvement passionné qu'a imaginé Scribe.

Mlle Chassériaux, qui vient d'être engagée pour la saison prochaine au Grand-Opéra de Paris, a remporté dans le rôle de Valentine un magnifique succès.

Le rôle de la reine Marguerite était tenu par Mlle Hamaeckers. M. Guillaberti faisait Marcel.

L'Africaine nous a été rendue avec une interprétation des plus remarquables. M. Verhees a fort bien dit son air d'entrée dans le conseil, et au second acte a mis beaucoup d'expression, de passion dans son duo avec Séilka ; le septuor final de cet acte a été enlevé. Au troisième acte, M. Verhees s'est signalé par l'énergie de ses accents dans le duo du défi avec l'amiral. Enfin, il a dit avec un grand charme l'air du quatrième acte : *Paradis sorti du sein de l'onde*. Il a trouvé dans sa belle voix toute la tendresse que réclame le duo fameux avec Séilka. Son organe vigoureux, mis en rapport avec le caractère du personnage, et la voix de Mlle Chassériaux se fondent admirablement et forment un ensemble parfait.

M. Claeys n'a jamais mieux rendu les hésitations de Nélusko et sa résistance à l'empire que Séilka exerce sur lui ; l'excellent chanteur est aussi excellent comédien. Mlle Hamaeckers, qui remplissait le rôle d'Inès, y a brillé par ses qualités distinguées de femme et de cantatrice. Après la quatrième acte, M. Verhees et Mlle Chassériaux ont été rappelés.

Contrairement à ce que je vous ai annoncé, les artistes en société de notre théâtre se voient contraints de renoncer, par mesure financière, de nous donner les nouveautés promises.

La campagne continuera et s'achèvera par des reprises puisées au répertoire courant. C'est ainsi que l'on vient de mettre à l'étude le *Prophète*, le *Tribut de Zamora* et *Don Pasquale*, qui reverront sous peu le jour.

Au prochain concert du cercle choral de la Société d'Émulation, on exécutera la belle partition de *Samson et Dalila*, de Saint-Saëns, et une symphonie nouvelle d'Érasme Raway. On espère que Saint-Saëns viendra personnellement diriger son œuvre. JULES GHYMERS.

BRUGES, 19 février.

Les dilettanti de notre ville voient avec plaisir les tentatives qui se font pour créer un mouvement artistique dans notre ville.

M. Jules Goetinck, ex-premier violon de l'orchestre du Conservatoire de Bruxelles, est le promoteur de ce mouvement. Il a déjà eu, dans le courant de cette saison, la direction de plusieurs concerts, dans lesquels il a toujours donné la prépondérance à l'élément purement musical, aux œuvres symphoniques des grands maîtres. Ses nobles aspirations viennent encore de se manifester dans un concert donné le 15 de mois, dans la salle du théâtre.

Ce concert a obtenu un grand succès. La partie vocale en était confiée à Mlle C. Fierens, bien connue à Bruxelles, et qui a été parfaite, et à M. Ed. Davelny, un charmant baryton brugeois.

Le succès de ces deux artistes a été partagé par M. J. Dumon, l'excellent flûtiste, professeur du Conservatoire de Bruxelles, et par M. Goetinck, qui dirigeait l'orchestre.

Celui-ci a exécuté d'une façon remarquable la première symphonie en ut de Beethoven. Ensemble, observance fidèle des nuances et du style, tout y était. Ce qui nous a surtout frappés, c'est la justesse des instruments à vent, justesse à laquelle nous sommes si peu habitués en province.

La gracieuse ouverture des *Deux Journées*, de Cherubini, a été jouée avec la même verve et le même ensemble.

À côté de ces deux morceaux à grand orchestre, les instruments à cordes ont joué l'aria de J.-S. Bach, et une rêverie de M. A. Wybo, pleine de charme.

On annonce pour le mois prochain un grand concert de bienfaisance, sous la direction de M. Goetinck, et où l'on entendra encore de grandes œuvres symphoniques.

LONDRES, 19 février.

À l'occasion de l'anniversaire de la mort de Wagner (13 février 1882), la douzième matinée des *Symphony Concerts* a été consacrée au maître de Bayreuth. Sauf la *Symphonie héroïque* de Beethoven, on n'y a joué que des œuvres de Wagner. M. Santley a chanté l'allocution de Pogner, des *Maîtres chanteurs*, et les adieux de Wotan de la *Valkyrie*. Le numéro le plus intéressant du programme a été la première exécution orchestrale d'un morceau de Wagner intitulé *Träume*, qui a été publié pour piano et chant dans la collection des *cinq poèmes* (Fünf Gedichte), qui contiennent plusieurs esquisses de *Tristan*.

Lundi prochain, M. Walter Bache, le disciple favori de Fr. Liszt, donnera son concert et y jouera pour la première fois, à Londres, la pièce de piano célèbre : *Après une lecture du Dante*, qui fait partie de la collection des *Années de pèlerinage*. Il jouera aussi avec M. Hartvigson le poème symphonique de *Mazeppa*, arrangé pour deux pianos. L'estrade en tremblera.

Aujourd'hui au *Crystal Palace*, au *Saturday Concerts*, on a exécuté la scène des Filles-fleurs de *Parsifal*, et Mlle Anna Mehlig a joué le 1er concerto de Chopin. Une ouverture d'un jeune compositeur anglais, M. Hattinsley, figurait au programme, et elle a été bien accueillie.

Le jour du mercredi des cendres, à l'*Albert Hall*, l'inévitable exécution du *Messie* de Hændel, avec Mmes Valleria et Winant, MM. Piercy et Mills.

Joachim fera sa rentrée au *Monday Popular*, après-demain lundi.

Vous le voyez, beaucoup de promesses, mais rien de saillant en somme à vous annoncer cette semaine.   E. N.

Petites Nouvelles

Malgré le succès d'*Otello*, la direction du théâtre de la Scala, à Milan, a été déclarée en faillite. D'après les renseignements adressés au *Figaro*, la faillite des frères Corti aurait été déclarée sur la demande d'un ténor français, Luigi Ravelli, engagé par les frères Corti, il y a trois ans, aux Italiens de Paris. M. Ravelli aurait obtenu du tribunal de commerce de la Seine un jugement, confirmé il y a quelques jours par la cour d'appel de Milan, qui condamnait les Corti à lui payer une indemnité de 26,000 francs pour la rupture de l'engagement. S'étaient joints à lui : le représentant d'un théâtre de Londres, que les frères Corti avaient loué pour jouer le ballet *Excelsior*, et le directeur de la Compagnie de compteurs à gaz, qui, depuis longtemps, avaient obtenu jugement contre les frères Corti.

C'est donc le passif du passé qui a entraîné la faillite. Les créanciers ont perdu patience en voyant que la situation actuelle de l'entreprise, loin d'améliorer la position financière des Corti, l'aggravait chaque jour.

Les relâches d'*Otello*, par suite de l'indisposition de Tamagno, ont coûté à la direction plus de 50,000 francs.

La Scala avait une subvention de 320,000 francs. Les frères Corti administrent le théâtre sous la surveillance du syndic de la faillite ; ils ont même demandé que la faillite fût rapportée ; si leur demande n'est pas accueillie, le syndic les autorisera à former une seconde troupe pour les lendemains d'*Otello*. Leur cautionnement de 80,000 francs, déposé dans la caisse municipale, servira à payer les artistes et le personnel.

Les représentations d'*Otello* continuent.

Un de nos confrères parisiens a assuré que Verdi se refusait à écrire la musique du ballet que les directeurs de l'Opéra ont l'intention d'introduire dans *Otello*, et que devant ce refus, MM. Ritt et

Gailhard avaient proposé au maître d'intercaler le divertissement des *Vêpres siciliennes* dans son nouvel opéra. La question avait été mal comprise. Ce que Verdi a refusé, c'est d'introduire dans *Otello* de la musique des *Vêpres siciliennes*, comme le lui demandaient les directeurs de l'Opéra... pour aller plus vite! Verdi veut écrire un ballet spécial vénitien-oriental, pour le second acte. Il s'est déjà mis au travail. Les directeurs de l'Opéra attendront. Voilà tout.

M. Joseph Wieniawski vient de terminer à Paris la série de *piano-récitals* qu'il avait annoncée à la salle Erard. Nous lisons à ce propos dans l'*Art musical* :

" Dans ces différentes soirées ce virtuose émérite dont nous apprécions vivement le talent à la fois correct et vigoureux a passé en revue les grandes compositions écrites par les maîtres pour son instrument. Son succès n'a pas été moindre dans les siennes dont quelques-unes sont très sincèrement inspirées et élégamment écrites. „

Toute la presse parisienne rend hommage dans les mêmes termes sympathiques et admiratifs au talent de M. Wieniawski. Dans leurs feuilletons du lundi, M. Victorin Joncières (*Liberté*), M. Duvernoy (*République française*), M. Francis Thomé (*Constitutionnel*) constatent de chaleureux éloges au pianiste et au compositeur. Le *trio* de M. Wieniawski, ses mélodies et son ouverture *Guillaume le Taciturne* qui a été exécutée à l'un de ses concerts par l'orchestre de Colonne, ont été couvertes d'applaudissements. Le *Ménestrel* salue en lui un maître qui fait le plus grand honneur au Conservatoire de Paris. On sait en effet que c'est là qu'il s'est formé et qu'il remporta à *dix ans* le premier prix de piano. Toute la presse musicale en un mot constate les triomphes de l'éminent virtuose et les succès du compositeur.

Toutes nos félicitations !

Jeno Hubay, le célèbre violoniste, professeur au Conservatoire et à l'Académie de Pesth, va venir en France donner quelques concerts. On l'applaudira bientôt à Paris, où il fera entendre son concerto.

Au Grand-Théâtre de Bordeaux, on vient de donner, et avec grand succès, le *Quentin Durward*, de M. F. A. Gevaert.

Le Grand-Théâtre de Dijon a donné cette semaine avec succès la représentation d'un opéra inédit en trois actes et quatre tableaux, le *Tintoret*, paroles de M. Ed. Guinand, musique de M. Ad. Dietrich, professeur d'harmonie au Conservatoire de Dijon. M. Dietrich, qui a été l'élève de M. Saint-Saëns, a dédié sa partition à son ancien maître.

Les répétitions des opéras de Wagner seront reprendentée, dans le courant d'avril, à l'Éden-Théâtre, viennent de commencer à ce théâtre, où elles ont lieu quotidiennement dans la journée, sous la direction de M. Lamoureux.

Ajoutons que c'est Mme Duvivier, créatrice d'*Hérodiade* à Bruxelles, actuellement à Nantes, qui chantera Ortrude qu'elle a déjà chanté à Bruxelles. Le rôle de Telramond sera rempli par le baryton Blauwaert qui vient de rentrer à Bruxelles, d'une tournée triomphale en Autriche et en Russie.

Les journaux d'Angers applaudissent sympathiquement au jeune talent de pianiste de Mlle Mathilde Bardout, fille de l'excellent professeur au Conservatoire de Paris. Elle s'est fait entendre dans le concerto de Mendelssohn et dans diverses petites pièces parmi lesquelles 'une jolie *binette* de sa composition, if *Moulin de Brézoix*. M^{er} Bardout a donné également une séance de piano à la salle Erard à Paris. Grand succès pour la jeune pianiste et pour son frère, M. G. Bardout, violoniste des Concerts Lamoureux.

L'*Allgemeine Musikzeitung* de Berlin, explique la démission de M. Félix Mottl, comme chef d'orchestre de l'Opéra royal.

M. Mottl se retire, préférant la situation indépendante qu'il occupe à Carlsruhe, où le grand-duc et la grande-duchesse de Bade ont vivement insisté pour le retenir. Sa démission est motivée aussi par des difficultés relatives au partage du répertoire entre les deux chefs d'orchestre de Berlin.

Le successeur de M. Mottl n'est pas encore désigné. Notre correspondant de Berlin nous écrit à ce sujet :

On cite parmi les principaux candidats à la place vacante de premier chef d'orchestre de l'Opéra, MM. Klindworth, Dessof, chef d'orchestre à Francfort-sur-Mein, Nikisch, chef d'orchestre au théâtre de Leipzig, Jahn, directeur à Vienne, enfin Anton Seidl, qui, dit-on, a le plus de chances. M. Seidl est actuellement chef d'orchestre de l'Opéra allemand à New-York. Des journaux disent que son engagement est déjà signé, d'autres prétendent que l'*auri sacra fames* réussira à le retenir à New-York, tout au moins pour la saison prochaine. Attendons les nouvelles officielles. M. Seidl, autrefois membre de la *Nibelungen-Kanzlei*(la Chancellerie des Nibelungen), à Bayreuth, en 1875 et 1876, c'est-à-dire un des copistes et des administrateurs musicaux de la scène pendant les répétitions et les représentations du Ring, il acquit une célébrité européenne comme chef d'orchestre de la troupe de M. Angelo Neumann, qui, en 1884, donna les *Nibelungen* dans presque tous les grands théâtres d'Europe. Auparavant, il avait rempli les fonctions de premier chef d'orchestre à l'Opéra de Leipzig, sous la direction Neumann, et c'est en cette qualité qu'il avait déjà dirigé les représentations intégrales du Ring à Leipzig, en 1880, et l'année suivante, en présence du maître lui-même, à Berlin, au Victoria-Theater. M. Seidl était dernièrement maître de chapelle de l'Opéra de Brême, où il a rompu son contrat, préférant les superbes conditions qu'on lui faisait à New-York.

La *Gazette de Voss* assure que le théâtre de la Cour à Munich vient d'acquérir le droit de représentation de toutes les œuvres de la jeunesse de Wagner, notamment les *Fées* et *Défense d'aimer* (*Das Liebesverbot*), composées en 1833-1834. Les partitions complètes so sont retrouvées parmi les manuscrits laissés par Wagner. *Défense d'aimer ou la Novice de Palerme* serait encore donnée dans cette saison à l'Opéra royal.

Joh. Strauss a dirigé samedi, au théâtre *An der Wien* à Vienne, la 150ᵐᵉ représentation de son opéra-comique, le *Baron Tzigane*.

Le théâtre de Northampton (Angleterre) a été presque entièrement détruit par les flammes, la semaine dernière. La salle, une des plus belles de l'Angleterre, était ouverte depuis trois mois à peine. On devait y jouer, cette semaine, les *Cloches de Corneville* et la *Mascotte*. Un autre théâtre, celui de Laybach en Autriche, est également devenu la proie des flammes.

La librairie Ollendorff annonce la prochaine publication des *Souvenirs d'un imprésario*, par Maurice Strakosch.

On vient d'inaugurer au cimetière de Hampstead à Londres, un monument élevé à la mémoire du ténor Joseph Maas par ses amis et admirateurs. De nombreuses couronnes ont été déposées au pied du monument.

VARIÉTÉS

Il y a à Milan un des plus anciens et des plus enthousiastes admirateurs du maestro Verdi.

C'est le comte Zorzi de Vicence. Il connaît Verdi depuis la troisième représentation de l'*Ernani*, joué à Venise, au théâtre de la Fenice, il y a quarante-trois ans, c'est-à-dire le 9 mars 1844.

Ce fut cette troisième représentation que la commission du théâtre de la Fenice s'empara de Verdi, et la clarté des torches et au milieu des applaudissements de la foule lui fit faire triomphalement le tour de la place S. Marc.

Depuis cette époque, le comte Zorzi n'a jamais manqué une *première* des partitions de Verdi en Italie.

Le comte Zorzi est un fidèle habitué du théâtre de la Scala.

Lorsque Verdi est à Milan, le comte le visite assidûment, et pour lui il n'y a jamais d'antichambre.

Le comte Zorzi a toujours dans ses mains l'histoire des triomphes du grand compositeur de Busseto. Cette histoire est figurée autour d'une superbe canne. Les noms et les emblèmes des opéras de Verdi s'y enroulent en bas-reliefs.

Verdi tutoie ce beau vieillard enthousiaste, qui depuis près d'un demi-siècle est comme l'ombre de sa gloire.

Arrivé l'autre soir de Vicence, il alla le lendemain visiter le maëstro.

En le voyant, il l'embrassa avec une effusion émue. Il le regarda longuement. Après s'être assuré du coloris sain, de la vigueur du maëstro, il s'écria :

— Maëstro, vous avez à peine cinquante ans!!

Et il ajouta :

— Je vous apporte les saluts de mon collègue, le sénateur Lampertico. Il m'a prié de vous dire qu'il désire vous voir au moins quelquefois au Sénat pour parler un peu de musique, par exemple les *bande* et des *instituts* de musique.

— Non, cher comte, — répondit Verdi, je suis vieux. Je ne me suis jamais occupé de *bande* ni d'instituts de musique. Une seule pensée me domine : l'agriculture!

Mais le comte Zorzi ne s'en laisse pas loin de s'avouer vaincu.

— Une fois ou l'autre, — dit-il, — j'arriverai à contenter mon ami Lampertico!

Le 24 février 1786, à Bruxelles, la *Nativité*, de Gossec. — Paris, à ses concerts des Tuileries (25 décembre 1778), avait eu la primeur de cette belle composition. *Le Mercure de France* disait de ce concert : "Un style plein de grâce et de majesté, d'étonnants effets d'harmonie, les plus heureuses combinaisons d'instruments, leur mélange avec les voix qui tour à tour imitaient le chant du rossignol et les roulements du tonnerre, l'air d'un Noël que le compositeur avait su placer au milieu de ce grand et riche tableau, ont porté l'illusion et l'intérêt au degré le plus puissant pour le public, et le plus flatteur pour M. Gossec. Mᵐᵉ Duchâteau, MM. Moreau et Legros ont exécuté les principaux rôles.

Le manuscrit de *la Nativité*, qui n'a pas été gravé, est au catalogue de la Bibliothèque du Conservatoire de musique de Paris.

— Le 25 février 1869, à Bruxelles, le *Médecin malgré lui*, 3 actes de Gounod.

Avec *Faust*, qui ne vint à Bruxelles que deux ans après, c'est sans contredit un des plus francs succès qu'ait obtenus Gounod au théâtre de la Monnaie. L'exécution y fut remarquable, avec Carman (Sganarelle), Aujac (Léandre), Mengal (Géronte), Boraary (Valère), Gourdon (Lucas), Mᵐᵉ Cabe (Lucinde), Mˡˡᵉ Feitlinger (Jacqueline). Mᵐᵉ Meuriot (Martine). Tous les artistes furent complimentés par le maître français que la troisième représentation avait amené à Bruxelles.

Le Médecin malgré lui fut repris à la fin de novembre 1868. Le baryton Meillet jouait Sganarelle, le même rôle qu'il avait créé à Paris.

Il est question de remonter sous peu à la Monnaie la pièce de Gounod, car on ne s'explique guère qu'elle soit restée aussi longtemps en dehors du répertoire. *Le Médecin malgré lui* a pour toujours sa place marquée au théâtre.

— Le 26 février 1870, à Liège (Théâtre royal), concert du Cercle musical des étudiants, organisé et dirigé par L. Terry. La première partie intitulée "le Passé", comprenant des œuvres de Grétry, la seconde partie," l'Avenir, était uniquement formée de l'ouverture et du premier acte du *Vaisseau fantôme*, de Richard Wagner. Au sujet de ce dernier ouvrage, le programme du concert avec texte explicatif très développé — dû sans doute à la plume de Terry — disait : " Bien que l'opéra du maître allemand date de l'année 1843, il n'a pas encore été représenté sur notre scène. Cela viendra plus tard. En attendant, la seule chose que l'on ait dite ici dans les concerts, est la," Scène de la veillée", comprenant au moins la moitié du deuxième acte, et l'on se souviendra que c'est nous qui l'avons fait connaître dans notre concert de bienfaisance du 5 avril 1855. ; Les personnages du *Vaisseau fantôme* eurent pour interprètes MM. Marcotty (Daland), Delame (le pilote), Philipa (le Hollandais), et la Société chorale (les matelots).

La première partie du concert consacrée à Grétry parla un peu longue, et cela se comprend du reste en voyant inscrits au programme :

1° Ouverture et premier acte de *Panurge dans l'île des lanternes*; 2° Ronde de nuit et scène bachique des *Deux Avares*; 3° Air de l'*Amant jaloux*; 4° Duo de la *Fausse Magie*; 5° Air du *Jugement de Midas*; 6° Air de *la Rosière de Salency*; 7° Menuet, passe-pied et chacone de *Céphale et Procris*; 8° Duo du *Jugement de Midas*; 9° Air d'*Élisca*; 10° finale du deuxième acte de *Richard Cœur de lion*.

Quant au *Vaisseau fantôme*, le succès en fut très grand, et il faut bénir la mémoire du grand artiste liégeois qui fut premier et Belgique s'est fait l'apôtre convaincu de Richard Wagner.

— Le 27 février 1840, à Paris, décès de Jules-Joseph Godefroid, à l'âge de 29 ans. Il était né à Namur, le 23 février 1811. Harpiste et compositeur comme son frère cadet Félix, encore vivant, il avait donné des preuves de son double talent au théâtre et dans les concerts. M. F. Loïse, de l'Académie de Belgique, lui a consacré une notice que le *Guide Musical* a reproduite (numéros des 31 janvier et 7 février 1884).

— Le 28 février 1814, à Paris, *Jocond ou les Coureurs d'aventures*, 3 actes de Nicolo. — Pastel un peu défraîchi, mais où l'on retrouve la touche d'un maître. La preuve, c'est que le public " y revient toujours comme à ses premiers amours ". — à Bruxelles il y a un peu plus d'un an (30 octobre 1886). C. M. von Weber qui, le 11 janvier 1816, étant alors à Prague, conduisit *Jocond oder die Abenteurer*, loue beaucoup la partition dans le compte rendu qu'il en fit. (Voir la biographie écrite par son fils, t. III, p. 96.) A Vienne, le National-Theater la joua 79 fois, du 1ᵉʳ avril 1815 au 3 octobre 1806.

— Le 1ᵉʳ mars 1753, à Paris (Opéra), le *Devin du Village*, 1 acte de J.-J. Rousseau. — Ici-bas, tout est soumis à la loi du progrès et de la transformation; le *Devin*, composé à une époque où l'art de l'instrumentation et la facture des grands morceaux d'ensemble étaient totalement inconnus, suffisait alors amplement à de auditeurs dont l'intelligence musicale était encore dans l'enfance. Avec Gluck, Méhul, Chérubini, Spontini, Rossini, Meyerbeer, Verdi, Wagner, l'opéra a grandi et s'est élevé successivement à des proportions colossales que nous admirons aujourd'hui; il s'ensuit que le *Devin* de Rousseau n'a plus trouvé grâce devant la critique, parce que celle-ci s'est placée au point de vue musical moderne et non à celui qui existait inévitablement à l'époque où Rousseau composa son intermède. Schiller n'a-t-il pas dit avec raison : " Celui qui a produit la meilleure œuvre de son époque, celui-là a vécu pour tous les siècles.„ *Le Devin du Village*, pendant les *soixante-seize ans* qu'il resta au répertoire de l'Opéra, a été représenté près de *quatre cents fois*.

— Le 2 mars 1789, à Paris (Comédie-Italienne), *Raoul Barbe-Bleue*, 3 actes de Grétry. La musique était de la bonne manière de Grétry, elle réussit; Il en fut de même en Allemagne, notamment à Dresde, où C. M. von Weber dirigea la première de *Raoul Barbe-Bleue*(18 mai 1817). Qui s'en douterait? un an plus tard, Richard Wagner, encore enfant, entendit à ce même théâtre la musique de Grétry, et il en conserva longtemps le souvenir. (Voir *Richard Wagner Jahrbuch*, 1886, p. 65.)

— Le 3 mars 1848, à Dresde (Opéra), Richard Wagner dirige la représentation d'*Armide* de Gluck.

BIBLIOGRAPHIE.

Signalons un important travail que publie M. Robert Eitner dans ses *Monatshefte für Musikgeschichte* (Revue mensuelle pour l'histoire de la musique) : c'est un catalogue des ouvrages relatifs à la musique contenus dans les archives de la chapelle pontificale au Vatican. Ce travail fait avec un grand soin est l'œuvre de M. Xav. Habert. Il intéressera au plus haut point tous les musicologues. Il n'y a pas longtemps, les salles de la bibliothèque vaticane n'étaient accessibles qu'aux fonctionnaires pontificaux. L'esprit libéral et l'amour de la science qui distingue le pape actuel ont enfin permis que les trésors renfermés dans ces collections fussent révélés au monde savant. L'histoire de la musique y trouvera d'inappréciables documents, car les imprimés et manuscrits de cette bibliothèque musicale remontent jusqu'aux premières années du xve siècle.

Il Teatro Illustrato (Milan, Sonzogno). Cette livraison du mois de février est particulièrement intéressante, en ce que la plus grande partie est consacrée à l'*Otello* de Verdi, l'événement du jour; elle contient : *Illustrations avec texte*: *Otello* de Verdi, acte 1er, duel de Cassio et Montano; acte deuxième, scène du mouchoir; *la Comtesse Sarah*, drame d'Ohnet; *Francillon*, d'A. Dumas; *la Cigale et la fourmi*, d'Audran.

Texte: Notre musique; analyse avec notation d'*Otello* à la Scala, par A. Galli; revue dramatique; correspondance de Gênes, Venise, Ancône, Paris, Vienne; *Carmen* à Padoue et à Faenza; *les Pêcheurs de Perles* à Vérone et à Naples; une soirée musicale chez l'Albani à Paris; exposition artistique à Venise; bibliographie; bulletin de janvier.

Musique: Un sonnet pour chant et piano de Rossini, et un morceau pour violon et piano de Consolo.

Nécrologie.

Sont décédés :

À Londres, Frédéric Lablache, fils aîné de la célèbre basse-taille, Luigi Lablache, qui après avoir débuté aux Italiens de Paris, suivit quelque temps la carrière artistique, mais sans grand succès.

— A Londres, Edouard Collet-May, né à Greenwich en 1806, ancien professeur de chant au *Queen's College* et père de la pianiste Mme Florence May.

— A Vienne, le 24 janvier, le baron Hans von Zois-Edestein, né en 1862, compositeur de lieder que lui-même chantait dans ses concerts.

On demande un bon violon solo (concertmeister) avec flûte solo et un piston solo (jouant aussi à l'orchestre), pour le Waux-Hall de Pavloski (Russie). Bons appointements. Ecrire à M. Albert Vizentini, administrateur du théâtre Michel à St-Pétersbourg. La saison de Pavloski a du 6 mai au 26 septembre.

Le Guide Musical

Paraissant tous les jeudis.

ABONNEMENT	SCHOTT FRÈRES, ÉDITEURS	ANNONCES
FRANCE & BELGIQUE, 10 francs par an.	Paris, Boulevard Montmartre, 19	LA LIGNE .... FR. 0.50.
LES AUTRES PAYS, 10 francs (port en sus)	Bruxelles, Montagne de la Cour, 82	On traite à forfait pour les grandes annonces.

A l'occasion de la première représentation de la WALKYRIE au théâtre de la Monnaie à Bruxelles, le Guide musical offrira à ses lecteurs un NUMÉRO ILLUSTRÉ. M. A. Lynen a dessiné pour ce numéro une série de compositions d'un très beau caractère, qui s'inspirent des principales scènes de l'œuvre. Le texte comprendra la distribution et une analyse de la pièce. Ce numéro-programme sera en vente, dès lundi.

Très prochainement le GUIDE MUSICAL commencera la publication d'un important travail de M. de Bricqueville, sur l'histoire du livret d'opera depuis Lully jusqu'à Gluck.

Annonçons enfin la publication chez Schott frères, sous forme de brochure, d'un travail d'ensemble sur la WALKYRIE ET LES NIBELUNGEN de à M.Maurice Kufferath.Cette brochure contient une analyse thématique de la partition.

SOMMAIRE. — Trois lettres inédites de Grétry. — La Walkyrie, par Maurice Kufferath. — Revue des concerts de Paris, par Balthazar Class. — Chronique bruxelloise. — Correspondance : Gand, Liége, Huy, Charleroi, Londres. — Petites nouvelles. — Variétés : Éphémérides musicales. — Bibliographie. — Nécrologie.

Trois Lettres inédites de Grétry

Dans notre avant-dernier numéro nous avons reproduit, d'après l'Indépendance, une lettre autographe de Grétry, adressée, en 1806, à Mᶫˡᵉ Desbordes, alors actrice au théâtre de Rouen. Nous avons dit comment il fallait comprendre le ton de cette lettre prétendûment " amoureuse „, et qui avait, suivant M. XX..., " la saveur d'un épisode intime. „

Mieux renseignée, l'Indépendance (numéro du 20 février) reconnaît maintenant que la " charmante lettre de Grétry, quelque tendre qu'elle soit, est toute à l'honneur de celle qui a été l'admirable, touchante et très respectable Desbordes-Valmore. „ A la bonne heure! Il ne pouvait pas d'ailleurs en être autrement, et la preuve, ce sont les trois lettres autographes que nous venons de recevoir de M. Hippolyte Desbordes-Valmore, le fils de la célèbre poète. Ce sont là autant de témoignages de nos assertions premières. Deux de ces lettres, comme celle achetée par la bibliothèque royale, Grétry les a adressées à Rouen. Celle du 18 mai devait nécessairement trouver Mᶫˡᵉ Desbordes à Bruxelles, puisque celle-ci venait d'y débuter au théâtre de la Monnaie; Grétry venait de perdre sa femme et il épanchait sa douleur.

En faisant passer sous les yeux de nos lecteurs cette correspondance d'un si haut intérêt, — nous lui laissons toutes ses licences d'orthographe et de ponctuation, — c'est à présent que les dernières lignes de l'article de M. XX... (numéro

du 15 février) trouveront leur à-propos : " Les futurs biographes du compositeur liégeois pourront faire leur profit de ces autographes. „

A Mademoiselle
Mademoiselle Marceline Desbordes
poste restante
à Rouen (1)

Si je vous fais l'honneur de vous répondre Mademoiselle doutez-vous que si j'eusse reçu votre lettre ou vos lettres, je ne vous eusse pas repondu de suite. Vous avez eu bobo à la tête, vous avez rêvé que vous m'écriviez, ce rêve la, ma belle, vaut la réalité et peut-être plus! Notre ami M. Midy vous a grondé (comme il gronde en vous jettant de l'eau rose par la tête) et vous avez rejetté tout cela sur la poste ou sur moi; n'en parlons plus du reste, je n'aime pas les répétitions qu'en amour et en amitié et nous pouvons comme amis employer mieux notre temps. J'ai dis vingt fois à Mᵐᵉ Grétry, Mᶫˡᵉ Desbordes, a essuyé quelque maladie grave, enfin M. Midy m'a tiré de peines: encore une fois n'en parlons plus. Vous pouvez être sûre, Mademoiselle ma fille, que je prends à vous un intérêt tel que vous devez vous croire obligée de me souhaiter au moins la bonne année par tout où vous serez. Tout le bien que je vous souhaite est indicible, et mes sentiments pour vous sont immuables. Adieu, chère amie, je vous embrasse de tout mon cœur, et de même à l'aimable M. Midy. Je quitte l'hermitage dans quatre jours. Mᵈᵉ Grétry est un peu mieux.

                GRÉTRY

A l'hermitage l'émile montmorency 24 8ᵇʳᵉ 1806

(1) Cette lettre, à l'extérieur, est marquée du timbre Emile.
On sait que J.-J. Rousseau avait habité l'Ermitage et c'est pour rappeler le souvenir du philosophe genevois que le nom d'Emile avait été substitué à celui de Montmorency.

A Mademoiselle
Mademoiselle Desbordes
poste restante

                          à Rouen

Voila une lettre ça ; aussi je la garderai pour me souvenir de mon aimable amie. Vous ne me dites pas si vous êtes fixée, et si vous jouez la comédie à rouen : je le voudrais, c'est un pays où vous êtes aimée, comme par tout où vous montrez votre petite mine sentimentale. Nous venons de donner le huron (1) qui a essuyé un échec, il s'étoit cependant reposé assez longtemps, aler (2) a dit :

Son crime est *nécessaire*, au lieu de manifeste, ellevious est entré trop tôt au 2ᵈ acte et a fait passer deux scenes ; par respect pour le talent d'ellevious qui a été charmant, et peut-être pour moi, on a témoigné dans la sale plus de chagrin que de mécontentement. J'ai dit aux comédiens : *il faut encore que le huron se repose, je vous en prie* ; mais on dit que les jolies femmes de Paris veulent revoir ellevious en sauvage, je ne sais ce qui en sera. On parle du magnifique (3). Remerciez M. Granger pour les soins qu'il donne à mes vieilleries. Si j'avais quinze ans de moins, j'irois vous embrasser et vous aider à remonter mes opéras. Je me porte très bien du reste, je suis revenu jeune, depuis que je me suis fait vieux tout à fait. Ecrivez-moi plus qu'à la nouvel an (4) ma chère fille, vous risqueriez de ne pas savoir où adrésser vos lettres. Adieu mon petit ange, je vous embrasse de tout mon cœur.

                                  GRÉTRY

Paris 2 janv. 1807.

A Mademoiselle
Mademoiselle Desbordes
Artiste au théâtre de

                          Bruxelles

Oui, Mademoiselle et bonne amie, je crois à vos sentiments pour moi, vous ressentez une partie de mes maux, ils sont affreux, et je suis certain que je ne retrouverai le repos que dans la tombe. Je pars, pour la campagne, des amis veulent bien m'y suivre ; mais que trouverai-je là ? Jeannette, toujours Jeannette qui ne me répondra plus (5) Adieu, chère bonne Amie, je vous embrasse de tout mon cœur.

                                  GRÉTRY

Paris 13 Mai 1807.

---

(1) Le 30 décembre 1806, après une interruption de 18 ans, et ce fut l'unique représentation. C'est par le *Huron* que Grétry commença en France sa longue et brillante carrière.

(2) C'est-à-dire : l'acteur Allaire dans le rôle du baïlli, et qui devait, au dernier acte, débiter ce vers :

            Son crime est manifeste :
      C'est un enlèvement, tout le monde l'atteste ;

(3) *Le Magnifique* ne fut remonté que le 20 janvier 1814, c'est-à-dire quatre mois après la mort de Grétry. Dernière reprise à l'Opéra-Comique, le 28 avril 1823.

(4) Locution wallonne du pays liégeois.

(5) Sa femme, qu'il avait perdue le 16 mars de la même année, après 36 ans de mariage. Mᵐᵉ Grétry, de son nom, s'appelait Jeanne-Marie Grandon et était née à Lyon.

LA WALKYRIE

oici quelques notes que j'ai cru devoir réunir au moment où le théâtre de la Monnaie va nous donner la première journée de la Tétralogie *l'Anneau des Nibelungen*.

La Walkyrie fait suite, on le sait, au *Rheingold* (*l'Or du Rhin*), qui sort de prologue à la Tétralogie et expose la donnée générale. *La Walkyrie* (1) est le premier des drames qui nous montrent les effets de la malédiction de l'or à laquelle succombent les dieux et leurs descendants, de génération en génération.

Depuis que la belle et savante version française de M. Victor Wilder est entre les mains de tous, il est devenu inutile d'analyser la pièce. Je me borne ici à quelques indications sur la partition et les circonstances dans lesquelles elle a été composée.

La Walkyrie est la deuxième partition écrite dans ce qu'on appelle la seconde manière de Wagner.

Lohengrin marque la fin de la première période. La mélodie a encore un certain air de famille qui rappelle l'ancienne " mélodie d'opéra. " L'œuvre est conçue dans le moule ancien ; ce moule craque cependant de toutes parts sous l'effort de l'idée nouvelle qu'il est impuissant à contenir. Chœurs, duos, trios, ensembles, finales, tout le vieil échafaudage est encore debout ; mais déjà les thèmes caractéristiques surgissent et des harmonies typiques enveloppent les personnages et leur créent une atmosphère musicale. Elsa et Lohengrin restent d'inoubliables figures dont le nom seul évoque, au premier appel, tout un monde d'harmonies immatérielles et de rêves poétiques.

Avec *Rheingold* tout est définitivement et radicalement changé. La seconde période a commencé.

Ici plus rien ne nous rattache aux formes consacrées. Plus de mélodies : des thèmes. Plus d'accords plaqués : des voix qui marchent indépendamment les unes des autres et qui s'unissent en de merveilleuses et saisissantes harmonies. Toute l'œuvre émane de quelques accords caractéristiques et de quelques figures mélodiques savamment combinées.

La musique nouvelle, la voilà. Essentiellement expressive, non mélodique de parti pris, elle prend la forme du drame, se modèle sur lui, elle se soude avec lui. Nous sommes dans la " seconde manière „, qui est en réalité l'unique et la vraie, — celle de la plénitude du génie et de l'absolue maîtrise sur tout ce qui est métier dans l'art.

Entre *Lohengrin* et *Rheingold* il y a sept années : *grande œvi spatium*. Mais quelle prodigieuse et féconde activité en cet espace de temps. Jamais artiste n'a autant produit dans des conditions plus défavorables à la production intellectuelle.

Lohengrin est achevé en 1847. Wagner est chef d'orchestre à Dresde. On parle vaguement de monter son nouvel ouvrage, mais il n'a pas le temps d'attendre.

Les études pour *Tannhæuser* et *Lohengrin* l'ont mis au fait de tout le passé légendaire et poétique de l'Allemagne. C'est une mine inépuisable. Il ne faut pas que cette source tarisse. *Lohengrin* à peine terminé, voici la grande figure de Frédéric Barberousse qui se dresse devant lui, et il éprouve le besoin de se l'expliquer à lui-même et aux autres. Il livre aussitôt une étude singulièrement neuve et suggestive sur la légende dans ses rapports avec l'histoire universelle. Mais Frédéric Barberousse ne le retient pas longtemps. Voici le premier essai d'adaptation des *Nibelungen* : une ébauche de la Tétralogie, un résumé dramatique et saisissant du *Mythe des Nibelungen*. Cette ébauche aboutit à la composition d'un poème en trois actes, la *Mort de Siegfried*.

---

(1) Dans la version française, M. Wilder a adopté l'orthographe phonétique des noms germaniques, Walkyrie, Siegmund, Hunding, au lieu de *Walküre*, *Siegmund*, *Hunding*, et il a eu parfaitement raison à certaines points de vue. Mais je pense qu'en principe l'orthographe du mot Walkyrie doit être conservée, et voici pourquoi : ce nom se compose, d'après Wagner, de deux radicaux germaniques : *Wal*, qui signifie choix, et *küren*, qui signifie veiller. Les Walkyries étaient, en effet, les vierges du combat qui choisissaient sur le champ de bataille les plus vaillants héros et les transportaient après leur mort dans la Walhalla, l'Olympe des Germains. Elles veillaient au choix des compagnons de lutte des dieux. *la* mot *Walhalla* a la même racine : *Wal* ajouté au mot *hall* qui signifie demeure. *Walhalla* est la *demeure des élus*. La racine étant la même, il n'y a pas de raison d'écrire Valhalla plutôt que Walhalla, Valkyrie que Walkyrie.

(2) Voir le *Guide musical* du 25 décembre 1884.

destiné à un drame lyrique et qui est devenu plus tard la *Götterdämmrung*. Ces grands projets sont coupés par des écrits sur l'organisation d'un théâtre national allemand et sur *l'Art et la Révolution*. Ce dernier avec cette exergue : " Là où l'art s'est tu, la parole est à la science politique et à la philosophie ; maintenant que la science politique et la philosophie touchent à leur fin, c'est à l'artiste de recommencer. „

En effet, la science politique tout au moins était à sa fin. Quelques semaines après, la révolution ensanglantait les rues de Dresde. Ce fut pour Wagner, l'artiste indépendant, le rêveur audacieux, le poète subtil, comme un réveil ; l'homme du peuple qui hait toutes les dominations, les dominations politiques comme les dominations littéraires, n'hésita pas à se mêler aux mouvements populaires. Ordre est donné de l'arrêter. Il est obligé de fuir, c'est l'exil en Suisse, c'est la misère. Il n'est plus chef d'orchestre à Dresde et son avenir d'auteur dramatique semble brisé. Quel théâtre s'ouvrira désormais devant lui ?

Il ne doute pas cependant.

Coup sur coup paraissent l'*Œuvre d'art de l'avenir*, 200 pages de spéculations sur l'art en général et l'opéra en particulier ; l'*Art et le Climat*, étude curieuse qui développe toute la théorie de Taine, avant Taine ; puis le *Judaïsme dans la musique*, première édition ; enfin, *Opéra et Drame*, trois gros volumes, la théorie nouvelle tout entière. Est-ce tout ? Non pas ! Nous voilà en 1851 ; nouvelle brochure sur l'art dramatique, sur la musique d'église, sur la fondation Gœthe ; commentaires-programmes, études approfondies sur Beethoven.

Que deviennent au milieu de tout cela les projets relatifs au mythe des *Nibelungen*?

C'est bien simple : l'œuvre a mûri, elle est faite, la voilà. L'année 1852 n'est pas révolue que le poème de la Tétralogie est complètement terminé.

N'est-ce pas un phénomène vraiment extraordinaire que cette vaste composition s'achevant ainsi au milieu de travaux de tout genre et de circonstances matérielles nullement encourageantes ?

Donc, dès 1852, le poème était terminé. Il fut même imprimé à ce moment, mais à quelques exemplaires seulement, comme manuscrit. Quant à la composition musicale, elle va devenir maintenant la préoccupation exclusive du maître. Au commencement de 1851 on cite déjà comme terminé un *Chant des Walkyries*, qui est, dit-on, la première version de la Chevauchée. Le *Rheingold* tout entier prend à peine une année. Commencée au début de 1853, la partition est achevée le 24 mai 1854. La *Walkyrie* suit de près. L'esquisse est complètement terminée le 20 décembre 1854, date notée sur le manuscrit ; l'orchestration est finie dans les premiers mois de 1855.

Remarquez bien ces dates : en 1848, la première esquisse du sujet ; en 1852, quatre ans après seulement, le poème est terminé, et tout de suite après, deux partitions énormes sont complètement écrites. La gestation est longue ; le travail d'exécution d'une rapidité surprenante.

Cela concorde absolument avec l'aveu contenu dans la lettre à Charles : Gaillard " Une fois les vers écrits, les scènes arrangées, la composition musicale n'est plus qu'un travail calme et réfléchi, où l'art lui-même précédé par le véritable travail de la création. „

Il semble qu'après la *Walkyrie*, il y ait eu une lassitude et un découragement. Wagner abandonne en effet la composition des *Nibelungen*. Il travaille encore à *Siegfried* en 1855 et 1856, mais le besoin d'argent l'oblige à donner des concerts ; il va à Londres, il va à Vienne. N'ayant aucun espoir de pouvoir faire représenter jamais son grand drame en quatre journées, il se donne tout entier à *Tristan ;* il va à Paris, où on lui promet l'exécution du *Tannhäuser*. Après l'échec de celui-ci, il revient en Allemagne, et reprend, pour la développer cette fois, l'esquisse des *Maîtres Chanteurs* qu'il avait commencée en 1845, immédiatement après *Tannhäuser*. Et ce n'est qu'après ses excursions en tous sens qu'il revient, en 1863, à ses *Nibelungen*, dont il publie enfin l'édition définitive du poème (1). La partie musicale ne devait être entièrement terminée qu'en 1874. Du reste dans quelles conditions l'œuvre entière fut donnée deux ans plus tard au théâtre spécialement construit sur les indications de Wagner pour l'exécution

(1) Chez J. J. Weber, à Leipzig. La 2e édition (1860) et les éditions subséquentes, chez Schott, à Mayence.

de la Tétralogie. Grâce à la protection du malheureux roi Louis II de Bavière, ces rêves les plus audacieux s'étaient enfin réalisés.

La Walkyrie avait eu auparavant une exécution séparée à Munich, en 1870. L'année précédente, sur l'ordre formel du roi de Bavière, le *Rheingold* y avait également été donné et avait produit une profonde impression. *La Walkyrie* eut un retentissement moindre, mais cela s'explique : la première représentation eut lieu le 26 juin. Quelques semaines après éclatait la guerre franco-allemande.

Depuis elle a fait le tour de toutes les scènes d'Allemagne, d'abord séparément, ensuite à son rang dans la Tétralogie. Après Munich et Bayreuth, Vienne, Leipzig, Dresde, Hambourg, Hanovre, Cassel, Weimar, ont donné la Tétralogie complète et la reprennent annuellement, Berlin, Francfort, Cologne, ont mis successivement à leur répertoire les drames séparés et ces villes auront bientôt, elles aussi, le *Ring* tout entier.

On s'est demandé si l'acclimatation de cette œuvre colossale sur la scène française était possible. Très intéressante à coup sûr sera la tentative que va faire dans ce sens le théâtre royal de la Monnaie, à Bruxelles. Assurément, l'œuvre est profondément imprégnée de l'esprit du peuple à qui elle s'adresse, et il est possible que transportée devant d'autres spectateurs, elle perde une grande partie de son intérêt. Mais est-elle à ce point germanique qu'elle ne puisse captiver la race latine ?

Je ne le pense pas. La grande, la fondamentale difficulté contre laquelle elle a à lutter, c'est tout uniment l'ignorance du public en ce qui concerne les mythes du Nord. Dès lors qu'on sera au fait de cette théogonie qui effraie actuellement et à laquelle on n'entend rien parce qu'on ne la connaît pas, les dieux et les héros germaniques intéresseront autant sinon plus que les dieux et les héros de la Grèce.

MAURICE KUFFERATH.

Revue des Concerts

Théâtre : Lohengrin et Tristan, à Paris. — *La chanson populaire au Cercle Saint-Simon.* — *Audition des œuvres de Tschaïkowsky* — *Les drames de Wagner au point de vue théosophique.*

1er mars 1887.

La nouveauté et l'activité ne sont guère à l'ordre du jour dans nos théâtres. A l'Opéra-Comique, qui nous a bercé au début de la saison par de si belles promesses, et nous a fait entretenir par la presse de si nombreux et si beaux projets, les études languissent : on attend toujours la *Proserpine* de M. Saint-Saëns et le *Roi malgré lui* de M. Chabrier, Il est question de la première représentation de *Proserpine* pour la semaine prochaine ; quant à la nouvelle œuvre de l'auteur de *Gwendoline*, on espère, sans en être sûr, qu'elle passera avant la fin de la saison. En attendant, je sais des abonnés qui commencent à maugréer du régime actuellement en honneur, des *Sirènes*, des *Maçons*, des *Filles du régiment*, etc., sans intérêt d'interprétation qui vienne un peu relever la fadeur des œuvres. — Après la vogue de *Joséphine vendue par ses sœurs*, la reprise des *Petits Mousquetaires* aux Bouffes a passé presque inaperçue ; on a trouvé que dans ce nouveau cadre l'œuvre perdait plutôt. Quant à *Orphée aux enfers*, que Bruxelles connaît, il n'y a rien de particulier à en dire. Comme par le passé, la pièce est la musique font et feront de l'argent. — Aux Nouveautés on prépare une *Ninon* de MM. Blavet et Vasseur. Aux Folies-Dramatiques, on s'occupe activement de la nouvelle œuvre de MM. Burani et André Messager, le *Bourgeois de Calais*. On annonce pour le deuxième acte une mise en scène de grand-opéra. — Somme toute, rien de saillant et de palpitant jusqu'à ce jour ; on peut prévoir que l'année ne sera pas comptée parmi les plus brillantes pour les théâtres musicaux en général.

L'audition de *Tristan* à l'Eden a été remise à plus tard. On y entendra Mlle Leroux, qui double Mme Fidès Devriès dans *Elsa,* comme Mlle Janvier double Mme Duvivier dans *Ortrude.* Les répétitions de *Lohengrin* marchent à merveille, et les demandes de places continent à affluer.

On ne s'ennuie pas, au Cercle Saint-Simon. MM. Gabriel Monod, Gaston Paris, et leurs doctes confrères, ont tous les dilettantismes, et se plaisent fort à la musique.

Aussi, à côté de la Société d'horticulture (*Trompette*) et de la Société de géographie (quatuor Lefort), le Cercle Saint-Simon est-il un des endroits de la rive gauche où le plus moderne des arts trouve la plus antique hospitalité. L'an dernier on y donnait des fragments de *Parsifal*. Samedi dernier, 26 février, on y renouvelait une tentative qui a déjà obtenu le plus grand succès une première fois : l'audition de mélodies populaires françaises. M. Jules Tiersot, bibliothécaire au Conservatoire et lauréat du prix Bordin pour son intéressant travail : *La chanson populaire et son influence dans la musique écrite*, s'était chargé une seconde fois, à la satisfaction générale, non seulement d'organiser cette séance, de dresser le programme, de choisir et de faire travailler les interprètes, mais encore d'harmoniser un certain nombre de mélodies données et d'accompagner tous les numéros du long programme. Il s'en est tiré avec une aisance, un tact, un sentiment délicat, qui révèlent chez lui une rare spécialité en la matière. Il a fait plus : d'une voix de ténor claire et d'un timbre agréable, il a chanté lui-même quelques numéros du programme, entre autres *Le Plongeur* (Haute-Bretagne) et *Le Pauvre Laboureur* (Bresse). M. Tiersot est Bressan. Je rappelle ici qu'il est un Wagnérien convaincu et judicieux : ses récentes lettres de Bayreuth au *Ménestrel*, qui respiraient un enthousiasme raisonné, une admiration réfléchie, n'ont pas été oubliées. A Bayreuth, M. Tiersot a pu apprendre à perfectionner encore chez lui cet art de la diction qu'il possède à un haut degré, et qui consiste à donner aux paroles chantées, quand elles en valent la peine, la netteté et le relief voulus. Cette qualité indispensable de prononciation distincte et intelligible manquait malheureusement aux autres interprètes. C'était là, d'ailleurs, la seule chose à peu près qui laissât à désirer. Mlles Auguez, Bournonville, Nocenzo; MM. Jacquin et Gibert ont fait preuve de talent et d'intelligence dans leur interprétation.

Une conférence de M. Bourgault-Ducoudray précédait l'audition des mélodies. L'auteur de deux précieux recueils de *Chants grecs et bretons* a rappelé, entre autres choses, qu'on retrouvait dans les mélodies populaires, tout les *modes* usités dans l'antiquité, et transmis en partie par le plein-chant ecclésiastique. Parmi les passages intéressants de cette conférence, j'ai noté celui qui avait trait à l'invention rythmique populaire spontanée, et spécialement ce que nous a dit M. Bourgault-Ducoudray, au sujet de ses propres observations sur la *mesure à neuf temps* dans les offices des derviches tourneurs de Péra (faubourg de Constantinople).

Il y a mille raisons, et des plus sérieuses, pour que les érudits du Cercle Saint-Simon, historiens et philologues, raffolent des mélodies populaires : l'intérêt des textes, le jour jeté sur certaines communautés d'origine par des ressemblances à distance, etc. Puis il est doux à des gens d'étude et de cabinet de revenir à la nature, d'aspirer l'air vif qui fleure l'aubépine et l'ajonc, voire de s'ébaudir aux hardiesses gauloises de notre muse populaire... Et c'étaient, l'autre jour, des bravos et des bis à n'en plus finir, et de francs rires, dans l'auditoire exclusivement masculin... Je me trompe, et je m'en voudrais d'oublier Mme Viardot, présente à cette charmante séance, où figuraient des chansons berrichonnes recueillies par ses soins. L'habile et spirituel dessinateur Régamey avait saisi l'occasion de faire quelques piquants croquis des personnes en vue. On s'est séparé fort tard : trop de succès; une autre fois il faudra serrer le programme.

Trop de succès aussi pour l'audition des œuvres de Tschaïkowsky, laquelle a eu lieu mercredi dernier, 23 février, à la salle Erard. Dès huit heures et demie il était impossible, vu l'affluence, non seulement de pénétrer dans la salle, mais même d'approcher de la porte, ouverte à deux battants; sur les marches des escaliers, des dames accroupies. Beaucoup d'artistes et de critiques obligés de s'en retourner penauds. Vraiment les organisateurs ont fait bien des mécontents et auraient dû s'y prendre autrement. Je ne doute pas qu'ils ne renouvellent leur tentative, en employant un meilleur système d'invitations.

Les œuvres de Tschaïkowsky ont leurs côtés brillants,

agréables, intéressants, mais elles ne peuvent guère donner une idée exacte de la musique vraiment russe; il n'y a pas là d'autres éléments que ceux de la musique moderne courante depuis Schumann. Pourtant les emprunts à la musique nationale commencent à s'y marquer plus que dans les compositions de Rubinstein, à y prendre une place aussi prépondérante, aussi caractéristique, que dans les œuvres des Balakirew, Rimsky-Korsakow, Moussorgsky, etc.

Les *Lieder* chantées l'autre jour par Mme Conneau ont beaucoup porté, surtout celui : *Ah! qui brûla d'amour...*, dont M. Brandoukoff a joué l'accompagnement de violoncelle avec une expression pénétrante.

M. Marsick a brillé dans la *Sérénade mélancolique*, qui gagne à être accompagnée par l'orchestre, selon la disposition originale. Enfin, M. Diemer, qui s'est prodigué et surpassé dans de nombreuses pièces pour piano, a été l'objet d'une sorte d'ovation après son exécution de la *Polonaise* tirée de l'opéra *Onéguine* (transcription Liszt). Quant aux fragments de musique de chambre, qui contiennent des choses remarquables, ils ont été moins remarqués par le public hétérogène et distrait qui se pressait à cette séance.

Au nombre des publications de la *Société théosophique* de Londres a paru un très curieux opuscule, intitulé : *La théosophie dans les œuvres de Richard Wagner*, avec cette épigraphe tirée de *Parsifal* : " Sais-tu ce que tu as vu? " (Weisst du, was du sahst), paroles adressées par Gurnemanz à Parsifal à la fin du 1er acte. Après quelques considérations préliminaires sur la renaissance de l'idéalisme et les doctrines de Schopenhauer, l'auteur, M. William Ashton Ellis, analyse chaque drame de Wagner, depuis le *Vaisseau fantôme*, à son point de vue spécial, qui est mystique et occultiste. On ne s'étonnera donc pas que la plus longue de ces analyses soit consacrée au *Parsifal*, dont le sujet se prête plus que tout autre drame de Wagner à des considérations de ce genre. L'auteur est fort versé dans la littérature et la philosophie indoues, ce qui lui permet des rapprochements ingénieux et intéressants... Cet opuscule se termine par la citation suivante, empruntée à l'un des derniers écrits en prose de Wagner lui-même : " L'œuvre d'art de l'avenir n'est faite que pour celui qui s'éveille du rêve du présent. Celui qui ne sent pas l'angoisse poignante de ce rêve assez violemment pour être poussé au réveil, celui-là peut continuer à rêver ! *J'écris pour ceux qui s'éveillent.*

BALTHAZAR CLAES.

Chronique Bruxelloise.

La première représentation de *la Walkyrie* est fixée définitivement au mercredi 9 mars. On a répété, samedi, pour la première fois en scène, au théâtre de la Monnaie, les trois actes de l'œuvre.

La répétition a eu lieu dans les décors du premier et du second actes, qui sont prêts. Celui du premier acte, qui représente la demeure rustique de Hunding, un hall germanique élevé autour du tronc d'un frêne gigantesque, est fort beau et conforme à celui de Bayreuth. Pour la scène finale de l'acte, lorsque le porte du hall s'ouvre tout à coup sous l'effort des brises printanières, le fond de la scène laissera voir un paysage à la floraison exubérante, très artistiquement peint par MM. Lynen et Devis.

Le décor du second acte représente une gorge sauvage entre des rochers qui montent au second plan, par un praticable très élevé, jusqu'aux vastes frises. Il est magnifique. C'est sur ce praticable qu'on verra apparaître d'abord la déesse Fricka, dans un char traîné par deux béliers, et c'est là également qu'à lieu le combat de Siegmund et de Hunding, dans lequel interviennent Wotan et Brunnhilde, apparaissant derrière les nuages. MM. Dupont et Lapissida ont fait confectionner ces nuages à Vienne. Ce sont des toiles de gaze transparente avec des applications de tulle qui dessinent le contour des nuées dont elles imitent parfaitement la légèreté.

Quant à l'incantation du feu qui termine la pièce et qui est le clou du troisième acte, elle n'a pas encore été essayée. Le décor n'a pu être placé que mardi, mais les jeux de lumière et les vapeurs simulant la flamme n'offrent aucune difficulté d'application. On a vu un effet analogue dans le *Sigurd* de M. Reyer. M. Lapissida a rapporté de Dresde des trucs nouveaux qui permettent de réaliser, de manière à rendre l'illusion plus complète encore, l'incendie du rocher où Brunnhilde est condamnée à sommeiller jusqu'à ce que, Siegfried la vienne réveiller.

Lundi, la Reine assistait à la seconde répétition générale, accompagnée du duc de Saxe-Cobourg.

Il n'y aura pas de répétition générale de la *Walkyrie*. La direction de la Monnaie comptait être prête pour lundi prochain, mais M. Gevaert a pensé qu'une répétition supplémentaire ce jour-là ne nuirait pas, et c'est ainsi que la première a été définitivement fixée à mercredi. Le travail d'orchestre a nécessité jusqu'ici 31 répétitions : 23 partielles et 8 d'ensemble. Les répétitions en scène avec tous les artistes, auront été au nombre de sept, soit en tout 38 répétitions. Quant au chant et à la mise en scène, ils n'ont pas exigé moins d'une cinquantaine de répétitions. Tous les artistes ont pris leur rôle à cœur d'une façon dont il y lieu de les féliciter hautement.

Ça été à chaque répétition partielle un nouvel étonnement pour les exécutants, qui n'en revenaient pas des merveilleux effets de sonorité que renferme la partition. Les nouveaux instruments, le quatuor des tubas et la trompette basse qui sonne le motif de l'épée, ont fait surtout une grande impression.

On a aussi essayé, samedi, la nouvelle disposition de l'orchestre.

Voici quel est exactement le groupement des divers instruments, imité, autant que le permettait l'emplacement, de celui de Bayreuth.

Fantenis d'orchestre			
Trompettes et tromp. basse	Altos		Hautbois et clarinettes
		Chef d'orchestre.	
Percussion / Tubas / Trombones	2ᵐᵉˢ violons		1ᵉʳˢ violons
	Harpes		Flûtes / Cors / Bassons
	Contrebasses et violoncelles		

Scène

Ce groupement intéressera sûrement les musiciens. Les dispositions nouvelles ont produit une excellente impression.

On sait que l'orchestre a été baissé de 40 centimètres. L'effet est magique. Toutes les sonorités sont adoucies et paraissent beaucoup mieux fondues.

Bref, tout, ensemble et détails, nous permet d'espérer que l'œuvre de Richard Wagner, mise à la scène française, va être dignement représentée sur le théâtre de la Monnaie.

Une intéressante matinée musicale a eu lieu, samedi dernier, dans l'un des salons de l'ancien musée occupé par l'Exposition des XX. On y a entendu pour la première fois à Bruxelles le trio de M. Louis Kéfer, directeur de l'école de musique de Verviers, dont nous a parlé l'année dernière une correspondance de cette ville. Cette composition des plus remarquables a été très vivement applaudie par le public, notamment le premier mouvement qui a beaucoup de chaleur, et un andante dont l'inspiration est très poétique et qui a grande allure.

M. Heuschling, l'excellent baryton, a chanté ensuite une série de mélodies de M. Gustave Kéfer.

Tout en s'appuyant à Brahms et à Schumann, M. Kéfer reste très personnel, et ces mélodies ont du charme à la fois et une grande distinction. Elles ont obtenu le plus vif succès.

Puisque nous parlons de M. Heuschling, mentionnons une soirée de chant qu'il a donnée dernièrement à la salle Marugg, et qui avait attiré un public nombreux et choisi.

Comme les années précédentes, M. Heuschling a tenu toute la soirée le public sous le charme de sa diction si claire et si artistique, et il a été chaleureusement applaudi.

Dimanche, la Reine, accompagnée de Mᵐᵉ la comtesse de Flandre et du duc de Saxe-Cobourg, a visité le Conservatoire royal. Le duc, on le sait un grand amateur de musique, qui compose même et qui a un opéra à son actif. C'est à son intention que cette visite avait lieu.

Une audition intime de musique ancienne avait été préparée ou pour mieux dire improvisée à cette occasion. Le programme se composait des morceaux suivants : ouverture d'*Armide* et des fragments d'*Amadis* de Lully, exécutés par des violes de gambes, timbales et trompettes ; trois morceaux de clavecin, œuvres de Bach et de Couperin, joués par Mᵉˢ Uhlmann ; la *Rose*, romance de S. A. R. le duc de Saxe-Cobourg, chantée par Mᵉˢ De Deyn ; deux morceaux de Bach et de Boccherini, exécutés sur la basse de viole par M. Jacobs, deux solis de flûte de Bach et de Haendel par M. Dumon. Pour finir et d'après un désir exprimé par S. M. la Reine, la grande et belle scène finale du premier acte de la *Walkyrie* a été chantée par M. Engel et Mᵐᵉ Martini. Après la séance, les exécutants ont été présentés à S. A. R. le duc de

Saxe-Cobourg, qui les a complimentés de manière à faire entendre qu'il les avait écoutés et jugés en connaisseur.

Mᵐᵉˢ Ida Cornélis-Servais, cantatrice, et M. Edouard Jacobs, violoncelliste, professeur au Conservatoire, donneront, avec le concours de Mᵐᵉ Cary Mees, violoncelliste, et de M. Arthur De Greef, pianiste, professeur au Conservatoire, un concert dans la Salle de la Grande-Harmonie, le mardi 8 mars prochain, à 8 heures du soir.

CORRESPONDANCES

GAND, 28 février.

GRAND-THÉÂTRE. — Lundi 21, le *Cid* ; mercredi 23, le *Cid* ; vendredi 25, *Faust* ; dimanche 27, relâche.

Le succès du *Cid* ne fait que s'affirmer davantage à mesure que les représentations se succèdent. On apprécie de plus en plus Mᵐᵉˢ Laville-Ferminet, cette Chimène passionnée et émouvante, ainsi que M. Plain qui tient avec beaucoup de grandeur le rôle de don Diègue ; d'autre part, M. Merrit se remet peu à peu de son indisposition, et l'on espère que bientôt il sera complètement rétabli. Le public afflue et s'attarde pour entendre l'œuvre de Massenet et aussi pour voir la luxueuse mise en scène dans laquelle elle est encadrée ; enfin, tout le monde est dans l'enthousiasme, à commencer par le directeur qui fait des recettes superbes.

On annonce que les représentations de Mᵐᵉ Albani commenceront vers le milieu du mois prochain.

P. B.

LIÈGE, 28 février.

Les concerts offrent, pour le moment, plus d'intérêt que le théâtre qui depuis les représentations des artistes en société vit sur ses anciennes affiches.

Grâce au *Cercle choral* d'amateurs et à son dévoué chef M. Hutoy, j'ai pu me dédommager dans une certaine mesure en applaudissant samedi dernier, à la salle d'Emulation, la seconde audition du *Requiem* de Verdi et de la symphonie en *ré* de Sgambati.

Les solistes, Mᵐᵉˢ Pick-Wéry, de Saint-Moulin, MM. Montariol et Marcotty, les chœurs et l'orchestre du théâtre, stimulés par l'audition précédente et les dispositions du public, ont rivalisé de zèle.

Rien n'a laissé à désirer, et le chef-d'œuvre du maître italien a paru plus beau encore à ceux qui l'avaient entendu il y a trois semaines.

Le programme du deuxième concert du Conservatoire, sous la direction de M. Théodore Radoux, est annoncé pour le 12 mars et promet les plus vives jouissances musicales. On y entendra pour la première fois en Belgique la nouvelle symphonie en *ut* mineur (nᵒ 3), de Saint-Saëns, composée à la mémoire de Franz Liszt et qui a obtenu le 9 janvier à Paris un si éclatant succès à la Société des Concerts du Conservatoire, et précédemment en Angleterre, ainsi qu'à Aix-la-Chapelle, où j'ai eu la bonne fortune l'année passée de l'applaudir dans la salle du Kurhaus sous la direction de l'auteur.

A cette page, l'une plus belles de la littérature contemporaine, viendront se joindre les fragments de musique pour le drame historique : *Guillaume le Taciturne*, de Peter-Benoit, les deuxième et troisième actes de l'opéra *Orphée* de Glück, dont les solos principaux seront interprétés par l'excellente cantatrice Mᵐᵉ de Saint-Moulin. La virtuosité instrumentale ne sera certes pas des moins intéressantes. Elle sera confiée à la jeune pianiste française, Mᵐᵉ Poitevin, élève des plus distinguées de M. Delaborde, et qui occupe le premier rang parmi les célébrités du jour.

Elle se fera entendre dans le concerto en *mi* bémol de Beethoven et dans plusieurs pièces de piano seul de Scarlatti, de Liszt et de Saint-Saëns.

On le voit, c'est un concert exceptionnellement intéressant. Selon toute probabilité, Mᵐᵉ Bosman, ancienne pensionnaire de la Monnaie et actuellement attachée au Grand-Opéra de Paris, chantera à la troisième séance de la *Société des Concerts* du Conservatoire, fixée au 2 avril prochain.

JULES GHYMERS.

HUY, 20 février.

Hier samedi, le *Club d'Agrément* a donné ici un concert très réussi avec le concours de Mᵐᵉˢ Jansen, pianiste, de Mᵉˢ Chassériaux, l'excellente falcon du Théâtre royal de Liège, de MM. Guillabert, Idrac, et du baryton Claeys. Mᵉˢ Jansen a exécuté avec une sûreté de doigts et une perfection de mécanisme remarquables, cinq morceaux de piano qui ont été chaleureusement applaudis, particulièrement la valse célèbre de Rubinstein et une *tarentelle* de M. Auguste Dupont, l'éminent professeur du Conservatoire a dédiée à Mᵉˢ Jansen, son élève.

Mlle Chassériaux a chanté un air du *Chevalier Jean*, l'air de la *Reine de Saba* et *Bonjour Suzon*.

M. Claeys a été particulièrement applaudi après l'air d'Hérodiade, *Vision fugitive*, qu'il a dit avec un grand charme.

Bref, cette soirée a été un grand succès pour les artistes et pour le *Club d'Agrément*.

CHARLEROI, le 1er mars 1887.

Je vous disais dernièrement que le pays de Charleroi, tout pauvre et tout déshérité qu'il est au point de vue artistique et particulièrement musical, possède des éléments qui n'attendent qu'une occasion pour éclore, un Prométhée pour s'animer. La preuve, c'est le nombre et la perfection des sociétés de fanfares et d'harmonie qui fleurissent dans le pays et tiennent la tête de tous les grands concours. Et croyez bien que le mérite en est d'autant plus grand que les ressources en sont plus restreintes. Il est difficile de faire de l'art, et du grand art, avec un orchestre de cuivres. On y parvient cependant.

Il faut entendre la musique des Charbonnages de Mariemont et de Bascoup, par exemple, enlever avec autant de brio que de style des œuvres comme le *Carnaval romain*, l'ouverture de *Robespierre*, la *Danse macabre*, la *Rhapsodie hongroise*, l'ouverture de *Guillaume Tell*, la Chevauchée des Walkyries, et cent autres pages du grand répertoire symphonique. Pour ma part, je ne crois pas qu'on puisse arriver plus loin avec un orchestre d'amateurs, et je n'y puis comparer que les meilleures de nos musiques militaires.

Il est vrai de dire que le recrutement, l'organisation et la direction en sont aussi soignés que dans ces corps d'élite.

Mais le plus remarquable, c'est que cette excellente phalange est loin de faire exception ; les bonnes musiques fourmillent chez nous. Binche, une toute petite ville, en possède trois de tout premier ordre : les XV, les Félisiers et les Chasseurs. Et c'est ainsi dans tout le bassin, depuis Gosselies, en passant par Jumet, Roux, Marchiennes, Fontaine-l'Évêque, Couillet, Châtelet, jusqu'à Sainte-Marie-d'Oignies. Il n'est pas une fête un peu bien organisée qui ne soit rehaussée par l'éclat des trombones et le velouté des tubas.

Un des fondateurs et des directeurs de ce mouvement harmonieux (ou harmonique) est, sans contredit, le chef de la musique de Mariemont plus haut citée. M. D. Dagnelies, un musicien de race, un propagateur infatigable de l'art, qui compte dans sa longue et laborieuse carrière autant de succès que d'entreprises. M. Dagnelies n'a pas fondé ou contribué à fonder moins de vingt-six corps de musique, dont quelques-uns sont encore sous son bâton, et qui tous ont remporté tour à tour les plus brillants succès dans les grandes joutes internationales où il les a conduits. Il a dépassé depuis longtemps son cinquantième premier prix.

Pour réussir ainsi, son secret est facile à connaître ; on le retrouve dans toutes ses musiques : artiste consciencieux et travailleur, il s'applique partout à chercher la vérité. Son orchestre est toujours d'une grande justesse. Chaque instrument conserve son cachet et son timbre. Il ne croit pas, comme d'aucuns, que le suprême de l'art soit de faire jouer les trompettes comme des pistons, les pistons comme les bugles, les bugles comme les clarinettes. Si vous ajoutez à cette qualité une grande exactitude dans l'articulation, et par-dessus tout une grande largeur d'ex-pression et de style dans l'interprétation, vous ne serez pas étonné du nombre et de la continuité des triomphes remportés par M. Dagnelies.

Fort estimé en France, où il dirige encore quelques sociétés, notre concitoyen y a obtenu la décoration d'officier d'Académie. Il n'est pas encore décoré en Belgique.

Si l'on est juste, il le sera.

A. D.

LONDRES, 26 février.

La réapparition de Joachim aux *Symphony-concerts* a été un véritable triomphe pour l'admirable artiste. Aux *Saturday-Populars*, Mme Clara Schumann fera, samedi, elle aussi, sa rentrée.

M. Chappel donnera prochainement son *milliime* concert. Il y aura à cette occasion une sorte de festival où paraîtront les plus éminents solistes qui dans ces dernières années ont paru dans ces concerts, Mmes Schumann, Joachim, Mmes Norman Neruda, Piatti, etc.

Au *Prince of Wales Theater*, le succès de *Dorothy*, opéra-comique de Cellier, paroles de Stephenson, grandit tous les jours. Le sujet n'offre pas un grand intérêt, mais le dialogue est assez amusant et la musique est entièrement gracieuse et jolie sans être banale. L'exécution aussi est très bonne. — Le *Prince of Wales Theater* s'est assuré le concours de Mlle Tempest et de M. Davies, qui maintenant remplissent les rôles des soprano et ténor dans *Dorothy*. M. Davies, qui a dernièrement quitté M. Carl Rosa, a une voix très sympathique et chante avec beaucoup de goût. Le jeune baryton américain,

M. Coffin, est excellent dans son rôle comme chanteur ; c'est un joli garçon qui ira loin, bien que son jeu, à cause de l'inexpérience sans doute, laisse quelquefois à désirer. En somme, soirée très agréable, et dont le succès retardera probablement la production de *Waldemar, ou les brigands du Rhin*, qui devait succéder à *Dorothy* sur l'affiche.

Aujourd'hui beau concert au Crystal-Palace ; Ouverture de *Ruy Blas*, de Mendelssohn ; Concerto pour piano en *sol mineur* de Saint-Saëns, joué avec un vrai talent par Herr Schönberger, qui a déjà été très applaudi ici. C'est un artiste très brillant, même un peu *audacieux*, ce qui se remarque quelquefois dans ses fausses notes, mais dont le talent n'est pas à discuter.

La jeune et jolie débutante américaine, Mlle Whitacre, a chanté avec succès l'*Aria* de Mozart (écrite pour la voix exceptionnelle de sa belle sœur, Mme Lange) : *Mia speranza adorata*, qu'elle dispute en difficulté à l'air de l'*Astri fiammante*, — et un joli boléro de Randigger. E. N.

Petites Nouvelles

La première de l'opéra *Merlin*, de M. Philippe Ruefer, à l'Opéra royal de Berlin, a eu lieu lundi 28 février, avec Mmes Beeth et Renard dans les deux rôles de femmes, MM. Rothmühl, Betz et Krolop, dans les principaux rôles d'hommes, le tout sous la direction de Robert Radecke.

En attendant que notre correspondant de Berlin nous parle de cette œuvre, constatons le grand succès qu'a obtenu la partitition de M. Ruefer.

Un incident qui a provoqué une vive émotion à Berlin s'est produit à cette première de *Merlin*.

M. de Bülow, le célèbre pianiste a été expulsé de l'Opéra royal par ordre de l'intendant général comte de Hochberg. L'indignation publi, que est d'autant plus grande que M. de Bülow était accompagné de sa femme lorsque cette mesure lui fut appliquée.

On croit que cette mesure de rigueur inouïe a été causée par des critiques antérieures que M. de Bülow auraient formulées sur les représentations de l'Opéra. La conduite du comte de Hochberg est unanimement condamnée.

M. Hans de Bülow était à Berlin depuis quelques jours, et il comptait y donner quatre séances, dont la première devait avoir lieu le 2 mars.

❦

L'opéra de M. Camille Saint-Saëns, *Henri VIII*, vient d'être repré. senté avec succès à Francfort. L'interprétation est, paraît-il, très remarquable, surtout pour les deux rôles de femmes : le contralto, Anne de Boleyn, Mme Lugar, une cantatrice de beaucoup de talent, et Catherine, le soprano, Mme Jaeger. D'après la presse de Francfort, ces deux rôles ont été chantés d'une façon tout à fait hors ligne. Le baryton Grunauer (Henri VIII) et le ténor Muller (Gomez) complé. taient le quatuor final qui a été très brillamment enlevé. La critique considère la partition de M. Saint-Saëns comme appelée à un succès croissant.

❦

Le succès obtenu par Mlle Granier dans *Orphée aux Enfers* et les qualités dont elle a fait preuve comme cantatrice, dit le *Temps*, ont provoqué de nouveaux pourparlers pour son entrée à l'Opéra-Comique de Paris.

Il s'agirait surtout de lui faire chanter, pour ses débuts, les rôles de Carmen et de Manon.

❦

Selon l'*Allgemeine Musikzeitung de Berlin*, le contrat entre l'in-tendance royale de l'opéra de Berlin et son futur chef d'orchestre M. Antoine Seidl, vient d'être signé.

Le grand-duc de Bade vient de décerner à Félix Mottl le titre de *Directeur du théâtre et de la chapelle ducale de Carlsruhe*.

Nous ignorons pour le moment si ce titre équivaut à celui d'inten, dant, ou si c'est un simple titre honorifique. On sait qu'en Allemagne on a un véritable culte pour les titres, même pour ceux qui ne signi. fient absolument rien.

❦

La société chorale *Cæcilia* de Berlin prépare, pour la fin de mars, une exécution du *Requiem* de Verdi.

M. Franz Rummel vient de faire entendre pour la première fois à Berlin un concerto posthume de Louis Brassin, dont nous avons déjà parlé. C'est au concert Scharwenka que M. Rummel a joué cette belle œuvre qui lui est dédiée. Le *Berliner Börser Courrier* constate le grand succès obtenu par ce concerto, admirablement joué du reste, par M. Rummel, qui a été, on le sait, formé à l'école de Brassin.

Ce concerto paraîtra prochainement chez Schott.

Mozart aura décidément à Vienne sa statue devant le bâtiment de l'Opéra. Les différentes autorités avaient en quelque peine à s'entendre sur l'emplacement de cette statue depuis longtemps décidée en principe. L'accord est aujourd'hui complet, et très prochainement le comité de la statue ouvrira un concours pour le meilleur projet de statue. Jusqu'à présent la souscription en faveur de cette œuvre a produit 63,000 florins.

On annonce que le jeune pianiste Arthur Friedheim, un des élèves les plus en vue de Liszt, se présentera en mars, pour la première fois en qualité de chef d'orchestre, devant le public dilettante de la capitale allemande. La pièce de résistance du programme qu'il se propose de diriger sera la grande symphonie de *Faust*, de Liszt.

Le théâtre allemand de Strasbourg vient de représenter avec succès *Otto der Schütz*, le nouvel opéra-comique de Victor Nessler, l'heureux auteur du *Trompette de Säckingen*.

Mercredi le 2 mars le chœur du Conservatoire, dirigé par M. F. Stockhausen a donné, dans l'église Saint-Guillaume, une audition de l'oratorio *Elias*, de Mendelssohn. Les soli étaient chantés par Mlle Fillunger, soprano, de Francfort; Schultz, alto, de Strasbourg; M. Kaufmann, ténor, de Bâle, et M. Plank, basse.

Après Pâques, l'Opéra russe de Saint-Pétersbourg donnera une nouveauté, le *Don César de Bazan* de M. Lischine. On parle aussi de la reprise des *Puritains*, de Bellini. L'hiver prochain on se propose de monter sur cette même scène le *Prince Sérébrenny* de M. Koratchenko, la *Sorcière*, opéra encore inachevé de M. Tschaikowsky, ainsi que des traductions de la *Gioconda* de Ponchielli et de l'*Otello* de Verdi.

Une des cantatrices belges les plus justement applaudies dans les concerts, Mlle Fierens, vient de s'essayer au théâtre. Elle a chanté dernièrement à Mons, le rôle de Rachel et l'a interprété, dit le *Journal de Mons*, d'une façon très remarquable.

Parfaitement douée au point de vue physique, Mlle Fierens s'est montrée comédienne intelligente et habile, sachant animer son jeu scénique et toujours l'approprier aux situations.

Les journaux d'Ypres font grand éloge de Mlle Julia Van Daele, qui a chanté dernièrement dans un concert donné par le *Cercle musical* de cette ville.

M. Jules Painparé, l'excellent chef de musique du 6me régiment d'infanterie belge, vient d'être nommé chevalier de l'Ordre Léopold.

VARIÉTÉS

ÉPHÉMÉRIDES MUSICALES

Le 4 mars 1844, à Bruxelles (salle de la Société philharmonique), concert de Ferdinand Kufferath, pianiste-compositeur, et de Mlle Bockholtz, cantatrice allemande. — Chef d'orchestre, V. Bender.

F. Kufferath exécuta: 1° un grand concerto pour piano et orchestre de Beethoven; 2° un grand trio pour piano, violon et violoncelle, de sa composition, — ses partenaires: Moeser et Demunck, 3° un grand trio pour piano et violon de C. A. de Bériot et Benedict.

Mlle Bockholtz chante un air de *Freischütz* de Weber, un air de *Clary* d'Halévy, et des mélodies de Bordogni, de Kufferath et de sa propre composition à elle.

De tous les artistes qui ont pris part à ce concert, Ferdinand Kufferath est le seul vivant aujourd'hui, heureusement pour l'art dont il est un des plus fidèles serviteurs, autant que pour nous, ses amis de la première heure.

Mme Anna Bockholtz, née à Francfort en 1820, est morte à Paris en décembre 1879.* Voix grandiose et étendue, musicienne parfaite, esprit très cultivé, parlant cinq langues et chantant avec une égale intelligence tous les genres, — voilà comment Berlioz a caractérisé cette artiste remarquable.

— Le 5 mars, à Bruxelles 1882 (Concerts populs), les *Scènes indoues*, poème symphonique en 4 parties d'Érasme Raway. Cette œuvre, exécutée d'abord en province, à Liége, à Verviers, à Spa, où elle avait eu grand succès, nous a révélé un nom nouveau lequel il y a un homme de grand talent. Ainsi que l'a jugé Bruxelles, puis Nantes qui a connu après nous les *Scènes indoues*. Ce que nous savons d'Érasme

Raway, un studieux, un savant, nous autorise à dire que les compositions qu'il prépare en ce moment seront un grand pas dans sa carrière artistique.

— Le 6 mars 1831.à Milan (Théâtre Carcano), *Il Sonnambula*, 2 actes de Bellini. Les rôles ont été écrits pour Rubini, Mariani et Mme Pasta. Le rôle d'Amina a servi aux débuts d'Adelina Patti au Théâtre-Italien à Paris.

La *Sonnambula* a été représentée sur toutes les scènes lyriques de l'Europe : à Londres, King's theatre,28 juillet 1831 ; à Paris,aux Italiens, 28 octobre 1831 ; à Bruxelles, en français, 26 juin 1839 ; à Vienne, en allemand,*die Nachtwandlerin*, jouée 163 fois,du 15 mai 1835 au 12 janvier 1870.

Une traduction anglaise à DruryLane (1er mai 1838) fut pour Mme Malibran un véritable triomphe. C'est pour la première fois que Bellini en était témoin, il s'écria enthousiasmé: " Viva ! viva ! brava ! brava ! , à pleins poumons. Ce fut d'abord un scandale dans la salle; mais quand les spectateurs apprirent que le claqueur forcené était l'auteur même de l'opéra, ils lui firent une ovation bruyante.

La partition *autographe* de la *Sonnambula* est dans la collection de l'éditeur Ricordi à Milan.

— Le 7 mars 1869 à Bruxelles (Théâtre royal) *Stradella*, grand-opéra en 3 actes de F. de Flotow. C'est pour la première fois que cet ouvrage était chanté en langue française; il avait eu du succès en Allemagne, notamment à Munich (29 septembre 1845). Le public bruxellois ne fut pas loin de croire que *Stradella*,très bien rendu d'ailleurs par Wicart, Depoltier, Aujac et Mlle Vandenhaute, ne l'emportât, musicalement parlant, sur *Martha* du même auteur.

— Le 8 mars 1826, à Londres (Covent Garden), C. M. von Weber, débarqué de quelques jours en Angleterre, paraît pour la première fois en public, en faisant entendre plusieurs morceaux de son *Freischütz*. A son entrée, le public en masse se lève pour acclamer l'illustre maître. Weber s'incline à plusieurs reprises, et se plaçant en avant des chanteurs range sur la scène, il dirige toute la première partie du concert. A sa sortie il est salué par les plus vifs applaudissements partis de tous les coins de la salle.

— Le 9 mars 1828, à Paris, fondation de la Société des Concerts du Conservatoire, sous la direction d'Habeneck. Le programme de ce premier concert se composait de : 1° Symphonie héroïque de Beethoven ; 2° duo de l'opéra de *Sémiramis* de Rossini, chanté par Mmes Naldi et Caroline Maillard ; 3° solo pour le cor à piston, composé et exécuté par Meifred ; 4° air de Rossini ; 5° concerto de violon de Rode, exécuté par Saunay; 6° Chœur de *Blanche de Provence* de Cherubini; 7° Ouverture des *Abencérages* de Cherubini; 8° *Kyrie* et *Gloria* de la Messe du sacre de Cherubini.

" On sort rarement satisfait d'un concert, écrivait Fétis (*Revue musicale* du 16 mars 1828), mais ici c'était mieux que de la satisfaction,il s'y ajoutait de l'orgueil national, et chacun répétait à l'envi: il est impossible qu'en aucun lieu de l'Europe on exécute la musique mieux que cela. "

— Le 10 mars 1821, à Londres (King's theatre), la *Gazza ladra*,2 actes de Rossini. L'adaptation anglaise par Bishop,fut jouée sous le titre de *Ninetta or the maid of Palaisnea*, à Covent-Garden. le 4 février 1830.

Théâtre d'origine, la Scala à Milan, 31 mai 1817; Vienne,*die Diebische Elster* (*la Pie voleuse*), 5 juillet 1821;Paris,18 septembre1821; Bruxelles, la *Pie voleuse*, traduction française, 15 octobre 1822.

BIBLIOGRAPHIE

SUPPLÉMENT ET COMPLÉMENT AU VOLUME LES ARTISTES-MUSICIENS BELGES AU XVIIIe ET AU XIXe SIÈCLE, par Édouard Grégoir, 1 vol. gr. in-8°, Bruxelles, Schott, frères.

On ne se douterait guère en parcourant cet énorme in-octavo de plus de trois cents pages,combien nous sommes riches en illustrations de tous genres. M. Grégoir, dans les ouvrages similaires nous en avait déjà fait connaître un certain nombre, mais il n'avait pas tout dit; cette fois, il complète les anciens et il ouvre aux nouveaux venus son panthéon biographique. Ceux-ci n'auront pas lieu de se plaindre, ils ont tous les dons du ciel, et si ce n'est qu'il faut un peu se défier des faiblesses d'un père pour ses enfants, nous serions tentée de crier au miracle.

Nécrologie.

Sont décédés :

A Copenhague, le 20 décembre 1886, Anton Rée, né à Aarhus (Jutland), le 5 octobre 1820, pianiste, compositeur et écrivain musical. (Notice, *Schuberth Lexicon*.)

— A Baltimore, le 11 février, Albert Holland, professeur, chef d'orchestre et un des membres les plus actifs de la *Haydn musical Association* de Baltimore.

XXXIII⁰ ANNÉE — 10 Mars 1887 — NUMÉRO 10

Le Guide Musical

Paraissant tous les jeudis.

ABONNEMENT	SCHOTT FRÈRES, ÉDITEURS.	ANNONCES
FRANCE & BELGIQUE, 10 francs par an.	Paris, Boulevard Montmartre, 19	LA LIGNE . . . . Fr. 0.50
LES AUTRES PAYS, 10 francs (port en sus)	Bruxelles, Montagne de la Cour, 82	On traite à forfait pour les grandes annonces.

Le Livret d'opéra français

DE LULLY A GLUCK

1672-1779

> C'est au poète à dessiner ce que
> le musicien doit peindre.
> MARMONTEL.

A MONSIEUR VICTOR WILDER.

Les amateurs de spectacles seraient, pour la plupart, fort étonnés d'apprendre que deux éléments principaux entrent dans la composition d'un drame lyrique, et qu'il ne suffit pas d'une belle musique pour faire un bel opéra. A coup sûr, leur surprise augmenterait, si l'on essayait de leur démontrer que, à l'encontre de l'opinion admise, la facture des vers, la conduite de l'action, l'art du poète en un mot, doit, si l'on se conforme aux règles, tenir le haut rang dans l'ouvrage, et en imposer au talent du musicien.

C'est pourtant dans cet ordre d'idées que les premières *pièces ornées de chant* furent écrites, de 1450 environ à l'époque où les sopranistes firent irruption dans l'opéra.

On peut même, en y regardant de près, se convaincre que les différentes révolutions musicales qui se sont produites au cours de deux siècles, ont eu pour objet principal de restituer au poème d'opéra, au *libretto*, cette suprématie que la tyrannie du musicien, encouragée, il faut bien le dire, par le goût du public, et favorisée par la faiblesse du parolier, lui a fait perdre.

L'année même où mourut Lully, on imprima à Cologne, pour la répandre de là en France, une *Lettre à M. de X... touchant ce qui s'est passé à l'arrivée de J.-B. Lully aux Champs-Elysées*, sous la signature de *Clément Marot* (1). On n'eut pas de peine à reconnaître la personnalité d'Antoine de Senecé, valet de chambre de la reine Marie-Thérèse et l'ennemi le plus hautement déclaré du Florentin.

Inutile d'insister sur le caractère de ce pamphlet inspiré par des rancunes personnelles. Nous y relèverons cependant quelques passages où l'auteur paraît avoir raisonné froidement, et qui nous fournissent, avec une définition assez curieuse de l'opéra, le thème de la présente étude.

« Je soutiens que c'est une injustice criante de considérer comme le principal moteur de ces grands spectacles, celui qui n'y a droit, tout au plus, que pour un cinquième. Le peintre qui ordonne les décorations ; le maître de danse qui dispose des ballets, et même le machiniste aussi bien que celui qui dessine les costumes, entrent, pour leur part, dans la composition totale d'un opéra, aussi bien que celui qui en fait les chants. Le véritable auteur d'un opéra est le poète. Il est le nœud qui assemble toutes ces parties et l'âme, qui les fait mouvoir. »

Nous nous proposons, en conséquence, d'examiner la part faite dans le drame lyrique, au XVII⁰ et au XVIII⁰ siècle, à l'action dramatique, à la versification, au choix du sujet, à la pièce, en un mot. Et sans vouloir rabaisser le mérite du musicien, nous pourrons constater, en modifiant légèrement le texte de la *Lettre de Marot*, que si la musique a de la grandeur, elle en doit bien quelque obligation à l'énergie des vers « qui la conduisent par la main ».

(1) A cette époque, le style marotique était à la mode. Voltaire en parle dans son *Mémoire sur la satyre*, comme de « la pierre sur laquelle on aiguise aisément le poignard de la médisance ».

I

Ce qu'il importe de considérer d'abord,. c'est que l'opéra, né d'un caprice de la mode, a servilement suivi la mode dans ses variations infinies. Parmi tant d'ouvrages dont les annales du théâtre nous ont transmis les titres, combien en peut-on compter qui supporteraient aujourd'hui d'être rétablis au répertoire? Et ceux qui jouissent d'un tel privilège ne le doivent-ils pas précisément à cette circonstance qu'ils ont fait éclater le moule où une absurde mode les forçait à venir se former? *Iphigénie en Tauride* a précédé de plus d'un demi-siècle *Ali-Baba*, et pourtant ne conviendrait-il pas de placer Gluck au rang de nos contemporains, quitte à reléguer *Ali-Baba* parmi les premières_productions de Monteclair, de Desmarets ou de Mouret? La musique du *Freischütz*, chantée en 1821, n'est-elle pas incomparablement plus fraîche, plus jeune, plus moderne, en un mot, que telle ou telle œuvre lyrique représentée d'hier? Qui ne se rappelle les belles soirées de *Joseph*, il y a trois ou quatre ans, à la salle Favart, et peu de temps auparavant, les triomphes de *Don Juan* à l'Académie de musique! Avisez-vous, après cela, d'aller entendre un acte d'*Ipsiboé*, des *Bardes*, des *Abencerrages*, et les idées que vous avez pu vous former du progrès dans l'Art seront singulièrement modifiées.

A ne considérer que l'œuvre d'un même maître, ne semblerait-il pas qu'il y ait un écart d'un siècle entre la *Vestale* et *Olympie*; entre le *Barbier* de Rossini et sa *Sémiramide*; entre le troisième et le quatrième acte de *Robert le Diable*? On trouve une raison de ce fait singulier dans l'humeur inégale du musicien, j'en conviens. Mais n'est-il pas juste d'en rendre surtout responsable cet humble LIVRET que le compositeur dédaigne, que la critique ne s'occupe guère, et qui, par moment, témoigne de son importance, sait affirmer ses droits, en condamnant à l'oubli tel et tel opéras où on ne lui a pas fait sa part.

**

Les premiers essais d'opéra qui furent tentés à Rome n'étaient autre chose qu'une restauration, plus ou moins bien entendue, du théâtre des Grecs.

Dans cette transformation de la pensée humaine que vient éclairer l'aurore du XVIe siècle, alors que toutes les forces vives de l'esprit, de l'intelligence remontaient vers l'antiquité, afin d'y puiser l'inspiration aux sources même du beau, il était impossible que la musique fût oubliée. Toutefois, elle tarda à tirer parti des circonstances, et quand les Muses descendirent en chœur du Parnasse rajeuni par les vers de l'Arioste, Polymnie, hélas! se montra la dernière et non pas la plus brillamment parée des neuf sœurs. L'Italie était déjà peuplée des chefs-d'œuvre de la peinture, de l'architecture, de la musique, qu'on en était réduit à déclamer, à psalmodier

quelques tragédies, accompagnées de chœurs et ornées de « feintes » (1).

Mais, patience! La musique prépare sa revanche, et quand commencera la décadence des arts du dessin, portés à leur apogée par le génie de Raphaël, de Michel-Ange, de Bramante, l'art lyrique, fondé sur les miraculeuses découvertes de Monteverde, maintiendra encore par le monde le renom de l'Italie.

C'est un fait étrange, cependant, que du jour où l'accent expressif a été donné à la musique, le désaccord entre les paroles et le chant ait commencé à se manifester. Qui dit « expression » entend, par-là, une sorte d'échange entre les ressources propres à deux arts, en vue de rendre l'idée plus intelligible. Il semblerait, dès lors, que les premiers effets des innovations de Monteverde dussent consister à provoquer la fusion de ces deux 'agents expressifs : la parole et le chant. C'est tout le contraire qui arriva, et l'on peut saisir ici le vice originel de l'opéra. Né en Italie, il est resté Italien en dépit des transformations qu'il a subies au cours de ses voyages à travers l'Europe.

Quand parurent les premiers drames lyriques, la tragédie avait perdu presque tous ses charmes, au lieu que la musique apparaissait dans l'éclat radieux de sa nouveauté. On laissa donc vite la première de côté, et la musique fut admirée, aimée « pour elle-même ». Que demandaient les *dilettanti* ? Que la mélodie fût agréable, qu'elle divertît l'auditoire, et on la tenait volontiers quitte du reste. Quoi d'étonnant alors, que Pergolèse ait écrit ses hymnes religieux comme s'il se fût agi d'un madrigal? Ne supporte-t-on pas, aujourd'hui encore, dans les églises d'Italie, que les orchestres exécutent des motifs d'opéras de Rossini ou de Bellini pendant la messe et le salut?

Ce n'est point le lieu d'étudier les influences qu'exercent le climat et les mœurs sur la conception de l'œuvre d'art. Nous nous bornerons à transcrire une appréciation de M. Taine, qui s'applique aussi heureusement à la Grèce qu'à la patrie de Mercadante, de Cimarosa et de Paesiello : « C'est un pays, dit-il, qui tourne l'âme vers la joie et pousse l'homme à considérer la vie comme une fête. » (2)

La caractéristique de l'art italien, qu'il s'agisse de peinture ou de musique, c'est le culte exclusif de la forme et le souci constant de maintenir une ordonnance harmonieuse dans l'agencement des parties ; c'est le dédain des préoccupations subjectives et une répugnance instinctive pour tout sentiment profond ou compliqué. « Pour les artistes italiens, — dit encore M. Taine, — la forme est un but, non un moyen ; elle n'est point subordonnée à la physionomie, à l'*expression*, aux *gestes*, à la *situation*, à l'*action*. Leur œuvre est pittoresque ; elle n'est pas *littéraire* » (3).

Dans l'esprit de l'éminent écrivain, cette critique

(1) Décorations, changements à vue, etc.
(2) Philosophie de l'art.
(3) Ibidem.

vise surtout la peinture, mais les quelques mots que nous avons signalés nous aident à la faire servir à défendre notre thèse, et expliquent — en le condamnant — un système musical basé sur la mélodie « absolue », et réduisant l'œuvre d'art au rôle d'amusement sans noblesse comme sans portée.

Nous renvoyons, d'autre part, aux lettres du président de Brosses, le lecteur désireux de se former l'idée d'une représentation lyrique à Rome, à Venise ou à Milan. Le spirituel voyageur assiste à l'exécution de plusieurs opéras ; il nous parle des virtuoses, des violons, des chœurs, des décors, des machines, des entrées de ballet. Il décrit l'aspect de la salle, où les voix des chanteurs ont peine à dominer le bruit des conversations, les rires des joueurs de pharaon installés dans les loges, tandis que les valets circulent avec des plateaux chargés de sorbets et autres friandises (1). Pourtant, un détail lui échappe : je veux dire le sujet de la pièce, et il n'a garde de nous transmettre les noms des poètes de *Partenope*, de la *Frascatana* ou du *Maestro di Musica*.

(*A suivre.*) ÉUGÈNE DE BRICQUEVILLE.

La première représentation de la Walkyrie.

AU THÉATRE ROYAL DE LA MONNAIE

BRUXELLES, 10 mars.,

L'heure de notre mise sous presse ne nous permet pas de parler longuement et en détail de la nouvelle et éclatante victoire wagnérienne remportée, hier soir, au théâtre royal de la Monnaie. Il nous suffit, pour aujourd'hui, de constater l'accueil enthousiaste qu'une salle extrêmement brillante a fait à la première journée de la Tétralogie, et de féliciter tout ensemble les directeurs qui ont eu la hardiesse de monter l'œuvre, et les artistes qui en ont donné une toute remarquable et vibrante interprétation. Vingt fois les applaudissements ont failli interrompre le discours musical ; ils ont été aussitôt réprimés par le zèle peut-être exagéré des fidèles observateurs de la règle wagnérienne. Mais alors, à la fin de chaque acte, quel élan et quelle spontanéité dans l'acclamation générale !

Notons parmi les incidents de la soirée, une ovation chaleureuse à M. Joseph Dupont au moment où il regagnait son pupitre au début du second acte. La scène de la Chevauchée avec ses nuages mouvants a été rendue d'une façon saisissante, et elle a soulevé une tempête d'applaudissements. Au premier acte, la scène d'amour de Siegmund et de Sieglinde, chantée par M¹¹ᵉ Martini et M. Engel, est un enchantement. Très belle aussi la scène entre Wotan et Fricka, que nous n'avons vu nulle part jouée comme elle l'est par M¹¹ᵉ Balensi. M¹¹ᵉ Litvinne lance avec une sauvagerie entraînante son cri de guerre ; elle est touchante, lorsqu'aux pieds de son père elle l'interroge anxieusement, et elle est très dramatique lorsqu'au milieu de ses sœurs elle les supplie de secourir la pauvre Sieglinde. La scène de l'Incantation du feu est très merveilleuse ; mais ce qui est plus merveilleux encore, c'est la force et l'éclat avec lesquels M. Séguin a mené jusqu'au bout le rôle écrasant de Wotan.

Bref, c'est une victoire complète, et qui aura du retentissement.

Depuis longtemps il n'y avait plus eu aussi brillante assemblée au théâtre de la Monnaie. Paris nous avait envoyé une légion d'artistes, de critiques, d'écrivains célèbres. Citons : M. Emile Augier, de l'Académie française ; M. Massenet, l'auteur de *Lakmé*; M. Léo Delibes, membre de l'Institut ; son collègue, M. Ernest Reyer, des *Débats*, l'auteur de *Sigurd*; M. Emmanuel Chabrier,

(1) « Je me suis avisé de jouer une échecs une fois-que je me trouvai presque seul dans une loge du théâtre delle Vallé, avec Rochemont : les échecs sont inventés à merveille pour remplir le vide des longs récitatifs, et la musique pour interrompre la trop grande assiduité des échecs. (*Le Présid. de Brosses en Italie.*)

l'auteur de *Gwendoline*; André Messager, l'auteur des *Deux Pigeons*; MM. Arthur Coquard, Alexandre Georges, Cahen, et H. Bemberg, compositeurs ; M. Joseph Reinach, directeur de *la République française*, et deux de ses collaborateurs, M. Gaston Thomson, député, et M. Alphonse Duvernoy, compositeur et critique musical ; MM. Roche et Pelisse, députés ; M. Catulle Mendès, le poète-romancier, un Wagnérien de l'avant-veille ; M. de Fourcaud, l'éminent critique du *Gaulois*; M. Edouard Dujardin, directeur de la *Revue Wagnérienne*; M. Paul de Giniśty, du *XIXᵉ Siècle*; M. Léon Kerst, de l'*Événement*; M. Adolphe Jullien, du *Français*, l'auteur du magnifique ouvrage que la librairie de l'Art vient de consacrer à Richard Wagner, sa vie et son œuvre ; M. Heugel, éditeur de musique, rédacteur en chef du *Ménestrel*; M. G. Servières, auteur de *Richard Wagner jugé en France;* M. Jacques Durand, compositeur, fils de l'éditeur parisien de Wagner ; M. Georges Clairin, le peintre bien connu parmi les Wagnériens de Paris; MM. Lascoux, Dettelbach, Stany Oppenheim, etc., etc.

Nous reviendrons jeudi prochain sur cette mémorable soirée.
M. K.

Revue des Concerts

La Société moderne de musique vocale et instrumentale. — Rédemption de M. César Franck et le Septuor de M. Vincent d'Indy à la Société nationale. — Coup d'œil sur les Revues.

Paris, 7 mars 1887.

Une nouvelle entreprise musicale vient de faire ses débuts cette semaine : c'est la *Société moderne,* fondée par Mᵐᵉ Bordes-Pène, MM. Eugène Ysaye et Ad. Fischer. Comme le nom l'indique, cette société se propose avant tout de faire connaître les œuvres nouvelles de la musique de chambre, tant instrumentales que vocales, et même des œuvres qui exigent le concours de l'orchestre, puisque le deuxième concert de cette première série de quatre, lequel aura lieu le 5 avril dans la salle Albert-le-Grand, s'intitule *Festival J.-S. Bach,* avec orchestre dirigé par M. Vincent d'Indy.

Le premier concert, qui réunissait jeudi soir dans la salle Pleyel un auditoire d'élite, a été des plus intéressants. Dans les pièces de Tschaïkowsky et d'Em. Chabrier, Mᵐᵉ Bordes-Pène a montré des qualités exceptionnelles de netteté dans le mécanisme, de vigueur et d'éclat dans le jeu, de mémoire imperturbable. Mᵐᵉ Bordes-Pène est capable d'aborder et d'exécuter comme en se jouant les œuvres les plus ardues, les plus complexes, les plus raffinées de la musique actuelle. Où je la trouve surtout admirable, c'est dans la musique d'ensemble à plusieurs instruments, comme dans le *Quintette* de Saint-Saëns, où elle a réalisé la perfection même, l'autre jour ; j'avais entendu la même œuvre à la *Trompette* il n'y a pas longtemps, et dans de bonnes conditions; mais l'exécution de la *Société moderne* était supérieure encore dans son ensemble. Dans la ravissante Sonate en sol mineur pour piano et violon de Grieg, Mᵐᵉ Bordes-Pène, moins maîtresse de ses moyens, couvrait souvent M. Ysaye, qui pourtant ne manque pas de son. L'éminent professeur du Conservatoire de Bruxelles, en apportant à la *Société moderne* l'appui de son merveilleux talent et de sa réputation européenne, prouve quel est son souci de l'art élevé et hardi. Dans le troisième quatuor à cordes de Tschaïkowsky, et surtout dans la Sonate de Grieg, il a été étincelant de verve, de fantaisie ; cette justesse impeccable, cette variété, cette souplesse, cette sûreté dans le maniement de l'archet, cette profonde identification avec la pensée des auteurs, voilà des qualités qu'on rencontre bien rarement, et que M. Eugène Ysaye possède au plus haut degré..... Il n'y a plus à faire l'éloge du violoncelliste Fischer, et MM. A. Parent et A. Rivarde sont deux parfaits violonistes qui méritent les plus sincères compliments. Une jeune cantatrice norvégienne, Mᶫᶫᵉ Ohrström, a remplacé M. Lucien Rodier indisposé; elle a charmé l'auditoire avec deux lieder de Grieg, la *Chanson de Solveig* et la *Jeune Princesse;* le texte norvégien de cette dernière mélodie est de B. Björnson, le poète et dramaturge original, le républicain notoire qui, il n'y a pas longtemps, provoqua en duel le roi de Suède; M. Björnson, qui par son talent, comme par sa physionomie, ne ressemble pas au premier venu, assistait au concert; sa présence a certainement stimulé sa jeune compatriote, qui a détaillé le texte et la musique de la *Jeune Princesse* d'une façon vraiment délicieuse, et bien digne des deux auteurs.

Tous ceux qui s'intéressent à l'art actuel doivent souhaiter grand succès et longue vie à la *Société moderne*.

* * *

La salle Pleyel était trop petite, avant-hier, pour contenir les nombreuses personnes qui avaient répondu à l'invitation de la *Société nationale*. Les " attractions ,, en effet, ne manquaient pas au programme : des chœurs, un septuor avec trompette, une flûte alto jouée par Taffanel, de la harpe et de l'harmonium, etc. Trop de choses à la fois, peut-être, et qu'il eût fallu pouvoir répartir sur d'autres concerts. — La Suite en ré, de M. Vincent d'Indy, pour trompette, deux flûtes, deux violons, alto et violoncelle, a déjà été donnée à la *Trompette*, naturellement, puisque c'est pour elle qu'elle a été composée. Peu s'en est fallu qu'on ne bissât la *Sarabande*, un pastiche exquis du style de Bach ; on a fait répéter le piquant *Menuet*, avec son délicieux trio en *si* bémol, tout moderne, celui-là ; cette page, par son instrumentation délicate, ses harmonies caressantes et l'emploi original des notes *la ré* obstinément répétées, est de la couleur la plus neuve et la plus adorable ; voilà un bijou de prix, où l'on reconnaît la marque du maître ciseleur qui, s'appelle Vincent d'Indy. — Le chœur à cinq voix de M. Tiersot, *Salut encor, grande nature*, à cause de son caractère " plein air ,, de ses fortes sonorités, de son accompagnement d'harmonium, me semble déplacé dans la petite salle Pleyel ; je le comprendrais davantage entonné un beau matin, dans un grand *hall* suisse, par de jeunes excursionnistes, avant de partir pour une expédition alpestre. — Les transcriptions de trois lieder de Grieg, par M. Blanc, pour flûte alto, deux grandes flûtes, harpe, piano et quatuor à cordes. sont intéressantes d'arrangement : mais c'est une faute de goût que de n'avoir pas compris qu'il ne fallait pas toucher à la partie vocale, et que la transcription devait se borner à l'accompagnement ; pour qui connaissait l'œuvre originale, il y avait déception et impression désagréable à entendre ces effets de recherche précieuse dans ces pages d'un caractère si spontané, d'une simplicité si originale, d'une ligne si unie. Du reste, la flûte alto seule n'a rien de bien extraordinaire ; où elle est utile, c'est employée harmoniquement, pour compléter dans le grave les flûtes " soprano ,, si j'ose m'exprimer ainsi, comme par exemple dans l'*Hébé*, chanson grecque de M. Ernest Chausson. Quels purs contours, quelle blancheur marmoréenne dans cette cantilène, si suave, si chastement voluptueuse ; l'artiste qui sait faire naître ce charme particulier est un poète. Il faut dire que les vers choisis par lui ne sont pas du premier venu ; ces alexandrins charmants, que je regrette de ne pouvoir citer, sont tirés des *Poèmes antiques* de Leconte de Lisle ; l'accompagnement de flûtes et harpe serait d'un archaïsme divin, si le double quatuor n'intervenait pas pour le dénaturer et l'alourdir ; un violoncelle eût suffi pour les basses. — Le concert se terminait par toute la deuxième partie de *Rédemption* de César Franck ; c'était la pièce de résistance du programme. Dans cette musique de grande envergure, on sent déjà le maître des *Béatitudes*. Quelle puissante douceur, quelle mansuétude dans la première phrase de cette *Introduction symphonique* si magistralement conduite (et fort bien transcrite à deux pianos par M. Pierre de Bréville). Le chœur des Anges est une merveille de céleste tristesse. Le grand ensemble avec solo de soprano, qui forme le milieu du chœur final, est d'une rare grandeur de lignes, d'une saisissante puissance d'expression, d'une beauté mélodique et harmonique bien pénétrante ; c'est une inspiration incomparable, où le retour et le renouvellement de certain motif précédemment entendu est une invention d'un admirable génie. Malheureusement ce passage est des plus difficiles et n'a pas été suffisamment bien présenté. Malgré cela, les bravos n'ont pas fait faute à ce beau couronnement d'un des plus intéressants concerts de la *Société nationale*.

* * *

Relevé dans un récent article de M. Alfred Ernst à propos du livre dont le *Guide* a parlé, *Wagner jugé en France* : " J'ai regretté que M. Georges Servières fît une ou deux allusions désobligeantes à M. Paul Déroulède, lequel n'a jamais été, loin de là, " un meneur déclaré ,, de la campagne contre *Lohengrin*. M. Déroulède... n'a jamais songé à partir en guerre contre les drames du maître. Je l'ai entendu parler de *Tannhœuser* avec une vive admiration, louer les fragments de *Lohengrin* dont il a connais-

sance ; enfin, il y a un mois environ, il applaudissait la *Marche funèbre* de *Siegfried* au concert Lamoureux. ,, S'il en est ainsi, il n'est guère probable que M. Déroulède, non seulement s'associe à une cabale, mais reprenne même qu'on se serve de son nom pour en monter une, quand auront lieu les représentations de *Lohengrin* à l'Eden.

A lire dans le premier numero du *Passant* transformé (Ollendorff), une belle étude de M. Ernest Chausson sur César Franck, et les lignes vibrantes consacrées à l'audition des *Béatitudes* par M. Robert Godet, dans sa causerie "Salade japonaise. ,, Un trait de l'article de M. Chausson : " Accorder le prix Chartier à l'auteur du *quintette*, c'est comme si on eût donné un certificat de bonne vie et mœurs à Saint-Vincent-de Paul. ,,

J'ai reçu le premier numéro de l'*Indépendance musicale et dramatique*, dirigée par M. Ernest Thomas, qui s'attache, dans l'article-programme en tête, à développer l'idée contenue dans le titre de sa Revue. Suit une causerie de M. Adolphe Jullien, *A propos de Lohengrin*, qui contient des choses fort justes, telles que celles-ci : " Les conversations vont vite depuis cinq ou six ans ; les gens absolument rebelles à la musique de maître sont en infime minorité ; on est stupéfait de voir avec quel enthousiasme on accueille aujourd'hui ses inspirations les plus graves et d'un caractère purement contemplatif, quand on se rapelle avec quel acharnement on sifflait. jadis toute œuvre signée de ce nom abhorré ; on reste confondu en voyant, sinon les détracteurs, au moins les rieurs de la veille, emboucher la trompette à leur tour et sonner des fanfares en l'honneur d'œuvres aussi grandioses, mais aussi sévères que le deuxième tableau de *Parsifal*, qu'ils ont peut-être, auparavant, traité d'insipide et de mortellement ennuyeux pour le moins. - La revirement est général, irrésistible... ,, Au moment où Bruxelles va avoir l'honneur de donner la *Walküre* dans des conditions nouvelles et meilleures, je ne crois pas mauvais de citer ces lignes.

Le premier acte de *Tristan* est toujours annoncé pour dimanche au concert Lamoureux. Le nouveau morceau symphonique avec piano de M. d'Indy passera probablement le dimanche 27 mars.

A l'Opéra-Comique, remise à huitaine de la *Proserpine* de M. Camille Saint-Saëns, c'est-à-dire au lundi 14 mars. En attendant, pour avoir l'air de faire quelque chose, on a intercalé l'ouverture du *Pardon de Ploërmel* entre le premier et le deuxième acte. Cette nouveauté est prodigieuse et peut mener loin ; je laisse aux gens-imaginatifs le soin de développer toutes les applications de ce procédé, et le parti vraiment piquant, imprévu, qu'on en peut tirer.   BALTHAZAR CLAES.

H BERLIN

Le 6 mars.

Vous connaissez déjà l'incident déplorable qui s'est produit à la première de *Merlin* : l'expulsion de M. de Bulow du théâtre. Cet incident a mis en émoi tous nos dilettantes. Le pourquoi de cette brutale mesure, c'est probablement le mot dur et à y a plus de *trois ans de cela* (1) par M. de Bulow à propos de l'Opéra, quand il le dénomma : le *Cirque Bülsen*. Seulement où cette affaire devient inexplicable, c'est que depuis lors et du vivant même de feu l'intendant de Hülsen, M. de Bulow avait assisté, à deux reprises, à des représentations de l'Opéra, sans qu'il eût été question de "représailles ,, d'aucune sorte(1). En outre, aujourd'hui, depuis la mort de M. de Hülsen, le " cirque ,, portant son nom n'existe plus, et M. de Bulow n'a jamais parlé, que je sache, d'un " cirque Hochberg ,. Pourquoi donc tout ce tapage ? " Wozu der Lärm? ,, comme dit *Méphisto*.

Ce qui est certain, c'est que cette affaire a brusquement retourné la situation contre le nouvel intendant, aristocrate pur sang, et que jusqu'ici on avait même cru " gentleman ,,.

Heureusement, un fait aussi imprévu que satisfaisant s'est produit dès le lendemain. Les organes les plus en vue de la presse berlinoise ont relevé le gant avec hésitation : tous ont pris la défense de l'artiste outragé, même les feuilles qui jusqu'ici avaient l'habitude de ne parler de lui qu'en termes railleurs, sarcastiques ou hostiles. En résumé, défaite morale complète de Son Excellence le comte de Hochberg ; triomphe moral, sur toute la ligne, pour M. de Bulow.

Evidemment, M. de Hochberg ne s'était pas douté que l'immense service que son inqualifiable attitude allait rendre à son " ennemi ,, qui deux jours après, ouvrait à la *Singakademie* ses pianos-recitals ; l'élite

<hr>

(1) En manière de représailles, feu M. de Hülsen, raconte-t-on, intrigua seulement un peu, tant et si bien, que M. de Bulow dut quitter son poste d'intendant de la chapelle du duc de Meiningen.

des dilettanti berlinois qui remplissait la salle, où pas un siège n'était vide, a fait à l'éminent artiste une ovation générale, unanime, spontanée, qui éclata comme un coup de foudre au moment où M. de Bulow commença à descendre les gradins de l'orchestre, au pied desquels se trouve le piano. Presque tout l'auditoire était debout; beaucoup de dames même participèrent aux salves d'applaudissements, et ses cris frénétiques, qui durèrent plus de cinq grandes minutes, retentirent et se renouvelèrent après chaque morceau du programme. Après la dernière pièce enfin, M. de Bülow fut rappelé à trois reprises.

Pareil spectacle ne s'était probablement jamais vu dans cette *Sing-akademie*, ordinairement si réservée, si austère, si monacale. Le programme de cette première soirée comprenait exclusivement des compositions de la première période de Beethoven (de 1795 à 1802), c'est-à-dire, outre deux œuvres en forme de variations (de 1796 et 1802), la sonate en *la* (œuvre 2, n° 2), celle en *fa* (œuvre 10, n° 2), celle en *mi* et en *sol* (œuvre 14), celle en *ré* (œuvre 28), et enfin, la *Sonate pathétique*; programme géant, trop long sans contredit, mais exécuté merveilleusement d'un bout à l'autre.

Un concerto de piano posthume, manuscrit de Louis Brassin, vient d'être exécuté, pour la première fois, par cet excellent artiste qui a nom Franz Rummel, et auquel l'œuvre est dédiée. Elle est intitulée : *Concerto pastoral*; elle est originale, jolie, et même belle en maint endroit, intéressante d'un bout à l'autre, entre autres par un motif de basse obtenue qui sert de pédale au second morceau, intitulé : " Chez le paysan „. Le coloris instrumental en est charmant.

Il paraît que le deuxième concerto de piano du regretté maître bruxellois (le *Concerto pastoral* porte le n° 3), manuscrit lui aussi, est en la possession de Hans de Bülow, auquel il est dédié; M. de Bülow ne l'a pas encore joué jusqu'ici.

M. Rummel a aussi magistralement interprété, ce soir-là, la magnifique concerto en *mi* bémol de Liszt.

La première de *Merlin*, le premier opéra, si longtemps attendu, de Philippe Ruefer, le compositeur liégeois habitant la capitale allemande, a enfin eu lieu, après d'interminables péripéties, le 28 février. Malheureusement, la ravissante Mlle Marie Renard, qui devait faire la reine Geniève, n'a pu remplir ce rôle. Elle est tombée si malade depuis longtemps, de sorte que Mme Kapka a dû apprendre le rôle au dernier moment et la remplacer. MM. Rothmühl (*Merlin*), Betz (le *Roi Artus*) et la jolie Mlle Lola Beeth, ont été excellents. M. Radecke conduisait l'orchestre. Grand succès, autant à la répétition générale (qui a eu lieu, pour la première fois à Berlin, devant une salle comble, invités, représentants de la presse et amis des auteurs), qu'à la " première „, pour la musique, les chanteurs, le ballet et les décors. Pendant la représentation, après le premier et le second acte, les chanteurs ont été rappelés trois fois, le compositeur deux fois, et après le troisième (dernier) acte, trois fois, en même temps que ses interprètes. Le tout brillait par son absence. Une œuvre d'une telle importance, inégale peut-être, mais renfermant, surtout dans les scènes d'amour et de mort, de précieuses beautés au point de vue de l'expression mélodico-dramatique et du coloris instrumental, mérite qu'on s'y arrête. J'y reviendrai dans ma prochaine lettre.

En attendant, laissez-moi vous dire quelques mots du concert donné le 15 février par le *Wagner-Verein* en commémoration de la mort du maître de Bayreuth. Vous savez qu'on y devait exécuter sous la direction de M. Klindworth, le *Rheingold* en entier, sans coupure ni modification d'aucune sorte. M. Klindworth avait seulement raccourci pour des motifs assez compréhensibles les quelques mesures où les 18 enclumes battent leur motif rythmique entièrement à vide. La hardie entreprise de cette exécution intégrale a réussi à merveille, à l'exception de deux ou trois chanteurs à qui avaient été dévolus les rôles inférieurs. L'orchestre et la moitié des solistes ont été à la hauteur de leur tâche. Les filles du Rhin (Mmes Pia von Sicherer, de Munich, Thérèse Zerbst et Ad. Assmann de Berlin) ont été excellentes presque parfaites. La *Waglinde* lançait de sa voix claire les notes élevées avec une justesse, une joyeuse liberté, une sûreté qui rappelaient la merveilleuse interprétation de ce rôle par Lilly Lehmann, à Bayreuth. Excellente aussi "l'Erda „ de Mme Johanna Wagner, superbe voix de contralto grave! Mlle Oberbeck a trouvé un inaint endroit le ton, l'accent juste dans le personnage de " Fricka „. Il faut vous dire que tous nos artistes ne chantent d'ordinaire que de la musique d'oratorio; félicitons-les de s'être approprié jusqu'à certain point le style si totalement différent, et si difficile en soi, du prologue de la Tétralogie. M. Klindworth, initié jusqu'aux moindres détails de cette partition si touffue, s'était donné du reste toutes les peines du monde pour approprier ses interprètes au caractère tout spécial de l'œuvre. Alberich, Loge, Wotan étaient tous les trois des chanteurs d'opéra, M. Franz Schwarz, baryton de l'opéra de Weimar, doué d'une volumineuse voix au beau timbre, sévère, sombre, presque " noir „, avait déjà chanté le rôle du nain luxurieux à l'Opéra de Prague, sous la direction d'Angelo Neumann. Il n'a pas eu toujours l'accent strident, âpre, dur, sec, démoniaque, inhérent au rôle, de l'*Alberich* de Karl Hill à Bayreuth, mais en somme, le chanteur a su trouver une diction dramatique excellente dans ce rôle difficile, terri-

fiant presque. Je connaissais d'assez longue date l'excellent « Loge » de M. Anton Erl, le ténor léger de l'opéra de Dresde, tel qu'il le chante et le joue sur cette scène. Cet artiste est en outre un comédien excellent et spirituel. Dans la salle de concert, il semblait un peu dépaysé. Cependant l'accent cynique, sarcastique, ironique de ce Méphisto eddaïque perçait en maint endroit. La palme de la soirée revient de droit, selon moi, à l'éminent artiste Karl Hill, de Schwerin. Il a déclamé le rôle superbement terrible de Wotan, d'une façon tout à fait magistrale.

Les premières phrases chuchotées mystérieusement dans le songe, sa légère ironie à l'égard de Fricka, les accents majestueux de roi des dieux, et son dédain superbe, son mépris royal à l'égard d'Alberich... tout cela il l'a rendu avec des accents colorés d'autant de relief que de vérité. Voilà certes un des rares élus, parmi tant d'appelés, pour le style du " dernier „ Wagner. Quel " Amfortas „ il ferait à Bayreuth ! Malheureusement, cet artiste dramatique " par la grâce de Dieu „, comme on dit ici, a rompu avec Bayreuth dès la première année de *Parsifal*, où il créa le rôle de cet autre démon, du magicien Klingsor.

J'allais oublier M. Georges Bloch, qui était entré, tant sous le rapport de la voix que du style, du chant et de la déclamation, si avant dans le personnage de Mime, le nain maussade et cupide, qu'on ne pouvait s'empêcher de penser à l'excellente figure qu'il ferait à la scène.

L'orchestre comptait cent exécutants. Tous les instruments à vent (en bois et en cuivre) étaient au complet, selon les prescriptions de la partition, sans aucune lacune. Même, le *Wagner-Verein* avait expressément fait construire le fameux quintette des tubas, deux ténors, deux basses et un contretuba, ainsi qu'une trompette basse.

Les frais de cette exécution, environ seize cents marks, ont été faits par les souscriptions, et les dons volontaires des deux cents membres de cette Société wagnérienne.

Le programme était enrichi d'une superbe reproduction autographique (en *fac-simile*) d'une page du récit de Loge " von Weibes Wonne und Werth „, et gracieusement prêtée par M. Klindworth, qui possède le *Rheingold* tout entier, écrit de la sorte au crayon sur d'assez petits feuillets, un cadeau du maître. La dernière page est signée : " R. W., et porte la date — il y a plus de trente ans de cela, bon Dieu !!! — mais non pas le nom de la ville ni l'œuvre fut écrite (Zurich).

C'est assurément dans la seconde moitié de la partition que se trouve cette remarque autographe : " Mon cher Klindworth, ayant pitié de vos pauvres yeux, je vais enfin me servir d'une plume et de l'encre. „ M. Klindworth, on se le rappelle, est l'auteur de l'arrangement magistral de la Tétralogie entière pour piano et chant. Certes, cet éminent artiste n'aurait, par respect pour les principes et le désir formel du Maître, jamais consenti à faire de " l'Or du Rhin „ un " opéra de concert „, s'il était représenté dignement sur la première scène de la capitale allemande. Seulement, on se rappelle, feu Son Excellence M. de Hülsen avait jugé cette œuvre indigne de faire partie du répertoire de son Opéra !

Pour beaucoup d'entre nous, cette occasion unique de goûter les immenses et incommensurables beautés *purement musicales* de *l'Or du Rhin*, dans une exécution partiellement excellente, et sans être détournées de la musique par d'autres préoccupations, a été une véritable fête.

J. VAN SANTEN-KOLFF.

CORRESPONDANCES

LONDRES, 7 mars.

Nous avons eu mardi au *Novello Concert* à Saint-James Hall, la première exécution d'une cantate écrite par M. Cowen pour le dernier festival de Birmingham : *la Belle dormante*.

Les solis étaient chantées par Mmes Hutchinson et Paten, MM. Lloyd et Mills, sous la direction de l'auteur, qui a été rappelé à la fin de l'œuvre. M. Cowen est jeune encore et joint d'une assez grande renommée ici, mais sa cantate n'est pas, à mon avis, la plus heureuse de ses œuvres. Elle ne vaut pas, à beaucoup près, sa *Scandinavian Symphony*, qui a été applaudie dans plusieurs villes en Allemagne.

Après la cantate, on donna la neuvième symphonie de Beethoven, dont l'exécution a laissé beaucoup à désirer.

Le 5 mars, à *Saint-James Hall*, première exécution à Londres de *Genoveva* de Schumann, dont l'ouverture est seule connue à la salle de concert.

M. Mapleson annonce une saison d'opéra italien à Covent-Garden. Elle commencera le 19 mars et précédera celle de M. Lago. On dit que les étoiles en seront Mmes Nevada et Nordica. Il paraît que l'Amérique a maintenant la spécialité des " soprani „.

Samedi, au *Crystal-Palace*, on donnera l'*Athalie* de Mendelssohn. Le récit sera dit par Santley, qui a déjà remporté dans cette œuvre, comme narrateur, un succès qui rivalise avec ceux qu'il a si longtemps obtenus comme chanteur.

GAND, 7 mars.

GRAND-THÉATRE. — Lundi 28 février, *Hamlet*; mercredi 2 mars, *Joséphine vendue par ses sœurs*; vendredi 4, *le Cid*; dimanche 6, *les Huguenots*.

Le seul événement de la semaine a été la première — ici — de l'opérette nouvelle : *Joséphine vendue par ses sœurs*; cette amusante pochade de Ferrier et Carré, musique (?) de V. Roger, n'est pas mal jouée par Mmes Dupouy et Auger, et MM. Herbez, Ferrier et Burgat; cependant des spectateurs grincheux ont cru faire preuve de bon goût en saluant de coups de sifflets la chute du rideau. Belle représentation le vendredi, pour le bénéfice de M. De Beer, qui n'est pas seulement un très amusant trial, mais aussi un régisseur de premier ordre auquel nous sommes redevables de la mise en scène soignée dont les opéras du répertoire ont été entourés cette année; aussi les habitués ont-ils profité de son bénéfice pour lui présenter leurs félicitations et leurs remerciments sous forme de couronnes et de cadeaux.

Signalons pour mémoire l'agréable soirée donnée le samedi 5 par le *Cercle Musical*, avec le concours de Mmes Réjane et Rachel Boyer, de l'Odéon, et de M. Samary, de la Comédie-Française; au troisième concert qui aura lieu bientôt, on entendra l'organiste bien connu, M. Mailly.

P. B.

LIÉGE, 6 mars.

THÉATRE ROYAL. — *Favorite, Domino noir, Si j'étais Roi, Faust, l'Africaine* et *Piccolino*.

Les artistes en société se sont décidés, contrairement à ce que je vous ai annoncé dernièrement, à donner suite aux nouveautés promises. C'est ainsi que nous avons assisté vendredi à la première représentation de *Piccolino*, l'opéra-comique de MM. Sardou et Guiraud, qui malheureusement n'a pas obtenu un brillant succès. A qui s'en prendre? Un peu à l'œuvre, un peu à l'interprétation.

A l'exception de Mme Flavigny, qui, sous tous les rapports, a été excellente dans les rôles de Marthe et Piccolino, et de M. Kinnel, dans le personnage du Pasteur, l'exécution a laissé beaucoup à désirer.

La reprise de *l'Africaine*, véritable représentation de gala, donnée quelques jours avant au bénéfice de M. Claeys, avait attiré une foule compacte. Le charmant artiste, supérieurement secondé par Mlle Chassériaux et M. Verhees, a reçu à chaque acte l'accueil qu'il méritait : applaudissements frénétiques et interminables; pluie de fleurs et de bouquets, envoyés de Gand et de Nice; d'innombrables et riches couronnes, souvenirs et cadeaux, tout cela lui a été prodigué à foison. Des pièces d'argenterie, d'une réelle valeur, lui ont été offertes au nom des abonnés et des sociétés de la ville et de l'étranger. Mentionnons en outre un superbe brillant, monté en épingle, d'une valeur de 1,500 francs.

Le concours pour la place de professeur d'orgue au Conservatoire est fixé au 16 de ce mois. Plusieurs postulants de Gand, de Bruges et de Bruxelles prendront part à la lutte, qui offrira un vif intérêt, à en juger par la valeur des concurrents.

J. GHYMERS.

P. S. Le Conseil communal vient de nommer directeur du théâtre, pour l'année prochaine, M. Coulon, l'ancien directeur du théâtre d'Anvers.

CHARLEROI, 1er mars.

Lundi dernier nous avons eu un fort beau concert de la Société l'Harmonie, la vaste salle de l'Hôtel de ville était comble.

Le programme était des mieux choisis, il a été exécuté, en ce qui concerne l'Harmonie avec une maëstria hors ligne; mais le grand succès de la soirée a été pour Mlle Héléna Fischer. De sa belle voix elle a dit à ravir plusieurs mélodies qui ont été vivement applaudies.

Après la charmante diva, nous devons de justes éloges à M. Franoq, ténor, qui possède une bonne voix qu'à beaucoup plu; à MM. Empain, Grimard, Leurquin et Viasoul, qui ont exécuté un trio et un quatuor de M. L. Canivez, d'une façon irréprochable, à M. Rouffiange, enfin, chanteur comique, qui a déridé les fronts les plus moroses.

Félicitations aux organisateurs de cette fête musicale et à l'habile chef de l'Harmonie, M. L. Canivez.

ROUBAIX, 24 février.

Au Grand-Théâtre, très belle représentation de *Carmen*. Les interprètes ont tous, sauf l'exception, été très bons. Mlle Dupouy a été parfaite.

Les chœurs ont besoin de répétitions. Nous ne saurions trop engager la direction à veiller à cette partie qui, quoique bonne, manque à certains moments d'ensemble. Ces messieurs et ces dames ont l'air de s'ennuyer parfaitement sur la scène, ce qui n'amuse pas le public.

Petites Nouvelles

Mardi après-midi, à deux heures, a eu lieu, au cimetière Montmartre à Paris, l'inauguration du monument funèbre élevé à la mémoire d'Hector Berlioz.

Ce monument, œuvre de l'architecte Jouvin, est situé tout au bas du cimetière, dans la 7e division, presque en bordure de l'avenue des Carrières. Il est fait d'une pierre dure de couleur grise.

La pierre tombale, placée horizontalement sur un socle de granit, supporte une sorte de haute stèle, plate, large, d'une élégante architecture et ornée d'un fronton portant un soleil d'or avec le mot: Berlioz.

Au-dessous de ce fronton, le profil du musicien, modelé par le sculpteur Godebsky, se détache en noir sur un médaillon d'or. Plus bas on lit, gravé dans la pierre :

HECTOR BERLIOZ
Membre de l'Institut, officier de la Légion d'Honneur
1803-1869

Puis la nomenclature complète de ses œuvres, tant musicales que littéraires, au nombre de vingt-six.

Symphonie pastorale; Lelio; Harold en Italie; Messes des Morts; Roméo et Juliette; grande symphonie funèbre et triomphale; la Damnation de Faust; l'Enfance du Christ; Benvenuto Cellini; les Troyens; Beatrix et Benedict; les Francs-Juges; le Roi Lear; mélodies et chœurs; Waverley; Te Deum; le Corsaire; le Carnaval romain; Marche funèbre d'Hamlet ; Traité d'instrumentation ; Voyage en Italie et en Allemagne ; les Grotesques de la musique ; A travers chants ; Mémoires; Correspondance.

Il n'y a pas eu, à proprement parler, de cérémonie d'inauguration, la récente inauguration de la statue de Berlioz, au square Vintimille, ayant été entourée de toute la solennité désirable. L'exécuteur testamentaire, M. Alexandre, s'est contenté d'envoyer aux membres du comité et à quelques intimes, des invitations manuscrites.

MM. Reyer, Weber, Pasdeloup, Delaborde, et une centaine de personnes assistaient à la levée du voile qui recouvrait le monument.

⁂

Notre correspondant à Berlin nous écrit que le contrat entre l'intendance de l'Opéra royal et le chef d'orchestre Antoine Seidl, à New-York, a été définitivement signé.

Il paraît que vers Pâques on donnera à l'Opéra de Berlin une audition du nouvel oratorio " *The Golden Legend* „ (*la Légende dorée*), texte d'après le célèbre poème de Longfellow, musique de Sir Arthur Sullivan, le célèbre compositeur anglais, l'heureux auteur de l'opérette six cents fois centenaire, le *Mikado*.

Il paraît que la princesse héritière d'Allemagne, fille de la Reine d'Angleterre, s'est beaucoup employée pour obtenir l'exécution de l'oratorio de son compatriote.

⁂

La société chorale *Cœcilia* prépare une audition du *Requiem*, de Verdi, qui n'a plus été exécuté depuis bon nombre d'années dans la capitale allemande.

⁂

Le dernier mois de la saison des concerts, à Berlin, paraît devoir être très intéressant. On annonce une audition de la Messe solennelle en *ré*, de Beethoven, par la société chorale de Stern, sous la direction de M. Rudorff.

D'autre part, la petite, mais exquise société chorale, que dirige le jeune compositeur Siegfried Ochs, prépare une audition des plus intéressantes. On lira au moins qu'une " première d'une œuvre inédite de Beethoven „. Il s'agit de la cantate composée par Beethoven et exécutée de son vivant une seule fois : *Zur Weihe des Hauses* (pour la Consécration du Théâtre). Cette œuvre n'avait plus été exécutée depuis la siècle dernier, sauf la célèbre et splendide ouverture en *ut* (œuvre 124), qui est restée au répertoire de tous les concerts.

Une nouvelle aussi inattendue qu'extrêmement fâcheuse nous arrive de Berlin : M. Klindworth, vu les déficits qui "couronnent„ dans cette saison presque toutes les entreprises musicales à Berlin, a résolu d'abandonner pour le présent, c'est-à-dire d'ajourner jusqu'à la saison prochaine, l'exécution depuis si longtemps annoncée et préparée de la *Damnation de Faust*, de Berlioz.

⁂

Le directeur du Victoria-Theater, de Berlin, où eurent lieu, en 1881, les trois représentations de *l'Anneau du Nibelung*, par la troupe de M. Angelo Neumann, se propose de reprendre successivement, en allemand, le *Cid*, de Jules Massenet, le *Mefistofele*, d'Arrigo Boïto, et enfin, *last not least*, l'*Otello* de Verdi.

⁂

Hans de Bülow vient de signer avec le directeur du Stadt-Theater, de Hambourg, M. Pollini, un contrat pour la direction de quelques représentations extraordinaires d'opéras, entièrement à son choix. On désigne entre autres la *Reine de Saba*, de Karl Goldmark, de Vienne. M. de Bülow, on le sait, a dernièrement préparé et dirigé, à Hambourg, trois représentations modèles de *Carmen*, devant une salle comble et un public enthousiaste.

Les six concerts d'abonnement que l'éminent chef d'orchestre y a dirigés dans la seconde moitié de la dernière saison, lui ont valu des triomphes extraordinaires. Dans le dernier de ces concerts, il a dirigé la neuvième symphonie et joué le concerto en *sol*, de Beethoven, pendant que le chef d'orchestre de l'Opéra, M. Josef Sucher, dirigeait l'orchestre.

Nous lisons dans plusieurs journaux de Vienne, entre autres l'*Abendblatt*, le *Wiener Salonblatt*, que le célèbre violoniste César Thompson vient de remporter un succès triomphal dans la capitale de l'Autriche, où il a joué dans le concert organisé par le prince de Reuss, au profit de la croix rouge, et puis dans différents autres concerts importants. Les *critiques* les plus autorisés sont unanimes à constater, qu'outre les hautes qualités artistiques de Thompson, il possède un mécanisme qui tient de la fable.

Suppé, le compositeur du *Poète et Paysan*, de *Fatinitza*, de *Juanita*, etc., vient de faire jouer, au théâtre An der Wien, à Vienne, une nouvelle opérette en trois actes dont le titre est *Bellman*. L'action se passe en Suède.

L'ouvrage devait finir par ces mots : " Guerre à la Russie! „ mais la censure autrichienne les a retranchés.

La musique a obtenu un grand succès.

M. Émile Blauwaert, l'éminent chanteur belge, à peine rentré à Bruxelles de sa tournée en Autriche et en Russie, vient de repartir pour Paris, où il va chanter le rôle de *Telramund* dans *Lohengrin*, à l'Éden-Théâtre.

La tournée que M. Blauwaert vient de faire a été pour lui l'occasion de succès exceptionnels.

Parti de Bruxelles au commencement du mois de novembre, M.Blauwaert a donné successivement à Vienne 3 concerts pour son propre compte,et il a prêté son concours à de nombreux concerts de sociétés. Le chanteur a été fêté, et ce qui prouve son triomphe, c'est que le peintre Beraton, à Vienne, est occupé à faire son portrait grandeur nature, pour le compte d'un amateur viennois.

De Vienne, M. Blauwaert est allé à Presbourg, et de là à Saint-Pétersbourg, où il avait été invité par Rubinstein.

Les journaux russes parlent de M. Blauwaert avec beaucoup de chaleur. Ils constatent que l'on n'a plus entendu une voix comme la sienne depuis Devoyod, Cotogni et Lassalle.

L'Impératrice, qui a assisté à un de ces concerts, a félicité M. Blauwaert dans les termes très élogieux, et elle a exprimé le désir de le revoir à Saint-Pétersbourg l'hiver prochain.

M. Blauwaert a chanté partout la scène de *Philippe Van Artevelde* de Gevaert, des mélodies de Massenet, Gounod, Delibes, Godard et Huberti.

Pas de serment, de ce dernier, a été bissé partout. M. Blauwaert chantera les 11 et 12 mars à Mayence et à Carlsruhe.

Le 16 avril aura lieu la première de *Lohengrin*, à Paris. M. Lamoureux a fait des engagements pour 10 représentations, mais on espère davantage.

On donne au *National* cette grosse nouvelle comme certaine :

" MM. Campocasso, directeur du Grand-Théâtre de Lyon, et Verdhurt, ancien directeur du théâtre de la Monnaie de Bruxelles, feraient l'un prochain, à Paris, un Théâtre-Lyrique.

" Dans le cas où la salle qu'ils ont en vue ne leur serait pas livrée à temps, ces messieurs se sont, paraît-il, engagés à faire construire une salle provisoire. Pourquoi pas ? Cette " provisoire „ de l'Opéra, rue Lepelletier, était excellente au point de vue de l'acoustique et a duré plus de quarante ans. „

Que de beaux projets!...

Le quatrième concert de l'Association des Artistes-Musiciens promet de clore brillamment la série des fêtes données, cet hiver, par cette intéressante institution ; il aura lieu samedi prochain, 12 mars, à 8 heures du soir, au local de la Grande-Harmonie, avec le concours de Mᵐᵉ Hamaekers, cantatrice dont l'éloge n'est plus à faire, de l'excellent pianiste M. A. De Greef et de M. O. Dossin, violoniste, professeur au Conservatoire royal de Liège.

L'orchestre, sous la direction de M. Léon Jehin, exécutera des œuvres de Beethoven, de Brahms et de Ed. de Hartog.

M. Poncelet, professeur au Conservatoire royal, vient d'être nommé chevalier de l'Ordre Léopold.

A cette occasion il a été l'objet d'une manifestation sympathique de la part de l'orchestre du théâtre de la Monnaie, dont il fait partie.

L'autre jour à l'une des répétitions de la *Walkyrie*, pour saluer cette nomination, l'orchestre, à l'arrivée de M. Poncelet, a joué la *Brabançonne*, et M. Dupont l'a félicité.

M. Poncelet a chaleureusement remercié son chef et ses collègues pour cette marque de sympathie.

M. Jules Hoton, chef de musique au 3ᵐᵉ régiment de lanciers, vient d'être nommé chevalier de l'Ordre Léopold. M. Hoton est le plus ancien chef de musique de l'Armée belge.

VARIÉTÉS

ÉPHÉMÉRIDES MUSICALES

— Le 11 mars 1826, à Paris (Odéon), *Marguerite d'Anjou*, 3 actes, de Meyerbeer. — Traduction de sa *Margherita d'Anju*, opera semi-seria représenté à la Scala de Milan le 14 novembre 1820, et qui se ressentait de l'influence rossinienne. Un certain Crémont eut l'impudeur d'arranger pour la scène française la musique de Meyerbeer, cela était écrit tout au long sur les affiches. Cette adaptation hybride obtint néanmoins du succès, notamment à Bruxelles, le 21 décembre 1826.

— Le 12 mars 1827, à Boulogne-sur-Mer, naissance de Félix-Alexandre Guilmant, un des premiers organistes français, ancien élève de Lemmens et auteur de compositions très estimées.

— Le 13 mars 1810, à Namur, l'affiche du théâtre annonçait une représentation extraordinaire au bénéfice de Mᵐᵉ Fievez, et le directeur de la troupe, un certain Reinal, la faisait précéder de ce petit boniment. Nous copions littéralement :

" *Le Paradis perdu ou Milton*, opéra en un acte, musique del signor Spontiny, maître de musique de la chapelle de S. M. le roi de Naples ; ce vaste génie dont *la Vestale*, grand-opéra, atteste la gloire et le talent, est regardé comme un des meilleurs compositeurs. „

Le Paradis perdu est un titre ajouté à celui de *Milton*, le seul que porte la pièce, l'épisode qui en fait le sujet n'ayant aucune corrélation avec le poème du célèbre écrivain anglais.

N'importe. Les Namurois s'y sont laissés prendre et ils sont accourus en foule, les uns pour voir le *Paradis perdu* de Milton, les autres pour entendre la musique " del signor Spontiny. „

Cléophas en Égypte ou Joseph vendu par ses frères, opéra de Méhul, terminait le spectacle. Cléophas! que diable vient-il faire ici?

— Le 14 mars 1866, à Liège, *Le Béarnais*, 3 actes de Théodore Radoux. — Artistes : MM. Carman, Frunet, Odézenne, Mᵐᵉˢ Singelée et Cèbe.

Au sujet de la première du *Béarnais*, nous reçûmes de notre regretté correspondant, J.-B. Rongé, un article très étendu d'où nous extrayons les lignes suivantes :

" M. Radoux est un compositeur dramatique dans l'acception la plus large du mot : il a l'inspiration et la science qui la féconde; il possède les secrets d'un art difficile; son œuvre toujours soucieuse ne traduit guère l'inexpérience du jeune musicien. Peut-être sa musique est-elle un peu tourmentée; sa modulation et ses effets d'orchestre toujours recherchés, le conduisent quelquefois hors du sentier de la mélodie pure; mais M. Radoux est excusable d'être de son époque; nous ne saurions lui faire un crime de se laisser aller à la dérive et de suivre le courant qui nous entraîne tous, malgré nous, à notre insu. „

Repris au théâtre de Liège, en 1866 et 1869, *le Béarnais* reçut un fort bon accueil à la Monnaie, de Bruxelles, le 30 janvier 1868, puis à Lille, en 1879.

— Le 15 mars 1828, à Anvers, Henri Vieuxtemps, âgé de 8 ans, donne son premier concert au Théâtre royal. Il était descendu chez M. Depouhon avec son père et son professeur Ledoux, et c'est dans cette maison que le jeune virtuose fit la connaissance de M. Désiré Le Jeune,qui devint pour lui l'ami le plus dévoué. C'est dans la famille de cet homme de cœur et de talent—il jouait excellemment du violon — que sont conservées les lettres si précieuses écrites par Vieuxtemps aux différentes époques de sa vie. Nos lecteurs ont pu juger de leur intérêt par les fragments que nous en avons donnés; la source est loin d'être épuisée et nous aurons encore à y revenir.

A ce même voyage à Anvers se rattache un petit épisode qui est ainsi raconté par notre ami Maurice Kufferath dans sa monographie de Vieuxtemps (Bruxelles, Rozez, p. 59) :

" M. Depouhon, qui traitait l'enfant comme son fils, aimait à le promener par la ville, On dans une de ces promenades, le petit Vieuxtemps, dont la vive curiosité s'amusait du mouvement des rues et de tout ce qui frappait sa vue, s'arrêta devant la vitrine d'un bijoutier; dans une contemplation d'éblouissement. — Oh! le joli coq, s'exclamait-il, le joli coq! — On avait beau vouloir l'entraîner, il ne pouvait détacher ses yeux d'une épingle qui le fascinait. — Mon Dieu! lui dit Depouhon, si tu tiens tant à ce coq, je vais te l'acheter. Il entra, fit l'emplette et présenta le cadeau à son petit ami.

Deux heures plus tard, on était à table; au moment de passer au dessert, on s'étonne de ne plus apercevoir l'enfant; on l'appelle, on le cherche partout; on finit par le découvrir assis dans un coin du jardin. A l'approche des gens de la maison, le bambin se lève, agitant une feuille de papier couverte de notes, qu'il court porter à celui dont il avait reçu le bijou. C'était une composition! Elle figure aujourd'hui dans les œuvres du grand violoniste sous le titre : *le Chant du Coq*, amplifiée et refaite bien entendu. „

— Le 16 mars 1796, à Londres (Drury-Lane) *Blue Beard or female curiosity*. (Barbe-bleue ou la femme curieuse), opéra écrit par Colman jeune, et la musique composée et « compilée » par Kelly. Ainsi s'exprime Parke, dans ses Mémoires (sans ce qu'il ne dit pas, c'est le mot du " compilé „, notre Grétry, dont les airs transportèrent le public et assurèrent à la pièce un succès " unprecedented. „

Ajouter cette note à notre éphémérides du 2 mars dernier. (*Guide mus.*, du 24 février.)

— Le 17 mars 1789, à Paris (Opéra), *Aspasie*, 3 actes, de Grétry. Les parties de la partition qui firent le plus d'effet furent les chœurs, mais principalement les airs de danse, dont plusieurs sont restés au répertoire, intercalés dans les ballets postérieurs. Comme dans *Paisvarge*, Grétry remplaça son ouverture dans le divertissement final pour y remplir l'office de l'ancienne chaconne, qui était " démodée. Grand succès pour la composition chorégraphique de Gardel (14 représentations).

Grétry paraît avoir renié cet enfant de ses œuvres, car il n'y fait pas même allusion dans ses *Mémoires*.

Nécrologie.

Sont décédés :

À Saint-Pétersbourg, le 15/27 février, de la rupture d'un anévrisme, Alexandre Borodine, l'un des chefs de la jeune école russe et le plus remarquable symphoniste de ce pays. Alexandre Borodine n'avait guère que 58 ans. Talent tout à fait exceptionnel, caractère simple et modeste, Borodine laisse une œuvre de choix qui le place en bon rang parmi les maîtres les plus originaux de ce temps. Ses deux symphonies à grand orchestre ont souvent été jouées en Russie et à l'étranger, ainsi que son esquisse orchestrale si pittoresque, intitulée : *En Asie centrale*. On doit encore à Borodine deux quatuors pour instruments à cordes, quelques petits morceaux de piano et une demi-douzaine de ballades et de chansons. Il travaillait depuis longtemps à un opéra, *le Prince Igor*, sur un sujet emprunté à un poème épique vieux-russe. Cet opéra est resté incomplet, mais il sera achevé, dit-on, par MM. Rimsky-Korsakow et Glazounow. On a exécuté déjà dans les concerts deux ou trois airs et plusieurs chœurs de cet opéra. Borodine a fait partie, pendant quelques années, du directoire de la section pétersbourgeoise de la Société musicale russe.

Il était professeur de chimie à l'Académie militaire russe de médecine. Sa mort est un deuil cruel pour l'école musicale russe.

— A Milan, le 20 février, à l'âge de 39 ans, Enrico Ricordi, un des fils de Tito Ricordi et associé dans une fabrique de pianos. Il était parfait musicien.

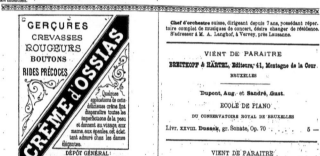
Imp. Th. Lombaerts, rue Montagne des Aveugles, 7.

Le Guide Musical

Paraissant tous les jeudis.

ABONNEMENT
FRANCE & BELGIQUE, 10 francs par an.
LES AUTRES PAYS, 10 francs (port en sus)

SCHOTT FRÈRES, ÉDITEURS.
Paris, Boulevard Montmartre, 19
Bruxelles, Montagne de la Cour, 82

ANNONCES
LA LIGNE . . . . Fr. 0.50
On traite à forfait pour les grandes annonces.

Le Livret d'opéra français

DE LULLY A GLUCK

1672-1779

(Suite. — Voir le dernier numéro.)

On ne manquera pas d'objecter, à cette critique du livret italien, les noms de Métastase et d'Apostolo Zeno, qui ont su donner à leurs productions lyriques une existence presque indépendante du charme de la musique. Mais il est à remarquer que l'on cite constamment Métastase et Zeno sans songer que depuis deux siècles il s'est bien produit, au delà des monts, un millier de librettistes. Et de ceux-là, combien en doit-on compter dont les poèmes vaillent qu'on s'y arrête ?

Aucun argument ne vient mieux à l'appui de notre thèse que l'empressement des compositeurs italiens à s'emparer d'un petit nombre de drames et de comédies où ils trouvent de la conduite et de beaux vers.

Voici, pour les plus connues des œuvres de Métastase, le nombre d'opéras dont elles ont fourni le canevas :

Alessandro Nell'Idie, 86.	*Didone abbandonata*, 87.
Demofonte, 83.	*Olimpiade*, 82.
Adriano, 82.	*La clemenza di Tito*, 18.
Ipermestra, 18.	*Vitteti*, 18.
Siroè re di Persia, 16.	*Il re Pastor*, 12.
Issipile, 12.	*Zenobia*, 10.
L'Isola disabitata, 10.	*L'Eroö cineses*, 9.
Semiramide, 7.	*Temistocle*, 6.
Artaserse, 6.	

Zeno, de son côté, n'est point trop mal partagé. Il existe à notre connaissance :

14 *Griselda*.	20 *Ifigenia*.
17 *Merope*.	12 *Mitridate*.
10 *Lucio Papirio*.	6 *Sesostri*.
6 *Ormisda*.	4 *Temistocle*.

Enfin, on compte 7 musiciens qui ont mis en opéra le *Telemacco* de C. Cappece, et 14 autres maëstri qui ont traité le *Tamerlano* de Piovene.

L'œuvre de ces trois ou quatre grands poètes lyriques était vraiment devenue, dans la deuxième moitié du XVIIIᵉ siècle, cette *publica Materies* dont parle Horace en un passage de son *art poétique*.

Métastase avait-il pleine confiance dans ses nombreux collaborateurs ? Il est permis d'en douter, en lisant une phrase de la lettre qui accompagne l'envoi de *Demofonte* à un de ses amis : « Quel que soit ce pauvre drame, écrit-il, ce ne sont pas assurément nos musiciens d'aujourd'hui qui le feront valoir... Contents d'avoir dans leurs airs, le plus souvent ennuyeux, chatouillé les oreilles avec une sonate de gosier (*sonatine di gula*), ils ont fait de notre théâtre dramatique un amas d'invraisemblances honteux et intolérable. » Et pourtant, ces musiciens s'appelaient Caldara, Duni, Leo, Hasse, Sarti, etc., tous illustres, tous en pleine possession de la faveur du public. Mais ce que Métastase désespérait de rencontrer, c'était un compositeur d'opéra qui consentît à plier son talent aux nécessités de l'action dramatique et qui sût borner son art, comme aurait dit Gluck, à « seconder la poésie pour fortifier l'expression des sentiments et des situations ». N'oublions pas que *Demofonte* a été écrit en 1733, et que l'Épître dédicatoire d'*Alceste* fut rédigée trente ans plus tard.

La satyre la plus mordante, la plus spirituelle, la plus juste qui ait été faite de l'opéra italien, nous la devons à un musicien de génie, Benedetto Marcello (1), qui la data de Venise, vers 1720. Les extraits suivants en donneront le ton général, en même temps qu'ils résumeront admirablement la question qui nous occupe. La brochure a pour titre : *Il teatro alla moda, o sia metodo sicuro e facile per ben conporre ed asseguire il opera italiene in musica*, etc... (Le Théâtre à la mode, ou méthode sûre et facile pour bien composer et exécuter les œuvres italiennes en musique.)

L'auteur, tout d'abord, prodigue ses conseils au fabricant de livrets ; le début est assez plaisant :

« Premièrement, le poète moderne doit bien se garder de lire les auteurs anciens, par la raison que les anciens n'ont jamais lu les modernes ; il ne se mettra pas en peine non plus d'apprécier la nature du mètre et du vers, il lui suffira d'en avoir une connaissance superficielle.

» Avant de se mettre à l'ouvrage, il prendra une note exacte de la quantité et de la qualité des scènes que l'entrepreneur désirera qui soient introduites dans le drame. Si celui-ci veut y faire entrer un ciel, un festin, un sacrifice, il faut alors que le poète s'entende avec les machinistes, et qu'il sache par combien de dialogues, de monologues et d'ariettes il doit allonger les scènes précédentes, pour donner aux ouvriers le temps de tout préparer.

» Il composera son poème vers à vers, sans se préoccuper de l'action. Le musicien donne au poète la mesure et la quantité des vers qui doivent entrer dans les ariettes ; il n'est pas nécessaire, d'ailleurs, qu'il ait une teinture quelconque de poésie, ni qu'il sente la force des scènes ou l'esprit de la pièce.

» Quant au poète, il devra introduire des ballets de jardiniers dans les salons des Rois, et, dans les banquets, des danses, des courtisanes, etc., etc.

» Et enfin :

» Si le virtuose prononce mal, le poète doit bien se garder de le corriger, attendu que, si la prononciation était nette et exacte, le débit des livrets deviendrait beaucoup moins considérable. »

Ne dirait-on pas que, cinquante ans avant le *Barbier de Séville* de Beaumarchais, Marcello paraphrase le mot si souvent répété de Figaro : « Ce qui ne vaut pas la peine d'être dit, on le chante. »

(*A suivre.*) 　　　　　　　　EUGÈNE DE BRICQUEVILLE.

LA WALKYRIE
A BRUXELLES

Vraie fête de l'esprit, joie bienfaisante de l'intelligence, ce grand fait artistique de la première exécution en français d'un fragment du *Ring* » mis la déroute parmi les derniers tenants de la vieille école et des théories surannées. C'est un véritable effondrement. Toute la critique s'est inclinée cette fois devant le génie triomphant du maître de Bayreuth. Seulement, et c'est là un phénomène

(1) Marcello, auteur des *Psaumes*, naquit en 1686 et mourut en 1739. L'abbé Arnaud, le savant Gluckiste, a publié une analyse et une traduction du *Teatro alla moda* (premier volume de ses œuvres complètes, p. 815).

curieux que l'on peut observer à chacune de ces grandes manifestations artistiques, tandis que les uns confessent avec simplicité leur erreurs passées, les autres montrent une mauvaise humeur singulière à suivre le courant contre lequel ils sont désormais impuissants à lutter. Il n'y a pas lieu de s'en plaindre. Chaque fois que surgit une de ces œuvres qui marquent les étapes d'un art, on a vu ainsi ceux en qui souffle l'esprit bourgeois battre en retraite sans fierté et sans noblesse. Le génie, ils ne peuvent le nier ; ils tâchent alors de le rapetisser.

Et voici l'un des résultats les plus frappants de ces belles fêtes artistiques : c'est qu'immédiatement on est fixé sur la qualité intellectuelle des gens. D'un côté, il y a ceux qui admirent en connaissance de cause et ceux qui admirent naïvement ; de l'autre, il y a les bourgeois, ennemis nés de l'art, les médiocres qui réduisent à leur conception les créations indépendantes et libres de l'artiste ; ne pouvant résister, ils se résignent péniblement, ils s'inclinent, mais en maugréant. Selon la pittoresque expression de Saint-Saëns, ils cherchent des poux à lion.

O la calamiteuse posture que ça leur fait ! O la vaine et piteuse besogne qu'ils accomplissent là ! En cette occasion, comme en bien d'autres, on les a vus donner de sages conseils à l'auteur et veiller avec sollicitude à l'amélioration de son œuvre : il faudrait couper ici ; là, donner plus d'accent ; ailleurs, atténuer ! C'est un spectacle d'une inénarrable joyeuseté de voir ces vastes cerveaux s'appliquant à redresser ce que le pauvre artiste de génie n'avait pas bien clairement conçu. Entre artistes, quelquefois au métier, quelquefois une timide observation est hasardée, tout bas ; jamais elle n'oserait se produire publiquement. Eux, ils n'ont pas de ces scrupules ; avec la sérénité tranquille que donne la bêtise bourgeoise, ils étalent leurs réflexions tout au long des colonnes de journaux. Ce qui serait beau, c'est l'œuvre qui résulterait des amendements successifs apportés par ces intelligences d'élite à la primitive conception de l'artiste. Si j'étais prince ou roi, et que j'eusse à ma disposition une troupe et un théâtre, j'en voudrais faire l'expérience, et je donnerais un jour l'œuvre remaniée suivant ces grands aristarques.

..*

Laissons ces hauts esprits continuer leurs exercices épilatoires.

Ce qui me plait en cette lutte du génie contre l'esprit bourgeois, c'est l'unanime et constante fidélité que la masse, cette chose inerte et inintelligente par elle-même, témoigne à l'artiste dont elle a une fois reconnu la supériorité.

Avec *Lohengrin*, Wagner avait frappé le premier coup ; les *Maîtres chanteurs* avaient achevé de faire la brèche. Avec la *Walkyrie* la victoire est devenue définitive et, désormais, on pourra monter, à Bruxelles, ou *Tristan*, ou le *Ring* tout entier, ou *Parsifal*; les directeurs de la Monnaie ne courront plus aucun risque, si ce n'est celui auquel les pourrais exposer une exécution insuffisante ou incomplète.

Ainsi se vérifie et se justifie ce que je disais, il y a deux ans, à propos des *Maîtres chanteurs* ; plus on connaîtra Wagner, plus on l'admira. Les résistances qu'il a si longtemps rencontrées sont venues pour la majeure partie de l'ignorance où l'on était de ses œuvres. Et voyez : la *Walkyrie* n'a plus eu qu'à paraître, et ç'a été une acclamation unanime et sans réserve cette fois, de la puissance du génie de Wagner, de la grandeur de ses conceptions. L'antiwagnérisme a ceci de particulier qu'il n'a jamais eu la conscience bien nette de ce qu'il faisait. Tant qu'il a pu proclamer sans que le public fût à même de juger, que l'art nouveau était un composé extravagant d'absurdités et de défis au sens commun, il a pu se manifester librement et il a abusé de la latitude. Aujourd'hui qu'il s'agit de s'expliquer nettement et de prendre corps à corps l'œuvre et les théories, il n'y a plus d'Antiwagnérisme. L'humanité se divise maintenant en Wagnériens raisonnables et en Wagnériens ; au reste ils ne sont pas. La seule différence qu'il y ait entre les deux espèces, c'est que les uns, connaissant à fond l'homme et l'artiste, ont pour lui une admiration enthousiaste ; et que les autres, ne connaissant l'un et l'autre que très superficiellement, conservent au fond contre lui, à la même haine qu'autrefois les antiwagnériens par système. Cet homme les gêne, il dérange leurs petites idées sur le théâtre, la mise en scène, l'art musical. Et alors ils raisonnent. Seulement, comme ils ne sont pas de taille à s'attaquer directement aux œuvres mêmes,c'est à des détails infimes qu'ils s'en prennent. Ils ont des colères féroces contre la chute du rideau qui s'ouvre par le milieu sans se douter qu'il est là pour faire un cadre au tableau scénique. Leur joie éclate bruyante quand les bêliars refusent leur service ou que le bon.Grane récalcitre et se cabre à l'idée de descendre un praticable. Les images de Walkyries traversant les nuages leur mettent le sourire aux lèvres. Devant un tableau ils parlent de quoi? du cadre! Dans un opéra comme *Patrie*, c'est un menuet qui les fait se pâmer. C'est pour eux que M. Massenet a édulcoré les sujets d'*Hérodiade* et du *Cid*. *Vision fugitive* dit toute la tragédie du précurseur Jean-Baptiste; la *Danse du ventre* caractérise la tragédie castillane du Campéador.

Faut-il s'étonner que le second acte de la *Walkyrie* les assomme? Oh que non! c'est dans l'ordre. Leur cerveau est faible et ne supporte pas un grand effort d'attention. Si Wagner a du génie, comme ils sont bien forcés de l'avouer, il est impossible qu'une partie quelconque de son œuvre nous laisse indifférents, sans cela il ne serait pas un génie. Ils bâillent tout de même. Wagner n'a du reste pas seul le privilège de les ennuyer. Le grand Bach et le bon Beethoven lui tiennent compagnie. Ils ont horreur de tout ce qui est grand, profond, élevé, puissant, et ce qui achève de caractériser leur infirmité cérébrale, c'est qu'ils l'étalent avec une adorable naïveté, tout en se proclamant très sceptiques et pas gobeurs du tout!

C'est une pitié qu'il faille constamment lutter contre cet esprit terre à terre, mesquin, vulgaire et plat!

**

Heureusement, il y a des compensations. Ce qui nous réjouit surtout dans le triomphe artistique de la *Walkyrie*, c'est la séduction de plus en plus complète que cet art nouveau exerce sur ceux-là mêmes qui sont appelés à en être les interprètes.

Au début, il s'était produit des doutes et des inquiétudes. Demandez aujourd'hui aux protagonistes de l'interprétation ce qu'ils pensent. Demain, avec plus de confiance et une ardeur grandissante, ils se donneront à une nouvelle expérience. La lumière s'est faite en eux et ils ne doutent plus, car mieux que personne, ils ont été placés pour apprécier la puissance et l'intensité du génie wagnérien. Voilà le fait glorieux qui se dégage de cette nouvelle tentative et il y a plaisir à l'enregistrer.

Cette constatation suffit pour faire l'éloge qui, légitimement, revient à chacun des interprètes de l'exécution bruxelloise. Dire qu'ils se sont imprégnés de l'esprit de l'œuvre, c'est dire qu'ils ont rendu avec l'autorité que demande en certaines de ses parties, le rôle de Brunnhilde, elle en traduit, en revanche, avec infiniment de charme les passages de tendresse filiale. Mlle Martini manque d'un bout à l'autre, tour à tour timide, passionnée, tragique, avec un constant et très remarquable souci de la diction et du style musical. Mlle Balensi donne de l'animation au personnage de Fricka, seulement elle enlève quelque peu de sa majesté au personnage de la Junon germanique; M. Engel égale Niemann dans le rôle de Siegmund par le jeu, la physionomie, et il lui est supérieur certainement par la voix; M. Bourgeois pourrait donner un accent plus sombre au farouche Hounding; un peu plus d'énergie siérait au personnage. Quant à M. Séguin, sa création de Wotan vaut celle de Hans Sachs. La voix est d'un admirable éclat, la composition du personnage d'une ampleur épique. Les Walkyries enfin ont dans la voix et le geste l'allure guerrière et l'humeur farouche qui leur convient. Bref, c'est un ensemble qui ne laisse rien à désirer. En général, on ne peut assez louer le soin avec lequel l'œuvre a été montée; il suffit de mentionner que les petits rôles sont remplis par des chefs d'emplois, telles que Mmes Thuringer, Wolff, Angèle Legault, Flon-Botman, etc. L'orchestre est parfait et d'une souplesse exquise, la mise en scène féerique. MM. Joseph Dupont et Lapissida ont fait œuvre d'artistes. Ils auront la reconnaissance de tous ceux qui aiment sincèrement le grand art. Une part de cette reconnaissance ira aussi à Victor Wilder qui par sa claire version du poème germanique a rendu possible cette parfaite exécution française.

M. KUFFERATH.

QUELQUES RÉFLEXIONS
à propos du cinquantième anniversaire
DE L'OPÉRA DE GLINKA « LA VIE POUR LE TSAR »

algré les éminentes facultés musicales des Russes — dont peuvent faire foi nos chants nationaux — la musique n'est devenue chez nous un art que depuis environ cinquante ans, à l'époque de la création de « *la Vie pour le Tsar*„ par Glinka; de telle sorte qu'en disant: le cinquantième anniversaire de la « *Vie pour le Tsar* „, on dit en même temps le cinquantième anniversaire de la musique en Russie.

Ceci provient de ceque, pendant bien longtemps, la direction de notre musique est restée dans des mains étrangères, et que nos premiers compositeurs, assez faibles sous le rapport de la technique, étaient plutôt des dilettanti que des musiciens.

En 1785, sous le règne de l'Impératrice Anna Iwanowna, on fit venir à Pétersbourg une troupe italienne, sous la direction du compositeur Araja, et l'on commença à donner chez nous des représentations en langue italienne.Selon le désir de l'Impératrice Elisabeth Petrowna, on forma une troupe d'opéra russe, mais on ne fit qu'exécuter *en russe* les opéras des compositeurs *italiens*. En 1755, on donna pour la première fois un opéra en langue russe, c'était : *Céphale et Procris*; le texte par Soumarokoff, la musique par Araja ci-dessus nommé.

A cette époque, les compositeurs russes commencèrent à faire leur apparition : Volkow — Fomine — les frères Titoff — Aliabieff — Verstowski; — mais ils se contentèrent d'une pâle imitation des Italiens, et quand ils voulaient s'aventurer dans une voie originale, l'absence de toute étude technique préalable leur faisait produire des œuvres insignifiantes et éphémères. Verstowski était le plus doué de tous. Parfois il ne manquait pas d'inspiration mélodique; dans sa musique on sent le souffle de l'esprit national; beaucoup de thèmes du « *Tombeau d'Askold* „ sont devenus populaires; mais malheureusement il n'était pas capable d'aller au delà de la forme des airs à couplets, et les numéros plus compliqués de son opéra sont d'une insuffisance presque comique.

Glinka seul, grâce à son génie créateur, à sa technique universelle, à son imagination musicale, posa tout d'un coup chez nous des bases solides à la musique et la transforma en un art véritable par ses opéras la *Vie pour le Tsar* et *Rousslane et Ludmilla*.

Le premier opéra de Glinka est déjà une œuvre neuve, finie, digne d'être placée à côté des meilleurs opéras de l'Europe occidentale; quant à *Rousslane*, sous le rapport purement musical, il est encore supérieur à la *Vie pour le Tsar*.

Mais si Glinka a tout fait pour la *musique* d'opéra, il n'a donné aucune impulsion nouvelle aux *formes* de l'opéra; il se contenta des formes usitées en Occident, et l'honneur d'avoir apporté un développement nouveau aux formes de l'opéra appartient à Dargomijsky et à la nouvelle-école russe.

Déjà, dans la *Roussalka* (*l'Ondine*) de Dargomijsky, de considérables infractions avaient été faites aux formes traditionnelle de l'opéra, et une place importante avait été assignée au récitatif; non pas au récitatif italien, sec, aride, monotone, sans intérêt, mais au récitatif mélodique, renfermant une pensée musicale pleine d'intérêt et capable de produire une forte impression par elle-même.

Immédiatement après Glinka, il apparut chez nous un groupe de jeunes compositeurs de grand talent : MM. Balakireff, Borodine, Rimsky, Korsakoff, Moussorgsky (je ne parle pas de Dutch, Seroff, Rubinstein, parce que leurs œuvres, malgré leur mérite, n'ont pas eu d'influence sur la direction des tendances de notre art). Ce groupe, prenant pour point de départ la musique de Glinka dans les morceaux de forme arrondie, et les récitatifs de Dargomijsky dans les scènes dramatiques, recula jusqu'aux limites les plus étendues l'exploitation des formes du l'opéra, et créa une école russe particulière, individuelle, un style d'opéra, basé sur l'assimilation étroite du texte avec la musique, sur le renforcement du texte par la musique, sur la justesse de la déclamation, sur la vérité d'expression de toutes les situations scéniques, sur la peinture exacte des caractères des personnages, de l'époque, du pays, et, avec tout cela, sur l'idée mélodique avant tout et la suprématie des voix sur l'orchestre. Cette impulsion fut très énergique, et Dargomijsky y contribua de toute son âme en écrivant le Convive de Pierre, l'expression la plus parfaite, quoique exclusive de ce système. Les adversaires mêmes de la nouvelle école Russe subissent son influence d'une manière peut-être tout à fait inconsciente : entre autres un compositeur d'un aussi grand talent que M. Tschaïkowsky et un homme de capacités aussi minuscules que M. Soloview, lequel, non content de copier le style de la nouvelle école russe, a fait main basse sur nombre de mélodies d'opéra de cette école, pour en faire usage dans sa Cordelia (la Haine, de Sardou), le plus fort et le plus curieux plagiat musical que je connaisse.

Quelques-uns des compositeurs du groupe ci-dessus mentionné coopérèrent au développement de l'idéal de l'opérapar la théorie seulement (Balakireff, Borodine), d'autres par leurs œuvres (Korsakoff, Moussorgsky) (1), et de cette manière il se forma bientôt chez nous un répertoire d'opéra peu nombreux mais d'une valeur intrinsèque, digne de rivaliser avec n'importe quel répertoire d'opéra de l'Europe occidentale.

(A suivre.)   César Cui.

Revue des Concerts

Les petits concerts avec orchestre et piano : MM. Sarasate et Diémer, Mlle Poitevin. — La reprise de Tristan et Iseult à l'Eden: débuts de Mlle Leroux.— Quelques mots au sujet de Lohengrin. — L'exécution intégrale du Manfred de Schumann au Châtelet.

PARIS, 16° mars.

Les trois concerts avec orchestre que M. Sarasate vient de donner salle Erard, ont été fort brillants et très suivis. Dans le premier, le morceau de résistance était le concerto d'Emile Bernard, œuvre dont j'ai eu déjà l'occasion de faire l'éloge, lors de ses exécutions au Châtelet et récemment aux Concerts populaires de Bruxelles. Grand succès pour l'admirable virtuose, ainsi que dans la Sérénade mélancolique de Tschaïkowsky et le Rondo de Saint-Saëns, deux morceaux charmants et bien connus. Au deuxième concert, un concerto un peu froid et raide de Mackenzie, un Caprice agréable de M.Guiraud, étaient les pièces saillantes. Le troisième concert était plus fourni. La Symphonie espagnole de M. Lalo est une des œuvres les plus vivantes, les plus variées du maître rythmiste; il y a là des bonheurs d'instrumentation, des ardeurs d'expression, quelque chose d'ensoleillé qui réjouit et charme. C'est peut-être l'œuvre où Sarasate est le plus merveilleux, virtuosité à part. Dans le concerto de Saint-Saëns, il a été aussi des plus remarquables. Il a mis encore une fois son auditoire dans l'enthousiasme. Sa Fantaisie sur Carmen, qui terminait la soirée, est fort joliment orchestrée et d'une difficulté d'exécution fantastique; quelle virtuosité amusante, quelle sûreté élégante, quelle justesse et quelle distinction invariables de son ! On ne se lasse pas d'entendre Sarasate; s'il ne se propose pas d'émouvoir profondément, du moins il captive et charme toujours........ Les intermèdes pianistiques de ces concerts ont été exécutés par M. Diémer et Mme Jaëll avec le talent qu'on sait.

M. Diémer a donné lui-même un concert d'orchestre où figurait la belle Fantaisie pour piano et orchestre d'Emile Bernard, qui est peut-être. avec l'ouverture de Béatrice, l'œuvre la plus remarquable de l'auteur; il y a là un intérêt soutenu de toutes les parties, un charme et parfois un imprévu dans l'agencement harmonique, une instrumentation pleine et colorée, et dans la partie de piano des qualités de vigueur et de délicatesse, qui font de cette œuvre une des plus accomplies en son genre; nous comptons que l'auteur ne tardera pas à lui donner un pendant. — A mentionner dans le même concert l'intéressant Concertstuck de M. Diémer lui-même, fort bien exécuté par M. Guillaume Rémy, le violoniste émérite, qui avec l'excellent flûtiste Cantié, et M. Louis Diémer, a été des plus remarquables

(1) Il convient d'ajouter César Cui, qui pendant le cours de vingt années a soutenu cette cause comme écrivain et comme compositeur. Deux de ses opéras William Ratliff et Angelo, pleins d'un remarquable talent, appartiennent sans contredit aux plus belles créations de l'Ecole russe.   (Note de l'Editeur)

dans le Concerto en ré majeur de J.S. Bach, œuvre admirable, déjà jouée par ces messieurs au Châtelet dès le début de cette saison, et dont j'ai parlé en détail.

Avant de passer aux concerts de dimanche, il me reste à dire quelques mots de la belle soirée pianistique donnée par Mlle Marie Poitevin. L'excellente artiste possède un talent d'une sûreté et d'une conscience rares, qui lui permet d'aborder tous les genres et tous les auteurs; mais où elle excelle tout à fait, c'est dans le grand classique. Ainsi, dans le concert de mardi dernier, les pièces les plus goûtées par l'auditoire choisi ont été une Sarabande de J.-S. Bach, la Pastorale et Capriccio de Scarlatti, et surtout les trente-deux Variations en ut mineur de Beethoven, une œuvre marquante du début de la seconde manière. Mlle Poitevin s'y est montrée grande artiste en tout point, et bien digne des chaleureux bravos qui l'ont accueillie.

La foule était grande à l'Eden, dimanche, pour entendre le premier acte de Tristan et Iseult. L'intérêt d'interprétation de cette reprise se portait sur le début de Mlle Leroux dans le rôle d'Iseult. Mlle Leroux doit doubler Mme Fidès-Devriès dans le rôle d'Elsa de Lohengrin. Le medium de sa voix est un peu faible, mais elle a dans le haut des notes éclatantes. Evidemment la crainte d'aborder, pour ses débuts devant le public, un rôle aussi écrasant que celui d'Iseult l'a privée d'une partie de ses moyens; cette musique si nouvelle pour les chanteurs, et qui doit leur sembler si étrange, les paralyse et les effraie, surtout s'ils ont été élevés à une autre école, comme c'est toujours le cas. Mlle Leroux fait ce moment son noviciat wagnérien, un peu rude ; comme elle y fait preuve d'intelligence et de zèle, elle s'y tirera à son honneur, et quand elle aura traversé cette épreuve redoutable, le rôle d'Elsa lui semblera un jeu. En attendant, je lui souhaite dans Iseult moins de correction, plus de conviction et d'emportement, en tenant compte de ceci, que l'exécution de telles œuvres au concert en refroidit forcément l'interprétation. Heureux Bruxellois, qui voyez la Walkyrie!..... En tous cas, il faut dès maintenant que Mlle Leroux s'applique encore à donner au texte une articulation plus nette et plus d'accent à la déclamation. D'ailleurs, je suis persuadé, maintenant que Mlle Leroux a affronté le public dans un rôle terrible, qu'elle va y être, dès dimanche, supérieure et remarquable. Le reste de l'interprétation n'a pas changé; comme le passé, il est conforme aux belles traditions des Concerts Lamoureux, sauf que la prononciation distincte et accentuée me semble se relâcher un peu.

Venant d'effleurer le sujet de Lohengrin, je ne puis résister au plaisir de citer ici quelques lignes de notre confrère, M. Arthur Pougin, lignes où se montre son souci des progrès de l'art élevé et sincère, quelle que soit son origine :

" Il est certain, dit-il, en annonçant dans le Ménestrel la tentative théâtrale de l'Eden, que l'œuvre sera, sous tous les rapports, montée avec un soin extrême, et que M. Lamoureux ne reculera devant aucune peine, devant aucun sacrifice pour offrir au public une édition parfaite, splendide, une édition véritablement modèle du chef-d'œuvre de Richard Wagner. On peut s'attendre, de ce fait, à une sensation artistique exceptionnelle, à un spectacle tel qu'on en voit rarement et qu'on n'aura pas l'occasion de revoir souvent.....

Nous souhaitons une chose : c'est que M. Lamoureux réussisse jusqu'au-delà même de ses désirs, si cela était possible, et que le succès de cette tentative hardie l'anime à persévérer dans la voie où il s'engage, et l'encourage à nous rendre enfin, d'une façon régulière et permanente, ce Théâtre-Lyrique tant souhaité de tous, si désirable et si désiré, et dont la malchance poursuit si cruellement, depuis plusieurs années, la résurrection toujours tentée, toujours malheureuse.... ,

On ne peut que s'associer en tous points à ces lignes d'une pensée si clairvoyante, et si franchement et si nettement exprimée.

Chacun sait qu'au Châtelet on est de tempérament accommodant et d'humeur conciliante; dimanche dernier, la musique, qui était devenue accapareuse, y a fait une grande place à sa sœur cadette, la Poésie déclamée, tant et si bien que M. Mounet-Sully a été le héros de la fête, et que Schumann (car il s'agissait de Manfred) a été éclipsé par Byron, ou plutôt par M. Emile Moreau, qui avait fait l'Adaptation, chose fort à la mode.

BALTHAZAR CLAES.

CORRESPONDANCES

SAINT-PÉTERSBOURG, 10 mars.

Les journaux russes confirment la nouvelle, que je vous ai mandée, de la constitution d'une entreprise d'Opéra-Italien privé qui pendant la prochaine saison d'hiver donnera des représentations au théâtre Panaïew à Saint-Pétersbourg.

A l'Opéra-Russe on prépare pour la saison du printemps *Don César deBazan,* un opéra de M. Lischine, qui sera chanté par M. Mikhaïlow et Mme Pavlowsky. L'hiver prochain, le premier opéra nouveau qui passera au Théâtre-Marie sera la *Sorcière* de M. Tschalkovsky, dont quatre fragments (un air de femme, deux chœurs et un *décimette* avec chœurs) viennent d'être exécutées dans un concert des élèves du Conservatoire de Moscou. La seconde nouveauté de la saison sera l'*Otello* de Verdi M. Kondratiew, le régisseur, se rend à Milan pour les préparatifs de cette interprétation.

A Moscou, en l'absence de théâtres russes, les troupes étrangères font de brillantes affaires. M. Possart y donne des représentations du *Manfred* de Byron, avec la musique de Schumann exécutée sous la direction de M. Erdmannsdörfer. L'Opéra privé italien, qui vient de faire connaître aux Moscovites le *Lohengrin* de Wagner, dans l'interprétation de Sylva, de d'Andrade et de Mlle Russel (sous la direction de M. Bevignani), annonce en ce moment un abonnement de huit représentations, qui sera données sous peu avec le concours d'Angelo Masini, le célèbre ténor. M. Mierzwinski vient aussi de se faire entendre dans les concerts de la vieille capitale.

Eug. d'Albert, après ses triomphes pétersbourgeois, est retourné à Moscou, d'où il poursuivra sa tournée en province, poussant jusqu'à Odessa et peut-être même jusqu'à Tiflis. De Kharkow on nous annonce le grand succès de M. Bensch, un autre jeune pianiste, qui se fera entendre aussi dans notre capitale dans le courant de ce carême.

LONDRES, 14 mars.

Samedi soir a eu lieu la représentation d'inauguration de la saison italienne à Covent-Garden. La salle était pleine comme il fallait s'y attendre, car, outre que le public anglais raffole de musique, il tenait à donner à M. J.-H. Mapleson une nouvelle preuve de sa sympathie, à l'occasion de son retour. Voilà, en effet, plusieurs années que M. Mapleson avait abandonné la direction de l'Opéra-Italien pour courir les États-Unis à la tête d'une troupe de chanteurs. Cette fois, M. Mapleson paraît avoir renoncé au système des étoiles généralement ruineux pour les directeurs et peu satisfaisant pour le public, qu'il n'aime pas qu'on lui montre un diamant enchâssé dans du cuivre.

On a joué la *Traviata.* L'opéra de Verdi a été bien chanté par Mlle Nordica, dans le rôle de Violetta, et M. del Puente dans celui de Germont père. Au dernier moment, M. Runcio, le ténor, s'étant fait excuser, M. Ria s'est chargé, au pied levé, du rôle d'Alfredo, et on lui a su gré de ses efforts. Mlle Nordica a une jolie voix dont elle se sert très habilement et a bientôt eu raison de la froideur que le public lui a témoignée pendant la première scène. M. del Puente a été rappelé deux fois après le second acte. L'orchestre était dirigé par M. Loghedar.

ANVERS, 12 mars.

La première représentation de la *Manon,* de M. Massenet, a eu lieu jeudi soir à Anvers. L'auteur, qui avait présidé aux dernières répétitions de son opéra, dirigeait l'orchestre et a été vivement acclamé par le public. Grand succès pour l'œuvre et pour les interprètes, notamment pour Mme Vaillant-Couturier, qui a été charmante dans le rôle principal. M. Mailland s'est vaillamment comporté comme comédien. Quant à M. Couturier, il me semble qu'il a un peu exagéré le caractère de Lescaut, qui certes est un vantard, mais non pas un bouffon. Les rôles secondaires ont aussi été bien tenus. La mise en scène est soignée et l'orchestre excellent, comme toujours.

Un mot seulement de la reprise de *Roméo et Juliette,* qui a servi de rentrée à Mme Vaillant. C'est une des meilleures reprises de la saison et le succès en est dû à Mme Vaillant, qui a été charmante de fraîcheur juvénile et de naïveté dans le doux personnage de Juliette. Dans les dernières scènes elle a été fort émouvante.

Le succès du *Cid* s'accentue de plus en plus. La direction peut se féliciter de l'avoir monté; on fait toujours salle comble.

Mercredi, *Mignon* nous a été revenue au bénéfice de M. Deleray, auquel on a prodigué cadeaux, bouquets et couronnes à profusion.

On parle beaucoup dans notre ville du projet de donner le nom de M. Massenet à l'une des rues de nos nouveaux quartiers.

« Créer une rue Massenet, dit le *Méphisto,* serait aussi logique que

d'avoir créé une rue Gounod, et plus logique que d'avoir inventé des rues Huybrechts, des rues Ellerman, des places Gillis et des cités Geelhand, en mémoire de gens fort braves, mais dont la célébrité est rudement contestable. »

N'est-il pas un peu tôt pour décerner un pareil honneur au jeune maître?

LIÈGE, 14 mars.

Le choix des morceaux dont se composait la deuxième séance de la *Société des Concerts* du Conservatoire, qui a eu lieu samedi dernier dans la salle du Théâtre royal, sous la direction de M. Théodore Radoux, était de nature à inspirer le plus vif intérêt, car les uns étaient tout à fait inconnus et les autres n'ont été entendus que rarement et il y a longtemps.

Le programme a débuté par l'ouverture et les trois scènes du drame la *Pacification de Gand,* de Peter Benoit, prises dans les 2e, 4e et 5e actes. Ces pages larges, nerveuses, colorées, plus mélodiques que polyphoniques, abondantes en sonorités retentissantes de cuivres déchaînés à l'unisson, en roulements de tambour, timbales et grosse caisse, ont laissé l'auditoire fort calme, malgré l'exécution tout à fait parfaite obtenue par M. Radoux de son vaillant orchestre.

La partie rétrospective du concert était empruntée aux 2e et 3e actes d'*Orphée,* de Gluck.

Quelle inimitable chose que ces fragments, dont la vérité d'expression profonde et puissante résiste à tous les caprices de la mode.

La belle voix de Mlle de Saint-Moulin, dans le rôle d'Orphée, y était on ne peut mieux à sa place, et l'intelligente et sympathique cantatrice, chaleureusement applaudie, a su le rendre d'une simple et noble manière qui a droit à tous nos éloges.

Mlle Pirotte, douée d'une voix de soprano ravissante, a fait preuve d'un style excellent dans l'ariette : *Cet asile aimable et tranquille.*

L'orchestre et les chœurs ont donné à ces fragments du maître une interprétation soignée, dans le détail comme dans l'ensemble.

On a fait ensuite une véritable fête à la pianiste française, Mme Marie Poitevin, élève de M. Delaborde, qui jouit dans son pays d'une grande et légitime réputation. On ne saurait mettre plus de profondeur, d'intensité, de sentiment dans le concerto en mi bémol de Beethoven. Rarement nous avons entendu l'*Adagio* joué avec plus de poésie et de délicatesse. Dans *Un caprice poétique,* de Liszt, dans la *Pastorale et Capriccio,* de Scarlatti, d'après Tausig et dans l'*Étude, valse,* de Saint-Saëns, son succès a pris les proportions d'un véritable triomphe, ces œuvres étaient d'ailleurs plus en dehors; mais là aussi, c'a été le charme d'une exécution parfaite dans ses moindres détails, la pureté des traits, la variété des sonorités, modifiées avec un tact irréprochable suivant le caractère des œuvres qui a fait le mérite de sa poétique interprétation. C'est vraiment une artiste hors ligne et dont le beau talent a fait sensation dans ce concert.

Pour finir, il y a eu l'exécution, la première en Belgique, de la nouvelle symphonie en ut mineur de Saint-Saëns, dédiée à Liszt (n° 3), l'œuvre la plus belle peut-être qui ait paru depuis Mendelssohn. Après Londres, Aix-la-Chapelle, Paris, Liège est ainsi la quatrième ville appelée à juger cette œuvre complète d'inspiration mélodique, de conduite, d'instrumentation et d'effet.

L'exécution a été irréprochable.

Les abonnés de la *Société des Concerts* font des instances pour obtenir une seconde audition de la symphonie de Saint-Saëns à la prochaine séance.

A l'exception des représentations au bénéfice des artistes principaux, le Théâtre royal n'est guère suivi et on ne parle de rien moins, s'il faut en croire la rumeur publique, que de sa fermeture à la fin du présent mois.

JULES GHYMERS.

GAND, 14 mars.

GRAND-THÉATRE. — Lundi 7, la *Traviata;* mercredi 9, la *Jour et la Nuit;* vendredi 11, les *Deux Timides* et *Norma;* dimanche 13, le *Cid.*

Mlle Boyer n'avait sans doute pas très bien considéré ses forces quand elle a accepté de jouer la *Traviata;* quoiqu'elle ait eu du succès, il faut reconnaître que bien des choses lui manquent encore pour faire une bonne Violetta; ainsi elle a montré dans son jeu une naïveté qui n'est pas sans étonner chez la maîtresse de Rodolphe. Elle était secondée par M. Soum et M. Maîre, l'ancien ténor du théâtre de Liège, dont l'organe est très désagréable. Le vendredi, détestable représentation de *Norma* devant une salle bondée de spectateurs venus pour fêter notre forte chanteuse, Mme Laville-Ferminet. Les interprètes se ressentaient tous plus ou moins du voyage qu'ils avaient fait la veille à Roubaix pour y jouer le *Cid* :

M. Merrit était complètement enroué et incapable de chanter ; Mlle Boyer avait aussi la voix prise ; les chœurs détonnaient abominablement, et l'orchestre même était bien mauvais. Heureusement, Mme Laville-Ferminet a tout sauvé ; on n'a guère écouté qu'elle et c'est au milieu d'un enthousiasme indescriptible qu'on lui a remis quantité de bouquets, de couronnes et de cadeaux, témoignages de la profonde admiration qu'elle a su exciter, ici. Cette éminente cantatrice a un ensemble de qualités qu'il est rare de voir réunies en province ; la voix est forte, claire, brillante et souple ; l'artiste en est absolument maîtresse et chante avec beaucoup de style ; le jeu, enfin, est dramatique et plein de passion. Aussi tout le monde a-t-il été enchanté d'apprendre que l'excellente artiste reste attachée à la troupe de notre Grand-Théâtre pour la saison prochaine.

La première représentation de Mme Albani aura lieu le mardi 22 mars, dans *Lucie de Lammermoor*.

Nos étudiants organisent, sous le patronage des autorités civiles et militaires, un grand concert de charité qui aura lieu le samedi 26 mars, au profit des familles des victimes de la catastrophe minière de Pâturages. Les artistes dont ils se sont assuré le concours, sont un gage certain du succès.

P. B.

VERVIERS, 11 mars.

La distribution des prix aux lauréats de notre école de musique aura lieu à la fin du mois. M. Kefer se propose de nous faire entendre à cette occasion des fragments de toutes les œuvres de Wagner, depuis l'*Or du Rhin* jusqu'à *Parsifal*. M. Catulle Mendès donnera une étude complète sur le développement et les procédés du maître. Voilà qui est original, et je pense que cette soirée aura du succès.

Petites Nouvelles

Voici quelques détails sur *Salambô*, l'opéra que M. Camille de Locle a tiré du roman de Gustave Flaubert, et dont l'auteur de *Sigurd*, M. Reyer, a composé la musique.

La partition comportera quatre actes : deux actes sont complètement achevés et le compositeur espère avoir terminé sous peu les deux autres ; c'est au théâtre de la Monnaie de Bruxelles que M. Reyer destine sa nouvelle œuvre ; mais il ne serait pas impossible que l'entente se fît entre lui et les directeurs de l'Opéra, naturellement fort désireux d'avoir la primeur de *Salambô*.

Sur l'affiche, *Salammbô* qui s'écrit avec deux *m* dans Flaubert, subira une transformation analogue à la *Walkyrie*, et s'écrira *Salambô*.

Rien n'est encore décidé quant au théâtre qui montera *Salambô*. Disons cependant qu'à la Monnaie, M. Reyer verrait son œuvre exécutée sans coupures, telle qu'il l'a conçue, condition à laquelle le compositeur attache une très grande importance.

M. Lamoureux vient d'engager le ténor Jourdain, qui sera chargé de doubler M. Van Dyck, à qui on a distribué le rôle de Lohengrin dans l'opéra de Wagner qui sera représenté le mois prochain à Paris.

La bibliothèque de l'ancien Théâtre-Lyrique, restée depuis 1870 dans les combles de l'immeuble de la place du Châtelet, vient d'être remise par la ville de Paris entre les mains de M. Théodore de Lajarte, sous-bibliothécaire de l'Opéra, qui va la déposer dans une salle spéciale et en dresser le catalogue.

Il y a là les partitions et les parties séparées des chœurs et de l'orchestre de tous les ouvrages présentés au Théâtre-Lyrique jusqu'à la fin de l'exploitation de M. Carvalho, en 1868.

Le mariage de Mlle Christine Nilsson avec le comte de Miranda a été célébré samedi, à Paris, à la Madeleine, en présence d'un petit nombre d'invités.

Les témoins de la mariée étaient M. le comte de Lœwenhaupt, ministre de Suède, et M. Ambroise Thomas ; ceux de M. le comte de Miranda, M. de Albareda, ambassadeur d'Espagne, et M. le marquis de Casafuerte.

Nouvelles des théâtres des départements français :

Vendredi soir a eu lieu devant une salle superbe, au Grand-Théâtre de Lille, la première représentation du *Chevalier Jean*, opéra en 4 actes, de Victorin Joncières. Le maestro conduisait lui-même l'orchestre. A son arrivée dans la salle, il a été l'objet d'une ovation sympathique. De magnifiques couronnes d'or lui ont été offertes au nom de

l'orchestre et au nom des artistes. La représentation a été un grand succès pour l'auteur et ses interprètes.

A Rouen, le 28 février, première de *Manon* avec M. Massenet au pupitre. L'interprétation. dit le *Monde Artiste*, a été remarquable. M. Mauras (Desgrieux) et Mme Emilie Ambre (Manon) ont été dignes l'un de l'autre.

L'orchestre, sous l'habile main du maître, a fait de réels prodiges ; l'ouverture du troisième acte (le Cours-la-Reine) a été bissée.

Les chœurs méritent également des éloges ; avant le cinquième acte, M. Riza est venu offrir à l'auteur de *Manon*, de la part des messieurs et dames des chœurs, une lyre en fleurs accompagnée d'un compliment fort bien tourné.

La soirée s'est terminée par une triple salve d'applaudissements en l'honneur de M. J. Massenet.

A Nantes, le grand événement artistique attendu est la première du *Méphistophélès* d'Arrigo Boïto. Cet opéra,on le sait n'a jamais été joué en France, et c'est un véritable coup d'audace que tente M. Paravey, l'actif directeur du théâtre nantais C'est Mlle Duvivier qui chantera les rôles de Marguerite et d'Hélène, créés par elle à Bruxelles. M.Arrigo Boïto viendra diriger l'orchestre.

Une légère indisposition de Mme Jouanne Vachot a retardé la première des *Pêcheurs de Perles*. L'opéra de Bizet a passé jeudi dernier avec un grand succès.

Il a été souvent question dans ces derniers temps du *Parsifal* de Wagner et du droit exclusif du théâtre de Bayreuth de représenter cette œuvre. Le bruit avait couru que de son vivant Richard Wagner avait aliéné ce droit et que l'intendance des théâtres royaux de Munich se trouvait en possession d'un contrat signé par le maître dans un moment de gêne. De là des contestations qui viennent d'aboutir à une entente.

L'intendance générale des théâtres de la cour fait savoir que, en vertu d'une décision définitive, *Parsifal* appartient au théâtre de Bayreuth et ne pourra être cédé à d'autres théâtres qu'après avoir été représenté exclusivement au théâtre royal de Munich pendant deux ans.

Les héritiers de Wagner viennent, d'autre part, de racheter aux agents dramatiques MM. O. Voltz et W. Batz, à Mayence, le droit de représentation, qui leur avait été cédé antérieurement, des ouvrages suivants : *Rienzi*, *le Vaisseau-Fantôme*, *Tannhäuser*, *Lohengrin*, les *Maîtres Chanteurs*, *Tristan et Yseult* et la fin de l'opéra *Iphigénie en Aulide*, de Gluck, adaptation de Wagner.

L'*Association des Artistes-Musiciens* de Bruxelles a donné samedi dernier son quatrième et dernier concert de la saison, avec le concours de Mlle Hamaekers, de MM. de Greef, pianiste et Dossin, violoniste.

Mlle Hamaekers a lancé, dans l'air du *Comte Ory*, un contre-mi bémol d'une franchise étonnante, et, après avoir dit-les couplets de la *Reine de Saba*, elle a terminé par le *Boléro des Vêpres siciliennes*. Rien que cela ! On l'a beaucoup applaudie, comme l'on a beaucoup applaudi M. de Greef dans la *Rapsodie d'Auvergne* de Saint-Saëns et dans la *Fantaisie hongroise de Liszt*. M. Dossin a eu sa part d'applaudissements. particulièrement après une *Berceuse* de Simon.

L'orchestre a joué l'ouverture *Zur Weihe des Hauses* de Beethoven, l'*Ouverture académique* de Brahms dans laquelle le maître allemand a introduit habilement des thèmes populaires dans les universités et un petit poème symphonique : *Pensée de minuit*, du compositeur néerlandais bien connu Ed. de Hartog. C'est une œuvre orchestrale très distinguée, d'un grand charme mélodique et dont l'orchestration à la fois touffue et claire dénote une main habile et savante. Le public a fait un très bon accueil à cette œuvre.

Il y a eu cette semaine échange de papier timbré entre les directeurs du Théâtre de la Monnaie et M. Cossira, le ténor bien connu, artiste de ce théâtre.

MM. Dupont et Lapissida assignent M. Cossira devant le tribunal civil, ils demandent que le ténor soit condamné à jouer le rôle de Nadir dans *les Pêcheurs de perles* de Bizet, et ils réclament des dommages-intérêts pour le cas où M. Cossira persisterait dans son refus de service ; le ténor, de son côté, assigne ses directeurs devant le tribunal de commerce, afin d'entendre dire que leur prétention est non fondée.

L'affaire a été appelée lundi devant le tribunal de commerce de Bruxelles : au nom des directeurs. Me Hahn a opposé l'exception de litispendance. En effet, l'exploit de MM. Dupont et Lapissida est du vendredi soir, tandis que celui de M. Cossira n'a été signifié que samedi matin.

L'exception de la litispendance étant admise, il ne restait qu'à attendre le procès civil qui a été introduit mercredi à la 2e chambre.

M. Cossira prétend qu'ayant été engagé en qualité de premier ténor de grand-opéra, les directeurs n'ont pas le droit de lui imposer un rôle d'opéra-comique comme celui des *Pêcheurs de perles*.

MM. Dupont et Lapissida soutiennent que M. Cossira avait-accepté ce rôle après avoir rendu celui de Siegmund de la *Walkyrie* qu'il jugeait trop bas pour sa voix ; que son refus ne peut plus être admis et que son engagement l'obligeait, en tout cas, à continuer son service aux répétitions jusqu'à la décision du tribunal.

Le tribunal rendra son jugement lundi prochain.

※

M. Adolphe Samuel, directeur du Conservatoire de Gand, écrit en ce moment la musique d'un opéra en trois actes, *Risul et Edwige*, dont le livret est dû à son fils, M. Eugène Samuel.

※

Courrier d'Italie :

L'Apollo de Rome a donné, samedi, la première représentation de *Giuditta*, opéra biblique, paroles de MM. Brigiuti et Mancini, musique de M. Falchi. Les auteurs du livret ont montré un Holopherne fort aimable quoique très barbu, qui soupire aux pieds de Judith. Au troisième acte il se grise comme un portefaix. A l'acte suivant, Atanicle, prince de la tribu de Siméon et général des juifs épouse Judith.

C'est ce livret que M. Falchi a mis en musique avec beaucoup de bonheur, si l'on en juge par les applaudissements et les nombreux rappels qu'il lui ont été prodigués.

M. Falchi n'est pas un débutant. Ce qui est certain, c'est qu'il possède le sens théâtral et que son opéra est fort mouvementé. L'exécution a été à peu de chose près excellente. Mme Borelli, surtout, au troisième acte, s'est montrée une artiste très passionnée, très dramatique et a obtenu un grand succès. M. Devoyod est superbe dans son rôle et dans son costume d'Holopherne ; sa belle voix à de certains moments a enlevé la salle. Très applaudi aussi M. Marconi dans le rôle d'Ataniele. La basse M. Ercolani s'est fort bien tiré de son rôle d'Eliacin.

Enregistrons enfin le succès du maestro Mascheroni et de son orchestre, qui ont fort contribué au succès de M. Falchi.

※

La Walkyrie (Walküre en allemand) vient d'être donnée pour la première fois à Lubeck, avec un succès énorme.

Un journal de Paris donne la description suivante du décor du premier acte de la *Walkyrie* :

« Au lever du rideau, le théâtre représente l'habitation de Hounding. C'est une série de huttes en terre, avec au milieu un vaste hall, dont la toiture s'appuie sur les branches d'un frêne gigantesque. »

!!!

VARIÉTÉS

WAGNER A PARIS, EN 1859.

Richard Wagner, à la fin de l'année 1859, était à Paris depuis trois mois ; il vivait dans une retraite presque absolue ; il ne faisait ni réclames, ni fracas, et voilà que de tous côtés les chroniqueurs et certains critiques s'acharnèrent contre lui et le poursuivirent d'attaques passionnées.

La Revue des Deux-Mondes avait annoncé l'arrivée du célèbre musicien, celui qu'elle avait en mainte occasion traité de barbare et d'iconoclaste. A son tour, le *Figaro* était entré en campagne. Déjà le *Siècle* s'était prononcé, en plusieurs circonstances, contre le maître allemand.

En somme, quoique Wagner fût parfaitement inconnu du public parisien, chacun voulut lui jeter la pierre, et à l'exception de quelques journaux, le déchaînement fut pour ainsi dire universel.

« M. Wagner, disait le *Figaro*, se fait appeler le *Messie de la musique de l'avenir*. Il est le Marat de la musique dont H. Berlioz est le Robespierre. » D'où l'auteur de l'article concluait que ces deux hommes se détestaient cordialement. « Sa phrase musicale se déroule comme un macaroni qui file et ne rompt jamais ; .... c'est une mélopée *gluante*. Enfin, « M. Wagner pourrait bien avoir mystifié ses disciples, et peut-être n'ont-ils fait tant de bruit que pour attirer les badauds. » Suivaient des comparaisons peu galantes entre le *messie-mystificateur* et les opérateurs qui travaillent en plein vent ; M. Wagner est un artiste *pressé d'arriver*, qui s'est mis à la remorque de Mengin, etc., etc.

A ces insinuations, aussi humiliantes pour l'homme que pour l'artiste, Richard Wagner répondit ceci :

« Depuis onze ans je suis proscrit du royaume de Saxe, et conséquemment banni de l'Allemagne entière. J'ai composé à l'étranger deux opéras, dont l'un, le *Lohengrin*, se joue en Allemagne avec succès, et je ne l'ai jamais entendu, faute d'orchestre. Je suis venu en France pour y faire exécuter, s'il se peut, ma musique, la faire

entendre à quelques amis. Je ne recherche point le bruit ; je n'appelle point la réclame. Je suis étranger, je suis proscrit ; j'ai compté sur l'hospitalité, sur le bon accueil de la France. On m'appelle Marat ; ma musique n'a point de tendances aussi subversives qu'on veut bien le dire ; car le Roi même qui m'a exilé fait exécuter mes opéras dans la capitale, et il daigne les applaudir. Que la presse française veuille bien m'entendre, peut-être pourra-t-elle me juger autrement que sur les articles des journaux allemands ; je ne lui demande alors que l'impartialité. »

ÉPHÉMÉRIDES MUSICALES

Le 18 mars 1856, à Liége, naissance de César Thompson. — Depuis Vieuxtemps, le plus accompli de nos virtuoses, dont le succès nous sont apportés chaque jour par tous les échos de la presse européenne. On trouvera sa biographie dans l'ouvrage d'Éd. Gregoir, qui vient de paraître : *Les Artistes-Musiciens belges*, p. 257. (Brux. Schott frères, 1887.)

Le 19 mars 1884, à Ixelles lez-Bruxelles, décès d'Alphonse-Zoé-Charles Renaud de Vilbac, à l'âge de 55 ans. Né à Montpellier le 3 juin 1829, il avait remporté le 1er grand prix de Rome à l'âge de *quinze ans* ! A 13 ans il avait obtenu celui d'orgue et d'harmonie au Conservatoire de Paris, et à cet âge il faisait exécuter à St-Eustache une messe à grand orchestre de sa composition. Il était l'élève de prédilection d'Halévy. Il fut pendant de nombreuses années organiste de l'église St-Eugène, et ne quitta qu'au moment de la guerre de 1870. Il vint à Bruxelles lors de l'Exposition nationale. Tous les dilettanti se souviendront des belles auditions musicales qu'il donna sur le grand orgue de l'Exposition, ainsi que des concerts à deux pianos, en collaboration avec Mme Carl Chesneau.

Ses derniers jours ont été assombris par la misère. Quelques jours avant sa mort, on pouvait le rencontrer traversant à pas pénibles les galeries St-Hubert, misérablement accoutré, les traits tirés, le visage hâve et maigre, et à demi caché sous les rebords crasseux d'un vieux chapeau à haute forme. Portant sous le bras un volumineux paquet de musique roulée, il cheminait lentement le long des brillants magasins dont les glaces reflétaient l'image de sa détresse ; et ainsi, craignant d'être vu, il s'en allait quêter de porte en porte, chez les éditeurs, en échange de quelques romances musicales, le très modeste salaire qui pouvait lui donner le morceau de pain impérieusement réclamé par son estomac délabré.

Les compositions de Renaud de Vilbac se comptent par milliers et sont connues du monde entier.

Le 20 mars 1843, à Bruxelles (Théâtre royal), le compositeur français Clapisson assiste à la représentation de son opéra en trois acte, le *Code Noir*. La première n'avait obtenu, le 15 février, qu'un succès médiocre. L'auteur, accouru à Bruxelles, avait fait recommencer les études des acteurs, des choristes, ainsi que de l'orchestre, et présidé à de nouvelles répétitions générales, pour que la musique fût convenablement rendue. Malgré tout cela, la pièce ne fut jouée que cinq fois. Le même soir, dans un intermède, on entendit pour la première fois le hautboïste Delabarre, qui dès lors se fixa en Belgique, où il a laissé les meilleurs souvenirs et comme artiste et comme homme. Il est mort à Bruxelles, il y a deux ans. A ce concert l'orchestre exécuta une ouverture inédite de Clapisson, et celui-ci accompagna au piano une de ses romances chantée par Laborde. Le duo de la *Reine de Chypre*, pour finir, trouva deux brillants interprètes dans Alizard et Laborde.

Le 21 mars 1831, à Nice, *Lohengrin*, de Richard Wagner. C'était la première fois qu'on entendait *in extenso* en France cet opéra tant désiré et qui va enfin faire son entrée triomphale à Paris. La représentation était donnée au profit d'une œuvre de charité. Pour la circonstance, la vicomtesse Vigier (Sophie Cruvelli) consentit à reparaître sur la scène, et dans le rôle d'Elsa, la *prima donna* d'autrefois retrouva le succès de ses beaux jours aux Italiens et à l'Opéra de Paris.

Le 22 mars 1787, à Paris (Comédie-Italienne), *Toinette et Louis*, 2 actes de Mlle Lucile Grétry. Une seule représentation, et pour tout succès, ce couplet qui fut vivement applaudi :

> Jeunes rosiers, jeunes talents,
> Ont besoin du secours du maître.
> Un petit auteur de treize ans
> Est un rosier qui vient de naître,
> Il n'offre qu'un bouton nouveau ;
> Si vous voulez des fleurs écloses,
> Daignez étayer l'arbrisseau,
> Quelque jour vous aurez des roses.

Hélas ! le rosier ne porta pas des fleurs : Lucile Grétry, sacrifiée à un misérable dissipateur, nommé Marin, qui la rendit le plus malheureuse des femmes, mourut, en 1794, à l'âge de 22 ans.

Grétry avait sans doute mis la main à ce second ouvrage de sa fille comme il l'avait fait pour le premier, le *Mariage d'Antonio*, joué avec uccès huit mois auparavant. Les pères ont ainsi des faiblesses pour leurs enfants. (Voir *Guide musical*, 24 juillet 1884, Eph.)

—Le 26 mars 1861, à Paris (Conservatoire), le *Songe d'une nuit d'été* de Mendelssohn. La partition avait été exécutée en entier à Berlin, le 17 octobre 1848, mais l'ouverture, écrite dès 1826, s'était déjà produite dans les concerts. C'est à propos de cette ouverture que Fétis porta cet étrange jugement, qui bien souvent lui a été jeté à la face : " La première impression n'a pas été avantageuse... Les formes n'en sont pas ordinaires; mais j'y trouve plutôt une affectation de l'originalité qu'une originalité réelle. Je ne parle pas des incorrections d'harmonie et du mépris de l'art d'écrire qui se font apercevoir en général dans cette composition; M. Mendelssohn est d'une école où l'on est peu sévère sur ces sortes de choses. „

— Le 24 mars 1861, à Madrid (Théâtre royal), *Lohengrin*, de Richard Wagner. Au dire des journaux, le public, très nombreux, se montra froid au premier acte; il s'anima ensuite et rappela les artistes ' :sque dix fois. L'exécution fut parfaite et la mise en scène splen/tu.

Ceux des autres ouvrages de Wagner représentés à la d..c du 24 mars sont les suivants :

1844. *Rienzi*, à Hambourg, sous la direction du maître.
1872. *Die Meistersinger von Nürnberg*, à Copenhagus.
1874. Même ouvrage à Nuremberg.
1879. *Siegfried-Idyll*, avec orchestre, à Vienne, par le *Wiener Akad. Wagner-Verein*.

BIBLIOGRAPHIE.

Il Teatro Illustrato (Milan, Souzogno). Livraison du mois de mars.

Texte illustré : Elvira Colonnesse (portrait) ; *Numa Roumestan*, de Daudet; le *Vice-Amiral*, onerette de Milœcker, à Berlin; Album de costumes français de 1800 à 1500.

Texte : Mélodie et harmonie, par Galli; Notre musique; Opéras nouveaux : *Edalvria*, à Vérone; *les Pêcheurs de Perles*, de Bizet, à Gênes et à Naples; *Mignon*, de Thomas, à Palerme; Correspondances de l'aria, Vienne, Venise; Le sentiment musical perfectionné par l'éducation, par Langhan; Bulletin théâtral de février, etc.

Musique : Ave Maria, de Cammarano, et une romance de l'opéra *Re Nala*, de Smareglia.

Nécrologie.

Sont décédés :

A Didsbury, près Manchester, le 6 mars, Edouard Hécht, né à Durkheim (Bavière), le 28 novembre 1894, professeur de piano, compositeur, directeur de plusieurs sociétés de musique et coopérateur de Hallé dans ses concerts. Il habitait l'Angleterre depuis novembre 1854 et y occupait une situation des plus respectées. (Notice, *Biogr. Tongers.* Suppl. p. 26.)

— A Dresde, le 22 février, Richard Kriebel, en dernier lieu chef d'orchestre à Dusseldorf.

— A Rome, Alessandro de Marinis, directeur du Conservatoire de musique.

— A Bologne, Alfonso Zardi, violoniste, 59 ans.

— A Trieste, Achille Lazzarini, professeur de basson.

— A Gênes, Giuseppe Bado, professeur de trombone à l'orchestre du théâtre Carlo Felice.

Le Guide Musical

Paraissant tous les jeudis.

PARIS & BRUXELLES, SCHOTT FRÈRES, ÉDITEURS

Théâtres — Concerts — Actualité — Histoire — Esthétique

Principaux Collaborateurs :

Victor Wilder - Arthur Pougin - Camille Benoit - Adolphe Jullien
C. de Bricqueville - Michel Brenet - Amédée Boutarel (France)
Félix Delhasse - Edmond Vanderstraeten - Lucien Solvay - Jules Ghymers
Paul Bergmans (Belgique)
De Hartog (Pays-Bas) - Van Santen-Kolff (Allemagne)
Goring H. Thomas (Angleterre) - Egidio Gora (Italie) - Etc. Etc.

Rédacteur en Chef : MAURICE KUFFERATH

NUMÉRO-PROGRAMME
ILLUSTRÉ
CONTENANT
L'ANALYSE DE LA WALKYRIE

Prix : **50** Centimes

SCHOTT Frères, Éditeurs
Bruxelles — 82, Montagne de la Cour, 82 — Bruxelles

Prix d'Abonnement : **10** *Fr. par An*

RICHARD WAGNER

GRAND MODÈLE

Haut. 70 cent.

20 Fr.

Avec emballage

22 Fr.

PETIT MODÈLE

Haut. 40 cent.

10 Fr.

Avec emballage

13 Fr.

BUSTE EN PLATRE, par R. DE EGUSQUIZA

Il existe un grand nombre de bustes de WAGNER, dont le plus célèbre et le plus récent est celui de Schapfer; les uns représentent WAGNER dans une apothéose, les autres sont une charge.

M. de Egusquiza ayant connu RICHARD WAGNER, et ayant pu se procurer de nombreux documents photographiques, ne nous montre ni un WAGNER bêtement magnifié, ni une caricature. L'auteur, au contraire, a voulu donner à la fois l'impression de l'homme énergique et intraitable qui sut réaliser victorieusement l'œuvre de Bayreuth, et du poète incomparable à qui nous devons *Tristan*, *Parsifal* et la *Tétralogie*.

Le difficile était de fondre en une seule physionomie ces traits si différents et pourtant si réels de la figure du maître : M. de Egusquiza y a réussi en perfection. Dans le front, dans les yeux, dans le menton, dans la bouche surtout, minutieusement étudiée, les lignes caractéristiques essentielles donnent bien la sensation de celui qui fut ensemble, et si éminemment, homme de pensée et homme d'action.

Le buste de M. Egusquiza est une œuvre d'art, qui représente RICHARD WAGNER tout entier et tel qu'il fut.

Théâtre Royal de la Monnaie

BRUXELLES

Direction de MM. J. DUPONT & A. LAPISSIDA

Première Représentation

DE LA

WALKYRIE

Drame Lyrique en 3 Actes

DE

RICHARD WAGNER

LE 9 MARS 1887

PROGRAMME

ILLUSTRÉ

RÉSUMÉ ANALYTIQUE

L'Anneau du Nibelung

A pièce de fête théâtrale l'*Anneau du Nibelung* se compose de trois drames : la *Walkyrie*, *Siegfried* et le *Crépuscule des Dieux*, précédés d'un prologue : l'*Or du Rhin*, dans lequel est exposée l'idée générale de l'œuvre.

Elle forme ainsi un ensemble de quatre pièces, une tétralogie, dont chaque partie remplit une soirée entière.

Le titre général, l'*Anneau du Nibelung*, s'explique par le rôle que joue dans la fabulation dramatique un anneau, forgé avec l'or du Rhin, et auquel est attaché l'empire du monde.

Le sujet et les personnages sont empruntés par RICHARD WAGNER aux légendes germaniques et scandinaves relatives à l'origine du monde et aux héros des races primitives.

Au moment où commence l'action, trois ordres de puissances se partagent le monde : les *dieux*, habitant la Walhall, l'Olympe germanique ; les *géants* qui peuplent la terre ; les *Nibelungen* (nains) qui vivent dans les cavernes souterraines. La lutte entre ces trois races qui aspirent toutes à la domination du monde au moyen de l'or magique forme le fond du poème.

L'or a été enlevé par le roi des Nibelungen aux Nymphes du Rhin qui en avaient la garde. Ce rapt est la cause première des calamités mortelles qui remplissent le drame. L'anneau forgé avec cet or maudit passe successivement, grâce à une série de crimes, en la possession des Nibelungen, des dieux et enfin des géants, qui le reçoivent en échange du palais que les dieux leur ont fait élever. Au moment où les dieux l'ont arraché par la violence au roi des Nibelungen, celui-ci maudit l'anneau ; cette malédiction devient la source de tous les maux qui accablent les dieux et les hommes et qui ne prendront fin que le jour où le talisman fatal aura été rendu à son berceau primitif, effaçant ainsi la faute des dieux.

Les principaux personnages de la *Tétralogie* sont :

Wotan, le père des dieux ; le roi des Nibelungen : Alberich et son fils Hagen ; Siegfried, le héros que les dieux ont procréé dans l'espoir qu'il les défendrait contre les géants et les nains et qu'il enlèverait au dragon Fafner l'or que celui-ci couve dans les antres de la forêt ; la Walkyrie Brunnhilde qu'épouse Siegfried et que celui-ci trahit ensuite par l'effet de la malédiction de l'anneau.

La mort de Siegfried tué par Hagen, descendant de la race des Nibelungen, et le sacrifice volontaire de Brunnhilde s'immolant sur le bûcher qui consume le cadavre de Siegfried, forment le point culminant du drame et en amènent le dénouement, c'est-à-dire le crépuscule ou la fin des dieux.

La malédiction de l'or poursuit ainsi ses effets de génération en génération.

Chacun des drames comprend les malheurs d'une génération.

La première journée : la *Walkyrie*, le drame qui est représenté à Bruxelles, retrace les malheurs qui frappent les descendants directs des dieux, deux enfants de Wotan : SIEGMOUND et SIEGLINDE, le père et la mère de Siegfried dont l'histoire remplit le drame suivant : *Siegfried*. Les circonstances qui amènent la catastrophe finale remplissent la troisième journée, à la fin de laquelle l'or est rendu aux Nymphes du Rhin. Le règne des dieux a pris fin, celui de l'humanité commence.

Telle est en raccourci la genèse de l'œuvre.

La *Walkyrie* est donc en quelque sorte le premier acte de ce drame en trois pièces ; l'action tout en formant un ensemble complet se rattache au prologue et à l'acte suivant : *Siegfried*.

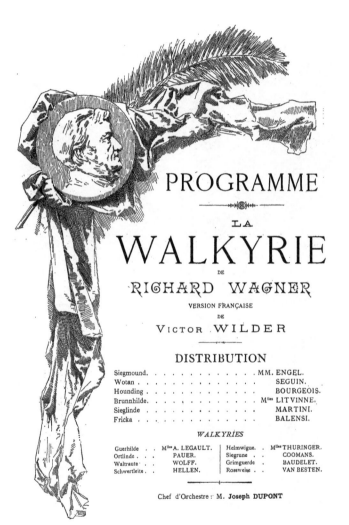

PROGRAMME

LA

WALKYRIE

DE

RICHARD WAGNER

VERSION FRANÇAISE

DE

VICTOR WILDER

DISTRIBUTION

Siegmound	MM. ENGEL.
Wotan	SEGUIN.
Hounding	BOURGEOIS.
Brunnhilde	Mlles LITVINNE.
Sieglinde	MARTINI.
Fricka	BALENSI.

WALKYRIES

Guerhilde	. .	Mlles A. LEGAULT.	Helmwigue.	.	Mlles THURINGER.
Ortlinde	. . .	PAUER.	Siegrune	. .	COOMANS.
Waltraute	. .	WOLFF.	Grimguerde	.	BAUDELET.
Schwertleite	. .	HELLEN.	Rossweise	. .	VAN BESTEN.

Chef d'Orchestre : M. Joseph DUPONT

Premier Acte.

(*L'intérieur de la demeure de Hounding, un vaste hall bâti autour du tronc robuste d'un frêne. L'introduction symphonique décrit la fuite halètante de Siegmound poursuivi par Hounding*).

SCÈNE I.

AU levé du rideau, la scène, à peine éclairée, reste vide un moment, puis l'on voit entrer chancelant, brisé, sans armes, Siegmound, qui cherche un refuge contre ses ennemis et un abri contre l'orage. Une femme le reçoit : c'est Sieglinde, sa sœur, qu'il ne reconnaît pas. Une sympathie secrète attire ces deux êtres l'un vers l'autre : Sieglinde reçoit l'étranger avec bonté, Siegmound témoigne à Sieglinde sa reconnaissance pour le secours qu'elle lui accorde. Il veut fuir ; elle le retient et lui dit d'attendre le retour de Hounding. Une fanfare lointaine annonce l'arrivée de celui-ci.

SCÈNE II.

Hounding paraît avec la lance et le bouclier. Sieglinde lui explique la présence de l'étranger. Hounding accorde l'hospitalité à l'inconnu, mais en même temps il interroge son hôte, dont la ressemblance avec sa femme le frappe. Siegmound fait le récit de ses aventures. A ce récit Hounding reconnaît dans l'étranger un ennemi de sa race. Il ne retire pas l'hospitalité qu'il lui avait offerte, mais demain, sans merci ni grâce, il vengera la mort des siens. Brutalement Hounding renvoie Sieglinde. Celle-ci s'arrête un moment indécise et pensive, puis elle se dirige lentement vers sa chambre en lançant à Siegmound un regard expressif qui désigne avec une insistance significative le tronc du frêne. Après quoi elle rentre suivie de Hounding.

SCÈNE III.

Resté seul, Siegmound s'étend devant le foyer expirant : il rêve à l'épée que lui promit un jour son père Velse, c'est-à-dire Wotan. — Le brasier du foyer s'écroule : un rayon de lumière semble éclairer l'endroit du frêne où Sieglinde a fixé son regard. On y voit distinctement briller la poignée d'un glaive, mais Siegmound croit que c'est un reflet du regard de la douce femme qui l'a recueilli. — Le feu est complètement éteint. Nuit sombre. Sieglinde a versé à son époux un philtre qui le tient endormi ; elle veut sauver le jeune héros. Elle lui désigne de nouveau l'épée enfoncée dans le tronc du frêne. Lorsque son brutal époux l'enleva à sa famille, pendant le festin qui célébrait ses noces, un inconnu pénétra dans la demeure de Hounding et enfonça

profondément ce glaive, là, dans le cœur de l'arbre. Nul ne put l'en arracher. Tremblante, la compagne de Hounding révèle cette mystérieuse aventure à Siegmound. Un charme étrange rapproche ces deux êtres qu'une égale infortune a jetés dans les bras l'un de l'autre. La porte de la demeure cède sous l'effort des brises printanières. Sieglinde effrayée demande « qui est là ? » Siegmound montre la porte par laquelle on voit un paysage éclairé par la lune. C'est le printemps. Transporté, Siegmound comprend enfin que c'est à lui que s'adressaient les paroles prophétiques du mystérieux inconnu, qui n'était autre que Wotan. Il s'élance, arrache triomphalement l'épée, puis, enlaçant amoureusement la jeune femme, sa sœur et son amante, il s'enfuit avec elle dans la forêt.

(Un site sauvage dans la Montagne.)

SCÈNE I.

W OTAN armé pour le combat et la lance à la main, ordonne à Brunnhilde, revêtue de son armure complète de Walkyrie, de monter à cheval et de prêter assistance à Siegmound que Hounding, l'époux de Sieglinde, a provoqué en combat singulier. Brunnhilde part en poussant son cri de guerre : Du haut des rochers elle plonge du regard dans les gorges de la montagne : un orage s'apprête, c'est la déesse Fricka, l'épouse de Wotan, qui accourt indignée.

Déjà courroucée par les infidélités de son époux, Fricka n'a pu se contraindre en le voyant marcher de crime en crime. Elle arrive dans son char traîné par des béliers. L'amour doublement criminel de Siegmound et de Sieglinde, voulu et préparé par Wotan, lui est plus sensible que tous les outrages.

Wotan à beau se défendre : il n'a voulu cet amour coupable qu'afin de sauver les dieux.

Fricka exige la mort de Siegmound et elle arrache à Wotan son serment.

SCÈNE II.

Brunnhilde reparaît alors et Wotan, vaincu et repentant, lui ordonne maintenant de perdre ce Siegmound qu'elle devait sauver. En vain Brunnhilde intercède en faveur des amants. Le père des dieux reste inexorable et il regagne le céleste séjour, l'âme sombre et le front chargé de soucis.

SCÈNE III.

Cependant Sieglinde et Siegmound paraissent, gravissant avec peine les gorges de la montagne. Eperdue de terreur, brisée de fatigue, Sieglinde veut fuir celui dont elle ne se sent pas digne, elle, l'épouse coupable. Siegmound la soutient et l'encourage, mais Sieglinde, en proie à une, hallucination, affolée en entendant la fanfare de Hounding dans le lointain, s'affaisse en sanglotant, épuisée, sur le sol. Siegmound l'enlaçant tendrement, épie son souffle et sur son front dépose un long baiser.

SCÈNE IV.

Alors paraît devant lui Brunnhilde, conduisant son coursier Grane par la bride. Grave et solennelle, elle annonce au héros qu'il est marqué par le Destin. Il sera tué dans le combat avec Hounding, mais il renaîtra dans le Walhall, le séjour des élus et des guerriers morts en combattant.

— Y retrouverai-je Sieglinde ? demande Siegmound.

Brunnhilde lui répond que Sieglinde ne le suivra pas.

Siegmound refuse un paradis qu'il ne partagerait pas avec Sieglinde et s'apprête à la percer de son épée pour qu'elle ne retombe pas vivante au pouvoir de Hounding. Brunnhilde se sent envahie pas des sentiments qu'elle ne connaissait pas : « Que Sieglinde vive, » s'écrie-t-elle, « que Siegmound vive avec elle. » Et elle annonce au héros qu'en sa faveur elle changera le destin du combat, puis elle disparaît avec son cheval.

SCÈNE V.

Siegmound couche doucement Sieglinde sur la mousse et
lui donne le baiser d'adieu. On entend l'appel de la trompe
de Hounding ; Siegmound, résolu, court au devant de son
farouche ennemi.

Cependant Sieglinde s'éveille. Elle se lève en sursaut.
Les ténèbres couvrent la scène. Elle entend les appels réitérés
de la trompe de Hounding et la voix des combattants.

Un coup de tonnerre, un grand éclair ! Sieglinde éperdue
se précipite vers le fond pour séparer les combattants.

Mais alors une lumière éblouissante éclate tout à coup,
illuminant les combattants. Brunnhilde étend son bouclier
sur Siegmound et l'invincible épée va s'enfoncer dans la poitrine de Hounding, quand Wotan, sortant d'un nuage, brise
l'épée d'un coup de lance.

Hounding frappe d'un coup mortel Siegmound.

Brunnhilde recule épouvantée en se couvrant de son bouclier. Elle s'empresse vers Sieglinde qu'elle hisse sur son
cheval après avoir ramené les fragments de l'épée et s'enfuit au milieu de la foudre et des éclairs, tandis que Wotan,
étendant sa lance d'un geste méprisant étend Hounding à
ses pieds.

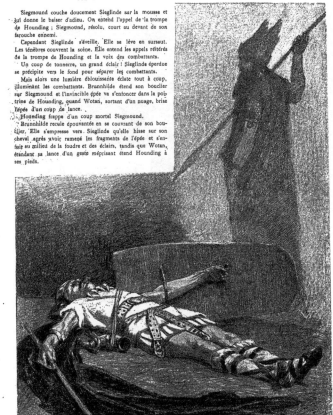

Troisième Acte.

(*Sommet d'une montagne ro-
cheuse ombragée par des frênes
gigantesques.*)

SCÈNE I.

LES huit Walkyries re-
vêtues de leur armure
de combat passent au
galop au milieu des éclairs, emportant au Walhall les guerriers
morts au combat. L'air retentit
de leurs appels sauvages. Elles
s'interpellent en ricanant.

Toutes sont réunies. Lorsque
arrive Brunnhilde, fuyant la colère de Wotan.

Au lieu d'un héros mort, elle
amène au milieu de ses compagnes une femme : Sieglinde.

Sieglinde veut mourir : elle
supplie les Walkyries de lui permettre de rejoindre son bien-
aimé.

Mais Brunnhilde lui ordonne
de vivre pour l'enfant qu'elle porte dans son sein, pour Siegfried le héros qui naîtra d'elle et accomplira avec l'épée de son
père, reforgée par lui, de prodigieux exploits.

Sieglinde s'enfuit sur le cheval de Brunnhilde, emportant
l'épée brisée, et Brunnhilde reste exposée à la colère de Wotan,
dont la tempête, déchaînée avec furie, annonce l'arrivée.

SCÈNE II.

Les Walkyries cachent leur sœur aux regards du dieu cour-
roucé. Mais c'est en vain qu'elles le supplient de faire grâce à
la coupable. Wotan condamne Brunnhilde à perdre sa nature
divine et à devenir une simple mortelle.

Brunnhilde pousse un cri déchirant et tombe sur le sol. Les
Walkyries fuient épouvantées.

SCÈNE III.

Après un silence prolongé et solennel, Brunnhilde, restée seule
avec Wotan, adresse à son père une ardente prière.

Wotan la repousse d'abord et reste impassible, mais il sent
peu à peu se réveiller dans son cœur son amour pour sa fille
préférée.

Brunnhilde obtient enfin de lui un adoucissement à son châtiment.

Le dieu ne peut revenir sur son serment : Brunnhilde deviendra femme, mais du moins elle ne sera pas au premier venu qui
viendra rouvrir ses yeux à la lumière.

Brunnhilde lui demande que la flamme entoure d'un rempart
flamboyant la couche où elle est condamnée à dormir, afin que
seul le plus grand des héros puisse approcher d'elle et la réveiller.

Vaincu et profondément ému, Wotan cède à cette suprême
prière. Saisissant la tête de la vierge et la tenant tendrement en-
lacée, il dépose sur son front un long baiser en lui disant adieu.

Puis il l'endort et la couche sous un arbre en la recouvrant de
son bouclier.

Alors il invoque Lôgue, le dieu du feu. Trois fois sa lance
frappe la roche. Au troisième coup la flamme jaillit et entoure
la montagne d'un cercle de feu.

SCHOTT FRÈRES, ÉDITEURS DE MUSIQUE, BRUXELLES

Rue Duquesnoy, 3ᵉ, coin de la rue de la Madeleine

MAISON PRINCIPALE : 82, MONTAGNE DE LA COUR, 82

LA WALKYRIE

Drame Lyrique en 3 Actes

PAR

RICHARD WAGNER

Version française de VICTOR WILDER

Piano & Chant.

Partition compl., Piano et Chant in-8°.Texte franç. net 20 00
— Textes allemand et anglais . . . . . net 20 00
— Texte allemand. Format in-4° . . . . net 30 00
N° 1. Monologue de Siegmound (ténor). « O
    glaive promis par mon père » . . . 1 70
» 2. Chant d'amour de Siegmound (ténor).
    « L'ombre fuit, les astres du ciel im-
    mense ». 1 70
» 2ᵇⁱˢ — — (baryton). 1 70
» 3. Scène de Siegmound et Brunnhilde (ténor-
    et soprano) 3 50
» 4. Scène de Brunnhilde et Wotan (3ᵉ acte,
    soprano et basse) 5 00
» 4ᵇⁱˢ. Les adieux de Wotan (basse) 1 70

Piano à 2 mains.

Partition. Format in 4° . . . . net 20 —
Prélude. 1 25
Grande Fantaisie, avec texte explicatif en trois part.
    Chacun net. 5 65
La Chevauchée des Walkyries 2 25
Les Adieux de Wotan et l'Enchantement du feu. . . 2 20
Beyer, F., Répertoire des jeunes Pianistes 1 60
Brassin, L., Morceaux. Transcription libre :
    N° 2. Chant d'amour de Siegmound 1 90
    » 3. L'Enchantement du feu 2 20
    » 4. La Chevauchée des Walkyries 3 50
Cramer, H., Pot-pourri 1 90
— Morceaux faciles. N° 2 . . . . 2 50
Grégoir, J., Transcription 1 90

Heintz, A., Perles choisies. 1ᵉʳ Cahier. Premier acte . 2 50
                2ᵉ » Deuxième acte. 2 50
                3ᵉ » Troisième acte. 3 50
— Chant d'amour et Duo de Siegmound et Sieglinde . 2 50
Jaell, A., Op. 121. Les Adieux de Wotan et l'Enchan-
    tement du feu 3 50
Leitert, G., Op. 27. Souvenir 1 60
Rubinstein, Jos., Tableaux musicaux :
    N° 1. Siegmound et Sieglinde. 3 50
    » 2. La Colère de Wotan et les Adieux à
        Brunnhilde 4 00
Rupp, H., Chant d'amour de Siegmound. Transcription. 1 60
— Fantaisie 3 75
Tausig, C., La Chevauchée des Walkyries. 2 80
— Chant d'amour de Siegmound 1 90

Piano à 4 mains

Partition. Format in-4° . . . . net 25 00
Prélude 2 20
La Chevauchée des Walkyries 2 80
Les Adieux de Wotan et l'Enchantement du feu. . . 2 20
Beyer, F., Revue mélodique. 2 20
Cramer, H., Pot-pourri 3 50
— Morceaux faciles. N° 2 . . . . 3 50
Dörstling, Cl. Motifs. Arrangement facile 5 00
Rubinstein, Jos., Tableaux musicaux :
    N° 1. Siegmound et Sieglinde. 4 10
        2. La Colère de Wotan, et les Adieux
            à Brunnhilde 5 00
Rupp, H., Chant d'amour de Siegmound. Transcription 2 20
Tausig, C., La Chevauchée des Walkyries. 4 10

LA WALKYRIE

2 Pianos à 8 mains

Les Adieux de Wotan et l'Enchantement du feu. . . . 7 25

2 Pianos à 4 mains

La Chevauchée des Walkyries 4 10

Harmonium

Kastner, E., Réminiscences 1 90

Piano & Violon.

Gregoir, J., et Leonhard, H., Duo 4 10
Wichtl, F., Op. 98, N° 3. Petit Duo 2 50
Wickede, F. de, Morceaux lyriques.
    N° 3. Chant d'amour de Siegmound. . . . 1 90

Piano & Violoncelle.

Grimm, G., Chant d'amour de Siegmound. 2 50
Wickede, F. de, Morceaux lyr. N° 3. Chant d'amour de
    Siegmound. 1 90

Alto & Piano.

Grimm, G., Chant d'amour de Siegmound. 2 50
Wickede, F. de, Morceaux lyriques.
    N° 3. Chant d'amour de Siegmound. . . . 1 90
Ritter, H., Chant d'amour de Siegmound. 2 50

Flûte & Piano.

Popp, W., Transcription 1 90

SCHOTT FRÈRES, ÉDITEURS DE MUSIQUE

RUE DUQUESNOY, 3ᵃ, COIN DE LA RUE DE LA MADELEINE

BRUXELLES

MAISON SPÉCIALE

POUR

L'ABONNEMENT DE MUSIQUE

Cent cinquante mille (150,000) Numéros

I. On peut s'abonner :

A. Pour un mois. . . . . Fr.	5,00	
B. Pour trois mois . . . . »	12.00	
C. Pour six mois . . . . »	18,00	
D. Pour un an . . . . »	30.00	

Les abonnés de la ville reçoivent, d'après leur propre choix, six cahiers par semaine. Ceux de la province, 20 à 25 cahiers à la fois par mois.

II. Abonnement avec prime :

Les abonnés peuvent conserver en toute propriété et à leur choix de la musique jusqu'à concurrence du prix de leur abonnement, à l'exception des morceaux marqués au prix net.

A. Pour trois mois . . . . Fr.	18.00	
B. Pour six mois . . . . »	30.00	
C. Pour un an . . . . »	50.00	

Mêmes conditions que sous N° 1.

III. Abonnement aux partitions pour un mois, fr. 2.50.

Les abonnés ont droit à la lecture de *toute musique* pour *chant, piano et instruments divers.*

SONT EXCLUS DE L'ABONNEMENT : les méthodes, études pour tous les instruments, ainsi que les ouvrages théoriques.

Le prospectus détaillé sera adressé franco à toute personne qui en fera la demande.

LA TOUR BELGE

(Hauteur 300 mètres).

A TOUR BELGE dont nous donnons le dessin ci-contre, a été proposée par MM. Hennebique et Nève au Comité du Grand Concours International des sciences et de l'industrie.

Il ne s'agit de rien moins que d'une tour de 300 mètres, en bois, à ériger pour 1888 dans l'enceinte de l'Exposition dont elle serait la grande attraction.

La tour repose sur un solide massif de béton, de 2m50 de hauteur, sur lequel commenceraient les maçonneries d'un étage souterrain, contenant les machines et transmissions de force motrice aux ascenseurs.

Au-dessus de terre, un important soubassement de 11 mètres de hauteur, en briques avec parements en moellons de Tournai, angles et plinthes en pierres de taille, forme un empâtement puissant, dans lequel descendent les principaux montants en bois.

Toutes les précautions sont prises pour éviter la pourriture ou l'échauffement des bois dans les maçonneries.

Au-dessus du soubassement, et jusqu'aux cafés-restaurants à 65 mètres de hauteur, les membres principaux de la charpente restent apparents. Les remplissages sont en briques de four, avec quelques ornements en briques de colorations diverses.

A partir des cafés jusqu'en haut, les parements sont en tuiles de zinc et plomb.

La construction de la pyramide proprement dite, se compose de huit pans de bois de forme générale triangulaire, absolument rigides, entrecroisés et rendus solidaires deux à deux, posés en deux groupes de 4, perpendiculaires l'un à l'autre.

C'est donc une gigantesque aiguille coupée par trois galeries posées respectivement à 60, 200 et 275 mètres de hauteur.

Chaque galerie, placée comme une bague sur la tour, outre le renforcement décoratif qu'elle produit, fournit les emplacements nécessaires à l'établissement d'un vaste Kursaal avec restaurant, salle de concert, etc., occupant ensemble plus de 1000 mètres de superficie, à la galerie inférieure ; d'un belvédère avec terrasses de plus de 400 mètres carrés, à la galerie intermédiaire et enfin, d'un observatoire à la galerie supérieure.

Indépendamment des escaliers, sept ascenseurs établis dans le noyau intérieur mèneraient les visiteurs aux divers étages de la tour du haut de laquelle on découvrirait un panorama de 120 kilomètres, c'est-à-dire de 24 lieues ! Le spectateur embrasserait l'horizon de Mons à Turnhout, de Terneuzen à Namur, d'Audenarde à Hasselt.

Outre le succès de curiosité, la science et l'étude ne perdraient pas leurs droits ; divers points des sciences physiques et mathématiques pourraient obtenir leur solution ainsi que l'observation astronomique, l'observation militaire et l'éclairage électrique à grande distance.

La tour, achevée dans le délai d'un an, contiendrait 10,000 mètres cubes de bois et son coût total ne dépasserait pas deux millions de francs.

Une question se pose naturellement ici : D'où viendront les deux millions ? Monter à la tour est un plaisir que vont se payer ceux qui peuvent dépenser une pièce de 5 ou de 10 francs.

Supposons 250,000 francs de frais d'exploitation, d'établissement de la Société, de publicité, d'honoraires, etc., il faudrait donc un capital de deux millions deux cent cinquante mille francs, que l'on pourrait diviser en 22,500 actions de cent francs, donnant droit de préférence à dix ascensions à 300 mètres de hauteur.

Des tickets ad hoc seraient, à cet effet, attachés au titre. Il devrait être fait usage de tous ces tickets dans le délai d'un an après l'ouverture de l'exploitation.

Les 22,500 actions de cent francs, dépouillées de leurs tickets d'ascension, formeraient seules la représentation du capital ayant droit au partage de la recette, dont voici les éléments :

1° Location des cafés, restaurants, Kursaal ;

2° Location de l'hôtel du Belvédère ;

3° Ascension à 65 mètres, à 200 mètres et à 300 mètres.

On a vu plus haut que les moyens d'ascension prévus et les stationnements aménagés pour le public permettent d'admettre plus de 340,000 touristes à 300 mètres, pendant la durée de l'Exposition.

Les actions de 100 francs seraient divisées elles-mêmes en coupures de 10 francs, représentatives d'un dixième de l'action de capital et accompagnées d'un ticket donnant droit à une ascension.

Cette idée de faire intervenir les premiers voyageurs futurs pour la formation du capital est très ingénieuse et elle sera certainement goûtée par le public.

Elle assure à tous une participation dans une affaire honnête, qui rapportera de beaux bénéfices à ses actionnaires et au pays.

(Reproduction réservée aux Grands Magasins de la BOURSE, à Bruxelles. Publié par autorisation spéciale.)

Le Guide Musical

Paraissant tous les jeudis.

ABONNEMENT
France & Belgique, 10 francs par an.
Les autres pays, 10 francs (port en sus)

SCHOTT FRÈRES, ÉDITEURS.
Paris, Boulevard Montmartre, 19
Bruxelles, Montagne de la Cour, 82

ANNONCES
LA LIGNE . . . . Fr. 0.50
On traite à forfait pour les grandes annonces.

Le Livret d'opéra français

DE LULLY A GLUCK
1672-1779
(Suite. — Voir le dernier numéro.)

II

L'opéra en France. — La Mode. — Les Bergers dans l'opéra. — Le « clou » des
spectacles lyriques. — Quinault. — Le Prologue au Roy. — L'amour. — Lully
collaborateur de Quinault. — Les grands poètes et le livret.

 uand la musique dramatique s'intronisa en
France, sous le patronage d'un premier
ministre, Italien de naissance et de cœur,
elle tomba en pleines bergeries (1). A cette époque,
les poésies idylliques de Segrais étaient dans toutes
les mains. Mᵐᵉ Deshoulières conduisait en imagination ses chères brebis.

> Dans les prés fleuris qu'arrose la Seine.

Enfin, il s'était trouvé une société pour suivre dans
ses dérèglements champêtres cet étonnant abbé des
Yveteaux, dont on connaît, par le détail, la singulière
existence.

Nicolas Vauquelin, abbé des Yveteaux, dans les
derniers temps de sa vie, s'était habillé en berger,
et dans cet accoutrement, la houlette à la main, la
panetière au côté, le chapeau de paille sur la tête,
accompagné d'une chanteuse des rues déguisée en
bergère, il se promenait dans un petit jardin du
Marais, s'imaginant qu'il menait paître son troupeau.

(1) Dans la *Comédie des opéras*, Chrisard dit en parlant de la folie de sa fille Chri-
sottine, « Les *Astrée* lui avaient donné la fantaisie des bergeries, et ce que nous
voyons aujourd'hui est l'ouvrage des opéras. »

Pour compléter ce tableau pastoral, il chantait des
airs de circonstance, et attirait ainsi des oiseaux de
volière, péniblement dressés à ce manège.

Lorsqu'il sentit que la mort approchait, des Yveteaux, se fit coucher sur un lit de fleurs et dit à sa
bergère : « Maintenant, ma mie, jouez-moi cette gentille sarabande que vous savez, afin que je m'en aille
plus doucement. »

Et le soir venu, il expira.

Ce récit fait sourire aujourd'hui ; en 1649, il fit
couler bien des larmes, et plus d'une grande dame
envia secrètement le sort de la bergère des Yveteaux.

L'opéra eût manqué son but en ne s'accommodant
pas du premier coup à la manie du jour. L'abbé
Perrin imagine d'écrire un livret dont Cambert fera
la musique. Que produit-il ? Une pastorale. De ce
moment, les bergers et les nymphes envahissent la
scène française, et s'y maintiennent pendant un
siècle presque sans interruption. Heureux ceux qui
les aiment ! On en a mis partout ; non seulement
dans les divertissements où leur présence sert à
animer un tableau champêtre, mais dans les plus
sombres tragédies. Il y en a dans *Proserpine*, dans
Roland, dans *Armide ;* dans *Phaëton*, on voit figurer
une troupe de bergers égyptiens. Quinault et Lully
débutent en collaboration par une pastorale : *Les
Fêtes de l'Amour et de Bacchus*, pleine de faunes, de
pasteurs, de dryades, etc.

Nous verrons tout à l'heure, en examinant les
opéras du XVIIIᵉ siècle, à quels ridicules abus conduisit cette passion pour la pastorale.

Il est à remarquer que, de Lully aux premières
productions de Gluck, la question d'art musical n'intéressait qu'une faible portion du public.

« On voyait les machines avec surprise, les danses

avec plaisir ; on entendait le chant avec agrément, les paroles avec dégoût. » (1).

L'opéra, qui était en Italie la fête des oreilles, devint donc en France le spectacle des yeux, et ce qui établit par-dessus tout le succès d'une pièce, ce furent les danses, la décoration, les machines.

Rivani, Bérin, Torelli, le marquis de Sourdéac, Servandoni, le Père Sébastien, Vigarani, ont dans ce dernier genre accompli des merveilles.

Les différentes scènes où l'on joua l'opéra au XVIIe et au XVIIIe siècle, étaient machinées mieux qu'aucun de nos théâtres de féeries. On en vint à donner des spectacles uniquement composés de trucs, de danses, d'apothéoses. Dans la *Sémiramis* de Destouches, trois théâtres s'élevaient sur le parquet, et l'on dansait ainsi à trois étages. *Atys*, joué en 1676, porte ce titre : *Tragédie en musique, ornée d'entrées de ballets, de machines et de changements de théâtre.*

Le goût si vif qu'ont aujourd'hui encore les Français pour la mise en scène, s'est manifesté dès l'introduction de l'opéra à Paris. Lisez plutôt la préface d'*Andromède*, écrite par le grand Corneille, en 1650 : « Vous trouverez cet ordre gardé dans les changements de théâtre, que chaque acte, aussi bien que le prologue, a sa décoration particulière, et du moins une machine volante avec un concert de musique que je n'ai employé qu'à satisfaire les oreilles des spectateurs, tandis que leurs yeux sont arrêtés à voir descendre ou remonter une machine, ou s'attachent à quelque chose qui les empêche de prêter attention à ce que pourraient dire les acteurs... Les machines ne sont pas, dans cette tragédie, comme des agréments détachés, elles en font en quelque sorte le nœud et le dénouement, et y sont si nécessaires que vous n'en sauriez retrancher aucune que vous ne fassiez tomber tout l'édifice, » etc., etc.

Autrefois, comme à présent, pour qu'une pièce réussit, il fallait qu'on y pût admirer ce qu'en langage de coulisses nous appelons un « clou, » la *grent attraction* des pantomimes anglaises.

Au cinquième acte de la *Toison d'Or*, Zéthès et Calaïs fondaient l'un après l'autre sur le dragon qui porte Médée, et le combattaient au milieu de l'air. Dans les *Peines et les Plaisirs de l'amour* de Cambert, le « clou » consista en une sorte de cérémonie funèbre célébrée par les chœurs autour du monument qu'Apollon vient de faire élever au souvenir de Climène. Cela s'apelait le « tombeau de Climène », et dans toutes les pièces qui suivirent, le public réclama un « tombeau ». Plus tard, dans les *Indes galantes*, on montra deux Illinois échoués, par je ne sais quel hasard, sur le pavé de la capitale, et on leur fit danser une chaconne composée tout exprès pour la circonstance. Tout Paris voulut voir les jardins d'*Armide*, le cheval savant de *Persée*, et les forges d'*Isis*.

A-t-on jamais dépassé, de nos jours, la richesse de décoration de *Zoroastre* ? Au cinquième acte de cet

(1) Saint-Evremont. — *Les Opéras.*

opéra de Rameau, les spectateurs se virent transportés dans un temple superbe, dont vingt colonnes cannelées d'or rayonnaient sous les feux des rubis et des escarboucles qui s'y trouvaient incrustés. Ces colonnes soutenaient une voûte en mosaïques au fond vert relevé par des compartiments d'argent ; enfin, un dôme, dont la dimension paraissait immense grâce à un artifice de perspective, bornait le sanctuaire, séparé du reste de l'édifice par une balustrade d'or ; et au centre de cet appareil éblouissant, le feu sacré brûlait sur un autel enguirlandé de fleurs rares.

Au premier acte des *Fêtes de l'amour*, dans le temps que les démons habillent Florestan, et que la scène est remplie, selon la coutume, de magiciens et de sorcières, des lutins partent des quatre coins du théâtre, et soutenus par un mécanisme ingénieux, volent, se croisent, pirouettent à dix pieds au-dessus du parquet.

On conçoit que pendant ce ballet aérien, le livret est la dernière des choses dont se soucient les loges et le parterre. Aussi Quinault en profite-t-il pour faire chanter à un des personnages la strophe suivante, dont semble s'être emparé l'auteur du *Postillon de Longjumeau* :

> Ah ! qu'il est beau
> Le Jouvenceau !
> Qu'il va faire mourir de belles
> Auprès de lui les plus cruelles
> Ne pourront tenir dans leur peau !
> Ah ! qu'il est beau
> Oh ! oh ! oh ! oh !
> Qu'il est gentil
> Joli, poli
> Est-il des yeux qu'il ne ravisse !
> Il passe en beauté feu Narcisse,
> Qui fut un blondin accompli.
> Qu'il est joli !
> Hi ! hi ! hi ! hi !

Cela se chantait en 1672. Si Boileau, comme il est probable, a saisi ces versicules au passage, il n'a pas dû regretter ses épigrammes de jeunesse dirigées contre l'auteur d'*Astrate* et d'*Amalasonte*.

(*A suivre.*)　　　　EUGÈNE DE BRICQUEVILLE.

PROSERPINE

armi les compositeurs français de la génération présente, il en est deux qui se partagent les faveurs de l'étranger : M. Massenet et M. Camille Saint-Saëns, L'un a le Midi, l'autre possède le Nord.

En Italie, l'on vous parle avant tout d'*Erodiade* et d'*Il Re di Lahore*, car la mélodie voluptueuse et libertine de M. Massenet a des affinités flagrantes avec le goût sensuel des dilettanti transalpins.

En Allemagne, si l'on parle de musique française avec un artiste du pays, le premier nom qui lui vient est celui de M. Saint-Saëns.

Cette popularité lui vient, j'imagine, de ses tendances classiques et de la bonne tenue de son style. Elle tient aussi à la forme instrumentale de ses meilleures compositions ; car dans la patrie de Beethoven, plus que partout ailleurs, on garde le culte respectueux de la musique de chambre et de la symphonie.

Supérieur dans ce genre et dans ceux qui s'y rattachent, M. Saint-Saëns n'a pas encore donné la mesure de ses rares facultés sur le terrain de la musique dramatique. Serait-ce peut-être qu'il n'ajamais abordé le théâtre, — je ne dirai pas avec un système arrêté, — mais avec des idées claires et un but nettement aperçu?

Le Timbre d'argent mêle tous les styles dans une promiscuité confuse; *la Princesse jaune* est une étude fantaisiste plutôt qu'une œuvre; *Samson et Dalila* — un ouvrage de sérieuse valeur, du reste — est moins un opéra qu'un oratorio; *Étienne Marcel* et *Henry VIII* sont deux partitions pleines de talent, mais d'une poétique indécise et fluctuante, s'efforçant de concilier deux formes inconciliables : l'opéra et le drame lyrique.

Cette poursuite acharnée d'un compromis chimérique se manifeste également dans *Proserpine*, mais avec une nuance intéressante à noter, car les formes ennemies y sont plutôt juxtaposées que mises en conflit. Si l'on s'en tient aux deux premiers actes, — les mieux venus, de l'avis de tout le monde, — la justesse de cette observation paraît évidente. Le deuxième, avec ses épisodes variés de l'introduction chorale, avec son cantabile *spianato* de ténor, avec son duettino écrit à la tierce..... renversée, et enfin avec son finale largement développé, est de l'opéra, de l'excellent opéra si l'on veut mais de l'opéra, rien de moins, rien de plus. Le premier acte, au contraire, — avec sa symphonie ininterrompue, dont le développement est réglé par les situations et les mouvements de la scène, — me semble un effort visible et méritoire vers la constitution du drame lyrique français.

Au point de vue purement musical, ces deux fragments se valent; la technique si souple et si parfaite de M. Saint-Saëns triomphe dans l'un comme dans l'autre. Au point de vue de la tendance, — malgré l'estime que je professe pour le second acte, et notamment pour son superbe finale, — je donne, sans hésiter, la palme au premier.

Il y a là — je le constate avec joie — un retour accentué de M. Saint-Saëns vers l'idéal élevé de sa jeunesse enthousiaste. Cet idéal s'était obscurci et voilé à ses yeux, par je ne sais quels malentendus, et l'éminent musicien, dominé par l'influence d'amitiés dissolvantes, l'avait en quelque sorte abjuré, dans ses écrits; car M. Saint-Saëns a la passion de *la copie*, et c'est, à mon avis, une faiblesse regrettable.

Entendons-nous, cependant. Je ne trouve nullement mauvais qu'un musicien écrive sur son art, j'estime au contraire qu'il a profit à le faire, lorsqu'il se tient strictement dans le domaine spéculatif. Chez le compositeur sérieux, la période de réflexion précède toujours celle de la production, et l'effort qu'il fait pour dégager ses vues, en leur donnant une forme littéraire, contribue certainement à lui donner une vision plus nette de sa tendance et de son but.

Mais il n'est pas sans danger, pour un artiste créateur, de s'aventurer sur le terrain glissant de la polémique; car en cherchant à défendre ses idées, il lui arrive de les outrer ou de les fausser, et le plus souvent, après la bataille, il se trouve avoir pris une attitude qu'il n'aurait pas choisie de son plein gré, s'il eût gardé son sang-froid et s'il fût resté maître de lui-même.

J'ai parlé jusqu'à présent de M. Saint-Saëns, plus que de la pièce dont il s'est inspiré. Il sied pourtant que j'en dise quelques mots.

Proserpine est l'histoire d'une courtisane italienne, qui conçoit un amour véritable pour l'un de ses galants. En apprenant qu'il va se marier, elle tente de le disputer à sa fiancée par tous les moyens que la jalousie met au service des cœurs passionnés et des âmes sans scrupules. Au dénouement, elle se jette sur sa rivale, le poignard à la main, mais le bras vengeur de celui qu'elle aime, retourne l'arme contre elle et la terrasse sans pitié.

La pièce originale est de M. Auguste Vacquerie, qui l'a publiée dans un volume de vers, intitulé : *Mes premières années de Paris*. C'est là que M. Louis Gallet l'a trouvée et l'a prise pour en faire le sujet d'un drame lyrique.

Proserpine a pour principaux interprètes, Mᵐᵉˢ Salla et Simonet, MM. Lubert, Tsakin et Cobalet. Le rôle de l'orchestre, comme on peut le penser avec un maître symphoniste tel que M. Saint-Saëns, est important et difficile; la troupe instrumentale de l'Opéra-Comique, habilement dirigée par M. Danbé, n'a pas été au-dessous de cette lourde tâche.

Le public a fait un accueil chaleureux aux deux premiers actes, qui compteront certainement parmi ce que M. Saint-Saëns a écrit de meilleur pour le théâtre. Il s'est montré plus froid pour les deux derniers, et je ne saurais l'en blâmer.

Malgré cette réserve, le nom de M. Saint-Saëns, proclamé à la chute du rideau, a été accueilli par des acclamations unanimes. Je m'y suis associé de tout cœur, car — en certaines parties du moins, — *Proserpine* marque un progrès évident dans la manière du maître, un progrès, je me plais à l'espérer, qui n'est que le prélude d'une transformation complète et définitive.

Victor Wilder.

Revue des Concerts

La nouvelle Symphonie sur un air montagnard, *de Vincent d'Indy. — Nouvelles de Lohengrin; le futur Théâtre-Lyrique. — La soirée de Mi-Carême à la Trompette : le Carnaval des animaux de Saint-Saëns. — Premières auditions à la Société nationale.*

PARIS, 23 mars.

Dimanche, M. Lamoureux redonnait le premier acte de *Tristan*, où Mˡˡᵉ Leroux a montré plus de nerf dramatique qu'il y a huit jours. La nouveauté du programme était la *Symphonie pour orchestre et piano* de M. Vincent d'Indy. Le rare talent de l'auteur de la *Cloche* se manifeste brillamment dans l'œuvre nouvelle, dont les trois parties se déroulent avec une belle progression d'intérêt, de chaleur et de verve. Le lien qui les unit est un thème montagnard français, intervenant d'une façon fantaisiste, souvent imprévue, et sous des aspects divers, dans les développements de chaque morceau. Il y a une parenté intime entre cette œuvre et le *Poème des Montagnes* du même auteur, cette composition pour piano dont j'ai déjà parlé ici. Toutes deux ont été conçues et réalisées dans les Cévennes, sous l'impression directe de la nature, en vue du paysage. En les comparant au point de vue musical pur, je préfère la *Symphonie*, surtout l'entraînant finale, merveilleusement instrumenté, d'une invention rythmique féconde et bien piquante; ce morceau, qui me paraît avoir obtenu de succès le plus chaud et le plus unanime, pourrait, détaché, se suffire à lui-même, et sans explication préalable, produire tout son effet.

Dans le *Poème des Montagnes*, au contraire, le détail des titres (*La Fée des Bruyères, Hêtres et Sapins, Brouillard, Freyschütz, La Rien-aimée*, etc.) n'était pas de trop pour guider l'auditeur à travers le dédale d'une fantaisie individuelle poussée aux dernières limites. J'avoue que quelques indications de ce genre ne seraient peut-être pas déplacées dans les deux premières parties de la *Symphonie*; ainsi, par exemple, dans les interventions épisodiques des cors en sons bouchés nous ne semble que je ne suis plus dans le domaine de la musique pure, et les intentions poétiques de l'auteur ne se dévoilent pas nettement et immédiatement à ma curiosité en éveil. D'autres fois, au contraire, comme dans la phrase mélodique qui amène à la fin de la première partie, j'ai bien la sensation d'une apparition féerique d'une grâce voluptueuse, toute vaporeuse et féminine comme celle qui donne un charme si exquis au poème symphonique *Sauge fleurie*, du même auteur (et muni d'un programme, celui-là). Mais la présence ou l'absence d'un programme ne change rien à la nature des choses; on se trompera en considérant le motif montagnard choisi par M. d'Indy pour composer sa *Symphonie* comme un simple thème musical à développements et à transformations; ce motif, dans son cadre naturel, a eu pour l'auteur, non seulement un caractère intéressant une saveur spéciale, une apparence de se prêter à la manipulation symphonique, mais, avant tout, une vertu de suggestion, d'évocation; en cette imagination vive, curieuse, du monde du mystère, portés surtout vers les souvenirs d'existences passées, cet air a fait apparaître, dans un long enchantement, toute une série de scènes où des créatures surnaturelles, esprits familiers, bons ou mauvais, animent la mélancolie des ruines, où l'amour rêveur s'égare en des sentiers dont la trace est presque effacée, où l'éclat des armes, la clameur des jeux chevaleresques, le tumulte joyeux des fêtes agrestes, étincellent, vibrent et grouillent tour à tour. Ces impressions variées, M. Vincent d'Indy a tenté de nous les traduire; il a choisi pour cela la langue musicale; il a apporté dans son effort le tempérament d'un artiste romantique amoureux du détail, passionné de recherches subtiles, épris des contrastes pittoresques; son art, curieusement fouillé, délicatement ouvragé, me rappelle celui des merveilleux ouvriers de la Renaissance allemande; j'y retrouve la minutie, la vigueur et la grâce un peu raide encore, mais si fine et si chaste, de certaines estampes, de certains dessins d'Albert Dürer. Il me semble que la nouvelle *Symphonie* de M. d'Indy est l'œuvre la plus remarquable, la plus neuve de cet hiver, parmi les compositions purement instrumentales. Le piano y fait corps avec le reste de l'orchestre, pour donner des touches brillantes, des fonds estompés, ou des martelés qui soulignent une partie, tout cela traité et distribué d'une façon fort ingénieuse; cette partie a été tenue par Mᵐᵉ Bordes-Pène avec beaucoup de tact et une sûreté absolue; l'intelligente artiste a été rappelée et très applaudie.

Avant de quitter l'Eden, un coup d'œil sur le *Petit bulletin* de M. Lamoureux. Il y est dit que les *dix* représentations de *Lohengrin* sont définitivement fixées à la seconde quinzaine d'avril et à la première quinzaine de mai. Suit la distribution des rôles en double, conforme à ce que j'ai déjà annoncé. Je remarque combien l'élément belge tient une grande place dans l'interprétation masculine : MM. Van Dyck et Jourdain pour Lohengrin, MM. Behrens et Fontaine pour le Roi, M. Blauwaert pour Frédéric de Telramund (doublé par M. Auguez, qui fait aussi le Héraut en première distribution, rôle tenu en deuxième par M. Fæitliffger). Quant à la partie féminine, elle est représentée pour Elsa par Mme Fidès-Devriès et Mlle Leroux, l'Iseult d'hier, et pour Ortrude par Mme Duvivier presque Belge, et Mme Boldini-Puisais, la Brangaine de *Tristan* au concert. — Le personnel des chœurs, qu'on dit tout à fait supérieur, comprend 80 artistes, celui de l'orchestre 90. Les décors ont été peints par MM. Lavastre et Carpezat, les costumes dessinés par M. Bianchini.

* *

M. Lamoureux, rappelant la date de la première représentation à Weimar (28 août 1850) dit que l'ouvrage s'est établi au répertoire de toutes les grandes scènes des deux mondes, Paris excepté. « J'ai pensé, ajoute-t-il, que cette situation nous créait une sorte d'infériorité artistique, et que nous ne pouvions, sans un peu de ridicule, continuer à fermer les oreilles à cette partition magistrale..... J'ai pensé aussi que si cette expérience réussissait, il ne serait permis de la pousser plus loin et de fonder ainsi une entreprise durable, qui serait d'un double profit pour le développement de notre génie musical ; car en les plaçant sous la garantie des chefs-d'œuvre étrangers, il deviendrait possible de faire entendre des ouvrages français que les grosses dotations prodiguées aux théâtres subventionnés n'ont pu faire sortir jusqu'à présent du portefeuille de leurs auteurs. En un mot, le but-que je me propose est : d'une part, de faire connaître à mes compatriotes les chefs-d'œuvre que nous n'avons pas le droit d'ignorer ; d'autre part, de favoriser l'avenir, et autant qu'il est en mon pouvoir, la production nationale, en donnant aux jeunes musiciens français, qui marchent dans la voie du progrès avec plus de courage que d'encouragement, l'occasion de faire connaître ce dont ils sont capables... Après cet exposé franc de mes espérances et de mes projets, si tous ceux qui sont intéressés à la réussite de mon entreprise deviennent mes alliés, il paraît impossible de douter du succès final. Je poursuivrai donc la rude tâche que je me suis imposée, avec une entière confiance dans l'équité du public français et la conscience d'accomplir une œuvre véritablement patriotique... Pour les habitués de mes concerts, il est superflu peut-être de spécifier qu'en leur donnant *Lohengrin* sous sa forme théâtrale, je poursuis un but purement artistique ; mais il est nécessaire que le public entier soit persuadé que toute idée de spéculation est étrangère à mon entreprise. Si le prix des places, qui sera très prochainement publié, est relativement élevé, c'est que les frais sont considérables et que toute mon ambition financière se borne à faire rentrer les fonds avancés. »

Vous verrez que M. Lamoureux, à qui nous devons déjà les concerts de l'*Harmonie sacrée*, c'est-à-dire la *Passion* de J. S. Bach et le *Messie* d'Hændel, qui a tenté des réformes à l'Opéra, à l'Opéra-Comique et à la Société des concerts, qui a fondé les *Concerts modernes* au Château-d'Eau, devenus les *Concerts Lamoureux* à l'Eden, nous donnera encore la *Messe en ré* de Beethoven, et enfin fondera le véritable Théâtre-Lyrique, car il est le seul homme capable de mener à bien l'entreprise avec ses seules ressources. Ce sera un bel exemple.

* *

Piquante soirée de Mi-Carême à la *Trompette*. Sans parler du *Trio brillant* (flûte, violon et contrebasse) de Lauge, sur les plus jolis motifs de J.-S. Bach et de Bellini, et de l'*Enigma musicale* de Chaine, duo pour piano et violon, exécuté par M. Marsick et..... Marsick, on a rejoué le délicieux, le désopilant *Carnaval des Animaux* de Saint-Saëns, dont le *Guide* a déjà parlé en détail l'an dernier. Cette « grande fantaisie zoologique », a été exécutée à peu près par les mêmes artistes que l'an dernier ; comme toujours MM. Saint-Saëns et Diémer ont été de parfaits kangourous. Succès fou ; la chouette familière de M. Lemoine assistait à la fête et en a eu sa part. On a demandé à grands cris la *Danse macabre* jouée à deux pianos par MM. Brandoukoff et Marsick (le programme l'annonçait ainsi), mais l'heure était trop avancée.

A signaler : un trio fantastique inédit de Diémer pour trois voix de femmes, *Les Sorcières*.

A citer au dernier programme de la *Société Nationale* le *Quintette* de Castillon, les charmantes *Mélodies*, d'après Heine, de M. André Messager, et les *Madrigaux amers* de M. Charles Bordes, confiés à la belle voix de Mme Blanche Deschamps.

BALTHAZAR CLAES.

Chronique Bruxelloise.

LE LION AMOUREUX

Ballet en un acte, avec chœurs, d'après La Fontaine
Livret de MM. Paul Cosseret et Aguost, musique de M. Félix Pardon

De temps en temps, la Monnaie encourage la musique dramatique nationale en montant un court divertissement. Cela est dans les traditions, et la plupart des directions qui se sont succédé depuis quelque temps, n'ont eu garde d'y manquer. Ces encouragements ne réussissent pas toujours, mais enfin, « qui ne risque rien n'a rien, » dit la «sagesse des nations; et comme le risque n'est pas lourd, la perte n'est pas considérable. S'il s'agissait d'œuvres plus importantes, d'opéras-comiques ou non — en un ou en plusieurs actes, — ce serait plus grave; et l'on craint sans doute les aventures. Au commencement, les compositeurs nationaux qui brûlent de prouver qu'ils ont « quelque chose dans le ventre, » étaient désolés; maintenant, l'habitude est venue, et ils se résignent, attendant que leur tour vienne aussi d'un petit divertissement. Et, en cela, le maître de ballet, M. Saraco, est un homme précieux. Grâce c'est lui qu'il s'agit surtout de mettre en évidence dans ces exercices chorégraphiques où sa part de collaboration est toujours très grande, nos musiciens doivent beaucoup à son influence de pouvoir être joués. Certes, il leur faut un peu passer par ses exigences ; mais que ne ferait-on pas ? Et puis, il a l'expérience de son métier, il sait quels pas et quelle musique conviennent le mieux au public. Voilà comment M. Saraco est, à l'heure qu'il est, le plus grand protecteur de la musique nationale, à la Monnaie. Rendons-lui donc grâce. S'il n'existait pas, il faudrait l'inventer.

C'est ainsi, grâce à lui, je suppose, que nous avons eu cette semaine un ballet de M. Pardon, après avoir eu, il y a quelques semaines, un divertissement de M. Fion. Le ballet, pas plus que le divertissement, n'a eu assurément la prétention d'être une œuvre artistique d'une portée bien élevée : le seul but des auteurs a été de présenter au public une série de danses dans un cadre aimable de costumes coquets ; le metteur en scène et M. Saraco sont, en cette affaire, les seuls qui comptent réellement.

Le *Lion amoureux* avait cependant quelque chose de plus que les divertissements ordinaires : une idée neuve, qui pouvait prêter à des développements ingénieux. La légende du lion amoureux est toujours charmante, et on ne l'avait pas encore interprétée sur un théâtre de cette façon, avec des animaux, sinon parlants, tout au moins agissants. A part quelques naïvetés, votre quelques audaces qu'il faudra atténuer (les animaux n'ont pas l'habitude du monde!), le but visé par le metteur en scène et par M. Saraco a été à peu près atteint. Quant au musicien, M. Félix Pardon, son talent est certainement très au-dessus de ce qu'il nous a donné en cette circonstance, et il peut faire mieux que la partition banale qu'il a signée là. Mais, je le répète, ce n'est pas la musique qui importait. Cela est peut-être regrettable sur une scène comme la Monnaie; mais il faut bien constater ce qui est, et se mettre, pour juger une œuvre, au point de vue où le compositeur s'est mis lui-même.

Le public de la première a paru, d'ailleurs, très satisfait.

L. S.

◆◆◆◆

LE CAUCHEMAR D'UNE NUIT D'HIVER

Le dernier bec de gaz est éteint et la salle de la Monnaie, plongée dans une nuit profonde, se repose des fatigues de la soirée. Le pompier de service fait sa ronde ; rien ne brûle, il se retire sans voir deux ombres humaines qui se dissimulent, l'une dans la baignoire de la Reine, l'autre dans celle du duc d'Aumale. Une querelle éclate entre les rideaux.

LE VIEUX.

As-tu fini de poser, espèce de rideau bavarois !

LE NEUF.

Je suis mieux que toi, vieille baderne; je me drape, moi ; je suis décoratif, moi.

LE VIEUX.

Réclame le tapissier !

LE NEUF.

Loque à Masaniello !

LE VIEUX (*scandalisé*).

Oh ! Auber, où es-tu ?

AUBER.

(*Il sort de la loge des princes exilés et s'avance tristement vers la rampe. Il y rallume quelques becs de gaz, en pleurant.*)

Me voilà, vieux camarade, toi qui te lèves en 1830 sur mon aurore-apothéose. (*Il chante.*)

Amour sacré de la patrie !
Rends-nous l'audace et la fierté !

Hiér, ils l'ont rechanté, cet air de bravoure, et le peuple ne s'est plus soulevé, et l'on a ri, on l'a comparé à....

LE VIEUX RIDEAU.

Tais-toi, maître, ne prononce pas ce nom odieux, faisons à nous deux la conspiration du silence....

LE JEUNE.

(Il ricane dans ses plis et fredonne sur l'air des lampions). Walkyri, Walkyri, Walkyri !

AUBER.

Quel est cet audacieux ?

WAGNER.

(Il sort de la baignoire royale, tandis que les cuivres,du sein de leurs gaines, disent le motif de l'Épée.) Cet audacieux, c'est mon rideau, Blaton, c'est moi, Richard, qui viens vers toi, pauvre art !

AUBER.

Il fait même des calembours, hélas !

WAGNER.

Mon vieil Auber, tu peux te fouiller, ta *Muette* ne parle plus aux foules, et les orchestrions mêmes n'en veulent plus.

AUBER.

Elle a fait une Révolution.

WAGNER.

En faisant fuir les Hollandais ; c'est pas malin...

JEAN CLORTENS. *(Il sort d'un couloir.)* Trois francs cinquante de location !

TOUS LES ABONNÉS. *(Ils font irruption en masse).* Et nous ! Et nous !

WAGNER.

Flûte !

LES ABONNÉS.

Nous sifflerons.

LES JEUNES.

A voir ! on cognera.

AUBER.

J'aurai la presse... Eekhoud...

EEKHOUD *(ricanant).* Hoytoyo, mon œil !

AUBER.

Solvay, Fétis, Dommartin, Kufferath, Maubel, Maus......

CEUX-CI *(en chœur).* Heisha ! Heisha ! à nous Brunnhilde ! Waltraute ! Rossweisse ! Schwertleïta !

(A ce moment, les Walkyries envahissent les fauteuils d'orchestre au triple galop de leurs coursiers,seul Grane traîne la patte en protestant).

GRANE.

J'aime mieux le cortège des *Templiers.*

LITOLFF.

Merci pour cette bonne parole.

La salle s'illumine, une mêlée effrayante se fait ; Masaniello et Siegmound s'empoignent ici, Auber tombe dans le trou du souffleur ; les Walkyries poussent des cris sauvages en demandant à boire, le garçon du « Munich » leur verse du Lagerbier dans des cornes, tandis que les pêcheurs napolitains se grisent en vidant d'énormes flasques de Lachryma Christi. Les abonnés boivent de l'uitzet, mélancoliquement. On ne s'entend plus. Litvinne interpelle Wotan qui a bu trop d'hydromel et lui répond par le grand air des *Huguenots* ; Cossira plaide en vers sur l'air de *Sigurd,* Vuillaume murmure, en regardant le quatrième rang des fauteuils :

Lorsque Brahma dans sa démence
En broyant une fleur fit la terre et le fiel,
Il y laissa le miel,
Et c'ta fut l'espérance !

Hadji éternue, De Keghel souffle, Wagner s'écroule, Joseph Dupont donne sa démission. Le gaz s'éteignent, le silence se fait ; on n'entend plus au loin que la voix de M. Frankin chantant :

Bonnes gens, il est deux heures,
Enfermez-vous dans vos demeures.

La voix se perd dans les profondeurs du boulevard Anspach. La nuit continue, hypocritement. Chut !...

MAX WALLER.

UNE PÉTITION.

Les compositeurs belges viennent d'adresser à M. le ministre des beaux-arts une pétition qui mérite d'être prise en sérieuse considération. Les compositeurs demandent qu'à l'exemple de ce qui se fait dans les autres pays, l'État intervienne en faveur des compositeurs dramatiques nationaux. Les pétitionnaires font très justement observer que l'encouragement donné aux musiciens par la fondation des prix de Rome ne profite pas à l'art. Tant qu'ils sont pensionnaires de l'État, les compositeurs sont assurés de pouvoir travailler dans des conditions favorables à l'épanouissement de leur talent. Mais une fois cette période passée, ils se retrouvent sans appui et sans soutien en présence de directions théâtrales le plus souvent confiées à des étrangers et qui n'ont en vue généralement qu'une exploitation fructueuse. Aussi s'adressent-elles pour la plupart aux compositeurs étrangers en renom ; elles ne montent que les ouvrages qui ont déjà obtenu la sanction d'un succès public au dehors. En fait cette situation aboutit à un véritable ostracisme contre les compositeurs nationaux qui n'ont pas même la ressource d'apprendre pratiquement leur métier d'auteurs dramatiques. En France et en Allemagne les théâtres sont largement subsidiés et l'obligation leur est imposée de donner chaque année un certain nombre d'actes d'auteurs nationaux. Ainsi la tradition dramatique se maintient et se renouvelle constamment. Les compositeurs belges estiment qu'au lieu de donner de larges primes à des cantates fatalement destinées à l'oubli après un nombre restreint d'exécutions, il serait plus utile de favoriser l'essor de l'art dramatique en offrant un subside à déterminer à tout théâtre qui monterait des ouvrages belges dans les meilleures conditions possibles d'exécution.

Cette pétition, appuyée par M. Gevaert, et revêtue de nombreuses signatures, a été déposée le 4 mars à la Chambre des représentants M. de Borchgrave l'a vivement recommandée à ses collègues. Elle mérite, en effet, d'arrêter l'attention du législateur. L'exemple le plus frappant de l'importance des encouragements officiels donné à l'artiste, c'est justement Wagner qu'on a fort mal à propos fait intervenir dans cette question. Le roi Louis II de Bavière n'a certes pas créé le génie de Wagner, mais il est certain aussi que sans l'appui de ce souverain artiste, Wagner n'aurait probablement pu achever ces œuvres merveilleuses qui s'appellent la *Tétralogie, les Maîtres Chanteurs* et *Parsifal.* Même ses premiers opéras, *Lohengrin* et *Tannhäuser,* par exemple, furent composés à l'époque où la faveur du roi de Saxe l'appela au poste de maître de chapelle à Dresde. La vérité est que Wagner n'a rien fait pendant les dix années qu'il a passées à végéter misérablement et, nul ne peut dire ce que le théâtre y a perdu.

L'important, en Belgique, où les talents ne manquent pas, c'est d'offrir aux compositeurs lyriques nationaux le moyen de se faire jouer et de s'entendre eux-mêmes. Pour les peintres, les sculpteurs, les industriels, l'État organise des expositions coûteuses et des palais somptueux. L'exécution au théâtre, c'est après tout, le Salon des compositeurs. En demandant que l'État les appuie, les auteurs de la pétition dont nous parlions, demandent, en somme, en faveur des compositeurs lyriques, non un privilège, mais le traitement que l'on accorde, dans tous les pays civilisés, aux œuvres d'art dignes de fixer l'attention. M. K.

CORRESPONDANCES

LONDRES, 21 mars.

L'événement de la semaine dernière à Londres a été la rentrée de Mme Clara Schumann au *Philharmonic Concert,* où l'illustre pianiste a été l'objet d'une ovation prolongée. Elle a joué le concerto en *la* de Schumann, adorablement. Quel talent merveilleux. Elle a été rappelée un nombre incalculable de fois, et elle paraissait tout émue des marques d'admiration dont elle était l'objet. Mme Schumann a aujourd'hui 68 ans et voilà près de 30 ans qu'elle paraît chaque année soit au *Popular,* soit au *Philharmonic Concert !* — Au même concert on a donné la symphonie en *mi* de Brahms ; Mlle Valleria a chanté le premier air de *Nadeshda* de Goring Thomas, et deux mélodies de Schumann avec la distinction qu'on lui connaît.

Au *Crystal-Palace,* concert (le 12me), une sérénade pour orchestre par un jeune Anglais, M. Bennet a été très applaudie. Mlle Davis a joué le concerto de Beethoven avec son succès habituel, et Mme Valleria a répété les morceaux qu'elle a chantés au Philharmonic.

A Covent-Garden, la saison italienne a commencé par cette nouveauté : *La Traviata !* Mlle Nordica, la jeune cantatrice américaine, qui a fait une belle carrière en Italie et a chanté autrefois à Paris, a obtenu beaucoup de succès dans Gilda, de *Rigoletto.* Lundi dernier, une autre cantatrice américaine, Mme Hastreiten, dont on a parlé beaucoup, a débuté dans la *Favorite,* mais avec un succès médiocre, ce qui est peut-être regrettable, car M. Mapleson nous a promis de monter l'*Orphée* de Glück avec cette artiste, ainsi que *Mireille* de Gounod pour Mme Nevada. Ce sont là de belles promesses, mais leur réalisation paraît un peu douteuse! Une troisième débutante américaine a paru samedi dans *Martha*: Mlle Engele. On dit la jeune fille très jolie; elle aurait un bel avenir comme chanteuse légère. E. N.

BORDEAUX, 20 mars.

Gounod a dirigé mercredi dernier à Bordeaux une exécution de *Mors et Vita*, préparée par les soins de la Société Sainte-Cécile et qui a eu lieu à l'Église Notre-Dame (au Saint-Dominique), avec 60 musiciens à l'orchestre, 150 choristes hommes et femmes, les grandes orgues pour l'accompagnement, et pour solistes, le baryton Manoury, Mme Terestri et Mme Marie Masson.

Gounod, en dépit de ses soixante-huit ans sonnée, a conduit son œuvre avec une maëstria et une ardeur tout à fait juvéniles.

Le soir, l'illustre maître a assisté, au Grand-Théâtre, à une représentation de *Faust* donnée en son honneur. La salle était comble. Le maître est arrivé au deuxième acte, pendant la kermesse. Il a été salué à son entrée par de vifs applaudissements. Puis, quand le morceau a été terminé, une longue ovation a été faite au célèbre compositeur, qui s'est incliné à plusieurs reprises. Z.

LIMOGES, 15 mars.

Au dernier concert de la Société Philharmonique de Limoges, grand succès par Mlle Gavioli, qui vient, dit-on d'être engagée par MM. Dupont et Lapissida pour la prochaine saison, et pour Mlle Van Eycken, une jeune pianiste d'origine belge qui s'est fait vivement applaudir dans le concerto de Mendelssohn la *Canzonetta* de Dupont, la *Tarantelle* de Rubinstein; la *Rhapsodie hongroise* de Liszt et l'*Impromptu-fantaisie* de Chopin. Les délicats, très nombreux le reste, qui assistaient au concert, ont redemandé à la jeune artiste le concerto de Mendelssohn. En le faisant figurer une deuxième fois au programme, Mlle Van Eycken a obtenu là, dans cette merveilleuse composition, un succès encore plus grand que tantôt. Pour remercier l'assistance elle a joué une des *Danses* de Brahms, dont l'exécution si difficile a été enlevée avec une hardiesse et une sûreté remarquables.

L'orchestre a donné les ravissantes scènes de l'*Arlésienne*, sous la direction de M. Farge, la *Bourrée*, de Bach, le remarquablement orchestrée par le directeur du Conservatoire de Bruxelles, M. Gevaert; enfin, l'entr'acte de *Don César*, de Guiraud.

GAND, 21 mars.

GRAND-THÉÂTRE. — Lundi 14, *le Grand Mogol*; mercredi 16, *Carmen*; vendredi 18, *Rigoletto*; samedi 19, *le Cid*; dimanche 20, *Lisschen et Fritschen*, *Joséphine vendue par ses sœurs et la Traviata*.

Semaine un peu orageuse, à cause du mécontentement des abonnés qui ont, il faut le reconnaître, sujet de se plaindre: on continue à leur servir *le grand Mogol* qu'ils ont vu et revu à satiété, ou bien on leur donne des spectacles comme *Rigoletto*, avec un ténor impossible, tandis que *le Cid* se joue abonnements suspendus et qu'il devait en être de même des représentations de Mme Albani. Grâce à leurs protestations énergiques, ils ont obtenu d'avoir encore *le Cid*, ainsi que *Lucie de Lammermoor* avec Mme Albani, demain mardi. Comme je viens de le dire, la reprise de *Rigoletto* a été absolument gâtée par un ténor étranger, M. Delry, et ç'a été grand dommage pour Mlle Boyer et surtout pour M. Soum qui tenait d'une manière très remarquable le rôle du bouffon.

J'ai oublié de vous parler dans ma dernière correspondance d'un opéra comique flamand dont les deux actes représenté pour la première fois au Théâtre-Minard, le mardi 8 mars: *De Bloemenbruid* (la Fiancée des Fleurs), paroles de M. Emile Van Goethem, musique de M. Frans Van Herzeele. Je m'empresse de réparer cet oubli tout involontaire, et je le fais avec d'autant plus de plaisir que la pièce a parfaitement réussi, aussi bien à la seconde représentation, hier, qu'à la première. Je ne peux pas vous raconter le sujet emprunté à une nouvelle de Pitre-Chevalier: je me contente de vous dire qu'il est bien coupé pour la musique et traité de manière à donner à l'imagination du compositeur l'occasion de se déployer. M. Van Herzeele a profité de a fait une jolie partition, pas très originale, mais mélodique, bien écrite et agréable à entendre. D'autre part, la musique est plus distinguée que celle qu'on entend d'ordinaire au Théâtre-Minard, et cela n'a pas été sans étonner un peu le public qui s'attendait à une opérette: mais après le premier, moment de surprise, il a fait un excellent accueil à la tentative de MM. Van Goethem et Van Herzeele qui veulent acclimater l'opéra sérieux au Théâtre-Minard, ce dont on ne peut que les louer. Bonne interprétation, par Mmes Verberckt, Stevens, Marguerite et MM. Wannyn et Vanden Kisboom.

Il me reste à signaler, en terminant, le joli concert que la Société royale des Chœurs a offert à ses membres le mardi 15, et où se sont fait applaudir Mlle Dela Faye, une jeune pianiste bruxelloise de talent M. Soum, notre baryton du Grand-Théâtre, remplaçant au pied levé

M. Merytt indisposé, des amateurs, et les chœurs de la société sous la direction de M. Paul Lebrun. P.B.

LIÉGE, 22 mars.

Mercredi dernier a eu lieu à l'église Saint-Paul le concours d'orgue pour la place de professeur d'orgue à notre Conservatoire royal de musique, vacante depuis la mort du regretté Jules Duguet. Les conditions du concours étaient: la composition d'une fugue d'orgue (à écrire en loge). l'accompagnement en contrepoint fleuri d'un chant liturgique; l'harmonisation à appliquer à un thème donné, puis les développements à donner à ce même thème, ainsi que les improvisations sur celui-ci comme sujet principal. Les épreuves consistaient dans l'exécution de la fugue écrite par chacun des concurrents; puis, dans l'interprétation d'un ou deux morceaux d'orgue au choix du jury.

Les trois artistes qui se sont présentés ont montré chacun des qualités sérieuses de musiciens et d'exécutants. L'un semblait d'abord primer sur un point, l'autre l'emporter sur un autre. Mais après mûre réflexion le jury s'est prononcé en faveur de M. Danneels, moniteur au Conservatoire de Bruxelles et diplômé de capacité de cet établissement. Les morceaux qu'il a eu à exécuter sont: la fugue en ré de Bach et les trois premières parties d'une symphonie pour orgue de Widor. Un des trois concurrents a fait entendre un fragment de sonate de sa composition et la première partie de la fugue en *fa* mineur de Mendelssohn: l'autre avait choisi une sonate très difficile et d'un mérite artistique réel, de Ritter.

Le jury était composé de M. Radoux, président, de MM. Hacebs, membre de la commission du Conservatoire, Callaerts, organiste de la cathédrale d'Anvers, Léopold Duguet, Edouard Van den Boorn professeurs, Sylvain Dupuis, César Thomson, Duysings, tous attachés à notre Conservatoire royal de musique.

JULES GHYMERS.

Petites Nouvelles

Le premier concert du Conservatoire royal de Bruxelles a eu lieu dimanche dernier. Inutile de rappeler ici l'incident qui a fait ajourner pendant des mois cette séance de musique. L'entente s'étant faite entre M. Gevaert et le ministre des beaux-arts au sujet des concerts, les habitués du Conservatoire sont désormais tirés de peine. Le programme comprenait la 3me symphonie de Schumann très chaudement interprétée, l'ouverture de *Coriolan*, celle du *Freyschütz* et une suite d'airs de ballet tirés des divers opéras de Grétry. Enfin M. Eugène Ysaye a magistralement joué le deuxième *concerto* de violon d'Henri Wieniawsky et la *Chaconne* de Bach. C'était la première fois que l'éminent virtuose se faisait entendre au Conservatoire depuis sa nomination de professeur. Son succès a été grand.

※

Le tribunal civil de Bruxelles a prononcé lundi matin dans l'affaire Cossira, contre la direction du Théâtre de la Monnaie.

Le jugement constate que la solution du procès est celle de savoir si le rôle de Nadir, des *Pêcheurs de perles* de Bizet, rentre dans l'emploi attribué par la tradition à un ténor engagé pour le grand-opéra, les traductions et les *rôles annexés*.

Le tribunal a nommé, en qualité d'experts, MM. Gevaert, Benoît et Stoumon, et dès avant de statuer sur l'engagement M. Cossira, aux termes de son engagement, à répéter provisoirement, jusqu'à la solution définitive, le rôle qui fait l'objet du litige.

Au dernier moment, M. Cossira a récusé deux des experts, MM. Gevaert et Stoumon. Le tribunal a remis l'arbitrage à lundi.

※

Un journal de Leipzig, *les Signale*, annonce que la municipalité de Strasbourg est en pourparlers avec la direction du Théâtre de la Monnaie, de Bruxelles, pour une saison de représentations françaises au théâtre municipal de la capitale alsacienne, l'été prochain. Il n'y aurait plus qu'une question de frais de déplacement à débattre.

Ces renseignements ne sont que partiellement exacts. Il y a eu, en effet, une offre de ce genre faite par la municipalité de Strasbourg, mais la direction de la Monnaie ayant demandé une garantie de 50,000 francs, en raison du déplacement du matériel, les pourparlers commencés il y a quatre mois n'ont pas continué et l'affaire n'a pas eu de suite, du moins jusqu'à ce jour.

※

Nous avons annoncé dernièrement un concert qui devait être dirigé par M. Arthur Friedheim, à Berlin, en faveur de la fondation Liszt à Weimar et de l'œuvre de Bayreuth. M. Friedheim est l'un des plus brillants élèves de Liszt et il passe pour l'un des plus extraordinaires virtuoses du clavier du moment. Son début comme chef d'orchestre

'a été très remarqué et son succès a été triomphal. Il a accompli un
véritable tour de force. Non seulement il a dirigé par cœur, sans partition, la *Faust-symphonie* de Liszt, œuvre complexe et touffue entre
toutes, mais encore le second concerto du même maître, dont la partie
de piano était interprétée par M. Bernard Stavenhagen, autre élève
de Liszt dont on dit le plus grand bien ; enfin M. Friedheim a dirigé
le *Kaisermarsch* de Wagner en jetant seulement de temps à autre un
regard furtif sur la partition. Comme preuve de sa phénoménale
mémoire, on cite ce fait qu'aux répétitions de la *Faust-symphonie*,
on le vit à un moment arrêter l'orchestre et s'écrier : " Le deuxième
basson, *fa* naturel au lieu de *fa dièse* ; recommencez 28 mesures
avant la lettre M ,. Et il n'avait pas de partition sous les yeux !

L'approche des fêtes du 90° anniversaire de l'empereur Guillaume
a naturellement donné lieu en Allemagne à de nombreuses exécutions du *Kaisermarsch* de Richard Wagner. A Berlin cette marche a
été exécutée avec le concours des chanteurs du *Domchor*, au concert
de M. Freidheim, et au dernier concert de la Société Philharmonique
sous la direction de Karl Klindworth. L'hymne final, arrangé pour
chœur mixte (à quatre parties) par Wagner lui-même, a été entonné
par les voix de femmes et d'hommes avec un élan superbe.

Au même concert, M. Klindworth a fait exécuter des fragments du
Songe d'une nuit d'été de Mendelssohn, dont le scherzo a été bissé, un
superbe chœur de Schubert, " Dieu dans la Nature, ,. avec un bel
accompagnement instrumental de Hans de Bülow, enfin la symphonie
espagnole de Lalo, dont la partie de violon solo a été jouée par
M. Barcewicz, de Varsovie.

Notre correspondant de Berlin nous annonce que Hans de Bülow
vient de signer avec l'impresario Hermann Wolff un contrat pour la
direction de huit des concerts d'abonnement de la Société Philharmonique. M. Motti, de Carlsruhe, dirigera également l'année prochaine deux des concerts de cette société. Nous avons déjà dit que
M. Klindworth se retirait définitivement de la direction de ces
concerts.

Le célèbre ténor Niemann qui chantait dernièrement à New-York,
vient de faire à l'Opéra de Berlin sa rentrée dans le rôle de Siegmund,
de la *Walkyrie*. Il a été l'objet d'une véritable ovation. Il a chanté
depuis *Tannhäuser* et le *Prophète*.

Notre correspondant de Berlin nous écrit que le succès de *Merlin*,
l'opéra de M. Francis Huefer, se maintient et s'accentue à l'Opéra de
Berlin. Cette belle œuvre a déjà obtenu bon nombre de représentations.

La Société chorale berlinoise, *Cæcilia*, a donné la semaine dernière,
sous la direction de M. Alexis Hollænder, une exécution intégrale de
la *Messe de Requiem* de Verdi, que l'on n'avait plus été entendue à Berlin
depuis une dizaine d'années, où elle eut deux auditions consécutives
dans la salle de l'Opéra.

" L'exécution a été très réussie en maint endroit ; les chœurs
étaient excellemment préparés, nous écrit M. Van Santen Kolff. Les
solistes ont eu tous de fort bons moments, surtout les deux femmes ;
seulement, il faut autre chose que des chanteurs allemands, fussent-
ils *di primo cartello*, pour rendre le caractère, l'expression, le " bel
canto ,, si purement italiens, qui forment le cachet le plus saillant
de cette musique. Malheureusement, l'orchestre qui est si supérieur
sous la direction de Klindworth, a joué cette fois presque sans couleur, sans expression ni poésie aucune. Somme toute, une des soirées
les plus intéressantes de cette saison. ,,

La grande salle de l'Opéra de Berlin est entièrement louée — " plus
de billets disponibles ,, dit l'annonce officielle dans les journaux —
pour la première exécution de l'oratorio *la Légende dorée* de Sir
Arthur Sullivan, de Londres, qui aura lieu le 26 courant, sous la direction du compositeur : M. Sullivan vient d'arriver dans la capitale
allemande, afin de surveiller les dernières répétitions. Une seconde
audition aura lieu trois jours après.

Notre compatriote, M. Marius Carman, vient d'obtenir un très
grand succès aux Folies-Bergères, à Paris, avec un ballet en un
acte : *les Gitanos*. Les journaux de Paris disent beaucoup de bien de
cette partition, dont la musique élégante et facile dénote les plus
heureuses dispositions.

A propos de *Proserpine*, un mot piquant de M. Adolphe Jullien
dans son dernier feuilleton du *Français* :

"On a beaucoup répété, dans ces derniers temps, pour opposer *Proserpine* à la *Walkyrie*, que M. Saint-Saëns était le Wagner français.
Combien ne serait-il pas plus flatté si l'on disait que Richard Wagner
est le Saint-Saëns allemand ? Mais voilà, cela ne dépend ni de lui ni
de personne autour de lui. ,,

VARIÉTÉS

ÉPHÉMÉRIDES MUSICALES

Le 25 mars 1854, à Gênes, de parents belges, Gabrielle-Françoise
Clémentine Platteau, décédée à Ixelles lez-Bruxelles le 9 mars 1875.
— Une des plus belles organisations musicales sorties de notre Conservatoire, et dont les premiers succès, en Belgique, en Allemagne,
en Angleterre, donnaient à la jeune artiste l'avant-goût de la renommée, Premier prix de violoncelle, en 1870, Gabrielle Platteau brillait
non seulement comme virtuose, mais elle chantait à ravir, peignait
avec talent, et poète elle l'était comme on va voir par la pièce inédite
que nous avons copiée de l'Album de M⁰⁰ E :

L'HIVER!

Sur la terre il fait froid. — L'âpre vent des hivers
Souffle depuis longtemps. La neige et la froidure
Ont chassé de nos bois tous les chanteurs divers,
De nos bois où n'est plus un seul brin de verdure.

La misère survient et la morte saison
Marchande à l'infortune un rayon de lumière.
Le pauvre tend la main devant chaque maison
Et souvent, le cœur gros, retourne à sa chaumière,

Voyez les gens heureux ! ils prennent leurs ébats,
Ils paraissent gaîment et le bois solitaire
Redevient tout joyeux !... La mort pourtant là-bas
Attend au seuil du pauvre !... Il fait froid sur la terre !

5 février 1874.   GABRIELLE PLATTEAU.

— Le 26 mars. — A cette date, à Vienne 1827, décès de Louis Van
Beethoven et à Bruxelles 1871, celle de François-Joseph Fétis. *Le
géant à côté du nain.*

Comme pour Mendelssohn, comme pour Wagner, sur la tête duquel
il a abattu sa pesante main, Fétis s'est montré retardataire dans ses
jugements sur Beethoven. Un des plus curieux est celui qui nous est
donné par la *Biogr. univ. et portative des contemporains*, parue en
1839 (suppl., t. V, p. 47), à l'article Beethoven, écrit par Fétis. C'est
un mélange de critiques et de louanges, comme celles-ci : " Beethoven
s'est fait une manière indépendante des règles et des conventions.
On a reconnu que si l'originalité des idées brille dans toutes ses compositions, on y aperçoit souvent l'affectation et la recherche. Au
milieu des incorrections de son harmonie, de duretés intolérables, de
phrases incohérentes et bizarres, on a distingué l'élégance de ses
accompagnements, la nouveauté des formes, la richesse de ses
modulations... Les compositions de Beethoven sont à la musique ce
que les productions de Gœthe sont à la littérature. L'analogie me
semble frappante. Souvent, même élévation dans la pensée, même
indépendance dans le plan ; quelquefois, même vague dans la rêverie,
même oubli des principes les plus positifs. Tantôt le naturel le plus
exquis et tantôt le ton le plus guindé : enfin souvent un style enfrai-
nant et quelquefois incompréhensible. Le système de la *transcen-
dance des idées* que la philosophie de Kant avait mis en vogue, la
direction nouvelle que les travaux de Lessing, de Schiller et de
Gœthe avaient imprimée aux esprits, tout concourait à faire adopter
avec enthousiasme des compositions où l'on affectait de s'affranchir
des règles communes. ,,

La *Biographie universelle et portative des contemporains*, rédigée
par Rabbe, Viel de Boisjolin et Sainte-Preuve (Paris, 1827 à 1830,
5 vol., dont le dernier à titre de supplément), était un ouvrage très
apprécié en son temps où il parut, et il est encore recherché de nos jours.
Beethoven, à l'exemple des musiciens marquants de l'époque, y a sa
place, mais une place et petite qu'elle tient en cinq lignes : " Beethoven (Louis Van) célèbre compositeur allemand, passe pour fils naturel de *Guillaume II*, roi de Prusse (!!) et naquit à Bonn, en 1772 (!!)
On a de lui une foule de compositions charmantes, parmi lesquelles
les amateurs surtout ont distingué ses quintetti. ,, Puis, c'est tout.
Quand cette courte notice parut, le grand artiste mourait dans
toute sa gloire.

Trois ans après, la *Biographie* de Rabbe et consorts donna un supplément à son édition de 1827, et elle chargea Fétis de refaire la
notice de Beethoven, qui comprend deux grandes colonnes petit-
texte (page 46).

— Le 27 mars 1815, à Milan (Scala), *La Nozze di Figaro* de Mozart.
— Chose incroyable, cette œuvre adorable, alors que, depuis 1786,
elle faisait les délices du monde entier, n'obtint à la Scala qu'un
succès médiocre.

— Le 28 mars 1756, à Eisenstadt (Hongrie), naissance de Joseph
Weigl. Sa mort, à Vienne, le 3 février 1846. — Compositeur d'une
fécondité sans serre, célèbre pendant sa vie, inconnu de nos jours.
Sa *Famille Suisse* (*Die Schweizer-Familie*) a compté néanmoins, au
Nationale-Theater de Vienne 215 représentations, du 14 mars 1809 au
8 février 1839. Une troupe allemande la fit connaître aux Bruxellois
le 5 août 1826. Traduite en français, sous le titre d'*Emmeline*, la pièce
a été jouée à l'Odéon de Paris le 6 janvier 1827. Nous possédons une
édition allemande de *Richard Lœwenberg* (*Richard Cœur de Lion*) de
Grétry, moins l'ouverture qui est de Weigl.

En 1825, Salieri étant mort, ce fut Weigl qui obtint la place de
second maître de la chapelle impériale. En apprenant cette nomination, qu'il avait le droit d'attendre, Franz Schubert se contenta de
dire : " J'aurais accepté cette place avec bien du plaisir ; mais puisqu'un si digne homme la reçoit, je dois en être satisfait. ,,

— Le 29 mars 1862, à Paris, décès d'Alexis-Adelaïde-Gabriel de
Garaudé, à l'âge de 73 ans. — Savant pédagogue musicien, il a laissé
une infinité d'œuvres, notamment des méthodes et des solfèges. Son
Solfège des enfants et des écoles primaires est encore fort estimé de
nos jours. Il était né à Nancy, le 20 mars 1779. — Un journal, le
Nancy-Artiste du 25 octobre 1883, a relevé ce qu'il y a d'inexact dans
la *Biogr. univ. des mus.* de Fétis, t. III, p. 402, au sujet d'Alexis de
Garaudé.

— Le 30 mars 1824, à Paris, naissance de Rosalie-Henriette Bedloz, dite Villiomi, veuve Dur-Laborde. — De 1843 à 1849, le couple Laborde fut en grande faveur auprès du public bruxellois; le mari chantait les grands rôles de ténor, et la femme — un charmant soprano — plaisait principalement par la hardiesse de ses vocalises. Mme Laborde est devenue veuve depuis 1881; elle a ouvert un cours d'enseignement à Paris d'où sont sorties des élèves d'avenir, c'est ce que constate le *Ménestrel* (n° du 6 mars). *L'Annuaire dram. belge* pour 1845, p. 129, contient sa biographie.

— Le 21 mars 1849, à Paris (Opéra-Comique), *Les Monténégrins*, 3 actes de Limnander. — Artistes: MM. Hermann-Léon, Sainte-Foy, Mmes Ugalde et Lemercier. — A Bruxelles, en février 1850: MM. Montaubry, Mathieu et Froment. Mme Caroline Prévost et Froment. Aux reprises, en janvier 1857, MM. Jourdan, Barbot, Mmes Daniele et Dumestre; le 28 août 1880, MM. Rodier, Dauphin et Guérin. Mme Deschamps et Lonati. Au sujet de cette dernière reprise, notre collaborateur Solvay (*Guide mus.*, 2 sept. 1880) écrivait ceci: "*Les Monténégrins* ont légèrement vieilli,— moins cependant qu'on ne le craignait. Le musicien qui a écrit cela n'est pas le premier venu, et si ce n'est pas un homme de génie, au moins c'est un homme de savoir-faire. "

CONCERTS ANNONCÉS

Le troisième concert populaire aura lieu le dimanche 27 mars, avec le concours de M. Franz Rummel, pianiste.

Programme: Deuxième symphonie (*ré* majeur, Joh. Brahms; concerto en *fa* mineur, pour piano et orchestre, Aug. Dupont, exécuté par M. Franz Rummel; *Saugo fleurie*, légende pour orchestre, Vincent d'Indy (1re exécution); *Marche Nuptiale*, pour chœurs, orgue et orchestre, Aug. Dupont, avec le concours des Demoiselles de la classe d'ensemble du Conservatoire et de la Société chorale l'*Orphéon* (directeur, M. Édouard Bauwens).

Répétition générale, samedi 26 mars, à 2 1/2 heures, dans la salle de la *Grande-Harmonie*.

Nécrologie.

Sont décédés:
— A Bruxelles, le 17 mars, à l'âge de 73 ans, Adolphe-Michel-Prosper Lavallée, inspecteur-général au Ministère des Travaux publics, vice-président de la commission administrative du Conservatoire, amateur passionné de musique qui avait formé une très belle collection de partitions.

— A Maestricht, le 5 mars, à l'âge de 86 ans, Frédéric Stroeken, pianiste. Pendant de longues années, il avait habité Paris. Après avoir brillamment terminé ses études de pianiste au Conservatoire de cette capitale, il s'y était acquis une grande notoriété. Il se fit d'abord remarquer comme organiste à l'église de Saint-Eustache. Plus tard, son talent de professeur de piano, très apprécié dans la haute société, lui valut l'honneur d'être choisi à la cour du roi Louis-Philippe, pour l'enseignement musical des enfants royaux. Dans ces dernières années, M. Stroeken était rentré à Maestricht auprès de sa fille, Mme Louise Stroeken, professeur de chant très estimé dans cette ville. M. Frédéric Stroeken jouissait d'une verte vieillesse et enseigna son art jusqu'à ses derniers jours, entouré de l'estime et de la sympathie de tous. Il était chevalier de la Couronne de Chêne.

— A Naples, le 25 février, Michel Cerimele, né à Agnone (Compobasso), en 1806, pianiste-compositeur.

— A Leeds, James Broughton, organiste et chef d'orchestre aux festivals.

— A Toulon, le 15 mars, Aubergat, chef d'orchestre du Grand-Théâtre. Après avoir tué d'un coup de pistolet Mlle Léry, artiste, il s'est précipité vers la gare, et se plaçant sur la voie ferrée, il fut broyé par un train descendant à toute vitesse.

— A Cette (France), Guillaume Bacquié, première basse d'opéra-comique, successivement à Anvers, La Haye, Bruxelles, Gand, Paris, Marseille, Lyon, Toulouse, etc., en dernier lieu directeur du théâtre de Cette.

— A Varsovie, le 2 mars, à l'âge de 64 ans, Wilhelm Troschel, artiste lyrique du théâtre polonais de 1834 à 1865, puis professeur de chant.

XXXIIIᵉ ANNÉE   31 Mars 1887 .   NUMÉRO 13

Le Guide Musical
Paraissant tous les jeudis.

ABONNEMENT	SCHOTT FRÈRES, ÉDITEURS.	ANNONCES
FRANCE & BELGIQUE, 10 francs par an.	Paris, Boulevard Montmartre ,19	LA LIGNE . . . . FR. 0.50
LES AUTRES PAYS, 10 francs (port en sus)	Bruxelles, Montagne de la Cour, 82	On traite à forfait pour les grandes annonces.

Le Livret d'opéra français
DE LULLY A GLUCK
1672-1779
(Suite. → Voir le dernier numéro.)

Il s'est produit vers la seconde moitié du XVIIIᵉ siècle, une réaction assez vive en faveur de Quinault. Ce n'est pas que le poète n'ait trouvé, de son vivant, d'ardents panégyristes ; mais ceux-ci, par malheur, se nommaient Pradon, Boursault, Perrault, Desmarets, et pour le public, toute leur éloquence ne valait pas un vers malin de Despréaux. Les avocats qui leur succédèrent, méritaient mieux qu'on les prît au sérieux. Bien avant la Harpe, Voltaire s'est déclaré contre le satyrique, et l'on connaît son apostrophe virulente contre celui qu'il appelle

> Zoïle de Quinault et flatteur de Louis.

En maints autres passages de ses œuvres, l'auteur du Siècle de Louis XIV a soutenu la défense de Quinault. Il avoue que depuis le poète d'Armide, « il n'y a pas eu de tragédie supportable en musique » (1). Une autre fois, il l'appelle « le célèbre, l'inimitable Quinault, le plus connu peut-être de nos poètes dans les belles scènes de ses opéras, et l'un de ceux qui s'expriment avec le plus de pureté comme avec le plus de grâce » (2). Et ailleurs : « Je pense qu'on ne trouvera dans aucun poète grec rien d'aussi attachant, d'aussi animé, d'aussi pittoresque, que la

(1) Connaissance des beautés, etc...
(2) Lettre à l'abbé d'Olivet, 1767.

dernière scène d'Armide et que le quatrième acte de Roland. Je donnerais, pour ce morceau, toutes les satyres de Boileau, injuste ennemi de cet homme unique en son genre » (1). Enfin, on sait que Voltaire, dans un spirituel billet à Mᵐᵉ du Deffand, blâma Marmontel d'avoir dérangé le Roland de Quinault,

> De ce Roland que l'on vous vante,
> Je ne puis avec vous aller, ô Du Deffand,
> Savourer la musique et douce et ravissante.
> Si Tronchin (2) le permet, Quinault me le défend.

Boileau est donc convaincu de dénigrement systématique et d'injuste persécution à l'endroit de Quinault.

Seulement, en examinant les dates, nous constatons que Cadmus a été joué en 1672, alors que la IIIᵉ satyre, où notre librettiste est le plus malmené, parut en 1665. Quinault n'était encore connu, à cette époque, que par quelques comédies et tragédies où il était très loin de se montrer excellent.

On a été surpris que l'Art Poétique n'ait fait aucune mention de l'opéra, bien que, en 1673, on eût déjà vu en France, Pomone, les Fêtes de l'Amour et Cadmus, sans parler de la Festa teatrale della finta Pazza, de la Pastorale représentée à Issy, de la Toison d'Or, et de deux autres drames lyriques joués devant le Roy, en 1660, dans une salle du Louvre.

Mais en se reportant au chapitre où le législateur du Parnasse traite de la Tragédie, on comprendra, par les règles qu'il en donne, que le genre de spectacle inauguré, en France par Perrin n'était pas fait pour le satisfaire. Il fallait donc encore critiquer Quinault et ce redoublement d'attaques eût été de mauvais goût.

Dans ce recueil de poèmes d'opéras qui ont fourni, à Lully d'abord, et plus tard à Gluck, le canevas de

(1) Lettre à M. de la Harpe, 1773.
(2) Médecin de Voltaire.

leurs plus belles œuvres musicales, il est nécessaire de considérer, à part, le fond et la forme.

Du fond, Quinault ne se sentait point le maître. L'opéra, nous l'avons vu, était, de par le goût du temps et plus encore de par la volonté du Roy, condamné à un certain nombre de formules dont il n'avait pas le droit de s'écarter. Toutes les pièces devaient développer un seul sentiment : l'Amour ; elles n'avaient qu'un thème : la Mythologie, les romans de chevalerie ou des épisodes des *Métamorphoses* d'Ovide ; qu'un seul objet : le divertissement du public et la glorification du monarque au moyen d'allusions extravagantes, d'éloges amphigouriques, de dithyrambes insensés, dont Louis XIV savourait l'encens avec une satisfaction nullement dissimulée.

Chaque opéra devait donc être précédé d'un prologue, où il est invariablement question

> De joindre les soins et les voix
> Pour plaire au plus grand Roi des Rois,

soit qu'il réduise ses ennemis à merci, soit qu'il fasse goûter aux peuples les bienfaits de la paix. Dans *Alceste* on célèbre

> Le Batave interdit après le Rhin dompté.

Dans *Atys*, Neptune fait comprendre que, cette fois, c'est sur son empire humide que se sont livrés les plus brillants combats. Duquesne venait en effet de détruire, dans les mers de Sicile, la flotte de de Ruyter. En un de ces prologues dont le titre m'échappe, on va jusqu'à attribuer à Louis XIV le pouvoir de faire épanouir des fleurs au milieu de l'hiver. *Cadmus* est précédé d'un acte intitulé le *Serpent Python* ; on y trouve cette phrase que nous transcrivons sans y changer un mot : « Le sens de ce sujet est clair. Il suffit de dire que le Roy s'est mis au-dessus des louanges ordinaires, et que, pour former quelque idée de sa grandeur et de l'éclat de sa gloire, il a fallu s'élever jusqu'à la divinité même de la Lumière qui est le corps de sa devise ». (1)

Mais toute médaille a son revers, et plus tard, après la défaite des troupes françaises à Hochstedt, le prince Eugène, qui avait la plaisanterie un peu lourde, fit représenter devant les officiers prisonniers quatre prologues de Quinault, soudés bout à bout. La gloire, on le devine, y jouait, hélas ! son rôle accoutumé.

Après les louanges au Roy, l'exaltation de l'amour. Ici Boileau ne s'est point fait faute d'exprimer son jugement, et tout le monde a présents à la mémoire ces vers de la Satyre X :

> Par toi-même, bientôt conduite à l'Opéra
> De quel air penses tu que ta Sainte verra
> D'un spectacle enchanteur la pompe harmonieuse
> . . . .
> Entendra ces discours sur l'amour seul roulant,

(1) Il ne faut pas oublier que Corneille avait tracé la route à Quinault. Dans le prologue d'*Andromède*, Melpomène dit en parlant de Louis XIV :

> « Je lui montre Pompée, Alexandre, César,
> « Mais comme des héros attachés à son char. »

Dans la *Toison d'or*, l'Hymen n'a qu'à montrer le portrait de la Reine, pour qu'aussitôt le théâtre se change en un jardin magnifique, avec fontaines, fleurs, bocages,

> « ...tels qu'avec quatre mots
> « Le grand art de Médée en fit naître à Colchos. »

Et tous ces lieux communs de morale lubrique
Que Lully réchauffa du son de sa musique. (1)

Quinault n'est point nommé, mais l'allusion est claire, et cette fois du moins, le coup porte juste. On ne trouvera pas dix vers d'une de ces tragédies où le verbe « aimer » ne soit conjugué dans tous ses modes et dans tous ses temps. Il faut qu'une jeune fille ait l'âme rudement trempée pour laisser passer, sans s'y arrêter un peu, des maximes telles que celles-ci :

> On a beau fuir l'amour, on ne peut l'éviter
> On n'oppose à ses traits qu'une défense vaine,
> On s'épargne bien de la peine
> Quand on se rend sans résister. (2)
> La peine d'amour est charmante,
> Il n'est point de cœur qui s'exempte
> De payer son tribut fatal.
> Si l'amour épouvante
> Il fait plus de peur que de mal.

Écoutez, maintenant, les conseils que donne Céphise au Ier acte d'*Alceste* :

> Jeunes cœurs, laissez-vous prendre,
> Le péril est grand d'attendre,
> Vous perdez d'heureux instants
> En cherchant à vous défendre.
> Si l'amour a des tourments
> C'est la faute des amans.

Nous devons borner là les citations. L'œuvre entière de Quinault n'est, quant au fond, que la paraphrase des quelques pensées qu'on vient de lire.

Saint-Evremond met dans la bouche d'un personnage de sa comédie *Les Opéras*, un mot quelque peu brutal, mais qui résume en une phrase la diatribe de Boileau contre cette sempiternelle litanie à Eros : « Voyez-vous, ma femme, dit le bonhomme Crisard, tous ces opéras-là n'aboutissent qu'à donner la grande envie d'opérer. »

(*A suivre.*)   EUGÈNE DE BRICQUEVILLE.

QUELQUES RÉFLEXIONS
à propos du cinquantième anniversaire
DE L'OPÉRA DE GLINKA « LA VIE POUR LE TSAR »

(Suite. — Voir le numéro 11.)

Il est bien intéressant de constater que notre art musical est exclusivement redevable de ses brillants résultats au talent et à l'énergie de nos compositeurs, qui ne trouvèrent jamais de soutien chez ceux où ils étaient le plus en droit d'en attendre. Or le soutien le plus efficace pour un compositeur consiste dans la mise en scène de son opéra et son maintien au répertoire. Des entreprises particulières de théâtres d'opéra se produisirent il n'y a pas longtemps; mais leurs conditions d'existence étaient faibles et précaires : les seules scènes solidement basées, parfaitement stables, sont les deux Opéras impériaux de Pétersbourg et de Moscou; et la direction des théâtres impériaux a toujours, paru hostile à la musique russe. Un de ces directeurs, Guédéonow, était un italianomane forcené, qui trouvait la *Semiramis* de Rossini le point culminant de l'art. Son successeur, M. Kisters, ne considérait l'art qu'au point de vue des économies à y appor-

(1) La Harpe, admirateur de Quinault, a retourné ces deux derniers vers de la façon suivante :

> Aux dépens du poète on n'entend plus vanter
> De ces airs languissans la triste psalmodie
> Que Quinault réchauffa du feu de son génie.
>   (*Discours sur les préjugés littéraires*.)

(2) Danchet, dans le prologue d'*Idoménée* (1712), a reproduit presque textuellement ces quatre vers de Quinault. Vénus chante :

> Vous aussi, jeunes cœurs,
> Vous aurez beau vous défendre
> Des tendres ardeurs,
> Dans l'Empire d'amour, vous viendrez tous vous rendre,

On est tenté de croire, avec l'abbé Desfontaines, que le dictionnaire des poètes d'opéra se compose d'à peine cent mots.

ter; M. Vsévolojsky, le directeur actuel, est avant tout un charmant boulevardier qui a manqué sa vocation. Pas du tout musicien et détestant notre musique sans la connaître, il prétend nous franciser à tout prix; et tout en faisant du tort à la musique russe, il ne fait pas du bien à la musique française, car, par suite de choix peu judicieux, ses efforts n'aboutissent qu'à des fours. C'est ainsi qu'il a monté *Laïla Rouck* de Félicien David et *Manon* de Massenet. Ces deux opéras n'ont eu et ne pouvaient avoir aucun succès, parce que pour ces ouvrages délicats il faut un public fin et une exécution fine, et l'une et l'autre nous manquent absolument. S'il avait voulu frapper un grand coup avec l'un des opéras de Berlioz, ou même avec *Samson et Dalila* de Saint-Saëns, peut-être eût-il obtenu un beau succès: mais il s'obstine au genre délicat, il se rabat sur le *Domino noir*, et cette fine partition ne peut que subir le sort des ouvrages qui l'ont précédée. Partout en Europe occidentale, on soutient et on protège l'art national; cela va même quelquefois jusqu'à l'exclusivisme. Chez nous, c'est tout le contraire, on tâche d'abaisser, de discréditer, de noyer l'art national, et on s'incline devant les étrangers. Un nouvel opéra d'un compositeur d'un nom un peu connu est monté sans trop de difficultés: mais à la première occasion, et le plus souvent sans aucune occasion, on le supprime, on l'efface à jamais du répertoire. Par exemple: la *Pskovitaine* de R. Korsakow jouit du plus grand succès. Le ténor, M. Orlow, qui remplit le rôle principal, part pour Kiew. Pour un opéra étranger on l'aurait remplacé tout de suite; pour un opéra d'un maître russe, on ne se donne pas cette peine, et voilà la *Pskovitaine* retirée. On donne le *Forgeron Vakoula* de Tschaïkowsky, puis on monte la *Nuit de mai* de Korsakow. Comme le sujet des deux opéras est également petit-russien, on prend par mesure économique les décors de *Vakoula*, on les rebadigeonne pour la *Nuit de mai*, et voilà *Vakoula* enterré. *Boris Godounow* de Moussorgsky a disparu de la scène au beau milieu d'un superbe succès, sans aucune cause apparente, etc., etc. Parfois la direction agit avec un sans-gêne encore plus simple, en refusant de monter des ouvrages de talent. Ainsi elle a refusé de la manière la plus inqualifiable la *Khovanstchina*, opéra posthume de Moussorgsky, terminée par R. Korsakow (deux beaux noms), opéra des plus remarquables et qui a eu le plus grand succès, monté par un cercle artistique. — Ainsi il a fallu plusieurs années à la direction pour se décider à monter l'*Onéguine* de Tschaïkowsky, opéra qui a fait la réputation de ce compositeur, et cet opéra n'a été monté que d'après l'ordre de S. M. l'Empereur.

Pour sauver un peu les apparences, la direction avait formé un comité d'opéra pour donner son avis sur les nouveaux opéras présentés à la direction. Ce comité était composé du directeur des théâtres, du chef d'orchestre, d'une dizaine de chanteurs, régisseurs, répétiteurs de chœurs, et autres personnes qui se trouvent sous la dépendance absolue de la direction, et en plus de trois ou quatre musiciens indépendants. Ainsi la majorité des voix était acquise à la direction, et les musiciens indépendants étaient simplement appelés à jouer un rôle de dupes. Ils s'en aperçurent après le veto infligé à la *Khovanstchina* et s'empressèrent de quitter ce comité ridicule.

Quand la direction exclut du répertoire un opéra russe, elle donne ordinairement pour motif le peu de succès de l'opéra et le peu de recettes qu'il fait. Peu de succès, il faut dire qu'on maintient autant qu'on le peut les opéras étrangers qui n'ont aucun succès, et qu'il suffit d'une représentation un peu froide presqu'à la veille de Noël, quand tous les théâtres sont vides. Faible recette: une excellente raison de s'en débarrasser.

Il a été dit plus haut qu'en Russie il n'y a que deux théâtres d'opéra sur lesquels on puisse compter, l'Opéra de Pétersbourg et celui de Moscou. Eh bien, ce dernier reste depuis 18 ans fermé pour le groupe des compositeurs qui constitue la nouvelle école russe. Il est vrai qu'il est ouvert pour le chef d'orchestre, M. Naprawnik et pour le critique, M. Soloview, mais c'est une triste compensation, d'autant plus que la *Cordelia*, de ce dernier, n'étant pas soutenue par la critique amicale comme à Pétersbourg, a fait fiasco à Moscou; et comme on peut bien confondre M. Soloview avec les compositeurs de la nouvelle école, voilà un point aussi malheureux qu'immérité pour ces derniers.

Ce qui est encore triste et regrettable, c'est que M. Naprawnik, notre chef d'orchestre, n'aime pas la musique russe. Excellent chef d'orchestre, c'est un homme consciencieux, qui monte avec le même soin les opéras qu'il aime et ceux qu'il n'aime pas. Mais, Tchèque de naissance, élève d'un Conservatoire allemand, il n'aime pas et ne *peut pas aimer* la musique russe. Aussi ne s'est-il jamais opposé au massacre des innocents auquel se livre la direction des théâtres avec une sorte de rage. M. Naprawnik agit d'après ses convictions, — toutes les convictions sincères sont dignes d'estime, mais celles de M. Naprawnik sont peu favorables au développement de l'art russe et peu en harmonie avec le poste de chef d'orchestre d'opéra russe qu'il occupe.

Toute question d'art est pour notre direction une question personnelle. Ainsi cette saison elle s'est débarrassée de deux artistes qui lui étaient désagréables : Mmes Kamenaky et M. Prianichnikow, comme elle se débarrasse des opéras des compositeurs qui lui sont désagréables. M. Prianichnikow, artiste consciencieux s'il en fût, tenait en sa main tout le répertoire de baryton. Le remplacer n'est pas facile, voici donc notre répertoire réduit à 16, 17 opéras, et les pauvres abonnés sont obligés d'entendre des scies consciencieuses comme le *Harold* par deux fois. Mais.... la direction est contente d'elle-même et le reste, l'art, les abonnés, tout cela lui importe peu.

Et ce qu'il y a encore de plus triste et de plus étrange, c'est que tout cela est absolument contraire aux désirs de notre Empereur actuel, qui aime et protège l'art national. Dès son avènement au trône, il a augmenté l'orchestre et les chœurs de l'opéra russe, qui sont actuellement splendides; il a augmenté les appointements de tous les artistes: il a donné à l'opéra russe le meilleur théâtre sous le rapport de l'acoustique; il fréquente souvent l'Opéra russe et, par sa présence, encourage et les exécutants et les compositeurs. On pouvait donc espérer pour notre art national. Mais toutes ces admirables intentions ont été paralysées par la direction des théâtres, et la triste réalité a vite raison de ce fol espoir; une dizaine d'opéras russes de Dargomijsky, Rubinstein, Korsakow, Moussorgsky, Tschaïkowsky, continuent de pourrir dans les archives de la direction des théâtres, et le directeur, M. Vsévolojsky, travaille plus que jamais à faire de l'opéra national russe une petite succursale de l'Opéra-Comique de Paris.

C'est incroyable, mais cela est.　　　　　CÉSAR CUI.

LOHENGRIN A PARIS
ET LA PRESSE

L'approche des représentations de *Lohengrin* vient de faire surgir quelques articles dans la presse de tout genre. Chacun suivant son tempérament ou son intérêt, fait ses réflexions. Le *Ménestrel* cite *in extenso* les informations de M. Lamoureux dont j'ai donné les principaux extraits dans le dernier *Guide*; M. Moreno se déclare ravi de cette petite proclamation en ce qu'elle contient des promesses sérieuses pour notre art national, et qu'il salt M. Lamoureux homme à les remplir; après M. Arthur Pougin, il se dit prêt à applaudir des deux mains au très grand succès qui ne peut manquer d'accueillir *Lohengrin*, succès certain, d'abord parce que c'est la une belle partition, ensuite parce que le nombre restreint de représentations qu'on en annonce, va nécessairement jeter une foule avide et curieuse sur les bureaux de location de l'Eden.... »

Dans le *Figaro*, M. Albert Millaud, sous ce titre, *Avant Lohengrin*, détaille un règlement fantaisiste imposé par M. Lamoureux a ses auditeurs, et se livre à quelques plaisanteries innocentes. Échantillons : « Tous les spectateurs seront gantés de gants de fer, afin que les applaudissements soient plus sonores... A l'entr'acte, le convaincu de froideur sera conduit devant le grand justicier Victor Wilder, qui lui récitera tous ses poèmes les uns après les autres.... Il est défendu, pendant les entr'actes, de se livrer à aucune manifestation, et surtout de réclamer M. Paulus. »

Dans le *Temps* d'hier, en première page, toute une colonne : article plein de bon sens, et dont l'auteur anonyme paraît fort au courant de la littérature wagnérienne en France. Quelques extraits : « On peut s'expliquer librement sur les susceptibilités qui ont jusqu'en ces dernières années ajourné l'apparition des opéras de Wagner sur les scènes françaises. Un peu de réflexion montrera que les patriotes les plus chatouilleux, ceux qui ont craint le plus de s'exposer à l'accusation de chauvinisme, en doivent prendre désormais leur parti de bonne grâce..... À cette heure, en faisant obstacle à l'exécution des œuvres de Wagner, on n'aurait même pas l'espoir de la vengeance ; on ne punirait personne que soi-même, en se privant ou d'une jouissance artistique, ou d'une occasion de s'édifier et de s'instruire..... Il s'agit d'une entreprise privée qui fait à ses risques et périls une expérience intéressante pour tout le monde. Nulle opposition ne peut supprimer le répertoire de Wagner. Il est exécuté par fragments dans nos concerts; les opéras, successivement traduits en français, sont joués en Belgique, où les invités parisiens s'en vont par trains complets.....

» Les écrits à la louange du compositeur ne sont guère plus rares en France qu'en Allemagne. Il y a des volumes de Gasperini, de Mme Judith Gautier, de MM. Hippeau, Grandmougin, Catulle Mendès, Benoît, et bien d'autres; tout récemment, un livre de M. Adolphe Jullien a stupéfié les Allemands par le luxe des renseignements et par le luxe de l'édition.... » Voici la conclusion : « Où donc serait l'intérêt de retarder une épreuve décisive pour les opéras de Wagner, musique et poèmes? Paris a toujours été le grand crible.... C'est un privilège qu'il serait maladroit de répudier, et nous ne pouvons prétendre que notre jugement fasse loi avant que nous ayons entendu la cause. »

Autre note. M. Peyramont, dans la *Revanche*, dit que le Prussien Charles Lamoureux est subventionné par M. de Bismarck.... Si M. Lamoureux est Prussien, ladite subvention n'a rien de surprenant ; mais j'avais cru jusqu'à présent que l'éminent chef d'orchestre était né à Bordeaux; d'autre part, je viens d'apprendre que la répétition générale de *Lohengrin* serait payante et que la recette serait consacrée à l'Œuvre de l'hospitalité de nuit, fondée et dirigée par l'élite de la haute société parisienne. J'ai un penchant à croire que ces personnes éminemment honorables ne sont pas moins délicates en matière de patriotisme que M. Peyramont tout seul. Les autres années, elles s'étaient adressées à la peinture (les *Cent chefs-d'œuvre*, les *Portraits du Siècle*); cette année, elles tirent profit d'une exécution qui sera l'événement musical de la saison, et personne,pas même M. Peyramont, ne se permettra de les en blâmer. Je suis donc rassuré de ce côté, mais je tremble d'autre part qu'à Berlin on n'arrive à découvrir, un de ces jours, que les Français Hans de Bülow et Klindworth sont subventionnés par M. Wilson pour jouer et diriger du Saint-Saëns, du Lalo, du Bizet et du Delibes.... Et vous verrez que le public aveugle n'en voudra rien croire.

J'apprends que M. Colonne va nous régaler dimanche prochain de la scène des Filles-Fleurs de *Parsifal*.... M. Colonne, lui aussi, palperait-il quelques thalers du fonds des reptiles ? Seul, M. Peyramont pourrait le dire.

Il serait intéressant d'étudier de près l'effet produit ici par les représentations bruxelloises de la *Walkyrie*. Comme le dit le *Temps*, cité plus haut, beaucoup de Parisiens ont fait le voyage, et j'en sais encore qui se préparent à le faire. À première vue, l'effet produit ici dépasse celui des *Maîtres Chanteurs*, et le progrès est évident. C'est mathématique, et il en sera ainsi à chaque révélation nouvelle; pour être plus lente qu'à l'occasion d'autres œuvres, la progression n'en sera pas moins sûre. Vous verrez en 1889. La presse peut servir de point de repère pour mesurer le progrès accompli; cette année, le nombre des articles favorables est plus grand; on en lit de tels dans des journaux où l'on n'était guère accoutumé à les rencontrer, et ils correspondent à une nouvelle portion du public hostile ou indifférent qui s'émeut, se détache et se dérange.

Dans cet ordre d'idées, le compte rendu du *Figaro*, et surtout l'article de M. Théodore Jouret dans le *Ménestrel*, ont été remarques et ont porté : les réserves faites garantissent la sincérité de l'enthousiasme des auteurs pour la plus grande partie de l'œuvre. Il est moins surprenant de rencontrer ce ton enthousiaste dans les beaux articles, dont il faudrait pouvoir citer plus d'un passage, de MM. Ernest Reyer, Fourcaud, Adolphe Jullien, etc. Je remarque que M. Jullien, dans son article, ne dit pas le chiffre de l'orchestre abaissé soit insignifiant.

La conclusion de ces rapides considérations est qu'il faut persévérer plus que jamais dans l'accomplissement de l'œuvre entreprise. Les belles et grandes choses sont lentes à faire leur chemin. Mais les fruits longuement mûris sont plus savoureux.

BALTHAZAR CLAES.

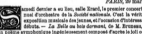

Revue des Concerts

PARIS, 29 mars.

Samedi dernier a eu lieu, salle Erard, le premier concert annuel d'orchestre de la *Société nationale*. C'est la véritable exposition musicale des jeunes, et l'occasion d'intéressants débuts. — La *Belle au bois dormant*, de M. Bruneau, est un poème symphonique ingénieusement composé d'après le joli conte de Perrault, qui se prêterait encore mieux au ballet, à mon avis. Le mythe contenu dans ce conte est proche parent de celui qui a donné naissance à une partie de la Tétralogie wagnérienne; la princesse endormie est une Brunnhilde d'opéra-comique, et le fils du roi la vient éveiller comme un Siegfried de plus modeste allure.

Il y a du piquant, des détails spirituels dans l'orchestre de M. Bruneau ; parfois aussi il est lourd et empâté, d'autres fois un peu creux. La partie fantastique qui se rapporte au palais enchanté me paraît supérieure à la partie de passion amoureuse. M. Bruneau est un des plus brillants élèves de M. Massenet; il se rapproche encore de son maître par les qualités comme par les défauts. — M. Vidal est aussi un élève de M. Massenet; c'est une nature plus saine et plus franche ; il a un souffle de jeunesse dans sa *Vision de Jeanne d'Arc*, autre poème symphonique qui aurait eu besoin d'un court programme explicatif. L'épisode du milieu, où les voix des sainté et de l'archange Saint-Michel s'unissent et dialoguent (trio de flûtes et trompette), est d'une charmante couleur archaïque; il y a là une impression d'un caractère primitif, une grâce et une fraîcheur qui promettent. Comme chez tous les élèves de M. Massenet, l'orchestre est parfois gros et lourd, d'autres fois maigre et nu ; mais on sent chez M. Vidal une tendance prononcée à se rapprocher de la belle tradition des maîtres robustes. — M. Claudius Blanc est encore un élève de M. Massenet, qui s'est depuis longtemps séparé de son maître; pourtant son sujet d'*Eros et Psyché* l'en a rapproché à son insu. Il y a là une recherche de grâce nonchalante et languide qui frise la préciosité et l'affectation; puis le choix de mauvais alexandrins et d'un poème informe a gêné l'essor de la partie vocale. Du reste, on voit que M. Blanc connaît son métier et sait ménager ses effets; l'équilibre entre la voix et l'orchestre est bon. — M. Husson, lui, n'est pas élève de M. Massenet; on s'en aperçoit à l'énergie de certains rythmes, à la façon étoffée, quelquefois exubérante, dont il traite l'orchestre. Dans sa mélodie *Le Vau*, il a eu, comme M. Blanc, le tort de choisir un poème où l'opposition heureuse de deux sentiments est délayée en alexandrins mal coupés pour la musique. Ah! c'est décidément une chose difficile de choisir d'un texte destiné à être chanté. J'aime à croire que MM. Blanc et Husson auront la main plus heureuse à la prochaine occasion. — Il a déjà été question ici des *Djinns* de César Franck ; c'est une charmante fantaisie pour orchestre et piano, abstraction faite du titre, et qui, jouée par Mme Bordes-Pène, a fait encore meilleur effet salle Erard qu'au Châtelet, où elle fut donnée il y a deux ans. — M. Vincent d'Indy a composé un ensemble de trois ouvertures, correspondant aux trois parties de la Trilogie dramatique de Schiller, *Wallenstein*. C'est la deuxième qu'on a exécutée samedi, celle qui correspond aux *Piccolomini* et que l'auteur appelle *Max et Tècla*; comme composition, c'est la première en date; elle est aussi d'un caractère plus classique que les deux autres; l'épisode du milieu, la belle phrase de clarinette, reprise par les violoncelles, respire une tendresse émue qui rappelle certaines pages de Weber. — L'orchestre était recruté, pour la première fois, parmi les artistes de M. Lamoureux ; c'est dire combien la *Société nationale* a eu à s'en louer; quand les auteurs ne dirigeaient pas, M. Gabriel Marie s'était chargé de le conduire, et il l'a fait avec une habileté, un zèle, que tout le monde a pu apprécier.

Une pincée de nouvelles. Relâche dimanche chez M. Lamoureux, peut-être y aura-t-il le Vendredi-Saint une dernière audition (quatrième de cette année) du premier acte de *Tristan*. Comme je l'ai dit plus haut, dimanche prochain, scène des Filles-Fleurs de *Parsifal*, au Châtelet; au concert spirituel, la scène religieuse du premier acte du même *Parsifal*, avec le concours de Mme Krauss (?). — Pour mémoire, massacre de l'Incantation du Feu (3e acte de la *Walkyrie*) au dernier concert Pasdeloup. — Au concert spirituel du Conservatoire, fragments du *Requiem* de Mozart. On raconte qu'au milieu de la panique causée pendant le concert où il y a huit jours — par un commencement d'incendie, un membre de l'orchestre, espérant que la salle allait brûler et qu'on ne rebâtirait une plus grande, se serait écrié : « Enfin, on va donc pouvoir donner la *Messe en ré* ! » Sous toutes réserves. — À signaler, à la *Trompette*, l'apparition de Popper, le célèbre et brillant virtuose du violoncelle, et l'exécution, trop rare, de pièces pour piano du vieil Alkan, cet intéressant oublié, par Mme Jaëll.

BALTHAZAR CLAES.

Chronique Bruxelloise.

Le succès que M. Franz Rummel a remporté dimanche au 8e concert populaire, n'aura étonné aucun de ceux qui ont suivi le jeune et déjà célèbre pianiste dans sa brillante carrière à l'étranger. Par moments en écoutant M. Rummel on aurait pu se croire reporté au temps où Brassin, l'inoubliable Brassin initiait le public des concerts populaires tour à tour aux grandes œuvres classiques du piano et aux fantaisies brillantes de l'école romantique. Même toucher, même velouté et profond, même variété de jeu, même fougue entraînante, même vigueur et fermeté de rythme. M. Rummel nous a vivement rappelé Brassin dans cette poétique *Fantaisie* de Schubert, qui est parmi les plus charmantes compositions du chantre de *Rosamunde* et de la *Belle Meunière*. Se rappelle-t-on le succès triomphal de Brassin avec ce morceau, alors qu'il vint le jouer pour la première fois. L'acclamation fut énorme, unanime, enthousiaste. L'œuvre était admirablement belle et l'interprète l'avait jouée avec la passion d'un amant. Nous avons retrouvé quelque chose de cette belle passion dans l'interprétation de M. Rummel et son succès après ce morceau n'a pas été moins considérable que celui de Brassin jadis. Le bon Bruxellois, sceptique et qui se méfie, qui ne veut pas croire ce qui lui disent les gazettes, est bien convaincu aujourd'hui que celui aux débuts duquel il avait naguère applaudi au Conservatoire et qui fut l'élève préféré de Brassin, est devenu un maître à son tour.

Par un sentiment de délicatesse auquel il faut rendre hommage, M. Rummel avait choisi pour premier morceau le concerto en *fa* de M. Auguste Dupont, l'émule et le rival de Brassin autrefois. Haines éteintes! Rivalités assouplies! La mort a passé par là: et la lutte d'antan, profonde quoique toujours courtoise dans la forme, s'est effacée dans cette réconciliation posthume.

Ce concerto en *fa*, de M. Auguste Dupont, est une composition remarquable et d'un beau caractère. Il est conçu dans un sentiment héroïque et écrit dans le style symphonique. Ce n'est pas un concerto de virtuosité pure. Le piano et l'orchestre s'enlacent et s'enchaînent dans la manière des grands concertos beethoveniens, et il est, par-là, supérieur aux deux concertos antérieurs de l'auteur où la virtuosité a une plus grande part. M. Dupont a composé ce concerto, son troisième, en 1877, mais il l'a complètement remanié et mis dans sa forme actuelle pour le grand festival national de musique de 1880. C'est dans ce festival qu'il le joua pour la première fois en public, dans l'immense salle construite au parc Léopold et qui contenait six mille personnes. L'œuvre et l'interprète, on le rappelle, firent une grande sensation. Cette impression s'est renouvelée dimanche au concert populaire.

Le programme portait une autre œuvre de M. Auguste Dupont: *Marche nuptiale* pour chœur, orgue et orchestre. Cette œuvre a été composée à l'occasion du mariage de la fille de l'auteur, l'année dernière. Dans sa forme première elle était écrite pour orgue, quelques voix de chantres et d'enfants de chœur. C'était presque une improvisation. Comme elle avait pu caractéristique aux quelques artistes présents à la cérémonie, M. Auguste Dupont n'a pas hésité à en agrandir le format par l'adjonction de l'orchestre et de chœurs complets. Elle est ainsi devenue d'une œuvre importante d'un caractère puissant et d'un sentiment élevé. Elle a obtenu dimanche un brillant succès, interprétée dans la perfection par l'orchestre des Concerts populaires, les chœurs masculins de l'*Orphéon* et les chœurs féminins du Conservatoire.

La deuxième symphonie de Brahms, déjà jouée deux fois aux concerts populaires, a retrouvé son succès passé. Une œuvre symphonique nouvelle, *Sauge fleurie*, de M. Vincent d'Indy, figurait encore au programme. De toutes les œuvres exécutées dimanche, c'est assurément celle qui a le plus frappé les musiciens. C'est une adorable page orchestrale, d'une couleur délicieuse et d'un charme pénétrant, inspirée d'un joli conte en vers de M. de Bonnières, la légende de la fée, *Sauge fleurie*, qui manqua d'avoir aimé le fils du roi

> . . . . . qui chassant par le bois
> Avec sa meute en superbe équipage
> . . . . . menait à grand tapage,
> Du bois aux lacs, un dix cors aux abois.

M. Vincent d'Indy possède l'orchestre comme Wagner lui-même. Dans son dernier feuilleton des *Débats*, M. Ernest Reyer rendait un hommage éclatant et bien précieux à la merveilleuse maîtrise orchestrale de M. d'Indy. L'éloge venant d'une telle autorité n'est vraiment pas banal. M. Dupont a l'intention de donner l'année prochaine la nouvelle symphonie, pour piano et orchestre, que M. Vincent d'Indy a fait exécuter, il y a quelques jours, aux Concerts Lamoureux, à Paris, et dont nous a parlé M. Balthazar Claes. Tous les musiciens accourront pour l'entendre.

Et puisque nous en sommes aux nouvelles, annonçons que le dernier concert populaire sera consacré à une audition de la *Damnation de Faust* de Berlioz, avec le concours des artistes du Théâtre de la Monnaie.

M. K.

Les séances de Bülow à Berlin

BERLIN, 24 mars.

Hans de Bülow vient de terminer la série de concerts de piano qu'il avait annoncée. L'incident qui s'est produit à l'Opéra a continué de défrayer les conversations pendant tout le temps que l'illustre virtuose a passé ici.

D'après une nouvelle version qui circule, ce serait la Cour, ni plus ni moins, c'est-à-dire l'Empereur en personne qui aurait ordonné l'expulsion de M. de Bülow de la salle de l'Opéra. Le comte de Hochberg n'aurait fait ainsi que remplir ses fonctions d'instrument du pouvoir exécutif.

D'autres demeurent d'avis que le compositeur-amateur Bolko de Hochberg a voulu tout simplement se venger de la sorte d'une tirade d'ancienne date de M. de Bülow, dans une de ses lettres de son voyage en Scandinavie, parues sous forme de brochure. M. de Bülow y avait parlé des opéras autrefois composés par l'intendant, comme de « pièces de marionnettes. »

Inde iræ!

Un dilettante est, dit-on, toujours plus vaniteux que le véritable artiste; psychologiquement, ces représailles semblent donc tout à fait plausibles, même humaines. Elles ne sont pas moins terriblement mesquines sous cette forme-là. Une feuille satyrique de Berlin a publié à propos de cette affaire, une grande caricature très réussie, où l'on voit un Bülow démesurément grand, expulsé d'un théâtre par un bonhomme démesurément petit, costumé en agent de police; au signe impératif que lui fait le petit policier, Bülow répond: « Parfait! alors je vais chez Rens. »

Les ovations durant le cycle de quatre auditions que le grand maître-pianiste vient de consacrer à l'œuvre de Beethoven, ont été constantes, ininterrompues; il y a eu quatre et cinq rappels par soirée, spectacle inouï à Berlin; Rubinstein seul a soulevé pareilles manifestations. D'ordinaire, de pareils triomphes rappelaient les exubérants transports d'enthousiasme en Italie, en Amérique, en Russie, sont réservés ici à des chanteurs-virtuoses tels par exemple qu'Émile Goetza, le fameux ténor de Cologne, ou Marcella Sembrich, la phénoménale chanteuse à roulades. Il y a eu surtout une ovation presque démonstrative après la dernière séance, qui a égalé, sinon surpassé celle de l'accueil fait à l'artiste lors de son premier concert.

Le caractère de ces exécutions, ou plutôt de ces *révélations* beethoveniennes, défie toute description. Qu'est-ce que la parole auprès de ce langage surhumain, divinement idéal? Si profonde est l'intelligence du rendu de l'âme et de la pensée du compositeur, que l'impression de l'*art du piano*, même le plus merveilleux, s'efface entièrement devant celle du rendu *artistique*, parfaitement congénial à la pensée du créateur de ces œuvres. Ici, l'interprète se hausse à la taille de celui-ci, de sorte qu'ils ne semblent former l'un et l'autre qu'une indivisible unité.

La célèbre parole de Schumann:

« La virtuosité n'a de valeur que lorsqu'elle se subordonne à un but élevé, » a trouvé ici sa confirmation la plus parfaite.

Et chez Bülow, cette objectivité presque neutre, presque impersonnelle, de l'interprétation, n'exclut nullement les qualités émouvantes, personnelles, de chaleur, de verve, de passion, d'expression, de poésie pénétrantes. C'est tout simplement un miracle.

On pourrait désigner le merveilleux artiste comme l'antipode d'Antoine Rubinstein, tant qu'interprète de ces sublimes œuvres du Maître des maîtres. Quand Bülow interprète c'est Beethoven qui parle; quand Rubinstein joue, c'est Rubinstein..... et toujours Rubinstein. — Lui, toujours Lui ! — Ce qui n'empêche qu'il soit peut-être le plus poétique et le plus prodigieux des virtuoses-pianistes qui soit!

Téodor de Wyzéwa avait bien raison, lorsqu'à propos des concerts de Rubinstein à Paris il disait avec une ironie bien fine que Rubinstein jouait périodiquement « des improvisations de musique russe, sous le prétexte d'exécuter des sonates de Beethoven », [1]. On pourrait qualifier Bülow de « Joachim du piano »; nul n'égale comme interprète de Beethoven ces deux merveilleux artistes, nul, je présume, ne pourra jamais les surpasser; c'est la perfection dans le sens le plus complet, le plus idéal du mot.

Voici les programmes des quatre séances de M. de Bülow, où les œuvres se suivent presque dans l'ordre chronologique:

I. Douze variations sur un thème de danse russe, en *la* majeur (1795); Sonates, œuvres 2 (n° 2), 10 (n° 3), 13 « pathétique », 14 (les deux numéros), 26; six variations sur un thème original, œuvre 34.

II. Sonates « quasi Fantasia », œuvre 27 (les deux numéros), 31 (n° 2 et 3), quinze variations et fugue sur le thème du final de la symphonie héroïque, œuvre 35; trente-deux variations sur un thème original en *ut* mineur (1806).

III. Sonates, œuvres 57, 78, 81, 109, 110, 111; Fantaisie, œuvre 77.

IV. Sonates, œuvres 101 et 106; trente-trois variations sur une valse

(1) *Revue indépendante* de janvier dernier, page 90.

d'Antoine Diabelli ; Enfin l'œuvre 189 (la dernière composition pour piano du Maître, celle qu'on pourrait intituler " le Clavier bien tempéré moderne „ ou " Beethovenien „), Rondo, *a capriccio*, en *sol* majeur.

J. Van Santen-Kolff.

P. S. Permettez-moi de relever dans le dernier numéro du *Guide* une erreur typographique regrettable : le *Merlin* de M. Philippe, Ruofer y est attribué à M. Francis Hueffer. C'est évidemment un lapsus que vos lecteurs auront d'eux mêmes rectifié.

Et voici enfin les dernières nouvelles relatives à M. de Bülow et à M. le comte de Hochberg. L'intendant des théâtres royaux a consenti enfin à rompre le silence. Il adresse à la *Gazette de Voss*, une lettre officielle dont voici la teneur :

" Si M. de Bülow a déclaré que son renvoi de l'Opéra doit être attribué à une rancune privée du comte, à la suite d'un prétendu refus de l'opéra : *Le Loup garou*, de celui-ci, par M. de Bülow, à Hanovre, ce n'est pas là la vérité. M. de Bülow n'a été engagé qu'en 1878 comme chef d'orchestre à l'Opéra de Hanovre ; or, l'opéra en question y avait déjà été représenté en 1876, et même encore en 1878, pendant le séjour de M de Bülow là-bas. Les motifs de la conduite du comte de Hochberg à l'égard de M. de Bülow sont d'une toute autre nature. „

Voilà tout, et ce n'est pas beaucoup ; " le reste est silence „, comme dit Hamlet. La plupart des journaux berlinois se montrent très désireux de connaître ces " autres motifs „.

Au Musical World.

Dans son numéro du 19 mars, le *Musical World* de Londres a publié une note relative aux correspondances qui sont adressées de Londres au *Guide musical*. Cette note se fondant sur la publication du nom de M. G. Thomas parmi ceux de nos collaborateurs, insinue qu'il est notre correspondant à Londres et que de lui émanent notamment les observations au sujet d'une composition de M. Cowen. Il en paraît fort aigri contre M. Goring Thomas. Nous regrettons vivement que le *Musical World*, peu au fait des usages de la presse française, ait confondu les mots collaborateur et correspondant. M. Goring Thomas bien qu'il nous ait promis son concours, n'est nullement le correspondant *officiel* et *habituel* du *Guide musical* à Londres. Les renseignements et les correspondances qui nous viennent d'Angleterre émanent de différentes sources. Il est donc tout à fait abusif de faire porter à l'auteur de *Nadeshda* la responsabilité d'appréciations qui ne sont pas de lui et que relève le *Musical World* dans la lettre du 6 mars.

CORRESPONDANCES

GAND, 28 mars.

Grand-Théâtre. — Lundi 21, *Le Chalet* et la *Fille du Régiment* ; mardi 22, *Lucie de Lammermoor* ; mercredi 23, *Hamlet* ; vendredi 25, *le Cid* ; dimanche 27, *le Cid*.

L'événement de la semaine a été la représentation de Mme Albani : quoique bien des gens aient été retenus d'aller au théâtre par le prix trop élevé des places, la célèbre cantatrice n'en a pas moins obtenu un très grand succès. La voix est très souple et très étendue ; et elle n'a plus toute sa fraîcheur dans les notes élevées, en revanche elle est superbe dans le médium. De plus, Mme Albani s'en sert avec un art consommé, et la seule critique que le trouve à lui faire, c'est de ne pas lancer la note avec assez de franchise. Le jeu est très passionné et pourrait même paraître exubérant à celui qui ne connaît pas les acteurs italiens. A ce propos, je note que Mme Albani chantait en italien, tandis que les autres personnages chantaient en français ; rien n'était plus comique que ces dialogues " bilingues „ entre Lucie et Edgar ou Arthur.

Les Gantois ne restent jamais en arrière quand il s'agit d'aider les malheureux ; ils viennent d'en donner de nouvelles preuves à l'occasion de l'épouvantable catastrophe minière de Quaregnon. C'est ainsi que la Société royale des Mélomanes a donné au Théâtre-Minard, le jeudi 24, une bonne représentation du *Marquis de Villemer*, avec le concours de plusieurs de ses membres et d'autres artistes, parmi lesquels je remarque surtout la charmante Mlle Mahieux. Ensuite, le samedi 26, a eu lieu le grand concert de charité organisé par les Étudiants avec le concours de la garde civique et de l'armée. Jamais on n'a vu pareille affluence de monde dans le hall, si vaste pourtant, du Casino : le public occupait jusqu'à l'estrade réservée aux musiciens ! Les applaudissements ni les rappels n'ont manqué aux premiers sujets du Grand-Théâtre qui prêtaient gracieusement leur concours à cette fête : Mme Laville-Ferminet, notre excellente forte-chanteuse ; Mme Boyer, notre agréable chanteuse légère ; M. Plain, notre sympathique basse et M. Soum, notre beau baryton. Je vous ai parlé assez souvent de ces artistes dans mes correspondances, pour qu'il me soit inutile d'insister plus longtemps sur eux. De même pour l'orchestre du Théâtre qui a exécuté, sous la savante direction de M. Barwolf, le Ballet du *Cid*, avec cette ravissante aubade qu'on passe

au Théâtre. Vous faire l'éloge de la musique des Guides et de son chef, M. Staps, est aussi peu nécessaire que de faire celui de l'Harmonie si renommée de Wasmes et de son directeur, M. Dagnelies ; je me borne à les féliciter ainsi que M. Simar qui dirigeait les trois musiques réunies de la garnison de Gand. Comme vous le voyez, cela a été un concert monstre, dont la réussite assure un joli secours aux malheureux de Quaregnon ainsi qu'à nos ouvriers sans travail, et qui fait honneur aux Étudiants qui l'ont organisé.

P. B.

LIÈGE, 28 mars.

Théâtre Royal. — *Hamlet*, le *Prophète*, l'*Africaine*, *Lucie*, *les Amours du Diable*.

Quand paraîtront ces lignes, le Théâtre royal aura fermé ses portes et la campagne 1886-87 se sera close après une série de déceptions qui en font encore une mauvaise saison !

Malgré tous les soins, tous les efforts et toutes les économies des artistes réunis en société, et de plus, malgré l'excellence de la troupe de grand-opéra, l'on n'a pas pu nouer ce que l'on appelle vulgairement les deux bouts. Les sociétaires n'étaient pas sûrs de faire dans aucun des mois de leur exploitation, c'est-à-dire depuis la fin de janvier dernier, l'intégralité de leurs appointements. Cet état de crise persistante et qui s'étend à tous les théâtres, ne nous présage rien de bon pour l'avenir. Nous ne voulons pas être prophète de malheur, mais nous ne pouvons cependant envisager d'un œil confiant la campagne prochaine. Tout ce que nous pouvons faire, c'est d'espérer que d'heureux revirements se produiront et apporteront des modifications à cet état désastreux de l'art lyrique-dramatique dans la cité de Grétry.

Nous aurons le 7 et le 9 avril des représentations de troupes de passage dans lesquelles se produiront des artistes de la Comédie-Française, entre autres Coquelin cadet.

Au concert du Conservatoire qui a lieu samedi 2 avril, on entendra l'excellent violoncelliste Hollmann, qui jouera son nouveau concerto en *ré* mineur et le chanteur en vogue M. Heuschling.

Jules Ghymers.

Le grand concert de bienfaisance organisé par la Société des Etudiants libéraux de Liège au profit des familles des victimes de la catastrophe de Quaregnon a obtenu un très grand succès.

La salle de la Société d'Émulation regorgeait de monde, — et d'un monde des plus *selected*, — lequel a fait un chaleureux accueil à tous les artistes qui, avec le désintéressement le plus généreux, prêtaient leur concours à cette belle séance musicale.

Mme Chassériaux, notre brillante falcon, M. Verhees, toujours en progrès comme voix et comme jeu, M. Guillabert, notre excellente basse noble, ont été applaudis et rappelés avec enthousiasme.

MM. Rodolphe Massart et Joseph Herman, professeurs au Conservatoire, ont eu également large part dans les marques de sympathie du public.

Le succès de la soirée, a été pour Mlle Jansen, pianiste de Bruxelles, élève de M. Auguste Dupont. Elle a exécuté avec une superbe maestria l'étude en *mi* de Chopin, l'*Elévation* de Schumann, une valse de Rubinstein, la *Chanson hongroise* d'Auguste Dupont, la romance en *fa* de Schumann et une valse de Moszkowski. Le jeu de cette jeune et sympathique artiste a fait vraiment plaisir, et la salle entière, charmée, a acclamé Mlle Jansen.

Petites Nouvelles

— Depuis huit jours, il n'est question, dans le monde artistique bruxellois, que d'un nouvel instrument, dont l'audition a émerveillé tous les amateurs qui ont pu l'apprécier. Cet instrument nouveau est une *harpe à clavier*, c'est-à-dire une harpe qui se joue comme le piano. Cette intéressante invention est due à M. Christian Dietz qui, depuis cinq ou six ans s'est livré à des recherches méticuleuses et à des essais comparés, couronnés aujourd'hui du succès le plus complet. Il ne s'agit pas ici d'un piano qui rend plus ou moins le son de la harpe, mais d'une harpe véritable, accordée chromatiquement comme le piano et qui a l'avantage de pouvoir être jouée aussi aisément que le piano. Une jeune pianiste, élève de M. Auguste Dupont, Mme Dratz, possède aujourd'hui à fond le mécanisme du nouvel instrument, et elle en joue à ravir. Il sera prochainement produit en audition à Paris.

※

L'affaire Cossira contre les directeurs de la Monnaie est revenue lundi dernier devant le tribunal civil de Bruxelles, en raison des récusations dont nous avons parlé dans notre dernier numéro.

Me Picard a développé, au nom de M. Cossira, les motifs des récusations opposées par l'artiste à deux des experts désignés par le tribunal pour examiner la question Nadir : M Gevaert, inspecteur-général du Conservatoire, en raison de sa situation d'impartialité ; M. Stoumon, ancien directeur, a eu à se prononcer sur des points analogues, et l'intérêt de la direction le dominait naturellement.

Ces appréciations ont été combattues en droit et en fait par M° Hahn, conseil des directeurs de la Monnaie.

Le ministère public a donné son avis séance tenante. M° Ed. Janssens, substitut du procureur du Roi, a constaté que les récusations demandées au nom de M. Cossira ne sont pas prévues par la loi. En fait, c'est aux experts de décider en conscience s'ils ont des motifs personnels pour se récuser. En droit, le ministère public a conclu au rejet des conclusions du demandeur.

Le jugement rendu confirme le premier.

MM. Gevaert et Stoumon sont maintenus comme experts avec M. P. Benoit.

Ils auront à examiner, comme nous l'avons dit, si le rôle de Nadir, des *Pêcheurs de Perles* de Bizet, opéra-comique représenté au Théâtre-Lyrique de Paris, rentre dans l'emploi d'un ténor engagé pour les rôles de grand-opéra, traductions et *rôles annexés*.

En attendant, M. Cossira est condamné aux dépens de l'incident.

⁂

Très intéressante séance de musique lundi soir au Cercle artistique et littéraire, avec le concours de M. Franz Rummel, de M. César Thompson et de M⁰ᵉ Jeanne Raunay, la jeune et toute charmante cantatrice parisienne. Grand succès pour M. Rummel dans l'Apposionata de Beethoven, dans le Nocturne de Chopin, la Rhapsodie hongroise (n° 8) de Liszt et la Conjuration du feu de Wagner-Brassin. M⁰ᵉ Jeanne Raunay a dit à ravir des romances de Bizet, Reyer, et les stances de *Sapho* de Gounod. M. Thompson, enfin, a magistralement exécuté un fragment d'un Concerto de violon de Damroesch, un joli *Volkslied* suédois et une berceuse de sa composition ; la tarentelle et la polonaise de Wieniawski, enfin quelques-unes des danses hongroises de Brahms.

⁂

Le théâtre de la Monnaie prépare une reprise de *la Somnambule* avec le concours de M⁰ᵉ Marcelle Sembrich, engagée en outre pour des représentations de *Faust* et de la *Traviata* en avril.

L'œuvre de Bellini, un des premiers succès de la Patti à Bruxelles, et représentée en 1880, avec M⁰ᵉ Albani, n'a plus été donnée depuis sur la scène bruxelloise.

⁂

L'*Allgemeen Handelsblad* d'Amsterdam, nous apporte l'écho du brillant succès remporté au concert des *Vereenigde Zangers*, par M. Alfred Tilman. On y a exécuté son beau chœur : les *Eburons*, une pièce orchestrale : *Prélude*, finement écrite dit le journal néerlandais, enfin un air pour baryton, intitulé *Madeleine*. Au même concert, les chœurs de la Société ont chanté le *Réveil du printemps*, de Riga, et un chœur de M. Wuuters. M. Tilman, qui assistait à cette audition, a été l'objet d'une ovation flatteuse, et la Société lui a remis le diplôme de membre d'honneur.

⁂

M. Heugel père avait, il y a quelques années, chargé MM. Jules Barbier et Philippe Gille de faire une nouvelle traduction d'*Oberon* d'après la version originale.

Cette traduction est aujourd'hui terminée, et le chef-d'œuvre de Weber va entrer immédiatement en répétition à l'Opéra-Comique de Paris.

L'Opéra de Paris va de son côté remonter, dans le courant de la saison prochaine, l'*Oberon* de Weber.

Mais ici la traduction a été commandée par MM. Ritt et Gailhard à M. Victor Wilder.

⁂

M. Lamoureux s'est rendu à Carlsruhe, le 17 mars, pour assister à une représentation de *Lohengrin*. Sur le conseil de M⁰ᵉ Cosima Wagner, il avait choisi cette scène, dont la direction musicale est entre les mains du capellmeister Félix Mottl, qui conduisait à Bayreuth les représentations de *Tristan*, au mois d'août dernier. M⁰ᵉ Wagner a rejoint à Carlsruhe M. Lamoureux, venu de Paris avec sa fille. Le théâtre Grand-Ducal avait, pour la circonstance, fait des frais de décors et de costumes nouveaux.

⁂

On annonce l'arrivée à Paris d'une jeune étoile d'avenir, M⁰ᵉ Nikita, élève de M. Strakosch, douée, paraît-il, de merveilleuses dispositions, M⁰ᵉ Nikita vient d'obtenir de très encourageants succès à Nice.

⁂

Mercredi, 23 mars, a eu lieu au Grand-Théâtre de Lyon, la première représentation de *Patrie*, l'opéra de M. E. Paladilhe. Le drame de MM. V. Sardou et L. Gallet et la musique de M. E. Paladilhe ont obtenu un très vif succès.

⁂

A Boulogne, à la dernière séance de la Société des Concerts populaires, grand succès pour M. Poncelet, l'excellent clarinettiste, professeur au Conservatoire de Bruxelles.

⁂

" M. Poncelet, dit la *France du Nord*, a littéralement émerveillé son auditoire par la brillante sonorité et l'exquise mélodie de son jeu. „

VARIÉTÉS

ÉPHÉMÉRIDES MUSICALES

Le 1ᵉʳ avril 1825, à Liége, naissance de Jean-Baptiste Rongé. — Sa mort la même ville, le 28 octobre 1882.

Compositeur, critique musical, auteur d'un opéra en trois actes : la *Comtesse d'Albany*, qui fut joué avec succès sur le théâtre de Liége en 1877, Rongé était un artiste de haute valeur, remarquablement doué et d'une érudition peu commune. Il avait particulièrement étudié le rythme dans ses rapports avec la musique et la poésie, et avait entrepris avec le poète Van Hasselt, d'écrire de nouvelles paroles françaises pour certaines pièces allemandes ou italiennes ; c'est ainsi que les deux collaborateurs traduisirent *Don Juan*, *les Noces de Figaro*, *la Flûte enchantée*, *Fidelio*, *Freyschütz*, *Oberon*, *Euryanthe*, *Preciosa*, *Norma* et le *Barbier de Séville*.

Le théâtre de Liége, sous la direction Calabrési, fut le premier qui, le 21 janvier 1867, fit connaître le *Freyschütz*, opéra romantique en 3 actes et tableaux, traduction française rythmée, par André Van Hasselt et Jean-Baptiste Rongé, musique de Ch. Marie de Weber. (impr. Liége, L. Severeyns, in-12 de 86 p.)

— Le 2 avril 1832, à Bruxelles (Waux-Hall), concert de Louis et Félicie Lacombe, pianistes. Le *Courrier belge*, par la plume de Champein, parle ainsi de ces deux artistes : " M⁰ᵉ Lacombe, toute gracieuse enfant de dix ans, a, pour son âge, un véritable talent sur le piano. C'est un prodige dans toute l'acception du mot... Le frère de cette virtuose en miniature, âgé de quatorze ans, a un jeu perlé. Il a de l'aplomb et de la mesure, une étonnante virtuosité, etc. „

N'ayant à parler ici que du frère, disons que Louis Lacombe s'est fait par la suite une solide réputation par son double talent de virtuose et de compositeur. Artiste élevé et convaincu, il a subi le sort réservé à tous ceux qui leur modestie et leurs aspirations les plus pures éloignent des luttes qu'il faut soutenir pour conquérir quelque renommée. Secondé de sa femme (Andréa Favel), ancienne artiste de l'Opéra-Comique, il vint à Bruxelles, en 1871, donner une série de concerts-conférences qui excitèrent au plus haut point l'attention des connaisseurs. (Voir *Guide mus.*, 6 avril 1871.)

Louis Trouillon, dit Lacombe, est à Bourges le 26 novembre 1818, est mort à Saint-Vaast-la-Hougue, le 30 septembre 1884.

Sa veuve a publié un recueil de vers qu'il avait laissé, sous le titre : *Dernier amour*, *poésies posthumes* (Paris, Lemerre, in-12).

— Le 3 avril 1824, à Liége, naissance de Sébastien Carman (Carmanne dit) ancien baryton, aujourd'hui professeur de déclamation lyrique au Conservatoire de Liége. Les anciens habitués du Théâtre de la Monnaie se souviennent toujours avec plaisir du fameux trio Carman-Wicart-Depoitier, qui jetait un si vif éclat aux beaux jours de la direction Letellier.

— Le 4 avril 1859, à Paris (Opéra-Comique), le *Pardon de Ploërmel*, 3 actes de Meyerbeer. — Principaux artistes : MM. Faure, Sainte-Foy, Barielle, Warot ; M⁰ᵉˢ Cabel, Bélia. — A Bruxelles, le 23 décembre 1859, MM. Carman, Aujac, Marchot, Coeuilte ; M⁰ᵉˢ Boulart, Decroix et Cèbe.

Dinorah — c'est le titre qu'à l'étranger on donne au *Pardon de Ploërmel* — n'a été joué à Berlin, la ville natale de Meyerbeer, que le 31 octobre 1881, c'est-à-dire, 22 ans après Paris et 17 ans après la mort du maître. — A Vienne, au *National theater*, du 2 février 1864, puis au *Hofopernhaus*, jusqu'au 31 décembre 1886, *Dinorah* a eu 58 représentations.

Les journaux de Paris annoncent la prochaine reprise du *Pardon de Ploërmel* à l'Opéra-Comique.

— Le 5 avril 1802, à Paris (Opéra-Comique), *Une Folie*, 2 actes de Méhul. — Cette pièce, dans le genre bouffe, n'a quitté le répertoire qu'après 1848, alors qu'elle fut reprise avec le concours de Choliet, Audran, Ricquier, Henri et M⁰ᵉ Révilly. — *Une Folie*, jouée à Bruxelles le 16 septembre 1802, ne réussit pas moins qu'à Paris.

— Le 6 avril 1826, à Bruxelles, *la Dame blanche*, 3 actes de Boieldieu. — Artistes : Delos (Georges), Desessarts (Gaveston), Juillet (Dickson), Dupuis (Gabriel), Alphonse (Mac-Irton) ; M⁰ᵉˢ Cazot (Anna), Lemesle (Jenny), Rousselois (Marguerite).

La Dame blanche est la pièce qui compte le plus grand nombre de représentations au théâtre : musique démodée, disent certains novateurs, comme si pouvaient jamais être démodée la mélodie, la grâce et le sentiment.

Die Weiss Frau, du 6 juillet 1826 au 31 décembre 1886, a été jouée 184 fois au *National theater*, de Vienne, devenu le *Hofopernhaus* actuel. — A l'Opéra de Berlin (10 mars 1867), elle vient d'avoir un regain de succès, ce que constate la *Berliner Zeitung* en rappelant les noms des grands artistes qui s'y firent entendre : Mme Sontang, le ténor-Jaeger et la basse Wachter, puis successivement Haitzinger, Mantius, Roger, Tichatschek, Ander, Wachtel, Nachbaur.

— Le 6 avril 1655,à Anvers, décès de l'éminent facteur de clavecins, Jean Couchet, neveu du célèbre Jean Ruckers, fils de Haus.

Jean Couchet travailla pendant seize ans dans les ateliers de son oncle, considéré comme le « meilleur maître », qui fût aux Pays-Bas, et plus instruit, paraît-il, que celui-ci ; Il avait apporté au clavecin divers perfectionnements importants. (Voir le VIIe volume de la *Musique aux Pays-Bas*, d'Ed. Van der Straeten, p. 460.)

Nécrologie.

Sont décédés :

A Saint-Josse-ten-Noode, le 25 mars, Jean-Désiré Artot, né à Paris, le 24 septembre 1803, le doyen de nos artistes-musiciens, virtuose sur le cor, ancien professeur au Conservatoire de Bruxelles, chevalier de l'ordre Léopold, etc.

Le goût de la musique était héréditaire dans la famille Artot. Le chef, Maurice Montagney, dit Artot, venu en Belgique avec les armées de la République française, s'y était implanté comme musicien ; quatre de ses enfants suivirent la bonne impulsion paternelle et devinrent en peu de temps des artistes très habiles : Désiré, l'aîné, qui vient de mourir ; Charles, un timbalier sans pareil ; Joseph, le contemporain et l'émule de De Bériot ; Louise,une cantatrice qui donnait plus que des espérances. Le dernier des Artot disparu, il nous reste, pour continuer le nom, Mme Padilla-Artot, une des grandes cantatrices de l'époque, femme instruite et du plus noble cœur, aujourd'hui retirée à Berlin et qui fut pour son père la plus tendre et la plus reconnaissante des filles.

Voici les quelques détails nécessaires sur la carrière d'Artot : Il

avait commencé à l'âge de six ans son éducation musicale sous la direction de son père qui lui enseigna le chant et le violon, et qui, lorsqu'il eut atteint sa onzième année, lui donna ses premières leçons de cor ; il fit de rapides progrès sur cet instrument, et, en 1819, entra comme 1er cor au 31e régiment suisse sous la direction de Jacques Bender. En 1822, il fut engagé au Théâtre royal de Bruxelles comme 1er et 3e cor. En 1829, à la mort de son père, il fut nommé 1er cor de la musique particulière du roi des Pays-Bas. En 1832, Valentin Bender l'engagea comme 1er cor et sous-chef de musique au régiment des guides qu'il quitta en 1835 pour voyager en Allemagne et en France. Revenu en Belgique, il rentra au théâtre de la Monnaie et au régiment des guides, d'où il prit définitivement son congé en 1862.

En 1863, il fut nommé professeur de cor au Conservatoire de Bruxelles, et en 1849, premier cor de la musique particulière du roi Léopold Ier. Le 20 novembre 1873, il fut mis à la pension après trente ans de professorat.

La musique qu'Artot a écrite pour son instrument est justement appréciée. Nous citerons ses trios, ses quatuors, ses études, ses fantaisies, ainsi que des mélodies pour cor ou violoncelle avec accompagnement de piano. Quant aux élèves en grand nombre formés par le professeur, ils sont répartis la plupart dans nos orchestres ou nos écoles de musique et ils font honneur à l'enseignement du maître.

Malgré ses 84 ans, Artot n'avait guère vieilli. Il avait des souvenirs très précis sur les événements dont il avait été le témoin durant sa longue carrière et on trouvait plaisir et profit à l'écouter.

La foule qui se pressait dimanche à ses funérailles a montré l'estime que l'on faisait de l'homme autant que de l'artiste. Nous y avons remarqué MM. Gevaert, Blaes, Léon Jouret, Warnots, Soivay père, Bosselet, Meerens, etc., etc. Un discours a été prononcé dans la maison par M. l'avocat Gustave Jottrand.

— A Leipzig, le 18 mars, Robert Schaab, né à Rotha près Leipzig, le 28 février 1817, organiste, compositeur, écrivain musical, en dernier lieu à la *Neue Zeitschrift für Musik*. (Notice, *Lexicon-Tonger*, p. 215.)

XXIIIᵉ ANNÉE   7 Avril 1887   NUMÉRO 14

Le Guide Musical

Paraissant tous les jeudis.

ABONNEMENT	SCHOTT FRÈRES, ÉDITEURS.	ANNONCES
FRANCE & BELGIQUE, 10 francs par an.	**Paris**, Boulevard Montmartre ,19	LA LIGNE . . . . FR. 0.50
LES AUTRES PAYS, 10 francs (port en sus)	**Bruxelles**, Montagne de la Cour, 82	On traite à forfait pour les grandes annonces.

Le Livret d'opéra français

DE LULLY A GLUCK

1672-1779

(Suite. — Voir le dernier numéro.)

Donc, nous avons déjà :

1º Le Prologue consacré au plus grand Roy des rois.

2º Le sujet de la pièce, qui n'embrasse rien en dehors des dieux, des déesses ou des héros pour le moins.

3º Le thème invariable : un insipide roucoulement. A cela, il convient d'ajouter qu'à tout instant les bergers, les nymphes, les satyres, les furies et les magiciens, les muses, etc., prennent possession de la scène pour s'y livrer à des sarabandes, des chaconnes, des grimaces et des pirouettes de l'effet le plus inattendu. L'action est ainsi traversée par des personnages qui n'ont rien à y faire (1). Dans la distribution des rôles de *Cadmus*, nous voyons figurer :

> Quatre vents souterrains,
> Quatre vents de l'air,
> Six vents dansants,

et enfin, l'inéluctable soleil *nec pluribus impar*. Ne quittons pas cet opéra sans mentionner un détail typique. Lorsque les soldats de la Terre, nés des dents du Dragon, tournent leurs armes contre le fils

---

(1) Et je vis des danseurs et des danseuses sans nombre et sans fin. Et leurs danses troublaient les acteurs à chaque moment. Et quand ils étaient dans le meilleur de leur dire, les sauteuses arrivaient, et l'on renvoyait les acteurs dans un coin pour faire place aux sauteuses.

(Grimm, *Le Petit Prophète*, chap. VII.)

d'Agénor, celui-ci jette au milieu d'eux une grenade, qui, en éclatant, tue ou blesse le plus grand nombre. C'est faire remonter peut-être un peu haut l'invention de la poudre.

* * *

Quinault, on l'a vu, ne pouvait pas disposer à son gré du sujet de la pièce, lequel lui était imposé par la mode d'une part, et de l'autre, par le goût de ce Roy, dont la tyrannie se faisait sentir jusque dans l'organisation des plaisirs réservés à sa cour. Peut-on dire qu'il était maître de sa forme ? Pas davantage.

On sait, par les *Mémoires du tems*, de quelle manière s'effectuait la collaboration du poète et du musicien. Aussitôt que le premier a l'idée d'une pièce, il en soumet le canevas au Roy, qui l'approuve ou le désapprouve, et le renvoie à l'Académie, laquelle, à son tour, exerce une critique dont le droit n'apparait pas très clairement.

Les scènes une fois distribuées, les vers composés, Quinault porte son travail à Lully. C'est ici que commence l'œuvre du musicien, moins empressé de composer ses ariettes, ses duos, ses chœurs, qu'à mutiler, saccager la poésie de son collaborateur. Voici donc Quinault rapportant son manuscrit au logis, et lui faisant subir toutes les transformations qui lui sont imposées par le metteur en musique.

Lorsque, cédant aux instances de Boileau et de Racine, Louis XIV eut chargé Thomas Corneille d'écrire le livret de *Bellérophon*, le malheureux auteur, désespérant d'en venir à bout, obligé de refaire cent fois son œuvre au gré de l'Académie d'abord, de Lully ensuite, n'avait plus qu'à supplier le Roy de lui retirer sa commande. Ce fut Quinault qui, en bon prince, s'obligea à le secourir ; il commença par redresser le sujet de la pièce, puis retrancha la moitié des scènes, en ajouta de nouvelles, si bien que, pour sept ou huit cents vers que contient *Bellérophon*, Corneille fut contraint d'en faire plus de deux mille. L'auteur d'*Armide* jouait là le rôle du philosophe Scythe. Au reste, la pièce réussit pleinement.

Lully s'était bien à regret privé des services de Quinault. Quinault lui était à tel point nécessaire, que le musicien n'hésita pas, pour reconquérir cette collaboration précieuse, à se brouiller avec Boileau et La Fontaine. Boileau, il est vrai, se consola facilement de la perte de son *Phaëton*. Mais La Fontaine, qui se voyait refuser un livret sur *Daphné*, mit en révolution la cour et la ville. Il fit parler au Roy, il fit agir Mme de Thianges; il mit en jeu toutes les influences dont il pouvait disposer. Rien n'y fit : Lully refusa le livret. On connaît la satyre que le « bonhomme » écrivit pour se venger du Florentin. Remarquons, toutefois, que cette transformation soudaine du fabuliste en faiseur de poème d'opéra, mit le public en défiance. Avant même que l'on connût le triste sort réservé à *Daphné*, le chansonnier Linières faisait circuler le couplet suivant:

> Ah ! que j'aime La Fontaine
> D'avoir fait un opéra,
> On verra finir ma peine
> Aussitôt qu'on le jouera.
> Par l'avis d'un fin critique,
> Je vais me mettre en boutique
> Pour y vendre des sifflets ;
> Je serai riche à jamais

Nous ferons observer que, deux ans avant qu'il mît la main à son premier opéra (1), La Fontaine, dans une Epître à M. de Nyert (ou de Nielle), jugeait assez sévèrement ce genre de spectacle et le « déchaînement » d'enthousiasme qu'il provoquait dans le public. D'après le poète, ces machines si vantées péchaient le plus souvent par quelque défaut d'agencement:

> Au plus beau char, le contre-poids résiste,
> Un dieu pend à la corde et crie au machiniste,
> Un reste de forêt demeure dans la mer,
> Ou la moitié du ciel au milieu de l'enfer.

Quant à l'union des arts que l'opéra a pour objet de consommer, voici ce qu'en pense le fabuliste :

> Ces beautés néanmoins, toutes trois séparées,
> Si tu veux l'avouer, seraient mieux savourées.
> De genres si divers le magnifique appas
> Aux règles de chaque art ne s'accommode pas.
> . . . .
> Le bon comédien ne doit jamais chanter,
> Le ballet fut toujours une action muette.
> . . . .
> Si les yeux sont charmés, l'oreille n'entend guère ;
> Et tel, quoiqu'en effet il ouvre les paupières,
> Suit attentivement un discours sérieux
> Qui ne discerne pas ce qui frappe ses yeux.
> Car ne vaut-il pas mieux, dis-moi ce qu'il t'en semble,
> Qu'on ne puisse saisir tous les plaisirs ensemble;
> Et que, pour en goûter les douceurs purement;
> Il faille les avoir chacun séparément ?
> La musique en sera d'autant mieux concertée ;
> La grave tragédie, à son point remontée,
> Aura les beaux sujets, les nobles sentiments,
> Les vers majestueux, les heureux dénoûments;
> Les ballets reprendront leurs pas et leurs machines,
> Et le bal éclatant de cent nymphes divines,
> Qui de tout temps des cours a fait la majesté,
> Reprendra de nos jours sa première beauté.

(1) *Daphné* a été composée en 1679. L'Ep e est de 1677.

A cette critique de l'opéra, il convient d'ajouter deux ou trois traits assez acerbes, décochés à Lully :

> De Baptiste épuisé, les compositions
> Ne sont si vous voulez que répétitions.
> On laisse là Dubut et Cambert et Camus (1)
> On ne veut plus qu'*Alceste*, ou *Thésée*, ou *Cadmus*.

Et un peu plus loin :

> On ne va plus au bal, on ne va plus au cours,
> Hiver, été, printemps ; bref, opéra toujours ;
> Et quiconque n'en chante ou bien plutôt n'en gronde
> Quelque récitatif, n'a pas l'air du beau monde.
> Mais que l'heureux Lully ne s'imagine pas
> Que son mérite seul fasse tout ce fracas.
> Si Louis l'abandonne à son rare mérite,
> Il verra si la ville et la cour ne le quitte.

On avouera que La Fontaine prenait mal le chemin pour se concilier l'intérêt du public et l'estime du Florentin.

C'est une opinion généralement admise, que les grands poètes sont incapables de rimer de bons vers d'opéra. Boileau est au-dessous du médiocre dans le Prologue de *Phaëton*, qu'il composa à la prière de Racine. Voltaire a dit de La Fontaine qu'il avait fait parler à ses héros d'opéras la langue de Jeannot Lapin et de dame Belette.

Le Prologue de *Daphné*, en effet, est inférieur à ce que le dernier poétereau du XVIIIe siècle a écrit de plus plat. *Astrée*, mis en musique par Colasse, n'eut pas le moindre succès ; et pourtant, ce second opéra du fabuliste valait cent fois mieux que le premier. Enfin, on se plaît à citer cette opinion de Voltaire sur ses propres livrets : « J'ai eu grande sottise de composer un opéra, mais l'envie de travailler pour un homme comme M. Rameau m'avait emporté. Je ne songeais qu'à son génie (2), et je ne m'apercevais pas que le mien n'est point fait pour le genre lyrique. » (Lettre à M. Berger.)

Au fond, il n'y a là qu'une boutade, ou, si l'on préfère, un petit accès de modestie.

Dans une seconde lettre, adressée celle-ci à Thiriot, Voltaire écrit : « Je ne songe point à la musique de Rameau, que je n'aie de tendres retours pour *Samson*. Est-ce qu'on n'entendra jamais à l'Opéra :

> « Profonds abîmes de la terre,
> « Enfer, ouvre-toi !
>   (Acte V — scène I).

» Allons, ne pensons plus aux vanités du monde. (3) »

Dans l'ouvrage intitulé *Connaissance des beautés et des défauts de la poésie française*, ouvrage constamment attribué à Voltaire, l'auteur cite encore ce cinquième acte de *Samson, comme un modèle unique du genre*.

Nous ne sommes pas les premiers à avoir fait re-

(1) Musiciens du XVIIe siècle.
(2) Mercier écrit dans le *Tableau de Paris*: « Rameau ne put jamais faire entendre à Voltaire une note de musique, et celui-ci ne put jamais lui faire comprendre la beauté d'un de ses vers; de sorte qu'en faisant un opéra ensemble, ils en vinrent presque aux mains, tout en parlant d'harmonie. L'oreille la plus ingrate à toute musique fut celle de Voltaire. » Lequel des deux faut-il croire?
(3) *Le Temple de la Gloire* fut joué pour la première fois à Versailles en 1745. *Pandore* n'a jamais été représentée et figure seulement dans les œuvres complètes de Voltaire; la musique est de Royer. Quant à *Samson*, il fut refusé en 1732 par les directeurs de l'Opéra, que l'interdiction toute récente de *Jephté*, rendait prudents à l'endroit des pièces bibliques. Ce refus exaspéra Voltaire, ainsi qu'on peut le voir en parcourant sa correspondance.

.marquer, au sujet de Quinault, à quel point la critique de Voltaire est sujette aux contradictions et aux inconséquences. Quoi qu'il en soit, l'illustre philosophe a exprimé au moins une fois dans sa vie, le regret d'avoir écrit quelques vers destinés à être mis sous musique; et ce *meâ culpâ* d'un génie fourvoyé, nous l'allons retrouver dans une lettre de J.-B. Rousseau, l'infortuné dont le *Jason* est digne d'être comparé à *Daphné*, à *Samson* et au *Temple de la Gloire*. « Ne me parlez jamais de mes opéras, ils font ma honte, » et· il ajoutait que l'on pouvait bien faire un bon opéra, mais non pas un bon ouvrage d'un opéra.

Cette sentence est trop sévère.

(*A suivre.*) EUGÈNE DE BRICQUEVILLE.

LOHENGRIN et LA WALKYRIE

DANS LA PRESSE PARISIENNE

PARIS, 6 avril.

t pourtant, ce ne sont pas les sujets de copie qui manquent : Pranzini, les rigueurs d'un hiver interminable, Leconte de Lisle à l'Académie, les voies de fait parlementaires, etc. Malgré cela, voici éclore, à propos de l'œuvre de Wagner, de nouveaux articles, plus nombreux déjà que les rares feuilles de ce printemps tardif. Mon Dieu! est-il donc si difficile qu'une chose aussi simple que la représentation de *Lohengrin* se passe simplement? Et faut-il se préparer à des controverses d'un byzantinisme féroce? Nous verrons bien.

. En attendant, les collectionneurs s'apprêtent, *et je* sais un jeune bibliothécaire qui a commencé le dossier du *Lohengrin* dès 1887. On y trouvera certainement les « Semaines théâtrales » du *Ménestrel*. M. Moreno, qui l'autre jour voyait les choses en rose, les voit maintenant en noir. Son imagination vive et brillante, mais mobile, a déjà fait volte-face. Dimanche dernier, elle·lui montrait « une foule avide et curieuse se jetant sur les bureaux de l'Éden ». Aujourd'hui, elle lui fait apparaître une multitude furcenée se ruant avec fureur sur les portes du théâtre. « Hélas! hélas! » clame-t-il tout d'abord; et, nouvelle Cassandre, il entrevoit, dans une sorte de vision prophétique, « de graves événements, des complications ». Et comme la vierge antique, il avertit ses concitoyens, il veut prévenir le déchaînement des horreurs de la guerre civile et étrangère; il se jetta bravement· au milieu des partis prêts à s'entre-dévorer, il leur prêche « la conciliation et l'apaisement ». M. Moreno est à coup sûr une belle âme; il a pour l'apaisement une passion exaltée, presque aveugle. Mais qu'il se rassure, ses « adjurations » sont trop persuasives et opportunes pour ne pas être obéies, ses loyaux et paternels conseils trop bien intentionnés pour ne pas être suivis docilement; son apostolat désintéressé et fécond ne sera pas fructi, et ramener bien vite à la droite voie les esprits égarés..... s'il en existe.

. Un article de M. Rochefort dans l'*Intransigeant* du 2 avril, s'adresse aux « wagnérophobes », est d'un genre moins pathétique. M. Moreno parle au cœur, il est touchant, il a le don des larmes; M. Rochefort chatouille l'esprit, il est gouailleur, il possède le secret du rire. Il raille l'absurdité des gens qui siffleraient Wagner parce qu'il est Allemand. « A ce compte-là, les Allemands ne devraient jouer ni Gounod, ni Auber, ni Massenet, ni Saint-Saëns, ni Bizet, parce qu'ils sont Français. Or, ces compositeurs sont représentés tous les jours sur les principaux théâtres ·d'Allemagne. Thomas, Lalo et Joncières, par exemple.

« Si nous devons, par patriotisme, refuser d'admettre chez nous les œuvres des peuples à qui nous n'inspirons qu'une sympathie négative, — continue M. Rochefort, — les Allemands ne sont pas les seuls que nous nous verrons forcés d'exclure de nos scènes. Le gouvernement italien, notamment, nous donne tous les jours des preuves de la plus vive animosité. Il vient de signer avec l'Allemagne un traité, dont le démembrement de la France constitue un des articles. Arrachons immédiatement Rossini des

affiches de l'Opéra, remisons *Guillaume Tell*, et jetons au panier le *Barbier de Séville...* Il·n'en·est pas moins vrai qu'on enverrait ·chez le docteur Blanche un spectateur qui, au milieu d'une représentation de la *Favorite* réclamerait la ·toile, sous prétexte que l'auteur de la partition ·appartient à une nation qui manœuvre constamment en vue de la reprise de Nice et de la Savoie... Il nous serait même facile de démontrer que l'attitude de l'Italie, à qui nous n'avons rien rendu que des services, étant infiniment plus étrange à notre égard que celle de l'Allemagne, à laquelle, en 1870, nous voulions reprendre le Rhin, ce n'est pas seulement les compositeurs, mais les peintres italiens que nous devrions consigner à nos frontières. Allons, poussons la logique jusqu'au bout, et courons au Louvre crever les toiles de· Raphaël et briser à coups de marteau les deux *prisonniers gaulois* de Michel-Ange... , L'article se termine par une petite semonce à· l'adresse de notre inconséquence et de notre étourderie traditionnelles. " Puisqu'un si grand nombre de nos compatriotes tiennent à blaguer Wagner et à faire des mots sur la musique de l'avenir, il nous paraît essentiel qu'ils aiguisent leurs traits d'esprit en connaissance de cause, afin qu'on ne puisse pas leur adresser ce reproche – que nous méritons si souvent – de discourir et d'épiloguer sur les choses dont nous n'avons pas la moindre idée !... Certaines critiques de théâtre sont restés célèbres pour avoir rendu compte de pièces qui n'avaient pas encore été jouées. En ce qui touche l'œuvre de Wagner, notre rôle est à peu près le même. On l'a houspillé, caricaturé, vilipendé, et quand on demande à ceux qui le conspuent, si réellement ce musicien est aussi grotesque qu'ils le prétendent, ils répondent presque invariablement : Je n'en sais rien, je n'en ai jamais entendu une note. ,

À lire encore, dans le *Courrier de Paris*, un remarquable et chaleureux article· de M. Henri Bauer en faveur de Wagner. On trouvera, dans la première page de la *Liberté* de samedi dernier, une colonne consacrée à la même apologie, en termes excellents, sur un ton parfait de modération judicieuse et de bon aloi éclairé. Comme l'article du *Temps* que j'ai cité dernièrement, celui-ci représente fort bien, sous une forme remarquable, l'opinion moyenne du plus grand nombre. Enfin, dans le *Gil Blas* du lundi 4 avril, à voir deux articles développés. L'un en première page, de M. Octave Mirbeau, est une virulente sortie contre les exploiteurs de chauvinisme et les trafiquants de patriotisme ; à la fin, une anecdote peu connue sur le peintre Henri Regnault, chantant pendant la guerre un motif de *Lohengrin*, joué à ses funérailles par son ami Saint-Saëns. L'autre article de notre collaborateur Victor Wilder, est une série de remarques amusantes et mordantes sur le récent concours épistolaire du *Gaulois*.

Car il faut savoir que le journal de M. Arthur Meyer vient de réaliser une idée ingénieuse : il a convié le ban et l'arrière-ban des compositeurs de tous genres à lui confier leur sentiment sur *Lohengrin* et sa première représentation à Paris. Les uns ont répondu sans répondre, les autres ont répondu en répondant, les autres n'ont pas répondu du tout. — M. Gounod a été correct, évasif, timide presque : Il ne veut pas devancer le jugement du public; la lettre contient, selon l'habitude, une partie aphoristique, courte mais peu claire. — M. Delibes se montre très fort ; il est réservé et catégorique à la fois. Il trouve (trop modeste) que son opinion n'intéresse, " et surtout ne regarde personne, » seconde proposition qui semblera dure pour M. Meyer d'abord, trop curieux, et pour le public aussi. Voici la phrase importante: « Tout ce que je puis dire, c'est qu'il me paraît un peu ridicule que, sous prétexte de patriotisme, Paris reste la seule capitale du monde civilisé où *Lohengrin* ne soit pas au répertoire, comme le *Domino Noir, les Huguenots* ou *Il Barbiere di Siviglia*. , Bravo, l'Institut ! M. Reyer se montre sous un aspect inattendu de diplomate (à part une phrase où il est question de la haine que Berlioz portait à Wagner); périodes ronflantes, " puissant génie qui subjugue sans aveugler, " " sillon lumineux, " " jouissances qui viennent des glorieux ancêtres, " « œuvre immense, colossale. , En somme, l'auteur de *Sigurd* ne se compromet pas. — M. Paladilhe me semble avoir parlé· avec simplicité et sincérité; il avoue d'abord son embarras, ce que ne font pas les autres; il pense° que la tentative que prépare M. Lamoureux, dans d'excellentes conditions artistiques, aurait dû être faite depuis longtemps. , Il dit sans détour que Wagner (qu'il appelle plus loin " musicien de génie,) est un artiste assez considérable " pour qu'on puisse juger son œuvre avec une sérénité qui permette de négliger l'homme et d'oublier le gallophobe. " Quant au dessein de " vouloir amoindrir par ce souhait la grande idée de _patrie_, ce n'est certes pas vous, cher M. Paladilhe, qu'on songera à en accuser! — Pour M. Lalo, _Lohengrin_ est " une œuvre superbe " et il est triste que Paris soit la seule capitale qui ne la connaisse pas. " Wagner est un génie qu'il est absolument nécessaire d'étudier, et nous devons tous savoir gré à M. Charles Lamoureux de sa vaillante initiative. " — M. Joncières est verbeux; il déploie, mais trop visiblement, des qualités de profond politique. La préoccupation de l'Institut apparaît tout d'abord, quand il prie M. Meyer de lui laisser dire combien lui, Joncières, est flatté du cas que le directeur du _Gaulois_ semble faire de son opinion (touchante naïveté), après celle de " ses illustres confrères " Gounod, Reyer et Delibes. Suit toute une autobiographie. Finalement, M. Joncières déclare que les sujets légendaires de Wagner lui semblent puérils, et que _Lohengrin_ restera son chef-d'œuvre _devant la postérité_. S'il a jadis montré plus d'ardeur qu'aujourd'hui à soutenir ses œuvres, c'est qu'alors elles étaient méconnues, et qu'il pensait avoir une injustice à réparer (les temps sont si changés, qu'à présent il commettrait plutôt l'injustice). Une indication précieuse à retenir: " Wagner a exercé une énorme influence sur le système contemporain, et ceux-là mêmes qui répudient son système ont profité et _profiteront encore_ de ses hardiesses et de ses innombrables trouvailles. " — M. Widor est réticent, nébuleux et pudique. " Il y a plusieurs Wagner... " Et M. Widor en nomme trois: il y en a un qui apprit à un coiffeur que l'auteur de _Lohengrin_ n'existait plus. " C'est ainsi que le maître reniait le passé, ne voulant plus dater son œuvre que des _Maîtres Chanteurs_. Alors l'ombre du grand Sébastien Bach lui était apparue, et il avait modifié sa manière. Je ne crains pas de partager cet avis, quoique le jugeant excessif. " Ici, M. Widor devient ténébreux, sibyllin même. " Les sensations intimes, dit-il, les émotions vraies, les croyances, nous les gardons _imo in pectore_. Si nous les traduisons parfois, c'est symphoniquement; je ne sais pas les raconter. " — M. Salvayre est plein d'aisance, d'abandon; il résume avec abondance, " et bien respectueusement, " son opinion sur Wagner, qu'il admire en tant que _manipulateur_ musical. Il nous donne des renseignements inédits sur la nature des diverses écoles; il regrette que Wagner n'ait pas fait un si long séjour prolongé en France. — M. d'Indy souhaite les prochaines représentations, dans l'entreprise très artistique de M. Lamoureux, deux grands services rendus aux compositeurs français, " le premier, de ne plus les obliger d'aller chercher en pays étranger des auditions nécessaires à leur éducation musicale; le second, d'ouvrir un débouché aux œuvres nouvelles de nos nationaux. "

Remarqués comme abstentionnistes: MM. Ambroise Thomas, Jules Massenet, Camille Saint-Saëns, Emmanuel Chabrier, Ernest Guiraud. On a regretté beaucoup l'absence des lettres de MM. Lecoq et Serpette.

Je vois plus d'un Parisien revenir enthousiaste de _la Valkyrie_, et donner sur le succès artistique et financier de l'œuvre les meilleures nouvelles. On me dit qu'un rédacteur de _la Lanterne_, parti à Bruxelles après avoir écrit un article assez grincheux pour Wagner, est revenu ravi, converti et repentant. Il n'y a rien d'étonnant à cela.

En attendant, nous continuons à avoir d'excellents articles à ce sujet. Il faut lire, dans l'_Indépendance musicale_ du 15 mars, une étude très complète, très substantielle, intitulée: _Les opéras de Wagner à Bruxelles_. " Quand il s'agit d'un tel compositeur de génie, dit M. Adolphe Jullien, nos voisins les Belges veulent par le jouer et l'applaudissent de toutes leurs forces. Après, discutez si vous voulez; les amateurs n'en ont pas moins la faculté d'entendre un chef-d'œuvre et de se mettre au courant, s'il leur plaît, des créations qui passionnent à cette heure le monde musical..... Avouons donc, — ajoute la critique avec sa logique implacable, en s'adressant aux Français, aux Parisiens — avouons tout simplement que nous avons eu tort pendant neuf années, de 1861 à 1870, de nous entêter dans cette négation absurde de Wagner, parce qu'il avait plu à certains abonnés de l'Opéra, plus épris de ronds de jambe que de musique, de faire congédier le barbare qui refusait de sacrifier à la danse; avouons aussi que nous nous sommes trop longtemps, depuis 1870, complus dans

cette idée de représailles, de proscription contre un musicien qui ne nous avait pas payés de nos sifflets par des compliments ; avouons donc une bonne fois que nous avons été les dindons de la farce en nous privant, pour le punir, d'entendre ses magnifiques créations, et reconnaissons aussi que si les Belges l'ont compris, applaudi avant nous, c'est que par leur situation intermédiaire ils sont plus aptes à sentir les beautés de l'art transrhénan, qu'ils sont moins enclins à rire et plus disposés à traiter sérieusement les questions d'art. " C'est ce que prouve M. Jullien en énumérant les tentatives wagnériennes faites à Bruxelles depuis quinze ans. Un joli coup de patte en passant à M. de Lajarte. Conclusion: " Faut-il rappeler la récente apparition des _Maîtres Chanteurs_ par laquelle MM. Stoumon et Calabresi couronnèrent leur glorieuse direction?... Cette représentation non la langue eut un grand retentissement, un résultat très fructueux, que les fabricants et débitants de musique française s'efforcèrent d'atténuer autant que possible, afin de continuer ici leur petit commerce en toute tranquillité. La seule réponse qu'on pût faire à ces allégations de marchands exaspérés, était de monter _la Valkyrie_. "

A la suite de l'étude calme et posée de M. Jullien, article enthousiaste de M. Amédée Boutarel sur _la Valkyrie_. « Wagner vient, s'écrie M. Boutarel; ses œuvres rayonnent maintenant sur toute l'Europe..... Paris les entendra demain. Wagner vient. Comme ils nous font sourire, tous ces incrédules de la veille que vous tous qui avez mené la polémique à l'époque où il suffisait de semer le ridicule pour une puissante personnalité pour avoir à sa remorque une foule médiocrement éprise de la question d'art, mais très affriandée de scandale et inconsciente d'ailleurs du rôle qu'on lui faisait jouer. » Et plus loin: « Où sont-ils, ces chefs d'orchestre, qui ont dirigé d'une façon pitoyable la _Chevauchée des Valkyries_ devant deux mille auditeurs, semblaient triompher parce que le public gardait le silence? » M. Boutarel avoue qu'après ce tableau d'une grandeur exorbitante (la _Chevauchée_), on est saisi de vertige, on se demande comment le génie d'un homme a pu réaliser une aussi colossale conception, on perd jusqu'à la force de manifester son enthousiasme. Tout l'article est sur ce ton, et il faut le lire pour s'en faire une idée.

Enfin, dans la _Revue Le Passant_ (avril 87), je trouve quatre pages de compte rendu de _la Valkyrie_ à Bruxelles. L'auteur, M. Léo Rouanet, se déclare profond admirateur du maître et de son œuvre. Il reconnaît l'immense intérêt qu'il y a à entendre à la scène cette musique quand on ne la connaît que par le concert. Il termine en souhaitant que l'exemple de Bruxelles soit suivi à Paris. " Quant aux prétendues protestations patriotiques, dit-il, elles partent d'esprits trop étroits et trop prévenus pour qu'on daigne même s'y arrêter. "

Et je suis sûr que dans cette énumération que j'ai cherché à faire complète, j'omets encore plus d'une chose intéressante. Devant ce flot montant, on ne peut plus suffire.

Décidément, comme dit M. Boutarel, Wagner vient !

BALTHAZAR CLAES.

Théâtres et Concerts

PARIS, 5 avril.

Semaine assez pauvre, peu de chose à signaler, à part le _bis_ de la scène des _Filles-Fleurs_ de deuxième acte de _Parsifal_ au concert du Châtelet. Les voix des deux groupes féminins sont fraîches : le Parsifal est insuffisant, surtout placé derrière le chef d'orchestre comme derrière un paravent. L'orchestre est convenable, sauf les cuivres, et surtout les cors, qui sont rhous, pâteux, ternes de son. Les mouvements sont parfois alourdis, particulièrement l'entrée de Parsifal en _ut_ majeur après le début effaré du chœur; beaucoup trop de _rallentandos_ déplacés à la fin des phrases; une fâcheuse tendance générale au style d'opéra-comique. Une conclusion orchestrale a été ajoutée, où le motif presque liturgique du Saint-Graal figure assez bizarrement, n'ayant aucun lien, aucun rapport avec l'ensemble musical et poétique qui le précède. Telle quelle, la scène a porté, et beaucoup, puisqu'on l'a fait répéter : l'enthousiasme, toute longue qu'elle fût. — Au même programme, première audition d'un concerto pour piano de M. G. Pierné, premier morceau vide et traînant trop court, suivi d'un _scherzetto_, agréable colifichet sonore, gentiment orchestré, où figure une mignonne sonnerie de clairon, avec de délicats roulements de tambour; finale ordinaire, où reparaît une phrase banale du premier morceau: L'écriture est bonne; le piano est traité adroitement, il est brillant sans nouveauté; Mme Roger-Miclos l'a tenu avec beaucoup de talent. — Exécution très soignée du très joli ballet d'Henri VIII, de M. Saint-Saëns. J'ai surtout goûté l'*Idylle écossaise* et la *Danse de la Gipsy*. Grand succès.

À la Société nationale, première audition très intéressante de fragments de l'*Oratorio de Noël*, de J.-S. Bach. On a bissé le beau choral: *Ah! cher enfant!* L'importante partie de trompette solo était jouée par M. Teste, qui a ébloui l'auditoire par le *ut dièse* et les *ré* au-dessus de la portée. Un petit orchestre de trois trompettes, timbales, deux flûtes, deux hautbois et quintette à cordes, accompagnait le chant; chœurs et solistes. Effet considérable. On a bissé aussi le charmant chœur pour voix de femmes, *Le Ruisseau*, de Gabriel Fauré, dont M. Mariotti a joué aussi l'admirable *Élégie* pour violoncelle et piano. Deux mélodies de M. Ernest Chausson figuraient au programme: la première, *Apaisement* (P. Verlaine) est tout particulièrement poétique et d'une teinte délicieusement rêveuse. — La *Trompette*, *Suite dans le style ancien* pour instruments à cordes d'Édouard Grieg.

Quelques mots sur les petits théâtres. — Aux Nouveautés, *Ninon* de MM. Blavet et Vasseur n'a pas fait merveille. Mme Théo, MM. Cooper et Brasseur fils n'ont pas de voix, et si la pièce *aux* effets rebattus, il la musique de facture courante n'ont grande saveur.

Aux Bouffes, la *Gamine de Paris* se sauve, au moins par l'interprétation; Mlle Ugalde a de l'entrain, Mlle Milly-Meyer et M. Maugé sont drôles; la mise en scène est soignée, la musique de M. Serpette est parfois amusante, et la pièce de MM. Leterrier et Vanloo plutôt agréable.

Aux Folies-Dramatiques, la nouvelle œuvre de MM. Burani et André Messager passera sans doute ce mercredi.

BALTHAZAR CLAES.

P. S. — Grand branle-bas à l'Opéra. MM. Bitt et Gaillard s'étant obstinément refusés à rengager Mme Caron, Verdi vient de rompre les pourparlers engagés avec eux pour *Otello*. Verdi avait vu, il y a deux ans, Mme Caron dans le *Sigurd* de M. Reyer, et il lui destinait le rôle de Desdemone. Dans la lettre qu'il adresse aux directeurs de l'Opéra il explique qu'aucune autre artiste de la troupe ne lui paraît convenir pour ce rôle, et qu'en conséquence il retire sa pièce.

CORRESPONDANCES

BERLIN, 3 avril.

Décidément, c'est jouer de malheur! À peine vous avez envoyé-je une information, immédiatement et officiellement rapportée par toute la presse berlinoise, il me faut la révoquer quelques semaines après; c'est la fatalité, comme dirait le Grand-Augure de maître Jacques. On a été d'abord l'ajournement indéfini de la *Damnation de Faust*, puis l'engagement de Félix Mottl à l'Opéra; aujourd'hui, c'est d'Antoine Seidl qu'il s'agit. M. Seidl n'a pas signé de contrat avec le comte de Hochberg, et il ne le signera point. D'une part, M. Angelo Neumann, le directeur du théâtre de Prague, le réclame en vertu d'un contrat en régie, lui et sa femme (Mme Seidl est chanteuse d'opéra); d'autre part, l'intendant a refusé d'accepter un paragraphe excellent, — *bravo*, jeune et vaillant "kapellmeister „ — imposé comme *conditio sine qua non* par M. Seidl, à savoir: que dans les œuvres wagnériennes il aurait à diriger et à régler, non seulement la partie musicale, mais aussi le jeu des acteurs et tout ce qui se joue sur la scène; il entendait même être seul à faire des coupures, si coupures il devait y avoir.

Voilà qui est bien officiel, bien authentique cette fois: l'intendance royale communique elle-même, par une lettre officielle à la *Nord-deutsche Allgemeine Zeitung* de Berlin, la rupture des pourparlers avec M. Seidl. Le grand réformateur, Hercule de Hochberg, n'est pas encore mûr pour se soumettre à une innovation aussi juste, aussi urgente et nécessaire. Le régisseur de Berlin possède tout juste le médiocre talent qu'exige la routine traditionnelle, banale, lui a appris. Les chanteurs font à peu près en scène ce qu'ils veulent (1).

Du reste, on dit aujourd'hui que M. de Hochberg est très antiwagnérien, et certes, mon opéra le *Falkensteiner* ou le *Loup Garou*, n'est pas conçu suivant les principes du maître de Bayreuth et dans le style du drame musical.

MM. Mottl et Seidl étant écartés, on donne maintenant comme le successeur de M. Radeke à la tête de l'orchestre, M. Carl Schrœder, le fameux chef d'orchestre de Sondershausen (2), où il a fait couvert de

(1) Richard Wagner a maintes fois formulé comme principe que les fonctions du chef d'orchestre ne doivent pas être limitées à l'orchestre, et au chant proprement dits. Entre autres, voyez sa magnifique étude sur la représentation du *Tannhäuser.* — *Gesam. Schriften*, tome V, p. 163.

(2) Cette nomination est en effet annoncée par les journaux de Berlin, mais elle n'est pas définitive. M. Schrœder est engagé à l'essai pour deux mois! On se demande à quoi bon un essai.

lauriers à plusieurs reprises, entre autres en dirigeant *Tristan* (avec les principaux chanteurs de l'opéra de Leipzig), et l'année dernière, en dirigeant le grand festival annuel de l'Association générale des musiciens allemands, où il a dirigé par cœur des concerts Liszt: une symphonie et plusieurs "poèmes symphoniques „, et la *Fantastique* de Berlioz. Depuis le commencement de cette saison, M. Schrœder est premier chef d'orchestre de l'Opéra allemand de Rotterdam.

Le prétendu événement musical de la dernière quinzaine: les deux exécutions de l'oratorio mondain, la *Légende dorée*, de Sir Arthur Sullivan, sous la direction du compositeur, n'ont été un événement que grâce à la réclame. À une réclame effrénée. La Princesse héritière, fille de la reine d'Angleterre, avait organisé cette fête, soutenue par un comité administratif constitué *ad hoc*. Sir Arthur Sullivan n'est ni plus ni moins que le compositeur officiel de la cour de la Reine Victoria, qui, il y a quelques années, lui a décerné la noblesse avec le titre de "Sir „. La grosse caisse a été battue dans la presse, dans d'immenses affiches collées sur les murs de la ville, un peu partout enfin. La Cour avait fait retenir plusieurs loges; elle a daigné même assister au grand complet à la "première „, de sorte qu'il eût été presque inconvenant de ne pas proclamer, même avant l'exécution, que ce serait l'événement de la saison musicale, et de ne pas être à ce rendez-vous mondain. Et en effet, le public a été des plus distingués et des plus élégants. Malheureusement, la première a été marquée par un incident des plus fâcheux. La troupe de l'Opéra royal possède quatre ou cinq jeunes chanteuses, fort jolies; feu l'intendant de Hülsen avait un goût excellent, vraiment artiste, sous ce rapport-là; une d'entre elles, Mlle Marie Renaud, est même d'une beauté achevée accomplie.

La principale partie de l'œuvre avait été confiée à l'une de ces jolies filles, une jeune Italienne aux beaux yeux noirs, Mlle Raffaëlla Pattini, qui n'a de cette chanson avec la plus célèbre cantatrice de ce temps, que les deux premières syllabes de son nom. Or, Mlle Pattini a complètement fait manquer l'exécution. Elle a chanté presque constamment faux et sans nul souci de la mesure. C'est un véritable tour de force que l'orchestre philharmonique ait pu la suivre. Le malheureux auteur qui était au pupitre a dû à plusieurs reprises souffler son texte à la pauvre artiste!

Depuis, Mlle Pattini a offert, dans une lettre très humble et tout à fait charmante, publiée par les différents journaux berlinois, ses excuses au compositeur, au public et à la critique qui l'avait, confesse-t-elle, si justement condamnée. Elle plaide les circonstances atténuantes: une affreuse migraine et l'impossibilité de trouver une autre chanteuse au dernier moment.

Par suite de cette déplorable circonstance, la deuxième audition a dû être reculée de toute une semaine, afin de laisser le temps d'accourir à Mme Albani, pour qui la partie de soprano a été spécialement écrite; elle l'a chantée en anglais (les autres solistes et les chœurs en allemand). Belle voix; expression entièrement théâtrale et italienne; glacées, malheureusement, par un *vibrato* si excessif et si continuel, qu'on se demandait pourquoi l'artiste persistait ainsi à nous régaler de trilles. Les autres *soli* ont été excellemment tenus par trois chanteurs de l'Opéra de Berlin: le ténor, Rothmühl; Mme Lammert, la superbe "Flosshilde „ de *l'Anneau* à Bayreuth, enfin la basse Krolop.

Sir A. Sullivan a écrit une quantité innombrable de compositions dans tous les genres; il a cultivé l'oratorio sacré, la symphonie, et jusqu'à l'opérette. Son plus grand succès, vous le savez,, a été le *Mikado* qui a remporté des triomphes invraisemblables à Berlin, parfaitement justifiés par une exécution excellente par des artistes anglais. Une autre opérette lui dit: *Patience*, est actuellement en répétition au théâtre Kroll, sous l'œil du maître lui-même.

Eh bien, ce spécimen de musique "nationale „ anglaise ne m'a nullement donné le désir d'en renouveler la connaissance; en dépit de la meilleure volonté du monde, mon esprit ne peut s'accommoder d'une pareille musique à "tout faire. „

Les deux soirs précédents il y avait eu répétition générale et exécution de la *Messe solennelle en ré* du maître des maîtres. Le contraste était excessif. Pourtant j'ai voulu et j'ai réussi à assister à l'audition de cette «Légende, » qui n'est pas *dorée*, pas même d'argent, tout au plus de plomb, moitié par un sentiment de devoir envers les lecteurs du *Guide*, moitié par suite d'une curiosité, malsaine peut-être, de l'exotique. Si c'était à refaire, je préférerais sans nul doute le chez-moi, tout en ruminant les merveilleuses splendeurs de cette messe gigantesque, divinement sublime, de Beethoven, cette cathédrale de Cologne de la musique!

L'oratorio de Sullivan a le mérite positif de n'être pas long, et pourtant il m'a semblé interminable. Quelle délivrance fut le dernier accord, justes Dieux! Un talent fort peu personnel n'a su enfanter dans cette œuvre qu'une chose médiocre, bâtarde, mort-née même, ce me semble, pour tout autre public que le public anglais. Le joli y abonde, malheureusement aussi une banalité vraiment exaspérante. En fait de moyens extérieurs aucun des procédés modernes n'est omis: ni les chœurs sans accompagnement, ni les violons divisés susurrant à l'aigu et en sons harmoniques, ni l'accompagnement obligé de cor anglais, ni les cloches (accordées en cinq tons différents) sonnant à toute volée, etc. etc. Un long solo d'orgue d'église, me semble un hors-d'œuvre spécial à l'usage du public anglais: *Great attraction*! Pour les sonneries de cloches le modèle inimitable restera sans nul-doute la basse obstinée (*basso ostinato*) de quatre notes dans la grande scène du Graal de *Parsifal*.

Un duo d'amour, naturellement pour soprano et ténor, murmuré à l'italienne en *mezza voce* et *pppp*, a été redemandé. Deux grands ensembles (finales): *tutti* avec *soli*, etc., sont d'un effet assez réussi, dans le style de l'opéra. L'orchestre compte en outre une clarinette-basse et un contrebasson; rien que cela! En écoutant une œuvre pareille, on se rappelle involontairement la belle parole, si terriblement vraie, du maître : « Composez toujours; continuez à écrire des romances sans paroles, des psaumes bibliques, des opéras sans texte (!), des oratorios Ancien-Testament, cela ne fera guère avancer l'art, *car vous ne croyez pas à la nécessité de ce que vous faites!* »

Le texte du nouvel oratorio a été adapté du célèbre poème *The Golden Legend* de Longfellow, qui raconte les souffrances et les espoirs d'un pauvre jeune prince malade, qui trouve enfin une pauvre villageoise la jeune fille idéale, promise par une prophétie, et qui est prête à mourir pour le guérir; naturellement il finit par l'épouser pour la récompenser. On a rapproché ce poème d'une œuvre intitulée : *le Pauvre Henri*, du célèbre " Minnesænger „ allemand, Hartmann von der Aue, contemporain de Wolfram von Eschenbach et de Walter von der Vogelneide. La " Légende „, débute par un prologue où Lucifer s'efforce en vain de faire sonner les cloches de la cathédrale de Strasbourg par ses esprits infernaux.

On dit que les cloches, employées ici par le compositeur, et qui avaient, paraît-il, été spécialement fondues pour cette occasion, sont accordées exactement comme les cloches authentiques de ce dôme. Liszt s'est servi d'un effet presque analogue dans sa légende : *Les Cloches de la cathédrale de Strasbourg*. En somme: tentative fâcheuse et infructueuse au point de vue artistique, et soirée perdue pour ceux qui ont l'insigne bonheur de pouvoir respirer l'atmosphère magique, du " grand art „ des Bach et des Mozart, des Schubert et des Schumann, des Beethoven et des Wagner.

J. VAN SANTEN KOLFF.

P. S. Qu'on me permette de rectifier ici un fâcheux *lapsus calami* dans ma dernière correspondance. Ce n'est pas le rondo en *sol*, si spirituel, et d'une verve si endiablée, intitulée " Le dépit pour un sou perdu „, mais le splendide et rayonnant, l'immense édifice de 33 variations sur une valse d'Antoine Diabelli, œuvre 120, que j'ai qualifié de " Clavier bien tempéré moderne „.

BRUXELLES, 6 avril.

La *Walkyrie* continue triomphalement sa conquête du public. A la douzième représentation, la salle était comble comme au premier soir et chaque acte était chaleureusement applaudi.

※

. Dimanche a eu lieu le second et dernier concert du Conservatoire. M. Gevaert avait inscrit au programme la symphonie de Liszt sur la *Divine Comédie* de Dante, comme hommage à la mémoire du célèbre pianiste. L'exécution en a été très soignée.

Le concert avait commencé par la huitième symphonie de Beethoven. On a entendu Mme Cornélis-Servais dans un air de Bach tiré de la cantate pour le dimanche après le Noël, paroles françaises de M. Louis de Casembroot. M. Hasselmans a joué ensuite une ballade de sa composition. L'exécution vraiment merveilleuse de l'habile harpiste en a fait le numéro le plus acclamé du programme.

Pour terminer la séance l'orchestre a joué l'ouverture du *Vaisseau Fantôme*.

※

On a repris la semaine dernière *le Médecin malgré lui*, de Gounod et mardi, *Faust*, avec Mlle Vuillaume dans le rôle de Marguerite. Pour la fin du mois on nous promet *Faust*, la *Somnambule* et *Lucie* avec Mlle Marcella Sembrich, la dernière virtuose du chant, la dernière chanteuse à roulades. Voilà qui donnera satisfaction aux tenants du vieux jeu. Seront-ils heureux au moins?

※

M. Bourgault-Ducoudray, l'écrivain helléniste de la musique, a donné jeudi dernier, aux Matinées scientifiques du Musée, une lecture de la conférence qu'il avait faite précédemment donnée à Paris sur la musique antique et la musique populaire, conférence dont nous a entretenu notre collaborateur Balthazar Claes. La partie musicale de cette conférence a été dite par Mmes Ida Cornélis-Servais, Flon-Botman, M. Boone et la basse Giraudet, de Paris. Grand succès pour le conférencier et ses collaborateurs.

※

A l'occasion de la récente mise à la retraite de M. Steveniers comme professeur du Conservatoire de Bruxelles, un grand nombre de ses

(1) Allusion malicieuse à " l'Operette sans texte „ œuvre assez jolie du reste, écrite pour piano à quatre mains, de Ferd. Hiller.

anciennes élèves et ses élèves actuelles se sont réunies pour lui offrir un objet d'art splendide: un bronze représentant " Lulli , jouant le violon, d'une ressemblance parfaite, signé Bouret, médaillé à l'Exposition des beaux-arts à Anvers (1885). Une magnifique couronne sur laquelle les noms des donatrices sont gravés a été remise à M. Steveniers avec accompagnement d'un discours retraçant la belle carrière professorale du héros de la ,fête. Il a été ensuite littéralement couvert de fleurs et de charmants bouquets. Cette remarquable et touchante manifestation de la part des élèves venues de tous les coins du pays, d'Anvers; de Malines, de Tournai, etc., etc., même de France, pour offrir leur hommage de reconnaissance, de sympathie et d'affection à leur digne, estimé et bien-aimé professeur, prouve combien M. Stevaniers est regretté par toutes ses élèves, non seulement pour ses hautes connaissances musicales, mais encore pour sa bienveillance et son dévouement sans égal à toutes celles à qui il devait enseigner l'art musical.

Le concert donné par les élèves du cours supérieur de chant de l'école de musique de Saint-Josse-ten-Noode-Schaerbeek, au profit des familles des victimes de la catastrophe de Quaregnon a produit, tous frais déduits, une recette de 2,097 francs.

ANVERS, 4 avril.

Hier dimanche, s'est close la saison théâtrale et la première année de la direction Voïtus-Van Hamme. Voici le répertoire général de la saison et le nombre de représentations qu'ont atteint les ouvrages joués : 4 *Guillaume Tell* ; 8 *Faust*; 6 *Juive* ; 4 *Mignon* ; 3 *Trouvère* ; 5 *Traviata* ; 6 *Huguenots* ; 3 *Fille du régiment* ; 3 *Favorite* ; 5 *Petit duc* ; 5 *Lucie de Lammermoor* ; 4 *Fille du Tambour-major* ; 1 *Chalet* ; 4 *Mireille* ; 2 *Si j'étais roi!* ; 1 *Songe d'une nuit d'été*; 3 *Rigoletto*; 4 *Mascotte* ; 3 *Grand Mogol* ; 2 *Fille de Madame Angot* ; 2 *Dragons de Villars* ; 3 *Noces de Jeannette* ; 3 *Africaine* ; 3 *Mousquetaires au couvent* ; 3 *Lakmé* ; 5 *Carmen* ; 1 *Jour et la nuit* ; 2 *Rendez-vous bourgeois* ; 13 *Cid* ; 2 *Voyage en Chine* ; 3 *Prophète* ; 3 *Cœur et la main* ; 1 *Maître de chapelle* ; 2 *Muette de Portici* ; 2 *Joséphine vendue par ses sœurs* ; 2 *Roméo et Juliette* ; 5 *Manon* ; 1 *Hamlet* ; 2 *Grande-Duchesse*.

Total 39 pièces en 6 mois, contre 36 l'hiver dernier également en 6 mois. La troupe de Gand est venue jouer *Lischen et Fritschen* d'Offenbach. Des troupes étrangères ont joué les pièces dramatiques suivantes : *Le Fiacre 117* (2 fois); *Divorçons*; le *Mariage de Figaro* et *Don César de Bazan* avec Coquelin aîné, et le *Bonheur Conjugal*. Nos artistes ont joué une petite comédie : les *Deux Timides*.

GAND, 4 avril.

GRAND-THÉÂTRE. — Lundi 28 mars, le *Jour et la Nuit*; mardi 29, la *Traviata* ; mercredi 30, le *Cid*; vendredi 1er avril, relâche; dimanche 3, le *Maître de Chapelle*, la troisième année de *Rigoletto* et le *Cid*.

La seconde représentation de Mme Albani, mardi, a confirmé d'une manière éclatante le succès de la célèbre cantatrice qui a même été peut-être plus goûtée dans le rôle de Violetta que dans celui de Lucie; son jeu très passionné était tout à fait en situation dans la *Traviata*, a profondément captivé les spectateurs. Ovations, rappels, fleurs à profusion ; bref, un vrai triomphe. Mme Albani enchantée de son accueil. désirait, paraît-il, nous donner une troisième représentation ; mais comme des engagements antérieurs l'appelaient à Berlin, elle a promis de revenir ici l'an prochain; dont acte. Le dimanche s'est close la saison théâtrale par une représentation extraordinaire que toute la troupe offrait au directeur, M. Van Hamme; et le public en a profité pour donner une dernière marque de sa sympathie aux excellents artistes de cet hiver. Ceux-ci, du reste, nous ont dit pour la plupart, au *revoir*, et non *adieu*; en effet il est certain dès à présent, que Mmes Laville-Ferminet et Mlle Boyer nous restent, ainsi que MM. Merrit et Soum: M. Van Hamme conserve la direction, et la manière brillante dont il a géré son exploitation, fait présager que la belle campagne pour l'hiver 1887-1888.

Avant le *Cid*, l'orchestre a exécuté une Marche triomphale inédite de M. Rinakopf, dédiée à M. Barwolf et qui a été fort applaudie.

Le deuxième concert d'abonnement du Conservatoire, a eu lieu le vendredi 1er avril, devant un public plus nombreux que d'habitude, attiré sans doute par le nom de M. Franz Rummel, qui prêtait son concours au concert. L'orchestre sous la direction de M. Samuel, a exécuté la la perfection l'ouverture du *Freischutz*, avec certains changements provenant des indications de Richard Wagner, — puis la musique de Beethoven pour l'*Egmont* de Goethe. L'*Egmont* m'a semblé être assez froidement accueilli, sauf l'ouverture: il est vrai que les deux jolies chansons de Claire étaient déplorablement chantées par une voix des moins agréables. Par contre, la classe d'ensemble vocal de M. Nevejans, s'est fait applaudir avec un Hymne de Gevaert et un charmant Madrigal de Wœlrant. Quant à M. Franz Rummel, que pourrais-je vous en dire après l'article si élogieux et si mérité que lui a consacré le *Guide*, la semaine dernière; plutôt que de le répéter, je me contente de signaler l'immense succès que le nouveau Brassin a

remporté ici ; après le beau concerto en *fa* mineur de Dupont, il a
bien voulu jouer un Nocturne de son maître Brassin ; et comme le
public demandait encore quelque chose, il a interprété alors la plus
connue des rapsodies hongroises de Liszt, avec une telle passion et
une telle fougue que les auditeurs se sont levés d'un seul élan pour
acclamer longuement le virtuose. Aussi le concert que M. Rummel
donne ce soir, est-il assuré de la réussite la plus complète ; je vous en
parlerai la semaine prochaine.

Je regrette d'avoir été empêché d'assister, le samedi 2 avril, au concert du *Cercle Musical*, très attrayant, comme toujours ; les solistes
étaient : Mme Dyna Beumer, qui était un peu fatiguée, à ce qu'on m'a
dit ; M. Alphonse Mailly qui a eu les honneurs de la soirée, et MM. Bal,
Vandereyppen et Warie, qui ont joué le trio op. 52, de Rubinstein.

P. B.

VERVIERS, 5 avril.

DISTRIBUTION DES PRIX AUX LAURÉATS DE L'ÉCOLE DE MUSIQUE

Depuis la création de notre école de musique, son directeur, M. Louis
Kefer s'est efforcé de nous doter d'instrumentistes habiles, de
musiciens capables. Fidèle à sa mission il a cherché à élever le niveau
des connaissances du public, à épurer le goût, et à initier les masses
aux beautés des œuvres des grands maîtres. Après avoir successivement passé en revue les productions des meilleurs compositeurs,
après avoir exécuté quelques pages de Wagner, M. Kefer, a voulu
compléter son programme en consacrant une soirée entière à l'audition de fragments des principaux opéras du maître, en suivant l'ordre
chronologique afin de mieux faire ressortir le merveilleux développement de ce génie. Pour que le public fût mieux à même de saisir le but
et les procédés de Wagner, M. Kefer a eu l'originale idée de faire
précéder chaque fragment d'une exposition succincte du sujet du
drame et il s'est adressé à M. Catulle Mendès, un des plus chauds
Wagnériens, un admirateur convaincu du maître de Bayreuth.

Reprenant les meilleures pages de son livre sur Wagner, M. Mendès
nous a lu cette prose où l'on retrouve toute la virtuosité du poète,
cette prose merveilleuse, captivante, qui berce comme une mélodie,
parle aux sens, éveille l'imagination, fait vivre dans l'esprit de
l'auditoire ce monde de héros que Wagner a créés, animés de son
souffle puissant.

Le programme musical comprenait : les ouvertures du *Vaisseau
fantôme*, du *Tannhauser*, des *Maîtres Chanteurs* ; l'introduction de
Lohengrin, le prélude de *Tristan et Yseult* et la *Chevauchée des
Walkyries*. L'orchestre, composé en majeure partie des professeurs
et des élèves de l'école, a exécuté ces divers morceaux d'une façon
remarquable.

Sous l'impulsion convaincue et savante de leur chef, saisis par
la beauté, la grandeur de ces grandes pages, séduits par la parole
entrainante de M. Mendès, nos musiciens se sont surpassés et ont
prouvé ce que pouvait un travail bien compris et conduit avec intelligence. Le public a fait un chaleureux accueil aux exécutants, à
M. Mendès, et surtout à M. Kefer à qui revient en grande partie le
mérite de cette superbe soirée.

G.

Petites Nouvelles

M. Camille Saint-Saëns se dispose à partir pour Saint-Pétersbourg,
où il doit donner, pendant les fêtes de Pâques, sept concerts, principalement consacrés à ses œuvres pour piano et à ses compositions
symphoniques. On a choisi un concours à la Croix-Rouge russe, et l'on
approprie à cet effet la salle du manège de la garde à cheval.

Le conseil municipal de Metz, vient de prendre une décision définitive relativement à la question du théâtre qui était pendante depuis
quelque temps. Jusqu'ici le théâtre donnait alternativement pendant
trois mois, des représentations en allemand et pendant trois mois des
représentations en français. Pour l'année prochaine, le conseil a décidé qu'il n'engagerait pas de directeur français et qu'il n'y aurait
que 20 représentations françaises, une par semaine, et que ces représentations seraient demandées à des troupes de passage. En outre, le
conseil a décidé d'allouer le subside de 25,000 à 20,000 marcs la subvention
annuelle offerte au théâtre par la municipalité. Il va sans dire que la
majorité du conseil qui a pris cette décision, est composée d'Allemands. On dit que les 13 conseillers français, par l'intention de donner
leur démission à la suite de ces résolutions qu'ils désapprouvent.

Le théâtre de Saint-Quentin vient de s'offrir le luxe d'une vraie
« première », qui plus est, d'une « première » musicale, dit le *Ménestrel*. Il s'agit d'un opéra-comique en trois actes, *la Jeunesse de La
Tour*, paroles de M. Lepailleur, musique de M. Cloutat, qui paraît
avoir été bien accueilli du public. Le sujet lui-même se rapporte
quelque peu à la musique, car le héros de cet ouvrage, le fameux
pastelliste Maurice Quentin de La Tour, — qui était natif de Saint-
Quentin, dont le musée possède un grand nombre de portraits qui
sont des chefs-d'œuvre, — eut, pendant la plus grande partie de sa
vie, une tendre liaison avec l'une des plus adorables cantatrices de
l'Opéra, la séduisante Marie Fel, créatrice de la plupart des opéras de
Rameau et de Mondonville, et du rôle de Colette dans *le Devin du
village* de J.-J. Rousseau.

À Angers, on vient de jouer une opérette de deux auteurs de la localité. M. Verrier pour les paroles et M. Lafage pour la musique, intitulée *les Deux Pêcheurs et la Belle-Mère*. L'œuvre a été très applaudie.

Par arrêté du ministre de l'instruction publique et des beaux-arts,
de France, M. Léon Achard, l'ancien artiste de l'Opéra-Comique et de
l'Opéra, est nommé professeur d'opéra-comique au Conservatoire de
Paris, de musique et de déclamation en remplacement de M. Ernest
Mocker admis à faire valoir ses droits à la retraite.

Par un autre arrêté, M. Fissot est nommé professeur de piano, en
remplacement de M. Georges Mathias admis à la retraite et nommé
professeur honoraire.

L'Art musical, de Paris, assure que M. Cossira, le ténor du théâtre
royal de la Monnaie, entrerait à l'Opéra Comique de Paris, pour y
créer le *Werther*, de M. Massenet.

Dans sa séance du mercredi 16 mars, le Conseil municipal de Paris a
voté une subvention de 5,000 francs en faveur des concerts populaires
dirigé par M. Pasdeloup.

La belle revue artistique qui s'intitule *l'Art* (Rouam, éditeur), publie,
au sujet de la Walkyrie, un très important et un très intéressant article
de M. Adolphe Jullien, avec des illustrations empruntées à son grand
ouvrage sur Richard Wagner.

Annonçons la réapparition à Bruxelles de l'*Artiste*, un vaillant journal d'art qui fit naguère de brillantes campagnes et qui parait vouloir les reprendre. Souhaitons-lui bon succès.

Le *Metropolitan Opera House* de New-York vient d'engager pour la
prochaine saison d'opéra allemand, le baryton Scheidemantel, l'excellent *Klingsor* des dernières représentations de *Parsifal*, à Bayreuth,
et M. Janner, le directeur du théâtre *An der wien* de Vienne, qui rem-
plira l'emploi de régisseur de la scène. M. Antoine Seidl, ne s'étant pas
entendu avec l'intendance des théâtres royaux de Berlin, sera probablement réengagé à New-York comme chef d'orchestre. Des pourparlers avaient été engagés avec M. Sucher, l'excellent chef d'orchestre
du théâtre de Hambourg, mais ils ont été arrêtés en présence de la
tournure que prenait l'affaire Seidl à Berlin. On dit également que la
situation de Théodore Thomas, le célèbre chef d'orchestre de la Société
Philharmonique de New-York serait, assez menacée et qu'il pourrait
bien être remplacé par M. Seidl. Dans ce cas, Théodore Thomas
formerait une nouvelle société qu'il intitulerait : *New Philharmonic
Society*.

Verdi a refusé de se rendre à Rome à l'occasion des représentations
de son *Otello*. Il dit dans sa lettre au directeur du Cercle artistique,
qui avait provoqué une pétition à ce sujet : « Ma présence, artistiquement parlant, était inutile à l'exécution de mon œuvre, il n'est pas de
ma dignité de sembler n'être venu que pour rechercher les applaudi-
sements. » De telles paroles honorent profondément celui qui les écrit.
De la part du maître, elles ne nous étonnent pas.

VARIÉTÉS

ÉPHÉMÉRIDES MUSICALES

Le 8 avril 1870, à Bruxelles, décès de Charles-Auguste De Bériot, à
l'âge de 68 ans. Il était né à Louvain, le 20 février 1802.

Le nom de De Bériot a glorieusement retenti près d'un demi-siècle
en Europe. Il ne se livrait pas, celui-là, à des excentricités d'un goût
équivoque pour enlever le succès, il jouait simplement, noblement, et
dans ce jeu si pur, si coloré et parfois si enthousiaste, on reconnaissait
toujours le virtuose de génie. On salit en quels termes touchants
Vieuxtemps a parlé de son illustre maître. (Voir Éphém. du *Guide
Musical*, 18 février 1886.)

Le 5 avril 1871 est la date du décès d'un autre de nos grands artistes,
Charles-Louis Hanssens.

— Le 9 avril 1871, à Hambourg, *die Meistersinger von Nürnberg*, de
Richard Wagner.

— Le 10 avril 1851, à Londres (Théâtre de la Reine), la *Muta di
Portici*, d'Auber. Déjà représentée à Covent-Garden par une troupe
italienne, le 25 mars 1849. — A Drury-Lane, en anglais, le 4 mai 1829,
sous le titre de *Massaniello or the Dum girl of Portici*.

L'histoire de cet opéra en Angleterre est assez curieuse.
Lors de sa première représentation, en 1828, le directeur de Drury-
Lane envoya à Paris un célèbre compositeur anglais pour entendre
l'ouvrage et lui faire un rapport sur le plus ou moins d'opportunité
de le faire traduire en anglais. Le célèbre compositeur anglais revint
en disant que le poème était magnifique, mais la musique de l'auteur français était pitoyable et qu'il se chargerait volontiers d'en
composer une nouvelle sur ce superbe sujet. Le directeur admit volontiers que la musique du Français était très mauvaise, mais il n'accorda pas que son compatriote dût en faire une meilleure. On ne
songea plus à la *Muette de Portici*.

Quelques années plus tard, Coulon, maître de ballet au King's-Theatre, eut l'idée de faire sur ce sujet un ballet qu'il intitula : *Fenella*.
Laporte, le directeur, eut, de son côté, l'idée d'y introduire des chœurs.
On exécuta donc le ballet avec l'ouverture, avec le chœur de l'église
celui du marché, celui de la prière, celui de la révolte, etc. L'ouvrage
eut un succès immense, on fit bisser l'ouverture ; les chœurs et tous
les morceaux furent applaudis avec transport.
En Angleterre, on était alors persuadé que tous les opéras étaient
de Rossini. On fit donc à Rossini les honneurs de la musique de *la*

Muette. Cela dura jusqu'à ce qu'un musicien anglais, qui avait passé quelques années à Paris, et qu'on appelait le capitaine Livius, eût fait une traduction anglaise de l'opéra d'Auber et l'eût portée au directeur de Drury-Lane.

Le rôle principal, celui de Mazaniello, fut confié au célèbre chanteur anglais Braham. Quoique déjà très âgé, Braham avait encore une voix magnifique et jouissait d'une réputation colossale chez ses compatriotes. Il examina le rôle, le trouva assez bien; mais deux choses le gênaient; le duo : *Amour sacré de la patrie*; celui-là fut supprimé sans façon, et l'*air du sommeil*, au quatrième acte, il était plus difficile de supprimer celui-ci. Braham proposa d'y substituer quelques petites chansons anglaises qu'il affectionnait particulièrement. Le capitaine Livius tint bon, et ne pouvant obtenir grâce pour l'air *du sommeil*, il entra en arrangement avec Braham, et celui-ci consentit à chanter un autre air d'Auber, mais un air de son choix. Et il prit les couplets du *Concert de la Cour* : *Pourquoi pleurer?* C'est avec cette suppression et cette addition que *la Muette* fut représentée plus de cent fois de suite au théâtre de Drury-Lane.

— Le 11 avril 1828, à Paris, décès de Bernard Sarrette, fondateur et premier directeur du Conservatoire de musique, de 1795 à 1814, époque à laquelle il fut remplacé par Cherubini. Il était né à Bordeaux, le 27 novembre 1765. (Voir *Biogr.* de Fétis, t. VIII, p. 393.)

— Le 12 avril 1817, à Londres (King's-Theater), *Don Giovanni* de Mozart, chanté par Mme Camporese (donna Anna), Mlle Hughes (donna Elvira) Mme Fodor (Zerline), Ambrogetti (don Juan), Naldi (Leporello), Angrisani (Ottavio), Crivelli (Masetto). Succès sans pareil; les vingt-trois représentations pendant la saison. *Don Juan* n'a pas cessé d'être en grande faveur auprès des Anglais qui y ont pu voir les artistes les plus renommés du siècle.

Pendant son séjour à Londres, en 1794, Da Ponte, l'auteur du libretto, avait essayé d'y faire entendre la musique de Mozart, mais vainement; on donna la préférence à une imitation de son *Don Juan*, à laquelle s'attelèrent quatre compositeurs italiens : Gazzaniga, Federici, Sarti et Guglielmi. Le prolifique Bishop, à son tour, s'empara du sujet, et *Don Juan* devint *The Libertine* (le Libertin); ce fut un énorme succès d'argent à Covent-Garden, le 30 mai 1812.

Don Juan sera centenaire le 28 octobre prochain, car il est né ce jour-là, en 1787, sur les planches du théâtre de Prague. De là il a passé à Vienne, au *National-Theater* (7 mai 1788), puis à *Hofopernhaus*, et sur ces deux scènes, jusqu'à la fin de 1886, il a été joué 465 fois.

— Le 13 avril 1830, à Copenhague, naissance d'Edouard Lassen. Ses parents, fixés à Bruxelles depuis 1831, et ayant obtenu l'indigénat, le jeune Edouard, devenu Belge, put ainsi suivre les cours du Conservatoire, où son talent lui valut de brillantes distinctions : les premiers prix de piano, d'harmonie et de contrepoint, puis, finalement, en 1851 le prix de Rome.

Il y a bientôt trente ans que Lassen occupe à Weimar les fonctions de maître de chapelle de la Cour et de chef d'orchestre du théâtre grand-ducal. Ses œuvres sont généralement connues; nous n'avons laissé échapper aucune occasion de les signaler. Il y a quatre ans, quand Lassen fut l'objet, à Weimar, d'une éclatante manifestation, notre ami Maurice Kufferath lui consacra un article biographique qui se terminait par ces chaleureuses paroles auxquelles le temps n'a fait qu'ajouter : " Ces manifestations si flatteuses ne pouvaient s'adresser à un artiste plus digne de les recevoir, et elles ne sont pas restées sans écho dans notre pays où la sympathique personnalité d'Edouard Lassen a laissé tant de chaudes et fidèles amitiés. Parmi les musiciens belges qui se sont fait un nom au dehors, il n'en est pas qui aient conservé des attaches plus étroites avec ceux qu'il a quittés. C'est qu'à côté d'une production artistique qui n'a cessé de tenir en éveil l'attention de ses compatriotes, il a toujours apporté dans ses relations cette franchise, cette cordialité, cette honnêteté de caractère qui garantissent les trahisons et fondent seules les sympathies réciproques, les liens durables. „ (*Guide musical*, 8 janv. 1883.)

— Le 14 avril 1843, à Bruxelles, naissance de Léon-Gustave Huberti. Artiste de race — son père était peintre et musicien, — le prix de Rome, qu'il obtint en 1865, a été dans ce milieu l'instrument fécond qui a servi au développement de ses facultés natives. Après avoir tâté de la direction de l'Ecole de musique de Mons d'où il se retira par un coup de tête qui prouvait son esprit d'indépendance, le voilà maintenant revenu au bercail; Huberti a été nommé récemment professeur d'harmonie au Conservatoire de Bruxelles. Là est sa vraie place, car il a la science, la passion du beau, il est dans le courant des idées nouvelles, il sait les exposer par la plume et par la parole; en un mot, résolu et convaincu comme nous le connaissons, Huberti sera, à côté de Gevaert, un précieux auxiliaire de l'enseignement de la musique au Conservatoire.

Nécrologie.

Sont décédés :

A Montmorency, à l'âge de 63 ans, Jean-Marie Depassio, ancienne basse à l'Opéra, puis en province et à l'étranger, Gand, Liége, Anvers, etc., etc.

— A Paris, Mme Gabrielle Cartellier, professeur de piano.

— A Macerata, le 25 février, à l'âge de 86 ans, Giuseppe d'Aloe, professeur de flûte, dont un de ses meilleurs élèves est Giuseppe Gariboldi, bien connu en France et en Belgique.

— A Vienne, le 16 mars, Joseph Sieber, musicien à l'orchestre de l'Opéra.

XXXIIIᵉ ANNÉE   14 Avril 1887   NUMÉRO 15

Le Guide Musical

Paraissant tous les jeudis.

ABONNEMENT	SCHOTT FRÈRES, ÉDITEURS.	ANNONCES
France & Belgique, 10 francs par an.	Paris, Boulevard Montmartre, 19	LA LIGNE . . . . Fr. 0.50
Les autres pays, 10 francs (port en sus)	Bruxelles, Montagne de la Cour, 82	On traite à forfait pour les grandes annonces.

Le Livret d'opéra français

DE LULLY A GLUCK

1672-1779

(Suite. — Voir le dernier numéro.)

De ce que tous les livrets d'opéras, jusqu'à ce jour, ont été plus ou moins défectueux, on aurait tort d'en conclure que la musique ne peut accompagner que les plus médiocres poésies.

On rapporte à ce propos que, dans une assemblée où Lully se trouvait, une des personnes présentes soutint que tout le succès des opéras nouveaux venait de la façon heureuse dont Quinault savait couper les vers du poème, et qu'il serait malaisé au musicien de composer des airs sur une poésie d'un genre plus relevé. A ce mot, Lully se lève, court au clavecin, et après s'être un instant recueilli, chante la magnifique période d'*Iphigénie*, qui débute ainsi :

> Un prêtre environné d'une foule cruelle,
> Portera sur ma fille une main criminelle.

L'effet produit fut, parait-il, superbe. Mais, n'en déplaise au narrateur, on pourrait trouver dans l'œuvre de Quinault — nous le montrerons tout à l'heure — plus d'un alexandrin digne de supporter la comparaison avec ceux qu'on vient de lire.

Reste à savoir si Lully aurait pu soutenir la gageure jusqu'au bout... à moins de mettre en récitatifs les cinq actes de la tragédie de Racine.

L'opéra est avant tout, ne l'oublions pas, un ouvrage essentiellement musical ; ses règles sont aujourd'hui, à peu de chose près, ce qu'elles étaient au XVIIᵉ siècle ; la forme n'a pas changé, le moule est exactement le même, et le musicien dispose toujours du livret au gré de son inspiration, et le plus souvent de sa fantaisie.

On conçoit que les poètes d'une réelle valeur, obligés de s'astreindre à des formules de convention et de s'annihiler, pour ainsi dire, devant la toute-puissance de leur collaborateur, se soient trouvés dans l'alternative ou d'écrire de mauvais ouvrages ou de dédaigner l'opéra.

Cette opinion a été partagée par Fontenelle, qui ayant à prononcer à l'Académie française l'éloge de La Motte, s'exprima ainsi :

« Un autre théâtre a encore plus souvent occupé cet auteur : c'est celui où la Musique, s'unissant à la Poésie, la pare quelquefois et la tient toujours dans un rigoureux esclavage. De grands poètes ont fièrement méprisé ce genre dont leur génie trop raide ou trop flexible les excluait ; et quand ils ont voulu prouver que leur mépris ne venait pas d'incapacité, ils n'ont fait que témoigner par des efforts malheureux que c'est un genre fort difficile. »

N'oublions pas que Fontenelle était l'auteur de deux opéras, *Thétis et Pelée, Enée et Lavinie*, dont il disait lui-même : « Ces ouvrages sont tombés et personne n'a jamais dit que ce fût la faute du musicien. »

Le fragment d'éloquence académique que nous avons reproduit plus haut, peut donc être pris pour un plaidoyer *pro domo suâ*.

Et maintenant que nous savons à quels obstacles venaient se briser la volonté et l'inspiration de Quinault, nous jugeons inutile de faire une critique détaillée de ses vers; nous en citerons seulement un certain nombre par où il sera aisé de juger les qualités et les défauts du style.

Voyons d'abord ce qu'a produit sa *Musa pedestris :*

LE GÉANT.
Où voulez-vous aller ?... vous fuyez, inhumaine !

HERMIONE.
J'étais venue pour voir une danse africaine :
Les Africains ne dansent plus.

LE GÉANT.
Vous craignez les raisons dont je puis vous confondre,
Vous ne m'écoutez plus, vous voulez m'éviter.

HERMIONE.
A quoi sert-il d'écouter,
Quand on n'a rien à répondre ?

Un peu plus loin, Cadmus, s'adressant à Arbas, lui dit :

Préparons tout en diligence
Hâtons-nous, la princesse avance.

ARBAS.
Allons !

CADMUS.
Toi, ne suis pas mes pas,
Je vais voir le géant, il faut que tu l'évites.

Voici encore un vers que nous rencontrons dans *Thésée* et que nous trouverons textuellement reproduit dans *Alceste :*

Ciel ! ô ciel ! qu'est-ce que je vois ? (1)

Mais, à côté de cette phrase rimée, combien de vers magnifiquement frappés, d'inspirations élevées, viennent mettre en lumière les qualités dramatiques de Quinault, aussi bien que son talent de versificateur.

Faut-il citer le récit de Phinée dans *Persée*, l'admirable scène des Enfers dans *Alceste*, le célèbre monologue d'*Armide* :

Enfin, il est en ma puissance
Ce fatal ennemi, ce superbe vainqueur ;
Le charme du sommeil le livre à ma vengeance,
Je veux percer son invincible cœur.

Et le pompeux début de *Proserpine :*

Ces superbes géants, armée contre les dieux,
Ne nous donnent plus d'épouvante;
Ils sont ensevelis dans la masse pesante
Des monts qu'ils entassaient pour attaquer les cieux.
J'ai vu tomber leur chef audacieux
Sous une montagne brûlante.
Jupiter l'a contraint de vomir à nos yeux
Les restes enflammés de sa rage mourante.
Jupiter est victorieux,
Et tout cède à l'effort de sa main foudroyante.

et cent autres passages qui vengent leur auteur de la critique, et suffisent à lui assurer, dans le genre qu'il a traité, un rang où personne encore n'est venu l'égaler.

(*A suivre.*)   EUGÈNE DE BRICQUEVILLE.

. (1) Ce, vers se retrouve pour la troisième fois dans le *Prologue de Biblis* par Danchet (1732). En bien cherchant, on en trouverait d'autres éditions.

LOHENGRIN
WEIMAR 1850. — PARIS 1887.

'était en 1850, au mois d'août, à Weimar.

Toute vibrante encore des souvenirs de Gœthe et de Schiller, la petite ville grand-ducale avait revêtu ses habits de fête et montrait à toutes ses fenêtres des guirlandes de feuillages et de fleurs: on célébrait l'anniversaire de naissance du grand Gœthe et l'on allait inaugurer la statue du philosophe et poète Johann Gottfried Herder, son contemporain.

Les fêtes devaient durer trois jours.

De toutes les parties de l'Allemagne étaient accourus peintres, poètes et musiciens.

Aux cérémonies officielles avaient succédé les fêtes intimes, les cantates aux discours et aux banquets. Au " théâtre de la Cour, un tout petit théâtre de province, mais illustré naguère par Schiller, Gœthe et Iffland, avait paru pour la première fois à la scène le *Prométhée* de Herder, poème dramatique pour lequel Franz Liszt, le virtuose universellement acclamé du piano, maintenant maître de chapelle du grand-duc, avait composé une partition importante.

Mais ce n'était pas cela qu'on attendait.

La troisième journée devait se terminer par l'exécution d'un opéra nouveau d'un jeune compositeur déjà populaire dans cette partie de l'Allemagne, mais qui depuis un an vivait dans l'exil en Suisse, banni de son pays, la Saxe, pour avoir pris une part active au mouvement révolutionnaire dans les rues de Dresde, en 1849.

Ce compositeur s'appelait Richard Wagner.

L'œuvre nouvelle, c'était *Lohengrin*.

La première représentation eut lieu le 28 août.

Date mémorable que l'histoire de l'art retiendra, car elle ouvre une ère nouvelle du théâtre lyrique.

28 août 1850! Combien lointaine, déjà, cette date! Un empire s'est effondré depuis, un autre s'est élevé, d'épouvantables catastrophes ont troublé la paix des nations, la carte de l'Europe a été remaniée, plusieurs écoles littéraires ont vécu et... passé, la peinture a subi de véritables métamorphoses, l'oubli a jeté ses voiles épais sur bien des hommes et des choses qui occupaient en ce temps-là l'attention universelle.

Lohengrin reste, et il est à cette heure même aussi présent au monde artistique que s'il ne datait que d'hier.

Rien n'est plus curieux que de parcourir les recueils de journaux de cette année 1850. Ils sont pleins du *Prophète* de Meyerbeer, de *Casilda* du duc de Saxe-Cobourg-Gotha, du *Juif-Errant* d'Halévy, de la *Perle du Brésil* de David, de la *Florinda* de Thalberg, de *Zerline ou la Corbeille d'Oranges* d'Auber, de *Bonsoir M. Pantalon*, du *Raymond* de M. A. Thomas ; on y parle constamment de Sophie Cruvelli, du ténor Roger, de Mme Anna de la Grange, etc.

Combien d'oubliés parmi ces noms et ces titres !

Pour *Lohengrin*, à peine retrouve-t-on quelques articles à son sujet dans la presse d'Outre-Rhin; parmi les journaux français, deux seulement en font mention : la *Presse*, qui publia en septembre (les 18 et 19), deux feuilletons (1) de Gérard de Nerval, le

(1) Gérard de Nerval a réuni plus tard ces feuilletons et les a reproduits, sous le titre de *Souvenirs de Thuringe*, dans ses *Souvenirs d'Allemagne* (Paris, Lévy, 1860). Ils sont curieux à relire, car ils montrent avec quelle insécurité les gens de lettres appréciaient les œuvres d'art. Gérard de Nerval n'était pas grand clerc en musique, et cependant il s'abstient de parler de la partition; il résume simplement l'impression générale. Il s'étend davantage sur le sujet dramatique, et l'on va voir comme il le comprit : " Presque tout l'opéra, dit-il, est écrit en vers carrés et majestueux, comme ceux des anciennes épopées. Il suffit de dire aux Français que c'est de l'alexandrin élevé à la troisième puissance. " Ces deux phrases contiennent deux grosses erreurs. Tout d'abord il est inexact que les anciennes épopées soient en vers carrés et majestueux : les épopées françaises (chansons de gestes, romans de chevalerie, etc.) sont presque toutes en vers de dix ou de huit syllabes, et rien n'y rappelle l'alexandrin, de date plus récente; les épopées allemandes, par imitation des épopées françaises, offrent le même mètre, quand elles ne sont pas en vers allitérés. La seconde erreur est qu'il n'y a pas une scène en alexandrins dans le *Lohengrin* de Wagner. Le poète-compositeur se sert de vers libres; il emploie tantôt l'alexandrin, tantôt le vers de dix syllabes, tantôt les vers de 7,8 6, et 5 pieds. Les Français qui s'imaginent que c'est de l'alexandrin à la troisième puissance sont bien renseignés, on le voit!

Pourtant, Gérard de Nerval nous conte l'action en ces termes : " Lohengrin est un chevalier errant qui passe par hasard à Anvers, en Brabant, vers le xiᵉ siècle au moment où la fille d'un prince de ce pays, qui passe pour mort, est accusée d'avoir fait disparaître son jeune frère dans le but d'obtenir l'héritage du trône en faveur d'un amant inconnu. Elle est traduite devant une Cour de justice féodale, qui la condamne à subir le jugement de Dieu. Au moment où elle désespère de trouver un chevalier qui prenne sa défense, on voit arriver Lohengrin dans une barque dirigée par un cygne. Ce paladin est vainqueur dans le combat, et il épouse la princesse, qui est bien innocente et victime d'un couple pervers qui la poursuit de sa haine. L'histoire n'est pas terminée (!) ; il reste encore deux actes

doux poète, où il y a cette phrase presque prophétique : « La musique de cet opéra est très remarquable et sera de plus en plus appréciée aux représentations suivantes » ; le *Journal des Débats*, qui en octobre publia une relation des fêtes de Herder où il était question de Wagner et de ses idées nouvelles sur le théâtre. Cette relation était de Liszt en personne. Il se réservait d'analyser de près le poème et la musique de l'œuvre nouvelle dans une seconde lettre. Cette lettre ne parut jamais.

Et voilà tout.

Quelques mois après cette première, l'auteur de *Lohengrin* faisait publier à Leipzig une étude d'esthétique qu'il intitulait l'*Œuvre d'art de l'avenir*, où il cherchait à s'expliquer à lui-même et à ceux qui l'aimaient, ce qu'il avait tenté de réaliser dans le passé et ce qu'il voulait tenter par la suite. Ce titre détourné de son sens fit aussitôt fortune. Il fut assailli de quolibets : l'œuvre d'art de " l'avenir „, la musique de l'avenir! Les contemporains n'y pourraient jamais rien comprendre. A la bonne heure! On n'y comprenait rien en effet! Et les professeurs à lunettes ricanaient, la foule applaudissait.

C'était cela, pourtant ; c'était bien de l'œuvre d'art de l'avenir qu'il s'agissait.

Nous voici en 1887. Trente-sept années nous séparent de la première de *Lohengrin* à Weimar, et *Lohengrin* est encore, avec les œuvres subséquentes, ce qu'il y a de plus neuf dans l'art musical et dramatique. Lentement, avec une majesté tranquille, l'œuvre d'art " de l'avenir „ achève la conquête des intelligences. Elle plane, sereine, au-dessus du gouffre où s'effondrent en un tourbillon sonore les partitions qui n'étaient pas, elles, certes non! de la musique de l'avenir.

Superbe revanche du génie sur la médiocrité encombrante et tapageuse! Wagner est mort depuis quatre ans, et ce qui est déjà la postérité pour lui est encore le présent et l'avenir pour ses œuvres, non seulement pour celles des dernières années de sa vie, mais pour celle-là même qui inaugura la réforme du théâtre et qui fut conçue et écrite il y a plus d'un demi-siècle!

Voilà qui ne prouve pas en faveur de la perspicacité de ceux qui dès lors prédisaient un oubli prochain à l'œuvre nouvelle.

Pour mieux l'anéantir, on fit autour d'elle la conspiration du silence. Après les quelques représentations qui suivirent la première à Weimar, il ne fut plus question de *Lohengrin*. La critique, toujours rétive et superficielle, redoutant de se compromettre, attendait. Que pouvait-elle dire de cet opéra d'un genre nouveau? Le public ne s'était pas nettement prononcé. Il avait été puissamment impressionné, mais il n'y dépaysé et cela s'explique : le *Prophète* était alors à ses yeux le chef-d'œuvre du théâtre lyrique. Seuls quelques artistes, les interprètes surtout, en particulier Fr. Liszt, qui avait dirigé les études, manifestaient un enthousiasme exubérant, une admiration sans bornes. Mais ce n'était pas assez pour créer un *courant favorable*, un de ces courants que la critique aime tant à suivre et qui lui aplanissent les voies.

Donc elle attendit et se réserva.

Il fallut un concours exceptionnel de circonstances étrangères à l'œuvre même, pour y ramener l'attention et secouer la torpeur des prophètes de l'art qui ne s'intitulaient pas encore, en ce temps-là, des " esthètes. „

Il n'est pas sans intérêt d'en rappeler quelques-unes.

Lohengrin est la première œuvre de Wagner autour de laquelle de vives polémiques s'engagèrent, mais, chose curieuse, c'est seulement deux ans après la première que les journaux de musique et la presse quotidienne s'en emparèrent pour la déchirer. Tout d'abord, ce n'est pas l'œuvre même qu'on attaque ; les premiers

---

Footnotes (left column):

dans lesquels l'*innocence continue à être persécutée*. On y rencontre une fort belle scène dans laquelle la princesse veut employer *Lohengrin de partir pour combattre ses ennemis*. Il insiste et *se livre aux plus grands dangers* ; mais *un génie mystérieux le protège*, — *c'est la cygne*, dans le corps duquel se trouve l'âme du petit prince, frère de la princesse de Brabant, — péripétie qui ne révèle au dénouement, et qui ne peut être admise que par un public habitué aux légendes de la mythologie septentrionale. „

Je passe sur les inexactitudes matérielles de cette courte analyse. Ce qui étonnera, c'est que Gérard de Nerval semble ignorer complètement l'origine de ce sujet qui n'a rien à faire avec la mythologie septentrionale. C'est tout uniment une légende *chrétienne* d'origine française, faisant partie du cycle des romans de chevalerie relatifs à la *Table ronde et à Perceval le Gallois* (Parcival). Où a-t-il pris que *Lohengrin* était sous la protection du cygne? Comment, s'il ne comprenait pas suffisamment l'allemand, le traducteur de *Faust* ne s'est-il pas fait expliquer le sujet du drame qui n'est pas du tout l'*innocence persécutée*, comme il le croit, mais le malheur d'Elsa provoqué par sa propre faute, la curiosité! sans doute que qu'il n'a saisi ni le caractère de Lohengrin, ni le caractère d'Elsa et qu'il n'a rien compris à l'intrigue. Et c'est sur cette unique appréciation que les Français ont dû, pendant dix ans, se former une idée de *Lohengrin!*

---

articles relatifs à *Lohengrin*, en 1850 et 1851, ont simplement le caractère d'appréciations plus ou moins favorables à l'ouvrage nouveau considéré au point de vue des formes qui régnaient alors souverainement au théâtre lyrique. Aucun parti pris ne vient dénaturer la sincérité naïve de ces appréciations, jusqu'au moment où Wagner voulant expliquer ses idées et ses aspirations, en fait l'objet de ces pamphlets et de ces brochures demeurés célèbres. Un artiste réfléchissant sur la condition présente et future de l'art dans la société, et se livrant à des spéculations de haute philosophie sur l'avenir du théâtre, cela ne s'était pas vu depuis Gluck, et il n'en fallut pas davantage pour déchaîner un véritable orage contre l'impudent. De sa retraite à Zurich, il avait envoyé coup sur coup à son éditeur à Leipzig : l'*Art et la Révolution* (1849), l'*Œuvre d'Art de l'avenir* (1850), enfin, *Opéra et Drame* (1851), où il développait le plan général de sa réforme. Ces trois brochures, spirituelles, mordantes, agressives, firent une sensation énorme. Alors seulement on comprit que *Lohengrin* n'était pas une œuvre quelconque, mais l'affirmation de principes esthétiques dont l'auteur s'était proposé de poursuivre l'application toute sa vie; on comprit que ce qui avait tout d'abord paru étrange, incompréhensible, contraire aux traditions de l'opéra, était le résultat d'un caprice ou d'une faiblesse, mais la partie essentielle de l'œuvre, non pas une tentative passagère, mais la création consciente et raisonnée d'un esprit profondément réformateur. Et comme dans les écrits Wagner attaquait sans ménagement tout l'échafaudage de l'ancien opéra, qu'il mettait à nu tous les défauts de cette formule surannée, de ce genre hybride, il eut tout de suite contre lui le bataillon des compositeurs d'opéras, des éditeurs, des chefs d'orchestre, des directeurs de théâtres et des " amateurs compétents. „ C'est ainsi qu'en 1852, *Lohengrin* devint avec *Tannhäuser*, où la réforme s'annonçait déjà, le point de mire de toutes les attaques et le prétexte d'une formidable levée de boucliers, unique dans l'histoire de l'art musical.

De ce moment date ce qu'on appelle le *mouvement wagnérien*. Le monde des artistes et des écrivains se trouva tout à coup divisé en deux camps ennemis. Entre les Wagnériens et les anti-Wagnériens s'engagea, ardente, implacable, féroce, cette lutte qui a donné une si curieuse physionomie aux relations artistiques du monde musical, et qui est un des phénomènes les plus intéressants de cette seconde moitié du siècle.

Dès le début, Liszt, ce grand et généreux artiste, cette âme voyante, se plaça à la tête du parti favorable au réformateur. Aussitôt après la première de *Lohengrin*, il avait exprimé nettement son admiration pour l'œuvre nouvelle, dans un article adressé à la *Gazette illustrée* de Leipzig et dans ce feuilleton du *Journal des Débats*, qui ne fut inséré qu'en partie. Dès qu'il vit la tournure que prenait le débat, il résolut sans hésitation d'y entrer avec toute l'autorité que donnaient à sa plume ses succès de virtuose et l'universalité de son esprit. Il réunit en brochure, en les développant, les articles qu'il avait précédemment donnés sur *Lohengrin*, et les publia en allemand et en français (1852). Ce fut une sensation considérable dans le monde des artistes ; aussitôt les polémiques s'engagèrent pour ne plus finir, dans la presse quotidienne, dans les livres et les revues, des deux côtés du Rhin, en Italie, en Russie, en Angleterre.

Liszt fit mieux encore. L'œuvre, ainsi attaquée, il la reproduisit malgré les cabales et les quolibets; il la remit en scène, la maintint au répertoire et la répandit autant qu'il fut en son pouvoir. Toutes les ressources de sa diplomatie, toutes les séductions de son rare esprit et de sa personne, il les mit au service du compositeur bafoué, honni et exilé, et le triomphe de ses efforts fut d'intéresser les cours et les princes à l'œuvre de ce révolutionnaire, de cet homme des barricades échappé comme par miracle à la prison et au bagne. Dans cette entreprise il eut, il faut le dire, une puissante alliée, une femme d'un haut esprit et d'un grand caractère, la grande-duchesse Maria-Paulowna de Saxe-Weimar, mère du grand-duc actuellement régnant, Charles-Alexandre. C'est à cette princesse que Liszt avait dû sa place de maître de chapelle à Weimar, et c'est par elle qu'il réussit d'abord à faire accepter *Lohengrin*, ensuite à la faire rejouer lorsque les membres du Parlement d'Erfurt furent invités à la cour grand-ducale; enfin, plus tard, lorsque le czar Alexandre II y vint faire un séjour.

(*A suivre.*)   MAURICE KUFFERATH.

Théâtres et Concerts

Lohengrin : Petites nouvelles et renseignements officiels. — La première des Bourgeois de Calais. — Les Concerts spirituels; Joachim au Conservatoire. — Le Festival Bach de la Société moderne; les matinées Guilmant.

PARIS, 12 avril.

La tâche du chroniqueur musical tend maintenant à se simplifier; le nombre et l'intérêt des concerts vont diminuer; toute l'attention du public se porte et va se maintenir sur *Lohengrin*. Je n'ai que peu de chose à signaler à ce sujet cette semaine; il semble qu'on commence à se pénétrer de l'inanité de ces discussions dans le vide. — Dans une lettre adressée à *la Lanterne*, M. Catulle Mendès proteste contre une citation incomplète de quelques phrases de son livre sur Wagner : « En ce moment où quelques personnes essaient d'ameuter le public parisien contre une œuvre d'art (mais elles n'y réussiront pas, car il est une chose qui est impossible à Paris, c'est d'être bête)..... je tiens tout particulièrement à ce que vos lecteurs ne puissent se méprendre sur mes sentiments véritables. » Il est aussi question dans cette lettre de la conférence « enthousiaste » faite par l'auteur en Belgique sur le drame wagnérien, et dont *le Guide* a dit un mot. — M. Jules Prével, dans son « Courrier des Théâtres » de vendredi au *Figaro*, cite quelques lignes de l'*Indépendance belge* où il est question de M. William Busnach comme organisateur d'une cabale contre *Lohengrin*, pour se venger de l'interdiction de *Germinal*; M. Prével, avec raison, ne saisit pas la logique de la chose, et fait cette réflexion « que c'est là beaucoup de bruit pour rien » (1). — Le tarif des représentations vient d'être fixé et communiqué officiellement à la presse; je le reproduis ici pour la gouverne des lecteurs du *Guide*, spécialement pour ceux de la province, dont j'ai reçu des demandes de renseignements. Pour la *première*, loge de 8 places, 500 francs; fauteuil d'orchestre, 50 francs; fauteuil de balcon, 50 francs; amphithéâtre, 25 francs. Pour les représentations suivantes, loge de 8 places, 200 francs; fauteuil d'orchestre, 25 fr.; fauteuil de balcon, 25 francs; amphithéâtre, 15 francs. La *première* aura lieu entre le 18 et le 25 courant; pas plus tard, en tout cas, que cette dernière date.

Comme je l'annonçais dans la dernière revue, la première représentation du *Bourgeois de Calais* a eu lieu mercredi dernier aux Folies-Dramatiques. Je n'ai pas à m'étendre sur la pièce de MM. Dubreuil et Burani; elle est patriotique, le quartier le veut; c'est drôle comme on raffole de patriotisme aux environs de la Porte Saint-Denis. J'ai à constater le succès de la partition de M. André Messager; bien écrite, joliment orchestrée, adroitement présentée, c'est sa musique qui fait surtout bon effet dans le nouvel *opéra-comique* (ainsi dit l'affiche), où le se hausse parfois au ton du grrrand opéra. M. Morlet est un *barytonino* élégant; voix jolie, un peu fluette pour un guerrier comme le duc de Guise. M. Dechesne, autre baryton, fait preuve d'intelligence et de goût. La galanterie me fait un devoir de citer M⁣ᵐᵉˢ Darcourt et Lydie Borel qui s'acquittent de leurs rôles avec beaucoup de zèle.

Les concerts dits « spirituels » ont eu lieu sans incident notable. Les programmes étaient un peu bien profanes. La scène des Filles-Fleurs de *Parsifal* un Vendredi-Saint! C'est risqué. Encore si c'eût été le *Charfreitagszauber* du 3ᵉ acte..... Mais Wagner fait recette; il prédominait dans les deux principaux programmes, ceux des concerts de l'Eden et du Châtelet; au premier, la *Walkyrie* et *Tristan*, au second, deux scènes capitales de *Parsifal*, ont obtenu le plus grand succès devant le public mêlé de cette soirée. Je dois signaler, au concert spirituel du Conservatoire, la superbe exécution du *Requiem* de Mozart, et l'apparition du maître violoniste Joachim... C'est vraiment une œuvre à part dans la musique de Mozart que ce *Requiem*; il y a là une gravité d'inspiration saisissante, une conviction contagieuse. Quelle · vérité d'expression, quelle vigueur, quel accent, dans le *Dies iræ*, et surtout dans le *Rex Tremendæ* et le *Confutatis*! Comme on y sent passer le frisson de l'au delà! Voilà qui est vraiment humain

(1) M. Busnach fait, du reste, démentir qu'il soit pour rien dans une cabale contre *Lohengrin*.   (N. de la R.)

religieux! Ce testament de Mozart le rattache à la grande tradition de Bach, et nous donne la mesure de ce qu'aurait pu réaliser son génie, s'il lui eût été donné de le développer... M. Joachim avait eu l'excellente idée de choisir le *Concerto* de Beethoven pour se présenter devant le public de la rue Bergère. Il y a été parfait, surtout dans l'andante et le finale; dans le premier morceau, le début a été pénible, on sentait que le virtuose avait besoin de s'adapter, de s'échauffer. La beauté sobre et magistrale du style, la pureté du son, l'impeccable exécution des cadences, le perlé des trilles, tout cela a ravi l'auditoire et valu à l'admirable artiste force bravos et rappels. La grande ouverture de *Léonore* (avec l'épisode de la trompette), magnifiquement enlevée, terminait ce beau concert. — Dans le prochain et dernier concert de la Société, on entendra le pianiste Francis Planté, dans le *Concerto* en *ré* mineur de Mendelssohn, où il excelle.

On peut dire que le concert le plus vraiment « spirituel » de la semaine passée a été le Festival de J. S. Bach, donné mardi dernier par la *Société moderne* de musique vocale et instrumentale. C'était son deuxième concert, cette fois avec un orchestre dirigé par M. Vincent d'Indy. Quel dommage que la salle Albert-le-Grand soit si mauvaise! C'est, en plus petit, le pendant de cet affreux Trocadéro. L'estrade des musiciens, au lieu d'être adossée à la paroi de l'entrée, au dessous de l'orgue, est placée à l'autre bout, dans le chœur, au-dessous d'une coupole tendue en grande partie d'une étoffe à longs plis, disposition qui fait dévier et flotter le son; de plus, cette estrade est placée à une trop grande hauteur, qui dépasse notablement celle des têtes de l'auditoire assis, et cela à cause d'un petit mur circulaire régnant le long du pourtour du chœur, mur qu'on s'obstine à ne pas vouloir démolir et qui sert précisément à établir le plancher de l'estrade. Le son se trouve donc absorbé par la coupole d'une part, et ce qui en reste, allant vers la paroi d'entrée, passe au-dessus des auditeurs. De plus, on ne peut se servir de l'orgue qu'en dialogue, système exceptionnel, et le vaisseau est difficile à chauffer, on y grelotte et on s'y enrhume à plaisir. On devrait donc renoncer à cette salle mal commode et anti-musicale. C'est toujours la même misère, et il est bien difficile à Paris de faire quelque chose de propre en musique tant que nous n'aurons pas une bonne salle, construite exprès, dans le genre de celle du Conservatoire, mais un peu plus spacieuse et plus confortable... Malgré tout, l'affluence était nombreuse au Festival Bach, et l'impression a été grande.

Les fragments de l'*Oratorio de Noël* et de la *Passion* selon Saint Matthieu (airs de contralto, chantés par Mⁱˡᵉ Baldo), ont touché par leur beauté expressive. Les deux *Concertos* en trois parties (*fa* mineur pour un piano, *ut* mineur pour deux pianos), ont ravi par le charme, la verve, l'aisance qui s'y déploient merveilleusement; le jeu sûr, le talent si musical de Mᵐᵉˢ Bordes-Pène, ont été fort appréciés. M. Fischer s'est fait applaudir dans la *Sarabande* dit ré et l'*Aria* pour violoncelle. Mais Eugène Ysaye a été l'objet d'une ovation après l'exécution de la fameuse *Chaconne* qu'on peut comprendre autrement pour certains détails de style, mais qu'on ne saurait interpréter avec une virtuosité plus étonnante et plus d'exagération de nuances peut-être, pas assez de grandeur simple. M. Ysaye, pour répondre à l'accueil enthousiaste et mérité qu'il a reçu, a bien voulu ajouter au programme deux autres morceaux de Bach de moindre envergure, où il a été parfait.

Ce Bach confond la pensée par l'ampleur de son génie; c'est une mer de musique, majestueuse et profonde, sereine et terrible; c'est ce fleuve Océan qui embrasse l'orbe terrestre de son bouillonnement puissant. On devrait bien fonder ici une Société Bach; les fidèles ne manqueraient pas, l'expérience de mardi dernier le prouve. Il faut citer à ce propos M. Alexandre Guilmant, l'éminent organiste, grand admirateur de Bach, d'Hændel et de Wagner, qui prend à tâche, dans ses concerts du Trocadéro, de rendre populaires les œuvres du sublime maître d'Eisenach. Ses belles tentatives offrent au public un premier degré d'initiation; par un choix plus raffiné, plus spécial des œuvres, la *Société moderne* semble offrir à un auditoire plus avancé un second degré d'initiation. Souhaitons que le succès continue à accueillir tous ces efforts convaincus, destinés à inspirer le dégoût de l'art mesquin et superficiel.

BALTHAZAR CLAES.

THÉATRE ROYAL DE LA MONNAIE.

LE MÉDECIN MALGRÉ LUI. — *REPRISE DE FAUST.*

Voici bientôt trente ans, que l'ont joué, pour la première fois, — j'allais dire pour la dernière fois, car les deux dates furent vraiment si rapprochées qu'elles peuvent se confondre — cet arrangement en opéra comique, par Gounod, de la célèbre farce de Molière. Depuis ce temps, les souvenirs s'étaient peu à peu effacés; on ne se rappelait, vaguement, que d'une chose, c'est que la musique était charmante. Bien souvent on se demandait pourquoi donc cette œuvre si spirituelle, si en juger par la partition — et par les souvenirs — ne remontait plus sur la scène, pourquoi donc, de tout le bagage de Gounod, elle seule restait ensevelie dans la mémoire des contemporains.. Mais alors, tout à coup, çà et là, un doigt discret s'approchait d'une bouche close, sous deux grands yeux sévères, et l'on entendait doucement : " Chut! Ne réveillez pas *le Médecin malgré lui !*,

Qu'avait-il donc de si horrible ?...

Ah! ce qu'il avait, on le sait maintenant : à un certain endroit du troisième acte, l'orchestre faisait entendre certains *bruits* tellement éloquents, traduisant des choses tellement inexprimables, que l'oreille la plus libre ne pouvait en supporter l'audition... Et c'est cela qui avait empêché la pièce d'avoir du succès, à son apparition, et c'est cela aussi qui empêchait qu'on la reprît ensuite !...

M. Joseph Dupont a banni tous les scrupules, et, bravement, un beau jour — c'était jeudi — il a offert à son public, sans crier gare, ce *Médecin* de malheur.

J'oubliais de vous dire que Molière était, lui aussi, pour quelque chose dans l'ostracisme dont la pièce avait souffert jusque-là. Il ne mâche pas ses paroles, le gaillard ; et là surtout, il n'a pas eu peur de dire les choses très gauloisement. Ce qui était bon à son époque ne l'est plus à la nôtre, et la Cour de Louis XIV, paraît-il, n'avait pas les farouches pudeurs de notre petite bourgeoisie.

Eh bien ! — qui l'eût cru ? — tout cela, cette fois, a bien passé. Le public a bien un peu fait la grimace aux fameux endroits, mais il a ri principalement. A la bonne heure ! Serait-il devenu plus intelligent ?

Quant à l'œuvre même, ces *attractions* un peu accessoires mises à part, j'avoue qu'elle ne plane pas tout à fait sur les sommets où j'avaient placée nos trop complaisants souvenirs. Il y a, entre le gros sel de Molière et la grâce de Gounod, une disproportion choquante, loin de souligner la note comique, — déjà fort adoucie par l'action du temps qui fait tout pâlir, même les bouffonneries de l'illustre poète. — l'auteur de *Faust* l'estompe encore, la mélancolise. Si bien que la pièce, d'une audition assez pénible déjà, comme c'est le cas, de beaucoup de ces farces, qui vieillissent pourtant, quoique immortelles, est maintenant voilée de teintes grisâtres, pas bien amusantes, disons-le. Les morceaux en sont excellents, ravissants, exquis même ; mais l'ensemble manque de franchise et de gaîté. De très jolies pages, écrites avec une élégance précieuse ; un mélange de pastiches anciens et de modernisme ; — seulement, peu de diable-au-corps. Ça traîne.

On a pourtant beaucoup applaudi, le soir de cette reprise, l'œuvre et ses interprètes, parmi lesquels il faut tirer hors pair M. Isnardon, qui joue le rôle de Sganarelle en bon comédien et le chante en bon musicien.

De la reprise de *Faust*, que nous avons eue quelques jours après cette intéressante « première », mieux vaut ne pas dire grand'chose. Elle n'a pas été heureuse, bien qu'elle eût piqué la curiosité du public d'une façon beaucoup plus qu'ordinaire. Mlle Vuillaume n'est pas de force à supporter le poids du rôle de Marguerite, ni comme voix, ni comme talent ; l'effort a été vaillant et honorable, sans doute ; mais il n'a pas abouti à un résultat bien brillant. M. Chesira, contrairement aux prévisions générales, a paru, dans le rôle de Faust, très compassé et très froid. Les autres, MM. Bourgeois (Méphistophélès), Renaud (Valentin) et Mlle Legault (Siebel) ont été simplement passables.Cela ne suffit pas pour une œuvre connue comme celle-ci et où tant d'artistes ont laissé des souvenirs glorieux.   L. S.

CORRESPONDANCES

ANVERS, 12 avril.

Le conseil communal de notre ville vient de retirer la concession du théâtre Royal à M. Voitus-Van Hamme qui avait cependant fait une campagne heureuse. On dit que le conseil communal n'entend pas admettre que la troupe d'Anvers desserve comme elle l'a fait les théâtres de Gand et de Roubaix.

GAND, 12 avril.

Comme j'avais facilement pu le prévoir, le second concert que Frans Rummel a donné au Conservatoire, le lundi 4, a parfaitement réussi. Le grand pianiste a accompli ce tour de force extraordinaire

d'exécuter en une soirée trois concertos ; le splendide concerto en *mi* bémol (op. 73) de Beethoven, le concerto pastoral en *sol* majeur de Brassin, et l'abracadabrant concerto en *mi* bémol de Liszt ; en outre, du Chopin et deux transcriptions de Wagner. Le concerto de Beethoven a été joué à la perfection, avec un style admirable ; et l'orchestre l'a très bien accompagné, si l'on peut parler d'accompagnement dans cette œuvre tout à fait symphonique. Les deux autres concertos, de mérites différents, ont encore montré les qualités variées de M. Frans Rummel, et, notamment, celui de Liszt lui a permis de déployer toute sa virtuosité. Il faut faire quelques réserves pour son interprétation de Chopin : il y a des nuances qui n'étaient pas respectées à cause du mouvement trop rapide donné à certains morceaux, à l'Impromptu par exemple ; d'autre part, il n'y avait peut-être pas assez de sentiment intime dans le Nocturne. Malgré ces petites critiques, Frans Rummel est un très grand talent, et la meilleure preuve qu'on en puisse donner, c'est que personne ne s'est levé avant la fin de ce concert, long et fatigant même.

Le mercredi 6, a eu lieu la quatrième séance de musique de chambre, du quatuor du Conservatoire ; programme, peu intéressant : le premier quatuor (op. 18) de Beethoven, le quintette n° 5 de Mozart, et l'adagio du second quintette (op. 87) de Mendelssohn.   P. B.

Ajoutons à la lettre de notre correspondant que les journaux de Gand, notamment l'*Impartial* et la *Flandre libérale*, s'expriment de la façon la plus élogieuse sur le concerto posthume de Brassin, dont le début et le scherzo andante ont vivement charmé l'auditoire. On a aussi beaucoup admiré le piano de Steinway qu'a joué M. Rummel.

(N. DE LA RÉD.)

LIÈGE, le 11 avril.

La troisième et dernière séance de la *Société des concerts* du Conservatoire, a eu lieu samedi 2 avril.

La nouvelle symphonie en *ut* mineur de Saint-Saëns (redemandée), figurait en tête du programme. Le succès a été prodigieux, grâce à une exécution pleine de verve, sous la direction de M. Théodore Radoux.

M. Radoux a fait connaître ensuite au public une *Suite* pour orchestre, de M. Sylvain Dupuis, qui a reçu un accueil des plus honorables. Le style en est uniformément de même qualité et de même élévation. Il y a dans les quatre parties de cette Suite des idées, des phrases mélodiques, un *andantino* d'un beau caractère et d'une inspiration soutenue et partout des choses brillantes qui révèlent un musicien instruit et un compositeur d'un vrai talent.

On a fait une ovation chaleureuse à M. Dupuis.

Le concours du célèbre violoncelliste, Joseph Hollman, et du baryton Henri Heuschling, n'a pas été un des moindres attraits du programme.

Depuis neuf ans qu'on n'avait plus entendu à Liège le jeune maëstro hollandais, son talent, qui était déjà d'un rare mérite, s'est encore développé. L'archet nous a semblé avoir acquis plus de largeur, et le son plus de corps et de volume. M. Hollman a aujourd'hui ce qui lui manquait autrefois : la force, et le voilà l'un des premiers et des plus parfaits violoncellistes de ce temps. M. Hollman a d'abord joué son nouveau concerto en *ré* mineur, œuvre d'allure romantique, mais très intéressante, qu'il a exécutée avec une grâce, une légèreté et un maëstria absolument incomparables. Il faut renoncer à dire les applaudissements qui ont couvert l'exécution de ce concerto, ainsi que celles de l'*adagio* de Molique et d'une *mazurka* de sa composition, pièce charmante qu'elle a complaisamment ajoutée au programme pour répondre aux bis persistants de l'auditoire.

M. Heuschling apportait dans ce concert son rare talent de maître chanteur et son répertoire choisi. Après avoir été avec un sentiment pénétrant et dramatique la ballade : le *Roi des Aulnes*, de Schubert, orchestrée par Hector Berlioz, l'habile chanteur a successivement chanté : la *Vie d'une rose* (Massenet) ; *Vous m'oubliez* (Radoux) ; *Amour pour Amour* (Schubert) et les *Enfants*, de Massenet (morceau supplémentaire), donnant à chaque œuvre une expression particulière, pliant sa virtuosité vocale au caractère de ces petites pièces où il y a tant de délicates intentions et de mystérieuse poésie. L'orchestre qui s'était fait une part prépondérante dans ce concert, a interprété la *Marche solennelle*, op. 18 (1re exécution) de César Cui, œuvre d'une ampleur étendue, très intéressante par son coloris chatoyant, et où tous les instruments, particulièrement les bois et les cuivres, sont traités et maniés avec une habileté consommée.

Enfin, la séance a fini brillamment par l'ouverture de *Sakuntala*, de Carl Goldmark.

Le lendemain de cette séance nous avons été convié au concert de bienfaisance donné dans la vaste salle de la Renommée, sous les auspices de la Société royale *La Légia*, au profit des victimes de Quaregnon et de l'Institut des sourds-muets.

M. César Thompson peut se flatter d'avoir remporté un succès comme jamais violoniste n'en a obtenu à Liège. Son étourdissante virtuosité, le charme incomparable de son jeu, ont comme de coutume plongé la foule des auditeurs dans un enthousiasme indescriptible. M. Thompson a joué, indépendamment des *Airs bohémiens* de Sarasate et de la *Polonaise* en *ré* de Wieniawski, une série de petites pièces pour violon que le public a applaudies avec frénésie.

M. Heuschling y a retrouvé le magnifique succès obtenu la veille au concert du Conservatoire.

Mⁿᵉ Rayomael d'Omalius, une de nos cantatrices-amateurs des plus distinguées douée d'une jolie voix de mezzo-soprano mise au service d'un style parfait a été vivement applaudie.

A ces précieux éléments est venu s'ajouter l'audition de la société chorale ouvrière l'*Amitié* de Pâturages, qui a largement contribué à la réussite de cette fête philanthropique. Cette vaillante société, qui a obtenu des distinctions élevées dans divers concours importants du pays et de l'étranger et dont neuf membres exécutants se trouvent, hélas, parmi les victimes du lugubre événement de Quaregnon, s'est montrée à la hauteur de sa réputation. Son intelligent chef, M. Vanderlinden, ne se contente pas d'obtenir de son bataillon musical, l'ensemble et la justesse, il vise plus haut, et l'*Amitié* de Pâturages est arrivée à un art parfait des nuances, et une rare variété de coloris.

L'excellente musique du 9ᵉ régiment de ligne, dirigée par M. Wautcamp, a coopéré avec succès à cette fête de charité.

En fidèle reporter je ne puis passer sous silence le triomphe éclatant remporté par notre concitoyen Erasme Raway, avec sa nouvelle *Symphonie libre*, au concouṛt du *Cercle choral* et de la société l'*Emulation*, mardi dernier, sous la direction de M. Eugène Hutoy. Des circonstances indépendantes de ma volonté m'ont empêché d'assister à cette soirée, mais je puis constater que l'œuvre de M. Raway, qui a soulevé à plusieurs reprises les bravos les plus chaleureux du public, a été jugée de beaucoup supérieure aux *Scènes indoues* et au poème symphonique des *Adieux*, qui produisirent naguère en Belgique et en France un si profond retentissement.

L'auteur présent a été vivement acclamé et rappelé par la salle entière.

JULES GHYMERS.

⧫

(Autre correspondance.)

LA SYMPHONIE LIBRE DE M. ERASME RAWAY.

L'œuvre nouvelle que nous venons d'entendre est de celles qui s'imposent par le mérite individuel de son auteur, par la hardiesse de la pensée, l'originalité de son œuvre, la nouveauté des procédés et le talent avec lequel l'idée en est réalisée. L'œuvre a un mérite rare; outre la grandeur de la conception et la liberté de son allure, elle est une, complète, indivisible.

Aucune de ses quatre parties ne peut se passer de l'autre ; un seul et même drame s'y déroule. Les situations diverses modifient les thèmes, font naître de nouveaux incidents et concourrent tous cependant à donner la variété à cette unité primordiale. Un sentiment profondément humain se dégage de toute l'œuvre.

Il s'agit ici d'un *drame symphonique* dont chaque partie semble être un acte. En d'autres termes, c'est l'application du principe wagnérien à la musique purement instrumentale. C'est la première fois, croyons-nous, que pareille entreprise est tentée et il fallait pour la mener à bien, toute la science musicale et toute l'imagination de l'auteur. Rien de plus frappant, par exemple, après un magnifique prologue qui ouvre la première partie et expose les *motifs* et les *sujets*, que le scherzo, où pirouettent dans une danse effrénée, comme des fantoches, ces mêmes thèmes, tout à l'heure graves et solennels. Alors apparaît une belle phrase des violons, chantante, caressante, aimante, pleine de séduction. On dirait l'apparition de l'idéal rêvé sous les traits de la femme aimée, au milieu d'une foule affolée cherchant le bonheur dans le plaisir et n'y trouvant que l'étourdissement.

Le calme revient après cette furie. L'adagio cantabile exprime une tendresse aimante, l'espoir et la consolation. Dans le Finale toutes les idées typiques reparaissaient serrées, enlacées les unes aux autres, en une synthèse superbe. C'est là une grandiose et profonde péroraison.

Je le répète, cette symphonie est une œuvre géniale, pleine de choses originales et neuves. Les *Leitmotive* sont admirablement fondus et agencés en toutes les parties et aboutissent à un ensemble merveilleux. Je me bornerai à vous signaler l'originalité des formes musicales, tant mélodiques que rythmiques, qui sont bien personnelles à M. Raway; la polyphonie de son orchestration, est d'une richesse peu commune; avec des formes et des idées absolument modernes, M. Raway tend à se rapprocher des grands maîtres : Bach et Wagner, qu'il semble avoir pris pour modèles. Les développements gradués par tous les artifices de la composition, harmonie frappante, bizarre et naïve parfois, contrepoint, fugue, canon, imitations, reproduction par augmentation, par diminution, etc., etc., voilà le bagage musical à l'aide duquel l'auteur nous dépeint un état psychologique résultant de son entité personnelle.

Il faut souhaiter que M. Jos. Dupont et l'administration des concerts populaires vous feront prochainement entendre l'œuvre nouvelle, qui vient d'obtenir un éclatant et très légitime succès à Liége. Félicitons M. E. Hutoy de son initiative et du talent qu'il a déployé dans la direction de cette belle œuvre.

A. M.

⧫⧫⧫⧫

HAL, 12 avril.

Lundi prochain. 18 avril, à 3 heures, aura lieu l'inauguration du nouvel orgue à l'église Notre-Dame. Cet instrument construit par M. Sthalhuth, facteur à Aix-la-Chapelle, fonctionne entièrement par l'électricité. A cette occasion, M. Mailly, 1ᵉʳ organiste du Roi, fera valoir les ressources du nouvel instrument. Les voix d'hommes de la maîtrise de Notre-Dame, dirigée par M. E. Houssiau, exécuteront quelques motets pendant la séance d'inauguration.

⧫⧫⧫⧫

AMSTERDAM, 4 avril.

Le second concert de la Société pour l'encouragement de l'art musical s'est donné le 30 mars au Palais de l'Industrie, sous la direction de M. Röntgen.

Le programme se composait du superbe *Requiem* de Brahms, une de ses plus belles œuvres, et du *Déluge* de Saint-Saëns.

L'exécution a été au-dessous du médiocre ; l'ouvrage si intéressant du maître français n'a pas été compris du tout par M. Röntgen. Dans le *Requiem* de Brahms, les chœurs se sont mieux comportés que dans le *Déluge*, où souvent nous avons eu peur d'une déroute complète. Nous ne pouvons qu'accentuer ce que nous disions dans notre dernière lettre : M. Röntgen est un excellent musicien, un compositeur fort estimable, un pianiste de talent, mais il n'est pas, et il ne sera jamais un chef d'orchestre ; les deux qualités principales qui caractérisent le kapellmeister : l'autorité magnétique qu'il doit exercer sur les chœurs et l'orchestre, et la tranquillité dans la manière de diriger, lui font complètement défaut. Il ne parvient ni à se faire obéir ni à se faire comprendre, et les contorsions grotesques auxquelles il se livre en dirigeant, qui proviennent autant de son tempérament que de son inexpérience, produisent l'effet contraire, et se prêtent souvent à égayer l'auditoire. Parmi les solistes, Mˡˡᵉ Fillunger de Francfort et M. Messchaert ont eu de beaux moments ; M. Veltman et M. Bergmans étaient moins à la hauteur de leur tâche.

Nous préférons de beaucoup aux dernières exécutions du " Toonkunst Vereeniging ,, les concerts dirigés par Henry Viotta, le fervent Wagnérien. A la bonne heure, voilà l'art d'orchestre, et le dernier concert donné par la colonie allemande pour fêter le 90ᵉ anniversaire de l'Empereur Guillaume, et que Viotta dirigeait, a droit à nos sincères louanges. Tous les maîtres allemands, depuis Mozart jusqu'à Wagner, étaient représentés dans le menu musical de cette solennité, qui s'est terminée par le " Kaisermarsch ,, de Wagner.

...Le triumvirtuoso belge Dyna Beumer, de Swert et Mˡˡᵉ Morialmé, vient de terminer une tournée triomphale dans les Pays-Bas. Jules de Swert est un violoncelliste *di primo cartello*, et nous l'admirons surtout, quand il n'abuse pas trop de ses propres compositions. Je regrette, surtout pour l'érudit correspondant du *Caecilia*, qui cache son vrai nom sous la couverture du Dᵣ P., de ne pas avoir d'autres nouvelles à mentionner, qui puissent intéresser vos lecteurs, mais à part l'exécution du *Requiem* de Berlioz à La Haye sous la direction de Lange, l'organiste de Cologne, dont on me dit grand bien, je ne vois rien d'autre à l'horizon, pas même une exécution du *Bonifacius* de M. Nicolaï.

════════════════════

Petites Nouvelles

Le différend Carvalho-Mézeray, apaisé ces jours derniers, vient d'entrer dans une nouvelle phase : le lendemain du refus de Mˡˡᵉ Mézeray de jouer le rôle d'Alexina du *Roi malgré lui*, M. Chabrier dut se mettre en quête d'une nouvelle interprète et confia le rôle à Mˡˡᵉ Merguillier, qui le sait aujourd'hui et ne demande qu'à le garder.

De leur côté, M. Carvalho et M. Chabrier sont enchantés de Mˡˡᵉ Merguillier, et c'est elle qui va créer le rôle que Mˡˡᵉ Mézeray avait refusé et qu'elle offrait de reprendre. C'est bien fait !

⧫

A l'occasion de l'exposition internationale qui aura lieu cette année, sous le patronage de l'Etat, un grand concours d'Orphéons, de Musiques d'harmonie et de Fanfares aura lieu à Toulouse les 26 et 27 juin prochain. Les sociétés françaises et étrangères sont priées d'y prendre part. Les Compagnies de chemins de fer ont accordé les réductions ordinaires sur le prix des transports. Le Comité d'administration se compose de MM. Deffès, correspondant de l'Institut (Académie des Beaux-Arts), directeur du Conservatoire de Toulouse; Bibent, ancien adjoint au maire; Coutaud, ingénieur; Fontès, ingénieur; Guiraud, Omer, organiste à l'église Saint-Sernin; de Laburthe, conseiller de préfecture; Messaud, directeur de la société d'harmonie la *Toulousaine*; Moffre, ingénieur.

Le maire de la ville de Nancy fait connaître qu'il y a lieu de pourvoir à la nomination d'un professeur de clarinette et d'un professeur de basson au Conservatoire de Nancy.

Conformément au règlement, les professeurs sont nommés par le préfet d'après une liste de présentation dressée par le maire à la suite d'un concours subi par les candidats en présence d'un jury composé du directeur du Conservatoire, président, de trois membres de la commission de surveillance, élus par elle, et d'un artiste (au moins) et de trois artistes (au plus), étrangers à la ville et nommés par le maire sur la présentation du directeur.

Le concours aura lieu le 12 mai.

Les demandes des candidats seront reçues au secrétariat de la mairie de Nancy jusqu'au 1er mai 1887.

M. Gaston Salvayre a terminé la lecture au piano de *la Dame de Montsoreau*. L'administration de l'Opéra va s'occuper très activement de la nouvelle œuvre de M. Salvayre, qu'elle compte faire représenter au commencement de la saison prochaine.

M. Charles Gounod se consacre entièrement en ce moment à la messe qu'il compose pour la cathédrale de Reims. L'audition de cette messe doit donner lieu à un grand déploiement de pompe ecclésiastique.

C'est sur les instance de l'archevêque de Reims, le cardinal Langénieux, qu'il a connu curé à Saint-Augustin, que M. Gounod a entrepris cette œuvre.

Indépendamment des représentations qu'il dirigera au théâtre de Hambourg, M. Hans de Bülow, ainsi que nous l'avons annoncé, est engagé pour diriger dix des concerts d'abonnement de l'orchestre Philharmonique à Berlin; il dirigera aussi plusieurs concerts à Hambourg et à Brême. Le célèbre pianiste vient de terminer à Hambourg, avec autant de succès qu'à Berlin, un cycle de soirées de piano, consacrées à l'œuvre de Bœthoven.

On annonce que Hans Richter, le fameux chef d'orchestre de l'Opéra de Vienne, dirigera deux concerts de la Philharmonique de Berlin, à la fin de ce mois.

Le sculpteur Christian Weinbrodt, à Bayreuth, vient de mettre en vente un masque de Liszt, pris sur le cadavre du célèbre maître, quelques heures après sa mort.

Bien qu'elle ne se propose pas de donner cette année de fêtes théâtrales à Bayreuth, l'administration du théâtre Wagner vient de se mettre en rapports avec les principaux artistes sur le concours desquels elle compte pour les représentations de l'année prochaine. Il est certain que *Tristan* et *Parsifal* seront donnés en 1888; on a annoncé que les *Maîtres Chanteurs* seraient la troisième œuvre portée au programme. Cette nouvelle est prématurée. Rien n'est encore décidé à cet égard.

Une idée originale est celle qu'a eue le *Tonkünstler-Verein* de Hambourg. Dans un concert donné le 2 avril, il a fait entendre 19 compositions musicales différentes de la célèbre ballade de Goethe: le *Roi des Aulnes*. Voici les noms des 19 auteurs dont les adaptations du même sujet se sont trouvées ainsi juxtaposées: Corona Schroeter (1745-1802); Petersen Grönland (1760-1834); André Romberg (1787-1821); J. F. Reichardt (1752-1804); W. J. Thomaschek (1774-1850; H. T. Petschke (?); C. G. Reiniger (1798-1859); Fr. Otto (?); C. B. von Miltitz (1781-1845); B. Fichler (?); B. J. Klein (1793-1832); C. H. Zöllner (1792-1836); C. Blum (1786-1844); J. C. G. Löwe (1796-1869); J. Schneider- (1805-1886); L. Spohr (1784-1859); M. Weyerman (1871); L. Schlottmann (1826); sans parler bien entendu du *Roi des Aulnes* de Schubert, qui reste la mélodie la plus célèbre et la plus populaire. Cette liste des compositeurs du *Roi des Aulnes* est loin de rester d'être complète. La société de Hambourg a voulu se borner aux compositions les plus célèbres.

Le grand festival rhénan aura lieu cette année, pendant les fêtes de la Pentecôte, à Dusseldorf, sous la direction de M. Hans Richter.

La première journée sera consacrée au *Josué* de Hændel.

La seconde s'ouvrira par l'ouverture des *Maîtres Chanteurs* de Wagner, pour finir par la symphonie héroïque de Beethoven. Entre ces deux œuvres prendront place une cantate de Bach, un concerto de piano exécuté par M. Eugène d'Albert, l'ouverture académique de Brahms et une cantate de Weber.

La troisième journée commencera par une ouverture de Beethoven et finira par la symphonie en *ut* majeur de Schumann.

En présence de la situation désastreuse de l'Opéra royal de Pesth, le gouvernement hongrois a décidé de se défaire de cette coûteuse

institution et de l'abandonner à une entreprise privée. Le ténor Perotti aurait fait déjà de sérieuses avances au ministre de l'intérieur, et se serait déclaré prêt, moyennant une modeste subvention, à prendre en mains les destinées de cette importante scène lyrique.

Deux plaques commémoratives, portant l'une l'inscription: « Ici demeurait Franz Liszt, de 1869 à 1886, » et l'autre: « Ici demeurait Franz Liszt, de 1848 à 1861, » viennent d'être posées sur les façades de la Hofgartnerei et de l'Altenburg, à Weimar.

La célèbre cantatrice Amalia Joachim, la femme divorcée du « roi des violons », vient de donner à Leipzig un concert-Brahms, où on a exécuté, outre plusieurs nouveaux *Lieder*, les deux dernières compositions du maître viennois, encore manuscrites, opus 100 et 101: une sonate pour violon et piano, et un trio pour violon, violoncelle et piano. Ce concert des plus remarquables sera répété le 14 de ce mois, à Berlin, et ensuite dans d'autres villes. Une précédente composition de Brahms, une superbe *sonate* pour violoncelle et piano en *la*, œuvre 99, vient d'être magistralement exécutée à Berlin, par le violoncelliste du quatuor Joachim, M. Robert Hausmann et le pianiste Heinrich Barth. M. Hausmann avait créé cette œuvre, avec le compositeur lui-même au piano, quelques jours après la Noël, à Vienne; plus tard, Brahms l'a encore jouée à Pesth avec le violoncelliste David Popper.

VARIÉTÉS

ÉPHÉMÉRIDES MUSICALES

Le 15 avril 1729, à Leipzig, *Mathæus-Passion* (la Passion selon Mathieu) de Jean-Sébastien Bach.

L'histoire de cette cantate, la plus gigantesque création de la musique allemande, est assez curieuse: c'est une œuvre qui, âgée de plus d'un siècle et demi, n'a été exécutée pour la première fois que le Vendredi-Saint de l'année 1729, à Leipzig, dans l'église Saint-Jean, où le grand homme remplissait les modestes fonctions d'organiste. A cette époque, la gloire des compositeurs, si magnifiques que fussent leurs œuvres, ne s'élançait point à travers le monde sur les ailes des journaux; elle voyageait à petites journées, comme les hommes eux-mêmes, ou, comme ceux-ci, elle se tenait coite. Il en fut ainsi de la *Passion* de Bach, qui tomba dans l'oubli.

Depuis longtemps, un vieux et savant musicien, un vrai original, Frédéric Zelter, possédait la partition de la musique de la *Passion* de Bach; mais Zelter était aussi possédé par l'orgueil et l'entêtement de l'artiste et du collectionneur qui inscrit sur sa bannière: *Odi profanum vulgus*. L'œuvre sainte, fermée de sept sceaux, restait inaccessible à tous. Alors vint le jour où il fut donné à un mortel de jeter un regard dans le sanctuaire. Ce fut Mendelssohn que Zelter jugea digne de rompre le charme. Rendu au monde, lui dit Zelter, ce que je lui ai gardé jusqu'au moment où il fût à même de le comprendre. Et c'est ainsi que Mendelssohn, le petit-fils intellectuel de Bach, hérita de son œuvre et la restitua au monde le Vendredi-Saint de l'année 1829, cent ans après la première exécution sous la direction du maître lui-même. (Voir nos Eph. *Guide mus.*, 20 mars et 24 juillet 1884.)

— Le 16 avril 1855, à Bruxelles (Théâtre Royal) *Isoline ou les Chaperons blancs*, grand-opéra en 4 actes; d'Étienne Soubre — Artistes: Wicart, Depoitier et Mme Vandenhaute. « Il est fâcheux, disait le *Guide musical*, que Soubre ait dépensé tant de richesses mélodiques, tant d'imagination et de travail à la création d'une partition qui ne pourra se soutenir à aucun théâtre, à cause de l'infériorité du poème. C'est ce qui arriva; Soubre dès lors renonça à écrire pour la scène, et il retrouva dans des compositions d'un autre genre des succès réels. — Son *Isoline* attendait depuis quatre ans son tour au théâtre de la Monnaie; le cercle *la Sérénade* de Bruxelles en avait déjà donné un avant-goût en la faisant entendre au piano, les principales parties chantées par MM. Goossens, Corneille, Mmes Serneels et Sherrington (16 juin 1854). *L'Étoile belge* fit une très longue et dithyrambique analyse de la pièce.

— Le 17 avril 1837, à Paris (Opéra) début de Duprez dans *Guillaume Tell*, rôle d'Arnold; il remplace Nourrit qui en meurt de chagrin. Depuis sa retraite, en 1849, il a composé de la musique et formé grand nombre d'élèves, la plus remarquable, sa propre fille, Mme Vandenheuvel, morte à la fleur de l'âge, en 1875. Duprez — il naquit le 6 décembre 1806 — avec Chollet (80 ans) est le doyen des chanteurs français.

A propos du pauvre Nourrit, voici une anecdote que nous trouvons dans un ouvrage tout récent de M. Ernest Legouvé et qui est intitulé *Soixante ans de souvenirs*.

« Dans la presse, on opposa Duprez à Nourrit, même avant les débuts de Duprez. L'engouement s'en mêla, et, un mot moqueusement cruel de Rossini accentua aux yeux de Nourrit les dangers de sa fausse position. Rossini en voulait un peu à Nourrit d'avoir dit en parlant des *Huguenots*: « C'est de la *grande musique*. » Il voyait là, très injustement, une critique déguisée de *Guillaume Tell*. Tous deux se rencontrent sur le boulevard. « Cher maître, dit l'artiste au compositeur, connaissez-vous Duprez?—Oui.—Qu'en pensez-vous? Que c'est un homme d'un grand talent. — Croyez-vous à son succès ici?—Dame, mon cher, dans ma *musiquette*, et Rossini appuya ironiquement sur ce mot, je crois qu'il ira bien; mais dans la *grande musique* je ne sais pas ce qu'il fera, et s'il vous vaudra. Pourtant... mon cher, vous vieillissez; (Nourrit n'avait que trente-sept ans.) Vous prenez du ventre! Vous étiez assis à l'Opéra dans un bon fauteuil, et maintenant, Duprez et vous, vous serez sur deux tabourets. — Mais... s'il me fait cela... reprend Nourrit un peu troublé, et figurant le geste d'un homme qui en repousse un autre. — Eh bien, mon cher, répond Rossini avec un accent sardonique, vous ferez cela..., et il fait le geste d'un homme qui tombe. »

— Le 18 avril 1827, à Verviers (salle du spectacle), « grand concert vocal et instrumental. », dans lequel paraît pour la première fois en public Henri Vieuxtemps, alors âgé de sept ans. Nous avons donné le programme de ce concert (Eph. Guide mus., 15 avril 1880), sur lequel figuraient deux airs variés de Fontaine que le * petit Henri , exécuta avec une virtuosité extraordinaire. Superbe entrée dans une carrière qu'illustrera l'enfant de la drapière ville de Verviers. (Voir Henri Vieuxtemps, sa vie et son œuvre, par Maurice Kufferath, pp. 54 et suivantes.)

— Le 19 avril 1774, à Paris (Opéra) Iphigénie en Aulide, 3 actes de Gluck. « Les répétitions ne se passèrent pas sans quelque opposition de la part des artistes de l'Académie, qui musiciens peu experts, étaient mal à l'aise devant cette magnifique partition un peu trop-ardue pour leur inexpérience; mais la protection de la dauphine Marie-Antoinette (la future reine) fit cesser cette petite révolte des coulisses. Le succès de la première représentation fut incontestable. L'œuvre de Gluck compte 428 représentations, la dernière est du 22 décembre 1824. , (Bibl. du th. de l'Opéra, par T. de Lajarte).

Les théâtres allemands sont restés fidèles à la musique de Gluck: Iphigénie en Aulide, retouchée par Richard Wagner, eut sous sa direction, à Dresde, une très brillante reprise (22 février 1847), avec Mitterwurzer, Tichatschek, Dettmer, Mᵐᵉ Schroeder-Devrient, Joh. Wagner, et Marpurg.— A Berlin, le 19 novembre 1867, et à Vienne, le 12 octobre 1867.

La génération actuelle ne serait pas fâchée de connaître ailleurs que dans nos salles de concerts les œuvres de Gluck: Orphée, Armide, Alceste et les deux Iphigénie, cela ferait une intéressante diversion au répertoire usé qui se meurt sous le souffle de Wagner.

— Le 20 avril 1863, à Bruxelles, le Freischütz de C. M. von Weber, avec les récitatifs de Berlioz. Artistes: Bertrand, Farié, Mᵐᵉˢ de Maesch et Andrée. L'interprétation ne fut pas satisfaisante ce soir-là; mais lors de la reprise (15 mars 1880), elle fut tout à fait excellente avec Sylvia, Dauphin, Soulacroix, Mᵐᵉˢ Fursch-Madier, Warnots et Lonati.

Rappelons que la version castilblazée de Robin des Bois parut pour la première fois au théâtre de la Monnaie, le 9 mars 1825, et que des troupes allemandes, en 1822, 1844 et 1846, y vinrent jouer l'œuvre telle qu'elle était sortie du cerveau du puissant maître.

— Le 21 avril 1884, à Bruxelles, reprise de Joconde, 3 actes de Nicolo.

— Joué par Soulacroix, Rodier, Guérin, Mᵐᵉˢ Deschamps, Bosman et Lonati, on trouva encore charmant ce vieux beau de 1814; mais il n'en fut plus de même quand il reparut l'année suivante (30 octobre 1885), sous les traits de Boyer, Gandubert, Idrac, Nerval, Mᵐᵉ Lecomte, Wolf et Bolle. Le public bâilla.

Ce Joconde qui « a longtemps parcouru le monde , n'a pas manqué, dans sa course vagabonde, de s'arrêter ici et ailleurs — à Bruxelles, le 6 janvier 1815, à Vienne, le 1ᵉʳ avril 1815, à Prague, le 11 janvier 1816, et dans cette ville ce fut C. M. de Weber qui le pilota au théâtre en lui faisant entendre la musique de Nicolo dont il dit le plus grand bien. (Voir la Vie de Weber écrite par son fils, t.III, p. 99.)

BIBLIOGRAPHIE

JACQUES DE SAINT-LUC, luthiste athois du XVIIᵉ siècle, par Edmond Vander Straeten, Bruxelles, Schott frères, 1887, grand in-8, avec portrait.

Les lecteurs du Guide Musical connaissent cette intéressante monographie, dont ils ont eu la primeur (voir nos numéros du 18 novembre au 23 décembre 1886) et qui vient d'être recueillie en une brochure superbement imprimée, sur beau papier, et ornée d'une photographie d'après un portrait du célèbre peintre anversois Gérard Seghers. Que d'artistes ignorés ou peu connus comme Jacques de Saint-Luc ! Fétis lui consacre six lignes sans nous laisser deviner ce que fut cet homme à la fois virtuose et compositeur. Il fallait tout l'esprit divinatoire de notre ami Vander Straeten, toute sa sagacité d'érudit, tout son flair de chercheur, pour arriver à reconstituer la vie du luthiste athois que son double talent mit en grande faveur auprès des principales cours de l'Europe au XVIIᵉ siècle.

Nécrologie.

Sont décédés :

A Saint-Gilles, lez Bruxelles, le 6 avril, à l'âge de 53 ans, G. Zurhaar, professeur de piano.

— A Rouen, à l'âge de 52 ans, Jules Reynaud, chef de musique militaire et auteur d'un opéra Jeanne la Maillotte, joué avec succès à Rouen.

XXXIIIe ANNÉE   21 Avril 1887   NUMÉRO 16

Paraissant tous les jeudis.

ABONNEMENT
FRANCE & BELGIQUE, 10 francs par an.
LES AUTRES PAYS, 10 francs (port en sus)

SCHOTT FRÈRES, ÉDITEURS.
Paris, *Boulevard Montmartre 19*
Bruxelles, *Montagne de la Cour, 89*

ANNONCES
LA LIGNE . . . . FR. 0.50
On traite à forfait pour les grandes annonces.

Le Livret d'opéra français
DE LULLY A GLUCK
1672-1779
(Suite. — Voir le dernier numéro.)

III

Les successeurs de Quinault : Campistron, La Motte, l'abbé Pellegrin, etc. — Un opéra d'après la Bible. — Les critiques du poème d'opéra.

Lully mourut en 1687. Son fidèle collaborateur lui survécut à peine une année, qu'il employa à tracer le plan d'un poème apologétique de la Religion chrétienne. Ce fut CAMPISTRON qui rima le livret d'*Acis et Galathée*, le dernier et non pas le meilleur des opéras du maître florentin. On doit également à Campistron les vers d'*Achille et Polixène* et d'*Alcide*, deux ouvrages connus surtout par les épigrammes qu'ils attirèrent à leurs auteurs. On prétendait que poète et musicien se disputaient l'honneur d'avoir amené la chute d'*Achille*.

> Entre Campistron et Colasse,
> Grand débat s'élève au Parnasse
> Sur ce que l'opéra n'a pas un sort heureux.
> De son mauvais succès nul ne se croit coupable.
> L'un dit que la musique est plate et misérable;
> L'autre que la conduite et les vers sont affreux;
> Et le grand Apollon, toujours juge équitable,
> Trouve qu'ils ont raison tous deux.

Il est peu d'ouvrages où l'on ait à tel point abusé de l'épithète. Ainsi, dans le monologue de Vénus, vers la fin du prologue :

> Vous, divinités *aimables,*
> Du plus *grand* des héros calmez le *triste* cœur
> Et faites succéder à sa *vive* douleur
> Les plaisirs les plus agréables, etc.

Dieu sait si le plus souvent ces qualificatifs tombent juste. Achille parlant d'Andromaque, s'écrie :

> Ah ! que sa douleur est tendre !
> Que ses soupirs sont puissans !

Il nous faut encore citer une phrase mise par le poète dans la bouche d'Agamemnon, et dont la syntaxe paraît au moins étrange :

> Ranimons mon courage abattu,
> C'est nourrir trop longtemps une vaine tendresse,
> Surmontons ma faiblesse
> Par un dernier effort digne de ma vertu.

Le *Triomphe d'Alcide*, joué six ans plus tard (1693), ne valait guère mieux si l'on en croit le quatrain suivant :

> A force de forger on devient forgeron,
> Il n'en est pas ainsi du pauvre Campistron :
> Au lieu d'avancer il recule,
> Voyez *Hercule.*

L'auteur de cette satyre avait encore présentes à la mémoire les belles périodes de Quinault. S'il vécut assez longtemps pour connaître Cahuzac, La Marre, Duché, il dut regretter parfois d'avoir bâillé aux opéras de Campistron.

Quinault disparu, tout son or s'en alla en menue monnaie, et l'on pourrait compter cinquante poètes d'ordre inférieur, qui dans une période de quarante années environ accommodèrent avec plus ou moins de bonheur les restes de l'auteur d'*Armide*. Le plus connu, j'oserais presque dire le plus célèbre, fut l'abbé Joseph PELLEGRIN ; Pellegrin voué au ridicule par sa misère comme Cassagne ou Collettet, Pellegrin à qui il eût suffi peut-être de posséder quelques écus pour obtenir le renom d'un grand poète.

Il n'en est pas moins vrai que l'auteur de *Pélopée* et de tant d'autres tragédies pitoyables eut, dans sa vie, une idée de génie. Le premier, il osa débarrasser la scène de l'Opéra du fatras mythologique qui y traînait depuis *Pomona*, et le sujet de son premier drame lyrique, il l'alla chercher tout droit dans l'Ancien Testament.

(*A suivre.*)   EUGÈNE DE BRICQUEVILLE.

LOHENGRIN

WEIMAR 1850. — PARIS 1887.

(Suite. — Voir le dernier numéro.)

Dans ses souvenirs relatifs à la première de *Lohengrin* à Weimar, M.R.Pohl a rappelé [1] toutes les difficultés avec lesquelles Liszt eut à lutter avant de pouvoir donner l'œuvre de son ami proscrit. Il avait trouvé beaucoup de bon vouloir auprès du chambellan, M. de Ziegesar, intendant du théâtre, et ce n'est pas de ce côté qu'il y eut des obstacles à surmonter. Mais le budget du théâtre était plus que modeste; il n'y avait à l'orchestre qu'un seul trombone; tout un ensemble d'instruments que Wagner avait introduits dans sa partition n'étaient pas représentés dans la chapelle, ni le cor anglais, ni la clarinette basse, ni la harpe. Tout cela était en ce temps-là considéré comme un luxe que se pouvaient seulement permettre les théâtres des grandes villes. Dans les théâtres de province comme celui de Weimar, on se contentait de ce qu'on pourrait appeler l'orchestre de Mozart. C'est de ces détails matériels que Liszt eut tout d'abord à s'occuper, et ce n'est pas sans peine, grâce à un subside libéralement octroyé par la grande-duchesse, qu'il réussit à constituer l'orchestre complet tel que le désirait Wagner. Il fallut ensuite s'occuper des chœurs; ils n'étaient pas nombreux et leur chef était absolument incapable. Liszt suppléa à tout; c'est un bonheur pour Wagner qu'il ait pu, en cette circonstance, compter sur le dévouement et l'intelligence artistique d'un homme tel que Liszt. Sans celui-ci on ne sait pas ce qui serait advenu de *Lohengrin*.

Il faut ajouter que si, d'une part, il eut bien des déboires, de l'autre côté, Liszt trouva aussi de précieux coopérateurs. En tête de son quatuor brillait le grand violoniste Joseph Joachim, alors âgé de dix-neuf ans, et tout dévoué, en ce temps-là, à Liszt qui venait de le découvrir dans l'orchestre du Gewandhaus à Leipzig, et tout de suite en avait fait son *concertmeister*, c'est-à-dire le premier violon-solo du théâtre. A côté de Joachim on remarquait au premier pupitre des violoncelles, un virtuose de grand talent, Cossmann, qui s'est depuis fait une réputation en Allemagne comme soliste. Le régisseur de la scène était un ancien acteur élevé à l'école de Gœthe, Edouard Genast, artiste plein de goût, et connaissant parfaitement la scène [2]; parmi les artistes du chant il y avait Mlle Agthe, la première Elsa, cantatrice d'un grand talent et qui semblait avoir été faite tout spécialement pour ce rôle; Mme Fastlinger, un contralto superbe, bonne comédienne, enfin le baryton Von Milde, l'un des meilleurs chanteurs de l'Allemagne à cette époque, acteur excellent, artiste accompli, qui fit un Frédéric de Telframund plein de caractère, comme il fit plus tard un Hans Sachs absolument parfait. Le ténor qui devait chanter la partie de Lohengrin, Beck, laissait malheureusement beaucoup à désirer. Précédemment il avait dû chanter *Tannhäuser*, mais il avait rendu le rôle au dernier moment, et c'est le créateur de ce rôle, le fameux Tichatscheck, qui avait dû être appelé à Weimar pour suppléer le ténor manquant. Cette fois Beck accepta Lohengrin, mais seulement afin d'éviter le retour de Tichatscheck, et il le chanta, sinon mal, du moins d'une façon très insuffisante.

Richard Wagner, du reste, a rarement été satisfait des interprètes de ce rôle. Lorsque longtemps après, il lui fut donné d'entendre son œuvre (il la vit pour la première fois à la scène en 1861, à son retour à Vienne, après l'échec du *Tannhäuser* à Paris), il n'y rencontra jamais que des ténors habitués à rouler les yeux et à roucouler de fades romances, mais incapables de

[1] *Bayreuther Festblaetter*, Munich, 1884.

[2] Dans son bel ouvrage : *Wagner, sa vie et ses œuvres*, M. Adolphe Jullien commet une légère erreur à propos de Genast, il le cite comme le chef d'orchestre qui seconda Liszt. Genast n'a jamais été que régisseur; c'est Liszt seul qui conduisit à la fois toutes les répétitions et toutes les représentations de *Lohengrin*, en sa qualité de chef d'orchestre de la chapelle grand-ducale et du théâtre.

comprendre le personnage du chevalier au Cygne. Ils veulent tous animer et passionner ce rôle. C'est leur erreur; tout le charme réside dans l'impassibilité mystique de la physionomie, du geste et de la voix. Seul, Albert Niemann, que Paris entendit dans *Tannhäuser*, est parvenu à réaliser complètement le rêve de l'auteur. Son Lohengrin n'est pas un homme, c'est un être supérieur à l'humanité, et lorsqu'à la fin de l'ouvrage il révèle son origine mystérieuse et rappelle à lui son cygne aimé, il semble non pas quitter la scène, mais quitter la terre pour retourner dans les « régions inaccessibles » d'où il est descendu.

Malgré cette faiblesse de l'exécution, *Lohengrin*, à défaut d'un succès retentissant, produisit une sensation profonde, car ceux-là mêmes qui s'arrêtèrent à critiquer des détails de l'œuvre, ne firent aucune difficulté pour reconnaître les facultés géniales que révélaient ses pages éclatantes.

Parmi les partisans convaincus de la première heure, il faut citer Hans de Bülow, Charles Klindworth, Pierre Cornélius, l'auteur applaudi d'un opéra-comique souvent joué aujourd'hui, Théodore Uhlig, Carl Ritter, qui avait suivi Wagner à Zurich pour étudier avec lui la composition, Franz Breddel, enfin Richard Pohl, qui s'est fait depuis un nom comme musicologue érudit et critique consciencieux. C'étaient là tous jeunes gens d'avenir, mais alors à peine connus et certainement sans autorité. C'est cependant d'eux que partit tout le mouvement wagnérien. Lorsqu'en 1852, après la publication de l'*Œuvre d'art de l'avenir* et d'*Opéra et Drame*, commença contre Wagner cette ardente et funeste campagne des Philistins de la musique, ce furent ces jeunes gens qui prirent, sous la conduite de Liszt, la défense du compositeur méconnu, ou plutôt volontairement dénigré.

Théodore Uhlig, le premier, adressa un article analytique très complet sur *Lohengrin* à la *Neue Zeitschrift für Musik* de Leipzig, le journal naguère fondé par Robert Schumann au fort de la bataille des romantiques, et qui tendait en ce moment à passer au conservatisme le plus orthodoxe, après avoir défendu avec une éloquence ardente la cause de l'art libre.

Ce Théodore Uhlig, qui avait joué à Dresde sous la direction de Wagner et qui, depuis *Tannhäuser*, était devenu un des plus fervents admirateurs du maître, échangea plus tard une longue correspondance avec l'exilé. Dès le premier moment, il n'hésita pas à proclamer le génie de Wagner. Lui et un autre musicien de la chapelle royale de Dresde, nommé Rœckel [1], furent les premiers à connaître la partition de *Lohengrin*. Wagner la leur fit connaître en 1848, pendant qu'il y travaillait encore. C'est à Uhlig que Wagner confia par la suite le travail délicat de la réduction au piano de son œuvre. Cette circonstance diminuera peut-être, aux yeux de certaines gens, la portée de l'article de Théodore Uhlig dans la *Neue Zeitschrift*; son témoignage en faveur de Wagner n'est pas, en tous cas, celui d'un « critique incompétent ». C'est également Théodore Uhlig qui décida Franz Brendel, alors directeur de la *Neue Zeitschrift*, à prendre nettement parti en faveur des idées de Wagner contre les adversaires qui, de toutes parts, se levaient contre le réformateur.

Quant à Hans de Bülow, le merveilleux pianiste et chef d'orchestre que l'on sait, ce n'est que beaucoup plus tard qu'il entra dans la lutte comme l'un des champions les plus actifs et les plus éloquents de la cause wagnérienne.

Charles Klindworth n'était encore qu'un élève. Il devait devenir, plus tard, l'un des collaborateurs les plus précieux de Wagner. C'est à lui notamment, que l'on doit la belle réduction pour piano des quatre partitions de l'*Anneau du Nibelung*, et il est aujourd'hui l'un des premiers chefs d'orchestre de l'Allemagne.

Tels furent, avec Franz Liszt à leur tête, les premiers tenants de celui que la critique boulevardière et ignorante a appelé, tour à tour, le Danton et le Marat de la musique.

Les vives polémiques qui se livraient autour de *Lohengrin* et de son auteur eurent, d'ailleurs, un résultat excellent: elles appelèrent sur l'un et l'autre l'attention des directeurs de théâtre allemands et ne le montèrent que des ouvrages qu'ils recevaient avec l'estampille d'un succès parisien. Wiesbaden fut la première ville qui monta *Lohengrin* après Weimar, le 2 juillet

[1] Ce Rœckel prit part, avec Wagner, au mouvement révolutionnaire de 1849. Mais moins heureux que son « complice », il fut fait prisonnier par les troupes prussiennes, après leur entrée à Dresde, et il fut condamné à douze ans de travaux forcés qu'il subit sans murmurer.

1855. Le succès s'affirmant, d'autres scènes suivirent bientôt : Leipzig, en 1854, le 7 janvier; Schwerin, Francfort et Darmstadt, quelques mois après; Munich et Vienne, en 1858, Berlin et Dresde, en 1859.

D'Allemagne, l'œuvre passa en Italie; Milan vit pour la première fois *Lohengrin*, en mars 1868; la même année, l'Angleterre et la Russie suivirent. A Londres, *Lohengrin* parut, à Her Majesty, en juin 1868; à Saint-Pétersbourg, au Théâtre Russe, en octobre.

Enfin eut lieu la première représentation en français, le 22 mars 1870, au théâtre royal de la Monnaie, à Bruxelles. Cette date est importante pour l'histoire du wagnérisme; elle marque sa première victoire décisive dans les pays de langue française. L'échec honteux du *Tannhäuser*, en 1861, à Paris, n'avait été suivi que d'une tentative insuffisante de réhabilitation généreusement offerte à l'auteur par M. Pasdeloup. En 1869, il avait donné *Rienzi* au Théâtre-Lyrique, mais sans succès durable. La représentation de *Lohengrin* à Bruxelles eut une portée plus grande. Sans avoir été, comme depuis bien d'autres représentations bruxelloises, un événement parisien, elle n'en eut pas moins d'excellents résultats. Tout d'abord elle confirma dans leur enthousiasme les jeunes musiciens belges qui, en 1861, avaient pris énergiquement parti pour le maître allemand lorsqu'il vint donner à Bruxelles un concert analogue à ceux du Théâtre-Italien, à Paris (1). Elle mit, d'autre part, le public en goût de nouveauté et ouvrit ainsi la brèche par où devaient passer ensuite *Tannhäuser*, les *Maîtres Chanteurs*, la *Walkyrie*, en attendant le *Ring* tout entier, et *Parsifal*, quand il n'appartiendra plus exclusivement au théâtre de Bayreuth.

Peu d'artistes et de littérateurs français assistèrent à la première de *Lohengrin* à Bruxelles en 1870. M. Georges Servières (2) signale cependant la présence à Bruxelles de plusieurs Wagnériens venus de Paris, notamment M. et Mme Catulle Mendès, qui envoyèrent, le premier, un compte rendu au *Diable* (26 mars), Mme Mendès, un article à la *Liberté* (26 mars). J'ajouterai que le *Ménestrel* était représenté à cette première par M. Paul Lacome.

La représentation n'en eut pas moins un grand retentissement.

Richard Wagner avait délégué à Bruxelles, pour surveiller et mener les répétitions, son disciple et ami Hans Richter qui venait de donner sa démission de chef d'orchestre, à l'Opéra de Munich, à propos du *Rheingold*. Richter dirigea la première représentation qui marcha merveilleusement. Le souvenir de cette représentation est resté dans la mémoire de tous ceux qui y ont assisté. Dès la fin du premier acte, l'applaudissement fut unanime et le public associa le chef d'orchestre à l'ovation faite à l'œuvre. Hans Richter doit paraître sur la scène pour recevoir, selon une coutume belge qui tombe heureusement en désuétude, une couronne en papier et un bâton de mesure orné d'inscriptions et rehaussé d'or et d'argent. Après le second acte, la Reine fit appeler M. Richter dans sa loge et le complimenta vivement.

Léon Dommartin a raconté naguère d'une façon piquante les luttes que Richter eut à soutenir pendant près de trois mois avec Vachot, le directeur qui, selon l'expression consacrée, présidait alors aux destinées du théâtre de la Monnaie. C'était un brave homme, au fond, mais qui entendait la musique comme les chiens de berger entendent l'astronomie. Ses idées sur l'arrangement des pièces qui lui étaient soumises, déjà d'une douce gaîté par elles-mêmes, atteignirent les limites de la bouffonnerie la plus extravagante le jour où Richter prit en mains les études de *Lohengrin*. Il fallait voir Richter aux prises avec le père Vachot, qu'il appelait dans son jargon germanique " Mosié Fajotte, " de l'air d'un carnassier qui aiguise ses crocs.

Richter, doux comme un agneau dans les circonstances ordi-

(1) Ce concert eut lieu le 24 mars 1860, au théâtre de la Monnaie, où ne fit pas moins de sensation à Bruxelles qu'à Paris les trois concerts du Théâtre-Italien. Wagner y rencontra les mêmes hostilités systématiques et y souleva les mêmes admirations passionnées. François Fétis était alors directeur du Conservatoire. Dès 1852, il avait pris à l'égard du réformateur une attitude extrêmement hostile. Après le concert de Bruxelles, sa mauvaise humeur alla jusqu'à exclure de sa classe les élèves qui s'étaient mis avec trop d'ardeur à l'étude des œuvres de Wagner. Un professeur du Conservatoire, M. Ad. Samuel, aujourd'hui directeur du Conservatoire de Gand, fut même menacé de destitution pour le même enthousiasme qu'il avait publié dans l'*Écho de Bruxelles*, sur le concert du 24 mars ! En 1870, la situation commençait déjà à se modifier. Personne ne fut châtié pour avoir applaudi *Lohengrin*.

(2) Georges Servières, *Richard Wagner jugé en France*, Paris, Librairie Illustrée, 1886.

naires de la vie, devenait féroce dès qu'il s'agissait de son idole. Le père Vachot, avec sa manie d'arrangement, voulait sabrer à tort et à travers dans l'opéra : l'autre poussait des hurlements, prenait à témoin les dieux et les hommes. les chanteurs, l'orchestre, les machinistes et les pompiers; il allait gémissant, d'une voix lamentable, faisant de grands bras :

— Il me coupe tout! il me coupe tout!!!...

Mais l'idée la plus triomphale du père Vachot fut celle d'introduire un ballet au second acte, — sous prétexte que " ça manquait de divertissement!!! "

Une bonne petite entrée de ballet à la suite du cortège nuptial arrangeait tout...

Ce jour-là Richter, suffoqué par l'indignation, pensa mourir. — Vachot aussi, " — l'autre ayant parlé sérieusement de l'étrangler.

Les choses n'allèrent pas aussi loin, heureusement pour Vachot, pour Richter et pour *Lohengrin*. Il n'en fallut pas moins une résistance énergique de Richter et la menace de retirer l'ouvrage, si l'on y changeait un *iota*, pour que Vachot se soumît.

Les artistes de la création furent : Mlle Sternberg (Elsa), Mme Derrasse (Ortrude), M. Blum (Lohengrin), M. Troy (Frédéric) et M. Pons (le Roi).

De cet ensemble il n'est resté que le souvenir de la très poétique Elsa de Mlle Sternberg, mariée depuis à M. Vaucorbeil, directeur de l'Opéra de Paris.

Une reprise eut lieu en 1878, au théâtre de la Monnaie (1). Cette fois la critique française entra dans la lice sérieusement et en nombre. Il y eut à cette représentation une quinzaine de Français dont une huitaine de journalistes, parmi eux M. Victorin Joncières, qui donna à la *Liberté* un feuilleton très enthousiaste, M. Adolphe Jullien, qui dans le *Français* consacra à *Lohengrin* une étude serrée, extrêmement intéressante.

La distribution avait été complètement renouvelée; elle était en partie supérieure à celle de la création. A côté d'une Elsa un peu matérielle, Mme Fursch-Madier, Lohengrin eut, en M. Tournié, un interprète infiniment supérieur à M. Blum : le Roi, c'était M. Dauphin, qui chanta et joua son personnage avec beaucoup de noblesse; M. Devoyod chanta plus qu'il ne joua le rôle de Frédéric, mais sans nulre à l'ensemble; enfin, Mme Bernardi faisait une Ortrude suffisamment dramatique.

Cette reprise eut en Belgique un résultat assez curieux. C'est à cette occasion qu'on organisa, pour la première fois, des trains spéciaux dits de "théâtre, qui d'Anvers, de Gand, de Louvain, de Liège, etc., amenèrent au théâtre de la Monnaie de véritables caravanes de spectateurs. C'est ainsi que la Société royale des Chœurs de Gand loua un jour la salle, et mena ses membres et ses invités voir le *Lohengrin*, avec retour à Gand le soir même.

Ainsi l'œuvre de Wagner devint rapidement populaire et parut peu après sur toutes les scènes d'opéra de Belgique : à Anvers, en 1881; à Liège, en 1884; à Gand, en 1885.

Si nous voulions poursuivre la marche triomphale de *Lohengrin* à travers le monde, nous retrouverions l'œuvre wagnérienne jusqu'à Melbourne en Australie, à San-Francisco, en Californie. Paris, qui s'est refusé jusqu'aujourd'hui à l'entendre, est même en retard sur la province française, car Rouen a vu *Lohengrin* en novembre 1888, mal donné, il est vrai, et sans préparation suffisante du public, mais aussi sans opposition systématique ni parti pris violent. *Lohengrin*, en somme, a passé sur près de 100 scènes et se maintient au répertoire depuis près de 80 ans. En Allemagne, il est encore actuellement l'œuvre la plus souvent donnée, quoiqu'il n'y soit plus une nouveauté.

Il est grand temps que Paris regagne le temps perdu. Paris est en retard sur le monde entier, et c'est fâcheux, car on pourrait se croire autorisé à dire qu'on est fait de la suprématie artistique de la capitale française. Autrefois ses jugements étaient universellement acceptés, et il n'était pas d'artiste, pas d'œuvre d'art, dont le mérite fût consacré sans le consentement de Paris. *Lohengrin* et quelques autres ouvrages ont pu passer chefs-d'œuvre et depuis recueillir l'admiration universelle sans l'apostille parisienne. Je ne sais si les excellents patriotes qui ont fait un si beau tapage à propos de Wagner et de *Lohengrin*, se sont bien rendu compte de l'effet produit à l'étranger par leur absurde campagne. Il faut cependant qu'ils le sachent, cet effet, le voici : ils ont à peu habitué les scènes étrangères, naguère tributaires des

(1) Direction de MM. Stoumon et Calabresi. Chef d'orchestre : Joseph Dupont.

leurs, à se passer complètement de l'opinion de Paris. On se dit partout aujourd'hui, que des gens qui obstinément fermés à toutes les innovations tentées en dehors d'eux, doivent être nécessairement un peu arriérés et n'avoir qu'un vague soupçon des progrès que l'art peut encore accomplir. En un mot, le protectionnisme artistique mal entendu a contribué à décapitaliser Paris comme centre artistique de l'Europe, beaucoup plus vite que ne l'auraient fait les écrits de Wagner et de ses plus chauds partisans. Les véritables ennemis de Paris, capitale intellectuelle de l'Europe, ce ne sont pas les Allemands et les Anglais, ce sont les malencontreux hâbleurs qui donnent à l'étranger une si triste opinion du bon sens de la nation au nom de laquelle ils s'arrogent impudemment le droit de parler.

Peu s'en est fallu que cette fois encore, leurs clameurs intéressées ne fissent échouer la tentative à tous les points de vue si honorable de M. Charles Lamoureux. Il faut savoir gré à l'éminent chef d'orchestre de l'énergie qu'il leur a opposée. Ce sera un titre glorieux pour lui d'avoir mené à bien une entreprise où bien des directeurs, avant lui, avaient assez piteusement échoué. Dès 1864, il était déjà question de donner *Lohengrin* au Théâtre-Lyrique, que M. Carvalho dirigeait à ce moment. On en reparla de nouveau en 1866; le *Ménestrel*, alors mieux inspiré qu'aujourd'hui, appuyait fort le projet de M. Carvalho. Il reproduisait même à ce propos un feuilleton de son collaborateur A. de Gaspérini, naguère publié dans la *Nation*, et qui contient une analyse très enthousiaste du poème et de la musique (1). Cette fois encore le projet, je ne sais pour quelle cause, fut ajourné. En 1869, M. Pasdeloup, qui avait succédé à M. Carvalho à la tête du Théâtre-Lyrique, donna *Rienzi*, auquel devait succéder *Lohengrin*. La faillite de la direction, arrivée en janvier 1870, coupa court à cette tentative. En 1878, la présence de l'Albani au Théâtre-Italien, et ses succès à l'étranger dans le rôle d'Elsa, engagèrent M. Escudier à tenter l'aventure : *Lohengrin* aurait été chanté en italien! il n'en fut bientôt plus parlé. En 1881, nouvel essai, celui-ci tout à fait maladroit! M. Angelo Neumann, alors directeur du théâtre allemand de Prague, eut l'idée de venir avec une troupe allemande donner *Lohengrin* au Théâtre des Nations, loué par lui à cet effet. Ce fut un tolle général dans la presse contre ce projet. M. Raoul Pugno, engagé comme répétiteur du chant, écrivit à M. Neumann qu'il refusait de diriger les études *en allemand*. A la lettre de M. Pugno, M. Neumann répondit de Leipzig qu'il ne cherchait pas à *nationaliser* en France la musique-allemande. Aussi, au lieu de s'adresser aux théâtres subventionnés, avait-il choisi un terrain neutre, " le Théâtre des Nations, qui veut être l'asile de l'art de toutes les nations. „ Le projet fut abandonné peu après, l'intendance du théâtre de Munich ayant refusé à M. et Mme Vogl et au baryton Reichmann, le congé qu'ils avaient demandé pour suivre M. Neumann, à Paris.

Depuis lors, il ne fut plus question de *Lohengrin* qu'à la fin de 1885, lorsque M. Carvalho eut l'idée de jouer l'ouvrage de Wagner à l'Opéra-Comique. La chose paraissait être sérieuse. M. Carvalho s'était entendu avec les héritiers de Wagner. Celui-ci étant mort, on ne s'attendait pas à rencontrer d'opposition. M. Carvalho se transporta même à Vienne, pour se rendre compte de la mise en scène et de l'exécution consacrées en Allemagne. Tout le monde s'attendait à voir *Lohengrin* paraître sur l'affiche en février ou en mars 1886, quand l'opposition se manifesta avec une violence inouïe. On se rappelle l'intervention de M. Albert Wolff, de M. Deroulède, de Mme Juliette Adam, d'une société de gymnastique et d'une Association d'étudiants, dans ce débat ridicule. M. Camille Saint-Saëns ne s'étant pas prononcé en faveur de *Lohengrin* avec autant de franchise que son collègue à l'Institut, M. Ernest Reyer, il fut, peu de temps après, très mal reçu en Allemagne, où il était allé faire une tournée de concerts. Ces faits sont encore présents à la mémoire de tous ; je me borne à les mentionner pour ne rien omettre de ce qui a trait à l'histoire de *Lohengrin* !

C'est une chose vraiment extraordinaire que tant de passions se soient allumées autour de cette œuvre. Quel curieux chapitre de l'histoire du théâtre actuel sera plus tard le récit de ces colères puériles et intéressées, accumulées contre l'ombre même du compositeur !

En 1776, Gluck ne sachant comment faire comprendre au

(1) Voir le *Ménestrel* du dimanche 19 août, année 1866.

public qu'on ne devait pas comparer l'*Armide* et l'*Alceste*, poèmes si différents, disait-il, dont l'un doit faire pleurer et l'autre faire éprouver une voluptueuse sensation, s'en remettait humblement à Dieu, le priant pour que la bonne ville de Paris retrouvât son bon sens.

Faudra-t-il, un siècle après, renouveler cette prière du grand et très chrétien chevalier ?   **M. KUFFERATH.**

Richard Wagner et la presse française

Il est probable, tout à fait probable, que *Lohengrin* passera à la fin de cette semaine ou au commencement de l'autre. L'œuvre attendue de Wagner a fait éclore la semaine passée deux articles très importants, les plus remarqués et les plus remarquables qui aient paru depuis que la presse s'occupe de la question. En tête du *Figaro* de mardi dernier, M. Robert de Bonnières expose très nettement les mille bonnes raisons qu'il y a de jouer *Lohengrin*, et réfute les quelques mauvais prétextes qu'on allègue pour ne le jouer, brièvement et victorieusement. Parmi les raisons, en voici une que je n'ai pas vu figurer ailleurs, et qui me semble sans réplique : « Pourquoi les manifestations qu'on semble redouter n'ont-elles pas commencé du jour où M. Lamoureux a donné un acte entier de *Lohengrin* à ses concerts et a récidivé, au milieu des applaudissements du public en nous donnant, cet hiver même, tout le premier acte de *Tristan* ? — On n'étaient que des fragments, dit-on, et joués en habit noir. — Et en quoi donc, je vous prie, un de ces mêmes opéras joués en entier et en costumes devrait-il tout à coup irriter les susceptibilités du public parisien ?.... Tant que M. Lamoureux n'a fait qu'organiser des concerts, on se tenait tranquille. Et voilà qu'on s'insurge.... Et tout cela parce que M. Lavastre a brossé trois décors moyen âge qui sont délicieux, qu'Elsa aura une robe blanche et que le Chevalier au Cygne portera une cuirasse d'argent....., Il est bon, au milieu des ergotages stupides, d'entendre enfin une parole de sens qui remette les choses en leur place. Il faut remercier M. de Bonnières d'avoir dit cette parole et de l'avoir dite à voix haute et claire.

Dans le *Temps* de samedi dernier, M. Anatole France consacre les deux colonnes de sa *Vie littéraire* à un récit poétique de la légende et du drame de *Lohengrin*, en son style limpide, aisé et insinuant. Il affirme que le patriotisme le plus ombrageux ne peut s'offenser de l'entreprise de M. Lamoureux. " L'art ne saurait être traité en ennemi, puisqu'il est sans armes. D'où qu'il vienne, il est le bienvenu, car il vient, non en conquérant avide, mais en hôte magnifique et bienfaisant..... Quant à Richard Wagner, il n'y a maintenant qu'un mot à dire de lui comme de Mozart et Beethoven. Car s'il y a bien des manières d'être vivant, on n'en connaît encore qu'une seule d'être mort..... La narration, résumé en belle prose du sujet, me semble définitive ; la conclusion est admirable aussi par la beauté de la forme, et surtout par la pénétration du jugement. Ce n'est pas une des moindres gloires de Wagner d'avoir constamment gagné à sa cause les esprits les plus sagaces et les meilleurs écrivains.

Le *Figaro* a publié, dans son supplément littéraire de samedi dernier, des lettres de Wagner au sujet de l'appui inespéré qu'il trouva auprès du roi de Bavière, à son avénement; mais ce journal a négligé d'en indiquer l'origine. Elles ont paru dans la revue bien connue, la *Deutsche Rundschau*. Le texte français donné par le *Figaro* ne m'a pas semblé très fidèle; je suis heureux à ce sujet de pouvoir m'appuyer sur l'autorité de M. Édouard Schuré, l'auteur du *Drama musical*, qui avait lu les lettres dans le texte original, et qui m'a déclaré qu'elles n'étaient pas toujours exactement traduites. Le *Figaro*, d'ailleurs, est très sobre d'explications et de détails sur l'origine de ces lettres; il ne donne pas le nom de leur traducteur, et la notice qui les précède est vague et ambiguë (1).

A lire enfin, le dernier feuilleton de M. Ernest Reyer aux *Débats*, dans la forme piquante qu'on connaît. Il y est question de l'étroite connexion qui existe entre l'œuvre du maître de Bayreuth et la tradi-

(1) Certains journaux, qu'avec raison on pourrait appeler des feuilles publiques, s'armant de ces bribes de lettres, odieusement tronquées et interprétées avec la plus basse mauvaise foi, ont cherché à transformer les relations amicales, si poétiquement idéales du roi Louis II de Bavière, avec son protégé, en des relations de la plus abjecte immoralité.

Il nous répugne de relever ces infamies.

Pour faire saisir le procédé dont on se sert, il nous suffira de dire qu'en reproduisant certaines des lettres archiconnues de Wagner à une contumière de Vienne, où il est question de *robes de chambre*, on supprime les mots *de chambre*, et l'on donne à entendre que Wagner aimait à revêtir des robes, à se travestir en femme pour aller voir le roi de Bavière.

C'est simplement bouffon et malpropre.   (N. de la R.)

tion musicale de ses grands prédécesseurs allemands; M. Reyer rallie l'inconséquence des gens, qui, admettant et admirant Bach, Beethoven, Gluck et Weber, ne veulent pas entendre parler de Wagner. Mais ceux-là se font rares. Je n'en connais guère qu'un, M. Barbedette, rédacteur et critique qui faisant par exemple au *Ménestrel* le compte-rendu du concert spirituel du Châtelet, passe complètement sous silence la grande scène religieuse du premier acte de *Parsifal* et la scène de séduction des Filles-Fleurs au 2ᵐᵉ acte, qui avait été bissée déjà au concert précédent. Pas même la moindre mention. C'est simple et commode comme procédé, mais peu instructif pour les lecteurs, surtout pour ceux de la province et de l'étranger.   B. CLAES.

COMETTANT & MORENO.

Deux belles âmes faites pour se comprendre, deux intelligences qui s'égalent.

Ce que Moreno conçoit, Comettant l'exécute! Ils se complètent!

Ainsi, Moreno n'eut pas plutôt émis l'idée saugrenue que les représentations de *Lohengrin* pourraient provoquer la guerre avec l'Allemagne, qu'aussitôt Comettant saisit l'à-propos de ce point de vue et le développa en un style châtié, mais vigoureux.

Touchante union! Ce que Moreno écrit, Comettant le cite avec complaisance, et réciproquement, Moreno s'empresse de reproduire ce que Comettant, bi-hebdomadairement, dépose au bas de la deuxième page du *Siècle*.

Seuls, ils craignaient de n'être pas assez forts, ils ont uni leurs voix pour clamer l'alarme patriotique comme autrefois les oies du Capitole.

Malheureusement, ils n'ont trouvé à s'adresser qu'à des gens mal intentionnés, à des gens qu'on désigne de ce terme méprisant: Wagnériens, un Wagnérien! Ces monstres sans cœur et sans entrailles, sont restés sourds aux appels désespérés de Comettant uni à Moreno. Malgré le péril étranger, Lamoureux persévère, il s'obstine à jouer *Lohengrin*.

Oscar et Henri en sont demeurés tout bouleversés!

Oscar divague! Henri est navré et navrant.

Oscar, par exemple, nous apprend qu'on vient de condamner à deux mois de prison un Français de Colmar, convaincu d'avoir fredonné le refrain de la *Marseillaise*. Vous vous demandez quel rapport cet acte administratif peut avoir avec *Lohengrin*, avec Wagner, avec Lamoureux. Patience, Oscar va vous le dire, et l'Allemagne s'entretenir avec les seigneurs de sa cour de l'armée teutonne invincible, des fortifications qu'il a fait construire, où tous appellent les bénédictions de Dieu sur les armes teutones pour une bataille décisive!

Henri pince une autre corde.

Il s'attendrit, il est paternel; il avertit M. Lamoureux des dangers auxquels celui-ci s'expose.

Ayant appris, par le *Voltaire*, que le directeur de l'Eden se proposait de visiter plusieurs capitales avec son *Lohengrin*, après les auditions de Paris, charitablement il lui conseille de n'en rien faire: " Cette idée n'aura pas grand succès dans les capitales en question, où le *Lohengrin* est connu et apprécié depuis longtemps, — plusieurs directions ayant eu l'honneur de s'y ruiner pour y donner des représentations modèles des œuvres de Wagner avec les premiers orchestres et les premiers chanteurs de l'Allemagne. „

C'est extraordinaire comme la question de boutique préoccupe en toutes choses le spirituel Moreno.

" Qu'on y réfléchisse, ajoute-t-il prophétiquement, qu'on y réfléchisse à deux fois avant d'entreprendre une pareille tournée. Nous donnons là un bon conseil, qui *sans doute* sera aussi mal reçu que les précédents.,,

Sans doute, est tragique.

Pauvre Moreno! ne se fait même plus illusion à lui-même!

Nous voulions rire tout à l'heure, et voilà qu'une tristesse nous envahit à la pensée de son découragement. S'il allait tout à coup cesser de donner des conseils, cesser d'écrire!

Ah! ce serait cruel! Plus de gaîté alors, plus de joie!

Comettant, il est vrai, nous resterait.

Mais ce serait moins complet.   M. K.

La Théorie dramatique de M. Camille Saint-Saëns

Une lettre adressée par M. Saint-Saëns à un de nos confrères, explique les idées du compositeur de *Proserpine* sur la musique au théâtre:

" Ma théorie, en matière de théâtre, est celle-ci: Je crois que le drame lyrique s'achemine vers une synthèse des différents styles, le chant, la déclamation, la symphonie, unis dans un équilibre permet-

tant au créateur l'emploi de toutes les ressources de l'art, à l'auditeur la satisfaction de tous ses légitimes appétits. C'est cet équilibre que je cherche et que d'autres trouveront certainement. Ma nature et ma raison me poussent également à cette recherche, et je ne saurais m'y soustraire. C'est pour cela que je suis renié tantôt par les Wagnériens, qui méprisent le style mélodique et l'art du chant, tantôt par les réactionnaires, qui s'y cramponnent au contraire, et considèrent la déclamation et la symphonie comme accessoires.

" Les Wagnériens ont un système de critique tout à fait initial; pour eux, toute musique dramatique se classe en deux catégories: ce qui s'éloigne des œuvres de Wagner ne mérite aucune attention; ce qui s'en rapproche n'en est que l'imitation. Il suffit de diviser ses actes en *scènes*, et non en *morceaux* classiques, pour s'entendre dire qu'on ne fait autre chose que ce qu'a fait Richard Wagner. Mais les anciens opéras français étaient eux-mêmes divisés par scènes. Il n'y a rien de nouveau sous le soleil.

∴ Haydn a créé la symphonie, avec ses quatre morceaux et son instrumentation. Quand Mozart, Beethoven et Mendelssohn ont adopté la même forme et la même instrumentation, les a-t-on accusés d'être les imitateurs de Haydn? Et quand Mozart a écrit des opéras dans la forme usitée par les Italiens, a-t-il été pour cela le plagiaire de Cimarosa? N'en a-t-il pas moins été Mozart?

" Les réactionnaires, eux, voudraient bien vivre en paix, dans des habitudes qui leur sont familières. Comment ne ve/ent-ils pas que cela est impossible? Si tous les compositeurs cherchent des voies nouvelles, si leur palladium, Verdi, plein de gloire et d'années, ayant tout intérêt à ne pas changer de manière, en change pourtant et n'est pas le moins audacieux, c'est qu'une force irrésistible entraîne le drame lyrique. Où? Vers le but que j'ai indiqué: à cette synthèse, à cet équilibre qui seraient le dernier mot de l'art, si l'art pouvait avoir un dernier mot. „

Cette théorie est l'éclectisme. Cela n'est point nouveau. Déjà Meyerbeer, avec quelque talent, a tenté d'être le Victor Cousin de la musique dramatique. C'est la théorie qui se résume vulgairement en ceci: prendre à chaque école " ce qu'elle a de bon „. Je n'ai pas à discuter ici un système auquel je trouve beaucoup d'inconvénients. Je relèverai seulement une chose dans cette lettre: M. Saint-Saëns dit que personne ne connaît ses théories, ses principes, " car il n'en a jamais parlé „. Il me semble pourtant que dans les nombreux articles de critique écrits par l'auteur de la *Danse macabre*, et notamment dans son recueil *Harmonie et Mélodie*, on trouverait quelques traces de sa façon de penser sur ces matières. Il me semble aussi qu'en examinant l'ensemble de ses œuvres, ou même une seule en particulier, comme sa dernière symphonie, *Henri VIII*, *Proserpine*, etc., il n'y a pas à se tromper sur la nature de ses tendances éclectiques, au service desquelles tout le monde reconnaît qu'il n'est pas possible de mettre plus de talent.   B. C.

Théâtres et Concerts

La dernière séance de la Société des Concerts a eu lieu hier; elle marque la fin de la saison de nos grands concerts du dimanche, à proprement parler, car une quarantième audition de la *Damnation de Faust*, au Châtelet, ne présente pas un intérêt bien particulier. Cette audition de l'œuvre de Berlioz devait avoir lieu hier aussi; elle a été remise à huitaine, car la rigueur insolite de la saison avait à ce point exercé ses ravages parmi les interprètes, qu'il a fallu remplacer au dernier moment la *Damnation* par un programme quelconque formé de morceaux connus. — Au Conservatoire, il avait été question aussi, pour les mêmes raisons de changer le programme, Mᵐᵉ Krauss se sentant indisposée. Mais cette déception nous a été épargnée. La vaillante et sympathique artiste s'est acquittée de sa tâche avec un art consommé, qui suppléait victorieusement à la légère altération de sa voix. Noble, fière et tendre dans l'air d'Alceste (Divinités du Styx) de Gluck, elle a été touchante dans la scène finale de *Sapho*, de M. Gounod, après laquelle elle a été l'objet d'une ovation prolongée. Un jeune ténor, M. Warmbrod, a fait applaudir sa jolie voix dans la *Chanson du pâtre* qui précède les stances de Sapho. Il y a, entre cette page d'un pittoresque agréable et celle où s'exhale la plainte parfois trop mélodramatiquement accompagnée de l'amante malheureuse, un contraste ironique, ingénieusement rendu, et qui, traité avec génie, aurait pu être poignant. Tout en reconnaissant les belles qualités, les belles promesses de toute cette fin d'œuvre de début (le mauvais texte du librettiste mis à part), je trouve que la donnée prêtait à une impression infiniment plus saisissante et profonde; je regrette l'horrible prosodie, je regrette surtout que l'auteur ait depuis abandonné cette voie, et n'ait pas développé ces germes d'un art élevé, qui aurait pu ramener quelque vie et quelque grandeur à notre scène musicale française. Cette belle vision de jeunesse, à peine entrevue, s'est bien vite évanouie... Ceci dit, il me semble que cette transplantation du quatrième acte de *Saphe* au concert n'est pas trop malheureuse.

M. Francis Planté a joué avec un grand, un très grand succès, le concerto en *ré* mineur de Mendelssohn. Le toucher de cet habile virtuose me semble tout à fait spécial et unique; il est d'une dextérité surprenante, d'une netteté, j'allais dire d'une propreté, méticuleuse et raffinée. Cette recherche du détail, cette grâce étudiée, ces coquetteries du nuancé, vont bien avec le style de Mendelssohn; dans d'autres œuvres, il faudrait plus de simplicité, d'abandon et d'ampleur. M. Francis Planté, par son talent, sa physionomie. son genre de vie, est une figure à part. Sa personne et son jeu paraissent fort goûtés rue Bergère; et comme il ne se prodigue pas, il n'en est que mieux accueilli. Il est bien pianiste, et bien exclusivement pianiste.

Inutile de dire avec quelle perfection l'orchestre a exécuté pour la dix-millième fois la symphonie en *ut* majeur de Beethoven, et l'ouverture d'*Obéron*. Dans les fragments du *Messie*, les chœurs ont convenablement marché.

A la *Société nationale*, dernier concert de musique de chambre de la saison. A citer un *trio* en *sol* mineur de M. S. Lazzari, œuvre fort distinguée, où, contre l'habitude, les meilleurs morceaux sont le premier allegro et le finale; le début de l'andante est bien, le scherzo est inférieur au reste: brillante exécution par MM. Mariel Herwegh, Delsart et Philipp; M. Lazzari se rattache à l'école de Schumann et de Brahms, il a du goût, de la facture, et des idées souvent distinguées. A citer encore, des mélodies de MM. d'Indy, Lalo, Georges Hue, et une charmante exécution, par MM. Fauré et le parfait artiste Van Waefelghem, des jolies pièces de Schumann, *Contes de fées*, pour piano et alto. — A la *Trompette*, le deuxième quatuor à cordes de Tschaikowsky, dont la musique est fort jouée à Paris cet hiver; la *Berceuse* de César Cui, et le charmant *trio* en *fa* majeur de Camille Saint-Saëns.

* * *

En fait de nouvelles théâtrales, tout s'efface devant *Lohengrin*; je ne vois pas grand'chose à signaler, sinon que l'Opéra-Comique promet pour les premiers jours de mai la *première du Roi malgré lui*, d'Emmanuel Chabrier. Vraiment ce sera grand temps, le théâtre fermant à la fin du mois. Et encore, tout va si mal au théâtre de M. Carvalho, qu'on ne peut pas compter que cette *première* aura même lieu avant le milieu du mois prochain.

Il y a eu un souffle général de soulagement à la nouvelle que M. Altès allait prendre sa retraite et céder ce bâton de chef d'orchestre de l'Opéra, qu'il manie si gauchement et si mollement; mais il est à craindre que ce batteur de mesure insuffisant ne se cramponne à son tabouret. Parmi les successeurs éventuels, il a été question de MM. Vianesi, Garcin, Guiraud (Ernest), Colonne, voire de M. Joseph Dupont. Mais je serais étonné que ce dernier lâchât Bruxelles, ou que Bruxelles le lâchât.   BALTHAZAR CLAES.

THÉATRE ROYAL DE LA MONNAIE.
Les Représentations de la Sembrich

BRUXELLES, 19 avril.

C'est une curiosité toute nouvelle que la direction de la Monnaie offre à son public, à la fin de cette saison théâtrale si agitée. On annonçait depuis plusieurs années ces représentations de la Sembrich, et jamais encore elles n'étaient arrivées. Du temps où M. Joseph Dupont tenait le bâton de chef d'orchestre au théâtre de Covent-Garden, à Londres, M. Stoumon, qui avait assisté aux débuts, ou tout au moins au triomphe naissant de la Sembrich, voulut la faire venir à Bruxelles: la chose semblait même décidée; mais je ne sais par suite de quelles circonstances, elle ne se réalisa point.

Nous pouvons enfin, aujourd'hui, apprécier la valeur de cette "étoile„, si aimée en Allemagne et en Angleterre, si inconnue en France et en Belgique. Mme Sembrich semble n'avoir jamais beaucoup cherché le tapage des célébrités de son genre; on n'a jamais chanté ses louanges que modérément, et elle a peu usé des recettes américaines. C'est à cela sans doute qu'il faut attribuer la méfiance qu'a mise le public à venir l'entendre, mardi soir, dans *Lucie*. Il est vrai qu'il n'y avait pas de la Sembrich à entendre : il y avait surtout la musique de Donizetti; et la première était de nature à attirer la foule, peut-être la seconde avait-elle de quoi l'éloigner un peu... Que voulez-vous? Depuis que Wagner a fait tonner sa grosse voix — et même, déjà, avant lui, — la petite voix des maîtres d'antan a perdu bien de son prestige!

Disons tout de suite, cependant, que le succès de la Sembrich a été considérable. Certes, on qu'elle chante n'est plus de notre temps, pas plus que la virtuosité, dont elle est une des dernières

et des plus brillantes incarnations; mais il faut prendre les choses pour ce qu'elles sont, et admettre, pour en pouvoir goûter le charme, cet art tout spécial, dans sa forme démodée. La Sembrich n'a pas la voix très éclatante; mais quelle pureté et quelle justesse! La vocalisation est merveilleuse: le trille est incomparable. Et il n'y a pas que cela dans son talent : il y a aussi du style, — le style de la musique qu'elle interprète, — et de l'émotion. Elle n'a pas été seulement très brillante dans le rôle de Lucie : elle a été aussi très-touchante.

A côté d'elle, M. Engel, qui avait réclamé le droit et l'honneur de chanter le rôle d'Edgar, a été de tous points remarquable, et il a partagé le triomphe de sa partenaire, Il a eu du sentiment, de la passion, du style aussi, et, cette fois encore, s'est révélé artiste et musicien hors de pair. De toutes manières, il a rendu plus cuisants les regrets de tous ceux qui ont appris son prochain départ de la Monnaie et plus vif l'espoir qu'ils ont de voir ce départ conjuré.

Peu de chose à dire du reste de l'interprétation, simplement passable. Signalons le courageux effort de M. Renaud, qui a fait applaudir sa belle voix dans le rôle d'Asthon, et la bonne conduite des chœurs. Le quintette et la finale du deuxième acte ont été tout à fait bien. Encore un peu, et les Wagnériens se réconciliaient avec Donizetti!   L. S.

CORRESPONDANCES

MILAN, 10 avril 1887.

Voilà notre grande saison théâtrale presque terminée; la *Scala* fermera ce soir après deux représentations *in extremis* des *Pêcheurs de Perles*, un opéra qui jouit en ce moment de son tour de faveur sur presque tous les théâtres de la péninsule, et qui aurait encore plus de succès si on le jouait toujours à sa vraie place, dans des salles de dimensions moyennes. Les autres grands théâtres ont précédé la *Scala* pour la clôture, excepté l'*Apollo* de Rome où les lendemains du *Vaisseau Fantôme* seront fournis par *Don Carlos*, une des grandes œuvres de Verdi.

Le *Vaisseau Fantôme*, qui en est à sa trentième épreuve et à son second succès en Italie, sera représenté aussi le mois prochain à Florence (avec les mêmes interprètes), à l'occasion des fêtes offertes à tous ceux qui voudront venir admirer la nouvelle façade du *Duomo*, et assister à l'inhumation de Rossini dans le temple de Santa Croce.

Le *Vaisseau Fantôme* aurait dû, depuis longtemps, prendre à sa place au répertoire de nos théâtres, au moins pour préparer la voie aux œuvres postérieures de Wagner, toutes plus importantes et moins accessibles de prime abord.

C'est vrai tard que jamais; le tour maintenant est au *Tannhäuser*; *Lohengrin* étant déjà presque populaire, surtout à Turin, à Rome et à Bologne; pas à Milan, cela va sans dire!

Pour en revenir à nos moutons, c'est-à-dire à la saison théâtrale, elle restera à jamais mémorable par le seul événement artistique de quelque importance qui soit à signaler; il est vrai que celui-là en vaut cent, sinon mille!

Je veux parler des représentations d'*Otello* à la Scala; comme œuvre d'art, le dernier opéra de Verdi a pris rang, dès son apparition, parmi les plus nobles et les plus belles.

C'est pour éviter des redites que je ne vous en parle pas plus longuement; mais il est très important d'en constater le succès presque sans précédent.

Les vingt-cinq représentations ont produit environ 380,000 francs (dont 130,000 pour les trois premières!), et grâce à ces recettes, MM. Corti. les directeurs, ont pu réaliser un bénéfice qui est très près de 200,000 francs, malgré les quelques *fours* dont la saison a été agrémentée. Voilà des chiffres qui feront venir l'eau à la bouche à MM. Dupont et Lapissida, et qui causeront sans doute un *ül plaisir* à MM. Moreno et Vitu! D'ailleurs, n'eût-il eu d'autres résultats, il faut savoir gré à Verdi d'avoir forcé, par la grande autorité de son nom, le public de la Scala à *écouter* et à mieux peser ses verdicts.

Ce sera maintenant le tour de Rome : l'impresario transporte là non seulement les artistes, mais les chœurs et l'orchestre, les décors, etc. Il y a cependant un petit changement : Mme Pantaleoni a dû céder son rôle à Mme Gobbi, ce qui prouve que les mécontentements à l'égard de Mme Pantaleoni étaient bien plus justifiés que les enthousiasmes. Maintenant, entre nous, pas plus que Mme Pantaleoni, Mme Gobbi ne sera la *Desdemona* does de Boito et Verdi, ou je me trompe fort.

J'ai encore à vous parler de deux opéras nouveaux : *Guidella*, de M. Falchi, joué à Rome avec un honnête succès, et qui vise à l'originalité, à cependant quelque mérite ; et *Re Nala*, du maestro

<hr>

(1) Nous avons, en effet, annoncé cette première, et le succès qu'elle a obtenu.

Smaraglia, représenté à Venise sans succès. Ce jeune musicien, à sa sortie du Conservatoire, promettait beaucoup ; mais *Re Nala*, pas plus que ses sœurs aînées, ne tient toutes ces promesses. Mais en voilà long pour aujourd'hui. A bientôt, s'il y a lieu.

***

AMSTERDAM, 15 avril 1887.

Comme épilogue à ma dernière notice sur la saison musicale d'Amsterdam, il me reste encore à mentionner l'exécution d'un ouvrage de notre compatriote Emile Wambach d'Anvers, *Yolande*, par la Société " Musis Sacrum „, sous la direction d'Henri Brandts Buys.

Cette œuvre de trop longue haleine est composée par un musicien d'un incontestable talent, mais manquant d'originalité et rappelant trop souvent l'éminent Peter Benoît, si populaire dans les Pays-Bas. L'exécution de l'ouvrage de Wambach était fort satisfaisante. Le dernier concert de " Cæcilia „ (Association des Artistes Musiciens) nous a fait entendre la symphonie " Harold en Italie „ de Berlioz. L'orchestre, sous la direction de Daniel de Lange, le père de l'organiste de Cologne, s'est vaillamment comporté, sans approcher cependant de la perfection, mais l'œuvre est d'une difficulté extrême et il faut en faire la part. Nous préférons de beaucoup l'exécution du " Cæcilia Concert „ à celle que M. de Lange a osé donner de la *Passion*, de J.-S. Bach, dans une des églises protestantes de la ville. Cette œuvre gigantesque était de beaucoup au-dessus des forces des exécutants. Qui trop embrasse mal étreint ! — A l'occasion des fêtes qui se sont données à Amsterdam, pour célébrer le 70° anniversaire du Roi, notre compatriote Dyna Beumer a eu l'honneur de chanter au concert gala de Félix Meritis et y a obtenu un grand succès, de même que le pianiste néerlandais Louis Coenen, un ancien pensionnaire de Sa Majesté, devenu un pianiste de grand talent. Les cantates, les chants de circonstance pleuvaient pendant ces jours de fête. On en glissait partout, et que de pauvres compositeurs, qui ne seraient même pas vice-rois dans le pays des aveugles, convoitaient un petit bout de ruban plus ou moins couronné de chêne ! Au milieu de cette avalanche de chants patriotiques, la seule chose curieuse et intéressante était une aubade donnée à la famille royale par 4,500 enfants sur la place du Palais, sous la direction de Henri Brandts Buys. C'était vraiment une solennité émouvante et réussie. — Dans les premiers jours de juin aura lieu à La Haye un festival de deux jours, donné par la *Nederlandsche Toonkunstenaars Vereeniging*.

Il est presque certain qu'on y entendra, sinon le *Bonifacius*, au moins un autre ouvrage de M. Nicolaï, dont le nom figure presque toujours sur les programmes des concerts de cette société et qui se contiennent que des compositions d'auteurs néerlandais ou flamands.

Au surplus, la popularité de M. Nicolaï, qui est président de cette société, paraît si grande dans les Pays-Bas, que les journaux d'Amsterdam, en rendant compte du dernier concert gala donné à *Felix Meritis*, où un tromboniste a joué la célèbre romance de *Joconde* de Nicolo, lui attribuent la paternité musicale de ce vieil opéra français, composé en 1814.

D' Z.

***

OSTENDE, 18 avril.

La commission administrative de l'Académie de musique de notre ville a assisté, vendredi dernier, à une audience intime d'une scène lyrique pour chœurs et orchestre, *de Jonge Matroozen*, paroles de M. Eug. Van Oye, musique de M. Jos. Michel, directeur de l'Académie de musique de notre ville.

M. Ch. Miry, inspecteur des écoles de musique des Flandres, était présent à cette audience ; à la fin de l'exécution, M. le Bourgmestre et M. Miry ont vivement félicité les auteurs de cette œuvre, que le public sera appelé à juger lors du concert que l'Académie de musique donnera au Kursaal, au mois de juin prochain.

Les auteurs ont dû être enchantés d'une audition aussi favorable. Les élèves-qui ont participé à l'exécution des *Jonge Matroozen*, méritent une mention spéciale. Quelques jours leur ont suffi pour nous donner une idée de l'importante partition de M. Jos. Michel, partition sur laquelle nous aurons à revenir.

Petites Nouvelles

M. Louis Peyramont, rédacteur en chef de la *Revanche*, est assigné devant le tribunal civil de la Seine, à la requête de M. Charles Lamoureux, directeur de la Société des Nouveaux-Concerts.

Dans l'exposé qui précède l'assignation, M. Lamoureux dit " que, depuis que l'annonce des représentations de *Lohengrin* est portée à la connaissance du public, il n'a cessé d'être l'objet des attaques les plus malveillantes de la part du sieur Peyramont. „ En conséquence, M. Peyramont réclame à M. Peyramont 25,000 francs de dommages pour le préjudice qu'il " essaye de lui causer ".

***

Samedi a eu lieu à Rouen la première représentation d'un opéra inédit en trois actes, *Stenio*, musique de M. Le Rey, élève de Léo Delibes.

La partition de M. Le Rey, écrite sur un livret très dramatique, a produit une excellente impression. Les trois principaux interprètes, MM. Mauras, Claverie et Mme Ambre, ont été chaleureusement applaudis.

Le comité central du théâtre, Wagner à Bayreuth, vient de lancer un avis qui annonce, dès à présent, les fêtes théâtrales qui auront lieu l'année prochaine. *Parsifal* et *Tristan* sont dès à présent inscrits au programme. Une troisième œuvre y figurera, mais comme nous l'avons dit, elle n'est pas encore définitivement arrêtée. Dans sa prochaine réunion le comité arrêtera également le programme des fêtes qui se succéderont annuellement pendant cinq ans, à dater de l'année prochaine, grâce aux généreuses souscriptions qui assurent l'exploitation régulière du théâtre pendant cette période.

M. Hans de Bülow vient de donner à Berlin un concert Beethoven au bénéfice de la caisse de la future association de l'" Orchestre Philharmonique „. Il y a exécuté dans un style grandiose et un sentiment poétique incomparable, les merveilleux concertos en *sol* et en *mi* bémol du maître. M. Klindworth dirigeait le concert qui débutait par une superbe exécution de l'ouverture d'*Egmont*. Mlle Thérèse Zerbst y a excellemment chanté le grand air de concert : *Ah ! perfido*.

Les deux exécutions de la *Légende dorée* de Sir Arthur Sullivan dans la salle de l'Opéra de Berlin ont eu pour résultat un *déficit* assez considérable. C'était l'entreprise de deux impresarios. La recette de la première a été évaluée à 10,000 marks ; seulement, par suite, tant du fâcheux incident Pattini, que des critiques presque unanimement défavorables, les billets retenus pour la seconde audition ont dû être repris au bureau pour une valeur d'environ 4,000 marks. La date de cette seconde ayant été modifiée en raison de l'engagement subit de Mme Emma Albani. Bref, *déficit* de 2,000 marks, sans compter les 8,000 marks que le compositeur a lui-même payés à Mme Albani. En somme, succès artistique presque nul, perte financière assez considérable. Bonne leçon pour l'avenir !

Dans la *Presse de Vienne* du 11 mars, le fameux et spirituel journaliste et critique musical, Max Kalbeck, a publié, sous le pseudonyme de " Jeremias Deutlich, „ un long feuilleton : *Le nouvel Intendant de Berlin*, où il critique, ou plutôt flagelle sans pitié et merci, l'immense vanité de compositeur-amateur et la soif insatiable de célébrité du comte Bolko de Hochberg ; ce feuilleton est plein de révélations qui s'appuient paraît-il, sur des faits authentiques.

〰〰〰〰〰〰〰〰〰〰〰

VARIÉTÉS

ÉPHÉMÉRIDES MUSICALES

Le 22 avril 1876, à Paris (Théâtre-Italien), *Aida*, de Verdi ! — La version française de MM. Nuitter et Dulocle, à l'Opéra, est du 22 mars 1880, et à Bruxelles, du 15 janvier 1877. La nomenclature Kastner donne, à l'Opéra de Vienne, 137 représentations au langue allemande, du 29 avril 1874 au 31 décembre 1885. L'ouvrage de notre ami Pougin : *Verdi. Histoire anecdotique de sa vie et de ses œuvres*, — il vient d'être traduit en anglais et en allemand — contient un curieux chapitre sur *Aida*.

— Le 23 avril 1766, à Paris (Comédie-Italienne), *les Pêcheurs*, un acte, de Gossec.

Pour son début au théâtre, Gossec n'avait pas réussi, et son opéra, *le Faux Lord*, était tombé. Peu s'en fallut que pareil sort n'arrivât à son second ouvrage, bâti sur un mauvais poème. Ces changements y furent faits, et *les Pêcheurs*, du jour qu'ils reparurent à la Comédie-Italienne (8 juin), s'y ancrèrent pour longtemps. " Il y a là, disait Grimm, une foule d'airs qui peuvent soutenir le parallèle de tout ce qu'on a fait de mieux en ce genre en France. „

Grétry, encore inconnu à Paris, devait, à deux ans de là, entrer dans la lice par un coup d'éclat ; il apportait son *Huron*. Gossec, le savant symphoniste, baissa pavillon devant le nouveau venu, son compatriote de Belgique ; l'auteur des *Pêcheurs* ne travailla plus que de loin en loin pour la scène ; il se réservait pour la grande époque de la *Marseillaise*.

— Le 24 avril 1884, à Marseille, décès de Marie-Sophie Taglioni, comtesse-douairière Gilbert de Voisins, à l'âge de 80 ans. Sa naissance à Stockholm en mars 1804.

Méry a dit d'elle : " Avec Mlle Taglioni, la danse s'était élevée à la sainteté d'un art ; le métier et la routine disparurent devant tant d'inspiration, tant de grâce naturelle et inattendue ; ce fut une révolution complète autour de la grande artiste ; la chorégraphie se *taglionisa*, mais la jeune reine de l'art resta inimitable ; elle donna des leçons d'après son secret. Elle a inspiré aux maîtres de l'orchestre les plus ravissantes notes qui aient éclaté sous les pieds d'une danseuse. Rossini, Meyerbeer, Auber, Adam, écrivirent alors ces délicieux ballets qui avaient trouvé des pieds si intelligents pour interprètes. „

Sous Louis-Philippe, Paris professait pour l'incomparable danseuse un culte de *latrie*. Portraits, statuettes en marbre, en bronze, en chocolat, vers, pluies de bouquets, concerts de réclames, rien ne manquait à son triomphe.

Et pourtant Marie Taglioni n'était pas heureuse, car, elle aussi, elle avait voulu s'entendre appeler comtesse.

Un soir, la Malibran l'alla voir dans sa loge de l'Opéra, au moment où, pour un ballet alors en vogue, l'habilleuse lui ajustait ses ailes au corps.

« — Les belles ailes de nacre et d'azur! disait la grande chanteuse.

« — Oui, répondit la sylphide, mais j'aimerais mieux les sabots d'une bergère de la Bretagne. »

— Le 24 avril 1846, à Sittard (Limbourg hollandais), naissance de Victor-Nicolas Reubsaet, duc de Campo-Selice.— C'est une manie, chez certains artistes, que d'aller quémander titres et décorations sans qu'il y ait grand profit pour leur gloire. Le ténor Reubsaet en est un exemple. Né dans la condition la plus humble, ayant gagné sa vie à jouer du violon et à chanter l'opéra, très recherché dans les salons, à cause de sa belle voix, il fit un beau jour la rencontre d'une veuve américaine, toute cousue d'or, et il en devint le richissime possesseur. Cela ne suffit pas au nouveau nabab. Le nom roturier de Reubsaet le gênait; un fief seigneurial était à vendre quelque part, en Italie, en Espagne; il l'acheta moyennant beaucoup de dollars. En un tour de main la comédie était jouée. Le duc de Campo-Selice a fait beaucoup de libéralités en faveur d'un art qui a servi à sa fortune sonnante et trébuchante; cela lui est un titre qui vaut bien l'autre.

— Le 26 avril 1841, à Vienne, naissance de Pauline Lucca, veuve du baron von Rhaden, remariée en Amérique avec M. Emile von Wallhofen. — Cette cantatrice a rempli les deux mondes de ses succès et de ses aventures conjugales; elle est pour le moins, comme voix, l'égale de la Patti, dont elle est l'aînée de deux ans. On a beaucoup parlé dans le temps d'une photographie qui la représentait bras dessus, bras dessous, avec le prince de Bismarck. Les deux personnages s'étaient rencontrés par hasard dans l'atelier d'un photographe; celui-ci, sans crier gare, les avait fait passer sous son objectif. De là, scandale.

— Le 27 avril 1877, à Paris (Opéra), le Roi de Lahore, 5 actes, de Jules Massenet. Sa première grande œuvre lyrique et très beau départ, comme on dirait sur le turf.

— Le 26 avril 1871, par arrêté royal, François-Auguste Gevaert est nommé directeur du Conservatoire royal de musique de Bruxelles, en remplacement de feu François Fétis. Seize ans de fonctions honorablement et utilement remplies, doivent compter dans la vie d'un homme. Aussi le gouvernement belge, au dire des journaux, se proposerait de donner à l'éminent artiste le titre de baron. Baron! c'est peu. M. François-Auguste Gevaert mériterait mieux que cela.

XXXIIIᵉ ANNÉE   28 Avril 1887   NUMÉRO 17

Le Guide Musical

Paraissant tous les jeudis.

ABONNEMENT	SCHOTT FRÈRES, ÉDITEURS.	ANNONCES
France & Belgique, 10 francs par an.	**Paris,** Boulevard Montmartre, 19	La ligne . . . . Fr. 0.50
Les autres pays, 10 francs (port en sus)	**Bruxelles,** Montagne de la Cour, 82	On traite à forfait pour les grandes annonces.

Le Livret d'opéra français

DE LULLY A GLUCK

1672-1779

(Suite. — Voir le dernier numéro.)

L'émoi fut grand lorsqu'on apprit que *Jephté*, mis en musique par Montéclair, allait pour la première fois se montrer aux chandelles. Mais comme l'action était en somme bien conduite, les vers correctement tournés, et les ariettes point trop mauvaises, l'ouvrage réussit au delà de toute espérance.

Voici en quels termes le *Mercure de France* rendait compte de la représentation : « L'Académie royale de musique a donné, le premier·jeudy de Carême, *Jephté*, tragédie tirée de l'Ecriture sainte. La nouveauté du genre en avait rendu le succès si douteux qu'on ne croyait pas qu'elle pût être jouée deux fois. Cette prévention presque générale n'a pas tenu contre les beautés du poème et de la musique. M. l'abbé Pellegrin et M. de Montéclair, qui en sont les auteurs, peuvent·se vanter qu'il y a très peu d'opéras que le public ait honorés de plus d'applaudissemens. » (Mars 1732.)

Hélas! le malheureux poète avait compté sans les scrupules de l'autorité ecclésiastique. *Jephté* fut interdit en pleine vogue, vers la dixième représentation, et ce n'est que cinq à six ans plus tard qu'il put s'installer au répertoire de l'Opéra, où, il a tenu, jusqu'à la fin du XVIIIᵉ siècle, une place très·honorable (1).

(1) Il n'est pas une seule histoire de l'Opéra, pas un seul dictionnaire ou recueil d'anecdotes dramatiques, qui ne mettent cette interdiction au compte du cardi-

Jephté mérite de faire époque dans l'histoire de l'Académie de musique ; non pas seulement à cause du sujet de la pièce, qui rompt avec toutes les conventions de l'opéra, mais encore, parce que c'est le premier drame lyrique dont l'action soit régulièrement conduite. Les amours d'Ammon et d'Iphise, que l'imagination du poète y a introduits, n'ont rien qui détonne·avec le caractère d'une scène biblique, enfin il s'y trouve des effets bien ménagés pour le théâtre ; par exemple, à la fin du 1ᵉʳ acte, le passage du Jourdain par l'armée israélite, en faveur de qui se renouvelle le miracle de la mer Rouge, et la superbe procession de l'Arche d'Alliance, au milieu des fanfares, des trompettes, des cantiques·des prêtres, et des·cris de joie de la multitude.

Dès le début, le public fut prévenu que le spectacle qui allait se dérouler sous ses yeux était d'un genre tout·nouveau. Le prologue, en effet, met en scène Apollon et les Muses. Le dieu invite Polymnie et Terpsichore à étaler toutes leurs séductions sur ce théâtre qui leur sert de refuge depuis que les divinités de l'Olympe ont été bannies du reste de la terre.

Mais voici que la Vérité descend sur un nuage, chasse Phœbus et les déesses qui l'entourent, puis, s'adressant aux Vertus qui lui font cortège, leur dit :

> Troupe immortelle comme moi,
> Vertus, ornez ces lieux pour un nouveau spectacle
>
> Au soin d'instruire ajoutez l'art de plaire
> Vous pouvez adoucir votre sévérité ;
> Mais qu'aucun faux brillant n'altère
> La splendeur de la vérité.

La Harpe fait grand cas de *Jephté*, mais il faut reconnaitre que les vers qu'il en cite ne sont pas les meilleurs. On peut s'étonner qu'il n'ait pas mis en

nal de Noailles. Or, *Jephté* fut joué en 1732 et Monseigneur de Noailles était mort en 1729. Ce fut son successeur, Monseigneur de Vintimille du Luc, qui mit à l'Index l'opéra de Pellegrin.

lumière la belle réponse du chef israëlite à Abdon :

> Dis plutôt que je me défie
> D'un cœur trop prompt à s'attendrir,
> Non je ne veux rien voir qui m'attarde à la vie
> Quand, pour sauver mon peuple, il faut vaincre ou mourir.

Il n'existe pas, dans toute la littérature d'opéra, cinquante vers plus admirablement rythmés pour le chant.

Ecoutez, maintenant, la charmante invocation d'Iphise au quatrième acte :

> Ruisseaux qui serpentez sur ces fertiles bords,
> Allez loin de mes yeux répandre les trésors
> Qu'on voit couler avec votre onde.
> Dans le cours de vos flots, l'un par l'autre chassés,
> Ruisseaux, hélas ! vous me tracez
> L'image des grandeurs du monde.

Certes, il s'en faut de peu que nous ne soyons en présence d'un chef-d'œuvre, et l'on peut affirmer que la plus honnête part de l'héritage de Quinault est tombée entre les mains de l'abbé Pellegrin.

Nous apprécierons mieux le mérite de *Jephté*, quand nous aurons affaire à Danchet, à La Bruère, à La Marre, à Cahuzac.

Piron disait plaisamment : « Fontenelle a engendré Marivaux. Marivaux a engendré Moncrif, et Moncrif n'engendrera personne. »

La même progression descendante est constatée en ce qui regarde le poème d'opéra, dans une épigramme inspirée par le *Zoroastre* de Cahuzac :

> Ombre de Pellegrin, sors du fond du Tennare
> Pauvre rimeur sifflé, si longtemps et si haut.
> L'Opéra t'a vengé, ta gloire se répare ;
> Le poète gascon à qui l'on te compare,
> Est au-dessous de toi, plus que toi de Quinault!

(*A suivre.*)   EUGÈNE DE BRICQUEVILLE.

La répétition générale de LOHENGRIN

La répétition générale de *Lohengrin* a eu lieu samedi dernier, à huis-clos pour ainsi dire. Il n'y avait pas la plus de vingt personnes, entre autres M. et Mme Adolphe Gross, représentant les héritiers Wagner, et accompagnés de leurs parents français, les deux frères G...., qui dirigent une importante usine de produits pyrotechniques à Meudon; M. Herman Lévy, l'éminent chef d'orchestre du Théâtre-Royal de Munich, l'âme des représentations de *Parsifal*, à Bayreuth, accompagné de son neveu, officier distingué de notre armée; M. le juge d'instruction L..... et sa femme, conviés par la famille Wagner avec l'assentiment de M. Lamoureux: trois représentants de la censure, MM. Deschapelles, Armand Gouzien et X.....; enfin des parents du chef d'orchestre, comme Mlle Lamoureux, ou des artistes de la maison et du personnel, tels que MM. Victor Wilder, Nuitter, l'auteur du texte français, Camille Chevillard, Jules de Brayer, etc.

Deux journalistes, MM. Edmond Stoullig, du *National*, et Louis Besson, de l'*Evénement*, ont vainement tenté d'agrossir cette petite phalange; sans doute ils ignoraient par expérience combien M. Lamoureux est l'homme des consignes les plus justes; après avoir parlementé, après avoir épuisé tous les stratagèmes, ils ont dû renoncer à leur tentative, d'assez mauvaise grâce d'ailleurs, cela se comprend. Espérons que cette petite déconvenue, qu'ils auraient dû prévoir, n'altéra en aucune façon l'impartialité de leur jugement.

A sept heures précises, tout est prêt, chacun est en place et l'on commence. L'orchestre est placé plus bas que dans nos théâtres ordinaires, et selon une disposition différente, celle indiquée

pour la première fois par Wagner lui-même dans ses *Souvenirs sur Spontini* ; la ligne des contrebasses adossée à la scène; devant elle, se divisant en rangées et s'enveloppant mutuellement, les violons et les instruments à vent, *cuivres* d'une part et *bois* de l'autre; le chef d'orchestre presque adossé à la cloison du côté de la salle, et n'en étant séparé que par les altos qui vont rejoindre les violoncelles et se perdre dans la masse aux extrémités de droite et de gauche. Les exécutants sont très commodément installés; M. Lamoureux, qui tient avant tout à faire bien les choses au point de vue de la belle exécution, a voulu que ses artistes fussent commodément placés; il n'ignore pas combien la gêne des mouvements influe sur la sonorité, et il n'a pas hésité à sacrifier une centaine de places du parterre pour mettre à l'aise ses musiciens. Le système d'éclairage de leurs pupitres fixes est excellent; tout en leur permettant de lire parfaitement leurs parties, il n'attire pas l'attention de la salle, et ne distrait pas l'œil de la scène. Du reste, chez M. Lamoureux, les détails matériels portent toujours la marque d'un confortable fort intelligent.

La toile se lève (car nous n'avons pas encore de rideau, comme à Bruxelles), sur le décor vraiment délicieux qui représente les rives de l'Escaut.

L'orchestre est absolument merveilleux de nuances; les cuivres, spécialement, sont d'une qualité supérieure, ils lancent leurs fanfares avec une qualité de son et une netteté de rythme fort rares; on voit parfois M. Hermann Lévy applaudir de son coin, avec une spontanéité, une sincérité non équivoque, et tout à fait flatteuses; car s'il est un chef qui s'y connaisse, et qui ait sous ses ordres une belle et vaillante armée, admirablement disciplinée, c'est bien lui. Quant aux chœurs, ils dépassent de beaucoup ce qu'on a l'habitude d'entendre ici, par la fraîcheur et la puissance des voix, par l'ensemble et la justesse, et même par le jeu et la part prise à l'action; car déjà ils commencent à jouer, ces chœurs, c'est un grand pas de fait. C'est surtout pour cette partition de Wagner, unique dans son œuvre, au point de vue choral, qu'il faudrait obtenir cette participation du peuple au drame..... Dès le premier acte, j'avais remarqué parmi les hommes, pour son animation et sa mimique expressive, un coryphée dont l'allure se rattachait à certains de mes souvenirs; j'ai fini par reconnaître, sous l'armet et le hoqueton, un pèlerin de Bayreuth, M. P....., que j'avais déjà entendu chanter avec une remarquable conviction, des fragments des rôles de Klingsor et d'Amfortas (*Parsifal*), dans une réunion privée de l'an dernier, dont j'ai parlé dans le *Guide*. Et notez que M. P... n'est nullement musicien de profession; peut-être est-ce là la raison pour laquelle il s'acquitte si bien de sa tâche; il arrive à s'abstraire de sa personne propre, il arrive à s'abstraire de sa personne propre, il arrive à s'identifier à son rôle; il se tire d'affaire avec zèle et intelligence : il arrive à s'abstraire de sa personne propre, il arrive à se fondre dans le drame.

Comme je l'ai dit plus haut, il y a beaucoup de bien à dire des protagonistes, mais on ne peut les juger d'après une répétition. Mme Fidès-Devriès (Elsa) ne donne pas toute sa voix, elle se réserve; M. Van Dyck (Lohengrin) se dépense davantage; je crois qu'il sera excellent; son aisance en scène surprend agréablement bien des gens.... La seule chose à craindre pour l'ensemble des premiers interprètes, c'est qu'ils n'aient pas cette cohésion, cette harmonie qui n'existent entre gens habitués à jouer les uns avec les autres depuis quelque temps; mais cela est inévitable, et ni M. Lamoureux, ni personne n'y peuvent rien. S'il pouvait y avoir un point faible dans cette exécution parfaite, c'est là qu'il serait; ce serait la faute des circonstances, tout simplement. Ainsi, M. Couturier, par exemple, la basse qui vient d'être choisie pour remplacer M. Behrens, a de la voix, mais ne peut pas encore posséder suffisamment son rôle.

Au deuxième acte, Mme Duvivier (Ortrude) et M. Blauwaert (Frédéric de Telramund), deux talents bien connus en Belgique, ont beaucoup d'énergie et d'accent dans l'important dialogue du début; mais qu'ils surveillent la justesse. Du reste les chœurs eux-mêmes, dans la *Marche religieuse*, avaient une tendance à chanter faux; il faut attribuer cela à leur dispersion obligée dans le fond de la vaste scène, et à leur éloignement de l'orchestre, choses fatales, auxquelles il est difficile de remédier... Il y a eu dans la salle, à ce second acte, une petite invasion d'amis et connaissances de M. Plunkett, dont la présence n'a pas dû ravir le chef d'orchestre.

C'est la fin du second acte et le début du troisième qui ont lieu surtout au déploiement des costumes. Ils sont tous de bon goût, quelques-uns fort riches; on n'a pas lésiné, certainement. M. Van Dyck porte bien la cuirasse lamée et l'écharpe azur..... Les effets de lumière sont parfaitement réglés; on a admiré, notamment, le lever du soleil très bien gradué du deuxième acte, avec la mise en scène animée; on pensait aux chefs d'œuvre lumineux de Bayreuth. Tout a marché sans accroc d'un bout à l'autre, sauf au troisième acte, où le défilé des seigneurs, après le duo d'amour, ne s'est pas opéré avec la régularité et la rapidité voulues; la musique qui doit l'accompagner était finie qu'il durait encore; il a fallu presser les retardataires, et recommencer la scène pour obtenir la concordance indispensable.

Jamais, MM. Altès ou Danbé, sans parler de leurs prédécesseurs, n'auraient pu obtenir un pareil résultat, quelque talent ou quelque autorité qu'on leur suppose. Car, en laissant de côté leurs aptitudes personnelles, leur action souffrira toujours du vice principal de l'institution où ils figurent, vice qui est l'absence d'unité dans la direction. Voyez au contraire les résultats obtenus quand il y a à la tête d'une entreprise artistique une seule volonté, comme c'est le cas, par exemple, pour M. Dupont à la Monnaie, et plus encore pour M. Lamoureux à l'Éden.

On s'est donc séparé sur une excellente impression, plusieurs se hâtant d'aller apaiser leur faim; car je sais des gens parmi les assistants, qui, avertis à six heures et demie que la répétition aurait lieu et qu'ils y étaient conviés, avaient dû renoncer à dîner, avec joie d'ailleurs, pour arriver à temps, et qui se trouvaient brutalement ramenés, après les jouissances idéales, à cette préoccupation prosaïque.
BALTHAZAR CLAES.

L'ajournement de LOHENGRIN

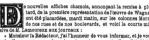

De nouvelles affiches chamois, annonçant la remise à plus tard, de la première représentation de l'œuvre de Wagner, ont été placardées, mardi matin, sur les colonnes Morris de nos rues et de nos boulevards, et voici la courte missive de M. Lamoureux aux journaux :

« Monsieur le Rédacteur, j'ai l'honneur de vous informer, et je vous prie d'annoncer, que dans les circonstances actuelles, j'ai décidé l'ajournement de la représentation de *Lohengrin*. Agréez, etc »

Nous devons faire comme l'éminent chef d'orchestre, qui, dans un moment difficile montre un caractère à la hauteur de son talent. Il faut attendre, attendre patiemment. Mais, ainsi que M. Francis Magnard, dans l'article si sensé que publie le *Figaro* de mardi matin, " il sera instructif de raconter un jour avec quelles rancunes d'éditeurs batailleurs pour leur boutique, de musiciens « nationaux » ratés, de chanteuses désappointées, de directeurs sur le seuil de la faillite, a été montée la cabale à laquelle l'incident Schnabele est venu apporter une victoire, momentanée, espérons-le. "

Il y a six jours, M. Lamoureux avait adressé à la presse une première lettre d'une modération, d'une sagesse, qui furent unanimement approuvées. Il y disait, entre autres choses, que s'occupant exclusivement d'art, ses tentatives se trouvaient forcément en dehors et au dessus des questions politiques; qu'au début d'une entreprise de longue haleine, il ne pouvait, ni ne devait prévoir les complications internationales qui pouvaient surgir. En un mot, il tenait une fois de plus le langage de la raison, et conseillait à tous le calme dans les meilleurs termes... M. Diaz lui-même en fut touché; dans une lettre désormais plus immortelle que la *Coupe du roi de Thulé*, et qui excita une longue et unanime risée, il se montra bon prince, et déclara " que lui et ses amis s'abstiendraient devant une entreprise non subventionnée par l'État. » Rien à dire à cela. Mais que penser de gens comme MM. Ranc et Aurélien Scholl, qui colportèrent dans le *Matin* des potins de concierge de bas étage et dire, d'après lesquels Wagner revêtait des costumes de femme pour aller rendre visite au feu roi de Bavière. Sur quels documents ces messieurs établissaient-ils ces révélations d'une valeur vraiment historique? Sur les lettres publiées par le *Figaro*? J'en ai signalé, ici même, l'inexactitude préméditée, les mutilations voulues... Sur les fameuses notes de costumières? Une note de la rédaction du *Guide*, dans le dernier numéro, fait justice du procédé par lequel on a transformé des robes de *chambre* en robes de femme. Mais il n'y a pas à dire, M. Scholl a vu la robe, elle était " bleue, décolletée, „ il a vu Wagner « une rose dans les cheveux. » Je vous fais grâce des commentaires et des plaisanteries qui suivent ; elles sont d'une délicatesse et d'un goût tels, que l'auteur devrait s'interdire à jamais de trouver lourdes et grossières les plaisanteries tudesques.

Eh bien! j'admets encore cela de M. Scholl : pour un pître tenu d'amuser tant de badauds à tout prix, tout ce qui tombe sous la main est bon, et il l'on y regardait de si près, on ne pourrait faire commodément son métier.

Mais, M. Ranc, un député, un homme influent, un aspirant ministre, se permettre avec une telle légèreté ces racontars de valetaille en goguette! Oublier qu'il y a quelque part une femme et des enfants inoffensifs sous les yeux de qui ces lignes idiotes peuvent tomber! Fi donc! Cela n'est ni français, ni patriotique à coup sûr, cela n'est pas « humain, » et j'en rougis pour l'auteur, pour mon pays et pour tous les pays civilisés.

Comment s'étonner qu'après de tels exemples de mauvaise tenue, après de telles intempérances de langue, dignes de gens sans éducation ou de sauvages, on ait vendu sur les boulevards un placard illustré, l'*Anti-Wagner*, où le mot de « sodomie » figurait en toutes lettres, et qu'il a fallu interdire? Voilà où nous en arrivons et la figure que nous faisons dans le monde. Oui, M. Magnard a mille fois raison, quand il parle " de ces énergumènes dont les procédés, le langage et l'abjecte niaiserie rendraient — si c'était possible — le patriotisme odieux et ridicule. „ Certes, ils sont bien coupables des maladroits défenseurs de l'idée de patrie, et sans le vouloir ils contribuent terriblement à l'amoindrir et à la détruire; ils la font à la mesure de leur pauvre cervelle et de leurs mesquines idées... „ Quant au gouvernement, c'est, remarque justement encore M. Magnard, « de petites lâchetés et de lourdes ignorances qu'il vient en somme de se faire le complice; et il est douloureusement comique qu'après avoir sottement essayé de poursuivre le directeur de *la Revanche* pour un délit imaginaire, il se mette maintenant à la remorque de ses dangereuses déclamations. „

En tous cas, la conduite sage et loyale de M. Lamoureux, son rare désintéressement, sont au-dessus de tout éloge. Imitons, autant que possible, sinon son désintéressement, du moins sa sagesse et sa loyauté, et attendons. Les belles choses finissent toujours par surmonter les obstacles, et les sots, les lâches et les mauvaises gens évitent rarement les leçons qu'ils méritent.
BALTHAZAR CLAES.

P. S. — M. Lamoureux a convoqué, mardi soir, tout le personnel de son théâtre au petit foyer pour lui annoncer l'ajournement. Mais cet ajournement, a-t-il dit, n'est pas la suppression. *Lohengrin* sera joué aussitôt que l'incident diplomatique franco-allemand sera aplani. M. Lamoureux a ensuite remercié tous les artistes de leur zèle; il s'est félicité de la façon dont avait marché la répétition générale. M. Lévy, aurait dit, que jamais on n'avait vu un pareil ensemble dans *Lohengrin* en Allemagne et que cette exécution serait une humiliation pour les Allemands. M. Lamoureux a été très applaudi. En attendant le moment favorable, les répétitions des chœurs et de l'orchestre vont continuer.

MORENO & COMETTANT.

Moreno réplique !

Je me promettais un peu d'amusement.

Mais point ! Moreno n'est pas en verve, cette fois, il est triste, il est lugubre !

Comettant, lui, se met en colère; il me traite de belge et m'accuse de grossièreté. Voilà qui est spirituel.

Et tous les deux, avec une unanimité touchante, me contestent toute qualité pour apprécier leurs susceptibilités patriotiques.

De grâce, calmez-vous, bouillant Achille-Moreno, et vous aussi Ajax-Comettant ! Vos susceptibilité patriotique, je n'en ai pas souci.

Je me borne à railler votre innocente wagnérophobie, à mettre de temps à autre en lumière votre plaisante infatuation, la niaiserie prodigieuse de vos arguments, la lourde ignorance dont vous faites preuve, chaque fois que vous touchez à ce sujet.

Cela me suffit. Il y a là de quoi s'égayer pendant longtemps encore à vos dépens.

Quant au reste, je vous renvoie au *Figaro*, au *Gaulois*. Méditez Magnard et Fourcaud !
M. K.

Le Clavi-Harpe

Le *Ménestrel* reçoit de Leipzig la lettre suivante :

" Monsieur le Directeur,

" Je lis dans le dernier numéro de votre estimable journal (page 157) une correspondance de Bruxelles dans laquelle il est fait mention d'un Clavi-Harpe de Dietz, dont on parle comme " d'une invention toute récente „. C'est pour rectifier cette erreur et pour donner l'honneur de cette invention à qui il revient de bon droit, que je prends la liberté de vous adresser cette petite rectification avec prière de bien vouloir la communiquer dans votre estimable journal.

» Mon musée d'instruments anciens (1) contient un clavi-harpe portant l'inscription suivante:

JOHANN CHRISTIAN DIETZ
INVENTEUR DU CLAVI-HARPE
A PARIS 1815.

» Vous voyez que l'invention n'est pas si récente. Est-il présumable, pour ne pas dire possible, que ce Monsieur soit encore de ce monde ? Je ne le pense pas. Quel est donc le nouveau Dietz dont il s'agit ?

» Recevez, etc.
» PAUL DE WITT. »

Nous allons donner satisfaction à M. Paul De Witt.

Huit jours avant le Ménestrel nous avions annoncé l'apparition de la harpe à clavier ou clavi-harpe de M. Christian Dietz.

Cet instrument a été produit, pour la première fois en public, à Bruxelles dans une soirée donnée le 2 avril chez M. Michotte, et il y a obtenu le plus vif succès.

La description n'en est pas compliquée.

Extérieurement, le clavi-harpe rappelle le piano-buffet. Seulement, au lieu de la caisse qui abrite les cordes du piano, imaginez un dessus de harpe qui émerge pour ainsi dire du clavier, voilà le meuble. Il est très élégant et léger. Une colonne ornée, semblable à celle de la harpe, s'élève sur l'un des côtés de l'instrument ; de l'extrémité supérieure de cette colonne descend vers l'autre côté, décrivant une courbe gracieuse, le support auquel sont fixées les cordes. Celles-ci sont à nu comme dans la harpe, et l'exécutant se place devant elles perpendiculairement, absolument comme devant un piano. Quant à l'instrument même, voici les principales dispositions.

Les cordes du clavi-harpe sont tendues comme celles de la harpe, parallèlement à son plan vertical. Fixées au bout inférieur sur une table d'harmonie, et ayant la longueur et la grosseur proportionnées aux sons qu'elles doivent rendre, elles sont retenues en haut par des chevilles qui servent à les tendre, et qui sont placées dans un support en bois.

Dans le clavi-harpe, chaque demi-ton est rendu par une corde particulière, en quoi il diffère de la harpe. Il y a donc douze cordes par octave. L'instrument est accordé chromatiquement par tempérament, comme le piano.

Le clavier est placé sur une ligne horizontale en avant des cordes ; chaque touche est munie d'un mécanisme qui pince la corde comme le ferait un doigt, et d'un étouffoir qui permet de jouer forte ou sèchement et sans écho. Les étouffoirs sont mus par une pédale. Une seconde pédale actionne un chevalet mobile, qui permet de produire les sons harmoniques sur toute l'étendue de l'instrument. Celle-ci comprend sept octaves, du fa 4 grave à l'ut aigu correspondant.

Il ne faut, pour jouer du clavi-harpe, aucune étude particulière, si ce n'est celle du toucher, lequel en raison du mécanisme d'où résulte la production du son, est un peu plus profond que celui du piano. Quiconque sait jouer du piano peut sans difficulté attaquer le nouvel instrument. En quelques semaines il sera au fait de toutes les ressources du clavi-harpe. Et celles-ci sont nombreuses. Tous les effets de la harpe peuvent y être reproduits, mais une foule d'effets nouveaux et inattendus que la harpe ne pouvait donner en raison de la difficulté du mécanisme, sont devenus possibles aujourd'hui, et un champ nouveau est ainsi ouvert aux compositeurs qui n'auront plus désormais à se préoccuper du doigté et du changement de pédales. Tout ce qui est réalisable au piano l'est au clavi-harpe. Et c'est là le grand intérêt de l'invention : il n'est plus d'orchestre, si petit soit-il, qui ne puisse désormais s'offrir une partie de harpe réelle. On n'a plus besoin d'un instrumentiste spécial : le pianiste du théâtre, qui faisait naguère la harpe sur un piano, pourra exécuter désormais sa partie sur le clavi-harpe dont la sonorité est absolument identique à celui de la harpe.

Pour la salon, la salle de concert et l'église, les avantages du nouvel instrument seront les mêmes. La harpe en avait été bannie à cause de la rareté des harpistes et de la difficulté d'exécuter toute espèce de musique. Cette difficulté n'existe plus. Toute une littérature nouvelle peut résulter d'une invention, qui paraît si simple aujourd'hui qu'on s'étonne de ne pas l'avoir vu réalisée plus tôt.

Mais il paraît que la construction de cet instrument n'était pas aussi aisée qu'on le croit en l'examinant. M. Christian Dietz, ingénieur à Bruxelles, qui vient de l'achever, est le petit-fils d'habiles constructeurs qui ont longtemps cherché et qui n'ont réussi qu'à moitié, là où il a, lui, réussi complètement.

En effet, on peut voir dans Fétis la mention d'un premier clavi-harpe, construit par Johann Christian Dietz, mécanicien distingué, né en 1778, à Darmstadt, puis établi à Emmerich (Prusse rhénane), et ensuite à Paris, où dès 1805 avait terminé un clavi-harpe. Fétis en donne la description suivante :

" Cet instrument ingénieux était composé d'un corps assez semblable pour la courbe de la tête à celui d'un grand piano renversé verti.

(1) M. Snoeck, à Renaix, possède également un instrument de ce genre du même facteur.

calement, avec un clavier placé en saillie, comme aux pianos droits. Les touches de ce clavier faisaient mouvoir de petits crochets garnis de peau, qui pinçaient des cordes de métal filées de soie. " Quatre pédales servaient à modifier de diverses manières les sons de l'instrument, qui, bien que moins prolongés que ceux de la harpe, étaient néanmoins beaux et moelleux. La facilité du jeu du clavi-harpe, ajoute Fétis, aurait dû lui procurer plus de succès qu'il n'en obtint. "

Dietz avait pris un brevet d'invention pour son instrument, le 18 février 1814. C'est évidemment un instrument de ce facteur que possède M. De Witt.

Le fils de Johann Christian, Christian Dietz, né à Emmerich en 1804, et qui s'est fait connaître, comme habile facteur de pianos (il est notamment l'inventeur d'un piano-buffet), chercha à son tour à perfectionner le clavi-harpe, et reproduisit l'instrument en 1819 à l'Exposition des produits de l'industrie, au Louvre. Fétis cite de lui une foule d'inventions ingénieuses et le classe parmi les premiers facteurs de France pour les pianos-buffet. Âgé aujourd'hui de 85 ans, le robuste vieillard vit retiré à Bruxelles, où il a surveillé et guidé les recherches de son fils Christian, troisième du nom, né à Paris en 1851, et dont le talent de constructeur s'est révélé en plus d'une occasion.

On a pu voir de lui à l'Exposition nationale de 1880 à Bruxelles, deux pianos à queue verticale, dont la puissance de sonorité était très grande. Depuis, il a repris d'une manière définitive la fabrication des clavi-harpes en y apportant tous les perfectionnements que l'expérience de deux générations lui avait suggérées. Les quelques artistes qui ont pu juger de l'instrument nouveau en ont été émerveillés. De son vivant, Liszt, qui avait connu Dietz père à Paris et qui avait pu l'apprécier, eut beaucoup désiré posséder un clavi-harpe. Dans une lettre du 11 juillet 1862, datée de Weimar, il lui écrivait de venir le retrouver : " Je tiendrais à avoir des renseignements précis sur plusieurs de vos inventions en fait d'instruments de musique, et je vous chargerai probablement de construire pour mon usage un de ces clavi-harpes dont je regrette de voir la fabrication abandonnée. "

Richard Wagner, qui avait également entendu parler de cet instrument, fit de vains efforts pour en obtenir des facteurs allemands. Aucun n'y réussit, bien qu'en cherchant dans cette voie on ait découvert plus d'un mécanisme ingénieux. Il était réservé au petit-fils du premier inventeur, de trouver enfin la solution définitive du problème si longtemps cherché, et qui avait préoccupé à juste titre les deux maîtres à qui l'art musical doit ses plus surprenantes productions en ce siècle.

          M. K.

THÉATRE ROYAL DE LA MONNAIE.
Les représentations de la Sembrich

BRUXELLES, 26 avril.

Le grand succès remporté par la Sembrich dans *Lucie* s'est confirmé dans la *Traviata* et dans la *Somnambule*, d'une façon éclatante. Il fallait réellement un talent supérieur, une personnalité évidente, quelque chose qui s'imposât malgré tout, pour émouvoir encore le public dans le rôle de *Violetta* où toutes les cantatrices, toutes les étoiles, toutes les célébrités, ont défilé devant nous tour à tour, depuis quelques années. La Sembrich a su être charmante, avec discrétion et avec simplicité ; aucune autre de ses pareilles n'avait essayé cela ; et cela lui a réussi admirablement. Elle a dit également bien les choses de-virtuosité et les choses de sentiment, sans élans intempestifs, sans exagération de passion, avec un goût toujours très sûr et un tact exquis.

Dans la *Somnambule*, elle a été plus parfaite encore; et a entraîné ceux-là mêmes, qui, dans ses autres rôles, elle n'avait point émus. Elle a donné à la mélancolique et douce physionomie de l'héroïne une grâce dont beaucoup ne la soupçonnaient point capable; elle y a été à la fois très brillante et très touchante. Aussi, quel triomphe après le troisième acte! Quels rappels! quelles acclamations! jamais triomphe ne fut plus valeureusement conquis ni plus justement mérité.

Nous ne dirons rien des interprètes que l'on avait donné pour partenaires à la grande artiste, dans la *Traviata* et dans la *Somnambule*. M. De Keghel a failli compromettre à lui tout seul le succès de la Sembrich, et ce n'est pas peu dire. Mais ne récriminons pas; tenons compte de la situation difficile où se trouve, en ce moment de l'année, la troupe d'opéra-comique, et soyons tout au plaisir que la cantatrice nous a causé. Le public a raisonné ainsi, et il a eu raison.

          L. S.

Chronique Bruxelloise.

Le concert annuel de la Société anglaise de bienfaisance, a eu lieu, mardi dernier, dans la salle de la Grande-Harmonie. Nous y avons entendu Mme Lemmens-Shevington, qui ne donne plus guère au public, l'occasion d'apprécier ses merveilleuses ressources vocales ; ç'a été un régal délicieux que de l'écouter styler, comme seule elle sait le faire, un des airs de la *Création de Haydn* et le duo de l'*Elisire d'Amore*; dans ce dernier morceau, elle a été secondée avec humour par M. Scapa, l'un des chanteurs-amateurs de notre colonie anglaise.

M. Schoofs, violoncelliste, et surtout M. Dréze, violoniste ont pris part avec succès à la séance. Mais les honneurs de la soirée ont été pour Mlle Hélène Schmidt, l'une des plus brillantes pianistes sorties du Conservatoire; virtuose et musicienne, son interprétation correcte à la fois et vibrante de la polonaise en *ut* mineur de Chopin a ravi l'auditoire. Mlle Schmidt a mis ensuite en relief les qualités mélodieuses et distinguées d'une Romance sans paroles de M. Oscar Schmidt; le public a également applaudi l'auteur du morceau et sa jeune et gracieuse interprète.

Le concert que le Cercle choral de l'école n° 10 offre annuellement aux parents de ses membres, a eu lieu, le dimanche 24 avril, dans le préau de l'école n° 13, place Joseph Lebeau, devant un public extrêmement nombreux.

Cette société scolaire, composée d'anciens élèves de l'école (jeunes filles et jeunes gens), a pour but de compléter leur instruction en leur faisant suivre les cours d'adultes, institués par l'administration communale.

Le charmant chœur de L. Delibes (*les Abeilles*), qui commençait le concert, a été très bien chanté par les élèves des classes du jour.

Une jeune pianiste, Mlle Dujardin, a exécuté, de manière à se faire applaudir, un morceau de concert sur *Oberon* et la *Chanson hongroise* de A. Dupont.

Un membre du cercle, M. Haemaekers, doué d'une belle voix de basse, a chanté l'air de la *Flûte enchantée* et la romance de l'*Etoile du Nord*.

Mme Mathilde Cardon, qui a bien voulu prêter son concours à la fête, a chanté d'une façon remarquable l'air d'*Action* et le boléro des *Vêpres siciliennes*; son succès a été très grand.

Les jeunes filles du cercle ont chanté avec ensemble, justesse et respect des nuances, l'*Etoile cachée* de Ch. Watelle, sous la direction de Mlle V. Jacobs, leur professeur.

Ensuite jeunes filles et jeunes gens ont chanté sous la direction de M. Watelle, la *Ronde fantastique* de Ed. Lassen et les *Adieux à la mer* de A. Gevaert.

L'exécution a été excellente, et M. Watelle s'est ainsi trouvé récompensé de ses peines.

La quatrième et dernière matinée de musique de chambre, pour instruments à vent, des professeurs du Conservatoire, a été très intéressante et a terminé d'une façon brillante la série de ces concerts. Le septuor de Beethoven, avec M. Ysaye au premier pupitre, a été enlevé avec une verve et un ensemble remarquables. Mme Cornélis-Servais a chanté, avec un talent habituel, un air de Bach et une mélodie de Reineke avec accompagnement de violoncelle. Le violoncelle était tenu par M. Edouard Jacobs, c'est tout dire. Enfin, on a vivement goûté l'andante d'un septuor de M. Van Cromphout, morceau d'un beau sentiment et bien écrit.

Nous avons assisté à l'une des répétitions du prochain concert populaire, qui aura lieu le soir au théâtre de la Monnaie, le jeudi 5 mai, et dans lequel on entendra, outre des fragments de Wagner, la nouvelle *symphonie libre* de M. Erasme Raway. Tout ce que nos correspondances de Liège nous ont dit de cette œuvre est l'exacte vérité. Cette symphonie est de tout point remarquable et nous y appelons l'attention des musiciens. C'est un maître qui s'y révèle (1).

L'*Indépendance* parle en ces termes d'une intéressante audition qui a eu lieu, cette semaine, à Bruxelles, chez l'un de nos :

« M. Emile Mathieu donnait dimanche soir, chez notre confrère Lucien Solvay, son collaborateur de la *Bernoise*, une audition de son

(1) Voici du reste le programme complet : *Symphonie libre d'Erasme Raway* (1re exécution). — Fragments de *Parsifal* et des *Maîtres chanteurs* et *Siegfried-Idylle* de Rich. Wagner.

Par exception, la répétition générale aura lieu le mardi 3 mai, à deux heures, au théâtre de la Monnaie.

opéra *Richilde*, tragédie lyrique en 4 actes et 10 tableaux, dont il a composé le poème et la musique.

» Le directeur de l'école de-musique de Louvain a déjà un bagage musical assez considérable. Le ballet des *Fumeurs de Kiff*, la comédie lyrique de *Georges Dandin*, le petit opéra-comique *la Bernoise*, deux cantates symphoniques et pittoresques, le *Hoyoux* et *Freyhir* avec son « homme au han » si justement applaudi au Concert populaire, voilà un catalogue qui n'est certes pas à dédaigner. Emile Mathieu est un travailleur qui aime son art, un convaincu sans esbroufe, un goût fin, aux inspirations toujours distinguées, tout le contraire d'un bâcleur. Voici qu'il aborde le drame lyrique et « la musique d'histoire », — pour emprunter un mot heureux à un de nos collaborateurs parisiens. Sa partition est déjà gravée. Il a trouvé un éditeur. Voil, qui est d'un bon augure. Ses efforts, du reste, sont dignes de l'intérêt qu'ils inspirent à tous, et il n'est personne assurément qui ne lui souhaite le succès qu'il ambitionne.

» On dirait que M. Camille Saint-Saëns a écrit pour M. Emile Mathieu, sa lettre à l'*Evénement*, dont nous donnions dernièrement un extrait. L'auteur d'*Henri VIII* fait, d'ailleurs, le plus grand cas du poète-compositeur de *Richilde*, et souvent il nous a parlé de lui avec beaucoup d'éloge. Comme M. Saint-Saëns, M. Mathieu est de ceux qui cherchent la synthèse des différents styles du drame lyrique, « chant, déclamation, symphonie, unies dans un équilibre permettant au créateur l'emploi de toutes les ressources de l'art, à l'auditeur la satisfaction de tous ses légitimes appétits ».

» Mais on pense bien que nous n'essayerons ni d'une analyse, ni, moins encore, d'une appréciation de *Richilde* après une audition au piano. Une œuvre de cette importance veut être jugée aux chandelles, et quelle que soit la verve de l'auteur, pianiste adroit jouant l'orchestre avec une souplesse de toucher qui donne l'illusion des timbres, chanteur phénoménal au registre invraisemblable, simulant tour à tour, ténor et baryton, contralto et soprano, et entonnant même, parole d'honneur, des chœurs à quatre parties réelles, il faudrait une singulière présomption de critique pour oser là-dessus entrer dans le détail d'une conception artistique qui, peut-être, a coûté à son auteur plusieurs années de labeur « improbe », comme disaient les Latins.

» Ce que l'on peut dire, dès à présent, c'est que ce labeur ne se sent pas. De ces pages nombreuses il ne se dégage pas la moindre odeur d'huile. Cette musique, très faite cependant, a un air de sincérité et de facilité qui fait naître la confiance. L'œuvre paraît solidement construite et délicatement décorée, et des contrastes habilement cherchés, oppositions de sentiments et de situations, y apportent une variété d'effets qui soutient l'attention en la faisant passer par des alternatives de terreur et d'humour, de violence, et de charme dont l'optique théâtrale, accentuera sans doute, les intentions et le caractère.

» Les directeurs de la Monnaie assistaient à cette audition avec plusieurs de nos confrères et quelques artistes. M. Joseph Dupont suivait sur la partition, donnant par-ci, par-là, un coup de collier à l'interprétation chorale, et M. Lapissida, les yeux sur le livret, se rendait compte de la mise en scène, qui prête à de curieuses restitutions moyen-âge, décors du pays flamand, costumes du onzième siècle. C'est à Audenarde que s'engage l'action. Audenarde est à la mode. Audenarde a de grandes chances de popularité. Voilà une belle partie à jouer pour le théâtre de la Monnaie. »

Lundi est revenu, devant le tribunal civil de Bruxelles, le procès du ténor Cossira contre MM. Dupont et Lapissida, directeurs du théâtre de la Monnaie. Les experts, ainsi que nous l'avons déjà dit, se sont prononcés en faveur des directeurs. Les experts, MM. Gevaert, Benoit et Stolmann déclarent " qu'ayant pris connaissance de la partition et du livret — qui ne contient aucun dialogue parlé, — ils estiment, d'après les traditions et les usages du théâtre, que le rôle de Nadir doit être rempli par M. Cossira, engagé pour chanter les rôles de ténor de grand-opéra, traductions au besoin et rôles y annexés. »

Ce dire a été contesté au nom de M. Cossira, dont Me Picard qui est venu apporter à l'audience des affiches des théâtres de Lille, Perpignan, etc., où les *Pêcheurs de Perles* sont joués par la troupe d'opéra-comique.

L'avocat de MM. Dupont et Lapissida, Me Hahn, a produit une déclaration de M. Choudens, éditeur de la partition, et de MM. Guiraud et Paladilhe, exécuteurs testamentaires de Bizet. Ils estiment que le rôle de Nadir, créé d'ailleurs au Théâtre-Lyrique, par un ténor de demi-caractère, genre de M. Cossira, doit être joué par l'artiste qui chante *Faust* et *Roméo*.

Le tribunal statuera prochainement.

A la même audience, on a introduit une nouvelle affaire entre les mêmes parties.

Les directeurs réclament à M. Cossira 10,000 fr. de dommages-intérêts pour le préjudice qu'il leur a causé.

CORRESPONDANCES

BERLIN, 24 avril.

L'événement de la semaine à l'Opéra royal de Berlin consiste dans la reprise longtemps attendue de *Don Juan*, remis à neuf, sous la direction du nouveau 'chef d'orchestre Ludwig Deppe. Cette représentation est restée de beaucoup au-dessous de ce qu'on attendait.

On étudie activement, au théâtre Kroll, la nouvelle opérette, burlesque et satyrique, dit le sous-titre, de Sir Arthur Sullivan : *Patience, ou Poète et Dragon.* La première est fixée aux premiers jours de mai. La représentation aura lieu en anglais, par la troupe qui a remporté tant de succès avec le *Mikado* du même compositeur.

Le peintre décorateur Lemaitre et le régisseur Barker sont arrivés de Londres afin de surveiller les répétitions. Sir A. Sullivan est attendu pour la première.

L'Orchestre Philharmonique de Berlin entreprendra une tournée 'de concerts d'un mois, de la mi-mai à la mi-juin, à travers l'Allemagne et la Hollande; de juin jusqu'à la fin de septembre il est engagé au nouveau Kursaal de Scheveningue, qu'on compte inaugurer vers la mi-juin.

Il paraît que les dix grands concerts d'abonnement de cet excellent orchestre, à Berlin, pendant la saison prochaine, seront dirigés par M. Hans de Bülow. MM. Félix Mottl et Karl Klindworth ont successivement refusé de diriger deux de ces concerts. Joachim a promis de diriger encore quelques concerts dans l'hiver de 1887-88; en outre, trois grands concerts avec chœurs sont projetés avec le concours des premières sociétés chorales de Berlin.

Dans le courant du mois prochain, trois grands concerts d'oratorio seront donnés en guise de préparation à la saison prochaine et au profit du nouveau fonds de l'orchestre. Le professeur Mannstaedt et Siegfried Ochs les dirigeront. Le programme comprendra l'*Achilleus*, de Max Bruch, la *Neuvième symphonie* et la *Walke des Hauses* de Beethoven, en outre des œuvres vocales de Schumann et de Mendelssohn. Le projet de deux concerts dans ce but, que devait diriger Hans Richter, a échoué.

Le théâtre de la Cour de Stuttgart vient de donner une reprise d'un opéra bien vieux-jeu et bien oublié : la *Marie Stuart* de Niedermeyer. Œuvre de prédilection du roi de Wurtemberg, paraît-il, qui l'a entendue dans sa jeunesse à Paris, et qui déjà, il y a sept ou huit ans, en avait commandé des représentations, qui cependant ne s'étaient guère maintenues au répertoire. La mise en scène de la reprise actuelle est, dit-on, splendide.

Le 21 courant a eu lieu la " première ,, depuis longtemps attendue du *Merlin*, de Karl Goldmark, au théâtre royal de Dresde.

ANVERS, 24 avril.

La Société royale d'harmonie a donné samedi, le 16 avril, son dernier grand concert, avec le concours de Mlle J. Raunay, cantatrice et de M. Stavenhagen, pianiste.

Le succès du concert a été pour le pianiste. Quoique tout jeune encore, d'apparence du moins, M. Stavenhagen a montré dans le concerto en *mi* de Liszt — dont il est un des derniers élèves — qu'il possède un mécanisme impeccable. Dans le Nocturne et la Marche funèbre de Chopin qu'il a jouée ensuite, il a prouvé qu'il est doué de sentiment musical. L'orchestre dirigé par son vaillant chef, M. Lemaire, a exécuté le Menuet de *Manon*, un fragment des *Maîtres Chanteurs* de Wagner, et la deuxième symphonie de Beethoven. Le Menuet de *Manon* a été détaillé si finement qu'on l'a bissé.

A la Société de musique, les répétitions de la *Passion selon Saint Mathieu* de Bach continuent. La date de l'exécution n'est pas encore fixée: Peter Benoit s'étant rendu à Cologne pour assister à une exécution de l'œuvre.

Lundi soir, la Société symphonique d'Anvers a donné son dernier concert de la saison, concert qui a pleinement réussi. L'orchestre, sous l'habile direction de M. Giani, a exécuté une symphonie d'Haydn et un concerto de Mozart avec soli de flûte et de harpe, fort remarquablement interprétés par M. Wieland, harpiste, et un amateur de la ville. Au même concert, il a été donné au public anversois d'applaudir une jeune et charmante cantatrice, Mlle Fina Rummel, qui, dans un air de Mozart et des mélodies de Massenet, Brahms et Behr, a fait preuve de très réelles et d'excellentes qualités. Son succès a été aussi grand que mérité.

LIÉGE, le 24 avril.

La grande préoccupation en ce moment de notre monde artistique, ce sont les préparatifs du concert d'inauguration de la nouvelle salle de concert du Conservatoire royal, qui aura lieu samedi prochain 30 avril. M. Théodore Radoux dirige depuis trois semaines les répétitions partielles et générales, qui promettent une exécution hors ligne.

Le programme, divisé en trois parties, comprendra l'exécution pour l'orchestre et les chœurs (600 exécutants) de la belle partition de *Patria* de M. Radoux et de la 9me symphonie de Beethoven; les soli seront confiés à Mme Elly Warnots, Mmes Montégu-Montibert et M. Montariol.

La virtuosité vocale sera représentée par Mlle Elly Warnots, qui chantera l'air de la *Reine de la nuit de la Flûte enchantée* de Mozart. Et la virtuosité instrumentale nous procurera l'occasion unique d'entendre à la fois quatre maîtres violonistes sortis de notre école : MM. Marsick, qui brille au premier rang à Paris, Eugène Isaye, aujourd'hui professeur au Conservatoire de Bruxelles, César Thomson et Rodolphe Massart, professeurs à notre Conservatoire, feront entendre ensemble le concerto pour 4 violons de L. Maurer et la *Rêverie* de Vieuxtemps qui sera jouée à l'unisson. De nombreuses invitations ont été adressées aux notabilités musicales du pays et de l'étranger, ainsi qu'aux représentants les plus marquants de la presse. On espère beaucoup que cette fête sera honorée de la présence du Roi, qui sera accompagné de plusieurs ministres. M. de Moreau d'Andoy, ministre des Beaux-Arts, a promis formellement d'y assister.

Le public n'aura qu'à se louer de la belle ordonnance de la nouvelle salle du Conservatoire. On n'a rien épargné pour la satisfaire. Dès qu'il a franchi le seuil, il entre dans un vestibule très spacieux, d'où un double escalier de marbre blanc le conduit au premier étage, où sont le foyer et les premières loges. Ces escaliers sont larges et la pente en est très douce. Le foyer, style Louis XIII, est décoré avec une simplicité fort élégante, et se termine à chaque bout par des glaces gigantesques d'une seule pièce qui mesurent douze mètres.

La salle, disposée comme celle du théâtre de la Monnaie, contient 1,700 places. L'air et la lumière y circulent abondamment pendant le jour et le soir, le gaz est remplacé par la lumière électrique.

En somme, c'est une salle de concert d'une coupe très agréable à l'œil, de proportions élégantes et d'aménagement intérieur commode. Elle est décorée, tout à la fois, avec une grande richesse et beaucoup de goût. L'or y abonde, mais les ornements auxquels il s'applique ne sont pas lourds. Ils flattent le regard et ne l'importunent point. Cette belle salle a un autre mérite, et qui est immense : c'est qu'il n'y a pas où les voix et les instruments sonnent mieux. L'orchestre y a un éclat splendide. Le chanteur le moins bien pourvu peut s'y faire entendre sans effort, les nuances les plus délicates y font leur effet. C'est en un mot une construction réussie qui fait le plus grand honneur à notre savant architecte, M. Laureut Demany.

JULES GHYMERS.

GAND, 24 avril.

Je n'ai rien à vous annoncer cette semaine; aussi je vais profiter du manque de nouvelles pour dresser le tableau du répertoire de notre théâtre pendant la saison qui vient de finir, en indiquant le nombre des représentations atteint par chaque ouvrage :

OPÉRAS ET GRAND-OPÉRA. — *La Juive,* 3; *le Trouvère,* 4; *la Favorite,* 4; *les Huguenots,* 5; *Robert le Diable,* 3; *Lucie de Lammermoor,* 7; *Faust,* 5 ; *Guillaume Tell,* 3; *Hamlet,* 9; *Hernani,* 4; *l'Africaine,* 4; *le Cid,* 11 (1); *la Traviata,* 3; *Rigoletto,* 1.

OPÉRAS-COMIQUES. — *Mignon,* 2; *le Maître de Chapelle,* 4; *les Dragons de Villars,* 2; *la Fille du Régiment,* 3; *le Châlet,* 4; *Bonsoir Voisin,* 2; *les Noces de Jeannette,* 3; *Carmen,* 3.

OPÉRETTES. — *Le Petit Duc,* 3; *la Fille du Tambour-Major,* 5; *la Mascotte,* 4; *la Fille de Mme Angot,* 2; *Lieschen et Fritschen,* 4; *le Grand Mogol,* 6; *le Jour et la Nuit,* 3; *le Cœur et la Main,* 2; *Joséphine vendue par ses sœurs,* 2.

COMÉDIE-VAUDEVILLE. — *Les deux Timides,* 2.

Parmi ces ouvrages, deux étaient des nouveautés pour Gand: *le Cid,* représenté pour la première fois ici, le 16 février 1887 ; et *Joséphine vendue par ses sœurs,* représentée pour la première fois, ici, le 2 mars 1887. Mme Albani s'est fait entendre le 22 mars 1887, dans *Lucie de Lammermoor,* et le 29 mars 1887, dans la *Traviata.* Mentionnons enfin la représentation du *Fiacre 117,* avec Mme Marie Kolb, le 14 octobre 1886, et celle de *Don César de Bazan,* avec M. Coquelin aîné, le 16 décembre 1886.

Il n'est pas sans intérêt de comparer ce tableau avec celui de la campagne précédente ; comme je ne l'ai point dressé l'année passée pour 1885-1886, je répare maintenant cette omission.

OPÉRAS ET GRANDS-OPÉRAS. — *La Juive,* 5; *la Favorite,* 5; *Guillaume Tell,* 7; *le Trouvère,* 5; *les Huguenots,* 8; *la Traviata,* 1 ; *Robert le Diable,* 5; *Rigoletto,* 4; *l'Africaine,* 6; *Lucie de Lammermoor,* 3; *Charles VI,* 4; *Aïda,* 3; *Faust,* 7; *Jérusalem,* 16; *le Prophète,* 3; *Hernani,* 2; *la Reine de Chypre,* 2.

OPÉRAS-COMIQUES. — *Le Châlet,* 2; *Galathée,* 3; *le Barbier de Séville,* 1.

OPÉRETTES. — *Le Grand Mogol,* 10; *les Petits Mousquetaires,* 1 :

_____

(1) Ce chiffre si élevé pour Gand; il a cependant été dépassé par celui des représentations de *Lohengrin*, qui a été joué 15 fois en 1880-1881, et cela dans une langue étrangère, par une troupe allemande, (V. *Guide Musical*, 1886, p. 189).

la *Chanson de Fortunio*, 5 ; .*M. Choufleuri restera chez lui le*.., 6 ; *Mam'zelle Nitouche*, 1 ; *les Braconniers*, 7 ; *la Fille du Tambour-Major*, 1 ; *le Petit Faust*, 4.

COMÉDIES. — *L'Arlésienne* (avec la musique de Bizet), 3 ; *le Dépit Amoureux*, 2 ; *le Gendre de M. Poirier*, 1 ; *le Maître de Forges*, 2 ; *les Amours de Cléopâtre*, 3 ; *les Deux Timides*, 3 ; *la Doctoresse*, 1 ; *les Sonnettes*, 1 ; *le Voyage de M. Périchon*, 2.

Parmi ces ouvrages, il y avait quatre nouveautés pour Gand : *l'Arlésienne*, 2 octobre 1885 ; *le Grand Mogol*, 1 novembre 1885 ; *les Petits Mousquetaires*, 23 novembre 1885 ; *les Braconniers*, 1 février 1886. *Mam'zelle Nitouche* fut jouée le 24 janvier 1886 par la troupe complète du théâtre des Galeries St-Hubert de Bruxelles. Mentionnons la représentation du *Bourgeois Gentilhomme* et du *Médecin malgré lui*, avec M. Talbot, le 19 novembre 1885, celles du prestidigitateur américain Hermann, les 11 et 18 février 1886, et celle de *Antoinette Rigaud*, le 30 mars 1886.

P. B.

TOURNAI, 25 avril.

M. Maurice Leenders, l'excellent et sympathique directeur de notre Académie de musique vient de recevoir du Comité central de la Société royale des Sauveteurs de Belgique, siégeant à Bruxelles, la grande médaille de première classe pour services rendus à l'œuvre.

Cette distinction est, des plus flatteuses et a été bien méritée par M. Leenders qui, on le sait, n'a ménagé ni sa peine, ni son dévouement pour l'organisation des nombreux concerts qui ont été donnés pour les victimes de la catastrophe de Quaregnon.

Petites Nouvelles

Réparons une inexactitude dans notre dernier article sur l'histoire de *Lohengrin*. Nous avons dit que lors de la reprise de cet ouvrage en 1878, à Bruxelles, M. Victorin Joncières avait assisté à la représentation et avait envoyé à *la Liberté* un feuilleton développé. Après vérification il se trouve que M. Joncières n'assista pas à la reprise de *Lohengrin* ; c'est d'après des notes probablement rapportées par un ami qu'il rédigea son article, d'ailleurs très sommaire, de *la Liberté*.

Voici la liste exacte des journalistes français qui assistèrent à cette représentation : Daniel Bernard (*Union*), Armand Gouzien (*Journal de musique*), Jules Guillemot (*Soleil*), Adolphe Jullien (*Français*), Magnas (*Télégraphe*), Ed. Noël (*l'Ordre*), Albert Soulier (*le Soir*), et Edmond Stoullig (*Courrier d'État*). M. Ernest Guiraud était à Bruxelles où l'on venait de donner son opéra-comique, *Piccolino*. Nous devons ces renseignements très précis à l'obligeance de M. Adolphe Jullien qui est mieux que personne à même d'être exactement informé, puisqu'il était, dès lors, parmi les admirateurs les plus passionnés du maître de Bayreuth et qu'il était « du voyage ».

Ajoutons que ce n'est pas par Milan en 1868, mais par Bologne en 1871 que *Lohengrin* fait son entrée en Italie. A la fin de la saison, on transporta tout le spectacle à Florence pour quelques soirées. Ce n'est qu'en 1873 que *Lohengrin* parut à Milan, mais il n'eut pas de succès pour des causes multiples qui sont étrangères à la musique. A Turin, en 1877, *Lohengrin* fut un grand succès, ainsi qu'à Rome en 1878 et en 1879.

Les journaux de Paris annoncent que M. Brasseur vient de louer la salle des Nouveautés, pendant les mois de juin et de juillet, à une compagnie d'artistes qui se propose d'y représenter une opérette très connue et qui, avant de venir s'installer à Paris, a fait son tour d'Europe : *l'Étudiant pauvre*, de Millöcker.

On sait que c'est le 3 mai, à Florence, que doit avoir lieu la cérémonie solennelle de l'inhumation des restes de Rossini dans l'église de Santa-Croce.

Le syndic de Florence avait invité Verdi à assister à cette cérémonie.

L'illustre maître a répondu :

« Illustre seigneur syndic,

» , , Il est question de Rossini, que personne n'a jamais admiré plus que moi, et pour cette admiration même je devrais accepter l'invitation que vous me faites l'honneur de m'adresser, si ce n'était que par le fait d'anciennes habitudes et mon âge, du besoin que j'ai de tranquillité, je désire rester éloigné de toutes ces démonstrations, par leur nature trop souvent expansives.

» C'est pour ces raisons que je me vois forcé de décliner l'honorable charge que vous auriez voulu me confier.

» Veuillez m'excuser si je ne puis me rendre à Florence à cette occasion, et en même temps agréer, etc.

» Votre tout dévoué,

» VERDI. »

Vienne sera la première ville, après Milan et Rome, à qui il sera donné d'entendre l'*Otello* de Verdi. Cet ouvrage sera donné à l'Opéra impérial, le 4 octobre prochain, à l'occasion de la naissance de l'empereur d'Autriche.

Le gouvernement russe vient de prendre une mesure qui intéressera certainement les artistes lyriques et dramatiques.

Afin d'éviter que des troupes d'artistes se trouvent surprises par des directions qui ne peuvent faire face à leurs engagements, à l'avenir tout directeur ou entrepreneur de théâtre ne pourra ouvrir une salle et donner des représentations sans avoir préalablement déposé comme garantie du paiement des artistes une somme de 2,000 roubles, soit *huit mille francs*.

Cette mesure est appliquée pour le moment à la ville de Varsovie.

VARIÉTÉS

ÉPHÉMÉRIDES MUSICALES

Le 29 avril 1827, à Berlin, *Die Hochzeit des Gamacho* (*Les Noces de Gamache*), opéra-comique, 2 actes, de Mendelssohn. — Succès d'estime. Le jeune auteur fut rappelé après la chute du rideau, et ses parents comme ses amis crurent à une réussite ; mais il avait le jugement trop sain et trop droit pour se laisser abuser par les apparences. Il retira néanmoins sa pièce, qui n'eut pas de seconde représentation. Les petitesses de l'administration, la basse jalousie de Spontini, alors directeur général de la musique à Berlin, sentiment indigne d'un homme de génie, surtout vis-à-vis d'un débutant ; les mesquines intrigues des acteurs, les mystères des coulisses, le désordre des répétitions, amusèrent Mendelssohn et le firent rire ; mais à la fin, le dégoût ne tarda pas à venir, et avec lui le découragement. (*Les Mendelssohn-Bartholdy*, par Ernest David, Paris, Lévy 1886.)

— Le 30 avril 1855, à Paris, *Te Deum* d'Hector Berlioz.

Berlioz ne dit rien dans ses *Mémoires* de ce *Te Deum*, qu'il fit exécuter à Saint-Eustache, la veille de l'ouverture de l'Exposition universelle de 1855, mais il en parle un peu dans ses lettres à son fils et à son ami Auguste Morel. Il écrit à celui-ci : « Vous me demandez de vous parler du *Te Deum* ; c'est très difficile à moi. Je vous dirai seulement que l'effet produit sur moi par cet ouvrage a été énorme et qu'il en a été de même pour mes exécutants. En général, la grandeur démesurée du plan et du style les a prodigieusement frappés, et vous pouvez croire que le *Tibi omnes* et le *Judex* dans deux genres différents, sont des morceaux babyloniens, ninivites, qu'on trouvera bien plus puissants encore, quand on les entendra dans une salle moins grande et moins sonore que l'église Saint-Eustache. »

La seconde fois qu'on a entendu à Paris (juillet 1888) un fragment de ce *Te Deum*, c'était en plein air. Ce *Te Deum* est écrit pour trois chœurs, grand orchestre et orgue concertants ; mais il n'y a pas de parties chorales dans la Marche des Drapeaux. Selon une disposition familière à Berlioz, après un chant large exposé par les instruments à vent, après le thème du *Te Deum* qui reparaît lancé par les cornets et le saxhorn aigu, après une phrase incidente chantée par les instruments à cordes, le premier thème reparaît à toute volée sous, des arpèges de harpe, et tout à la fin l'orgue renforce encore ce tutti formidable avec les tambours. C'était bien là un morceau qui devait produire un grand effet, même en plein air et sans orgue : il n'en a pas produit moins que Berlioz n'espérait.

ADOLPHE JULLIEN.

— Le 1er mai 1880 (1), à Gand, *Un jour à Vaucluse*, opéra-comique en un acte, de M. J. Mengal. — Longtemps 1er cor au théâtre de l'Opéra-Comique à Paris, Mengal y fit jouer trois pièces dont deux : *Une Nuit au château*, en un acte, puis *les Infidèles*, en trois actes, obtinrent du succès. Le *Vampire* et *Un Jour à Vaucluse*, joués à Gand, passèrent inaperçus. C'est pour mémoire que nous rappelons cette période de sa carrière artistique ; il restera à Mengal un titre d'une autre sorte qui a bien sa valeur, il a été le premier directeur nommé du Conservatoire de musique de Gand, et Gevaert a été son élève.

— Le 2 mai 1864, à Paris, décès de Giacomo Meyerbeer (Jacques-Meyer Beer), à l'âge de 73 ans. Sa naissance à Berlin, le 5 septembre 1791.

Quand on voit à quel immense labeur s'est livré Meyerbeer, quand on examine par quelle solide éducation il a commencé, quelle rude discipline il a subie, quelles études successives il a faites du génie allemand et du génie italien, de la musique vocale et de la musique instrumentale, quelles recherches infatigables l'ont mis au courant de toute

(1) Fétis et Gregoir disent par erreur 1825 et 1828.

les inventions mécaniques, industrielles, relatives à la musique, quelle poursuite obstinée lui a fait connaître toutes les combinaisons mélodiques ou orchestrales trouvées par tous les artistes de tous les pays, on se rend compte que sa puissance de contrastes et d'effets n'était que le résultat de prodigieux efforts; on comprend à quel prix il a pu ajouter une octave au clavier de la musique dramatique.

(Soixante ans de souvenirs.)   ERNEST LEGOUVÉ.

— Le 3 mai 1825, à Paris, *le Maçon,* trois actes d'Auber. La plus populaire des œuvres légères du spirituel maître français; l'Opéra-Comique lui garda un souvenir qui se traduit encore tous les jours par des bravos. En Allemagne, on dit *le Maçon* et *le Serrurier,* pour désigner la pièce d'Auber; on l'y joue très fréquemment. Seul le *Nationaltheater* de Vienne lui fit mauvais accueil, puisqu'elle n'y eut qu'une représentation (2 août 1826); mais le *Hofopen theater* l'a relevée le 16 septembre 1884 et depuis elle n'a plus quitté le répertoire.

— Le 4 mai 1820, à Londres (King's theatre), *Tancredi* de Rossini. Le fameux air *Di tanti palpiti* fut *vehemently encored,* dit Parke dans ses Mémoires. On a vu successivement dans cette même pièce à King's theatre ; Mmes Pasta, Viardot, Albani et Johanna Weber. — Lieu d'origine : la Fenice, à Venise, le 6 février 1813.

— Le 5 mai 1842, à Paris, décès de Pierre-Jean-François Elleviou, à l'âge de 73 ans. Il fut frappé d'apoplexie en sortant des bureaux du *Charivari,* où il venait d'avoir une explication vive. — Sa naissance, à Rouen, le 2 décembre 1769.

Le nom du brillant chanteur, sous le premier Empire, est resté dans le vocabulaire théâtral ; on dit encore les Elleviou pour les ténors.

Un croquis au crayon, qui a passé sous les yeux de Charles Monselet, représente Elleviou, à la fin de ses jours, coiffé d'une perruque rousse à la Jocrisse, vêtu d'une houppelande et chaussé de souliers épais, le nez barbouillé de tabac, tirant gravement de sa poche un mouchoir de couleur. Et c'était là ce qui restait de ce Don Juan d'autrefois que plus d'une femme se rappelait en soupirant. (Voir *Statues et statuettes.* Paris, Giraud, 1852, p. 223.)

BIBLIOGRAPHIE

WRONSKI ET L'ESTHÉTIQUE MUSICALE, par Charles Henry. — LA THÉORIE DE RAMEAU SUR LA MUSIQUE, par le même, Paris, A. Herman 1887. — Sous le titre *Wronski et l'esthétique musicale,* M. Charles Henry réimprime des pages importantes du philosophe slave, publiées en tête de l'*Esthétique musicale* du comte Camille Durutte, volume devenu très rare. Wronski affirme que " les seuls nombres premiers 1, 2, 3, 5, 17 sont musicaux, tandis que 7, 11, 13 sont exclus de la musique „

C'est une remarquable intuition de la théorie du rythme à laquelle M. Charles Henry a donné toute la certitude possible, en considérant que l'être vivant ne peut décrire continuellement que des circonférences entières ou partielles : sa mécanique ne dépasse pas celle du compas : il est donc empêché de réaliser continuement toute section de circonférence, marquée par des nombres comme 7, 11, 13, etc., qui dépend d'équations du degré supérieur au second.

On trouvera tous les développements nécessaires dans la théorie de la dynamogénie que l'auteur annonce en introduction à son cercle chromatique.

Il Teatro illustrato (Milan, Sonzogno). Livraison du mois d'avril.
Illustration avec texte : F. Tamagno (portrait); *M. de Morat,* drame du théâtre du Vaudeville à Paris ; *Proserpine* de Saint-Saëns, à l'Opéra-Comique ; la *Walkyrie* de Wagner, à Bruxelles ;

Texte : Le sentiment musical perfectionné par l'éducation, par Langhans (suite) ; théâtre de Milan (*Otello,* 25° représentation) ; opéras nouveaux : la *Fiera d'Arienzo, Giuditta* de Falchi ; une visite de Verdi à Gênes ; Paris, Monaco, Vienne, Alexandrie (Egypte) ; *Carmen* au théâtre d'Udine ; musique idéale par Galli ; conférence Langhans ; Verdi, organiste ; bibliographie musicale, concerts, concours, bulletin de mars, etc.

Musique : une mélodie pour piano de Romaniello ; une romance pour chant et piano de Beethoven ; une rêverie pour piano de Schumann.

XXXIIIe ANNÉE   5 et 12 Mai 1887   NUMÉROS 18.19

Le Guide Musical

Paraissant tous les jeudis.

ABONNEMENT   SCHOTT FRÈRES, ÉDITEURS.   ANNONCES

FRANCE & BELGIQUE, 10 francs par an.   Paris, Boulevard Montmartre, 19   LA LIGNE . . . . Fr. 0.50

LES AUTRES PAYS, 10 francs (port en sus)   Bruxelles, Montagne de la Cour, 82   On traite à forfait pour les grandes annonces.

AVIS. — Du 1er mai au 1er septembre, le *Guide musical* ne paraît que tous les quinze jours.

Le Livret d'opéra français
DE LULLY A GLUCK
1672-1779
(Suite. — Voir le dernier numéro.)

Avec *Issé, Obnone, Castor et Pollux, Dardanus, Scylla, etc., etc.*, nous retombons dans la Mythologie, le Madrigal, les petits sujets chantés en petits vers. *Scanderbeg* (1) semble faire exception à la règle; encore s'aperçoit-on vite que le titre seul de l'ouvrage est emprunté à l'histoire. Le prologue, en effet, met en scène deux Muses de l'opéra. Epuisées sur l'Antiquité, elles souhaitent un sujet moderne et s'entretiennent sur la manière de le remplir. La Magie vient leur offrir ses secours, qu'elles refusent; mais elles lui font meilleur accueil à l'Amour, qui leur propose *Scanderbeg*, prince turc.

Nous comprenons déjà que l'épisode, mis en opéra, est moins inspiré par une étude historique que par le roman d'*Amurat*, publié en 1682, et les *Mémoires du Sérail* de Mme de Villedieu, qui parurent peu de temps après. Jean Castriot, l'Alexandre des Turcs, levainqueur farouché de Croïa et de Belgrade, n'est plus qu'un amoureux digne de figurer dans le cortège de Vénus et des Oracles. Tous ces opéras de

(1) La mort vint surprendre la Motte avant que *Scanderbeg* fut achevé. Le cinquième acte est de La Serre qui composa également le Prologue. De cette collaboration posthume, résulte une certaine incohérence dans l'ouvrage. Outre que le dénouement de l'action ne répond pas à l'engagement, on s'étonne de voir brusquement disparaître dès le premier acte, cet Osman, ami et confident de Scanderbeg, qui s'annonçait comme devant être le *Deus ex machina* de la pièce.

La Motte, d'ailleurs, n'offrent autre chose qu'une longue suite de bouquets à Chloris; très gentiment rimés pour la plupart, mais qui deviennent à la longue d'une insupportable fadeur. Ce ne sont que fleurettes, chansonnettes, galanteries, peines et tourments d'amour, *concetti* à la manière italienne, tels que cet air de l'*Europe galante* :

> Doris était ma première amourette.
> Vous êtes mon premier amour, etc....

Campistron avait déjà fait dire à son *Achille* :

> On m'a privé de l'objet que j'adore,
> Ce serait trop d'horreur de me priver encore,
> De l'objet de mon amitié.

Et avec cela un abus ridicule de l'apostrophe qui fait que chaque monologue commence invariablement par une invocation.

Ainsi dans Issé :

> Vous, ruisseaux amoureux de cette aimable plaine,
> Coulez si lentement et murmurez si-bas
> Qu'Issé ne vous entende pas.
> Zéphirs, remplissez l'air d'une fraîcheur nouvelle,
> Et vous, échos, dormiez comme elle.

Et quelques scènes plus loin :

> Arbres sacrés, rameaux mystérieux.
> Troncs célèbres par qui l'avenir se révèle,
> Temple que la nature élève jusqu'aux cieux.
> A qui le printemps donne une beauté nouvelle,
> Chênes divins, parlez tous.

Dans les *Elémens* du poète Roy, on s'imagine entendre une litanie à la nature :

> Coulez ondée, coulez, volez, rapides feux.
> Volle azuré des airs, embrassez la nature.
> Terre, enfante des fruits, couvre-toi de verdure,
> Naissez, mortels, pour obéir aux Dieux.
> Brillez, naissantes fleurs, vous êtes à la terre
> Ce que les astres sont aux cieux.
> Coulez ruisseaux, amans de la verdure.
> Chantez oiseaux, chantez, peuple toujours heureux
> Torrens qui descendez de la voûte céleste
> Arrêtez, demeurez suspendus dans les airs.
> Vous ormeaux, relevez vos languissans feuillages,
> Oiseaux intimidés à l'aspect des orages
> Reprenez vos concerts.

Ce qui distingue encore les opéras de cette époque, c'est l'idée bien arrêtée, chez le poète, de parler pour ne rien dire. Le logogriphe même, est accepté, si on réussit à le faire passer à la faveur d'une mélodie agréable. Que peuvent bien vouloir dire ces vers de *Dardanus ?*

> D'un amant empressé, lui parler le langage,
> C'était me prévaloir du titre de vainqueur ;
> Et je ne veux, pour obtenir son cœur,
> Employer d'autre avantage,
> Que l'excès de mon ardeur.

Un peu plus loin, Iphise dit, parlant de Dardanus :

> D'un penchant si fatal, rien n'a pu me guérir,
> Jugez à quel excès je l'aime !
> En voyant à quel point je devais le haïr.

Boileau s'étonnait qu'un auteur de son temps eût choisi Childebrand pour héros d'un poème.

Qu'eût-il pensé, bons dieux ! des noms des personnages introduits dans les opéras de La Motte ? Ceux-ci s'appellent Dodone, Marthésie, Campaspe, Arcabonne, Arcalaüs, Ceïx, Béroë, etc.

Il est à remarquer que les noms barbares sont en faveur. Après Coronis, Théagène, Chariclée, Hippodamie, nous aurons Callirohè, Télèphe, Théonoë, Pyrithoüs, Télégone, Nittetis, Zébindor, Zélisca, Isménor, Arneris, etc., etc.

Les deux volumes du *Dictionnaire de la Fable* sont indispensables à qui veut se débrouiller dans ces pièces mythologiques, qui n'ont de la tragédie que le titre. Quant à la forme, elle ne varie pas, que l'opéra soit de La Motte ou de Danchet, de Roy ou de Cahuzac, de La Marre ou de Marmontel ; et qui, par hasard, a lu un seul de ces opéras peut se dispenser d'étudier les autres. C'est le même amalgame souvent froid et prétentieux.

> De doux, de tendre et semblables sornettes,
> Petits mots, jargons d'amourettes
> Confits au miel,

au moyen desquels Lully avait jadis tenté d' « enquinauder » le bon La Fontaine (1).

Nous pensions à un moment, avoir trouvé le modèle des livrets d'opéra en lisant, dans les *Trois siècles*, l'appréciation suivante d'un ouvrage de La Marre : « On remarque dans *Zaïde, reine de Grenade*, de l'ordre dans le plan, de l'intelligence dans la distribution des scènes, du naturel et de la vérité dans les idées et les expressions, du sentiment et du pathétique dans les situations ».

Or, voici le sujet de la pièce : deux chefs Maures, Zulémat et Almanzor, se disputent la main de la reine Zaïde. Le premier, se doutant que son rival lui sera préféré, tente de l'assassiner au milieu d'une chasse ; mais Almanzor se défend avec courage sous les yeux de Zaïde, poursuit Zuléma, l'atteint, et le blesse à mort. On devine qu'un bel et bon mariage couronnera ce haut fait d'armes. Deux personnages épisodiques, Isabelle et son amant Octave, servent de confidents à chacun des amoureux et s'épousent à leur tour. Il n'y a rien là de bien remarquable

(1) *Le Florentin.*

comme action, et les scènes sont distribuées de telle sorte, que l'auditeur, au commencement de chaque acte, est obligé de deviner ce qui a pu se passer dans l'entr'acte précédent. Il est à remarquer aussi que l'idée est le plus souvent noyée dans des réticences, des sous-entendus, des ellipses, qui justifient peu l'éloge que nous citions plus haut.

Écoutez plutôt cet aveu d'Isabelle :

> Zaïde choisit un époux,
> Les sujets de sa main vont recevoir un maître.
> Zuléma trop fier, trop jaloux,
> Si j'en crois mes soupçons, pourrait bien ne pas l'être.

La scène qui suit n'est pas de beaucoup plus claire, c'est Octave qui parle :

> Ménageons avec adresse
> Ce prince dangereux.
> Dans la fête qui l'intéresse
> Ne parlons que de nos feux,
> Et laissons à la princesse
> A nommer l'amant heureux.
> Si je perds ce que j'aime
> Quel sera mon secours ?
> Si je cours ?
> Quand l'amour est extrême
> La crainte l'est toujours.

Enfin, nous remarquons dans la pièce un chœur de chasseurs, qui pourrait être signé par Scribe.

> Prends tes armes, fais un choix
> Des plus beaux traits de ton carquois, etc.

et un ballet, dansé à Grenade, *par des soldats turcs.*

Le lecteur conclura avec nous que *Zaïde* n'est point un chef-d'œuvre ; mais pourrons-nous en vouloir à l'abbé Sabathier (1) de se montrer aussi accommodant, maintenant que nous savons à quel niveau inférieur l'opéra est tombé depuis la mort de Quinault ?

Louis XIV a bien essayé dans le Règlement du 11 janvier 1713 (2) de réhabiliter le poème d'opéra, en assimilant le parolier au musicien pour la répartition des droits d'auteur. Par malheur, le même décret instituait un comité de *gens d'esprit* chargé de juger les œuvres présentées à l'Académie de musique et chacun sait que les gens d'esprit sont les ennemis de la littérature, comme les dilettanti sont la plaie de la musique.

(*A suivre.*)　　　　　EUGÈNE DE BRICQUEVILLE.

LOHENGRIN A L'EDEN-THÉÂTRE

La répétition générale devant la presse

Samedi dernier, M. Lamoureux avait eu l'excellente idée de convier la critique et la presse à entendre l'œuvre de Wagner. La salle était comble ; on remarquait MM. Francis Magnard, Rochefort, Clémenceau, Sarcey, Wilder, Robert de Bonnières, Schuré, Fourcaud, Ambroise Thomas, Emmanuel Chabrier, Gabriel Fauré, Arthur Pougin, Oscar Comettant, Adolphe Jullien, Ernest Guiraud, Louis Gallet, les éditeurs Durand, Enoch et Costallat, Hartmann, Mme Augusta Holmès, Bordes-Pène, le chef d'orchestre Garcin, le pianiste-compositeur Diémer, etc., etc. Tout le monde se reconnaît, se

(1) Auteur des *Trois siècles de la littérature.*
(2) Règlement concernant l'Académie royale de musique, fait et arrêté à Versailles.

salue, s'installe et cause avec la tranquillité satisfaite, la volup-tueuse sécurité que donne la certitude d'un plaisir délicat qui vous attend... Puis, M. Lamoureux paraît, et c'est une explosion unanime de battements de mains et de bravos prolongés, avec une conviction qui a dû fort toucher l'éminent chef d'orchestre. Enfin, au signal donné, un silence religieux s'établit.

Dès les premières mesures du prélude, on sent s'exercer cette contagion d'impressions dont Wagner a le secret; nul comme lui ne sait s'emparer de l'âme d'une foule, pour peu qu'elle s'y prête, et la diriger, par l'action d'un bienfaisant magnétisme, dans la voie et vers le but que son génie a rêvés. Ce prélude soulève déjà des applaudissements enthousiastes; la finesse des nuances, la beauté du son, la perfection toute vivante de l'ensemble, s'impo-sent, et pénètrent déjà le public d'élite de l'idée des jouissances qui lui sont réservées. Vraiment Wagner n'existe pleinement qu'à la scène, les plus obtus finissent par le sentir, et ceux qui ont entendu ses œuvres au concert sont frappés par la comparaison. Je n'ai pas à faire ici une analyse, mais à signaler les passages qui ont le plus porté. Dès que les chœurs se font entendre, c'est un véritable ébahissement chez le plus grand nombre des audi-teurs, habitués aux à peu près de nos scènes lyriques, et toujours plus sensibles à la perfection vocale qu'à la perfection instrumen-tale. Cet étonnement agréable ne fait que croître jusqu'à l'arrivée du chevalier au cygne; il éclate alors avec une véhémence que peut seul calmer le désir de perdre une note de cette merveilleuse entrée du héros... Il m'a semblé pourtant que ce chœur en _la_ majeur, _Quel charme pur_, où la mélodie est dite à l'unisson par les ténors et les contralti, n'avait pas tout à fait le charme et le moelleux voulus... Jusqu'à la fin de l'acte, l'assis-tance est puissamment captivée; après la finale, c'est un tonnerre qui ébranle les voûtes de l'Eden.

L'excellent Sarcey n'a pas tout à fait tort, dans son article bonhomme de ce matin (mardi) à la _République française_, quand, parlant de « ce sacré grand coquin de duo par où s'ouvre le second acte », il dit « qu'il a bien donné cent sous de sa poche pour savoir dans quelle langue ils dialoguaient; car il n'entendait pas un traître mot de leur conversation ». En effet, s'il y a un reproche à faire à l'admirable interprétation de _Lohen-grin_, il porterait sur ce point : la diction, la prononciation claire, nette. Dans le duo entre Frédéric et Ortrude, la chose est encore plus importante qu'ailleurs. Je dois louer les efforts que fait M. Blauwaert dans le sens de la prononciation nette; mais il y a chez nous toute une tradition à établir, toute une école à fonder dans cet ordre d'idées, surtout pour les chanteuses, et M. Lamou-reux y arrivera comme il est arrivé au reste. Il faut dire, à la louange de M. Van Dyck, qu'il est de tous celui qui, non seule-ment est le mieux pénétré de l'importance de la prononciation, mais aussi celui qui réussit le mieux à passer de la théorie à la pratique..... Mme Fidès-Devriès, plus en voix qu'au premier acte, obtient un succès très flatteur dans sa cantilène du balcon; elle reste plus chanteuse qu'actrice, et se maintient dans la voie traditionnelle; elle est costumée avec beaucoup de goût et d'ha-bileté; ses attitudes sont d'une grâce chaste qui charme tout le monde. Franc succès aussi pour M. Auguez dans la triple procla-mation rituale du Héraut, où il est excellent; dans la même scène, le chœur des hommes soulève des applaudissements fré-nétiques. Un petit accident, une entrée manquée (dont l'incon-vénient, grâce à la merveilleuse présence d'esprit de M. Lamou-reux, aurait pu être dissimulé, si l'acteur en faute, troublé par son oubli, n'eût manqué de mémoire en scène) est venu refroidir un peu cette fin du deuxième acte, où l'on avait eu l'occasion d'admirer les sonneries des cuivres, le pittoresque des costumes et surtout leur parfaite harmonie avec le beau décor, chose qui n'est pas commune.

Je ne crains pas de dire que M. Van Dyck s'est révélé grand artiste au troisième acte. Déjà, au premier, on avait été frappé de sa transformation à la scène, de l'aisance de son jeu; en lui tenant compte d'une émotion visible et bien naturelle, on avait démêlé chez lui des qualités qu'il n'avait pas eu l'occasion de montrer au concert, où ses tendances dramatiques pouvaient sembler à quelques-uns empreintes d'exagération; la scène a remis tout en place, et c'est un homme nouveau que nous avions en face de nous. Pour un premier essai, c'est merveilleux, et dès mainte-nant, pour toutes sortes de raisons, il faut fonder le plus grand espoir sur M. Van Dyck, au point de vue de l'interprétation des

œuvres wagnériennes; ce qu'on peut encore avoir à lui reprocher, ne compte pas à côté des qualités dont il a fait preuve. Dans le fameux duo d'amour du troisième acte, qu'il avait souvent chanté au concert, je ne le reconnaissais plus; il s'était montré tour à tour tendre, impérieux, noblement désolé, avec une sou-plesse qui mérite les plus grands éloges. Mme Devriès, elle aussi, y a été fort belle, et c'était un enchantement que ce duo, si neuf, si saisissant et si clair, au point de vue dramatique. Mais c'est surtout dans la grande scène finale (et c'était là le difficile) que M. Van Dyck s'est montré supérieur; je le répète, dans le récit du Mont Salvat, dans les Adieux, dans l'appel au Cygne, il a été superbe, convaincu, entraînant; on peut dire désormais qu'il y a en lui l'étoffe d'un artiste hors ligne, pour l'intelligence, la voix, le jeu et la prononciation.

Je n'ai rien dit de M. Couturier (le Roi); il était enroué et un peu embarrassé de sa personne. Quant à Mme Duvivier, elle a des passages très remarquables, mais elle n'était pas en voix ce soir-là. Je ne lui ai pas trouvé assez d'éclat dans la superbe invo-cation à ses dieux, Odin et Freia, au deuxième acte.

L'impression de samedi soir a été profonde, et même les tièdes ont reconnu qu'en mettant la valeur de l'œuvre à part, il faudrait s'incliner devant la beauté merveilleuse de l'interprétation : elle mériterait à elle seule qu'on fît le voyage de l'Eden. J'avoue moi-même, qu'ayant entendu les plus belles exécutions dramatiques de l'étranger, et de l'Allemagne en particulier, je n'hésite pas à reconnaître hautement et sincèrement la supériorité de l'exécu-tion de M. Lamoureux; pour l'orchestre et les chœurs, les élé-ments sont d'un choisi incomparable, admirablement dressés (et ici il faut rendre hommage, pour les chœurs, à la conscience, à la vive intelligence, au zèle si éclairé, si profondément artistique de M. Vincent d'Indy). Tout cela, enfin, reçoit la magnifique impul-sion de M. Lamoureux, qui conduit avec un nerf et une sou-plesse sans égales, et qui vient de gagner un beau titre de gloire.

BALTHAZAR CLAES.

La Représentation

Salle comble, salle magnifique, mardi soir et soirée triomphale, car en dépit des antiwagnériens c'est par une acclamation una-nime et trois fois renouvelée que s'est terminée cette première, tant attendue et si redoutée.

Les prétendus patriotes qui ont mené tant de tapage à propos de _Lohengrin_ auront beau faire, ils ne réussiront pas à donner le change, le public parisien, malgré leurs efforts, est resté le public le plus fin, le plus lettré, le plus artiste du monde.

Il a suffi que cette œuvre ait attaquée, fût représentée devant lui pour qu'il en proclame la merveilleuse beauté et la saisissante puissance. C'est ce qu'ont dit les bravos chaleureux qui ont éclaté de toutes parts, après toutes les scènes capitales, et les ovations qui se sont renouvelées à la fin de chaque acte.

Il est intéressant de noter que c'est non pas, aux quelques morceaux construits selon la recette traditionnelle de l'ancien opéra, mais aux bons endroits, aux parties nouvelles, à celles où s'annonce le Wagner de _Tristan_ et du _Ring_, c'est à ces pages précisément de _Lohengrin_ qu'ont été décernées les marques les moins équivoques de l'admiration de ce public parisien qu'on veut nous faire croire si arriéré qu'il n'est.

La vérité, c'est que demain, M. Lamoureux pourrait jouer de-vant ce public, _Tristan_, _Parsifal_, la _Walkyrie_, avec la certitude d'un énorme succès.

Ce qui a triomphé, mardi soir à Paris, ce n'est pas Richard Wagner, ce n'est pas la musique allemande, c'est l'art vrai, c'est l'art pur, c'est l'art tout court, si vous voulez, l'art des hauts sommets de l'esprit humain.

Je me borne à cette simple constatation. Elle me suffit.

M. K.

P.-S. Au moment de mettre sous presse, nous apprenons qu'en pré-sence des tentatives de manifestation qui ont eu lieu devant l'Eden, M. Lamoureux retire définitivement _Lohengrin_.

Voici la lettre qu'il adresse à tous les journaux, ce soir :

« Monsieur le directeur, j'ai l'honneur de vous informer que je re-nonce définitivement à donner des représentations de _Lohengrin_.

» Je n'ai pas à qualifier les manifestations qui se produisent, après » l'accueil fait par la presse et le public à l'œuvre que, dans l'intérêt » de l'art, j'ai fait représenter à mes risques et périls, sur une scène

, française. C'est pour des raisons d'un ordre supérieur que je
, m'abstiens, avec la confiance d'avoir agi exclusivement en artiste,
, et avec la certitude d'être approuvé par tous les honnêtes gens.
, Veuillez agréer, etc. ,

Il n'y aura pas de seconde représentation de *Lohengrin*, c'est-à-dire,
que pour les vingt ou trente braillards, recrutés ou dirigés par des
gens, dont il serait utile de montrer le véritable mobile en tout ceci,
auront eu raison du tout Paris intelligent, de la liberté de chacun, de
la dignité de l'art, des observations sensées de la presque unanimité
des journaux.

Inauguration du Conservatoire de Liége

LIÉGE, le 2 mai.

Le concert d'inauguration de la nouvelle salle de concerts du
Conservatoire, a eu lieu, samedi dernier, tout le succès d'une solennité
exceptionnelle.

Cette magnifique fête, merveilleusement réussie et qui marquera
une page brillante dans l'histoire musicale de la vieille cité liégeoise, a
été honorée de la présence de M. de Moreau d'Andoy, ministre des
beaux-arts et de l'agriculture, en costume officiel, accompagné de son
chef de cabinet, M. Morisseaux, et de celle du prince de Caraman
Chimay, ministre des affaires étrangères. M. Pontus, ministre de la
guerre empêché au dernier moment, s'était fait représenter par son
chef de cabinet, M. le colonel Boquet.

La salle était remplie jusqu'aux combles, émaillée de haut en bas
de toilettes chatoyantes, de fracs noirs, de bijoux, de décorations et
de cravates blanches.

Beaucoup d'animation, de vie et d'enthousiasme parmi ce public
qui admirait à loisir cette salle riante et confortable, inondée de
lumière électrique.

Parmi les artistes qui assistaient au concert, nous avons remarqué MM. Auguste Gevaert, le savant directeur du Conservatoire de Bruxelles ; Mertens, compositeur et inspecteur des écoles de
musique du gouvernement ; Huberti, compositeur et professeur au
Conservatoire de Bruxelles ; Maurice Lenders, directeur de l'académie
de musique de Tournai ; Kéfer, directeur de l'école de musique de
Verviers ; Joseph Michel, compositeur et directeur de l'Académie de
musique d'Ostende ; Naus d'Aix-la-Chapelle, membre du comité musical des festivals rhénans. La presse belge et étrangère était aussi
argument représentée par ses principaux organes.

M. Radoux paraît au pupitre : on l'applaudit ; le silence rétabli, il
attaque la cantate *Patria*, composée par lui sur le poème de Lucien
Solvay. Cette œuvre remarquable et puissante, que *le Guide musical* a
analysée lors de sa première exécution en 1880, au festival national de
Bruxelles, a reçu du public liégeois un accueil des plus flatteurs, et a
confirmé une fois de plus la vérité des éloges de la presse du pays, à
l'occasion de son apparition et de l'œuvre de M. Radoux a été placée au
rang des meilleures compositions du genre, écrites en Belgique dans
ces derniers temps.

Le compositeur déploie dans sa partition toute sa science musicale
et dans les trois parties qu'elle renferme, comprenant quatre tableaux :
Jours tristes, la *Lutte*, le *Triomphe* et la *Paix*, habilement variés, il en
fait ressortir les oppositions avec une étonnante richesse de facture
et une curieuse diversité d'effets.

A mesure qu'on avançait, l'attention faisait place à la sympathie,
puis la sympathie au plaisir, puis le plaisir à l'enthousiasme.

Une poésie rêveuse et une passion ardente, un grand sentiment du
pittoresque, les sonorités les plus caressantes de l'orchestre, des
idées d'une fraîcheur et d'une grâce toutes juvéniles comme cet air
dans la 3e partie : *De ses rayons de feu l'orient s'illumine*, parfois une
chaleur entraînante et une véritable puissance d'expression que
l'on rencontre dans le finale de la 2e partie, telles sont les qualités
principales qui distinguent la partition de *Patria*, digne pendant de
celle de *Caïn* et d'*Ashvérus* du même auteur. Après chacun des morceaux, dont l'exécution de l'orchestre, des chœurs et des solistes,
Mme Elly Warnots et M. Montariol, a été irréprochable d'ensemble et
de précision, d'expression et de fougue, c'a été une explosion de
bravos qui s'est traduite surtout à la fin par des trépignements frénétiques.

M. le directeur du Conservatoire s'était assuré, pour cette solennité,
le concours d'anciens élèves, liégeois de naissance, formés à notre
école de violon et si renommée dans le monde musical, et qui aujourd'hui
tiennent le sceptre parmi les plus éminents virtuoses de l'époque.
MM. Marsick, E. Ysaye, Rodolphe Massart et César Thompson.

Ces quatre maîtres ont fait entendre d'abord, dans la seconde partie
du programme, la *Symphonie concertante* de Maurer, écrite pour
quatre violons et dans laquelle ils ont été vraiment étourdissants :
Sous leurs archets agiles, les cascades de passages de vieille école
et les prouesses de vieux style prenaient dans ce morceau, composé
dans les premières années du siècle, des allures modernes que Maurer
ne leur avait certes pas soupçonnées.

Ceux qui n'ont pas entendu ce quatuor modèle de violonistes ne
peuvent se faire une idée du charme qu'a exercé cette exécution dont
aucune institution musicale en Europe ne serait à même d'offrir le
régal princier. C'était d'une finesse, d'un moelleux de sonorité inimitables.

La symphonie de Maurer achevée, l'enthousiasme est monté au
paroxysme, surtout après l'audition de la *Rêverie* de Vieuxtemps
interprétée à l'unisson avec un tel ensemble que l'on eût dit un seul
virtuose, mais un virtuose possédant un son d'une ampleur indéfinissable et d'une richesse incomparable. On ne saurait rencontrer une
exécution plus classique, plus homogène, plus fondue, plus parfaite
en un mot.

L'apparition unique dans l'histoire des concerts européens d'une
telle réunion de violonistes, demeurera à coup sûr un feuillet d'or
dans les annales de la *Société des concerts* de notre Conservatoire.

La soliste vocale de cette solennité, Mlle Elly Warnots, dont le nom
est si avantageusement répandu dans le monde artistique des principales capitales et villes de l'Europe, est toujours la virtuose de la
meilleure école. Sa jolie voix a un timbre clair, sympathique, et la
cantatrice unit son art avec une habileté consommée. Jamais cria,
jamais de son forcé. Et ce chant, qu'est de style excellent, est d'un
goût parfait et d'un charme captivant.

Le public a fait à notre compatriote, après l'air de la *Reine de la
Nuit* de l'opéra la *Flûte enchantée*, de Mozart, un succès qui marquera
dans sa carrière qui n'a compté jusqu'à cette heure que des triomphes
éclatants.

Le quatuor de *Lucile* de Grétry, qui achevait la seconde partie du
programme, chanté par Mme Elly Warnots, MM. Montariol, Heuschling
et Mercier, élève du Conservatoire, se trouvait à Liége être tout à fait
en famille. Ce morceau, l'une des pages les plus saillantes de l'opéra
du maître liégeois, a été acclamé malgré son âge vénérable (1769) avec
une frénésie unanime.

Pour couronner ce beau concert, M. Radoux ne pouvait faire en
pareille circonstance un choix plus heureux que celui de la *Symphonie
avec chœurs* de Beethoven, que, grâce à son initiative, le public
liégeois entendait en entier pour la première fois.

Reconnaissons qu'il est impossible d'organiser une exécution plus
parfaite dans toutes ses parties. L'orchestre a rendu l'incomparable
chef-d'œuvre de Beethoven avec une précision et une chaleur
extraordinaires, et les solistes, Mlle Elly Warnots, Mme Montégu-Montibert, MM. Montariol et Heuschling, se sont tirés très honorablement
de leur difficile et ingrate partie. Il n'est pas jusqu'aux choristes qui
n'aient chanté avec une verve surprenante. La volonté et le feu sacré
les faisaient passer victorieusement par dessus les difficultés vocales
qu'on croyait insurmontables et qui ont paru d'une exécution
facile.

On a fait à M. Radoux, après cette interprétation d'un élan irrésistible, communiqué et émouvant, une ovation des plus enthousiastes.
Il a dirigé ses 600 exécutants avec une vigueur étonnante qui n'a pas
exclu un instant la finesse et la délicatesse des nuances.

JULES GHYMERS.

THÉATRE ROYAL DE LA MONNAIE.

CLÔTURE DE L'ANNÉE THÉATRALE.

La Sembrich est partie, saluée de clameurs triomphales ; elle
nous a quittés, emportant tous les regrets et toutes les admirations. Sa dernière soirée a été une victoire sur toute la ligne, une
victoire qui a tout emporté, méfiances et ignorances, rebelles ou
tenaces. La grande artiste a chanté le *Barbier*, avec une verve et
une virtuosité sans pareilles ; c'était un éblouissement ; — à
entendre ses fusées de trilles, ses bouquets d'arpèges, et ses
pluies de notes piquées, on eût dit un feu d'artifice éclatant et
féerique, — et, bien certainement, ce n'était un, tout à fait incomparable.

Les quatre représentations de la Sembrich auront été, pour le
public bruxellois, un enchantement, et, pour les chanteurs d'ici,
un enseignement. Il n'est pas possible de pousser plus loin l'art
du chant, d'atteindre, de plus près, la perfection de cet art qui se
meurt, ou plutôt qui va laisser la place à un autre, né des
transformations de la musique lyrique. Dans la joie bienfaisante
que cela procurait à tous d'entendre parfois de la mauvaise musique si bien interprétée, on a volontiers fermé les yeux — et
surtout les oreilles ! — sur l'entourage piteux que l'on avait
donné à la cantatrice, dans les différents ouvrages où elle s'est
montrée.

La direction de la Monnaie se trouvait en face de difficultés
que personne mieux qu'elle, peut-être, n'aurait pu résoudre :
monter en quelques jours un *Barbier*, avec une précision et une
répertoire, avec des éléments... qui n'existent pas, c'est là un
tour de force qu'il est été malaisé, il faut le reconnaître, de faire
plus adroitement qu'il ne l'a été fait. De le public a tout compris,
et tout accepté. Il a fini même par trouver presque présentable
M. de Keghel — qui, au bout du compte, ne manque pas de
talent, s'il ne manque pas non plus de ventre, hélas !

Après les soirées triomphales sont venues tout de suite les soirées d'adieux. Elles ont été courtes, cette année. La «dernière» de M. Cossira s'est passée sans tambour ni trompette; les « dernières » des artistes de l'opéra-comique, dans *Lakmé*, et des artistes du grand-opéra, dans la *Walkyrie*, ont été brillantes, et surtout plus fleuries. Ç'a été deux soirées superbes et animées de grande cordialité et de grand enthousiasme.

Et maintenant, que voici les portes du théâtre fermées, il ne sera pas sans intérêt de récapituler un peu l'année qui vient de s'écouler. A cet effet, nous allons dresser un tableau présentant le nom des ouvrages qui ont été successivement joués — et combien de fois — depuis l'ouverture. Ce sera la meilleure façon de dresser le bilan de la direction de MM. Dupont et Lapissida, et de montrer que cette direction—qui a commis ses fautes, comme toutes les autres — n'est pas restée inactive.

Opéra.	Représentations.	Opéra.	Représentations.
Zampa	3	Le Farfadet	5
L'Africaine	6	Lakmé	29
Maître Pathelin	14	Le Toréador	2
Mireille	11	Myosotis (ballet)	15
Le Châlet	3	La Juive	8
Robert le Diable	8	Sigurd	7
La Favorite	6	L'Amour médecin	13
La Traviata	2	Les Contes d'Hoffmann	14
Les Huguenots	17	Les Rendez-vous bourgeois	14
La Dame blanche	1	La Walkyrie	28
Galathée	3	La Muette	3
La Fille du régiment	5	Le Lion amoureux (ballet)	3
Le Prophète	10	Le Médecin malgré lui	2
Carmen	11	Faust	4
Hérodiade	7	Lucie	1
Les Dragons de Villars	5	La Somnambule	1
Le Pardon de Ploërmel	2	Le Barbier	1

En résumé, trente-quatre ouvrages différents. De ce nombre, sept entièrement nouveaux ou dont la reprise constituait, en quelque sorte, une nouveauté réelle — *Lakmé*, *Myosotis*, *l'Amour médecin*, *les Contes d'Hoffmann*, *la Walkyrie*, *le Lion amoureux* et *le Médecin malgré lui*.

Voici maintenant la liste des artistes « en représentation », qui sont venus, soit pour aider ou renforcer la troupe ordinaire, soit pour lui « prêter leur précieux concours ». Ce sont MM. Escalais, Cossira, Massart, Verheea, Lamarche, Isnardon, Corpait, David et Falchieri; — Mmes Sembrich, Caron, Castagné, Remy, Hasselmans, Van Besten et Chasseriaux.

On se rappelle la mauvaise chance qui frappa la direction de la Monnaie, pendant les premiers mois de son exploitation, — chaleurs excessives, maladies, et le reste. Mais l'année devait mieux finir qu'elle n'avait commencé. Du jour où la direction s'est mise à abandonner le vieux répertoire, et à monter résolument des ouvrages nouveaux, ou peu connus, la chance lui est revenue. C'est une indication utile pour l'an prochain. L'an prochain aussi, l'expérience sera venue, et l'on marchera plus sûrement. Tous nos vœux accompagneront, plus que jamais, MM. Dupont et Lapissida.

L. S.

UNE NAISSANCE PÉNIBLE

Le *Ménestrel* vient de donner le jour à un enfant.

Malheureusement cette naissance a été très laborieuse et nous sommes au regret de devoir dire à nos lecteurs que la mère et l'enfant se portent mal.

Le Dr Lamoureux, qui soigne l'intéressante accouchée, n'ose pas répondre de son existence. A moins qu'un revirement inespéré ne se produise dans l'état de prostration auquel elle menace de succomber.

Quant à l'enfant, on a pu le baptiser et il a reçu les noms d'Henri Moreno. Il est question de le confier à une forte fille d'Auvergne qui possède, dit-on, des qualités exceptionnelles pour rendre force et vigueur aux nourrissons débiles. Elle a dirigé naguère une institution d'*allaitement musical* qui a reçu l'approbation des plus hautes autorités médicales.

Nous faisons des vœux pour le prochain rétablissement de la mère et le développement régulier du pauvre petit baby.

CORRESPONDANCES

LONDRES, le 30 avril.

Italia farà da se. Nous sommes tout à l'Italie. Le jubilé de Sa Très Gracieuse Majesté nous amènera une véritable avalanche de troupes italiennes. A Covent Garden, à Her Majesty et à Drury Lane. A Covent Garden l'entreprise de M. Mapleson continue de n'avoir pas grand succès. La reprise du *Barbier* avec Mme Meyrenheim, de Munich, dans Rosine, n'avait pas attiré de monde, et le chef-d'œuvre de Rossini s'est joué devant les banquettes. Il faut dire que cette cantatrice italienne, venue de Bavière, a laissé beaucoup à désirer. M. Mapleson a eu plus de succès avec les *Pêcheurs de Perles* de Bizet, donnés la semaine dernière sous le titre de *Leïla*, avec Fohlstrom dans le rôle de l'héroïne, et signor Garalli dans celui de Nadir. Ce doute cependant que cette œuvre attire beaucoup de public. Hier soir, Mme Nevada a paru dans *Mireille*, mais sans grand succès. La capricieuse cantatrice avait cru devoir introduire dans la partition des hors-d'œuvre de sa façon que Gounod n'a jamais écrits; on ne lui en a su aucun gré.

Aussitôt après la saison de M. Mapleson, l'impresario Lago prendra possession du théâtre avec sa troupe, qui a pour étoiles l'Albani et le ténor Gayarre.

A Her Majesty, l'impresario américain Abbey donnera, presqu'en même temps, dix représentations avec la Patti.

Enfin, en juin, Augustus Harris ouvrira une saison à Drury Lane avec une compagnie qu'il a tout entière recrutée en Italie et qui sera dirigée par le maestro Mancinelli. Parmi les artistes du chant, il faut citer Mmes Kupfer-Berge (encore une Italienne de contrebande), la signora Fabri, miss Barelli-Torressella; MM. Lucia, Marconi, Battesini et Maurel.

Reste à savoir si ces tentatives réussiront à galvaniser l'opéra italien dont le goût est complètement passé depuis que Carl Rosa a mis en faveur l'opéra anglais.

La saison anglaise de Rosa à Drury Lane commencera à la fin du mois de mai avec le nouvel opéra *Nordisa*, poème et musique de Corder, joué déjà cet hiver à Liverpool.

Les concerts tirent à leur fin. Parmi les pianistes applaudis à Crystal Palace, il faut citer M. James Kwast, de Francfort, qui a joué avec talent la *Fantaisie avec chœurs* de Beethoven. Il donne ce soir même un piano récital à Prince's Hall, où il fera entendre le nouveau trio de Brahms.

A la *Philharmonie*, première exécution d'une *Suite concertante*, pour piano-pédalier et orchestre, de Gounod. L'œuvre est terne avec des parties mélodieuses et des parties qui visent à imiter le style de Hændel. En somme, musique sans grande portée à laquelle Mlle Lucie Palicot a prêté le concours de son rare talent, qui s'est fait valoir surtout dans la toccata en *fa*, de Bach, exécutée avec une maëstria véritable sur le piano-pédalier. A noter à ce concert la rentrée de sir Arthur Sullivan, retour de sa triomphale tournée à Berlin. Foule, samedi dernier, au *plébiscite-concert*, donné au bénéfice de M. Manns au Crystal-Palace. Le programme avait ceci de curieux qu'il avait été composé par le public lui-même. D'où le mot *plébiscite-concert*. On avait soumis aux abonnés une liste de pièces parmi lesquelles ils pouvaient choisir. La liste comprenait vingt-quatre symphonies. Les chiffres, les plus élevés ont été obtenus par cinq symphonies de Beethoven, Spohr et Mendelssohn. La *Pastorale* a obtenu la majorité. L'*Océan*, de Rubinstein, a obtenu 57 voix, une de plus que la symphonie en *la*, de Beethoven! La *Symphonie scandinave* du compositeur anglais Cowen suit de près l'*Océan*, de Rubinstein. Pour les ouvertures, celle de *Tannhäuser* l'a emporté. Le concerto de violon, de Mendelssohn, a obtenu 800 voix contre 100 données à un concerto de Vieuxtemps. Liszt et Rubinstein ont obtenu la parité de voix pour deux de leurs concertos de piano. Mme Norman-Neruda a joué le concerto de violon de Mendelssohn; M. Schönberger la *Fantaisie hongroise* de Liszt: les morceaux de chant ont été dits par Mlle Nordica et le ténor Lloyd. En somme, grand succès pour M. Manns, au bénéfice de qui a été exécuté ce programme aussi *selected* que plébiscitaire.

E. N.

AMSTERDAM 1er MAI 1887.

Le dernier concert du *Wagner Vereeniging* a eu lieu au théâtre National sous la direction de Henry Viotta, avec le concours de Mme Thérèse Malten et du chanteur Gudehus de Dresde. Exécution superbe, salle comble, grand enthousiasme. On a exécuté les fragments du *Tannhäuser*, *Prologue et Mort d'Isolde* (*Tristan et Isolde* la chevauchée des *Walkyries*, le réveil de Brunnhilde (*Siegfried*), Marche nuptiale (*Lohengrin*) et fragments du *Götterdämmerung* (Crépuscule des Dieux).

Viotta a prouvé une fois de plus combien il est à la hauteur de sa tâche; c'est incontestablement un des meilleurs chefs d'orchestre que les Pays-Bas possèdent en ce moment.

La Société *Maatschappij tot bevordering der Toonkunst* donnera dans les premiers jours de juin, à Utrecht, un festival qui durera trois jours. Nous y reviendrons en temps et lieu. Je profite de l'occasion pour rectifier une erreur, qui s'est glissée dans ma dernière correspondance; M. de Lange, qui a dirigé dernièrement la *Passion* de Bach, à Amsterdam, est le *frère* et non le *père* (comme on l'avait imprimé) de l'organiste de Cologne.

D. Z.

HAL, le 27 avril 1887.

L'inauguration des nouvelles orgues de l'église Saint-Martin nous a donné l'occasion d'entendre M. Mailly, l'éminent professeur au Conservatoire de Bruxelles; dans les différents morceaux qu'il nous a joués d'une manière remarquable, nous avons pu apprécier les sonorités mâles de l'ensemble ainsi que le timbre caractéristique des différents jeux de ce magnifique instrument.

Quant au mécanisme, le système électrique donne une rapidité d'exécution inconnue jusqu'à ce jour.

La maîtrise, dirigée par M. E. Houssiau, a comme toujours parfaitement exécuté les quatre morceaux annoncés et pour terminer le *Te ergo quæsumus* du *Te Deum*, op. 18 de son directeur, qui a produit grand effet.

Petites Nouvelles

Samedi, 30 avril, a eu lieu au Père Lachaise, l'exhumation des restes de Rossini, qui vont, on le sait, être transférés solennellement à Santa Croce, à Milan.

. A 9 heures du matin, l'ouverture du cercueil a été faite en présence du marquis Torrigiani, représentant de l'État italien et de la ville de Florence; Vaccaï, député, représentant de la ville de Pesaro, ainsi que du commissaire de police.

Le corps de l'illustre musicien, qui avait été embaumé, est admirablement conservé. Le col de la chemise et la cravate, très large, ont gardé leur blancheur immaculée. Le cercueil, en chêne poli avec clous et poignées d'argent, a été ensuite scellé au sceau de l'ambassade d'Italie à Paris. Sur la plaque d'or on lit l'inscription suivante : « Gioachino-Antonio Rossini, né à Pesaro le 29 février 1772, mort à Passy-Paris le 13 novembre 1868 ». A 10 heures, le cortège s'est dirigé vers le caveau principal. La musique de la garde républicaine a joué le *Stabat* du maître. Les gardes du cimetière marchaient en tête, portant de nombreuses couronnes, entre autres celle de la ville de Paris. Dans l'assistance on remarquait, outre les personnages italiens cité, le général Monabrea, le personnel de l'ambassade et le consul d'Italie, M. Kaempfen, directeur des beaux-arts, Ambroise Thomas et les professeurs du Conservatoire, le préfet de la Seine, les députations de l'Académie des beaux-arts, de la Société des Concerts, de l'Association des Artistes musiciens, de la Société des Compositeurs de musique, le personnel de l'Opéra, etc. Après l'exécution de la *Prière de Motes* et du *Requiem* de Rossini, des discours ont été prononcés par MM. Poubelle, au nom de la ville de Paris ; Kaempfen, au nom du gouvernement ; Ambroise Thomas, au nom de l'Académie des beaux-arts et du Conservatoire ; Bitt, au nom de l'Opéra et Camberlick, au nom des artistes qui ont interprété l'œuvre du maître.

Diverses informations contradictoires ayant été publiées sur l'affaire de M. Altès, nous croyons intéressant de dire où elle en est, d'après des renseignements que nous avons recueillis.

Il est parfaitement exact que sur les états de retraites actuellement soumis au ministre des beaux-arts, et qui comprennent un certain nombre de personnes attachées à l'Opéra, figure le nom de M. Altès.

Le jour donc où la pension de retraite de M. Altès sera liquidée, il cessera, par conséquent, ses fonctions de chef d'orchestre, et c'est ce jour-là seulement que les directeurs de l'Opéra feront choix d'un nouveau titulaire.

Le poste a été offert plusieurs fois à M. Guiraud, qui l'a définitivement refusé pour se consacrer uniquement à la composition musicale.

Les directeurs, après avoir examiné un certain nombre de candidatures qui ne leur ont point paru remplir toutes les conditions voulues, ont alors songé à M. Vianesi, qui a justifié de sa naturalisation et qu'ils présenteraient à la critique musicale au public après le départ de M. Altès.

Il est bon d'ajouter que ces décisions sont subordonnées à l'avis conforme du ministre des beaux-arts.

Samedi dernier a eu lieu, au Grand Théâtre de Nantes, la première représentation de *Méphistophélès* d'Arrigo Boïto, devant une affluence considérable de spectateurs accourus de tous les points du département. La presse parisienne ne s'y était pas fait représenter. L'œuvre du maestro italien a obtenu du succès; on n'a nullement bissé, à la seconde représentation les couplets de Méphisto qui se terminent par un coup de sifflet. *La Réforme artistique* de Nantes loue beaucoup l'interprétation, notamment M. Poitevin (Méphisto) et Mᵐᵉ Violetti une Marguerite accomplie. une Violetta irréprochable. Les décors sont convenables sans cependant être luxueux.

La deuxième chambre du tribunal correctionnel de Bruxelles a rendu son jugement, dans l'affaire Dupont et Lapissida contre le ténor Cossira.

Le tribunal décide que c'est à tort que M. Cossira a refusé de jouer le rôle de Nadir des *Pêcheurs de Perles* de Bizet.

Quant à la demande en 10,000 francs de dommages-intérêts formulée par les directeurs du théâtre de la Monnaie, à charge de leur pensionnaire, pour le préjudice qu'il leur aurait causé en refusant de répéter le rôle, le tribunal ordonne aux parties de s'expliquer à ce sujet. Donc de nouvelles plaidoiries.

Statuant sur la demande reconventionnelle de M. Cossira, qui réclamait, à son tour, 10,000 francs à MM. Dupont et Lapissida pour lui avoir fait répéter le rôle d'Edgardo, de *Lucie*, qu'il devait jouer avec la Sembrich, rôle distribué après à M. Engel, les juges se sont déclarés incompétents, l'affaire étant une affaire commerciale du ressort de la juridiction consulaire.

M. Cossira est dès à présent condamné aux cinq sixièmes des frais.

Mᵐᵉ Adelina Patti termine actuellement, à New-York, une série de représentations, dont les six premières ont produit une somme totale de 72,000 dollars (360,000 francs).

Elle vient d'accepter un nouvel engagement pour l'Amérique du Sud, engagement exécutable en avril 1888. Chacune des représentations que donnera la grande cantatrice dans l'Amérique-du Sud lui sera payée 25,000 francs.

Il vient d'être vendu dans une librairie d'occasion, à Berlin, la grande partition autographe d'une opérette ignorée de Lortzing, intitulée *Mozart*. Cet ouvrage n'a jamais été gravé, il n'en existe même pas d'autre exemplaire manuscrit ni de rédaction au piano. La *Neue Berliner Musikzeitung* croit que ce manuscrit provient de M. Theodor Bradsky, car il porte la délicate suivante : « A M. Bradsky, en reconnaissance de l'affectueux intérêt qu'il a porté à mon père. Le fils du compositeur (signé) : Hans Lortzing. » — L'acquéreur est M. Angelo Neumann, le directeur de l'Opéra de Prague.   *(Ménestrel)*

Bruxelles aura prochainement des représentations anglaises. Ces représentations seront données par une troupe de premier ordre, sous la direction de M. J. H. Falland, à la salle Malibran, à Ixelles. La troupe jouera plusieurs comédies du répertoire anglais.

MM. Géruzet frères, les excellents photographes bruxellois, viennent de terminer trois grandes planches photographiques représentant les principales scènes de la *Walkyrie*. Ces photographies, prises au théâtre de la Monnaie pendant la représentation de l'œuvre de Wagner, constituent de véritables tableaux d'une vérité parfaite et admirablement réussis. Ils seront un souvenir précieux pour tous les wagnéristes.

VARIÉTÉS

UN OUVRAGE FRANÇAIS SUR RICHARD WAGNER JUGÉ PAR LA PRESSE EUROPÉENNE.

Le succès du magnifique ouvrage de M. Adolphe Jullien sur Richard Wagner ne fait que grandir. De tous les coins d'Europe, aussi bien que d'Amérique, il nous arrive une quantité d'articles des plus louangeurs et qui montrent à quel point ce travail a frappé tous les lecteurs, partisans ou non de Richard Wagner, par les grandes qualités de savoir, de clairvoyance et de libre jugement: n'en est-ce pas assez pour expliquer et justifier cette vogue inépuisable ?

Entre cinquante grands journaux d'Allemagne, tous également favorables, il suffira de voir en quels termes la *Deutsche Rundschau*, de Berlin, la *Revue des Deux-Mondes* allemande, apprécie et recommande un pareil travail : ·

« C'est une chose tout à fait remarquable que cette exaltation littéraire et artistique de R. Wagner qui, par la forme et par le fond, est une des plus importantes et des plus précieuses publications entreprises sur sa vie et ses ouvrages, nous arrive justement de France, de Paris, de la seule ville du monde qui ait opposé une résistance obstinée à la marche triomphale du maître allemand et qui, encore aujourd'hui dans son ensemble, se montre réfractaire à son génie. Que cette opposition persiste encore longtemps, il est difficile de le croire, en présence d'un ouvrage semblable qui, considéré en soi, est véritablement exemplaire et tout à fait de nature à exciter et à fixer l'intérêt, même en dehors des cercles wagnériens. Car la vie d'un tel homme, la force et l'énergie prodigieuses avec lesquelles il a poursuivi et atteint son but, sont presque aussi dignes de louanges que les ouvrages mêmes qu'il a créés. L'élément démoniaque qui domine les masses est aussi éclatant dans la vie que dans l'œuvre.

« Ce n'est pas que nous autres, Allemands et contemporains de Richard Wagner, nous ayons à chercher dans ce livre français des détails jusqu'alors ignorés, quoique plusieurs passages concernant le premier séjour à Paris du jeune compositeur, et plus tard l'exécution du *Tannhäuser* sur la grande scène de l'Opéra, nous apportent quelgues données nouvelles, particulièrement par des emprunts faits aux archives de l'Académie de musique, des lettres de Wagner au directeur et des fac-similés de ses partitions. Mais par l'exactitude et la juste corrélation de tous les faits historiques, avant tout par la richesse de son illustration, cet ouvrage constitue à coup sûr une biographie plus complète que toutes celles que nous possédons encore en Allemagne.... Bref, à tous les points de vue, M. Adolphe Jullien a composé un travail tout à fait attachant dont il faut le remercier, et que, pour notre part, nous ne saurions recommander trop vivement au public allemand. „

Quelques lignes empruntées au long et attrayant article de M. Campbell Clarke, dans le *Daily Telegraph*, suffiront à marquer le ton des journaux anglais à l'égard de M. Adolphe Jullien:

« *Richard Wagner, sa vie et ses œuvres*, est, à vrai dire, le modèle de ce que doit être un pareil travail. C'est une véritable encyclopédie de littérature et de renseignements wagnériens; et cependant il n'y a pas une seule page ennuyeuse dans le livre, depuis le commencement jusqu'à la fin. La carrière du maître si maltraité, est racontée depuis ses premières années d'épreuves jusqu'au jour de son triomphe à Bayreuth et jusqu'à sa mort à Venise, qui fut suivie d'une véritable apothéose lors du transport de ses restes dans cette ville morte, où son génie avait appelé d'une nouvelle vie. Tout en racontant avec soin la vie de R. Wagner, M. Jullien analyse minutieusement tous ses travaux les plus importants, et, non content de donner ses propres opinions, l'auteur a réuni une masse de critiques favorables et défavorables empruntées à toutes sortes d'écrivains.... „

... Je n'oublierai jamais, pour ma part, l'orage interminable de sifflets et de bruits de clef qui actuellit la troisième et dernière représentation du *Tannhäuser* au Grand-Opéra de Paris. Aucune personne présente à cette soirée n'aurait osé prophétiser que Wagner dût jamais être étudié en France avec assez d'intérêt pour justifier la publication d'un pareil monument élevé à son génie et à sa gloire. „

Haydn, le créateur de la symphonie raconte ceci:

Un matin entre chez moi — il était à Londres — un officier de marine.

— Voulez-vous bien, monsieur Haydn, me composer une marche pour les troupes que j'ai à bord ? Je vous paierai trente guinées (780 fr.); mais il me la faut aujourd'hui même, car je pars pour Calcutta.

J'accepte.

L'officier dehors, je me mets au piano; en un quart d'heure la marche est faite.

Me sentant pris de scrupule d'avoir si vite gagné ce qui me paraissait une si grosse somme, je compose immédiatement deux autres marches avec l'intention de laisser mon officier choisir.

Il arrive.

— Et ma marche?

— La voici.

— Jouez-la moi.

Je joue. Le capitaine, sans dire un mot, met trente guinées sur le piano, prend la marche et s'en va.

Je l'arrête.

— J'ai composé deux autres marches, lui dis-je, jo veux vous les jouer; écoutez-les.

— Ah, non! par exemple; jamais! le diable ne m'y forcerait pas !... Et il se sauve en tirant la porte.

Je ne fus jamais aussi vexé, ajoute Haydn, et je déchirai les autres marches en mille morceaux.

ÉPHÉMÉRIDES MUSICALES

Le 6 mai 1797, à Paris (théâtre Feydeau), le *Barbier de village ou le Revenant*, de Grétry. — Ce petit acte pitoyablement versifié, est d'André Grétry, le neveu du compositeur, et voici, au dire du librettiste, ce qui y donna naissance :

« Grétry avait fait, pour le Théâtre des Arts, la musique d'un ouvrage intitulé: *la Rosière*; des circonstances impérieuses en ayant arrêté la représentation, les mélomanes en eurent le plus grand regret, croyant cette musique perdue pour leurs oreilles. Je pris aussitôt la résolution de parodier les principaux morceaux, et surtout le *Pater noster*, qui avait produit tant d'effet à l'Opéra. Le succès couronna ce travail opiniâtre, et j'eus la satisfaction de réussir sous les auspices de mon oncle, et d'attacher plus solidement à sa couronne, le fleuron qui n'y avait brillé qu'un instant. »

La Rosière républicaine ou la fête de la raison, opéra en un acte, paroles de Sylvain Maréchal, musique de Grétry, représenté à l'Opéra le 26 décembre 1798, est la pièce à laquelle Grétry neveu fait allusion dans l'avertissement de la brochure imprimée du *Barbier de village*.

— Le 7 mai 1824, à Vienne, dernier concert public donné par Beethoven. Tous les morceaux étaient du maître, savoir: 1. Grande ouverture op. 124; 2. Trois grands hymnes avec soli et chœurs;

3. Grande symphonie, avec l'hymne de Schiller (*A la joie*) intercalé dans le finale. L'affiche ajoutait: les solis seront chantés par les demoiselles Sontag et Unger, et par MM. Haizinger et Seipelt. M. Louis von Beethoven prendra part à la direction de l'ensemble. — Il se tint, en effet, à la droite de l'Umlauf et donna le mouvement.

— Le 8 mai 1875, à Londres, par une troupe italienne, à Covent-Garden, *Lohengrin* de Richard Wagner.

— Le 9 mai 1811, à Londres (King's theater), *Cosi fan tutte*, opéra bouffe, 2 actes, de Mozart.

Le libretto italien de Daponte dont Mozart se servit pour le *National theater* de Vienne (26 janvier 1790), a été traduit en allemand sous différents titres; en anglais, *Tit for tat*; en français, *Peines d'amour perdues*. Le *Hofoperntheater* de Vienne a repris la pièce, le 18 octobre 1872. — L'excellent *Opern-Handbuch* de Riemann en donne l'historique.

— Le 10 mai 1776, à Bruxelles, *la Fausse Magie*, 2 actes de Grétry. · Il y a beau temps qu'on n'a plus joué à la Monnaie cette œuvre charmante, si pleine de verve et que l'Opéra-Comique à Paris, a remontée, le 18 juillet 1863, pour Carrier, Gourdin et Mlle Girard. La direction de notre théâtre ferait bien d'imiter Paris en remettant à son répertoire certaines œuvres de Grétry que la nouvelle génération ne connaît pas: *Zémire et Azor*, *l'Amant jaloux*, *la Fausse Magie*, par exemple. L'ombre du sensible Liégeois, si épris de son art, en tréssaillerait de joie.

— Le 11 mai 1849, à Berlin, décès d'Otto Nicolai. Sa naissance à Kœnigsberg, le 9 juin 1810. — Son grand-opéra *le Templier*, son opéra-comique *les Joyeuses commère de Windsor*, traduits pour nos théâtres, nous ont fait connaître le talent de ce compositeur dont les tendancies mélodiques étaient autant françaises ou italiennes qu'allemandes.

— Le 12 mai 1842, à Montaud (Loire), naissance de Jules-Emile-Frédéric Massenet. — *Hérodiade*, poussé sur le noir belge, a fait beaucoup pour la réputation du compositeur, nos villes ont acclamé Massenet, l'ont fêté de toutes les manières. Est-ce que notre métropole commerciale n'a pas donné ou voulu donner son nom à l'une de ses rues? C'est probablement à Anvers que Massenet a pris le goût des affaires; car personne ne possède comme lui, l'art de faire valoir lui-même les produits de sa muse, tantôt ici, tantôt là, recueillant partout, il faut le dire, grand succès.

— Le 13 mai 1842, à Londres, naissance d'Arthur-Seymour Sullivan. — Des artistes les plus distingués de l'Angleterre: pianiste, chef d'orchestre, compositeur, etc. Le *Dictionnaire* de sir Grove contient sa notice très détaillée (t. III, p. 761 et suivantes).

— Le 14 mai 1799, à Liége, naissance de François-Servais-Auguste Gathy. Sa mort, à Paris, le 8 avril 1858. — Elevé en Allemagne, il avait étudié la composition avec Frédéric Schneider, l'auteur de l'oratorio *le Jugement dernier*. Plus tard il se fixa à Hambourg où il avait su se créer une position marquante comme écrivain dans la presse allemande. Les gazettes musicales de Berlin, de Leipzig, les principaux journaux de l'Allemagne le comptaient au nombre de leurs collaborateurs. Depuis quinze ans il habitait Paris; il a laissé un grand nombre d'écrits sur la musique, entre autres une biographie universelle des musiciens dont il préparait une seconde édition. Berlioz (*Journal des Débats*, 22 avril 1858) à fait le plus grand éloge de Gathy.

— Le 15 mai 1808, à Dublin, naissance de Michael-William Balph dit Balfe. Sa mort, à Rowney abbey, dans le Herfordshire, le 20 oct. 1870. —Outre le *Dictionnaire* de sir Grove qui parle longuement du musicien irlandais, nous avons une biographie bien plus complète dans l'ouvrage de M. A. Barrett: *Balfe his life and work* (London, Remington 1882, avec portrait). Le buste en marbre de Balfe a été placé dans l'église de Westminster.

— Le 16 mai 1836, à Liége, naissance de Jules Ghymers, professeur de piano au Conservatoire de musique, critique musical, et notre très érudit correspondant.

— Le 17 mai 1813, à Avignon, naissance d'Ange-Henri Blaze dit de Bury, fils de celui qui, sous le nom de Castil Blaze, s'est fait des rentes en dépouillant Weber, Rossini, etc., etc. Il a beaucoup écrit sur la musique et les musiciens, à la *Revue des Deux Mondes*, entre autres, se servant des pseudonymes de Hans Werner, F. de Lagenevais, etc. Il y a été remplacé en ces derniers temps par une plume plus jeune et d'un coloris charmant, par M. Camille Bellaigue, qui vient de faire paraître, chez Delagrave, un fort joli volume: *Un siècle de musique française*. Nous aurons occasion d'en reparler.

— Le 18 mai 1817, à Dresde, *Raoul Blaubart*, traduction allemande de *Raoul Barbe bleue*, avec la musique de Grétry. Charles-Marie von Weber, conduisit la pièce et ce fut pour lui l'occasion de retracer la vie de Grétry (voir Max von Weber, t. III, p. 146, et nos Ephém. *Guide music.*, 24 fév. et 10 mars 1887.)

— Le 19 mai 1877, à Londres (Albert hall), 6e concert de Richard Wagner, sous sa direction et celle de Hans Richter. — *Tristan et Isolde*, avec Mme Materna, Grünn et Unger. Il y eut en tout huit concerts (8, 9, 12, 14, 16, 19, 28 et 29 mai). Dans un banquet qui lui fut offert, Wagner, répondant à un toast, prononça ces paroles : « Je n'ai pas eu beaucoup d'heures heureuses dans ma vie ; mais parmi les rares que j'ai eues, celles que j'ai passées à Londres resteront dans mon souvenir parmi les plus belles et les meilleures. »

—Le 20 mai 1842, à Berlin, *Die Hugenotten* (*les Huguenots*), de Meyerbeer. Le maître conduisait l'orchestre. Au cours et à la fin de la représentation, il fut l'objet du plus vif enthousiasme ; Mme Devrient lui posa une couronne de laurier sur la tête. Meyerbeer, considéré comme infidèle au génie allemand, ne jouissait alors dans son pays, que d'une estime relative ; cela explique pourquoi *les Huguenots* n'ont été connus à Berlin que six ans après Paris.

BIBLIOGRAPHIE

Le Second Cartulaire de Gand, que M. Fr. De Potter vient de faire paraître chez les éditeurs Leliaert, Siffer et Cie, contient quelques documents intéressant la musicologie et qui méritent, à ce titre, d'être signalés ici C'est d'abord une pièce de 1575 (p. 177) où les échevins défendent les mascarades, musiques, chants et autres réjouissances publiques, à cause de la situation politique de la ville. Viennent ensuite des documents concernant André le Chevalier ; ce musicien de la chapelle royale, à Bruxelles, voulait ouvrir à Gand un atelier de gravure musicale, mais sur l'opposition de la confrérie des imprimeurs et libraires, l'autorisation nécessaire lui fut refusée. Les pièces citées par M. De Potter (p. 310-315) complètent les renseignements que fournissaient celles que M. Edmond Vanderstraeten avait déjà publiées (*la Musique des Pays-Bas*, t. V, p. 243-247.) En 1706, un certain Jacques Lescot, " opérateur privilégié de la ville de Lyon ,, obtient la permission de débiter des remèdes, de dresser un théâtre et d'y faire représenter par sa troupe " des jeux et ballets ,, pour l'amusement du public et des troupes ; il offre de montrer des certificats émanant des autorités des différentes villes où il a paru, comme Liège (p. 315-317). Il n'était pas rare, à cette époque, de voir ainsi cumuler la vente des drogues et la représentation de farces italiennes. Faber ne parle pas de Lescot dans son *Histoire du théâtre français en Belgique*.

P. B.

Nécrologie.

Sont décédés :

A Anvers, le 30 avril 1897, M. Frédéric Rummel, frère de Mme veuve Pierre Schott, et le dernier des fils de Chrétien Rummel, le maître de chapelle bien connu. M. Frédéric Rummel gérait à Anvers la succursale de la maison Schott. Il s'était beaucoup occupé de la facture des instruments, et il avait en plusieurs occasions exposé des pianos. buffet à pédale, des pianos-harmonium et un piano-harpe d'une construction ingénieuse.

M. Frédéric Rummel était âgé de 61 ans.

La rédaction du *Guide* adresse à la famille ses sympathiques condoléances.

— A Weimar, le 26 avril, Auguste baron von Loën, intendant général du théâtre de la cour à Weimar. Il était né à Dessau, le 27 janvier 1828. Nommé en 1867 à Weimar, il se signala par diverses initiatives artistiques qui ont maintenu le niveau élevé de la scène grand-ducale après le départ de Liszt. C'est lui qui, le premier, monta le second *Faust* de Gœthe ; c'est lui aussi qui donna l'exemple des représentations de cycles wagnériens : en juin 1870, toute la série des œuvres antérieures au *Nibelung*, et *Tristan et Yseult* en 1874 ; enfin, c'est sous son talent, dance que la *Dalila* de M. Camille Saint-Saëns fut donnée à Weimar en 1877. M. de Loën était un homme de goût et un lettré. Sans parler d'un ouvrage sur l'organisation militaire allemande depuis 1860, publié à Dessau en 1860, on a de lui deux romans, *la Scène et la vie* (Leipzig, 1864), et *Perdu...* (Hanovre, 1877).

— A Asnières, Louis-Charles-Lazare Costard de Mézeray, chef d'orchestre, père des trois cantatrices de ce nom. Mézeray était, il y a trente ans, avec Momas et George Hainl, l'un des trois chefs d'orchestre dont la réputation en province était énorme — et méritée. Il dirigea successivement à Bordeaux, à Liège, à La Haye, à Gand, à Rouen, à Marseille. Il parut aussi à la scène, comme baryton en 1841, dans *Lucie*, à Bordeaux, puis à Montpellier, à Anvers et à Nantes. En 1843 il revint, comme chef d'orchestre, à Bordeaux, qu'il ne quitta plus jusqu'au jour de sa retraite. On lui doit un opéra comique : *le Sicilien ou l'Amour peintre* (d'après Molière), donné à Strasbourg en 1826, et un grand opéra : *Guillaume de Nassau*, joué à La Haye en 1852. Mézeray était né à Brunswick, le 15 novembre 1810.

Le Guide Musical

Paraissant tous les jeudis.

ABONNEMENT	SCHOTT FRÈRES, ÉDITEURS.	ANNONCES
FRANCE & BELGIQUE, 10 francs par an.	**Paris**, Boulevard Montmartre, 19	LA LIGNE . . . . Fr. 0.50
LES AUTRES PAYS, 10 francs (port en sus)	**Bruxelles**, Montagne de la Cour, 82	On traite à forfait pour les grandes annonces.

Le Livret d'opéra français
DE LULLY A GLUCK
1672-1779
(Suite. — Voir le dernier numéro.)

Voici près de cent ans qu'on joue l'opéra en France, et il est aisé de voir que la valeur esthétique de la tragédie lyrique ne s'est pas sensiblement modifiée. On va toujours à l'Académie, afin d'y *voir* quelque spectacle grandiose ou seulement original. Dans *Scanderbeg*, on montre la grande mosquée de Constantinople fidèlement reproduite en papier peint. Tous les écrivains, critiques et gazetiers exaltent à l'envi les décors de cette pièce. Voyez les *Observations* de l'abbé Desfontaines : « Il y aurait de l'ingratitude à passer sous silence, les grandes dépenses qui ont été faites pour les habits et surtout pour la superbe décoration de la Mosquée. M. Servandoni, qui surpasse tous les décorateurs, s'est ici surpassé lui-même. La richesse de l'architecture, l'ingénieuse illumination, la perspective qui rend le théâtre immense, forment le plus surprenant objet, qui ait jamais été vu à l'opéra. On ne se plaint que de ne pas le voir assez longtems, car cette magnifique décoration ne paraît qu'au milieu du cinquième acte ».

Bachaumont borne sa critique à décrire ces merveilles (1). De la pièce, il ne dit pas un mot. « On parle beaucoup de l'opéra de *Scanderbeg*, exécuté avec la plus grande magnificence. La décoration de la Mosquée surpasse tout ce qu'on peut dire; les colonnes en sont garnies de diamans et font un effet des plus surprenans. »

Dans les *Fêtes vénitiennes* on admire la place Saint-Marc, à Venise. Seulement, Casanova qui assiste à la représentation, fait remarquer à ses voisins que le palais Ducal doit être à droite et le grand clocher à gauche, c'est-à-dire l'opposé de ce que le décor indique (1). *Castor et Pollux* doit une bonne part de son succès au ballet qui s'y trouve intercalé; et ce ballet représente... le croira-t-on? — le système de Copernic! La Terre bat des entrechats, les Planettes dansent le rigaudon et le Soleil pirouette à plaisir. Lors de la reprise de *Thésée* (1744) le roi d'Athènes fait son entrée sur un énorme bœuf en carton, que deux comparses font mouvoir, dissimulés dans les flancs de la bête. On a vu les merveilles de décoration du *Zoroastre*, de Rameau.

L'Académie est littéralement en fête. On donne successivement les *Fêtes Galantes, Italiennes, Vénitiennes,* les *Fêtes de l'Été,* de *Thalie,* de *Diane,* d'*Hébé,* de *Polymnie,* de l'*Hymen,* de *Pamylie,* de *Paphos,* d'*Enterpe,* les *Fêtes Lyriques,* les *Fêtes Nouvelles,* etc. Les poètes qui mènent cette bande joyeuse s'appellent Duché, Danchet, Lafont, Mlle Barbier, Massip, Mondorge, Destouches, Cahuzac, Roy, Collé, Moncrif, etc., etc., tous seigneurs de peu d'importance, comme l'on voit.

C'est dans les *Fêtes de Polymnie*, notons-le en passant, que se trouve une ariette commençant par ce vers harmonieux :

Hélas ! est-ce assez? (2)

(1) Mém. sec. octobre 1765.

(1) Mémoires de Casanova (chap. VIII).

(2)   Hélas ! est-ce assez pour charmer,
    D'avoir un cœur tendre, sincère,
    Il ne faut point d'art pour aimer
    Et toujours il en faut pour plaire.
    Fêtes de Polymnie.   (Acte III).

digne pendant au
                    Qu'est-ce que je vois?
d'*Alceste* et de *Biblis*.

Ce rapide examen du livret d'opéra au xviii⁰ siècle serait incomplet, si nous passions sous silence une pièce assez curieuse pour être mise sous les yeux du lecteur. Elle était annoncée ainsi qu'il suit dans le tome VI, p. 65 des *Observations*, de Desfontaines : « On trouve à Paris, chez Prault le Père, imprimeur des bons écrits du tems, les paroles d'un opéra généreusement abandonné à tous les musiciens du monde, pour le mettre en musique française ou italienne. Le sujet traité est l'épisode de Judith ».

Cette tragédie sacrée dépasse ce que l'imagination la plus extravagante pourrait former. Nous en détachons quelques fragments qui donneront une idée du style de l'auteur et de sa poétique. C'est d'abord un duo entre Holopherne et Orion son confident :

> HOLOPHERNE
> Que les cris des mourans
> Dont j'ai fait la conquête
> Me paraissent charmans !
> Quelle agréable fête.

> ORION
> Ces cris pour un héros
> Semblent de doux accords,
> Ils gouttent le repos
> Sur des monceaux de morts.
>   (Acte II — Scène I).

A la scène III⁰ du même acte, des soldats assyriens, par ordre de leur général, chantent des vers galants pour calmer la tristesse de Judith. Voici le premier couplet de la chanson :

> Si l'amour est une folie,
> Qu'il faut subir tôt ou tard,
> Portons vite son étendard,
> Chérissons sa douce manie,
> Enrôlons-nous au hasard.
> Que la raison endormie,
> Reste longtemps à l'écart,
> Pour mieux régner à la fin de la vie.

C'est du logogriphe pur.

Plus loin, Holopherne invite Judith à un festin somptueux. Or, Judith, qui a des raisons particulières pour désirer un tête-à-tête, répond à son amant :

> Que le festin se fasse,
> Seulement entre nous deux.
> Mon timide amour
> Fuit le grand jour.

Mais la perle la plus exquise du poème, c'est cette strophe chantée par un berger :

> L'amour est un puissant maître,
> Sans mourir il sait renaître,
> Dans les cœurs,
> Mais on risque à le connaître,
> De compter sur ses faveurs,
> C'est un peut-être.

On comprendra aisément que les musiciens italiens ou français ne se soient pas disputé ce livret, généreusement abandonné, comme disait le prospectus, à tous les musiciens du monde. L'auteur conserva l'anonyme jusqu'à sa mort, et toutes nos

recherches n'ont pu aboutir à savoir son véritable nom.

(*A suivre.*)   EUGÈNE DE BRICQUEVILLE.

LOHENGRIN A PARIS
Première et unique représentation.

En 1861, *Tannhœuser* n'a obtenu que trois représentations; en 1887, *Lohengrin* n'en a eu qu'une seule! Reculons-nous et le wagnérisme, à Paris, a-t-il perdu du terrain? Ce serait une grande erreur de le croire et personne — fût-ce parmi les détracteurs systématiques du maître de Bayreuth — n'aurait le front de le soutenir.

Tannhœuser est tombé sous l'effort d'une coalition imbécile — c'est un fait incontestable — mais la cabale eût-elle échoué, il est douteux que l'œuvre se fût soutenue longtemps, devant un public novice et trop mal préparé pour la comprendre.

Lohengrin, au contraire, a triomphé avec éclat, devant une assistance éclairée, malgré les préventions qu'elle pouvait garder encore et en dépit de longueurs dangereuses, capables de refroidir l'enthousiasme, car, on le sait — par un sentiment de piété, peut-être exagéré — M. Lamoureux avait rejeté de parti-pris, toutes les coupures adoptées dans la plupart des théâtres allemands.

Un critique, dont les opinions ondoyantes m'étaient depuis longtemps suspectes, un jeune homme, à ce qu'on m'assure — à son ton prétentieux et à sa morgue doctorale, je l'eusse plutôt pris pour un vieux pédant — prétend que l'expérience n'est pas décisive et qu'il faut la recommencer.

A son avis *Lohengrin* a été acclamé par un auditoire gagné d'avance et trié sur le volet, pour les besoins de la cause.

Cet écrivain trop fécond, qui dépose ses œufs sur tous les papiers qu'il rencontre, comme le papillon du ver à soie, est tombé dans une erreur trop grossière, pour n'être point volontaire.

La représentation de *Lohengrin* a été donnée devant un public de sentiments fort divers : les uns, — c'était le petit nombre, — conquis d'avance je ne fais pas difficulté de l'avouer, les autres, — c'était la grande majorité, — indifférents ou même hostiles; voilà la vérité! A côté des spectateurs payants, il y avait toute la presse parisienne et non seulement les critiques spéciaux, mais les écrivains fantaisistes et les chroniqueurs, portés, par tempérament et par métier, à la blague plutôt qu'à l'enthousiasme.

Que l'œuvre de Wagner ait triomphé devant une telle assemblée, c'est un fait dont la signification ne saurait être contestée ou amoindrie par les esprits impartiaux et les gens de bonne foi. Au demeurant, tout le monde est d'accord pour constater un effet considérable. A part quelques dissidents, — la note discordante était prévue, — les journaux sont d'un avis unanime et si quelques-uns méconnaissent encore la beauté du poème, tous, du moins, s'inclinent devant les splendeurs de la partition.

Cette conversion en masse n'est, certes, pas un phénomène sans portée, mais le grand avantage de la victoire, c'est qu'elle a dissipé les préventions absurdes et les parti-pris ridicules. Ceux qui jugeaient l'art de Wagner, sans le connaître, sur la foi d'Aristarques hostiles, plus ignorants peut-être qu'eux-mêmes, savent, à présent, ce que valent les théories ineptes et les plaisanteries rances qui moisissent dans les journaux français depuis 1861. Ainsi l'unique représentation de *Lohengrin* aura fait plus pour la cause que nous défendons, que vingt-cinq années de polémique et de propagande littéraire !

Qu'importe après cela qu'une bande de vandales, protégée par la faiblesse du gouvernement et par la coupable inertie de la police, ait fait tomber la statue de son piédestal. L'œuvre de Wagner est assez jeune pour attendre, et comme Reyer le disait hier encore : " La représentation mémorable de *Lohengrin* ne sera pas une fête sans lendemain ,.

S'il faut déplorer ces manifestations honteuses et idiotes, qui font monter la rougeur au front de tous les vrais patriotes, c'est qu'elles frappent lâchement l'homme de cœur et le généreux artiste qui s'est voué tout entier au plus noble et au plus rude des apostolats. Mais il ne se laissera pas abattre : j'en ai pour garant ses convictions robustes et son indomptable énergie.

Détresse, qu'il avait arrachée au frêne séculaire, s'est brisée dans ses mains. Comme Siegfried, il en ramassera les morceaux pour en reforger une épée de victoire. VICTOR WILDER.

Épilogue

Bien qu'il y ait encore beaucoup à dire sur *Lohengrin*, je me dispenserai aujourd'hui de m'étendre sur ce sujet, pour plusieurs raisons : la puérilité, l'imbécillité, l'insignifiance des manifestants d'une part ; d'autre part, la pleutrerie et la lâcheté ignominieuse du ministère en face de quelques voyous (je cite ici les propres expressions de M. Albert Bataille, le chroniqueur judiciaire du *Figaro* dans son compte-rendu de la police correctionnelle). A cela, je me permettrai d'ajouter la stupidité de la police, passant sans raison et sans discernement de la passivité coupable et inexplicable du mardi, à la brutalité aveugle et hors de saison du jeudi..... Si donc il y a encore beaucoup et trop à dire à ce sujet, il vaut mieux le laisser de côté pour l'instant. J'ai trop prévu, depuis longtemps, que *Lohengrin*, tournerait à la " scie ", et je voudrais éviter d'y contribuer. Je tiens pourtant à signaler quelques articles, parmi les nombreux et très intéressants que l'événement a fait éclore. Dans la *République française*, M. Emmanuel Arène nous a fait part de ses spirituelles réflexions ; il nous montre les manifestants, après avoir crié : " A bas l'Allemagne , allant se gaver de jambon de Mayence et se gorger de bière de Munich à la brasserie Wetzel ; il incline à croire que " leur patriotisme les a conduits au poste plus vite qu'il ne les eût poussés à la frontière. »

Je signale la part indignée prise à la défense de M. Lamoureux par MM. Francis Magnard, Albert Bataille, Vitu, et, jusqu'à M. Albert Millaud, en une amusante fantaisie où M. Goblet a son rôle. Je voudrais aussi pouvoir citer les vertes répliques de M. Henry Bauer, aux goujats inventeurs et colporteurs de calomnies basses, malpropres et bêtes. Même dans la *Revue des Deux-Mondes*, parue aujourd'hui, on trouvera un article enthousiaste de M. Camille Bellaigne, sur la représentation de *Lohengrin*..... A lire enfin, dans le *Français* de lundi, l'article de M. Adolphe Jullien, où il constate que Bruxelles reste la capitale musicale de la France ; chose triste pour nous, si pour la Belgique elle est plus glorieuse.

En somme, tout ce qu'il y a de propre, d'intelligent et d'honnête dans la société parisienne, dans le monde de la science, des lettres et des arts de Paris, c'est-à-dire une immense majorité de gens, a été indigné et attristé par ce qui s'est passé, et a protesté à voix plus au moins haute, contre les quelques meneurs avérés ou les instigateurs sournois et lâches de cette navrante équipée, où tout le monde a perdu quelque chose, même les niais qui croyaient y avoir quelque intérêt et y trouver quelque profit..... C'est une tache qui sera dure à laver. BALTHAZAR CLAES.

LE BANQUET LAMOUREUX

Les amis de M. Lamoureux et quelques artistes français, se sont réunis lundi à l'Hôtel Continental pour lui offrir un témoignage de sympathie et d'encouragement à l'œuvre qu'il a entreprise.

Plus de cent cinquante convives, appartenant à toutes les branches de l'art, ont pris part à cette manifestation, autour de laquelle tout éclat théâtral avait été soigneusement évité.

Notons seulement en passant : MM. Massenet, Léo Delibes, Schuré, Vincent d'Indy, Gouzien, Coquard, Victor Wilder, G. Fauré, Lascoux, Hartmann, Catulle Mendès, Henry Bauer, Fourcaud, Octave Mirbeau, César Franck, Onfroy de Bréville, Alfred Ernst, Nuitter, de Gramont, Lenepveu, Robert de Bonnières, Reyer, Maurice Bouchor, Lalo, Ch. Dancla, etc., etc.

Au dessert M. Ed. Schuré a donné lecture d'une adresse de sympathie, couverte de plus de deux mille signatures.

Après lui, M. Reyer, membre de l'Institut, a prononcé une chaude allocution, interrompue à plusieurs reprises par les bravos et que voici.

Mon cher Lamoureux,

Nous vous devons, à vous qui nous avez fait applaudir, entouré de tout le prestige d'une exécution incomparable, l'un des chefs-d'œuvre de la musique moderne, nous vous devons une des plus grandes joies, une des émotions les plus vives que nous ayons jamais ressenties.

Vous nous avez donné une fête musicale superbe que l'on a improprement appelée " une fête sans lendemain ". Peut-être cette fête mémorable n'aura-t-elle son lendemain que dans un avenir plus ou moins éloigné ; mais elle l'aura, nous en sommes fermement convaincus.

Et voilà pourquoi il ne faut pas que la détermination que vous avez prise soit irrévocable ; voilà pourquoi, au nom de tous ceux qui sont ici et de tous ceux qui regretteront de ne pas y être venus, je vous adjure de ne pas laisser tomber ce bâton de commandement que vous savez tenir d'une main si vaillante et si hardie. Les vrais artistes, les vrais amis de l'art, ceux qui ne nient ni le progrès ni la lumière, sont avec vous. Permettez-moi, mon cher Lamoureux, de mettre dans le toast que je vous porte un élan de vive reconnaissance, un témoignage de haute estime et de sincère amitié.

M. Lamoureux, très ému, a répondu :

Messieurs,

Je suis profondément touché du témoignage de sympathie que vous me donnez aujourd'hui.

Je puiserai dans le souvenir que je garderai au fond du cœur une force consolatrice contre l'injustice et les événement qui m'accablent en ce moment et qui me forcent, momentanément je l'espère, à renoncer à la lutte que je soutiens depuis plus de vingt ans pour le progrès de l'art.

J'aurai aussi la consolation d'avoir pu rendre quelques services aux compositeurs français, et ceux d'entre eux dont j'ai eu le bonheur de soutenir la cause sauront affirmer qu'ils ont trouvé en moi un ami dévoué, sincère et désintéressé.

Ai-je besoin de vous dire que j'aime ardemment la patrie et que je la veux, comme vous, forte, intelligente et victorieuse ? Mais si Wagner, à une époque douloureuse, a blessé cruellement notre patriotisme, devons-nous fermer les yeux devant la flamme de son génie de poète et de musicien, et pouvons-nous nier que ce génie soit une gloire pour l'humanité ? Je ne le crois pas, car je suis de ceux qui veulent le libre-échange du progrès et de la lumière, sans oublier pour cela les intérêts sacrés de la patrie.

Je bois donc, messieurs, à l'indépendance de l'art, à la liberté de ses manifestants, et à la patrie !

Enfin, M. Henry Bauer a bu à « Charles Lamoureux, patriote français, à l'artiste croyant et vaillant qui a voulu conserver à Paris son rang de capitale du monde intellectuel ».

M. Ambroise Thomas, directeur du Conservatoire, souffrant, s'était excusé au dernier moment.

En réponse aux attaques bêtes dont il a été l'objet dans quelques journaux de Paris, M. Lamoureux a adressé à M. Edmond Magnier, directeur de l'*Événement*, la lettre suivante :

Paris, le 12 mai.

Monsieur,

A propos des poursuites que je dirige contre les journaux qui s'acharnent à me diffamer, vous me demandez " pourquoi je m'avise de rouvrir devant la justice un débat profondément douloureux qui peut entraîner plus d'un péril ».

Ma réponse sera fort simple : c'est que je n'ai pas d'autre moyen de me laver des calomnies sous lesquelles on cherche à m'accabler à l'occasion des représentations de *Lohengrin*. — On m'accuse de recevoir des subsides étrangers, c'est faux ! Je suis seul, absolument seul à supporter le poids du déficit causé par la ruine de mon entreprise. Je l'ai dit et répété sur tous les tons ; mais on ferme l'oreille à mes protestations et l'on continue à dire que je touche de l'argent de provenance allemande.

Devant cette attitude perfide, il ne me reste qu'une espérance de justification : c'est de mettre les auteurs et fauteurs de ces allégations mensongères et calomnieuses en demeure de les prouver publiquement.

Veuillez le remarquer, Monsieur, c'est sur ce terrain que je veux me confiner, et c'est en vain que les journaux que j'incrimine essayeront de me distraire par des diversions plus ou moins habiles.

Ai-je eu raison de tenter en France l'acclimatation d'un chef-d'œuvre qui fait partie actuellement de la nourriture intellectuelle de tous les pays civilisés ? Pouvais-je prévoir, à l'époque où j'ai conclu des traités pour les représentations de *Lohengrin*, qu'il se présenterait des complications politiques le jour où je serais mis en demeure d'exécuter tous mes engagements ? Tout cela n'est pas en question : un seul point reste à élucider : *Ai-je, oui ou non, reçu de l'argent de provenance allemande ?* Vous m'accorderez bien, Monsieur, que j'ai le droit d'exiger une réponse nette et positive à ce sujet, et vous ne pouvez trouver mauvais que je m'efforce de l'obtenir par le seul moyen efficace que la loi met à ma disposition.

Il n'est pas toujours facile pour un artiste de travailler librement à l'émancipation intellectuelle de son pays, même quand ce pays se réclame à tout propos de la liberté ; je viens d'en avoir la preuve douloureuse. Frappé par les événements, je me suis résigné et incliné ; mais, ceci fait, je ne souffrirai pas qu'on m'attaque dans mon henneur et qu'après m'avoir terrassé on cherche à me salir et me déconsidérer.

Veuillez agréer, Monsieur le Rédacteur en chef, l'assurance de mes sentiments distingués.　　　　　　　Ch. Lamoureux.

Un dernier mot à propos de LOHENGRIN

La question *Lohengrin* est close. Il n'y a plus à revenir sur ce qui est passé. L'odieuse et stupide campagne entreprise par les organes de l'épicerie nationale a abouti au résultat que l'on avait en vue : empêcher l'œuvre de Wagner de s'emparer du public parisien et de lui ouvrir les yeux, définitivement sur le vide des productions dont l'Opéra et l'Opéra-Comique vivent depuis vingt ans. C'est là une grande et notable victoire ! Moréno et Comettant ont de quoi en être fiers.

D'un côté, Wagner, admiré par des maîtres tels que Reyer, Massenet, Delibes, Joncières, sans parler de tous les jeunes musiciens en qui la France espère.

De l'autre, Moréno et Comettant, appuyés par une douzaine de marmitons, de gâte-sauces en rupture de fourneaux, de voyous au teint pâle et au sang vicié.

Ce spectacle est instructif et il est triste. Si le *Ménestrel* veut savoir quels sentiments ce tableau éveille à l'étranger et comment on y apprécie ce qu'il peut considérer comme son œuvre propre, il n'a qu'à parcourir les journaux. Je ne parle pas des journaux allemands et anglais, ils sont suspects, mais des journaux belges qui naguère n'avaient d'admiration et de tendresses que pour les œuvres d'art signées de noms français. Voici ce que je lis dans l'*Artiste* :

« Que veulent-ils donc maintenant ? Car il semble qu'un peuple qui succombe à de telles défaillances morales, soit mûr pour toutes les défaites.

« L'écœurement passe et c'est une pitié dont le sanglot vous prend à la gorge devant cet hébétement de malade.

« Une victoire plus haute s'offrait à eux que la victoire par les armes, la victoire par les œuvres. Ils n'ont pas honte, il n'ont pas le regret de s'abaisser eux-mêmes en se déclarant incapables d'y atteindre.

« Ils n'ont pas honte, car ils ne comprennent pas. Ils sont tellement inconscients qu'ils ne reconnaissent pas même leurs fautes après les avoir commises et vous les entendrez, demain et peut-être toujours, crier à la revanche, comme des sourds et comme des aveugles qui se cogneraient la tête au mur sans voir, à la porte au large ouverte, — ouverte sur le domaine d'art, — sans frontière où la politique et les peuples qu'elle fait tripoter peuvent dans le génie des maîtres. »

Ce que dit tout haut, M. Henry Maubel, c'est ce que pense tout bas la masse du public européen. On attendait, au dehors, la représentation de *Lohengrin* à Paris, comme une épreuve décisive qui devait faire pencher la balance dans un sens favorable à la France... ou dans l'autre.

C'est dans l'autre que Moréno, Comettant et leurs alliés l'ont fait tomber.

Pour effacer l'impression pénible qui en est résultée, que cette impression soit fondée ou non, il faudra de longs efforts pour y parvenir.

Voilà ce que l'art français aura gagné à être défendu par Moréno et Comettant. Belles intelligences faites pour se comprendre, nobles cœurs qui s'entendent bien pour servir les causes les plus légitimes.　　　　　　　Maurice Kufferath.

Voici comment M. Adolphe Jullien, dans son feuilleton du *Français*, fait justice des ineptes manifestations de l'Éden et de leurs fauteurs responsables :

« Il a suffi d'une gaminerie pour tout arrêter ; car le premier soir, la prétendue manifestation de patriotes n'était pas autre chose qu'une réunion de cinquante à cent braillards, ignorant jusqu'au nom de Wagner. De l'aveu des officiers de paix, il n'y avait pas là un seul manifestant sérieux : pas un homme fait, pas un étudiant ; rien que des polissons, toujours prêts, même sans qu'on les paye, à plus forte raison quand on leur donne vingt sous, — c'était le prix, — à venir « faire du chahut » au nez des sergents de ville. Ceux-ci les laissaient tranquillement siffler, interpeller les arrivants, jeter des pierres et les auraient protégés au besoin contre les passants inoffensifs, si bien que les tapageurs leur faisaient joyeusement la nique. Est-ce qu'à la sortie le gamin, le camelot qui venait de vous dire obséquieusement : *Une voiture, mon prince ?* ne courait pas chercher un fiacre en sifflant de plus belle ? Est-ce qu'un de ces farouches manifestants ne disait pas à un officier de paix : « Maintenant nous allons boire ; après nous reviendrons gueuler ! » Il aurait suffi d'un seul coup de filet pour ramasser toute cette bande et c'en était fini... On le laissa faire et le lendemain, jour où l'Éden ne devait pas ouvrir, il en revint le double, sans compter les exaltés auxquels la lecture de certains articles abominables avait fait perdre la tête, sans compter les badauds... On sait le reste et comment la police aux toutes les peines du monde à empêcher cette tourbe de passer les ponts et d'aller manifester autre part que devant l'Éden.

« La direction prise par la force et les cris qu'elle poussait montraient assez quel but exécrable poursuivaient les meneurs de cette manifestation prétendue antiwagnérienne. Aussi M. Lamoureux agit-il en excellent patriote en allant dès le jeudi matin aviser le ministre de sa détermination de ne plus jouer *Lohengrin*. Alors M. Goblet, très brave, après le danger, se fit fort de maintenir l'ordre à l'entour de l'Éden ; mais M. Lamoureux lui dit entendre, avec tout le respect dû à un ministre, qu'il se défiait un peu de cette énergie tardive et que mieux aurait valu en déployer dès l'avant-veille... On a dit, depuis ces tristes événements, que pareille échauffourée ne se serait pas produite sans l'incident de Pagny. Je suis d'un avis tout opposé, car les quatre ou cinq journaux qui, pour des raisons diverses, mais très faciles à deviner, ont mené une campagne violente contre M. Lamoureux, auraient certainement leurs attaques bien auparavant. Soyez donc persuadés qu'on aurait toujours entendu les mêmes polissons brailler et lancer des cris belliqueux. Ces feuilles estimables n'ont pas atteint le but immédiat auquel elles visaient, mais en revanche, elles auront accablé un homme et mis sur le pavé le nombreux personnel qu'il employait. »

FIN DE SAISON

PARIS, 16 mai.

On peut considérer maintenant comme terminée la série des concerts. Voici quelques notes rapides sur cette fin de saison musicale, favorisée, encore que les théâtres, par une température exceptionnellement basse.

Les quatre concerts annuels d'orgue et orchestre donnés par M. Alexandre Guilmant, au Trocadéro, réunissent un public de plus en plus nombreux ; l'éloge du très grand talent de l'organiste de la Trinité n'est plus à faire : il faut le louer de faire pénétrer Bach et Hændel dans les masses. M. Guilmant, dont on peut citer de nobles et ingénieuses compositions, telles que l'*Élégie-Fugue*, la *Symphonie en ré mineur* pour orgue et orchestre, etc., est un admirateur enthousiaste des grands maîtres de son art ; pèlerin de Bayreuth l'année dernière, il a été conquis par Wagner, et je sais les ardeurs et les ravissements qu'il a rapportés de *Tristan* et de *Parsifal*. Les hôtes de la villa Wahnfried ont eu la bonne fortune d'entendre l'éminent artiste exécuter la *Passacaille* et vingt autres merveilles du grand Sébastien.... Dans la série de ses concerts, j'ai remarqué, entre autres choses, l'air de la *Cantate 61* de Bach (Bénis, Seigneur, la fin de cette année), chanté par Mlle Fanny Lépine ; du même, la *Sinfonia* de la 146e *Cantate en ré mineur*, et l'admirable, l'incomparable *Sonate en la majeur* pour piano et violon ; de Hændel, un air d'*Athalie*, presque inconnu, superbe d'expression et d'harmonie, et d'une allure sombre, puissante, grandiose ; du même, les beaux fragments de l'*Ode à Sainte-Cécile*, (sur le texte anglais de Dryden), l'air délicieux *Quels longs soupirs*, avec le joli hautbois obligé et ses adorables imitations canoniques ; puis l'air si noble et lumineux, *Mais l'orgue aux fiers accents*, avec l'ingénieux orgue obligé ; enfin, parmi les œuvres de M. Guilmant lui-même, le vigoureux et magistral *Final en si*, pour orgue de César Franck, et une charmante *Méditation* avec orchestre, de M. Charles Lefebvre, qui a été blessée.

Un groupe de jeunes compositeurs, ayant à sa tête le maître César Franck, a donné ce mois-ci son premier concert annuel ; c'est quelque chose d'analogue en musique, au groupe et à l'exposition annuelle des *Vingt* en peinture à Bruxelles, sauf que les compositeurs sont moins nombreux, une dizaine. Par une coïncidence fâcheuse, et qu'il n'a été au pouvoir de personne d'empêcher, ce premier concert annuel a eu lieu le soir même de la première représentation de *Lohengrin*, ce qui lui enlevait forcément un certain nombre d'auditeurs, et non des moins qualifiés. Néanmoins, la salle Érard était fort convenablement garnie; on y remarquait la présence du maître poète Leconte de Lisle, le récent académicien, et celle de son jeune confrère Maurice Bouchér; dans le programme on a surtout distingué et applaudi l'*Hymne védique* de M. Ernest Chausson, œuvre chorale et orchestrale d'une belle ampleur de style, d'un sentiment expressif noble et pénétrant; c'est, à mon avis, une des meilleures pages de l'auteur, sinon la meilleure; mais il aurait fallu, pour l'accompagner dignement, toutes les ressources d'un orchestre complet. J'en dirai autant en citant les intéressantes compositions religieuses de M. Pierre de Bréville. Je borne là mon compte-rendu, les autres œuvres du programme étant déjà connues des lecteurs du *Guide*; je me contente de souhaiter bonne chance à cette nouvelle tentative musicale, pleine de promesses, et qu'un brillant avenir attend, malgré ses modestes débuts.

Quelques mots sur le troisième concert de la *Société moderne* de musique vocale et instrumentale, auquel je voudrais pouvoir consacrer une plus longue notice. Très bel auditoire, salle Pleyel, le jeudi 5 mai. Deux choses surtout saillantes, autant au point de vue de l'exécution qu'à celui de la valeur des œuvres. La nouvelle *Sonate* pour piano et violon de M. Franck, en quatre morceaux, œuvre de tout premier ordre, devrait plutôt s'intituler *Fantaisie*, étant donné le sens classique qui s'attache généralement au mot " sonate ; je m'en tiens à cette mention, trop brève à mon goût mais l'œuvre a déjà été entendue à Bruxelles, exécutée par le même Ysaye avec sa *maestria* merveilleuse; ici il a dû hisser le *Finale* canonique, un bijou.

Des œuvres de Gabriel Fauré occupaient la plus grande partie du programme; mes lecteurs se souviennent sans doute de mon sentiment sur leur haute valeur et leur charme personnel. Mme Bordes-Pène a été vraiment admirable, tout à fait grande artiste, dans l'interprétation des deux *Impromptus* et des deux *Barcarolles* pour piano; dans ces pages délicates, et, le plus souvent, d'un caractère et d'un ordre de virtuosité difficilement accessible, je l'ai trouvée supérieure à tous les artistes souvent éminents que j'y avais entendus, et même à Saint-Saëns.

J'ai goûté là un plaisir bien rare et très vif, notamment dans le deuxième *Impromptu en fa* naturel mineur, qui a été la perfection même. Seul, l'auteur, quand il est bien disposé, rend avec plus de charme certains passages d'un tour tout de grâce intime. Je plaçais Mme Bordes-Pène très haut dans l'exécution de la musique d'ensemble; après cette audition, je dois la louer sans restrictions comme soliste, et affirmer qu'elle peut désormais prétendre au premier rang parmi nos pianistes, si tant est qu'elle ne l'occupe pas déjà. — Quant à l'exécution du merveilleux premier *Quatuor* (piano et cordes, en quatre parties), par MM. Ysaye, Parent, Fischer et Mme Bordes-Pène, c'a été un long ravissement, de toutes façons; j'entendais cette œuvre pour la vingtième fois, et il me semblait que c'était la première; l'impression de l'*Andante*, ce chef d'œuvre, a été vive et profonde.... Je serais tout à fait injuste si j'oubliais avec quelle intelligence consommée, avec quelle expression variée et pénétrante, Mme Lalo a mis sa belle voix au service de M. Fauré dans deux mélodies, dont l'une a été biaée.

Les séances de la *Trompette* sont terminées. Remarqué dans les derniers programmes des mélodies populaires suédoises chantées par le ténor Bjørksten, et parmi les modernes, des œuvres de MM. Alexis de Castillon, Vincent d'Indy, Fauré, Grieg, Bernard, Alary et Luzzato; ce dernier a donné, salle Pleyel, le 29 avril, une intéressante audition de ses œuvres, notamment deux quatuors et des pièces de piano fort agréables, et séduisant par leur finesse et le beau style qui distinguent son talent.... Il y avait à la dernière séance de la *Trompette* un intérêt de curiosité: c'est le jeune J. Hofmann (de Cracovie), âgé de 9 ans et demi, qui en a fait les frais. Il a joué avec son père (le souhaite que cette réédition de Mozart se poursuive jusqu'au bout) les jolies *Variations à deux pianos* de Saint-Saëns sur un thème de Beethoven, et ce n'est pas là de la musiquette. Les improvisations de ce gamin, vraiment doué, ont amusé et étonné. Quant à sa musique, elle est bien écrite, sans grand intérêt; on y souhaiterait un peu plus de gaucherie et d'inexpérience; il la joue d'ailleurs avec une simplicité et un entrain presque virils. Ce jeune Hofmann a une physionomie intelligente et ouverte, comme on en peut juger déjà à ses photographies qui garnissent toutes les vitrines; on peut déjà prévoir qu'il sera un virtuose extraordinaire, vu son acquis actuel. On me dit qu'il ne travaille que deux heures par jour et joue aussi bien de la toupie que du piano, ce qui est plus facile. Nous verrons dans dix ans ce qu'il sera devenu, si Dieu lui prête vie, chose probable, car il n'a rien de souffreteux.

Le samedi 7 mai, salle Érard, un public très élégant et aristocratique applaudissait les œuvres de M. Ch.-M. Widor et le beau talent du violoncelliste Delsart. Dans la nouvelle *Symphonie en la* de M. Widor (en cinq parties, exécutée déjà cette année en Hollande et en Angleterre), j'ai surtout goûté le troisième morceau, *Andante con moto*, d'un style large, élevé, poétique, surtout dans la magistrale péroraison, déclamée par les cuivres, et bois, sur un fond d'harmonies pénétrantes, confiées aux cordes en *tremolo*; j'ai senti là, m'arrivant par grandes bouffées, comme une brise

saline venue des grèves légendaires des mers du Nord. M. Widor doit aimer Henri Heine. Dans des mélodies d'un beau sentiment, Mlle Fanny Lépine, remplaçant Mme Krauss, indisposée, a été tout à fait remarquable et charmante; elle a été couverte de bravos bien mérités.

Je termine par le dernier concert de la *Société nationale* (avec orchestre et chœurs), donné, samedi dernier 14 mai, salle Pleyel, devant une salle comble. Je regrette de ne pouvoir m'étendre sur toutes les premières éditions intéressantes du programme. Le *Prélude* et la première scène d'*Hélène* (Leconte de Lisle), de M. Ernest Chausson, ne sont que ce que je préfère de lui; mais il y a·là des choses fort poétiques, conçues dans un sentiment jamais banal, souvent délicat; un peu de monotonie, inhérente au sujet et à l'œuvre, orchestre un peu chargé parfois. *Sainte Rose de Lima*, scène mystique de M. Félix Naquet, mise en musique par M. Pierre de Bréville, est une composition tout à fait distinguée, d'un coloris fin, orchestrée avec beaucoup de goût et d'intelligence; malgré ces qualités, la monotonie n'est pas toujours évitée; surtout dans la seconde moitié; le sentiment mystique est un peu trop joli et précieux, manque d'ampleur et d'emportement passionné; l'auteur est jeune; il y avait déjà des choses charmantes dans *Ondine*; cette seconde œuvre marque chez lui un progrès tout à fait remarquable à tous les points de vue: c'est une suite brillante à un joli début, et qui compte. Le *Nocturne* de M. Tiersot est un arrangement heureux d'un morceau pour piano et violon; je le préfère sous la forme orchestrale, qui présente d'agréables détails. La *Fantaisie* sur des airs hongrois de M. Bœllmann, pour violon et orchestre, est fort agréable à entendre, elle est d'une variété habile et d'une heureuse concision. M. Gabriel Marie a tenu avec beaucoup de charme, de distinction et même d'éclat la partie de violon. Des morceaux de mérites divers : le MM. Paul Lacombe, F. de la Tombelle et de Grandval, complétait le programme. Les chœurs, peu nombreux, mais bien composés, ont été remarquables de fraîcheur et de sûreté. M. Gabriel Marie a présidé aux répétitions et dirigé la plupart des morceaux avec un zèle et une intelligence auxquels on n'était pas habitué de la part d'autres chefs: aussi l'orchestre et les chœurs lui ont-ils fait honneur. Ajoutons que le service réel qu'il vient de rendre, et qui mérite grandement d'être signalé.

J'allais oublier, et je l'aurais vivement regretté, la séance si intéressante de la clavi-harpe, l'inventeur du clavi-harpe (pourquoi pas plutôt de la clavi-harpe?) nous a fait entendre son instrument. MM. Messager, Diémer, C. Benoit, Cl. Blanc, F. Thomé, Capelle, etc., étaient présents à ces expériences de comparaison entre le nouvel instrument, la harpe ordinaire et le piano, faites derrière un paravent. Ils ont constaté combien il était difficile, pour ne pas dire impossible, surtout au premier abord, de distinguer le clavi-harpe de la harpe. J'ai été très frappé des avantages du nouvel instrument au point de vue de l'orchestre; pour le chromatique et les sons harmoniques en particulier, il y a là des ressources nouvelles incontestablement. Aussi faut-il savoir gré à M. Dietz, un homme modeste, intelligent et nullement faiseur, du service réel qu'il vient de rendre, et qui mérite grandement d'être signalé.

A l'Opéra, M. Altès continue à se cramponner de plus belle à son pupitre de chef d'orchestre. Mais c'est décidément M. Vianesi qui sera nommé : la chose est sûre désormais. M. Vianesi s'est distingué l'an dernier en montant en·peu de temps l'oratorio assez ardu de Liszt, *Sainte Élisabeth de Hongrie*. Il a d'assez brillants et solides états de service; mais l'on peut craindre qu'ayant quelque valeur, il ne se maintienne pas longtemps au poste qu'on, lui aura confié; le passé est là pour justifier ces craintes.

Mardi, a eu lieu la répétition générale du *Roi malgré lui*, le nouvel opéra-comique de M. Emmanuel Chabrier; mercredi, la première représentation. On compte sur un brillant succès, il est à craindre que l'exécution, surtout chorale et instrumentale, ne soit pas à la hauteur de l'œuvre. — M. Carvalho fait annoncer une reprise de *Lalla Rouck* et une nouvelle version d'*Oberon* par M. Philippe Gille. Ce sera la fin de la saison à l'Opéra-Comique.

BALTHASAR CLAES.

Notes bruxelloises.

BRUXELLES, 16 mai.

La salle du théâtre·de la Monnaie est livrée aux peintres-décorateurs chargés de la·restaurer. L'ombre et le silence régnent dans les salles de concerts. Close la saison théâtrale, la saison musicale n'a pas tardé à l'être à son tour.

Cette saison musicale n'a pas été sans offrir quelque intérêt; il y a eu d'honnêtes séances de musique au Conservatoire et à l'Association des Artistes musiciens; quelques bons concerts populaires, notamment le concert russe et le concert Rummel, mais en somme rien de saillant. C'est encore le dernier concert populaire qui, grâce aux fragments de·Wagner et à la *Symphonie libre* de E. Erasme Raway, laissera le souvenir le plus vivace. La scène finale du 1er acte de *Parsifal*, l'*Idylle de Siegfried*, le défilé des corporations des *Maîtres Chanteurs* n'ont jamais été exécutés aux Concerts populaires mieux que ce soir-là et le public, de plus en plus familiarisé avec le génie de Wagner et très enthousiaste, a témoigné bruyamment sa satisfaction à M. Joseph Dupont en l'acclamant longuement.

La nouveauté de ce concert a été la *Symphonie libre* de M. Erasme Raway, lequel a tout lieu d'être satisfait et de l'exécution et de l'accueil que celle-ci a reçue du public. C'est un franc succès et d'autant plus décisif qu'il est discuté. Il y a toujours des critiques qu'une œuvre nouvelle trouble et déconcerte. Plutôt que de reconnaître franchement qu'ils n'y entendent pas grand'chose, ils vaticinent à rebours; ils admirent en arrière: à l'œuvre dernière d'un artiste, ils préfèrent toujours l'œuvre précédente. A l'apparition de *Tristan et Yseult* ces gens-là tombaient en pâmoison devant *Lohengrin* qu'ils avaient consciencieusement relégué après le *Vaisseau Fantôme* quelques années auparavant. C'est un succès pour M. Raway d'avoir été exposé à une série d'appréciations de ce genre, car il y a quelque mérite à décourager les admirations banales. Beaucoup avaient critiqué sévèrement ses *Scènes hindoues*; les mêmes Aristarques que nous avons vus alors lui ménager l'éloge ou l'encouragement, affichent aujourd'hui une sincère admiration pour les mêmes *Scènes hindoues* à seule fin de pouvoir ravaler la *Symphonie libre*. O bêtise éternelle du bourgeois, mesurant avec prudence ses élans et se méfiant dès surprises que lui cause un esprit libre et hardi.

Et c'est là justement la caractéristique de ce jeune compositeur, sorti un beau jour on ne sait d'où, n'ayant pour l'appuyer aucune de ces coteries d'admirateurs que forment les Conservatoires, se faisant valoir par les seuls mérites d'une personnalité nettement tranchée et marchant d'un pas décidé vers un but élevé sans user des petites malices qui réussissent aux nullités habiles. Libre et hardi, M. Raway récolte le bénéfice de son attitude pleine de franchise et de sincérité. Il n'est personne, quelle que soit l'opinion qu'on ait de ses œuvres jusqu'ici connues, qui conteste aujourd'hui le caractère absolument original et personnel de son talent à la fois vigoureux et primesautier. Le *Guide Musical* a analysé le développement thématique de la symphonie de M. Raway à propos de l'exécution de cette œuvre à Liége, il y a quelques semaines. Nous pouvons donc nous borner à constater là très grande impression qu'elle a faite à Bruxelles. Ce qui nous plaît surtout en elle, c'est qu'en dépit de son titre, qui semble annoncer une œuvre de la fantaisie pure, la trame en est serrée et la conception fortement charpentée. M. Raway possède la vraie langue musicale du symphoniste : la netteté dans l'exposition des thèmes, la variété et la richesse dans l'art de les développer. Ce sont des qualités extrêmement rares, si rares, qu'en ce pays, où depuis cinquante ans la musique a été cultivée avec une ardeur si constante, voici le seul véritable symphoniste que la Belgique ait produit. Hanssens avait certes une habileté remarquable, au point de vue de l'orchestre mais avec peu de personnalité; Stadtfeld avait la science et la personnalité, il est mort avant d'avoir donné toute sa mesure. Jusqu'ici M. Raway est le seul qui nous ait donné dans ses *Scènes hindoues*, ses *Adieux* et sa symphonie, l'expression complète d'un talent libre de toute attache et franchement naturel. Et pour qui connaît l'énergie concentrée dont il est doué, il y a certainement en ce petit homme au menton glabre et aux muscles exubérants l'étoffe d'une personnalité marquante.

La *Symphonie libre* fera rapidement le tour de nos salles de concerts et elle mérite à tous égards cet honneur. C'est une œuvre de haute allure, d'un noble caractère et vraiment poétique; elle est également exempte de boursouflure et de sentimentalité. Elle atteint à la grandeur sans effort dans l'*adagio*, elle a des pages pleines d'humour dans l'*allegro*, et une sombre mélancolie se dégage du début et du finale. Exprimer des sentiments aussi divers en des formes musicales aussi voulues, aussi savamment combinées, ce n'est point banal, je vous jure. Bravo, ami !

M. KUFFERATH.

A propos de la clôture du théâtre de la Monnaie et de la dernière représentation de la *Walkyrie*, une piquante observation de Jean d'Ardenne dans la *Chronique* :

« On a négligé, dit-il, de faire observer que Richard Wagner a bien mérité en cette circonstance, non seulement de la direction et des artistes de la Monnaie, des amateurs de musique, etc., mais aussi des hôteliers et autres commerçants — grâce aux nombreux clients étrangers que chaque représentation amenait à Bruxelles.

« Sous ce rapport, les feuilles de location du théâtre sont des plus instructives à consulter : les vingt-trois représentations de la *Walkyrie* ont déterminé un mouvement de voyageurs très considérable.

Aussi l'administration des chemins de fer se trouve-t-elle-même en reste avec la mémoire de Wagner. Le *Siegfried* aura probablement, l'année prochaine, un résultat analogue. Il semblerait juste que le commerce bruxellois et le ministère des chemins de fer envoyassent au moins une couronne, à la soirée de clôture. »

Les ovations décernées aux interprètes de la *Walkyrie*, à l'occasion de la dernière représentation de cet ouvrage, ont eu leur épilogue dans l'un de nos salons artistiques où un groupe d'artistes et d'amateurs, appréciant à sa valeur la part de services rendus par M. Léon Jehin, second chef d'orchestre du théâtre de la Monnaie, dans la direction des études et des répétitions partielles, lui a fait don du livre de M. Adolphe Jullien : *Richard Wagner sa vie et ses œuvres*. Ce témoignage de reconnaissance était bien dû à l'artiste consciencieux et modeste qui, deux mois durant, s'est voué chaque jour, sans relâche et cela de tout cœur, au travail écrasant de la mise en œuvre d'une partition aussi considérable que celle de la *Walkyrie*.

※

Samedi dernier, dans les salons de S. E. Carathéodory-Effendi, ministre de Turquie, M. Bourgault-Ducoudray a donné l'audition d'un opéra de sa composition, sur MM. Louis Gallet et Lionel Bonnemère.

Michel Columb, tel est le titre de l'ouvrage dont une exécution remarquable, confiée à des artistes de mérite, a fait valoir les beautés.

Un public d'élite avait été invité à cette audition par le sympathique diplomate dont on sait le goût pour les arts, et dont l'amitié pour l'auteur de *Michel Columb* se manifeste de la façon la plus délicate.

Michel Columb est un grand opéra en 4 actes, dont le sujet est emprunté à l'histoire de la Bretagne, dont le héros, célèbre " tailleur d'images „, est l'une des gloires populaires.

Mainte page a été applaudie, et les confrères de l'auteur ont donné le signal des applaudissemenss, M. Gevaert en tête.

❖❖❖❖❖❖❖❖❖❖❖❖❖❖❖❖❖❖❖❖❖❖❖❖

CORRESPONDANCES

LONDRES, 10 mai.

M. Mapleson a fini sa saison à Covent-Garden, et Lago annonce la sienne qui commencera le 24, par la *Vie pour le Tzar*, l'opéra russe de Glinka.

L'opéra anglais de Carl Rosa a fait son ouverture à Drury Lane avec *Carmen*, admirablement mise en scène et chantée par Mme Marie Roze, et l'opéra nouveau, *Nordisa*, de Corder, qui a réussi à Londres.

Hans Richter, l'excellent chef d'orchestre viennois, a repris ses concerts symphoniques. Il a joué des fragments des *Maîtres chanteurs*, de *Parsifal*, et des morceaux de Brahms et Liszt.

~~~~

GAND, 15 mai.

La section d'harmonie de l'Association des Artistes-Musiciens, sous la direction de M. Arthur Vander Gracht, a repris, le mercredi 4, les concerts populaires du soir qu'elle donne hebdomadairement à la Place d'Armes; on y a notamment applaudi une transcription sur *Lohengrin*, cette œuvre si aimée et si populaire à Gand, on peut quelques braillards sont parvenus à empêcher les représentations à Paris. A part cela, point de nouvelles.

P. B.

~~~~

LIÉGE, le 16 mai.

Les séances du Cercle musical des Amateurs, sous la direction de M. Oscar Dossin, professeur de violon au Conservatoire, doivent à leur variété même une partie de leur succès. La dernière, donnée à la salle de l'Émulation, au profit de l'Institut des Sourds-muets et des Aveugles, a eu lieu jeudi passé. Tout y était réuni pour laisser aux dilettantes un souvenir charmant.

L'orchestre des amateurs, une phalange juvénile et ardente, nous a fait entendre le 1er *allegro* de la symphonie *Jupiter* de Mozart, l'arrangement de la mélodie de Gounod : *Clos ta paupière*, la *Sérénade* très caractéristique du ballet de *Namouna* de E. Lalo, le *Printemps* de Grieg, une véritable fleur du nord de ce maître norwégien, et une fantaisie sur le *Roi l'a dit* de Delibes, écrite avec intelligence et beaucoup de goût par M. Dossin.

Ces œuvres, de style divers, ont été interprétées avec un ensemble louable et avec chaleur.

Comme solistes : Mlles E. Coulon, pianiste, Pirotte, cantatrice, et M. Renard, violoniste compositeur. Mlle E. Coulon possède presque toutes les grandes qualités de mécanisme qu'un excellent enseignement peut donner, elle a aussi ce qu'un maître ne peut toujours communiquer, la sensibilité et l'accent du cœur. Elle a joué le concerto en *sol* mineur de Saint-Saëns pour orchestre, l'*Élégie* de Radoux, l'*Impromptu* en la bémol de Chopin et la *Farandole* de Pugno, Mme Gillard-Labeye, peut-être fière du succès qu'a obtenu son élève.

Mlle Pirotte, dont le talent de cantatrice s'éveille déjà les plus vives sympathies et mérite tous les encouragements, est douée d'une voix de soprano charmante par la qualité et l'éclat du timbre. Mlle Pirotte y joint une virtuosité solide. On sent aussi qu'elle est de bonne école. Elle a délicieusement interprété l'air de *Mireille*, de Gounod, la jolie *Chanson de Mai*, de Hutoy et surtout celle de l'*Abeille de la Reine*

Topaze, de l'opéra de V. Massé, et tout cela a valu à la lauréate de la classe de M. Théophile Vercken des rappels chaleureux.

M. Renard, l'un de nos meilleurs violonistes et compositeur de talent, a donné de fréquentes preuves de ses moyens dans l'*adagio* et l'*allegro* du 2e concerto de F. David, dans l'*andante* de Ferdinand Ries et dans une *Tarentelle*, bonne et belle page aux allures provocantes et tout italiennes, de sa composition. Le succès de M. Renard a été des plus brillant.

HUY, le 16 mai.

La *Société d'Amateurs* vient de clore la série de ses fêtes d'hiver par un brillant concert où elle a donné une audition des deux premiers actes de *Faust* de Gounod, ainsi que la belle cantate *Jacques Van Artevelde* de Gevaert.

Ces deux œuvres étaient accompagnées par une partie des artistes de l'orchestre du théâtre-royal de la Monnaie.

Les deux actes de *Faust* ont mis en relief des qualités vraiment remarquables chez quelques amateurs des deux sections chorales. Oltons, en première ligne, MM. Ad. Degée et Ch. Laurent. Le premier a chanté le rôle de Faust avec autorité, une grande distinction et l'accent pathétique qu'il comporte. Le second a détaillé celui de Méphisto avec une verve irrésistible; nous est avis que M. Laurent ne ferait pas mauvaise figure sur une de nos bonnes scènes. Tous deux ont été l'objet d'une longue ovation après le duo du premier acte. MM. Lucien Conrardy et Afm. Laurent, qui chantaient Valentin et Wagner, se sont acquittés de leur rôle à la satisfaction générale et ont droit à tous les éloges. Malgré les rôles de moindre importance dévolus à Marguerite et Siebel dans ce second acte, nous avons constaté chez Mlles L. H. et Mlle V. P. une diction parfaite et beaucoup de charme dans la voix.

L'orchestre, composé des chefs de pupitres du théâtre de la Monnaie et dirigé pour la circonstance par M. J. Duysburgh, a rendu avec infiniment de goût et de sentiment les quatre morceaux portés au programme : 1° *Fantaisie caprice* (Vieuxtemps); 2° *Rêve d'enfant* (Schumann); 3° *Menuet* (Boccherini), et 4° *Valse sentimentale* (Ametot). Si nous parlons en dernier lieu des deux sections chorales, (dames et messieurs), c'est que nous avons voulu laisser sans partage l'impression profonde que nous a produite l'exécution des chœurs de *Faust* et de la cantate *Jacques Van Artevelde*. Rarement il nous a été donné d'entendre un tel ensemble de qualités : justesse, émission, homogénéité, précision dans les attaques, accent dramatique. Nous félicitons ici sans réserve le directeur, M. J. Duysburgh, d'être arrivé à un tel résultat.

La *Société d'Amateurs* peut être fière du brillant succès remporté à cette fête artistique.

MONS, 17 mai.

Le 6 juin prochain, le Conservatoire de Mons donnera un concert avec le concours de Mlle Luyckx, pianiste (élève du Conservatoire de Mons) et de M. Ysaye, violoniste. Cette fête aura lieu au théâtre, sous la direction de M. J. Van den Eeden.

Petites Nouvelles

On avait annoncé que M. Lamoureux se proposait de donner à Londres à Her-Majesty des représentations de *Lohengrin*. M. Lamoureux a renoncé définitivement à ce projet.

Le *Gaulois* annonce que M. Gounod vient de faire hommage au Souverain-Pontife d'une cantate composée par lui et qui sera exécutée au Vatican, le jour où l'on inaugurera la grande exposition organisée pour célébrer le jubilé sacerdotal de Léon XIII.

On assure que M. Gounod ira à cette époque à Rome, pour diriger lui-même l'exécution.

M. Camille Saint-Saëns vient de rentrer à Paris, revenant de Saint-Pétersbourg, où ses concerts ont obtenu un très grand succès. Il se rendra dans quelques jours en Angleterre et en Écosse pour y donner une série de concerts.

La *Gazette de Francfort* publie une lettre du chanteur Behrens, qui devait interpréter dans *Lohengrin* le rôle du roi Henri. M. Lamoureux avait fait venir M. Behrens et, après s'être assuré qu'il était suédois et qu'il chantait le français sans accent, l'avait engagé à de très belles conditions. M. Behrens prit part à vingt-trois répétitions; mais, au dernier moment, M. Lamoureux, pris de scrupules, le fit remplacer, sans rompre son engagement, par M. Couturier. M. Behrens déclare que, si la troupe recrutée par M. Lamoureux fait une tournée à l'étranger, il sera chargé du rôle qui lui était primitivement destiné.

La salle de l'Éden-Théâtre de Paris vient d'être louée par un impresario belge, M. Verdhurt, dit-on, qui se propose d'y donner, à partir du 1er juin, des représentations d'un genre tout nouveau.

A propos de l'Éden, un différend vient, paraît-il, de s'élever entre M. Plunkett et M. Lamoureux; celui-ci ne voudrait pas payer le loyer de la salle jusqu'au 1er juin, prétextant que l'interruption des représentations de *Lohengrin* est due à un cas de force majeure, ce à quoi M. Plunkett répond que c'est spontanément que M. Lamoureux a renoncé à donner *Lohengrin* et qu'il ne peut invoquer le cas de force majeure.

Pour l'*allaitement* de Moréno. Un de nos abonnés parisiens nous envoie la charade que voici :

Mon premier est un eauteleux animal.
C'est *Mo*, puisqu'on dit *Chat-mo*.
Mon second est un volatile lourd et maladroit.
C'est *Ré*, puisqu'on dit *Ré-buse*.
Mon troisième est un quadrupède de peu d'esprit.
C'est *No*, puisqu'on dit *Ane-no*.

Réunissez ces trois bêtes en une seule et vous trouverez facilement mon tout.

VARIÉTÉS

ÉPHÉMÉRIDES MUSICALES

Le 21 mai 1835, à Londres (King's theatre), *i Puritani ed i cavalieri*, de Bellini.

Cet opéra, le chant du cygne, avait été composé expressément pour le Théâtre-Italien de Paris, et avait eu pour interprètes Rubini, Labiche, Tamburini et la Grisi (25 janvier 1835). Le 23 septembre de la même année, Bellini, alors âgé de 34 ans, expirait à Puteaux, près Paris, célèbre déjà mais encore plein d'avenir.

A Bruxelles, une version française (19 février 1840), puis des compagnies italiennes en mai 1842 et décembre 1852, nous ont fait connaître l'œuvre italienne.

— Le 22 mai 1840, à Bruxelles, par une troupe italienne, *Lucia di Lammermoor*, de Donizetti. — La version française, jouée au théâtre de la Monnaie, est du 5 septembre 1839.

A l'occasion des représentations de Mme Sembrich, le mois dernier, la *Lucia* de Donizetti, a été traitée de « vieille lune » par les dégoûtés de la musique italienne, car, comme l'a dit notre ami Solvay : « depuis que Wagner a fait tonner sa grosse voix », et même déjà avant lui, la petite voix des maîtres d'antan a perdu bien de son prestige. »

— Le 23 mai 1777, à Paris (Opéra), reprise de *Céphale et Procris*, 3 actes de Grétry.

D'abord jouée à Versailles, devant la Cour (30 décembre 1773), puis reprise (2 mai 1775), la pièce avait été remaniée, ce qui lui assura 20 représentations. Grétry, dans ses Mémoires, attribue le peu de succès qu'obtint sa partition à l'abondance des airs mesurés que les acteurs, trop habitués aux récitatifs, ne pouvaient chanter dans le même mouvement que celui de l'orchestre. Gluck arrivait de Vienne avec son *Iphigénie en Aulide*, il assista à deux répétitions de *Céphale et Procris*, et ne fit à Grétry aucune observation, ce qui fit dire à celui-ci, non sans amertume : « Il préparait *Iphigénie*, et il était plus naturel qu'il profitât de mes erreurs que de m'en tirer. »

Les morceaux inédits de *Céphale et Procris* forment la 4e livraison des *Œuvres de Grétry*, édition publiée par le gouvernement belge. Gevaert y a ajouté un commentaire.

— Le 24 mai 1841, à Nérac (Lot et Garonne), naissance de Zulma-Magdeleine Bouffar. Bruxelles a commencé la réputation de cette diva de l'opérette alors que, sous la rude poigne de Gil-Naza, la toute jeune Zulma essayait ses premiers pas dans une baraque du faubourg d'Ixelles, plus tard théâtre Molière.

— Le 25 mai 1830, à Paris, (salle Favart), par une troupe allemande, *Oberon* de C.M. Von Weber.

La version française de MM. Nuitter, Beaumont et Chazot, pour le Théâtre-Lyrique de Paris (27 février 1857), a acquis droit de cité en Belgique — à Bruxelles, depuis le 16 novembre 1863.

— Le 26 mai 1853, à Paris, reprise de l'*Épreuve villageoise*, 2 actes de Grétry. La première était du 24 juin 1784. — A Bruxelles, l'œuvre sur laquelle le temps avait étendu son aile, reparut avec éclat au théâtre de la Monnaie, le 3 avril 1879. La partition, précédée d'une notice d'Édouard Fétis, est la 6me livraison des *Œuvres de Grétry*, publiées par le gouvernement belge.

— Le 27 mai 1799, à Paris, naissance de Jacques-Fromenthal Halévy. Se mojti, à Nice, le 17 mars 1862.

La vie d'Halévy a été un labeur constant. Pendant un espace de quarante années, il gravit successivement tous les échelons du professorat. De simple répétiteur à 800 francs, il devint tour à tour professeur d'harmonie en remplacement de Méhul, professeur de contrepoint en remplacement de Paër, et professeur de composition en remplacement de Paër. C'était le bâton de maréchal, et Halévy avait conquis tous les grades un à un. Eh bien ! Sait-on à quels appointements il était arrivé, au bout de ses quarante années ? — A 2,500 francs.

Mais les droits d'auteur, dira-t-on ? Un grand opéra en cinq actes comme la *Juive* ou les *Huguenots*, était payé 500 francs par soirée, 250 francs pour le paroilier et 250 francs pour la musique. A partir de la quarantième représentation, les droits d'auteur étaient réduits à 200 francs; 100 francs pour le poème et 100 francs pour la partition. C'est-à-dire que le produit des œuvres était en raison inverse de leur succès. En 1862, on fit une réforme, mais il n'était plus temps pour Halévy, et l'on conçoit qu'à ce compte-là, malgré ses œuvres multiples et malgré ses succès, l'auteur de la *Juive* ne se soit pas beaucoup enrichi. Il mourut sans laisser de fortune à ses enfants, et le gouvernement d'alors décréta pour la veuve de Fromenthal-Halévy une pension de 6,000 francs, à titre de récompense nationale.

Richard Wagner, en parlant de la *Reine de Chypre*, dont il fit le compte-rendu pour la *Gazette musicale de Paris*, (n° du 27 février 1842), a analysé longuement le talent d'Halévy, à qui il reconnaît « avant tout le pathétique et la haute tragédie lyrique, » il ajoute : « Halévy écrit la musique telle qu'elle jaillit des plus intimes et des plus puissantes profondeurs de la nature humaine. »

— Le 28 mai 1787, à Salzbourg, décès de Jean-Georges-Léopold Mozart, à l'âge de 68 ans. Sa naissance, à Augsbourg, le 14 novembre 1719. De sept enfants qu'il eut de son mariage, il ne lui resta que le fils dont le nom est tout un monde, et une fille dont les succès annonçaient un talent qui ne s'est pas réalisé. W.-A. Mozart n'a survécu à son père que quatre ans.

— Le 29 mai 1877, à Londres (Albert Hall), 3me et dernier concert de Richard Wagner, sous sa direction et celle de Hans Richter. (Voir Ephém. du dernier n°.)

— Le 30 mai 1823, à Paris (Wauxhall), premier concert de Lambert Massart. Les succès précoces que le jeune Liégeois avait obtenus dans son pays, autant que le désir de se perfectionner sur le violon, l'avaient amené à Paris "Ce concert, écrivait le Miroir du 1er juin, à offert le spectacle d'un phénomène rare et curieux; un enfant de douze ans, capable de lutter non pas avec les Baillot, les Kreutzer, les Lafont et les autres grands maîtres, dont les noms sont entourés de la vénération de l'Europe musicale, mais avec ceux des violonistes de second rang, qui jouissent de la célébrité la mieux acquise. „ Lambert Massart est un des plus anciens et des plus estimés professeurs du Conservatoire de Paris. (Voir Eph. Guide mus., 15 juil. 1886).

— Le 31 mai 1880, à Rome (Société philharmonique), pour la première fois en Italie, Mireila (Mireille), de Gounod.

— Le 1er juin 1771, à Parme, naissance de Ferdinand-François Paër. Sa mort, à Paris, le 3 mai 1839. De ses opéras français on ne cite plus guère que le Maître de Chapelle. Le libretto de sa Leonora ossia l'amore conjugale nous a valu l'immortel chef-d'œuvre de Fidelio. Paër lui-même a raconté qu'à l'une des représentations de sa Leonora, à Vienne, le hasard l'avait placé à côté de Beethoven, qui ne cessait de s'extasier et de s'émerveiller. Attribuant cet enthousiasme à sa musique, Paër, très flatté, allait se confondre en remerciements, lorsque Beethoven lui jeta cette apostrophe inattendue : " Ah ! mon cher ami, il faut absolument que je mette votre opéra en musique. „

— Le 2 juin 1880, à Liège, naissance d'Erasme Raway. Sa Symphonie libre, sa dernière œuvre, est encore toute vibrante des chaudes acclamations qu'elle a reçues au Concert populaire du 5 de ce mois. Voir notre article de ce jour.

Nécrologie.

Sont décédés :

À Bressoux, près Liège, le 9 mai, à l'âge de 65 ans, Michel Dupuis, professeur de solfège au Conservatoire. Il était père de Sylvain Dupuis, le compositeur, directeur de la Legia, et frère de Jacques Dupuis, le violoniste, et de l'acteur qui a créé Fritz, de la Grande-Duchesse, et tant de rôles qui l'ont rendu célèbre.

— À Matagne-la-Petite, le 23 avril, à l'âge de 76 ans, Constant Bombled, professeur de musique pensionné.

— À Toulouse, à l'âge de 65 ans, Jacques Boulo, professeur au Conservatoire de cette ville, ancien chanteur à l'Opéra-Comique et à l'Opéra de Paris.

— À Lille, à l'âge de 40 ans, Lévy, chef d'orchestre et violoniste.

— À Vienne, le 28 avril, Carl-Ferdinand Pohl, né à Darmstadt le 6 septembre 1819, archiviste et écrivain musical (Notice, suppl. Fougin-Fétis, T. II p. 364.

— Wiesbaden, le 1er mai, Ferdinand Moehring, né à Alt-Ruppin, le 18 janvier 1816, compositeur (Notice, ibid. p. 223).

— À Dantzig, le 30 avril, Frédéric-Wilhelm Markull, né à Reichenbach près Elbing le 17 février 1816, chef d'orchestre, compositeur et écrivain.

Imp. Th. Lombaerts, rue Montagne des Aveugles, 7

XXXIIIᵉ ANNÉE   2 et 9 juin 1887   NUMÉROS 22 et 23.

Le Guide Musical

Paraissant tous les jeudis.

ABONNEMENT	SCHOTT FRÈRES, ÉDITEURS.	ANNONCES
FRANCE & BELGIQUE, 10 francs par an.	Paris, Boulevard Montmartre, 19	LA LIGNE . . . . Fr. 0.50
LES AUTRES PAYS, 10 francs (port en sus)	Bruxelles, Montagne de la Cour, 82	On traite à forfait pour les grandes annonces.

Le Livret d'opéra français

DE LULLY A GLUCK

1672-1779

(Suite. — Voir le dernier numéro)

La mort de Louis XIV porta un coup au Prologue. Il était malaisé de reporter sur Louis le Bien-Aimé, les louanges dont on avait accablé son grand-père. *Zoroastre*, et plusieurs autres opéras de Rameau, sont tout uniment précédés d'une ouverture symphonique, et quand le Prologue reparait, par intervalle, il est rare que le poète s'adresse directement au Roy. Dans *Jephté*, l'éloge de Louis XV n'a rien de dythirambique.

> Un roi qui me chérit dès l'âge le plus tendre
> (C'est la vérité qui parle),
>   Fait son unique soin de marcher sur mes pas.
>   Il veut qu'en ces heureux climats
>   Ma voix seule se fasse entendre.

Le compliment n'est pas moins banal dans l'*Idoménée* de Danchet.

> A tout l'éclat de la victoire
> Il saura préférer les charmes de la paix
> Beaux-arts reprenez votre gloire,
> Vos utiles travaux ont pour lui des attraits.

A un moment, pourtant, il sembla que la gloire dût reprendre sa place accoutumée dans le Prologue. Les *Fêtes de Polymnie* célébrèrent convenablement la bataille de Fontenoy, et dans les *Fêtes de l'Hymen*, Cahuzac solennisa le traité de Vienne où la diplomatie française cueillait les fruits des victoires de

Berwick et de Villars. Mais on l'avouera, Louis XV n'était pas un monarque à mettre sur les dents les distributeurs de louanges et dans *Achille et Deidamie* de Danchet, le Prologue est consacré à Lully et à Quinault dont on couronne les bustes sur la scène.

Nous serons quittes envers le Prologue du XVIIIᵉ siècle, en signalant celui de *Scylla* (1) qui mérite une mention spéciale. Thétis et les nymphes assemblées sur un rivage quelconque, supplient Jupiter de venir honorer de sa présence la fête qu'on prépare. — Silence prolongé. — A la longue le ciel s'ouvre et on en voit descendre le dieu Mars qui excuse en ces termes son maître empêché.

> L'ordre de Jupiter sur ces rives m'attire ;
> Ce Dieu, pour consacrer vos jeux
> Descendrait bien de son Empire,
> Mais les géants contre lui rassemblés,
> Cherchent à venger leur outrage,
> Etc., etc.

Donc, la fête commence et Mars la préside gravement par « délégation spéciale ».

Sous le règne de Rameau, plus encore que sous celui de Lully, les bergeries sont à la mode (2).

Le marquis de Saint-Aulaire, à quatre-vingt dix ans, s'intitule « Berger de la duchesse du Maine ».

C'est maintenant le triomphe des airs de tambourins, des musettes et des loures. Au moment où les noces de Zoroastre avec Amélite sont consommées, le ballet fait son entrée sur cette invitation du héros de la pièce.

> Bergers, mêlez vos jeux aux festes de la Cour,
> Que dans ce Temple auguste on n'entende sans cesse,
> Que des chants d'allégresse
> Et des vœux pour l'amour !

Et aussitôt le rigodon commence, dansé par les

---

(1) Opéra de Danchet et de Théobald.

(2) Et je vis arriver un berger; et l'on cria : « Voilà le Dieu du chant, le voilà ! » Et je vis que j'étais à l'Opéra Français (Grimm : le *Petit Prophète*).

bergers, auxquels viennent se mêler les prêtres.
Je ne crois pas qu'il y ait beaucoup d'exemples
d'une aussi singulière cérémonie religieuse.

Dans *Jephté*, les bergers des rives du Jourdain
viennent présenter leurs hommages à Iphise.

C'est encore des bergers que Scylla envoie comme
ambassadeurs pour annoncer la paix au monde.

Bien mieux, lorsque s'établit, en 1725, le concert
spirituel, les chanteurs chargés de faire valoir les
hymnes, les motets, les psaumes et autres fragments
de musique sacrée, s'avisent un jour de paraître sur
l'estrade dans le costume de l'abbé des Yveteaux.

On sera même forcé d'introduire à l'Opéra un
emploi de berger, confié au ténor de demi-caractère,
comme nous avons maintenant des rôles de financiers, de duègnes, d'amoureux où s'incarne, pour
ainsi dire, le talent de tel et tel acteur (1).

Nicolas Barthe, le poète marseillais, rédigeant en
1777, les *Statuts de l'Opéra*, en vingt deux articles, fait
le dénombrement des emplois tenus par les pensionnaires de l'Académie chantante et dansante :

> A tous nos fidèles sujets
> Vents, fantômes, démons, déesses infernales
> Dieux de l'Olympe et de la Mer
> Habitans des bois et de l'air
> Monarques et *bergers*, satyres et vestales
> Salut !

La Révolution elle-même respectera les Bergers
d'opéra, se contentant d'orner les houlettes de rubans
tricolores et de mettre dans la bouche des personnages champêtres, quelques paroles empreintes du
plus pur civisme.

En 1793, en pleine Terreur nous verrons représenter à l'Opéra la *Rosière Républicaine*, paroles de
Sylvain-Maréchal, musique de Grétry, où un berger
nommé Lysis, vêtu de la carmagnole et coiffé du
bonnet rouge, chante des couplets dans le goût de
celui-ci :

> Conçois-tu bien mon père
> L'ivresse de mon cœur,
> Si ma tendre bergère
> De ce beau jour a l'honneur ?
> Oui, l'amour doit ce prix à mon patriotisme,
> De tes leçons j'ai profité,
> Ennemi de tout égotisme,
> J'idolâtre la liberté.

N'oublions pas que le despotisme de Rameau ne
le cédait en rien à la tyrannie de Lully, et qu'il
fallait au parolier une dose considérable de patience
et d'abnégation pour subir les exigences, les rebuf-
fades, l'intolérable égoïsme de ce grand musicien
« sombre, triste, hargneux, dont personne n'a égalé
la mauvaise humeur, pas même une jolie femme qui
se lève avec un bouton sur le nez » (2).

---

(1) Dans le ballet, le public rend justice à la demoiselle Prévost et au sieur
Dumoulin le jeune, qui se surpassent tous deux, surtout dans la *Bergerie* (*Mercure*, juillet 1725).

(2) Diderot, le *neveu de Rameau*.

On ne connaît pas de compositeur, si ce n'est peut-
être Auber, qui ait affiché un plus profond dédain
du livret d'opéra. A l'une des répétitions des *Pala-
dins*, comme il disait à l'actrice, Mlle Carton, d'aller
plus vite, plus vite encore : « Mais, objecta celle-ci,
on n'entendra plus les paroles. — Eh ! qu'importe,
reprit Rameau, il suffit qu'on entende ma musique ».

L'auteur des paroles avait jugé prudent de garder
l'anonyme ; on sut un peu plus tard, qu'il s'appelait
Montécour.

En attendant, les épigrammes pleuvent sur l'opéra ;
les pamphlets, les satires, les parodies se succèdent.
A la foire Saint-Laurent comme à la foire Saint-
Germain, au Théâtre Français aussi bien qu'à l'Ambigu, c'est à qui s'efforcera de tourner l'Académie en
ridicule.

Après la comédie *des Opéras* de Saint-Evremond,
voici l'*Epître* en vers de l'abbé de Villiers, les *Critiques de Rousseau* ; puis le *Petit Prophète de Boehmischbroda* de Grimm, et l'*Histoire de la Musique* de Burney,
où nous lisons cette phrase : « L'auditoire rit et
bâille à l'Opéra, jusqu'à ce qu'il se réveille avec les
danses et les décorations. »

Pannard fait jouer en 1753, *le Départ de l'Opéra-
Comique*, où l'on chante ces couplets sur l'air du
menuet d'*Hésione* : (1)

> J'ai vu des guerriers en alarmes,
> Les bras croisés et le corps droit,
> Crier plus de cent fois : aux armes !
> Et ne point sortir de l'endroit.
> J'ai vu des gens à l'agonie,
> Qu'au lieu de mettre entre deux draps,
> Pour trépasser en compagnie,
> On apportait sous les deux bras.

A son tour, Favart intercale dans la *Parodie du
Parnasse*, une recette plaisante dont nous transcrivons un passage :

> Quiconque voudra
> Faire un opéra,
> Fuira de la Raison,
> Le triste poison.
> Il fera chanter,
> Concerter, danser
> Et puis le reste ira
> Tout comme il pourra.

Une autre parodie a beaucoup de succès, c'est
celle de *Scylla*, où, faisant allusion au nœud de
l'action imaginée par Duché, d'après Ovide, à ce
fameux cheveu pourpre auquel est attaché le sort du
roi Nisus, un personnage chante :

> Ce n'est qu'un cheveu qui fait mourir Scylla,

à quoi un autre personnage répond :

> Et ce n'est qu'un cheveu qui lie un opéra.

(*A suivre.*)　　　　　　Eugène de Bricqueville.

---

(1) C'est sur l'air du Menuet d'*Hésione* que parurent ces fameux couplets qui
causèrent la disgrâce de J.-B. Rousseau, et mirent en émoi le monde des Lettres
pendant de longues années.

WAGNER ET GIACOMELLI
Les concerts du Théâtre Ventadour. en 1860. (1)

Lorsqu'en 1860, Richard Wagner résolut de faire connaître aux Parisiens ses œuvres par des fragments exécutés dans un concert, il dut accepter l'intervention d'un agent théâtral nommé Giacomelli, qui, moyennant une commission, se chargea de toutes les démarches nécessaires. Par ses soins, la salle Ventadour avait été louée pour trois soirées et la location payée 8,000 francs.

Dès le 16 janvier, le premier concert fut annoncé dans une feuille hebdomadaire appartenant spécialement à Giacomelli: la *Presse théâtrale et musicale.*

L'un des collaborateurs de ce journal artistique, celui-là même qui rendit compte du premier concert donné le.25 janvier, n'était autre qu'Édouard Roche, poète et musicien, qui fut en France l'un des premiers défenseurs de Wagner et auquel, par la suite, fut confiée la traduction de *Tannhäuser.* On sait que, en raison des difficultés survenues entre les arrangeurs du libretto, il n'eut même pas la consolation de voir son nom sur l'affiche. Nous voyons par son compte-rendu, que la musique inscrite au programme n'était pas complètement sue. Il se plaignit de la mollesse et des hésitations des choristes, " d'honnêtes allemands amateurs „, suivant M. Champfleury, des fautes commises par les instruments de cuivre. Les morceaux qui produisirent le plus d'effet furent ceux où prédominaient les instruments à cordes. Ainsi, par exemple, Ed. Roche reconnaît que le prélude de *Tristan* a été admirablement exécuté. Au second concert l'exécution fut meilleure (2).

Dans son article, Ed. Roche vantait le mérite des poèmes, et la haute valeur de la musique. Seul ou presque seul, il a compris la donnée du prélude de *Tristan et Yseult.* Reçu chez Wagner, dans le petit hôtel de la rue Newton, il avait pu se renseigner auprès de lui. Ce prélude, disait-il, " est l'œuvre d'un maître et d'un grand maître. — L'auditeur assiste à la lutte de ces deux âmes, il en suit toutes les péripéties, il en comprend toutes les défaillances, toutes les exaltations, toutes les ardeurs passionnées et, lorsqu'aux dernières mesures, des spirales de triolets montent en s'enlaçant, il peut se rappeler la vigne vierge et l'ormeau qui, selon la tradition, s'élevèrent fraternellement sur la tombe des deux amants „.

M. Ernest Reyer donna, dans la *Gazette du Nord,* une appréciation très favorable de la musique de Wagner. Il déclarait avoir été " frappé de la beauté, de la richesse, de la sonorité de cet orchestre, dans lequel chaque instrument a un rôle, une personnification qui commence quand le personnage est muet ou disparaît... Ces accouplements des flûtes et des bassons, des hautbois et des clarinettes, qui interrompent l'anathème du Saint-Père c'est la prière d'Élisabeth arrivant à travers les rayons d'une étoile jusqu'au cœur du chevalier Tannhæuser. Ces traits agiles des premiers violons, c'est le chant des syrènes qui se mêle peu à peu au cantique des pèlerins. Et partout, j'ai trouvé la poésie, la science, l'inspiration et un profond sentiment dramatique......

" On découvrira, disait-il encore, la mélodie de M. R. Wagner, comme on a découvert celle de Beethoven, de Weber, de Gluck et de Berlioz... Je ne sais pas si mon oreille manque de délicatesse, mais je n'ai été blessé par aucun de ces accords bizarres que l'on accuse M. R. Wagner d'avoir inventés: la romance de *Tannhäuser,* par exemple, est un chef-d'œuvre de grâce et de poésie, une ravissante mélodie que les violoncelles et les harpes accompagnent d'une façon charmante. Aucune modulation ne m'a paru écrite en dehors des règles établies; et cependant, un homme de talent de M. Wagner aurait le droit d'enfreindre les règles établies si cela lui paraissait nécessaire. „

Si le jugement.porté par M. Reyer est d'un musicien, nous n'avons trouvé dans l'article très élogieux de Franck-Marie, l'un des admirateurs de Wagner (*Patrie,* du 81 janvier 1880), comme appréciation technique, que des observations très courtes et très vagues. " Ses procédés sont ceux de tout le monde; il se soumet aux mêmes règles, il obéit aux mêmes lois: il ne change pas les conditions de l'art; il les modifie dans le sens de sa personnalité; s'il s'isole, c'est dans le sentiment..... Son orchestration a une plénitude, une ampleur incomparables qui résultent de l'arrangement particulier des instruments plutôt que d'une préoccupation, ou d'un calcul. Les instruments sont extrêmement divisés, ils se groupent par deux, trois; fractionnés ainsi, ils se marient, se fondent d'une manière admirable et produisent des effets jusqu'ici inconnus... „ Tout le reste de son feuilleton est fait de phrases emphatiques et creuses, comme les prodiguait la critique fleurie de cette époque. La musique de R. Wagner, que M. Champfleury comparait à " une tapisserie du moyen-âge, „ rappelle à Franck-Marie l'art des primitifs italiens. " Wagner, c'est l'inspiration naïve du Giotto à travers laquelle passe comme un ouragan le souffle des passions modernes! „

Dans sa chronique du *Charivari* (28 janvier) (1), M. Albert Wolff proclama le succès de son compatriote, après avoir rappelé les pénibles luttes de l'artiste et les misères dont il eut à souffrir dans sa jeunesse. L'année suivante, après l'échec du *Tannhäuser,* le chroniqueur se repentit d'avoir donné à Wagner cette marque de sympathie et rivalisa de moqueries à l'égard du vaincu, avec tous les faiseurs de mots de la presse légère.

Gustave Héquet, dans l'*Illustration,* confessa qu'à Wiesbaden, probablement en 1857, — il avait entendu avec plaisir le *Tannhäuser* fort bien exécuté, mais " aux italiens, l'exécution n'a présenté ni netteté, ni finesse, ni nuances, rien qu'un vacarme à rendre sourd. Cependant, quelques parties de l'ouverture ont pu cependant être appréciées. La marche qui a une grande allure et dont la principale phrase est superbe, a fait éclater des applaudissements unanimes. Les .classiques eux-mêmes ont cédé à l'entraînement. „

Je ne sais pourquoi M. Ed. Drumont, dans sa brochure *Richard Wagner, l'homme et le musicien, à propos de* " *Rienzi,* „ range Saint-Valry parmi les critiques qui se prononcèrent en faveur du maître allemand. car ses appréciations sont aussi dures, pour ne pas dire plus, que celles de Fiorentino. Il écrivait dans le *Pays* (80 janvier): " L'ouverture du *Vaisseau-Fantôme* est un orage et, d'après la légende à laquelle elle sert d'introduction, on doit s'imaginer un orage grandiose et diabolique. Tel n'est point le caractère de la musique, elle donne l'idée d'un orage sans foudre et sans éclairs. J'entends les sifflements du vent, mais c'est bien plutôt la plainte de la bise dans les corridors d'un vieux château que la terrible fureur de l'aquilon déchaîné. Les deux notes continues qui reviennent sans cesse et qui sont destinées à figurer l'appel de l'amante, sont plus monotones que plaintives. Au surplus, après l'orage de la *Symphonie pastorale* de Beethoven, les Allemands eux-mêmes n'ont plus rien à trouver. „ Comment Saint-Valry eût-il apprécié la tempête qui gronde dans le prélude de la *Walkyrie,* il serait curieux de l'imaginer.

Il donna des éloges à la marche et à l'ouverture de *Tannhäuser*; c'est, à son avis, la plus remarquable chose qu'il ait entendue. " Le chant des syrènes qui se développe au milieu des enroulements symphoniques de l'orchestre, est une inspiration de grand musicien „. Mais il n'est pas indulgent au prélude de *Tristan et Yseult*; " ce n'est, dit-il, qu'un long *adagio* métaphysique, chromatique et insupportable. D'ailleurs, Wagner a une prédilection désolante pour le genre chromatique; dans *Tristan et Yseult,* il arrive, grâce à l'abus qu'il en fait, à l'ennui le plus complet. Le seul morceau suivant (c'était le prélude de *Lohengrin*), il échappe à l'ennui par un agacement réellement insoutenable. „ Saint-Valry dédaignait de rendre compte des fragments de *Lohengrin* et demandait qu'on le ramenât au *Matrimonio segreto* de Cimarosa. Cette conclusion était aussi. celle du feuilleton de Fiorentino au *Constitutionnel.*

Un des jugements les plus prévenus et les plus iniques émis à cette époque sur la musique de Wagner, fut celui qu'exprimait

---

(1) Depuis la publication de mon ouvrage, *Richard Wagner jugé en France,* j'ai recueilli quelques renseignements nouveaux sur les concerts donnés en 1860, par Wagner au théâtre Ventadour et retrouvé des appréciations peu connues qu'il m'a semblé intéressant de rappeler aujourd'hui.

2) Le second-concert.eut lieu le 1er, et le troisième le 8 février.

(1) Dans *Richard Wagner jugé en France,* j'ai écrit par erreur: " le *Figaro* lui-même inséra une chronique de M. A. Wolff sympathique à Wagner. „ — Cette chronique que M. A. Wolff désavoua l'année suivante, avait paru dans le *Charivari.*

L. Escudier dans son journal, la *France musicale* (29 janvier). Il saluait en Wagner un *admirable chef d'orchestre*, mais il le déclarait " un musicien excentrique, sans goût, sans grâce, sans invention mélodique. Il prend l'extrême sonorité, le bruit, pour la grandeur et la recherche harmonique pour l'idée. Il est diffus, il est long, il est emphatique. Lorsqu'il veut se faire comprendre et écrire de la musique comme tout le monde, il est plat et sans intérêt, on dirait un amateur sans expérience (c'est bien le reproche le plus inattendu qu'on puisse adresser à Wagner!); lorsqu'il veut, au contraire, s'élever dans les régions où lui seul peut aborder, on croirait avoir les oreilles persécutées par des brous-sailles..... "

" La marche et chœur de *Tannhäuser* " est peut-être ce que M. Wagner a écrit de plus clair et de plus sympathique... Le compositeur devient italien et prend la forme ou plutôt la coupe d'*Otello*... C'est de la *bonne musique* et il est regrettable que M. Wagner ne s'en tienne pas à ce genre, qui est *le seul vrai, le seul acceptable.* " (Vous étiez marchand de partitions italiennes, M. Escudier!)

" L'introduction du 3ᵐᵉ acte de *Tannhäuser* " est d'un effet lugubre. Les violoncelles rugissent sur la 4ᵐᵉ corde *pour imiter les vagues*, et de loin en loin, le hautbois se mêle avec la flûte à cet effet funèbre. On cherche à comprendre, mais il est évident qu'on ne comprend pas. " (Cela se voit de reste!). " Le chant des pèlerins est d'une longueur fatigante; ce n'est pas un chant, c'est une psalmodie fastidieuse. Tout cela est recherché, et par dessus tout, très ennuyeux. "

" L'ouverture de *Tannhäuser* (1) est une page symphonique prétentieuse, mal conçue, bruyante à vous assourdir, répétant pendant dix minutes les mêmes effets et qui n'a qu'un mérite, celui d'être écrite dans une bonne sonorité..... Elle résume toute la manière de M. Wagner; c'est de l'impuissance, et voilà tout! "

" Que dire des fragments d'un opéra inédit. *Tristan* et *Yseult?* Que dire encore de la marche des fiançailles de *Lohengrin*, de la fête nuptiale et de l'épithalame du même opéra? Tout cela est pitoyable, déplorable! et il faudrait désespérer de l'avenir, si jamais on pourrait prendre au sérieux de pareilles difformités musicales. "

Cet article laisse éclater trop ouvertement les dédains du débutant d'opéras de Verdi pour l'art tout différent du genre qui fit sa fortune. D'autres raisons, — nous les exposerons plus loin, — avaient peut-être aussi contribué à surexciter la rancune d'Escudier.

Rossini, auquel on prêtait des plaisanteries sur le maître allemand, fit preuve de plus de tact. Il se défendit en déclarant qu'il ne connaissait qu'un morceau de Wagner, la marche de *Tannhäuser*, pour l'avoir entendue exécuter en Allemagne, sur une promenade publique, à Solingen, et que cette audition lui avait causé le plus vif plaisir. C'est du moins ce qu'assurait Giacomelli, dans la *Presse théâtrale* du 26 février.

En effet, Giacomelli ne se borna pas à remplir la mission toute matérielle dont Wagner l'avait chargé; pendant trois mois, il voua son journal à la défense du maître, publiant des notices rédigées par Liszt et H. de Bulow, des extraits d'articles favorables, réfutant les critiques hostiles, tels que Chadeuil et Scudo, et divertissant à leurs dépens ses lecteurs. (3) Son zèle l'emporta jusqu'à présenter le feuilleton bien connu sur la *musique de l'avenir*, (3) d'où résulta la rupture officielle entre Berlioz et Wagner, comme un *acte d'adhésion* aux théories du novateur. A ses yeux, Berlioz, par ce manifeste, venait de *confondre sa cause avec celle de Wagner.* " Son article n'est autre chose qu'une ardente glorification des idées auxquelles il a consacré jusqu'ici son remarquable talent de critique et de compositeur. " Audacieuse assertion qui dut exaspérer l'irascible polémiste! Cependant, après avoir cité, le 12 février, un fragment du feuilleton de Berlioz, il inséra, le 26. la réponse de Wagner, telle qu'elle parut dans le *Journal des Débats.*

Giacomelli, dans son ardeur bataillleuse, en vint même aux personnalités. Comme suprême argument, dans son article de la *France musicale*, L. Escudier avait fait appel à l'éloquence des chiffres : " M. Wagner est arrivé à faire une recette de 5,686 francs et il y avait 8,500 francs de frais à son premier concert. La musique de l'avenir est *décormais jugée et bien jugée* ... Après avoir cité cette phrase prodigieuse, Giacomelli l'expliquait par des considérations commerciales. Outre sa maison d'édition, Escudier dirigeait une agence théâtrale. Il avait espéré, paraît-il, voir son entremise acceptée pour l' rganisation matérielle des concerts de Wagner et en tirer un notable bénéfice. La préférence ayant été accordée à Giacomelli, le critique aurait fait expier à Wagner la déconvenue de l'agent théâtral. Quoi qu'il en soit de ces imputations, il est déplorable d'avoir à constater cette fois encore l'intrusion trop fréquente, dans une question d'art, d'une question de boutique.

Sans doute, l'ardeur avec laquelle Giacomelli travaillait au succès de Wagner à Paris, peut aussi s'expliquer par des motifs intéressés, mais, l'année suivante, après comme avant l'échec de *Tannhäuser*, à l'Opéra, la *Presse théâtrale et musicale* resta fidèle à la cause du maître allemand et, pendant des semaines, recueillit et publia les protestations des défenseurs de Wagner contre la cabale des critiques et des abonnés (1).

GEORGES SERVIÈRES.

Le Roi malgré lui.

Ce n'est pas un homme heureux, M. Chabrier; la fortune ne le gâte guère et il n'a vraiment pas sujet de jeter son anneau à la mer.

Doté, entre vingt qualités précieuses, de la plus rare de toutes: l'originalité, on le laisse se morfondre — depuis des années, — à la porte des théâtres et lorsqu'il réussit, enfin, à forcer les serrures, il n'a pas plus tôt mis le pied sur la scène, qu'elle s'effondre sous le poids de la faillite ou s'écroule sous la cuisante morsure des flammes.

Comme *Gwendoline*, le *Roi malgré lui*, n'aura vécu que trois soirées. C'est peu et pourtant c'en est assez pour que les Parisiens aient appris — ce que les Bruxellois savaient déjà, — que M. Chabrier est un musicien puissant et robuste, capable, mieux que personne, de réaliser les espérances que nous avons mises en la réforme du drame lyrique.

A ce point de vue, il est vrai, *Gwendoline* nous donnait des gages plus sérieux que le *Roi malgré lui*, mais il ne faudrait pas se hâter d'en conclure que M. Chabrier eût abdiqué ses ambitions et qu'il fut en retraite, vers le camp des réactionnaires. Il ne faut pas l'oublier, en effet, le nouvel ouvrage est sorti du scénario d'une opérette et c'est par suite des transformations successives, — qui n'eu ont pu dissimuler le vice originel, — que la partition du *Roi malgré lui* a pris sa forme définitive.

Cette forme en elle-même, n'a rien d'imprévu ni de nouveau. C'est la coupe où tous les musiciens ont bu depuis deux siècles, soit qu'on l'ait enguirlandée de myrtes, comme à l'Opéra, — soit qu'on l'ait couronnée de roses, — comme à l'Opéra-Comique. Mais le breuvage qu'elle contient n'est plus la potion édulcorée qu'on nous faisait lapper et déguster à petits coups, — comme à des convalescents, — c'est une liqueur forte et saine, d'un parfum et d'une saveur vraiment modernes.

Coïncidence bizarre! c'est à l'heure même où, sous la poussée d'un effort inconscient, un musicien français tente de réconcilier le passé avec l'avenir, que le théâtre où se poursuit cette curieuse expérience s'écroule et disparaît dans la plus lamentable des catastrophes. Le *Roi malgré lui* aura été le dernier des opéras comiques.   V. W.

---

(1) Cette ouverture, qui a été si pauvrement jugée en France lors des premières auditions et même longtemps après, avait été essayée quelques jours plus tôt par la Société des concerts, qui, après une lecture, l'avait refusée.

(3) Le 23 janvier, il reproduit l'analyse de l'ouverture de *Tannhäuser* et le 6 avril,celle du poème par Liszt.Le 5 février, il insère un petit article biographique, signé Hans de Bulow. Les 11, 18 et 25 mars, il publie la longue étude de Louis Lacombe sur Wagner, qui avait paru dans la *Revue germanique.*

(3) Le feuilleton de Berlioz a été réimprimé dans son volume: *A travers chants*. Pour la réponse de Wagner, on la trouvera reproduite dans *Richard Wagner jugé en France.*

(1) Voir à ce sujet le chapitre de la représentation de *Tannhäuser* à l'Opéra en 1861, dans *Richard Wagner jugé en France.*

Théâtres et Concerts

L'Incendie de l'Opéra-Comique.

Vraiment, le bilan musical de l'année 1887 est lamentable. Impuissance de la *Société des Concerts* du Conservatoire, malgré la bonne volonté de son chef, à donner un des chefs-d'œuvre de Beethoven, la grande *Messe en ré*; avortement de l'admirable tentative de M. Lamoureux, par les moyens les plus vils et les plus lâches, par la profanation la plus éhontée, la plus sacrilège de l'idée de patrie; ruine possible de son entreprise de concerts, qui a fait connaître au public, outre des chefs-d'œuvre étrangers, des compositions de maîtres nationaux réputés, et révélé des musiciens français d'avenir comme MM. Chabrier, d'Indy, etc. Il restait un théâtre dont l'âge d'or était passé, mais qui gardait un reste d'animation et de vie; à sa tête, un directeur actif et brouillon, qui avait eu son époque brillante, ses heures de gestion intelligente et d'heureux flair, mais dont les facultés baissaient et que menaçait la faillite depuis un an. Au début de la saison, il avait promis monts et merveilles, faisant jouer toute l'énorme publicité dont il disposait, et continuait à entretenir une troupe nombreuse, ruineuse, et abondante et nullités. En fait de nouveautés, il avait donné l'*Egmont* de M. Salvayre, une épave de l'Opéra et la *Proserpine* de M. Saint-Saëns; de ces deux œuvres de musiciens d'une valeur si différente, la première fut un " four, , la seconde un insuccès; la première eut, je crois, les trois ou quatre représentations réglementaires, la seconde n'atteignait pas la dixième. Avec le *Roi malgré lui*, de M. Emmanuel Chabrier, une lueur d'espoir avait brillé, et voici qu'à la veille de la troisième représentation, une catastrophe épouvantable, foudroyante, fond sur le seul théâtre musical intéressant de Paris.

Maintenant, en face de ce brasier éteint, transformé en charnier, je n'ai pas le courage de reprendre les détails qu'on trouvera d'ailleurs dans tous les journaux. Les imaginations d'un Edgard Poë sont dépassées, les auteurs qui travaillent dans l'horrible et quintessenciant l'épouvante ont trouvé leur maître. Je m'étonne seulement que certaines feuilles aient trouvé à s'apitoyer sur M. Carvalho, et qu'elles aient cru lui donner une allure héroïque en le représentant, en face de la colossale fournaise où huriaient et flambaient des centaines de spectateurs, occupé à sauver... quoi? Le buste de sa femme!... Je préfère m'associer aux condoléances que j'ai entendu adresser à M. Chabrier sur sa malchance : *Gwendoline*, jouée à Bruxelles quelques jours avant la faillite Verdhurt, le *Roi malgré lui*, à Paris, représenté trois fois seulement avant l'incendie du théâtre. Être loué d'un côté par MM. Besson, Keret, Moreno, d'autre part, recevoir les compliments de MM. Wilder, Jullien et Fourcaud, était-ce donc trop de bonheur?... En tous cas, M. Chabrier a pu retirer intacte la partition d'orchestre et son double; je le rencontrais aux abords du théâtre le soir même du désastre, et le lendemain à la lueur sinistre, une de mes premières questions fut pour sa partition; il ignorait encore son sort, et s'attendait à trois mois, de travail pour la reconstituer: cette tâche ingrate lui sera au moins épargnée...

Je ne puis m'étendre sur les incalculables conséquences, matérielles et morales, du désastre. C'est un rude soufflet donné à la vanité niaise et béate d'une civilisation trop satisfaite d'elle-même, et qui a toujours à la bouche les mots de " progrès , et de " lumière , . On osera néanmoins continuer à faire parade d'un optimisme bête, et à " blaguer , Schopenhauer de le comprendre et sans l'avoir lu; on verra reparaître et refleurir l'incurie, l'imbécillité, l'égoïsme, la lâcheté, l'étourderie, le mercantilisme, l'indifférence pour les grandes vérités et les idées élevées, la négligence des devoirs essentiels, le goût effréné et irréfléchi des plaisirs bêtes et sans âme; il se trouvera des gens pour tonner encore contre la barbarie antique, les ténèbres du moyen âge et les horreurs de l'Inquisition; jusqu'à ce qu'un nouveau sacrifice à l'insatiable Moloch, à l'industrialisme, à l'exploitation artistique, à l'art commercial et démocratique, au dilettantisme prétendu " à bon marché , vienne une fois de plus arracher tout ce monde à sa douce torpeur et secouer son incurable frivolité. Tout se passera en un flux de paroles écrites et parlées, en cérémonies, en étalage de beaux sentiments, en éloquents discours, en remue-ménage officiel, en enquêtes et contre-enquêtes, et tout recommencera comme par le passé, après d'insignifiants changements apportés à l'état des choses; et l'on en sera réduit encore à pleurer sur ce misérable peuple, délaissé par ses chefs ou fourvoyé par ceux qui devraient être ses guides.

En attendant, le désarroi est grand; et si, comme je le souhaite ardemment, il en pouvait sortir quelque bien, par un hasard inespéré, je serais heureux de vous l'annoncer.　　　　BALTHAZAR CLAES.

Chronique Bruxelloise.

Le *Ménestrel* aime les chiffres, seulement il ne possède guère l'art de s'en servir. Déjà, il y a deux ans, à propos des représentations des *Maîtres-Chanteurs* de Wagner, il s'était très imprudemment avancé en voulant mettre les recettes de certains opéras qu'il préfère en regard des recettes produites par l'opéra de Wagner. Le but est clair : c'est d'effrayer les directions théâtrales, c'est de les éloigner des œuvres de Wagner en leur démontrant qu'elles constituent une mauvaise affaire. Malheureusement pour lui, le *Ménestrel*, en voulant trop prouver, ne prouve rien. Ce qu'il appelle le péril wagnérien, l'aveugle et l'affole à ce point qu'il en devient maladroit à son propre détriment. C'est ainsi que dans l'un de ses derniers numéros, parlant de la *Walkyrie*, il s'est complètement fourvoyé en publiant et en commentant des chiffres qu'un ami complaisant, peut-être quelque agent de la Société des Auteurs, lui avait communiqués, les donnant pour authentiques. Or, ces chiffres sont absolument inexacts. Le *Ménestrel* affirmait que les 23 représentations de la *Walkyrie* avaient produit 88,000 francs environ, beaucoup moins que le *Sigurd* de M. Reyer.

Puisque le *Ménestrel* se délecte aux nombres, voici pour l'instruire les chiffres officiels relevés sur les livres du théâtre de la Monnaie :

Les 23 représentations de la *Walkyrie* ont produit	97,561 00
Les 23 premières de *Sigurd*	95,046 45
Soit en faveur de la *Walkyrie* une différence de . .	2,384 55

Il a plu au *Ménestrel* de prendre *Sigurd* pour terme de comparaison : c'est, en effet, le plus grand succès du théâtre de la Monnaie dans ces dernières dix années. *Mignon*, ni *Hamlet*, ni *Françoise de Rimini* n'ont jamais produit pareilles sommes. Contentons-nous donc de comparer les recettes des deux ouvrages. Or, voici ce que nous constatons.

Pendant les dix premières, Wagner et Reyer se suivent d'assez près et produisent parallèlement des recettes qui varient entre 3,289 fr. 25 c., minimum de la *Walkyrie* et 3,994 50 minimum de *Sigurd*. ajoutons que pendant les dix premières, *Sigurd* conserve l'avantage, mais après la dixième le vent tourne en faveur de la *Walkyrie*. La onzième donne 4,144 50 pour la *Walkyrie*; *Sigurd*, 3,734 50; — la treizième, 5,578 50 pour la *Walkyrie*; *Sigurd*, 4,189 50. La progression descendante s'accentue pour *Sigurd* à mesure qu'on nous avançons. A la dix-neuvième, l'opéra de Reyer ne donne plus que 3,009 75, la *Walkyrie* fait 3,597. A la vingt-unième, *Sigurd* tombe à 2,770 et la vingt-troisième fait seulement 2,108 75. La *Walkyrie* fait 3,912 à la vingt-et-unième, 5,449 à la vingt-deuxième et 4,644 75 à la vingt-troisième, et cela tout à la fin de la saison théâtrale, tandis que *Sigurd* avait bénéficié de la pleine saison.

Le *Ménestrel* est-il satisfait? Après avoir donné des chiffres faux il voudra certainement donner les chiffres vrais. Nous ne ferons pas à sa loyauté bien connue l'offense d'en douter.

Pour nous, nous l'avons dit et nous le répétons, ces chiffres n'ont pas grande portée. Mais puisqu'il plaît au *Ménestrel* de se placer sur ce terrain, nous l'y suivrons volontiers, ne fût-ce que pour le convaincre qu'il est le plus souvent très mal conduit, lorsqu'il s'engage dans ce genre de campagnes.

Après cela, il ne nous étonne pas que son rédacteur en chef ne s'amuse guère à nous lire.

Il n'a pas réussi jusqu'ici à mettre les rieurs de son côté.

La 2e chambre du tribunal civil de Bruxelles vient de rendre son jugement sur l'action de 10,000 francs de dommages-intérêts intentée à M. Cossira par les directeurs du théâtre de la Monnaie, pour le préjudice que leur aurait causé en refusant de jouer et d'interpréter le rôle de Nadir des *Pêcheurs de perles*.

Le tribunal a décidé que le théâtre n'ayant subi aucun dommage par le fait de M. Cossira, il n'y a pas lieu d'accorder à MM. Dupont et Lapissida les dommages-intérêts qu'ils réclament. Ceux-ci sont en conséquence déboutés de leur action.

Derniers engagements faits par MM. Dupont et Lapissida, pour la prochaine saison du théâtre de la Monnaie:

MM. Tournié et Engel, ténors; M. Vinche, basse de grand opéra; Mmes Leria, chanteuse légère de grand opéra; Mlle Adelina Rossi, première danseuse.

Félicitons surtout MM. Dupont et Lapissida, du réengagement de M. Engel. M. Tournié dans le rôle de Siegfried, M. Engel dans celui de Mime, le nain, nous donneraient une exécution hors ligne du *Siegfried* de Wagner.

CORRESPONDANCES

LONDRES, 24 mai.

Carl Rosa a ouvert à *Drury Lane* sa campagne d'opéra anglais que le public continue de soutenir de toutes ses sympathies. Après avoir donné avec succès *Nordsa*, l'opéra de Corder joué cet hiver à Liverpool, il a donné, mercredi dernier, la centième représentation de l'*Esmeralda*, de Goring Thomas. Malheureusement le compositeur, en ce moment alité par suite d'un accident de cheval, n'a pu assister à cette centième. C'est probablement la première fois qu'une œuvre moderne anglaise atteint à ce chiffre de représentations en moins de trois ans.

Lohengrin en anglais a succédé à *Esmeralda*. Succès considérable pour l'œuvre, et notamment pour Mme Marie Roze, qui remplissait le rôle d'Elsa, après l'avoir étudié avec M. Hans Richter; nombreux rappels.

La compagnie italienne de M. Lago a débuté mardi dernier à Covent Garden dans la *Favorite*. Demi-salle et demi-succès. L'orchestre dirigé par M. Bevignani a paru remarquable.

Camille Saint-Saëns vient de passer quelques jours parmi nous, et dans divers concerts il a fait entendre des œuvres nouvelles pour piano, de Gabriel Fauré et de sa propre composition. Il a joué notamment, avec le violoniste bien connu, Diaz Albertini, une grande sonate pour violon qu'a obtenu un succès très mérité, surtout auprès des musiciens. Au quatrième de ses concerts, Hans Richter a joué pour la première fois en Angleterre, la symphonie n° 7, d'Antoine Bruckner qui a été bien accueillie.

AMSTERDAM, 15 *MAI* 1887.

Les Pays-Bas possèdent deux sociétés de musique : la Société pour l'encouragement de l'art musical, qui ne protège et n'encourage que la musique allemande, et dont le siège principal est à Amsterdam; et la "Toonkunstenaars-Vereeniging, dont le but principal devrait être d'encourager et de protéger les compositeurs néerlandais et flamands, mais qui d'ordinaire ne protège que la musique de son président M. W. F. G. Nicolaï, l'auteur de *Bonifacius* (ne pas confondre avec Otto Nicolaï, l'auteur des *Joyeuses commères de Windsor*).

Ces deux sociétés ont des succursales dans les principales villes des Pays-Bas. La première prospère et compte beaucoup de membres; la seconde, au contraire, languit et se soutient à peine. Les Néerlandais surtout ne sont pas prophètes dans leur pays. Ni leurs compositeurs, ni leurs artistes ne parviennent à attirer la foule, et si la "Toonkunstenaars-Vereeniging, n'appelait pas souvent votre Peter Benoît au secours des festivals, je crois, que depuis longtemps elle aurait rendu le dernier soupir en dépit des exécutions multiples des ouvrages de M. Nicolaï.

Ces deux sociétés nous promettent toutes deux un festival pour le mois de juin. Celui du "Toonkunst-Maatschappij, sera donné à Utrecht, sous la direction de Richard Hol. Il durera trois jours et l'on exécutera le 10 juin *les Saisons* de Haydn, le 11, la *Symphonie héroïque* de Beethoven, l'*Advenitieu* de Schumann, le *Parsenlied* de Brahms et des fragments du 3me acte des *Maîtres Chanteurs* de Wagner, le 12 juin, concert d'artistes où les solistes se feront entendre. On y dira entr'autres, la fantaisie pour piano et chœurs de Beethoven et le concerto pour violoncelle de Haydn. Le festival du "Toonkunstenaars-Vereeniging, qui se donnera à la Haye, durera deux jours et aura lieu aussi dans les premiers jours de juin. Le programme se composera du *Zwvedsche*, *Nachtsgaal* de M. Nicolaï, un ouvrage dont les Anversois doivent avoir gardé souvenance, *Vliegende Hollander* de Richard Hol, un chœur d'Henri Völlmar, une ouverture de Mann et d'autres compositions d'moindre importance. Il est probable qu'au " Kunstenaars concert , de la seconde journée, on entendra encore des lieder du une autre composition de l'auteur de *Bonifacius* et je ne serais pas étonné, qu'on y chantât aussi des lieder du *Docteur F.*, le correspondant belge de la " *Caecilia* , qui, me dit-on, compose dans ses moments perdus. On m'assure aussi que le Dr F., lance d'AMSTERDAM sa correspondance belge, ou plutôt ses éternuements sur tout ce qui se passe à Bruxelles!! Et cependant le téléphone ne fonctionne pas encore entre ces deux villes.

D² Z.

MONS, le 29 mai.

Voici le programme du concert du Conservatoire de Mons, qui aura lieu le lundi 6 juin, au Théâtre, à 11 heures précises.

Première partie. — 1. Ouverture (*Cosi fan tutte*), (Mozart). — 2. Concerto pour piano exécuté par Mme Louise Luyckx (Liszt). — 3. Pressentiment, poème musical, pour baryton et orchestre, paroles d'Edmond Picard (1re exécution), chanté par M. Heuschling (J. Van den Eeden). — 4. 9me concerto pour violon, exécuté par M. Ysaye (Spohr). — 5. Dans les steppes de l'Asie centrale, esquisse caractéristique pour orchestre (Borodine).

Deuxième partie. — 1. Marche funèbre de Siegfried (Wagner). — 2. *a*. La Walkyrie, l'Incantation du feu, transcription par Brassin

(Wagner); *b*. Aufschwung, exécutés par Mlle Louise Luyckx (Schumann). — 3. Air d'Hérodiade, chanté par M. Heuschling (Massenet). — 4. *a*. Prélude et fugue (Bach); *b*. Etude caprice (Paganini); — *c*. Introduction et Rondo capriccioso, exécutés par M. Ysaye (Saint-Saëns). — 5. Le Songe d'une nuit d'été, Chœur des Fées, chanté par les demoiselles du cours de chant d'ensemble (Mendelssohn).

Petites Nouvelles.

Dimanche s'est ouvert à Dusseldorf le 64e Festival rhénan annuel, sous la direction de Hans Richter. Malgré la beauté des chœurs qui comprenaient 231 soprani, 196 alti, 98 ténors et 195 basses, ce festival ne paraît pas avoir produit une profonde impression. Depuis quelques années, du reste, on constate à regret une déchéance de ces réunions musicales naguère si brillantes et si animées. La *Gazette de Cologne* reconnaît elle-même que depuis le jour où les œuvres chorales des Bach et des Hændel ont entrées dans le répertoire courant des grandes sociétés chorales mixtes qui existent aujourd'hui dans presque toutes les grandes villes d'Allemagne, les Festivals rhénans ont perdu peu à peu leur attrait et leur utilité artistique. Il faut dire aussi que ces œuvres grandioses n'ont plus pour le public la nouveauté qu'elles offraient à l'époque où Mendelssohn les tira en quelque sorte d'un oubli séculaire. Enfin, il est rare de trouver aujourd'hui des artistes capables de chanter convenablement les solis. Ces différentes raisons expliquent suffisamment le déclin des festivals rhénans.

La première journée de celui qui vient d'avoir lieu à Dusseldorf était consacrée au *Josué* de Hændel. Les solis ont été chantés par Mlle Spies, Mme Sucher, le ténor Gudehus et la basse Plank. Chef d'orchestre, M. Tausch. L'admirable chœur qui annonce l'arrivée du héros Josué a été bissé.

Le second jour a été consacré à des œuvres de différents maîtres. Hans Richter, le fameux chef d'orchestre de Vienne, a dirigé notamment l'ouverture des *Maîtres Chanteurs* de Wagner, la *Symphonie héroïque* de Beethoven, une cantate de Bach (*Festo ascensionis Christi*) et un hymne de C. M. von Weber, l'ouverture du *Preyschütz*. Sa magistrale direction a transformé l'orchestre qui a été merveilleux dans la *Symphonie. héroïque*. Le jeune et génial pianiste Eugène d'Albert a été très acclamé après son exécution du concerto en mi♭ de Beethoven. Dans la cantate de Bach, le succès a été pour l'air d'alto, très bien dit par Mme Spies.

La troisième journée, selon la tradition, a été consacrée aux solistes entendus les jours précédents dans les œuvres d'ensemble. Les journaux rhénans ne signalent rien de particulier dans cette séance qui ressemble à beaucoup de nos concerts.

Somme toute, l'impression la plus vivace paraît avoir été produite par la *Symphonie héroïque* dirigée suivant les traditions de Wagner par Hans Richter.

Le théâtre de Dresde annonce une représentation cyclique de l'*Anneau du Nibelung* tout entier, qui clôra la saison théâtrale. Ces représentations auront lieu du 11 au 16 juin. Avis aux amateurs.

Mardi, le 31 mai, a eu lieu à Vienne, l'inauguration du monument élevé à Joseph Haydn, l'auteur des *Saisons* et le créateur de la symphonie. L'empereur et le prince héritier ont assisté à l'inauguration de ce monument.

On annonce que les héritiers Wagner ont cédé à l'impresario Hermann Wolff de Berlin le droit exclusif de faire exécuter dans les concerts la symphonie en *ut* de Wagner, la seule qui existe. Cette symphonie est, on le sait, une œuvre de jeunesse de Wagner: Elle fut exécutée en 1882 d'abord à Prague, puis à l'orchestre du Conservatoire, ensuite à Leipzig à la fin de la même année, aux concerts de la société *Euterpe*, enfin, en 1883, dans un concert privé, au Gewandhaus, sous la direction de M. Pohlenz. ·

Dans l'*Allgemeine Musikzeitung*, M. Wilhelm Tappert, raconte l'histoire de cette symphonie dont le manuscrit avait été envoyé à Mendelssohn par Richard Wagner. En 1876, Wagner se ressouvint de cette œuvre de jeunesse, écrite à l'âge de 20 ans, et demanda à M. Tappert de chercher à la retrouver. Lui-même ignorait complètement ce qu'était devenue sa partition. M. Tappert s'adressa d'abord à la famille Mendelssohn qui ne trouva nulle trace de l'œuvre parmi les papiers laissés par l'auteur d'*Elie*. On fit ensuite des recherches à Dresde d'où Wagner avait été forcé de fuir en 1849. C'est là, en effet, que l'œuvre fut retrouvée. Le chanteur Tichatchek, dont on connaît les longues relations avec Wagner, avait reçu de lui en dépôt quantité de papiers et de manuscrits. On finit par retrouver chez lui, non pas la partition, mais les parties d'orchestre de la symphonie et c'est sur ces parties que M. Antoine Seidl restitua la partition d'orchestre sous la direction de Wagner.

En 1878, le *Neue Zeitschrift für Musik* de Leipzig, annonça que

Richard Wagner.était occupé à ' retravailler sa' symphonie. Le fait était exact en ce sens que Wagner dut récrire les parties de trombone qui manquaient.et qu'il remania quelques ·détails. C'est dans cette forme que l'œuvre fut exécutée, le 25 décembre 1882, à Venise, par l'orchestre du *Liceo Benedetto Marcello*, dans un concert intime sous la direction personnelle de Wagner. C'est la quatrième exécution qu'eut la symphonie. Il paraît que, bien que Wagner s'intéressât énormément à cette œuvre de jeunesse (Il s'en est expliqué dans une lettre à un ami que l'on trouvera traduite dans les *Souvenirs* de M. Camille Benoit), jamais il ne voulut consentir à la faire graver. C'est pourquoi M. Wolff n'a obtenu que le droit d'exécution pour une année. L'expiration de ce délai l'œuvre devra retourner à Bayreuth, dans la collection des écrits et esquisses laissés par Wagner.

L'Allgemeine Deutsche Musikzeitung déclare tenir de bonne source que les représentations de Bayreuth en juillet-août 1888 seront consacrées au *Tannhæuser*, à *Tristan* et à *Parsifal*. On aura ainsi les œuvres typiques des trois styles de Wagner.

Une dépêche du Havre, 30 mai, nous annonce qu'un concours international de chant organisé en cette ville, la Société royale les *Artisans Réunis* de Bruxelles, dirigée par M. Adolphe Goossens, a remporté le 1er prix de lecture à vue, le 1er prix d'exécution et le 1er prix d'honneur. La décision, rendue à une heure et demie, a été accueillie par d'unanimes acclamations.

La Société royale philharmonique de Laeken célébrera, pendant les trois premiers dimanches et lundis du mois de juin, le 50me anniversaire de sa fondation.

L'orchestre du Waux-Hall organise un grand concert au profit des victimes de l'incendie de l'Opéra-Comique de Paris.

RONDEAU
pour en finir avec Moreno.

Pour en finir, parfait notaire,
Tu voudrais bien porter en terre
Mon cadavre de wagnérien,
O Moreno ! Mais le moyen ?
Je n'ai point l'humeur de me taire,
Pour en finir.

Malgré toi, doux apothicaire,
(Dieu sait si ta drogue est amère !)
Je me porte, ma foi, trop bien
Pour en finir.

S'il est des gens que l'on enterre,
Ce sont les auteurs de l'autre ère
Qui n'ont plus que toi pour soutien,
Et grâce à toi, tombés à rien !
Va te faire avec eux lanlaire,
Pour en finir !

M. K.

BIBLIOGRAPHIE

OTELLO *de Verdi et le drame lyrique*, par Georges Noufflard. Une plaquette de 16 pages in-8°, Paris, Fischbacher, 1887. — Pour M. Noufflard qui a étudié avec une conscience rare le théâtre wagnérienne; *l'Otello* de Verdi est le meilleur drame lyrique qui ait vu le jour en pays de langues latines, depuis la mort de Spontini. Ce n'est pas là une opinion exprimée à la légère. Noufflard analyse la partition en critique qui sait où doit porter son examen et qui met en lumière les rares mérites de l'œuvre du maestro italien au point de vue de nos idées actuelles sur le drame. On lira cette plaquette avec intérêt.
M. K.

L'ART du chef d'orchestre, par Ed. de Blitz, Leipzig et Bruxelles, Breitkopf et Härtel, 1887. — Il y avait peut-être quelque témérité à s'attaquer à ce sujet après la profonde étude de Richard Wagner sur *l'art de diriger*. Mais M. de Blitz s'est placé à un point de vue différent. Les considérations qu'il développe sur l'art du chef d'orchestre sont de l'ordre didactique plutôt que de l'ordre esthétique, ce qui prouve que son travail n'est pas sans mérite, c'est qu'il a été approuvé par l'Académie littéraire et musicale de France. M. de Blitz n'a d'autre but que de se rendre utile aux élèves des classes de composition qui se destinent à la carrière de chef d'orchestre, ainsi qu'aux nombreux amateurs qui en province se trouvent à la tête de petits orchestres symphoniques. Excellent travail à le point de vue, méthodiquement ordonné, d'une exposition claire, que de nombreux exemples de musique rend plus pratique encore. Nous recommandons vivement la lecture de cet opuscule.
M. K.

VARIÉTÉS
ÉPHÉMÉRIDES MUSICALES

Le 3 juin 1811, à Liége, inauguration de la place Grétry. On chante à cette occasion, une cantate de Dumont ·sur des vers de Henkart, le quatuor de *Lucile* avec une poésie de circonstance rimée par Rouveroy et des couplets parodiés par Bassenge sur le vaudeville de la *Fausse Magie*. Ces trois pièces de vers ont été réunies dans une brochure de huit pages in-8°, imprimée à Liége, chez Latour, 1811.

Édouard Gregoir, dans sa monographie de *Grétry*, a reproduit tous les détails de la solennité, d'après la *Feuille d'Annonces du département de l'Ourthe*, du 5 juin 1811.

→ Le 4 juin 1872, à Varsovie, décès de Stanislas Moniuszko, à l'âge de 52 ans. Sa naissance à Litthauen en Lithuanie, le 5 mai 1820, suivant d'autres, à Ubiel en 1819. Parmi les compositeurs polonais, sans contredit le premier. Il .s'est essayé dans presque tous les genres : dans la musique dramatique, dans la musique religieuse, dans la cantate, dans la musique instrumentale; il a réussi dans tous, mais il ne laisserait que ses jolies mélodies, ses chants si populaires, qu'il mériterait une place à part au milieu des musiciens dé ce temps, et serait digne d'être tiré hors de pair.

→ Le 5 juin 1816, à Stavelot, naissance de Hubert-François Prumé. Son.décès à Liége, le 14 juillet 1849.Un dé nos virtuoses que l'Europe a salué de ses bravos et qui, au Conservatoire de Liége, comme professeur, a été l'initiateur de cette belle école de violon, en si grand renom aujourd'hui.

. La province de Liége a donné le jour à une pléiade de violonistes qui auront leur place dans l'histoire de l'art. Citons d'après leur naissance : Massart (1811), Prume (1816), Léonard (1819), Vieuxtemps (1820) et Dupuis (1830). Puis, ¡ armi les jeunes: Thompson, Ysaye, Marsick et Musin.

→ Le 6 juin 1881, à Mustapha (Alger), décès de Henri Vieuxtemps, à l'âge de 61 ans. Sa naissance, à Verviers, le 17 février 1820.

Robert Schumann a fait entre Paganini et Vieuxtemps un parallèle qui n'a pas le·tort d'être injuste, comme celui de Scudo; il ne les jette pas à la tête l'un.de l'autre :

" Quand on parle de Vieuxtemps, dit-il, on peut penser à Paganini. Lorsque j'entendis ce dernier pour la première fois, je me figurais qu'il allait commencer avec un son comme il n'y en avait pas eu jusqu'alors. Au contraire, c'était tout petit, tout maigre. Puis vivement il commençait à développer sa chaîne magnétique; dans la masse du public c'étaient d'abord de grandes indécisions; le cercle magique de plus en plus merveilleux se resserrait toujours davantage; les gens se pressaient les uns contre les autres; lui serait plus fort; jusqu'à ce que cette masse rebelle se montrât soumise entièrement à tous ses caprices. D'autres charmeurs ont d'autres procédés. Chez Vieuxtemps ce ne sont pas les merveilles de détail qu'il faut retenir; et ce n'est pas davantage ce resserrement progressif de l'effet, comme chez Paganini, ou l'exagération, que d'autres grands artistes, qu'il faut chercher. Du premier au dernier son qu'il tire de son instrument, Vieuxtemps vous retient dans un cercle magique tracé autour de vous, et dont on ne trouve ni le commencement ni la fin ... "

— Le 7 juin 1844, à Liége, naissance de Philippe-Barthélémi Rüfer. Ancien lauréat du Conservatoire de cette ville, il s'est fixé à Berlin, où, depuis 1871, il occupe une situation fort considérée à la fois comme professeur et comme compositeur. Au mois de février dernier, trois actes d'un *Merlin*, joués à l'Opéra Royal, l'ont placé haut dans l'estime du public connaisseur. (Voir *Guide musical*, du 10 mars 1887.)

— Le 8 juin 1810, à Zwickau (Saxe), naissance de Robert Schumann. Sa mort à Endenich près Bonn, le 29 juillet 1856.

De son temps, Franz Liszt se plaignait que le goût faible et superficiel du public tint Schumann à distance de la région des applaudissements. Mais aujourd'hui le sans musical s'est développé partout en Europe... Schumann, le musicien allemand par excellence, le rêveur obscur et vague, riche et puissant, n'est plus un inconnu nulle part. S'il revenait au monde, il recevrait partout ces applaudissements mérités qu'on lui refusait, en 1850, dans les pays non germaniques... Si nuageux qu'ils puissent être, les labyrinthes mélodiques de Schumann n'ont plus rien qui nous effraie.

Notre collaborateur Michel Brenet, nous envoie une étude fort intéressante: *Les Symphonies de Schumann*, que nous publierons prochainement.

— Le 9 juin 1810, à Kœnigsberg, naissance d'Otto Nicolai. Son décès à Berlin, le 18 mai 1849. (Voir *Eph. Guide musical*, 5 mai 1887.)

— Le 10 juin 1865, à Munich, sous 'la direction de Hans von Bulow, *Tristan* und *Isolde*, 3 actes de Richard Wagner. — Artistes : Schnorr von Carolsfeld (Tristan), Zottimayer (Marke), Mme Schnorr von Carolsfeld (Isolde), Mitterwurzer (Kurwenal), Heinrich (Melot), Mlle Deinet (Brangane), Mlle Simons (Hirt).

" Il a fallu, écrivait Gasperini (compte-rendu dans le journal la *France*) pour qu'une telle œuvre fût représentée, la persistante volonté du maître, le courage dévoué du grand artiste qui a conduit l'orchestre, il a fallu surtout l'éclatante protection de Louis II. Ce sont là des éléments que nous trouvons rarement réunis dans l'histoire de l'art. „

— Le 11 juin 1875, à Vienne, Verdi dirige sa *Messe de Requiem*, dont c'est la première exécution en Allemagne.

— Le 12 juin 1776, à Paris (Comédie-Italienne), les *Mariages Samnites*, 3 actes de Grétry.

Grétry, à son arrivée à Paris (1767), alors qu'il y était inconnu, avait écrit la musique de cette pièce pour la Comédie-Italienne qui avait cru bon de ne pas la jouer. Vinrent coup sur coup les succès du *Huron*, de *Lucile*, du *Tableau parlant*, de la *Fausse Magie*, de *Zémire et Azor*, et on reparla des *Mariages Samnites*. L'œuvre, remaniée de fond en comble, poème et musique, ne réussit pas; elle fut plus heureuse à Bruxelles (4 novembre 1775). La longue correspondance que Grétry échangea à ce sujet avec Vitzthumb, directeur du théâtre de la Monnaie, a été publiée par M.Ch. Piot, de l'Académie de Belgique, et a été analysée dans le *Guide musical* (nos des 18, 25 novembre et 2 décembre 1875).

— Le 13 juin 1775, à Posen, naissance du prince Antoine-Henri Radziwill. Sa mort à Berlin le 7 avril 1833.

Amateur passionné de musique et brillant violoncelliste, son poème musical de *Faust*, au dire de Fétis, est remarquable.Gœthe en a fait l'éloge en l'année 1814 et dans ses *Annales*. " La visite du prince de Radziwill éveilla également un désir difficile à satisfaire: la musique originale qu'il avait composée pour *Faust*, cette musique heureuse, entraînante, ne nous donnait toutefois qu'une espérance éloignée de porter sur la scène ce singulier ouvrage. „ (Voir *Gœthe et la musique*, d'Adolphe Jullien.)

— Le 14 juin 1874, à Weimar, *Tristan et Isolde* de Richard Wagner.

— Le 15 juin 1869, à Asnières, près Paris, décès d'Albert Grisar, à l'âge de 61 ans. Sa naissance, à Anvers, le 26 décembre 1808.

"Sans avoir la taille de Grétry ou d'Auber,taille moyenne,d'ailleurs. Grisar n'en a pas moins une individualité précise. C'est une statuette musicale, si pure, si heureusement proportionnée, qu'elle fait plus honneur à l'art que bien des statues. „ . X. AUBRYET.

Nécrologie.

Sont décédés:

A Gand, le 15 mai, Auguste Mercié, né à Gand le 24 février 1808, nommé professeur de solfège approfondi et de chant d'ensemble au Conservatoire de sa ville natale en 1836 et mis à la retraite en 1871.

— A Villequier (Normandie). Poultier, ancien artiste de l'Opéra de Paris. Fils d'un pilote de Villequier, Poultier était tonnelier à Rouen lorsqu'il fut découvert par le frère de Nicolo. Après deux années d'études il était en état de débuter ; sa voix n'était pas forte mais d'un timbre ravissant. Son plus fameux succès fut l'air du Sommeil de la *Muette de Portici*. Il créa le petit rôle de Gontran dans *Charles VI* et le rôle du premier ténor dans *l'Apparition*, opéra de M. Benoist.

Poultier resta attaché à l'Opéra pendant une dizaine d'années, puis il parut en province et pour la dernière fois il chanta à Rouen, "e fut en 1861.

Il vint à Bruxelles, en août et septembre 1843. A Anvers en mars et avril 1845 et y donna cinq représentations, notamment: *Guillaume Tell*, *Lucie*, la *Muette de Portici*, la *Favorite*.

Poultier avait économisé et s'était retiré dans son village natal. Il y est décédé à l'âge de 73 ans.

— A Toulouse, où il s'était voué au professorat, le ténor Jacques Boulo. Cet artiste avait débuté en province et arrivait en 1843 à l'Opéra-Comique de Paris. Il y créa notamment le *Caïd* (rôle de Biroteau), le *Songe d'une nuit d'Été* (Latimer), *Raymond* (Raymond), trois ouvrages d'Ambroise Thomas, la *Croix de Marie*, d'Aimé Maillart, etc. En 1853, il fut engagé à l'Opéra de Paris et y créa : *Betily* (Donizetti), le *Cheval de bronze* (Auber), les *Vêpres siciliennes* (Verdi).

Boulo a éduqué au Conservatoire de Toulouse de nombreux élèves ; il est mort à l'âge de 65 ans.

---

* Le 26 juin 1847, à Munich, décès de Henri-Joseph Baermann, à l'âge de 64 ans. Sa naissance, à Potsdam, le 14 février 1788. C. M. von Weber, qui écrivit pour lui son beau concertino de clarinette, n'eut pas d'ami plus tendre, ni plus dévoué. Si leur caractère et leurs sentiments se ressemblaient, rien n'était plus différent que leurs personnes. Autant Weber était chétif, pâle et mince, autant Baermann était grand et avait l'air d'un athlète, avec une tête magnifiquement belle. Charles-Marie disait, en plaisantant sur les avantages physiques de son ami ; " Tous les meilleurs morceaux lui sont offerts dans un plat d'argent ; les pauvres diables, tels que moi, doivent se contenter des miettes qui tombent de son opulente table. „ Baermann se fit entendre au théâtre de la Monnaie, de Bruxelles, le 23 juillet 1819.

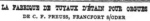

Le Guide Musical

Paraissant tous les jeudis.

ABONNEMENT
FRANCE & BELGIQUE, 10 francs par an.
LES AUTRES PAYS, 10 francs (port en sus)

SCHOTT FRÈRES, ÉDITEURS.
Paris, Boulevard Montmartre, 19
Bruxelles, Montagne de la Cour, 82

ANNONCES
LA LIGNE . . . . Fr. 0.50
On traite à forfait pour les grandes annonces.

Le Livret d'opéra français

DE LULLY A GLUCK

1672-1779

(Suite. — Voir le dernier numéro.)

Mais la plaisanterie la plus amusante est celle que Legrand introduisit dans la *Nouveauté*, sorte de revue de fin d'année jouée à la Comédie-Française le 13 janvier 1725. La scène est au bord du fleuve de l'Ennui, où se tient la *Nouveauté* pour donner audience. Nous voyons successivement arriver un nouvelliste à court de renseignements, un petit maître en quête des dernières innovations de la mode, une paysanne mécontente de son visage, un baron habillé à l'antique ; et enfin, un musicien qui, attribuant à la mauvaise qualité des poèmes la chute de toutes ses partitions, imagine de donner des opéras sans paroles.

La scène est des plus curieuses ; et comme les œuvres de Legrand sont à peu près ignorées de notre génération, nous ne résistons pas au plaisir de la transcrire en entier.

SCÈNE XIV

LA NOUVEAUTÉ, LA CASCADE

LA CASCADE (*chantant*)

La la si ut la ré. — Ah ! Madame la Nouveauté, il y a longtems que je vous cherche sans pouvoir vous trouver.

LA NOUVEAUTÉ

Vous n'êtes pas le seul. Et qui êtes vous ?

LA CASCADE

Grand maître de musique, grand compositeur d'opéras, et je me nomme M. de la Cascade.

LA NOUVEAUTÉ

Vous travaillez pour l'Opéra ? Ah ! je ne m'étonne plus si vous avez tant de peine à me rencontrer ; il y a longtemps que j'ai quitté ce pays-là. — Mais enfin, que voulez-vous de moi ? En quoi puis-je vous être utile ?

LA CASCADE

Je voudrais que vous m'aidassiez à faire passer une nouvelle idée qui m'est venue.

LA NOUVEAUTÉ

Voyons votre idée.

LA CASCADE

La voici. Comme depuis longtems on attribue la chute de tous les opéras nouveaux aux poèmes, je voudrais les retrancher et faire représenter un opéra sans paroles.

LA NOUVEAUTÉ

Eh ! vous croyez qu'on pourrait rester deux heures et demie à n'entendre que de la musique ?

LA CASCADE

Pourquoi non ? Il y a des gens qui l'aiment assez pour cela !

LA NOUVEAUTÉ

Mais enfin ! que feraient vos acteurs sur le théâtre ?

LA CASCADE

Ils chanteraient seulement les notes et gesticuleraient comme s'ils disaient les plus belles choses du monde, et cela vaudrait mieux que de mauvaises paroles qu'on n'entend point.

(Suit un exemple de ce nouveau genre d'opéra :
Caracalla et la Vestale).

Mais voici qu'à la scène suivante, le librettiste
vient, à son tour, épancher sa bile contre le musicien.
Nous allons avoir, naturellement, la contrepartie
des opinions de la Cascade.

SCÈNE XV

La Nouveauté, La Cascade, La Rimaillé (1)

La Nouveauté

Ah ! c'est vous ! M. de la Rimaille ! Eh bien,
comment va le théâtre ? Comment vous portez-vous
depuis votre dernière chute ?

La Rimaille

Si mal que je ne veux plus rien composer de nouveau. J'ai un magasin rempli de plus de 60,000 vers
de toute espèce ; ceux qui en auront besoin viendront
en acheter chez moi en gros, qu'ils revendront au
public en détail, à leurs risques et périls. Mais que
faisiez vous là à ce M. de la Cascade.

La Nouveauté

Il me voulait mettre de moitié dans un projet qu'il
a formé ; mais l'idée m'en paraît trop extravagante.
Il veut donner un opéra sans paroles.

La Rimaille

Sans paroles ! et plût au ciel qu'on en pût donner
sans musique. Voilà trois poèmes tout de suite que
les musiciens m'ont fait tomber.

La Cascade

Si vous m'aviez choisi, M. de la Rimaille, cela ne
vous serait peut-être pas arrivé.

La Rimaille

Bon ! vous dites tous cela, vous autres ; et j'ai
résolu de ne plus rien prendre sur mon compte. Les
musiciens n'auront qu'à inventer ou choisir leur
sujet eux-mêmes, en amener les divertissements à
leur fantaisie et en composer la musique ; ils trouveront chez moi des vers tout faits pour le remplissage. J'en ai d'amour, de haine, de vengeance, d'infidélité, de constance ; pour les dieux, pour les démons,
pour les rois, pour les bergers ; enfin, on trouvera de
tout dans ma boutique et à juste prix.

La Cascade

Parbleu, j'ai de la musique toute faite, combien
me vendrez-vous la garniture complète d'un opéra ?

Le marché s'engage. — La Rimaille demande
110 sols le cent. A ce chiffre, la Cascade se rebiffe,
d'autant plus qu'une difficulté se présente : comment
adapter à la musique déjà composée des vers trop
courts ou trop longs ?

Qu'à cela ne tienne, riposte la Rimaille, mes
vers prêtent, ils s'allongent et se raccourcissent
comme on veut ; l'on en peut ôter ou y ajouter une

---

(1) Ce M. de la Rimaille est l'abbé Pellegrin au naturel. On sait que le faiseur
de livrets avait ouvert à Paris, vers le commencement du XVIII° siècle, une boutique de vers. Au surplus, pour que l'allusion s'imposât mieux à l'intelligence
du public, Legrand, qui jouait le personnage, avait eu soin de reproduire exactement le costume, les gestes, l'accent provençal et jusqu'au bégaiement de
Pellegrin.

épithète ou un adverbe, sans qu'il y paraisse. Par
exemple :

> Coules ruisseaux sans murmure ;

si ce vers est trop court, vous pouvez l'allonger ainsi :

> Coulez, coulans ruisseaux, murmures sans murmure ;

et ainsi de suite.

La Nouveauté

A Merveille ! et sur ce pied-là, je condamne M. de
la Cascade à vous donner ce que vous demandez.

La Cascade

J'y consens.

Audinot lui-même, le célèbre impresario de l'Ambigu-Comique, fait rire aux dépens du livret d'opéra :

> A l'Opéra
> L'on ne cherche que la musique,
> Chez nous l'on vend le sel attique,
> Et l'on n'en tient jamais boutique,
> A l'Opéra.

Voilà donc un siècle que l'opéra se jouait en
France, et le public français ne cessait de répéter
sur toutes les gammes, de paraphraser en vers et en
prose la plainte de La Bruyère : L'opéra était bien
décidément ennuyeux.

Il était temps que Malherbe vînt.

Le Malherbe de la tragédie lyrique, c'est un allemand, le plus hardi novateur du XVIII° siècle, le plus
grand nom de la musique après Beethoven.

C'est Christophe Gluck.

(*A suivre.*)   Eugène de Bricqueville.

Théâtres et Concerts

*Premières représentations de Nadia et Kerim au théâtre du Château-
d'Eau. — Les suites de l'incendie de l'Opéra-Comique : M. Carvalho
blâmé par le Conseil municipal ; festivals à bénéfices ; concert Lamoureux ; matinée Marsick-Brandoukoff. — Le Petit-Bayreuth.*

Depuis l'incendie de l'Opéra-Comique, les théâtres étaient dans
le marasme, soit que le public, par une défiance naturelle s'y
empressât peu, soit surtout que la sévérité des règlements
remis trop tard en vigueur, décourageât les directeurs et les
contraignît à fermer leurs portes, chose qui leur est d'ailleurs
familière, même quand ils ont trop de monde. Un seul petit
théâtre de musique, celui du Château-d'Eau, a tenu bon avec
une vaillance extraordinaire. Depuis que M. Lamoureux a consacré cet édicule à la Muse, celle-ci s'obstine à l'honorer de sa
présence, impossible de l'en déloger. Cette année, sans parler
d'*Ernani* et de *l'Ombre*, destinée à faire concurrence à *Lohengrin*,
et modestement victorieux, le Château-d'Eau nous a donné, en
fait de nouveautés, d'abord la *Nadia* de M. Bordier, opéra-comique sur un sujet russe, dont la *première*, par malechance, eut
lieu le soir même de l'horrible incendie ; puis, tout récemment,
Kerim, légende orientale arrangée pour la scène par MM. Milliet
et Lavedan, et habillée de musique par M. Bruneau, 2° prix de
Rome, élève de M. Massenet. J'ai déjà parlé ici, dernièrement, de
l'intéressant poème de M. Bruneau, la *Belle au Bois dormant* ;
dans la musique de *Kerim*, M. Bruneau fait également preuve
d'ingéniosité et d'esprit ; la partie légère, comique, est amusante,
réussie, rappelant là meilleure manière de M. Reyer dans la
Statue ; la partie sentimentale, poétique, est ennuyeuse, flan-
dreuse, prétentieuse ; cela sont les plus mauvaises manières de
l'auteur du *Cid*. Je souhaiterais à M. Bruneau, qui a du talent et
de l'ambition, de se débarrasser au plus vite de cet appareil de

procédés factices, de ce sentimentalisme faux et froid, de cette passion qui se bat les flancs et ne trouve pas l'accent ; son orchestration même se ressent de cette mauvaise influence. Quant à l'interprétation de son œuvre, mieux vaut n'en pas parler, elle a été au dessous de tout, et a manqué faire arriver des malheurs. Mais le plus grand malheur, et nous l'avons vu pour M. Chabrier, c'est que les jeunes compositeurs, dans leur désir d'être joués à tout prix, acceptent n'importe quel·poème, n'importe quel théâtre, n'importe quels interprètes, n'importe quel genre d'art, etc. De là à n'importe quelle musique, il n'y a qu'un pas..... Mais voilà, il paraît qu'il faut se faire connaître, coûte que coûte, même sous un mauvais jour.

Si, d'une part, le désastre de la salle Favart a eu pour résultat d'abréger la saison théâtrale (témoin les Folies-Dramatiques, obligées, devant les difficultés nouvelles, de renoncer à monter l'*Étudiant pauvre*, sur lequel elles comptaient pour s'enrichir) ; d'autre part, ce désastre a prolongé la saison des concerts ; il a mis en branle, après les pompiers municipaux, tout le corps des pompiers dramatiques et musicaux ; nous avons eu de l'art (?) à jet continu, un débordement à ne savoir où se réfugier; nouvelles victimes, comment échapper à ce déluge, à cette charité menaçante? Je ne puis même énumérer tous les concerts, fêtes, soirées; la liste est innombrable, les programmes démesurés, les recettes assez rondes. Il se trouve des gens pour porter envie aux familles des victimes. On parle de près d'un million déjà recueilli.

Parmi ces concerts, je signalerai d'abord celui de M. Lamoureux, qui n'a voulu penser qu'à sa qualité d'ex-chef d'orchestre de l'Opéra-Comique, en oubliant les déboires anciens et nouveaux que cette place lui a valus. L'Éden regorgeant de monde, une quadruple ovation, d'enthousiasme spontané, saluant l'auteur de tant d'intelligentes et généreuses initiatives, à son arrivée au pupitre, telle a été la récompense de M. Lamoureux. Les mani.festations de cette nature sont rares ; l'éminent chef d'orchestre doit sentir désormais qu'il peut tout tenter, non seulement il a su gagner les esprits aux belles causes qu'il défend si vaillamment, mais il a conquis tous les cœurs ; les applaudissements sans fin qui ont accueilli en particulier les deux œuvres de Wagner portées au programme, applaudissements qui ne venaient pas d'un public spécial d'habitués ou de connaisseur, lui ont clairement prouvé à quel point sa personne et l'idée élevée qu'il poursuit ont gagné les sympathies.

Je dois citer aussi la septième et dernière matinée musicale de MM. Marsick et Brandoukoff, donnée salle Érard, au bénéfice des victimes de l'incendie ; très beau programme classique (3e quatuor de Schumann, grand quintette en *fa* mineur de Brahms, 7e quatuor de Beethoven) ; merveilleuse exécution des deux éminents virtuoses, avec le concours précieux de MM. Diémer, Mas et Brun.

Je cite pour mémoire l'interminable concert donné au Trocadéro par les artistes de l'Opéra-Comique ; le programme était composé de morceaux connus et d'un effet sûr ; il a fallu que toute la troupe donnât, les anciens comme les nouveaux, Mmes Isaac et M. Taskin, comme Mmes Miolan-Carvalho et M. Capoul. On sait l'incartade de ce dernier à la suite d'un article sévère mais juste de M. Stoullig au *National* ; l'affaire doit se dénouer en police correctionnelle; M. Capoul en sera quitte pour quelques louis à débourser (encore au profit des victimes, j'imagine), sinon pour une bénigne incarcération..... En attendant le jugement qui portera l'enquête de l'incendie sur les responsabilités, le conseil municipal de Paris, dans une série de votes presque unanimes qui viennent de réunir, chose rarissime, la gauche et la droite extrêmes de cette assemblée, a blâmé plus ou sévèrement M. Carvalho, directeur du théâtre, et le préfecture de police. Il a ainsi exprimé l'avis de l'immense majorité.

Avant de prendre mon congé définitif pour les concerts, je dois mentionner, comme ayant eu lieu ce mois-ci, trois intéressantes soirées de dames-artistes : celle de Mme Marie Jaëll, entièrement consacrée à Franz Liszt, où l'on a remarqué les deux poèmes symphoniques à deux pianos, *Tasso* et les *Préludes*, avec le concours de l'infatigable et impeccable M. Diémer ; celle de Mme Bordes-Pène, quatrième et dernier concert de la Société de musique vocale et instrumentale, dont le programme portait, outre une *Sonate* de Grieg pour piano et violoncelle (parfaitement rendue par M. Fischer), des mélodies intéressantes de MM. P. de Bréville, Leborne, de Wailly, trois *Valses* des plus piquantes de M. Chabrier,

et surtout le superbe et difficile *Prélude, Choral* et *Fugue* de M. César Franck ; enfin l'audition de début de Mlle Marie Fabre, jeune artiste d'avenir, élève de M. Franck, dont elle a su fort bien accompagner l'admirable *Sonate* pour piano et violon, où M. G. Rémy, merveilleux de style et d'expression, surtout dans le *Récitativo* et la *Fantasia*, a été très applaudi ; grand succès aussi pour l'air de la *Rédemption* et le duo bien connu de *Ruth*, du même auteur, chantés par Mlle Gavioli et M. Gaston Beyle.

P.S.—Je viens d'assister à la répétition du concert wagnérien annuel donné par un amateur bien connu ; on sait que ces soirées, dont on se dispute les places, ont été baptisées du nom de *Petit Bayreuth*, bien qu'il n'y ait d'analogie que par le zèle des exécutants et l'empressement admiratif des invités. En effet, cette année il n'était question, pour que l'analogie fût un peu plus justifiée, d'imaginer une disposition, paravent ou rideau qui donnât l'idée de l'orchestre caché et atténué, chose essentielle. Malheureusement, la chose est restée à l'état de bonne intention, les chanteurs seront toujours couverts et le texte ne passera pas la rampe; tout l'appareil instrumental continuera à étaler ses mouvements disgracieux et non mécanisme grinçant aux yeux et aux oreilles des spectateurs et auditeurs... Du reste, superbe programme : La *Mort de Brunnhilde* (Gœtterdæmmerung, 3e acte), trio des *Filles du Rhin* (Rheingold), duo de Siegfried et Brunnhilde (Gœtterdæmmerung), scène finale de *Parsifal*, etc. Il faut regretter qu'on ait retranché du programme la *Rhein'ahrt* (*Traversée du Rhin*) (Gœtterdæmmerung) ; ce merveilleux morceau, parement symphonique, se prêtait mieux que tout autre à une audition de ce genre.— Si incomplètes qu'elles soient, ces auditions sans prétention ont néanmoins rendu de grands services ici.

BALTHAZAR CLAES.

LE MÉLOGRAPHE.

Le *Mélographe* de M. Jules Carpentier, est un instrument qui enregistre, avec une fidélité absolue, toute improvisation faite sur un instrument à clavier. Le principe de l'instrument, ceci pour les spécialistes, est analogue à celui du *phonographe*; la parenté d'appellation rend la chose plus évidente. Il se compose en réalité de deux appareils distincts : celui qu'on applique au piano ou à l'orgue improvisateur, bande de papier où tous les éléments musicaux sont notés successivement ; le *mélographe* proprement dit, qui reçoit la bande de papier trouée et préparée, et qui, possédant un rouleau mù par une manivelle, reproduit la musique improvisée. Il y a déjà dix ans, si j'ai bonne mémoire que M. Jules Carpentier travaille à son instrument; en 1887, l'ingénieux ingénieur, en compagnie de M. Hospitalier, l'électricien distingué, s'occupait de réaliser son idée, et était déjà fort avancé. L'appareil enregistreur était trouvé, presque exécuté; mais l'appareil reproducteur présentait plus de difficultés. Depuis elles ont été vaincues. Mais l'instrument, vu son prix, ne peut avoir pour le moment qu'un intérêt de curiosité. C'est égal, étant donnée la scrupuleuse exactitude avec laquelle il reproduit les moindres détails, les plus fugitives nuances de l'art du plus virtuose, il serait curieux de voir nos nababs invitant insidieusement les Rubinstein, les Bülow, les Saint-Saëns, les Planté, etc., etc., priant ces artistes sans défiance de jouer leur morceau célèbre. Crac! voilà leur jeu définitivement emmagasiné pour la postérité, avec ses imperfections du moment. En raffinant, on pourrait posséder une sonate de Beethoven, avec chaque morceau joué par l'artiste qui le rend le mieux : le premier allegro par Bülow, l'andante par Rubinstein, le finale par Saint-Saëns... Je me borne pour le moment à faire entrevoir des conséquences.

BALTHAZAR CLAES.

CORRESPONDANCES

BALE, 6 juin 1887.

C'est décidément une douce habitude que d'aller tous les ans entendre une belle œuvre musicale dans la tranquille cité baignée par le Rhin. Après l'agitation et la fièvre de la saison parisienne finissante, il est doux de faire ce paisible et reposant pèlerinage artistique, de se nourrir de la moelle réconfortante de ces lions. Bach, Hændel, Beethoven. Nous autres, assidus visiteurs de ce paisible pays, nous nous regardons un peu, comme des privilégiés, comme les Chevaliers du Graal d'une certaine espèce.

Cette année, toujours dans la cathédrale rouge, nous avons deux superbes auditions de l'oratorio magistral de Hændel *Israël en Égypte*. C'est le plus *biblique* des oratorios du maître.

La première partie comprend le récit des malheurs des enfants d'Israël captifs, les plaies d'Égypte, l'émigration, la fuite et le passage de la Mer Rouge, la submersion de Pharaon avec son armée : cette partie est d'un caractère sombre et largement descriptif; les pages les plus frappantes sont le premier chœur de lamentations des Hébreux, le chœur des *Ténèbres*, celui de la noyade des Égyptiens, avec ses basses tourbillonnantes, sans parler du chœur des mouches, de la grêle, des grenouilles, et plus encore ceux qui ont trait au récit : *Il les a conduits à travers l'abîme*, et celui avec le passage pastoral : *Il les a conduits comme des agneaux*. La deuxième partie est un chant de triomphe, un hymne de reconnaissance; c'est le développement du cantique d'actions de grâce de la prophétesse Miriam, la sœur d'Aaron. C'est l'expression d'une joie guerrière et parfois farouche, d'une jubilation qui s'exalte jusqu'à l'emportement sauvage ; le vin de la victoire est capiteux, l'enivrement touche la fureur orgiaque; c'est bien la joie barbare des sujets d'Yahvéh. Au milieu de cela, des pages suaves et touchantes comme le duo des deux soprani : *le Seigneur est ma force*, et l'air de contralto : *Tu les feras revenir et tu les installeras sur la montagne de ton héritage*. Une des parties les plus saillantes, les plus personnelles, d'une expression puissante et saisissante, est le duo des deux basses (mon voisin dit « le duo de l'Éléphant et de l'hippopotame ») : *Le Seigneur est un homme de guerre*, « *Seigneur* » *est son nom*; les chars du *Pharaon*, et son cel, il les a précipités dans la mer; la péroraison surtout est d'une grandeur épique, d'une férocité naïve et primitive, tout à fait étonnant. *L'élite de ses chefs, elle aussi, est submergée dans la rouge mer*. Seules, certaines pages de la *Tétralogie* de Wagner, surtout dans les rôles de Fafner, Fasolt, Hagen, m'ont donné cette impression.

Je regrette seulement qu'on ait suivi ici la tradition allemande en intercalant certains récitatifs de Mendelssohn, et qu'air emprunté à la période italienne du maître, air que Mendelssohn admirait beaucoup, mais qui n'est nullement nécessaire. Je comprends encore les autres intercalations, destinées à laisser respirer les choristes, car la partie chorale est plus importante dans cette œuvre que dans aucune autre de Hændel. Beaucoup moins d'airs et de duos, d'où le caractère spécial de la partition, plus épique que lyrique et élégiaque..... Je maintiens, du reste, que les adjonctions dont j'ai parlé, et qui ne sont pas si absolument indispensables au point de vue pratique (1), enlèvent à l'œuvre quelque chose de sa magnifique âpreté, de sa simplicité fruste..... En passant, je dois dire que j'ai été frappé du style *alla Palestrina* de certains chœurs. Hændel connaissait-il autrement que par tradition les œuvres sacrées du vieux maître italien ? À vait-il pu les entendre exécuter à Rome ?... De plus savants que moi sur ce sujet répondront.

Parlons de l'exécution. Le vaillant Volkland est toujours à son poste de chef ; les chœurs (*Gesangverein* de Bâle, avec le concours de la *Liedertafel* de Bâle, exclusivement masculine) et l'orchestre, sous son intelligente direction, sous son impulsion énergique, ont irréprochablement, c'est peu, ont superbement accompli leur tâche.

Parmi les solistes, la première mention est due au contralto, Mme Herminie Spies, des concerts de Wiesbaden, toujours admirable, comme voix et style, toutes les fois qu'elle a l'occasion de chanter ; le premier soprano Mlle Pia von Sicherer, des concerts et de la chapelle royale de Munich, est aussi très remarquable. Avec des voix moins belles peut-être, Mlle M. Paravicini, de Bâle, deuxième soprano, et le ténor Kaufmann, des concerts de Francfort sur le Mein, ont montré beaucoup de talent. Les deux basses, Joseph Staudigl, de la chapelle du grand duc de Bade, à Carlsruhe, et Engelberger, de Bâle, méritent également de grands éloges. L'orgue a été tenu dans la perfection par M. Alfred Claus, l'organiste de Münster.

Tous les Français présents, Maurice Bouchor, le peintre Doucet, M. Maurice Fabre, etc., se promettent bien de revenir l'année prochaine à ces fêtes sereines et fortifiantes. On espère donner cette fois la grande *messe en si mineur* de Jean-Sébastien Bach, une chef-d'œuvre ardu, presque inabordable, que la cité suisse nous révélera, avant même, je le crains, que Paris nous ait fait entendre la sublime *messe en ré* de Beethoven, donnée ici deux fois déjà, et la dernière fois il y a déjà trois ans.

B.

BERLIN, 18 juin.

La saison des théâtres et des concerts vient enfin de se clore. Je dis enfin, avec un soupir de soulagement, car elle a été très fournie, très fatigante. La fin a été brillante : trois concerts de grand style donnés, l'un, par la Société chorale avec le concours de l'Orchestre philharmonique, les deux autres par M. Manstaedt, sous-chef d'orchestre de Bülow, à Meiningen, et par le jeune et

(1) D'ailleurs, on avait pris la précaution de retrancher un chœur assez long dans chaque partie, et dont le style était, à vrai dire, déjà représenté dans d'autres endroits.

vaillant Siegfried Ochs, le directeur d'une petite société chorale qui a fait parler d'elle cet hiver. —

Grâce à ces artistes, nous avons eu la grande *Messe en ré* de Beethoven ; l'*Achilleus* de Max Bruch (première exécution à Berlin), et des fragments choisis d'*Obéron* ; la fantaisie pour piano et chœurs de Beethoven; le *Triumphlied* de Brahms, enfin le *Paulus* de Mendelssohn.

Plusieurs célébrités se sont succédées au pupitre de chef-d'orchestre du *Sternsche Gesang-Verein* entre autres Max Bruch et Julius Stockhausen, sous le bâton duquel le " Sternscher-Verein „ a naguère eu deux années brillantes Par malheur, son chef actuel, Ernst Rudorff, un anti-wagnérien féroce; d'accord avec lui, les membres ont formellement refusé de chanter la scène finale du premier acte de *Parsifal*, dernièrement proposée par M. Mannstaedt pour le programme d'un des trois concerts.

Inutile d'insister !

Le programme du concert donné par M. Ochs a été des plus intéressants. On y a entendu les fragments, au nombre de trois seulement, de l'opéra inachevé *Lorelei*, de Mendelssohn, dont un charmant chœur d'hommes qui a été redemandé; la musique entière, que Schumann composa, vers le déclin de sa carrière (œuvre 98), pour les épisodes de *Mignon*; enfin tous les morceaux — la célèbre et rayonnante ouverture et deux chœurs, dont un avec soli de soprano et de violon – de la petite cantate *Zur Weihe des Hauses*, écrite par Beethoven à l'occasion de l'inauguration d'un théâtre, à Pesth; C'était la une véritable nouveauté ; cette partition était inconnue et Allemagne; elle n'a été exécutée qu'une fois, tout récemment, à Vienne, où habite Brahms, qui possède une copie authentique de l'autographe. M. Ochs a dirigé tous ces morceaux, notamment les splendides ouvertures de Beethoven et de Mendelssohn, la *Grotte de Fingal*, avec une verve, une fraîcheur, un esprit rares, peut-être même avec trop d'esprit. Quelques modifications de mouvement exagérées sentaient trop le voulu.

Il existe une secte de Wagnériens qu'on n'ose admirer que ce que le Maître lui même a admiré publiquement : Eh bien! ceux-là ont la permission d'admirer cette merveilleuse ouverture de Mendelssohn, joyau pur et éclatant, Wagner, quoique détracteur outré de Mendelssohn, l'ayant désignée quelque part comme une des créations les plus belles que la musique ait produite.

Dans la composition de Schumann, au contraire, surtout dans la plupart des interminables *lieder* sans expression caractéristique, parfois même d'une monotonie terne, désespérante, l'on sent comme le présage des ténèbres qui devaient envelopper son esprit ; en revanche, le *Requiem* de Mignon, pour chœurs, soli et orchestre, renferme des pages d'une tendresse délicate d'expression, que le maître a souvent surpassée. Quelques mesures d'une autre merveille, plus éclatante peut-être, de sentiment poignant et de lumineuse clarté, que le texte de cette solennité funèbre, ce sublime poème en prose, dont nous parlons l'un des plus parfaites de celui que les admirateurs fanatiques de Stéphane Mallarmé (il s'en trouve!) aiment à qualifier de ' grand botaniste allemand (sic!) (1) *Risum tenatis, amici?*

Les chœurs ont brillé par une rare précision, un ensemble parfait, et une fraîcheur vraiment réconfortante, notamment dans le fameux final de *Lorelei*. Somme toute; un souffle de vie jeune vivifiait la salle, malgré la terrible longueur du programme. Pronostic favorable pour l'avenir du jeune chef d'orchestre, qui me parait posséder la plupart des dons et des qualités nécessaires pour ce difficile emploi.

La presse berlinoise entière a bien voulu constater son très vif succès, et même l'a chaudement loué.

M. Mannstaedt a dirigé l'exécution de ce détestable oratorio (c'est plutôt une cantate ou un opéra de concert) qui s'appelle *Achilleus*, la dernière production de Max Bruch. Il y a là certes du talent, puisqu'il en faut pour produire même des œuvres mauvaises. Mais quelle absence absolue de caractère, de style! Cela est *savant*, si l'on veut, dans les parties *travaillées*, de contrepoint, quelque toujours selon des formules connues, consacrées; en revanche cela n'est ni classique, ni romantique, ni moderne; Il y a un peu de tout, c'est-à-dire : rien. Quel accablement, quel énervement parfois, car l'œuvre n'est pas de courte haleine, comme la *Légende dorée* de Sullivan, mais au contraire d'une longueur vraiment désespérante. Et tout cela sans une étincelle de génie!... M. Bruch, qui semble avoir écrit cette interminable partition sur du papier sans fin, a fait mieux pourtant; plusieurs de ses partitions contiennent des beautés de second ordre, il est vrai, mais des beautés; seulement, le voilà engagé dans une voie funeste. C'est un anti-wagnérien forcené, soit dit en passant, Sans doute, il y a là certain joli chœur, presque chuchoté, murmuré, doux et mystérieux, entièrement bâti sur une pédale, mais ce chœur isolé se signifie à côté du morne accablement qui résulte de l'ensemble de l'œuvre?

Dans le troisième concert, avec un programme exclusivement beethovenien, M. Mannstaedt a joué avec beaucoup de charme, de grâce

(1) Gœthe. Voir la *Revue indépendante*, nouvelle série, n° 1, p. 22.

et de finesse, le troisième *concerto* —en *ut mineur*—pour piano. L'exécution de la *Symphonie avec chœurs* comptait d'excellents moments, dans les quatre parties, mais n'a offert rien d'exceptionnel.

Enfin, pour la bonne bouche, un concert extraordinaire, donné seulement peu de jours avant, la clôture définitive de la saison, en jetant sur elles un dernier éclat. Joachim lui-même y a prêté par courtoisie son concours gratuit, et quel concours! Encore un programme exclusivement consacré au maître des maîtres: grande ouverture de *Lénore*, concert et romance en *fa*, pour violon, *Sonate* dédiée à Kreutzer, pour violon et piano; ouverture du *Roi Étienne*. Le grand maître violoniste n'a jamais joué plus merveilleusement, disons le mot, plus divinement. M. Mannstaedt a joué la partie de piano de la sonate.

Tous ces concerts ont eu lieu au profit du " fonds de garantie, " pour la prochaine saison de l'*Orchestre philharmonique*. M. de Bülow, soit dit en passant, a offert la somme ronde de mille marks dans ce but.

A l'Opéra, l'événement des dernières semaines a été le début du nouveau chef d'orchestre. Carl Schroeder, ex-professeur de violoncelle et virtuose violoncelliste au Conservatoire et au Gewandhaus de Leipzig, ensuite chef d'orchestre des concerts et du théâtre grand-ducal, à Sondershausen, dernièrement premier chef d'orchestre de l'Opéra allemand à Rotterdam. Il a dirigé la deuxième journée de l'*Anneau du Nibelung* d'une manière supérieure, avec beaucoup de précision, et à la tranquillité d'un homme qui sait par cœur chaque note de cette partition si terriblement complexe et touffue.

Diriger *Siegfried* comme premier début, c'est un tour de force qui mérite d'être signalé spécialement!! L'orchestre a eu des finesses de nuances, de son et d'expression, absentes dans les représentations antérieures sous Robert Radecke. La presse a fait un accueil très sympathique à M. Schroeder. Voilà un avenir plein de promesses pour l'art wagnérien! Malheureusement on parle toujours du *Götterdämmerung* pour la saison prochaine, sans qu'on entende souffler mot du *Rheingold*. Le comte de Hochberg approuvera-t-il ce sacrilège de son prédécesseur? Il est anti-wagnérien, donc tout est possible, sinon probable!!! En passant, laissez-moi vous annoncer les *Mémoires de feu mon Excellence von Huelsen*, qui ne tarderont pas à paraître, dans la *Deutsche Revue* d'abord, ensuite en volume.

Une grosse nouvelle pour finir, au sujet de la saison prochaine. Une nouvelle société chorale est en voie de formation. Elle sera affiliée, pour ainsi dire, à « l'Orchestre Philharmonique ». La société chorale de M. Siegfried Ochs formera le principal noyau de la nouvelle société. Celle-ci compte donner trois concerts dont la direction sera partagée entre MM. Ochs et.. Hans de Bülow. Ce dernier dirigera une exécution de cantates de Bach et de Brahms, de la *Symphonie avec chœurs*, et de l'*Élie* de Mendelssohn, chef-d'œuvre massacré dernièrement, paraît-il— j'étais pas présent— par M. Deppe, dans un concert à l'Opéra. Les dix concerts d'abonnement de l'Orchestre Philharmonique, que dirigera Bülow, sont déjà annoncés par l'impresario Hermann Wolff; seulement les programmes ne sont pas encore arrêtés.

J. VAN SANTEN KOLFF.

AMSTERDAM, 11 juin 1887.

La première journée du festival donné à la Haye par la " Nederlandsche Toonkunstenaars-Vereeniging, " n'a pas offert un bien grand intérêt. *De Vliegende Hollander*, de Richard Hol, et *Zweedsche Nachtegaal* de Nicolaï (W. Fl. G.), sont de vieilles connaissances que nous n'avons plus à détailler. L'exécution a été satisfaisante, surtout de l'ouvrage de Hol, où Blauwaert, votre éminent chanteur, s'est distingué, et qui, grâce surtout à lui, a eu les honneurs de la soirée. Mme Lydie Holm, une chanteuse néerlandaise habitant Francfort, mérite une mention honorable, mais elle n'a pas égalé à beaucoup près Mme Degive dans la composition de Nicolaï.

Le chœur de Völlmar est profondément ennuyeux et trivial d'un bout à l'autre, ces fragments pour orchestre d'un opéra de M. Mann dénotent la main d'un musicien qui connaît son affaire, tout en faisant défiler devant nous un panorama mouvant de tableaux connus. Pas un atôme d'originalité, Massenet, Verdi, Auber, et même Wagner dans ce même ballon captif. Il y en a pour tous les goûts, et M. Mann qui lui aussi fait de la critique à son métier perdu; tâche de connaître toutes les opinions dans son opéra.

La seconde journée se composait de musique de chambre, de *soli* et de *lieder*. Un quatuor pour instruments à cordes de M. Witte, couronné à Florence en 1872 et joué par l'auteur avec MM. Eldering, Völlmar et Smith ouvrait la séance. Composition fort estimable, trahissant la main d'un artiste érudit. Mme Lydie Holm avec sa toute petite voix nous a fait plus de plaisir qu'au concert de la veille en chantant d'une manière fort louable une demi-douzaine de *lieder* de mélodies, dont une de Nicolaï, tout naturellement.

C'est encore Blauwaert qui a été le héros du concert de dimanche par la façon exquise et l'excellent style avec lequel il a détaillé trois *lieder*, dont l'adorable *Meilied* de Huberti, une vraie perle qui a eu un

---

succès d'enthousiasme. Blauwaert aussi a cru ne pas pouvoir se soustraire à la tradition, en disant au moins une mélodie de Nicolaï, qui s'est fait *rédire* (*le même fait se répète chaque année*) comme *Président* de la " Toonkunstenaars-Vereeniging. ,

Une mention honorable encore au violoniste Eldering, un élève de Hubay et surtout au violoncelliste Smith, élève de Grützmacher, un tout jeune homme qui promet beaucoup.

Quant au pianiste, M. Tibbe, qui jouit en Hollande d'une certaine réputation, n'en parlons pas. Il a joué avec une négligence des plus accentuées, une affreuse cacophonie!

D^r Z.

MM. Dupont et Lapissida sont en ce moment à Dresde, où ils assistent à l'exécution intégrale de l'*Anneau du Nibelung* dont ils se proposent, on le sait, de mettre successivement à la scène les différentes parties.

Les directeurs du théâtre de la Monnaie se conformeront à la mise en scène de Dresde pour le *Siegfried* qui sera donné au début de la prochaine saison au théâtre de la Monnaie.

Le théâtre de l'Alhambra, transformé sous la nouvelle direction de M. Oppenheim, ouvrira, le 3 septembre avec la *Geneviève de Brabant* d'Offenbach, arrangée en féerie par Tréfeu et Crémieux.

Les principaux rôles ont été confiés à des artistes parisiens, MM. Chaîmin, Mesmacker, Fonvielle, Mmes Duparc, l'étoile des cafés-concerts; Reine, Isabeau Dorian, Sorel, etc., etc. Les deux ballets seront dansés par trente-six danseuses dirigées par Mlle Perron, danseuse de l'Opéra, et par Mme Mariquita, du théâtre du Châtelet.

Geneviève de Brabant succédera, comme nous l'avons déjà dit *Ali-Baba*, la nouvelle féerie de MM. William Busnach et Vanlo, musique de M. Charles Lecocq, dont le principal rôle sera joué par le baryton Duchêne, qui a créé cet hiver, aux Folies-Dramatiques, le *Bourgeois de Calais*, de Messager.

Samedi le 18 juin, s'ouvrent au Conservatoire royal les concours annuels qui termineront l'année scolaire. Voici dans quel ordre auront lieu ces concours :

Samedi 18 juin, à 2 heures, ouverture des concours.
Mardi 21, à 9 heures, instruments de cuivre.
Mercredi 22, à 2 heures, instruments en bois.
Vendredi 24, à 2 heures, alto.
Samedi 25, à 10 heures 1/2, contrebasses; à 2 heures, violoncelle.
Lundi 27, à 2 heures, musique de chambre pour archets.
Jeudi 30, à 9 heures et à 2 heures, violon.
Vendredi 1er juillet, à 2 heures, piano (hommes).
Samedi 2, à 2 heures, piano (demoiselles). Prix Laure Van Cutsem.
Lundi 4, à 2 heures, orgue.
Mardi 5, à 10 heures et à 2 heures, chant (demoiselles).
Mercredi 6, à 2 heures, chant (hommes); chant italien; duos de chambre.
Jeudi 14, à 2 heures, déclamation.

Le *Cercle symphonique et dramatique* de Bruxelles, une de nos plus vaillantes Sociétés d'amateurs, organise pour le courant de l'hiver prochain, une série de grandes soirées musicales et dramatiques, qui auront lieu dans le nouveau théâtre national que la ville vient de faire construire rue de Laeken.

Le programme de ces soirées comprendra notamment :
1° L'exécution de plusieurs œuvres symphoniques inédites d'auteurs belges;
2° La représentation de plusieurs œuvres dramatiques et lyriques inédites d'auteurs belges, et
3° L'exécution d'une cantate ou d'un oratorio avec le concours des principales sociétés chorales et de plusieurs solistes distingués.

Les œuvres inédites d'auteurs belges qui seront exécutées à cette occasion, seront choisies par un jury spécial parmi celles qui seront jugées les meilleures.

Ces exécutions se feront sans aucun frais pour les auteurs.

Les auteurs et compositeurs qui désiraient participer à ce concours d'un genre tout nouveau, sont priés de faire parvenir leurs ouvrages au local du Cercle, Maison des Brasseurs, Grand'Place, avant le 15 juillet prochain.

Le *Cercle Symphonique et Dramatique* ne négligera rien pour que ces exécutions aient lieu dans les meilleures conditions possibles. Nul doute que son appel sera entendu et que l'initiative qu'il prend aujourd'hui sera couronnée de succès.

" Messieurs, nous allons procéder à la vente des objets ayant appartenu à Henri Waelput; ce ne sera pas bien long, du reste, car il n'y en a pas beaucoup, dit le commissaire-priseur; et un léger mouvement de curiosité traverse le public d'amateur de musique et de marchandes à la toilette qui remplissent, le mercredi 8 juin, la petite salle de ventes, basse et sombre de M. D. Sur la table passent successivement les souvenirs des jours de gloire du pauvre compositeur, qui forment toute sa succession: un bronze d'art: *le Cymbalier*, une couronne en argent, des bustes de Mozart et de Beethoven. De l'argenterie, un paquet de musique; et c'est tout: Comme c'était lamentable, l'éparpillement de ces reliques artistiques au hasard des enchères! Le gouvernement a acquis les œuvres de Waelput: la ville de Gand. n'aurait-elle pu acheter au moins cette couronne offerte lors du Festival national de 1883, que l'auteur de *Stella* avait dirigé?

Puisque je vous parle ventes, je vous signale ici celle de la belle collection de musique de feu le vicomte de Clerque-Wissocq de Sousberghe, qui aura lieu prochainement.

MONS, 9 juin.

Le concert donné par notre Conservatoire a été un nouveau et éclatant succès pour M. Jan Vanden Eeden, le savant et énergique directeur de notre Académie de musique. Il poursuit avec un zèle jamais lassé la mission qu'il s'est donnée d'initier notre public aux œuvres modernes de toutes les écoles et il a beaucoup fait dans ce sens, c'est une justice à lui rendre. Au concert de lundi dernier, il nous a fait entendre la marche funèbre de *Siegfried*, l'ouverture de *Cosi fan tutti*, le 3e *concerto* de Liszt exécuté au piano avec beaucoup de brio par Mlle Luyckx, enfin une nouvelle composition de lui, *Pressentiment*, paroles de M. Edmond Picard. Et dans toutes les œuvres l'excellente tenue de l'orchestre a démontré l'excellence de l'enseignement donné à notre Conservatoire. L'œuvre nouvelle de M. Vanden Eeden, a été très chaleureusement accueillie. L'orchestration en est fine, délicate et variée: la partie chantante pleine de noblesse et de largeur. Le baryton Heuschling, à qui avait été confiée la partie vocale, a supérieurement chanté ce *Pressentiment* qui est parmi les meilleures choses qu'ait écrites M. Vanden Eeden.

Le triomphe du jour a été pour M. Eug. Ysaye, l'éminent et célèbre violoniste, qui nous a joué un concerto de Spohr. Jamais nous n'avions entendu à Mons, un virtuose aussi maître de son archet. Aussi l'auditoire a-t-il été émerveillé.

Je serai l'interprète de tous ses auditeurs de lundi, en émettant le vœu qu'il se produise bientôt de nouveau dans notre ville.

OSTENDE, 12 juin.

La Société littéraire de notre ville vient de célébrer le centenaire de sa fondation par une série de fêtes qui attire beaucoup de monde. La musique a été nécessairement de la partie. L'orchestre de l'Académie de musique sous la direction de M. Joseph Michel, Mme Cornélie-Servais, l'éminente cantatrice bruxelloise, M. Peeters, baryton, Mlle Uhlmann, la brillante pianiste, l'élève favorite de M. Auguste Dupont, enfin M. Macken, professeur d'alto à notre conservatoire, ont prêté leur concours à la fête musicale qui, grâce à de tels éléments, a obtenu le plus éclatant succès. M. Joseph Michel a fait exécuter à ce concert une *valse lente* de sa composition dont la mélodie distinguée et les rythmes francs ont ravi l'auditoire.

Petites Nouvelles.

Une dépêche de Londres nous apprend que Her Majesty'où jouait la troupe italienne de l'impresario Mapleson, a fermé ses portes lundi soir. Une simple affiche a annoncé cette fermeture au public au moment de la représentation. On devait donner le *Barbier* et hier, mardi soir, le *Méphistophélès* de Boïto. Nous n'avons, du reste, aucune indication sur le motif de cette fermeture. Est-ce la concurrence de Lago à Covent-Garden et d'Harris à Drury Lane? Est-ce simplement le discrédit où est tombé l'art italien? *Chi lo sa?*

On annonce que M. J. Brahms s'occupe en ce moment de la composition d'un opéra. Ce sera, au dire de quelques journaux bien informés, un opéra-comique, tiré d'un conte de Gozzi par Hugo Wittmann, l'auteur du livret de la *Sauvage apprivoisée* de Hermann Goetz. Coïncidence bien curieuse, le sujet du premier opéra de Wagner: *les Fées*, qu'on va monter pour la première fois à Munich, est également emprunté à un conte de Gozzi: *la Femme serpent*.

L'apparition du premier ouvrage dramatique du chef de l'école symphonique allemande ne peut manquer d'intéresser le monde artistique.

M. Karl Eliudworth, l'éminent chef d'orchestre, a l'intention de quitter Berlin au mois d'août, et de faire un voyage d'agrément en Amérique, qui durera probablement jusqu'à la fin de la saison prochaine.

Les journaux de Berlin affirment que l'opéra *Merlin* de Philippe Ruefer, qui a eu près d'une dizaine de représentations à l'Opéra de Berlin, sera donné la saison prochaine à Londres. Cette nouvelle nous réjouit autant qu'elle nous étonne: le sujet chrétien de *Merlin* semble être un obstacle insurmontable à son exécution sur une scène

anglaise. Mais M. Ruefer est le professeur de musique des enfants du prince impérial d'Allemagne, dont la femme, la princesse Victoria, est on le sait, la fille de la reine Victoria. Cette circonstance fera lever bien des difficultés, sans doute.

La direction de la Scala de Milan, abandonnée par les frères Corti, vient d'être confiée, pour quatre années, au docteur Giuseppe Lamperti, qui, pendant deux ans, a fait à l'Apollo de Rome une très brillante campagne.

La saison prochaine s'ouvrira avec le *Tannhäuser* de Richard Wagner, après quoi le nouveau directeur se propose de donner un nouvel opéra: *Medjé*, de Samara, l'heureux auteur de *Flora mirabilis*. Cet ouvrage est, dit-on, de vastes proportions et comporte un riche spectacle.

Parmi les artistes engagés par M. Lamperti, on cite les noms de Mme Medea Borelli, du ténor de Negri, de MM. Devoyod et Dufriche, deux barytons français, et du basso Gavarini.

Mme Sophie Menter, la célèbre pianiste, vient de donner sa démission de professeur au Conservatoire de Saint-Pétersbourg. Dans une lettre, adressée au directeur actuel, Antoine Rubinstein, elle explique que, depuis le départ de M. Davidoff, dont la démission a fait quelque bruit dans le temps, le Conservatoire lui paraissait un véritable désert. Est-ce une critique? est-ce un blâme? Toujours est-il que Mme Menter déclare que sa résolution est irrévocable.

La *Semaine musicale* de Lille constate le brillant succès obtenu à Lille par M. Louis Van Dam, pianiste de Bruxelles, dans un concert qui a eu lieu jeudi dernier. M. Van Dam a fait exécuter dans ce concert deux pièces symphoniques de sa composition, *Bourrée* et *Tambourin* qui ont fait sur l'auditoire une excellente impression.

BIBLIOGRAPHIE

LOHENGRIN A L'ÉDEN-THÉATRE, Paris, chez tous les libraires, par G. Street. — Sous une forme vive et souvent mordante, l'auteur nous présente un résumé des scandaleux incidents qui ont interrompu les belles représentations dramatiques inaugurées le mois dernier par M. Lamoureux. On trouvera dans ces quelques pages, sans parler des mots vers piteux de M. Eugène Mayer, directeur de la *Lanterne*, la liste des journaux qui ont défendu M. Lamoureux et l'œuvre de Wagner, et la maigre énumération de ceux qui l'ont attaqué; les écrivains nombreux et distingués " qui ont rendu hommage au génie du maître allemand „ sont également cités... M. Georges Street, en terminant, adresse un appel au Conseil municipal renouvelé « qui a promis de s'occuper sérieusement des questions de voirie. » B. C.

La livraison du 15 juin de l'*Art* (39, cité d'Antin, Paris) contient un article très important de M. Adolphe Jullien: *Lohengrin à Paris.* qui dit véritablement le dernier mot de la question à tous égards: il est à lire en entier.

Le même fascicule renferme une belle eau-forte de M. Félix Jasinski d'après le magnifique portrait de M. Adolphe Jullien, par Fantin-Latour, qu'on a tant admiré au Salon de Paris, cette année, et que nous espérons bientôt voir à Bruxelles ou à Anvers: voilà un portrait que tous les amateurs belges, connaissant l'homme et ses écrits, aimeront à considérer.

RICHARD WAGNER ET LE DRAME CONTEMPORAIN, par Alf. Ernst, 1 vol. Librairie moderne. Paris 1887. — Écrit au moment où la question *Lohengrin* était ouverte à Paris, cet ouvrage est assurément un des meilleurs et des plus consciencieux parus en France sur l'immortel auteur de la *Tétralogie*.

Ce n'est point aux seuls musiciens que s'adresse le livre de M. Ernst: toutes les personnes qui se préoccupent des choses du théâtre auront profit à consulter cette impartiale étude. L'auteur, à coup sûr, est un admirateur de Wagner; mais il s'inquiète moins d'exalter le maître de Bayreuth que de faire la lumière sur des points controversés; dégagé de tout fanatisme, il raconte Wagner et son œuvre, non pour en proposer la vaine imitation, mais pour y trouver des enseignements utiles à l'art. Il rattache la question du drame lyrique aux diverses querelles qui ont passionné les écrivains et les artistes de ce temps; les noms d'Édouard Manet, d'Émile Zola, d'Alphonse Daudet, d'Henri Becque, reviennent fréquemment sous sa plume. C'est à propos ment la partie neuve de l'étude de M. Ernst et les idées qu'il expose pour n'avoir pas été exprimées encore, n'en sont pas moins d'une justesse absolue.

C'est une aberration de vouloir faire de Wagner un esprit désordonné et purement révolutionnaire, qui ne songeait qu'à détruire. Il n'était pas sans intérêt et sans importance de montrer en quoi il participe du mouvement général des esprits en ce siècle. C'est ce que M. Alfred Ernst a fait avec autant de sûreté que d'érudition.

Le livre de M. Ernst est précédé d'une magistrale introduction de M. de Fourcaud, l'éminent critique du *Gaulois*, l'un des esprits les plus justes que nous connaissions.

M. K.

L'ORPHÉE DES ÉCOLES. Chants nouveaux à une et à deux voix, avec accompagnement de piano, par C. H. Watelle. Namur, A. Wesmael-Charlier, édit. 1887. — Ce nouvel ouvrage didactique de l'excellent professeur de chant des écoles normales et primaires de Bruxelles, n'aura pas moins de succès que ses aînés. M. Watelle, qu'une longue pratique de l'enseignement a formé à l'art si difficile d'intéresser et d'amuser les enfants tout en les instruisant, a réuni dans cet ouvrage une série de petits morceaux de sa composition d'un tour mélodique, facile sans cesser d'être élégant, et conçus de façon à remémorer les différentes combinaisons de rythmes et les intonations que l'enfant a appris dans ses cours de solfège.

C'est un excellent ouvrage en un mot, et qui sera utilement employé dans les écoles. Nous n'avons qu'une petite querelle à faire à M. Watelle : à propos du choix des poésies qu'il a mises en musique. D'estimables maîtresses des écoles normales lui ont fourni des vers écrits dans une langue étrange qui n'a du français que l'apparence et dont la correction prosodique laisse énormément à désirer. Si l'on donne des paroles à chanter à l'enfant, le moins qu'on puisse demander, c'est que ces paroles aient un sens et qu'elles expriment correctement une idée.

M. K.

VARIÉTÉS

ÉPHÉMÉRIDES MUSICALES

Le 17 juin 1893, à Paris (Waux-Hall), après le succès qu'il a obtenu à son concert du 30 mai, Lambert Massart se fait entendre de nouveau, Tulou, Ad. Nourrit et Mᵐᵉ Jawureck, lui prêtant leur concours. *Le Miroir*, que nous avons cité à propos du premier concert (*Guide musical* du 26 mai), disait encore cette fois : " Le talent du jeune Massart a étonné tous les assistants, et sa figure vive et spirituelle intéresse vivement. Chacun raconte une anecdote relative au sujet du petit prodige. Celui-là parle de la pension qu'il fait déjà à ses parents ; celui-ci du bonheur qu'il a eu de trouver un amateur qui lui a prodigué les soins les plus touchants, et l'a initié aux secrets de son art ; le nom de M. Delaveux passe de bouche en bouche... „

— Charles Gounod entre aujourd'hui dans sa 70ᵉ année. Il est né à Paris le 17 juin 1818

— Le 18 juin 1812, à Londres (King's theater), *le Nozze di Figaro* de Mozart.—Mᵐᵉ Catalani (Suzanne), Mᵐᵉ Dickens (la Comtesse), Fischer (le Comte).

Au même théâtre, l'opéra fut repris le 2 février 1817, avec Mᵐᵉ Fodor (la Comtesse), Mᵐᵉ Camporese (Suzanne), Mᵐᵉ Pasta (le page), Ambrogetti (le Comte), Naldi (Figaro).

A Covent-Garden, le 11 mars 1819, sous la direction de Bishop, le *Nozze di Figaro* n'eurent pas un moindre succès qu'à King's theater.

— Le 19 juin 1796, à Bruxelles, *Lodoïska ou les Tartares*, 3 actes de Rodolphe Kreutzer. — Pour l'historique de la pièce, Eph. *Guide musical*, 29 juillet 1886.

— Le 20 juin 1767, à Paris (Comédie italienne), *Toinon et Toinette*, 2 actes de Gossec. — A Bruxelles, le 27 mai 1776, où, suivant Gregoir (*Notice biographique sur Gossec*), la pièce, traduite en flamand, avait déjà été jouée en 1772. Au Nationaltheater de Vienne, elle n'y eut que trois représentations, du 9 février au 4 août 1779.

— Le 21 juin 1826, à Londres, funérailles de Carl-Maria von Weber, trouvé mort dans son lit le 5 juin au matin. Splendides funérailles à la hauteur de la grande renommée du maître. Les détails en furent réglés par un comité à la tête duquel figuraient Smart, Moscheles et Brahms. Le cortège, composé d'illustrations de tout genre, offrait l'aspect moyen-âge des grandes cérémonies anglaises : des hérauts en deuil, des pages suivaient le char funèbre aux armes de la famille Weber, avec cette simple inscription : *Resurgam*.

Le *Requiem* de Mozart fut chanté par Labiache, Miss Paton, Miss Stephens, et la fleur des artistes d'élite alors à Londres. Le corps de Weber, placé dans la crypte de la chapelle de Moorfield, n'en fut retiré qu'à la fin de l'année 1844, pour être ramené à Dresde. Richard Wagner, à cette occasion, composa un chant funèbre sur des motifs d'*Euryanthe*, et prononça un discours des plus émouvants. (Voir *souvenirs de Richard Wagner*, traduits de l'allemand par Camille Benoit.)

— Le 22 juin 1763, à Givet, naissance d'Etienne-Nicolas Méhul. Sa mort à Paris, le 18 octobre 1817.

" Méhul n'était imbu d'aucun des préjugés de quelques-uns de ses contemporains à l'égard de certains moyens de l'art qu'il employait habilement lorsqu'il les jugeait convenables, et que les routiniers veulent proscrire en tout cas. Il était donc réellement et tout à fait de l'école de Gluck. „

H. BERLIOZ.

— Le 28 juin 1814, à Munich, naissance de Mᵐᵉ Augusta Fuchs, comtesse de Saint-James. — Sous le nom de Mᵐᵉ Augusta, cette dame a été au premier rang des ballerines, à Paris (Opéra), à Londres, à Philadelphie, à Vienne, à Berlin, à Bruxelles (1844). Qui se serait souvenu de l'ancienne danseuse du théâtre de la Monnaie, si un reporter américain, il y a quatre ans, ne nous avait fait connaître que Mᵐᵉ la comtesse de Saint-James, retirée du théâtre et devenue veuve, était obligée pour vivre de donner des leçons de maintien à New-York. Le reporter en question fournit de piquants détails sur les commencements de Mᵐᵉ Augusta, sur son mariage avec un " notable émigré français „, sur ses relations avec des personnages du théâtre et du grand monde. Sa biographie, *Annuaire dram. belge*, année 1845, p. 95.

— Le 24 juin 1784, à Paris (Théâtre-Italien), l'*Epreuve villageoise*, 2 actes de Grétry.

La pièce fut d'abord jouée sous le titre de *Théodore et Paulin* (18 mars 1784) et n'eut qu'une seule représentation. Grétry ayant remarqué que la partie pastorale était surtout goûtée du public, retira son ouvrage, le remania, et l'*Epreuve villageoise* devint cette fraîche partition d'où s'exhale, depuis un siècle, un arome qui fait penser au thym et au muguet.

J. B. ROUGÉ.

La reprise de l'*Epreuve villageoise*, au théâtre de la Monnaie (3 avril 1879) a été un vrai régal pour les dilettanti bruxellois,les plus difficiles, en ce temps où l'on se montre sans pitié pour la " vieille musique „ de l'opéra-comique.

M. Edouard Fétis a écrit l'historique de l'*Epreuve villageoise* qui se trouve en tête des *Œuvres de Grétry*, publiées par le gouvernement belge.

— Le 25 juin 1853, à Londres (Covent-Garden), *Benvenuto Cellini*, de Berlioz. Les trois principaux rôles chantés par Tamberlick, Mᵐᵉ Julienne-Dejean et Nantier-Didiée. " Les Italiens, dit Berlioz, se figurent pour me siffler „.

— Le 26 juin 1788, à Paris (Comédie-Italienne), le *Rival confident*, 2 actes de Grétry. La musique de cette petite comédie, dit Grimm, n'ajoute rien à la gloire de Grétry. Partition accusant la décadence et qui néanmoins a été gravée.

— Le 27 juin 1816, à Londres (Société Philharmonique), Mᵐᵉ Pleyel, paraissant pour la première fois en Angleterre, exécute le *Concert-stuck* de Weber.

— Le 28 juin 1819, à Mantoue, naissance de Caroline-Adèle-Marie-Joséphine Grisi, dite Carlotta Grisi. — Le 28 juin 1841, elle créa le rôle de Giselle dans le charmant ballet d'Adolphe Adam. C'était son début sur la scène de l'Opéra. Théophile Gautier s'écria dans son enthousiasme : Une danseuse s'est révélée. Longtemps les femmes s'étaient dit : " Que peut-il venir après la grâce nuageuse, l'abandon décent et voluptueux de Taglioni ? „ Longtemps les hommes s'étaient dit: " Que peut-il venir après la verve provocante, la pétulance hardie et cavalière, la fougue toute espagnole de Fanny Elssler ? „ Il est venu Carlotta Grisi, légère et pudique comme la première, vive, joyeuse et précise comme la dernière; seulement elle a sur l'une et sur l'autre l'avantage inappréciable de ne compter que vingt-deux avrils et d'être fraîche comme un bouquet dans la rosée.

Naturalisée française, Mᵐᵉ Grisi habite actuellement Paris.

— Le 29 juin 1846, à Paris (Opéra-Comique), reprise de *Zémire et Azor* de Grétry. Le ténor Jourdan, celui-là même qui a laissé de si bons souvenirs à Bruxelles, débute au théâtre par cette pièce. Ad. Adam avait remanié la partition et fut traité de " profanateur „ dans maints écrits qui parurent alors. Un autre de nos ténors, Warot, obtint aussi un grand succès à l'Opéra-Comique, lorsque l'œuvre de Grétry y fut reprise, mais pure cette fois de tout alliage (15 septembre 1862). " Au moins !à, disait Berlioz, nous avons de la musique, on y chante, et si dans tous les morceaux on remarque avant tout la *vérité* (comme disait Grétry) un " une déclamation juste, ces qualités n'empêchent de charmantes mélodies de se faire jour „. Et Paul de Saint-Victor,dans son style imagé,en a dit ceci : " La partition a vieilli mais à la façon des fées, sans rien perdre de son charme et de ses prestiges. Sa physionomie s'est un peu fanée par endroits, son âme fine et naïve, ingénue et tendre, a gardé sa fleur de jeunesse.

Le succès de *Zémire et Azor* fut universel ; à Vienne, au Nationaltheater, la pièce, traduite en allemand, y eut 54 représentations, du 13 octobre 1779 au 15 octobre 1809 ; à Londres, Thomas Linley s'empara de la musique de Grétry en y cousant quelque chose de sa façon et, pour tout changement, la inscrivit sur le fronton : *Selima and Azor*, 1776. Il eut encore du même procédé, en 1786, à l'égard de *Richard Cœur-de-Lion*.

— Le 30 juin 1876, à Munich, *Fest-marsch zur Feier der hundertjährige Unabhängigkeitserklärung*, de Richard Wagner. Cette *Marche de fête* pour le centenaire de l'indépendance des Etats-Unis est galamment dédiée au comité de fête des dames de Philadelphie, avec une épigraphe empruntée à Goethe : " Celui-là seul mérite la liberté comme la vie qui peut les jours doit la conquérir „. Wagner reçut 5,000 dollars pour sa composition. Le début, bâti sur un thème yankee, vaut surtout par le travail ; la conclusion en est tout à fait grandiose avec ses deux motifs superposés. C'est là ce qu'en a dit dans le *Français* notre ami Jullien, quand la *Marche de fête* fut entendue pour la première fois aux concerts Lamoureux à Paris, au commencement de l'hiver 1884.

Nécrologie.

Sont décédés :

— A Lille, Charles de Try, violoncelliste et compositeur de talent, ancien maître de chapelle de la Métropole de Cambrai, membre de la commission du Conservatoire de Lille, officier d'Académie. Ses obsèques ont eu lieu à Cambrai et le corps placé dans un caveau de famille. Charles de Try, était âgé de 60 ans.

— A Paris, Maurice Germa, dit Cristal, né à Narbonne en 1827, écrivain musical. (Notice suppl. Fétis-Pougin t. I, p. 217.)

— A Naples, le 23 mai, Gaetano Fraschini, né à Pavie en 1815, célèbre ténor. (Notice *ibid.*, t. I, p. 348.)

— A Venise, Francesco Malipiero, né à Rovigo, le 9 janvier 1824, compositeur dramatique. (Notice *ibid.*, t. II, p. 151.)

— A Gênes, à l'âge de 67 ans, Emanuele Batraglini, compositeur de musique sacrée, professeur de contrebasse à l'Institit musical.

— A Naples, Francesco Orlandini, depuis quarante ans violoniste au théâtre San-Carlo.

— A Parme, l'avocat Achille Bellodi, amateur sur le violoncelle et sur le piano, auteur d'un grand ballet. Littérateur, il projetait une *Histoire de la Musique.*

— A Madrid, Eusebio Gonzalez y Val, professeur de flûte à l'Ecole nationale de musique.

— A Magdebourg, le 31 mai, Chrétien-Frédéric Ehrlich, né dans cette ville le 7 mai 1807 (et non 1812 suivant Fétis, t. III, p. 119), pianiste et compositeur, ancien élève de Hummel.

— A Berlin, le 21 avril, Georges Lustner, né le 23 septembre 1847, violoncelliste et chef d'orchestre.

— A Lugas (Hongrie), le 26 mai, Mme Charlotte Dekner, née à Bittse, en 1845, virtuose sur le violon.

LA FABRIQUE DE TUYAUX D'ÉTAIN POUR ORGUES
DE C. F. PREUSS, FRANCFORT S/ODER
la plus grande et la plus importante de l'Allemagne du Nord, recommande ses produits reconnus excellents, à des prix très modérés. Prix Courant. Meilleures références à disposition.

Beaux instruments de musique, tels que violons, violoncelles, harpes, etc., et morceaux de musique pour piano, partitions, à vendre au château de Bolland (par Herve).

NOUVEAUTÉS MUSICALES
Publiées par la maison **SCHOTT FRÈRES** à Bruxelles.

POUR PIANO

Hollman, J. Chanson d'amour, transcrite pour piano seul, par Aug. Horn . . . . fr. 3 —
Le Borne, Fernand. Poème (2e suite), arrangement à quatre mains par Aug. Horn . . . . . „ 3 75
Luzzatto. F. Op. 44. Suite de danses-impromptus pour piano à quatre mains . . . . . net „ 5 —
Schmidt, Oscar. Op. 43. Ländler . . . . . . „ 4 —
— Op. 44. Sans souci . . . . . . „ 4 —
Soli-Devère, Léon. Légende Livonienne transcrite p' piano, p' la main gauche seule. . . . . „ 4 —
Wieniawski, Joseph. Op. 28. Sur l'Océan, contemplation . . . . „ 7 50
— Op. 43. Guillaume le Taciturne, ouverture dramatique pour orchestre, transcription pour piano à quatre mains, par l'auteur . . . . net „ 5 —

INSTRUMENTS DIVERS

Accolay, J.-B. Mélodie romantique
N° 1. Pour violon et piano . . . . fr. 5 00
„ 2. Pour violoncelle et piano . . „ 5 00
„ 3. Pour instruments à cordes . . „ 6 00
Balthazar-Florence, H. Berceuse du ballet " La vision d'Harry „, pour viol. ou violonc. et piano „ 4 00
Agniez, Em. Valse pour violon et piano . . . . „ 6 —
Herrmann, Th. Fantaisie sur l'hymne national hollandais, pour violon et piano. . . . . „ 7 50
Hollman, J. Quatre morceaux faciles pour violoncelle avec accompagnem. de piano.

| N° 1. Berceuse . | . . . . | 4 | N° 3. Pourquoi ? | . | 3 |
| „ 2. Air de ballet | . . . . | 5 | „ 4. Tempo di mazurka. | . | 4 |

— Nocturne pour violoncelle et piano . fr. 5 —
Hone, Jules. Fantaisie sur Home Sweet Home, pour violon et piano . . . . „ 6 —
Le Borne, F. Danse de la Bayadère extraite du poème (2e suite), pour flûte et piano . . . . „ 5 —
Paganini Nicolo. Dernière pensée, transcrite p' violon ou violoncelle, ou flûte ou hautbois, avec accompagnem. de piano, par Edouard Grégoir :
N° 1. Pour flûte ou hautbois . . . . „ 4 —
„ 2. Pour violon ou violoncelle . . . „ 4 —
Pelgrim, Em. Berceuse pour violon et piano . . „ 4 —
Schumann. Aria de la sonate, op. 11, transcrite pour violoncelle et piano, par J. Hollman . „ 4 —
Servais, A. F. (Œuvres posthumes).
Concerto en *la* mineur avec accompagnement d'orchestre, réduction pour violoncelle et piano, net „ 7 50
Fantaisie sur des airs Scandinaves p' violonc. et p°. „ 13 50
Quatre morceaux de salon :
n° 1, 6,00 ; — n° 2, 7,50 ; — n° 3, 6,00 ; — n° 4, 7,50 fr.
Soli-Devère, Léon. Fleurs fanées, pensée romantique pour violon et violoncelle avec accompagnement de piano . . . . „ 7 50
De Swert (Jules). Op. 47. Pensée élégiaque pour violoncelle et piano. . . . . „ 5 —
— Le même pour quatre violoncelles „ 5 —
— Le même pour quatre cors. . „ 5 —
Tibbe, Henri. Deux morceaux pour violoncelle et piano : N° 1, Romance . . . . „ 6 —
N° 2, Mazurka-caprice. . . . . . „ 6 —
Verhey, Th. H. H. Sonate (en *ré* min.) pour violon et piano. . . . . net „ 5 —

XXXIII° ANNÉE   3o juin et 7 juillet 1887   NUMÉROS 26 et 27.

LeGuide Musical

Paraissant tous les jeudis.

ABONNEMENT	SCHOTT FRÈRES, ÉDITEURS.	ANNONCES
FRANCE & BELGIQUE, 10 francs par an.	**Paris.** Boulevard Montmartre, 19	LA LIGNE . . . . FR. 0.50
LES AUTRES PAYS, 10 francs (port en sus)	**Bruxelles,** Montagne de la Cour, 82	On traite à forfait pour les grandes annonces.

Le Livret d'opéra français

DE LULLY A GLUCK
1672-1779
(Suite. — Voir le dernier numéro.)

IV

La guerre des Bouffons. — Rousseau et la *Lettre sur la musique.* — L'Opéra-Comique.

Avant de nous engager dans l'examen du nouveau système d'opéra, et d'y rechercher par quels côtés il se rattache à notre sujet, nous devons dire un mot de cette fameuse *guerre des coins* que fit naître l'arrivée à Paris, d'une troupe de chanteurs italiens, en 1752. C'est le prélude des grandes disputes entre Gluckistes et Piccinistes; l'émeute avant la révolution, l'escarmouche avant la bataille.

Dieu nous garde de passer en revue toutes les brochures qui furent publiées à cette occasion. Il ne se passait pas de jour qui n'en vit naître quelques-unes de format, de genre et d'esprit variés. C'est un véritable torrent d'encre qui se répand sur la capitale. On bataille un peu partout.; dans les salons et dans les boutiques, à la ville et à la Cour, à l'Opéra et à la Comédie. De la discussion naissent les injures et les coups ne tardent pas à se mettre de la partie. Un chercheur patient, qui a tenté de dresser le catalogue des écrits éclos dans un espace de deux ans, en a réuni soixante-quatre, sans tenir compte des publications qui, sans être inspirées essentiellement par la dispute des Bouffons, peuvent toutefois se ratta-

cher à cette polémique musicale. On voit, coup sur coup, paraître des *Lettres* suivies aussitôt de *Réponses*, des *Examens* et des *Justifications*, des *Apologies*, des *Satires*, des *Réflexions*, des *Dialogues*, des *Comédies*, des *Prophéties* en prose, en vers, même en style poissard à *l'imitation de Vadé,* et des couplets, des quatrains, des épigrammes par centaines.

De tous ces ouvrages, condamnés pour la plupart à l'oubli dès le lendemain de leur apparition, il en est deux qui méritent qu'on s'y arrête; c'est la *Lettre sur la Musique française*, de J.-J. Rousseau, et le *Traité du Poëme lyrique*, de Grimm, encore que ce dernier écrit parût en 1765, alors que la question semblait depuis longtemps enterrée.

Le baron de Grimm, tout uniment homme de lettres, part d'un principe faux quand il fait de la musique un art d'imitation; la musique, en effet, n'imite pas, elle traduit. Dans son admirable *Symphonie pastorale*, Beethoven s'efforce de rendre en langage musical la sensation produite, sur son imagination, par la contemplation d'un tableau champêtre. Il n'*imite* la nature que lorsqu'il reproduit, au moyen de quelques notes de hautbois et de flûte, le cri du coucou et le chant de la caille. On aurait tort d'affirmer que c'est la partie la mieux réussie du morceau.

L'auteur du *Traité*, en outre, tombe dans le travers des critiques de son époque, quand il avance que « le poëte doit se soumettre en tout au musicien, et qu'il ne saurait prétendre qu'à un rôle inférieur ».

Mais, la part de ces erreurs une fois faite, la dissertation abonde en idées justes, en raisonnements sensés, en remarques judicieuses, et tout est à lire dans la partie du Travail qui traite du merveilleux et de l'invraisemblance au théâtre. Ces critiques, du reste, avaient été déjà formulées dans le *Petit pro-*

phète de de Boehmischbroda, sous forme d'un spirituel badinage.

Quant à Rousseau, musicien d'instinct, artiste de tempérament, entraîné par nature à soutenir le paradoxe, mais capable par boutade, de défendre la cause du bon sens, Rousseau mit avec un rare bonheur, le doigt sur la plaie.

D'après lui, ce qui établissait la différence entre l'opéra français et l'opéra italien, c'était, bien plus que la mélodie ou l'harmonie, l'anatomie des deux langues ; l'une, claire et correcte, mais froide et toujours un peu roide, ne trouvant nulle part son emploi mieux indiqué que dans le Récitatif ; l'autre vive, souple, alerte, colorée, procédant volontiers par monosyllabes, se prêtant à toutes les facultés de l'élision, riche en voyelles ouvertes, sonore, et déjà expressive par elle-même, avant de s'être unie à la musique.

On avait ainsi publié cinquante brochures, on avait discuté à tort et à travers, tous les gens de lettres du royaume s'étaient escrimés sur la question et à pas un d'eux cette idée n'était venue, de rendre la langue française responsable, dans une certaine mesure, de l'échec subi par l'opéra français. La *Lettre sur la musique* souleva des tempêtes, mais ses adversaires furent obligés de reconnaître qu'elle avait frappé juste, lorsqu'on entendit les opéras italiens traduits en français. Il suffirait pour s'en convaincre, d'entendre chanter, dans l'une et l'autre langue, le célèbre monologue de Figaro, au premier acte du *Barbier*, de Rossini :

Largo all' faltotum della cita. Largo !

et l'adaptation dont le premier vers doit être, de par la volonté du chant, rythmé ainsi que suit :

Pla ! ce au facto ! tum de la cité ! Pla ! ceu (1).

Toutefois, il faut prendre garde à ceci : c'est que la gravité un peu sèche de la langue française servira à merveille dans la pompeuse déclamation lyrique de Lully et de Gluck, et préservera le chant des ornements de mauvais goût ; des vocalisations à perte d'haleine, au lieu que les qualités de la langue italienne se retourneront contre elle dans l'opéra sérieux.

Il n'entre pas dans le cadre de notre étude de pousser plus loin le parallèle, ni de prodiguer des exemples.

Pour nous en tenir à la vérité historique, nous nous bornerons à constater que les tenants du coin du Roi et les champions du coin de la Reine, les Lullistes et les Bouffonistes firent, de la question musicale qui les divisait, une affaire nationale. Mme de Pompadour et Louis XV à sa suite, prit parti pour l'art français ; en expulsa les Bouffons, et l'opéra de Lully se vit solennellement restauré à l'Académie de musique.

(1) Il est vrai que Rossini est lui-même tombé dans le défaut que nous signalons. Mais, grâce à l'accent tonique, et avec un peu de bonne volonté de la part du chanteur, il sera bien plus aisé de sauver la fausse longue de *Largo* que la mauvaise désinence féminine de *Place.*

N'oublions pas que, de cette *guerre des coins*, naquit un nouveau genre de spectacle lyrique qui ne vaut que par le talent du compositeur ; genre hybride, faux, absurde, espèce de monstre dramatique, disait Grimm (1), moitié chanté, moitié parlé, qui a jeté le livret dans un discrédit absolu : nous avons nommé l'opéra-comique.

Fort heureusement, l'opéra-comique tend à disparaître, à en juger par le petit nombre d'ouvrages de ce genre que l'on représente aujourd'hui. Les compositeurs les plus fêtés, depuis une quinzaine d'années, à la salle Favart, ont réduit le dialogue parlé à son expression la plus simple, et même la plupart de leurs partitions, *Carmen, Mignon, Lakmé*, pour citer les plus célèbres, ont passé à l'étranger ornées de récitatifs. L'opérette a, de nos jours, pris la place de la comédie musicale de Sedaine, de Grétry, d'Adam et d'Auber.

(*A suivre.*)

EUGÈNE DE BRICQUEVILLE.

FRANCE

Parmi les derniers concerts donnés à Paris, signalons celui de Mme Gabrielle Ferrari.

La charmante artiste joint en effet à un beau talent de pianiste, une nature de compositeur, faite de grâce et d'élégance, qui mérite d'être remarquée. Certaines de ses mélodies renferment, dans leur simplicité voulue, une note tendre et pleine de fraîcheur qui leur donne une saveur toute particulière. Nous citerons notamment : la *Chanson d'exil, J'ai tant de choses à vous dire, Sylvanère*, qui, dites avec une grâce infinie par M. Engel, de la Monnaie, ont obtenu le plus grand succès auprès d'un public nombreux et choisi où l'on remarquait MM. Gounod, Massenet, Delibes, Duprato, Garien, Colonne, etc.

A côté de Mme Ferrari on a beaucoup applaudi Mme Panchiani, dans l'*Amour de Myrto*, le poème bien connu de F. Le Borne, et les stances de *Sapho* de Ch. Gounod ; M. Engel, dans la *Chanson du Printemps* de la *Walkyrie* de R. Wagner ; le violoniste Johannès Wolff, dans un *Adagio* de Le Borne et un *Scherzo* de Ries, etc.

Samedi, dans la grande salle du Conservatoire, a eu lieu l'assemblée générale de l'Association de secours mutuels des artistes dramatiques. Le rapport de l'exercice 86-87 a été lu par M. Garraud. Voici le résumé de la partie financière de ce rapport : Les recettes de l'exercice précédent s'étaient élevées à 266,690 fr., les dépenses à 264,816 fr. Cette année on constate un excédent de recettes de 12,332 fr. 97 c. sur l'exercice précédent. Il a été distribué une somme de 167,726 fr. à 629 personnes, c'est-à-dire à un sociétaire sur cinq. Aujourd'hui la Société compte 8,184 membres (1,537 hommes, 1,647 femmes). La fortune de l'Association s'élève à 189,062 fr. Les décès de l'année sont au nombre de cinquante-huit ; on a créé 83 pensions nouvelles. Après avoir entendu le rapport, l'assemblée générale a procédé à l'élection du président et de dix membres du comité. Les membres sortants ont tous été réélus, ainsi que le président, M. Halanzier.

Encore un théâtre incendié ! Il s'agit du théâtre Lafayette à Rouen. Il a été complètement détruit dans la nuit de lundi à mardi, et il n'en reste plus que les quatre murs. Heureusement le feu a pris après la représentation qui s'était terminée à minuit et demi et il n'y a que des pertes matérielles à déplorer.

Le théâtre Lafayette était l'un des théâtres de genre de Rouen. La salle était petite. On y jouait le vaudeville et l'opérette. Le théâtre a été détruit au moment où M. Cantin, ex-artiste du Théâtre des Arts, en avait pris l'exploitation pour la saison d'été. On avait joué *Joséphine vendue par ses sœurs.*

(1) *Correspondance littéraire*, janvier 1789.

※

M. Emile Mennesson vient d'inventer un petit appareil appelé *Pédale d'études* ou *Pédale sourdine*, qui constitue un très réel perfectionnement, et un inappréciable avantage à la fois pour les *pianophiles* et pour les *pianophobes*.

En effet, le piano, étant l'un des instruments qui demandent le plus d'études, s'use beaucoup plus par le travail des exercices que par l'exécution des morceaux, en même temps qu'il devient insupportable à tous ceux qui vivent à proximité d'un élève assujetti, chaque jour, à plusieurs heures de gammes et d'exercices plus ou moins chromatiques.

Mais comme il n'est nul besoin que le piano donne toute la sonorité pour les exercices, la *sourdine Mennesson* le rend à volonté à demi muet tout en évitant l'usure des marteaux. Cette *sourdine* est actionnée par une troisième pédale, dite pédale d'études, qui s'applique facilement à tous les pianos, sans gêner en rien le fonctionnement des deux autres, tout en produisant des effets nouveaux.

Cette invention, qu'un pianophobe a qualifiée de *bienfait social*, vient de recevoir la consécration de M. Francis Planté, qui a adressé à l'inventeur la lettre suivante:

Paris, le 27 mai 1887.

Mon cher Mennesson.

Je vous ai dit bravo l'autre jour, à Reims, en voyant votre *pédale sourdine*.

Je vous prouve aujourd'hui combien mon suffrage est sincère, en vous priant de m'inscrire parmi les premiers à servir quand vous pourrez répondre aux demandes qui vous seront certainement adressées.

Non seulement je considère que cette sourdine est d'un grand secours pour le travail de l'artiste, en constituant une sorte de pédale d'étude qui permet d'atténuer l'intensité du son pendant les longues heures de travail, mais j'y vois aussi un repos pour l'entourage de l'artiste ainsi que pour les pères de famille.

A ce double titre, je m'inscris donc pour trois pédales d'études, et je vous prierai de m'indiquer le moyen de les faire adapter à mes pianos.

Mille compliments affectueux.

FRANCIS PLANTÉ.

M. Paul Collin, dûment autorisé par M. Louis Ratisbonne, arrange en poème lyrique l'œuvre célèbre d'Alfred de Vigny : *Eloa*.

La musique de cet important ouvrage sera écrite par M. Charles Lefebvre, l'auteur de *Judith*.

❦❦❦❦❦❦❦❦❦❦❦❦❦❦❦❦❦❦❦❦❦❦

BRUXELLES

MM. Dupont et Lapissida viennent de rentrer à Bruxelles de leur tournée en Allemagne. A Dresde, ils ont assisté à la représentation complète de l'*Anneau du Nibelung*, merveilleusement monté au Théâtre royal. Ils ont ensuite vu à Berlin et à Francfort *die Widerspäntige Zähmung* (la *Sauvage apprivoisée*) de Gœtz, le Bizet allemand. Les directeurs de la Monnaie se proposent de monter cet ouvrage, cet hiver. M. Antheunis travaille en ce moment à l'adaptation en français de ce charmant opéra-comique. Outre les *Pêcheurs de Perles* de Bizet et la *Gioconda* de Ponchielli qui étaient déjà prêts à la fin de la dernière saison, nous aurons le *Roi l'a dit*, l'opéra-comique de Léo Delibes.

Le *Ménestrel* assure que parmi les nouveautés il y aura aussi un opéra en quatre actes de Mᵐᵉ Augusta Holmès, intitulé *la Montagne noire*. La première représentation en aurait lieu dans le courant de la saison qui va commencer.

Nous n'avons pour notre part aucune confirmation de cette nouvelle.

Nous lisons enfin dans l'*Art Moderne*:

La *Richilde* de M. Emile Mathieu sera, selon toute vraisemblance représentée au théâtre de la Monnaie, au début de la prochaine campagne. On lui donnerait une mise en scène très soignée. L'un des peintres-décorateurs du théâtre irait, pour la composition des décors, s'inspirer dans la vallée de la Dendre, sur les rives de l'Escaut et sur les collines de Cassel où se déroule l'action. Le dessin des costumes serait confié à l'un de nos artistes les plus en vue, qu'on prierait le plus possible la vérité historique. Quant à l'interprétation, elle serait naturellement dévolue aux premiers sujets de la troupe. On désigne dès à présent M. Engel, qui remplirait le rôle d'Osbern, et Mᵐᵉ Martiny, qui donnerait au personnage d'Odile un grand charme dramatique. Resterait le personnage principal. Si, comme on l'espère,

Mˡˡᵉ Blanche Deschamps, que l'incendie de l'Opéra-Comique laisse actuellement sans emploi, est réengagée par les directeurs de la Monnaie, ce serait à elle que le rôle de Richilde serait donné. Sinon, il serait confié à Mˡˡᵉ Van Besten, la jeune débutante qui s'est fait remarquer lorsqu'elle remplaça, au pied levé Mˡˡᵉ Balensi, dans le rôle de Fricka.

※

Un concours est ouvert au théâtre de la Monnaie pour des emplois de violon solo, 1ᵉʳ violon, 2ᵉ violon et alto. Ce concours aura lieu du 10 au 14 juillet. Un emploi de caisse roulante et timbalier est également vacant. S'adresser pour les conditions à M. Jacquin, régisseur de l'orchestre, 147, boulevard Anspach.

※

Le théâtre de la Monnaie, la scène tout au moins, va être éclairé à la lumière électrique. La ville de Bruxelles vient de signer la convention que lui avait proposée la Compagnie belge d'éclairage électrique.

※

L'*Etoile* belge annonce qu'une réunion de compositeurs, de journalistes, de musiciens admirateurs de la musique de Wagner, s'est tenue dernièrement à Bruxelles, sous la présidence de M. Lamoureux, pour dresser les statuts d'une Société théâtrale. L'objet de la Société serait de construire une nouvelle salle qui porterait le nom de " Nouveau Théâtre „ et qui, entre autres spectacles, donnerait chaque année une ou deux fois des représentations modèles des œuvres de Wagner. La souscription au projet aurait déjà produit une somme de 500,000 francs. La salle et la scène du " Nouveau Théâtre „ seraient construites sur le modèle de celles de Bayreuth. L'*Etoile* ajoute que l'on pense ouvrir le " Nouveau Théâtre „ en mai ou en juin de l'année prochaine.

※

Il vient de se constituer à Bruxelles une Association à laquelle nous souhaitons de réussir : *la Fédération musicale*, société coopérative pour l'organisation d'institutions philanthropiques, l'exploitation d'établissements économiques, etc. Cette Association vient combler une lacune. Il existe, à la vérité, pour les musiciens, des Associations de secours mutuels, mais leur action est très limitée et ne s'étend pas à la généralité des musiciens. Il s'agit, au contraire ici d'une Association à laquelle pourront adhérer tous ceux qui, de près ou de loin, touchent à la musique. Il suffit, pour montrer l'utilité de cette institution, de montrer la puissance de ressources et l'énorme influence qu'ont acquises en France et en Allemagne les Associations analogues entre artistes et artistes musiciens, compositeurs, gens de lettres, etc. Le but de la Fédération musicale n'est pas seulement de combattre, par les bienfaits économiques de l'union et de la mutualité, les désastreux effets de la crise économique; elle tentera, grâce aux forces qu'elle groupera, de favoriser, au point de vue artistique, l'œuvre des musiciens belges en mettant à leur disposition des chœurs et des orchestres fortement constitués. La cotisation mensuelle est fixée à 1 franc. Adresser les adhésions à M. Basecq, 84, chaussée de Haecht.

※

Voici les résultats des concours du Conservatoire qui ont eu lieu cette semaine.

Cornet à pistons. — Rappel du 2ᵉ prix: M. Villez; 2ᵉ prix : M. Minsart. *Trompette.* — 1ᵉʳ prix : M. Maton; 2ᵉ prix : M. Dedecker; 1ᵉʳ accessit : MM. Hendrickx et Kaysaerts.

Cor. — Rappel du 2ᵉ prix avec distinction : M. Drouard ; 2ᵉ prix avec distinction : M. Ruelle ; 2ᵉ prix : MM. Lamal et T'Kint ; 1ᵉʳ accessit : M. Degroux.

Saxophone. — 1ᵉʳ accessit : MM. Fayt, Meuret et Joppart.

Basson. — 1ᵉʳ prix : M. Dom; 2ᵉ prix : M. Lenom.

Hautbois. — 2ᵉ prix : M. Nahon.

Clarinette. — 1ᵉʳ prix : MM. Imbert et Van den Abeele; rappel du 2ᵉ prix avec distinction: M. Morenier; 2ᵉ prix avec distinction: M. Robert; 2ᵉ prix : M. Sergysels; 1ᵉʳ accessit : MM. de Permentier et Tossens.

Flûte. — 2ᵉ prix avec distinction : M. Aerts ; 2ᵉ prix : M. Massay ; 1ᵉʳ accessit : MM. Carlier et Verboom.

Alto. — 1ᵉʳ prix : M. Deblue ; 2ᵉ prix : MM. Van Huffel et Van de Putte.

Contre-basse. — 1ᵉʳ prix avec distinction : M. Eeckhautte; 1ᵉʳ prix : M. Sury ; 2ᵉ prix : M. Jadot ; 1ᵉʳ accessit : MM. Aerts et Mondalt.

Violoncelle. — 1ᵉʳ prix : MM. Sansoni et Schoofs ; 2ᵉ prix : M. Merck et Mˡˡᵉ M. Schmidt ; 1ᵉʳ accessit : MM. Rothenheisler, Smit et Van Dessel.

Musique de chambre pour instruments à archet. — 1ᵉʳ prix ; M. Queeckers; Mˡˡᵉˢ Von Netzer et M. Adams.

Rappel avec distinction du 2ᵉ prix à M. Van de Putte; 2ᵉ prix : MM. Merck et Fievez. — 1ᵉʳ accessit : Mˡˡᵉ M. Schmidt.

CORRESPONDANCES

MILAN, 26 juin 1887.

Depuis ma dernière lettre il ne s'est guère produit d'événements d'un haut intérêt dans notre mouvement musical.

J'ai pourtant encore à signaler le grand succès artistique et financier de la dernière œuvre de Verdi: *Otello* a fait aussi bien à Venise qu'à Rome et à Milan la fortune des directeurs habiles qui l'ont monté et partout on a regretté que le nombre des représentations fût forcément restreint.

Il faut vraiment se réjouir de ce que cette œuvre d'art, élevée et distinguée, ait le pouvoir d'attirer et de retenir les foules... qui courent trop souvent après les banalités et les grossièretés musicales.

J'insiste beaucoup sur le fait que les dernières représentations ont été partout les plus suivies.

Pendant l'été on jouera encore *Otello* à Brescia, à peu près avec la même distribution, et en septembre à Parme avec des changements plus importants, tous les théâtres n'ayant pas les mêmes ressources pour engager des chanteurs dans les hauts prix.

Pour la prochaine saison on le montera un peu partout naturellement, et je souhaite, dès à présent, à *Otello* le même succès enthousiaste qu'il a trouvé jusqu'ici.

Comme curiosité — par ce temps d'opéras mort-nés — je dois vous parler d'un opéra, *Edmea*, du jeune maëstro Catalani.

Joué pour la première fois l'année dernière à la Scala, il est déjà à sa sixième campagne, bien que sur un des théâtres de second ordre.

Le jeune maëstro a écrit deux autres opéras dont le premier, *Elda*, est infiniment supérieur aux autres par l'invention et la facture artistique; *Edmea* est dans son ensemble une œuvre assez banale et routinière, dénuée d'intérêt.

Mais voilà! La cantatrice à laquelle est échu la première fois le rôle, Mme Ferni-Germano, artiste d'ailleurs d'un réel talent, a pris l'œuvre sous son *patronage*; et c'est grâce à elle qu'*Edmea* est jouée de-ci, de-là, pendant que d'autres œuvres plus méritantes attendent en vain leur tour.

Nous avons eu une question Faccio! Vous n'êtes pas sans connaître le nom et quelques-unes des *hauts faits* du chef d'orchestre de la *Scala*... et autres lieux à l'occasion.

C'est un musicien de talent, mais dont la réputation a été quelque peu surfaite, et qui a eu dans sa carrière au moins autant de chance que de talent. Après 17 ans de *dictature* à la *Scala*, le syndic de Rome, cédant en partie aux instances du maëstro Faccio, lui avait offert un engagement beaucoup plus lucratif que celui qui le retient à Milan; on était d'accord sur tous les points et voilà qu'au moment de signer.... M. Faccio a été tout à coup pris de scrupules et de regrets et il a déclaré ne pas pouvoir quitter le théâtre auquel il doit sa réputation!

Je le crois volontiers sincère; il a de bonnes raisons pour rester à Milan, mais sa conduite, en cette occasion, n'ayant pas paru très correcte, on en a généralement profité pour lui dire quelques vérités dures et bien senties.

Et les rieurs ne sont décidément pas de son côté!

D'autant plus que le maëstro Faccio n'a jamais été ce qu'on appelle un bon camarade, et je pourrais notamment citer tel ou tel d'un musicien très distingué qui lui doit son plus grand chagrin artistique et un sérieux dommage matériel.

Je regrette de devoir terminer en vous annonçant la mort de Filippo Filippi, critique musical de la *Perseveranza*, décédé hier presque subitement, quelques heures après une nouvelle attaque d'une maladie dont il souffrait depuis quelques années.

Il était fort connu, même à l'étranger, où il faisait d'assez fréquents voyages à l'occasion des solennités musicales. Ainsi, il assistait à Bonn au Centenaire de Beethoven, au premier Cycle wagnérien de Weimar à Bayreuth en 1876, à Munich en 1881, au Festival belge de 1880.

Dans les derniers temps il avait quelque peu perdu de son autorité, ses convictions paraissant quelquefois manquer de profondeur. Il était, du reste, sérieusement atteint par la maladie. Il faut dire en sa faveur qu'il a péché par excès d'indulgence plutôt que par sévérité. A lui l'honneur d'avoir été en Italie l'un des premiers soutiens de la cause wagnérienne, à laquelle il a fait beaucoup de bien parce qu'il n'était pas intransigeant, peut-être aussi parce qu'il n'était pas enthousiaste des dernières œuvres que des premières.

Somme toute, il aimait véritablement la musique, et par là il sera toujours regretté de tous ceux qui partagent son amour de l'art.

XXX

LONDRES, 26 juin.

Je ne vous parlerai pas du jubilé de la Reine. La musique n'y a eu rien à voir et ce qui s'est chanté à Westminster n'a pas fait grande impression.

A Drury Lane, je dois signaler le succès que Mlle Sigrid Arnoldson a remporté dans le *Barbier de Séville*, ainsi que les frères de Reszké, qu'on admire ici autant comme chanteurs que comme comédiens.

Vous avez annoncé la clôture de Her-Majesty, M. Mapleson renonce en effet à sa saison italienne. Mais il a simplement changé son fusil d'épaule. Her-Majesty a rouvert ses portes hier avec le *Fidélio* de Beethoven dans lequel a paru Mlle Lilli Lehmann.

Mme Patti va y donner une série de représentations au taux de 600 liv. (15,000 fr.) par soirée, plus les frais d'un train spécial qui conduira chaque fois la diva, de son château de Craig à Londres, moyennant 1,250 fr. par voyage.

A Covent-Garden, Signor Lago prépare la *Vie pour le Czar*, de Glinka. Mme Albani, la meilleure des Elsa, M. Gayarré, (Lohengrin), et M. Lorrain ont chanté l'œuvre de Wagner devant une royale assemblée. Les *Huguenots*, avec le rétablissement du 4e acte supprimé à Londres, on n'a jamais su pourquoi, ont fait salle comble.

On annonce *Guillaume Tell* pour les débuts du ténor français M. Prévost, qui va être soutenu par M. Devoyod et miss E. Russell.

Les concerts de Richter continuent à attirer la foule; à la septième matinée figurait l'*Ouverture jubilaire* de Weber et la *Symphonie écossaise* de Mendelssohn. Depuis Mendelssohn on n'avait plus entendu ici cette œuvre exécutée aussi magistralement.

M. Saint-Saëns, avant de nous quitter, a exécuté un véritable tour de force. Il a joué en une seule séance ses quatre concertos de piano, avec une verve et un entrain admirables. Ces quatre concertos, qui sont peut-être ce qu'il y a de plus parfait dans l'œuvre de M. Saint-Saëns ont produit grand effet et le public n'a cessé de prêter à l'illustre virtuose-compositeur l'attention la plus soutenue.

Nous avons eu aussi à Londres, M. Joseph Wieniawski qui a donné des piano-récitals et une séance de musique de chambre également réussis. Dans cette dernière on a entendu son trio op. 40, dont on a beaucoup applaudi l'andante et le finale. M. Wieniawski tenait le piano, Mme Norman-Neruda le violon et signor Piatti le violoncelle. A la même séance nous avons entendu pour la première fois à Londres, Mlle Jane De Vigne, dont la fraîche et jolie voix a fait excellente impression.

AMSTERDAM, 20 juin 1887.

Je serais heureux, s'il m'était permis de pouvoir louer sans restriction l'exécution des ouvrages qu'on nous a fait entendre à Utrecht au festival de la société « Tot bevordering der Toonkunst » pendant trois jours; malheureusement il y a beaucoup à redire, et tout en ayant l'air de marcher sur les traces de mon honorable collègue, le Dr P., en critiquant sans relâche, je suis forcé d'avouer, qu'au festival d'Utrecht, musiciens et critiques n'avaient même pas besoin d'être sévères ou difficiles, pour constater que l'exécution a laissé beaucoup à désirer.

L'orchestre a joué le plus souvent avec une grande négligence, les chanteurs (solistes) à l'exception de M. Rogmans, le ténor, qui s'est fort remarquablement acquitté de sa tâche, étaient bien faibles, et indignes de figurer dans un pareil festival, et Mlle Pia von Sicherer et surtout la vieille basse Standigl, y ont fait bien triste figure. Les chœurs ont été plus à la hauteur de leur tâche, et se sont le plus souvent (à l'exception des fragments des *Maîtres chanteurs* de Wagner, affreusement massacrés) vaillamment comportés. L'étoile du festival, Eugène d'Albert, brillait par son absence, ayant *refusé* de jouer la *Fantaisie avec Chœurs* de Beethoven, 'et il a été remplacé par Röntgen, qui ne devrait jamais quitter le piano pour prendre le bâton de chef d'orchestre. De tous les grands ouvrages qui se trouvaient sur le programme: *les Saisons* de Haydn, cette œuvre toujours jeune bien que surannée a été la mieux interprétée, et a été accueillie avec enthousiasme par le nombreux auditoire. Richard Hol a dû déplorer lui-même l'exécution malheureuse du 8e acte des *Maîtres chanteurs* et celle du *Paradis et la Péri* de Brahms, et l'adorable *Adventlied* de Schumann, cette page exquise n'a pas dépassé non plus la médiocrité. Quant à l'*Eroïca* de Beethoven, après en avoir entendu l'exécution incomparable à Dusseldorf sous Hans Richter, il est naturel que pour ma part, je n'aie pas été bien enthousiasmé à Utrecht, quoique le public ne semblât d'un avis contraire.

A un concert de dimanche (troisième journée) on a joué entre autres une *Suite* pour instruments à cordes d'un compositeur néerlandais du XVIIe siècle, Jean Adam Reinken, tiré de son *Hortus Botanicus*. Pour ma part je trouve que cette composition ne méritait guère les honneurs d'être déterrée des cendres. Il est possible qu'au XVIIe siècle un ouvrage pareil ait eu sa part d'intérêt, mais maintenant, à côté de Haydn, Beethoven, Wagner, Schumann et Brahms, maître Reinken se trouvait fort mal à l'aise.

Je saisis cette occasion pour signaler l'immense succès qu'obtient à Amsterdam « l'Orchestre Philharmonique » de Berlin sous la direction du professeur Mannstädt.

Dr Z.

⁂

GAND, 27 juin.

Je ne vous signale que pour mémoire la représentation donnée le lundi 20 juin, sous les auspices de la Société de bienfaisance, au bénéfice des victimes de l'incendie de l'Opéra-Comique de Paris ; elle n'offre qu'un intérêt relatif pour le *Guide*, le principal attrait de la soirée ayant été la comédie de Labiche : *les Trente millions de Gladiator*.

On travaille actuellement à notre théâtre ; comme la salle, qui peut cependant contenir plus de 1,800 spectateurs, a été quelquefois trop petite cet hiver et qu'il est arrivé au contrôleur de devoir refuser des places, le Conseil communal a décidé de faire ajouter un balcon de premier rang. Cela n'a pas été sans faire beaucoup de bruit et sans susciter de vives discussions ; à un certain moment même, il y avait deux camps nettement distincts ; les " baiconiens „ et les " antibaiconiens „. Pour ma part j'attendrai jusqu'à ce que je l'aie vu, pour vous en dire mon humble avis.

P. B.

⁂

OSTENDE, 20 juin.

Dimanche dernier a eu lieu, au Kursaal, l'audition publique donnée par l'Académie de musique de notre ville. Le programme était bien rempli et a été remarquablement exécuté sous la direction de M.Joseph Michel, directeur de l'Académie.

Mentionnons d'abord l'ouverture du *Médecin malgré lui* de Gounod ; puis la magistrale marche de *Lohengrin*, très bien exécutées par l'orchestre. Deux solistes, M. Louis Baroen, violoniste, élève de M.Limbor,qui a exécuté le 7e concerto de Bériot,et Mlle Alice Uuruh, une gracieuse pianiste, élève de M. Michel, qui a joué la sonate op. 23 de Beethoven, ont été très applaudis. Le joli chœur : *Sur l'Onde*, barcarolle à deux voix égales de Billemont a été bissé. Le concert s'est terminé par une œuvre nouvelle intitulée : *De Jonge Matrosen* (les Jeunes Matelots), paroles de M. Eug. Van Oye, musique de Joseph Michel, scène lyrique pour chœurs et orchestre qui a été très favorablement accueillie. Les interprètes étaient au nombre de 400, et l'exécution a été de tous points remarquable.

Petites Nouvelles.

M. Wilhelm Tappert, le savant musicologue berlinois, publie dans l'*Allgemeine Musikzeitung* de nouveaux documents relatifs à la *Marseillaise*, et il constate à ce propos qu'il faut définitivement abandonner la thèse jadis défendue par lui-même, que l'hymne national français aurait été inspiré à Rouget par le *Credo* d'une messe de Holtzmann. C'est le *Credo* qui est, en réalité, un plagiat vu tout au moins une réminiscence. M. Tappert cite d'autres plagiats du même genre, en Allemagne. Il combat aussi la thèse de M. Arthur Loth d'après lequel la *Marseillaise* aurait été inspirée d'une partition de Grisons, maître de chapelle à Saint-Omer. Attendons la suite de ce travail qui ne peut qu'être très intéressant, M. Tappert ayant recueilli dans son récent voyage à Paris et à Bruxelles des documents nouveaux. Ses premières conclusions vont remplir de joie notre ami Arthur Pougin, dont les lecteurs connaissent l'inébranlable foi patriotique à l'orginalité de la *Marseillaise*.

Dimanche dernier s'est ouvert à Cologne le 24e festival annuel de l'Association générale des Musiciens allemands (*Allgemeiner Deutsche Tonkünstler Verein*). Notre éminent collaborateur, M. Édouard de Hartog a bien voulu se charger de nous en rendre compte.

La première représentation de *Die Feen*, l'opéra de jeunesse de Richard Wagner, qui devait avoir lieu prochainement à Munich, est remise à l'année prochaine.

Statistique viennoise : Pendant la saison qui vient de s'écouler, l'Opéra de Vienne a donné, en 296 représentations, 71 opéras de 36 compositeurs. Wagner tient la tête de ce répertoire avec 3 opéras, qui ont eu ensemble 36 représentations. Parmi les ouvrages français, nous relevons *Carmen*, *Fra Diavolo*, le *Domino noir*, la *Muette de Portici*, *Faust*, le *Tribut de Zamora*, *Roméo et Juliette*, *Hamlet*, *Mignon*, la *Juive*, les *Dragons de Villars*, *Zampa*, le *Roi l'a dit*, *Coppélia*, *Sylvia*.

La section bolonaise de l'Association Wagnérienne universelle vient de voter l'ordre du jour suivant :

" La section bolonaise de l'Association universelle Richard Wagner exprime à l'*unanimité* un vote très chaleureux pour qu'au Théâtre Communal, où pour la première fois en Italie furent représentés et applaudis les chefs-d'œuvre de Richard Wagner, affirmant et continuant, à l'occasion de la prochaine Exposition musicale de 1888, une tradition. dont Bologne est orgueilleuse, advienne l'honneur et le mérite de la première exécution du drame musical *Tristan et Yseult*, cette œuvre de prédilection parmi celles du grand compositeur. „ — En attendant, le Théâtre Communal, pour sa prochaine saison d'automne, reprendra le *Lohengrin* de Wagner et montera le *Merlin* de M. Carl Goldmark.

⌇

Mme Cosima Wagner vient de faire don à M. Ch. Lamoureux d'un exemplaire de luxe de la partition de *Lohengrin*, accompagné de plusieurs autographes de Wagner. Cette partition a été remise à M.Lamoureux par l'entremise du consul de France à Munich.

⌇

A propos de l'inauguration de la statue de Haydn à Vienne, rappelons la curieuse histoire du crâne de l'illustre maître. Lorsqu'en 1820 les restes de Haydn furent exhumés pour être transportés à Eisenstadt, dans le caveau de la famille Esterhazy, on retrouva les ossements mais non la tête. Celle-ci avait été enlevée quelques années auparavant par un certain Johann Peter, administrateur du pénitencier de Vienne, lequel, s'occupant de phrénologie et voyant l'abandon où était laissée la tombe de Haydn, n'avait rien trouvé de mieux que de charger un fossoyeur de retirer le crâne pour le placer dans sa collection ! Au moment de l'exhumation en 1820,la police fit des perquisitions et Johann Peter fut menacé de poursuites Il déclara qu'il avait cédé le crâne de Haydn à un de ses amis, Rosembaum qui s'occupait également de phrénologie. Ce Rosembaum, interrogé, déclara à son tour qu'il avait déposé le crâne de Haydn dans un cimetière parce qu'il faisait peur à sa femme. En réalité il avait réussi à cacher la précieuse relique et la restitua plus tard à Johann Peter afin d'éviter de nouveaux désagréments. Johann Peter, à son lit de mort, céda le crâne à son médecin, le docteur Karl Haller, lequel le transmit au docteur Rokitansky président du Musée anatomique viennois. C'est là qu'il se trouve encore.

⌇

Parmi les papiers laissés par la princesse Wittgenstein, légataire universelle de Liszt, on a trouvé un grand nombre de lettres ; toute la correspondance avec Wagner, Hector Berlioz, le poète Hoffmann de Fallersleben, et d'autres personnages célèbres. Les lettres de Wagner ont été remises à la famille de celui-ci à Bayreuth. Celles de Berlioz seront prochainement restituées aux ayants-droit du maître français.

⌇

On annonce la prochaine publication de la grande partition d'orchestre des *Maîtres Chanteurs*, et de celle de l'*Anneau du Nibelung*, qui n'existaient jusqu'ici qu'en copies lithographiques. En tout quatre partitions que la maison Schott de Mayence gravera en l'espace d'une année.

⌇

Depuis 1885 les théâtres impériaux de Moscou, placés jusqu'alors sous la direction supérieure du directeur des théâtres impériaux de St-Pétersbourg, avaient une administration autonome. Jusqu'en 1885 le directeur spécial assisté d'un chef du répertoire. Ce dernier emploi, confié d'abord à feu Ostrovsky, était resté vacant depuis la mort de l'illustre écrivain. Cet état de choses, qui présentait de sérieux inconvénients, est abrogé depuis le 1er juin et les théâtres impériaux de Moscou rentrent dans le ressort de l'administration du directeur des théâtres impériaux de St-Pétersbourg.

⌇

La prochaine saison de l'Opéra russe à Saint-Pétersbourg comprendra l'*Ondine* de Dargomiski, le *Don Juan* de Boris Scheel et l'*Otello* de Verdi.

⌇

Mme Lucca vient de recevoir du roi de Suède la médaille de l'ordre *pro literis et artibus*.

BIBLIOGRAPHIE

Zweite Beethoveniana. (Deuxième Beethoveniana), œuvre posthume de Gustave Nottebohm, 1 vol. de 300 pages, Leipzig, Rieter-Biedermann 1887. — Voici le complément des remarquables travaux publiés de son vivant par M. Gustave Nottebohm et qui non apporté tant de documents intéressants et nouveaux sur Beethoven. Infatigable fureteur, critique sagace et lettré plein d'érudition, Nottebohm a passé sa vie à rechercher dans les collections publiques et privées tous les souvenirs concernant le grand symphoniste et ses patientes investigations nous ont valu une abondante et riche moisson. Il y a ceci de particulier chez Beethoven que, presque seul parmi les grands compositeurs, il avait le travail très lent, très difficile, et qu'il se servait, pour aider sa mémoire, de petits cahiers où il notait les inspirations qui lui venaient. Plus tard à l'époque de sa surdité, il usait également de cahiers pour converser avec les personnes qui venaient le visiter. Ces cahiers de Beethoven sont célèbres et l'on y a puisé plus d'une observation profonde, plus d'un trait mordant du grand homme. Pour les cahiers où Beethoven inscrivait ses inspirations, ses esquisses, on n'en avait qu'une imparfaite connaissance avant le travail de Nottebohm. Il a fallu d'abord recueillir un à un les feuillets épars de ces cahiers, ensuite les coordonner et, dans ces notes souvent mal écrites, aux trois quarts effacées, reconnaître des thèmes employés plus tard, ailleurs retrouver dans l'esquisse mal définie d'une mélodie le germe d'une idée développée dans quelque grand ouvrage; en un mot, en comparant les œuvres achevées aux esquisses vivement jetées sur le papier, reconstituer le travail d'élaboration qui s'était opéré dans l'esprit de Beethoven. Ce labeur énorme M. Nottebohm l'a accompli avec une patience, avec une sagacité et une connaissance approfondie de l'œuvre de Beethoven, qui sont vraiment admirables. C'est ainsi qu'il a tiré de ces observations trois volumes également importants pour l'histoire de la musique et l'appréciation complète du plus puissant et du plus admirable génie qu'ait produit la musique: un ouvrage qui comprend tout ce qui nous reste des études de composition faites par Beethoven jeune chez ses trois maîtres, Joseph Haydn, Albrechtsberger et Salieri; une première suite de notes et de documents relatifs aux cahiers d'esquisses (Beethoveniana, *Aufsätze und Mittheilungen*), enfin le volume dont nous annonçons ici l'apparition et que l'auteur n'a pas eu la joie de voir mettre sous presse de son vivant. Heureusement, ses notes étaient parfaitement en ordre et son manuscrit n'offrait que d'insignifiantes lacunes. Il a suffi à M. Mandyczewski de réunir le tout et de le coordonner selon la pensée présumée de l'auteur pour nous donner aujourd'hui l'ouvrage complet de Nottebohm.

Ceux qui voudront entrer dans le fond de la pensée de Beethoven trouveront dans ces éléments biographiques de nouvelles et précieuses indications. Les esquisses qu'examine et que commente M. Nottebohm dans le second recueil, se rapportent à plusieurs des grandes sonates aux trios, à la 7e, à la 8e et à la 9e symphonie, à la cantate les *Ruines d'Athènes* etc., etc. M. Nottebohm signale notamment un fragment relatif à un opéra sur le sujet de *Macbeth* que Beethoven avait eu le projet d'écrire en collaboration avec le poète viennois Collin, vers 1808. Le projet fut abandonné parce que, nous dit un contemporain de Collin, « ce drame menaçait de devenir trop sombre pour un opéra ». Très intéressantes sont les esquisses de la IXme symphonie où l'on trouve mêlée à une foule de notes concernant la *dixième* symphonie qui ne fut pas écrite. Les premières esquisses qui s'y rapportent à la neuvième remontent à 1817 et ce n'est qu'en 1823-24 que cette œuvre fut achevée! Longtemps Beethoven fut indécis sur l'emploi des chœurs dans le finale. Ce n'est qu'en 1822 que l'on trouve les premières indications relatives au poème de Schiller avec une notation plus ou moins complète du thème initial. L'idée n'arrive à maturité qu'une année plus tard, en juillet 1823. C'est, du reste, à cette époque seulement que Beethoven s'occupa d'une façon suivie de la symphonie et qu'il l'acheva pour répondre à l'invitation de la Société philharmonique de Londres qui lui avait demandé une nouvelle symphonie. Il est à peu près établi que la symphonie que Beethoven destinait à Londres n'était pas la *neuvième* dont le chœur final sur l'ode de Schiller ne pouvait offrir aucun attrait particulier pour le public anglais, mais bien la dixième, celle qu'il ne put achever. Il envoya la *neuvième* à Londres, simplement parce que celle-ci avait été terminée plus tôt et que le besoin d'argent lui faisait une nécessité de tirer profit le plus tôt possible de ses œuvres. C'est ainsi que la neuvième symphonie fut pour la première fois exécutée à la *Philharmonic society* de Londres avec cette mention sur le programme: *Composed expressely for this Society.*

M. K.

Répertoire dramatique belge, par Alexandre Dupont, Liège, Vaillant-Carmanne, 2me édition, 3 vol. in-18, avec une préface d'Arthur Pougin.

Cet ouvrage, sans aucun doute, sera recherché par tous ceux qui s'intéressent à l'histoire de l'art dramatique en Belgique, et il le mérite. La partie principale embrasse la bibliographie proprement dite : titres des pièces, noms d'auteurs, dates, etc., etc. M. Alexandre Dupont ne s'est pas borné à une sèche nomenclature. Il a su donner du piquant à son livre en y ajoutant une foule de notes et de fines observations sur les hommes et les choses de nos théâtres durant une période de plus de cinquante ans, dont c'est en quelque sorte l'histoire en raccourci. Une table alphabétique des noms des compositeurs avec notices biographiques, termine le tome III.

Le *Répertoire dramatique belge* a été luxueusement édité par la maison Vaillant-Carmanne, sur papier de luxe, teinte jaunâtre, et avec un frontispice gravé spécialement pour l'édition.

Le même éditeur est en train d'imprimer un autre ouvrage sur le théâtre. L'auteur, M. Jules Martiny, nous en donne un avant-goût très alléchant par les douze pages de specimen qui accompagnent le prospectus qu'il vient de lancer Titre : *Histoire du théâtre de Liège, depuis son origine jusqu'à nos jours.* On peut souscrire à ces deux ouvrages, maison Schott, 82, Montagne de la Cour, à Bruxelles.

Il Teatro Illustrato (Milan, Sonzogno). La livraison de juin est des plus intéressantes, elle se compose de :

Illustration avec texte : Incendie de l'Opéra-Comique; Mme de Bresnier, drame d'A. Delpit, à l'Ambigu; *Lohengrin* de Wagner, à l'Éden; les *Beaux Messieurs de Bois-Doré*, drame de G. Sand, à la Porte Saint-Martin.

Texte : Musiciens et librettistes; Correspondance de Venise, Paris, Vienne, Berlin, Monaco, Alexandrie (Égypte); les *Pécheurs de perles* de Bizet, à Ferrare et à Rovereto; la musique à Gênes; l'art musical au XVIe siècle antérieurement au mélodrame; bibliographie musicale; nécrologie; bulletin théâtral du mois de mai.

Musique : Deux morceaux pour piano de Longo et Pongo.

Musik-Lexicon du Dr Hugo Riemann. (Leipzig, Max Hesse). Ce dictionnaire des artistes et de la musique avance rapidement; les dernières livraisons parues (17e et 18e), vont jusqu'aux Strauss. Il est peu d'ouvrages de ce genre, où l'histoire, la théorie et l'organographie soient traitées avec autant de soin que de compétence. La Belgique y a sa place, une bonne place. Nos artistes doivent être satisfaits.

VARIÉTÉS

ÉPHÉMÉRIDES MUSICALES

Le 1er juillet 1867, à Paris (Palais de l'Industrie, à l'occasion de l'Exposition universelle), l'*Hymne à la Paix* pour 4 voix de basse et orchestre, de Rossini. Œuvre de circonstance commandée par le Gouvernement impérial, dont la place laquelle on ne reconnaît pas l'auteur du *Barbier* ou de *Guillaume Tell*; elle produit peu d'effet.

— Le 2 juillet 1714, à Weidenwang, dans le Haut-Palatinat (Bavière), naissance de Christophe-Willibad Gluck. — Sa mort, à Vienne, le 15 novembre 1787.

« Ce génie à forte carrure fit son chemin dans la brillante société du XVIIIe siècle, à la cour de Marie-Thérèse et de Marie-Antoinette, au milieu et en dépit de toutes les splendeurs de l'épure régnant. Dans sa longue carrière, il sut s'assimiler quelque chose de la souplesse italienne et de la mesure française : avec cela il conserva toute son énergique originalité et les angles de sa puissante nature. C'est là la force de l'âge que le musicien poète trouva sa vraie voie.

« ... L'œuvre et la réforme de Richard Wagner sont la conséquence de celles de Gluck. Les compositeurs qui se placent entre les deux maîtres ont contribué à développer les ressources de l'orchestre, mais ils n'ont pas fait faire un pas de plus à la tragédie lyrique. Tout au contraire, ils l'ont fait reculer, et Gluck les domine de toute sa hauteur. L'histoire du drame musical va donc directement de Gluck à Wagner.

Opéra et drame de Richard Wagner, au tome III, p. 355, contient un chapitre intéressant à la musique de Gluck.

— Le 3 juillet 1860, à Londres (Majesty's theatre), *Obéron* de Weber, version italienne avec récitatifs de Sir Julius Benedict, et des morceaux empruntés à *Euryanthe*. Les principaux rôles furent chantés cette fois par Everardi (Evrard né à Dinant), Mongini, Mmes Tietjens et Alboni. — Outre ces deux dames, on y vit dans les années suivantes d'autres artistes : Santley, Sims Reeves, Bettini, Gardoni, Mme Trebelli, Scalchi, etc. Voir Eph. *Guide Mus.* du 8 avril 1886, pour la première d'*Oberon*, dirigée par Weber.

— Le 4 juillet 1876, à Philadelphie, *der Festmarsch* de Richard Wagner. Quoique commandée pour l'anniversaire séculaire de l'Indépendance des États-Unis, ce fut à Munich que cette composition fut entendue pour la première fois, c'est-à-dire quatre jours avant Philadelphie. (Voir le dernier n° du *Guide Mus.*)

— Le 5 juillet 1865, à Paris (Opéra-Comique), reprise de *Marie*, 3 actes d'Herold. — Artistes : Capoul, Charles Achard, Sainte-Foi, Mme Baretti, Galli-Marié et Girard.

C'est une admiration bien respectable que celle de nos aînés pour les œuvres de ce genre où la simplicité s'allie à la recherche souvent heureuse d'une modeste et sage expression. Des générations auxquelles elles s'adressaient ont disparu et celles qui leur succèdent ne comprendraient plus rien aujourd'hui à cette musique émaillée de chansonnettes à la Monsigny.

Bruxelles n'a pas conservé un souvenir aussi long de cette *Marie*, dont la dernière réapparition à la Monnaie remonte au 6 juin 1859. *Adieu, robe légère d'une entière blancheur; adieu, batelier, dit Lisette; adieu, tic tac du moulin*, il est probable que nous ne vous entendrons plus. Heureusement Herold nous reviendra bientôt avec deux œuvres autrement importantes : *Zampa*, puis le *Pré aux clercs*.

— Le 6 juillet 1878, à Pise (Italie), décès de Marc-Aurèle-Marie-Félix-Louis-Baptiste Zani de Ferranti, à l'âge de 78 ans. Il était né à Bologne le 6 juillet 1800. Virtuose sur la guitare, littérateur et ancien professeur de langue italienne au Conservatoire de Bruxelles, il habitait la Belgique depuis 1827, et y avait obtenu l'indigénat. Comme critique, il a fourni des articles aux différents journaux fondés par la maison Schott, le *Guide musical* excepté. Beaucoup d'imagination, un style emphatique, mais peu de science.

— Le 7 juillet 1818, à Vienne (théâtre an der Wien), *Faust*, grand-opéra en 3 actes, de Spohr. D'abord représenté à Prague (1er sept. 1816), puis à Francfort en mars 1818, il ne reparut à Vienne, au Nationaltheater, que le 7 août 1827. Jusqu'à l'arrivée du *Faust* français de Gounod, l'œuvre de Spohr s'est maintenue au répertoire des grandes scènes d'Allemagne sans rien perdre de la faveur du public. Les troupes allemandes l'ont fait connaître, à Paris, le 20 avril 1830, et à Londres, à Prince's Theatre, le 21 mars 1840. Là encore, sous la direction de l'auteur, *Faust* fut chanté en italien, à Covent Garden, le 15 juillet 1852.

Voici en quels termes Richard Wagner apprécie la musique de Spohr : " Ses compositions sont trop dépourvues de cette vitalité dramatique qui doit tout échauffer, tout féconder autour d'elle, à l'instar du soleil dans la nature. Néanmoins, les œuvres de Spohr ont sans contredit un caractère éminemment national, car elles remuent souvent les cordes les plus sensibles de l'âme ; mais elles manquent absolument de ce contraste d'une certaine gaieté naïve, si séduisant dans les œuvres de Weber, et sans lequel toute œuvre dramatique devient monotone et insignifiante „.

Voir également *Gœthe et la Musique*, par Ad. Jullien, p. 113.

— Le 8 juillet 1826, à Lubtheen (Mecklembourg), naissance de Fréd. Chrysander, un des plus savants musicologues de l'Allemagne, admirateur de Hændel, et qui s'est donné pour mission de recueillir sur le maître qu'il idolâtre, jusqu'aux détails les plus insignifiants. Il a, dans cette intention, été s'établir quelque temps en Angleterre. Son livre, intitulé *G.-F. Hændel* (Leipzig, Breitkopf et Hærtel), comporte déjà trois volumes et n'est pas terminé. De plus, Chrysander a fourni des articles très intéressants à l'*Allgemeine Musikzeitung* de Hambourg, et depuis 1885, il coopère avec Spitta et Adler au *Vierteljahrsschrift für Musikwissenschaft*, paraissant à Leipzig.

— Le 9 juillet 1884, à Londres (Covent-Garden), par une troupe allemande, *Tristan und Isolde* de Richard Wagner. Quelques coupures ne nuisirent pas à l'œuvre, s'il faut en croire le *Musical World*, et l'exécution, dirigée par Hans Richter, fut une des meilleures de la troupe.

— Le 10 juillet 1720, à Baden, près Vienne, naissance d'Ignace Vitzthumb. Son décès à Bruxelles, le 26 mars 1816. Il a été souvent question dans nos Éphémérides de cet artiste estimable qui, au siècle dernier, a contribué pour une forte part au développement de la musique à Bruxelles. Voir *Guide musical*, 18 mars 1886.

— Le 11 juillet 1867, à Bruxelles (Théâtre Royal), Ole Bull, le violoniste norvégien, se fait entendre dans trois morceaux de sa composition : 1° Concerto en trois parties ; 2° Quatuor pour le violon seul, sans accompagnement ; 3° *agitativo, adagio amoroso côn po aca guerriero*. — Le surlendemain, Ole Bull rejoue le même programme, preuve du succès de la première soirée ; et à chacun des concerts, le filet de voix de Thénard, et les roulades de Mme Casimir, laissent le virtuose hors d'haleine le temps de frotter son violon. La vie

nomade d'Ole Bull a été une suite d'aventures à l'américaine; nous en avons cité quelques-unes. (*Guide musical*, 3 février dernier).

— Le 12 juillet 1782, à Vienne (Nationaltheater), *Die Entführung aus dem Serail*, komische Oper in drei Acten, von W. A. Mozart. — 135 représentations jusqu'au 15 février 1866 ; pas la fin de 1886. 34 représentations, du 17 janvier 1879 à la fin de 1885. Les Altesses impériales firent un froid accueil à *Belmonte* et *Constanze*, autre titre de la pièce, et Joseph II y trouva " trop de notes „. — " Il y en a autant qu'il en faut, „ lui répondit Mozart. Son *Enlèvement au sérail* ne fut lui payé que 50 ducats.

— Le 13 juillet 1839, à Paris, décès de Ferdinand Sor, à l'âge de 71 ans. Sa naissance, à Barcelone, le 14 février 1778 (et non 17 février 1780), suivant Fétis, t. VIII, p. 66).

L'Espagne, autrefois, nous envoyait ses guitarreros les plus fameux, les Sor, les Aguado, les Huerta ; aujourd'hui la race de ces virtuoses parait éteinte. Au théâtre, la guitare n'est qu'un simulacre de l'instrument dans les mains de l'amant qui soupire sous le balcon de sa dulcinée. Des grimaces, des contorsions mais de son, point.

Ferdinand Sor a écrit pour le théâtre et a réussi surtout dans la musique de ballets. A Bruxelles, sa *Cendrillon* (1833), ainsi qu'une *Arsène ou la Baguette magique* (en collaboration avec Singelée, en 1829) ont trouvé bon accueil.

— Le 14 juillet 1846, à Bruxelles (théâtre de la Monnaie) par une troupe allemande, *Die Zauberflœte* de Mozart. Trois représentations, l'orchestre conduit par Franz Lachner. Déjà, en 1829 et en 1844, l'œuvre avait été jouée en langue allemande sur notre scène. C'est seulement le 10 janvier 1880 que le public belge a pu connaître la version française de MM. Nuitter et Beaumont; elle nous venait de Paris où le Théâtre Lyrique lui avait donné le baptême (28 février 1865). *La Flûte enchantée* fut chez nous le plus grand succès de la saison ; la délicieuse musique de Mozart trouva de fidèles interprètes dans nos artistes d'alors, MM. Soularcoix, Dauphin, Rodier, Gresse, Mmes Devries-Dereims, Warnots, Lonati, Rebel, Duvivier et Deschamps.

Nécrologie.

Sont décédés :

A Brescia, le 31 mai, Costantino Guaranta, né dans cette ville en 1814, compositeur dramatique. (Notices, *il Teatro illustrato*, n° 6 du mois de juin, et Pougin-Fétis, t. II, p. 377).

— A Lille, Louis Sannier, né à Boulogne-sur-Mer, le 11 mai 1821, compositeur et organiste de l'église Sainte-Catherine.

— A Padoue, à l'âge de 70 ans, Mme veuve Marini née Fanny Goldberg-Stross, cantatrice qui eut la réputation à la Scala, il y a 50 ans.

— A son château de Honef sur le Rhin, le 31 mai, Mlle Mila Roeder, cantatrice retirée de la scène.

— A Munich, le 3 mai, à l'âge de 67 ans, Mlle Sophie Diez, cantatrice renommée de l'Opéra de 1837 à 1878.

— A Great Yarmouth, le révérend John-Philip Knight, né à Bradford en Avon, le 26 juillet 1812, compositeur dont les mélodies ont été très populaires, *the last rose*, entre autres.

BREITKOPF & HÄRTEL, Editeurs de Musique
41, Montagne de la Cour, 82, Bruxelles.

EXTRAIT DES NOUVEAUTÉS

JUIN 1887

Gade, N. W. Op. 59. Sonate n° 3 pour piano et violon.	6 90
— Op. 62. Danses populaires scandinaves pour violon avec accompagnement de piano	6 90
Hofmann, H. Ballet pour piano à 2 mains, tiré de l'opéra " Donna Diana „	2 50
Nicodé, J. L. Canzonette pour piano	1 „
Palestrina, P. da. Six madrigaux choisis, publiés par P. Druffel. Partition	3 75
Richter, Alfred. Op. 5. Deux danses caractéristiques pour piano, n°° 1 et 2 à	2 00
— Op. 7. Quatre miniatures pour piano	2 85
Rosenhain, J. Op. 70. Sonate symphonique p' Piano	3 75
Scharwenka, Ph. Op. 72. Jours passés. Cinq morceaux de fantaisie pour piano	9 70

(Se vendent aussi séparément.)

Schütz, H. Œuvres complètes. Vol. III. Psaumes à plusieurs chœurs avec instruments	18 75

MUSIQUE RELIGIEUSE

Palestrina, Œuvres complètes. Tome XXVI. Litanies, Motets et Psaumes	18 75
Lemmens, Œuvres inédites, Tome IV.	15 „

BREITKOPF & HÄRTEL, 41, Montagne de la Cour, Bruxelles

LA FABRIQUE DE TUYAUX D'ÉTAIN POUR ORGUES
DE C. F. PREUSS, FRANCFORT S/ODER

la plus grande et la plus importante de l'Allemagne du Nord, recommande ses produits reconnus excellents, à des prix très modérés. Prix Courant. Meilleures références à disposition.

Beaux instruments de musique, tels que violons, violoncelles, harpes, etc., et morceaux de musique pour piano, partitions, à vendre au château de Bolland (par Herve).

NOUVEAUTÉS MUSICALES

Publiées par la maison **SCHOTT FRÈRES** à Bruxelles.

POUR PIANO

Holiman, J. Chanson d'amour, transcrite pour piano seul, par Aug. Horn	fr.	3 —
Le Borne, Ferand. Poëme (2ᵉ suite), arrangement à quatre mains par Aug. Horn	„	3 75
Luzzatto, F. Op. 44. Suite de danses-impromptus pour piano à quatre mains. . . . . net	„	5 —
Schmidt, Oscar. Op. 43. Ländler.	„	4 —
— Op. 44. Sans souci.	„	4 —
Soli-Devère, Léon. Légende Livonienne transcrite p' piano, p' la main gauche seule. . . .	„	4 —
Wieniawski, Joseph. Op. 28. Sur l'Océan, contemplation	„	7 50
— Op. 48. Guillaume le Taciturne, ouverture dramatique pour orchestre, transcription pour piano à quatre mains, par l'auteur . . . . net	„	5 —

INSTRUMENTS DIVERS

Accolay, J.-B. Mélodie romantique N° 1. Pour violon et piano . . .	fr.	5 00
„ 2. Pour violoncelle et piano . .	„	5 00
„ 3. Pour instruments à cordes . .	„	6 00
Balthazar-Florence, H. Berceuse du ballet " La vision d'Harry „ pour viol. ou violonc. et piano	„	4 00
Agniez, Em. Valse pour violon et piano . . .	„	6 —
Herrmann, Th. Fantaisie sur l'hymne national hollandais, pour violon et piano . . .	„	7 50
Holiman, J. Quatre morceaux faciles pour violoncelle avec accompagnem. de piano.		
N° 1. Berceuse . . . . . „ 3	N° 3. Pourquoi? . . „ 3	
„ 2. Air de ballet . . . „ 4	„ 4. Tempo di mazurka . „ 4	
— Nocturne pour violoncelle et piano . .	fr.	5 —
Hone, Jules. Fantaisie sur Home Sweet Home, pour violon et piano	„	6 —
Le Borne, F. Danse de la Bayadère extraite du poëme (2ᵉ suite), pour flûte et piano . .	„	5 —
Paganini Nicolo. Dernière pensée, transcrite p' violon ou violoncelle, ou flûte ou hautbois, avec accompagnem. de piano, par Edouard Gregoir :		
N° 1. Pour flûte ou hautbois	„	4 —
„ 2. Pour violon ou violoncelle . .	„	4 —
Pelgrim, J. Berceuse pour violon et piano . .	„	4 —
Schumann. Aria de la sonate, op. 11, transcrite pour violoncelle et piano, par J. Hollman . .	„	4 —
Servais, A. F. (Œuvres posthumes). Concerto en *la* mineur avec accompagnement d'orchestre, réduction pour violoncelle et piano, net	„	7 50
Fantaisie sur les airs Scandinaves p' violonc. et p°.	„	13 50
Quatre morceaux de salon : n° 1, 6,00 ; — n° 2, 7,50 ; — n° 3, 6,00 ; — n° 4, 7,50 fr.		
Soli-Devère, Léon. Fleurs fanées, pensée romantique pour violon et violoncelle avec accompagnement de piano	„	7 50
De Swert (Jules). Op. 47. Pensée élégiaque pour violoncelle et piano.	„	5 —
— Le même pour quatre violoncelles	„	5 —
— Le même pour quatre violons cors.	„	5 —
Tibbe, Henri. Deux morceaux pour violoncelle et piano : N° 1. Romance	„	6 —
N° 2, Mazurka-caprice . . .	„	6 —
Verhey, Th. H. H. Sonate (en *ré* min.) pour violon et piano. . . . . net	„	5 —

XXXIIIᵉ ANNÉE   14 et 21 juillet 1887   NUMÉROS 28 et 29.

Le Guide Musical

Paraissant tous les jeudis.

ABONNEMENT	SCHOTT FRÈRES, ÉDITEURS.	ANNONCES
FRANCE & BELGIQUE, 10 francs par an.	Paris, Boulevard Montmartre, 19	LA LIGNE . . . . Fr. 0.50
LES AUTRES PAYS, 10 francs (port en sus)	Bruxelles, Montagne de la Cour, 82	On traite à forfait pour les grandes annonces.

Le Livret d'opéra français
DE LULLY A GLUCK
1672-1779
(Suite et fin.)

V

Lorsque Gluck parut en France, tous les ferments de disputes n'étaient pas étouffés, et nous avons vu que le *Traité du poème lyrique* de Grimm fut publié vers 1795. Le *Neveu de Rameau*, qui ouvre sur l'esthétique musicale des aperçus très originaux fut écrit en 1762; enfin, l'apparition de l'*Encyclopédie* vint raviver les vieilles querelles. La musique accentuée, expressive des Italiens, tout en succombant sous un arrêté du Lieutenant de police, n'en avait pas moins gardé des partisans nombreux. Pour tout dire, les esprits étaient préparés à une réforme de l'opéra et les littérateurs, les savants, les artistes qui faisaient profession de diriger le goût public, appelaient de tous leurs vœux un réformateur. Le musicographe le plus érudit du XVIIIᵉ siècle, le Père Martini, écrivait dans son *Histoire de la Musique :* « Il est à désirer qu'il se présente enfin quelque professeur doué d'un rare talent, et parfaitement instruit de toutes les parties de la musique, lequel, sans se mettre en peine des propos impertinents de tous ses rivaux, fasse renaître, à l'imitation des Grecs, l'art d'émouvoir les passions, et délivre enfin les auditeurs de l'ennui que leur fait éprouver la musique de nos jours » (1).

Ce maître, *istruito di tutte li parti della musica,* ce restaurateur de l'art antique était enfin trouvé, et la première représentation d'*Iphigénie en Aulide,* témoigna, par l'enthousiasme qu'elle fit naître, qu'il y avait entente complète entre le musicien novateur et le public appelé à le juger.

Cette dernière partie de notre tâche doit être forcément abrégée. L'abbé Leblond, en réunissant dans un volume (2) les écrits les plus marquants qui parurent à l'occasion de Gluck; M. Gustave Desnoiresterres, en faisant l'historique de la Révolution d'une manière très fidèle et très complète (3), nous dispensent de nous étendre sur une question épuisée.

Inutile aussi de citer cette *Epître dédicatoire* au Grand-Duc de Toscane, qui résume, avec la plus admirable clarté, les idées théoriques de l'auteur d'*Alceste.* Il nous suffira, pour demeurer dans le cadre de cette étude, de faire remarquer que, sous couleur de musique, il y est presque uniquement parlé du drame. La conduite régulière de l'action scénique, la conception du plan aussi bien que le soin de la forme, préoccupaient Gluck à l'égal des effets musicaux.

Et lorsqu'on entendit *Armide* remise en musique par l'Orphée allemand, on trouva, dans cette tragédie de Quinault, des beautés qui jusque là n'avaient frappé personne. C'était à douter que les mêmes vers

(1) È desiderabile che rinasca qualche professor di raro talento, e ben istruito di tutte li parti della musica, il quale, senza curarsi dei propositii impertinenti di tutti i suoi rivali, faccia risurgere, all' esempio dei Greci, l'arte di muovere le passioni, e liberi finalmente gli ascoltanti dal tedio che lora fà provare la musica dei giorni nostri. (Martini. Storia della musica).

(2) Mémoire pour servir à l'histoire de la Révolution opérée en France par M. le chevalier Gluck. — A. Paris, chez Bailli, 1781 ; un vol. in-8o de 491 pages.

(3) Gluck et Piccini (1774-1800) à Paris, chez Didier ; un vol. in-12 de 416 pages.

eussent pu provoquer deux inspirations musicales aussi différentes l'une de l'autre. Lully n'avait considéré le livret que comme un prétexte à sa musique ; Gluck, au contraire, faisait de ce même livret, le soutien et le guide de sa composition : « Avant de mettre en musique un opéra, disait-il, je ne fais qu'un vœu, celui d'oublier que je suis musicien ».

On rit beaucoup de cette prétention ; mais il se trouva, en fin de compte, qu'elle était — c'est le cas de le dire — renouvelée des Grecs.

Plutarque, qui vivait au 1er siècle de notre ère, nous apprend que les *anciens* poètes, après avoir composé des vers, y ajoutaient les sons convenables à l'expression du mot, et comme créateurs de l'œuvre poétique, connaissaient mieux que quiconque, quelle était la force de cette expression.

Les tragédies d'Eschyle, d'Euripide, de Sophocle, pouvant être considérées comme de véritables opéras, on doit conclure que le travail du musicien ne trouvait sa raison d'être nulle part en dehors des exigences du poème (1).

Au reste, cette préoccupation de faire du drame lyrique une imitation de la tragédie antique est constante chez Gluck. Il a scandé, par exemple, la marche religieuse d'*Alceste* en dactyles et en spondées, non point par un hasard de composition ou par une fantaisie puérile, mais parce qu'il a remarqué que les hymnes composés pour les temples sont construits avec cette succession de brèves et de longues (2). Le mot d'ordre est donné, et l'abbé Arnaud, le grand pontife des Gluckistes, qui va toujours s'inspirant des idées du maître, affirme avec le plus grand sérieux, que dans un certain passage de l'ouverture d'*Iphigénie en Aulide*, les instruments à cordes frappent l' « anapeste » (3). Grimm, dans sa correspondance, exalte à son tour cette déclamation lyrique fondée sur des principes déjà vieux de vingt siècles. « Quand j'entends *Iphigénie*, dit-il, j'oublie que je suis à l'Opéra. Il me semble écouter une tragédie grecque dont Le Kain et Mlle Clairon auraient fait la musique ».

Nous devons insister sur ce point, que Gluck, le premier, a tenté de réhabiliter le livret d'opéra. Quelle joie c'eût été pour Quinault, pour l'abbé Pellegrin, pour Cahuzac, de voir rendre hommage à l'un de leurs confrères en termes aussi flatteurs. « Je me ferais un reproche bien sensible, écrit Gluck au *Mercure*, si je consentais à me laisser attribuer l'invention du nouveau genre d'opéra italien dont le succès a justifié la tentative. C'est à M. de Calzabigi (4) qu'en appartient le principal mérite. Et si ma musique a eu quelque éclat, je dois reconnaître que c'est lui qui m'a mis à portée de développer les ressources de mon art. »

(1) *Dialogue sur la musique* — trad. de Burette — *passim.*
(2) Conversation entre Gluck et Corrancez. — *Journal de Paris*, n° 207.
(3) Lettre de Mme d'Augny sur l'opéra d'*Iphigénie.*
(4) Raniero de Calzabigi, conseiller à la cour des comptes de Hollande, auteur d'*Orphée, Alceste, Hélène et Pâris.*

Certes, l'*Orphée* de Calzabigi, l'*Iphigénie en Aulide* du bailli du Roullet, l'*Iphigénie en Tauride* de Guillard sont à cent pieds au dessous des livrets de Quinault comme valeur littéraire. Mais ce qu'on y trouve, ce sont des situations énergiques, des vers bien coupés pour le chant, de la sobriété dans les détails, des caractères nettement tracés, des effets habilement ménagés, et, par dessus tout, cette unité dans l'action, cette charpente vigoureuse — pour ainsi parler — que l'on chercherait vainement dans la plupart des poèmes destinés à Lully.

Ici encore, le musicien prenait sa part de la besogne du versificateur. Mais combien différent est son rôle de collaborateur ! Lully s'attachait à la forme, et le fond lui importait peu ; Gluck, au contraire, avec un sens artistique prodigieusement affiné, avec une connaissance remarquable des exigences du théâtre, Gluck trace lui-même le plan de l'œuvre d'art et force le poète à devenir son secrétaire. Avec une science plus approfondie des ressources de la langue, il eût réalisé sans doute le type du compositeur tel que Richard Wagner le comprend, et en qui viennent se fondre l'inspiration du poète et le travail du musicien.

Castil-Blaze raconte même (1) que, pour satisfaire un de ses amis, mécontent du dénouement du 3e acte d'*Armide*, Gluck composa les vers qui, succédant au chœur des esprits de haine, terminent la scène d'une manière plus dramatique :

O ciel ! quelle horrible menace !
Je frémis ; tout mon sang se glace.
Amour, puissant amour, viens calmer mon effroi.
Et prends pitié d'un cœur qui s'abandonne à toi.

Ce n'est vraiment pas trop mal pour un *Jongleur de Bohême*, comme l'appelait Marmontel.

Pour terminer, nous devons citer un fragment de lettre écrite à Guillard, l'auteur d'*Iphigénie en Tauride*. On y verra quelle importance l'illustre musicien attachait aux moindres détails de l'opéra, et le souci qu'il prenait du *libretto*.

« … Dans ce que vous appelez le cinquième acte, il faudra retrancher la troisième strophe de l'hymne ou en faire une plus intéressante ; on ne comprendrait pas les mots : *le spectre fier et sauvage*, qui d'ailleurs ne prêteraient guère au pathétique de la situation. Il faut aussi nécessairement que vos vers soient de la même coupure, quatre à quatre ; enfin j'ai arrangé moi-même la deuxième strophe de la façon que voici :

Dans les cieux et sur la terre
Tout est soumis à ta loi ;
Tout ce que l'Érèbe enserre
A ton nom pâlit d'effroi !

» Si donc vous voulez écrire une troisième strophe, il faut qu'elle marche comme la seconde, et ne pas oublier, chose essentielle, que l'on fait en chantant la cérémonie et que le même air doit servir à la cérémonie. Je voudrais aussi que Thoas, mon

(1) *L'Académie de musique* (Tome I).

grand-prêtre, arrivât furieux à la quatrième scène, en chantant un air d'invectives et que tous les vers soient faits sans récitatifs pour être chantés jusqu'à la catastrophe. Le dénouement y gagnerait une émotion, une chaleur incontestables, qui se répandraient sur tous les acteurs et sur tous les chœurs avec un mouvement d'un effet irrésistible.

» Ainsi, pour peu que mon idée ait votre approbation, hâtez-vous de m'envoyer vos paroles, sinon je me tiendrai aux paroles qui sont déjà faites.

» Venons maintenant au grand air qui finit l'acte pendant les sacrifices funèbres. Je voudrais ici un air dans lequel les paroles expliqueraient la musique en même temps que la situation. Donc, il faudrait que le sens se reposât toujours à la fin du vers et ne fût pas renvoyé soit au commencement, soit à la fin du vers suivant. Ceci est une condition essentielle pour les vers ; le récitatif s'en passe assez volontiers, et d'autant mieux que cette coupure est un sûr moyen de distinguer l'air chanté du récitatif et de venir en aide à la mélodie.

» En même tems, pour les paroles que je vous demande, il me faut un vers de dix syllabes, en ayant soin de mettre une syllabe longue et sonore aux endroits que je vous indique ; enfin, que votre dernier vers soit sombre et solennel, si vous voulez être conséquent avec ma musique.

» Après ces quatre vers ou ces huit vers, si vous voulez, pourvu qu'ils obéissent au même mètre, viendra le chœur : *Contemplez ces tristes apprêts !* et ce chœur me semble très propre pour la situation. Je voudrais aussi que l'air dont il s'agit eût à peu près le même sens. Après le chœur on reprendra l'air *da capo*, ou bien on chantera les quatre vers seulement que vous aurez faits (1), etc. »

On comprendra mieux les appréhensions de Gluck si l'on se rappelle qu'*Alceste* avait dû son insuccès passager au manque d'intérêt du poème. En outre, c'est sur l'*Iphigénie en Tauride* que Gluck jouait sa réputation ; c'est également sur l'*Iphigénie en Tauride* de Piccini que les partisans de la musique italienne comptaient pour relever leur prestige. La palme, comme on sait, resta à la partition dont Guillard avait écrit les paroles, et qui n'a guère que le sujet de commun avec l'*Iphigénie* du poète Dubreuil composée pour Piccini.

La réforme imposée par Gluck à l'opéra ne survécut guère à son auteur. On ne cessa jamais, à la vérité, d'admirer comme ils méritaient de l'être, les chefs-d'œuvre du maître ; mais les principes d'esthétique sur lesquels ils sont établis, l'ensemble des règles proposées dans la préface d'*Alceste*, tout cela ne tarda point à être oublié. Ce retour à la routine s'accentua du vivant même de Gluck, et le grand artiste ne dissimula pas son découragement dans l'Epître au duc de Bragance qui précède la partition

(1) Lettre de Gluck à M. Guillard de Vienne, le 17 juin 1778. Cette lettre se presque toute entière reproduite dans l'ouvrage de M. Desnoiresterres.

d'*Hélène et Pâris*. Encore Gluck mourut-il sans avoir connu le théâtre de la Révolution, et ne soupçonnant même pas les poèmes dramatiques de M. Eugène Scribe.

Les grandes découvertes se heurtent inévitablement aux préjugés de la foule et plus encore à ceux qui tirent profit de l'ignorance du public. Il a fallu cent ans, de Lully à Gluck, pour que le drame lyrique entrât résolument dans la voie du progrès. Il s'écoulera encore cent ans entre les théories de Gluck et l'esthétique de Richard Wagner, qui en est le couronnement.

Heureux donc, ceux qui vivront dans un siècle ! Peut-être verront-ils le triomphe d'un ensemble de procédés qui fait de l'opéra la synthèse habilement ménagée de toutes les forces d'expression propres à la déclamation, à la musique, à l'art plastique encore à décoratif, à la peinture, à la mimique ; œuvre d'art par excellence, système admirable et rationnel, ayant la poésie pour base, et pour objet unique la glorification du BEAU, splendeur du VRAI.

Noms des auteurs dont les opéras ont été représentés à l'Académie royale de musique : de 1672 (*Fêtes de l'Amour et de Bacchus*), Quinault, à 1779 (*Echo et Narcisse*), baron de Tschudy.

Albaret (d').

Boyer (Claude), Barbier (Mlle), Bordes (de), Bernard (dit Gentil), Bonneval (de), Boullay (de).

Cahuzac (de), Campistron (de), Corneille (Thomas), Collé, Chabanon, Chappuzeau de Beaugé, Calzabigi (de), traduit du Roullet et Molines.

Duché, Danchet, Duclos, Desfontaines.

Fontenelle, Fuselier, Fermelhuys, Fleury.

Guichard, Guillard.

La Fontaine, La Motte, La Farre, La Bruère (de), Lefranc de Pompignan, Lagranche-Chancel, La Serre, La Rivière, Lefebvre de Saint Marc, Lanoue (de), Laujon, Lemonnier, La Marre.

Mennesson, Moncrif (de), Massip Mondorge, Monticourt, Marmontel, Mondonville (de) (1) Morand (de).

Néricault-Destouches.

Pic, Poinsinet, Pellegrin.

Quinault.

Roy, Rousseau (J. J.) (2), Rousseau (J.-B), Razins St Marc. Sedaine, Saintonge (Mme de), Saint-Jean.

Tschudy (de).

Voltaire.

Watelet.

EUGÈNE DE BRICQUEVILLE.

ASSOCIATION GÉNÉRALE DES MUSICIENS ALLEMANDS

COLOGNE, 29 juin.

La mort de Liszt, le vieux maître, a donné à la " Tonkünstlerversammlung " de Cologne, un aspect bien différent des réunions précédentes. Jusqu'ici l'illustre maître avait été l'âme de ces fêtes ; à ses œuvres était réservée la part du lion ; c'est pour lui que bien des artistes, beaucoup de femmes exaltées, quelques-unes mûres, faisaient un pèlerinage annuel ; c'est à ses pieds que venaient se prosterner annuellement une foule de jeunes pianistes inconnus, aux cheveux longs, coiffés du feutre mou traditionnel, à la mine inspirée ; c'est pour lui que beaucoup de nos collègues mêmes se rendaient aux festivals, afin d'obtenir la promesse d'une exécution ou de conquérir une

(1) Mondonville a fait paraître sous son nom, les paroles et la musique de *Daphnis et Alcimadure*.

(2) Auteur des paroles et de la musique de *le Devin du village*.

flatterie quelconque, un mot d'encouragement ou au moins une poignée de mains.

Hélas, le vieux maître n'est plus de ce monde et tous ceux qui sont venus assister au festival de Cologne, n'ont dû avoir d'autre but que celui de venir écouter la musique qu'on y a exécutée.

Aussi le nombre des fidèles était-il plus limité, l'enthousiasme plus tempéré, et les conservateurs étaient sans en majorité, au moins plus largement représentés.

Quand le docteur Franz Wüllner, un des musiciens les plus éminents que l'Allemagne possède en ce moment, a accepté la direction du festival de Cologne, c'était nous donner la garantie non seulement d'une fort bonne exécution, mais encore d'un programme moins exclusif, où toutes les opinions se trouveraient représentées, et nous avons assisté, grâce à lui, à une des meilleures fêtes que l'*allgemeine deutsche Musikverein* puisse citer dans ses annales.

Le seul reproche à faire, c'est celui que nous répétons chaque année : la trop grande abondance de musique et la longueur des programmes. Les concerts durent au moins quatre heures. Forcer les gens à écouter en *quatre jours quarante* ouvrages, dont la plupart de longue haleine, c'est abuser de la force, de la patience, de l'esprit, de ceux qui doivent les écouter, et le tempérament musical le plus robuste ne saurait y résister.

À la première matinée de musique de chambre du dimanche, on a eu le bon esprit de *finir* le long programme par l'admirable quatuor de Beethoven, op. 132 en la mineur, où l'on senti qu'*après* cette œuvre gigantesque, supérieurement jouée par MM. Brodsky, Klengel, Sitt et Becker, plus *rien* n'était possible.

On a commencé par un quatuor pour piano et instruments à cordes de Richard Strauss, un disciple chéri du D^r von Bülow. Cet ouvrage, couronné par le « Tonkünstlerverein » de Berlin, est une composition un peu longue, mais fort honorable, à laquelle la charmante pianiste Mme Margaretha Stern de Dresde et MM. Brodsky, Sitt et Klengel ont fait l'honneur d'une interprétation superbe.

Le même quatuor de Leipzig, un disciple chéri du D^r von Bülow, je le répète, qui existent en ce moment, a ensuite joué un quatuor de Draeseke, dont déjà j'ai rendu compte après l'exécution de Carlsruhe en 1885. Comme chant, la basse M. Plank de Carlsruhe, beaucoup plus remarquable par son obésité que par son talent, a chanté un recueil de *lieder* de Reinhold Becker, compositeur fort estimable.

En revanche on a imposé à la charmante Marie Schneider de Cologne la tâche ingrate de dire une série de mélodies d'auteurs inconnus (*heureusement*) ; nous en exceptons celle de Reismann et surtout une charmante romance de César Cui.

Mme Stern a encore joué d'une façon vraiment ravissante plusieurs petits morceaux, dont l'*Humoreske* de Grieg surtout nous a fait le plus grand plaisir.

Au concert du même soir avec orchestre et chœurs, donné dans la salle du Gürzenich, après un *Angelus* pour instruments à cordes de Liszt joué par le quatuor de Leipzig, est venu l'oratorio la *Sainte-Elisabeth* du vieux maître. Je n'ai plus à détailler cette œuvre connue à Bruxelles et dont déjà j'ai rendu compte après le festival de Weimar en 1884. L'exécution dans la première partie surtout a laissé à désirer; les chœurs péchaient souvent partia justesse de l'intonation et Wüllner, qui dirigeait, avait l'air de conduire une partition dont les mérites ne l'avaient pas bien convaincu; aussi l'auditoire n'a-t-il pas eu l'air de s'enthousiasmer, et l'accueil fait à l'œuvre n'a pas été bien chaud. La seconde partie cependant était plus satisfaisante, Mmes Joachim (Sophie) et Mlle Börs de Hanovre surtout (Elisabeth), ont fort bien chanté. MM. Hungar et Plank ont été convenables.

Un incident qui a beaucoup amusé le public, c'est la brusque disparition de M. de Bülow, qui, au milieu de l'exécution, a quitté la salle en courant comme un hallouiné.

Le lundi 27 juin, nous avons eu un concert avec orchestre, extrêmement intéressant. Je voudrais avoir assez de place pour détailler toutes les œuvres vraiment remarquables que nous avons entendues; malheureusement ce n'est pas le cas, et je ne puis qu'esquisser et condenser. On a joué d'abord une *Ouverture* d'Eugène d'Albert. On reconnaît un musicien de tempérament, d'avenir, mais qui tâtonne encore, sans savoir où il veut aller. Les idées se suivent sans s'enchaîner, la forme manque de clarté et l'orchestration m'a semblé touffue et un peu lourde. Venait ensuite un concerto pour violoncelle fort ennuyeux, de Volkmann, joué par Hygyesi, ancien violoncelle du célèbre quatuor Florentin. Glissons!

L'ouvrage d'Henri Zöllner, un des compositeurs contemporains allemands auquel je crois pouvoir prédire un grand avenir, intitulé *Gebetlied*, pour chœurs, soli et orchestre, à une œuvre d'une valeur réelle, qui a été fort bien rendue sous la direction de M. Zöllner, qui, sous tous les rapports, est un musicien éminent. Il a composé un opéra *Faust*, d'après Goethe (poème et musique), qui va être joué l'hiver prochain à Munich, Dresde et Cologne. Je crois à un événement musical, qui posera Zöllner du premier coup. Le charmant contralto Mlle Marie Schneider de Cologne en première ligne, MM. Plank et

Dierich se sont honorablement comportés. Mlle Mohor a fait le désespoir de l'auteur en chantant faux d'un bout à l'autre.

Nous voici arrivé à la *Symphonie* de Sgambati, qui, avec Brahms, a été *le héros* du festival, et l'objet d'ovations réitérées. C'est Richard Wagner qui a découvert Sgambati à Rome à une soirée donnée en 1878 par le baron de Keudell. Après avoir écouté sa musique de chambre, Wagner s'est intéressé à lui et lui a donné une lettre pour la maison Schott de Mayence, dont je cite le fragment suivant : « Enfin, je viens d'écouter un compositeur d'un talent réel. Il habite Rome, mais se place est en Allemagne, où je veux l'introduire, certain qu'il y sera bien accueilli. » La *Symphonie* qu'on a exécutée de lui à Cologne est une œuvre caractéristique, traversée par un souffle passionné, un beau coloris, un mélange qui trahit le mélodiste italien, tout en l'unissant à un compositeur de convictions allemandes. Dirigé par Sgambati lui-même, sa *Symphonie* a été chaleureusement accueillie par le public.

J'ai été beaucoup moins enthousiasmé par l'*Elégie* de mon compatriote M. Witte, et qui selon moi ne doit son succès qu'à l'interprétation hors ligne du violoniste Hollaender, professeur au Conservatoire de Cologne.

Après cette *Elégie* est venue une *Ballade* remarquable pour soprano, ténor, chœurs et orchestre de Humperdinck, tout aussi attaché au Conservatoire de Cologne, compositeur d'un incontestable talent. Cette ballade *Un pèlerinage à Kevelaer* sur le poème bien connu de Henri Heine, écrite de main de maître a été supérieurement rendue par Mme Joachim, M. Dierich, et reçue avec enthousiasme.

L'intéressant concerto de Tchaïkowsky pour piano et orchestre, que je recommande à tous les pianistes *di primo cartello*, rendu dans la perfection par l'incomparable pianiste Eugène d'Albert, a littéralement électrisé l'auditoire.

L'*Adventlied* de Draeseke, encore une œuvre de grande valeur, est venu terminer ce concert, qui a duré près de *cinq heures*. Cette composition superbe, mérital certes une meilleure place, car arrivant à la fin d'un programme interminable, elle a été exécutée devant une salle à moitié vide, et devant un public tellement fatigué, qu'il était loin de prêter toute l'attention nécessaire pour juger et comprendre un ouvrage pareil. Je termine pour aujourd'hui, en promettant les détails des deux derniers jours du festival pour le prochain numéro de votre estimable journal.

                  Édouard DE Hartog.

PARIS

M. Vianesi, le nouveau chef d'orchestre de l'Opéra a pris possession de son pupitre vendredi le 1er juillet. Il a dirigé les *Huguenots* avec beaucoup de verve et de manière à se faire applaudir vivement après la Bénédiction des Poignards.

L'engagement de M. Vianesi, a été signé définitivement le samedi 2 juillet. M. Vianesi, comme son prédécesseur, touchera 12,000 fr. par an. Le nouveau chef d'orchestre a apporté quelques petites modifications dans les traditions de l'Opéra. Il a supprimé le fauteuil mobile dont se servait son prédécesseur et l'a remplacé par une simple chaise. M. Vianesi regardant toujours les chanteurs et les chœurs et ne se tournant jamais du côté de ses musiciens, qui, d'après lui, n'ont besoin d'être guidés que par son bâton de chef. Il a également remplacé l'archet traditionnel par un simple bâton de bois blanc. Et voilà l'Opéra entré dans une nouvelle voie !

La question de l'Opéra-Comique est toujours en suspens. Le Ministre des Beaux Arts à déposé à la Chambre un crédit de 600,000 fr. destiné à la location d'une salle provisoire, à la réfection d'une parte des décors et à la reconstruction de la troupe. Quant à l'installation définitive de l'Opéra-Comique, rien n'est fait. Le *Journal des Débats* assure à ce propos que la société de l'Eden Théâtre, proposerait à l'État de lui laisser le bâtiment de la rue Boudreau en échange des terrains de l'Opéra-Comique détruit par l'incendie. La société achèterait les maisons du boulevard des Italiens et ferait construire en cet emplacement un nouveau Théâtre-Lyrique. Cette proposition aurait été repoussée s'il faut en croire les derniers renseignements des journaux. L'Opéra-Comique serait en effet reconstruit sur son ancien emplacement.

Voici les résultats du concours du Conservatoire de Paris :

Harmonie (femmes). — 1re prix : Mlle Depecker, élève de M. Lenepveu et J. Riwinach, élève de M. Barthe; 2e prix : Mlles Béguin et Got, élèves de M. Lenepveu ; pas de 1er accessit; 2e accessit: Mlle Callo, élève de M. Barthe.

Harmonie (hommes). — Dix-huit concurrents. Pas de premier prix. — Second prix : M. Cazajus, élève de M. Taudou. — Premier accessit : M. Hirsch, élève de M. Th. Dubois. — Deuxième accessit: MM. Schneider, élève de M. Taudou; Ferroni et Ropartz, élèves de M. Th. Dubois.

Fugue. — 1ᵉʳ prix : Mˡˡᵉ Hedwige Chrétien, élève de M. Guiraud et M. Le Tourneux, élève de M. Léo Delibes ; 2ᵉ prix : M. Landry, élève de M. Massenet ; 1ᵉʳ accessit : Mˡˡᵉ Gonthier, élève de M. Guiraud ; 2ᵉ accessit : M. Jemain, élève de M. Guiraud.

Piano (classes préparatoires). — Hommes : 15 concurrents : 1ᵉʳ médailles : MM. Risler et Quévremont ; 2ᵐᵉˢ médailles : MM. Pierret et Pickaërt ; 3ᵐᵉˢ médailles : MM. Garbagny-Batiste et Morpain. — Femmes : 45 concurrentes : 1ʳᵉˢ médailles : Mˡˡᵉˢ Dorlencourt, Galezowska, Buval, élèves de Mᵐᵉ Émile Rety ; Lefort, élève de Mᵐᵉ Tarpet ; Gennaro, élève de Mᵐᵉ Chéné ; Vinot, Massin, Hardy, Jetot, élèves de Mᵐᵉ E. Rety ; Ferrère, élève de Mᵐᵉ Chéné ; Chapart, élève de Mᵐᵉ Tarpet ; 2ᵐᵉˢ médailles : Mˡˡᵉ Marie Goldenweiser, élève de Mᵐᵉ Chéné ; Dietrich, Sakop, Ruellet, Fleuriot de Langle, élèves de Mᵐᵉ Tarpet ; Véras de la Bastière et Deldicq, élèves de Mᵐᵉ E. Rety ; 3ᵐᵉˢ médailles : Mˡˡᵉˢ Desplats, Robert, Ogée, élèves de Mᵐᵉ E. Rety ; Stdiger, élève de Mᵐᵉ Chéné ; Moret, élève de Mᵐᵉ Tarpet ; Henriette Goldenweiser, élève de Mᵐᵉ Chéné ; Maté, élève de Mᵐᵉ Tarpet ; Brossard, Givry, élèves de Mᵐᵉ E. Rety ; Vincents, élève de Mᵐᵉ Tarpet.

BRUXELLES

Serait-t-il indiscret de demander ce qu'est devenue la pétition adressée par les auteurs dramatiques et les compositeurs belges au gouvernement à l'effet d'obtenir que celui-ci intervienne par la voie du subside en faveur des œuvres lyriques belges tenues systématiquement à l'écart de nos scènes d'opéra.

On se rappelle que M. de Borchgrave avait introduit cette pétition à la Chambre des représentants dans la discussion du budget des beaux-arts. Le ministre paraissait bien disposé en faveur du principe de cette pétition qu'on ne saurait être sérieusement combattu. Le gouvernement octroie un subside de 15,000 francs aux théâtres flamand qui vivent de traductions et d'adaptations, plus ou moins habilement déguisées de pièces allemandes et françaises. Ce subside est accordé aux Flamands sous le prétexte qu'il faut encourager le développement de l'art national. Ce qui contribuerait autrement à relever le courage et le talent de nos auteurs nationaux, ce serait un encouragement sérieux donné à celui ou à ceux des théâtres du pays qui joueraient dans de bonnes conditions les opéras sérieux ou comiques de nos compositeurs. Un ouvrage belge joué avec succès au théâtre de la Monnaie, par exemple, est assuré de recevoir bon accueil sur les scènes étrangères. Et voilà précisément où il faut en arriver, c'est là le but à atteindre. Il faut que l'étranger connaisse nos compositeurs dramatiques et soit mis à même de les apprécier.

Le moyen le plus pratique c'est de forcer en quelque sorte la main aux directeurs de nos scènes lyriques en les couvrant, dans une certaine mesure des risques auxquels ils s'exposent en montant des œuvres belges qui n'ont pas pour elles l'appui de la presse parisienne ou de puissantes protections étrangères. Les crédits affectés à cette sorte d'encouragement seraient bien autrement profitables à l'art que les 15,000 francs payés tous les trois ans au vainqueur du Concours de Rome. Ils seraient, à coup sûr, plus profitables que les subsides accordés de temps à autre aux organisateurs d'un festival pour l'exécution d'oratorios et de cantates, qui, par leur caractère même, sont destinés à n'être exécutés que très rarement, à l'occasion d'une fête nationale ou d'un anniversaire historique.

Depuis le dépôt de la pétition dont nous parlons, qu'a-t-on fait? Qu'est-ce qui a été résolu? Il serait intéressant de le savoir, au moment où les théâtres chôment et où les directeurs arrêtent leur répertoire.

Le Conseil communal de Bruxelles vient d'ordonner la fermeture du Théâtre Royal des Galeries, dont la sécurité, au point de vue du danger d'incendie, ne lui paraissait pas suffisamment établie. Cette mesure draconienne a causé, on le conçoit, un vif émoi dans le personnel du théâtre et dans tout le quartier auquel cette interdiction cause un préjudice considérable.

Il se peut, du reste, que cette fermeture ne soit pas maintenue. Il est à remarquer, en effet, qu'il y a trois ans, la commission des incendies avait prescrit au Théâtre des Galeries diverses mesures et de nouveaux aménagements qui ont été ponctuellement exécutés. Les risques étaient à cette époque les mêmes qu'aujourd'hui. Cependant on a laissé le théâtre ouvert au public. Les causes de danger ont-elles augmenté depuis?

En tous cas, il y a contradiction entre les deux décisions de la même commission. Reste à voir quelle résolution prendra la députation permanente, devant qui la cause est en appel.

Un jeune artiste belge — M. Arthur Wilford — déjà avantageusement connu par ses *lieder* et compositions pour piano, nous a présenté jeudi dernier, au Waux-Hall, deux œuvres plus importantes :

Un morceau symphonique " *Harmonies de la nuit* , d'une riche orchestration, a été très délicatement interprété par l'excellent orchestre, et la danse extraite du ballet " *Le signal du coucou* , a produit une agréable impression.

M. Gevaert, directeur du Conservatoire, a vivement félicité M. Wilford.

Suite des concours du Conservatoire de Bruxelles :

Musique de chambre pour instruments à archets. — 1ᵉʳ prix : M. Queeckers ; Mˡˡᵉ Von Netzer et M. Adams. Rappel avec distinction du 2ᵉ prix obtenu en 1886 : M. Van de Putte ; 2ᵉ prix avec distinction : M. Schoofs ; 2ᵉ prix : MM. Merck et Fiévez ; 1ᵉʳ accessit : Mˡˡᵉ Schmidt.

Violon. — 1ᵉʳ prix avec distinction : MM. Lejeune et Queeckers ; Mˡˡᵉ von Netzer ; 2ᵉ prix : MM. Carnier, Fievez et Mˡˡᵉ Lambiotte ; 1ᵉʳ accessit : MM. Franck et Biesmaez.

Piano (hommes). (M. De Greef.) — 2ᵉ prix : M. Henusse ; 1ᵉʳ accessit : M. Jonas.

Piano (jeunes filles). — 2ᵉ prix avec distinction : Mˡˡᵉ Roman ; 2ᵉ prix : Mˡˡᵉ Herpain ; 1ᵉʳ accessit : Mˡˡᵉ Milbrath.

Prix Laure Van Cutsem : Mˡˡᵉ Van Eycken.

Orgue. — 1ᵉʳ prix avec distinction : M. Wotquenne ; 1ᵉʳ prix : M. Devaere ; 2ᵉ prix avec distinction : M. Andlauer ; 1ᵉʳ accessit : M. Delcourt.

Chant (jeunes filles). — 1ᵉʳ prix : Mˡˡᵉ Corroy. Rappel du 2ᵉ prix : Mˡˡᵉˢ Neyt et Joostens ; 2ᵉ prix : Mˡˡᵉˢ Nachtsheim, Slypsteen, Wolf, Polspoel, Milcamps, Bauveroy, Lepage, Burlion, Pluys ; 1ᵉʳ accessit : Mˡˡᵉˢ David, Brohes, De Wulf, Loevensohn ; 2ᵉ accessit : Mˡˡᵉˢ Larmoyez et Visscul.

Chant (hommes). — 1ᵉʳ prix avec distinction : MM. Danlée, Peeters et Boon ; 1ᵉʳ prix : M. Frère ; 2ᵉ prix : MM. Suys, Dony et Dutreux ; 1ᵉʳ accessit : MM. Deltombe et Delnaux ; 2ᵉ accessit : MM. Pruym et Fichefet.

Chant italien (jeunes filles). — 2ᵉ prix : Mˡˡᵉˢ Vouné, Duclos et Petyt.

Duos de chambre (Prix de la 1 Reine). — Mˡˡᵉˢ Vouné et Petyt, par 4 voix contre 3 données à Mˡˡᵉˢ Neyt et Bauveroy.

Petites Nouvelles.

M. Paladilhe, l'auteur de *Patrie*, vient de se voir décerner par l'Académie des Beaux-Arts de France, le prix Jean Reynaud (10,000 francs), pour sa partition de *Patrie*.

La messe que Gounod a spécialement écrite à la demande de l'archevêque de Reims pour les fêtes de Jeanne d'Arc vient de paraître chez l'éditeur Lemoinne. L'illustre maître est parti pour Reims afin de surveiller les répétitions de son œuvre.

On nous écrit de Toulouse, 12 juillet 1887.

A l'occasion de l'Exposition internationale de notre ville on nous avait promis monts et merveilles. — Tous les théâtres devaient rester ouverts cet été!

Les malheureux; tous ont tenté une ouverture, mais après quelques jours d'exploitation avec le *Mariage au tambour* et Mˡˡᵉ Perrouze dans le rôle qu'elle a créé à Paris, les Nouveautés ont dû abandonner la partie. Le Théâtre des Variétés après quelques infructueuses représentations de comédie a dû fermer ses portes.

Enfin le théâtre du Capitole a rouvert les siennes le 13 juin avec le *Petit Poucet*.

Le dimanche 26 et le lundi 27 juin, nous avons eu un brillant concours d'orphéons, de musiques d'harmonie et de fanfares.

Il faut signaler aussi les concerts donnés au *Grand-Rond*, jardin de l'Exposition, par l'orchestre municipal, sous la direction de M. A. Raynaud. Ces concerts sont très suivis du public toulousain et ils sont satisfaisants.

J. B.

On nous écrit de Gand, 11 juillet :

« Nous voici en plein été et, par les terribles chaleurs dont nous sommes accablés, les concerts chôment nécessairement. Pour ma part, je ne songe pas à m'en plaindre; mais il faut croire que cette privation de musique est un vrai supplice pour les mélophiles forcénés, car je voyais dans la rue, il y a quelques jours, une centaine de passants qui s'étaient arrêtés pour écouter religieusement un pauvre diable de harpiste ambulant! Heureusement ces affamés pourront s'en donner à cœur joie aux concours du Conservatoire qui vont commencer et dont je vous parlerai dans ma prochaine correspondance.

La Société Royale des Mélomanes prépare activement son cinquantenaire qu'elle va célébrer en 1888; elle s'est assurée la coopération d'éléments très importants, tels que trois subsides officiels, qui sont d'excellents gages de succès. F. B. »

Nouvelles théâtrales de Londres :

" Nous avons décidément un vrai concours d'opéra italien, et les trois compagnies de Covent Garden, Her Majesty's et Drury Lane offrent tous les jours de nouvelles surprises. M. Mapleson avait augmenté le prix de ses places pour les soirées de la Patti, tandis que M. Harris a cru devoir diminuer ses prix. Lundi, il donnait *Lucie*; mercredi, *Faust*, avec Mlle Nordica, MM. de Reszké et Maurel; jeudi, *Carmen*; vendredi, *Don Giovanni*, avec la charmante miss Arnoldson, dans le rôle de Zerlina; samedi, M. J. de Reszké étant enroué, on ne pouvait jouer *Lohengrin*, qui était remplacé par *Carmen*.

A Her Majesty la rentrée de Mme Patti dans la *Traviata* a fait sensation. Jamais l'illustre cantatrice n'a mieux joué ni chanté, mais il parait que son nom sur l'affiche n'a pas suffi pour attirer le public. M. Mapleson a de nouveau fermé son théâtre sans crier gare, faute d'argent dit-on et grâce à la concurrence que lui faisaient les deux autres troupes de Drury-Lane et de Covent-Garden.

M. Lago a donné cette semaine *Guillaume Tell*, avec miss Ella Russell, l'excellent baryton Devoyod et le ténor Prévost, dont l'ut dièze, dans le trio, enthousiasme le public. Jeudi, Mme Albani chantait *I Puritani* et samedi Mlle G. Valda abordait le rôle de Marguerite dans *Faust*.

Constatons les succès que vient de remporter à Londres M. Henri Seiffert (fils de M. A. Seiffert, de La Haye), élève de M. César Thomson du Conservatoire de Liège. Il s'est fait entendre dans quatre concerts, au *Grosvenor House* (le palais du duc de Westminster), chez Leslie, dans un concert à l'hôtel de ville et chez Collard, où il a exécuté le 2° concerto de Max Bruch, les *Zigeunerweisen* de Sarasate, les airs russes de Wieniawsky, une *Berceuse* scandinave, etc., etc. C'est un jeune artiste dont le jeu a beaucoup de style.

Statistique berlinoise :

L'Opéra de Berlin, qui a ouvert ses portes le 26 août 1886, a donné jusqu'au 30 juin 1887, 364 représentations d'opéras, comprenant 48 ouvrages de 24 compositeurs différents. Voici le relevé des ouvrages et le chiffre de représentations qu'ils ont atteint.

25 fois	:	*Le Trompette de Säkkingen* (Nessler).
15 »		*Carmen*, de Bizet.
14 »		*Lohengrin*.
11 »		*le Mariage aux Lanternes; Fra Diavolo*.
10 »		*Wildschütz*, de Nessler.
9 »		*le Chevalier Jean*, de Joncières; *Donna Diana*; *Walküre*.
8 »		*Freischütz*.
7 »		*Rigoletto; Fidelio; Merlin*, de Rüfer; *le Cadi dupé*, de Gluck; *Tannhäuser; Ondine; Marschner*.
6 »		*Le Vaisseau-Fantôme; les Noces de Figaro; Don Juan; l'Africaine, le Prophète*.
5 »		*La Fille du Régiment; Les joyeuses Commères de Windsor; Aïda; Stradella; Traviata; Siegfried*.
4 »		*Martha; Czar et Charpentier; Barbier de Séville*.
3 »		*Domino noir; Faust*.
2 »		*Armide; la Juive; la Muette de Portici; les Huguenots; la Dame blanche*.
1 »		*Lucie de Lammermoor; le Trouvère; les Maîtres-Chanteurs; Robert le Diable; l'Etudiant en vacances; le Réveil du Lion*.

Ces représentations se répartissent ainsi :

Richard Wagner	42	représentations avec 6 ouvrages.			
Nessler	25	»	»	1	»
Lortzing	21	»	»	3	»
Verdi	17	»	»	4	»
Auber	16	»	»	3	»
Meyerbeer	15	»	»	3	»
Bizet	15	»	»	1	»
Mozart	12	»	»	2	»
Offenbach	11	»	»	1	»
Gluck	9	»	»	2	»
Joncières	9	»	»	1	»
Flotow	9	»	»	2	»
Hofmann	9	»	»	1	»
Weber	8	»	»	1	»
Beethoven	7	»	»	1	»
Rüfer	7	»	»	1	»

Donizetti	6	représentations avec 2 ouvrages.			
Nicolaï	5	»	»	1	»
Rossini	4	»	»	1	»
Boieldieu	2	»	»	1	»
Halévy	2	»	»	1	»
Gounod	2	»	»	1	»
Brandl	1	»	»	1	»
Schneider	1	»	»	1	»

On nous assure que le hofkapellmeister Lévi, de Munich, a été prévenu par l'intendance générale des théâtres royaux, qu'il l'autorisation de diriger les représentations de *Parsifal* à Bayreuth, pour lesquelles il avait été engagé, lui serait refusée l'année prochaine.

Le ténor Niemann a donné sa dernière représentation à l'Opéra de Berlin, dans *Tannhäuser*, au milieu de démonstrations sympathiques et bruyantes. A l'issue de la soirée, une centaine d'étudiants ont escorté la voiture du chanteur en poussant des hourras.

Le prix de la fondation Meyerbeer, à Berlin, consistant en une bourse de voyage de 4,500 marks, a été décerné cette année par l'Académie royale des arts au compositeur Friedrich Schmeidler, de Kattowitz.

Le maëstro Sgambati, le grand symphoniste italien qui est aussi un admirable pianiste (élève de Liszt) se propose du faire l'hiver prochain une tournée de concerts en Allemagne, pour y faire connaître ses œuvres.

Les journaux allemands qui avaient annoncé que M. Brahms composait un opéra sur un sujet tiré de Gozzi, démentent aujourd'hui cette nouvelle.

Les héritiers de Liszt viennent de prévenir la municipalité de Vienne qu'ils sont chargés d'offrir à la capitale autrichienne, de la part du maître défunt : 1° le piano de Mozart; 2° l'empreinte originale prise sur la figure de Beethoven après sa mort; 3° une aquarelle représentant Haydn au milieu d'une fête musicale; 4° le bâton de chef d'orchestre qui avait appartenu à Haydn.

On annonce de Francfort que la souscription ouverte pour l'érection à Dessau, d'un monument à la mémoire de Mendelssohn a donné un résultat qui assure déjà la réalisation du projet.

Le grand-duc, auquel le comité a laissé le choix de l'emplacement, s'est décidé pour une place avoisinant la gare du chemin de fer.

L'exécution du monument a été mise au concours.

On annonce à Amsterdam une exposition qui s'ouvrira dans les premiers jours de septembre jusqu'à la mi-octobre 1887, et qui ne comprendra que des objets ayant rapport à l'art musical. L'intention des organisateurs est de présenter au visiteur, en tant que cela pourra se faire, le tableau complet aussi bien du passé de la musique que de son état actuel dans tous les pays.

Dans le but d'augmenter l'intérêt de ce spectacle, et de satisfaire en quelque mesure à des vœux légitimes, il se prépare en même temps une série d'auditions, où l'on entendra, outre de la musique moderne, des compositions et des instruments célèbres en leur temps, mais dont on ne trouve que fort rarement le moyen de se faire une idée précise.

Encore deux théâtres brûlés.

Celui de Venloo (Pays-Bas) a été détruit samedi dernier par le feu. Il n'y a pas eu de victimes.

L'autre théâtre incendié est celui de Harleg, dans l'état de Wisconsin (Etats-Unis). Le feu a pris pendant la représentation. Les spectateurs ont pu fuir, mais plusieurs acteurs et employés de la scène ont été brûlés.

BIBLIOGRAPHIE

MUSICAL INSTRUMENTS HISTORIC RARE AND UNIQUE, by A.J. Hipkins, Edinburgh, Adam et Charles Block. — Voici une importante publication qui s'annonce. Le nom de l'auteur nous est un sûr garant de l'excellence de l'ouvrage. Cette histoire des instruments de musique comprendra une série de 58 planches en couleurs, représentant les formes les plus remarquables des instruments connus et usités. M. Hipkins, l'auteur de l'article *piano* de l'*Encyclopædia Britanica* accompagnera chaque instrument d'une notice.

L'ouvrage qui formera un magnifique volume in-folio, paraîtra l'automne prochain. Il en sera tiré 104C exemplaires dont 50 exemplaires d'artiste, planches sur japon, texte sur papier à la main, au prix de 15 livres, 15 sch.; exemplaires ordinaires sur papier de luxe, reliés en demi maroquin, 7 liv., 7 sch. — Avis aux musicographes et aux amateurs de beaux livres.

L'ANNUAIRE DES ARTISTES DRAMATIQUES ET LYRIQUES ET DE L'ENSEIGNEMENT MUSICAL, édition 1887, vient de paraître. Cet ouvrage de 808 pages in-8°, établi avec un soin spécial et des documents pris sur place sans aucun doute à rendre de grands services aux musiciens. Il contient plus de *deux cent mille* noms d'artistes dramatiques et lyriques de directeurs de théâtres et de concerts, professeurs, organistes, éditeurs, fabricants d'instruments, etc., etc., avec adresse, indication d'emploi, notices biographiques, etc. Il donne en outre la nomenclature (accompagnée d'il tableau du personnel et de renseignements divers) des théâtres, conservatoires, écoles de musique, sociétés dramatiques et musicales, concerts, casinos de l'Europe entière.

M. Emmérich Kastner, l'éditeur rédacteur en chef de la *Wiener Musikalische Zeitung* annonce la publication d'un nouveau recueil destiné sans aucun doute à rendre de grands services aux musiciens : le " *Moniteur musical* „. C'est un compilation comprenant des renseignements sur les musiciens, compositeurs, virtuoses, chefs d'orchestre, musicologues, facteurs d'instruments, etc., actuellement vivants et dont les noms ne figurent pas dans les bibliographies et biographies antérieures, M. Kastner nous prie de faire appel à tous ceux que cette publication intéresse. Voilà qui est fait.

Adresser les notices et renseignements inédits à M. Em. Kastner, VIII, Bennogasse, 14, à Vienne. La première livraison du *Moniteur musical*, comprenant les noms de plus de 300 compositeurs, chanteurs, etc., vient de paraître.

VARIÉTÉS

ÉPHÉMÉRIDES MUSICALES

Le 15 juillet 1830, à Bruxelles, *Fra Diavolo* d'Auber, avec Chollet et M¹¹ᵉ Prévost. — Une des partitions les plus mélodiques et les plus fines du maître qui en a écrit tant de charmantes; elle reparaît sur l'affiche à de courts intervalles, mais la fortune ne l'accompagne pas toujours, ce qui est la faute des interprètes. Ainsi, de la dernière reprise (26 décembre 1886) avec M. Furst et Mᵐᵉ Wolff et Lecomte.

A Paris, *Fra Diavolo* date du 28 janvier 1830. — A Vienne, au Natio.-naltheater, il a eu 128 représentations, du 16 novembre 1830 au 16 septembre 1869; puis repris au Hofoperntheater, le 29 octobre 1869, il a encore été joué 29 fois jusqu'à la fin de 1886. — A Londres, à Drury Lane (3 novembre 1831), version anglaise, et au Lyceum (4 juillet 1867), version italienne.

— Le 15 juillet 1823, à Bruxelles, la *Violette*, 3 actes, de Carafa et Leborne. — Artistes : Cassel, Lafeuillade, Juillet, Mᵐᵉ Lemesle et Dorus. Deux représentations seulement. L'œuvre fleur que cette violette sans parfum, plutôt flétrie !

L'ouvrage avait été joué pour la première fois à Paris (théâtre de l'Opéra-Comique, 7 octobre 1828). Le seul morceau saillant de la partition avec des variations " brillantes „ de Henri Herz, a été long-temps sur tous les pianos.

— Le 17 juillet 1820, à Paris (Opéra), *Aspasie et Périclès*, 1 acte, de Daussoigne-Méhul. — La faiblesse du livret nuisit au succès de la partition où l'on remarquait, dit Fétis, un style large et noble. L'œuvre néanmoins eut vingt représentations.

— Le 21 juillet 1821, à Paris, naissance de Michelīne Pauline Garcia, veuve Louis Viardot. Fille du chanteur Garcia et sœur de Marie Malibran, c'est à Bruxelles, sous l'impulsion de son beau-frère De Bériot, qu'elle achèva son éducation musicale. Théodore de Banville, dans ses *Camées parisiens*, a fait le portrait un peu ampoulé de la grande artiste.

« Ô puissance de l'esprit, puissance de l'âme! cette lèvre rouge sensuelle, ce front, ce nez pareil à celui de la Malibran, ces yeux pen.-sifs, mais brûlés d'émotion, exprimeraient l'appétit du bonheur réalisé, si la pensée souveraine ne les transformait et n'idéalisait pas toute cette poétique figure. Et qui mieux qu'elle eût été Orphée, le charmeur des ruisseaux, des arbres immobiles et des tigres à la gueule sanglante? Oui, quoique si évidemment femme et féminine, elle-même, avec ces cette noire chevelure indécise, sous ce laurier sombre, sous ce blanc vêtement de héros et tenant à la main cette grande lyre d'écaille. Et plus le sexe est indécis, et plus elle est elle-même, aussi bien Sapho la prêtresse que l'argonaute Orphée: ou plutôt elle n'est pas un-être défini; elle est et doit être cet ange médiateur, ce symbole vivant dont l'existence vraie et chimérique durera à travers tous les âges. Éloquente, passionnée, farouche, frémissante de l'amour du

---

Dieu, elle est cette vision à jamais immortelle et touchante: l'Être qui porte la Lyre ! »

— Le 19 juillet 1886, à Londres (Majesty's theatre), *Falstaff*, opéra-comique en 2 actes de W. Balfe. Depuis l'*Olympiade* d'Arne, il n'avait plus été représenté, en Angleterre, d'opéra italien d'un compositeur anglais. *Falstaff*, chanté par Rubini, Tamburini, Lablache, Mᵐᵉˢ Grisi, Albertazzi et Caremoli, *achieved a most brilliant success*, nous apprend le biographe de Balfe, dans une monographie publiée à Londres, chez Remington et Cⁱᵉ, 1 vol. in-8°, 1881, p. 128.

— Le 20 juillet 1850, à Paris (Opéra-Comique) *Giralda*, 3 actes d'Adolphe Adam. Une des meilleures partitions du spirituel maître français. La dernière reprise à ce théâtre est du mois de janvier 1868, et à Bruxelles, où elle fut excellente, du 15 avril 1866. A Vienne, au Nationaltheater, *Giralda* n'a été jouée que 15 fois, du 4 octobre 1851 au 21 octobre 1852.

— Le 21 juillet 1860, au Parc de Laeken, par la société les *Mélomanes* de Gand, *Leopold Iᵉʳ*, cantate sur un poème de Lucien Solvay: musique d'Adolphe Samuel " Œuvre d'effet pour la masse et œuvre de musicien pour les artistes „.   TH. JOURET.

— Le 22 janvier 1833, à Paris (Opéra), *Ali Baba ou les quarante voleurs*, 4 actes, de Cherubini. Musique réchauffée d'un ancien opéra inédit du même auteur. L'ouverture seule était nouvelle. Nourrit, Levasseur, Mᵐᵉˢ Falcon et Damoreau créèrent les principaux rôles. Onze représentations. Au dire de Fétis, la partition renfermait de grandes beautés. *Ali Baba* a été joué à Berlin le 27 février 1835 et Mendelssohn en a fait le sujet d'une de ses lettre, celle du 7 février 1834.

— Le 28 juillet 1827, à Paris (Opéra), début de Marie Taglioni, dans le *Sicilien*. Non talent, sa grâce naïve, ses " poses décentes " et volup-tueuses, son extrême légèreté, la nouveauté de sa danse dont les effets semblaient appartenir aux inspirations de la nature au lieu d'être les résultats des combinaisons de l'art et du travail de l'école produisirent une sensation très vive sur le public. CASTIL-BLAZE. (Voir *Éphém. Guide mus.*, 21 avril dernier).

— Le 24 juillet 1832, à Londres (Covent-Garden), Henry Litolff, élève de Moscheles, fait sa première apparition en public. Il avait 14 ans, et seulement 17, lorsque, ayant enlevé une jeune Anglaise dont il s'était épris, il quitta l'Angleterre pour n'y plus revenir. On connaît la suite de sa vie aventureuse.

— Le 26 juillet 1879, à Spa, 1ᵉʳ concert de Camille Saint-Saëns; 2ᵐᵉ concert, 1ᵉʳ août. Le célèbre pianiste-compositeur n'exécute que de ses propres œuvres : la *Jeunesse d'Hercule*, la *Danse Macabre*, deux concertos, la *Rouet d'Omphale*, le prélude du *Déluge* et les airs de ballet entendus pour la première fois en Belgique, — de l'opéra *Étienne Marcel*.

— Le 26 juillet 1809, à Castro-Giovanni (Sicile), naissance de Fran.-cesco Chiaromonte. Sa mort à Bruxelles, le 15 octobre 1886.

" Professeur de chant italien à notre Conservatoire, depuis 1872, Chiaromonte fut un des derniers adeptes de ce culte qui, par Bellini, Rossini, Cimarosa, Jomelli, remonte au divin Bergolèse „. Ainsi s'est exprimé Gevaert dans le discours qu'il a prononcé aux funérailles de l'estimable professeur, discours inséré à l'*Annuaire du Conservatoire royal de musique de Bruxelles*, 10ᵐᵉ année, p. 229.

— Le 27 juillet 1723, à Theux, province de Liège, naissance de Pascal-Joseph Taskin. Sa mort à Paris en 1793. Le nom de cet habile facteur de clavecins, établi très jeune à Paris, il y a plus d'un siècle, s'est perpétué jusqu'à nous ; il est continué aujourd'hui par M. Alexan.-dre-Émile Taskin, la basse chantante de l'Opéra-Comique. Lieu et date de naissance de Pascal-Joseph Taskin, sont à corriger dans Fétis (*Biogr. univ. de mus.*, t. VIII, p. 189). Voir au surplus *Éph. Guide mus.* 29 avril 1885.

— Le 28 juillet 1880, à Bruxelles, (3ᵐᵉ journée du festival) de *Oorlog*, poème de Jean Van Beers, en trois parties, pour soli, plusieurs groupes de chœurs et d'orchestre, harpes, orgues; musique de Peter Benoît. " Une œuvre de premier ordre, l'œuvre d'un grand artiste, d'une individualité puissante, d'un fécond et énergique tempérament.
                                                        MAURICE KUFFERATH.

C'est la ville d'Anvers qui la première avait entendu de *Oorlog*, (16 août 1878). Voir *Éph. Guide mus.* 12 août 1886.

Nécrologie.

Sont décédés :

— A Neuilly lez-Paris, le 28 juin, Giuseppe de Filippi, né à Milan, le 12 mai 1825, fixé en France depuis 40 ans. Il a publié divers ouvrages sur le théâtre et a collaboré à des feuilles musicales. (Notices, Ménestrel, 3 juillet et Pougin-Fétis, t. I, p. 331).

— A Arnstad, le 29 juin, Mᵐᵉ Eugénie John, née dans cette ville le 5 décembre 1825, et qui, ayant quitté le théâtre de Leipzig où elle chantait l'opéra, s'est fait un nom de romancière sous le pseudonyme de Marlitt.

— A Paris, le 5 juillet, Félix Lecouppey, né à Paris, le 14 avril 1811,

attaché au Conservatoire depuis soixante ans et d'où il avait pris sa
retraite l'an dernier comme professeur de piano.
— À Leipzig, le 21 juin, Adolf Schimon, né à Vienne, le 29 février
1820, compositeur et professeur de chant au Conservatoire. (Notice,
Lexicon-Tonger.)
— À Berlin, Adolf Stahlknecht, né à Varsovie, le 18 juin 1813, violo-
niste à l'Opéra, a composé de la musique de chambre et des lieder.
(Notice, *Ibid.*)
— À Londres, le 1ᵉʳ juillet, J.-B. Welch, professeur de chant et chef
d'orchestre.
— À Londres, Lindsay Sloper, professeur de piano et d'harmonie.

EDITION POPULAIRE

Nᵒ 719. **Bach,** Passion selon Saint-Luc. Pⁿ et texte, fr. 3 75
Nᵒ 720. **Schütz,** Passion selon Sᵗ Mathieu　„　„ 5 00
BREITKOPF & HÄRTEL, 41, Montagne de la Cour, Bruxelles

RÉPERTOIRE DES CONCERTS
de Monte-Carlo, Nice, Vichy, Trouville, Hombourg,
Kreuznach, Spa, Ostende, etc.
GRAND SUCCÈS
GILLET, Ernest.

	Piano	Instruments à cordes Partition et parties	Piano et violon, ou flûte, ou mandoline
Au Moulin	fr. 6.00	net fr. 4.00	—
Babillage	„ 6.00	„ 4.00	—
Entr'acte-Gavotte	„ 6.00	„ 4.00	fr. 7.50
Loin du bal.	„ 6.00	„ 2.50	„ 7.50

SOUVENIRS DU CARNAVAL DE NICE
H. TELLAM : Bataille de Confetti, polka.
„　　Violettes de Nice (Bataille de fleurs), polka.
Pour piano, chaque : 5 fr.
Pour orchestre, ch., net : 1 fr. — Pour harmonie. ch., net, 1 fr.
En vente à Bruxelles :
chez SCHOTT Frères, 82, Montagne de la Cour.

GERÇURES
CREVASSES
ROUGEURS
BOUTONS
RIDES PRÉCOCES

CRÈME d'OSSIAS

Quelques
applications de cette
délicieuse crème font
disparaître toutes les
imperfections de la peau
et donnent au visage, aux
mains, aux épaules, cet éclat
tant admiré chez les dames
élégantes.

DÉPÔT GÉNÉRAL :
PHARMACIE ANGLAISE
80, Mont de la Cour, Bruxelles.

Beaux instruments de musique, tels que violons, violoncelles, harpes, etc., et morceaux de musique pour piano,
partitions, à vendre au château de Bolland (par Herve).

NOUVEAUTÉS MUSICALES
Publiées par la maison **SCHOTT FRÈRES,** à Bruxelles:

POUR PIANO
Hollman, J. Chanson d'amour, transcrite pour
piano seul, par Aug. Horn . . . . fr. 3 —
Le Borne, Fernand. Poème (2ᵉ suite), arrangement
à quatre mains par Aug. Horn . . . . net . „ 3 75
Luzzatto, F. Op. 44. Suite de danses-impromptus
pour piano à quatre mains. . . . . . . net „ 5 —
Schmidt, Oscar. Op. 43. Ländler. . . . . „ 4 —
— Op. 44. Sans souci. . . . . „ 4 —
Soli-Devère, Léon. Légende Livonienne transcrite
pᵉ piano, pᵉ la main gauche seule. . . . . „ 4 —
Wieniawski, Joseph. Op. 28. Sur l'Océan, contemplation . . . . „ 7 50
— Op. 43. Guillaume le Taci-
turne, ouverture dramatique pour orchestre,
transcription pour piano à quatre mains, par
l'auteur . . . . net „ 5 —

INSTRUMENTS DIVERS
Accolay, J.-B. Mélodie romantique
Nᵒ 1. Pour violon et piano . . . fr. 5 00
„ 2. Pour violoncelle et piano . . „ 5 00
„ 3. Pour instruments à cordes . „ 6 00
Balthazar-Florence, H. Berceuse du ballet " La
vision d'Harry „, pour viol. ou violonc. et piano „ 4 00
Agniez, Em. Valse pour violon et piano . . . „ 6 —
Herrmann, Th. Fantaisie sur l'hymne national
hollandais, pour violon et piano. . . . . . „ 7 50
Hollman, J. Quatre morceaux faciles pour violon-
celle avec accompagnem. de piano.
Nᵒ 1. Berceuse . . . „ 4 | Nᵒ 3. Pourquoi? . „ 3
„ 2. Air de ballet . . „ 4 | „ 4. Temps di mazurka . „ 4
— Nocturne pour violoncelle et piano . fr. 5 —
Hone, Jules. Fantaisie sur Home Sweet Home,
pour violon et piano . . . . „ 6 —
Le Borne, F. Danse de la Bayadère extraite du
poème (2ᵉ suite), pour flûte et piano . . . „ 5 —
Paganini Nicolo. Dernière pensée, transcrite pᵉ
violon ou violoncelle, ou flûte ou hautbois, avec
accompagnem. de piano, par Edouard Gregoir :
Nᵒ 1. Pour flûte ou hautbois . . . . „ 4 —
„ 2. Pour violon ou violoncelle . . . „ 4 —
Pelgrim, Em. Berceuse pour violon et piano . . „ 4 —
Schumann. Aria de la sonate, op. 11, transcrite
pour violoncelle et piano, par J. Hollman . „ 4 —
Servais, A. F. (Œuvres posthumes).
Concerto en *la* mineur avec accompagnement d'or-
chestre, réduction pour violoncelle et piano, net „ 7 50
Fantaisie sur des airs Scandinaves pᵉ violonc. et pⁿ. „ 13 50
Quatre morceaux de salon :
nᵒ 1, 6,00 ; — nᵒ 2, 7,50 ; — nᵒ 3, 6,00 ; — nᵒ 4, 7,50 fr.
Soli-Devère, Léon. Fleurs fanées, pensée roman-
tique pour violon et violoncelle avec accompa-
gnement de piano . . . . „ 7 50
De Swert (Jules). Op. 47. Pensée élégiaque pour
violoncelle et piano. . . . . „ 5 —
— Le même pour quatre violoncelles . „ 5 —
— Le même pour quatre cors. . . „ 5 —
Tibbe, Henri. Deux morceaux pour violoncelle et
piano : Nᵒ 1, Romance . . . . „ 6 —
Nᵒ 2, Mazurka-caprice. . . . . „ 6 —
Verhey, Th. H. H. Sonate (en *ré* min.) pour violon
et piano. . . . . net „ 5 —

Le Guide Musical

Paraissant tous les jeudis.

ABONNEMENT
FRANCE & BELGIQUE, 10 francs par an.
LES AUTRES PAYS, 10 francs (port en sus).

SCHOTT FRÈRES, ÉDITEURS.
Paris, Boulevard Montmartre, 19
Bruxelles, Montagne de la Cour, 82

ANNONCES
LA LIGNE . . . . FR. 0.50
On traite à forfait pour les grandes annonces.

Les Symphonies de Schumann.

Les œuvres de Schumann sont tombées récemment dans le domaine public et le nombre des éditions qui en ont été immédiatement publiées ou annoncées est un indice certain de leur popularité. Si les succès lents et constants sont les succès de bon aloi, qui distinguent les créations durables du génie des improvisations hâtives des talents à la mode, on peut dire que l'ensemble des productions de Schumann a subi victorieusement l'épreuve. D'année en année, tandis que passaient, fugitives, les œuvres d'un jour, d'une heure, les siennes, par un charme intime et pénétrant, par une puissance profonde et mystérieuse, forçaient doucement l'admiration, sans éclat, sans surprise, par une action lente et sûre: Le temps est déjà loin où, pour ne parler que de la France, Scudo anathématisait Schumann comme Berlioz et Wagner, et les réunissait tous trois en une triade maudite, vouée à la haine et au mépris; où Félix Clément le comparait au singe de la fable, qui montre la lanterne magique pour s'éclairer; où un autre critique encore se réjouissait de l'accueil malveillant fait par le public des premiers concerts populaires de M. Pasdeloup à un morceau du « très tudesque » Schumann. A cette époque, d'ailleurs, le maître allemand venait à peine de disparaître et son œuvre n'avait pas encore conquis dans sa patrie même la gloire solide et mélancolique qui ne s'accorde qu'aux grands morts. Il n'avait pas connu les succès écla-

tants, les ovations bruyantes; sa vie s'était écoulée simplement, vie de travail et de famille, vie de souffrance aussi, de souffrance intime et cruelle; le but qu'il avait poursuivi était noble, et son idéal si élevé, qu'il avait brisé ses forces à l'atteindre. Sa raison l'avait quitté avant son âme, et la douleur, en lui arrachant des plaintes, lui avait inspiré des accents d'une beauté étrange et amère. Il n'avait pas chanté les héros ni les dieux, mais s'était fait le musicien des sentiments intimes, tendres, profonds, sincères, le chantre des joies tristes et des ardeurs mystiques; les dispositions complexes de son âme s'étaient traduites dans ses œuvres en un langage ému, personnel, parfois limpide comme la surface d'un lac tranquille où se reflète un visage avec tous ses détails, parfois troublé comme les remous d'un torrent profond, où l'œil ne peut saisir l'image qu'à travers les ondulations et l'écume. Tantôt il se faisait petit pour devenir le musicien du foyer et pour jeter les trésors de sa mélodie à ceux qui aiment à réunir les joies de l'art aux joies de l'intimité; tantôt il se grandissait jusqu'aux œuvres les plus hautes et travaillait le marbre et l'airain au lieu de modeler ses fines statuettes : toujours il restait lui-même, et il ne créait rien qui ne portât gravé, en lettres plus ou moins lumineuses, le cachet de son génie.

C'est par ses médaillons et ses plus délicats bas-reliefs que sa popularité a commencé. Depuis longtemps on chantait ses admirables lieder, on jouait ses capricieuses pièces, que l'on n'abordait pas encore ses grandes compositions. Leur aspect imposait davantage, et leur nature exigeait, pour être pénétrée, plus de peine et plus de persévérance que n'en apportent ordinairement les simples amateurs dans l'étude d'une œuvre nouvelle.

Il est aussi curieux qu'instructif de suivre les progrès des symphonies de Schumann dans l'opinion publique depuis leur composition, il y a une quarantaine d'années, jusqu'à l'heure présente ; ce n'est pas seulement en France qu'artistes et public leur restèrent longtemps rebelles : à Vienne, en 1847, la symphonie en *si* bémol, exécutée sous les yeux de l'auteur lui-même, fut accueillie avec un « respectueux silence » ; pour tous les amateurs, l'artiste n'était alors que « le mari de Clara Wieck », et un haut personnage lui demandait très poliment : « Seriez-vous aussi musicien? » En 1854, la célèbre Société viennoise des « Amis de la musique » se hasarda pour la première fois à essayer une grande composition de Schumann et choisit la symphonie en *ut*; mal comprise, elle fut mal exécutée et partant, mal reçue ; on fut deux ans avant de renouveler une tentative si hardie ; mais vers 1858 la glace se rompit et l'on ne passa plus de saison sans jouer deux ou trois de ses grands ouvrages (1).

On pourrait croire que Vienne faisait exception ; mais transportons-nous dans l'Allemagne du Nord et prenons à dessein un lieu éloigné du centre d'activité de Schumann, par exemple Hambourg : la Société de concerts, organisée dès longtemps dans cette ville, exécuta pour la première fois, en 1842, une de ses symphonies (celle en *si* bémol), avec si peu de plaisir pour les exécutants et si peu de succès auprès du public, que l'on resta seize ans avant de la répéter, onze ans avant d'en essayer une autre (celle en *mi* bémol). Comme à Vienne, un jour vint où les écailles tombèrent des yeux, et les amateurs finirent par se demander comment il pouvait se faire que des œuvres qui les charmaient à un si haut point aient pu passer naguère pour incompréhensibles (2).

A Londres, la Société philharmonique, depuis longtemps vouée à l'exécution des symphonies à programme de Spohr et à l'admiration mieux justifiée des œuvres de Mendelssohn, fit entendre pour la première fois, en 1854, une symphonie de Schumann ; ses auditeurs la reçurent avec froideur (3). Les amateurs d'Edimbourg attendirent jusqu'à 1873 avant de pouvoir en écouter une à leur tour. A Paris, les premières tentatives furent faites, à partir de 1856, à la Société des jeunes artistes et au Concert populaire. L'acclimatation fut lente, et bien des années se passèrent avant que les symphonies de Schumann eussent franchi, une à une, avec une timide prudence, la route bien défendue qui sépare la salle du Cirque d'hiver de celle du Conservatoire. Aujourd'hui encore c'est à peine si elles occupent complètement, dans le répertoire des concerts du dimanche, la place qu'elles ont le droit de revendiquer et que la splendide partition de *Manfred* n'a, du reste, conquise définitivement que depuis peu d'années.

Ne nous étonnons pas plus qu'il ne faut de la lenteur de ces progrès : nous l'avons dit en commen-

(1) ED. HANSLICK, *Geschichte des Concertwesens in Wien*, p. 371 et 382.
(2) AVÉ-LALLEMANT, *die Philharmonischen Concerte in Hamburg*, p. 30 et 45.
(3) HOGARTH, *the Philharmonic society of London*, p. 107.

çant et nous le répéterons encore, Schumann n'est pas de ceux qui s'imposent tout d'un coup à l'admiration publique. Au lieu d'éblouir les indifférents, il charme et s'attache invinciblement les hommes de bonne volonté. Aussi la critique a-t-elle suivi à son égard la même progression que le public, qu'elle dirige parfois, auquel elle obéit souvent. Du vivant du maître de Zwickau, elle se montra méfiante et réservée, suivant en cela l'exemple de certains compositeurs du temps, les plus en vue ; Mendelssohn, notamment, ne rendit jamais à Schumann l'admiration que celui-ci lui avait spontanément vouée et qu'il manifestait hautement dans ses paroles et dans ses écrits. Plus tard, quand la critique en *ut*; mal pays fut mise en demeure de se prononcer, elle se montra fort embarrassée de la conduite à tenir ; le caractère original, nouveau, hardi, des compositions de Schumann, joint à ce que l'on savait de l'ardeur qu'il avait mise à soutenir dans son journal, les productions de l'école moderne, suffirent à beaucoup de gens pour l'envelopper dans le fameux bataillon des musiciens de l'avenir. Chose curieuse, tandis que les gardiens farouches de l'ancienne école mettaient, le mot n'est pas de nous, Berlioz, Wagner et Schumann « dans un même sac » pour les traîner aux gémonies, et qu'un écrivain français, par exemple, reprochait à ce dernier musicien d'être « dans » ses grandes compositions, si complètement dé- » pourvu de mélodie, si diffus, si incohérent, si faux, » si astronome, si philosophe, si médecin même et » si digne enfin du cénacle dont il faisait partie », par un contraste imprévu, Wagner traitait presque aussi rudement, quoique en d'autres termes, le musicien qu'on lui donnait malgré lui pour rival et pour confrère. Ces vieilles colères, qu'il est assez piquant de retrouver sous leur poussière, sont au moins bonnes à prouver une fois de plus cette vérité consolante, que les insultes des petits et les mépris des grands ne peuvent rien contre le vrai génie. Des anciens détracteurs de Schumann, beaucoup ont disparu, d'autres se taisent ; peut-être quelques-uns se sont-ils convertis : soyons assez discrets pour ne pas leur demander les motifs de leur silence.

(*A suivre*).   MICHEL BRENET.

UN NOUVEL OPÉRA
du Cycle de la TABLE RONDE.

Me voilà libre, enfin, à parler à mon aise du *Merlin*, de Philippe Ruefer, la première œuvre dramatique du compositeur liégeois-berlinois, donnée cet hiver à l'Opéra Royal de Berlin. Le succès de ses huit ou dix représentations a été si franc, si incontestable, qu'elle ne tardera sans doute pas à y faire sa réapparition sous peu.

Décidément le sujet de *Merlin* est dans l'air depuis les dernières années. Sans doute, l'impulsion générale émane de la vogue croissante des « livrets » empruntés aux mythes du moyen-âge par Richard Wagner. L'année dernière on exécutait à l'Institut de France, une cantate pour soli, chœur et orchestre : *Merlin enchanté*, de M. Marty, prix de Rome ; cet hiver, on jouait le ballet *Viviane*, dans lequel figurent Tristan et Yseult ; en novembre, *Merlin* de Karl Goldmark, l'auteur de la *Reine de Saba*, » a eu une première éclatante à Vienne, et a été représenté depuis à Hambourg, New-York, Dresde. Ajoutez-y le *Merlin* de Ruefer, cela nous fera quatre ouvrages sur ce sujet, en moins de deux ans.

En ce qui concerne le poème de ce dernier, la lueur mystique du Saint-Graal de Bayreuth semble avoir troublé le repos de l'auteur du livret, le Dr Hoffmann, qu'un "interviewer" a qualifié d'ami paternel de Ruefer. Son *Merlin* paraît avoir été écrit dès 1882 (1), et semble être emprunté, fort librement d'ailleurs, au poème célèbre de Karl Immermann, l'ami de Henri Heine. Ce vieux *Merlin*, qui date des environs de 1834, et où l'auteur a tenté de fondre les mythes de Faust et du Saint-Graal, est une de ces créations, réputées chefs-d'œuvre "classiques", de par l'autorité des esthéticiens de la littérature, mais inconnues d'à peu près tout le monde, un de ces monumentale-monmie de la littérature, ensevelie sous les couches poudreuses des bibliothèques. "Ah! le *Merlin* d'Immermann, quel chef-d'œuvre!, "Le connaissez-vous?, — "Non, mais......, — "Ni moi non plus; cependant......,

Le *Merlin* de Goldmark, emprunté aux mêmes légendes il est vrai quoique fondé sur une donnée historique (guerres des saxons, etc.,) est traité d'une façon tellement différente, qu'il n'y a presque rien de commun entre celui-ci et l'opéra d'Hoffmann-Ruefer que les noms du héros et de l'héroïne.

Voici une esquisse rapide de l'action dramatique.

Tout comme le fameux duc de Normandie, *Merlin* est fils du Diable en personne et de quelque beauté terrestre innommée. Il habite les grands bois en chasseur solitaire, à l'âme tendre et contemplative, tout en veillant pieusement sur son unique trésor : le tombeau fleur de sa mère près de sa cabane rustique. Cependant la nature, le monde l'appellent : "Sois à nous!, "Et le voilà qui s'apprête à partir à la recherche de son "salut,, de sa "mission,, Au moment des derniers adieux à la tombe de sa mère, son père infernal apparaît. "Tu es en quête de ton salut? Eh bien, mon fils, obéis-moi aveuglément! Cours auprès du roi Artus, et conduis-le aux lieux qu'il te désignera! Là-bas, dès que le terme du voyage sera atteint, tu me retrouveras, afin que je t'indique le but définitif de ta mission. Si tu consens au pacte, le pouvoir magique que je possède moi-même te sera donné à l'instant même., La mère de Merlin, mourante, lui a parlé en effet de cette mission vague, et de ce père qui un jour serait son guide suprême..... d'où il accepte. Le voilà du coup magicien; un orage qui s'approche l'emporte, tandis qu'il sonne du cor comme Siegfried.

Changement à vue: site riant, ensoleillé, dans un beau vallon boisé; une jeune fille, aussi gaie sous un grand arbre, entonne la chanson populaire d'un beau chevalier qui passe en route, lui vole son cœur, puis s'éloigne à jamais.

D'où sort-elle, que fait-elle là, la belle Viviane? Qui est-elle enfin? Mystère, qui ne s'éclaircira guère au courant du "drame,, Par un heureux hasard, Merlin se promène quelque part par là; il entre en scène dès qu'il aperçoit la jeune beauté: "Viviane!.... je savais ton nom avant de t'avoir vue; je t'attendais. etc., Cependant, Merlin n'ayant guère de temps à perdre, Viviane lui place sur la tête la couronne de fleurs qui orne sa belle chevelure flottante, et qui désormais ne quittera plus le bien-aimé. Te voilà parti; Viviane, triste et seule, fredonne une strophe de sa chanson du beau chevalier, qui survint, puis partit.

Deuxième acte: grande cour du palais d'Artus, le roi de la *Table-Ronde*. Seule, devant toute la cour assemblée, la reine Genièvre, celle qui un jour devait être aimée du beau Lancelot du Lac, ce candidat de l'enfer (2), parvient à décider son royal époux à rompre son mutisme obstiné. La cause de son accablement, la voici : Un jour, errant par les bois, il a surpris de loin son Barde favori, qui, solitaire, se châtaitaif à lui seul les mystiques merveilles de ce "Calice où les anges recueillirent les gouttes de la divine plaie, rosée adorable du salut (3), de cette "coupe de la Sainte-Cène, aujourd'hui délaissée et cachée au fond de quelque désert. Dès ce moment, les pensées du pieux roi se sont uniquement concentrées sur *la Quête* du Saint-Graal, ce fameux motif qui domine la plupart des légendes du cycle du roi Artus et de la *Table-Ronde*. Alors tous, la reine, la Cour, les vassaux d'Artus et les suivantes de Genièvre, se décident à partir à l'instant même à la suite de leur seigneur et maître. Seulement quelle route, quelle direction prendre, afin de trouver ce désert inconnu? Perplexité générale, découragement universel, quand tout d'un coup survient le *Deus ex machinâ*: Merlin, à cheval, en costume de chevalier, le talisman de Viviane, la couronne tressée de fleurs, noué autour de son casque. Il s'offre au roi comme guide. Accueil enthou-

(1) Cependant le poème de *Parsifal*, on se le rappelle, avait déjà paru à la Noël en 1877.

(2) De Dante, on il fait partie du Cercle des damnés pour délit d'amour, avec Sémiramide et Cléopâtre, avec Tristan, avec Francesca da Rimini et Paolo Malatesta.

(3) Catulle Mendès : *Richard Wagner* (Charpentier, 1886), chapitre sur *Parsifal*.

siaste; puis tout le monde se range et l'on part. Grande marche avec chœur. Alors, profitant de son pouvoir magique, Merlin s'envole par les airs afin de rejoindre sa, plus vite sa bien-aimée. Changement à vue. Parvenu auprès de Viviane, Merlin, tout comme le Méphisto de Gounod, fait un signe de la main. sur quoi surgit un resplendissant palais en style mauresque. Cependant, étant déjà, paraît-il, au bout de son latin envers sa fiancée, il ordonne bien vite "que la fête commence,, afin de se distraire, sans doute. lui et elle. Grand divertissement: ballet-pantomime, symbolisant la Foi, l'Espérance et l'Amour, accompagné par des strophes des chœurs sur la scène. Les danseuses offrent des couronnes de fleurs, etc. au couple accroupi sur les marches d'une sorte de trône. Restés seuls, les amants se disent adieu de nouveau. En guise de suprême consolation pour Viviane dans sa détresse et sa solitude, Merlin improvise à ses pieds une fontaine, jaillissant au milieu de verts gazons: si, jamais ce mince filet d'eau cessait de couler, ce serait là le signe que lui, Merlin, se trouve en danger de mort, et alors Viviane n'aurait qu'à invoquer le Vent, pour qu'il l'emportât sur son aile auprès de lui.

Dernier acte : Artus et les siens, exténués et désespérés au fond du désert. Le cheval magique de Merlin, confié par celui-ci au roi, a naturellement trouvé le chemin tout seul; seulement, il vient de s'arrêter, se refusant à avancer davantage, signe suprême, selon l'indication du magicien, que le lieu de destination est atteint. Que faire dès lors? Le guide est loin, et l'astre s'apprête à se coucher dans un ciel en feu. Mais voilà Merlin qui reparaît. Il les enveloppe tous d'un sommeil enchanté, car voici que dans les ténèbres surgit le diable, qui va remplir sa promesse envers son fils. A ce moment, la Coupe mystique commence à rayonner sur un rocher. Le "Sang idéal, resplendit. Merlin veut s'en saisir, mais, au même instant des chœurs célestes, célébrant le sacrifice divin du Christ, l'empêchent de commettre le sacrilège. Hésitations et lutte de Merlin, rappelant celles de son demi-frère Robert, entre Bertram et Alice. Enfin, Viviane accourt et se jette éperdue dans les bras de son bien-aimé, la fontaine soudainement séchée l'ayant avertie du danger mortel où celui-ci se trouvait, Triomphe suprême de la vertu ; Le diable, voyant sa cause à jamais perdue, frappe à mort d'un geste le couple par, bienheureux désormais et uni à tout jamais. La Cour, réveillée du sommeil magique par le cor de Merlin, se prosterne devant le calice divin, où continue à rayonner le pourpre du sang mystique... Vision-apothéose: des groupes d'anges agenouillés devant le Rédempteur.

J'ai omis un détail du premier acte. Un moment avant l'apparition de Bertram, pendant que Merlin s'est endormi sous un arbre en face du tombeau, les cieux s'entr'ouvrent : vision de la Tentation du Seigneur dans le désert; le diable lui offre en vain le monde et ses splendeurs, puis s'engloutit; les anges se prosternent devant lui. A la représentation, ces indications du livret ont été sensiblement modifiées : M. de Hulsen, qui avait accepté la coupe couleur de sang, s'était refusé à introduire le Christ comme personnage muet, de sorte qu'on n'aperçoit que le diable gesticulant comme un fou, sans qu'on comprenne trop pourquoi, et les chœurs d'anges, ce qui est d'un ridicule achevé.

Ce livret se distingue de la plupart de ses confrères par des vers plus soignés, plus nobles, plus artistiques, mais il n'offre, en somme, qu'un intérêt dramatique des plus médiocres, il manque un premier lieu de cette puissante et grandiose logique psychologique dans les situations dramatiques et dans les caractères des personnages, qui fait la force des drames du maître. Sans doute cela s'élève au dessus du livret d'opéra, mais en même temps cela reste au dessous des exigences du drame musical.

(*A suivre*.)   J. VAN SANTEN-KOLFF.

ASSOCIATION GÉNÉRALE DES MUSICIENS ALLEMANDS

COLOGNE, juillet 1887.
II

La seconde matinée de musique de chambre, donnée le 28 juin dans la salle de la "Loss-Gesellschaft,, a été, pour moi, la moins intéressante du festival, autant par le choix des ouvrages, que par l'exécution même. Elle commençait par le trio de Dvorak, op.65, joué par MM. Seiss, professeur au Conservatoire de Cologne, pianiste de la bonne école, Zajic, violoniste de Strasbourg et le violoncelliste Hygyesi. C'est un ouvrage d'incontestable valeur, mais qu'il est impossible de mettre au même rang que tant d'autres œuvres de l'éminent compositeur. D'adorables *lieder* du célèbre Robert Frans, supérieurement chantés par Mme Joachim, nous ont fait le plus grand plaisir et le public a été certes de notre avis. Le *Quintette* de Sgambati, joué par l'auteur avec

MM. Zajic, Jensen, Schwarz et Hygyesi, dont le *scherzo* est une vraie trouvaille, est une œuvre fort intéressante, mais à laquelle nous préférons de beaucoup sa symphonie. L'*opus 4.* du reste, indique que c'est une œuvre de jeunesse du maître italien. Une scène assez longue que monotone de Hans von Bronsart nous a profondément ennuyé, malgré tout le talent de Mme Böra, qui a fait tout ce qu'elle a pu, pour la faire ressortir. Des deux duos de Heuberger, compositeur de Vienne, fort bien dits par Mme Schaussel et le ténor Dierich, c'est le second surtout que nous trouvons charmant. Le premier *Ich dachte dein*, nous plaît moins. Je n'aime nies *lieder* de Richard Schmidt, qui ont terminé la séance, ni la manière dont ils ont été interprétés par M. Hungar, et je suis heureux d'arriver au concert a *capella* du mardi soir, une des séances les plus intéressantes auxquelles il m'a été donné d'assister.

Rien de plus merveilleux, de plus parfait sous tous les rapports, que les chœurs a *capella* chantés par les élèves du Conservatoire de Cologne (Ire *classe supérieure*), sous la direction du Dr Wüllner. Impossible d'imaginer une plus grande perfection, une justesse plus irréprochable. Ce charmant ouvrage a été fort bien interprété par Mme Schaussel, Schneider, Wittenhaus, le violoniste Zajic et le pianiste Krögel. Les trois quatuors pour soprano, contralto, ténor et basse de von Herzogenberg sont très bien faits, ont été bien chantés par Mmes Schaussel, Schneider, MM. Dierich et Hungar, mais ne sont pas parvenus à nous réchauffer. C'est touffu, peu clair; plus de talent que d'inspiration.

Le *Kölner Männergesangverein*, l'une des meilleures sociétés chorales de l'Allemagne, a chanté dans la perfection, sous la direction de l'éminent Henri Zöllner trois chœurs superbes : *Der alte Soldat* de Cornelius, *Waldmærchen* de Rheinberger et *Die Minnesänger*, une perle de Schumann, qui a été bissée et qu'on aurait voulu entendre une troisième fois. *Schumann bissé deux fois* dans ce mémorable concert, où tout avait une certaine valeur, c'est un fait à constater, n'en déplaise aux exagérés du wagnérisme, plus royalistes que le roi.

La partie instrumentale de cette séance se composait d'un nouveau trio de Brahms, op. 101 en *ut* mineur, joué par le maître lui-même avec MM. Zajic et Hygyesi.

Comme tous les ouvrages de Brahms, ce trio n'est pas facile à juger à la première audition, et je veux le réentendre avant de me prononcer. Je puis affirmer dès à présent, que c'est une œuvre de grande valeur, et qui m'a frappé surtout par l'originalité de sa forme et la concision des quatre parties. Quel bel exemple pour nos musiciens contemporains, qui pèchent le plus souvent par la longueur excessive de leurs compositions. Alexandre Siloti, cet admirable pianiste russe, a joué en toute perfection plusieurs ouvrages de Liszt, une *Etude*, une *Rhapsodie*, *Consolations* et *Méphistowalzer*, et il a été fait rappeler plusieurs fois après chaque morceau.

Me voici arrivé au dernier jour du festival, c'est-à-dire au dernier concert donné avec chœurs et orchestre sous la direction du Dr Wüllner dans la salle du Gürzenich, entièrement consacré aux œuvres de Wagner, de Berlioz et de Brahms.—Il est significatif et intéressant de constater qu'après la manifestation si ridicule des Parisiens, empêchant par tous les moyens possibles les représentations du *Lohengrin* à Paris, voulant prouver une fois de plus que l'art n'a rien à voir dans la *politique*, ont donné de nouveau la place d'honneur à Berlioz le plus grand des maîtres Français à côté de Richard Wagner le plus grand des maîtres contemporains. Et nous sommes heureux d'ajouter que le *Romeo et Juliette*, cet adorable poème d'amour, a été l'un des plus grands succès du festival. La partie symphonique surtout (la scène d'amour, le scherzo de la *fée Mab*, la fête des Capulets) admirablement exécutée, a littéralement électrisé le nombreux auditoire. Les soli ont été supérieurement chantés par Mme Joachim, M. Dierich, et surtout par la basse M. Charles Mayer du théâtre de Cologne. Quand après l'exécution de cette œuvre, on a offert au Dr Wüllner une grande couronne de laurier, il y a eu dans la salle une explosion d'enthousiasme vraiment émouvante. — Après le *Romeo et Juliette*, il fallait un ouvrage de la valeur du *Triumphlied* de Brahms pour soute, nir l'attention. Les chœurs, l'orchestre et le soliste Charles Mayer se sont vaillamment acquittés, et le compositeur qui assistait au concert a été rappelé deux fois sur l'estrade, de même qu'après son concerto pour violon, joué dans la perfection par M. Brodsky, professeur au conservatoire de Leipzig. Comme avant-dernier ouvrage de ce

concert, d'une longueur désespérante, sont venus le prologue orchestral et la mort d'Yseult, de *Tristan* et *Yseult*, ces deux pages incomparables de Richard Wagner. L'exécution du prologue a été superbe, mais Mme Mohor, hélas ! n'a pas été du tout à la hauteur de sa tâche. Comme toujours c'est la *Kaisermarsch* de Wagner, qui a clos ce mémorable festival de l'*Allgemeine Deutsche Musikverein*, un des plus beaux de ceux auxquels j'ai assisté, et où se sont rencontrés bien des illustrations musicales. En dehors de Brahms et de Sgambati nous y avons vu César Cui, von Bülow, Lassen, Reinthaler, Draeseke, Damroach, Humperdink et d'autres ; parmi les critiques Richard Pohl, Lessmann, Ch. Tardieu, Langhans, etc.

Avant de clore ma lettre, nos plus sincères remerciements aux habitants de Cologne, au *Tonkünstlerverein*, au *Cölner Männergesangverein*, à tous ceux qui se sont efforcés de nous rendre le séjour aussi agréable que possible dans leur ville peu parfumée, malgré toute l'eau de Cologne qu'on y vend. Nous avons été bien étonné de ne pas y avoir rencontré un seul musicien français, belge ou néerlandais: M. Saint-Saëns et Mme Pauline Viardot, qui se rendaient d'ordinaire à ces festivals, étaient cette fois absents.

La prochaine " Tonkünstler-Versammlung ", aura lieu à Dessau.

EDOUARD DE HARTOG.

PARIS

Le *Journal officiel* a enregistré la semaine dernière toute une série de promotions et de nominations d'officiers de l'instruction publique et d'officiers d'académie, faites à l'occasion du 14 juillet. Nous remarquons notamment les nominations suivantes : Officiers de l'instruction publique : Mme Amélie Ernst, la veuve du grand violoniste; Mme Anna Fabre, directrice d'un cours de musique; Victor Dolmetsch, compositeur ; Théodore Lack, compositeur, professeur de piano; Ad. Nibelle, compositeur ; Ed Noël, critique dramatique. — Officiers d'académie : Angèle Blot, harpiste et compositeur; Louise Béguin-Salomon, professeur de piano; Daram-Bernard, ex-artiste du Théâtre-Lyrique et de l'Opéra; Marie Donne, professeur au Conservatoire; Caroline Henrion-Bertier, professeur de chant, ancienne artiste de l'Opéra-Comique ; Adèle Isaac, de l'Opéra-Comique; Marie de Pierpont, organiste ; Yveling Rambaud, cantatrice; Caroline Salla, de l'Opéra-Comique ; Marie Simon, professeur de piano ; Suffit, professeur de piano ; — MM. Audan, maître de chapelle à Saint-François-de-Sales ; Berthelier, artiste dramatique ; Boutmy, artiste des concerts Colonne; Auguste Caune, compositeur, à Marseille ; Alfred Cautier, professeur de chant; l'abbé Nicolas Couturier, organiste de la cathédrale de Nantes; Léopold Dauphin, compositeur ; Ferdinand Dubois, professeur de musique au collège Chaptal; Delrat, artiste lyrique, directeur du théâtre du Capitole, à Toulouse ; Léon Ducreux, président de la Société l'Harmonie, du 8e arrondissement ; Paul Fauchey, organiste de Saint-Roch, professeur aux écoles de la Ville de Paris; Grand, compositeur, à Oran ; Imbert, directeur du Choral de Rennes, professeur au Conservatoire de cette ville ; Julien, compositeur, à Aix; Gustave Lewita, professeur de piano ; le docteur Mène, médecin du théâtre de l'Odéon ; Eugène Sergent. organiste à Notre-Dame de Paris; Victor Sylvestre, directeur du théâtre du Gymnase, à Marseille; Van den Heuvel, professeur de musique ; Charles Vincent, poète et chansonnier, président de la Société du Caveau.

※

Pendant le premier semestre de cette année, il a été donné à l'Opéra 100 représentations qui se décomposent ainsi ; :

Patrie a été jouée 33 fois, *Faust* 14 fois, *Aïda* 12 fois, *Sigurd* 7 fois, le *Cid* 7 fois, les *Huguenots* 7 fois, le *Prophète* 5 fois, l'*Africaine* 3 fois, le *Favorite* 8 fois, *Guillaume Tell* 3 fois, *Robert le Diable* 3 fois, *Rigoletto* 2 fois, le *Freyschütz* 1 fois.

Avec la *Favorite*, *Rigoletto* et le *Freyschütz*, on a donné deux ballets, les *Deux Pigeons* 5 fois, *Coppélia* 1 fois.

※

Dans le conseil des ministres de mardi matin, il a été décidé que ce serait au théâtre de la Gaîté que s'installerait provisoirement la troupe de l'Opéra-Comique.

※

Par suite de la mort de M. Mérante, le poste de maître de ballet est vacant à l'Opéra de Paris. On annonce la prochaine nomination de M. Hanssen, l'ancien maître de ballet du théâtre de la Monnaie.

Suite des concours du Conservatoire de Paris :

Concours d'orgue et d'improvisation. — Premier prix, à l'unanimité : M. Galeotti. Second prix : M. Bondou. — Premier accessit : M. Jemain. Deuxième accessit : M. Letocart. — Tous ces lauréats sont élèves de la classe de M. César Franck.

Violoncelle. — Premier prix : M. Abbiate, élève de M. Delsart. Deuxième prix : M. Gurt, élève de M. Rabaud. — Premier accessit :

Mlle Baude, élève de M. Delsart. Deuxième accessit : M. Jobert, élève de M. Delsart; Mlle Fleschelle, élève de M. Rabaud.

Contrebasse. — Premier prix : M. Weller ; M. Serge. Pas de second prix. — Premier accessit : M. Pickett. Deuxième accessit : M. Thevenin.

Chant (hommes). — Pas de premier prix. Deuxièmes prix : MM. Jacquin, Cornubert, Rouhier. — Premier accessit : MM. Gilibert, Saieza, Lafarge. Deuxième accessit : MM. Jérome, Bello, Ferran.

Chant (femmes). — Premier prix, à l'unanimité : Mlle Durand (classe Barbot). Deuxièmes prix : Mlle Marat (classe Warot); Mlle Agussol (classe Warot). — Premiers accessits : Mlle Sam (classe Bax); Mlle Branville (classe Crosti). Deuxièmes accessits : Mlle Buhl (classe Archaimbaud); Mlle Auguez (classe Bax); Mlle Nestlingham ; Mlle Armand (classe Warot).

Harpe. — Premier prix, à l'unanimité : Mlle Renié. Pas de second prix. — Premier accessit : Mlle Lautemann. Deuxième accessit : Mlle Thevenet.

Piano (hommes). — Premiers prix : M. Delafosse (classe Marmontel), premier accessit en 1886 ; M. Berny (classe Marmontel), premier accessit en 1886. Deuxième prix : M. Riera (classe Fissot). — Premiers accessits : M. Lachaume (classe Fissot) ; M. Williams (classe Fissot). Deuxièmes accessits : M. Catherine (classe Marmontel) ; M. Staub (classe Marmontel); M. Bloch (classe Marmontel).

Piano (femmes). — Premiers prix : Mmes Barrière, Lefébure et Serena du Minil (classe Massart). Seconds prix : Mlle Seeliger (classe Massart); Mlle Depeckar (classe Duvernoy); Mlle Marais, Jusseaume et Jétot (classe Massart); Mlle Jæger (classe Duvernoy. — Accessits : Mlle Parisot et Panthès (classe Massart); Berlin (classe Delabordé); Sarcey (classe Massart) ; Weyler (classe Duvernoy) — Le jury a en outre accordé quatre accessits d'encouragement.

Petites Nouvelles.

On nous écrit de Gand, 26 juillet :

Mardi dernier a eu lieu, en l'église Sainte-Barbe, où se pressait un nombreux public, l'exécution du *Te Deum* à grand orchestre, composé par Paul d'Acosta, à l'occasion du cinquantenaire du Conseil provincial de la Flandre Orientale. Cette œuvre, solidement conçue et artistement réalisée, a fait une excellente impression, et bien que l'auteur y semble un peu trop sous l'influence de Massenet, je la tiens pour une production de grand mérite que je souhaite fort avoir l'occasion de réentendre; la puissance dramatique dont d'Acosta s'y montre pourvu, fait regretter que l'on n'ait point représenté son grand opéra annoncé l'année passée sous le titre de la *Reine des Fées.*

Voici les résultats des principaux concours de notre Conservatoire, la semaine dernière :

Violon. — Cours supérieurs. — Classe de M. Beyer. 1er prix, MM. Léopold De Porre et Paul Miry ; 1er accessit, M. Jules Desterbecq. Classe de M. Lagye, 1er accessit. MM. Jean De Porre et Oscar Bellay ; 2e accessit, M. Jules Drubbel; mention honorable, M. Auguste Drubbel.

Alto. — Professeur M. Beyer. — Cours supérieur. 2e prix, M. Joseph Janssens.

Violoncelle. — Professeur M. Rappé. — 1er prix, M. Louis Miry ; 1er accessit, M. Jean-Baptiste Dubois.

Cornet. — Professeur M. Sauveur. — 1er prix, MM. Edmond De Waele, Odilon De Bode et Florimond Roels.

Trombone — Professeur M. De Waele. — 1er prix, M. Emile Bernaert; 2e prix, M. Auguste Wauters.

Trompette, — Professeur M. Sauveur. — 1er prix, M. Edmond De Waele.

Bugle. — Professeur M. Sauveur. — 1er prix, M. Pierre De Merre.

Flûte. — Professeur M. Léonard. — 1er prix, M. Auguste De Breyne.

Hautbois. — Professeur M. Lebert. — 2e prix, M. Léopold De Maertelaere.

— P. B.

On nous écrit d'Ostende :

La saison bat son plein en ce moment, et, naturellement, la musique compte parmi les attractions les plus puissantes que l'on offre aux étrangers dans le but de lui rendre le séjour aussi agréable qu'utile. Il n'y a pas de ville balnéaire où l'on fasse autant de musique qu'à Ostende; et il faut reconnaître que presque toute celle qu'on y fait est bonne. L'administration du Kursaal a, sous ce rapport, soigné les choses admirablement. Elle a, à sa disposition, des harmonies excellentes, et surtout un orchestre de symphonie tout à fait remarquable. Dirigé par M. Périer, cet orchestre vaut les meilleurs qui soient, et c'est une justice à rendre à M. Périer que, aidé par M. Michel, l'intelligent directeur de l'École de musique, il le mène très artistiquement.

Mais on ne s'en tient pas seulement à l'orchestre. Il y a d'autres éléments, qui font du Kursaal un centre vraiment musical. Sous ce

rapport, le directeur de l'établissement, notre excellent confrère M. Landoy, sait avoir de l'initiative. Grâce à lui, les concerts du jour ne manquent pas plus d'intérêt que les concerts du soir. Ces concerts ont commencé il y a quinze jours à peine et, dès le premier, la réussite a été complète. M. Landoy avait engagé, pour inaugurer cette série, qui sera désormais non interrompue, une jeune cantatrice qui s'était particulièrement distinguée, quelques jours auparavant, dans les concours du Conservatoire, Mlle Rachel Neyt. Cet engagement était comme une sorte de protestation contre la décision du jury du dit Conservatoire, qui avait refusé à la concurrente un premier prix brillamment mérité, et ne lui avait accordé qu'un rappel du second prix, — *avec distinction*, il est vrai.

Le succès de Mlle Neyt a été très vif; le public lui a fait une véritable ovation avec rappels et *bis* enthousiastes. Elle a chanté l'air d'Ophélie d'*Hamlet*, la chanson du page des *Huguenots*, et, en dehors du programme, la *Chanson de Floriça*. de Benjamin Godard. Elle a mis dans tout cela un sentiment très délicat, beaucoup de charme et beaucoup de style ; Mlle Neyt a une jolie voix, singulièrement juste et bien posée, et elle s'en sort en artiste; l'articulation est remarquable, la diction parfaite; et l'on sent bien que toutes ces qualités ont été acquises et développées à bonne école. Encore une élève qui fait honneur à son maître. — Le maître, c'est M. Henry Warnots.

L'administration du Kursaal compte bien continuer dans la voie où elle s'est engagée, en produisant ainsi au public des talents jeunes, qui ne demandent qu'à se faire connaître et toujours choisis avec discernement. L'idée est excellente et portera ses fruits.

Il paraît décidé aujourd'hui que, dans le courant du mois d'août, Mlle Neyt nous reviendra, accompagnée cette fois d'une autre lauréate du Conservatoire, Mlle Bouveroy. Elles feraient entendre le duo de Rubinstein, le *Voyageur dans la nuit*, qui leur a valu tant de succès au dernier concours.

Z.

La Saison, de Spa, en rendant compte du dernier concert de symphonie sous la direction de M. J. Lecocq, mentionne avec un vif éloge l'exécution de l'ouverture de *Guillaume le Taciturne*, de Joseph Wieniawsky. Ce journal décerne à l'œuvre en question l'épithète de grandiose, de capitale, et constate l'accueil très sympathique qu'elle a obtenue dans le programme de cette séance; il rend également justice à l'interprétation et il félicite l'intelligent chef d'orchestre, M. Lecocq.

Le *Précurseur* d'Anvers consacre un long et très élogieux article à la nouvelle partition de M. Emile Mathieu, *Richilde*, tragédie lyrique en 4 actes.

M. Mathieu, dit l'auteur de l'article, a la mélodie, un don précieux, et rare dans notre époque. Dans *Richilde* nous trouvons des mélodies fraîches et coulant de source. Citons dans cet ordre d'idées : au 1er acte la scène dans la forêt où Odile chante les beautés de la nature. Il y a là un motif caractéristique qu'on entend dès le lever du rideau et qui, modifié, parcourt l'opéra entier, s'attachant comme un fantôme au pas d'Osbern pour lui reprocher ses serments trahis. Au 2me acte nous remarquons le *terzetto* et toute la scène entre Richilde et Odile qui est vraiment touchante. Au 3me acte citons le beau *larghetto* d'Osbern, le duo très dramatique entre le même et Odile; la phrase pleine de souffle : « Oui, je t'aimais Osbern » et la mélodie si touchante « Oui, dans les sphères éternelles » — que l'orchestre répète plus tard à la mort d'Osbern — et qui, reprise à l'unisson par Odile et Osbern soulèvera certainement les applaudissements enthousiastes du public. La déclamation est aussi très soignée : au 1er acte, le récit de *Richilde* accompagné par les cuivres, le récit d'Osbern au 3me acte : « Votre cause, ô belle dame » sont des morceaux de grande allure et d'un beau caractère. Au point de vue descriptif symphonique, nous remarquons l'introduction, toute la scène dans la forêt, le tableau symphonique (mariage de Richilde, apparition de l'ombre d'Odile); le 3me tableau du 3me acte (Incendie du couvent de Messines), d'autres dont le détail nous entraînerait trop loin.

Il faut citer aussi les chœurs dont quelques-uns sont très entraînants et très mélodiques.

Une des grandes qualités de la musique de M. Mathieu, c'est qu'elle est très scénique, c'est-à-dire qu'elle a le mouvement, la chaleur, la variété et le souffle; qualités sans lesquelles une pièce de théâtre paraît ennuyeuse et fatigue l'auditeur.

En somme, dit le *Précurseur, Richilde* est une œuvre sincère, forte et bien fournie. Nous lui prédisons un succès de bon aloi.

La petite note suivante fait le tour des journaux français :

« Citons un fait qui tendrait à prouver que les Allemands ne sont pas aussi fous qu'on veut bien le dire du répertoire de Richard Wagner. Ainsi à Berlin, à l'Opéra royal, on n'a donné que douze fois, pendant la saison qui vient de finir, des œuvres du compositeur de Bayreuth, tandis que nous pourrions citer nombre d'ouvrages, *Carmen* entre autres, qui ont été donnés jusqu'à quinze fois. »

On devine l'origine de cette note qui a le mérite, comme tout ce qui sort de l'officine antiwagnérienne de Paris, d'être absolument inexacte. Le bilan de l'année théâtrale à Berlin, que nous avons donné dans notre dernier numéro, démontre, que les œuvres de Wagner tiennent la tête du répertoire, ce qui tendrait à prouver que les Allemands sont bien réellement aussi fous qu'on le dit du répertoire du maître de Bayreuth.

※

Le *Ménestrel* annonce à ses lecteurs une nouvelle, vieille de trois mois, à savoir que l'impresario Wolff de Berlin vient d'acquérir le droit d'exécuter l'unique symphonie laissée par Richard Wagner. Le *Ménestrel* réédite à ce propos une histoire de cette symphonie qui est fausse d'un bout à l'autre. M. Wilhelm Tappert, chargé naguère par Wagner de faire des recherches pour retrouver le manuscrit égaré de cette symphonie, a démenti ce récit fantaisiste paru, il y a deux mois, dans un journal d'Outre-Rhin. Nous avons, il y a deux mois (voir le *Guide musical*, de 2-9 juin) également donné d'après M. Tappert les renseignements authentiques sur cette affaire.

On le voit, les lecteurs du *Ménestrel* sont servis promptement et exactement.

※

A l'occasion du centenaire de *Don Juan*, il y aura à Salzbourg, le 20 et 22 août, deux représentations modèles de *Don Juan*, sous la direction de Hans Richter. Voici la distribution : *Don Juan*, Reuhmann ; *Donna Anna*, Mme Wilt ; *Elvira*, Mlle Marie Lehmann ; *Ottavia*, H. Vogl ; *Leporello*, M. Standigl ; le gouverneur, M. Weiglein ; *Masetto*, M. Folex ; *Zerline*, Mlle Bianco Bianchi. Le théâtre de Salzbourg, où aura lieu cette solennité, est le même où Léopold Mozart et ses enfants se plaisaient à assister aux représentations théâtrales.

※

Il se confirme que le capellmeister Levi, de Munich, ne pourra pas diriger l'année prochaine les représentations modèles de Bayreuth, ces fêtes coïncidant avec l'exposition projetée à Munich en vue de laquelle l'Opéra bavarois restera ouvert pendant toute la saison d'été. Pour la même motif, les artistes de l'Opéra de Munich, sur lesquels on avait compté, ne pourront participer aux représentations de Bayreuth, mais les théâtres allemands sont assez riches en artistes de valeur pour que Bayreuth puisse se passer du concours des chanteurs de Munich, et l'exécution n'en souffrira nullement. Pour la direction on désigne M. N. Kisch, l'excellent chef d'orchestre de l'Opéra de Leipzig.

※

L'excellent pianiste Félix Dreyschock, a eu dernièrement l'honneur de jouer devant l'empereur Guillaume. Le vieux monarque a vivement félicité le jeune artiste.

※

M. Jules Deswert, le célèbre violoncelliste, vient d'être engagé pour une tournée de concerts en Angleterre et en Irlande. M. Deswert travaille en ce moment à un opéra comique dont le sujet est emprunté à une pièce de Sardou.

※

On nous écrit de Londres, le 24 juillet : La saison italienne de Covent Garden s'est terminée samedi dernier par une seconde exécution de la *Vie pour le Czar* de Glinka, en italien. La saison italienne à Drury Lane s'est terminée le 23, *Aida*, *Don Juan*, *Lohengrin* et *Faust* ont été les œuvres les plus applaudies de cette campagne. Carl Rosa est attendu prochainement à Londres et commencera une saison à la fin d'août. Le *Trouvère*, *Carmen*, *Bohemian Girl* et le *Mariage de Figaro*, sont au programme de sa campagne. M. Rosa fera ensuite avec sa troupe une tournée en Irlande.

J'apprends que la nouvelle symphonie de M. Villiers Stanford, qui a été exécutée dernièrement pour la première fois par l'orchestre et sous la direction de Hans Richter, sera exécutée cet hiver à Vienne, aux Concerts philharmoniques. M. Stanford se propose également de faire entendre sa nouvelle œuvre à Leipzig et à Berlin. C'est la symphonie la plus remarquable parue depuis longtemps en Angleterre. M. Stanford, est du reste, un de nos artistes les plus éminents et je sais qu'aux yeux de Hans Richter c'est le compositeur le plus fort de notre pays. M. Stanford n'en est pas à ses débuts sur le continent. Ses œuvres sont depuis longtemps appréciées et classées en Allemagne.

※

Le violoncelliste Joseph Hollman est en ce moment à Londres. Il y a donné, le 15 juillet, un récital dans les salons de Collard, dans lequel il a fait entendre son premier et son second concerto, et une série de petites pièces pour violoncelle, qu'il vient de composer. Grand succès pour le virtuose et le compositeur.

※

Les *Fées*, le premier opéra de Wagner, sera décidément donné à Munich. L'ouvrage est en pleine répétition. Il doit passer vers le mois de septembre. Le rôle principal du ténor sera tenu alternativement par M. Vogel et par M. Mikorsh.

Au *Teatro Regio*, de Turin, le diapason normal sera introduit au début de la prochaine saison.

※

Le conseil municipal de Gênes, a porté de 73,000 à 100,000 lires la subvention du *Carlo Felice*. La prochaine saison du carnaval comprendra *Don Carlos*, *Simon Boccanegra* et le ballet *Amor*. C'est peu !

※

L'*Otello*, de Verdi, vient d'être traduit en hongrois. Il sera donné l'hiver prochain au théâtre de Pesth. Mais le rôle de *Desdemone* sera chanté en italien par la signora Gabbi.

※

Les journaux espagnols assurent que le Teatro Reale de Madrid, montera la saison prochaine les *Nibelungen* de Wagner. Il s'agit probablement d'une des quatre partitions composant la Tétralogie : la *Valkyrie* sans doute. Ce serait sur le désir de la reine-régente que cette œuvre de Wagner serait donnée.

※

La commission d'incendie de Madrid a décidé qu'aucun théâtre ne pouvait ouvrir l'hiver prochain qu'après avoir substitué l'éclairage électrique au gaz.

※

L'emploi rationnel de la pédale au piano est généralement peu compris. Cependant, c'est une grande ressource pour obtenir, outre une belle sonorité, une liaison parfaite entre les différentes notes du clavier, liaison par laquelle seule on parvient à imiter le chant. Pourquoi si souvent néglige-t-on cet aide si précieux au pianiste ? C'est qu'on commence trop tard à s'initier au mécanisme de la pédale. A cause de leur petite taille, les enfants ne peuvent généralement pas atteindre le pédalier, il leur faut prendre une position anormale, ce qui présente beaucoup d'inconvénients. Afin d'y remédier, M. O. Schmidt vient d'inventer et de faire construire un tabouret spécial très ingénieusement conçu qui, s'adaptant au pédalier, permet de les mettre en mouvement à différentes hauteurs. Deux pédales mobiles correspondant avec les pédales du piano, s'adaptent à celles-ci de façon qu'un enfant de sept ans peut déjà s'en servir, tout en conservant une attitude correcte.

Ce tabouret, breveté sous le nom de *tabouret-pédale universel*, sera certainement accueilli avec faveur dans l'enseignement.

※

Le Comité directeur de l'Exposition musicale d'Amsterdam, se rendant au vœu de plusieurs personnes qui se proposent de prendre part à l'Exposition, mais qui se plaignent du peu de temps qui leur reste pour faire les préparatifs nécessaires, a décidé de reculer la date de l'ouverture de l'Exposition. Celle-ci n'ouvrira qu'au mois de septembre et d'octobre 1888.

Grand concours international des Sciences et de l'Industrie de Bruxelles en 1888. — Le commissariat général du gouvernement vient de faire parvenir à MM. les gouverneurs, aux bourgmestres des localités les plus importantes du pays, aux membres des bureaux des comités belges, aux présidenta des chambres de commerce et des syndicats industriels, l'appel aux producteurs et le règlement général des comités belges.

Les intéressés pourront s'adresser aux personnes ci-désignées et prendre connaissance de ces documents.

Les desiderata relatifs à chaque concours tels qu'ils ont été approuvés par le comité central permanent, sont actuellement à l'impression. Les producteurs du pays ne tarderont pas à les recevoir ainsi que tous les renseignements qui leur seront nécessaires pour prendre part au concours ou à l'exposition.

Les demandes d'emplacements devront être faites au commissariat général du gouvernement avant le 1er octobre prochain.

BIBLIOGRAPHIE

IL TEATRO ILLUSTRATO (Milan, Sonzogno). La livraison du mois de juillet contient :

Illustration avec texte : Amélia Stahl, cantatrice viennoise (portrait). Monument Haydn à Vienne ; *le Cœur de Paris*, du marquis de Massa, à l'Opéra-Comique ; *Die Wiener Stadt*, opérette d'A. Muller, au théâtre *An der Wien*, à Vienne.

Texte : Les principes de l'art, par Galli ; la musique à Gênes ; Théâtres de Milan, Turin. Venise, Paris, Vienne, Berlin, Monaco, etc. ; l'art musical au xvie siècle ; Congrès lyrique ; la vie artistique d'Ernesto Rossi ; Bibliographie musicale ; Filippo Filippi ; Bulletin théâtral.

Musique : Deux morceaux de Bozzano et A. Galli.

VARIÉTÉS

ÉPHÉMÉRIDES MUSICALES

Le 29 juillet 1856, à Endenich, près Bonn, décès de Robert Schumann, à l'âge de 46 ans. Il était né à Zwickau (Saxe), le 8 juin 1810. Ses funérailles furent des plus touchantes. Pour tout ornement une couronne de laurier sur le pauvre cercueil. Pour toute ornement une couronne de laurier sur le pauvre cercueil. Joachim, Brahms et Dietrich, les trois amis intimes du défunt, marchaient en tête du cortège: puis venait le pasteur, suivi du bourgmestre de Bonn et de l'élite de la population. Pendant le trajet, des instruments de cuivre jetaient à la foule leurs notes désolées. Lorsque la dernière pelletée de terre fut tombée, les membres de la société *la Concordia* firent entendre un chant lugubre si plein de mélancolie et de douleur, que toute l'assistance en eut les larmes aux yeux.

Un monument, élevé à la mémoire de Schumann, a été inauguré le 2 mai 1880, dans le cimetière de Bonn. Mᵐᵉ Clara Schumann, entourée de tous ses enfants, assistait à la cérémonie, ayant à ses côtés Joachim et Brahms. Ceux-ci, auxquels s'était jointe Mˡˡᵉ Antonia Kufferath de Bruxelles, furent les fidèles interprètes de la musique de Schumann aux deux concerts qui eurent lieu à cette occasion.

— Le 30 juillet 1792, Paris, pour la première fois, entend chanter la *Marseillaise*, par un bataillon de volontaires marseillais faisant son entrée dans la grande cité enflammée. De l'Alsace, son berceau, un vent de liberté avait apporté au pays du soleil l'hymne révolutionnaire de Rouget de Lisle, d'abord appelé *Chant-de-guerre de l'armée du Nord*, ensuite *Chant du Rhin*, enfin la *Marseillaise*.

— Le 31 juillet 1854, à Spa, concert où Henri Vieuxtemps exécute l'*adagio* et la ronde de son concert en *la*, une fantaisie de *Norma* sur la 4ᵐᵉ corde, *Yankee Doodle américain*, et le *Carnaval de Venise*. (Voir le *Théâtre et la musique à Spa*, par Albin Body, Bruxelles, Rozez, 1885, p. 204.)

— François-Auguste Gevaert entre aujourd'hui dans sa 60ᵐᵉ année. Il est né à Huysse, près d'Audenarde, le 81 juillet 1828. — Le maître serait-il tellement absorbé par ses fonctions de directeur du Conservatoire qu'il n'aurait plus rien à produire? Cela serait fâcheux pour l'art.

— Le 1ᵉʳ août 1752, à Paris (Opéra), par une troupe italienne, la *Serva padrona, intermezzo in due atti*, de Pergolèse.

Ce fut l'enthousiasme excité par cet intermède qui alluma la fameuse querelle des partisans de la musique italienne et des défenseurs de la musique française, querelle qui passionna la cour et la ville. La *Serva padrona* fut le modèle que finirent par imiter ceux-mêmes qui l'avait décriée.

Traduite en français et jouée pour la première fois, le 14 août 1754, à la Comédie Italienne, la *Servante maîtresse* eut un tel succès avec Mᵐᵉ Favart, que *cent quatre-vingt-dix représentations* n'arrivèrent pas à en épuiser la vogue. A Bruxelles, la première est du 12 juillet 1755. Le théâtre de la Monnaie en a fait une bonne reprise avec Bonnefoy, Carrier et Mˡˡᵉ Dupuy (19 décembre 1862.)

— Le 2 août 1849, à Saint-Pétersbourg, décès d'Alexandre-Pierre-Joseph Doche, à l'âge de 50 ans. Pendant qu'il était chef d'orchestre à Paris, il a musiqué les couplets de quantité de pièces jouées au Vaudeville et au Gymnase. Son mariage avec l'actrice encore vivante qui porte son nom, ne le rendit pas heureux; Doche, pour oublier sa femme, s'exila en Russie où le choléra mit un terme à ses tribulations conjugales.

— Le 3 août 1850, à Paris (Opéra), Mˡˡᵉ Marie Sasse débute dans le rôle d'Alice de *Robert le Diable*. — Les qualités de sa voix admirable, se développant de plus en plus, et l'intelligence dramatique lui valurent avec l'habitude de la scène et du public, elle joua avec un succès croissant les principaux rôles de son emploi. Parmi les créations qui lui firent le plus grand honneur, est la Sélika de l'*Africaine*. (Voir Éph. *Guide Mus*. du 20 janvier dernier.)

— Le 4 août 1799, à Bruxelles, *Adolphe et Clara*, 1 acte de Dalayrac. Très grand succès, tout comme à Paris où la pièce avait été jouée six mois auparavant (Opéra-Comique,10 février). L'ouverture contient un solo de violon assez joliment dessiné, qui la faisait applaudir: " L'air *Aimable et belle*, dit Berlioz, est-empreint d'une tristesse vague qui, sans nuire à la vérité, semble au contraire ressortir de la situation et donne à la phrase musicale un charme de plus. " Auber, dans sa *Circassienne* a enchassé le petit romance d'*Adolphe et Clara* : *Jeune fille qu'on marie*, le théâtre de la Monnaie, à la date du 14 novembre 1837, dit adieu pour toujours à l'aimable couple Dalayrac que personnifiaient alors Thénard et Mᵐᵉ Genot.

— Le 5 août 1818, à Paris (théâtre Feydeau), *Une nuit au château*, 1 acte, de M. J. Mengal, paroles de Paul de Kock. — C'était le début comme compositeur de Mengal, alors 1ᵉʳ cor à Feydeau et plus tard directeur du Conservatoire de Gand. *Une nuit au château* eut une reprise le 29 janvier 1828, preuve que la pièce n'était pas sans mérite. (Voir Éph. *Guide mus*, 28 avril dernier.)

— Le 6 août 1850, à Dresde, *Lohengrin*, de Richard Wagner.—Partie de Weimar en 1850, l'œuvre arrivait à Dresde après avoir passé déjà par Wiesbaden, Leipzig, Schwerin, Francfort, Darmstadt, Breslau, Stettin, Cologne, Hambourg, Riga, Prague, Munich, Vienne et Berlin. Le catalogue Kastner renseigne 64 représentations de *Lohengrin* au National Theater de Vienne, du 19 août 1858 au 17 février 1869, et 160 à l'Opéra, du 4 octobre 1870 jusqu'à la fin de 1886.

— Le 7 août 1872, à Spa, 1ᵉʳ concert Gounod-Weldon. Grande attraction, causée en partie par le bruit qui s'est fait autour des deux personnages. Cinq nouvelles mélodies du maître, plus un air de la *Reine de Saba*, sont dits par Mᵐᵉ Weldon; après quoi, Gounod prend en main le bâton de chef d'orchestre et fait exécuter l'entr'acte de son opéra *Philémon et Baucis*.

On lira avec un vif sentiment de curiosité les pages si piquantes que notre ami Albin Body a données sur Gounod et Mᵐᵉ Weldon, dans son très intéressant ouvrage le *Théâtre et la musique à Spa*.

— Le 8 août 1792, à Bruxelles, *Pierre le Grand*, 4 actes de Grétry.
— A Paris, aux Italiens, le 13 janvier 1790.

Les critiques du temps vantèrent beaucoup le coloris musical de la pièce dont l'héroïne est la fameuse Catherine que Meyerbeer, 64 ans après Grétry, a fait revivre dans son *Étoile du Nord*.

— Le 9 août 1789, à Montmédy (Meuse), naissance de Robert-Nicolas-Charles Bochsa. Son décès à Sydney (Australie), le 6 janvier 1856. (Voir *Guide mus*., 30 décembre 1886, Éph.)

— Le 10 août 1826, à Bruxelles, le *Pirate*, 3 actes de Bellini, traduction d'Édouard Dupres, la seule qui ait été faite pour les scènes françaises. Deux représentations seulement. La musique, néanmoins, avait plu et Albert Dommange, Renault et Mᵐᵉ Jawureck l'avaient parfaitement rendue. Les troupes italiennes qui ont passé par Bruxelles, n'y ont point donné le *Pirate*.

— Le 11 août 1833, à Bruxelles, *Leicester, ou le château de Kenilworth*, 3 actes d'Auber. — Trois représentations et tout le succès fut pour Mᵐᵉ Lemesle, dans le rôle d'Élisabeth d'Angleterre, où, suivant l'*Aristarque*, elle se montra tour à tour noble, belle, énergique, imposante.

A Paris (25 janvier 1823), *Leicester* n'a pas fourni une longue carrière. En Allemagne, ce fut le *National-Theater* de Vienne, qui fit connaître l'œuvre d'Auber. — Quatorze représentations, du 30 octobre 1826 au 2 novembre 1827.

Nécrologie.

Sont décédés :

A Kissingen (Bavière), le 16 juillet, Théodore Jouret, né à Ath, le 11 septembre 1821, critique d'art, professeur de chimie à l'École militaire, officier de l'ordre de Léopold, frère de M. Léon Jouret, professeur au Conservatoire royal de Bruxelles. Le lendemain de son arrivée à Kissingen, où il se rendait tous les étés, on le trouva sans vie dans un cabinet de bain.

Il ne s'était d'abord occupé de musique que comme amateur, cherchant dans la culture de cet art un délassement à ses études scientifiques. C'est ainsi que de 1844 à 1846, il a composé des mélodies et des chœurs pour quatre voix d'hommes. En association avec Gust. Meynne, qui lui avait servi de guide et de conseil dans ses premiers essais de composition musicale, Th. Jouret a eu part à un opéra comique en un acte, le *Médecin turc*, exécuté, en 1845, dans un salon à Bruxelles. Comme critique musical il fit, en 1846, ses premières armes dans la *Revue de Belgique*, alors dirigée par son ami Gauchez. Son talent s'étant élargi par l'étude, il collabora à l'*Étoile belge*, à l'*Indépendance belge*, à la *Revue trimestrielle* de Van Bemmel, à l'*Office de publicité*, à l'*Écho du Parlement*, au *Ménestrel* et à l'*Art de Paris*. Il donna aussi des articles aux différentes feuilles éditées par la maison Schott, et ce sera toujours pour le *Guide musical* un honneur que de l'avoir compté parmi les siens. On relira avec fruit ses appréciations si judicieuses, écrites d'un si bon style, sur les hommes et les choses de la musique. A une époque — il y a bien trente ans de cela — où l'on parlait avec dédain de la musique de Wagner, Théodore Jouret prit fièrement le parti du maître et dirigea une charge à fond contre certains personnages bien connus; " prudhommes bafflés et caustiques, critiques sérieux, burgraves de la science, » ainsi qu'il les appelait. " Le temps des excommunications est passé, s'écriait-il, on respecte les foudres vénérables mais on les redoute plus; on répond à l'anathème par des applaudissements; et voilà les canons du contrepoint et du bon sens qui vont rejoindre les canons de l'Église dans l'arsenal de curiosités d'un autre âge. »

Théodore Jouret n'avait que des amis; ils étaient tous là consternés au jour de ses funérailles. Son éloge a été prononcé en termes fort émus par ses collègues de l'École militaire. Nous pourrons oublier qu'il fut un savant chimiste, mais nous n'oublierons pas qu'il fut un de nos écrivains les plus respectés en matière d'art. Avons-nous besoin d'ajouter qu'il fut le meilleur des hommes?

— A Davos (Suisse), Max Pinner, né à New-York le 14 avril 1851, de parents allemands, pianiste de grand mérite, ancien élève du Conservatoire de Leipzig, de Tausig et Liszt. (Notice *Musik-Lexicon* de Ricmann, p. 756).

— A Versailles, à l'âge de 66 ans, Antonin de Salnbris, professeur de chant et compositeur. (Notice, *Biogr. des Mus.*, de Fétis, suppl. Pougin, t. I, p. 433.)

— A Nantes, le 11 juillet, à l'âge de 64 ans, Edouard Garnier, compositeur et écrivain musical, ancien professeur d'harmonie au Conservatoire de Nantes. (Notice, *ibid.*, p. 364.)

— A Paris, à l'âge de 50 ans, Léon Leroy, critique musical et qui se montra dans la presse un des premiers apôtres de Richard Wagner.

— A Asnières, près Paris, le 17 juillet, à l'âge de 59 ans, Louis-François Mérante, maître de ballet de l'Opéra et ancien danseur.

— A Bois-le-Duc, le 6 avril, P.-J. Van Paesschen, né à Zonhoven (Belgique), le 22 septembre 1809, organiste de la cathédrale, compositeur de musique sacrée. (Notices, *Artistes néerlandais* de F. Grégoir, p. 3l0. et *Cæcilia*, 15 juillet.)

— A Cologne, le 6 juillet, Friedrich Koenen, né à Rheinbach le 1er mai 1829,directeur du chœur à la cathédrale, maître de chant et auteur de messes, motets, lieder, etc. (Notice, *Lexicon-Towger*, suppl. p. 44.)

— A Zurich, à l'âge de 42 ans, Gustave Weber, chef de musique très considéré.

— A Paris, Alexis Graire, né à Angoulême, violoncelliste à l'Opéra-Comique. Il était devenu fou à la suite de l'incendie de ce théâtre.

— A Vincennes, écrasé par un train du chemin de fer, le 17 juillet, Michel Levy-Menck, né le 7 juin 1822, violoncelliste.

— A Turin, Antonio Ferni, violoncelliste et père des sœurs Ferni, violonistes et cantatrices.

RÉPERTOIRE DES CONCERTS

de Monte-Carlo, Nice, Vichy, Trouville, Hombourg,
Kreuznach, Spa, Ostende, etc.

GRAND SUCCÈS
GILLET, Ernest.

	Piano	Instruments à cordes *Partition et parties*	Piano et violon, ou flûte, ou mandoline
Au Moulin . . .	fr. 6.00	net fr. 4.00	
Babillage . . .	„ 6.00	„ 4.00	
Entr'acte-Gavotte	„ 6.00	„ 4.00	fr. 7.50
Loin du bal . .	„ 5.00	„ 2.50	„ 7.50

SOUVENIRS DU CARNAVAL DE NICE

H. TELLAM : Bataille de Confetti, polka.
　　　　　 Violettes de Nice (Bataille de fleurs), polka.
　　Pour piano, chaque : 5 fr.
Pour orchestre, ch., net : 1 fr. — Pour harmonie. ch., net, 1 fr.

En vente à Bruxelles :
chez SCHOTT Frères, 82, Montagne de la Cour.

Beaux instruments de musique, tels que violons, violoncelles, harpes, etc., et morceaux de musique pour piano, partitions, à vendre au château de Bolland (par Herve).

NOUVEAUTÉS MUSICALES
Publiées par la maison SCHOTT FRÈRES, à Bruxelles.

POUR PIANO

Hollman, J. Chanson d'amour, transcrite pour piano seul, par Aug. Horn	fr.	3 —
Le Borne, Fernand. Poème (2e suite), arrangement à quatre mains par Aug. Horn . . . . net	„	3 75
Luzzatto. F. Op. 44. Suite de danses-impromptus pour piano à quatre mains. . . . . . net	„	5 —
Schmidt, Oscar. Op. 43. Ländler.	„	4 —
Op. 44. Sans souci	„	4 —
Soli-Devère, Léon. Légende Livonienne transcrite p' piano, p' la main gauche seule. . . .	„	4 —
Wieniawski, Joseph. Op. 25. Sur l'Océan, contemplation	„	7 50
Op. 43. Guillaume le Taciturne, ouverture dramatique pour orchestre, transcription pour piano à quatre mains, par l'auteur . . . . net	„	5 —

INSTRUMENTS DIVERS

Accolay, J.-B. Mélodie romantique		
N° 1. Pour violon et piano . . .	fr.	5 00
„ 2. Pour violoncelle et piano . . .	„	5 00
„ 3° Pour instruments à cordes . .	„	6 00
Balthazar-Florence, H. Berceuse du ballet " La vision d'Harry „, pour viol. ou violonc. et piano	„	4 00
Agniez, Em. Valse pour violon et piano . . .	„	6 —
Herrmann, Th. Fantaisie sur l'hymne national hollandais, pour violon et piano.	„	7 50
Hollman, J. Quatre morceaux faciles pour violoncelle avec accompagnem. de piano.		

N°. 1. Berceuse. . . .	3	N°. 3. Pourquoi ? . . .	8	
„ 2. Air de ballet . .	5	„ 4. Tempo di mazurka .	4	„

Nocturne pour violon et piano.	fr.	5 —
Hone, Jules. Fantaisie sur Home Sweet Home, pour violon et piano	„	6 —
Le Borne, F. Danse de la Bayadère extraite du poème (2e suite), pour flûte et piano . . .	„	5 —
Paganini Nicolo. Dernière pensée, transcrite p' violon ou violoncelle, ou flûte ou hautbois, avec accompagnem. de piano, par Edouard Gregoir :		
N° 1. Pour flûte ou hautbois	„	4 —
„ 2. Pour violon ou violoncelle . . .	„	4 —
Pelgrim, Em. Berceuse pour violon et piano . .	„	4 —
Schumann. Aria de la sonate, op. 11, transcrite pour violoncelle et piano, par J. Hollman .	„	4 —
Servais, A. F. (Œuvres posthumes).		
Concerto en *la* mineur avec accompagnement d'orchestre, réduction pour violoncelle et piano, net	„	7 50
Fantaisie sur des airs Scandinaves p' violonc. et p°.	„	18 50.
Quatre morceaux de salon :		
n° 1, 6,00 ; — n° 2, 7,50 ; — n° 3, 6,00 ; — n° 4, 7,50 fr.		
Soli-Devère, Léon. Fleurs fanées, pensée romantique pour violon et violoncelle avec accompagnement de piano	„	7 50
De Swert (Jules). Op. 47. Pensée élégiaque pour violoncelle et piano.	„	5 —
—　　Le même pour quatre violoncelles .	„	5 —
—　　Le même pour quatre cors. . . .	„	5 —
Tibbe, Henri. Deux morceaux pour violoncelle et piano : N° 1, Romance	„	6 —
N° 2, Mazurka-caprice.	„	6 —
Verhey, Th. H. H. Sonate (en ré min.) pour violon et piano. . . . . net	„	5 —

Le Guide Musical

Paraissant tous les jeudis.

ABONNEMENT
FRANCE & BELGIQUE, 10 francs par an.
LES AUTRES PAYS, 10 francs (port en sus)

SCHOTT FRÈRES, ÉDITEURS.
Paris, Boulevard Montmartre, 19
Bruxelles, Montagne de la Cour, 82

ANNONCES
LA LIGNE . . . . FR. 0.50
On traite à forfait pour les grandes annonces.

Les Symphonies de Schumann.

(Suite et fin. — Voir le dernier numéro.)

Si l'on eût dit autrefois à Scudo que Schumann était un classique, il eût bondi et rugi; et pourtant ce grand musicien était autant un classique qu'un romantique en composant ses quatre symphonies, en adoptant pour des chants nouveaux des formes consacrées, modifiées sans doute profondément selon les aspirations de son génie personnel, mais toujours reconnaissables dans les grandes lignes de leur puissante architecture. C'est toujours sur les fondations puissantes posées, consolidées et agrandies tour à tour par Haydn, Mozart et Beethoven, que Schumann vient élever les sombres voûtes, les arceaux entrecroisés, les flèches dentelées d'édifices musicaux d'une originalité incontestable et d'une émouvante beauté. De même qu'une grande croix dessinée sur le sol a servi de base aux architectes de tous les siècles pour construire leurs cathédrales dans les styles les plus divers, de même la forme générale de la symphonie classique a suffi et peut suffire longtemps encore à contenir les inspirations inépuisables des musiciens de génie.

Envisagées dans leur ensemble, les symphonies de Schumann se conforment à ce plan général si merveilleusement pondéré. Mais leurs morceaux séparés révèlent un esprit ingénieux et fertile, sachant plier et modifier à sa guise un moule ancien, sans le briser. C'est dans la partie autrefois la moins importante de l'œuvre que la fantaisie du nouveau symphoniste se donne le plus librement carrière. On sait ce que Beethoven, à travers une progression magnifique de formes et de pensées, avait fait du vieux menuet, devenu scherzo et admirablement transformé et agrandi sous sa main puissante. En cela, comme en tant d'autres choses, il semblait avoir dit le dernier mot de l'art: mais l'art, comme l'étude n'a point de fin, et de l'un ni de l'autre il ne faut jamais désespérer. Sans doute on ne devait plus songer à agrandir encore les dimensions de cette partie de l'œuvre orchestrale, sous peine d'en détruire le parfait équilibre: mais le scherzo apparaissait désormais comme le morceau de la symphonie laissé le plus complètement à la fantaisie du compositeur, et c'est ainsi que le comprirent les deux plus dignes successeurs de Beethoven en ce domaine, Mendelssohn et Schumann.

Beethoven avait plusieurs fois donné l'exemple d'une forme nouvelle de scherzo, avec double retour du trio; l'innovation introduite par Schumann dans les scherzi de sa première et de sa deuxième symphonies consista à écrire deux trios différents, alternant avec le scherzo proprement dit et contrastant fortement, non seulement avec lui, mais entre eux. L'opposition des rythmes binaire et ternaire, si admirablement employée déjà par l'auteur de la symphonie avec chœur, est adoptée par son successeur et semble devenir un principe constant. Les effets mélodiques et rythmiques les plus heureux résultent de cette disposition nouvelle du scherzo, qui constitue la plus importante, mais non pas la seule modification apportée par Schumann dans le tracé de l'œuvre. Dans la troisième symphonie (en *mi* bémol), il intercale un cinquième morceau, auquel on attribue des intentions descriptives. Conservant fidèlement dans les trois autres symphonies la division en quatre parties, il tend à les réunir, à les resserrer de plus en plus, reliant étroitement les uns aux autres deux ou trois morceaux qui se succèdent sans temps d'arrêt. Schumann aime à dessiner dans l'introduction lente du premier morceau un motif destiné à devenir en se transformant le sujet même de ce premier morceau. Le choix de ce sujet est d'une importance d'autant plus considérable, que la symphonie moderne comporte, depuis Beethoven, de grands développements thématiques ; en général le thème schumannien est parfaitement approprié par sa construction rythmique à un tel travail et l'auteur tire souvent des démembrements variés ou de la reproduction persistante d'un même rythme, les passages les plus remarquables et les effets les plus nouveaux de ses développements symphoniques; tantôt il donne à ses mélodies, particulièrement dans les finales, une carrure simple, régulière et franche, claire et presque populaire; tantôt il les brise en syncopes et en retards véhéments, heurtés, parfois sauvages; tantôt il les déroule en spirales élégantes, symétriques, qu'il replie ou déplie comme un ruban sans fin aux reflets chatoyants. Souvent ces thèmes sont d'une nature tellement harmonique, qu'il faut à la mémoire presque un effort pour les séparer des accords dont ils font partie et auxquels ils se trouvent indissolublement liés ; ou bien, au contraire, ils se gravent dans l'esprit comme un lied populaire discrètement soutenu et comme bercé par un accompagnement mystérieux.

Dans les allegros ou premiers morceaux de symphonie, Schumann ne cherche point à s'affranchir du plan traditionnel avec son exposition, ses développements contrepointiques et sa péroraison ; la manière dont il s'y conforme reste sévère tout en étant très personnelle ; l'esprit moderne y trouve une large place par la fréquence des modulations, l'emploi des intervalles chromatiques et la superposition des rythmes. La forme générale des finales est plus libre et se rapproche davantage d'une fantaisie sérieuse et développée ; du scherzo nous avons déjà parlé ; l'andante, dans trois symphonies sur quatre, —on sait que dans la quatrième une romance le remplace, — est un cantabile, de courtes dimensions, où se pose un chant pur et noble, se poursuivant à travers les entrelacs des dessins rythmiques et harmoniques qui le commentent et l'accompagnent.

Le plan, l'invention mélodique, le travail rythmique et harmonique des thèmes, tout est intéressant, sérieux, élevé, original au plus haut degré; cependant on ne peut pas se dissimuler que l'effet général produit à l'audition par les symphonies de Schumann ne répond pas entièrement à ce que promettait l'examen de la composition : c'est que chez lui l'instrumentation ne revêt pas ces teintes brillantes à l'aide desquelles d'adroits musiciens vont quelquefois jusqu'à donner le change sur la valeur de leurs pensées ; ici, comme chez quelques grands peintres,

l'œuvre est admirablement conçue, dessinée d'une main puissante et sûre, les types sont d'une beauté achevée, tour à tour noble, étrange ou touchante : mais la couleur étend sur la composition entière comme un voile d'inégale épaisseur, parfois transparent et vaporeux comme un léger brouillard du matin, parfois sombre et obscur comme un crépuscule d'automne. Regardée de près, l'orchestration de Schumann n'est pourtant pas banale, loin de là, on y remarque, au contraire, des dispositions heureuses et des détails nouveaux ; de même qu'il cherchait à produire des contrastes mélodiques ou rythmiques par l'alternative de thèmes d'une nature opposée ou par la superposition de mouvements divers, le maître s'efforce d'apporter dans l'instrumentation de beaux effets de clair et d'ombre, en séparant plus fortement qu'on ne l'avait fait jusque là, les groupes d'instruments différents, en les assortissant ensemble par familles, en divisant les violons, les altos, pour en tirer de plus nombreuses ressources harmoniques.

Malgré tout, une atmosphère lourde et pour ainsi dire orageuse pèse sur certaines parties de l'œuvre, notamment dans la symphonie en *mi* bémol et le premier morceau de celle en *ut*. Si ces pages vraiment supérieures et pleines d'une rare grandeur, ne sont pas interprétées par un orchestre d'élite, il est à craindre que leurs beautés n'échappent à la masse du public. On peut expliquer ainsi pourquoi la réduction pour le piano à quatre mains, si funeste à tant d'œuvres orchestrales et si propre à en donner aux amateurs une fausse opinion, aide, au contraire, à la compréhension des symphonies de Schumann. Le musicien qui, avant de les entendre au concert, les a lues dans la partition ou exécutées lui-même dans un arrangement fidèle et suffisant, en saisira mieux les beautés et les aimera davantage.

Les quatre symphonies de Schumann, dont nous avons essayé d'indiquer la physionomie générale, présentent entre elles d'assez fortes dissemblances; comme quatre frères portant sur leur visage la marque indéniable de leur parenté, elles ont cependant chacune leur caractère distinctif, leurs traits particuliers. La première, en *si* bémol (op. 38), est pleine de jeunesse, de confiance et de gaieté; ses thèmes joyeux, capricieux, élégants, ou doucement mélancoliques, sont clairement développés et brillamment orchestrés; dans cette œuvre, selon l'expression d'un critique français auquel nous ferons tout à l'heure un plus large emprunt, « Schumann déclare cavalièrement, » sur le ton de la fanfare et du boute-selle, qu'il va se » lancer à la suite de Beethoven ». Dans la deuxième symphonie, en *ut* (op. 61), l'élan est pris et l'allure se fixe; elle gagne en force et en énergie ce qu'elle abandonne de sa première gaieté et de sa grâce insouciante. L'élément rythmique prédomine dans l'allegro, à la fois sombre, heurté, puissant; dans le scherzo, la fantaisie du maître se joue librement, tour à tour fougueuse et délicate, à travers les contrastes tranchés d'un premier thème rapide, brillant, presque sauvage, et de deux trios gracieux, tranquilles et souriants. Puis vient un cantabile superbe, dont le motif, posé par les violons, passe et repasse entre les mains des divers groupes de l'orchestre, qui se le reprennent l'un à l'autre sans l'achever, comme une interrogation douloureuse. Les effets de vigueur du premier morceau se retrouvent dans le finale, adaptés à des thèmes plus carrés et plus clairs, mais présentant moins de nouveauté et d'intérêt. La quatrième symphonie, en *ré* mineur (op. 120), prend place par son style et par la date de sa naissance avant la troisième, peut-être même avant la deuxième ; par plus d'un détail de sa composition elle sert, en effet, de chaînon entre les deux premières, son scherzo se rapprochant plus de celui de la symphonie en *si* bémol, et son allegro rappelant davantage le scherzo de celle en *ut*. Extrêmement distinguée et plus aisément saisissable dans son ensemble que la seconde symphonie, la quatrième est exécutée plus fréquemment dans les concerts.

Pour la troisième symphonie, en *mi* bémol (op. 97), moins accessible, moins connue, à cause de la sévérité plus grande de son style, on nous permettra de nous abriter derrière un jugement porté avant nous : « Un souffle d'une puissance surprenante » anime et parcourt le premier morceau tout entier. » La souplesse des propositions qui s'enchaînent » sans lacune, sans effort, la franchise des entrées, » l'heureuse préparation et le solide éclat des reprises » la variété des accents, tantôt plaintifs, tantôt sau-» vages, tout concourt à lui assurer les plus légitimes » suffrages. Le badinage gracieux et légèrement » attendri de la troisième partie de l'œuvre, » mérite une appréciation non moins favorable. C'est » une de ces inspirations qui appartiennent en » propre à Schumann et où nul autre n'a rien à voir. » Le scherzo qui sépare ces deux parties n'est pas » moins distingué. Une de ces éclaircies assez rares » dans l'orchestration puissante, mais quelque peu » terne et mate de Schumann, achève de faire valoir » le passage où s'entremêlent avec tant d'aisance le » bourdonnement continu des basses, le piquant » éparpillement du trait intermédiaire, et la grâce » singulière, indéfinissable, du motif qui se fore » capricieusement dans les parties hautes. Le dernier » morceau, enfin, se recommande par des qualités » différentes, pour ne pas dire contraires. Sa contex-» ture serrée, ses articulations rigides, autorisent à » le placer dans la classe assez nombreuse des pro-» ductions du maître dont il est juste de dire, prin-» cipalement à leur éloge et aussi un peu à leur désa-» vantage, qu'elles se présentent tout d'une pièce (1)».

Nous en avons dit assez pour faire deviner au lecteur que nous sommes de ceux qui penchent à attribuer à Schumann le premier rang parmi les musiciens qui ont osé aborder, après Beethoven, le

(1) Léonie Mercadd. *Un successeur de Beethoven ; étude sur Robert Schumann*, p. 61. — Voir aussi le passage relatif à Schumann dans l'article *Symphony* du diction-naire de sir George Grove, par M, Hubert Parry.

genre de la symphonie pure. Pourtant nous tenons à nous défendre de toute idée de rabaissement systématique d'un autre artiste, remarquable dans le même domaine par des qualités opposées, plus brillantes, plus séduisantes, au fond moins nerveuses et moins abstraites. Nous ne referons pas ici pour la vingtième fois un parallèle inutile entre Mendelssohn et Schumann ; quoique les armes y soient courtoises, nous n'entrerons pas dans cette lice où l'on court risque, en prenant trop ardemment parti, de méconnaître deux génies, tous deux dignes de notre admiration. Dans l'écrin des joyaux de la symphonie, l'œuvre de Mendelssohn nous semble une perle transparente, sertie avec une élégance achevée, ou bien une opale aux reflets changeants, séduisant le regard par ses nuances ténues et ses veines irisées ; l'aspect des grandes créations de Schumann n'a pas la même coquetterie ; un passant distrait peut n'y apercevoir de loin qu'une pierre massive et sombre : s'il approche, il en verrra sortir des éclairs et y reconnaîtra une gemme d'une beauté rare, taillée d'après des règles imprévues et jetant, malgré sa teinte obscure, tous les feux du pur diamant.

MICHEL BRENET.

RICHARD WAGNER
DANS LES MÉMOIRES D'UNE IDÉALISTE

Voici un livre assurément peu connu, curieux pourtant et intéressant à maint égard. Publiés sans nom d'auteur, les *Mémoires d'un Idéaliste* ont été écrits par une Allemande, Mlle Malvida de Meisenbough, qui vit actuellement en Italie, où le plus souvent elle habite Rome. Nature enthousiaste (*schwärmerisch*, dirait-on exactement dans sa langue, et la nuance de ce mot n'a pas de parfait équivalent en français, esprit libre de toute attache dogmatique, cette dame a traversé des milieux divers, vécu sous des cieux différents ; elle s'est trouvée mêlée aux plus importants événements politiques et sociaux depuis et y compris 1846 ; elle s'associa activement d'une façon militante au mouvement d'émancipation qui porte cette date. On peut la rapprocher des George Sand et des Daniel Stern (Mme d'Agoult), pour certaines tendances, pour le côté viril de l'esprit ; mais elle appartient à une génération plus récente, et sa capacité admirative est d'autre sorte. Le livre répond au titre : c'est l'histoire, en trois périodes, d'une vie intellectuelle fort active, intense même et ardente ; on la voudrait parfois moins impersonnelle, cette histoire ; mais on sent que l'auteur, dans sa modestie, s'est attaché à la rendre telle ; les personnages, hommes politiques, publicistes, littérateurs ; poètes, artistes, savants, qui ont exercé une influence marquée sur son esprit et donné à ses facultés d'exaltation admirative l'occasion de s'exercer, y tiennent plus de place qu'elle-même.

Des trois volumes jusqu'à présent parus (1), j'ai songé à détacher ce qui a trait à Richard Wagner.

I

Il n'est pas question du grand artiste avant le troisième chapitre du second volume : *Les Réfugiés politiques allemands*. Les deux premiers chapitres décrivent l'arrivée de l'exilée à Londres, et là connaissance qu'elle fit de la vie anglaise. Puis nous voyons

(1) En réalité, il n'est question de Wagner que dans les deuxième et troisième volumes. Le premier volume, consacré aux impressions d'enfance et terminé par le récit des événements de 1848 avec leurs conséquences, a été publié d'abord séparément avant la guerre de 1871, *en français*, et presque contre le gré de l'auteur (Préface des deuxième et troisième volumes). « Des amis, dit Mme de Meisenbough, s'emparèrent du manuscrit et le firent imprimer au plus vite. » Le livre parut en Suisse ; l'accueil reçu dépassa l'attente de l'auteur, et la décida à publier la suite, *en allemand*, cette fois ! Aucune traduction partielle ou totale n'a été faite jusqu'à présent.

défiler les figures marquantes du cercle des proscrits et émigrés allemands; l'un d'eux, Karl Schurz, part pour l'Amérique après avoir épousé à Londres une jeune compatriote, et Mlle de Meisenbough nous communique une longue lettre de lui, toute pleine de l'éloge de la liberté américaine. Tout en approuvant les motifs de cet éloge, la correspondante de Schurz fait ses réserves : cette conception de la liberté individuelle illimitée, cette quasi suppression des *impedimenta* gouvernementaux, cette tendance à *l'anarchie*, elle les admet chez un peuple jeune, sans traditions sans passé; mais elle rêve pour sa patrie un autre idéal de liberté, ennobli par la notion de la beauté, où l'esthétique et l'art aient leur part, et fassent surgir du sol antique des temples nouveaux......

« Ce que pourraient être ces temples, consacrés aux nouvelles divinités plus idéales de la liberté, je l'avais entrevu en un bienheureux pressentiment, lorsque, étant encore en Allemagne, je lus à la suite trois ouvrages nouvellement parus d'un même auteur : *L'Art et la Révolution*, *l'Œuvre d'art et de l'avenir* et *Opéra et Drame*, de Richard Wagner. L'auteur, qui vivait en Suisse, exilé depuis la révolution de Dresde au printemps de 49, ne m'était pas personnellement connu; mais je fus trop puissamment entraînée par le torrent de pensées qui débordaient de ces livres et dans lesquelles je reconnaissais, tel que je l'avais rêvé, l'évangile de l'avenir de l'Allemagne; aussi je lui écrivis, après avoir terminé *Opéra et Drame*, et je reçus de lui une réponse aimable. Malheureusement, je n'avais pu rien connaître, avant son départ pour l'Angleterre, de ses œuvres musicales, qui commençaient seulement à être représentées de côté et d'autre sur les scènes allemandes; Th....., Anna et moi, nous avions seulement le ensemble à B..... le texte du *Tannhæuser*, et nous en avions été transportés. Tous trois nous avions senti, avec une joyeuse émotion, qu'une voie nouvelle s'ouvrait là pour un art vraiment libérateur. Le texte, plein d'une profonde signification éthique, n'était plus une de ces œuvres qui invitent à une distraction frivole après l'accablante uniformité des occupations journalières, ainsi que la plupart des opéras représentés sur nos scènes; ici nous étions captivés et portés à un grave recueillement, puis entraînés à partager, avec la sympathie la plus profonde et la plus vive, les sentiments et les souffrances des personnages; enfin nous éprouvions le douloureux bonheur de cette résignation tragique, par laquelle le vrai drame, semblable à une grande fatalité, nous élève au dessus de la misère de la vie, en une sublime disposition d'âme. Je songeais avec ravissement à ce que devait être ce texte, renforcé par l'expression musicale, dans une représentation vivante; un profond désir me venait au cœur de pouvoir assister à une telle représentation. Mais mon éloignement de l'Allemagne me retranchait toute espérance à ce sujet. Je ne cherchai pas même à continuer de correspondre avec l'écrivain et le poète-musicien de génie, ne pas risquer de l'importuner, lui étant complètement inconnue, et surtout parce que ces pensées d'avenir, toutes libératrices qu'elles fussent, me semblaient maintenant disparaître à mes yeux dans le lointain, à une distance qui ne m'était plus accessible. »

Le chapitre suivant (4e chapitre du 2e volume) ne fait plus mention de Wagner; il nous montre l'exilée, née d'une famille riche, aux prises avec les difficultés de la vie matérielle, donnant des leçons, se livrant à l'enseignement.

Nous retrouvons Wagner au cinquième chapitre (*La famille du libre choix*), et d'une façon assez imprévue... à propos de Garibaldi. L'auteur nous donne un extrait de la correspondance ultérieure de l'auteur d'*Opéra et Drame*, extrait qui se rapporte au héros italien. Mlle de Meisenbough retrace d'abord le côté légendaire de la vie de Garibaldi : « ...Le peuple, à Naples porte maintenant son portrait en guise d'amulette, fête l'anniversaire de sa naissance en son honneur et non plus en celui de son patron saint Joseph; il croit fermement, ce peuple, que le premier Garibaldi est mort depuis longtemps, mais qu'il ressuscite indéfiniment, et qu'il y aura toujours un Garibaldi..... » C'est le cas de citer ici une page magnifique de Richard Wagner, qu'il m'adressa plus tard, la faveur du destin ayant fait de lui un ami pour moi... Cette page fut écrite à l'époque où Garibaldi venait de mettre la dernière main à l'unité de sa patrie.

« J'étais tombé tout à fait par hasard sur la vie de Timoléon dans Plutarque, et je l'avais relue avec une grande impression. Cette vie a ce caractère absolument rare et inouï, qu'elle parvient vraiment à sa fin d'une façon complètement heureuse, cas tout à fait exceptionnel dans l'histoire. Cela fait vraiment du bien de voir qu'un pareil miracle a pu se réaliser une fois; mais en considérant toutes les autres nobles choses vouées au malheur, je ne peux m'empêcher de reconnaître en un tel cas, à proprement parler, un simple appeau disposé par le démon du monde. La porte devait rester

ouverte à cette possibilité, afin de pouvoir entraîner des milliers d'individus à se faire illusion sur le fond réel du monde. Si cette possibilité ne s'était jamais présentée quelque part, il faudrait presque admettre qu'il nous serait impossible de parvenir par une voie plus rapide à un but que nous autres Occidentaux, semble-t-il, ne pourrons jamais atteindre que par un chemin fort long et détourné. Aussi combien de points de contact n'y avait-il pas, qui viennent de me faire comparer Garibaldi à Timoléon. En voilà encore un d'heureux! Serait-il possible que la plus terrible et réelle amertume lui fût épargnée? Je le lui souhaite de tout cœur. Néanmoins je frissonne souvent en pensant qu'il n'est qu'une mouche ouverte à plus d'une possibilité. Peut-être que la mouche est trop grosse et trop forte... »

« Hélas! ajoute Mlle Meisenbough, elle ne l'était pas: Garibaldi, lui aussi, dut vider jusqu'à la lie le plus amer calice. »

Nous allons voir maintenant l'exilée enthousiaste faire la connaissance personnelle de Wagner.

(*A suivre.*)   CAMILLE BENOIT.

UN NOUVEL OPÉRA
du Cycle de la TABLE RONDE

II

Considérée d'un point de vue général, la musique de *Merlin* est écrite dans le style du " drame musical", c'est-à-dire qu'elle n'est pas une suite de morceaux ; les différents épisodes se rattachent, s'enchaînent, suivant l'innovation de style qu'on somme la mélodie infinie ou " continue , et dont Wagner a réalisé le modèle incomparable, dans ces œuvres de la dernière période (1). Ce bel enchaînement cette magistrale unité se fait surtout remarquer dans la première moitié de *Merlin*; plus tard, une chanson, une marche avec chœurs, des chœurs dansés, un choral, se rapprochent sensiblement des formes usitées de l'opéra.

Le style noble et élevé du drame musical n'est pas, malheureusement, appliqué assez rigoureusement; l'intérêt commence à languir vers le milieu du deuxième acte.

Mais n'anticipons pas.

Le début de l'œuvre me paraît tout uniment superbe; la courte introduction instrumentale, pleine de sentiment poétique, d'un coloris chaudement tendre, précédant le monologue de Merlin, chaleureusement et expressivement déclamé, avec quelques diaps passionnées, vibrante, tout cela est d'un bel effet Si le compositeur avait réussi à maintenir l'ouvrage tout entier dans ce style élevé, la liste des chefs d'œuvre de la musique dramatique se serait sans doute trouvée accrue de son ouvrage.

Signalons encore l'approche, le déchaînement, et surtout l'apaisement graduel de l'orage, page d'un pittoresque magistral, préparant le changement à vue (2).

Saluons et admirons surtout les deux splendides duos d'amour qui terminent le premier et le second acte, très libres d'allure et très vivants, très francs et chaleureux d'émotion. Ils ont des explosions si passionnées, qu'un souffle lointain — point de réminiscence directe toutefois! — des formidables adieux des héros de la *Goetterdæmmerung* semble avoir passé par là. Détail charmant entre tous : le songe (vision de la tentation) de Merlin, dans la première scène, s'évanouit en accords éthérés de violons en sons harmoniques. Les accents caractéristiques, tant au point de vue du coloris instrumental qu'à celui de la déclamation, ne font pas défaut, par-ci par-là, dans le rôle du Démon. Après le retour des quelques premières mesures de la chanson d'infâme charmante de Viviane, qui ouvre le second tableau, cet air se meurt en accords *pianissimo*, dans les régions les plus élevées des instruments... Cette inspiration est d'un fort bel effet.

Tout cela, je le répète, est d'un musicien de race, d'un tempérament musical poétiquement doué, capable, ce me semble, d'atteindre un jour les sommets.

J'y vois de ce côté une belle et grande promesse d'avenir.

Au second acte, les rôles du couple royal renferment maint épisode remarquable, d'une belle déclamation et coloré de charmants effets d'instrumentation. Pour moi, il n'y a là de vraiment fâcheux qu'une marche avec chœurs, presque vulgaire, tout à fait genre opéra, et qui fait tache dans l'ensemble de l'œuvre. Cet épisode a de plus le défaut d'être d'une longueur désespérante; l'auteur l'a sagement raccourci dès la seconde représentation. Dans le ballet-pantomime — hors d'œuvre parfaitement superflu — l'effort, tant de la part du librettiste que du compositeur, pour rompre avec la tradition des banalités

(1) Première période : *Die Feen*, *Das Liebesverbot*, *Rienzi* (1833-1840); deuxième période : *Fliegender Holländer*, *Tannhäuser*, *Lohengrin* (1841-1847).

(2) Comme modèle, comme type parfait de pareille peinture dans la musique dramatique, on peut considérer, à part le prélude de la *Walkyrie*, le merveilleux apaisement de la tempête, en *ré* mineur dans l'*Obéron* de Weber.

convenues du ballet d'opéra, est visible et constant, mais si louable qu'il soit, on peut regretter que les auteurs se soient arrêtés à mi-chemin? Mieux eût valu, pour sûr, rompre franchement avec cette niaiserie, bête à pleurer, quinque consacrée par des siècles de victoires... mais cela aurait produit moins « d'effet » dans la salle ; voilà la *cardo quaestionis !* J'ai déjà signalé la grande et superbe scène d'amour finale, qui n'a, au point de vue de l'intérêt dramatique, que le seul tort de répéter presque exactement la situation qui termine le premier acte.

Un excellent morceau de peinture musicale, conçu dans l'esprit wagnérien (1), c'est le prélude du dernier acte, empreint d'une expression pathétique de morne accablement, d'un désespoir sans bornes, sans issue, presque résigné déjà, qui initie à merveille l'auditeur à la situation du drame, au moment où le rideau se lève. Plus tard, quelques mesure exquises peignent le coucher glorieux du soleil en accords sur une gamme descendante, donnée par les cordes seules, les violons divisés, à l'aigu, avec sourdines. Le chant de Merlin expirant est plein d'accents touchants et d'une expression pathétique. Les chœurs d'anges, un prestant tant qu'au dernier acte, sont d'un bon effet mais me semblent cependant manquer de caractère ; cela n'est pas assez céleste, c'est trop terre à terre.

En somme, quoique l'œuvre soit conçue dans l'esprit wagnérien, on n'y remarque presque aucune imitation servile, aucune copie directe. Je n'ai aucun goût pour la chasse aux réminiscences, qui, en démontrant ses vastes connaissances musicales, ne sert généralement qu'à flatter l'amour-propre du chasseur lui-même. Mais il m'est impossible de passer sous silence deux emprunts thématiques à Wagner, extrêmement fâcheux, notamment au murmure de la forêt du *Siegfried* dans le récit du Roi (deuxième acte), et à deux motifs de la *Walkyrie* (dernier acte), dans la lutte suprême entre le démon et son fils. Seulement, ne l'oublions pas, l'œuvre est le premier essai dramatique, le début sur la scène, du compositeur. Celui-ci a fait preuve d'un rare talent d'instrumentation ; il a mêlé, avec le meilleur effet, aux instruments usités, le cor anglais et la clarinette basse, à laquelle sont confiés çà et là des bouts de récitatif obligé, dans le style et le caractère wagnériens. Les effets de cordes divisées sont assez fréquents. Toute l'œuvre dénote un sentiment très fin et une main habile, déjà rompue au " métier ". Il n'y a guère de véritables " motifs conducteurs " dans *Merlin*, je n'y ai remarqué que la réapparition, à plusieurs reprises, d'une courte progression de cuivres, une sorte de motif de la mission de Merlin), paraît-il.

Pour conclure, je souhaite à M. Ruefer pour sa prochaine œuvre un bon livret, un vrai drame. Il nous donnera une œuvre remarquable.

Vous savez que M. Fh. Ruefer est d'origine belge ; son père était organiste de l'église évangélique à Liége. C'est là que Philippe Ruefer naquit en 1844. La vocation musicale se révéla chez lui à l'âge de six ans. Sous ce rapport-là, il serait donc plus musicien que Berlioz, Schumann et Wagner. La résistance opiniâtre, obstinée, de l'auteur de ses jours contre la carrière de musicien, fut brisée par un des précepteurs de l'enfant, Ruefer s'étant fait consécutivement chasser d'à peu près toutes les écoles ; au lieu de s'appliquer aux devoirs de style, il composait en cachette, entre autres une sonate et un quintette pour cordes, sans avoir d'ailleurs la plus élémentaire notion de la théorie de son art. Ruefer entra au Conservatoire et il y obtint rapidement la médaille d'or pour le piano, l'orgue et la composition.

En octobre 1867, nous le retrouvons à Leipzig, auprès du célèbre théoricien, Maurice Hauptman. Celui-ci le renvoya. " Que voulez-vous que je vous apprenne? Des pensées musicales.... je ne saurais vous en donner, et ce qui vous manque encore en fait de connaissances théoriques, vous l'apprendrez sans moi ,. Sur ce, Ruefer devint directeur de musique à Essen, la célèbre ville des canons-Krupp, deux ans plus tard il fut engagé par le professeur Julius Stern à Berlin comme professeur de piano au conservatoire que celui-ci dirigeait alors. Période de misère, peu de temps après la guerre, de manque d'argent, les leçons se rapportant guère assez pour y vivre. Cependant, Ruefer composait toujours. Aujourd'hui l'excellent musicien est venu à bout de tous les obstacles, quoiqu'il continue à donner des leçons ; il est entre autres le précepteur musical des enfants du prince héritier d'Allemagne.

C'était un très ancien désir de Ruefer, d'entreprendre la composition d'un opéra, cette tentation, fatale dirait-on presque, à laquelle, parmi les maîtres, seuls Liszt et Brahms ont résisté. En 1881, il fit la connaissance du Docteur (2), Hoffmann qui, peu de temps après, lui

(1) *Tristan*, prélude du troisième acte.
(2) Déjà dans le récit d'un voyage musical en Allemagne, un Français, en 1845, avait fait cette remarque judicieuse, " tout le monde est docteur ou ce paya là ,.

En outre, la plupart de ceux qui par malheur ne le sont pas, ne dédaignent pas de se faire décerner ce titre, ou celui de " professeur ,, soit verbalement, soit par écrit, petite flatterie d'amour-propre assez inoffensive du reste, qu'ils accueillent d'un aimable sourire de vanité satisfaite. Même les épouses de ces non titrés passent généralement pour une " Frau Doctor ,, ou une " Frau Professor ,.. Et personne ne s'aperçoit du ridicule de cette manie.

offrit son *Merlin*. Enthousiasmé du sujet et des vers, le jeune maître entama tout de suite l'ébauche de la composition, qui lui prit trois ans et demi, tant ses leçons lui volaient de temps ! Aussi les abandonna-t-il entièrement pendant la dernière demi-année, afin de se vouer exclusivement à l'instrumentation de sa partition ; il y travaillait journellement des quatorze et des quinze heures.

La réponse de l'intendance royale de l'opéra de Berlin, à laquelle le compositeur avait offert son œuvre, ne se fit attendre non moins de cinq mois ; du reste, elle fut favorable, on le sait....., en dépit de la coupe du Saint-Graal, restée jusque là exclusivement réservée à Bayreuth. Probablement, l'influence personnelle du prince héritier a beaucoup contribué à vaincre les scrupules " religieux , de M. de Huelsen. Philippe Ruefer a, en outre, publié quantité d'œuvres remarquables de musique de chambre, d'orchestre et de chant.

Souhaitons à son premier-né théâtral l'avenir prospère, heureux, qui lui revient de droit !   J. VAN SANTEN KOLFF.

~~~~~~~~~~~~~~~~~~~~~~~~~~

PARIS

Suite des concours du Conservatoire de Paris :

Violon. — 1er prix : M. Kreisler, Mlle Berthe Gauthier, MM. Wondra, Pellenc et Rinuccini. — 2e prix : MM. Berquet et Besnier. — 1er accessit : M. Miersch, Mlles Magnien, Langlois et Duport. — 2e acc., Mlles de Paederlé, Huon, MM. Wiganowski et Sudfeld.

Opéra-comique.—(*Hommes.*)—1er prix, M. Jacquin.—2e prix, MM. Rouhier (1er acc. en 1886), Cornubert (2e acc. en 1886). — 1er acc., M. Lafarge. 2e acc., MM. Duzas, Daraux et Monieux.

(*Femmes.*)—1er prix (à l'unanimité), Mlle Samé. — 2e prix, Mlle Auguez (1er acc. en 1886) et Agussol (1er acc. en 1886). — 1er acc., Mlles Durand et Levasseur.

Opéra. — (*Hommes.*) — 1er prix, M. Beyle. — 2e prix, M. Duzas. — 1er acc., MM. Cornubert et Gibeat. — 2e acc., M. Vérin.

(*Femmes.*) — Pas de 1er prix. — 2e prix, Mlles Maret et Cremer. — 1er acc., Mlles Arnaud et Bronville.

Flûte. — 1er prix, M. Robert. — Pas de 2e prix, M. Boblin. — 1er accessit, M. Fournier. — 2e acc., M. Verroust.

Hautbois.—1er prix (à l'unanimité), MM. Clerc et Lenom. — 2e acc. à l'unanimité, MM. Gillet et Marx.

Clarinette. — 1er prix, MM. Lefebvre et Courtau. — Pas de second prix. — 1er acc., M. Fichet. — 2e acc. M. Blanc.

Basson. — 1er prix, MM. Leruste et Dherin.

Cor. — 1er prix (à l'unanimité), M. Labarre. — 2e prix (à l'unanimité), M. Beyla. — 1er acc ; M. Massart. — 2e acc. (à l'unanimité), M. Carré. — *Cornet à pistons.* — 1er prix, M. Lalanne. — 2e prix, M. Andrieux. — 1er acc., M. Bruguière.

Trompette. — Pas de premier prix. — 2e prix, M. Leulier. — Pas de premier accessit. — 1er acc., M. Lagrange.

Trombones.— 1er prix, M. Massot. — Pas de deuxième prix. — 1er accessit, MM. Barthélemy, Bels, Pasqueta.

Jeudi le 4 août, a eu lieu la distribution solennelle des prix, sous la présidence de M. Spulier, ministre des beaux-arts et des cultes.

M. Hansen, ancien maître de ballet du théâtre de la Monnaie, à Bruxelles, est définitivement nommé à la succession de M. Mérante, à l'Opéra de Paris ; il entrera en fonctions dans les premiers jours de septembre.

. Le tribunal de la Seine a rendu son jugement dans le procès intenté par M. Altès, ancien chef d'orchestre de l'Opéra, à MM. Ritt et Gailhard ; il déclare « que M. Altès, a été mis régulièrement à la retraite par un arrêté ministériel du 18 mai 1887 ; que cette décision a été prise en vertu de l'article 5 du décret du 15 octobre 1879 et par application de l'article 9 du décret du 14 mai 1856, qui admet à la pension de retraite le chef d'orchestre du théâtre national de l'Opéra à l'âge de cinquante ans et après vingt ans de services. »

En conséquence, M. Altès a été débouté de ses demandes et condamné aux dépens.

La question de l'Opéra-Comique à Paris est toujours en suspens. Cinq cent mille francs on la est voté par les Chambres, et le ministre avait décidé que le théâtre ferait sa réouverture en septembre prochain, à la Gaîté, sous une direction intérimaire. A la dernière heure une difficulté s'est produite : le Conseil municipal de Paris s'oppose à ce que l'Opéra-Comique s'installe dans le municipal immeuble du square neuf de l'Opéra. La résistance municipale a tout remis en question. On parle maintenant de transporter l'Opéra-Comique au Château d'Eau ou au Théâtre de Paris.

Parmi les nominations au grade d'officier d'Académie faites à l'occasion du 14 juillet par le ministre de l'Instruction publique de France, il nous faut mentionner celle de M. Ernest Van Dyck, le célèbre ténor qui a créé *Lohengrin* à Paris. Nous n'avons pas mentionné dernièrement cette nomination. Elle ne figure pas, en effet, à l'*Officiel* M. Van Dyck étant belge. Félicitations tardives, mais toutes sympathiques.

Petites Nouvelles.

On ne parle depuis huit jours à Bruxelles que des deux concerts du Waux-Hall où s'est fait entendre Mme Landouzy. Une jolie voix, claire, bien timbrée, des notes aiguës d'une parfaite ampleur, une prestesse remarquable de vocalise, un ensemble de qualités en un mot qui ne se trouvent que bien rarement chez les cantatrices fabriquées dans nos conservatoires. Le public s'est trouvé gagné tout de suite par le chant de cette fauvette. Une révélation ! Le nom de Mme Landouzy, qui nous vient de Roubaix, était à peu près inconnu il y a quelques jours, et le voilà tantôt universel, car le public cosmopolite des plages belges ne lui a pas fait moins chaleureux accueil que celui du Waux-Hall bruxellois.

On nous écrit de Reims, le 26 juillet :

« Une foule de plus de dix mille personnes est venue assister, le 24 juillet, dans la cathédrale de Reims, à l'exécution de la messe de Gounod, *à la mémoire de Jeanne d'Arc*. Le maître dirigeait lui-même son œuvre dont il avait surveillé les dernières répétitions. Toutes les sociétés chorales de la ville et la plupart des écoles avaient tenu à honneur d'offrir leur concours pour cette solennité ; on avait ainsi pu réunir un chœur de 850 exécutants (hommes et enfants) qui ont très convenablement chanté cette messe composée spécialement pour la cathédrale de Reims. D'accompagnement autre que celui de l'orgue, il n'y en a point, sauf dans le *Benedictus* où une seule harpe (ainsi le voulait Gounod) a fait de louables efforts pour se faire entendre à côté de la masse chorale. La messe proprement dite est précédée d'un prélude pour le grand orgue. 8 trompettes et 3 trombones. Ce prélude, une sorte de marche assez banale, est destiné à rappeler l'entrée de Jeanne d'Arc venant faire sacrer Charles VII dans la cathédrale ; si les trompettes n'avaient eu la part tant du *coucou*, ce premier morceau aurait pu faire un bel effet sous ces admirables voûtes gothiques.

Le reste de l'œuvre, à part le *Benedictus*, est dans le style scolastique et froid des compositeurs du XVIIe siècle ; il n'ajoutera, certes rien à la gloire de Gounod et l'on se demande ce qui a pu le pousser à écrire une œuvre aussi complètement dépourvue d'originalité. Le *Kyrie*, cependant, est empreint d'un beau sentiment religieux qui sied bien à cette prière. Quant au *Benedictus*, écrit dans la manière mielleuse du Gounod des mauvais jours, il vient faire une diversion de l'effet le plus bizarre. A l'offertoire, un morceau composé pour la circonstance, une sorte de rêverie aussi peu religieuse qu'originale, a été fort bien jouée par le jeune Henri Marteau, un violoniste de beaucoup d'avenir. — En somme, bonne exécution d'une œuvre médiocrement intéressante. »

On nous écrit de Gand :

« Voici la suite des résultats des principaux concours de notre Conservatoire :

Maintien, Mimique et *Art de la scène.* — Professeur M. Rey — 1er prix : Mlle Irma De Jaeger ; 2me prix : Mlles Sidonie Lippens, Madeleine Dumont, Augusta Huybrechts ; 1er accessit : M. Jules Wanters.

Piano. — Cours supérieurs. — Professeur M. Heynderickx. 1er prix : Mlle Louise Acært ; 2me prix : Mlles Albertine Asseloos, Augusta Plasschaert et Bertha Westendorp, M. Edouard Bracke ; 1er accessit : Mlle Louise Van Dinter, M. Philémon Loockx.

Musique de chambre. — Professeur M. Lagye. — 1er prix : Mlle Adèle Parez ; 2me prix : Mlle Marie De Clippel ; 1er accessit : Jules Drubbel et Jean-Baptiste Dubois.

Chant. — Classe de M. Bonheur. 1er prix : Mlles Augusta Huybrechts, Madeleine Dumont et Elisa Ligny, MM. Jules Wanters et Alfred Liebaert ; 2me prix : M. Albert Baertsoen ; 1er accessit : Mlle Hortense De Béozières et Elisa Duykers.

Classe de M. De Vos. 1er prix : Mlle Clémence Vande Weghe et Mme Alice Sion-Deschamps, MM. Louis Isenbrandt et Désiré De Wever ; 2me prix : Mlle Alice Onops et Henriette De Coen, MM. Benoit D'Hollander et Charles Neirinck ; 1er accessit : Mlle Marie De Cleene et M. Abel Vander Linden.

Chant en langue néerlandaise. — Professeur M. De Vos. — 1er prix : Mlle Henriette Dé Coen, M. Désiré De Wever ; 2e prix : Mlle Alice

Cnops, MM Charles Neirinck et François Flameng ; 1er accessit : Mlles Maria De Cleene, MM. Abel Vander Linden, Louis Van Melle, Benoit D'Hollander, Julien Willemot ; 2me accessit : M. Adolphe Coryn.

Le jury a particulièrement félicité MM. Rey et De Vos dont les classes ont obtenu de fort beaux succès. »   P. B.

On nous écrit de Blankenberghe, le 9 août.

" Jamais on n'a fait à Blankenberghe autant de musique qu'en cette saison, et les concerts de notre Kursaal ne cessent d'attirer la foule, ce qui prouve qu'ils sont bons. On ne leur reprochera certes pas de manquer de variété ; ils se suivent et ne se ressemblent pas. Aujourd'hui l'orchestre de M. Fr. Sennewald ; demain le quatuor Queeckers-Merck ; et la virtuosité vocale succédant à la virtuosité instrumentale, nos soirées ne sont pas moins bien partagées que nos après-midi. Je ne puis vous parler en détail de ces quotidiennes auditions. Qu'il me suffise de constater l'éclatant succès obtenu ici par Mme Landouzy qui s'est fait entendre à deux reprises, vendredi dernier et ce soir. Elle a dit à ravir sa jolie voix perlée et irréprochablement juste, l'air des *Clochettes* de Lakmé, après avoir, vendredi dernier, admirablement chanté le grand air du *Barbier de Séville* et celui du *Pardon de Ploërmel*. On parle de plus de l'engagement de Mme Landouzy, au théâtre de la Monnaie. M. Gevaert et M. Joseph Dupont étaient dans la salle et ils ont applaudi la jeune et jolie cantatrice de façon significative.

Le ténor Van Dyck, des concerts Lamoureux, a chanté aussi dans deux concerts et il a charmé l'auditoire par sa diction expressive et sa voix si chaudement timbrée. Il a chanté naturellement des fragments de Wagner, c'est sa spécialité. Lundi dernier on lui a fait bisser une exquise chanson d'Huberti et une mélodie d'un grand charme de Frans Servais.

Vous le voyez, tous les genres sont représentés aux concerts du Kursaal. Le classique y alterne avec le moderne, les roulades rossiniennes avec les larges mélopées de Wagner. Il faut rendre à M. Kenkelbergh, le sympathique et sagace directeur du Kursaal, cette justice, qu'il ne néglige aucun élément d'attraction pour ses soirées ; des qu'un artiste apparaît sur la digue, il le happe au passage, et M. Fr. Sennewald, dont le petit orchestre est devenu absolument excellent, se charge de mettre au point son oiseau quelquefois rare et d'encadrer ses chants d'un joli choix de morceaux symphoniques, pas trop sérieux mais de bonne facture. Les séances du quatuor Queeckers-Merck sont aussi très suivies. C'est un violoniste tout à fait remarquable et de grand avenir que cet élève de Colyns, couronné cette année au Conservatoire de Bruxelles. Il a de l'archet, du son et quelque chose de vivant et de nerveux dans son jeu qui dénote une âme d'artiste. Chaque fois qu'il paraît comme soliste dans les concerts du soir, il se fait vivement applaudir. L'autre jour il a joué avec autant de style qu'il est possible la sonate en *fa* de Beethoven, avec Mme Louisa Merck, la brillante élève de Wieniawski, au piano. Et le jeu élégant et fin de Mme Merck n'a pas été moins apprécié des connaisseurs que celui de son partenaire. Un autre pianiste de talent, M. Van Dam, s'est fait entendre dans un concerto de Beethoven qui a paru un peu lourd à l'aristocratie de Binche et à la grande industrie de Crefeld dont les représentations forment la clientèle attitrée de nos bains de mer, et par conséquent, de notre Kursaal. C'est un spectacle réjouissant de voir les braves matrones et les roses jeunes filles qui composent cette colonie balnéaire, faire du crochet pendant qu'un andante Beethovenien développe sa grande mélodie sous les doigts du pianiste et de l'orchestre ! J'ai remarqué que Liszt et Wagner ne souffrent pas le crochet : les doigts des tricoteuses s'arrêtent instinctivement aux premiers accords d'un air walkyrique ou d'une fantaisie hongroise, peu importe le numéro ! Voilà un chapitre intéressant à ajouter au célèbre opuscule d'Ernest Reyer concernant *l'influence de la musique sur les ondulations de la mer*.   A. G.

Fin du procès Gravière-Cossira.

Le ténor Cossira est condamné à payer à M. Gravière 28,000 francs de dommages-intérêts pour n'avoir pas rempli la première partie de son traité, qui l'obligeait à chanter à Bordeaux.

Le jugement, en outre, réserve tous les droits de M. Gravière pour l'exécution de la seconde période du traité, qui concerne les deux autres années pendant lesquelles M. Cossira doit encore chanter au Grand-Théâtre de Bordeaux.

M. Cossira est, en outre, condamné aux dépens.

Le successeur du comte de Loën, à l'intendance générale de la scène grand ducale de Weimar est M. Bronsart de Schellendorf, qui a longtemps administré le théâtre de Hanovre. C'est là une excellente acquisition pour le théâtre de Weimar.

A partir du 1er octobre prochain, toutes les musiques militaires allemandes devront avoir adopté le diapason normal français de 870 vibrations. Ainsi vient de l'ordonner le ministre de la guerre après avoir pris l'avis d'une commission compétente.

Les théâtres allemands continuent avec succès et profit, — n'en déplaise au *Ménestrel*, — de pratiquer le système des représentations cycliques des œuvres de Wagner. Ainsi l'Opéra de Leipzig, vient de donner consécutivement tous les grands drames du maître de Bayreuth, depuis et y compris *Rienzi* jusqu'aux *Nibelungen*. M. Stœgemann, le directeur du théâtre de Leipzig, a tout lieu d'être satisfait de cette tentative, Elle a, en effet, brillamment réussi. Le théâtre n'a pas désempli et M. Stœgemann se propose de renouveler l'expérience l'année prochaine.

Les journaux allemands avaient publié le mois dernier, des nouvelles alarmantes sur la santé de M. Victor Nessler, l'auteur cent fois applaudi du *Trompette de Säckingen* et de *Ekkehardt*. M. Nessler se porte aujourd'hui à merveille, après une cure dans une station balnéaire d'Alsace, son pays natal.

Décidément, Johannes Brahms ne compose pas d'opéra en ce moment. Seulement au dire de son prétendu librettiste et véritable ami, M. Hugo Wittmann, de Vienne, il n'est pas impossible qu'il s'occupe de la composition d'une œuvre théâtrale, dans un avenir plus ou moins éloigné. Rien, absolument rien n'est décidé à cet égard. Du reste, comme le savent tous ceux qui connaissent de près le célèbre maître viennois, personne, ses amis les plus intimes pas plus que son éditeur, M. Simrock, de Berlin, ne sait exactement ce que Brahms est en train de composer ou ce qu'il compte composer prochainement. Il a toujours gardé sur tout ce qui a rapport à ses occupations musicales un silence absolu.... on serait presque tenté de dire pudique, comme s'il craignait de dévoiler mal à propos les charmes de sa muse. Le caractère, le tempérament de Brahms reste ainsi une énigme difficile à expliquer pour qui ne l'approche pas de très près. En ce moment il est en villégiature sur les bords enchanteurs du lac de Thoun en Suisse, en compagnie de M. Hugo Wittmann. C'est peut-être ce qui a donné lieu au bruit de leur collaboration.

Le *Morning Post* rend compte d'une soirée donnée par le « Lyric-Club » de Londres à l'occasion du jubilé de la Reine. On y a entendu outre des artistes tels que Bottesini, Papini, Hollmann et Mattei, une composition nouvelle *Invocation à l'Harmonie*, de M. Edouard Bendall sur des paroles de M. Charles Lebau. Accompagnée par le quatuor ci dessus mentionné et par M. Bendall qui tenait l'orgue, cette œuvre chantée par son auteur a obtenu le plus vif succès et a été bissée.

L'Allemagne se montre toujours plus hospitalière que la France aux œuvres de l'étranger. Le théâtre de Carlsruhe, — chef d'orchestre Félix Mottl, — donnera cet hiver *Beatrice* et *Benedict* de Berlioz. M. Mottl, est on le sait, l'un des plus ardents disciples et fervents adeptes de Wagner. En jouant du Berlioz, il donne une leçon bien méritée aux antiwagnériens de Paris.

Ajoutons que le théâtre de Carlsruhe est un théâtre subventionné, mais le prince qui le subventionne ne croit nullement manquer à ce qu'il doit à ses bons sujets allemands en ouvrant les portes de son théâtre à une œuvre française.

Tandis qu'à Paris... Affaires de boutique !

Nous lisons dans le *Moniteur international de l'Exposition de Toulouse* :

« Les instruments sortant des ateliers de la maison Martin, de Toulouse, se recommandent surtout : 1° par leur durée persistante, ils ne vieillissent pas ; 2° par leur sonorité excessive ; 3° par la qualité du son qui a acquis, dans ses mains, une homogénéité parfaites ; d'un bout à l'autre du clavier, les sons sortent purs, nets, tranchés, qualité fort rare chez la plupart des facteurs, qui ne peuvent éviter, d'habitude, les sons « cotonneux », dans les basses ; 4° pour la perfection du mécanisme qui ne se dérange jamais ; 5° pour la parfait fonctionnement des pédales, ingénieusement combiné ; et enfin par la modicité relative de ses prix.

« Les différents jurys de toutes les expositions auxquelles la maison Martin a pris part, ont, du reste, parfaitement reconnu et apprécié les qualités personnelles de sa fabrication et ils ont formulé en ces termes leur appréciation :

« Pour l'excellence de la fabrication, la sonorité, la solidité de l'accord, l'égalité et la perfection du mécanisme.

« Devant ces preuves aussi éclatantes de l'incontestable mérite de la maison Martin, nous pouvons affirmer qu'elle est certes à la hauteur de sa réputation et que c'est la manufacture de pianos la plus importante du sud-ouest. »

VARIÉTÉS

ÉPHÉMÉRIDES MUSICALES (1)

Le 12 août 1859, à Paris (Opéra-Comique), le *Voyage autour de ma Chambre*, un acte d'Albert Grisar.

« A l'exception d'un seul morceau, dit Pougin, dans sa monographie de Grisar, il n'y a là dedans que des couplets et des ariettes, tout au plus dignes, par leur contexture étriquée, d'un théâtre de genre », Les deux rôles les plus importants étaient tenus d'une façon désopilante par Couderc et Lemaire. »

A Bruxelles, au théâtre du Parc ,où elle était à sa véritable place, la pièce fut allégrement enlevée par la troupe Delvil qui y trouva un succès (10 avril 1880).

— Les 13, 14, 16 et 17 août 1876. à Bayreuth, représentations du *Ring des Nibelungen* de Richard Wagner.

« Pour conserver et transmettre aux âges futurs le souvenir d'un événement extraordinaire, qui demeurera sans second dans l'histoire de l'art musical, comme il était sans précédent, il a été incrusté à la façade du théâtre de Bayreuth, une dalle de marbre noir relatant la représentation de l'*Anneau du Nibelung* en l'année 1876,avec les noms de tous les artistes qui y ont pris part. Sur cette dalle commémorative, au dessous de ce titre, point de nom d'auteur, non plus que d'inscription sur la pierre tumulaire de Wahnfried. Comme il reste entendu que la postérité la plus lointaine, en déchiffrant sur la pierre effritée un titre presque effacé par le temps et des noms de chanteurs tombés dans l'oubli, se rappellera toujours quel homme de génie a créé ce chef-d'œuvre impérissable, quel géant dort dans ce tombeau son dernier sommeil! » (*Richard Wagner, sa vie et ses œuvres*, par A•I. Jullien, p. 209.)

— Le 14 août 1872, à Spa, deuxième concert Gounod-Weldon. — Concert qui ne diffère guère du premier, sauf que Gounod, à la tête de l'orchestre spadois, fait exécuter la musique de ballet de son *Faust*. (Voir *Guide mus.* 28 juillet dernier.)

— Le 15 août 1869, à Paris (Académie Impériale de musique), le *Retour de l'armée*, cantate d'Alph. Royer, musique de F. A. Gevaert.

Le maéstro belge, à l'heure qu'il est, doit regretter d'avoir réchauffé de sa musique les platitudes rimaillées de son collaborateur, le thuriféraire de Napoléon III. Ça commençait par l'invocation de commande :

Salut César !

et finissait par cette flagornerie, à laquelle 1870 a infligé un si lamentable démenti :

Dieu t'a doté de la sagesse
Seule elle fait les princes forts.

Après Sedan, plus de cantate en l'honneur du " prince fort » et Gevaert rentrait dans son pays où bientôt la mort de Fétis l'appelait à la direction du Conservatoire de Bruxelles.

— Le 16 août 1812, à Termonde, naissance de Léon-Philippe-Marie, chevalier de Burbure de Wesembeek. — Un de nos musiciens les plus instruits et qui a dédaigné les jouissances du monde auxquelles sa position sociale lui permettait d'aspirer pour se vouer à une existence de bénédictin. Ses découvertes dans les archives de la cathédrale d'Anvers constituent pour ainsi dire une histoire complète de la musique religieuse du XVIIe au XVIIIe siècle. Et par histoire, il ne faut pas entendre une sèche et longue chronologie de faits, mais des données qui éclaircissent et expliquent les périodes les plus intéressantes de l'art. Ces archives consistent entre autres que c'est de l'école d'Anvers qu'est sortie cette suite de musiciens célèbres qui se sont répandus dans presque toute l'Europe pendant la durée des XVe et XVIe siècles.

Des cinq membres dont se compose la section de musique à l'Académie royale de Bruxelles, M. Léon de Burbure est le premier en date. Sa nomination est du 9 janvier 1862. On trouvera tous les titres ainsi que la nomenclature des œuvres de l'honorable académicien dans le volume qui vient de paraître par les soins de la compagnie : *Notices biographiques et bibliographiques*, impr. Hayez, 1887.

— Aujourd'hui, Peter Benoit, né à Harlebeke le 17 août 1834, entre dans sa 54me année. Sa robuste santé, son esprit toujours en éveil, le souci de sa gloire, voilà qui nous vaudra de nouvelles et grandes compositions du maître, notre ami de vieille date déjà.

— Le 18 août 1788, à Spa, concert de la célèbre cantatrice allemande Gertrude-Elisabeth Mara, qui venait de Liége où elle s'était fait entendre au théâtre (31 août, 17 et 21 septembre). « Un organe juste et plein de sensibilité, une étendue étonnante de voix et une légèreté de

<hr>

(1) Le *Musical Standard* de Londres reproduit nos Éphémérides — un peu accommodées au goût anglais, — mais sans dire à qui il les emprunte. Nous citons le fait sans nous en plaindre.

gosier incroyable „ (*Gazette de Liége*). (Voir nos Eph. *Guide mus.* 17 février dernier).

— Le 19 août 1843, à Leipzig, Joachim, alors âgé de douze ans, se fait entendre pour la première fois au Gewandhaus, dans un concert de M⁰ᵉ Viardot-Garcia. Il joue un rondo de de Bériot que Mendelssohn accompagne au piano.

— Le 20 août 1768, à Paris (Théâtre Italien), le *Huron*, deux actes de Grétry. — C'est par cette pièce que Grétry commença, en France, sa longue et brillante carrière. Il faut entendre le maître dans ses *Mémoires*, nous faire lui-même l'analyse de son *Huron*. Le goût, et surtout l'impartialité des réflexions et des appréciations d'un homme, juge et partie tout à la fois, donnent à cette étude un cachet tout particulier d'originalité qu'on aura le plaisir à relire.

— Le 21 août 1872, à Spa, troisième et dernier concert Gounod-Weldon. — Grande attraction motivée par l'annonce que Gounod chanterait un duo avec M⁰ᵉ Weldon. Les deux voix s'unirent, en effet, mais, dit M. Albin Body, dans son ouvrage *le Théâtre et la musique à Spa,* « il faut bien avouer que ce fut pour tous ceux qui avaient l'auteur en profonde admiration, une tentative qui diminuait un peu le demi-dieu. Le sentiment y était, le style aussi, mais la voix, hélas ! était absente. »

C'est peu de temps après son séjour à Spa, que Gounod et M⁰ᵉ Weldon se sont brusquement séparés, on sait pour quelles causes et dans quelles circonstances.

On pourrait croire que M⁰ᵉ Weldon est rancunière, voici qui prouverait le contraire. L'an dernier, à Torquay, en Angleterre, une dame de Bruxelles assistait à une représentation dramatique où la Weldon avait un rôle. Celle-ci, le spectacle fini, retint le public en lui annonçant qu'elle allait chanter a *song of dear old Gounod,* ce qu'elle fit de sa voix la plus attendrissante.

— Le 22 août 1830, à Turin, naissance de M⁰ᵉ Angiolina Bosio, épouse Xindavelonis. Sa mort, à Saint-Pétersbourg le 12 avril 1859. — Les grandes scènes de l'Italie, de la France, de l'Angleterre et de la Russie, ont admiré cette remarquable chanteuse dont la carrière a été de si courte durée. (Voir Pougin et Grova.)

— Le 23 août 1784, à Vienne (National theater), *König Theodor in Venedig*, de Paisiello. (Voir l'historique de cet opéra, *Guide mus.*, 2 décembre 1885.)

— Le 24 août 1572, à Lyon, Claude Goudimel perd la vie dans les massacres de la Saint-Barthélemy et son corps est jeté dans le Rhône. Il était âgé de 62 ans environ et, à ce qu'on croit, il serait né à Besançon.

Un intérêt particulier s'attache à Goudimel par l'influence qu'il a exercée sur l'école italienne. On a dit Palestrina a été l'élève du « protestant » Goudimel; ce n'est pas tout à fait exact. Goudimel avait fondé à Rome la première école laïque de musique, dont sortirent, en effet, Palestrina et d'autres maîtres célèbres; mais, en ce temps-là, Goudimel ne composait encore que de la musique catholique et des chansons licencieuses. Ce n'est qu'après son retour en France qu'il se convertit à la Réforme (entre 1558 et 1561), renonçant à une indifférence sceptique et railleuse pour devenir un homme d'une piété sérieuse.

— Le 25 août 1823, à Spa, concert de Moscheles, qui ne réunit qu'une vingtaine d'auditeurs. Le célèbre pianiste joua deux morceaux de sa composition, un concerto et des variations sur la marche favorite de l'empereur Alexandre. (Voir Albin Body.)

Nécrologie.

Sont décédés :

A Paris, le 26 juillet, M⁰ᵉ Lambert-Massart (Louise-Aglaé Masson), née à Paris, le 10 juin 1827, professeur de piano au Conservatoire.

Musicienne d'instinct, M⁰ᵉ Massart avait développé ses qualités natives par une instruction solide et sérieuse. Bonne virtuose, elle possédait à la fois le charme et la vigueur. Son assimilation facile du style des maîtres en fit l'une des meilleures professeurs du Conservatoire. Le succès qu'elle y obtenait ne sont plus à compter. Elle a été frappée dans la joie que lui causaient ceux de ces jours derniers. M⁰ᵉ Massart restera dans le souvenir de tous les gens qui l'ont approché par la nature élevée de son caractère et son talent. (Notice, suppl. Fougin-Fétis, t. II, p. 179).

— A Londres, le 22 juillet, Luigi Caracciolo, né à Andria, le 10 août 1847, compositeur italien et professeur de chant établi en Angleterre depuis quinze ans. (Notice, *ibid.*, t. I, p. 150.)

— A Cassel, le 11 mai, à l'âge de 63 ans, C. Wipplinger, concertmeister pensionné de la chapelle de la Cour.

— A New-York, le 18 juillet, Miss Antonia F. Henne, née à Cincinnati, en 1850, contralto recherchée par toutes les sociétés musicales des États-Unis.

— A Blasewitz, près Dresde, le 24 juillet, Ferdinand Hüllweck, né à Dessau, le 8 octobre 1824, premier violon, concertmeister de la chapelle royale et professeur au Conservatoire. (Notice, *Musik-Lexicon* de Riemann, p. 439.)

XXXIIIᵉ ANNÉE   25 août et 1ᵉʳ septembre 1887   NUMÉROS 34 et 35.

Le Guide Musical

Paraissant tous les jeudis.

ABONNEMENT
FRANCE & BELGIQUE, 10 francs par an.
LES AUTRES PAYS, 10 francs (port en sus)

SCHOTT FRÈRES, ÉDITEURS.
Paris, Boulevard Montmartre, 19
Bruxelles, Montagne de la Cour, 82

ANNONCES
LA LIGNE . . . . Fr. 0.50
On traite à forfait pour les grandes annonces.

VIOTTI

ET L'ÉCOLE MODERNE DE VIOLON

Lorsque Viotti vint se produire au Concert spirituel, où son apparition fit l'effet d'un coup de foudre et où son talent excita un enthousiasme indescriptible, cet établissement, alors presque sans rival en Europe, existait depuis un peu plus d'un demi-siècle, et presque tous les violonistes français distingués, ainsi qu'un grand nombre de virtuoses étrangers, s'y étaient fait entendre. L'école française, dont Le Clair peut être considéré comme le véritable fondateur, et dont ensuite le chef illustre fut Gaviniés, se trouvait, malgré la haute valeur de ces deux grands artistes, bien en retard sur l'admirable école italienne, où s'étaient coudoyés ou succédés des hommes tels que Corelli, Somis, Lolli, Nardini, Ferrari, Pugnani, Tartini, Chiabran et quelques autres, qui étaient, on peut l'affirmer, les premiers violonistes du monde. L'école allemande, quel que fût le renom que s'étaient acquis certains virtuoses remarquables tels que Stamitz et Fraenzel, ne pouvait non plus songer à entrer en lutte et en parallèle avec celle-ci.

Les violonistes français et belges — à cette époque, les deux écoles se confondaient et n'en formaient qu'une, que distinguaient les mêmes qualités et les mêmes défauts, — étaient loin d'être sans valeur ; mais leur talent manquait généralement d'ampleur, d'originalité, et, à de rares exceptions près, de ce je ne sais quoi de personnel, d'imprévu, d'*en dehors*, qui force l'admiration et provoque l'enthousiasme de l'auditeur. Ils étaient nombreux, ceux qui s'étaient produits jusqu'alors au Concert spirituel, lequel faisait une singulière consommation de virtuoses et ouvrait ses portes à tous ceux qui étaient dignes de quelque attention ! Ce fut d'abord Le Clair et les artistes qui, de son temps, avaient conquis l'oreille du public : Guignon, Baptiste Anet, Dupont, Mondonville, Cupis, le frère de la célèbre danseuse Camargo, Petit, Guillemin, Mˡˡᵉ Hotteterre ; avec Gaviniés, dont les succès furent éclatants et prolongés, une nouvelle génération se présente, qui comprend Piffet, Vachon, Tarade, Turlet, Aubert ; puis viennent Capron, Bouteux, La Houssaye, Harenc, Baron, Moria, Barrière, Rougean, Lemierre aîné ; puis encore Berthaume, Le Duc, Paisible, Guénin, Mˡˡᵉ Deschamps, Loisel, le chevalier de Saint-Georges, Fontaine père, Pieltain, Chartrain, Pérignon, Pagin... À côté de nos nationaux, il faut citer surtout, parmi les artistes étrangers qui venaient se faire entendre à Paris, Chiabran, Carminati, Pugnani, Ferrari, Lolli, Fraenzel, Mᵐᵉ Lombardini-Sirmen, Jarnowick, Stamitz, Madonis, Traversa, Gross, etc., etc.

En 1782, époque de l'arrivée de Viotti à Paris, la situation des trois écoles était celle-ci : En Italie, Ferrari venait de mourir, mais il restait encore Pugnani, Capuzzi, Lolli, Fiorillo, alors dans tout l'éclat de sa jeunesse, Galeazzi, Giardini, Nardini, Puppo, Manfredi, Mestrino, Moriani, Campagnoli, Mᵐᵉ Strinasacchi. L'école allemande, qui avait pris du corps, comptait parmi ses membres Christian Cannabich, les Benda, Léopold Mozart, Wilhelm Cramer, Ditters von Dittersdorf, Danner, Eiselt, Kammel, Schweigl, Wanhall et quelques autres.

Quant aux jeunes artistes français qui promettaient pour l'avenir, c'étaient, outre quelques-unes de ceux qui sont nommés plus haut, Blasius, Rodolphe Kreutzer, Imbault, Guérillot, Chapelle.

Quand ces jeunes artistes furent mis à même d'admirer le talent prodigieux de Viotti, ils en reçurent une impression profonde. C'est qu'on ne savait ce qu'on devait le plus apprécier chez ce virtuose incomparable, ou de la beauté du son qu'il tirait de son instrument, ou de la vigueur élastique et souple de son archet, ou de sa justesse imperturbable, ou de son phrasé plein de charme et d'élégance, ou de son style dont la noblesse égalait la pureté, ou de son chant dont la tendresse à la fois mâle et séduisante éloignait toute pensée d'afféterie et de maniérisme. Pour mieux dire, on admirait l'ensemble de ces qualités merveilleuses, qui constituait une personnalité sans précédent, et qui ouvrait à l'art des horizons jusqu'alors inconnus. Nos jeunes gens le sentirent : ils comprirent que Viotti apportait avec lui des éléments nouveaux, destinés à agrandir et à régénérer ce bel art du violon, qui en effet, grâce à lui, prit une ampleur dont on ne l'avait pas encore cru susceptible; ils analysèrent ses procédés, s'assimilèrent autant que possible ses qualités, s'efforcèrent de pénétrer les secrets de son style et de son exécution, en un mot, ils prirent à tâche de compléter leur talent et leur personnalité par l'étude intelligente des moyens qu'ils lui voyaient mettre en pratique avec tant de bonheur.

On peut donc dire que Viotti exerça une influence immense, et que cette influence acquit bientôt une prépondérance qui fut un bonheur et un bienfait pour l'art. C'est qu'il y avait en lui le tempérament et les qualités d'un novateur, et d'un novateur d'une puissance exceptionnelle. Aussi, quoiqu'elle se soit fait sentir d'abord et surtout en ce pays, son action ne fut-elle pas limitée à la France, où le maître résida d'abord dix années et où, plus tard, les élèves qu'il avait formés propagèrent ses principes et répandirent sa tradition; elle s'étendit sur l'Angleterre, où il se rendit ensuite, aussi bien que sur l'Allemagne et l'Italie, où l'étude de sa musique produisit les plus heureux résultats. La gloire de Viotti n'a donc pas sa source, ainsi qu'il arrive pour la plupart des grands virtuoses, uniquement dans son talent, considéré relativement à sa personne et d'une façon isolée; elle réside aussi dans ce fait qu'il a posé des principes nouveaux, qu'il a, en quelque sorte, complété et jusqu'à un certain point réformé l'art du violon; qu'il a, peut-on dire, tracé par son exemple une sorte de synthèse de cet art ; enfin qu'il a, par conséquent, créé une école nouvelle, école qui se distingue de l'ancienne au point de vue technique par des qualités de mécanisme et d'exécution neuves, amenant des effets inconnus, au point de vue idéal par une noblesse de style, une intensité d'expression, une ampleur de jeu et une fierté d'accent dont on n'avait pas d'exemple jusqu'à lui.

Fétis était donc dans la vérité et dans la justice, et il caractérisait très nettement Viotti lorsque, parlant de lui, il le qualifiait d' « illustre chef de l'école des violonistes modernes. » Rien n'est plus exact. Il est certain que, aujourd'hui encore, les bases de l'éducation de tous les violonistes sont celles que Viotti a posées par sa musique, que c'est l'étude de cette musique qui forme les jeunes artistes, et que d'ailleurs tout ce qui s'est fait depuis Viotti est frappé à sa marque et porte son empreinte. En matière d'instruction, les tempéraments romantiques eux-mêmes, les fantaisistes les plus décidés sont bien obligés, sous peine d'impuissance future, de se plier d'abord aux doctrines classiques, d'abreuver leur esprit aux sources les plus sévères; c'est ainsi, et ainsi seulement qu'on acquiert la force, et avec la force la souplesse qui permet de la diriger. Or, on peut affirmer que la source de Viotti, à la fois si pure, si limpide et si abondante, est celle où, depuis tantôt un siècle, *tous* les violonistes ont puisé leur savoir et leur talent.

I

C'est dans un petit village du Piémont, situé près de Crescentino, à Fontanetto, que Viotti naquit le 23 mai 1753. C'est à Fétis, et à lui seul, qu'il faut avoir recours pour les renseignements relatifs à l'enfance et à l'adolescence du grand violoniste, car, ainsi qu'on va le voir, il a été informé à ce sujet d'une façon toute particulière, et les faits qu'il rapporte sont d'une précision telle qu'elle ne saurait guère laisser de doute sur leur exactitude (1). C'est donc à lui que je vais emprunter tout ce qui a trait à cette première partie de l'existence de Viotti.

Son père, dit-il, maréchal-ferrant, jouait du cor (2); il fit apprendre au jeune Viotti les éléments de la musique. Celui-ci montrait déjà sa vocation dès l'âge de huit ans, par le plaisir qu'il prenait à jouer d'un petit violon qu'on lui avait acheté à la foire de Crescentino. Vers 1764, un aventurier, nommé Giovannini, qui jouait bien du luth et était bon musicien, s'établit à Fontanetto et se chargea de l'éducation musicale de Viotti; mais après lui avoir donné des leçons pendant un an,

<hr/>

(1) Ce qui prouve que Fétis était bien renseigné sur les premières années de Viotti, c'est qu'il est le seul qui ait donné la date exacte et précise de sa naissance, que tous les autres biographes fixent à l'année 1755. La date donnée par lui se rapporte, en effet, parfaitement à celle qui figure sur l'acte de baptême du maître, acte dont une copie authentique et légalisée a été achetée par moi, en 1866, à la vente de la bibliothèque de Farrenc, et dont je reproduis ici le texte :

« *Johannes Baptista die 23 Maii hora sexta matutina natus filius legitimus et naturalis Filicis Antonii Viotti et Mariæ Magdalenæ Milano jugalium. Baptizatus fuit a me Johanne Dominico Rosso præsentis die 26 ejusdem 1753 Tenentes fuere peribaptis D. (dominus) advocatus Alphonsus Barberis, et Dᵃ (domina) Antonia Maria uxor dicti dᵢ (domini) advocati Alphonsi Barberis.* »

A ce propos, je ferai remarquer le procédé exempt de scrupule employé par un écrivain italien, Francesco Regli, dans une prétendue *Storia del violino in Piemonte*, publiée à Turin en 1863 et qui n'est autre chose qu'un recueil de notices biographiques sur les violonistes piémontais. Regli, qui aimait sans doute la besogne rapide et qui regrettait le temps perdu en recherches, n'a rien trouvé de mieux, en ce qui concerne Viotti, que de traduire littéralement et mot pour mot la notice consacrée par Fétis à cet illustre artiste, et de la donner comme sienne, sans y rien changer. Je me trompe: il y a ajouté, à la fin, un alinéa dans lequel il a eu la fantaisie, assurément originale, de faire de Baillot le *maître de chapelle de Napoléon Iᵉʳ*. A part cette dernière trouvaille, qui est vraiment heureuse, le procédé de Regli constitue l'acte de piraterie littéraire le plus audacieux et le plus effronté qui se puisse imaginer.

(2) Un recueil anglais: the *English Cyclopædia*, publié sous la direction de M. Charles Knight (London, Bradbury and Evans, 1856), fait de Viotti le fils du jardinier en chef du prince de Carignan. Mais ce renseignement me paraît aussi fondé que cet autre, donné dans le même recueil, et d'après lequel Viotti aurait été élu député à l'Assemblée Constituante, en 1789!

Et l'on nous accuse d'être légers, nous autres écrivains français!

·il fut nommé professeur de musique à Ivrée, et son élève se trouva encore livré à ses propres efforts, n'ayant d'autre ressource pour s'instruire que la lecture des livres élémentaires. Un événement heureux vint enfin le tirer d'une situation si peu favorable au développement de ses talents naturels. En 1765, un certain joueur de flûte, appelé Jean Pavia, fut invité a se rendre à Strambino, petite ville de la province d'Ivrée, avec le père de Viotti, pour une fête patronale. Par ses instances, il obtint que celui-ci emmenât son fils. Après la messe, qui fut dite en musique, l'orchestre, dont le jeune Viotti faisait partie, se rendit chez l'évêque pour jouer une symphonie à sa table. Ce prélat (1), grand amateur des arts, remarquant la grâce avec laquelle l'enfant faisait sa partie, fut charmé du feu qui brillait dans ses regards et de son air inspiré. Il lui dit qu'il voulait faire sa fortune, et lui demanda s'il voulait aller à Turin, pour y perfectionner son talent. Viotti·et son père y ayant consenti, l'évêque leur donna une lettre de recommandation pour la marquise de Voghera, qui cherchait un compagnon d'études pour son fils, Alphonse del Pozzo, prince de la Cisterna, alors âgé de 18 ans. C'est à ce prince, mort vers 1880, qu'on est redevable des renseignements consignés dans cette notice sur la jeunesse de Viotti. Peu satisfaite que l'évêque de Strambino ne lui eût envoyé, qu'un ·enfant la marquise de Voghera se disposait à le renvoyer chez ses parents avec un présent, quand Celognetti, musicien distingué de la chapelle royale, ·entra dans l'appartement, et insista pour entendre celui qu'on déslaignait si injustement. Il lui présenta une sonate de Besozzi qu'il joua si bien, que Celognetti, transporté de plaisir, s'opposa formellement à son départ.

— Connaissez-vous le théâtre ? dit-il au jeune virtuose.
— Non, monsieur.
— Quoi ! vous n'en avez aucune idée ?
— Aucune.
— Venez, je veux vous y mener.

Il le conduisit en effet dans l'orchestre, où chacun fut émerveillé de lui entendre jouer tout l'opéra à première vue, avec autant d'exactitude et d'entente des effets que s'il l'eût étudié avec soin. Cette journée fut décisive pour lui. De retour au palais, on le questionna sur ce qu'il avait trouvé de remarquable: satisfaisant aussitôt son violon, il joua toute l'ouverture et les motifs principaux de l'ouvrage avec une verve, un feu, un enthousiasme qui faisaient voir tout ce qu'on pouvait attendre de lui, c'était une explosion du talent. " Ce fut alors, continue le prince, que, charmé par la génie si naturel, je me décidai à faire tout ce qu'il faudrait pour que de si belles dispositions ne fussent pas infructueuses. Je lui assignai un logement dans mon palais, et lui donnai pour maître le célèbre Pugnani. L'éducation de Viotti m'a coûté plus de vingt mille francs; mais à Dieu ne plaise, que je regrette mon argent. L'existence d'un artiste semblable ne saurait être trop payée ".

La chance favorisait Viotti dès ses plus jeunes années. A l'aurore même de sa carrière il rencontrait un protecteur intelligent et généreux qui ne songeait qu'à le mettre à même de tirer parti des nobles facultés dont la nature s'était montrée prodigue envers lui, et le bonheur voulait qu'un élève si bien doué trouvât un maître digne de le comprendre et de le guider. Fétis a dit encore très justement à ce sujet:
— " Ce n'est pas une circonstance médiocrement heureuse que pour un élève tel que Viotti il se soit trouvé un maître semblable à ·Pugnani. On sait quelle largeur, quel grandiose caractérisaient le talent de ce violoniste. Ces qualités précieuses, base d'un talent réel, il les communiqua à son élève, qui, y ajoutant ce qui était en lui, c'est-à-dire le·brillant, l'élégance et l'inspiration, en composa le talent le plus parfait qu'on eût entendu jusqu'alors ".

A l'époque où il se chargea de l'éducation musicale de Viotti, Pugnani pouvait être âgé de quarante

(1) François Bera, qui, depuis, fut archevêque de Turin.

ans environ, et son talent, alors dans tout son éclat, lui avait valu déjà une brillante renommée. Violoniste au jeu plein de largeur et de fermeté, chef d'orchestre d'une valeur et d'un ordre exceptionnels, compositeur fort distingué non seulement en ce qui concernait son instrument, mais aussi pour l'église et pour le théâtre, il possédait toutes les qualités propres à former le talent en même temps qu'à ouvrir et développer l'imagination d'un disciple aussi bien doué sous le rapport de l'intelligence et pourvu du plus exquis sentiment de l'art (1). Maître de chapelle du roi de Sardaigne, chef d'orchestre du théâtre royal de Turin, Pugnani, comme naguère Corelli à Rome et Tartini à Padoue, avait fondé en cette ville une école de violon, et de cette école, devenue rapidement fameuse, sortirent nombre d'artistes fort remarquables dont le plus célèbre fut assurément Viotti, mais parmi lesquels il faut encore citer Bruni, Olivieri, Traversa, Bouvier, Polledro, Borghi et Molino.

(A suivre).   ARTHUR POUGIN.

RICHARD WAGNER
DANS LES MÉMOIRES D'UNE IDÉALISTE

II

Mlle de Meisenbough habitait alors la maison de Pierre-Alexandre Herzen, l'auteur du livre " De l'autre rive „ : elle s'y occupait de l'éducation et de l'instruction de ses deux·filles.

« Nous restions encore à la campagne, dans ce Richmond qui nous était devenu si cher. Je fus mise en grand émoi par la nouvelle que Richard Wagner avait été engagé pour venir de Zurich, où il vivait exilé, comme chef d'orchestre des concerts de la *New Philharmonic Society* pendant la saison actuelle de Londres. Déjà j'ai fait mention que j'avais lu en Allemagne ses écrits : *L'œuvre d'art de l'avenir*, *l'Art et la Révolution*, *Opéra et Drame* ; j'ai dit que la profonde impression ressentie par moi à cette lecture m'avait poussée à écrire à l'auteur, bien que je ne le connusse pas personnellement. Plus tard j'avais fait connaissance avec les poèmes de *Tannhäuser*, de *Lohengrin* et de *l'Anneau du Nibelung*.

» Dans ma première jeunesse, quand mon penchant passionné pour le théâtre m'exaltait presque jusqu'à former le vœu de devenir moi-même·une artiste, afin de m'identifier avec l'idéal et de manifester directement, combien de fois n'avais-je pas déjà médité ce sujet. Quel important agent de civilisation devrait être le théâtre, si l'art y était élevé à la·dignité d'un culte, si cet art devenait une religion et ses disciples des prêtres, avec la tâche d'exprimer la consécration idéale qu'ils sentiraient en eux, et de la communiquer aux spectateurs. Plus l'Eglise, avec sa morale orthodoxe, était devenue pour moi une région aride, sans aucune source vive d'enthousiasme sanctifiant, poétiquement transfigurateur, plus l'importance du théâtre avait augmenté à mes yeux. Je n'avais pas hésité à lui assigner dans ma pensée la première place parmi les lieux où un peuple se forme et s'ennoblit vraiment. Il m'apparaissait comme la plus ·noble domaine de la civilisation, comme le terrain sur lequel le génie, ce résumé de tout ce que la nature a voulu exprimer d'élevé dans un peuple, entre en rapport avec la multitude, en donnant, l'autre recevant, comme le terrain où cette dernière reconnaît ses sentiments et ses pensées les plus sublimes dans l'œuvre que le·génie lui présente. Plus tard, entraînée que j'étais par l'agitation politique et la commisération pour la profonde misère sociale, je perdis ce bel idéal de vue. Je croyais toujours fermement au véritable parachèvement et affranchissement de la vie par l'art. Mais il me semblait qu'un long et rude travail, semblable au défrichement de la dure surface terrestre devait précéder l'épanouissement de cette floraison suprême. Dans les écrits de Wagner, j'avais trouvé la théorie parfaite de ce

(1) On ne saurait souhaiter une plus merveilleuse filiation artistique que celle de Viotti, élève de Pugnani, lequel avait pour maître Somis, qui lui-même était élève de Corelli.

j'avais vaguement ressenti et pressenti. Pénétrée et saisie que j'étais, au plus profond de moi-même, de l'importance du drame musical, les merveilleux textes poétiques de Wagner m'avaient donné un avant-goût de l'effet que pourrait produire la plus haute œuvre d'art tragique se détachant sur le fond transfigurateur de la musique: effet propre à ennoblir la vie, et de beaucoup supérieur à tout autre. Le souhait d'entendre de cette musique était devenu pour moi un désir brûlant; mais pour son accomplissement, rien ne s'offrait alors à moi en perspective.

» Combien donc ne devais-je pas paraître émue par la nouvelle que l'auteur de ces livres de tant de valeur, le créateur de ces textes si poétiques, allait arriver à Londres! J'entendis parler de cette arrivée par la jeune musicienne allemande qui avait habité autrefois la même maison que moi, et je l'enviai pour avoir vu plusieurs fois Wagner dans une famille amie. Il ne m'était pas facile d'assister aux concerts de la capitale; l'heure tardive à laquelle ces concerts finissent à Londres me rendait difficile le retour immédiat dans la banlieue. Il me fallait donc trouver le moyen de passer la nuit à la ville, et je n'eus pas de repos que je n'eusse arrangé la chose.

» Ce que j'éprouvai pendant le concert auquel j'assistai fut de telle sorte, que je ne me souviens que d'une *seule* impression, analogue par la musique: l'audition que j'eus dans ma jeunesse de la Schroeder-Devrient. Par cette artiste incomparable, j'eus la première révélation véritable de l'essence de l'art dramatique. Elle éveilla en moi un enthousiasme illimité par la représentation de personnages qui autrement m'eussent peu attirée; tel le rôle de Roméo dans l'opéra de Bellini, où le génie de cette artiste, qui transformait tout ce qu'elle touchait, ennoblissait les fades babioles mélodiques de la musique italienne par une ardeur héroïque et une ineffable poésie, et leur donnait la valeur d'une œuvre d'art tragique. Dans ce concert, je reçus donc la même révélation par une exécution orchestrale qui sembla me dévoiler pour la première fois le mystérieux langage du monde des sons; et me fit, de choses à moi connues et familières dès longtemps, comme un don nouveau, dont j'appréciai seulement alors la valeur véritable.

» Ce fut le cas, tout spécialement, pour l'ouverture du *Freischütz*. Admiratrice passionnée de Weber, j'avais entendu tous ses opéras je ne sais combien de fois; mais le connaissais je le *Freischütz*, pour ainsi dire, depuis ma plus tendre enfance, et je le savais presque par cœur. Eh bien! il me sembla que j'entendais pour la première fois la poésie, qué et pittoresque ouverture, et j'eus soudain la claire intuition que je l'entendais, maintenant seulement, telle qu'elle devait être entendue. Toute la légende forestière avec sa magie, ses épouvantements, sa suave candeur, sa poésie, apparut à mes yeux, quelque temps transfigurée.

» La personne du chef d'orchestre fut pour aussi peu de chose dans cette impression que lorsque j'avais lu ses livres. Ma place était trop éloignée pour que je pusse même le bien voir; j'avais seulement une sensation que j'essaierai de traduire en disant qu'un fluide harmonique semblait émaner du bâton de mesure et envelopper l'orchestre, faisant jouer les musiciens, à leur insu, d'une façon supérieure à celle qu'ils avaient pu jusqu'alors employer. Parmi tout ce que j'avais entendu jusqu'alors dans cette Angleterre si riche en concerts, cette audition restait unique.

» On peut imaginer avec quelle joie, quelque temps après, je reçus une invitation d'Anna pour une soirée chez eux avec Wagner, qui avait promis de venir. Rien autre n'était capable de me faire quitter une seconde fois mes chères enfants (1) pendant deux jours, et une nuit, moi qui loin d'elles éprouvais toujours un profond malaise, une douloureuse inquiétude. Mais je ne pouvais me refuser une entrevue depuis si longtemps désirée.

» La mine très réservée, froide même, que fit Wagner au chaleureux accueil de tout le monde, me déconcerta quelque peu du premier abord. Mais je ne tardai pas à me l'expliquer d'une façon toute naturelle : le séjour en Angleterre lui était antipathique, et lui causait un mécontentement qu'il ne nous cacha nullement. En réalité, entre lui et la société anglaise, toute imbue du culte de Mendelssohn, il s'était établi a priori un antagonisme qui dominait lieu, dans les comptes rendus et critiques de la saison, à des absurdités dans le goût de celle-ci : " Que pouvait-on attendre de bon d'un chef d'orchestre qui " dirigeait par cœur *même* les symphonies de Beethoven ? "

» Mais l'entretien s'arrêta peu à ces désagréables questions musicales. Presque tout d'abord, la conversation se porta sur les œuvres d'un philosophe dont le nom, comme un astre radieux, venait de surgir presque subitement de l'oubli où on l'avait laissé pendant plus d'un quart de siècle. Ce philosophe était Arthur Schopenhauer.

» J'avais bien souvenance, ayant fait un assez long séjour à Francfort-sur-le-Mein pendant ma première jeunesse, d'avoir vu souvent un petit homme vêtu d'un manteau gris à plusieurs collets (ce qu'on appelait alors *chenille*) et faisant sa promenade quotidienne sur le quai du Mein, toujours à la même heure, suivi d'un barbet. Je me souvenais aussi qu'on m'avait dit que cet homme était Arthur Schopen-

(1) Les filles de Herzen. — N. D. T.

hauer, le fils de la femme-auteur du même nom, et qu'il était complètement fou. Je me rappelais particulièrement qu'un personnage fort considéré de notre connaissance, alors sénateur de la ville libre de Francfort, et qui daunit tous les jours à table d'hôte avec Schopenhauer, avait coutume de le tourner en ridicule, et de nous servir des anecdotes destinées à prouver sa folie.

» Depuis je n'en avais plus entendu parler. Mais voici que depuis quelque temps nous arrivait d'Allemagne, à plusieurs reprises, la nouvelle que les ouvrages de cet homme, bien que publiés depuis longtemps, venaient seulement d'être lus, que plusieurs le considéraient comme le plus grand philosophe après Kant, et même que d'autres le plaçaient encore bien au dessus de ce dernier.

» Je ne sais comment Frédéric avait appris que Wagner, lui aussi, était de ce dernier avis Il mit la conversation sur Schopenhauer, et demanda à Wagner d'exposer les idées fondamentales de sa philosophie, qu'il ignorait encore. Dans l'entretien qui suivit, je fus frappée avec une vivacité toute particulière de cette expression : " La négation du vouloir vivre „. Wagner donnait cette proposition comme le résumé, le résultat final de la métaphysique schopenhauérienne. Accoutumée à considérer la volonté comme le nerf de l'autonomie morale (bien que je n'eusse jamais réussi-tout à fait à résoudre en ma pensée l'antonomie entre sa dépendance manifeste et la liberté que lui attribuait le dogme chrétien, la proposition précédente, en tant qu'elle représentait le suprême devoir éthique de l'humanité, était complètement inintelligible pour moi. Au contraire, j'avais toujours considéré comme le but suprême de l'existence l'utilisation de la volonté à l'incessant perfectionnement moral, à l'incessante action morale. Pourtant la proposition de Schopenhauer retentit en moi comme un oracle dont le sens énigmatique ne devait pas m'arrêter, dont l'intelligence dormait toute préparée au fond de ma pensée. Cette proposition m'attirait comme si elle devait être la clef destinée à ouvrir la porte derrière laquelle m'apparaîtrait la lumière de la connaissance suprême, à laquelle m'auraient conduit les premières espérances de ma vie.

» La soirée s'écoula sans qu'un plus chaud courant de sympathie s'établît entre Wagner et nous. J'éprouvai de cette entrevue un certain malaise, et qui m'atteignit d'autant plus péniblement, que mon enthousiasme m'avait plus chaleureusement portée au devant de l'auteur des poèmes et brochures, au devant du maître de l'orchestre de ce concert... Pour ne pas me laisser aller à ces impressions, j'écrivis deux mots à Wagner, quelque temps après, pour l'inviter à venir à Richmond, où Herzen, lui aussi, serait heureux de faire sa connaissance. Malheureusement, je reçus une réponse dans laquelle Wagner donnait comme raison de son refus son prochain départ avec les préparatifs...

Wagner ne devait plus revenir à Londres qu'après les représentations de l'*Anneau du Nibelung*, à Bayreuth, en 1876. C'est maintenant à Paris, à l'époque du *Tannhäuser*, que nous verrons l'auteur des *Mémoires d'une Idéaliste* le rencontrer, et le mieux connaître.

(A suivre.)

CAMILLE BENOÎT.

LES COMPOSITEURS BELGES
ET LE SUBSIDE AU THÉÂTRE

Les revues d'art de Belgique continuent à discuter la question du subside demandé par les auteurs dramatiques et compositeurs de musique belges, en faveur du théâtre qui monterait dans de bonnes conditions des œuvres nationales.

L'Art moderne a publié, à ce propos, une lettre très développée où il y a quelques observations intéressantes.

Le correspondant de *L'Art moderne* n'est pas d'avis qu'il faille réclamer de l'État une allocation annuelle en faveur des directeurs de théâtre.

" Il est certain que si un directeur met la main sur un ouvrage qui assurera une trentaine de fructueuses recettes, il le montera, fût-il d'un auteur belge; l'intérêt n'a point de nationalité. D'autre part, s'il se trouve une belle œuvre, il est tout naturel que l'État accorde immédiatement une allocation destinée à la monter avec le plus grand soin, sous la haute direction artistique de l'auteur. La ville de Bruxelles n'a-t-elle pas donné un subside extraordinaire de 50,000 francs pour monter *Aïda* ? Et, cependant, l'œuvre n'était pas nationale. Raison de plus pour monter, avec plus de soins encore, l'œuvre belle d'un compositeur belge.

" Mais il y a un point plus important : c'est la situation du musicien qui a composé une partition de mérite. L'allocation annuelle de 50,000 francs destinée au théâtre de la Monnaie dans le but de faire exécuter des œuvres belges n'améliorera en rien la situation du compositeur de musique. Ce subside sera tout bénéfice pour les directeurs qui y trouveront une subvention nouvelle. Les œuvres seront finalement jouées, soit ! Tant mieux pour le public et, dans le tas, il trouve une réelle œuvre d'art. Mais cette belle œuvre existant, quelle sera la situation de l'auteur ? Une·trentaine de représentations, ce qui constitue à Bruxelles un énorme succès, vaudront au compositeur de cette œuvre remarquable, en tout et pour tout, malgré les 50,000 francs alloués, *reize à dix-huit cents francs* de droits d'auteur. C'est ce que *les Templiers* (trente·représentations) ont rapporté à M. Litolff.

Il faudrait qu'une œuvre belge exécutée au théâtre, procurât au moins à son·auteur·les·moyens d'en composer une autre, sans que celui-ci fût obligé de mendier des leçons. Le théâtre ne peut le faire, mais l'État devrait subsidier directement ou acheter directement au compositeur son œuvre. En tous cas, si la subvention de 50,000 francs est accordée, elle ne doit l'être qu'à l'un escient et non seulement garantir la bonne exécution d'œuvres choisies, mais s'appliquer aussi à améliorer le sort de leur·auteur. Dans ce but, l'État devra imposer aux directeurs l'obligation de payer un droit d'auteur de 12 p. %, au minimum de la recette brute, dès que l'un des auteurs sera Belge. (C'est le taux en usage à·l'Opéra de·Paris.)

On fait une situation aux peintres et aux sculpteurs qui, eux, vivent de leur art. Pourquoi méconnaître totalement les compositeurs de musique et les littérateurs ? Sans discuter la préséance d'un art sur l'autre (ce qui est faisable), mettons-les au même plan. Pour les peintres et les sculpteurs, tout se compte par *milliers de francs*; pour le musicien, c'est par·sous ! Passe encore pour le sculpteur ; la·matière première – marbre ou bronze – a une valeur intrinsèque ; mais la peinture ? Un net de couleur et une toile ne valent pas beaucoup plus que de l'encre et du papier, ce qui n'empêche qu'un tableau de M. un tel, un premier succès, lui a été payé 25,000 francs par l'État et qu'le peintre aura immédiatement en sus une commande par la ville de 50,000 francs.

Comparez à cette situation celle de M. Benoit, par exemple, qui a gardé jusqu'ici en portefeuille son *Scheide*, son *Lucifer*, toutes·ses partitions en un mot, sauf *l'Oortes*, dont quelques amis indignés·ont fait publier à leurs frais la partition.

L'État n'aurait-il pu et dû acquérir depuis longtemps les manuscrits de ces œuvres qui suscitèrent un si grand enthousiasme, les conserver comme documents dans ses bibliothèques et contribuer à les faire publier ? C'était un moyen de procurer au musicien la libre jouissance de son art, tout en l'encourageant, tout en lui facilitant les moyens d'écrire de nouvelles œuvres.

Il y a un précédent : la publication par l'État des partitions de... Grétry ! (Grétry vivant aujourd'hui, serait bien ennuyé de cet honneur). Mais non. „Vivent les morts „ „Toujours ‘ l'éternelle et misérable apologie de musique surannée dans la seule vue d'ignorer le présent ou de le comparer hackneyessement au passé „ (Gœthe).

Tout cela est parfaitement juste et nous nous associons à *l'Art moderne* pour réclamer en faveur des auteurs nationaux, le bénéfice du traitement accordé aux peintres et aux sculpteurs.

Seulement, nous nous séparons de notre confrère en un point : Pour nous, le subside des directeurs de théâtre est·la première mesure à prendre. Qu'elle soit transitoire ou définitive, peu importe, il est urgent de l'appliquer ; elle est commandée par la situation. Il s'agit avant tout de déraciner le préjugé absurde, la légende qui veut que les compositeurs belges ne soient pas doués pour le théâtre. Or, comment démontrer le contraire, sinon en favorisant la plus possible l'exécution des œuvres de nos nationaux.

Vous dites à l'État d'acheter les œuvres vraiment belles. Mais qui décidera qu'une œuvre est·belle et mérité d'être publiée par l'État ? Un jury ?

Nous retombons dans le système des concours de Rome.

Une·commission nommée par le ministre ?

C'est ouvrir le champ aux intrigues d'antichambre et aux petites rancunes de·bureaux·ministériels dont tant artistes ont eu à souffrir en Belgique.

Que fait-on pour les peintres et les sculpteurs. L'État, la province et les villes s'entendent pour organiser des expositions, où le mérite d'une toile ou d'un morceau de sculpture est soumis à la discussion de tous. Pourquoi ne pas faire de même pour les musiciens. Le théâtre et la salle de concert sont les expositions des musiciens. L'épreuve décisive pour toute œuvre musicale, c'est l'exécution en public.

Et tenez, si l'État et la ville d'Anvers·n'avaient ‘ pas ‘ offfri à M. Benoit l'occasion de donner l'audition de ses grandes compositions orchestrales et chorales, il est probable qu'elles seraient encore ignorées. Il est infiniment probable qu'elles n'auraient pas trouvé grâce devant un jury. Et c'est le public qui en a mis en lumière la haute valeur artistique. C'est donc au public en tout, toujours et partout qu'il faut revenir, c'est à lui qu'il faut s'adresser, il est le souverain juge.

Le remède immédiat, le moyen pratique de mettre fin à la déplorable situation des compositeurs nationaux, c'est donc de faire exécuter ‘leurs œuvres, c'est d'encourager les directeurs de théâtres, en les couvrant de tout risque, à monter·des ouvrages belges.

Que demandent, après tout, les signataires de la pétition adressée au gouvernement. Ils ne demandent pas de faveur spéciale, ils ne demandent de privilège: ils demandent simplement que l'État, la province et les villes leur donnent le moyen de prouver leur talent et leur savoir faire, comme on le fait pour les industriels au moyen des grandes Expositions nationales et internationales: et pour les peintres et les sculpteurs au moyen des Expositions annuelles de Bruxelles, de Gand et d'Anvers. C'est ce qu'il reste à faire pour les musiciens au leur ouvrant les portes des quatre grands théâtres de la Belgique: Bruxelles, Liège, Gand et Anvers.   M. K.

Nouvelles diverses.

L'ouverture de la saison au théâtre de la Monnaie, se trouve·ajournée de quelques jours par suite des travaux que la ville de Bruxelles fait faire dans la salle et qui ne sont pas entièrement terminés. On travaille encore, à ce moment, à la transformation de l'orchestre qui non seulement·a été abaissé, mais encore se trouve reculé de trois mètres environ vers la scène. Dans une certaine mesure, la disposition rappellera celle de l'orchestre du théâtre de Bayreuth. Au moyen d'un ingénieux mécanisme mu par une presse hydraulique, le plancher de l'orchestre pourra·être·élevé ou·abaissé à volonté de 30 centimètres. Pour les œuvres du répertoire·dont l'instrumentation est faible, le plancher sera rétabli au niveau ordinaire. Pour les œuvres modernes notamment pour les œuvres de Wagner, où·l'orchestre joue un·si grand rôle, ‘on·abaissera le plancher afin de rétablir l'équilibre entre les voix et les instruments.

Quant·au tableau de la troupe il n'est, pas définitivement arrêté encore. Parmi·les artistes qui sont demeurés, citons : Mmes Litvinne, Martiny, Gandubert; Van Besten. Wolff, Lagault, MM. Engel, Séguin, Renaud, Gandubert, Innardon, Nerval, Frankin. Nouveaux: MM. Tournié, ténor remplaçant M. Cossira; Boon,·second ténor d'opéra·comique ; Vinche, basse de grand·opéra ; Mlle Lheria, falcon; Mlle Marthe Storell, soprano d'opéra et d'opéra·comique, une élève de M. Félix Montaubry,·et Mlle Virginie Haustman, élève de Mme Viardot. Mme Perrot, de l'Opéra de Paris, entre à la Monnaie comme première danseuse.

On avait parlé de l'engagement de Mme Landouzy comme première chanteuse d'opéra·comique. Mais Mme Landouzy, qui est professeur de chant au·Conservatoire de Roubaix, s'est refusée jusqu'ici à·abandonner le professorat·pour·la·carrière théâtrale pour laquelle, cependant, ·elle semble réunir toutes les qualités.

Quant au répertoire, l'année, parait devoir être extrêmement intéressante et si MM. Dupont et Lapissida, comme nous le leur souhaitons, réussissent à bout d'exécuter leurs artistiques intentions, le public bruxellois n'aura pas à se plaindre. L'œuvre capitale, ce sera le *Siegfried* de Wagner, deuxième·journée du *Ring des Nibelungen*, que précédera une reprise de la *Walkyrie*. *Siegfried* passera sans doute à la fin de décembre. Dans le genre grand·opéra, nous aurons ensuite la *Gioconda* de Ponchielli et peut-être le *Merlin* de Goldmarck,·qui a obtenu un si grand succès·l'année dernière à l'Opéra de Vienne. Pour l'opéra·comique, il est question du *Roi malgré lui* de Chabrier et de la *Sauvage·aprivoisée* de Gœtz, après les *Pêcheurs de Perles* de Bizet, qui viendront tout au début de la saison. Enfin, MM. Dupont et Lapissida, toujours favorables aux jeunes, donneront deux opéras de débutants : la *Revanche de Sganarelle*, un acte, de M. Léon Dubois, et *Axaël*, un acte de M. Léon Husson. Tout cela sans préjudice des reprises importantes.

Voilà plus qu'il n'en faut pour que la saison qui va s'ouvrir laisse quelque trace dans les annales du théâtre bruxellois.

À Paris, la musique dramatique continue d'être dans le marasme. L'Opéra-Comique, installé provisoirement au Théâtre des Nations, n'ouvrira pas avant la fin de septembre.

À l'Opéra trois engagements nouveaux viennent d'être conclus par la direction, ce sont ceux de Mmes Bronville et Maret, qui n'ont que des seconds prix de chant et des accessits d'opéra au Conservatoire et de M. Ballard, accessit de chant. Mme Cremer, premier prix de chant l'an passé et second prix d'opéra cette année, et M. Boyle, premier prix d'opéra, sont laissés à la disposition des nombreuses·entreprises théâtrales de la·province et de l'étranger.

Aucune nouveauté n'est, du reste, annoncée en dehors de la *Dame de Montsoreau* de M. Salvayre à laquelle on travaille ferme à l'Opéra. Les choristes répètent depuis trois semaines. Le rôle de Jeanne de Saint-Luc, l'amie de Diane, a été distribué à Mme Bosman, très en cour aujourd'hui près. du public et des directeurs. On parle aussi de *Zaïre* de M. Veronge de la Nux, mais l'œuvre n'est pas même terminée. En attendant, le répertoire se traine péniblement de *Guillaume Tell* en *Faust*, de *Prophète* en *Huguenots* et de *Robert* en * Old*·Misère !

On nous écrit de Gand, 22 août.

Voici les derniers résultats des concours de notre Conservatoire :

Orgue. — Professeur M. Tilborghs. — 1er prix: MM. Arthur De Hovre et Jules Verhasselt. — 2de prix : MM. Alphonse Ghesquière et Prudent De Meulemeester.

Harmonie pratique. — Professeur M. Van Avermaele. — 1er prix : Mlle Louise Acart. — 1er accessit : Mlle Amélie Schoofs.

Harmonie. — Professeur M. Miry. — Cours supérieurs. — 2e prix : M. Albert Morel de Westgaver. — 3e accessit : Mlle Louise Van Dieter.

Fugue. — 1er prix : M. Paul Bedri. — 2de prix : MM. Oscar Roels et Léon Rinskopf. — 1er accessit : M. Arthur De Hovre.   P. B.

On nous écrit de Verviers :

" Les concours de notre École de musique prennent d'année en année une importance plus grande tant par le développement progressif des cours que par le niveau auquel arrivent les études. Les concours supérieurs de solfège, par exemple, ont atteint cette fois le summum de ce que l'on peut exiger. Les épreuves à subir, leçons à changement de clefs, théorie et premières notions d'harmonie ont été les mêmes que celles des Conservatoires de Bruxelles et de Liége.

" Les concours publics ont été généralement très satisfaisants, notamment dans les classes de violon et de piano, et surtout la classe de violoncelle et de contrebasse. A signaler le jeune Gérardy, un violoncelliste de 8 1/2 ans qui semble annoncer une nature exceptionnelle et M. Crickboom, élève de M. L. Kefer, violoniste qui promet et auquel le jury a accordé la médaille en vermeil.

" Les concours de chant, en revanche, ont laissé à désirer ; la faute n'en est pas à l'enseignement, ce qui nous manque, ce sont les éléments vocaux et à cela il n'y a point de remède. "

On nous écrit de Vienne, le 19 août :

" Enfin ça y est : l'Opéra est rouvert et l'éclairage électrique n'y fonctionne pas trop mal ; pas aussi bien cependant qu'il le faudrait, mais cela viendra. Cet éclairage avait rencontré tant de difficultés de toute nature qu'il lui est bien permis de ne pas atteindre du premier coup à la perfection.

" Somme toute, le public a été satisfait de sa nouvelle lumière, et il a assisté hier avec plaisir aux débuts de Mᵐᵉ Marie Renard, de l'Opéra de Berlin. Elle a joué Carmen et chanté avec un succès qui l'honore d'autant plus qu'elle avait à soutenir la comparaison avec la Lucca, dont vous connaissez le rare talent et les splendeurs moyenne. A tout prendre, une jolie et vraie bohémienne que Marie Renard, avec son teint brun, ses yeux flamboyants et son abondante chevelure noir jais.

" Cette fille d'Autriche, — car elle est née à Graz, en Styrie — avec son air d'un autre ciel, sa voix éminemment sympathique et son jeu aussi gracieux que juste, a récolté de légitimes applaudissements, et les rappels ne lui ont pas manqué. "

Nominations au Conservatoire de Paris :

M. Diémer est nommé professeur de piano en remplacement de M. Marmontel, admis à la retraite.

M. Charles de Bériot est nommé en remplacement de Mᵐᵉ Massart, décédée.

M. Ed. Duvernois est nommé professeur de chant en remplacement de M. Masset, admis à la retraite.

M. Benjamin Godard est nommé professeur d'ensemble instrumental en remplacement de M. Baillot, admis à la retraite.

Nos félicitations aux nouveaux professeurs !

L'Opéra de Francfort rouvre ses portes le 8 septembre. La première nouveauté de la saison sera le Cid de Massenet. A l'occasion du jubilé de Don Juan, le théâtre de Francfort prépare un cycle de représentations d'œuvres de Mozart.

Une nouvelle série de représentations cycliques de l'Anneau du Nibelung sera donnée au théâtre de Dresde dans les premiers jours de septembre. La première série aura lieu du 6 au 11 de ce mois.

L'impresario Staunton qui a l'entreprise du German Opera de New-York publie le tableau de sa troupe qui commencera les représentations le 2 novembre prochain. Les plus célèbres chanteurs allemands ont été engagés par lui : MᵐᵉˢLilli Lehmann, Marianne Brandt, la Lucca, MM. Niemann, von Milde, Alvary, sont du nombre. Le répertoire comprendra le Ring des Nibelungen, les Maîtres Chanteurs, Tannhäuser, Rienzi, Fidelio, Don Juan, Euryanthe, Fernand Cortez, Aïda, les Huguenots, la Reine de Saba et Merlin de Goldmarck, etc.

Très mordant le dernier feuilleton musical de M. Adolphe Jullien dans le Français. M. Jullien épluche le discours de M. Spuller à la distribution des prix du Conservatoire, à ce propos il vient à parler de la vanité des artistes. A quoi sert-il de leur dire de mûrir et d'armer leur esprit par la lecture incessante et la méditation des chefs-d'œuvre ; comédiens et chanteurs se soucient des chefs-d'œuvre autant qu'un poisson d'une pomme, pense M. Jullien, et il cite cette amusante anecdote.

" Un jour, Morère, un ténor qui eut son heure de succès et qui chantait depuis un beau temps les Huguenots, demandait à Henri Potier, le répétiteur des rôles : " Dites-moi donc, monsieur Potier, " voilà une pièce où l'on parle tout le temps des Huguenots et on ne " les voit jamais. Quel drôle de titre ! " En voilà un auquel M. Spuller

aurait pu recommander la " méditation sévère „ des chefs-d'œuvre. Mais baste ! est-ce que cela l'empêchait de pousser son ut avec vigueur et d'être applaudi ? Et cet autre, un baryton, qui, à propos des couplets d'Escamillo dans Carmen, disait à M. Ponchard : " J'ai à " chanter : Un œil noir te regarde ! C'est l'œil du taureau, n'est-ce pas ?, Encore celui-ci cherchait-il à comprendre ; il comprenait mal, voilà tout. „

Du même feuilleton nous extrayons un fragment de lettre peu connu où Franz Liszt se réclame avec fierté de l'école dite de l'avenir et se refuse à suivre aucun autre drapeau que celui de l'auteur de Tristan.

" Je vous sais grand gré, dit-il à quelque ami, d'avoir bien voulu écouter avec bienveillance et attention les quelques compositions de ma réprouvée façon qu'on a exécutées dernièrement à Vienne, et je vous avoue sans peine que je ne suis pas gâté sous ce rapport par beaucoup de mes anciens amis : ceux-ci, d'ordinaire, me répètent tacitement, par leur mine et leur embarras, le syllogisme irréfragable que la haute et basse critique a inventé pour mettre l'embargo sur mes ouvrages tels quels :

" Toute musique de l'avenir est pure niaiserie ; or, Liszt s'adonne à " la musique de l'avenir ; ergo, tout ce qu'il écrit ne peut être que pure " niaiserie. „

" Pour ma part, je n'ai d'autre réponse à faire à une argumentation aussi victorieuse que de continuer mon chemin tranquillement jusqu'au bout, en récidivant sans cesse et même avec aggravation. Les Préludes ne sont, dans le véritable sens du mot, qu'une entrée en matière et, j'imagine que la grêle, si violemment qu'elle tombe sur mon champ, n'empêchera nullement ma moisson de se lever et de prospérer. „

L'image est poétique et la riposte vivement envoyée.

<hr>

BIBLIOGRAPHIE

MÉTHODE PRATIQUE DE PIANO, par Aug. Bielefeld, J. W. Stompa, Luxembourg. — Cet ouvrage est destiné à l'enseignement primaire du piano. Ce qui en fait l'originalité et le mérite, c'est que mettant à profit l'idée appliquée dans le célèbre Conservatoire par M. Ad. Samuel, directeur du Conservatoire de Gand, l'auteur a composé la plupart de ses exercices et études, au moyen d'airs populaires dont la forme mélodique s'imprègne facilement dans la mémoire de l'enfant en même temps qu'il l'amuse. M. Bielefeld note avec soin les morceaux de différents auteurs qui doivent compléter l'enseignement purement technique de sa méthode. Cet ouvrage nous paraît excellent et il rendra certainement des services.

DICTIONARY OF MUSIC AND MUSICIANS, par Sir Grove, London. Macmillan and Cⁱᵉ, 4 vol. in-8° sur deux colonnes, petit texte avec exemples en notes et gravures sur bois.

Cet important ouvrage, commencé en 1878, vient de se terminer par la livraison vingt-deuxième, comprenant tout ce qui restait à publier de la lettre W (Watson à Zwischenspiel). Les articles à citer de cette livraison sont C. M. von Weber (48 pages), Welsh Music, Wieck (avec portrait), Wesley, Wieniawski, Wilder, Willaert, Wind-band, Woelfl (avec son portrait), Working out Yankee doodle, Zarlino, Zelter, Zingarelli, Zither, Zukunftsmusik (Musique de l'avenir).

Le Dictionnaire de Sir Grove sera utile à toutes les personnes qui s'intéressent à la musique et sont suffisamment familiarisées avec la langue anglaise. Il contient la définition des termes usités en musique, des explications sur tout ce qui concerne la théorie de la composition musicale, sur l'origine, la structure et les perfectionnements des instruments, sur l'organisation et l'histoire des sociétés et des institutions musicales ; puis des notices sur les œuvres les plus importantes, la liste des principales collections publiées, la biographie de célèbres compositeurs, chanteurs, instrumentistes et protecteurs de l'art ; en un mot, des renseignements sur tout ce qui est d'un intérêt général.

Les éditeurs Macmillan et Cⁱᵉ, annoncent que le Dictionnaire de Sir Grove aura un supplément accompagné d'une table des matières.

MUSIK LEXICON du Dʳ RIEMAN, Leipzig, Max Hesse.

Ce Lexique de musique est maintenant complet avec les 19ᵐᵉ et 20ᵐᵉ livraisons qui viennent de paraître. L'auteur, en s'aidant des travaux récents des musicographes de tous les pays, a fait un grand et précieux travail dont on pourra chaque jour tirer profit. Moins développé en certaines matières que le Dictionnaire anglais de Grove, le Lexicon allemand de Rieman a cet avantage sur son concurrent qu'il n'a pas réservé toutes ses grâces pour les grands noms, mais qu'il a fait aussi une place aux plus humbles.

IL TEATRO ILLUSTRATO (Milan, Sonzogno). Livraison du mois d'août : Illustration avec texte : F. Marconi (portrait), Don Pedro de Médine, opéra de Lanzini, à Milan ; la Chatte blanche, féerie du Châtelet, à Paris ; Album de costumes français de 1300 à 1500.

Texte : Librettistes ; Conservatoire de Milan ; la Musique à Gênes ; correspondance de Venise, Paris, Vienne, Berlin ; Monteverde ; la nouvelle messe de Gounod ; fantaisie musicale ; le nouveau Métronome ; bibliographie ; nécrologie ; bulletin du mois, etc.

Musique : Un boléro de Lanzini ; mélodie pour chant et piano d'E. Lombardo.

VARIÉTÉS

ÉPHÉMÉRIDES MUSICALES

Le 26 août 1878, à Schmalkaden, décès de Carl Wilhelm, à l'âge de 58 ans. Sa naissance, au même lieu, le 5 septembre 1820. — Son chant patriotique *Die Wacht am Rhein* (la Garde du Rhin) a rendu son nom populaire dans toute l'Allemagne, à l'époque de la guerre de 1870.

— Le 27 août 1830, à Spa, concert d'Alfred Jaëll, de Mme Jaëll, de Joseph Hollman et de Mlle Félicie Arnaud.

C'est pour la dernière fois que Jaëll se faisait entendre à Spa, où, depuis sa première étape, en 1849, il était revenu en 1862, 1864, 1874 et 1877. (Voir Albin Body, *le Théâtre et la musique à Spa*.)

— Le 28 août 1829, à Savigliano, en Piémont, naissance de Domenica-Maria-Teresa Milanollo.

Elles étaient deux sœurs, Teresa et Maria, deux corps avec une seule âme, deux flammes nées de la même étincelle. Ce qui manquait à l'une, l'autre le possédait ; ensemble elles réalisaient la perfection. Teresa avait la grâce en partage, Maria brillait surtout dans les difficultés. La première était délicieuse dans les *adagio* mélodiques, la seconde rendait les *allegro* avec une fougue entraînante. A elles deux elles formaient le plus harmonieux concert que l'imagination put rêver ; elles ont parcouru l'Europe entière excitant un enthousiasme dont Paganini seul avait fourni l'exemple. Maria est morte à Paris, le 21 octobre 1848, à l'âge de 16 ans, et Teresa, devenue la femme du général Parmentier, s'apparaît plus que de loin en loin dans des concerts de charité, n'ayant rien perdu de son talent.

Le premier concert des deux sœurs à Bruxelles, eut lieu à la Société Philharmonique (19 février 1842). L'admiration n'eut pas de bornes et elle se répercuta dans toutes les villes de la Belgique.

Déjà, en 1836, Teresa, alors âgée de sept ans, nous avait été amenée par Lafont, son professeur, et elle s'était fait entendre (10 décembre) dans un concert donné au bénéfice des pauvres, à l'Hôtel de Ville de Bruxelles. En 1862, la grande artiste, cédant à l'invitation qui lui avait été adressée, accourut de Paris pour émerveiller une dernière fois le public bruxellois. C'était à la Société Philharmonique (30 novembre). L'*Indépendance* va nous dire à quelle occasion : « Ne soyez pas surprise de voir Teresa Milanollo reparaître à Bruxelles, après un silence de plusieurs années, par un concert donné au profit d'une fondation pieuse. (Eglise Sainte-Marie, à Schaerbeek.) Elle est coutumière de ces bonnes inspirations. Si elle a fait sa fortune à l'aide du génie musical dont elle est douée, elle s'est servi de cette faculté des êtres privilégiés pour soulager bien des misères, pour accroître les ressources de bien des fondations philanthropiques. Il n'est pas, pour ainsi dire pas de ville, dans les contrées qu'elle a parcourues, où elle n'ait donné des concerts au bénéfice des pauvres. Elle a fait mieux que cela ; dans l'un des grands centres de population de la France, elle joua pour les pauvres eux-mêmes ; elle organisa une séance à laquelle furent admis gratis tous ceux qui voulurent l'entendre et Dieu sait si le nombre en fut grand. »

— Le 29 août 1876, à Nice, décès de Mme Volnys (Louise-Jeanne-Léontine Fay), actrice du Théâtre-Français, petite-fille de Mme Rousselois. Sa naissance, à Toulouse, le 9 novembre 1810. — Encore enfant, et dans ses pérégrinations à l'étranger, notamment en Belgique (Liège en 1816, Bruxelles en 1820), la petite merveille, comme on l'appelait, jouait alternativement dans la comédie et l'opéra. (Voir *Guide mus.*, 10 février 1887.)

— Le 30 août 1822, à Paris (Opéra-Comique), *Maria Stuart*, 3 actes de Fétis. — *Artistes* : Huet (Melville), Darancourt (Douglas), Lemonnier (Roland), Visentini (Randall), Mmes Lemonnier (Marie), Delmont (Lady Douglas), Rigaut (Clary), Thibaut (Lady Fleming).

« Musique savante et travaillée, mais peu chantante ; elle sera plus appréciée par les compositeurs que par le public, elle est triste et plusieurs morceaux ont le ton lugubre qui conviendrait à la cérémonie qui suivra les derniers moments de Marie Stuart. Il y a abus de trompettes, de contrebasses et de timbales, surtout dans un ouvrage où l'on ne déploie aucun appareil militaire. » (*Pandore*, 1er septembre 1823.)

Autre note donnée par le *Journal des Débats*, au sujet du même ouvrage : « Le succès, contre lequel une demi-douzaine de malveillants ont inutilement protesté, n'a pas été douteux ; il est vrai que la pièce est jouée avec un ensemble très satisfaisant. Le nom de M. Fétis a été proclamé au milieu des applaudissements universels. »

— Le 31 août 1858, à Gand, à l'occasion du mariage du duc de Brabant (Léopold II), cantate avec orchestre de F.-A. Gevaert, exécutée au théâtre par la Société royale des chœurs. Cette composition n'est pas mentionnée spécialement, ni par Fétis, ni par Pougin, dans leur *Biographie des musiciens*.

Louis Hymans, l'auteur du poème, a raconté dans ses *Notes et souvenirs*, quelques épisodes auxquels donna lieu cette cantate.

— Le 1er septembre 1868, à Spa, concert de Henri et Joseph Wieniawski. Les deux frères avaient paru pour la première fois en cette ville, en 1853. Le violoniste Henri y est revenu seul, en 1856, 1875 et 1876. (Voir Albin Body.)

— Le 2 septembre 1842, à Spa, les sœurs Milanollo attirent la foule, et le public ravi oblige les deux prodiges du violon à recommencer le lendemain. Cela ne s'était jamais vu à Spa. Quatre années après, Teresa, seule, prit part à un festival dirigé par Fétis ; puis en 1845, sollicité par François Demonck, le violoncelliste, elle consentit à jouer à côté de lui. Les deux sœurs, en 1848, reparurent pour la dernière fois à Spa. Stadtfeld tint le piano à ce concert. (Voir Albin Body.)

— Le 3 septembre 1849, à Spa, concert de M. et Mme Léonard et d'Alfred Jaëll.

« Malgré le nombre considérable de beaux et charmants ouvrages qui lui ont succédé, *Euphrosine et Coradin*, dit Berlioz, est resté pour moi le chef-d'œuvre de son auteur. Il y a là-dedans à la fois de la grâce, de la finesse, de l'éclat, beaucoup de mouvement dramatique, et des explosions de passion d'une violence et d'une vérité effrayantes. On raconte, qu'assistant à la répétition générale, Grétry, après avoir entendu le duo de la jalousie, s'écria : « C'est à ouvrir la voûte du théâtre avec le crâne des auditeurs ! », et le mot ne dit rien de trop. »

Marie-Joseph Chénier, dans son poème sur les principes des arts, a dit :

 Les efforts que Méhul habilement combine,
 Ressortent par le chant qui plaît dans *Euphrosine*.

Il ajoute en note, en parlant de Geoffroy, le Zoïle des théâtres : « la musique d'*Euphrosine* écorche ses oreilles... entières. Courage Méhul ! Quand Apollon punit Marsyas, il commença par les siennes ».

La première d'*Euphrosine*, à Bruxelles, est du 10 octobre 1792, et la dernière reprise du 15 juin 1838. Nos souvenirs d'antan nous rappellent une jeune chanteuse, Mlle Thuillier, qui débutait et avait pour partenaires Mmes Rousselois et Linsel, celle-ci aujourd'hui Mme veuve Henry Monnier, la seule encore vivante des artistes d'alors. Du côté des hommes, tous médiocres, aucun nom n'est à citer.

— Le 5 septembre 1839, à Bruxelles, *Lucie de Lammermoor* de Donizetti. Traduction de l'italien, chantée par Albert Dommange, Canaple et Mme Jawnreck. Le succès ne s'accentua tout à fait que l'année suivante avec Laborde et Mme Treilhet-Nathan.

Du théâtre San-Carlo de Naples, où elle parut pour la première fois le 26 septembre 1835, *Lucie de Lammermoor*, fut jouée à Paris par la troupe italienne, le 12 décembre 1837. Le poème mis en français, l'œuvre de Donizetti fut représentée d'abord au théâtre de la Renaissance de Paris, le 6 août 1839, puis à l'Opéra, le 20 février 1846. (Voir nos Eph., *Guide Mus.* 24 juillet 1884.)

— Le 5 septembre 1791, Meyerbeer vit le jour à Berlin. Il est mort à Paris, le 2 mai 1864. Il en est qui prédisent que la valeur de ses œuvres aura bien diminué lorsqu'arrivera le centenaire du célèbre maestro et nous n'en sommes plus loin.

The American Musician de New-York, dans un article signé Saltus, nous apprend quelques particularités sur Meyerbeer, celles-ci entre autres. Il détestait la musique d'Halévy et était jaloux du succès de *la Juive*, mais il appréciait Bellini et Donizetti. Il disait qu'il s'estimait heureux si ses œuvres vivaient aussi longtemps que la *Somnambule* et *Lucie de Lammermoor*.

— Le 6 septembre 1818, à Brumath (Alsace), naissance de Johannes Weber, le critique musical du *Temps*, de Paris, depuis la fondation de ce journal (1861). Il y défend avec chaleur l'école wagnérienne.

— Le 7 septembre 1726, à Dreux, naissance de François-André Danican dit Philidor, sa mort à Londres, le 30 août 1795.

« Artiste de race, il sut de bonne heure parler en musique ; mais il se détourna quelque temps de sa vocation obligée pour se livrer à la passion que lui avait inspirée le jeu des échecs » (CHOUQUET).

Nos amis Arthur Pougin et Ernest Thoinan, l'un dans la *Chronique musicale* (1874-1876), l'autre dans le supplément à la *Biog. univ. des mus.* de Fétis, ont rectifié nombre d'erreurs et révélé beaucoup de faits nouveaux sur les Philidor.

— Le 8 septembre 1588, au hameau de la Soultière, près d'Olzé (Maine), naissance du Père Marin Mersenne, théologien, mathématicien et philosophe de l'école de Descartes. Sa mort à Paris, le 1er septembre 1646.

Au nombre de ses écrits de nature si diverse, ceux qui traitent de la musique sont émaillés des réflexions les plus bizarres, celles-ci par exemple :

« On voit peu d'honnêtes gens qui s'emploient au métier de musicien. Ce métier est si infâme, si décrié, que ceux qui savent la musique n'osent le confesser dans la compagnie des hommes savants, sans rougir de honte... »

Et plus loin :

« La musique a encore le malheur qu'elle excite au mauvais amour et à plusieurs inclinations vicieuses. De là vient que la plupart des musiciens sont débauchés, ivrognes, et qu'ils sont surtout merveilleusement présomptueux, quoiqu'ils ne sachent rien. »

D'après Mersenne, le musicien n'était pas précisément en honneur au XVIe siècle. Il n'en est plus de même de nos jours. Il suffit au musicien d'avoir du talent et une bonne tenue dans le monde pour qu'il soit recherché, qu'on lui tresse des couronnes, qu'on le couvre de décorations et qu'il devienne riche.

On ne s'informe guère s'il se livre à la débauche ou à la boisson.

Nécrologie.

Sont décédés :

A Fontainebleau, le 13 août, Jules-Étienne Pasdeloup, né à Paris le 15 septembre 1819, chef d'orchestre, fondateur des Concerts populaires.

La réussite de ces concerts, dont le premier eut lieu le 27 octobre 1861, fut si complète qu'elle eut de l'écho non seulement en France, mais à l'étranger. C'est grâce à cette institution que la musique a fait de si grands progrès en France notamment; car c'est par ces concerts populaires que le public français s'est familiarisé avec les œuvres des grands maîtres allemands et qu'il a appris à connaître les maîtres français contemporains, tels que Saint-Saëns, Guiraud, Lalo, Massenet, etc. Il faut rappeler aussi les luttes qu'il soutint pour la cause wagnérienne, à une époque où Wagner n'était pas encore l'auteur d'*Une Capitulation*, mais où il n'était pas moins qu'aujourd'hui odieux aux bons patriotes.

En 1868, poussé par un mauvais génie, et malgré tous les bons conseils qui lui furent donnés, Pasdeloup voulut tâter de la direction de théâtre, et s'enferra dans les déboires du Théâtre-Lyrique. Il perdit à la place du Châtelet tout ce qu'il avait gagné au Cirque. C'est pendant cette direction qu'il monta *Rienzi*, dont le succès ne fut du reste que de courte durée.

Après la guerre, l'entreprise des concerts populaires commença à péricliter : le répertoire était connu, le public plus exigeant. Vinrent alors les concurrences : M. Colonne qui ressuscita Berlioz, puis M. Lamoureux qui imposa Wagner; les Parisiens désapprirent le chemin du Cirque-d'Hiver. En 1884, Pasdeloup ruiné, à bout de ressources, non de courage, dut se démettre. M. Édouard Colonne organisa à son bénéfice un concert-festival d'adieu, dont la recette atteignit un chiffre magnifique et permit au fondateur des concerts populaires de clore avec honneur sa laborieuse carrière.

Pasdeloup avait essayé de rentrer dans l'arène l'année dernière; mais il ne retrouva qu'une faible partie de ses fidèles d'autrefois.

— A Férons (Gironde), Mme Peschard, née Marie-Bl. -A. Renouleau, cantatrice qui a joué avec succès les Dugazon à Paris et à Bruxelles.

— A Angers, le 9 août, à l'âge de 24 ans, Mme Lebec-Espigat, première chanteuse du théâtre.

— A Naples, à l'âge de 84 ans, Nicola Tauro, contrebassiste, choriste, basse bouffe, compositeur, librettiste, journaliste et directeur de théâtre.

— A Francfort-sur-Mein, le 25 mai, à l'âge de 57 ans, Ph. Welcker, violoniste attaché depuis longtemps à l'orchestre du théâtre.

— A Paris, Leroy, l'excellent ténor léger de l'Opéra-Comique et depuis fondateur des représentations populaires d'opéra au Théâtre du Château-d'Eau.

XXXIIIᵉ ANNÉE   8 septembre 1887   NUMÉROS 36.

Paraissant tous les jeudis.

ABONNEMENT	SCHOTT FRÈRES, ÉDITEURS.	ANNONCES
FRANCE & BELGIQUE, 10 francs par an.	Paris, Boulevard Montmartre, 19	LA LIGNE . . . . Fr. 0.50
LES AUTRES PAYS, 10 francs (port en sus)	Bruxelles, Montagne de la Cour, 82	On traite à forfait pour les grandes annonces.

VIOTTI
ET L'ÉCOLE MODERNE DE VIOLON
(Suite. — Voir le dernier numéro.)

Viotti, grâce à ses qualités morales et à ses facultés artistiques, devint bientôt l'élève préféré et l'objet particulier des soins de Pugnani; une sympathie naturelle les portait d'ailleurs l'un vers l'autre, et tous deux se prirent mutuellement d'une tendre et profonde affection. Quant à l'admiration de Viotti pour son maître, elle était telle qu'en l'entendant il s'écriait, plein d'enthousiasme: *C'est un Jupiter!* donnant ainsi une idée de son exécution mâle, pleine de chaleur et de hardiesse.(1). Tout en cherchant à s'approprier les qualités de ce maître, pour lequel il conserva jusqu'à sa mort une vénération profonde et la plus vive reconnaissance, tout en s'efforçant de devenir à son tour un virtuose accompli, un *suonatore abile*, Viotti, dont l'inspiration s'éveilla de bonne heure, s'exerçait déjà dans la composition, peut-on dire, et sans avoir fait encore aucunes études théoriques; on assure qu'il n'avait que quatorze ans lorsqu'il écrivit son premier concerto (en *la* majeur), celui qu'il publia plus tard sous le numéro 3 (2).

(1). Cette admiration que Pugnani inspirait à son élève, celui-ci ne manqua jamais de l'exciter à son tour. Voici comment Mᵐᵉ de Genlis, dans ses *Mémoires* (t. 1ᵉʳ, p. 144), parlé de l'un et de l'autre: — « J'entendis avec admiration le fameux Pugnani, dont l'un des grands titres de gloire est d'avoir été le maître de Viotti artiste fait pour servir à jamais de modèle à ceux qui se consacrent aux arts, par son prodigieux talent, la culture de son esprit, ses mœurs, sa conduite noble et pure dans tous les temps, et les qualités de son cœur ».

(2) Plus tard encore, et pour rendre une sorte d'hommage à son maître, Viotti s'inspira d'une de ses compositions; on lit à ce sujet dans le *Dictionnaire des Musiciens* de Choron et Fayolle: — « La musique de Pugnani est très recherchée des

Jusqu'à ce qu'il eût complètement terminé son éducation, Viotti resta sous la direction de Pugnani, qui l'avait appelé à faire partie de l'orchestre de la chapelle royale. Puis, ce qui prouve bien, d'une part, l'affection qui unissait l'élève et le maître, de l'autre, le cas que celui-ci faisait du talent de celui-là, un beau jour, quand Viotti fut tout à fait formé et que Pugnani fut sûr de lui, tous deux partirent de compagnie et s'en allèrent faire un immense voyage artistique à travers l'Europe, visitant toutes les capitales, se faisant entendre devant les cours les plus brillantes et se voyant accueillis avec la plus grande faveur par tous les souverains. Pugnani, qui, aux premiers jours de sa brillante carrière, avait fait, seul, un voyage de ce genre, et s'était produit avec le plus grand succès en Angleterre, en France et je crois aussi en Hollande (1), voulut servir de guide et de Mentor à son élève en cette circonstance.

Tous deux quittèrent donc l'Italie, et se dirigèrent vers le Nord. La première étape de ce voyage paraît avoir été Genève, et l'on a raconté à ce sujet une anecdote dont l'authenticité me paraît douteuse, mais je la rapporte ici parce qu'elle est consignée dans la plupart des biographies. « Les deux voyageurs passant par Ferney, se présentèrent chez Vol-

amateurs. Une éloquence vive et nerveuse règne dans la mélodie, les idées s'y succèdent par ordre, sans s'exciter du motif. Quelques-uns de ses trios ont même le grandiose du concerto, entr'autres celui où Viotti a pris le motif d'un de ses plus beaux concertos. (Voyez le premier trio de l'œuvre X, en mi bémol) ».

On ignore sous quel maître Viotti fit ses études de théorie musicale, qui d'ailleurs n'ont jamais été poussées fort loin. Y aurait-il témérité à supposer que, s'étant exercé à la composition alors qu'il était encore à l'école de Pugnani, il aurait tout naturellement reçu de celui-ci quelques conseils et quelques indications sous ce rapport, et que là se serait bornée toute son éducation théorique, un travail personnel et son goût naturel faisant ensuite le reste?

(1) En 1784, Pugnani, arrivant à Paris, s'était produit avec éclat au Concert spirituel. Le *Mercure de France* (Mars 1784) enregistrait ainsi son succès: — « M. Pugnani, ordinaire du roi de Sardaigne, joua un concerto de sa composition; les connaisseurs qui étaient au concert prétendent qu'ils n'ont point entendu de violon supérieur à ce virtuose ».

taire. L'académicien Chabanon s'y trouvait. Grand amateur de violon, il procura aux virtuoses l'accueil le plus honorable (1). On fit de la musique. Pugnani et Viotti exécutèrent ensemble des duos. La figure grotesque du premier (2), ses manières bizarres, quelquefois même la dureté de son jeu, contrastaient avec l'élégance du second et faisaient encore ressortir ses qualités brillantes. C'était donc au jeune Viotti que Voltaire adressait toujours la parole, et à chaque éloge qu'il lui donnait, il ne manquait jamais de l'appeler *célèbre Pugnani.* Cette méprise réitérée blessa tellement l'amour-propre du vrai Pugnani, que toutes les fois qu'on parlait devant lui de Voltaire, il disait: *Votre Voltaire, il est oune bête, il né sait faire qué des trazédies* (3). »

Cette anecdote, je l'ai dit, me semble apocryphe. Il est peu supposable, en effet, que deux artistes se présentant chez Voltaire, les présentations n'eussent pas été faites d'une façon assez correcte pour rendre impossible toute confusion du genre de celle-ci.

Quoi qu'il en soit, nos deux artistes s'en allèrent séjourner quelque temps à Genève. A cette époque, on donnait chaque hiver dans cette ville une série de douze concerts hebdomadaires, et pour rendre les concerts plus brillants, on appelait à y prendre part un certain nombre de virtuoses étrangers distingués. L'un des meilleurs élèves de Gaviniés, Imbault, s'y trouvait alors, et obtenait des succès dans ces séances; l'arrivée inattendue des deux violonistes italiens fit désirer que Viotti se produisît concurremment avec le jeune artiste français. Tous deux alternèrent donc sur les programmes, pour le plus grand plaisir du public, et c'est alors que se cimenta entre eux une amitié qui ne se démentit jamais (4).

De Genève, Pugnani et son élève prirent le chemin de l'Allemagne pour se rendre en Pologne. A Varsovie, où ils restèrent assez longtemps, Viotti fut l'objet des prévenances et des attentions les plus délicates de la part du roi Stanislas-Auguste, qui, dit-on, en faisait le compagnon de ses parties de chasse et de tous ses plaisirs. Il ne fut pas moins bien reçu en Russie, où l'impératrice Catherine, qui se piquait de dilettantisme et qui se montra enchantée de son talent, le combla de grâces et de bontés. D'un physique agréable, bien fait et soigné de sa personne, avec une grande élégance de manières, une physionomie expressive et un extérieur fort distingué, Viotti avait d'ailleurs tout ce qu'il fallait pour plaire, et son talent ne faisait qu'augmenter la bonne impression que sa vue causait dès l'abord. Ces avantages lui furent surtout profitables en Russie, pays

neuf encore au point de vue de l'art, mais qui ne demandait qu'à encourager et à récompenser les artistes. Les succès brillants que Viotti obtint à la cour et devant le public de Saint-Pétersbourg l'engagèrent à laisser son maître quelque temps dans cette capitale, pour aller tenter la fortune dans les provinces. Il se rendit d'abord à Moscou, où il fut accueilli avec enthousiasme, visita quelques autres villes qui ne le reçurent pas avec une faveur moins grande, et après cette tournée fructueuse, pendant laquelle, dit un biographe, il fit « une ample moisson de roubles, » il revint trouver Pugnani à Saint-Pétersbourg. Là, il fut, paraît-il atteint d'une maladie qui le condamna à un repos absolu pendant toute une année. Enfin, lorsqu'il eût recouvré la santé, Viotti, à qui la tsarine avait fait des présents magnifiques, repoussa toutes les instances que fit cette souveraine pour le retenir à son service et partit avec son maître pour Berlin. C'est en cette ville qu'il allait se trouver, pour la première fois, en présence de Jarnowick, célèbre alors dans toute l'Europe, et qu'il devait bientôt éclipser. Toutefois, et par suite de circonstances particulières, cette première rencontre avec un virtuose déjà fameux ne fut pas à son avantage.

Homme assez peu estimable, nature singulière et excentrique, Jarnowick n'en était pas moins un artiste fort distingué. Plus âgé que Viotti de quelques années, il avait été élève de Lolli, et faisait honneur à ce maître célèbre (1). Il était venu à Paris vers 1770, s'était fait entendre au Concert spirituel, et bientôt était devenu le favori du public et le virtuose à la mode. Son talent justifiait d'ailleurs ce succès, et son jeu, plein de souplesse et empreint d'une grâce pénétrante, se distinguait par une justesse remarquable, une grande facilité de doigts et d'archet, et un goût très pur dans le choix et l'exécution des ornements; on lui eût souhaité seulement une sonorité plus puissante et une plus grande largeur dans la phrase. Mais ses admirateurs le trouvaient parfait, surtout quand il exécutait sa propre musique. Au reste, Jarnowick s'était fait une réputation d'étrangeté qui était loin de lui faire tort auprès du public, et sa vogue se serait prolongée sans doute encore si, au bout de quelques années, certains incidents fâcheux ne l'avaient mis dans l'obligation de quitter Paris et la France (2). Il se rendit alors à

---

(1) On sait que Chabanon était compositeur, et qu'il a publié d'assez nombreux écrits sur la musique.

(2) Pugnani était doué d'un nez phénoménal, qui, lorsqu'il commença à prendre de l'âge, rendait sa physionomie presque ridicule.

(3) J'ai emprunté cette citation à la notice que Miel a consacrée à Viotti dans la *Biographie Michaud*, notice très intéressante, et abondante en renseignements utiles sur certaines parties de la carrière du glorieux artiste.

(4) Plus tard, pendant son premier séjour à Paris, c'est à Imbault et à Guérillot que Viotti confia l'exécution, au Concert spirituel, de ses symphonies concertantes pour deux violons, et c'est en compagnie d'Imbault qu'il les joua lui-même à la cour.

(1) Né à Palerme en 1745, il s'appelait en réalité *Giornovichi*. On ne trouve trace nulle part de la raison qui lui fit donner à son nom une tournure slave. Ce fut sans doute un simple caprice de sa part.

(2) Fétis, sans s'expliquer davantage à ce sujet, dit que « des circonstances graves, où l'honneur de Jarnowick était compromis, l'obligèrent à s'éloigner de Paris. »

Comme excentrique, Jarnowick laissait peu à désirer, et l'on raconte à son sujet plusieurs anecdotes originales. Un jour, se trouvant chez Bailleux, éditeur de musique, un mouvement maladroit lui fait casser une vitre. — « Qui casse les verres les paie, lui dit Bailleux. — C'est juste, répond-il. Quel est le prix de votre carreau? » — Trente sous. — Voici un écu de trois livres. — Mais je n'ai pas de monnaie. — Qu'à cela ne tienne, « et il casse un second carreau. — Une autre fois, étant de passage à Lyon, il annonce un concert à six francs le billet. Ce prix semble excessif, et, le soir venu, la salle reste absolument vide. Blessé dans son amour-propre, Jarnowick médite de se venger, et il annonce pour le lendemain un concert à trois francs par place; cette fois le public vint en foule, mais, à l'heure indiquée pour le commencement de la séance, on fut obligé de lui annoncer que

Berlin, où le prince royal, à qui plut son talent distingué, lui donna un emploi dans sa chapelle.

Tel est l'artiste avec lequel Viotti allait être appelé par le hasard à se mesurer, artiste assurément distingué quoique loin de le valoir, mais qui avait sur lui l'avantage d'une renommée établie depuis près de dix ans, et qui était considéré par toute l'Europe comme le représentant le plus remarquable de la jeune école de violon.

Par suite d'un assez singulier concours de circonstances, la première épreuve ne fut favorable ni à l'un ni à l'autre. Viotti avait été invité à prendre part à une grande séance musicale donnée chez le prince royal de Prusse. « Jarnowick et Viotti se trouvèrent en présence, dit un de ses historiens. Celui-ci exécuta un concerto qu'il venait d'achever, sans préparation, sans répétition, et après avoir passé la journée à copier les parties. Il fut au dessous de lui-même. Jarnowick s'en aperçut et se confondit en louanges ironiques. Mais Viotti fut vengé à l'instant même ; Jarnowick resta court au milieu d'un de ses rondos les plus connus, et l'artiste outragé alla sur le champ exprimer à son rival sa profonde admiration. Ce persiflage, qui était loin du caractère bon et sensible de Viotti, n'était ici qu'une juste représaille (1) ». Mais Viotti trouva bientôt l'occasion d'affirmer avec éclat sa supériorité, et Jarnowick en conçut contre lui une sourde irritation, à ce point que longtemps après il lui proposa un défi ; mal lui en prit, car cette fois il fut complètement vaincu, ainsi que le rapporte Fétis dans sa notice sur cet artiste :—« Arrivé à Londres en 1792, il y joua dans les concerts qui y furent donnés à cette époque, et presque toujours il y fut applaudi. Malheureusement pour lui, Viotti arriva vers le même temps dans la capitale de l'Angleterre, et la supériorité de son talent plaça Jarnowick à un rang inférieur, comme cela était déjà arrivé entre eux dix ans auparavant, à Berlin. La jactance de Jarnowick n'y put tenir cette fois ; et la première fois qu'il rencontra celui qu'il considérait comme son rival, quoique celui-ci n'en eût point, il l'aborda brusquement et lui dit : « Il y a longtemps » que je vous en veux ; vidons la querelle, apportons » nos violons, et voyons enfin qui de nous deux sera » César ou Pompée ». Le cartel fut accepté, et Jarnowick, vaincu, dut se considérer comme placé bien au dessous du grand artiste qui n'avait pas dédaigné cette lutte. Cependant il ne perdit pas courage ; car avec ce ton gascon qui lui était familier, il s'écria : « Ma foi, mon cher Viotti, il faut avouer qu'il n'y a » que nous deux qui sachions jouer du violon ».

(À suivre). ARTHUR POUGIN.

Jarnowick avait quitté la ville depuis une heure. — Jarnowick avait souvent maille à partir avec le chevalier de Saint-Georges, aussi fameux comme violoniste que par son habileté à l'escrime, et il s'oublia un jour jusqu'à lui donner un soufflet ; fort heureusement pour lui, Saint-Georges se contenta de dire : « J'aime trop son talent pour me battre avec lui. » Mais plus tard, à Londres, comme il avait grossièrement insulté le fameux pianiste J.-B. Cramer, celui-ci voulut le forcer à se battre ; Jarnowick fut lâche, refusa absolument, et se vit obligé de quitter Londres.

(1) Notice de Miel sur Viotti, dans la *Biographie Michaud*.

RICHARD WAGNER

DANS LES MÉMOIRES D'UNE IDÉALISTE

III

En 1860, après diverses vicissitudes dont je n'ai pas à parler ici, Mlle Malwida, de Meisenbough, quitta Londres pour Paris. Elle y vit Michelet, déjà illustre, et M. Renan, pas encore célèbre. Elle vit aussi MM. Mignet, Laboulaye, etc., elle entrevit le couple impérial aux Tuileries....

Elle retrouva, installé au quartier latin, un jeune peintre tchèque, Jaroslav Czermack, qu'elle avait connu en Angleterre, au pays de Galles ; le courant de sympathie qui s'était établi entre eux acquit plus de force. Souvent l' « idéaliste », quittant l'hôtel brillant et trop mondain à son gré qu'elle habitait aux Champs-Elysées avec une riche anglaise, Mme S...., allait chercher, dans l'atelier de l'ancien Club des Cordeliers (englobé maintenant dans le nouveau bâtiment de l'Ecole de Médecine), le calme et la solitude pour ses travaux littéraires et ses méditations, en même temps que les consolations de l'art et de l'amitié. Czermack était musicien et avait un piano.

« Souvent, au milieu de son travail silencieux, Czermack se levait soudain, s'installait au piano et jouait un morceau de Beethoven, ou la marche funèbre de Chopin, ou, ce qui m'émouvait encore davantage, des passages de *Tannhäuser* et de *Lohengrin*. C'était un ardent admirateur de la musique de Wagner. Je n'en connaissais jusque-là que de maigres fragments, que j'avais entendu jouer au piano, en Angleterre, par un musicien allemand de mes amis. Mais si peu que cela fût, j'en avais déjà subi le charme à un degré que nulle impression musicale ne m'avait fait connaître auparavant, et mon plus grand désir était d'éprouver une bonne fois, dans toute leur puissance, les émotions que mes pressentiments me promettaient des œuvres de Wagner......

« C'est alors que je reçus une nouvelle qui me fit renoncer pour le moment à tout projet d'abandonner le monde où je vivais (1). J'appris que Richard Wagner était arrivé à Paris et qu'il comptait s'y fixer. On annonçait en même temps trois concerts : ils devaient avoir lieu aux Italiens, et le maître devait y diriger lui même un choix de ses compositions. Mon ardent désir d'entendre une fois de la musique de Wagner à grand orchestre et sous sa direction allait donc enfin se réaliser.

« J'assistai aux trois concerts ; je me sentis comme sous l'empire d'un rêve délicieux, en entendant cette musique qui me dévoilait un monde nouveau et plus beau, peuplé de formes idéales, un monde de sentiments purs, grands, humains, plein de passion sublime, d'émotion religieuse venant du plus profond du cœur ; un monde vaguement entrevu dans mes plus beaux rêves, et dont, seule jusqu'alors, la musique m'avait apporté quelques échos admirables mais douloureux, comme s'ils venaient d'une patrie inaccessible. Je compris alors que ce monde vaguement entrevu prenait une forme.... Le texte des poèmes de Wagner m'étant inconnu, mon imagination suppléait à la représentation absente, et je devinai qu'un génie avait trouvé la cette clef qui devait ouvrir le royaume de la belle illusion consciente, le royaume où la soi-disant réalité deviendrait chimère, et l'idéal réalité vraie.

« Soutenue par une conviction intime, par une révélation infaillible, ma préoccupation dominante fut désormais de revoir le créateur de si grandes choses. A vrai dire, notre rencontre en Angleterre n'avait rien eu d'absolument cordial, et je me demandais s'il lui serait agréable de me revoir. Je voulus pourtant faire l'essai loyal de la chose. A l'admiration absolue que m'inspirait son génie, je sentais que je le comprenais, et j'avais la conviction que l'occasion de parvenir jusqu'à lui se rencontrerait certainement. Le hasard voulut que je me trouvasse placée derrière Wagner et sa femme à un concert où j'assistai en compagnie d'une dame hongroise dont je venais de faire la connaissance. Cette dame connaissait les Wagner et leur adressa la parole. Comme je m'étais tournée vers lui en le saluant, il me reconnut, et me dit aimablement : « Ah certes! je vous dois bien des excuses d'avoir été de si mauvaise humeur tantôt : les brouillards anglais en étaient cause, tout simplement! »

« Il me présenta ensuite à sa femme, et tous deux m'invitèrent amicalement à aller les voir, ce que je ne tardai pas à faire, cela va sans dire.

« Les Wagner s'étaient installés dans une petite maison avec jardin, non loin des Champs-Elysées, dans une rue tranquille. C'était un intérieur des plus agréables. Quoique de petite dimension, le cabinet de travail de Wagner et la pièce où on faisait de la musique étaient disposées d'une façon très artistique. A partir de ce jour, je passai là toute une série d'heureux instants. Wagner m'apparut alors pour la

(1) Cette phrase se rapporte à un plan de voyage et de séjour en Dalmatie.

première fois sous son vrai jour; les brouillards de Londres étaient dissipés, et la manifestation de cette puissante personnalité me causait un mélange de joie et d'étonnement. Il se montrait d'humeur beaucoup plus sociable qu'à Londres. La maison s'ouvrait une fois par semaine : à ces soirées de réception se pressaient les personnes les plus diverses, gens de valeur, et, naturellement, pas mal aussi de gens insignifiants. Mais les uns comme les autres passaient inaperçus à côté de la personne de Wagner : il s'imposait tellement qu'on ne voyait et n'entendait que lui, et qu'on oubliait le reste complètement.

„ Un soir, devant plusieurs personnes dont j'étais, il remarqua combien ce qu'on appelle " le bonheur „ se rencontre rarement, et cita pour conclure le mot d'Éléonore d'Este : " Qui donc est heureux? „ Chaque mot qu'il prononçait éveillait un écho dans mon cœur. Je comprenais sa pensée; mais j'étais surprise qu'il exprimât de si admirables choses devant tant de personnes banales; car je voyais à la minée le plupart des gens qu'il n'était pas compris, et je me disais : " Pourquoi jeter ainsi des trésors devant ceux qui ne savent les apprécier ? „ Peut-être est-ce le propre du génie de créer, que ce soit en paroles ou en œuvres, sans se préoccuper des auditeurs ou des spectateurs; pareil en cela au soleil qui luit sur les méchants comme sur les bons.

„ J'introduisis là mon ami Czermack, admirateur passionné de Wagner, et souvent il vint me prendre pour me conduire à ces soirées. Là aussi, entre autres personnalités plus ou moins intéressantes, je fis la connaissance de la fille de Liszt, la femme d'Émile Ollivier, une figure étonnamment attachante. Quant à Émile Ollivier, je l'avais déjà vu dans le salon de Lady Holland...„

Suit toute une digression sur le salon de Lady Holland, que notre « Idéaliste » rapproche des salons célèbres du XVIII° siècle, et qu'elle cite comme une rareté à cette époque; elle rappelle à ce sujet les salons plus récents de M°° Récamier et de M°° de Staël; elle cite parmi les hommes marquants qu'elle vit et connut dans le salon de lady Holland, M u. de Rémusat, Jules Simon, de Broglie, Guizot. Puis elle continue ainsi :

" Quelle différence avec ce salon allemand de Paris dont j'ai parlé plus haut ! Là on ne trouvait plus la conversation animée et spirituelle d'une foule d'hommes de marque; c'étaient la grandeur et l'universalité prépondérantes d'un seul génie qui en faisaient le caractère. „　　　　　　　　　　　Camille Benoit.

Nouvelles diverses.

Toujours même situation à l'Opéra-Comique de Paris. Sera-t-on prêt à la fin de septembre? Faudra-t-il ajourner la réouverture à octobre? Mystère. Toujours est-il que les artistes ont pris possession du Théâtre de Paris et se sont remis bravement au travail. On répète la Dame Blanche que chanteront M°°° Mézeray, Chevalier, et M. Lepage, jeune ténor qui débutera dans le rôle de Georges Brown. On reprendra ensuite le Pré-aux-Clercs, Lalla Roukh, sans doute Roméo et le Roi malgré lui. Il est même question d'une reprise de Don Juan avec Faure pour le centenaire.

À l'Opéra, voici le répertoire de la dernière quinzaine: Aïda, Robert, Patrie, le Cid, l'Africaine, Faust. Et si cette série vous ennuie, on va le recommencer. Cependant... il y a un un cependant... MM. Ritt et Gaillard ayant entendu parler d'un certain Don Juan qu'il étrait question de reprendre à l'Opéra-Comique, en ont tout à coup la même idée que M. Carvalho. Eux aussi ils reprendraient Don Juan, pour le centenaire. On donne déjà la distribution suivante : Don Juan, Lassalle ; Leporello, don Ottavio, le Commandeur, Mazetto: MM. Lassalle, Ed. de Reszké, J. de Reszké, Bataille et Senteim; dona Anna, dona Elvire, Zerline : M°°° Adiny, Escalaïs ou Leisinger et Bosman.

Pourvu qu'il n'aille pas de cette reprise comme de celle du Benvenuto Cellini de Berlioz, qui, annoncée l'année dernière à l'Opéra et à l'Opéra-Comique, n'eut lieu ni sur l'une ni sur l'autre scène.

La direction de l'Opéra de Paris a décidé de fêter solennellement la cinq centième représentation de Faust le 4 novembre prochain, jour de Saint-Charles. M. Gounod conduira lui-même l'orchestre, et le rôle de Faust sera chanté par M. Jean de Reszké.

M. Jules Prével du Figaro en veut au Guide musical. Dans l'un de ses derniers Courrier des Théâtres, il nous prend à partie parce que le répertoire de l'Opéra de Paris ne nous paraît pas être le dernier mot de la nouveauté et l'idéal de la variété. Ce bon M. Prével, inspiré sans doute par quelqu'un de ces honnêtes négociants qui ont fait campagne contre Lohengrin et M. Lamoureux, insinue que nous parlons de la sorte par intérêt de boutique.

Reprocher aux autres de faire « de la boutique » et cela dans le Figaro, c'est, on l'avouera, un assez joli toupet. N'insistons pas.

M. Jules Prével, avec autant d'à-propos que de courtoisie, met en cause la maison Schott parce qu'elle est propriétaire du Guide musical. Il devrait au moins donner à ses insinuations une ombre de vraisemblance. Quel intérêt veut-on qu'ait cette maison d'édition à la composition du répertoire de l'Opéra. Les œuvres de Wagner? Mais elles sont jouées dans le monde entier. Que lui importe qu'elles ne le soient pas à l'Opéra. Ce n'est vraiment pas la peine de s'en occuper. Et puis, il se trouvera tôt ou tard à Paris un théâtre pour jouer les grands drames wagnériens.

Qu'on joue ou qu'on ne joue pas Wagner à l'Opéra, le répertoire de cette grande scène n'en est pas moins actuellement le plus arriéré qui soit non seulement en Europe, mais dans le monde entier. L'opinion que nous avons exprimée à ce sujet, n'est pas seulement la nôtre : c'est celle de la majorité des artistes de Paris. Voilà tout.

Il y aurait, nous ne l'ignorons pas, un moyen très simple de nous faire bien venir de M. Jules Prével: ce serait de demander qu'on reprît Françoise de Rimini, par exemple, à Paris, à Bruxelles, sur toutes les grandes scènes. On nous appellerait peut-être alors : « Distingué confrère ».

Malices cousues de fil blanc!

Le Guide musical est au dessus de ces mesquines questions. Sa rédaction, composée d'écrivains et de musiciens parfaitement indépendants à Paris comme à Bruxelles, poursuit depuis de longues années une même tendance artistique qui, pour n'être pas celle de M. Prével et de ceux qui l'inspirent, n'en a pas moins acquis quelque crédit dans le monde... même à Paris.

C'est ce qui dérange, sans doute, certaines combinaisons commerciales. Mais ce n'est certes pas au Guide musical à s'en plaindre.

Autre extrait du Figaro, du 6 septembre, d'un autre Courrier des Théâtres du même Prével :

" À Bruxelles, la réouverture de la Monnaie est annoncée pour samedi 10 courant. Elle aura lieu par... les Huguenots. Que vont penser les frères Schott? „

Ce qu'ils penseront? Ils seront enchantés, cher monsieur, — parce que plus on joue les Huguenots, plus la partie jeune, ardente, passionnée, intelligente et active du public se convainc qu'il faut autre chose.

M. Camille Saint-Saëns vient de commencer la composition d'un nouvel opéra qui s'intitulera : Benvenuto Cellini, et qui est tiré du drame de Paul Meurice.

M. Saint-Saëns n'a pas hésité à suivre l'exemple de Rossini recomposant le Barbier de Séville après Paisiello et de Verdi refaisant Otello. D'autre part, M. Henri Meilhac vient, de tirer un livret d'opéra-comique du roman de Pierre Loti, Pêcheur d'Islande.

M. Massenet serait disposé à en écrire la musique. La voix populaire, dit fort à propos l'Art musical, donné beaucoup de besogne à l'auteur du Roi de Lahore. Attendons d'abord Werther dont l'orchestration occupe tous ses instants.

Une des toiles qui attirent le plus l'attention à l'Exposition des beaux-arts qui vient de s'ouvrir à Bruxelles, a-trait à la musique. Et cet empressement du public autour du tableau de M. Fantin-Latour s'explique non seulement par le grand renom dont ce maître français jouit en Belgique, mais aussi parce que la plupart des personnages groupés dans cette composition sont des musiciens, des critiques, des amateurs de musique aussi bien connus à Bruxelles qu'à Paris.

Ce grand tableau, intitulé simplement Autour d'un piano, fut exposé à Paris en 1886 et classé d'emblée au rang des chefs-d'œuvre. Il appartient maintenant à notre confrère et ami Adolphe Jullien, dont le portrait par Fantin-Latour était au Salon dernier, cette année, au Salon de Paris.

Dans Autour d'un piano, le piano est tenu par Emmanuel Chabrier, l'auteur de Gwendoline et d'España; Derrière lui, voici M. Adolphe Jullien, chapeau sur la tête et canne à la main, puis le violoniste Boisseau et M. Camille Benoit, le compositeur-critique. Devant le piano, un grand ami du peintre, M. Edmond Maître, à cheval sur une chaise ; puis MM. A. Lascoux, Vincent d'Indy, l'auteur du Chant de la Cloche, et Amédée Pigeon, le délicat critique d'art.

Ces divers personnages, parmi lesquels le Guide Musical compte deux de ses plus distingués collaborateurs, sont presque tous des amis, des défenseurs de la cause wagnérienne, et bien que le peintre les eut groupés là sans aucune intention de manifestation musicale, on désigna communément ce tableau, dès avant son apparition, sous ce titre bien sonnant : les Wagnéristes. C'est peut-être celui qui lui restera attaché dans l'avenir.

Dimanche à été inauguré, à Lorient, la statue de Victor Massé. Cette statue, en marbre fourni par l'État, est l'œuvre du sculpteur Antonin Mercié. Victor Massé est représenté assis sur un tertre, la main gauche étendue, la tête penchée, avec son front large et découvert, les cheveux longs, les moustaches fines et la barbiche en pointe.

Le sculpteur a groupé sur le piédestal autour de la statue quelques allégories discrètes : un oiseau qui chante, une gerbe de blé, un bas-relief antique inône, une vague et un lotus qui représentent à l'esprit du passant les *Noces de Jeannette*, les *Saisons*, *Galathée*, *Paul et Virginie* et *Cléopâtre*. Le piédestal, en granit de Bretagne, a été donné par la ville de Lorient ; enfin, c'est sur la plus belle promenade de la ville, " la Bove ", que le monument a été élevé.

MM. Delibes, Massenet, Philippe Gille, gendre du compositeur, Jules Thomas, etc., assistaient à la cérémonie.

D'un autre côté, sur la maison natale du musicien, rue du Marché, 17, a été placée, par les soins de M. Léon Séché, secrétaire général de l'Association bretonne-angevine, directeur de la *Revue de Bretagne et d'Anjou*, une plaque commémorative avec l'inscription suivante :

" L'Association bretonne-angevine, pour honorer la mémoire de Victor Massé, a posé cette plaque sur sa maison natale. "

A l'inauguration de cette plaque commémorative, M. Jules Simon, compatriote de Victor Massé, a prononcé un discours dans lequel il a retracé la vie du compositeur.

※

Tous les théâtres d'Allemagne et d'Autriche vont célébrer le centenaire de *Don Juan* de Mozart, joué pour la première fois à Prague, le 29 octobre 1787.

Déjà le 30 août le théâtre de Salzbourg, lieu de naissance de Mozart, à l'inauguration de la série des fêtes par une représentation où on a cherché à restituer autant que possible la mise en scène et l'aspect général de la pièce à l'origine. Les principaux artistes de l'Allemagne avaient offert leur concours pour cette exécution unique du chef-d'œuvre de Mozart : Hans Richter, de Vienne, conduisait l'orchestre, composé comme il l'était au siècle dernier : les premiers violons n'étaient que cinq, les violoncelles trois et les contrebasses deux ; la plupart des pupitres étaient occupés par des amateurs. Mme Wilt retirée de la scène depuis plusieurs années, avait consenti à remonter pour une fois, et faisait dona Anna ; dona Elvire, c'était Mme Lehmann, et Zerline Mlle Bianchi, toutes trois de Vienne. M. Reichmann, de Vienne également, jouait Don Juan, et M. Vogl, le célèbre ténor de Munich, s'était chargé du rôle de don Ottavio. Les autres rôles étaient tenus par MM. Weiglein, Felix et Staudigl.

M. le Dr Spiro, de Berlin, l'éminent collaborateur de l'*Allgemeine Musikzeitung*, veut bien nous adresser les notes suivantes sur ces représentations extraordinaires auxquelles il a assisté :

" *Don Giovanni* a été joué deux fois, à deux jours d'intervalle dans ce petit théâtre où naguère Mozart aimait à venir assister aux spectacles. La salle était comble. Public international des plus distingués où l'on remarquait le frère et la fille de l'empereur d'Autriche, l'archiduc Louis-Victor et la princesse Gisèle de Bavière. Les deux représentations ont été excellentes. Sous la direction de Richter, cet admirable chef, le petit orchestre a produit un effet extraordinaire dans cette salle, petite mais sonore. On a pourtant pu remarquer que les instruments étaient souvent dominés par la voix des chanteurs habitués à des salles plus vastes. Le second finale a été exécuté sans les trois trombones dont Mozart avait ajouté les parties après les premières représentations de Prague. L'effet d'ensemble n'a fait que gagner à cette restitution de l'original. Les teintes sombres des haut-bois, des bassons et des trompettes avaient infiniment plus de relief.

" M. Reichmann et M. Staudigl ont été radieux dans les rôles de Don Juan et de Leporello. Mais ils ont été surpassés encore par le ténor Vogl qui a joué Don Octavio en véritable héros. Parmi les interprètes féminins, Mme Bianca Bianchi a été tout uniment adorable dans Zerline ; Mme Wilt et Mlle Lehmann ont été convenables dans dona Anna et Elvire.

※

On nous écrit de Vienne :

" Les installations de lumière électrique à l'Opéra Impérial laissent beaucoup à désirer. Afin de remédier aux lacunes constatées du nouvel éclairage, on fera relâche pendant quelques jours à la fin du mois ou dans les premiers jours d'octobre. En attendant les nouvelles recrues défilent devant le public. La basse Behrens, qui avait été engagé naguère par M. Lamoureux pour le *Lohengrin* à Paris, a fait ses débuts, mais il n'a pas du tout, en dépit des réclames anticipées faites en sa faveur, fixé le public. En revanche, les deux *prima donna* qui depuis huit jours sont en vedette sur l'affiche, obtiennent l'approbation générale des oreilles et des lorgnettes. L'une de ces artistes est Mlle Lola Beeth qui devait débuter à Paris deux jours après l'incendie de l'Opéra-Comique. C'est une des plus jolies femmes qui depuis longtemps soient montées sur les planches. Le public de l'opéra et la critique ont été gagnés avant même que la débutante eût chanté une note. L'intendance est entrée en pourparlers avec la jeune étoile et lui a généreusement offert un engagement de vingt-mille francs par an. Ce n'est guère, étant donné le prix moyen des *ut* dièse et des *ut* de poitrine. Aussi les pourparlers n'ont pas abouti jusqu'ici et il est

possible que le beau rossignol polonais (Mme Beeth est née dans un village de la Galicie) revienne au public parisien. L'autre diva est Mme Renard, d'origine autrichienne, comme Mlle Beeth se dégage comme elle à l'Opéra de Berlin où elle était en passe de devenir l'enfant gâté de la Cour et de l'aristocratie. Mlle Renard est aussi gracieuse que Mlle Lola et belle ce qui n'est pas peu dire. Elle a complètement réussi. "

※

Grosse nouvelle qui a couru ces jours-ci la presse musicale allemande : Un opéra inédit de Weber venait d'être découvert par le petit-fils de l'auteur du *Freyschütz*, M. de Weber, capitaine dans l'armée saxonne.

Renseignements pris, cet opéra inédit n'existe pas en réalité. Vers 1820, entre *Freyschütz* et *Oberon*, Weber se sentant de belle humeur, avait commencé la musique d'un opéra comique dont le livret lui avait été fourni par le poète Théodore Hell et qui avait pour titre : *les trois Pintos*, sujet tiré d'une nouvelle espagnole. Weber ne termina point cette partition, s'étant rendu compte de l'impossibilité du livret en question. L'œuvre n'existe donc pas en réalité. M. de Weber (le capitaine, ne pas confondre avec Carl-Maria), s'est amusé à refaire le livret et à y adapter la musique trouvée dans les papiers de son grand-père. Pour compléter la partition inachevée, il y a introduit des fragments puisés çà et là dans les autres compositions d'iceluy. Et c'est cet ouvrage que le critique dresdois Hartmann, dont on connaît les désagréables aventures au pays d'un artiste, s'est chargé d'annoncer au monde artistique comme un *opéra inédit* de Weber. Il sera prudent d'attendre la publication de l'œuvre, et toutefois elle est destinée à la publicité. Ces *Trois Pintos*, œuvre inédite de Weber, nous rappellent la *dixième symphonie* de Beethoven, découverte il y a quelque temps par un éditeur d'outre-Rhin et annoncée à grand fracas dans tous les journaux. Savez-vous ce que c'était cette dixième symphonie ? L'une des dernières sonates de piano arrangée pour orchestre !

※

MM. Joseph Dupont et A. Lapissida ont fait connaître cette semaine la composition de la troupe du Théâtre royal de la Monnaie. Voici le tableau du personnel :

Chefs de service : MM. Joseph Dupont, directeur de l'orchestre ; Léon Jehin, chef d'orchestre ; Ph. Flon, 2e chef d'orchestre, chef des chœurs ; Lapissida, directeur de la scène ; Falchieri, régisseur général parlant au public ; Léon Herbaut, 2e régisseur ; Saraceo, maître de ballet ; Duchamp, régisseur du ballet ; Louis Maes, Trialle, Carpay, pianistes accompagnateurs ; Devries, souffleur ; Piéret, bibliothécaire ; Bullens, chef de la comptabilité ; Charles Lombaerts, machiniste en chef ; Faignaert, costumier ; Bardin, coiffeur ; Colle, armurier ; Jean Cloetens, préposé à la location, contrôleur en chef ; Maillard fils, percepteur de l'abonnement ; Lynen et Devis, peintres décorateurs.

Chanteurs : MM. Tournié, Engel, Gandubert, Boon, Nerval, Seuille, ténors ; Seguin, Renaud, Rouyer, barytons ; Vinche, Isnardon, Chappuis, Frankin, Potter, basses.

Chanteuses : Mmes Litvinne, Martini, Léria, Storell, Haussmann, Van Besten, A. Legault, Walter, Gandubert ; Mlle Landoury, chanteuse d'opéra-comique.

Coryphées : Mmes Vléminckx, Legros, Tilman Zoé ; MM. Léonard, Krier, Van der Linden, Blondeau, Simonis, Pennequin, Dobbelaere.

Danseurs : MM. Saraceo, Duchamp, Desmet, de Ridder.

Danseuses : Mmes Adelina Rossi, Térésa Magliani, Emilia et Enrichetta Righettini, Zuccoli.

8 coryphées, 32 danseuses, 12 danseurs.

Les abonnements aux premières représentations et reprises sont supprimés.

L'ouverture annoncée pour le 5 septembre a dû être ajournée au samedi 10 septembre. On ouvrira avec les *Huguenots*. Dimanche *Haydée*, pour les débuts de Mme Landoury.

※

Extrait de *l'Art moderne* :

« Une grosse nouvelle artistique. M. Franz Servais vient de fonder une société de concerts destinée à l'exécution d'œuvres symphoniques et chorales. Il y aura dix matinées à Bruxelles et vingt en province. Cette intéressante campagne artistique, à laquelle nous souhaitons de tout cœur le plus vif succès, s'ouvrira par la *Damnation de Faust*, qui sera exécutée en novembre, dans la salle de l'Alhambra, avec le concours de M. Ernest Van Dyck. Le programme de la deuxième matinée se composera de fragments de l'*Apollonide*. Puis viendra la *Schelde*, de Peter Benoit. »

L'Art moderne ne s'avance-t-il pas un peu, en annonçant comme chose faite un projet à peine ébauché. Trop de zèle, Octave !

※

On nous écrit d'Anvers, le 6 septembre 1887 :

« Dimanche dernier, la Société du Palais de l'Industrie, des Arts et du Commerce a donné une grande fête de bienfaisance à laquelle Mlle Stella Bolle, chanteuse légère du Théâtre Royal de Liège, M. Baeta, baryton, ainsi que l'orchestre de la Société, ont prêté leur concours. Mᵐᵉ Bolle a obtenu beaucoup de succès dans le duo de *Rigoletto*, ainsi que dans l'*Éclat de rire*, d'Auber, qu'on a dû bisser. M. Baets, son partenaire dans le duo, élève de M. Fontaine, a dit ensuite la ballade de l'*Africaine*, qui lui a valu de nombreux applaudissements. L'orchestre, sous la direction de M. Bonzen, a eu sa large part de succès.

» Dans les salons de la même Société s'est ouvert, il y a deux mois, une très belle exposition, diminutif réussi de celle de 1886. Il y a là une cinquantaine de pianos-exposés, ce qui a provoqué une avalanche d'auditions plus ou moins réussies. Pour y mettre un peu d'ordre, M. Bonzen a organisé des séances de piano avec orchestre qui se donnent régulièrement le vendredi soir. Ces séances obtiennent beaucoup de succès. M. Éd. Potjes, pianiste hollandais, y a magistralement interprété le concerto de Scharwenka; Mˡˡᵉ Accolay, de Bruxelles, a fait preuve dans la *Fantaisie hongroise* de Liszt de grandes qualités de mécanisme; M. A. Wilford, de Dresde, nous a fait entendre le brillant concerto de A. Dupont, dont il est l'élève. Au même concert on a exécuté deux jolies pièces symphoniques de M. Wilford: *Harmonie de la Nuit* et *Air de Ballet*. Quelques jours avant, M. Wilford avait organisé, salle Rummel, une séance avec le concours de Mˡˡᵉ Wilford et de M. J. Marien, violoniste. M. et Mᵐᵉ Wilford ont exécuté différentes œuvres pour deux pianos, parmi lesquelles une ravissante bluette de A. Dupont. M. Wilford a joué ensuite avec M. Marien une sonate de sa composition qui a fait une excellente impression.

» Rien n'est encore connu au sujet de la saison théâtrale, le directeur étant encore absent. »   H. R.

✸

Notre correspondant nous écrit de Gand, 5 septembre.

" On vient de publier le tableau de la troupe de notre Grand Théâtre, pour la saison 1887-1888; il ne diffère guère de celui de l'an dernier, les chefs d'emploi demeurant les mêmes: Mᵐᵉˢ Laville-Fermi-net, forte chanteuse; Mˡˡᵉ Boyer, première chanteuse légère; MM. Merrit, fort ténor; Soum, baryton et Plain, première basse. Voici les noms des autres artistes: MM. Aivarez, premier ténor léger; Sentenac, second ténor léger; Bordet, trial; Freiche, baryton d'opéra-comique; Geoffray, première basse d'opéra-comique; Shaw, seconde basse d'opéra-comique; Tristan, laruette; Mˡˡᵉˢ Carrière, chanteuse légère; Eliège, première dugazon; Vallu, seconde dugazon; Lecoynecr, duègne. Ballet: M. Holtzer, maître de ballet et premier danseur; Mˡˡᵉˢ Lecerf et Bertoglio, premières danseuses; Maille, Toby, Bianca, Laurençon, secondes danseuses; seize choryphées. Les chœurs se composent de quarante choristes. L'orchestre sera dirigé en premier par M. De La Chaussée qui nous arrive d'Anvers, et en second par M. La Guépière. Régisseur général: M. Gauthier. La direction reste confiée à M. A. Voïtus-Van Hamme, qui compte donner le grand-opéra et l'opéra-comique, ainsi que l'opérette, probablement; il ouvrira la campagne en reprenant le *Cid*. Le grand succès d'il y a six mois.

» Le nouveau balcon est achevé et fait bon effet, à ce qu'il paraît; il faudra attendre la première représentation pour bien en juger, puisque la presse n'a pu assister à l'expérience qu'on en a faite. On dit aussi que la scène sera éclairée à la lumière électrique, et que ce mode d'éclairage sera étendu à toute la salle en 1888-1889. »   P. B.

✸

On nous écrit de Liège :

« Le grand concours international de chant d'ensemble a obtenu le plus brillant succès. Les prix ont été vivement disputés. Voici les résultats des différentes épreuves :

Sociétés belges : 1ʳᵉ division, 1ᵉʳ prix, Cercle Haydn, de Saint-Josse-ten-Noode; 2ᵉ L'Aurore, de Malines. — 2ᵉ division; 1ᵉʳ prix, les Broyaiers réunis de Bruxelles; 2ᵉ l'Orphéon de Verviers; 3ᵉ les Amateurs réunis de Jupille. — 3ᵉ division; 1ᵉʳ prix, l'Orphéon de la Meuse de Falmignoul, 2ᵉ les Eburons de Verviers; 3ᵉ les Amis réunis de Tilleur; 4ᵉ l'Exaltation de Corsghem; les Ouvriers dinantais de Dinant. Sociétés étrangères : 1ʳᵉ division, 1ᵉʳ prix, le Cercle Harmonia, d'Aix-la-Chapelle; 2ᵉ le Cercle Apollo, de Bonn : 2ᵉ Vereenigde Zangers, d'Amsterdam. — 2ᵉ division: 1ᵉʳ prix, La Concordia, d'Eupen; 2ᵉ Mannenkoor Cœcilia, d'Amsterdam; 3ᵉ Sängerbund, Mulheim. — 3ᵉ division; 1ᵉʳ prix, Le Cercle Cœcilia de Vaals; 2ᵉ Roermonds Mannenkoor, de Ruremonde; 3ᵉ Eindhoven's Mannenkoor; 4ᵉ Haarlem's Zahgenot, de Haarlem; 5ᵉ Kunst en Arbeid, d'Amsterdam. —Mention honorable : la Liedertafel Onderlings Oefening, d'Amsterdam.

Concours international : 1ᵉʳ prix, le Cercle Haydn, de Saint-Josse-ten-Noode.

Division d'excellence: 1ᵉʳ prix, Ligue ouvrière de Hodimont.

Division d'honneur : 1ᵉʳ prix, La Concorde de Chênée; 2ᵉ les XXV, de Gilly; 3ᵉ les Enfants de Paris; 4ᵉ Oefening baart kunst, d'Amsterdam.

» Le concours en division d'honneur a été exceptionnellement remarquable. M. Radoux, président du jury, a vivement félicité les concurrents parmi lesquels, a-t-il dit, il serait difficile au jury de distinguer les plus méritants. Et de fait, le jury a décerné, ce qui ne s'est jamais fait, un quatrième prix, tant l'exécution a été excellente de la part des concurrents. »

✸

On nous écrit de Blankenberghe, 3 septembre :

" Le compositeur brugeois Karel Mestdagh a fait entendre au Casino de Blankenberghe quelques-unes de ses œuvres orchestrales et vocales.

» L'orchestre, sous la direction du compositeur, a exécuté une *Fest-ouverture* morceau de grand caractère, et une *Rêverie* pour cordes d'un charme pénétrant; somme toute, ce sont là deux pages de bonne et belle musique.

» La partie saillante du programme était la 1ʳᵉ exécution de fragments d'une nouvelle suite d'orchestre de Karel Mestdagh, les *Scènes populaires flamandes*. Cette suite comprend cinq morceaux, dont deux seulement, la *Complainte* et la *Ronde* sont achevés et ont été exécutés lundi.

» La *Complainte* donne tout à fait l'impression d'un Noël antique; une mélodie lente, délicieusement archaïque et d'une mélancolie pénétrante, est d'abord posée par le basson, avec un accompagnement très délicat des violons; reprise tour à tour par les autres instruments et très finement orchestrée; elle arrive finalement à une expression de tristesse d'une très grande intensité. La *Ronde* est un morceau plein de fougue; le thème très entraînant est donné d'abord par les hautbois et les flûtes, puis répété par les violons; il réalise une part faite évocation des kermesses flamandes de Teniers. On croirait voir les ménétriers, perdues sur des tonneaux, entraîner le village entier en une ronde folle, échevelée, aux sons des violons et des musettes.

» Les *Scènes flamandes* ont beaucoup contribué au succès de la soirée, et dénotent, d'ailleurs, les réels progrès qu'a faits le compositeur.

» Mˡˡᵉ De Give-Ledelier, professeur à l'école de musique d'Anvers, a chanté six mélodies sur des poésies de Pol de Mont, les unes pleines d'une morbidesse et d'une langueur exquises, les autres très passionnées, soutenues par un accompagnement toujours intéressant et soigné.

» Le gros succès de la soirée a été pour le ténor Ernest Van Dyck, qui a admirablement compris et interprété une ballade pour ténor et orchestre: *Het was een blonde kerel*, œuvre très originale et très poétique, qui a été chaleureusement applaudie et redemandée.

» M. Queeckers, 1ᵉʳ prix avec distinction du Conservatoire de Bruxelles, a joué avec un sentiment tout à fait distingué un *Intermezzo* pour violon et orchestre et a remporté, lui aussi, une bonne part du succès.

» Une marche inaugurale terminait le concert ; c'est là un morceau symphonique, brillant, conçu dans un style large et grandiose. L'orchestre a été parfait de verve et d'ensemble, et a droit aux plus grands éloges.

» Somme toute, le concert de lundi a été un grand succès pour M. Karel Mestdagh. »

✸

» On nous écrit de Spa :

L'audition spéciale des œuvres de M. Léon Jehin a été un très grand et très légitime succès.

Je ne voudrais pas faire l'injure à mes concitoyens de supposer qu'ils ignorent la réputation dont jouit au dehors l'un des leurs, l'estime et la considération qu'il s'est acquises au prix de longs travaux et d'une application constante et énergique à son art; mais en vertu de certain axiome d'une éternelle vérité, qu'on n'est proclamé grand homme chez les siens qu'après l'avoir été chez les autres, il est bon de rappeler ici les gages qu'a déjà donnés notre compatriote.

Léon Jehin est un des musiciens les plus appréciés à Bruxelles où il a fait de très brillantes études : il a conquis, tout jeune encore, dans la capitale, une position superbe.

Sa connaissance sérieuse des anciens maîtres et l'étude approfondie qu'il en avait faite, lui valurent, en effet, il y aura bientôt dix ans, la place enviée de professeur d'harmonie au Conservatoire de Bruxelles et celle de sous-chef d'orchestre à la Monnaie.

Depuis longtemps, le sympathique maëstrino, dont la modestie égale le talent, s'est fait connaître par des œuvres remarquables; nous citerons entre autres, un délicieux *Scherzo symphonique*, sa belle transcription du *Vaisseau fantôme*, de Wagner; enfin sa ravissante *Fantaisie sur Coppélia*, de Delibes, exécutée maintes fois aux séances de musique à Spa.

Le concert de mercredi soir (31 août) comprenait l'exécution de *Scènes de ballet* dont M. Jehin a eu la primeur. Il serait téméraire de nous hasarder à émettre une opinion sur cette importante suite d'orchestre, après une seule audition. Nous pouvons dire néanmoins que l'œuvre, se ressentant d'une véritable influence de Wagner, atteste un esprit amoureux de la science de la polyphonie et de l'orchestration, de même qu'il le brille par l'abondance et la variété des idées heureusement développées. Elle témoigne également de procédés ingénieux dans la texture et de la recherche de formes nouvelles.

Le n° 1 offre, peut-être plus que les autres, les indices de cet effort, par les sonorités étranges qui frappent l'oreille; il nous a paru un peu diffus.

Le *Pas des Guerriers*, d'allure très entraînante, admirablement rythmé, est essentiellement original. On devine le violoniste à la part qu'il y a faite le compositeur aux instruments à cordes.

L'*intermezzo* (n° 3) n'a pas moins plu; le babil des flûtes, dont le motif est repris alternativement par les violoncelles, le chant des clarinettes, auquel répond le hautbois, sont caractéristiques.

Le n° 4, *Apparition*, débutant par une phrase mélodique du cor qu'accompagnent les violons en sourdine, a quelque chose de mystérieux; on y trouve aussi pour les violons un air de superbe envolée, et qui par un crescendo se termine par un appel des trompettes, qui éclatent en tutti. *La Bacchanale* vive, animée y succède. Mais notre mémoire est infidèle à rédire tout ce que nous avions noté au passage de vraiment remarquable dans cette suite.

La *romance* pour violons, avec accompagnement d'orchestre, la *Marche jubilaire*, nous étaient connues, et avaient déjà été exécutées à Spa.

M. Léon Jehin a dirigé ses morceaux avec une rare maëstria. Le succès a été tel qu'on devait l'attendre des antécédents et de l'autorité de ce jeune chef d'orchestre et du soin apporté aux répétitions dirigées par M. Lecocq. Les œuvres de notre concitoyen ont été très écoutées et très goûtées des connaisseurs. Aussi M. Jehin a-t-il reçu du public de chaleureuses marques de satisfaction traduites par des applaudissements prolongés. Ajoutons que la galerie était bondée.

ALBIN BODY.

◆

L'École de musique de Hasselt, organise avec le concours du Cercle des Dames, une fête musicale qui aura lieu, le 18 septembre prochain. On y entendra des œuvres du capitaine Toussaint, entr'autres une cantate pour voix de femmes, soli et orchestre, *Salut à la nature*, de Mme H. Lippens. Deux cents exécutants prendront part à l'exécution. La première partie de cette fête musicale, donnée au bénéfice de l'École de musique, sera composée de fragments symphoniques et de différentes mélodies chantées par des dames amateurs de la ville.

On se rappelle le succès obtenu par M. Toussaint, l'année dernière par sa cantate: le *Démir*; la nouvelle œuvre, dit-on. est supérieure.

◆

Nous trouvons dans l'*Aachener Anzeiger und politisches Tageblatt*, un article fort élogieux au sujet d'un concert donné récemment à Aix-la-Chapelle, par Mme Zoé Hotermans, de Verviers.

Notre compatriote a fait entendre à un public choisi, une *Fantaisie hongroise* de Liszt, avec accompagnement d'orchestre, des *Variations* de Hændel, et une *Mazurka* de Godard.

Le succès remporté a été complet; aussi joignons-nous nos félicitations à celles que la vaillante pianiste a reçues du public d'Aix-la-Chapelle. Nous espérons avoir le plaisir de pouvoir apprécier son talent dans un de nos prochains concerts.

◆

Le *Musical Times*, de Londres, un périodique des mieux faits, contient, dans chacune de ses livraisons, des notices biographiques des plus grands musiciens de l'époque: Chopin, Berlioz, Cherubini et Meyerbeer. Il vient d'ajouter à sa galerie un nom cher à tous les belges: GRÉTRY. M. Joseph Bennett, l'auteur de ces monographies, s'est aidé, sans doute, de tout ce qu'on a écrit jusqu'ici sur le compositeur liégeois; mais nous devons reconnaître que son travail est d'une scrupuleuse exactitude et qu'il mérite de fixer l'attention des curieux. C'est la première fois qu'il paraît une vie de Grétry, écrite par un Anglais. La maison Novello — nous le savons — la comprendra dans la série de ses *Primers of musical biography*, dont chaque notice forme une très élégante brochurette, au prix de deux shillings.

◆

Voici le tableau de la troupe qui desservira cet hiver le théâtre de Verviers :

Direction : F. Flavigny (ancien régisseur du Théâtre-Royal de Liège).

Administration : régisseur général, M. Labatte; second régisseur d'opéra, M. Herman; régisseur des chœurs, M. Ferrol.

Orchestre : chef-d'orchestre, M. Gaumé; sous-chef d'orchestre, M. Delarge; pianiste-accompagnateur, M. Bäldich.

28 musiciens.

Opéra-comique et traductions : premier ténor, M. Mauguière; deuxième ténor, M. Burgat; baryton, M. Azaïs; première basse, M. Bébillien; deuxième basse, M. Delannoy; trial en tous genres, M. Flavigny; jeune trial, M. Hauriot; laruette, M. Ramackers; troisième ténor, M. Levras; troisième basse, M. Azaïs; première chanteuse légère en tous genres, la Mme Marguerite Coutant (un de feu Conservatoire de Paris); première dugazon, Galli-Marié, contralto, Mme Flavigny-Thomas; première dugazon et demi-caractère, Mme Martha Monthelly; deuxième dugazon, Thibaudier; mère dugazon, Maré.

Chœurs : 10 dames, 12 hommes.

Opérette : premier ténor, M. Bourgat; baryton, M. Azaïs; grand premier comique, M. Flavigny; première basse, M. Delannoy; premier comique, M. Ramackers; trial, M. Hauriot; laruette, M. Azéza.

Première chanteuse, Mme Monthelly; première dugazon, Thibaudier; première duègne, Desclauzas, Maré; deuxième duègne, Masson; jeune dugazon, Laurlani; deuxième dugazon, Hernau.

La direction se propose de donner les nouveautés suivantes:

Manon, Paul et Virginie, Piccolino, la Jolie Fille de Perth, les Pêcheurs de Perles, la Surprise de l'Amour, Joli Gille, Fatinitza, l'Étudiant pauvre.

Reprises: *Jérusalem, Hamlet, Mignon, la Traviata, Carmen, Rigo-*

letto, Martha, Giralda, le Docteur Crispin, les Amours du Diable, le Canard à trois becs, la Princesse de Trébisonde, le Cœur et la Main, le Jour et la Nuit, la Marjolaine, Boccace et les Cloches de Corneville.

◆

A Rouen, au théâtre des Arts, la troupe est ainsi composée :

Directeur : M. Henri Miral; régisseur général: M. Morfer; premier chef d'orchestre: M. Guille de Saint-Simon; first ténor: M. Verbees, fort ténor (en double); M. Gibert, lauréat du Conservatoire de Paris; baryton de grand-opéra: M. Labir; basse noble: M. Louyrette; ténor léger: M. Chenévière; baryton d'opéra-comique, M. Duthoit; basse chantante: M. Neveu; second ténor: M. Gabriel; seconde basse: M. Aristide; trial: M. Raoul; laruette: M. Harbea; troisième ténor: M. Gyon; chanteuse légère d'opéra-comique: Mme Verhayden, chanteuse légère de grand-opéra: Mme Balmont, forte chanteuse falcon: Mlle Violetti, forte chanteuse stcla, Mme Armandi; seconde dugazon: Mlle Scarlat-Gelsmar; duègne: Mme Scarlat-Gelsmar; maître de ballet: M. Théophile; premières danseuses: Mme Piron et Carabelli.

◆

Voici le tableau de la troupe de La Haye :

Administration : MM. L. Desutter, directeur-administrateur; J. Perron, régisseur général, parlant au public; De Braawere, secrétaire.

Orchestre : MM. J. Granier, premier chef d'orchestre; Knor, deuxième chef, chef des chœurs; A. Granier, pianiste, organiste; Strelotski, répétiteur des chœurs et du ballet.

Grand-opéra, traductions, opéra-comique et opérette : MM. Lestallier, fort ténor grand-opéra et traductions; Goffoel, premier ténor léger et des traductions; Vignet, second ténor de grand-opéra, opéra-comique et premier ténor d'opérette; Mordel, premier trial, des ténors d'opérette; Guillamot, baryton de grand-opéra et traductions; Tricot, baryton d'opéra-comique, au besoin de grand-opéra, opérette; Joussaume, première basse de grand-opéra et de traductions; Villefranck, première basse d'opéra-comique, deuxième de grand-opéra; Bouval, deuxième basse d'opéra-comique, opérette et des laruette; J. Perron, laruette et deuxième basse au besoin; Mme Schwayre, forte chanteuse en tous genres: Passama, forte chanteuse contralto; Rabany, première chanteuse légère d'opéra-comique et traduction; Duvals, première chanteuse légère de grand-opéra, opéra-comique au besoin; Clary, première dugazon, Galli-Marié, première chanteuse d'opérette; Carloux, deuxième dugazon, première au besoin, deuxième chanteuse d'opérette; Granier, première duègne d'opéra-comique et d'opérette.

Ballet, divertissement : M. Charles, maître de ballet; Mlle Rozier, première danseuse noble du Grand-Théâtre de Bordeaux; Louise Loison, première danseuse demi-caractère de l'Opéra de Vienne; Suchel, deuxième danseuse travestie, etc.

Chœurs : 16 dames, et 16 hommes.

L'ouverture aura lieu le 15 septembre.

Les nouveautés de la saison seront : le *Cid*, grand-opéra de Massenet, costumes et décors nouveaux. Reprise de : les *Vêpres Siciliennes*, le *Prophète*, la *Reine de Chypre*, grands-opéra. Les nouveaux opéras-comiques : la *Jolie Fille de Perth*, de Bizet; le *Chevalier Jean*, de Joncières; *Roméo et Juliette*, l'*Ombre*, l'*Éclair*, reprises. Opérettes nouvelles : *Gillette de Narbonne*, l'*Étudiant pauvre*.

◆

PETITE CORRESPONDANCE.

Victor F., à Gand. — Il n'existe pas en français d'ouvrage semblable à celui que vous citez.

✿✿✿✿✿✿✿✿✿✿✿✿✿✿✿✿✿✿✿✿✿✿

VARIÉTÉS

ÉPHÉMÉRIDES MUSICALES

Le 9 septembre 1874, à Marseille, se rendant en Italie, décès de Willem Demol, à l'âge de 28 ans. Sa naissance, à Bruxelles le 1er mars 1846.

Sur cet artiste si heureusement doué et qui avait fait concevoir tant d'espérances; il a paru deux notices en flamand : l'une de Henri Conscience, et l'autre d'Edm. Van Herendael. La cantate *Columbus Droom* (le Songe de Colomb) lui avait mérité le Prix de Rome : elle fût exécutée dans une séance solennelle de l'Académie de Belgique (26 septembre 1871), et le succès en fut très vif. « Le drapeau du jeune lauréat, écrivait Edmond Vander Straeten, est le wagnérisme; mais son individualité n'en éprouve aucune atteinte; bien au contraire, elle s'y retrempe et s'y ravive. »

— Le 10 septembre 1810, à Paris (de parents belges), naissance de Jules-Auguste-Guillaume Busschop.

Le prix de Rome, institué en 1834, fut disputé, en cette même année, par trente-trois de nos artistes, et ce fut Jules Busschop qui l'emporta. La ville de Bruges a donc un attrait si particulier que le lauréat de 1834 s'y est cantonné de gaîté de cœur, privant ainsi d'autres de nos villes de connaître de sa musique. Un opéra inédit, la *Toison d'or*, de Jules Busschop, est une œuvre remarquable dont seul le public brugeois a pu entendre des fragments dans des concerts.

— Le 11 septembre 1826, à Tournai, naissance de Charles-Marie Wicart. Sa mort à Bruxelles le 6 mars 1882.

Le ténor Wicart fut, à la Monnaie, avec Carman et Depoitier, du fameux « trio belge » qui enthousiasma, il y a quelque trente ans, le public bruxellois. Il y tint longtemps l'emploi de fort ténor et y eut des succès éclatants, dont on se souvient encore. Il avait formé de bons élèves.

— Le 12 septembre 1764, à Paris, décès de Jean-Philippe Rameau, à l'âge de 81 ans. Sa naissance à Dijon, le 25 septembre 1683.

Le dix-huitième siècle est gros de tempêtes musicales, le tonnerre gronde et couvre les symphonies; tandis que là-bas se perpétue, dans les demi-jours, l'écho suranné des opéras de Lulli, voilà Rameau qui s'annonce bruyamment. L'éclat succède au solo amoureux: la musique de Lulli n'était qu'un camaïeu légèrement dessiné dans la poésie des demi-jours; la musique de Rameau estune fresque énergique et brillante où se jouent au soleil toutes les nuances de la palette. Fromental Halévy a eu raison de dire que Rameau créa le coloris musical.

« Rameau était né désagréable et n'avait de sourire pour qui que ce fût. « *Rameau de houx*! » disaient les femmes. Quand il n'était pas content, ce qui lui arrivait tous les jours, il rudoyait même les chiens; on l'a vu plus d'une fois les poursuivre avec fureur sous prétexte qu'ils aboyaient faux. « L'ami de l'homme! » disait Buffon. « L'ami de l'homme! s'écria Rameau, vous en parlez bien à votre aise: on voit bien que vous n'avez pas mon oreille! »   A. HOUSSAYE.

— Le 13 septembre 1802, à Spa, concert de François Jehin, violoniste, âgé de 13 ans, natif de cette ville, premier prix du Conservatoire de Bruxelles, élève de Léonard. Plus tard, ayant ajouté à son nom celui de son oncle Prume, il a obtenu des succès dans la plupart des grandes villes des Deux-Mondes. Le Canada, où il réside actuellement, est devenu en quelque sorte sa seconde patrie.(Voir Albin Body, *le Théâtre et la Musique à Spa*.)

— Le 14 septembre 1861, à Vienne (Porte de Carinthie), *Das Gloeckchen des Eremiten* (la *Clochette de l'Ermite*, autrement *les Dragons de Villars*), 3 actes, d'Aimé Maillart. Treize représentations jusqu'au 27 avril 1866. Reprise à l'Operntheater, et du 16 juin 1880 au 11 août 1886, neuf représentations.

A Berlin, comme à Vienne, comme par toute l'Allemagne enfin, les Dragons français de Maillart reçoivent toujours bon accueil. Fasse que les peuples ne voient plus chez eux que de ces gentils petits' soldats d'opéra-comique, ot la paix est faite!

— Le 15 septembre 1842, à Paris, décès de Pierre Marie-François de Sales Baillot, à l'âge de 71 ans. Sa naissance, à Passy, près de Paris, le 1er octobre 1771.

Dans un opuscule publié en 1872 (*Hommage à la mémoire de Baillot*) par Tajan-Rogé, nous trouvons la petite anecdote suivante ayant trait à Vieuxtemps:

« Vieuxtemps vient à Paris et exécute à la Société des Concerts du Conservatoire son beau, son grand concerto en *mi* majeur, où l'orchestre joue un rôle si important. Baillot enthousiasmé, l'embrasse en présence des artistes réunis. Dans le maillot du lendemain, on frappe à la porte numérotée du modeste hôtel où était descendu Vieuxtemps. C'est Baillot devenu septuagénaire, Baillot, à la tête blanche, qui vient faire sa visite à cet imberbe virtuose-compositeur, dont la précocité avait devancé le talent.

» Baillot pressentait dans l'adolescent ur *futur* chef d'école, son successeur et son continuateur. »

Dans ses voyages à l'étranger, nous relevons deux concerts donnés en 1815, par Baillot: A Liège (Salle des spectacles) le 18 octobre, et à Bruxelles (Société des amateurs de musique) le 28 du même mois. (Voir Ephém. *Guide mus.*, 30 septembre 1883.)

Nécrologie.

Sont décédés:

A Menton, Victor-Nicolas Reubsaet, duc de Campo-Selice, né à Sittard (Limbourg hollandais), le 24 avril 1845, chanteur dont il a été beaucoup parlé en ces derniers temps. (Voir Eph. *Guide mus.*, 21 avril dernier, et Ed. Gregoir, *Documents hist.*, t. III, p. 40).

— A Berlin, le 17 août, Franz Commer, né à Cologne, le 28 janvier 1813, organiste, compositeur, professeur de chant, éditeur d'un recueil en 4 volumes des plus belles compositions de musique sacrée des XVIe, XVIIe et XVIIIe siècles. (Notice, *biogr. univ. des mus.* de Fétis, t. II, p. 341.)

— A New-York, le 11 août, Mme Elise Kinlock, née Trautner, à Londres, le 7 mars 1796, la plus âgée des actrices connues et qui avait commencé sa carrière en chantant dans des *Musical farces*, dit l'*American art journal*. Arrivée aux Etats-Unis, en 1827, Philadelphie fut la première ville où elle se fit connaître. Sa fille, sous son nom de Louisa Lane, aujourd'hui Mme John Drew, eut beaucoup de succès à côté de sa mère qui ne s'est définitivement retirée du théâtre qu'en 1892.

— A Vif (Isère), le 17 août, Armand Roux, compositeur de musique et critique de théâtre.

— A Lucerne, le 25 août, à l'âge de 80 ans, Mme Lucia Conti-Mille, prima-donna des théâtres italiens.

— A Florence, à l'âge de 86 ans, Settimo Malvezzi, ténor jadis renommé.

XXXIIIᵉ ANNÉE   15 septembre 1887   NUMÉRO 37.

Le Guide Musical

Paraissant tous les jeudis.

ABONNEMENT	SCHOTT FRÈRES, ÉDITEURS.	ANNONCES
FRANCE & BELGIQUE, 10 francs par an.	**Paris,** Boulevard Montmartre, 19	LA LIGNE . . . . FR. 0.50
LES AUTRES PAYS, 10 francs (port en sus)	**Bruxelles,** Montagne de la Cour, 82	On traite à forfait pour les grandes annonces.

VIOTTI
ET L'ÉCOLE MODERNE DE VIOLON
(Suite. — Voir le dernier numéro.)
II

Viotti resta quelque temps à Berlin, où il fut choyé comme il l'avait été à Varsovie et à Saint-Pétersbourg. Les biographes ne sont pas d'accord en ce qui concerne la suite de son voyage; les uns, comme Miel, assurent que Viotti et Pugnani se séparèrent à Berlin, et que le premier vint aussitôt en France, tandis que d'autres, comme Fétis, croient pouvoir affirmer que le maître et l'élève se rendirent ensemble à Londres, où Viotti vit se poursuivre ses succès, et vinrent ensuite à Paris, où seulement ils se séparèrent. Pour moi, je serais tenté de croire, sans pouvoir l'affirmer, que Viotti laissa, en effet, son maître à Berlin, mais qu'il passa par Londres avant de venir à Paris.

Toujours est-il que Viotti dut arriver à Paris dans le courant de l'année 1781, car c'est dans les premiers mois de 1782 qu'il s'y fit entendre pour la première fois en public. Dès le 13 mars de cette année, on lit ce qui suit dans les *Mémoires secrets* : « M. Viotti, violon étranger, qui n'a point encore paru ici, qui s'est fait connoître par hazard pour la première fois dans un petit concert particulier avec une modestie rare, et fit tomber l'archet des mains de tous nos grand maîtres, doit débuter au Concert spirituel durant la quinzaine : il est des amateurs qui le mettent au-dessus de tout ce que nous avons entendu jusqu'à présent ». Et le 20 mars, le même

recueil s'exprime ainsi : « M. Viotti a soutenu dimanche, dans son concerto de violon, la haute réputation qu'il s'étoit déjà si promptement acquise dans ce pays-ci. Une exécution vraie, un fini précieux et une qualité de son admirable dans l'*adagio* font placer cet artiste au rang des plus grands maîtres. On prétend que depuis le fameux Lulli (1), il n'a pas paru de violon de sa force ».

Toutefois, la musique de Viotti dérouta d'abord un peu le public parisien, encore peu habitué à un chant si noble et si pur, à un style si ferme, si large et si exempt de toute espèce de mièvrerie. On peut s'en rendre compte par ces lignes du *Mercure*, qui signalait en ces termes la première apparition du jeune et brillant artiste : « La prééminence de M. Viotti n'a pas été reconnue d'une manière unanime ; des connoisseurs prétendent que son jeu est quelquefois brusque et heurté, qu'il sacrifie souvent l'expression et l'esprit de son sujet au désir de tirer de son instrument des sons extraordinaires, qu'enfin, son genre de composition est inférieur à celui de Jarnowick et de quelques autres virtuoses connus. Quoi qu'il en soit, nous croyons que M. Viotti est un des plus grands violons qui se soient fait entendre au Concert spirituel depuis vingt ans ; quand sa tête est montée, il exécute parfaitement et les morceaux d'expression et les choses difficiles ; il seroit seulement à désirer que la plupart de ces choses si difficiles devinssent impossibles; nos plaisirs n'y perdroient rien » (2).

On voit que l'écrivain était un peu désorienté par la nouveauté, par l'ampleur du jeu et de la composition de Viotti. C'est ce qui arrive presque infailliblement toutes les fois qu'un artiste tente d'agrandir le

---

(1) Il faut lire : Lolli.
(2) *Mercure de France,* avril 1782.

domaine de l'art, d'initier le public à des beautés
nouvelles, inconnues avant lui (1). Mais si, de la
part de quelques-uns, l'étonnement se traduisit par
une sorte de froideur relative, les autres donnèrent
un libre cours à leur enthousiasme, et Viotti fut
bientôt le lion du Concert spirituel. Qu'on en juge
par ces lignes que lui consacrait l'*Almanach musical* :
« MM. Fodor, Eck, Viotti et Berthaume ont exécuté
[au Concert spirituel] différens concertos de. violon
de leur composition ou d'autres compositeurs français. Dès le premier jour qu'on a entendu M. Viotti,
tout le monde s'est accordé à le placer au-dessus de
tous ses concurrens. Les gens difficiles qui aiment
à trouver dans l'exercice des talents, des motifs qui
les autorisent à s'opposer à l'essor de la satisfaction
publique, ont prétendu que le jeu de M. Viotti étoit
quelquefois *brusque, heurté* ! On a sans doute voulu
désigner par-là cette fierté de doigts et d'archet qui
donne un caractère très prononcé et de l'âme aux sons.
Le concerto de violon que M. Viotti a exécuté pour
son début au Concert spirituel présentoit un très
grand nombre de difficultés qui lui ont fait produire
des sons très extraordinaires pour cet instrument.
M. Viotti les a passées avec une facilité surprenante ;
on auroit presque cru qu'il ne faisoit qu'aller et venir
pour son plaisir sur les passages épineux qu'il par-
couroit, et qu'il n'avoit d'autre objet que de montrer
sa force. et sa supériorité. La manière dont M. Viotti
a joué l'*adagio* de son concerto n'a permis à personne
d'être indifférent au fini précieux de son jeu. Rien
n'égale la manière brillante avec laquelle il a joué
son *Allegro* » (2).

Dès la première année de son apparition au Concert spirituel, Viotti se fit entendre dans douze
séances, avec un succès toujours croissant ; et il se
présenta ce fait particulier que ce succès en vint à
éclipser celui de Mme Mara, la célèbre cantatrice,
qui, blessée de voir les faveurs du public se tourner
vers le grand violoniste, s'en vengea par une grossièreté que les *Mémoires secrets* nous font connaître en ces
termes : « Il y a eu le 24 un concert de bénéfice pour
M. Viotti, comme il y en avoit eu un huit jours auparavant au profit de Mme Mara. Les billets étoient
tous à 6 livres. Cette dernière, encore piquée d'avoir
vu l'enthousiasme de ses admirateurs s'éteindre en ce
moment, et de ne tirer qu'un médiocre bénéfice de
la représentation extraordinaire en sa faveur, a refusé
de chanter le jour du concert de M. Viotti, quoique
celui-ci eût eu la complaisance de jouer au sien. On

a' été indigné de cette vilaine et sordide ingratitude. (1).

Viotti ne tarda pas à exciter l'admiration générale
et, sans réserve que légitimait son incomparable
talent. En 1783, nous le voyons paraître aux concerts de la semaine sainte, puis à ceux donnés à son
bénéfice et à celui de Mme Todi dans le courant du
mois de mai, aux trois séances de l'Ascension, de la
Pentecôte et de la Fête-Dieu, enfin, à celles du
15 août et du 8 septembre. Le *Mercure* est convaincu
cette fois de la valeur du virtuose, et il en parle
avec une véritable chaleur : « .....Un autre objet de
l'amour du public, dit-il, et qui cette fois paroît
sans concurrens, c'est M. Viotti. Son succès a encore
été plus grand que celui de l'année passée, et nous
croyons que son talent est de même augmenté. On a
trouvé que ses sons étoient attaqués avec plus de
justesse. et de sûreté, sa manière encore plus moelleuse et mieux fondue, sa composition même plus
agréable. Il a été reçu avec les transports les
plus mérités, et il semble que les artistes commencent à lui pardonner de n'être pas né en
France » (2). Il y avait donc, et cela peut se croire
aisément, un peu de jalousie de la part de nos violonistes français, qui avaient eu quelque peine à
supporter l'éclatante supériorité du nouveau venu,
après avoir impatiemment subi, pendant plusieurs
années, le joug d'un autre étranger, Jarnowick. Quoi
qu'il en soit, à chaque nouvelle occasion, le *Mercure*
continue à rendre justice à Viotti et à enregistrer ses
succès (3). Fétis a donc eu raison de s'exprimer ainsi
en parlant de l'effet produit par le grand artiste et
des résultats qui furent, pour l'école française de
violon, la conséquence de son séjour à Paris : « Le
début de Viotti au Concert spirituel produisit un
effet qu'il serait difficile de décrire. Jamais on n'avait
rien entendu. qui approchât de cette perfection ;
jamais artiste n'avait possédé ce son plus beau, une
élégance aussi soutenue, une verve, une variété semblables. L'imagination brillait dans ses concertos
ajoutait encore au plaisir qu'il procurait à son auditoire ; car ses compositions étaient aussi supérieures
à ce qu'on connaissait auparavant que son exécution
était au-dessus de celle de ses rivaux. Dès qu'on
connut cette belle musique, la vogue des concertos
de Jarnowick disparut, et l'école française de violon
s'engagea dans une voie plus large » (4).

(*À suivre*).   ARTHUR POUGIN.

(1) *Mémoires secrets pour servir à l'histoire de la République des Lettres*, 29 avril 1783.
— L'*Almanach musical* de 1783 nous fait connaître les détails de ce concert : « Ce
concert a été ouvert par une symphonie de M. Haydon. Mlle Buret, l'aînée, a
chanté un air italien del signor Sarti ; Mademoiselle sa sœur un air italien de
M. Piccini ; M. Legros, un air de *Roland*, du même compositeur. M. Viotti a exécuté un concerto de sa composition et de petits airs, avec des Variations, dont il
est l'auteur. »

(2) *Mercure*, avril 1783.

(3) On peut consulter notamment, à ce sujet, les numéros du 14 et du 28 juin,
du 23 août et du 20 septembre 1783.

(4) Veut-on savoir ce que gagnait Viotti au Concert spirituel, à cette époque de
ses plus grands triomphes ? Un de ses contemporains, Fayolle, va nous l'apprendre : — « Paganini, de son propre aveu, gagne environ 15,000 fr. par séance ; au
lieu que l'immortel Viotti, dont le talent n'aura jamais de rival, ne touchait de
M. Le Gros que douze cents francs pour tous les concerts de l'année, ce qui, en
supposant douze concerts, fait cent francs par séance... Oh ! que les temps sont
changés ! (FAYOLLE : *Paganini et Bériot*, avertissement.)

(1) En parlant de ces premiers pas de Viotti à Paris, Miel s'exprime ainsi : —
« Ses débuts furent brillants ; mais quelque les Voyages eussent déjà éclairé et
mûri son goût, il étoit encore bien éloigné de ce fini d'exécution qu'il sut acquérir
depuis. Quant à ses compositions, elles ne furent pas appréciées d'abord à leur
juste valeur : elles étaient trop mâles et trop substantielles ; mais la Vrai peut
reprend toujours ses droits. On reconnut bientôt que la mélodie de Viotti, pour
n'être ni vulgaire ni recherchée, n'en était pas moins de la mélodie ; on rendit
justice à ces traits naturels, dessinés sur un chant noble et pur ; on comprit ce
qu'il y avait d'intérêt dans une ordonnance musicale qui n'était que le développement d'une pensée unique. Le concerto devint ce qu'il doit être, exprimé,
pathétique, majestueux, grandiose, et ce genre de musique fut fixé pour jamais.
Ainsi, l'honneur de cette création appartient à Viotti... C'est un musique
surtout qu'il ne faut dire ni jamais ni toujours. Mais il n'en reste pas moins que
les réflexions de Miel sont pleines de justesse.

(2) *Almanach musical*, 1783, 1re partie, pp. 175-176.

RICHARD WAGNER

DANS LES MÉMOIRES D'UNE IDÉALISTE

III

Sur ces entrefaites, Klindworth, ardent partisan et disciple de Wagner, en même temps qu'excellent pianiste, arriva à Paris. Les réunions du soir se transportèrent alors à l'étage supérieur, dans la salle de musique, et chaque fois, quelque fragment des œuvres du maître fut exécuté. Klindworth jouait l'accompagnement au piano, et Wagner chantait les différents rôles. On pourrait croire que ce système était peu fait pour donner une idée complète de l'œuvre; pourtant rien n'est plus vrai. Malgré son peu de voix, Wagner savait mieux que personne mettre en lumière ses intentions, et donner l'impression entière et saisissante du nouveau style vocal qu'il voulait introduire dans la musique dramatique.

„ Dès le début, je compris qu'une école de chant toute nouvelle devait se fonder d'après ces œuvres, et que c'en était fait de la simple cantilène, qu'on peut rendre suffisamment avec une voix ordinaire et quelques leçons. Ici, pour la première fois, apparaissait le véritable chant dramatique, où le texte a une aussi haute importance que la musique expressive qui l'accompagne, et dans lequel, par conséquent, la déclamation doit être tout autre que dans le chant connu apparavant.

„ Ce fut un vrai bonheur pour moi d'apprendre à connaître de cette manière ces œuvres auxquelles j'aspirais depuis si longtemps; de la sorte, j'arrivais à les comprendre infiniment mieux que si j'avais entendu quelqu'une de ces médiocres exécutions trop fréquentes sur les scènes allemandes. C'est ainsi que j'entendis *Lohengrin*, *Tristan et Iseult* en entier, et la plus grande partie de la *Walkure* et du *Rheingold*. Outre cela, j'ussis encore de privilèges particuliers : grâce à la bonté que Wagner me témoignait, j'avais toute liberté de venir seule le matin, et d'assister aux séances musicales qu'il faisait avec Klindworth. Devant moi, seule auditrice, lui entreprenait une fois, presque d'un bout à l'autre, *Tristan et Iseult*. Ces puissantes créations me captivaient de plus en plus profondément, et je voyais toujours plus clairement, que le véritable progrès et le but le plus élevé auquel l'art pût atteindre étaient dans la réalisation du drame musical par l'union de tous les arts.

„ Pour la puissance du sentiment, pour la grandeur de la passion, pour la vérité pleinement humaine des types, je ne pouvais comparer Wagner qu'à Shakespeare; mais ici la musique s'ajoute encore à tout le reste, enveloppant l'action tragique d'une atmosphère qui la transfigure. Que musique! Il en est des drames du même Shakespeare: on oublie qu'elle est de création humaine. Elle semble s'exhaler de l'essence même des choses, être une nécessité de la nature; elle et les personnages du drame semblent faire partie d'un même organisme vivant. L'espace et le temps s'évanouissent à l'audition de pareils chefs-d'œuvre. En eux, nous vivons une destinée tragique, mais enveloppée de ce charme idéal qui purifie notre âme de toutes les souillures, de toutes les tâches de l'existence terrestre, du charme qui dans le dénoûment de la tragédie affranchit cette âme par la vertu de la douleur sacrée.

„ L'audition de ces créations merveilleuses confirma en moi le sentiment que j'avais éprouvé autrefois, à la lecture d'*Opéra et Drame*, d'une façon si frappante et si convaincante pour mon esprit. Je sentis que l'entrée complètement dans l'intelligence du génie de cet homme, contraint par une puissance surhumaine à produire ainsi des œuvres d'une si incroyable grandeur. A partir de ce moment, je fus certaine que rien au monde ne pourrait troubler ma foi en lui; je sentis que je continuerais à le comprendre même dans les heures obscures, en dépit des écarts et des violences de sa nature véritable, malgré les bizarreries qui seraient pour la foule un prétexte à lui jeter la pierre. Je savais aussi que désormais il pourrait compter sur moi à la vie et à la mort, et que son génie serait au nombre des rares foyers dont la flamme donnerait quelque prix à ma vie..... „

Nous connaissons la pensée intime de Mlle de Meisenbough sur son illustre compatriote. Voici maintenant, sur l'exécution de *Tannhäuser* à Paris, son témoignage et ses réflexions; c'est un témoin oculaire qui parle.

„ Un jour que j'étais invitée à dîner chez les Wagner, je trouvai tout le monde dans la joie: la nouvelle était arrivée subitement, en même temps, que sur le désir de Napoléon, le *Tannhäuser* allait être monté à l'Opéra. Le directeur, qui, peu de semaines avant, s'était débarrassé de Wagner par un refus très froid, se montra subitement on ne peut plus obligeant, on ne peut mieux disposé à tout organiser au gré du maître. La princesse de Metternich, grande admiratrice de Wagner, avait amené l'empereur à cette décision; c'est à elle qu'on était redevable de ce revirement soudain. Il va sans dire que j'éprouvai aussi une grande joie, et je me décidai aussitôt à revenir à Paris l'hiver suivant pour assister à ces représentations. Il ne pouvait être question de donner le *Tannhäuser* avant cette époque-là; les préparatifs étaient trop nombreux, trop importants; la traduction du poème, entre autres, demandait du temps, et, puis, de toutes manières, la saison d'hiver touchait à sa fin.....

„ Notre séjour à Paris touchait aussi à sa fin. La famille Cobden était partie depuis longtemps, Cobden ayant été envoyé à Alger pour cause de santé. Avec Mme S... et sa famille j'avais quitté le grand hôtel des Champs-Élysées; nous occupions maintenant un étage rue de Rivoli. Le printemps de cette année, à Paris, fut merveilleusement beau. Pendant une nuit, un violent orage se déchargea sur la ville, et le matin suivant, comme par un coup de baguette magique, les arbres des Champs-Élysées, les bosquets et les jardins brillaient du frais éclat de la première verdure. Wagner me disait que cette apparition subite du printemps lui avait causé une grande joie, pour une raison particulière que voici : Dans le *Rheingold*, au commandement de Thor, qui frappe les rochers de son marteau, les nuages s'assemblent, la foudre éclate, et quand l'orage est dissipé, le Walhall et la terre brillent d'un éclat printanier. Justement, cette nuit-là, Wagner avait pensé à ce détail, des scrupules lui étaient venus à ce sujet. Il s'était demandé si pareille chose était admissible. A son réveil, l'aspect de ce phénomène naturel avait calmé ses doutes et lui avait rendu la joie. „

Peut-être aussi Wagner, avec son tour d'esprit, vit-il là un symbole de sa nouvelle et soudaine fortune. — Mlle de Meisenbough, au moment de partir, trouve à Paris un charme qu'il n'avait pas à ses yeux à son arrivée; elle se félicite des bienfaits du climat pour sa santé compromise en Angleterre; elle vante l'activité de la vie intellectuelle et la facilité des relations chez les Français, qu'elle trouve supérieurs aux Anglais sur ces deux points; elle exprime sa satisfaction d'avoir réussi à plusieurs petits ouvrages littéraires. Mais une plus grande joie pour elle, ce fut que l'écrivain russe Herzen lui confia de nouveau, à ce moment, l'éducation de ses deux filles, dont elle avait dû se séparer auparavant avec un grand déchirement de cœur; elle voue une affection maternelle à ces enfants, surtout à la plus jeune. Olga, que nous allons voir figurer dans son récit des représentations de *Tannhäuser*.

„ Le jour du mon départ approchait : jamais mes rapports avec Wagner n'avaient été plus fréquentes que pendant la période qui venait de s'écouler. A ma grande joie, un service important lui avait été rendu par mon intermédiaire, à cette occasion, il s'était ouvert à moi sur ses affaires particulières avec toute la confiance qu'on témoigne à une vieille amie. Nous nous étions liés ainsi plus affectueusement, et les difficultés dont il souffrait m'étaient devenues un réel souci. Un génie comme le sien aurait dû planer librement dans les hautes régions de l'idéal, sans descendre à faire des concessions à la triste intelligence des masses. Mais pour qu'il en fût ainsi, il aurait fallu qu'il n'eût aucune préoccupation pécuniaire, et ce n'était pas le cas. Dépourvu de toute fortune, il ne savait cependant pas défendre ses intérêts auprès des éditeurs et des directeurs de théâtre qui tiraient de gros bénéfices de ses œuvres déjà très populaires. En face des difficultés de l'existence, il avait cette insouciance du génie qui est si touchante, parce qu'elle provient d'une profonde naïveté au sujet des conditions ordinaires de la vie, naïveté sur laquelle seules, la méchanceté et la médiocrité peuvent se méprendre. Je roulais dans ma tête mille combinaisons pour lui venir en aide, et ce fut pour moi une occasion de plus de sentir amèrement ma propre gêne et de souhaiter passionnément la fortune qui permet d'affranchir le génie de tous les obstacles matériels, afin qu'il puisse créer des œuvres immortelles. N'est-ce pas là la seule manière de sanctifier ce vil métal auquel le monde accorde une si grande valeur, que de l'employer pour un noble but, et d'utiliser des forces matérielles au service des esprits de lumière ?

„ En réfléchissant sur mon séjour à Paris, je vis clairement que les résultats étaient bons; j'avais appris à aimer et à estimer bien des choses en France, je m'y étais instruite de plus d'une chose digne d'intérêt; un grand calme s'y était fait en moi. Mais le plus grand bienfait que j'en ausse retiré, je le sentais nettement, c'était d'avoir fait connaissance avec Wagner et ses œuvres. C'est avec un joyeux hommage à la patrie et à l'esprit allemands que je quittai la terre de France... „

CAMILLE BENOIT.

LE THÉÂTRE FRANÇAIS EN BELGIQUE AU XVIIIᵉ SIÈCLE.

DOCUMENTS INÉDITS.

En explorant aux Archives de la ville de Gand les cartons qui renferment la correspondance officielle du magistrat de cette ville, pour la période du XVIIIᵉ siècle, j'ai rencontré un certain nombre de documents concernant la musique et le théâtre; une partie en a déjà été publiée ici avec les résultats d'autres recherches (_Guide musical_, 1885, nᵒˢ 50, 51, 58; 1886, nᵒˢ 6, 8, 42, 44 et 45). Voici encore deux lettres intéressantes qui renferment de curieux détails sur les mœurs théâtrales du XVIIIᵉ siècle.

I.

A Messeigneurs du Colege de la Keure de la ville Gand.

Pardonnez, s'il vous plait, la liberté que prend le suppliant d'oxer vous adresser la présente; mais sa situation ainsi que celle de ses consors l'y oblige. Il a plu à vos seigneuries ainsi qu'à Mgr le baron de Kiessegem, gouverneur et grand bailly de cette ville lui accorder votre apostille à sa requeste, bienfait que lui et ses consors n'oublieront jamais d'autant que vos seigneuries ont eux égard au peu de profit qu'on fait les supplians l'hiver dernier, et que s'ils pourroient s'en dédomager ainsi que l'apparence y est, vos generositez ordinaires daignoient les en favoriser, ils s'en trouvent frustrés cependant en apparence par Mᵉˢ de la confrérie de Saint Sébastien, ayant refusé aux supplians la jouissance de leur théâtre, ce qu'ils ne peuvent concevoir, d'autant qu'ils ignorent en quoi ils ont pu déplairent à la ditte confrérie, ayant parfaitement remplies les engagements qu'ils ont eu avec elle, et que leurs mœurs et conduittes n'ont point donnez lieu à aucun sujet de plainte. La preuve la plus convainquante qu'ils en puisse donner, c'est que vos seigneuries n'ont jamais à leur égard estes importunez de griefs contre eux; que peut-on donc leur imputer? Si ce n'est ses Mᵉˢ de la confrérie qui se recrient et ne veulent point leur accorder leur theatre sur ce que ledit Henry a présentez requeste à nos seigneuries. Permettez-lui de se justifier à vos yeux: vous êtes trop integre pour ne lui point accorder l'humble demande qu'il vous fait. Voici le fait au vrai. Sur l'avis que lui et consors ont reçeu que les troupes de Sa Majestez Britanique vencdoient dans ce païs, il fut depute pour se rendre en cette ville, nous demander l'honneur de votre agrement, pour les indemniser du peu de profit qu'ils ont fait l'hyver passez. A son arrivé, dimanche 10ᵉ du present, il fut saluer M. Hector, doijen de ladite confrérie et lui demanda sa protection, et s'il pouvoit espérer que lui et Mᵉˢ les confrères voudroient bien leurs êtres favorables. — La réponse vague et incertaine qu'en réceut le suppliant le fit se transporter chez M. de Paschal, membre de votre digne colege, ce qu'il fit; ou il eu le bonheur de le trouver favorable à la protection que le suppliant lui demandait, ce qui estoit une réitération à la promesse qu'il lui en avait estez faite à lui et consors, dans le temps qu'ils avoient plu à vos seigneuries, ainsi qu'à Mgr le baron de Kiessegem, députer le dit M. de Paschal pour nous conciliar dans le tems que nous avions quelques difficultés avec Mᵉ Beaupré notre camarade. Ledit suppliant s'est conduit et guidé selon les conseils dudit Mᵉ de Paschal et les a suivies de point en point; il a pris la liberté de vous présenter requeste; il vous a plu la lui apostiller. Sur ce, il a supplié plusieurs Mᵉˢ les confrères qui estoient à sa connaissance de lui être favorable, ce qu'ils lui ont promis; et lui disant qu'ils avoient une assemblée jeudy 14, et qu'il eut à si trouver, ce qu'il a fait; estant le caustre (1) à attendre l'assemblée de ces Mᵉˢ, il vi paroître M. Onderet, greffier de ladite confrérie; il prit la liberté de le saluer et de lui demander de même l'honneur de sa protection. Sur quoi ledit Mᵉ greffier lui dit: l'on dit que vous avez présentes requeste en notre nom à Mᵉˢ du Magistrat. — Le suppliant lui fit reponse qu'il n'estoit-point assez ozés pour cela, et la preuve qu'il lui en donna, c'est qu'il la tira de sa poche, et la lui présenta à lire, ce qui fut fait; après quoi le suppliant attendit que ces Mᵉˢ le fiasent entrer; ils deputèrent ledit Mᵉ greffier pour savoir les propositions du suppliant; à quoi il repondit qu'ils venoient de la part de ses camarades tels qu'ils estoient l'hyver passé avec promesse ainsi qu'il l'avoit fait à vos seigneuries et à Mgr le baron de Kissegem que la troupe à l'avenir seroit fortifié. Ledit Mᵉ greffier rentra dans l'assemblée, et après une heure d'attente, vint dire au suppliant sans autres discours que ses Mᵉˢ avoient delibere qu'il ne convenoit point qu'une troupe reparu deux années de suitte dans la même ville. Ce que voyant, le suppliant piqué de la reponse sans y avoir donnes lieu, d'autant qu'il s'estoit presentez avec toute la soumission possible et même ayant laissé à la candeur et generositez de ses Messieurs l'accord qu'il leur plairoient lui imposer, il repondit: _Je vous supplie Mᵉˢ de ne point trouver mauvois si je requerre à ces sujets Mgrs du colege ainsi que Mgr le baron de Kiessegem._

(1) _Den Couter_, la place d'Armes.

Je vous supplie donc, Mgrs, d'examiner ma conduite en tout cecy. Ces Mrs, ainsi que je l'ai sceu, en sont très piqués, aleguant que c'estoient à eux et non à vos Seigneuries que je devoit m'adresser; de toutes les façons, ne me suis-je pas acquité de mon devoir? Mais ce qui me fait recourir devers vous, c'est que je viens d'apprendre que ces Mrs avoient en vue une autre troupe; ne devaient-ils pas à mon arrivé me le dire et m'informer vos Seigneuries? Je n'aurois pas restés à depenser pendant huit jours mon argent et celui de mes consors sur la fausse espoir que je me figurois que ces Mrs nous serodent favorable en conséquence que l'année passé, sans notre trouppe, leurs revenus auroient estes diminués, et qui plus est encore, c'est que ces Mrs ont eu le malheur de perdre après des troupes qui nous ont precedé, ce qui ne leur est point arrivé avec nous. Ce considerez, Messeigneurs, permettez-moi de recourir devers vous pour implorer votre candeur et justice ordinaire en soutenant la ditte requeste qu'il a plu à vos Seigneuries m'apostiller; vous priaint humblement que ledit suppliant ne cessera de faire des vœux au ciel pour la santés et prosperitez de vos Seigneuries.

M. S. HENRY.

A Courtray, ce
17 juin 1742.

S'il plait à vos Seigneuries m'honorer d'un mot de reponse, mon adresse est à Henry comédien de present à Tournay.

Ce comédien Henry est inconnu des biographes; sur la Confrérie Saint-Sébastien et son théâtre, on peut consulter: F. Faber, _Histoire du Théâtre français en Belgique_, t. I, pp. 120-121; et Fr. Claeys, _Pages d'histoire locale gantoise_, pp. 170 et suiv.

II

Messieurs,

La dᵐᵉ Denarelle, directrice des spectacles de cette ville en ayant fait partir sans permission et même contre la défense qui lui en avoit été faite, dᵘᵉ Pocinadé, actrice, engagée dans sa troupe, nous avons cru devoir lui enjoindre de la faire revenir endeçans huit jours, sous telle peine qu'il appartiendroit; sauf à nous à lui permettre ensuite de la congédier, sur une requête qu'elle nous présenteroit à cet effet. Elle n'en a rien fait depuis lors et elle s'en excuse aujourd'hui sur ce que cette actrice est à Gand où elle est retenue par des ordres superieurs. Nous prenons la confiance, Messieurs, de vous prier, en faveur de justice, de vouloir nous marquer si ces ordres existent réellement, et dans le cas où vous en auriés données, voir quels seroient les moyens de concilier toutes choses, sans compromettre votre autorité ni la nôtre.

Nous avons l'honneur d'être très parfaitement,
Messieurs,

Vos très humbles et très obéissans serviteurs.
Les Rewart, Mayeur, Echevins Conseil et huit hommes
de la ville de Lille
Du Chasteau de Villermont.

A Lille ce 25 8bre 1787.

Je n'ai pas trouvé de renseignements sur l'actrice dont il est ici question; mais Neuville, dans sa _Revue historique, chronologique et anecdotique du théâtre de Gand_ (p. 10), cite Mᵐᵉ Denarelle comme directrice du théâtre de Gand, depuis le mois d'octobre 1787 jusqu'au samedi des Rameaux de l'année 1790. Il y a là une contradiction évidente avec les renseignements que fournit la lettre publiée ci-dessus, et suivant laquelle Mᵐᵉ Denarelle aurait été directrice du théâtre de Lille pour l'année 1787-1788.

Paul BERGMANS.

LES THÉÂTRES

PARIS

Un début, une résiliation, voilà le résumé de la semaine à l'Opéra. Je ne sais quelle idée singulière ont eu MM. Ritt et Gaillard, d'engager une cantatrice allemande pour tenir le grand répertoire, à défaut de Mᵐᵉ Krauss qui a pris sa retraite et de Mᵐᵉ Caron que nos directeurs ont laissé partir. L'expérience ne leur a guère réussi. Mˡˡᵉ Leisinger, qui l'année dernière a chanté avec quelque succès à Berlin, n'a pas eu de succès à Paris. On aurait tort du reste d'attribuer son échec uniquement à sa nationalité. Le début de Mˡˡᵉ Leisinger dans _Faust_ a été simplement médiocre. La voix est jolie et elle a plu, malgré une certaine sécheresse; mais l'interprétation du rôle de Marguerite, auquel tant d'artistes supérieures ont imprimé leur marque, n'est pas sortie des banalités et des conventions courantes.

La jeune cantatrice n'a que vingt et un ans, dit-on. Elle a donc le temps d'acquérir la personnalité qui lui manque. Elle va continuer en attendant à faire les beaux jours de l'Opéra de Berlin, où elle avait, paraît-il, laissé de nombreux regrets. Il est même permis de penser que sa petite mésaventure à Paris, qu'on mettra uniquement sur le compte d'animosités politiques, ne nuira point à son succès en Allemagne. Comme on l'a, en outre, accordé, à titre de dédommagement, six mois d'appointements à l'Opéra de Paris, elle n'aura pas trop, en somme, à regretter cette expédition.

Ce qu'il faut regretter pour Mᵐᵉ Leisinger, c'est l'inconvenance qu'elle a eue d'écrire à MM. Ritt et Gailhard une lettre dans laquelle ils raconte qu'elle avait été avertie qu'elle serait reçue à coups de sifflets, et que l'on saurait se débarrasser bien vite de la " Prussienne „. Pis que cela ! Elle a, paraît-il, adressé à un journal berlinois une dépêche où elle affirme que son insuccès n'est dû qu'à sa nationalité (1). C'est un joli toupet, Mᵐᵉ Leisinger jure ses grands dieux qu'elle ne reparaîtra jamais à Paris. Elle fera bien.

Lundi, Lassalle a fait sa rentrée dans *Guillaume Tell*. Il a chanté ensuite *Rigoletto* avec Mˡˡᵉ Richard qui faisait aussi sa rentrée. On a repris enfin *les Deux Pigeons*, le charmant ballet d'André Messager dans lequel Mˡˡᵉ Mauri, plus gracieuse que jamais, a été de nouveau applaudie.

En dehors de ces menus événements, rien de nouveau à signaler. Le projet de donner à l'Opéra *Don Juan*, à l'occasion du centenaire de ce chef-d'œuvre, est sérieux, tout à fait sérieux. On se prépare déjà en vue de cette importante reprise. Et savez-vous ce qui préoccupe le plus MM. Ritt et Gailhard : c'est... le ballet !

L'Opéra-Comique, lui, s'est définitivement installé au Théâtre des Nations, place du Châtelet. Moreno, du *Ménestrel*, est très ennuyé que M. Spuller, quoiqu'il soit un ministre des Beaux-Arts pavé de bonnes intentions (sic), ait relégué le théâtre du genre « national » dans des parages aussi éloignés du centre actuel du Paris artistique et mondain. « Si le ministre, dit-il, compte sur la *Dame Noire* ou le *Domino blanc* (2) pour attirer la foule au Châtelet, il se trompe gravement et, lorsqu'au sortir du provisoire, l'heure sera venue de remettre en honneur définitif toutes nos anciennes et glorieuses partitions, il sera trop tard ; elles resteront meurtries de leur court passage au Châtelet et on aura bien du mal à les ressusciter. „ Pauvre genre « national, » faut-il qu'il soit moribond pour que Moreno lui-même convienne qu'un déplacement de quelques kilomètres suffira pour le tuer.

En attendant cette triste fin, les chœurs ont repeté le *Prévaux Clercs* et la *Dame Blanche*. Quant aux artistes, auxquels M. Carvalho ne veut pas payer les appointements de septembre, ils ne se mettront à la disposition du directeur qu'à partir du 1ᵉʳ octobre. Ils ne pourront par conséquent répéter avant cette date. La réouverture du théâtre ne pourra donc avoir lieu avant le 15 octobre au plus tôt.

Neuf ouvrages sont actuellement reconstitués; ce sont : le *Pré-aux-Clercs*, la *Dame blanche*, *Fra Diavolo*, *Roméo et Juliette*, la *Fille du Régiment*, *Carmen*, la *Traviata*, les *Noces de Jeannette* et l'*Étoile du Nord*. Ces ouvrages seront les premiers représentés à la scène des Nations. Il n'est pas question, pour le moment, du *Roi malgré lui*. M. Carvalho est d'ailleurs parti samedi pour Saint-Raphaël, où il va se reposer, dans sa *villa Magali*, des angoisses que lui a causées le rapport de M. le juge d'instruction Guillot en reprendre les forces nécessaires pour supporter les nouvelles émotions qui lui sont encore réservées.

BRUXELLES

La réouverture du Théâtre de la Monnaie s'est faite dans d'excellentes conditions. Il y avait à cela différentes causes. Le théâtre lui-même .a subi d'importantes réparations et des modifications qui ont leur utilité à divers points de vue. L'art, d'une part, la sécurité des spectateurs, d'autre part, ont à revendiquer une portion égale dans ces modifications, qui trahissent, d'où qu'elles viennent, le souci de maintenir l'Opéra de Bruxelles au niveau des grandes scènes lyriques. Le rétrécissement du proscenium et l'orchestre rendu mobile, constituent des mesures intel-

(1) Mˡˡᵉ Elisabeth Leisinger écrit que sa dépêche au *Fremdenblatt* n'a pas été reproduite telle qu'elle l'avait expédiée, et que les termes et le sens en ont été dénaturés par le journal allemand.

(2) Qu'il a d'esprit, ce Moreno !

ligentes dont les résultats seront appréciés lorsqu'on aura pu juger de leur effet en des œuvres sérieuses. Quelques points de détail laissent encore à désirer : l'expérience apprendra quelest à ces maux le remède. En somme, du côté matériel, il y a progrès.

La troupe de la Monnaie se présente sous un jour favorable. On a revu avec plaisir les anciens artistes et on a fait aux nouveaux venus un accueil généralement sympathique. Selon l'usage, ce sont les pièces du répertoire ordinaire qui ont servi d'entrée en matière, de mise en haleine, pour mieux dire. Il n'en saurait être autrement, et il n'est peut-être pas désirable qu'en cela l'on cherche à changer de méthode. Les premières représentations de la saison théâtrale attirent un public facile à contenter, de voyageurs, de dilettanti de rencontre, d'oisifs et de désœuvrés, pour qui le choix du spectacle n'importe guère. A celui-là les opéras de la quantité et la diversité suppléant à la qualité et à l'unité de l'ensemble. Il y aurait sans doute quelques inconvénients à commencer par *Don Juan* ou par *Fidelio*, deux chefs-d'œuvre que MM. Dupont et Lapissida se décideront quelque jour à mettre au répertoire. Il faut à de tels régals le prestige d'une longue attente, l'étude consciencieuse et la solennité des grands jours. D'autre part, il est bon que l'on réserve les œuvres de Richard Wagner qui ne sont pas de monnaie courante. Il n'y aurait pas de mal à ce que la *Walkyrie* mît une certaine coquetterie à reparaître sur l'affiche. Quant à *Siegfried*, le respect commandé qu'il n'en soit question qu'après une étude approfondie, une connaissance parfaite des moindres détails, des plus intimes nuances de la partition. Ce sont là de grandes fêtes de l'art, et les fêtes véritables dont le leur essence exceptionnelle.

Les opéras de Meyerbeer offrent cet avantage qu'ils plaisent à un public quelconque et qu'ils présentent toutes les facilités désirables pour faire, en bloc, la présentation d'artistes nouvellement engagés. Et c'est ce qui explique que durant les premiers mois de la saison l'on entende fréquemment à Bruxelles l'œuvre à peu près complet de l'auteur des *Huguenots*. L'inconvénient du système est que l'on se fatigue alors de la musique de Meyerbeer, qui commence à souffrir des redites, et que l'on impute aux œuvres mêmes tout l'ennui résultant de l'abus qu'on en fait.

La critique n'a pas grand'chose à glaner dans ce défilé de morceaux archi-connus que les chanteurs anciens et les chanteurs nouveaux s'évertuent à nous rendre supportables. Elle ne peut que noter de quelle manière et jusqu'à quel point s'y prennent les artistes en question, toute part faite de la satiété qui nous entraîne souvent à leur demander beaucoup plus qu'ils ne peuvent nous donner (1).

Le théâtre de l'Alhambra, complètement restauré et remis à neuf, a rouvert, lui aussi, le 5 septembre avec *Geneviève de Brabant*. L'opérette de feu Offenbach, agrémentée de force cortèges et ballets, est splendidement montée et chantée non sans agrément par MM. Chalmin, Montaubry fils, Mᵐᵉˢ Duparc, Julia Reine, Isabeau Dorian. La mise en scène, surtout, et dans ses moindres détails, est absolument hors de pair. Le ballet des Nounous, le cortège et le chœur du départ pour la Palestine, tout le troisième acte et son grand ballet nautique ont particulièrement séduit le public.

Malgré le grand succès de *Geneviève de Brabant*, qui réalise de superbes recettes, M. Oppenheim va mettre en répétitions *Ali-Baba*, la grande opérette-féerie de Charles Lecocq et de MM. Albert Vanloo et William Busnach.

M. Charles Lecocq est du reste venu lire au piano, à Bruxelles, la partition d'*Ali-Baba*, dont il ne lui reste plus que l'orchestration à terminer. C'est, dit-on, l'une des meilleures choses qu'il ait faites, et, tout au moins, l'une des plus travaillées. Il y a de nombreux chœurs pour voix d'hommes, grandement traités. L'un des plus curieux est celui que chantent les quarante voleurs enfermés dans leurs barils, tantôt en passant la tête pour l'ouverture et tantôt en y rentrant complètement de façon à produire un effet de bouches formées. Souhaitons qu'*Ali-Baba* réussisse. Du neuf ! Du neuf ! On demande du neuf !

(1) Répertoire de la semaine : lundi 10, les *Huguenots* pour la rentrée de Mˡˡᵉˢ Litvinne, Angèle Legault, MM. Seguin, Isnardon et pour les débuts de M. Tournié (Raoul), Mˡˡᵉ Léria (Marguerite) et de M. Vinche (Marcel); dimanche et, *Haydée* pour les débuts de Mˡˡᵉ Storell et rentrée de MM. Engel, Gandubert, Chappuis.

Samedi, les *Huguenots*; dimanche, *Haydée*; lundi, les *Huguenots*; mardi, relâche; mercredi, *Mignon*; jeudi, *Robert le Diable*, pour les débuts de Mˡˡᵉ Virg. Hautgemann.

N. D. L. R.

Nouvelles diverses.

Il va se faire une très curieuse expérience dans le courant du prochain hiver. La question de savoir si Bruxelles est, au point de vue musical, descendu au rang d'une ville de sixième ordre, se décidera très probablement à l'occasion de l'entreprise qu'il est sérieusement question d'organiser sous la direction de M. Franz Servais. Il s'agit d'une série de concerts symphoniques tout à fait indépendants des Concerts populaires et des concerts du Conservatoire.

Depuis quelques années Bruxelles n'a eu en fait de grands concerts purement artistiques, que les quatre matinées des Concerts populaires et les quatre concerts du Conservatoire. Ces derniers, accessibles seulement à une faible partie du public dilettante, ne comptent pas pour beaucoup dans l'acception générale. Le grand public a donc dû se contenter pendant longtemps des rares séances offertes par M. Joseph Dupont, alors qu'à l'origine les Concerts populaires se donnaient tous les quinze jours pendant toute la saison d'hiver.

On paraît vraiment se désintéresser de la musique, et pour tout dire, l'enthousiasme semble à jamais refroidi. Mais l'expérience fait voir que les meilleures choses présentées de même façon finissent par engendrer la monotonie, et qu'il faut des hommes nouveaux et des institutions nouvelles si l'on veut raviver l'intérêt et réveiller l'attention publique.

Les successeurs ne font peut-être pas beaucoup mieux, mais ils font autrement que leurs devanciers et c'est là le point essentiel. Le choix de M. Franz Servais offre des garanties de réussite à la combinaison nouvelle. L'auteur de l'*Apollonide* a fait ses preuves lors du grand festival organisé en l'honneur de Liszt, le 29 mai 1881. L'exécution des œuvres du maître hongrois a révélé chez lui un sens artistique très affiné, une sûreté de main qui s'affermira davantage encore par l'expérience.

Faisons des vœux pour que Bruxelles soit doté de concerts qui, donnant une part très large aux œuvres des maîtres classiques, Beethoven, Haydn, Mozart, Mendelssohn et Schumann, *que le public non admis au Conservatoire n'entend plus jamais,* — puissent en même temps, par la fréquence de leurs auditions, nous tenir au courant de toutes les productions modernes intéressantes, y compris celles des auteurs belges qui en valent la peine.

Persuadons-nous bien que l'émulation est toujours favorable; que le goût et le besoin de la bonne musique sont en raison directe des occasions qui se présentent d'en entendre. Plus on en fera, plus elle deviendra indispensable (1). Aussi sommes-nous d'avis que, loin de nuire aux institutions existantes, les nouveaux concerts auront cet excellent résultat de créer un mouvement musical à Bruxelles, chose qui n'existe plus que dans le souvenir !

Il appartient au public artiste, aux nombreux amateurs de la capitale et de la province, de répondre par une prompte adhésion à l'appel qui ne tardera pas à être fait, sans doute, aux gens de toute catégorie qu'intéresse le progrès intellectuel et que divertit l'art suprême : la Musique !

        ❧

Notre correspondant nous écrit de Gand, 12 septembre.

« Le directeur du théâtre flamand, M. Fauconnier, a publié la liste de son personnel pour la campagne de cet hiver. Mmes Steven et Verberckt ont quitté le théâtre Minard pour aller, l'une à Anvers, l'autre à Bruxelles ; elles sont remplacées ici par deux débutantes, Mmes Cuypers et Dirickx. Citons à côté d'elles : Mmes Rans, Mlle Tormyn et Marguerite. Du côté des hommes, pas de changements : MM. Wannyn, De Neef, Van den Kieboom, Cackenberg, Barger, etc. M. Wannyn demeure régisseur-général et M. Van Herzeele conserve son bâton de chef d'orchestre.

« Au Grand-Théâtre, l'ouverture se fera le 28 de ce mois, avec les *Huguenots*. En guise de nouveauté, M. Van Hamme nous promet *Patrie* et les *Pêcheurs de Perles*; en outre, nous aurons quelques reprises importantes, parmi lesquelles *Lohengrin* — déjà annoncé l'an dernier— et les *Amours du Diable*, de Grisar. Il y aura même, d'après le *Vooruit*, un opéra-comique inédit en un acte, de M. Louis Eggelabouven, ancien élève de notre Conservatoire.

« Au moment où je vous écris ces lignes, on m'apprend le résultat du concours de Rome, et en même temps le bourdon et le carillon annoncent à toute la ville que deux de ses enfants, continuant la glorieuse tradition des *primi* gantois, sont victorieux dans la lutte. Pierre Heckers est premier, et Paul Lebrun est second à l'unanimité ; il partage son prix avec E. Lapon, d'Ostende qui n'obtient, lui, que quatre voix. Je félicite de tout cœur les deux lauréats qui méritent bien, du reste, le brillant succès qu'ils ont remporté. Leurs deux œuvres sont de bonnes partitions et, écrites dans des genres très différents, elles attestent chez MM. Heckers et Lebrun plus que des promesses. M. Heckers qui a écrit d'après le

(1) Les nouveaux concerts seront probablement au nombre de dix ou de douze. Le premier aura lieu vraisemblablement le premier dimanche de décembre.

flamand, n'en est pas à son coup d'essai : il a concouru déjà en 1883 avec sa *Dafne*, et en 1885 avec son *In 't Elfenwoud* ; chaque fois il avait eu le second prix. L'Académie a couronné de lui un trio pour piano, violon et violoncelle, et le *Willemsfonds* a publié de ses mélodies. Sa cantate d'aujourd'hui a été exécutée par Mme De Jaegher, Van de Weghe, MM. Van Hende et Wayenberghe ; les chœurs étaient formés d'élèves du Conservatoire et de membres du *Van Crombrugghe's Genootschap*, dont M. Heckers est directeur. M. Lebrun dirige la *Société royale des Chœurs*; il a à son actif un quatuor couronné par l'Académie et des mélodies. Ses interprètes sont Mme De Guchtenaer, Ligny, Théry, MM. Baertsoen et Liebaert ; les chœurs étaient formés d'élèves du Conservatoire et de membres de la *Société royale des Chœurs*. Aujourd'hui ce huit aura lieu l'entrée triomphale des deux lauréats. »

        P. B.

        ❧

À l'Opéra de Leipzig, on vient de remonter à neuf un opéra de Max Bruch, *Loreley*, naguère joué sans grand succès. Le célèbre compositeur a remanié considérablement son ouvrage en vue de cette reprise. La direction du Théâtre de Leipzig a fait des frais considérables de mise en scène. C'est grâce au luxe des décors et des costumes que le succès a été cette fois très grand. Les journaux allemands doutent cependant qu'il soit durable.

        ❧

Le programme du festival dramatique de l'été prochain à Bayreuth est définitivement arrêté aujourd'hui. On jouera au Théâtre Wagner les *Maîtres Chanteurs*, *Tristan et Iseult* et *Parsifal*. *Tannhäuser* est définitivement abandonné à cause des difficultés et des frais qu'on traînerait la mise en scène de cette œuvre selon les intentions de Richard Wagner.

Ajoutons, à ce propos, une nouvelle qui intéressera certainement les artistes de Paris et de Bruxelles : M. Ernest Van Dyck chantera à Bayreuth le rôle de Walter des *Maîtres Chanteurs*; il s'est mis dès à présent à l'étude de l'allemand. Ce sera assurément un spectacle intéressant que de voir paraître sur cette scène idéale le remarquable créateur de *Lohengrin*, à Paris, à côté des premiers chanteurs du théâtre allemand contemporain.

        ❧

La direction du *Concerthaus* de Berlin met au concours : 1° une symphonie pour laquelle il sera accordé des prix de 1,000, 500 et 300 marks ; 2° une suite d'orchestre (prix de 600, 400 et 300 marks; 3° une scène dramatique sur un texte imposé (prix de 500 et 300 marks). Les musiciens de tous les pays sont invités à concourir pour les deux premières catégories de compositions ; seuls, les compositeurs allemands sont admis à prendre part au concours de la troisième catégorie.

        ❧

Mlle Lola Beeth, dont notre correspondant à Vienne nous parlait l'autre jour, est définitivement engagée à l'Opéra de Vienne pour trois ans.

        ❧

Dans les premiers jours du mois d'octobre aura lieu, à l'Opéra de Paris la lecture de *Benvenuto Cellini*, que M. Louis Gallet a tiré du drame de Paul Meurice, et dont M. Camille Saint-Saëns doit écrire la musique.

        ❧

Décentralisation !

Dimanche a eu lieu au Cercle d'Aix-les-Bains, la première représentation d'*Adèle de Ponthieu*, dont le début au théâtre d'un musicien d'avenir, M. André Wormser. Cet opéra est tiré d'un roman qui eut une grande vogue au moyen âge : le *Voyage d'outre-mer du comte de Ponthieu*. L'action se passe au milieu du XIIIe siècle.

Les chœurs et les morceaux d'ensemble ont produit un grand effet.

        ❧

L'éditeur E. W. Fritzsch, à Leipzig, annonce une nouvelle édition populaire des œuvres littéraires de Richard Wagner. Cette édition paraîtra en 31 livraisons à 75 centimes, format in-18. Les 10 volumes de Wagner seront complètement publiés en juillet 1888.

        ❧

L'incendie de l'Opéra-Comique de Paris a des suites jusque dans les pays scandinaves.

À Copenhague, le Théâtre-Royal seul a été épargné. Le théâtre Dagmar, le Gymnase danois, a été obligé de faire pour 340,000 fr. de réparations, bien qu'il ne soit ouvert que depuis 1882, et les réparations diminuent la recette de 30,000 fr. par an. À Stockholm, les théâtres sont forcés de retarder leur réouverture de tout un grand mois.

        ❧

Le violoncelliste Hollmann vient d'être, de la part de S. A. R. le prince de Galles, l'objet d'une très flatteuse distinction. Le prince lui a remis une superbe épingle en brillants avec la couronne royale et les initiales Æ. Son Altesse Royale a bien voulu accepter la dédicace d'une des dernières compositions du célèbre virtuose et compositeur.

Une nouvelle catastrophe théâtrale : Dans la nuit du 5 au 6 septembre, le feu a complètement détruit le théâtre d'Exeter (Angleterre). Cent cinquante personnes ont péri dans cet effroyable sinistre. Quoique ce théâtre eût été inauguré il y a deux ans seulement, il ne répondait pas du tout aux exigences de confort et de sécurité qu'on est en droit d'exiger aujourd'hui.

※

Un nouvel oratorio du compositeur anglais Cowen, *Ruth*, a été exécuté la semaine dernière dans la cathédrale de Saint-Paul, à Londres. Mme Albani a chanté la partie de Ruth. La partition renferme de nombreuses parties fort belles ; l'orchestration est des plus riches ; les principaux soli produisent un effet puissant. Le chœur des Moissonneurs est une vraie perle. L'œuvre, exécutée sous la direction de l'auteur, a tenu l'auditoire sous le charme d'un bout à l'autre, dit un journal.

※

On nous écrit d'Audenarde, le 8 septembre 1887 :

« Notre Conservatoire de musique nous avait conviés, hier, à une charmante petite fête de famille. Le programme intéressant cachait, sous une apparente modestie, une grande audace.

Tenir son auditoire en haleine pendant deux heures avec des sonates de violon et de piano à deux et à quatre mains, est une tâche bien difficile. Cependant, les applaudissements chaleureux dont l'auditoire a souligné les principaux numéros, ont prouvé que le but de l'excellent directeur, M. Ferdinand Vandenhenvel, avait été pleinement atteint.

Mlle Willems, dans une sonate de Haydn, Mlles Deschietere et Dehoust, dans celle de Diabelli, et l'exécution de deux jolis chœurs pour voix égales de Storch et de Kücken, ont fait apprécier une fois de plus le soin qu'on met aux études à l'école d'Audenarde.

Les jeunes élèves Schinckel et Devacht, dans le duo pour deux violons sans accompagnement, de Ch. De Bériot, ont surmonté avec facilité et élégance toutes les difficultés.

Le morceau capital du concert était une symphonie de Haydn. Une audition d'une œuvre de Haydn est sans précédent à Audenarde ! L'entreprise, quoique périlleuse, a réussi au delà de toute attente. Le public s'est montré extrêmement sympathique à notre petit orchestre qui, par son assiduité aux répétitions et par sa bonne volonté, — sans parler du talent bien connu de son directeur, — en est arrivé à une grande souplesse d'exécution.

Espérons que la bonne impulsion donnée depuis quelques années à notre enseignement musical continuera à produire des résultats sérieux, et nous réserrera maintes occasions encore de nous initier sans déplacement aux œuvres immortelles des grands maîtres. »

R.

On nous écrit de Mons : Voici les résultats des concours du Conservatoire de musique de notre ville :

SOLFÈGE (professeur, M. Van Lamperen). — Seconde division (jeunes gens). — 1er prix : MM. Mayeur, Edmond (à l'unanimité avec distinction) ; Meunier, Auguste ; Willame, Ernest. — 2e prix, Preumont, Edgar (à l'unanimité) ; Dequesne, Edm. ; Versmissen, François ; Chevalier, Louis ; Norel, Arthur.

Demoiselles. — 1er prix, Mlles Corné, Alice, et Stiévenart, Léonie (à l'unanimité avec distinction) ; Hiernau, Irma. — 2e prix, Mlles Wyckmans, Leopoldine ; Dongrie, Marguerite ; Emburger, Julia ; Frédrix, Marie ; Meunier, Jeanne ; Derveau, Sophie.

Première division (jeunes gens). — 1er prix, MM. Dubois, Fernand ; Baillioz, Arthur ; Caziat, Gédéon.

Demoiselles. — 1er prix, Mlles Gaudier, Léonie et Hecquet, Laure, avec distinction ; Mlle Debrisay, Augusta ; Cantillon, Jeanne et Dogneaux, Marie. — 2e prix, Mlle Burion, Elodie et Blase, Jeanne. — Division d'excellence (jeunes gens). — 1er prix, MM. Chevalier, Charles ; Gondry, Oscar.

Demoiselles. — Mlle Bouillot, Marie, avec distinction (médaille). — 1er prix, Mlles Lacroix, Marie ; Urbain, Marguerite.

Instruments à vent en cuivre. — *Classe de piston* (prof., M. Luyckx). — Seconde division. — 2e prix, MM. Loquet, Henri. — Première division. — 1er prix ; MM. Dieu, Achille (avec distinction), et Moreau, Antoine.

Classe de petit-bugle (prof., M. Luyckx). — Seconde division. — 2e prix, M. Delsaux, Vital. — Première division. — 2e prix, M. Hoton, Alexis (avec distinction).

Classe de cor (prof., M. L. Remans). — Seconde division. — 1er prix, M. Quenon, Frédéric. — Accessit, M. Courte, Arthur. — Première division. — 1er prix, M. Lambert, Arthur. — 2e prix, M. Déquesne, Edm.

Trombone (prof., M. Dubois). — Seconde division. — 1er prix, M. Meunier, Auguste. — Première division. — 1er prix, M. Lecaplitaine, Charles. — 2e prix, M. Métillon, Charles.

Classe de tuba. — Première division. — 1er prix, M. Wauthier, Vict. (avec distinction).

Alto en mi bémol. — Seconde division — 2e prix, M. Dieu, Norbert. Division d'excellence. — Prix, M. Blaude, Arthur.

BIBLIOGRAPHIE

LE THÉÂTRE DE LA MONNAIE, 1886-1887. — Nos confrères Max Waller et Fritz Rotiers, viennent de publier en une élégante plaquette. (Vve Monnom, édit.), où ils passent en vue tous les faits artistiques de la campagne 1886-87 au Théâtre de la Monnaie. Travail un peu aride, mais dont le côté documentaire offre un grand intérêt. MM. Waller et Rotiers se proposent de continuer cette publication. Ils rendront ainsi un réel service à tous les lettrés qui s'occupent de l'histoire de nos théâtres.

※

LE MOLIÉRISTE, Paris, Nesse et Stock, 9e année, n° 102. — La livraison de septembre de cette excellente et remarquable publication contient de très intéressantes notes de M. E. Thoinan sur la famille des La Barre, célèbres musiciens du XVIIe siècle. Il est question d'un La Barre dans la *Vie de Molière* de Grimarest, mais jusqu'ici on n'avait pu fixer l'identité de ce personnage. M. Thoinan croit qu'il s'agit de Pierre (II). La Barre, musicien de la chapelle royale, joueur de luth de théâtre et de basse de viole. M. Thoinan a retrouvé de nombreuses indications sur ce La Barre et sur ses père, frères et sœurs, tous musiciens très appréciés.

PETITE CORRESPONDANCE.

M. E. v. B., à Ostende. — Vous faites erreur. La définition de *London Encyclopædia* est exacte. La cantate dans l'acception qu'on lui donne aujourd'hui est une interprétation toute moderne.

VARIÉTÉS

ÉPHÉMÉRIDES MUSICALES

Le 16 septembre 1864, à Spa, la Société des jeux donne un concert dans lequel se font entendre Henri Vieuxtemps, violoniste, Joseph Wieniawski, pianiste, Nabich, tromboniste et Mlle Isabella Duboys, cantatrice.— Vieuxtemps reçoit 1,000 francs ; Wieniawski et Mlle Duboys, 500 francs, et Nabich 300. (Voir Albin Body, *le Théâtre et la Musique à Spa*, page 216).

— Le 17 septembre 1767, à Paris, naissance de Henri Montan Berton. Son décès, à Paris, le 22 avril 1844. — Ses grands succès d'autrefois : *Montano et Stéphanie, Aline, reine de Golconde, les Maris garçons,* n'ont pu résister à l'action du temps, on ne les connaît plus guère que par leurs noms.

Rossini était la bête noire de Berton. " Cet *Italien,* a-t-il dit quelque part, ne s'élève pas au-dessus de la *musique mécanique,* ne sait faire que des *arabesques* , . L'aimable auteur d'*Aline* voulut jouer un mauvais tour à ce damné d'Italien en lui opposant un *Guillaume Tell* de Grétry, représenté en l'an de grâce 1791, et que le théâtre de l'Opéra-Comique remonta avec une certaine solennité le 24 mai 1828. Quinze mois après (3 août 1829) apparaissait à l'Opéra l'œuvre radieuse de Rossini. Ce fut un coup de foudre pour ce pauvre Berton, qui en fit une maladie !

— Le 18 septembre 1850, à Paris (Opéra-Comique), reprise de l'*Amant jaloux,* 3 actes de Grétry. — « Les applaudissements, dit un journal de l'époque, ont commencé à éclater après l'ouverture, et ils n'ont cessé qu'après le rappel général des artistes à la fin de la pièce : Mocker, Hermann-Léon, Boulo, Mmes Lefebvre, Grimm et Lemercier. Chose merveilleuse, cette partition a conservé une fraîcheur, une vivacité, un cachet d'expression et de sensibilité que rien n'a su effacer ni altérer. »

Un certain Batton, qui alliait le commerce des fleurs avec celui de la musique, s'était avisé de retoucher l'orchestration de l'*Amant jaloux* ; mal lui en prit, car il reçut cette bourrade dans le dos :

> Un mélomane, ancien fleuriste,
> Fameux tortilleur de laiton,
> Vient de refaire aussi, dit-on,
> sa façon,
> Grétry le grand artiste,
> Dont tant de gloire a couronné le nom,
> Mais cette refaçon,
> Où tant d'auteur persiste,
> Est-ce donc un nouveau feston
> En fleuron
> A la couronne du *fleuriste?* —
> Non,
> C'est de la sottise en bâton.

Versailles, le 20 novembre 1778, avait eu la primeur de l'*Amant jaloux,* et le public parisien, cinq semaines après (23 décembre). — *Die Eifersüchtigen Liebhaber,* traduction allemande, avec la musique de Grétry, a eu, au Nationaltheater de Vienne, vingt représentations, du 12 octobre 1786 au 8 août 1787.

— Le 19 septembre 1856 (Théâtre-Lyrique), les *Dragons de Villars,* 3 actes d'Aimé Maillart. — " Il y a dans la partition comme une saveur franche et piquante du vieil opéra-comique de Grétry et Boieldieu : le mouvement, la clarté, l'allure naïve, la grâce et l'esprit.   T. Jouret.

Les *Dragons de Villars* ont paru pour la première fois à Bruxelles au théâtre des Galeries Saint-Hubert, le 7 mai 1887, et, au théâtre de la Monnaie, le 13 mai 1858. Ici, les principaux rôles furent remplis par Montaubry, Carman, Gourdon, Mme Barbot et Feitlinger. En 1860, Mme Boulard s'y montra une délicieuse Rose Friquet. (Voir Eph. de notre dernier numéro.)

— Le 20 septembre 1769, à Paris (Comédie-Italienne), le *Tableau parlant*, un acte de Grétry.

Combien les opéras de ce temps-là, ressemblaient peu, pour l'importance de la musique, à ceux d'aujourd'hui, où les airs, les duos, les morceaux d'ensemble se succèdent avec des développements alors inconnus? Nous voyons des compositeurs passer six mois à écrire une partition et se vanter d'avoir été expéditifs. Grétry composa en moins d'une journée les quatre principaux morceaux du *Tableau parlant*. Ce fut la troisième pièce qu'il donna à Paris; on venait de jouer *Lucile*, et les journalistes de l'époque, niant qu'il pût réussir dans le genre gai, lui reprochaient d'avoir fait pleurer dans l'opéra-comique. Grétry voulut répondre à cette critique en donnant un opéra bouffon dont Anseaume lui avait proposé le poème. Ce poème était celui du *Tableau parlant*; notre musicien le lut un jour chez l'ambassadeur de Suède, son protecteur, et séance tenante, pour ainsi dire, il conçut le plan de sa partition presque entière. Voici comment il raconte lui-même les circonstances dans lesquelles il écrivit cet opéra : " Ce fut dans les beaux jours du printemps que je composai le *Tableau parlant*, et je puis dire que pendant deux mois, chanter et rire fut toute mon occupation. J'étais si plein de mon sujet, qu'un jour après le dîner, je fis chez l'ambassadeur de Suède quatre morceaux de musique sans interruption. le n° 1, *Pour tromper un pauvre vieillard;* le n° 2, *Vous étiez ce que vous n'êtes plus;* le n° 3, la *Tempête de Pierrot;* le n° 4, *Je brûlerai d'une ardeur éternelle*. Cette fertilité m'étonna moi-même; elle serait dangereuse pour l'ignorant, ou pour l'homme qui se livre rarement au travail, mais l'artiste qui passe les nuits à réfléchir, doit profiter des prodigalités de la nature. "

Grétry, en se chargeant d'écrire la musique du *Tableau parlant*, s'était proposé d'ennoblir en quelque sorte le genre de la parade; les acteurs craignirent d'abord de mettre de l'abandon dans leur jeu de peur qu'on ne leur reprochât d'en revenir aux farces des théâtres de la Foire; mais peu à peu cette crainte se dissipa et ils se livrèrent à toute leur verve. Clairval jouait le rôle de *Pierrot*, et Mme Laruette celui de *Colombine*. Le soir de la première représentation, une prude soutint, au souper du duc de Choiseul, qu'on ne pouvait voir cet opéra deux fois, parce que les accompagnements étaient d'une indécence extrême. Le duc déclara n'avoir rien remarqué de semblable, et proposa à sa société de retourner le surlendemain au *Tableau parlant* pour s'en convaincre; cette protection du premier ministre fit la fortune de l'ouvrage, et Grétry lui dédia sa partition pour le remercier d'avoir pris sa défense.

— Le 21 septembre 1876, à Leipzig (Opéra). *Siegfried* et le lendemain 22, *die Götterdämmerung*, de Richard Wagner. Succès complet, enthousiaste, exubérant, surtout pour le *Götterdämmerung*. Le maître, par une lettre, adressa ses compliments au directeur ainsi qu'aux artistes, tout en se félicitant—ce sont là ses propres termes —" d'être enfin rentré dans sa ville natale, dont de singulières vicissitudes musicales l'avaient tenu si longtemps éloigné. "

Nécrologie.

Sont décédés:

— A Hombourg, le 27 août, Wilhelm-Valentin Volckmar, né à Hersfeld, le 26 décembre 1812, organiste, compositeur et auteur d'un ouvrage sur l'orgue. (Notice, *Musik-Lexicon*, de Riemann, p. 1060).

— A Heidelberg, le 19 août, à l'âge de 50 ans, Lindner, violoncelliste à l'orchestre du Théâtre Royal à Stuttgart.

XXXIIIᵉ ANNÉE — 22 septembre 1887 — NUMÉRO 38.

Paraissant tous les jeudis.

ABONNEMENT	SCHOTT FRÈRES, ÉDITEURS.	ANNONCES
FRANCE & BELGIQUE, 10 francs par an.	Paris, Boulevard Montmartre, 19	LA LIGNE . . . . Fr. 0.50
LES AUTRES PAYS, 10 francs (port en sus)	Bruxelles, Montagne de la Cour, 82	On traite à forfait pour les grandes annonces.

VIOTTI

ET L'ÉCOLE MODERNE DE VIOLON

(Suite. — Voir le dernier numéro.)

Pourtant, après dix-huit mois pendant lesquels il n'avait connu que des triomphes, Viotti cessa tout à coup, et complètement, de paraître au Concert spirituel. Cette détermination de sa part doit avoir eu pour cause un fait grave, mais j'ai acquis la certitude que cette cause ne peut être oelle qui a été indiquée par les biographes, entre autres par Miel et par Fétis, qui s'accordent complètement à ce sujet. Voici le récit de ce dernier : « Avec une éducation musicale peu avancée, comme l'était alors celle des amateurs qui fréquentaient ces concerts, le public montre quelquefois du caprice dans ses goûts : il en eut un qui fut cause de la retraite du grand artiste, en 1783. Un jour de la semaine sainte de cette année, il y avait peu de monde dans la salle, et comme cela arrive toujours en pareille circonstance, une certaine froideur se répandit sur toute la séance. Bien que Viotti n'y eût pas déployé moins de talent que précédemment, il y produisit peu d'effet. Le lendemain il y eut foule au concert. Un violoniste, dont l'habileté ne pouvait être mise en parallèle avec la sienne, y joua un concerto dont le rondo excita les transports de plaisir, par un thème vulgaire analogue aux airs de vaudeville. Ce morceau redemandé fut l'objet de toutes les conversations pendant huit jours. Viotti ne se plaignit pas; mais profondément blessé dans son juste orgueil, il prit dès ce moment la réso-

lution de ne plus jouer à Paris dans les concerts, et depuis lors, en effet, on ne l'y a plus entendu que dans des réunions particulières, quoiqu'il ne se soit éloigné de cette ville que neuf ans après et qu'il y soit revenu plusieurs fois ».

Le fait est malheureusement exact, et jamais plus Viotti ne se produisit en public à Paris; mais encore une fois, cet incident a été, dans ses détails, mal présenté par les historiens. Ce n'est pas pendant la semaine sainte de 1783 que Viotti cessa de se faire entendre, puisque, ainsi qu'on l'a vu plus haut, non seulement il joua à toutes les séances de cette période animée du Concert spirituel, mais encore à celles du mois de mai, à celles des trois fêtes qui le suivent, enfin à celles du 15 août et du 8 septembre (1). D'autre part, j'ai dépouillé tous les programmes du Concert spirituel à partir de cette dernière date, j'en ai lu tous les comptes-rendus donnés exactement par le *Mercure* et par le *Journal de Paris*, et je n'y ai pas trouvé trace du succès excessif, et blessant pour Viotti, qu'y aurait remporté un autre violoniste. Puppo se fait entendre le 1ᵉʳ novembre, et on lui reproche de ne pas jouer juste. Le 8 décembre, c'est le tour de Guérillot, qui est fort bien accueilli en exécutant un concerto de Jarnowick; mais comme Guérillot devint l'ami de Viotti, et, avec Imbault, l'interprète de ses symphonies concertantes, il n'est pas présumable que ce soit son succès qui l'ait pu froisser. Enfin, le 24 décembre, on voit se présenter un violoniste nommé Michaut, dont le début passe absolument inaperçu. Je le répète donc, les biographes, en se reproduisant à ce sujet les uns

---

(1) Ce qui prouve que Fétis s'est aussi trompé en disant que Viotti était allé revoir son pays pendant l'été de 1783, puisqu'évidemment il n'a pu quitter Paris à cette époque. S'il s'est rendu en Italie en 1785, ce n'a pu être avant la dernière période de l'année.

les autres, ont été égarés évidemment par un renseignement inexact. Eymar, qui avait été le spectateur
des triomphes de Viotti à Paris, qui s'était intimement lié avec lui et qui publiait à son sujet, en 1792,
un écrit intéressant, quoique emphatique et un peu
étrange (1), aurait dû être particulièrement informé
sur le fait en question; or — et ceci pourrait suffire
à démontrer l'erreur des autres biographes — il est
précisément le seul qui ait confessé son ignorance
sur ce point : — « On n'a jamais bien su, dit-il,
quelles furent les raisons qui déterminèrent Viotti à
ne plus se faire entendre en public : ceux qui ont
connu son caractère savent seulement qu'il dédaignait les applaudissemens de la multitude, parce
qu'elle les accorde presque indistinctement à la supériorité du talent et à la médiocrité présomptueuse.
On sait aussi qu'il se refusait aux sollicitations des
gens qu'on appelait du grand monde, parce qu'il ne
voulait avoir pour juges que des hommes dignes de
l'apprécier, et que, malgré la prétention que les
grands et les gens du bel air ont toujours eue de se
connaître à tout et d'être les arbitres suprêmes des
arts, des artistes et du goût, il avait observé qu'il
était fort rare de rencontrer parmi eux des hommes
capables d'un sentiment profond, qui sussent voir
dans les hommes autre chose que leur extérieur, et
juger les choses autrement que par leur superficie ».

Il est certain que Viotti, avec la conscience de sa
valeur, était justement fier de son admirable talent,
et il n'y a pas de doute que c'est à un froissement
quelconque qu'il faut attribuer sa résolution de ne
plus se faire entendre en public — à Paris du moins,
car plus tard, à Londres, il se produisit plus d'une
fois; mais, on l'a vu, les renseignements publiés à
cet égard sont manifestement inexacts. En ce qui
touche le respect qu'il avait de sa dignité d'artiste,
on en a rapporté un exemple éclatant, et je le reproduis d'après Eymar, qui l'avait personnellement et
intimement connu. La reine Marie-Antoinette admirait Viotti, l'avait pris sous sa protection, et l'appelait souvent à ses réceptions : — « Un jour de fête à
la cour, dit Eymar, Viotti doit exécuter à Versailles
un nouveau concerto de sa composition. On brûle
d'impatience de l'entendre. L'heure arrive, mille
bougies éclairent le salon de musique de la reine ;
les plus habiles symphonistes de la chapelle et des
théâtres de Paris, mandés pour le service de leur
majesté, sont assis devant les pupitres où les parties
sont distribuées. La reine, les princes, mesdames et
toutes les personnes de leur cour arrivent, et le
concert commence. Les exécutans, au milieu desquels
on distingue Viotti, reçoivent de lui le mouvement,
et paraissent tous animés du même esprit. La sym-

(1) *Anecdotes sur Viotti*, précédées de quelques réflexions sur l'expression en
musique, par A.-M. d'Eymar, préfet du Léman. Je crois qu'on a jamais fait
remarquer qu'il existait plusieurs éditions de cet écrit assez singulier ; la première, datée de 1792; une autre, publiée à Milan, sans date; enfin une troisième,
faite à Genève en l'an VIII. L'auteur de cet opuscule, qui, avant d'être préfet du
département du Léman, avait siégé à l'Assemblée nationale comme député de
Forcalquier, ne doit pas être confondu avec un autre écrivain, Claude Eymar, qui
vivait dans le même temps et qui, comme lui, était enthousiaste de Rousseau.

phonie marche avec tout le feu et toute l'expression
de celui qui l'a conçue et qui la dirige. A la fin du
tutti, l'enthousiasme est à son comble. Mais l'étiquette défend et arrête les applaudissemens. Le
silence se fait à l'orchestre. Dans le salon, il semble
que chacun soit averti par ce silence même de respirer plus doucement encore pour mieux entendre le
solo qui va commencer. La corde frémissante sous
l'archet fier et brillant de Viotti a déjà fait entendre
quelques accens, lorsque tout-à-coup il se fait un
grand bruit dans la pièce voisine : *Place à monseigneur
le comte d'Artois*. C'est ce prince, en effet, qui arrive
précédé de valets de pied portant des flambeaux, et
accompagné d'une suite nombreuse. Les deux bat-
tans de la porte s'ouvrent, et le concert est interrompu.
La symphonie recommence un moment après :
silence; Viotti va se faire entendre. Cependant le
comte d'Artois ne peut rester en place, il se lève, il
marche dans le salon, adressant assez haut la parole
à quelques femmes. Alors Viotti met son violon sous
son bras, plie son cahier et sort, laissant là le concert,
son Altesse Royale et Sa Majesté, au grand scandale
de tous les spectateurs ».

On voit que Viotti n'entendait pas raillerie en ce
qui touche le respect que tous, sans exception,
doivent à l'art et aux artistes.

(A suivre).   ARTHUR POUGIN.

RICHARD WAGNER
DANS LES MÉMOIRES D'UNE IDÉALISTE

IV

A Londres, Mlle de Meisenbough reprend en main l'éducation
d'Olga et de Marie Herzen ; elle se rend avec elles à la mer, et
rien ne manque à son bonheur, si ce n'est

« ..... Un seul besoin, celui de la musique, se faisait sentir plus impérieusement qu'autrefois. Depuis Paris, depuis Wagner, l'amour de
la musique, le seul art émanant d'un autre monde que celui de la
soi-disant réalité, avait pris en moi une place prépondérante. Dès ma
plus tendre enfance, ce langage avait été le vrai langage de ma vie
spirituelle. Je n'étais jamais arrivée à une grande virtuosité d'exécution, mais le meilleur de ce qui s'était ému en moi avait un lien avec
la musique. J'allais presque toujours accompagnée de quelques harmonies, de quelque chant intime. Même quand je causais de choses en
apparence indifférentes, quelque belle mélodie chantait en moi. Que
de fois, en mes jeunes années, quand le soir, dans le cercle familial,
ma sœur, bien meilleure exécutante que moi, jouait de Beethoven ou
du Mozart, que de fois j'écoutais allant et venant par la chambre,
(car mes yeux malades m'empêchaient de travailler), et combien,
pendant ce concert, l'étroit espace s'élargissait en un temple imposant. C'étaient alors des révélations qui me consolaient de la banalité
de ma vie ; il me poussait des ailes qui m'emportaient au delà des
limites du corps périssable, qui m'enlevaient au dessus du monde
occupé de choses superficielles; par là je pressentais une plus haute
existence.

« J'ai déjà raconté ce qui m'arriva à l'audition des œuvres de Wagner
à Paris. De nouveau je sentis clairement qu'une vie sans musique est
misérable, qu'elle est une marche à travers le désert, sans le récon-
fort de la manne céleste. Rendre l'âme d'Olga accessible à cette manne
était un des buts principaux de mon éducation. Non certes dans le
sens absurde de cette virtuosité extérieure dont la recherche, le plus
souvent, produit chez l'éducation plus de mal que de bien. Si quelqu'un n'entend pas d'harmonies en lui, tout effort pour en faire une
créature musicale sera vain. A quoi bon, quand on ne se destine pas à
être musicien de profession, apprendre la technique d'un instrument?
Au contraire, je l'ai déjà dit ailleurs, ce serait un bonheur pour la

société qu'il y eût moins de dilettantes exécutants, et plus d'*êtres musicaux*, que les chefs-d'œuvre de Beethoven, de Bach, de Mozart, etc., ne fussent pas ressassés à satiété avec une interprétation médiocre, que le public fût de plus en plus amené à comprendre de grandes et parfaites exécutions, à laisser opérer sur lui leur influence.

» Naturellement ce n'était pas la musique que je pouvais faire avec Olga, qui était capable de me causer de grandes jouissances... Herzen m'avait donné sa parole de me laisser passer l'hiver à Paris avec Olga. Je m'attachai à ce projet; car, en dehors des nécessités de ma santé, l'exécution du *Tannhäuser* m'attirait là-bas irrésistiblement... »

Ce fut sans doute pendant ce dernier séjour à Londres que Wagner commença à correspondre avec sa compatriote, et lui écrivit, au sujet de Garibaldi, les lignes que j'ai déjà citées; le patriote italien venait d'attirer l'attention publique par sa descente en Sicile (Expédition des Mille.....). Mlle de Meisenbough doit avoir en sa possession d'autres lettres intéressantes du maître qui trouveront sans doute leur place un jour dans cette *Correspondance* si impatiemment attendue.....

Voici maintenant la jeune Russe et sa mère adoptive à Paris:

« J'avais choisi, pour notre installation, un modeste quatrième, dominant de haut le bruyant monde parisien, mais ayant vue sur les arbres verts du jardin des Tuileries. Une fois installées, j'allai voir les Wagner. Je ne les retrouvai plus dans le petit hôtel hospitalier de l'an passé, mais au second étage d'une grande maison très habitée, et située dans une des rues les plus bruyantes et les plus sombres de Paris. Ce changement doit avoir à des considérations pécuniaires, et cette pensée me serra le cœur. Combien il devait être pénible à Wagner d'occuper un logement aussi peu sympathique!

» En arrivant, j'entendis de loin qu'on faisait de la musique. A mon entrée dans le salon, Mme Wagner vint à ma rencontre, me souhaita à voix basse la bienvenue et m'offrit un siège où je m'assis en silence. C'était Wagner lui-même qui se trouvait au piano, occupé à faire répéter une jeune chanteuse qui étudiait le chant du pâtre dans le *Tannhäuser*. La répétition finie, Wagner vint à moi, me souhaita cordialement la bienvenue, et dit : « Quelle excellente idée vous avez eue de venir! Jamais vous n'entendrez une exécution supérieure à celle-ci; elle est exceptionnellement bonne ».

» Ma vie se partagea, dès lors, entre mes occupations auprès d'Olga et mes visites chez les Wagner. Je comprenais toujours davantage, hélas! qu'il n'était pas heureux chez lui. L'hiver précédent, je m'étais déjà rendu compte que sa femme n'était pas celle qu'il lui aurait fallu, qu'elle n'était ni en état de lui donner du courage en présence des difficultés de sa situation, ni capable de lui adoucir par la grandeur d'âme et par son charme féminin. Aux côtés d'un homme si entièrement possédé par son démon, il aurait fallu une femme de grand sens, d'une grande élévation d'esprit; une femme qui eût compris son rôle d'intermédiaire entre le génie et le monde, après avoir reconnu leur éternelle et fatale inimitié. Ces choses-là, Mme Wagner ne les avait jamais comprises. Son entremise se bornait à exiger que le génie fît des concessions au monde, et ces concessions il ne pouvait, il ne devait pas les faire. De cette complète incapacité de comprendre la nature du génie, et de voir les conséquences qui en découlaient dans ses rapports avec le monde, il résultait presque journellement des tiraillements dans la vie en commun, privée par l'absence d'enfants, du seul élément de conciliation et de la seule compensation possible.

» Mme Wagner était cependant une excellente femme, et c'est elle qui, aux yeux du plus grand nombre, méritait le plus d'estime et de pitié. Mon opinion était inverse, et ma sympathie, ma pitié pour Wagner étaient sans bornes, car l'amour aurait dû lui aplanir les voies, servir de lien entre lui et les autres hommes, au lieu de lui rendre plus amer encore l'amer calice de la vie.

» J'étais, du reste, en bons termes avec Mme Wagner; elle me témoignait de l'amitié et de la confiance, et venait souvent se plaindre à moi de ses difficultés domestiques. J'essayai alors de lui aider à mieux comprendre sa tâche, mais ce fut en vain, cela va sans dire. Vingt-cinq ans de vie conjugale n'avaient rien fait pour qu'elle la comprît, et la chose était sa remède, sa nature même en étant cause.

» Ce sujet là revenait souvent dans nos conversations avec Blandine Ollivier, la fille de Liszt, avec laquelle j'avais renouvelé la connaissance faite l'année précédente, et que j'allais voir plus souvent. Parmi toutes les femmes que je rencontrais à Paris, cette créature charmante était celle qui m'inspirait le plus de sympathie. A la grâce de la Française, elle unissait un esprit fin, mordant, presque sarcastique, un sentiment féminin profond; ces qualités, jointes au noble caractère de ses manières et de sa beauté, la rendaient irrésistiblement séduisante. Depuis son enfance elle était liée avec Wagner, l'ami de son père. Nous nous rencontrions souvent chez lui, et nous tombions d'accord

que rarement deux êtres aussi peu faits pour s'entendre que sa femme et lui avaient été rapprochés par un lien plus étroit.

» Avec l'exécution du *Tannhäuser*, ce qui me tenait le plus au cœur était de faire enfin connaissance avec la philosophie de Schopenhauer. Je fis donc de ce désir à Wagner : comme il possédait deux exemplaires du grand ouvrage du philosophe : *le Monde en tant que volonté et représentation*, il eut la bonté, non seulement de m'en prêter un, mais de m'en faire cadeau. Je n'eus rien de plus pressé que de me confiner dans mon nid d'aigle, comme j'appelais ma retraite au dessus de l'agitation parisienne; quand je n'étais pas occupée d'Olga, je lisais Schopenhauer, et j'étais heureuse. C'était comme si des chaînes se détachaient de moi. Je trouvais là la véritable clef de tous les problèmes qui depuis des années s'étaient accumulés et entrechoqués en mon esprit, pour toutes les idées qui s'y étaient développées avec une netteté de plus en plus grande. La définition donnée par Schopenhauer de la *Volonté* faisait disparaître d'un seul coup le dualisme absurde et inexplicable qui présentent la conception chrétienne du libre arbitre et son éternelle dépendance de la prescience divine. Les phénomènes de l'apparence devenaient clairs. Maintenant je voyais partout l'élément sauvage et grossier de la substance originelle, présent dans l'apparence, sont à s'être racheté par l'intelligence et l'admission de cette nécessité, la négation du vouloir vivre. La négation de la volonté de vivre... cette expression, qui m'avait si singulièrement frappée, quand je l'entendis pour la première fois à Londres de la bouche de Wagner, maintenant me devenait intelligible. Je comprenais que cette disposition avait été depuis longtemps naturelle en moi, qu'elle y avait joué un rôle prépondérant, même dès ma plus tendre enfance, quand je tentai sérieusement de me vouer à l'ascétisme chrétien. Je vis désormais clairement que cette lutte entre la volonté de vivre et sa négation avait été la grande lutte de toute ma vie. Pour la seconde fois, le sens de cette maxime : " Rachète-toi toi-même ,, s'éclaircit de nouveau à mes yeux. Le dieu captif «» nous doit s'affranchir de l'individu borné où l'a confiné l'aveugle dieu vers la vie. La longue, la douloureuse agonie de l'existence n'a de sens que pour aboutir à la résurrection après la mort sur la croix, après le supplice où le moi, l'élément personnel expire, afin de renaître universel. C'est la seule et vraie manière d'entendre le symbole chrétien.

» La douleur de l'existence a déjà produit les grands rédempteurs. Bouddha, le Christ, et tous ceux qui après eux, dans un sentiment de pitié sainte, ont tenté d'éclairer l'humanité sur sa nature véritable et le but de l'existence, n'ont pas eu d'autre intention que celle de réaliser pour tous les temps le grand idéal de la rédemption. Ils voulurent, sous la figure du plus noble symbole, montrer la voie qui, à travers les misères de l'existence enchaînée par la pauvreté, la maladie, la mort et le péché, conduit à la liberté des enfants de Dieu, au Nirwâna (1), au " Pays de la Non-illusion ,, patrie et paradis de ceux qui se sont élevés au dessus de l'apparence.

» Par Schopenhauer, j'appris aussi pour la première fois à connaître Kant. Mais je lui dus avant tout d'apprendre à aimer les ancêtres de notre race, ce peuple merveilleux de l'Orient, qui, au bord du fleuve sacré, à l'ombre des palmiers et des lotus, connut, longtemps avant toute civilisation européenne, le mystère au sens profond de l'unité de toute existence, et plus peut-être que le fit jamais aucun autre peuple, s'efforça de réaliser dans sa vie sa conception métaphysique du monde. Cet amour m'inspira une vive ardeur pour rechercher tout ce qui se rapportait à cette antiquité sacrée; désormais, chaque soir, avant d'aller dormir, je saluai Olga par cette grande parole des Védas :

" Tot wam asi ,, (2).

» Pendant ce temps, les répétitions du *Tannhäuser* suivaient leur cours, et Wagner m'engagea à assister à la première répétition complète avec orchestre. Quelques privilégiés seulement étaient présents ce soir-là au Grand Opéra; Mme Wagner et moi étions les seules dames. Pour la première fois j'entendis, une exécution complète avec orchestre de cette musique, objet de mes aspirations depuis si longtemps; elle me saisit comme une chose céleste, elle me toucha comme le souffle de la vérité. Tout alla pour le mieux, et après le beau sextuor où les *Minnesænger* saluent Tannhäuser retrouvé, tout l'orchestre se leva comme un seul homme, et acclama Wagner avec un joyeux enthousiasme. Il était une heure après minuit quand la répétition prit fin. Wagner était content et animé, car tout promettait le succès; il proposa à sa femme et au souper boulevard des Italiens, à la Maison Dorée. Nous prîmes un cabinet particulier, et l'heure que nous y passâmes, après cette belle répétition, fut charmante. Entre autre chose, Wagner nous raconta comment il avait expliqué le rôle idéal d'Elisabeth à Marie Sass, qu'il avait choisie à cause de sa belle voix, et quoiqu'elle ne fût encore qu'une débutante, il lui avait expliqué, entre autres passages, celui où, par un jeu muet, elle doit faire comprendre

(1) Dans un précédent passage de son livre, l'auteur fait remarquer qu'elle ne donne nullement, et qu'il ne faut nullement donner, au mot *Nirwâna*, le sens de *néant* qu'on lui attribue généralement dans le monde.

(2) *Tu es cela, tu es ce qui t'entoure*, formule du panthéisme brâhmanique.

à Wolfram, qui lui demande s'il peut l'accompagner, le sens de sa réponse : « Merci pour ton amitié délicate; mais je vais là où nul ne « peut me suivre ».

« Si j'avais eu besoin d'une nouvelle preuve que seule une grande œuvre d'art peut transfigurer pour nous la douleur de la vie, cette nuit-là m'eût apporté cette preuve. La rédemption par le renoncement du vouloir-vivre est un combat pénible; c'est seulement dans une œuvre d'art tragique, dans l'illusion consciente, que la douleur se transfigure; nous voyons alors que la vie des êtres héroïques et par conséquent tragiques a seule une valeur, puisque seule elle peut devenir l'objet d'une œuvre d'art.

» Malheureusement, peu après cette belle répétition, la perspective du succès devint moins certaine. Les esprits malins qui prennent un si grand plaisir à empoisonner les meilleurs instants de la vie humaine, se mirent à l'œuvre et soufflèrent de toutes parts la malveillance, l'envie, la défaveur. Des ergoteurs politiques s'offusquaient que l'on dût à la princesse Metternich l'exécution de ce chef-d'œuvre si étranger au tempérament français. La presse avait de l'humeur contre Wagner, parce qu'il ne se conformait pas à l'usage d'offrir aux critiques des « diners fins » (1), à l'exemple de Meyerbeer et des autres, afin d'aiguiser d'avance leur goût et de s'assurer leur bienveillance. La claque formellement engagée par tous les autres compositeurs, avait été complètement bannie par Wagner, et naturellement écumait de rage. Même dans l'orchestre, des partis se formèrent; le chef d'orchestre en particulier, très incapable du reste, commençait à montrer de l'hostilité. Nous tous, amis et admirateurs de Wagner, nous déplorions profondément qu'il eût, au début, renoncé à diriger lui-même l'orchestre, comme nous le souhaitions tous ardemment... »

(*La fin prochainement.*) CAMILLE BENOIT.

FRANZ LISZT ET BERLIOZ

L'*Allgemeine Musikzeitung* de Berlin publie, dans son dernier numéro une très intéressante lettre de Fr. Liszt relative au *Benvenuto Cellini* de Berlioz. On sait que ce fut Liszt qui, le premier, donna à Weimar cette œuvre du grand maître français. On va voir avec quelle sollicitude et quelle passion d'artiste Liszt s'intéressa au succès de cette œuvre dédaignée à Paris. La lettre qu'on va lire est adressée à W. Fischer, directeur des chœurs à l'Opéra de Dresde, le même à qui Wagner envoyait de l'exil des lettres si amicales et à qui il a consacré un éloge funèbre touchant et plein d'admiration. W. Fischer, très épris du *Benvenuto*, avait conçu le projet, après les représentations de Weimar, de monter à Dresde l'opéra de Berlioz. Ce projet ne fut pas toutefois réalisé, on va voir par suite de quelles circonstances.

Voici la lettre de Liszt :

Cher Monsieur et ami,

Votre lettre m'a fait le plus vif plaisir et je vous suis sincèrement reconnaissant de votre artistique projet de représenter le *Benvenuto* à Dresde. Berlioz a emporté à Paris, en partant de Weimar, la partition à laquelle il se propose de faire quelques modifications afin de la rendre plus facile.

Je lui ai écrit avant-hier et j'attends la partition et la réduction pour piano. Je vous les enverrai immédiatement à Dresde. Tichatscheck est tout à fait l'artiste du rôle principal et il y sera superbe; de même Mitterwurzer dans le rôle de Fieramasco, et Mme Krebs dans celui d'Ascanio, une partie de mezzo-soprano.

De la part de vos chœurs, si admirablement stylés, on peut attendre une exécution sans pareille de la grande scène du carnaval (finale du second acte), et je suis convaincu qu'en étudiant de plus près la partition, vous partagerez mon opinion que le *Cellini*, en exceptant les opéras de Wagner qu'il faut de préférence prendre pour terme de comparaison, est l'œuvre la plus remarquable, la plus originale au point de vue musical et dramatique qui ait paru depuis une vingtaine d'années.

Je dois vous prier d'attendre encore un peu la partition et la réduction pour piano, car il est indispensable de soumettre la traduction allemande à une révision totale et de la faire écrire à nouveau.

Dans quelques semaines je pense que ce travail sera prêt, de sorte que la partition pour piano sera entre vos mains au commencement de février.

A Pâques, Berlioz se rendra à Dresde pour y diriger plusieurs concerts au théâtre. Ce serait vraiment beau si vous pouviez gagner le

(1) En français dans le texte.

baron de Lüttichau à votre projet d'exécuter *Cellini* et le décider à profiter du séjour de Berlioz à Dresde pour lui faire diriger son œuvre. De toutes façons, je viendrai à la première; et je m'en promets les résultats les plus satisfaisants et les plus heureux.

En attendant, cher ami, soyez remercié encore une fois pour avoir eu cette idée et pour tout ce que vous ferez en faveur de sa réalisation.

Recevez l'assurance de ma haute et sincère estime.

 Votre dévoué,
Weimar, 4 janvier 1854. Franz Liszt.

Belle et noble lettre qui est un rare exemple de confraternité artistique, comme Liszt seul peut-être en a donné en sa vie. L'exécution projetée n'eut pas lieu, comme nous l'avons dit plus haut. Il paraît que c'est à propos de la question de la direction de l'orchestre qu'elle échoua. Berlioz fut à Dresde en 1854 et y dirigea plusieurs concerts, au milieu d'un grand enthousiasme dont les *Mémoires* redisent l'écho. Après le départ de Berlioz, le chef d'orchestre du théâtre, Reissiger, qui avait été pendant quelque temps le collègue de Richard Wagner, s'arrangea de façon à faire l'oubli sur les impressions laissées par ces concerts. On dit que ce fut lui qui fit écarter le *Cellini* en refusant de céder le bâton à Berlioz. Une fois encore, en cette occasion, la médiocrité envieuse barra la route au génie.

Tichatscheck, dont il est question dans la lettre de Liszt, est le célèbre ténor qui créa *Tannhäuser* et *Rienzi* à l'Opéra de Dresde et avec lequel Wagner entretint une longue et importante correspondance. Mme Krebs, était la femme du chef d'orchestre Krebs. C'était une cantatrice d'un talent remarquable, qui tint pendant longtemps l'emploi des contraltos à l'Opéra de Dresde. Sa fille, Mlle Mary Krebs, s'est fait connaître comme pianiste et a eu de grands succès à Londres et en Allemagne. Mitterwurzer était l'un des barytons les plus applaudis de l'Allemagne en ce temps. Il était surtout apprécié comme parfait comédien.

On aura remarqué dans la lettre de Liszt la réserve qu'il fait à propos des opéras de Wagner qu'il met au dessus de toute comparaison. En ces quelques lignes, se révèle une fois de plus le sens critique profond du grand maître de Weimar, qui, le premier, reconnut et mit en sa vraie place l'œuvre de Wagner. Tout en faisant preuve de la plus généreuse sympathie pour Berlioz, il se gardait de tout entraînement et il est certes intéressant de constater combien il avait vu juste. A Wagner mort on n'a longtemps pas encore rendu, en France, la centième partie de tout le bien que les tenants de la nouvelle école en Allemagne, Liszt en tête, firent en ce temps-là à Berlioz, vivant et conspué dans son pays.

 M. K.

LES THÉÂTRES

PARIS

A l'Opéra : Ouvrages représentés pendant la quinzaine : *Aïda*, *l'Africaine*, *Guillaume Tell*, *Faust*, *Rigoletto*, *les Deux Pigeons*.

 ※

Jannius, de la *Liberté*, donne les détails suivants sur l'à-propos dramatique en vers à trois personnages qui sera joué à l'Opéra après *Don Juan*. Cet à-propos comprend trois personnages : Don Juan, le Commandeur et une Muse. Il est de M. Jean Aicard.

M. Mounet-Sully sera chargé du rôle de Don Juan, M. Worms de celui du Commandeur. Quant à la Muse, ce serait Mme Sarah Bernhardt ou Mlle Bartet. Dans ce petit acte on intercalerait le chœur des prêtres d'Isis de la *Flûte enchantée*.

 ※

Une autre solennité suivra de quelques jours le centenaire de *Don Juan*. On fêtera la 500e représentation de *Faust*. Gounod dirigera l'orchestre. M. Jules Barbier, l'auteur du poème, écrit pour la circonstance un à-propos en vers, qui sera dit par Mme Sarah Bernhardt sous le costume de Marguerite.

 ※

A propos de *Don Juan*, M. Angelo Neumann, l'impresario wagnérien bien connu, aujourd'hui directeur du théâtre de Prague, vient d'écrire la lettre suivante à M. Faure :

« Cher monsieur,

» Le 29 octobre 1887, il y aura cent ans que le *Don Juan* de Mozart a été représenté pour la première fois. Cette représentation eut lieu, en langue italienne, au Théâtre-Royal de Prague, dont j'ai l'honneur d'être à présent le directeur, et c'est de Prague que cette œuvre immortelle est partie pour faire le tour du monde. Pour fêter cet anniversaire de la manière la plus digne, j'ai résolu de monter, le 29 octobre courant, le *Don Juan*, encore en langue italienne, et j'ai l'honneur de vous demander si le célèbre artiste Jean Faure voudrait accepter mon invitation de chanter, à cette représentation, le rôle de don Juan. Je n'ai pas besoin de vous dire combien la nouvelle que Jean Faure chantera *Don Juan* à cette fête séculaire fera sensation non seulement à Prague, mais aussi dans le monde entier.

» Agréez, Monsieur, etc.

» Angelo Neumann. »

Nous ne connaissons pas la réponse de M. Faure.

Dès la rentrée des Chambres, le ministre de l'instruction publique déposera un projet de loi relatif à la reconstruction de l'Opéra-Comique sur l'emplacement qu'il occupait avant l'incendie. Des négociations se poursuivent activement avec le propriétaire de l'immeuble du boulevard des Italiens, adossé à l'ancien Opéra-Comique, en vue d'obtenir la cession de ces bâtiments à l'État, de façon à donner au théâtre une façade sur le boulevard.

La réouverture du théâtre des Nouveautés est reculée de quelques jours par les travaux d'électricité, qui ne sont pas encore tout à fait terminés.

On installe également l'électricité au Théâtre des Nations pour l'Opéra-Comique.

BRUXELLES

L'habitude que l'on a de formuler une opinion sur des œuvres nouvelles et sur des interprètes nouveaux, d'après l'impression ressentie à une première audition, donne lieu à bien des méprises. Il est rare que l'ouvrage exécuté pour la première fois en public, soit au niveau assez de perfection pour que l'on puisse considérer l'exécution comme étant définitive et présentant le dernier mot de ce qui est possible au moyen des éléments dont le théâtre dispose. S'il s'agit des chanteurs, leurs moyens, surtout au début de la campagne théâtrale, se trouvent être paralysés en partie par l'émotion inséparable, et dans l'élan de leur zèle, ils ont si grand souci de bien faire qu'ils forcent la mesure et dépassent le but. Combien de jugements devraient être réformés, qui, parce qu'on n'y revient plus dans la suite, passent en force de chose jugée. Il suffit d'une malencontreuse représentation, tombant mal à propos (il y a de ces jours néfastes où l'audition d'un opéra comme *Robert le Diable* se présente comme un douloureux calvaire) pour que M. X ou M⁰ᵉ Z soient accusés d'insuffisance et mis au pilori, sans autre forme de procès. Est-on plus indulgent, les impressions sont gazées à l'aide de formules dubitatives, enguirlandées de fleurs de rhétorique. Mais le voile est transparent et l'on saisit malgré tout, au travers, le sens des mots qui ne laisse guère de doute sur leur signification véritable.

Il serait plus sage d'appeler la critique à se prononcer après un certain nombre de représentations, lorsque chacun est bien en possession de son rôle, lorsque tous, anciens et nouveaux artistes, ont pris suffisamment les habitudes de la scène, éprouvé l'acoustique de la salle et essuyé un premier contact avec le public. On éviterait ainsi des contradictions, les rectifications officielles, les malentendus, auxquels donne lieu la nécessité de dire *ex-abrupto* son sentiment sur les choses du théâtre.

Après les *Huguenots* qui ont ouvert la saison théâtrale, après *Haydée* qui a servi de début à l'opéra comique, on a eu, la semaine dernière, une bonne exécution de *Mignon*, dirigée avec fermeté par M. Léon Jehin. M⁰ᵉ Marthe Storell apparaissait dans le rôle de Philine qui lui a conquis les suffrages d'un public très nombreux et très bien disposé. La jeune artiste a su charmer l'auditoire par un ensemble de qualités naturelles qui rachètent ce qui lui manque encore sous le rapport de la voix et de l'expérience de la scène. Elle a chanté parfois avec beaucoup d'assurance et détaillé avec finesse les airs à fioritures et les couplets dansants qui abondent dans la sautillante musique de M. Ambroise Thomas. Une autre débutante, M⁰ᵉ V. Haussmann, chargée du rôle de Mignon, a montré d'acquis et indiqué qu'elle possède un tempérament dramatique, mais donner toutefois, semble-t-il, toute la mesure d'un talent qui paraît susceptible de sérieux développements. C'est du côté de la voix, un peu faible dans le medium, que M⁰ᵉ Haussmann devra porter ses efforts si elle veut faire oublier le mezzo de M⁰ᵉ Blanche Deschamps dont le souvenir reste toujours vivace au théâtre de la Monnaie. Il y a de part et d'autre chez ces deux débutantes, un désir évident de bien faire, un souci des convenances scéniques dont il faut les louer et qui sont le fruit de l'éducation artistique bien comprise qu'elles ont reçue.

La grande faveur dont il jouissait auprès du public bruxellois, M. Engel l'a retrouvée, accrue s'il est possible, dans les deux ouvrages qui ont servi à sa rentrée. On ne peut dire que le rôle de Wilhelm Meister soit un de ses meilleurs, puisqu'il les tient tous avec une égale supériorité. Et c'est plaisir de voir avec quelle aisance et quel parfait équilibre le chanteur et le comédien s'unissent en lui pour triompher toujours, qu'il s'agisse d'une œuvre légère ou d'un sujet dramatique. M. Nerval s'acquitte convenablement du rôle de Laërte et M. Isnardon fait un Lothario pathétique. n'ayant pas à déguiser son rabóteux organe pour imiter la voix d'un vieillard. Il convient de citer M. Chappuis et M⁰ᵉ Gandubert qui tiennent agréablement des rôles plus effacés.

La reprise de *Robert le Diable* avait attiré peu de monde. Se méfiait-on de M. Tournié qui a chanté avec effort et qui supporte avec peine le poids écrasant d'un rôle meurtrier? En dépit de ses réelles qualités de musicien et d'une habileté grande à tourner les difficultés, le fort ténor de la Monnaie n'est pas sorti victorieux de sa lutte avec les cuivres et avec la grosse caisse, — un instrument qui doit avoir fait les délices de Meyerbeer. — Ses défaillances ont rejailli sur l'interprétation générale qui a laissé à désirer. Il ne faut retenir de cette soirée que la confirmation du légitime succès qu'obtient M⁰ᵉ Leria, la chanteuse légère de grand opéra et l'excellente impression produite par M⁰ᵉ Sarçy, une toute gracieuse ballerine de l'Opéra de Paris, chargée provisoirement du rôle d'Hélène. M. Vinche, la nouvelle basse, dont l'organe a de bonnes qualités de timbre, a manqué de sûreté, de mesure et parfois de justesse; l'on s'accorde à trouver que son début dans les *Huguenots* a été de beaucoup plus brillant.

Le rôle d'Alice n'est pas tout-à-fait dans les moyens de M⁰ᵉ Martini que nous aurons l'occasion d'applaudir bientôt dans la *Valkyrie*, où elle créa, l'an dernier, avec tant de distinction, le rôle de Sieglinde. M. Gandubert qui fait le personnage de Raimbaut est approprié à ses forces.

En résumé, l'épreuve en ce qui concerne *Robert*, est à recommencer, car il est certain que l'on ne peut rester sous l'impression d'une première qui fait tort à des artistes généralement fort bien doués. Cependant, mieux vaudrait encore abandonner tout d'un coup la partie et s'attacher à représenter le plus tôt possible un choix d'œuvres moins ressassées. Cet abus persistant des opéras de Meyerbeer aboutira inévitablement à les faire prendre en horreur.

Les fidèles de l'opéra comique se sont trouvés en petit nombre au début de M. Rouyer, le nouveau baryton. Il a eu lieu lundi soir dans le *Chien du Jardinier*, opéra en un acte d'Albert Grisar (1).

Élève du Conservatoire de Paris où il a obtenu un deuxième prix, le jeune chanteur a été accueilli avec faveur dans un rôle trop secondaire pour que l'on soit à même de juger s'il est apte à tenir l'emploi. M. Rouyer possède une voix agréablement timbrée, qu'il manie avec aisance. Le phrasé ne manque pas de nuances, ni le jeu d'expression. De ce côté, M. Rouyer doit, en une autre épreuve, faire montre d'un peu plus de distinction. Somme toute, un heureux début qui promet. M⁰ᵉ Legault, M. et M⁰ᵉ Gandubert donnaient la réplique, détaillant gentiment un babillage musical qui n'est pas sans charme, mais qui a paru un peu long et monochrome.

Le *Chien du Jardinier* était précédé de la reprise du *Médecin malgré lui*, le charmant opéra de Gounod, qui avait mis en train, l'hiver dernier, les sérieuses qualités de comédien de M. Isnardon. Le rôle de Sganarelle a valu au consciencieux artiste le même succès. Nous l'engageons pourtant à ne pas forcer la note excentrique et nous faisons la même recommandation à M. Nerval qui semble, avec moins de mesure, enclin au même travers. Les autres rôles du *Médecin malgré lui* sont tenus par M⁰ᵉ Legault, M. et M⁰ᵉ Gandubert, M⁰ᵉ Walter. — la nouvelle duègne, — MM. Chappuis et M. Frankin. On a maintenu la suppression de l'air *Vive la médecine*, qui commence, le troisième acte.

E. E.

Erratum. — Une transposition de mots, dans la note sur le répertoire de la semaine, nous a fait commettre une grosse boulette! Les mots *Pour les débuts de M⁰ᵉ Haussmann*, qui se trouvent après *Robert le Diable*, doivent se trouver après *Mignon*. Nos lecteurs auront rectifié.

Les études pour la reprise de la *Valkyrie* viennent de commencer. La partition française de *Siegfried*, qui paraîtra dans quelques jours, est également entre les mains des artistes.

Les actionnaires des galeries Saint-Hubert se sont réunis lundi dernier pour statuer sur les travaux à exécuter au théâtre. On va mettre la main à l'œuvre et le théâtre rouvrira à la fin d'octobre.

La pièce d'ouverture sera une revue de MM. Hannon, Montréal et Blondeau.

(1) Représenté à l'Opéra-Comique de Paris, le 16 janvier 1855, à une époque où, contrairement à ce qui existe aujourd'hui, c'étaient les auteurs belges qui allaient cueillir des lauriers sur les scènes parisiennes.

Nouvelles diverses.

Nous avons dit que le festival dramatique de Bayreuth se composerait l'été prochain de trois œuvres de Richard Wagner : *les Maîtres Chanteurs*, *Tristan* et *Parsifal*. Il nous reste à formuler un vœu, au nom des pèlerins de France et de Belgique qui assisteront plus nombreux que jamais à ces fêtes uniques : c'est que la direction des *Maîtres Chanteurs* soit confiée au célèbre capellmeister de l'Opéra de Vienne, Hans Richter. Confident du maître de Bayreuth, dans l'élaboration des *Meistersinger*, Hans Richter possède toutes les traditions et connaît à fond les moindres intentions de Wagner. On ne saurait trouver d'interprète plus accompli et, en fait, il dirige merveilleusement cette partition des *Maîtres Chanteurs*.

Souhaitons également, dans l'intérêt de ceux qui entendent pour la première fois l'orchestre caché du théâtre de Bayreuth, que l'on commence par *Tristan*, dont l'introduction, mieux que l'ouverture des *Maîtres Chanteurs*, est à même de produire cette sensation inexprimable qui vous saisit aux premières notes surgissant de l'abîme mystique.

A propos d'une affiche! Boutade amusante dans le feuilleton du *Français*, signée Adolphe Jullien, naturellement :

« Je ne suis pas allé aux concerts que M. Danbé, chef d'orchestre inoccupé de l'Opéra-Comique, dirige à l'Exposition des Arts décoratifs, mais j'en ai vu l'affiche, et cela m'a suffi : c'est certainement une des plus divertissantes qu'on ait jamais collées sur les murs de Paris. Le dénombrement de tous les « jeunes maîtres » vivants dont on prétend faire figurer les œuvres sur les programmes, est particulièrement récréatif : ils ne sont pas loin de la centaine et commencent — à tout seigneur tout honneur — par M. Saint-Saëns ou M. Gounod. Puis arrivent à la file une quantité de musiciens dont jamais le nom n'était arrivé à mon oreille et qui, paraît-il, sont déjà tous des « maîtres » en l'art si difficile d'écrire pour l'orchestre. Et c'est M. Jules Danbé qui les a tous découverts ; M. Danbé, qui s'intitule pompeusement « directeur artistique » en dédaignant la vulgaire appellation de « chef d'orchestre » dont Habeneck se contentait, j'ai oui dire. Un pauvre sire, Habeneck !

» Mais la liste des grands compositeurs défunts est encore plus amusante, s'il est possible, que celle des vivants. Bach, Beethoven, Mozart, Haydn, etc. Bravo! Mais à leur suite, une kyrielle de « maîtres classiques » au moins contestables : n'y vois-je pas figurer Bazin, Clapisson, Renaud de Vilbac? Et puis, tout à la queue, comme par grâce, arrivent Brahms et Berlioz. Brahms mort? j'en ignorais. Il est vrai que celui qui a combiné cette affiche éblouissante ignore à la fois son existence et l'orthographe de son nom, car il écrit : Brams. Quant à Berlioz, il est aussi mal placé que s'il était toujours en vie : après dix-huit ans de trépas, c'est dur.

» Et Richard Wagner! Pour celui-là, c'est différent : il n'est ni mort ni vivant. Il est à naître, et le rédacteur de l'affiche ignore absolument son nom. Ça, c'est le coup de grâce, et le malheureux Wagner aura de la chance s'il s'en relève jamais. »

Après le centenaire de Mozart, la 500e de *Faust*, le cinquantenaire de *Czar et Charpentier* de Lortzing. C'est le 22 décembre, que tombe l'anniversaire de la première représentation de cet opéra populaire entre tous en Allemagne et qui s'est maintenu sans interruption au répertoire de la scène allemande. C'est à Leipzig qu'eut lieu la première. M. Stägemann, directeur de l'Opéra de cette ville, se propose de donner à cette occasion une représentation extraordinaire de *Czar et Charpentier* au bénéfice des descendants de Lortzing qui ne sont pas, paraît-il, dans une situation aisée.

Les journaux de Londres chantent à l'envi les louanges de Mlle Nikita, une jeune cantatrice, âgée de 15 ans seulement, que M. Maurice Strakosch vient de ramener de Virginie. Une seconde Patti, dit-on. Attendons !

Une curieuse représentation, renouvelée de celles qui furent données à Saint-Cyr sous le règne de Louis XIV, vient d'avoir lieu dans un couvent à Offenbach (grand-duché de Bade). *Joseph*, le chef-d'œuvre de Méhul, composait le spectacle.

L'ouvrage a été exécuté dans toute son intégrité par des jeunes filles de quatorze à dix-sept ans, et cela en langue française. La réussite de cette intéressante tentative a été des plus complètes, si nous en croyons le *Journal de Francfort*.

Le Journal officiel de l'Association des Artistes allemands a publié

une lettre de Henri Heine, écrite à Paris en 1851. L'auteur dit qu'on a fait une quantité énorme de compositions musicales sur ses *Lieder*, mais qu'il n'en a guère entendu qu'une demi-douzaine depuis vingt ans qu'il vit en France, ou s'il en a entendu dans des soirées, ce fut à son insu, car les *paroliers* français les donnaient sous leurs propres noms. Il dit avoir écrit une fois une pièce pour musique avec dialogue (*Singspiel*), qui fut brûlée par accident ; puis un poème d'opéra qu'un compositeur mit en musique, mais dont il perdit la partition et le poème. Enfin Heine écrivit pour le Théâtre de la Reine, à Londres, un ballet-pantomime qu'il regardait comme une de ses meilleures productions ; par suite d'une intrigue du maître de ballet, le texte de Heine resta dans les cartons du directeur. Heine envoya alors le texte allemand à Berlin, où sa haine pour les Prussiens le fit mal accueillir ; il ne fut pas plus heureux à Vienne. Au moment où il écrivait sa lettre, son scénario de ballet se trouvait entre les mains de son frère Gustave Heine, à Vienne.

On nous écrit d'Anvers, le 20 septembre :

« Le grand concert russe annoncé depuis quelque temps au Palais de l'Industrie, a été donné dimanche dernier, devant un salle comble. Les solistes étaient : Mme Stephan, du théâtre Impérial de St-Pétersbourg, Mlle Polville, violoniste et M. Claeys, le baryton du théâtre Royal de Liège.

» Le programme se composait presqu'exclusivement d'œuvres de César Cui, qui assistait au concert. Succès complet pour l'auteur et ses interprètes, surtout pour l'orchestre qui a été excellent. . . . »

« Les fêtes données au notre ville à l'occasion de l'anniversaire de la naissance de Vondel, l'illustre poète néerlandais, ont été clôturées, lundi soir, par une représentation gala au théâtre flamand. On a exécuté, entre autres, deux nouvelles œuvres de Jan Blockx et Wambach, composées pour la circonstance sur des paroles de Vondel.

» L'œuvre de Jan Blockx, *Harpzang*, a été particulièrement remarquée. Écrite pour voix de contralto avec accompagnement de piano et de trois flûtes elle se développe sur un motif qui revient plusieurs fois, tantôt dans la partie de chant, tantôt dans celle des instruments, ce qui la rend très intéressante. La partie de chant, très étendue, a permis à Mlle Flamant de faire valoir une fois de plus son admirable organe.

» Le *Super Flumina* de Wambach n'est certes pas l'œuvre du premier venu, seulement on remarque trop la recherche de l'effet. Mme De Give, la cantatrice bien connue, tenait la partie de chant. »

Le théâtre Royal ouvrira ses portes le 27 septembre. La troupe est ainsi composée :

MM. Olive Lafon, directeur administrateur; Lignel, régisseur général; Gignee, deuxième régisseur; Van Dyck, régisseur des chœurs; Célos et Bernige, peintres décorateurs. — Artistes du chant: MM. Paulin, fort ténor de grand opéra; Mailland, 1er ténor léger; Delcrcy, deuxième ténor; Uzian, troisième ténor; Van der Mosten, des troisième ténor; Villa, baryton de grand opéra; Giraud, baryton d'opéra comique, opéra au besoin; Gardeni, 1re basse noble; Kinnel, 1re basse chantante; Bastin, 2e basse, des 1re au besoin; Gras, 3e basse); Jutean, trial; Servat, laruette; Mme B. Poissenot, forte chanteuse falcon; de Bellemont, forte chanteuse Stolz; Dinah Duquesne, 1re chanteuse légère d'opéra comique; Adèle Heuy, 1re chanteuse légère de grand opéra et traduction; Bethe Vaigalier, 1re dugazon, des Galli-Marié; B. Fossombroni, 2e dugazon, des 1re; M. Fossom, ... des mère dugazon, duègne; duègne, 3e dugazon.

Opérettes: MM. Delcrcy, Giraud, Jutean, Servat, Bastin, Lignel, Gignee, Gardeni, Solas; Mme Vaigalier, B. Fossombroni, Fossombroni, Gignee, Galère, Charlo, Dullé, Stevens. Chœurs: 23 hommes et 20 dames.

Ballet-divertissement: M. Rouglet, maître de ballet: Mlle Antonelli, première danseuse noble; Boai, première danseuse demi caractère; M. Rouglet, premier danseur; Mlle Virginie Millier, de travestis, Douze danseuses.

Orchestre: MM. Cambon, premier chef d'orchestre; Wolframs, deuxième chef; Keuvels, pianiste organiste; répétiteurs des chœurs: Huybrechts, J. Ourvald, Focha, Dieckehs; Verrulst, répétiteur du ballet.

La direction de la Société de Musique d'Anvers se propose de donner pendant la saison d'hiver quatre concerts.

Le premier concert à grand orchestre aura lieu dans le courant du mois de novembre et se composera : de l'*Enfance du Christ*, de Berlioz et de la *Symphonie en ré*, de Gouvy ; le deuxième concert, en janvier, aura un programme d'œuvres allemandes; le troisième concert sera consacré à des œuvres de compositeurs nationaux et scandinaves. Au quatrième concert, pendant la semaine sainte, la *Matthæus Passion*, de Joh. Seb. Bach.

On nous écrit de Gand, le 20 septembre :

« Hier a eu lieu l'entrée solennelle de MM. Pierre Heckers et Paul Lebrun, lauréats du concours de musique pour le prix de Rome.

» Un immense cortège s'est formé vers 4 1/2 heures de l'après-midi, à la place du Comte de Flandre et a traversé au milieu de l'enthousiasme général les rues brillamment pavoisées de la ville. De tous côtés, l'on offrait aux vainqueurs des bouquets et des couronnes; la voiture qu'ils occupaient en était littéralement bondée.

» A l'Hôtel de Ville, les lauréats ont été présentés aux autorités communales par M. De Meulenaere, président de la commission de surveillance au Conservatoire.

» M. le bourgmestre Lippens a vivement félicité MM. Heckers et Lebrun et les a exhortés dans un discours des plus énergiques, à travailler sans trêve ni relâche pour suivre les traces glorieuses des Gevaert, Waelput, Vanden Eeden et Devos.

» Le cortège s'est ensuite reformé et a reconduit le primus Pierre Heckers jusque chez lui, où a eu lieu une réception toute intime. » B.

On nous écrit d'Ostende :

« Les fêtes du Kursaal touchent à leur fin et cependant, malgré le temps incertain des derniers jours, les baigneurs affluent encore. Aussi, la direction redouble-t-elle d'efforts pour terminer brillamment la saison actuelle. Il existe peu de villes balnéaires où l'on ait à la fois un orchestre d'harmonie et un orchestre symphonique composés d'éléments aussi remarquables et mieux dirigés.

» M. Perier a été, la semaine dernière, l'objet d'une distinction méritée : sa nomination de chevalier de l'ordre de Léopold est une juste récompense à son dévouement, à son talent et aux nombreux services qu'il a rendus à la cause de l'art.

» A l'occasion de cette nomination il a été, de la part des musiciens de l'orchestre, de la population ostendaise et de la colonie étrangère tout entière, l'objet des plus flatteuses manifestations.

» Nous avons eu ces jours-ci M. Georges Hesse, un pianiste de talent agréable et Mᵐᵉ Nachtsheim-Colman, une toute jeune cantatrice douée d'une voix charmante et dont l'avenir est plein de promesses. M. Minsart le sympathique directeur du Choral Nadaud de Roubaix s'est également produit à l'un des derniers concerts. Sa voix puissante, bien timbrée, sa diction pure, ont produit grand effet et c'est au milieu d'une acclamation unanime qu'il a dû redire une chanson très entraînante de Mᵐᵉ Augusta Holmès : Clairons fleuris. »

O. C.

Le Théâtre royal de Liège, direction Conlon, commence la campagne en jouant pendant un mois le Petit Poucet. La vraie saison théâtrale s'ouvrira le 3 novembre seulement par la Juive, qui servira de début à la troupe de grand opéra.

Avant de rentrer à Paris pour la réouverture de l'Opéra-Comique, Mˡˡᵉ Blanche Deschamps et M. Soulacroix, qui ont laissé à Bruxelles de si excellents souvenirs, donneront à Bruxelles un concert dont le programme sera prochainement publié. Ce concert aura lieu le mardi 27, à 8 heures du soir, dans la salle de la Grande Harmonie.

A Mons, le théâtre a vécu difficilement ces dernières années. On a recours pour cette campagne à une combinaison compliquée.La troupe de Mons desservira en même temps Charleroi, La Louvière et Maubeuge. Mons aura deux représentations par semaine, opérette, comédie, drame et vaudeville, mais des représentations bien nourries, à en croire le programme de la soirée d'ouverture, composé de Girofté-Girofla et du Monde où l'on s'ennuie. Directeur : M. Félix Potel.

Suite des résultats des concours du Conservatoire de Mons :

CLASSE DE COMPOSITION. — Professeur-directeur, J. Vanden Eeden. — Harmonie (première division). — Demoiselles : Mˡˡᵉ Moreau, Victoria, accessit. — Jeunes gens : M. Froment, Arthur, accessit.

Contrepoint (première division). — Demoiselles : 2ᵉ prix, Mˡˡᵉ Adèle Debeaune (avec distinction).

Fugue. — Division d'excellence. — Mˡˡᵉ Louise Luyckx, à l'unanimité et avec grande distinction. — Le jury a adressé ses chaleureuses félicitations au professeur-directeur, M. Jean Vanden Eeden.

INSTRUMENTS A VENT EN BOIS. — Basson (prof., J. Deqwesne). — Seconde division. — 1ᵉʳ prix, M. Sace, Georges.

Hautbois (prof., M. Géutier). — Première division. — 2ᵉ prix, M. Carpentier, Ernest. — Division d'excellence. — M. Decampe, Adhémar, à l'unanimité.

Flûte (prof., M. Willame). — Seconde division. — 2ᵉ prix, M. François, Camille. — Première division. — 1ᵉʳ prix, M. Gondry, Oscar (avec distinction), et M. Dauchot, Alfred.

Clarinette (prof., M. O. Broucart). — Seconde division. — 1ᵉʳ prix, M. Verbelle, Joseph. — 2ᵉ prix, M. Henry, Edouard. — Première division. — 1ᵉʳ prix, M. Bailliez, Arthur. — 2ᵉ prix, Veramissen, François. — 1ᵉʳ prix, M. Dufrasne, Thimothée (avec distinction).

Saxophone (première division). — 1ᵉʳ prix, M. Dufrasne, Thimothée (avec distinction).

Instruments à archet. — Contrebasse (professeur, M. Postel).— Seconde division. M. Seffers, Victor, 2ᵉ prix. — Première division. M. Voiturier, Louis, 1ᵉʳ prix.

Violoncelle (professeur, M. J. Coekx). — Seconde division. Mˡˡᵉ Wyckmans, Léopoldine, 2ᵉ prix avec distinction. M. Vamecq, Léon, 2ᵉ prix.

— Première division. M. Van Isterdaele, Charles, 1ᵉʳ prix avec grande distinction.

Violon (professeur, M. A. Vivien).— Seconde division. MM. Legrand, Emile, 1ᵉʳ prix ; Nève, Ernest, 2ᵉ prix.

Alto (professeur M. E. Dongrie). — Seconde division. M. Bombéck, Adolphe, 2ᵉ prix.

Violon (professeur, M. E. Dongrie). — Seconde division. Mˡˡᵉ Dongris, Marguerite, 1ᵉʳ prix ; M. Josse René, 2ᵉ prix. — Première division. Mˡˡᵉ De Brisay, Augusta, 1ᵉʳ prix. — Division d'excellence. Prix, M. Sace, Léon, par 3 voix contre 2.

Piano (professeur, M. Gurickx). — Première division. Demoiselles. Mˡˡᵉ Moreau, Victoria, 1ᵉʳ prix avec distinction. — Division d'excellence. Jeunes gens. M. Dubois, Fernand, à l'unanimité.

Chant (professeur, M. Huet, Joseph). — Seconde division. Demoiselles. Mˡˡᵉ Louisa Hoyois, 1ᵉʳ prix ; Léonie Gaudier, 2ᵉ prix. — Première division. Mˡˡᵉ Olga Demaret, 2ᵉ prix.

Seconde division. Jeunes gens. MM. Justin Alardin, Edouard Lamblin, Paul Bosard, 1ᵉʳ prix.

Déclamation lyrique. — Première division. MM. Henri Disy et Clovis Brihay, 1ᵉʳ prix.

AVIS ET COMMUNICATIONS

L'engagement de Mᵐᵉ Landoury au Théâtre de la Monnaie de Bruxelles laisse vacant à l'Ecole Nationale de musique de Roubaix, l'emploi de professeur de chant (classe des demoiselles). La place de professeur de violoncelle faite à la même école par M. Landoury devient également vacante. Les aspirants à ces deux places, justifiant de leur qualité de Français, sont priées de faire parvenir leurs demandes avant le 30 septembre courant, à M. le Directeur de l'Ecole Nationale de musique de Roubaix.

Les artistes jouant d'un instrument à cordes, qui désireraient faire partie de l'orchestre qui donnera cet hiver des concerts sous la direction de M. Frans Servais, sont priés de s'adresser, par écrit, à M. Platteel, 30, chaussée de Forest. Quelques places sont encore vacantes dans le quatuor.

BIBLIOGRAPHIE

TEATRO ILLUSTRATO, (Milan, Sonzogno), livraison du mois de septembre.

Illustration avec texte : Adalgisa Gabbi (avec portrait) ; les étoiles du théâtre autrichien ; le Lion amoureux, drame de Ponsard, à l'Odéon ; Vinechette, de P. Barbier, au Théâtre Français ; Album de costumes français de 1300 à 1500.

Texte : Tristan et Isolde, de Wagner, par Wolzogen ; la musique à Gênes ; Correspondances de Brescia, Bologne, Venise, Livourne, Naples, Paris, Vienne, Berlin ; progrès de l'Opéra en musique ; souvenirs d'un grand artiste (De Bull) ; représentations particulières de Louis II, roi de Bavière ; bibliographie musicale ; nécrologie ; bulletin théâtral du mois d'août.

Musique : Intermède de Don César de Bazan, de G. Lischine ; Menuet de l'opérette de Lubin, de J. J. Conard.

VARIÉTÉS

ÉPHÉMÉRIDES MUSICALES

Le 23 septembre 1836, à Manchester, décès de Maria-Félicité Garcia, (Mᵐᵉ Malibran, devenue Mᵐᵉ Charles-Auguste de Bériot). Sa naissance à Paris, le 24 mars 1808.

Au cimetière de Laeken où son corps a été transféré, il lui a été élevé un monument en forme de chapelle et dont la façade est fermée par un grillage de fer ouvragé. A l'intérieur, sur un socle, sa statue, de marbre blanc, sculptée par Guillaume Geefs. Couverte de longs vêtements, la tête surmontée d'une étoile, la diva lève les yeux vers le ciel. On lit sur le socle : A la mémoire de Maria-Felicia Garcia de Bériot, et plus bas ces quatre vers d'Alph. de Lamartine :

Beauté, génie, amour, furent son nom de femme !
Ecrit dans son regard, dans son cœur, dans sa voix,
Sous trois formes au ciel appartenait cette âme,
Pleures, terre! et Vous cieux, accueillez la trois fois!

(Voir sur Mᵐᵉ Malibran, les Souvenirs de Vieuxtemps, Eph. Guide mus. 18 mars 1896.)

— Le 24 septembre 1813, à Montmorency, près Paris, décès d'André. Ernest-Modeste Grétry, à l'âge de 72 6'ans, mois. — Sa naissance à Liège, le 8 février 1741.

Le jour où Grétry a cessé de vivre a été un jour de deuil pour les arts ; près d'un demi-siècle de succès non interrompus n'aurait pas suffi à sa gloire. Celui qui sut si bien émouvoir les cœurs pendant sa vie, devait les afflizer profondément à sa mort. „ Baillot, (paroles adressées aux élèves du Conservatoire de Paris).

> Et le chant soutiendra ce Grétry si fécond,
> Qui n'est pas, j'y consens, harmoniste profond,
> Mais dont la mélodie ingénieuse et vive
> Est de nos sentiments l'expression naïve.
>
> Marie-Jos. Chénier.

Une *Vie de Grétry*, écrite pour la première fois en anglais par M. Joseph Bennett, vient de paraître chez Novello, à Londres, étude très substantielle, d'une grande exactitude, et faite pour piquer notre amour propre national.

— Le 25 septembre 1812, à Bruxelles, naissance de Jean-Baptiste Singelée. Sa mort, à Ostende, le 29 septembre 1875, à l'âge de 63 ans. — Une modeste carrière remplie honorablement, mais qui n'a guère marqué. Chef d'orchestre au théâtre de la Monnaie où il remplaça Hanssens; le titulaire actuel à ce même poste est M. Joseph Dupont.

Sa fille Louisa, d'abord violoniste, puis artiste lyrique, a montré du talent. Elle est morte à Paris, le 5 décembre 1896.

— Le 26 septembre 1765, à Paris (Opéra), *Alexis et Daphné*, pastorale en un acte, et *Philémon et Baucis*, ballet héroïque en un acte de Gossec. — « Une grande harmonie, des effets sentis, de la variété, de la flexibilité, du sentiment dans les chants, voilà ce qu'on ne peut sans injustice refuser à M. Gossec. „ (*Mercure*.)

Sur le sujet de *Philémon et Baucis* on compte plusieurs opéras : trois en Allemagne, quatre en France et un en Italie.

Bauci et Filemone, opéra italien de Gluck, parut à Parme en 1769.

Les ouvrages allemands sont ceux de Stegmann, représenté à Hambourg vers 1788; d'Agthe, à Ballenstedt, vers 1791, et de Johannes Böhm, vers 1805.

Les opéras français datent de plus loin: Le premier est de Matho et fut chanté à Châtenay en 1703, par Mlle des Enclos et le sieur Bastaron, artistes de la musique du roi, dans une fête en l'honneur de la duchesse du Maine. Le second formait un acte du grand *Ballet de la Paix*, musique de Rebel et Francœur. Il fut chanté à l'Opéra, le 29 mai 1786, par Mme Pélissier (Baucis), Chassé (Jupiter), Jélyotte (Philémon) et Tribou (Mercure); il fut repris, en 1748, sur le théâtre particulier de Mme de Pompadour, et chanté par elle, avec le duc d'Ayen, le vicomte de Rohan et le chevalier de Clermont. Le troisième, celui de Gossec, cité plus haut. Enfin, le quatrième, celui de Gounod, donné au Théâtre-Lyrique, le 18 février 1860, puis transporté à l'Opéra-Comique, le 16 mai 1876, justement un siècle après le *Philémon et Baucis*, de Gossec.

— Le 27 septembre 1714, à Londres, décès de Thomas Britton, à l'âge de 58 ans. Sa naissance à Higham-Ferrers, en 1657. — C'était un personnage étrange que ce charbonnier-mélomane, qui, le premier à conçu et exécuté l'idée des concerts publics à Londres. Halévy, l'auteur de la *Juive*, dans une notice intéressante, nous a peint Britton, le sac sur le dos, butinant chez les marchands de Londres les chefs-d'œuvre musicaux du xvie et du xviie siècles, et donnant de 1678 à 1714, sans abandonner son humble métier, des concerts historiques dans un entre-sol, au dessus de son noir magasin. On n'arrivait à cet entre-sol que par une échelle dont les dilettanti, hommes et femmes de l'aristocratie anglaise, attirés par la fascination de l'art et par celle de la mode, accomplissaient lestement l'ascension.

Dans trois longs articles parus, sous forme de roman, dans la *Revue et Gazette musicale de Paris* (21, 28 oct. et 4 nov. 1849), M. Edouard Fétis, lui aussi, nous a donné un *Thomas Britton*.

— Le 28 septembre 1834, à Bordeaux, naissance de Charles Lamoureux. — « Un chef d'orchestre de premier ordre, soigneux de l'exécution jusque dans ses moindres détails, sachant préparer les études avec une patience, une intelligence et un sentiment musical bien difficile à rencontrer à un pareil degré, joignant enfin, dans la direction, la précision et la fermeté à la chaleur et à l'enthousiasme, et sachant retenir dans ses écarts possibles le personnel placé sous mes ordres en même temps qu'il lui communique son ardeur et le feu dont il est animé „.

Arthur Pougin.

Il y a dix ans que ces lignes ont été écrites par notre ami Pougin dans une feuille musicale qu'il dirigeait. Depuis, à Paris, la mémorable représentation de *Lohengrin* à l'Eden (3 mai 1887), a singulièrement grandi le nom de Charles Lamoureux. Ce soir-là, Wagner dans sa tombe a dû tressaillir de joie.

— Le 29 septembre 1827, à Berlin (Hoftheater), Mlle Sonntag chante pour la première fois le rôle de dona Anna du *Don Juan* de Mozart.

XXXIIIᵉ ANNÉE   29 septembre 1887   NUMÉRO 39

Le Guide Musical

Paraissant tous les jeudis.

ABONNEMENT	SCHOTT FRÈRES, ÉDITEURS.	ANNONCES
FRANCE & BELGIQUE, 10 francs par an.	Paris, Boulevard Montmartre, 19	LA LIGNE . . . . Fr. 0.50
LES AUTRES PAYS, 10 francs (port en sus)	Bruxelles, Montagne de la Cour, 82	On traite à forfait pour les grandes annonces.

VIOTTI
ET L'ÉCOLE MODERNE DE VIOLON
(Suite. — Voir le dernier numéro.)

III

Au dix-huitième siècle, nombre de grands seigneurs affichaient volontiers, soit par ton, soit par un véritable amour de l'art, un goût passionné pour la musique, et entretenaient chez eux d'excellents orchestres composés d'artistes fort distingués. Les princes de Conti, de Soubise, de Condé, de Guéménée, le comte de Clermont, etc., comptaient parmi ces dilettantes raffinés. Le prince de Guéménée, qui se faisait remarquer par son faste et son luxe en toutes choses, avait une musique particulièrement remarquable, et Viotti, dès les premiers temps de son arrivée à Paris, avait été appelé par lui à la direction de son orchestre. Les qualités de Viotti étaient grandes sous ce rapport, et il les avait acquises, en dehors de ses dons naturels, à l'école de Pugnani, chef d'orchestre d'une habileté exceptionnelle et qui avait la réputation de transmettre ce talent à ses élèves (1). Les biographes de

Viotti ont bien dit que, plus tard, il avait occupé ces fonctions chez le prince de Soubise, mais aucun ne paraît avoir su qu'il les avait exercées d'abord chez le prince de Guéménée ; pour moi, je ne l'ai appris que par une anecdote assez singulière que Ginguené, l'ami et l'admirateur de Piccinni, raconte ainsi dans sa notice sur ce grand homme :

En 1778 (1), le prince de Guéménée, qui fit peu de temps après une si horrible banqueroute, donnait chez lui beaucoup de concerts et même de spectacles en musique. Mᵐᵉ Dillon chantait à ses concerts, et Piccinni, qui les dirigeait, lui donnait des leçons sur les airs qu'elle devait y chanter. Edouard Dillon (2) revenait alors de Russie, où Paisiello avait été appelé par l'impératrice. Il apportait à sa cousine plusieurs airs du premier opéra que ce maître avait donné à Pétersbourg. C'était l'Alessandro nell' India. Mᵐᵉ Dillon, après les avoir parcourus, en fut enchantée. Elle envoya chercher Piccinni, lui parla avec admiration de son élève et de son ami Paisiello, lui montra ce qu'elle venait de recevoir et lui dit qu'elle voulait, au concert prochain, chanter deux airs qu'elle trouvait surtout admirables. Piccinni regarde ces airs, les reconnaît, reconnaît aussi tous les autres, ne dit mot, et donne tranquillement une leçon à son écolière, sur les deux qu'elle avait choisis.

Le jour du concert, il entre avec une partition italienne sous le bras, et il la dépose à part sans rien dire. Le concert commence : Mᵐᵉ Dillon chante le premier air, qui est plusieurs fois interrompu par les plus vifs applaudissemens. Elle chante le second, qui en excite bien plus encore. Le prince et toute la société, l'orchestre, la salle entière, ne trouvent plus d'expressions pour rendre leur enthousiasme. Piccinni, qui accompagnait au forte-piano, ne dit rien encore. On l'interroge, il répond assez froidement ; on est tenté, pour la première fois, de l'accuser de jalousie. Tandis que cela fait événement et interruption dans le concert, il va prendre la partition qu'il avait apportée, la place sur le pupitre, et appelant à lui le célèbre Viotti qui conduisait l'orchestre, et pour lequel il avait une amitié particulière : Tiens, dit-il,

---

(1) Un écrivain italien, Rangoni, a caractérisé ainsi Pugnani en tant que chef d'orchestre : — « Il dominait dans l'orchestre, comme un général au milieu de ses soldats. Son archet était le bâton de commandement, auquel chacun obéissait avec la plus grande exactitude. Par un seul coup donné à propos, il renforçait l'orchestre, le ralentissait ou le ranimait à son gré. Il indiquait aux acteurs les moindres nuances, et rappelait tout le monde à cette parfaite union, qui est l'âme d'un concert. Pénétré de l'objet principal que tout habile accompagnateur doit se proposer, qui est de soutenir et de faire distinguer les parties essentielles, il saisissait si promptement et si vivement l'harmonie, le caractère, le mouvement et le goût de la composition, qu'il en imprimait au même instant le sentiment dans l'âme des chanteurs et de chaque membre de l'orchestre. » — (Saggio sul gusto della musica, col carattere de' tre celebri suonatori di violino Nardini, Lolli e Pugnani. Livourne, 1790, in-8º.)

(1) Ginguené se trompe évidemment sur la date, car Viotti, on l'a vu, ne dut arriver à Paris qu'en 1781. Mais l'anecdote n'en reste pas moins curieuse.

(2) Edouard Dillon, dont il est ici question, est le général qui, en 1792, devait faire campagne contre les troupes françaises, dans l'armée des princes émigrés. Sa cousine, Mᵐᵉ Dillon, était la femme d'Arthur Dillon, autre général, député de la Martinique à l'Assemblée constituante, qui commandait, au contraire, l'armée du Nord en 1792, s'y distingua, se vit pourtant retirer son commandement pour avoir fait renouveler à ses troupes le serment de fidélité au roi. Plus imprudent et malheureux que coupable, il fut arrêté sur une dénonciation, traduit devant le tribunal révolutionnaire malgré une défense brillante de Camille Desmoulins, et condamné à mort le 24 Germinal an II (14 avril 1794). Exécuté le même jour, il gravit rapidement les degrés de l'échafaud et livra sa tête au bourreau en criant : Vive le Roi ! Il était âgé de 44 ans.

mon cher Viotti, connais-tu cette écriture et cette note? — C'est la vôtre, mon cher maître. — Il feuillette la partition: — Reconnais-tu cet air-là? — C'est le premier que Mme Dillon a chanté. — Il feuillette encore — Celui-ci, et la scène qui précède, les reconnais-tu? — Eh! c'est le second, et cette belle scène qui nous a tant émus (1). *— Crois-tu maintenant que ces deux morceaux soient de Paisiello? Eh bien, regarde le reste, tu y trouveras de même tous ceux que M. Dillon nous apporta de Pétersbourg. — Viotti éclate, s'adresse à M. de Guéménée, à Mme Dillon, à Édouard,* et dévoile à tous ce plagiat inconcevable Il fallut toute la foi qu'on avait à la parole de M. Dillon pour le croire, quand il affirma de nouveau que Paisiello, en arrivant à Pétersbourg, y avait donné comme sien cet opéra d'*Alexandre*, que lui, Dillon, l'avait vu représenter à la cour, et avait eu la permission d'en faire copier les principaux airs (2).

Après avoir dirigé l'orchestre du prince de Guéménée, Viotti fut placé à la tête de celui du prince de Soubise. On raconte même qu'il conquit cette situation de haute lutte. « Un défi eut lieu, dit Miel, entre Viotti et Berthaume, à qui tiendrait le premier violon à l'hôtel Soubise; le titre de chef d'orchestre était ambitionné. Berthaume possédait toutes les qualités d'un talent solide, mais il n'était pas doué de cette étincelle du feu sacré qui les vivifie ; Viotti l'emporta (3). »

Son éloignement du Concert spirituel et la résolution si regrettable qu'il avait prise de ne plus se faire entendre en public modifièrent l'existence de Viotti. C'est à cette époque qu'il commença à former un certain nombre d'élèves, mais d'une façon toute désintéressée et en faisant choix, tout naturellement, de ceux en qui il croyait trouver des facultés brillantes. « On sait, disait un contemporain, que Viotti ne donnait jamais de soins intéressés, qu'il prenait en amitié les jeunes gens en qui il reconnaissait de grandes dispositions, et qu'il s'est plu à en former plusieurs » (4). Parmi ceux auxquels il s'attacha à cette époque, et qui devinrent tous des artistes distingués, il faut citer Alday, Vacher, J.-B. Cartier, Labarre, et le plus fameux de tous, Rode. C'est par ces élèves, devenus professeurs à leur tour, que la tradition de Viotti se propagea, se répandit, et que son influence s'exerça sur toute l'école française de violon du commencement de ce siècle; son action s'étendit ainsi, et, aidée par ses compositions, qui furent bientôt dans les mains de tous les jeunes artistes, elle se fit très vigoureuse, très utile, et devint féconde en résultats. Plus tard, Viotti fit encore plusieurs élèves qui furent de grands artistes : Libon, qui se perfectionna sous sa direction à Londres, Mori et Pinto, qui furent aussi l'objet de ses soins en cette ville, Frédéric-Guillaume Pixis fils, frère du fameux pianiste de ce nom, dont il

(1) C'était la scène admirable: *Furo dunque mori!* et cet air: *Su 'l ciel mi divide,* dont les motifs sont si nouveaux, la conduite si savante et l'expression si pathétique. (Note de Guinguené.)

(2) Guinguené: *Notice sur Piccinni*, p. 144.

(3) Berthaume était un violoniste élégant, mais qui manquait un peu d'accent et de grandeur. Choron et Fayolle (*Dictionnaire des musiciens* disent qu' « Il dirigeait le Concert spirituel vers 1788, c'est-à-dire à l'époque où Viotti excitait le plus vif enthousiasme. » C'est une erreur. A l'époque des succès de Viotti, c'est La Houssaye qui remplissait ces fonctions, et Berthaume n'était que le chef d'attaque des premiers violons. On s'est que vers 1790 que Berthaume, ayant pris une part dans la direction du Concert avec Legros, en devint le chef d'orchestre.

(4) *Dictionnaire des musiciens*, notice sur Rode. — C'est Rode, dont la reconnaissance pour Viotti était profonde, qui a fourni à Miel les renseignements à l'aide desquels celui-ci a écrit la notice qu'il a consacrée à son maître.

termina l'éducation à Hambourg, enfin Robberechts, à qui il donna des leçons à Bruxelles.

A l'époque dont je parle, Viotti demeurait rue Richelieu, à l'hôtel de Chartres (1). Un peu plus tard, lorsque Cherubini, revenant de Londres, vint se fixer à Paris, les deux artistes, que leur nationalité rapprocha sans doute tout d'abord, se prirent l'un pour l'autre d'une amitié si vive qu'ils logèrent ensemble pendant six années, c'est-à-dire jusqu'à l'époque où Viotti se vit obligé de quitter la France. C'est dans cette demeure commune qu'avaient lieu des séances pleines d'intérêt. « Viotti avait établi des matinées musicales dans l'intérêt de ses élèves. Là, tous les dimanches, on exécutait des quatuors, des quintetti, et le maître offrait à un auditoire de son choix les prémices de ses concertos, auxquels la magie de son jeu ajoutait tant de beautés. Être admis à ces séances était une faveur, et cette faveur était fort recherchée, quoique tout se passât sans appareil, dans le modeste appartement d'un artiste ou plutôt de deux artistes, Viotti et Cherubini, qui l'habitaient ensemble. Mais le génie en avait fait le sanctuaire des Muses. Ils logèrent tous deux sous le même toit pendant six ans. On a vu, depuis, le virtuose dédier un de ses concertos au compositeur, et le compositeur se complaire à arranger pour le piano une œuvre de trios de son ami (2).

Il va sans dire que tous les violonistes de Paris se donnaient rendez-vous à ces séances, les seules où ils eussent encore la possibilité d'entendre Viotti. D'ailleurs, celui-ci était lié d'amitié avec la plupart d'entre eux : avec Puppo et Mestrino, qui étaient ses compatriotes; avec La Houssaye, qui avait fait le voyage d'Italie exprès pour prendre des leçons de Tartini; avec Imbault, qu'il avait connu à Genève, Rodolphe Kreutzer, qui était son admirateur, Berthaume, Guérillot, etc. L'immense talent de Viotti, son incontestable supériorité étaient tellement reconnus par tous qu'il en résultait parfois des incidents singuliers. « Il avait, dans son jeu comme dans son style, quelque chose de si grand et de si imposant, que les plus habiles tremblaient en sa présence. Mestrino s'était fait à Paris une célébrité méritée; sa prodigieuse facilité d'improvisation et l'originalité de ses préludes, lui avaient procuré une réputation que personne n'a fait oublier depuis. Viotti ne se montrant plus, tous les succès étaient pour Mestrino. Il assista à une matinée musicale chez celui-ci, et fut invité par lui, de la manière la plus aimable, à jouer un morceau. Mestrino n'eut pas plus tôt pris le violon, qu'un trouble involontaire le saisit ; la plus grande partie de ses moyens fut comme paralysée : il balbutia, il fut médiocre. On pourrait rapporter plusieurs exemples de cet ascendant extraordinaire, dont les effets étaient quelquefois fort embarrassants pour Viotti lui-même » (3).

(1) Voyez les *Tablettes de renommée des musiciens*, 1785.

(2) Notice de Miel sur Viotti.

(3) *Idem.*

Quant à Puppo, qui n'avait pas la modestie de Mestrino, mais dont le talent, très réel, plaisait beaucoup à Viotti, celui-ci lui faisait parfois une sorte de *scie*. Puppo avait la manie — innocente d'ailleurs — de se dire élève de Tartini, et il en tirait hautement vanité. Or, Viotti, qui savait qu'il n'en était rien, s'avisait, de temps à autre, de mettre un violon dans les mains de La Houssaye, qui, je l'ai dit, s'était rendu à Padoue dans l'unique but de recevoir des leçons de ce grand maître, et il disait malicieusement à Puppo: — « Mon ami, écoute bien La Houssaye, et tu auras une idée du jeu de Tartini ». Viotti, qui avait adopté précisément la devise célèbre de Tartini: *Per ben suonare, bisogna ben cantare* (« Pour bien jouer, il faut bien chanter »), nourrissait une profonde estime pour notre Gaviniès, déjà vieux à cette époque, mais dont le talent était encore superbe, et il l'appelait le « Tartini de la France. »

(A suivre). ARTHUR POUGIN.

RICHARD WAGNER
DANS LES MÉMOIRES D'UNE IDÉALISTE

IV

„ Enfin, et c'était là la cause principale de l'opposition, les jeunes *dandies* parisiens, les messieurs du Jockey-Club, étaient révoltés qu'il n'y eût pas de ballet dans la forme habituelle et au moment habituel, c'est-à-dire au second acte. On savait bien que les danseuses recevaient de ces messieurs un supplément de traitement, et que ces derniers étaient habitués à se rendre à l'Opéra après le dîner, non pour entendre de la musique mais pour voir le ballet, cette dégénérescence la moins naturelle et la plus odieuse de l'art moderne; après quoi ils se rendaient dans les coulisses pour voir de plus près les nymphes bondissantes. Qu'importait à ces libertins l'exécution d'une œuvre chaste, qui proclame le triomphe de l'amour saint sur l'ivresse des sens ? Non seulement, ils ne s'en souciaient pas, mais à l'avance et sans l'avoir entendue, ils haïssaient et dédaignaient une telle œuvre. C'était là la condamnation de leur vulgarité, de leur dépravation sans bornes.

„ C'est surtout eux principalement que se forma la cabale qui se proposait de faire tomber la pièce. Ils n'eurent pas honte de faire provision d'avance de petits sifflets pour exprimer leur jugement artistique. Les nuages grossissaient donc de plus en plus, et c'est avec angoisse que je me rendis à la répétition générale, emmenant avec moi Olga, car je voulais qu'elle apprît à aimer l'art dans ses plus grands et plus beaux modèles.

„ La répétition suivit son cours sans incident apparent. Le nombreux auditoire était composé en majeure partie d'amis, au milieu desquels la princesse Metternich se fit remarquer par de vives marques d'approbation. Ce fut pour moi une soirée bienheureuse, car elle mettait le comble à un de mes plus ardents désirs: bien que j'eusse conscience de bien des imperfections et des lacunes dans l'exécution, qui ne pouvait complètement satisfaire Wagner, il y avait cependant des choses très réussies (entre autres le rôle d'Elisabeth chanté par Marie Sass), et l'impression que j'eus de l'ensemble ne fit que confirmer ce que j'avais pressenti. Elle resta assise, immobile, dans le recueillement et l'enthousiasme, sans fatigue, malgré la fin tardive de la répétition.

„ En sortant, je rencontrai Wagner qui attendait sa femme. A son expression je vis combien il était peu satisfait, combien peu il attendait de ces représentations la victoire sur ses ennemis... Une journée d'attente anxieuse s'écoula; puis vint le jour de la *première*.

„ J'occupais une loge en compagnie de dames de mes amies et de Czermak. Rien ne vint troubler l'exécution de l'ouverture et du premier acte. Quoique la mise en scène de la bacchanale fantastique du Venusberg ne répondit nullement à l'idée de Wagner, et que les trois Grâces apparussent en robe de ballet rose, les choses se passèrent de telle sorte, que je respirai, espérant que nos craintes ne se réaliseraient pas.

„ Mais au moment du changement de scène, lorsque la délicieuse sérénité matinale de la vallée de Thuringe, les sons du chalumeau, la chanson du pâtre, succèdent d'une façon si poétique et ravissante à la sauvage bacchanale, l'hostilité si longtemps préparée éclata: de violents sifflets, un bruyant tumulte interrompirent la musique.

„ Il va sans dire que le parti opposé, c'est-à-dire les amis et la portion du public qui voulaient entendre en paix avant de porter un jugement définitif, ne resta pas inactif. Comme ce parti-là était le plus nombreux, il l'emporta; l'exécution ne fut pas interrompue, les chanteurs gardèrent leur sang-froid et firent de leur mieux. Mais cette accalmie ne fut pas de longue durée; bientôt le bruit recommença. Aussitôt protestations des gens honnêtes, qui faisaient toujours par avoir raison, en sorte que la pièce put aller jusqu'au bout. Mais, en vérité, combien cruellement défigurée, hâchée, dénaturée! Dans ces conditions, les mieux disposés n'avaient pu réussir à se faire une idée juste de l'ensemble.

„ Il m'est difficile de dire à quel degré j'étais indignée et révoltée; les autres personnes de bonne foi et d'intentions loyales étaient dans un état pareil. Czermak était dans une telle rage, qu'on eut toutes les peines du monde à l'empêcher d'en venir à des voies de fait à l'égard de quelques-uns des principaux meneurs de la cabale. Ces messieurs ne dissimulaient nullement leur machination: ils se prélassaient bien en vue, tenant le petit sifflet du bout de leurs gants blancs, et sur un signal donné, ils en tiraient des sons stridents.

„ Le lendemain, j'allai chez les Wagner. Le maître montrait un grand empire sur lui-même, à tel point que les journaux les plus agressifs, dans la guerre qui s'alluma immédiatement dans la presse, reconnurent que le soir de la première il s'était comporté de la façon la plus digne en face de la tempête. Dès le début, il s'était arrêté à la résolution de reprendre sa partition et de couper court à toute représentation ultérieure. Il avait reconnu de suite, et il ne se trompait pas, qu'avec le public habituel de l'Opéra de Paris, il n'y avait aucun succès à espérer. Nous tous, les amis intimes qui l'entourions, nous étions d'un avis opposé, et nous mîmes toute notre insistance à le décider à une seconde représentation, certains que nous étions qu'un nouvel essai aurait raison de l'opposition. Notre émoi passionné nous empêchait de nous rendre compte qu'au fond cela était impossible.

„ La deuxième représentation eut donc lieu. La cabale avait pris ses mesures pour agir mieux encore que la première fois; mais il en était de même des amis de Wagner. La lutte fut encore plus acharnée que la première fois. J'étais dans une loge avec Mme Wagner et la dame hongroise mentionnée plus haut. A côté de nous étaient des Français qui se faisaient remarquer par leur hostilité, sifflant, chutant et criant. Hors de moi, j'exprimai sans ménagements ma colère en français, et en ces termes: « Est-ce là le public qui a la prétention d'enseigner au monde le goût et le sentiment du beau? Un tas de gamins, qui ignorent l'usage du monde au point d'empêcher ceux qui ne sont pas de leur avis d'écouter en paix... Je continuai à parler sur ce ton là et tout haut. « Mon Dieu ! me dit à voix basse Mme Wagner effrayée, vous allez trop loin, vous allez nous attirer des désagréments ! « Mais j'étais absorbée par mon indignation et mon mépris pour un tel public, et finalement, me tournant vers nos voisins, je leur adressai directement la parole : « Messieurs, si vous n'avez d'égards pour rien, songez au moins que la femme du compositeur est là, à côté de vous. « Ils restèrent un instant bouche béante, et se tinrent un peu plus tranquilles. Après quoi ils recommencèrent de plus belle. Cependant, cette fois-ci, ils ne réussirent pas davantage à faire baisser le rideau, et la représentation put s'achever.

„ Wagner était toujours de plus en plus disposé à mettre un terme à la continuation du scandale; mais nous demandâmes tous une troisième représentation. Elle tombait un soir qui se trouvait en dehors de l'abonnement; nous avions le ferme espoir que les fauteurs de désordre n'y assisteraient pas, et que le public capable d'écouter sérieusement, seul y viendrait. Wagner, pour s'épargner une émotion inutile, avait résolu de n'y pas assister, et sa femme suivit son exemple.

„ J'avais pris une loge pour pouvoir emmener Olga et la jeune Marie qui habitait avec nous. J'espérais qu'elles jouiraient pleinement et tranquillement de cette représentation. Malheureusement il n'en fut rien. Le nombre des siffleurs s'était encore accru, et ils se trouvèrent là, contrairement à leurs habitudes, dès le commencement, prêts à continuer leur œuvre. Les chanteurs se comportèrent d'une façon vraiment héroïque; à plusieurs reprises ils durent attendre jusqu'à quinze minutes, et même davantage, pour laisser passer l'orage déchaîné dans le public. Ils se tenaient là tranquillement, contemplant le public avec impassibilité; aussitôt le calme rétabli, ils reprenaient leur partie, et cette fois encore ils arrivèrent à terminer la représentation; mais ce tapage insensé rendait tout plaisir impossible, et gâtait les beaux effets des interprétations particulières de la mise en scène et des décors. La petite Olga était aussi montée que moi. Elle avait déjà un culte pour Wagner; elle avait été remuée jusqu'au fond de l'âme par cette musique, à laquelle elle devait son initiation à un art qu'elle ignorait. L'effet incontestable, surprenant, que cette musique avait produit sur ce jeune être, me démontra avec une nouvelle évidence sa valeur et la puissance de vérité qu'elle exerçait. Olga se mêla avec une vraie fureur à la lutte passionnée des partis; elle s'appuyait au bord de la loge et criait de toutes ses forces: " A la porte, à la porte! , en montrant du doigt les élégants siffleurs. Deux messieurs, qui occupaient une loge près de la nôtre, paraissaient tout ravis de l'ardeur de l'enfant, et répétèrent à plusieurs reprises : " Elle est charmante , (1).

, Il était deux heures du matin quand nous retrouvâmes au foyer plusieurs amis avec lesquels nous nous rendîmes chez les Wagner, prévoyant qu'ils attendaient des nouvelles de la soirée. Nous ne nous étions pas trompés. Ils prenaient tranquillement le thé, et Wagner fumait une pipe. Il accueillit avec un sourire la nouvelle que la lutte venait de recommencer, plus violente encore que les précédentes, et plaisanta avec Olga, la taquinant, lui disant qu'on lui avait appris qu'elle l'avait sifflé. Mais au frémissement de sa main quand il me la tendit, je sentis qu'il était profondément ému par ce qu'il y avait de monstrueux et de honteux dans cet événement. Quoique tout ce qui venait de se passer de hideux, de grossier, d'abominable, retombât sur le public qui s'était rendu coupable d'une pareille conduite, Wagner, par le fait de cet échec, n'en perdait pas moins un espoir, et l'âpre chemin de la vie, qui décidément ne voulait pas du tout s'aplanir, s'ouvrait de nouveau devant lui, obscur, pénible, sans issue. Cette pensée me déchirait le cœur d'autant plus, que tous mes efforts pour lui être de quelque secours en ce malheur restèrent sans résultat.

, Naturellement, Wagner retira sa partition, et mit fin de la sorte à la lutte au théâtre. Mais dans la presse et dans la société, cette lutte se prolongea pendant des semaines entières avec une grande aigreur. Depuis l'époque de Gluck, rien de pareil ne s'était produit. Bien isolées furent les voix qui s'élevèrent pour blâmer et stigmatiser la conduite du public; mais enfin il s'en fit entendre, et non des moins autorisées. Parmi les défenseurs de quelque importance ou influence, je me souviens que le vieux Jules Janin écrivit un charmant article dans lequel, faisant allusion à l'éventail de la princesse Metternich, brisé dans un mouvement de colère contre la cabale, il en tirait prétexte pour fustiger jusqu'au sang les procédés peu galants et barbares des Parisiens.

, J'envoyai moi-même en Angleterre un compte-rendu fidèle de ce qui venait de se passer; il parut dans le Daily News; et à mon retour en Angleterre, Klindworth, ignorant quel était l'auteur de cet article, me le montra avec joie.

, Wagner, aussitôt après ces événements, partit pour Carlsruhe, où l'appelait la faveur du grand-duc. Il alla ensuite à Vienne, où il vit représenter pour la première fois son Lohengrin, que le public allemand connaissait depuis longtemps; l'exécution le satisfit extrêmement, comme je l'appris par une lettre que me communiqua sa femme..... En même temps, on lui prodigua les ovations les plus enthousiastes; au fond, ces démonstrations devaient être considérées comme une réplique à la conduite des Parisiens. J'étais heureuse qu'après tant de déboires, d'amertumes, d'ignominies, il trouvât quelque compensation. ,

L'auteur des Mémoires eut dès lors de belles occasions d'éprouver ce dernier sentiment : la faveur du roi de Bavière, le mariage avec l'autre fille de Liszt, l'édification du théâtre de Bayreuth, ont dû combler ses vœux. A Bayreuth, où j'ai dû la coudoyer sans la connaître, elle a goûté sans doute d'inestimables joies, les plus grandes peut-être de son existence. Il est vrai que le récent échec de Lohengrin à Paris a pu raviver chez elle des souvenirs cruels : vingt ans après le despotisme stupide et lâche de la canaille aristocratique dans la salle, l'ignoble tyrannie des deux générations diverses d'honnêtes gens, impuissantes devant une minorité, laissant commettre une double et lourde faute, laissant se consommer l'abdication artistique de la France, subissant la honte d'un déni de justice. Car lorsqu'un pays, jaloux de son renom d'hospitalité, traite comme on sait un étranger, artiste honnête qui vient à lui, il n'est pas de réparation qu'il ne doive, sinon à l'homme, du moins à l'artiste, ou plutôt à son œuvre, et c'est en dehors de tout ce qu'a pu se passer ensuite, en mettant de côté toute question d'amour propre, ce que ferait un galant homme dans son tort, un pays qui se respecte doit le faire. Quand les hommes chargés de représenter ce pays ignorent leur devoir ou sont incapables de le remplir, c'est un malheur, grave dans ses conséquences, et souvent irréparable.

On constatera à quel point le récit de l'échec du Tannhäuser par Mlle de Meisenbough concorde avec celui de Wagner lui-même (Souvenirs. Charpentier). — Les Mémoires d'une Idéaliste s'arrêtent à cette date, je ne m'en suis occupé ici qu'à un point de vue

(1) En français dans le texte.

tout spécial; je me hâte de dire que leur intérêt n'est pas là, et qu'ils sont un document d'une lecture utile pour qui veut étudier ou reconstituer la psychologie d'une Allemande cultivée au XIXe siècle.

CAMILLE BENOIT. ,

Le Librettiste de « Don Giovanni ».

Le New-York Tribune du 28 août 1887, nous apporte une série de renseignements très curieux relatifs au séjour, en Amérique, de Lorenzo Da Ponte, l'auteur du livret sur lequel Mozart composa son chef-d'œuvre. L'histoire de ce poète est étrange et ses tribulations forment un récit humoristique dont la conclusion, « en mode mineur », laisse au lecteur cette conviction que l'ancien collaborateur de Mozart n'était pas seulement un curieux spécimen du genus irritabile vatum, mais aussi un de ceux qui se croient persécutés et méconnus. Il n'est pas douteux que Da Ponte dût à la nombre et à la série d'infortunes qui l'assaillirent, après qu'il eût parcouru successivement l'Italie, sa patrie, l'Autriche, la France et l'Angleterre, pour aller échouer en Amérique. Il fut abandonné dans ses dernières années ; mourut obscurément à New-York et fut inhumé dans un cimetière où M. Krehbiel, l'auteur, des recherches sur la vie de Da Ponte, dans le Nouveau-Monde, s'est évertué vainement à retrouver la trace de son nom. Les résidents Italiens eurent un instant l'idée d'élever un monument sur sa tombe, mais ce projet n'a jamais été mis à exécution. Mozart et son librettiste partagèrent donc le même sort quant à la sépulture.

M. Krehbiel a découvert un écrit publié en 1807, dans lequel Da Ponte raconte sa vie et les circonstances de son arrivée en Amérique. Des engagements financiers malheureux l'obligèrent à quitter Londres pour éviter les poursuites. Douze sergents étaient à ses trousses, lorsque, le 26 mars 1805, il s'embarqua sur le navire qui faisait la traversée de Gravesend à Philadelphie. Il rejoignit à New-York sa femme qui l'y avait précédé. Craignant la fièvre jaune, il se réfugia dans la ville d'Elisabeth où il tint, pendant une année, un commerce de drogues, liqueurs et tabaca, qui, au bout de ce temps, le mit dans une situation financière absolument pitoyable. Un de ses créanciers alla jusqu'à mettre l'embargo sur les effets qu'il avait laissée derrière lui en quittant Elisabeth pour retourner à New-York. Cette fois il s'occupa d'enseigner la langue et la littérature italiennes, et, comme auparavant, amassa une réserve d'argent suffisante pour tenter une nouvelle aventure commerciale. La distillerie ne lui réussit pas mieux à Sunbury, et il revint encore une fois à New-York poursuivi par la faillite. Après avoir vécu quelque temps à la campagne, sur les bords de l'Hudson, où il écrivit et publia ses Mémoires en trois volumes, Da Ponte exerça les fonctions de professeur de littérature italienne; mais il fut très peu payé de ses peines et il est probable qu'après 1829 il n'eut plus guère d'influence. Il ouvrit alors, dans Broadway, un magasin de librairie.

Da Ponte favorisa l'introduction de l'opéra à New-York, aida Garcia lorsque ce chanteur et directeur débarqua avec la première troupe italienne, et fut lui-même impresario comme il l'avait été liquoriste, professeur et libraire. Sa mort arriva le 17 août 1888 Quoique âgé de près de quatre-vingt-dix ans (il était né le 10 mars 1749) Il conserva l'usage de ses facultés intellectuelles jusqu'au dernier jour de sa vie; la mort il écrivait encore un sonnet italien, à l'adresse de son médecin. Celui qu'on appelle encore l'abbé Da Ponte, à raison de ses fonctions ecclésiastiques exercées au début de sa carrière, a raconté l'histoire de ses relations avec Mozart dans le deuxième volume des Mémoires dont la première édition a été publiée à New-York en 1823.   E. E.

Comment on fête les lauréats en Belgique.

La ville de Gand a fait aux lauréats du concours de composition musicale, MM. P. Heckers et P. Lebrun, deux enfants de la vieille cité flamande, une réception triomphale (1). Il y a même eu deux réceptions successives : la première toute spontanée, au sortir du jugement; l'autre officielle, préparée et délibérée, quelques jours plus tard. Un nombre considérable de sociétés de tout genre, escortées de musiques,

(1) Sur cinq concurrents admis en loge, il y avait quatre Gantois : MM Biloxképf et Meeremans ont été obligés, pour cause de maladie, de se retirer avant d'avoir terminé leur travail. M. Heckers est passé premier par 4 voix contre 8 données à M. Lebrun qui obtient le second prix à l'unanimité. Le jury décide que l'œuvre de ce dernier obtiendra comme celle de M. Heckers une exécution publique à grand orchestre, faveur que n'obtient pas M. Lapon, d'Ostende, auquel un deuxième prix est décerné par 4 voix contre 3.

de pompiers et de soldats, un cortége immense, a conduit les deux jeunes artistes de la gare à l'hôtel de ville, où l'administration communale leur a tenu de fort beaux discours. Les lauréats ont été comblés de présents très variés, parmi lesquels on voit figurer les partitions de la *Valkyrie*, de *Siegfried*, *Götterdämmerung* et des *Maîtres chanteurs*, de Richard Wagner.

Rendons justice au peuple gantois qui, en cette circonstance, a montré pour l'art musical, personnifié par MM. Heckers et Lebrun, un entraînement des plus louables. Il est consolant de voir que tout sentiment n'est pas mort à l'égard de la musique, alors que l'on constate d'autre part l'impossibilité de maintenir en Belgique une institution analogue à celle des festivals allemands, que les concerts symphoniques y végétent et que les compositeurs belges en sont réduits comme M. Pierre Benoit à écrire des cantates inaugurales ou comme M. Emile Mathieu à faire exécuter leurs opéras au piano.

Nous voudrions cependant essayer de persuader les vainqueurs du prix de Rome qu'ils auraient tort d'envisager l'avenir sous les dehors brillants que cache la manifestation extrêmement flatteuse organisée en leur honneur. Ils ont été fêtés, enivrés de succès et couronnés de cent façons. Trop bien avisés sont-ils pour croire que cet encens leur donne la maîtrise et qu'un travail de quelques heures suffise à les rendre à jamais célèbres. Mais la popularité a de telles séductions qu'elle aveugle aisément ceux-là même qui prétendent lui résister et cette popularité éclatant au début de la carrière, dès les premiers pas de l'artiste, sur un chemin où tant d'autres, ayant du génie, n'ont connu que déceptions et méconnaissances, produit quelquefois un mal irréparable dont l'artiste est tôt d'abord la victime.

Se figurer que l'on a franchi d'un seul bond les étapes conduisant à la gloire parce que des milliers de gens, qui ne savent rien de l'œuvre couronnée, exultant de confiance, acclament à tout rompre, ce serait se méprendre sur le développement naturel auquel toute créature humaine est soumise, qu'elle se nomme comme on voudra et fasse n'importe quoi. Le dégagement de la personnalité est l'œuvre de l'étude et du temps : il faut, pour y arriver, travailler beaucoup et longtemps. Richard Wagner en offre l'exemple le plus frappant puisqu'avec sa prodigieuse faculté créatrice il n'a pu réaliser la première œuvre vraiment très personnelle — *Tristan* — qu'après l'âge de quarante ans et après avoir donné au monde quatre opéras qui suffiraient, il est vrai, à faire la réputation universelle d'un compositeur moins bien doué.

Que MM. Heckers et Lebrun ne s'abusent point sur le bruyant suffrage de la foule complaisante ; qu'ils cherchent, en dehors du nombre, des juges plus sévères et mieux avisés ; qu'ils agissent pour l'amour de l'art et nous ne nous refuserons pas à ratifier, quand l'heure sera venue, le triomphe prématuré qui vient de récompenser leurs jeunes travaux.

E. E.

LES THÉÂTRES

PARIS

A l'Opéra, répertoire de la semaine : *Robert, Rigoletto, Guillaume, Faust, les Deux Pigeons.*

En attendant les nouveautés, on est tout à la préparation du centenaire de *Don Juan* et de la 500e de *Faust*.

Le centenaire de *Don Juan* sera célébré le 29 octobre. Le chef-d'œuvre de Mozart sera chanté par Mmes Lureau, Bosman, Adiny, MM. Jean et Édouard de Reszké et Lassalle. Il y aura de plus, comme nous l'avons dit, un acte de circonstance en vers et un couronnement. Cet à-propos avait été demandé à M. Armand Silvestre par la direction de l'Opéra. M. Silvestre a refusé l'honneur qui lui était fait.

Le jour du centenaire on exposera, dans le grand foyer de l'Opéra, la partition autographe de Mozart, qui est, on le sait, entre les mains de Mme Viardot. L'illustre cantatrice a bien voulu la mettre à la disposition des directeurs de l'Académie nationale de musique.

Quant à la cinq centième de *Faust*, elle aura lieu le 4 novembre, jour de la saint Charles, fête patronale de M. Gounod.

L'à-propos que M. Jules Barbier doit écrire à cette occasion se composera d'une partie récitée et d'une partie chantée.

La partie récitée sera confiée très probablement à Mme Sarah Bernhardt, avec laquelle les pourparlers n'ont pas encore définitivement abouti. M. Duquesnel a donné son adhésion, la subordonnant cependant à celle de M. Victorien Sardou, dont on attend une réponse à ce sujet.

Quant à la partie musicale, elle se composera d'un chœur chanté par huit voix de femmes, sur des paroles écrites pour la circonstance sur la musique du finale du premier acte de *Sapho.*

A l'Opéra-Comique (Nationa) on travaille toujours, mais il paraît difficile que l'on soit prêt pour le 1er octobre. Ce n'est qu'à cette date que les architectes ont promis de livrer le théâtre à M. Carvalho, et

ce n'est donc qu'à partir de ce moment que les répétitions en scène pourront commencer. Jusqu'où cela nous mènera-t-il ?

A l'ancien Opéra-Comique, la démolition est presque complètement terminée. Dans quelques jours, les derniers amas de décombres seront enlevés.

Aux Nouveautés, nous avons eu lundi soir une opérette nouvelle de M. Lacôme pour la musique, et de M. Albin Valabrègue pour les paroles, *les Saturnales*. La musique est facile et agréable. Le livret plein de ces fantaisies qui amusent tant quand on est encore au collège, a paru suffisamment plaisant pendant le premier acte. Mme Granier est toujours absolument charmante. On devrait monter un théâtre où elle jouerait toute l'année et où elle n'interprèterait que des pièces dignes d'elle.

Brasseur père et fils et Mlle Lanteîne complètent l'ensemble très hilarant de l'exécution.

☞

C'est vraisemblablement au Château-d'Eau que M. Lamoureux va donner, cet hiver, ses concerts classiques.

On craignait que M. Lamoureux ne renonçât à son entreprise. Il n'en est rien.

BRUXELLES

Les empêchements de M. Tournié ont entravé durant quelques jours la marche du répertoire. N'ayant point à sa disposition un ténor suppléant, l'administration du théâtre s'est vue dans la nécessité de retarder la deuxième représentation de *Robert le Diable* qui, a eu lieu enfin, dimanche, M. Tournié ayant recouvré tout au moins une partie de ses moyens. La *Favorite*, jouée vendredi, a valu à M. Engel un très grand succès dans le rôle de Fernand qu'il chante avec une entière supériorité. En revanche, Mlle Hausmann ne possède ni l'autorité, ni l'ampleur de voix nécessaires dans le rôle de Léonore. Il n'en est pas de même pour M. Seguin qui éprouve quelque peine à maîtriser son puissant organe parfois un peu dur et à l'assouplir aux caressantes mélodies de la *Favorite*. L'excellent baryton a d'ailleurs partagé avec M. Engel les honneurs de la soirée. M. Vinche, de son côté, a recueilli des applaudissements.

L'orchestre de la Monnaie semble être plus bruyant qu'il n'a jamais été. Cela tient-il à ce que le plancher mobile laisse un vide favorable à la résonance ? On devrait s'en assurer, et, si réellement la disposition nouvelle pêche par un excès de sonorité, prendre le parti d'abaisser le niveau du plancher pour tous les opéras du répertoire, comme on compte le faire pour les ouvrages de Wagner.

La reprise de la *Valkyrie* est annoncée pour demain vendredi.

La répétition générale a eu lieu mardi, les deux premiers actes dans l'après-midi, le troisième acte, le soir. L'œuvre wagnérienne reparaît là avec un éclat nouveau. La distribution a subi quelques modifications. MM. Engel, Seguin, Mmes Litvinne et Martini gardent leurs rôles de la saison dernière et il est inutile d'ajouter qu'ils y sont excellents. Notre vaillante Brunnhilde lance ses Hoyotoho avec plus de crânerie que jamais, Siegmound-Engel est admirablement en voix. Sieglinde est touchante et émouvante comme elle le fut toujours, Wotan-Seguin a une majesté terrible. C'est M. Vinche qui succède à M. Bourgeois, l'une des pages les plus séduisantes du répertoire de Mlle Deschamps dans le rôle de Hounding. Mme Van Besten remplace Mme Balenzi dans celui de Fricka. Mme Angèle Legault demeure à la tête de la phalange des Walkûres, et les sœurs seront Mmes Hausmann, Fernèze, Maréchal, Coomans, Raphaela, Baudelet et Rollier.

☞

Charmante réunion, samedi soir, à la Grande Harmonie, où Mlle Blanche Deschamps et M. Soulacroix, de l'Opéra-Comique, donnaient leur concert, devant un public nombreux et sympathique. Dire tout le plaisir qu'on a éprouvé en revoyant ces artistes aimés et choyés, semble inutile. Entendre chanter pour de vrai n'est pas chose commune par le temps qui court ; aussi fallait-il voir l'air de satisfaction avec lequel chacun des morceaux était religieusement écouté, puis applaudi avec entrain. On ne s'est pas contenté d'applaudir ; on a bissé la « Napolitaine » du *Timbre d'Argent* que M. Soulacroix détaille avec infiniment de verve et la « Habanera » de *Carmen*, l'une des pages les plus séduisantes du répertoire de Mlle Deschamps.

Il fallait bien laisser aux voix le temps de se reposer. Dans l'intervalle, MM. Kefer et Ysaye, l'un au piano, l'autre sur le violon, ont très agréablement varié les plaisirs de la soirée en interprétant divers morceaux de virtuosité discrète.

Au programme figurait, par erreur, sans doute ; une paraphrase pour le violon du *Siegfried* de Richard Wagner. Rien de ce genre n'a été exécuté par M. Ysaye.

☞

M. Franz Servais a réuni la moitié du capital qui lui est nécessaire pour l'entreprise des concerts de musique classique et moderne qu'il a l'intention de donner cet hiver. Le recrutement des musiciens est en bonne voie et le local choisi sera très probablement l'Eden-Théâtre.

Nouvelles diverses.

M. Victorien Joncières travaille en ce moment à un grand opéra dont Lancelot du Lac et la reine Genièvre, femme du roi Artus, sont les héros principaux. Tout un acte de cet opéra se passe dans la forêt de Brocéliande. Le livret est de MM. Louis Gallet et Edouard Blau.

Mᵐᵉ Rose Caron, de l'Opéra, est dans un état assez alarmant depuis huit jours. A la suite d'une douloureuse opération elle a été atteinte de phlébite. Aux dernières nouvelles, une légère amélioration s'était produite.

M. Edmond Stoullig vient de donner sa démission de directeur de la *Revue d'art dramatique*, mais la Revue continue à paraître avec la plupart de ses anciens collaborateurs, sans rien changer au programme qu'elle s'était proposé à sa fondation.

La dernière représentation de l'*Otello* de Verdi, au théâtre de Brescia, a provoqué un grand enthousiasme. Un groupe de notabilités de la ville qui avait répondu pour la gestion financière, a offert aux artistes un splendide banquet au Café du Dôme.

L'opéra "*Judith*„ *(Giuditta)*, du maëstro Stanislas Falchi, a obtenu un grand succès au théâtre Morlacchi de Pérouse.

La symphonie posthume de Wagner, en *ut* majeur, figure au programme de plusieurs concerts à Berlin. La chapelle de la Cour vient d'en donner une exécution qui a obtenu un grand succès. Nous avons déjà dit que cette symphonie avait été louée par l'impresario Hermann Wolff, qui a acquis le droit de la faire exécuter pendant une année entière, après quoi le manuscrit retournera aux archives de Bayreuth.

L'Opéra de Berlin n'avait jusqu'ici à son répertoire que deux des drames qui composent le *Ring du Nibelung*. On annonce que le *Crépuscule des Dieux* va être mis à l'étude et passera en décembre. Il ne restera dès lors ensuite qu'à monter le *Rheingold* pour que la tétralogie soit complète.

Une triste nouvelle nous arrive d'Angleterre.
La célèbre cantatrice Jenny Lind, — le rossignol suédois, — vient d'être frappée d'une attaque d'apoplexie qui met ses jours en grand danger.

Elle est âgée de 67 ans. Née à Stockholm en 1820, elle s'est mariée avec un pianiste connu, Otto Goldschmidt, de nationalité danoise.

Ses succès en Europe et en Amérique ont été immenses.

Depuis un grand nombre d'années, elle habite Londres, où elle a plusieurs fois chanté à la cour et où elle se consacrait au professorat.

L'attention du monde musical est attirée sur un ouvrage que termine en ce moment M. Edmond Michotte. C'est une sorte d'autobiographie complète de Rossini, dont notre compatriote fut, on ne l'ignore pas, l'ami et le disciple. Une partie de l'ouvrage a paru dans la *Fanfulla della Domenica*, de Rome. L'autre partie, que M. Michotte s'est décidé à ajouter à la première, laquelle ne comportait d'ailleurs que le récit de ses relations personnelles avec l'illustre compositeur, est, comme nous l'avons dit, en voie d'achèvement.

A l'occasion du vingt-cinquième anniversaire de la fondation du Conservatoire de musique de Saint-Pétersbourg, la Société musicale russe a décerné des diplômes de membres honoraires aux personnes qui ont le plus contribué à la fondation de l'établissement, notamment à Mᵐᵉˢ Julie Abaza, Sophie Vérigine, la princesse Wittgenstein-Eiler, MM. Markovitch et Eliséew, ainsi qu'à M. Tchaïkovsky, le célèbre compositeur, lauréat de la première sortie du Conservatoire.

D'autres lauréats du même établissement, jouissant d'une réputation européenne, comme Mᵐᵉˢ Essipow et Lavrovsky, ou ayant rendu de grands services à la culture de l'art musical en Russie, MM. Altani (de Moscou) et Slatine (de Kharkow), ont été élus membres honoraires de la section pétersbourgeoise de la dite Société, tandis que des diplômes de membres honoraires du Conservatoire ont été décernés à MM. Brahms et Saint-Saëns, Joseph Joachim, Adolphe Henselt et Hans de Bülow.

Les grands industriels du domaine musical n'ont pas été non plus oubliés. MM. Bessel et Jurgenson, éditeurs de musique, Petersen et Schroeder, fabricants de pianos, ont été élus membres effectifs de la section pétersbourgeoise de la Société.

Les élèves du Conservatoire, sous la direction de M. Arkhanguelsky,

ont chanté un *Te Deum*, le 8 septembre au Conservatoire, dans la grande salle duquel vient d'être placé le portrait de M. Antoine Rubinstein peint par feu Kramskoï. Le fondateur de la Société et du Conservatoire y est représenté jouant du piano sur l'estrade de la salle de l'Assemblée de la noblesse. Cette énorme toile est un don fait au Conservatoire par le baron Günsbourg.

La direction a reçu ce jour-là une foule d'adresses et de télégrammes venant de toutes les sections de la Société et de différentes villes de l'Empire et de l'étranger. L'adresse de la Société des amis de la musique, de Vienne, était ainsi libellée: «Au musicien de génie qui a fondé et qui guida les premiers pas du premier Conservatoire russe ».

Le soir il y a eu au restaurant Donon un banquet de cent couverts présidé par M. A. Rubinstein.

Nos lecteurs auront remarqué l'intéressante et jolie étude sur les symphonies de Schumann, parue dans les nᵒˢ 30 à 33 du *Guide musical*. Nous trouvons dans le *Musical Standard*, de Londres, une traduction de ce travail, ce qui fait honneur à notre collaborateur Michel Brenet.

Le programme de la prochaine campagne au théâtre San Carlo, de Lisbonne, annonce des représentations de Mᵐᵉ Nevada en novembre et décembre, et de Mᵐᵉ Patti en mars.

Entre autres ténors devant se succéder sur la scène lyrique de Lisbonne, nous remarquons M. Talazac et M. Vergnet.

Mᵐᵉˢ D. Beumer, Z. Moriamé et M. J. de Swert, sont engagés pour une tournée en Hollande et en Suisse, qui commencera le 4 octobre prochain.

Le jury des concours d'harmonie pratique et de contre-point du Conservatoire de Bruxelles, vient de rendre son jugement dans les termes suivants :

Harmonie. — Chargé du cours : M. Huberti. — 1ᵉʳ prix avec distinction : M. Flèves; 1ᵉʳ prix : M. Fremolle, Mˡˡᵉ Lunssens, M. Lunssens; 2ᵉ prix : MM. Frank, Delcourt, Mˡˡᵉ Hancq ; 1ᵉʳ accessit : Mˡˡᵉ Docquier; 2ᵉ accessit : Mˡˡᵉ Bourotte.

Contre-point. — Professeur : M. Ferdin. Kufferath. — Division inférieure : 2ᵉ prix : M. Deboeck; Division supérieure : 1ᵉʳ prix avec distinction : M. Marivoet ; Rappel de 2ᵉ prix avec distinction : M. Foxhen.

On nous écrit de Gand, 27 septembre :

« En attendant de pouvoir parler du Grand-Théâtre dont la réouverture n'a lieu que demain avec les *Huguenots*, je vous envoie une poignée de nouvelles de tout genre : Le théâtre flamand inaugure la saison le 3 octobre, par un drame hollandais; l'affiche promet un tas de nouveautés, mais surtout des traductions, comme celle de *Martyre*, de d'Ennery, du *Procès Veauradieux* d'Hennequin ; je n'y remarque qu'un seul opéra et encore est-il en un acte : *De Duiveldans*, paroles de Kints, musique de Braun. Au Conservatoire on reprendra au mois d'octobre les concerts d'abonnements ; le programme du premier portera la cantate d'Huberti, *De Verlichting* (Lumière); on entendra probablement aussi cet hiver les cantates des deux lauréats du concours pour le Prix de Rome. La Société royale des Mélomanes qui entrera bientôt dans la cinquantième année de son existence, commence, dès samedi, à fêter son cinquantenaire en offrant à son dévoué président, M. Victor Bruyneel, son portrait peint par Louis Tytgat. Le lendemain concert et le dimanche suivant, représentation des *Pourchambault*, d'Augier. **P. B.**

On nous écrit de Hasselt :

Le concert donné le dimanche 18 septembre, au bénéfice de l'École de musique et de rhétorique de notre ville, a pleinement réussi. Les œuvres de M. A. Toussaint ont été exécutées d'une façon remarquable. On a beaucoup applaudi une berceuse dramatique pour chant, violon et piano, et une série de mélodies charmantes. La cantate : *Salut à la Nature*, a eu un succès complet.

« Le dernier chœur a été bissé, l'auteur vivement applaudi et plusieurs fois rappelé.

Le cercle des dames a parfaitement chanté et l'orchestre improvisé a bien marché. Il est regrettable qu'une œuvre de ce genre ne soit jouée qu'une seule fois ; c'est, du reste, le sort qui est réservé aux œuvres belges. »

On nous écrit de Liége :

Voici le tableau de la troupe du théâtre royal, pour l'année théâtrale 1887-1888, dont la campagne commencera le 5 novembre prochain.

Personnel : MM. E. Coulon, directeur-administrateur ; Florentin, régisseur général d'opéra; Dupart, régisseur général de la comédie, Mᵐᵉ Coulon, contrôleur en chef; MM. Barwolf, 1ᵉʳ chef d'orchestre : Delbarre, 2ᵐᵉ chef d'orchestre ; Malbaffre, 3ᵐᵉ chef d'orchestre; Jafflon, répétiteur des chœurs ; Dehosse, répétiteur de la danse.

Artistes lyriques: MM. Ducognani, 1ᵉʳ fort ténor ; Dexter, second ténor léger ;

Bayard, 2e ténor d'opérette; Coulange, trial, ténor d'opérette; Claeys, baryton d'opéra et traductions; Almadéo, second baryton; Guillabert, 1re basse noble; Bogaerts, 1re basse chantante; Florentin, 2me basse; Achard, laruette, basse bouffe. — Mme J. Rey, 1re chanteuse Falcon; Léandri, 1re chanteuse Stolz; Sylvan, 1re chanteuse légère; Piantin, 1re dugazon; Duméril, 2e dugazon des premières; Florentin, 3e dugazon; Noailles, dugazon.

48 choristes, hommes et dames.

Ballets divertissements: M. P. Hansen, 1er danseur, maître de ballet; Mme Didon, 1re danseuse noble; Van Lancker, 1re danseuse demi-caractère; Cotelle (Blanche), 1re danseuse travestie; Cotelle (Armande), seconde 1re danseuse; danseuses coryphées: Delcourt, Leptus, Blanche Pellegrini, Casilda Pellegrini, Knespe, Nettement, Riener, Weitz; secondes danseuses: Knespe, Pellegrini, Baldino, Bousseau, Barthélemi, de Backis, A. Haren.

※

Voici le tableau de la troupe du nouveau théâtre des Variétés, à Marseille, installé dans l'ancienne salle des Folies-Marseillaises, aménagé à cet effet:

Administration: MM. Théophile Pugol, directeur-propriétaire; D. Castelain, directeur de la scène, metteur en scène d'opérette; Lévy (Silvain), régisseur général, parlant au public; Marchetti, metteur en scène de la comédie; Chaudezon, second régisseur; Henry, régisseur des chœurs; Bromet, premier chef d'orchestre; Panchian, second chef d'orchestre; Espitalier, répétiteur des chœurs; Couplin, pianiste accompagnateur.

Opéra bouffe, opéra-comique, opérette: Mlle Clary, première chanteuse du théâtre de la Gaité; Lermina, première chanteuse double; Marie Bonheur, seconde chanteuse du théâtre des Bouffes-Parisiens; MM. Richard, premier ténor; Favart, baryton; Mme Silvestri Laly, chanteuse Desclauzas; Mlle Othbert, troisième chanteuse; Linda Magra, troisième chanteuse; MM. Marchetti, Chambéry, Jouanne, Castelain, Confrain, Chéret, Leduc, Ricard-Darcy, Reynaud, Toscan, Georges, Hérail; Mmes Andréo, Réal (Louise), Seravalle, Demestre, Teffin, Ritzka, Delusignan, Macguérite.

MM. Reboul, Manléon, Billot, Bois, Guifrand, Lambert, Frédanci, Sauvan, Aubin, Delcroix, Mouralija, Bartholini, Piot, Henfi, Bernard, Fitmin.

Mmes Menna, Suzanne, Faure, Ballard, Rachel, Reynaud, Isabelle, Roux, Paula, Grasiella, Delamacre, Carmencita, Agaf, Hélène, Jane.

※

Voici le tableau de la troupe pour la saison lyrique 1887-88, au Grand théâtre de Marseille:

Administration. — MM. T. Graviare, directeur-gérant; E. Lavigne, secrétaire général; Lecon, régisseur général; Maury, régisseur de la scène; Duinet, régisseur des chœurs; Luigini, chef d'orchestre de grand opéra; Haring, chef d'orchestre d'opéra-comique; de Aldabazal, deuxième chef, chef d'orchestre de ballet.

Artistes du chant. — MM. Raynaud, premier fort ténor; Dusroy, ténor demi-caractère; Degrange, premier ténor léger d'opéra-comique; Ruffier, ténor léger de grand opéra, deuxième ténor d'opéra-comique; Obert, deuxième ténor tous genres; Manoury, baryton de grand opéra; Mondaod, baryton d'opéra-comique; Ponsard, première basse de grand opéra; E. Devriès, première basse d'opéra-comique; Chevareche, deuxième basse en tous genres; Berton, basse-bouffe; Guérin, trial; Tourlade, laruette; Benjamin, Déo, troisièmes ténors; Marchand, troisième basse; Pourtillier, coryphée.

Mme Chasserieux, première forte chanteuse falcon; Aline Jacob, première chanteuse légère d'opéra-comique et de grand opéra au besoin; Terestri, première chanteuse de grand opéra et d'opéra-comique au besoin; Marcelle Darfois, chanteuse demi-caractère; Léme, forte chanteuse contralto; Mendès, première dugazon galti-marié; Savine, deuxième dugazon, chanteuse au besoin; Bélin, mère dugazon dugène; Rauze, deuxième et troisième dugazon; Laffonda, coryphée.

50 choristes, 50 musiciens.

L'ouverture aura lieu le 1er octobre.

BIBLIOGRAPHIE

La maison Schott vient d'éditer un *Album de six mélodies* et une valse chantée, *Chant de mai*, par M. Léon Van Cromphout.

M. Van Cromphout est un de nos jeunes compositeurs les mieux doués, un de ceux qui se sont révélés, en ces derniers temps, le plus particulièrement, par des qualités peu ordinaires. Ses mélodies se recommandent par une distinction de formes et d'idées tout à fait hors ligne. Ce n'est pas de la musique banale, tant s'en faut. Ce sont des œuvrettes très ciselées, et en même temps très inspirées, ayant pour à tour du charme, de l'élévation et du caractère, dans un sentiment qui rappelle parfois Massenet, mais s'en distingue pourtant par une tournure spéciale, bien personnelle, en somme. Plusieurs d'entre ces mélodies ont été applaudies déjà dans les concerts, — *l'Étoile*, *Chant*, *le Sonnet*, et ce ne sont pas les moins remarquables de ce remarquable recueil.

La valse chantée, *Chant de mai*, est connue aussi; on se rappelle le grand succès qu'elle obtint, cet été, au Waux Hall, où Mlle Laurent la fit entendre. C'est une valse qui ne ressemble pas aux autres valses, et où il y a autre chose que de la musique de danse, — où il y a aussi de la passion, de la vie, de la couleur, avec une allure en dehors, vraiment neuve et originale.

Ces œuvres-là sont plus que des promesses; elles nous en font attendre impatiemment d'autres, plus importantes, où le talent de M. Van Cromphout pourra s'affirmer définitivement.

※

L'éditeur Vaillant-Carmanne, annonce la publication d'une *Histoire du théâtre de Liège depuis son origine jusqu'à nos jours*, par M. Jules Martiny. Cet ouvrage qui formera un volume de 700 pages in-8°, sera orné d'un frontispice à l'eau-forte et de six planches.

AVIS ET COMMUNICATIONS

Madame Ida Cornélis-Servais, l'excellente cantatrice des concerts du Conservatoire de Bruxelles, ouvre chez elle à partir du 15 octobre, un cours de chant pour demoiselles. Pour les conditions et renseignements s'adresser, 58, rue de la Source.

※

M. Herrmann, le sympathique violoniste que Bruxelles a tant de fois applaudi, se propose d'ouvrir, dans le courant du mois d'octobre prochain, un cours de violon en son domicile, rue Jourdan, 18.

Remis presqu'entièrement de l'accident qui avait longtemps inquiété ses amis, il se met dès aujourd'hui à la disposition du public pour les conditions et inscriptions à ce cours.

※

A partir du 1er octobre, le cours de harpe du Conservatoire de Bruxelles, qui jusqu'à présent n'était accessible qu'aux demoiselles, comprendra des élèves des deux sexes.

Les inscriptions sont reçues au secrétariat tous les jours non fériés.

※

Le mouvement musical à l'entrée de l'hiver étant excessivement restreint, et la période des concerts ne commençant pas avant la fin de décembre, à Bruxelles, la maison Schott vient de prendre des engagements avec des célébrités musicales étrangères et belges, et s'est assuré le concours de MM. Eugène d'Albert, Franz Rummel, Joachim, ainsi que celui de MM. Colyns, Ed. Jacobs, Agniez, A. De Greef, professeurs au Conservatoire de Bruxelles, pour une série de concerts.

Il y aura en tout trois séances qui se donneront la première à la fin d'octobre, la seconde en novembre et la troisième au commencement de décembre, dans la salle de la Société Royale de la Grande Harmonie, rue de la Madeleine, le soir à 8 heures.

Le prix de souscription aux trois séances est fixé à fr. 20 pour les places numérotées, et fr. 12 pour les places non-numérotées (nef centrale), et fr. 9 pour les galeries. L'inscription pour l'abonnement sera clôturé le mercredi 24 octobre.

Pour chaque concert séparé le prix est de 8 fr aux places numérotées, et 4 fr. aux places non numérotées (nef centrale) et fr. 2,50 pour les galeries.

Les demandes de places doivent être adressées directement à MM. Schott frères, éditeurs, 82, Montagne de la Cour.

※

La réouverture des cours de l'École de musique de St-Josse-ten-Noode-Schaerbeek, sous la direction de M. Henry Warnots, aura lieu le lundi, 8 octobre prochain.

Le programme d'enseignement comprend: le solfège élémentaire, le solfège approfondi, l'harmonie, le chant individuel et le chant d'ensemble.

Tous les cours sont gratuits.

L'inscription des élèves aura lieu à partir du 3 octobre, dans les locaux de l'École savoir:

Pour les jeunes filles, le jeudi après-midi et le dimanche matin, rue Royale Ste-Marie, 162, Schaerbeek.

Pour les jeunes garçons, le lundi, le mercredi et le vendredi, à 6 heures du soir, rue Traversière, 11, à St-Josse-ten-Noode.

Pour les adultes (hommes), le lundi et le jeudi, à 8 heures du soir, rue Traversière, 11.

VARIÉTÉS

ÉPHÉMÉRIDES MUSICALES

Le 30 septembre 1866, à Bruxelles (Palais ducal), *Lucifer*, oratorio de Peter Benoit.

« Œuvre d'une grande élévation d'idées, œuvre simple et solennelle à la fois, œuvre où l'ordonnance de la composition, la poésie des détails et surtout une aspiration fiévreuse vers l'infini, une contemplation incessante de l'immensité, font oublier l'absence de mouvement et d'action et le défaut de relief de certaines parties qui eussent dû saillir avec éclat, tel est, à mon sens, la physionomie générale de la partition de *Lucifer*. » EDM. VANDER STRAETEN.

On sait tout le bruit qui se fit autour de *Lucifer* lorsque l'œuvre fut produite à Paris, au Trocadéro, le 7 mai 1883. Le *Guide musical* (numéros des 10 et 24 mai) a rapporté les divers incidents qui marquèrent cette mémorable journée d'où sortit triomphante la grande personnalité de Peter Benoit.

— Le 1er octobre 1871, à Hal, inauguration de la statue de François Servais, due au ciseau de M. Godebski, gendre du grand artiste.

Servais est représenté debout, drapé dans un vaste manteau, la main droite tenant cet archet magique qui lui valut de si brillants succès, la main gauche couvrant l'instrument même de ses triomphes européens, le violoncelle. L'œuvre du sculpteur « un caractère de grandeur et d'aspect naturels qui en fait un portrait vivant autant qu'une statue de marbre. Le *Guide musical* du 5 octobre 1871 donne tous les détails de la cérémonie et reproduit le beau et bon discours que M. Gevaert prononça dans cette circonstance.

— Le 2 octobre 1854, à Orthez (Basses-Pyrénées), naissance de Félix Cossira, ténor au théâtre de la Monnaie pendant la saison 1886 à 1887. — Ses débuts furent très brillants; le Raoul des *Huguenots* surtout le mit en grande faveur auprès du public dilettante. On n'eut que plus tard la juste mesure de son talent, et l'on s'aperçut que l'on s'était trop hâté. Cossira finit par se brouiller avec ses directeurs, et l'année théâtrale révolue, il quitta Bruxelles, sans y laisser des regrets.

— Le 3 octobre 1815, à Prague, *Abimelek*, deux actes de Meyerbeer. La pièce est plutôt connue sous le titre de : *Les deux Califes*; elle fut d'abord jouée à Stuttgart, ensuite à Vienne au Nationaltheater, où elle n'eut qu'une représentation (30 octobre 1814). Un an après, C.-M. von Weber, étant chef-d'orchestre au théâtre de Prague, ne se borna pas à faire applaudir l'œuvre de son ancien condisciple chez l'abbé Vogler, mais il lui consacra un long article des plus élogieux. « Le temps, écrit-il, mûrit toutes choses, c'est dans l'ordre naturel. *Don Juan* fut sifflé le premier jour à Francfort, et *Joseph en Égypte* eut le même sort à Vienne, il y a quelques années. Aujourd'hui les deux *(beide)* enchantent le monde. » (Voir Max von Weber : Vie de son père, t. III, p. 89).

— Le 4 octobre 1863, à Bruxelles (Temple des Augustins), *Jacob van Artevelde*, cantate pour voix mixtes et orchestre de F.-A. Gevaert. Déjà exécutée à Gand pour l'inauguration de la statue de Jacques Van Artevelde.

« Œuvre d'inspiration, tour à tour sérieuse, large, gracieuse, tendre et grandiose, toujours vraie, naturelle et appropriée au sujet. » (*Guide mus.*, 8 oct. 1863.)

Une seconde audition eut lieu le même soir au théâtre de la Monnaie, et, des deux côtés, Gevaert fut fort acclamé.

— Le 5 octobre 1564, mort de Pierre de Manchicourt, célèbre compositeur, qui fut maître de chapelle de Philippe II, roi d'Espagne. Une biographie, entièrement inédite, lui est consacrée, au tome VIII de la *Musique aux Pays-Bas*, d'Edmond Vander Straeten. Une de ses meilleures œuvres, traduite pour la première fois en notation moderne, y est jointe.

— Le 6 octobre 1867, à Bande (Luxembourg), décès de Nicolas-Lambert Wéry, à l'âge de 78 ans. — Sa naissance à Huy, le 9 mai 1789.

Un des professeurs du Conservatoire de Bruxelles qui a le plus honoré son art. La solidité de son enseignement, sa vive sollicitude pour ses élèves, l'esprit d'indépendance qu'il ne craignait pas de manifester envers et contre tous — le père Fétis en savait quelque chose — faisait de Wéry un homme qu'on n'oublie pas. M. Colyns, le professeur actuel de la classe supérieure de violon, a été son élève préféré. La commune d'Ixelles a donné à l'une de ses rues le nom de Wéry en souvenir de l'artiste hutois qui y avait sa résidence habituelle.

Nécrologie.

Sont décédés :
A Paris, Beancé, chanteur et violoniste, baryton au Théâtre d'Anvers, en 1861, frère de Mᵐᵉ Delphine Ugalde de l'Opéra-Comique.

— A Paris, Mᵐᵉ Delorme, chanteuse d'opérettes. Elle avait créé, à l'Alcazar de Bruxelles, le rôle d'Amaranthe de la *Fille de Mᵐᵉ Angot*.

— A Paris, à l'âge de 20 ans, Mˡˡᵉ Riwinsch, 1ᵉʳ prix de harpe au Conservatoire, en 1882.

— A Paris, à l'âge de 25 ans, Mˡˡᵉ Jenny Godin (Mᵐᵉ Oursel), pianiste.

— A Rennes, Pilet, violoniste de talent.

— A Londres, à l'âge de 78 ans, William-H. Rusk, bibliothécaire de la *Sacred harmony society*, musicologue qui a écrit des articles pour le *Dictionary of music and musicians*, de sir George Grove.

— A Exeter, dans l'incendie du théâtre, le 5 septembre, à l'âge de 23 ans, Robert-Morgan Tamplin, organiste à Kensington.

— A Birmingham, le 12 septembre, Thomas Spencer, chanteur dans les grands festivals anglais.

— A Londres, à l'âge de 40 ans, Francis Ralph, professeur de violon, à l'Académie royale de musique.

— A Erba, Mᵐᵉ Rachela Giannini, veuve Basevi, cantatrice jadis renommée sur les scènes italiennes.

— A Schwerin, le 17 septembre, Joseph von Witt, chanteur du théâtre de la Cour.

XXXIIIᵉ ANNÉE.   6 octobre 1887   NUMÉRO 40

Paraissant tous les jeudis.

ABONNEMENT	SCHOTT FRÈRES, ÉDITEURS.	ANNONCES
FRANCE & BELGIQUE, 10 francs par an.	Paris, Boulevard Montmartre, 19	LA LIGNE . . . . FR. 0.50
LES AUTRES PAYS, 10 francs (port en sus)	Bruxelles, Montagne de la Cour, 82	On traite à forfait pour les grandes annonces.

VIOTTI

ET L'ÉCOLE MODERNE DE VIOLON

(Suite. — Voir le dernier numéro.)

Mais les soins qu'il donnait à ses élèves, les relations qu'il entretenait avec tous les artistes, les obligations qu'il avait contractées envers certaines sociétés, où il était reçu et fêté avec transport, ne l'empêchaient point de se livrer à de nombreux travaux de composition et n'entravaient en rien son activité. C'est pendant ce premier séjour en France qu'il publia ses vingt premiers concertos, ceux qui sont désignés par des chiffres, parmi lesquels il en est de superbes, entre autres, le 13ᵉ, le 14ᵉ, le 17ᵉ et le 18ᵉ (1). Puis il écrivit trois grandes symphonies concertantes pour deux violons avec accompagnement d'orchestre, qu'il fit exécuter coup sur coup par ses amis Guérillot et Imbault, au Concert spirituel, pendant les mois de mars et avril 1787. Le *Mercure* nous a conservé la trace du très grand succès obtenu, en cette circonstance, par le compositeur et par ses interprètes : — « ... La cinquième nouveauté, dit-il dans son numéro du 7 avril, étoit une symphonie

concertante à deux violons, par M. Viotti. Beaucoup de traits, des tournures d'harmonie aussi agréables que savantes, lui ont mérité le plus éclatant succès. Si l'on a lieu de regretter l'exécution brillante de cet amateur (!), qui a porté au plus haut point le talent du violon, on est consolé du moins par l'espoir de jouir encore de ses compositions, qui ne sont pas moins précieuses. La grâce, la justesse, la précision avec laquelle (*sic*) M. Guérillot et M. Imbault l'ont exécutée, n'ont rien laissé à désirer. » Trois semaines plus tard, le 28 avril, le *Mercure* parle des deux autres symphonies : — « On en a entendu deux autres de M. Viotti, qui joint au talent le plus rare pour l'exécution celui d'une composition aimable, originale, et qui ne laisse jamais oublier la beauté du chant dans les passages même les plus savans et les plus recherchés. Nous avons déjà donné de justes éloges à la première de ces symphonies ; la seconde a eu encore, s'il est possible, un succès plus complet. Elles ont été toutes trois exécutées par MM. Guérillot et Imbault avec une perfection étonnante. Le charmant talent de M. Guérillot est connu depuis plusieurs années ; celui de M. Imbault, qui l'est également dans les sociétés particulières, l'étoit moins du public, que son extrême timidité lui a fait redouter pendant long-tems. Les applaudissemens qu'il a reçus et mérités n'ont fait que l'aider à déployer son habilité » (1).

A la fin de cette même année 1787, le 24 décembre, Viotti produisait au Concert spirituel une composition d'un autre genre. Cette fois, il s'agissait d'un concerto de piano avec orchestre, qui était exécuté par une jeune artiste, Mˡˡᵉ Davion, pour ses débuts.

(1) La série des concertos de Viotti est divisée en deux parties inégales. Le nombre total est de 29. Les vingt premiers, je l'ai dit, sont numérotés de 1 à 20, et ont été publiés, et pour la plupart écrits à Paris. Les neuf derniers, écrits plus tard à Londres, sont désignés par les neuf premières lettres de l'alphabet, de A à I. Viotti publia son premier concerto à Paris, chez Sieber, en 1782, ainsi qu'on peut le voir dans l'*Almanach musical* de 1783, p. 180.

(1) Dans son catalogue des œuvres de Viotti, Fétis a compris seulement deux symphonies concertantes. On voit qu'il y en a trois au moins, et l'article de *Mercure* ne laisse aucun doute à cet égard.

« On doit, disait le *Journal de Paris* (29 décembre), des encouragemens à Mlle Davion ; elle a montré beaucoup de dispositions pour le forte-piano ; on auroit peut-être encore mieux apprécié son talent, si l'instrument qu'elle a touché eût été meilleur. » Quinze mois après, le 11 avril 1789, Mlle Davion exécute un nouveau concerto de piano de Viotti ; celui-ci avait une partie de violon principal, qui était exécutée par Alday (1). C'est à cette dernière époque que Viotti, vraiment infatigable, publiait son premier recueil de duos pour deux violons (2), genre de composition dans lequel sa supériorité s'est affirmée avec éclat, et aussi, je crois, une sonate pour piano seul, écrite expressément par lui pour son amie Mme de Montgeroult.

La marquise Hélène de Montgeroult était, on le sait, une pianiste extrêmement remarquable, et en son genre, une des artistes les plus distinguées de la fin du dernier siècle et de la première partie de celui-ci. Très répandue à la fois dans le grand monde et dans le monde des artistes, elle fut l'amie de la plupart des grands musiciens de ce temps, qui l'avaient en haute estime, entre autres Grétry, Méhul et Cherubini. « Femme du grand monde, a dit d'elle un homme qui l'avait bien connue, elle dut à la nature une organisation musicale telle, qu'elle est la première pianiste d'une époque où brillaient Clementi, Steibelt, Dussek et Cramer. Elle écrivit ses belles sonates en *fa* mineur et en *mi* bémol sans savoir la composition, qu'elle approfondit ensuite avant de publier la méthode ou traité de piano le plus complet qu'il y ait, en 3 vol. in-fol. Cette *méthode et ces études*, dit un biographe, *témoignent d'une instruction solide et d'un talent de premier ordre*. Lors de l'institution du Conservatoire, en 1793, elle était en surveillance, hors de Paris, comme *ci-devant noble*, et fut nommée, à l'unanimité, professeur à cet établissement. Non moins distinguée par son esprit et sa beauté, elle était intimement liée avec Mme de Staël, qui la nommait son *impératrice* » (3). Dans sa jeunesse, les amis de Mme de Montgeroult lui donnaient le nom d'Euterpe, en faisant ainsi la Muse de la musique. Je croirais volontiers, sans pouvoir rien affirmer à ce sujet, que Viotti fût un peu plus que son admirateur. Toujours est-il qu'une affection très intime

les unit, et que chacun des deux éprouvait pour le talent de l'autre une sympathie profonde. Souvent ils faisaient de la musique ensemble, et se livraient à leur faculté d'improvisation, au grand plaisir de ceux qui pouvaient les entendre. Eymar, dans sa notice sur Viotti, a donné à ce sujet quelques détails qui ne sont pas sans intérêt, et qui d'ailleurs sont curieux par la façon dont l'écrivain les présente :

O vous, dit-il, qui n'avez encore entendu que des ouvrages d'une musique étudiée, vous connaissez d'immortels chefs-d'œuvre sans doute ! mais, ces morceaux de premier mouvement et de *première intention* que les grands maîtres ont si souvent regretté de n'avoir pas écrits au moment même où ils leur avaient été inspirés, ces prodiges que dans son abandon le génie sait enfanter lorsque, délivré de toute entrave, et oubliant les gênantes règles de l'art (1), il se livre à son enthousiasme et à tout le feu dont il est dévoré, ces nouveaux chefs-d'œuvre, souvent supérieurs aux premiers par la hardiesse et l'originalité qui les distinguent, vous sont encore inconnus. Venez entendre Euterpe et Viotti : comme ils se suivent ! comme ils se devinent ! comme ils se répondent tour à tour ! ces deux grands virtuoses sont également profonds dans la science de l'harmonie, également versés non seulement dans l'enchaînement des accords, des phrases musicales, et dans la succession naturelle des accens passionnés, mais encore dans la connaissance et la pratique de tous les moyens accessoires par lesquels on peut ajouter à l'effet et à l'expression ; tous deux doués du don si rare de l'invention et de la plus étonnante fécondité. Le ciel leur a départi, avec le sentiment le plus profond, le goût le plus pur. L'art leur a donné l'exécution la plus brillante et la plus facile. Bien n'est comparable, à la douceur des chants qui sortent du tendre violon de Viotti ; Euterpe, sur le piano, sait, avec un discernement exquis, tirer parti de cette inappréciable et pourtant sensible altération des sons et des dissonances même, qui donne à chaque ton un caractère particulier (1). Elle possède éminemment l'art de retarder ou d'accélérer à propos quelques-unes des parties dans lesquelles la mesure se subdivise, et, par ce moyen, d'ajouter, sans changer de rythme, au pathétique de son expression. C'est elle qui tantôt invente et conduit la mélodie, on dont la verve, maîtrisant celle de Viotti, l'entraîne irrésistiblement. Tantôt le génie de Viotti, s'élevant à son tour, commande à Euterpe de le suivre et de l'accompagner par ses accords. La partie principale et celle de l'accompagnement passent ainsi successivement de l'un à l'autre, sans que ce changement ait jamais rien de brusque, de vide ou de languissant. On ne s'en aperçoit même que par la variété d'effets qui tiennent à la différence et des moyens particuliers qui tiennent à la nature des deux instrumens. Est-ce la même âme qui les anime, le même Dieu qui les inspire ? Oui, car c'est le même sentiment.

Dans la belle saison, Viotti allait passer de nombreuses journées chez Mme de Montgeroult, qui habitait une agréable maison de campagne dans la vallée de Montmorency. Ses relations artistiques ou mondaines étaient d'ailleurs fort étendues. Reçu souvent à la cour, où la reine lui avait donné le titre de son accompagnateur, il fréquentait aussi quelques grands salons, entre autres ceux de Mme d'Étioles, de Mme de Richelieu, de la princesse de Polignac, où l'on faisait d'excellente musique et où il se lia avec Azevedo et Garat. Cela ne l'empêchait pas de frayer avec les encyclopédistes, dont il avait, dit-on, embrassé les idées avec une certaine ardeur, et de se lier intimement avec divers gens de lettres, parmi lesquels on cite surtout l'abbé Morellet, Florian et Marmontel. Enfin, il se montrait aussi dans les cercles artistiques, particulièrement au Concert des amateurs dont Gossec avait la direction, et à la Société des Enfants d'Apollon.

(*A suivre*).

ARTHUR POUGIN.

(1) Ici, l'écrivain s'égare un peu et devient difficilement compréhensible.

---

(1) Sous cet ancien régime, qu'on a si justement qualifié de régime du bon plaisir, il se produisait des choses vraiment singulières. Comme on avait peur de tout, on craignait même la musique, chez qui l'on redoutait vaguement des tendances subversives, et on avait institué une censure et un censeur spécialy pour les publications musicales. A l'époque où nous sommes, ce censeur n'était autre que Grétry, et dans l'inventaire de la collection d'autographes de M. Benjamin Fillon, vendue il y a quelques années, on trouve (n° 3382), sous le nom de Grétry et à la date du 30 novembre 1786, une « Approbation donnée par ordre du garde des sceaux à la gravure du duo concertos de clavecin, composés par Viotti ».

(2) « Six duos concertans pour deux violons, composés par M. Viotti, 1er livre de duos. Prix, 7 liv. 4 s. Paris, chez Boyer. » (Annonces du *Journal de Paris*, du 21 mai 1789.)

(3) Note de M. de Trémont, sur les lettres de Mme de Montgeroult. (Voyez Catalogue des autographes de M. le baron de Trémont, Paris, Laverdet, 1852, in-8°.) — Mme de Montgeroult, dont les attaches royalistes étaient notoires, eut un fils, filleul de la belle, qui fut lieutenant de cuirassiers sous la Restauration, et Mme de Montgeroult, elle-même, légua à sa mort, au musée du Louvre, une riche et précieuse collection de dessins de maîtres anciens.

LES THÉÂTRES

PARIS

Si l'Opéra-Comique ouvre le 1er novembre, c'est qu'on y aura mis beaucoup de bonne volonté. Pour le moment, les choses sont au pis. M. Carvalho poursuivi en correctionnelle pour sa négligence qui n'est sans doute pas étrangère à la catastrophe du mois de juin, a demandé à M. Spuller de le remplacer au moins provisoirement. Donc plus de directeur, M. Spuller hésitant entre plusieurs candidats: M. Deschapelles, chef de bureau à la direction des Beaux-Arts; M. Victorin Joncières, M. Armand Gouzien, inspecteur des théâtres subventionnés. On parle aussi d'une combinaison Halanzier-Calabresi, mais ces messieurs n'accepteraient la direction qu'à titre définitif.

D'autre part, il n'y aura bientôt plus d'artistes. Jusqu'ici ils ont refusé de prendre part aux répétitions. S'appuyant sur ce que la fermeture du théâtre ne vient pas de leur fait, ils réclament leurs appointements du mois de septembre que l'administration ne veut pas leur régler. L'administration du théâtre refuse affirmant que les appointements ont été payés jusqu'au 30 juin. Or, l'article 17 de leur engagement porte qu'il est accordé à chaque artiste, chaque année, un congé de deux mois, du 1er juillet au 31 août. Pendant ce congé, les appointements sont supprimés. En tout état de cause, dit l'administration, les artistes auraient pris ces deux mois de congé.

Mais, de plus, l'article 14 des engagements porte qu'en cas de clôture du théâtre par suite d'épidémie, d'incendie, de réparations, etc., les appointements ne seront pas dus, et que, dans le cas où la clôture s'étendrait au delà de deux mois, les artistes se trouveront libres et les engagements rompus.

Les artistes ayant été payés jusqu'à ce jour, dit toujours l'administration, et ayant eu leurs deux mois de congé, suivant leur engagement, la clôture n'a commencé qu'au mois de septembre; les appointements du mois de septembre ni en octobre, et si l'Opéra-Comique n'est pas ouvert le 1er novembre, ils pourront alors demander la résiliation de leur engagement, sans autre indemnité.

Au résumé, les artistes qui se sont réunis samedi pour en délibérer, estiment que les clauses des articles 14 et 17 doivent être confondues. L'administration pense qu'elles existent séparément et s'ajoutent l'une à l'autre.

M. Spuller reste juge du débat qui sera sans doute soumis au tribunal de commerce.

En somme, rien de fait, rien de décidé, l'incertitude la plus complète!

A l'Opéra, lundi, très belle reprise de l'*Africaine* avec M. Jean de Reszké. Le rôle de Vasco est un de ceux qui lui conviennent le mieux et il y a été fort applaudi. M. Lassalle a partagé son succès dans Nélusko.

Pour le centenaire de *Don Juan* c'est M. Henri de Bornier qui s'est chargé d'écrire l'à-propos en vers.

L'auteur de la *Fille de Roland* aura pour interprète M. Lassalle, qui déclamera son poème pendant que l'orchestre exécutera en sourdine la marche religieuse de la *Flûte enchantée*. L'adaptation de cette marche a été faite par M. Charles Gounod, ainsi que celle du chœur des prêtres d'Isis, qui sera chanté au moment de l'apothéose.

Nous aurons plus tard, paraît-il, quelques représentations de M. Gayarré. Il jouerait la *Favorite* avec Mlle Richard...

M. Mangin, fondateur du Conservatoire de Lyon et professeur à celui de Paris, vient, dit-on, d'être nommé chef de chant, en remplacement de M. Croharé.

Aux Variétés, lundi, reprise de la *Grande Duchesse*. La comédie-opérette de MM. Meilhac et Halévy est encore aussi vive, amusante et spirituelle que jamais. La musique d'Offenbach paraît toujours aussi légère et entraînante. Toute la salle a bissé avec enthousiasme les fameux couplets: " Dites-lui... , que Mme Judic a soupirés de délicieuse façon. En somme, une soirée charmante, une de celles qui se font de plus en plus rares: on s'est amusé.

※

Un journal de Lyon annonce la fermeture du théâtre Bellecour. Le maire de Lyon a, paraît-il, l'intention de prendre un arrêté dans ce sens. Cette mesure serait motivée par les dangers d'incendie que présente ce théâtre et le peu de garanties de sécurité qu'il offre aux spectateurs.

BRUXELLES

REPRISE DE LA VALKYRIE

On a repris la *Valkyrie* vendredi. Il y avait foule au théâtre de la Monnaie et la salle présentait, à peu de chose près, le coup d'œil qu'elle offre aux premières à sensation de l'hiver. Nombre d'habitués des loges et des fauteuils, naguère absents, étaient à leur poste. On remarquait aussi la présence de beaucoup d'artistes et le contingent étranger se trouvait largement représenté. Ce monde cosmopolite de touristes et de gens en vacances, emportera de la reprise et des représentations subséquentes de la *Valkyrie*, l'impression que l'on est franchement wagnérien à Bruxelles; que le succès des œuvres de Richard Wagner n'y est plus contestable; que l'enthousiasme a bel et bien gagné la masse du public intelligent et que l'on serait mal venu à prétendre le contraire.

Les représentations de la *Valkyrie*, interrompues en plein succès, à la fermeture du théâtre, reprennent tout naturellement leur cours avec les principaux interprètes de la création, mieux en voix aujourd'hui parce qu'ils n'ont pas subi les fatigues d'une longue campagne. Les nouveaux venus, M. Vinche (Hunding) et Mlle Van Besten (Fricka) sauront aisément faire oublier leurs prédécesseurs. Il ne s'agit, pour le premier, que de se familiariser aux intonations de la mélodie wagnérienne, d'en pénétrer le rythme et la mesure; on peut répondre dès, à présent, que la voix sera bonne et que M. Vinche rendra bien le personnage. Quant à Mlle Van Besten, elle semble prédisposée à la tenue des rôles de contralto dans le répertoire de Wagner. Elle possède une voix très franche, elle a l'émission facile, l'accent juste et l'articulation nette. De plus, elle paraît être bonne musicienne et comprendre que l'on peut arriver à l'effet sans exagération d'aucune sorte.

Faut-il rappeler que M. Engel a fait du rôle de Siegmund une création digne de son grand talent de chanteur et qu'il y apporte une vaillance, une chaleur irrésistibles? Maître de sa voix, toujours sûr de lui-même, l'excellent artiste se fait un jeu des difficultés de sa tâche. Il en triomphe sans effort apparent, avec cette pondération des moyens propre aux natures bien équilibrées. Nous voudrions cependant lui voir appuyer moins sur les récits des premières scènes de l'ouvrage et le mettre en garde contre l'usage trop fréquent des points d'orgue. Ces légers défauts contractés dans la pratique du chant italien ont pour résultat de faire traîner considérablement l'action. M. Engel n'est d'ailleurs pas le seul coupable, car l'orchestre a, lui aussi, une tendance à ralentir certains mouvements au détriment de la vie qui devrait animer sans cesse l'accompagnement instrumental. L'observation est essentielle dans les scènes de longue durée, comme la « Prédiction de la Mort », au 2e acte, qui gagnerait infiniment si M. Joseph Dupont lui donnait un peu plus d'allure.

A côté de Siegmund, nous avons applaudi Mlle Martini parce qu'elle a su donner à la poétique figure de Sieglinde un relief extraordinaire, sans rien emprunter aux traditions de l'opéra italien qu'elle chanta à ses débuts. Dans ce rôle, le meilleur de tous ceux que comporte son emploi, la jeune artiste parvient à un degré d'expression qui tantôt lui permet de traduire en nuances délicates les passages tendres et tantôt l'aide à dramatiser des situations pathétiques telles que la scène de la fuite, au deuxième acte, où Mlle Martini se montre vraiment supérieure.

On n'est pas habitué à citer Brunnhilde en première ligne, bien que la " Vierge guerrière „ soit l'héroïne principale du drame des *Nibelungen*.Est-ce parce que Mlle Litvinne n'apparaît qu'au deuxième acte? Sur le haut du rocher où elle lance de façon si originale son " Hototoho! „, qu'elle voudrait exprimer belliqueusement, l'opulente et belle déesse fait penser aux images naïves de la légende. D'ailleurs l'abondance de charmes n'est pas un défaut, la Walkure allemande étant coutumière du fait. Quel dommage que Mlle Litvinne ne sache pas tirer meilleur parti de ses avantages plastiques au profit de l'illusion théâtrale. Ce qui a fait on vif plaisir l'autre soir, c'est que la voix de Mlle Litvinne a gagné en puissance et qu'elle fait valoir la grande scène du troisième acte où Wotan malmène si rudement la meilleure de ses filles. Disons, en passant, que le mouvement a paru cette fois bien précipité dans les mesures qui précèdent l'arrivée de Dieu en colère. Mlle Litvinne n'a guère le temps d'articuler les paroles et le thème dit de " Siegfried „ y perd beaucoup de son caractère (1).

M. Seguin n'a qu'à se louer d'avoir créé successivement les rôles de Hans Sachs et de Wotan. Il leur doit beaucoup; mais il faut convenir

---

(1) A ce sujet, M. Dupont se croit-il pas que l'introduction de la *Valkyrie*, qui dépeint la fin d'un ouragan, devrait aussi être prise un peu moins vite? L'extrême précipitation du mouvement produit là une légère confusion, notamment dans les entrées des bois et des cuivres.

que les œuvres de Wagner lui doivent aussi l'interprétation vibrante, énergique, convaincue, grâce à laquelle on enlève l'auditoire. Cette interprétation vigoureuse s'écarte du type créé par Scaria. le célèbre baryton de Vienne. qui incarnait avec plus de noblesse le personnage de Wotan. Mais elle a ses qualités distinctives où le chant tient la première place.

Le bataillon des Walkures, en partie renouvelé, semble avoir gagné sous le rapport des voix. L'ensemble est plus homogène ; le timbre moins strident. Mais c'est vainement que la « Chevauchée » éclate et rugit dans l'orchestre: les fières amazones n'en ont souci ni cure. Debout et impassibles, l'épieu dans la main droite, elles restent en place comme si le mot d'ordre était

De ne bouger non plus qu'un terme.

On ne saurait passer sous silence l'élément d'interprétation qui domine dans une œuvre comme la *Valkyrie*, cet orchestre auquel est dévolu un rôle que d'aucuns trouvent excessif, parce qu'il force continuellement l'attention et ne laisse aucune latitude aux paresses de l'esprit. Sous l'habile direction de M. Joseph Dupont, nos instrumentistes ont fait preuve de talent et de discipline, apportant à l'exécution un soin et une correction qui leur font honneur. La sonorité des instruments est aujourd'hui presque parfaite, grâce à l'approfondissement partiel de l'orchestre.

Comme il fallait s'y attendre, la nouvelle disposition du proscenium est entièrement favorable à la mise en scène de la *Valkyrie;* les décors paraissent encadrés et les personnages ne sortent pas du cadre. Ainsi, peu à peu se réalise l'idéal d'une représentation aussi exacte que possible de l'œuvre géniale. Il reste maintenant, n'en déplaise aux amateurs, à supprimer dans la scène dernière, le brillant feu d'artifice que l'on a jugé bon de tirer l'autre soir en guise d'apothéose, et qui a fait prendre la fuite aux gens peureux. Il serait aussi plus conforme à la fiction poétique de Wagner que Wotan, au lieu de demeurer au milieu des flammes. comme une sorte de diable infernal, jusqu'à la chute du rideau, disparût à travers le feu après avoir jeté un dernier regard sur Brunnhilde. Il importe qu'à la fin de l'œuvre, l'idée de l'isolement de Brunnhilde soit rendue sensible et mise en relief.

La représentation de la *Valkyrie* fait oublier deux reprises qui ont eu lieu la semaine dernière avant de modifier sensiblement l'état de choses au théâtre de la Monnaie. L'*Africaine* a valu quelques applaudissements à M. Tournié qui aurait tort d'en tirer vanité et de croire qu'il a reconquis la faveur du public. D'autre part, Mme Hausmann a obtenu qu'un faible succès dans les *Dragons de Villars*. En revanche Mlle Sarey a très franchement réussi dans *Myosotis*, ballet de M. Flon. Maintenant que le théâtre de la Monnaie tient une artiste paraissant devoir nous ramener aux meilleures soirées de la danse, il faut espérer que l'on ne nous rendra la vie au ballet et que MM. Dupont et Lapissida nous feront connaître l'une ou l'autre des partitions de Lalo, Widor ou Delibes, qui ont été exécutées à l'Opéra de Paris dans les derniers temps.   E. E.

MM. Dupont et Lapissida se sont définitivement entendus avec M. Benjamin Godard pour la représentation de *Jocelyn* qui passera cet hiver au théâtre de la Monnaie, après *Gioconda*.

Siegfried ne viendra qu'en janvier.

M. Delaquerrière, le charmant ténorino qui fait aujourd'hui partie de l'Opéra-Comique de Paris, est engagé pour chanter l'Almaviva du *Barbier*, à côté de Mme Landouzy. Il y aura aujourd'hui même une bonne soirée à la Monnaie.

A mesure que le public rentre de villégiature, le succès s'accentue au théâtre de l'Alhambra où tout le monde veut voir la mise en scène somptueuse de *Geneviève de Brabant.*

Dimanche, il y avait foule et la soirée n'a été qu'une longue suite de rappels. Mme Duparc a été surtout applaudie dans l'interprétation de ses chansons triées soigneusement sur le volet de son répertoire. Et le public est gourmand, c'est trois chansons qu'il lui faut à présent ;

Grâce au répertoire varié de Mme Duparc et aux splendides ballets de la fête d'Asnières, le 4me acte, déjà si brillant, est devenu avec le départ pour la Palestine, l'un des plus grands éléments de succès de la pièce.

Samedi 8 octobre, au nouveau Théâtre Flamand, il y aura une première. celle de l'*Ami Pierrot*, opéra-comique en 2 actes, paroles et musique de M. Maurice Lefèvre. Cette soirée est organisée par le Cercle symphonique et dramatique de Bruxelles.

GAND

La réouverture du Grand-Théâtre a eu lieu mercredi passé, 28 septembre, avec les *Huguenots*. Un public nombreux était venu à cette représentation, pour revoir les acteurs de l'année dernière réengagés, assister aux débuts des nouveaux, et surtout pour juger de l'effet produit par le balcon qui vient d'être ajouté à notre salle de spectacle. Je vous ai dit, il y a quelque temps, l'émoi qu'avait causé ici ce balcon. Il a cependant conquis des suffrages presque unanimes, même auprès de ceux qui s'en défaient le plus ; et de fait, comme il ne gâte rien, pas plus l'acoustique que l'aspect général de la salle, et qu'il fait gagner quelques vingtaines de bonnes places, il n'y a vraiment qu'à l'approuver. Ceci dit, revenons à la représentation.

On a fait une belle rentrée à Mme Laville-Ferminet, ainsi qu'à MM. Merrit et Soum ; de nombreux applaudissements et des rappels ont pu leur prouver qu'ils étaient restés les favoris du public. De leur côté, ces excellents artistes n'ont rien perdu ; Mme Laville est toujours cette artiste consommée, à la voix vibrante, au jeu passionné et émouvant ; notre fort ténor, M. Merrit, paraît remis de sa longue indisposition, et c'est une qualité pour cet acteur, dont le bel organe est remis et sensible aux brusques variations de notre climat. Je réserve M. Soum pour un article prochain, ne pouvant apprécier convenablement ses progrès d'après le rôle épisodique du duc de Nevers.

Les débutants ont généralement plu, sauf la basse qui est tout bonnement mauvaise et qui devra. du reste, résilier bientôt, je pense. Mlle Carrère, chanteuse légère, a une jolie voix, agréable quoique un peu dure dans le haut, et vocalise avec charme ; mais son jeu dénote la débutante ; il en est de même de Mme Ellieze, la dugazon, qui a aussi une jolie voix, mais qui est d'une inexpérience désarmante et qui a de plus le grave défaut de détonner parfois. M. Geoffroy a reçu bon accueil dans le rôle de Saint-Bris, et il le méritait bien par le timbre agréable de sa voix et sa tenue aisée A la soirée de vendredi, où l'on jouait *Faust*, il s'est fait définitivement accepter sous le costume de Méphistophélès.

Cette représentation de *Faust* a été l'occasion d'une belle victoire pour Mlle Boyer, qui a fait énormément de progrès depuis la saison passée ; la voix s'est raffermie et posée, et l'on sent dans le maintien de la jeune actrice le résultat d'une étude consciencieuse. M. Alcarez, qui débutait, a semblé être un ténor d'opéra-comique satisfaisant ; il a un jeu un peu désordonné, ou plutôt pas de jeu, mais son bel organe très étendu, a racheté cela aux... oreilles de ses auditeurs. M. Freiche a fait un médiocre Valentin et Mlle Castel un gentil Siebel.

En somme, M. Van Hamme paraît avoir été heureux dans la composition de sa troupe. Je l'engage seulement à soigner ses choryphées ; il a dû s'apercevoir de l'effet déplorable que certains d'entre eux produisaient, et il soigne trop bien tous les détails pour ne pas veiller à celui-ci. Les chœurs aussi devraient être surveillés ; dans la prière du troisième acte des *Huguenots*, dans le chant du premier acte de *Faust*, ils ont abominablement détonné. L'orchestre est dirigé non sans autorité par M. Dela Chaussée ; il sera très bon quand il accompagnera avec pus de discrétion. Je remarquerai, en terminant, que dans le ballet, il y a beaucoup de jolies femmes et peu de bonnes danseuses. Y a-t-il lieu de s'en plaindre? La question est trop délicate pour que je me hasarde à y répondre.   P. B.

Nouvelles diverses.

La *Semaine Musicale*, de Lille, rend compte avec d'hyperboliques éloges d'un concert donné la semaine dernière dans cette ville par Mlle Dyna Beumer, M. Th. Ysaye, pianiste, M. Dumoulin violoncelliste de l'Opéra de Paris et le " petit" Bachmann, un violoniste de douze ans qui fit ses premières études à Lille, sous la direction de M. Schillio et qui est aujourd'hui au Conservatoire de Bruxelles, où l'on compte achever ce que M. Schillio a si bien commencé.

L'opérette continue de faire florès à Vienne. On annonce à l'An der Wien la première de *Sosie* d'Alfred Zamara; au Carl-Theater, *Rikiki*, paroles de Genée et Mannstaedt, musique de Hellmesberger. *Rikiki* sera suivi des *Sept Souabes* de Millöcker, qui n'est pas, il est vrai, une opérette, mais un opéra populaire ; c'est ainsi du moins que le désigne son auteur. Toujours au même théâtre, il y aura ensuite un nouvel ouvrage de Cznibulka. On ne s'endort pas à Vienne !

Le succès qu'ont obtenu en septembre les représentations cycliques du *Ring des Nibelungen* à l'Opéra de Dresde, ont engagé l'intendance à en donner une nouvelle série, qui aura lieu vers le 20 octobre. L'Opéra de Leipzig fait de même et annonce tout le cycle wagnérien du 18 au 21 octobre.

☙

Le 22 octobre on se propose d'inaugurer à Bayreuth le mausolée élevé au cimetière de cette ville sur la tombe de Liszt. On sait que la petite ville de Bayreuth a voté 30,000 mark pour ce monument. Sur le désir qui en a été exprimé par M⁰ᵉ Cosima Wagner, fille de Liszt, on exécutera à cette occasion le *Stabat Mater* de Palestrina.

☙

Hans de Bulow dirige en ce moment une série de représentations modèles à l'Opéra de Hambourg. *Les Pêcheurs de Perles* de Georges Bizet viennent d'obtenir un très grand succès sous la direction du célèbre pianiste-chef d'orchestre. Ce théâtre sera la seconde scène qui, en Allemagne, montera le *Cid* de Massenet, Francfort étant la première. M. Massenet est en ce moment dans cette ville où son ouvrage a passé le 1ᵉʳ octobre avec succès. A Hambourg on annonce en outre un nouvel ouvrage : *Dalibor*, du compositeur tchèque Smetana. C'est un opéra du genre héroïque.

A Munich vient de prendre fin la série de représentations des chefs-d'œuvre du théâtre allemand, organisées par l'intendance pendant le mois de septembre. Pour la musique ces représentations comprenaient : l'*Armide* et l'*Iphigénie en Aulide* de Gluck ; l'*Idoménée*, le *Don Juan* et la *Flûte enchantée* de Mozart ; le *Fidelio* de Beethoven ; le *Freyschutz* et l'*Obéron* de Weber, enfin *Tannhäuser*, *Lohengrin* et *les Maîtres chanteurs* de Wagner. On avouera que voilà une série d'œuvres plus intéressante que l'éternelle série de l'Opéra de Paris.

☙

Le ténor Gayarre est vraiment modeste. Savez-vous ce qu'il touche en ce moment à New-York, à la *Music Academy* où il vient de commencer une série de représentations ? C'est fabuleux. Il touche 10,000 francs par soirée, plus un tantième de 12 p. c. sur les recettes au delà d'un certain chiffre ; enfin, il a exigé le paiement préalable de vingt-cinq représentations. Son engagement en compte cinquante, à donner dans différentes villes d'Amérique. Et ces conditions extravagantes, il a trouvé un impresario pour les accepter. M. Maurel, le baryton bien connu, a des exigences un peu moins élevées : il touchera seulement 5,000 francs par soirée pour quinze représentations d'*Otello*. Ces représentations devront avoir lieu avant le 20 décembre Maurel devant à cette date être rentré à Rome.

D'autre part, on annonce de New-York que le ténor Campanini, viendra ce avril jouer *Otello* avec une troupe dirigée par lui.

☙

A propos de la reprise de la *Valkyrie* au théâtre de la Monnaie, on a pu lire ces jours-ci dans un journal bruxellois, cette phrase surprenante : « Il faut bien nous contenter de Wagner, *en attendant mieux!* » Peste ! voilà un critique d'art qu'il n'est pas facile de contenter.

☙

Au grand concert donné à l'occasion de la visite du roi à l'exposition internationale du Palais de l'industrie, des arts et du commerce, à Anvers, le 27 septembre dernier, M⁰ᵉ Céleste Painparé, âgée de 8 ans, a exécuté d'une façon remarquable la 1ʳᵉ partie du concerto en *sol* de Mozart. Le roi s'est fait présenter la jeune pianiste et a pris un véritable plaisir à l'interroger et à la complimenter.

Au grand concert de bienfaisance donné au bénéfice des orphelins de la même ville, la jeune virtuose a exécuté le trio en *ut* n° XXVI de Haydn. Elle l'a détaillé avec la plus grande finesse, avec délicatesse et une parfaite entente de l'ensemble, de façon à mériter tous les suffrages.

La presse anversoise est unanime dans l'éloge de M⁰ᵉ Painparé et lui prédit un brillant avenir ; M. César Cui, le célèbre compositeur russe, après avoir entendu la jeune artiste dans une réunion intime, a dit d'elle : « C'est une petite merveille, douée des meilleures dispositions et surtout admirablement guidée ».

M⁰ᵉ Painparé est la fille du sympathique chef de musique du 6ᵉ régiment d'infanterie belge.

☙

Les théâtres de Russie ont, pour la plupart, rouvert leurs portes. A Saint-Pétersbourg le succès du moment est pour la troupe d'opérette du Théâtre de la Renaissance sous la direction de M. Raoul Gunsbourg. Cependant nous n'y voyons figurer aucun artiste de renom. On joue la *Mascotte* et le *Grand Mogol*.

A Moscou on a beaucoup remarqué une représentation des *Huguenots*, dans laquelle M⁰ᵉ Klamjinsky a fait un brillant début dans le rôle de la Reine. Au ballet, on attend les débuts de M⁰ᵉ Gorschenkova ; M⁰ᵉˢ Zucchi et Bessone y donneront également des représentations.

A Kiew, l'ouverture de l'Opéra a eu lieu le 27 septembre. Parmi les nouveautés on promet l'*Enchanteresse*, l'opéra inédit de Tchaïkovsky, qui en ce moment se trouve également à l'étude au Théâtre-Marie de

Saint-Pétersbourg. Le même opéra passera déjà le 2 octobre au théâtre de Tiflis, sous la direction du compositeur.

L'Opéra de Tiflis prépare la *Feramors* d'Antoine Rubinstein. Le nouveau théâtre de cette ville sera inauguré dans le courant de l'automne.

A Odessa on en est en train de former un Opéra-Italien. On parle de l'engagement de M⁰ᵉ Boulytchow, le soprano dramatique bien connu, du ténor Aramburo, du baryton Broggi et de la basse Monti. Parmi les nouveautés on cite le *Vaisseau-Fantôme* et *Lohengrin* de Wagner, ainsi que *Flora Mirabilies* de Samara.

☙

. Nous trouvons dans le *Musical Standard*, de Londres, la traduction du travail que publie en ce moment le *Guide musical* : VIOTTI ET L'ÉCOLE MODERNE DE VIOLON, par notre ami Arthur Pougin. Non seulement la feuille anglaise oublie de désigner la provenance des articles qu'elle s'approprie, mais elle ne cite même pas le nom de l'auteur.

☙

Au prochain festival de Norwich (11, 12, 13 et 14 octobre), on entendra deux oratorios composés expressément pour la circonstance. Le premier de ces oratorios, *le Jardin des Olives*, est l'œuvre de M. G. Bottesini. Le second porte le titre d'*Isate* a pour auteur M. Luigi Mancinelli.

☙

Le centenaire de *Don Juan* ne sera pas complètement perdu de vue en Belgique. Nous apprenons, en effet, qu'à cette occasion le Conseil d'administration de l'école de musique de Saint-Josse-Schaerbeek, a décidé de faire exécuter une œuvre de Mozart à la distribution des prix de l'établissement en question. C'est un bel exemple donné aux théâtres d'opéra.

☙

Nous avons récemment signalé une série de nominations au Conservatoire et musique de Paris. Le ministre de l'instruction publique et des beaux-arts vient de signer les arrêtés relatifs à ces nominations.

Par le premier, M. Marmontel est nommé professeur honoraire.

Par un second arrêté, M. Henri Fissot, professeur titulaire d'une classe de piano d'élèves hommes, et qui, depuis un an, faisait le cours de M⁰ᵉˢ Massart, est appelé à succéder au regretté professeur.

Par un autre arrêté, M. Charles de Bériot est nommé professeur de piano en remplacement de M. Henri Fissot.

Enfin il est question de nommer M⁰ᵉ Troullebert, professeur-adjoint.

☙

. Ainsi que nous l'avonsannoncé, les *Maîtres chanteurs* seront donnés à Bayreuth l'été prochain, et les représentations modèles de cet ouvrage alterneront avec celles de *Parsifal ;* mais on a renoncé à *Tristan et Isolde* pour la série de 1888. Il a paru impossible de faire répéter trois ouvrages, dont l'un, les *Maîtres chanteurs*, n'ayant pas encore été monté à Bayreuth, exigera des soins tout spéciaux pour la mise en scène et l'exécution chorale.

C'est M. Mottl, de Carlsruhe, qui dirigera les *Maîtres chanteurs ;* M. Levy, de Munich, *Parsifal*.

☙

Le 9 août dernier a eu lieu au Politeama de Buenos-Ayres, avec un éclatant succès, la première représentation, à ce théâtre, du *Vaisseau-Fantôme* de R. Wagner.

☙

M⁰ᵉˢ Rose Caron va un peu mieux, et son état n'est pas désespéré comme on l'avait craint un moment.

☙

Les journaux de Londres annoncent que la Patti, qui, on le sait, va faire une tournée dans l'Amérique du Sud, a déclaré qu'après avoir rempli cet engagement elle quitterait définitivement la scène et cesserait de se faire entendre, sauf peut-être dans quelques salons.

☙

M⁰ᵉ Leisinger, dont le début à l'Opéra de Paris n'a pas été heureux, a repris sa place à l'Opéra de Berlin, et elle y a reparu jeudi dernier pour la première fois, avec succès, au retour de Paris. On jouait le *Freyschütz*, M⁰ᵉ Leisinger est engagée pour plusieurs années à Berlin.

☙

M⁰ᵉˢ Sigrid Arnoldson, la jeune étoile suédoise est en ce moment à Copenhague, où elle fait fureur, en compagnie du violoniste Marsick. Les deux éminents artistes se proposent de faire une tournée dans le Nord. M⁰ᵉ Arnoldson ira ensuite chanter au théâtre de Nice *Lakmé* et *Mignon*.

La *Cæcilia*, organe de la musique religieuse, publie le rapport de M. Edgard Tinel sur le dernier exercice scolaire de l'école Lemmens, à Malines. Ce rapport n'est pas tendre pour les organistes des églises belges.

« Il n'est que trop certain, dit M. Tinel, que l'une des causes de la dégradation du service musical dans beaucoup d'églises de Belgique, gît dans l'inaptitude des organistes qui y sont employés. Et quand je dis organistes je dis maîtres de chapelle, les deux fonctions étant, pour l'ordinaire, remplies par une seule personne. Comment remédier au mal, si ce n'est en exigeant des connaissances solides de ceux qui briguent l'emploi? Beaucoup de nos organistes sont d'ailleurs des déclassés, et il eût infiniment mieux valu pour eux-mêmes comme pour le service qu'ils dégradent, il eût été de loin préférable que ces pseudo-organistes se fussent modestement engagés dans une voie plus conforme à leur talent. Dans cet ordre de choses, un fait m'a toujours stupéfié. Lorsqu'un emploi d'architecte, de peintre décorateur ou de dessinateur est à conférer, ceux qui le briguent sont régulièrement des hommes qui ont fait une étude spéciale et approfondie ou de l'architecture, ou de la peinture décorative, ou du dessin. Mais s'agit-il d'une place d'organiste devenue vacante, de tous les coins de a province, sinon du pays, surgissent une foule innombrable de compétiteurs dont pas un seul, très souvent, ne peut dire qu'il a étudié ou la musique ou l'orgue. Ce qui est plus stupéfiant encore, c'est de voir souvent l'un ou l'autre de ces candidats l'emporter sur un musicien non sans valeur. »

Conclusion : organistes qui voulez-vous rendre aptes à remplir vos fonctions, allez à l'Institut Lemmens, à Malines (Belgique).

M. Roudil, directeur du Grand-Théâtre de Marseille, a enfin fait connaître le tableau de sa troupe pour l'année théâtrale 1887-1888. Voici cette liste :

Ténors: MM. Guille, Montariol, de Keghel, Caseneuve, Salle et Barbary. Barytons: MM. Chauvreau, Guillière et Germs. Basses: MM. Fabre, Schmidtt, Henri. Desval et Viola. Fortes chanteuses: Mmes Dauriac, Vieuxse et Romi. Chanteuses légères: Mmes Wilhem et Pasteron, Dugazons: Mmes Combes-Bouvard et Barbary, Duègne: Mme Barbot. Artistes de la danse: M. Natta, Mlle Comoli, Dieudonné Faguani, Bercé et Gauthier.

La saison s'ouvrira par les *Huguenots*.

AVIS ET COMMUNICATIONS

Le premier des quatre concerts annuals de l'*Association des artistes musiciens de Bruxelles* (43e année sociale), aura lieu à la fin du mois d'octobre. Le prix de l'abonnement, pour ces quatre concerts, reste fixé à 10 francs par personne. Les places sont numérotées. Le Comité a décidé que les anciens abonnés auraient la priorité pour la répartition de ces places. Les personnes qui désireraient rester abonnées, ou obtenir un supplément d'abonnement, sont priées de faire savoir (avant le 18 octobre), en indiquant *exactement*, avec leurs noms, prénoms et adresses, le nombre des places numérotées qu'elles voudraient avoir. Comme par le passé, les abonnés qui n'auraient pas répondu à la susdite date, seront considérés comme conservant leur abonnement.

Les réponses peuvent être envoyées à M. A.Lemaire, l'un des secrétaires, boulevard du Hainaut, 94. Le secrétaire se mettra à la disposition du public, pour les communications verbales, le mercredi de chaque semaine (jusqu'au prochain concert, de 6 à 8 heures du soir, au local de la Grande-Harmonie, rue de la Madeleine.

Nous signalons à l'attention de nos lecteurs les cours de musique (piano, chant) solfège, théorie et lecture musicale, musique d'ensemble, harmonie et composition, organisés par M. Ed. SAMUEL au local du pensionnat de demoiselles de Mme Ed. SAMUEL, 70, rue de Trèves, à Bruxelles.

Les leçons se cours pour tous les degrés de l'instruction musicale pourront être suivies par des élèves étrangères à l'établissement dans des conditions d'admission fort avantageuses.

Pour tous renseignements on est prié de s'adresser au local du cours tous les jours entre 11 et 3 heures.

La première séance de musique de chambre pour instruments à vent et piano, par MM. les professeurs Dumon, Guidé, Poncelet, Neuman, Merck et De Greef, aura lieu au Conservatoire Royal de musique de Bruxelles, le dimanche 30 de ce mois, à 2 heures de relevée.

Pour les abonnements, s'adresser à M. Florent, aile droite de l'établissement.

BIBLIOGRAPHIE

JOHANN-GEORG KASTNER, *ein Elsæssischer Tondichter, Theoretiker und Musikforscher*, (J.-G. Kastner, musicien,théoricien et musicologue alsacien), par Herrmann Ludwig, 8 vol. gr. in-8e, Breitkopf et Härtel, Leipzig, 1886. —

L'ouvrage dont il est ici question est dans le domaine de la biographie musicale la plus important et le plus complet qui ait paru depuis bien longtemps. Il est important par les détails qu'il nous apporte à la fois sur la vie et les œuvres du remarquable musicien qui en fait l'objet, et par les très intéressantes particularités qu'il contient sur un grand nombre d'artistes célèbres avec lequel G. Kastner fut en relations.Berlioz, Meyerbeer. Auber, Ambroise Thomas, Gounod, etc., etc. M. Herrmann Ludwig a mis en œuvre et coordonné avec un soin pieux les documents nombreux que la veuve de l'illustre savant avait mis à sa disposition. Ces trois énormes volumes sont pleins de faits, d'anecdotes, d'aperçus intéressants et nouveaux relatifs aux hommes et aux œuvres qui de près ou de loin ont quelque relation avec les travaux de Kastner.

On sait les immenses services rendus à la musicologie par le savant alsacien à qui l'organographie et l'histoire de la musique doivent d'importantes et magnifiques compilations. Ses recherches sur les Danses des morts, sur les chants militaires de France, sur les cris de Paris, sur les mythes relatifs à l'incantation sont demeurés des modèles. Esprit essentiellement encyclopédique, versé dans la connaissance des langues classiques, possédant en outre les principaux idiomes modernes, George Kastner était mieux que personne en état d'entreprendre des études qui demandent comme condition préalable le savoir exercé du philologue et la connaissance approfondie de la musique. C'est ainsi qu'il a pu ajouter une part importante au vaste travail d'érudition entrepris par les Coussemaker et les Fétis sur l'histoire de la musique.

Bien que ses travaux d'histoire demeurent le titre le plus sérieux de Kastner au souvenir de la postérité, M. Herrmann Ludwig s'est attaché à nous faire mieux connaître l'excellent et curieux musicien que fut ce savant. Ses compositions sont aujourd'hui un peu oubliées : son *traité d'instrumentation* n'a plus guère que le mérite d'être le premier en date, ses méthodes pour la plupart des instruments de l'orchestre ont été dépassées depuis, de même que son *Traité de haute composition*. Il n'en reste pas moins que ces ouvrages ont rendu en leur temps d'éminents services aux musiciens et à l'art et M. Herrmann Ludwig leur décerne un éloge mérité.

Le premier volume de l'ouvrage est consacré à la jeunesse de Kastner jusqu'au moment où il quitta Strasbourg (1835) pour aller à Paris. La Kastner s'occupe avant tout de se mettre en relation avec les artistes illustres et de compléter ses études de composition. M. Ludwig examine les diverses partitions dramatiques de Kastner, dont une seule, la *Maschera*, fut exécutée à l'Opéra-Comique en 1841, et il mêle à ces nouvelles recherches sur les vibrations des flammes et des artistes de l'époque.

Le troisième volume est consacré aux travaux d'érudition et aux ouvrages théoriques de Kastner et il se termine par une notice sur Frédéric Kastner, le fils de George, l'inventeur du pyrophone et l'auteur de curieuses recherches sur l'électricité qui firent sensation dans le monde savant en 1870.

Ces trois volumes, admirablement imprimés, sont ornés de dessins, de portraits, de fac-similés d'autographes extrêmement intéressants. A la fin du deuxième volume on trouvera le sextuor du *dernier roi de Juda*, une des compositions les mieux réussies de Kastner. Chaque volume a un appendice comprenant des notes, pièces, documents, renseignements de tout genre se rapportant au texte de l'ouvrage: signalons en passant à la fin du troisième volume une relation inédite sur les derniers jours de Meyerbeer : elle est de Gemmy Brandus, le père de l'éditeur Brandus qui vient de mourir à Paris. L'ouvrage se termine par le catalogue complet des œuvres de G. Kastner. En le parcourant on ne peut s'empêcher d'être saisi d'admiration pour l'étonnante fécondité de travail de cet homme remarquable, musicien distingué, esthéticien aux vues élevées, théoricien et musicologue prodigieusement érudit, qui fut à la fois un artiste sincère, un honnête homme et un cœur généreux.   M. K.

L'éditeur J. Vander Poorten, à Gand,vient de publier un chant patriotique dédié à S. M. le roi Léopold II : la *Bannière*, paroles de Victor Thory, musique de Charles Miry. Le roi voulant donner une marque durable du plaisir que lui a fait cette noble composition, a envoyé à

M. Théry une épingle enrichie de brillants, accompagnée d'une lettre des plus flatteuses.

〜〜〜〜〜〜〜〜〜〜〜〜〜〜〜〜〜

VARIÉTÉS

ÉPHÉMÉRIDES MUSICALES

— Le 7 octobre 1824, à Bruxelles (théâtre Royal), représentations de Martin, « artiste ex-sociétaire du Théâtre Feydeau et pensionnaire de S. M. le roi de France ». Telles sont les qualifications que donne l'affiche au chanteur célèbre qui parut dans huit soirées à la Monnaie en commençant par le *Petit Chaperon rouge*, de Boieldieu. « La voix de Martin, disait l'*Aristarque* (n° du 10 octobre) a conservé la même fraîcheur, la même pureté qu'elle avait, il y a 30 ans, mais elle n'a peut-être plus la même étendue ». Comme Calypso pleurant Ulysse, l'*Aristarque* salue de ces mots le départ de Martin. « La diligence cruelle (c'est-à-dire les Messageries royales) entraîne loin de nous Martin et nos plaisirs. »

C'était pour la seconde fois que Martin venait jouer à Bruxelles. Il avait déjà paru à la Monnaie, en 1802, du 25 juin au 16 juillet. La troupe de la Monnaie avait alors des artistes de mérite : Desfossés, Delos, Janninn, Juillet, Perceval, Dussessarts, Mme Lemesle, Rousselois, Delos et Constant-Langlade.

Le dernier rôle qu'il a créé, à Paris (4 mars 1833), est dans un opéra d'Halévy, *les Souvenirs de Lafleur*. Martin avait alors 65 ans. Il n'y a pas d'exemple d'une carrière aussi longue au théâtre. Autrefois on disait chanter les Martin comme on dit aujourd'hui chanter les barytons.

Jean-Blaise Martin était né à Paris, le 24 février 1768 ; il est allé mourir (28 octobre 1837) chez Elleviou, qui mieux partagé du côté de la fortune que son ancien camarade de l'Opéra-Comique, vivait dans un château près de Lyon.

— Le 8 octobre 1834, à Jarcy près Paris, décès d'Adrien-François Boieldieu. Sa naissance à Rouen, le 16 décembre 1775.

« Dans l'histoire de l'opéra-comique, Boieldieu est le dernier des anciens et le premier des modernes. *Ma tante Aurore*, le *Nouveau Seigneur* rappellent encore Grétry ; mais *la Dame blanche* ne rappelle plus rien du passé ; elle annonce l'avenir.

»... N'est-ce pas à la plus mélancolique de toutes ses mélodies que Boieldieu demanda comme un adieu suprême. On conduisait la mairie au cimetière avec la romance de Marguerite. Les cuivres attendrirent leur voix pour gémir comme le rouet. L'effet fut poignant. On pouvait chanter sur cette tombe : *Tournez, tournez, fuseaux légers !* D'autres mains les ont fait tourner depuis que celle-là s'est glacée, mais jamais avec une plainte plus douce, jamais avec un murmure plus harmonieux. » CAMILLE BELLAIGUE (*Un siècle de musique française*, Paris, Delagrave, 1887. p. 60).

— Le 9 octobre 1826, à Paris (Opéra), le *Siège de Corinthe*, 3 actes de Rossini. En tout 105 représentations. Dernière reprise, 8 mars 1844.

Lorsque Rossini vint pour la première fois d'Italie en France, on lui demanda un opéra nouveau. Le maestro, tout le monde le savait, aimait trop ses loisirs pour s'asseoir volontiers à l'œuvre ; cependant il choisit un terme moyen qui pût satisfaire aux intérêts de sa fortune et de sa renommée, sans troubler les heures si douces de son oisiveté ; il chercha dans son bagage ancien s'il n'y trouverait pas d'aventure quelque chose de nouveau et de bon pour les Français. On se passionnait alors pour la cause des Grecs. Rossini, en homme d'esprit, avisa qu'il avait dans ses malles un certain *Maometto*, joué à San Carlo de Naples (3 décembre 1820), qui pourrait bien à ce moment être de circonstance en France. Il se livra sur l'heure à deux poètes arrangeurs, il remania, augmenta sa partition, et *Maometto* ayant fait peau neuve, devint *le Siège de Corinthe*. Quelque critique qu'on en puisse faire l'œuvre reste comme un monument de la puissance de Rossini.

À Bruxelles, le *Siège de Corinthe* est du 21 août 1827, et la dernière reprise du 21 janvier 1852.

Suivant le catalogue Kastner, *Mahomet II* (*Die Belagerung von Corinth*) a été joué huit fois au Nationaltheater de Vienne, du 24 janvier au 11 septembre 1833. Vienne avait précédé Paris. C'est sans doute la version italienne.

— Le 10 octobre 1813, à Roncole près Busseto, ancien duché de Parme, naissance de Joseph-Fortunin-François Verdi, conformément aux registres de l'état-civil et d'après le beau livre de notre ami Pougin : *Histoire anecdotique de la vie et des œuvres de Verdi* (Paris, Lévy, 1886).

Taine, à propos du *Trouvère*, a écrit ceci de Verdi : « Sa température morale et naturelle est celle d'un homme ardent, d'un révolté, d'un

homme indigné, qui a longtemps concentré son indignation, et qui, souffrant, tendu, éclate tout d'un coup comme un orage ».

À son tour Paul de Saint-Victor de dire : « La musique de Verdi est de résistance. C'est une enclume qui use les marteaux ».

— Le 11 octobre 1860, à Londres (Théâtre de S. M.) *Robin Hood*, 3 actes de G. A. Macfarren. — Un grand succès auquel ne furent pas étrangers les excellents interprètes de l'ouvrage, Sims Reeves, Stanley, et Mme Lemmens-Sherrington, celle-là même qui tient aujourd'hui la classe de chant au Conservatoire de Bruxelles.

— Le 12 octobre 1818, à Londres (Covent-Garden) *the Barber of Seville*, paroles anglaises, plaquées en partie sur la musique de Rossini et avec une ouverture de Bishop !

Londres connaissait déjà *Il Barbiere di Siniglia*, l'opéra *very genuine* de Rossini, pour l'avoir vu représenter à Kingstheater, huit mois auparavant (20 mars), par une troupe italienne. Garcia dont c'était le début en Angleterre, chantait Figaro.

— Le 13 octobre 1785, à Toulouse, naissance de Jean-Madeleine Schneitzhœffer. Son décès à Paris, le 4 octobre 1852. — Musicien plus habile qu'heureux, à qui tout faisait obstacle, jusqu'à son nom, si terrible à prononcer par des bouches françaises, compositeur d'un sérieux mérite, qui tint longtemps les modestes baguettes de timbalier dans l'orchestre de l'Opéra, et n'eut qu'un succès réel, la musique du ballet de *la Sylphide*, dont Nourrit avait écrit le livret.

Schnietzhœffer, dont on vantait beaucoup l'esprit, était malheureux au possible de la désinence de son nom, et il l'inscrivait de cette façon sur ses cartes de visite :

SCHNEITZHŒFFER

Prononcez : *Bertrand*.

En réalité on l'appelait *Chéneserf*, et cela suffisait à le consoler.

▬▬▬▬▬▬▬▬▬▬▬▬▬▬▬▬▬▬▬▬▬▬

Nécrologie.

Sont décédés :

À Paris, le 30 septembre, Louis Brandus, le doyen aimé et respecté des éditeurs de musique.

La maison Brandus, fondée il y a une quarantaine d'années par la réunion des maisons Schlesinger et Troupenas, avait eu pour chefs, à son origine, M. Gemmy Brandus et Dufour ; Louis Brandus la dirigeait depuis 1872. Après avoir édité ou acquis la propriété de la plupart des opéras de Rossini et de Halévy, elle avait été amenée à céder ces œuvres à d'autres maisons, mais avait conservé en grande partie les œuvres d'Offenbach, de Meyerbeer, de Lecocq, d'Auber et d'Adam.

Louis Brandus, comme ses prédécesseurs, avait fait preuve d'une habileté consommée dans la direction de sa maison : il avait été l'exécuteur testamentaire de Meyerbeer, qui lui avait confié un moment, la destinée de ses opéras.

— À Neuilly, le 1er octobre, le comte Henri-Catherine-Camille de Ruolz, né à Paris, le 5 mars 1808, compositeur de musique, mais bien plus connu comme l'inventeur du métal argenté qui porte son nom. (Notices, *Biogr.* Fétis, t. III, p. 352, et Suppl. Pougin, t. II, p. 168.)

— À Paris, Mlle Aimée (Tronchon de son nom de famille), chanteuse d'opérettes et qui s'essaya aux Variétés dans les rôles de Schneider et débuta dans *Barbe bleue* où sa jolie voix et sa verve la firent applaudir. Ses principales créations sont les *Brigands*, le *Beau Dunois* et la *Cour du roi Pétaud*. On l'a revue à Paris dans la *Boulangère a des écus*. Mais la plus grande partie de sa carrière s'est passée en Amérique, où elle dirigeait une troupe qui pendant plusieurs années a fait des tournées brillantes et fructueuses.

— À Bath Breach (États-Unis), Mme Christine Dossert, épouse Reyland-H. Macdonald, née à Buffalo en 1855, chanteuse de concerts et d'oratorios.

— À Hoboken (États-Unis), le 10 septembre, à l'âge de 36 ans, Émile Krick, pianiste ayant servi dans l'armée autrichienne et qui depuis sept mois en Amérique, s'est donné la mort pour échapper à la misère.

— À Saint-Pétersbourg, le 27 septembre, Mme Eugénie Vigne, née Luguet, artiste dramatique du Théâtre-Michel. Elle avait en France commencé sa carrière, en chantant l'opéra, mais ayant perdu la voix, elle se consacra au drame.

XXXIIIᵉ ANNÉE — 13 octobre 1887 — NUMÉRO 41

Le Guide Musical

Paraissant tous les jeudis.

ᴀBONNEMENT	SCHOTT FRÈRES, ÉDITEURS.	ᴀNNONCES
France & Belgique, 10 francs par an.	Paris, Boulevard Montmartre, 19	La ligne . . . . Fr. 0.50
Les autres pays, 10 francs (port en sus)	Bruxelles, Montagne de la Cour, 82	On traite à forfait pour les grandes annonces.

VIOTTI
ET L'ÉCOLE MODERNE DE VIOLON

(Suite. — Voir le dernier numéro.)

IV

L'existence de Viotti était donc très occupée, très active, et l'on voit qu'il savait employer son temps, en dépit de la propension bien connue à la rêverie qu'on a maintes fois signalée chez lui. Pourtant, ses importants travaux de composition, les soins qu'il donnait à ses élèves, ses obligations envers le monde, le commerce familier qu'il entretenait avec un grand nombre d'artistes et d'écrivains, tout cela ne lui suffisait pas encore. Il fallait à l'activité de cet esprit souple, fécond, alerte et vigoureux un aliment plus fourni et plus substantiel; il fallait à cette intelligence toujours en éveil un noble but à poursuivre, un idéal à réaliser. Les circonstances allaient le seconder à souhait.

Il y avait alors à la cour un personnage assez singulier, que son dévouement et aussi son « talent » avaient mis, en dépit de son obscurité, dans les bonnes grâces de la reine, dont il était le... coiffeur. Ce personnage s'appelait Léonard Autié, et rien sans doute ne pouvait faire supposer qu'il dût s'occuper un jour de choses artistiques. « Le beau Léonard, coiffeur de Marie-Antoinette, a dit de lui un biographe, acquit une célébrité immense par son habileté à *poser les chiffons*; on appelait ainsi l'art

d'alterner les boucles de la chevelure avec les plis de gaze de couleur. On dit qu'il employa un jour quatorze aunes de cette étoffe sur la tête d'une seule dame de la cour. Le talent d'un si grand homme devait faire fureur. Comblé des faveurs du grand monde, il obtint le privilège du théâtre de Monsieur, composé des virtuoses italiens de l'époque, et pour l'exploitation duquel il s'associa, en 1788, avec le célèbre Viotti. Léonard, dont le véritable nom était Autier, et qui était Gascon, fut mis par la reine dans le secret du voyage de Varennes, et quitta secrètement Paris un peu avant le roi, chargé d'une partie de sa garde-robe. Mais il paraît qu'il n'était pas entièrement dans la confidence, car ce fut, dit-on, sur l'avis donné imprudemment par lui d'un retard survenu à la voiture royale, que l'officier forcé d'attendre au relais fit rentrer les chevaux précisément au moment où le monarque arrivait, ce qui occasionna son arrestation (1). »

Par quelle suite singulière de circonstances l'idée de fonder un théâtre avait-elle pu germer dans le cerveau d'un homme si étranger par sa profession à

(1) Dans le *Journal de Paris* du 8 thermidor an II — 26 juillet 1794, on trouve ce résumé d'un jugement du Tribunal révolutionnaire : — « *Tribunal révolutionnaire. Du 7 thermidor.* — J.-F. Autié, dit Léonard, 36 ans, né à Pam ou, coiffeur de la femme de feu Capet, ensuite employé dans la remonte générale, à Versailles..., convaincus (avec 11 autres accusés, aussi condamnés, et même jour, mais non dans la même série, que Roucher, André Chénier, le baron de Trenck, le marquis de Montalembert, le marquis de Roquelaure, M. de Créqui de Montmorency, et 30 autres accusés condamnés) d'être déclarés les ennemis du peuple, en participant aux complots et conspirations de Capet et de sa famille, en entretenant des intelligences avec les ennemis de la République, en vomissant des imprécations contre-révolutionnaires, en arborant la cocarde blanche, en conservant et recélant des écrits contre-révolutionnaires, en s'opposant au départ des volontaires, etc., etc, ont été condamnés à la peine de mort », Léonard était-il contumace, et que pourtant ne dit pas le journal ? Il faut bien le croire, car on sait pertinemment qu'il quitta Paris après les événements du 10 août, et qu'il alla se réfugier à l'étranger. Il est certain qu'il échappa, de façon ou d'autre, aux effets du jugement du Tribunal révolutionnaire, car il rentra plus tard en France, eut une part dans l'entreprise des pompes funèbres, et mourut sous la Restauration, le 24 mars 1820, avec le titre de valet de chambre de Monsieur. (Voyez *Annuaire dramatique* pour 1821-22, Paris, Cavanagh, in-32, pp. 367-369).

toute entreprise de ce genre? C'est ce qu'on n'a jamais su. Toujours est-il qu'une fois en possession de son privilège, Léonard — c'est sous ce seul nom qu'on le désignait d'ordinaire — s'occupa d'en tirer parti, Mais, complètement inexpérimenté en ces matières, il comprit tout naturellement qu'il lui fallait quelqu'un pour le guider, pour le conduire. C'est alors que, fort de l'appui de la reine, de celui de Monsieur, comte de Provence, frère du roi (qui fut depuis Louis XVIII), dont il avait obtenu le patronage, il alla trouver Viotti et lui proposa de s'associer à lui pour la direction et l'exploitation du nouveau théâtre. Celui-ci accepta et tous deux se mirent à l'œuvre. Viotti ne pouvait prévoir à quel point une telle affaire devait, par ses conséquences, peser sur son existence future; il ne pouvait supposer qu'à la suite de commencements très brillants, des événements inattendus et tragiques la rendraient désastreuse; il ne pouvait se douter qu'elle deviendrait la cause non seulement de sa ruine, mais des ennuis, des chagrins de toute sorte qu'il eut à subir par la suite, des calomnies dont il fut l'objet de la part de quelques misérables, et, finalement, de la résolution qu'il lui fallut prendre, quoique bien à regret, de s'éloigner de la France, de cette France qu'il chérissait et dont il avait fait sa patrie d'adoption. Il ne pouvait prévoir tout cela, et, songeant seulement à tout le parti qu'on pouvait tirer, pour l'avantage de l'art et son plus grand bien, des termes très étendus du privilège accordé à Léonard, il se mit en mesure d'asseoir le nouvel établissement sur des bases véritablement grandioses.

Placé, je l'ai dit, sous le patronage direct de Monsieur, le théâtre projeté devait prendre son nom et s'appeler « Théâtre de Monsieur. » D'autre part, ce prince habitant les Tuileries depuis que la cour s'était complètement fixée à Versailles, les entrepreneurs avaient obtenu de lui la jouissance de la salle de spectacle de ce palais. Le local étant trouvé, et exigeant seulement des aménagements nouveaux et une installation plus confortable, on n'avait donc à s'occuper que de la constitution financière de l'entreprise et de son organisation artistique. En ce qui concerne le côté matériel, on forma une compagnie d'actionnaires qui fournirent les fonds nécessaires, et parmi lesquels Monsieur choisit lui-même quatre administrateurs chargés de diriger et de surveiller la marche des principaux services. Viotti, qui avait mis dans l'affaire tout l'argent qu'il avait gagné dans le grand voyage par lequel il avait prélude à sa venue en France, prit, avec Léonard, le titre d'administrateur avec la gestion supérieure de l'entreprise, tandis que celui de directeur-général était attribué à Martini, alors surintendant de la musique du roi (1). Ces préliminaires terminés, on s'occupa de réunir le personnel, ce qui n'était pas chose facile si l'on songe

que le théâtre de Monsieur devait jouer simultanément trois genres très importants: l'opéra italien, l'opéra français et la comédie, etqu'il lui fallait, par conséquent, avec deux troupes de chanteurs et une de comédiens, un orchestre et des chœurs considérables et exercés.

Depuis dix ans, c'est-à-dire depuis l'époque où de Vismes avait appelé à l'Opéra, pour y donner une longue série de représentations, une compagnie de chanteurs bouffes italiens, on n'avait pas entendu à Paris de musique italienne. Il y avait une certaine hardiesse à installer à demeure, dans un théâtre nouveau, une troupe lyrique chargée de faire connaître au public français les grandes œuvres qui se jouaient de l'autre côté des Alpes. Avec son grand sentiment de l'art, Viotti voulut que cette troupe fût absolument supérieure, et je suis bien tenté de croire qu'il se chargea lui-même de son recrutement, ne voulant confier ce soin à personne. Je n'ai vu nulle part qu'il eût fait un voyage en Italie à cette époque; mais je reste convaincu que c'est lui qui assuma personnellement la tâche d'aller à la découverte et de réunir le personnel dont il avait besoin (1). Il eut la main heureuse, car il ramena en France la plus admirable compagnie chantante qu'on y eût jamais entendue; il suffit, pour le prouver, de citer les noms restés célèbres de Viganoni, Raffanelli, Mandini, Mengozzi, Rovedino, de Mmes Baletti, Galli, Morichelli et Mandini. Jamais on ne vit ensemble plus merveilleux, jamais on n'applaudit virtuoses d'un talent plus châtié, plus exquis et plus pur.

La troupe d'opéra français était surtout composée de jeunes artistes. Parmi eux il faut signaler Martin, qui devait acquérir une célébrité si rapide; Gaveaux, qui s'apprêtait à joindre le talent du compositeur à celui du chanteur; Lesage, dont la carrière devait se prolonger pendant plus de trente années; Saint-Aubin, Mmes Ponteuil, Lesage, Verteuil, etc. Pour la comédie, on trouvait les noms très estimables de Saint-Preux, Paillardelle, Berville, Pélissier, Mmes Pélissier, Dumont, Deschamps... Ce triple personnel, une fois formé, on songea à l'orchestre, et Viotti y mit tant de soin que, dès ses débuts, celui-ci fut considéré comme le meilleur de Paris; il est vrai qu'on y comptait des artistes tels que Rode (1er violon), Baillot (2e violon), Schmierzka (1er violoncelle), Hugot (1re flûte), Charles Duvernoy (1re clarinette), Devienne (1er basson), Frédéric Duvernoy (1er cor), et quelques autres qui étaient déjà renommés comme virtuoses. A la tête de cet orchestre fut placé Mestrino, artiste d'un talent absolument supé-

---

(1) Martini, qui vivait en France en portant un nom italien, était Allemand et s'appelait en réalité Schwarzendorf. Il est l'auteur de plusieurs opéras-comiques charmants et en réalité la romance aussi célèbre que touchante: *Plaisir d'amour ne dure qu'un moment...*

(1) Fétis pourtant a parlé de ce voyage; mais il se contredit dans deux passages de sa notice sur Viotti. En indiquant l'époque de sa mort, il dit : — " Il (Viotti) n'avait fait qu'un seul voyage en Italie, en 1786, à l'âge de trente-cinq ans, lorsqu'il alla y choisir les artistes qui composèrent la fameuse troupe des Bouffons de 1789. „ Or, quatre colonnes auparavant, il avait écrit ceci : — Dans l'été de 1788, il visita sa patrie et revit Fontanetto pour la dernière fois. Le soin d'assurer le sort de sa famille était le motif principal de son retour dans ce lieu. Il acheta une propriété à Saluçzolle, et y établit son père, qui ne jouit pas longtemps de cet état d'aisance, car il mourut l'année suivante. „

rieur (1). Enfin, pour que rien ne manquât au méca-nisme artistique de l'entreprise naissante, Viotti donna à son ami Cherubini la direction supérieure de la partie musicale, le chargeant des modifications qu'on pourrait juger nécessaire d'apporter aux ouvrages italiens qui seraient mis en scène, en même temps que de la composition des morceaux nouveaux qu'on croirait devoir y intercaler (2).

Toutes choses ainsi réglées, et la salle des Tuileries mise en état, le théâtre de Monsieur fut prêt à ouvrir ses portes dans les derniers jours de l'année 1788 ; mais les rigueurs d'un hiver exceptionnellement cruel retardèrent d'un mois son inauguration. Celle-ci eut lieu seulement le 26 janvier 1789, et ce fut la troupe italienne qui fut chargée d'en faire les honneurs en donnant la première représentation d'un opéra de Tritta, *le Vicende amorose*, qui obtint un très vif succès. Les nouveautés, comme on le pense, se succédèrent avec rapidité, surtout dans les premiers jours. Le 28 janvier, on donnait *le Marquis de Tulipano*, tra-duction française de l'opéra de Paisiello, et *le Bou-quet du sentiment*, comédie en un acte et en prose de Laudrin ; le 29, *l'Oncle et le Neveu*, comédie en un acte et en prose de Beaugeard ; le 3 février, *le Cheva-lier de Faublas*, comédie en un acte et en vers de Vil-lemain d'Ablancourt ; le 5 février, *la Jardinière suppo-sée*, traduction de l'opéra d'Anfossi ; le 8, *la Maison à vendre* ou *la Nuit de Grenade*, comédie en deux actes et en prose de Fiévée ; le 21, *il Re Teodoro*, de Pai-siello ; le 25, *le Bal et le souper des poètes*, comédie en un acte et en vers de Ronsin.

L'activité était telle au théâtre de Monsieur que, dans le cours de la première année de son existence, il ne donna pas moins de quarante ouvrages de divers genres, parmi lesquels onze opéras italiens et neuf opéras français (tous traduits de l'italien). Les ouvrages italiens, qui, pour la plupart, furent accueillis avec la plus grande faveur, étaient les suivants: *le Vicende amorose*, de Tritta, *il Re Teodoro*, *la Serva padrona*, et *Filosofi immaginarii*, *la Molinarella*, *il Barbiere di Siviglia*, de Paisiello ; *l'Impresario in angustie*, de Cimarosa ; *la Villanella rapita*, de Bianchi ; *l'Isola disabitata*, de Mengozzi ; *le Nozze di Dorina*, de Sarti ; et *la Pastorella nobile*, de Guglielmi. Les traductions étaient aussi fort bien accueillies, et plusieurs comédies obtinrent un vif succès. Le per-sonnel, dans tous les genres, était d'ailleurs excel-lent, et le public encourageait sa présence une entreprise qui faisait, pour lui plaire, les efforts les plus intelligents et les plus soutenus.

Par malheur, la gravité des événements vint para-lyser en partie ces efforts et entraver leurs résultats. Tout d'abord, vers le milieu du mois de juillet, les événements qui précédèrent, accompagnèrent et sui-virent la prise de la Bastille provoquèrent naturelle-ment une fermeture momentanée de tous les théâtres et lieux de plaisir (1). Cela était surtout préjudi-ciable à un établissement nouveau comme le théâtre de Monsieur. Toutefois il ne faisait en ce cas que suporter la loi commune, tandis que bientôt il allait être la victime unique et directe d'un autre évé-nement.

La journée du 6 octobre, en chassant la cour de Versailles et en la ramenant à Paris, lui fit repren-dre possession des Tuileries, que Monsieur avait abandonnées quelques semaines auparavant pour aller respirer à l'étranger un air moins chargé d'élec-tricité. La cohabitation de la cour et du théâtre était difficile ; elle dura quelque temps, mais bien-tôt celui-ci dut quitter la place et abandonner cette fameuse Salle des machines, qui avait abrité suces-sivement l'Opéra et la Comédie-Française, et où bientôt la Convention nationale devait se réunir pour juger et condamner Louis XVI. Le théâtre de Monsieur se trouvait donc sans asile, et, ne sachant où se réfugier, fut obligé d'interrompre ses spectacles pendant près d'un mois ; il alla enfin, en désespoir de cause, s'installer provisoirement dans la salle que les Variétés amusantes, en ce moment établies sur le boulevard du Temple, possédaient à la foire de Saint-Germain ; mais on pense si ce déplacement, dans une telle saison, dut rendre son exploitation difficile et lui être onéreux à tous égards ! (2) D'autre part, il ne pouvait rester dans le taudis où, faute de mieux, il lui avait fallu se fixer momentanément, et l'on dut songer à lui construire une salle nouvelle. Cela modifiait considérablement les conditions maté-rielles de l'entreprise, puisqu'il fallait trouver l'ar-gent nécessaire à une construction coûteuse, et par suite augmenter les frais généraux d'une façon très sensible.

Il me faut ici parler d'un projet que Viotti, qui ne s'était pas fait tirer l'oreille pour accepter, conjoin-tement avec Léonard, la direction du théâtre de Monsieur, avait conçu quelques mois auparavant. Le grand violoniste, qui avait évidemment la pas-sion des entreprises théâtrales, et qui plus tard, pen-dant son long séjour en Angleterre, fut associé dans la direction de la scène italienne de Londres, avait rêvé de devenir directeur de notre Opéra. Il dut

---

(1) Mestrino étant mort au mois de juillet 1789, eut pour successeur Bruni. Mais le caractère difficile de celui-ci ne lui permit pas de rester longtemps en fonctions. Le théâtre de Monsieur eut alors deux chefs d'orchestre : un Italien, Puppo, et un Français, Le Houssaye.

(2) J'ai dit plus haut que Cherubini, à son arrivée à Paris, demeura chez Viotti jusqu'au départ de celui-ci pour l'Angleterre. Les deux amis demeuraient alors 8, rue de la Michodière.

---

(1) On lisait dans le *Journal de Paris* du 14 juillet: « Quoique les spectacles ayent été annoncés hier et avant-hier, ils n'ont cependant pas eu lieu. » Dans ce même numéro et dans celui du lendemain 15, l'espace réservé d'ordinaire au pro-gramme des théâtres reste en blanc. Ces programmes ne reparaissent que dans le numéro du 21, où le journal les fait précéder de la note suivante: — « Le pro-duit des recettes de tous les spectacles de ce jour sera remis entre les mains de M. le maire de cette ville, pour être employé au profit des pauvres qui ont le plus souffert dans les circonstances actuelles. »

(2) C'est le 22 décembre 1789 que le théâtre fit sa clôture dans la salle des Tuile-ries. C'est le 10 janvier suivant qu'il donna son premier spectacle à la foire de Saint-Germain.

attendre pendant trente années la réalisation de ce rêve (tant d'autres attendent sans jamais voir leurs désirs accomplis!), mais il fit du moins tout ce qui était dans son pouvoir pour se faire confier, dès cette époque, les destinées de notre première scène lyrique.

L'Opéra était alors dans un désarroi lamentable. L'habileté et l'honnêteté de Dauvergne, à qui, pour la troisième fois, on en avait confié la direction, ne pouvaient rien contre l'esprit de résistance et d'anarchie qui régnait dans le personnel, par suite des sottises que l'administration supérieure avait accumulées dans le cours des années précédentes. La rigueur excessive de l'hiver 1788-89, en éloignant le public des théâtres, la gravité des événements politiques, en portant l'attention sur d'autres objets, avaient augmenté encore le chiffre du déficit que l'Opéra subissait annuellement. La machine était absolument détraquée; Dauvergne, sur qui pesait une lourde responsabilité, se montrait complètement découragé; tout enfin laissait prévoir une catastrophe prochaine. C'est à ce moment que Viotti conçut la pensée de remplacer Dauvergne, qui, sans doute, n'eut pas demandé mieux, et de solliciter la direction de l'Opéra, en l'entourant de prérogatives nouvelles et d'avantages particuliers. Castil-Blaze est, à ma connaissance, le seul qui ait fait mention de ses projets et se désirs à ce sujet : — « Le 30 mars (1789), dit-il, Viotti demande la direction de l'Académie royale de musique. Ce violoniste célèbre publie un long mémoire, il offre de déposer trois millions au trésor royal, et veut jouir de la souveraineté complète accordée [à Lulli sur tous les théâtres de France, bals, concerts, jardins publics. M. de Villedeuil répond, le 7 avril suivant, d'une manière évasive à l'ambitieux pétitionnaire. Quelle fortune pour Viotti! si l'on avait accepté ses millions, ils étaient confisqués six mois après (1) ».

(A suivre).   ARTHUR POUGIN.

LES THÉATRES

Un directeur provisoire, s. v. p.? — Débuts à l'Opéra. *— Réouvertures :* FOLIES DRAMATIQUES : *Surcouf ;* BOUFFES PARISIENS ; *Le Sosie.*

L'Opéra-Comique est toujours sans directeur. Il en aura un, peut-être, à l'heure où paraîtront ces lignes : en attendant la réouverture, qui devait avoir lieu mardi, est ajournée indéfiniment. On dit qu'elle est fixée à demain, vendredi. Mais il ne peut être question de l'ouverture avant la nomination d'un directeur... provisoire ou définitif. On a parlé cette semaine de M. Calabrési et de M. Victorin Joncières, qui seraient tous les deux d'accord avec les commanditaires de M. Carvalho. Mais alors a surgi une difficulté. Qui supportera le déficit éventuel d'une campagne qui pourrait ne pas être heureuse. L'État, disent les commanditaires ; les commanditaires, répond l'État. Vous pensez

(1) *L'Académie impériale de Musique,* t. I, p. 510.

si dans ces conditions l'entente est facile. M. Spuller, qui devait prendre une décision samedi dernier, a'avait pris encore aucune résolution mardi soir. A la dernière heure on disait que ce serait décidément M. Des Chapelles qui, au nom de la Société *Carvalho et Cie* administrerait provisoirement le théâtre en attendant l'issue du procès relatif à l'incendie.

Je me relève pas le bruit qui a couru que M. Lamoureux posait sa candidature à la direction de l'Opéra-Comique. Il est absolument faux. M. Lamoureux reprendra prochainement, le 30 octobre, ses concerts du dimanche, et en attendant il va diriger à l'Odéon quelques représentations de *l'Arlésienne* de Daudet, qui seront données à partir du 15 avec le concours de son merveilleux orchestre et de ses chœurs. Quant aux artistes de l'Opéra-Comique, ils ont reçu avis du ministère que leurs appointements d'octobre leur seraient intégralement payés conformément aux termes d'une circulaire où M. Carvalho leur promettait l'intégralité de leur traitement.

A l'Opéra nous aurons prochainement les quelques débuts que j'ai déjà annoncés :

Mlle Maret, qui sort du Conservatoire, et qui est nouvellement engagée, répète le rôle de *Magdalena* de *Rigoletto* et le *Prophète*; elle débutera très prochainement.

Mlle Bronville, également du Conservatoire, répète le rôle d'*Alice* de *Robert*.

Dans les premiers jours de novembre, on fera une reprise d'*Hamlet* de M. Ambroise Thomas, qui n'a pas été donné depuis près de trois ans. Le rôle d'*Ophélie* sera chanté par Mme Lureau-Escalaïs; M. Lasalle reprendra celui d'*Hamlet*.

En attendant, les Folies Dramatiques ont fait leur réouverture avec *Surcouf,* trois actes de MM. Chivot et Duru, musique de Robert Planquette. C'est un succès peut-être, une réussite à coup sûr; grâce à la banalité de la pièce et de la musique.

Les mésaventures du corsaire Surcouf pris par les Anglais au moment de ses fiançailles, emmené prisonnier en Angleterre et suivi par ses fidèles marins et sa fiancée, puis délivré par eux, et rentrant enfin en possession de sa liberté, de sa corvette et de sa fiancée, telle est l'intrigue. Toutes les vieilles rengaines sentimentales et comiques. *Le beau ciel de mon pays* et *Je bois à la Fyrrance,* rien ne manque à la collection. Il faut tirer cependant de ce fatras un duetto bouffe de pifferari chanté par deux matelots déguisés en grands seigneurs de la plus vieille noblesse palermitaine, qui mérite le *bis* sinon le *ter* qu'on lui a fait l'autre soir.

La pièce est, il faut l'ajouter, assez amusante. Joli succès, en somme, grâce d'abord à une salle plus que bienveillante, et aussi aux interprètes qui ont été excellents. M. Morlet chante et joue toujours comme s'il était à l'Opéra-Comique, et M. Gobin comme s'il était au Palais-Royal; c'est à ces deux interprètes que revient l'honneur de la victoire. MM. Duhamel et Montrouge sont assez cocasses, et Mlle Darcelle assez jeune et jolie, Mlle Darcourt assez expérimentée, pour qu'on passe condamnation sur ce qui leur manque.

La musique de M. Robert Planquette a été fort goûtée comme facile, agréable et sans prétention. En tout cas très bien adaptée au boulevard du Temple.

Les Bouffes Parisiens ont suivi de près les Folies. Ils ont fait leur réouverture, samedi, avec le *Sosie* de MM. Albin Valabrègue et Keroul, musique de M. Raoul Pugno.

Il n'y a pas à le dissimuler, l'affaire a mal tourné. La faute n'en est pas au musicien, mais au livret dont les imbroglios ne sont pas parvenus à dérider le public. La partition a sombré avec le reste. C'est grand dommage car il y a quelques charmantes pages dans l'œuvre de M. Pugno. Je citerai notamment l'introduction et le chœur d'entrée du premier acte; le chœur des Charlatans, un charmant dub: *Savez-vous qué dans le village,* une valse chantée par Mme Mary Albert, un trio bouffe très réussi du troisième acte, enfin la jolie ronde de nuit qui le précède, autant de pages qui font honneur au musicien.

Sauf M. Lamy parfait comédien dans le double rôle de Sosie, Mlle Mary Albert et la ravissante Mlle Gilberte, l'interprétation a été simplement satisfaisante. Mme Ugalde nous doit bien mieux que cela.

BRUXELLES

On attendait le début de Mme Landoury avec une impatience mêlée de curiosité. La façon dont la jeune cantatrice s'était fait connaître et apprécier aux concerts d'été du Waux-Hall, les circonstances d'un engagement qui n'avait pas été conclu sans quelque résistance de sa part; tout contribuait à rendre ce début très intéressant. Aussi le Théâtre de la Monnaie présentait un aspect fort brillant à la reprise du *Barbier de Séville* qui devait enfin permettre de juger l'artiste dans un milieu mieux approprié à l'épanouissement des facultés scéniques. Le succès n'a pas été douteux. Dès les premières mesures de l'air d'entrée, au deuxième acte, le charme opérait, la conquête était faite et l'andante, brillamment fioriture, s'achevait dans un tonnerre d'applaudissements. A partir de ce moment, la diva n'a pas cessé d'être l'objet des ovations les plus flatteuses et la soirée s'est terminée pour elle d'une manière triomphante.

Disons tout de suite que le grand succès de Mme Landouzy est bien justifié. Sa voix, d'un timbre très pur et très doux, un peu faible dans les notes du registre grave, est aussi d'une égalité parfaite et d'une souplesse extrême. Elle vocalise avec beaucoup d'agilité, sans effort, mettant une grande délicatesse dans les traits et infiniment de goût dans le phrasé. Mme Landouzy possède actuellement cette qualité rare de ne point forcer l'organe de la voix, de ne dépenser que l'intérêt du capital. Puisse-t-elle comprendre que c'est là un des attraits de son gracieux talent et qu'à forcer celui-ci elle ne ferait plus rien avec la même grâce.

Le caractère du personnage de Rosine qui vient de concilier spontanément à Mme Landouzy la faveur du public bruxellois, n'est pas tout à fait conforme à celui que nous ont fait connaître la plupart des étoiles du firmament lyrique. Nous avons gardé le souvenir de la mutine et étincelante pupille de Barthold telle que nous l'ont représentée notamment Mmes Patti et Sembrich. Mme Landouzy y apporte une certaine réserve, beaucoup de simplicité, un charme naturel et tranquille qui n'est pas pour déplaire. N'oublions pas d'ailleurs qu'il s'agit d'un premier début et que l'expérience bientôt acquise par la sympathique artiste fortifiera en la développant, l'impulsion de son merveilleux instinct.

C'est le moment d'espérer que la direction du Théâtre de la Monnaie, en possession d'une vraie chanteuse légère d'opéra-comique, se décidera à remonter des ouvrages de l'ancien répertoire peu ou point connus de la génération actuelle. Un chef-d'œuvre tel que l'*Enlèvement au Sérail*, certains opéras d'Auber, de Grétry, de Mehul, obtiendraient certes, à peu de frais, tout le succès désirable.

Pour en revenir au *Barbier*, il convient de mentionner l'impression très favorable produite dans le rôle d'Almaviva par M. Delaquerrière qui paraît être si sérieux progrès depuis qu'il a quitté le théâtre de la Monnaie. La vocalisation n'est pas le côté fait du talent de M. Delaquerrière qui erait pouvoir en profiter pour émettre, en voix de tête, une foule de notes haut perchées dans l'échelle tonale, mais absolument introuvables dans la partition de Rossini. Quand les chanteurs se décideront-ils à respecter le texte des morceaux qu'ils ont mission d'interpréter et non pas de modifier selon leurs convenances ou leurs caprices?

M. Rouyer faisait dans le rôle de Figaro son second début. Si le Théâtre de la Monnaie était institué pour servir d'école d'application aux Conservatoires de Paris et de Bruxelles, nous dirions que cet artiste a fait preuve d'aptitudes comme chanteur et comme comédien; qu'il possède, à défaut d'un riche organe, une voix généreuse déjà passablement cultivée, que M. Rouyer est en somme un élève bien doué chez qui les efforts doivent tendre à se modérer.

M. Isnardon a fait sensation dans l'air de la Calomnie et a composé son rôle de Basile d'une façon très amusante. Bartholo est toujours personnifié par l'excellent Chappuis, que l'on remplacerait difficilement s'il lui prenait fantaisie, comme à tant d'autres, d'aller récolter des lauriers en Russie.

Pour être bref, la représentation du *Barbier* a fait le plus grand plaisir; ce que voyant, un ancien abonné a conclu tout bas que le public, bruxellois n'est pas encore mûr pour le drame wagnérien. L'argument serait sans réplique si le *Barbier* n'était, dans son genre, un parfait chef-d'œuvre et si le public du théâtre de la Monnaie n'avait depuis longtemps fourni la preuve que l'on peut admirer dans la même semaine une belle partition de Rossini et une œuvre de Richard Wagner. Cette philosophie qui admet ce que chaque genre offre de bon, porte même un nom : l'éclectisme, et c'est parce qu'ils la pratiquent souverainement que les Allemands ont la chance de posséder un répertoire d'une variété inouïe.

Il est vrai d'ajouter que l'on venait d'applaudir, au cours de la leçon de chant, des variations de Proch, peu wagnériennes, comme on sait, et, en guise de couplet final, un rondeau de la *Somnambule*, peu un wagnérien. Mais elle eût pu chanter n'importe quoi, Mme Landouzy, on aurait applaudi quand même.

Ne quittons pas le théâtre de la Monnaie sans insister sur les représentations données par Mlle Blanche Deschamps, qui est venue très à propos donner un coup d'épaule au répertoire. On a fêté la charmante artiste qui nous a rendu Rose Friquet, Léonore et Mignon, prodiguant aux généreux les trésors de sa belle voix et déployant tous les avantages d'un talent désormais sûr de lui-même, initié à tous les secrets de l'art comme aux moindres finesses du métier.

E. E.

✍

L'engagement de M. Tournié est réalisé.

La direction a décidé de faire chanter les rôles de grand opéra par M. Engel et a engagé M. Mauras comme ténor d'opéra-comique.

M. Engel chantera la *Gioconda* de Ponchielli, et M. Mauras les *Pêcheurs de perles*, l'étude de ces deux œuvres sera activement menée.

✍

Nous avons été convié à assister samedi soir à la représentation extraordinaire d'œuvres d'auteurs belges donnée par le Cercle Symphonique et Dramatique de Bruxelles, au nouveau Théâtre de la ville, rue de Laeken. Le programme de cette intéressante soirée se composait de l'*Ami Pierrot*, opéra-comique inédit en deux actes, paroles et musique de M. Maurice Lefèvre, et de l'*Orphéon de Gembloux*, comédie inédite en 3 actes avec chœurs, par M. André Delchef. En dépit d'une exécution quelque peu sommaire, l'œuvre de M. Lefèvre a paru faire un grand plaisir au très nombreux public entassé dans la jolie salle du théâtre flamand. Il y a de l'imagination dans l'impromptu tragicomique intitulé l'*Ami Pierrot*. On y remarque des situations originales telles que la Sérénade à la Lune, la scène des gamins se moquant de Pierrot et dansant autour de lui, la chanson de Saint Antoine, avec harmonies imitatives à l'orchestre et le mélodrame de la mort de Pierrot, sur l'air du « Clair de Lune », en mineur, avec un dessin contrepointé. Mais l'inexpérience de l'auteur se fait voir dans la façon écourtée dont ces situations sont musicalement interprétées.

La musique de M. Lefèvre ne manque pas de distinction et l'instrumentation trahit une recherche fort louable de la part du jeune compositeur qui dirigeait lui-même l'exécution de son œuvre. Celle-ci n'a mis en évidence que la voix de M. Danlée, lauréat du Conservatoire, chargé du rôle de Pierrot. Ses partenaires Mlles Corroy et Passemore ont encore beaucoup à apprendre. Quant à M. Serigiers, il s'est efforcé de paraître drôle et il y a réussi.

L'*Orphéon de Gembloux* a été gaîment enlevé par la Section dramatique du Cercle à la fête de laquelle MM. Apol et Colfil tiennent la première place.

Une notice jointe au programme nous apprend que le Cercle Symphonique et Dramatique a été fondé le 24 janvier 1867. Durant les vingt années qui viennent de s'écouler, le Cercle a fait représenter 253 actes d'œuvres inédites des meilleurs auteurs belges. L'orchestre est composé de 65 exécutants placés sous l'habile direction de M. J.-B. Colyns, professeur au Conservatoire royal de Bruxelles. Par parenthèse une trentaine de musiciens seulement avaient pu prendre place dans le mauvais pastiche de l'orchestre de Bayreuth que l'on a adopté pour le Théâtre de la ville.

Nous détachons de la liste des œuvres d'auteurs belges représentées dans le courant de la période 1867-1887, les suivantes qui concernent plus spécialement l'art musical:

L'*orage au Moulin*, opéra-comique de MM. Wille et Berré; *Les Meuniers*, opéra-comique de MM. Powyss et Patrie; *Le Couteau de Castille*, opéra-bouffe de MM. Gillard et Berré; *Le Mariage de Marguerite*, opéra-comique de MM. Wille et Miry; *La Dot d'Isabelle*, opéra-comique de M. Van Synghel; *Le Chinois d'Edimbourg*, opéra-bouffe de MM. Powyss et Patrie; *Le Piège*, opéra-comique de M. Patrie.

〰

ANVERS.

Le Théâtre Royal a fait sa réouverture, mardi 27 septembre, par *Faust*, avec Mlle Adèle Rémy, chanteuse légère de grand-opéra, dans le rôle de Marguerite. Mlle Rémy, pour une raison de service, avait dû remplacer une camarade. Cette substitution, au début de la saison, a malheureusement donné lieu à de regrettable incidents. Quelques abonnés, probablement les mêmes qui, l'année dernière déjà, s'étaient distingués par leurs manières dictatoriales, n'admettant pas qu'un chanteur sorte de son emploi, ont opposé des huées aux moindres applaudissements adressés à Mlle Rémy; ils ont même sifflé. Je ne veux pas prendre la défense de l'artiste, je reconnais même qu'elle n'a ni la voix, ni le sentiment dramatique qui conviennent au personnage de Marguerite, mais on ne saurait trop blâmer la stupide cabale dont elle a été la victime. Mlle Rémy chantait le rôle par complaisance et elle nous avait quittée la saison dernière en nous laissant d'excellents souvenirs. C'est elle qui avait notamment créé sur notre scène le rôle de la princesse du *Cid*. On pouvait ne pas l'applaudir, mais de là à siffler il y a loin.

Les autres rôles ont été bien tenus. M. Kinnel est un des meilleurs Méphistophélès que nous ayons eus depuis longtemps; voix éclatante, jeu excellent et diction irréprochable. M. Giraud (Valentin) s'est fait rappeler après la scène du duel et M. Maillard (Faust) s'est très bien acquitté de son rôle; il a été revu avec plaisir.

Jeudi, la *Juive* a été donnée d'une manière très satisfaisante.

Comme nouveaux venus il y avait MM. Paulin, fort ténor, et Gardoni, basse noble. Tous deux ont plu au public. Mme Poissenot, la forte chanteuse, n'est pas une nouvelle venue pour nous ; depuis que nous ne l'avions vue, elle a gagné surtout comme jeu. Elle a été accueillie avec beaucoup de sympathie.

Vendredi, la *Traviata* nous a fait faire connaissance avec une chanteuse légère d'opéra-comique, Mlle Dinah Duquesne. Voix agréable, quoique peu étendue. La comédienne est excellente. En somme grand succès.

Dans *Si j'étais roi*, M. Giraud, le baryton d'opéra-comique, a été très remarqué. M. Giraud a une très jolie voix, sympathique, il joue avec aisance et, chose rare chez les artistes masculins, il s'habille avec goût ; il s'est fait fréquemment applaudir. Succès également pour Mme Duquesne et M. Kinnel. M. Maillard (Zéphoris), serait très bon s'il n'avait la mauvaise habitude de forcer sa voix. La nouvelle dugazon, Mlle Valzalier, dans les différents rôles qu'elle a tenus a fait preuve de talent.

Guillaume Tell, représenté jeudi, a procuré à M. Cambon et à son orchestre l'occasion de se distinguer. L'ouverture, remarquablement enlevée, a été l'objet d'une petite ovation. A part cela, comme le contralto et le baryton de grand opéra ont résilié après le premier acte, il n'y a pas lieu de s'étendre sur cette représentation. Je constate toutefois le grand et légitime succès de Mlle Rémy (Mathilde), après le récitatif et la romance du deuxième acte.

Par suite de la résiliation du baryton et du contralto, Mlle Poissenot et M. Giraud, ont au dernier moment, pris la place des manquants dans la *Favorite* et, ma foi, on n'a pas eu à s'en plaindre ; bien au contraire.

Somme toute, la troupe que M. Lafon est parvenu à constituer sera excellente et qu'il aura trouvé un contralto et un baryton dignes de notre scène.   H. R.

GAND.

La semaine qui vient de s'écouler a montré que l'on pouvait décidément être satisfait de la troupe de M. Van Hamme. *La Traviata*, *Faust*, *Lucie*, la *Juive*, ont successivement occupé l'affiche, et l'on ne saurait reprocher au directeur de ne pas varier ses spectacles. Mme Boyer a prouvé dans la *Traviata* et dans *Lucie* qu'elle avait profité des représentations de l'Albani et qu'elle avait étudié avec soin le jeu si passionné et si dramatique de la grande artiste. Cela ne lui a point nui, au contraire ; car elle a remporté deux beaux succès qu'elle a partagés, l'un avec M. Alvarez, notre nouveau ténor léger, qui a une bien jolie voix, mais qui ne la mue pas toujours aussi bien qu'il le pourrait, — l'autre avec M. Merritt qui est en pleine possession de sa voix et qui a chanté avec beaucoup de chaleur le rôle d'Edgar. M. Freiche a fait meilleur impression, mais il me semble que l'opéra-comique lui conviendra mieux, et je l'attends dans le *Barbier de Séville*. La *Juive* paraissait devoir être une épreuve décisive pour la basse, M. Athès, mais il n'en a pas été ainsi : après s'être montré satisfaisant et même bon au premier acte, M. Athès a décliné au quatrième, de manière à suspendre de nouveau les jugements. Mme Carrère n'a pas tenu, dans la princesse Eudoxie, ce que l'on était en droit d'attendre d'elle, après les *Huguenots*, mais elle était visiblement mal disposée et nous lui ferons grâce pour cette fois. Quant à Mme Laville et à MM. Merritt et Mauras, je n'ai qu'à signaler leurs succès persistants.

Les chœurs ne vont pas encore bien ; il est vrai qu'on les accable de répétitions, à ce qu'il paraît, et qu'ils ont parfois bien le droit d'être fatigués, le moment de la représentation venu. Les phoryphées sont toujours détestables et gâtent absolument les meilleures soirées ; c'est un point qui devrait être soigné sans retard, ainsi que je l'ai déjà dit lundi passé.

Le Théâtre-Minard a rouvert le 2 octobre ; on y joue alternativement *De Wonderdrank* et *De Martelares*, traduction de *Martyre* ! de D'Ennery, qui semble devoir remplacer *les deux Orphelines*. A côté d'anciennes connaissances, telles que M. et Mme Rans, Mme Van der Kieboon, Wannyn, on y a beaucoup applaudi deux jeunes débutantes, Mmes Cuypers et Dirickx, dont la première surtout paraît heureusement douée.

Je ne puis terminer sans dire un mot du bouquet que les membres de la Société Royale des chœurs ont offert samedi à leur directeur Paul Lebrun, à l'occasion du son succès au concours de Rome. Cette fête intime a été des plus cordiales et des mieux réussies. Après le banquet on a organisé un agréable concert où se sont fait entendre et applaudir MM. Soum, Liébaert, Baertsoen, Vertroost, Thiry et De Mulder ; ce dernier a dit avec finesse une jolie chanson inédite de Paul Lebrun. Et c'est ainsi que se sont achevées les solennités organisées en l'honneur de nos deux lauréats, tant il est vrai qu'en Belgique tout finit..... par des banquets.   P. B.

Nouvelles diverses.

Le livret que M. Gallet tire, avec l'autorisation et les conseils de M. Paul Meurice, du drame que ce dernier a écrit : *Benvenuto Cellini*, s'appellera *Ascanio*.

Le testament de Mlle Aimée, dont nous avons annoncé la mort, a été ouvert mercredi chez Me Bonneau, notaire à Paris. Elle a fait un legs considérable à l'Orphelinat des Arts. C'est à Mme Marie Laurent, présidente de cette société, à faire diligence pour l'envoi en possession. Une partie des biens qui doivent être convertis en capital se trouve en Amérique, et il est difficile d'en évaluer, même approximativement, le montant exact.

De tous côtés en Allemagne les théâtres se préparent au centenaire de *Don Juan*. Le théâtre de Hambourg paraît vouloir se distinguer particulièrement par l'originalité des fêtes qu'il organisera.Il donnera toute une série de représentations d'œuvres relatives au type du *Don Juan*. On jouera successivement le *Don Juan* de Tirso de Molina, le sombre drame espagnol qui a servi de point de départ à toutes les autres adaptations dramatiques de cette légende ; ensuite viendra le *Don Juan* de Molière ; enfin l'on donnera le *Don Juan* de Mozart.

A Leipzig, on donnera également le *Don Juan* de Tirso de Molina.

A l'Opéra de Berlin, il avait été question de donner le *Don Juan* de Mozart en italien. Les journaux ont protesté vivement contre ce projet qui doit être abandonné. On n'aurait pu apprendre aux chœurs berlinois à prononcer convenablement la langue harmonieuse de l'Italie.

A ce propos, M. Wilhelm Tappert proteste également contre l'exécution du *Don Juan* en grand opéra, et il demande que, puisqu'on veut honorer Mozart, son œuvre soit donnée telle qu'il l'a écrite, sans les récitatifs et les ajoutés postérieurs, avec le dialogue parlé et l'orphestration originale. Le vrai *Don Juan* de Mozart était un simple *Singspiel*, c'est-à-dire une comédie parlée avec des parties musicales. Les arrangeurs ont passé par là et ils ont modifié à la fois le caractère de l'œuvre et la portée que lui assigne Mozart lui-même. O les vandales !

On vient de découvrir à Weimar, parmi les papiers laissés par Liszt, un concerto inédit pour piano et orchestre, en la majeur. Il porte ce singulier titre : *Malédiction*. On croit que cette œuvre, dont Liszt n'avait jamais parlé à qui que ce fût, date de l'époque des *Années de Pèlerinage*, c'est-à-dire de son séjour en Suisse. Le manuscrit contient l'œuvre entière, mais dans certaines pages de la partie de piano l'auteur n'a fait qu'indiquer sommairement les traits ; l'accompagnement d'orchestre d'artiste également qu'à l'état d'ébauche. Le manuscrit est, du reste, chargé de variantes et de ratures de la main même de Liszt. Son élève et disciple, M. Bernard Stavenhagen, s'est mis à l'étude de l'œuvre et songe, paraît-il, à la mettre au jour.

Beatrice et Benedict, l'opéra d'Hector Berlioz, sera représenté prochainement sur la scène du théâtre de Carlsruhe, avec une traduction de M. Richard Pohl.

C'est sur le théâtre de Bade que cette œuvre fut créée en 1862. Les créateurs furent Mmes Charton-Demeure, Monrose, MM. Montaubry et Balanqué.

Nouvelles d'artistes en province : Mme Vaillant-Couturier a été très applaudie dans Marguerite de *Faust*, au théâtre de Nantes, dont la salle vient d'être réparée selon les exigences du jour.

Au théâtre de Bordeaux, début applaudi de M. Herman Devriès et de Mlle Jacob, dans *Faust* ; enfin, MM. Massart, Hourdin et Mlle Tanési ont été acclamés par le public dans les *Huguenots*, au Grand-Théâtre de Lyon.

La manie de bouleverser l'installation de tous les théâtres, sous prétexte d'assurer la sécurité du public, commence à porter ses fruits. Les spectateurs échappent au feu, c'est vrai, mais ils risquent à présent d'être noyés ou inondés.

Il y a quelques jours, c'était au théâtre de Grenoble qu'une trombe d'eau, partant du cintre, venait s'abattre sur les spectateurs de l'orchestre.

Quelques jours avant, une manœuvre maladroite faite à l'Ambigu à

Paris, le jour de la reprise des *Mystères de Paris*, avait comme résultat de submerger la scène et ses dessous. Au Stadttheater de Leipzig, le robinet de secours, ouvert par inadvertance, a donné l'autre jour, toute liberté d'action au système hydraulique, et en un instant les artistes en scène se trouvèrent subitement et complètement inondés Un véritable déluge! et cela se passait pendant la représentation, qu'il a fallu interrompre. Les artistes, trempés jusqu'aux os, ont dû regagner leurs loges, et le public a été très désappointé.

Sans doute l'eau fera moins de victimes que le feu, mais encore suffirait-il d'une panique, d'une de ces paniques bêtes dont on a vu si souvent les foules prises très mal à propos, pour occasionner des malheurs aussi graves par l'eau que par le feu. On n'a pas songé à prévenir les paniques; il semble, au contraire qu'avec toutes les mesures prises pour les sauver du feu on ait encore augmenté l'impressionnalité des spectateurs. On finira peut-être par s'apercevoir que toutes les commissions de sécurité qui fonctionnent partout depuis l'incendie du *Ring Theater* de Vienne ont fait beaucoup de bruit, peu de besogne et en fin de compte plus de mal que de bien!

Teresina Tua, la jeune et déjà célèbre violoniste italienne, fait en ce moment une tournée en Amérique. Elle jouera, le 17 courant, pour la première fois à New-York, dans Chickering Hall.

On annonce également l'arrivée à New-York de l'excellent pianiste belge Camille Gurickx, qui se rend à Chicago.

Lors d'une visite qu'elle a faite récemment à Dublin, M⁰ᵉ Marie Roze, la cantatrice en vogue de l'autre côté du détroit, a demandé à ses admirateurs, comme une faveur spéciale durant son séjour en cette ville, que toutes les bouquets qui lui seraient offerts ne fussent pas lancés sur la scène, mais lui parvinssent, soit par un commissionnaire, soit par la poste ou autrement. L'intention qui guidait la célèbre artiste n'était pas uniquement d'empêcher que cette avalanche de fleurs n'interrompit l'action dramatique; elle avait surtout en vue d'en faire hommage à l'infirmerie des Sœurs de la Merci. L'exemple est à suivre, dit le journal anglais qui rapporte le fait. Avis aux cantatrices que l'on a coutume de bombarder de bouquets, de corbeilles, de jardins entiers !

~~~~~~

AVIS ET COMMUNICATIONS

Les Concerts Populaires de Bruxelles vont entrer sous peu dans leur vingt-quatrième année d'existence, et d'ici à une quinzaine de jours M. Joseph Dupont aura lancé sa circulaire d'abonnement.

La première séance est fixée au 10 décembre et les deux suivantes auront lieu en janvier.

Il est question de l'engagement du pianiste Eugène d'Albert pour le 8 janvier, et parmi les œuvres dont l'étude est projetée figurent la quatrième Symphonie de Brahms, inconnue à Bruxelles, et la Messe des Morts de Berlioz. Quant au concert Wagner qui clôture chaque année la série, il sera composé en grande partie de fragments de *Tristan et Isolde*.

~~~~

Deux bourses spéciales de 1,800 francs, instituées pour encourager l'art du chant au Conservatoire royal de Bruxelles seront conférées à la suite d'un concours auquel sont admissibles tous les Belges n'ayant pas dépassé l'âge de 26 ans pour les hommes et de 22 ans pour les femmes.

Les inscriptions seront reçues au secrétariat du Conservatoire jusqu'au 12 octobre prochain. Le concours aura lieu le mercredi, 13 du même mois, à 2 heures.

Les demandes doivent être accompagnées de l'extrait de l'acte de naissance de l'aspirant et d'un certificat émanant du directeur d'une école de musique ou d'un professeur de chant et constatant que le postulant possède les connaissances musicales et les dispositions requises pour se présenter au concours.

Les bourses sont conférées pour un an. Elles peuvent être renouvelées d'année en année pendant trois ans, sur l'avis du président du jury chargé de la collation.

~~~~~~

VARIÉTÉS

ÉPHÉMÉRIDES MUSICALES

Le 14 octobre 1813, à Bruxelles, double apothéose pour honorer la mémoire de Grétry, mort le 24 septembre. Le matin, dans l'église du Grand-Béguinage, *Messe* de Gossec, et le soir, au théâtre, deux opéras du célèbre Liégeois : le *Jugement de Midas*, et le *Tableau parlant*. Une

pièce en vers de Bourson, récitée par lui, termina le spectacle, La péroraison mouilla bien des paupières; mais Grétry ! s'écrie le poète. acteur :

> « .... Hélas! il n'est plus! la Parque trop cruelle
> « Insensible à l'éclat d'une vie aussi belle,
> « De ses jours glorieux éteint le pur flambeau,
> « Le néant va saisir sa dépouille mortelle,
> « Mais son génie échappe à la nuit du tombeau! »

— Le 15 octobre 1803, à Ypres (Belgique), de parents français, naissance de François-Camille-Antoine, comte Durutte. — Son décès à Paris, le 24 septembre 1881.

Compositeur et savant théoricien, son livre capital: *Technie ou lois générales du système harmonique*, est plein de vues nouvelles, et bien que Fétis l'ait attaqué, il a été hautement approuvé par Gevaert et Gounod, entre autres. Son père, le général de division Durutte, avait commandé l'ancien département de la Lys, aujourd'hui province de la Flandre occidentale.

— Le 16 octobre 1844, à Lille, de parents belges, naissance d'Emile Mathieu.

Au mois d'avril dernier, des amateurs de musique ont eu l'heureuse chance d'entendre au piano une nouvelle œuvre d'Emile Mathieu, poète et compositeur d'une *Richilde* en trois actes, destinée au théâtre de la Monnaie et dont la partition déjà gravée appartient à la maison Schott.

Le directeur de l'école de musique de Louvain a déjà un bagage musical assez considérable. Le ballet des *Fumeurs de Kiff*, la comédie lyrique de *Georges Dandin*, le petit opéra-comique *la Bernoise*, deux cantates symphoniques et pittoresques. le *Hoyoux* et *Freyhir* avec son « homme au haz », si justement applaudi au Concert populaire, voilà un catalogue qui n'est certes pas à dédaigner.

Saint-Saëns fait le plus grand cas de Mathieu, et souvent, dit l'*Indépendance*, il nous a parlé de lui avec beaucoup d'éloge. Comme Saint-Saëns, Mathieu est de ceux qui cherchent la synthèse des différents styles du drame lyrique, « chant, déclamation, symphonie, unies dans un équilibre permettant au créateur l'emploi de toutes les ressources de l'art, à l'auditeur la satisfaction de toutes ses légitimes appétits. »

— Le 17 octobre 1838, à Anvers, *Guillaume Tell*, drame lyrique en 3 actes, de Grétry. C'est la résurrection d'une pièce des premiers temps de la Révolution française que Berton exhuma et arrangea pour barrer le passage au *Guillaume Tell* de Rossini. (Voir nos Eph. *Guide mus.* 15 sept. dernier) L'œuvre de Grétry courait risque de ne pas sortir de sa longue léthargie, quand elle parut tout à coup à l'Opéra.Comique (Paris, 24 mai 1828.) On ne la connaissait pas en Belgique, et Anvers fut la seule de nos villes où elle fut donnée.

Le *Journal d'Anvers* en constata le succès en disant que « la musique de Grétry avait satisfait jusqu'aux enthousiastes de l'école brillante et bruyante de Rossini. », Il faut le croire, car Rossini attendit longtemps son tour — près de sept ans, — avant que son *Guillaume Tell* n'eut franchi les passes de l'Escaut (Théâtre Royal, 25 février 1836).

— Le 18 octobre 1871, à Vienne (Hofopernhaus), la centième de *Lohengrin* de Richard Wagner. De la date de la première, 4 octobre 1870, jusqu'à la fin de 1886, le nombre des représentations a été de 160. — Au Nationaltheater, du 19 août 1858 au 17 février 1869, *Lohengrin* avait été joué 64 fois.

— Le 19 octobre 1828, à Inzago, province de Milan, naissance d'Adolfo Fumagalli. — Son décès, à Florence, 3 mai 1856. Un des plus brillants pianistes de l'Italie. A Bruxelles, notamment, dans un concert qu'il donna au Waux-Hall (3 avril 1854), son talent fut très admiré.

— Le 20 octobre 1870, à Rowney-Abbey, dans le Herfordshire, décès de Michael-William Balph dit Balfe. — Sa naissance, à Dublin, 15 mai 1808. De nombreux ouvrages que Balfe a écrits pour le théâtre, en Italie, en Angleterre et en France, un ou deux, tout au plus, sont encore au répertoire anglais. (Voir Eph. *Guide Mus.* 5 mai 1887.)

~~~~~~

Nécrologie.

Sont décédés:

A Paris, le 9 octobre, Maurice Strakosch, né à Lemberg en 1825, pianiste, compositeur, impresario et beau-frère d'Adelina Patti, la diva qu'il a fait connaître en Europe. Il venait de publier un volume ayant trait à ses pérégrinations artistiques dans les Deux-Mondes (Notice, *Musik Lexicon*, de Schuberth).

— A Alger, M⁰ᵉ Marie-Jeanne Lonati, née Sauné, artiste lyrique du théâtre de cette ville (1885 à 1886), ayant chanté les dugazon à Bruxelles.

EXTRAIT DES NOUVEAUTÉS

Publiées par la maison **SCHOTT FRÈRES**, à Bruxelles.

OCTOBRE 1887.

Bachmann, G. Quatre morceaux très faciles pour piano :

N° 1. Au bord du Tage, petite barcarolle . . 1 —
» 2. Les clochettes, mazurka . . . . . . 1 —
» 3. La charmeuse, valse 1 35
» 4. Le rêve de bébé, berceuse enfantine . 1 —

— Trois morceaux très faciles pour piano :

N° 1. La patrouille, petite marche 1 35
» 2. Marguerite, mazurka . . . . 1 —
» 3, Cendrillon, valse. . . . . 1 —

— Six morceaux pour piano :

N° 1. Marche bulgare 1 35
» 2. Succès, mazurka. 1 35
» 3. Collier de rubis 1 35
» 4. Paris, valse 1 75
» 5. Gavotte Duchesse 1 35
» 6. Floréal, mazurka 1 35

— Les sympathiques, douze études pour piano, livre 1, 2,
chaque 4 —

Behr, Fr. Joujoux, trois danses très faciles pour les petites
mains et doigtées,

N° 1 Valse, N° 2 Polka, N° 3 Polka-Mazurka.
chaque . . . 1 —

Ces morceaux ont été expressément composés pour les
enfants.

EDITION PETERS

Seul dépôt pour la Belgique
SCHOTT FRÈRES, ÉDITEURS, BRUXELLES

COLLECTION COMPLÈTE DES CLASSIQUES
Musique pour piano à deux et à quatre mains
Musique pour instruments avec accompagnement de piano
DUOS, TRIOS, QUATUORS, ETC.
PARTITIONS D'ORCHESTRE

ÉDITION DE LUXE

ENVOI DU CATALOGUE GRATIS
ENVOI FRANCO

Le Guide Musical

Paraissant tous les jeudis.

ABONNEMENT	SCHOTT FRÈRES, ÉDITEURS.	ANNONCES
France & Belgique, 10 francs par an.	Paris, Boulevard Montmartre, 19	La ligne . . . . Fr. 0.50
Les autres pays, 10 francs (port en sus)	Bruxelles, Montagne de la Cour, 82	On traite à forfait pour les grandes annonces.

SOMMAIRE. — *Viotti et l'école moderne de violon* (suite), Arthur Pougin. — Lettre de Berlin, Van Santen-Kolff. — Les Théatres, Paris, Bruxelles. — Nouvelles diverses. — Avis et communications. — Éphémérides musicales. — Nécrologie.

VIOTTI

ET L'ÉCOLE MODERNE DE VIOLON

(Suite. — Voir le dernier numéro.)

Il est certain que Viotti avait formé, au point de vue financier, une compagnie puissante, dont le but était l'exploitation de l'Opéra, qui s'en allait à la dérive. Il demandait le privilége de ce théâtre pour cinquante ans, offrant un cautionnement de trois millions et une redevance annuelle de 50,000 livres au Trésor, à la condition que ce privilége s'étendît à *toute l'étendue du royaume*, « ce qui comprend, disait-il, le droit et privilége exclusif des concerts de musique vocale et instrumentale, soit Français, soit Italiens, ou en d'autres langues, de même que des concerts spirituels, ainsi que le droit et privilége, également exclusif, de l'Opéra-Comique, des bals payants, et de celui d'impression de tous les poèmes, et paroles d'opéras ». L'entreprise était vaste, on le voit. Viotti agit d'ailleurs ouvertement, et, comme le dit Castil-Blaze, publia un *Mémoire*, devenu aujourd'hui rarissime, et dont voici le titre : *Mémoire au Roi*, concernant l'exploitation du privilége de l'Opéra demandé par le sieur Viotti (1). La publication de cet écrit ne

(1) Ce *Mémoire*, aujourd'hui rarissime, pour ne pas dire introuvable, forme une brochure in-8⁰ de 55 pages, sans lieu, ni date, ni nom d'imprimeur ou d'éditeur. Il est ainsi divisé : 1° Lettre de Viotti au roi, datée du 29 avril 1789; 2° Extrait d'une lettre de Viotti à Necker, directeur général des finances (du 23 mars) ; 3° Réponse de Necker à Viotti (du 26 mars); 4° Extrait de la soumission présentée par Viotti à M. de Villedeuil, ministre de la Maison du Roi, pour solliciter le privilége de l'Opéra : 5° Lettre de Viotti à M. de Villedeuil (du 30 mars) ; 6° Extrait de la

fut pas, on le pense, sans causer quelque émotion, non seulement dans le public, mais aussi, et surtout dans l'établissement qu'il visait directement. J'ai retrouvé la trace de cette émotion naturelle et fort vive dans une note que l'administration de l'Académie royale de musique prise à partie par Viotti, fit publier, pour se justifier, dans le numéro du *Journal de Paris*, du 19 avril 1789. Comme ceci constitue un chapitre jusqu'ici inconnu de l'histoire administrative de notre grande scène lyrique, je reproduis dans son entier cette note, d'ailleurs peu étendue :

ACADÉMIE ROYALE DE MUSIQUE.

Le Comité de l'Académie royale de musique croit qu'il est de son devoir, dans les circonstances présentes, de ne point laisser propager une assertion avancée dans un imprimé intitulé : *Extrait des propositions de la compagnie du sieur Viotti, concernant l'exploitation du privilège de l'Académie royale de musique, etc., etc.*

M. Viotti, en demandant le privilège de l'Opéra, avance que ce sera, pour le Roi, une épargne de plus de 250,000 liv. par an.

Comme il aurait été très fâcheux que Sa Majesté eût été dans le cas de sacrifier tous les ans une somme aussi considérable au soutien de ce spectacle, quelque essentielle que soit sa conservation, le Comité croit devoir démontrer la fausseté de l'exagération de la compagnie de M. Viotti, puisque d'après les comptes généraux, mis tous les ans sous les yeux du Roi, du Ministre de la Maison du Roi et du Ministre des Finances, le *déficit*, depuis Pâques 1780 jusqu'à Pâques 1789 (ce qui forme un espace de 9 années), a été seulement de 524,602 liv. 2 s. 6 den.; ce qui donne, pour l'année commune, un *déficit* de 58,289 liv. 2 s. 6 deniers.

Ainsi le *déficit* des 9 années est de 1,725,399 liv. 17 s. 6 d. au dessous de l'évaluation faite par M. Viotti, puisque, à son compte, il supposeroit qu'il en auroit coûté au Roi plus de 2,250,000 liv. pendant les 9 années.

On doit encore ajouter que le *déficit* réel des 9 années est encore de 175,399 liv. 17 s. 6 den. au dessous de celui des deux dernières années régies pour le compte de la Ville.

Il est à observer que dans le *déficit* de 524,602 liv. 2 s. 6 d., sont

réponse de M. de Villedeuil à une tierce personne, concernant les propositions de Viotti (du 7 avril); 7° Objections contenues dans la lettre du ministre à M......, avec les réponses de Viotti (du 13 avril); 8° Dernière lettre de Viotti à M. de Villedeuil (du 16 avril), suivies de réflexions sur l'état actuel de l'Opéra. Cette dernière partie, très polémique et un peu en forme de pamphlet, est une critique très nerveuse, très vive, très serrée, de la direction et de l'administration de l'Opéra personnifiée alors par Dauvergne et Morel.

comprises les augmentations considérables faites, sans le secours du Trésor royal, à la salle provisoire, de même que les pensions des acteurs retirés depuis 1780, lesquelles s'élèvent aujourd'hui à la somme de 600,000 liv.

Le Comité attend avec respect ce qu'il plaira au ministère de statuer, d'après les propositions de la compagnie de M. Viotti. Il se contentera d'observer seulement que M. Viotti ne connoît probablement pas l'arrêt du conseil de 1780, par lequel le Roi, dans la vue d'assurer de plus en plus les plaisirs du public en excitant le zèle et l'émulation des premiers sujets, leur a abandonné tous les bénéfices qui pourraient résulter d'un travail encore plus assidu de leur part, et en effet ils ont partagé entr'eux dès la première année environ 400,000 liv. Ainsi le motif d'émulation que se propose M. Viotti, dans son imprimé, existe depuis 1780. Il y auroit un lieu d'espérer d'autres bénéfices, sans l'incendie de 1781, qui a nécessité un nouveau fonds de décorations et d'habits, cause principale du *déficit* des années suivantes (1).

Ce n'est pas ici le lieu de discuter une série de chiffres qui me paraissent, je l'avoue, groupés d'une façon un peu fantaisiste. Le Comité, qui administrait fort mal l'Opéra, jugeait cependant utile de se défendre; cela se conçoit, et tout mal qu'il pût le faire il usait d'un droit que personne n'eût su méconnaître. Se défendait-il plus adroitement et plus efficacement auprès du ministre? ou bien Viotti renonça-t-il de lui-même à son projet? C'est ce que j'ignore absolument. Toujours est-il que ce projet n'eut pas de suites, et que la direction de l'Opéra, convoitée par Viotti en 1789, ne fut obtenue par lui qu'en 1819, — Mieux vaut tard que jamais !

(A suivre).   ARTHUR POUGIN.

Lettre de Berlin

Après le calme bienfaisant de l'été, voici la mélancolie mourante de la chute des dernières feuilles jaunies, les premiers soirs nébuleux et tristes, les souffles âpres annonçant la venue lente et sûre des froids... et voici aussi leurs compagnes inséparables: les premières escarmouches de la saison artistique, précédant les combats sérieux pour l'idéal, toute cette vie bruyante, agitée, fébrile des campagnes musicales et théâtrales.

Les concerts populaires de symphonie, — à 70 pfennig l'entrée — ont, selon la coutume, ouvert la série, tant au « Concert-Haus » qu'à la « Philharmonie ». Au « Concert-Haus », où régnait naguère Bilse, retiré depuis deux ans, dirige aujourd'hui un jeune musicien anglo-germain, Carl Meyden, qui vient d'inaugurer sa seconde saison avec un orchestre formidable, excellent sous bien des rapports; à la « Philharmonie », M. Kogel, que vos lecteurs belges connaissent pour l'avoir vu il y a deux ans à Gand, à la tête de la troupe d'opéra allemand, à succédé à dater du 4 octobre, à M. Mannstaedt, appelé au poste de premier chef-d'orchestre de la Cour, à Wiesbade. M. Kogel est un musicien distingué connu par des compositions pour piano et des réductions des chefs-d'œuvre de Méhul, Gluck, Chérubini, Spohr, éditées par la maison Péters à Leipzig. A son actif il y a mainte campagne théâtrale: il a dirigé à Nuremberg, à Cologne, à Leipzig, etc. Le printemps dernier, l'orchestre philharmonique l'a élu, à l'unanimité, après un début victorieux. M. Kogel semble dès à présent être le *right man on the right place.*

Au milieu des pièces accoutumées de son répertoire ou les extrêmement varié, trop varié peut-être, M. Meyden vient de

donner la première exécution d'une très remarquable *Symphonie tragique* du compositeur danois Asgen Hamerik.

La direction du « Concert-Haus » annonce son 4,000ᵐᵉ — je dis bien: quatre-millième — concert pour la mi-novembre.

En attendant ce *grand event*, on ne parle à Berlin, que de l'apparition d'un nouvel enfant-prodige guisuit de près ce jeune pianiste-compositeur de neuf ans, Joseph Hoffmann, qui a remporté d'éclatants et bruyants triomphes cet été en Hollande. Il s'agit cette fois d'une toute jeune fille de onze ans, Mˡˡᵉ Pauline Ellice. Elle vient de donner, avec un succès étourdissant, trois concerts consécutifs dans la salle « Kroll », et un concert dans la salle de la « Philharmonie », avec le concours de l'orchestre de ce nom où elle a interprété comme pièce, de résistance le concerto de piano en *ut* mineur de Beethoven.

Mˡˡᵉ Sembrich vient aussi de donner un concert ici, mais je ne me suis pas senti le courage d'y assister. En vérité, si parfaite que puisse être l'exécution vocale, il n'est plus possible de se laisser captiver par les niaiseries, valses d'Arditi, airs de Thomas, de Bellini, variations de Proch et autres puérilités, qui forment le répertoire de cette cantatrice. On la dit remarquable virtuose du chant, douée d'une belle voix, mais qu'importe. Son tempérament artistique la porte fatalement à se vouer à ce genre de musique banale, sans pensée ni élévation dont George Elliot (1) a dit fort à propos : « Qu'elle est une forme de mélodie qui exprime un état puéril de civilisation et fait la passion des gens dépourvus de tout horizon mental. » Et à ce propos me revient en mémoire un aphorisme de Schumann. « A mesure qu'on avance en âge, mieux vaut se vouer aux partitions qu'aux virtuoses. La virtuosité n'a de valeur que quand elle s'assujettit à un but élevé ». (2).

La composition du programme du concert de Mˡˡᵉ Sembrich a du reste offert un exemple, heureusement rare, de mauvais goût. Le séraphique prélude de *Lohengrin* était intercalé entre la ridicule scène de la folle de *Hamlet* et la triviale Polacca des *Puritaine* de Bellini. C'est en l'an de grâce 1887 et dans la capitale du pays qui se vante d'être le berceau du grand art que le public a docement accepté ce sacrilège. La célèbre diva avait, en outre, porté au programme un *lied* du comte de Hochberg. Petite flatterie, bien innocente peut-être à l'adresse du tout-puissant intendant de l'Opéra.

Voilà pour les préliminaires. Au moment où vous recevrez ces mots, la saison se sera ouverte sérieusement. Cette semaine, en effet, ont eu lieu les trois premiers concerts véritables, consacrés à la grande musique; le premier concert symphonique de l'orchestre de l'Opéra royal; la première séance du quatuor Joachim; et le premier concert symphonique de l'orchestre Philharmonique, sous la direction de Hans de Bülow.

Berlin, le 14 octobre.   J. VAN SANTEN KOLFF.

LES THÉÂTRES

PARIS

Enfin l'Opéra-Comique a trouvé un directeur provisoire. Le choix de M. Spuller, ministre de l'instruction publique et des beaux-arts s'est porté sur un candidat qui n'avait été signalé par aucun journal, M. Jules Barbier, l'auteur des livrets de *Faust*, de *Mignon*, de *Roméo et Juliette*, etc. M. Jules Barbier est un ami personnel de M. Carvalho, très initié au mécanisme intérieur de l'ancien Opéra-Comique, bien vu des commanditaires et qui par ces diverses raisons a été tout de suite accepté par M. Spuller. Reste à savoir ce que donnera la nouvelle direction provisoire.

L'ouverture de l'Opéra-Comique, installé à l'ancien Théâtre des Nations, a eu lieu sans incident, samedi dernier par la 380ᵉ représentation de *Roméo et Juliette*, le grand drame shakespearien, fortement édulcoré par l'adaptation de M. Barbier et la musique de Gounod à fait une impression un peu triste sur l'auditoire. On eût préféré pour la réouverture l'un des chefs-d'œuvre consacrés du genre : le *Pré-aux-Clercs*, la *Dame Blanche* ou *Fra Diavolo*, à ce pseudo-drame lyrique qui n'est pas un opéra et moins encore un opéra-comique.

La représentation a du reste convenablement marché, avec les chanteurs si souvent entendus à l'ancien Opéra-Comique : Talazac, Mᵐᵉ Isaac, MM. Moulierat, Fournets, Fugère et Bouvel. Le public a fait une bruyante rentrée à ces artistes aimés, ainsi qu'à l'orchestre et à son chef M. Danbé.

---

(1) La publication de cette pièce de comptabilité justificative ne fit sans doute qu'aigullonner Viotti, car, trois jours après, il écrivait à un grand seigneur pour lui rattrahir la méprise sur son projet, et pour se plaindre des difficultés que rencontrait la publication du mémoire qu'il voulait adresser directement au roi sur la question de l'Opéra. Ce mémoire a-t-il paru? C'est ce que je ne saurais dire. Mais voici la trace que j'en ai trouvée dans un catalogue d'autographes :

« *Viotti.* — Lettre autographe signée, à Monseigneur. — Paris, 22 Avril 1789,
« Il rappelle à propose une combinaison nouvelle pour l'exploitation du privilège de l'Opéra, et se plaine des entraves mises à l'impression de son Mémoire au Roi sur ce sujet. » — (Catalogue d'une vente d'autographes, le 19 Décembre 1871, Paris, J. Charavay).

(1) *Daniel Deronda.*
(2) *Maximes musicales.* Signalons à ce propos une nouvelle traduction de ces maximes que publie en ce moment l'*Indépendance musicale*, sous la signature de M. Amédée Boutarel.

Il paraît que M. Barbier veut pousser *Roméo et Juliette* jusqu'à la 400ᵉ représentation qui aurait lieu ainsi sur la même scène où précisément cet ouvrage vit le jour il y a quelque vingt ans, le 27 avril 1867. Malheureusement il va perdre l'un de ses principaux interprètes, M. Talazac. L'excellent ténor nous quitte en effet : il a chanté mercredi soir pour la dernière fois le rôle de Roméo, qui sera tenu à partir de samedi, par M. Lubert, M. Talazac va faire une tournée en Espagne.

A l'Opéra, rien d'intéressant à signaler. Les représentations se suivent et se ressemblent, en attendant la solennité organisée à l'occasion du centenaire de *Don Juan*, définitivement fixée au 28 octobre, et la 500ᵉ de *Faust* qui aura lieu probablement le 5 novembre. A ce propos on avait annoncé que Mᵐᵉ Krauss ou Mᵐᵉ Fidès-Devriès chanterait ce soir-là, le rôle de Marguerite. Il n'en est rien. C'est Mᵐᵉ Luveau-Escalaïs, la Marguerite du moment, qui, ainsi que nous l'avons dit, donnera la réplique à Faust, Jean de Reszké, le soir de cette cinq centième.

M. de Reszké et Mᵐᵉ Bosman répétant en ce moment *Don Juan*, les études de la *Dame de Montsoreau* sont un peu paralysées depuis une quinzaine de jours.

A l'Odéon, samedi, reprise de l'*Arlésienne* avec l'orchestre et les chœurs de M. Lamoureux. Succès énorme pour la partition de Bizet qui encadre si merveilleusement le drame intense de Daudet. Le public a fait une véritable ovation à M. Lamoureux et à ses artistes. Il a fallu tout bisser.

Au même théâtre nous aurons sous peu un autre drame à musique. M. Legendre a lu, mardi, à M. Porel une pièce en quatre actes tirée de *Beaucoup de bruit pour rien*, de Shakespeare et pour laquelle M. Benjamin Godard a écrit une musique de scène qu'on dit assez développée. L'ouvrage va être mis immédiatement en répétition et passera, dit-on, fin novembre, — mettons fin décembre.

BRUXELLES

Nous arrivons bien tard pour annoncer aux lecteurs du *Guide* l'éclatant début de Mᵐᵉ Melba dans *Rigoletto*. Nos confrères de la presse quotidienne nous ont devancé de plusieurs jours, répandant en tous lieux la bonne nouvelle et mettant à profit un large vocabulaire d'éloges à l'endroit de cette artiste dont Bruxelles vient de commencer la renommée. Tous demeurent unanimes dans la louange, et la plupart empruntent à la science astronomique les termes figurés de leurs hyperboles. C'est qu'en réalité Mᵐᵉ Melba possède le pouvoir rayonnant de l'astre, sa personne et son talent exercent une véritable attraction.

La légende fait de Mᵐᵉ Melba le séduisant portrait d'une femme du monde, riche, et qu'un irrésistible penchant attire vers les émivements de la carrière théâtrale. Ajoutez-y la réalité tangible : beauté du visage et des formes, timbre de voix du métal le plus précieux, méthode admirable, sentiment très musical, intelligence de la scène, et dites-nous si jamais début se présenta dans des conditions plus favorables.

Le choix fait par Mᵐᵉ Melba du rôle de *Gilda*, pour son premier début, marque une tendance vers le drame lyrique. *Rigoletto* n'est pas un opéra à roulades ; la rapidité de l'action n'y comporte aucun luxe de fioritures ; le musicien, aux prises avec des situations qui exigent une dépense constante d'éléments expressifs, y court droit au but, procédant à grands coups de mélodie, tendre ou pathétique à certains moments, mais à tout prendre violent et trivial dans l'ensemble. Mᵐᵉ Melba montre de la vigueur et de la passion dans les scènes du 3ᵉ et du 4ᵉ acte ; elle a eu des accents de tendresse dans le duo du 2ᵉ acte avec Gilda et son père ; sa voix domine sans effort et soutient puissamment le dessin mélodique, lorsqu'elle plane au dessus d'autres voix comme dans le quatuor que le public a bissé avec enthousiasme. Ces qualités expressives, non encore parvenues, sans-doute, à leur pleine maturité, jointes à la sobriété du jeu, ainsi qu'à la beauté des attitudes, promettent une tragédienne lyrique. Il serait regrettable qu'un talent de cette envergure, qu'une organisation aussi exceptionnelle dût se stériliser dans la pratique d'un art qui a vécu. Mᵐᵉ Melba récoltera de grands succès chaque fois qu'elle abordera l'ancien répertoire italien. Elle est à même d'y briller à côté des plus illustres interprètes de ce genre démodé. Mais il nous paraît que c'est dans le drame contemporain, dans l'épopée wagnérienne, que cette future grande artiste pourrait prendre une place vraiment sienne et qui la mit en parfaite évidence. On nous dit que Mᵐᵉ Melba se livre dès à présent à l'étude des rôles de *Lakmé*, d'*Ophélie* et de *Marguerite* qu'elle chanterait prochainement, une tendance signalée plus haut et fait espérer que Mᵐᵉ Melba ne s'en tiendra pas à la carrière italienne.

La représentation de *Rigoletto* n'a pas mis seulement en évidence le talent de la débutante. La plupart des interprètes ont contribué à lui donner de l'éclat, partageant avec l'élève de Mᵐᵉ Marchesi les bravos interrupteurs du public. M. Seguin a composé magistralement son rôle de Rigoletto et il l'a chanté avec des nuances dont il y a lieu de lui tenir compte. L'excellent baryton a eu des moments superbes où il s'est révélé artiste de tout premier ordre. Toujours en voix, malgré les fatigues d'un service continu, M. Engel a fait le plus grand plaisir dans le rôle du duc de Mantoue, et M. Vinche a puisé, dans le creux de sa basse-taille, quelques notes infernales d'un effet mélodramatique.

Rigoletto a servi de début à une jeune cantatrice ayant recueilli des succès de bon aloi dans les concerts. Il nous a paru que les rôles de contralto ne conviennent guère à la voix de Mᵐᵉ Devigne et que celui de Madeleine n'entre nullement dans ses cordes. Il convient de réserver pour plus tard l'opinion qu'on peut se faire des moyens vocaux de cette gracieuse artiste.

Les artistes de la Monnaie avaient pris à cœur de donner la réplique à Mᵐᵉ Melba en italien. Il n'y a eu d'exception que pour les chœurs qui ont été chantés en français, avec beaucoup de vaillance et d'ensemble, quelquefois trop fort, lorsque la situation commandait l'emploi du *piano* ou du *double piano*.

Mᵐᵉ Blanche Deschamps nous a fait ses adieux vendredi dernier dans *Carmen*, l'opéra de Bizet, qui lui a valu naguères d'honorables succès à Bruxelles. Bien qu'elle apporte toujours sa belle voix dans l'interprétation du rôle de la Carmencita, il nous a paru que Mᵐᵉ Deschamps forçait légèrement la note caractéristique et qu'il y avait dans son jeu certaines inégalités. Aussi préférons-nous rester sous l'impression laissée par la charmante artiste dans la *Favorite*. Carmen servait en même temps de début à un nouveau ténor chargé de suppléer M. Engel qui va reprendre l'emploi des ténors de demi-caractère. M. Mauras a un physique agréable, de la distinction et une voix qui plaît. Etait-ce fatigue ou inexpérience, mais il nous a semblé que les notes élevées de cette voix ne sortaient qu'avec effort ? Peut-être n'est-ce là qu'un inconvénient passager dont il ne restera plus trace aux représentations futures. La représentation de la *Favorite* a permis de constater, depuis lors, une amélioration sensible. M. Mauras a fait plaisir et sa présence au théâtre de la Monnaie facilitera définitivement la marche du répertoire. La dernière semaine a été fort brillante. Souhaitons qu'à l'avenir il en soit toujours de même. E. E.

Nouvelles diverses.

LA MUSIQUE A L'EXPOSITION DE 89. — Le ministre du commerce, de France, s'inspirant des précédents des Expositions de 1867 et 1878, a pensé qu'il convenait de faire à l'art musical une part digne de son importance à l'Exposition de 1889. Tout en maintenant le principe des concours qui est le principe fondamental des expositions de toute espèce, il serait difficile d'en constituer pour les orchestres.

En conséquence le ministre a décidé de répartir ainsi qu'il suit, l'exposition musicale de 1889.

1ᵉ Concours pour les paroles et la musique d'une cantate avec chœurs, soli et orchestre ;

2ᵉ Concours pour la musique d'une marche militaire.

3ᵉ Auditions d'orchestre.

4ᵉ Concours d'orphéons et de sociétés chorales.

5ᵉ Concours de fanfares et de musiques d'harmonie.

6ᵉ Concours de musiques militaires. Des prix en argent seront attribués aux deux premiers concours, et des médailles aux trois autres. Des ludemilités seront accordées aux orchestres admis à se faire entendre

Une commission des auditions musicales est constituée et subdivisée en comités de sections chargés d'organiser les auditions et les concours et de juger ces concours. Parmi les membres des divers comités figurent MM. Thomas, Gounod, Reyer, Saint-Saëns, Chabrier, Godard, de Lajarte, le marquis d'Ivry, etc.

La nouvelle publiée récemment que *Tristan et Yseult* ne serait pas donné l'an prochain au Théâtre-Wagner, cause un vif désappoin. tement parmi les wagnériens français et belges. Il en est bon nombre, qui, n'ayant pu se rendre aux représentations de 1886, et connaissant déjà *Parsifal*, se proposaient de faire le voyage, en 1888, pour entendre *Tristan* D'autres que n'avait pu satisfaire une première audition de ce chef-d'œuvre, formaient le projet d'y retourner. Certes, l'exécution des *Maîtres Chanteurs* ne manquera point d'intérêt dans les conditions exceptionnelles où elle aura lieu à Bayreuth, mais on n'a pas eu d'aussi fréquentes occasions de voir *Tristan*. Ce dernier ouvrage passionne toute la jeunesse artiste qui ne se consolera point d'en voir ajourner la représentation.

Le compositeur berlinois Philippe Scharwenka, met la dernière main à un opéra de chevalerie en quatre actes, intitulé : *Roland.* — A Roncevaux ?

☙

Les concerts du Gorzenich à Cologne viennent de commencer. Mardi, l'excellent orchestre dirigé par M. Wüllner a joué pour la première fois, — une vraie première — le nouveau *concerto double* de J. Brahms. Ce concerto est écrit pour violon et violoncelle avec accompagnement d'orchestre. Exécutants : MM. Joachim et Robert Hausmann. Brahms dirigeait en personne.

Cette exécution a constaté officiellement la réconciliation, de Brahms avec Joachim, brouillés depuis le procès en divorce intenté par Joachim à sa femme, la célèbre cantatrice.

☙

Un superbe nouveau théâtre destiné à l'opéra, au drame et à la comédie, a été inauguré à Rotterdam, cette semaine, par une grande fête musicale dont le programme se composait de l'ouverture *Zur Weihe des Hauses* de Beethoven, de l'ouverture jubilaire de Weber, et de l'ouverture et du second acte entier de *Tannhæuser*.

L'opéra allemand de cette ville vient d'inaugurer sa saison par une représentation de *Lohengrin.*

☙

C'est le nouveau chef-d'orchestre, M. Louis Deppe, qui conduira, à l'Opéra de Berlin, la représentation solennelle du centenaire de *Don Juan*. Cette représentation aura lieu décidément en langue allemande. Mme Anna Sachse et Mlle Marie Renard chanteront les rôles de Dona Anna et de Zerline; Mlle Leisinger, qui a fait un début si malencontreux à Paris, chantera Dona Elvira ; Franz Betz, le créateur de Wotan à Bayreuth, chantera don Juan; don Ottavio, enfin, est échu au jeune ténor Rothmuehl, qui a créé l'année dernière le rôle de Merlin dans l'opéra de Philippe Ruefer.

Le comte de Hochberg se propose de monter cet hiver l'*Egmont* de Goethe, avec la musique de Beethoven.

On vient de distribuer aux artistes de l'Opéra de Berlin les rôles de la *Götterdämmerung* de Wagner, et les premières études viennent de commencer. La distribution ne semble pas promettre beaucoup. Citons cependant M. H. Ernst, qui chantera Siegfried, et le rôle de Waltraute confié à Mme Staudigl, l'excellente Brangaene de Bayreuth. L'œuvre sera dirigée par M. Karl Schroeder.

La représentation aura lieu, à ce qu'on dit, sans aucune coupure. Le *Rheingold* paraît ne devoir suivre et compléter le cycle de la tétralogie, que dans la saison prochaine. Le prologue de l'œuvre comme conclusion, c'est d'une belle logique!

☙

On prépare encore à l'Opéra de Berlin une reprise du *Bal masqué* de Verdi, entièrement remis à neuf. Sous peu, M. Ernst chantera pour la première fois le rôle de *Tannhæuser*, que, depuis le départ de William Mueller, seul Albert Niemann avait chanté à Berlin, M. Niemann vient de partir avec Marianne Brandt et le chef d'orchestre Seidl, pour New-York.

☙

Le « Wagner-Verein », de Berlin annonce la prochaine exécution de la symphonie en *ut*-majeur de Wagner, sous la direction de M. Joseph Sucher, de l'Opéra de Hambourg, le mari de la fameuse Isolde de Bayreuth M. Sucher remplace M. Karl Klindworth, le chef d'orchestre habituel du Wagner-Verein berlinois, qui est arrivé récemment à Baltimore.

L'impresario Hermann Wolff vient d'éditer une brochure analytique sur la symphonie en *ut* de Wagner. Auteur, M. Oscar Eichberg. Cette brochure contient tous les renseignements historiques et une analyse thématique de la symphonie.

☙

La *Volkszeitung* d'Aix-la-Chapelle rend compte avec grand éloge d'un concert où s'est fait entendre M. Van Dam, le pianiste bruxellois bien connu. M. Van Dam a joué la *Fantaisie* pour piano et orchestre de Liszt, une romance de sa composition et plusieurs petites pièces. Son succès a été brillant.

☙

M. Jules Deswert vient de commencer une tournée de concerts en Angleterre. Le célèbre violoncelliste-compositeur compte faire entendre en Angleterre une nouvelle symphonie de sa composition qui a été dernièrement exécutée avec grand succès à Breslau et à Wiesbade.

☙

Le *Musical Standard* relève une erreur que nous avons commise en annonçant d'après « un journal » que l'oratorio *Ruth*, de M. Cowen,

avait été exécuté dans la cathédrale de Saint-Paul, à Londres, tandis qu'en réalité c'est de la cathédrale de Worcester qu'il s'agit. Nous confessons n'y avoir mis aucune malice et, à notre tour, nous ferons observer au journal précité que M. Victorin Joncières n'est pas un compositeur belge, comme il le dit quelques lignes plus loin, mais b'en un compositeur français, né à Paris, l'auteur de *Dimitri*, du *Chevalier Jean* et d'autres œuvres qui ont eu du retentissement dans le monde musical.

☙

Le jeune pianiste-compositeur Joseph Hoffmann fait en ce moment l'étonnement et l'admiration du public de Londres, en attendant son départ pour l'Amérique. Après s'être fait entendre avec succès au Palais de Cristal, le prodigieux artiste, âgé de dix ans à peine, a donné un Récital à St James Hall, où il a exécuté des œuvres de Beethoven, Bach, Scarlatti, Hændel, Chopin, Liszt et Lysberg, ainsi qu'une *Romance* et une *Valse* de sa composition.

☙

M. J. Strebelle nous fait parvenir un numéro du *North Brittish daily mail*, de Glascow, relatant un concert donné au City Hall, et dans lequel cet excellent violoniste a joué avec succès la *Fantaisie caprice* de Vieuxtemps.

☙

Le bulletin de la santé de Mme Caron est de plus en plus satisfaisant. Son complet rétablissement n'est plus qu'une affaire de temps. Elle commence à prendre un peu de nourriture et ses forces augmentent tous les jours.

☙

Nous lisons dans l'*Opinion*, d'Anvers :

« Jeudi dernier a eu lieu au Palais de l'Industrie, une séance de piano des plus intéressantes donnée par M. Henri Rummel. Ce jeune virtuose qui se présente comme amateur et qui a l'étoffe d'un véritable artiste, a exécuté tous les morceaux dont se composait son programme avec un charme et une délicatesse qui nous ont rappelé la manière distinguée de M. de Riva-Berni. Un air de ballet de Chaminade a eu grand succès, ainsi qu'une jolie mélodie dont M. Hummel est l'auteur. Toutes nos félicitations à ce jeune artiste qui se produisait pour la première fois en public. »

☙

On nous annonce comme devant paraître, à Bruxelles, en novembre, une nouvelle publication d'art : la *Revue musicale et dramatique*, bimensuelle.

☙

On nous écrit de Gand, 17 octobre :

« La reprise du *Barbier de Séville* a fait valoir M. Freiche plus qu'on n'aurait osé l'espérer; il s'y est montré excellent acteur et bon chanteur bien que sa voix ait paru encore un peu fatiguée. Mme Boyer a fait une charmante Rosine, et a détaillé avec beaucoup de virtuosité, à la leçon de chant, les variations sur le thème de Rode. M. Alvares remplissait agréablement le personnage du comte Almaviva et M. Geoffroy celui de Basile. Mais, — car il y a malheureusement un *mais*, — mais le reste a été aussi mauvais que possible ; Bartholo ne savait pas son rôle, le notaire non plus, si bien qu'au quatrième acte, ç'a été une débandade générale et que cette reprise a plus ressemblé à une répétition qu'à une représentation.

« Quoiqu'interprété par Mme Laville et MM. Soum et Merritt, *Hernani* n'a guère eu de succès ; la musique en a paru aussi vieille qu'elle l'est en réalité, et, sans la finale du troisième acte, je crois qu'un sommeil général serait venu s'emparer des spectateurs. Je passe sur la représentation du *Chalet*, où l'on a sifflé, paraît-il, mais à laquelle je n'ai pu assister. Les autres jours de la semaine, l'affiche a été occupée par *Faust* et la *Traviata*. Elle nous a annoncé, en outre, comme étant à l'étude, le *Cid*, *Carmen* et *Patrie*. »
P. B.

☙

On nous écrit de Verviers :

« La Société d'Harmonie a inauguré mardi dernier ses fêtes d'hiver par une véritable solennité musicale. Le programme, nourri et composé d'une façon très artistique, a donné la mesure exacte de la valeur de l'excellent orchestre symphonique de la société-et a surtout mis en relief les éminentes qualités de M. Louis Kefer, le chef habile de cette vaillante phalange. Le clou de la soirée a été la première exécution, M. Kefer est arrivé à donner de cette œuvre, ardue et difficile, une exécution de tous points parfaite, une interprétation colorée et juste. C'est là un tour de force que seul un véritable artiste, doublé d'un musicien érudit, peut accomplir.

« La *Symphonie* de Raway a produit sur notre public une impression profonde. L'auditoire, empoigné par cette œuvre puissante, a salué l'auteur par de chaleureuses acclamations. Jamais nous n'avions vu pareil délire à Verviers. »

» Mme Landouzy et le pianiste Th Ysaye complétaient le programme. Mme Landouzy a de suite captivé la salle entière; sa voix mélodieuse et rompue à toutes les virtuosités a produit grande impression et l'aimable artiste a recueilli chez nous autant de succès qu'elle en obtient à Bruxelles.

» M. Ysaye a fait applaudir un mécanisme étonnant et l'aisance surprenante avec laquelle il se joue des plus grandes difficultés.

» La Jubel-Ouverture, bien enlevée par l'orchestre, parachevait ce concert, un des plus beaux et des plus intéressants que nous ayons eus à la Société d'Harmonie. »

C.

On nous écrit d'Amsterdam, 16 octobre 1887 :

« Ce qui passionne musicalement la Hollande en ce moment, ce n'est ni le Bonifacius de M. F. G. Nicolaï, ni la seule et unique Symphonie que M. Verhulst a composée de sa vie, mais c'est l'Opéra National, l'Opéra néerlandais, que M. De Groot a établi à Amsterdam. Vous croyez peut-être que ce théâtre a été fondé pour exécuter les compositeurs néerlandais, pour faire connaître les œuvres dramatiques composées par des musiciens néerlandais! Grave erreur de votre part, On n'y joue que des traductions du Faust, du Trouvère, de Mignon, de Carmen, ni plus, ni moins ; et jusqu'ici pas une note d'un compositeur néerlandais n'y a été entendue. Sans vouloir nier le moins du monde que le personnel ait une certaine valeur, que le tenor, M. Panneela, surtout, est un chanteur d'un incontestable mérite, que Mme von Ophemert et Klehl ne sont pas sans talent, que les chœurs et l'orchestre marchent merveilleusement, que M. de la Fuente est un chef d'orchestre qui connaît son affaire, j'avoue franchement ne pas faire partie de la phalange de musiciens et de dilettanti qui semblent prendre un plaisir extrême à entendre chanter les chefs-d'œuvre contemporains en hollandais. Je confesse à ma honte, et n'en déplaise à Peter Benoit, pour lequel j'ai la plus grande et la plus sincère admiration, qu'à mes yeux, ni la langue flamande, ni la langue néerlandaise ne se prêtent à la musique, tout au moins à la musique dramatique (1). C'est une impression toute personnelle, j'en conviens et je consens à être classé parmi une infime minorité.

» Et la preuve que je suis loin de faire partie de la majorité, c'est que depuis que ce théâtre existe, la plupart des musiciens néerlandais perdent la tête. Quantité de soi-disant compositeurs, qui jusqu'ici n'avaient encore écrit que des valses ou des mélodies, se sont jamais dépassé la ville natale de leurs auteurs, sont en train, à l'heure qu'il est de composer des grands opéra en cinq actes et une infinité de tableaux.

» Il n'y a que la foi qui sauve, c'est le cas de le dire. Pour peu que cet engouement pour l'Opéra National continue, je ne désespère pas de voir un jour le Bonifacius de M. F. G. Nicolaï transformé en opéra biblique à l'instar de la Sainte Elisabeth de Liszt.

» Vos trois compatriotes, Dyna Beumer, de Swert et Mme Moriamé, font de nouveau une tournée dans les Pays Bas, y ont, comme toujours beaucoup de succès, seulement en revenant chaque année, on finit par s'y habituer et ils devraient avoir le bon esprit de se faire désirer. »

D^r Z.

On nous écrit de La Haye :

« Le 29 septembre dernier, en lieu de premier événement saillant de la saison musicale, je veux parler de l'exécution de la symphonie en ut de Wagner au Kurhaus de Scheveningue par l'orchestre philharmonique de Berlin, sous la direction de M. Mannstaedt. Si je ne me trompe, cette exécution est la première (2) depuis celle, fameuse, qui eut lieu, en 1882, au Lycée Benedetto Marcello, à Venise, quelques jours avant la mort de Wagner et sous sa direction. Cette symphonie date de la dix-neuvième année du maître, il avait juste 19 ans quand il la composa. Vous vous rappelez que Wagner rendit compte lui même de l'exécution vénitienne dans une lettre pleine d'humour adressée au Musikalisches Wochenblatt de Leipzig. Cette lettre a é é reproduite dans les œuvres complètes du maître et elle se trouve en français dans le volume de M. Camille Benoit (Souvenirs. Paris, Charpentier). Je me borne à y renvoyer. Vos lecteurs connaissent l'histoire de la découverte de cette symphonie que Wagner avait cru perdue. MM. Furstenau, de Dresde, vieil ami du maître, fils du célèbre flûtiste qui accompagna Weber lors de son dernier voyage à Londres, et

Wilhelm Tappert, le savant musicologue berlinois, en retrouvèrent par hasard les parties séparées, sauf deux parties de trombones, dans un coffre contenant toutes sortes de paperasses, chez le créateur de Rienzi et de Tannhäuser, le ténor Tischatscheck. C'est le jeune chef-d'orchestre Antoine Seidl, actuellement à New-York, qui en dressa la partition. La symphonie sera prochainement jouée à Londres et dans toutes les grandes villes d'Allemagne.

La saison musicale de Scheveningue, du reste, été brillante grâce à l'orchestre philharmonique de Berlin. M. Mannstaedt, au moment de partir pour Wiesbaden, a été l'objet des manifestations les plus sympathiques. »

AVIS ET COMMUNICATIONS

A dater de ce jour, nos correspondants sont priés d'adresser leurs lettres à M Maurice Kufferath, 10, rue du Marteau, Bruxelles.

M. Henri Heuschling, l'excellent baryton, donnera en novembre, à Bruxelles, avec le concours de M. Gustave Kéfer, une s-irée vocale qui comprendra les Amours du Poète, l'Amour d'une femme et d'autres lieder de Schumann.

Voici le programme du premier des trois concerts classiques, organisés à Bruxelles par la maison Schott, et qui aura lieu le 29 octobre à la Grande Harmonie, avec le concours du célèbre pianiste Eugène d'Albert : 1. Sonate, op. 53 (ut majeur) de Beethoven (M. d'Albert). 2. Adagio et Scherzo de la 3me Sonate pour violoncelle et piano, de Brahms (MM. Jacobs et d'Albert). 3. a) Nocturne, b) Impromptu (ré dièse) de Chopin. c) Ballade op. 38 (sol mineur), d) Barcarolle (la mineur) de Rubinstein. e) Valse-Caprice de Strauss-Tausig (M. d'Albert). 4. a) Romance sans paroles de Davidoff. b) Ave Maria de Schubert. c) Mazourka (en sol mineur de Popper (M. Jacobs). 5. Quatrième Trio, pour piano, violon et violoncelle, de Brahms (MM. d'Albert, Jokisch et Jacobs). 6. Don Juan, Fantaisie de Liszt (M. d'Albert).

Dimanche prochain aura lieu au Conservatoire de Bruxelles, une audition des lieder de M. G. Huberti, donnée par l'auteur, avec le concours de M Emile Blauwaert. Le programme comporte : un cycle de mélodies, et plusieurs lieder, dont plusieurs ont été édités par la maison Schott frères.

VARIÉTÉS

Saviez-vous que le livret de Guillaume Tell devait, tout d'abord, être mis en musique... par Meyerbeer ?

C'est ce que raconte du moins M. Legouvé, dans ses souvenirs sur le librettiste Jouy :

" Un jour arrive chez Jouy, muni d'une lettre de Spontini, un jeune homme, petit, de mise très correcte, de manières distinguées et réservées, de langage choisi, avec un type jui très caractérisé ; son nom était Meyerbeer. auteur du Crociato et plusieurs opéras italiens ; son ambition était d'arriver à l'Opéra de Paris, et Spontini. le recommandait à son poète, comme un musicien de grand avenir.

» Mme Boudonville travaillait dans le cabinet de son père assise à la fenêtre qui donnait sur le jardin.

» On cause, on cherche des sujets, on met des noms et des titres en avant, on s'enthousiasme, on se dégoûte, quand tout à coup Mme Boudonville, qui se taisait et écoutait, dit d'une voix timide :

» — Il me semble que Guillaume Tell pourrait fournir un beau poème Il réunit tout, un grand caractère, une situation intéressante, une belle couleur générale.

» — Bravo! s'écria M. de Jouy.

» — Admirable ! ajouta Meyerbeer.

» On commence immédiatement le plan, on dessine les lignes principales,... puis... puis... par quel hasard Rossini fit-il Guillaume Tell, et Meyerbeer ne le fit-il pas? Je l'ignore, mais je bénis ce hasard-là, puisqu'il nous a valu le chef-d'œuvre de la musique moderne. »

Le chef-d'œuvre de la musique moderne. Hum???

Une piquante anecdote de Rossini :

La veille de la première représentation des Huguenots, Crémieux

---

(1) Voici un exemple de traduction : 4° acte de la Juive, air d'Eléazar :

God verlicht mij!
Waarde dochter
Kom toch sterven
Bij papa!

N. D. L. R.

(2) La symphonie en ut avait eu précédemment quatre exécutions ; la première à Prague en 1832, sous la direction de Dyonis Weber ; la seconde, le 25 décembre 1832 à Leipzig, à la société Euterpe ; la troisième, huit jours plus tard au Gewandhaus à Leipzig ; enfin l'exécution du Liceo Marcello, à Venise.

donna un grand déjeuner en l'honneur de Meyerbeer. Rossini était au nombre des convives ; il se mit à table, mais il refusa de manger.

« — Jamais je ne déjeune, répondit-il aux instances de Mme Crémieux ; mais je n'ai pas voulu refuser votre invitation : d'abord j'étais heureux de me rendre auprès de vous ; puis, si demain, par un malheur qui ne peut arriver, Meyerbeer ne réussissait pas à l'Opéra autant qu'il le désire, il eût été capable de dire que je lui avais porté malheur en refusant de déjeuner avec lui. Je me fais l'effet, à votre table, ajouta-t-il plaisamment, d'une certaine trompette que j'ai vue figurer dans une petite ville d'Italie où on jouait le *Barbier* pour ma faire honneur. Je voyais bien cette trompette ; mais j'avais beau écouter, je n'entenais sortir aucun son de l'instrument. Dans un entr'acte, j'allai trouver le chef d'orchestre et je lui demandai ce que cela voulait dire : « Mon dieu, maëstro, me répondit-il en rougissant, nous n'avons jamais pu trouver dans la ville quelqu'un qui fût capable de jouer de la trompette. Alors que voulez-vous ? j'ai pris le premier venu ; il n'en joue pas, mais il la porte à sa bouche ; avonez que cela fait toujours bien dans l'orchestre ! « Moi, je ne déjeune pas, mais je suis comme l'homme à la trompette : *je fais bien autour de votre table.*

✳

Voici une petite pièce assez curieuse sur Mozart, retrouvée nouvellement dans un vieux journal allemand. C'est l'annonce que Léopold Mozart fit publier à Francfort lorsqu'il accomplissait son tour d'Europe avec ses deux enfants prodiges, autour desquels il battait un peu trop la caisse à la façon d'un cornac ou d'un ancêtre de Barnum ; " Ma fille, qui a douze ans, et mon fils, qui en a sept, exécuteront non seulement des concerts des premiers maîtres sur le clavecin à queue et sans queue, mais mon garçon exécutera encore un concerto sur le violon ; il accompagnera des symphonies sur le clavecin. Il couvrira les touches avec un drap, et il jouera sur son instrument comme si la couverture n'y était pas. Il nommera de près ou de loin tous les sons et accords qu'on lui indiqueront, soit sur le piano, soit sur une cloche, enfin sur n'importe quel instrument ; finalement, il *fantasiera*, aussi longtemps qu'il plaira, sur l'orgue et le clavecin, dans toutes les tonalités et les plus difficiles qu'on voudra. Son jeu d'orgue est tout différent de celui du clavecin. "

L'un des auditeurs de cet attrayant concert était Gœthe. Ce fut la seule fois que le grand poète entendit le grand compositeur, pour lequel il garda toute sa vie une admiration quasi religieuse. « Je l'ai vu quand il n'était qu'un enfant de sept ans, avait-il coutume de dire. Il voyageait et donnait un concert. J'avais moi-même environ quatorze ans, et je me rappelle encore le petit bonhomme avec ses cheveux frisés et son épée. » Ce des deux enfants de génie, presque égaux en âge, l'aîné devait vivre près de trois fois autant que le cadet, sans qu'il fît pour cela moins de dieux.

✳

Aucun compositeur ne fut plus homme de lettres que Berlioz, ceci soit dit sans aucune intention de calembour niais. Si la musique ne lui avait pas dérobé la plus grande part de son temps, il se serait certainement conquis, comme écrivain, une place tout à fait au premier rang.

On retrouve dans sa correspondance intime toute l'originalité de jugement (quelquefois même poussée jusqu'à l'excentricité), toute la verve satirique, toute la fantaisie capricieuse qui ont fait la réputation de ses *Soirées de l'orchestre.*

Plus libre d'allures, il s'y montre encore mieux lui-même. Bien des amours-propres ont saigné des boutades de ce causeur posthume. Car Berlioz avait la dent impitoyable et je mot terrible 'quand il s'en mêlait.

Le pauvre Panseron en fit un jour la fâcheuse expérience.

C'était un très brave homme assurément que Panseron, un professeur fort respectable qui pouvait enseigner convenablement l'orthographe et la musique. N'avait-il pas l'idée d'offrir son concours aux musiciens désireux de faire corriger à prix fixe et mystérieusement des fautes d'harmonie de leurs ouvrages ? Ce qu'un guisant d'alors avait appelé : *Consultations pour les mélodies secrètes.* Mais, en dehors de cette spécialité professionnelle, les compositions vulgaires et banales de Panseron avaient tout ce qu'il fallait pour horripiler Berlioz. Et, en effet... Un jour Panseron, qui venait de publier je ne sais quel morceau, rencontre Berlioz, et, quoique celui-ci lui eût plusieurs fois manifesté une tendresse tout à fait négative, il va droit à lui et l'abord, dent le sourire aux lèvres :

— Eh bien ! Monsieur Berlioz, que penser-vous de mon dernier ouvrage ?

— Rien du tout, monsieur Panseron.

— Comment, rien ! mais pourquoi ?

— Parce que, monsieur Panseron, pour en penser quelque chose, je serais forcé d'y penser.

L'autre s'en alla penaud et sans demander son reste.

✳

ÉPHÉMÉRIDES MUSICALES

Le 21 octobre 1784, à Paris (Comédie-Italienne), *Richard Cœur-de-Lion*, 3 actes, de Grétry. " Le chef-d'œuvre de Grétry et peut-être de notre opéra comique au XVIIIe siècle... L'œuvre se suffit à elle-même. Quel peintre, quel musicien d'alors s'est élevé à de pareilles hauteurs ? La beauté de *Richard*, quoique souvent gracieuse, est surtout austère et pure, presque en contradiction avec l'esthétique du temps. A peine y est-il question d'amour... Ce qui domine tout l'opéra, c'est la fameuse romance, et nous voudrions un mot plus noble pour la nommer. L'art lyrique n'a pas attendu Wagner pour faire planer sur tout un drame une mélodie obstinée, un motif conducteur. *Une fièvre brûlante* est le premier et restera, croyons-nous, un des plus puissants de ces *Leitmotif*s, qui font maintenant tant de bruit... On veut maintenant des types musicaux, des caractères : Grétry a créé le premier, avec Blondel, cette touchante figure d'écuyer troubadour. Des que *Richard* parut, on y remarqua la note chevaleresque, le sentiment du moyen-âge. On prononça même un mot singulier pour le temps et qui, depuis, a fait son chemin, celui de romantisme ; il était juste. *Richard* est romantique... (CAMILLE BELLAIGUE, *Un siècle de musique française.* Paris, Delagrave, 1887, page 29).

Richard Cœur-de-Lion, au 23 avril 1789, avait atteint sa cent-et-unième représentation. C'est, de tous les ouvrages de Grétry, celui qui est le plus souvent joué à l'Opéra-Comique de Paris. Il n'en est pas de même, à Bruxelles, où la dernière reprise date du 7 juillet 1880. Depuis sept ans, rien de Grétry, au théâtre de la Monnaie. La Belgique serait-elle à ce point oublieuse d'une de ses gloires nationales ?

Nous voyons, par le catalogue Kastner, que *Richard Lœwenherz* n'a eu que treize représentations au Nationaltheater de Vienne, du 7 janvier 1788 au 16 février 1843.

— Le 22 octobre 1859, à Cassel, décès de Louis Spohr. — Sa naissance, à Brunswick le 6 avril 1784.

Pour bien connaître Spohr, il faut lire sa propre autobiographie qui a paru en Allemagne et dont il a été fait une excellente traduction anglaise, c'est celle-là, édition Reeves, que nous avons sous les yeux en ce moment ; elle est du plus haut intérêt pour l'histoire de la musique dans la première moitié du siècle.

En 1843, Spohr, alors maître de chapelle du grand-duc de Hesse-Cassel, faisait représenter à l'Opéra de Cassel *Der fliegende Holländer*, qu'il dirigeait lui-même (5 juin). Il parle de cette œuvre de jeunesse avec une « bienveillance » que Wagner rencontra rarement de la part des musiciens d'alors. « Cet ouvrage, dit-il, quoiqu'il se rapproche des tendances de la nouvelle musique romantique *à la Berlioz* et qu'il n'ait donné une petite émotion à cause de son extrême difficulté, m'intéressa néanmoins au plus haut degré, car il est écrit évidemment avec une vraie inspiration ; différant en cela de la musique d'opéra moderne, il ne cherche pas l'effet, ni l'effort pour plaire. Je ne crois pas me tromper dans mon jugement quand je considère Wagner comme le mieux doué de tous les compositeurs dramatiques du temps présents. »

Spohr et Wagner, en 1843, ne se connaissaient pas personnellement ; ils se rencontrèrent pour la première fois, en 1846, à Carlsbad, où ils passèrent ensemble, selon l'expression de Spohr, « des heures délicieuses ». « Wagner, dit Spohr, est de plus en plus aimable. Sa culture intellectuelle en toute matière est réellement étonnante. Parmi tant de choses il donna cours à ses sentiments politiques qui sont du plus grand libéralisme, la chaleur et la profondeur avec lesquelles il les exposa nous surprirent tous. Mendelssohn était de la partie ».

— Le 28 octobre 1781, à Vienne (Nationaltheater), *Iphigenia auf Tauris*, 4 actes de Gluck. 150 représentations jusqu'au 22 août 1862. Depuis la reprise, au Hofoperntheater (2 mars 1872), plus que trois...

A Paris, l'*Iphigénie en Tauride* est de toutes les œuvres de Gluck, celle qui eut la réussite la plus complète et la plus persistante. L'Opéra l'a donnée 406 fois, du 18 mai 1779 au 5 juin 1829.

A Bruxelles, une exécution presque complète de l'*Iphigénie en Tauride*, au Conservatoire de Bruxelles, (25 février 1883), produisit le plus grand effet. (Voir *Guide musical*, 1er mars 1883).

— Le 24 octobre 1787, à Paris (Opéra), *Castor et Pollux*, 5 actes, de Rameau.

N'étant jamais complètement satisfait de ses œuvres, Rameau aimait à les retoucher lors des reprises. C'est ainsi qu'en 1764, dix-sept ans après la première, il refondit son œuvre si bien qu'il en fit un ouvrage presqu'entièrement nouveau ; il conserva un certain nombre de morceaux en les retouchant. C'est sous sa nouvelle forme que *Castor et Pollux* est resté au répertoire jusqu'en 1784. La comparaison des deux versions est très intéressante ; on peut la faire au moyen de la partition de 1764, laquelle a été réimprimée par les soins de Ch. Lecoq (Paris, Legroux 1876).

A l'un de ses concerts (18 janvier 1880), le Conservatoire de Bruxelles nous a fait entendre de la musique de Rameau, notamment des airs de danse de l'opéra *Castor et Pollux*. C'est à cette occasion que notre collaborateur Evenepoel écrivait ceci :

« Peut-on s'imaginer que des œuvres de cette facture primitive aient pu jamais constituer des éléments révolutionnaires, musicalement parlant ? — Il est instructif de lire, à ce sujet, l'avis de J.-J. Rousseau, parlant de Rameau :

„ Il est le premier qui ait fait des symphonies et des accompagnements travaillés, et il en a abusé. L'orchestre de l'Opéra ressemblait, avant lui, à une troupe de quinze-vingts attaquée de paralysie. Il les a un peu dégourdis. Ils assurent qu'ils ont actuellement de l'exécution ; mais je dis, moi, que ces gens-là n'auront jamais ni goût, ni âme... „ Je dis que M. Rameau a abusé de cet orchestre tel quel. Il a rendu ses accompagnements si confus, si chargés, si fréquents, que la tête a peine à tenir au tintamarre continuel de divers instruments pendant l'exécution de ses opéras, qu'on aurait tant de plaisir à entendre s'ils étourdissaient un peu mòjns les oreilles. Cela fait que l'orchestre, à force d'être sans cesse en jeu, ne frappe jamais et manque presque toujours son effet. „

„ Ces quelques lignes prouvent à l'évidence que Rameau était, pour son temps, une sorte de musicien de l'avenir, discuté, critiqué par ses contemporains, absolument comme on peut l'être de nos jours. Les plus fortes têtes du siècle dernier avaient peine à tenir aux combinaisons étourdissantes de l'auteur de *Castor et Pollux*. Rousseau, qui était en théorie musicale un novateur, ne pouvait admettre que ce fût „ une belle chose que trois ou quatre desseins entassés l'un sur l'autre, par trois ou quatre espèces d'instruments. „

„ Il va encore plus loin dans son appréciation de la manière du maître :

„. Toutes ces belles finesses de l'art, ces imitations, ces doubles dessins, ces basses contraintes, ces contre-fugues, ne sont que des monstres difformes, des monuments du mauvais goût, qu'il faut reléguer dans les cloîtres, comme dans leur dernier asile. „

„ Avouons après cela que, si l'on avait écouté les partisans de J.-J. Rousseau, si l'on avait consulté les critiques ayant toujours au bout de la plume un grief à l'adresse des compositeurs de „ l'avenir „, l'art n'aurait pas fait grand chemin depuis Rameau, les moindres innovations devant être nécessairement mal accueillies par un public asservi à de faciles habitudes ! „

— Le 25 octobre 1823, à Vienne (Nationaltheater), *Euryanthe*, de C. M. von Weber qui conduit l'orchestre.

Euryanthe, il faut bien le dire vu mot cruel; *tomba*, pour se relever plus tard, il est vrai ; mais Weber, hélas ! n'a pu être témoin de cette incomplète et tardive réparation. Le poème, un des plus décousus, des plus nuls que jamais plume de bas-bleu (Mme de Chézy) ait infligés au plus malheureux des compositeurs, entraîna la partition dans sa chute, et le coupable et l'innocent furent enveloppés dans la même réprobation.

Aujourd'hui, tous les théâtres de l'Allemagne tiennent à honneur de jouer *Euryanthe*. La France en a deux traductions, l'une à l'Opéra (6 avril 1831), l'autre au Théâtre-Lyrique (1er septembre 1857).

Le catalogue Kastner renseigne pour Vienne, 96 représentations au Nationaltheater et 10 au Hofoper; du 22 septembre 1871 au 16 janvier 1829. Ensemble 406 représentations jusqu'à nos jours.

— Le 26 octobre 1845, à Gand, naissance de Philippe-Henri-Pierre-Jean-Baptiste Waelput. — Son décès, à Gand, le 8 juillet 1885.

Dans une notice qu'il lui a consacrée (une brochure in-8° de 36 pages, Gand, Vanderhaegen, 1886), notre collaborateur, Paul Bergmans, a retracé la vie de cet artiste si bien doué et qui avait donné plus que des espérances.

— Le 27 octobre 1827, à Milan (Scala), *Il Pirata*, opera seria, 2 actes, de Bellini, chanté par Rubini, Tamburini, Mme Mério-Lalande et Ungher. Cette troisième œuvre dramatique du compositeur fixa définitivement sur lui l'attention du public.

Dates des premières : à Vienne (Nationaltheater), du 25 février 1828 au 26 novembre 1854, joué 99 fois ; à Londres (King's theatre), 17 avril 1830 ; à Paris (Italiens),1er février 1832. C'est pour le théâtre de Lyon que la version française a été faite (24 février 1845) et Bruxelles ne la connut que le 10 août 1888. (Voir nos Eph., *Guide mus.*, 28 juillet dernier.)

Nécrologie.

Sont décédés :

— A Parne (Oise). Mme veuve Henry Monnier, de son vrai nom Caroline Peguchet dite Linsel, née à Bruxelles le 2 février 1809. Elle avait fait partie du théâtre de la Monnaie, en même temps que d'autres membres de sa famille et tous y avaient été très populaires dans la comédie et l'opéra. Son mariage avec le caricaturiste, auteur, acteur, Mounier, avait eu lieu à Bruxelles, le 21 mai 1834. (Voir Faber, *Hist. du th. français en Belgique*, t. III. p. 128.)

— A Stuttgart, le 6 octobre, Franz Jaeger, né en 1821, chanteur du théâtre de la Cour, de 1843 à 1884.

— A Carlsruhe, le 1er octobre, Heinrich Glenne, directeur de la musique de l'église de la Cour.

— A Nantes, Lefort, né à Metz, ancien chef d'orchestre du théâtre.

LOUIS BRANDUS

Nous avons annoncé la mort de M. Louis Brandus, le chef de la grande maison d'édition Brandus et Dufour, de Paris. M. Adolphe Jullien lui consacre dans le *Français*, les lignes suivantes :

" Louis Brandus avait au plus haut point le respect de l'indépendance de la critique et, durant les dix années qu'il présida aux destinées de la *Revue et Gazette musicale*, ce journal de musique qui n'avait son pareil ni en France ni à l'étranger, il ne lui arriva jamais de peser sur les rédacteurs ou qu'il était attaché pour modifier leur jugement dans un journal quelconque où dans le sien propre. Au besoin même il n'hésitait pas à les convrir, à défendre, en leur personne, l'indépendance de la *Revue et Gazette musicale* qu'il aurait été blessé de voir traiter, à charge de revanche, comme une simple feuille d'annonces et de réclames musicales. Et c'est ainsi qu'il sut maintenir jusqu'au dernier jour l'ancienne 'renommée de ce journal, illustré par la collaboration de Berlioz, de Schumann, de Richard Wagner, de tous les écrivains qui, depuis plus de cinquante ans, se sont fait un nom dans la critique et la littérature musicale : Fétis, Lafage, d'Ortigue, Anders, Kastner, E. Reyer, etc., etc.

La maison Brandus avait été fondée, il y a une quarantaine d'années, par la réunion des fonds de Maurice Schlesinger et de Troupenas, qui, à cette époque, absorbaient en quelque sorte l'édition des œuvres représentées sur nos scènes lyriques. Schlesinger possédait tous les ouvrages dramatiques de Meyerbeer et d'Halévy ; Troupenas avait édité tous ceux d'Auber et les partitions que Rossini avait données à l'Opéra. La maison Brandus, à son origine, avait pour chefs MM. Gemmy Brandus et Dufour. Celui-ci mourut en 1872, et son associé le suivit dans la tombe à une année de distance. En 1878, M. Louis Brandus, qui avait dirigé jusqu'alors le comptoir de vente et de détail de l'établissement, prit les rênes de la maison d'édition.

Par suite de diverses circonstances, il avait été amené à céder la propriété de plusieurs ouvrages, de *Guillaume Tell* en particulier et des partitions d'Halévy ; mais il avait gardé précieusement tous les ouvrages de Meyerbeer, dont il avait été l'ami, dont il était l'exécuteur testamentaire ; il avait aussi conservé presque toutes les partitions d'Auber et plusieurs de Rossini, les meilleurs opéras-comiques d'Adolphe Adam, les partitions populaires d'Aimé Maillart et de Flotow, d'importants ouvrages de Berlioz, comme *Roméo et Juliette*, la *Symphonie fantastique*, *Harold*, le *Te Deum*, etc.

Dans ces dernières années, la maison Brandus avait fait une large part à l'opérette, en publiant d'abord certains des opéras-bouffes les plus réputés d'Offenbach, puis la plupart des opérettes de Charles Lecoq. Le grand établissement de la rue Richelieu était donc sans contredit le fonds musical de beaucoup le plus riche en fait d'œuvres théâtrales de premier ordre ou de grand renom. Et cependant l'homme qui avait dirigé cette maison si importante et auquel le titre de représenter de Meyerbeer donnait un grand relief, était bien le plus modeste du monde; il fuyait le bruit avec autant d'insistance que d'autres en mettent à le provoquer et se se produisait guère en public.

Dans ces dernières années même, il n'allait plus au spectacle que lorsqu'il y avait quelque œuvre considérable à connaître et ce fut pour lui une jouissance extraordinaire, — il me le dit alors en propres termes, lui, l'intime ami de Meyerbeer, — que d'entendre cette unique et merveilleuse exécution de *Lohengrin* à l'Eden-Théâtre. On peut dire, en vérité, que ce travailleur infatigable et toujours résistant, malgré ses soixante-dix ans, est mort à la tâche, car les préoccupations que lui causait la direction d'une maison aussi considérable et reposant sur lui seul, se réfléciaient sur son visage et dans toute sa personne. Il s'est senti faiblir, il a succombé.

C'est merveille, à tout bien considérer, qu'il ait pu tenir bon si longtemps.

Paraissant tous les jeudis.

ABONNEMENT	SCHOTT FRÈRES, ÉDITEURS.	ANNONCES
FRANCE & BELGIQUE, 10 francs par an.	**Paris**, Boulevard Montmartre, 19	LA LIGNE . . . . FR. 0.50
LES AUTRES PAYS, 10 francs (port en sus)	**Bruxelles**, Montagne de la Cour, 82	On traite à forfait pour les grandes annonces.

VIOTTI
ET L'ÉCOLE MODERNE DE VIOLON
(Suite. — Voir le dernier numéro.)

V

Laissant que Viotti avait essayé de donner à l'Opéra ne l'avait pas empêché de continuer à s'occuper du théâtre de Monsieur. Les difficultés matérielles contre lesquelles il lui fallait lutter chaque jour, en raison de l'exiguïté d'un local manifestement insuffisant pour une aussi vaste entreprise, n'avaient en rien ralenti son activité. Pendant le cours de l'année à peu près complète qu'il dut passer à la Foire Saint-Germain, il trouva le moyen, en dépit de ces difficultés, de monter environ trente-cinq ouvrages, parmi lesquels neuf opéras italiens et autant d'opéras français. En ce qui concerne ces derniers, ne se bornant même plus aux traductions, il appela à lui quelques jeunes compositeurs et se mit en devoir de les présenter au public en leur faisant écrire des ouvrages nouveaux. C'est ainsi qu'il fit jouer *Azélie*, de Rigel, *Joconde*, de Jadin, *l'Amant travesti*, de Désaugiers et *l'Histoire universelle*, du Cousin-Jacques. Quant aux opéras italiens, c'était *la Grotta di Trofonio*, de Salieri, *le Gelosie villane*, de Sarti, *le Due Gemelle* et *la Bella Pescatrice*, de Guglielmi, *la Frascatana*, de Paisiello, *Don Chisciotte*, de Tarchi, *l'Italiana in Londra*, de Cimarosa, auxquels il faut joindre divers pastiches, entre autres celui intitulé

le Dilettante (1). Ce dernier fut arrangé expressément en vue de l'apparition d'une jeune artiste, la « signora » Gerbini, qui était à la fois, paraît-il, une cantatrice émérite et une violoniste fort habile, et que, sous ce dernier rapport, on disait élève même de Viotti. On comptait beaucoup sur son succès, et l'administration du théâtre, dans une note adressée aux journaux, faisait ainsi connaître au public les conditions dans lesquelles se présentait la nouvelle venue. — « Le talent distingué de la signora Gerbini pour la musique et la beauté de sa voix, font espérer que le public saura gré à l'administration du théâtre de Monsieur de lui faire entendre cette virtuose, qui cependant a besoin de quelque indulgence, attendu qu'elle n'a jamais paru sur aucun théâtre. La troupe italienne, connaissant le mérite de la signora Gerbini, et désirant lui éviter l'embarras que son inexpérience lui causerait nécessairement dans un ouvrage de longue haleine, a imaginé de la faire débuter dans un petit intermède sans conséquence et en un seul acte, où elle n'aura qu'à chanter. Dans cet intermède, qu'on donnera incessamment, et qui a pour titre : *il Dilettante*, la signora Gerbini pourra développer ses talens, et s'efforcer de mériter que le public lui donne le tems de se former à la scène, et d'approcher des grands modèles qu'elle a sous les yeux (2). » Le pastiche

(1) 'A propos de la *Bella Pescatrice*, j'ai trouvé dans l'*Iconographie des hommes célèbres* le petit billet suivant, adressé par Viotti à M. Ignace de Gotta :

Prego il caro sigr Ignazio di farmi il piacere di venir questa sera ad assistere alla prova della Pescatrice, e di trovarsi alle 5 ore casa del sigr Mandini in dove troverà il sigr Cherubini che la condurrà al Teatro dove si fa la detta prova.

           L. 8 Xbre 1790.   VIOTTI.

(Je pris le cher monsieur Ignace de me faire le plaisir de venir assister ce soir à la répétition de la *Pescatrice*, et de se trouver à 5 heures chez M. Mandini, où il trouvera M. Cherubini, qui le conduira au théâtre où se fait ladite répétition.— VIOTTI.)

(2) *Journal de Paris* du 9 novembre 1790. Programme des spectacles.

qu'on arrangea pour la jeune cantatrice, lui fournissait aussi l'occasion de faire apprécier son talent de violoniste, et le *Journal de Paris* rendait ainsi compte de son apparition : — « L'intermède italien qu'on a donné samedi (13 novembre 1790) à ce spectacle, et qui a pour titre : *il Dilettante*, était très propre à faire briller les divers talens de la *Signora Gerbini*, sans l'exposer à l'embarras d'un début dans une pièce qui auroit exigé l'habitude de la scène. C'est un véritable concert. M. Rafanelli y a pourtant un rôle assez comique, celui d'un amateur qui fait l'empressé et se donne beaucoup de mouvemens. On n'a pas toujours approuvé le choix des airs. Cependant la *Signora Morichelli*, MM. *Mengozzi* et *Rovedino* y ont donné de nouvelles preuves de la supériorité de leurs talens et de leur savoir, et ont été accueillis comme ils sont sûrs de l'être toujours. La *Signora Gerbini* a déployé une très belle voix dans les morceaux qu'elle a chantés, et elle a ensuite exécuté un concerto sur le violon, de manière à rivaliser avec les plus célèbres virtuoses. Les applaudissemens ont été répétés et universels » (1). Il ne parait pas toutefois que le succès se soit soutenu, car le *Dilettante* et la signora Gerbini ne purent se montrer plus de deux fois sur la scène du théâtre de Monsieur.

Non seulement, sous la féconde impulsion de Viotti, l'exploitation de ce théâtre s'était continuée régulièrement à la Foire St-Germain, où l'on avait dû l'installer tant bien que mal, non seulement le travail des trois troupes était toujours aussi actif et les nouveautés continuaient d'être aussi nombreuses, mais la construction d'une salle nouvelle et définitive, décidée en principe par la direction lors de l'abandon qu'elle avait dû faire de celle des Tuileries, avait été entreprise, et les travaux en étaient poussés avec vigueur. Cette salle s'élevait avec rapidité, par les soins des architectes Legrand et Molinos, sur un terrain situé au n° 19 de la rue Feydeau, et elle fut prête aux derniers jours de 1790. A la fin du mois de décembre de cette année, celle des Variétés-Amusantes fut donc abandonnée à son tour, et après les quelques jours de relâche nécessités par la translation de tous les services, le 6 janvier 1791, le théâtre de Monsieur, ayant désormais un « chez lui », faisait l'inauguration de sa nouvelle demeure de la rue Feydeau, dont il allait bientôt prendre le nom (2).

En dépit de ces temps si troublés, de l'éloignement où il s'était trouvé pendant une année, le public lui avait conservé toutes ses sympathies, grâce à l'activité intelligente qu'il déployait pour lui plaire, et la vogue, qui l'avait suivi à la Foire, s'attacha de plus belle à lui, lorsque, s'établissant au centre de Paris, il reprit une existence normale et tout à fait régulière.

Au surplus, Viotti et Léonard étaient personnellement très considérés ; entourés de l'estime générale, on peut dire que leur probité, leur aménité, étaient appréciées de tous ceux qui les connaissaient. « MM. Léonard et Viotti, propriétaires du théâtre de Monsieur, — lit-on dans un recueil du temps, — sont peut-être les deux hommes les plus honnêtes, les plus loyaux et les plus droits qu'il y ait à Paris dans les administrations théâtrales. Doués d'un cœur généreux, ils le sont aussi d'un esprit juste ; mais ils sacrifient quelquefois leurs vues à celles de conseillers intéressés ou perfides... » (1). Néanmoins, comme ici-bas on ne peut contenter tout le monde et son père, des prétextes de divers genres servaient à donner cours à certaines calomnies que des gens sans aveu faisaient circuler sur le compte des deux directeurs. C'est le même chroniqueur qui va nous renseigner encore à ce sujet, en constatant la faveur dont continuait de jouir le théâtre Feydeau : — « Ce spectacle, contre lequel on invente chaque jour de nouvelles calomnies qu'on a grand soin de faire circuler dans Paris à mesure qu'il obtient de nouveaux succès, devient plus intéressant que jamais. La nouvelle administration, et surtout MM. Léonard et Viotti, ne négligent rien pour l'appuyer sur des bases inébranlables, et ces deux administrateurs, tant méconnus et tant calomniés, mais estimés et chéris de tous ceux qui les connaissent, s'appliquent à leur affaire avec une activité infatigable. Le petit marmouzet Gauthier s'est avisé de publier dans son *Journal de la ville et de la cour*, conspué des deux partis, des horreurs de M. Viotti, au sujet des *Deux Nicodèmes* (2) ; il accuse cet artiste de démagogie outrée, et attaque grièvement son personnel et ses mœurs. Il le fait *premier violon* chez Monsieur ; il compromet des femmes respectables, chez lesquelles il est admis. On s'affecteroit de ces horreurs, si ce n'étoit pas Gauthier qui les imprime ; car son caractère est si connu, qu'il ne renoncera à la calomnie qu'en montant au gibet, auquel il a trop souvent échappé. M. Viotti est le premier violon de l'Europe

---

(1) *Journal de Paris* du 15 novembre 1790. — Choron et Fayolle, qui semblent n'avoir pas su qu'elle avait fait à Paris une courte apparition, ont consacré ces lignes à Mlle Gerbini dans leur *Dictionnaire historique des Musiciens* : — « Mademoiselle Luigia Gerbini, virtuose sur le violon, est élève du célèbre Viotti. En 1799, elle vint à Lisbonne, où elle fit entendre des concertos de violon, qu'elle jouait dans les entr'actes au Théâtre-Italien. Au jugement des connaisseurs de Lisbonne, elle ne plus par ce de plus harmonieux que les sons qu'elle sait tirer de son instrument. Engagée ensuite au même théâtre, en qualité de cantatrice, elle prouva qu'elle n'était pas moins exercée dans la musique vocale. Au mois de février 1801, elle quitta le théâtre de Lisbonne pour se rendre à Madrid. »

Quant à la musique de Viotti, elle continuait d'être en honneur à Paris, bien que son auteur eût cessé de s'y faire entendre. On peut voir, dans le programme d'un concert spirituel donné le 2 février 1790 à la Comédie-italienne, qu'une autre violoniste féminine, « Mme Gauthevot, exécutera un concerto de violon de M. Viotti. » (V.y. *Journal de Paris*).

(2) Comme toujours en pareille circonstance, il y eut quelques retards, et l'ouverture devait avoir lieu quelques jours plus tôt. On lisait dans le *Journal de Paris* du 2 janvier : « Les dispositions nécessaires aux abords de la nouvelle salle du

théâtre, rue Feydeau, et l'ordre indispensable à établir pour l'arrivée des voitures et la sûreté des gens de pied, obligent les administrateurs de ce spectacle à remettre l'ouverture de leur salle au jeudi 6, jour des Rois, invariablement. » L'inauguration se fit par un joli opéra de Sarti, fameux alors, le *Nozze di Dorina*.

On ne savait trop sans doute, à ce moment, comment baptiser le théâtre (le patronage de Monsieur commençant à devenir suspect en présence des événements politiques), car on le voit inscrit tout à tour, dans les programmes du *Journal de Paris*, sous ces diverses appellations : « *Théâtre Français et Italien*, rue Feydeau; — « *Théâtre Français et Opéra buffa*, rue Feydeau; — « *Théâtre de la rue Feydeau*, ci-devant de Monsieur. » Enfin, à partir du 4 juillet 1791, il est définitivement désigné sous ce nom de Théâtre de la rue Feydeau, puis simplement de Théâtre Feydeau.

(1) *Almanach général de tous les spectacles de Paris et des provinces*, 1792, p. 40.

(2) Pièce du Cousin-Jacques, qui venait d'être représentée au théâtre Feydeau.

par son talent, et l'un des plus habiles compositeurs; mais il n'est autre chose au théâtre de Monsieur qu'administrateur; il n'étoit pas même présent à la lecture des *Deux Nicodèmes*, bien loin de s'en être mêlé en aucune manière. D'ailleurs cette pièce, loin d'être démagogue, est uniquement royaliste et constitutionnelle; et M. Viotti est l'homme le plus probe, le plus intact et le plus honnête que nous connaissions. Son caractère est la franchise et la loyauté » (1).

(A suivre).   ARTHUR POUGIN.

Le Centenaire de DON JUAN
EN BELGIQUE

u mois de septembre 1856, la ville de Salzbourg célébrait d'une façon artistique et solennelle, par une grande fête musicale en quatre journées, le centenaire de la naissance du plus illustre de ses enfants: Wolfgang-Amédée Mozart. Aujourd'hui, c'est l'Allemagne entière, c'est l'Univers qui célèbre le centenaire d'un chef-d'œuvre contesté à ses débuts, puis insensiblement compris et admiré jusqu'à devenir l'objet d'un véritable culte.

Il serait intéressant d'examiner à quelle cause l'on doit de voir cette unanimité dans l'hommage rendu au siècle d'existence de *Don Juan*. — Pourquoi cet opéra jouit-il, entre cent autres, d'un monopole qui lui assure toutes les préférences? — Les opéras de Gluck sont depuis longtemps centenaires et deux œuvres de Mozart lui-même, l'*Enlèvement au Sérail* et les *Noces de Figaro*, ont atteint cet âge vénérable, sans provoquer le même enthousiasme.

Ne serait-ce pas que *Don Juan* est de toutes les productions lyriques du siècle dernier, celle où le génie du musicien s'est rapproché le plus des tendances de notre époque et que Mozart, — aidé par Lorenzo Da Ponte, dont le nom mérite de vivre, car c'est à lui que revient, en somme, le choix d'un livret à la fois poétique et dramatique, — y mettant toute son âme, s'est montré profondément et naïvement humain?

Indifférent sur le choix des sujets qu'il mettait en musique, ne songeant nullement à édifier des théories esthétiques (Wagner s'est plu à le reconnaître dans son *Opéra et Drama*), Mozart, " le plus absolu de tous les musiciens „ fit, inconsciemment peut-être, du drame lyrique lorsqu'il anima du feu de son inspiration les personnages de *Don Juan*. Dona Anna, Dona Elvire, Zerline, cette trinité aimante et souffrante; Don Juan, type prodigieux de galanterie effrénée et d'audace; Leporello, servile; Mazetto et Ottavio, faibles ou ridicules et le Commandeur, symbole fatal et terrible, — ces caractères vivants se meuvent dans une sorte de fièvre passionnelle qui répond aux aspirations de notre temps, bien qu'ils ne soient pas individuellement figurés dans l'ensemble adéquat de l'expression musicale.

Et pourtant, cette œuvre merveilleuse, ce radieux poème auquel nous avons voué toute notre admiration bien avant que M. Gounod ne lui décernât pontificalement son *approbatur*, n'a jamais conquis sur la scène française, il faut bien l'avouer, la place qu'y ont tenue et y tiennent encore une foule d'opéras sans grande valeur musicale, dénués de poésie et dont la banalité expliquerait, jusqu'à un certain point, sans l'excuser, la faveur de la mode. *Don Juan* est une conception de haut vol convenant mal aux appétits terre-à-terre et recherchant de préférence "l'approbation de quelques *esprits élevés* (suivant l'expression de Shakespeare) *aux applaudissements d'une salle pleine de spectateurs vulgaires.* „

Cette opinion de H. Berlioz doit être aussi la nôtre; elle fait comprendre pourquoi on joue si peu *Don Juan* sur nos théâtres d'opéra et comment il se fait que l'histoire de ce chef-d'œuvre

(1) *Almanach général de tous les spectacles*, etc., 1792, p. 384-385.

compte, en somme, chez nous un si petit nombre de chapitres.

En France, ce n'est guère qu'à Paris que le *Don Juan* a été donné, et s'il a paru en province c'est rarement, à de longs intervalles, suivant l'humeur voyageuse de tel ou tel artiste en renom, allant promener sur les scènes départementales le rôle de Don Juan.

En Belgique, *Don Juan* n'a pas davantage pris possession de la scène d'une façon durable.

La première représentation de *Don Juan*, au théâtre de la Monnaie, a eu lieu, en français, le 1er avril 1807. On se servit à cette occasion d'une adaptation faite par Thuring et Baillot pour les paroles, par Kalkbrenner pour la musique, et qui avait été représentée à Paris, le 17 septembre 1805. Il faut lire dans *Paris dilettante au commencement du siècle*, de M. Adolphe Jullien, de "quelle manière ces arrangeurs avaient travesti l'œuvre originale en une. " inepte parodie „. C'était une mutilation complète de l'ouvrage dont "un seul morceau était resté en sa place, un seul, et ce morceau, c'était l'ouverture!„ Inutile d'ajouter que le peu scrupuleux Kalkbrenner avait jugé convenable. d'intercaler force récits et grands airs de sa fabrication. L'œuvre ainsi dénaturée ne dut point produire grand effet, car M. Faber, dans son *Histoire du théâtre françois en Belgique*, se borne à la citer sans aucun commentaire parmi les autres opéras représentés la même année: *Uthal*, de Mehul; *Avis au public*, de Piccini; *les Artistes par occasion*, de Catel: *François Ier*, de Kreutzer; *les Rendez-vous bourgeois*, de Nicolo: *l'Opéra au village*, de Sollié; *le Vieux Château*, de Della Maria; *l'Auberge de Bagnères*, de Catel. etc., etc.

Les représentations suivantes furent données par des troupes allemandes, en 1829, 1844 et 1846. Nous savons par M. Fétis (1), en ce qui concerne cette dernière année, que l'unique exécution de *Don Juan* fut des plus médiocres.

Il n'en a pas été de même lorsque la compagnie italienne de Merelli est venue s'établir au théâtre du Cirque, en 1852 et 1863. *Don Giovanni* eut alors des interprètes d'une réelle valeur et il suffit de rappeler les noms de Zacchi et Ciampi, de Mlles Lorini, Trebelli et Brunetti, pour éveiller chez les dilettantes bruxellois les plus agréables souvenirs. En 1875, le Cirque, devenu théâtre de l'Alhambra vit encore représenter *Don Giovanni* par une autre troupe italienne dont faisaient partie M. et Mme Artot-Padilla.

Vient ensuite la traduction française de Emile Deschamps et H. Blaze, représentée sous la direction Letellier, le 17 mai 1867 (2). *Don Juan* s'est maintenu quelque temps au répertoire, mais depuis les représentations données par M. Faure. en 1871 et 1873, il n'en a plus été question au théâtre de la Monnaie.

Si nous passons au théâtre de Gand, nous voyons que *Don Juan* y a été représenté pour la première fois, le 26 février 1817, et que sa dernière reprise date du 21 novembre 1880 (3), par une troupe allemande.

A Liège, l'opéra de Mozart fut joué pour la première fois, le 28 mai 1829, par une troupe d'opéra allemand des théâtres de Cologne et d'Aix-la-Chapelle. Il n'eut qu'une seule représentation et ne fut pas joué davantage à sa deuxième reprise le 9 octobre 1843, toujours en allemand. *Don Juan* fut encore représenté six fois par la troupe française, sous la direction Calabrési, durant la saison d'hiver 1862-1863.

En résumé, nous n'avons pas à nous montrer fiers de l'accueil fait en Belgique au chef-d'œuvre de Mozart et nous comprenons jusqu'à un certain point l'abstention de nos principaux théâtres dans la célébration d'un événement qui leur est si complètement étranger. Mais nous ne saurions admettre qu'une direction quelconque affichât des prétentions artistiques, sans se mettre en mesure de garder au répertoire ce drame musical qui, plus que jamais, doit être imposé à l'admiration du public. Cela dit, et en attendant, il ne nous reste qu'à ouvrir la partition de *Don Juan*, religieusement, le 29 octobre, et à nous abstraire dans une de ces contemplations intérieures qui remplacent avantageusement la représentation théâtrale (4).

E. E.

(1) *Indépendance* du 14 août 1846.
(2) Castil-Blaze avait précédemment ajusté des paroles sur la musique de Mozart, d'après Molière et le Drame italien; cette adaptation, représentée à Paris le 10 décembre 1827, n'a jamais été donnée à Bruxelles.
(3) *Guide musical*, 1886, p. 206.
(4) A la distribution des prix d'l'Ecole de musique de Saint-Josse-Schaerbeek, les élèves exécuteront, sous la direction de M. H. Warnots, le finale du 1er acte de *Don Juan*.

MOZART A VIENNE

L'Opéra de Vienne fêtera, lui aussi, le 29 octobre, le centenaire de " l'opéra des opéras ", comme Hoffmann, le conteur fantastique, a appelé *Don Giovanni*. Pour cette circonstance l'immortel chef-d'œuvre fera entièrement peau neuve. Il y aura de nouveaux décors, de nouveaux costumes, une nouvelle distribution et jusqu'à une nouvelle traduction, l'ancienne, celle de Rochlitz, étant en effet très défectueuse.

Et voici les gazetiers, les critiques, les musicologues à l'œuvre; ils ont taillé leur plume et c'est entr'eux une émulation extraordinaire à déverser des flots d'enthousiasme sur la mémoire du maestrino. Et cependant combien injuste et ingrat n'a-t-on pas été dans cette même ville de Vienne envers le *maestrino*, c'est ainsi que le Viennois appelle encore familièrement l'auteur de *Don Giovanni*, l'œuvre la plus forte, la plus passionnée, la plus expressive que possède l'Allemagne après les grands drames wagnériens. Pauvre, malade, chétif, la vie n'a été pour Mozart un continuel martyre si le ciel ne lui avait donné en partage une insouciante gaîté qui l'aida à supporter tant que mal toutes les déceptions et toutes les privations. Le sourire ne s'est que bien rarement effacé sur les lèvres de cet homme sublime et charmant. Dans ce corps frêle et maladif habitait une âme sereine et joyeuse.

C'est peut-être pour cela que les Viennois ne lui ont jamais rendu des honneurs divins. Ce petit homme toujours souriant, ce " maestrino ", vif et sautillant, c'était un des leurs; Vienne était sa seconde patrie, sa véritable patrie, il avait la bonne humeur et l'insouciance natives des Viennois, et ceux-ci le traitaient comme on traite un compatriote, avec une certaine mélangée d'indifférence et d'ingratitude.

A quelle ingratitude ! Sans protester, ils ont laissé porter le corps du grand musicien à la fosse commune. Mozart a été enterré pêle-mêle avec des vagabonds et des mendiants, et l'on se cherche aujourd'hui à rechercher l'endroit approximatif où sa dépouille mortelle pourrait avoir été rendue à la terre!

Il est certain, qu'on est aujourd'hui un peu plus attentif envers les grands hommes... et pourtant à une époque où l'on est si prodigue des signes extérieurs de l'immortalité, où le bronze est à vil prix et où le marbre, sacré par tant de chefs-d'œuvre, ne vaut pas beaucoup plus cher que la brique, Mozart n'a à Vienne ni statue ni buste. Depuis quelques années seulement une souscription est ouverte pour élever à l'auteur de *Don Giovanni* un monument digne de sa grandeur, mais cette souscription marche fort mal.

Rien n'est plus difficile que de surmonter une indifférence invétérée. Les Viennois ont laissé un Italien acheter la maison où Mozart rendit le dernier soupir; cet italien la transforma en maison moderne et l'orna, ô ironie du sort, des bustes de Rossini, de Meyerbeer, de Chérubini, il lui donna seulement le nom de *Mozarthof* (maison Mozart) ; ce nom est tout ce qui rappelle le souvenir du grand homme.

Il y a une petite rue près de la place de St-Etienne, au centre de la ville; elle s'appelle la *Schülerstrasse*; il y a là une vieille maison délabrée, devant laquelle un ami de l'art musical devrait tirer son chapeau. C'est là que Mozart a écrit toute la partition des *Noces de Figaro*. Pas la moindre inscription n'appelle l'attention du passant sur ce fait.

Il y a aux Kahlenberg, montagne près de Vienne, une maisonnette rustique, disparaissant au milieu des écuries et des dépendances d'une grande auberge. C'est là que Mozart a écrit une partie de la *Flûte enchantée*. La maisonnette tombe en ruines. Encore quelque temps et elle ne sera plus. On oubliera jusqu'à son existence passagère.

Le comte de Starhemberg possède la plus vaste maison de Vienne, dite le *Freihaus*, abritant quelque chose comme 1,300 locataires. Dans une des cours de la maison il y a un jardinet, et dans ce jardinet on voyait encore il y a quelques années un tout petit pavillon construit en bois. C'est dans ce blockhaus minuscule, contenant une seule chambrette de six mètres carrés, tapissée d'un méchant papier peint, que Mozart a écrit la majeure partie de la *Flûte enchantée*. Le pavillon appartenait au logis de Schikaneder, directeur de théâtre, parolier du nouvel opéra, et il le cédait pendant la journée au compositeur qui trouvait l'inspiration dans ce petit coin tranquille et pourtant si voisin du mouvement de la ville. Jamais la moindre inscription ne fit allusion au grand homme, et lorsque les Salzbourgeois, il y a quelques années, demandèrent le pavillon pour l'exhiber au mont des Capucins, le comte Starhemberg le céda de grand cœur, et les Viennois virent partir sans aucun regret cette précieuse relique.

Le pavillon sert maintenant d'objet de curiosité aux nombreux étrangers qui visitent la jolie ville de Salzbourg. On l'a transplanté au mont des Capucins. Les esthètes que le visitent, font aujourd'hui entre ces quatre murs chétifs des raisonnements profonds sur l'influence des milieux sur l'homme en général et des magnifiques beautés alpestres sur Mozart en particulier.

La cabane, berceau de la *Flûte enchantée*, est on ne peut plus mal placée sur le mont des Capucins. On n'aurait pas dû lui faire quitter son milieu viennois, ce *Freihaus* où tourbillonne du matin au soir l'insouciance danubienne, ce voisinage du marché aux fruits, véritable académie du langage populaire si riche en naïvetés salées et en grossièretés bon enfant. Voilà l'air ambiant de la *Flûte enchantée*. Le souvenir de cet opéra, le plus populaire que Mozart ait écrit, a été bien malencontreusement transplanté dans le paysage alpestre de Salzbourg, il restera cloué à cette localité du *Freihaus* et du *Naschmarkt* où l'on parle le viennois le plus pur et l'allemand le plus impur.

Ce qui ne veut pas dire que les Salzbourgeois aient tort d'enrichir leur ville de tous les *Mozartiana* qu'ils trouvent. A leur point de vue ils font très bien. Autrefois indifférents, comme les Viennois, ils ont montré dans ces dernières années, un peu plus de souci de leur grand homme. Le *Mozarteum*, sorte de Conservatoire de musique, a loué récemment l'appartement où Mozart est né. Dans le temps, il était très difficile d'y pénétrer. La maison est la propriété d'un épicier, et dans la chambre où le jeune Mozart reçut ses premières impressions musicales, roulaient pendant longtemps de jeunes braillards salzbourgeois qu'on se battaient avec leur nourrice. A présent on en a fait un petit musée de reliques rappelant toutes le grand musicien.

Il y a encore, près de Prague, une petite maison champêtre où s'attache le souvenir de Mozart. C'est là que le *Don Juan* vit le jour. Celle-ci, heureusement, a été conservée. Elle appartenait autrefois au pianiste Duschek, grand ami de Mozart, et se trouvait dans un paysage charmant. Aujourd'hui le paysage a disparu ; là où il y avait jadis des bois et des jardins s'élèvent maintenant d'immenses fabriques. Tout autour du berceau de " l'opéra des opéras ", on entend à présent la respiration bruyante de l'industrie moderne. Mais la petite maison reste toujours et le propriétaire actuel de l'ancienne villa Duschek, M. Popelka, tient à la conserver. Il fait bien.

A Vienne, Mozart n'a pas de statue, hélas ! mais, pour être juste, il faut reconnaître qu'on s'y est toujours appliqué à interpréter ses partitions aussi soigneusement que possible. C'est, après tout, le meilleur monument. Ailleurs on prodigue les honneurs de l'immortalité aux grands hommes, mais souvent c'est de leur nom seul qu'on se souvient. Mieux vaut être plus avare du bronze et du marbre et rester en contact perpétuel avec l'œuvre vivante de l'artiste.

W.

Théâtres & Concerts

PARIS

Lentement, très lentement, la vie musicale recommence. Oh ! ce n'est pas avec grand entrain ; ces débuts annuels sont généralement ternes ; escarmouches sans importance avant la mise en ligne du gros des troupes. M. Lamoureux, plus vaillant et plus actif, malgré les revers essuyés, que son jeune confrère M. Colonne, a ouvert le feu avec la reprise de l'*Arlésienne* à l'Odéon, où il s'est vu acclamer à la tête de son orchestre, auquel on a fait bisser presque tous les morceaux. Pourquoi M. Porel s'est-il séparé de M. Colonne, qui semblait le chef d'orchestre attitré et de l'Odéon, et de l'œuvre de Bizet? Mystère!... Cette scission nous vaut une orgie d'*Arlésienne*; car, pour se consoler de l'infidélité du directeur de l'Odéon, le chef de l'*Association artistique* s'offre au Châtelet, à son premier concert, sa petite *exécution* des charmantes pages du musicien regretté, mais sans mise en scène ni prose semi-poétique de M. Daudet ; on fait ce qu'on peut. C'est d'ailleurs, avec le ballet de Henri VIII et quelques autres pages françaises, avec Mendelssohn parmi les Allemands, une des choses que joue le mieux l'orchestre de M. Colonne, qui se perd à s'aventurer dans les voies wagnériennes, et qui généralement, semble pâle et mou dans les œuvres d'un caractère puissant, d'un coloris vigoureux, ou d'un sentiment profond. Pour se consoler, M. Colonne avait encore, comme auditeurs de son programme anodin d'hier, des personnes de marque citées à l'envi par les journaux, l'empereur du Brésil et Mme Charles Floquet, l'aristocratie démocratique et la démocratie aristocratique. Décidément, M. Colonne n'a plus le droit de se plaindre. — Pour en finir avec l'*Arlésienne*, je constate l'empressement du public à sa reprise, l'intérêt évident qu'il porte à tout ce qui peut sembler une tentative nouvelle de rapprochement et d'alliance entre la poésie dramatique et la musique.

M. Lamoureux est infatigable, intrépide. Je n'ai pas besoin de rappeler les obstacles contre lesquels il n'a cessé de lutter depuis le temps qu'il s'est consacré corps et âme à la cause du progrès et de la civilisation artistiques de son pays. L'histoire de ces luttes sera plus tard une démonstration singulièrement éclatante de notre aplatissement honteux devant la routine, de notre profonde et funeste indifférence pour la musique, je dirai presque de notre horreur instinctive en face de ses plus hautes manifestations. On peut espérer pourtant, d'après des signes certains, que tout cela sera un jour de l'histoire ancienne.... En attendant, M. Lamoureux, toujours à son poste, fidèle à ses convictions, inébranlable dans sa foi artistique, ne se laisse rebuter par rien ; on n'est pas plus beau joueur que cet homme, d'une persévérance rare et admirable. Le culte qui, ne pouvant garder l'Eden, déménage encore, et s'installe au Cirque d'été, y revient, devrai-je dire ; car c'est là qu'il donna des auditions mémorables de la *Passion selon Saint-Matthieu* de Bach et du *Messie* de Hændel, qui maintenant, avec les progrès accomplis depuis quinze ans, attireraient un Cirque des Champs-Elysées de nombreux admirateurs.

Aussi faisons-nous des vœux pour que les circonstances permettent à M. Lamoureux de nous faire entendre ces superbes œuvres inconnues ou presque inconnues chez nous, les *Passions, Cantates, Messes* et *Motets* du grand Sébastien, certaines belles compositions d'Hændel, la *Messe en ré* et la *Symphonie avec chœurs de Beethoven*. Dans tous les cas, quel que soit le plan de campagne de M. Lamoureux, il peut être sûr de grouper autour de sa personne, autour de ses tentatives et de la cause supérieure qu'il défend, des sympathies de plus en plus vives, des adhésions de plus en plus chaudes. La souveraine injustice de cette navrante équipée de *Lohengrin* a donné à réfléchir ; elle a éclairé bien des gens, rallié des indifférents ; elle a semé des germes d'indignation qu'on verra éclore quelque jour et porter leurs fruits. Ceux qui suivent M. Lamoureux et l'entourent, valent déjà par le mérite ; ils vaudront aussi par le nombre, cela n'est pas douteux...

Le premier concert de M. Lamoureux a lieu dimanche prochain ; je rendrai compte du programme et de l'effet produit....

Par la force des choses, et qu'on le déplore ou non, l'intérêt musical dans notre pays, actuellement si déshérité à ce point de vue, se concentre sur M. Lamoureux et ses efforts. Car nos théâtres de musique sont pour le moment en un piteux état, et vraiment il n'y a pas grand chose à en attendre. On espère pourtant, à l'Opéra-Comique provisoire de la place du Châtelet, reprendre dans quelque temps, le *Roi malgré lui*, l'œuvre si brillante d'Emmanuel Chabrier, avec d'importantes coupures ; mais la chose eût-elle lieu qu'elle ne nous sauverait pas de la *Dame de Montsoreau* de M. Salvayre.

Il est aussi question d'un nouveau projet de Théâtre-Lyrique. Pour le moment, tout ce qu'on en a dit est prématuré ; le bruit de représentations à Chatou ou à Bruxelles sont du domaine de la fantaisie journalistique ; il ne reposent sur rien, ou sur pas grand chose. Une entreprise de cette importance, si impatiemment attendue depuis longtemps, et qui vient si bien à son heure, demande à être mûrement préparée, et doit reposer sur des bases solidement établies.

A la Société des concerts du Conservatoire, on va commencer les répétitions ; on va lire la *Symphonie en fa* de Brahms et celle en *la* mineur de Camille Saint-Saëns, la deuxième, qui ne ressemble en rien à celle donnée l'an dernier (dédiée à la mémoire de Liszt). La *Messe en ré*, de Beethoven, si ballottée, si malmenée, est encore à l'ordre du jour ; la grosse affaire c'est toujours la question des interprètes. On la pourrait aussi qu'on donnât rue Bergère les *Djinns* de César Franck (piano et orchestre) ou sa *Marche avec chœurs* de l'opéra *Hulda*, en attendant la nouvelle symphonie (en *ré* mineur) que ce maître est en train d'achever .

Pendant que nous en sommes aux œuvres nouvelles, annonçons une *Messe des morts* de Gabriel Fauré, un *Trio* pour clarinette, violon et piano, de Vincent d'Indy, une nouvelle grande composition pour piano de César Franck, dans la donnée du *Prélude, Choral et Fugue*.

Pour en finir avec la Société des concerts, disons qu'on fait de la musique étrangère M. Garcin lit en ce moment les partitions de Liszt, de Svendsen et de Grieg. C'est parfait, mais qu'il n'oublie pas non plus les anciens, et toute cette série d'œuvres si pénétrantes, si grandioses, si émouvantes et si neuves, les *Passions, Oratorios de Noël, Cantates, Messes* et *Motets* de J. S. Bach, qui feraient encore bonne figure auprès du poétique *Miracle des Roses*, de la *Sainte-Elisabeth*, ou des *Rhapsodies scandinaves*, du *Carnaval à Paris*, et de l'ouverture de *Zorahayda*.

BALTHAZAR CLAES.

Mercredi soir, le 26 octobre, a eu lieu à l'Opéra, la cérémonie du centenaire de *Don Juan*, entre le premier et le second acte de l'opéra de Mozart, dans le grand décor de la salle des fêtes.

Tous les artistes et les masses chorales étaient groupés autour du buste de Mozart ; le corps de ballet échelonné, derrière le buste, sur les escaliers monumentaux que comporte le décor. M. Lassalle a dit la poésie écrite pour la circonstance par M. Henri de Bornier, pendant que le quatuor de l'orchestre exécutait en sourdine la Marche religieuse de la *Flûte enchantée*. La cérémonie s'est terminée par le chœur des prêtres du même ouvrage, transcrit par M. Gounod pour soprani, ténors et basses, et chanté par tous les artistes et les chœurs.

On sait qu'au foyer de l'Opéra on a exposé à cette occasion un certain nombre d'objets précieux se rapportant à Mozart. Parmi ceux-ci citons :

1° La partition autographe de *Don Juan*, prêtée par Mme Viardot ;

2° Un médaillon de Mozart, par Ingres, donné par l'auteur à M. Camille Saint-Saëns, qui, âgé de sept ans, exécutait déjà avec talent la musique du maître ;

3° Prêté par M. X...: Quintette pour piano, hautbois, clarinette, cor et basson (partie du piano, manuscrit autographe).

4° Prêté par M. Etienne Charavay : Lettre autographe ;

5° Prêté par M. Etienne Charavay : Lettre autographe de Mozart, écrite à l'âge de quatorze ans ;

6° Prêté par M. C. Saint-Saëns : Marche pour deux violons, alto, violoncelle et deux cors (manuscrit autographe).

7° Prêté par le Conservatoire national de musique : Andante pour flûte avec accompagnement de petit orchestre (manuscrit autographe).

8° Prêté par le Conservatoire national de musique : Concerto pour le clavecin, dédié à Mme Victoire de France, par J.-G. Wolfgang Mozart, de Salzbourg, âgé de sept ans (exemplaire offert par Mozart).

9° Prêté par le Conservatoire national de musique : Concerto pour piano et violon avec orchestre (manuscrit autographe).

D'autres pièces, fort intéressantes, figurent dans cette exposition qui durera du mercredi 26 octobre au 1er novembre, c'est-à-dire jusqu'à la troisième représentation de *Don Juan*.

BRUXELLES

Encore deux débuts au théâtre de la Monnaie, et, qui plus est, deux ténors nouveaux. L'un M. Boon, ancien élève de l'Ecole de musique de Saint-Josse-ten-Noode-Schaerbeek, lauréat du Conservatoire de Bruxelles et élève de M. Henry Warnots. Il a paru pour la première fois en scène dans le rôle d'Almaviva du *Barbier de Séville*. Sa voix jeune, déliée et suffisamment étendue a produit bon effet. Il lui reste à travailler l'émission et l'articulation. M. Boon qui montre encore beaucoup de gaucherie et d'inexpérience comme comédien, devra s'appliquer en outre à l'étude de la mimique théâtrale.

L'autre ténor est M. Gluck, de Bordeaux, un amateur plutôt qu'un ténor de carrière. Il a paru dimanche dans l'*Africaine*, où l'on n'a pas eu l'occasion de beaucoup l'entendre, soit que la voix fût trop faible, soit que l'orchestre de Meyerbeer, autrement bruyant que celui de Wagner, eût écrasé sous sa lourdeur le chant du jeune artiste. M. Gluck s'essayait du reste pour la première fois à la scène. Il n'y a tout lieu de croire que l'essai ne sera pas continué.

A ce propos le bruit a couru que M. Gluck était le ténor destiné à créer le rôle de *Siegfried*. C'est un bruit sans fondement et tout à fait absurde. Nous ne croyons pas que MM. Dupont et Lapissida, qui se sont montrés jusqu'ici des directeurs assez avisés, aient jamais songé à confier à un débutant un rôle de cette taille. C'est une pure sottise qu'on leur a attribuée tout gratuitement.

Ce n'est pas, du reste, le seul bruit inexact qui ait couru au sujet du théâtre de la Monnaie et du *Siegfried*. On a même annoncé que le drame wagnérien était ajourné, les directeurs n'ayant pas su trouver le ténor convenant au rôle. Ces rumeurs sont erronées.

Il est exact que MM. Dupont et Lapissida se sont trouvés pris un peu au dépourvu par la réalisation de M. Tournié et par la difficulté de trouver en cette saison un artiste libre d'engagements. Il est assez naturel qu'ils aient tâtonné pendant quelques jours. Heureusement l'excellent et vaillant créateur de Siegmund, M. Engel, est venu les tirer d'affaire en acceptant de passer de l'opéra-comique au grand opéra. Par l'arrangement conclu avec M. Engel la marche du répertoire se trouve assurée. Cependant MM. Dupont et Lapissida n'ont pas cru devoir en rester là et ils se sont remis en campagne pour découvrir un autre ténor capable de supporter avec M. Engel le poids des grands rôles. Ils ont si peu renoncé à *Siegfried* qu'ils cherchent cet autre ténor pour créer le héros wagnérien, M. Engel se chargeant du rôle non moins important du nain Mime.

Or, rien n'autorise, pour le moment du moins, à croire que leurs recherches resteront vaines. Si nous sommes bien renseignés il y a, au contraire, toute apparence qu'elles aboutiront prochainement.

On a prononcé, à propos de Siegfried, le nom de M. Van-Dyck, qui a créé à Paris d'une façon tout à fait remarquable le rôle de Lohengrin. Des pourparlers ont été en effet engagés avec l'éminent artiste, et il s'est espérer, — nous le désespérons pas encore, — qu'ils aboutiront. Nul mieux que M. Van-Dyck ne personnifierait Siegfried : belle stature, démarche vive, geste noble et grand, voix fraîche et jeune, diction irréprochable, il réunit toutes les qualités qui feraient de lui un interprète sans pareil du héros des Nibelungen. Bien qu'il n'ait pas de passé au théâtre, l'unique apparition de M. Van-Dyck dans *Lohengrin* a été pour tous ceux qui l'y ont vu une véritable révélation.

Malheureusement M. Van Dyck n'était pas libre d'engagements au moment où les directeurs de la Monnaie se sont adressés à lui. On sait que M. Van Dyck doit chanter l'été prochain à Bayreuth le rôle de Walter des *Maîtres Chanteurs* et accessoirement le rôle de Parsifal. Par contre il est tenu de passer un certain temps en Allemagne afin de se familiariser avec la langue allemande. Il séjournera, à cet effet, l'hiver, à Carlsruhe où il étudiera son rôle en allemand avec le célèbre chef-d'orchestre Mottl. Dans ces conditions M. Van Dyck n'a pas cru pouvoir s'engager vis-à-vis de MM. Dupont et Lapissida. Jusqu'ici, tout au moins il n'a pas accepté. On comprend qu'il hésite et qu'il tienne à se réserver pour Bayreuth, la scène modèle où son apparition ne peut manquer de produire une grande sensation. Les pourparlers toutefois ne sont pas rompus et nous souhaitons à MM. Dupont et Lapissida qu'ils réussissent à vaincre les scrupules artistiques de l'excellent chanteur. Ils auraient l'applaudissement général et unanime du public tout entier.

Si, malheureusement, l'entente ne parvenait pas à s'établir avec M. Van Dyck, MM. Dupont et Lapissida tiennent en réserve un autre ténor, très fêté cet été à Londres, qui a été applaudi à Bordeaux, Rouen, Lyon et même à Paris, bien qu'il n'ait pas l'occasion d'y chanter dans des conditions très favorables. Il chanterait Siegfried à défaut de M. Van Dyck, en admettant qu'il eût réussi dans les pièces du répertoire où MM. Dupont et Lapissida se proposent de le soumettre avant peu au jugement du public.

On voit que leurs soucis d'administrateurs n'étouffent pas chez les directeurs de la Monnaie le souci artistique. En un mot, MM. Dupont et Lapissida ont réussi, grâce à Mᵐᵉ Melba et Landouzy, à restituer un semblant de vitalité à l'ancien répertoire ; mais ils n'abandonnent aucun de leurs grands projets. S'ils ne renoncent pas à *Siegfried*, ils ne renoncent pas davantage à la *Gioconda*, qu'on passera bientôt ; ni aux *Pêcheurs de Perles*, qu'on répète toujours ; ni au *Jocelyn* de M. Godard, qui va entrer en répétitions. Ils sont si bien résolus à renouveler complètement le répertoire, qu'ils s'occupent dès à présent de la *Richilde* de M. Mathieu, en vue de laquelle l'habile décorateur du théâtre, M. Lynen, vient d'exécuter une série de petits croquis charmants pour les huit tableaux que comporte l'ouvrage. Il serait juste d'accorder à MM. Dupont et Lapissida quelque crédit pour leur permettre de réaliser leurs projets l'un après l'autre.

☙

Le placement des appareils destinés à l'éclairage électrique de la salle de la Monnaie est sur le point d'être terminé. Déjà l'on a essayé deux herses des arrière-plans pendant la représentation de lundi. C'est à M. l'ingénieur Gérard qu'on doit toute cette installation, infiniment supérieure à celle qui fonctionne dans d'autres villes.

☙

Une audition des *Lieder* de M. G. Huberti, professeur au Conservatoire de Bruxelles, a été donnée dans la salle des concerts de cet établissement, le dimanche 28 octobre. M. Emile Blauwaert, a interprété les *Wanderlieder* de L. Uhland et une série de mélodies écrites sur des paroles de Goethe, Hiel, Hugo, Ronsard et Heine. Trois morceaux étaient accompagnés à l'orgue ; les autres ont été accompagnés au piano par l'auteur. Les compositions de M. Huberti ont un cachet de distinction et une valeur technique qui les recommandent aux auditeurs sérieux. Il en est plusieurs dont la mélodie a du charme et de l'expression, comme dans le *Chant du matin* de Uhland ; la *Berceuse de Fallersleben* et dans les deux *Meiled* d'une inspiration très fraîche. La grande voix de M. Blauwaert semblait mal à l'aise dans le modeste ressort du *Lied*. On comprenait difficilement les paroles et l'on avait ainsi beaucoup de peine à saisir les intentions du musicien. Quelques privilégiés s'étaient procuré le livret contenant les textes poétiques. Ceux-là auront apprécié sans doute tous les mérites d'une séance qui, pour n'avoir pas fait grand bruit, n'en est cependant pas moins digne de remarque. E. E.

☙

Au premier concert du Conservatoire, M. Gevaert fera exécuter l'ouverture de la *Flûte enchantée* et la 9ᵐᵉ symphonie de Beethoven.

***

GAND

Depuis ma dernière correspondance, il s'est opéré quelques changements à notre théâtre : à la suite de la représentation de *Charles VI*, Mᵐᵉ Carrère, qui y avait chanté terriblement faux, a résilié, et à la suite de celle du *Maître de chapelle*, Mᵐᵉ Elieze, qui s'est montrée par trop inexpérimentée, s'est probablement obligée d'en faire autant. M. Van Hamme a déjà engagé Mᵐᵉ Stella-Corva, l'artiste belge bien connue, pour remplacer Mᵐˡᵉ Carrère ; il nous reste que temps, car, pour le moment, Mᵐᵉ Laville-Ferminet est forcée de jouer tous les rôles, celui d'Odette comme celui de Valentine, de même celui de Carmen ! Cela ne laisse pas que d'être fort préjudiciable pour notre forte chanteuse qui s'abîme à force de choses en dehors du registre de sa voix ; le public ne la trouve pas aussi bonne que dans son vrai répertoire, et il pourrait bien s'en suivre des conséquences

regrettables pour l'artiste. *Carmen*, notamment, lui a été des moins favorables, malgré ses efforts, et Mᵐᵉ Laville fera bien, je crois, de ne pas recommencer l'expérience : En général, cette reprise de *Carmen* n'était pas mauvaise et on y a applaudi Mᵐᵉˢ Boyer, MM. Alvarez et Freiche. *Charles VI* a été l'occasion d'un beau succès pour M. Soum, qui y trouvait enfin un rôle où il pût déployer tous ses moyens ; mais le clou de la soirée était certainement la charge de cavalerie exécutée par dix-sept chevaux, au troisième acte, et le tableau montrant l'aspect de la place des Lions après l'émeute. De fait, cela était très réussi ; on a fait venir le directeur sur la scène et on l'a applaudi avec raison pour les soins qu'il met à la figuration ; mais je ne peux m'empêcher de trouver qu'il exagère un peu, et, pour ma part, je me passerais parfaitement et de la charge de cavalerie et du tableau.

J'aurais été heureux de pouvoir vous parler d'une intéressante matinée de musique belge organisée à l'occasion de la première exposition d'un nouveau cercle artistique que de jeunes peintres et compositeurs viennent de fonder ici ; mais ces messieurs n'ont pas eu la complaisance de m'y inviter, et ils m'empêchent ainsi eux-mêmes, à mon grand regret, de dire tout le bien que je pense d'eux. P. B.

☙☙☙

Nouvelles diverses.

☙

À l'occasion du centenaire de la mort de Gluck, qui tombe le 15 novembre prochain, le théâtre de la cour de Dresde prépare une représentation composée de fragments d'*Iphigénie in Aulide* et d'*Iphigénie en Tauride*.

Quand on pense qu'on ne pourra pas célébrer à Paris ni à Bruxelles le centenaire du maître de l'opéra parce qu'aucune pièce de Gluck n'est au répertoire !

☙

Samedi prochain aura lieu à l'Institut de France, en séance solennelle, l'exécution de *Didon*, la cantate de M. Charpentier (élève de M. Massenet), qui a obtenu le premier prix de Rome au dernier concours.

Didon sera interprétée de la manière suivante : Enée, M. Vergnet ; Anchise, M. Lauwers ; Didon, Mᵐᵉ Yveling Ram-Baud.

On entendra également une ouverture d'un autre prix de Rome, M. Marty.

☙

Tout ce qui restait de l'Opéra-Comique de Paris aura disparu dans quelques jours.

Ces travaux seraient terminés depuis longtemps, si les architectes experts étaient parvenus à s'entendre plus tôt au sujet du grand mur de l'ancien théâtre.

Les architectes, après un sérieux examen, ont décidé que ce grand mur menaçant de s'écrouler, il fallait le démolir en entier.

Ce travail, qui présente les plus grandes difficultés, sera terminé dans quelques jours.

À la fin de la semaine tous les matériaux seront enlevés et l'emplacement, autrefois occupé par l'Opéra-Comique, pourra être livré aux ouvriers chargés de la reconstruire.

☙

La semaine dernière a été appelé devant le tribunal de commerce de la Seine, le procès intenté par l'administration de l'Eden-Théâtre à M. Ch. Lamoureux, pour avoir de *son plein gré*, dit la citation, interrompu les représentations de *Lohengrin*. Les demandeurs réclament une indemnité de 264,000 francs se fondant sur les termes du contrat passé avec M. Lamoureux et qui leur assurait la moitié des bénéfices. M. Lamoureux invoque le cas de force majeure.

L'affaire a été renvoyée à une prochaine audience.

☙

Le compositeur belge Léon Van Cromphout vient de rentrer à Bruxelles d'un voyage en Allemagne où ses gracieuses compositions ont obtenu des succès de bon aloi. Les journaux de Mayence font grand éloge notamment d'un *Menuet* de sa façon qui a été très applaudi au *Symphonie-concert*, du 14 octobre.

☙

Le théâtre de Munich vient de donner la première représentation d'un nouvel opéra sur le sujet du *Faust*. Le voisinage de Schumann et de Gounod n'a pas effrayé le compositeur allemand Henri Zöllner qui est l'auteur de ce nouveau *Faust*.

Il est vrai qu'il est tout jeune et qu'il a eu le bon esprit de prendre pour collaborateur l'auteur même du vrai *Faust*, Goethe. Le livret qui a servi de canevas à M. Zöllner est, en effet, tiré tout entier du drame de Goethe dont les vers mêmes sont conservés. Quelques scènes seulement ont été légèrement écourtées. M. Zöllner n'a eu, en somme, qu'à mettre de la musique sur les hexamètres du poète de Weimar. On dit que cette musique ne gâte rien, mais qu'elle n'a pas davantage ajouté au charme du poème original. Le premier acte a été assez froidement accueilli ; on a surtout applaudi M. Gura, le baryton bien connu (Faust et Mlle Weckerlin (Marguerite). Le second acte avec son duo d'amour, qu'il semblait difficile de renouveler après le duo de Gounod, paraît cependant avoir fait grand effet. Après le dernier acte, M. Zöllner a été rappelé sur la scène au milieu de l'applaudissement général. Les journaux allemands doutent néanmoins que le succès de l'œuvre soit durable.

Le théâtre Dal Verme vient d'avoir la primeur d'un opéra nouveau, le *Comte de Gleichen*, quatre actes, de Salvator Anteri Manzocchi, l'auteur applaudi de *Dolorès* et de *Stella*.

Grand succès pour le compositeur, qui, contrairement aux habitudes italiennes, n'assistait pas à la représentation, et pour les artistes, la Novelli, la Brambilla, le ténor Barbaccini, le baryton Pagliani et la basse Wulman, qui ont été rappelés à chaque acte.

Rien d'extraordinairement nouveau, mais quelques belles scènes qui dénotent un grand progrès chez le maestro.

Le poème original est tiré d'une légende allemande dont le héros, fait prisonnier en terre sainte et sauvé par la nièce de Saladin, a obtenu du pape Grégoire IX la licence d'avoir deux femmes légitimes au milieu desquelles on le voit sur son tombeau dans la cathédrale d'Erfurth.

D'après le *Bavard*, les Marseillais ne sont pas du tout contents de l'ensemble de la troupe lyrique que M. Roudil vient de leur présenter. Notre confrère croit que le directeur du Grand-Théâtre ne pourra plus remonter le courant d'opposition qui s'est formé et qu'il sera forcé de donner sa démission.

On a représenté la semaine dernière à Copenhague, un opéra nouveau, *Loreley*, d'un compositeur danois, M. Johann Bartholdy, qui, l'hiver dernier, avait débuté au Dagmar-Théâtre avec une opérette qui eut grand succès.

M. Bartholdy a, comme Richard Wagner, écrit le livret et la musique de son ouvrage. Mais il n'est pas wagnérien pour cela. Le sujet est tiré de la légende universellement connue de Loreley, la sirène aux cheveux d'or, chantée par Henri Heine. L'ouvrage a obtenu, disent les gazettes danoises, un très grand et très légitime succès.

AVIS ET COMMUNICATIONS

Rappelons à nos lecteurs bruxellois le concert du célèbre pianiste Eugène d'Albert, avec le concours de MM. Jacobs et Jokisch. Ce concert a lieu samedi à la Grande Harmonie.

* Les concerts organisés par M. Franz Servais sont désormais assurés. La quatrième nécessaire est antérieurement souscrite, l'orchestre recruté, la salle d'audition retenue par convention signée et les répétitions vont commencer. Le premier des concerts d'hiver — c'est le titre de l'institution — est fixé au dimanche 27 novembre, à 2 heures, à l'Eden-Théâtre de Bruxelles; les autres suivront, toujours le dimanche, à la même heure, dans la même salle, aux dates suivantes: 11, 26 décembre (par exception un jour, le lendemain de Noël), 8, 15 et 29 janvier, 12 et 26 février, 17 et 19 mars.

Soit une série de dix concerts. De plus, un concert spirituel aura lieu le Vendredi-Saint, 30 mars. La composition du programme de deux concerts (ceux du 15 janvier et du 19 mars) sera déterminée par le vote des patrons et abonnés, dont la préférence sera toutefois limitée aux œuvres précédemment entendues. La majorité relative décidera.

Les trois premiers concerts seront purement symphoniques; les chœurs n'interviendront qu'à la quatrième audition, avec doute dans le *Faust* de Liszt.

Voici quelques œuvres annoncées déjà: la symphonie et ut de Schubert, le *Prométhée* et le *Faust* de Liszt, les *Eolides* de César Franck. Citons encore comme devant figurer aux programmes: la scène de la forge de *Siegfried*, chantée par le ténor Ernest Van Dyck; la scène des *Rheingold*tes, pour l'exécution de laquelle M. F. Servais a découvert trois charmantes interprètes.

Concerts populaires, sous la direction de M. Joseph Dupont. — 23e année. — Les concerts populaires, au nombre de quatre, seront donnés comme les années précédentes, au théâtre royal de la Monnaie à Bruxelles. En vertu du droit de préférence réservé aux anciens abonnés, ceux-ci peuvent retirer chez MM. Schott frères, 82, Montagne de la Cour, les places dont ils étaient titulaires. Le bureau d'abonnement sera ouvert du 21 courant au 15 novembre. Passé ce délai, il sera disposé des places non réclamées. MM. Schott frères tiennent le plan du théâtre à la disposition des personnes qui désireraient modifier leurs places.

Prix de l'abonnement pour quatre concerts: Loges du premier rang et baignoires, 35 francs; stalles d'orchestre et de balcon, 30 francs; loge de face de deuxième rang et stalles de parquet, 18 francs; loges de côté de deuxième rang, 12 francs. — Les bureaux et l'administration sont transférés, 82, Montagne de la Cour. — Toute demande quelconque relative au service des places doit y être adressée.

La direction du Cercle Artistique, profitant du séjour à Bruxelles de M. Joachim, qui est membre d'honneur de la société, l'a engagé pour donner une soirée musicale.

La première séance de musique de chambre pour instruments à vent et piano, se donnera le dimanche 30 de ce mois, à 2 heures, en la grande salle du Conser-

vatoire de Bruxelles. On y exécutera un *andante* et *allegro* de Raff, un *nocturne* pour hautbois et piano de Rheinberger et un *octuor* de Beethoven, M. Emile Blauwaert prêtera son précieux concours à cette intéressante séance et chantera des compositions de E. Huberti. Les instrumentistes sont, comme l'an dernier, MM. les professeurs Dumon, Guidé, Poncelet, Merck, Neumans et De Greef.

Lundi 31 octobre, à 8 heures du soir, dans la salle Marugg, à Bruxelles, audition d'œuvres de Schumann donnée par M. et Mme Blauwaert-Staps, avec le concours de Mlles Laurent et de MM. Ysaye, Jacobs, Van Styvoort et Agniez, professeurs au Conservatoire de Bruxelles.

Programme: 1. Sonate pour piano et violon (la mineur), Mme Blauwaert, M. Ysaye; 2. Mélodie, a) *Premier aveu*, b) *A ma Fiancée*, c) *Elle est à toi*, d) *Les deux Grenadiers*, M. Blauwaert; 3. Trio pour piano, violon et violoncelle (*fa majeur*), Mme Blauwaert, MM. Ysaye et Jacobs; 4. Duos, a) *Chanson d'automne*, b) *Automne et Printemps*, c) *Le Lys et les Coctinelles*, Mlle Laurent, M. Blauwaert; 5. Quintette pour piano, deux violons, violoncelle et alto, Mme Blauwaert, MM. Ysaye, Van Styvoort, Jacobs et Agniez. — Piano Henri Herz.

VARIÉTÉS

ÉPHÉMÉRIDES MUSICALES

Le 28 octobre 1815, à Bruxelles (Société des Amateurs de musique). Baillot se fait «entendre pour la seconde fois; il exécute deux morceaux de sa composition»: un concerto et un air de Paisiello, varié pour le violon. Au concert précédent (1er octobre), outre son concerto, il avait joué un trio de Viotti et un air russe. (Voir Eph. *Guide mus.*, 8 septembre dernier.)

— Le 29 octobre 1787, à Prague, *Don Giovanni o il dissoluto punito* opera in due atti con balli analoghi. *Parole del sig. Abate da Ponte, musica del celebre maestro signor Amadeo Mozart*. Tel est l'intitulé de l'affiche annonçant la première du chef-d'œuvre incomparable dont le centenaire est célébré aujourd'hui même au théâtre qui l'a vu naître.

Voici comment la mémorable soirée du 29 octobre 1787 est racontée par Victor Wilder, dans son intéressante monographie de Mozart:

« Mozart fut accueilli par des acclamations enthousiastes, interrompues par une triple fanfare, en l'honneur du maître des maîtres. Pendant qu'il s'asseyait au clavecin pour diriger son œuvre, le copiste apportait d'haleine venait à la hâte, placer sur les pupitres les feuilles encore humides de l'ouverture.

« Sous l'archet de Mozart l'excellent petit orchestre déchiffra ce morceau difficile *à prima vista*, et s'il y eut quelques accrocs-légers, rien de grave ne vint du moins en compromettre le succès. Satisfait de ce bon résultat, Mozart se retourna vers son voisin le plus proche et lui dit en riant: " Il est tombé pas mal de notes sous les pupitres, mais somme toute l'ouverture a été bien enlevée. "

« Si nettement dessiné dès le début, le succès grandit à chaque morceau et s'éleva bientôt aux proportions du plus ardent enthousiasme. Lorsque le rideau vint tomber pour la dernière fois, et que, brisé de fatigue et d'émotion, Mozart se leva pour remercier encore son cher public de Prague, tous les assistants se dressèrent spontanément, dans une acclamation immense, à laquelle les instruments de cuivre répondirent encore une fois par des fanfares retentissantes.

« Quelques jours après, Mozart écrivait modestement à son ami Jacquin:

« Le 29 octobre, mon cher ami, *Don Giovanni* a pris possession de la scène, il a été salué par le plus vif enthousiasme. *Entre nous*, je voudrais bien vous avoir ici pendant une soirée pour vous voir. vous puis-siez prendre votre part de mon bonheur. Mais vous entendrez, je pense, l'ouvrage à Vienne. Qui sait? on se décidera peut-être à l'y monter. Espérons-le, n'est-ce pas? »

Entre nous, n'est-il pas charmant et cette discrétion dans le triomphe n'est-elle pas la marque d'une âme délicate et d'un esprit supérieur.

— Le 30 octobre 1788, à Fontainebleau (théâtre de la Cour), la *Caravane,* dit *Caire*, 3 actes de Grétry. — A Paris (Opéra), le 15 janvier 1784. (Voir Eph. *Guide mus.*, 18 janvier 1887.)

— Le 31 octobre 1814, à Chimay, naissance de Jules Denefve. — Sa mort à Mons, le 19 août 1877. Cet estimable artiste a beaucoup contribué au développement de l'art musical dans le chef-lieu du Hainaut; ses compositions pour sociétés chorales ont eu du succès et continuent à être chantées. On lui doit la création de la Société *Roland de Lattre.*

— Le 1er novembre 1871, à Bologne (théâtre Communal), *Lohengrin*, de Richard Wagner. — Un peu d'opposition, au premier soir, mais bientôt vaincue par un public enthousiaste à toutes les représentations qui suivirent. Un de nos amis d'Italie nous écrivait alors ces lignes divinatoires: " *Lohengrin* a été pour toute la péninsule un événement dont l'importance ne sera appréciée que dans un temps donné. Dès à présent, la curiosité est éveillée et les amateurs se jettent avec avidité sur tout ce qui émane de Wagner. D'ici à cinq ans tous nos théâtres auront monté *Lohengrin*. Verdi a assisté à l'une des représentations, mais il n'a rien laissé voir de ses impressions. Du reste, ses derniers opéras sont là pour prouver que le *Trovatore* a fui et renoue les partitions du maître allemand." Pendant qu'on acclamait Wagner à Bologne, on sifflait à Trieste, le *Don Juan*, de Mozart, par l'unique raison que la musique était d'un Allemand!!

— Le 2 novembre 1850, à Vienne (Nationaltheater), *der Fliegende Holländer* de Richard Wagner. — Jusqu'au 15 septembre 1869, 42 représentations. puis, au Hofoper, du 27 janvier 1871 à fin 1886, 68 représentations.

— Le 3 novembre 1821, à Vienne (Nationaltheater), *der Freischütz* de C. M. von Weber. — Le 7 mars 1822, l'illustre compositeur vint diriger son œuvre, laquelle, au 19 août 1868, comptait 313 représentations et qui, au Hofoper, en obtint encore 117, du 1er janvier 1871 à la fin de 1886.

— Contrairement à ce que nous avons dit (*Guide mus.*, 18 oct.), le *Guillaume Tell* de Grétry-Berton, a été joué à Gand et à Liége, en la même année 1828.

Nécrologie.

Sont décédés :

A Paris, le 16 octobre, Jules Puget, né à Saint-Henri, près Marseille en 1820, professeur de chant, ancien ténor à l'Opéra-Comique, au Théâtre-Lyrique, à Gand, à Anvers, etc. Il était le descendant direct de l'illustre sculpteur Puget, (Notice, *Dictionnaire Vapereau*, où il y a deux erreurs à relever, quant au prénom et à la date de naissance de Jules et non Henri Puget).

— A Koenigsberg, le 28 septembre, Otto-Christian-Friedrich Ludolfs, né à Luneburg le 24 avril 1837, compositeur et chef d'orchestre. (Notice, *Lexicon Tonger*, suppl. p. 49.)

— A Londres, le 17 octobre, Miss Kate Munroe, née à New-York en 1848, artiste lyrique qui avait débuté par les théâtres italiens, avait passé par les Bouffes à Paris, et avait conquis, à Londres, une certaine réputation dans le genre bouffe.

— A Boston, le 6 octobre, George-James Webb, né à Salisbury (Angleterre) le 24 juin 1803, organiste, professeur de chant, compositeur, président de plusieurs sociétés musicales. Il a beaucoup contribué au développement de la musique aux Etats-Unis où il s'était fixé dès 1880. (Notice, avec portrait, dans *American Art Journal*, 15 octobre).

— A la Nouvelle-Orléans, le 26 septembre, à l'âge de 43 ans, Georges Sontag, natif de Strasbourg, chef d'orchestre militaire, ayant joué du trombone dans plusieurs théâtres de France. Il était en Amérique depuis 1869. (Notice *American musician*, 8 octobre).

EXTRAIT DES NOUVEAUTÉS

Publiées par la Maison **SCHOTT FRÈRES**, à Bruxelles.

OCTOBRE 1887.

POUR PIANO

Bachmann, G. Les sympathiques, douze études pour piano, livre 1, 2. . . . . chaque	4 —
Caïbulka, A. Op. 341. N° 1. Au printemps, romance sans paroles.	1 75
— N° 2. Au bord du ruisseau, morceau caractéristique	1 75
— » 3. Vendangeurs et vendangeuses, scène rustique	2 —
— » 4. Valse caprice	1 75
Eberling, F. H. F. Op. 15. Marche des avocats .	2 —
Kevers, E. Nouveau menuet belge	85
Lanciani, P. Marche des bataillons scolaires . .	1 35
Michiels, G. Czardas n° 3.	1 35
— n° 4.	1 75
— L'ansouisienne, marché provençale . .	1 35
Tavan E. Toujours à vous, suite de valses. . .	2 —

INSTRUMEMTS DIVERS

Agniez, E. Fantasia pour violòn et piano. . . .	2 50
Jokisch, Ottomar. Op. 9. Trois morceaux pour violon avec accomp. de piano.	
N° 1. Bluette	2 —
» 2. Canzonetta.	2 —
» 3. Impromptu.	2 50
Magner, Th. Op. 52. Fantaisie sonate pour orgue.	4 —
Wouters, A. Op. 73. Ballade pour violoncelle avec accomp. de piano	2 —

CHŒURS

Dupont, Aug. Op. 68. Hymne à l'amour, chœur à 4 voix d'homme. . . . . . . la partition	4 —
Chaque partie	0,60
Dupuis, Sylv. Le chant du cirque, chœurs à 4 voix d'hommes . . . . la partition	8 —
Chaque partie	0,30
Radoux, Joseph. (œuvre posthume) Invocation, chœur pour 4 voix d'hommes. . . . la partition	8 —
Chaque partie	0,40
Riga, Fr. Récits et chœurs d'Esther, pour voix de femmes avec acc. de piano, n° 2, acte 1, scène 5 la partition	2 50
Chaque partie	0 20
Watelle, Ch. Le retour de l'hirondelle, chœur pour 2 voix égales avec acc. de piano . la partition	2 —
Chaque partie	0 20

XXXIIIᵉ ANNÉE   3 novembre 1887   NUMÉRO 44

Paraissant tous les jeudis.

ABONNEMENT	SCHOTT FRÈRES, ÉDITEURS.	ANNONCES
FRANCE & BELGIQUE, 10 francs par an.	**Paris**, Boulevard Montmartre, 19	LA LIGNE . . . . . FR. 0.50
LES AUTRES PAYS, 10 francs (port en sus)	**Bruxelles**, Montagne de la Cour, 89	On traite à forfait pour les grandes annonces.

VIOTTI

ET L'ÉCOLE MODERNE DE VIOLON

(Suite. — Voir le dernier numéro.)

Les infamies que publiait sur le compte de Viotti le *Journal général de la cour et de la ville* (c'est son titre exact) étaient plus bêtes encore que méchantes; cependant, comme ceci est de l'histoire, et qu'il n'est pas inutile de laver la mémoire d'un grand artiste de calomnies indignes, je vais les reproduire ici pour en démontrer ensuite la fausseté. Tout d'abord il s'agit d'une lettre — vraie ou supposée — adressée au journal, et que celui-ci publiait dans son numéro du 26 novembre 1791 :

AU RÉDACTEUR.

Monsieur,

Dans le compte que vous avez rendu de la représentation des *Deux Nicodèmes*, vous avez émis une circonstance tout à fait essentielle. Il faut que le public sache qu'au violon de Jacobin, dont tout l'esprit est dans son archet, qui a d'autre titre à la fatuité que sa bêtise, dont l'ingratitude pour les bontés de la reine n'est comparable qu'à la bassesse de toute sa vie, que le sieur Viotti enfin (on l'eût nommé sans moi) est l'apôtre et le protecteur de toutes les saletés qui se vomissent sur ce théâtre; que le sieur Léonard voudroit purger de toutes ces fadaises, burlesques, plattes, allusoires, qui en éloignent la bonne compagnie qui le fait vivre. — Le *démancheur* Viotti a pour Pénélope une nommée *Monterop*, claveciniste dévergondée (1), que la démagogie même ne peut plus enlaidir. Elle seconde merveilleusement les fureurs de ce reptile, qui pâture dans son sein (1); elle l'engage à user de son crédit comique pour inonder le théâtre de la rue

(1) Il est évident qu'il s'agit ici de Mᵐᵉ de Montgeroult.

Feydeau de pièces de circonstances : elle finiroit par s'y donner elle-même au public, si ce n'étoit pas déjà fait.

Cette lettre n'ayant peut-être pas produit tout l'effet qu'on en attendait, le *Journal*, peu de jours après, reprenait Viotti à partie, sur un autre sujet. Cette fois il essayait de faire de l'esprit, ce à quoi il semblait éprouver quelque difficulté. Voici ce qu'on lisait dans le numéro du 1ᵉʳ décembre :

Le sieur Viotti, qui est parvenu à faire de l'administration du théâtre de Monsieur une vraie pétaudière, est toujours un *crescendo* pour les absurdités et un *pianissimo* pour la raison. C'est pour faire un accord de ses principes *discordans* que ce personnage harmonique s'est avisé de donner à Mᵐᵉ Baletti le principal rôle dans la *Cosa rara*, (opéra dont on fait actuellement les répétitions), au préjudice des hauts talens de Mᵐᵉ Morichelli, qui a déjà fait les délices de Vienne en jouant le premier rôle dans le même opéra. On a toutes sortes de raisons pour croire que cet odieux passe-droit tire son origine des accointances particulières dudit Viotti avec la signora Baletti ; nous prévenons le directeur timbal que ces petites combinaisons anacréon-tiques n'arrangeront que jusqu'à un certain point le public, qui aime à voir le talent à sa place, et qui est toujours disposé à applaudir Mᵐᵉ Morichelli et à siffler le sieur Viotti.

Celui sous les yeux duquel tomberaient ces choses indignes, et qui les lirait sans connaître l'homme de cœur qu'elles cherchent à flétrir, pourrait concevoir de lui une opinion singulièrement contraire à la vérité. Mais il faut tout d'abord connaître le journal qui répandait de pareilles vilenies. Le *Journal général de la cour et de la ville*, propriété d'un écrivain obscur nommé Gauthier ou Petit-Gauthier, était l'une des feuilles réactionnaires les plus acharnées et assurément les moins honnêtes de la Révolution; faite avec violence et parfois une certaine verve vigoureuse, mais sans talent aucun, elle cherchait le succès par le scandale, et s'attaquait à n'importe quel personnage en vue, dans l'espoir d'en tirer un profit pour sa publicité en forçant l'attention du lecteur (1). C'est dans ce but

(1) On assure que l'un des rédacteurs principaux du *Journal général de la Cour de la ville* était un certain Mende-Monpas, officier de mousquetaires, que Marat

évident que le *Journal* se plut un jour à prendre Viotti
à partie; celui-ci, qui avait autre chose à faire que
de lui répondre, laissa tomber sous le mépris qu'elle
méritait une calomnie partie de si bas. Le choix de
la victime et les faits articulés contre elle n'en étaient
pas moins singuliers. L'accusation de démagogie
portée contre Viotti peut sembler étrange, en effet,
lorsqu'on sait que cet artiste se vit obligé de quitter
la France à la fin de 1792 parce que son nom était
porté sur le « livre rouge » c'est-à-dire sur l'état des
pensions de la cour, et cela, d'ailleurs, pour un traitement de 6,000 livres qui lui avait été attribué
comme accompagnateur de la reine, *et dont il n'avait
jamais touché un quartier!* Viotti, j'ai eu l'occasion
de le dire, avait fréquenté quelques écrivains libéraux, des encyclopédistes, il avait étudié Rousseau,
et il était loin d'être hostile aux idées de réforme et
de liberté; mais en faire un jacobin et comme une
sorte de futur terroriste, c'était se moquer un peu
trop du public. On n'a jamais signalé d'ailleurs,
comme le fait le *Journal*, aucune mésintelligence
entre lui et Léonard, et le royalisme de celui-ci ne
saurait faire doute pour personne, puisqu'il avait fait
partie du voyage de Varennes (à telles enseignes que
c'est une maladresse de sa part qui amena la capture
de la voiture royale). Enfin, il faudrait jamais n'avoir
lu une pièce ou un écrit quelconque du Cousin-
Jacques pour ranger cet honnête homme, ce concilia-
teur acharné, d'un tempérament beaucoup plus
conservateur encore que libéral, au nombre des déma-
gogues les plus furibonds. Pour ce qui est des *Deux
Nicodèmes*, spécialement, on aurait peine à y trouver
trace du dévergondage anarchique dont semble
l'accuser le *Journal de la cour et de la ville*. De la
double diatribe dont cette feuille s'est rendue coupable envers Viotti, il ne
reste donc que le souvenir d'une petite infamie.
L'honnête artiste ne saurait être atteint par une telle
souillure (1).

(A suivre).   ARTHUR POUGIN.

---

désignais comme « l'infâme auteur du *Journal général* publié sous le nom de
Gauthier, son vil prête-nom. » (V. *Bibliographie de la presse périodique française*, par
Eugène Hatin, p. 135). Or, ce chevalier Maude-Moitjus était musicien amateur,
et il a publié non seulement quelques compositions sans valeur, mais un *Dictionnaire de musique* qui parut en 1787 et qui est bien le livre le plus inepte en son
genre qui se puisse concevoir. Ne pourrait-on supposer qu'il est l'auteur de l'article
pseudo-musical reproduit ci-dessus, lequel est émaillé de jeux de mots qui affichent
la prétention mal fondée d'être des jeux d'esprit ?

(1) J'ai déjà fait connaître l'opinion exprimée plus tard sur Viotti par Mme de
Genlis. Or, il suffit de la rappeler pour acquérir la certitude que la conduite de
celui-ci envers la reine et la famille royale a dû toujours être irréprochable, s'il
en est été autrement, ce n'est assurément pas l'ancienne « gouvernante des
enfants de France », qui, en parlant de l'illustre artiste dans ses *Mémoires*, aurait
vanté, avec non prodigieux talent et la culture de son esprit, « ses mœurs, sa conduite noble et pure dans tous les temps et les qualités de son cœur. » — D'autre part,
il n'est pas sans intérêt de rapprocher de ce jugement moral de Mme de Genlis
celui que portait sur Viotti l'écrivain anglais Busby dans son livre célèbre à *General History of music*: « Il doit être observé à l'honneur de cet ingénieux mus-
cien que ses productions ne le distinguent pas moins en tant que violoniste, que
sa virile indépendance et son attachement zélé aux libertés civiles le relèvent
au dessus des sentiments serviles trop communs dans la profession musicale.

Le goût français.

Il est de tradition qu'une œuvre étrangère ne passe à la
scène française qu'après avoir subi des remaniements
nombreux,— le plus souvent ineptes.

C'est ce qu'on appelle « approprier au goût français ».
Le goût français en cette occasion n'est que le plus détestable
mauvais goût, entretenu par l'incompétence des gens qui se sont
donné pour mission de redresser à l'usage du public les créations du
génie. Critiques et librettistes s'entendent, du reste, à merveille dans
cette commune besogne de remanier l'œuvre d'art suivant les caprices
de la mode. Installés à l'entrée du Temple des Muses dont ils se sont
constitués les gardiens, ils s'acquittent avec une conscience admirable de leur office de concierges de l'art. Ils sont superbes à voir,
et ils méritent l'attention! Et comme est solennelle leur approbation ou
leur blâme. Le chef-d'œuvre entre leurs mains court de terribles
risques. Ils règnent en maîtres à l'Opéra comme au goût français.
On leur donne une statue : Ils mettent la tête à la place des pieds, les
bras sont substitués aux jambes, le torse mutilé devient abominablement.

O la fatale manie que cette prétention d'accommoder les chefs-
d'œuvre « au goût français », comme s'il existait diverses espèces de
goûts, suivant les nationalités. Il y a des modes, soit ; des caprices
du goût, si l'on veut. Mais le goût ! N'est-il pas nécessairement le même
et toujours le même ? N'est-il pas nécessairement le sentiment de
l'harmonieuse concordance des parties au Tout ?

Mais le cliché existe, il se perpétue, il se renouvelle sans cesse, il
est épouvantablement tenace. Un ouvrage dramatique qui n'aura pas
été reçu par un librettiste en vogue et remis sur le métier pour être
adapté à la traditionnelle et banale formule du jour, sera une œuvre
de mérite peut-être, mais elle sera pleine de longueurs et de lourdeurs et ne se pourra supporter sur une scène française.

C'est miracle que jusqu'ici les œuvres de Wagner aient échappé à
cette manie de l'appropriation « au goût français » (1). *Tannhœuser*
pour l'avoir subie, y a perdu de sa force. *Freischutz*, *Obéron*, *Fidelio*,
la *Flûte enchantée*, y ont perdu le meilleur de leurs qualités natives.
La reprise de *Don Juan* à l'Opéra de Paris a reçu en lumière,
cruellement, tout le ridicule de cette manie. L'occasion eût été
unique pour rétablir enfin la version originale du chef-d'œuvre. On
n'en a rien fait. La commission du centenaire de *Don Juan* n'a pas
même cru devoir s'occuper de cette question accessoire. Si bien qu'on
n'a amené à se demander quel est, en somme, le vrai *Don Juan* que M. Gounod admire avec une si religieuse ferveur : le vrai *Don Juan*, celui de
Mozart, ou bien l'arrangement de Henri Blaze et Émile Deschamps
qu'il vient en quelque sorte de patronner ?

Toute la presse parisienne s'est amusée cette semaine d'une affiche
qui se trouve parmi la curieuse collection de portraits, de manuscrits
et de documents réunis à la bibliothèque de l'Opéra pour le centenaire
de *Don Juan*. C'est l'affiche annonçant la représentation (17 septembre 1805) de la première adaptation française du chef-d'œuvre de
Mozart. On y lit cette mention mise en vedette avant tous les noms
de chanteurs :

« *M. F. Duvernoy* exécutera un nouveau solo de cor de sa composition
dans le 3e acte. »

Ce solo de cor au 3e acte est assurément d'une fantaisie extravagante. L'adaptation même est infiniment plus drôle encore. Ils
s'étaient associés à trois pour cette extraordinaire besogne : Chrétien Kalkbrenner, chef du chant à l'Opéra, était chargé d'arranger la
musique ; Thuring, général de brigade, et Baillot, sous-bibliothécaire
à Versailles, en avaient fait autant pour le livret de da Ponte. A eux
trois, ils bouleversèrent place et partition de fond en comble. L'ouverture seule avait été laissée en place, mais surchargée de retouches
brutales. La pièce s'ouvrait par un long récitatif de Kalkbrenner
auquel succédait le récit de Leporello et une invocation à la nuit, de
même fabrique, chantée par don Juan. Le duo de don Juan et d'Anna,
l'entrée du Commandeur, le duel et le trio des trois basses étaient
supprimés ; supprimé aussi l'air superbe : *Or sai chi l'onore*, avec le
beau récitatif qui le précède. Le trio des masques était chanté par
trois sbires. A la fin du bal, le Veuve renversait le palais de Don
Juan, la statue du Commandeur surgissait, et Leporello allait l'inviter à dîner. De l'admirable duo que Don Juan et Leporello doivent
chanter dans le cimetière au pied de la statue, on avait fait une scène
d'auberge ! ... (2)

---

(1) Notre vaillant ami Wilder est là qui veille, et il fait bonne garde.
(2) J'emprunte ces curieux détails au très intéressant feuilleton de M. Adolphe
Jullien dans le *Français* du 31 octobre.

Ce singulier amalgame eut, paraît-il, le don de plaire aux amateurs de 1805 qui apprécièrent surtout... le poème et la mise en scène.

Il n'y a là nulle exagération. M. Adolphe Jullien cite deux curieux articles du temps qui rendent fidèlement, on peut le supposer, l'impression produite. La plupart des critiques ne s'occupent aucunement de Mozart et reconnaissent que le succès est dû surtout aux accessoires. Le *Journal de Paris*, qui trouve l'ouverture " passablement longue, bien qu'abondant en richesses musicales, décerne au musicien quelques éloges qui frisent l'ironie : " Mozart n'a point un caractère particulier de composition ; il unit à la mélodie enchanteresse des Italiens toute la fougue d'harmonie qui distingue l'école allemande : *c'est le Protée de la musique*. " Le célèbre Geoffroy, des *Débats*, formule des aphorismes de ce genre : " *Mozart n'a rien composé pour la France, et l'on s'aperçoit toujours qu'il n'a travaillé que pour les Allemands*... Son véritable défaut consiste dans cette extrême profusion qui produit la satiété. Mozart a jeté sans choix et sans mesure des beautés qu'il fallait placer à propos.... Il y a trop de musique (!) dans *Don Juan*, les morceaux d'ensemble sont tellement multipliés, ils sont si pleins et si forts, que les auditeurs se trouvent, pour ainsi dire, écrasés sous le poids de l'harmonie, etc., etc. "

Étonnamment, ces lignes ne rappellent-elles pas quelques-uns des jugements formulés à propos de chefs-d'œuvre plus récents ?

Il faut voir, du reste, comme ce " goût français „ auquel il faut tout approprier, varie en ses exigences.

En 1827 l'adaptation de 1805 ne valait plus rien et il fallut en faire une nouvelle. Castil-Blaze s'en chargea. Son appropriation ne parut pas suffisante ; elle fut elle aussi retouchée, quelques années plus tard, par le poète Deschamps et par Henri Blaze pour l'Académie nationale de musique (10 mars 1834).

Les auteurs de cette dernière adaptation, dans une préface jointe au livret, nous expliquent eux-mêmes, avec une sincérité charmante, quelles libertés ils ont prises pour mettre l'œuvre originale à la portée " des amateurs „. Le morceau est vraiment curieux. Il débute ainsi :

" Le temps des imitations est passé ; il faut inventer ou traduire. —
C'est *Don Juan*, qui paraît sur notre scène, libre dans son allure, dépouillé de tous les oripeaux dont on l'avait affublé, chantant la note de Mozart et tel qu'il est sorti du cerveau du grand maître. „

Vous allez voir comme la *note* de Mozart est conservée.

" La division en *cinq actes*, devenus aujourd'hui *presque indispensable* dans toute grande composition musicale, pourra d'abord sembler étrange à propos d'une œuvre *écrite en deux actes*. Mais qui voudra *examiner attentivement l'ordre et la place* des morceaux de musique et les situations où ils sont placés, ainsi que la marche générale de l'action, reconnaîtra que sous cette *forme compacte*, adoptée en Italie, il en existe une autre plus svelte et mieux proportionnée, et que les deux actes si pleins de *Don Juan* se fondent d'eux-mêmes en quatre parties sans rien perdre de leur unité première. „

Pauvre Mozart ! En d'autres termes, on lui apprend que son chef-d'œuvre ne tient pas ensemble !

Continuons : "Quant à la partie ajoutée pour compléter la division en cinq actes, la musique s'en trouve dans l'appendice de la partition allemande. Avec *quelques-uns* de ces fragments peu connus, on a composé les premières scènes du quatrième acte, qui, du reste, se termine par le duo dans l'enceinte du Commandeur.— Dans cet appendice, tous les personnages reparaissent après la catastrophe et viennent s'entretenir de projets d'amour ou de désespoir. Mais que peut-on écouter après la mort et la damnation de *Don Juan* ? Aussi cette espèce d'épilogue a-t-elle été satisfaisante. Toutefois l'esprit des spectateurs n'est pas satisfait, puisqu'il ignore *ce que sont devenus les personnages intéressants* (!). C'est pour obvier à ce double inconvénient et tâcher de tout concilier que l'on a transporté au quatrième acte (!) quelques situations de cet épilogue qui jetteront de la clarté sur le nouveau dénouement.

Ce ne serait rien si ces remaniements n'avaient touché que le poème : mais le développement donné à certaines situations exigea de nouveaux récits. Castil-Blaze se chargea de les intercaler. Ainsi le récit de dona Anna au quatrième fut composé avec des motifs empruntés à l'introduction. Pour le reste il fallut demander aux symphonies de Mozart, sa musique religieuse, à la *Clémence de Titus*, la *Flûte enchantée* les fragments nécessaires. Et c'est *Don Juan* ainsi accommodé qui, depuis 1834, passe en France pour l'œuvre de Mozart !

Il faut reconnaître que dans la préface de l'édition de 1834, perce un certain respect du génie de Mozart. Naïvement Henri-Blaze et Deschamps déclarent que " le texte de Mozart n'a subi aucun changement „. Sauf, bien entendu, les airs de danse, les entr'actes, les chœurs, les marches et tous les accessoires ajoutés ! Comme si de là ne devait pas résulter le déséquilibrement complet de la composition musicale !

Notre préface devient tout à fait plaisante lorsqu'elle explique par le menu tous les changements apportés à l'œuvre et pour justifier leurs emprunts à d'autres partitions de Mozart, les auteurs de l'adaptation ajoutent :

" Quel autre que Mozart oserait grossir d'un air la partition de *Don Juan* ? Quel autre que Raphaël ajouter une tête à la Transfiguration..? Certes ! Mais qui vous dit qu'il fallait ajouter une tête à la Transfiguration, un air à la partition de Don Juan ?

Qui ?

Le goût français ?

Eh bien, ce goût-là est détestable, abominable, monstrueux, exécrable. Heureusement il n'a rien à voir avec le goût proprement dit, le goût sans nationalité ! Il est vraiment temps de rompre avec cette tradition bête, d'étouffer ce ridicule préjugé qu'il faut une " appropriation „ pour faire passer à Paris un chef-d'œuvre étranger. Ce qui fait le chef-d'œuvre en tous pays et sous toutes les latitudes c'est l'unité de la composition, l'harmonie de l'ensemble, la concordance de toutes les parties, la beauté de l'expression, unie à la force du sentiment. En touchant à une partie quelconque de ce Tout, vous en détruisez fatalement l'équilibre.

C'est bien simple : il n'y a pas une tête à ajouter à la *Transfiguration* ; il n'y avait pas un air à ajouter à *Don Juan*.   M. K.

Théâtres & Concerts

PARIS

Quelle belle et utile invention que les centenaires et les anniversaires ! Les centenaires sont un bon moyen, pour les bourgeois et l'indifférent, de se débarrasser d'une fois d'une surcharge gênante d'admiration imposée : quelques heures d'ennui et de sacrifice, et l'on est délivré pour cent ans, ce qui est gentil, vu la moyenne de la vie humaine ; c'est comme ces dévotions faites à Pâques, qui comptent pour toute l'année, ce qui est moins avantageux..... Encore faudrait-il, en ces sortes d'affaires, que les maîtres des cérémonies s'acquittassent un peu mieux de leur tâche ; ce serait bien le moins. Aussi, que dire de ce centenaire de *Don Juan* à notre Opéra, d'un effet si mortellement piteux, de l'aveu unanime ? Les appétits musicaux, mis en goût par la fallacieuse invitation de MM. Ritt et Gailhard, ont dû se rabattre sur le hors d'œuvre, le ballet, un ballet étranger à l'ouvrage, fait de pièces et de morceaux qui n'ont jamais été destinés à se trouver réunis. Bien qu'on ne s'attendît pas à des merveilles avec une distribution généralement à contre-sens (le colossal M. Ed. de Reszké jouant Leporello, par exemple), la déception a été cruelle, et quelque chose est venu de consoler et dédommager les irrités conviés à ce festin d'Harpagon, ce n'est été ni la prose rimée de M. de Bornier, ni la voix « chaude » de M. Lassalle, ni la mascarade autour du buste de Mozart; à quel propos, je vous le demande, M. Plançon en Méphistophélès, M. Gresse en Marcel, M. Martapoura en Valentin, et même Mme Pioux en page des *Huguenots* ?..... Il a fallu que M. Gounod lui-même trompât dans cette parodie grotesque et sacrilège, et dérangeât pour la circonstance un chœur de la *Flûte enchantée* ; c'est bien la peine de vouer un culte retentissant au génie pour se faire ensuite le complice des profanations qu'il subit. Décidément, rien n'est plus contagieux que l'ineptie et la barbarie en art ; pour juger à quel point elles peuvent aller en l'an de grâce 1887, je recommande, n'ayant ni le temps ni le courage d'entrer dans le détail de cette représentation tristement mémorable, le très remarquable article publié dans le *Gil Blas* par M. Victor Wilder, juge tout spécialement compétent en la matière. On verra là s'il ai exagéré ! Une chose ne confondra toujours : c'est que parmi la foule des organisateurs de ce centenaire (car il y avait un comité spécial, s'il vous plaît), pas un seul n'ait eu l'air de s'être posé un instant, à voix lente et basse, cette simple question : « Que penserait Mozart ? » C'était par là, à mon humble avis, qu'il eût fallu commencer. Allons, il faut renoncer, et notre bon pays, à voir jamais un peu de bon sens et de probité élémentaire pénétrer dans le domaine de la musique ; il faut, entre autres choses, se résigner à toujours ignorer ces deux œuvres si vivantes, si captivantes, et qui firent époque : *Don Juan* et le *Freischütz*.... Comme on se moque du public! Comme on abuse indignement de sa condition passive !

Dieu nous garde, Dieu garde les morts illustres de la musique, de ces pavés de l'ours qu'on nomme centenaires..... Quelle chance pour Gluck d'être à l'abri !.... Quant aux anniversaires destinés à fêter les vivants, ce n'est, le plus souvent, par l'abus qu'on en fait, qu'un prétexte à réclames, à exhibitions vaniteuses, un expédient destiné à faire marcher les petits et grands commerces, à ramener les gros sous dans les sébiles plus ou moins vides. M. Gounod, déjà nommé, veut bien reconnaître lui même le bonjour. Pour la 500e de *Faust*, M. Jules Barbier, homme d'une candeur qui désarme et dont l'initiative ne recule jamais devant la crainte de mettre les pieds dans un plat, eut la mauvaise idée, non seulement d'adresser à l'auteur quelques compliments versifiés de sa façon, et de casser sur son nez de Paros quelques encensoirs à bon marché, mais encore de lui donner de l'" immortel „, à sa propre barbe et chatouiller directement son amour propre, *coram populo*, sans que le malheureux pût sourciller, rougir, éternuer ou se moucher d'émotion(1).Pour le coup. c'était trop : Charles a flairé le piège innocemment tendu par une amitié aveugle : il a su l'éviter. Voici la lettre qu'il a adressée à M. Barbier :

" Paris, 28 octobre 1887.

„ Cher ami,

„ Je viens de passer la nuit entière à chercher la solution du problème en question : j'ai, comme Faust lui-même, " interrogé „ dans mon ardente veille „, les partitions de tous mes ouvrages, sacrés et profanes : rien ne va bien; donc rien ne va. Je tombe absolument de fatigue et de sommeil, et il faut être debout toute la journée ; c'est à en avoir le vertige l... Eh bien ! cher ami, à quelque chose malheur est bon ; et, si une pensée peut adoucir pour moi le regret de la peine que tu t'es donnée, c'est ma conviction de plus en plus accentuée que, malgré toute la discrétion de ton cœur et de ton esprit, cette pièce de beaux vers, écrite à mon intention et récitée en public, *devant moi*, me donnait une attitude et un semblant de vaine complicité qu'on n'eût pas manqué de porter à mon passif.

„ Mille assurances affectueuses de ton vieil ami.

„ CHARLES GOUNOD.

Cet acte de pudeur, pour être tardif, n'en est pas moins touchant. Mais aussi, eussent-ils pu se regarder sans rire, ces deux augures, et le public ne se fût il pas tenu les côtes » ce spectacle d'un collaborateur devenu panégyriste ? Dans la patrie de Molière, le sentiment du vrai ridicule n'est 'pas tout à fait perdu. — Une chose qui me rend rêveur, c'est ce chiffre de 500e : pourquoi pas la 250e, la 350e ou la 400e ? Evidemment, dans les cabinets directoriaux, on sait à fond les vertus occultes et spéciales des nombres ; pour moi, profane, j'avoue que la raison m'échappe de cette arithmétique transcendante..... Dieu nous garde des anniversaires comme des centenaires! ·O Gluck, sois heureux !

Nous avons entendu, samedi, la dernière cantate du prix de Rome, qui ressemblait beaucoup à l'avant-dernière, qui elle-même..... Si vous avez lu quelque part, ce qui est probable, que le lauréat, M. Charpentier, " élève de M. Massenet, sait *comme lui* manier admirablement les parties vocales et instrumentales ", ne croyez pas trop : M. Charpentier laisse voir, au contraire, un peu de cette inexpérience qui peut être un charme ; avec cela quelques qualités de vie et de chaleur ; ces promesses à part, sa cantate, après cette exécution d'une médio-

(1) Voici de reste à titre de document, la pièce de vers de M. Jules Barbier qui devait être lue à la représentation de vendredi :

L'Art, dernier fils de l'homme, épousa la Nature,
Fille du Verbe immense, immense créature
De Dieu, créateur éternel;
Et le chant nuptial, en codes infinies,
En effluves d'amour, de femme et d'harmonies,
S'éleva de la terre au ciel.

Et ce couple divin, reflétant Dieu lui-même,
Enfanta l'Idéal, expression suprême
De l'humaine réalité;
Et,l'Idéal, ce maître et son pas cet esclave,
Répandit sur l'esprit libre de toute entrave
Sa divine tranquillité.

Et la terre a subi sa grandeur souveraine;
La force véritable, impassible et sereine,
Marche aux clartés de son flambeau;
Et l'œuvre s'accomplit, et Dieu qui la fait naître
Suit, d'un œil paternel, l'Amour, raison de l'Etre;
Et l'Idéal, raison du Beau.

La Réalité, seule, en son ivresse impie,
Est la servitude de la basse copie
Dans la tourbe traînant ses pas;
L'Idéal, seul, revêt d'un éclat éphémère
La divagation de vaine chimère
Où le cœur humain ne bat pas.

Unissez vos rayons, agents féconds de l'âme,
Et, sous ce pur loyer, faites vibrer la femme,
Lyre immortelle de l'amour!
Debout, vous qui portez les destins de la terre,
Et qui répudiez les ombres du mystère
Pour l'éclat radieux du jour!

Héroïnes du cœur, fictions adorables,
Plus vivantes que n'est la vie et plus durables,
Sortes de vos tombeaux rêvés!
Pauline, et toi, Sapho, dans le Paros écrite,
Juliette et Baucis, Mireille, Marguerite,
Chantez, pleurez, aimez, vivez!...

Que pensez-vous de:
La di-va-ga-ti-on de la vaine chimère.

N. DE LA R.

crité traditionnelle, est allée rejoindre ses devancières dans les archives du Conservatoire, où elle servira de modèle aux suivantes, et d'objet d'étude acharné aux jeunes ambitieux avides de décrocher la timbale.... En cette même fête de famille, entre deux expectorations oratoires plus ou moins pâteuses de MM. Delaborde et Chaplain, un poème symphonique sur Jeanne d'Arc, envoi de M. Vidal, a permis de respirer un peu. J'ai eu déjà l'occasion de louer cette œuvre, qui figurait l'été dernier au programme du concert d'orchestre de la *Société nationale*; il y avait là, entre autres choses, un épisode pour flûtes et trompettes d'une jolie couleur archaïque; on l'a réentendu avec plaisir, bien que l'exécution ne valût pas celle de la salle Erard...

Dans la même séance, on a appris de M. Chaplain, témoin auriculaire, que le motif du premier chœur de la *Marie-Madeleine* de Massenet était un air de pâtre entendu à Subiaco par le jeune compositeur pendant son séjour à Rome. Avis aux instrumentistes de M. Colonne, qui compte cet hiver donner cette œuvre, déjà ancienne sinon antique, avec le concours de Mme Krauss.

L'événement musical de la semaine n'a été ni le trop fameux centenaire, ni l'audition de la cantate de Rome; c'a été la réouverture, au Cirque d'été, des concerts Lamoureux. L'affluence du public et ses acclamations ont pleinement justifié les pronostics de ma dernière causerie. M. Lamoureux, cet infatigable Juif-Errant musical, n'a pas eu à se plaindre de l'accueil qu'il a reçu dimanche dernier à son arrivée·au pupitre; les applaudissements et·les·bravos n'ont·pas été ménagés au célèbre promoteur de *Lohengrin*. Assistance brillante à maints égards : je ne parle pas seulement du tout Paris musical, mais aussi des Jules Lemaître et des Alphonse Daudet, de M. de Blowitz du *Times*, étalant en belle place ses amples favoris, etc., etc. Par la composition du programme, M. Lamoureux a voulu une fois de plus, et dès le début, sa volonté bien arrêtée de faire une large place à la musique française dans ses concerts. Mais il n'est pire sourds que ceux qui ne veulent pas entendre, et il est probable qu'il se trouvera encore des gens pour dire que M. Lamoureux ne joue que du Wagner. L'autre jour pourtant, sauf le *Prélude* de, *Tristan*, qui montre bien que, d'autre part, l'éminent chef d'orchestre n'abandonne pas la musique saxon, il y avait au programme deux musiciens français défunts, Berlioz et Bizet, et deux vivants, MM. Lalo et Massenet. Après cette éclatante démonstration de ses intentions, M. Lamoureux peut laisser les calomnies aller leur train, et dédaigner les reproches de gens qui nieraient la lumière avec le soleil dans les yeux. — Naturellement, la nouvelle salle présente l'inconvénient des cirques : c'est qu'à certaines places de côté, à droite et à gauche de l'orchestre, on entend prédominer certains groupes d'instruments, notamment les cuivres et la percussion; il est difficile de remédier à ce manque d'équilibre en ces endroits-là. D'autre part, le vaisseau, meilleur que le Cirque d'hiver, à l'avantage de permettre une affluence plus grands qu'un théâtre; surtout, en permettant à chaque spectateur d'embrasser toute l'étendue du public, il donne une impression moins froide, et, par la communication plus directe qui s'opère entre toutes les parties de l'auditoire, laisse s'établir des courants, présento·un ensemble dont la vie et l'animation sont plus apparentés. — Avec Wagner, Beethoven, par la *Symphonie en ut mineur*, représentait la musique allemande : superbe temple de la transition du scherzo au finale, des ténèbres combattues à la pleine et éblouissante lumière du triomphe. Les contemporains ont été bien partagés : M. Lalo, l'heureux auteur de la piquante *Rhapsodie norvégienne*, figurait ce jour là sur deux programmes; on a bissé le *Dernier sommeil de la Vierge* de M. Massenet. A propos de ce morceau, M. Maurice Bouchor a dit que l'auteur s'y était montré plus endormi que virginal; il est certain, qu'écrite ·exclusivement pour instruments à cordes, cette romance sans paroles a donné avant tout au public l'occasion d'applaudir, pour la beauté du son, l'ensemble du jeu et le fini des nuances, le quatuor si remarquable de M. Lamoureux qui, je le répète, à ne jamais se·lasser d'admirer. Mais, vieux cris traditionnels de chez Pasdeloup : — De l'air ! On s'étouffe ! Ouvrez tout ! — ont dû reparaître pour la circonstance. BALTHASAR CLAES.

BRUXELLES

Il existe deux versions de *Mireille*. La première, mort-née, comprenait cinq actes. Elle serait de très près le poème provençal de Fréd. Mistral et présentait des tableaux dramatiques tels que le " Val d'enfer „, et le " Rhône „, L'héroïne, frappée d'insolation, mourait à la fin de la pièce et le chœur entonnait, au grand scandale de M.Félix Clément, le chant de la prose: *Lauda Sion salvatorem*. M. Gounod, qui, depuis lors à cherché à se faire pardonner ses fautes passées, et y a réussi, consentit volontairement à remanier son œuvre de manière à la ramener aux proportions d'un opéra-comique ordinaire. Il fit le sacrifice des deux tableaux en question et coupa d'autres scènes encore. Sous cette forme nouvelle *Mireille* ne conserva plus que trois actes; mais l'auteur y ajouta une valse chantée et un duo d'amour avec unisson et points d'orgue à l'avenant. Tout finit par un bon petit mariage aux Saintes-Maries, ce qui rentrait mieux dans les habitudes courantes et supprimait du même coup l'emploi profane du plain-chant liturgique.

Il convient de rappeler cette circonstance en parlant de l'interprétation du rôle de Mireille par Mme Landouzy, interprétation qui, selon nous, est entièrement conforme à l'esprit et au sentiment de la seconde version. Ce qui subsiste du drame primitif dans ces trois actes chers aux Bruxellois, ne comporte ni grande exaltation ni passion véhémente. Une pointe d'émotion, tout au plus, de la candeur, beaucoup de naturel, c'est précisément là ce que Mme Landouzy s'entend à donner par des moyens qui ne sont pas vulgaires. Mme Landouzy nous a fait apprécier une Mireille toute simple, sans prétentions, sans toutes les mignarderies-apprises et les manières affectées de la plupart des interprètes qui l'ont précédée au théâtre de la Monnaie. Elle a très artistement détaillé la fine musique de M. Gounod, apportant aux passages de virtuosité l'appoint de son joli talent de vocalisation, et sauvant, par une exécution très discrète, tout ce que la valse à roulades du premier acte offre d'intempestif dans le frais paysage musical qui l'encadre.

Au troisième acte, dans le duo entre Mireille et Vincent, le volume de sa voix n'a pas toute l'ampleur désirable. Néanmoins Mme Landouzy ne cherche pas à se surmener par des cris à réveiller le parterre; elle ne cesse pas de chanter et sa préoccupation constante semble être de charmer et non d'étonner son auditoire.

Mme Landouzy est fort bien secondée par M. Mauras, qui porte avec la distinction d'un gentilhomme campagnard, le costume, d'ailleurs élégamment taillé, de Vincent, le vannier. La voix de M. Mauras a de belles notes qui trouvent leur emploi dans la partition de *Mireille;* elle a fait bonne impression sur le public qui ne s'est pas montré avare d'applaudissements. Les autres rôles de *Mireille* sont tenus par les anciens chefs d'emploi, M. Renaud, M. Isnardon et Mme Legault, une excellente Taven. Tout l'ensemble est parfait, y compris les chœurs, mieux en voix et plus stylés que jamais.

Une reprise qui s'explique moins, est celle du *Trouvère*. Il n'est pas à supposer qu'on ait voulu offrir cet ouvrage, du répertoire italien le plus accentué, en compensation d'une autre partition italienne qui accomplissait deux jours plus tard sa centième année d'existence. C'est *Don Giovanni* qu'il eût fallu reprendre et c'est *Il Trovatore* qu'on a gratifié des admirateurs de Mozart. Avec Mme Litvinne, Melba et Landouzy, MM. Engel, Seguin, Vinche et Isnardon, une reprise de *Don Juan* n'eût pourtant pas été dédaignée. Toute une catégorie d'auditeurs, qui boude le répertoire peu classique de la Monnaie, se fût mise en mouvement à cette occasion.

Mais le *Trouvère* servait de début à Mlle Van Besten, qui doit tenir l'emploi des contraltos et que le rôle de Fricka n'avait pu mettre suffisamment en évidence. Sans nuire au talent très réel de Mlle Van Besten, il importe de dire que sa voix ne possède point le caractère d'une vraie voix de contralto. Son registre de poitrine n'a pas la force, l'ampleur et la gravité qui sont indispensables à l'interprétation des rôles comme celui d'Azucena. Elle ne peut donc en faire valoir les beautés très spéciales, bien qu'elle mette beaucoup d'expression et d'intelligence à surmonter les difficultés de sa tâche. A côté d'elle, Mlle Litvinne a vaillamment soutenu le poids d'un rôle ingrat qui n'est pas dans ses moyens et qu'elle avait accepté par complaisance. M. Engel, remis d'une indisposition causée, sans doute, par les fatigues de son emploi, chante *con anima* et *con amore* les airs mélancoliques du trouvère. Les autres rôles sont échus à M. Seguin et à M. Vinche, qui s'en acquittent de leur mieux.

Pierrot Macabre, a été repris ces jours derniers avec la coopération de Mlle Sarcy, qui adonne un attrait nouveau à ce ballet très goûté de MM. Th. Hannon et P. Lanciani.　　　　　　　　　　E. E.

Le nouveau ténor dont nous annoncions dans notre dernier numéro l'engagement probable au théâtre de la Monnaie est M. Prévost. Nous pouvons annoncer aujourd'hui que l'engagement est signé. M. Prévost débutera la semaine prochaine dans *Guillaume Tell*. On vante surtout sa grande voix. Il est certain que M. Prévost est heureusement doué sous ce rapport. Il est très fier, en tous cas, de ses *ut* de poitrine. Il en a à revendre. L'année dernière, comme il chantait à l'Opéra populaire de Paris, M. Vitu du *Figaro* lui ayant un jour reproché de ne pas avoir donné l'*ut* de poitrine dans nous ne savons quel air, M. Prévost s'empressa d'adresser une lettre au fâcheux critique pour lui déclarer que non seulement il avait fait l'*ut* de poitrine qu'on l'accusait d'avoir manqué, mais qu'il en avait ajouté d'autres qui n'étaient pas dans la partition! Cette lettre a fait dans le temps la joie de tout Paris. Pourvu que M. Prévost n'aille pas nous donner des *ut* de poitrine dans *Siegfried*, si c'est lui décidément qui doit créer ce rôle à Bruxelles.

Au théâtre de l'Alhambra le succès de *Geneviève de Brabant* continue. Le confort et le luxe de la salle, les somptuosités de la mise en scène, l'excellente interprétation ont ramené la foule dans cette salle, longtemps abandonnée, et lui ont rendu la vogue brillante des soirées de la *Chatte blanche*.

On répète avec ardeur *Ali Baba*, l'opéra inédit de Lecocq. Un relâche de quelques jours, nécessité par l'aménagement de la scène en vue d'*Ali Baba* va interrompre prochainement le succès de *Geneviève*. Avis aux retardataires.

Le premier des trois concerts classiques organisés par la maison Schott, avait attiré samedi à la Grande Harmonie, un public d'élite et nombreux. Depuis longtemps on n'avait plus entendu à Bruxelles le pianiste d'Albert, dont la gloire n'a pas atteint le nombre des années et l'accueil qu'on lui a été fait prouve qu'on avait gardé bon souvenir de son passage parmi nous. M. d'Albert n'a rien perdu des merveilleuses qualités qui, dès le début, avaient fait admirer son talent: la beauté et la puissance du son, la sûreté la plus extraordinaire du mécanisme, la variété des timbres, un sentiment musical à la fois charmant et naturel. De ces qualités il n'a rien perdu, mais il n'y a rien ajouté non plus, et il reste à attendre la maturité complète de cette exceptionnelle nature assurément destinée à se développer. Nous avons donné le programme des morceaux qu'a joués M. d'Albert: sonate de Beethoven et la majeur), pièces diverses de Chopin, Rubinstein et Liszt, sonate pour violoncelle et piano de Chopin, enfin, le nouveau trio de ce maître. Dans le Chopin, M. d'Albert a eu de la fantaisie, de la puissance, de la délicatesse tour à tour et la salle a longuement acclamé l'éminent virtuose. Les deux œuvres de Brahms, nouvelles pour la plupart de « nos amateurs, » ont été peu comprises. C'est qu'en effet, elles n'ont rien pour plaire aux gens habitués à n'entendre *qu'une partie* d'un ensemble symphonique. Par la richesse des combinaisons, le choix des thèmes, la concision de la pensée et la force de l'expression, elles n'en sont pas moins de pures œuvres d'art, d'une portée supérieure. M. d'Albert y a apporté une exécution large, puissante, d'une noble simplicité, et il a été heureusement, seconde dans la sonate pour violoncelle, par M. Edouard Jacobs, dans le trio par MM. Jacobs et Jokisch.

Le prochain concert sera donné par M. Franz Rummel et on y entendra le merveilleux quintette de Schumann.

M. et Mme Blauwaert ont donné lundi une soirée Schumann à la Salle Marugg avec le concours de M. Ysaye, Van Steevoort, Agniez et M. Jacobs. Une indisposition ne nous a pas permis d'y assister. Mais il nous revient que les excellents artistes ont été très applaudis, Mme Blauwaert-Staps comme pianiste, M. Blauwaert dans les *lieder* de Schumann chantés par lui, M. Ysaye et ses partenaires dans l'interprétation du quintette du maître.

GAND

Ainsi que je l'avais prévu, M. Athès a dû résilier comme Mlle Carrère et Elleze, mais on n'a pas encore annoncé le nom de son successeur. Quant aux deux nouvelles artistes que M. Van Hamme a engagées pour les rôles de contralto et de dugazon, il serait difficile de les juger à la première audition, et je veux les entendre encore une fois avant de vous en parler. Dans ces conditions je n'ai guère à signaler qu'une représentation du *Trouvère* où l'on a applaudi Mme Laville-Ferminet et MM. Merrit et Soum qui, pour le moment, soutiennent seuls avec Mme Bayer, le grand-opéra. *Far* compensation, le directeur nous promet « au premier jour, » le *Cid* et *Patrie*, ce qui sera au moins plus intéressant que des reprises du *Trouvère*, d'*Hernani* et de *la Traviata*.

Samedi prochain, le Conservatoire inaugurera ses concerts d'abonnement en exécutant la cantate d'Huberti: *De Verlichting*, ainsi que diverses œuvres symphoniques, parmi lesquelles la *Symphonie pastorale* et l'ouverture des *Hébrides*.

Nouvelles diverses.

M. Danbé, l'excellent chef d'orchestre de l'Opéra-Comique, a organisé, on le sait, au Palais de l'Industrie, une sorte d'exposition musicale en sept journées. Ces concerts sont très suivis, et on explique la réussite, c'est, outre la bonne interprétation des œuvres, l'éclectisme qui a présidé à la composition des programmes.

Vendredi dernier, il y a eu un festival promis dont le succès a été très grand. Grétry, Grisar, Servais, Fétis, Vieuxtemps se trouvaient sur l'affiche, à côté de MM. Gevaert, Benoit, Radoux, Dupont, de César Franck, et du jeune compositeur Fernand Le Borne.

Parmi les compositions exécutées pour la première fois à Paris, citons comme ayant produit grand effet: l'entr'acte de *Charlotte Corday* de P. Benoit: deux jolies petites pièces de Radoux et de

A. Dupont; le *Prélude, choral et Fugue*, un chef-d'œuvre, de César Franck; la *Deuxième suite d'orchestre* de Fernand Le Borne qui a été très goûtée; des fragments du ballet *les Gitanos* de M. Cauman qui, lors de sa représentation au théâtre de la rue Bergère, a eu un réel succès.

L'exécution de cet intéressant programme a été remarquable, et fait le plus grand honneur à M. Danbé et à son vaillant orchestre.

Les journaux de Paris annoncent la fusion du *Français* avec le *Moniteur Universel*. Nous regrettons la disparition du premier de ces journaux où M. Adolphe Jullien rédigeait depuis longtemps le feuilleton musical avec une compétence et une sincérité bien rares à notre époque. Ses articles n'étaient pas moins appréciés en Belgique qu'en France. A l'étranger attendait souvent son jugement pour savoir à quoi s'en tenir sur une œuvre nouvelle. Nos lecteurs étaient heureux de trouver ici des extraits de ses feuilletons.

Le centenaire de *Don Juan* a été célébré en Allemagne par tous les grands théâtres, le 29 octobre, à Vienne, Berlin, Francfort, Leipzig, Mannheim, Munich, Cologne, etc. Ainsi que nous l'avons annoncé, à Hambourg, la reprise du chef d'œuvre de Mozart a été accompagnée de l'exécution du *Don Juan* de Tirso de Molina et du *Don Juan* de Molière, mais non pas en une soirée, comme semble le croire le *Ménestrel*, qui a reproduit notre nouvelle. Les deux œuvres qui se rattachent à celle de Mozart ont été données séparément, de sorte que la célébration du centenaire a pris trois soirées.

A Prague, M. Angelo Neumann a fait précéder la représentation solennelle de *Don Juan* d'une reprise de tous les opéras de Mozart, dans l'ordre chronologique, — représentés successivement bien entendu (avis au *Ménestrel*). — La série a commencé par *Idoménée* qui n'avait plus été donné à Prague depuis un demi-siècle. Ont suivi : *Cosi fan tutti*, l'*Enlèvement au Sérail*, la *Flûte enchantée*, *Titus* et les *Noces de Figaro*. *Don Juan* a été donné deux soirs de suite, en italien, avec le baryton Padilla, et le lendemain en allemand, par les artistes ordinaires du théâtre. Voilà ce qu'on peut appeler un hommage artistique et intelligent.

Jusqu'à présent, les œuvres de Richard Wagner représentées en Amérique n'avaient jamais rapporté un centime de droits, soit à l'auteur, soit à ses héritiers. Un avocat bien connu de New-York, M. Leo Goldmark, est parvenu à établir que les héritiers pouvaient invoquer, en faveur des partitions d'orchestre de Wagner, la qualité d'œuvre manuscrites indispensable pour permettre la perception des droits d'auteur, tout ce qui est imprimé tombant, par ce fait même, suivant la jurisprudence américaine dans le domaine public.

Le *Musical Courier*, qui publie le sujet, un intéressant article, annonce que M. Goldmark a acquis le droit exclusif sur tous les opéras de Wagner, sauf *Parsifal*, et qu'il a traité avec MM. Ed. C. Stanton et Ch. E. Loke pour la production de plusieurs ouvrages dans le courant de la saison prochaine.

Le même journal publie les statuts de la Société Wagner en formation à New-York, tels qu'ils ont été proposés à une assemblée générale à laquelle tous les amis du mouvement wagnériste ont été invités, le 18 octobre, dans la salle de concert de l'Opéra Métropolitain.

Le festival de Norwich ne paraît pas avoir produit de brillants résultats. Les œuvres nouvelles, *le Jardin des Oliviers* de M. Bottesini, et *Isaïe* de M. Mancinelli, ont obtenu du succès, sans attirer la foule. On remarque d'ailleurs que les fêtes musicales n'exercent plus la même attraction dans les villes de province en Angleterre. Londres absorbe tout le mouvement musical et les amateurs des villes environnantes vont y chercher la satisfaction de leurs plaisirs artistiques. La phalange chorale, exclusivement formée d'éléments recrutée à Norwich, a montré, paraît-il, une grande faiblesse.

Nous trouvons dans le *Musical Standard* le récit d'un correspondant qui a été témoin des honneurs publics rendus à MM. Heckers et Lebrun, lauréats du Prix de Rome, par leurs compatriotes gantois. L'écrivain anglais n'a que des éloges pour les efforts louables tentés en vue d'encourager et de reconnaître le talent musical dans « la petite (mais brave) Belgique ». Il termine en se demandant si l'on verrait chose pareille se produire en Angleterre.

Sans se tourner vers sa patrie, M. Bradford, le correspondant en question, eût pu se demander si des manifestations de cette nature seraient possibles, même à Bruxelles. Nous eussions répondu négativement, au risque d'enlever quelques illusions à cet ami du « little (but brave) Belgium ».

Il Trovatore annonce la prochaine représentation, au théâtre de la Monnaie, d'un opéra inédit de Tschaikowski, intitulé : *Tschavodeika*. Faisons connaître cette intéressante nouvelle à MM. Dupont et Lapissida, en leur transmettant les félicitations du journal milanais.

D'après l'*Arte*, de Trieste, le célèbre tragédien Ernesto Rossi, que nous avons applaudi à Bruxelles, serait dans ses vieux jours poursuivi de la manie d'écrire et passerait son temps à « inonder le champ littéraire de publications intolérables ». Ce journal fait à Rossi le singulier reproche de vouloir persuader le gouvernement italien de la nécessité d'adjoindre une classe de déclamation au Conservatoire de musique et de coopérer à la fondation d'un théâtre permanent d'art dramatique à Rome, de manière à réveiller l'émulation entre les autres villes principales de l'Italie. Ces idées ne paraissent point méprisables, quoi qu'en pense l'*Arte*. Ernesto Rossi a encore joué dernièrement *Kean* et *Otello* à Livourne ; mais il n'est plus à beaucoup près ce qu'il a été autrefois. Par contre, Gustave Salvini récolte encore de grands succès. Il était à Fiume au commencement d'octobre.

M. Ovide Musin, l'excellent violoniste belge, est très bien arrivé à New-York.

L'*American Art Journal* publie la biographie d'un autre artiste belge de talent, Camille Gurickx, qui est allé se faire connaître de l'autre côté de l'Atlantique.

On dit qu'au prochain concert du *Wagner Verein* à Amsterdam, M. Henry Viotta fera exécuter un oratorio de *Niels Gade* ! Ces choses là ne sont possibles que dans une ville bâtie sur pilotis.

A la fin de novembre aura lieu à Utrecht, un concours de chant d'ensemble où les sociétés Néerlandaises seules seront admises. Parmi les membres du jury figureront MM Hol, Gernsheim, de Lange, de Hartog, Verhulst.

<hr>

AVIS ET COMMUNICATIONS

Le Comité de l'*Association des Artistes Musiciens* de Bruxelles vient d'adresser aux nombreux amateurs de musique, la circulaire suivante:

Monsieur,

Nous venons faire appel à votre attention bienveillante et généreuse en faveur de l'*Association des Artistes Musiciens*.

Fondée en 1846 sur le principe de la mutualité et de la coopération de tous les musiciens exécutants résidant à Bruxelles, notre Société a pour but de venir en aide aux artistes lorsque l'âge ne leur permet plus d'exercer fructueusement leur profession. La situation précaire qui est le lot de la grande majorité des vieux musiciens, qui n'ont pas été attachés à un établissement musical, s'impose à la sollicitude de tous.

Privée de toute subvention officielle et de tout appui administratif, notre Association n'a pu, pour réaliser son programme, compter jusqu'à présent, sauf les généralités inédites de quelques personnes charitables, que sur le concours dévoué de ses membres, au moyen de quatre concerts donnés chaque hiver, depuis 1846.

Nous possédons actuellement un encaisse de 400,000 francs, dont les revenus sont consacrés, dans leur intégralité, au payement des pensions et des secours accordés aux sociétaires âgés.

Ce résultat est, certes, loin d'être insignifiant, mais, néanmoins, nos revenus ne suffisent pas pour faire face à nos charges qui s'accroissent tous les ans.

Connaissant l'intérêt éclairé que vous portez à l'art et aux artistes, nous espérons que vous voudrez bien donner votre haut patronage à notre Association et vous faire inscrire au nombre de ses bienfaiteurs. Nous laissons à votre générosité le soin de déterminer dans quelle mesure il vous conviendra d'intervenir pécuniairement.

Veuillez agréer, Monsieur, l'expression de notre profonde gratitude.

F.-A. Gevaert, président; L. Jehin, chef d'orchestre; F. Balsac, trésorier; J. Dumon, secrétaire; L. Leunis, secrétaire; L. Reyniers, bibliothécaire; J. Fischer, J. Vianne, commissaires des finances; Th. Hermann, commissaire.

Le premier concert de l'*Association des Artistes Musiciens* à Bruxelles, aura lieu samedi 5 novembre prochain avec le concours de Mlle Leria et de M. Mauras du théâtre royal de la Monnaie, et de M. Hollmann, violoncelliste solo de S. M. le Roi des Pays-Bas.

L'orchestre, sous la direction de M. L. Jehin, exécutera la Chasse fantastique de Guiraud, Romance avec paroles de Mendelssohn et l'ouverture de *Geneviève* de Schumann.

Dimanche prochain, à 2 heures, au Conservatoire de Bruxelles, première matinée de musique de Chambre pour instruments à vent et piano. On y exécutera une *sinfonietta* de Raff, un nocturne pour hautbois et piano par MM. G. Guidé et A. De Greef, l'octuor de Beethoven, enfin M. Blauwaert chantera des *lieder* de G. Huberti.

BIBLIOGRAPHIE

HISTOIRE DU THÉÂTRE DE LIÉGE *depuis son origine jusqu'à nos jours*, par Jules MARTINY. (Liége, Vaillant-Carmanne, gr. in-8°, de 600 pages, orné d'un frontispice et de six planches).

Très beau et très bon livre auquel l'auteur travaillait depuis de longues années et qui a le mérite rare d'être exact jusque dans ses moindres détails. A voir la masse de matériaux qu'il a mis en œuvre avec tant de discernement, on doit reconnaître que M. Jules Martiny n'a omis rien de ce que doivent contenir des monographies du genre de la sienne ; description des salles de spectacle, historique et faits journaliers, tableaux des troupes, répertoire des pièces, représentations extraordinaires et concerts d'artistes étrangers, notices biographiques, anecdotes, etc , etc., le tout y est à profusion, sans que l'intérêt se lasse un seul moment au milieu des six cents pages de l'intéressant in-octavo, si luxueusement imprimé par la maison Carmanne.

L'Histoire du Théâtre de Liège est orné d'un magnifique frontispice gravé à l'eau-forte par A. de Witte et de six vues représentant : 1° Le théâtre sur la Batte ; 2° Un fac-simile d'affiche de 1807 ; 3° Le Couvent des Dominicains, sur les jardins duquel est construit le théâtre actuel ; 4° La façade du théâtre ; 5° Préparation du concert pour fêter le retour du cœur de Grétry en 1828 ; 6° Vue intérieure de la salle.

L'ouvrage est en vente à Liége chez M. Vaillant-Carmanne et à Bruxelles chez Schott frères.

✻ ✻ ✻

. A SHORT HISTORY OF CHEAP MUSIC. Nous recevons à titre d'hommage un exemplaire du joli volume portant ce titre sous lequel les éditeurs Novello, Ewer and Cⁱᵉ, de Londres, retracent l'historique de la musique à bon marché, d'après les documents et les archives de leur maison. Imprimé avec luxe, ce curieux ouvrage est orné de trois jolis portraits à l'eau-forte et d'une préface de sir George Grove.

✻ ✻ ✻

La librairie Ed. Sagot, à Paris, met en vente une brochure de 31 pages dans laquelle M. J. G. Roparts a retracé la carrière de Victor Massé, l'auteur des *Noces de Jeannette*, de *Galathée* et de *Paul et Virginie*.

✻ ✻ ✻

IL TEATRO ILLUSTRATO (Milan, Sonzogno), livraison du mois d'octobre: *Illustration avec texte* : Devoyod avec portrait ; *Regina et Contadina*, opéra de Sarria, à Milan ; *Orphée aux enfers*, d'Offenbach ; actes de costumes allemands de 1400 à 1500.

Texte : *Tristan et Isolde*, de Wagner: jeunes compositeurs et impresarii; théâtres de Milan ; opéras nouveaux (*la Galina*, de Medori, *il Moro di Castiglia*, de Masciangiolo); correspondance de Livourne, Paris, Monaco, Vienne, Budapest, Berlin ; *les Pêcheurs de Perles*, de Bizet, à Cremone et à Pérouse; *Otello*, de Verdi, à Parme ; G. Sgambati, notice ; théâtres incendiés; bibliographie: nécrologie: bulletin théâtral.

Musique : Mélodie caractéristique pour piano et une ariette.

VARIÉTÉS

ÉPHÉMÉRIDES MUSICALES

Le 4 novembre 1879, à Anvers (salle de la Grande Harmonie), festival Gounod, conduit par l'illustre maître. Le programme, divisé en deux parties, se composait tout des œuvres de Gounod :

1° La *Messe du Sacré-Cœur*, sans graduel ni offertoire, mais précédée d'une Marche religieuse et suivie d'une adaptation chorale et symphonique au premier prélude pour orgue de Bach ;

2° Un entr'acte symphonique de *Philémon et Baucis*, un duo et une simple mélodie avec orchestre, deux morceaux symphoniques, la *Marche funèbre d'une Marionnette*, une mélodie intitulée le *Vallon*, le 3ᵉ acte et le finale du 1ᵉʳ acte de *Sapho*.

L'exécution du festival avait été préparée par les soins de Peter Benoit, Huberti, Lemaire et Fossor. Les solistes étaient Mᵐᵉˢ Biemans, De Give, Schnitzler-Selb et MM. Duchesne et Bonhivers.

Jamais artiste étranger ne fut l'objet de tant d'honneurs que Gounod pendant son séjour à Anvers. La ville donna son nom à l'une de ses rues nouvelles, Verlat fit son portrait et des dames enthousiastes lui présentèrent une adresse renfermée dans un coffret de grande valeur.

— Le 5 novembre 1815, à Paris, l'Opéra-Comique reprend le *Sylvain* de Grétry dont la mort (24 septembre) remontait à six semaines.

« Du vivant de Grétry, *Sylvain* était une des pièces les plus maltraitées ; on l'abandonnait aux derniers sujets du théâtre ; depuis sa mort, l'élite de l'Opéra-Comique (Chenard, Paul, Darancourt, Mᵐᵉ Ga-

vaudan, Duret, Regnault) a brigué l'honneur de remonter *Sylvain*. Des gens qui ne croient pas à la sensibilité et à la vertu, disent que c'est une spéculation de finances, si c'en est une, elle est bonne ; il va beaucoup de monde à cette reprise. » (*Journal des Débats*.)

— Le 6 novembre 1895, à Paris, décès de Mᵐᵉ Atala-Thérèse-Annette Wartel, épouse du chanteur de ce nom et fille d'Adrien l'aîné, artiste liégeois, autrefois basse à l'Opéra ; elle était née à Paris, le 2 juillet 1814. Pianiste de première force, Mᵐᵉ Wartel fut la première de son sexe qui se fit entendre dans les concerts du Conservatoire, elle traduisait avec un attrait particulier les œuvres magistrales de Beethoven. Elle a publié un excellent livre intitulé : *Leçons écrites sur les sonates pour piano seul de L. von Beethoven*, et elle faisait le feuilleton musical dans le journal *la Patrie*.

— Le 7 novembre 1866, à Paris (Opéra-Comique), reprise de *Jean de Paris*, 3 actes de Boieldieu, pour le début du baryton Stockhausen dans le rôle du Sénéchal.

✻ Cette agréable vieillerie de 1812, écrivait Henri Blaze, dans l'*Assemblée nationale*, fait encore la joie et les délices des amateurs du style troubadour. Sans aucun doute, il y a dans ces productions de la première manière de Boieldieu beaucoup de grâce et de mélodie, mais que tout cela est usé, flétri, passé de mode „.

Stockhausen, dit le *Ménestrel*, a été proclamé d'emblée étoile de première grandeur. (Voir Eph. *Guide mus.*, 16 décembre 1866).

— Le 8 novembre 1827, à Bruxelles, reprise de *Panurge dans l'île des lanternes*, 3 actes de Grétry.

La pièce, jouée par Cassel, Delon, Mᵐᵉˢ Lemesle, Dorus, Constant Langlade et E. Fay, n'eut que deux représentations. Après une troisième épreuve tentée plus tard (25 août 1828), on en resta là pour toujours. « On a dormi debout s'exclamait une méchante petite feuille bruxelloise (l'*Aristargue*), en voyant l'île des lanternes et cependant nous sommes dans le siècle des lumières „. Quel outrage à la mémoire de notre Grétry ! (Voir Eph., *Guide mus.*, 20 janv. 1887).

— Le 9 novembre 1879, (salle de la Grande Harmonie), seconde soirée du festival Gounod, dans les mêmes conditions que la première et dont le produit doit servir à former une caisse de secours en faveur de musiciens en détresse.

— Le 10 novembre 1877; à Bruxelles (théâtre de la Monnaie), *Paul et Virginie*, 3 actes de Victor Massé. — Artistes : Bertin, Devoyod, Dauphin, Mᵐᵉˢ Bernardi, Fouquet.

Grand succès de mise en scène, succès d'interprétation, demi-succès de musique. Victor Massé a donné au théâtre plus d'une œuvre charmante, les *Noces de Jeannette*, *Galathée*, la *Reine Topaze*. Son talent fin, spirituel, tendre, sait faire vibrer admirablement la note mélodieuse de l'opéra-comique ; c'est un excellent peintre de genre. Le voilà qui s'est avisé cette fois de peindre un tableau d'histoire, et il s'est perdu dans son grand cadre „. L. SOLVAY.

M. J.-G. Roparts, dans une notice sur Victor Massé (Paris, Sagot, 1887, brochure de 31 pages) constate que l'auteur des *Noces de Jeannette* „ resta presque absolument étranger au grand mouvement wagnérien „.

Nécrologie.

Sont décédés :

A Rietti, le 18 octobre, Matteo Salvi, né à Botta près de Bergame, le 24 novembre 1826, compositeur, ancien chef d'orchestre à Vienne, directeur du Lycée musical de Bergame. (Notice, suppl. Pougin à la *Biogr.* Fétis, t. II p. 480.)

— A Londres, le 31 octobre, Sir Georges Mac-Farren, directeur de l'Académie royale de musique d'Angleterre et l'un des compositeurs les plus en renom de la Grande-Bretagne. Il a donné au théâtre *The Devils*, opéra en 3 actes, *Don Quichotte*, *Robin Hood*, le *Roi Charles II*, *Caractacus*, mais aucune de ces œuvres n'a passé le Détroit. D'innombrables cantates et des oratorios écrits pour les grands festivals anglais composent son bagage musical. Il s'est distingué aussi comme musicologue. C'est lui qui fut chargé de la partie musicale de l'*Encyclopadia Britannia* où il a fourni d'importantes notices sur la musique en Angleterre dans le passé et le présent. (Voir *Dict.* de Grove et *Biogr. univ. des mus.* de Fétis).

— A Roubaix, le 26 octobre, Victor-Alphonse Delannoy, né à Lille, le 25 septembre 1826, directeur honoraire de l'Ecole de musique. (Notice, *ibid.*, t. I., p. 249.)

— A Pieve, le 11 octobre, le maestro Giosuè Grandi.

— A New-York, Alexander Freygang, excellent harpiste de l'orchestre Thomas.

— A Ancône, Temistocle Miserocchi, ténor doué d'une voix extraordinaire.

— A Lucerne, à l'âge de 80 ans, Mᶦˡᵉ Lucie Mille, artiste lyrique qui, à Lyon, avait créé le rôle de Brunehilde dans le *Sigurd* de Reyer.

— A Sesto, à l'âge de 25 ans, Mᵐᵉ Adelina Peri-Gomes, pianiste.
— A Stockholm, Mᵐᵉ Hedwig Willman, pendant longtemps l'étoile du chant au théâtre de la ville.

EXTRAIT DES NOUVEAUTÉS

Publiées par la Maison SCHOTT FRÈRES, à Bruxelles

OCTOBRE 1887.

ROMANCES

Evrard, A. Op. 7. Si vous saviez	1 35
Graziani, M. A ma mère, romance	1 —
Hüner, Ch. L'Adieu du maure	1 —
— La fille du Tintoret	1 —
Le Borne, Ferd. Op. 12. Six mélodies pour chant et piano :	1 —
N° 1. A une passante	1 —
» 2. Ici-bas	1 35
» 3. Notre amour	0 85
» 4. Garde toujours ces fleurs	0 85
» 5. Méditations religieuses (avec Violoncelle)	2 50
» 6. Matutina	1 —
Rupès, G. Envoie-nous ! (Ode à la muse)	
N° 1. Pour baryton ou mezzo-soprano	1 75
» 2. Pour ténor ou soprano	1 75
— Heureux l'oiseau, mélodie	
N° 1. Pour baryton ou mezzo-soprano	1 75
» 2. Pour ténor ou soprano	1 75
— Pourrai-je l'oublier ?	
N° 1. Pour baryton ou mezzo-soprano	1 75
» 2. Pour ténor ou soprano	1 75
Van Cromphout, L. Chant de Mai, Valse chantée	2 —
— Album de six mélodies	1 —

CHANSONNETTES

Bard. Dans le fiacre 113	1 —
Goublier, R. La Nuit aux prunes	1 —
Graziani, M. A ma marraine	1 —
— Les Noces de Balochard	1 —
Mége, L. Prémices d'avril	1 —
Mehay, V. Ces coquins d'hommes	1 —
— Moi z'ai ma sœur	1 —
Michiels. G. A l'auberge des réservistes	1 —
— Le bourriquet	1 —
— La harpe vivante	1 —
— Les Œufs de Madeleine	1 —
— Le panier de Lise	1 —
— Les réveils-matin	1 —
— Sans lumière	1 —
Nazy. Le bataillon scolaire bruxellois	1 —
Noël. L'ami Bernard	1 —
Les mêmes, en petit format, sans accompagnement, à	0 35

POUR ORCHESTRE (SYMPHONIE)

Broustet, E. Blue Wile	3 —
— Enclume et marteau	3 —
De Hartog, Ed. Op. 59. Villanelle . . . . la partition	5 —
les parties séparées	6 —

POUR HARMONIE OU FANFARE

Michiels, G. L'Ansousienne (marche provençale)	3 —

XXXIIIᵉ ANNÉE · · 10 novembre 1887 NUMÉRO 45

Le Guide Musical

Paraissant tous les jeudis.

ABONNEMENT	SCHOTT FRÈRES, ÉDITEURS.	ANNONCES
FRANCE & BELGIQUE, 10 francs par an.	**Paris,** *Boulevard Montmartre, 19*	LA LIGNE . . . . FR. 0.50
LES AUTRES PAYS, 10 francs (port en sus)	**Bruxelles,** *Montagne de la Cour, 82*	On traite à forfait pour les grandes annonces.

SOMMAIRE. — *Viotti et l'école moderne de violon* (suite), Arthur Pougin. — *Les quatre orgues de Gilles Brebos*, par E. Vander Straeten. — THÉATRES ET CONCERTS: Paris, Bruxelles, Anvers. Gand, Liége. — Nouvelles diverses. — Avis et communications. — Éphémérides musicales. — Nécrologie.

VIOTTI
ET L'ÉCOLE MODERNE DE VIOLON
(Suite. — Voir le dernier numéro.)

Heureusement, tout cela n'empêchait pas Viotti de s'occuper, avec une ardeur toujours nouvelle, de la prospérité du théâtre Feydeau. Un des moyens d'attraction employés par lui sur le public avait consisté à faire renaître à ce théâtre les séances si brillantes du Concert spirituel, dont l'existence avait pris fin dès les premiers jours de la Révolution. Déjà, à plusieurs reprises, il avait produit, au cours des spectacles ordinaires, divers virtuoses dont le talent avait provoqué chez les auditeurs une impression profonde. De ce nombre était son élève Rode, le grand violoniste, qui de l'orchestre était monté sur la scène, aux grands applaudissements du public (1). Dès le mois d'avril 1791, il organisa une série de concerts spirituels, auxquels prend part son autre élève, Mˡˡᵉ Gerbini, dont il a été question plus haut, et dans lesquels il fait exécuter, avec une véritable splendeur, plusieurs œuvres remarquables et inconnues en France (2). Le bruit courut même un instant qu'il se ferait entendre lui-même, et consentirait à reproduire de nouveau son admirable talent après

le long silence auquel il s'était condamné, et un chroniqueur enregistrait ainsi ce bruit : — « On espère que M. Viotti voudra bien faire briller son talent au concert du jour de Noël, ou, au plus tard, du jour de l'an. Il y a dix ans qu'il n'a joué en public; on entendra le premier violon de l'univers (1). » Mais cet espoir fut déçu, et Viotti continua de garder le silence. Ce qui n'empêchait pas certains industriels de chercher à spéculer sur son nom; ainsi le directeur du Cirque du Palais-Royal, qui annonça plusieurs concerts sur le programme desquels figurait une mention ainsi conçue : — « M. Wotti exécutera un concerto de violon. » Ceci était une supercherie, destinée à tromper le public et fondée sur la ressemblance cherchée d'un nom évidemment fantaisiste avec celui de Viotti, et qui provoqua une lettre de celui-ci, insérée au *Moniteur universel* du 18 avril 1791 :

> Voilà plusieurs fois, Monsieur, qu'on annonce dans les journaux que j'exécuterai un concerto au concert du Cirque; c'est une erreur. Je ne puis l'attribuer qu'à la ressemblance de mon nom avec delui d'une personne attachée à ce concert du Cirque, et qui s'appelle M. Woty. Cette erreur ne doit sans doute nuire ni profiter à personne; mais il est inutile qu'elle s'accrédite.
>
> VIOTTI.

Cependant, le temps s'écoulait, l'horizon politique s'assombrissait de plus en plus, et les graves événements qui se déroulaient chaque jour n'étaient pas de nature à affermir la prospérité d'un théâtre qui, par les genres qu'il exploitait, puisait surtout sa clientèle dans la haute société et l'aristocratie. Malgré les efforts intelligents de Viotti et de Léonard, le public qui fréquentait le théâtre Feydeau s'éclaircissait petit à petit, les recettes subissaient une baisse terrible, et bientôt il fallut songer

---

(1) « Théâtre de Monsieur, 2 mai 1790. *Don Quichotte* et l'*Épiménide français*. Le Sᴿ Rode exécutera, entre les deux pièces, un *concerto de violon* dal sig. Viotti. » (Programme des théâtres du *Journal de Paris*.)

(2) Dans un concert spirituel donné au théâtre de Monsieur, le 20 avril 1791, on exécutait, entre autres, « le *Miserere* de Sarti, chanté par Mˡˡᵉˢ Baletti, MM. Viganoni et Mandini, et accompagné par 36 altos, 14 violoncelles et 6 contre-basses. » (Programme du *Moniteur universel* du 19.)

(1) *Almanach général de tous les spectacles de Paris et des provinces*, 1792, p. 247.

à réduire les frais, afin d'éviter une catastrophe. Les deux directeurs se décidèrent à supprimer une partie importante de leur personnel, et à Pâques 1792, ils congédièrent leur troupe de comédie, ne conservant que les artistes du chant, soit italiens, soit français (1). Mais cette économie fut insuffisante, la situation devenait toujours plus tendue, et la journée du 10 août, en amenant avec elle une fermeture momentanée des théâtres, vint modifier les conditions d'exploitation de théâtre Feydeau, qui perdit à la fois et sa troupe italienne et ses deux directeurs.

« Nulle réunion de chanteurs, disait alors un annaliste, n'étoit supérieure à celle des chanteurs italiens ; mais malgré cette supériorité de talents reconnue, dans les derniers tems les recettes égaloient à peine les frais de représentations. L'administration cependant, loin de songer à supprimer l'Opéra italien, s'occupoit des moyens de réparer la perte de quelques sujets précieux ; lorsque de grands événements ayant fait fermer les spectacles, l'épouvante a saisi des étrangers qui ne peuvent prendre le même intérêt que nous à notre Révolution. Tous les acteurs italiens réunis demandèrent la résiliation de leurs engagements ; une clause de ces engagements y étoit formelle : la rupture fut signée de part et d'autre. Ces acteurs emportèrent les bontés du public, un souvenir qui, sans doute, les déterminera à revenir contribuer à ses plaisirs ; il ne dépendra pas des administrateurs d'en accélérer le moment » (2).

Malheureusement, il est bien certain que les « administrateurs » eux-mêmes ne purent demeurer à Paris beaucoup plus longtemps que leurs pensionnaires justement épeurés. Le danger devenait évident pour tous ceux qui s'étaient vus en relations directes et intimes avec la cour, ce qui était le cas pour Viotti comme pour Léonard. Il y a plus. Ainsi qu'on l'a vu plus haut, celui-ci avait fait partie du voyage de Varennes, et son dévouement en cette circonstance, quelque opposées à ses désirs qu'en eussent été les conséquences, pouvait lui devenir fatal ; de son côté, Viotti n'était pas moins compromis par la découverte de son nom sur le « livre rouge ». L'un et l'autre jugèrent donc, avec raison, prudent de s'éloigner, imitant l'exemple que leur avaient donné déjà plusieurs actionnaires du théâtre Feydeau, et ils abandonnèrent la direction de ce théâtre, dont les chanteurs français, qui seuls désormais constituaient le personnel, se mirent en société, à l'imitation de leurs confrères du théâtre Favart. Léonard alla se réfugier en Russie, où il demeura pendant plusieurs années. Quant à Viotti, presque entièrement ruiné par les suites d'une affaire devenue si désastreuse, il passa le détroit et gagna l'Angle-

terre, où, après quelques instants de tranquillité, il devait rencontrer de nouvaux ennuis (1).

(A suivre).　　　　　　　　　Arthur Pougin.

Les quatre orgues de Gilles Brebos
AU COUVENT DE L'ESCURIAL

Nous devons à l'obligeance de M. Edmond Vander Straeten l'extrait suivant du VIII° volume de la *Musique aux Pays-Bas*, à la veille de paraître :

On ne saurait que trop regretter vraiment qu'en être réduit à se contenter d'un mauvais dessein lithographié pris sur les lieux, lequel, malgré tout le talent déployé par l'artiste belge qui a bien voulu en faire une reproduction, ne donne qu'une idée incomplète de ces prodiges de l'art instrumental. Les buffets à deux étages superposés, ornée de frises teintées de diverses couleurs, dont les plus voyantes sont le rose et le rouge, tranchant, par leur finesse extrême, de la façon la plus agréable, sur le fond d'or dont le sapin est couvert. Or, l'aspect sombre du chœur de l'Escurial et le placement désavantageux des boiseries architecturales, n'ont guère permis d'en faire prendre une photographie précise, susceptible d'être utilisée dans notre livre.

L'étain dont les tuyaux sont formés, a été ingénieusement allié à une quantité d'argent pur, de manière à obtenir une sonorité claire et pénétrante comme le cristal de roche. Cette mixture appliquée aux trompettes, qui, contrairement aux dispositions de nos orgues, s'avancent en saillie sur la façade principale du buffet, donnant à ces tuyaux, mis en vibration, un éclat, une ampleur et une puissance, dont on ne saurait se faire une idée, si on n'a point entendu échapper de leurs pavillons évasés, ces flots sonores qui vous électrisent littéralement et vous confondent en émotions admiratives.

Les deux orgues du *coro*, *del prior*, les seules conservées aujourd'hui en leur entier — les autres ont dû démembrées pour en retirer la valeur intrinsèque, sont célèbres dans toute l'Espagne. Après trois siècles d'existence, ils semblent défier encore le génie des perfectionnements modernes. On veut même les juger supérieures à celles de Harlem et de Fribourg. On nous assure que les nombreux touristes qui viennent annuellement les visiter, quelques-uns de fort loin et la plupart artistes et excellents connaisseurs, les envisagent comme des merveilles presque surhumaines.

Gilles Brebos (2) n'a point *inventé*, croyons-nous, dans le sens le plus extensif du mot. Dans les développements successifs que le gigantesque instrument a subis, chaque « trouveur » d'un procédé nouveau a simplement attaché son nom à la combinaison nouvelle aperçue par lui. Notre facteur, lui, a su imprimer une perfection suprême à l'instrument sorti de ses mains, et c'est là un titre impérissable assurément. Stipulé par son génie, encouragé par de royales faveurs, piqué d'amour-propre national en plein pays étranger, autorisé à se servir des matériaux de la meilleure qualité, aidé par des artistes de son choix et de son école, il a su imprimer, à ses jeux de détail, une précision incomparable, tout en exécutant, avec les soins les plus minu-

---

(1) Autrefois, dans tous les théâtres de France, et aujourd'hui encore dans tous ceux de Paris, la semaine de Pâques formait la clôture de l'année théâtrale et était l'époque du renouvellement ou de la résiliation des engagements contractés entre les directeurs et les artistes.

(2) *Les Spectacles de Paris*, année 1793, p. 165-166.

(1) J'ajouterai ici quelques renseignements complémentaires relatifs aux chanteurs italiens, renseignements qui, à ma connaissance, n'ont jamais été donnés. — Castil-Blaze, se fondant évidemment sur une fausse indication donnée dans l'*Annuaire dramatique* de 1820, fixe (l'*Opéra italien*, p. 379 la date du 7 août 1792 comme celle de la dernière apparition de ces chanteurs à Paris. Or, ceci est inexact. A défaut du *Journal de Paris*, toujours très utile et très curieux en ce qui concerne les théâtres, mais qui, le 12 août, avait dû suspendre sa publication après avoir vu ses rédacteurs poursuivis, ses bureaux saccagés, ses presses brisées, tout son matériel détruit, j'ai consulté le *Moniteur*, qui, lui aussi, donnait assez régulièrement le programme des spectacles, et voici ce que j'ai appris par lui relativement aux représentations italiennes du théâtre Feydeau : le 7 août, on joue : *Piaggiatori felici* ; le 10, on annonce la *Frascatana*, mais il est bien évident que le soir d'une telle journée les théâtres ne durent pas ouvrir leurs portes, non plus que les quatre jours, suivants (11, 12, 13, 14) pendant lesquels le *Moniteur* ne publie pas de programme. Le 15, ne sont annoncés que les théâtres Montansier, Molière et de l'Ambigu-Comique. Le 16, à la suite de l'Opéra et du théâtre Favart, le théâtre Feydeau fait sa réouverture par un spectacle composé des *Pictiandines* et de *Cadichon* ou les *Bohémiennes*, et donné au bénéfice des veuves et orphelins des braves citoyens qui ont péri dans la journée du 10. Le 20, il joue la *Pazza d'Amore*, le 28 la *Frascatana*, le 26, le *Gelosie villane*, et le 31, le *Trame delune*. Du 1er au 16 septembre, les terribles événements qui ensanglantent Paris, amènent une nouvelle fermeture de tous les théâtres ; ce n'est que le 19 qu'on voit le théâtre Feydeau rouvrir ses portes au public, et à partir de ce moment il n'y est plus question d'opéra italien. C'est donc le 31 août, par la *Trame delune*, et non le 7, comme on l'a dit à tort, que les fameux chanteurs italiens de l'ancien théâtre de Monsieur donnèrent à Paris leur dernière représentation.

(2) Prochainement la notice biographique de ce grand maître néerlandais.

tieux, l'harmonieux accouplement des timbres, la richesse et la variété des registres. Il est des perfections relatives. Brebos est parvenu à franchir en quelque sorte les limites restreintes où se renferment les talents, pour atteindre les régions sereines de la perfection absolue, abordées seulement par les esprits vraiment inspirés.

A part les combinaisons imprévues dont Brebos a garni le jeu de ses instruments, admirons le rôle ingénieux que cet artiste assigne non seulement aux claviers manuels, mais aux pédaliers, eu égard naturellement au cercle resserré où ceux-ci étaient confinés alors. Le croisement des mains, " trocando las manos, „ y est impliqué incidentellement, il est vrai, de même que la superposition et combinaison des claviers. Toutefois, l'effet qui en résulte, doit provoquer, au jugement du maître « organteur, „ une délectation sonore telle, que son auteur n'hésite pas à la taxer de merveilleuse : "miravillosa mixtura.„ Pour la Declaracion même, due incontestablement à Brebos, l'œuvre ne dément guère son titre. Les préceptes qui s'y déroulent, ont la clarté et la précision voulues. On y rencontre tout ce qu'on pourrait souhaiter, à l'endroit des ressources multiples de l'orgue et de ses lois constitutives. Pour ne rien laisser ignorer, en ce qui concerne le mécanisme de l'instrument, la manière même de le réparer et de le nettoyer est, on l'a vu, minutieusement indiquée.

En somme, les orgues de l'Escurial n'ont point été un vain étalage d'art luxueux, apportant sa part de somptuosité dans le gigantesque édifice. Elles ont eu leur application pratique, dans le sens le plus étendu du terme, car elles ont servi à des cérémonies grandioses telles peut-être, que nulle part ailleurs on n'en organisa de semblables. Inutile de scruter, à cet effet, les chroniques et les livres. On saura que Philippe Rogier, maître de chapelle de Philippe II, composa, à une époque indéterminée, mais toujours postérieure à l'édification des orgues de Brebos, des motets magistraux à douze voix et à trois chœurs, avec accompagnement de harpes et de trois orgues. Bien plus. Une messe de lui, à douze voix réelles, dont on donnera la mention sommaire, réclame le concours formidable de quatre chœurs et de trois orgues continuosi.

Rappelons-nous que les Cantiones sacras de Pierre Philips, artiste de la chapelle royale à Bruxelles, au début du xviie siècle, n'offrent guère qu'un orchestre de deux chœurs à quatre voix, pour l'accompagnement duquel deux orgues tout au plus étaient probablement mises en réquisition. A la fin du xviiie siècle, on compte, en fait de grandes exécutions, trois chœurs : seulement, il n'est question, nulle part, d'un nombre pareil d'orgues.

EDMOND VANDER STRAETEN.

Théâtres & Concerts

PARIS

Si vous le voulez bien, nous laisserons de côté cette fois toutes les belles choses qui se passent dans la grande épicerie de la place de l'Opéra ; nous oublierons ce centenaire à répétition... et sans répétitions ; nous permettrons même de ne pas le prendre beaucoup sur cette 500e de Faust, dont je vous ai raconté le bizarre prologue épistolaire ; aujourd'hui, je ne m'arrêterai pas à vous décrire les splendeurs du bâton de mesure offert à M. Gounod, pour qui on a prodigué " ivoire vert, or rouge massif, lauriers ciselés en spirale, velours et satins rouges, etc.„ : tout cela à seule fin de pouvoir l'accompagner de cette inscription d'un remarquable toupet : " A C. Gounod, Ritt et Gaillard. „ Textuel et en toutes lettres !..... Je vous dirai simplement qu'on a beaucoup fêté l'auteur, comme il était juste ; que si l'orchestre, comme un cheval sur le retour qui sent la main experte du maître, a mieux marché que de coutume, les chœurs ont été aussi mous, aussi incolores, aussi peu d'aplomb qu'avec un simple Altès. C'est, du reste, un trait remarquable de l'organisation de nos grands établissements et débits de musique : jamais, fussiez-vous le grand Turc lui-même, vous n'y obtiendrez que chœurs et orchestre aillent ensemble ; ce sont deux partis opposée, deux factions ennemies, tirant chacune de leur côté avec une noble indépendance ; les chœurs surtout croiraient déchoir du rang plus... élevé qu'ils occupent, s'ils consentaient à régler leur action sur celle de l'orchestre ou de son chef ; ah mais ! on a de la dignité ou on n'en a pas, et c'est à prendre ou à laisser..... Pour en finir, le nouveau Faust, M. Jean de Reszké, s'est donné beaucoup de mal, et s'est vu encourager ; il n'est pas plus mauvais qu'un autre. Quant au reste de la troupe, Marguerite en tête, c'est toujours bien " popotte. „

Voici maintenant les concerts vraiment en train, et les programmes vont présenter plus d'intérêt. En ce moment, il y a à Paris, le dimanche, trois concerts classiques, et il serait mauvais n'ont que l'embarras du choix : on trouve de l'art à la portée de tous les goûts et de toutes les bourses. Je ne parle pas des concerts Danbé au Palais de l'Industrie :

c'est là une entreprise accidentelle et passagère ; ce sont des séances de lecture et de répétition, dont les programmes d'une variété et d'une abondance qui le permettent pas de les travailler ; l'effet aussi, dans un vaisseau trop vaste et avec un public distrait, est forcément superficiel. Restent les trois concerts du Cirque d'été, du Châtelet et du Château-d'Eau.

Dans cette dernière salle, un violoniste d'origine alsacienne, M. Montardon, qui a fondé une sorte de Conservatoire libre, il y a quatre ou cinq ans, tente de reprendre la succession Pasdeloup. Son école lui fournissait les principaux éléments d'un orchestre, et lui avait permis déjà de donner des concerts annuels : il s'est dit qu'il y avait peut-être une clientèle à reformer dans le quartier du Cirque d'hiver. Dame! pourquoi pas? Peut-être y a-t-il encore, dans les environs du boulevard Voltaire, des dilettanti pour qui Mozart et Mendelssohn ont même le charme de la nouveauté, et à qui ce serait trop demander qu'un voyage à la place du Châtelet ou aux Champs-Elysées ? Quoi qu'il en soit, voici M. Montardon lancé, et l'on a pu entendre hier chez lui, entre autres choses, une exécution pas trop mauvaise de la Symphonie pastorale. Beaucoup de jeunesse et d'ardeur, trop sans doute, chez les exécutants et leur chef ; mais c'est là un beau défaut, dont il est plus aisé de se corriger que du défaut contraire ; retrancher est toujours plus facile qu'ajouter. La crudité et la verdeur du son s'atténueront avec le temps, la pratique et l'expérience. L'orchestre est très complet, le quatuor nombreux et sonnant avec plénitude et vigueur dans certains tutti. Du reste j'aime beaucoup la sonorité compacte de la salle du Château-d'Eau. Le prix des places y est modique, et pour le moment on ne risque pas d'y étouffer, ce qui est d'ailleurs un avantage.

Toujours énormément de monde, et du beau monde, chez M. Lamoureux, qui est décidément le lion du jour dans le monde musical, le chef d'orchestre à la mode. Vigoureuse et brillante exécution de Manfred, du Tristan et du Carnaval romain de Berlioz, une des pages les mieux enlevées du répertoire Lamoureux. — Au Châtelet, Mme Berthe Marx a joué l'intéressant Concerto en ut mineur pour piano de M. Camille Saint-Saëns ; l'interprète a un beau mécanisme, mais il lui reste encore du progrès à accomplir en fait de style. Les Scènes poétiques de M. Benjamin Godard ne possèdent pas une saveur bien spéciale ; elles ont été jouées et écoutées sans grand enthousiasme. M. Colonne annonce pour le prochain concert le Paradis et la Péri de Schumann, cette jolie légende orientale d'après Thomas Moore, avec le concours de Mme Krauss, qui chanta cette partition au théâtre Italien à une époque où sa voix était plus jeune et plus fraîche. M. Colonne a eu une bonne idée en montant cette œuvre, qui est bien dans ses moyens, et qui nous reposera des programmes par fragments depuis si longtemps connus, et dont le public commence à se lasser.

L'Opéra-Comique de la place du Châtelet continue à recommencer, sa carrière, tout doucement et tout modestement. Sa situation topographique lui fait un devoir de compléter l'entreprise de M. Montardou au Château-d'Eau, pendant que ce dernier initie le boulevard Magenta et les habitués des Folies-Dramatiques aux beautés de la Symphonie pastorale, l'ex-scène du boulevard des Italiens révèle à la rue Saint-Denis et au quartier des Halles les douceurs du Chalet et des Diamants de la Couronne. Cela peut durer longtemps ainsi ; souhaitons-le, et répétons-nous que les peuples heureux n'ont pas d'histoire.

A l'Opéra, on est tout fringant des magnifiques cérémonies de ces jours passés, on fait ses embarras, on promet monts et merveilles. Après cette Dame de Montsoreau si fiévreusement attendue, il paraît qu'on devait entendre une Circé de M. Ambroise Thomas ; à-t-on craint que l'enchanteresse ne jouât aux abonnés de notre Académie nationale de musique le même tour qu'aux compagnons d'Ulysse, et que des groupements spéciaux ne répondissent pas à sa voix? Je ne sais ; en tous cas l'œuvre prête à une belle page de musique imitative, d'un effet certainement neuf au théâtre. Peut-être la direction s'est-elle dit qu'il était inutile de rééditer le mythe enfermé dans la fable grecque, la métamorphose qu'il symbolise étant des plus banales chez eux, et se renouvelant à chaque ballet sur le plus grand nombre des spectateurs par la magie des Circés de la danse ! Marguerites ante porcos!... Toujours est-il que Circé sera remplacée probablement par une brillante reprise d'Henri VIII allégé d'un acte, rien que cela. On fait grandement les choses à l'Opéra ; peut-être, quand il s'agit d'interprétation, l'immortel Ritt et l'immarcessible Gaillard sont-ils un peu regardants ; mais pour la coupure, leur générosité native se découvre et ne connaît plus de bornes. Aussi-ces jolis messieurs trouvent-ils chose toute simple et naturelle de demander à MM. Saint-Saëns et Armand Silvestre de réduire leur œuvre commune de quatre actes à trois, en supprimant tout le troisième acte, l'acte de la répudiation. M. Saint-Saëns consentira-t-il, accordera-t-il les modifications demandées? J'ai quelque raison d'en douter ; en tous cas je vous tiendrai au courant, la question ayant son importance ; et la chose, si par malheur elle avait lieu, devant créer un précédent monstrueux, auprès duquel la fameuse suppression de l'ouverture de Sigurd de Reyer serait une insignifiante bagatelle... Mais je n'ai pas fini avec tous ces beaux projets dont les fastueux directeurs étaient complaisamment les magnificences, et font actuellement la confidence au public par les journaux. Ambroise Thomas, qui n'a pas encore trouvé son compte, doit reparaître ici, définitivement, avec un ballet sur la *Tempête* : après Homère, Shakespeare : on se met bien chez ces messieurs. Mais pourquoi nous annonce-t-on que pour la collaboration de cet ouvrage, à l'incommensurable et inéluctable Jules Barbier s'est joint un financier bien connu? Mystère!... Serait-ce M. Wilson qui nous a préparé une surprise, et qui, désireux de se refaire une virginité tout en se ménageant une ressource pour l'avenir, dit adieu aux amertumes et à l'ingratitude des affaires pour se vouer aux consolations et aux profits de l'art?... Ne serait-ce pas plutôt un des commanditaires de l'Opéra? Cela serait piquant, et d'un édifiant exemple, de voir quelqu'un de ces gros barons de la finance mettre lui-même la main à la pâte pour faire marcher la boulangerie. Cela peut aller loin... Quant à la musique de cette *Tempête*, les deux tableaux du premier acte seraient entièrement terminés ; il sont traités (je cite) à la manière symphonique (?) ; " *mais* l'élément choral n'y figure d'aucune façon et ne figurera pas davantage dans le reste du ballet, *malgré le bruit qui en court dans les journaux.* „ Qu'on se le tienne pour dit !... Pour l'interprétation, on voudrait y réunir et la Mauri et la Subra. Pour le le coup, c'est trop, cette prodigalité devient du gaspillage ; après cela, il ne restera plus rien à faire, et il faudra tirer l'échelle... A moins qu'on n'imagine de célébrer en grande pompe la 600ᵉ de *Françoise de Rimini* ou la 1026ᵉ d'*Hamlet*.

BALTHASAR CLAES.

BRUXELLES

Le brillant début de Mᵐᵉ Melba dans *Rigoletto* vient d'avoir un heureux lendemain, dans la *Traviata*. Hâtons-nous de dire que la musique de Verdi n'y est point pour grand'chose, et que c'est de la cantatrice surtout qu'il a été beaucoup question lundi soir au théâtre de la Monnaie. Comment elle chanterait le rôle de Violetta, on pouvait se le figurer d'avance, étant donné de bel organe qui manque d'un peu de force dans le medium pour être parfait, mais qui possède en revanche la pureté, la souplesse absolue du timbre, et qui porte avec toute l'intensité désirable, dans le pianissimo, comme dans les passages de vigueur. Mais il était intéressant de savoir quelle physionomie Mᵐᵉ Melba donnerait à ce même rôle, qui doit aux divinités de l'art de chant de n'être plus abordable aujourd'hui aux simples mortelles.

L'épreuve nouvelle a fait voir que la jeune artiste peut y aspirer en dépit des grands souvenirs laissés par des interprètes qui ont fixé d'une manière transcendante la psychologie du personnage. Mᵐᵉ Melba n'emprunte rien à ses devancières, ni n'est sa conscience, l'élévation, le désir d'arriver à la plus haute expression du chant et de la situation dramatique.

Quoi qu'elle fit cependant, elle n'a pas se départir de l'air de distinction qui lui est naturel pour rendre, par une légère nuance, la condition toute spéciale de l'héroïne. Cette indication est nécessaire au premier acte, où la courtisane inconsciente d'elle-même suit le courant qui l'entraîne et se livre telle quelle aux hasards de la vie. Mᵐᵉ Melba a montré beaucoup d'intelligence au deuxième acte dans la scène avec le père d'Alfredo, sans être parvenue toutefois, à produire "la variété d'impressions que l'on serait tenté d'exiger, malgré soi, de cette débutante qui n'eût est en somme qu'à expérimenter ses forces. Mais, je talent de Mᵐᵉ Melba s'est affirmé de prime abord d'une façon si remarquable et son inexpérience est vraiment si peu sensible, que l'on ne se croirait pas en droit de lui témoigner l'indulgence qu'elle ne sollicite et ne provoque nullement.

Graduellement d'ailleurs, et c'est le pas pour les natures exceptionnelles, Mᵐᵉ Melba, dans le troisième et le quatrième acte, a su faire un usage de plus en plus efficace des moyens qui lui arrivaient par surcroît. Elle a été remarquable dans le final qui suit la scène du jeu, et toutes les phases de l'agonie et de la mort de Violetta ont été rendues par elle avec un sentiment très profond, une vérité touchante.

Mᵐᵉ Melba a remporté un très grand succès ; on l'a vigoureusement applaudie en on l'a rappelée plusieurs fois après chaque acte. Si elle est vraiment la femme que nous croyons, douée d'une âme d'artiste, ces applaudissements, loin de l'aveugler sur ses propres mérites, encourageront Mᵐᵉ Melba à persévérer dans l'étude et le travail qui pourront la conduire à de brillantes destinées. Il est certain que nous assistons aux premiers essais d'un talent qui demande à se former et à se compléter, d'une voix admirable qui doit se mettre au diapason normal et qui subit, on s'en est aperçu, de légères altérations au premier contact nécessaire, inévitable avec le milieu du théâtre.

A côté de Mᵐᵉ Melba, l'on a applaudi M. Séguin qui tient avec

---

une grande autorité le rôle du père et M. Engel qui chante celui d'Alfredo. L'ensemble n'a pas manqué de soin et, chose à noter, l'orchestre s'est fait applaudir dans les courts passages où sa présence est signalée.

E. E.

M. Henry Warnots, professeur de chant au Conservatoire royal de Bruxelles, a été l'objet, dimanche matin, d'une manifestation très flatteuse à la fois pour son talent et pour son caractère d'artiste.

Ses élèves et ses amis — ces derniers bien nombreux si l'on en juge par l'affluence qui se pressait dans la salle de la Grande Harmonie, — lui ont offert son buste, œuvre de M. Paul Dubois, à l'occasion du vingtième anniversaire de son professorat.

La cérémonie était empreinte d'une grande simplicité et d'une cordialité parfaite. M. Warnots a été harangué successivement par le président de la Grande Harmonie, par M. Eddy Levis, président du comité organisateur de la manifestation et par M. Emmanuel Hiel qui lui a récité des vers flamands. Après avoir répondu à son éloge et à la langue de Vondel, M. Henry Warnots quoique très ému, a remercié en excellents termes tous ceux qui venaient lui témoigner leur estime et leur gratitude. " C'est aujourd'hui la fête de la reconnaissance „, s'est écrié l'éminent professeur en rendant hommage à ceux qui l'avaient aidé et protégé : au ministre Vandenpeereboom, à M. Gevaert, " à d'autres encore. Le directeur du Conservatoire a très cordialement répliqué aux paroles éloquentes de l'honorable professeur. On a défilé ensuite devant l'œuvre largement modelée de M. Dubois, et chacun est allé serrer la main du héros de cette fête en tous points réussie.

E.E.

Dimanche a eu lieu au Conservatoire, la distribution des prix aux lauréats des derniers concours. M. de Moreau, ministre de l'agriculture, ayant les beaux-arts dans ses attributions, a prononcé le discours d'usage, rappelant d'abord les progrès qu'a faits depuis 1830, en Belgique, l'enseignement de l'art musical, constatant ensuite l'état florissant actuel de cet enseignement au Conservatoire, faisant la part qui revient au mérite et au zèle des professeurs dans le succès des élèves auxquels des récompenses allaient être décernées. Un éloge de M. Gevaert comme musicien et comme érudit et un souvenir de regret à M. Lavallée, vice-président de la commission du Conservatoire, décédé dans l'année écoulée, ont été les deux épisodes particulièrement applaudis du discours de M. de Moreau. Ce discours a été suivi de la proclamation des noms des lauréats. Le concert traditionnel a clos la solennité. Mozart a pris le premier la parole avec l'ouverture de *Don Giovanni*, exécutée sous la direction de M. Colyns, par la classe d'ensemble instrumental. Deux jolis chœurs de Le Maistre, compositeur du seizième siècle, le *Noir* et les *Tribulations conjugales*, chantés avec accompagnement par la classe d'ensemble vocal sous la direction de M. Warnots; un *andante intermezzo*, de M. Huberti, pour quatre flûtes avec orchestre; un chœur de Hændel: *Jour de liesse;* la deuxième polonaise pour violon de Wieniawski jouée par M. E. Lejeune avec une brillante virtuosité; l'*Hymne* de l'office des vêpres de Racine (d'après le bréviaire romain), chœur pour voix de femmes, par M. Gevaert, — enfin l'air d'*Œdipe à Colone*, de Sacchini : " Mon fils, tu ne l'es plus „, chanté d'un très bon style par M. Daulée, — enfin une symphonie de Haydn exécutée par la classe d'ensemble instrumental, sous la direction de M. Colyns; voilà le menu de ce concert.

La Reine s'est fait présenter, après la séance, les deux jeunes cantatrices qui ont obtenu cette année le prix de duos de chambre, fondé par Sa Majesté, et leur a remis d'élégants bijoux.

ANVERS

Le grand événement musical de la semaine a été la représentation du *Lohengrin* donnée, vendredi dernier, au théâtre flamand par la troupe de l'opéra allemand de Rotterdam. Le succès a été considérable. Salle comble et très enthousiaste. L'exécution a été remarquable plutôt par l'ensemble que dans le détail. Mᵐᵉ Miehlke est une Elsa sympathique, M. Gruning un bon Lohengrin. Le roi Henri était chanté par la basse Behrens, qui devait créer ce rôle à Paris chez M. Lamoureux. Enfin l'Ortrude de Mᵐᵉ Jaïde, malgré les défaillances d'une voix qui s'éteint, avait du caractère et de l'accent. Orchestre et chœur suffisants. Le succès a été si sincère et si profond qu'il est question d'une seconde représentation. Mon excellent confrère H. D., du *Précurseur*, fera bien, en attendant, d'ouvrir un dictionnaire littéraire quelconque pour se familiariser un peu mieux avec les origines littéraires du drame wagnérien. La légende de *Lohengrin* n'est pas comme il le dit *attribuée* à Wolfram d'Eschembach, elle est bel et bien de ce poète: il l'a racontée tout au long dans son poème de *Parsifal* et de *Titurel*.

Si je ne vous ai bien communiqué du Théâtre Royal ces dernières semaines, c'est qu'il n'y a plus moyen de faire un compte-rendu convenable. La troupe est en général suffisante, mais il y a chez un certain nombre d'abonnés un parti-pris qui n'est pas à vaincre. Ils en veulent à deux artistes de la troupe de grand opéra et cherchent par tous les moyens à les faire résilier. N'ayant pas réussi en pétitionnant, ils ont recours au système connu qui consiste à empêcher la représentation. Cela nous fait des soirées très bruyantes, dont voici en deux mots le menu :

On commence par un morceau de chant, suivi d'applaudissements plus ou moins nourris ; ceux-ci immédiatement sont suivis de chuts agrémentés de quelques coups de sifflet ! Toute la représentation est à l'avenant. Trois cents spectateurs applaudissent ; l'autre moitié proteste et fait du boucan. Cela nous fait des salles mouvementées, mais ne demandez pas à l'un de ces éternels mécontents la raison de leur déplaisir ; c'est bien simple : ils veulent la résiliation immédiate de la forte chanteuse et du fort ténor. Quant à savoir pourquoi cette résiliation, c'est une autre affaire. Les siffleurs les plus ardents seraient fort empêchés de s'expliquer.

La forte-chanteuse, Mme Poissenot, pour n'avoir pas toujours été sans reproche, est absolument digne de notre scène. Quant à M. Paulin, le ténor, il est fort distingué dans certains rôles, celui d'Éléazar de la *Juive*, par exemple ; dans d'autres, il est vrai, il donne prise à la critique, mais il y a quelque raison de croire que s'il était parfait, nous ne l'eussions pas à Anvers. D'aucuns ont été jusqu'à attaquer le baryton de grand opéra, M. Noté ; mais si, avec la superbe voix qu'il possède, il était aussi un parfait comédien, sa place serait toute indiquée à l'Opéra de Paris.

Au bout du compte, forcé par quelques abonnés absolument incapables de juger de la valeur d'un artiste, mais qui se font valoir par le bruit qu'ils font, le directeur se verra obligé de plier et nous aurons comme cela s'est déjà souvent produit, des débuts jusqu'à la fin de la saison. Ainsi soit-il.

La première des quatre séances de musique de chambre que comptent donner cette saison MM. Pôtjes (piano), Mariën (violon) et Roelands (violoncelle), a eu lieu mardi 31 octobre, dans la charmante petite salle Rummel admirablement disposée pour ces séances intimes. Soirée très réussie sous tous les rapports; public choisi et interprétation excellente des trios op. 97 de Beethoven, et op. 8 de Chopin. Le succès a été surtout pour l'admirable sonate op. 8 de Grieg, dans laquelle M. Mariën s'est fort distingué. M. Potjes nous a fait entendre une de ses nouvelles compositions : *Illustrations musicales sur le roman : Les derniers jours de Pompéi.* L'œuvre comprend plusieurs parties intitulées d'après les principaux épisodes du roman. C'est une œuvre bien conçue, de la musique saine et originale et qui fait beaucoup d'honneur au jeune compositeur.　　　　　　　H. R.

GAND

Certains lecteurs du *Guide musical* qui suivaient mes correspondances m'ont demandé de rétablir le répertoire hebdomadaire du théâtre de Gand dont je faisais précéder mes correspondances ; je suis très heureux de déférer à leur désir, et pour qu'il n'y ait pas d'interruption dans ce répertoire commencé il y a plus de deux ans, je le reprends depuis le commencement de la campagne actuelle.

Mercredi 28 septembre, *les Huguenots*; vendredi 30, *Faust*; dimanche 2 octobre, *les Huguenots*; lundi 3, *la Traviata*; mercredi 5, *Faust*; vendredi 7, *Lucie de Lammermoor*; dimanche 9, *la Juive*; lundi 10, *le Barbier de Séville*; mercredi 12, *le Châlet* et *la Traviata*; vendredi 14, *Hernani*; dimanche 16, *Faust*; lundi 17, *Charles VI*; mercredi 19, *le Barbier de Séville*; vendredi 21, *le Maître de Chapelle* et *la Fille du Régiment*, dimanche 23, *la Traviata* et *Hernani*; lundi 24, *Carmen*; mercredi 26, *Charles VI*; vendredi 28, *la Traviata*; dimanche 30, *les Huguenots*; lundi 31, *le Barbier de Séville*; mardi 1er novembre, *Charles VI*; mercredi 2, *Carmen*; vendredi 4, *Faust*; dimanche 6, *Charles VI*; lundi 7, *Martha*.

Comme on le voit, *les Huguenots*, *Charles VI*, *le Barbier de Séville*, *Faust* et *Carmen* tiennent alternativement l'affiche ; en fait de nouveautés, je n'ai à vous parler aujourd'hui que de la reprise de *Martha*, le vieil opéra de Flotow, remonté on ne sait trop pourquoi, mais au moins avec soin, car les chœurs se sont parfaitement tenus, ce qui ne leur arrive plus tous les jours. M. Alvarez était bien en voix, trop bien même, car il a poussé de temps en temps de ces cris aigres qui plaisent, je le sais, à une partie du public, mais qui n'en sont pas moins fort désagréables. M. Geoffray faisait un convenable Plunkett. Mlle Boyer paraissait peu maîtresse de son rôle, et tous les bravos qu'à suscités le premier air de la *Fée aux Roses*, au quatrième acte, n'empêchent qu'elle n'ait chanté cet air sans la perfection qu'il exige, sautant des notes et le transformant en une espèce d'exercice de chant. Je voudrais vous dire quelque chose de Mlle Castel qui ne jouait pas mal le rôle de Nancy, mais je ne suis pas parvenu à l'entendre ; je crois que le chef d'orchestre seul est placé assez près d'elle pour avoir ce bonheur.　　　　　　　　　P. B.

LIÈGE

La saison commence à peine; rien donc à signaler de saillant Voici seulement quelques notes sur les auditions en perspective.

Au Conservatoire aura lieu prochainement la distribution des prix Au programme du concert qui se donne à cette occasion, figureront, outre les élèves médaillés cette année, Eugène et Théophile Ysaye. Ce dernier exécutera les *Variations symphoniques* de César Franck et une nouvelle réduction pour piano du poème symphonique *Espana* d'Em. Chabrier.

A l'*Émulation*, la section chorale s'est remise à l'étude de l'opéra de Saint-Saëns, *Samson et Dalila*, qui devait être exécuté l'année dernière.

Le *Cercle musical des Amateurs*, dirigé par M. O. Dossin, vient de reprendre ses répétitions.

Réouverture du Théâtre Royal; débuts de nouveaux et rentrée d'anciens artistes.　　　　　　　　　　A. M.

Nouvelles diverses.

Le livret français de *Siegfried* vient de paraître. C'est encore M. Victor Wilder qui a fait cette traduction, extrêmement remarquable et particulièrement réussie. La partition française de *Siegfried* sera sous peu mise en vente.

Nous recevons de Hollande une lettre très intéressante, mais trop longue pour être reproduite qu'un de nos abonnés nous adresse à propos de l'entrefilet où nous annoncions avec quelque étonnement l'inscription d'un oratorio de Niels W. Gade au programme du prochain concert de la *Wagner-Vereeniging* d'Amsterdam. Notre honorable correspondant semble croire que nous ignorons le programme et le but des Associations wagnériennes en Hollande et ailleurs, programme qui n'est pas, comme on l'a souvent dit, de faire de la propagande exclusivement en faveur du maître de Bayreuth. Comme notre correspondant le dit très justement, Wagner et l'exclusivisme sont une antithèse. Personne n'a été moins exclusif que Wagner et l'universalité de son art et de son esprit en sont la preuve vivante et constante. Aussi les Associations wagnériennes se sont-elles donné pour mission, dans l'esprit même de l'œuvre de Bayreuth, d'associer dans leur propagande les noms de tous les grands maîtres, de ceux qui représentent l'art vivant, passionné, éternel : Mozart, Beethoven, Bach, Gluck, Weber, etc., en dégageant leurs œuvres des superfétations de la mode, des aveulissements de la routine. Ce n'est donc pas l'inscription d'un autre nom que celui de Wagner au programme de la *Wagner-Vereeniging* qui nous a un peu surpris, mais le choix d'un compositeur qui, malgré son remarquable talent et sa belle carrière artistique n'en est pas moins l'un des derniers représentants de cette école de faiseurs de ballades, de cette école de fadeurs élégiaques qui pendant un demi-siècle ont charmé l'esprit bourgeois. On pense peut-être autrement de Niels W. Gade à La Haye et à Amsterdam. Question d'appréciation, toute personnelle. Nous n'en remercions pas moins notre honorable abonné de sa communication. Qu'il soit bien convaincu que nous n'ignorons rien de ce qui se fait de bon et d'excellent parfois aux Pays-Bas où la musique est pour tous un véritable culte. Mais qu'il ne s'illusionne pas ! On y est fort en retard et le romantisme suranné de 1835 y a peut-être encore de trop nombreux partisans.

A Saint-Pétersbourg, au Théâtre-Marie, première représentation de l'opéra l'*Enchanteresse*, de M. Tchaïkovsky. Le célèbre compositeur conduisait lui-même l'orchestre. Les ovations se sont renouvelées à chaque fin d'acte, tout en s'affaiblissant cependant à partir du troisième. Les deux premiers actes renferment dit-on, des épisodes remarquables. Certains morceaux n'ont pas passé sans protestation. La mise en scène est somptueuse, l'exécution en partie excellente. Le monde musical pétersbourgeois, M. Antoine Rubinstein en tête, était réuni presque au complet au Théâtre-Marie. Après le 1er acte une couronne en argent a été offerte à l'auteur par les artistes de la troupe.

Le théâtre San-Carlo de Lisbonne a inauguré sa saison théâtrale avec *Faust* pour les débuts d'un ténor portugais, M. de Andrade. La situation de famille de cet artiste, qui a des relations dans tous les rangs de la société lisbonienne, attachait un intérêt tout particulier à cette représentation. Cette première apparition du nouveau ténor sur une scène portugaise a été, de l'avis unanime de la presse, un vrai succès.

Veut-on connaître le programme de la saison musicale à New-York durant l'hiver qui commence ? — Le voici tel que l'établit *the American Musician* :

Six concerts de la Société Philharmonique.
Six répétitions générales préalables.
Six concerts symphoniques.
Six répétitions générales préalables.
Six conférences.
Trois répétitions d'oratorios.
Trois répétitions générales préalables.
Six concerts sous la direction de M. A. Seidl.
Six concerts dirigés par M. Vanderstucken.
Trente-six concerts dirigés par M. Thomas.

Six concerts, six répétitions publiques, et trois matinées par la Société Philharmonique de Brooklyn.

Le tout sans préjudice des concerts donnés par des artistes étrangers de passage à New-York, des séances organisées par la Compagnie Gerster ou des concerts du jeune Hoffmann, enfin de toutes les fêtes musicales données par les artistes du pays et par les sociétés et les clubs de toutes catégories.

A côté de cela il y a les théâtres d'opéra : quinze semaines d'opéra allemand ; quatre semaines d'opéra anglais ; trois semaines d'opéra italien ; quatre semaines des *Boston Ideals* ; plusieurs semaines de la Compagnie Abbot et les représentations d'opéra-comique.

On voit que les Américains ont de quoi se payer une indigestion de musique, et, de fait, le même public se retrouvant à peu près partout, cette surabondance, — " cet embarras de richesses „ comme l'appelle le journal cité plus haut, — a de quoi blaser les appétits les plus robustes.

        ✧

Lohengrin a été représenté à Buenos-Ayres le 8 septembre dernier, avec un énorme succès, par la compagnie italienne du ténor Stagno. Le *Vaisseau Fantôme* y avait été donné les 9 et 13 août.

Le premier monument de Wagner.

Le sculpteur Joh. Hoffart, de Munich, achève en ce moment un buste colossal de Wagner en marbre de Carrare ; ce buste sera placé dans une niche de la maison Heckel à Mannheim, où Wagner a reçu, pendant quelque temps, l'hospitalité de son ami Emil Heckel.

        ✧

La princesse de Hohenlohe, fille de la princesse de Sayn-Witgenstein, vient de disposer, en faveur d'une fondation Liszt, placée sous le protectorat du grand duc de Saxe-Weimar, d'une somme de 70,000 marks. dont les intérêts devront servir à récompenser périodiquement de jeunes musiciens (compositeurs exécutants) de toutes nationalités.

La fondation a pris date le 22 octobre dernier, jour anniversaire de la naissance de Liszt.

        ✧

M. Franz Rummel est arrivé à Bruxelles venant de Hollande où il a joué une très grand succès à Rotterdam, sous la direction du célèbre professeur Gernsheim, le concerto en *mi* bémol de Beethoven et la Fantaisie hongroise de Liszt. Le *Rotterdamsche Courant* consacre au célèbre pianiste un article dithyrambique.

        ✧

Le comte Geza de Zichy — le célèbre pianiste manchot, — est en ce moment à Copenhague, où il a reçu un brillant accueil. Il y donne des concerts au profit d'institutions de bienfaisance. Invité à la cour où il a été introduit par son cousin, l'ambassadeur d'Autriche, M. de Frankenstein, le comte a joué devant le Tsar, devant le roi Christian et la reine de Danemark qui est elle-même une pianiste distinguée. M. Zichy a reçu la grande croix de l'ordre du Danebrog.

        ✧

L'Impartial du Nord parle en ces termes élogieux de M. Vivien qui a prêté son concours à un concert donné à Anzin (France), par la *Société Chorale* :

" Les organisateurs, dit-il, ont fait un choix heureux en appelant à leur concert, l'éminent violoniste Vivien.

„ Avec un coup d'archet énergique et une souplesse remarquable dans les doigts, M. Vivien a surmonté d'étonnantes difficultés dans un concerto de Paganini et une fantaisie du même auteur, qui ont été salués par une longue salve de bravos et d'un bis. Le nom de Vivien restera gravé pour longtemps en lettres d'or, dans la France du Nord, où il vient de se faire entendre dans plusieurs villes. „

        :

AVIS ET COMMUNICATIONS

LES ŒUVRES DE RICHARD WAGNER.

Les éditeurs soussignés, à qui Richard Wagner confia de son vivant les plus importants de ses ouvrages, considèrent comme un devoir de rendre dès à présent ces œuvres accessibles aux musiciens dans leur forme originale.

A cet effet, il feront paraître d'abord une édition gravée des grandes partitions d'orchestre que presque seuls quelques directeurs de théâtre avaient pu se procurer jusqu'ici. Cette édition sera conforme à la partition originale.

Paraîtront successivement :

Lohengrin, opéra romantique en 3 actes ; **Tristan et Yseult**, action en 3 actes ; **les Maîtres Chanteurs**, opéra en 3 actes ; **l'Anneau du Nibeloung**, pièce de fête théâtrale en trois journées et un prologue : *l'Or du Rhin*, la *Valkyrie*, *Siegfried*, le *Crépuscule des Dieux*.

Parsifal est provisoirement réservé ; des pourparlers sont engagés pour la publication ultérieure des partitions parues chez M. A. Fürstner : *Rienzi*, le *Vaisseau Fantôme* et *Tannhäuser*. Enfin, dès qu'une entente ne sera établie entre leurs différents éditeurs, toutes les autres compositions musicales de Richard Wagner, pour orchestre, pour piano, pour chant, paraîtront en un volume de même format que les partitions d'orchestre.

La publication des œuvres musicales et dramatiques de Richard Wagner se fera par souscription et les volumes paraîtront, dès que la souscription sera suffisante, aux conditions suivantes pour chacune des œuvres: en 12 livraisons à 12,50 fr. chacune, ou en 24 livraisons à 6,25 fr. chacune, ou en un volume à 150 fr.

On peut souscrire soit pour une série d'œuvres ou pour chaque œuvre séparément.

Le souscripteur s'engage à n'utiliser son exemplaire pour aucune exécution publique et à ne le céder à personne dans le même but.

S'adresser pour la souscription aux principaux marchands de musique. Pour la France, *Lohengrin* ne pourra être acquis que par l'intermédiaire de MM. Durand et Schœnewerk à Paris. — Les *Maîtres Chanteurs* et *l'Anneau du Nibelung* par M. F. Schott à Paris (70, boulevard Montmartre) et MM. Schott Frères, à Bruxelles (82, Montagne de la Cour).

Nous offrons ainsi à *les musiciens* sérieux une occasion unique d'entrer en possession des merveilleuses partitions de Richard Wagner et de former la collection complète de ses œuvres dans une seule et même édition scrupuleusement conforme aux originaux.

Leipzig et Mayence, septembre 1887.

B. Schott's Söhne, Breitkopf & Härtel.

        ✧

Un harpiste est demandé pour la prochaine saison des " *Glasgow Choral and orchestral concerts*, direction Auguste Manns, du 13 décembre 1887 au 4 février 1888 ; appointements de 4 à 5 livres sterling par semaine, plus les frais de voyage. Demandes avec références, à adresser à M. John Wallace, secrétaire, 86, West Regentstreet, Glasgow (Scotland).

        ✧

Le compositeur belge qui a envoyé, au dernier concours de l'*Arièle Toulousaine*, un manuscrit portant pour épigraphe : *Age quod agis* , est prié de faire connaître sans retard son nom et son adresse aux bureaux du journal, rue Gravelotte, 22, à Toulouse. *Ce compositeur a obtenu un premier prix.*

        ✧

Un congrès de sociétés musicales de France aura lieu le dimanche 27 novembre 1887, à une heure précise de l'après-midi, au Conservatoire des arts et métiers, à Paris, sous la présidence de M. Laurent de Rillé.

Toutes les sociétés orphéoniques sont invitées à se faire représenter par deux délégués munis de pouvoirs réguliers.

Adresser les communications et demandes de renseignements à M. le président du syndicat, au siège social, mairie du 3e arrondissement.

        ✧

La séance Schumann de M. Henri Heuschling que nous avons dernièrement annoncée, aura lieu le 29 novembre, salle Marugg, 15, rue du Bois-Sauvage à Bruxelles. Programme très intéressant. M. Heuschling chantera le *Pauvre Pierre*, toute la série des *lieder* du *L'Amour d'une femme* et les *Amours du Poète*. M. Kefer, l'éminent pianiste, jouera la *novelette* no 1, l'*Oiseau prophète*, l'*Arabesque* et la magnifique étude d'après Paganini.

Rappelons la seconde soirée de musique classique, qui a lieu après-demain samedi, à la Grande Harmonie à Bruxelles, avec le concours de M. Franz Rummel, le célèbre pianiste. Outre une série de pièces pour piano, M. Rummel interprétera avec MM. Jokisch, Agniez et Jacobs, le quatuor en *mi* bémol de Schumann, une des merveilles de la littérature de chambre.

VARIÉTÉS

ÉPHÉMÉRIDES MUSICALES

Le 11 novembre 1826, à Munich, concert de Mᵐᵉ Catalani. C'était pour la seconde fois que la célèbre cantatrice se faisait entendre dans cette ville où elle avait paru, dix ans auparavant, alors que la chute de Napoléon lui ayant rouvert le continent, elle provoquait partout une admiration sans bornes. Sa voix n'était plus ce qu'elle avait été, mais on en admirait encore toute la puissance, toute la souplesse.

Ce concert a été le commencement de la renommée de Théobald Boehm, l'inventeur de la flûte qui porte son nom, et lui-même très habile sur cet instrument. Son succès fut tel dans ces variations qu'il exécuta, que Mᵐᵉ Catalani en prit ombrage et ne voulut plus, pour sa seconde soirée (15 novembre), du concours de son jeune acolyte. (Voir, à propos de Boehm, Eph. *Guide mus.*, 18 nov. 1886).

— Le 12 novembre 1824, à Londres, (Covent-Garden), *the Escape or the Water carrier* (l'Évasion ou le Porteur d'eau), traduction des *Deux Journées*, de Cherubini. En 1801, l'ouvrage avait été présenté au public anglais, mais tout à fait mutilé. A Drury-Lane (20 juin 1872), une seule représentation de : *le Due Giornate* par une troupe italienne.

— Le 13 novembre 1887, à Leipzig, concert de Henri Vieuxtemps. — C'était le second voyage qu'il faisait à Leipzig. Déjà à son premier voyage en 1834, Robert Schumann avait prêté une attention toute particulière au jeune artiste belge qui n'avait pas encore accompli sa quatorzième année.

— Le 13 novembre 1868, 19ᵐᵉ anniversaire de la mort de Rossini.

— Le 14 novembre 1888, à Bruxelles, *Louis de Male*, grand-opéra, 4 actes, du baron Auguste de Peellaert. Les rôles principaux chantés par Albert Dommange, Ranault et Mˡˡᵉ Jawureck. " Les qualités de la musique, écrivait Fétis à *la Gazette musicale de Paris*, sont un chant facile, des modulations hardies, peut-être un peu trop multipliées et une instrumentation fort brillante qui décèle l'instinct des effets et de l'acquit. „ Dix représentations ; après quoi, *Louis de Male* eut le sort de toutes les pièces indigènes, il disparut pour toujours du répertoire du théâtre de la Monnaie.

— Le 15 novembre 1816, à Bruxelles, *le Rossignol*, un acte de Lebrun. — A Paris (Opéra), du 23 avril 1816 au 31 décembre 1862, 227 représentations !! Castil-Blaze et Berlioz ont été impitoyables pour cette rhapsodie musicale que la voix de Mᵐᵉ Gras-Dorus et la flûte de Dorus ont rendue supportable jusqu'au jour où le public lassé en fit justice. Le jugement très amusant des deux critiques français mérite d'être rapporté ici :

Castil-Blaze. — « L'Opéra d'une platitude sans exemple, ordure musicale, prodige de bêtise, que l'on croirait infaisable si l'expérience ne prouvait pas que l'on a pu le fabriquer. Les Iroquois, les crétins mêmes auraient sifflé le ramage d'un pareil rossignol ; les Parisiens en ont été ravis, enchantés. »

Berlioz (à l'occasion de l'avant-dernière reprise à l'Opéra, le 6 mai 1845). — « Un de ces ouvrages fabuleux, incroyables, où le faux et le niais sont portés' à un tel point qu'on ne croit plus possible aujourd'hui (on se trompe) sur aucun théâtre, un petit opéra égrillard, goguenard, paillard, qui n'a rien de commun avec l'art, où l'on trouve un' petit Lubin, un gros Mathurin, un gai tambourin, un ̓aïll, une Philis, de joyeux villageois dansant sur la coudrette, des filles du canton folâtrant sur l'*herbette*, et enfin, pour charmer les *échos d'alentour*, les chants d'amour d'un...... rossignol !... *Ah ! comme il dit bien je t'aime ! ce n'est pas mal*, assurément, c'est un amour bien innocent ! Série de ponts-neufs, fioritures de violons, solos de flûte... Stupéfaction générale... Le Rossignol ! »

« On croyait à peine praticable, il y a cinq ans, la remise d'une telle composition à l'Opéra, et pourtant *le Rossignol* a reparu, tant ces petites vilenies ont la vie dure. Tel roquet, dix fois jeté à l'eau, aboie encore ! »

. — Le 15 novembre 1787, 100ᵉ anniversaire de la mort de Gluck. Le centenaire sera célébré au théâtre de Dresde par des fragments d'*Iphigénie en Aulide* et d'*Iphigénie en Tauride*.

— Le 16 novembre 1882, à Anvers, le *Tribut de Zamora*, grand opéra, 4 actes, de Gounod. — Artistes : Warot, lHeourdin, Dethurens, Idrac, Mᵐᵉˢ Stella-Corva, Poissenot, Dupuis.

" Partition intéressante à plus d'un titre, d'autant plus que la présence du maître au pupitre du chef d'orchestre a donné à l'exécution un élan qui en a sauvé les inévitables défectuosités. „ Ch. Tardieu (*Guide mus.*), 23 nov. 1882).

Le *Tribut de Zamora* n'a été joué dans aucune autre ville de Belgique.

— Le 17 novembre 1829,à Londres (Covent-Garden), *the Night before the wedding and the wedding night* (la nuit avant la noce et la nuit de noce), traduction de l'opéra *les Deux Nuits* de Boieldieu. La musique est en grande partie celle de Boieldieu, mais naturellement (*of course*) arrangée par Bishop, coutumier du fait.

Nécrologie.

Sont décédés :

— A Schaerbeek, le 2 novembre, à l'âge de 55 ans, Louis Jamet, natif de Bruxelles, ancienne basse chantante au théâtre de la Monnaie (1855 à 1870), à l'Opéra italien de Saint-Pétersbourg, revenu en Belgique depuis quelques années. Fils de ses œuvres, enfant d'ouvrier, il a su par son talent et son travail acquérir une fortune dont il a laissé la plus grande partie à des établissements de bienfaisance.

— A Paris, le 21 octobre, Jean-Étienne-Auguste Massol, né à Lodève, (Hérault), le 23 août 1802, baryton à l'Opéra de Paris, à Bruxelles (1846), directeur du théâtre de la Monnaie (1848).

— A Malvern (Angleterre), le 2 novembre, Mᵐᵉ Jenny Lind-Goldschmidt, née à Stockholm, le 6 octobre 1820, (et non *février*, Fétis, *Biogr. univ. des mus.* t. V, p. 303). Après ses grands triomphes en Allemagne, en Angleterre et aux États-Unis, le *rossignol suédois*, ainsi qu'on la surnommait, s'était fixé à Londres, où elle consacra son talent au professorat et une partie de son immense fortune à la fondation d'œuvres de bienfaisance. Sa voix, soprano léger, brillait par la souplesse, la grâce et le charme. Jenny Lind n'a pas été moins fêtée comme comédienne dans les rôles de demi-caractère. Schumann, Mendelssohn, Meyerbeer, Ferd. Hiller, Liszt, ont laissé dans leurs lettres et leurs écrits des pages enflammées sur Jenny Lind.

— A Marseille, à l'âge de 49 ans, Hugh Cass, compositeur et chef d'orchestre.

— A Prague, le 27 octobre, Anton Apt, fondateur et directeur de la Société Cecilia. Il était en relations suivies avec Richard Wagner, quand le maître habitait Zurich.

— A New-York, le 1ᵉʳ octobre, à l'âge de 66 ans, Robert Stoepel, né à Berlin, mais depuis longtemps fixé en Amérique où, comme chef d'orchestre il fit connaître les œuvres d'Offenbach, en même temps qu'il se faisait connaître lui-même par quelques petits opéras.

— D'après l'*American musical*, du 29 octobre, le violoniste hongrois Remenyi aurait péri dans un naufrage sur la côte de Madagascar.

XXXIIIᵉ ANNÉE   17 novembre 1887   NUMÉRO 46

Le Guide Musical

Paraissant tous les jeudis.

ABONNEMENT	SCHOTT FRÈRES, ÉDITEURS.	ANNONCES
FRANCE & BELGIQUE, 10 francs par an.	Paris, Boulevard Montmartre, 19	LA LIGNE . . . . FR. 0.50
LES AUTRES PAYS, 10 francs (port en sus)	Bruxelles, Montagne de la Cour, 82	On traite à forfait pour les grandes annonces.
	En vente chez MM. HEYMANN et Cⁱᵉ	
	23, rue du Croissant. Paris.	

VIOTTI
ET L'ÉCOLE MODERNE DE VIOLON
(Suite. — Voir le dernier numéro.)

VI

Dès son arrivée en Angleterre, Viotti fut reçu avec les égards et la considération qui étaient dus à son caractère, à son talent et à sa haute renommée (1). Il se trouvait à Londres en même temps qu'un grand nombre d'artistes étrangers dont quelques-uns étaient ses compatriotes, et parmi lesquels on remarquait le compositeur Ignace Pleyel, le harpiste Dizi, les violonistes Wilhelm Cramer et Giardini, le violoncelliste Lindley, le contrebassiste Dragonetti, le pianiste Dussek, enfin le grand chanteur Pacchierotti et Mᵐᵉ Mara, qu'il avait connue à Paris ainsi que Dussek et Pleyel. C'est précisément à cette époque qu'un violoniste allemand fort distingué, Jean-Pierre Salomon, fixé depuis plu-

(1) Aucun biographe français n'a été informé des faits qui ont marqué le long séjour de Viotti en Angleterre, et tous sont restés à peu près muets à cet égard. J'ai pu, à ce sujet, consulter divers ouvrages anglais, et, bien que ceux-ci ne soient pas très fertiles en renseignements, la plupart des détails que je vais réunir ici, d'après eux, étaient jusqu'à ce jour presque inconnus en France. Voici, relativement à cette partie de l'existence de Viotti, les ouvrages que j'ai mis à contribution : — 1° *A Dictionary of musicians* (anonyme), Londres, Salusbury, 1824, 2 vol. in-8° ; — 2° *Musical history, biography and criticism*, par Georges Hogarth, Londres, Parker, 1838, 2 vol. in-12 ; — 3° *A New general biographical Dictionary*, par Hugh-James Rose, Londres, 1840-48, 12 vol. in-8° ; — 4° *the English Cyclopædia*, dirigée par Charles Knight, Londres, Bradbury et Evans, 1854-61, 21 vol. in-8° ; — 5° *the History of the Violin*, par Sandys et Forster, Londres, Russell Smith, 1864, in-8° ; — 6° *A Dictionary of music and musicians*, dirigé par George Grove, Londres, Macmillan, 1878-1887, 4 vol. in-8°.

sieurs années en cette ville, venait de fonder par souscription les concerts devenus rapidement fameux de *Hannover-Square*. Salomon, qui s'efforçait de propager dans la haute société anglaise le goût de la bonne musique, avait organisé fort intelligemment ces concerts, qu'il donnait chaque année au nombre de vingt. Pour leur procurer plus d'éclat, et imitant l'initiative qu'avait donnée quelques années auparavant la Société Olympique de Paris, il avait demandé à Haydn une série de douze symphonies que celui-ci avait écrites expressément à son intention, et, ayant décidé l'illustre maître à venir diriger lui-même au piano l'exécution de ces symphonies, il était allé le chercher à Vienne et l'avait amené en Angleterre. L'orchestre des concerts de Hannover-Square, composé de trente-cinq à quarante instrumentistes, était excellent, les noms des plus grands artistes, entre autres ceux de Dussek, de Mᵐᵉ Mara et de Dragonetti, figuraient sur les programmes, qui étaient composés avec le plus grand soin, et le public accueillait l'entreprise nouvelle avec une grande faveur.

Aussitôt qu'il fut informé de la présence de Viotti à Londres, Salomon, pensant bien que le concours d'un tel virtuose ne pourrait que lui être extrêmement profitable, s'empressa de venir le prier de se faire entendre à ses séances ; Viotti y consentit, s'y produisit, en effet, et retrouva là, du premier coup, le succès d'enthousiasme qui l'avait accueilli naguère à Paris, au Concert spirituel. Ce succès se renouvela à diverses reprises, et l'admirable artiste eut bientôt fait de conquérir à Londres la place qu'il était si légitimement en droit d'occuper. C'est pour les concerts de Salomon qu'il commença à écrire la série de ses concertos superbes, d'un sentiment pathétique si grandiose et si plein de noblesse, qu'il a désignés par les lettres de l'alphabet, et ces concertos, exécutés par lui, produisaient sur le public l'impression la plus profonde et le plus prodigieux effet. Aussi peut-on croire qu'il devint rapidement le favori des habitués de Hannover-Square, et, ce qui le prouve, c'est que son nom était mêlé à toutes les solennités importantes. C'est ainsi que, pendant le second séjour d'Haydn à Londres, et lors du concert donné au bénéfice du vieux maître le 2 mai 1794, concert dans lequel eut lieu la première exécution de la Symphonie militaire, Viotti joua un concerto de violon, et Dussek un concerto de piano; c'est ainsi encore que, vers la même époque, Salomon, donnant un concert à son propre bénéfice et voulant donner plus de lustre à la séance, le pria de diriger l'orchestre (1). On rapporte aussi qu'un jour, lui et Dragonetti obtinrent un succès d'un genre particulier, en faisant entendre un des duos de violons de Viotti, dont celui-ci faisait la première partie tandis que Dragonetti, virtuose prodigieux, jouait la seconde sur sa contrebasse (2).

Viotti avait trouvé à Londres non seulement un grand courant artistique qui répondait aux plus hautes aspirations de son esprit et dans lequel il s'était jeté à plein corps avec son ardeur habituelle, mais encore des affections qu'il n'attendait pas sans doute, et qui donnaient à son cœur aimant, la possibilité de s'épancher dans une aimable et tendre intimité. Dès son arrivée en cette ville il s'était lié, j'ignore par suite de quelles circonstances, avec une famille charmante dont le nom nous est resté grâce à lui, la famille Chinnery, chez laquelle la musique était en grand honneur. Une grande délicatesse d'esprit de part et d'autre, une confiance mutuelle, une communauté de goûts et d'humeur rendirent bientôt très étroite l'affection qui tout d'abord l'avait uni à M. et Mme Chinnery et à leurs enfants, affection qui ne se démentit jamais et dont nous verrons plus loin des preuves (3). Il avait donc, grâce à ses nobles qualités, à son admirable talent, retrouvé en Angleterre une existence à la fois active, intelligente et paisible qui convenait à ses goûts, à son caractère et aux tendances naturelles de son âme.

Toutefois, son activité artistique, toujours excitée, toujours en éveil, ne pouvait se borner à ce qu'il avait fait jusqu'alors. Bientôt, vers 1794 ou 1795, on le vit prendre une part dans la direction du King's-

Théatre, où se jouait alors l'opéra italien (je crois bien que c'est à l'époque où John Gallini se trouvait à la tête de cette entreprise); peut-être la présence, dans le personnel chantant, de ce théâtre, de deux des grands artistes qu'il avait été chercher en Italie et qui, peu d'années auparavant, avaient contribué à la vogue du théâtre de Monsieur, Raffanelli et Viganoni, ne fut-elle pas étrangère à sa détermination en cette circonstance. Toutefois, pour des raisons que j'ignore, il ne conserva pas longtemps cette situation, tout en demeurant attaché au King's-Theatre: Wilhelm Cramer, l'habile chef d'orchestre, s'étant retiré, Viotti fut appelé à lui succéder, et, abandonnant toute part dans l'administration, se consacra exclusivement à la direction de l'orchestre (1).

Le culte de l'art, de brillants succès personnels, la fréquentation de tant d'artistes célèbres qui se trouvaient alors réunis à Londres, les relations intimes les plus chères, tout contribuait à lui faire en Angleterre une existence heureuse. Viotti avait donc lieu de se croire à l'abri de tout chagrin, lorsqu'un événement aussi étrange qu'inattendu vint le plonger dans la consternation. Un jour qu'il se trouvait chez lui, en compagnie de plusieurs artistes et d'amis dévoués, il reçut soudainement, et sans que rien lui eût fait prévoir qu'il pût devenir l'objet d'une telle mesure, un ordre du gouvernement qui lui enjoignait de quitter non seulement Londres, mais l'Angleterre, dans un délai de quelques heures. C'était en 1798. A cette époque, dit-on, les idées révolutionnaires se propageaient dans le Royaume-Uni avec une rapidité alarmante. Or, bien que l'existence paisible et irréprochable de Viotti fût de nature à faire écarter tout soupçon de ce genre, il était accusé, paraît-il, d'encourager et de répandre des principes hostiles au gouvernement; on alla même jusqu'à articuler publiquement contre lui le reproche d'avoir employé, à l'égard du roi, des expressions odieuses et sanguinaires (heinous and sanguinary expressions). Plusieurs personnes ont supposé, a la vérité, qu'en cette circonstance Viotti avait été victime d'une infamie, en ce qu'on le croit n'avait agi à son égard que sur la foi d'une dénonciation calomnieuse dictée par quelque jalousie professionnelle (2).

(A suivre.)   ARTHUR POUGIN.

---

(1) A Dictionary of music and musicians (George Grove), art. HAYDN.

(2) Les écrivains anglais sont unanimes à constater l'estime et l'admiration que provoqua toujours à Londres le talent de Viotti. Je ne sais comment Fétis a pu être aussi mal informé pour écrire ce qui suit dans une de ses Lettres sur l'état actuel de la musique à Londres, datées de 1829 : — « Il n'y a point d'école de violon en Angleterre, bien que Viotti y ait vécu long-temps. Livré à des spéculations commerciales, et dégoûté de la musique par l'état d'imperfection où elle était à Londres de son temps, ce grand artiste n'a jamais formé d'élèves parmi les Anglais; on peut même assurer que son talent ne leur était point connu; je n'en donnerai qu'une preuve : la vérité. Ses affaires s'étaient dérangées; il voulut y remédier par l'exercice de son art, et donna un concert public. Tu croix peut-être que la curiosité que devait inspirer le nom de Viotti y attira un nombreux et brillant auditoire : il y avait environ cinquante personnes. » (Curiosités historiques de la musique, Paris, 1830, in-8°). — On vient de voir, et l'on verra plus loin le cas qu'il faut faire de ces affirmations.

(3) M. Chinnery était employé à la Trésorerie, à Londres.

---

(1) A Dictionary of musicians. — Musical History (George Hogarth).

(2) A Dictionary of musicians. — Musical history (George Hogarth). — The English Cyclopædia.

Voici ce que dit Miel au sujet des ennuis politiques que Viotti eut à subir en France et en Angleterre : — « L'envie troubla son séjour en Angleterre; on réunit à le faire passer pour suspect; on transforma en artisan de discordes politiques le plus modéré et le plus tolérant des hommes. Ainsi que la plupart des cœurs généreux, Viotti avait applaudi aux premiers projets de réforme; adopté par la France, il partageait les espérances que la France avait conçues; l'amour de la liberté s'allia bien avec l'amour des arts. Mais Viotti n'avait rien à gagner à un bouleversement; la raine lui voulait du bien, et quoique peut-être il n'eût pas à se louer des grands, qui lui avaient promis plus qu'ils ne réalisaient, il n'avait pas non plus à se plaindre d'eux; d'ailleurs, aucun ressentiment ne pouvait entrer dans cette âme sans fiel. »

Je ne veux pas oublier de mentionner un renseignement original, pour ne pas dire plus, que l'English Cyclopædia donne sérieusement, en ces termes, dans sa notice sur Viotti : — « Au commencement de la Révolution française, alors qu'on jugeait juste que chaque cause fût représentée dans le Corps législatif, Viotti fut élu à la Constituante. » Voilà comme on écrit l'histoire à l'étranger, tout en se donnant l'innocent plaisir de railler perpétuellement « la légèreté française. »

GILLES BREBOS

FACTEUR D'ORGUES DE PHILIPPE II.

Gilles Brebos est originaire de Malines. Il y aura fait, selon toute apparence, l'apprentissage de son art.

Sa réputation d'habile facteur d'orgues se révéla à Louvain, puis s'accentua à Anvers, où, chargé des fonctions d'accorder des orgues de la cathédrale pendant une période de seize ans, 1560 à 1576, le maître reconstruisit, en 1573, les orgues d'une confrérie de Notre-Dame en la cathédrale susdite, de façon à mériter la haute approbation d'un comité d'expertise dont faisaient partie entre autres Jean Bonmarché, directeur de la chapelle du roi d'Espagne et Michel De Bock, organiste de la même institution.

C'est peut-être, grâce à l'influence de ces deux artistes distingués, que Gilles Brebos parvint à s'illustrer, au delà des Pyrénées, sur un théâtre d'opérations plus vaste et mieux proportionné à son puissant génie.

Provisoirement, la date de son installation à l'Escurial est inconnue. On peut supposer qu'il aura ébauché, à Anvers même, les plans de ses quatre orgues grandioses (1), avant de se transporter, muni du matériel nécessaire, aux abords du sombre couvent de Saint-Laurent.

Là, en tous cas, il s'aida, dans sa colossale entreprise, de ses trois fils : Gaspard, devenu *templador*, c'est-à-dire accordeur officiel ; Jean, appelé aux mêmes fonctions, en 1590, et Michel, sur lequel il n'existe que peu d'informations. On associe encore à son œuvre un quatrième fils nommé Michel.

L'impitoyable mort vint surprendre Gilles Brebos avant l'achèvement complet des quatre monuments. Le fatal événement eut lieu le 6 juillet 1584, en pleines chaleurs tropicales, qui auront achevé d'épuiser les forces de notre admirable artiste.

Les *Mémoires* de frère Juan de San Geronimo, y consacrent à peine quelques lignes. Traduisons :

" Le 6 juillet 1584, décéda *Masegiles* — maître Gilles, — organiste, lequel construisit quatre orgues pour les deux chœurs de l'Escurial. Il ne les acheva point. Cette tâche fut laissée à ses quatre fils, venus des Flandres — Pays-Bas — et originaires d'Anvers. Ce *Masegiles* était le meilleur artiste qu'il y eut en Europe. "

Puis, c'est tout. Pas un détail révélateur ; pas une anecdote caractéristique. Où trouver, nous le demandons, une humble pierre tumulaire portant simplement les initiales du maître ? Des monuments à profusion pour les tyrans du peuple. Rien pour les artistes qui ont éclairé et consolé l'humanité. Si une dalle commémorative fut élevée à Gilles Brebos, aurait-elle été portée dans, quelque guerre destructive, comme l'Espagne eut à en subir tant ?

Gilles Brebos eut pour épouse une compatriote, Anne Van den Barse (?), veuve en premières noces d'un certain maître Pierre, mathématicien de Philippe II, et en deuxièmes noces de Ferdinand Ruis, archer du même monarque, et qui, devenu capitaine d'un navire de guerre, fut tué dans une lutte qu'il soutint, en Flandre, contre les rebelles. A la suite du décès de l'illustre constructeur des orgues de l'Escurial, Anne Van den Barse eut la douleur de voir le peu de biens qu'elle possédait en Flandre, ravis par les insurgés, ce qui la réduisit à une extrême indigence. Elle adressa, au mois de mai 1598, au monarque, une requête éplorée où elle expose succinctement les faits que nous venons de rapporter. Une *ayuda de costa* lui fut octroyée exceptionnellement, et pour, on consistait, le croirait-on ? en la faible somme de cinq réaux.

Pourtant Philippe II tint Gilles Brebos en très haute estime. Il lui avait confié encore la confection de deux régales garnies de matières précieuses, citées sommairement par quelques historiens. On les trouve décrites dans l'inventaire des instruments de musique de Philippe II, dressé en 1602.

Brebos a laissé, de plus, un manuscrit vénérable. C'est, on l'a déjà insinué, la description technique de ses quatre chefs-d'œuvre, accompagnée d'instructions précises et détaillées pour les combinaisons variées de leurs jeux et la régularisation pratique de leur entretien (2).

EDMOND VANDER STRAETEN.

(1) Voir leur description au *Guide musical* n° 45.

(2) Extrait de la *Musique aux Pays-Bas*, tome VIII. Le catalogue instrumental de Philippe II, ainsi que la description technique des orgues de l'Escurial, y sont reproduits et commentés.

ALI-BABA

Opéra-comique en quatre actes et dix tableaux, paroles de MM. Albert Van Loo et William Busnach, musique de M. Charles Lecocq, représenté pour la première fois à Bruxelles, sur le théâtre de l'Alhambra, le 11 novembre 1887.

Le théâtre de l'Alhambra était le seul de Bruxelles qui jusqu'à présent n'eût pas ressenti les effets de la décentralisation parisienne inaugurée le 16 mars 1872, au théâtre de l'Alcazar, avec les *Cent Vierges* et poursuivie la même année avec la *Fille de M*me *Angot*, deux partitions qui ont décidé de la fortune de leur auteur, M. Charles Lecocq. Entièrement remis à neuf, étincelant d'or et de lumières, l'ancien théâtre de l'Orgue vient à son tour détourner un produit nouveau du grand marché parisien, et c'est encore maître Lecocq, un des bons faiseurs de là-bas, qui nous l'apporte, confiant dans le ciel qui vit luire sa bonne étoile et attiré, on peut le croire, par des espérances que le directeur actuel, M. Albert Oppenheim, est, mieux que tout autre, en mesure de réaliser.

M. Lecocq doit être satisfait et ses collaborateurs, MM. Van Loo et Busnach, n'ont point à se plaindre. La direction a fait royalement les choses. Elle leur a donné un excellent orchestre conduit par un chef expérimenté, M. Lagye ; des chanteurs authentiques, des chœurs bien disciplinés, un essaim de danseuses jeunes et quelque peu jolies, des décors superbes, des costumes dessinés avec art et exécutés avec goût, enfin, tout ce que peut rêver l'imagination surexcitée par un conte des *Mille et une nuits*. De plus, un public choisi d'invités, d'amis, gens de tous les mondes, sachant apprécier l'importance des efforts à la valeur du résultat. On se demande après cela, quelles folies un directeur parisien eût pu commettre pour donner à l'exécution musicale de à la mise en scène d'*Ali-Baba* plus de lustre et d'éclat que n'a fait M. Oppenheim.

Le monde entier sait à l'heure présente que la pièce a obtenu le plus grand succès. Tout ce monde-là désirera voir et entendre *Ali-Baba*, et l'on y reviendra, non pour mieux comprendre, — il n'est pas nécessaire d'étudier les mythes scandinaves afin de saisir le poème et de se pénétrer de l'adaptation musicale — mais pour jouir du spectacle et pour goûter l'exquise interprétation de M*me* Simon-Girard, une ravissante Morgiane, de M*lle* Duparc, la fine diseuse et de M. Dechesne, un baryton de bonne école, de jolie voix et de manières fort distinguées. On rira modérément ; pas plus qu'il ne convient à l'opéra-comique et quoi que puissent faire des artistes qui tiennent de façon plus ou moins amusante, les autres rôles d'*Ali-Baba* : MM. Simon-Max, Mesmaecker, Larbaudière, Chalmin, etc.

Les lecteurs du *Guide* nous épargneront la peine de leur faire le récit, — combien émouvant aux jeunes oreilles ! — des aventures d'Ali-Baba et des quarante voleurs. Ces derniers n'ont pas été négligés, on le pense bien. Un chœur de voleurs, la chose était indiquée : " *Nous sommes quarante...,* " absolument comme s'il s'agissait des conspirateurs d'antan. Et plus tard, ces voleurs perfidement dissimulés dans leurs outres, chanteront encore : — N'est-il pas plaisant de faire chanter des outres ? — Des chœurs, il n'en manque pas ; il y en a pour tout le monde : acheteurs, marchands, seigneurs, commis, soldats de la patrouille, esclaves, mendiants, femmes de toutes conditions, s'unissent à l'envi pour donner au conte oriental, un peu terne dans sa simplicité voulue, l'entrain et l'animation désirables.

A part certaines longueurs qu'il serait aisé de faire disparaître, le livret d'*Ali-Baba* est bien fait ; on y retrouve ces qualités de facture qui sont la marque spéciale des pièces du genre, élaborées en vue de procurer au public une distraction facile. La musique de M. Lecocq est assez connue pour qu'on n'essaie point de lui consacrer une analyse développée. Cette musique qui serait aisé de faire disparaître, la bonne humeur et la bonhomie qui règnent dans les paroles. Ses prétentions ne vont pas au delà d'une forme connue, employée des millions de fois, mais sous laquelle M. Lecocq, on sait mérite n'en est que plus grand, parvient quelquefois à réaliser des trouvailles. Nous avons cité plus haut le chœur des quarante voleurs, citons encore les couplets du *Pinçon* [sic], la jolie chanson : *Eardi ! les bûcherons*, d'un rythme très franc ; les couplets : *Vous allez et j'en suis fière*, et ceux du *Bois d'Orangers* et délicatement détaillés par M*me* Duparc ; l'excellent duo-bouffe : *Nous allons à la toilette*, la Chanson arabe et le Chant du Muezzin, auquel le public a fait un succès énorme dont M. Massenet peut, à raison de la scène religieuse d'*Hérodiade*, revendiquer une part légitime.

Où M. Lecocq semble avoir visé au dessus du but, c'est dans la confection du ballet : il l'a fait démesurément long, tapageur et trivial. — Tout beau ! monsieur Lecocq, ceci n'est plus de l'opéra-comique, entendez-vous ; c'est du grand opéra et du meilleur ! Croyez-nous, restez en de préférence aux choses aimables que vous dicte la muse familière et laissez à l'Académie nationale ce genre de divertissement qui fait sa gloire et sa richesse !

E. E.

Le Paradis et la Péri
DE SCHUMANN
A PARIS

J'ai parfois la curiosité d'ouvrir les vieux journaux; on y fait des rencontres singulières, et quelque jour il faudra que je vous fasse part de mes découvertes en ce genre. Pour le moment, voici un entrefilet de deux lignes et demie, cueilli dans les plates bandes (oh! très plates) de la *Revue et Gazette musicale* de l'année 1844 (11e année, n° 5, 4 février, page 39, nouvelles, 1re moitié de la 1re colonne). Notez qu'en tête du volume, la page du titre porte, bien en évidence, la liste des collaborateurs, et qu'après les noms de Berlioz et de Liszt, on remarque, entre ceux de George Sand et d'un nommé Paul Smith, le nom de Robert Schumann. Et maintenant dégustez ceci, que j'aurais voulu voir figurer au dernier programme de M. Colonne, comme document pour servir à l'histoire de la sottise et de l'ânerie musicales en notre bon pays : " Le *Paradis et la Péri*, ORÉMA de Robert Schumann, a été REPRÉSENTÉ à Leipzig. On s'est demandé si c'était de la musique ou un charivari qu'il voulait donner au public. „ Ainsi soyez donc avant tout un mélodiste de race, un second Schubert; un poète d'intimités, un chantre de la grâce chaste et de la passion tendre; traitez un *oratorio* profane un sujet féerique, faites y déborder cette mélodie, en l'accompagnant par un orchestre plutôt trop pâle et trop effacé..... pour récolter ce joli compte-rendu dans la première revue musicale de la capitale du monde civilisé, Paris. tête et cœur, etc. Et c'est d'autant plus monstrueux, qu'en toute cette année 1844, c'est absolument la *seule* mention qui soit faite de Schumann dans la *Revue et Gazette musicale*; on s'en convaincra en se reportant à la fin du volume, et en consultant la table alphabétique des noms, où, d'autre part, on trouve cité jusqu'à trente fois des virtuoses encore plus infimes et oubliés que Pixis et Dœhler, pendant que dans le volume, des colonnes sont consacrées aux concerts de M. Bodin et de Mme Cocho, à l'analyse des mélodies de Dessauer. On n'en croit pas ses yeux. N'y aurait-il pas là quelque vilaine représaille, sinon de Meyerbeer, du moins d'un de ses amis?... Si au moins la découverte de tels méfaits pouvait rendre un peu circonspects les trop nombreux et trop insuffisants critiques!....

Je crois bien qu'on trouverait encore de jolies choses si on pratiquait des fouilles dans les journaux de 1859, époque où M. Bagier, directeur du Théâtre Italien, offrit à ses abonnés aburis une audition du *Paradis et la Péri*, avec Mme Krauss, alors dans tout l'éclat de son talent et toute la fraicheur de sa voix..... Beaucoup trouvèrent alors que " ça manquait de mélodie „; c'était vraiment mal tomber.... Dimanche, on a pu constater quelque progrès dans l'auditoire très nombreux et assez choisi qui assistait à l'exécution donnée par M. Colonne; car on a beaucoup applaudi aux bons endroits; on a paru beaucoup goûter surtout la deuxième partie, et certainement celle où Schumann se montre le plus lui-même, où le charme qui s'insinue et le pathétique tendre qui touche atteignent à leur plus grande intensité, dans l'épisode de la jeune fille accourant sur les bords du Nil auprès de son fiancé frappé de la peste. Schumann est décidément bien inspiré par la souffrance et la désespérance d'amour.

Tout serait à citer dans cette partie : le retour de la Péri aux portes du Paradis, ce début où les voix féminines et tendres de l'orchestre se marient à celles du ténor *récitant* et du contralto (l'Ange), avec une sérénité si suave; la scène des Génies du Nil, gracieux chœur en style légèrement fugué, formant comme un demi-teinte; très Mendelssohn et Weber, relevé d'une façon originale et saisissante par l'intervention de la trompette solo, et surtout par les plaintes recommençantes de la Péri, qui se mêlent et se superposent au chœur pour s'éteindre avec lui en une *coda* d'une discrétion charmante; la délicieuse phrase du las Moris, suivie du récit de la peste avec le contraste de ses harmonies sombres; puis le mélodieux ensemble des quatre voix seules, qui a été bissé; les strophes du contralto et du jeune malade, où la douleur garde de la grâce; l'effusion passionnée de la jeune fille bravant la mort pour un baiser, inspiration d'un élan et d'une nature qui masrent la reédite réapparition avec une intensité si fraîche et virginale à la fois, que toute la salle touchée lui a fait une ovation et a redemandé avec enthousiasme ce morceau, où je regrette seulement une redite fâcheuse. Un chœur, d'un sentiment de regret exquis et contenu, couronne de ses lumineuses tristesse cette belle suite d'inspirations; il a été pris dans un mouvement un peu trop lent, bien que l'indication de Schumann soit en effet *sehr langsam*,...

Cette deuxième partie est d'ailleurs plus variée de rythme, d'harmonie, de formes d'accompagnement et de couleur orchestrale que les deux autres, où la monotonie et les redites ne sont pas assez évitées. Il faut citer cependant, dans la première partie, l'introduction orchestrale si délicate, les plaintes de la Péri, où le mouvement n'a pas été assez progressivement accéléré; la sentence prononcée par l'Ange, sentence dont le beau caractère a été remarquablement rendu par le contralto sympathique de Mme Durand Ulbach; le chœur à huit parties, qui succède à la rapide rencontre du roi de Gazna et du jeune soldat hindou, ensemble où l'on retrouve l'influence de Bach, et dont la déploration se déroule sur deux longues pédales inférieures de tonique et de dominante, au dessus desquelles serpente un dessin continu d'une uniformité saisissante. — Dans la troisième partie, après le chœur élégant et trop connu des houris, l'intérêt languit; il faut dire aussi qu'à la fatigue s'ajoutait la désorientation causée par des coupures arbitraires et malheureuses; il fallait alors couper dans d'autres endroits; mais le meilleur était de ne rien couper du tout. Je dirai dans cette partie le chœur d'un style choral large et noble, dont la mélodie est esquissée d'abord par le cavalier repentant de ses forfaits : *O saintes larmes du coupable* (traduction Victor Wilder).

L'exécution a été soignée : à part quelques lenteurs, les mouvements et le style étaient bons; M. Colonne comprend certainement mieux cette musique que l'ouverture de *Coriolan* ou le chœur des Filles-fleurs de *Parsifal*; en tous cas, il la fait mieux comprendre. J'ai loué déjà l'interprétation de Mmes Krauss et Durand Ulbach. M. Vergnet a tiré grand parti d'un rôle trop bas pour lui; il a été souvent interrompu par des murmures flatteurs; quelle belle voix, sortant aisément, quelle netteté simple de prononciation; voilà encore un Lohengrin (les côtés plastiques et mimique mis à part), Mme Baldo a une voix de contralto d'un bon timbre; elle est en progrès, mais il faut qu'elle surveille la justesse. MM. Jérôme et Dimitri (ténor et basse) ont été convenables; parmi les *soprani soli*, j'ai remarqué la voix fraiche et éclatante dans le haut de Mlle Agussol. Les chœurs n'ont pas mal nuancé et sonnaient bien. En somme, je trouve chez M. Colonne, les voix supérieures à l'orchestre qui est appliqué, certainement, dont le quintette à cordes est excellent, mais où certains bois et surtout les cuivres sont médiocres, communs de son, pâteux et mous d'émission. Néanmoins, l'ensemble de cette exécution fait honneur au chef d'orchestre, et il serait à souhaiter que le bon accueil fait à cette œuvre, dont le succès peut aller en s'accentuant, l'engage à nous donner la partition de *Faust* du même auteur, mais sans mutilations. Cette partition, plus variée, plus mouvementée, contenant, à côté de pages aussi gracieuses, des beautés plus grandioses que le *Paradis et la Péri*, n'a jamais été exécutée convenablement en France.

Il faut savoir gré à M. Colonne de faire connaître des œuvres intéressantes et presque ignorées du public, d'aider à donner à ce public le goût des compositions chorales et instrumentales de longue haleine, de contribuer enfin à ce que justice soit rendue en France à Schumann. L'initiation à son œuvre de piano, si souvent personnel et finement coloré, est à peu près insuffisante; le compositeur des *Lieder* est placé chez nous à son rang, un très haut rang, mais le collaborateur de Gœthe, de Byron et de Moore, l'auteur de cette noble tentative d'alliance entre la poésie moderne et la musique, destinée à renouveler l'oratorio de concert en maintenant ses traditions classiques, le promoteur après Weber de la légende et du conte, le musicien de *Mumfred*, de *Faust*, de la *Péri*, n'a pu être apprécié encore à son exacte valeur. Après les quarante-quatre ans écoulés depuis l'étonnant et expéditif jugement porté la *Revue et Gazette musicale*, il est temps que la lumière se fasse, pleine et entière. Et si ce n'est pas M. Colonne qui doive rendre ce service, MM. Lamoureux et Garpin sont là, et l'on peut espérer qu'ils ne failliront pas à cette partie de leur tâche quand l'occasion se présentera.

BALTHASAR CLAES.

Théâtres & Concerts

PARIS

Dimanche au concert Lamoureux salle comble. Grand succès pour l'*Espana* d'Emmanuel Chabrier.

Les affiches de l'Opéra-Comique annoncent la reprise du *Roi malgré lui*, le brillant ouvrage dont les représentations furent si malencontreusement interrompues par l'incendie de la salle Favart. Il est à croire que cette réapparition sera accueillie avec plaisir.

Il se confirme que M. Camille Saint-Saëns a autorisé les directeurs de l'Opéra à reprendre son *Henri VIII* amputé du 3e acte. Déplorons qu'un artiste éminent, qui avait donné mainte fois des preuves de caractère en face des incroyables exigences des chanteurs et des *imprésarii*, se laisse aller à une telle concession? Il est à craindre qu'elle ne crée un précédent fâcheux et ne soit d'un mauvais exemple. La coupure de l'ouverture de *Sigurd* tout rien aurpès de cette suppression d'un acte entier; et la chose paraît si énorme que nous étions persuadé que M. Saint-Saëns aurait tenu bon. Il n'en est rien. L'auteur du *Déluge* a préféré même que son œuvre fut représentée avec cette grosse lacune, avec cette solution de continuité, plutôt que d'y faire des modifications propres à ne pas nuire à la suite legière de l'action, et à ne pas couper le fil du drame, comme on l'en priait... Tout cela est fâcheux pour tout le monde... Et plus tard, quand le moment viendra où le désarroi sera à son comble dans le monde de la musique théâtrale, on demandera avec un naïf étonnement à qui la faute, et on cherchera la cause sans la trouver.. B. C.

M. Saint-Saëns vient de quitter la France pour l'Espagne. Il est parti ces jours derniers pour Grenade, où il va passer quelque temps et travailler au nouvel ouvrage qu'il a promis à la direction de l'Opéra : Ascanio.

Il est question aussi à l'Opéra du réengagement de Mme Caron qui créerait la Desdemona de l'Otello qu'on mettrait à l'étude aussitôt après la Dame de Montsoreau. M. Maurel serait également engagé, sur la demande de Verdi.

BRUXELLES

Deux ténors nouveaux se sont fait entendre au théâtre de la Monnaie. L'un, M. Dupas a fait son apparition dans l'Africaine, à la représentation donnée pour la Grande Harmonie, et il semble avoir procuré grand plaisir aux membres de l'ancienne société bourgeoise. L'autre a fait dans Guillaume Tell un retentissant début. Retentissant est le mot; car M. Prévost dispose d'un organe dont la étendue dépasse la limite ordinaire. Malheureusement la voix claironnante de ce chanteur inégal, est toute eu la tête, et au surplus il n'a pas l'art de s'en servir. M. Prévost a produit de l'impression sur le public des petites places; mais il eût certes ravi tout le monde s'il avait montré du style, de la méthode et s'il avait chanté toujours dans le ton. La reprise de Guillaume Tell a fait plaisir. Sauf quelques longueurs et quelques redites dont la partition pourrait être allégée sans inconvénient, les beautés qui l'ont mise au premier rang des chefs-d'œuvre de l'opéra français subsistent toujours et produisent les mêmes émotions en faisant vibrer la note patriotique. L'exécution, dans son ensemble, a été assez satisfaisante. M. Seguin a compris comme il fallait le rôle du libérateur de l'Helvétie. Il a l'ampleur et l'énergie qui conviennent au héros, mais il sait se contenir et garde la mesure en restant dans le caractère du personnage. Les autres rôles sont convenablement tenus par MM. Vinche, Rouyer, Frankin, Gandubert, Mmes Léria, Van Besten et Legault. On a applaudi dans le ballet la toute charmante Mlle Savry, et le préface instrumentale de Guillaume Tell, très improprement qualifiée d'ouverture, a valu à l'orchestre (M. Dupont dirigeant) une longue salve d'applaudissements. E. E.

Les Pêcheurs de Perles de Bizet sont prêts au théâtre de la Monnaie, et passeront très probablement la semaine prochaine. On dit M. Mauras excellent dans le rôle de Nadir, et Mme Landouzy charmante dans celui de Leïla. La Gioconda de Ponchielli est ajournée à plus tard, mais cet ouvrage passera certainement dans la première quinzaine de décembre. Quant au Jocelyn de M. Benjamin Godard, il sera prêt pour les premiers jours de janvier.

Siegfried passera soit à la fin de janvier, soit aux premiers jours de février. Les renseignements donnés à ce propos par nos confrères de la presse quotidienne sont inexacts. Les pourparlers avec le ténor Van Dyck ne sont nullement rompus, ils sont, au contraire, à la point d'aboutir. Il est même question d'une reprise de Lohengrin avec l'excellent ténor. Quant à M. Prévost, il est parti pour Genève, sans esprit de retour à Bruxelles.

M. Frans Rummel n'aura pas eu à se plaindre de l'accueil qui lui a été fait au deuxième concert classique organisé par la maison Schott. Il a partagé avec Schumann les honneurs de la soirée. Depuis longtemps on n'avait plus entendu à Bruxelles le quatuor de ce maître, si chaud de ton, si passionné, d'une si belle venue mélodique malgré ses ingénieuses combinaisons de rythmes et ses contrepoints serrés. Il y a quelque dix ans cette œuvre le était encore considérée comme de la musique savante, c'est-à-dire ennuyeuse et d'éminents critiques, n'y découvraient que de décousu de idées et l'absence de mélodie. Aujourd'hui ce quatuor a fait l'effet d'un rayon de soleil doux et caressant projetant sa lumière ambrée sur un paysage d'automne. Et l'impression laissée par ce quatuor a été un ravissement. M. Fr. Rummel, dont le talent est constamment en progrès, en a donné une interprétation sage et nuancée et il a été secondé habilement par MM. Jokisch, Agniez et Jacobs.

M. Rummel a gardé pieusement le souvenir de son maître aimé, l'inoubliable Brassin et il a joué des pièces de lui : une étude impression d'automne, dont le souffle puissant au début ne se soutient pas, jusqu'au bout, et la charmante transcription du Bruissement de la Forêt de Siegfried. Dans ces deux pièces comme dans la valse et la Berceuse de Chopin, on a admiré la légèreté et la délicatesse de toucher du virtuose. Dans le Rossignol et dans la Rhapsodie de Liszt,

M. Rummel, grâce à son mécanisme étourdissant, a tiré un heureux parti des basses puissantes et du médium plein et sonore d'un magnifique Steinway. La séance avait débuté par la sonate dite du Clair de Lune de Beethoven. N'oublions pas de mentionner l'Albumblatt de Wagner arrangé pour alto et joué avec charme par M. Agniez.

En somme deux bonnes et intéressantes auditions sur trois : celle d'Eugène d'Albert et celle M. Fr. Rummel; la séance Joachim viendra compléter la série royalement.

Le Conservatoire royal de musique de Bruxelles a offert dimanche au public une audition d'élèves lauréats.

Exécution honorable, musique agréable. Mais on s'est demandé la raison de cette seconde audition. N'avait-on pas eu déjà le concert de la distribution des prix?-Oui, mais on distribue les prix avec une telle profusion au Conservatoire, et les lauréats deviennent si nombreux, qu'il est impossible, de les faire défiler tous en une seule séance. Et alors on les divise en deux tranches.

GAND

GRAND-THÉÂTRE. — Mercredi 9, la Juive; vendredi 11, le Cid; dimanche 13, Carmen; lundi 14, le Cid.

On a inauguré la semaine passée, à notre théâtre, les appareils d'éclairage électrique qui ont produit un excellent effet; la lumière claire qu'ils donnent est beaucoup plus agréable que la lumière jaune du gaz. Pour le moment, la scène est entièrement éclairée à la lumière électrique; celle-ci est également appliquée aux girandoles de la salle, mais le gaz sert encore pour le lustre, et ces deux éclairages différents sont assez étranges. Mais, si le nouveau système répond à ce qu'on en attend, le nouveaux appareils actuels seront transportés au nouveau Théâtre Flamand, et on doterà le Grand-Théâtre d'une installation qui permettra d'éclairer toute la salle à la lumière électrique.

Cette inauguration s'est faite dans la Juive, dont la représentation a été aussi marquée par les débuts de notre nouvelle basse de grand opéra. M. Labarre possède une voix agréable, un peu blanche dans le haut, mais avec de belles notes profondes; seulement — était-ce l'effet de l'émotion inséparable? — son organe paraissait bien mal assuré. Mme Stella-Corva a achevé de montrer ses qualités et surtout les défauts; douée d'une jolie voix, elle articule et prononce très mal; de plus sa tenue en scène est quelquefois bien étrange. Aussi tout le monde regrettait-il Mlle Boyer dans le Cid, où Mme Stella-Corva a pris son rôle; et cette circonstance est certainement pour quelque chose dans l'accueil beaucoup moins enthousiaste que l'on a fait cette année à l'œuvre de Massenet. Mme Laville-Ferminet et M. Merrit étaient pourtant en voix, et la première jouait peut-être avec plus de passion dramatique encore que l'an dernier. Mais, comme je l'ai dit, Mme Boyer a été remplacée par Mme Stella-Corva; M. Soum a eu le tort de quitter le rôle du Roi pour prendre celui de don Diègue qui ne lui va guère; M. Freiche a dû prendre celui du Roi qui ne lui va pas du tout, habitué qu'il est à jouer plutôt le Barbier de Séville que le roi de Castille: Ajoutez à cela un ballet déplorable, composé de quarante jeunes femmes parmi lesquelles il n'y en a peut-être pas six qui sachent danser, — un orchestre relâché, sans vigueur, sans cohésion, et dites-moi si ce n'est pas un miracle que l'on ait applaudi quand même!

Le Conservatoire a donné, le mardi 8, son troisième concert d'abonnement de l'année 1887; le programme comprenait la Symphonie pastorale redemandée, la poétique ouverture des Hébrides de Mendelssohn, l'air de la Calandina de Jommelli, chanté par Mme Mignon, ancienne élève de notre école, et la cantate d'Huberti : De Verlichting (Fiat Lux), composée en 1881, je crois, pour l'inauguration d'un loge maçonnique. Cette œuvre, dirigée par l'auteur, a fait une puissante impression sur les auditeurs; et ce serait avec plaisir que je l'analyserais en détail, si je ne craignais d'allonger par trop ma correspondance; du reste, le Guide musical doit en avoir parlé à l'occasion de sa dernière exécution, en 1884, lors du cinquantenaire de l'Université libre de Bruxelles. L'interprétation était généralement satisfaisante; les soli étaient chantés par Mlle Vanda Weghe, une des meilleures lauréates, des derniers concours, et M. Blauwaert, l'excellent baryton; celui-ci nous reviendra, paraît-il, au mois de décembre, pour chanter la cantate couronnée de Pierre Heckers, le lauréat du récent concours de Rome.

Le jeudi 10, la Société royale des Chœurs a repris ses concerts d'hiver et en a commencé la nouvelle série en offrant à ses membres une charmante soirée dont Mlle Bauveroy, MM. Degreef et Jacobs, et un amateur distingué, M. Van Hende, faisaient les frais. M. Jacobs est bien connu, mais j'ai trouvé que depuis sa nomination au Conservatoire de Bruxelles, son talent était devenu encore plus élégant et plus distingué; le jeu de M. De Greef a gagné en égalité, et sa grande fougue s'est un peu calmée, ce qui ne nuit nullement à la virtuose. Néanmoins, le succès le plus vif a été pour Mlle Bauveroy, une jeune cantatrice qui s'est révélée comme une artiste de grand avenir, et en possession d'une voix chaude et expressive, pleine de sentiment dramatique, elle a chanté d'une manière vraiment émouvante l'air de *la Walkyrie* et celui de *Sigurd* ; le récit de Sieglinde au premier acte, elle l'a rendu à la perfection et à mon humble avis, peut-être mieux que ne le faisait Mlle Martini, à la Monnaie; seule, du reste, l'audace d'extraire un air de *la Walkyrie*, est déjà belle et mérite des félicitations.

P. B.

LIÉGE

La Commission administrative du Conservatoire vient de décider d'ajouter aux trois concerts annuels, une série de quatre auditions dont les programmes seront fournis par le personnel de l'établissement, professeurs et élèves.

Il y a longtemps que cela eût dû être fait, et le manque de local convenable que prétexte la Commission dans sa circulaire, n'est pas une raison sérieuse. On aurait pu s'arranger avec l'Emulation où d'ailleurs, les concours du Conservatoire ont eu lieu en 1886, ou bien se procurer une autre salle, et il n'en manque pas à Liège, le Casino Grétry, la Légia, etc.

Pour venir tardivement, l'institution de ces séances n'en est pas moins excellente, le public liégeois pourra donc enfin s'initier à une littérature musicale qu'il ne connaît que de nom, la musique de chambre, qui fera, cela s'impose, les principaux frais de ces auditions.

Fixées d'abord au jeudi, ces séances viennent d'être, sur des réclamations d'abonnés, remises au dimanche après-midi, jour qui convient mieux aux habitudes des intéressés.

Contrairement à la tradition et à ce que je vous avais renseigné d'abord, la distribution des prix n'ouvrira pas la série des grands concerts. Le premier de ceux-ci, fixé au 26 courant, comprend outre une symphonie de Goldmark, *Noces champêtres* et le concours déjà annoncé des deux Ysaye, celui de Mme Landouzy, dans un air de *Lakmé*. C'est presque une réédition du programme exécuté en octobre à l'Harmonie de Verviers, avec la symphonie de M. Raway, en moins, cependant.

Au deuxième concert nous aurons le pianiste d'Albert et, au troisième, pour lequel on prépare déjà le *Requiem* de Berlioz, le violoniste Joachim.

Nouvelles diverses.

Le *Ménestrel* nous apprend que sa diva préférée, Mlle Van Zandt, est attendue au commencement de décembre, à Vienne où elle doit chanter dans la salle du Musikverein. De là elle se rendra à Pesth, où elle est également engagée pour des concerts. Il se pourrait même qu'elle parût au Théâtre-National, où on la sollicite beaucoup pour quelques représentations de *Lakmé*.

Le *Florentin*, opéra-comique en trois actes de M. Ch. Lenepveu, sera joué à Rennes le 24 novembre prochain ; les chœurs du théâtre seront renforcés par la société du Choral Rennais. Chœurs et orchestre, au nombre de cent cinquante exécutants, seront dirigés par M. A. Tappenier-Dubout, directeur de la succursale du Conservatoire de Rennes.

La semaine dernière a eu lieu, au Grand-Théâtre de Lille, la première représentation d'un drame inédit, en cinq actes et sept tableaux *les Jacques*, de M. Mélandri, pour lequel M. Sinsoillier, professeur au Conservatoire de cette ville, a écrit une musique de scène. L'œuvre a obtenu un très vif succès.

M. Bonnefoy l'intelligent directeur du Grand-Théâtre compte donner prochainement un opéra dont il a déjà été question pour *Paul Zaïre*, de MM. Paul Collin et Charles Lefebvre, l'auteur applaudi d'*Esther*. Après *Zaïre*, M. Bonnefoy donnera le *Dimitri* de Victorin Joncières.

M. Cowen vient d'être nommé chef d'orchestre de la Société philharmonique de Londres, en remplacement de sir Arthur Sullivan, démissionnaire. Des propositions avaient été faites à M. Hans Richter, puis à Rubinstein, pour le poste vacant, mais sans succès.

M. Henri Viotta, directeur de la *Wagnervereeniging* d'Amsterdam, nous fait savoir qu'il monte non pas un oratorio mais, une cantate dramatique (le *Roi des Aulnes* alors ?) de Niels Gade et que ce n'est pas dans un concert de l'Association wagnérienne, mais dans un concert du Cercle *Excelsior* qu'il produira cette... nouveauté. Grand bien lui fasse! Mais que nous importe? Ce n'est pas avec le *Roi des Aulnes* ou *Cosmals* qu'on fera comprendre Wagner aux placides, mais bien susceptibles habitants de la Venise du Nord. A moins, pourtant, que ce ne soit pour produire un effet *a contrariis* : donner du Gade, art fade, pour faire aimer Wagner, art viril. Ce serait ma chiavélique, mais ingénieux!

A propos de Jenny Lind :

Son maître, M. Berg, qui, malgré ses quatre-vingt-dix ans, professe encore à Stockholm, à une méthode qu'il serait bon de recommander à nos chanteurs modernes :

D'après cette méthode, il faut consacrer, pendant sept ans, plusieurs heures par jour à faire des gammes. " Les artistes modernes, dit-il, n'étudient pas autant, et c'est pour cette raison que je considère leurs aînés comme supérieurs. Avant de chanter la moindre romance, Jenny Lind avait fait dix ans de gammes et de vocalises. Aussi elle devint le " rossignol suédois „ que personne n'a égalé. „

Joseph Plasman, lauréat du Conservatoire royal de Bruxelles, vient d'être nommé professeur de hautbois au Conservatoire de Cordoba (République Argentine). A l'issue d'un concert donné en l'honneur du nouveau président de la République, ce dernier a fait don à M. Plasman d'un superbe instrument enrichi de clefs en or d'une valeur de 1,800 francs.

La symphonie en *ut* majeur, écrite dans sa jeunesse par R. Wagner, sera jouée pour la première fois en Angleterre, à l'un des concerts symphoniques dirigés par M. Henschel.

M. Vander Stucken, un Belge établi aux États-Unis, organise à New-York une série de cinq concerts symphoniques dont le programme est composé uniquement d'œuvres de compositeurs nés en Amérique.

La saison d'opéra au Théâtre Métropolitain de New-York a été ouverte le 2 novembre avec *Tristan et Iseult*. Ont suivi immédiatement après : les *Maîtres Chanteurs*, *Fidelio*, *Tannhäuser* et *Siegfried*. Nous n'en sommes encore tout à fait là dans nos pays de langue française. Mais il est vrai de dire que M. Ed. C. Stanton, directeur de l'Opéra Métropolitain est en même temps le président de la Société Wagner qui vient d'être créée à New-York. Les wagnériens des rives de l'Hudson doivent prendre en pitié ceux des bords de la Senne... et de la Seine !

La *Gazetta musicale* dément le bruit d'après lequel la maison Ricordi de Milan aurait mis comme condition à la représentation d'*Otello* sur le théâtre impérial de l'Opéra à Vienne, la mise à la scène de *Don Carlos*.

Le même journal publie le règlement de l'Exposition-internationale de musique qui aura lieu du 1er mai au 31 octobre 1888 à Bologne.

Lohengrin, vient d'être repris au théâtre de Bologne. Malheureusement, l'exécution laisse beaucoup à désirer.

L'opéra de Bizet, les *Pêcheurs de Perles*, que prépare le théâtre de la Monnaie, fait fureur, en ce moment, sur les théâtres d'Italie. Crémone et Pérouse viennent à leur tour d'acclamer la partition du maître français.

On vient d'offrir à M. J. Wieniawski la place de directeur du Conservatoire et des concerts symphoniques de Lemberg ; mais le célèbre pianiste-compositeur, très épris d'indépendance, a décliné cette offre flatteuse.

C'est la troisième proposition de ce genre qui lui est faite dans l'espace d'un an : la première émanait de Varsovie et l'invitait à prendre les fonctions de directeur du Conservatoire impérial ; la seconde de Saint-Pétersbourg, lui offrait, par l'entremise de Rubinstein, la classe supérieure de piano.

Disons à ce propos que M. Joseph Wieniawski travaille à la composition d'un recueil de vingt-quatre études de style et de virtuosité, dans tous les tons majeurs et mineurs. A en juger par celles qui sont déjà terminées et que l'auteur a fait entendre à l'un de nos rédacteurs, la tâche entreprise par le célèbre pianiste, n'aurait pas seulement le mérite technique qui semble en être le but, mais elle constituerait une véritable œuvre d'art d'où l'inspiration serait loin d'être exclue. M. Joseph Wieniawski, en prenant pour base les difficultés caractéristiques du piano, a trouvé pour chacune d'elles un mode d'expression qui en rend l'étude aussi intéressante qu'utile. Ces études ne sont évidemment pas destinées aux commençants ; elles s'adressent aux talents déjà formés, qui seuls pourront en faire valoir la richesse de facture. L'auteur compte donner des numéros à un pianiste célèbre, en tenant compte du rapprochement qu'il peut y avoir entre la nature de son talent ou une particularité de son mécanisme et le caractère ou la difficulté propre à l'étude. L'idée n'est-elle pas ingénieuse ?

E. E.

Le *Times* possède à Bruxelles un correspondant qui a des vues intéressantes sur les nouveautés musicales dont son métier de reporter lui fait un devoir de rendre compte. Ayant cette semaine à parler

d'*Ali-Baba*, la nouvelle opérette de Ch. Lecocq, il commet cette admirable appréciation. " L'influence de Wagner est nettement perceptible spécialement dans les harmonies ,,
Où l'influence de Wagner va se nicher!

✽

M. Ch. Lecocq a adressé à M. A. Lagye, chef d'orchestre au théâtre
de l'Alhambra, la lettre suivante :

Bruxelles, 12 novembre 1887.

Mon cher Lagye,
" Veuillez, je vous prie, être mon interprète auprès des artistes de
votre orchestre pour les remercier du zèle et du dévouement qu'ils
ont déployés dans l'étude de ma partition. Il ne fallait pas moins que
les soins et le talent de cette vaillante phalange d'instrumentistes, si
bien dirigés par vous, pour obtenir une exécution parfaite et vraiment
artistique dont je suis heureux d'avoir à vous féliciter.
Croyez, mon cher Lagye, à ma reconnaissance et à mon amitié
sincère. Ch. Lecocq.

✽✽✽✽✽✽✽✽✽✽✽✽✽✽

BIBLIOGRAPHIE

M. Edouard de Hartog vient de publier chez Schott frères, une
Villanelle pour grand orchestre qui paraît appelée à prendre place
honorablement dans le programme des concerts symphoniques. Ce
morceau, écrit dans le style pastoral, débute par une courte introduction, *moderato ma non troppo*, en 2/4, conduisant au motif principal,
Allegro giusto, en *mi* bémol majeur, exécuté d'abord par les violons,
puis par l'alto et la clarinette, sur un contre-sujet, des. filées et des
hautbois, et repris ensuite par la flûte et la clarinette avec accompagnement du violoncelle. Après un renversement de cette période,
survient un court développement *pianissimo* du quatuor aboutissant au
second motif en *sol* majeur, chanté d'abord par le hautbois solo et
repris graduellement par les bois sur un dessin des violons et altos.
Le retour du thème initial par la modulation de *sol* majeur à *mi* bémol
mène au *trio* en *si* bémol, d'un travail plus fouillé et plus modulant,
dont le sujet passant aux divers instruments, conduit par un crescendo habilement ménagé au point culminant de l'œuvre, un *fortissimo* de toute l'harmonie soutenu par des traits en doubles croches
du quatuor. Une dégradation rendue insensiblement le *tempo primo*
dont la *coda* diffère en ce qu'elle finit par un *diminuendo* et imitations,
où les timbales frappent les dernières notes sur une tenue de tout
l'orchestre *pianissimo*.
La partition de la *Villanelle* est dédiée par M. de Hartog à
M. Gevaert, directeur du Conservatoire royal de musique à Bruxelles.

✽

*Systematische modulationslehre als Grundlage der musikalischen
Formenlehre*, von Dr Hugo Riemann (Hambourg, J. F. Richter, 1887).
Sous ce titre, l'éminent théoricien, professeur au Conservatoire de
Hambourg, poursuit les hautes études dont il a déjà consigné les
résultats en des ouvrages antérieurs qui ont fait apprécier sa profonde
science, son zèle et sa persévérance dans la recherche des lois régis-
sant la forme et l'expression musicales.
L'*Etude systématique de la modulation envisagée comme fondement
de l'étude de la forme musicale* qu'il offre aujourd'hui en méditation
aux professeurs et aux artistes, apporte un développement considérable à l'édifice de la méthode nouvelle à l'aide de laquelle le savant
musicographe pénètre les .secrets les plus intimes de l'esthétique
musicale. A l'aide d'une terminologie qui lui est personnelle, l'auteur
établit les rapports symétriques ou tonalité qui existent dans la constitution harmonique des accords et il crée un système d'analyse
d'où se dégage en quelque sorte toute l'anatomie des œuvres soumises
au scalpel de ses scrupuleuses investigations.
Le livre de M. Hugo Riemann porte une dédicace flatteuse pour
l'art belge :
*Meister Peter Benoit, dem schöpferkräftigen und jugendfrischen,
gewidmet.*

✽

Nous recevons de M. Alois Berghs, chef d'orchestre au théâtre du
Cirque à Anvers, un *Ave Verum* pour voix de basse et un *Ave Maria*
pour solo de ténor et chœur à 3 voix, *mi* femme ou d'enfant, avec
accompagnement d'orgue. Ces compositions sont d'une bonne facture
et enrichissent le *Répertoire des Maîtrises*, édité par Mme Veuve
Léopold Muraille, à Liège. E. E.

✽✽✽✽✽✽✽✽✽✽✽✽✽✽

VARIÉTÉS

ÉPHÉMÉRIDES MUSICALES

Le 18 novembre 1856, à Bruxelles (théâtre de la Monnaie), *les Vêpres
Siciliennes*, 5 actes de Verdi. — Artistes : Wicart, Carman, Depoitier,
Mlle Vandenheuvel; à la dernière reprise (9 mars 1881), Sylva, Devoyod,
Gresse, Mme Fursch-Madier. Impression moins bonne pour la partition.
Attila avait sonné le glas des *Vêpres Siciliennes*.
A Paris, à l'Opéra, depuis le 13 juin 1855, date de la première, *les
Vêpres Siciliennes* ont été jouées 82 fois ; à Milan, à la Scala (4 février
1887) sous le titre de *Giovanna de Guzman*; à Vienne, au Nationalthea-
ter, *die Sicilianische Vesper*, du 19 novembre 1857 au 27 mars 1866,
puis au Hofoper, du 23 novembre 1878 à fin 1886, 24 représentations.
Le 19 novembre 1828, à Vienne, décès de François-Pierre
Schubert, à l'âge de 31 ans. — Sa naissance dans la même ville, le
31 janvier 1797.
Sir George Grove, dans son *Dictionary of music and musicians*,
(t. III, de p. 319 à 382), a réuni avec un soin extrême tout ce qui pouvait lui servir à donner un travail aussi complet, aussi exact que possible sur Schubert; rien n'y est oublié; c'est un ouvrage entier très
solide et très substantiel sous la forme d'un simple article de dictionnaire.

Liszt a appelé Schubert " le musicien le plus poète qui fut jamais , ;
sir G. Grove, malgré l'admiration qu'il professe pour l'auteur des célèbres mélodies, dit : " Sa musique est la simple expression des sentiments dont son âme était remplie. S'il avait songé à son auditoire, à
l'effet qu'il voulait produire, à la valeur exacte des moyens qu'il
employait, il aurait davantage pris la peine de retoucher ses œuvres. ,,
(Voir *Les derniers jours de Schubert* dans *Guide mus.* 1er févr. 1885).

— Le 20 novembre 1778, à Versailles, *les Fausses apparences ou
l'Amant jaloux*, 3 actes de Grétry, à Paris (Comédie-Italienne), le
20 décembre de la même année. — La pièce qui n'est plus connue que
sous le titre de *l'Amant jaloux*, a eu une brillante reprise à l'Opéra-
Comique, le 18 septembre 1860. (Voir Eph. *Guide mus.* 16 sept. 1887).

— La sérénade du 2e acte : *Tandis que tout sommeille*, est un chef-d'œuvre adorable de grâce et de sentiment. A écouter cet air charmant, on
croirait qu'il date d'hier. Adolphe Adam n'a eu garde de l'oublier, au
1er acte de son *Toréador*, et avant lui, Halévy se l'était beaucoup trop
rappelé (ainsi que le lui ont reproché Castil-Blaze et Azevedo), en écrivant l'air d'Eléazar de *la Juive : Rachel, quand du Seigneur la grâce
tutélaire*.

En composant, le finale des *Nozze di Figaro*, *Ecci omai garson mal
nato*, avec celui de *l'Amant jaloux*, *Plus d'égards, plus de prudence*, on
trouve des ressemblances si frappantes de plan et de mélodie que
Victor Wilder (*Mozart l'homme et l'artiste*) n'est pas loin " de reprocher un emprunt au plus opulent et au plus prodigue des maîtres ,,
Mozart, pendant son séjour à Paris, en 1778, avait entendu plusieurs
opéras de Grétry, il les avait lus et étudiés, pourquoi n'en aurait-il
pas gardé le souvenir?

— Le 21 novembre 1512, deux'ième testament d'Henri Isaac, dressé à
Florence par le notaire Giovanni Carsidoni. C'était un repouvellement
du premier testament du maître, daté du 15 août 1502. Le troisième,
remanié en partie, fut passé le 4 décembre suivant, in extremis.

Diverses particularités inédites ont été découvertes récemment sur
la famille et l'existence de ce compositeur illustre. La plus importante
concerne d'abord sa patrie, qui, décidément est la Flandre; puis son
nom, qui est simplement d'emprunt.
Henri Isaac s'appelait, en définitive, Henri Huygens.
L'auteur de la *Musique aux Pays-Bas*, qui a utilisé, au tome VIII
de cet ouvrage, ces précieuses informations, convie tous les cher-
cheurs d'archives à s'unir à lui pour arriver à exhumer le lieu de naissance d'un artiste de premier ordre que l'Allemagne avait mis, depuis
trois siècles, en tête de son école musicale.

— Le 22 novembre 1665, fut baptisé à Laeken, Louis Offerall, qui
avait pour parents Connaido Offerall et dona Maria O'Donnell, comtes
de Ferlequin.
Louis Offerall, musicien distingué, se retira au couvent de l'Escurial
(Espagne), y remplit les simples fonctions de chantre et y décéda le
8 avril 1790.
Connaido Offeral, après avoir commandé le fort de Saint-Gilles,
près Bruxelles, alla prendre service à la cour de Charles II. (Notice
dans *Musique aux Pays-Bas*, tome VIII.)

— Le 23 novembre 1834, à Paris, *Harold en Italie*, symphonie
d'Hector Berlioz. La plus renommée de ses œuvres instrumentales,
dont un morceau — au moins la belle *Marche des Pèlerins* — est
demeuré célèbre, grâce aux concerts du Conservatoire et de l'Association populaire. A l'exécution de la première audition, certain journal accabla
l'auteur d'invectives dans un article qui commençait de cette spirituelle façon : " Ha! ha! ha! — hare! hare! Harold.. Berlioz reçut,
en outre, une lettre anonyme par laquelle, après un déluge d'injures
grossières, on lui reprochait d'être *assez dépourvu de courage pour
ne pas se jeter à la rivelle*. (Voir *Hector Berlioz, la Vie et le combat*,
par Jullien, Paris, Charavay, 1882).

— Le 24 novembre 1827, à Londres (Covent-Garden), *The Seraglio*,
adaptation anglaise de *l'Enlèvement au Sérail* de Mozart. Suivant la
pratique de la belle école des Bishop, la musique du pauvre Mozart
fut massacrée et une partie remplacée par des *popular english melodies*.
Une compagnie allemande fit connaître, dans son intégrité, *Der Serail*,
à Drury-Lane (14 janvier 1854), et, tour à tour, à Her Majesty's theatre
(30 juin 1868), et à Covent-Garden (9 juin 1881), *Il Seraglio* fut joué
par des artistes italiens.

✽

Le Tribut de Zamora de Gounod (voir notre Ephém. du 16 nov.) a
été aussi joué à Gand, le 11 mars 1885, avec le ténor Cosira.

EDITION PETERS

Seul dépôt pour la Belgique

SCHOTT FRÈRES, Éditeurs, BRUXELLES

— VIENT DE PARAITRE —

NOUVEAUTÉS

Viennent de paraître chez

SCHOTT Frères, 82, Montagne de la Cour, a BRUXELLES

NOVEMBRE 1887

PIANO SEUL

Bachmann, G. Les Bibelots. Divertissement 1 90
— De Fleur en Fleur. Valse-Ballet . 1 90
— Au moyen-Age. Chanson 2 25
— Méditation 1 60
— La Mondaine. Valse brillante . . 1 90
— Sous l'Aigle blanc. Polonaise . . 1 90
— Windsor. Gavotte 1 90
Beaumont, P. Colinette. Danse mignonne 1 90
— Les Castagnettes. Danse espagnole 2 50
— Chanson de Noël. Berceuse . . 1 90
— Menuet en Ré 2 50
Beyer, Victor. Op. 20. Des Sängers Traum von Vincent Transcription 1 90
Beyschlag, A. Musica sacra. Collection de Morceaux class. en trois Livres, chaque fr. 2 50
Blass, Josef. Op. 66. Halb städtisch, halb ländlich. Zwei Walzer-Ländler 1 60
— Op. 68. Concertwalzer 1 60
Czibulka, A. Op. 318. Austria-Valse 1 60
Delacour, V. Bergerette. Danse gracieuse 2 50
Dévrient, F. Dîn es Foyers (Daheim) Polka-Mazurka 1 90
— Fleurs printanières (Lenzblüthen) Polka 1 90
— Messagers du Printemps (Frühlingsboten). Polka 1 90
— Salut d'Amour (Liebesgruss). Valse 1 90
Frugatta, Giuseppe. Trois Morceaux de Concert . . . . Chaque fr. 2 50
Henselt, Adolphe. Rondoletto. N. E. 2 50
Kowalski, H. Op. 79. Sérénade Japonaise. Esquisse 1 90
— Op. 80. Souvenir de Calcutta, Rêverie 1 60
— Op. 81. Paysage printanier . . 1 60
— Op. 82. Paysage d'Automne . . 1 60
Michiels, Gustave. Babillage-Polka . 1 60
— Danse de Cosaques. Galop . . . 1 60
de Mirecki, M. Deux Polkas (Carillon et les Bleuets de Paris) . . . 2 25
Muth, A. Der flotte 89er (Le joyeux troupier) Marsch 1 60

Muth, A. Freundschafts-Polka (Amitié-Polka 1 60
— Paulinen-Polka-Mazurka (Pauline-Polka-Mazurka) 1 60
— Der Ungeduldige (l'Impatience) Galop 1 60
d'Orso, F. Op. 31. Ramage d'Oiseaux. Morceau de Salon 1 90
— Op. 32. Tentation. Hymne d'Amour 1 90
— Op. 33. Habanera 1 90
Rupp, H. Fanfarede J. Lemmens, transcr. 1 60
Szambati, G. Op. 20. Tre Notturni complet 3 75
— Op. 30. Notturno I in Si-min.(H-moll) 1 90
— II in Sol (G-dur) 1 60
— III in Do-min(C-moll) 2 25
Smith, S. Op. 215. Au revoir! Mélodie romantique 2 50
Streabbog, L. Op. 296. Bal des Infatigables. Six danses faciles. N° 1-6 séparés 3 75.

A QUATRE MAINS

Cramer, H Potpourri sur des motifs d'opéras favoris, à quatre mains.
N° 102. Undine de Lortzing 3 50
Streabbog, L. Op. 65. La Guirlande de Roses. 6 danses faciles, complète 4 10
dito.   N° 1/6 séparés 5 —

A HUIT MAINS

Wagner, Richard. Scene der Rheintöchter a. Götterdämmerung übertragen von Julius Buths . . . 3 75

ORGUE

Léfèbure-Wely. Venite adoremus. Chant de Noël, transcribed by A. Wittingham 1 60
— La Victoire. March transcribed by A. Wittingham 1 90

CITHARE

Gutmann, F. Op. 299. B'suach auf'm Wend'lstoa. Divertiss.für 2 Zithern 1 90
— Op. 302. Grüsse an meine liebe Vaterstadt Weissenburg. Tonstück für Zither . . . . . . 1 —

Le Guide Musical

Paraissant tous les jeudis.

ABONNEMENT
FRANCE & BELGIQUE, 10 francs par an.
LES AUTRES PAYS, 10 francs (port en sus)

SCHOTT FRÈRES, ÉDITEURS.
Paris, Boulevard Montmartre, 19
Bruxelles, Montagne de la Cour, 82
En vente chez MM. HEYMANN et Cⁱᵉ
19, rue du Croissant, Paris.

ANNONCES
LA LIGNE . . . . Fr. 0.50
On traite à forfait pour les grandes annonces.

VIOTTI

ET L'ÉCOLE MODERNE DE VIOLON

(Suite. — Voir le dernier numéro.)

Quoi qu'il en soit, Viotti fut terrifié par ce coup inattendu ; la sensibilité de son cœur et la délicatesse de son esprit se révoltaient contre les effets d'une injustice qu'on ne lui laissait même pas le temps ni la possibilité de combattre, et son imagination resta longtemps frappée d'un fait qu'il jugeait avec raison outrageant pour son honneur. Il lui fallut cependant obéir, et, ainsi chassé d'Angleterre après avoir été obligé de s'éloigner de la France, il songea à se réfugier en Allemagne. En conséquence, il gagna la Hollande, qu'il traversa en se dirigeant vers Hambourg, et alla se fixer aux environs de cette ville, en un petit endroit nommé Schœnfeldz, où il vécut pendant trois années dans la retraite la plus absolue. On raconte qu'il fut là l'objet d'une attention délicate, et qu'un Anglais nommé Smith, qu'il ne connaissait en aucune façon, mais qui avait été informé de sa disgrâce, alla lui offrir sa maison, avec une pleine indépendance, lui annonçant qu'il viendrait seulement chaque dimanche lui demander à dîner (1).

On conçoit que l'isolement auquel Viotti se voyait condamné, que l'éloignement où il se trouvait de tout ce qui lui était cher, devait peser d'un poids

(1) Notice de Miel sur Viotti.

bien lourd à son cœur aimant et à son imagination active. Chassé de Paris par les événements révolutionnaires, expulsé de Londres violemment et d'une façon indigne, obligé de vivre dans un pays inconnu, sans amis, sans affection, il n'avait d'autre distraction que le travail, d'autre consolation que d'entretenir une correspondance avec ceux qu'il aimait. Il ne tarda donc pas à se livrer, dans sa solitude de Schœnfeldz, à de nombreux travaux de composition, et c'est là qu'il écrivit, entre autres ouvrages, un beau recueil de six duos pour deux violons, œuvre 5, qu'il publia chez l'éditeur Bochann, à Hambourg, en l'accompagnant non seulement de son portrait, mais d'une préface adressée « à ses amis absents », et dans laquelle, en faisant allusion au fait douloureux qui avait si vivement impressionné son esprit, il révélait les sentiments dont son âme était agitée. « Cet ouvrage, disait-il dans cette préface, est le fruit du loisir que le malheur me procure : quelques morceaux ont été dictés par la peine, d'autres par l'espoir (1) ».

Mais cette dédicace à ses amis absents restait insuffisante à le rappeler à leur souvenir, et, comme je l'ai dit, il entretenait avec eux une correspondance plus directe. De cette correspondance, je puis au moins donner un charmant échantillon ; c'est une charmante petite lettre au fils de ses bons amis de Londres, le jeune Walter Chinnery, qui avait été là-bas son élève et qu'il avait en affection particulière ; je la reproduis textuellement :

(1) L'édition originale de ces duos est devenue, par malheur, introuvable aujourd'hui, et il m'a été impossible d'en découvrir un seul exemplaire. On les a publiés bien des fois depuis lors, en divers pays, mais sans le portrait et surtout sans la préface qui était assurément fort intéressante et dont Gerber, dans son *Nouveau Lexique des Musiciens*, ne nous a conservé que ce trop court fragment, en le reproduisant dans son texte français.

Schönfeldz, *ce* 18 juin 1796.

Je suppose, mon cher Walter, que vous conduisez comme un grand garçon, que vous lisez maintenant dans de grands livres, que vous comptés bien, vous sautés bien, et que vous faites bien toutes vos affaires avec maman et mamselle.

Comme je crois tout cela, il est juste que je vous donne aussi une preuve de mon estime, et c'est pourquoi je vous écrits cette lettre. J'espère qu'elle vous fera plaisir, et quand maman m'écrira que vous continués à être bien bon, je vous en écrirai une autre. Il faut mon cher Walter que vous ayés bien soin de votre jardin, que vous y plantiés des fleurs pour avoir de quoi me donner un joli bouquet à mon retour.

Avés vous soin de votre violon ? Il faut le bien conserver, votre frère George aussi, afin que votre *amico* puisse vous montrer. Dites à mamselle que je me rappelle bien d'elle, embrassée papa et maman pour moi, et aimée moi toujours de tout votre cœur.

Votre amico
VIOTTI (1)

Une joie vint pourtant trouver Viotti dans cette retraite de Schoenfeldz, où son isolement devint un instant moins complet : c'est lorsque le jeune violoniste François-Guillaume Pixis vint auprès de lui pour le prier de terminer son éducation. Ce jeune artiste venait de faire, sous la conduite de son père, une grande tournée de concerts en Allemagne, et s'était arrêté à Hambourg ; ayant appris que Viotti habitait en ce moment auprès de cette ville, il alla solliciter de lui quelques leçons, et, sa prière ayant été accueillie, le père et le fils s'installèrent pendant tout un été à Schoenfeldz, pour que ce dernier fût plus à même de profiter de la bonne volonté du maitre (2).

Cet espoir devait enfin se réaliser, et, en 1801, l'autorisation lui ayant été accordée de rentrer en Angleterre, Viotti se hâta de quitter l'Allemagne pour retourner à Londres. Là, il se retrouva au milieu d'une famille amie, à laquelle l'attachaient les liens d'une vive affection, et qu'il ne quitta jamais pendant toute la durée de sa longue résidence en Angleterre. Cependant il aimait toujours la France, dont il était depuis longtemps éloigné ; rien ne l'empêchant plus de s'y montrer, il résolut de la revoir, et fit un voyage à Paris en 1802. Mais il gardait toujours rancune à notre public, et rien ne put le décider à rompre le silence auquel il s'était condamné envers lui depuis près de vingt ans. Heureusement il n'en était pas de même en ce qui concerne les artistes, et ceux-ci purent, à différentes reprises, jouir de son talent. Dans sa *Notice sur Viotti*, Baillot, qui était un de ses plus fervents admirateurs, a rappelé le souvenir des séances familières dans lesquelles il avait eu la joie de l'entendre à cette époque : — « En 1802, il vint à Paris ; il nous fit entendre ses derniers trios et les duos qu'il avait composés à Hambourg. Le caractère large de son exécution nous frappa ; nous admirâmes dans son jeu un naturel exquis, et, l'on peut s'exprimer ainsi, une absence totale d'ambition ; tout semblait couler de source, selon la disposition du moment. Mais son inspiration ne lui était point infidèle ; il s'élevait insensiblement jusques aux régions supé-

(1) Adresse : *Master Walter Chinnery.*
(2) *A Dictionary of musicians.*

rieures de l'art, et il paraissait y planer avec d'autant moins d'efforts qu'il était parvenu à une plus grande hauteur. Sa qualité de son était devenue si, moelleuse, si douce, et elle était en même temps si pleine et si énergique, qu'on eût dit *un archet de coton dirigé par le bras d'Hercule ;* image vive et juste, qui, pour le petit nombre d'auditeurs admis à ces réunions intimes, exprimait parfaitement l'effet dont ils étaient témoins ».

(A suivre). ARTHUR POUGIN.

La Décentralisation musicale en France

Pendant que M. Colonne redonne, avec de nouvelles coupures, *le Paradis et la Péri* de Schumann, pendant que M. Lamoureux se voit inviter par un public en délire à bisser l'*Espana* de M. Chabrier, je demande qu'il me soit permis de profiter de l'occasion pour regarder autour de Paris, et faire en province une tournée musicale.

Allons d'abord à Lille. On y joue présentement l'*Etienne Marcel* de M. Camille Saint-Saëns. Les répétitions, paraît-il, ont été faites avec un peu trop de hâte : mais les éléments de l'interprétation ne sont pas mauvais ; l'orchestre et les chœurs sont supérieurs à ceux qu'on a l'habitude d'entendre en province ; il y a une ou deux premières chanteuses excellentes. Enfin, Lille a sur Paris cet avantage qu'on y joue l'œuvre de l'auteur de *Henri VIII* sans suppression d'actes, et même, je crois, sans coupures... Mais on ne doit pas s'arrêter en si beau chemin, et l'on prépare un opéra nouveau d'un musicien jeune, dont un opéra comique, *le Trésor*, par un texte de M. François Coppée, a été donné,il y a quelques années,à Bruxelles. L'auteur du *Trésor*, M. Charles Lefebvre, est connu par diverses pièces symphoniques d'une facture élégante, d'un caractère distingué, et même délicat ; il a fait notamment une suite sur la *Dalila* d'Octave Feuillet ; c'est peut-être dans son oratorio de *Judith* qu'il a le mieux manifesté son talent, et dernièrement encore, on applaudissait à Berlin les pages vigoureuses ou émues de cette œuvre. Mais ce qui, plus récemment encore, a remis sur le tapis le nom de M. Lefebvre : c'est son opéra de *Zaïre.* En effet, la musique destinée par M. Lefebvre à cette adaptation de la tragédie de Voltaire était depuis longtemps terminée ; il en avait même été question pour la Monnaie, puis elle avait été présentée à la direction actuelle de l'Opéra, quand cette même direction, peu de temps après, fit publier, avec le sans gêne qui lui est propre, qu'elle songeait à donner, avec même titre et même sujet, une *Zaïre* de M. Véronge de la Nux, ancien prix de Rome, pour la musique, et du fameux M. Besson pour les paroles. La coïncidence était singulière par ces conditions. M. Charles Lefebvre ne put que faire valoir son droit incontestable de priorité, et mettre en lumière les circonstances dont je viens de parler... Depuis, on n'a plus parlé de la *Zaïre* de MM. Besson et Véronge de la Nux, et voici que Lille va s'offrir la primeur de celle de MM. Collin et Lefebvre. J'en connais surtout un premier acte fort agréable, où j'ai remarqué un chœur d'introduction pour voix de femmes qui a de la grâce, et un air passionné de l'héroïne qui n'est pas sans charme ; le chœur des chrétiens au commencement du 2° acte est d'un beau caractère vigoureux... J'avoue d'ailleurs que le sujet et surtout son arrangement ne me plaisent qu'à demi. — Les répétitions sont en bon train ; elles ont lieu dans de meilleures conditions que celles d'*Etienne Marcel* ; j'apprends que l'exécution sera au dessus de la moyenne, et qu'elle donnera un rôle de premier ordre à une véritable institution fort utile, et offrir un débouché bien nécessaire aux productions de la nouvelle génération musicale. Ce n'est pas d'aujourd'hui que Lille est connu pour son goût artistique en général, musical en particulier ; on sait que depuis quelques années M. Lamoureux y fait tous les ans un voyage avec son orchestre, qu'il initie les Lillois à Wagner et

Schumann, à MM. Lalo et Chabrier, etc., qui n'ont qu'à se féliciter de cette hospitalité et à se louer de l'accueil reçu.

Redescendons vers le centre; avant de passer à Lyon, arrêtons-nous un instant à Angers : là, malgré les obstacles sans cesse renaissants, MM. Bordier et Louis de Romain persévèrent dans l'œuvre entreprise et dont je vous ai déjà entretenus en détail, avec une vaillance digne des plus grands éloges; l'éclectisme intelligent des programmes de leurs " concerts populaires „, leur goût pour les nouveautés intéressantes et inédites.(on vient do donner à Angers, par exemple, une œuvre encore peu répandue de Brahms, l'*Ouverture tragique*), leurs fréquents appels aux compositeurs français et étrangers, contemporains et jeunes, donnent à leur entreprise une physionomie, un intérêt, un attrait qui doivent la faire prendre en grande attention par la direction des Beaux-Arts, s'il n'y avait pas là, comme ailleurs, et depuis longtemps, une inintelligence, un aveuglement, bref, un désarroi lamentables.

Lyon a eu son moment d'éclat musical, présentement un peu obscurci. M. A. Luigini a fait là de louables efforts pour révéler à ses compatriotes les œuvres symphoniques anciennes et nouvelles dont les Parisiens ont la primeur. Pour le moment, son entreprise reste quelque peu dans l'ombre. — Au théâtre, la dernière tentative intéressante et heureuse a été l'exécution de *Sigurd* d'Ernest Reyer. Rappelons, en passant, qu'*Etienne Marcel* aussi a passé par là.

Mais, c'est plus au Midi, du côté de l'Océan et de la Méditerranée, que la décentralisation musicale a trouvé son plus beau domaine.

Par rang d'ancienneté, citons Bordeaux d'abord. Il serait curieux de rechercher les causes qui ont fait de cette ville un foyer si intense de vie musicale..... En tous cas, il y a là, depuis des années, un groupe de fervents admirateurs de la grande musique symphonique et chorale, qui réchauffent le feu des tièdes et entretiennent le feu sacré des ardents. Grâce à eux, Bordeaux a entendu, par exemple, le *Requiem* de Berlioz bien avant que le mouvement berliozien d'aujourd'hui (la guerre de 71 ont remis cette partition en honneur dans les concerts de Paris. La *Damnation de Faust* a suivi de fort près. Je connais à Bordeaux des fanatiques de Robert Schumann et de Jean-Sébastien Bach. Enfin, cette semaine même, un grand festival est donné dans cette ville en l'honneur du maître César Franck, festival dont le programme, est exclusivement composé d'œuvres de tout genre de l'auteur de *Ruth* et des *Béatitudes* ; mardi, sa grande *Messe en* ré *majeur* (1) sera exécutée dans la cathédrale, et l'on entendra ce *Gloria* au début grandiose, ce *Sanctus* de superbe allure ce suave *Agnus*, ce mélodieux *Panis angelicus* avec son solo de violoncelle en canon, devenu presque populaire, s'il est permis d'employer un tel mot en pareille matière, toutes ces pages d'un caractère personnel, d'une onction particulière, et qui sont si peu connues à Paris.

De l'Océan passons, enfin, à la Méditerranée, et donnons une bonne note à la ville de Marseille, qui a eu l'excellent esprit d'appeler à elle, pour diriger et régénérer son Conservatoire, un musicien aussi zélé, aussi instruit et consciencieux, aussi distingué, de toutes façons, en un mot, que M. Claudius Blanc. M. Blanc, qui a passé par le Conservatoire, par le prix de Rome, par la classe de M. Massenet, dont il a vite secoué le joug trop uniforme, sait par conséquent fort bien, par expérience, quelles sont les meilleures et les plus urgentes réformes à accomplir. Mais ce n'est pas seulement un musicien distingué, un esprit indépendant, un tempérament éclectique sans fadeur, une intelligence cultivée : c'est aussi un homme d'action : et l'on se souvient avec regret, au comité de la *Société Nationale*, de ses qualités actives, de son initiative dévouée. De plus, son caractère conciliant et l'urbanité de son commerce peut faire espérer que les descendants des Phocéens sauront apprécier les talents et le caractère de l'homme de valeur qui est appelé à les initier à la civilisation musicale.

Voici d'ailleurs un exposé de la situation de l'École et des projets en cours d'exécution. — Les examens d'admission étant terminés, il y a maintenant à l'École près de 500 élèves. Le

(1) Même ton que le chef d'œuvre célèbre, mais inconnu, de Beethoven; d'ailleurs toute différente, moins sévère de lignes et d'inspiration, d'une religiosité plus fleurie et presque souriante, toute exempte de trouble et d'angoisse.

programme est à peu de chose près le même qu'à Bruxelles. J'y remarque l'*harmonie obligatoire* pour tous les pianistes des deux sexes, et une classe de musique de chambre également obligatoire pour tous les instrumentistes ayant obtenu une récompense. Tout cela semble élémentaire, mais c'est encore, du moins en France, de la nouveauté.... La classe d'ensemble instrumental comprend 55 élèves, la classe d'ensemble choral 120 à peu près. Je remarque encore deux excellentes créations : une classe de déclamation *lyrique*, une classe spéciale aux pianistes voulant concourir pour le *diplôme de capacité* ou *brevet de professeur*. Les candidats devront avoir sur l'*histoire générale de la musique* les notions indispensables pour l'enseignement. Je crois savoir que M. Blanc s'est chargé lui-même du cours d'histoire de la musique. Bref, l'École de Marseille formera à la fois des professeurs et des élèves, d'une façon définie et sérieuse.

Au point de vue de la décentralisation effective, les exercices périodiques d'élèves (six au moins par année) seront une chose vraiment intéressante. Ils auront lieu soit avec orchestre et chœurs, soit avec musique de chambre et chœurs. Un aperçu du premier programme en dira plus long sur l'esprit de ces séances que des explications détaillées : Symphonie en *sol* d'Haydn, le chœur des Bergers de la 2ᵉ partie de l'*Enfance du Christ* de Berlioz, Fantaisie à deux pianos de Reinecke sur des motifs de Schumann, airs de ballet du *Roi s'amuse* de Delibes, le *Ruisseau* de Fauré, *Fuyons tous d'amour* je jeu, d'Orlando de Lassus, air de *Paulus* de Mendelssohn pour baryton, chœurs des Bacchantes de *Philémon et Baucis* (Gounod) et de *Rebecca* de César Franck. — L'excellent et bien connu professeur Th. Thurner est à la tête des études de piano.

Et maintenant, que M. Claudius Blanc aille de l'avant avec l'énergie nécessaire, avec l'autorité qui lui appartient, et qui déjà lui est reconnue par la presse et l'édilité locales; étranger aux mesquines influences de clocher, qu'il prenne le taureau par les cornes, qu'il échappe aux effets de l'atmosphère provinciale, aux petites embûches et aux petits potins. En faisant de la bonne civilisation artistique, en préparant l'avenir musical de notre pays, il nous aidera à oublier la triste situation présente.

Cette esquisse du mouvement de décentralisation musicale ne serait pas complète, si, je ne mentionnais certaines auditions d'œuvres classiques et modernes, dans les grandes stations balnéaires, pendant cet été. Le Havre, qui, en fait de musique, est à la Normandie ce que Bordeaux est à la Gascogne, et cela depuis un certain temps, a possédé cet été une bonne partie de l'orchestre Lamoureux, sous l'habile et consciencieuse direction de M. Gabriel Marie. qui, à Paris, fait lui-même partie de cet orchestre. J'ai assisté à l'un de ces concerts, donnés au Grand-Théâtre, et écoutés par une assistance nombreuse et très au courant, évidemment; la Symphonie en *sol* mineur de Mozart, l'ouverture du *Freischütz*, un morceau symphonique de M. Charles Lefebvre, ont été parfaitement exécutés, entre autres choses. Une *Suite* tirée du ballet les *Deux Pigeons* de M. André Messager, diverses œuvres de MM. Saint-Saëns, Guiraud, Emile Bernard, ont figuré sur les programmes. Sur le même littoral, à Dieppe, dans les réunions choisies de la vicomtesse Gr...., on entendait en petit comité, joués d'exquise façon, en vue d'une mer baignée de lumière, de cette lumière des grands clairs de lune d'août, des quatuors de Beethoven et de Gabriel Fauré, et même la *Siegfried-Idyll* de Wagner, pour petit orchestre. Dans la famille des Chimay, on estime que c'est peu d'être prince si l'on n'est aussi artiste.

En définitive, si je me suis plu à ébaucher cette vue d'ensemble de la musique hors de Paris, c'est que le spectacle en est plein de promesses, réconfortant et consolant au regard des misères de la capitale.   **BALTHAZAR CLAES.**

Théâtres & Concerts

PARIS

Répertoire de la semaine à l'Opéra : lundi, *Faust* ; mercredi, *Don Juan* ; vendredi, le *Cid* ; samedi, *Faust*. A l'Opéra-Comique l'affiche annonce : lundi, *Pré aux Clercs* et *Richard Cœur-de-Lion* ; mardi, la *Traviata* et le *Chalet* ; mercredi, le *Roi malgré lui* ; jeudi, *Carmen* ; vendredi, le *Roi malgré lui* ; samedi, la *Traviata* et les *Noces de Jeannette*.

La reprise du *Roi malgré lui*, mercredi dernier, a été très brillante et le succès de la partition si vivante de M. Em. Chabrier a surpassé celui de l'année dernière. Tous les interprètes de la création ont conservé leurs rôles, à l'exception de Mlle Mézeray, qui s'est trouvée remplacée, sans trop de désavantage dans le personnage d'Alexina, par Mlle Chevalier. Mlle Isaac, MM. Bouvet, Fugère et Delaquerrière ont de nouveau été applaudis du public aussi chaleureusement qu'avant la néfaste catastrophe du 25 mai.

On travaille en ce moment à une reprise du *Caïd* et de *Philémon et Baucis* qui passent jeudi, et on répète *Mignon*, pour les débuts de Mlle Arnoldson, la jeune cantatrice suédoise. M. Ambroise Thomas suit les répétitions.

※

Mardi, à l'occasion de la Sainte-Cécile, l'Association des artistes musiciens a fait exécuter, à Sainte-Eustache, sous la direction de l'auteur, la messe composée à la mémoire de *Jeanne d'Arc*. L'œuvre a été écoutée et a fait impression. C'était la première fois qu'elle était donnée à Paris.

L'éminent violoniste Sivori a exécuté, pendant l'Offertoire, le solo de violon intitulé la *Vision de Jeanne d'Arc*.

Un *Credo* de Dumont a été chanté par M. Dubulle.

※

Dimanche, seconde audition du *Paradis et la Péri* de Schumann. Le succès s'est affirmé d'une façon bien plus chaleureuse, bien plus décisive que la première fois. Dimanche prochain, M. Colonne fera redire seulement la deuxième partie du *Paradis et la Péri*, et, en l'honneur du centenaire de la mort de Gluck, donnera sur son programme la place la plus importante à des fragments de l'œuvre du maître : l'ouverture de la gavotte d'*Iphigénie en Aulide* ; le duo de la Haine d'*Armide*, chanté par Mme Krauss et M. Auguez ; le ballet des Scythes d'*Iphigénie en Tauride* ; la scène des Champs-Elysées d'*Orphée* et le deuxième tableau du premier acte d'*Alceste*, avec Mme Krauss (Alceste), M. Auguez (le grand prêtre), M. Dimitri (l'oracle) et les chœurs. Le concert commencera par l'ouverture de *Ruy-Blas*, de Mendelssohn.

※

L'audition des envois de Rome aura lieu le jeudi 15 décembre, au Conservatoire.

On exécutera, dans cette séance, les *Elfes*, légende dramatique de M. Gabriel Pierné, sur un poème de M. Guinand.

Les interprètes seront MM. Escalaïs et Delmas, Mme Bilbaut-Vauchelet et Agussol.

BRUXELLES

Il y a eu vendredi une bonne représentation de la *Valkyrie* qui n'avait plus été donnée depuis un certain temps. Salle bien garnie, public attentif, applaudissements et rappels après chaque acte, M. Engel chantait pour la dernière fois le rôle de Siegmund qui lui a valu un beau succès d'artiste et qui sera dire repris par M. Duzas. dont le début *coram populo*, dans l'*Africaine*, a été satisfaisant. M. Duzas a une assez bonne voix insuffisamment cultivée. Comme la plupart des chanteurs qui commencent, il lui manque l'étude, le travail, l'expérience. Tout cela peut s'acquérir et s'acquerra sans doute au théâtre de la Monnaie, cette école d'où sont sortis une éclat maint et maints chanteurs de l'un et de l'autre sexe qui avaient débuté modestement. Comme figure et prestance, M. Duzas ne laisse rien à désirer ; il a la taille et les proportions qui conviennent aux héros. Reste à savoir comment il se tirera de la déclamation wagnérienne.

On a supprimé dans l'incantation du feu de la *Valkyrie*, toute la pyrotechnie qui mettait mal à l'aise certains auditeurs ; il y avait plus désormais cette cascade de feu au fond du théâtre. La direction a bien fait de mettre au rancart cet appareil inutile. On ne sait pas au juste le nombre des personnes que l'idée du feu tient éloignées du théâtre. Il n'en faudrait pas davantage pour expliquer la diminution des recettes qu'a subie la *Valkyrie* depuis sa reprise. Cette explication serait du moins plus plausible que celle donnée récemment par un journal (wagnérien du reste) d'après lequel la *Valkyrie* n'aurait réussi dans le principe que grâce aux efforts de quelques sectaires toujours sur la brèche, louant les places et applaudissant à outrance. mais fatigués aujourd'hui et enclins à abandonner la partie. C'est faire aux wagnériens beaucoup d'honneur que de les croire capables de dépenser 97,842 francs pour soutenir les vingt-trois premières représentations de la *Valkyrie*. Mais l'on peut prendre aussi qu'ils ne puissent continuer toujours à faire de la propagande à un prix si élevé.

Si la *Valkyrie* n'a pas maintenu le chiffre de ses recettes antérieures, c'est en réalité, qu'à cette époque de l'année les gens de province viennent peu au théâtre à Bruxelles. La curiosité ayant été satisfaite dans la capitale et le niveau du goût n'étant pas encore

monté jusqu'à faire que le commun des mortels ne se contente pas d'une seule audition dans un court espace de temps, il faut bien de toute nécessité que l'affluence diminue. Quoi qu'il en soit et telle qu'elle se présente, la carrière de la *Valkyrie* est très honorable. On ne devait s'attendre à rien de plus étant donné un ouvrage qui ne s'adresse, en somme, qu'à une élite d'amateurs et de connaisseurs.

E. E.

※

Quelques nouvelles du théâtre de la Monnaie :

On va reprendre la *Caïd* prochainement et *Sylvia*, le ballet de Delibes, passera en même temps. *Gioconda* passera du 1er au 8 décembre, puis l'on travaillera à *Jocelyn*. M. Godard est attendu pour le 15 janvier. Mme Melba va chanter *Lucie* en italien ; Mme Marchesi lui a fait répéter récemment le rôle. En janvier commenceront les études de *Siegfried*. On parle de M. Duzas pour le rôle principal, mais rien n'est encore décidé à cet égard.

※

Au Théâtre de l'Alhambra, le succès d'*Ali-Baba* s'accentue et va grandissant. Les auteurs d'*Ali-Baba* ont fait distribuer cinq cents francs au petit personnel du théâtre. M. Lecocq vient de quitter Bruxelles, a envoyé à Lagye, un superbe bâton de chef d'orchestre portant une inscription des plus flatteuses. A partir de dimanche prochain, *Ali-Baba* sera donné en matinée.

※

Dimanche a eu lieu au Conservatoire, la deuxième séance de musique de chambre pour instruments à vent et piano, organisée par MM. Dumon, Guidé, Poncelet, Neumans, Merck et Degreef, avec le concours de M. Agniez. Cette séance a été des plus intéressantes ; on y a entendu le sextuor de Beethoven ; le septuor pour piano, instruments à cordes et trompette de Saint-Saëns ; une suite pour flûte et piano de Reinecke ; M. Agniez a exécuté deux des contes de fées de Schumann et un *Appassionato* de Rubinstein.

ANVERS

Je suis heureux de pouvoir vous annoncer que notre Théâtre Royal a repris son aspect d'autrefois. Le calme s'est rétabli ; de café-chantant, il est redevenu théâtre et tout cela grâce à un petit avis du directeur ainsi conçu :

« M. Paulin, fort ténor et Mme Poissenot, falcon, n'ayant pas donné lieu à des manifestations désavantageuses pendant le premier mois de leur engagement, et ce depuis expiré depuis le 25 octobre dernier, la Direction, passé ce délai, se trouve dans l'impossibilité de rompre l'engagement d'aucun artiste.

« Afin de donner satisfaction dans la mesure du possible à Messieurs les abonnés généraux qui se plaignent de la présence de ces artistes, la Direction leur accorde le droit de renoncer à leur abonnement général. »

Ainsi, tout est pour le mieux, les mécontents que les représentations ennuyant pourront dorénavant rester chez eux, quant à ceux qui, par hasard, n'useraient pas de la latitude que leur accorde le directeur, ceux-là auront acquis un droit indéniable, celui de se taire.

Pendant les temps de trouble dont je vous ai parlé, la troupe d'opéra-comique a donné les *Noces de Jeannette*, le *Domino noir*, le *Postillon de Longjumeau* et le *Pré-aux-Clercs* ; toutes reprises intéressantes et très réussies.

Ayant dû m'absenter je n'ai pu assister à l'exécution du mélodrame, *Philips de Schoone*, poème de A. de Castro, musique de J. Van Viemmeren. L'*Escaut* consacre un article des plus élogieux à l'œuvre de M. Van Viemmeren, opinion partagée, du reste, par tous ceux qui l'ont entendue.

Le Cercle Artistique a donné lundi dernier, son premier concert. On a interprété entre autres le petit oratorio, *Tobie*, de Gounod. Les chœurs ont été brillamment exécutés, les solistes étaient excellents, à part le ténor qui ne possède pas encore tout à fait l'art de chanter. Dans la première partie du concert, l'orchestre a joué une Danse slave extrêmement originale de Dvorak, et un jeune violoniste M. L. Queeckars a obtenu un réel succès par une très belle interprétation d'un concerto de Wieniawski, d'une romance de De Coninck et de la Polonaise de Wieniawski. Somme toute, très belle soirée, due en grande partie aux efforts du nouveau directeur, notre jeune maître anversois Jan Blockx.

A la Société de musique on prépare l'*Enfance du Christ* de Berlioz.

GAND

GRAND-THÉÂTRE. — Mercredi 15, *Martha* ; vendredi 18, le *Châlet* et la *Traviata* ; samedi 19, le *Cid* ; dimanche 20, le *Barbier de Séville* ; lundi 21, *Robert-le-Diable*.

La reprise de *Robert-le-Diable* a convenablement marché, M. Merritt étant à peu près guéri d'une ophthalmie qui l'avait empêché de jouer le *Cid* samedi. Il y a eu des applaudissements pour Mme Laville.

Ferminet.et Stella-Corva; M. Labarre n'a décidément pas su plaire au public et il a dû résilier; il en est de même d'une dugazon, Mlle Ouvrard, qui avait fait un malheureux début dans le *Châlet*, vendredi; Comme je viens de le dire, M. Merritt n'a pu jouer samedi ; il a été remplacé au pied levé par M. Alvarez qui a fait le Cid, partition en main, ce qui ne laissait pas que d'être fort drôle. A partxela, la représentation été très satisfaisante; on avait ajouté au *Cid*, un petit intermède dont Mme Thénard, de la Comédie-Française, et M. Demèy, du Vaudeville, ont fait les frais. Comme d'habitude, la salle avait un air de fête et présentait un coup d'œil des plus agréables. On nous promet pour bientôt *les Pêcheurs de Perles* et *Patrie*. Et.... voilà tout.   P. B.

Nouvelles diverses.

Nous avons annoncé l'apparition du livret français de *Siegfried* de Wagner, traduit par M. Victor Wilder. La partition française vient à son tour d'être mise en vente par la maison Schott. A chaque nouvelle œuvre wagnérienne qu'il termine, le talent de M. Victor Wilder s'affirme et grandit. Sa version française de *Siegfried* est absolument remarquable, d'un beau souffle poétique et d'une fidélité à laquelle les affolés du wagnérisme seuls peuvent trouver à redire.

Le *Ménestrel* assure qu'on commence à reparler de l'installation définitive de l'Opéra-Comique à l'Eden-Théâtre, et il ajoute :

« C'était à notre sens la solution qui s'imposait après l'incendie ; c'était la plus pratique, la plus prompte et la plus ménagère des deniers de l'État. Nous ne avons, en son temps, exposé tous les avantages, mais aujourd'hui qu'on s'est décidé à transporter place du Châtelet, tout au moins provisoirement, la fortune du théâtre, rien ne presse plus autant, et, comme il nous semble qu'on a tous les délais nécessaires pour reconstruire une salle neuve sur l'ancien emplacement avec façade sur le boulevard, nous pensons que ce serait préférable. La situation n'est plus du tout la même qu'au moment où nous préconisions la combinaison avec l'Eden. L'Eden, qui, aussitôt après l'incendie, pour remettre de suite l'entreprise à flot et échapper au provisoire de la place du Châtelet. L'Eden, non, à présent qu'on a toute une année devant soi pour reconstruire. A nouvelle situation, nouvelle manière de voir. »

L'Association artistique d'Angers a consacré le 13 novembre, un festival à Mozart, à l'occasion du centenaire de *Don Juan*. Avec le concours de Mme Boldin-Puisais des concerts Lamoureux, et du baryton Ivan Delvoye, l'Association a exécuté un programme tout entier composé d'œuvres de Mozart : la Symphonie en *mi* bémol, l'air de Vitellia de la *Clémence de Titus*, l'ouverture de la *Flûte*, la sérénade de *Don-Juan*, le grand air de Suzanne des *Noces*, le duo de Don Juan et de Zerline, le quintette et la arrangé pour clarinette et orchestre à cordes, enfin la *Marche turque*.

Angers-Musical consacre un très intéressant numéro à Mozart et il cite notamment une série d'extraits des écrits de Wagner se rapportant au maître de Salzbourg.

Lisez ceci, par exemple : .

« Ici, je vous présente, une fois encore, l'admirable figure du musicien en qui la musique fut, entièrement, ce qu'elle peut être en une créature humaine, précisément parce qu'elle est la *musique* selon son entière et pleine essence, et qu'elle n'est rien autre que musique. Regardez Mozart !... A-t-il donc été un moindre musicien, parce qu'il ne fut qu'absolument musicien, parce qu'il ne put et ne voulut être rien autre chose que *musicien*? Voyez son *Don Juan !*... Où la musique a-t-elle jamais atteint à une plus infinie richesse d'individualité?... Quand donc a-t-elle jamais reçu le pouvoir de caractériser avec autant de sûreté et de justesse, avec une aussi riche, une aussi débordante plénitude ? »

C'est ainsi que Wagner parlait de Mozart.

Recommandé à l'attention des cuistres qui écrivent que Wagner a conspué tout ce qui fut avant lui.

Mlle Sigrid Arnoldson, la nouvelle étoile suédoise qui va débuter prochainement à l'Opéra-Comique de Paris, vient de chanter avec succès la Rosine du *Barbier*, à La Haye et à Amsterdam. Elle devait chanter également *Mignon*, mais elle a renoncé, voulant se réserver pour Paris. Mlle Arnoldson revoit en ce moment ce rôle avec M. Ambroise Thomas.

Mlle Anna Soubre, fille du regretté directeur du Conservatoire de Liège, qui a successivement fait partie de la troupe du Théâtre-Lyrique et de l'Opéra, et qui s'est fait surtout une réputation dans les concerts, vient d'épouser M. Jules Gramaccini, inspecteur des postes et télégraphes à Paris, chevalier de la Légion d'honneur.

M. Jos. Wieniawski donnera dans les principales villes de la Hollande, cinq concerts avec le concours de Mme Marcella Sembrich, la chanteuse italo-polonaise.

Ces concerts se donneront du 28 novembre au 5 décembre prochain.

Nous avons annoncé l'arrivée à New-York de M. Camille Gurickx, le pianiste belge bien connu et dont le départ a été vivement regretté à Bruxelles. Notre courrier d'Amérique nous apporte les comptes-rendus des différents journaux de New-York sur le début de M. Gurickx devant le public américain. L'excellent artiste a joué le concerto en *ré* de Litolff au premier concert de la *Symphony Society* dirigée par M. Walter Damrosch, et l'accueil qui lui a été fait a été extrêmement chaleureux. Nous avons sous les yeux le *Sun*, *The Star*, le *New-York Herald*, le *New-York Times*, *The World*, etc., etc., et tous ces journaux font le plus grand éloge du pianiste belge : *une main de fer dans un gant de velours* dit le *World*. Le *Sonntagsblatt* constate qu'il a produit une excellente impression par l'élan, la pureté et l'élégance de son jeu. Les nombreux amis que M. Gurickx a laissés en Belgique seront certainement heureux du succès de leur compatriote.

Le comité chargé de l'organisation des fêtes musicales qui doivent avoir lieu à Bruxelles, l'année prochaine, à l'occasion de l'Exposition du grand concours international, a décidé qu'un concours international pour symphonies, harmonies, fanfares et chant d'ensemble aurait lieu vers le mois d'août. Le programme de ce concours sera envoyé sous peu aux sociétés du pays et de l'étranger.

Des primes importantes sont attribuées à chaque catégorie. C'est assez dire que la lutte sera des plus intéressantes et comptera parmi les plus complètes qu'on aura vues depuis nombre d'années.

A Dresde, la semaine dernière, première représentation d'un nouvel opéra de l'auteur des *Folkunger*, M. Edm. Kretschmer. Le nouvel ouvrage du directeur de la Chapelle royale de Saxe est intitulé *Schön Rohtraut*. Il a obtenu du succès.

Le célèbre compositeur russe Tchaïkowsky se propose de visiter cet hiver l'Allemagne et d'y donner des auditions de ses œuvres.

Brillante reprise de *Lohengrin*, vendredi dernier, au Théâtre-Marie, à Saint-Pétersbourg. Salle comble et succès enthousiaste. Mme Mravina dans le rôle d'Elsa a été extraordinairement applaudie. C'est, en effet, l'Elsa des rêves du poète, par sa beauté idéale, par la candeur de son visage, la mobilité de ses traits, par la pureté, et la force de son chant et de son jeu.

Mme Slavina, de son côté, a fait une Ortrude remarquable qui, dans son monologue triomphant de la scène des ténèbres, a arraché les applaudissements de l'auditoire.

Du côté des hommes, il faut citer seulement M. Mikhaïlow, qui a eu dans le rôle de Lohengrin un énorme succès, dû à la beauté extraordinaire de sa voix, qui dans cet opéra brille d'un éclat particulier. Il a fallu toute l'énergie, très louable assurément à cette occasion, de M. Napravnik pour que le public ne lui fit pas chanter deux fois de suite le récit du Chevalier à son cygne.

Le merveilleux prélude de l'opéra a été bissé par acclamation.

Le violoniste César Thomson, professeur au Conservatoire de Liège, a joué à l'un des derniers concerts du samedi, au Crystal Palace. Il a obtenu un très grand succès dans le concerto de Beethoven, ainsi que dans la fantaisie « *non più mesta* » de Paganini.

La population d'Ancône veut absolument l'*Otello* de Verdi. Aucun autre moyen n'ayant réussi, on s'est décidé à remettre à la municipalité une pétition recouverte de milliers de signatures, pour l'engager à accorder une subvention permettant de monter ce spectacle, tant désiré.

La manie des grands spectacles n'a pas seulement atteint Ancône mais aussi d'autres petites villes d'Italie.

Ascoli a voulu pour son théâtre l'*Aida* et la lumière électrique; elle a eu l'une et l'autre pour la représentation d'*Aida* : quelle *Aida* !

Les lampes électriques ont donné une lumière intermittente, oscillante pendant un acte et demi, puis elles se sont brusquement éteintes. Pour terminer la représentation on a dû rallumer le gaz et recourir au pétrole et même aux bougies.

Le théâtre Carignano de Turin, vient de représenter avec quelque succès l'opéra *Salammbo* du maestro Nicolo Massa, qui avait été reçu froidement il y a deux ans à la Scala de Milan, et n'y avait eu que trois représentations. Le livret a été tiré par M. Zanardini du célèbre roman de Gustave Flaubert.

A Coblence, il y a eu cette semaine une fête assez rare en ce siècle d'incendies et de commissions de sauvetage. Le *Stadttheater* de cette ville célébrera le centenaire de son inauguration. Le 28 novembre il y a eu cent ans que cette salle a été inaugurée par le margrave Clément Wenceslas. Le premier ouvrage qui y fut donné était *l'Enlèvement au Sérail* de Mozart. C'est par une représentation soigneusement préparée de cet ouvrage que l'on a célébré, le 28, le centenaire du théâtre.

Sarasate, le célèbre violoniste, fait en ce moment une tournée de concerts en Allemagne. Mme Clotilde Kleeberg, la brillante pianiste parisienne, est également en Allemagne et elle y obtient un grand succès.

L'électricité a joué un mauvais tour aux Viennois.

Il y a quinze jours, l'Opéra Impérial avait dû fermer pour compléter et améliorer les installations de la lumière électrique. Il n'avait pas encore rouvert à la fin de la semaine dernière.

Le jour de la clôture on disait que c'était pour vingt-quatre heures. Le lendemain on parlait de plusieurs jours, et finalement on apprit que l'Opéra resterait provisoirement fermé pour une semaine. Cette semaine a duré déjà douze jours.

Le 15 on devait célébrer le centenaire de Gluck, mort à Vienne le 15 novembre 1787. Cette date solennelle a passé sans qu'on entendît une seule note de l'auteur d'*Alceste*. Le 19, c'était la fête de l'Impératrice; il est de tradition à l'Opéra de marquer ce jour par une première représentation. Cette fois on avait choisi le *Cid* de Massenet. Mais le 19 s'est passé dans les ténèbres. Les installations n'ont été terminées que lundi et c'est lundi soir que le *Cid* a enfin pu être donné.

Par ordonnance impériale en date du 27 octobre, le diapason normal de 870 vibrations, arrêté par la Conférence de Vienne, est introduit dans toutes les musiques militaires de l'empire allemand. Les autorités militaires auront à prendre les dispositions nécessaires afin que la réforme des orchestres militaires dans le sens de l'ordonnance soit complètement terminée le 1er avril 1891. Dès à présent tous les nouveaux instruments devront être accordés au nouveau diapason.

Le *Musical World* signale un point de controverse au sujet d'un incident de la carrière de Jenny Lind, qui vient, on le sait, de mourir à sa résidence de Malvern Hills. Il s'agit de savoir, si oui ou non, la célèbre cantatrice a chanté à Paris et dans quelles circonstances. Le dictionnaire de Grove et d'autres publications musicales françaises et anglaises assurent que Jenny Lind y chanta une fois seulement, en 1842, et il en est qui prétendent que le peu de succès qu'elle obtint à cette occasion lui fit promettre de ne plus jamais chanter devant un auditoire français.

Il y aurait moyen de concilier ces deux opinions contradictoires si l'on en croit une biographie parue dans l'*Annuaire dramatique* pour 1847, publié à Bruxelles par un musicologue dont les travaux font foi. D'après cet auteur, Mlle Jenny Lind, qui venait de travailler le chant avec Garcia, avait obtenu par l'intermédiaire de Meyerbeer une audition à l'Académie royale de musique. « Toutes les, personnes présentes à cette audition, furent d'accord pour présager un » magnifique avenir, une carrière de glorieux triomphes à celle qui » venait d'interpréter avec éclat et dans toute leur poésie, trois des » scènes les plus saillantes et les plus difficiles de *Robert*, de *Norma* » et de *Robin des Bois*. Ce que M. Léon Pillet aurait dû offrir sur le » champ. L'auteur des *Huguenots* et de *Robert* l'offrit séance tenante, » pour ainsi dire: Il proposa à Jenny Lind un magnifique engage » ment pour Berlin. Mais la cantatrice, déçue dans son espoir d'entrer » à l'Opéra de Paris, préféra retourner d'abord dans sa patrie; elle ne » parut à Stockholm qu'en 1843. »

Voici ce qui est tout à fait décisif: Notre collaborateur et ami Arthur Pougin, publie dans le *Ménestrel* deux pièces définitives sur ce sujet. La première est une lettre de Léon Pillet, l'ancien directeur de l'Opéra de Paris, qui constate qu'effectivement jamais la célèbre cantatrice n'a chanté à Paris. Dans une lettre qu'elle lui écrivit à l'époque où il fut question de son engagement à l'Opéra, elle dit textuellement qu'elle ne se croyait pas faite pour Paris, ni Paris pour elle. Il n'y a donc pas de doute sur le point controversé.

Le second document est une lettre de sir Julius Benedict à M. Pougin rectifiant le récit que Fétis a fait dans sa *Biographie universelle* du voyage fameux de Jenny Lind à travers l'Amérique du Nord. Il en résulte que ce récit est plein d'exagérations et d'inexactitudes (le péché mignon de Fétis). Défalcation faite du dédit qu'elle eut à payer à

Barnum pour avoir résilié son contrat après 98 concerts, et des sommes considérables qu'elle envoya en Suède pour la fondation d'œuvres charitables, il ne resta à Jenny Lind qu'une somme de 886,000 fr., ce qui est loin du chiffre de trois millions donné par Fétis. La tournée produisit effectivement trois millions, mais au profit de Barnum. Celui-ci a, du reste, raconté exactement les faits dans son livre *Struggles and Triumphs*, Buffalo, 1873.

AVIS ET COMMUNICATIONS

Le premier concert d'abonnement de la Société des Concerts populaires aura lieu le dimanche 11 décembre, à 1 ½ heure, au théâtre de la Monnaie à Bruxelles. On y exécutera *Roméo et Juliette*, symphonie avec chœurs de Berlioz. Les soli seront chantés par Mlle Blanche Deschamps, MM. Engel et Seguin.

Pour l'abonnement et les demandes de places, s'adresser chez MM. Schott frères, 82, Montagne de la Cour.

L'Association des Artistes Musiciens donnera son deuxième grand concert, samedi 26 de ce mois, à 8 heures du soir, au local de la Grande-Harmonie, avec le concours de Mlle Laurent, cantatrice, M. Ganduhert, du théâtre de la Monnaie, MM. Smit, violoniste, et Merlon, harpiste.

L'orchestre, sous la direction de M. L. Jehin, exécutera l'ouverture du *Cid*, de Massenet, (première exécution), et la *Cinquantaine*, suite pour orchestre, par F. A. Hillemacher (première audition).

Rappelons à nos lecteurs, le 2me concert classique qui aura lieu le samedi 3 décembre, à 8 heures du soir, à la Grande-Harmonie à Bruxelles, avec le concours de MM. J. Joachim, De Greef, Colyns, Jacobs et Agniez.

Voici le programme: 1. Sonate (dédiée à Kreutzer) pour violon et piano (Beethoven), MM. Joachim et De Greef; 2. Variations sérieuses (Mendelssohn), M. De Greef; 3. Quatuor (en la mineur) (Schumann), MM. Joachim, Colyns, Agniez et Jacobs; 4. Caprice sur le ballet d'*Alceste* de Gluck (Saint-Séans), M. De Greef; 5. Concert pour 3 violons (Bach), MM. Joachim et Colyns; 6. Quatre danses hongroises (Brahms-Joachim), MM. Joachim et De Greef.

Salle Marugg, à Bruxelles, mardi 29 novembre 1887, à 8 1/2 heures, séance Schumann, par le baryton Henri Heuschling, avec le concours de M. Gustave Kefer, pianiste.

Après un dernier concours artistique dont le succès a été éclatant, l'*Artiste Toulousain* qui représente aussi dans le midi de la France, l'art divin de la poésie, inaugure un grand concours de vers français. Il fait donc appel à tous les poètes qui voudront entrer en champ clos.

L'*Artiste Toulousain* met au concours:

1° *Une romance*, composée de trois couplets avec refrain, en vers de huit syllabes.

2° *Une scène dramatique* à deux voix, avec chœurs, en vers de huit, de dix et de douze syllabes.

Le jury d'examen sera composé de poètes et de littérateurs sous la présidence de M. Auguste Fourès, félibre majoral. Les deux pièces couronnées seront immédiatement imprimées et envoyées aux concurrents. Après la clôture du concours de composition musicale, la romance qui sera obtenu le premier prix sera publiée dans le journal et chantée sur un théâtre de Toulouse. Quant à la scène dramatique couronnée, elle sera exécutée aux *Concerts populaires du Capitole* avec les artistes et l'orchestre du Grand-Théâtre.

Outre les récompenses et les avantages offerts aux deux premiers prix, des médailles et des diplômes seront accordés aux pièces remarquées par le jury.

Le droit de concours sera invariablement fixé à 3 fr. pour la première section (romance) et à 5 fr. pour la deuxième section (scène dramatique).

Les compositions doivent être absolument inédites et porter une épigraphe reproduite sur une enveloppe cachetée contenant le nom et l'adresse de l'auteur. Les manuscrits devront porter, à la suite de l'épigraphe, la mention romance ou scène dramatique. Les sujets politiques ou religieux sont rigoureusement exclus.

Les œuvres destinées au concours devront être adressées, franco, à M. le Directeur de l'*Artiste Toulousain*, rue Gravelotte, 23, à Toulouse, avant le 10 décembre 1887.

Le numéro contenant le résultat du concours sera envoyé gratuitement à tous les concurrents. Les programmes sont envoyés à toute personne qui en fait la demande.

VARIÉTÉS

ÉPHÉMÉRIDES MUSICALES

Le 25 novembre 1847, à Vienne (Nationaltheater), *Martha*, 4 actes de F. von Flotow. Reprise, au Hofoperntheater, le 30 décembre 1869, et, aux deux théâtres, jusqu'à la fin de 1886, deux cent cinq représentations.

Bruxelles est la ville où parut pour la première fois l'adaptation française de *Martha* (18 février 1858), avec pour interprètes Montaubry, Depoitier, Filliol, Mmes Barbot et Deaynssa.

A Paris, aux Italiens (11 février 1858), *Martha*, chantée par Mario, Graziani, Zucchini, Mmes Saint-Urbain et Nantier-Didiée.

A Londres, dans la même année 1858, par une troupe italienne, à Covent-Garden (1er juillet), et, en anglais, à Drury Lane (11 octobre.)

A Paris, au Théâtre-Lyrique (18 décembre 1865), nouvelle traduction de *Martha*, avec Michot, Troy, Wartel ; Mmes Nilsson et Dubois. *Martha* reste le plus beau fleuron de la couronne de F. de Flotow.

« C'est une musique blonde, peu revêche, pleine de désinvolture et de laisser-aller sans tomber jamais dans le débraillé italien, habillée à l'allemande sans tomber non plus dans la raideur ou la surcharge ; elle babille et soupire, le plus sentiment du monde, et ne manque pas de montrer, aux bons moments, de petite plans passionnés et des accents attendris. De la distinction et du charme. Presque toujours ; l'émotion et l'effet, quelquefois. »   Th. Jouret.

— Le 26 novembre 1811, à Stolberg, naissance de Charles-François Brendel. Sa mort, à Leipzig, le 25 novembre 1868.

Professeur d'histoire de la musique au Conservatoire de Leipzig et l'un des rédacteurs de la *Neue Zeitschrift für Musik*. Brendel, était un des musicologues les plus instruits et des critiques les plus judicieux de l'Allemagne. Ce n'est pas ainsi qu'en jugeait le wagnero-phobe Fétis dans sa *Biographie des Musiciens* (t. II, p. 67).

« Brendel, écrit-il, s'est fait le plus ardent admirateur et prôneur de l'entreprise révolutionnaire de Richard Wagner pour le bouleversement de l'art. *La nouvelle Gazette musicale* semble n'avoir plus entre ses mains d'autre but que le triomphe de cette tentative folle. »

— Le 27 novembre 1809, à Paris, décès de Nicolas Dalayrac, à l'âge de 56 ans. Sa naissance à Muret (Haute-Garonne), le 13 juin 1753. — Autant d'opéras que d'années : 56. L'Opéra-Comique a repris, il y a quelque quarante ans, *Camille, Gulistan* et *Nina ou la folie par amour*.

« Ce qui doit être loué sans restriction aucune chez Dalayrac, dit Ad. Adam, dans ses *Souvenirs d'un musicien*, c'est le sentiment de la scène qu'il possédait au plus haut degré. C'est à cet instinct excellent qu'il dut en partie ses nombreux succès, tant pour le choix heureux de ses sujets que pour la manière réservée, habile et ingénieuse dont il savait les présenter sous la forme musicale. Aussi sa réputation fut-elle plus grande au théâtre que parmi les musiciens. »

Suivant Berlioz, « Dalayrac est moins ignorant harmoniste qu'on ne le dit généralement ; il est fécond en mélodies heureuses autant qu'habile à exprimer les sentiments tendres, la douce mélancolie, les gracieuses amours ; il faudrait être bien misérablement organisé pour les écouter de sang-froid. »

Si Dalayrac ne reçut point des leçons de Grétry, il en reçut du moins des conseils : c'est ce qui résulte de ce passage des *Essais* sur *la musique* du maître liégeois : « Sans être mon élève, dit-il, Dalayrac » est le seul artiste qui, avant d'entrer dans la carrière, a fréquenté » longtemps mon cabinet. »

Il a été question en ces derniers temps de lui élever une statue dans sa ville natale.

— Le 26 novembre 1853, à Paris (Théâtre-Lyrique), *Georgette ou le Moulin de Fontenoy*, 1 acte de Gevaert. Très heureux début, sur la scène française, d'un jeune auteur belge qui a joliment fait son chemin depuis.

Georgette n'a paru sur aucun théâtre de Bruxelles, mais bien à Liège, le 8 mars 1866.

— Le 29 novembre 1860, à Berlin, *Das Gloeckchen des Eremiten* (*la Cloche de l'ermite*) ; traduction des *Dragons de Villars*, musique de A. Maillart. — Une des pièces de l'opéra-comique français les plus populaires en Allemagne. A Vienne, au Nationaltheater, du 14 septembre 1861 au 27 avril 1896, treize représentations, et au Hofoperntheater, du 16 juin 1880 au 11 août 1896, neuf représentations. (Voir Eph. *Guide.musical*, 15 septembre 1887.)

— Le 29 novembre 1797, à Bergame, naissance de Gaétan Donizetti. Sa mort dans cette ville, le 8 avril 1848. Nous aurons bientôt une *Vie de Donizetti* que vient de terminer M. Saltus, musicologue américain des plus érudits, et dont nous lisons avec fruit les communications si intéressantes qu'il adresse à l'*American musician* de New-York. L'ouvrage formera 4 volumes de 300 pages chacun, illustrés de vingt superbe portraits gravés sur acier, dont quatre différents du compositeur et les autres des artistes ses interprètes : Lablache, Rubini, Tamburini, Duprez, Mario, Mmes Grisi, Persiani, Sontag, Patti, etc. Nous avions déjà les grandes monographies d'Otto Jahn pour Mozart et de Thayer pour Beethoven, celle de M. Saltus n'aura pas une moindre importance, car l'auteur américain y a consacré dix années de travail, et ses recherches il les a poussées jusque dans les coins les plus reculés du monde, partout où la musique de Donizetti a pénétré.

— Le 30 novembre 1764, à Anvers, décès de Dieudonné Raick, organiste-compositeur, né à Liège, vers 1698. — Ses œuvres pour le clavecin étaient remarquables pour l'époque. — Fétis, (Biogr. univ. des mus., t. VII, p. 160) conteste l'assertion émise par M. Xavier Van Elewyck dans sa notice sur *Matthias Vanden Gheyn*, à savoir que les sonates de Raick étaient connues avant celles du fils de Bach qui passe pour avoir inventé ce genre de compositions.

Dans son ouvrage intitulé *Anciens clavecinistes flamands* (Bruxelles, Schott frères, 2 vol.), M. Xavier Van Elewyck, a donné des extraits des principales œuvres de Raick qu'il qualifie de « véritables perles musicales. »

— Le 1er décembre 1788, à Paris (Opéra), *Didon*, 3 actes de Piccinni. D'abord joué à Versailles, devant la Cour, six semaines auparavant

(16 octobre) : *Didon* n'a plus reparu à l'Opéra depuis le 8 février 1826, date de la dernière représentation — la 250e.

Quoique Gluck eut quitté Paris depuis plusieurs années, pour n'y plus revenir, la querelle entre ses partisans et ceux du rival qu'on lui avait opposé n'était pas apaisée. Les deux dernières œuvres de Gluck sont *Iphigénie en Tauride* (1779) et *Echo et Narcisse* (même année).

L'Iphigénie en Tauride de Piccinni (1781) n'avait pu lutter avec celle de Gluck ; mais le succès de la reprise d'*Atys*, fut pour le compositeur italien le prélude du plus grand triomphe qu'il obtint dans sa vie, celui de *Didon*.

Le temps n'est plus où on s'abordait dans la rue en se demandant : « Monsieur, êtes-vous piccinniste ou gluckiste? », par la raison toute simple que nous ne sommes plus,à la fin du XVIIIe siècle, mais bien à une époque où les querelles musicales se sont singulièrement élargies. Le temps n'a pas plus effacé la grandeur des conceptions de Gluck qu'il n'a atténué le charme pénétrant, la grâce, la souplesse ensorcelée de Piccinni, ce malité dont Sacchini disait après avoir lu *Atys* : " *d'u sei, et tu sarai sempre il nostro gran Piccinni* "

Nécrologie.

Sont décédés :

— A Londres, le 4 novembre, Charles-Georges Mangold, né en 1812; compositeur, pianiste, professeur et écrivain musical, établi en Angleterre. Il avait été l'élève de Hummel et il appartenait à la nombreuse lignée des Mangold. (Voir *Biogr. univ. des mus.* de Fétis, t. V, p. 429.)

— A Croissy, à l'âge de 44 ans, Mme Anna Dartaux, ayant chanté l'opérette à Paris et en province.

Mme Dartaux avait débuté, comme danseuse, à l'Opéra-Comique. Puis, elle travailla le chant et tint l'emploi de dugazon en province. Elle fut engagée ensuite au Théâtre de la Monnaie de Bruxelles. C'est là qu'Offenbach alla la chercher pour lui confier un des principaux rôles de *Pommes d'Api*, qui lui servit de début à la Renaissance. Elle avait pour partenaires Mme Théo et M. Daubray. Elle remplaça plus tard Mme Cico dans le rôle d'Eurydice d'*Orphée aux Enfers*, à la Gaîté.

— A Bologne, Frederico Dallari, ancien accompagnateur au piano au Théâtre communal et ancien professeur de chant au Lycée musical.

— A Milan, le 15 novembre, à l'âge de 44 ans, Ugo Capetti, critique musical du journal la *Lombardia*. Wagnérien enthousiaste et convaincu, il est mort avec le regret de n'avoir pas vu réapparaître à la Scala *Lohengrin*, auquel il prédisait, pour la prochaine saison d'hiver, un sort plus favorable qu'il y a une quinzaine d'années, lorsque le chant du cygne allemand fit voler d'eux-mêmes sur la scène tous les petits bancs de la salle.

— A Florence, le maestro Enrico Coppini.

— A Rome, Marie Lepri, prima donna soprano.

— A Milan, à l'âge de 69 ans, Luigi Alessandrini, ancienne basse chantante à la Scala.

— A Naples, à l'âge de 85 ans, Michele Guarino, violon pendant un demi-siècle à l'orchestre de San-Carlo.

— A Denver (Etats-Unis), le 27 octobre, à l'âge de 66 ans, Pedro-C. Dorrego, né dans la République argentine, guitariste fameux ayant parcouru les Deux Mondes et jouant sur un instrument à dix-sept cordes de son invention.

— A Para, (Brésil), Carlo Felice Zopegni, ancienne basse bouffe, critique et librettiste.

— A Londres: Mme Jeanne Huré et M. Ernest Carlin. Ces deux artistes se sont suicidés dans l'appartement qu'ils occupaient ensemble à Londres. L'homme s'est brûlé la cervelle et la jeune fille s'est empoisonnée. On ignore le motif de ce drame.

Mme Jeanne Huré, fille d'un ancien chanteur très connu à Bordeaux, était venue à Paris, il y a quelques années, avec sa mère, professeur de chant, qui avait obtenu jadis au Conservatoire le premier prix de chant avec Mme Carvalho. Mme Huré fut de suite entendre à la Société des Concerts du Conservatoire, où elle chanta le solo de la *Mer* de Jonciéres, avec un réel succès. N'ayant pu trouver cependant d'engagement à Paris, elle s'en fut à Bruxelles, où elle fit une saison au Théâtre de la Monnaie. Depuis, nous ne savions ce qu'elle était devenue.

Mme Jeanne Huré, devant laquelle semblait s'ouvrir un brillant avenir, avait à peine vingt ans.

XXXIII⁰ ANNÉE   1ᵉʳ décembre 1887   NUMÉRO 48

Le Guide Musical

Paraissant tous les jeudis.

ABONNEMENT	SCHOTT FRÈRES, ÉDITEURS.	ANNONCES
FRANCE & BELGIQUE, 10 francs par an.	**Paris,** Boulevard Montmartre, 19	LA LIGNE . . . . Fr. 0.50
LES AUTRES PAYS, 10 francs (port en sus)	**Bruxelles,** Montagne de la Cour, 82	On traite à forfait pour les grandes annonces.
	En vente chez MM. HEYMANN et Cⁱᵉ	
	18, rue du Croissant. Paris.	

VIOTTI

ET L'ÉCOLE MODERNE DE VIOLON

(Suite. — Voir le dernier numéro.)

Après quelques mois passés à Paris, Viotti retourna à Londres, où Mᵐᵉ Lebrun, dans ses *Mémoires*, raconte qu'elle le rencontra (1) ; — « Très peu de temps, dit-elle, après mon arrivée (à Londres), j'allai passer quinze jours chez Mᵐᵉ Chinnery à Gilwell, où se trouvait le célèbre Viotti. La maison était de la plus grande élégance, et l'on m'y fit une réception charmante. Lorsque j'arrivai, je vis la porte d'entrée ornée de guirlandes de fleurs entrelacées dans les colonnes. Sur l'escalier, qui était garni de même, de petits Amours en marbre, placés de distance en distance, portaient des vases remplis de roses; enfin c'était une féerie printanière. Sitôt que je fus entrée dans le salon, deux petits anges, le fils et la fille de Mᵐᵉ Chinnery, me chantèrent un morceau de musique charmant, que cet aimable Viotti avait composé pour moi. Je fus vraiment touchée de cet accueil affectueux; aussi les quinze jours que j'ai passés à Gilwell ont-ils été pour moi des jours de joie et de bonheur. Mᵐᵉ Chinnery était une très belle femme, dont l'esprit avait beaucoup de finesse et de charme. Sa fille, âgée alors de quatorze ans,

était surprenante par son talent sur le piano, en sorte que tous les soirs cette jeune personne, Viotti et Mᵐᵉ Chinnery, qui était très bonne musicienne, nous donnaient des concerts charmants » (1).

Il n'est pas besoin de dire que Viotti avait conservé en France les meilleures relations, et il est presque inutile d'ajouter qu'avec sa nature si bienveillante et toujours portée à l'obligeance, il mettait ces relations au service de ses amis. J'en trouve la preuve dans deux lettres de lui, écrites peu après son retour à Londres, l'une à Ginguené, alors, je crois, directeur de l'instruction publique au ministère de l'intérieur, l'autre au général Degrave. Dans la première, Viotti recommandait à son ami un ouvrage didactique d'un de ses compatriotes, le compositeur Bianchi, depuis longtemps fixé en France, sachant qu'il avait été désigné par le ministre pour l'examiner. Je croirais, disait-il, faire tort à vos connaissance si j'entreprenais de vous parler de l'originalité, de la profondeur et du mérite de son système ; et il ajoutait : « Cependant comme j'ai été témoin de sa manière de le mettre en pratique, que j'ai suivi constamment sa marche et ses leçons vis-à-vis d'un enfant de dix ans, je me fais un devoir de vous assurer que cet enfant est aussi instruit dans la composition, dans la source et l'emploi de toute l'harmonie, qu'un grand compositeur peut l'être... » (2).

La seconde lettre, adressée, je l'ai dit, au général Degrave, était ainsi conçue :

---

(1) Ce passage des *Mémoires de* Mᵐᵉ *Vigée-Lebrun* (t. III, p. 190-192 de l'édition de 1837) est sans date, comme presque tout dans son récit. Mais comme elle arriva à Londres à peu près au moment de la rupture du traité d'Amiens, il est probable qu'on doit le reporter au commencement de l'année 1803.

(1) Il est bien évident que la famille Chinnery est précisément celle où Viotti, comme on l'a dit, a toujours trouvé, en Angleterre, une hospitalité affectueuse et dévouée. C'est à M. et Mᵐᵉ Chinnery qu'il a dédié le fameux recueil de duos publié à Hambourg, et c'est encore à M. Chinnery qu'il a dédié, plus tard, le 2ⁱᵉ et dernier concerto qu'il ait écrit, celui qui est désigné par la lettre 4.

C'est quelques années après le fait rapporté par Mᵐᵉ Lebrun, que la charmante artiste fit, à Paris, le portrait de Viotti. Elle avait fait, à Londres, ceux de M. et Mᵐᵉ Chinnery et de leurs enfants.

(2) Voy. Catalogue d'une collection d'autographes (vente les 21-29 janvier), Paris, Laverdet, 1856, in-8⁰.

Londres, ce 1ᵉ xbre 1802.

Connoissant, mon ami, toute votre obligeance pour tout ce qui est anglais, et pour tous ceux qui nous intéressent, je ne puis laisser partir Mᵉ Cartheu et capitaine Cartheu son frère, sans leur donner un petit mot pour vous.

Tous deux sont les amis de Mᵐᵉ Chinnery et les miens, c'est je crois vous en dire assez, pour que nous soyons persuadés que vous leur rendrez tous les petits services qui seront en votre pouvoir.

Ils comptent rester dans votre grande capitale une, deux, trois semaines s'ils s'y amusent; tâchez, mon ami, de contribuer le plus que vous pourrez à leur faire regretter Paris lorsqu'ils le quitteront, et vous obligerez sensiblement

Votre affectionné ami
J.-B. VIOTTI.

Ici commencent l'obscurité réelle et le manque de renseignements directs sur l'existence de Viotti en Angleterre pendant environ quinze années. Un de ses biographes anglais a écrit ceci : — « En 1801, Viotti ne trouva plus d'obstacle à son retour à Londres. Décidé à abandonner la profession musicale, il mit son capital dans le commerce des vins. Au bout de quelques années, cette entreprise étant devenue malheureuse, il se vit obligé de l'abandonner, après y avoir perdu toute sa fortune. Dans cette situation, il se vit réduit à solliciter quelque emploi de la cour de France. Louis XVIII lui confia la direction du Grand-Opéra » (1). Un autre s'exprime à peu près de la même façon, au sujet de son second séjour à Londres : — « Il ne reprit pas les devoirs de la profession musicale, et se borna à jouer dans des concerts particuliers ; mais bientôt, comme certains artistes de premier ordre de ce pays, il fut atteint de l'esprit de négoce anglais, et se lança comme associé dans un commerce de vins. Dans cette situation, il paya pendant quelques années sa dévotion à Mercure et à Apollon, mais avec si peu de succès qu'à la fin il perdit tout son bien dans cette affaire, et qu'il se vit obligé de solliciter de la cour de France un emploi, quel qu'il fût. Louis XVIII lui proposa gracieusement la direction de l'Académie royale de musique, qu'il accepta » (2). On sait, en effet, que — par quel étrange caprice de son imagination ? — on sait à n'en pas douter que Viotti s'intéressa, à Londres, à un commerce de vins, et que les mauvais résultats de cette affaire amenèrent l'achèvement de sa ruine. Miel a dit à ce sujet : — « C'était un singulier parti pour un homme que l'imagination dominait, et qui était beaucoup plus sensible à la poésie d'une vendange qu'au produit d'un vignoble. Aussi, quand les affaires auraient dû le retenir à Londres, il partait pour la campagne ; il y passait des mois entiers, se créant une vie active à sa manière. Il se livrait à tous les travaux et à tous les exercices champêtres, jusqu'à monter sur les arbres, qu'il taillait avec toute la dextérité possible. Il s'associait aux plaisirs des paysans, se mêlait à leurs danses, et prenait quelquefois le violon du ménétrier. Tantôt il s'établissait dans un bosquet, sous une charmille ; et malgré le peu de résonnance du lieu, il y faisait de la musique pendant des

(1) *Musical history* (George Hogarth).
(2) *A Dictionary of Musicians.*

heures ; tantôt il partageait les études et les jeux des enfants... » Mais si le fait rapporté par les biographes anglais est manifestement exact, la façon de le présenter pèche évidemment par quelque côté ; car, Viotti étant entré en Angleterre en 1801, et n'étant devenu, à Paris, directeur de l'Opéra qu'en 1819, il aurait donc mis dix-huit ans à se ruiner, ce qui me semble un peu exagéré.

Quoi qu'il en soit, il m'a été impossible de recueillir des renseignements plus circonstanciés, et je vais me borner à faire connaître un ou deux épisodes de cette époque de sa vie.

(A suivre).

ARTHUR POUGIN.

AVIS

LE GUIDE MUSICAL, après l'important travail de M. Arthur Pougin sur Viotti, en cours de publication, publiera prochainement un intéressant travail de M. Victor Wilder, l'éminent traducteur des drames wagnériens.

Dans un de nos prochains numéros nous donnerons une analyse littéraire et musicale de la Gioconda de Ponchielli, qui doit passer cet hiver au théâtre de la Monnaie, ensuite un travail de M. Michel Brenet : Les Batailles en musique ; et enfin une étude sur les réformes apportées par Wagner dans l'Art de la mise en scène.

Les personnes qui prendront un abonnement d'un an au Guide Musical recevront le journal gratuitement à dater de ce jour.

Le Centenaire de Gluck

AU CHATELET

près Mozart, Gluck : c'était fatal, et l'on n'échappe pas à son destin. Puis M. Colonne était à bon droit jaloux de montrer qu'il pouvait faire mieux que MM. Ritt et Gailhard, tentative peu ardue. A vrai dire, j'eusse mieux aimé que le sort de *Don Juan* eût été placé entre ses mains, et ce n'est même pas un bien grand compliment que je lui fais là, tant les directeurs actuels de l'Opéra sont gens incapables et peu artistes.

J'avoue, du reste, que ce rapprochement de Gluck et de Mozart n'est pas fait pour me déplaire, et je me souviens à ce propos de cette phrase de Richard Wagner : « Sur la mer obscure et désolée de la musique d'opéra, ces astres jumeaux et solitaires, Gluck et Mozart, avec le cortège des rares musiciens de leur famille (et notamment parmi eux, ne l'oublions pas, les maîtres de l'école française au commencement du siècle), nous servent d'étoile polaire ; cette clarté nous fait pressentir l'aurore d'un art pur et nouveau, où la musique, par son association à une poésie dramatique plus riche encore, atteigne à toute sa richesse, où la poésie même, par ce libre épanouissement de la musique en elle, devienne enfin l'art dramatique tout puissant » (1).

Le programme de M. Colonne était habilement composé. Comme préparation, cette charmante deuxième partie de la *Péri* de Schumann, qu'on peut fort bien séparer du reste de l'œuvre, et dont l'orchestration, en teinte neutre, ne peut nuire à l'orchestration dix-huitième siècle de Gluck ; comme péristyle du monument commémoratif assez intelligemment édifié par M. Colonne à la gloire du rénovateur de l'opéra français, l'ouverture d'*Iphigénie en Aulide*, en sa belle simplicité saisissante. Ici je ne peux guère me dispenser de

(1) *L'Œuvre d'art de l'avenir*, IIIᵉ volume et 144ᵉ page des *Gesammelte Schriften*; pages 92 et 93 du volume *Musiciens, Poètes et Philosophes*, traduction Camille Benoit, Charpentier, éditeur.

citer encore les fortes lignes, si définitives, de Richard Wagner :
« Comme dans l'ouverture de _Don Juan_, c'est ici la lutte, ou, tout au moins, l'opposition de deux éléments contraires, qui donne au morceau son allure.... L'action de l'opéra renferme elle-même ces deux éléments.... L'armée des héros grecs est rassemblée en vue d'une grande entreprise commune : l'unique pensée de réaliser cette entreprise anime cette immense masse d'hommes, et devant cet intérêt unique, tout intérêt humain s'efface.... Mais voici qu'un intérêt personnel entre en opposition avec le premier : il s'agit de conserver une vie humaine, de sauver une tendre vierge.... Avec quelle clarté saisissante, avec quelle égale vérité, Gluck n'a-t-il pas personnifié par la musique les deux éléments de cette antithèse !.... Dès le début, on reconnaît, à l'énorme vigueur du motif principal, aux pesantes enjambées de cet unisson d'airain, la masse compacte, concentrée en un intérêt unique ; puis, avec le thème qui suit, l'intérêt individuel opposé de la douce victime nous dispose à l'attendrissement... .. Ce morceau, par le mouvement interrompu que produit ce contraste unique, nous donne immédiatement l'idée grandiose de la tragédie grecque, et nous pénétrant tour à tour de terreur et de pitié. Nous parvenons ainsi à cette disposition d'émotion sublime qui nous prépare à un drame, en nous dévoilant par avance sa signification la plus haute ; nous sommes ainsi conduits à comprendre dans ce sens l'action ultérieure elle-même.... Puisse ce magnifique modèle nous servir désormais de _règle pour la conception de l'ouverture_, et démontrer aussi, une fois pour toutes, combien une _simplicité grandiose dans le choix des motifs musicaux_ aide le musicien à provoquer la compréhension la plus prompte et la plus claire de ses intentions, si insolites qu'elles puissent encore paraître „. (1).

Quant à la _Gavotte_ extraite du même ouvrage, je me permettrai de dire à M. Colonne que l'exagération des nuances affadit la grâce fière et forte de cette musique, et que les afféteries, les affétteries, ne sont point faites pour les nobles traits de ce visage.

Passons à _Armide_, cette œuvre où Gluck, renonçant pour la première fois à l'antiquité, a été poussé, par la comédie moderne, à des inventions nouvelles. Le duo de la _Haine_, qu'on s'obstine à nous servir, selon une tradition berliozienne, je crois, n'est pas ce que j'admire le plus dans l'œuvre. En revanche l'air du _Sommeil_ est un bijou : quel charmant coloris, obtenu simplement avec des sourdines et une flûte ! Et comme cet accord imprévu d'_ut_ majeur, à la fin, après la prédominance du ton principal de _ré_ majeur, est prestigieux et d'un effet langoureux, comme on eût dit au grand siècle ! Mais pourquoi M. Vergnet nous a-t-il chanté sa partie si mollement, avec cet air absent et dépayé, comme s'il déchiffrait ? Evidemment il n'y a pas là ce qu'on appelle communément un _air de ténor_. L'intérêt était d'un autre genre : c'est ce qu'il eût fallu faire comprendre à M. Vergnet. — Trop lent le ballet des Scythes d'_Iphigénie en Tauride_ ; rien de particulier pour la scène des Champs-Elysées d'_Orphée_, où M. Cantié, sous l'œil fraternel de, maître Taffanel, a été excellent dans son poétique solo de flûte en _ré_ mineur.

Le concert se terminait par la partie la plus intéressante, toute la grande scène d'_Alceste_ (deuxième tableau du premier acte). Ici louons encore M. Colonne ; encourageons-le encore à persister de marcher, d'un pas plus assuré, dans la voie où il a eu le bon esprit de s'engager cette année, et à nous donner des fragments complets et de longue haleine, des ensembles, des pages importantes et développées des maîtres, sinon des œuvres tout entières, ce qui serait encore mieux. L'intérêt soutenu avec lequel les nombreux auditeurs s'attachaient à suivre les péripéties du drame, les « chut » réitérés et énergiques qui empêchaient les applaudisseurs à tout prix d'interrompre la quête de l'action, montrent que le public n'a pas un estomac si débile, qu'il peut supporter une nourriture substantielle, qu'il est fatigué des brimborions, des bribes qui trompent sa faim sans la satisfaire....... Dans l'interprétation de cette scène célèbre d'_Alceste_, les chœurs et l'orchestre ont montré de la vigueur ; la mise au point était bonne. M. Augues a d'excellentes qualités ; l'émission de sa voix et son style sont un peu trop uniformes, il n'oublie pas assez le Héraut de _Lohengrin_. Mᵐᵉ Krauss a composé le rôle important de la reine Alceste avec beaucoup de soins et d'art, trop d'art parfois : elle devrait savoir que le comble de l'art est ne pas le laisser constamment et trop paraître ; il eût été de meilleur goût, dans l'esprit de la chose, de ne pas forcer certains applaudissements, par certains arrêts trop complaisamment prolongés sur certaines bonnes notes tenues où la voix se pose plus favorablement. Très grand succès pour cette scène et ses interprètes.... Il y a dans l'œuvre de Gluck des pages immortelles, assurément. Le système des répétitions symétriques et des redites inutiles, qui est la mort de toute musique destinée à émouvoir, à captiver, ce système dont la tradition néfaste a fait et fait encore tant de mal (jusque dans les oratorios poétiques de Schu-

mann), ce système nuit à l'effet de l'œuvre de Gluck ; la monotonie, l'indigence de l'invention musicale y sont notoires ; mais que de trouvailles de génie, que d'accents vrais, touchants, d'un caractère humain et général, qui resteront comme un des beaux témoins de la puissance à laquelle notre art peut atteindre, rien qu'en s'appuyant sur ce principe si simple, si élémentaire de la _vérité d'expression_. Comment reste-t-il encore des gens pour ne pas comprendre que tout le reste est viande creuse, verbiage et caquetage insipide de perroquets stupides et de pauvres serins, mensonge enfin, laid et répugnant mensonge ?....,
                                              BALTHASAR CLAES.

Les Pêcheurs de Perles

Opéra en trois actes de MM. Carré et Cormon, musique de Georges Bizet, représenté au théâtre de la Monnaie, le 25 novembre 1887.

Dans un excellent ouvrage : _Georges Bizet et son œuvre_, M. Charles Pigot fait connaître comment le livret des _Pêcheurs de Perles_ fut offert au jeune musicien qui venait d'achever, à la villa Médicis, le temps de séjour imposé aux lauréats du prix de Rome. C'était à l'époque où M. Carvalho dirigeait le Théâtre Lyrique et venait d'obtenir une subvention de cent mille francs à condition de produire chaque année un de ces lauréats, non dans un petit acte, insuffisant pour laisser aux talents naissants libre carrière, mais dans une œuvre importante. Bizet arrivait à point nommé ; son charmant caractère, son aimable physionomie plurent à M. Carvalho qui lui confia spontanément le poème en trois actes de MM. Michel Carré et Cormon. L'élève d'Halévy avait en ce moment un acte en répétitions à l'Opéra-Comique : la _Guzla de l'Emir_ devait être son début réglementaire, son entrée en matière sous l'égide officielle. Jugeant qu'il pouvait mieux faire, poussé par ses goûts et ses aspirations vers un genre moins frivole que celui qui fleurissait alors à la salle Favart, Bizet s'empressa de retirer la partition de la _Guzla_ pour la détruire, sans doute, avec d'autres œuvres qu'il n'avait pas considérées comme étant dignes de lui survivre.

Dès ce moment déjà l'auteur de _Carmen_ était accusé, bien à tort, de wagnérisme. Il lui avait suffi de rompre avec la formule, de fuir la mode, de dédaigner surtout les fanfions très en honneur sous la basempire, pour attirer sur sa tête les foudres d'une critique mieux habile à exalter les talents de quelque diva de café-concert, qu'à deviner le génie primesautier d'un musicien d'élite. Aussi la première représentation des _Pêcheurs de Perles_, donnée le 29 septembre 1863, ne fut-elle pas un succès dans l'acception parisienne de ce mot. Entachée de wagnérisme, à dire d'experts, l'œuvre ne reparut plus après sa dix-huitième représentation au Théâtre-Lyrique.

Le théâtre de la Monnaie avait quelque raison de tirer cette partition de l'oubli, de la venger de la sotte prévention de ses premiers juges (1), comme il avait fait autrefois pour _Carmen_. Il pesait sur les _Pêcheurs de Perles_ une sorte de condamnation _a priori_ qui demandait appel. Le public de Bruxelles, faisant la part des faiblesses inhérentes à cette œuvre de jeunesse, vient de casser l'arrêt, d'accord en cela avec le public italien qui l'avait précédé dans l'acte réparateur.

Le lieu où se passe l'action des _Pêcheurs de Perles_, est l'île de Ceylan, un théâtre favorable aux riches colorations d'orchestre. C'est à Candi que Nadir et Zurga s'éprennent tous deux de la même femme, de Leïla, une prêtresse de Brahma entrevue dans le temple.

> C'était le soir ! Dans l'air par la brise attiédi
> Les brahmines au front inondé de lumière,
> Appelaient lentement la foule à la prière.

Les deux rivaux se retrouvent après une séparation motivée par cette apparition troublante. Mais cette fois ils jurent de rester amis de s'aimer comme des frères jusqu'à la mort. Cependant les pêcheurs sont allés quérir,selon le vieil usage,la jeune fille qui doit protéger leur périlleux métier, en priant debout sur le rocher et qui a le pouvoir d'écarter, par son chant, les mauvais esprits de la contrée. Leïla, car la vierge protectrice, c'est elle, arrive voilée et fait serment de prier nuit et jour,

> D'écarter par ses chants, les noirs esprits de l'ombre
> De vivre sans ami, sans époux, sans amant

et de garder toujours ce voile qui doit la cacher à tous les yeux A travers la trame légère du tissu, Leïla reconnaît Nadir et dès lors son cœur est tout entier au sentiment d'amour qui doit occasionner sa perte. A la faveur de la nuit, les deux amants se retrouvent sur la montagne; ils y chantent un duo que n'est pas dans les rites et bientôt

---

(1) « Sur l'_Ouverture_, Iᵉʳ volume et pages 355-358 des _Gesammelts Schriften_; pages 95, 96 et 97 de _Musiciens, Poètes et Philosophes_, la traduction précédemment citée.

(1) « Berlioz, seul parmi les grands pontifes de la presse musicale, dit M. Ch. Pigot, eût libre dans l'avenir et entrevoir le destin réservé à ce musicien dont les audaces si généreuses, unies à un métier impeccable et à une profonde science devraient certes lui plaire. „

surpris, tirés de leur extase par un coup de feu, ils seraient immédiatement voués à la mort, le Zurga, choisi comme chef par la tribu des pêcheurs et ignorant l'identité de la jeune femme, n'ordonnant la clémence. Lorsque Leïla lève son voile et se montre à tous les yeux, le farouche Zurga revient sur son premier mouvement et laisse un libre cours à la justice divine et humaine. Mais bientôt il éprouve des remords : la beauté de Leïla, l'amitié de Nadir le rendent hésitant. Il eût été généreux de sa part de pardonner et de donner au monde le spectacle édifiant d'un pieux renoncement. Les auteurs ne l'ont pas voulu ainsi ; ils ont imaginé un motif banal pour désarmer Zurga et le faire renoncer à sa vengeance. Leïla, au moment suprême, montre un collier rappelant une circonstance dans laquelle ce dernier dut la vie à la jeune prêtresse, et Zurga, repentant, favorise la fuite des amants en mettant le feu aux cabanes des pêcheurs que l'incendie détourne des apprêts du supplice. Au lieu de Nadir et de Leïla, c'est Zurga lui-même qui sera sacrifié par les pauvres indiens révoltés à juste titre de la conduite de leur chef.

Sur cette donnée assez pâle, à laquelle on ne s'intéresse qu'avec infiniment de bonne volonté, Georges Bizet a su faire œuvre de musicien solide et expérimenté surtout dans l'art de l'instrumentation. On retrouve bien plus, dans cette partition de la vingt-cinquième année, les procédés familiers à l'auteur de *Faust*, que ceux du maître qui avait signé la *Juive*. Bizet, d'ailleurs, s'est assimilé la manière de Gounod dans ses rapports avec le romantisme allemand et il a'délaissé presque complètement la forme néo-classique de certains morceaux du célèbre admirateur de Mozart. Mais tout en procédant d'un compositeur qui venait de donner à l'art lyrique français une formule nouvelle, Bizet laisse entrevoir dès son début, dans les *Pêcheurs de perles*, les particularités de son talent qui, développées ensuite, constitueront son originalité et sa personnalité. Déjà l'on reconnaît l'auteur de *Carmen* à certaines harmonies d'un enchaînement imprévu ; aux recherches de la gamme mélodique ; à la couleur pittoresque de l'instrumentation ; à ses persistances voulues de rythmes ; à l'expansion qui règne dans une notable partie de l'œuvre. Tout cela existe à un moindre degré dans cet opéra qui restera toujours une œuvre inégale, mais il y en avait suffisamment pour attirer l'attention des critiques sur le jeune artiste qui se révélait avec tant d'éclat.

Le premier acte est de beaucoup le meilleur des trois, ce qui n'est pas désirable au point de vue du succès final de l'œuvre dramatique. Après une courte introduction, dont le thème brusquement interrompu reparaît à l'entrée de Leïla, on remarque le chœur d'introduction, *sur la grève en feu où dort le flot bleu*, qui présage le Bizet des derniers jours. L'entrée de Nadir, *des savanes et forêts*, a de l'allure. Le duo entre Nadir et Zurga, construit sur une sorte de chant hiératique qui trouve son emploi à plusieurs reprises dans le cours de l'œuvre, est un des meilleurs morceaux de la partition ; il se développe sur une gradation sonore de l'orchestre vraiment superbe. Sur ces paroles : *un long voile à nos yeux dérobe son visage*, chantées par Zurga, les violons font entendre un accompagnement de gammes qui définit ingénieusement l'image. La scène du serment est aussi parmi les bonnes de l'ouvrage ; elle se résout en un chœur largement conçu, une invocation à Brahma, qui ramène ensuite la belle phrase de l'introduction. On retrouve le sentiment poétique de Félicien David dans la romance, délicieusement accompagnée, de Nadir, *Je crois entendre encore caché sous les palmiers* ; la scène qui suit et pendant laquelle les fakirs allument un bûcher, est aussi d'une originalité marquée. L'air de Leïla avec accompagnement du chœur dans la coulisse offre moins d'intérêt ; les fioritures qui l'enjolivent s'accordent mal avec la situation. Leïla, dans l'exercice de son sacerdoce, devrait exprimer, semble-t-il, un chant large, une mélopée lente et soutenue et non pas se livrer à des vocalisations qui rappellent le Conservatoire.

La partie chorale est très importante dans les *Pêcheurs de perles*, comme dans tous les ouvrages où l'action dramatique est peu nourrie. Le chœur qui ouvre le deuxième acte et qui se chante dans la coulisse, est d'une facture personnelle. Il y a une expression juste dans le récit que fait Leïla de la façon dont elle a sauvé la vie à Zurga. Dans la cavatine qui suit, la mélodie élégante et facile de l'andante se prête à un joli accompagnement du cor en *fa*, et la musique des paroles : *C'est lui, mes yeux l'ont reconnu*, rappelle identiquement la ritournelle de la chanson de Magali dans *Mireille* qui parut six mois plus tard. Comme cette dernière chanson, celle que chante Nadir (dans la coulisse) est d'un rythme binaire et ternaire, sans ressembler autrement à l'œuvre de Gounod. Le duo d'amour qui s'y rattache au moyen d'une courte symphonie intéressante, renferme des mélodies tendres ; mais la fin en demeure banale par l'usage immodéré qui a été fait de l'unisson. Le final, mouvementé, ne manque point d'éclat ; l'*allegro vivace* en trois temps est coulé dans le moule ordinaire ; mais dans l'ensemble tout se tient ; cela porte et fait tableau.

Au troisième acte, divisé en deux tableaux, l'intérêt diminue. L'air

de Zurga fait partie du répertoire des voix de baryton : on l'entendra longtemps encore dans les concerts de musique vocale. Mais il ne jaillit aucune flamme du duo avec Leïla qui comportait un élan dramatique et qui ne vient pas relever les dernières scènes de l'opéra. Il ne reste à citer dans le dernier tableau qu'un trio, avec unissons et progressions rappelant le cinquième acte de *Faust*.

Il est à peine besoin de dire qu'il n'existe en tout cela aucune espèce d'analogie avec le système musical et dramatique de Wagner. Par sa tendance naturelle à sortir de l'ornière, par son extrême conscience et les aptitudes vraiment remarquables dont il faisait preuve dès l'abord, on pouvait affirmer que le jeune maître français se séparait du commun des artistes et qu'il était de ceux qui " ruent dans les rangs „. Mais il ne suit point de là que Bizet dût être précisément un " farouche wagnérien „.

L'interprétation des *Pêcheurs de Perles*, est très satisfaisante. MM. Maurus et Renaud, chargés respectivement des rôles de Nadir et de Zurga chantent irréprochablement leur partie et font des Cingalais de belle stature. Mme Laudouzy surmonte avec talent les difficultés d'un rôle peu commode : elle module à ravir les choses légères et tendres comme la finale du 1er acte et la jolie cavatine du deuxième. Mais sa voix est insuffisante du moment qu'il s'agit d'arriver aux situations pathétiques. L'écueil était prévu et l'on ne pourrait demander sans injustice à cette artiste, accomplie dans son genre, ce que sa nature est impuissante à donner. Mr Fran[n]kin tient convenablement le rôle effacé de Nourabad.

Les chœurs et l'orchestre connaissent bien la partition et leur chef, M. Joseph Dupont, les mène avec sa vigueur accoutumée. Il y a du côté de la percussion une certaine exagération de sonorité qu'il serait bon de restreindre, notamment dans le tableau final de l'opéra.

Des décors très artistement accommodés et des costumes pittoresques ajoutent au spectacle de la variété et de l'attrait.

Il y a eu la veille de la première des *Pêcheurs de Perles* une reprise du *Sourd*, opéra-comique d'Adolphe Adam, qui fit beaucoup rire la génération précédente, mais dont les jeux de mots et les plaisanteries sont aujourd'hui passés de mode. Quelques jolis détails de cette partition font encore plaisir et c'est Mme Legault qui s'entend le mieux à les faire valoir. MM. Nerval, Seghers et Chappuis ont fait leur possible pour amuser le public assez froid qui assistait à cette résurrection. La reprise du *Sourd* était suivie de celle de *Maître Wolfram*, opéra-comique en un acte d'Ernest Reyer, représenté au théâtre de la Monnaie le 20 septembre 1866. On a écouté et longuement applaudi cette jolie partition d'un maître-artiste dont l'interprétation est confiée à MM. Rouyer, Chappuis et Gaudubert ainsi qu'à Mme Gandubert. Les chœurs et l'orchestre,sous la direction de M. Léon Jehin,ont très consciencieusement tenu leur partie.

E. E.

Théâtres & Concerts

PARIS

M. Colonne annonce pour dimanche prochain la *Marie-Magdeleine*, l'oratorio profane, très profane, de M. Jules Massenet, lequel a le double tort d'intituler son œuvre *drame sacré*. La *Marie-Magdeleine*, de M. Massenet contient de fort jolies choses ; elle est bien connue, elle a fort servi à la réputation de son auteur, et c'est justice. Il est bon, il sera sans doute instructif qu'elle soit remise en lumière. Mme Krauss et M. Vergnet chanteront les rôles de la Magdeleine et du Christ, interprétés autrefois par Mmes Viardot et M. Lhérie, à l'Opéra-Comique.

M. Lamoureux fait toujours salle comble au Cirque d'été, et l'on applaudit à l'envi le vaillant chef d'orchestre et sa phalange éprouvée ; au programme d'hier, on remarquait le prélude de *Parsifal* et la suite de fragments tirés des *Maîtres Chanteurs*, magistralement exécutée et accueillie avec enthousiasme. L'éminent *impresario* de *Lohengrin* pourrait se contenter de ces succès obtenus avec ses anciens programmes et vivre sur sa grande et légitime réputation ; mais il n'est pas homme à s'arrêter en route, et il est probable, la prochaine installation d'un orgue au Cirque d'été, nous présage de nouveau, nous présage de belles soirées, de grandes fêtes artistiques, de pures jouissances musicales.

Au Conservatoire, la *Société des Concerts* ne reprendra guère ses séances avant le 11 décembre. Ce retard est dû aux travaux d'amélioration en cours dans la salle. Ce soir on traite d'ouvrir le défilé de nouvelles portes sur la rue du Conservatoire et la rue Sainte-Cécile ; on supprime un certain nombre de strapontins. C'est bien peu de chose ; ce qui est plus sérieux, c'est l' " infinfammabilité „ du décor qui ferme la scène, et surtout l'installation de la lumière électrique. On pourra donc enfin entendre du Beethoven bien joué sans payer ce plaisir par la transpiration et l'asphyxie.

Le deuxième concert dirigé par M. Montardon au Château-d'Eau a eu lieu dimanche M. Montardon a eu tort de donner un premier concert qui devait être séparé du second par un aussi long intervalle de temps. Il fera bien, pour réparer à cette faute, pour donner à ses programmes de l'attrait et de l'intérêt, de faire appel aux jeunes compositeurs débutants, et de reprendre à, ce point de vue, mais à ce point de vue seulement, les traditions de M. Pasdeloup.

A la *Concordia*, la Société chorale dirigée avec tant de zèle par Mme Henriette Fuchs et M. Widor, on répète avec ardeur la *Passion selon saint Mathieu*, l'incomparable chef-d'œuvre de Jean-Sébastien Bach.

A l'Opéra-Comique, les choses marchent moins bien que par le passé. Chœurs et orchestre sont bien de la peine à se mettre d'accord pour la mesure et l'intonation: les interprètes sont médiocres; une sorte de mauvaise influence de *mal'aria*, pèse sur la troupe. Telle représentation ne se passerait pas sans murmures et sans sifflets, si la salle n'était remplie en partie par des billets donnés... Une chose qui a produit un effet déplorable et universel, c'est la ridicule idée de M. Jules Barbier, le trop célèbre directeur intérimaire, de supprimer l'incendie dans la reprise de *Mignon*, " pour ne pas réveiller de cruels souvenirs „. On peut aller loin avec ce système! ... Et comme c'est maladroit en ce moment ! ..
B. C.

Répertoire de la semaine à l'Opéra :
Lundi, les *Huguenots*. — Mercredi, le *Prophète*. — Vendredi, *Don Juan*. — Samedi, *Faust*.

Répertoire de la semaine à l'Opéra-Comique :
Lundi, le *Café*, *Philémon et Baucis*. — Mardi, le *Pré aux Clercs*, *Richard Cœur-de-Lion*. — Mercredi, *Café*, *Philémon et Baucis*. — Jeudi, *Galathée*, l'*Épreuve villageoise*. — Vendredi *Carmen*. — Samedi, le *Café*, *Philémon et Baucis* (premier samedi de l'abonnement).

BRUXELLES

Il y a sept ans, lorsque Liszt vint à Bruxelles et qu'un groupe d'artistes organisa en l'honneur du vieux maître un festival composé de ses œuvres, toute la presse acclama le jeune chef d'orchestre qui s'était révélé en cette occasion : c'était M. Franz Servais qui vient d'organiser les *Concerts d'hiver*, et qui, a inauguré, dimanche, ses auditions, avec un orchestre formé par lui en dehors de l'unique orchestre que Bruxelles possédait jusqu'ici et qui, invariablement, au Conservatoire, aux Concerts populaires, à l'Association, au théâtre de la Monnaie, repassait comme le fameux cortège de la *Juive*. C'est merveille de voir ce qu'en *six répétitions* M. Franz Servais a pu faire d'éléments divers recrutés un peu partout, qbel parti il a su tirer de ces 75 musiciens que quelqu'un désignait sous le nom collectif de phalange *des refusés*. Ensemble, cohésion, pondération des sonorités, il a su donner en quelques jours toutes ces qualités à ses instrumentistes et, chose surprenante, à Bruxelles, disons en Belgique, il est même parvenu à faire inculquer le sentiment du rythme, la seule qualité qui manque à toutes nos exécutions musicales. Le rythme ! Il suffit que M. Servais ait su obtenir de ses artistes qu'ils l'observent scrupuleusement, pour que nous le proclamions un chef d'orchestre de rare talent. Où le rythme paraît, commence la vie dans la musique. Il y a toute une école de musiciens, combien néfaste engeance, qui s'imaginent donner de l'animation à un morceau en précipitant tous les mouvements. Ils arrivent simplement à brouiller tous les dessins et à ne rien laisser paraître courtes les *divins longueurs*, comme disait de toute composition musicale. M. Franz Servais nous a amenés enfin à des interprétations qui respectent au moins cette loi fondamentale de la musique et n'eût-il abouti qu'à ce seul résultat, il aurait bien mérité de l'art.

Aussi le succès de son premier concert a-t-il été très franc, très complet, très artistique surtout.

C'est dans la salle de l'Eden-théâtre, très convenablement aménagée, avec les baies donnant sur les jardins fermées par des tentures, que se donnent les *Concerts d'hiver*. L'acoustique de la salle est parfaite. Que le public ne redoute pas de s'y rendre. Il y a de la place, et celui qui aime sincèrement la musique peut être certain qu'il sera servi à souhait. „ Jamais je n'ai eu autant de plaisir à écouter une symphonie ", nous disait à la sortie un auditeur conquis, en parlant de l'exécution de la symphonie en *ut* de Schubert. C'est là un triomphe pour M. Servais. Grâce aux nuances et aux qualités rythmiques de son exécution, il a réussi à faire paraître courtes les *divins longueurs*, comme disait Schumann, de cette symphonie. Dans le domaine de la symphonie, un large champ s'ouvre devant M. Servais. Il y a quelque quinze ans qu'on n'a plus entendu à Bruxelles les grandes compositions de Mozart et de Haydn, et comme celles de Beethoven s'appauvissent de plus en plus loin aux Populaires et au Conservatoire. Un noyau de fidèles se formera bien vite autour de ses concerts, si, comme il se le

propose, tout en marchant résolument dans les voies modernes, il n'abandonne pas aussi complètement qu'on l'a fait en ces dernières années, le vaste répertoire des symphonies classiques. Certes le *Prométhée* de Liszt est un poème symphonique d'une rare intensité de coloris et d'une inspiration qui vise haut; mais après les élans les plus poétiques, l'exaltation du musicien se traduit, comme en beaucoup de ses œuvres, par des puérilités et des bizarreries qui ont cessé d'étonner. C'est le malheur de toute la création romantique que cette tendance au bizarre, qui aboutit le plus souvent au trivial et au boursouflé. Il ne faudrait pas nous donner trop de ces œuvres-là. La prodigieuse raison de Wagner est venue broyer de sa souveraine logique ce fatras ampoulé et faux. Il n'a pu faire passer, malheureusement, le souffle de son inspiration à son disciple Hans de Bulow, dont la *Malédiction du chanteur* est une malédiction en effet. C'est bizarre et froid. La *Huldigungs Marsch*, hommage au roi de Bavière, a été composée par Wagner à l'époque où Louis II, à peine monté sur le trône, venait d'appeler auprès de lui le compositeur, criblé de dettes et qui avait dû fuir Vienne pour échapper aux recors. C'est un morceau pompeux et sonore mais qui n'a d'autre valeur que sa signature. L'ouverture d'*Egmont* de Beethoven, enlevée avec vigueur et bien comprise, complétait le programme dont l'éclectisme raffiné n'excluait pas une tendance très prononcée au modernisme. C'est peut-être là la voie du succès de public. Nous le souhaitons à M. Franz Servais après le remarquable début qu'il vient de faire.
M. K.

P. S. — A propos des *Concerts d'hiver* qu'on s'est nécessairement mis de suite à poser en hostilité aux Concerts populaires, notre confrère E. C. de la *Gazette* a commis une erreur. Il semble accuser la Société des Concerts populaires d'avoir, dans un intérêt mesquin, choisi, pour ses concerts, les mêmes dates que les auditions de M. Franz Servais. La vérité est que le *Guide* avait annoncé les dates- probables des quatre matinées de M. Dupont, au moment où l'existence des concerts de M. F. Servais n'était pas même assurée. Toute intention de taquiner un concurrent doit donc être écartée. Il est fâcheux, certes, qu'une entente ne se soit pas établie préalablement au sujet des dates des concerts des deux sociétés, comme elle a été établie entre les Concerts d'hiver et le Conservatoire. Mais il serait injuste d'accuser les Concerts populaires d'avoir voulu jouer un tour à M. F. Servais. Dès le 13 octobre nous annoncions les dates des Concerts populaires. Conclusion : il faut lire le *Guide*.

A l'Alhambra, malgré le retentissant succès d'*Ali-Baba*, on prépare la *Fauvette du Temple* de M. André Messager. Le jeune maëstro français vient de passer deux jours à Bruxelles pour arrêter la distribution de la pièce.

GAND

GRAND-THÉÂTRE. — Mercredi 23, *Lucie de Lammermoor* ; vendredi 25, *Faust* ; dimanche 27, *le Cid* ; lundi 28, *Carmen*.

Cette dernière semaine a été excellente, et nous avons eu quatre bonnes soirées dont la plus intéressante a été celle où l'on a joué *Faust*. A l'occasion de cette représentation qui était la 200e — ou à peu près — de l'œuvre de Gounod à notre théâtre, M. Voitus-Van Hamme a eu l'heureuse idée d'organiser une sorte de petit festival en l'honneur du maître. Après l'acte du jardin, l'orchestre a exécuté l'ouverture de *Mireille*. M. Soum a chanté la *Vallon*, Mme Stella-Corva la valse de *Roméo et Juliette*, Mme Laville-Ferminet le grand air de la *Reine de Saba*, Mme Boyer et M. Alvarez le duo de *Mireille* : *O Magali, ma bien-aimée*, qu'on a bissé. Puis Mme Laville a récité des strophes écrites spécialement pour la circonstance, par notre confrère Frédéric de la *Fédération Artistique*, et les acteurs, les choristes et le corps de ballet ont défilé devant le buste du compositeur, aux sons de la marche de la *Reine de Saba* et aux chaleureux applaudissements du public.

La première représentation de *Faust*, à Gand, a eu lieu le 24 décembre 1860, sous la direction A. Vizentini, avec Singelée comme chef d'orchestre, et le ténor Audran. L'année suivante, Mme Miolan-Carvalho vint deux fois chanter le rôle de Marguerite; Mlle Artot le chanta une fois en 1866 et Mme Galli-Marié en 1874. Le rôle, du reste, a été successivement tenu par Mmes Guffroy, Rouvroy, Mayer-Boullard, Balbi, Vronen, Irène Lambert, B. Baretti, Dufau, Marion, Hasseimans, Cécile Mézeray, Alice Renaux, Marie Garcin, Dérivis, Ottiker, Renouté, Bstard, Vaillant-Couturier, Laville-Ferminet et enfin Boyer. Citons comme principaux ténors MM. Tallon, Dequercy, Fabre, De Kegel, Bertin, Séran, Cossira, Merrit et Alvarez; comme Méphistos : MM. Couplon, Filliol, Marchot, Depoitiers, Bryon d'Orgeval, Christophe, Dauplin, Villefranck ; enfin, comme Valentin : Carman en 1867 et Séguin en 1880. Je puise ces renseignements curieux dans un article que le chroniqueur théâtral du nouveau *Journal de Gand* a consacré à l'histoire de *Faust*, à Gand.

La représentation même a été brillante; jamais Mlle Boyer et

M. Alvarez n'ont été mieux en voix et n'ont excité plus d'enthousiasme; ces deux jeunes artistes révèlent chaque jour de nouvelles qualités, et M. Alvarez, notamment, pourrait bien marcher sur les traces de Cossira.

Vendredi la première des *Pêcheurs de Perles*.   P. B.

Nouvelles diverses.

. M. Charles Gounod écrit en ce moment la musique d'un nouvel hymne dû à la muse de M. Georges Boyer, *Notre-Dame de France*, c'est son titre. Et l'illustre auteur de *Faust* qualifie cet hymne d'une façon bien pittoresque; il l'appelle *la Marseillaise de la Vierge !*

Le centième anniversaire de la mort de Gluck (15 novembre) a passé complètement inaperçu à l'Opéra de Berlin. Le soir de cet anniversaire l'affiche annonçait *Martha* et c'est la musique douçâtre du doux Flotow qui a retenti dans la salle de l'Opéra Impérial. Même oubli à Vienne et à Paris. N'est-ce pas triste à dire ?

A Berlin la semaine dernière a eu lieu la 500ᵉ de *Don Juan* dans cette ville.

On prépare activement pour les premiers jours de décembre, à l'Opéra de Berlin, une représentation de *Tristan*, sous la direction de M. C. Schröder, avec les célèbres chanteurs de Bayreuth: Henri Vogl et Rosa Sucher dans les rôles principaux. M. Franz Betz paraîtra pour la première fois à cette occasion dans le rôle de Kurwenal.

Le premier acte du *Crépuscule des Dieux* est sur par cœur par les interprètes, on se prépare à attaquer les études du second acte. Seulement, il est possible, sinon probable, que l'*Or du Rhin*, sous la direction de M. Ludwig Deppe précédera cette représentation, quoique les études n'en soient pas encore commencées et que les décors ne soient pas encore commandés.

Après le Gurzenich de Cologne, c'est à Francfort et à Wiesbade que Brahms a fait entendre avec MM. Joachim et Haussmann son nouveau concerto double pour violon, violoncelle et orchestre. Au dire des juges compétents, c'est une œuvre tout à fait géniale. Prochainement elle sera exécutée à Berlin.

Le sujet de *Loreley*, la fée rhénane aux cheveux d'or, a inspiré plus d'un musicien. Nous avons annoncé dernièrement un nouvel opéra sur ce sujet joué à Copenhague. Cet opéra est de M. Bartholdi. Quelques semaines auparavant on avait joué à Leipzig la *Loreley* de Max Bruch, œuvre de jeunesse que l'auteur a récemment remaniée et qui, néanmoins, n'a obtenu qu'un succès d'estime. Voici qu'on annonce une nouvelle *Loreley* du Dʳ Hans Sommer, un disciple passionné de Wagner, et une *Loreley* de l'auteur tant applaudi du *Trompette de Säckingen*, M. Victor Nessler, d'après un nouveau poème lyrique de Julius Wolff. Tout cela ne vaudra pas sans doute la *Loreley* que Mendelssohn devait composer sur le livret que le poète Geibel avait écrit pour lui spécialement et dont il ne put terminer que des fragments.

On nous écrit d'Aix-la-Chapelle qu'au dernier concert de l'*Instrumentalverein*, une toute jeune virtuose du violon s'est révélée d'une façon exceptionnellement heureuse et pleine de promesses. Il s'agit de Mˡˡᵉ Irma Sethe, fille d'un très honorable négociant bruxellois et élève de M. Joklsch. Elle n'a guère que onze ans et elle a joué avec un imperturbable aplomb et de remarquables qualités l'*andante et rondo* du deuxième concerto de de Bériot et l'*introduction et rondo* de Saint-Saëns. Le public ravi a fait à la blonde enfant un succès extraordinaire, dont les journaux font foi. La jeune artiste a, dit-on, un son large et très beau, beaucoup d'archet et un mécanisme déjà surprenant. Mˡˡᵉ Sethe s'était fait entendre l'année dernière à Marchienne avec un succès aussi surprenant. Si le talent de cet enfant extraordinairement doué se développe comme il y a lieu de l'espérer, il se pourrait qu'elle devint un jour une grande artiste.

Nous lisons dans le *Journal d'Alsace* : « Il avait été fait si peu de bruit à Strasbourg autour du nom de M. Thomson, le soliste du deuxième concert d'abonnement, qu'il était bien permis à la plupart des habitués d'ignorer la valeur de ce violoniste. La surprise a été d'autant plus grande de se trouver en présence d'un virtuose arrivé au complet épanouissement par l'orchestre, en pleine possession de lui-même, de connaître enfin en M. César Thomson un violoniste profondément fort. Le mécanisme de M. Thomson est phénoménal, son style est d'une pureté absolue et son jeu émerveillé par l'élégance, par la finesse et par le brio. Comme musicien il cultive un

phraser d'une intensité d'expression admirable et qui a exercé tout son charme dans le concerto de Beethoven. Rarement, jamais peut-être, à l'Aubette, l'œuvre grandiose de Beethoven n'a été jouée avec autant de simple grandeur unie à la noblesse du sentiment et à l'élévation du style „

Le même journal constate que M. Thomson a remporté un véritable triomphe, et triomphe, ajoute-t-il, implique retour.

Quelques jours après M. Thomson, Sarasate et Mᵐᵉ Berthe Marx se faisaient également applaudir à tout rompre par le public de Strasbourg.

Le critique musical Francesco Biagi, de Bologne, ayant fait quelques observations aux artistes de l'orchestre, s'est vu l'objet d'une manifestation hostile.

Le jeune pianiste Joseph Hofmann a terminé glorieusement la série des concerts qu'il devait donner à Londres. Depuis le temps où Rubinstein et Sophie Menter furent parmi nous, écrit un journal anglais, aucun pianiste n'attira la foule autant que le petit Hofmann. L'intérêt que le public lui a témoigné ne s'est pas ralenti; il a été constamment en grandissant. Le jeune prodige, accompagné de son père, s'est embarqué pour l'Amérique le 17 courant.

Les élèves de Mᵐᵉ Fursch-Madier, qui tient à New-York une école de chant, se sont fait entendre dernièrement dans un grand concert avec orchestre qui a obtenu un succès brillant. Nous sommes charmés d'annoncer cette nouvelle aux admirateurs de l'ancienne pensionnaire du théâtre de la Monnaie.

On nous écrit d'Amsterdam :

Le 24 novembre 1887, la célèbre cantatrice Marcella Sembrich a donné son premier concert, et l'éminente cantatrice a obtenu ici comme ailleurs un immense succès, si grand qu'on lui a demandé une seconde audition. M. Joseph Wieniawky, qui s'est fait également entendre à ce concert, a laissé l'expression d'un pianiste de talent, parfait musicien, comme il y en a des pléiades.

Une polémique fort amusante se poursuit en ce moment dans la *Gazette de Rotterdam* entre le Directeur de l'Opéra Néerlandais d'Amsterdam, M. de Groot, et le critique musical de ce journal, qui semble partager complètement mes idées, en ce qui concerne l'Opéra Néerlandais. Il va même beaucoup plus loin que moi, il prétend qu'un compositeur néerlandais ne saurait avoir de talent qu'à la condition, que *sa musique ne soit pas Néerlandaise*. Je ne partage nullement une opinion pareille, je m'étonne même de trouver cette profession de foi sous la plume d'un critique musical.

Au prochain concert de la Société *Tot Bevordering der Toonkunst* on exécutera, sous la direction de M. Röntgen *le Paradis et la Péri*, cette œuvre si poétique de Schumann.

M. Viotta nous fera entendre dans le prochain concert de la Société, *Excelsior*; une Société qui s'est fondue avec la *Wagner Vereeniging*, un ouvrage de Niels Gade *die Kreuzfahrer* (les Croisés). M. Viotta s'est assuré le concours de l'éminent chanteur Emile Blauwaert.

L'orchestre dirigé par M. Wedemeyer et qui donne des concerts symphoniques tous les dimanches, mérite d'être signalé. L'exécution est fort bonne, on y a souvent la primeur d'ouvrages nouveaux, et on n'oublie pas d'y jouer quelquefois aussi des compositions d'auteurs néerlandais, bien qu'elles ne soient pas toujours bien intéressantes.

L'Opéra Néerlandais attire toujours un public plus ou moins nombreux; les autres théâtres font de mauvaises affaires et les concerts n'attirent le plus souvent que peu de monde.   Dʳ Z.

On nous écrit de Bruges, sous la date du 28 novembre 1887 :

Le 16 de ce mois a eu lieu le concert annuel de symphonie, organisé au profit de l'œuvre des septuagénaires indigents.

On y a entendu M. Bouchout, baryton amateur et Mᵐᵉ P. de V. une cantatrice brugeoise, qui se sont fait applaudir, le premier dans l'air de Nadir des *Pêcheurs de Perles*, la seconde dans le grand air d'*Hérodiade*.

M. Redlich, un flûtiste de talent, a joué avec beaucoup de virtuosité entre autres les " Variations sur un air allemand » de Boehm.

M. Depost, un jeune violoncelliste d'avenir a bien joué la fantaisie caractéristique de Servais, et y a remporté un grand succès.

Les morceaux de résistance du concert étaient deux belles pages de Mozart, exécutées par l'orchestre, sous l'habile direction de M. Jules Goetinck, qui s'attache à faire pénétrer ici les traditions du Conservatoire de Bruxelles, dont il est sorti.

L'ouverture de *Don Juan* a été jouée remarquablement. Mais l'orchestre s'est surpassé dans l'exécution de la symphonie en *ré* (nᵒ 38). Le premier allegro a été enlevé avec beaucoup de verve; l'andante, d'une grande simplicité de sentiment, a été très finement détaillé; le presto finale, joué avec un brio remarquable. Dans ce dernier mouvement, l'on a fort remarqué la justesse de l'harmonie, dont le rôle est saillant dans ce morceau.

Le public a chaleureusement applaudi le vaillant chef d'orchestre, M. Jules Goetinck.

En somme ce concert a brillamment ouvert la saison.

Le cercle *Le Progrès* de Namur a donné la semaine dernière une exécution de fragments de la *Fille de Saül* de M. F. Godefroid, un opéra qui se promène depuis des années dans les salles de concerts. Le célèbre harpiste, qui est Namurois de naissance, a été naturellement l'objet d'ovations enthousiastes de la part de ses compatriotes.

BIBLIOGRAPHIE

Les éditeurs Breitkopf et Härtel mettent en vente une étude sur la vie et les œuvres de Frédéric Lux par M. A. Reissmann (*Friedrich Lux, sein Leben und seine Werke*). Cet ouvrage intéressant par sa forme, ainsi que par les nombreuses citations en texte musical, est orné d'un portrait du célèbre compositeur-organiste et du catalogue très important de ses œuvres dramatiques, symphoniques, instrumentales et vocales.

IL TEATRO ILLUSTRATO (Milan, Sonzogno). — Sommaire de la livraison du mois de novembre.

Illustration avec texte : le *Comte de Gleichen*, cinq dessins des principales scènes de ce drame lyrique de Mankzocchi.

Texte : *Tristan et Isolde* de Wagner (suite), les préludes de Wagner ; deux oratorios de maîtres italiens' en Angleterre (Bottesini et Mancinelli) ; théâtres de Milan (*le Comte de Gleichen* et *Carmen*), de Livourne, de Paris, de Monaco, de Vienne, de Budapest, de Prague, de Berlin ; *Mignon* au théâtre Bellini, de Naples ; Clergé et patrie ; bibliographie, nécrologie, bulletin dramatique du mois d'octobre, etc.

Musique : deux morceaux de l'opéra *le Comte de Gleichen*, de Mankzocchi.

VARIÉTÉS

ÉPHÉMÉRIDES MUSICALES

Le 2 décembre 1840, à Paris (Opéra), *la Favorita*, 4 actes de G. Donizetti.

Aujourd'hui encore la *Favorite* a ses enthousiastes qui ont conservé la vivacité de leurs impressions datant d'une cinquantaine d'années à peu près, et qui tressaillent d'aise aux platitudes comme aux bons endroits ; l'ouvrage est resté pour eux un chef-d'œuvre dramatique. D'autres le traitent assez dédaigneusement.

Les premières, à Bruxelles, 11 août 1841 ; à Londres (Her Majesty's), *la Favorita*, par une troupe italienne, 16 févr. 1847 ; à Vienne, *die Favoritin*, 4 oct. 1858 et 7 oct. 1871.

» Le 8 décembre 1825, à Paris (Odéon), Gilbert Duprez débute dans le *Barbier de Séville*, adaptation de Castil-Blaze, musique de Rossini.

Dans ses *Souvenirs d'un chanteur* (Paris, Calmann-Lévy, 1880), Duprez raconte ainsi les premiers pas sur les planches d'un théâtre.

« L'Odéon jouait alors avec succès les œuvres des maîtres anciens et modernes, français, italiens ou allemands, *Don Juan*, *Robin des Bois*, *le Barbier*, *la Pie voleuse*, *Marguerite d'Anjou*, *Zémire et Azor*. etc., etc., avec d'excellents artistes, tels que la Schütz, Valère, Mondonville, pour interprètes. C'est à ce théâtre que je me fis entendre et fus immédiatement engagé aux appointements fabuleux de 4,000 fr. par an, soit 333 fr. et 88 centimes par mois, une fortune enfin ! Le 8 décembre 1825, à l'âge de 19 ans, moins trois jours, je débutai dans le *Barbier de Séville*.

» La première critique dont j'eus l'honneur d'être l'objet fut faite par le *Courrier des théâtres* ; elle disait que « pour m'entendre il fallait être assis sur le trou du souffleur, et qu'en me voyant, on croyait avoir pris la lorgnette par le grand côté ».

« ...Je chantai avec succès diverses pièces du répertoire si ornementé de Rossini et de ton école, auquel ma voix de *ténorino*, aussi agile pour le moins qu'exiguë, se prêtait à merveille. Cela ne m'empêcha pas d'être fort applaudi dans les rôles, tout de style et de sentiment, de *Zémire et Azor*, de l'Ottavio de *Don Juan*, et dans diverses créations, comme par-exemple *la Folle de Glaris* (traduction de *Córdelia*, musique de Conradin Kreutzer). »

» Le 4 décembre 1843, à Leipzig (Gewandhaus), *Das Paradies und die Peri* (musique de Robert Schumann.

L'enthousiasme provoqué par cette belle composition, sous la conduite du compositeur en personne, fut si grand, qu'il fallut la redire huit jours après à la demande générale, et les 11 et 28 décembre, on l'exécuta à l'Opéra de Dresde. Dès ce moment, la réputation de Schu-

mann s'établit fermement en Allemagne, quoiqu'il ait fallu vingt ans encore pour que son œuvre devînt décidément populaire.

A Bruxelles, le 22 janvier 1874, le *Paradis et la Péri* a été exécuté par la Société de musique dirigée par M. Henry Warnots. (Voir *Eph. Guide mus.*, 7 janvier 1886).

A Paris, au concert Colonne (18 et 20 novembre dernier), deux auditions de : le *Paradis et la Péri* ont causé la plus vive impression. Notre collaborateur, B. Claes, en a rendu compte. (Voir *Guide mus.*, du 17 nov., p. 292).

— Le 5 décembre 1791, à Vienne, décès de Wolfgang-Amédée Mozart, à l'âge de 36 ans. Sa naissance à Salzbourg, le 27 janvier 1756.

Ajoutons à l'extrait que nous avons donné (Voir notre dernier numéro, p. 301) de ce que Wagner a dit de Mozart ceux qui vont suivre :

« Resté toute sa vie pauvre et même besogneux, repoussant avec une dédaigneuse sauvagerie les avances de la fortune, déjà, par ces traits extérieurs il personnifie complètement le caractère national. Poussant la modestie jusqu'à la timidité, le désintéressement jusqu'à l'oubli de soi-même, il accomplit l'œuvre la plus étonnante, il lègue à la postérité d'inestimables trésors, sans se croire un autre mérite que celui d'avoir cédé à son instinct créateur.

» L'histoire d'aucun art n'a pas de plus touchant, de plus noble exemple à présenter.

« Au cœur de la mélodie, il verse l'intarissable torrent d'une riche harmonie : on eût dit qu'ayant confié l'interprétation de cette mélodie à l'organe inférieur des instruments, il se préoccupait sans relâche de lui communiquer, en échange, la profondeur de sentiment, l'ardeur passionnée, qui, dans la voix humaine naturelle, sont le principe intime, l'inépuisable source de l'expression.

« Sans chercher à exprimer péniblement ce que la musique ne peut et ne doit jamais exprimer, c'est-à-dire les particularités et les complications de l'action elle-même, telles que s'efforçait de les expliquer le prologue antique, Mozart, avec le coup d'œil du vrai poète, discerna la pensée maîtresse du drame, et s'en emparant comme d'un fil conducteur, il la dépouilla de tout l'élément accidentel et accessoire du fait positif, afin d'en présenter l'image transfigurée, et de personnifier par des sons le jeu passionné des sentiments... »

— Le 6 décembre 1806, à Paris, naissance de Gilbert-Louis Duprez. — Ses débuts à l'Opéra dans *Guillaume Tell*, le 17 avril 1837 ; sa retraite en 1849 ; ses premières représentations à Bruxelles, en juin 1841.

— Le 7 décembre 1843, à Bruxelles, les *Martyrs* de Donizetti. Quinze représentations. — A Paris, la première, 10 avril 1840.

A l'occasion d'une reprise des *Martyrs*, à l'Opéra Populaire, en juin 1884, M. Ad. Jullien, écrivait ceci dans *le Français* : « Cet opéra qu'on qualifiait déjà de médiocre et de vide en 1840, est un des plus misérables ouvrages qui soient sortis de la plume de Donizetti ; c'est le néant complet Non seulement Duprez n'en put rien tirer quand il le créa à l'Opéra de Paris en 1840, Mais Tamberlick n'eut pas plus de bonheur quand il voulut chanter cette adaptation de *Polyeucte* aux Italiens en 1859 ».

— Le 8 décembre 1849, à Naples (San Carlo), *Luisa Miller* de Verdi. Œuvre remarquable et qui caractérise en plus d'un endroit la vigueur et l'âpreté de la nature artistique de Verdi. Pourtant, à l'Opéra de Paris, l'adaptation française de *Louise Miller* n'y eut que huit représentations (2 février 1853). Bruxelles n'en a rien connu. — A Vienne, au Nationaltheater, *Luisa Miller* n'y fut jouée que cinq fois, du 20 avril 1852 au 16 mai 1854. — A Londres (Sadler's Wells), en anglais, le 3 juin 1858, et, en italien (Her Majesty's), le 8 du même mois, même année.

Rectification : Un de nos lecteurs nous envoie une note d'après laquelle l'opérette de Gevaert, *Georgette*, a été jouée à la Monnaie et y eut deux reprises: l'une, le 19 janvier 1855, avec Prilleux, Aujac, Girardot et Mme Esther; l'autre, le 3 décembre 1871, avec Barbot, Chappuis, Arsandeaux, Dubochet et Mme Nordet.

Notre aimable collaborateur P. B. nous donne aussi la première de *Georgette* à Gand, le 3 décembre 1854.

Nécrologie.

Sont décédés :

— A Carlsruhe, le 18 novembre, Henri Panofka, né à Breslau le 2 octobre 1807, violoniste, compositeur, professeur de chant, écrivain musical. (Notice, *Biogr. univ. des mus.* de Fétis, t. VI, p. 441.)

— A Hambourg, le 18 novembre, Edouard Marxsen, né à Nienstaedten, près Altona, le 23 juillet 1806, pianiste, compositeur et professeur. Brahms a été son élève. (Notice, *ibid.*, p. 18.)

— A Parme, à l'âge de 52 ans, Ludovico Spiga, professeur de chant, auteur d'un opéra bouffe et d'une méthode de chant. (Notice, *ibid.*, suppl. Pougin, t. II, p. 538.)

— A Livourne, Ranieri Del Corona, auteur d'un opéra *Zaira*, représenté en 1863. (Notice, *ibid.*, t. I, p. 202.)

— A Hambourg, à l'âge de 56 ans, Théodore Michaelis, auteur de compositions pour le piano.

NOUVEAUTÉS

Viennent de paraître chez

SCHOTT FRÈRES, 82, MONTAGNE DE LA COUR, A BRUXELLES

NOVEMBRE 1887

PIANO SEUL

Bachmann, G. Les Bibelots. Divertissement 1
— De Fleur en Fleur. Valse-Ballet . 1
— Au moyen-Age. Chanson 2
— Méditation 1
— La Mondaine. Valse brillante . . 1
— Sous l'Aigle blanc. Polonaise . . 1 90
— Windsor. Gavotte 1 90
Beaumont, P. Colinette. Danse mignonne 2
— Les Castagnettes. Danse espagnole 2
— Chanson de Noël. Berceuse . . . 1 90
— Menuet en Ré 1 90
Beyer, Victor. Op. 20. Des Sängers Traum von Vincent. Transcription 1 90
Beyschlag, A. Musica sacra. Collection de Morceaux class. en trois Livres, chaque fr. 2 50
Blaas, Josef. Op. 60. Halb städtisch, halbländlich.Zwei Walzer-Landler — Op. 68. Concertwalzer 1
Czibulka, A. Op. 318. Austria-Valse . 1 90
Delacour, V. Bergerette. Danse gracieuse 2 50
Devrient, F. Dans ses Foyers (Daheim) Polka-Mazurka 1 90
— Fleurs printanières (Lenzblüthen) Polka 1 90
— Messagers du Printemps (Frühlingsboten). Polka 1 90
— Saint d'Amour (Liebesgruss).Valse 1 90
Frugatta, Giuseppe. Trois Morceaux de Concert . . . . Chaque fr. 2 50
Hennelt, Adolphe. Rondoletto. N. E. 2 50
Kowalski, H. Op. 79. Sérénade Japonaise. Esquisse 1
— Op. 80. Souvenir de Calcutta. Rêverie 1
— Op. 81. Paysage printanier . . . 1
— Op. 82. Paysage d'Automne . . . 1
Michiels, Gustave. Babillage-Polka . 1 90
— Danse de Cosaques. Galop . . . 1 90
de Mirecki, M. Deux Polkas (Carillon et les Rieuses de Paris) 2
Muth, A. Der flotte 87er (Le joyeux troupier) Marsch 1 90

Muth, A.
Muth, A. Freundschafts-Polka (Amitié-Polka 1 60
— Paulinen-Polka-Mazurka (Pauline-Polka-Mazurka) 1 60
— Der Ungeduldige (l'Impatience) Galop 1 60
d'Orso, F. Op. 31. Ramage d'Oiseaux. Morceau de Salon 1 90
— Op.82. Tentation. Hymne d'Amour 1 90
— Op. 33. Habanera 1 90
Rupp, H. Fanfare de J.Lemmens, transcr. 1 60
Sgambati, G. Op. 20. Tre Notturni complet 3 75
— Op.20.Notturno I in Si-min.(H-moll) 1 90
— " " II in Sol (G-dur) . 1 50
— " " III in Do-min(C-moll) 2 25
Smith, S. Op. 316. Au revoir! Mélodie romantique 2 50
Streabbog, L. Op. 256. Bal des Infantgables. Six danses faciles. N° 1-6 séparés 3 75

A QUATRE MAINS

Cramer, H. Potpourri sur des motifs d'opéras favoris, à quatre mains.
N° 102. Undine de Lortzing 3 50
Streabbog, L. Op. 65. La Guirlande de Roses. 6 danses faciles, complète 4 10
dito. N° 1-6 séparés 5 —

A HUIT MAINS

Wagner, Richard. Scene der Rheintöchter a. Götterdämmerung übertragen von Julius Buths . . 3 75

ORGUE

Léfébure-Wely. Venite adoremus. Chant de Noël, transcribed by A. Wittingham 1 60
— La Victoire. March transcribed by A. Wittingham . . . . . 1 —

CITHARE

Gutmann, F. Op. 299. B'suach auf'm Wend'lstoss. Divertiss.für2 Zithern 1 90
— Op. 302. Grüsse an meine liebe Vaterstadt. Weissenburg. Tonstück für Zither . . . . . 1 —

Le Guide Musical

Paraissant tous les jeudis.

ABONNEMENT
FRANCE & BELGIQUE, 10 francs par an.
LES AUTRES PAYS, 10 francs (port en sus)

SCHOTT FRÈRES, ÉDITEURS.
Paris, Boulevard Montmartre, 19
Bruxelles, Montagne de la Cour, 82
En vente chez MM. HEYMANN et Cⁱᵉ
19, rue du Croissant, Paris.

ANNONCES
LA LIGNE . . . . Fr. 0.50
On traite à forfait pour les grandes annonces.

VIOTTI
ET L'ÉCOLE MODERNE DE VIOLON

(Suite. — Voir le dernier numéro.)

Je vois d'abord qu'en 1813, Viotti concourt à la formation de la *Philarmonic Society*, l'une des associations musicales aujourd'hui les plus fameuses de Londres, et qu'il fait partie des trente membres fondateurs, parmi lesquels on remarque J.-B. Cramer et F. Cramer, Muzio Clementi, Charles Neate, l'ami de Beethoven, Vincent Novello, Salomon, Bishop, sir George Smart, etc. L'association avait pour but l'expansion de la musique instrumentale et orchestrale; elle avait pour chef d'orchestre Salomon, pour pianiste Clementi, et elle donna son premier concert le 8 mars 1813. Viotti fit partie modestement de l'orchestre, ce qui ne l'empêcha pas de diriger quelquefois celui-ci, et de faire exécuter, dans l'une des séances de la première année, un quatuor de sa composition (1).

L'année suivante, Viotti fit un nouveau et sans doute très court voyage à Paris, car le Conservatoire ne fut informé de sa présence qu'au moment où il allait repartir. Malgré tout, on organisa à la hâte, en son honneur, une séance dont il fut le héros, et dont Baillot a rappelé en ces termes le souvenir : — « L'administration, qui ne laissait échapper aucune occa-

sion d'entretenir le feu sacré, fit improviser pour lui un concert, en quelques heures ; cependant un assez grand nombre d'artistes et d'amateurs ayant pu être avertis à temps, la salle fut pleine, et Viotti parut dans cette assemblée de famille, comme un père au milieu de ses enfants. Les élèves ne le connaissaient que par ses compositions, qui, depuis l'origine du Conservatoire, sont le sujet des concours annuels pour le prix de violon. La vue de l'homme qui avait été leur modèle idéal, les remplit d'enthousiasme : il fut accueilli avec une explosion de sentiments et de transports qui prouve que si, comme l'a dit une femme célèbre, « l'esprit est en France une dignité, le génie y sera toujours une puissance ». Profondément ému de la réception qui lui était faite par les élèves de l'école et par les assistants, Viotti serra dans ses bras son vieil ami Cherubini, placé à ses côtés, dans la même loge. Les applaudissements redoublèrent alors avec une sorte de fureur ».

Viotti ne revint ensuite à Paris qu'en 1818, sans doute à l'époque où, complètement ruiné par la fâcheuse entreprise commerciale à laquelle il s'était mêlé, il était désireux de s'y fixer de nouveau. On a fait remarquer avec raison combien il était singulier que ce grand artiste, avec son merveilleux talent et son immense réputation, n'ait pas eu l'idée de refaire sa fortune à l'aide de ce talent, que le public aurait certainement accueilli avec la même faveur que précédemment. « La seule spéculation convenable à un homme de cette trempe, dit Miel, était sans doute de rendre tributaire de son talent l'Europe qui l'admirait. N'est-il pas étonnant en effet qu'à une époque où les secousses politiques n'avaient pas encore bouleversé les fortunes, et où il n'y avait que quelques noms autorisés à voyager avec succès, cet ami de l'indépendance n'ait pas consacré cinq ou six années

(1) *A dictionary of music and musicians* (George Grove).

de son âge mûr à l'acquérir par d'utiles voyages ? L'artiste et l'art en auraient également profité. » De son côté, Fétis a dit fort justement : — « Viotti ne comprit pas le changement qui s'était opéré dans la société française et même européenne ; il ne vit pas que la renommée des artistes n'avait plus d'autre source, d'autre appuie ces masses qu'il dédaignait ; enfin lorsque la mauvaise fortune le frappa, il ignora qu'avec un talent tel que le sien il y avait dans le public de bien plus grandes ressources pour réparer ses désastres que dans des spéculations hasardéuses. Jamais il ne voyagea pour donner des concerts ; jamais il ne rechercha l'éclat de la vogue ».

Viotti revint donc ici pour y chercher une situation qui lui permit de vivre honorablement. Dès son arrivée, il fut l'objet d'une nouvelle et touchante manifestation artistique, dont Baillot a fait encore le récit : — « Les artistes français, voulant lui donner un nouveau témoignage de leur vénération et de leur amitié, se rendirent chez lui à son insu, pour lui faire entendre quelques morceaux dont les vers et la musique avaient été inspirés par une admiration sincère. Une trentaine de personnes seulement, outre les musiciens, furent mises dans le secret. Cette petite fête se passa au milieu des plus vives émotions. Une circonstance particulière la rendit encore plus touchante. Après la scène lyrique chantée devant celui qui en était l'objet, on le pria de jouer ; son attendrissement était porté au dernier degré ; toutefois il se rendit aux instances. Il faut remarquer qu'à l'exception de quelques amis, personne ne l'avait entendu dans le concerto depuis plus de trente ans. Il exécuta son 29e en *mi* mineur, avec sa verve accoutumée. Hélas ! ce fut le chant du cygne ; nous l'entendîmes pour la dernière fois ; mais cet adieu était un début pour la plupart des auditeurs. Qu'on imagine, s'il est possible, ce qu'un tel concours de circonstances devait ajouter de grandeur au talent de l'artiste, et de pathétique à l'effet du morceau. Nous avions amené plusieurs de nos élèves. L'un d'eux, au premier son tiré de l'instrument par Viotti, fut tellement ému, qu'il se mit à fondre en larmes ; bientôt il sanglotta si haut, que nous fûmes obligés de nous placer devant lui pour le dérober aux regards de celui qui captivait notre âme tout entière ; comme ce berger du Poussin, qui cache aux yeux d'Orphée Eurydice défaillante, pour ne rien perdre des accens du chantre divin » (1).

Il y a un côté vraiment touchant dans ces manifestations si sincères, dans ces hommages réitérés rendus à un grand artiste et qui sont une démonstra-

(1) Miel complète ainsi les détails de cette séance : — « Les artistes français se rendirent chez lui (Viotti) et exécutèrent à grand orchestre une scène composée pour la circonstance. Habeneck l'aîné, auteur de la musique avait eu l'heureuse idée de former les ritournelles avec les plus beaux chants des concertos de Viotti, et ces solos furent confiés à Baillot, à qui un tel honneur était dû. La fête avait à la fois le piquant de la surprise et l'intérêt du sentiment. Touché de ce que cet hommage avait de respectueux et de délicat, Viotti fut attendri jusqu'aux larmes. On le pria de jouer. Il y consentit en disant: *Il y a bien des années que je n'ai joué de concertos; mais je veux vous prouver combien je suis reconnaissant,* et il joua en effet un concerto. »

tion éclatante de l'affection, de l'estime et de l'admiration qu'il inspirait à tous. Il est certain que Viotti avait laissé en France le plus excellent souvenir, et l'on voit que tous ses confrères saisissaient avec empressement les occasions de lui temoigner, avec leur sympathie profonde, les regrets que leur causait son éloignement de ce Paris qui lui avait donné la gloire, et où il avait passé les plus brillantes et les plus heureuses années de sa jeunesse.

(A suivre).   ARTHUR POUGIN.

AVIS

Le GUIDE MUSICAL, après l'important travail de M. Arthur Pougin sur Viotti, en cours de publication, publiera prochainement un intéressant travail de M. Victor Wilder, l'éminent traducteur des drames wagnériens.

Le Guide musical publiera également une curieuse étude de M. Michel Brenet : Les Batailles en musique ; et un article sur les réformes apportées par Wagner dans l'Art de la mise en scène.

A dater du 1er janvier le Guide sera imprimé en caractères neufs.

Les personnes qui prendront un abonnement d'un an au Guide Musical recevront le journal gratuitement à dater de ce jour.

GIOCONDA

Opéra en quatre actes et cinq tableaux, paroles de TOBIA GORRIO
Musique de AMILCARE PONCHIELLI

Autant que nous sachions, le théâtre de la Monnaie, à Bruxelles, sera la première scène française où paraîtra l'œuvre la plus importante qu'ait produite l'école italienne après *Aïda* et avant *Otello* : *Gioconda* de Ponchielli. MM. Dupont et Lapissida continuent avec vaillance les traditions novatrices de la scène bruxelloise, inaugurées par MM. Stoumon et Calabresi.

Quelques mots d'abord sur le compositeur.

Amilcare Ponchielli est un disciple de Verdi, sans être toutefois un élève de ce maître. Il suit les mêmes traditions d'art.

Mort le 16 janvier 1886, Ponchielli était né le 31 août 1834, à Paderno Fasolaro, dans la province de Crémone. Comme Verdi, il partit de très bas. Son père était un pauvre maître d'école qui cumulait les fonctions d'organiste de l'église du village avec le métier de marchand de tabac, de sel et d'épiceries. C'est à son père qu'il dut ses premières leçons. A neuf ans il fut reçu au Conservatoire de Milan et il en sortait en 1854, à vingt ans, ayant appris à peu près tout ce qu'on peut apprendre dans un Conservatoire italien. Il fut successivement, chef d'une musique militaire, à Plaisance et à Crémone. C'est dans cette dernière ville qu'il fit ses débuts au théâtre avec son opéra *I promessi Sposi*, d'après le roman de Manzoni. C'était une œuvre comme on en voit naître sur les théâtres d'Italie à chaque saison, composée à la hâte et conçue uniquement pour faire valoir les artistes de la troupe. Elle eut le succès éphémère de ce genre de productions. Elle fut suivie, d'ailleurs, d'autres œuvres de même caractère la *Savojarda*, donnée à Crémone en 1861, *Roderico, re de' Goti*, donnée à Plaisance en 1864, la *Stella di Monte*, donnée en 1867. En 1872, *I promessi Sposi* reparurent à Milan, au Théâtre dal Verme, nouvellement construit, qui affichait la prétention d'entrer en lutte avec la Scala pour le drame lyrique. Ponchielli avait, dans l'intervalle, profondément remanié son œuvre. Ce fut un grand succès, Dès ce jour son nom sortit de l'obscurité. Deux ballets de lui passèrent à la Scala l'année suivante ; en 1874, *I Lituani*, d'après

Mickiewicz, lui valurent de chaleureux applaudissements ; enfin, *Gioconda*, jouée le 8 avril 1876, mit le sceau à sa renommée et le rendit populaire dans toute l'Italie. Il donna plus tard deux autres opéras encore, *Il Figliuol prodigo* (1880) et *Marion Delorme* (1885), mais leur succès n'égala point celui de *Gioconda*.

C'est, du reste, la seule œuvre de Ponchielli qui ait passé jusqu'ici les Alpes. Elle a été donnée à Vienne, à Londres et à Saint-Pétersbourg avec un très grand succès. Bruxelles sera la première ville où elle sera représentée en français.

L'œuvre appelle l'attention à plusieurs titres : ce n'est pas seulement l'ouvrage le plus dramatique et le plus original d'un maître de second ordre qui a donné à la scène italienne des drames lyriques importants : c'est aussi un ouvrage qui marque un progrès intéressant dans la voie où la scène transalpine est entrée avec *Aïda*.

Ponchielli appartient à ce petit groupe de jeunes musiciens qui, en même temps que Verdi et même avant lui, embrassèrent avec ferveur les idées nouvelles apportées en Italie et répandues à Rome de ce puissant artiste de cet irrésistible initiateur, que remonta le revirement musical de l'Italie. C'est grâce à lui que les œuvres instrumentales des grands maîtres germaniques commencèrent à être cultivées et que les idées de Wagner, éloquemment transmises et répandues en tous sens parmi les jeunes artistes, prirent solidement racine sur les bords du Tibre.

La première tentative digne de mention dans la voie de la rénovation du style dramatique italien date de 1868. Elle est due à M. Arrigo Boito, dont le *Méfistofelè* tomba, il est vrai, à plat, lors de sa première représentation à la Scala, mais laissa des traces, assez vivaces pour encourager plus tard une reprise.

Trois ans après le *Méfistofelè* vint l'*Amleto* de M. Faccio, dont M. Boito avait fait le poème. Même insuccès.

Il fallut toute l'autorité du nom de Verdi et il faut le dire aussi, le charme mélodique et harmonique d'*Aïda*, pour faire accepter au public italien une œuvre conçue, au point de vue italien tout au moins, d'après les principes nouveaux. La popularité obtenue par *Aïda*, dès la première exécution à Milan, en 1872, aplanit les voies aux jeunes rénovateurs et *Méfistofelè*, sifflé à Milan, en 1868, se relevait en triomphe, en 1875, à Bologne.

C'est l'année suivante qu'à Milan parut la *Gioconda* de Ponchielli, dont le livret avait été tiré par Boïto de l'*Angelo* de Victor Hugo.

L'évolution du théâtre italien a continué depuis et l'*Otello* de Verdi marque la rupture définitive avec le passé.

Gioconda appartient encore à la période de transition. Par ses airs, ses duos, ses trios, ses grands ensembles, l'œuvre est italienne, profondément italienne, dans le sens le plus banal du mot. Le scénario de M. Boïto est, lui-même, bâti d'après le moule consacré des autres arrangements italiens des grands drames de Victor Hugo. Tout y est combiné, non pas en vue du plus grand effet possible de terreur par l'analyse et le développement d'une passion, mais en vue du plus grand déploiement de masses et d'accessoires. Les chœurs, les danses, les barcarolles la prière, l'inévitable *preghiera* qui traverse tant d'opéras italiens, tout l'appareil de l'opéra tel que l'on fait les maîtres italiens, s'y retrouve. Le drame même tient en *trois scènes*, où l'action se précipite avec une vertigineuse rapidité, à peine indiquée, frappant brutalement, mais d'autant plus vivement le spectateur ; le reste, 200 pages de partition est de l'accessoire, rien que de l'accessoire.

Cela sent encore l'œuvre faite en vue d'une exploitation théâtrale où il s'agit de mettre en valeur toutes les ressources péniblement réunies par l'impresa ; ce n'est pas encore une œuvre d'art conçue et exécutée pour le seul but d'être aussi parfaite et aussi expressive que possible. Le gros effet extérieur, brutal, banal, trivial au besoin, comme en ces primitives images sur bois où tout est marqué d'un trait sommaire, mais d'autant plus violent, qui se grave et saisit le regard, semble avoir été cette fois encore l'unique préoccupation des auteurs. La sincérité naïve du procédé en est la seule excuse.

Cette *Gioconda* n'est pas cependant une œuvre médiocre, et elle doit intéresser l'artiste moderne par le louable désir qui se manifeste, en maintes parties, d'arriver à une forme d'art plus étudiée. D'un côté, le poème de M. Boïto s'efforce de donner au baroque ensemble de scènes disparates et de contrastes heurtés,

un semblant de logique et de naturel : danses, chœurs, barcarolles et prières, tout cela est amené avec une habileté consommée et autant que possible rattaché à l'action. D'autre part, la partition de Ponchielli révèle une méritoire tendance à caractériser chaque personnage par des formes mélodiques et des harmonies qui leur soient propres. De là, dans cette œuvre, à côté de banalités du plus navrant italianisme, des pages de charme séduisant et d'autres qui ont un souffle et un éclat puissants.

(*À suivre*.) Maurice KUFFERATH.

LA REPRISE
de la MARIE-MAGDELEINE de M. J. Massenet,

AU CHATELET

Il y a plus de dix ans que le soi-disant *drame sacré* de l'auteur de *Manon* fit son apparition à Paris.... Dans le plan de M. Massenet, le concert ne fut jamais qu'un marche-pied pour atteindre au théâtre. La rive gauche fut le berceau de M. Massenet, homme de théâtre.

Ce fut à l'Odéon que j'assistai, plutôt comme étudiant un peu "parnassien", à la *première* du drame antique de Leconte de Lisle, les *Erinnyes* : dans la musique qui accompagnait les grands vers tragiques de l'auteur des *Poèmes barbares*, je goûtai surtout quelques effets de grâce et des recherches pittoresques.

Ce fut aussi à l'Odéon qu'on exécuta pour la première fois *Marie-Magdeleine*. M. Colonne faisait alors ses premières armes comme chef d'orchestre ; il n'avait pas encore grande habitude de mener à la fois orchestre et chœurs (1) ; je vous assure qu'il était loin, alors, de tracer dans l'air des cercles aussi vertigineux, d'imprimer à son bras encore timide des mouvements de roue de moulin aussi hardiment giratoires que ceux qu'on a pu admirer dimanche, et qui n'étaient pas la partie la moins curieuse du spectacle.

Je dis " spectacle „, car l'oratorio profane, très profane, de M. Massenet, a été conçu, évidemment, de façon à se prêter à une représentation en costumes. A vrai dire, la deuxième audition, donnée en *concert spirituel* à l'ex-Opéra-Comique, se rapprochait beaucoup, autant que cela put se faire, de cette conception manifeste des auteurs.

J'assistai aussi à cette *representation*, qui marqua dans la vie de M. Massenet, et où les interprètes (Mmes Viardot et Lhérie, entre autres) firent merveille. S'il est permis d'évoquer des souvenirs personnels, je dirai que j'y eus même une part active. Un mien ami, qui jouait la, par complaisance, les " cymbales antiques „, n'avait fait pénétrer dans les coulisses me sachant curieux de la chose. Il se trouva qu'on avait besoin d'un musicien pour donner, d'après une *réplique* de trompettes, le signal des *tonnerres* qui sont de tradition à la mort du Christ. Je dis " tonnerres „, au pluriel, car on n'avait pas jugé qu'un seul dût être suffisant. En effet, outre le tonnerre à demeure de l'Opéra-Comique, imaginé et installé par Meyerbeer pour le *Pardon de Ploërmel*, d'après ces sortes de goutières en bois qui servent dans les démolitions à déverser les gravois sur le sol (2), il y avait, juché, perdu dans les hauteurs ténébreuses des frises, tout un senfort de *caisses roulantes* et *grosses caisses* pour amplifier l'effet.

Je fus présenté à l'auteur, nerveux, fiévreux, les cheveux au vent, comme il était aux grands jours ; il me mit en main la partition, m'expliqua la réplique : au moment suprême, je déployai majestueusement un mouchoir, faisant signe aux éléments de se bouleverser et de porter la terreur dans l'âme des assistants. La chose se passa en règle, et je connus ainsi, chétif, les joies olympiennes.

Le jeune maestro, en remerciement, me fit don de la partition qui m'avait servi ; dans la dédicace qu'il eut l'attention d'inscrire en tête de cet exemplaire rtile de son *premier* drame, il joignit à mon nom celui de " Jupiter „, alors qu'il eut pu, sans injustice, se contenter de celui de " Calchas „.

J'eus ce jour-là d'autant plus de mérite à contribuer au succès de M. Massenet, que déjà, bien que je n'eusse pas encore été perverti par ce coquin de Wagner, je goûtais peu les procédés musicaux de

(1) M. Colonne faisait aussi répéter l'œuvre de César Franck, *Rédemption*, qui fut tant soit peu sacrifiée à *Marie-Magdeleine*. Ce fut à l'occasion de cette première audition de l'ouvrage de Franck que M. Weber, du *Temps*, parla dans son compte rendu de l'effet confus d'un certain morceau symphonique... qui n'avait pas été exécuté.

(2) La différence, c'est qu'à l'Opéra-Comique, le tuyau était doublé à l'intérieur de plaques de métal sonores, et qu'il était perpendiculaire au lieu d'être incliné ainsi disposé, on y faisait dévaler, brusquement des charges de cailloux.

l'auteur de la *Vierge*, et surtout sa façon de comprendre les sujets bibliques. A propos de sa Meryem la *Magdeleine*, et de quelques autres femmes de son œuvre, on pourrait rééditer le mot du président de Brosses en face de la sainte Thérèse du chevalier Bernin : « Si c'est là l'amour divin, je le connais ». M. Victor Wilder, plus moderne et plus vif, a dit, à propos d'*Hérodiade*, que « les héroïnes de M. Massenet faisaient leurs ablutions galantes avec de l'eau bénite ». Il est une chose, en tous cas, que j'ai toujours trouvée exorbitante : c'est le rapprochement où se sont complus certains écrivains, très zélés à soutenir M. Massenet, entre ses créations profanes, et les idylles adorablement chastes et d'une idéalité exquise, de M. Ernest Renan ; il me semble difficile qu'un certain charlatanisme semi-poétique puisse à ce point abuser les esprits.

La réaudition d'hier n'a pas changé mon jugement, au contraire; l'œuvre, quel que puisse être son succès actuel et même futur, m'a paru plus surfaite encore que par le passé. Les deux premières parties, la *Magdeleine à la Fontaine* et *Jésus chez la Magdeleine*, bien vides et ennuyeuses malgré les chœurs de femmes, d'un orientalisme qui serait peut-être fort joli aux Folies-Bergère où à l'exhibition de la belle Fatma..... malgré ses gros effets, comme celui qui termine le *Pater noster* à la fin de la deuxième partie. L'orchestration est généralement terne; elle est creuse et commune dans les effets de force; quand il y a une intention de couleur, elle se manifeste souvent d'une façon crue et brutale; au fond, ni finesse véritable, ni vigueur véritable. Il y a pourtant une velléité de peinture psychologique dans le rôle de Juda, chanté par M. Lorrain, d'une voix bien empâtée et chevrotante.

La troisième partie est la meilleure de l'œuvre; elle pourrait, sans dommage et même avec profit, être détachée de l'ensemble. Là, le sujet a porté davantage le compositeur. — Le premier tableau, le *Golgotha*, me fait penser, par ses qualités et ses défauts, à la vaste toile du peintre hongrois Munkacsy, laquelle suivit de près le fameux *Christ devant Pilate*. Il y a là une cantilène en *ut* mineur, soupirée, sanglotée au pied de la croix par la courtisane repentante, où l'on trouve du charme mélodique, une harmonie et une instrumentation plus pénétrantes, des accents émus. Il y a aussi de bonnes choses dans la mort de Jésus, un peu trop Porte-Saint-Martin. — Le morceau que je trouve le plus vraiment poétique de la partition, est la courte symphonie qui ouvre le dernier tableau, le *tom beau de Jésus* : dans le mystère du crépuscule matinal, on entrevoit les blancs vêtements des Saintes femmes, passant, voilées et discrètes, pour aller rendre au Maître un suprême et pieux devoir. Je reconnais qu'au physique, cette petite page est d'une légèreté de touche charmante (on laissant de côté le point de vue passionnel, où l'auteur n'a pas songé à se placer); je regrette que M. Colonne en ait exagéré les nuances ; c'est encore le cas de dire que le mieux est ennemi du bien. Je sais bien que M. Massenet aime le grossissement et ne craint pas de souligner tous les effets, petits ou grands, sans réfléchir à quel point cela devient fatigant, et engendre à la longue la monotonie. Son idée de dramatiser ou plutôt de mélodramatiser ce genre d'œuvres, idée dont je parlais plus haut, a évidemment été la cause de ces hochements de tête réitérés de M. Vergnet, de ces froncements de sourcils, de ces attitudes obliques de M. Lorrain, de ces changement de place, de ces sanglots dégénérant en hoquets, de ces cris devenant hurlements chez Mme Krauss.....

Dans la pénurie où l'on est, un peu partout et surtout en France, de grandes artistes lyriques, Mme Krauss peut-il facilement passer pour une *grande artiste* auprès de bien des gens; cette réputation, qui m'a toujours semblé un peu usurpée, elle la doit à une voix qui fut belle, et surtout à une intelligence, à une habileté remarquables. Maintenant la voix n'est plus la même, mais l'habileté reste; ce qui nuit à Mme Krauss, en partie à cause des nécessités où elle est de se maintenir par des effets de voix de tout aloi, c'est sa mauvaise prononciation.— Elle a été justement et chaleureusement applaudie dans l'air en *ut* mineur au pied de la croix, air qui, sans être d'un style très neuf, a un caractère touchant, et a fait valoir les réelles qualités de l'interprète; décidément, ce qui, actuellement, réussit le mieux à Mme Krauss (on a pu le voir par l'air passionné de la *fièvre* dans la deuxième partie de la *Péri* de Schumann), ce sont les pages d'un sentiment à la fois intense et délicat; mais il lui faut du moderne, plutôt que du Bach et du Gluck, dont c'est cela justement qui la classe à son rang.

Les chœurs, qui sont décidément ce qu'il y a de mieux chez M. Colonne, ont été parfaitement stylés; l'orchestre convenable; M. Colonne s'est certainement donné beaucoup de mal, et s'est parfois démené comme un diable dans un bénitier; la comparaison n'est peut-être pas très exacte, car cette musique, qui n'a rien de sacré, ne doit pas causer une si vive horreur à l'excellent chef d'orchestre; il semble la goûter vivement, et en tous cas, la, comprendre à merveille, ce qui a vrai dire, n'est guère difficile.

Quant à l'accueil fait à *Marie-Magdeleine* par le public, il a été généralement froid pendant les deux premières parties, plus chaud et plus accentué pendant la dernière; même alors, cet accueil gardait quelque chose de factice comme l'œuvre présentée; en tous cas, il ne faudrait pas trop se fier à la note parue ce matin dans le *Figaro*, qui nous annonce que l'Association artistique du Châtelet a mis la main sur un succès pareil à celui de la *Damnation de Faust*.

Ce que je blâme le plus dans l'œuvre de M. Massenet, c'est le mensonge de sa dénomination : elle est encore-moins un *drame sacré* que le *Cid* une tragédie héroïque. D'aucuns peuvent voir dans dessous titre une profanation; et vraiment, en dehors de toute considération dogmatique, en écartant tout point de vue positivement religieux et orthodoxe, il faut convenir que M. Massenet est aussi peu fait pour traiter des sujets bibliques que M. César Franck pour écrire de l'opérette. Pour moi, je vois surtout, dans cette désignation de *drame sacré*, une faute grossière contre le goût, un contre-sens et une sottise. Il faut avoir le courage de le dire, la plus grande partie de l'œuvre de M. Massenet pèche par là; elle croule par la base; c'est le triomphe de l'artificiel et du faux, et comme telle, elle ne peut plaire qu'aux esprits faux, aux âmes artificielles et superficielles. On n'imagine pas de travestissement plus répugnant de la belle vérité et de la vraie beauté. C'est le comble du laid dans le joli, c'est la ruine des nobles-et grandes traditions de notre art français. Après cette têtute première audition, bien incomplète encore, de quelques fragments de Gluck, le contraste est frappant, et cruel. M. Gounod, avec un bien autre talent, avec de la délicatesse, de l'élégance et de la sensibilité, avait commencé déjà cette œuvre d'énervement. M. Massenet l'a consommée : la délicatesse est devenue mièvrerie, le *chic* a remplacé l'élégance; la simplicité et la naïveté ont dégénéré en niaiserie, la sensibilité en sensiblerie et affectation.... Comme il y a un demi-monde, il y a une demi-musique : à l'«horizontalisme, de toute marque et de tout genre, au " rastaquoûrisme „, au " cabotinisme „, et à tous les autres " ismes „, de même sortie, laissons l'art qui leur convient. Réservons notre admiration et notre foi pour un idéal plus fier, plus viril..... J'ai tenu à faire toute ma pensée; je l'ai fait avec la conscience d'avoir voulu non pas attaquer un homme, mais réprouver un système.

　　　　　　　　　　　　　　　　　　BALTHAZAR CLAES.

Le Festival Franck et la Messe à trois voix,

A BORDEAUX

Votre correspondant parisien, Balthazar Claes, dans son récent article sur la décentralisation musicale, a déjà dit un mot sur le double hommage qu'une des villes incontestablement les plus musicales de France allait rendre à un des plus beaux caractères d'artiste de notre époque. Quelques mots-sur ces deux exécutions ne seront sans doute pas indifférents aux lecteurs du *Guide musical*, journal dont l'intérêt et les-mérites sont appréciés jusqu'ici. C'était une initiative intelligente de placer les débuts de notre nouvelle saison de " Concerts populaires „, sous les auspices du maître qui a enseigné les belles traditions musicales à la jeune génération. C'était en même temps une entreprise hardie que de former un programme uniquement composé d'œuvres d'un même auteur, surtout quand il poursuit un idéal aussi élevé que le compositeur des *Béatitudes*. Eh bien! malgré cette monotonie fatale, la grande variété des œuvres choisies et la parfaite composition du programme ont d'ailleurs fort atténué, le résultat obtenu a été excellent et a répondu aux espérances des organisateurs. D'abord l'exécution a été plus que satisfaisante; on avait reçu à se surpasser, et on y a réussi : la Société Sainte-Cécile, dans l'après-midi du dimanche 20 novembre, a bien mérité de l'art. C'est surtout elle et le plus de prise sur la portion la moins préparée du nombreux public qui emplissait notre Grand-Théâtre lont été les extraits de *Fruth* et l'air de la première partie de *Rédemption*, où l'on a applaudi le goût et la jolie voix de Mlle Irma Peyraud; puis les *Variations symphoniques* pour piano et orchestre, supérieurement interprétées au piano par votre compatriote, le virtuose Théophile Ysaye, le digne frère de votre éminent violoniste; peu d'œuvres font qu'on ne redemandât le morceau; en revanche on a bissé le chœur des Chameliers de *Rebecca*.... Quant aux connaisseurs, ils ont surtout goûté la partie symphonique du programme : le *Chasseur maudit*, d'après Bürger, les *Eolides*, d'après Leconte de Lisle, et surtout les airs de ballet d'*Hulda*; c'était là pour eux, un régal inédit, des jouissances nouvelles.

Mais ce qui a été un véritable émerveillement, ce qui a réuni-dans un même transport d'admiration, profanes et connaisseurs, ç'a été la *Messe à trois voix* en *ré* majeur, exécutée dans un cadre naturel, l'église Notre-Dame. Comme on eût tout applaudi, si le lieu s'y fût prêté! Et comment cette œuvre, relativement facile à monter, n'est-elle pas donnée plus souvent à Paris? C'est parfaitement clair, harmonieux de coloris, d'une inspiration mélodique noble, touchante, souvent d'une suavité délicieuse, d'une part, aucun charlatanisme mélodramatique, d'autre part rien de scolastique ni de rocailleux) en un mot, de la musique vraiment religieuse, sans aridité, sans affectation d'austérité archaïque... Quelle différence avec la *Messe de Jeanne d'Arc* de M. Charles Gounod !... Enfin, voilà de l'art sincère et personnel, puissant et robuste. Vous trouverez dans nos gazettes, petites et grandes (*Gironde, Gironde littéraire*, etc.) le témoignage du charme exercé d'un bout à l'autre par les différentes parties de cette belle Messe, si j'avais le temps de transcrire (et vos lecteurs de lire) ces articles ou même les épithètes d'" incomparable „, et de " sublime „ ont trouvé place. — Un accident d'exécution, arrivé au début du *Sanctus*, a obligé l'auteur et le chef d'orchestre à faire recommencer ce superbe morceau. — M. Franck, qui s'est prodigué et nous a donné aussi le spectacle d'une vieillesse admirablement robuste et active (le maître a plus de soixante-cinq ans) avait bien voulu improviser un *Offertoire* au grand orgue et faire valoir les nouveaux jeux ajoutés par la maison Maille à l'ancien instrument du dominicain, frère Isnard. Sa forte organisation physique et morale de M. Franck, soutenue par la satisfaction qu'il a éprouvée ici, lui a permis de braver toutes les fatigues, de façon à faire envie à de plus jeunes que lui. Le souvenir que sa personne, si sympathique, si vénérée, et ses œuvres si larges, si élevées, si captivantes, ont laissé à Bordeaux après ces exécutions, sera ineffaçable, et l'influence exercée par le maître éminent, pendant ce court espace de quatre ou cinq jours, sera féconde et durable... En dehors de cette influence locale, nous saluons en Franck un noble initiateur, souvent risquée, une grande figure artistique de notre temps, et comme un Puvis de Chavannes de la musique; un caractère d'une rare pureté, d'un désintéressement exceptionnel. Voilà bien l'homme qui devrait être nommé, d'une voix unanime, président de la République musicale. N'est-ce pas lui qui, disant ici l'autre soir au milieu d'une dizaine d'admirateurs et d'amis, dont l'un prononça par hasard le nom de Caffarel, demanda ingénûment : " Caffarel ? Qui est-ce ? » Par ce temps de cabotinage et de réclame, ce mot est toute une profession de foi; il montre à nu l'âme de cet artiste uniquement épris de son art, foncentré en son rêve, planant au dessus des misères humaines, vivant en prêtre du Beau, fidèle à son idéal... Cet homme modeste et fier à la fois est en vérité bien peu de son siècle; mais qui oserait l'en blâmer ?... Il y a des gens qui plaignent Franck parce qu'il n'a pas toujours obtenu dans sa vie tout le succès extérieur qu'il méritait, et qui en parlent avec une sorte de pitié presque dédaigneuse : les malheureux ! Ils ne savent pas qu'il a choisi la meilleure part...

C. B.

Théâtres & Concerts

BRUXELLES

L'intéressante série des séances de musique de chambre organisées par la maison Schott, ne pouvait avoir une conclusion plus magnifique que la soirée Joachim qui a eu lieu samedi dernier. Le grand et profond artiste a été fêté et acclamé comme jamais par une salle archicomble dont l'enthousiasme a dépassé le nombre invraisemblable de degrés au dessus de zéro qu'avait atteints la température de la salle. L'ampleur de son phrasé, la profondeur de sentiment qu'il met dans son jeu, l'incomparable fermeté de son archet, la souplesse en même temps que la vigueur de rythme qu'il donne aux moindres dessins ont émerveillé et ravi l'auditoire qui ne s'est pas lassé d'admirer et d'applaudir. Après la *Sonate* à Kreutzer, où M. De Greef a remarquablement secondé l'illustre maître, après le concerto à deux violons de Bach où M. Colyns, un maître lui aussi, donnait la réplique à M. Joachim; après le quatuor de Schumann, après les *Danses hongroises* de Brahms, toute la salle, debout, a acclamé à plusieurs reprises le grand virtuose; Mme la Comtesse de Flandre, qui assistait au concert, l'a fait appeler à la fin de la soirée et l'a vivement complimenté.

Les mêmes ovations se sont renouvelées lundi au Cercle artistique et littéraire où Joachim a donné une seconde séance avec le concours de M. De Greef. Disons, à ce propos, l'impression extrêmement favorable qu'a produite le jeune pianiste dans ces deux concerts. Ce n'est pas un mince succès pour lui de s'être fait écouter et applaudir à côté de Joachim.

La première de *Gioconda* de Ponchielli, au théâtre de la Monnaie, est annoncée pour le 15, mais elle n'aura lieu vraisemblablement que le 19. On applaudit une reprise du *Maçon*. Prochainement la Monnaie montera deux nouveautés : *Asaël*, musique de M. Léon Husson, et une *Aventure d'Arlequin*, un acte des frères Hillemacher.

Mardi dernier, grand succès pour la séance Schumann donnée à la salle Marugg par MM. Heuschling et Kéfer. L'excellent baryton a interprété de façon charmante les plus délicates mélodies du maître. On a

principalement applaudi les lieder *A ma fiancée* et *Elle est à toi* et les derniers numéros de *l'Amour d'un poète* et notamment *J'ai pardonné*.

Quant à M. Kéfer, il a été également fort applaudi, non seulement pour l'accompagnement discret et plein de goût. mais aussi pour les pièces qu'il a interprétées seul au piano : l'*Arabesque* surtout, qu'il a détaillée à ravir.

Au théâtre de l'Alhambra, le succès des matinées du dimanche dépasse toutes les espérances. La salle était comble dimanche, une salle animée, joyeuse, enthousiaste.

L'histoire d'*Ali-Baba* et des quarante voleurs, paraît extraordinairement amuser l'assistance enfantine.

Les matinées vont continuer tous les dimanches.

ANVERS

M. Gustave Huberti a donné à la Salle Rummel une audition de ses compositions analogue à celle qu'il a donnée dernièrement au Conservatoire de Bruxelles avec le concours de M. Émile Blauwaert. Cette soirée a obtenu un très grand succès. Le chanteur et le compositeur ont été également applaudis.

A la fin de la séance M. Huberti a été chaudement félicité par ses nombreux confrères et amis accourus pour lui témoigner toute leur sympathie pour sa personne et son talent hors ligne.

Il est question d'exécuter une seconde fois l'oratorio l'*Enfance du Christ* de Berlioz, au bénéfice de la Caisse de retraite des Artistes musiciens. Les chœurs de la Société de musique prêteraient leur bienveillant concours à cette exécution sous la direction de maestro Benoit.

GAND

GRAND-THÉÂTRE. — Mercredi 30 novembre, *la Favorite*; vendredi 2 décembre, les *Pêcheurs de Perles*; dimanche 4, *Guillaume Tell*; lundi 5, *Bonsoir Voisin*, les *Noces de Jeannette* et *Intermède*.

Nous avons eu, nous aussi, les *Pêcheurs de Perles*, et cela huit jours seulement après la représentation de la Monnaie; pour le dire tout de suite, le charmant opéra de Bizet n'a pas eu moins de succès à Gand qu'à Bruxelles, et, dès le duo de Nadir et Zurga, le public a été conquis. Je dirai pas à m'occuper de la partition qui a été analysée en détail dans le dernier numéro du *Guide*; il me suffira de parler de l'interprétation. Mlle Boyer fait une ravissante Leïla et chante avec beaucoup de grâce cette musique fine et poétique qui convient particulièrement à son talent. MM. Alvares et Soum sont fort bons dans les rôles de Nadir et de Zurga, et M. Geoffray tient convenablement le rôle peu important de Nourabad. La partie chorale si développée dans les *Pêcheurs de Perles*, n'a pas été exécutée aussi soigneusement que nous le voudrions, et l'orchestre n'a pas été à l'abri de toute critique, mais ce sont là des défauts qu'une ou deux répétitions peuvent faire disparaître pour la prochaine représentation; et nous devons, en somme, être reconnaissants à M. Voitus-Van Hamme, de la manière dont il a monté l'œuvre de l'auteur de *Carmen*.

Les deux reprises de *la Favorite* et de *Guillaume Tell* ont été satisfaisantes, sans offrir rien de bien intéressant, à part le début heureux de Mlle Danglade, une nouvelle dugazon, dans *Guillaume Tell*. Je note encore que dans cet opéra, notre forte chanteuse Mlle Laville-Ferminet, qui tient décidément tous les rôles possibles et impossibles, a tenu celui d'Hedwige. Je me permets de lui faire observer que cela n'ajoute rien à sa réputation et ne peut que la compromettre, en fatiguant sa voix plus qu'il ne le faudrait; ce sont des expériences dangereuses qu'elle tente en ce moment; qu'elle y prenne garde. — Aujourd'hui, à l'occasion de la Saint-Nicolas, représentation offerte aux enfants et composée de *Bonsoir Voisin*, les *Noces de Jeannette*, un divertissement et une séance de prestidigitation par le " professeur „, Davin. Prochainement : *le Prophète, Mireille, Roméo et Juliette* et *Patrie*.

Au théâtre Minard, a eu lieu mardi passé, 29 novembre, une reprise de *De Bloemenbruid*, opéra-comique en deux actes, paroles d'Émile Van Goethem, musique de Frans Van Herzeele; les chœurs et l'orchestre ont bien manœuvré, mais le rôle de la fiancée des fleurs était malheureusement confié à une jeune débutante ayant une voix absolument insuffisante.

P. B.

AMSTERDAM.

Il y a une vingtaine d'années les concerts de *Cæcilia* (Association des artistes musiciens) étaient une des *great attractions* de la capitale néerlandaise. On avait autant de peine à conquérir une place, qu'à vos concerts du Conservatoire, et la salle du Grand Théâtre était toujours bondée. C'est que alors l'exécution de ces concerts était très soignée, c'était ce que l'on entendait de mieux, non seulement à Amsterdam, mais même dans toute la Hollande, en fait de musique instrumentale, M. Verhulst qui était à cette époque l'idole du public, n'y faisait exécuter que les classiques, c'est-à-dire les morts. De temps en temps il faisait une exception pour *un seul* contemporain..... lui-même! Depuis, tout a bien changé, les modernes sont admis à ces concerts, même les plus avancés, mais l'exécution est loin d'égaler maintenant celle d'autrefois. Elle est inférieure même à celle que l'on peut entendre pendant tout l'été à Schevenin-gen par l'orchestre Philharmonique de Berlin C'est M. Daniel de Lange qui dirige aujourd'hui les concerts de *Cœcilia*. Son cas est particulièrement intéressant. Il faut savoir que M. de Lange fait de la *critique* dans le *Nieuwes van den Dag*, et que du haut de sa grandeur, se croyant un *Hanslick néerlandais*, il s'arroge le droit et l'autorité de juger, de critiquer, de scalper les compositeurs (voire les maîtres modernes) et les exécutants, avec une sévérité qu'il doit trouver équitable qu'on lui applique à lui-même. Aussi, M. de Lange ne verra-t-il aucun inconvénient à ce qu'on ne le ménage pas. On peut le juger sans indulgence. Le seul avantage qu'il ait sur M. Verhulst, c'est· que jusqu'ici, il n'a encore fait entendre aucun ouvrage·de sa composition.

Au dernier concert de *Cœcilia*, le 17 novembre, le programme était conservateur et se composait avec la belle symphonie en *ré* de Brahms, de la sinfonie en *ut* (Jupiter) de Mozart, de l'ouverture de *Léonore*, n° 3 de Beethoven, et de celle des *Abencerrages* de Chérubini. Exécution honorable. La symphonie de Brahms surtout a été jouée d'une manière satisfaisante.

Une princesse roumaine, en traitement, ici, la princesse Bibesco (née princesse de Chimay),a eu l'heureuse idée d'organiser un concert d'amateurs au profit des pauvres, dans la Salle de *Felix meritis*. Tous les exécutants appartenaient à la plus haute aristocratie étrangère et néerlandaise. La recette a produit plus de sept mille francs.

Quant au concert du *Wagner-Excelsior*, qui a eu lieu au Théâtre Communal, avec·le concours de Mlle Aline Friede, de Berlin, et de MM. Blauwaert et Rogmans, je n'ai que des éloges à y donner.

M. Henri Viotta, qui est sans contredit le meilleur " Kapellmeister », qu'Amsterdam possède en ce moment, nous a fait passer une soirée des plus intéressantes. Programme multicolore, ne comprenant qu'un *seul* ouvrage de Wagner (le beau choral *Wachet auf*, des *Maîtres-Chanteurs*) et consacré en majeure-partie à l'exécution d'un des meilleurs ouvrages de Niels Gade, *Die Kreuzfahrer* (les Croisés), de deux chœurs a capella de Mozart et d'Arcadelt, de fragments de l'opéra *Jessonda* de Spohr, d'un air de la *Clemenza di tito* de Mozart, et de l'ouverture de *Coriolan* de Beethoven. Emile Blauwaert a vraiment été superbe et il a eu un immense succès, comme partout où cet excellent chanteur se produit. Mlle Friede a une jolie voix ; c'est une chanteuse d'avenir, mais qui a encore beaucoup à apprendre. Quant au ténor Rogmans, tout en reconnaissant son talent, je ne partage pas toujours l'enthousiasme que ses concitoyens manifestent pour lui. Les chœurs se sont vaillamment comportés et ont vraiment été superbes. L'exécution de l'ouverture de *Coriolan* a été le point le plus faible de ce concert; le duo de Spohr aurait pu ne pas figurer sur le programme.

Tous les journaux de La Haye proclament l'immense succès qu'y a obtenu l'éminent pianiste Eugène d'Albert. Voilà un grand artiste dans toute l'acception du mot. Il ne se fait jamais précéder·de la moindre réclame. Il ne porte aucune décoration, aucun ruban·à la boutonnière ; il arrive, il se fait entendre, et il est acclamé.

D^r Z.

Nouvelles diverses.

La *Zaïre* de M. Charles Lefebvre a été donnée pour la première fois samedi soir au théâtre municipal de Lille. Salle absolument comble et grand succès pour le compositeur et sa principale interprète, Mlle Fierens. Cette jeune artiste, premier prix du Conservatoire de Bruxelles, est fort bien en scène, elle a une jolie voix, d'un timbre séduisant, et un vrai tempérament dramatique. Elle a été rappelée à plusieurs reprises.

La partition de M. Charles Lefebvre, dit l'*Indépendance*, est une œuvre de haute valeur qui se distingue notamment par une remarquable entente du théâtre. Un excellent accueil a été fait à l'œuvre nouvelle par le public lillois. M. Charles Lefebvre a été rappelé au baisser du rideau, et, les artistes l'ayant amené sur la scène, il n'a pu se soustraire à l'ovation que lui réservait le public.

La Revue musicale, au *Moniteur universel* de lundi soir, était signée Adolphe Jullien. C'est dire que notre ami va continuer à ce journal la série de ses excellents feuilletons du *Français* et que les idées qui nous sont chères seront toujours vaillamment défendues par lui à Paris.

La saison·de la Scala sera inaugurée par la *Reine de Saba* de Goldmark; puis viendra la *Juive* avec le ténor Escalaïs; ensuite *Lohengrin*, e: les ballets *Excelsior* et *Hama*,ce dernier, nouvel ouvrage de Danesi. En carême, probablement,*Gioconda* et un opéra nouveau du maëstro Gallignani, *Nestorio*.

On est encore dans l'incertitude sur la composition de la troupe.

Johann Strauss, répondant à un désir exprimé en haut lieu,travaille en·ce moment à un opéra-comique qui sera donné au Grand-Opéra de Vienne.

M. Joseph Hollman, violoncelliste du roi des Pays-Bas, a fait applaudir dernièrement à Bruxelles, au concert de l'Association, un très beau concerto de sa composition, le second. Ce concerto vient d'être joué par le violoncelliste Hartmann avec un très grand succès dans un concert du *Singverein* de Mannheim. Les journaux de Mannheim rendent pleine justice au remarquable talent de composition que dénote cette œuvre sérieuse et d'un beau caractère.

La symphonie¹ juvénile,² de Richard Wagner a été exécutée pour la première fois à Londres. au troisième concert symphonique de M. Henschel. L'œuvre a été goûtée, sans exciter un grand enthousiasme. Elle n'a rien de commun d'ailleurs avec les compositions de la maturité du maître. Les journaux anglais constatent que Wagner y procède directement de Beethoven pour qui il avait une admiration profonde. L'exécution parfaite a fait valoir l'instrumentation déjà très riche par laquelle se révèle la personnalité de Wagner.

Le *Trompette de Sackingen*, opéra de Nessler, a été représenté le 28 novembre au Théâtre Métropolitain de New-York.

Siegfried obtient un succès d'enthousiasme au même théâtre, sous la direction d'Anton Seidl. L'exécution est très remarquable; les principaux rôles·sont confiés à MM. Alvary (Siegfried). Fischer (Wotan), Ferenczy (Mime) et à Mmes Lilli Lehmann (Brünnhilde et Seidl-Krauss (Erda). L'ouvrage a été représenté pour la première fois le 9 novembre.

Nous lisons dans le *Soleil du midi* :

M. Silvestre a profité d'un spectacle coupé pour offrir à son public la primeur d'un divertissement de notre sympathique compatriote A. Flégier. La musique en est agréable et facile, l'orchestration ne manque pas d'heureux dessins. Une mention particulière à la farandole très animée qui sert de début au ballet, à une valse lente bien délicate et au défilé de vigoureuse allure qui termine, sur un rythme accéléré, une variation enlevée par Mlle de Vignon avec une maëstria et une crânerie très applaudies. Citons aussi les jolis motifs de flûte et de hautbois qui accompagnent les pas de Mmes Carozzi et Bossi, et un galop final très entraînant, M. Laffont a réglé avec son soin accoutumé cette fantaisie chorégraphique qui a valu à l'excellent compositeur un succès mérité.

L'*Indépendance* raconte l'aventure suivante arrivée à Mlle Dinah Beumer au cours d'une tournée de concerts qu'elle vient de faire en Russie. On sait de quelle chaleureuse façon la froide Russie sait accueillir les artistes qui ont le don de lui plaire. Chez lui le thermomètre de l'enthousiasme marque un nombre extraordinaire de degrés au dessus de zéro.

Un jour, en voyageant, elle constata la disparition d'une sacoche contenant des bijoux dont plusieurs étaient des « trophées » de victoire artistique. Mlle Beumer eut l'idée de pointer un revolver sur la personnage qu'elle soupçonnait du larcin. « Ma sacoche ou la vie! » Le stratagème produisit son effet. Le voleur, effrayé, repentant, tout en larmes, alla tirer de sac de sa cachette et le restitua à la charmante cantatrice. Seulement ce fut encore lui qui rit le dernier. Plus tard, quand Mlle Beumer vérifia le contenu de sa sacoche, elle s'aperçut qu'en la lui rendant, l'habile voleur avait trouvé le moyen de l'alléger d'un gros billet de banque, pour se récompenser lui-même de son honnête restitution.

BIBLIOGRAPHIE

SUS A WAGNER !

Les vieux se rappellent qu'il y eut autrefois une croisade contre Wagner et son œuvre ; ils se souviennent de certains articles de journaux, de certains livres conservés aujourd'hui précieusement comme des reliques, dont on savoure parfois tel détail oublié, telle ânerie à faire dresser les cheveux sur les têtes les plus longuement chevelues. L'écho de toute cette ferblanterie a cessé de retentir, depuis que la musique du maître de Bayreuth s'est imposée partout. Aussi manquait-il à ce répertoire de sottises une codification, une coordination, un ouvrage enfin où se trouvassent condensés l'esthétique et le style des critiques bien pensants. — Fétis père, Scudo, Comettant, Félix Clément allaient-ils donc se dissoudre à jamais comme de pâles fantômes sous les resplendissantes lueurs de l'aurore?

Ce *vade mecum* tant désiré, si indispensable aux recherches historiques, vient de trouver son ouvrier en la personne du prince de Valori, lequel, sous ce titre pieusement trompeur : *la Musique et le Document humain, suivie d'une étude sur Rossini et Verdi*, (1) reprend pour son propre compte tout l'attirail guerrier des preux ses devanciers, et répand le plus sérieusement du monde ses torrents de lieux communs sur l'univers wagnérien.

Rien de ce qui est amusant ne manque à cette phraséologie prétentieuse, pas même une sorte de religiosité d'un comique achevé. Mais on y chercherait en vain une idée personnelle, quelque plaisante sortie *sui generis*, quelque chose enfin qui trahît le souci de rester soi-même. Il n'est pas jusqu'au faux semblant d'être impartial, de concéder à Wagner le génie, la puissance, l'originalité, qui ne soit emprunté à l'un ou l'autre de ses auteurs que M. le prince de Valori ne cite point. Et ce qu'il y a d'impayable ici de frappant comme ressemblance, c'est que chaque ligne, chaque mot tombé de cette plume princière, démontre assez que l'auteur ne connaît absolument pas une note de Wagner.

Ce qui, peut-être, est nouveau dans l'opuscule dont nous nous occupons, c'est la façon dont l'auteur s'attaque à Meyerbeer, ou plutôt dont il tombe sur le dos de Wagner à l'aide de ce mécréant de Meyerbeer, associé avec Halévy pour inaugurer « les exhibitions de » prêtres, de moines, de cardinaux, d'églises et de monastères au » théâtre qui sont un scandale. »

Tout cela ne se réfute pas, bien entendu, mais se classe avec soin dans la collection. Quel dommage que ce bon M. de Valori se soit arrêté en chemin et qu'il cesse de tomber Wagner à la soixantième page. Arrivé là, on ne le lit plus : tout charme a disparu... Il nous manque quelque chose...

                                                  E. E.

M. E. M. E. Deldevez, ancien chef d'orchestre de l'Opéra, de la Société des Concerts et professeur au Conservatoire de Paris, vient de publier chez Firmin-Didot, un gros volume intitulé : *La Société des Concerts, 1860 à 1885* (*Conservatoire national de musique*). Cet ouvrage qui fait suite à l'*Histoire de la Société des Concerts*, d'Antoine Elwart, complète la collection des programmes de tous les concerts donnés annuellement par la Société, depuis sa fondation jusqu'à nos jours. Il contient également une partie historique, esthétique et critique se rapportant aux travaux de la Société et à la nature des œuvres exécutées par elle. Amené par son sujet à faire des comparaisons, M. Deldevez choisit parce que Richard Wagner l'introduction du 3e acte de *Lohengrin* qu'il ne se croit pas en droit de critiquer sous le rapport de la facture, mais au point de vue de l'inspiration et de la valeur des idées. Prendre comme type de la forme et de l'invention wagnérienne un tel morceau témoigne d'une candeur dont rien n'approche.

J. Van den Eeden : *Toast* et *Berceuse*, deux mélodies, poésie de Antoine Clesse (Bruxelles, R. Bertram éditeur). — Nous annonçons avec plaisir la publication de ces morceaux d'un compositeur distingué qui n'est point prodigue de son talent. Sa *Berceuse* a beaucoup de charme; la mélodie et l'accompagnement sont d'un sentiment très-fin et très pur. Le *Toast* est de bonne humeur, un peu grave, comme il convient au sens des paroles, sous la bonhomie desquelles perce une belle idée philosophique.

L'éditeur Gustav Cohen, de Bonn, publie un *Momento Capriccioso* (*Humoreske*), pour orchestre, de M. Édouard de Hartog. Cette œuvre (opus 67) se distingue par un curieux travail rythmique (alternance de 3/8 et de 2/6 ou mesure à 5/8) et par le soin que l'auteur apporte à l'instrumentation. Intercalée dans une symphonie, elle prendrait la place du *scherzo* dont elle offre les principaux caractères. M. de Hartog a offert la dédicace à G. Jensen.

AVIS ET COMMUNICATIONS

Le premier concert populaire de la saison à Bruxelles est fixé au dimanche 11 décembre, et M. Joseph Dupont dirigera la symphonie avec chœurs de Berlioz, *Roméo et Juliette*, solos chantés par M^{mo} Van Besten, MM. Engel et Séguin.

Le 11 décembre également, deuxième *Concert d'hiver* sous la direction de M. F. Servais et programme non moins attrayant: symphonie en si bémol de Schumann, la *bacchanale* du *Tannhäuser*, celle de l'Opéra de Paris, inédite à Bruxelles, et plusieurs solos wagnériens chantés par le ténor Ernest Van Dyck, notamment le *Preislied des Meistres Chanteurs* et les *Adieux de Lohengrin*; enfin l'ouverture d'*Esmeralda* et la *Marche funèbre du l'Apollonide* de M. Franz Servais.

La coïncidence fâcheuse de ces deux auditions ne se reproduira pas. Les administrations des deux concerts s'entendront désormais de manière à donner leurs auditions à des dates différentes.

Pour satisfaire à de nombreuses demandes l'administration des *Concerts d'hiver* a décidé de donner des répétitions générales publiques; elles auront lieu, la veille de chaque concert, dans la salle de l'Eden, à 2 heures.

Prix des places pour ces répétitions : loges (la place), 4 fr.; fauteuils d'orchestre 8 fr.; balcons, 2 fr.

(1) Paris, chez Ollendorf, 1887.

VARIÉTÉS

ÉPHÉMÉRIDES MUSICALES

Le 9 décembre 1844, à Bruxelles, naissance de M^{mo} Louise Singelée Son décès à Paris, le 5 décembre 1886. Fille de J. B. Singelée, l'ancien chef d'orchestre du théâtre de la Monnaie, et encore enfant, elle fut l'émule des jeunes violonistes en jupon, les Milanollo, les Ferni, etc., qui se répandirent par le monde. Plus tard ayant abordé le théâtre, sa belle voix de soprano lui valut des succès à Bruxelles, à Paris et à Londres— dans cette dernière ville, sous son nom italianisé de Singelli.

— Le 10 décembre 1822, à Liège, naissance de César-Auguste-Jean-Guillaume-Hubert Franck, professeur d'orgue au Conservatoire de Paris.

Notre compatriote occupe une place des plus hautes dans le monde musical à Paris, soit comme organiste, soit comme compositeur. Il y a un an (16 décembre 1886), au Cercle artistique de Bruxelles, le maître nous a fait entendre plusieurs de ses œuvres symphoniques et concertantes ainsi que des fragments de sa *Rédemption* et de ses *Béatitudes*. L'effet en a été très grand. Notre ami Maurice Kufferath, en rendant compte de la soirée, a, justement dit de l'artiste liégeois : " Pour le public, César Franck est un nom simplement : l'œuvre au travers duquel se trouve ce nom est resté pour lui le livre scellé de sept sceaux dont parle le docteur Faust. Et cependant cette œuvre est de tout premier ordre et il est considérable. Il comprend des oratorios, des pièces de musique de chant, des pièces symphoniques, des morceaux de chant, un opéra. D'où vient l'ignorance du public à l'égard de ce grand maître? Probablement du caractère sérieux de l'œuvre. César Franck restera comme le type de l'artiste épris de son art uniquement, ennemi du bruit et de la réclame, consciencieux jusqu'à l'abnégation „ (Voir *Guide mus.*, 23 déc. 1886.)

— Le 10 décembre 1825, à Paris, *la Dame blanche*, de Boieldieu. C'est la pièce qui compte le plus grand nombre de représentations au théâtre de l'Opéra-Comique.

— Le 11 octobre 1845, à Gand, *Othello*, de Rossini. — Il existe deux adaptations de cette œuvre, l'une par Castil-Blaze, l'autre par Royer et Vaez. C'est de celle-ci dont il est question ici; elle fut interprétée par Albert Bocamans, Albertini, Lecourt, Besain et M^{llo} Bouvard. La traduction ou plutôt la marqueterie de Castil-Blaze, avait déjà fait connaître aux Gantois, l'œuvre mutilée de Rossini (14 déc. 1826), mais elle ne réussit guère, quelque les principaux rôles fussent confiés à deux artistes de mérite, Hurteaux et M^{mo} Thibault.

— Le 11 décembre 1803, à Côte-Saint-André, naissance d'Hector Berlioz. Sa mort, à Paris, le 8 mars 1869.

— Le 12 décembre 1830, à Vienne (Hofoperntheater), *Der Prophet*, de Meyerbeer. — Déjà représenté au Nationaltheater le 26 février 1850. Le catalogue Kastner compte 303 représentations aux deux théâtres jusqu'à la fin de 1886. Blaze de Bury (*Revue des Deux-Mondes*, 15 juin 1936) cite le ténor Ander comme un Jean de Leyde hors ligne dans le *Prophète*. Quant à l'exécution incomparable, ajoute-t-il, il faut avoir entendu ces bandes autrichiennes exécuter la fameuse marche pour savoir quelle différence il existe entre l'art et l'argent dans les conservatoires et ce don inné de la sonorité, cette faculté merveilleusement instinctive que ces gens-là possèdent!

— Le 13 décembre 1834, à Prague, naissance de M^{mo} Wilhelmine Clauss, veuve Frédéric Szarvady. Pianiste de grand talent, fixée à Paris depuis trente ans, cette dame s'est fait entendre avec succès à Bruxelles, dans le concert du Conservatoire du 21 janvier 1866. L'andante du concerto en *sol* de Beethoven, et divers morceaux de Chopin, lui concilièrent tous les suffrages.

— Le 14 décembre 1847, à Liège, naissance de Joseph Michel, directeur de l'École de musique d'Ostende. — Trois opéras représentés à Liège, *la Meunière de Saarnham*, entre autres, et un quatrième, *aux Avant-Postes*, assez bien accueilli au théâtre royal de Bruxelles, forment tout son bagage lyrico-dramatique.

— Le 15 décembre 1807, à Paris (Opéra), la *Vestale*, 3 actes de Spontini. — Son succès fut immense, à tel point qu'effaçant pour ainsi dire le répertoire antérieur et faisant obstacle à l'avènement d'ouvrages nouveaux, elle régna, presque sans partage, jusqu'en 1820 où elle avait atteint deux cents représentations. Puis à cette période non interrompue de triomphes succéda un long silence, presque un silence de mort. *La Vestale* n'a plus reparu à l'Opéra que deux fois, en mai 1854 et en juin 1854. Depuis l'origine, 213 représentations.

" Cette partition est d'un style, selon moi (Berlioz, *Soirées de l'orchestre*), tout à fait différent de celui qu'avaient adopté en France les compositeurs de cette époque. Ni Méhul, ni Cherubini, ni Berton, ni Lesueur, n'écrivent ainsi. On a dit que Spontini procédait de Gluck. Sous le rapport de l'inspiration dramatique, de l'art de dessiner un caractère, de la fidélité et de la véhémence de l'expression, cela est vrai. Mais quant au style mélodique et harmonique, quant à l'instrumentation, quant au coloris musical, il ne procède que de lui-même. Sa musique a une physionomie particulière qu'on ne saurait méconnaître... „

Les premières : à Bruxelles, 15 mars 1810; à Vienne, au National-theater, du 12 novembre 1810 au 21 mars 1854, 176 fois; puis au Hofoper, du 19 octobre 1881 à fin 1886, 2 fois.

Nécrologie.

Sont décédés :

A Hanovre, le 8 novembre, Otto-Heinrich Lange, compositeur, professeur et chef de musique. Ses lieder et ses quatuors sont devenus populaires.

— A Florence, Mme Marianna Barbieri-Nini, célèbre soprano qui avait débuté à la Scala en 1839 et pour laquelle Verdi avait écrit son i *due Foscari*.

NOUVEAUTÉS

Viennent de paraître chez

SCHOTT FRÈRES, 82, MONTAGNE DE LA COUR, A BRUXELLES

NOVEMBRE 1887

PIANO SEUL

Bachmann, G. Les Bibelots. Divertissement 1 90
— De Fleur en Fleur. Valse-Ballet . . 1 90
— Au moyen-âge. Chanson 2 25
— Méditation 1 90
— La Mondaine. Valse brillante . . . 1 90
— Sous l'Aigle blanc. Polonaise . . . 1 90
— Windsor. Gavotte 1 90
Beaumont, P. Colinette. Danse mignonne 1 90
— Les Castaguettes. Danse espagnole . 2 50
— Chanson de Noël. Berceuse . . . 1 90
— Menuet en Ré 2 50
Beyer, Victor, Op. 20. Des Sängers Traum von *Vincent* Transcription . 1 90
Beyschlag, A. Musica sacra. Collection de Morceaux class. en trois Livres, chaque fr. 2 50
Blaas, Josef. Op. 60. Halb städtisch, halb ländlich.Zwei Walzer-Ländler . 1 60
— Op. 66. Concertwalzer 1 90
Cshulka, A. Op. 318. Austria-Valse . 1 60
Delacour, V. Bergerette. Danse gracieuse 2 50
Devrient, F. Dans des Foyers (Daheim) Polka-Mazurka 1 90
— Fleurs printanières (Lenzblüthen) Polka 1 90
— Messagers du Printemps (Frühlingsboten). Polka 1 90
— Salut d'Amour (Liebesgruss).Valse . 1 60
Frugatta, Giuseppe. Trois Morceaux de Concert . . . . . Chaque fr. 2 50 7 50
Henselt, Adolphe. Rondolétto. N. E. . 2 50
Kowalski, H. Op. 79. Sérénade Japonaise. Esquisse 1 60
— Op. 80. Souvenir de Calcutta. Rêverie 1 60
— Op. 81. Paysage printanier . . . 1 60
— Op. 82. Paysage d'Automne . . . 1 60
Michiels, Gustave. Babillage-Polka . . 1 60
— Danse de Cosaques. Galop . . . 1 60
de Mirecki, M. Deux Polkas (Carillon et les Rieuses de Paris) 2 25
Muth, A. Der flotte 87er (Le joyeux troupier) Marsch 1 60

Muth, A. Freundschafts-Polka (Amitié-Polka 1 60
— Paulinen-Polka-Mazurka (Pauline-Polka-Mazurka) 1 60
— Der Ungeduldige (l'Impatience) Galop 1 60
d'Orso, F. Op. 31. Ramage d'Oiseaux. Morceau de Salon 1 90
— Op.32. Tentation. Hymne d'Amour . 1 90
— Op. 33. Habanera 1 90
Rupp, H. Fanfare de *J.Lemmens*, transcr. 1 60
Sgambati, G. Op. 20. Tre Notturni . . . . complet 3 75
— Op.20.Notturno I in Si-min.(H-moll) 1 90
      "   II in Sol (G-dur) . 1 90
      "   III in Do-min(C-moll) 2 25
Smith, S. Op. 215. Au revoir! Mélodie romantique 2 50
Streabbog, L. Op. 256. Bal des Infatigables..Six danses faciles.
              N° 1-6 séparés 3 75

A QUATRE MAINS

Cramer, H. Potpourri sur des motifs d'opéras favoris, à quatre mains.
              N° 102. Undine de *Lortzing* 3 50
Streabbog, L. Op. 66. La Guirlande de Roses. 6 danses faciles, complète 4 10
         dito.   N° 1/6 séparé 5 —

A HUIT MAINS

Wagner, Richard. Scene der Rheintöchter a. Götterdämmerung übertragen von *Julius Buths* 3 75

ORGUE

Léfébure-Wely. Venite adoremus. Chant de Noël, transcribed by *A. Wittingham* 1 90
— La Victoire. March transcribed by *A. Wittingham* 1 90

CITHARE

Gutmann, F. Op. 299. B'suach auf'm Wend'lstoa.Divertiss.für2Zithern 1 90
— Op. 302. Grüsse an meine liebe Vaterstadt Weissenburg. Tonstück für Zither . . . . . . 1 —

XXXIIIᵉ ANNÉE — 15 décembre 1887 — NUMÉRO 50

Le Guide Musical

Paraissant tous les jeudis.

ABONNEMENT	SCHOTT FRÈRES, ÉDITEURS.	ANNONCES
FRANCE & BELGIQUE, 10 francs par an.	Paris, Boulevard Montmartre, 19	LA LIGNE . . . . Fs. 0.50
LES AUTRES PAYS, 10 francs (port en sus)	Bruxelles, Montagne de la Cour, 82	On traite à forfait pour les grandes annonces.
	En vente chez MM. HEYMANN et Cⁱᵉ	
	18, rue du Croissant. Paris.	

VIOTTI
ET L'ÉCOLE MODERNE DE VIOLON

(Suite. — Voir le dernier numéro.)

VII

Viotti était revenu en France avec le désir d'y trouver une situation digne de lui. Les circonstances devaient lui être favorables, l'ancien protecteur du théâtre de Monsieur, comte de Provence en 1789, occupant alors le trône sous le nom de Louis XVIII. Cependant, un artiste tel que Viotti, ne pouvant occuper une position effacée ou secondaire, il était assez difficile à classer et à placer. Il lui fallut donc attendre une occasion, occasion que la mauvaise santé de Persuis, alors directeur de l'Opéra, ne tarda pas beaucoup à faire naître. Persuis était depuis assez longtemps souffrant; il tomba gravement malade de la maladie de poitrine qui devait le conduire au tombeau, on fut obligé de lui donner un successeur, et le choix se fixa sur Viotti.

A cette époque, et depuis la retraite de Mᵐᵉ Catalini, qui, sous le couvert de son mari, M. de Valabrègue, avait dirigé le Théâtre-Italien d'une façon si désastreuse, l'administration de notre scène italienne était jointe à celle de l'Opéra. Viotti succéda à Persuis dans les doubles fonctions de directeur des deux théâtres, et il les revêtit à partir du 1ᵉʳ novembre 1819 (1). Sa direction il faut le dire, ne fut pas des plus heureuses, et donna lieu à des critiques assez vives ; mais il s'en faut que ces critiques fussent en tout justifiées, car Viotti subit, en tant que directeur de l'Opéra, les conséquences d'un événement funeste et dont les suites furent terribles pour son administration. Je veux parler de l'assassinat du duc de Berry, qui amena l'abandon immédiat de la salle de la rue Richelieu, où le crime avait été commis, et qui, en obligeant notre grand théâtre lyrique à se réfugier à la salle Favart, dans un local manifestement insuffisant pour lui, vint jeter le trouble et le désarroi dans tous les services, en même temps qu'il entravait d'une façon lamentable les travaux journaliers et la marche régulière du répertoire.

Chose assez singulière ! la nomination de Viotti à la direction de l'Opéra le brouilla presque avec le plus vieux et le meilleur de ses amis, avec son compagnon de jeunesse et de travail, avec celui qu'il considérait comme un frère, et qu'il avait lui-même attiré et fixé en France. Cherubini, puisque c'est de lui qu'il s'agit, Cherubini, qui n'était pas encore directeur du Conservatoire, convoitait aussi, paraît-il, la direction de l'Opéra, qu'il avait sollicitée de son côté, et il fut mécontent de se voir vaincu par

---

(1) Par une cause restée inconnue, une lacune fâcheuse existe dans les archives de l'Opéra, qui, précisément pour les deux années 1820 et 1821, époque de la direction de Viotti, ne possèdent aucune pièce, aucun document administratif autre que les états d'émargement. Ces états m'ont permis seulement de constater que Viotti, « directeur », et Courtin, « administrateur », (mais d'une ancienne danseuse de ce théâtre), étaient pourvus chacun d'un traitement annuel de 12,000 francs, traitement qui s'appliquait pour eux à la gestion des deux théâtres, car leur noms ne sont portés que « pour mémoire », sur les feuilles d'émargement du Théâtre-Italien. Quant aux appointements des artistes de l'Opéra à cette époque, ils feraient assurément sourire de pitié leurs successeurs actuels: les plus forts traitements sont alors de 10,000 francs, et c'est ce que touchent l'infatigable Lays et l'admirable Mᵐᵉ Branchu, après une longue et brillante carrière semée de triomphes de toutes sortes. Alexandre Piccinni, comme chef de chant, émarge à raison de 8,500 francs, et ainsi du reste.

Viotti. Ce fait, jusqu'à ce jour inconnu, résulte de la lettre que voici, que Viotti écrivait à son vieux camarade :

> 6 novembre 1819.
>
> On me dit, mon cher ami, que tu es fâché !... Si c'est contre moi, tu as tort, et il ne me sera pas difficile de t'en convaincre. Tout ce que mon frère t'a dit au sujet de l'Opéra est vrai. Je n'ai point cherché la poste dont je suis honoré, la situation qui met fin encore une fois à ma tranquillité! Tout cela s'est arrangé je ne sais comment, et ce n'est que depuis dix ou quatorze jours que je fus appelé de Châtillon pour donner mon consentement. Enfin, sans que j'entre en plus de détails, mon frère, je te le répète, t'a tout dit, t'a dit vrai. Je suis naturellement on ne peut plus sensible aux bontés de M. le comte de Pradel ; ma reconnaissance lui est acquise de droit, et je ferai tout pour le lui prouver; mais je ne puis m'empêcher d'éprouver une peine extrême d'avoir été le concurrent d'un ami que j'aime, d'un ami dont j'ai toujours respecté et apprécié le génie et d'un être que je ne cesserai d'aimer,tels que soyent les changements qui peuvent s'opérer dans son cœur.
>
> Ton affectionné *amico*,
> Viotti (1).

Pour son entrée en fonctions, Viotti eut à mettre la dernière main· aux études de l'*Olympie* de Spontini, dernier ouvrage français de ce compositeur, qui mettait sur les dents. depuis plusieurs mois déjà, tout le personnel de l'Opéra. Par un singulier effet des circonstances, Spontini, qui, deux ans auparavant, avait employé tous ses efforts à déposséder Choron et à le faire remplacer par Persuis, se trouvait en présence d'un nouveau directeur au moment de la représentation de son ouvrage, qui parut à la scène le 22 décembre 1819, précisément le lendemain de la mort de Persuis. L'auteur de *Fernand Cortez* comptait beaucoup sur sa nouvelle partition, dont le sort pourtant fut loin d'être aussi heureux qu'il l'espérait; le succès d'*Olympie* fut en effet si peu brillant que onze représentations suffirent à l'épuiser en dépit des splendeurs inouïes dont on avait entouré sa mise en scène, en dépit du talent émouvant et superbe que Mme Branchu déployait dans le rôle principal, en dépit enfin de la présence de deux autres grands artistes qui concouraient à l'interprétation: Nourrit père et Dérivis. On conçoit que cet échec ne saurait être mis à l'actif du nouveau directeur, qui avait reçu *Olympie* des mains de son prédécesseur, qui ne pouvait se dispenser de la jouer, et qui d'ailleurs, aux yeux du public comme aux yeux de tous, devait être garanti par le grand nom de Spontini.

C'est sept semaines environ après l'apparition de cette œuvre peu fortunée, le dimanche 13 février 1820, que le duc de Berry, neveu de Louis XVIII, sortant de l'Opéra, au spectacle duquel il avait assisté, tombait sous le poignard de l'assassin Louvel. Transporté dans· une des dépendances du théâtre, il y passa une nuit d'agonie, y reçut du curé de Saint-Roch les derniers ·sacrements et y mourut le lendemain (2). La salle que l'Opéra occupait alors, pré-

cisément en face l'entrée actuelle de la Bibliothèque nationale, était celle de l'ancien Théâtre-National, construit naguère par les soins de la Montansier (et qu'il ne faut pas confondre avec le théâtre Montansier proprement dit, situé alors au Palais-Royal, dans le local occupé précédemment par les « Petits Comédiens du comte de Beaujolais » et aujourd'hui par le théâtre du Palais-Royal). L'assassinat du duc de Berry amena la condamnation définitive de cette salle, où l'Opéra n'avait été placé qu'à titre provisoire, et qu'il habitait depuis près de vingt-cinq ans. Sur la demande de l'archevêque de Paris, M. de Quélen, qui ne pouvait admettre qu'un monument où un ministre du culte avait pénétré, dans de telles circonstances, pût continuer de servir à des représentations théâtrales, il fut décidé que la salle de la rue de Richelieu serait détruite, que sur son emplacement· serait élevée une chapelle ·expiatoire, ·qu'on construirait pour l'Opéra une salle· définitive, et qu'enfin ce théâtre serait provisoirement installé dans celle de la rue Favart, qui se trouvait alors sans emploi (1).

Par un singulier hasard, Viotti était absent de Paris lors de l'événement tragique dont les conséquences furent si fâcheuses pour l'Opéra en amenant, pendant près de deux années, un trouble profond dans l'existence de ce théâtre. J'avais la présomption de cette absence par ce fait que six jours auparavant il était à Londres, d'où il adressait, le 7 février, à M. de la Ferté, une lettre intime, dans laquelle il ne parlait point de son prochain retour (2); j'ai acquis la certitude qu'il n'était pas à Paris le 13, par cette phrase de la singulière brochure écrite et publiée par Roullet, libraire et employé de l'Opéra, sur les faits dont il avait été le plus proches témoins *(Récit historique des événements qui se sont passés dans l'administration de l'Opéra la nuit du· 13 Février 1820*, Paris, 1820, in-8°); en énumérant les personnes qui étaient présentes au premier interrogatoire subi

(1) Cette lettre m'a été communiquée par Mme Rosellini, la fille de Cherubini, qui vit encore à Florence. dans elle, le fait dont il est ici question serait sans doute resté toujours inconnu.

(2) On était en plein carnaval, et ce lendemain lundi, il devait y avoir bal à l'Opéra. Dans une brochure dont il est question un peu plus loin, le libraire Roullet nous a conservé le texte et la physionomie de l'affiche du vendredi précé.

dent, qui annonçait le bal du samedi 12, le spectacle du dimanche 13, et le bal du lundi 14; en voici la reproduction :

> Académie royale de musique
> Demain samedi, 12 février, 1820,
> BAL MASQUÉ.
> Dimanche 13, par extraordinaire,
> LE CARNAVAL DE VENISE, LE ROSSIGNOL
> ET
> LES NOCES DE GAMACHE.
> MM. les locataires de loges et abonnés jouiront
> de leurs droits à
> cette représentation, en remplacement de celle de
> lundi.
> Lundi 14, RELÂCHE.
> A minuit, BAL MASQUÉ.

(1) La salle de la rue de Richelieu fut jetée bas en effet, et l'on commença, comme il était été décidé, la construction d'une chapelle « expiatoire „. Mais, après la révolution de 1880, Louis-Philippe .fit détruire ce qui existait de celle-ci, et fit élever, à sa place, la jolie fontaine qui occupe aujourd'hui le milieu du square Louvois.

(2) Voici l'analyse qui a été faite de cette lettre de Viotti : « Il est au milieu de vieux amis, tous bons, tous constants. Il devrait être heureux, cependant il ne l'est pas. Le souvenir de tout ce qu'il a laissé à Paris vient mélanger l'amertume à la douceur. Il demande des nouvelles de leur besogne, de *Trajan*, de la *Lampe merveilleuse* (on sait que M. de la Ferté,intendant des Menus-Plaisirs,avait l'Opéra, sous sa juridiction). Qu'il voudrait l'avoir, cette merveilleuse lampe! que de choses il voudrait qu'elle lui fît savoir au sujet de l'Académie royale de musique! » — (Catalogue d'une vente d'autographes, le 26 avril 1875. Paris, Ed. Charavay, in-8°.)

par Louvel dans une des pièces dépendant de l'administration, Roullet dit : — « Le frère de M. Wiotti (sic), administrateur et absent pour ses propres affaires en Angleterre, s'est promené de long en large depuis l'antichambre jusqu'à la porte de l'administration » (1). Viotti dut revenir promptement à la première nouvelle qui lui fut envoyée ; mais nous avons maintenant la preuve qu'il n'était pas alors à Paris.

(A suivre).   ARTHUR POUGIN.

AVIS

Le GUIDE MUSICAL, après l'important travail de M. Arthur Pougin sur Viotti, en cours de publication, publiera prochainement un intéressant travail de M. Victor Wilder, l'éminent traducteur des drames wagnériens.

Le Guide musical publiera également une curieuse étude de M. Michel Brenet : Les Batailles en musique ; et un article sur les réformes apportées par Wagner dans l'Art de la mise en scène.

A dater du 1er janvier le Guide sera imprimé en caractères neufs.

Les personnes qui prendront un abonnement d'un an au Guide Musical recevront le journal gratuitement à dater de ce jour.

GIOCONDA

Opéra en quatre actes et cinq tableaux, paroles de Tobia GORRIO
Musique de AMILCARE PONCHIELLI.
Suite — Voir le dernier numéro.

Le sujet de la pièce tient en quelques mots. Il s'agit comme dans l'*Angelo* de Victor Hugo, d'une jeune fille qui, pour sauver celui qu'elle aime, va jusqu'à sacrifier sa passion et préfère voir son amant vivant dans les bras d'une rivale que de l'exposer à la vengeance d'un mari outragé. La jeune fille c'est Gioconda, l'amoureux est le chevalier Enzo, qui aime la belle Laura, femme d'Alvise, grand inquisiteur de Venise. Laure le paie de retour, tandis que la malheureuse Gioconda se morfond dans son adoration muette pour Enzo et se voit en butte aux obsessions du chanteur des rues Barnaba, serviteur du Conseil des Dix, un traître à la manière noire, qui remplit quatre actes et cinq tableaux de ses infamies et de ses bassesses. C'est ce Barnaba qui dénonce au grand inquisiteur l'infidélité de sa femme.

Dans l'*Angelo* de Victor Hugo, le tyran de Padoue laisse à Catarina, dénoncée de la même façon, le choix entre la hache et le poison, et l'on se rappelle le coup de théâtre horrible auquel donne lieu la vue des instruments du supplice subitement découverts aux yeux de l'infortunée. C'est une des scènes les plus violentes du théâtre de Victor Hugo, et ce n'est pas de loin la meilleure, en dépit du puissant effet de terreur qu'elle produit.

Le librettiste italien, M. Boïto a supprimé la hache et le billot : Alvise au milieu d'une fête qu'il donne (naïve ficelle pour amener un contraste frappant), remet à Laure une fiole contenant le poison qu'elle prendra pour expier l'adultère. Au moment où elle va procéder à ce suicide sur commande, Gioconda paraît : elle offre à la plus-morte-que-vive une fiole contenant un narcotique qui lui permettra de passer pour défunte aux yeux de son mari ; elle pourra s'échapper ensuite et voler dans les bras de son amant.

Chez Victor Hugo c'est la Tisbé, la courtisane, qui fait l'office d'ange sauveur. Seulement la Tisbé est la confidente du mari. C'est elle-même qui lui fournit le poison ; elle sait l'alternative où la malheureuse Catarina est placée ; ce qui explique son apparition subite au moment psychologique et la substitution du narcotique au poison.

Dans l'opéra italien, ces ingénieuses préparations ont été jugées inutiles. Gioconda apparaît, on ne sait à quel propos. Rien ne nous indique d'où elle sait les détails de ce qui allait arriver, ni comment elle se trouve dans l'appartement de Laure. Cet ange sauveur sort d'une trappe.

Ça été évidemment le dernier souci du librettiste d'expliquer cette choquante invraisemblance. Il voulait un effet théâtral et il l'a pris dans Victor Hugo sans autrement se préoccuper de l'amener.

> Tant il est vrai qu'en matières semblables
> On peut faire avaler des choses incroyables !

En ce point, le livret de *Gioconda* ne rompt pas avec les traditions du livret d'opéra italien, où, presque toujours, l'invraisemblance de l'affabulation dramatique va de pair avec la plus triviale brutalité d'exécution.

Je sais bien que d'éminents critiques trouvent à ce genre de poèmes dramatiques caractère, vigueur et mouvement, et qu'ils ne manquent pas, à l'occasion, d'opposer la rapidité d'action italienne à la pesanteur germanique des développements wagnériens.

Que cette niaiserie leur soit pardonnée. Une de plus, qu'importe ?

Ce genre de théâtre est à l'art wagnérien comme l'imagerie d'Épinal est à la peinture des grands maîtres ; c'est l'affiche tape-à-l'œil des Barnums américains comparée à un Rubens, c'est le gros mélo de d'Ennery opposé aux études lentes et subtiles d'un Dumas, aux intenses poèmes d'un Daudet.

Le temps est passé de cet art rudimentaire et primitif, et je m'étonne qu'un poète du talent de M. Boïto se soit attardé sur ce point. Il n'a qu'une excuse, c'est d'avoir eu Victor Hugo pour complice ; non le grand Victor Hugo, majestueux, puissant et profond des *Légendes* et des poèmes lyriques, mais le Victor Hugo des premières extravagances romantiques dont la parodie a fait si bonne et plaisante justice (1).

---

(1) *Cornaro, tyran pas doux*, traduction en quatre actes et en vers d'*Angelo, tyran de Padoue*, par Dupeuty et Duvert, l'une des plus amusantes parodies qu'on ait faites de Victor Hugo romantique. L'énoncé des personnages est déjà une excellente critique de l'œuvre. Le rôle : *Cornaro*, homme farouche et crédule ; *Molaffa*, podfiler-fumiste ; *Fenimodi*, paillasse sentencieux et vindicatif ; *Castorina*, épouse de Cornaro, vertueuse et adultère ; *Malaga*, danseuse de corde, faible femme.

C'est à peu près exactement la distribution caractéristique des personnages de *Gioconda*. Barnaba pourrait comme Cornaro s'écrier :

> Oui, quand je fais le mal, mon cœur est à la noce.

La scène du supplice est très plaisante. Lorsque Cornaro ayant découvert les infidélités de sa femme, et voulant la châtier, lui ordonne d'avaler le poison, la pauvre récinée furieusement :

CORNARO. ...Faut-il qu'on vous contraigne
> Je sais las! pour ni bras presqu vous mon enseigne ?
> Beral-je donc réduit à vous placer le nez
> Comme on fait quelquefois aux enfants obstinés ?
CASTORINA. Je n'ai pas soif de tout ; je l'ai dit, j'y persiste.

Cornaro a recours alors aux moyens énergiques, il sort un instant et revient avec une pièce de canon sur le dos et une mèche allumée à la main :

> Je vais lui infliger le trépas de Turenne.
> Je vais le canonner.... Mettez-vous dans le coin.

Castorine n'hésite pas.

> Comme défunt Grégoire
> Elle aime mieux boire.

Sur quoi Cornaro s'écrie :

> Je vais donc être veuf! bravo! trois fois bravo!

La philosophie de la scène est parfaitement résumée en ces quatre vers de la courtisane Malaga :

> Est-ce donc un tyran? ou bien est-ce un Jocrisse?
> Dramatique Janus! ah! dans son double office
> Qu'il pourrait sur la scène obtenir de succès!
> C'est un nouvel emploi ; le Jocrisse à Thésée.

Et comme Malaga, Gioconda pourrait à la fin de la pièce dire à Barnaba :

> Tu veux me polsonner? eh blen! mol, je t'arrête
> Scélérat, moyen-âge ; à la fin, c'... m'agasse
> Eh! qui m'a donc bâti ces drames actuels
> Où les gens innocents sont toujours criminels
> Où l'absurde renaît, où le bon sens expire

Du moins, Monsieur Fétu, aux concerts ennuyeux
Ne nous prend pas en traître ; il nous dit ; c'est du vieux.

C'est dans cette spirituelle parodie qu'on trouve la remarquable pensée que voici, souvent reprise depuis :

> La raison est une île escarpée et sans bords
> Où l'on ne rentre plus dès qu'on en est dehors.

---

(1) Ce frère de Viotti appartenait à l'armée française, ainsi qu'on peut le voir par cette dédicace d'une œuvre de quatuors de Viotti : « A son frère A. Viotti chef de bataillon d'état-major et rapporteur du 2e conseil de guerre de Paris. » (V. le catalogue de musique de chambre donné par M. Antoine Vidal dans son livre : les *Instruments à archets*).

Officier français, le frère de Viotti était évidemment naturalisé. Sans avoir de certitude au sujet de la naturalisation de Viotti lui-même, le fait me semble pour tant indubitable ; car il eût été singulier qu'on confiât à un étranger la direction de l'Académie royale de musique.

C'est nécessairement suivant la tradition naïve du genre que finit *Gioconda*. Il reste sauvée, il reste à sauver Enzo. C'est encore Gioconda qui accomplit cette bonne action, et cela, en promettant tout à Barnaba, l'infâme délateur. Seulement plutôt que de lui céder, elle mourra. Elle se poignarde, en effet, et rend sa belle âme à Dieu pendant qu'Enzo et Laure roucoulent au chevet de sa couche funèbre. Voir s'aimer ceux qu'on aime, c'est encore du bonheur! Voilà la douce et consolante pensée que dégage ce grand opéra.

Si j'ai analysé avec quelque détail le livret, c'est qu'il en résulte nécessairement un aperçu général de l'œuvre. Ajoutez à ce scénario, un ou deux chœurs de canotiers vénitiens (XVIe siècle), quelques pas maritimes, des psaumes murmurés à la cantonade, une fête vraiment vénitienne avec accompagnement de danses variées dans le palais d'Alvise, une série (d'ailleurs aimable) de barcarolles venant égayer à point nommé les péripéties, sans cela trop sombres du drame, et vous aurez une idée suffisamment claire de la partition.

Elle est avant tout, il faut le reconnaître, l'œuvre d'un homme de théâtre qui, dans ses pages de banalité courante comme en ses morceaux de facture et d'inspiration plus relevées, a l'incontestable mérite d'être toujours clair, précis et vigoureux, et d'avoir du relief. Aucun effet instrumental ou vocal usité au théâtre n'est dédaigné et le compositeur s'en sert avec une aisance absolue. Le public saisit d'emblée ce qu'il entend. Il le saisira d'autant mieux que beaucoup de pages ne lui sont probablement pas inconnues, et c'est là, proprement, la faiblesse de Ponchielli: il varie à chaque instant de style et de manière, rappelant tantôt un maître, tantôt un autre; il n'a pas de personnalité.

La seule page originale est, au début du deuxième acte, le chœur des matelots dalmates.

Nous sommes au bord de la mer, au clair de lune, en plein été dans la rade de Venise; l'orchestre, comme dans le prélude du troisième acte d'*Aïda* cherche à peindre par des sonorités mystérieuses l'impression de cette nuit chaude du midi. Sur ce fond instrumental les différents groupes du chœur poussent des exclamations rudes, en intervalles de quintes. Ce même thème sert plus tard d'accompagnement à une mélodie d'un autre rythme, chantée par des voix de femmes et d'enfants d'un effet assez inattendu.

Il faut citer aussi le *ballet des heures* qui a de jolis effets d'orchestration et ne manque pas de piquant. Il débute par une espèce de polka lente qui pourrait être de Strauss, à moins qu'on ne veuille l'attribuer à Léo Delibes: malheureusement ce ballet finit par un galop qui serait parfaitement à sa place dans *Orphée aux Enfers*. Au premier acte, le chœur vif et mouvementé du peuple portant en triomphe le vainqueur de la régate trahit également la connaissance des opérettes d'Offenbach. Certes, ces pages sont abominables, mais on en admire d'aussi mauvaises, sinon de pires, dans *Rigoletto*, dans la *Juive*, votre dans les *Huguenots*.

En général, cette partition de *Gioconda* offre un singulier mélange de tendances vulgaires et d'aspirations artistiques modernes, et c'est, à vrai dire, le seul côté par où elle nous intéresse. L'ouverture, ou plutôt le prélude, comme l'intitule Ponchielli, bâti sur le patron de l'ouverture d'*Aïda*, expose deux thèmes que nous retrouvons souvent employés dans la suite de l'ouvrage: le thème de la mère de Gioconda, inspiré directement de Verdi, dernière manière; et le thème de l'espion Barnaba, saccadé, sinistre, tortueux. Ce sont de véritables *leitmotive* à la manière wagnérienne. Ponchielli les ramène dans toutes les principales situations où paraissent ces deux personnages. Gioconda et Laure ont également leurs thèmes caractéristiques qui les accompagnent et se retrouvent même aux endroits les plus pathétiques. Malgré son tempérament fougueux d'Italien qui emporte souvent Ponchielli hors des voies nouvelles et le ramène à la traditionnelle facture de l'opéra, la réflexion et le souci d'une forme d'art plus raffinée se font maintes fois remarquer. Pas plus que Verdi, d'ailleurs, Ponchielli n'a suivi rigoureusement la manière wagnérienne. Ses thèmes caractéristiques n'entrent pas dans la trame musicale; ils surgissent simplement, çà et là, succédant le plus souvent à des morceaux du plus pur italianisme. Ils sont employés à la manière des motifs *de rappel* que l'on trouve déjà chez Weber, chez Meyerbeer et chez Gounod. Seulement ce qui

les rapproche du *leitmotiv* wagnérien, c'est qu'ils sont ramenés avec une intention nettement marquée d'exprimer un état d'âme et d'indiquer non seulement une analogie de sentiments dans des situations différentes, mais de caractériser le personnage.

Il me suffira d'indiquer cette tendance, assurément intéressante à noter. Ce serait un travail fastidieux de relever les apparitions successives de ces mélodies-types le long de la partition. Elles sont, du reste, trop facilement reconnaissables et leur nombre en est trop restreint pour que leur rappel ne frappe pas l'oreille la moins exercée.

Au point de vue purement théâtral, il y a de très réelles et saisissantes beautés dans cette œuvre étrange, heurtée, inégale, où des pages d'une belle énergie et d'un grand souffle succèdent à des banalités et à des trivialités douloureuses. Les chœurs sont brillants, les danses ont du mouvement, le récitatif a parfois des accents d'une intensité réelle, le quatrième acte est pathétique, et l'on doit amèrement regretter que l'auteur n'ait pu donner une œuvre plus achevée, d'un style plus soutenu.

Au point de vue musical pur, *Gioconda* est inférieure à la belle partition d'*Angelo* du maître russe César Cui, lequel, en traitant le même sujet, a du moins, respecté le drame de Victor Hugo; mais elle est infiniment plus scénique.

La représentation imminente au théâtre de la Monnaie dira quelle sorte de succès une œuvre de ce genre peut obtenir auprès d'un public gagné définitivement à Wagner et qui commence à apercevoir le néant artistique, le vide désolant et la vulgarité des œuvres les plus vantées du répertoire courant.

MAURICE KUFFERATH.

Théâtres & Concerts

PARIS
La réouverture des Concerts au Conservatoire

Pas grand'chose, cette semaine... Est-ce la conséquence de la crise présidentielle et du gâchis politique? Est-ce un effet de l'approche des vacances et fêtes de la nouvelle année? Je me le demande...

A signaler, dimanche, la réouverture des concerts du Conservatoire, réouverture un peu tardive, à cause des travaux pour l'éclairage et le dégagement. A vrai dire, ces travaux sont entamés, mais ils sont encore loin d'être terminés.— Dans le premier programme se manifestent un louable souci de la variété, une préoccupation d'éviter les rengaines trop chères aux amateurs de l'assistance et trop commodes pour les exécutants, voilà surtout; cette préoccupation, ça souci d'un bon augure pour la suite.— Deux symphonies dans un même concert, peut-être était-ce un peu beaucoup : il est vrai que la seconde, celle de Mendelssohn (la majeur, dite Romaine), a le caractère aimable de l'idylle et de la rêverie, et qu'elle était séparée de la première, celle de Beethoven (ut mineur), par la *Marche religieuse* avec chœurs de *Lohengrin*. J'avoue que le fragment de l'œuvre de Wagner ne me dit pas grand'chose au concert. beaucoup moins, en tous cas, qu'à la scène. J'ai encore présente à l'esprit l'inoubliable soirée que nous avons due à M. Lamoureux, ce printemps dernier. Je ne cesserai de le répéter, parce que c'est la vérité même : hors de la scène, même quand il s'agit d'œuvres de sa première manière et de fragments d'un caractère plus exclusivement musical, comme c'est le cas ici. Une des causes principales de cet effet, ou plutôt de ce manque d'effet, c'est la place et la disposition généralement adoptées pour l'orchestre au concert : place immuable derrière les chanteurs et au dessus d'eux, d'une part, d'autre part, disposition sur un plan incliné, avec les cuivres et la percussion dominant à l'extrême hauteur, ce qui est au rebours du bon sens le plus élémentaire. Un jour viendra, j'imagine — Dieu sait quand par exemple, — où tout ce système croulera; où la musique pure, la musique de chambre, habiteront des salles spéciales, analogues aux salles Érard et Pleyel, avec les instruments sur un plan horizontal; où les grands vaisseaux seront exclusivement consacrés à la musique dramatique; à l'évolution de l'art nouveau engendré par l'union féconde de la poésie dramatique et de la musique; la disposition matérielle qui permettra alors au charme de s'opérer ne sera pas autre que la scène libre et l'orchestre invisible: il n'y a pas à sortir de là. Nous n'y serons plus, nous autres ! en attendant que nos arrière-petits-neveux voient ces choses et nous traitent de barbares, sachons nous attabler, sans trop faire la grimace, à ces festins mal servis; la fortune du pot. c'est déjà cela! Les nababs futurs seuls pourront faire bien les choses, et nous présenter, intelligemment et proprement, l'art musical véritable.

Pour l'instant, j'ai éprouvé peu de plaisir à entendre hier au Conservatoire cette *Marche religieuse* de *Lohengrin* qui m'en avait fait un très grand à l'Éden; aux causes que j'ai dites, il faut ajouter celle-ci : même des les premières œuvres, Wagner avait l'admirable intuition que le spectacle n'est et la musique ouïe ne doivent faire qu'un; la musique du maître, c'est l'âme des choses et des êtres contemplés, qui se révèle et s'exhale; il n'y a plus là de superposition ni de juxtaposition plus ou moins habile et ingénieuse; il y a mariage indissoluble, plus encore, fusion parfaite ; tant que ces vérités absolues et lumineuses ne seront pas généralement comprises, admises, adoptées dans la pratique, Wagner sera ignoré, méconnu; ses œuvres causeront un ennui mortel et légitime; ses plus zélés partisans, avec une parfaite bonne volonté et un aussi parfait aveuglement, continueront à le desservir à faire calomnier et blasphémer un des plus divins artistes de tous les temps.

Le *Pater Noster* de Verdi nous change un peu des éternels *Adieux aux jeunes mariés* de Meyerbeer et *O Filii* de Leisring, etc., jusqu'à présent si fort en honneur à la Société des Concerts ; c'est une œuvre chorale de la dernière manière ; par son caractère profane et tout extérieur (presque mondain), mais franc et sincère, elle est aussi éloignée du genre des mascarades faussement sacrées et pseudo-poétiques de M. Massenet que des hautes traditions et du profond sentiment des Bach et des Beethoven. Quand ces œuvres-là ne sont pas sublimes, elles sont le plus souvent banales, pédantesques, assommantes. La page de M. Verdi n'est nullement ennuyeuse ; en entendant son texte italien, j'aime à me la figurer chantée par d'élégants et ardents cavaliers, par des *donne* fières et passionnées, dans une luxueuse basilique fin XVIe ou commencement XVIIe siècle ; mais pour que l'illusion fût plus grande, il faudrait que ces messieurs et surtout ces dames des chœurs donnassent un peu plus de relief à leurs appels et apostrophes, adressés au seigneur comme à un personnage d'une aristocratie supérieure, mais en somme de la même lignée. Quant à la justesse, à l'ensemble, au fini des nuances, il faut dire qu'ils ont été de premier ordre; ce sont là qualités de fondation à la Société, et c'est avant tout dans le *quintette* à cordes qu'elles se manifestent merveilleusement, comme on a pu en juger, notamment, dans le premier morceau de la *Symphonie romaine*, où le groupe des cordes domine, et qui ne m'a jamais tant plu ailleurs, surtout dans les passages qui demandent la légèreté, la finesse, la délicatesse... L'œuvre nouvelle de Verdi n'est pas indifférente; il serait inutile et peu à propos d'y chercher l'élévation mystique et la richesse de l'invention; mais elle a ce qu'offrent presque toujours les productions de cet artiste honnête, sincère, ennemi des fadaises : l'accent et la vie. C'est déjà beaucoup. — Quant à l'ouverture de M. Littolf qui terminait le concert, sous le titre de *Chant des Guelfes*, elle a du mouvement, du brillant dans l'orchestration, une façon parfois heureuse de présenter et varier un thème populaire, mais aussi du remplissage, des redites peu intéressantes, un peu de romantisme de pacotille, un abus de contrastes tournant au style haché et décousu ; le développement des thèmes pouvait être plus riche et plus saisissant : pour résumer l'éloge et la critique, du Vieux-temps revu et corrigé par Berlioz. — L'effet de ce premier programme adroitement composé a été excellent, et la saison s'annonce bien.

Au troisième concert Mouzardon, à mentionner une *Ouverture de concert* de M. Lucien Lambert, musicien des plus distingué dont j'aurai l'occasion d'entretenir plus en détail les lecteurs du *Guide*. A la fin de ce mois, on doit juger de lui, au théâtre de Lille, de la musique de scène destinée à accompagner un drame en vers de M. André Alexandre, *Sire Olaf*. L'ouverture jouée au Château-d'Eau est une œuvre tout à fait de début et de jeunesse; elle fut composée pendant que l'auteur fréquentait la classe de M. Massenet, dont il s'est séparé depuis, mais déjà l'influence de l'auteur de *Marie-Magdeleine* s'y faisait peu sentir; l'introduction avec ses grands accords sombres entrecoupant le monologue mélancolique des altos, est d'un caractère vraiment large et poétique ; dans l'allegro, d'un style un peu haché, il y a de jolis détails d'orchestration, la péroraison a beaucoup de couleur. Il est dommage que le jeune orchestre de M. Montardon n'ait pas été à la hauteur de sa tâche.

Pendant que nous en sommes aux drames agrémentés de musique, un mot sur la musique que M. Benjamin Godard a intercalée dans la très agréable adaptation faite pour l'Odéon par M. Louis Legendre, de *Beaucoup de bruit pour rien*, la comédie de Shakespeare. Les morceaux écrits par l'auteur du *Tasse* ont le mérite d'être courts et discrets; la couleur est suffisamment appropriée, l'effet est bon. La pièce, dans son ensemble, paraît avoir fort joliment réussi.

Il ne sera pas indifférent aux lecteurs du *Guide* d'apprendre que M. Adolphe Jullien va continuer au *Moniteur universel* les chroniques musicales qui faisaient acheter le *Français* les dimanches soirs. Ce dernier journal n'ayant cessé de paraître, on ne demandait si l'érudit et mordant critique allait cesser aussi de nous donner ses jugements désintéressés sur les choses de notre art. Il n'en est rien : nos faiseurs, nos grands hommes de carton, peuvent toujours compter sur l'indépendance et la verve de M. Jullien. BALTHAZAR CLAES.

BRUXELLES

On lit dans le *Dictionnaire lyrique* de Félix Clément au mot *Juive (la)* : « Le succès que les fragments de cette admirable partition ont obtenu partout et dans toutes les circonstances, dans les concerts, dans les musiques militaires, dans les salons, *sur tous les pianos*, prouve que le luxe de la mise en scène n'était pas indispensable, mais qu'elle pouvait concourir dignement à l'effet général. »

Sur tous les pianos ! Vraiment, on n'est pas plus cruel. M. Félix Clément ne ménageait guère ses amis, si tant est qu'Halévy, en hérétique, en ait jamais été. Castil-Blaze non plus n'est pas plus aimable. Il faut convenir que *la Juive* est bien sévèrement appréciée par ces ·deux critiques, dont le nom fit autorité. Mais cela n'a pas empêché l'opéra-cortège, après cinquante années d'existence, de faire partie du répertoire de toutes les scènes lyriques ayant le respect des traditions et d'intéresser encore cette fraction du public qui, au théâtre, veut en avoir pour son argent. Avec *la Juive* on a bonne mesure en longueur et en bruit; en outre, la cuisine à l'huile bouillante de la fin conserve toujours un attrait de curiosité qu'affermit, dans notre pays, l'abolition en fait de la peine de mort.

Le théâtre de la Monnaie ne pouvait se dispenser, faut-il croire, de reprendre *la Juive*; on ne s'expliquerait pas, sinon, pourquoi MM. Dupont et Lapissida infligent à leur personnel la corvée d'interpréter une œuvre qui répond si peu aux nécessités du présent et pour laquelle, il faut bien le dire, les principaux interprètes manquent de poumons et d'assurance.

Nous ne ferons pas un grief à M. Engel ainsi qu'à Mlle Martini de n'avoir réussi qu'aux trois quarts à soutenir l'effort que réclame une si pénible tâche, mais nous constatons que ces artistes appelés à créer des rôles importants dans *Gioconda* sont dans le cas de s'épuiser vainement pour le plaisir de quelques spectateurs. Mlle Léria s'est montrée bien faible dans le rôle de la princesse Eudoxie et M. Vinche a fait un cardinal Brogni de mince autorité.

Les amateurs de mise en scène n'ont pas à se plaindre, eux, les coursiers engagés pour la circonstance ayant fait preuve de beaucoup de bonne volonté et de convenance devant le public (2). Mais quelle singulière idée ces nobles animaux doivent concevoir de tout le tapage qui se fait dans *la Juive !* E. E.

La guerre musicale est ouverte, à Bruxelles, entre la société des Concerts populaires et les nouveaux Concerts d'hiver, fondés par M. Servais. Guerre toute artistique, bâtons-nous de l'ajouter et qui ne laissera pas de morts espérons-le; tout au contraire elle nous paraît de nature à raviver le mouvement musical un peu languissant dans ces dernières années à Bruxelles. Quoiqu'on se fût plaint un peu amèrement de la coïncidence des deux concerts de dimanche, il nous a paru que le public avait pris très allègrement son parti. Il y avait foule au premier concert de M. Dupont, à la Monnaie, et il y a eu une belle salle au concert de M. Servais à l'Éden. Ce qui prouve que le public ne demande qu'à s'intéresser aux choses de l'art pourvu qu'on sache attirer son attention par l'attrait de la nouveauté, par des exécutions qui ne reproduisent pas éternellement les mêmes effets, par un constant souci de l'instruire en lui procurant de vraies jouissances artistiques. Et nous souhaitons que les deux institutions continuent de subsister, se stimulant l'une l'autre. Il y aura tout profit pour l'art.

Roméo et Juliette, la symphonie dramatique de Berlioz, qui formait le programme du premier concert populaire de la saison, avait déjà été exécutée il y a quatre ans à l'Alhambra et avait eu un grand succès qu'une seconde audition eut lieu huit jours après. Le ténor Maes et M. Blauwaert chantaient les soli; Blauwaert fut particulièrement applaudi dans le récit du père Laurence qu'il dit avec un profond sentiment.

L'exécution de dimanche a été orchestralement de beaucoup supérieure à la précédente et l'orchestre de M. Joseph Dupont une bruyante ovation à la fin du concert. Jamais l'orchestre n'avait été plus léger, ·plus précis dans l'exécution du charmant scherzo de la fée *Mab.* Dans le court récit de la première partie où ce scherzo est esquissé, M. Engel a trouvé un succès éclatant par le charme et la netteté de sa diction. M. Seguin, lui aussi, a été très applaudi dans le récit du père Laurence, la page la plus saisissante et la plus élevée de l'œuvre. Les chœurs ont eu netteté et vigueur d'articulation, ce qui est un mérite rare à Bruxelles.

(1) Schumann écrivait, après. *les Huguenots,* qu'il engagerait tout volontiers Meyerbeer dans la troupe de Franconi (*Guide musical* du 26 octobre 1882). Certains noms comme certains mots font fortune.

(2) Il y a eu depuis un amusant accroc aux convenances dont l'effet ont pu être conjurés en partie, grâce à la présence d'esprit du personnel en scène.

En somme, cette première des Concerts populaires a affirmé plus que jamais leur vitalité et l'on a fait au bel orchestre de la Monnaie une rentrée éclatante.

Le deuxième concert de M. Servais avait un programme plus varié : quatre noms, Schumann, Wagner, Weber et Servais. La symphonie en *si* bémol de Schumann a été jouée, non sans charme, les deux premières parties notamment, bien rythmées et rendues dans un sentiment musical excellent. Nous avons moins aimé le dernier mouvement, où le joli dessin en triolets a manqué un peu de fermeté et de clarté par la trop grande rapidité de l'exécution. Le jeune orchestre de M. Servais a, en revanche, enlevé avec beaucoup de verve et un certain éclat la bacchanale de *Tannhäuser* et l'ouverture d'*Euryanthe*. Le fragment de l'*Apollonide* (marche funèbre) de M. Servais, a de jolies sonorités et une belle gradation. Mais le grand succès du concert a été pour les *Adieux de Lohengrin* et le chant de concours des *Maîtres-Chanteurs*, dits par M. Van Dyck. Le célèbre ténor a été acclamé, rappelé, bissé même dans le morceau des *Maîtres-Chanteurs*, et il n'y a eu qu'un sentiment d'admiration pour la belle ampleur de sa voix et la parfaite clarté de sa diction. C'est grand dommage que l'entente n'ait pu s'établir entre l'éminent artiste et la direction du théâtre de la Monnaie. Il eût été un Siegfried sans pareil.

☙

Par arrêté royal paru au *Moniteur* de vendredi, MM. A. Degreef et Ed. Samuel, chargés de cours au Conservatoire royal de musique de Bruxelles, sont respectivement nommés professeurs de piano pour les classes d'hommes et professeur-adjoint d'harmonie pratique. — Toutes nos félicitations.

☙

M. Soulacroix a résilié à l'Opéra-Comique de Paris et il est très probable que c'est lui qui chantera dans *Siegfried* le rôle de Mime. Avant de venir à Bruxelles, M. Soulacroix ira donner quelques représentations à Nice et à Monaco.

ANVERS

Le grand maître français, Charles Gounod, vient de passer quelques jours dans notre ville, et y a été l'objet des ovations accoutumées.

Sa messe de Jeanne d'Arc a été exécutée jeudi dernier à Notre-Dame sous sa direction. On avait malheureusement coupé le prélude et la conclusion, les trompettes du sacre ayant paru trop héroïques pour la fête mystique de l'Immaculée Conception que se célébrait le 8 décembre. Plusieurs pages de cette messe, le *Kyrie* surtout, ont fait une vive impression sur l'auditoire, très nombreux, qui remplissait la vaste cathédrale.

Samedi soir, Gounod a dirigé à l'*Harmonie* d'Anvers un grand concert spécialement consacré à des œuvres de lui, et notamment à sa deuxième symphonie en *ré*, et au concerto pour orchestre et piano-pédalier qu'il a écrit pour M⁽ᵐᵉ⁾ Lucie Palicot. M⁽ˡˡᵉ⁾ Cécile Mézeray a chanté la Valse de *Mireille* et l'air des *Bijoux de Faust*.

Entre les deux parties du festival une manifestation a eu lieu en l'honneur du célèbre compositeur français. Il y a eu des discours et l'hommage au Maître d'une immense lyre en or enguirlandée de feuilles d'or.

Du théâtre rien de particulier à vous dire. Le répertoire de la semaine a été ainsi composé : la *Dame blanche*, le *Bal masqué*, la *Fille du régiment*, la *Fête au village voisin*, le *Voyage en Chine* et le *Pré-aux-Clercs*. Une semaine d'opéra-comique comme vous voyez.

GAND

GRAND-THÉÂTRE. — Mercredi 7 décembre, les *Pêcheurs de Perles* ; vendredi 9, le *Maître de Chapelle* et *Martha* ; dimanche 11, le *Cid* ; lundi 12, les *Pêcheurs de Perles*.

Les *Pêcheurs de Perles* n'ont fait que gagner à la deuxième et à la troisième représentation, le succès de l'œuvre s'accentue chaque jour, à mesure que le public pénètre davantage la délicatesse de ce joli poème musical. Le *Cid* et *Martha* — o antithèse ! — complètent le menu de la semaine, avec le *Maître de Chapelle* où s'est fait remarquer notre nouvelle dugazon, M⁽ˡˡᵉ⁾ Danglade. Aujourd'hui les *Pêcheurs de Perles* étaient précédés d'une ouverture inédite de notre chef-d'orchestre, M. De la Chaussée ; je suis vraiment embarrassé d'apprécier cette composition qui me paraît de l'excellente musique de pantomime, mais qui semble devoir être tout autre chose dans la pensée de l'auteur : je préfère me taire sagement et dire que cela a été très applaudi.

Au Conservatoire, c'est tout absorbé par les préparatifs de l'audition des lauréats des concours de chant et de composition et d'audition des lauréats du concours de chant et de composition et promet d'être fort intéressante. On entendra notamment la cantate de Pierre Hackers, *De Smeekenden* et un extrait d'un opéra de Térence Cros, un ancien élève de Massenet qui suit actuellement les cours de M. Samuel.

P. B.

Nouvelles diverses.

La belle et poétique version française de *Siegfried*, due à M. Victor Wilder, est l'objet dans la presse allemande des plus flatteuses appréciations. Le *Courrier de la Bourse* de Berlin, entr'autres journaux, consacre un important article aux remarquables adaptations wagnériennes de notre éminent collaborateur. Il nous plaît de constater l'hommage extrêmement chaleureux que l'auteur de cet article rend à la conscience profonde et à la fidélité avec laquelle M. Wilder a cherché à rendre toute la pensée de son modèle. Il est aisé de découvrir, çà et là, dans cet immense travail des expressions germaniques dont M. Wilder n'a pu trouver l'équivalent français. Quelques néophytes wagnériens, aussi présomptueux qu'ignorants en cette matière extrêmement délicate de la transmission d'une œuvre en un idiome étranger, ont péniblement relevé une à une quelques pages où le traducteur s'est vu obligé de se contenter d'un à peu près. La meilleure réponse à faire à ces pointus, c'est l'admiration que les versions de M. Wilder rencontrent en Allemagne. Pour la première fois peut-être depuis qu'il existe des traducteurs, le *traduttore, traditore* des Italiens n'est pas appliqué et l'on voit la version étrangère comparée et presque égalée à l'original dans le pays même qui a vu naître le grand drame wagnérien. M. Wilder ne pouvait souhaiter une plus éclatante revanche des quelques sottes attaques dont il a été l'objet récemment. Comme le dit le *Boersen Courrier*, le jour où M. Wilder aura terminé complètement son œuvre d'adaptation, qu'il poursuit sans relâche, il pourra se reposer satisfait en s'écriant avec le poète latin : *Exegi monumentum ære perennius.*

☙

Le remarquable ouvrage publié récemment par M. G. Gariboldi ; *École d'ensemble et d'accompagnement pour piano et violon ou flûte*, vient de recevoir une flatteuse distinction. Déjà suivi dans plusieurs cours de musique de Paris, il vient d'être également adopté au Conservatoire de M. Comettant, sous la direction de l'éminent professeur Marmontel.

M. Gariboldi vient de recevoir à ce propos la lettre suivante de M. Marmontel : « Vous savez, lui écrit l'illustre maître, en quelle estime je tiens vos œuvres musicales, écrites avec tant de soin, toujours méthodiques et visant un but utile. Je donne mon approbation absolue à l'étude de ces œuvres concertantes, excellentes pour la mesure, le style et l'éducation du goût. Ces éloges très justifiés que je fais de cet important ouvrage, s'adressent aussi aux *dix pièces caractéristiques* pour piano solo que vous avez récemment publiées. Croyez toujours à mes sentiments affectueux et dévoués.

(Signé) MARMONTEL. »

☙

Curieux procès relatif à la propriété artistique :

La Société des auteurs et compositeurs de musique à Paris, a cru qu'elle pouvait exiger une redevance pour l'exécution des œuvres de ses adhérents par les orchestres qui, le 14 juillet, donnent des concerts sur la voie publique ou accompagnent les danses.

L'agent général de la Société a donc, pour faire trancher cette question, poursuivi devant le juge de paix du 1⁽ᵉʳ⁾ arrondissement, un marchand de vin ayant organisé, le 14 juillet dernier, un concert et un bal sur la voie publique.

Le juge de paix a décidé que les articles qui régissent les droits de la Société ne visent que les théâtres publics, les directeurs ou entrepreneurs de spectacles ; qu'on ne saurait considérer comme un théâtre l'estrade rudimentaire élevée sur la voie publique, ni comme un entrepreneur de spectacles le marchand de vin qui organise un concert et un bal, sans percevoir des assistants aucune rétribution, sans avoir placardé d'affiches, ni distribué de programme.

En conséquence, la Société a été déboutée de sa demande en paiement de la somme de 10 fr. pour droits d'auteur.

☙

L'esprit de Moreno.

Voici en quels termes notre excellent confrère annonce que M. Soulacroix quitte l'Opéra-Comique.

« Une réalisation à mentionner : celle de M. Soulacroix, que le désir d'aller créer *Siegfried* à Bruxelles tourmentait depuis quelques mois. On n'a pas voulu contrarier l'excellent artiste, qui, ne tardera pas à nous revenir un jour ou l'autre. On revient de Wagner comme de Pontoise, seulement un peu plus éclopé parfois. »

Ce n'est pas comme d'Ambroise Thomas. On n'en revient pas. Il est irrémédiable.

☙

M⁽ˡˡᵉ⁾ Van Zandt, après quelques soirées, a pris congé du public viennois dans un concert donné au *Musikverein* et qui a été un véritable triomphe pour la mignonne et gracieuse diva. Elle a enlevé avec une *maëstria* vraiment remarquable l'air de Suzanne *Deh! vieni non* tardar du *Mariage de Figaro*, les couplets du Mysoli de la *Perle du Brésil* et la fameuse valse du *Pardon de Ploërmel*.

Mlle Van Zandt est partie pour Budapest. A son retour, la diva — que la critique viennoise compare à Adelina Patti, au temps de sa jeunesse — chantera plusieurs fois au Grand-Opéra de Vienne.

M. Ernest Van Dyck qui vient de chanter avec un si grand succès au dernier Concert Servais, est engagé en Hollande pour une série de représentations de *Lohengrin* avec la troupe du théâtre de Rotterdam. Il ira ensuite chanter le même rôle à Prague et à la fin de janvier c'est lui qui, à la Scala, tiendra le rôle du Chevalier au Cygne dans l'importante reprise de l'œuvre wagnérienne qu'on prépare à Milan.

Die Götterdämmerung sera donnée, en allemand, avant la fin de la saison, au théâtre Métropolitain de New-York. Il ne restera plus alors à monter de la tétralogie que le *Rheingold* qui sera donné la saison prochaine. La mise en scène de ce drame exige des modifications et des aménagements spéciaux d'ordre matériel qui seront effectués durant l'été prochain.

La Société philharmonique de New-York a donné le premier concert de sa quarante-sixième année d'existence avec grand éclat au Métropolitan Opéra house. L'orchestre de 115 exécutants, placé sous la direction de M. Théodore Thomas qu'un journal américain appelle " the Grand old Man „, a, paraît-il, merveilleusement exécuté l'ouverture du *Faust* de Wagner, la symphonie en *ut* mineur de Beethoven, le concerto de violon de Rubinstein (Mme Camilla Urso) et les *Festklänge* de Liszt. Au prochain concert on entendra la symphonie en *ré* majeur de Brahms et l'ouverture des *Meistersinger*.

La Société *Mélosophia* (chœur mixte) de la Haye, organise un concert pour le 24 décembre, où seront exécutés l'oratorio l'*Angelus*, des *lieder* et plusieurs morceaux pour violon de M. Joseph Mertens, l'auteur du *Liederick* et du *Capitaine Noir*.

M. Mertens a été récemment au personnel de l'Opéra-Comique du théâtre d'Anvers son opéra *Liederick*. L'œuvre de l'excellent compositeur sera prochainement représentée.

La *Villanelle* de notre collaborateur Edouard de Hartog, publiée par la maison Schott frères. dont le *Guide Musical* a rendu compte dernièrement, vient d'être exécutée avec un très grand succès à un des derniers concerts symphoniques de Danbé à Paris.

Nous lisons dans la *Meuse* du 8 décembre :

" CONCERT DONNÉ PAR MM. VICTOR KUHN ET JOSEPH MARIS. — Le chant solo était rempli par Mlle Julia Van Daele, élève de M. Warnots, premier prix en 1884, fondé par la Reine, dont elle portait le médail. [on] a, son côté, a monitrice au Conservatoire de Bruxelles. La voix de Mlle Van Daele (voix de théâtre) a une étendue et une ampleur peu ordinaires. Dans le grand air du *Prophète* de Meyerbeer, l'intelligente cantatrice a déployé un sentiment presque exubérant, ainsi que des effets de demi-teinte qui lui formaient d'heureux contrastes. Dans les autres morceaux, l'*Arioso* (Meyerbeer), et dans l'*Extase*, mélodie de J.-Th. Radoux, Mlle Van Daele a fait preuve d'une diction vraie, moins éclatante et d'une expression plus intime, qui ont à leur tour fait naître de nombreux applaudissements habituels. „

AVIS ET COMMUNICATIONS

La distribution des prix de l'Ecole de musique de Saint-Josse-ten-Noode-Schaer, beek aura lieu le lundi 26 décembre, au Marché de Saint-Josse, à 7 ½ heures du soir. A cette occasion les élèves de l'établissement exécuteront sous la direction du directeur, M. Henry Warnots, le final de *Lorelay* de Mendelssohn, le chœur des fileuses du *Vaisseau fantôme* et le final du premier acte de *Don Juan*.

Lundi 19 de ce mois sera exécutée, en la salle du théâtre de Bruges, la cantate composée par Frans De Coninck à l'occasion des fêtes organisées pour l'inauguration des statues des deux héros flamands Breidel et De Coninc. Tout promet un brillant succès au jeune et sympathique auteur.

La Société royale l'*Orphéon* de Bruxelles, arrivée à la 30e année de son existence, donnera à cette occasion, un grand concert qui aura lieu le 19 de ce mois, à 8 heures du soir, dans la salle de la Grande-Harmonie.

Le gracieux concours de Mme Cornelis Servais, cantatrice; MM. A. Mousseux, ténor; L. Moysarts, basse chantante; Jokisch, violoniste et d'autres artistes dit, dirigés est acquis à cette fête.

L'*Orphéon* fera entendre, indépendamment de la *Tempête* de Th. Radoux, un chœur inédit: *Hymne à l'Amour* (1re exécution), paroles de Lucien Solvay, musique d'Aug. Dupont et les deux premiers chœurs exécutés par la Société en 1885.

On annonce pour le 23,à Bruxelles, un concert de la célèbre cantatrice américaine Nikita, une toute jeune personne dont la voix est, paraît-il merveilleuse. A Berlin, à Londres, elle a obtenu le plus éclatant succès, et tout récemment encore à Cologne elle a été accueillie avec enthousiasme par le public. Samedi Mlle Nikita chante à Anvers.

VARIÉTÉS

ÉPHÉMÉRIDES MUSICALES

Le 16 décembre 1835, à Paris (Opéra-Comique), l'*Eclair*, 3 actes d'Halévy. Rôles créés par Chollet, Couderc, Mmes Pradher et Casmoin. — A Bruxelles (5 oct. 1836), avec Chapelle, Théodore, Mme Joly et Berthaud. La dernière reprise au théâtre de la Monnaie (12 oct. 1882), avec Rodier, Delaquerrière, Mmes Bosman et Legault, fit grand plaisir, c'est ce que constate en ces termes notre collaborateur Evenepoel : " Malgré certaines formules devenues banales, la partition porte encore allègrement ses quarante-sept années d'âge — aujourd'hui son demi-siècle — on pourrait dire de la presque totalité des morceaux de cette jolie comédie musicale comme on dirait de certaines formes ou de certaines couleurs du vêtement, moins sujettes aux caprices de la mode : qu'ils ne datent point. En effet, si l'on admet la forme consacrée des airs, duos, trios et quatuors, l'*Eclair* est à présent, ce qu'il était autrefois. une œuvre d'un esprit très fin, d'un sentiment très vrai, où la verve s'allie sans effort à la grâce et à l'émotion. Halévy a eu le grand mérite, cette fois, d'être parvenu à captiver l'auditeur, à le charmer surtout, en employant les procédés les plus simples. Il n'a pour interprète qu'un quatuor vocal. sans chœurs, sans figurants et encore, ce quatuor n'est-il composé que des voix de ténor et de soprano. Mais si légers qu'ils soient, l'habileté du maître n'en a pas moins tiré de ces éléments un parti merveilleux, en concentrant l'intérêt musical dans le travail excessivement détaillé des voix. Il s'en suit que l'exécution, bien qu'elle paraisse facile, offre cependant des difficultés peu ordinaires „.

Au Nationaltheater de Vienne, l'*Eclair* (*der Blitz*) n'eut que quatre représentations, du 30 août au 12 septembre 1849.

Trois dates mémorables du 16 décembre: naissance de Louis Van Beethoven, à Bonn, 1770; naissance de François-Adrien Boieldieu, à Rouen, 1775; la *millième* représentation de la *Dame blanche*, à l'Opéra-Comique de Paris, 1862.

— Le 17 décembre 1868, à Gand, *Quentin Durward*, 3 actes de Gevaert. Grand succès, et pour la partition et pour le ténor Aujran. On lisait à ce sujet dans le *Nouvelliste* : «Nous avons salué dans *Quentin Durward* plus d'une ancienne connaissance. Nous exprimions ici pour notre étonnement à M. Gevaert de son extrême complaisance à enrichir le répertoire de non sociétés dont il se constitue en quelque sorte le principal fournisseur. — Ne gaspillez-vous pas, lui dimes-nous, votre sève et votre verdeur dans ces compositions fugitives ? — Soyez tranquille, répondit-il, rien n'est perdu pour moi. — Sa partition nouvelle le prouve, en effet, car nous y avons rencontré des fragments d'*Hugues de Sommrrghen*, de la grande cantate et jusqu'au chœur de la *Pucelle de Gand*, qu'il composa pour le *Willemsgenootschap*. »

— Le 18 décembre 1884, à Berlin (Opéra), à l'occasion du 98e anniversaire de la naissance de C. M. von Weber, la 500e de *Freischütz*, dont la première à ce théâtre remonte au 18 juin 1821. Le même jour, à Breslau, avait lieu la *treize centième* de ce chef d'œuvre !

— Le 19 décembre 1867, à Paris, décès de Jean-Georges Kastner. Sa naissance à Strasbourg (le 9 mars 1810 et non 1811, suivant Fétis, *Biogr. univ. des mus.*, t. IV, p. 430).

Une publication fort importante, a paru l'an dernier chez Breitkopf et Härtel à Leipzig (1), sur Georges Kastner, elle relate les moindres détails de la vie de ce musicien didactique et littéraire dont les travaux sont des plus remarquables. Le *Guide musical* du 6 octobre 1867 lui a consacré un article spécial. Sans être un compositeur ustre, Georges Kastner compte parmi ceux qui ont le plus servi l'art art.

— Le 20 décembre 1796, à Berlin (Opéra), *Don Juan* de Mozart. Depuis Salzbourg où l'œuvre avait prix naissance (29 octobre 1787), les Berlinois s'étaient fait tirer l'oreille pour la recevoir chez eux — près de dix ans. On s'explique ce long intervalle par la médiance qu'inspirait aux bords de la Sprée l'œuvre de Mozart. Les journaux jetaient feu et flammes contre le sujet qu'ils traitaient d'immoral, et quant à la musique, s'ils ne lui déniaient pas certaines qualités ils trouvaient qu'elle manquait de chaleur. Un prétendu *savant* alla jusqu'à,soutenir, à propos de *Don Juan*, joué à Berlin, que Mozart n'était pas un artiste correct (*correcten Künstler*), et qu'il ne passait pas, auprès des gens de goût, pour un vrai et fin compositeur (*einen richtigen und feinen Componisten*) ! !

— Le 21 décembre 1804, à Paris (église Saint-Germain l'Auxerrois), par l'orchestre du Conservatoire dirigé par Cherubini, le *Requiem* de Mozart.

" Malgré le préjugé de bien des gens contre la musique d'église, tout le monde à trouvé celle-ci trop courte; non seulement elle a paru excellente, mais elle a été très bien exécutée. Du côté des chanteurs, Mme Branchu s'est particulièrement distinguée. De chef-d'œuvre a, dit-on, coupé la vie à son auteur. „ (*Journal de Paris*.)

— Le 22 décembre 1841, à Gand, la *Favorite*, de Donizetti. Dans le rôle de Fernand, le ténor Espinasse est très acclamé, ainsi que Ilaly (le rôi), et Mme Marnefie (Léonore).

La *Favorite*: Liège 26 mars 1841 ; Bruxelles, 14 août 1841 ; Anvers, 11 janvier 1842.

Nécrologie.

Sont décédés:

A Munich, le 17 novembre, Carl Greith, né à Aarau (Suisse), le 21 février 1828, maître de chapelle à la cathédrale, compositeur et critique, etc. (Notice, *Tonger's Lexicon*, p. 94).

— A Paris, à l'âge de 44 ans, Léon Guyot, chef d'orchestre.

(1) *Jean Georg Kastner, ein Elsässischer Tondichter, Theoretiker und Musikforscher,* — (J.-G. Kastner, musicien, théoricien et musicologue alsacien), par Hermann Ludwig, 3 vol. gr. in-8°, orné d'un portrait à l'eau-forte, de vues photographiques des maisons habitées par Kastner, etc.

34me année de publication

Le Guide Musical

REVUE HEBDOMADAIRE DE LA MUSIQUE ET DES THÉATRES

Paraissant tous les jeudis en 8 pages de texte et de fréquents suppléments

DONNANT :

Les comptes-rendus et nouvelles des théâtres et concerts de France, de Belgique, d'Angleterre, d'Autriche, d'Allemagne, etc.

Des notices biographiques et des études sur les grands compositeurs anciens et modernes ;

Des travaux d'histoire et d'esthétique musicale ;

Des articles bibliographiques sur tous les ouvrages concernant la musique ; la nécrologie des artistes célèbres morts dans la semaine

Des éphémérides correspondant à tous les jours du mois.

ABONNEMENT :

Paris, — 10 fr. par an. | **Bruxelles, 10** fr. par an.

Les autres pays : **10** francs (port en sus).

Imp. Th. Lombaerts, rue Montagne des Aveugles, 7

XXXIIIᵉ ANNÉE — 22 décembre 1887 — NUMÉRO 51

Le Guide Musical

Paraissant tous les jeudis.

ABONNEMENT
FRANCE & BELGIQUE, 10 francs par an.
LES AUTRES PAYS, 10 francs (port en sus).

SCHOTT FRÈRES, ÉDITEURS.
Paris, Boulevard Montmartre, 19
Bruxelles, Montagne de la Cour, 82
En vente chez MM. HEYMANN et Cⁱᵉ
18, rue du Croissant. Paris.

ANNONCES
LA LIGNE . . . . FR. 0.50
On traite à forfait pour les grandes annonces.

À nos Lecteurs

Au moment d'entrer dans sa trente-quatrième année d'existence, le **Guide musical** tient à offrir de nouveaux avantages à ses nombreux et fidèles abonnés.

A partir du 1ᵉʳ janvier 1888, il publiera **toutes les semaines un SUPPLÉMENT MUSICAL**, comprenant un ou plusieurs morceaux de musique, choisis parmi les nouveautés à succès ou les œuvres célèbres des maîtres classiques.

Nos **Suppléments musicaux** se composeront non seulement de morceaux pour **piano seul** et **piano et chant**, mais encore de morceaux de **musique instrumentale**.

Ils s'adressent ainsi à toutes les catégories de musiciens et d'amateurs.

L'abonnement au Guide musical avec supplément est fixé à 25 francs par an.

L'abonné, outre le journal, recevra **42 morceaux** de musique, soigneusement tirés sur beau papier et formant à la fin de l'année un **Recueil** varié d'environ DEUX CENTS PAGES.

Indépendamment du supplément, nous offrons, comme l'année dernière, à nos abonnés pour la **somme de 20 francs** (abonnement au journal compris) une série de PRIMES MUSICALES, comprenant soit des morceaux séparés de musique vocale ou instrumentale, soit des albums et recueils de mélodies, soit des **partitions complètes** (réduction piano et chant) à choisir dans le catalogue général de la Maison Schott frères.

Une **liste** de nos **PRIMES** est encartée dans le présent numéro.

Ces **primes** constituent en faveur de nos seuls abonnés de véritables **remises exceptionnelles** sur les plus importantes publications de la Maison Schott frères.

Nous y appelons spécialement l'attention au moment des **étrennes**.

Quant au journal (texte seul : 10 francs), fidèle à ses traditions de loyauté et d'indépendance, il continuera, comme par le passé, à lutter hardiment pour le progrès de l'art, attentif à toutes les manifestations artistiques dignes d'intérêt, résolu plus que jamais à défendre la cause de la rénovation de l'art lyrique et dramatique.

Le GUIDE MUSICAL, après l'important travail de M. Arthur Pougin sur Viotti, en cours de publication, publiera prochainement un intéressant travail de M. Victor Wilder, l'éminent traducteur des drames wagnériens.

LE GUIDE MUSICAL publiera également une curieuse étude de M. Michel Brenet, LES BATAILLES EN MUSIQUE; et un article sur les réformes apportées par Wagner dans L'ART DE LA MISE EN SCÈNE.

A dater du 1ᵉʳ janvier le GUIDE sera imprimé en caractères neufs.

Les personnes qui prendront un abonnement d'un an au GUIDE MUSICAL recevront le journal gratuitement à dater de ce jour.

VIOTTI
ET L'ÉCOLE MODERNE DE VIOLON

(Suite. — Voir le dernier numéro.)

A la suite de l'événement, tous les théâtres avaient été fermés par ordre, pendant dix jours, en signe de deuil. C'est pendant cette fermeture que la direction de l'Opéra fut avisée qu'elle ne rouvrirait pas au public les portes de la salle maudite, et qu'elle eût à prendre ses mesures pour se loger au théâtre Favart. On devine, par ce que nous avons vu en 1874, à la suite de l'incendie de la salle de la rue Le Peletier, quel dut être l'embarras des administrateurs. Le théâtre Favart, occupé depuis lors par l'Opéra-Comique, qu'un incendie terrible devait détruire quelques années plus tard, et qu'un second incendie, plus épouvantable encore, devait faire disparaître de nouveau, il y a quelques mois, était trop petit de moitié pour loger l'Opéra, et l'exiguité de la scène rendait impossible la représentation des grands ouvrages du répertoire, de ceux dans lesquels le spectacle se développait avec toute sa splendeur. Il fallait cependant se résigner, et obéir aux ordres reçus ; mais cette translation du plus important de nos théâtres amena une interruption de deux mois dans les représentations, et c'est seulement le 19 avril 1820 que l'Opéra put donner à la salle Favart son premier spectacle, composé d'*Œdipe à Colone* et du ballet de *Nina*.

Il est évident que, dans de telles conditions, Viotti ne pouvait songer à monter un de ces grands ouvrages compliqués, brillants au point de vue du spectacle dont le public de notre première scène lyrique s'est toujours montré si friand. Ce n'est qu'avec beaucoup de peine qu'il pouvait représenter, en ce qui concerne le répertoire, des pièces comme *Iphigénie en Tauride* ou la *Caravane du Caire*, et le séjour de Favart fut un regain de fortune pour ces espèces d'opérettes, faciles à jouer, comme *le Devin du village, les Prétendus* ou *le Rossignol*. Il fallait donc s'en tenir, en fait de nouveautés, à des œuvres de dimensions courtes et de minces développements matériels, et il n'est pas étonnant qu'en des circonstances semblables l'Opéra, sous la direction de Viotti, n'ait pu rencontrer un succès sérieux. Et cependant le travail dut être actif, puisque pendant les seize mois que dura le séjour à Favart, six ouvrages nouveaux furent montés, formant un ensemble de dix actes : *Clari* ou *la Promesse de mariage*, ballet en 3 actes, de Milon et Kreutzer (19 juin 1820) ; *Aspasie et Périclès*, un acte, de Daussoigne (17 juillet) ; *les Pages du duc de Vendôme*, ballet en un acte, d'Aumer et Gyrowetz (18 octobre); *la Mort du Tasse*, 3 actes, de Garcia (7 février 1821), ouvrage imposé à l'Opéra par l'engagement de Garcia aux Italiens ; *Stratonice*, de Méhul, transformée en drame lyrique avec récitatifs de Daussoigne (30 mars); *Blanche de Provence* ou *la Cour des Fées*, un acte et 3 tableaux, ouvrage de circonstance dont la musique avait été écrite par Berton, Boieldieu, Cherubini, Kreutzer et Paër (3 mai.)

L'administration supérieure fit cesser les représentations de l'Opéra au théâtre Favart trois mois avant l'époque où la nouvelle salle pouvait être livrée au public. On ignora la raison de cette détermination singulière, dont on crut trouver la cause dans les trop grandes exigences manifestées par le propriétaire de la salle Favart. Celui-ci, fort innocent, crut devoir se défendre de ce reproche en publiant une lettre dont voici le passage saillant :

.. Le 14 octobre 1820, M. de Pradel, alors directeur de la maison du Roi, me fit donner congé de la dite salle pour le 1er mai 1821. Je n'avais rien à dire et j'attendais l'époque du 1er mai, lorsque je reçus le 8 avril une lettre de M. de la Ferté, au nom du ministre de la maison du Roi, à l'effet d'obtenir de moi une prolongation de quinze jours, à cause de la circonstance du baptême de S. A. R. le duc de Bordeaux.

J'accédai à cette demande autant par inclination que par devoir, et le ministre du Roi m'en adressa une lettre de remercîments, le 11 avril. Dans cet intervalle, on ne m'a fait aucune ouverture pour obtenir ma salle jusqu'à ce que celle que l'on construit fût en état de recevoir les artistes de l'Opéra ; mais j'ai été instruit que l'administration ne voulait pas qu'on jouât davantage à Favart. En conséquence de cette décision, qui nuisait aux plaisirs des Français et des étrangers qui se trouvent à Paris en ce moment, j'ai offert aux artistes les plus distingués de l'Opéra de leur laisser la disposition entière de ma salle (sans rétribution) jusqu'à la fin du mois de juillet, afin qu'ils pussent y donner des concerts et des ballets, si le ministre le permettait.—Voilà les choses telles qu'elles sont, dans la plus exacte vérité.,.

DELAMARRE.

L'administration avait décidé, on ne sait pourquoi, que l'Opéra, allant de provisoire en provisoire, quitterait Favart et irait donner, en attendant l'ouverture de la nouvelle salle, des représentations au théâtre Louvois. Tout cela était absolument ridicule, faisait perdre autant de temps que d'argent, rendait impossible tout travail sérieux et suivi, et Viotti, obligé à une besogne à la fois inutile et ingrate, devait ronger son frein avec une impatience compréhensible. Le public, qui ne se rendait pas un compte exact de toutes les difficultés qu'il avait à combattre, de tous les ennuis qu'il avait à subir, lui jetait la pierre et lui reprochait son inaction, non seulement par rapport à l'Opéra, mais aussi en ce qui concernait le Théâtre-Italien, dont on trouvait, avec quelque raison du reste, le personnel insuffisant. Un amateur publiait même à ce sujet une brochure dans laquelle il se plaignait du manque de nouveautés aux Italiens et engageait le directeur à s'assurer le concours de divers chanteurs qu'il avait entendus en Italie et qui, disait-il, étaient indispensables à Paris pour renforcer une troupe trop médiocre. Cette brochure avait pour titre : *Observations désintéressées sur l'administration du Théâtre royal Italien, adressées à M. Viotti, directeur de ce théâtre* (1).

(A suivre).   ARTHUR POUGIN.

(1) Paris, Boucher, 1821, in-8°. — Le " dilettante ", en question était loin, d'ailleurs, de manifester aucun sentiment d'animosité contre Viotti, envers la personne duquel il s'exprimait en ces termes: — " J'ai quelques motifs particuliers d'adresser à M. Viotti lui-même ces observations, car l'administration qui lui est confiée. Rien de ce qui intéresse la réputation de ce virtuose célèbre ne m'est étranger: j'ai joui des premiers fruits de son précoce talent; j'ai vu l'illustre maître Pugnani applaudissant lui-même au succès du jeune Viotti, son élève; et ces deux noms, que l'on ne sépare point en Piémont, ne me rappellent que d doux souvenirs ,.

DIANE DE SPAAR

Opéra en 4 actes et 6 tableaux
Paroles d'Armand Silvestre, Musique de A. David,
Représenté pour la première fois, le 6 décembre 1887, au Grand Théâtre de Nantes.

M. Paravey, l'habile directeur du Grand-Théâtre de Nantes, vient de faire une nouvelle tentative de décentralisation musicale. Après *Méphistofélé*, d'Arrigo Boïto, et en attendant la première d'*Hamlet*, d'Aristide Hignard, la grande nouvelle inédite de la saison, il vient de nous donner la primeur de *Diane de Spaar*, opéra de M. David.

L'expérience était intéressante, et, quoique le résultat n'ait pas répondu entièrement aux espérances fondées, on doit malgré tout remercier M. Paravey de son initiative intelligente. Si tous les directeurs l'imitaient, nos jeunes compositeurs ne tarderaient pas à être mis en relief.

Le livret de *Diane de Spaar* a pour auteur M. Armand Silvestre. C'est, sans doute, une œuvre de jeunesse, car en maints endroits l'inexpérience scénique se fait jour.

En quelques mots voici l'analyse de la pièce : Diane de Spaar est fiancée à Marcel de Prades, capitaine dans les armées de François Ier. Pendant l'absence du jeune homme, elle tombe amoureuse du sculpteur Claude Marsy qui, de son côté, l'aime aussi secrètement. Marcel arrive d'Italie et reste étonné du froid accueil que lui fait sa fiancée.

Pendant ce temps, Claude, qui, dans son atelier est en train de faire le buste de Mⁱⁱᵉ de Spaar, apprend le retour de son ami de Prades. Désespéré, il veut arracher de son cœur cet amour insensé. Il n'est pas noble, il ne peut songer à obtenir Diane. Il brise le buste de la jeune fille, et se prépare à quitter à tout jamais le château. Mⁱⁱᵉ de Spaar qui a tout vu à travers la fenêtre pousse un cri en voyant le mouvement de rage du sculpteur; le malheureux artiste croit avoir entendu gémir le marbre sous ses coups, et se demande s'il ne devient pas fou.

Cette scène est intéressante et produit beaucoup d'effet.

Cependant, François Iᵉʳ est tombé amoureux de Mⁱⁱᵉ de Spaar. Il lui demande un rendez-vous. Diane va refuser quand la duchesse d'Etampes, qui protège la jeune fille, lui dit d'accepter: C'est elle qui recevra son volage amant. Pour condition de son pardon elle exigera du roi l'anoblissement de Claude; ainsi .le jeune homme pourra épouser Diane. Marcel a entendu dire que sa fiancée est aimée d'un grand seigneur; il jure de se venger et de frapper son rival inconnu. Il se confie à son ami. Claude, court prévenir Diane. Les deux jeunes gens se font mutuellement l'aveu de leur amour. Tout à coup Claude aperçoit le Roi qui se glisse dans la chambre de Mⁱⁱᵉ de Spaar. Marcel n'a donc pas menti! Elle a un amant et c'est le Roi!! Il accable la jeune fille de reproches, mais la duchesse d'Etampes survient. Elle rassure Claude et lui annonce qu'il est noble. La nuit est venue, le sculpteur, la joie dans l'âme, va se retirer, quand Marcel arrive et le frappe d'un coup de poignard, sans reconnaître son ami. Claude n'est pas mort, il implore la grâce de son assassin et il épouse Diane.

Comme on peut le voir, ce livret n'est pas précisément un chef-d'œuvre. Les caractères sont mal dessinés, notamment celui de Marcel. Un gentilhomme ne devient pas ainsi brusquement un lâche assassin; il peut provoquer un rival, mais non le frapper dans le dos d'un coup de poignard. Le dénouement est mauvais, mal amené, et l'apothéose frise le ridicule; on fera bien de couper ce finale.

Quant au canevas, M. David a écrit une musique terne et insignifiante. Pianiste distingué, le compositeur de *Diane de Spaar* ne semble pas se douter de cette partie importante de l'art musical qui s'appelle l'orchestration. Il abuse des trémolos des cordes, des trombones et du cornet à pistons, et encore il paraît qu'on a coupé, aux répétitions, les trois quarts des parties de ces instruments!!! M. David a cru sans doute, que plus il y aurait de bruit dans son orchestration plus elle serait fournie.

Etrange erreur! Un simple quatuor de Brahms ou de Rubinstein a plus de *corps* que toute la partition de *Diane de Spaar*!!

L'ouverture est d'une vulgarité désespérante: trombones, tuba, pistons, rivalisent d'éclat. Je recommande spécialement ce morceau symphonique aux musiques de cirques. Il semble avoir été écrit exprès pour elles.

Au premier acte, on trouve d'abord une médiocre chanson à boire, chantée par le duc de Spaar. Ce morceau, sur lequel on comptait, n'a produit aucun effet.

Viennent ensuite les couplets de Diane, où se trouve une gracieuse phrase:

> Le bien-aimé que j'attends
> L'âme pleine d'espérance.

Malheureusement ils sont suivis d'un trio qui vient détruire aussitôt cette bonne impression.

Le deuxième tableau ne comprend qu'un long monologue du bary. ton. C'est le moins....., disons l'un des meilleurs morceaux de la parti. tion. Il y a même une ou deux phrases qui ne sont pas mal trouvées, mais le diable de piston vient toujours lancer sa note ridicule dans des passages où il n'a que faire!!!

Au troisième tableau, la duchesse d'Etampes chante de 'gentils couplets, dont l'accompagnement brille par la pauvreté.

L'air de ténor semble envolé de quelque orgue de barbarie du règne de Louis-Philippe. Inutile d'insister.

Le duo entre Claude et Marcel, où qu'elle une vraie cacophonie. Les artistes ou l'orchestre se sont peut-être trompés?? Mais, ma foi, je n'en suis pas bien sûr!!!

Nous arrivons au ballet qui figurerait certainement avec avantage à l'Eden-Théâtre ou aux Folies-Bergère. Il n'a pas une bien grande valeur musicale, mais il est dansant. L'*adagio* est d'un bon effet; j'y ai remarqué une belle phrase dite par les violoncelles.

Il ne me reste guère à citer maintenant qu'une barcarolle à 'deux voix, mauvais décalque de celle des *Contes d'Hoffmann*, et le duo entre Claude et Diane qui contient quelques bons passages.

On me trouvera peut-être sévère pour cet opéra, surtout après certains articles de mes confrères de Paris, mais, si l'on veut bien songer que leurs jugements ont été inspirés par la camaraderie, et que le mien, au contraire, n'a subi aucune influence, — MM. David et Sil. vestre étant des étrangers pour moi, '— on ne sera pas étonné de cette divergence d'opinions.

L'œuvre de M. David est franchement réactionnaire; elle nous fait revenir à soixante ans en arrière. Il est triste de voir qu'il existe encore des musiciens qui s'obstinent à suivre la vieille routine, au lieu de marcher hardiment dans la voix du progrès.

Les artistes ont fait les plus louables efforts pour soutenir l'opéra de M. David. Mᵐᵉˢ Vaillant-Couturier a été charmante dans le rôle de Diane et le public l'a longuement applaudie à plusieurs reprises. Mᵐᵉˢ Bouland fait une gentille duchesse d'Etampes; elle a chanté à ravir. M. Lorant était visiblement fatigué; d'ailleurs, le rôle de Marcel est écrit d'une façon épouvantable, c'est un véritable casse-voix. M. Couturier a chanté avec son talent ordinaire le rôle du sculpteur; il a eu de beaux moments dans le deuxième tableau. M. Poitevin, a bien chanté la chanson à boire; M. Fioratti tient avec correction un rôle de quelques mesures.

M. Paravey a monté *Diane de Spaar* avec le soin et le goût qui le caractérisent. La mise en scène est superbe. M. Abraham s'est distingué dans l'équipement des décors. Celui de la forêt avec ses cascades d'eau naturelle, a été fort applaudi. Pour les contempler plus longtemps, le public a même fait bisser le dernier numéro du ballet parfaitement réglé par M. Roux.

L'œuvre de M. David a été écoutée très froidement, et, lorsqu'au baisser du rideau Mᵐᵉ Couturier est venue nommer les auteurs, de nombreux chuts, et aussi quelques sifflets, se sont mêlés aux applaudissements clairsemés.

En sortant du théâtre, je me trouvai face à face avec un compositeur parisien, arrivé le soir même à Nantes, et qui avait assisté incognito à la représentation.

— Eh bien ! lui dis-je, que dites-vous de cette nouvelle œuvre ?
— C'est de la musique d'avant le déluge, me répondit-il!!
Un peu dur, mon cher R...., mais bien vrai.

ÉTIENNE DESTRANGES.

Théâtres & Concerts

PARIS

La récente conclusion du procès de l'incendie de l'Opéra-Comique, la condamnation de M. Carvalho à la prison et à l'amende (3 mois de prison, 200 fr. d'amende), semblent avoir été un stimulant pour son successeur intérimaire. Il est certain que, la semaine passée, on a redoublé d'activité à l'ancien théâtre des Nations de la place du Châtelet.

Reprendre le *Caïd* n'est jamais une mauvaise idée. Cet ouvrage léger pèsera toujours plus dans la balance du succès que la plupart des grosses machines académiques de M. Thomas. Il y a dans cette bluette un souffle de jeunesse, une absence de prétentions, une verve et une bonne humeur naturelles, qui font passer un moment agréable, et prolongeront l'existence de la pièce et de l'ouvrage; par ce temps d'Hervée, la tradition de la bouffonnerie bon enfant et de la gaîté bon ton semble perdue.

Mignon est encore,par places, une des meilleures choses de l'auteur, pas encore tout à fait refroidi quand il l'écrivit. De la reprise qu'il vient de faire de son propre livret, M. Jules Barbier, dit le massacreur de Gœthe, n'a pas donné suite à son fameux projet de supprimer la scène de l'incendie, « pour ne pas réveiller de cruels souvenirs ». Les croyait-il donc si endormis, ces souvenirs?... Cette idée géniale, à peine émise, avait fait le tour de la presse et du public, accompagnée de sourires. L'effet produit n'est tel, que M. Barbier, dont le nom pourrait-être changé sans qu'on ignorât sa spécialité de raseur, a renoncé à son idée, peu lumineuse de toutes façons, en l'espèce. Il s'est contenté de nous faire entendre Mⁱⁱᵉ Siegrid Arnoldson, une jeune et jolie cantatrice suédoise,douée malheureusement d'un accent qui décèle par trop son origine. Il est vrai qu'elle est restée longtemps à Moscou, qu'elle n'a chanté à Paris que chez M. de Blowitz, où elle aurait été découverte par M. Maurice Strakosch, l'éminent astronome musical, qui l'aurait surnommée « l'Étoile du Nord ». Voilà qui est du dernier galant... Mais la mode commence à s'user de ces sortes de réclames, dont l'exagération indispose parfois d'avance le public et la presse. Le public, à la première, n'a pas craint (dit un confrère) d'être « tout feu tout flammes ». Mais cette attitude imprudente a été tempérée pour celle de la presse, qui semble avoir joué, en cette occasion, le rôle d'un pompier André, plus attentif et plus de sang-froid que l'infortuné copain de M. Carvalho en amende et prison. Depuis que M. Nicolini a tant malmené un pauvre chef de train pour n'avoir pas traité la Patti sur le même pied qu'une reine d'Espagne, la presse a peur de gâter trop les jeunes cantatrices, et se tient sur ses gardes. Elle a donc loué le charme personnel et le timbre agréable des notes élevées de Mᵐᵉ Arnoldson, en ajoutant que,vu l'inexpérience et la prononciation défectueuse de cette jeune fille, il lui restait encore beaucoup à apprendre. Comme Mⁱⁱᵉ Arnoldson n'est qu'en *representations*, on espère qu'elle nous reviendra revue et corrigée... c'est-à-dire parlant le suédois,un peu moins bien peu-être,mais mieux le français. — M¹¹ᵉ Merguillier ne fait pas oublier M¹¹ᵉ Isaac dans le rôle de Titania, et Moulierat a paru un peu trop mélancolique sous les traits de Wilhelm Meister. Seul, M. Barnolt est amusant et déridé le public dans le rôle de Frédéric.

Avant de quitter l'Opéra-Comique, un mot au sujet de M. Carvalho et de sa condamnation. Dans le public comme au Palais, on croit que l'appel n'apportera au jugement aucune modification; on estime que ce premier jugement a été volontairement modéré dans la forme, précisément ; arce qu'il s'agissait, tout en donnant un exemple nécessaire, de tenir compte du passé de M. Carvalho, et des services rendus : on a tenu aussi à ce qu'il fût modéré pour qu'on n'y pût rien changer. Quoi qu'il en soit, et ce qui, sans rien préjuger, est dès à présent certain, c'est que M. Carvalho ne sera plus directeur; ce serait un grave scandale que M. Carvalho lui-même a contribué à éviter en faisant déclarer, avant le prononcé du récent jugement, qu'il renonçait désormais à toutes fonctions directoriales. D'accord en ceci avec l'unanimité de l'opinion publique... En ce moment, le conseil des ministres s'occupe de chercher un successeur à M. Jules Barbier, un directeur définitif. Ce sera une besogne délicate, et même ardue.

A l'Opéra, on continue à préparer la *Dame de Montsoreau*. Le mystère et l'ombre planent sur cette maison, traversée parfois par des éclairs qui sillonnent les nuages amoncelés ; telle la première visite, depuis son élection, de M. Carnot. Le nouveau président de la République, après avoir été reçu au bas du grand escalier par M. Galihard qui l'a accompagné jusqu'à sa loge, a entendu *Patric* (le sens symbolique de ce rapprochement ne saurait vous échapper), et, disent les journaux, après être demeuré à l'Opéra jusqu'à la fin du spectacle (il paraît qu'il fait beaucoup d'énergie dans le caractère pour cela), il s'est retiré après avoir exprimé sa satisfaction à M. Galihard (il ne pouvait moins faire).

Telles sont les grandes nouvelles de la semaine pour les théâtres.

Jeudi soir a eu lieu au Conservatoire l'audition annuelle des envois de Rome; des œuvres de MM. Marty et Pierné remplissaient le programme. — L'envoi de M. Marty, prix de Rome de 1882, est le plus intéressant. Son ouverture de *Balthazar* n'a rien de bien saillant, sauf un épisode de cuivres assez fougueux qui se rapporte sans doute au *Mane Thecel Phares*. Mais la *Suite d'orchestre* sur les saisons nous sort un peu de l'envoi classique, du devoir banal, ennuyé et ennuyeux; dans la *Ballade d'hiver*, jouée il y a un an chez Pasdeloup et mentionnée ici avec éloges, joli début, à part quelques successions d'une dureté inutile et d'une audace trop aisée; solo d'alto expressif et poétique, après cette exposition réussie, un peu de délayages et retour des accords polaires du début, il y a dans ce morceau une tendance heureuse, il n'y reste plus rien du *penaum*. Le début du deuxième morceau, *Matinée de printemps*, est charmant, surtout par un arrangement orchestral simple et délicat: une flûte qui voltige, papillone, et tourne avec une grâce indolente, comme engourdie encore dans le bleu ensoleillé de l'éther, au dessus d'une phrase vert tendre des violons ; après cela, trop de redites et de répétitions encore, abus du développement en marche harmonique à la seconde supérieure. Même chose pour le troisième morceau *Brouillards d'automne* : emploi intéressant de la clarinette alto, recherche de la couleur, du pittoresque, trop d'insistance sur les mêmes effets, monotonie de procédés qui, voulue ou non, n'en est pas moins une faute; et puis pourquoi, laissant de côté l'été qui prêtait à quelque chose, avoir terminé par une *Kermesse* qui n'est pas amenée, qui ne fait pas corps avec l'œuvre et rompt l'unité du style, qui a l'air d'avoir été mise là comme une fin bruyante quelconque destinée à forcer l'applaudissement ? On peut y signaler un épisode amusant de cors ; mais,le reste est commun, et M. Marty doit faire mieux... Qu'il se méfie 'donc des éloges exagérés, des compliments énormes et banals qu'on se distribue dans son monde officiel; qu'il évite ce parnassianisme factice et superficiel mis à la mode en musique et en peinture pour figurer une « tendance avancée »; qu'il se garde de la répétition et apprenne l'art de la transition symphonique, en un mot, qu'il ne se presse pas et travaille ; alors, avec le développement de ses heureuses qualités, il nous donnera des œuvres remarquables. — L'envoi de M. Pierné est loin d'offrir le même intérêt ; il faut dire que M Pierné a été aussi mal servi que possible par un poème (?) inepte, misérable, de M. Guinand, les *Elfes* ; on pourrait croire,d'après ce titre,que l'élément pittoresque,la couleur légendaire,le pittoresque devraient jouaient là un rôle prépondérant: erreur! A peine quelques bouffées de sentiment tendre et délicat dans un duo d'amour de la première partie, sorte de nocturne à deux voix sous les sapins ; un joli emploi de la harpe au début de la deuxième partie, et dans " l'air d'enfance ', de la troisième, air qui donne une certaine sensation de fraîcheur... A part cela, verbiage, tapage, de la facture courante, beaucoup de

cette fameuse habileté qui court les rues depuis la venue du maëstro Massenet: beaucoup de bruit pour rien, comme disent MM. Louis Legendre et Shakespeare. C'est dommage que le joli registre aigu et la sûreté d'attaque de M¹¹ᵉ Agussol, l'organe sonore de M. Delmas, les voix fraîches et bien timbrées des chœurs, féminins surtout, n'aient pas trouvé une meilleure occasion de faire valoir la musique destinée à être chantée.

A signaler dans la *France* du 15 décembre une « Chronique » des plus remarquables (sur les représentations de Shakespeare en France) signée René Vincy, — nom du héros de *Mensonges*, le nouveau roman de Paul Bourget, — et terminée par ces lignes : « En dépit de ses ennemis, Shakespeare, a, dans la cause poétique, fait du chemin. L'héroïsme de M. Porel portera bientôt ses fruits. Rappelez-vous : autrefois nul ne voulait entendre parler du Wagner ; maintenant, grâce à M. Lamoureux, tout le monde le connaît, l'apprécie, beaucoup en raffolent ; il n'est pas un de nos compositeurs qui, directement ou indirectement, n'ait gagné à son contact, et des artistes tels que MM. Reyer, Chabrier, Vincent d'Indy, ont enfin pu se produire... Il en sera bientôt de même du drame et de la comédie. Le public, grâce à M. Porel, finira par goûter Shakespeare comme il goûte Wagner, il réclamera des œuvres robustes qui le fassent penser, dont la fantaisie poétique l'élève au dessus des écœurantes banalités du jour ; nous verrons alors les poètes rentrer en maîtres au théâtre qui est à eux, et dont il est temps qu'ils reprennent enfin possession ».

BALTHAZAR CLAES.

Spectacles de la semaine à l'Opéra et à l'Opéra-Comique:
A l'Opéra: lundi, *Faust*; mercredi, le *Prophète*; vendredi, *Robert le Diable.* — Hélas !
A l'Opéra-Comique: lundi, représentation populaire à prix réduits, le *Roi malgré lui* et le *Maître de Chapelle*; mardi et vendredi, *Mignon* (M¹¹ᵉ Arnoldson); mercredi, *Philémon et Baucis* et le *Caïd*; jeudi (troisième jeudi de l'abonnement), *Roméo et Juliette* (M¹¹ᵉ Isaac, MM. Lubert, Fugère et Bouvet); samedi (quatrième samedi de l'abonnement), le *Roi malgré lui* et le *Maître de Chapelle*.

BRUXELLES

Demain vendredi, au théâtre royal de la Monnaie, l'opéra le *Maçon*, d'Auber, nous revient après un silence de quarante ans. La première, à Bruxelles, date du 15 septembre 1825. De vieux habitués de ce temps-là — il en existe encore — se rappellent les artistes d'alors, Delos, Juillet, Fouchet, M¹¹ᵉˢ Carot, Lemesle, Langlade, Négrini, qui contribuèrent à la vogue du *Maçon*. Les théâtres en Allemagne se montrent bien plus fidèles que par ici à l'œuvre d'Auber, à laquelle ils ont donné un second titre : le *Serrurier*. Pas de semaine que *Maurer und Schlosser* ne figure sur une des scènes allemandes. Il y a un mois, l'Opéra de Berlin lui a fait l'honneur d'une reprise.

La *Gioconda* de Ponchielli, dont la première était annoncée pour le 19 décembre, est ajournée à la fin du mois. Elle passera probablement le 27 ou le 28 décembre.

Le premier concert de la saison au Conservatoire a eu lieu dimanche dernier. L'orchestre sous la direction de M. Gevaert a exécuté l'ouverture de la *Flûte enchantée* de Mozart, quelques danses extraites d'œuvres de Sacchini, et la neuvième symphonie de Beethoven. Entre ces divers morceaux de musique instrumentale, M¹¹ᵉ Leria a chanté un air de la *Création* de Haydn et un air du *Toréador*; M. Van Dam, le pianiste bien connu; enfin, M. Jokisch qui a joué notamment deux jolies pièces de violon de sa composition entre la ballade et polonaise de Vieuxtemps. Parmi les chœurs chantés par l'*Orphéon*, on a fait parfait ensemble et la belle ampleur qu'on lui connaît, on a surtout applaudi la *Tempête* de Radoux et une nouvelle composition de M. Auguste Dupont; *Hymne à l'amour*, sur des paroles de notre confrère Lucien Solvay. Cette nouvelle œuvre prendra bien vite rang au répertoire de nos sociétés chorales. Admirablement écrit pour les voix, ce chœur a tour à tour du charme et de la puissance et il est d'un effet certain sur le public.

L'*Orphéon* a donné lundi à l'occasion du 20ᵉ anniversaire de sa fondation un grand concert où l'on a applaudi en même temps que les beaux chœurs de la Société plusieurs solistes de talent: M¹¹ᵉ Ida Cornélis-Servais qui a chanté avec puissance le récit de Sieglinde du premier acte de la *Walkyrie* aux radieuses mélodies de Jouret et de Huberti; M. A. Moussoux, qui a chanté agréablement un air d'*Hérodiade*; M. Moyaerts qui a fait goûter un air du *Toréador*; M. Van Dam,

GAND

GRAND-THÉÂTRE. — Mercredi 14, *Mireille*; vendredi 15, les *Huguenots*; dimanche 16, *Charles VI*; lundi 19, *Mireille*.

La reprise de *Mireille* a été une des plus charmantes soirées que nous ayons eues depuis le commencement de la saison. Etait-ce l'agréable musique de Gounod, au frais parfum d'une fleur des bois ; était-ce la présence d'acteurs aimés du public, ou bien encore un état général de satisfaction des spectateurs, comme il s'en rencontre parfois ? Je ne sais, mais tout le monde était visiblement content. Et de fait, Mlle Boyer a été gentille en Mireille, qui convient absolument à sa voix et à son jeu ; M. Alvares a chanté parfaitement le rôle de Vincent s'il ne l'a pas aussi bien joué ; Andreloux a fait admirer un joli petit pâtre sous les traits de Mlle Danglade, Mlle Castel, qui n'avait guère encore été appréciée, a fredonné vraiment avec charme les couplets de la vieille Taven, MM. Freiche et Geoffroy se sont acquittés fort convenablement de leur tâche, et il n'était jusqu'à M. Schauw qui n'ait paru satisfaisant. Si les chœurs avaient été un peu plus disciplinés, et si le chef d'orchestre s'était mieux fait obéir de ses musiciens, il n'y aurait pas eu de critique à faire au sujet de cette représentation. Malheureusement les plus beaux soirs peuvent avoir de funestes lendemains, et M. Van Hamme en a fait la triste expérience le vendredi où il nous a présenté dans *les Huguenots* une nouvelle basse de grand-opéra insuffisante, ajoutons-le tout de suite. Cet acteur a été l'objet de manifestations hostiles tellement bruyantes, qu'on a été obligé de rendre l'argent *après le troisième acte* ; ce qui, je pense, est assez rare dans les annales des représentations... agitées. De plus le directeur, après pas mal de pourparlers. a dû promettre d'engager M. Bourgeois, ce qu'il a fait, du reste puisqu'il annonce déjà l'arrivée de cet artiste. Après tout ce tumulte, le spectacle a continué devant les banquettes, pour le plaisir d'une cinquantaine de personnes, qui ne se souciaient pas d'aller réclamer le prix de leur place.

Il m'a été donné d'assister à l'agréable soirée musicale qu'offrait samedi dernier à un nombre restreint d'invités, Mme de Kerchove. Sans se contenter d'être elle-même une musicienne accomplie d'un goût très sûr, Mme de Kerchove tient encore à encourager autant que possible l'art en les artistes, et je m'en voudrais de ne pas parler de cette audition où l'on a applaudi quelques premiers prix de notre Conservatoire : M. Paul Miry, qui a exécuté avec virtuosité un adagio de David ; Mlle Lippens qui a chanté une originale chanson danoise de L. Rinskopf, *Bis* et la jolie chanson flamande *Het Henken* de P. Heckers ; Mlle De Zaegher qui a chanté à son tour, avec cette expression intense qu'elle possède, la mélodie de Paul d'Acosta, *Lonjour Suzon*, que l'on n'aurait pas dû séparer de l'*Adieu Suzon*, — et *à toi* de P. Lebrun, qu'elle a fait bisser. Je regrette de ne pouvoir citer avec autant d'éloges, Mlle Westendorp qui a causé une véritable déception à ceux qui l'avaient entendue lors de son concours. Le morceau de résistance de la soirée était le 5me *Noël*, pour ténor et chœur de voix d'hommes, de M. Van Reysschoot, l'excellent maître de chapelle de l'église Saint-Nicolas ; plus développée que les Noëls ordinaires, la composition de M. Van Reysschoot forme presque une petite cantate, d'une belle ordonnance et d'un sentiment profond, très mélodique, elle se tient cependant en dehors de cette musique plus mondaine que religieuse qui est actuellement critiquée avec tant de raison. L'exécution a fait remarquer M. Wauters, le soliste, un ténor d'avenir.

Annonçons en terminant, qu'au mois de janvier la *Willems-Genootschap* exécutera le premier acte d'un grand opéra de M, F. d'Acosta, intitulé *Godefroid de Bouillon*, les deux principaux rôles seront tenus par Mlle Boyer et par M. Wauters.   P. B.

VERVIERS

La Société Royale l'*Émulation* avait engagé pour son concert annuel de bienfaisance, Mme Melba, du théâtre de la Monnaie. Deux jours avant la fête, un télégramme vint annoncer à la Société que Mme Melba ne pouvait, pour cause de maladie, tenir son engagement. Grande fut la déception générale, car on se réjouissait d'entendre la jeune et déjà célèbre cantatrice. Malgré ce contretemps et grâce à la complaisance de Mme B. Deschamps, le concert, remis à huitaine, a complètement réussi.

La Société l'*Émulation*, se proposant de prendre part, l'été prochain, au concours de chant que donnera la Société des chœurs de Gand, s'est attachée à mettre sur pied un chœur pour voix d'hommes afin de se préparer de longue main à la lutte. Le choix s'est porté sur le *Germinal* de F. Riga. L'exécution en a été très heureuse ; M. Vonckan, l'infatigable directeur de la Société, a donné à cette page une interprétation très colorée et très dramatique. Sous sa direction énergique, la masse chorale, forte de cent trente chanteurs, avec ses voix superbes, bien équilibrées, a enlevé l'auditoire. Même succès pour *Chanson d'anoître* de Saint-Saëns, pour le chœur si vigoureusement dit par notre excellent baryton-amateur M. S. Byrom, et pour *Acis*, pastorale antique de Wormser, soigneusement chantée par la masse chorale mixte et dont les *soli* ont été fort agréablement chantés par M. Beaupain, un jeune amateur.

Mlle Deschamps, que notre public avait applaudi déjà à diverses

reprises, a retrouvé chez nous le même accueil chaleureux. Sa voix riche, si bien timbrée, semble s'être encore développée et l'artiste a beaucoup gagné ; elle a dit avec un sentiment dramatique profond les stances de *Sapho*, et a chanté d'une façon remarquable le *Noël payen* de Massenet.

La grosse part du succès de la soirée est allée à Mme Zoé Hotermans-Tilkin, pianiste, qui prêtait son concours désintéressé à cette fête. Mme Zoé Hotermans est bien connue dans le monde des artistes où elle occupe une des premières places, et son talent si souple, si caractéristique, est depuis longtemps apprécié à sa juste valeur. Elle avait fait choix du concerto en *mi* et la *Fantaisie hongroise* de Liszt. L'artiste semble avoir une intuition toute spéciale de cette musique ; elle saisit dans ses moindres détails les intentions du maître ; elle donne à ses œuvres leur caractère propre et une interprétation vivante et colorée. Elle joint à toutes ces qualités un mécanisme d'une souplesse étonnante, un sentiment vrai, et elle atteint dans les passages de force une vigueur et une énergie étonnantes. Aussi le public l'a fêtée et acclamée comme elle le méritait. Nos chaleureuses félicitations à tous ces artistes et une mention toute spéciale à M. Vonckan, qui s'est donné un mal inouï pour conduire à bonne fin cette fête artistique. Le public ne lui a peut-être pas fait le succès qu'il méritait, mais nous qui l'avons vu à l'œuvre, nous qui savons le soin qu'il apporte à toutes ses exécutions, le travail surhumain qu'il s'impose et le talent avec lequel il l'accomplit, nous lui rendons tout l'honneur qui lui revient et lui adressons nos meilleurs compliments.

AMSTERDAM.

Joachim, le roi des violonistes classiques, vient de se faire entendre à *Félix Méritis* avec un immense succès devant une salle comble. Par contre, le second concert de Mme Sembrich, n'avait attiré qu'un public relativement restreint, mais son triomphe n'en a été que plus éclatant, car on l'a applaudie avec une *furia* toute italienne, et l'on espère qu'elle reviendra au printemps pour donner une ou deux représentations avec la troupe française de la *Haye*, car à la métropole néerlandaise ne possède aucun théâtre d'opéra français ou allemand, ni même une salle de spectacle ou de concert convenable.

En revanche, il y a un cirque magnifique et une douzaine d'horribles cafés chantants, qui font salle comble tous les soirs ! Quant à avoir, à pouvoir faire subsister une troupe française ou allemande, Amsterdam n'en paraît pas capable, car chaque fois qu'un malheureux directeur a voulu s'y risquer, il a fait faillite peu de temps après.

Ce que j'ai dit dans ma dernière lettre au sujet des concerts de *Cæcilia*, peut s'appliquer aussi aux concerts de la *Société pour l'encouragement de l'art musical* dont le dernier a eu lieu, samedi dernier, au Palais de l'Industrie.

Autrefois, lorsque Verhulst était au pinacle, ces concerts jouissaient à Amsterdam d'une réputation aussi grande que méritée. Mais depuis une dizaine d'années et depuis, le déclinent progressivement, et depuis que le pianiste, M. Röntgen est arrivé au pouvoir, ils dégénèrent complètement.

Le dernier concert, où l'on a exécuté cette adorable partition de Schumann : *le Paradis et la Péri*, ne s'est guère élevé au dessus de la médiocrité. M. Röntgen continue à se démener comme un halluciné, et ne parvient guère ni à dominer son orchestre, ni surtout à discipliner ses chœurs, qui, le plus souvent, chantent sans rythme aucun et d'une façon tout à fait craintive. Décidément M. Röntgen manque à peu près de tout ce qu'il faut pour pouvoir aspirer à être un vrai *Kapellmeister* et malgré toute la bonne volonté et toute la peine qu'il se donne, je crois qu'il ne le deviendra jamais.

Pour peu que la Société pour l'encouragement de l'art musical continue pendant quelques années encore à nous donner des exécutions pareilles à celles des dernières années, son prestige et la réputation artistique dont elle jouissait à Amsterdam s'évanouiront à tout jamais.

Les *soli* dans l'œuvre de Schumann étaient chantés par Mmes Fillunger et Lydia Halm de Francfort comme soprani, Mme Veltman d'ici, contralto. M. Dierich de Leipzig, ténor, et la basse Messchaert d'Amsterdam. J'adresse mes sincères éloges surtout à Mme Holm et à M. Dierich, qui m'ont fait le plus grand plaisir, et qui se sont acquittés supérieurement de leurs rôles. Mme Fillunger est une chanteuse de talent et d'expérience, mais elle ne chante pas toujours juste. M. Messchaert est un artiste d'une incontestable valeur, mais qui doit se méfier d'une certaine exagération de sentiment et d'impression, qui nuit à l'effet. Mme Veltman a été satisfaisante.

L'éminent ténor Ernest Van Dyck chantera samedi le *Lohengrin*, avec la troupe allemande de Rotterdam. Ce sera une bonne aubaine pour le public d'Amsterdam, et je m'attends à un très grand succès, dont ma prochaine lettre vous rendra compte.

                                                              D^r Z.

Nouvelles diverses.

La Société des auteurs, compositeurs et éditeurs de musique de France a tenu mardi au Grand-Orient à Paris, son assemblée générale.

Après la lecture du rapport sur la situation de la Société fait par M. Baillet, M. Édouard Philippe a demandé à l'assemblée de revenir sur la décision prise, il y a quatre ans, en vertu de laquelle la Société n'admettait pas dans son sein les auteurs étrangers dans les pays desquels les droits de nos auteurs n'étaient pas reconnus.

Depuis est survenue la convention de Berne, faite entre dix-nations et d'après laquelle la propriété littéraire est reconnue. Il a été décidé que les auteurs des dix nations pourraient désormais faire partie de la Société des auteurs, compositeurs et éditeurs de musique.

Une grosse question était à l'ordre du jour. Les artistes de cafés-concerts, auteurs de chansons, peuvent-ils être admis comme sociétaires? Il est un fait reconnu, c'est que les chanteurs un peu courus exigent le plus souvent que leur nom soit mis à côté des véritables auteurs de l'œuvre qu'ils sont chargés d'interpréter. Ils ont ainsi l'air d'avoir pris part à une collaboration à laquelle ils sont complètement étrangers. La réunion a voté que le chanteur qui solliciterai le rang de sociétaire sera soumis à l'épreuve suivante : on l'enfermera dans un local *ad hoc*, et, dans un temps limité, il devra composer une chanson sur un sujet donné.

En dernier lieu, notre confrère Bertol-Graivil s'est plaint qu'on n'appliquait pas l'article 12 des statuts, en vertu duquel les membres du syndicat qui n'assistaient pas pendant deux mois aux séances sans excuses valables devaient étrerayés du syndicat, et il a signalé trois membres qui se trouvaient dans ce cas.

Avant de se séparer, l'assemblée a procédé au renouvellement des membres sortants. Sont élus : Membres du syndicat, MM. Armand Liorat, auteur; Lieutat, compositeur, et Benoît, éditeur. Membres de la commission des comptes, MM. Desormes, Hielard, d'Arsan, Blondelet et Lagasse. Membres du comité des pensions, MM. Paul Avenel et Lindheim.

※

Samedi dernier, a eu lieu à Vienne, au théâtre *An der Wien*, la première représentation de *Simplicius*, la nouvelle opérette de Johann Strauss. Le sujet est emprunté aux mémoires d'un vieil auteur allemand du XVII⁰ siècle qui racontent les aventures extraordinaires de Melchior Sternfels von Fuchsheim, surnommé *Simplicius* à raison de l'extrême candeur de son âme. Ce vieux roman rappelle par certains côtés l'esprit d'observation et les joyeuses inventions du roman d'*Uylenspiegel*. L'auteur du livret en a tiré, habilement dit-on, une série de tableaux et de scènes d'un effet amusant et qui offraient au compositeur de bonnes situations musicales. Le *Simplex* arraché à ses forêts par un escadron de cuirassiers est incorporé dans le régiment et apprend la vie à cette école un peu avancée. Il finit naturellement par épouser la fille du colonel destinée à un autre et qui éconduit successivement ses divers prétendants. Sur ce thème Strauss a brodé une partition qui a bruyamment réussi, grâce à une série extravagante de marches, de chansons guerrières, de duos d'amour, etc. L'inévitable valse viennoise y figure naturellement. On loue surtout le grand finale du premier acte qui ne serait pas déplacé, dit la critique, dans un grand opéra. En somme ce n'est ni une opérette, ni un opéra. Cette tendance se trouvait déjà indiquée dans le *Baron Tzigane* donné par Strauss, il y a trois ans au même théâtre. Les Viennois ont déjà baptisé d'une façon originale l'œuvre nouvelle: on l'appelle le *Parsifal de l'opérette*.

※

A propos des *Adieux de Lohengrin* que M. Van Dyck a chantés avec un si grand succès au dernier concert Servais à Bruxelles, on a discuté dans un cercle wagnérien l'interprétation trouvée trop peu mystique par le célèbre ténor, interprétation faite aussi pour quelques-uns Il ne peut qu'au concert cette interprétation ait paru un peu théâtrale, mais à Paris à la représentation cet admirable récit valut à M. Van Dyck un éclatant triomphe. Il y a, du reste, toujours eu, à ce propos, une divergence d'opinions assez marquée entre Wagner et ses meilleurs interprètes. Nous savons de très bonne source que Wagner n'entendait nullement qu'on fît du personnage de Lohengrin un être surnaturel, une sorte d'ange. Le *Chevalier au Cygne* est un héros, sans doute, mais un simple mortel, un homme qui est amené à aimer celle qu'il est miraculeusement appelé à sauver. Wagner en cela était fidèle à la légende qui, pour être idéale et symbolique, n'en est pas moins essentiellement humaine. Ce qui choquait le plus Wagner, et ses lettres en font foi, c'est le caractère angélique et divin donné au personnage par certains ténors en Allemagne. La mission de Lohengrin est sans doute miraculeuse, mais le héros est un homme qui sent, qui vit, dont le cœur s'émeut comme celui de tout autre mortel. Wagner n'approuvait pas, par exemple, l'impassibilité de Niemann pendant la scène du duel, au premier acte.

Niemann joue cette scène de telle sorte que Telramund semble s'affaisser devant le flamboiement du glaive de Lohengrin. C'est là un contre-sens et c'est ce que prouvent les indications du livret et de la partition. Wagner voulait là un combat réel. Sans doute, le héros est sûr de la victoire, parce qu'il se sent fort de sa vertu et de la vertu, du bon droit de celle qu'il défend contre les embûches d'Ortrude. C'est à cette tradition, la vraie, que M. Van Dyck s'est attaché et il nous a paru intéressant d'éclaircir ce détail d'interprétation.

Puisque nous parlons de M. Van Dyck, constatons le triomphal accueil que lui a fait le public de Rotterdam, où il a chanté, samedi dernier, pour la première fois le rôle de Lohengrin. Le public enthousiasmé ne l'a pas rappelé moins de *douze fois* dans la soirée !

※

Le violoniste Fernandez Arbos, lauréat du conservatoire de Bruxelles, puis élève de Joachim, vient d'être nommé concertmeister de l'orchestre philharmonique de Hambourg et professeur de violon au Conservatoire de cette ville.

※

Mⁱˡˡ⁰ Van Zandt a obtenu à Pesth un brillant succès dans *Lakmé*. Ce succès s'est encore accentué dans *Mignon*. Elle a été rappelée trois ou quatre fois après chaque acte. La salle était comble à toutes les deux représentations. L'*Otello* de Verdi est également un grand succès à ce théâtre.

Pour le premier jour de Noël, on y donnera pour la première fois le *Manfred* de Byron avec la musique de Schumann. Les autres nouveautés qui viendront pendant le premier semestre de 1888, sont : le *Concert à la cour*, d'Auber, les *Pêcheurs de perles* de Bizet, le *Fliegender Hollænder* de Wagner, la *Fille du régiment* de Donizetti, la *Walkure* de Wagner et le ballet *Nelly* de Pratesi et Olivieri.

※

Avant de faire en Hollande avec M. Joseph Wieniawski la brillante tournée de concerts dont a parlé notre correspondant d'Amsterdam, Mⁱˡˡ⁰ Marcella Sembrich avait fait une tournée dans le midi de l'Allemagne en compagnie du violoncelliste Grünfeld, de Berlin, et du pianiste Schwarz. Parmi les morceaux les plus applaudis de son répertoire, il faut citer la *Chanson d'amour* de M. Hollman qu'elle a dû redire dans plusieurs concerts.

※

Le 17 décembre, anniversaire de la naissance de Beethoven, le Cercle choral viennois *Beethoven* s'est rendu à Heiligenstadt (faubourg de Vienne) où s'élève un buste du maître. Au pied du modeste monument éclairé aux flambeaux de Bengale, le Cercle a chanté deux chœurs de Beethoven : *La Grâce de Dieu* et *l'Hymne à la Nuit*. Simple et touchant hommage. Le buste de Beethoven s'élève sur une petite place entourée d'arbres où l'on voit encore un banc en bois. C'est là que Beethoven venait souvent rêver le soir.

※

M. Franz Rummel vient d'être engagé pour le Concert sacré qui se donne à Dresde le jour du mercredi-saint.

※

A propos des partitions composées sur le sujet de *Loreley*, nous avons omis de mentionner la cantate composée par les frères Hillemacher qui obtint le grand prix de la ville de Paris il y a quatre ans. L'*Art Musical* nous fait remarquer notre omission. La voilà réparée. Nous avions, du reste, entendu n'énumérer que les opéras sur ce sujet.

※

Le conseil académique de l'Université de Cambridge vient de désigner M. le Dⁱ Villiers Stanford comme titulaire de la chaire de musique de cette université en remplacement de feu le Dⁱ Macfarren. M. Villiers Stanford est un des jeunes musiciens les plus distingués de l'Angleterre.

※

M. Antoine Rubinstein travaille à un nouvel ouvrage, *Moïse*, auquel il a l'intention de donner le nom tout à fait nouveau et bien bizarre d'*oratorio-opératique*.

※

Mᵐᵉ Patti vient de signer un engagement pour trente représentations à Buenos-Ayres. On lui payera 35,000 fr. par soirée !! Elle s'embarquera le 3 mars prochain à Lisbonne, pour donner à Buenos-Ayres sa première représentation vers la mi-avril, c'est-à-dire au commencement de l'hiver.

※

Les concerts de musique américaine, organisés et dirigés par M. Vander Stucken, dans Chickering Hall, ont produit une excellente impression, en excitant la curiosité de tous ceux qui s'intéressant au développement de l'art national. Parmi les œuvres qui ont été le plus remarquées dans ces cinq auditions qui viennent d'avoir lieu, on cite les suivantes : *Dans les montagnes*, ouverture de M. Arthur Foote, [de Boston ; le concerto de piano en *ré* mineur de M. Arthur Whiting, écrit dans le style de Mendelssohn; *le voyage de Colomb*, cantate de M. Dudley-Buck; un quatuor de M. G. Chadwick et un sextuor de M. Johann Beck; une intéressante symphonie de M. G. Templeton Strong en *la* majeur, intitulée également *Dans les montagnes* et inspirée par la symphonie *Im Walde* de J. Raff, tout en participant des procédés d'orchestration de Wagner et de Berlioz; enfin, le *Carnaval* d'Ernest Guiraud, l'auteur de *Piccolino*, qui, par sa naissance à la Nouvelle-Orléans, devait aussi figurer au programme.

Le maestro Puccini vient de terminer le nouvel opéra *Edgar* qu'il a composé sur un livret de M. F. Fontana et dont la maison Ricordi s'est rendue acquéreur. L'œuvre de M. Puccini n'a paru satisfaire à ce point les éditeurs, que, sans attendre la mise en scène, ces derniers lui ont commandé sur le champ un nouvel opéra qui sera le troisième du jeune compositeur. Puissent les encouragements de la maison Ricordi valoir au monde artiste un musicien sérieux et des ouvrages qui soient susceptibles de passer les monts.

Le " Cercle choral de l'Association de Professeurs „ à Wiesbaden, vient de chanter, avec un très grand succès, un chœur pour voix d'hommes *Sous bois*, d'Édouard de Hartog, notre collaborateur, publié par l'éditeur R. Bertram, à Bruxelles. La gazette de Wiesbaden (*Rheinische Kurier*) dit : " que ce chœur, bien que difficile, est d'un grand effet, et qu'il est appelé à être chanté par les principales Sociétés chorales de l'Allemagne. „

Le jeune violoniste français, Henri Marteau, qui avait été appelé à Vienne pour jouer dans l'un des grands concerts dirigés par Hans Richter, y a obtenu un très grand succès avec le concerto de Max Bruch. Le public l'a véritablement acclamé et l'a rappelé plusieurs fois.

AVIS ET COMMUNICATIONS

Le troisième des *Concerts d'Hiver*, sous la direction de M. F. Servais aura lieu le 26 décembre (lundi de Noël) dans la salle de l'Éden-Théâtre, à 2 heures précises. La répétition générale publique aura lieu, samedi le 24 décembre, dans le même local et à la même heure que le concert.

Jeudi, 29 décembre au Cercle Artistique de Bruxelles, M. Martin Lazare, pianiste avec le concours de MM. Colyns, professeur au Conservatoire, Hollman, violoncelliste, et Mlle Pirotte, cantatrice, donnera audition d'un trio inédit de sa composition.

VARIÉTÉS

ÉPHÉMÉRIDES MUSICALES

— Le 23 décembre 1807, à Paris (Théâtre Italien), le *Nozze di Figaro*, de Mozart, ayant eu successivement pour principaux interprètes Barilli,Garcia, Levasseur, Pellegrini, Lablache et Tamburini, Mmes Barilli, Mainvielle-Fodor, Catalani, Naldi (comtesse de Sparre), Cinti, Malibran, Grisi et Persiani.

Depuis la première, à Vienne (Nationaltheater. 1er mai 1786), puis au Hoftoper, die *Hochzeit des Figaro*, a eu jusqu'à la fin de 1886, trois cent quarante-cinq représentations.

Une première adaptation française, à Paris (Opéra, 20 mars 1793) n'eut que cinq représentations. La musique, mal exécutée, ne fut pas comprise; les acteurs qui ne savaient point parler en scène, débitant la prose de Beaumarchais, conservée en entier, sans recourir au récitatif, étaient grotesques au dernier point.

Une seconde adaptation *castillane*, avant d'arriver à Paris (Odéon, 22 juin 1826), avait déjà parcouru la province et l'étranger (Bruxelles, 22 avril 1822 ; Liège, 28 février 1824).

Les *Noces de Figaro* au Théâtre-Lyrique (8 mai 1858), nouvelle adaptation de Jules Barbier et Michel Carré. C'est le vrai opéra de Mozart tel qu'il est sorti du cerveau du divin maître, le succès en fut très éclatant avec Mmes Carvalho, Vandenheuvel-Duprez, Ugalde, etc. Pour la reprise, à l'Opéra-Comique (7 mai 1874), Mme Carvalho chanta le rôle de la comtesse.

Nous ne voyons en Belgique que la seule ville d'Anvers, où la version du Théâtre-Lyrique ait été jouée, et chose étrange une seule fois (18 mars 1864).

— Le 24 décembre 1871, au Caire, *Aïda*, op. seria 4 actes de Verdi. L'adaptation française par Nuitter et Dulocle, à Paris, 22 mai 1880, avait déjà été donnée à Bruxelles, 15 janvier 1877. La dernière reprise, au théâtre de la Monnaie, est du 23 décembre 1886, avec Engel, Bérardi, Dubulle, Mmes Montalba et Mounier. *Aïda* : à Vienne, le 29 avril 1874 à la fin de 1886, cent et trente-sept fois.

— Le 26 décembre 1859, à Anvers, *Quentin Durward*, 3 actes de Gevaert.— Principaux interprètes : Scott, Comte-Borchardt, Van Ruffen, Jubelin, Mmes Rouvroy, Lemesle, etc. Huit représentations pendant la saison, et, depuis, une ou deux reprises de la pièce. (Voir Bovie, *Annales du théâtre d'Anvers*, ainsi que le dernier numéro du *Guide*).

— Le 26 décembre 1831, à Milan (Scala), *Norma*, op. ser., 2 actes de Bellini, chanté par Donzelli, Negrini, Mmes Pasta et Grisi.— A Paris (Théâtre Italien, 8 décembre 1835), par Lablache, Rubini, Mmes Grisi et Assandri — A Bruxelles, par une troupe italienne, 1er mai 1840, et la version française, 18 mars 1842. La dernière reprise, 4 décembre 1884, avec Gresse, Jourdain, Mmes Caron et Hamann. "A première vue, écrivait à ce sujet notre collaborateur Solvay (*Guide musical*, 11 décemb.) on s'est étonné de cette réapparition subite d'un opéra qui jure si fort avec les tendances dramatiques et musicales du jour. Mais on comptait sans le public, sans le gros public, qui fait les succès bien plus sûrement que ne saurait les faire cette petite classe de dilettanti et d'hommes de goût dont l'autorité n'est pas toujours obéie. Ce public, cette fois, a encore eu raison, malgré tout. On a beau trouver *Norma* absurde, ridicule, exécrable, *Norma* a été acclamée. „

— Le 27 décembre 1854, à Vienne (Salle de la Redoute), concert dans lequel Richard Wagner fait exécuter de ses compositions, et Carl Tausig, ses arrangements sur les derniers opéras du maître.

— Le 28 décembre 1847, à Paris (Opéra-Comique), *Haydée*, 3 actes d'Auber. — A Bruxelles, 9 août 1848 : dernière reprise, 11 sept. 1887, avec Engel, Isnardon, Gandubert, Mmes Storell, Legault, etc. ; à Anvers, 22 avril 1848 ; à Liège, 24 nov. 1848.

A Vienne, le Nationaltheater ne donna *Haydée* que trois fois, du 10 au 21 nov. 1849

— Le 29 décembre 1864, à Paris (Opéra-Comique), le *Capitaine Henriot*, 3 actes de Gevaert. — A Bruxelles, 19 sept. 1865; à Liège, 7 avril 1865; à Anvers, 15 févr. 1866. Dans cette dernière ville, la pièce ne fut représentée que deux fois, par suite d'intrigues de coulisses (Bovy, *Annales du théâtre d'Anvers*). Grand succès pour Henry Warnots dans le rôle de Mauléon.

Élégance, distinction, vérité scénique, telles sont les qualités saillantes de l'œuvre. Dans *Quentin Durward*, Gevaert avait accumulé avec une profusion toute flamande le coloris pittoresque et dramatique. Ici, ces éléments se retrouvent non moins abondants, non moins variés, mais distribués avec plus de discernement et de sagesse. Comment expliquer que le *Capitaine Henriot*, malgré ses brillants états de service, ait été mis à la réforme sur tous nos théâtres.

Pour ceux qui n'ont pas connu Gevaert à l'époque de son *Capitaine Henriot*, voici le portrait que fit du jeune maestro un de nos compatriotes, alors fixé à Paris et aujourd'hui, inspecteur général des Beaux-Arts en Belgique, M. J. Rousseau :

" Une grosse tête blonde au teint légèrement fatigué par les veilles, une bouche lippue, un menton fuyant, des yeux à fleur de tête qui regard un peu étonné, telle est cette physionomie bizarre qui ne laisse rien percer, au premier coup d'œil, de l'intelligence du maître. Mais quand Gevaert se mette à causer, sa figure s'éclaire aussitôt et prend une rare, expression d'esprit et de finesse. Avec cela nulle pose, un naturel charmant, l'antique simplicité flamande. „

Le public peut s'assurer si ce portrait d'hier est encore celui d'aujourd'hui, car Gevaert ne se ménage très en vue à Bruxelles, au Conservatoire à la tête de son orchestre, au théâtre ou aux concerts, dans ses promenades quotidiennes au bois, et ailleurs.

— Le 30 décembre 1849, à Amsterdam, sous la direction de l'auteur, le *Déluge*, drame lyrique d'Édouard Grégoir. Cette œuvre avait été exécutée à Anvers, le 31 janvier 1849, avec un orchestre de cent musiciens, et dans la même année, à Paris, où elle fut redonnée dix-huit fois.

Avant de devenir l'intarissable biographe que l'on sait, Édouard Grégoir a beaucoup écrit de musique : opéras, chœurs, ouvertures, quantité de morceaux pour piano, orgue, etc. Pianiste très habile, il a eu des admirateurs dans celles désvilles du pays et de l'étranger, où il s'est fait entendre, il n'y a pas mal de temps de cela.

Nécrologie.

Sont décédés :

A Munich, le 27 novembre, Heinrich Schoenchon, directeur de musique.

— A la Nouvelle-Orléans, le 20 novembre, à l'âge de 82 ans, Gregorio Curto, né à Tortosa (Espagne), professeur de chant, venu aux États-Unis, comme baryton, avec une troupe française.

— A Vienne, le 8 décembre, Miska Hauser, né à Presbourg, en 1822, violoniste et compositeur. (Notice, Suppl. Fougin-Fétis, t. I, p. 453).

34ᵐᵉ année de publication

Le Guide Musical

REVUE HEBDOMADAIRE DE LA MUSIQUE ET DES THÉATRES

Paraissant tous les jeudis en 8 pages de texte et de fréquents suppléments

DONNANT :

Les comptes-rendus et nouvelles des théâtres et concerts de France, de Belgique, d'Angleterre, d'Autriche, d'Allemagne, etc.
Des notices biographiques et des études sur les grands compositeurs anciens et modernes ;
Des travaux d'histoire et d'esthétique musicale ;
Des articles bibliographiques sur tous les ouvrages concernant la musique; la nécrologie des artistes célèbres morts dans la semaine
Des éphémérides correspondant à tous les jours du mois.

ABONNEMENT :

Paris, — 10 fr. | **Bruxelles, 10** fr.

Les autres pays : **12** francs.

Texte avec supplément musical (42 morceaux), **25** fr.

AVIS IMPORTANT. — Le GUIDE MUSICAL offre à ses lecteurs la combinaison suivante, sur laquelle nous appelons spécialement leur attention et dont ils saisiront les grands avantages.

Tout abonné, ancien ou nouveau, au GUIDE MUSICAL, aura le droit, en versant DIX FRANCS, de choisir parmi les publications nouvelles, soit parmi les ouvrages indiqués dans le catalogue général de la Maison Schott frères, les morceaux ou partitions qui lui conviendront, jusqu'à concurrence de SOIXANTE FRANCS, prix marqué, ou de VINGT FRANCS, prix de vente. C'est en réalité, une réduction de CINQUANTE pour cent que nous offrons à nos abonnés sur les ouvrages de tout genre que renferme notre catalogue.

On s'abonne à Paris, chez P. SCHOTT, boulevard Montmartre, 19 ; à Bruxelles, chez SCHOTT frères, Montagne de la Cour, 82 ; à Mayence, chez les fils de B. SCHOTT; à Londres, chez SCHOTT et Cᵉ, Regent street, et chez tous les marchands de musique.

POUR LA LISTE DES PRIMES, VOIR LE SUPPLÉMENT

Les primes sont délivrées (pour la province et l'étranger, ajouter le port) dans nos bureaux à Paris, Bruxelles, Mayence et Londres, à partir du 15 décembre 1887, à tout abonné, ancien ou nouveau, sur la présentation d'une quittance d'abonnement au GUIDE MUSICAL pour l'année 1888.

XXXIIIe ANNÉE   29 décembre 1887   NUMÉRO 52

LeGuide Musical

Paraissant tous les jeudis.

ABONNEMENT	SCHOTT FRÈRES, ÉDITEURS.	ANNONCES
FRANCE & BELGIQUE, 10 fran·s.	Paris, Boulevard Montmartre, 19	S'adresser à l'Administration du Journal.
UNION POSTALE : 12 fran·s	Bruxelles, Montagne de la Cour, 82	On traite à forfait.]

À nos Lecteurs

Au moment d'entrer dans sa trente-quatrième année d'existence, le **Guide musical** tient à offrir de nouveaux avantages à ses nombreux et fidèles abonnés.

A partir du 1er janvier 1888, il publiera **toutes les semaines** un **SUPPLÉMENT MUSICAL**, comprenant un ou plusieurs morceaux de musique, choisis parmi les nouveautés à succès ou les œuvres célèbres des maîtres classiques.

Nos **Suppléments musicaux** se composeront non seulement de morceaux pour **piano seul** et **piano et chant**, mais encore de morceaux de **musique instrumentale.**

Ils s'adressent ainsi à toutes les catégories de musiciens et d'amateurs.

L'abonnement au Guide musical avec supplément est fixé à 25 francs par an.

L'abonné, outre le journal, recevra **42 morceaux** de musique, soigneusement tirés sur beau papier et formant à la fin de l'année un **Recueil** varié d'environ DEUX CENTS PAGES.

Indépendamment du supplément, nous offrons, comme l'année dernière, à nos abonnés pour la **somme de 20 francs** (abonnement au journal compris) une série de PRIMES MUSICALES, comprenant soit des morceaux séparés de musique vocale ou instrumentale, soit des albums et recueils de mélodies, soit des **partitions complètes** (réduction piano et chant) à choisir dans le catalogue général de la Maison Schott frères.

Une **liste** de nos **PRIMES** est encartée dans le présent numéro.

Ces **primes** constituent en faveur de nos seuls abonnés de véritables **remises exceptionnelles** sur les plus importantes publications de la Maison Schott frères.

Nous y appelons spécialement l'attention au moment des **étrennes.**

Quant au journal (texte seul : 10 francs), fidèle à ses traditions de loyauté et d'indépendance, il continuera, comme par le passé, à lutter hardiment pour le progrès de l'art, attentif à toutes les manifestations artistiques dignes d'intérêt, résolu plus que jamais à défendre la cause de la rénovation de l'art lyrique et dramatique.

Les abonnés recevront, avec le présent numéro, un morceau de musique : **Succès-Mazurk,** *d'un jeune compositeur plein d'avenir,* M. A. Bachmann. *Comme supplément musical à notre premier numéro de Janvier nous donnerons :*

L'HYMNE DU PRINTEMPS
extrait de la *Walkyrie* de RICHARD WAGNER

VIOTTI
ET L'ÉCOLE MODERNE DE VIOLON
(Suite. — Voir le dernier numéro.)

Or, il est à remarquer que, tandis que ce « dilettante » (qui datait sa brochure du 5 février et qui, par conséquent, ne dut pas la mettre en vente avant le 10 ou le 12) conseillait à Viotti d'engager des artistes en Italie, celui-ci, à la date du 8, adressait à Herold, alors chef du chant au Théâtre-Italien, une lettre par laquelle il le chargeait précisément d'une mission spéciale, celle de se rendre en Italie pour y recruter les chanteurs nécessaires au service de ce théâtre; et Herold revenait, au bout de quelques semaines, après avoir traité avec Mme Pasta, qui, dès le 5 juin, débutait triomphalement dans

Otello, avec Galli, qui se montrait le 18 septembre
dans *la Gazza ladra*, et avec Zucchelli; mais ce
dernier ne devait faire son apparition que l'année
suivante, dans le *Mosè* de Rossini. Au reste, voici la
lettre — lettre d'un style officiel et très administratif
— par laquelle Viotti faisait connaître à Herold ce
qu'il attendait de lui :

Académie royale de musique.

Paris, le 8 février 1821.

Monsieur,

Le ministre de la maison du Roi ayant bien voulu obtempérer à la
demande que j'ai eu l'honneur de lui faire soumettre, autorise votre
départ pour l'Italie, à l'effet de traiter avec une *prima donna*.

Vos frais vous seront payés sur mémoires et il vous sera alloué, en
outre, une indemnité de dix francs par jour.

Cette mission honorable exige zèle, célérité et discrétion. Venez
me trouver, et je vous donnerai de vive voix des instructions particulières. Il ne faut pas perdre un moment pour l'obtention de votre
passe-port, et avoir soin de donner à votre voyage le prétexte d'une
affaire domestique (?).

Recevez, Monsieur, l'assurance de mes sentiments distingués.

J.-B. VIOTTI.

Ce n'est pas tout, et, ce qu'on n'a jamais su jusqu'ici, c'est que les premiers pourparlers relatifs à la
venue de Rossini et à son introduction à l'Opéra,
remontent précisément à cette époque et furent dirce-
tement engagés entre lui et Viotti, par l'intermédiaire
de Herold et par le fait du voyage de celui-ci en
Italie. Hérold venait d'entendre trois fois de suite à
Florence, le *Mosè* de Rossini, qui avait produit sur
lui une impression profonde; il avait entendu aussi
Ricciardo e Zoraide, dont il trouvait certaines parties
admirables. Puis, ayant poussé jusqu'à Naples,
toujours à la recherche des sujets qu'il devait ramener
à Paris, il avait lié connaissance en cette ville avec
Rossini, qui l'avait un peu enguirlandé, ainsi que le
prouvent ces lignes d'une lettre qu'il écrivit à sa
mère à la date du 10 avril : « ... Rossini me fait
mille amitiés; il brûle de venir à Paris ; et, mettant
de côté la jalousie, je fais tout pour le bien et l'avantage de l'administration. Ce même Rossini m'a fait
ici une réputation double de ce qu'elle était (1), en
me vantant partout comme le seul compositeur et
pianiste français qui ait du chant et de la philosophie
musicale... »

Or, il avait été certainement question, entre
Herold et Rossini, de la possibilité d'un voyage de
celui-ci à Paris, de son introduction à l'Opéra et
d'une adaptation de *Mosè* pour ce théâtre, car voici
une nouvelle lettre, celle-ci adressée par Rossini à
Viotti, qui nous met au courant de toute cette
affaire (2) :

(1) Herold était bien connu à Naples, où il avait fait ses débuts de compositeur
dramatique; en donnant au théâtre San-Carlo son premier opéra, la *Gioventù di
Enrico quinto.* C'était en 1815, lors de son premier voyage et de son long séjour en
Italie comme pensionnaire de Rome.

(2) Cette lettre, jusqu'ici inconnue, a été publiée par un écrivain anglais
M. George T. Ferris, dans une étude rapide sur Viotti, insérée, il y a quelques
années, dans une feuille spéciale de Londres, *the Orchestra and the Choir* (numéro
de février 1882). Elle était, tout porte à le croire, écrite en français; mais
M. Ferris l'ayant traduite en anglais pour la reproduire, je suis obligé de la retra-
duire moi-même. Bien qu'elle soit sans date, l'auteur la croit écrite la donnait
comme écrite en 1821, ce qui ne saurait faire de doute, puisqu'elle était adressée
à Viotti en sa qualité de directeur de l'Opéra, et qu'elle coïncide avec le voyage
de Herold.

Très estimé Monsieur,

Vous serez surpris en recevant une lettre d'un homme qui n'a pas
l'honneur de vous connaître; mais je profite de la familiarité des sentiments qui existent entre artistes, pour vous adresser ces lignes par
l'intermédiaire de mon ami Herold, qui m'a fait connaître la bonne
opinion (peut-être imméritée, je le crains) que vous avez de moi. L'oratorio de *Mosè*, composé par moi, il y a trois ans, paraît à notre ami
mutuel susceptible d'une adaptation dramatique française ; et moi,
qui ai la plus grande confiance dans le goût de Herold et dans son
amitié pour moi, je ne désire rien moins que de rendre l'ouvrage
entier aussi parfait que possible, en écrivant des morceaux nouveaux
dans un style plus religieux que ceux que contient mon oratorio, et
en m'efforçant de faire tout mon possible pour que le résultat ne fasse
pas honte au compositeur ni à vous, son patron et son protecteur. Si
M. Viotti, avec sa grande célébrité, consent à être le Mécène de mon
nom, qu'il soit assuré de la gratitude de

Son dévoué serviteur
GIOACCHINO ROSSINI.

P.-S. — Dans un mois, je vous présenterai les changements que
j'aurai opérés dans ma partition de *Mosè*, afin que vous puissiez juger
s'ils sont conformes au style d'opéra. S'ils ne l'étaient pas, je vous
prierais d'avoir la bonté de m'en inspirer d'autres, mieux adaptés au
but que je me propose.

Le *Moïse* français ne parut pourtant à l'Opéra que
quelques années plus tard, en 1827, et après que
Rossini eût déjà donné à ce théâtre une première
adaptation d'un de ses ouvrages, *Maometto II*, qui,
sous le titre du *Siège de Corinthe*, fut représenté le
9 octobre 1826. Mais *Mosè* fut joué au Théâtre-
Italien dès le 20 octobre 1822, juste un an après la
chute de Viotti, et l'on peut bien croire que c'est
celui-ci qui, avec l'aide de Herold, prépara les voies
au futur auteur de *Guillaume-Tell* (1).

Pour en revenir directement à l'Opéra et à la
situation singulière qui lui était faite, c'est le
11 mai 1821 que ce théâtre fit sa clôture à la salle
Favart, après y avoir donné trois représentations de
Blanche de Provence, la pièce improvisée pour fêter le
baptême du jeune duc de Bordeaux. Il devait, on l'a
vu, en attendant son installation définitive, prendre
un second logis provisoire et donner une série de
représentations au théâtre Louvois; mais ce projet
burlesque put à peine recevoir un semblant d'exécution. Quatre soirées seulement furent données à
Louvois (de semaine en semaine, le vendredi),
soirées qui étaient moitié concerts moitié spectacles,
et le résultat fut tel qu'au bout de cet essai l'on dut
y renoncer, laissant pendant deux mois Paris privé
de son Opéra. Ces quatre soirées sont à la date du
25 mai, des 1er, 8 et 15 juin. La première commençait par un grand concert, et se terminait par le
ballet de l'*Epreuve villageoise;* la seconde comprenait
Aristippe de Kreutzer, et le *Devin du village;* la troisième était encore formée du *Devin du village*, dans lequel
se fit entendre l'excellent violoniste Mazas, l'un des
meilleurs virtuoses de l'époque, et d'un ballet, le
Carnaval de Venise; enfin pour la quatrième, on donna,
avec le *Devin du village*, la première représentation
d'un divertissement dansé en un acte qui n'eut et
jamais d'autre, la *Fête hongroise*, dont Gyrowetz
avait écrit la musique. Enfin, après une longue

(1) Herold, au retour de son voyage, avait rapporté à Paris la musique de *Mosè*,
et c'est lui qui dirigea les études de l'ouvrage au Théâtre-Italien. C'est même lui
qui fit la réduction de la partition pour piano et chant, telle qu'elle a été publiée,
et le manuscrit de ce travail est encore entre les mains de sa famille.

attente, le 16 août 1821, avait, lieu l'inauguration solennelle de la salle de la rue Le Peletier, par un spectacle qui comprenait *Vive Henri IV* avec des variations pour l'orchestre composées par Paër, les *Bayadères* de Catel et le ballet le *Retour de Zéphire*. Cette fois, l'Opéra était de nouveau chez lui, confortablement aménagé, et allait pouvoir reprendre régulièrement ses travaux.

(A suivre.) ARTHUR POUGIN.

CHANSON A TROIS VOIX

composée par JEAN WREDE, sur des paroles d'un duc d'Albe

(Début du XVIe siècle.)

A la fin des *Obras* de l'organiste espagnol Antonio de Cabezon conservées à Madrid, on voit, sur une feuille blanche, dite de garde, et en écriture du XVIe siècle, un *Pange lingua* d'un certain Wrede, en tablature d'orgue simplifiée, et muni de diverses variantes, si nous en jugeons d'après le texte du motet que comporte la feuille 28.

L'auteur de cette composition appartient à une famille Vreede ou Wreede, qui existe encore aujourd'hui en Hollande. Peut-être est-il parent de Roland De Wrede, qui fut organiste de Saint-Donatien à Bruges, en 1464, et dont un des ancêtres, Willem De Wrede, est mentionné, en 1389, dans l'*Inventaire des chartes*, etc., de Gilliodts. Sans le moindre doute, il doit être assimilé à Jean Wrede, auteur de compositions d'une plus grande envergure.

L'époque où l'artiste vécut, — début du XVIe siècle, — correspond d'ailleurs avec l'existence d'un célèbre personnage dont il fut le collaborateur : Don Garcia Alvarez de Toledo, premier duc d'Albe.

Ce seigneur, qui dirigea victorieusement l'expédition de Ferdinand-le-Catholique contre la Navarre, et fut nommé vice-roi de ce royaume des lors réuni à la couronne de Castille, prêta serment à Philippe-le-Beau en 1501, et fit ses hommages à Charles-Quint en 1517, où il fut créé chevalier de la Toison d'Or, avec quantité de gentilshommes de distinction.

Les grands seigneurs se piquaient alors de dilettantisme, tout comme à la cour des Sforce, des d'Este, des Médicis, etc., ceux-ci les plus réputés d'entr'eux. Le duc Garcia Alvaro était un de ceux-là. Non seulement, il avait, à sa cour, des poètes et des musiciens renommés, mais il composait lui-même, et on a conservé de lui un spécimen authentique de sa facture, tiré d'un manuscrit flamand du début du XVIe siècle. Selon toute apparence, Juan Wrede aura été l'un des musiciens ducaux, chargés d'adapter un appareil sonore aux improvisations des poètes (1), et naturellement il aura figuré en tête des chantres officiels.

L'œuvre du duc d'Albe et Juan Wrede est inédite. Nous la reproduisons en notation moderne, au tome VIIIe de la *Musique aux Pays-Bas*, non seulement à titre de curiosité, mais comme un spécimen du maître dans un genre qu'on ne le soupçonnait point d'avoir abordé. Il y a pleinement réussi. Les parties se meuvent avec facilité avec abandon, et, aussi bien que le permettait l'harmonie étroite du temps, avec grâce. Sous ce rapport, comme sous celui de la sûreté de main, il se rapproche de Tinctoris, dont un fragment de chanson a été reproduit par nous ailleurs.

La pièce se reprend, comme on voit, au début, jusqu'au mot *fin*, sur ces paroles :

Ma hace haber por mejor
la muerte, y por menor dano,
que el tormento y el dolor
que recibo del engano.

Le duc d'Albe, cela est évident, a connu et étudié le Dante, particulièrement la belle strophe de ce génie commençant ainsi :

Nessun maggior dolore.

Le dernier vers est le même que celui du premier couplet. Ces répétitions, très à la mode alors, font le plus charmant effet.

EDMOND VANDER STRAETEN.

(1) Au tome VIe de la *Musique aux Pays-Bas*, on peut voir la lutte artistique surgie à la cour des ducs d'Este, entre Josquin Deprés et Henri Isaac.

Théâtres & Concerts

PARIS

LA QUESTION DE LA DIRECTION

A L'OPÉRA-COMIQUE

La semaine passée j'annonçais ici que le ministre, d'ailleurs assez peu compétent, des beaux-arts, M. Faye, s'occupait de chercher un successeur à M. Jules Barbier, successeur intérimaire de M. Carvalho à l'Opéra-Comique. En effet, bien que plusieurs journaux affirmassent et espérassent le maintien de M. Barbier, il n'était guère admissible qu'on donnât une aussi violente entorse à cet article des statuts de la Société des auteurs dramatiques qui interdit à tout directeur de jouer ses œuvres sur son propre théâtre.

M. P. J. Barbier, en posant sa candidature à la direction définitive de l'Opéra-Comique, avait dû, étant en même temps auteur dramatique et principalement librettiste, demander à la commission de la Société susnommée la faveur d'un régime spécial, en retour de laquelle il offrait un certain abandon de ses droits : cette compensation a été refusée, il fallait s'y attendre, et la faveur n'a pas été accordée ; c'étaient là des précédents dangereux, et les raisons pour créer une exception au profit spécial de M. Barbier ne s'imposaient pas. La commission des auteurs, réunie le matin du 28 décembre, a tenu une courte délibération, à la suite de laquelle elle a résolu de s'en tenir à l'article de ses statuts. Cette décision équivalait à un refus formel de signer un traité spécial avec M. Barbier. Celui-ci aussitôt avisé de cette résolution, a adressé aux journaux la lettre suivante :

Monsieur,

Mes confrères peuvent se rassurer ; je retire ma candidature à la direction de l'Opéra-Comique.

La commission des auteurs, où je ne compte que des amis, a décidé hier, à l'unanimité, qu'elle ne pouvait traiter avec moi, malgré l'offre que j'avais faite de restreindre dans la mesure de mes volontés mes droits d'auteur, dont j'aurais fait bénéficier la caisse de secours de notre Société.

Cette rigueur avait été épargnée à MM. Du Locle, de Leuven, Alphonse Royer et Gustave Vaez. C'est un véritable brevet de malhonnête homme que l'on me décerne. Je l'accepte et je donne ma démission de membre de la commission des auteurs dramatiques.

Veuillez agréer, Monsieur, l'assurance de ma haute considération,
P. J. BARBIER.

Cette résignation empressée de M. Barbier à accepter le prétendu *brevet de malhonnête homme* a paru singulière... Mais il faut espérer qu'après ce tableau d' " Artaxercès irrité du refus de ses présents par Epaminondas „, nous aurons celui du " retour de l'enfant prodigue „; car voici la lettre, d'une bonté vraiment trop paternelle, par laquelle M. Camille Doucet, président de la commission de la Société des auteurs et compositeurs dramatiques, a répondu à la précédente sortie de son irascible collègue :

Mon cher Barbier,

Dans les journaux de ce matin, je lis une lettre de vous, contre laquelle, au nom de tous nos collègues, je me hâte de protester.

Vous commencez bien, en disant que vous ne comptez que des amis dans la commission ; mais vous finissez mal en ajoutant que leur décision vous décerne *un véritable brevet de malhonnête homme*.

Si vous aviez pu assister à notre séance d'hier, comme nous vous avions prié de le faire, c'est avec vous que nous eussions examiné les statuts qui-nous régissent depuis le 21 février 1879, et vous auriez été le premier à reconnaître les devoirs qu'ils nous inspirent.

Vous êtes trop modeste en nous rappelant que des concessions, qui s'expliquaient alors, ont été faites à d'autres auteurs. Ces concessions sont antérieures à nos lois nouvelles, et ceux qui en étaient l'objet avaient tout intérêt à ne pas se méconnaître. Vous, au contraire, collaborateur heureux de nos plus illustres compositeurs, vous tombez plus que personne sous l'application de l'article 18 de nos statuts.

Quand à l'offre que vous vouliez nous faire de renoncer à toucher vos droits d'auteur, notre pauvre caisse de secours ne consentirait jamais à s'enrichir à vos dépens.

Résignez-vous, mon cher Barbier, à recueillir vous-même la juste fruit de vos succès présents et futurs ; restez avec vos confrères, restez avec vos collègues, qui vous estiment, qui vous aiment, et qui refusent d'accepter votre démission.
Tout à vous,
CAMILLE DOUCET.

Que M. Barbier, après cette lettre, rentre dans le sein brûlant d'amour de la commission, c'est chose tout à fait accessoire. Ce qui importe maintenant, c'est de connaître la décision du ministre au sujet des deux candidats qui restent en présence : MM. Paravey et Bertrand... Au point de vue artistique, M. Bertrand n'a guère fait ses preuves, que je sache ; ce serait un simple entrepreneur et administrateur. M. Paravey est du métier ; il a monté en province, dans des conditions ingrates des pièces nouvelles; il a montré au théâtre de Nantes du zèle et des aptitudes... Parmi les directeurs les plus capables d'activité, d'honnêteté, de conscience et d'initiative féconde, signalons encore à Lille, M. Bonnefoy, qui, dans une situation difficile, avec un public restreint, trouve moyen de donner fort convenablement l'*Etienne Marcel* et la *Zaïre* de MM. Saint Saëns et Charles Lefebvre, coup sur coup, et qui prépare un *Michel Columb* de M. Bourgault-Ducoudray, un drame en vers de M. André Alexandre avec musique de M. Lucien Lambert... Et dire que faute d'un ou deux capitalistes intelligents, cet homme de valeur, dont la place serait à Paris, est condamné à végéter en province et à voir s'user contre des obstacles mesquins et quotidiens des facultés qui pourraient être ici si utiles, si précieuses même l... Décidément, la musique n'a pas de chance; j'entends surtout, la musique dramatique.

La seule chose raisonnable à faire, la seule solution topique (comme me le disait hier encore mon clairvoyant confrère, M. Emmanuel Chabrier, qui est en mesure d'avoir constamment sous les yeux les données du problème), ce serait de ne donner une subvention, et il la faudrait importante, qu'à un seul théâtre qu'on appellerait « lyrique » ou autrement, peu importe; ce théâtre devrait donner exclusivement des ouvrages nouveaux, une demi-douzaine par an, et la subvention devrait être assez forte pour que la direction fût indépendante, et, négligeant la question de succès immédiat et d'argent, n'eût à se préoccuper que de la question artistique et de ne point se donner convenablement le plus d'œuvres nouvelles... Les autres théâtres à répertoire fixe, établi sur des œuvres déjà réputées, seraient exploités aux frais des entrepreneurs, commanditaires ou directeurs... Qu'on en vienne ou non à ces mesures, qui ne sont pas si révolutionnaires qu'elles en ont l'air, et dont l'adoption actuelle immédiate serait si salutaire pour porter remède à une situation désastreuse, il n'y a que ce moyen pour faire surgir des talents qui s'ignorent, ou qui végètent dans l'obscurité fatale, en attendant qu'un hasard heureux amène au jour quelque œuvre d'eux, de longues années après sa composition, c'est-à-dire quand elle n'a plus la même saveur et quand le compositeur est trop âgé pour profiter de l'élan que pourrait lui donner cette exécution... Il faudra donc en venir aux œuvres susdites, et le plus tôt sera le mieux, sous peine de ruine imminente et totale. Plaise au Dieu de l'art français que le remède n'arrive pas trop tard, quand le mal sera irrémédiable et puissent des esprits compétents, sinon faire partie, hélas ! des conseils de notre gouvernement, du moins porter jusqu'aux oreilles de ces hauts personnages, si mal renseignés et si peu qualifiés, le cri unanime de toute la jeune génération musicale !...

BALTHAZAR CLAES.

P.S. — Au moment de terminer cet exposé de la situation je reçois communication de la lettre suivante adressée par M. Barbier à M. Camille Doucet, et qui prouve que son auteur, s'il perd la direction de l'Opéra-Comique, garde le secret de la prose comique :

Mon cher Président,

Je vous remercie très sincèrement du témoignage de sympathie que vous voulez bien me donner en votre nom et au nom de la Commission. Vous atténuez ainsi la blessure qui m'est faite, mais comprenez, je vous prie, que vous ne la guérissez pas. Je crains que mes confrères n'aient fait fausse route, et qu'en voulant atteindre l'auteur, ils n'aient atteint l'institution elle-même. Il sera très difficile, dans les conditions actuelles, de me trouver un successeur, et l'Opéra-Comique risque de sombrer dans l'impossibilité de vivre.

Que va devenir le beau programme que j'avais projeté : le *Werther* de Massenet, le *Maître Pierre* de Gounod, le *Calendal* de Maréchal, le *Dimitri* de Joncières, l'*Aben-Hamet* de Dubois, la *Cynthia* de Delibes, la *Circé* d'Ambroise Thomas, que ma collaboration n'aurait peut-être pas frappé de mort, sans parler de la réalisation scénique que je rêvais pour le *Désert*, l'*Enfance du Christ*, *Samson* et *Dalila*, *Marie-Magdeleine*, la *Naïade*, etc. ?... Toutes ces œuvres-là n'ont pas besoin de moi pour vivre, mais elles ont besoin d'un théâtre et je le leur assurais, tandis que maintenant tout est livré au hasard et Dieu sait ce que ce hasard nous réserve.

Quoi qu'il en soit, je suis touché au cœur, et, devant les sourires ou même les applaudissements (témoin le *XIXᵉ Siècle* de ce matin), qui accueilleront ma démonstration, je crois plus conforme à ma dignité de faire retraite et de maintenir ma démission de membre de la Commission des auteurs. Je souhaite, d'ailleurs, autant dans mon intérêt que dans celui d'autrui, que mes tristes prévisions ne se réalisent pas, que mes confrères n'aient pas à regretter d'être intervenus auprès du ministre pour arrêter ma nomination, et assurant par là la tranquillité de leurs délibérations, d'avoir interprété avec trop de rigueur les termes de cet article 18 qui, selon moi, ne classe pas les œuvres à venir d'un auteur et non celles de son répertoire. — C'est dans ce sens du moins que j'avais contribué à la rédaction.

Veuillez agréer, etc.

P.-J. BARBIER.

Tout un monde, tout un poème à mettre en musique, est épître élégiaque où domine le mode mineur, et digne d'être rangée à côté des *Tristes* d'Ovide. Elle classe son auteur et la place décidément comme directeur. Sans de plus amples commentaires, voici la question close, et bien définitivement.

2ᵉ P. S. — Il paraît que c'est M. Paravey qui l'emporte décidément. Le ministre a signé le décret qui le nomme directeur de l'Opéra-Comique.

BRUXELLES

Les directeurs du théâtre de la Monnaie ont à cœur, sans doute, de compléter l'éducation artistique de leur public. Lui ayant donné satisfaction quant aux choses du présent et fait une première et heureuse tentative avec celles de l'avenir, ils ont, jetant les yeux en arrière, voulu faire choix, dans le passé, d'un ouvrage dont la reprise leur parût contenir quelque leçon rétrospective. Il était juste que l'on songeât à Auber, celui des auteurs contemporains que l'on s'est pris bientôt à oublier. Mais le choix du *Maçon* n'a point porté bonheur à MM. Dupont et Lapissida. L'exemple de l'Allemagne resté fidèle, on ne sait par quel caprice singulier, à cette œuvre d'esprit naïf et de forme légère, n'a pas déteint sur notre public peu enclin à faire de l'archéologie au théâtre. Il s'est attaché aux faiblesses de l'interprétation et a trouvé parfaitement ridicules ces fantoches que Scribe et Germain Delavigne firent prendre au sérieux par les bonnes gens de 1825. Et ce sont précisément les scènes capitales de l'œuvre, ces turqueries enfantines et mélodramatiques du deuxième acte, qui ont provoqué les rires inextinguibles d'une partie de l'auditoire. Car l'on a beaucoup ri, aux dépens de l'œuvre et de ses interprètes ; et l'on a même très vivement chuté en manière de conclusion, ce qui était un peu vif.

Quoi qu'on fassent nos voisins, les Allemands, il est clair que les habitudes prises ne nous font plus rechercher, en fait d'archaïsme, que des œuvres dramatiques anciennes dont la valeur musicale s'impose en dehors du sujet, ou plutôt malgré lui. Nous portons encore de l'intérêt à certaines résurrections, pourvu qu'elles renferment des pages maîtresses comme il s'en trouve dans l'*Enlèvement au sérail* de Mozart, dans *Joseph* de Méhul et le *Comte Ory* de Rossini, pour prendre un exemple parmi les genres divers. Mais nous restons indifférents aux conceptions d'ordre inférieurs sans influence marquée dans l'évolution de l'art musical. La partition du *Maçon*, renferme de jolies mélodies et des ensembles brillants ; elle est orchestrée avec finesse et l'on ne peut lui contester des qualités de rythme et de verve. Cependant les formules y tiennent la plus large place et la légèreté du tissu n'est pas faite pour cacher suffisamment les pauvretés du livret.

Les artistes chargés d'interpréter le *Maçon* ne forment point le dessus du panier de la troupe d'opéra-comique. On attribuera peutêtre à ce fait l'insuccès du l'autre soir. Il serait injuste pourtant de s'en prendre à Mˡˡᵉ Legault qui a parfaitement détaillé son rôle de mariée, ainsi qu'à M. Isnardon, excellent dans celui du serrurier. M. Gandubert est un maçon très passable et Mᵐᵉ Walter une voisine suffisamment bavarde. Quant aux autres, il faut convenir qu'ils étaient drôles ou impossibles.

L'heure de la mise sous presse ne nous permet point de rendre compte aujourd'hui de la première représentation de *Gioconda* qui a été donnée mercredi soir au théâtre de la Monnaie. Nous publierons la semaine prochaine le compte-rendu de cette intéressante soirée. A la répétition générale, qui a eu lieu samedi, avec les costumes et les décors, on a pu se faire une idée de la beauté de la mise en scène et du soin avec lequel les directeurs de la Monnaie se sont appliqués à donner un cadre superbe à l'œuvre de Ponchielli. Il eût été difficile de se prononcer sur l'exécution qui a paru indécise à la répétition générale. Le rôle très important de Gioconda est confié à Mˡˡᵉ Litvinne qui fait de grands efforts pour arriver à produire de l'effet. E. E.

Le troisième concert de l'orchestre de M. Franz Servais avait pour programme deux œuvres importantes de Beethoven : l'ouverture de *Léonore* et la *Symphonie héroïque*. Il y avait quelque hardiesse pour le jeune orchestre à s'attaquer à ces pièces classiques qui sont présentes à la mémoire de tous, mais cette hardiesse n'a pas été trop mal récompensée. N'eût été la fâcheuse tendance de M. Franz Servais de précipiter certains mouvements et de ne pas veiller suffisamment à l'exécution nette et précise des fins de périodes, l'interprétation notamment de la *symphonie héroïque* eût été digne de grands éloges. Malheureusement, M. Servais semble se laisser entraîner par ses violons au lieu de les maîtriser et il en résulte que souvent son orchestre laisse tomber ses phrases, comme un musicien inexpérimenté qui n'est pas maître encore de sa respiration. Au point de vue du sentiment musical, de l'intelligence des œuvres qu'il interprète, il n'y a qu'à louer M. Franz Servais et son entreprise mérite les plus sincères encouragements. *Fabricando fit faber.* Il a révélé dès le début de remarquables qualités de *conductor*. L'expérience qui ne s'acquiert que par la pratique, lui donnera bientôt ce qui manque encore à sa direction : la sûreté de main et la domination absolue des exécutants.

Pour la première fois à Bruxelles, M. Franz Servais a fait exécuter la *Marche des Mages* tirée de l'oratorio *Christus* de Liszt : une page descriptive qui semble n'avoir pas été bien comprise du public. On s'attendait à un morceau majestueux. C'est précisément ce que Liszt a cherché à éviter dans cette page extrêmement pittoresque. Il a voulu se borner à rendre la joie naïve des trois rois allant au devant de l'enfant merveilleux sans savoir encore quelle serait sa destinée tragique. Le point de vue où s'est placé Liszt est original tout au moins, et probablement plus juste que celui de tant de compositeurs qu'ayant à traiter ce sujet, ont écrit des pages emphatiques et boursouflées.

Les *Éolides* de M. César Franck qui étaient également exécutées à Bruxelles pour la première fois, ont paru un poème symphonique terne et quelque peu nuageux. De la distinction et de l'imprévu dans les harmonies, mais peu d'intérêt en somme dans l'invention et le développement des motifs.

La *Kaisermarsch* de Richard Wagner terminait la séance. M. Franz Servais a eu la louable initiative de distribuer à son public des programmes très instructifs où chaque morceau est accompagné d'une notice historique et anecdotique. C'est un moyen excellent d'intéresser l'auditeur et même de le préparer à ce qu'il va entendre. Mais encore faudrait-il que ces notices fussent toujours exactes. Celle qui concerne la *Kaisermarsch* est erronée. Il est inexact que Wagner ait composé cette marche pour le couronnement du nouvel empereur d'Allemagne. Cette grande solennité eut lieu à Versailles. Wagner écrivit sa marche impériale pour la rentrée solennelle des troupes victorieuses à Berlin. Elle était destinée, dans la pensée de l'auteur, à être exécutée en plein air, par un grand orchestre, composé en majeure partie de musiques militaires. Wagner y avait joint une partie chorale. Le chœur devait à la fin entonner avec l'orchestre le thème du choral de Luther: *Eine feste Burg*, qui est une sorte d'hymne national et religieux à la fois. Wagner s'est expliqué très clairement à ce sujet dans une note placée en tête de la partition d'orchestre. Par suite de circonstances qu'il serait trop long d'énumérer ici l'exécution en plein air révée par lui ne put avoir lieu. L'œuvre fut jouée pour la première fois par l'orchestre de Bilse, le 14 avril 1871, dans un concert donné à Berlin, en présence de l'empereur Guillaume, mais sans le chœur final. Ce n'est guère que depuis quelques années que ce chœur, suivant les intentions de l'auteur, est maintenant exécuté en Allemagne lorsqu'on joue la marche impériale. C'est à l'*Association générale des musiciens allemands* que l'on doit la première exécution intégrale. Depuis 1880, cette association a établi la tradition de donner la *Kaisermarsch* avec chœur à la clôture de chacun de ses festivals, et l'impression produite par l'œuvre wagnérienne, abstraction faite des questions de patriotisme, est chaque fois profonde et émouvante. Il est regrettable que M. Franz Servais n'ait pu nous donner la conclusion chorale. L'effet eût été doublement saisissant. Son vaillant petit orchestre n'en a pas moins enlevé avec beaucoup de maestria et une belle vigueur cette page mouvementée et d'un grand souffle.

M. K.

Le concert donné mercredi dernier à la Grande-Harmonie par M⁰⁰ Nikita, la *Fée du Niagara*, n'avait pas attiré la foule. Les absents ont eu tort. Se méfiant de la réclame un peu bruyante et tapageuse faite autour de cette jeune cantatrice, ils ont manqué l'occasion d'entendre les premiers gazouillements d'une fauvette dont le chant a ravi tous les auditeurs et qui paraît destinée à charmer plusieurs générations après la nôtre. M⁰⁰ Nikita est encore une enfant. Elle n'est pas encore une artiste, mais c'est dès à présent une voix exceptionnelle et un talent qui s'éveille. Moreno dirait : *une étoile en herbe*. La voix de M⁰⁰ Nikita est délicieuse de finesse, de légèreté, de transparence; l'émission est parfois pleine de nuances charmantes. Il est fâcheux que des dons si rares soient dès maintenant livrés à l'exploitation la plus effrénée. Avec l'instrument merveilleux que la nature lui a donné et avec l'intelligence musicale dont elle paraît douée, M⁰⁰ Nikita aurait pu devenir mieux qu'une Patti, une grande et admirable artiste. Il est bien à craindre qu'avec le système d'éducation et de production musicale auquel on l'astreint on n'en fasse qu'une boîte à musique. A Londres, l'année passée, elle a chanté trente fois de suite dans une série de concerts qui ont été très productifs, le même programme composé des morceaux les plus outrageusement banals du répertoire à roulades. Il faut souhaiter que la jeune artiste ait la volonté de secouer au plus tôt le joug qui lui est imposé et sous lequel son précoce et merveilleux talent ne tardera pas à se flétrir. En somme, il a fait excellente impression. N'insistons pas sur les morceaux de violon joués par M⁰⁰ Douglas. Mal disposée, la jeune élève de M. Colyns a fait regretter qu'elle n'eût pas un sentiment plus parfait de la justesse.

On a beaucoup applaudi à cette soirée M. Dreyschock, qui a su se faire apprécier à la fois comme pianiste et compositeur. Il a joué une sérénade dont a fait charmante de lui, qui est tirée d'un recueil de dix morceaux de piano très musicalement pensés et écrits. M. Dreyschock s'était, du reste, fait entendre déjà à Bruxelles, et le public avait gardé un excellent souvenir de son talent robuste et sain. Mercredi soir il a joué magistralement la Fantaisie de Liszt sur *Don Juan* avec une netteté plus de clarté et de netteté que M. Eugène d'Albert, qu'on a entendu récemment dans ce morceau. En somme, il a fait excellente impression.

Grande foule et grand succès, lundi soir, à la distribution des prix de l'école de musique de Saint-Josse-ten-Noode-Schaerbeek, qui avait lieu au marché couvert de Saint-Josse. Le programme comprenait une allocution très réussie du président de la commission administrative. M. Lucien Solvay ; la remise des prix décernée dans les concours de 1887, et, enfin, le concert des élèves qui est d'habitude un régal pour les oreilles. Le choix des morceaux était particulièrement heureux cette année. Du côté des exécutants masculins, il s'est produit des voix superbes qui ont fait le plus grand plaisir. M. Schoupen, dans l'air de *Richard-Cœur-de-Lion*; M. Van Begin, dans la cavatine de *Roméo et Juliette*; M. Verheyden, dans les strophes du même opéra, et M. Smeesters, dans le monologue de Siegmund, de la *Valkyrie*, ont provoqué à bon droit les applaudissements très nourris du nombreux auditoire et des notabilités de tout genre qui garnissaient la salle des fêtes. M⁰⁰ Degola, Delecouillerie, Guillaume, ont fait assaut de légèreté dans l'exécution de morceaux à vocalises qui témoignent d'un travail soutenu. M⁰⁰ Dille et Cuvelier ont obtenu un succès très mérité dans le duo *Espana*, de Chabrier, qu'elles enlèvent avec une crânerie charmante. L'exécution des morceaux d'ensemble a fait valoir la solidité de l'enseignement donné à l'École de musique et, comme toujours, mieux que jamais peut-être, elle a donné la mesure de ce que peuvent un talent sérieux, une compétence spéciale unis à la volonté de bien faire à cette religion artistique dont M. Henry Warnots est un fervent apôtre. L'éminent directeur a mis tous ses soins à l'interprétation de la scène des fileuses du *Vaisseau-Fantôme*, qui n'a jamais été rendue avec été rendue avec une perfection semblable. Il a accompli un tour de force en mettant sur pied le final du 1ᵉʳ acte de *Don Juan* avec des éléments qui, si inexpérimentés qu'ils soient, ont su caractériser convenablement les principaux personnages du chef-d'œuvre de Mozart. Ce final renferme le trio des masques, un casse-cou pour les chanteurs, dont M⁰⁰ Guillaume et Gorlé, ainsi que M. Tyssen, sont parvenus à triompher. Les autres interprètes, MM. Levis, Fierens; M⁰⁰ Dille, une gentille Zerline, et le pauvre Mazetto, n'ont pas moins bien contribué à interpréter l'adorable musique de *Don Juan*. La séance s'est terminée par le final du 1ᵉʳ acte de *Loreley* de Mendelssohn, dont M⁰⁰ Neury-Mahieu, ancienne élève de l'école, a chanté avec expression le solo. Voilà une institution florissante qui justifie les sacrifices que l'on fait pour elle et de brillants résultats que l'on ne saurait trop encourager ! E. M.

GAND

GRAND-THÉÂTRE. — Mercredi 21, *le Cid*; vendredi 23, *Bonsoir Voisin* et les *Pêcheurs de Perles*; dimanche 25, *Robert le Diable*; lundi 26, *le Maître de Chapelle* et *Mireille*.

Les débuts de M. Bourgeois dans *Robert* ont pleinement satisfait le public et n'ont pas démenti la brillante réputation de cet artiste qui joint à un organe étendu et sympathique, un jeu très remarquable, on a seulement trouvé la voix un peu blanche et manquant de profondeur, la représentation de la *Juive* nous permettra d'en juger ce soir. Les autres représentations ont été bonnes; les *Pêcheurs de Perles* et *Mireille* continuent d'attirer le monde.

Samedi 24, à eu lieu au Grand-Théâtre la distribution des prix du Conservatoire. Salle bondée d'un public bienveillant. Outre la cantate de M. Heckers, on a entendu des fragments de divers opéras du répertoire, exécutés par des élèves, avec une mise en scène complète.

On a suffisamment critiqué le poème des *Suppliantes*, malheureusement imité d'Euripide par M. de Casembroot, et encore plus malheureusement traduit en flamand par M. Hiel, pour qu'il soit inutile de revenir encore sur lui, sinon pour reconnaître la manière dont M. Heckers a tiré parti. On peut trouver que l'ensemble de l'œuvre n'est pas en harmonie avec le génie d'Euripide et qu'elle s'adapterait bien mieux à un drame d'Eschyle, de par son caractère grave et solennel, et parfois un peu rude, mais, une fois la conception personnelle du musicien admise, on doit reconnaître que l'unité du style, la cohésion de la facture et la solidité de la construction en font une partition vraiment remarquable et l'une des meilleures, je pense, qui aient été présentées au concours de Rome. La première partie est traitée très habilement, avec une vive intelligence des effets dramatiques: l'intérêt y croit graduellement depuis l'hiératique introduction de la prière à Aethra jusqu'au puissant final. Celui-ci, repris dans une tonalité plus éclatante à la fin de la deuxième partie, termine l'œuvre de la façon la plus heureuse. L'orchestre et les voix sont traités avec une science sérieuse qui dénote chez M. Heckers la connaissance parfaite du *métier*. Ce n'est plus un élève: c'est presqu'un maître. Il ne lui manque, pour le devenir tout à fait, que l'invention mélodique et peut-être aussi un développement plus complet des périodes: mais pour ces points, il serait injuste d'oublier que *De Smeekenden* a été écrit en un temps extrêmement court et sur un sujet imposé.

La cantate était précédée d'une Marche royale de M. Térence Cros extraite de l'opéra inédit, *Saint-Georges*. M. Cros est le fils d'un des grands médecins de Paris: après avoir travaillé la composition avec Sivry et Massenet, et avec M. Samuel, à Paris, pendant l'été de l'an dernier, il est venu achever ses études au Conservatoire de Gand. Sa marche, d'une bonne conception et d'une instrumentation variée de timbre bien que parfois un peu lourde, révèle une véritable énergie et une personnalité d'avenir.

La seconde partie du concert était consacrée à l'exécution par des élèves, de scènes du répertoire, innovation excellente et qui ne peut produire que de bons effets pédagogiques. Je dois pourtant faire mes réserves sur la composition du programme: le *Bal masqué*, le *Trouvère*, la *Reine de Saba*, l'*Africaine*, appartiennent certainement au répertoire courant, mais je ne crois pas qu'un Conservatoire soit lié absolument par la routine des directeurs de théâtres, et qu'il soit nécessaire de remplir les oreilles des élèves d'un genre de musique où la superbe scène du *Miserere* est suivie de la ridicule petite chansonnette: *Scurd, scurd* ! M. Noté, qui a remporté un diplôme de capacité dans les classes de chant (Bonheur) et d'art scénique (Rey), est actuellement premier baryton de grand-opéra à Anvers, et il y a beaucoup de succès. Il possède un organe superbe, très agréable quoique parfois trop puissant, et que le public gantois a été heureux de réentendre, tout en constatant à regret, que l'*acteur* proprement dit n'avait guère fait de progrès. Mᵐᵉ De Jaegher (Bonheur) est douée d'un vrai tempérament dramatique: elle joue avec une passion et une chaleur qui montrent que chez elle l'artiste a fait place à l'élève; mais ces grandes qualités sont au service d'une voix qui, quoique cultivée et bien conduite, n'en trahit pas moins quelquefois ses efforts. Mˡˡᵉ Dumont (Bonheur), elle, a une voix agréable, dont le volume est suffisant même pour une grande salle; quand elle aura achevé de la travailler et que son jeu aura plus d'expression et plus de naturel, je suis certain qu'elle pourra se présenter sur une scène importante, avec des chances de succès. Il est regrettable que Mˡˡᵉ Vande Weghe (De Vos) ait joué si froidement son bout de rôle, car elle a montré dans l'air de la *Reine de Saba*, un bel organe, sympathique, soigneusement dressé. Enfin, un jeune ténor, M. Wauters (Bonheur), a fait bonne impression et s'est présenté malgré sa visible émotion, comme un artiste d'avenir. Rarement pareille cérémonie a été aussi intéressante; elle a témoigné, dans l'établissement confié aux soins de M. Samuel, d'une vitalité artistique des plus notables, aussi bien dans le domaine de l'exécution que dans celui de la composition. Devant ces deux résultats, nous sommes heureux de pouvoir adresser de chaleureuses félicitations aux savants professeurs et à l'éminent directeur de notre école de musique.   P. B.

✳✳✳✳

ANVERS.

Lundi soir, un nombreux public s'était rendu à l'Harmonie pour assister au concert Nikita. Ce concert pour lequel on avait fait une réclame à l'américaine, réclame qui avait soulevé maintes protestations, a réussi au delà de toute espérance.

En voyant apparaître la jeune artiste, on se regardait un peu perplexe, se demandant déjà si ce n'était pas laissé entraîner trop vite. Mais à peine eut-elle lancé ses premières notes que le public fut captivé. Sa voix est d'une égalité, d'une souplesse et d'une beauté parfaites. Dans l'air de Suzanne des *Noces de Figaro*, dans l'*Alleluia* du *Cid*, dans l'air de *Mignon* et les *Echos* de Eckert, elle a été charmante. Les *Echos* de Eckert lui ont permis de faire valoir une de ses plus belles qualités, la demi-teinte. Impossible d'imaginer plus de pureté et de clarté, alliée à plus de douceur. Bref, le succès de Mˡˡᵉ Nikita a été immense et on l'a rappelée une demi-douzaine de fois.

Comme violoniste, il y avait Mᵐᵉ Douglas, qui a joué avec beaucoup de sentiment une romance en deux couplets de Colyns, et avec une grande élégance une mazurka de Wieniawski.

M. Dreyschock ne nous était connu que par plusieurs compositions pour piano, toutes empreintes d'un grand cachet d'originalité, et comme neveu de l'illustre pianiste du même nom, célèbre par sa main gauche, la plus dextre qui eût existé. M. Félix Dreyschock a joué les variations en *ut* mineur de Beethoven, qu'il a admirablement interprétées. Après cela, il nous a fait entendre un *scherzo* de Mendelssohn, une ballade et un impromptu de Chopin, dans lesquels il a fait preuve d'une grande délicatesse de toucher et d'un sentiment vrai et naturel. On lui a fait une véritable ovation après l'énorme fantaisie sur *Don Juan* de Liszt, qu'il a jouée avec une bravoure et une sûreté étonnantes. Peu s'en fallut que le public ne le redemandât.   H. R.

✳✳✳✳

LIÉGE.

Samedi, au Conservatoire, distribution des prix et concert avec les élèves médaillés comme solistes.

La voix de Mˡˡᵉ Pirotte (médaille en vermeil pour le chant), ne paraît pas convenir au genre qu'elle aborde. L'émission des sons aigus est pénible, le timbre des notes hautes n'est pas assez clair, le médium et le grave sont ternes. Mˡˡᵉ Pirotte met les meilleures intentions au service d'un répertoire suranné : des ariettes de Nicolo et Grétry et une petite romance de M. Radoux, le tout sans consistance et haché menu.

Mˡˡᵉ Lejeune (médaille en vermeil pour le piano), possède des qualités de légèreté et de brillant; mais la qualité de son laisse encore à désirer, comme l'interprétation. D'ailleurs, le concerto de Beethoven, n'est pas ce qui cadre le mieux avec son genre de talent ; les concertos de Chopin et Mendelssohn rentreraient plutôt dans ses moyens comme dans ceux de la plupart des pianistes féminins.

Le plus intéressant des élèves présentés est certainement M. Bourdouxhe (1ᵉʳ prix de violon). Celui-ci est maître de sa technique. Il a de la bravoure, du brio. Le son est encore mince et l'expression penche vers la manière. Ce défaut tient de l'éducation plutôt que la tendance personnelle de l'élève. M. Bourdouxhe a en lui le germe d'un artiste, mais il y va de son avenir de comprendre que ce germe ne peut sainement éclore qu'à force d'études, plutôt intellectuelles que techniques.

A ce propos laissez-moi vous signaler une singulière tradition qui, depuis quelque temps s'est introduite à notre Conservatoire. On a pris l'habitude d'intervertir l'ordre des parties dans l'exécution des concertos. Ainsi aux derniers concours et au concert de samedi, les élèves ont commencé par l'*adagio* et fini par l'*allegro* ! C'est sans doute pour ménager leurs forces physiques, l'*adagio* étant d'ordinaire la moins fatigante des parties. Mais pourquoi alors leur faire jouer des œuvres de longue haleine. Si c'est pour terminer leur exécution par des traits plus brillants l'usage me paraît d'un goût artistique douteux. M. Radoux est un artiste trop éclairé pour admettre le maintien d'un pareil abus.

L'orchestre a exécuté avec lourdeur la guillerette symphonie en *mi* bémol de Haydn.

Au programme figuraient en outre deux ouvertures, *Promethée* de Beethoven et *Guillaume le Taciturne* de J. Wieniaski. Ces morceaux ont été bien exécutés.

✳✳✳✳

AMSTERDAM.

La représentation de *Lohengrin*, donnée par M. Ernest Van Dyck avec la troupe du Théâtre Allemand de Rotterdam, a été pour la population d'un véritable événement musical. La grande salle du Palais de l'Industrie était bondée, et le célèbre ténor belge a électrisé le nombreux auditoire. Rarement j'ai assisté ici à une explosion d'enthousiasme pareille à celle qu'a provoquée Van Dyck d'un bout à l'autre de l'admirable partition de Wagner. Rappelé trois à quatre fois après chaque acte, il a été acclamé par la salle tout entière avec une furia tout italienne. Tout l'auditoire, tout l'orchestre, debout sous l'impression d'une véritable émotion, les dames agitant leurs mouchoirs; ç'a été, en un mot, un accueil, une ovation, comme on n'en eut presque jamais à Amsterdam, pour un grand artiste gardera souvenance, j'en suis certain. Il a été fort honorablement secondé par Mᵐᵉ Œttiker (Elsa), qui a joué son rôle avec beaucoup de poésie et qui vraiment a eu des moments superbes. Mᵐᵉ Jaide (Ortrude), une chanteuse forte ment sur le retour et qui dans son temps a eu une certaine réputation en Allemagne (1), a fait de son mieux. Malheureusement pour elle, son physique et sa corpulence lui font grand tort. Behrends (le roi), un artiste de talent, était fortement enrhumé, et le rôle de Telramund était chanté aussi par une doublure dont le nom m'échappe. Les chœurs ont laissé beaucoup à désirer et l'orchestre, bien que composé d'excellents éléments, a joué comme tous les orchestres qui n'ont pas suffisamment répété, en sous le rapport de l'exécution tout à fait insuffisante.

Lundi prochain Van Dyck chantera pour la seconde fois. La salle sera comble et son triomphe plus grand encore si c'est possible.   Dʳ Z.

<hr>

Nouvelles diverses.

M. Victorien Sardou va faire le livret d'un drame, *Montezuma*. Le compositeur sera M. Massenet. Cette œuvre doit être terminée à la fin de l'année prochaine, de façon à être représentée à l'Opéra de Paris en 1888.

✳✳✳

Il vient de se passer à Nantes, un fait assez remarquable et qu'il importe de signaler. Désespérant de voir, cette année du moins, *Sigurd* représenté sur la scène du Grand-Théâtre de Nantes, comme on l'avait fait espérer, plusieurs admirateurs du chef-d'œuvre d'Ernest Reyer se sont réunis et ont décidé de donner, à défaut de représentation, une audition de cet opéra, mais en exécution absolument complète, en ne faisant aucune coupure. M. Roux, le grand facteur de Nantes, était l'un des organisateurs. Sur sa demande, M. Hartmann, éditeur de *Sigurd*, mit gracieusement à sa disposition les parties de quatuor de l'opéra de Reyer. L'œuvre a gagné à être exécutée ainsi

(1) Mᵐᵉ Jaïde est le beau contralto qui, à Bayreuth, créa en 1876, le rôle d'Erda dans le *Ring*. — N. D. L. R.

au quatuor et au piano à quatre mains, dans les parties importantes.

Les rôles étaient distribués à des amateurs.

✧

Un festival Lalo a été donné, il y a quelques jours, à Angers.

Le compositeur a dirigé sa symphonie exécutée pour la première fois l'hiver dernier à Paris aux concerts Lamoureux, et plusieurs autres pièces orchestrales et vocales. La symphonie a eu un très grand succès, et le public d'Angers a fait fête aussi à l'ouverture du *Roi d'Ys* à laquelle Bülow à Berlin et Richter à Vienne réservent une place dans les programmes de leurs prochains concerts philharmoniques.

✧

L'*Art musical* « l'antiwagnérisme assez maladroit, aussi maladroit que le *Ménestrel*. Dans son dernier numéro, il reproduit une lettre de l'empereur Guillaume, alors roi de Prusse, adressée à M. de Hulsen, l'intendant des théâtres royaux et qui se trouve reproduite dans les *Mémoires* de ce personnage, aussi nul que prétentieux de son vivant. Voici cette lettre:

« Ma fille, la grande-duchesse de Bade, m'a demandé s'il ne serait pas possible de jouer un des derniers opéras de Richard Wagner qui forment – à ce que je crois – un *Cycle*. Je ne sais qu'une chose au sujet de ces ouvrages, c'est que Liszt a essayé de les lire à Weimar, mais que les notes étaient si folles qu'il y a renoncé de suite; je vous prie donc de me dire ce qu'il en est.

Le désir exprimé par le susdit Wagner de diriger lui-même les répétitions de son œuvre, est une affaire politique qui sera jugée ailleurs.

« GUILLAUME. »

L'*Art musical* ajoute qu'à ce moment les représentations de Bayreuth avaient déjà eu lieu et il demande si l'empereur Guillaume a depuis changé d'avis sur Wagner.

Ces deux lignes de commentaires contiennent une grave erreur, le texte même aurait dû en avertir le commentateur.

Les premières représentations de Bayreuth eurent lieu en 1876 et l'empereur Guillaume y assista. C'est là un fait connu, archi-connu. La lettre dont il s'agit est donc antérieure à cette date.

Elle doit remonter à l'époque où Wagner, exilé depuis 1849, n'avait pas encore reçu l'autorisation de rentrer en Allemagne, ce qui ressort du paragraphe final.

Cette lettre offre du reste un réel intérêt, en ce qu'elle nous apprend que la grande-duchesse de Bade avait fait des démarches en faveur de l'exilé.

Quant au sentiment de l'empereur Guillaume sur la musique de Wagner, il est vraiment sans portée. Le vieux monarque, en maintes circonstances, a reconnu son absolue incompétence en cette matière et tous ceux qui l'ont approché reconnaissent que cet aveu est sincère. En revanche, à la Cour impériale de Berlin, il y a des princes et des princesses hautement doués pour la musique et qui s'y entendent parfaitement. Il n'est peut-être pas inutile de rappeler à ce propos que le petit-fils de l'Empereur, qui assistait l'année dernière aux fêtes de Bayreuth, s'est, à la suite des auditions, fait inscrire en tête des protecteurs de l'œuvre.

✧

Dans l'une des dernières séances de la section des beaux-arts à l'Institut de France, M. Léo Delibes a donné lecture d'un rapport très détaillé sur le grand ouvrage de M. Auguste Dupont, " l'École de piano du Conservatoire Royal de Bruxelles. ,

Après avoir passé en revue la longue série des œuvres qui composent cette importante chrestomathie musicale, M. Delibes a fait ressortir la pureté et l'élévation de style qui caractérisent l'interprétation des œuvres classiques par l'éminent pianiste belge.

Il a mentionné avec éloge la manière dont a été résolue par lui la question des ornements dans les chefs-d'œuvre anciens, ainsi que la simplicité de son doigté absolument rationnel, ce qui, seul, constitue un réel progrès dans l'enseignement du piano.

En terminant son rapport, M. Delibes a proposé à l'Académie d'adresser des félicitations à M. Auguste Dupont pour " l'ouvrage qu'il vient de faire paraître, en se plaçant aux divers points de vue du choix des œuvres, de leur notation ainsi que de leur accentuation et de leur doigté et enfin d'une édition véritablement hors ligne ,,

Ce rapport a été mis aux voix et adopté à l'unanimité des membres présents, MM. A. Thomas, Gounod, Beyer, Massenet, Saint-Saëns, etc. Il a été adressé à M. le Ministre des cultes et de beaux-arts de France.

✧

La chambre criminelle de la Cour de cassation de France vient de se prononcer une fois de plus sur la délicate question de l'usage du sifflet au théâtre. Elle a rendu, par la cassation d'un jugement du tribunal de simple police de Cette, un arrêt dont voici la substance. Le sifflet est permis au théâtre lorsqu'il est une simple manifestation d'opinion et non un trouble tumultueux apporté à une représentation. C'est dans ce sens que doit être interprété un arrêté municipal qui ordonne aux spectateurs de garder le silence au théâtre. En principe, tout spectateur qui siffle commet une contravention vis-à-vis d'un tel arrêté, et le juge qui la constate ne peut se dispenser de con-

damner qu'à la condition de déclarer qu'il y a eu usage légitime du droit d'improbation, mais non perturbation apportée au spectacle.

✧

A l'Opéra de Berlin, il y a eu ce mois-ci quelques représentations wagnériennes intéressantes, grâce à la présence de Mme Sucher, du théâtre de Hambourg, qui était en représentation. Le 2 décembre, cette remarquable artiste a prêté son concours à une représentation de la *Valkyrie* (rôle de Sieglinde), puis elle a chanté deux fois le 8 et le 16, l'Iseult du *Tristan*, donné avec le concours du ténor Vogl. Nos lecteurs se souviennent que c'est Mme Sucher, qui chanta Iseult, l'année dernière, aux fêtes théâtrales de Bayreuth. Le public de Berlin a fait à l'admirable artiste un accueil enthousiaste. *Tristan* n'avait pas été donné à Berlin depuis 1884. Il a disparu du répertoire par suite du départ du ténor Niemann, actuellement en Amérique.

A ce propos les journaux de Berlin publient de mauvaises nouvelles de la santé de Mme de Voggenhuber, la première Iseult berlinoise. La célèbre cantatrice, malade depuis assez longtemps, donne de sérieuses inquiétudes à ses amis.

✧

On annonce à Berlin un opéra-comique nouveau, intitulé : *Au nom de la loi*, dont la musique a été écrite par M. Siegfried Ochs, le remarquable chef d'orchestre et directeur des chœurs de la Société Philharmonique dont notre correspondant M. Van Santen Kolff, nous a fréquemment parlé. Cet opéra-comique verra prochainement le jour.

✧

Toujours à l'Opéra de Berlin, on vient de commencer les répétitions du *Rheingold* qui doit succéder de près à la première représentation du *Crépuscule des Dieux* en préparation depuis quelque temps déjà. L'Opéra de Berlin aura ainsi à son répertoire le *Ring* tout entier.

✧

L'opérette britannique, après avoir fait florès pendant quelque temps au Walhalla Theater de Berlin, ne paraît pas devoir maintenir longtemps sa vogue extraordinaire. Le Walhalla Theater a dernièrement donné *Patience*, l'une des partitions les plus applaudies de Sir Arthur Sullivan. Après une première représentation très brillante et très bruyante, *Patience* n'a figuré que quelques jours sur l'affiche pour faire place bientôt à une reprise du *Mikado* qui lui-même a disparu après quelques jours. On assure que le Walhalla Theater a renoncé définitivement au genre opérette.

✧

Les journaux de Brême nous apportent de tristes nouvelles de M. Hans de Bulow. Le célèbre pianiste et capellmeister a été pris dernièrement d'un malaise subit pendant qu'il était au pupitre, et ce n'est qu'à grande peine qu'il put achever, la direction du morceau qu'on exécutait, en battant la mesure du bras gauche. Il a dû être transporté à Hambourg. Bien qu'on ait depuis des nouvelles plus rassurantes, M. de Bulow a dû ajourner les différents concerts dans lesquels il devait paraître, soit comme pianiste, soit comme chef d'orchestre, à Brême, à Hambourg et à Berlin.

✧

Les journaux de musique allemands signalent une nouvelle symphonie de Carl Goldmark, l'auteur de la *Reine de Saba* et de *Merlin*. Cette symphonie a été exécutée pour la première fois à Pesth, au concert Philharmonique. Elle est très courte ; les quatre parties qui la composent ne durent pas plus de trente-deux minutes. Le compositeur, qui assistait à l'exécution de son œuvre, a été vivement applaudi. Le scherzo paraît avoir particulièrement plu.

Autre symphonie, princière celle-ci. Elle est l'œuvre du prince et docteur Henri XXIV de Reuss qui l'a dirigée lui-même au quatrième concert philharmonique de Hambourg, et elle paraît avoir été très goûtée.

✧

Le drame musical tiré du *Faust* de Gœthe par le compositeur Zœllner, drame récemment joué pour la première fois à Munich, a été donné dernièrement à Cologne, avec un certain succès.

✧

Le *Benvenuto* de Berlioz est en préparation sur deux théâtres allemands : celui de Dresde et celui de Vienne. N'est-il pas attristant d'avoir à constater que par une scène française n'est actuellement en état de donner cet ouvrage?

✧

Les journaux américains nous apportent le récit des débuts de Joseph Hofmann, le petit pianiste, qui vient d'arriver à New-York et s'est fait entendre pour la première fois le 29 novembre au Metropolitan Opera House. L'annonce de cet événement avait excité au plus haut point la curiosité, car tout ce que la grande ville compte d'autorités artistiques et de gens du monde, se trouvait assemblé autour du piano Weber (non pas l'auteur du *Freyschütz*, mais un fabricant qui entend supérieurement le réclame), sur lequel allaient s'accomplir des merveilles. L'émoi fut grand lorsque l'on vit le bambin à peine haut de trois pieds et ne paraissant point ses dix années d'âge, interpréter le premier concerto de Beéthoven en *ut* majeur, avec accompagnement d'un orchestre de cent musiciens, non comme un enfant, mais comme un artiste formé. La fin du morceau, dans lequel Hof-

mann avait intercalé la cadence de Moschelès, souleva un enthousiasme indescriptible; l'orchestre entama une fanfare, l'assistance
trépignait, les hommes agitant leurs chapeaux, les femmes leurs
mouchoirs.

Tout d'abord, la technique du jeune Hofmann fut jugée parfaite,
son assurance prodigieuse. Il joua ensuite des variations de Rameau,
une berceuse et une valse de sa composition, des pièces de Chopin,
et s'offrit à improviser sur un thème choisi par l'assistance. M. Camille Gurickx, qui, soit dit en passant, se fait une réputation très
enviable dans le Nouveau-Monde, était présent à la séance; il indiqua
un motif de huit à dix mesures et le résultat fut un triomphe pour
Joseph Hofmann. Après avoir confondu les critiques, étonné les
musiciens et provoqué l'admiration d'un auditoire fatigué de l'applaudir, le merveilleux petit homme, qui ne paraissait éprouver aucune
lassitude, termina par la *Polonca* de Weber (le vrai), arrangée par
Liszt, et l'exécuta avec une énergie telle, qu'on n'aurait jamais pu
croire qu'il venait de passer près de deux heures au piano.

C'est dans l'interprétation des œuvres de Chopin que le talent de
Joseph Hofmann a paru se révéler d'une manière extraordinaire
trahissant une maturité absolument au dessus de son âge. Comme il
arrive d'ordinaire, en présence des phénomènes qui déroutent l'entendement, certains critiques donnent un libre cours aux spéculations les plus drôles et les plus hyperboliques au sujet de ce nouveau
prodige artistique. C'est ainsi que l'éditeur d'un journal de musique
se déclare convaincu que l'âme, l'esprit de quelque grand musicien
défunt s'est logé dans la frêle enveloppe matérielle du petit Joseph.
Il l'affirme très sérieusement et promet d'avance qu'arrivée à son
complet développement dans sa nouvelle demeure, cette grande âme
musicale trouvera des moyens d'expression capables de donner un
sens positif, adéquat, de sa puissance et de son immortalité!

— Allez! jeune Hofmann, vous en entendrez bien d'autres!

            E. E.

BIBLIOGRAPHIE.

Le centenaire de *Don Juan* a donné lieu à la publication de deux
ouvrages publiés à Salzbourg chez l'éditeur Herm. Kerber. Le premier
est une histoire de ce chef-d'œuvre écrite par M. Rudolf von Freisauff
à l'intervention de l'Institut international du « Mozarteum » à Salzbourg. C'est le résumé complet de tout ce que l'on sait touchant les
circonstances qui accompagnèrent la composition de *Don Juan* et sa
première représentation à Prague le 29 octobre 1787, puis successive-
vement à Vienne (7 mai 1788), Mannheim (27 septembre 1789), Hambourg (27 octobre 1789), Berlin (20 décembre 1790). La partition et le
livret sont aussi l'objet d'une étude approfondie où l'on trouve des
particularités intéressantes se rattachant aux traductions du texte
italien en allemand. Enfin l'ouvrage renferme la statistique des
représentations de *Don Juan* pour le monde entier et nous constatons
avec plaisir que la Belgique, bien que sa place soit très modeste, n'y
a pas été oubliée.

La France aussi a son chapitre divisé entre les cinq grandes villes
qui ont vu représenter l'œuvre de Mozart : Paris, Bordeaux, Lyon et
Marseille Les noms d'artistes ont été singulièrement estropiés et ce
qui concerne la première. On reconnaît à peine ceux de Mmes Dorus,
Battu. Fursch-Madier ; de MM. Levasseur, Vergnet et Bouhy, qui
sont orthographiés respectivement *Borus, Battis, Jurch, Leoaisseur,
Fergnet* et *rouhy*. Il faut admirer avec quel empressement le gouvernement autrichien et spécialement les chancelleries austro-hon-
groises dans tous les pays du monde, ont prêté leur appui à l'auteur
de ce travail substantiel qui marquera dans la musicographie de cette
fin de siècle.

Le second ouvrage qui porte pour titre : *W. A. Mozart tel qu'il est
dépeint par ses biographes, au physique, dans sa vie et dans ses portraits* et qui a pour auteur M. J.-E. Engl, secrétaire du « Mozarteum »,
renferme plusieurs reproductions des principaux portraits de l'auteur
de *Don Juan*, ainsi que des extraits de l'album sur lequel les admirateurs ont inscrit des pensées et des poèmes. Nous relevons cette
seule inscription française:

     « Ne rougis pas du haut de ton trône immortel, Ange divin de la
Muse, de lire le modeste nom d'un enfant qui t'adore ici-bas !!

       » Salzbourg, 28 octobre 1878.   » Emil Sauret m. p. »

On y trouve également des vers de Oscar II, roi de Suède et de Norwège.   E. E.

AVIS ET COMMUNICATIONS

Une exposition internationale de musique aura lieu à Bologne du 1er mai au
31 octobre 1888, sous la présidence honoraire du maestro Verdi, et la présidence
effective de M. Arrigo Boïto. Elle comprendra plusieurs sections dans lesquelles
figureront les instruments anciens et modernes, les œuvres théoriques et pratiques de la musique, les procédés polygraphiques, l'histoire et la bibliographie
musicales, anciennes et contemporaines, les monuments historiques, les études
d'acoustique, etc., etc.

Le comité central de la ville de Bologne, désirant s'assurer le concours de la
Belgique, a constitué un comité spécial belge qui a été choisi dans la
ville de Liège; il se compose de M. César Thompson, président, professeur de
violon au Conservatoire; de M. Jules Ghymers, critique musical et professeur de
piano au Conservatoire; de M. Sylvain Dupuis, compositeur et professeur d'harmonie au Conservatoire; de M. Édouard Van den Boorn, critique d'art et de
M. Lejeune, professeur de cor au Conservatoire. Les personnes en possession
d'œuvres et objets à exposer, sont instamment priées de donner par écrit au
comité de la ville de Liège, les notes pouvant servir à la peinte intelligence de
la valeur et à la connaissance de l'origine des objets qu'elles exposent.

Les demandes belges d'admission seront reçues par le comité jusqu'au
1er février 1888.

Le dimanche, 8 janvier, à 1 1/2 heure, au Théâtre royal de la Monnaie, deuxième
concert populaire d'abonnement, avec le concours du pianiste Eugène d'Albert.
Programme: 1. Symphonie n° 4 (si bémol) (Beethoven) ; — 2. Concertstück sol (piano
et orchestre). (Beethoven); — 3. Entrée des Dieux dans le Walhalla (R. Wagner);
— 4. Morceaux de piano (Eug. d'Albert); — 5. Suite d'orchestre extraite du ballet
Namouna (1re exécution) (Ed. Lalo).

La répétition générale aura lieu le samedi 7 janvier, à 2 1/2 heures, dans la salle
de la Grande-Harmonie.

Pour les demandes de places, s'adresser chez MM. Schott, frères, 82, Montagne
de la Cour, Bruxelles.

VARIÉTÉS
ÉPHÉMÉRIDES MUSICALES

Le 30 décembre 1797 (et non 9 janv. 1798, suivant *Diction. lyr.*, de
Clément, à Paris (Favart), *Guitare*, un acte de Dalayrac, resté longtemps au répertoire à cause de ses jolies romances. — Bruxelles,
16 janv. 1799; Liège, 28 mars 1799.

— Le 31 décembre 1827, à Marseille, naissance de Mme Caroline-Marie
Carvalho-Miolan.

     Chanteuse, comédienne, harmonie, âme, voix,
     Vous êtes la musique, et l'art, et le théâtre,
     Agathe, Zerline, vous tenez à la fois
     La parseuse enchantée, l'avant-scène idolâtre.

     Par *Figaro*, par *Faust*, par *Robin des Bois*,
     Vous allez grandiose et vous allez folâtre;
     Chanson de ce matin, ou muse d'autrefois,
     Vous êtes Marguerite et sœur Cléopâtre;

     Vous avez une cour de grands adorateurs,
     Mozart se maître Dieu, Weber ce maître artiste;
     Hérold, Auber, Gounod, brillant sur votre liste.

     Les critiques pour vous deviennent orateurs,
     Les poètes créeraient leur plus belle héroïne,
     Vardi au Léonore et Rosati Rosine.

— Le 1er janvier 1782, à Paris (Opéra), *La double épreuve*, ou *Colinette
à la Cour*, 3 actes de Grétry. La dernière reprise, en 1818, et jusqu'à là
115 représentations. — Au Nationaltheater de Vienne, la traduction,
sous le titre de: *Die doppelte Erkenntlichkeit*, fut jouée vingt-trois
fois, du 26 févr. 1786 au 11 juillet 1798.

Le caractère général de la partition est la fraîcheur, la grâce et
l'abondance des motifs. Dans les scènes villageoises, qui sont très
nombreuses, le coloris pastoral est employé avec finesse; les danses
sont vives et jolies. Les chœurs simples et gracieux, les airs naturels
et charmants, les morceaux d'ensemble bien scéniques. Cet opéra
mérite d'autant plus l'attention de la critique historique qu'il fut en
son temps une innovation hardie, et qu'il servit de point de départ et
d'exemple aux nombreux ouvrages analogues données
sur le même théâtre tant par Grétry que par ses contemporains et
ses successeurs. (Michel Brenet, *Grétry, sa vie etc.*)

Le Philtre d'Auber, dont il est question plus loin, est un dérivé
de la *Colinette* de Grétry.

— Le 3 janvier 1827, à Londres (Covent-Garden), *the White Maid*, traduction de la *Dame blanche*, de Boïeldieu.

— Le 3 janvier 1833, à Eusival, naissance de Joseph Dupont. Se
partageant, au théâtre de la Monnaie, entre ses fonctions de directeur
et de chef d'orchestre, plus d'une ville de premier ordre nous envie
cet estimé maître à qui Bruxelles doit par surcroît la vogue persistante de ses concerts populaires.

— Le 4 janvier 1794, à Francfort-sur-Mein, *Don Juan*, de Mozart.
(Voir *Guide mus.*, 27 oct. dernier.)

— Le 5 janvier 1832, à Bruxelles (Opéra), le *Philtre*, 2 actes d'Auber,
chanté par Derancourt, Mondonville, Dessessarts, Mme Derancourt et
Alexandre. — Dernière et fort bonne reprise (5 sept. 1877), et quant à
la musique et à l'interprétation, avec Berlin, Chopin, Guillien et
Mme Hamakers, dans le rôle qu'avait chanté à Paris, pour son
début à l'Opéra en 1831, le *Philtre*, à ce théâtre (20 juin 1831), fut
représenté par Nourrit, Levasseur, Dabadie et Mme Dorus.

Nourrit, qui avait alors créé la *Muette* (1828) et *Guillaume Tell* (1829)
et qui venait de reprendre avec succès le rôle de Renaud, de l'*Armide*
de Gluck, montra dans cette occasion — dit Quicherat, son biographe
— combien il était dévoué à son art. Pouvant, aux termes de son engagement, ne pas sortir des rôles nobles, il ne crut pas déroger en prenant la casaque et les sabots d'un villageois.

Le succès fut brillant et pour le musicien qui avait écrit une partition pleine de grâce et de fraîcheur, et pour l'interprète, qui fit admirer la suavité de sa voix et la flexibilité de son talent.

Le Philtre : Anvers, 23 févr. 1832 ; à Liège, 15 févr. 1833.

Rectification. — M. Jules Martiny, l'auteur de l'*Histoire du théâtre de
Liège*, nous écrit que les *Noces de Figaro*, version de J. Barbier et
Michel Carré, ont été, en cette ville, sous la direction Calabrési,
1862-1866, donné onze représentations et que l'opéra de Mozart, fut encore
joué une fois, 1860-1866, et une fois, 1873-1874.

Nécrologie.

Sont décédés:

À Vienne, le 2 décembre, à l'âge de 66 ans, Anton Fahrbach,
musicien de l'orchestre du Hofburgtheater.

— À Buckenburg, le 16 octobre, J. C. Guljony, né à Pernau (Livonie)
le 22 juin 1821, violoniste, professeur et chef d'orchestre. (Notice
Tonger's Lexicon).

— A Danzig, O. Haupt, professeur de piano et père de la cantatrice
Unger-Haupt.

— A Bologne, le 28 novembre, à l'âge de 66 ans, Jean-Baptiste
Bencich, autrefois un des meilleurs ténors de la scène italienne.

— À Milan, Vincenzo Corbellini, né à Creme le 6 décembre 1825,
professeur de violon au Conservatoire, et ancien violon-solo à la
Scala.

G. BACHMANN.

1. MARCHE BULGARE   Prix 4 f.
2. SUCCÈS-MAZURK   „ 4 f.
3. COLLIER DE RUBIS   „ 4 f.
4. PARIS-VALSE   „ 5 f.
5. GAVOTTE DUCHESSE   „ 4 f.
6. FLORÉAL MAZURKA   „ 4 f.

Six Morceaux
pour
PIANO

Propriété des Éditeurs.

BRUXELLES, SCHOTT FRÈRES
82, Montagne de la Cour-82

Paris, P. Schott,   Londres, Schott & Cⁱᵉ
19 Boulevard Montmartre   159 Regent Street,

Mayence, les fils de B. Schott,   Sydney, Schott & Cⁱᵉ
Weihergarten   George Street 281

déposé S. F. 3771.I·VI.
1887.

Imp. Lith. de C. G. Röder, London.

Succès-Mazurk.

Tempo di Mazurka.

G. Bachmann.

PIANO.

Stich und Druck der Röder'schen Offizin in Leipzig

4

Poco marcato il canto.

34me année de publication

Le Guide Musical

REVUE HEBDOMADAIRE DE LA MUSIQUE ET DES THÉATRES

Paraissant tous les jeudis en 8 pages de texte et de fréquents suppléments

DONNANT :

Les comptes-rendus et nouvelles des théâtres et concerts de France, de Belgique, d'Angleterre, d'Autriche, d'Allemagne, etc.
Des notices biographiques et des études sur les grands compositeurs anciens et modernes ;
Des travaux d'histoire et d'esthétique musicale ;
Des articles bibliographiques sur tous les ouvrages concernant la musique ; la nécrologie des artistes célèbres morts dans la semaine
Des éphémérides correspondant à tous les jours du mois.

ABONNEMENT :

Paris, — 10 fr. | **Bruxelles, 10** fr.
Les autres pays : **12** francs.
Texte avec supplément musical (42 morceaux), **25** fr.

AVIS IMPORTANT. — Le GUIDE MUSICAL offre à ses lecteurs la combinaison suivante, sur laquelle nous appelons spécialement leur attention et dont ils saisiront les grands avantages.
Tout abonné, ancien ou nouveau, au GUIDE MUSICAL, aura le droit, en versant DIX FRANCS, de choisir parmi les publications nouvelles, soit parmi les ouvrages indiqués dans le catalogue général de la Maison Schott frères, les morceaux ou partitions qui lui conviendront, jusqu'à concurrence de SOIXANTE FRANCS, prix marqués, ou de VINGT FRANCS, prix de vente. C'est en réalité, une réduction de CINQUANTE pour cent que nous offrons à nos abonnés sur les ouvrages de tout genre que renferme notre catalogue.

On s'abonne à Paris, chez P. SCHOTT, boulevard Montmartre, 19; à Bruxelles, chez SCHOTT frères, Montagne de la Cour, 82; A Mayence,
chez les fils de B. SCHOTT; à Londres, chez SCHOTT et Cⁱᵉ, Regent street, et chez tous les marchands de musique.

POUR LA LISTE DES PRIMES, VOIR LE SUPPLÉMENT

*Les primes sont délivrées (pour la province et l'étranger, ajouter le port) dans nos bureaux à
Paris, Bruxelles, Mayence et Londres, à partir du 15 décembre 1887, à tout abonné, ancien ou
nouveau, sur la présentation d'une quittance d'abonnement au GUIDE MUSICAL pour l'année 1888.*

Imp. Th. Lombaerts, rue Montagne des Aveugles, 7

Le numéro avec musique, 75 centimes
Id.   sans musique, 25 centimes

XXXIVe ANNÉE   20 décembre 1888.   NUMÉRO 51.

Le Guide Musical

Paraissant tous les jeudis.

Le Guide Musical

Paraissant tous les jeudis.

THÉATRES — CONCERTS

ACTUALITÉS – HISTOIRE – ESTHÉTIQUE

Directeur : **M. PIERRE SCHOTT**

Principaux Collaborateurs :

Victor Wilder – Camille Benoît – Balthazar Claes – Adolphe Jullien
Léonce Mesnard - H. Soubies. - C. Malherbe. – Hugues Imbert – C. de Bricqueville
Georges Servières – Michel Brenet – Etienne Destranges (France)
Félix Delhasse – C. Vander Straeten – Ed. Evenepoel – M. Kufferath – Marcel Remy
C. Gurickx – Léopold Wallner
Henri Maubel – Erasme Raway – Paul Bergmans – Em. Ergo (Belgique)
Edouard de Hartog – Van Santen Kolff (Allemagne)
G. P. Harry (Angleterre) - Egidio Cora (Italie) - César Cui (Russie) - Etc. Etc.

Rédacteur en Chef : MAURICE KUFFERATH

TRENTE-QUATRIÈME VOLUME — ANNÉE 1888

SCHOTT FRÈRES, EDITEURS

Bruxelles, 82, Montagne de la Cour | Paris, 70, Faubourg Saint-Honoré

1888

Bruxelles. Imp. Th. Lombaerts, rue Montagne-des-Aveugles, 7.

TABLE DES MATIÈRES

XXXIVe ANNÉE   5 janvier 1888   NUMÉRO 1

LeGuide Musical

Paraissant tous les jeudis.

ABONNEMENT
FRANCE & BELGIQUE, 10 francs.
UNION POSTALE : 12 francs

SCHOTT FRÈRES, ÉDITEURS.
Paris, Boulevard Montmartre, 19
Bruxelles, Montagne de la Cour, 82

ANNONCES
S'adresser à l'Administration du Journal.
On traite à forfait.

À nos Lecteurs

À partir du 1er janvier 1888, le **Guide musical** publiera **toutes les semaines** un **SUPPLÉMENT MUSICAL**, comprenant un ou plusieurs morceaux de musique, choisis parmi les nouveautés à succès ou les œuvres célèbres des maîtres classiques.

Nos **Suppléments musicaux** se composeront non seulement de morceaux pour **piano seul** et **piano et chant**, mais encore de morceaux de **musique instrumentale.**

Ils s'adressent ainsi à toutes les catégories de musiciens et d'amateurs.

L'abonnement au Guide musical avec supplément est de 25 francs par an.

L'abonné, outre le journal, recevra **42 morceaux** de musique, soigneusement tirés sur beau papier et formant à la fin de l'année un **Recueil** varié d'environ TROIS CENTS PAGES.

Indépendamment du supplément, nous offrons, comme l'année dernière, à nos abonnés pour la **somme de 20 francs** (abonnement au journal compris) une série de PRIMES MUSICALES, comprenant soit des morceaux séparés de musique vocale ou instrumentale, soit des albums et recueils de mélodies, soit des **partitions complètes** (réduction piano et chant) à choisir dans le catalogue général de la Maison Schott frères.

Une **liste** de nos **PRIMES** est encartée dans le présent numéro.

Ces **primes** constituent en faveur de nos seuls abonnés de véritables **remises exceptionnelles** sur les plus importantes publications de la Maison Schott frères.

Nos abonnés au supplément recevront, avec le prochain numéro du Guide musical:

LA VIOLETTE

poème de Gœthe, musique d'Emile Mathieu

extraits du recueil de Six ballades *dont le succès à son apparition a été si artistique et si complet.*

RICHARD WAGNER

ET

FRANZ LISZT

Vous rappelez-vous, dans les *Essais* de Montaigne, ce délicieux chapitre de l'amitié, où il parle de sa rencontre avec Estienne de La Boëtie?

« Si on me presse de dire pourquoy je l'aymoys, je sens que cela ne se peult exprimer qu'en répondant : « Parce que c'estoit luy ; parce que c'estoit » moy ».

Dans l'amitié qui, dès leur seconde jeunesse, unit pour le reste de la vie Richard Wagner et Franz Liszt, il y a quelque chose de l'attirance singulière, inexplicable et fatale, médiatrice de cette union, qui avait tant frappé Montaigne dans ses rapports avec de La Boëtie. Liszt et Wagner se cherchaient avant de s'être vus et quand ils se rencontrèrent ils se trouvèrent si pris, si connus, si obligés entre eux que rien, dès lors, ne leur fut si proche « que l'un à l'autre ». Eux aussi ils auraient pu dire alternativement : « Je l'aimoys, parce que c'estoit luy, parce que c'estoit moy ».

La volumineuse correspondance, échangée entre

ces deux grands esprits vient de paraître (1). J'ai pris le livre et je n'ai pu le quitter avant de l'avoir lu de la première page à la dernière, tant était grande la délectation que j'ai éprouvée à ces épanchements de deux amis qui se confessent l'un à l'autre leurs ambitions, leurs rêves et leurs douleurs.

Il n'y a pas autre chose, en ces pages intimes. Peu de récits d'événements extérieurs, peu d'appréciations des hommes et des choses qui les entouraient, il n'y a qu'eux; mais ils y sont tout entiers. Et ce sera la valeur inappréciable de ce recueil de lettres de nous ouvrir sur les sentiments absolus et le caractère de ces deux hommes d'élite, des vues, sinon nouvelles, du moins exactes et définitives.

Cette correspondance comprend trois cent et seize lettres qui vont de 1841 à 1861. Elle s'arrête au moment où Wagner, après de longues années d'exil, est autorisé à rentrer en Allemagne. C'est donc la période la plus tourmentée de la vie si extraordinaire du grand musicien que ce recueil fait repasser sous nos yeux.

Étranges sont les impressions qu'on ressent tout d'abord à la lecture des premières lettres. Elles sont toutes de Wagner.

La première est datée de Paris, 24 mars 1841, 25, rue du Helder; c'est l'humble requête du pauvre musicien, égaré dans Paris, qui a écrit d'expérience la curieuse nouvelle intitulée : *La fin d'un musicien allemand à Paris* (2). La requête tend à obtenir quelque chose comme une audience de l'autre musicien, arrivé, lui, fêté, choyé, cajolé par la société parisienne et jouissant du renom universel du plus merveilleux des virtuoses.

Wagner se recommande à Liszt d'un ami commun : Henri Laube, le dramaturge et critique viennois. Il demande à Liszt de le recevoir, ce qui serait pour lui *un inestimable bonheur*. Et il termine humblement sa lettre par ces mots : *Avec admiration, votre dévoué Richard Wagner.*

L'audience fut peut-être accordée, je l'ignore : mais l'entrevue, en tous cas, demeura sans résultat. Liszt ne connaissait pas encore Wagner, et Wagner n'avait pas vu Liszt tel qu'il était.

Ils se retrouvèrent quatre années plus tard, en 1845, à Dresde. Wagner était chef d'orchestre au théâtre de la Cour, il venait d'y donner son *Tannhæuser;* Liszt, fatigué de la vie banale du virtuose de concert, cherchait une nouvelle activité à ses merveilleuses facultés. Cette fois, ils se comprirent et s'apprécièrent; et leurs lettres deviennent immédiatement plus cordiales. *Très honoré ami,* dit Wagner, dans une lettre du 22 mars 1846, *je me permets de vous envoyer les partitions de mon* RIENZI *et de mon* TANNHÆUSER ; *je désire et je souhaite que la dernière vous plaise mieux que la première. Soyez sincèrement*

(1) *Briefwechsel zwischen Wagner und Liszt* (Correspondance échangée entre Wagner et Liszt), 2 vol. Breitkopf et Härtel, Leipzig.

(2) Parue en français dans la *Revue et gazette musicale* de Paris, janvier-février 1841, puis en allemand dans l'*Abendzeitung* d'Augsbourg et reproduite dans les Œuvres complètes de Wagner, t. I.

remercié de toute l'amitié que vous me témoignez. Puissiez-vous me garder toujours les mêmes sentiments.

Mais, somme toute, Liszt apparaît encore ici comme un personnage influent à qui l'on demande son appui. Voici tout à coup les relations devenues absolument amicales : nous sommes en 1848. Liszt vient d'arriver à Weimar, avec le titre de directeur de la chapelle royale (*Hofcapellmeister*) du grand duc de Saxe-Weimar. « *Vous allez donc connaître les douleurs d'un chef d'orchestre; apprenez à les supporter! Elles sont mon pain quotidien! Dieu vous donne force et vous accorde joie en cet amer travail!* »

Six mois plus tard, Wagner est dans une situation pénible. L'éditeur du *Rienzi* et du *Tannhæuser* n'a pas fait de brillantes affaires. Wagner avait entrepris la publication de ses œuvres à ses frais et on lui réclame cinq mille thalers, 18,750 francs! Comment les trouver en ce moment troublé où les événements politiques paralysent les affaires. Wagner pense à Liszt.

« *Vous m'avez dit que vous aviez fermé votre piano : je suppose que vous voilà devenu banquier.* » Et il lui demande de lui venir en aide. Liszt ne fait aucune difficulté, se met à l'œuvre, et bientôt l'affaire est arrangée, grâce à son intervention. Il fait mieux : à peine installé à Weimar, il entreprend d'y monter le *Tannhæuser;* et c'est pour l'artiste malheureux, soucieux du présent plus encore que de l'avenir, le plus précieux et le plus délicat des encouragements.

Il faut dire que dans toute cette première partie de la correspondance, le rôle de Liszt apparaît singulièrement généreux et grand.

La situation de Wagner ne fait qu'empirer. Son *Tannhæuser,* trop difficile à monter, ne se joue guère et lui rapporte moins encore; il est difficile de faire face à ses engagements; impatient du joug que lui imposent ses fonctions de maître de chapelle à Dresde et mécontent de son intendance, il est travaillé en outre par ses aspirations à la liberté qui agitent toute l'Europe; ses lettres à Liszt deviennent plus pressantes; il n'en est, pour ainsi dire, pas une qui ne contienne une demande de secours pécuniaire et d'attristants aveux sur la situation navrante où il se trouve. Et voilà que, par surcroît, ce diable d'homme se laisse entraîner dans le mouvement révolutionnaire, est obligé de fuir et n'arrive à grand peine en Suisse, après quatre jours, qu'au moyen d'un passeport que lui a procuré un ami.

Imperturbablement, sans une récrimination, avec une générosité toujours pareille et une noblesse désintéressée de sentiments vraiment admirable, Liszt est à ses côtés, soutenant matériellement et moralement le malheureux dévoyé, réconfortant son âme aigrie, rassurant son génie inquiet, et échangeant peu à peu avec une simplicité touchante, le rôle de protecteur qu'il avait joué d'abord, avec celui de disciple fervent, d'admirateur passionné du génie qu'il devine, qu'il a découvert.

L'impression est vraiment très grande que l'on

recueille de ces premières lettres ; puis, quand cette amitié est devenue complète, c'est alors entre les deux amis, l'un toujours actif, toujours sur la brèche à Weimar, l'autre réfugié en Suisse, inquiet, pressé de besoins, menant une vie misérable, incapable d'une entreprise pratique lui assurant l'existence, c'est alors un échange touchant de protestations affectueuses, de projets ambitieux, de hautes spéculations artistiques, mêlées aux plus vulgaires préoccupations du pain quotidien.

. Ce qui apparaît clairement dans la suite de ces lettres c'est la naïveté absolue, la simplicité d'âme de Wagner, cet homme si mal compris, si mal jugé et si odieusement vilipendé par la basse envie. Il a traversé la vie comme un enfant, uniquement préoccupé de son rêve étoilé, supportant les plus pénibles humiliations, souffrant la faim, la soif, le froid, subissant l'angoisse, lui, dont on a fait un bourreau d'argent, un assoiffé de voluptés et de faste, un cerveau fou d'ambition, un cœur gonflé d'envie et d'orgueil !

Liszt, en 1849, lui développe longuement un plan pratique dont l'exécution l'aiderait à se tirer d'affaire : tâcher d'obtenir une exécution de *Rienzi* à Paris, ce qui aurait pour résultat de donner un nouvel essor à l'œuvre sur toutes les scènes allemandes et lui ouvrirait les théâtres d'Italie ; écrire un nouvel opéra spécialement pour Paris sur un livret d'Alphonse Royer ou de Gustave Vaez ; dans l'intervalle organiser des concerts à Zurich. Wagner accepte les bons conseils ; il s'efforce de les exécuter ; il se met martel en tête pendant de longs mois pour trouver un sujet convenant à Paris : deux ou trois ans après seulement il avoue à Liszt qu'il s'est torturé vainement l'esprit, et que ce fameux plan ne lui avait jamais agréé, qu'il n'avait qu'une idée, qu'un rêve, achever ses *Nibelungen*.

«Cette œuvre (les Nibelungen), en vérité c'est la seule œuvre qui me retienne à la vie. Quand je pense à mes sacrifices et que je demande des sacrifices, c'est pour cette œuvre uniquement ; car en elle seule je sens encore un but à ma vie.— Ja dois tout subir pour elle, et cela dans ce pays (la Suisse) où j'ai été—le pied, où j'ai dû me réfugier pour travailler...... Ami ! excellent, unique ami ! Ecoute, je ne puis rien faire si d'autres n'agissent pour moi..... Je ne puis dire qu'à toi, combien ma peine est profonde et combien un prompt secours est nécessaire..... O misère de moi !... Et c'est ton ami tel que toi que je fais souffrir avec moi, je le sais. — Abandonne moi, si tu le peux ! — Ce sera la fin... Pardonne... je ne puis pas autrement — Adieu mon Franz, adieu ! adieu !... »

Je cite quelques phrases seulement qui donnent le sentiment général de la lettre et il y en a vingt, trente autres aussi douloureuses. Un jour, il annonce à Liszt qu'il a dû mettre en gage sa partition manuscrite de *Lohengrin*. Une autre fois il lui confesse qu'il n'a plus de bois pour se chauffer et que sa femme n'ose plus se montrer avec lui dans les rues, tant son paletot est rapé !

C'est tout le long du livre une lamentable odyssée jusqu'au moment où, enfin, les concerts à Londres lui procurent quelque bien-être.

(A suivre.)

MAURICE KUFFERATH.

VIOTTI
ET L'ÉCOLE MODERNE DE VIOLON
(Suite. — Voir le dernier numéro.)

Malheureusement pour Viotti, il devait subir personnellement les conséquences de la situation très difficile et très fâcheuse que les événements avaient faite à l'Opéra. On lui reprochait amèrement, comme s'il en eût été coupable, l'improductivité relative de ce théâtre pendant l'époque néfaste qu'il venait de traverser (1). D'ailleurs, des tiraillements intérieurs se produisaient, qui avaient pour cause certaines idées de réforme que Viotti avait manifesté le désir de mettre à exécution. Puis, comme il arrive toujours en pareils cas, des compétitions se faisaient jour, on briguait la succession d'un administrateur à qui l'on faisait un crime de son inaction, alors que la fatalité l'avait mis dans l'impossibilité d'agir. Je ne veux pas dire que Viotti fût absolument à l'abri de toute critique, et pour preuve je reproduirai ce passage d'un compte-rendu que donnait *le Miroir* d'une représentation de *Stratonice* et *Retour de Zéphire* : — «...Jusqu'ici nous n'avions eu que des éloges à adresser à l'administration du grand Opéra ; satisfait des belles représentations qui avaient signalé tour à tour l'inauguration de la plus belle salle de Paris, c'est avec un véritable plaisir que nous avons loué l'habile architecte, M. Debret, qui a construit le temple, et que nous avons fait ressortir les talens réunis qui en avaient fait ensuite le plus bel ornement ; *la Vestale*, *Iphigénie en Tauride* et *les Bayadères* avaient été exécutés de manière à satisfaire les appréciateurs de la musique de Gluck, de Spontini et de Catel. Le directeur oublierait-il qu'il est plus difficile de conserver que d'obtenir la faveur publique ? s'endormirait-il sur un premier triomphe ?... (2)

Assurément cette critique ne part pas d'un ennemi, et l'on peut croire, pour ce fait particulier, à une certaine négligence de la direction de l'Opéra. On ne doit pas oublier toutefois que, malgré une foule d'obstacles, Viotti n'avait point tout à fait perdu son temps, qu'il avait trouvé le moyen d'offrir

---

(1) Un recueil, plus équitable d'ordinaire en ses appréciations, la *Biographie universelle et portative des contemporains*, s'exprimait ainsi dans sa notice sur Persuis, qui, comme directeur de l'Opéra, s'était montré insupportable, tyrannique et plein de vanité : — « Persuis fut directeur du personnel de l'Académie royale de musique et du Théâtre-Italien depuis le 1er avril 1817 jusqu'au 13 novembre 1819. Une douloureuse maladie de poitrine l'ayant forcé alors de renoncer à ces pénibles fonctions, qu'il remplissait avec un zèle et une intelligence remarquables, il laissa des regrets d'autant plus vifs qu'il eut pour successeur Viotti dont la déplorable administration a porté un coup funeste à l'Opéra. » Encore un coup, ce n'est pas l'administration de Viotti qui fut funeste à l'Opéra ; ce sont les circonstances dans lesquelles il s'est trouvé.

(2) Voici une liste des débuts qui eurent lieu à l'Opéra, pendant la direction de Viotti. ... CHANT. Dabadie (Cinna de la *Vestale*, 12 décembre 1819 ; La Feuillade (le *Devin du village, le Rossignol*), 12 juin 1820 ; Valère (Huscn, de la *Caravane*), 6 octobre 1820 ; Mme Lecoux, bientôt Mme Dabadie (Antigone, d'*Œdipe à Colone*), 21 janvier 1821 ; Mme Saisville (Julia, de la *Vestale*, 22 août ; Mme Julien (Phiile, de *Nar signol*), 29 août ; Adolphe Nourrit (Pyiade, d'*Iphigénie en Tauride*), 10 septembre. — DANSE. Elie (Polichinelle, du *Carnaval de Venise*), 18 février 1820 ; Richard aîné, 21 février 1821 ; Mme Copère, 23 mars ; Barré (Paris, du *Jugement de Pâris*, 21 août); Mlle Noblet (Vittoria, du *Carnaval de Venise*), 8 septembre ; Gosselin (*les Pages du duc de Vendôme*), 5 septembre.

au public un certain nombre d'ouvrages nouveaux, qu'il avait augmenté sa troupe de quelques sujets précieux, entre autres Dabadie et Mme Dabadie, que c'est sous sa direction qu'on vit débuter l'admirable artiste qui avait nom Adolphe Nourrit, et qu'il sut attacher à l'Opéra un chef d'orchestre de premier ordre : Valentino (1). Quant aux nouveautés, si elles n'avaient pas été plus importantes, ce n'était évidemment pas sa faute : il s'occupait, lorsqu'on l'obligea d'abandonner la salle de la rue Richelieu, de la mise en scène de *la Lampe merveilleuse* de Nicolo, ouvrage dont tout Paris s'entretenait par avance, mais que l'exiguïté de la scène de Favart ne lui permit pas de représenter à ce théâtre ; il s'en occupa de nouveau, avec ardeur, lorsque l'Opéra fut installé rue Le Peletier, mais on ne lui laissa pas le temps ni l'honneur de présenter cet ouvrage au public. Des intrigues se firent jour de tous côtés, on le fatigua, on l'abreuva de dégoûts, tant et si bien qu'il finit par donner sa démission. *Le Miroir* publiait cette note dans son numéro du 25 octobre 1821 : — « M. Habeneck, premier violon de l'orchestre du Grand-Opéra, vient d'être nommé directeur de ce théâtre, et doit succéder en cette qualité à M. Viotti. » et le 1er novembre, deux ans, jour pour jour, après sa prise de possession, Viotti quittait la direction de l'Opéra, avec une pension de 6,000 francs (2).

Chose assez singulière, tandis qu'on lui donnait un successeur à l'Opéra, il semble être resté quelque temps encore à la tête du Théâtre-Italien. C'est ce qui ressort de ces lignes, que j'extrais d'un article sur l'Opéra publié par le journal que je viens de citer, *le Miroir*, à la date du 31 octobre : « …Le remplacement de M. Viotti était depuis longtemps indispensable. Il n'est pas dans nos principes de médire de ceux qui perdent leurs places ; M. Viotti, quoiqu'étranger, a honoré la France ; il fut à la fois le compositeur le plus habile et l'exécutant le plus brillant de son époque. Le Nestor de nos concertans mérite des égards que nous n'avons jamais oubliés, même en faisant la critique de son administration ; nous avons toujours séparé le musicien du directeur. D'ailleurs, *M. Viotti demeure chargé de la direction du Théâtre-Italien*, et comme il faut toujours juger les entreprises par leur résultat, M. Viotti, sous ce rapport, a droit à nos éloges ; jamais l'Opéra-Italien ne nous a paru mieux administré. Toutefois, la division introduite dans la direction de ces deux théâtres est une mesure utile et à laquelle nous nous empressons d'applaudir ».

J'ai la certitude pourtant que cette situation fut essentiellement provisoire, et qu'elle cessa promptement. La direction du Théâtre-Italien, comme celle

(1) *Le Miroir*, 21 septembre 1821.
(2) Voici comment, et d'une façon précise, l'*Annuaire dramatique* enregistrait ce changement dans l'administration de l'Opéra : — 28 octobre 1821. Ordonnance du Roi qui change la forme de l'administration, et nomme : un directeur du personnel, et du matériel, M. Habeneck ; un chef du matériel, M. Ducrais ; un régisseur de la scène, M. Dubois ; un caissier, M. Bonnemar (ce dernier existait déjà, mais il ne faisait pas partie de l'administration) ; un secrétaire de l'administration, M. Grand, etc (exerçant sous le titre de secrétaire général). , …

de l'Opéra, passa bientôt dans les mains d'Habeneck, qui réunit l'une et l'autre, comme avait fait Viotti, et celui-ci recouvra toute sa liberté.

(A suivre.) ARTHUR POUGIN.

GIOCONDA

Drame lyrique en quatre actes, paroles de M. T. Gorris, traduction rythmique de M. Paul Solanges, musique de Amilcare Ponchielli, représenté au Théâtre royal de la Monnaie, le 26 décembre 1887.

Ceux qui escomptaient d'avance le succès musical de *Gioconda* pour en tirer des déductions contre les envahissements du wagnérisme devront en faire leur deuil. A sa première représentation, l'œuvre italienne a été accueillie avec une extrême réserve par un public d'élite composé de tout ce que Bruxelles offre d'amateurs et de connaisseurs. Ce public est resté froid à l'égard des pages capitales sur lesquelles on comptait et l'on était en droit de compter : le finale du premier acte avec ses contrastes de chants pieux et profanes accompagnés des sons de l'orgue et du bruit des cloches. Quelques applaudissements étaient en revanche placés après la *Fourlana*, au duo d'Enzo Grimaldo et de Barnaba, au monologue de l'aveugle, à l'air de ténor du deuxième acte et au duo de Gioconda et Laura. Le succès paraissait indécis, lorsqu'enfin le quatrième tableau est venu rompre la glace. L'assistance impatiente de témoigner son admiration pour la mise en scène, a longuement applaudi le ballet des *Heures* dans la fête donnée chez Alvise Badoër, un des chefs de l'inquisition d'État, dans un cadre où l'invention des décorateurs et des régisseurs s'est donné brillante carrière. Il n'est pas sans précédent au théâtre de voir le succès s'attacher à des hors-d'œuvre, alors que le principal reste dans l'ombre. Souvenons-nous que le cas s'est présenté à propos de la représentation du *Cid* de Massenet, à Paris et que notre collaborateur M. Victor Wilder a très plaisamment relevé. La bataille était gagnée ; mais là aussi devaient se borner les marques d'enthousiasme. Le quatrième acte de *Gioconda* s'est achevé au milieu de l'indifférence générale.

Il y aurait mauvaise grâce à refaire ici l'analyse de l'œuvre nouvelle que le théâtre de la Monnaie vient de monter avec tant d'éclat et que les lecteurs du *Guide* connaissent déjà par l'étude qui a paru dans ces colonnes, (1). Je tiens à déclarer que les miennes la plupart des remarques auxquelles a donné lieu le genre de poétique des auteurs de *Gioconda*. En face d'une œuvre que l'on nous représente comme un échantillon des tendances de l'école italienne et que l'on acclame en tous lieux sur la Péninsule, il doit être permis d'exprimer franchement sa pensée. Nous résumerons donc brièvement nos impressions en disant que la *Gioconda* est dépourvu de ce qui rend caractéristique le drame d'*Angelo* de Victor Hugo, d'où il est tiré. La curiosité, l'intérêt, l'amusement, le rire, les larmes, l'observation perpétuelle de tout ce qui est nature, l'enveloppe merveilleuse du style, tout ce que le drame doit posséder selon l'illustre poète lui-même, disparaît sous les replâtrages de l'arrangement en opéra. Et c'est l'œuvre littéraire ainsi mutilée que le musicien avait pour mission de relever et de ramener à sa vertu première qui est d'émouvoir et de convaincre. La musique de Ponchielli n'a pu réussir chez nous à opérer ce prodige.

Il est cependant nombre de pages dans *Gioconda* qui valent, au moins par les qualités vocales de la mélodie et par leurs tendances rénovatrices, certaines d'entre celles que l'on applaudissait autrefois dans le répertoire des œuvres du répertoire français. Il s'y trouve, comme dans les œuvres de Verdi, un mélange d'idéal et de vulgaire ; mais la note poétique tend, en somme, à s'affranchir ; de l'interprétation dépend en grande partie lequel des deux éléments l'emporte sur l'autre. Evidemment, malgré tout le zèle et toute la bonne volonté des artistes de la Monnaie, l'exécution de *Gioconda* n'est qu'un à-peu-près différent de ce que serait l'œuvre exécutée conformément aux intentions de l'auteur, par des chanteurs possédant les traditions de l'école : légèreté dans la force, rythme, accent, souplesse, en un mot tout ce que cet art du chant italien comporte de séductions artificielles et d'appas irrésistibles. Il nous paraît à ce titre que

(1) Voir le *Guide musical* des 8 et 15 décembre 1887.

l'opéra de Ponchielli appartient à la catégorie des choses inséparables de leur milieu et que sa transplantation exige des précautions infinies. Mais puisque le sort de l'œuvre dépend si étroitement de l'interprétation, n'est-il pas certain que c'est par l'interprétation seule qu'elle existe, et qu'en dehors du chant proprement dit, l'organe vital par excellence fait défaut : l'orchestre! Il ne s'ensuit point cependant que *Gioconda* n'ait de titres sérieux à l'attention du public bruxellois par lequel chaque jour un pas nouveau vers l'éclectisme. Il est nécessaire que nous soyons sans cesse appelés à nous prononcer sur le mérite d'œuvres de types et de genres variés; nous fortifions ainsi notre jugement par la comparaison, et nous arrivons à dégager le vrai Beau dans son expression universelle.

La classification des principaux rôles de *Gioconda* comprend les voix de soprano dramatique (Gioconda), de mezzo-soprano (Laura Adorno), de contralto (l'Aveugle), de ténor (Enzo Grimaldo), de baryton (Barnaba) et de basse (Alvise Badoër). Chacun d'eux est tenu respectivement par Mlles Litvinne, Martini, Van Besten, MM. Engel, Seguin et Vinche. C'est Mlle Litvinne qui supporte la plus lourde charge dans le rôle d'ange sauveur qui lui est dévolu. Quand la vaillante artiste n'est pas en scène, on peut être certain qu'elle attend anxieuse l'instant d'y rentrer, car le désintéressement sublime de l'héroïne est de toutes les phases de l'action. Elle apparaît soudain comme le *Deus ex machina*, toujours prête à trancher un dénoûment ou à empêcher une catastrophe. Mlle Litvinne met son talent et son âme à la représentation de cette figure invraisemblable, déployant avec largesse une ardeur qui l'entraîne parfois au delà du but. Elle devrait s'appliquer à modérer son jeu, à ménager certains gestes dont la répétition fréquente affaiblit l'expression. De même, il arrive à son chant de manquer d'égalité et d'assurance parce que l'émission se trouve contrariée par les mouvements brusques du corps et des bras. Il doit régner une parfaite harmonie entre l'action du chanteur et celle de l'acteur, afin que l'une ne gêne pas l'autre. Mlle Litvinne est trop bien douée pour ne point chercher à établir cet équilibre dont le défaut est rendu plus sensible à l'occasion d'une œuvre écrite spécialement pour elle. Plus sobre et plus formé, le talent de Mlle Martini prête au personnage de Laura une physionomie intéressante. Cette consciencieuse artiste à su très intelligemment composer son rôle et racheter par une grande vérité d'accent, les défectuosités de sa voix. Entre tous les interprètes de *Gioconda*, c'est Mlle Martini qui nous a paru initiée au style de l'œuvre. Elle l'a du moins prouvé dans la prière du deuxième acte et dans cette phrase stéréotypée du duo avec Gioconda : *Mon amour illumine ma vie*, qu'elle chante non seulement avec pénétration, mais avec tout le brio d'une cantatrice italienne. Il a fallu accommoder le rôle de la mère aveugle à la voix de Mlle Van Besten qui ne possède aucune des notes fondamentales de poitrine du registre grave. L'auteur ne se fût pas montré satisfait; mais c'est une tradition au théâtre de la Monnaie, de se passer de contralto, et puis d'ailleurs Mlle Van Besten dit avec un profond sentiment les deux morceaux (1) commençant par ces mots : *Pour toi ma fille, dont l'amour* et *La voix d'un ange du Seigneur*. Le rôle d'Enzo est bien dans les cordes de M. Engel qui sait en faire valoir les nuances tendres et passionnées. Cependant l'excellent chanteur a une légère tendance à dénaturer la mesure, et la valeur des notes qui ne devrait pas s'accentuer davantage sous peine de rendre la phrase mélodique inintelligible. M. Seguin donne du relief au sinistre personnage du chanteur à la solde du Conseil des Dix. Sa voix se fait à merveille dans l'invocation : *Noble édifice, douge et palais des Doges!* ainsi que dans les passages déclamés; moins bien toutefois dans la barcarolle du deuxième acte. L'organe de M. Vinche possède en creux ce qui lui manque en rondeur et en netteté; mais le rôle d'Alvise n'est guère dans ses moyens.

Les chœurs ont une grande importance dans *Gioconda*. Barnabotti, Arsenalotti, Sénateurs, Gentilshommes, Dames, Masques (Arlequins, Pantalons, etc., etc.), Peuple, Marins, Mousses, Moines de la corporation des *Frari*, Chanteurs, Cavaliers de la compagnie de la *Calza*, toute la Venise du XVIIe siècle chante à l'envi, les fêtes, le plaisir, les régates, le carnaval, la *sera*, la mer, etc. On doit des félicitations aux choristes de la Monnaie qui ont rempli avec beaucoup d'intelligence et de sûreté une tâche vraiment ingrate; nous n'en voulons pour exemple que le grand finale du troisième acte, l'un des morceaux les plus développés et les plus puissants du répertoire italien contemporain.

(1) On ne sont pas à proprement parler des morceaux mais des phrases mélodiques librement introduites dans le dialogue.

L'orchestre n'a pas mis tout le soin désirable à faire ressortir les détails d'une instrumentation qui n'est pas sans science. Un accent donné à propos, l'indication plus nette du motif de Barnaba, un peu plus de réserve dans la sonorité des cuivres et de la percussion, eussent contribué à rehausser quelque peu son rôle discret. Outre l'introduction, les passages symphoniques de *Gioconda* comprennent plusieurs morceaux de danse. Au 1er acte on assiste à la *Fourlane* que l'on nomme aussi *Forlana* et que sa mesure en 6/8 fait ressembler à la tarentelle. C'était une danse commune à Venise parmi les gondoliers. Son nom vient du Frioul dont les habitants s'appellent *Forlans*. (1) Le ballet des *Heures* au 3e acte, est plus important et, comme nous l'avons dit, les directeurs de la Monnaie lui ont donné un cadre de mise en scène suffisant pour assurer à lui seul tout le succès de *Gioconda*.

On va voir les décors pittoresques et d'une vérité poussée jusqu'au scrupule qui montrent Venise sous ses aspects les plus caractéristiques : la cour du *Palazzo ducale*, avec l'escalier des Géants, fidèlement reproduite et parfaite de réalisme; un effet de nuit au bord de la lagune; l'intérieur de la *Ca doro*, et la salle des fêtes étincelante, décorée de peintures murales, avec sa galerie du fond ouvrant sur le grand canal; enfin, au dernier acte une vue, dans l'éloignement de la *Piasetta* de Saint-Marc, illuminée, faisant illusion.   E. E.

Théâtres & Concerts

PARIS

L'OPÉRA-COMIQUE.

Voici M. Paravey nommé... C'est sans doute le choix le moins mauvais qu'on pût faire. Il faut souhaiter que M. Paravey se rende un compte exact de la direction... A-t-il un plan arrêté, et, s'il en a un, le suivra-t-il? A-t-il conscience des difficultés de sa tâche?... A toutes ces questions je n'oserais répondre affirmativement. Evidemment, il ne lui suffit pas de donner le *Roi d'Ys* (2), cette œuvre déjà ancienne de M. Lalo, ni les *Pêcheurs de Perles* de Bizet, pour se tirer d'affaire en cette occurrence.

Si les gens qui, l'été dernier, ont commis l'énorme bêtise de se mettre en travers de la tentative théâtrale de M. Lamoureux, étaient tant soit peu intelligents, ils devraient joliment se mordre les doigts en ce moment, et regretter amèrement d'avoir réussi à faire avorter une entreprise si nécessaire; mais voilà, s'ils étaient intelligents, ils n'auraient pas à se reprocher maintenant leur hostilité, car ils n'auraient pas commis alors cette lourde faute. Il y a donc des raisons pour douter qu'ils mesurent actuellement toute l'étendue de leur maladresse, quelque cher qu'elle leur coûte à eux-mêmes.

C'est grâce à eux que le bilan de l'année 1887 est aussi déplorable, tellement déplorable que j'aime mieux n'y pas insister; la revue d'ailleurs serait bientôt faite.

Je ne puis que former un vœu en cette semaine de vœux; c'est que l'année 1888 soit mieux remplie que la précédente, moins tristement stérile au point de vue musical. A ce vœu je joins mes meilleurs souhaits à l'adresse des lecteurs du *Guide*, qui me font l'honneur de prêter quelque attention à ces comptes-rendus rapides et sincères de chaque semaine.

MUSIQUE DE CHAMBRE.

J'ai un petit arriéré de concerts à liquider. La fin du mois de décembre, la dernière semaine notamment, a été signalée par la réouverture de plusieurs sociétés de musique de chambre. A côté de la *Trompette* et des séances du quatuor Lefort à la Société de Géographie, je mentionnerai spécialement la *Société nationale*, dont le premier programme était bien composé et vraiment intéressant. Après le 12e quatuor (op. 227) de Beethoven, admirablement rendu, surtout l'*Adagio cantabile*, par MM. Rémy, Parent, Van Waffelghem et Delsart, M. Soulacroix a chanté avec beaucoup de chaleur et d'énergie trois des plus charmantes mélodies de Gabriel Fauré. L'intérêt de ce concert de début était surtout dans la première audition de la *Sonate pour piano et violon* de César Franck, œuvre magistrale que le

(1) J. Rousseau. — *Dictionnaire de musique.*
(2) Et non le *Roi X*, comme l'écrivait ingénûment le « reporter » d'un journal du matin.

public bruxellois a entendu magistralement interpréter par Eugène Ysaye, et dont il a eu la primeur l'hiver dernier; avec plus de grâce et moins d'éclat que son éminent confrère, M. Rémy, a su se maintenir à la hauteur de sa tâche, surtout dans les deux derniers morceaux, où Mᵐᵉ Bordes-Pêne l'a secondé à merveille. La très remarquable pianiste nous a donné une exquise interprétation de la *Valse en si majeur* de M. Vincent d'Indy et de deux pièces de M. Chabrier; avec M. Messager, elle nous a fait connaître la réduction à quatre mains d'une œuvre très colorée et fort peu connue de Liszt, *Méphisto-Valse* (d'après Lenau). Cette fantaisie endiablée, c'est le mot, terminait bien un concert qui a produit le meilleur effet.

Une séance de musique russe a été donnée le mercredi 21 décembre au Cercle Saint-Simon; elle avait été organisée par les soins de Mᵐᵉ Viardot et de M. Julien Tiersot. Je dois dire que ce qu'il y a eu de plus russe en cette soirée, c'a été la présence de l'ambassadeur de Russie, M. de Mohrenheim. Trop de Rubinstein et de Tschaïkowsky, ces compositeurs « cosmopolites », ainsi que les appelle avec raison M. Tiersot. En l'appelant le « Vogüé de la musique russe », l'ambassadeur lui a fait crédit pour l'avenir; car M. Tiersot ne nous a pas fait connaître encore les équivalents musicaux des Tolstoï et des Dostoïewsky. La petite conférence faite par lui, avant le concert, sur la musique russe était d'ailleurs fort substantielle dans sa concision; en quelques lignes d'une remarquable justesse, il a su caractériser nettement chacun des principaux compositeurs russes. Les trois morceaux les plus spécialement nationaux du programme étaient l'exubérante *Fantaisie orientale* de Balakireff, *Islamey*, vaillamment abordée par M. Diémer, le pianiste sans peur et sans reproche; la *Princesse endormie*, poétique mélodie de Borodine, et surtout une délicieuse · pastorale hébraïque de Rimsky-Korsakoff : « Lève-toi, descends, le jour paraît et je t'attends, ô ma beauté! Lève-toi, ma colombe!.. La prairie se couvre de fleurs. Chut! on entend gémir la tourterelle; la brise apporte de doux arômes, la plaine est en fleurs... Lève-toi, descends... La demeure est inaccessible, un mur de pierre l'entoure. Sors, ma colombe, laisse-moi entendre ta voix. Ton regard est brillant, ta voix est douce, tu es belle, tu es l'âme de mon âme. » Il y a là comme un ressouvenir du *Cantique des Cantiques*; la musique et l'accompagnement exhalent un parfum agreste d'une fraîcheur pénétrante; Mᵐᵉ Viardot, avec son talent exquis, Mᵐᵉ Montégu-Montiber, avec sa diction intelligente et des belles notes graves, ont accompagné et chanté de façon à causer le plus vif plaisir. M. Tiersot peut se hasarder maintenant à nous donner des programmes de musique russe plus corsés, et d'une saveur plus spéciale; d'après les nombreuses réflexions que j'ai recueillies l'autre jour autour de moi, son auditoire ne s'en plaindra pas, au contraire.

A mentionner, au dernier concert Lamoureux, la première audition d'une ouverture d'*Hernani*, de M. A. Duvernoy : beaucoup de recherche descriptive, style et orchestration hachés et inégaux, trop de fragments juxtaposés, trop de mosaïque, et pas assez de corps dans les idées, sinon de cors dans l'instrumentation, comme on pouvait s'y attendre; effet médiocre, ni hostilité ni surtout d'enthousiasme dans l'accueil. Au même concert, merveilleuse exécution du merveilleux *Concerto en si bémol* de Hændel, pour deux hautbois et orchestre d'instruments à cordes.

A la troisième séance donnée par la Société du *Théâtre Libre* dans l'agréable salle du quartier Montparnasse, on a beaucoup remarqué un joli chœur de M. Paul Vidal (chœur de fées à plus de quatre parties) dans la ravissante comédie en un acte et en vers, de M. Théodore de Banville, *le Baiser*.

J'ai encore à citer quelques salons où l'on fait du Wagner en ce moment. On prépare chez Mᵐᵉ Henriette Fuchs une deuxième audition de la scène des Filles fleurs de *Parsifal* (la première a eu lieu l'an dernier avec un grand succès, tel qu'on a bissé cette longue pièce de musique); on travaille aussi avec beaucoup de zèle à la prochaine audition de la *Passion* de Bach.

Chez Mᵐᵉ la comtesse de Chambrun, M. Maurice Bagès chante avec Mᵐᵉ Hellmann le duo de la *Walküre*, et d'un artiste envierait le talent de ces amateurs; M. Bagès se hasarde même à donner la scène du Vaisseau au troisième acte de *Tristan*, et l'entrée de Parsifal au temple du Graal à la fin de *Parsifal*. Tout un monde de fidèles de Bayreuth.

Un mot, pour finir, sur le nouvel Album du *Gaulois*. Il y a deux ans, c'était un recueil de mélodies; cette fois, c'est un Album de danses, au nombre de trente six, accompagnées du portrait et d'un autographe des auteurs, et précédées de notices où le talent de chacun d'eux est brièvement caractérisé. Ce recueil est édité par la maison Heugel avec un luxe typographique et un goût d'ornementation plus grands encore que dans le précédent, qui déjà était fort réussi. Parmi les trente-six morceaux, je signalerai en passant la *Pavane avec chœurs* de M. Gabriel Fauré, la *Danse lente* de M. César Franck, la fantaisie descriptive du prince de Polignac d'après un passage de la *Salammbô* de Flaubert, un *Passepied* de M. André Messager, une *Montagnarde* pour flûte, violon et piano, de M. Camille Benoît. On y regrette l'absence de MM. Chabrier, Edouard Lalo, Vincent d'Indy.

BALTHAZAR CLAES.

BRUXELLES

Jeudi dernier il y a eu au Cercle artistique une soirée de musique de chambre dans laquelle M. Martin Lazare, le compositeur bien connu, a fait entendre plusieurs œuvres de sa façon. Notons tout d'abord un trio intéressant, dont les idées sont clairement exposées et ne manquent ni de charme ni de distinction.

L'exécution magistralement conduite par l'auteur secondé de MM. Colyns et Hollman, a été superbe. M. Martin Lazare, nous a encore fait entendre une autre de ses compositions pour piano seul : *Introduction et Presto*, morceau de virtuosité mais aussi de science. C'est là une des grandes qualités de M. Martin Lazare d'unir et le fond et la forme; excellent pianiste, il a enlevé avec un rare brio ce morceau difficile.

M. Jos. Hollman a joué avec une grande sagesse et une belle sonorité un *Prélude* de Corelli, un *Aria* de Schumann, transcrit par lui pour violoncelle, le *Schlummerlied* du même enfin une *Gavotte* et une *Mazurka* de sa composition. Tous ces morceaux M. Hollman les a interprétés en maître du violoncelle.

M. Colyns également s'est fait entendre comme soliste dans un andante de Spohr et une *Valse* de de Bériot, admirablement écrite pour l'instrument.

La chanteuse du concert était Mˡˡᵉ Pirotte, une élève de M. Théophile Vercken de Liège. Cette jeune cantatrice a une jolie voix, très étendue et d'un timbre agréable. Elle en tire bon parti, quoique son éducation vocale soit encore bien incomplète. Le son est bien posé, mais la diction manque de netteté comme aussi la vocalisation.

Nouvelles du théâtre de la Monnaie :

Mᵐᵉ Rose Caron vient de signer un engagement avec MM. Dupont et Lapissida, pour venir créer le rôle de Laurence dans le *Jocelyn* de M. Benjamin Godard, qui passera dans le courant de février.

M. Capoul, le célèbre ténorino, qui est l'un des auteurs du livret, vient d'arriver à Bruxelles pour suivre les répétitions.

MM. Engel, Séguin et Mˡˡᵉ Van Besten seront les autres créateurs du nouvel opéra.

En même temps à peu près que le *Jocelyn*, le théâtre de la Monnaie montera le *Fidelio* de Beethoven, version nouvelle de M. Antheunis, avec des récitatifs de M. F. A. Gevaert. Ce sera Mᵐᵉ Martini qui chantera le rôle de Léonore.

Ajoutons qu'après *Sylvia*, le ballet de Léo Delibes, il est question de monter la *Namouna* de M. Edouard Lalo.

GAND.

GRAND-THÉÂTRE. — Mardi 27 décembre 1887, *la Juive*; mercredi 28, *Carmen*, vendredi 30, *Bonsoir voisin et les Pêcheurs de perles*; dimanche 1ᵉʳ Janvier 1888, *Bonsoir M. Pantalon et Faust*; lundi 2, le *Prophète*.

A part la représentation de *la Juive*, avec la nouvelle basse, M. Bourgeois, qui se fait de plus en plus apprécier, il n'y avait d'intéressant cette semaine, que la reprise du *Prophète*. Elle a été fort satisfaisante et a fait applaudir Mᵐᵉ Laville-Ferminet qui tenait le rôle de Fidès, M. Merrit qui tenait celui de Zacharie, et M. Bourgeois qu'on remarquait dans le personnage accessoire de Zacharie. Grand succès aussi pour la mise en scène réglée par M. Van Hamme avec talent et luxe, selon son habitude.

Le Concert annuel organisé par la Société royale des *Ouvriers réunis* au profit des Crèches de la ville et de l'Œuvre des mères de famille, aura lieu le samedi 14 courant, avec le concours de Mᵐᵉ Landoury et de M. Fontaine.

P. B.

LIÉGE.

A l'Émulation deux soirées, la semaine dernière : d'abord une séance Schumann lundi, puis, vendredi, le concert des *Amateurs*.

A la première de ces soirées, s'est produit M. Heuschling dont on connaît l'intelligente diction trahie parfois par une voix fatiguée ou insuffisante. Comme à Bruxelles il a chanté avec succès plusieurs poèmes et mélodies. Une dame amateur... très amateur de notre ville, en a dit d'autres; un quatuor d'archets si bien ni mal comme composition et exécution, une sonate pour piano et violon, mieux à ces deux points de vue, complétaient le programme avec des chœurs, dont un joli, *les Bohémiens*, chantés par le Cercle choral qui n'a encore présenté rien de sérieux, cet hiver, réservant sans doute ses forces pour l'exécution prochaine de *Samson et Dalila*.

Vendredi, *les Amateurs* ont enlevé avec fougue l'allegro de la quatrième symphonie de Mozart; l'andante et le finale ont marché moins bien. A présent que les séances des *Amateurs* sont assurée de la sympathie du public, M. Dossin, leur directeur, devrait songer à s'adjoindre, pour compléter son orchestre, un petit groupe d'instruments à vent, suffisant pour le répertoire Haydn-Mozart où il se complait avec raison. Il pourrait ainsi se créer une situation spéciale, certain du succès, en organisant des concerts classiques, ce qui manque à Liège. Du même coup, il serait dispensé de donner, sous prétexte de variété, des transcriptions du *Roi de Lahore* et des romances sentimentales comme celles qu'a chantées sentimentalement M. Mercier, lauréat du Conservatoire.

Un pianiste qui ne s'était pas produit depuis quelque temps, M. Duyzings, a fait une rentrée à sensation. Dans la *Fantaisie Hongroise* de Liszt et la *Rhapsodie d'Auvergne* de Saint-Saëns, il a fait preuve de grandes qualités de mécanisme et, ce qui plus est, de musicien. Trop d'exubérance dans le toucher, cependant; la puissance poussée à ce degré côtoie la rudesse. J'aurai du reste à revenir au sujet de M. Duyzings à propos de la séance à deux pianos qu'il donnera bientôt avec M. Debefve.

Au Conservatoire, le prochain concert, est fixé au 14 courant: une symphonie de Tschaïkowsky, des fragments symphoniques de l'*Orphée* de Gluck et le concours du pianiste d'Albert.

OSTENDE.

L'Académie de musique a donné dimanche, dans la petite, trop petite salle, du Casino, son premier concert d'hiver, et ce concert a été un nouveau succès pour le personnel enseignant et pour les élèves de l'institution, car le programme était très attrayant et son exécution a été parfaite. Les deux morceaux d'orchestre : l'ouverture des *Noces de Figaro* et l'allegretto de la deuxième symphonie de Haydn, ont été rendus avec une grande entente des nuances. — La *Marche aux Flambeaux* de Meyerbeer, jouée par MM. Dutrieu et Provoost, a prouvé l'excellence du cours de piano, donné par M. le directeur Michel. La *Méditation* de Gounod sur le prélude de J. S. Bach, jouée par les plus jeunes élèves des classes de piano, d'harmonium, de violon et de violoncelle, a été blissée avec raison; c'était charmant de voir ces enfants jouer avec une justesse et une correction parfaites, et nous pouvons, ici encore, féliciter sans réserve MM. Limbor, Mackea et Van Acker des beaux résultats auxquels nous avons été heureux d'applaudir.

La section chorale a chanté trois chœurs avec accompagnement de grand orchestre; le *Farandole* de Lacome; *Sur l'Onde*, une barcarolle de Billema; enfin le *Renouveau*, œuvre nouvelle du directeur M. Michel, sur des paroles de M. Bosson, musique remplie de fraîcheur, qui, grâce à une exécution irréprochable, a obtenu un bruyant succès. L'orchestration est d'une nouveauté et en même temps d'une discrétion très séduisantes. Très bien écrit pour deux voix de soprano, ce joli chœur deviendra bientôt populaire et fera partie, nous n'en doutons pas, du répertoire de toutes les écoles de musique.

Nouvelles diverses.

Les Marseillais ont quelque peine à obtenir une troupe convenable de grand opéra, soit qu'ils se montrent trop difficiles sur le choix des artistes qui leur ont été présentés, soit qu'en effet le directeur, M. Roudil, n'ait pas eu la main heureuse. Quoi qu'il en soit, c'est un chassé croisé interminable d'artistes reçus, puis résiliés, et l'on considère la saison du Grand-Théâtre comme perdue. Il paraît qu'en présence du mécontentement manifeste du public, la commission municipale s'est décidée à envoyer à M. Roudil une lettre comminatoire pour le rappeler à l'observation du cahier des charges.

La pluie traditionnelle des décorations dont le jour de l'An est l'occasion, en France, a touché cette année un nombre respectable d'artistes musiciens et critiques d'art. Nous remarquons parmi les officiers de l'Instruction publique, le baryton Faure, le compositeur Emile Pessard; M. Gabriel Fauré, dont les compositions de musique de chambre sont si estimées; M. Mackar, l'éditeur de musique, MM. F. Schlosser et Rubin, professeurs de musique; parmi les officiers d'Académie : M. Charles de Bériot, le pianiste bien connu; MM. de la Tombelle et de Wenzel, compositeurs; M. Bouichère, professeur à l'Ecole Niedermayer; M. Michelot, compositeur; M. Claments, répétiteur des chœurs à l'Opéra; Cantié, artiste musicien-soliste de la Société des concerts du Conservatoire; le violon-

celliste Hollman; M. Poiré, critique dramatique; M. Paul Burani, l'auteur dramatique; M. Albert Soubies, l'auteur d'un beau livre sur Wagner; M. Bouvret, directeur du *Journal des Artistes*; Debat-Ponsan, professeur au Conservatoire de Toulouse; M. Georges Capelle, publiciste, etc., etc.

Carl Millocker, l'infatigable maestro viennois, vient de donner au Théâtre de Friedrich-Wilhelmstadt à Berlin une nouvelle pièce de sa façon : les *Sept Souabes*. Ce n'est pas une opérette, ni un opéra comique. L'auteur le dénomme opéra populaire. Le succès a été énorme et le maestro qui était à Berlin depuis quelques jours pour les dernières répétitions et qui était au pupitre le soir de la première, a été acclamé par le public et rappelé plusieurs fois. On dit le livret très amusant. C'est le 22 décembre dernier que cette première a eu lieu à Berlin.

Autrefois c'était l'Europe qui envoyait à l'Amérique ses artistes, ses instrumentistes et ses orchestres. Voici la revanche de l'Amérique qui commence : c'est d'elle maintenant que l'Europe va devenir tributaire. On annonce que le fameux chef d'orchestre Théodore Thomas songe à faire l'été prochain avec tout son orchestre une tournée en Europe. Il donnera des concerts à Londres, Hambourg, Berlin, Francfort, Munich et Vienne.

Le théâtre du Strand, à Londres, répète, pour être joué vers le 15 janvier, un opéra-comique inédit en trois actes, de MM. Maurice Ordonneau et Arthur Verneuil, musique de M. Gustave Michiels, l'auteur bien connu des Czardas sur des airs nationaux hongrois et de tant d'autres ouvrages à grand succès publiés par la maison Schott frères.

La pièce, intitulée *Babette*, a été traduite et adaptée pour la scène anglaise par MM. A. Murray et J. Mosenthal.

Les principaux rôles seront créés par Mme Lydia Thompson et la charmante miss Violette Cameron, la créatrice de *Rip*.

L'Opéra Royal de Pesth tient un gros succès avec le *Manfred* de lord Byron, traduit par M. Emile Abrany et qui se donne en ce moment avec la délicieuse musique de Schumann. La pièce est jouée avec le concours des principaux artistes du Théâtre National et de l'Opéra Royal. M. Emeric Nagy est un Manfred très poétique et à la première représentation il a été rappelé *vingt-cinq fois*. Les artistes de l'Opéra ont fait valoir toutes les beautés de la musique de Schumann. Aussi les représentations très curieuses du *Manfred* ont-elles lieu devant des salles fort bien garnies.

Deux incendies à signaler cette semaine :

A Londres, le grand théâtre d'Islington a été complètement détruit dans la soirée du 30 décembre. Heureusement il n'y a pas eu de victimes le feu ayant pris après la représentation.

A Anvers, le théâtre de l'Alhambra, sorte d'Eden, café-concert, magnifiquement décoré, a été la proie des flammes dans la nuit du 1er au 2 janvier. Comme il n'y avait pas représentation, personne ne se trouvait au théâtre, à l'exception du concierge et de ses enfants, qui ont pu se sauver sans difficulté. Le théâtre et une maison voisine ont été complètement brûlés.

M. Alfred Vivien, directeur de l'Ecole de musique de Namur, est allé récemment se faire entendre à Boulogne-sur-Mer, dans un concert de la Société chorale et symphonique des Concerts populaires. Un critique local s'exprime ainsi à son sujet :

« Je vais passer pour un imbécile, un exagéré, tant pis, je n'en suis pas moins décidé à dire que Vivien est un des plus grands violonistes de notre époque. Il a beau être allé s'enfouir à Namur, dans une petite ville de la Belgique, il ne cesse pas pour cela d'être ce qu'il est un artiste étonnant, extraordinaire. Mercredi, il a tout simplement émerveillé son auditoire. Quelle force! Je voudrais bien voir Sivori, de si grande force! à côté de Vivien, essayant de jouer ce qu'il nous a fait entendre. »

VARIÉTÉS

ÉPHÉMÉRIDES MUSICALES

Le 6 janvier 1838, à Cologne, naissance de Max Bruch. Un des compositeurs les mieux doués de notre temps. Ses œuvres comprennent les genres les plus variés : opéras, symphonies, cantates, quatuors, chœurs pour voix d'hommes, morceaux pour piano, un concerto de violon que nos virtuoses affectionnent plus particulièrement. Sarasate, entre autres, le joue avec une maestria superbe.

— Le 7 janvier 1884, à Bruxelles, *Sigurd*, 4 actes d'Ernest Reyer.
— Artistes : Jourdain, Devriès, Gresse, Renaud, Mmes Caron, Deschamps, etc.

L'œuvre, repoussée dans la patrie de l'auteur, avait trouvé un asile à Bruxelles; le succès qu'elle obtint sur la scène de la Monnaie, finit par lui ouvrir les portes du grand temple parisien (12 juin 1885).

Dernière reprise à Bruxelles (7 janvier 1887), avec Cossira, Seguin, Bourgeois, Renaud, Mmes Litvinne, Martini, Balensi, etc. En tout, sept représentations. Succès épuisé. L'œuvre préférée de Reyer sera toujours sa *Statue*.

— Le 8 janvier 1820, à Londres (King's theatre), *la Cenerentola* de Rossini, la partition en partie mutilée; elle reparut, avec texte anglais, et sous le titre de *Cinderella* à Covent-Garden, le 13 avril 1830, mais plutôt comme un pastiche d'autres œuvres du maître italien, telles que *Armida*, *Maometto* et *Guillaume Tell*. Nous n'avons pas d'adaptation « meilleure » dit George Grove.

La Cenerentola: à Rome, 1817; à Vienne, 15 novembre 1821; à Paris, 8 juin 1822.

— Le 9 janvier 1870, à Bruxelles (théâtre de la Monnaie) *le Chien du jardinier*, un acte d'Albert Grisar. — Reprises: 27 novembre 1874 et 19 septembre 1887. Le théâtre du Parc (3 mars 1860) nous avait déjà fait connaître cette charmante partition qui, transportée sur les scènes allemandes, y est fort goûtée, notamment à l'Opéra impérial de Vienne (18 février 1884), où *der Hund des Gaertners* a pris sa place, à côté de *Bonsoir Monsieur-Pantalon* que l'on joue à ce même théâtre depuis le 8 avril 1882. Dans le cours du mois de novembre dernier, *Gute Nacht Herr Pantalon* de Grisar a été trois fois sur l'affiche du théâtre de Pesth. Grisar est le seul belge parmi les compositeurs modernes dont les œuvres dramatiques soient connues chez nos voisins du Nord.

Le Chien du jardinier: à Paris, 26 janvier 1855; à Liège, 7 octobre 1855; à Anvers, 6 février 1856.

— Le 10 janvier 1833, à Paris (Italiens) *I Capuletti e i Montecchi*, 3 actes de Bellini.

Les deux sœurs Giuditta et Giulietta Grisi, dont les débuts étaient encore tout récents, en remplissaient les deux principaux rôles; Rubini chantait celui de Tebaldo. Malgré ce double attrait, l'ouvrage n'eut qu'un pâle succès. Le troisième acte avait paru d'une nullité désespérante, et l'on ne tarda pas à y substituer celui de Vaccaï, lequel demeura en possession de conduire le drame lyrique. Bellini n'avait pas écrit d'ouverture; mais on chargea Marliani d'en composer une, il écrivit aussi le premier air de la prima-donna. Voilà de quelles pièces et de quels morceaux s'était formée cette partition, rivale posthume des partitions célèbres de Steibelt et de Zingarelli sur le texte emprunté à Shakespeare, qui lui-même l'avait emprunté à d'autres.

Dernière reprise, aux Italiens, 1er novembre 1849, avec Flavio, Majeski, Pisani, Mme Persiani et d'Angri.

Dates des premières : à Venise, théâtre d'origine, 12 mars 1830; à Londres, 20 juillet 1833; à Vienne, 1er décembre 1832; à Gand, par une troupe allemande, 1839, et la traduction G. Oppelt, 1846; à Liège, par la même troupe allemande où brillait Sabine Heinefetter, 22 mai 1839; à Anvers, traduction G. Oppelt, 5 janvier 1851.

— Le 11 janvier 1878, à Bruxelles *Cinq-Mars*, 4 actes de Gounod.
— Artistes : Tournié, Devoyod, Guillen, Queyrel, Dauphin, Mme Fursch-Madier, Hamaekers. L'ouvrage réussit grâce à la musique.

A Paris (5 avril 1877), le théâtre de l'Opéra-Comique avait fait un accueil assez froid à cette partition qui se ressentait de l'extrême hâte qu'y avait mise Gounod.

A Liège, 10 janvier 1878.

— Le 12 janvier 1868, à Paris, Mme Robert Schumann se fait entendre pour la première fois aux Concerts populaires. Elle joue le beau concerto de son mari, en outre deux autres morceaux : *Au soir* et le *Traumes-Wirrch* (op. 12), enfin le scherzo en *si* mineur de Chopin. « Jamais, il faut le dire, Mme Schumann n'a paru ici avec plus d'éclat, et n'a fait goûter à un auditoire attentif et enthousiaste une série de jouissances dont le souvenir ne s'effacera pas. » (Edmond Vander Straeten, *Echo du Parlement*.)

BIBLIOGRAPHIE

Annuaire du Conservatoire Royal de musique de Bruxelles. — Bruxelles, C. Merzbach et Falk, éditeurs. Gand, Hoste. — Le onzième volume de cette intéressante collection d'annuaires vient de paraître. Il est orné d'un portrait de F. Chiaromonte. Outre les renseignements habituels sur le personnel enseignant, les élèves, la bibliothèque, les concerts du Conservatoire, etc., il contient la traduction de l'important rapport présenté par Richard Wagner en 1865 à Louis II de Bavière *sur la fondation d'une école allemande de musique*

à Munich. (Traduction de M. Emile Guillaume.) On lira avec intérêt cet important document qui est à la fois une œuvre de polémique contre l'organisation des conservatoires de l'époque où cet écrit parut, et un exposé des principes où le maître de Bayreuth développe des idées neuves et profondes sur l'enseignement de l'art et le rôle qu'il assigne aux écoles de musique. Plus d'une des idées de Wagner se trouve en fait appliquée au Conservatoire de Bruxelles. C'est du reste, un fait intéressant de voir la direction du Conservatoire de Bruxelles marquer de plus en plus les réformes réformatrices et rénovatrices. En plus d'une occasion nous avons rendu hommage à l'esprit élevé et toujours très artistique que l'éminent directeur du Conservatoire apporte dans ses fonctions. Le simple fait de la publication du Rapport de Wagner dans l'*Annuaire* est, à cet égard, tout à fait significatif. C'est probablement la première fois qu'en Europe, une publication officielle reproduit, en y appelant l'attention, les idées pédagogiques jusqu'ici si mal comprises et si mal appréciées du maître de Bayreuth.   M. K.

La maison Schott vient de publier l'*Hymne à l'amour*, musique de M. Auguste Dupont, paroles de M. Lucien Solvay, exécuté dernièrement, avec un très franc succès, au concert de l'*Orphéon* bruxellois.

M. Edmond Cattier, le mordant critique de la *Gazette*, apprécie l'œuvre en ces termes :

Le poème, bien coupé, d'accents variés, est construit sur une idée généreuse; il montre, en vers qui ont de la sonorité et de l'harmonie, l'amour sortant du néant avec la lumière et célébré par les hommes de la terre.

Auguste Dupont a habillé de musique bien venue, bien écrite, qui a du caractère et de l'allure; et, ce qui est digne, particulièrement, d'attirer l'attention, c'est que, dans cette composition, l'excellent musicien, aidé d'ailleurs de son librettiste, a rompu très courageusement avec les déplorables traditions orphéoniques; — qu'il s'est gardé d'introduire dans ce chœur les tours de force vocaux, les imitations de bruits de la nature, les oppositions grossières, les ouragans, les prières, les morceaux d'actions de grâces et toutes les vieilles ficelles du répertoire de nos sociétés chorales ; il s'est appliqué surtout à trouver des idées musicales et il y a réussi. L'*Hymne à l'amour*, remarquablement exécuté, a obtenu un gros succès.

La *Nation* a écrit ceci :

Ce n'est pas un chœur banal, fait des fioritures, de difficultés ridicules mais une page de bonne musique, écrite d'après les traditions des anciens maîtres et dont la difficulté d'interprétation réside surtout dans l'observation délicate des nuances.

L'exécution a été superbe et l'effet produit admirable.

Signalons l'apparition prochaine d'un important ouvrage théorique de Ch. Thielemans, organiste à notre Dame de Guingamp. La *semaine religieuse* consacre ces quelques lignes à cet ouvrage qui est intitulé : *Nouveau traité d'Harmonie fondamentale, considérée au point de vue théorique et pratique, et ramenée au système de l'apomécométrie des sons*. Il comprend trois parties : la première renferme des considérations générales sur l'harmonie; la seconde est consacrée à une étude approfondie de l'Harmonie fondamentale; la troisième s'occupe de l'apoméométrie des sons.

Prix : 30 francs. A l'occasion du jour de l'An une remise de 30 o/o sera faite à tout acheteur jusqu'à fin février. Ajouter 1 franc pour le port. Dépôt chez P. Schott, éditeur à Paris.

Il. TEATRO ILLUSTRATO (Milan, Sonzogno), livraison de décembre finissant la 7me année de cette belle publication.

Illustration avec texte: *Charles VI* d'Halévy, au théâtre dal Verme à Milan; le centenaire de *Don Juan* de Mozart à l'Opéra de Paris; *la Souris*, comédie de Pailleron, à la Comédie-Française; *le Père*, de Glouvert, au théâtre du Vaudeville.

Texte : Benjamin Godard par Mazzucato; du chant sur la terre, du beau chant; théâtres de Milan (*Charles VI*), de Paris, de Monaco, de Vienne, de Berlin, de Nice (*le Comte de Gläichen et les Pêcheurs de Perles*), de Turin (*Salammbô*), de Rome (*Carmen*), bibliographie, nécrologie, etc.

Musique: deux morceaux de *Charles VI*.

AVIS ET COMMUNICATIONS

Le dimanche, 8 janvier, à 1 1/2 heure, au Théâtre royal de la Monnaie, deuxième concert populaire d'abonnement, avec le concours du pianiste Eugène d'Albert. Programme: 1. Symphonie n° 4 (si bémol) (Beethoven). — 2. Concerto en *mi* (piano et orchestre). (Beethoven). — 3. Entrée des Dieux dans le Walhalla (R. Wagner). — 4. Morceaux de piano (Eug. d'Albert). — 5. Suite d'orchestre extraite du ballet *Namouna* (1re exécution) (Ed. Lalo).
La répétition générale aura lieu le samedi 7 janvier, à 2 1/2 heures, dans la salle de la Grande-Harmonie.
Pour les demandes de places, s'adresser chez MM. Schott, frères, 82, Montagne de la Cour, Bruxelles.

L'administration des *Concerts d'hiver* nous prie de vouloir bien informer le public que, disant éviter, même au prix d'un sacrifice, toute coïncidence de ses concerts avec les Concerts populaires, elle remet au dimanche 15 janvier 1888, le quatrième concert fixé, par circulaire générale, au 8 janvier; et remet au dimanche 22 janvier, le cinquième concert fixé par la même circulaire, pour le 15 janvier. Le sixième concert reste fixé au 29 janvier.

LA VALKYRIE

DE

RICHARD WAGNER

Version française de Victor Wilder

MONOLOGUE de SIEGMOUND (ténor)   Frcs.

Nr. 1.   O glai.ve promis par mon pè.re   5.—

CHANT D'AMOUR de SIEGMOUND (ténor)

Nr. 2.   L'ombre fuit, les astres du ciel immen.se   5.—

CHANT D'AMOUR de SIEGMOUND (baryton)

Nr. 2bis   L'ombre fuit, les astres du ciel immen.se   5.—

SCÈNE de SIEGMOUND et BRUNNHILDE (ténor et soprano)

Nr. 3.   Siegmound, regar.de moi!   10.—

SCÈNE de BRUNNHILDE et WOTAN (soprano et basse)

Nr. 4.   Ai.je commis un forfait si hon.teux,   15.—

LES ADIEUX de WOTAN (basse)

Nr. 4bis   A.dieu! vaillante, no.ble enfant!   6.—

Propriété pour tous pays.

PARIS, P. SCHOTT.

19, Boulevard Montmartre

Londres, Schott & Cⁱᵉ.   Mayence, B.Schott's Söhne.   Bruxelles, Schott frères.

LA VALKYRIE

Poëme et Musique
de
Richard Wagner.

Version française
de
Victor Wilder.

CHANT D'AMOUR.

clair et pur,___ je vois s'ouvrir ses yeux d'a : zur.___ Un chaste a.rome, un frais par.

sempre pp

fum s'é. lè ve Des bois, remplis d'oiseaux vif. fleurs; Par.tout dé.jà le flot fé.con.

pp

dant de la sè . ve Fait jaillir des gerbes de fleurs. Prin.temps, a.vec sa grâ.ce

p

fiè. re et for . te, A terrassé l'hi.ver et les vents en courroux; C'est lui dont le souffle ouvrit cette

p   p   p

por_te Et renversa les ob_stacles jaloux, Qui le sé_pa_raient de nous.

cresc. *f* *f* *p* espressivo

Ped.

molto cresc.

A no___tre flam_me il al_lu___

piu *f* *ff* dim.

___me sa flam_me, L'a___mour

p

4

an _ _ ce,   Vain _ queur de l'ombre il tri _ om _ phe à son tour

Et dé _ sor _ mais   une é _ troite al _ li _ an _ _ ce U _ nit

le prin _ _ temps

à   l'a _ mour!

ŒUVRES DE RICHARD WAGNER
LA VALKYRIE
Partition pour Chant et Piano, Version française de Victor Wilder n. Frcs. 20.— Livret n. Frcs. 1.50

Piano à 2 mains.

	Frcs.			Frcs.
Partition format in 4° . . . . Net.	20.—	Heintz, A. Perles choisies.		
Prélude	4.—	1er Cahier. Premier acte	6.—
Grande fantaisie, avec texte explicatif en trois parties		2e „ Second acte	6.—
Chaque Net.	7.—	3e „ Troisième acte. . . .	7.50
La Chevauchée des Valkyries	6.—	— Chant d'amour et Duo de Siegmound et Sieglinde	6.—
Les Adieux de Wotan et l'Enchantement du feu .	6.—	Jaell, A. op. 121. Les Adieux de Wotan et l'Enchan-	
Beyer, F. Répertoire des jeunes Pianistes . . .	4.50	tement du feu	9.—
Brassin, L. Morceaux. Transcription libre.		Leitert, G. op. 27. Souvenir	4.50
No. 2. Chant d'amour de Siegmound . .	5.—	Rubinstein, Jos. Tableaux musicaux:	
„ 3. L'Enchantement du feu	6.—	1° Siegmound et Sieglinde	9.—
„ 4. La Chevauchée des Valkyries . .	9.—	2° La colère de Wotan, et les adieux à Brunnhilde	10.—
Cramer, H. Potpourri	6.—	Rupp, H. Chant d'amour de Siegmound. Transcription	4.50
— Morceaux faciles. No. 2	7.50	— Fantaisie	9.—
Gregoir, J. Transcription	6.—	Tausig, C. La Chevauchée des Valkyries . .	9.—
		— Chant d'amour de Siegmound	6 .—

Piano à 4 mains.

	Frcs.			Frcs.
Partition format in 4° . . . . Net.	25.—	Dörstling, Cl. Motifs. Arrangement facile	12.—
Prélude	6.—	Rubinstein, Jos. Tableaux musicaux:	
La Chevauchée des Valkyries	7.50	1° Siegmound et Sieglinde	15.—
Les Adieux de Wotan et l'Enchantement du feu .	5.—	2° La colère de Wotan, et les adieux à	
Beyer, F. Revue mélodique	6.—	Brunnhilde	12.—
Cramer, H. Potpourri	9.—	Rupp, H. Chant d'amour de Siegmound. Transcription	6.—
— Morceaux faciles. N° 2	9.—	Tausig, C. La Chevauchée des Valkyries	9.—

2 Pianos à 8 mains.
Les Adieux de Wotan et l'Enchantement du feu   Frs. 20.—

2 Pianos à 4 mains.
La Chevauchée des Valkyries . . . . . . Frcs. 9.—

Partitions pour Chant et Piano, Paroles françaises de Victor Wilder:

Les Maîtres Chanteurs de Nüremberg Net. Fr. 20   Siegfried . . . . Net. Frs. 20

Les deux Grenadiers, Ballade pour une voix avec acc. de Piano.

Compositions pour Chant et Piano de divers Auteurs.
Pour une voix.

	ℳ ₰		ℳ ₰
Kowalski, H. Perles de Rosée, Valse chantée . .	1.50	Sgambati, G. Canti.	
Lalo, E. 5 Chansons	3.—	1. Visione	1.25
Liszt, F. Tre Sonetti del Petrarca	2.50	2. Care Luci	1.25
Radoux, J. Th. Les Fileuses, Vieille chanson .	1.—	3. Tu sei proprio come un fiore .	1.—
Renaud, Alb. Les 2 Lapins, Simple Histoire .	—.75	4. Prière	1.25
Roskoff, P. Bébé s'endort, chansonnette . . .	—.50	Soller, A. La Rosa dei Sepolcri	—.75
Rupès, Georges. La Peryzadeh, Légende Persane.		— La Trovatella, Romanza con acc. di Violoncello e	
1. Pour Mezzo-Soprano ou Barytoh .	1.—	Piano	2.—
2. Pour Soprano ou Ténor	1.—	— Farfalla, Romanza	—.75
— Parle-moi d'amour, Mélodie.		Speyer, W. Les 3 Amis, Ballade	1.25
1. Pour Basse ou Contralto	1.—	Wouters, A. Les Soirs.	
2. Pour Bariton ou Mezzo-Soprano . . .	1.—	1. Soir d'Automne	1.25
3. Pour Ténor ou Soprano	1.—	2. Soir d'Hiver.	1.25
— Te souviens-tu? Mélodie.		3. Soir de Printemps . . .	2.—
1. Pour Baryton ou Mezzo-Soprano . . .	1.—	4. Soir d'Eté	2.50
2. Pour Ténor ou Soprano	1.—		

PARIS,
P. SCHOTT.

LONDRES,	SYDNEY,	MAYENCE,	BRUXELLES,
SCHOTT & Co.	SCHOTT & Co.	B. SCHOTT's SÖHNE.	SCHOTT FRÈRES.

XXXIVe ANNÉE   12 janvier 1888   NUMÉRO 2

Le Guide Musical

Paraissant tous les jeudis.

ABONNEMENT.	SCHOTT FRÈRES, ÉDITEURS.	ANNONCES
FRANCE et BELGIQUE : Avec musique 25 francs.	Paris, Boulevard Montmartre, 19	S'adresser à l'Administration du Journal.
— Texte seul. . 10 —	Bruxelles, Montagne de la Cour, 82	On traite à forfait.
UNION POSTALE : 12 —		

A nos Lecteurs

Le **Guide musical** publie toutes les semaines un **SUPPLÉMENT MUSICAL**, comprenant un ou plusieurs morceaux de musique, choisis parmi les nouveautés à succès ou les œuvres célèbres des maîtres classiques.

L'abonnement au Guide musical avec supplément est de 25 francs par an.

L'abonné, outre le journal, recevra **42 morceaux** de musique, soigneusement tirés sur beau papier et formant à la fin de l'année un **Recueil** varié d'environ TROIS CENTS PAGES.

Une **liste** de nos **PRIMES** est encartée dans le présent numéro.

RICHARD WAGNER

ET

FRANZ LISZT

(Suite. — Voir le dernier numéro.)

Pendant les premiers temps du séjour de Wagner en Suisse, Liszt semblait redouter un peu les élucubrations politiques de celui-ci, non pas qu'elles lui fussent personnellement antipathiques ; ses relations avec Lamennais, avec George Sand, avec le père Enfantin, l'avaient depuis longtemps familiarisé avec les revendications sociales auxquelles Wagner semblait maintenant s'attacher ; et quoiqu'il n'en fût revenu, lui, elles n'étaient pas de nature à l'effaroucher. Mais il redoutait l'effet désastreux que les brochures de Wagner produiraient nécessairement à la petite cour de Weimar, et les difficultés qui en résulteraient le jour où il tenterait de monter une œuvre du compositeur exilé.

« Vous ne sauriez mieux faire que de prendre une bonne position dans la presse musicale, lui écrit-il (1) ; mais pardonnez-moi cette recommandation, arrangez-vous de façon à ne pas vous trouver forcément en inimitié avec telles choses et tels hommes qui vous barrent le chemin de vos succès et de votre gloire. Trève donc de lieux communs politiques, de galimatias socialistes, de colères personnelles, — mais bon courage, forte patience, et feu des quatre pieds, ce qui ne vous sera pas difficile avec les volcans que vous avez dans la cervelle. »

Homme du monde, diplomate habile, Liszt avait vu tout de suite ce qui manquait à Wagner, et son plus grand souci pendant longtemps fut d'assouplir cette nature volontaire, ce tempérament de fer qui montrait de redoutables aspérités.

Wagner, confiant en l'amitié clairvoyante de Liszt commence par tenir compte de la recommandation, mais la nature étant la plus forte, il s'oublie bientôt. Liszt se plaint de ses imprudences. Voilà Wagner tout près de se fâcher. Après tout, la situation était devenue intolérable à Dresde et il n'avait pas à regretter d'avoir cédé à un mouvement de cœur, à un mouvement purement humain, en pactisant avec les révolutionnaires.

Le trait est précieux à recueillir, car il nous montre un Wagner tout différent de celui que nous ont dépeint les critiques et la plupart des biographies. Au lieu d'un homme réfléchi, calculant ses actes, ses propos, délibérément agressif et vindicatif, nous voyons un être primesautier, sensible à l'excès, qui passait de l'extrême joie à l'extrême tristesse sans transition : une corde qui vibrait au moindre souffle. Étonnez-vous après cela du nombre incalculable de maladresses que cet homme a com-

(1) Lettre sans date, mais remontant à 1850. Nous citons le texte même de Liszt qui écrivait volontiers en français, ... un français parfois baroque, mais piquant en ses étrangetés exotiques.

mises dans sa vie, et des contradictions de conduite qui lui ont rendu l'existence si amère.

Presque au même moment où il plaide la parfaite légitimité de sa participation aux événements de 1849, il propose à Liszt d'intéresser à son sort les princes des petits et des grands duchés voisins de Weimar. Par Liszt il avait su l'admiration que la grande duchesse de Saxe Weimar avait pour son talent: il connaissait les goûts artistiques du duc de Saxe-Cobourg-Gotha: pourquoi ces princes ne lui feraient-ils pas une petite pension, à lui, proscrit, comme ils en faisaient à tant d'autres musiciens! L'idée parait si simple à Wagner qu'il y insiste par deux fois, poussé il est vrai, par l'extrême misère de sa condition. Lisez ce fragment de lettre datée du 14 octobre 1849:

« Cher ami, tu es le seul sur qui je puisse encore me reposer. Ne t'effraie pas! J'ai essayé de te délivrer du poids de mon unique espérance en toi, — je me suis adressé ailleurs, — mais en vain. Je n'ai rien appris de H. B. (Hector Berlioz?) dont tu m'as écrit, et j'en suis heureux : — Cher Liszt, laissons les épiciers hors du jeu, — une fois pour toutes! Ce sont des hommes, ils aiment peut-être l'art, — mais seulement jusqu'où le leur permettent *les affaires.*

» Dis-moi, toi! Conseille-moi, secours-moi. — Jusqu'ici ma femme et moi, nous nous sommes soutenus grâce aux avances d'un ami d'ici : à la fin d'octobre nous serons au bout de nos derniers florins, — et l'univers est là, magnifique, ouvert devant moi, sans que j'aie de quoi manger et me chauffer! — Pense à ce que tu pourrais faire pour moi, cher être princier! Trouve-moi quelqu'un qui m'achète mon *Lohengrin,* — trouve-moi quelqu'un qui me commande mon *Siegfried* : je le ferai *à bon compte!* — Si tu ne veux pas de mon projet d'une « ligue des princes », peut-être te trouvera-t-il quelques personnes qui s'uniront pour venir à mon aide, si c'est toi qui les y invites? Puis-je faire mettre dans les gazettes : « Je n'ai pas de quoi vivre. Qui m'aime, me donne? »—Je ne le puis à cause de ma femme qui mourrait de honte. O quelle misère de maintenir au monde un être tel que moi! — Si rien de tout cela, ne réussit, peut-être donneras-tu un concert « pour un artiste dans le malheur? » — Vois, cher Liszt, ce qu'il y a à faire, et surtout pense à m'envoyer bientôt un peu, — un peu d'argent : il me faut du bois et un paletot chaud, ma femme ne m'ayant pas apporté mon ancien, tant il était rapé! — Songes-y! »

Liszt, un peu durement, dissipe les illusions du pauvre exilé en ce qui concerne le *Fürstenbund,* la « Ligue des princes » intervenant en sa faveur. Lettre de diplomate, véritable épître d'homme d'Etat :

« Vous(1) n'ignorez pas que depuis les événements de Dresde l'Allemagne officielle n'est guère favorable à votre nom. Dresde, Berlin, Vienne, sont terraisà à peu près impossibles, pendant quelque temps du moins, pour vos ouvrages. Si, comme il y a quelque probabilité, je passe quelques jours à Berlin cet hiver, je tâcherai d'intéresser le roi à votre génie et à votre avenir; peut-être réussirai-je à vous le rendre favorable et à vous ménager ainsi une rentrée à Berlin, ce qui serait assurément votre meilleure. chance. Mais je n'ai pas besoin de vous dire combien une semblable dé, marche est délicate et combien il est malaisé de la mener à bonne fin. Quant au *Fürstenbund* dont vous me reparlez dans votre lettre, je dois malheureusement vous répéter, que je crois tout autant à la mythologie qu'à sa réalisation. »

Cet exposé ne laisse pas de place à la réplique; mais la fin de la lettre est plus encourageante et plus généreuse:

Tâches donc, mon cher ami, d'aller comme tu pourras jusqu'à Noël, — car ma bourse est parfaitement à sec cette moment..... Vers la fin de l'année je compte sur quelques rentrées d'argent, et je ne manquerai certainement pas de vous en faire parvenir dans la mesure très restreinte de mes moyens.....

(1) Dans les lettres que Liszt écrit en allemand, il tutoie Wagner; dans les lettres en français, et celle-ci est du nombre, il emploie toujours le « vous ». Dans quelques lettres, Liszt se sert alternativement des deux langues.

Il fait entrevoir, en outre, la possibilité de réserver pour Wagner une partie de la recette que produira un grand concert qu'il doit diriger prochainement à Hambourg et qui sera donné au bénéfice de la caisse des pensions des musiciens allemands. « Comptez bien en toutes circonstances sur mon amitié la plus admirative et la plus dévouée, » dit-il en terminant, non sans lui avoir proposé divers moyens de se créer des ressources. Ce dévouement de Liszt à Wagner n'est-il pas vraiment généreux et beau?

Mais tous les conseils, toutes les recommandations n'y faisaient rien! Wagner continuait à ne pas se dépêtrer. Et toujours suivant son rêve, n'entendant rien aux choses de la terre, il vivait de ses illusions.

(*A suivre.*)   MAURICE KUFFERATH.

VIOTTI
ET L'ÉCOLE MODERNE DE VIOLON
(Suite. — Voir le dernier numéro.)

Cette direction de l'Opéra, qui pendant tant d'années avait été l'objectif de Viotti, fut évidemment pour lui la cause d'un désenchantement cruel et d'un chagrin profond. Le public, qui ne voit guère des choses que leur côté extérieur, qui juge crument les faits par leur résultat immédiat, le public ne parut pas se rendre compte des difficultés énormes au milieu desquelles il se débattait, de la gravité de la situation que lui avaient faite l'abandon forcé de la salle de la rue de Richelieu, le déménagement qui en avait été la conséquence et l'installation provisoire de notre grande scène lyrique dans la salle trop exiguë du théâtre Favart. J'ai fait en sorte de rappeler les efforts intelligents prodigués par Viotti pour parer à toutes ces difficultés, pour sauver cette situation qu'il lui fallait subir sans l'avoir créée, et l'on a pu se convaincre que ni la vigueur, ni l'énergie ni le grand sentiment de l'art ne lui firent un instant défaut. La fatalité seule s'attachait à lui et semblait le poursuivre avec acharnement dans ces circonstances si hostiles au succès. Et pourtant, il était âgé de soixante-six ans lorsqu'il assuma cette lourde tâche de diriger cette scène si importante! Il n'en montra ni moins de courage ni moins d'activité dans l'accomplissement de cette tâche, il s'y dévoua tout entier, corps et âme, faisant trêve, non sans quelque rancœur, à toute espèce d'autre occupation, à ce point qu'il écrivait alors à Rode, son ancien élève, qui était resté son ami : — « ...Mon pauvre talent! Est-il assez cruel de se sentir-encore dans toute son énergie, et de ne pouvoir ni toucher son instrument, ni composer une note? Ho! vie infernale! (1) » Baillot, qui l'avait vu à l'œuvre et le pouvait juger en connaissance de cause, a constaté lui-même les circonstances fâcheuses qui ont signalé la présence de Viotti à la direction de l'Opéra et l'impuissance où il s'est trouvé pour les combattre, en dépit de ses

(1) Miel : *Notice historique sur J.-B. Viotti.*

désirs et de sa volonté : — « Il fut, dit-il, à la tête de
cette administration à une époque funeste, où l'Opéra
déplacé avait perdu ses principaux avantages, et où
tout devait contrarier les vues d'amélioration, quelles qu'elles fussent. Nous avons vu Viotti malheureux de ne pouvoir faire le bien qu'il projetait, et
de se trouver dans un élément étranger à ses goûts
comme à ses occupations habituelles; il soupirait
après l'indépendance qu'il avait si bien su faire tourner, quand il en jouissait, au profit de sa gloire et de
nos plaisirs » (1).

L'inutilité même de ses efforts et le résultat négatif qu'ils amenèrent durent être pour Viotti, je le
répète, la source d'un réel chagrin. Aussi n'est-ce pas,
on peut le supposer, sans un véritable soulagement
qu'il se vit décharger de la responsabilité qui, dans
des conjonctures si défavorables, avait pesé sur lui
pendant deux années pleines. Du moins put-il, après
cette lutte malheureuse, s'écrier comme François Ier
après Pavie : « Tout est perdu, fors l'honneur ! »

Mais que fit-il, une fois qu'il eut quitté l'Opéra ?
Il se reposa, sans nul doute, et sans doute aussi il en
avait grand besoin. Toutefois nous ne savons plus
rien de lui, absolument rien, à partir de ce moment
jusqu'au jour de sa mort, qui d'ailleurs ne devait pas
tarder beaucoup.

Tout ce qu'on sait, c'est qu'après être resté plus
ou moins longtemps à Paris, il voulut revoir l'Angleterre et fit un dernier voyage en ce pays, soit pour
régler diverses affaires, comme l'ont dit quelques-
uns, soit pour revoir ses vieux amis, ainsi que
d'autres l'ont affirmé, et que là il fut surpris, avant
de pouvoir revenir en France, par la maladie qui le
conduisit au tombeau. Encore, chose assez singulière,
n'est-on nullement fixé ni sur le lieu ni sur la date
précise de sa mort, et ignore-t-on même où reposent
les restes du grand artiste dont la renommée fut si
puissante et qui fit faire un pas si immense à l'étude
du plus touchant et du plus noble des instruments.
En effet, tandis que l'*English Cyclopædia* et la *Biographie Didot* le font mourir à Brighton, le 3 mars 1824,
la *Biographie universelle et portative des contemporains*
et George Hogarth (*Musical History*, etc.), disent
Londres, le 3 mars, Fétis et M. George Grove
Londres, le 10 mars, et les *Éphémérides universelles*,
le 6 mars ; le *Dictionary of Musicians* (anonyme) dit
simplement : Londres, 1824, Miel dit : Angleterre, le
3 mars, et enfin M. George E. Terris, dans un travail
que j'ai eu l'occasion de citer, dit : Londres, le
24 mars.

Il est difficile, on en conviendra, de faire la
lumière au milieu de ces ténèbres et de se reconnaitre parmi tant de contradictions. Toutefois, il me
parait au moins certain que la date de la mort de
Viotti doit être fixée au 3 mars 1824, attendu que le
Moniteur universel enregistrait ainsi la nouvelle de
cet événement dans son numéro du 10 mars : — « Le
célèbre violon Viotti est mort à Londres après une

courte maladie, à l'âge de 69 ans » (1). Or, à une
époque où n'existaient ni chemins de fer ni télégraphes, les nouvelles ne couraient pas le monde avec
la même rapidité qu'aujourd'hui, et il avait fallu au
Moniteur le temps d'être informé. Je croirais volontiers aussi que le *Moniteur* était exactement renseigné
lorsqu'il indiquait Londres comme le lieu de la mort
de Viotti, et d'autant plus que je trouve, dans le
livre récent et très scrupuleux de M. George Hart
(*the Violin and its music*), les lignes que voici :
« Viotti mourut à Londres, le 3 mars 1824, si l'on en
croit le *Gentleman's Magazine* (vol. XCIV, p. 210).
La *Nouvelle biographie universelle* assure qu'il mourut
à Brighton, lieu qu'on a souvent donné comme celui
de sa mort dans les notices sur Viotti. J'ai fait,
cependant, toutes les recherches possibles à Brighton
pour y découvrir son tombeau, sans réussir à apprendre rien qui eût rapport à sa sépulture. Aussi, puis-je
conclure que le père de l'école moderne de violon
fut enterré dans quelque cimetière de Londres, et,
si l'on venait à y découvrir son tombeau, je voudrais
qu'on y plaçât, comme hommage, une plaque commémorative, ainsi que cela se fait à l'abbaye de
Westminster ».

Enfin, un autre témoignage anglais, et le seul
contemporain que j'aie pu consulter de mes propres
yeux, m'est fourni par un recueil spécial de Londres,
the Harmonican (No XVI, avril 1824), et vient confirmer, avec l'exactitude de la date donnée par
M. George Hart d'après le *Gentleman's Magazine*,
l'opinion émise par cet écrivain, que la mort de
Viotti eut bien lieu à Londres, et non à Brighton :
— « En 1822, dit the *Harmonican*, Viotti retourna à
Londres, dont les habitudes lui étaient si familières
qu'elles formaient pour lui comme une seconde
nature. Mais sa santé, déjà troublée par les ennuis
inséparables de toute espèce d'entreprise théâtrale,
s'altéra bientôt, et après avoir visiblement décliné
pendant quelque temps, il mourut le 3 du mois
dernier, sincèrement regretté de tous ceux qui savent
à quel point on doit apprécier un de ces rares génies
qu'il n'apparaissent qu'à de longs intervalles à travers
les âges » (2).

Après l'étude consciencieuse à laquelle je me suis
livré à ce sujet, je tiens donc pour certain, en ce qui
me concerne, que Viotti est mort à Londres, le
3 mars 1824, non pas, comme le disait le *Moniteur
universel*, « à l'âge de 69 ans », mais à soixante-dix
ans, neuf mois et huit jours (3).

(A suivre.)   ARTHUR POUGIN.

---

(1) Notice sur J.-B. Viotti.

(1) Ces deux lignes sèches sont d'une onciation qui aurait lieu d'étonner de la part d'un journal quelconque ayant à faire connaître la perte d'un artiste tel que Viotti; elles ont lieu de surprendre plus encore lorsqu'on les trouve dans une feuille alors officielle, parlant d'un homme qui avait été directeur de l'Académie royale de musique. Quoi qu'il en soit, il est douloureux d'avoir à constater que la mort de Viotti passe presque inaperçue en France, et que la plupart des jour-naux ne s'en parlèrent point ou se bornèrent à une mention nette à celle du Moniteur Quant aux feuilles musicales, à qui leur spécialité aurait fait un devoir de donner à un tel fait l'importance qu'il comportait, il n'en existait malheureuse-ment chez nous aucune à cette époque.

(2) Un fait me semble d'ailleurs décisif, au moins quant à la date, Sosoft donc l'admiration pour Viotti était si cowant, écrivit et publia une Notice sur l'illustre artiste dans le but de célébrer l'anniversaire de sa mort et de la distribuer, ce jour-là même, aux élèves de sa classe du Conservatoire, et il avait dû, par consé-quent, se renseigner d'une façon précise. Or, il a pris soin de dater sa brochure, et la date qu'il y inscrite sur sa dernière page est celle du 8 mars 1825.

(3) L'article de the Harmonican est intitulé : Mémoire of Giovanni Battista Viotti.

LE CHEF-D'ŒUVRE INCONNU
La Missa Solemnis de Beethoven

Exécutée pour la première fois à Paris le dimanche 8 janvier (1).

Avez-vous jamais, en Suisse, fait l'ascension du Righi? Avez-vous assisté au traditionnel lever de soleil?..... A l'heure la plus froide et la plus sombre d'après minuit, on fait lever les voyageurs, on les conduit, engourdis, grelottants, se frottant les yeux, au point de vue d'où le paysage panoramique doit le mieux se dérouler... Et quand l'astre se lève, quand la splendeur fulgurante s'irradie et embrase les glaciers, quand la nudité majestueuse et sacrée de la terre se dévoile, il y a là, dans la caravane, quelques jeunes « misses » aux dents longues, occupées à croquer un « motif » pour peinture sur porcelaine, quelques « gommeux » accourus pour se montrer plus que pour voir, venus pour lorgner les « misses » en négligé, pour avoir de quoi jaboter et faire parade à leur retour dans les salons. Des dames au voile vert trouvent que c'est « joli, » mais dépourvu de « variété »; d'autres répètent des phrases de Taine ou des lambeaux de romans de M. Paul Bourget; un jeune voyageur de profession fait le « cicerone », explique les sommets, compare avec l'Ecosse d'un ton dégagé, admire avec une nuance de réserve un peu hautaine, devant un cercle de vieillards plus ou moins « ophthalmiques » et chassieux, qui rabattent leur visière verte en face de cet éblouissant tableau, heureux de l'entendre débiner avec discrétion, et en jurant bien, quoique un peu tard, qu'on ne les reprendra plus à venir gober des rhumes pour un spectacle inférieur, en somme, aux décors de *Guillaume Tell* ou du *Prophète* vus d'un bon fauteuil..... Dans un coin, un petit nombre de naïfs demeurent ébahis, ou laissent échapper quelque exclamation admirative; recueilli à l'écart, un groupe de deux ou trois personnes adore en silence.....

Il s'est passé quelque chose d'approchant, hier, dimanche, 8 janvier 1888 (2) dans la salle de la Société des Concerts du Conservatoire. Là j'ai assisté au lever d'un astre nouveau inconnu, au flamboiement colossal : la *Missa solemnis* de Beethoven... La plupart de nos grands astronomes avaient ou nié l'existence de cet astre, ou fait semblant de l'ignorer, ou déclaraient que c'était soit une pauvre ébauche de planète manquée, soit un informe débris de soleil avorté, soit un astre dévoyé, déclassé, un vagabond, « bohème » du monde stellaire, une comète sans queue ni tête, qui n'avait fait mine d'apparaître ni notre ciel que pour être replongée à tout jamais dans les abîmes du néant. Quelques-uns pourtant savaient son nom, avaient annoncé son apparition, et, dans de mauvaises conditions, observé ses rares phases. Très peu avaient mesuré l'amplitude de son orbite, et prévu le rayonnement merveilleux de son plein éclat.

Je n'ai pas vu, hier, les éminents astronomes, que gênait sans doute l'existence de ce nouveau soleil... Mais j'ai retrouvé les jeunes « misses, » les « gommeux, » les belles dames du Righi. J'ai contemplé de fort près, et Dieu me pardonne, j'ai presque entendu discourir le jeune et sémillant voyageur de profession. J'ai vu aussi les vieillards infortunés rabattre leur verte visière, et je n'ai pu m'empêcher de leur accorder quelque pitié. Mettez-vous à leur place, figurez-vous que vous soyez un Samoyède, un Lapon, instantanément transporté, par un coup de magie, des brumes crépusculaires du pôle en pleine ardeur équatoriale, et jugez si la sensation est agréable. Laissez-les s'habituer à ce régime, s'acclimater à ce ciel de feu; donnez-leur le temps de se ressaisir... ils ne demandent pas mieux, au fond, n'étant pas méchants de leur nature.

Pour moi, je suis encore dans la période d'adoration silencieuse ; je demande pour le moment, à ne pas analyser mes impressions, à ne pas vous détailler la partition (3)....... Le père Secchi a l'américain M. Young ont écrit des livres fort savants où le soleil, l'antique et blond Phœbus, est déshabillé, dépecé, où ses taches sont comptées, examinées à la loupe, étiquetées, numérotées, etc. C'est la manière moderne, qui a du bon.... Nos lointains ancêtres de l'Orient se contentaient de se prosterner devant la clarté de la lumière et de la vie; cette méthode n'était pas non plus sans quelque charme et avantage. Je voudrais m'y tenir aujourd'hui; j'avoue que j'éprouve, rais quelque soulagement à me sentir dispensé de remettre sur le tapis les fameuses questions : à savoir s'il est permis de traiter la voix humaine comme les instruments, et quel est en musique le style

(1) Cet opus, 123 de Beethoven, a été composé dans les années 1819-1823. Il y a donc aujourd'hui 64 ans!... et publié en avril 1827. La première exécution, sous la direction du maître, fut partielle ; *Kyrie, Credo et Agnus Dei* (sous le titre exigé par la censure, *trois grands hymnes*), le 7 mai 1824, à Vienne, au théâtre de la Porte de Carinthie. La première exécution complète avait eu lieu déjà à Saint-Pétersbourg, le 26 mars de la même année. Viennent ensuite : Cologne, 27 mai 1844 (vingt ans après); Leipzig, 21 mars 1845; Bonn, 10 août 1845, (cette dernière sous Spohr; puis, en 1855, de nouveau à Cologne, sous Hiller; à Francfort, à Munich, etc..., et récemment, en mai 1886, à Bâle, sous Volkland (Voir le *Guide* de cette date).

(2) Je sais des cabalistes qui ne manqueront pas de relever la conjonction fatidique de ces quatre 8.

(3) Ici je prie le lecteur de vouloir bien faire connaissance avec la belle étude de M. Maurice Bouchor, déjà signalée dans le *Guide* : la *Messe en ré de Beethoven*, compte-rendu et impressions (brochure chez Fischbacher, rue de Seine). Il ne le regrettera certainement pas.

vraiment religieux, si ce n'est pas celui des motets de P. Lambillotte, des messes de M. Gounod, et surtout des drames sacrés de M. Massenet..... Ne doutez pas que nos chers « Samoyèdes » et nos délicieux « Lapons » ne penchent pour cette dernière opinion; mais croyez que quelques bains de la flamme tropicale parviendront à dégeler leurs lymphes et à défiger l'huile de foie de morue qui leur tient lieu de sang.

A l'homme trop modeste dont l'intelligence supérieure a su deviner et comprendre le chef-d'œuvre de Beethoven, au chef courageux qui a lutté sans défaillance, pendant près de deux ans, contre des obstacles matériels sans cesse renaissants et contre une opposition inepte, à l'artiste éminent qui a pu imposer enfin, bien mieux, faire partager sa conviction, à M. Garcin, disons simplement : « Au nom de tous ceux qui professent la religion des grandes et belles choses, soyez remercié pour leur avoir donné cette joie. Vous avez été à la peine; vous voici à l'honneur. Triomphez de vous voir associé si hautement à l'une des plus admirables manifestations artistiques de ce temps; souffrez même que pour cela on vous porte envie ».

A M. Heyberger, j'adresserai des félicitations très sincères et très méritées pour le soin apporté aux répétitions des chœurs et des solistes. La besogne était ardue, et le remarquable chef du chant s'en est tiré aussi bien que possible, ce qui n'est pas peu dire. Cette étude approfondie, cette superbe mise au point, compteront dans une carrière déjà fort bien remplie. Je ne me permettrai qu'une observation, c'est que s'il était possible de faire travailler un peu plus lentement le *Christe* du *Kyrie* (3/4 ANDANTE ASSAI), conformément, d'ailleurs, à l'intention et à l'indication du maître, ce passage sublime gagnerait certainement beaucoup en envergure et en intensité d'expression. Je sais bien que l'effort est dur, surtout au début, quand les solistes sont seuls; et puis les habitudes prises sont difficiles à perdre... Dans la masse, les *soprani*, qui sont généralement mous et sans éclat, et qui n'avaient pas cessé de l'être à la répétition générale du samedi, m'ont étonné, à l'exécution, par leur vigueur inaccoutumée. — Malgré le déploiement orchestral, on devrait entendre les *contralti* entrer avec plus de force au début du *Gloria*... Plusieurs auditeurs m'ont dit n'avoir pas suffisamment perçu la psalmodie du peuple à la fin de l'*Incarnatus* et au tiers du *Crucifixus*, dans le *Credo* : cela tient, je crois, non pas à ce que la nuance *pianissimo* ou *piano* est trop observée, elle ne saurait l'être trop, mais à ce que le texte n'est pas assez nettement articulé, le rythme de ce murmure pas assez marqué; les deux choses sont compatibles et doivent l'être.

Quant à l'orchestre, il est convenu de dire que son éloge n'est plus à faire, et il y a bien quelque part de vérité là dedans; pourtant, si prêt que je sois à lui accorder mon entière approbation, je la réserve pour le jour où presque *tous* ses membres, bien pénétrés par plusieurs exécutions successives, de la *tâche* qu'ils auront à interpréter, comparables grandeur de l'œuvre qu'ils ont l'honneur d'interpréter, apporteront à cette tâche une foi et une ardeur sans réserves. Je sais d'ailleurs que les conversions s'opèrent nombreuses chez les récalcitrants, et la contagion de l'exemple est puissante..... Pour le moment, on peut encore désirer plusieurs choses, par exemple, que le tout début du *Credo* soit plus d'aplomb, c'est-à-dire que la première croche, sur le levé d'un e temps, soit plus d'ensemble (et non comme arpégée), pour aboutir à un accord plus plein dès la seconde, au temps fort de la mesure suivante.

Les solistes, Mmes Lépine et Boidin-Puissais, MM. Lafarge et Auguez, ont été à la hauteur de leur rude et magnifique mission; à peu près irréprochables, ils méritent les plus grands encouragements et compliments. M. Auguez manque de souplesse; sa voix, dans le *medium*, n'est plus très bien assise; c'est un bel artiste, c'est un musicien solide, un diseur accompli. Le jeune ténor débutant, M. Lafarge, a droit à une mention spéciale; il s'est parfaitement tiré d'affaire, il s'est distingué même et la voix est bonne, agréable. Mlle Lépine est une artiste de grande valeur; l'expression de sa voix, la simplicité et la franchise de son style conviennent merveilleusement aux chefs-d'œuvre de notre art. Mme Boidin-Puissais, un peu enrhumée, n'avait pas tous ses moyens; elle les retrouvera, elle se montrera, mieux encore, la remarquable musicienne, digne de son passé, qui a captivé les auditeurs du *Tristan* de Wagner, chez M. Lamoureux, dans les mémorables exécutions du Château-d'Eau et de l'Eden (rôle de Brangaene)... Ces dames ont encore à travailler, entre autres choses (au point de vue de l'*ensemble*), leur entrée simultanée, fort peu commode d'ailleurs, dans le premier *Amen* du *Credo*... Il y a eu, en général, fort peu de chose à dire sur la justesse, en tenant compte surtout des grosses difficultés des parties vocales, qui, comme le reste de l'œuvre, sortent de l'ordinaire.

Dans l'ineffable solo de violon du *Benedictus* (milieu du *Sanctus*), M. Berthelier a fait de son mieux et ce n'est déjà quelque chose que de se maintenir sans trébucher, comme il l'a fait, à ces hauteurs vertigineuses et inaccessibles de l'éther; mais il faudrait un Séraphin ou un archange, votre même un Trône ou une Domination, pour tenir l'archet à ce moment.

Je n'aurais garde d'oublier un artiste aussi éminent que M. Guilmant, dont l'impeccable exécution de sa partie d'orgue, dont le rôle puissant et impersonnel se borne presque à remplir à étoffer l'orchestre, à donner aux masses un caractère plus grandiose et plus hiératique. — Une mention plus qu'honorable, en passant, à l'excellente Notice écrite par M. Charles Bannelier pour l'enseignement des abonnés. Ce n'était pas du luxe.

Voici donc l'année 1888 bien ouverte, et pour reprendre ma comparaison, née sous une heureuse étoile. Puisse cette étoile ne pas quitter trop vite notre triste ciel, et, si toutefois elle descend sous notre horizon, puisse-t-elle revenir bientôt verser en nos cœurs, avec ses scintillements adamantins et la rutilance de ses flamboiements, l'espoir et la joie... Alors, faisant un emprunt au maître lui-même, nous répéterons encore : « Benedictus qui venit in nomine Domini! »

BALTHAZAR CLAES.

Théâtres & Concerts

BRUXELLES

Tandis qu'à Paris, Londres, Berlin, Vienne, les théâtres italiens tendent à disparaître, le genre ayant cessé de plaire, on fait, semble-t-il, au théâtre de la Monnaie les plus grands efforts en vue de lui rendre un nouvel éclat. On nous faisait espérer une ère nouvelle de bonne musique, une rénovation artistique, tentative hardie, digne d'être encouragée : les drames lyriques de Richard Wagner allaient enfin prendre place au répertoire à côté des opéras de Meyerbeer, d'Halévy, de Rossini; Weber, Gluck, Mozart seraient aussi de la fête ! — D'après certaines rumeurs, voici que *Siegfried* est remis aux calendes grecques. Mais nous avons eu, mercredi dernier, une reprise de *Lucia* pour faire suite à *la Traviata*, à *Rigoletto*, à *il Barbiere*, à *la Favorita*, à *il Trovatore*, à *Gioconda*. Point n'est besoin de traduire les titres puisque la plupart de ces opéras sont chantés en italien ce qui est, après tout, la meilleure manière de les chanter. Ce retour à l'ancien régime fait que la majeure partie des personnes ayant un goût musical cultivé ne vont plus guère au théâtre, si ce n'est exceptionnellement pour entendre Mme Melba. Car il est juste de dire que c'est à Mme Melba que l'on doit la possibilité de jouer couramment du Verdi au théâtre de la Monnaie. Sans son concours, on l'a vu par la reprise du *Trouvère*, les pièces comme *Rigoletto* et *la Traviata* seraient de mince rapport, le public commençant à trouver avec Berlioz les opéras italiens modernes très plats !

Ainsi, il est écrit que lorsqu'une artiste remarquable possède la voix, on ne peut décemment l'utiliser qu'à cette fin de dévider éternellement l'écheveau des vocalises et de chanter des airs depuis longtemps répudiés même par les orgues de Barbarie. Disons à l'honneur de Mme Melba qu'elle a victorieusement surmonté les difficultés qui exigeaient d'elle principalement de la virtuosité. Sa voix peu assurée durant les deux premiers actes s'est prêtée avec souplesse aux exercices délicatement enlevés de la scène de la folie. Par contre, la voix de Mme Melba a manqué de puissance dans les passages dramatiques du deuxième acte et c'est au prix d'un certain effort qu'elle a pu redire une deuxième fois le septuor que le public avait applaudi sans le bisser. Il s'est opéré, depuis ses débuts dans *Rigoletto*, un revirement dans les moyens de la charmante cantatrice. Nous ne dirions plus aujourd'hui qu'elle est taillée pour le drame lyrique moderne, ainsi que l'avait fait supposer un rôle sérieusement étudié et vraiment bien compris. L'expérience nouvelle dans *Lucia* doit faire classer Mme Melba parmi les cantatrices appelées à briller dans ce genre italien qu'elle fait revivre sans le faire aimer. Notons le goût exquis avec lequel Mme Melba était costumée. Au premier acte son vêtement à manches très amples, élégamment drapé et d'une harmonie de tons parfaite à produit une vive sensation. Le costume du deuxième acte, rappelant les portraits de Van Dyck, était aussi du choix le plus artistique.

L'ensemble de la représentation de *Lucia*, a été satisfaisant. M. Engel a chanté avec sa chaleur accoutumée le rôle d'Edgard qu'il possède avec toutes les traditions qui s'y rattachent.

P. S. La deuxième représentation de *Lucia*, donnée lundi dernier, à été fort brillante. Mieux en voix et plus sûre d'elle même, Mme Melba a obtenu le plus grand succès. Elle a été rappelée après chaque acte et a dû redire une partie de la scène de folie, après quoi le public lui a décerné une longue ovation.

E. E.

Brillant et bruyant succès à la deuxième matinée des Concerts populaires, la meilleure et la plus chaude séance que nous ayons eue depuis le début de la saison : succès retentissant pour l'orchestre qui, sous la direction de M. Joseph Dupont, a donné une excellente exécution de la 4me symphonie de Beethoven, pour le grand succès d'Eugène d'Albert, succès pour le fragment du *Rheingold*, succès enfin pour la jolie suite de *Namouna*.

La symphonie de Beethoven est l'une des plus difficiles du répertoire, elle est pleine de passages vétilleux; c'est un dialogue constant entre tous les instruments de l'orchestre; l'interpellation piquante lancée par le basson à la flûte vient interrompre la grande et passionnée rêverie des violons et des altos; les hautbois gazouillent déjà comme dans la *pastorale*; le violoncelle y chante comme dans la *neuvième* : et la minutie du détail dans cette grande œuvre n'efface pas l'idée générale, n'arrête pas un instant le développement splendide du plan d'ensemble.

M. Joseph Dupont avait plus, depuis longtemps, porté de symphonie de Beethoven à son répertoire et beaucoup le regrettaient et lui en faisaient presque un crime, bien qu'il n'y eût chez lui aucun parti-pris. On a salué d'autant plus chaleureusement ce retour au

grand maître symphoniste que l'exécution de cette quatrième symphonie avait été visiblement l'objet d'attentions intelligentes et de soins délicats. Nous n'avons pas souvenance d'avoir entendu à Bruxelles une meilleure exécution de cette symphonie.

Dans le concerto en *sol*, M. Eugène d'Albert a obtenu un très éclatant succès. On n'oublie pas aisément le charme poétique que Mme Schumann donnait au premier mouvement et à la prodigieuse rêverie de l'*andante*; ni la grandeur que Rubinstein donnait à cet *andante* et la verve endiablée qu'il mettait dans le *rondo*. M. d'Albert n'a pas effacé ces deux grands souvenirs de la mémoire des assidus des Concerts populaires : mais, par l'incomparable égalité de son jeu, par le sentiment très musical de toute son interprétation, par le style simple et naturel de son phrasé, il a grandement réjoui l'auditoire qui l'a rappelé par deux fois.M.d'Albert avait au dernier moment, modifié son programme : le *Concertstück* de Weber a fait place à la valse impromptu de Liszt, et il y a été brillant; sur un double rappel du public il a joué encore la tarentelle de *Venezia e Napoli* de Liszt, morceau de pure virtuosité qui a valu au virtuose une acclamation très nourrie.

La jolie suite de *Namouna* que M. Lalo avait déjà dirigée, en partie du moins, à un concert de l'Association des artistes musiciens il y a quelques années, a été très goûtée, sauf la *Fête foraine* dont le rythme et le dessin persistant fatiguent au concert. C'est un tableau haut en couleur, mais il y manque, sans le spectacle des yeux, un élément de variété que ne compense pas la puissance du coloris orchestral. En passant, signalons le succès fait à M. d'Albert, le flûtiste des parades de la foire. On aura l'occasion bientôt d'apprécier complètement cette œuvre distinguée d'un des maîtres les plus parfaits de l'école française contemporaine, puisque MM. Dupont et Lapissida, comme nous l'avons déjà annoncé, ont l'intention de nous donner le ballet de *Namouna* au théâtre de la Monnaie.

Le grand succès, le succès tout à fait étourdissant de ce concert a été pour l'*Entrée des dieux dans le Walhall*, tirée du *Rheingold*. C'est un des rares morceaux de Wagner qui s'adaptent le mieux à l'exécution au concert. Avec ses trois motifs principaux : le thème du Walhall, familier au public depuis la *Walkyrie*, entonné par le quatuor des trombones et déroulant majestueusement ses successions d'accords parfaits; le thème de la plainte des filles du Rhin qui pleurent le rapt de l'or, et la grande phrase des cors et des violoncelles qui, sur un tremolo des harpes et des violons, annonce l'aurore céleste, ce morceau développe simplement, sans heurt, avec une majesté tranquille la magnifique et noble mélopée. La salle l'a accueilli avec une explosion superbe de bravos, qui,se renouvelant en deux et trois salves, a forcé M. Dupont à redire le morceau. C'est là une manifestation toute particulière dont le sens est clair : au lendemain de *Gioconda*, cela voulait dire : *Siegfried*. Gioconda c'est très bien; *Fidelio* c'est mieux; mais *Siegfried*, ce serait parfait, et le moment est vraiment venu de le donner.

Remarqué dans la salle, le pianiste Franz Rummel, très chaud pour son confrère du clavier Eugène d'Albert. M. Rummel est parti le soir même pour l'Angleterre où il va faire une tournée, tandis qu'Eugène d'Albert était sur l'Allemagne où il va continuer la 54me depuis le début de la saison ! Quel métier ces pianistes !

Au moment où M. Joseph Dupont se rendait samedi à la Grande-Harmonie pour diriger la répétition générale, il apprenait la mort d'une sœur, et c'est au plus fort de la douleur qu'il avait produite cette triste nouvelle que l'éminent chef d'orchestre est monté au pupitre. Tout n'est pas rose dans la vie d'artiste.

Le *Manfred* de Schumann, qui a déjà été joué au Conservatoire de Bruxelles, figurera au programme de l'un des prochains concerts dirigés par M. Gevaert, avec Mme Mounet-Sully, de la Comédie-Française, qui dira le poème.

On annonce à l'Alhambra, les dernières représentations d'*Ali-Baba* auquel succèdera, ainsi que nous l'avons déjà annoncé, la *Fanfelot du Temple* de M. Messager.

La Nation a annoncé il y a quelques jours que M. Engel, l'excellent ténor de la Monnaie allait être nommé, au Conservatoire de Bruxelles, à la classe de chant de M. Cornélis père, lequel serait admis à l'éméritat.

Jusqu'à présent cette nouvelle ne s'est pas confirmée. Est-ce un ballon d'essai ? Un ballon double alors !

GAND.

GRAND-THÉÂTRE. — Mercredi 4, *le 66* et *le Barbier de Séville*; vendredi 6, *le Prophète*; dimanche 8, *le Cid*; lundi 9, *Bonsoir M. Pantalon* et *Mireille*.

Peu de monde à la seconde du *Prophète*, malgré toutes les réclames faites à l'œuvre de Meyerbeer et les soins apportés à sa mise en scène; il est possible que le public attende, pour aller l'écouter, que Mme Duvivier, notre contralto future à ce qu'il paraît, soit arrivée. On dit en effet, que notre direction vient de l'engager afin de pouvoir reprendre *Aïda* et *Lohengrin*; verrions-nous donc enfin se réaliser la promesse que M. Van Hamme nous faisait il y a un an; car la reprise de *Lohengrin* était déjà inscrite dans le prospectus de la campagne passée. Je le souhaite fort, tout en ne l'espérant guère.

Patria passera probablement la semaine prochaine.

Au Théâtre Minard, la reprise de la parodie flamande du *Prophète* par Van Peene a obtenu dimanche un succès de fou rire. Sans doute, bien des traits ont perdu de leur saveur et l'on trouve quelques rides à cette vieille pièce qui date du lendemain de 1848; mais il reste encore assez de gaieté pour dérider les fronts moroses et attirer le public dans un théâtre qu'il délaissait trop depuis quelque temps.

Le concert annuel de charité du *Willems Genootschap* a eu lieu samedi, dans le vaste hall du Casino, et a présenté un véritable intérêt artistique. On y a notamment entendu une ouverture de Litolff, une sérénade pour chœur de Victorin Joncières; puis du belge : la valse de *Charlotte Corday* de Peter Benoît, une marche triomphale de Léon Rinskopf et des fragments d'un opéra inédit de Paul d'Acosta : *Godefroid de Bouillon*.

L'ouverture de *Robespierre* est une œuvre de jeunesse de Litolff, mais on y pressent déjà l'auteur des *Templiers*, avec sa puissance de coloris, ses répétitions et son originalité produite plutôt par des effets d'instrumentation que par l'idée mélodique même; c'est une œuvre pleine de fougue, sortie d'une imagination fiévreuse et avide de bruit. Victorin Joncières est beaucoup plus délicat et plus raffiné que Litolff; l'auteur du *Chevalier Jean* est un chercheur de combinaisons étranges, de sonorités bizarres, qui fait parfois de piquantes trouvailles. La sérénade chinoise forme un ravissant tableau, joliment peint en couleurs vives, comme les crépons, et dont la finesse n'a peut-être pas été tout à fait comprise par les auditeurs. La marche triomphale de Rinskopf répond à son titre; et, si elle n'est pas irréprochablement écrite et absolument originale, elle a du mouvement, de la passion, de l'éclat et beaucoup d'entrain.

Le premier acte de *Godefroid de Bouillon* de Paul d'Acosta, qui composait la seconde partie du concert, comprend la formation et le départ de la croisade pour la Terre-Sainte; il n'est à proprement parler que le prologue du drame lyrique qui se développe pendant le deuxième et le troisième actes, et dont le couronnement de Godefroid forme l'épilogue. Ce premier acte renferme un chœur du peuple, un duo entre Godefroid et sa fiancée, une fête champêtre et un grand chœur final. Mettant en pratique les doctrines wagnériennes, d'Acosta laisse parler l'orchestre aussi bien que les voix, et, sans s'assujettir aux formes consacrées — solos, duos, trios — emploie ce qu'on a justement appelé la déclamation lyrique. Il fait preuve dans son *Godefroid* d'une inspiration réelle, d'une grande richesse mélodique; à part quelques réminiscences de Wagner et des autres maîtres contemporains, la partition, on le sent, est personnelle et vraiment originale. L'instrumentation est souvent curieuse et pleine d'effets intéressants, quoiqu'elle révèle parfois une certaine inexpérience et soit, par instants, un trop maigre ou trop touffue, elle montre en d'Acosta un compositeur bien doué et un talent naturellement porté vers le genre dramatique. Ce qu'il lui faudra pour y réussir, c'est élaguer certaines longueurs, éviter des répétitions trop fréquentes, savoir se contenter des ressources ordinaires de l'orchestre et des voix, et surtout n'user qu'avec discrétion de la musique imitative. D'Acosta a écrit plusieurs cantates de circonstance, de la musique religieuse, des pièces de piano et des morceaux de chant; il a composé deux oratorios bibliques : les *Romains* et le *Christ au Calvaire*; il a en portefeuille une légende symphonique en trois parties, *Mazeppa*; son grand opéra, la *Reine des Fées* a été sur le point d'être représenté sur notre scène, il y a deux ans; il le souhaiter, et j'espère sincèrement pour ma part, qu'il puisse enfin produire au théâtre son *Godefroid de Bouillon*, dont les fragments exécutés par le *Willems-Genootschap* donnent une si favorable idée.

L'orchestre a, en général, été pitoyable malgré tous les efforts de M. Pauwels qui le dirigeait; par contre les chœurs se sont très bien acquittés de leur tâche difficile. Mlle Boyer a, comme toujours, charmé le public qui ne se lasse pas plus de l'entendre que de l'applaudir. Un baryton doué d'une jolie voix, M. Poelvoorde, a remporté aussi beaucoup de succès. Mais il faut titrer hors de pair un jeune ténor, M. Wauters, qui a fait une excellente impression et qui a chanté le rôle de Godefroid avec une chaleur et un sentiment remarquables; en possession d'une belle voix, d'un timbre pur et sympathique, pleine d'ampleur et d'expression, il a su faire ressortir toutes ces qualités et se tirer avec honneur d'une épreuve redoutable.   P. B.

<hr>

LIÈGE.

Mardi, à la salle de l'Émulation, très artistique soirée consacrée exclusivement à l'audition d'œuvres pour deux pianos. MM. Duyzings et Defefve ont fait une tentative très louable en organisant cette séance dont le succès les décidera à persévérer et à nous faire connaître ainsi toute une catégorie d'œuvres inconnues ici et rarement exécutées ailleurs faute d'éléments nécessaires.

Le programme très sérieux et sans concession aucune aux fictions, comportait une très beau duo de Rheinberger, deux valses romantiques et une très heureuse transcription d'*Espana* de Chabrier, la *Danse Macabre* et d'assez peu intéressantes variations de Saint-Saëns sur un thème de Beethoven, et enfin un *andante* et variations de Schumann. Ces différentes pièces ont été jouées avec un synthé-

tisme parfait et une grande entente du relief et de l'effacement exigés selon les circonstances. M. Duyzings, moins livré à lui-même, corrige cette fougue qui l'emporte souvent quand il est seul soliste. Le jeu plus froid de M. Defefve a parfois une certaine tendance à souligner l'articulation.

Le public liégeois, si défiant quand il s'agit d'une innovation quelconque, était venu très nombreux et ses applaudissements réitérés ont prouvé sa satisfaction.

J'apprends à la dernière heure, que le Comité de l'Émulation vient de demander à MM. Duyzings et Defefve une réédition de leur séance, pour l'offrir aux membres de cette société. C'est une consécration définitive.

<hr>

LOUVAIN

Le concert de l'École de musique a tenu tout ce qu'il promettait. Le *Déluge* de Saint-Saëns occupait la première partie du concert. L'œuvre si pittoresque du compositeur français, sous l'habile et artistique direction de M. Emile Mathieu, a été rendue avec tout le charme poétique qui caractérise ces sortes de compositions mi-bibliques et mi-mondaines. Aujourd'hui l'orchestre et les chœurs louvanistes sont définitivement formés et les concerts de l'*École de Musique* sont devenus de vraies fêtes musicales où l'on exécute les grandes œuvres. Orchestre et chœurs ont admirablement marché et les solistes, Mlles Roelants et Feytmans; MM. Van Leeuw et Rosseels ont très bien tenu les parties du quatuor.

La seconde partie s'est ouverte par une œuvre magistrale, une conception de large envergure, le *grand concerto* pour violon et orchestre, dont le violoniste Julien Piot, aujourd'hui fixé à Paris, avait réservé la primeur à ses concitoyens. Ce concerto place d'emblée son auteur parmi les compositeurs éminents pour lesquels l'art de manier les instruments et de distribuer les effets n'a plus de secrets. Mais M. Piot n'est pas seulement un habile coloriste, il possède avant tout le don divin de la mélodie. Nous n'en voulons pour preuve que son splendide adagio dans lequel le violoniste charme, émeut et étonne à la fois.

Il y aurait des pages à écrire à propos de ce concerto dont chaque passage fait découvrir des beautés nouvelles. Nous nous bornerons à louer le beau final dans lequel M. Piot nous a ménagé de nouvelles surprises. Citons, entre autres, une sonnerie de trompettes qui se répète par deux fois et se fait entendre dans un lointain idéal qui lui donne une couleur fantastique.

Après ce morceau capital, que dire des deux autres morceaux pour violon exécutés avec beaucoup de virtuosité par M. Piot, qui a eu les honneurs d'un triple rappel et d'un *bis*, auquel il a gracieusement répondu. La cantatrice Caroline Baldo des Concerts Colonne a délicieusement chanté l'air des Concerts de *Gil-Blas* de Bemberg et a rendu avec une parfaite connaissance du style le chant hindou de Bemberg et un air de la *Judith* de Lefebvre (1).

<hr>

Nouvelles diverses.

Il vient de se fonder à Paris une association française pour aider au développement et à la rénovation du drame lyrique en France et dans les pays de langue française.

Le but de l'association est de créer un théâtre spécial, où les compositeurs pénétrés des idées nouvelles, pourront faire interpréter leurs ouvrages et se familiariser, avant tout, avec les œuvres magistrales qui ont ouvert la voie nouvelle. La présidence de l'Association a été décernée à M. Charles Lamoureux. Le secrétariat général a été confié à M. Henry Bauer de *Gil-Blas*. Parmi les nombreux membres fondateurs, citons les noms de MM. Robert de Bonnières, Simon Boubée, Georges Duval, Albert Dayroles, Ch. Delagrave, Alfred Ernst, Louis de Grammont, Paul Ginisty, G. de Labruyère, Catulle Mendès, Adolphe Méliot, Georges Street, Victor Wilder.

<hr>

Le théâtre de Nice vient de donner avec un plein succès les *Pêcheurs de Perles* de G. Bizet, avec Mlle Calvé dans le rôle de Leïla. *Otello* sera, paraît-il, représenté en février. Les principaux interprètes seront : MM. Talazac, Devoyod et Mlle Calvé.

<hr>

On est vraiment en progrès à Angers. Au théâtre de cette ville, d'ailleurs très artistique au point de vue musical, on vient de donner, — je vous le donne en mille, — la *Fée aux Roses* d'Halévy. Heureuse-

<hr>

(1) Notre confrère de la *Fédération artistique* de Bruxelles, présent à ce concert, constate également le grand succès du violoniste compositeur Julien Piot; il apprécie en termes très flatteurs le sentiment profond, la technique solide et la parfaite justesse de l'exécutant et n'est pas moins élogieux envers le compositeur dont l'œuvre, dit-il, d'une sérieuse valeur et en rapport avec la science moderne, est d'un intérêt orchestral tout à fait notoire.

Il termine en ajoutant : Voilà un Belge qui se révèle chez nous par un coup de maître.

Nous espérons bien que Bruxelles ne tardera pas à nous faire connaître Julien Piot et son œuvre; ce ne serait que justice et rares aujourd'hui et à part ceux du Conservatoire, nous pensons qu'il y aurait facilement une place, soit à l'Association, au Concert d'hiver ou au Concert populaire, afin de nous permettre d'apprécier notre compatriote.

sement pour sa réputation, le public angevin n'a pas paru prendre goût aux facétieuses évocations du magicien Atalmuc, et les romances doucereuses du prince Badel-Boudour, ont obtenu peu de succès.

⧉

Au dernier concert du Conservatoire royal de Milan l'orchestre a fait entendre une symphonie en quatre parties du jeune compositeur munichois R. Strauss.

⧉

Le *Requiem* de Berlioz a été exécuté avec un grand succès le 28 et 30 décembre, — deux exécutions successives ! — à la Société philharmonique de Berlin, sous la direction de M. X. Scharwenka.

⧉

Les incidents se multiplient à l'Opéra de Berlin depuis que le comte de Hochberg a pris la succession de M. le baron de Hülsen.

Le nouvel intendant ne partait pas avoir la main légère et s'il continue, il finira par se faire siffler. L'expulsion grossière du théâtre d'un artiste tel que Hans de Bulow (à la première de l'opéra *Merlin* de Franz Hueffer), l'avait déjà rendu passablement ridicule. Il vient maintenant de soulever tout le public contre lui, par un arrêté qui porte, que le lundi de chaque semaine, on ne sera reçu à l'Opéra qu'en costume de bal ou de soirée. Cet oukase a provoqué un véritable TOLLÉ contre cet intendant calamiteux, qui ferait probablement un excellent caporal mais qui parait tout à fait déplacé à la tête des théâtres royaux. Le public et la presse sont unanimes à protester contre l'arrêté du comte. Il aurait dû comprendre qu'une mesure de ce genre ne se décrète pas; il y a mille façons excellentes d'amener le public à modifier ses habitudes ; en revanche, il n'y a qu'un moyen de le froisser à coup sûr, c'est celui précisément qu'a choisi l'intendant. Les mardis de la Comédie française n'auraient jamais pu être institués si l'on avait voulu les introduire par voie de décret. A cela, il faut ajouter qu'en Allemagne, où l'on va énormément au théâtre, parce que le spectacle n'est pas cher et à la portée de toutes les bourses, on n'a jamais voulu considérer le théâtre comme un lieu de rendez-vous mondain. On va au théâtre comme au temple ou comme au musée pour la satisfaction de ses goûts artistiques. Aussi la presse est-elle unanime à protester. Il sera curieux de voir si cet arrêté sera maintenu.

Le comte de Hochberg s'est en outre attiré les inimitiés du public artistique par ses façons tout à fait inconvenantes à l'égard d'un des chefs d'orchestre récemment nommé, M. Carl Schröder, dont le talent est hors de conteste. Comme nous l'avons dit, on répète en ce moment deux parties du *Ring der Nibelungen*, l'*Or du Rhin* et la *Crépuscule des Dieux*. M. de Hochberg, après lui avoir laissé faire toutes les répétitions préparatoires du *Crépuscule*, n'a rien trouvé de mieux que de l'enlever à M. Schröder la conduite de cet ouvrage et de le confier au second chef d'orchestre, M. Deppe. Là dessus M. Schröder a déposé son bâton. M. Joseph Sucher, le réputé chef d'orchestre de l'Opéra de Hambourg, est nommé à sa place. Cette nomination est vivement approuvée, mais les procédés de l'intendant vis-à-vis de M. Schröder n'en demeurent pas moins inqualifiables et M. de Hochberg, s'il lit les journaux, doit faire d'amères réflexions sur la difficulté de remplir un emploi qui demande avant tout du tact, de la souplesse, et pour lequel il parait si peu fait.

⧉

Les journaux russes rendent compte d'une brillante tournée entreprise sur les bords du Volga, puis au Caucase et dans la Russie méridionale par M. Davydow, le célèbre violoncelliste, et le pianiste Safonow, l'un des plus brillants et des derniers élèves du regretté Brassin. Cette tournée a été close par une série de concerts dans les provinces baltiques dont le dernier a eu lieu à Riga. Si l'on prend en considération les énormes distances qui séparent en Russie les villes principales, il n'y a qu'à s'étonner de la rapidité extraordinaire avec laquelle cette tournée a été accomplie (en deux mois seulement), Entre les points extrêmes de l'itinéraire adopté (Yaroslaw, Bakou, Odessa et Riga), MM. Davydow et Safonow ont donné 33 concerts, et comme il n'est pas toujours facile de trouver en province de bons pianos de concert, les artistes ont dû emporter avec eux un royal de concert de la fabrique. C. M. Schroeder, lequel a parfaitement supporté un voyage de 11,000 verstes et toute la série des concerts. La tournée des deux artistes a parfaitement réussi tant au point de vue artistique qu'au point de vue matériel.

⧉

L'Opéra-Italien de Saint-Pétersbourg — au Théâtre-Panaïew, — sous la direction de M. Lago, est à la veille de commencer ses représentations. Les artistes engagés jusqu'ici sont Mmes Masi, Sandra-Kartsew, Ferni-Germano, Pettigiani (sopranos) et Savoldi (contralto). MM. Masini, Puerari et Staggi (ténors), Piaccarini, Lalloli et Ughetti (barytons), Mirabella, Campello, Povoleri et Scolara basses). On sait que Mme Masi a été la créatrice du rôle de Gioconda dans l'opéra de ce nom de feu Ponchielli.

D'après les affiches, la direction de l'Opéra-Italien ne perd pas l'espoir de pouvoir engager M. Cotogni pour la seconde partie de la saison. Les chefs d'orchestre seront MM. Bevignani et Aliguani.

Le théâtre Panaïew où la troupe de M. Lago se fera entendre, est tout flambant neuf. La salle n'a été achevée qu'il y a quelques jours. Tapissée de rouge et teinte de rose, l'aspect en est des plus élégante, grâce à l'extraordinaire hauteur du local. Les panneaux du plafond ne seront placés que le 5 (18) prochain; le rideau représente la Bourse de Saint-Pétersbourg aperçue à travers une échappée. Il n'y

a pas de lustre; l'éclairage est composé de lampions électriques. L'orchestre est invisible, placé très profondément, en partie, au-dessous de la scène, à l'instar du théâtre de Bayreuth. Ce qui frappe le plus, c'est l'espace vide qui sépare le premier rang (il n'y a pas de baignoires de face) du premier étage qui par là est un peu plus élevé que dans les autres théâtres.

Les escaliers sont extrêmement vastes et richement atuqués. Les foyers et les couloirs sont extrêmement vastes et richement atuqués. Des escaliers mènent à tous les étages et les issues sont innombrables. De la scène, qui est assez profonde, il y a une porte qui débouche droit dans la rue.

⧉

Le théâtre de la Scala a rouvert ses portes le 26 décembre dernier, non par un opéra quelconque, mais par la première représentation à Milan de la *Reine de Saba* du compositeur hongrois Karl Goldmark. D'après la *Gazetta musicale* la réussite de l'œuvre a été bonne, sans qu'il y ait eu pour cela beaucoup d'enthousiasme. Trois morceaux ont provoqué les applaudissements longs et unanimes du public : l'intermède orchestral du 2e acte, la cantilène orientale d'Astarot et la romance du ténor, également au 2e acte. Mais d'autres morceaux, encore ont été applaudis, notamment les strophes avec chœur au premier acte, le finale du 3e acte et le finale de l'opéra qui se termine poétiquement sur le retour mélodique des strophes du premier acte. On peut conclure des nouvelles qui sont parvenues touchant cet événement artistique, que l'opéra de Goldmark a été très goûté du public milanais. Il n'appartient pas à la *Gazetta musicale* de le proclamer bien haut; sa dévotion pleine et entière à tout ce qui est purement italien, sa répulsion non dissimulée pour la nouvelle expression dramatique du théâtre de Wagner, lui imposent de prudentes réserves à l'égard d'une œuvre entachée de modernisme.

L'organe de la maison Ricordi critique vivement le peu de soin de la mise en scène et, particulièrement, la qualité inférieure des décors qui forment un amas confus de colorations violentes, une *olla podrida* sans goût et sans aucune apparence de vérité. Les costumes ne sont pas meilleurs; ils produisent les anachronismes les plus invraisemblables, de véritables crimes de lèse-histoire; le costume de M. Dufriche seul est présentable.

L'exécution musicale de la *Reine de Saba* est confiée à Mme Kufper-Berger, une cantatrice viennoise de bonne école, jolie femme et séduisante dans le rôle principal. La voix de Mme Nouvelli est excellent chez lui et l'articulation chez lui est surtout remarquable. Les autres rôles sont confiés à Mmes Voenna, Sara Palma et M. Navarrini qui composent avec M. Dufriche un ensemble très satisfaisant dans lequel l'orchestre, dirigé par M. Faccio, a excellemment tenu sa partie, au dire de la *Gazetta musicale*.

Le public de la Scala a fait un accueil très chaleureux au compositeur qui assistait à la représentation et a tenu à le saluer de ses applaudissements aux points les plus saillants de l'opéra. Il y a eu, le 1er janvier, un déjeuner d'adieu offert par Mme Lucca en l'honneur de Goldmark qui doit avoir emporté de son séjour à Milan le meilleur souvenir. La *Reine de Saba* avait déjà été représentée à Bologne en 1879.

⧉

Nous apprenons que *Liederik*, opéra-comique en 3 actes de M. Joseph Mertens, va être donné très prochainement au Grand-Théâtre d'Anvers. *Liederik* a déjà été donné à Bruxelles avec un très vif succès, il y a quelques années au théâtre de l'Alhambra.

⧉

M. Joseph Mertens vient de passer quelques jours à La Haye et à cette occasion la Société chorale *Melosophia* avait organisé une exécution de plusieurs de ses œuvres, notamment de son *Angelus*, petit oratorio pour voix de femme et chœurs. L'œuvre du compositeur belge a été très bien accueillie et le *Vaderland* constate le brillant succès qu'elle a obtenu. A la fin du concert la Société *Melosophia* a offert à M. Joseph Mertens le diplôme de membre d'honneur.

⧉

Nous lisons dans les journaux de Genève, que le violoncelliste Jos. Hollman a remporté un brillant succès au concert donné la semaine dernière dans la salle du théâtre.

M. J. Hollmann a joué son deuxième concerto pour violoncelle avec accompagnement d'orchestre; il a été rappelé trois fois après l'exécution.

⧉

La place de directeur de la Société philharmonique de Londres, vacante par la démission de Sir Arthur Sullivan, a été offerte à Ant. Rubinstein. L'illustre pianiste compositeur a naturellement refusé. Il reste à la tête du Conservatoire de Saint-Pétersbourg.

⧉⧉⧉⧉⧉⧉⧉⧉⧉⧉

VARIÉTÉS

ÉPHÉMÉRIDES MUSICALES

Le 13 janvier 1856, à Anvers, le *Billet de Marguerite*, 3 actes de Gevaert. Un vrai chef-d'œuvre d'harmonie. Interprétation suffisante, et pas un bien grand succès, néanmoins — cinq représentations seulement. (Bovy, *Annales du théâtre d'Anvers*.)

Une reprise, tentée le 19 janvier 1860, n'est guère que deux fois, après quoi, le *Billet de Marguerite* va s'escompter ailleurs : à Bruxelles, notamment, où Gevaert monte lui-même sa pièce, 5 février 1871.

Les premières : à Paris, 7 octobre 1854 ; à Liège, 16 novembre 1856.

— Le 14 janvier 1879, à Bruxelles (Théâtre Royal), *Georges Dandin*, 3 actes d'Émile Mathieu. — Artistes : Dauphin, Guérin, Chappuis, Mmes Warnots, Lonati et Ismaël.

Tentative téméraire qu'oser mettre en musique du Molière sur un livret défectueux! Aussi Émile Mathieu n'y réussit-il qu'à moitié, la première fois que son *Georges Dandin* fut joué à la Monnaie (21 décembre 1877). Une année s'écoula et la partition, refondue dans ses principales parties, trouva un succès du meilleur aloi auprès du public artiste.

— Le 15 janvier 1830, à Moulins, naissance de Jean-Baptiste Faure. — « L'éclat de ses créations, le retentissement de ses succès ont popularisé son nom. On sait que Meyerbeer, qui le guettait, jeta le grappin sur lui pour assurer le triomphe de son *Pardon de Ploërmel*; on sait que cette création prédestinait Faure au Nelusko de l'*Africaine* et que le chanteur eut vite fait d'enjamber le boulevard pour arriver rue Le Pelletier, où le marquis de Posa, dans le *Carlos* de Verdi, l'Hamlet, dans l'opéra d'Ambroise Thomas, lui fournirent des rôles et des triomphes nouveaux, en même temps que les reprises de la *Muette*, de la *Favorite*, de *Guillaume Tell*, du *Don Juan* surtout, montraient dans toute sa puissance, dans toute sa souplesse, le talent le plus complet de comédien et de chanteur que nous ait révélé le théâtre contemporain.

« C'est Gevaert qui eut l'heureuse fortune d'écrire, pour Faure, son premier rôle de basso cantante, dans le style à la fois large et élégant qui a marqué depuis toutes ses créations. Le rôle un peu effacé de Crèvecœur dans *Quentin Durward*, prit ainsi une grandeur, une coloration prodigieuses; et je n'oublierai jamais la « trouvaille » dont s'ébahissait et s'émerveillait sincèrement le compositeur : ce brindisi, cette chanson à boire, que Faure chantait avec des larmes, des sanglots. Comptez les virtuoses qui « crient » ainsi, à côté du musicien : ils s'appellent : Lablache, Nourrit, Duprez, la Viardot, la Frezzolini, la Miolan... et puis ?—Ne cherchez pas. » Th. JOURET.

Aujourd'hui, retiré du théâtre depuis 1876, Faure se consacre à l'enseignement. Il se fait entendre à Paris dans des concerts, des soirées musicales, des fêtes de bienfaisance, et ses nombreux auditeurs peuvent encore admirer cette remarquable méthode et ce magnifique talent qui n'a rien perdu de sa virilité.

— Le 16 janvier 1838, à Anvers, la *Juive* d'Halevy. — Artistes : Auguste Nourrit, Camoin, Duchampy, Roger, Bernard, Mmes Duchampy et Vadé-Bitre. Dix représentations durant la campagne théâtrale finissant le 30 avril.

Les premières : à Paris, 23 février 1835; à Bruxelles, 23 décembre 1835; Liège, 10 mars 1837.

— Le 17 janvier 1816, à Londres (King's theatre), *Griselda* de Paër, c'est par cet opéra que Mme Fodor parut pour la première fois sur une scène anglaise. Sa voix était d'une douceur et d'un charme inexprimables, dit Parke dans ses *Mémoires*. Griselda avait vu le jour à Parme (1796), et les Italiens, à Paris, l'avaient fait connaître dès le 18 juin 1803. Paër n'est plus guère cité de nos jours que par deux ou trois de ses œuvres: *Griselda*, *Agnese*, une *Leonora* dont Beethoven, pour son *Fidelio*, lui emprunta le scenario, et le *Maître de Chapelle*, resté au répertoire de tous les théâtres à cause d'un air et d'un duo devenus classiques.

— Le 18 janvier 1713, à Rome, décès d'Arcangelo Corelli. — Sa naissance à Fusignano, dans les États-Romains, en février 1653.

Parmi les violonistes-compositeurs du XVIIe siècle, Corelli occupa le premier rang; on lui donnait le titre de *prince des musiciens*. Ses œuvres sont encore aujourd'hui un sujet d'étude et d'admiration pour tous les artistes. Il n'a pu échapper, de son vivant, aux lâches manœuvres et aux impudentes cabales de la sottise et de l'envie. Il est vrai que sa vieillesse fut paisible et honorée, qu'il eut des funérailles presque royales, et qu'on l'inhuma au Panthéon, près de Raphaël. Il est vrai aussi que pendant de longues années on célébra pieusement l'anniversaire de sa mort, et que des morceaux tirés de ses ouvrages étaient exécutés ce jour-là par l'élite des musiciens. Mais cette tardive justice et ces honneurs posthumes n'empêchèrent point que sa vie ne fut remplie de tristesse et d'amertume, ni qu'on lui préférât dans une occasion solennelle deux méchants instrumentistes indignes d'être ses valets et de porter la boîte de son violon.

— Le 19 janvier 1810, à Hambourg, naissance de Ferdinand David. — Son décès à Kloster, canton des Grisons (en Suisse), le 19 juillet 1873.

L'existence presque tout entière de David se résume dans les fonctions de *Concertmeister* au Gewandhaus de Leipzig, dont il venait de se démettre, après les avoir exercées pendant 36 ans. David a été sans conteste son plus brillant élève comme lui-même avait été celui de Spohr. C'est pendant une de ses ascensions en Suisse qu'il est mort d'une maladie de cœur, et au moment où il venait de répondre à son fils qui l'engageait à gravir le sommet d'un pic : « Non, non, quand même je serais sûr d'en ramener une *dixième* symphonie de Beethoven. »

AVIS ET COMMUNICATIONS

Rappelons à nos lecteurs que le 4e Concert d'hiver, sous la direction de M. Franz Servais, a lieu dimanche prochain, 13 janvier; le cinquième aura lieu le dimanche suivant.

Les répétitions générales auront lieu le samedi 14 et 21 janvier. Voici le programme de dimanche :

Ouverture de *Genoveva* (Schumann): *Symphonie italienne* (Mendelssohn); Concerto en *la mineur* pour piano et orchestre (Schumann), joué par Mlle Louise Derscheid; *Andanti* (Beethoven); *A hademisebw ouvertors* (Brahms).

Pour le concert, du 22 janvier, les artistes et patrons seront invités à décider eux-mêmes le programme.

Samedi prochain, à 8 heures du soir, à la Grande Harmonie, concert de l'Association des artistes musiciens. On y exécutera, pour la première fois, une scène dramatique intitulée *Didon*, de M. G. Charpentier, 1er prix de Rome (élève de Massenet),qui vient d'obtenir en France un succès éclatant.

La cantate de M. Charpentier aura pour interprètes : Mlle Leslino (soprano), MM. Jourdain (ténor) et Seguin (baryton). Mlle de la Mora, pianiste dont on dit le plus grand bien, exécutera un concerto de Schumann et l'orchestre exécutera une ouverture inédite de M. Lalo.

Cours complets de *chant et de déclamation lyrique* par Delle-Sedie, auteur de l'*Art lyrique* et de l'*Esthétique du chant*, 30, rue de Saint-Pétersbourg, Paris. Envoi d'un prospectus sur demande pour les conditions d'abonnement aux cours.

Nécrologie.

HENRI HERZ

A Paris, le 5 janvier, est mort Henri Herz, né à Vienne (Autriche), le 6 janvier 1803. Pianiste longtemps célèbre, naturalisé français, ancien professeur au Conservatoire de Paris pendant plus de 30 ans, après en avoir été l'élève, virtuose applaudi dans les deux mondes, et compositeur de mérite, enfin facteur de pianos, fondateur et chef d'une importante maison qui obtint la médaille d'honneur en 1855 à l'Exposition universelle de Paris. Henri Herz a connu toutes les variétés de la vogue. Il ne se refusa même pas les lauriers de l'écrivain.

Virtuose et compositeur éminent, Henri Herz a été encore un vulgarisateur au sens élevé du mot. C'est par un travail journalier, incessant qu'il s'est élevé au rang de maître. Nul virtuose compositeur n'a conquis aussi jeune une popularité aussi légitime. Sans doute beaucoup de ses compositions paraîtront démodées aujourd'hui, mais elles ont conservé parmi les œuvres de l'époque un cachet d'élégance et de distinction que bien peu possèdent. Le nombre des pianistes femmes formées à l'école de Henri Herz est considérable et compose une phalange brillante parmi lesquelles il faut citer : Mmes Jaëll, Montigny-Remaury, Szavardy, Massart, Pleyel. Esprit très fin, causeur brillant, lettré délicat, Henri Herz a laissé de ses voyages en Amérique d'agréables souvenirs, études piquantes de mœurs,croquis vivement tracés et pris sur le vif,tour à tour amusants et étranges. C'est après avoir fourni la plus brillante carrière de virtuose, de compositeur et de professeur qu'il se consacra définitivement avec son frère Jacques à l'organisation de sa manufacture de pianos. Cette maison,dont la fondation date de plus de quarante ans,eut dès les commencements difficiles, mais grâce à une direction bien entendue, à l'adjonction de maîtres habiles, de mécaniciens ingénieux, grâce surtout aux soins minutieux, incessants, apportés aux perfectionnements divers de la facture, elle ne tarda pas à se placer à la tête de cette énorme industrie à côté des maisons les plus renommées. Il faut ajouter à l'actif de cette rare intelligence l'initiative prise par lui dans la création d'une salle de concerts, type d'élégance et d'intelligente appropriation aux auditions musicales.

Quant à ses compositions qui forment un long catalogue, ses huit concertos, où la noblesse du style s'unit à une grande habileté de facture et ses cahiers d'études, notamment ses dix-huit dernières grandes études,resteront dans les genres des œuvres de grand mérite.

La présente génération n'a pas connu le virtuose. Ceux qui l'ont entendu à l'apogée de son talent vous diront l'élégance, la clarté, le style toujours noble et brillant de son jeu. Dans ses *Pianistes célèbres* Marmontel, l'illustre maître de l'École française contemporaine, rappelle que Mme de Girardin, dans un de ses feuilletons, cherchant les points de comparaison entre les pianistes célèbres de son temps et certaines positions sociales, avait choisi pour Henri Herz celui d'avocat pianiste, brillant causeur musical, brodant à volonté sur tous les thèmes, d'incessantes variations. La comparaison n'était pas sans justesse, si l'on ajoute toutefois que la causerie de Henri Herz n'était nullement superficielle et qu'elle atteignait sans peine la noblesse et souvent l'élévation. Belle et intelligente figure en somme, qui unissait beaucoup de finesse et de savoir, à une modestie et à une bienveillance bien rares parmi les artistes d'aujourd'hui, il laissera de profonds regrets à tous ceux qui l'ont approché.

— A New-York, le 12 décembre, Marco Duschnitz, né en Hongrie en 1827, professeur de chant, établi depuis trente ans aux États-Unis où d'abord il avait paru comme ténor dans une troupe allemande. Il avait fait son éducation musicale en Italie et avait obtenu des succès sur les scènes de ce pays et de l'Allemagne.

— A Florence, à l'âge de 53 ans, Giuseppe Fancelli, autrefois ténor à la Scala de Milan, à Lisbonne et dans d'autres villes.

— A Londres, le 29 décembre, Carl Stepan, né à Storakovitz (Bohême) en 1822, ancien baryton attaché aux cours de Mannheim et de Bade, puis à l'Opéra Italien de Londres, etc.

— A Francfort s/Mein, le 28 décembre, Julius Sachs, né à Meiningen en 1830, compositeur et pianiste. (Notice, *Mus. Lexicon* de Schuberth, p. 395.)

— A Vienne, le 31 décembre, à l'âge de 74 ans, A. M. Storch, compositeur et chef d'orchestre.

Brux. — Imp. Th. Lombaerts, rue Montagne des Aveugles, 7.

XXXIVe ANNÉE   19 janvier 1888   NUMÉRO 3

Le Guide Musical

Paraissant tous les jeudis.

ABONNEMENT	SCHOTT FRÈRES, ÉDITEURS.	ANNONCES
France et Belgique : Avec musique 25 francs.	Paris, Boulevard Montmartre, 19	S'adresser à l'Administration du Journal.
UNION POSTALE : Texte seul. . 10 — 12 —	Bruxelles, Montagne de la Cour, 82	On traite à forfait.

RICHARD WAGNER
ET
FRANZ LISZT
(Suite. — Voir le dernier numéro.)

Liszt, un jour, lui annonce que *Lohengrin* va passer au théâtre de Weimar : Wagner, tout heureux, exubérant, exultant de joie, lui dépêche une longue lettre qui se termine par ce passage d'une naïveté invraisemblable après toutes les lettres qui précèdent.

« Un mot encore ! Dis, cher Liszt, ne serait-il pas possible que je vinsse assister *incognito* à la première représentation à Weimar ? Damnée question, d'autant plus qu'en ce moment il ne m'est plus comme naguère indifférent d'habiter une prison royale de la Saxe. Ecoute donc ! J'ai appris à tenir en grand respect la grande duchesse : — cette femme, — à laquelle je dois reconnaître la véritable noblesse, — ne pourras-tu lui inspirer un trait de génie, celui de jouer un tour à la police de l'Allemagne unie, en me procurant, même sous un faux nom, — un sauf conduit de Suisse à Weimar et de là à Zurich. Je promets solennellement de garder mon *incognito* avec le plus absolu stoïcisme, de ne demeurer à Weimar que très peu de temps et caché, comme aussi d'observer à l'étranger le silence le plus absolu. Vaut-il mieux m'adresser au duc de Saxe-Cobourg ? je sais de lui plusieurs traits qui m'ont touché. Vois ce qu'il y a à faire ! En tous cas ce serait pour moi, pauvre diable, une bien grande joie; peut-être aussi un encouragement et une excitation qui me manquent terriblement ! »

Liszt répond, un peu attristé, mais toujours noblement préoccupé de relever le courage abattu de son héros :

« J'arrive à un point qui me peine, mais qu'il est de mon devoir de ne point vous dissimuler. Votre rentrée en Allemagne et votre venue à Weymar pour la représentation de *Lohengrin* est une impossibilité absolue. Quand nous nous reverrons, je pourrai entrer verbalement à cet égard dans plusieurs détails qu'il serait long et inutile d'écrire.

Encore une fois, il s'agit de vous servir intelligemment et dignement; et on ne vous servirait guère de cette façon en hasardant des démarches, lesquelles, — infailliblement, — n'aboutiraient à aucun résultat favorable. Mais voici à quoi je pense, et ce qui pourra, Dieu aidant, opérer une modification de votre situation. — Le succès de *Lohengrin* une fois bien établi, je proposerai à Leurs Altesses de m'autoriser à vous écrire ou de vous faire écrire par M. de Zigesar (1), pour vous engager à terminer aussi promptement qu'il vous sera possible votre *Siegfried* (2), et de vous envoyer, à cet effet, un honoraire convenable à l'avance, afin que vous puissiez travailler quelque six mois à l'achèvement de cette œuvre sans préoccupations matérielles, etc. Ne parlez à personne de ce projet, que j'espère être à même de faire réussir alors que le temps en sera venu. D'ici là conservez bien votre tête et votre santé, et comptez bien entièrement sur votre très sincèrement dévoué et affectionné ami. »

Les deux volumes de la correspondance entre Liszt et Wagner, — que je passe ici rapidement en revue, glanant un peu au hasard afin de ne pas déflorer l'édition française qui paraîtra sous peu, — sont pleins de lettres de ce genre où se révèle l'ignorance ou le dédain absolu de Wagner de tout ce qui est du ressort de l'existence matérielle et des conditions sociales de la vie. Cerveau prodigieusement compliqué, mais âme simple, que terrifiait le conflit des passions et des appétits terrestres, — d'où son horreur pour Paris, — il n'a jamais rien compris aux petites habiletés, aux demi-moyens, jamais il n'a su se plier aux convenances qui gouvernent la société ; c'est ainsi qu'on l'a vu se brouiller successivement avec presque tous ses amis, avec ses plus fidèles partisans, ses meilleurs conseillers. Il y eut plus tard du refroidissement entre lui et Liszt, il y en eut aussi entre lui et le roi de Bavière, à propos de vétilles. Cet homme réputé si profondément égoïste avait si peu la notion de son intérêt qu'à propos d'une question tout à fait secondaire, d'un détail sans importance, il se montait la tête, s'enflammait, éclatait, brisait tout autour de lui... et se

---

(1) Intendant du théâtre Grand ducal.
(2) Il s'agit non du *Siegfried*, deuxième partie du *Ring*, mais de *La mort de Siegfried*, première ébauche du *Crépuscule des Dieux*.

retrouvait, vingt-quatre heures après, très étonné d'avoir commis tant de dégâts.

Ce que l'on prenait volontiers jadis pour les explosions de l'orgueil froissé, d'un amour-propre monstrueux, on vient à n'y voir finalement que les maladresses d'un esprit absorbé par sa passion à ce point qu'il ne comprenait pas qu'on y résistât et qu'on la discutât. Dans l'introduction aux quelques lettres inédites qu'il a publiées ici même, M. Camille Benoit (1) avait dit juste en écrivant que la correspondance complète du maître montrerait le magnifique despotisme de l'idée maîtresse et reine de sa vie. Au dehors cette idée s'est manifestée comme une jalousie féroce, indomptable, qui s'irritait de la moindre résistance, du moindre doute, du plus léger soupçon : et si elle est allée jusqu'à être oublieuse des banales délicatesses, elle n'a du moins jamais été oublieuse des services rendus et des sympathies témoignées dans les circonstances capitales de la vie.

Ce trait n'est point particulier à Wagner en ce siècle ; il n'est pas le seul à qui le jugement superficiel des contemporains ait adressé le reproche d'égoïsme et d'ingratitude. Assurément chez Wagner le sentiment de la personnalité a été développé à un degré anormal, presque maladif. Mais ne l'était-il pas chez Berlioz qui, toute sa vie, se crut très sincèrement persécuté et méconnu parce que tout n'allait pas selon ses désirs ; et chez Beethoven qui, malgré l'infinie bonté de son âme, fut toujours au témoignage de ses rares intimes, le plus tyrannique des amis et le moins sociable des hommes ? Si vous voulez que le génie ait des facultés extraordinaires, souffrez que les revers de ces facultés sortent également du commun.

Il y a quelque chose de plaisant dans les étonnements de Wagner au lendemain de ses accès « d'ingratitude ». Il pleure, il gémit, il jure ses grands dieux qu'on l'a mal compris, il se lamente de ce que ses intentions aient été travesties. Il entend bien qu'il a donné quelque part de la tête, mais s'il y a malentendu, ce n'est pas de sa faute. Jamais il ne l'avouera. Comme l'enfant qui a cassé sa poupée : il ne voulait pas la casser, la poupée s'est cassée toute seule, il cherchait seulement à voir ce qu'il y avait dedans.

Lohengrin faillit être cassé de la sorte.

On a souven parlé, dans les biographies grandes et petites, de la lettre que Wagner adressa à Liszt au lendemain de la première de *Lohengrin*, à Weimar, lettre qui lui a été souvent reprochée comme un acte de sotte vanité, doublée d'un manque absolu de tact.

Nous avons aujourd'hui le texte de cette lettre, et l'on conçoit qu'elle ait sinon froissé, du moins désagréablement impressionné Liszt et son entourage. Quelques jours avant la première, Liszt avait encore écrit une lettre enthousiaste à Wagner : « Nous na-

---

geons en plein dans l'éther de votre *Lohengrin* lui disait-il » ; et le soir de la première il lui avait dépêché ce billet :

  « Très cher ami,

  » Votre *Lohengrin* est un ouvrage sublime d'un bout à l'autre : les larmes m'en sont venu au cœur dans maint endroit. — Tout l'opéra étant une seule et indivisible merveille, je ne saurais m'arrêter à vous détailler tel passage, telle combinaison, tel effet. — Ainsi qu'il est arrivé à un pieux ecclésiastique de souligner mot par mot toute l'imitation de Jésus-Christ, il pourrait bien advenir, que, je souligne note par note tout votre *Lohengrin*. En ce cas pourtant, je commencerais volontiers par la fin, c'est-à-dire par le duo du troisième acte entre Elsa et Lohengrin, qui est à mon sens le dernier terme du beau et du vrai dans l'art.

  » Notre première représentation a été relativement satisfaisante. M. de B. qui vous verra sous peu, vous en donnera des nouvelles très exactes. La seconde ne pourra avoir lieu que dans dix ou douze jours. La Cour, ainsi que les quelques personnes intelligentes de Weymar, sont pleines de sympathie et d'admiration pour votre œuvre. Et quant au gros du public, il se piquera certainement d'honneur de trouver beau et d'applaudir ce qu'il ne saurait comprendre. Aussitôt que je serai un peu en repos, je me mettrai au feuilleton qui paraîtra probablement dans les *Débats* ; en attendant Raff (1) fera paraître deux articles dans le journal de Brockhaus et l'*Illustration* de Leipzig. Uhlig (2) s'est chargé de la *Gazette Musicale* de Brendel, etc.

  » Si vous trouvez un moment, n'oubliez pas d'écrire à Genast (3), qui s'est très chaleureusement intéressé au succès de *Lohengrin* ; vous pouvez être tout à fait rassuré sur la destinée de ce chef-d'œuvre par rapport à Weymar, qui est sans doute un peu surpris d'avoir de pareils ouvrages à représenter. Mais avant la fin de l'hiver, le *Lohengrin* deviendra nécessairement une pièce à recettes !!!

  » A quand *Siegfried ?* Ecrivez-moi bientôt et comptez bien toujours sur votre très dévoué ami et serviteur.

  » Weymar, 2 septembre 1850.   Fr. Liszt. »

Wagner répond de Zurich, le 8 septembre 1850, et cette lettre qui ne comporte pas moins de dix pages de texte imprimé est une critique véhémente de la routine théâtrale. Là où l'on s'attendait à trouver l'expression enflammée de la plus vive reconnaissance à l'adresse de Liszt et de tous ceux qui l'avaient secondé, il y a dix pages de considérations sur l'état présent du théâtre en Allemagne, sur les défauts des comédiens, sur l'incompétence de la critique inapte à saisir la nouveauté de l'œuvre, bref, ce qu'on appellerait aujourd'hui un éreintement formidable qui, malgré son caractère de généralité, n'en devait pas moins toucher au vif le petit cénacle de Weimar.

(A suivre.)   · Maurice Kufferath.

VIOTTI
ET L'ÉCOLE MODERNE DE VIOLON
(Suite et fin. — Voir le dernier numéro.)

IX

Viotti fut un des hommes les plus favorisés par la nature. Sa tête était d'une forme et d'un volume extraordinaires. Sa figure, plus caractérisée que régulière, était aimable ; sa physionomie ouverte, expressive et presque toujours riante, sa taille dégagée et bien proportionnée ; son air en tout très distingué. L'esprit jaillissait de ses yeux ombragés par de longs cils, son front chauve et

---

(1) Ces lettres se trouvent reproduites en 'tête du volume d'extraits des *Mélanges* de Wagner que M. C. Benoit a publié l'an dernier chez Charpentier.

(1) Joachim Raff, le remarquable symphoniste.
(2) Théodore Uhlig, musicien de l'orchestre de Dresde, qui avait fait la réduction pour piano et chant de la partition de *Lohengrin* et qui a publié plusieurs écrits remarquables concernant la musique.
(3) Acteur élevé à l'école de Goethe et qui remplissait à ce moment l'emploi de régisseur au théâtre de Weimar.

saillant annonçait le génie (1). Dans sa jeunesse il se mettait avec élégance, et dans sa vieillesse avec soin. Ses manières étaient nobles et aisées ; il était adroit à tout ce qu'il entreprenait, jouait très bien au billard, montait à cheval comme s'il n'eût jamais fait autre chose, et réussissait dans une foule de riens qui prouvaient son aptitude à tout... Sa conversation était enjouée, animée ; il peignait en racontant ; chaque mot faisait image. Il avait la repartie vive... (2). »

Tel est le portrait que traçait de Viotti, peu d'années après sa mort, un homme qui l'avait bien connu, qui l'avait beaucoup pratiqué, qui avait vécu dans son intimité. Il en ressort — ce que tous les contemporains se plaisent d'ailleurs et s'accordent à reconnaître — que Viotti, bon, aimable, dévoué, généreux, réunissant les qualités du cœur à celles de l'esprit, joignant la grâce et la beauté, le sourire à la grâce, la cordialité au sourire, était ce que nous appelons aujourd'hui un charmeur, et surtout ce que de tout temps on a appelé un homme de bonne compagnie. Aussi, en dehors même de son talent, ses succès dans le monde ont-ils toujours été grands, et ne savait-on ce qu'on devait le plus aimer, le plus admirer en lui, de l'homme ou de l'artiste.

Mais le portrait de Miel ne serait pas complet si je n'en reproduisais encore les lignes que voici :

L'éducation de Viotti avait été soignée ; il aimait la lecture : dans sa jeunesse, les ouvrages de J.-J. Rousseau avaient surtout fait ses délices. Avide d'instruction, il suivait les cours de physique de Charles (3), et s'amusait de botanique. Nous avons entendu dire par le docteur Sue (4), que plusieurs fois Viotti avait joué devant lui des morceaux de tous genres, exprès pour lui permettre d'observer les mouvements du poignet, s'arrêtant à chaque instant et dans toutes les positions, à la demande de l'anatomiste. Il fréquentait tous les hommes de lettres et les artistes fameux ; il était admis dans la Société d'Auteuil, chez Mme Helvétius. Son étonnante sagacité se déploya un jour d'une manière fort extraordinaire. Il était âgé de quarante ans lorsqu'il passa en Angleterre. C'était l'usage chez ses amis de lire à haute voix les poètes anciens et modernes de toutes les nations ; il était assidu à ces lectures. Le tour de Shakespeare étant arrivé, et Viotti connaissant à peine la langue vulgaire, on supposait que les vers du vieux tragique anglais seraient inintelligibles pour lui, et qu'il s'ennuierait ; on l'engageait donc à sortir ; mais il voulut rester. Comme il avait écouté un certain passage avec beaucoup d'attention, une des personnes présentes le remarqua, et lui demanda ce qu'il avait entendu. Il se recueillit un instant, et la surprise fut générale quand il eut donné, en prose française, une traduction où rien n'était omis. On commença l'expérience, et le résultat fut le même. Quelque influence qu'on accorde au débit du lecteur et quelle que pût être l'instruction du violoniste, le fait, attesté par un témoin éclairé, n'en est pas moins merveilleux ; pour l'expliquer, ne faut-il pas voir dans la poésie, ainsi que dans la musique, une sorte de langue universelle entre les êtres élevées, et admettre que, par une relation mystérieuse les êtres accoutumés à sentir l'une ont déjà une prédisposition à comprendre l'autre, dans quelque idiome que ce soit ?...

Naïf comme le génie, il n'avait point de force contre les petits chagrins de la vie sociale ; il s'en laissait tourmenter, dominer, et souvent il se dépitait comme un enfant. Une existence paisible était son premier besoin ; ami de l'ordre, de la règle, il se plaisait dans une vie uniforme ; le séjour de la campagne était son paradis. Chez lui, les impressions de la nature étaient ineffaçables. Tous les jours de sa vie, aux approches du coucher du soleil, il se sentait un accablement, ou plutôt un accès de tristesse qu'il n'a jamais pu vaincre.

<hr/>

(1) Au temps de sa jeunesse, Viotti... avait des cheveux, et ils étaient blonds : « ... Viotti paraît, à la Cour, avec sa figure aimable, sa physionomie douce et sensible, sa taille svelte, sa parure toujours élégante, ses grands et blonds cheveux... » (D'Eymar : Anecdotes sur Viotti, p. 19).

(2) Miel : Notice historique sur J.-B. Viotti.

(3) Au Conservatoire des Arts-et-Métiers, Jacques-Alexandre-César Charles, physicien fort distingué, membre de l'ancienne Académie des Sciences et de l'Institut, dont il devint le bibliothécaire, prit une grande part aux travaux aérostatiques des frères Montgolfier, en fit lui-même plusieurs ascensions intéressantes.

(4) Le père du fameux romancier Eugène Sue.

<hr/>

Cet amour des choses de la nature, simplement signalé par Miel, atteignait chez Viotti jusqu'à une sorte de passion. Un autre de ses biographes, Eymar, nous en fait ainsi connaître toute l'intensité.

Jamais homme n'attacha de prix aux plus simples dans la nature ; jamais enfant ne sut mieux en jouir. Une violette qu'il avait trouvée cachée sous l'herbe, le transportait de la joie la plus vive ; un fruit nouveau qu'il venait de cueillir le rendait le plus heureux des mortels ; il trouvait à l'une un parfum toujours nouveau, et à l'autre une saveur toujours plus délicieuse. Ses organes, si délicats, si sensibles, semblaient avoir conservé leur première virginité. Tantôt, couché sur le gazon, il passait des heures entières à admirer l'incarnat ou à respirer l'odeur d'une rose ; tantôt, comme l'abeille, il voltigeait de fleurs en fleurs. Je l'ai vu se mettre tout en nage en poursuivant un papillon. Il était en colère de ne pouvoir pas l'atteindre, et lorsqu'enfin il était parvenu à s'en saisir, à peine avait-il un instant admiré ses brillantes ailes, que, ne pouvant soutenir l'idée de son esclavage, et cédant aux premiers efforts que le malheureux captif faisait pour s'échapper de ses mains, il se hâtait de le rendre à la liberté. Tout, à la campagne, était pour cet homme extraordinaire un nouvel objet d'amusement, d'intérêt, de jouissance. Tous ses sens étaient avertis à la fois par la sensation la plus légère ; une idée ébranlait toute la chaîne de ses idées, tout frappait son imagination, tout paraît à son âme, à son cœur, comme une source profonde et intarissable, abondait en effusions et sentiments.

Nous connaissons maintenant Viotti au point de vue physique, intellectuel et moral (1). En ce qui concerne ses idées sur l'art et les artistes, c'est encore à Miel que nous allons avoir recours et c'est lui qui va nous renseigner :

S'il y eut jamais talent original, ce fut le sien. Il devait à Pugnani le fond de la méthode ; mais l'élégance, la grâce, le pathétique, l'entraînement, la poésie, le sublime, il n'en fut redevable qu'à lui-même. Viotti ne voyait pas dans la musique un amusement frivole ; il ne lui permettait pas les caprices qui séduisent le vulgaire ; l'art n'était plus rien à ses yeux, s'il cessait d'être grand. Dépositaire de la lyre moderne, il ne souffrit jamais qu'elle se dégradât entre ses mains, et son génie la porta au plus haut point de perfection qu'elle puisse atteindre ; mais ce génie n'était mû que par la sensibilité. Les sentiments de Viotti, heureux ou malheureux, produisaient toutes ses inspirations ; il ne cherchait pas ses idées ; elles lui venaient de la disposition de son âme ; c'était l'homme de la nature. De là cette naïveté qui fait le charme de tous ses ouvrages, et qui leur imprime un cachet d'individualité. Il avait adopté la maxime de Tartini : Per ben suonare, bisogna ben cantare. Aussi écoutait-il les chanteurs avec un extrême intérêt, et s'appropriait-il habilement leurs plus belles intentions. Dans la musique moderne, il donnait la préférence à celle de Boccherini, dont la mélodie est toujours claire, pure et expressive. Mozart eut aussi pour le même auteur une semblable prédilection, mais elle était moins exclusive. Dans l'ancienne musique, Viotti prisait particulièrement les sonates de Ferrari, classiques pour le violon, et sur lesquelles il s'était le plus exercé. Il a pu se tromper dans quelques-uns de ses jugements sur Haydn, sur Mozart, sur Gluck, où qui tenait à une sorte de religion musicale qu'il s'était faite ; mais il ne s'exprimait qu'avec enthousiasme sur les symphonies du premier, assignait au second la suprématie de la scène, et s'exaltait en parlant de plusieurs ouvrages du troisième ; le buste de Gluck était toujours dans son cabinet de travail...

Amant de son art, il se plaisait à le professer lui-même, et dans les leçons qu'il en donnait, il faisait la guerre à l'exagération, à la fausse expression, à tout ce qui sentait la manière ou la jactance, à tout ce qui était de mauvais goût ou d'un goût mesquin ; il était ennemi déclaré du charlatanisme : il voulait que tout fût simple, pour que tout fût véritablement grand. La mesure était, selon lui, la première qualité de l'exécutant, et personne peut-être n'a joué en mesure comme lui, c'est-à-dire n'a su concilier au même point l'aplomb le plus sévère avec l'abandon, la chaleur, l'audace, la passion. Le mouvement d'un morceau lui paraissait en être la physionomie, et depuis l'invention du métronome il a eu soin de désigner, pour la plupart de ses compositions, à quel degré de l'instrument l'exécution devait avoir lieu...

<hr/>

(1) Miel fait encore ressortir, par les deux traits suivants, sa bonté et sa familiarité : « Il remarqua un jour, à Paris, dit-il, trois petits Allemands qui jouaient du violon dans les rues. Frappé des dispositions de l'aîné, il le demanda à sa mère, pour le faire travailler chez lui, et il ne s'en détacha ensuite que parce qu'il le rencontra une autre fois recommençant son métier de vagabond. Son caractère vif et fier, était en même temps d'une simplicité qui allait jusqu'à la bonhomie. Le particulier qui lui offrit sa maison de campagne près de Hambourg aimait à faire de la musique ; il donnait des concerts, et d'honnêtes artisans, habitants du village, remplissaient les parties ; Viotti en accepta une dans ce singulier quatuor, et jamais son jeu ne fit disparate avec celui des autres concertants. »

Telle fut l'influence de Viotti sur l'école, que tous les grands violonistes de l'époque sont réellement ses élèves, dans le même sens que tous les grands peintres de nos jours sont les disciples de David.

Ces dernières lignes viennent à l'appui de ce que je disais au commencement de cette étude, et elles en justifient le titre.

Toutefois, il faut constater que les élèves *directs* et immédiats de Viotti ne sont qu'en très petit nombre, et cela parce que, comme j'ai eu l'occasion de le faire remarquer, Viotti ne tira jamais aucun lucre de ses leçons et de ses conseils. Pour qu'il voulût bien les accorder, il suffisait—mais il fallait — qu'il reconnût, dans celui qui devenait l'objet de ses soins, une organisation et des aptitudes exceptionnelles. Sa vie, d'ailleurs, fut toujours trop occupée de diverses façons pour qu'il pût former de nombreux disciples. Aussi, c'est à peine si l'on peut réunir les noms de douze artistes qui aient eu le bonheur de posséder un tel maître. Le plus célèbre d'entre tous fut Rode, dont le talent si pur et si châtié, empreint d'une exquise suavité et d'une élégance suprême, brilla d'un éclat lumineux. Ses autres élèves français furent Alday jeune, J.-B. Cartier, Labarre, Libon et Vacher. A l'étranger, Viotti forma ou compléta le talent de Pixis, de Nicolas Mori, de Pinto et de Robberechts, dont le jeu séduisant semblait se rapprocher de celui de Rode. Enfin deux femmes, deux italiennes, Mlle Luigia Gerbini et Mme Parravicini, sont signalées par les biographes comme ayant reçu ses leçons. Le fait est certain pour la première ; il me le paraît moins pour la seconde.

Tels sont les seuls élèves directs de Viotti dont on puisse retrouver la trace. Ceux-là, pour la plupart, ont formé de nombreux disciples qui ont propagé les principes du maître, et d'ailleurs, on ne saurait trop le répéter, l'influence de Viotti fut telle, par son exemple et par sa musique, qu'elle devint véritable, s'étendit sur toute l'Europe et amena, non une simple évolution, mais une révolution véritable dans ce bel art du violon, qu'il renouvela de fond en comble et régénéra complètement. Le plus enthousiaste et celui qu'on peut appeler le plus éloquent de ses admirateurs, en dépit de son langage parfois un peu emphatique, Baillot, grand artiste lui-même et virtuose de premier ordre, constatait cette influence de Viotti, le rôle joué par lui et la place qu'il doit occuper dans l'histoire de l'art, en terminant la trop courte notice qu'il lui a consacrée : — « Nous ne nous sommes point proposé, dit-il, de donner un précis de sa vie, n'ayant pas été à portée de recueillir tous les matériaux nécessaires. Mais nous avons cédé au besoin d'exhaler les regrets que sa perte nous inspire, de reparler de son talent à nos élèves, et, sans exclure aucun auteur classique, ancien ou moderne, de le leur montrer comme un guide sûr dans le chemin du vrai beau. Nous avons surtout écouté la voix de notre cœur, et nous avons jeté religieusement quelques fleurs sur la tombe de Viotti de ce chef d'école à qui le ciel avait prodigué ses faveurs, dont le talent suivit toujours les nobles inspirations de son âme, qui joignit la grâce à la sublimité, la douceur à la force, l'unité à la variété, le naturel à l'élégance, et qui manifesta, sans y songer, la bonté de son cœur dans tout ce qu'il fit; homme excellent autant qu'artiste admirable, que nous avons constamment honoré et que nous regrettons comme un père » (1).

Pour moi, j'ai tâché de le faire connaître du mieux que j'ai pu, de le peindre en son exacte ressemblance, de faire revivre dans son ensemble la physionomie animée de ce grand artiste au noble cœur, à l'esprit élevé, aux larges aspirations dont l'âme — chose moins commune qu'on ne pense — était à la hauteur du génie, et qui inspirait l'affection tout en provoquant l'admiration. L'hommage que je lui ai rendu est un hommage de sympathie morale autant que de respect artistique, et je suis heureux, au terme de la tâche que je m'étais tracée, de pouvoir constater ce fait: que tous ceux qui se sont occupés de Viotti se sont accordés à reconnaître en lui un homme de cœur et un galant homme en même temps qu'un grand virtuose et un musicien inspiré. Pour être en règle avec la vérité, je n'avais donc qu'à mettre en relief l'un et l'autre, à faire également ressortir ces deux côtés de l'individu. C'est à quoi je me suis attaché, c'est là qu'ont tendu mes efforts. Ma récompense serait d'avoir réussi, au moins en partie.

ARTHUR POUGIN.

Chronique de la Semaine

PARIS

Ce n'est pas tous les jours fête. Aujourd'hui contentons-nous des brouilles de ces deux premières semaines de l'année nouvelle.

Voyons les théâtres. Tout se borne encore à des promesses. Dans nombre de journaux, échos et entrefilets continuent à nous annoncer monts et merveilles de *la Dame de Montsoreau* à l'Opéra; gros effet du ballet, qui semble être le clou de la chose, acclamations à M. Salvayre après certaine scène de duel, rien n'est épargné; mais vraiment rien ne connaître de l'ouvrage... Déjà on le sent : aussi a-t-on trouvé mieux. La grosse, la palpitante nouvelle, c'est l'association de MM. Victorien Sardou et de Jules Massenet pour offrir au public un *Montezuma* ou la *Conquête du Mexique* (?). On ne sait pas encore le titre exact : si ce sera l'un de ces deux là, ou tous les deux ensemble. La *Conquête du Mexique* a quelque chose d'héroïque, de grandiose, de littéraire et d'instructif à la fois, qui caractérise M. Sardou; *Montezuma* respire une suavité mystérieuse qui convient au talent de M. Massenet. Pour moi, je trouverais fort juste et également agréable qu'on nous conservât ces deux titres, comme on faisait à la fin du dernier siècle pour les romans et les pièces en vogue. Ce qui est certain, ce qu'il faut dès à présent prévoir, c'est que l'année 1889 s'appellera l'année de *Montezuma*, de même que l'année 1886, au dire de certains courtisans, assez peu adroits, devait s'appeler l'année du *Cid*... Entre ces deux, l'année 1888, si on veut bien le lui permettre, s'appellera modestement l'année de la *Missa solemnis*, puisque l'exécution du plus admirable chef-d'œuvre de Beethoven prend les proportions d'un événement, d'un succès, car nous sommes menacés même de la voir « à la mode », comme le bœuf *idem*.

Quant au vrai théâtre, à son avenir prochain, rassurons-nous, puisqu'il va enfin être fondé un, grâce à l'association placée sous la présidence de M. Lamoureux; association dont j'ai parlé ici en octobre, et à laquelle j'ai, ainsi que l'annonce le dernier *Guide* en tête de ses « Nouvelles diverses, » vient-il de passer de l'état de projet à celui d'une réalité mûrement préparée... Sans entrer dans des détails encore inopportuns, je puis dire que les résultats déjà obtenus en

(1) Fétis disait de son côté, dans sa *Notice biographique sur Nicolo Paganini* : « Paganini porta sa gloire à son apogée: en formant le talent si beau, si pur, si ample et si brillant à la fois de ce Viotti qui devint ensuite la consolider des violonistes de tous les pays. » Et Baudo, dans son livre l'*Art ancien et l'art moderne*, « Elève de Pugnani, qui l'avait été de Tartini, Viotti développa dans ses admirables concertos toutes les propriétés du violon, dont il fait un instrument de premier ordre. Ce n'est plus un virtuose qui joue du violon pour faire admirer la souplesse de ses doigts, c'est un artiste inspiré qui traduit les élans de son cœur dans un style sévère et touchant. »

quelques jours sont presque inespérés, et du meilleur augure pour le prompt succès de l'entreprise. Bientôt, nous aurons donc, enfin, un théâtre de musique; tout l'appelait depuis longtemps, et l'on sera étonné de ne pas l'avoir possédé plus tôt... Je reviendrai sur ce sujet.

*
* *

Passons aux concerts : Chez M. Lamoureux, au Cirque d'Été, il y a toujours foule; grand succès pour les deux derniers morceaux de la *Symphonie fantastique* de Berlioz, le *Marche au supplice* et surtout le *Sabbat*, où les merveilleux « cuivres » de M. Lamoureux rugissent, beuglent et ricanent à souhait pour le bonheur des derniers romantiques. Bel accueil aussi à l'éminente pianiste, Mme Bordes-Pêne, qui a magistralement interprété le *Concerto en mi bémol* de Beethoven. Une première audition d'une *Suite villageoise* de Goldmark, composée d'un certain nombre de petits morceaux se rapportant à une noce champêtre, a produit un effet assez agréable, mais indécis; monotonie dans la facture, les procédés et les idées, jolie instrumentation, exécution parfaite.

Au Châtelet, bonne interprétation de *Manfred*, avec beaucoup de déclamation de la jeune Comédie française autour. Je me passerais volontiers de cet accommodage poétique; on alors il faudrait la scène, costume et décor, et surtout les vers de Byron; pourtant d'autres, moins au courant du sujet, trouvent cet assaisonnement agréable, savoureux même, et je m'incline navré que je serais de leur gâter ce régal. Mais ce qu'on ne me fera jamais « avaler », c'est qu'M. Gevaert ait quitté sa bonne ville de Bruxelles et déserté son foyer à seule fin de venir apprendre chez M. Colonne, quel que soit le mérite de ce dernier, comment on devait s'y prendre pour bien exécuter le chef-d'œuvre de Schumann. Je penche d'ailleurs à penser que M. Gevaert est venu pour entendre la *Messe en Ré*.

A la deuxième séance de la *Société nationale*, deux auditions *di primo cartello*, l'une étrangère, l'autre française : le *Quatuor russe* dédié à l'éditeur Belaïeff, et le *Trio* pour piano, violoncelle et clarinette de M. Vincent d'Indy. J'ai entendu comparer ces deux œuvres et je ne trouve pas qu'il y ait là à un tel rapprochement. Le *Quatuor russe* est un piquant et original amusement artistique, pour lequel quatre sait mettre dans les œuvres de sa maturité, avec ce qu'il de l'encadrement pittoresque qui nous vaut des détails d'une fraîcheur et d'un imprévu si exquis; étant donnés les caractères spéciaux du violoncelle et de la clarinette, avec le piano, dans sa virtuosité la plus délicate et la plus fouillée, comme on fouille, vous jugez de ce que l'auteur de la *Cloche* a dû tirer d'une association ainsi comprise; le cadre de ces sortes de musique de chambre se trouve élargi, le caractère symphonique et poétique domine, sans bizarreries de détail, sans indications énigmatiques.... Il y a quatre morceaux : une *entrée* charmante qui paraît un peu longue; un *divertissement*, étincelant de rythme et d'orchestration, que l'auteur, malheureusement, n'a pas consenti à laisser bisser (c'était lui qui tenait le piano), soit par exagération de modestie, soit pour ne pas allonger le concert à une heure avancée et fatiguer les exécutants. Un *Chant élégiaque*, qui a fait mes délices, débutait par une large et belle phrase dont la terminaison sert à des développements d'une harmonie fleuve et d'un superbe caractère; la conclusion du morceau surtout (les derniers développements de ce fragment final de la grande phrase), forme une sorte d'épilogue solennel, sombre, dont j'ai profondément goûté la sévère et pénétrante beauté. Le *finale*, fort difficile d'allures est extrêmement captivant et brillant. Encore une œuvre fine et forte à joindre à la liste, déjà si bien garnie, des œuvres d'un maître qui fait tant d'honneur à notre génération artistique.... Le programme renfermait aussi, comme premières auditions, des pièces diversement intéressantes de MM. Bruneau et Chevillard. Dans cette remarquable séance, MM. Rémy, Parent, Van Waefelghem et Delsart pour l'ensemble et les *solos* des « cordes », M. Grisez pour la clarinette solo, avec MM. Rose, Mayeur et Lebailly pour l'ensemble des « bois », apportaient à l'exécution le précieux appoint d'un talent incontestable, incontesté, et toujours si chaleureusement applaudi.

Samedi dernier première et brillante séance de la *Concorde*. Les grosses pièces du programme étaient le deuxième acte de *Proserpine* (C. Saint-Saëns), la scène des Filles-Fleurs de *Parsifal*, et des fragments du *Tasse* de B. Godard. On a bissé un petit chœur écrit par M. F. Vidal pour le *Baiser* de Théodore de Banville, et que j'ai signalé ici récemment, on a bissé aussi une *Chanson à boire* de M. C. Saint-Saëns, dite par M. Plançon de l'Opéra. Les chœurs, sous la direction de M. Widor, ont été vaillants, et Mme Henriette Fuchs s'est multipliée avec le zèle et l'intelligence qu'on lui connaît. Mais qu'elle renonce à faire chanter du Wagner qui n'est bon que pour la

scène et qui, inintelligible souvent aux concerts d'orchestre, devient grotesque au piano, chargé du devoir douloureux de soutenir des chœurs nombreux et divisés. Grand succès de Mlle Marie Poitevin dans des pièces classiques pour piano : transcriptions de Gluck, de Bach, et surtout dans les pièces originales de l'exquis Scarlatti, *Pastorale et Capriccio*.

J'apprends que la remarquable *Fantaisie pour piano et orchestre* de M. E. Bernard, œuvre que j'ai eu l'occasion de louer ici, a obtenu ces jours derniers deux succès marqués : en France d'abord à Angers, avec M. Isidor Philipp, très applaudi; et en Autriche, à Vienne, par Mme Berthe Marx, qui a été rappelée plusieurs fois et couverte de bravos.

BALTHAZAR CLAES.

P. 6. — Je reviens, juste à temps pour en faire part au *Guide* de cette semaine, de la première audition, à la Madeleine, de la *Messe de Requiem* de Gabriel Fauré. L'impression de cette œuvre capitale du jeune maître a été profonde sur l'élite de musiciens et d'artistes qui assistaient à cette audition. Je n'entreprends pas d'entrer dans aucun détail : une œuvre de cette valeur, de cette importance, et qui, pour moi, est la plus belle manifestation, jusqu'à présent du moins, du très grand talent de son auteur, demande un examen approfondi que je me réserve de faire à un moment donné, et à l'heure convenable. Je me borne, aujourd'hui, à marquer une date et à enregistrer l'effet.

B. C.

****

Spectacles de la semaine dans les deux théâtres lyriques de l'Opéra et de l'Opéra-Comique :

A l'Opéra : lundi, *Rigoletto* et *Coppélia*; mercredi, *Robert le Diable*; vendredi, *Don Juan*.

A l'Opéra-Comique : lundi *le Domino noir*, *le Sourd* ou *l'Auberge pleine*; mardi, *le Barbier de Séville, le Portrait*; mercredi, *la Caïd, la Fille du Régiment*; jeudi, *Carmen*; vendredi, *le Barbier de Séville, le Châlet*; samedi, *le Domino noir, le Portrait*.

BRUXELLES

M. DUZAS DANS LA *VALKYRIE*.

La salle du théâtre de la Monnaie était archi-comble, dimanche, pour la représentation de la *Valkyrie*. C'était une expérience à faire : jouer du Wagner devant un public auquel d'habitude on ne sert que l'ordinaire des spectacles courants, assuré que l'on est de faire une recette, à condition que le spectacle soit long. La *Valkyrie* qu'il s'était fait désirer depuis près de deux mois, a obtenu un succès énorme, se traduisant par plusieurs rappels après chacun des trois actes. Aux habitués du dimanche était venu s'ajouter un fort contingent d'amateurs curieux de savoir comment M. Duzas reprendrait le rôle de Siegmound que M. Engel a dû abandonner pour chanter *Gioconda*. L'épreuve n'a pas été défavorable au jeune ténor, si l'on tient compte du peu de talent déployé par M. Engel dans la *Valkyrie* rendait particulièrement difficile la tâche de son successeur. M. Duzas a eu de très bons moments au premier acte, dans les passages de douceur où il articule nettement et trouve parfois l'expression juste. En revanche, il a eu des défaillances dans les chants héroïques de l'épée pour lesquels sa voix semble manquer de puissance. Au deuxième acte l'insuffisance du registre grave s'est fait sentir dans la scène de la prédiction de la mort. Mais au total, si M. Duzas veut travailler avec soin, s'appliquer à donner plus de relief à son personnage, éviter les gestes de convention, s'attacher de se tourner constamment vers le public en donnant la réplique à ses partenaires, il est à espérer qu'il arrivera à ne plus répéter qu'une seule fois avec l'orchestre, à droit au bénéfice des circonstances atténuantes. Il est certain qu'il paraîtra mieux étant donné qu'en peu de temps il a su faire passablement.

Il serait embarrassant de dire si M. Duzas est apte à chanter le rôle de Siegfried. Une audition nouvelle de la *Valkyrie* qui, sans doute, ne se fera pas attendre, paraît nécessaire avant de se prononcer définitivement sur les moyens de notre fort ténor. Il importe que la direction, avant de s'engager dans les répétitions d'un ouvrage plus important que la *Valkyrie*, soit assurée d'avance qu'elle peut compter sur ses interprètes. S'il existait un doute à ce sujet, nous lui verrions reprendre avec plus de confiance les *Maîtres Chanteurs* dont il a été question ces jours derniers.

Les anciens interprètes de la *Valkyrie* ont fait vaillamment leur devoir à la représentation de dimanche. Jamais M. Seguin n'a paru être mieux en voix; de ce côté la perfection est atteinte. Il lui reste cependant à apporter une plus grande variété dans les intonations; à dire presque certaines phrases qu'il ne les chante à voix pleine. Enfin, et toujours au vue de se perfectionner davantage, à développer le côté plastique de son interprétation en s'étudiant à diversifier ses attitudes, à varier les aspects des phrases de noblesse et à brusquer de certains mouvements. Mme Litvinne, Martini et Van Besten ont partagé avec M. Seguin les honneurs de la soirée. M. Vinche a la voix bien peu assurée dans le rôle de Hounding et les Valkyries ont manqué totalement d'assurance au troisième acte. De nouvelles répétitions de la Chevauchée et des scènes suivantes sont indispensables, ainsi que l'on veut maintenir l'exécution à un rang supérieur. Il est aussi très nécessaire que les gros instruments de cuivre se mettent bien d'accord. Mais passons sur ces fâcheuses imperfections pour ne pas accabler une exécution qui se ressentait probablement de l'abandon dans lequel on a laissé pendant quelque temps la *Valkyrie*.

E. E.

Il y a eu vendredi, au théâtre de la Bourse, une reprise de la *Chanson de Fortunio*, la charmante opérette d'Offenbach. Grand succès pour Mlle Noëlly qui remplissait le rôle de Valentin, et a eu les honneurs de la soirée.

❦

Au quatrième *Concert d'hiver*, bonne exécution de la *Symphonie italienne*, de Mendelssohn.— l'*andante* particulièrement a été très poétiquement rendu, — et succès très vif pour Mlle Derscheid, l'une des dernières élèves de Brassin, et qui a hérité des belles traditions de l'école.

Une autre pianiste, espagnole celle-ci, Mlle Pilar de Mora s'était fait entendre la veille au troisième concert de l'*Association des Artistes musiciens*. Jeu très net, très limpide, très perlé, mais un peu sec. Mlle de Mora a été très applaudie.

Le clou de ce troisième concert devait être l'exécution de *Didon*, la cantate de M. Charpentier, couronnée au dernier concours de Rome de l'Institut de France. Le public bruxellois a fait au jeune auteur un accueil très courtois, mais nous n'oserions dire que cette cantate l'a réellement charmé. Mon Dieu, quelle accumulation de moyens extraordinaires, de sonorités séduisantes, d'explosions terribles, d'harmonies contournées d'anticipations, de fausses relations, de retards, pour habiller, qui? de toutes petites idées, chétives et douceureuses. L'art de faire un civet sans lièvre. M. Charpentier tient de son maître Massenet.

Bissée, la *Canzonetta* de Benjamin Godard, retournée et arrangée pour quatuor, par M. Gabriel Piérné, autre élève de M. Massenet. Et la belle et bien musicale ouverture du *Roi d'Ys* de M. Édouard Lalo avait été placée tout au début du concert, et jouée pour les banquettes. O Jehin, toi qui es un artiste!

On a revu à ce concert une cantatrice autrefois très choyée de notre public, Mlle Leslino, le premier diplôme d'honneur du Conservatoire de Bruxelles! Vous rappelez-vous comme elle a chanté et joué un acte de la *Vestale* de Spontini? Mlle Leslino vient, dit-on, se fixer à Bruxelles où elle se consacrera au professorat.

Le nom de Mlle Eva Dell'Acqua n'est pas inconnu dans le monde artiste de la capitale. On apprécie même beaucoup et très justement le gracieux talent de compositeur de cette excellente musicienne qui possède un instinct mélodique assez rare. Aussi les représentations intimes de ses petits ouvrages ont-elles le privilège de faire sensation et d'attirer chaque fois chez M. et Mme Dell'Acqua un auditoire qui pour être choisi n'en est pas moins très nombreux. Mlle Dell'Acqua nous a fait goûter cette année deux pièces nouvelles : *le Secret de l'Abbaye*, paroles de M. F. Van der Elst, et *les Fiançailles de Pasquin*, paroles de M. P. Berlier et L. Malpertuis. Chacun de ces opéras en miniature a obtenu le plus vif succès : succès de musique et succès d'interprétation. Acteur et auteur, comme Molière et Shakespeare, Mlle Dell'Acqua est à citer en première ligne parmi ses interprètes. Sa jolie voix, rompue aux difficultés de l'art de vocaliser, traduit avec charme, les airs et les passages passionnés qui exigent une virtuosité sûre d'elle-même. La bonne facture qui voisine par barytón d'un timbre excellent et d'une étendue peu commune. A côté de ces premiers rôles, nous avons entendu M. Danlée, basse chantante, bien doué aussi, sous le rapport vocal, ainsi que Mlle Dessaint, MM. de Fieriant, Crabbe et Van der Elst, tous parfaitement stylés et soutenus par le petit orchestre composé d'un quatuor et d'un piano que conduisait M. Maurice Lefèvre.

E. E.

LONDRES.

Nous avons assisté, cette semaine, à une réunion intéressante, on pourrait presque dire amusante : celle de la *Société nationale de musiciens de profession*. Le nom de cette association anglaise serait nouveau pour quelques-uns des lecteurs du *Guide musical* que vous ne m'en verriez pas autrement surpris. La *National Society of professional musicians*, dans son enfance, n'existait pas il y a cinq ans. En 1883, lorsqu'elle tint sa première assemblée générale, elle ne comptait que deux membres. L'un présida les séances, tandis que l'autre servait de secrétaire, d'orateur et de public. Mais elle a grandi. Cette fois, réunie dans la salle de la corporation des Drapiers, elle présentait l'aspect imposant d'une réunion qui compte désormais dans ses rangs vingt-sept docteurs en musique, vingt membres de la Royal Academy, le ban et l'arrière-ban des professeurs de l'École de musique du Guildhall, neuf organistes de cathédrales, et bien d'autres encore. Sans compter qu'elle était présidée, s'il vous plaît, par le lord-maire de Londres, M. P. De Keyser, ni plus ni moins.

Arriver à rien de l'Angleterre une nation vraiment musicienne, non par la création de nouvelles serres chaudes, telles que des Conservatoires, mais par la diffusion d'un enseignement vraiment artistique, tel est le programme à la fois modeste et vaste de cette société nationale de musiciens. Il ne s'agit pas de faire surgir de toutes pièces quelques aigles artistiques, quelques compositeurs capables de rivaliser avec les maîtres allemands, italiens et français. La *National Society of professional musicians* vise simplement à améliorer et à généraliser l'instruction musicale, pour former le goût public, comptant bien que l'Angleterre produira des musiciens de talent et des chefs-d'œuvre comme la patrie de Wagner, celle de Gounod et celle de Verdi, du moment où il y aura en Angleterre des auditoires suffisamment initiés et cultivés pour goûter le grand art et lui faire une situation. Voilà une tentative fort intelli-

gente et dont vous suivrez les résultats avec un intérêt tout spécial, chers amis gens d'outre-Manche vous et continuez une école de grands musiciens ne pousse qu'en bonne terre, c'est-à-dire que là où il y a un public assez instruit pour l'apprécier, l'encourager et la faire vivre.

L'initiative de l'association des musiciens anglais vient d'autant plus à point que le public britannique pris dans son ensemble, passe à bon droit pour l'un des plus « illustres » de l'Europe, musicalement parlant. M. De Keyser l'a constaté avec une franchise presque brutale dans le discours par lequel il a inauguré les séances de la conférence. « Il n'y a pas de pays, a-t-il dit, en substance, où l'on entende dans les familles, d'aussi absurde musique que dans nos homes. La plupart du temps, nos pianos n'interprètent que des ballades sans valeur artistique aucune. On humilie des Pleyel et des Erard, jusqu'à les renfermer dans un répertoire de cafés-concerts. Il m'est arrivé plus d'une fois à moi-même de distribuer les prix décernés aux élèves de nos écoles de chant. Vous n'imaginez pas le supplice qu'ont enduré mes oreilles, et c'étaient des lauréats que j'entendais! » Personne n'a contredit à ce sévère jugement.

Le Dr S. Heap, de Birmingham, l'a endossé au contraire, en attribuant à la musique de Sir Arthur Sullivan la corruption du goût anglais. « On va entendre le *Mikado* et *Patience*. Et Sir Arthur Sullivan a beau faire, tout le premier, pour réagir, la masse, grisée par cette musiquette, ne va plus guère écouter ses oratorios ».

Un autre délégué, M. W. H. Cummings, a affirmé de son côté que le très nombreux public qui a envahi dernièrement les salles de concerts où se faisait entendre le petit violoniste Hoffmann, l'enfant prodige, n'avait nullement cédé à un sentiment artistique. Elle n'allait pas goûter du Hændel ou du Schumann, ou du Mozart. Elle allait simplement « regarder le petit chéri » *Dura veritas sed veritas*.

Mais comme la connaissance de soi-même est le commencement de la sagesse, on peut dire que l'Angleterre en est bonne voie, maintenant que ses musiciens proclament ainsi d'eux-mêmes son infériorité et la nécessité de combler les déplorables lacunes de son éducation. Au cours de la conférence, quelques indications intéressantes nous ont été fournies sur la façon dont procède la Société des musiciens pour réaliser son idéal. Elle a commencé par créer une foule de sociétés correspondantes et par tenir une foule de réunions partielles en province à Leeds, Halifax, Manchester, Liverpool, Southport, Plymouth, Nottingham, Derby, Bristol, Brighton, Birmingham, etc. Elle a rédigé un nouveau programme d'examen, beaucoup plus sévère, beaucoup plus exigeant qu'aucun de ceux qui existaient précédemment dans les écoles officielles et elle a déjà réussi à le faire adopter par un grand nombre de celles-ci. Elle cherche enfin à intéresser les philanthropes à son œuvre, pour doter toute ville importante d'un orchestre de première force, capable d'élever les œuvres les plus belles ou les plus hardies et de répandre, par là, le culte du grand art. Voilà déjà un résultat pour une société qui n'est guère sortie de ses langes. Un délégué américain, M. Calixe Lavallée, a félicité l'association de cette initiative dont les États-Unis profiteront, comme tout peuple jeune obligé de s'abreuver aux sources artistiques du vieux monde.

Je passe sur les banquets et les toasts, qui ont suivi, comme toujours, de corollaire à cette conférence de musiciens. Il suffit de constater que nos musiciens ont bien gagné le droit de se désaltérer, ear ils avaient beaucoup parlé, et non sans profit pour le public.

G. H.

ANVERS.

Le concert annuel des Dames de la charité, s'est donné dimanche dernier, dans la grande salle de l'Harmonie, avec le concours de Mme E. Weissmann, cantatrice, et de M. J. Piot, violoniste.

Nous avions déjà eu l'occasion d'entendre Mme Weissmann l'année dernière, quand elle chanta la partie de soprano dans la *Matthaus Passion* de Bach. La cantatrice était-elle mal disposée, nous l'ignorons, toujours est-il que son interprétation d'alors ne nous satisfit point. Hâtons-nous de dire qu'au concert de dimanche elle s'est révélée cantatrice de tout premier ordre.

Mme Weissmann possède une splendide voix de soprano dramatique. Elle a chanté supérieurement le grand air de la *Création* de Haydn, ainsi qu'un air des *Noces de Figaro*. Le récitatif qui précède l'air de la *Création* lui a permis de faire admirer, outre sa belle voix, une diction irréprochable. Elle nous a encore fait entendre quatre *lieder* d'auteurs différents qui lui ont valu d'enthousiastes applaudissements, surtout le *Quel ruscelletto* de P. D. Paradisi.

On a encore exécuté au même concert la cantate *Bradel et De Coninc*, de Mme Reyns. Cette cantate, fort bien écrite, dénote chez son auteur un réel talent ; seulement l'orchestration et les ensembles un peu trop touffus, conviendraient mieux à une exécution en plein air. Je crois du reste, que l'auteur l'a composée dans cette intention.

Au théâtre des dernières représentations : *Pêcheurs de Perles*, *Charles VI*, *Cloches de Corneville*, les *Contes d'Hoffmann*, etc., ont été autant de succès. On prépare *Patrie* de Paladilhe et *Lederik*, de Jos. Mertens ; c'est l'œuvre de notre compatriote qui, selon toutes probabilités passera la première.

❦

GAND.

GRAND-THÉATRE. — Mercredi 11 janvier, *Roméo et Juliette* ; vendredi 13, le 66 et les *Pêcheurs de Perles* ; dimanche 15, le *Prophète* ; lundi 16, *Roméo et Juliette*.

La reprise de *Roméo et Juliette*, donné pour la première fois à Gand le 13 décembre 1872 avec Mlle Hasselmans, avait attiré beaucoup de monde au théâtre et avait fait naître des espérances que ont été quelque peu déçues. Selon le mot de notre spirituel confrère du *Journal de Gand*, on nous a présenté un *Roméo et Juliette* « Vanhammisé » de la plus malheureuse façon. Dans cette version prétendûment conforme à une reprise de l'opéra-comique en 1873, on coupe les rôles de Pâris et du Duc, le final du premier acte, le second tableau du quatrième acte, etc.; encore sans compter que ce qui reste a été représenté avec une négligence et un manque de soin qui ont beaucoup étonné le public. On n'a pas compris non plus pourquoi le rôle de Frère Laurent n'était point tenu par M. Bourgeois, ni celui du pur par Mlle Danglado. Il y a là une revanche à prendre, M. Van Hamme! Mlle Boyer a montré de la grâce, de la tendresse dans le rôle de Juliette, et elle s'y taillera un fort beau succès quand elle chantera avec plus de virtuosité des passages comme la valse du premier acte. Comme toujours, M. Alvares fera un très bon Roméo après que deux ou trois représentations l'auront familiarisé avec son rôle. Citons encore M. Freiche qui a joliment chanté la ballade de la reine Mab, et M. Soun qui a fait ressortir le rôle effacé de Capulet.

Le concert de la Société Royale des Chœurs a fait passer, jeudi dernier, une agréable soirée aux membres de ce cercle, et il a valu des applaudissements à tous les artistes qui lui prêtaient leur concours ; Mlle Rachel Neyt, une jeune cantatrice à la voix bien cultivée et qui chante avec goût; M. Van Elslande, directeur de la Société philharmonique de Poperinghe, flûtiste de talent; M. Jules Wauters, un ténor de beaucoup d'avenir que j'ai signalé ici-même, la semaine dernière; M. Vandervoodt, doué d'un organe superbe et sachant s'en servir; enfin M. Dekemper, qui a fourni la note gaie en chantant avec humour quelques chansonnettes comiques.

Grande affluence, samedi, dans la vaste hall du Casino, pour le concert de charité organisé par la Société des Ouvriers Réunis au profit des pauvres et des crèches de la ville, avec le concours de Mlle Léria, du théâtre de la Monnaie; de M. Fontaine, l'excellente basse anversoise bien connue, et de M. Queeckers, moniteur au Conservatoire de Bruxelles, qui a fait preuve, comme violoniste, de brio et de fougue. La section chorale de la Société a malheureusement été en dessous de sa réputation; elle a détonné avec une persistance telle qu'un chœur a fini au moins un ton plus bas qu'il n'avait commencé. Nous l'engageons à chanter désormais un peu plus juste et, aussi, à exécuter des œuvres flamandes plutôt que des œuvres françaises; les chanteurs devront prendre moins de peine pour la prononciation et pourront d'autant mieux soigner la justesse et les nuances.
P. B.

LIÉGE.

Au deuxième concert du Conservatoire, samedi, l'orchestre a exécuté une symphonie de Tschaïkowsky, dont l'intérêt ne se soutient que par le pittoresque des thèmes et une instrumentation parfois piquante. L'exécution a été généralement bonne, sauf le manque de mise au point des diverses sonorités de l'orchestre et un défaut de netteté d'attaque chez les instruments graves ce qui produit une certaine confusion, plus sensible encore dans la *Marche hongroise* de Berlioz qui terminait le concert.

M. Radoux a eu l'idée très heureuse de reprendre des fragments symphoniques d'*Orphée* de Gluck qui avaient déjà figuré à un de précédents concerts. Ces morceaux, d'une exécution matérielle moins ardue, ont été mieux rendus, partant, mieux appréciés. Dans le solo de flûte de la *Plainte d'Eurydice*, un son plus vaporeux eût été désirable.

M. Engel n'était pas en possession de tous ses moyens; il y a pour lui une revanche à prendre.

Dans l'*Ave Verum* de Mozart et l'*O filii* de Leisring, les chœurs ont montré de sérieuses qualités vocales; l'expression laissé-à désirer : la musique sacrée et la profane sont chantées d'une façon identique. A ce point de vue l'éducation des chœurs est insuffisante.

De M. d'Albert, rien à dire qui ne soit connu. Il a reçu un accueil enthousiaste et bien mérité. Si une critique est à faire, elle ne portera certainement pas sur l'interprétation toute artistique des différents morceaux, mais bien sur le choix même de ces morceaux. M. d'Albert a joué aucune œuvre de tout premier ordre et pourtant il est de taille à s'attaquer aux concertos de Beethoven. Un de ceux-ci, mieux que le concerto en *mi* de Chopin, eût fait ressortir les qualités merveilleuses que possède M. d'Albert.

VERVIERS.

La Société d'Harmonie avait composé pour son grand concert de janvier un programme très varié et réuni pour cette circonstance des artistes de réelle valeur : l'orchestre de symphonie, Mme Duquesne, chanteuse légère du théâtre d'Anvers, Coquelin cadet et M. Claeys, baryton du théâtre royal de Liége.

La partie orchestrale comprenait l'ouverture de *Don Juan*, un *Menuet* très délicat et très bien orchestré de M. Van Cromphout et des *Airs du ballet* de MM. Leslie et Ywon Curgil.

L'exécution de ces divers morceaux a été plus satisfaisante et leur interprétation parfaite ; il ne pouvait du reste en être autrement avec M. L. Kefer au pupitre, que nous envieraient bien des grandes villes. Musicien de tout premier ordre, M. Kefer joint à des connaissances très approfondies, une sûreté et une autorité qui font de lui un des meilleurs chefs d'orchestre que nous ayons en Belgique.

Les *Airs de ballet* forment une suite charmante, sans prétention, gentiment orchestrée, avec la verve, l'entrain que demande ce genre. Nous avons particulièrement apprécié les *pizzicati* et la valse finale. Le public a acclamé les auteurs présents à la fête et ceux-ci ont offert à M. Kefer une corbeille de fleurs en reconnaissance des soins qu'il avait donnés à l'étude et à la mise au point de leur œuvre. Mme Duquesne dans l'air du *Pré-aux-Clercs* et la valse d'*Une folie à Rome*, a mis en relief sa voix au timbre d'une pureté remarquable et rompue aux difficultés de l'art du chant ; dans le duo d'*Hamlet* elle a montré un tempérament dramatique très intense et justifié pleinement les faveurs dont elle jouit auprès du public anversois.

M. Claeys, dont le nom est toujours salué avec joie parmi nous, nous a dit de sa grande et belle voix la *Cantilène* de *Cinq-Mars* et l'air de la *Coupe du Roi de Thulé* et dans le duo d'*Hamlet* a eu sa grande part des bravos de l'assemblée.

Enfin, Coquelin cadet, avec sa verve étourdissante, sa fantaisie originale, nous a débité toute une suite de monologues et a remporté un très grand succès.
C.

Nouvelles diverses.

L'année dernière, on s'en souvient, le concours Rossini n'a pu avoir lieu par suite de la faiblesse désespérante des livrets présentés pour servir de thème aux musiciens concurrents.

L'Académie des beaux-arts avait dû ouvrir un nouveau concours. Trente-six cantates avaient été déposées au secrétariat de l'Institut.

L'Académie des beaux-arts a couronné l'œuvre de Mme Judith Gautier, la fille du poète. Cette œuvre a pour titre les *Noces de Fingall*.

La cinquième matinée des *Concerts d'hiver* de Bruxelles aura un programme intéressant, composé par les abonnés eux-mêmes. Pas mal du tout, le choix des amateurs bruxellois. Ils avaient à désigner une symphonie, une ouverture et trois autres morceaux.

C'est l'*Héroïque* qui l'a emporté par 46 voix sur la symphonie en *si* bémol de Schumann, 33 voix; la symphonie en *ut* majeur de Schubert et l'*Italienne* de Mendelssohn, chacune 18 voix.

Beethoven triomphe dans l'ouverture comme dans la symphonie. *Egmont*, 58 voix, *Fest-Ouverture* de Brahms 32, *Lenore* 14, *Euryanthe* 14, *Genovewa* 10.

Pour les trois morceaux, Wagner arrive beau premier, avec son *Huldigungsmarsch*, 86 voix, son *Venusberg*, 84. Puis viennent Franz Servais, marche funèbre de l'*Apollonide*, 58 voix; César Franck, les *Eolides*, 35; la *Kaisermarsch* de Wagner, 28; le *Prométhée* de Liszt, 22; l'adagio du trio en *si* bémol, orchestré par Liszt, 20 voix; Bülow, la *Malédiction du Chanteur*, 17 voix; les *Rois mages* de Liszt, 17 voix. Ni la presse, ni les artistes, ni les invités ne votaient.

La nouvelle de la représentation de *Jocelyn* au théâtre de la Monnaie, produit une véritable sensation à l'étranger. Déjà certains journaux de musique, anglais et italiens, publient à cette occasion des articles biographiques sur le jeune maître français.

Le festival rhénan aura lieu, cette année, à Aix-la-Chapelle, sous la direction de Hans Richter, et, bien que nous ne soyons pas précisément à la veille de la Pentecôte, le programme en est déjà presque tracé, au moins dans ses lignes essentielles : 1er jour : l'ouverture de Beethoven *Zur Weihe des Hauses* et le *Messie* de Hændel. 2e jour : Schumann, ouverture de *Genoveva*; Bach, *Gottes Zeit*, cantate sacrée; Weber, ouverture d'*Euryanthe*; Mendelssohn, psaume 114 ; Wagner, prélude et finale de *Tristan*, et la 9e de Beethoven. 3e jour : les *Préludes*, poème symphonique de Liszt; concerto de Brahms pour violon et violoncelle; *Schön Ellen*, cantate écossaise de Max Bruch; l'ouverture de Berlioz pour *Benvenuto* et la *Kaisermarsch* de Wagner; sans parler des solos des chanteurs. Si Mlle Malten, de Dresde, accepte les propositions du Comité, la scène finale de la *Götterdämmerung* sera substituée aux fragments de *Tristan*.

Le 23 décembre dernier, par la troupe allemande du théâtre métropolitain de New-York, a eu lieu la reprise d'*Euryanthe* de Weber. Il est inconcevable que cette œuvre intéressante, dont le sujet est tiré d'une ancienne romance française, n'ait guère attiré l'attention de nos metteurs en scène français. Depuis l'année 1857, où il fut donné au Théâtre-Lyrique, ce magnifique ouvrage qui renferme en substance la poésie dramatique et chevaleresque de *Lohengrin*, n'a plus jamais été reparis à Paris. On n'a jamais songé à le représenter à Bruxelles alors qu'il était déjà connu à New-York il y a un quart de siècle.

La saison prochaine verra s'ouvrir, paraît-il, trois théâtres italiens à Londres : M. Lago s'installerait à Covent-Garden, M. Harris prendrait possession du théâtre de Drury-Lane et le colonel Mapleson opérerait au théâtre de Sa Majesté. Il sera intéressant de voir jusqu'à quel point ces entreprises rivales réussiront là où un seul impresario n'a pu se tirer d'affaire en débitant des cavatines.

VARIÉTÉS

ÉPHÉMÉRIDES MUSICALES

Le 21 janvier 1830, au château de la Cour-du-Bois (Sarthe), naissance de Mᵐᵉ Marie-Félicie-Clémence de Reiset, vicomtesse de Grandval. — Bien plus artiste que simple amateur, Mᵐᵉ de Grandval est douée de facultés remarquables et d'une puissance de production assez rare, surtout chez une femme. Élève de Camille Saint-Saëns, avec qui elle a perfectionné son éducation musicale, elle s'est révélée sous les aspects les plus divers : musique dramatique, symphonie, musique religieuse, musique instrumentale, etc., etc., On trouvera la nomenclature de ses œuvres dans le suppl. Pougin à la *Biog. des mus.* de Fétis.

— Le 22 janvier 1825, à Milan, décès de Giuseppe Carpani, à l'âge de 72 ans. — Sa naissance à Briansa (Lombardie) en 1752.

Ses deux monographies, l'une sur Haydn, l'autre sur Rossini, ont jadis fait beaucoup de bruit à cause d'un plagiat dont s'était rendu coupable un écrivain français devenu célèbre : Henry Beyle, dit Stendahl, dit Bombet.

Les *Haydines* et les *Rossinienes*—tels sont les titres des deux ouvrages en question — ont une verve et une faconde qui rappellent Castil-Blaze ; seulement Castil-Blaze savait la musique. Carpani nous fournit sans doute des détails historiques intéressants, beaucoup d'anecdotes, mais aussi des divagations creuses et des contes ridicules.

— Le 23 janvier 1848, à' Anvers, Alfred Jaell, âgé de 16 ans, se fait entendre pour la première fois dans une matinée. Ce jeune artiste, dit la *Belgica musicale*, possède les deux qualité essentielles du pianiste, celui du mécanisme et celui du sentiment musical, portés au plus haut degré possible ».

Après avoir fait de longs séjours à Bruxelles, de 1847 à 1850, puis y être revenu plusieurs fois — aux Concerts populaires, en 1870 et 1872 — Alfred Jaell a parcouru les principales villes des Deux-Mondes. Il est mort à Paris, le 27 février 1882, à l'âge de 50 ans. Il avait vu le jour à Trieste, le 5 mars 1832.

— Le 24 janvier 1824, à Londres (King's theatre), *Zelmira*, op. seria 2 a. de Rossini. Aux trois premières représentations, Rossini, ayant le titre de directeur et compositeur de ce théâtre, est à la tête de l'orchestre et tient le piano suivant l'usage italien. Sa femme, la Colbran, reprit pour son début le rôle qu'elle avait créé deux ans auparavant à Naples. La *prima donna seria* n'avait pas la belle voix d'autrefois, c'est ce que constate Parke dans ses *Mémoires*, c'est également l'opinion que pendant un voyage en Italie ((1821) Herold avait déjà exprimé en ces termes : « Ses moyens la trahissent à tous moments. C'est dommage, car peu de femmes ont eu plus de charme dans l'organe, plus de facilité et plus de goût. » Rossini, vivement acclamé à la fin de la 'soirée vint s'incliner devant le public fashionnable de King's theatre.

Zelmira : à Naples (San Carlo), 16 février 1822 ; à Vienne, 13 avril 1822 ; à Paris, 14 mars 1826.

— Le 25 janvier 1872, à Saint-Pétersbourg, *le Démon*, 3 actes de Rubinstein. Sans suivre la route d'aucun maitre antérieur, Rubinstein dans cet ouvrage, tient le milieu entre Meyerbeer et Wagner : *in medio virtus.* (Correspondance du *Guide musical.*)

Le Démon, traduit dans différentes langues, a été joué en dehors de la Russie, sur différents théâtres étrangers, à Hambourg (1880) et à Londres, par une troupe italienne (Covent-Garden, 21 juin 1881).

— Le 26 janvier 1822, à Dresde, C. M. von Weber dirige la première de son *Freischutz*, — six mois après, Berlin qui avait eu la primeur du chef-d'œuvre (18 juin 1821) Weber écrivit sur son carnet au sujet de la soirée : « Tout a marché excellemment ; presque rien à désirer de la plupart.: Je fus rappelé et je parus avec Mᵐᵉ Funk et Mᵐᵉ Haase. L'orchestre, les chœurs, les machinistes, etc. avaient tous mérité cet honneur.»

Quand Weber rentra chez lui, encore sous le coup des émotions de la soirée, il trouva sea amis qui l'attendaient pour lui faire fête. L'un deux, bâti en hercule, saisit à bras le corps le maitre, petit et maigriot, le tint d'une main et tous deux se livrèrent à une valse échevelée autour de la chambre. Ce fut dans la vie de Weber'une journée fortunée, *ein goldener Tag*, comme le dit Max de Weber, au tome II, p. 386, de la *Vie* de son père.

Le *Freischutz* révolutionna toute la contrée autour de Dresde, et l'on sut que les vingt-cinq premières représentations amenèrent dans la ville de dix à quatorze mille étrangers.

BIBLIOGRAPHIE

Le VIIIᵉ volume de la *Musique aux Pays-bas* vient de paraitre chez Schott frères à Bruxelles. Il forme le tome IIᵉ des *Musiciens néerlandais en Espagne*, et est orné de douze planches gravées et phototypées, sans compter un grand nombre de vignettes et de fac-similés interlinaires.

Avant toute appréciation de ce nouveau travail qui n'embrasse pas moins de 600 pages, on nous saura gré d'avoir un aperçu du *mode* des intéressantes matières qu'il renferme:

I. — Chapelle flamande de Philippe II à Madrid. Maitres de haute valeur dont elle est formée. Le chant y atteint la perfection. Symbolisation de la monodie néerlandaise au XVIᵉ siècle. Gravure la concernant. La castration inconnue dans les rangs' des *niños* flamands. Parallèle entre les chapelles

néerlandaise et espagnole. Le génie de l'orgue attribué aux virtuoses des Pays-Bas. Organistes distingués formés par eux. Recrutements divers de chantres. Réorganisations. Les ménestrels flamands dé Philippe II. Gravure y relative. Succès des artistes flamands à la *jornada* (comices) de Monzon.

II.—Nouveaux recrutements de musiciens aux Pays-Bas pour la chapelle flamande de Philippe II. Les maitres de chant des cathédrales enrôlés comme de simples chantres. Opposition faite par les dignitaires de la cathédrale d'Anvers au duc d'Albe, au sujet d'une demande de *soprani*. Ceux-ci portés, dans la chapelle madrilène, au nombre de dix-sept, puis de_ dix-neuf. Nomenclatures diverses des phalanges vocales flamandes en cette institution. Autres succès à la *jornada* de Monzon, où nos artistes se trouvent en présence des chantres aragonais, castillans, portugais, etc. Transcriptions pour le répertoire de la chapelle royale de Madrid. Nombreuses compositions flamandes qui en font partie. Monopole des éditions musicales plantiniennes en Espagne.

III. — Chapelle flamande de Philippe II à Lisbonne. La Néerlande fouillée à nouveau, en tous sens, pour le recrutement des *niños* destinés à la chapelle de Madrid. Leur supériorité incontestable. Excursion pittoresque en Espagne de ceux-ci. Débuts, prospérité et décadence de l'institution flamande des *niños*. Les divers instruments dont ils jouent. Leurs statuts. Règlements de la chapelle néerlandaise. Irruption espagnole. Instruments servant aux *villancicos*. Basse de Flandre. Planche y relative. Analogies et restitutions. Série d'impressions flamandes faites en Espagne et en Portugal. Fac-simile. Notices et documents. Portrait.

IV.— Orgues monumentales construites à l'Escurial par des artistes flamands. Gillès Brebos en tête. Gravure. Description de leurs jeux variés et manière de les combiner. Appréciations. Orguettes, claviorción et clavecins dus aux mêmes facteurs. Claviengue de Juan Brebos. Orgues flamandes à la cathédrale de Tolède. Série de facteurs d'orgues contemporains établis aux Pays-Bas. Spécimen de leurs produits. Fifres, flûtes, cômets à bouquin, luths, théorbes, pandores, cromornes, douçaines, cornemuses, sacquebutes, violes à archet, etc. formant le cabinet instrumental de Philippe II. Éclosion de la symphonie. Phototypie, Carillons flamands à l'Escurial. Descrip. tion et appréciation. Da concertent, aux grandes solennités, avec d'autres instruments. Carillons flamands construits au palais d'Aranjuez, de la Granja et au couvent de Mafra (Estramadure). Description détaillée et notices diverses. La musique à l'Escurial. Notices biographiques. Répertoire vocal de la chapelle royale de Madrid.

V. — Artistes et œuvres de la chapelle royale de Madrid, sous Philippe III. Les compositeurs flamands et les premiers essais de drame lyrique. *Bandas* instrumentales flamandes installées à Séville et ailleurs. Couplets de Saint-Jacques de Compostelle joués et chantés par eux. Nouvelle irruption de l'élément espagnol dans les rangs des chantres officiels néerlandais. Nomenclature de la chapelle royale flamande espagnolisée. Engouement pour les virtuoses italiens. Appréciations. Leur succès, Louis 1er. Éloge du génie musical néerlandais. Vulgarisation de leurs œuvres, par les transcriptions et les adaptations. Série de collections où elles sont consignées. Notices et commentaires. Répertoire flamand d'ouvrages religieux à Grenade, Saragosse, Valladolid, Barcelone, Valence, Alcala, Madrid, l'Escurial, etc. Bibliothèque musicale néerlandaise de Jean IV à Lisbonne. Description accompagnée de notices biographiques.

AVIS ET COMMUNICATIONS

On nous annonce l'ouverture prochaine du cours de voix, chant et diction lyrique, formation, développement et assouplissement de la voix appliquée au chant et à la parole. Une vaste scène est à la disposition des élèves. Une salle spacieuse contenant 200 personnes, porte le nom du professeur Emmanuel Baumann. S'adresser : 5, rue Mansard, Paris.

Nécrologie.

Sont décédés:

A Paris, le 14 janvier, Stephen Heller, né à Pesth (Hongrie), le 15 mai 1814, pianiste et compositeur, établi à Paris depuis 1838 et ne faisant plus que du professorat. Fétis, il y a quelque trente ans, considérait « Heller, bien plus que Chopin, le compositeur moderne du piano. » Il existe une monographie de cet artiste par Barbedette, (*Stephen Heller, sa vie et ses œuvres*, Paris, Maho, 1876) laquelle a été traduite de l'anglais par R. Brown-Bortwick (Londres, Ashdown and Parry). Voir au surplus, *Biogr. des mus.*, de Fétis, t. IV, p. 287, et suppl. Pougin, t. I, p. 436.

— A Berlin, Mᵐᵉ Voggenhuber-Krolop (Vilma von), née à Pesth en 1845, une des plus remarquables artistes de l'Opéra, où elle était depuis 1868. Ses meilleurs rôles étaient la comtesse des *Noces de Figaro*, l'Elsa de *Lohengrin* et l'Iseult du *Tristan* de Wagner. Elle avait épousé la basse Krolop, également engagé à l'Opéra de Berlin. (Notice *Tongers Lexicon*.)

— A Charlottenbourg, le 7 janvier, Mˡˡᵉ Jeanne de Ghilany, une des chanteuses les plus distinguées de l'Opéra de Berlin. Elle était à Vienne, en 1864. Après avoir achevé ses études musicales dans la capitale de l'Autriche, elle avait débuté à Lubeck avec un tel succès que l'Opéra de Berlin n'avait pas tardé à lui proposer un engagement de cinq ans. Elle s'était distinguée surtout dans les rôles du vieux répertoire. Depuis un an,.elle était atteinte d'une maladie incurable de la poitrine.

— A Bruxelles, le 15 janvier, M. Jean Van Hamme, alto solo du théâtre royal de la Monnaie.

C'était un des plus distingués de l'orchestre. Les amateurs de musique de chambre ont eu souvent l'occasion de l'entendre notamment dans le quatuor Hermann, tenant la partie d'alto avec autant de talent que de modestie.

XXXIVe ANNÉE 26 janvier 1888 NUMÉRO 4

Le Guide Musical

Paraissant tous les jeudis.

ABONNEMENT	SCHOTT FRÈRES, ÉDITEURS.	ANNONCES
FRANCE et BELGIQUE : Avec musique 25 francs. — Texte seul. . 10 — UNION POSTALE : 12 —	Paris, Boulevard Montmartre, 19 Bruxelles, Montagne de la Cour, 82	S'adresser à l'Administration du Journal. On traite à forfait.

RICHARD WAGNER

ET

FRANZ LISZT

(Suite. — Voir le dernier numéro.)

Cette lettre est trop importante pour être simplement analysée et trop longue en même temps pour être reproduite ici textuellement. J'en donnerai donc les principaux passages qui contiennent plus d'une observation dont nos chefs d'orchestre et nos acteurs pourront faire leur profit.

Ce qui paraît tout d'abord avoir inspiré cette lettre, c'est l'impression produite sur Wagner soit par les différents comptes-rendus de *Lohengrin* qui lui avaient été envoyés, soit par le récit verbal des quelques amis de Zurich qui s'étaient rendus à Weimar pour assister à la première.

Après une courte introduction où il exprime à Liszt sa plus vive reconnaissance pour « l'abnégation et l'énergie sans exemple » qu'il a montrées en dirigeant les études de l'ouvrage, et après lui avoir dit que « c'était une œuvre de géant qu'il avait entreprise et menée à bonne fin, et pour laquelle il ne savait comment le remercier », Wagner fait allusion à une lettre de M. de Zigesar, où l'intendant du théâtre paraît exprimer un doute quant au succès définitif de *Lohengrin*.

C'est cette lettre vraisemblablement qui motiva la réponse de Wagner à Liszt. Wagner paraît avoir été très surpris de la durée inusitée de la représentation qui, commencée à six heures, se prolongea jusqu'à onze heures du soir, une heure tout à fait insolite à Weimar à cette époque et même aujourd'hui. Et c'est tout en cherchant à s'expliquer la durée de l'exécution à l'orchestre qui ne concordait pas avec celle de l'exécution au piano, que Wagner en arrive à supposer qu'il a dû se produire quelque malentendu.

« J'aurais dû douter que tu eusses pris exactement les mouvements que je t'avais indiqués, si mes amis qui connaissent entièrement l'œuvre ne m'avaient donné la formelle assurance que tu avais en général pris ces mouvements tels qu'ils les connaissaient d'après moi-même, et çà et là, plutôt un peu trop vite que trop lentement. Je dois donc admettre que les ralentissements se sont produits là où ton pouvoir de chef d'orchestre ne s'exerçait plus absolument, c'est-à-dire dans les *récitatifs*. On me confirme, en effet, que les *récitatifs* n'ont pas été compris par les chanteurs tels que je les avais dits à mes amis au piano. Permets-moi de m'expliquer sur ce point et excuse le tort que j'ai eu de ne pas l'avoir fait avant l'exécution.

« Il est un fait attristant, c'est que l'on ne donne plus guère sur nos théâtres allemands que des ouvrages traduits des langues étrangères ; ila est résulté parmi nos chanteurs dramatiques la plus inconcevable démoralisation. Les traductions de l'italien et du français sont généralement l'œuvre de misérables, ou tout au moins de gens qui n'entendent nullement en état de rétablir dans leur traduction la concordance des paroles et de la musique telle qu'on la trouve dans l'original, comme je me suis donné la peine de la rétablir dans les passages les plus importants de l'*Iphigénie* de Gluck. Le résultat, à la longue, a été que les chanteurs n'ont plus eu aucun égard à l'union entre la parole et le son, qu'ils se sont habitués à émettre une syllabe quelconque sur la note principale de la mélodie, à chanter en revanche une syllabe importante sur une note accessoire, en un mot à chanter toujours et bien à contresens qu'à la fin il leur est devenu tout à fait indifférent de prononcer les paroles. Il est extrêmement amusant de voir les critiques allemands prétendre que l'Allemand seul comprend la musique dramatique, quand l'expérience démontre que même les plus mauvais chanteurs italiens, dans le plus mauvais opéra italien, déclament avec plus de justesse et d'expression que les meilleurs chanteurs allemands.

« Le récitatif a eu particulièrement à souffrir de ce système : les chanteurs se sont habitués à ne voir dans le récitatif qu'une succession quelconque de notes qu'il leur est permis de déchiqueter ou d'étendre, à leur gré. Quand dans un opéra commence le récitatif, cela veut dire pour eux : « Dieu merci nous voilà débarrassés de cette maudite mesure, qui nous oblige encore à émettre un chant plus ou moins cadencé ! Enfin nous allons donc pouvoir nager en long et en large, nous allons pouvoir nous arrêter sur la première note venue jusqu'à ce que le souffleur nous rappelle la phrase suivante : le chef d'orchestre n'a plus rien à nous dire, nous pouvons nous venger de ses prétentions, il aura beau battre la mesure, c'est à nous de commander ! » Si tous nos chanteurs n'ont pas pris volontairement cette attitude méprisante à l'égard du récitatif, tous du moins participent sans s'en douter, à la mollesse et à l'apathie générales (1).»

Le trait était mordant et certes les interprètes de *Lohengrin* à Weimar ne durent pas se sentir-très flattés de cette sortie qui, pour être générale, ne les atteignait pas moins chacun en particulier. Et cependant il faut reconnaitre qu'au fond Wagner. avait le droit et le devoir de parler ainsi et que très probablement il eut raison d'insister nettement sur le caractère qu'il entendait qu'on donnât à son récitatif. Il s'étend longuement sur ce sujet:

« Nulle part dans la partition de *Lohengrin* je n'ai écrit dans les parties de chant le mot : « Récitatif »; les chanteurs ne doivent pas se douter du tout qu'il existe des récitatifs. Je me suis, au contraire, efforcé de mesurer et de marquer l'expression parlée du-langage avec tant de sûreté et une telle précision que le chanteur n'a plus qu'à chanter les notes exactement dans le mouvement indiqué pour trouver le ton juste du langage. Je prie donc ardemment les chanteurs de dire ces passages parlés de mon opéra tout d'abord exactement en mesure, — tels qu'ils sont écrits; — qu'ils les disent en général avec vivacité, en articulant nettement, et nous aurons ainsi beaucoup gagné; si,partant de cette base et usant d'une liberté intelligente, ils peuvent arriver ensuite, en animant plutôt qu'en retenant, à faire disparaitre ce que la mesure trop marquée a de pénible, et à donner l'impression d'un langage animé et poétique, nous aurons obtenu tout. »

On ne saurait plus clairement expliquer le but à atteindre. L'observation faite ici, à propos des récitatifs de *Lohengrin* ou. plutôt des parties récitées de cet opéra, s'applique à plus forte raison à toutes les œuvres subséquentes où le récitatif joue un rôle plus important encore.

Un peu plus loin, Wagner arrive à un autre point essentiel: la partie musicale de son opéra. Dans l'un des comptes-rendus de *Lohengrin*, celui du poète et dramaturge Dingelstedt, il avait cru reconnaitre que « les flûtes, les violons, les timbales et les trompettes avaient fait plus d'impression sur lui que la pièce ». Et ce lui fut un grand chagrin, il le dit à Liszt :

« Parlons sérieusement et sans égotsme de la musique : nous devons nous avouer qu'elle n'est qu'un moyen à un but ; et ce but dans un opéra raisonnable : c'est le *drame*.Or le drame est tout entier dans la main des *acteurs*, il *est sur la scène*. Que les acteurs aient complètement disparu aux yeux de Dingelstedt, au lieu de les écouter

(1) Comme tout cela est vrai, même aujourd'hui! une bonne partie des critiques adressées par Wagner aux chanteurs allemands de 1850 pourrait s'appliquer à cette heure aux chanteurs français. L'école de chant français qui s'était jusqu'en ces derniers temps distinguée par la netteté et la vivacité de la diction a déplorablement dégénéré depuis quelques années, sous l'influence, au contact des machines italiennes que l'on joue presqu'exclusivement depuis dix ans sur les scènes françaises,accouplées aux monstruosités proso-diques de Meyerbeer. A l'exemple des mauvais chanteurs italiens d'aujourd'hui, — élevés à l'école vocifératoire de Verdi, l'usage s'est établi parmi eux d'ouvrir démesurément le son sur certaines syllabes, de prolonger ridiculement certaines notes favorables à l'émission, si bien que le récitatif ni l'air n'ont plus aucune forme déterminée et perdent toute allure rythmique. Il n'y a pas jusqu'aux chanteurs d'opéra-comique qui ne sacrifient à la mode des longues tenues, des *sanglots* comme on dit en style de coulisse. Par une bizarre ironie, la tradition sinon correcte,du moins approximativement vraie du récit et du chant dramatiques semble ne s'être maintenue que dans l'opérette. Là, du moins, la *diction* n'a pas perdu ses droits: le récitatif est déclamé d'une manière vivante, avec l'allure animée qui convient au genre : les chanteurs ne se permettent pas avec la mélodie des écarts que leur ignorance du chant et de la musique rendraient probablement très périlleux. Médiocres chanteurs pour la plupart ils se rattrapent par la diction. Ainsi cet art du chant dramatique français, si clair, si précis vif si franc d'allure, s'est trouvé sauvé par le genre qui a tué l'Opéra.

il n'ait écouté que les instruments de l'orchestre, cela me peine, car je vois que pour le feu et l'expression de l'action représentée, les interprètes sont restés derrière l'orchestre qui les soutient. J'admets qu'un chanteur accompagné par un orchestre tel que celui-ci, doit être un chanteur de toute première et supérieure qualité; et je crois aussi que de tels chanteurs non seulement font défaut à Weimar, mais qu'il serait difficile de les trouver partout en Allemagne. Mais, en somme, qu'est-ce que l'essentiel dans tout ceci ? Est-ce la voix seulement ? En vérité, non ! C'est la *vie*, c'est le *feu* de l'action, — et pour cela il faut aux acteurs *sérieuse application et forte volonté*. A Dresde, j'ai fait avec nos meilleurs artistes l'expérience qu'on trouvait chez eux la meilleure volonté et une passion véritable pour leur art; et malgré tout, ils ne pouvaient maitriser une certaine mollesse qui, en l'état actuel de l'art,parait être devenu le trait caractéristique de nos héros de théâtre. Là bas, pour *Tannhæuser*, j'avais fait écrire avec la plus grande précision dans toutes les parties de chant toutes les indications pouvant aider à faire comprendre les situations et qui avaient trait à l'action dramatique. A l'exécution, je dus me convaincre avec épouvante que toutes ces indications étaient demeurées inobservées. C'est ainsi, — juge de ma terreur! — qu'au moment du combat des chanteurs, dans l'hymne à Vénus, lorsque Tannhæuser dit ces mots :

L'amant qui sans cesse l'adore
Connaît l'amour et ses transports fougueux,

je vis mon Tannhæuser, devant toute l'assemblée, hurler ces paroles au visage d'Elisabeth, la plus pure des vierges! — Quel pouvait être le résultat d'une pareille interprétation? — Tout au moins le public devait demeurer confus, ne sachant pas où il en était ! »

Dans la suite de sa lettre, Wagner insiste sur d'autres détails d'exécution scénique qui, à ses yeux, avaient une importance capitale et qui généralement ne sont que très imparfaitement rendus. Ainsi dans le deuxième acte de *Tannhæuser*, après le duo d'Élisabeth et de Tannhæuser, il fait remarquer le retour du thème de la clarinette dans un mouvement plus lent, Elisabeth doit porter ses yeux vers la cour du château comme pour suivre du regard Tannhæuser qui s'en va. Cette indication de scène est dans la partition. On ne la fait exécuter presque nulle part et il en résulte, comme le fait observer Wagner, que le thème de la clarinette n'a plus aucun sens. « Toute mesure d'une musique dramatique, ajoute-t-il, n'a de raison d'être qu'autant qu'elle exprime quelque chose qui a trait à l'action ou au caractère des personnages en scène. Le thème de la clarinette n'a pas été répété à cet endroit pour produire un effet musical ; le signe d'adieu qu'Élisabeth adresse de loin à Tannhæuser est la chose essentielle et je n'ai ramené cette réminiscence que pour accompagner le geste d'Élisabeth ».

Voilà qui est clair,

A propos de l'exécution weimarienne de *Lohengrin*, Wagner signale à Liszt une omission du même genre. On lui avait rapporté qu'à la fin du second acte le rideau était tombé au moment où Ortrude s'élance vers Elsa et la menace du geste lorsque le cortège nuptial pénètre dans le temple; c'était trop tôt, car il y a là un des motifs les plus importants du drame. Wagner en est désespéré et il entre dans de longues explications sur ce détail encore.

« En concevant et en exécutant le deuxième acte, je m'étais préoccupé de ne pas laisser le spectateur sous l'impression favorable produite par les dernières paroles d'Elsa à Lohengrin; la satisfaction ne doit pas être complète à cet endroit, il faut que le public ait la sensation qu'Elsa n'a dominé ses doutes que sous la plus puissante des contraintes : le spectateur doit demeurer sous l'impression de la crainte qu'Elsa ayant commencé à douter de Lohengrin, elle finira.

par céder à ses scrupules et par enfreindre la défense qui lui est faite. C'est de cette impression, généralement éprouvée que découle la nécessité d'un troisième acte, dans lequel ce que nous redoutons va se réaliser. Eh bien, c'est afin de provoquer cette impression nécessaire, c'est pour la faire pour ainsi dire toucher du doigt, que j'avais trouvé le jeu de scène suivant : Elsa, conduite par Lohengrin, est arrivée à la dernière marche du temple ; dans une angoisse suprême, elle porte ses regards vers la foule, — elle cherche des yeux Frédéric de Telramund qui est encore présent à son esprit, — son regard rencontre celui d'Ortrude qui est là au pied des marches et qui, menaçante, lève la main vers elle ; à ce moment éclate dans l'orchestre, fortissimo, en *fa* mineur, le thème de la défense de Lohengrin dont la signification a été jusqu'ici assez nettement indiquée et qui coïncidant, cette fois, avec le geste d'Ortrude veut dire clairement : « Entre dans le temple, va ! tu enfreindras tôt ou tard la défense ». Là-dessus Elsa se détourne avec un mouvement de terreur, et ce n'est qu'après cette interruption que les fiancés, conduits par le Roi, reprennent leur marche vers le temple. Alors seulement le rideau doit tomber. »

Or, d'après ce qu'on lui avait rapporté, de tous ces détails aucun n'avait été exécuté : le rideau étant tombé avant la rentrée du motif de la défense, le retour de ce thème ne pouvait plus avoir aucun sens pour le public et toute la suite du drame avait dû paraître une insoluble énigme.

Faut-il s'étonner, après cela, que Wagner au lieu des remerciements attendus, ait adressé à Liszt cette longue lettre explicative ? Nous comprenons sans doute qu'il y ait eu du désappointement chez les interprètes, et un désappointement d'autant plus cruel que tout le personnel du théâtre de Weimar, le régisseur Genast, l'intendant de Zigesar, les chanteurs, les chœurs, l'orchestre avaient montré pendant les répétitions un zèle et une ardeur incomparables. Mais si vous voulez bien vous rendre compte de la situation particulière où se trouvait alors le compositeur : exilé d'Allemagne, obligé de confier à autrui son œuvre tout entière, n'ayant pas eu le choix de ses interprètes, se pénétrant bien des difficultés de l'exécution et ne pouvant personnellement intervenir pour les résoudre ; si vous voulez bien vous souvenir que cet homme était alors dans une situation matérielle presque pénible, qu'il se sentait complètement dépaysé en Suisse, qu'il était en désaccord avec lui-même cherchant à retrouver sa voie et doutant presque de son génie, comme en témoignent plusieurs de ses lettres à Liszt, et que c'est dans cette situation d'esprit vraiment anormale qu'il dut lire des feuilletons où son œuvre était appréciée tout de travers par ses propres amis, tandis que d'autres lui signalaient de regrettables lacunes dans l'exécution, dites-moi, connaissez-vous beaucoup d'artistes qui, dans ces conditions, auraient agi autrement que Wagner, qui auraient eu assez d'empire sur eux-mêmes pour taire leurs craintes et subir en silence l'angoisse du doute ?

Il est donc parfaitement banal de parler, à propos de cet incident, de l'infatuation, des exigences tyranniques, de l'absence de tact, de l'ingratitude de Wagner. Il a fait en cette occasion ce qu'ont fait en pareil cas, Mozart, Hændel, Beethoven, Berlioz, — lisez leur correspondance si elle a été publiée et l'histoire de leurs démêlés avec les directeurs de théâtres, avec les princes leurs protecteurs, etc. ; —il a

défendu son œuvre contre la bonne volonté et la bienveillance même de ses amis et de ses interprètes. C'est quelquefois une nécessité.

Liszt, du reste, — et ceci lui fait honneur, — ne montra personnellement aucune susceptibilité à propos de cette lettre qu'un artiste à l'âme moins haute eût pu interpréter comme une leçon donnée mal à propos. A quelque temps de là, il lui écrivit, après la deuxième représentation, une lettre très cordiale et plus enthousiaste encore que les précédentes, dans laquelle il appelle Wagner son grand héros artistique (*grosser Kunstheros*), et lui promet sur l'honneur que ses volontés quant à l'exécution seront ponctuellement exécutées « avec tout le respect et toute la soumission auxquels il a droit de prétendre de par son génie et ses œuvres ».

Ce trait est vraiment très beau.

(A suivre.) MAURICE KUFFERATH.

LE DRAME LYRIQUE
ET M. CATULLE MENDÈS

On a dit que M. Catulle Mendès allait tirer un nouveau livret d'opéra d'*Hernani*.

Peu importerait le fait : un *Hernani* de plus ou de moins en musique, s'il ne nous ramenait encore une fois à la question du libretto si violemment agitée à propos de *Gioconda* et pour cause.

Il faut avouer que les agissements des fabricants d'opéras excusent pleinement ce mot de Victor Hugo qu'on citait dernièrement : « La musique est un masque qui sert à cacher la bonne poésie. » Il aurait pu dire : qui sert à défigurer ; car, entre nous, le drame d'Hugo et sa prose poétique vus à travers la *Gioconda* font un peu l'effet d'une œuvre vue à travers une lorgnette ; disons le mot : d'une œuvre grêlée.

Ce n'est malheureusement pas M. Mendès, si peu artiste dans l'art d'architecturer ses romans, qui va respecter beaucoup l'architecture des autres. Sciemment ou non, il ne manquera pas de déterminer des crevasses et des lézardes dans le vieil édifice « hugotique », et il aura beau y mettre des ancres comme il en met parfois à ses livres pour faire mieux tenir les chapitres les uns aux autres, nous n'en aurons pas moins, après le drame-écumoire, le drame passette.

Pauvre Hernani !

« C'est la noce des morts, la noce des tombeaux. » Je crains que tu ne meures d'une mort bien cruelle, le soir où, dans l'orchestre du collaborateur de M. Mendès, retentira le son du cor.

Question de gros sous à part, je ne comprends pas cette manie de faire servir une œuvre à plusieurs usages. Un drame est un drame et n'est pas un opéra. Quand Hugo a mis dans la bouche de Dona Sol cette phrase : « Vous avez bien tardé, seigneur, mais dites-moi si vous avez froid, » puisqu'il la lui fait *parler*, c'est sans doute, il ne désirait pas qu'elle la *chantât*. De quel droit M. Mendès et d'autres vont-ils la lui faire chanter ? Vous me direz qu'ils ne la lui feront pas chanter. Non, ils en mettront une autre à sa place et ils écriront au-dessous de leur *Hernani* ainsi fabriqué : opéra tiré du drame de Victor Hugo. — *Tiré*, comme on tire le hachis d'une machine à saucisses.

Quel que soit le compositeur dont M. Mendès compte se faire aider dans cette besogne peu propre, on peut affirmer d'avance que la composition musicale érigée sur un pareil terrain sera viciée par la base.

M. Massenet, M. Saint-Saëns, M. Godard ou M. Chabrier auront beau mettre, là-dessus, de bonne musique, ils ne feront pas une œuvre, ils ne feront pas un drame lyrique, car les deux éléments, poétique et musical, dont une telle œuvre se compose doivent y marcher de pair et non pas à califourchon, l'un portant l'autre, la musique par dessus et la poésie par dessous.

Tout ceci prouve qu'on a bien peu compris le côté poétique de la réforme de Wagner. Que de musiciens prétendûment wagnéristes qui, tout en s'avançant résolument dans la voie de la polyphonie et de la transformation mélodique, tout en adoptant les innovations orchestrales et les procédés de composition de l'auteur des *Nibelungen*, essayent, de la meilleure foi du monde, d'accoupler leur musique nouvelle à un texte du vieux genre, et s'évertueront demain peut-être, à faire un drame lyrique de l'*Hernani* de M. Mendès !

Sauf le cas de plagiat, quand on nous donne une symphonie inédite, elle l'est tout entière ; quand on nous donne un roman inédit, il l'est tout entier. Mais un opéra ?... Neuf fois sur dix il n'est inédit que par devant et non par derrière ; du côté de la musique et non du côté du poème. Il nous arrive cahin-caha, ne battant que d'une aile, avec un côté qui remue et l'autre qui ne va guère. C'est l'hémiplégie esthétique. Ce qu'il y a de plus curieux c'est que peu de gens s'en doutent, trompés par une espèce de daltonisme qui leur fait prendre des demi-œuvres pour des œuvres tout entières et M. Mendès lui-même, qui a commenté et paraphrasé Wagner, semble ne l'avoir pas mieux compris, puisqu'il s'imagine encore que le théâtre peut vivre des reliefs de la littérature et qu'il est permis de déshabiller, tatouer, maquiller une page littéraire au service d'une page musicale.

C'est ainsi que l'esthétique nouvelle ou renouvelée qu'on a appelée le wagnérisme se propage, mais se propage en boitant.

En somme, ce que Wagner demande au drame lyrique, c'est d'être la création complète et harmonique que constitue l'œuvre d'art, et en vrai artiste, il considère la forme comme en étant un élément essentiel, inaltérable. Cette forme est, ici, le langage, monologue ou dialogue, parlé ou chanté ; forme plastique traduisant un état d'âme et sous laquelle on sent circuler les effluves psychologiques comme le sang sous la peau ; forme définitive en laquelle viennent se cristalliser les pensées et les impressions : tout l'esprit de l'œuvre.

Lisez une scène de Shakespeare, une scène de Wagner, les personnages parlent et le drame évolue. Tout le drame tient dans ce langage, émanation morale de l'humanité, créée par l'auteur. Si Wagner l'a noté musicalement, s'il l'a baigné de lumière harmonique, ce n'est que pour en augmenter l'intensité expressive. Son œuvre reste avant tout une création poétique, dont la musique n'est pour ainsi dire qu'une qualité.

Ce qu'il demande au théâtre lyrique, c'est à peu près ce que les écrivains demandent aujourd'hui encore au théâtre simplement littéraire. Il y a entre l'un et l'autre plus de rapports qu'on ne pense ; c'est, des deux côtés, le même esprit d'art révolté contre les charpentiers de théâtre. Mais à la scène lyrique, le mal est d'autant plus grave qu'on le voit moins. La musique y enveloppe et dissimule le livret — le poème ! — que le public avale comme une détestable pilule dont on ne sent pas le goût.

Il continuera de l'avaler jusqu'au jour où on lui aura fait comprendre ce que c'est que le drame lyrique et que tout l'art mélodique et polyphonique du musicien ne peut rien s'il n'a son point de départ et d'appui dans l'œuvre d'un poète.

Pour revenir, en terminant, à M. Mendès qui a provoqué ces récriminations et ce petit sermon, j'ajoute qu'il est douloureux de le voir entrer dans la corporation des rapiéceurs et faiseurs de vieuxneuf. On s'était bien aperçu depuis un peu de temps, qu'il prenait goût aux loques, mais à défaut de son sens artiste légèrement émoussé, son éducation wagnériste aurait bien dû, semble-t-il, le détourner de ce métier de marchand à la toilette.

HENRY MAUBEL.

P. S.— On annonce un opéra tiré de *Ruy-Blas*. Cette fois, c'est M. Armand Sylvestre qui refera les vers de Hugo.

Mais c'est toute une bande alors !

H. M.

LETTRE D'ITALIE

Nous voici en pleine saison théâtrale, le moment est donc venu de vous parler un peu du mouvement musical.... Car, malheureusement, en dehors du théâtre, les *manifestations* de l'art musical sont fort limitées et restreintes en Italie. Néanmoins, j'espère pouvoir vous en entretenir une autre fois.

Vous n'allez pas me demander des soixante salles d'Opéra, qui ont ouvert leurs portes en quête de spectacles plus ou moins en relation avec la musique ; ce serait beaucoup trop long et pas assez intéressant.

Autrefois il y avait au moins six théâtres de premier ordre, où l'on était sûr de trouver réunis de bons artistes et une *affiche* bien composée.

Maintenant plus rien à Florence (du moins à cette époque de l'année), plus grand'chose à Venise, et même le Théâtre-Royal de Turin est en train de dégringoler rapidement ; il ne m'appartient pas d'en rechercher les causes ici.

Ce théâtre a pourtant eu un passé assez glorieux. Sa plus belle période a été sans nul doute de 1877 à 1881 ; on a pu entendre là, avec tous les soins désirables d'interprétation et de mise en scène, non seulement les meilleurs ouvrages du répertoire italien, mais encore *Carmen*, *Hamlet*, et pour la première fois en Italie le *Roi de Lahore* (tout frais éclos alors) ; *Mélusine* de Grammann, la *Reine de Saba* de Goldmark, etc., etc. ; plus quatre opéras italiens y ont été représentés pour la première fois. Enfin, *last*, *but not least* : *Mefistofele* y a obtenu le succès le plus décisif pour sa carrière presque triomphale ; et *Lohengrin* y a eu tous les honneurs d'une résurrection qui paraissait quelque peu problématique après son mémorable *four* à la Scala, en 1873 !

Il faut donc doublement regretter de voir ce théâtre tombé en de mauvaises mains. Toutefois, cette année on y a monté *Otello* ; mais l'exécution est faible et le reste à l'avenant. Il n'est donc pas étonnant que cette œuvre, dont les beautés ne sont pas de *première impression*, n'y ait pas un succès aussi marqué qu'ailleurs ; mais cela viendra en son temps.

A Naples, on a ouvert avec *Don Carlos* et avec une très bonne troupe, du moins pour le temps présent ; aussi le succès a-t-il été considérable.

Je vous avoue que cette œuvre de Verdi jouit de toutes mes sympathies ; il y a dans cette partition nombre de pages de premier ordre, et je m'étonne que *Don Carlos* ne figure pas au répertoire de tous les bons théâtres de France et de Belgique, où fleurit le grand opéra !

A Rome, on a commencé par le *Prophète*..... tout comme à l'Académie nationale de musique ; il est vrai que chez nous on n'en abuse pas autant. Les *Pêcheurs de Perles* ont suivi, mais sans succès ; la transition est un peu brusque, et peut-être l'exécution n'est-elle pas aussi bonne dans son ensemble.

Nous voici de retour à Milan. La nouvelle direction de la Scala ne s'est pas endormie sur les lauriers..... de ses prédécesseurs. Cela n'était pas facile de rivaliser avec l'éclat et l'intérêt des représentations d'*Otello* l'année dernière. Et pourtant je crois qu'on a fait tout ce qu'il était possible de faire pour cela ; tant pis pour le public, si le résultat n'y correspond pas.

L'opéra d'ouverture a été la *Reine de Saba* de Goldmark, l'œuvre d'un artiste de talent, bien équilibrée, sérieuse, un peu trop touffue peut-être par-ci par-là, et orchestrée par moments un peu trop *chaudement*, mais en somme bien intéressante et bien faite pour nous reposer des banalités courantes fort en honneur auprès de certains publics, et surtout à Paris, ce me semble. L'œuvre de Goldmark a été, somme toute, bien accueillie, sans toutefois obtenir un succès aussi marqué qu'à Turin en 1879, à Bologne l'automne suivant, et à Rome, en 1882.

Mais l'intérêt est concentré tout entier sur la reprise de *Lohengrin*.

Après avoir fait le tour triomphal de l'Italie, voilà que l'œuvre maîtresse de Wagner vient encore une fois demander l'avis de ce public milanais qui a l'étonnante *aventure* de 1873 à son passif ; on pourrait même dire la scandaleuse équipée.

Mais des causes multiples ayant contribué en ce temps (artistiquement bien éloigné !) à la chute de *Lohengrin*, on peut espérer que le jugement sera au moins plus pondéré et plus *équanime* ; je ne saurais trouver de mot plus expressif. Le changement le plus important sera peut-être du côté de la presse ; rien n'est plus... disons *amusant*, que de relire tout ce qui a été imprimé sur *Lohengrin* en 1873 à Milan. Un admirateur très énergique de Wagner, qui est en même temps un critique littéraire fin et intelligent et un *amateur* sérieux, vient fort à propos de réunir en une intéressante brochure les principaux articles des journaux d'alors, pour et contre, bien entendu. Cela a paru à Turin, car probablement à Milan aucun écrivain n'aurait pris l'initiative de mettre sous le nez de ses confrères leur désopilante prose d'*autrefois*.

Enfin, on verra : en tous cas, quoi qu'il advienne, ce n'est pas la réputation, ni surtout la valeur de *Lohengrin* qui en souffrira.

Pour finir, je veux vous signaler le théâtre de Reggio Emilia, une ville de province dotée d'une salle très belle et fort au dessus des ressources que la ville peut offrir.

Cette année, c'est le richissime baron Franchetti qui en a pris l'exploitation à son compte. Il a fait les choses grandement : lumière électrique, bonne troupe (le ténor Mierzwinsky en tête), chœurs et orchestre *épurés* et renforcés.

Guillaume Tell et *Carmen* ont été représentés avec autant de soins que de succès ; mais le but principal du baron Franchetti a été d'assurer une exécution exceptionnelle au premier opéra de son jeune fils : *Asrael*. Ce jeune millionnaire est un *maestro* qui a fait de fort bonnes études, et dont une *symphonie* très bien venue a eu l'honneur d'être exécutée plus souvent en Allemagne qu'en Italie. *Asrael* sera la nouveauté de la prochaine de la saison. Peut être aurai-je l'occasion de vous en reparler ; mais aujourd'hui je ne saurais sans indiscrétion aller plus loin.

A bientôt donc.

Milan, janvier 1889.

Théâtres et Concerts

Chronique de la Semaine

PARIS

C'était, hier dimanche, la journée des prix de Rome au concert. Ouverture de *Balthazar* par M. Marty chez M. Lamoureux ; cantate de *Didon* par M. Charpentier au Châtelet. Ayant déjà signalé ici ces deux noms, et parlé de ces deux œuvres, je n'y reviens que pour constater l'accueil encourageant du public.

M. Édouard Lalo, dont j'aurai à reparler plus loin, est décidément à l'ordre du jour ; il a pu entendre hier, pour la première fois, à la Société des Concerts du Conservatoire, sa charmante *Rhapsodie norvégienne*, exécutée dans la perfection et fort applaudie. M. Lalo travaille actuellement à un *concerto de piano*. Son opéra, le *Roi d'Ys*, a été lu la semaine passée à M. Paravey, le jeune et actif nouveau directeur de l'Opéra-Comique, et mis immédiatement à l'étude pour passer en mars, autant que possible. La partition, déjà ancienne, a paru chez M. Hartmann, qui n'édite pas que des fadaises, puisqu'il a publié, en dehors de MM. Jules Massenet, des œuvres importantes de MM. César Franck, Édouard Lalo et Ernest Reyer..... Pendant que je suis à l'Opéra-Comique, j'ajoute qu'on y prépare une œuvre posthume de M. Poise, *Carmosine*, d'après Alfred de Musset... sans parler des *Pêcheurs de perles* de Bizet, de *Djamileh*, de la *Princesse jaune* de M. Saint-Saëns. Beaucoup de projets, dont une partie ne peut manquer d'arriver à exécution.

Les concerts de pianistes commencent. Un des plus attrayants que j'aie entendus depuis longtemps était, mardi, celui de Mlle Clotilde Kleeberg ; concert attrayant par le talent de la très jeune virtuose, dont le toucher exquis, le goût sûr et le style délicat ont fait merveille ; attrayant aussi par l'intelligente et intéressante composition du programme. Le *Concerto Italien* de Bach, les *Variations sérieuses* de Mendelssohn, la *Sonate caractéristique* de Beethoven (les *Adieux, l'Absence, le Retour*) et le *Carnaval de Vienne* de Schumann, avec un rien de Schubert ou pas mal de Chopin bien choisi, voilà un ensemble fort agréable et bien varié, pas fatigant ; ce fut le piano est forcément monotone, seul le talent du monde ; et ce programme n'a pas duré plus d'une heure et demie. C'est là une heureuse exception où je pourrais dire une heureuse innovation ; et l'on ne devrait jamais dépasser cette limite. La salle Érard était comble ce jour-là, et a fait fête à la jeune artiste, de tous ses applaudissements et de tous ses bravos.

Dans la même salle, le lendemain, première séance de la société *Galbia*, dirigée par le brillant pianiste L. Breitner, avec le concours de Mme Breitner, qui est une violoniste de race. Remarqué une exécution assez rare, du remarquable *Otetto* de Svendsen, pour quatre violons, deux altos et deux violoncelles (double quatuor), où les instruments supplémentaires ne sont pas des *doublettes*, mais sont employés individuellement, et jouent chacun un rôle spécial. Cette particularité contribue puissamment à donner à cette œuvre charmante un caractère exceptionnel de sonorité et d'oppositions de timbres.

A la *Trompette*, exécution, assez rare aussi, du quatuor de Mozart pour hautbois, violon, alto et violoncelle. Malheureusement, au point de vue des idées, le genre d'œuvres, qu'imposaient à Mozart les exigences de sa position dépendante et les caprices de tel ou tel musicien amateur de son entourage aristocratique, n'est pas d'un intérêt palpitant. Il y a là surtout un intérêt de curiosité rétrospective et d'érudition musicale.

Dans mon dernier compte-rendu de la deuxième séance de la Société nationale, j'ai oublié de mentionner une admirable mélodie de M. Henri Duparc, *Lamento*, qui, chantée à ravir par M. Maurice Bagès, a produit sur l'auditoire une profonde impression. — Dans la troisième séance de samedi dernier, je signalerai d'abord une *Suite basque* de M. Charles Bordes : un choix de thèmes d'une fraîcheur et d'une couleur ravissantes, un instinct souvent exquis, de l'harmonie, un sentiment musical très distingué, rachètent dans cette œuvre de début l'inexpérience de la facture et de l'arrangement instrumental. Cette *Suite basque* est écrite pour flûte, violon, deux altos et violoncelle ; mais l'auteur n'a pas su tirer tout le parti qu'indiquait

cette réunion particulière d'instruments. Le troisième morceau, l'*Andante*, a été le plus applaudi ; c'est celui qui renferme le plus de qualités positives, le plus de personnalité. M. Bordes a déjà donné des Mélodies d'une sensitivité charmante, qui promettaient un paysagiste des plus délicats, comme qui dirait un Pierre Loti musical ; on a le droit d'espérer que ces promesses seront tenues. Un *Chœur des Fées* de M. P. Vidal, chœur dont j'ai déjà parlé à propos du petit acte exquis de Théodore de Banville, le *Baiser*, a été bissé ; On a beaucoup applaudi aussi le joli chœur de femmes de l'*Hélène* d'Ernest Chausson, d'après Leconte de Lisle ; l'accompagnement de piano, harpe et quatuor, était d'un effet des plus agréables. — La cinquième *Béatitude* de Franck qui terminait le concert, a produit un grand effet ; elle en aurait produit un plus grand encore, si les chœurs avaient pu travailler davantage et être tout à fait à la hauteur de leur tâche. Le récit du début est superbe ; avant le chœur final, il y a un air de basse : *C'est à moi seul qu'appartient la vengeance*, qui est de toute beauté et dont la conclusion : *Heureux les miséricordieux*, est d'un accent, d'une tendresse, d'une mansuétude ineffables et inimitables. Il serait bon d'entendre de temps en temps chacune de ces *Béatitudes* qui révèlent un maître d'une nature singulièrement élevée, et unique en France à l'heure qu'il est.

Il paraît que MM. Léonce Détroyat, Armand Silvestre et Benjamin Godard ont été autorisés par M. Édouard Lockroy à tirer un opéra de *Ruy-Blas* ; les auteurs se seraient entendus avec M. Paravey, et auraient signé avec lui un traité aux termes duquel ils doivent lui livrer *Ruy-Blas* le 1er novembre prochain. Les feuilles qui nous apportent ces promesses affriolantes ajoutent que M. Talazac chantera le beau rôle de *Ruy-Blas*... Beau ? Déjà ? Quelle confiance !.... En revanche, un petit déménagement de la succursale à la maison-mère : *Roméo et Juliette* de M. Gounod passe de l'Opéra-Comique à l'Opéra. Pas bêtes, MM. Ritt et Gaillard ; un bon « tiens » (et surtout de la bonne époque) vaut mieux que deux « tu l'auras » car M. Gounod a promis à M. Paravey, pour le dédommager (?), une *Charlotte Corday*. Vous voyez d'ici la romance de Marat dans son bain, et le glapissement de petite flûte au coup de poignard. On exposera le beau tableau de David au foyer pour la circonstance.....

BALTHAZAR CLAES.

BRUXELLES

BONIMENT D'ENTRÉE

pour la reprise du CAID de M. A. Thomas, au théâtre de la Monnaie.

Le Thomas le meilleur n'est pas celui qu'on vante.
Ce n'est pas le Thomas qui s'inspire du Dante,
De Gœthe et du vieux Will ; ce n'est pas plus de cas !
Le Thomas le meilleur, c'est celui qui plaisante.
Entrez voir le *Caïd*, voilà le seul Thomas !
C'est le vrai, c'est l'unique ! Entrez, on n'y dort pas !

Le théâtre de la Monnaie cherchait depuis quelque temps une reprise à succès parmi les pièces du vieux répertoire : il a fini par trouver. Le *Caïd* a eu, mardi soir, un très joli succès, grâce à une interprétation excellente ; Mlle Landouzy est charmante ; M. Gandubert a beaucoup de feu et d'allure ; M. Isnardon est amusant ; bref, cet ensemble très affriolant a rempli de béatitude les vieux... et quelques jeunes abonnés. On pourra d'ailleurs se livrer à d'intéressantes comparaisons entre la Monnaie et l'Alhambra où l'on joue, ce soir, la *Favette du Temple* de M. André Messager. Même sujet, autre musique ; le vieux jeu et le neuf.

Au théâtre des Galeries on a repris lundi *Mamselle Nitouche*, l'amusante opérette d'Hervé. Le spectacle est complété par le *Mariage aux lanternes*, l'une des premières et des plus jolies œuvres d'Offenbach.

La séance de musique de chambre donnée au Cercle, la semaine dernière, par la Société Taffanel-Gillet-Turban paraît avoir jeté quelque trouble dans le monde des vents. Ce sera le public du Cercle, très nombreux malgré la concurrence de l'*Abbé Constantin*, dont c'était la première au Parc, a fêté les artistes parisiens, il semble, à certains indices, que leurs confrères se tiennent pour méconnus. Nous voulons tout d'abord protester contre cette impression. Nous avons des instrumentistes de valeur et même des maîtres virtuoses dans tous les cadres de l'orchestre, et nous nous plaisons à leur rendre justice. Personne n'a jamais prétendu que la France ait le trouble dans le domaine du hautbois, et ce n'est pas dans le pays de Blaes qu'on peut être disposé à attribuer à l'étranger une prépondérance dans le domaine de la clarinette ; mais ce n'est certes pas une raison pour ne pas goûter les rares qualités de diction, de style et de sonorité qui distinguent un groupe d'artistes dont l'initiative a, tout au moins, donné un nouvel élan à l'ardeur artistique de nos compatriotes.

Le souci de l'ensemble est l'un des plus précieux mérites. Dans cette séance du Cercle, deux d'entre eux seulement se sont produits comme solistes, et encore était-ce dans des pièces concertantes : M. Turban dont l'élégant phrasé et le pianissimo invraisemblable ont fait merveille dans le grand duo de Weber pour piano et clarinette ; M. Gillet dont on a beaucoup admiré dans les pièces de Schumann, le hautbois au son puissant et poétique et l'étonnante habileté respiratoire. Tout le reste était travail collectif, et si tel morceau fournissait à celui-ci ou à celui-là l'occasion d'étaler sa maitrise, si le basson de M. Espaignet en profitait pour jouer son solo en véritable artiste, si le cor de M. Garrique n'était pas fâché de briller à son tour.....

J'aime le son du cor, le soir, au fond des bois...

— surtout quand les bois sont aussi purs — chaque fois que l'œuvre reprenait le dessus et s'imposait à toutes les individualités, c'était à qui témoignait de son respect pour la pensée du maitre. Pas un qui tirât la couverture à lui. Chacun semblait s'effacer pour faire valoir le voisin. En réalité tous se sacrifiaient à l'œuvre, comprenant bien que c'est le meilleur moyen de la mettre en lumière. Ainsi du quintette de Beethoven et de la *Sinfonietta* de Raff. Ainsi des pièces détachées qui n'ont pas eu moins de succès, notamment la belle *Méditation* de Charles Lefebvre, adagio d'un beau souffle d'inspiration qui exige un formidable souffle de respiration.

M. Taffanel, qui est le leader du groupe, ne s'est guère manifesté qu'en cette qualité. On eût été charmé d'entendre et d'applaudir pour elle-même la flûte de l'élève et successeur de Dorus, devenu maitre à son tour, maitre-dans le grave et le vaporeux, une flûte magique dont le son est un charme et le souffle un mystère. On n'a pu rendre hommage qu'au chef d'attaque, pianiste consommé et savant que brillant virtuose.

Pianiste concertant, accompagnateur et soliste, M. Diemer a eu sa part de succès, principalement comme interprète délicat de quelques transcriptions des clavecinistes français du siècle dernier.

Mais puisqu'il s'agissait essentiellement d'une audition d'ensemble, il n'est que juste de nommer tous les exécutants. Complétons donc notre énumération en mentionnant MM. Lafleurence, Triébert, Mimiest, Rémond et Jacob. Tous ont contribué à la perfection de l'exécution, et chacun d'eux est pour quelque chose dans la joie du public, une joie qui s'est manifestée par des bravos répétés.

Le Turban et le Gillet de notre Conservatoire, MM. Poncelet et Guidé, assistaient au concert, où ils étaient des plus empressés à l'applaudissement et aux félicitations. En quoi ils ont fait preuve de goût et de tact. De vrais artistes savent bien, du reste, qu'un succès aussi légitime n'empêchera personne de s'intéresser aux nobles efforts d'émulation que suscitent de tels exemples. On vante, à juste titre, l'école belge et le violon. Cela nous gêne-t-il pour acclamer Joachim ou Sarasate?

Au contraire.

GAND.

Grand-Théatre. — Mercredi 18 janvier, *les Huguenots*; vendredi 20, *le Chien du Jardinier et Mireille*; dimanche 22, *Bonsoir M. Pantalon et Roméo et Juliette*; lundi 23, *le Chien du Jardinier et la Traviata*.

La représentation des *Huguenots* de mercredi dernier a singulièrement contrasté avec l'orageuse soirée où l'on avait exigé et obtenu à force de vacarme l'engagement de M. Bourgeois. Elle a été une des belles exécutions de l'œuvre de Meyerbeer à Gand et elle a fait décerner également les rappels à Mme Laville-Ferminet et à MM. Bourgeois et Merrit. L'intérêt se concentrait surtout sur M. Bourgeois en qui l'on a reconnu un superbe Marcel, chanteur expérimenté à la diction excellente, et acteur composant au jeu profondément travaillé et souvent original. Le duo du troisième acte a été rendu avec une émouvante passion, et Mme Laville-Ferminet ayant enfin trouvé un partenaire digne d'elle, *Roméo et Juliette* est devenu un grand succès dès la seconde représentation et fait applaudir Mme Boyer et M. Alvarez. Les discussions au sujet de la version « Vanhammiste » après avoir occupé quelque temps la presse locale ont cessé sans qu'au fond personne ne soit convaincu, les explications de la direction ont seulement prouvé que *Roméo* avait été repris un jour tel qu'on nous l'a présenté, sans démontrer que la nouvelle version soit préférable à l'ancienne. Signalons enfin une intéressante reprise du *Chien du Jardinier*, avec Mmes Danglade et Castel et MM. Freiche et Sentenac; la musique de Grisar a jadis pu de cette aimable partition forme un charmant lever de rideau à côté de *Bonsoir M. Pantalon*.

Demain mercredi, première de *Patrie*; les principaux rôles sont confiés à Mmes Laville-Ferminet et Stella Corva, MM. Merritt, Soum et Bourgeois; tout fait présager une magnifique représentation.

P. B.

Les journaux de Gand font le plus grand éloge du talent de Mlle Rachel Neyt, une jeune cantatrice bruxelloise, lauréate du Conservatoire et élève de M. Henry Warnots, qui est venue chanter au dernier concert de la Société Royale de Chœurs. Ils vantent notamment sa jolie voix, claire et étendue, son phrasé élégant et la qualité exquise de ses demi-teintes.

Mlle Rachel Neyt a chanté l'air d'Ophélie d'*Hamlet*, l'Alleluia du *Cid* et plusieurs mélodies, bien jolies et pas connues encore, de Th. Dubois et Paladilhe, parues récemment à Paris. Une surtout, le *Baiser*, est tout à fait adorable, et la jeune artiste l'a dite à ravir. Il y a eu de nombreux applaudissements, des rappels et des *bis*.

Quelques jours auparavant, la même artiste s'était fait entendre chez la comtesse de B..., qui avait organisé, dans son magnifique hôtel de la rue des Champs, une soirée musicale à laquelle assistait tout le monde fashionable, noble et artistique de Gand. Son succès, devant ce public choisi, — ordinairement assez froid, pourtant, — avait été plus vif encore, et presque toutes les mélodies, — le *Baiser* en première ligne, — ont été redemandées avec enthousiasme.

Succès également à cette soirée du pianiste Gurickx, dont la réputation et le talent sont depuis longtemps consacrés.

AMSTERDAM.

De tous les concerts qui ont eu lieu jusqu'ici, c'est sans aucun doute celui donné par le « Wagner Verein », qui nous a offert la plus grande part d'intérêt, autant par l'exécution que par la composition du programme, qui ne comportait que des œuvres de Wagner. Le prologue, la scène du Graal, la scène des Filles-fleurs et l'enchantement du Vendredi-Saint du *Parsifal*, formaient la première partie, tandis que la deuxième partie se composait de la Chevauchée des Walkyries, et de fragments du *Crépuscule des dieux*. Les chœurs et l'orchestre ont superbement marché sous la puissante direction de M. Henry Viotta, qui est bien un des kapellmeister wagnériens les plus remarquables. Nous n'avons que des éloges à lui adresser. L'exécution nous a paru même de beaucoup supérieure à celle de l'avant-dernier concert de l'Excelsior-Wagner-Verein, car de même que les « Wagner kapellmeister » de l'Allemagne : Levy, Motrl, Seidl, etc. M. Viotta se préoccupe avant tout d'obtenir une exécution supérieure des œuvres de Wagner, tandis que les ouvrages des autres compositeurs ne sont pas toujours traités avec la même conviction, ce dont l'exécution se ressent. Je ne connais que deux des fervents de l'église wagnérienne qui fassent exception à cette règle; ce sont Hans Richter et Lamoureux, qui, du moment qu'ils dirigent une œuvre quelconque, tâchent d'arriver à une exécution aussi parfaite que possible, sans se préoccuper de leurs sympathies personnelles pour le compositeur.

Les solistes féminins : Mme Harlacher, Mlle Feritsch et Friedlein, dont la dernière a une jolie voix de contralto, n'ont pas toujours été à la hauteur de leur tâche difficile, tandis que MM. Rogmans et Messchaert, les deux chanteurs néerlandais, se sont vaillamment comportés. Les chœurs ont été superbes et, comme je l'ai dit, la soirée a été des plus intéressantes.

Le prochain concert de la Société pour l'encouragement de l'art musical, va servir d'inauguration à la nouvelle salle de concert, qui est fort belle, mais qui se trouve malheureusement à l'extrémité de la ville, presque en pleine campagne. On y exécutera la *Messe solennelle* de Beethoven.

Pendant que l'Opéra *français* de La Haye donnera prochainement *Lioderik*, de M. Josef Mertens, l'Opéra National d'ici va jouer, dit-on, l'*Otello* de Verdi.... *en hollandais*.

Eugène d'Albert vient de faire une tournée triomphale à travers les villes les plus importantes de la Hollande et Joachim, qui a fait traiter ici par le célèbre masseur le docteur Metzger, a joué hier avec un immense succès à la séance de musique de chambre de la Société pour l'encouragement de l'art musical donnée dans la salle de Félix Meritis. Massenet doit arriver prochainement à La Haye, pour y diriger la première représentation du *Cid* et la reprise de *Manon*.

Dr Z.

Nouvelles diverses.

M. Jules Massenet a assisté samedi, à Genève, à la première représentation de son opéra-comique *Don César de Bazan*, une œuvre de jeunesse qui avait déjà remaniée et qui a subi une nouvelle transformation pour Genève.

L'interprétation a été excellente. Le baryton Boyer s'est montré chanteur très habile dans le rôle de Don César, créé jadis par Bouhy. M. Seran, qui jouait le rôle du roi, a fait «valoir sa belle voix de ténor et Mlle Arnaud a été fort applaudie. Le rôle de Don José est remarquablement tenu par la basse Dauphin.

Mlle Rose Caron va faire partie de la troupe de l'Opéra-Comique pe Paris. Elle a signé son engagement avec M. Paravey. Mme Caron débutera au mois de mai dans les *Pêcheurs de Perles*.

Un journal de Paris a annoncé que Mme Melba aurait signé un engagement avec MM. Ritt et Gaillard, pour la saison prochaine. Il ajoutait qu'elle débuterait à l'Opéra, dans le rôle de Juliette.

Cette information est inexacte : Mme Melba appartient pour deux ans au théâtre de la Monnaie où ses prochains rôles seront Lakmé et Ophélie d'*Hamlet*.

※

A propos de l'exécution de la *Messe en ré* au Conservatoire de Paris, M. Adolphe Jullien, dans son dernier feuilleton du *Moniteur universel* rappelle un piquant souvenir :

« On a fait du chemin en France, dit-il, depuis le jour où certain critique, ayant entendu une partie de cette messe au Conservatoire, assurait que « le parterre avait failli ne vouloir pas écouter jusqu'au bout ce long et rude *Credo* » et voyait dans ce chef-d'œuvre incomparable « un morceau dont quelques passages grandioses ne pouvaient suffire à racheter le défaut de clarté, l'absence de véritable inspiration, plusieurs duretés d'harmonie et une disposition vocale des plus désavantageuses. » Et ce critique, ô déception ! c'était Berlioz. »

※

Prise au vol, l'opinion de M. Capoul, l'*humble librettiste* de *Jocelyn*, sur le premier acte de la *Valkyrie*.

Le doux enfilé émerge tout essoufflé d'une loge et s'écrie :
« Que d'histoires pour une épée ! »
La genèse de *Jocelyn* est, il est vrai, beaucoup plus simple (1).

※

On nous écrit de Dijon, le 21 janvier :

« Le *Cid* de Massenet a été donné pour la première fois ici jeudi, 19 janvier, devant une salle comble.

« L'œuvre a obtenu un grand succès ; le ténor Chevallier notamment s'est acquitté très vaillamment du rôle de Rodrigue. Orchestre et chœurs ont été très satisfaisants. »

※

Nous apprenons que des offres brillantes ont été faites à Mlle Litvinne du théâtre de la Monnaie pour la saison théâtrale prochaine à Saint-Pétersbourg et à Monaco.

M. Camille Gurickx, le pianiste belge dont nous avons signalé récemment les succès en Amérique, vient de rentrer à Bruxelles, ou plutôt à Mons, où le rappelait son cours de piano au Conservatoire de musique. Bien qu'une classe supérieure de piano ait été offerte à New-York à M. Gurickx, l'excellent artiste a préféré rentrer en Belgique pour se consacrer tout entier à ses élèves.

※

On sait qu'un concours avait été ouvert à Vienne, par le Comité du monument à élever à Mozart dans la capitale de l'Autriche.

Le jury chargé d'examiner les projets de statue a décerné le premier prix à M. P.-A. Wagner, sculpteur à Vienne.

Le second prix a été décerné au projet de M. Rodolphe Weyr et un troisième prix à M. Franz Rathausky.

Le Comité a décidé qu'il acceptait le monument de M. Wagner, moyennant quelques modifications. La statue de Mozart sera élevée sur la place de l'Opéra.

※

Le Quatuor du Conservatoire de Cologne, MM. Hollaende, Hygyesi, Schwarz et Jensen, vient de jouer avec un éclatant succès, à Cologne et à Bonn, une nouvelle *Suite* de notre collaborateur, M. Édouard de Hartog.

※

Les représentations d'*Otello*, à Milan, viennent d'être interrompues en plein succès.

Le soir de la neuvième, on pouvait lire sur les affiches cette annonce : *Relâche pour absence du baryton.*

Sans tambour ni trompette, celui-ci s'en était allé, s'inquiétant peu de l'embarras dans lequel il laissait l'entreprise.

Ce baryton, qui s'appelle Beltrami, vient d'être condamné à 15,000 francs de dommages-intérêts.

※

Les journaux italiens publient la liste complète de toutes les troupes d'opéra italien qui fournissent la présente saison de carnaval, soit en Italie, soit à l'étranger. Le total de ces troupes en exercice est de 87, dont 61 sur le territoire national et 26 au dehors. Le *Ménestrel* constate que ce chiffre n'est que médiocrement satisfaisant si on le compare à ceux des années précédentes. Voici, en effet, la statistique des dix dernières années : pour 1879, 102 troupes ; pour 1880, 96 ; pour 1881, 96 ; pour 1882, 83 ; pour 1883, 99 ; pour 1884, 92 ; pour 1885, 89 ; pour 1886, 110 ; pour 1887, 98 ; pour 1888, 87. On voit que s'il y a progrès, c'est à reculons.

(1) Voir la chronique de Jean d'Ardenne, numéro de samedi dernier de la *Chronique de Bruxelles*.

Les échos d'Italie retentissent en ce moment de l'énorme succès de *Carmen*. Il n'est pas de théâtre, si petit soit-il, qui ne se pique de représenter le chef-d'œuvre de Bizet. D'un bout à l'autre de la péninsule, c'est un triomphe continu, dans les petites communes et dans les grandes villes. Ces jours derniers *Carmen* a été accueilli avec enthousiasme à Naples, Vérône, Ravenne, Reggio, Fano, Catane, Côme et Plaisance.

※

Le ballet *Excelsior* vient d'être repris à la Scala de Milan.

※

Otello a été donné avec grand succès à Prague et on le représentera ces jours-ci à Brünn et à Hambourg.

※

On prépare à Bologne le programme des fêtes musicales qui seront données durant l'Exposition prochaine. Au théâtre, trois opéras concourront à rehausser l'intérêt de cette exhibition musicale : l'*Alceste* de Gluck, l'*Œdipe à Colone* de Sacchini et il *Matrimonio segreto* de Cimarosa. La commission organisatrice n'a pas cru pouvoir adopter un ouvrage de Piccini, jugeant qu'aucun opéra de ce maître n'est possible aujourd'hui à côté d'une œuvre de Gluck. De plus, on représentera un *Intermezzo* (ancienne forme tombée en désuétude) : *La Liviatta* et *Tracolla* de Pergolèse. Il y aura trois grands concerts symphoniques dans lesquels on exécutera de la musique de Lulli, Scarlatti, Sammartini, Bach, Haydn, Mozart, Boccherini, Beethoven, Mendelssohn, Schumann et Berlioz. Pour la partie religieuse, deux concerts et l'*Elia* de Mendelssohn. Au programme du second concert figure l'*Agape des apôtres* de Richard Wagner, déjà entendue à Naples avec succès.

※

Au Théâtre Métropolitain de New-York, la troupe d'opéra allemand a représenté pour la première fois en Amérique, *Fernand Cortès* de Spontini.

※

L'Armonie musicale ! — Il paraît qu'à partir du 1er février prochain, une gazette musicale bi-mensuelle, intitulée l'*Armonie musicale*, va voir le jour. Elle sera rédigée par M. Camillo Bonchi qui se propose de faire connaître les chants nationaux des Arméniens. M. Bonchi, qui habite Milan, s'est assuré la collaboration de nombreux compositeurs italiens et arméniens. C'est à Milan que sera publiée cette curieuse revue.

※

Changement d'intendant. Le comte Keglerich vient de donner sa démission d'intendant du théâtre subventionné de Pesth.

M.-François de Benicsky, secrétaire d'État au ministère de l'Intérieur, lui succède. La presse a fait un accueil très sympathique au nouvel intendant et tous les journaux sont d'accord à espérer les plus beaux résultats du zèle, de la prudence et du tact de M. de Benicsky.

※

Le *Musical courier* de New-York est bien inspiré lorsqu'il donne aux parents du petit Joseph Hofmann, qui excite en Amérique un enthousiasme sans précédent, le conseil d'employer les 25,000 dollars que rapportera sa tournée de concerts à compléter son éducation musicale, et de renoncer momentanément à faire de leur enfant un objet de spéculation. Eugène d'Albert, suivant le généreux exemple de Liszt, s'est offert à prendre chez lui le jeune Hofmann et à lui donner gratuitement des leçons. Il importe que l'occasion ne soit point perdue, que les dons naturels du musicien prodige atteignent leur complet développement et qu'un génie soit donné au monde avec tous les éléments susceptibles de lui assurer la pleine connaissance des moyens techniques les plus avancés de son art.

Il est à souhaiter qu'à son retour des États-Unis, Joseph Hofmann se fasse entendre à Paris et à Bruxelles. Quelque créance que l'on doive accorder aux récits dithyrambiques de la presse américaine, il est désirable que nous puissions nous former une opinion par nous mêmes sur les mérites extraordinaires de ce phénomène musical.

※

Le correspondant d'un journal de Folkestone, rend compte d'une conférence donnée par le Révérend E. Husband, bénéficier de l'église de St-Michel et dont le sujet n'est autre que « Gounod, compositeur religieux ». L'honorable ecclésiastique, tout en rendant hommage à l'immortel *Faust*, s'est borné à parler des œuvres du maître français qui ont leur place à l'église. Il en a fait un éloge qui dépasse tout ce que l'on a dit et écrit à propos de l'auteur de *Mors et Vita*. L'orateur s'est interrompu à diverses reprises pour laisser chanter des fragments tirés des œuvres religieuses de Gounod et exécutés par le chœur du temple. Il a terminé sa longue apologie par une invocation au Seigneur, « père de la musique, » etc. Il est rare de voir le prêtre s'occuper d'esthétique musicale en chaire ; nous avons tenu à signaler ce prêche d'un nouveau genre.

Le cas n'est pas isolé d'ailleurs en Angleterre, car nous lisons dans le *Musical World* que M. Archdeacon Farrar a choisi dernièrement pour sujet de son sermon : *La Musique et l'Harmonie*, prenant pour texte ce passage du chapitre 51 d'Isaïe : « La joie et l'allégresse se trouveront au milieu d'elle (Sion), ainsi que les actions de grâces et les chants des cantiques. »

Encore le testament de Liszt.

Une dame d'Arad, Mᵐᵉ Anna Kémény-Liszt, cousine et seule parente du grand maéstro, vient de solliciter, au tribunal d'Arad, l'annulation du testament de son défunt cousin. Elle réclame pour soi l'héritage du maéstro.

VARIÉTÉS

ÉPHÉMÉRIDES MUSICALES

Le 27 janvier 1756, à Salzbourg, naissance de Wolfgang-Amédée Mozart. Sa mort à Vienne, le 5 décembre 1791, à l'âge de 36 ans.

— L'histoire de la vie et des progrès de cet artiste unique résume l'histoire de l'art allemand tout entier...

— Combien ce musicien, le plus richement doué de tous, comprenait peu le *bon d'adresse* de nos modernes fabricants de musique : sur une base triviale et nulle, édifier, scintillante de clinquant, des architectures de sons, et jouer l'entraînement, l'inspiration, là où toute la machine poétique est creuse et vide, pour bien montrer ainsi que le musicien est vraiment la cheville ouvrière de la chose, et qu'il peut tout faire, même créer quelque chose de rien..., tout comme le bon Dieu ! « RICHARD WAGNER (traduction de Camille Benoît, dans son ouvrage: *Musiciens, poètes et philosophes*, Paris, Charpentier).

— Le 28 janvier 1791, à Paris, naissance de Louis-Joseph-Ferdinand Herold. Sa mort, le 19 janvier 1833, à l'âge de 42 ans.

Quelle belle carrière il restait à parcourir à l'auteur de *Zampa* et du *Préaux-Clercs*! Ce qui fait vivre ses œuvres est précisément ce qui l'a tué. Les tempéraments impressionnables, nerveux, qui portent aux belles inspirations dans les arts, ne sont pas les plus favorables à la prolongation de l'existence. Il faut ajouter à cela qu'Herold s'est fatalement trouvé dans le milieu le plus dangereux pour lui. Remplissant les fonctions de chef du chant à l'Opéra, il était chaque jour aux prises avec des séductions auxquelles il n'avait pas la force de résister. Il n'est pas bien sûr que Caton lui même fût resté sage dans les coulisses de l'Opéra. Herold n'avait pas de prétentions à l'austère philosophie; c'était un artiste dans toute la force du terme artiste par la tête et par le cœur: comme tel il a vécu, comme tel il est mort.

— Le 29 janvier 1781, à Munich, *Idomeneo, re di Creta*, 3 actes de Mozart. Malgré le laconisme des journaux du temps, il est à peu près certain que la partition obtint la faveur du public. Du reste, ce ne fut pas d'un œil indifférent que Mozart vit tomber son œuvre dans l'oubli, car plus tard, il eut l'idée de la ressusciter.

Un petit nombre de scènes allemandes ont ouvert leurs portes à *Idomenée* qui renferme cependant des pages superbes et des beautés de premier ordre. A Vienne, en 1806, 1819 et en dernier lieu, 25 octobre 1879, avec Mᵐᵉˢ Materna et Ehnn dans les principaux rôles. En certaines de ses parties on trouve, dit Hanslick, que « l'œuvre ne répondait plus aux exigences de la scène moderne ».

— Le 29 janvier 1782, cent et sixième anniversaire de la naissance de Daniel-François-Esprit Auber. Sa mort à Paris, 12 mai 1871.

Auber! ces cinq lettres, de la plus simple harmonie, ne vous donnent-elles pas la pensée d'un homme affable, délicat et léger, d'une œuvre transparente comme ces fins brouillards des matins du printemps, laissant voir un ciel bleu, et se dissipant les jeunes frondaisons pleins d'oiseaux chanteurs.

Et ce nom d'Auber n'est pas seul pour peindre tout l'homme. Les prénoms sont là pour l'expliquer en son entier.

Daniel. — Impunément, Auber descendra dans l'art sans jamais être dévoré par les lions sauvages.

François. — Son génie sera essentiellement français.

Esprit. — Sa dominante, à lui musicien, sera la mélodie avant le contrepoint, avant la pédantesque contrepoint auquel il échappera par cette fugue, l'esprit.

— Le 30 janvier 1817, à Dresde, Carl-Maria von Weber, pour son entrée en fonctions de *Capellmeister* et de *Musikdirektor* à l'Opéra, dirige la première de *Joseph in Aegypten* de Méhul. L'acteur Geyer, le second mari de la mère de Richard Wagner, chante le rôle de Joseph. Jusque-là il n'avait joué que la comédie et la tragédie.

Weber emploie les termes les plus élogieux en parlant de Méhul et de son *Joseph*. (Voir le compte-rendu rapporté au t. III, p. 131, de sa *Vie par son fils Max*.)

— Le 31 janvier 1797, à Vienne, naissance de François-Pierre Schubert. Sa mort, 19 novembre 1828. (Voir Ephém. *Guide mus.* 17 nov. 1887.)

— Le 1ᵉʳ février 1844, à Bruxelles (théâtre royal) *Linda de Chamouny*, 3 actes de Donizetti, adaptation française d'Hippolite Lucas. La musique, sur un livret italien, avait été écrite expressément pour le théâtre de la Cour à Vienne, où *Linda*, du 19 mai 1842 au 13 décembre 1867 a été jouée 123 fois, puis à la reprise (11 avril 1877) encore 5 fois.

Les principaux rôles de la pièce furent joués à Bruxelles par M. 1877 et Mᵐᵉ Laborde et Zeiger. Reprise (23 avril 1862) avec Ismaël, Périé, Bertrand, Mᵐᵉ Rey-Balla et Dupuy. — Par une troupe italienne (30 novembre 1850) avec Lucchesi, Morelli et Mᵐᵉ Medori.

Sans être au même rang que les grandes œuvres de Donizetti, *Lucia, la Favorite*, etc., la partition de *Linda* doit être comprise parmi celles où se reconnaissent le talent et l'admirable habileté du compositeur, sans trop montrer ce travail hâtif et facile qui jetait, bon an mal an, deux ou trois opéras en pâture à chaque saison théâtrale d'au delà des monts.

— Le 2 février 1879, à Hanovre, sous la direction de M. Hans de Bulow, *Benvenuto Cellini*, 2 actes de Berlioz. — Les chanteurs, les chœurs, l'orchestre, tout concourut à former un superbe ensemble d'où résulta véritablement une représentation modèle. *Benvenuto Cellini*, qui subit jadis une chute immeritée à Paris, avait été déjà joué à deux reprises, à Weimar, sous la direction de Liszt.

BIBLIOGRAPHIE

IL TEATRO ILLUSTRATO (Milan, Sonzogno). Livraison du mois de janvier.

Illustration avec texte : Stephano Dereims (portrait); *la Reine de Saba* de Goldmark, à la Scala de Milan; *Souvent l'homme varie*, comédie de Vacquerie, au Théâtre Français; *Dégommé*, comédie de Gondinet, au Gymnase; le théâtre Flavio Vespasiano de Rieti.

Texte : La musique à Gênes; l'école du piano; correspondance de Venise, Berlin, Paris, Vienne et Budapest; théâtre municipal de Nice (*Carmen* et *Hamlet*); *Carmen* et *Mignon* en Italie; *Otello* de Verdi à Turin; *Tristan et Isolde* de Wagner; bibliographie; nécrologie; bulletin du mois de décembre, etc.

Musique : deux morceaux de la *Reine de Saba* de Goldmark; andante pour piano de Turini.

Nécrologie.

Sont décédés :

— A Brunn, le 10 janvier, à l'âge de 33 ans, Karl Drucker, ténor d'opérettes à Vienne, à Berlin, etc.

— A Munich, le 10 janvier, à l'âge de 52 ans, Lehmann, chef d'orchestre.

— A Viterbe, le 30 décembre, Luigi Fioravanti, né à Naples le 30 décembre 1820, chanteur bouffe de la grande école italienne, fils et petit-fils de deux musiciens renommés, Vincenzo et Valentino Fioravanti.

— A Naples, Matteo-Luigi Fischetti né à Martina-Franco le 28 février 1830, pianiste, professeur de chant et compositeur. (Notice, Suppl. Pougin-Fétis, t. I. p. 335.)

AVIS ET COMMUNICATIONS

Le prochain concert populaire de Bruxelles aura pour préface l'ouverture de Mendelssohn: « Mer calme et heureux traversée ». Puis viendra une œuvre nouvelle de M. Jan Blockx: *Milenka*, ballet symphonique en deux tableaux.

La seconde partie du concert sera consacrée au « mystère » de M. Massenet, *Eve*, pour orchestre, chœurs et trois solistes: le récitant, M. Duras; Adam, M. Séguin; Eve, Mᵐᵉ Rose Caron, qui fera ainsi sa rentrée à Bruxelles.

Le sixième Concert d'hiver, qui devait avoir lieu dimanche, est remis au 12 février pour ne pas coïncider avec le Concert populaire.

Ce soir jeudi, à 8 heures « Concert Wallon » organisé par la Société Wallonne de Bruxelles, dans la salle de la Grande Harmonie.

Mᵐᵉ América, cantatrice liégeoise, M. Ysaye, l'éminent violoniste, la *Fanfare Wallonne* et d'autres artistes prêteront leur concours à cette soirée.

Cours complets de *chant et de déclamation lyrique* par Delle-Sedia, auteur de l'*Art lyrique et de l'Esthétique du chant*, 30, rue de Saint-Pétersbourg, Paris. Envoi d'un prospectus sur demande pour les conditions d'abonnement aux cours.

XXXIVe ANNÉE   2 février 1888   NUMÉRO 5

LeGuide Musical

Paraissant tous les jeudis.

ABONNEMENT
FRANCE et BELGIQUE : Avec musique 25 francs.
—   Texte seul.   10 —
UNION POSTALE :   12 —

SCHOTT FRÈRES, ÉDITEURS.
Paris, Boulevard Montmartre, 19
Bruxelles, Montagne de la Cour, 82

ANNONCES
S'adresser à l'Administration du Journal.
On traite à forfait.

RICHARD WAGNER
ET
FRANZ LISZT
(Suite. — Voir le dernier numéro.)

Un peu plus tard, on le sait, Liszt publia dans le *Journal des Débats* un important article sur *Lohengrin* qu'il développa ensuite dans sa brochure sur *Lohengrin* et *Tannhæuser*. Wagner l'en remercie avec chaleur dans une lettre où se trouve ce passage intéressant :

Cher ami ! cet écrit a produit sur moi une grande impression, élevée et encourageante. En voyant mes travaux artistiques ont agi sur toi à ce point que tu consacres une importante partie de tes facultés extraordinaires à ouvrir les voies à mes tendances par la pratique extérieure et aussi par l'intelligence intrinsèque, je me sens envahi par une émotion profonde et bienfaisante. Il me semble qu'en nous, deux hommes se soient rencontrés qui sont partis de deux points opposés pour pénétrer au cœur de l'art et qui mainte-nant, dans la joie de s'être retrouvés, se serrent fraternellement la main. C'est seulement sous l'impression.de ce sentiment que je puis accepter sans rougir tes exclamations admiratives à mon égard, car je sais qu'en louant mes facultés et ce qu'elles ont produit, tu exprimes, en réalité, ta propre joie de t'être rencontré avec moi dans l'art. Sois remercié de m'avoir donné que tu m'as fait ainsi !

Dans cette même lettre il s'explique à Liszt au sujet de ses écrits théoriques. Pendant les premiers temps de son séjour en Suisse, Wagner n'avait guère composé de musique. Il avait beaucoup lu, en revanche, et beaucoup écrit : son poème de la *Mort de Siegfried* et *Wieland le Forgeron* (projet de drame) datent de cette époque ainsi qu'un grand nombre

d'articles d'esthétique et de critique. Disons en pas-sant que le projet de drame : *Wieland le Forgeron*, il l'avait envoyé à Liszt avec la prière à celui-ci de le mettre en musique. Après quoi, il s'était mis, vers le milieu de 1850, à son grand ouvrage en deux volumes : *Opéra et Drame*. Il écrit à ce sujet à Liszt dans sa lettre du 21 novembre 1850 :

Oui, mon cher Liszt ! C'est à toi que je devrai d'être redevenu de nouveau tout à fait artiste. Je considère ce retour à l'exécution de mes projets artistiques, vers laquelle j'aspire, comme un des moments les plus décisifs de ma vie : entre l'exécution musicale de mon *Lohen-grin* et celle de mon *Siegfried*, se place une période orageuse, mais — je le sais, — féconde. J'avais à rompre avec toute une vie, à ramener à la pleine conscience ce qui en elle avait été crépusculaire, à maî-triser les réflexions qui m'étaient nécessairement venues dans cette période agitée, — à les maîtriser par l'étude approfondie de leur objet, — afin de ne précipiter de nouveau avec une conscience joyeuse dans l'inconscience de la production artistique. J'achève cet hiver de liquider cet arriéré : je veux, sans charges, libre et le cœur léger, entrer dans un nouveau monde où je n'apporterai rien avec moi qu'une allègre conscience artistique. — Mon travail sur l'*Essence de l'Opéra*, le dernier fruit de mes réflexions, prend des développe-ments plus considérables que je ne pensais d'abord lui donner : en voulant prouver que la musique, élément féminin, doit être fécondée par le poète, élément mâle, je dois veiller à bien faire comprendre que je n'entends pas livrer cette femme au premier venu, mais que je puis de l'homme qui a pour cette femme une passion vraie, irré-sistible. La nécessité de cette union, désirée par le poète lui-même, avec la musique entière, totale, je ne pouvais l'expliquer par des définitions abstraites, esthétiques ; elles demeurent généralement incomprises et sans effet. Il m'a fallu par conséquent la déduire de l'état présent de la poésie dramatique avec la plus de clarté possible. Et j'espère que cette démonstration me réussira. — Une fois ce livre terminé, j'ai l'intention— si je trouve un éditeur, — de publier les poèmes de mes trois opéras romantiques avec un avant-propos exposant leur genèse ; ensuite, — pour liquider tout le passé, — je réunirai en un volume, qui sera peut-être assez amusant, les meil-leurs de mes écrits de Paris, entre autres ma nouvelle sur Beetho-ven ; dans ce volume, ceux qui s'intéressent à moi, pourront recon-naître le point de départ de ma tendance. — Ainsi, j'irai, allégé et content, jusqu'au printemps pour reprendre alors et terminer mon *Siegfried*. Sur quoi, donne-moi ta bénédiction !

Ceci confirme, une fois de plus, que ces écrits théoriques de Wagner d'où l'on a voulu déduire son système pour attaquer ensuite à tort et à travers ses œuvres en détail, ne sont en somme qu'une sorte d'autobiographie morale où il a exposé la marche de ses idées plutôt qu'énoncé une doctrine. Wagner a toujours été artiste, rien qu'artiste. Ainsi que le dit très justement M. H. S. Chamberlain dans sa remarquable étude sur *Tristan* (1) : « *Comme artiste d'une originalité puissante, il a couvert de vastes horizons inconnus avant lui, aux possibilités humaines, et de temps en temps il a ressenti la nécessité de s'arrêter pour s'orienter lui-même dans ce monde nouveau et pour se rendre compte de la direction qu'il lui incombait de suivre. Mais jamais, jamais ! il n'a eu de système, ni de théorie ; jamais il n'a prétendu imposer une forme définitive à l'art* ». Il suffit de lire ses écrits pour s'assurer que c'est là la vérité absolue. Il a toujours repoussé le mot de « système ». Dans ses lettres il n'emploie jamais que ces mots : *meine Richtung*, ma tendance. Il y a un monde entre les deux idées.

On voit, par le ton plus dégagé de la lettre que je viens de citer, que l'état moral de l'exilé s'était amélioré. En effet, il s'était peu à peu formé autour de lui un petit cercle de savants, de poètes et de littérateurs que l'exil ou d'autres hasards avaient amenés à Zurich. Il y avait là Mommsen, le grand historien de Rome, les physiologistes Ludwig et Koechly, le philosophe Moleschott, les poètes Herwegh et Keller, l'architecte Semper, le peintre Kietz, le savant philologue Ettmüller, un connaisseur hors ligne de l'ancienne poésie germanique, tous gens de haut savoir et d'intelligence éprouvée. D'autre part, de différents côtés des amis était intervenus pour assurer son existence matérielle. Aussi la suite de la correspondance avec Liszt nous montre-t-elle un Wagner moins sombre ; ce n'est plus qu'à de rares intervalles qu'on rencontre des lettres pressantes où il éclate en imprécations contre le monde et contre lui même, exagérant son désespoir jusqu'à parler de suicide.

Un des étonnements de cette correspondance, après la période des tâtonnements et de la misère, c'est la surprenante clarté de vues, la décision de cet esprit. Wagner va au fond des choses avec une sûreté absolue et, le but à atteindre une fois nettement aperçu, il y court tout droit ; rien désormais, ne l'empêchera d'y atteindre.

J'ai déjà cité un fragment de lettre dans laquelle Wagner supplie Liszt de venir à son aide pour lui permettre d'achever ses *Nibelungen*, l'œuvre qui lui tient au cœur par dessus tout. Dès 1848, au lendemain de *Lohengrin*, il avait écrit une sorte de scénario résumant en un ensemble toute la série des légendes relatives à *Siegfried*. Mais ce n'était là qu'une ébauche, qui devait d'abord servir d'introduction à ce drame de *La mort de Siegfried* dont il a été parlé fréquemment dans les lettres de 1849 et de 1850. Tout à coup, après la longue période des luttes intérieures, après cette « liquidation du passé » dont il est question

(1) Notes sur *Tristan*, dans la *Revue wagnérienne*, livraison de novembre, décembre 1887.

dans les lettres citées plus haut, le plan de la *Tétralogie* se formule nettement et d'une façon décisive. Dans une lettre datée de novembre 1851 il le communique à Liszt. Rien n'est omis, tout y est : la division du drame total en trois journées : 1. *la Walkyrie*, 2. *Siegfried jeune*, 3. *La mort de Siegfried*, précédées d'un prologue explicatif: le *Rapt de l'Or du Rhin* (1). Suit l'exposé du projet de construction d'un théâtre spécialement destiné à l'exécution de cette œuvre, dans une sorte de grande fête théâtrale, avec des artistes spécialement engagés et convenablement stylés ; en un mot, tout le projet tel qu'on l'a vu se réaliser *vingt-cinq ans* plus tard à Bayreuth !

Et il faut voir avec quel enthousiasme Wagner parle de son sujet. Longuement il explique à Liszt pourquoi il renonce au drame isolé de *La mort de Siegfried*. Tout ce qui dans ce drame était en récits, il pourra maintenant le développer dans la forme dramatique :

Ce n'est pas seulement la réflexion artistique mais aussi le superbe sujet, très favorable à la représentation, qui m'ont conduit à faire entrer ces incidents dans mon plan. Tu t'en rendras compte en considérant de plus près ce sujet. Songe à la merveilleuse passion sans issue (*unheilvolle Liebe*) de Siegmund et de Sieglinde; à Wotan dans ses rapports profondément mystérieux avec cette passion; puis à sa querelle avec Fricka après laquelle, dans la furieuse domination de soi-même, il commande la mort de Siegmund, pour se conformer à la morale; enfin à la superbe Walkyrie Brunnhilde, devinant la pensée secrète de Wotan, se rebellant contre le dieu et punie enfin par lui; songe à la richesse de sensations que renferme un pareil sujet — je n'ai fait que l'indiquer dans la scène entre le *Voyageur* et la *Wala* (plus tard : *Erda*) et plus au long dans le récit de Brunnhilde (au troisième acte de *Siegfried jeune*); et ce drame précédant les deux drames relatifs à Siegfried ! Songe à tout cela, et tu comprendras que ce n'est pas la réflexion seule, mais l'enthousiasme qui m'a inspiré ce nouveau plan !

Je regrette de ne pouvoir citer ici toute la suite de la lettre; elle a une vingtaine de pages; je dois donc me borner à en donner le sens général et à en signaler l'importance capitale au point de vue de l'histoire de cette œuvre grandiose et unique: *l'Anneau du Nibelung*.

(A suivre.)   Maurice Kufferath.

(1) Les titres définitifs sont : l'*Or du Rhin*, la *Walkyrie*, *Siegfried* et le *Crépuscule des dieux*.

La Dame de Monsoreau

Grand opéra en 5 actes et 7 tableaux, paroles de MM. Alex. Dumas et Aug. Maquet
Musique de M. Gaston Salvayre.

e ne mâcherai pas le mot : *la Dame de Monsoreau*, l'opéra d'Alexandre Dumas et Maquet, musique de M. Gaston Salvayre, donné lundi soir à l'Académie nationale de musique est un abominable four.

Il m'est revenu qu'à la répétition donnée pour la presse, un de nos confrères, dont j'admire le grand talent de journaliste, tout en faisant mes réserves sur sa compétence musicale, avait déclaré à qui voulait l'entendre, que la partition de M. Salvayre était l'une des plus fortes qu'on eût écrites depuis un quart de siècle. Les opinions sont libres; voici la mienne : depuis vingt-sept ans que j'assiste aux premières de l'Opéra, je n'ai pas entendu d'ouvrage plus faible, je devrais dire plus nul que le *Dame de Monsoreau*.

La pièce est admirablement mise à la lettre; les décors sont superbes. Il en est deux surtout qui ont fait sensation, l'un qui représente la rue Saint-Antoine; avec le château des Tournelles à gauche, la maison de Monsoreau à droite et la Bastille au fond; l'autre, qui nous montre le carrefour de l'Arbre Sec où défile, à pied et à cheval, la procession des Ligueurs. Les costumes, — il y en a plus de huit cents — sont d'une richesse et d'un pittoresque charmant, très étudiés au point de vue historique et groupés on ne peut plus adroitement pour le contraste des couleurs et pour le plaisir des yeux. Bref, MM. Ritt et Gailhard, peu coutumiers de pareilles largesses, ont jeté par la fenêtre une jolie poignée de billets de banque qui, malheureusement pour eux, ne rentreront point par la porte du bureau de location.

D'un autre côté, l'interprétation est excellente dans l'ensemble : les petits rôles — il y en a à la douzaine — sont tous tenus par des artistes de mérite, et sur les trois principaux, il en est deux tout au moins qui sont entre les mains d'artistes remarquables : M. Jean de Reszké (Bussy) et M. Delmas (Monsoreau). Celui de Diane a été confié à Mᵐᵉ Bosman, dont la fortune dépasse un peu le mérite, mais qui, du moins, prête à l'héroïne de M. Salvayre, une voix charmante, que le public de Bruxelles a eu l'avantage d'applaudir dans sa première fraîcheur.

Il n'y a donc pas à dire, si l'ouvrage est tombé, c'est uniquement la faute des auteurs.

Ce désastre, d'ailleurs, semblait prévu et pour ma part, après la déconvenue d'*Egmont*, je n'avais conservé aucune illusion sur le talent de M. Salvayre.

Le compositeur toulousain, soutenu par des amis influents dans le gouvernement et dans la presse, avait vu s'aplanir comme par enchantement, le chemin pénible et rocailleux des débuts. A peine sorti de l'école, il avait fait recevoir,—honneur insigne ! — un *Stabat* à la Société des concerts du Conservatoire. De la rue Bergère il n'avait fait qu'un bond au square des Arts-et-Métiers, où M. Albert Vizentini, alors directeur du Théâtre Lyrique, lui avait monté, sans se faire prier, un opéra en cinq actes : le *Bravo*, un succès d'estime, — la pièce n'eut que vingt-sept représentations, — qui valut tout de suite à l'heureux compositeur la croix de chevalier de la Légion d'honneur. Immédiatement on lui avait commandé un ballet à l'Opéra, — le *Fandango*, — et il s'était mis à composer un deuxième ouvrage de longue haleine, *Richard III*, qui ne voulut pas attendre le bon plaisir des directeurs parisiens et préféra accepter l'hospitalité qu'on lui offrait à Saint-Pétersbourg. Un nouvel opéra, *Egmont*, n'ayant pu trouver place à l'Académie nationale de musique, par suite de la similitude de la presse, avait vu s'aplanir comme par celui de *Patrie*, les portes de l'Opéra-Comique s'ouvrirent tout aussitôt à l'ouvrage transfuge, tandis que MM. Ritt et Gailhard, pour dédommager M. Salvayre de sa déconvenue, lui commandaient la *Dame de Monsoreau*.

Voilà, vous en conviendrez, une carrière commencée sous les meilleurs auspices et je ne connais pas de compositeur de l'âge de M. Salvayre qui puisse se vanter d'une chance pareille.

Mais c'est en vain que la fortune a conduit cet enfant gâté par la main ; l'auteur d'*Egmont* et de la *Dame de Monsoreau* n'a pas su profiter de ses faveurs. Aussi ne serais-je point étonné que la capricieuse déesse, lasse de lui prodiguer des bienfaits inutiles, ne lui tournât décidément le dos.

Sous ce rapport, la soirée de lundi me paraît décisive. Malgré la vaillance des artistes, le public est resté de glace et les endroits même il s'est montré résolument hostile. On a ri, on a chuté et je crois, Dieu me pardonne ! qu'on a siffloté quelque peu; ce qui n'est guère, comme vous le savez, dans les mœurs du public de l'espèce.

A l'heure où je vous écris, je n'ai pas encore eu le loisir de voir tous les journaux du matin et c'est à peine si j'ai eu le temps de parcourir le *Figaro* et l'*Evénement*, qui comptent tous les deux parmi les dévoués partisans de M. Salvayre.

M. Auguste Vitu, qui se promettait, je crois, d'écrire un article dithyrambique en l'honneur de son protégé a dû baisser de ton et se voit contraint de constater l'insuccès. Pour en atténuer l'amertume et dégager la responsabilité de M. Salvayre, il prend à parti « le système du prétendu drame musical. »

Au siècle dernier, on disait à tout propos : « C'est la faute à Voltaire, c'est la faute à Rousseau ! ... » De nos jours, c'est différent et dès qu'un opéra fait four, on s'empresse de crier: c'est la faute à Wagner.

Je puis donner l'assurance à M. Vitu que Wagner et le drame musical n'ont rien à faire avec la *Dame de Monsoreau*. L'ouvrage de M. Salvayre n'est pas un opéra, je le veux bien, mais il n'est pas encore un drame musical, c'est tout au plus un mélodrame et j'ajouterais volontiers : un mauvais mélodrame.

Quant à M. Besson, son embarras se trahit par des phrases vraiment extraordinaires.

« Je trouve que M. Salvayre y a mélangé les styles avec une habilité de main à laquelle on doit rendre hommage, se servant tantôt de la grande déclamation lyrique à la Gluck (!) et tantôt de la grande phraséologie mesurée, à l'italienne (?). Il a saupoudré son travail de ressouvenances de Schumann (!!!) et de Palestrina, tout ensemble, (holà là, ma mère !) s'inspirant des ressources harmoniques créées par Wagner (Ecoutez, écoutez !) et de ce bizarre amalgame (en effet quelle *olla podrida* singulière) il a tiré des effets assurément nouveaux... »

Ce n'est pas mal, n'est-ce pas? et le morceau valait la peine d'être cité. En voici un autre qui ne le lui cède en rien. M. Besson est obligé de convenir que l'instrumentation de M. Salvayre est plus bruyante que colorée; mais, « à l'Opéra, l'orchestration malgré la virtuosité des musiciens que ne rebutent aucunes difficultés techniques, est dure à manier en raison des bases fondamentales à donner au maximum de sonorité ».

Et voilà précisément pourquoi votre fille est muette et pourquoi l'instrumentation de M. Salvayre, qui n'a pas de ventre comme on dit, et associe de tout temps les timbres les plus graves aux instruments les plus aigus, ne produit aucun effet, pas plus, du reste, que la partition elle-même, qui restera comme un vivant et triste témoignage de l'impuissance absolue du compositeur.

Je n'ai pas la prétention de faire des prophéties, mais il suinte un tel ennui de la *Dame de Monsoreau* que je crois lui faire bonne mesure en lui promettant une demi-douzaine de représentations. Si l'on veut pousser plus loin, les abonnés sont capables de se mettre en insurrection. Dépenser 300,000 fr. pour arriver à un pareil résultat, c'est beaucoup et l'on pourrait mieux employer l'argent du gouvernement d'une manière plus utile pour l'art et pour les artistes.

VICTOR WILDER.

Théâtres et Concerts
Chronique de la Semaine
PARIS

A son premier pas, la *Dame de Monsoreau* vient de choir d'une lourde chute, et tout l'empressement galant du monde ne saurait la bien remettre sur pied. Mon éminent collaborateur, M. Victor Wilder, vous a dit les détails de l'accident et il a raisonné sur le cas. Dès à présent, tous les diagnostics s'accordent à faire prévoir une issue fatale. Le plus étrange, c'est que les directeurs semblent s'être exposés à ce dénouement de gaîté de cœur et en parfaite connaissance de cause. S'adresser à M. Salvayre, juste après *Egmont*, franchement, c'était une aberration sans nom et sans cause... et la *Dame de Monsoreau* est au dessous d'*Egmont*... Il fallait voir aussi comme à partir de onze heures, sans attendre la fin, les messieurs loutrés et les dames pelucheuses s'égrenaient un à un par l'escalier. La mise en scène elle-même, la seule chose par où cette pauvre Académie de musique garde quelque prééminence et un semblant de prestige, a été peu goûtée; certains décors et costumes empruntés à d'autres ouvrages, M. Sapin comme « mignon » en chef, une exhibition de huit chevaux qu'on eût préférés voir à l'Hippodrome, une procession avec évêques, enfants de chœur, moines, Saint-Sacrement, cierges allumés, etc... et ribaudes (du jour Vibert, quoi!), des psalmodies d'orgue et des fanfares de cor pour un où pour un non, tout cela a fini par indisposer le public, qui a trouvé qu'on se... moquait de lui; si bien que, des auditeurs, fort clairsemés de la fin, aucune protestation ne s'est élevée contre les sifflets qui ont accueilli le nom de M. Salvayre..... Que peut-il bien sortir de soirées aussi désastreuses. En présence d'une aussi profonde incurie et d'un gaspillage aussi monstrueux, on se demande si on rêve : cette opulente salle, cette vaste scène, cet orchestre choisi, ces chanteurs grassement payés, ce riche matériel, etc., mis au service de cette sordide indigence d'idées, d'invention, sans l'ombre d'un talent quelconque, pas même un peu de métier courant, ô manipulateur ! Wagner (1)! cela fait l'effet de brocarts, de soies et de velours, mis sur le dos d'une porchère qu'on pousserait dans un salon raffiné... En nous offrant cette splendeur vide et ce néant majestueux, et en nous conviant une si peu grand sérieux à une table somptueusement dressée pour nous y nourrir de pain de son et d'eau bourbeuse, MM. Ritt et Gailhard se sont acquis des titres exceptionnels à la

(1) L'an dernier, M. Salvayre, dans une lettre inpubliable adressée au *Gaulois*, voulut bien reconnaître à Wagner, à défaut d'autres mérites, celui d'orchestrateur, de *manipulateur de talent*, ce furent ses propres expressions... Il faut entendre l'instrumentation inouïe de M. Salvayre pour se faire une idée de sa compétence en cette matière même.

réputation de gigantesques farceurs, et ont droit à une mention spéciale, bien que peu honorable, comme dilapidateurs de l'argent des contribuables.

Je me détourne sans regret de ce triste sujet. J'aime mieux avoir à signaler le très beau succès d'un poème symphonique de M. Ernest Chausson, *Viviane*, au concert Lamoureux. Je n'ai pas besoin d'ajouter combien ce succès est légitime. Voici le court programme de cette œuvre; je le crois de nature à intéresser le lecteur. « Viviane et Merlin dans la forêt de Brocéliande. — Scène d'amour. — Les envoyés du roi Arthus parcourent la forêt à la recherche de l'Enchanteur. — Il veut fuir et les rejoindre. — Viviane endort Merlin et l'entoure d'aubépines en fleurs. » Il y a là deux éléments distincts : au milieu d'un paysage servant de cadre, les deux personnages ou plutôt leurs sentiments (je ne compte pas les envoyés d'Arthus, dont les appels de trompettes se font entendre au loin — j'allais dire dans la coulisse). L'élément pittoresque est, à mon avis, la partie la plus personnelle de l'œuvre; il y a là des « sous bois » d'une fraîcheur de tons, d'un vaporeux de contours, d'une poésie mystérieuse, qui sont d'un artiste intimement épris de la nature; les appels de trompettes, s'éloignant, se rapprochant, se perdant enfin dans le lointain, sont une trouvaille de l'effet le plus imprévu et le plus pénétrant. J'aime moins la partie de « sentiment », surtout quand ce sentiment devient passion, action, dans l'allegro violent où Merlin s'efforce d'échapper à l'enlacement de Viviane; c'est là qu'on souffre de l'absence de la scène et de ce qu'il faut de « défini » dans l'expression des passions humaines; mais ceci est la faute du genre plutôt que celle de l'auteur. Je me hâte de dire que M. Chausson comprend si bien la nécessité dont je parle, qu'il prépare un drame lyrique en trois actes, dont le sujet est emprunté au même cycle légendaire. Ce drame a pour titre *le Roi Arthus*, et l'amour de Lancelot pour la reine Geneviève en fait le fond. Le dénouement ne passera dans un cadre poétique comme ceux où se complaît l'imagination de M. Ernest Chausson, avec un soleil couchant, qui, paraît-il, donnera du fil à retordre aux machinistes. Chose intéressante, et malheureusement trop rare, M. Chausson prépare son texte lui-même.

A ce même concert, je suis heureux de signaler la rentrée de Mme Montalba, la belle Yseult du Château-d'Eau. L'éminente artiste, qui a quitté Bruxelles après une période où sa voix avait semblé faiblir, n'a rien perdu de son talent, au contraire, et non seulement elle nous revient avec un organe aussi pathétique et vibrant qu'autrefois, mais le registre haut semble avoir gagné encore en éclat et en plénitude. Elle a retrouvé tous son succès d'autrefois dans la scène finale de *Tristan* qui a soulevé un véritable enthousiasme. Il faut regretter de ne pas voir sur une scène de Paris une artiste de cette valeur.

Pendant que je suis aux cantatrices, je mentionne le légitime succès de diction et de voix dramatique obtenu par Mme Yveling Rambaud dans la cantate de *Didon*, aux concerts du Châtelet. — Quand j'aurai mentionné la récente et admirable exécution de la symphonie en *ré* mineur de Schumann chez M. Lamoureux, et l'ovation qui a été décernée dimanche, au vaillant promoteur du *Lohengrin*, après la scène de Tristan, j'aurai dit tout ce qu'il y a eu de plus saillant pendant la semaine... A remarquer pourtant, avant de finir, l'avis si sage adressé par M. Lamoureux aux habitués de ses concerts. Par la voie du programme distribué, il les prie de l'excuser s'il s'abstient dorénavant de déférer au désir des personnes qui sollicitent le *lis* de l'un ou de l'autre numéro du programme. Dans la plupart des cas, l'opinion du public est divisée sur l'opportunité de ces redites, et cette divergence provoque alors des manifestations opposées. Il peut arriver aussi que l'on demande la répétition d'un morceau discuté, dans le seul but d'exciter des protestations et de faire naître le tumulte... « Pour éviter de regrettables conflits, le plus sage est de s'en tenir strictement aux promesses du programme ». Toute notre approbation aux paroles si opportunes de l'éminent chef d'orchestre.

BALTHASAR CLAES.

BRUXELLES

LA FAUVETTE DU TEMPLE A L'ALHAMBRA.

En ces temps agités où les questions militaires occupent vivement les esprits et mettent en rumeur toutes les cours européennes, le théâtre de l'Alhambra ne pouvait manquer, à son tour, de préparer ses armements (il nous a donné, mercredi dernier, une pièce à souaves! Des militaires, cela fait diversion de repose des pièces à femmes ou des pièces à voleurs. La *Fauvette du Temple* est un opéra-comique du genre chauvin. Aussi, les échos de l'Alhambra, charmés de retrouver la fibre patriotique des anciens jours, alors que la troupe flamande y avait élu domicile, ces échos, bons enfants, ont retenti de joie au son des couplets belliqueux, des Marseillaises kabyles et de la « Casquette du père Bugeaud! »

Le livret de MM. Paul Burani et Eugène Humbert — feu Humbert qui, pendant quelque temps dirigea avec succès le théâtre des Fantaisies parisiennes — n'a guère de prétentions à la nouveauté, ni à l'esprit. Il a fourni au musicien ample matière à chansons, rondeaux, couplets et ensembles et M. Messager n'a point failli à la tâche. On devine la main d'un artiste habile, sachant à fond les secrets d'un art spécial qui, lui aussi, est régi par des règles plus sévères qu'on ne pense et qui exige beaucoup d'abnégation. Plusieurs morceaux de la partition sont particulièrement bien venus et dénotent en outre un mélodiste parfois très délicat. Enfin, toute l'œuvre est recherchée au point de vue de l'orchestration, sensiblement supérieure à ce qui se fait d'ordinaire pour les pièces du genre de la *Fauvette du Temple*.

Ces qualités de facture, jointes à l'interprétation et à la mise en scène, soignées comme toujours, forment un élément d'attrait qui vaudra au théâtre de l'Alhambra quelques bonnes chambrées. On applaudira la jolie voix de Mme Thuillier-Leloir chargée de gazouiller le rôle de Thérèse, la Fauvette en question, et l'on fera de même à l'égard de MM. Dechesne, Chalmin et Larbaudière dont le talent de chanteur n'est pas contestable. M. Gourdon, une vieille connaissance du public bruxellois, déploie ses facultés comiques dans un rôle de ténor retraité qui n'est pas absolument drôle.

Par exemple, il faut voir comme on leur taille des croupières à ces moricauds d'Afrique, à ces *Tours*, comme on dit à Tarascon!

E. E.

MILENKA et EVE..

Bonne journée, dimanche, pour les Concerts populaires : du monde jusque dans les couloirs et des places refusées à la porte. Cela ne s'était vu depuis longtemps. Un programme attrayant : la *Milenka* de Jan Blockx, et l'*Eve*, de Massenet; pour débuter, une ouverture de Mendelssohn : *Mer calme et heureux traversée*. En vedette, sur l'affiche, le nom de Rose Caron, un nom qui fascine, hypnotise... et fait recette.

Tout s'est bien passé. Le public a vivement applaudi le ballet du jeune compositeur flamand; il a même rappelé deux fois ce dernier et M. Blockx est venu saluer, de la tête seulement, comme Peter Benoit son maître et initiateur. Milenka est une jeune Bohémienne qui s'éprend du peintre Wilhem féru d'amour pour une grande dame, noble quoique dédaigneuse. Par ses gentillesses et les séductions de son teint elle parvient à détourner l'artiste (un homme de goût) de sa passion malheureuse et se fiance avec lui. La scène se passe au XVIIe siècle, à Anvers, et l'auteur du livret, M. Paul Berlier, lui donne comme cadre la Grand'Place encombrée d'une foule bruyante,, livrée au plaisir, se délectant en gaies chansons et en masles beuveries.

La musique de M. Blockx rend parfaitement le caractère de ce tableau; on suit à merveille l'action simple et expressive que traduisent les instruments, très ingénieusement accouplés par le compositeur. Les airs de danse ont de la pesanteur, du rythme. Cela vit, d'une manière expressive, personnelle, nullement apprêtée, presque brutalement; c'est sincère et vrai.

M. Joseph Dupont eût pu compléter le tableau en y joignant la mise en scène. L'œuvre est plutôt faite pour le théâtre que pour le concert. Il n'est pas trop tard d'ailleurs pour rendre à *Milenka* sa véritable destination et l'on assure qu'elle y sera rendue avant peu.

Beaucoup de curiosité à l'entrée de Mme Caron qui vient chanter *Eve*. On constate avec satisfaction que la charmante artiste ne paraît plus souffrante du mal qui l'a tenue éloignée pendant assez longtemps du théâtre. Lorsque Mme Caron chante, on aime à ressentir la caressante impression de sa voix qu'elle ne cherche point à prodiguer. Les passages tendres sont vraiment bien dits, nettement articulés. Quand il s'agit de donner de la force, on sent que l'organe s'y refuse et demande qu'on le ménage. Cependant les applaudissements éclatent à plusieurs reprises; Mme Caron reste toujours l'idole préférée et l'on se souvient de Marguerite, de Brunehilde (la petite :, celle de *Sigurd*) et même du premier concert populaire où elle chanta la prière de *Tannhauser* et le *Liebestod* de *Tristan*.

Le rôle du père Adam est tenu par M. Seguin qui parvient à rendre la demi-teinte et observe très artistement les proportions sonores dans ses duos avec la cantatrice. M' Duzas n'est pas aussi heureux dans le rôle de Récitant; le registre élevé de sa voix lui donne quelque tablature.

L'ensemble de l'exécution du Mystère a de l'accent, les chœurs sont assez bien disciplinés et l'orchestre est vaillant, comme toujours. *Eve*, cependant, me paraît plus à beaucoup près le même effet qu'il y a huit ans. Les procédés du maître sont connus; il n'y reste plus rien à découvrir; on sait par cœur son Massenet; on le devine quand on ne le sait pas!

E. E.

Le *Ménestrel* et, après lui, le *Temps*, ont annoncé que Mme Melba, l'éminente cantatrice italienne du théâtre de la Monnaie, était engagée à l'Opéra de Paris pour les deux mois de son congé. La nouvelle n'est pas tout à fait exacte. Des pourparlers sont, il est vrai, engagés, mais ils n'ont pas encore abouti. La grande difficulté c'est que Mᵐᵉ Melba ne chante qu'en italien et le public de l'Académie nationale de musique pourrait ne pas accepter avec autant de complaisance que celui de Bruxelles des représentations en deux langues, même de *Hamlet*.

L'*Essor* a donné à ses invités une intéressante séance musicale intime, vendredi soir, dans son local de la Grand'Place. M. Gustave Kefer, l'éminent pianiste, s'y est révélé compositeur de mérite.

On a entendu de lui une suite de mélodies chantées par la basse Van der Goten et accompagnées par l'auteur.

Citons, parmi les plus réussies, *Soir religieux*, paroles de Em. Verhaeren, *Tristesse* et la *Dernière feuille*, poésies de Th. Gautier, et surtout deux chansons provençales, pleines de couleur et d'allure, tirées du poème de Jean Aicard, *Miette et Noré*; la dernière, la *Chanson des Olives*, d'un rythme caractéristique, a été bissée avec enthousiasme.

Le violoniste Lerminiaux a exécuté différents morceaux de Tartini, de Vieuxtemps et de Ries.

Le rapport de la section centrale sur le budget de l'Agriculture et des Beaux-Arts propose une augmentation de 10,000 francs sur le chiffre des subsides accordés aux Conservatoires de musique, aux artistes, etc., et cela dans le but de venir en aide aux compositeurs et de leur permettre de faire représenter les œuvres qui se distinguent par un mérite particulier. La section centrale signale à ce propos le drame lyrique, *Richilde*, dû à la plume de M. Émile Mathieu « déjà avantageusement connu comme musicien et comme poète ».

« L'intervention du gouvernement, dit le rapport, permettrait de représenter à Bruxelles cette œuvre tirée d'un épisode de notre histoire nationale et ajouterait un nouveau lustre à la renommée de l'école belge. »

GAND.

Grand-Théâtre. — Mercredi 25 janvier, *Patrie*; vendredi 27, *Patrie*; dimanche 29, l'*Africaine*; lundi 30, *Roméo et Juliette*.

Le grand événement de cette semaine a été la première de *Patrie*, première non seulement à Gand, mais encore en Belgique, puisque seuls les Parisiens et les Lyonnais ont entendu avant nous l'œuvre de Paladilhe. M. Vanhamme, que nous critiquons assez souvent pour qu'on ne nous suspecte pas de partialité, doit recevoir toutes nos félicitations et nos remerciements pour les courageuses tentatives de décentralisation artistique qu'il fait ici. C'est lui qui a monté le *Cid* et les *Pêcheurs de Perles*, et c'est lui encore qui va monter *Lohengrin*, dont les études ont, paraît-il, déjà commencé.

Je ne vous dirai rien du livret de *Patrie*. M. Gallet ayant assez fidèlement suivi le beau drame de Victorien Sardou; à signaler seulement la suppression de la scène de la conjuration sur les remparts, et l'introduction d'une fête chez le duc d'Albe; rien de plus émouvant que ce bal donné chez le ministre-bourreau et auquel succède l'effroyable scène du cabinet de travail du duc. La partition pourrait me retenir plus longtemps si je me laissais aller à l'analyser quelque peu en détail. Elle a un caractère étrange, cette œuvre meyerbeerienne en laquelle se sentent les influences les plus disparates; et elle atteste chez l'auteur du *Passant*, de l'*Amour Africain*, de *Suzanne*, de *Diana*, une remarquable faculté d'assimilation. Sans beaucoup de difficulté, on noterait avec précision de nombreuses ressemblances avec Rossini et Verdi, comme avec Gounod et Bizet. Mais cette imitation des maîtres n'est pas servile et se déguise presque toujours sous une réelle science de facture et d'instrumentation; de telle sorte que le manque d'originalité personnelle reproché à bon droit à Paladilhe, n'apparaît pas d'une façon trop évidente. Il y a du reste quelques belles scènes : au premier acte, le récit de Rysoor et l'air du Sonneur; au deuxième, le duo de Rysoor et Dolorès, et le ballet où l'on remarque une jolie valse et une pavane ravissante; puis, à partir du troisième acte, l'intérêt ne fait plus que croître, et tout le quatrième acte, celui de la conjuration, est du plus grand effet dramatique; citons-y particulièrement l'épisode de la mort de Jonas; page superbe, cette oraison du pauvre martyr inconnu; enfin le duo entre Karloo et Dolorès qui constitue tout le cinquième acte. Il est à espérer que l'on supprimera le dernier tableau de l'opéra, où l'on offre le spectacle peu ragoûtant d'une douzaine de malheureux condamnés au bûcher et brûlant à petit feu.

L'interprétation a été fort satisfaisante; et, tout d'abord, il faut tirer hors de pair M. Soum, qui a composé un Rysoor d'une grandeur et d'une noblesse presque épiques; par la manière dont il a su tirer parti de ce beau rôle, et par l'ampleur de son style, il a montré qu'il est vraiment un artiste. Mᵐᵉ Laville est toujours l'excellente tragédienne que j'ai eu si souvent à vous signaler, et M. Merrit excite toujours les bravos par ses notes éclatantes qui font se pâmer le public, et aussi, du reste, par des qualités plus sérieuses. Le personnage complexe du duc d'Albe est rendu à la perfection par M. Bourgeois qui a copié exactement la tête du personnage d'après un portrait de l'ouvrage de Bor. Remarqués : M. Freiche dans le Sonneur, M. Geoffray, dans le Grand-Prévôt, et M. Sentenac, dans la Trémoille. Mᵐᵉ Stella-Corva (Rafaële), portait de superbes diamants. Un bon point au ballet et surtout à Mˡˡᵉ Mailfs et Toby qui ont dansé de façon exquise la pavane. Une mise en scène soignée

achève de donner à ce spectacle tout ce qu'il faut pour qu'il procure de belles soirées à notre théâtre.

La reprise de l'*Africaine*, avant-hier dimanche, s'est ressentie de la première et de la seconde de *Patrie!* Il y avait un peu de fatigue chez tout le monde, et cela se conçoit aisément; aussi suis-je loin de songer à en faire un grief à qui que ce soit : *Patrie!* nous clôt la bouche. Succès, du reste, sur toute la ligne et nombreux applaudissements pour les principaux interprètes.

Le Conservatoire ne m'en voudra pas, je l'espère, si je ne parle pas bien longuement de la petite audition du mardi 24 janvier, consacrée à quelques lauréats des derniers concours. Nous en avons déjà entendu une autre partie à la distribution des prix. C'était cette fois le tour de Mˡˡᵉ De Coen, une jolie voix et une jolie personne; Mˡˡᵉ Sion, cantatrice; Mˡˡᵉ Acart, qui devra encore pas mal travailler avant de rendre avec le sentiment voulu la Polonaise en mi bémol de Chopin; M. Liebaert, un charmant ténor; M. De Hovre, un bon organiste; MM. Paul et Louis Miry, respectivement violoniste et violoncelliste de mérite; M. De Porre, violoniste; MM. Isenbrant et De Wever, deux belles voix. Pour terminer, l'orchestre a joué la marche hongroise de la *Damnation de Faust*, et bien des auditeurs n'étaient restés que pour cela jusqu'à la fin de cette exhibition un peu longue de lauréats.   P. B.

LIÈGE.

Après deux mois à peine d'exploitation, le directeur de notre Théâtre-Royal vient de déposer son bilan. M. Coulon, après avoir soumis ses comptes aux artistes, a obtenu d'eux l'abandon de leur dernier mois. Les artistes viennent de se constituer en société sous la gérance de M. Barwolff et ils vont chercher à mener la campagne jusqu'au bout. Bien entendu cette chute de M. Coulon, (qui n'a d'ailleurs fait de bonnes affaires nulle part), a ramené l'attention sur la triste condition de notre théâtre. Je constate à regret que parmi tous les remèdes préconisés pour le relever, il en est un, le plus important, qu'on ne signale pas : à savoir, la nécessité absolue de renouveler le répertoire. Faites-nous de bon théâtre, nous vous ferons de bonnes finances. Depuis vingt ans nous vivotons sur le même fonds, éternellement le même, vieux de pièces usées, archi-usées, qui ne peuvent en vérité satisfaire les goûts du public actuel. Et nécessairement l'absence d'intérêt du spectacle a pour résultat l'indifférence du public qui désapprend le chemin du théâtre. Qu'on nous donne des nouveautés, le plus de nouveautés possible, et qu'on assise en même temps de confier la direction d'une scène aussi importante que la nôtre à des impresarii qui se soucient de l'art et de la musique comme un poisson d'une pomme, c'est-à-dire qui n'ont d'autre titre à les analyser quelque public et du Conseil communal qu'une longue pratique dans les théâtres les plus arriérés de France et de Navarre.

M. Coulon entraîne dans sa chute la *Jacques Clément* de M. Grisy qui a été donné pour la première fois ici, lundi dernier. C'est la seule nouveauté que nous ayons eue cet hiver et cette nouveauté date de 1825, j'entends musicalement. Imaginez sous ce titre de *Jacques Clément* une décoction des *Huguenots*, de *Charles VI*, de *Robert le Diable*, une *olla podrida* dramatique et musicale de Scribe, de Verdi, de Meyerbeer; voilà la chose, Et c'est ça qu'on nous donne comme une nouveauté! Je ne veux pas accabler M. Grisy qui n'est pas tout à fait sans talent, mais il faut bien le dire : ce genre de machines construites selon la formule surannée d'il y a vingt-cinq ans, il n'en faut plus. Le roman de cape et d'épée à la Dumas a eu son heure d'actualité; essayez donc de le remettre à la mode ! L'art dramatique ayant évolué comme le roman, il faut bien que les directeurs de théâtres finissent par se convaincre qu'ils retardent déplorablement et qu'il est grand temps pour eux d'entrer dans le drame moderne. Là est leur salut.   Y. Z.

NAMUR.

Un public nombreux assistait à la représentation de jeudi dernier, on donnait sur notre théâtre la première d'un opéra en 4 actes de Jos. Mertens, le *Capitaine Robert*. Cette partition a été très favorablement accueillie. L'orchestration en est admirablement travaillée. Seulement, il semble qu'il y ait quelque disproportion entre la musique et le sujet qui est un peu mince. Ce lever de rideau a presque l'allure d'un grand opéra.

L'œuvre n'en est pas moins pleine de mérite et fait l'éloge de l'inspiration et du talent de son auteur.

Cette œuvre a été bien comprise et bien chantée par Mᵐᵉˢ Filliolle et Valmont et MM. Verneuil et Gallia.

On a fait à M. Jos. Mertens, qui dirigeait lui-même, une chaleureuse ovation, bien méritée du reste.

HAL.

M. Houssiau, le compositeur bien connu du public, a donné dimanche, 30 janvier, avec le Cercle Servais un brillant concert; on y a admiré la justesse, l'ensemble et le fini de cet orchestre qu'il a formé et qu'il dirige avec un réel talent.

On ne peut qu'applaudir aux louables efforts de ce Cercle qui propage la musique des maîtres : l'ouverture de *Don Juan*, le *Moment musical* de Schubert, un *largo* de Hændel, un *menuet* de Mozart, ont été exécutés avec art. Mm. Danlée et M. Bachmann prêtaient leur concours au concert. M. Danlée, premier prix du Conservatoire, chante avec beaucoup de méthode et de talent; M. Bachmann est un jeune violoniste de 12 ans, auquel le plus bel avenir est réservé. Il a enlevé, aux applaudissementsde la salle, une fantaisie d'Allard et la *Romance* de Vieuxtemps.

Nouvelles diverses.

Le comité de la Société des compositeurs de musique de France vient de reconstituer ainsi son bureau:

Président: M. C. Saint-Saëns; vice-présidents: MM. G. Pfeiffer, A. Guilmant, E. Altès et E. Giraud; secrétaire-général : M. E. d'Ingrande; secrétaire-rapporteur: M. G. Canoby; secrétaires: MM. D. Balleyguier, L. de Vaux, F. de la Tombelle et L. Michelot; bibliothécaire-archiviste adjoint: M. A. Limagne; trésorier: M. A. Limagne.

La municipalité de Nantes a été appelée à discuter le cas de M. Paravey, devenu directeur de l'Opéra-Comique sans donner sa démission de directeur du théâtre de Nantes. M. Paravey avait promis, en compensation, de donner à Nantes sept représentations extraordinaires avec le concours des artistes de l'Opéra-Comique, et il s'était engagé à monter la *Reine de Saba* et *Hamlet*.

Après une longue discussion, le conseil a accepté ces offres, sous la condition que 2,000 francs seraient versés par M. Paravey pour chacune des sept représentations promises qu'il ne donnerait pas.

A la même séance, le conseil a voté une subvention de 100,000 fr. pour la campagne prochaine.

A lire dans la dernière livraison de la *Revue Wagnérienne* la suite et la fin du très important et très intéressant travail de M. Houston Stewart Chamberlain sur *Tristan et Yseult*, une œuvre de critique raisonnée, extrêmement intéressante par le souci d'éviter toute divagation esthétique et toute banalité d'appréciation.

C'est assurément l'étude la plus approfondie et la plus complète que nous ayons sur *Tristan et Yseult*. A propos des circonstances extérieures qui ont entouré la conception et l'exécution de ce drame, M. Chamberlain parle d'un événement qui n'était pas inconnu des intimes, mais qui avait été jusqu'ici ignoré du public.

« C'est précisément à cette époque, raconte M. Chamberlain (à l'époque de la conception de l'œuvre), que Wagner fut pris d'une passion violente pour une femme, jeune et d'une grande beauté. Sous plus d'un rapport la situation rappelait singulièrement celle du drame. Et elle le rappelait surtout par la violence inouïe des sentiments, et par ce souffle de profond mysticisme qui l'élevait bien au-dessus d'un sentiment vulgaire et passager, et qui le rendait si profondément, si irrémédiablement tragique.... Qu'on veuille bien relire *Tristan*; et que ceux qui ont l'esprit faussé par les platitudes philosophiques tâchent de comprendre ce que signifient ces invocations à la mort, seule réparatrice, et ces malédictions de l'amour. — Notre maître était lui-même bien près du *Tod durch Liebesnoth*. Sa fuite en de nouveaux pays, la création fiévreuse du *Tristan*, c'est-à-dire du drame qui se jouait en son propre cœur, lui sauvèrent la vie. Mais les quelques lettres que j'ai pu voir de lui de cette époque, montrent toute la profondeur de ses souffrances. »

Les joyeusetés de M. Barbedette : à propos du dernier concert Lamoureux, il parle en ces termes de deux fragments de Wagner exécutés à ce concert : les *Murmures de la forêt* et la *Marche funèbre* du *Crépuscule des Dieux* : « Ce sont, dit le chroniqueur du *Ménestrel*, deux curiosités musicales pleines d'ingéniosité, où la mélodie absente est remplacée par un trucage habile. On ne peut pas dire que ce soit absolument beau, mais c'est amusant, ce qui n'arrive pas si souvent à la musique du demi-dieu d'outre-Rhin. »

Ce qu'il est surtout amusant c'est cette appréciation.

Le progrès du wagnérisme :

Au théâtre Verdi, à Padoue, le *Lohengrin* de Wagner vient d'obtenir un très grand succès. Il y était donné pour la première fois. Artistes principaux : Mmes Riccetti et Bociani, et le ténor Carbini et le baryton Sivori.

Ont été bissés : l'Introduction, la prière d'Elsa et l'Arrivée du Cygne. La romance d'Elsa (2e acte), le duo d'Ortrude et Telramund et le duo d'Elsa et de Lohengrin (3e acte) ont été très applaudis.

Presqu'au même moment, au théâtre royal de Madrid, pour la soirée donnée au bénéfice du maëstro Mancinelli, on a représenté *Lohengrin* avec Stagno, Mmes Tetrazzini et Pasqua et le baryton Vaselli.

Grand succès pour tous les artistes et principalement pour Stagno et Mme Tetrazzini.

L'ouverture de l'opéra et l'ouverture du 3e acte ont été bissés.

Le *Guide musical* a annoncé le concours de composition musicale organisé par l'*Artiste Toulousain*. Des 104 concurrents, le prix *ex æquo* a été décerné à MM. Georges Guiroud, élève de l'École de Musique religieuse Niedermeyer, à Paris, et Ferdinand Hinnens, de Mons (Belgique). Des 2me prix ont été accordés à MM. E. Sallis, à Nîmes; Ach. Dupont, à Caen; A. Bajilon, à Valenciennes; Henri Bon,

court,à Guise (Aisne); Lucien Fontayne, à Nîmes et Antonin Laffage, à Angers.

Un nouveau concours est ouvert par l'*Artiste Toulousain* pour une *Polka* (72 mesures, introduction comprise); pour la musique d'une romance : les *Adieux à la Fiancée gasconne*, dont le poème a été couronné au dernier concours ; enfin une *Scène dramatique* sur ce thème: *Hercule au bûcher*.

La *Sauvage apprivoisée* (*Taming of the shrew*), de Shakespeare qui avait déjà inspiré au Bizet allemand, Hermann Goetze, une partition charmante, vient de servir pour la seconde fois de sujet d'opéra-comique, mais cette fois à une librettiste et à un musicien français M. Lucien Huard, et le musicien Ben-Tayou, cet arabe de Bordeaux qui s'est fait connaître par son :

« Vous n'aurez pas l'Alsace et la Lorraine »

et auteur d'une innombrable quantité de concertos et de romances. Cette nouvelle version lyrique de *Taming of the shrew* sera paraît-il donnée prochainement sur un théâtre de Londres sous le titre de *Katharina*, nom de l'héroïne de la pièce.

Toujours à Londres, il faut signaler l'apparition d'une traduction de l'*Arlésienne* de Daudet et Bizet, représentée sous le titre de *The love that kills* (L'amour qui tue) au Prince of Wales'Theatre, et d'un opéra-bouffe inédit de M. Gustave Michiels, l'auteur de *Mimi Pinson* ; titre : *Babette*. Le sujet est tiré de *la Grappe d'amour*, de MM. Ordonneau et Verneuil, adapté à l'anglais, pour le Strand Theatre, par MM. Alfred Murray et Mosenthal. La musique sans grande prétention chantée avec goût par Lydia Thompson, directrice du théâtre, Mlles d'Arville et Suzanne Vaughan, a eu du succès.

Il teatro illustrato, de Milan, termine par ces mots un article consacré à Benjamin Godard :

« Il est trop tôt pour parler dès à présent du mérite et de l'importance de *Jocelyn* : toutefois on peut augurer favorablement du succès (si le proverbe : « Dis-moi qui tu hantes je te dirai qui tu es, » a raison), eu égard à ce fait que les portes de la Monnaie de Bruxelles se sont ouvertes devant lui. Les Belges sont parfaits juges en matière musicale, intelligents, pénétrants et éclectiques : les exécutions au théâtre de la Monnaie sont de premier ordre, le chef d'orchestre, Joseph Dupont, porte un nom qui par lui-même offre toutes les garanties artistiques. Si Dupont, chef d'orchestre et impresario, a accepté de monter *Jocelyn*, il y a quatre-vingt-dix-neuf et demi probabilités sur cent que *Jocelyn* sera une véritable œuvre d'art et une œuvre d'art à effet. »

Souhaitons au journal milanais ne se trompe point dans son calcul de probabilités.

A l'Opéra de Leipzig, le 30 janvier, termine par une première représentation des *Trois Pintos*, l'opéra prétendûment posthume de Weber, terminé (?) par le chef d'orchestre G. Mahler. Nous avons raconté, il y a quelque temps, la singulière histoire de cette partition. Il paraît qu'elle a été bien accueillie.

M. Ernest Van Dyck, après sa tournée lohengrinesque aux Pays-Bas, s'est réinstallé à Karlsruhe pour reprendre avec MM. Mottl et Bopp et avec Mme Wagner elle-même les études de son rôle des *Maîtres Chanteurs*. Le grand-duc et la grande-duchesse de Bade ont voulu entendre le Walter de Bayreuth, et plutôt deux fois qu'une. M. Van Dyck, en effet, a été demandé, puis redemandé à la cour grand-ducale où son succès a été très vif auprès des souverains et de leurs hôtes.

La distribution des prix à l'école de musique de Saint-Nicolas a eu lieu au commencement de janvier; le directeur, M. Van Vlemmeren, a donné une exécution très applaudie de la belle cantate pour enfants du maëstro anversois, Peter Benoit. Le programme du concert précédant la distribution des prix, comprenait en outre une série de morceaux exécutés par les élèves de l'école. Le maëstro Benoit, qui assistait à la cérémonie, a vivement complimenté le directeur et ses élèves.

Le 21 février prochain aura lieu à Anvers la première représentation de *Liederik*, opéra-comique de M. Josef Mertens, remanié et adapté en français par M. Gustave Lagye.

Une vive émotion règne à New-York au sujet de la situation de l'Opéra Métropolitain, qui d'après les dernières nouvelles, ne serait rien moins que brillante. D'habitude les commanditaires se trouvaient en présence d'un déficit de 50,000 à 80,000 dollars et ils se résignaient assez facilement à le combler. Mais il paraît que cette année le passif sera de beaucoup augmenté. On sait que le théâtre en question est desservi par une troupe allemande qui a fait connaître au public les dernières œuvres de Richard Wagner et qui vient en outre de représenter tout récemment *Euryanthe* de Weber et *Fernand Cortez* de Spontini. Naturellement, on attribue aux œuvres de Wagner la cause du déficit et l'on cherche à blâmer le directeur, M. Stanton, en même temps que M. Seidl, d'avoir lassé la patience du public lequel aurait fini par délaisser le théâtre.

Dans une lettre ouverte qu'il adresse au *Musical Courier*,

M. E. Krehbiel, un éminent critique New-Yorkais, réfute les attaques malveillantes dirigées contre l'entreprise éminemment artistique de M. Stanton. Il déplore la façon mercantile dont certains
critiques d'art envisagent les questions qui touchent au progrès et à
l'élévation du goût artistique, prouve d'ailleurs que la moyenne des
œuvres wagnériennes est plus élevée à présent qu'elle ne l'était
pour les saisons 1885-1886 et 1886-1887 et au surplus constate que
ces œuvres ont attiré du monde.

Il est de fait que la direction de l'impresario Abbey, qui ne jouait
pas du Wagner mais faisait chanter à grands frais le répertoire italien, aboutit en dernier lieu à une banqueroute de 250,000 dollars
(les frais se sont élevés à la même somme). Toutes les démarches
faites en vue de trouver un directeur qui voulût recommencer à vendre du macaroni dans ces conditions sont restées infructueuses et
c'est alors que l'opéra allemand est venu s'installer au *Metropolitan
Operahouse.*

En supposant que la direction actuelle dût laisser un déficit
plus considérable encore qu'elle qui est accusé jusqu'à présent, il est
consolant pour les bailleurs de fonds de penser que leur argent a
servi tout au moins à un glorieux effort artistique.

Une tentative sera faite au printemps prochain avec l'*Otello*, qu'un
impresario nouveau, Signor Campanini, veut acclimater aux États-
Unis. Il est possible que cet élément d'attraction produise d'excellents résultats. Mais s'il en était autrement, devrait-on accuser la
dernière œuvre de Verdi?

Les discussions qui surgissent au sujet de Wagner et les sophis-
mes dont on abuse encore aujourd'hui pour tenter de réagir contre
l'écrasante supériorité de ses œuvres, montre à quel point l'erreur
est difficile à dissiper. Car il est évident que si les ouvrages de
Wagner ne donnent pas les meilleurs résultats financiers, là où ils
sont représentés convenablement, c'est à une véritable coalition
d'intérêts qu'il faut l'attribuer. Le triomphe du théâtre de Wagner
est une question de vie ou de mort pour toutes les petites industries,
qu'elles soient ou non « au coin du quai »!   E. E.

Encore un théâtre brûlé: celui des Variétés à Madrid. Il a été
consumé entièrement dans la nuit de vendredi à samedi. On venait
d'y jouer le *Fantôme des airs*, pièce tirée d'un roman de Jules Verne.
Précisément le dernier tableau représente un incendie. On croit que
le feu a pris dans le magasin de dépôt des feux de bengale. Jusqu'à
six heures du matin, personne ne s'est aperçu du feu; tout à coup,
le concierge du théâtre entendit une forte détonation sur la scène; il
essaya de pénétrer dans le théâtre qui était déjà en flammes. Il
voulut, aidé par une autre personne, se servir des pompes affectées au
théâtre; mais, à moitié asphyxiés par la fumée, ils durent se retirer.
Les pompiers, prévenus aussitôt, accoururent sur le lieu du sinistre
et réussirent à sauver la caisse et différents papiers et documents.
Quelques instants après, les murs du théâtre s'effondraient. Un pompier et un habitant d'une maison voisine ont été blessés légèrement.

BIBLIOGRAPHIE.

La musique aux Pays-Bas avant le XIXe siècle, documents inédits et
annotés, par Edm. Vander Straeten, tome VIII, deuxième partie.
Bruxelles, Schott frères. — Le très savant musicographe qui a déjà
apporté à l'histoire de l'art musical tant de documents importants,
continue avec une patience admirable et une sagacité merveilleuse
ses recherches sur les vieux musiciens de l'école néerlandaise. Voici
la deuxième partie du tome VIII consacré spécialement aux musiciens néerlandais en Espagne. Ouvrez n'importe quel livre d'histoire
musicale vous y verrez mentionnée l'influence néerlandaise dans la
plupart des pays européens, quelques-unes des variantes qui ne modifient en rien le caractère banal de cette affirmation. Nulle part vous
ne trouverez indiquée l'origine de cette influence. Par l'intermédiaire
de quels artistes, sous quelle forme, pendant combien de temps
s'est-elle exercée? Autant de questions qui étaient restées jusqu'ici
sans réponse ou qui n'avaient reçu qu'une réponse extrêmement
sommaire. L'infatigable labeur de M. Edmond Vander Straeten
permet aujourd'hui de reconstituer tout ce passé glorieux de l'art
musical au XVIe siècle. Les archives des couvents d'Espagne, les
archives royales, les bibliothèques particulières et publiques lui ont
livré une somme considérable de documents totalement inconnus
dans lesquels se déroule toute l'histoire de ces bandes de chantres
et d'instrumentistes, de niveaux flamands qui charmèrent les loisirs de
la cour de Charles-Quint et de Philippe II, en même temps qu'ils
rehaussaient l'éclat des cérémonies religieuses dans les églises et
les couvents. Déjà M. Vander Straeten, dans ses précédents volumes,
nous avait montré une longue série de chanteurs, de compositeurs et
d'instrumentistes néerlandais engagés à prix d'or et répandant en
Bavière, en Italie et en Espagne le goût de la musique. Le tome VIII
qui vient de paraître ajoute à cette liste déjà longue un contingent
non moins important de monographies du plus haut intérêt,
appuyées sur les sources les plus authentiques.

On ne saurait pousser plus loin que M. Vander Straeten le souci de
la vérité. Son œuvre déjà si considérable et qui n'est pas épuisée
restera pour l'histoire de la musique l'une des contributions les plus

précieuses à côté des travaux des grands musicologues de ce siècle,
les Coussemaeker, les Fétis, les Kastner, les Ambros. Par la somme
de documents inédits qui s'y trouvent reproduits ce vaste répertoire
est d'un prix inestimable. Toutes les obscurités se trouvent désormais éclaircies définitivement et il ne nous reste qu'à souhaiter de
voir bientôt M. Vander Straeten arriver au bout de son immense
labeur, monument incomparable de recherches et de faits précis.

A ce propos on nous permettra de rappeler en quelques mots la
carrière si honorablement remplie de l'éminent musicologue. Nous
empruntons la biographie suivante à M. A. J. Hipkins qui l'a donnée
au *Dictionary of music and musicians*, du Dr Grove [1].

M. Edmond Vanderstraeten, naquit à Audenarde en Flandres, le
3 décembre 1826.

Destiné à la carrière judiciaire, il fit ses études au collège d'Alost,
puis à l'Université de Gand.

De retour à Audenarde, il continua à cultiver l'art musical qu'il
avait affectionné dès son premier âge, et auquel il joignit la numis-
matique et l'archéologie.

Cette dernière branche scientifique influa puissamment sur le
choix de sa vocation.

Pendant que Vander Straeten organisait et dirigeait, à Audenarde, des interprétations de fragments d'opéras, et que lui-même
mettait en musique, en 1849, un drame en trois actes intitulé *le
Proscrit*, il fouillait les riches archives communales de cette petite
cité, et en retirait des documents musicologiques importants dont il
enrichit ses publications littéraires.

Vander Straeten devint ensuite le secrétaire de Fétis, alors directeur du Conservatoire de Bruxelles, et il poursuivit, sous la conduite
de ce maître, ses études d'harmonie et de contrepoint.

Après avoir fourni de nombreux articles à la *Biographie universelle
des Musiciens*, il fut admis à collaborer au catalogue historique de la
Bibliothèque royale de Bruxelles.

Quatorze années furent consacrées à la préparation de ses propres
travaux d'érudition. Entretemps, il tint simultanément la plume de
critique musical dans les journaux *le Nord* et l'*Echo du Parlement* (plus
tard dans l'*Étoile belge*), et il alimenta diverses revues de ses articles
d'archéologie et d'histoire.

Rempli d'admiration pour le génie méridional de Rossini, Vander
Straeten n'a point cessé d'être le chaud partisan de Weber et de
Wagner.

Le premier volume de la *Musique aux Pays-Bas*, paru en 1867,
marque la période de l'entier dévouement de Vander Straeten à la
vulgarisation des découvertes archéologiques.

Il s'était formé, à ce sujet, une importante collection de documents pour l'histoire musicale néerlandaise, et avait réuni, dans les
mêmes vues, une série d'instruments de musique, un clavecin de
Jean Ruckers de 1627, entre autres, qui a été phototypé au troisième
volume de son grand ouvrage.

Le gouvernement belge le chargea de missions scientifiques et
artistiques, qui l'amenèrent à visiter l'Allemagne, l'Italie, la France,
l'Espagne, etc. Dès 1870, il avait été officiellement envoyé à Weimar, pour les représentations-modèles de Wagner, son rapport
sur les exécutions se distingue par un vif sentiment esthétique et
une lumineuse clarté de vues.

Attaché récemment par l'État belge, grâce à l'intervention de
l'Académie royale, au Comité chargé de la publication des œuvres
des anciens compositeurs belges, la mission lui fut confiée de rassembler les matériaux nécessaires pour cette noble entreprise.

La question du berceau de Jean Tinctoris, théoricien musical du
XVe siècle, que l'on disait être de Nivelles, en Brabant, donna
lieu à une violente controverse. Vander Straeten triompha de ses
contradicteurs, en produisant la preuve de la naissance de Tinctoris dans la Flandre occidentale. Ces débats forment un chapitre important du quatrième volume de la *Musique aux Pays-Bas.*

Vander Straeten est membre honoraire ou correspondant de
nombreuses académies musicales et archéologiques.

Ses publications musicales les plus importantes sont : la *Musique au Pays-Bas avant le XIXme siècle*, 3 volumes (1867-1888). *Le
Théâtre villageois en Flandre*, 2 volumes, (1874 et 1886); *les Musiciens néerlandais en Italie* (1882); *les Musiciens néerlandais en Espagne* [2]
(1re partie, 1885, 2e partie 1888).

Une bibliographie de ses travaux parus jusqu'en 1877, accompagnée d'une intéressante notice biographique, a été publiée par
M. Charles Meerens et éditée à Rome.

Tout récemment, l'Académie royale de Sainte-Cécile à Rome lui
a octroyé le diplôme d'honneur.

(1) *A dictionary of music and musicians edited by sir George Grove.* — London,
1885, p. 216 et 217. Le supplément de la *Biographie universelle des musiciens*
par M. Pougin, donne une nomenclature relativement complète des autres
ouvrages musicologiques de Vander Straeten : *Voltaire musicien, Lohengrin*
(instrumentation et philosophie), la *Mélodie populaire dans Guillaume Tell*, etc., etc.
(2) Ces deux dernières publications sont des tirés à part des tomes VI et
VII de la *Musique aux Pays-Bas.*

ÉPHÉMÉRIDES MUSICALES

Le 3 février 1809, à Hambourg, naissance de *Félix*-Jacques-Louis Mendelssohn-Bartholdy. Son décès à Leipzig, le 4 novembre 1847.

Moses Mendelssohn, connu par ses ouvrages philosophiques, fut la souche de la famille.

De son mariage avec Fromet Gugenheim naquirent trois fils et trois filles. L'aîné des fils, Joseph, fonda la maison de banque Mendelssohn et C° à Hambourg; plus tard, son frère Abraham, père de Félix, s'associa avec lui. Joseph fut lié avec tous les savants de son temps et particulièrement avec Alexandre de Humboldt, qui avait été l'élève de son père. Un jour, il le vit entrer chez lui de fort méchante humeur. Il lui en demanda la raison; Humboldt répondit que son propriétaire venait de lui donner congé et que le déménagement de ses vastes collections d'histoire naturelle les endommagerait gravement. Joseph ne répondit rien; mais, le lendemain, Humboldt reçut une lettre de lui disant « qu'il pouvait dormir tranquille et demeurer dans sa maison tant qu'il voudrait, attendu que son ami Joseph en était devenu le propriétaire ».

Les trois filles de Moses Mendelssohn se convertirent au christianisme; les fils n'abjurèrent pas leur religion, mais Abraham fit élever ses enfants dans le protestantisme, quoiqu'il eût épousé une israélite, Léa ou Lilla Salomon. Abraham est resté dans une demi-obscurité, pour la raison qu'il donnait souvent lui-même en disant : « J'ai été d'abord le fils de mon père; à présent je suis le père de mon fils. » Il eut trois enfants nés à Hambourg : Fanny-Cæcilia, le 15 novembre 1805, Félix-Jacob-Louis, le 3 février 1809, et Rebecca, le 11 avril 1811. Pendant la domination française à Hambourg, la famille Mendelssohn quitta cette ville, vers la fin de 1811 pour aller s'établir à Berlin, où naquit le dernier enfant, Paul, le 30 octobre 1813.

On a cru par erreur que le nom de Mme Mendelssohn était Bartholdy; elle s'appelait réellement Salomon. C'est son frère qui, en abjurant le judaïsme, avait remplacé le nom de Salomon par celui de Bartholdy; Abraham ajouta ensuite ce nom au sien, d'après le conseil de son beau-frère, pour se distinguer des autres Mendelssohn. Si Félix est devenu l'artiste qu'il a été, il le devait en grande partie à son père. La carrière artistique était alors pleine d'écueils et celle de la musique était regardée comme très ingrate. Malgré toutes les suggestions, Abraham Mendelssohn persista dans ses idées; Félix fit ses humanités et suivit même un cours de jurisprudence, mais ensuite son père le destina à la musique; tous les efforts d'Abraham tendirent à ce que cette carrière fût pour son fils un but réel et très sérieux; il lui recommandait l'étude des anciens maîtres et surtout de Jean-Sébastien Bach. C'est donc encore par erreur qu'on a prétendu qu'il était opposé à la véritable vocation de son fils; au contraire, il l'avait pressentie quand l'enfant n'avait encore que onze ans. A cet âge, Félix fit son premier voyage, sous la conduite de Zelter, qui l'emmena à Weimar, chez Gœthe, où il demeura quinze jours. Il en a rendu compte dans une lettre adressée à ses parents. L'année suivante, Abraham fit un voyage d'agrément en Suisse avec toute sa famille. En 1825, Félix accompagna son père à Paris; il ne jugea pas favorablement la situation musicale dans cette ville; sans que ce soit la peine de discuter sur ce sujet, il nous a conservé les appréciations émises par quelques artistes, telles que les suivantes : « C'est ici une dégringolade musicale » (Rode); « Ce n'est pas ici le pays des orchestres » (Neukomm); « Ici le public ne peut comprendre et goûter que des variations » (Herz).

La lecture des chefs-d'œuvre des œuvres de Shakespeare par Schlegel et Tieck fut comme une révélation pour Félix et sa sœur Fanny. L'ouverture du *Songe d'une nuit d'été* en fut un des résultats.

— Le 4 février 1849, à Anvers (théâtre royal), *le Déluge*, drame-lyrique en deux parties pour orchestre avec déclamation, musique d'Édouard Gregoir, strophes de L. Schoonen. L'auteur dirigeait l'orchestre. C'était sa troisième composition de ce genre et elle fut aussi bien accueillie que ses aînées, *les Croisades* (1846) et *la Vie* (1848). La *Belgique musicale*, du 8 février en disait ceci : « Sans prétendre accorder aux symphonies de M. Édouard Gregoir le caractère d'un genre neuf, on peut dire cependant qu'il est le premier qui nous ait fait entendre ces drames lyriques avec de simples déclamations et sans l'aide du chant, lequel offre toujours plus de ressources aux compositeurs ».

A Paris, *le Déluge* fut exécuté au Casino italien, le 23 avril de la même année.

— Le 5 février 1864, à Saint-Pétersbourg, par une troupe italienne, *la Dama bianca* (*la Dame blanche*) de Boieldieu, avec récitatifs du chef d'orchestre Baveri. Chantée par des artistes éminents (Calzolari, Everardi, Mmes Fioretti et Bernardi), la pièce n'eut néanmoins que peu de succès.

— Le 6 février 1845, à Vienne (Hoftheater), *Dom Sébastian*, 5 actes de Donizetti. Un des grands succès du maître dans la capitale autrichienne : 162 représentations jusqu'à la fin de 1886, tandis qu'à Paris (Opéra 13 novembre 1843), elle n'en a eu que 32, plus une courte reprise en juillet 1849.

Dom Sébastian fut le dernier ouvrage que Donizetti composa pour la scène française, ce fut celui auquel il travailla avec le plus d'ardeur et d'amour, et auquel il consacra le plus de temps. La représentation ne répondit pas aux espérances du maître. Plusieurs fois, pendant les répétitions, Mmes Stoltz, qui avait alors un pouvoir souverain à l'Opéra, suscita à Donizetti des difficultés blessantes pour sa dignité d'artiste. Un soir, le maëstro furieux, prit sa partition, la jeta sur la scène et sortit en lançant sur la cantatrice les plus vives imprécations.

tions. De ce jour-là date l'effroyable mal qui mina peu à peu ses facultés et qui finit par la mort (8 avril 1848).

Nous ne trouvons qu'une seule ville de Belgique où *Dom Sébastian* ait été joué; Anvers, 16 janvier 1848, cinq fois.

— Le 7 février 1850, à Anvers, *Gilles ravisseur*, 1 acte d'Albert Grisar; Succès complet. Musique vive, spirituelle, piquante. Orchestration accusant chez le compositeur de notables progrès. (Bovy, *Annales du théâtre d'Anvers*.)

Les premières : à Paris, 21 février 1848; à Bruxelles ....; reprise 21 juillet 1880; Liège, 18 février 1849.

— Le 8 février 1875, à Moscou, *Tannhæuser* de Richard Wagner.

— Le 9 février 1840, à Paris, (Concerts du Conservatoire), "Théodore Hauman se fait entendre dans une « fantaisie et variations pour le violon, composées par lui sur le grand air de l'*Elixire d'Amore* de Donizetti. »

Dans un de ses concerts donnés à Paris en 1841, la somme d'applaudissements que reçut Hauman, « avait suffi, au dire de Berlioz, à défrayer une demi-douzaine de virtuoses. »

Théodore Hauman, né à Gand le 3 juillet 1808, est mort à Bruxelles le 21 août 1878.

Nécrologie.

Sont décédés :

A Vienne, le 19 janvier, Thomas Klein, virtuose sur la clarinette, professeur retraité du Conservatoire.

A Stuttgart, le 18 janvier, Fohmann, premier cor à la chapelle de la Cour.

— M. Gustave Huberti, professeur au Conservatoire de Bruxelles, vient d'être cruellement éprouvé par la mort de sa mère, Mme Édouard Huberti, née Dartevelle, veuve du peintre dont quelques toiles poétiques ornent le Musée de Bruxelles. Les funérailles ont eu lieu mercredi.

AVIS ET COMMUNICATIONS

On nous prie d'annoncer qu'un grand concours musical international (Orphéons, musique d'harmonie et fanfares) aura lieu à Grenoble, les 12 et 13 août 1888, sous les auspices de la municipalité.

Toutes les communications doivent être adressées à MM. Giroud et Reymond, secrétaires généraux de la mairie de Grenoble et secrétaires généraux du concours, à l'Hôtel-de-Ville.

Cours complets de *chant* et de *déclamation lyrique* par Delle-Sedie, auteur de *l'Art lyrique* et de *l'Esthétique du chant*, 30, rue de Saint-Pétersbourg, Paris. Envoi d'un prospectus sur demande pour les conditions d'abonnement aux cours.

Paraissant tous les jeudis.

ABONNEMENT

FRANCE et BELGIQUE : Avec musique 25 francs.
—   Texte seul.   10 —
UNION POSTALE :   —   12 —

SCHOTT FRÈRES, ÉDITEURS.

Paris, Boulevard Montmartre, 19
Bruxelles, Montagne de la Cour, 82

ANNONCES

S'adresser à l'Administration du Journal.
On traite à forfait.

RICHARD WAGNER

ET

FRANZ LISZT

(Suite. — Voir le dernier numéro.)

En décembre 1853, Wagner travaille à la composition musicale du *Rheingold*. « Je me coconne comme un ver à soie, mais je file aussi hors de moi, écrit-il le 17 à Franz Liszt. Voilà cinq années que je n'ai plus écrit de musique. Maintenant je suis dans le Niebelheim: aujourd'hui Mime, le nain, a chanté sa détresse. » Le 28 juin 1854 il commence la composition de la *Walkyrie*; la partition est terminée en avril 1856 et aussitôt il se met à *Siegfried*. Mais l'hiver ne semble pas favoriser l'éclosion des idées. Dans plusieurs lettres datant de cette époque, il se plaint du mauvais état de sa santé, des intempéries et des « ciels gris » de la saison. Enfin, le 8 mai 1857, il écrit au fidèle ami : « Le premier acte est terminé, et mieux réussi que tout le reste; je suis moi-même étonné d'avoir pu accomplir cela; car depuis notre dernière rencontre je me suis de nouveau fait bien souvent l'effet d'un piètre musicien! »

Liszt s'occupe à ce moment de trouver un éditeur pour la *Tétralogie* et il s'adresse à MM. Breitkopf et Härtel à Leipzig: mais l'affaire ne se conclut pas. Wagner écrit alors à son ami :

J'ai pris la résolution de renoncer à l'entreprise obstinée d'achever mes *Nibelungen !* J'ai conduit mon jeune Siegfried dans la belle solitude des bois, là je l'ai laissé sous les tilleuls et j'ai pris congé de lui en pleurant amèrement. En plein travail, dans les meilleures dispositions d'esprit, j'ai arraché Siegfried de mon cœur et comme un mort vivant je l'ai enfermé sous clef et sous ferrures. Ç'a été une lutte pénible et dure, avant d'en arriver là !... J'ai maintenant le projet de composer tout de suite *Tristan et Yseult*, dans des dimensions moindres, afin d'en faciliter la représentation; je compte donner l'ouvrage l'année prochaine à Strasbourg, avec Niemann et la Meyer.

(Lettre du 28 juin 1857).

Liszt répond par une lettre touchante et très belle qui débute par une citation de la correspondance de Gœthe à Schiller; puis il continue ainsi :

Je pleure en pensant à l'interruption de tes *Nibelungen !* Serait-il donc vrai que l'anneau magique ne te peut délivrer des petites chaînes qui entravent ta vie ? En vérité, tu as bien des motifs d'avoir de l'amertume; — si je ne m'étends pas sur ce sujet, crois-moi, je n'en suis pas moins affligé. En ce moment il m'est impossible de faire plus que je n'ai fait; mais il serait insensé de perdre tout espoir. Une heure plus propice viendra, — mais il faut l'attendre, et en l'attendant je ne puis que te supplier de ne pas accuser mon amitié et de ne pas faire fi de la « vertu du mulet » ainsi que Byron appelle la patience.

Liszt d'ailleurs approuve fort le projet de *Tristan et Yseult* et il se promet déjà d'aller à Strasbourg à la première représentation où « *nous viendrons tous pour te faire une garde d'honneur* ».

Parmi les lettres relatives à cet ouvrage, il faut en signaler une où Wagner communique à Liszt l'offre qui lui a été faite par l'empereur du Brésil de donner *Tristan et Yseult* au théâtre de Rio de Janeiro.

Relativement à *Parsifal* je relève, dans une lettre de Wagner à Liszt, du 12 juillet 1856 un passage qui a trait évidemment à cet ouvrage.

Je viens de mettre la main sur deux sujets admirables qu'il faudra bien que j'exécute quelque jour : *Tristan et Yseult* (tu le connais déjà); ensuite, — c'est le triomphe, — la chose la plus sainte, la délivrance complète : mais je ne puis te dire cela maintenant.

Il est aussi question dans quelques lettres de cette époque du projet de *Jésus de Nazareth* qui a été vite abandonné, ainsi que des *Vainqueurs*, dont on. a retrouvé une sorte de scenario très sommaire. En 1858 Wagner paraît même hanté par un sujet tiré de Calderon. Mais il y renonce bientôt pour revenir toujours à ses *Nibelungen*.

D'autres particularités nous sont fournies par la correspondance, les unes relatives aux œuvres, les autres à la personnalité de Wagner.

Nos lecteurs belges liront avec un intérêt particulier une série de lettres qui ont trait à un projet de représentation de *Lohengrin* au théâtre royal de la Monnaie à Bruxelles. Ces lettres datent de 1850-51. Bruxelles avait demandé *Lohengrin* en raison « du succès que cette œuvre venait d'obtenir à Weimar et du sujet qui paraissait se rapporter à l'histoire de Belgique. » (!) Wagner écrit aussitôt à Liszt pour demander son avis sur ce projet et le prier, lui, « son protecteur », de se mettre en rapport avec *M. Charles Hanssens jeune, chef d'orchestre et directeur du Théâtre Royal de la Monnaie à Bruxelles.* Liszt répond que l'offre peut être acceptée, mais seulement sous certaines conditions : « Je ne connais pas, dit-il, l'état actuel du théâtre de Bruxelles, il y a quelques années il était assez bouleversé et peu fait pour des premières représentations. » Dans une autre lettre, Liszt ajoute ceci :

Sans médire du sol musical jusqu'ici peu productif de la Belgique (si l'on excepte quelques talents individuels), je ne puis que te conseiller de nouveau de protester absolument contre toute exécution de ton œuvre sous une autre direction que la tienne. La première condition que tu dois poser à la direction du théâtre, c'est que l'on te *fasse venir* à Bruxelles.

Enfin dans une lettre datée du 5 juillet 1851, Liszt communique à Wagner un brouillon de réponse qu'il se propose d'adresser personnellement à M. Philipront, alors agent des auteurs dramatiques à Bruxelles qui après les premières lettres de Charles Hanssens paraît avoir continué la négociation avec Wagner :

Pour toutes sortes de raisons, écrit Liszt à Wagner, je vous engage beaucoup à ne point céder sur les deux conditions de votre collaboration au travail d'ajustement du texte français à la partition, et de votre présence aux répétitions générales, sans lesquelles (entre nous soit dit), *Lohengrin* courrait grand risque d'être épouvantablement écorché et lacéré à Bruxelles.

Voici le brouillon (en français) de la lettre de Liszt à Philipront :

Monsieur,
Votre lettre du 6 juillet ne m'ayant pas trouvé à Weimar, vous voudrez bien excuser le retard de ma réponse.
Alors que M. Wagner m'informait de la proposition de M. Hanssens de donner *Lohengrin* au théâtre de Bruxelles, et me demanda mon avis sur cette circonstance, — je l'engageai à remercier M. Hanssens de l'hospitalité qu'il offrait à cette belle œuvre et à l'accepter sous réserve de deux conditions qui me paraissent indispensables à son plein succès; c'est que l'ajustement du texte français à la partition s'effectue avec la collaboration de l'auteur, et que les dernières répétitions aient lieu en sa présence.
Lohengrin n'appartient en aucune façon à la catégorie des opéras à la douzaine, mais bien, étant de tous points un ouvrage d'un ordre exceptionnel et sublime, il deviendrait à mon sens dangereux de procéder à une représentation sans s'identifier complètement avec la pensée et aux (*sic*) intentions du poète-compositeur.
Dans une quinzaine de jours, j'aurai le avantage de vous adresser un ·exemplaire de ma brochure sur *Lohengrin*, qui paraîtra au com-

mencement d'août (en français, chez Brockhaus, à Leipsig). Si,après en avoir pris connaissance, vous persévérez dans la pensée de faire donner *Lohengrin* au théâtre de Bruxelles, et de rendre ainsi un double service et à l'art dramatique et à l'auteur, il vous sera aisé, je pense, de convenir directement avec M. Wagner des arrangements nécessaires, pour que les deux conditions posées et maintenues par lui, soient remplies.
Veuilles bien agréer, Monsieur, etc.
F. LISZT.

Cette lettre fut-elle envoyée à Bruxelles ? Je l'ignore. Peu encouragé par Liszt qui avait du Théâtre de la Monnaie, Wagner n'insista probablement pas beaucoup ; peut-être aussi la direction, effrayée par les exigences de l'auteur et les difficultés d'exécution que lui avait fait entrevoir la lettre de Liszt, recula-t-elle devant une entreprise qui lui paraissait chanceuse? Toujours est-il que l'affaire fut abandonnée et qu'il ne fut plus question de *Lohengrin* à Bruxelles jusqu'en. 1870, où grâce à la propagande active de Louis Brassin, la direction Campo-Casso reprit le projet. *Lohengrin* fut donné au Théâtre de la Monnaie sous la direction de Hans Richter, le 22 mars 1870, vingt ans après.

Dans une lettre d'avril 1851, je relève un passage important·relatif à Meyerbeer. Wagner venait de publier sous le pseudonyme de K. Freigedanck, dans la *Nouvelle Revue musicale* de Leipzig, ses articles sur le *Judaïsme ·dans la musique* qu'il réunit en brochure seulement plus tard, en 1869. Il écrit à ce sujet à Liszt :

Tu me parles du *Judaïsme*. Certainement l'article est de moi, tu ne dois pas l'ignorer : pourquoi me le demander ? Ce n'est pas par crainte, mais seulement afin d'éviter que la question ne soit menée par les juifs sur le terrain des personnalités, que j'ai choisi un pseudonyme. Depuis longtemps je nourrissais une colère sourde contre la Juiverie, et cette colère est aussi nécessaire à ma nature que le fiel au sang. Une occasion s'est présentée; leurs maudits barbouillages m'ont poussé à bout, et alors il a fallu qu'à la fin j'éclate; il paraît que cela a terriblement,porté et j'en suis enchanté, car c'est bien la peur que je voulais leur inspirer. Malheureusement il est aussi certain qu'ils resteront les maîtres qu'il ne sont certain que ce ne sont pas nos princes, mais les banquiers et les philistins qui règnent aujourd'hui.
Quant à Meyerbeer, je suis vis-à-vis de lui dans une situation étrange ; je ne le hais point, mais il m'est en horreur. Cet homme éternellement bienveillant, complaisant, qui s'est donné l'air de me protéger, me rappelle la période la moins claire, je voudrais dire la plus *vicieus* de ma vie : ç'a été la période des compromissions et des portes de derrière, la période où l'on se fait gruger par de prétendus protecteurs qui ne s'intéressent nullement à vous. Situation profondément déshonnête : aucun n'a de sincérité vis-à-vis de l'autre; des deux côtés on se donne l'apparence de la bienveillance et l'on ne se sert qu'autant qu'on en profite. Je ne fais pas le moindre reproche à Meyerbeer de l'impuissance volontaire de sa bienveillance pour moi. Je suis au contraire heureux de ne pas lui devoir autant que B (?). Mais il était temps pour moi de m'arracher à ces relations hypocrites : aucune circonstance extérieure ne m'y a poussé, car je n'ai été aucunement surpris en apprenant que Meyerbeer manquait absolument de sincérité à mon égard, ce qui d'ailleurs ne me donnerait aucun droit à récriminer, puisque c'est à moi-même que je dois faire le reproche de m'être volontairement illusionné sur son compte. Ce sont des motifs d'ordre purement moral qui m'ont seuls imposé la nécessité de faire désormais bon marché à son égard des considérations les plus élémentaires de l'ordinaire· prudence : je ne puis, comme artiste, exister pour moi et mes amis, je ne puis penser et sentir, sans trouver et proclamer en Meyerbeer la contradiction de moi-même. C'est une véritable désespérance qui m'a poussé à cet aveu, d'autant que j'ai dû combattre l'opinion erronée de quelques-uns même de mes amis qui croyaient que j'avais quelque chose de commun avec Meyerbeer. Il eût été impossible qu'aucun de mes amis me comprît sincèrement et tout entier si je ne m'étais dégagé complètement de ces apparences vagues sous lesquelles j'apparais en-

core à beaucoup. C'était là un acte nécessaire de l'efflorescence de mon être arrivé à maturité, — et Dieu le veuille, — j'espère avoir rendu service à plus d'un en accomplissant cet acte avec cette énergie! —

Voilà toute une confession bien intéressante pour l'appréciation de cette campagne antisémitique dans l'art qui lui valut tant de reproches et de sottises (1). Wagner se doutait bien, d'ailleurs, que Liszt, le *mondain* comme il l'appelle quelque part, ne partagerait pas entièrement son intransigeance de protestant. « Ce sont là choses terrestres, lui dit-il, au sujet desquelles il nous arrivera plus d'une fois de n'être pas d'accord, mais nous ne devons pas pour cela nous séparer dans les choses divines. Ferme un œil sur ce qui ne te conviendra pas! »

Il n'y a, du reste, rien à ajouter à cette belle confession qui montre à quels sentiments Wagner a obéi en attaquant les juifs en général et Meyerbeer en particulier. Il s'y mêle une sorte de fanatisme, si l'on veut, mais un fanatisme plein de noblesse et de grandeur, qui a pour unique objet: l'*Art*. A ce point de vue cette lettre est particulièrement importante, car on y voit s'accuser très nettement ce trait caractéristique de la personnalité de Wagner : le besoin de sincérité qui le tourmente, cette aspiration presque douloureuse à la vérité. Pas de feintes, pas de compromissions : *être vrai, être sincère*, c'est sa devise comme artiste et comme homme. Elle n'est pas, je crois, pour la diminuer.

Dans le même ordre d'idées il faut citer encore ce passage d'une lettre de 1849:

Une chose m'afflige profondément, parce qu'elle me touche jusqu'aux moëlles: c'est le reproche qu'on m'a fait si souvent de m'être montré ingrat envers le Roi de Saxe. Je suis cependant tout entier un être de sentiment, et longtemps je n'ai pu comprendre comment, si j'avais été réellement coupable d'ingratitude, aucun scrupule de conscience ne m'aurait tourmenté. A la fin je me suis demandé si le Roi de Saxe n'était pas lui-même coupable de m'avoir accordé des grâces immérités, car dans ce cas je lui aurais dû de la reconnaissance d'avoir méconnu le droit à mon égard? Heureusement ma conscience l'acquitte complètement de toute faute de ce genre. Il m'a payé 1,500 thalers afin de diriger annuellement pour lui, sur l'indication de son intendant, une série de mauvais opéras : c'était, il est vrai, payé largement ; seulement cette circonstance m'a toujours paru être moins un motif de reconnaissance qu'un sujet de mécontentement sur tout l'ensemble de ma situation. De ce qu'il ne me payait pas pour ce que je pouvais faire de bien, je ne lui dois, en revanche, aucune gratitude : de ce que au moment où il eut vraiment l'occasion de m'aider, il ne put ou ne voulut rien faire, — il s'entretenait alors tranquillement avec son intendant sur le moyen de mé congédier, — je me suis tranquillisé au sujet de ma dépendance des grâces royales. Finalement si jamais j'ai eu une raison particulière d'être reconnaissant au Roi de Saxe, j'ai la conscience de ne m'être rendu coupable volontairement d'aucun acte d'ingratitude envers lui : et le cas échéant, je pourrais en fournir la preuve.

Et cette autre confidence :

Tous les malheurs qui me sont arrivés, ont été la conséquence nécessaire du dissentiment de mon être. La force qui est en moi, est une force absolument indivisible et qui ne cède pas; elle se venge avec violence par elle-même, lorsque je veux dompter ou la diviser par une contrainte extérieure. *Être tout celui que je peux être et dois*

(1) Lorsque Wagner réimprima en 1869, ses articles sur le *Judaïsme* il y eut contre lui un déchaînement incroyable d'hostilité, de haine et de colère. On l'accabla d'injures dans quantité de journaux et vingt brochures parurent aussitôt pour la défense des juifs. L'effet fut tel dans certaines villes, qu'un acteur qui voulait chanter le rôle de Lohengrin à Breslau, requ du directeur du théâtre la pègre suivante : « *Lohengrin* impossible maintenant à cause de la brochure. » M. Reismann assure que le chiffre des brochures pour et contre les juifs parues à propos de la question soulevée par Wagner, s'éleva en moins d'une année à 170!

je dois être, je ne le puis qu'en renonçant à toutes les choses étrangères qui ne deviendraient miennes qu'en subissant ce joug extérieur : j'émietterais à tout jamais cette force en voulant les conquérir et toujours je conjurerais autour de moi les mêmes malheurs. Je suis, en tout ce que je fais et je sens, un artiste, rien qu'un artiste.
(Lettre du 14 octobre 1849).

Partout dans les lettres à Liszt on retrouve au fond cette volonté tenace d'*être tout entier ce qu'il peut et doit être.*

En automne 1854, Wagner mande à Liszt qu'il vient de recevoir un cadeau divin dans sa solitude : Arthur Schopenhauer, « le plus grand philosophe depuis Kant ! »

Son idée essentielle, l'anéantissement final de la volonté de vivre est bien sérieuse et terrible, mais elle est salutaire magnifiquement. Cette pensée n'est pas nouvelle pour moi, naturellement, je personne ne la peut concevoir s'il n'a à vécu. — Ainsi je mûris de jour en jour : ce n'est plus que par manière de distraction que je joue avec l'Art.

Quelques semaines plus tard, il écrit à Liszt une longue lettre où il lui développe les beautés de la philosophie de Schopenhauer. Il y parle longuement de la théorie esthétique du philosophe et s'étend en particulier sur la compassion, le *Mitleid*, la sensation répercutée de l'éternelle misère du genre humain, des incessantes contradictions de la vie et du sentiment. Il y a là comme une indication du personnage moral de *Parsifal*, le *Simple* qui apprend à connaître par la compassion, *durch Mitleid wissend*.

Pendant que Wagner se pénètre de l'esprit de Schopenhauer, Liszt se laisse de plus en plus envahir par les rêveries religieuses. A l'une des lettres les plus désolées de Wagner, il répond en ces termes :

Laisse-toi convertir à la foi, il y a un bonheur... et c'est le seul, le vrai, l'éternel ! Raille ce sentiment autant que tu le voudras; je n'arrêterai pas d'y voir, d'y espérer le seul salut ! Par le Christ, par la souffrance résignée en Dieu, seule, nous viendra le seul salut et la délivrance.

Et quelques années plus tard, il répond dans le même esprit :

Le renoncement peut nous soutenir seuls en ce monde terrestre. Portons ensemble notre croix, confiants dans le Christ, — le Dieu dont on peut approcher sans orgueil et devant lequel on s'incline sans devoir désespérer!

Ces effusions mystiques et philosophiques sont traversées de préoccupations toutes temporelles. Une longue série de lettres succédant à celles-ci, ont trait uniquement aux tournées de concerts que Wagner, vaincu par la nécessité et par les offres très avantageuses qui lui avaient été faites de différents côtés, consent enfin à entreprendre.

(A suivre.) MAURICE KUFFERATH.

Sylvia ou la Nymphe de Diane

ballet en trois actes de MM. J. Barbier et Mérante, musique de Léo Delibes, représenté au théâtre de la Monnaie le 2 février 1888.

L'engagement de Mlle Sarcy devait avoir pour conséquence, dans un temps plus ou moins long, la mise à la scène d'un grand ouvrage chorégraphique. Ce n'est que le culte de Terpsichore soit négligé au théâtre de la Monnaie :

On y danse, on y danse...

Mais les seuls divertissements qui aient en dernier lieu défrayé les plaisirs des habitués de l'orchestre : *Myosotis* et *Pierrot macabre*, n'offraient guère un développement suffisant pour que la jeune ballerine, dont chaque étape marquait un progrès et un succès, pût y déployer à l'aise les ressources variées de son gracieux talent.

La représentation de *Sylvia* vient combler cette lacune. Du même coup Mlle Sarcy se trouve être en possession d'un rôle important et le public bruxellois se voit appelé à connaître et à goûter une œuvre de tous points exquise, un joyau musical tel qu'on en peut en attendre de ce parfait artiste, de ce maître-joaillier ayant nom : Léo Delibes. *Sylvia* n'a pas mis moins de douze ans pour franchir la distance qui sépare la Monnaie de l'Académie nationale de musique où la première représentation eut lieu le 14 juin 1876, sous la direction de M. Halanzier. Mais on savait par cœur, à force de les entendre dans les concerts, certains morceaux comme la *Valse lente*, le *Cortège de Bacchus*, les *Pizzicati*, etc. Cette initiation préalable ne pouvait qu'ajouter à la réussite de l'œuvre de Delibes, à l'unanimité de son succès qui a été très grand et très sincère. On a bissé l'entracte, on a fait recommencer à Mlle Sarcy le joli pas qu'elle adapte aux *Pizzicati* et pour finir, au milieu de l'enthousiasme général, il a fallu que le compositeur vînt sur la scène, entraîné par ses interprètes féminins, gent tenace et irrésistible quand il s'agit ,de décerner au musicien les honneurs du triomphe.

Quoi de plus charmant qu'une donnée fabuleuse en cette matière toute de fantaisie qu'on nomme un ballet ? L'invraisemblance trouve-t-elle ailleurs une application plus logique, plus adéquate aux coutumes suivies et consacrées par la tradition? Il faut penser avec le fabuliste que « ce n'est ni le vrai ni le vraisemblable qui font la beauté et la grâce de ces choses-ci, c'est seulement la manière de les conter. » Or, le récit mythologique inventé par MM. Jules Barbier et Mérante nous est raconté de la façon la plus attachante dans la jolie partition de *Sylvia*, avec cette grâce, cette abondance d'esprit vif et délicat que l'on admire chez le plus français de nos maîtres contemporains.

L'histoire est simple. Par un beau clair de lune, Aminta, le berger, entrevoit dans le bois sacré une belle chasseresse dont l'image reste gravée en son cœur. Désirant la revoir, il implore l'Amour et voit bientôt accourir de son côté les Nymphes de Diane. Sylvia est l'une de ces chastes filles. Le berger reconnaît en elle la vision amoureuse mais il se voit dédaigneusement repoussé et, nouvel Actéon, mortellement frappé d'un trait, par celle-là même qui occupait ses pensées. Mais blessée à son tour de la main du dieu malicieux qu'elle voulait atteindre, Sylvia ne tarde pas à revenir sur ses pas, abandonnant ses sœurs dans leur course cynégétique. Cependant un autre qu'Aminta convoite la nymphe de Diane. C'est le farouche Orion, le chasseur noir, qui, la trouvant seule avec le cadavre du berger, a bientôt fait de la saisir et de l'emporter de vive force dans son antre. Sur ces entrefaites Aminta est guéri par sa sorcière qui n'est autre que l'Amour déguisé. Ci finit le premier acte.

Orion rentre chez lui chargé de son précieux fardeau qu'il dépose évanoui sur un rocher tapissé de mousse (la pose couchée de Mlle Sarcy est à remarquer). En revenant à elle, Sylvia, désarmée est saisie d'effroi. Elle cherche à fuir : impossible ! Orion veut avoir sa proie; il la couve des yeux, la presse de rude façon et finit par lui offrir quelques rafraîchissements. Deux petits esclaves éthiopiens apportent les fruits, le sait et l'eau claire des fontaines. La nymphe, trouvant le repas maigre ,et le breuvage un peu trop primitif apprend au rustre à exprimer le jus des raisins pour en faire une boisson plus savoureuse. Orion goûte fort le produit et ne tarde pas à se trouver dans les vignes du seigneur. C'est bien là que Sylvia voulait en arriver. Quand elle voit son ravisseur engourdi par les fumées du vin, elle reprend ses armes et les offrant en hommage à l'Amour, supplie ce dernier de venir à son aide. Cupidon n'est point rancunier; il répond à son appel et la sauve du péril. L'acte deux se termine-là dans la partition. Au théâtre de la Monnaie l'on passe directement au troisième, en supprimant le court tableau, où, dans un site abrupte, l'Amour fait voir à Sylvia le pauvre Aminta accablé de douleur.

Nous voici arrivés au bord de la mer, près du temple de Diane. C'est la fête des vendanges : paysans, fous, bacchantes, jeunes filles, prêtres de Bacchus, sacrificateurs, groupes allégoriques, cortège du dieu des buveurs, font irruption sur la scène. Aminta reste inconsolable et refuse de se mêler aux jeux de la foule, lorsqu'une barque amène au rivage un marchand suivi de ses esclaves voilées. L'une d'elles se met à danser un pas dont toutes les séductions s'adressent au berger. Celui-ci, fasciné, veut en savoir lui-même, il va prendre la fuite. L'Amour, sous les traits du marchand soulève le voile de l'esclave et Aminta reconnaît la belle Sylvia qui lui tend les bras. Le tenace Orion, qui arrive en ce moment, se jette sur sa hache au poing, mais par le secours de Diane, à qui l'aventure d'Endymion impose la clémence, tout danger est écarté; Orion meurt et le ciel, un moment obscurci, bénit de ses plus chauds sourires l'union des deux amants.

La musique suit d'un pas léger cette action fertile en contrastes; elle colore chaque scène de nuances chatoyantes et, sans excéder

les limites où le compositeur entendait la maintenir, elle a· des accents très justement appropriés aux caractères des personnages. Les morceaux reliés entre eux forment une symphonie descriptive non interrompue dont la variété n'exclut en rien l'unité. Il a suffi de quelques rappels de thèmes pour condenser en un faisceau brillant la matière mélodique inépuisable répandue dans toute l'œuvre. Notons, parmi ces pages qu'il faudrait citer toutes, le prélude, le *scherzo* des Faunes et Dryades, la pastorale d'Aminta, l'entrée des chasseresses où M. Delibes s'est écarté de la tradition en faisant sonner par les quatre cors à l'unisson le thème très original de la fanfare. On connaît la *Valse lente*, une création souvent imitée; nous goûtons à titre au moins égal la scène très réussie pendant laquelle Sylvia repousse le berger et lui décoche le trait mortel; l'orchestre y a de la vigueur et revient fort ingénieusement à la fanfare de chasse. Très pittoresque aussi le cortège rustique et fort piquante l'entrée du sorcier. L'entr'acte ramène la valse et tout le second acte forme un concert délicieux d'où saillent : le pas des Ethiopiens, le chant bachique, la belle marche et le cortège de Bacchus, les *Pizzicati* devenus populaires et bien d'autres choses encore qui dénotent la subtilité d'un talent sympathique à tous les goûts. Car M. Delibes semble être de l'avis du bon La Fontaine, lequel enseigné que l'on prit Térence pour modèle : « Ce poète n'écrivait pas pour se satisfaire seulement, ou pour satisfaire un petit nombre de gens choisis; il avait pour but *populo ut placeret quas facisset fabulas* ».

Il y a lieu de féliciter le théâtre de la Monnaie de l'interprétation de *Sylvia*. Décors et costumes sont irréprochables. L'exécution, dirigée par M. J. Dupont, est chaude, colorée, vibrante. Mlle Sarcy danse avec une rare virtuosité et ses pas sont réglés avec une parfaite sensation du rythme; son agilité et l'harmonie de ses mouvements captivent ceux même que le ballet n'intéresse guère. Elle mime avec ingéniosité, mais il arrive que son geste est parfois trop bref. Le rôle du berger est très convenablement par M. Duchamps; celui d'Orion échoit à M. Saracco, maître de ballet, lequel a droit aux plus vifs éloges pour la mime en scène de *Sylvia*.

La première représentation de *Sylvia* était précédée de la deuxième du *Caïd*. Même succès qu'à la première pour la curieuse partition d'Ambroise Thomas et pour ses excellents interprètes. L'œuvre est une des mieux étudiées que nous ayons entendues depuis longtemps. Il faut en savoir gré à M. Léon Jehin qui dirige l'exécution en musicien très érudit.

E. E.

Théâtres et Concerts

Chronique de la Semaine

PARIS

Reviendrai-je sur la *Dame de Monsoreau*? Constaterai-je presque unanimité de la presse à regretter la nullité du compositeur, l'inaptitude de ·la pièce à la musique, et surtout l'incroyable incapacité, la navrante imprévoyance des directeurs de l'Opéra?... Ce ne sera pas M. Salvayre que le public de la première aurait dû chuter, mais bien MM. Ritt et Gailhard, les grands coupables en cette affaire. M. Gailhard, en particulier, a joué là un bien mauvais tour à son comparticote toujoualn; c'est l'histoire du pavé de l'ours, et l'on se demande si M. Salvayre se relèvera jamais du coup de massue qui vient de lui être asséné avec la complicité de mains amies... La chute est irrémédiable, en effet, et suit de trop près celle d'*Egmont*; ce n'est pas la suppression d'une potiche se brisant en l'air et amusant le public, pas plus que celle d'une châsse constellée de cierges dont l'exhibition avait choqué, qui changeront les destinées de cette œuvre mort-née, et désormais célèbre... Fallait-il donc à toute force un nouveau Membrée à nos théâtres subventionnés?... Si au moins on tirait de tout cela les enseignements voulus! Mais j'ai bien peur que non; le bon petit train-train des choses recommencera comme par le passé; la sacro-sainte Routine gardera ses droits imprescriptibles, et continuera à trôner, triomphante.

A l'Opéra-Comique, il semble qu'on se secoue; les journaux nous font part de beaucoup de projets; on annonce, pour bientôt, la *Carmosine* de feu Poise (d'après Musset); le *Roi d'Ys* de M. Lalo suivra de près, dit-on. Espérons que si on a l'air de se démener et de se donner du mal à l'ancien Théâtre-Lyrique, cela n'est pas seulement en apparence et pour la galerie... et attendons avec confiance les résultats de cette activité.

Cette année, Paris voit peu de virtuoses cosmopolites de grande marque. Les Rubinstein, les Joachim, les Bulow, les Sophie Menter, les d'Albert, etc., restent chez eux, ou s'ils voyagent, passent à côté de notre ville ou la traversent sans s'y arrêter. Cette abstention est-elle purement accidentelle? Est-ce une simple coïncidence avec l'état actuel de l'Europe et le malaise général? On peut se le demander.

Cependant une pianiste russe-de grand talent, Mme Essipoff, qui avait laissé ici les meilleurs souvenirs, vient de faire sa réapparition au concert Lamoureux. Mme Essipoff était venue à Paris quatre ou cinq fois depuis 1870, et y avait été accueillie avec la faveur la plus marquée; on ne l'y avait plus revue depuis cinq ou six ans, si je ne me trompe. Dans le *Concerto en ré mineur* de Mozart et diverses petites pièces, elle a retrouvé tout son succès d'autrefois; les choses fines, gracieusement expressives, le Mozart, le Schubert, le Chopin, conviennent à son toucher délicat, à son talent aristocratique... A noter, au même concert, la brillante exécution de la symphonie en *si* bémol de Beethoven, et l'interprétation exquise de l'adorable *Siegfried-Idylle* de Wagner.

Après la virtuose russe, il est probable que nous aurons bientôt le compositeur russe; car ce peuple ami a de la sympathie pour nous, il nous le témoigne, et de notre côté il en est de même. Nous verrons donc ici, le mois prochain, Pierre Tschaïkowsky, l'auteur d'œuvres si nombreuses, si variées, si diversement intéressantes; il donnera sous sa direction, le 11 et le 18 mars, deux concerts de ses œuvres au Châtelet... Si l'Académie qui doit à la même époque pourvoir à l'occupation d'un fauteuil, a le bon goût d'y installer définitivement M. Melchior de Vogüé, le héraut en France des grands écrivains russes, les Tolstoï et les Dostoïewsky, tout sera pour le mieux.

Beau concert, programme riche et varié, dimanche, à la Société des concerts du Conservatoire. La *symphonie en fa* et l'ouverture de *Tristan*, le Beethoven de « l'innocence primitive reconquise », comme dit Wagner, et le Beethoven des passions grondantes ou âprement déchaînées!..... Puis le beau *concerto d'orgue* de Hændel en *ré*, d'une si noble architecture, d'un plan si lumineux et si large, avec son péristyle sévère et mystérieux, où les violoncelles divisés chantent seuls de leur voix la plus hiératique, avec son divin *adagio*, admirable méditation qui fait songer au *Penitieros* de Milton, avec son final d'une allégresse si entraînante. M. Guilmant, l'incomparable organiste, joue cette musique avec une si vive intelligence du style, un tel sentiment de la netteté du rythme, un goût si sûr dans la registration et l'emploi de l'expression, une telle aisance de virtuosité, qu'on ne saurait rêver mieux, et que c'est merveille de l'entendre dialoguer avec l'excellent orchestre. M. Guilmant a su compléter certains endroits, laissés *ad libitum* par le vieux maître, avec un tact si parfait, qu'il est impossible, à l'audition, de discerner les sutures, et de distinguer ce qui est de lui d'avec ce qui est de l'auteur. Ceci dit assez à quel musicien consommé on a affaire en M. Guilmant....

Une excellente idée, c'est d'avoir donné la seconde partie du *Paradis et la Péri* de Schumann, ce fin tissu de cantilènes d'une mélancolie si exquise, d'une manière si délicieusement chaste..... Schumann avait une âme de femme, l'âme d'une femme idéale; il y a de la grâce et comme une douceur voluptueuse jusqu'en ses navrements; aussi plaît-il aux âmes délicates, aux tristesses et aux tendresses qui recherchent les intimités rêveuses... La voix veloutée et distinguée de Mme Brunet-Lafleur convient bien, par son timbre sympathique, aux rôles poétiques de la Péri et de la jeune fille. A citer aussi le contralto étendu et étoffé d'une débutante, Mlle Armand, et l'heureuse continuation des débuts du ténor Lafargue, qui avait déjà mérité les éloges dans la *Messe en ré*. — A mentionner un agréable arrangement pour chœurs et orchestre d'une cantilène provençale d'un caractère pastoral, par M. Théodore Dubois; on a exécuté dernièrement au Châtelet, du même auteur, une ouverture de *Frithiof*, d'un style brillant et vigoureux, qui avait été donnée en première audition, il y a quelques années, à la *Société nationale*, où elle fut très applaudie.

Deux œuvres importantes de musique de chambre avaient attiré grand monde à la dernière séance de la *Société nationale*. Le deuxième quatuor de Gabriel Fauré (avec piano) exécuté déjà l'an dernier, et dont j'ai eu l'occasion de parler en détail, a été écouté avec la religieuse attention que méritent les œuvres si originales du jeune maître, et chaleureusement applaudi; le délicieux *Andante*, en particulier, a été fort goûté. Le quatuor pour cordes seules de M. G. Alary, exécuté pour la première fois, se rattache plus étroitement au type classique des œuvres déjà connues du même genre; on y trouve pourtant une personnalité parfois un peu âpre et rude, en même temps qu'une étude constante des modèles, une pratique et une entente spéciales des instruments à cordes. — Une charmante mélodie de M. Pierre de Bréville, *Chanson triste*, poésie de Maurice Bouchor, a été très goûtée. Le concerto en *ut* majeur de Bach, pour trois pianos, avec accompagnement de quatuor à cordes, est rarement joué; cette conclusion de la séance a fait le plus grand plaisir.

BALTHASAR CLAES.

P. S. — Au concert du pianiste hongrois Fœrster, superbe exécution, par le violoniste Marcel Herwegh, de deux œuvres fort différentes, l'*Air sur la 4me corde* de Bach (primitivement pour violon-

celle), et la brillante et difficile *Polonaise* de Wieniawski. — Au deuxième concert de la *Gallia*, Mlle Lépine a produit la plus vive impression en chantant des mélodies de Schumann, Schubert, Saint-Saëns et Widor.
B. C.

BRUXELLES

Très vivant, très entreprenant ce petit groupe des XX dont les salons annuels après avoir fait jeter des cris de paon à toute la gent peinturlurante, commencent à impressionner singulièrement les amateurs et donnent sérieusement à réfléchir aux artistes. Le XX ne s'occupent pas uniquement de peinture, ils aiment l'harmonie et ils ont raison d'offrir aux hardiesses de la musique moderne l'hospitalité de leur Salon et la bienveillance de leur public décidé à s'intéresser aux tentatives nouvelles. Vibristes de la palette et vibristes de l'harmonie sont faits pour se prêter mutuellement assistance et se complé. ter les uns par les autres. C'est ainsi que mardi, pour leur première matinée musicale, les XX avaient invité M. Vincent d'Indy, le plus avancé des jeunes musiciens de l'école française. Vous rappelez-vous dans le tableau des wagnériens de Fantin-Latour, exposé à Bruxelles l'année dernière, ce jeune homme debout dans un coin, le front proéminent, l'œil profond, un peu rêveur, un souvenir lointain de la physionomie de Berlioz, mais avec plus de douceur et moins d'amertume ? C'est lui, c'est l'auteur de la *Cloche*, couronné par la ville de Paris. Un wagnérien s'il en fut! Il ne se contente pas d'aller à Bayreuth comme les autres en chemin de fer, il y va à pied, en pèlerin. Le délicieux poème symphonique de *Saugefleurie* que vous avez entendu l'année dernière aux Concerts populaires, vous a donné une idée de l'extraordinaire maîtrise orchestrale où il est arrivé. Laissez faire : vous finirez par reconnaître à ce jeune maître le don unique, la faculté maîtresse dans l'art : la poésie. Quoique vous n'entendiez rien aux choses de la facture artistique, ô dilettantes, la nouveauté des formes vous frappe tout d'abord et vous cherchez l'idée sans la trouver. Cela viendra ! Pour M. d'Indy comme pour tous les grands maîtres, d'abord méconnus et vilipendés. Croyez-en les artistes qui vous disent que c'est merveilleux.

Deux œuvres importantes de M. d'Indy figuraient au programme : Son nouveau *trio* pour piano, violoncelle et..... clarinette, et son *Poème des Montagnes*. Il a été souvent question de ces deux œuvres dans les remarquables lettres de notre ami Balthasar Claes. Je puis donc me borner à constater l'accueil chaleureux fait ici par un public, restreint mais choisi, à ces œuvres d'une inspiration poétique exquise et d'une facture magistrale. Les musiciens y reviendront, soyez-en sûr.

Un mot d'éloge est dû à MM. Jacob et Poncelet, qui ont remarquablement secondé M. Vincent d'Indy dans son trio et à Mme Bordes-Pène, qui a joué le *Poème des Montagnes* en virtuose accomplie.

D'autres œuvres de maîtres français étaient encore au programme, notamment un prélude, air et fuguette pour piano d'Alexis de Castillon, d'un vrai grand caractère, et un brillant impromptu de Fauré, joués avec un brio superbe par Mme Bordes-Pène; une élégie pour violoncelle du même Fauré, dite avec un joli sentiment par M. Jacob; mais le grand succès, le triomphe, a été pour la belle et grande sonate pour piano et violon de César Franck, exécutée admirablement par Mme Bordes-Pène et M. Ysaye. M. Ysaye, soit dit sans vouloir diminuer l'exécution si mâle et musicale de l'éminente pianiste, a été incomparable de verve, de splendeur dans le son et d'ampleur dans le coup d'archet. L'impression produite par l'œuvre ainsi rendue a été vraiment saisissante.

Et nous sommes sortis de là avec la satisfaction d'une après-midi passée en compagnie de vrais musiciens et de vrais artistes, chose assez rare à Bruxelles.
M. K.

Dimanche, l'exécution du *Manfred* de Schumann, au Conservatoire royal, a obtenu le plus brillant succès, grâce au concours de M. Mounet-Sully, qui a déclamé le nouveau poème de M. Moreau, adapté à l'œuvre de Schumann.

Jeudi soir, à la Grande-Harmonie, a eu lieu le concert du jeune violoniste Bachmann. Agé de treize ans, élève de M. Ysaye. On a chaleureusement applaudi le jeune virtuose qui a déjà de l'acquis et possède des dons naturels remarquables.

Le petit Bachmann était secondé par M. Sansoni, violoncelliste lauréat du Conservatoire, un virtuose de talent très italien, par M. Van Dam, le pianiste bien connu, applaudi et réapplaudi, et par Mlle Libra, cantatrice encore insuffisante.

Mercredi dernier le théâtre de la Bourse a donné la première représentation d'un ballet qui, obtint, l'an dernier, un vif succès au théâtre des Folies-Bergère. Les *Gitanes*, tel est le titre de ce ballet qui a pour auteurs MM. G. Adrien et Marius Carman. Ce dernier est le fils du chanteur qui tint pendant de longues années l'emploi de baryton au théâtre de la Monnaie et qui, avec Wicart et Depoitier, formait le fameux trio belge.

L'œuvre de M. Carman a retrouvé à Bruxelles le même succès, grâce à un livret de bonne facture ainsi qu'à la musique vive et entraînante sur laquelle s'exécutent les danses et se règlent les détails de la mise en scène : pantomimes, marches, jeux, etc.

L'orchestre du théâtre de la Bourse, placé sous l'excellente direction de M. Durieux, interprète la partition des *Gitanos* d'une manière fort satisfaisante. Le superbe travestissement de la jolie Mlle Boullart excite une véritable admiration.

Toutes nos félicitations à M. Maurice Simon pour le goût qui a guidé son choix et pour le soin qu'il apporte à la mise en scène des ouvrages représentés sur son théâtre.

⁂

Au théâtre de l'Alhambra on s'amuse ferme, le dimanche, aux matinées de la *Fauvette du Temple*. La déroute des Arabes par les zouaves dans les défilés de Chareb, met le public dans un enthousiasme qui tient du délire. Le succès des parties militaires de la pièce, n'empêche pas, du reste, celui des jolis morceaux de la partition de M. Messager, chantés avec tant d'esprit et de charme par Mmes Thuiller-Leloir et M. Dechesnes.

⁂

GAND.

GRAND-THÉÂTRE. — Mercredi 1er février, *Patrie;* vendredi 2, *le Chien du Jardinier* et *Mireille;* dimanche 5, *le 66,* les *Pécheurs de Perles* et *Bonsoir M. Pantalon;* lundi 6, *Patrie.*

Rien de bien intéressant à remarquer cette semaine. Je note seulement que, dans une séance de commission, le conseil communal s'est montré opposé à toute augmentation du subside accordé au Grand-Théâtre. Seulement, d'après le *Journal de Gand,* il y aurait disposé à permettre le changement d'un rang de parquet en un rang de stalles et l'augmentation du prix d'abonnement à toutes les premières places. Quand la troupe a grand succès, il se présente actuellement ce fait étrange que la direction aurait intérêt à avoir un peu moins d'abonnés pour pouvoir donner plus de places au bureau. On dit aussi que le Conseil s'est montré favorable à la continuation de la direction à M. Voïtus Van Hamme et qu'on lui permettrait de continuer, contrairement à l'usage, l'exploitation théâtrale pendant le mois d'avril prochain.

Le premier concert du *Cercle Musical* est fixé au samedi 18 courant et le premier concert de la nouvelle série du Conservatoire, au samedi 25; ce dernier, où l'on exécutera la septième symphonie de Beethoven, aura lieu avec le concours de M. Piérné, qui jouera notamment son concerto pour piano et orchestre. On annonce pour un concert ultérieur les *Elfes* de M. Piérné.

P. B.

⁂

ANVERS

Au dernier concert de la Société royale d'Harmonie, joli succès pour Mlle Gavioli, la charmante cantatrice française et pour Mlle Eugénie Dratz, l'infidèle élève de M. Auguste Dupont, qui depuis quelque temps, s'est adonnée au clavi-harpe. C'était la première fois que M. Christaem Dietz, l'inventeur, faisait entendre son nouvel instrument dans une salle de concert et l'épreuve a été concluante. Mlle Dratz a joué à ravir sur le clavi-harpe une fantaisie très chantante pour harpe du vieux Hummel, avec accompagnement d'orchestre et l'effet a été surprenant. La charmante artiste a été rappelée et couverte d'applaudissements. Le maestro Peter Benoit, qui assistait au concert, est allé féliciter l'inventeur du clavi-harpe auquel il a dit qu'il considérait le problème de la harpe à clavier comme définitivement résolu.

⁂

TOURNAI

Salle comble, lundi 30 janvier, à la Matinée de M. Leenders. Le public tournaisien a répondu avec son empressement habituel à l'appel du sympathique artiste.

Vivement applaudi après le *concerto* de Léonard, M. Leenders reçut du public une véritable ovation après sa merveilleuse exécution de la *Danse des sorcières,* de Paganini.

Non moins applaudie, Mme Cornélis-Servais, qui nous a dit avec un égal talent cinq pièces les plus diverses de facture : le grand air de *Sigurd,* deux exquises mélodies de Jouret, le *Printemps de Reinecke* et l'*Ave Maria* de Gounod.

Le talent de Mme Zaremba sur le piano a été également très apprécié; doigté nerveux et puissant, très brillant, délicatesse d'expression, nous ont paru les qualités maîtresses de son jeu. Le public a applaudi la charmante artiste surtout dans la *Valse* de Rubinstein, et les trois pièces si originales de Zaremski : *Menuet, Sérénade espagnole* et *Tarentelle.*

M. Colas, le remarquable corniste de l'École de Musique de Tournay, a joué à ravir la *Mélodie élégiaque* de M. Leenders, c'était

double plaisir de l'applaudir, car on associait à son succès le compositeur dont l'œuvre témoigne de remarquables qualités d'écrivain musical.

Espérons que M. Leenders ne sera pas trop longtemps à nous faire attendre une nouvelle matinée de ce genre : nous lui prédisons, sans crainte de nous tromper, le même succès chaque fois qu'il voudra en organiser.

Nouvelles diverses.

Berlin a deux rues qui portent les noms de deux grands musiciens : Hændel et Beethoven. Auprès de cette dernière s'en trouve une à laquelle on vient de donner le nom de Richard Wagner. La *Berliner Musikzeitung* s'écrie à ce propos : « Peut-être serait-il temps bientôt de penser à Bach et à Mozart! » Peut-être en effet sans parler de Haydn, de Gluck et de Weber. — A ce propos, le *Ménestrel* fait remarquer qu'il n'y a pas une seule capitale en Europe où, sous cette forme, l'hommage rendu aux grands musiciens soit aussi vaste qu'il est à Paris; et l'on remarquera que cet hommage s'adresse non pas seulement aux artistes nationaux, mais aussi à ceux des autres pays. Voici, sauf erreur ou omission, la liste exacte de celles de nos rues qui portent les noms de musiciens :

Adolphe Adam	Donizetti	Mozart
Auber	Erard	Niccolo
Beethoven	Félicien David	Pergolèse
Bellini	Gluck	Philidor
Berlioz	Gounod	Piccinni
Berton	Grétry	Rossini
Bizet	Halévy	Rouget de Lisle
Boïeldieu(place)	Hérold	Spontini
Chérubini	Lully	Victor Massé
Cimarosa	Méhul	Wilhem
Choron	Meyerbeer	
D'Alayrac	Monsigny	

Paris a aussi une rue Lesueur, mais qui pourrait dire si celle-là est consacrée au grand peintre ou au grand musicien? Il a encore une rue Francœur, mais il est à douter que son souvenir s'adresse au compositeur de ce nom qui fut directeur de l'Opéra.

Une notice de M. Joseph Bennett consacrée à Herold dans le *Musical Times,* révèle une curieuse appréciation de ce compositeur français sur la musique de C. M. de Weber. C'était à Munich. L'auteur du *Pré-aux-Clercs* se rendit à un concert donné « au bénéfice d'un M. Weber, directeur du théâtre de Prague». La citation est du journal de Herold et elle prouve indubitablement que jusqu'alors ce dernier ne connaissait rien de l'immortel auteur du *Freischütz.* Il écrit : « M. Weber, qui donna ce soir un concert, possède une bonne exécution sur le piano, mais il me paraît manquer de phrase. Dans toutes les œuvres de sa composition, je ne puis trouver une belle phrase. Son duo avec clarinette a procuré à tout le monde l'envie de dormir ». Commentant ce remarquable exemple de criticisme, M. Jouvin, dans l'intérêt de Herold, met en doute l'identité du « M. Weber » avec le compositeur du *Freischütz* et suggère que la personne dont il est question dans ces notes ne peut être que Dionys Weber. Malheureusement, la supposition est plus ingénieuse que véridique. On en trouve la preuve dans la *Vie de Weber* écrite par son fils. Il y est relaté tout au long que Charles-Marie était à Munich précisément à l'époque où y passa Herold et qu'il y donna un concert trois jours après l'arrivée du jeune artiste français. « La salle était bondée » écrit le baron Max. « L'assistance écouta avec la plus vive attention l'exécution par Weber de son concerto de piano et de son duo pour piano et clarinette avec le concours de l'excellent Baemann. L'ouverture de *Sylvana* rencontra l'accueil le plus sympathique... La recette du concert fort considérable de toutes parts il y eut plaisir et satisfaction. » De tout cela il résulte que Herold parla de Weber à peu près comme de Beethoven lorsqu'il dit qu'« la science chez lui remplace le génie du jeune » et comme Fétis lorsqu'il écrivit : « Renversez un encrier sur du papier ligné et vous obtiendrez les effets d'orchestre de Weber ».

Il est possible que l'on entende au théâtre de Bologne, durant l'exposition musicale, *Tristan et Yseult* avec le ténor Winkelmann.

⁂

L'*Allgemeine Musikzeitung* assure que M. Félix Mottl, l'éminent chef d'orchestre wagnérien, va être appelé à l'intendance du théâtre de Karlsruhe, par suite de la retraite de M. de Putlitz. A propos de ce dernier, on nous raconte un mot bien drôle.

On sait que le théâtre de Karlsruhe va monter cet hiver la belle partition de *Gwendoline* de M. Emmanuel Chabrier. En sa qualité d'intendant, M. de Putlitz avait à examiner le poème de Catulle Mendès. Un matin, Mottl lui remet le livret, M. de Putlitz s'en ferme pour le lire.

Eh bien! lui demande, Mottl, qu'en dites-vous?

— Je n'ai pas compris. Autrefois, je parlais couramment le français, je n'entends rien à la langue d'aujourd'hui. C'est étrange!

L'*Otello* de Verdi, traduit en allemand, vient d'être donné pour la première fois en Allemagne au théâtre de Hambourg, sous la direction du kapellmeister Sucher qui appartiendra prochainement à l'Opéra de Berlin. Les interprètes, Mmᵉ Sucher (Desdemone), le ténor Stritt (Otello) et le baryton Lissmann (Yago) ont été rappelés plusieurs fois après la chute du rideau. Le succès de l'œuvre ne paraît pas toutefois avoir été exceptionnel. Les deux premiers actes ont été seuls applaudis. On a moins goûté les derniers. Telle est du moins l'impression que nous apportent les journaux de musique d'Outre Rhin.

A son dernier concert, à Hambourg, M. Hans de Bulow a fait exécuter pour la première fois en Allemagne la *symphonie irlandaise* du compositeur anglais Ch. Villiers Stanford. Cette œuvre a été très chaleureusement accueillie et la critique en parle comme de l'un des plus remarquables ouvrages symphoniques parus depuis longtemps. Le *Guide musical* a déjà appelé l'attention du public français sur cette œuvre remarquable. M. Villiers Stanford est l'un des musiciens les plus accomplis de la jeune école britannique. Sa *symphonie irlandaise* sera prochainement donnée également à Vienne par l'orchestre de Richter.

Dans un concert donné dernièrement à la salle de la Philharmonie, à Berlin, le programme comprenait la musique d'*Egmont*, un cycle de *Lieder*, et la célèbre marche funèbre en *la* bémol majeur, op. 26, orchestrée par Beethoven lui-même.

L'histoire de ce morceau est assez curieuse. La sonate (op. 26) date de 1801. En 1815 Beethoven fut invité à écrire quelques morceaux pour un drame de Fr. Duneker, intitulé *Lénore Prohaska*.

Cette musique de scène comprenait:

1° Un chœur de guerriers à quatre parties pour voix d'hommes sans accompagnement;

2° Une romance pour soprano, avec accompagnement de harpe;

3° Un « mélodrame » pour harmonika;

4° Une marche funèbre à grand orchestre.

Beethoven, pour ce dernier numéro, se servit de la marche funèbre de sa sonate, et, la transportant de *la* mineur en *si* mineur, il la disposa pour les instruments suivants: 2 flûtes, 2 clarinettes, 2 bassons, 4 cors, timbales et quatuor.

Cette petite partition, qui en figurait dans aucune édition des œuvres de Beethoven et qu'on pouvait croire perdue, s'est retrouvée dernièrement, grâce aux recherches du Dʳ Friedlander. Les éditeurs Breitkopf et Hærtel, viennent de la publier à Leipzig dans un supplément aux œuvres de Beethoven, comprenant *46 œuvres inédites*.

Une curieuse statistique: celle de la marche de la production artistique dans le domaine de l'opéra depuis le commencement du siècle jusqu'à nous. C'est M. A. Lesimple qui l'a dressée en prenant le théâtre de Cologne pour base. Voici les résultats qu'il donne:
De 1814 à 1829, on joue en moyeⁿᵉ 12 opéras allem., 12 franç., 5 ital.

1830 à 1839,	»	17	»	18	»	8	»	
1840 à 1859,	»	29	»	10	»	13	»	
1860 à 1879,	»	16	»	11	»	6	»	
1880 à 1887,	»	10	»	4	»	1	»	

Soit pour cette période de 70 années, 85 opéras allemands, 54 français, et 33 italiens. C'est la période de 1820 à 1840 qui paraît avoir été la plus féconde, car la plupart des ouvrages de cette époque se sont maintenus au répertoire allemand: ce sont notamment les ouvrages de Weber, Marschner, Lortsing, Spohr. Parmi les 54 opéras français les noms d'Adam, Herold, Halévy, Méhul, ne sont plus aujourd'hui représentés chacun que par un seul ouvrage. Des œuvres de Rossini *Guillaume Tell* et le *Barbier* subsistent seuls. Bellini et Donizetti ont presque complètement disparu.

Grande joie à Berlin. M. le comte de Hochberg, l'intendant des théâtres royaux, n'ayant pas réussi à convaincre les bourgeois de la capitale de l'opportunité de son ordonnance sur l'habit à l'Opéra, aux représentations du lundi, cette malencontreuse ordonnance vient d'être retirée. Les bourgeois de Berlin et les Anglais en voyage pourront donc continuer à aller la capitale de Berlin en pantalon à carreaux et en chapeau mou.

M. Costandon, de Nice, un des lecteurs les plus assidus du *Guide musical*, travaille depuis de longues années à un grand ouvrage relatif aux compositeurs de musique de tous les pays et à leurs œuvres théâtrales dont il possède actuellement le chiffre de soixante mille. M. Costandon, à l'aide de nombreuses biographies générales ou partielles a rectifié plusieurs milliers de dates erronées, non seulement quant aux naissances et aux décès, mais quant aux œuvres elles-mêmes et aux lieux où celles-ci ont été produites pour la première fois, en quelque pays que ce soit; le tout accompagné d'observations et de documents du plus grand intérêt.

On mande de Londres que l'ancien directeur de Her Majesty's Theatre et de Covent-Garden, M. le colonel Mapleson, vient d'être déclaré en banqueroute. Depuis plusieurs années le colonel Mapleson était insolvable. Il payait d'ailleurs rarement ses artistes.

Les enfants prodiges: Le dernier né des miracles vivants, le petit pianiste Joseph Hofmann qui a fait tourner toutes les têtes à Londres, est, on le sait, en tournée aux Etats-Unis. Ses auditions se suivent de si près qu'on a commencé à s'en émouvoir. Il y a à New-York une société protectrice de l'enfance, aussi bien qu'une société pour la protection des animaux. Elle vient d'adresser au maire de la grande ville une lettre appelant son attention sur le « cruel surmenage » imposé à ce petit Joseph Hofmann. Le maire a aussitôt fait mander auprès de lui le Barnum du jeune prodige pour l'interroger.

Il a *recommandé* à l'impresario du jeune prodige de ne plus lui laisser jouer que dans *quatre* concerts par semaine. L'impresario a promis de se conformer à ce conseil.

VARIÉTÉS

ÉPHÉMÉRIDES MUSICALES

Le 10 février 1799, à Paris, *Adolphe et Clara ou les deux prisonniers*, un acte de Dalayrac. Aimable musique! Nos grands-parents s'en sont régalés à bouche que veux-tu. La Clé du Caveau est pleine de ces charmants petits airs de Dalayrac. On les retrouve de loin en loin dans les pièces à couplets de feu Scribe, au temps où florissait ce genre de littérature.

Les premières: à Bruxelles, 4 août 1799; à Liège, 20 juillet 1800; à Vienne (Nationaltheater), 18 juin 1809. (Voir Eph. *Guide musical*, du 28 juillet 1887.)

— Le 11 février 1741, à Liège, naissance d'André-Ernest-Modeste Grétry. — Sa mort à Montmorency lez-Paris, le 24 septembre 1813.

« Lorsque Grétry quitta l'Italie, en 1767, Casali, son maître, lui donna une lettre pour un de ses amis à Turin, dans laquelle il disait de son jeune élève : « Mon cher ami, je vous adresse un de mes »-élèves, véritable âne en musique et qui ne sait rien, mais jeune » homme aimable et de bonnes mœurs. » Bien que sévère, le jugement de Casali ne nous étonne pas, Grétry n'a jamais été un musicien savant; ses partitions le démontrent assez aux yeux exercés; mais il fut un génie éminemment créateur, dont les inspirations ont fait le tour du monde et vivront aussi longtemps qu'il y aura sur la terre une âme sensible pour les entendre. Voilà ce que le maestro Casali n'a pu découvrir dans son élève; c'est avec la même perspicacité que l'abbé Mattei a jugé son immortel disciple, l'auteur du *Barbier de Séville* et de *Guillaume Tell*. » — Scudo.

Une monographie de Grétry, savamment traitée par M. Joseph Bennett, a paru l'an dernier dans le *Musical Times*, de Londres (nᵒˢ de mai, juin, juillet et août 1887); elle est probablement destinée à faire partie des *Primers of musical biography* que publie la maison Novello, Ewer et Cⁱᵉ. Cette jolie petite collection, d'un prix si modique (*two shillings*), comprend déjà Berlioz, Cherubini, Chopin, Mendelssohn, Meyerbeer, Rossini, etc.

A propos de Grétry, nos biographes savent-ils que C. M. von Weber, lui aussi, a consacré au maître belge une notice des plus intéressantes. Nous saisirons la première occasion pour la mettre sous les yeux de nos lecteurs. « Grétry, écrit l'auteur du *Freischütz*, est peut-être le seul des compositeurs français, qui ait le véritable sens lyrique et souvent le sens le plus romantique. »

— Le 12 février 1835, à Anvers, *le Mannequin de Bergame*, 1 acte, de Fétis, joué par Foignet, Ricquier, Bougnol, Mmᵉˢ Ferry-Fay et Foignet. — Deux représentations seulement, et *le Mannequin* disparut sans que personne ne songeât à s'en plaindre. (Bovy, *Annales du th. d'Anvers*.)

Les premières : à Paris, 1ᵉʳ mars 1832; à Bruxelles, 24 févr. 1833; à Liège, 5 mars 1838. (Voir Eph. *Guide mus.*, 25 févr. 1886.)

— Le 13 février 1883, 5mᵉ anniversaire de la mort de Richard Wagner, à Venise. Trois mois, neuf jours de plus, et le maître, étant né à Leipzig, le 22 mai 1813, aurait accompli ses 69 ans.

Les écrits ayant trait à ce puissant génie se multiplient tellement qu'ils pourraient former aujourd'hui toute une bibliothèque.

Citons parmi les derniers parus en langue française, ceux d'Adolphe Jullien (*Richard Wagner, sa vie et ses œuvres*), et de Camille Benoit (*Musiciens, poètes et philosophes, etc.*).

— Le 14 février 1847, à Paris (Conservatoire royal), 1re et 2me partie de la 4me symphonie (*Die Weihe der Tone*) de Spohr. L'œuvre d'un style très serré, fut trouvée trop longue, c'est pourquoi l'orchestre n'exécuta de la première partie que « la naissance de la musique », et, de la seconde, que « la chanson de la Berceuse, et la danse sérénade. (ELWART, *Histoire des concerts du Conservatoire.*)

C'était pour la première fois que le public entendait de la musique de Spohr aux concerts du Conservatoire. Quatre ans auparavant, il est vrai, cette même symphonie avait été exécutée par l'orchestre Habeneck, mais dans une circonstance toute particulière et que Fétis raconte ainsi : « Spohr, passant par Paris, en 1843, vit quelques artistes au nombre desquels, Auber, Halévy, Berlioz, Adam, Habeneck, et laissa percer dans sa conversation le regret de n'être pas connu du public français. Chacun voulut lui persuader qu'il se trompait à cet égard, et l'idée vint aussitôt à Habeneck de lui prouver que ses grandes compositions étaient non seulement connues, mais estimées à Paris, en faisant exécuter devant lui, par l'orchestre du Conservatoire, sa 4me symphonie (la *Consécration des sons*). L'orchestre se réunit et joua cet ouvrage pour l'auteur, seul auditeur de l'exécution. A son entrée dans la salle, Spohr fut accueilli par les acclamations de tous les artistes, et tous rivalisèrent de zèle et de talent pour rendre avec toute la perfection possible les intentions du compositeur. Ce fut pour lui une grande jouissance; un hommage si flatteur rendu par l'élite des artistes lui causa une vive émotion. Toutefois, il ne faut pas s'y tromper, cet hommage était simplement un trait d'exquise politesse française. Le fait est que la symphonie avait été plusieurs fois mise en répétition, et que, connaissant le goût des habitudes des concerts du Conservatoire, Habeneck n'avait pas osé la leur faire entendre. » (*Biogr. univ. des mus.*, t. VIII, p. 86). Ici, Fétis omet de dire que ce que Habeneck n'osa pas faire en 1843, il osa le faire en 1847, à la date nous rappelons plus haut. Spohr, dans son *Autobiographie*, a des accents émus en racontant la chose à sa manière.

— Le 15 février 1861, à Anvers, *Faust*, 5 actes de Gounod.— Succès éclatant, interprétation excellente par Scott, Bryon d'Orgeval, Peruggi, Guerrin; Mmes de Mesmaecker, Zélié Vié et Lescalas. Treize représentations jusqu'à la clôture de la saison (BOVY, *ibid.*)

Les premières : à Paris, 19 mars 1859; à Liége, 5 mars 1860; à Bruxelles, 25 février 1861.

— Le 16 février 1854, à Paris (Opéra-Comique), l'*Étoile du Nord*, 3 actes de Meyerbeer. Seconde édition, refondue et adaptée à une scène différente d'un opéra allemand (*ein Feldlager in Schlesien*), représenté le 7 décembre 1844, à Berlin, pour l'inauguration du nouveau théâtre Royal. La partition est peut-être celle où Meyerbeer a fait le plus de dépense de combinaisons harmoniques, ainsi que d'effets singuliers d'orchestre.

Les premières : à Bruxelles, 4 déc. 1854; à Liége, 12 avril 1855; à Anvers, 5 févr. 1856; à Vienne sous le titre *Nordstern*, 29 déc. 1855; à Londres (Covent Garden), *la Stella del Nord*, 19 juill. 1855.

BIBLIOGRAPHIE.

La maison Schott frères vient de publier un Recueil de Motets à l'usage des maisons religieuses et des maitrises, par M. A. Melvil,

Remarquables par leur caractère profondément religieux et leur charme mélodique, ces motets ont été revus avec soin par Fr. Riga. Ils sont en grande partie à trois voix égales et s'adressent, par conséquent, aux maisons religieuses et aux maitrises qui ont des éléments d'exécution suffisants à leur disposition.

Pour les chapelles et maitrises de moindre importance, le même auteur a écrit un autre recueil qui contient des motets et des cantiques pouvant se chanter en solo ou en chœur à l'unisson.

Ceux-ci n'offrent pas les mêmes difficultés d'exécution tout en se recommandant par les mêmes mérites que les motets à trois voix.

Nous nous permettons d'appeler l'attention des personnes intéressées sur ces compositions vraiment remarquables et qui sont appelées à un grand succès.

AVIS ET COMMUNICATIONS

Le comité « Instruction et Charité » de Saint-Josse-ten-Noode (Bruxelles), organise pour le 3 mars prochain, au théâtre de la Renaissance un grand concert, au bénéfice de l'Œuvre de l'hospitalité de nuit.

Le comité s'est assuré le concours bienveillant de Mme Rosa Caron, de MM. Engel, Seguin et Nerval de la Monnaie, de M. Ysaye, l'éminent violoniste, professeur au Conservatoire, de M. Garnier, l'artiste aimé du théâtre

du Parc, et de la Société Royale l'*Orphéon* de Bruxelles sous la direction de M. Bauwens.

Le concert annuel de Mme Cornélis-Servais, cantatrice, et de M. E. Jacobs, professeur au Conservatoire de Bruxelles, aura lieu le mercredi 22 février, à 2 heures, dans la Salle de la Société Royale de la Grande-Harmonie. Les organisateurs se sont assuré le concours de Mlle Falize, cantatrice, de M. Degreef, le nouveau et sympathique professeur de piano du Conservatoire, et de M. Moussoux, ténor, dont on a admiré la jolie voix au dernier concert de l'Orphéon.

Cours complets de *chant et de déclamation lyrique* par Delle-Sedie, auteur de l'*Art lyrique* et de l'*Esthétique du chant*, 3o, rue de Saint-Pétersbourg, Paris. Envoi d'un prospectus sur demande pour les conditions d'abonnement aux cours.

XXXIVe ANNÉE   16 février 1888   NUMÉRO 7

Le Guide Musical

Paraissant tous les jeudis.

ABONNEMENT	SCHOTT FRÈRES, ÉDITEURS.	ANNONCES
FRANCE et BELGIQUE : Avec musique 25 francs. — Texte seul. 10 —	Paris. *Boulevard Montmartre, 19*	S'adresser à l'Administration du Journal.
UNION POSTALE : — 12 —	Bruxelles, *Montagne de la Cour, 82*	On traite à forfait.

RICHARD WAGNER

ET

FRANZ LISZT

(Suite et fin. — Voir le dernier numéro.)

Ce n'est pas sans quelque hésitation que Wagner se décida à partir pour l'Angleterre. Mais les instances de Liszt et les offres d'ailleurs brillantes de la Société philharmonique de Londres l'emportèrent finalement, et au début de mars (1855) il se mit en route. De Zurich, il alla d'abord à Paris où il s'arrêta quelques jours.

A peine à Londres, il est d'une « humeur massacrante ». Il écrit à Liszt, de Portland Terrace, qu'il est entouré de tous côtés des « choses les plus horriblement triviales, » et dans une lettre il va même jusqu'à dire : « Ici la grédinerie, la stupidité et la sainte bêtise sont protégées par des murailles d'airain et soigneusement cultivées : un coquin ou un juif peuvent seuls réussir. » Il se plaint aussi du culte « ridicule » pour Mendelssohn qu'il a rencontré partout, culte qui, en effet, avait pris à cette époque dans toute l'Angleterre des proportions invraisemblables. Peu à peu, cependant il s'acclimata, il se fait plus sociable, il travaille à la partition de la *Walkyrie*, et ses lettres sont moins exaspérées.

Au demeurant, Wagner n'eut pas du tout à se plaindre de son séjour là-bas. Non seulement il fut bien accueilli du public, il n'eut qu'à se louer de la bonne volonté des musiciens d'orchestre qui lui montrèrent beaucoup de dévouement et d'admiration; mais il fut aussi l'objet des démonstrations de sympathie et d'admiration les plus flatteuses ; car son dernier concert, lui valut même une présentation à la reine Victoria et les félicitations du prince Albert. Aussi dans une lettre datée de Zurich, 5 juillet 1855, aussitôt après son retour, il se déclare en somme très satisfait de son voyage : « On me propose un nouvel engagement pour l'année prochaine à la *Nouvelle Philharmonie* ; que puis-je demander de plus ? »

Dans cette même lettre, il parle assez longuement de Berlioz qui, on le sait, s'était trouvé à Londres à la même époque et avait dirigé une série de concerts à la Société rivale : la Nouvelle Philharmonie.

Je rapporte d'Angleterre un véritable gain : une amitié cordiale et sincère pour Berlioz. J'ai entendu un concert de la *Nouvelle Philharmonie* sous sa direction et j'ai, il est vrai, été peu édifié de son exécution de la symphonie en *sol* mineur de Mozart, mais je l'ai plaint sincèrement de l'exécution très insuffisante de sa symphonie de *Roméo et Juliette*. Quelques jours plus tard, je le rencontrai chez Sainton, à dîner; il fut très vivant; grâce aux progrès en français que j'avais eu l'occasion de faire à Londres, nous avons pu dans cette réunion, qui a duré cinq heures, échanger sur bien des sujets d'art, de philosophie et d'humanité, nos idées dans une conversation très entraînante. J'ai emporté de là, une vive et profonde sympathie pour mon nouvel ami : il m'est apparu tout autre que je ne l'avais vu auparavant; nous avons reconnu tout à coup en nous des compagnons de misère, et c'est moi, en somme, qui me suis-paru le plus heureux des deux. — Après mon dernier concert, Berlioz est encore venu me voir avec quelques autres amis; sa femme était avec lui; nous sommes demeurés ensemble jusqu'à trois heures du matin, et cette fois nous nous sommes séparés en nous embrassant cordialement.

Presqu'au même moment, Liszt recevait une lettre de Berlioz qui lui faisait part, lui aussi, de l'excellente impression qu'il avait gardée de sa rencontre avec le

maitre allemand. Le morceau est curieux à citer.
Voici ce qu'écrit Berlioz à Liszt:

> Wagner te racontera sans doute son séjour à Londres et tout ce qu'il a eu à souffrir d'une hostilité de parti pris. Il est superbe d'ardeur, de chaleur de cœur, et j'avoue que ses violences mêmes me transportent. Il semble qu'une fatalité m'empêche d'entendre ses dernières compositions; le jour, où sur la demande du prince Albert, il a dirigé son ouverture du *Tannhæuser* à Hanover-Square-Rooms, j'étais forcé, à la même heure, d'assister à une affreuse répétition de chœurs, pour le concert de la New-Philharmonie, que je devais diriger deux jours après.

Et plus loin:

> Wagner a quelque chose de singulièrement attractif pour moi, et si nous avons des aspérités tous les deux, au moins nos aspérités s'emboîtent.

Au-dessous, Berlioz griffonne cette figure:

Presqu'aussitôt après son retour à Zurich, Wagner reçoit l'offre de venir diriger à New-York des concerts dans le genre de ceux qu'il venait de donner à Londres. Il demande son avis à Liszt là-dessus, et finalement refuse. L'Amérique n'a rien qui le tente, dit-il.

En revanche il paraît s'enflammer sérieusement à l'idée d'un voyage au Brésil, où l'Empereur Don Pedro lui offre tout en abondance. Il parle sérieusement à Liszt de faire traduire *Tristan et Isolde* en italien et de le donner au théâtre de Rio-de-Janeiro que le souverain du Brésil met à son entière disposition. Chose curieuse: il avoue dans une lettre qu'il regarde *Tristan* comme « une œuvre facile à monter et qui infailliblement lui rapportera rapidement et sûrement de bons revenus. »

Fort heureusement, de ces divers projets aucun ne fut réalisé. Wagner n'alla ni à New-York ni à Rio, mais à Venise; puis tout-à-coup, en 1858, il est à Paris, où la direction du Théâtre-Lyrique entre en relations avec lui et où il est pour la première fois question de donner *Rienzi*. Finalement la chose ne se fait pas; alors Wagner rentre à Zurich pour aller s'installer de nouveau à Venise, « la ville la moins bruyante du monde. »

Ce qui frappe le plus dans toutes les lettres de cette époque, c'est l'agitation qu'elles trahissent. Un jour Wagner est gai, jovial, il paraît satisfait de son sort et plein de foi dans l'avenir: le lendemain, ses dispositions sont absolument changées et le voilà broyant du noir, lamentablement. Il écrit incessamment à Liszt qui lui donne des nouvelles de l'exécution, de plus en plus fréquente, de *Lohengrin* et du *Tannhæuser* sur les principales scènes allemandes, et les impressions qu'il exprime sont très diverses. Ces représentations sont pour lui à la fois une joie et un tourment. D'un côté il remercie l'ami dévoué qui veille avec une si généreuse sollicitude à répandre ses œuvres et arrange ses affaires matérielles; de l'autre il maudit les théâtres, les directeurs, les artistes, parce qu'on ne le joue pas toujours suivant ses intentions; il se frappe la poitrine, il se lamente, il s'accuse de vulgarité parce qu'il abandonne pour de l'argent à des exécutions insuffisantes ces œuvres conçues dans le plus pur dessein artistique!

Ainsi il va sans cesse d'une extrême à l'autre; les moindres contrariétés prennent sous sa plume des proportions de catastrophe; les moindres satisfactions deviennent des joies exubérantes. Paris lui fait peur et le fascine tour à tour; Vienne, « ville asiatique », l'horripile et il n'a qu'un rêve, c'est d'y donner son *Tristan;* il retourne à Londres où règnent la grednerie et la bêtise; et ainsi toute sa vie est en apparence un tissu de contradictions violentes, de luttes prodigieuses contre lui-même et de combats incessants contre les nécessités les plus élémentaires de la vie sociale.

Une seule chose apparaît immuable et merveilleusement tenace dans cette longue et intéressante suite de lettres: c'est la vue toujours nette, claire, précise, chez Wagner, de l'œuvre d'art à accomplir, c'est la phénoménale concentration de toutes ses forces, de toutes ses facultés sur cet objet unique; et chez Liszt, la générosité grandiose d'une âme d'artiste, le dévouement sans limites d'un grand esprit pour cet ami en qui il avait reconnu un de ces génies supérieurs et uniques comme il en paraît seulement de loin en loin, un ou deux par siècle dans chaque pays.

Ce qui résulte encore de cette correspondance, c'est la conviction que sans le hasard heureux qui fit se rencontrer ces deux hommes et qui mit l'un dans une situation très influente au moment même où l'autre s'effondrait dans une aventure politique d'où il sortit tout désemparé, Wagner probablement n'eut pu terminer son œuvre grandiose, ou tout au moins il l'eût fait autrement.

La correspondance publiée s'arrête au moment où Liszt abandonne Weimar.

> Quant à moi, dit-il dans sa dernière lettre qui est du 7 juillet 1861, je ne sais qu'une chose, c'est que je quitte Weimar. Avant le mois d'août j'aurai décidé de mon prochain séjour. En deux mots, toute ma vie future tient dans ce dilemme: ou bien je me marie (1) et cela bientôt, ou bien il n'y a pas de mariage; dans le premier cas, l'Allemagne et Weimar me restent ouvertes; dans le second cas, non.

Le mariage n'eut pas lieu, on le sait, et Liszt s'en fut à Rome où quelques années plus tard il entrait dans les ordres. Quant à Wagner, vers le même temps, il obtenait l'autorisation de rentrer en Allemagne. L'année 1861 marque ainsi une date importante dans la vie de nos deux grands artistes.

L'intérêt profond qu'offre leur correspondance jusqu'à cette époque laisse supposer que non moins importante serait la suite de leurs lettres depuis 1881 jusqu'en 1883. Souhaitons que cette suite nous soit bientôt offerte avec le même soin et le même souci de clarté que la maison Breitkopf et Härtel a donné à l'exécution matérielle des deux volumes parus.

MAURICE KUFFERATH.

(1) Avec la princesse Caroline de Wittgenstein, morte récemment à Rome.

A PROPOS
DE
JOCELYN

n juge malaisément une œuvre dramatique sur une simple lecture. Aussi une opinion définitive au sujet de *Jocelyn* ne sera-t-elle possible qu'après l'audition de cet ouvrage à la scène, dans le cadre et avec les moyens d'exécution pour lesquels il a été conçu.

En attendant, il doit être permis à la critique de donner au public quelques indications préliminaires, non pour guider son jugement, mais pour l'éclairer. Depuis le jour où il a été question du *Jocelyn* au théâtre de la Monnaie, ce bon public belge, ouvert à toutes les manifestations d'art, curieux de toutes les tentatives sérieuses en dépit de sa traditionnelle réputation d'inertie et de lourdeur, a été la proie de ce genre nouveau de journalisme qui s'appelle le reportage. A peine M. Benjamin Godard eut-il débarqué à Bruxelles, qu'on nous a conté sa vie présente, passée et même future; pas une des circonstances assez peu intéressantes qui ont présidé à l'éclosion de son *Jocelyn* ne nous a été épargnée, et par le menu on nous en a donné la genèse comme s'il s'agissait d'une nouvelle *Iliade* ou d'un nouveau *Tristan*.

Je ne rends pas M. Benjamin Godard responsable de tout le bruit fait assez mal à propos autour de son nom et de son œuvre. Il y serait d'ailleurs pour quelque chose qu'il n'y aurait pas lieu de lui en vouloir beaucoup. Dans les petits coins de Paris, on se raconte à son sujet des choses assez gaies : le buste de Beethoven, voilé de crêpe, s'élevant sur un piédestal orné de couronnes et de fleurs dans une antichambre, alors que le buste de l'auteur du *Tasse* (l'auteur de la cantate de ce nom, pas l'autre) se dresse majestueux et fier dans le salon. Ces petits ridicules ont défrayé la chronique des ateliers et des salons parisiens; on en rit, voilà tout; ils n'augmentent ni ne diminuent le talent de M. Benjamin Godard. Ce que nous regrettons pour lui, c'est la réclame exagérée de servants trop zélés qui lui ont donné de « jeune maître » à plume que veux-tu et qui l'ont mis, en somme, dans une position très fâcheuse vis-à-vis du public.

Ce public, qui va être appelé à juger *Jocelyn*, si peu de crédit qu'il accorde à tout ce qui lui a été dit d'avance à ce propos, doit nécessairement s'attendre à une œuvre transcendante et de haute portée artistique. Je crains qu'il n'éprouve une déception s'il n'est mis en garde contre des illusions trop fortes. J'ajouterai même que l'éclairer sur ce point, c'est rendre un service aux directeurs du théâtre de la Monnaie, MM. Dupont et Lapissida, qu'on ne peut rendre tout à fait responsables du choix de cette œuvre. Le jour où ils l'ont acceptée, un peu malgré eux, ils se sont généreusement consacrés à la faire réussir. Mais ils sont vraiment trop artistes pour ne pas regretter, dans les moments de lucidité que leur laissent les soucis parfois cuisants de la saison italienne où ils se sont laissés entraîner, de n'avoir pas persévéré fermement dans les projets artistiques du début de leur exploitation.

Quoiqu'il en soit, on peut être certain qu'ils auront donné à ce *Jocelyn* tous les soins désirables, que l'exécution orchestrale et vocale, ainsi que le côté décoratif atteindront de bien près la perfection. L'engagement même de Mme Caron prouve la pureté de leurs intentions. Je souhaite donc ardemment que le succès réponde à leurs efforts. Y répondra-t-il ? *That is the question!*

Le sujet de *Jocelyn* est certes l'un des plus poignants qui se puissent rencontrer. L'histoire de ce prêtre entré dans les ordres par dévouement pour sa sœur, à un âge où il s'ignorait encore lui-même, et qui rencontre trop tard, dans des circonstances romanesques quoiqu'à peu près historiques, une femme d'une beauté idéale qui le remplit tout entier de son charme et de son amour, est une histoire toujours vraie qui met en présence les sentiments les plus nobles et les plus violents de la nature humaine et qui nécessaire, ment conservera longtemps encore, en dépit des variations du goût et des modes littéraires, toute sa puissance d'intérêt. En ce qui concerne le théâtre lyrique, je la crois tout particulièrement favorable aux nuances et délicates et subtiles de l'expression musicale. Seule, ment, tout est dans le façon de présenter ce sujet à la scène, et ici, je crains bien que d'autres préoccupations que l'unique souci de créer une œuvre d'art, pure et sincère, n'ait égaré les auteurs en des voies qui mènent aux antipodes de l'art.

Il y a deux façons de comprendre le théâtre : ou bien l'on y voit la forme la plus expressive et la plus puissante de la poésie : c'est la façon des grands, des vrais artistes; ou bien, l'on y voit un moyen très pratique de se faire de grosses rentes en dépensant le moins de génie possible: c'est la façon des exploiteurs de théâtres.

Pour écrire le moindre poème, fût-ce sur un sujet déjà traité, il faut du style, une connaissance approfondie de la langue, le don des images, et le souci constant de l'expression; pour le roman, il faut de l'invention, de l'observation, de l'analyse, l'art de faire voir les choses et de donner la sensation de la vie. Il n'est besoin de rien de tout cela pour faire une pièce, pour faire du théâtre tel que l'entendent certaines gens. Loin d'être comme autrefois le genre littéraire le plus difficile et le plus compliqué, c'est devenu le genre le plus commode, le plus banal, celui qui exige le moins d'études, le moins de facultés, le moins de préparation spéciales. Vous prenez une œuvre célèbre, prose ou vers, roman, nouvelle ou poème, offrant des scènes plus ou moins développées; vous groupez ces scènes de telle façon qu'elles paraissent se suivre avec une certaine logique; vous ajoutez çà et là quelques phrases pour préparer les mots que contient l'œuvre primitive; vous reproduisez le titre du roman ou du poème avec la mention: pièce tirée de..., vous signez et vous voilà poète dramatique, le cas échéant doté de forts droits d'auteur.

C'est à cette nouvelle manière d'écrivains de théâtre qu'appartiennent les auteurs de *Jocelyn*. Gens d'esprit et bien avisés, d'ailleurs! Plus commerçants qu'artistes. A quoi bon, l'art! Cela coûte beaucoup et ne rapporte guère! Voici un poème qui a charmé déjà deux générations de femmes. Quelle pièce cela ferait! Succès certain. Les affaires, il n'y a que ça! Faisons une affaire!

Ainsi naquit *Jocelyn*, opéra en 4 actes et huit tableaux.

Cet opéra est en somme une simple succession de tableaux vivants, mettant en action les principaux épisodes du touchant poème de Lamartine. Vous allez voir.

Premier acte : Le jardin devant la maison de Jocelyn. Nous assistons aux noces de Julie, cette sœur bien aimée pour laquelle Jocelyn se sacrifie, afin de lui laisser sa part de l'héritage paternel et de rendre ainsi son mariage possible. Tout le début de l'acte est rempli par des rondes et des chants de fête à l'adresse de la mariée; vient ensuite la scène entre Jocelyn et sa mère, laquelle cherche en vain à lui arracher le secret de sa détermination; enfin les adieux de Jocelyn à la maison paternelle.

Second acte : Il comprend deux tableaux. Nous sommes au sommet des Alpes dans un site sauvage. Chœurs de montagnards. Petit duo d'opéra comique entre un jeune pâtre et une gentille bergère. Puis l'arrivée de Jocelyn chassé du séminaire par la Révolution, et aussitôt après, l'arrivée de Laurence costumée en garçon et la mort du père de la jeune fille frappé d'une balle au moment où il se croyait en sûreté. Deuxième tableau : La Grotte des Aigles. Sur un lit d'herbes, Laurence endormie et Jocelyn veillant sur l'enfant confié à sa garde. A son réveil, Laurence ne sait ce qu'elle éprouve, elle a des vapeurs; l'idée que la mort pourrait la séparer un jour de Jocelyn lui donne une pamoison; Jocelyn déchire la chemise et découvre ce sein de femme qui va faire le malheur de toute sa vie.

Troisième acte : 1ᵉʳ tableau : Dans la prison de Grenoble. Jocelyn avec son vieil évêque. L'épisode de la confession de *Jocelyn* et de son ordination. 2ᵉ tableau : Exécution de l'évêque sur la place publique au milieu des chants divers de la foule.

Quatrième acte : Trois tableaux. D'abord la grotte des Aigles où Jocelyn et sa mère (substituée à la sœur de l'évêque) viennent chercher Laurence pour la ramener aux siens. Folle explosion d'amour de Laurence en revoyant Jocelyn. Le prêtre l'emporte sur l'amant. La séparation définitive s'accomplit en quatuor.

2ᵉ tableau : Une rue de Paris, devant l'hôtel où habite maintenant Laurence. Bal à l'intérieur. Jocelyn vient soupirer sous le balcon. Laurence y paraît et chante un air qu'elle disait autrefois avec Jocelyn dans la montagne. Jocelyn va s'élancer et se jeter dans les bras de l'amante qui l'aime toujours, lorsque l'*Angelus* sonne et le rappelle au devoir. 3ᵉ tableau : Place publique de village devant l'église, avec un reposoir et un arc de verdure. Procession et chants religieux. Jocelyn officie. Une femme paraît accablée, mourante : c'est Laurence. On appelle le prêtre. Confession suprême, reconnaissance réciproque, derniers serments d'amour. Mort de Laurence.

Voilà toute la pièce.

Je me demande pourquoi l'affiche porte les noms de MM. Armand Sylvestre et Capoul. Ces messieurs ont réussi à simplifier encore le procédé du travail esquissé plus haut. En réalité, on le voit, leur pièce est tout entière de feu Lamartine, de la première à la dernière ligne. Le scénario suit pas à pas le poème; pas une scène n'est nouvelle, pas un personnage n'a été ajouté; et M. Sylvestre n'a même pas eu, comme dans la *Dame de Monsoreau*, à mettre la sonorité de ses rimes riches, là où l'auteur n'aurait mis que de la prose. Il n'a eu qu'à puiser dans le poème original et il y a puisé largement. Même s'il faut en croire la genèse de l'œuvre telle qu'on nous l'a contée, ce n'est pas M. Sylvestre, c'est M. Capoul qui s'est livré pour lui à l'intéressant travail d'annoter les vers qui pouvaient aller dans la pièce ; M. Capoul s'est fait le pêcheur de ces perles et la pêche a été fructueuse. Tout compte fait, sur les 1200 et quelques vers que contient la vue de nez le livret du nouvel opéra, un millier, au bas mot, sont de Lamartine en personne. Si bien qu'en somme je ne vois rien qui appartienne en propre à MM. Sylvestre et Capoul comme adaptateurs, rien, si ce n'est deux ou trois petits chœurs, et.., l'art de verdure.

Cet arc, vous venez de le voir au dernier tableau de la pièce. C'est sous lui que Laurence expire dans les bras de Jocelyn. Dans le poème lamartinien, elle meurt dans un misérable lit d'auberge ; l'arc de verdure est donc nouveau, il n'y a pas de doute, il est bien de l'invention de MM. Sylvestre et Capoul. Auquel des deux revient le mérite de la trouvaille? Je l'ignore. Je souhaite seulement qu'une *interview* nous fixe bientôt sur ce point important.

S'ils n'ont rien ajouté au poème lamartinien, en revanche MM. Sylvestre et Capoul y ont retranché. De la séduisante et subtile analyse de sentiments, de cette amitié de Jocelyn pour Laurence enfant, qui se transforme peu à peu en une inexorable passion pour Laurence femme, il n'est presque rien resté. Les élans, les retours, les abattements de cet amour fou semblaient conduire tout particulièrement à l'expression musicale. Ici la nuance est à peine indiquée, le changement de l'amitié en amour s'opère à la vapeur, en une courte scène, dès le second acte; si bien que tout le long de la pièce nous n'avons plus sous les yeux que le Jocelyn larmoyant : non pas l'homme qui lutta avec lui-même, avec sa passion, le prêtre tour à tour exalté et abattu, mais l'amant perdu, affolé, cherchant « l'autre moitié de son âme, » et pleurant incessamment la cruauté de son sort. Sans vouloir être prophète de mauvais augure, — tel n'est pas mon but en écrivant ces notes sur l'œuvre nouvelle, — je doute que ce personnage lamentable, dépourvu de tout élan humain, sans un éclair de joie, sans une lueur d'espérance ou de foi, offre un intérêt suffisamment soutenu à la scène.

D'intrigue il n'y en a point d'ailleurs, pas plus que de pièce au sens propre du mot. Les quatre ou cinq grandes scènes du roman de Lamartine sont jointes bout à bout, et ornées de quelques hors-d'œuvre parfaitement inutiles; telle, par exemple, la scène de l'exécution de l'évêque sur la place de Grenoble qui forme tout un tableau avec chœurs révolutionnaires, prières de saintes femmes, communion et bénédiction de l'évêque. C'est très mouvementé, et très pathétique si l'on veut; mais dramatiquement, ce tableau n'a rien à faire avec la passion de Laurence et de Jocelyn qui est le seul et l'unique objet du drame musical. Ce qui nous intéresse, c'est ce que fera Jocelyn après son ordination, non le sort de l'évêque, qui nous est indifférent, au théâtre tout au moins.

Il semble en un mot que les auteurs du nouveau *Jocelyn* aient reculé devant la tâche de construire leur pièce autour du drame intime et moral qui est tout le charme et toute la saveur du poème de Lamartine. Au lieu d'évoluer naturellement, simplement, mais poétiquement, avec les sentiments et les passions des personnages, l'action se perd en une foule de scènes accessoires, pittoresques si l'on veut, mais insignifiantes au fond, parce qu'elles ne contribuent en rien à la caractérisation des personnages. Et pourtant, dans ce beau poème, que de matériaux pour un vrai drame moderne, pour un drame d'analyse psychologique auquel la musique eut prêté tout son intensité expressive ! Tel que nous l'ont fait MM. Sylvestre et Capoul, c'est une chose assez banale où des chœurs de jeunes gens et de jeunes filles, les sarabandes furibondes des foules révolutionnaires, des chœurs de montagnards et de citadins et même une procession tout l'attirail du vieil opéra, viennent jeter quelque diversion dans une action qui n'en est pas une et qui n'en pouvait être une qu'en restant purement moral ou psychologique. Est-ce le sens dramatique que les librettistes qu'il s'est trouvé ici en défaut ? Est-ce le musicien qui a reculé devant la difficulté de tirer de son propre fonds l'expression suffisamment variée des infinies nuances de sentiment et de passion que comportait le sujet? Je ne sais, et la question n'a d'ailleurs qu'un intérêt tout subjectif.

Ce musicien, M. Benjamin Godard, après un début éclatant dans le genre de la cantate (*le Tasse*), après un brillant succès dans la musique symphonique concertante (concerto de violon), après d'honorables services rendus aux maisons d'éducation et aux familles par d'innombrables romances et morceaux de piano, ce musicien s'est essayé déjà au théâtre. Il a fait jouer, il y a quelques années, à Anvers, un opéra-comique, *Pedro de Zalamea*, qui a peu duré; il a en portefeuille un grand opéra: *les Guelfes*, qu'il avait grande envie, l'année dernière, de voir jouer au théâtre de la Monnaie. Il sera du *Ruy-Blas* que M. Paravey a demandé à M. A. Sylvestre de lui arranger pour l'Opéra-Comique; et voici enfin son *Jocelyn* qui va subir la terrible épreuve de la représentation.

Tout cela, en somme, ne constitue que des promesses et des espérances. M. Godard est encore un homme nouveau au théâtre et qui n'a pas donné sa mesure.

Il est peut-être regrettable que l'impatience d'arriver et sans doute aussi la confiance dans l'indulgence du bon public belge, si accueillant aux artistes étrangers, — sans que ceux-ci rendent la pareille aux nôtres, — aient tout de suite amené M. Godard sur notre première scène avec un ouvrage qui est, en somme, un essai plutôt qu'une œuvre.

Je viens de lire la partition de *Jocelyn*. Elle m'a rempli de tristesse, et non pas seulement à cause du sujet, qui n'est pas gai. Déjà à propos de *Pedro de Zalamea*, un homme très versé dans les choses de théâtre avait fait cette observation très juste que M. Godard écrit long tout ce qui devrait être court, et court tout ce qui devrait être long. L'observation est restée vraie pour *Jocelyn*. Vous y entendrez des chœurs tout à fait accessoires, précédant une scène qui met en présence les personnages essentiels : le chœur est long, il a deux et trois couplets, symétriquement développés; ce que disent les personnages passe comme un éclair ; la scène s'annonce bien quelquefois; vous attendez l'explosion des mélodies et des harmonies passionnées à laquelle l'auteur vous a préparé; l'explosion n'arrive pas ; rien ; une cadence extrêmement banale et c'est fini.

Ainsi la scène capitale de l'ouvrage, le moment terrible et doux où Jocelyn découvre que Laurence est une femme; elle tient quelques pages à peine de la partition ; çà et là, un joli détail s'y découvre; il y a de la douceur et du charme dans l'harmonie et la mélodie caresse; mais à peine l'élan arrivé, il s'arrête, et l'auteur se répète alors sans arriver à un véritable développement de sa pensée. Le pis est que ce duo de Jocelyn et de Laurence se termine par un unisson repris deux fois, ce qui est, tout au moins, une de trop..

A la lecture, la scène pathétique de la prison, où Jocelyn confesse sa passion qui l'étreint à son vieil évêque prêt à monter sur l'échafaud, paraît avoir quelque caractère. Elle est tout au moins d'un style soutenu, mais elle n'arrive pas à la grandeur et à la puissance d'expression qu'exigerait cette situation si poignante. L'impression, est en somme celle de la monotonie dans le sombre.

Je ne sais ce que donnera cette scène au théâtre. Mais je ne crois me tromper en la recommandant à ceux qui baillent au 2e acte de la *Walkyrie*. Ils verront que l'ennui même a des degrés. Je la recommande spécialement à mon spirituel et mordant confrère Edmond Cattier, qui déclarait dernièrement qu'il en avait assez de Wagner, et qu'il *attendait mieux*. Le mieux, le voilà !

A cette scène triste les librettistes ont fait succéder le tableau non moins lugubre de l'exécution de l'évêque. La place de la Prison, à Grenoble, est pleine de monde : la foule danse et chante. Le musicien fait défiler la toute une collection d'airs de la Révolution, le *Ça ira*, la *Carmagnole*, un fragment de *Marseillaise*, les *Aristocrates à la lanterne*, etc. On s'attend à quelque belle page symphonique. Illusion ! la page ne vient pas. Le compositeur s'efface complètement; on le cherche; il a disparu. Ces airs révolutionnaires se succèdent à la queu leu leu, sans accompagnement, ce n'est pas une foule en ébullition, c'est un véritable défilé: le défilé des corporations de la Révolution; ce n'est pas un tableau symphonique, c'est la clé du caveau révolutionnaire.

Explique qui pourra cette défaillance de musicien, qui n'a trouvé aucun parti à tirer de la juxtaposition de ces différents airs populaires. Fatalement nous revient ici à la mémoire la scène autrement puissante et saisissante traitée en maître symphoniste par Peter Benoit dans le drame flamand de *Charlotte Corday !*

En général, on reste confondu devant la pauvreté de facture de toute cette partition où les mêmes formules de cadences, les mêmes successions harmoniques, les mêmes progressions et jusqu'aux rythmes pareillement accouplés reparaissent incessamment dans des morceaux de caractère et de sentiment différent. Il en résulte une monotonie et une absence de caractère que les pages gracieuses et de charme élégant ne suffiront pas à sauver, je le crains. Encore si, dans le dessin des caractères musicaux, M. Godard s'était ingénié à varier l'expression. Mais tous ses personnages chantent sur le même ton, dolent et larmoyant. Je cherche vainement à l'amour de Laurence une expression autre que celle de l'amour de Jocelyn. Ils parlent la même langue et chantent la même musique. Il n'y a guère qu'une figure qui se détache de l'ensemble : c'est celle du personnage épisodique de la mère de Jocelyn, auquel le musicien a prêté un charme doux et poétique, quelque chose comme du Stephen Heller, arrangé pour la voix.

Je souhaite ardemment et pour les directeurs de la Monnaie que la passion dramatique de Mᵐᵉ Caron, et que le charme pénétrant de la diction de M. Engel donnent à cette musique l'accent qui lui manque. Dans ces notes rapides, je n'ai voulu examiner l'œuvre qu'au point de vue purement artistique, abstraction faite des éléments de succès que pourront lui apporter la représentation théâtrale dans des décors superbes et une exécution vocale et orchestrale qui sera certainement de premier ordre. La valeur propre de l'œuvre est indépendante de ces éléments, et c'est d'elle seule que la critique doit se préoccuper en ce temps de luttes vives entre un art qui se meurt et un art nouveau qui demande à vivre et aspire au grand jour. Le temps des complaisances et des faiblesses est passé. La moindre qualité qu'on puisse exiger d'un compositeur qui se présente sur une scène de l'importance de Bruxelles et devant un public aussi avancé, c'est qu'à défaut d'une tendance nouvelle il affirme une personnalité. Il n'y a ni l'une ni l'autre dans *Jocelyn*.

Les gens vous demandent : Est-ce du Massenet, est-ce du Gounod, est-ce du Wagner?

Ce n'est rien de tout cela, ce n'est pas même du Godard. Cela tient le milieu entre *Paul et Virginie*, et les *Noces de Jeannette*, avec de lointains, bien lointains ressouvenirs de *Mireille*. Ce n'est pas grand, ce n'est pas gai, ce n'est pas fort. C'est gentil, c'est joli, tendre, doux, caressant, mièvre en de nombreuses pages, tout à fait guimauve en beaucoup d'autres, une chose terne, grise, veule, en somme, sans caractère, sans nouveauté et sans souffle; au point de vue de l'art : une œuvre nulle.

— Alors quoi? Ce sera donc un four, une édition nouvelle de la *Dame de Monsoreau?*

Non pas. Le succès viendra peut-être, et même brillant.

Mais que *Jocelyn* réussisse ou tombe, une chose est certaine: c'est qu'il n'y aura ni une pensée de plus, ni une pensée de moins dans le monde.   M. KUFFERATH.

Théâtres et Concerts

Chronique de la Semaine

PARIS

Est-ce parce que nous entrons en carême?... On dirait que MM. les directeurs des théâtres musicaux se sont donné le mot pour nous mettre au régime du « réchauffé ».

« Réchauffée, », la reprise d'*Hamlet* à l'Opéra, même avec Mˡˡᵉ Moore comme Ophélie; « réchauffé », le transfert, comment dire, la transplantation, l'installation définitive, au même théâtre, de cette œuvre hybride, *Roméo et Juliette*, même avec le nouveau ballet, qui sera, nous dit-on, placé au quatrième acte, entre le tableau de la chambre et celui du mariage, dans un parc, aux abords d'une chapelle, sur les marches de laquelle Juliette viendra expirer.

Pourtant, il faut dire qu'on voit avec persistance de deux nouveautés, deux ballets d'Ambroise Thomas, la *Tempête* et *Circé* : on donne même la distribution de la *Tempête*: Miranda, Mˡˡᵉ Rosita Mauri; Ariel, Mˡˡᵉ Subra; Prosper, M. Hansen; Caliban, M. Pluque... Du personnage de Fernando, on ne souffle mot; l'auraiton supprimé?... Tout cela n'est plus du « réchauffé »; mais si s'allait être un plat froid !... Espérons que non.

En tous cas, il est peu probable que ce soit la *Zaïre* de M. Véronge de la Nux qui fasse remonter le thermomètre à l'Opéra, tombé au-dessous de zéro avec la *Dame de Montsoreau*. Le destin lamentable de l'œuvre de M. Salvayre s'éclaire lugubrement à la lueur de tous ces mirifiques trésors. à venir, qu'on nous étale ces jours-ci avec une si généreuse prodigalité. Il est aussi question, parmi les richesses

qu'on fait miroiter à nos yeux, d'un sujet corse, non historique, que se disputeraient MM. E. Paladilhe et A. Cahen.

« Réchauffées » aussi, à l'Opéra-Comique, les reprises projetées de *Dimitri*, de la *Statue*, des *Pêcheurs de perles*, et même de la *Carmosine* de Poise, œuvre posthume... Pourquoi nous faire tant languir après le *Roi d'Ys* de M. Lalo?... Et si M. Paravey tient absolument à des reprises intéressantes, pourquoi ne nous donne-t-il pas quelque œuvre peu connue de la bonne époque au siècle dernier? Il n'en manque pas... Et parmi les choses de ce temps-ci, peut-être ne serait-il pas sans saveur de goûter une excellente exécution de l'œuvre peu et mal connue d'un homme à qui la rigueur injuste du sort n'a pas permis de donner toute sa mesure?... Je veux parler de la *Petite Fadette* de M. Semet; il y a plus d'un sujet admis et assis, au répertoire de l'Opéra-Comique, qui est assurément plus fade et plus dénué d'intérêt; quant à la musique de la *Petite Fadette*, elle renferme des choses charmantes, et d'une fraîcheur qui rappelle, avec plus de fermeté et d'accent, les plus jolies choses de M. Gounod en son bon temps.

« Réchauffée » aussi, la très fâcheuse transformation de la *Fille de* Mᵐᵉ *Angot* en pièce « à spectacle » pour l'Éden; l'allure amusante et bon enfant perdue, le rôle de Mˡˡᵉ Lange peu approprié au genre de talent de Mᵐᵉ Judic, les personnages masculins insuffisants, l'action paraissant morne au milieu du déploiement de la mise en scène, le dialogue s'étendant mal dans ce grand vaisseau à anfractuosités, la verve de Mˡˡᵉ Granier trop isolée pour sauver le chef-d'œuvre de l'opérette compromis, voilà du « réchauffé » mal entendu, et du pire.

Il y a pourtant des plats qui gagnent à cette opération, le civet, par exemple... Tel n'est pas le cas de la *Volière*, une « première » pourtant, en néanmoins du « réchauffé » aussi. Car cette œuvre, de MM. Nuitter et Beaumont pour les paroles, de M. Lecocq pour la musique, dormait depuis longtemps dans quelque fond de tiroir; on avait réfléchi que sa piteuse intrigue n'était pas de nature à émoustiller fort les sens blasés de ce bon public. Pourquoi a-t-on changé d'avis?... L'événement a prouvé que la première idée était la bonne, puisqu'il y a eu « four », malgré quelques motifs réussis dans la partition. « Four » et « réchauffé », cela va bien ensemble. Mais quel luxe de mauvais cuisiniers, bon Dieu! par le temps qui court(1).

Donc, sur toute la ligne, « réchauffés », grands et petits « fours »?..... Il n'y a pas à dire : en ce moment, nous pataugeons horriblement. Il pleut de la boue dans nos rues; il suinte de l'ennui dans nos théâtres de musique... Vide! Gâchis! Néant!... Combien de temps cela durera-t-il?

Au concert Lamoureux, devant une salle archi-comble, Mᵐᵉ Essipoff vient de jouer avec beaucoup de succès le *concerto en ut mineur* de Schumann; elle joue plus en virtuose qu'en musicienne; sa voie de très jolies qualités, elle n'évite pas parfois le maniérisme; elle a été merveilleusement accompagnée par l'orchestre. Très applaudie aussi, l'ouverture du *Roi d'Ys* de M. Lalo, si mouvementée, si nerveuse, si contrastée dans sa couleur générale sombre; on saisit à l'auteur d'avoir non seulement son ouverture, mais toute sa partition ainsi jouée à l'Opéra-Comique. M. Salmon, le violoncelle solo, a été très remarqué dans la phrase mélodique qu'il était chargé d'interpréter au cours de cette ouverture. Grand succès aussi pour M. Houfflacte, le violon solo, dans le prélude du *Déluge* de M. Saint-Saëns.

Le samedi 11, très piquante séance de *clavecin* à la *Trompette* de M. Lemoine. Il est possible que le prédécesseur du piano redevienne à la mode; sa sonorité grêle, qui tient de la guitare et de la harpe, avec quelque chose de plus étrangement scintillant dans l'aigu que le cristallin, se marie d'une façon charmante à la flûte et à la viole de gambe, à la flûte surtout. Aussi quel régal que l'adorable *sonate en mi bémol* de Bach pour clavecin et flûte! Quel spirituel et élégant badinage que les amusantes pièces de Rameau, le *Visinet*, l'*Indiscrète*, le *Timide*, *Tambourin*, pour clavecin, viole de gambe et flûte! MM. Diémer, Delsart et Taffanel eussent été en perruques poudrées, bas à coins, culottes et habits mordorés à grands pans, que l'illusion n'eût pas été plus complète!... Que de jeunes filles avaient l'air de penser à leurs arrière-grand'mères, se sentaient des envies de menuets, de robes à paniers galamment balancées!... Inutile de dire à quel point M. Diémer a été exquis dans les petites pièces de clavecin seul, prestigieusement délicat de doigté, habile dans l'emploi des registres qui permettent le nuancé! Le *Coucou* de Daquin, répété sur le piano, a montré la lourdeur et le pâteux de ce dernier instrument appliqué à cette musique du passé. Désormais, il n'est plus permis à des musiciens qui se respectent de faire entendre ou d'entendre ces œuvres là autrement jouées que sur le clavecin. Il paraît, d'ailleurs, que les maisons Érard et Pleyel en ont mis

(1) Ce qui est étonnant, c'est qu'on annonce encore deux ouvrages de MM. Nuitter et Beaumont pour cette saison : la *Demoiselle de Belleville* pour les Folies-Dramatiques, le *Puits qui parle*, aux mêmes Nouveautés......

deux ou trois à l'étude, qu'ils sont même en cours de fabrication.

Après le concert on est venu admirer de près l'élégant instrument aux pieds fins et cambrés, prêté par M. Taskin, le charmant et bien connu baryton; c'est un bijou de famille, car l'arrière-grand-père de M. Taskin le fabriquait. Plus d'une jolie main s'est posée sur le clavier, faisant résonner ces sons plus clairs, plus ailés, ces touches plus souples, ces tintements de carillons plus légers que ceux de nos gros instruments, tout au plus propres à transcrire, à réduire les œuvres orchestrales modernes, et supportables en dehors de cet office utile, seulement quand les Chopin, les Schumann, les Fauré écrivent pour eux, ou que les Rubinstein et les Saint-Saëns en jouent.

BALTHAZAR CLAES.

BRUXELLES

Le Cercle artistique et littéraire de Bruxelles fait de fréquents emprunts aux pays voisins pour ses soirées de musique. On y a entendu depuis peu l'excellente « Société de musique de chambre pour instruments à vent, de Paris; ensuite Mᵐᵉ Bordes-Pène, pianiste, et Mˡˡᵉ Gavioli, cantatrice. Voici que le « Quatuor de Cologne » vient à son tour de charmer les habitués du Cercle par l'exécution prestigieuse du quatuor en *ut* majeur de Mozart et de celui en *ut* dièze mineur (op. 131) de Beethoven.

La présence parmi nous d'artistes accomplis apportant avec eux quelque chose de cette religion avec laquelle on exécute la musique des maîtres dans les centres musicaux de France et d'Allemagne, ne peut que fortifier notre jugement par la comparaison. Elle est un stimulant pour nos artistes, une instruction salutaire pour les plus sensés qui pensent qu'il reste toujours quelque chose à apprendre.

A ce titre, MM. Hollaender, Schwartz, Körner et Hegyesi ont droit aux plus vifs éloges pour les belles qualités de style, l'agréable sonorité, la richesse de coloris, la clarté qui distinguent leur jeu. Produire le maximum d'effet avec le minimum de son, paraît être la loi de ces exécutants, si l'on en juge par la sobriété extrême de leurs moyens. On pourrait ajouter que l'intelligence complète du sujet et son étude approfondie donnent à leur interprétation des quatuors ce sentiment d'une chose vécue qui en double l'intérêt et le charme.

Le public du Cercle a fait un grand succès aux instrumentistes de Cologne et il a applaudi non seulement les quatuors de Mozart et de Beethoven, mais les trois fragments d'une suite en *ré* mineur (op. 46) de M. Ed. de Hartog, morceaux d'une facture intéressante, dont le premier (*Humoresque*) offre un curieux spécimen du rythme brisé et dont le dernier (*Presto*), d'un mouvement endiablé, a eu les honneurs du *bis*.

Nous goûtons moins les morceaux de violon composés par M. Hollaender et exécutés par l'auteur: ces œuvres pèchent par défaut d'originalité; mais elles sont bien écrites pour l'instrument et elles ont fait valoir le talent du virtuose.

⌘

A la Société des Ingénieurs et Industriels, une intéressante soirée musicale a eu lieu samedi.

On y a entendu des mélodies d'Emile Mathieu, chantées par M. M. Gogers, de Louvain, accompagnées par l'auteur.

Mˡˡᵉ Aline Bauveroy y a dit très joliment des mélodies de Gustave Huberti, la *Chanson de Mai* (en *mi* bémol) et *Pas de Serments*. Elle avait débuté par le récit de Sieglinde de *la Walküre* qui se case bien dans sa voix chaude et dont elle donne non seulement une très belle exécution vocale, mais aussi une interprétation.

MM. Triaille, pianiste, et De Kemper, chanteur comique, participaient à cette soirée musicale et il faut bien dire qu'entre *la Walküre* et les chansonnettes comiques, le public un peu... spécial de la Société des Ingénieurs n'a pas hésité: il a préféré les chansonnettes comiques.

Voilà un fait de plus en faveur de l'anti-wagnérisme et qui va peut-être retarder encore la première de *Siegfried*.

⌘

Le théâtre des Galeries Saint-Hubert en est revenu à la *Fille du Tambour-major* dont la reprise a eu lieu ces jours derniers pour la rentrée de Mᵐᵉ Lucy-Abel. Un de nos confrères a fait observer à cette occasion que les tambours-majors de l'armée française ont en grand honneur et, ce moment sur les scènes bruxelloises que l'on aurait tort d'accuser de germanisme. *La Fauvette du Temple* à l'AL-hambra, *le Caïd* à la Monnaie et la reprise du théâtre des Galeries Saint-Hubert mettent en ligne trois héros de la canne et du panache pouvant témoigner au besoin du contraire.

⌘

GAND.

GRAND-THÉÂTRE. — Mercredi 8, le *Voyage en Chine*; vendredi 10, *Faust*; dimanche 12, *Roméo et Juliette*; lundi 13, *Patrie!*

La reprise de ce joli petit vaudeville, le *Voyage en Chine*, a eu lieu presque devant des banquettes, et la maigre musiquette de Bazin n'a guère paru plaire au public; du reste, à part Mᵐᵉˢ Boyer et Castel, aucun artiste ne semblait bien à son rôle. Cet état de malaise général s'est fait sentir aussi à la représentation de *Faust*, donnée au bénéfice de notre première basse, M. Bourgeois, et il s'est fait sentir d'une manière bien plus visible encore. Quant à l'orchestre... mais non, je me tais: les musiciens de cette excellente phalange sont devenus tellement susceptibles qu'il n'est plus permis d'en dire un mot sans s'attirer de longues lettres de protestation. Le bénéficiaire a reçu un tas de couronnes, des abonnés, de différentes sociétés, de ses camarades, de ses amis de Bruxelles, et ce qui vaut peut-être mieux, deux écrins d'argenterie. On nous annonce pour vendredi, la première d'un opéra-comique inédit en un acte: *Frontin Vertueux*.

Samedi dernier a eu lieu, paraît-il, le premier concert du Cercle Musical; mais je serais fort embarrassé de vous dire ce qui s'y est passé, n'ayant pas eu le plaisir d'y être invité.

Dimanche, une de nos sociétés ouvrières, *Vreugd in Deugd*, a représenté une opérette nouvelle de M. Charles Miry, le compositeur si populaire parmi la jeunesse des écoles, paroles d'un jeune confrère, M. Jules De Bruyne: *la Napolitaine*. P. B.

⌘

LIÉGE.

GRAND-THÉÂTRE. — Mardi 31 janvier, *le Chalet, Bonsoir M. Pantalon*; *les Fourchambault*; jeudi 2 février, *Rigoletto*; dimanche 5, *Jacques Clément*; Mardi 7 février, *Rigoletto*; vendredi 10, *Faust*; dimanche 12, *Don César de Bazan, Hamlet*; lundi 13, *Le Sourd, les Dragons de Villars*.

Le Théâtre Royal, sous la gérance de M. Barwolf, nous annonce deux reprises: celle de *la Reine de Chypre* et de *Aben-Hamed*. Ne serait-il pas bien mieux de donner les *Pêcheurs de Perles* qu'on nous a promis, plutôt que de reprendre deux opéras dont l'un a trop ressassé et dont l'autre n'a guère réussi? Il serait temps, pour intéresser le public, de varier un peu notre si vieux répertoire. Souhaitons néanmoins bonne et heureuse chance à l'active et sympathique société des artistes.

Vendredi a eu lieu, avec un grand succès, la représentation de *Faust*, donnée avec le concours de Mᵐᵉˢ Caron et de M. Frankin, par la Société française de Bienfaisance. A côté de l'enthousiasme soulevé par la grande tragédienne, les autres interprètes sont trop restés dans l'ombre. Il n'est que justice de noter les qualités de la basse Frankin.

On annonce des changements dans la troupe du théâtre: MM. Guillabert et Bucognani seraient remplacés par MM. Plain et Verhees. Attendons avant de nous prononcer sur la valeur de ces changements et remercions la Société des Artistes de ses efforts qui doivent lui concilier les sympathies du public.

A signaler aussi, la deuxième audition du Conservatoire, donnée le dimanche 12. Grand succès pour MM. Thomson et Heynberg, qui jouaient un duo de Léonard, pour deux violons. Le programme très éclectique de ce concert, nous a valu un concerto pour trois pianos, de J. S. Bach joué par MM. Ghymers, Herman et Donis; et deux *Chansons* de Roland de Latres (Lassus). Ce compositeur, né à Bergues (Mons) en 1520 et par conséquent contemporain de Pales trina, est trop oublié aujourd'hui, et nous ne saurions que souhaiter de voir se répandre l'étude de ses œuvres sévères et grandioses. Sans entrer dans des détails trop longs sur cette audition, mettons en lumière le succès très artistique obtenu dans une *Romance* de Mozart, par M. Lejeune, professeur de cor au Conservatoire. La classe d'orchestre nous a donné une symphonie de Niels Gade, le compositeur danois bien connu, l'autre fragments, les airs de ballet d'*Aïus* de Monsigny.

La Société d'Emulation remet son premier concert au 25, à cause de l'indisposition de M. Hutoy. On sait que ce concert est consacré à l'exécution de *Samson et Dalila*, opéra de Saint-Saëns. Entretemps le Cercle Choral commence l'étude des *Béatitudes* de César Franck, œuvre qui passera au second concert. F. V. D.

⌘

MONS.

Dimanche 5 février, a eu lieu, au Théâtre de Mons, la distribution des prix du Conservatoire de musique et de l'Académie des Beaux-Arts. Un concert précédait la cérémonie: l'orchestre du Conservatoire, sous l'habile direction de M. Jean Vanden Eeden, a fait entendre l'ouverture de *Rouslane et Ludmila*, de Glinka; cette œuvre du maître russe a été exécutée avec brio et a produit un excellent effet. Les lauréats ont été fort applaudis dans leur morceau de concours: M. A. Descamps, élève de M. Gautier, a joué avec talent une Fantaisie pour hautbois de Luft; M. Léon Sace a su acquérir toutes les sympathies du public en exécutant la Fantaisie appassionata pour violon de Vieuxtemps. Le jeune artiste montre de sérieuses qualités: il a un jeu précis, un coup d'archet ferme; il sait tirer de son instrument un son pur et juste; de plus, il sent ce qu'il joue et nuance fort bien les phrases. M. Sace est arrivé à ce résultat grâce aux soins de son professeur M. Dongrie dont la réputation n'est plus à faire à Mons.

Nous avons regretté l'absence de M. F. Dubois, qui devait exécuter le 4me concerto pour piano de Rubinstein. M. Dubois est l'élève de M. Gurickx et nous nous serions fait un plaisir d'applaudir en lui les brillantes qualités qui distinguent les élèves de l'éminent artiste. Disons en passant que le retour d'Amérique de M. Gurickx a été salué avec joie par ses nombreux admirateurs.

La partie la plus intéressante de cette séance musicale, était la fugue en ré majeur de Mlle Louise Luyckx. Déjà connue comme virtuose de premier ordre, Mlle Luyckx fait montre, actuellement, des meilleures dispositions pour la composition et d'une science qu'elle doit à l'enseignement de son professeur, M. Vanden Eeden. Sa fugue est irréprochable et très musicale; nous devons chaudement féliciter le professeur et l'élève du résultat qu'ils ont obtenu et qui saura maintenir le conservatoire de Mons parmi ceux qui forment les plus brillants sujets.

Le concert se terminait par la Fantaisie Espagnole de Gevaert, qui a été exécutée dans la perfection et qui a soulevé de nombreux applaudissements dans l'auditoire.

AMSTERDAM.

Alea jacta est! Les Pays-Bas ne seront pas représentés à l'Exposition musicale de Bologne; le Comité exécutif de l'Exposition musicale d'Amsterdam vient de décider que cette Exposition aurait lieu en même temps que celle de Bologne, et qu'elle ne serait remise que si le gouvernement Italien disait disposé à dédommager le Comité Néerlandais, en lui remboursant tous les frais et toutes les dépenses (?) qu'il avait déjà faites.

Décision absurde, étrange et regrettable sous tous les rapports. En faisant coïncider notre Exposition, qui déjà ne battait que d'une aile, avec celle de Bologne, on lui prépare un *four* certain.

Vis-à-vis du gouvernement Italien, qui avait prié le Comité Néerlandais de remettre l'Exposition d'Amsterdam, sa réponse est sinon ridicule, au moins aussi mercenaire et injuste que si elle émanait d'un Comité d'*enfants d'Israël*.

Et puis *last not least*, en empêchant par sa décision les Pays-Bas de pouvoir figurer à l'Exposition de Bologne (ce sera probablement le *seul* pays qui n'y sera *pas* représenté), le Comité a fait preuve de beaucoup plus d'égoisme que de patriotisme, et a été fort mal inspiré.

Ce sont les artistes étrangers qui font la pluie et le beau temps à Amsterdam depuis ma dernière. Francis Planté, le roi des pianistes français, s'est fait acclamer ici comme partout ailleurs, Wilhelmy, le célèbre violoniste, qui, à l'instar des physiciens et des hypnotiseurs, se fait appeler *professeur* sur ses affiches, a donné un concert à ses risques et périls dans la salle de l'Odéon. Wilhelmy a joué le concerto de Beethoven, que le violoniste Heerman de Francfort avait joué supérieurement la veille à Félix Meritis. Néanmoins il a obtenu un très grand succès, bien que pour ma part je ne partage pas complètement ce grand enthousiasme. Wilhelmy est sans doute un de nos grands violonistes contemporains, mais il s'occupe trop et avant tout de produire de l'effet, même quand il joue des œuvres *classiques*. Pendant que Joachim s'efface complètement quand il interprète les *anciens* maîtres, en ne songeant qu'à traduire complètement leurs intentions, Wilhelmy les dénature souvent pour hypnotiser son public. Il a joué le concerto de Beethoven avec accompagnement de piano s'il vous plaît) à sa manière, et, selon moi, d'une manière *peu classique*. Je le préfère de beaucoup dans son rondo à la Polacca où il a vaincu des difficultés vertigineuses, bien que comme composition ce rondo m'ait paru fort médiocre.

Massenet est venu diriger le *Cid* et *Manon* ici, à La Haye et à Rotterdam, avec la troupe fort médiocre de La Haye. Je désapprouve complètement ces exhibitions de compositeurs, qui me font l'effet de ces parades de foire, destinées à faire enfler les caisses des directeurs, et qui selon moi devraient être tout à fait au-dessous de la dignité d'un maître, d'autant plus qu'à de rares exceptions près les compositeurs, à moins de fonctionner comme *kapelmeister*, sont rarement de vrais chefs d'orchestre.

Malheureusement, c'est devenu une manie, une espèce de mode, de venir diriger soi-même ses opéras, et ce sont les compositeurs français surtout qui se abusent.

Massenet a naturellement excité la curiosité partout où il s'est produit, et a fait faire salle comble au directeur. *Manon* surtout, que je considère comme une des meilleures partitions du maître français, a eu un grand et légitime succès, et Mlle Ada Palmer, une chanteuse

américaine, y a été charmante. Sa voix n'est pas forte, mais elle chante juste, elle dit avec esprit, elle est gentille comédienne, et, ce qui ne fait jamais de tort, elle est fort jolie. D^r Z.

Nouvelles diverses.

Un incendie a détruit le théâtre des Variétés à Stenbenville (Ohio). Le feu s'est communiqué rapidement à un hôtel contigu au théâtre, dans lequel habitait une artiste de la troupe, qui n'eut pas le temps de se sauver et périt misérablement dans les flammes.

La réunion des actionnaires du théâtre Métropolitain de New-York a décidé, à la majorité de quarante voix contre neuf, qu'il y avait lieu de continuer l'exploitation de l'Opéra allemand. Voilà qui ferme la bouche à tous les commentaires auxquels cette affaire a donné lieu. Wagner l'emporte haut la main, comme on voit, et il y aura encore de beaux soirs pour le wagnérisme dans la patrie du *Yankee doodle!*

En même temps que les actionnaires en question prenaient cette décision qui les honore, le *Gotterdammerung* prenait possession de la scène américaine avec un immense succès. La première représentation, qui a eu lieu le 25 janvier, a été accueillie avec le plus grand enthousiasme, dit le *Musical Courier*. L'exécution a été superbe sous la direction du kapellmeister Anton Seidl, que l'on a vu à l'œuvre à Bruxelles lors des représentations wagnériennes de la troupe d'Angelo Neumann, en janvier 1883.

VARIÉTÉS

ÉPHÉMÉRIDES MUSICALES

Le 17 février 1820, à Verviers, naissance de *Henri-François-Joseph* Vieuxtemps. Son décès à Mustapha supérieur (Alger), le 6 juin 1881.

« S'il faut en croire un vieux dicton musical, le violon est le roi des instruments; ajoutons, avec peut-être plus de vérité: et Vieuxtemps, le roi des violonistes. Le virtuose belge résume en lui les traditions des anciens maîtres et les plus exquises qualités de l'école moderne. Le compositeur, chez lui, est l'égal du violoniste; ses mélodies ont un charme, une noblesse incomparable, ses airs variés sont véritablement variés, — chose étonnante! — et ses concertos, écrits dans le style grandiose de Mozart, de Beethoven et de Hummel, sont des œuvres magistrales qui resteront longtemps debout à côté de celles des grands maîtres. » THÉOPHILE GAUTIER, 1851.

L'Académie royale de Belgique a chargé l'un de ses membres, M. Théodore Radoux, d'écrire la monographie de Vieuxtemps, laquelle paraîtra à la fin de cette année.

— Le 18 février 1823, à Londres (King's theatre), le *Donna del Lago*, semi-seria opera 2 atti, de Rossini. Artistes: Curioni, Porti, Reina, de Giovani, Mmes Vestris, Ronzi de Begnis, Clarini. L'œuvre avait vu le jour à Naples, au théâtre San-Carlo, le 4 octobre 1819; les Parisiens ne la connurent que cinq ans après (Théâtre-Italien, 7 septembre 1824). Sous ce titre: *Robert Bruce*, représenté à l'Opéra (30 déc. 1846), n'est qu'un pastiche arrangé par Niedermeyer sur la plupart des morceaux de la *Donna del Lago*. Les trompettes et la fanfare Sax, mêlées à la musique rossinienne, donnèrent trente et une représentations.

Au temps où sévissait le « Castiblazemorbus », Rossini ne pouvait manquer de tomber entre les griffes des pasticheurs. Après le *Barbier*, après la *Pie voleuse*, devait venir à son tour le *Dame du Lac*, la musique « arrangée— c'est le livret qui le dit — sur les paroles françaises de MM. d'Epagny et Aug. Rousseau, par M. Lemière de Corvey ». Du théâtre de l'Odéon, où elle se produisit en premier lieu (31 oct. 1825), *la Dame du Lac* prit son vol vers la province et l'étranger. En Belgique, elle se s'arrêta qu'à Liége (16 avril 1827).

— Le 19 février 1587, à Madrid, mort de George de la Hèle, maître de la chapelle flamande de Philippe II, à Madrid, et auteur d'une foule de compositions distinguées. Son testament a été retrouvé dans les archives de Simancas; il éclaire d'un jour nouveau la carrière artistique du grand maître belge. (Biographie nouvelle dans *Musique aux Pays-Bas*, d'Edm. Vander Straeten, t. VIII.)

— Le 20 février 1801, à Londres (Covent-Garden), le public habitué des soirées du oratorios entend pour la première fois, sous la direction d'Ashley, le *Requiem* de Mozart, solis chantés par Incledon, Smith, Mmes Dussek, Second, Tenant et Tyrer. Une seconde audition le 4 mars, ne produisit pas grand effet, paraît-il.

— Le 20 février 1802, à Louvain, naissance de Charles-Auguste de Bériot. Sa mort à Bruxelles, 8 avril 1870. Voir nos Eph. *Guide mus.* 18 février 1886, avec extrait des Souvenirs inédits de Henri Vieuxtemps.

— Le 21 février 1830, à Paris (concerts du Conservatoire), sous la direction d'Habeneck, Symphonie en *si* bémol de Beethoven, exécutée pour la première fois.

« Enfin, s'écrie Berlioz, nous avons eu la divinement belle Symphonie en *si* bémol, de Beethoven! Enfin a grondé l'étonnant crescendo enharmonique du premier morceau! Enfin le sublime adagio tour à tour calme, serein, tendre, mélancolique, sombre, mystérieux, infini, a fait pleurer ceux qui sentent, rêver ceux qui comprennent, et souffrir ceux qui sentent et comprennent; enfin le scherzo capricieux, caressant, quelquefois pétulant, a ramené le sourire sur tous les visages; enfin le mouvementperpétuel du finale a entraîné l'auditoire à travers champs, en le heurtant malicieusement à chaque pas contre de ravissantes surprises, des stratagèmes de rythme et d'orchestration qu'on ne trouve pas sur les grandes routes; enfin toute la salle s'est levée; enfin j'ai fini! »

— Le 22 février 1827, à Bruxelles, installation (à l'hôtel de l'ancien Conseil des Finances) de l'Ecole royale de musique, remplacée plus tard par le Conservatoire actuel. La cérémonie officielle fut suivie d'un concert dont voici le programme textuel : 1. Air national, arrangé par Berton ; 2. Concerto pour le cor, composé par Fréd. Duvernoy et exécuté par M. Bertrand, professeur à l'Ecole; 3. Adagio et rondo pour le violon, composé et exécuté par M. Wéry, professeur à l'Ecole; 4. ouverture d'*Eliska*, musique de Grétry; 5. Adagio et boléro pour la flûte, composé et exécuté par M. Lahou, professeur à l'Ecole; 6. Fragment de concerto pour le violoncelle, composé et exécuté par M. Platel, professeur à l'Ecole; 7. *Hymne à Apollon*, composé par M. Jos. Borremans, et chanté par M. Damoreau.

Les *Origines du Conservatoire royal de musique de Bruxelles*, par Ed. Mailly (Bruxelles, Hayez, 1879), s'étendent longuement sur la cérémonie et sur le concert du 22 février 1827.

— Le 23 février 1865, à Paris (Théâtre-Lyrique), la *Flûte enchantée*, 4 actes de Mozart. Cette nouvelle adaptation de Nuitter et Beaumont fut interprétée par Michot, Troy, Depassio, Mmes Carvalho, Nilsson, Ugalde, etc. Transportée à l'Opéra-Comique, la dernière reprise à ce théâtre est du mois de mars 1883. Ce serait nous répéter que de refaire l'historique de la *Flûte enchantée*. (Voir nos Ephém. *Guide mus.* 6 mai, 23 sept. 1886, 30 juin 1887.)

La première à Bruxelles est du 10 janvier 1880.

BIBLIOGRAPHIE.

Souvenirs Artistiques. — *Documents pour servir à l'histoire de la musique*, par Edouard G. J. Gregoir (Bruxelles, Paris, Londres, Mayence et Anvers, chez Schott frères, 1888). Sous ce titre, qui définit exactement le but de l'auteur, M. Gregoir publie deux volumes remplis de faits intéressants recueillis au cours de ses patientes recherches et classés au jour le jour. Il y a de tout, dans cet ouvrage curieux et instructif, indispensable aux érudits et agréable, par sa variété même, aux simples amateurs de musique. On y trouve sur les hommes et les choses dans leurs rapports avec l'art musical, durant ce siècle et le précédent, une foule de documents peu ou point connus; des rectifications nombreuses; des notes, commentaires et observations sur des ouvrages antérieurs; des citations d'anciens journaux ou recueils, enfin tout ce que peut suggérer la passion des recherches et la connaissance des meilleures œuvres. Les deux volumes de M. Gregoir sont enrichis de portraits et de morceaux de musique, principalement d'anciennes chansons, qui ajoutent encore à l'intérêt documentaire. E. E.

Nécrologie.

Sont décédés :

A Villefranche (Rhône), le 8 février, Louis Barrielle (Bonvoux, dit), né à Marseille le 19 juin 1813, ancien artiste lyrique de l'Opéra-Comique, du théâtre de la Monnaie à Bruxelles (1852), etc.

— A Pau, à l'âge de 85 ans, Charles Delprat, professeur de chant, auteur de divers écrits sur la musique. (Notice, suppl. Pougin-Fétis, T. I, p. 255).

— A Turin, à l'âge de 77 ans, Leonardo Moja, né à Venise, professeur de violoncelle ayant longtemps appartenu à la Chapelle royale.

— A Saint-Pétersbourg, à l'âge de 40 ans, Enrico Puerari, ténor, natif de Mantoue, ayant chanté avec succès sur différentes scènes d'Italie, à la Scala entre autres.

AVIS ET COMMUNICATIONS

Rappelons à nos lecteurs bruxellois, le concert que Mme Cornélis-Servais et M. Edouard Jacobs donneront le 22 février, à Bruxelles, dans la salle de la Grande-Harmonie.
Nous en avons donné le programme dans notre dernier numéro.

La première de *Liderik*, l'opéra-comique de MM. Lagaye et Joseph Mertens, au Théâtre d'Anvers, aura lieu le samedi 25 février. Un train spécial sera organisé d'Anvers pour Bruxelles, après la représentation.

Rappelons que vendredi, à 2 heures, a lieu au Palais des Beaux-Arts, la deuxième matinée musicale organisée par les XX. La seconde partie sera consacrée à la jeune école espagnole. Les interprètes sont Mmes de la Mora, MM. Fernandez Arbos et Edouard Jacobs.

Cours complets de chant et de déclamation lyrique par Della-Sedia, auteur de l'*Art lyrique* et de l'*Esthétique du chant*, 30, rue de Saint-Pétersbourg, Paris. Envoi d'un prospectus sur demande pour les conditions d'abonnement aux cours.

XXXIVᵉ ANNÉE   23 février 1888   NUMÉRO 8

Le Guide Musical

Paraissant tous les jeudis.

ABONNEMENT	SCHOTT FRÈRES, ÉDITEURS.	ANNONCES
FRANCE et BELGIQUE : Avec musique 25 francs.	Paris, *Boulevard Montmartre, 19*	S'adresser à l'Administration du Journal.
Texte seul. . 10 —	Bruxelles, *Montagne de la Cour, 82*	On traite à forfait.
UNION POSTALE : 12 —		

Les Batailles en Musique [1]

L'origine de la musique pittoresque se perd dans la nuit des temps et remonte même au paradis terrestre, puisque des auteurs respectables certifient avec un grand sérieux que notre première mère ne songea tout d'abord à se servir de sa voix que pour imiter le chant des oiseaux. Quand, bien des siècles après cet âge d'or, la musique fut devenue enfin un art puissant et riche en moyens d'expression, ce fut pour les compositeurs un jeu favori de s'attaquer à la reproduction des bruits de la nature : les cris des animaux, le vent, le tonnerre, la roue d'un moulin tournant sous une chute d'eau, le tumulte d'une chasse, tout fut prétexte à des peintures sonores, dont s'émerveillaient les bonnes gens. Puis, un beau jour, un musicien d'une imagination fertile s'avisa de reproduire tous les bruits d'une bataille : la composition était excellente, le siècle était belliqueux, le succès fut immédiat et s'étendit comme une traînée de poudre.

A notre époque scientifique, où l'on sait se tuer sans se voir, avec des armes compliquées et sûres comme des instruments de précision, on a peine à se figurer ce qu'étaient ces combats d'autrefois, où les calculs du mathématicien ne venaient guère en aide à la bravoure de l'homme, et où le son terrible

du canon n'étouffait pas les clameurs des cris de guerre et les éclats des trompettes. Il faut lire dans les vieux chroniqueurs le récit de ces mêlées où « le bruit de la noise estoit si grand, qu'il sembloit que la terre fondist ». Chaque armée, chaque corps de troupe, chaque bande de soldats avait son cri particulier, devise, invocation religieuse, nom d'une ville, et de la vigueur avec laquelle ses hommes le poussaient, on augurait de leur courage : « Comme le bruit et le tintamarre que le tonnerre fait dans les nues, en même temps que le carreau de la foudre vient de se lancer sur la terre, ajoute beaucoup à l'étonnement que ce météore a coutume de former dans les esprits, il en est de même des cris des soldats qui vont à la charge ; car ces voix confuses poussées avec allégresse augmentent l'effroi et l'épouvante des ennemis, qui les prennent pour des preuves indubitables de courage, le silence, au contraire, étant une marque de crainte (1). »

L'artillerie, à ses débuts, ne faisait que souligner de sa voix de basse tout ce vacarme humain ; et c'est pourquoi les premiers compositeurs de batailles en musique eurent pour principal objectif de reproduire, au moyen des voix et en les réduisant à des proportions artistiques, un bruit engendré par des voix. Ainsi procéda Clément Jannequin, quand il imagina d'écrire sur la défaite des Suisses à Marignan (14 septembre 1515), un morceau descriptif d'une animation et d'une réalité singulières, disposé pour un chœur à quatre parties sans instruments, comme il était d'usage alors pour les chansons mondaines aussi bien que pour les motets sacrés.

On ne possède aucune base sur laquelle on puisse

(1) *Dissertation sur le cry d'armes*, dans la collection Petitot et Monmerqué, tome III.

s'appuyer pour déterminer avec certitude l'année de la composition de ce morceau curieux; mais il y a tout lieu de croire que ce fut assez peu de temps après l'événement militaire qui en avait fourni le sujet. Le souvenir du brillant fait d'armes de Marignan était encore très vif quand Jannequin fit exécuter son ouvrage, et les cœurs battaient en l'écoutant: « Quand l'on chantoit la chanson de la guerre devant ce grand roi François, pour la victoire qu'il aveit eue sur les Suisses, il n'y avoit celuy qui ne regardast si son espée tenoit au fourreau, et qui ne se haussast sur les orteils pour se rendre plus bragard et de la riche taille (1). » En tous cas, le morceau ne fut imprimé que plusieurs années après sa composition, car on ne peut pas fixer avant 1530-1535 la publication du recueil suivant, qui ne porte point de date:

CHANSONS DE MAISTRE CLEMENT JANNEQUIN
nouuellemét et correctemét imprimeez a Paris par Pierre
ATTAINGNANT
demourât a la rue de la harpe deuât le bout de la rue des
mathurns prés leglise saint cosme.

Un exemplaire complet de ce recueil, en quatre parties séparées, petit in-4° oblong, se trouve à la Bibliothèque nationale de Paris, et contient cinq compositions de Jannequin: le chant des oiseaux, la bataille (de Marignan), la chasse, le chant de l'alouette, et « las pauure cuer ». Le succès fut loin d'être épuisé par une seule édition et l'on réimprima bientôt la chanson de la guerre, ou la bataille, dans le premier livre des *Inventions musica'es* de Jannequin, Lyon, Jacques Moderne, 1544, et Paris, Nicolas du Chemin, 1555; dans *le Dixiesme livre des chansons*, Anvers, Tylman Susato, 1545; dans *le Cinquiesme livre du recueil* (de chansons), Paris, Nic. du Chemin, 1551, et dans le *Verger de musique*, 1559, premier livre, Paris, Le Roy et Ballard, 1559.

Deux de ces publications, *le Dixiesme livre des chansons*, 1545, et *le Verger de musique*, 1559, contiennent la chanson de Jannequin à cinq voix au lieu de quatre; la cinquième voix, facultative, avait été ajoutée à la version originale « sans y rien changer », par Verdelot, qui s'était acquitté avec beaucoup d'adresse de ce travail délicat de renforcement. L'ouvrage de Jannequin n'en avait pas besoin, du reste, pour remplir absolument son but et pour devenir populaire. Son succès se révèle encore par les arrangements divers qui en furent faits. Jannequin commença lui-même par en faire intrer les motifs principaux dans une messe, imprimée dans le *Liber decem missarum*, Lyon, Jacques Moderne, 1540 (2). Puis les auteurs du *Psautier huguenot* s'en emparèrent et y puisèrent la mélodie du psaume XLVIII (3). On transporta les mêmes thèmes sur tous les instruments dont on disposait alors, et plus d'un luthiste, en griffant avec force les cordes de son doux et délicat instrument, s'imagina reproduire tous les belliqueux

effets accumulés par l'auteur (1). D'ailleurs, il y a tout lieu de croire que, malgré l'absence de toute indication d'instruments dans les éditions à quatre et à cinq voix de la chanson de Jannequin, elle dut être plus d'une fois accompagnée d'une sorte d'orchestre, où chaque exécutant doublait de son mieux et sans beaucoup d'ordre, les parties vocales. Il faut se rappeler qu'on agissait fréquemment ainsi à cette époque pour beaucoup de compositions, entre autres pour les psaumes huguenots: Henri II, étant encore dauphin, et se trouvant à Angoulême, en 1542, au sortir d'une grave maladie, se distrayait « à chanter lesdicts psalmes, avec lucs, espinettes, fleustes, *les voix de ses chantres parmi*, et y prenoit grande délectation (2). » Ceux qui ne disposaient pas de moyens si nombreux faisaient au moins apprendre à leurs valets les thèmes de la célèbre bataille: chacun sait que, dans un temps où un gentilhomme eût cru déroger en touchant un violon, cet instrument était cultivé par des laquais musiciens; on raconte à ce propos qu'une demoiselle d'honneur de Catherine de Médicis, Mlle de Limeuil, sentant la mort approcher, fit, pour se donner du courage, sonner par un de ses valets, sur un méchant violon, la Chanson de Jannequin (3).

Nous suivrons plus loin la série des imitations qui furent faites de cette célèbre composition; mieux vaut d'abord en achever l'histoire. Son succès s'arrêta à la fin du siècle qui l'avait vue naître, et, pendant près de deux cents ans, musiciens et musicographes professèrent bien trop de mépris pour les œuvres « gothiques » de la musique du temps passé, pour s'aviser d'en lire ou d'en exécuter la plus petit fragment. Lorsque, vers 1828, Choron rappela à la lumière, parmi d'autres œuvres anciennes, les pittoresques chansons du vieux maître français, ce fut pour tout le public et pour les critiques eux-mêmes, qu'ils voulussent ou non l'avouer, une véritable révélation. On prononça bien vite le mot de chef-d'œuvre, d'œuvre de génie, et ce fut avec raison; mais il est permis de penser que l'aspect descriptif de la composition aida un peu à cette compréhension si rapide, à cet enthousiasme si vif, car il s'en fallait que l'on admirât aussi spontanément les plus beaux motets, les plus pures et les plus admirables prières, du même temps et de la même école. La bataille de Marignan resta dès lors parmi les classiques de la musique française vocale; on l'entendit aux séances de l'Ecole de musique religieuse; on l'entendit encore, exécutée par la Société Bourgault-Ducoudray, aux concerts du Grand-Hôtel, en 1874; et après cette dernière épreuve, couronnée d'un succès complet, on imagina d'arranger la chanson de Jannequin *pour le*

(1) Noël du Fail, cité par Kastner, *Les chants de l'armée française*.
(2) Ambros, *Geschichte der Musik*, t. III.
(3) Douen, *Clément Marot et le psautier huguenot*, t. I.

(1) On trouve la bataille de Jannequin transcrite pour luth dans quelques recueils manuscrits et dans le *Neu Kunstlich Lautten Buch* de Hans Newsidler, 1544. Nous n'avons pas pu vérifier si c'est bien l'œuvre de Jannequin qu'on trouve dans l'*Intabolatura di Liuto da diuersi con la bataglia e altre cosé bellissime* di M. Francesco da Milano, Venise, 1536.
(2) Lettre de Villemadon à Catherine de Médicis, citée par Douen.
(3) Kastner, *Les chants de l'armée française*.

piano, ce qui est évidemment l'avant-dernier terme de la popularité, puisque le dernier, comme chacun sait, est l'orgue de Barbarie (1).

(A suivre)   MICHEL BRENET.

Aussitôt après l'intéressant travail de M. Michel Brenet, le *Guide musical* publiera une étude de M. César Cui, le maître russe, sur l'*Otello* de Verdi.

A PROPOS DE LA CORRESPONDANCE ENTRE
WAGNER ET LISZT.

A propos de la correspondance entre Wagner et Liszt dont le *Guide* a rendu compte en détail, il n'est pas sans intérêt de reproduire une nouvelle du *Musikalisches Wochenblatt*, d'après laquelle Richard Pohl, l'éminent critique wagnérien, aurait appris de la bouche même de Mme Cosima Wagner, que les deux volumes récemment parus chez les éditeurs Breitkopf et Hærtel, renferment toutes les lettres échangées entre les deux célèbres artistes *et qu'il n'en existe point qui soient postérieures à la période finale du deuxième volume (1861)*. La chose est à peine croyable. Durant les vingt-deux années qui suivent, Wagner et Liszt sont restés en parfaite communion d'idées, et l'admiration du second pour les œuvres de son illustre ami est encore trop présente à la mémoire pour qu'il faille la rappeler. C'est en voulant, malgré l'avis des médecins, assister aux représentations de *Tristan*, en 1886, que Liszt, déjà malade, a très probablement trouvé la mort. Et ces deux esprits tendus l'un vers l'autre n'auraient plus ressenti jamais le besoin de se communiquer leurs pensées, alors surtout que Wagner arrivait à la réalisation de ses projets les plus chers, aux représentations de Bayreuth, terme glorieux d'aspirations partagées et de combats livrés ensemble!

Disons encore à ce sujet que le brouillon de lettre communiqué par Liszt à Wagner est destiné à M. Philipront, n'a pas eu de suite. L'ancien agent des auteurs dramatiques avait déclaré n'avoir jamais été en négociations, soit avec Liszt, soit avec Wagner, pour la représentation de *Lohengrin* à Bruxelles. Il y a donc tout lieu de supposer que Wagner, en présence des difficultés d'exécution que lui avait fait entrevoir Liszt, aura spontanément renoncé à donner *Lohengrin* au théâtre de la Monnaie. (Voir le *Guide musical* du 9 février.)

LA CHANSON FAVORITE DE CHARLES-QUINT.

Charles-Quint était excellent musicien, chacun sait cela. Il jouait de l'épinette, il présidait à l'organisation de sa chapelle particulière — l'une des plus merveilleuses du XVIe siècle — et tenait sa partie, très habilement, à ce que l'on rapporte, dans les psalmodies du chœur.

Ce n'est pas tout. Le puissant monarque aimait, paraît-il, la chansonnette, et, dans ses moments de belle humeur, il fredonnait constamment un motif de madrigal ou de gaudriole.

Le hasard m'a fait rencontrer, en Espagne, un exemplaire d'un traité rarissime de Louis Narbaez, imprimé, en 1538; à Valladolid, *El Delphin de musica*, contenant, outre des préceptes pour la *vihuela de mano*, divers motets et chansons empruntées aux maîtres néerlandais et espagnols les plus en vogue.

Ce traité offre, entr'autres, une chanson que Josquin Deprès, le plus populaire des compositeurs du XVe siècle, tissa dans une messe à 4 voix, dite farcie.

A son tour, l'organographe Narbaez l'arrange pour la guitare, très intentionnellement sans doute, car, c'était, on l'a deviné, le refrain que le « bourgeois de Gand » aimait à dire et à entendre dire de préférence à tout autre, et, précisément, à l'époque où *El Delphin* parut, Charles-Quint venait séjourner, pendant quelque temps, à Valladolid.

Qui sait si Narbaez ne l'aura point joué à la table impériale, après avoir offert gracieusement son recueil, enveloppé dans une custode ornée de soie et d'or, à celui qui pouvait à la fois l'apprécier dignement et le protéger efficacement?

(1) Cet arrangement pour piano parut dans la *Chronique musicale* du 1er février 1874.

En effet, on trouve le refrain, inscrit parmi les *Canciones francesas*, de cette façon :

MILLE REGRETZ DE VOUS,
CANCION DEL EMPERADOR (1).

A l'aide de ce timbre : *Mille regrets*, il sera facile de retrouver la chanson entière, paroles et musique, dans les collections nombreuses formées des œuvres de Josquin Deprès.

La carrière politique de Charles-Quint a été esquissée à foison. Voici une particularité nouvelle du prince mélomane.

EDMOND VANDER STRAETEN.

La Question des Auteurs en Belgique.

Après le vote et la promulgation de la loi du 23 mars 1886, qui a reconnu la propriété artistique et littéraire et qui en a réglementé l'exercice, il semblait qu'il ne dût plus se produire de contestations à ce sujet en Belgique. C'est une erreur. La Société des compositeurs et auteurs lyriques belges rencontre de tous côtés, — tantôt de la part de certaines administrations communales, tantôt de la part des Sociétés particulières don nant des concerts et des fêtes publiques, — des résistances que jus qu'ici les plus énergiques et les plus persévérants efforts n'ont pu parvenir à briser. Il paraît même que fréquemment des magistrats se montrent très mal disposés lorsque les auteurs ou leurs fondés de pouvoir portent plainte contre une violation flagrante de la nou velle loi. Le fait paraîtra invraisemblable, mais il l'est, et il ne peut s'expliquer que par l'incroyable esprit de routine qui obscurcit les intelligences dans certains coins perdus du pays. Dans l'assemblée générale qu'elle a tenue à la fin de janvier, la Société des composi teurs et auteurs lyriques belges a entendu un rapport de son secré taire, M. Louis Cattreux, qui signale à ce sujet des faits vraiment extraordinaires. Ainsi, tandis que l'administration communale de Bruxelles, respectueuse de la loi, signait un traité avec la Société pour les concerts et les exécutions musicales qu'elle organise, en différentes circonstances, les administrations des faubourgs se sont obstinées jusqu'ici à ne pas reconnaître les droits des auteurs dont elles font exécuter les œuvres dans les festivals et concerts publics organisés par elles et à refuser toute redevance de ce chef. Dans l'armée, il a fallu deux circulaires formelles de M. le général Pon tus pour obtenir que les chefs de musique et les commandants de corps se soumissent à la loi et payassent une redevance d'une rede.

Dans les sociétés particulières, c'est bien pis. Quelques-unes, les sociétés des grandes villes, comme les Cercles artistiques de Bru. xelles, d'Anvers et de Liége, la Grande Harmonie, le Cercle Sym. phonique et Dramatique, l'Orphéon, etc., se sont après quelques hésitations entendues avec les Auteurs pour le paiement d'une rede. vance fixe, mode de rétribution le plus pratique aux auteurs dont les œuvres sont au répertoire de ces sociétés. Les autres continuent de ne tenir aucun compte de la loi et, la mauvaise volonté de certains magistrats aidant, se refusent à toute concession. On sait qu'il existe en Belgique environ 4000 à 5000 sociétés d'agrément: orphéons, har monies, fanfares, cercles artistiques et littéraires, qui donnent conti nuellement des fêtes musicales à leurs membres ; sans aucune ver. gogne elles mettent en coupe réglée le répertoire des compositeurs belges et étrangers sous prétexte qu'elles sont sociétés particulières et qu'elles ne tirent aucun profit direct de leurs exécutions. Comme si la vogue d'une société ne dépendait pas de la qualité des exécu. tions et des œuvres qu'elle offre à ses habitués: comme s'il n'en résul. tait pas pour ses membres un agrément qu'ils seraient, ailleurs, obli. gés d'acheter beaucoup plus cher! Sans compter que beaucoup de ces sociétés fondées par actions distribuent à leurs membres effectifs ou fondateurs des dividendes résultant précisément de leur vogue et de l'accroissement des cotisations qui en est la conséquence. Le caractère prétendument privé de l'exécution dans de telles sociétés change-t-il rien au principe de la propriété, et l'exécution d'une œuvre est-elle d'une autre nature pour avoir été produite dans une salle de société au lieu de l'avoir été dans une salle de concert ou de théâtre?

Il est vraiment inconcevable que des notions aussi simples con tinuent d'être méconnues, surtout en présence d'un texte formel de loi. Mais en Belgique on en est arrivé à considérer comme un acte légitime de s'emparer d'une œuvre musicale par cette seule raison qu'avant 1886 on n'avait pas eu à se préoccuper de cette question du droit des auteurs. Le sens moral est oblitéré et rien n'est plus dif. ficile à faire comprendre aux gens que la similitude absolue au regard de ses effets, de la propriété de l'auteur sur son œuvre et de la propriété des fruits que produit l'arbre de leur verger.

M. Louis Cattreux, dans son très intéressant et très remarquable rapport, cite cet exemple tout à fait démonstratif et piquant :

« Le chœur que vous connaissez tous, les *Émigrants Irlandais*, de M. F. A. Gevaert, a valu à la Légia (de Liége) plus de 8,000 francs

(1) *Musique aux Pays-Bas*, tome VIII, p. 452.

de primes dans les concours de chant en Belgique et à l'étranger, sans compter les recettes faites à l'occasion de ces exécutions. Et cependant ni la Légia, ni aucune autre société belge n'a jamais payé un centime de droit d'auteur pour ce chœur! »

Peut-on sérieusement soutenir que M. Gevaert n'est pour rien dans les recettes effectuées par la Légia? N'a-t-il pas droit légitimement à une part dans les bénéfices résultantes partie, tout au moins, de son œuvre? La réponse à ces questions tombe sous le sens.

Il est pénible, disons-le, de devoir constater que ces idées si claires, si évidentes et si simples aient tant de peine à passer dans les mœurs. Aussi joignons-nous notre voix à celle du secrétaire des auteurs belges lorsqu'il proteste contre le mauvais vouloir inintelligent des comités de sociétés qui se refusent à reconnaître un droit aussi sacré que celui de l'auteur sur son ouvrage. Et pour qu'on n'ignore pas quels sont ces comités dont l'obstination résiste à la loi, voici les sociétés importantes que signale M. Catreux : Les Mélomanes, l'Union, le Willems-Genootschap, les Chœurs, de Gand; le Cercle Artistique et la Société Philharmonique, de Bruges; la société de l'Émulation, de Liège; des sociétés de Verviers, de Louvain, etc., etc. Il faut qu'elles sachent qu'en méconnaissant les droits de propriété des compositeurs qu'elles exécutent dans leurs concerts, elles commettent un *véritable vol*.

La Société des compositeurs et auteurs lyriques belges sera bientôt en mesure d'intenter des actions en dommages-intérêts aux sociétés récalcitrantes, qui regretteront alors de ne s'être pas entendues préalablement et dès l'abord avec elle.

Et pour ouvrir les hostilités, les membres de la Société des compositeurs et auteurs lyriques belges, réunis en assemblée générale le 12 février 1888, ont décidé qu'ils se refuseront à l'avenir à prêter tout concours direct ou indirect aux sociétés ou organisateurs de fêtes qui n'auraient pas reconnu les droits d'auteur ou qui ne pourraient justifier d'un accord avec la Société des auteurs, compositeurs et éditeurs de musique.

Dans un autre ordre d'idées, la Société des compositeurs et auteurs lyriques belges vient d'adresser une pétition au gouvernement pour appuyer les très légitimes revendications des compositeurs du pays, qui réclament depuis si longtemps une intervention de l'État en leur faveur. Nous avons nous-même plaidé ici pour cette intervention à l'occasion de la pétition envoyée aux Chambres par les compositeurs dramatiques et présentée au Parlement par M. de Borchgrave, député de Bruxelles.

Depuis lors, l'idée a fait du chemin, des démarches vives et pressantes ont été faites de différents côtés, la presse s'est emparée de la question et, dans le budget des Beaux-arts actuellement soumis à la Chambre, un subside de 10,000 francs est proposé, ainsi que nous l'avons annoncé, pour faciliter l'exécution publique de la *Richilde* de M. Émile Mathieu.

La pétition de la Société des Compositeurs fait remarquer avec raison que cette somme est absolument insuffisante. Si le gouvernement veut arriver à un résultat utile et efficace, il doit prévoir une augmentation notable de ce crédit. Car, en somme, il s'agit d'arriver à la création d'un théâtre national. Il est étrange que dans la capitale du royaume, laquelle possède une scène lyrique de premier ordre, celle-ci soit une simple institution communale qui n'a de patronage à exercer que sur les artistes domiciliés dans la ville.

Il importe que les pouvoirs publics interviennent pour rétablir l'équilibre en faveur des musiciens délaissés au profit des peintres et des sculpteurs, et le seul moyen d'y parvenir c'est de subsidier une direction théâtrale qui monterait des œuvres lyriques belges. Aucune d'elles ne voudrait actuellement donner la préférence aux œuvres belges, si elle n'est pas garantie, dans une certaine mesure, contre les mauvaises chances inhérentes aux entreprises de cette nature.

La commission spéciale de la Société des compositeurs et auteurs lyriques belges a adjugé au comité exécutif pour faire une démarche auprès du Gouvernement afin de lui exposer l'intérêt qui s'attache à la question.

M. K.

UNE PREMIÈRE EN ITALIE

ASRAËL

Légende en 4 actes, de F. Fontana, musique du M° A. Franchetti.

Samedi le 11 février a eu lieu, au théâtre de Reggio Emilio, la première représentation de l'opéra du jeune baron Franchetti dont je vous ai parlé dans ma dernière lettre.

En jugeant simplement d'après les applaudissements enthousiastes et souvent répétés sans la moindre opposition, *Asraël* aurait obtenu à sa première apparition un triomphe presque sans précédents... et qu'eût envié *Lohengrin* à Weimar, en 1852.

Mais il faut faire, cette fois encore, la part du feu; néanmoins, même en retranchant les applaudissements, et des ovations chaleureuses qui ont salué à plusieurs reprises le jeune compositeur, la (part qui revient aux sympathies personnelles et à des causes locales d'ailleurs justifiées), il en reste toujours assez pour constituer un

franc succès. Ce succès, je le constate avec plaisir et j'y souscris pour mon compte.

On peut, sans doute, faire plus d'une critique à l'opéra; mais on doit admettre que le compositeur n'est pas le premier venu, tant s'en faut!

Asraël est surtout remarquable comme œuvre de début; et sans faire un parallèle quant à la valeur relative, je ne connais à ce point de vue, parmi les partitions de nos jeunes compositeurs, que l'*Isora dl Provenza* do Luigi Mancinelli qui puisse lui être comparée.

M. A. Franchetti nous a révélé, dès à présent, des qualités de premier ordre : une entente remarquable des effets scéniques, une facilité technique extraordinaire à son âge, une grande habileté dans le maniement de l'orchestre; et il se met à l'aise dans les difficultés de la polyphonie, ce qui n'est pas seulement le résultat de bonnes études, mais aussi un don de nature, presque un instinct dans les conditions du jeune maestro.

Même on pourrait lui reprocher d'avoir trop voulu prouver ce dont il était capable; il y a de tout un peu dans *Asraël*, l'enfer avec les démons — Lucifer en tête — et les damnés; le paradis avec les anges, chérubins, séraphins, et les saints naturellement; puis encore des bonnes, des *bohémiens-pêcheurs* (une découverte de M. Fontana, ce me semble), et des transformations, des tempêtes, des magies et tout le tremblement.

M. Franchetti a donc fait feu de toutes pièces. Il s'en est tiré à son honneur. Espérons qu'une autre fois il s'inspirera d'un sujet plus noblement traité, sinon plus noble; car le point de départ (à une grande distance...) de celui qui nous occupe, n'est pas à dédaigner : c'est la troisième et dernière partie du poème de Ph. Moore, *les Amours des Anges*.

Après une seule audition, il ne m'est pas possible d'entrer dans beaucoup de détails : non que la musique du jeune compositeur soit *obscure et embrouillée*; mais il est plus sage de se défier des premières impressions, aussi bien pour critiquer que pour louer.

Ce que je crois pouvoir affirmer, c'est que l'auteur d'*Asraël* est un musicien de premier ordre, qui ne manque ni d'inspiration, ni de science.

Il trouve facilement des mélodies et il en a semé à pleines mains dans sa partition; et ses *thèmes* ne sont jamais vulgaires, ni banals, bien au contraire.

En un mot, il a des idées, de bonnes idées, et il s'en sert bien.

Sa personnalité ressort cependant plutôt de l'ensemble de ses qualités; et s'il y a dans *Asraël* des effets nouveaux, des particularités originales, on ne peut pas dire qu'il y ait beaucoup de nouveauté dans la forme.

Comme *drame musical*, cela laisse à désirer, et c'est même un peu vieillot par ci par là. A ce point de vue, je dois encore une fois, en toute justice, mentionner *Isora di Provenza*, un opéra dont les actes se déroulent sans solution de continuité; et remarquer qu'il a été composé et représenté plusieurs années avant *Otello*.

Dans *Asraël*, il y a un peu de tous les styles : depuis les procédés de Wagner dan *Lohengrin* et *Tristan*, jusqu'à l'*air* coulé dans les moules un peu usés, avec les *traits* finales à effets qui appellent les applaudissements et les *bravos* à l'artiste.

Mais on ne peut pas tout-prétendre d'un débutant qui se présente avec une partition d'une valeur musicale et théâtrale si remarquable, qui promet et qui réalise en même temps.

Parmi les bonnes pages de cette partition, je vous signalerai d'abord le premier acte en entier, une conception musicale assez grandiose et qui — sans rien lui avoir pris — n'a que le tort de venir après le *Prologue du Mefistofele*, et de manquer par moments de concision. Dans la deuxième partie de ce premier acte, j'ai remarqué un petit chœur de chérubins (dans les nues) d'une grande suavité.

Au deuxième acte: le prélude, d'une jolie couleur champêtre, une belle marche, une ballade du mezzo-soprano, quelques détails dans un air d'*Asraël* et le *finale* à l'italienne, où le défaut de concision est très sensible.

Au troisième se trouve une des perles de la partition, un *intermezzo* orchestral entre la scène du deuxième scène, qui commence bien un peu comme le prélude du deuxième acte de la *Reine de Saba* (Goldmark), mais s'en éloigne ensuite et devient original et absolument beau par des modulations et des effets d'instrumentation exquis. Tout de suite après encore un air du mezzo-soprano, puis un duo dramatique dialogué à la Wagner entre *Loretta* et *Lidoria*, et toujours à la suite un duo d'amour entre *Loretta* et *Asraël* évidemment inspiré à son début par la situation similaire au deuxième acte de *Tristan*.

Des répétitions excessives, à mon avis, en gâtent un peu la beauté.

A citer encore la scène finale de cet acte, qui gagnerait à être plus rapidement menée.

La prélude du dernier acte a eu (avec les deux airs de Loretta) les honneurs du *bis*; pour mon compte, je lui préfère l'intermède dont j'ai parlé plus haut.

Encore de très belles choses dans le duo entre *Asraël* et *Nsfti* et dans la scène finale...

Mais il est temps de terminer.

Un peu de chronique : Une très belle salle, remplie de haut en bas; beaucoup de *notabilités* musicales — éditeurs, journalistes, musiciens, etc. — L'auteur, qui conduisait l'orchestre (très nombreux et bien composé) pour la première fois et avec beaucoup d'assurance, a été très fêté. Ovations, *bis*, rappels, on ne lui a rien refusé.

L'exécution a été très bonne de la part de M™ Novelli et Damerini, de l'orchestre et des chœurs; le reste, notamment le ténor Mierzwinsky, assez mauvais.

Il me revient que la deuxième représentation a maintenu le succès de la première, sans que l'enthousiasme arrivât au même diapason; ce qui ne m'étonne pas, étant donné le grand bruit qu'on a fait autour d'*Asraël* avant et après la *première*.

C.

Théâtres et Concerts

Chronique de la Semaine

PARIS

On devient de plus en plus friand d'airs populaires et de musique nationale, au Cercle Saint-Simon. Après les auditions de vieilles chansons françaises, après la récente séance russe, voici que M. Julien Tiersot, l'organisateur attitré de tout ce qui est musique, — programmes et exécutions — dans les soirées destinées aux représentants parisiens des sciences historiques, nous a fait entendre, l'autre soir, quelques spécimens parmi les meilleurs, les plus caractéristiques de la musique scandinave. On saurait trop féliciter le jeune lauréat du dernier prix Bordin (*Histoire de la chanson populaire en France*) de consacrer, avec une prédilection si profitablement exclusive, les aptitudes variées de son esprit actif et indépendant, de son intelligence ouverte et sagace, à tout ce qui a trait aux origines de la poésie et de la musique. Il y a là un travail d'initiation du plus haut intérêt, dont la portée est de premier ordre, dont l'influence ne pourra qu'être profondément féconde. Il est très heureux que M. Julien Tiersot se voue de plus en plus à cette œuvre, à laquelle il prend part de tant de façons différentes, comme nous l'allons voir tout à l'heure.

Je me borne à signaler les parties du programme les plus remarquables et qui ont le plus porté. — Je mentionne d'abord les deux pièces instrumentales de résistance. Le quatuor du Norwégien Edvard Grieg est une œuvre d'une haute et rare originalité par la nature des thèmes, par la nouveauté âpre et douce de l'harmonie, par l'imprévu et le primesautier des rythmes, par l'invention dans l'arrangement instrumental. Le Quintette de Johan Svendsen, le compatriote et l'ami de Grieg, bien que marqué d'une empreinte moins personnelle, est d'un intérêt soutenu de facture, de mouvement et de sonorité. Ces deux œuvres difficiles et souvent ardues n'ont plus de secrets pour un groupe d'exécutants dont on admire — comme enfin, dans le gros du public, à apprécier la supériorité : MM. Rémy, Parent, Van Waefelghem, Guidé et Delsart. Je regrette que Grieg et Svendsen n'aient pu applaudir eux-mêmes à la chaleur, à l'aisance, à l'entrain dont ces messieurs ont fait preuve dans les œuvres susdites.

Parmi les morceaux confiés à la belle voix de M™ Oehrström, une Suédoise, je citerai la mélodie populaire *Chant des Stvles* (pêcheurs), sans accompagnement, et deux mélodies de Halfdan Kjerulf : la *Chanson de Synneuve*, extraite de la nouvelle « Synneuve Solbakken » de Bjornstjerne Bjornson, et *Au fond des Bois*; l'extrait suivant du texte, traduit par M™ Asta Lie, donnera quelque idée de la fraîcheur et de la passion panthéistique de la musique : « Un oiseau voltigeait au-dessus de la forêt, il chantait les jours passés. Son chant m'entraînait loin de la grand'route; j'entrai dans le bois vert aux sentiers ombragés, aux sources cachées, aux étangs enfoncés dans leur lit de mousse, où les élans viennent étancher leur soif. Mais le chant de l'oiseau retentissait toujours dans le lointain; il se mêlait aux soupirs qui s'échappaient de ma poitrine. — C'était loin, loin au fond du bois sombre. »

M. Maurice Bagès, avec sa fière diction et sa voix pénétrante, a fait valoir le Lied de la *Fille du Roi des Aulnes*, du Danois Niels Gade, et surtout des mélodies de Grieg adorables, entre autres *La jeune Princesse*, d'ailleurs fort mal traduite en français, et *Au bord du Ruisseau*, mieux traduite en allemand, et chantée dans cette dernière langue par M. Bagès avec un grand charme et une parfaite aisance.

J'ai dit que M. Julien Tiersot ne se contentait pas d'être l'organisateur attitré de ces séances musicales. Il prend part aussi avec sa plume à l'important mouvement qui marquera cette fin du siècle et qui porte les plus éminents esprits, en tout ordre de choses, à remonter aux sources, à éclaircir l'obscur mystère des origines. M. Julien Tiersot fait partie de la Commission de rédaction de la *Société des traditions populaires*, présidée par M. Girard de Rialle et qui compte parmi ses présidents honoraires: MM. Ernest Renan et Frédéric Mistral. Je remarque aussi, dans le Comité central, les noms de MM. Gaston Pâris et Bourgault-Ducoudray, et dans la liste des membres de la Société, les suivants : Fourcaud, Augusta Holmès, Vincent d'Indy, Ernest Chausson, Louis Gallet, Jules

Massenet, Félix Naquet, Régamey, Jean Richepin, de Quatrefages, Jules Simon, Charles de Sivry, Edouard Schuré, Pauline Viardot, Paul Vidal, Camille Saint-Saëns, etc., etc.

M. Julien Tiersot collabore assidûment à la *Revue mensuelle des traditions populaires*, organe de la Société, qui est à sa troisième année d'existence. Il y a publié, entre autres, un travail, avec textes musicaux, sur les *Chansons de concerts*. Il vient de paraître de lui, chez Heugel, un charmant recueil de 10 mélodies populaires de toutes les provinces de France, qu'il a recueillies et ingénieusement harmonisées selon l'esprit poétique et local du texte. Cette publication de la *Société historique*, dédiée à M. Gaston Pâris, est ornée d'une exquise vignette de Boutet de Monvel, représentant cinq jeunes paysannes chantant : Bretonne, Bourbonnaise, Bressanne, Auvergnate, etc., avec le costume caractéristique et l'allure naïve..... l'armi ces mélodies, dont la plupart ont été données au Cercle Saint-Simon, je citerai le *Mois de Mai*, chant de quête de la Champagne; la *Chanson des Métamorphoses* (version du Morvan); le *Pauvre laboureur* (Bresse), la *Pernette* (version de la Franche-Comté), *En passant par la Lorraine* (pays messin), et le *Chant des Livrées* (chanson de noces du Berry). Ce n'est pas à dire que les autres ne soient pas charmantes non plus.

Je regrette beaucoup de ne pouvoir citer en son entier la *Préface* dont M. Tiersot a fait précéder le recueil dont je viens de parler. Il y explique que les mélodies dont il se compose sont prises directement à la tradition populaire encore vivace parmi les habitants de nos cam. pagnes, et que deux d'entre elles seulement sont empruntées à des recueils déjà publiés, mais ont été recueillies par lui ou con. musiques par d'obligeants collectionneurs. « ... C'est ainsi que nous devons aux recherches de M™ Pauline Viardot le *Briolage* et le *Chant des livrées* du Berry, deux chansons dont il est question dans la *Mare au Diable* de Georges Sand et des termes de nature à nous faire regretter de n'en point connaître les mélodies. M™ Viardot, qui n'est pas seulement l'interprète incomparable des productions les plus élevées de l'art, mais qui sait aussi s'intéresser aux humbles manifestations de l'esprit populaire, les a recueillies à Nohant, de la bouche des paysans berrichons; elles sont publiées ici pour la pre. mière fois.... En prenant la tâche d'habiller ces chants d'un vête. ment d'harmonie qui, du moins — nous nous y sommes efforcés — n'en altère aucunement les contours, nous n'avons certes pas eu la prétention d'ajouter quoi que ce soit à ces œuvres si simples et cependant si complètes. Notre seule pensée, en les transportant dans un milieu si différent de leur milieu naturel, a été de les pré. senter de telle façon qu'elles ne semblassent pas dès l'abord par trop dépaysées; mais nous convenons volontiers que la mélodie popu. laire se passe avantageusement de tout ornement de cette sorte, et si quelque lecteur jugeait à propos de supprimer nos accompagne. ments et de ne tenir compte que des seules mélodies, nous serions le premier à y applaudir.....! Par ce choix de chansons glanées dans les campagnes les plus éloignées de la France, nous avons voulu seule. ment faire mieux connaître les derniers et charmants débris de l'art primitif de notre race, que la mémoire de nos paysans a su nous con. server, et qui sont on ne peut plus dignes de l'attention des plus délicats et des plus éclairés..... »

On ne peut qu'approuver et féliciter M. Tiersot d'avoir voué ses efforts et sa vie à une tâche si belle, si neuve, si étendue; on ne peut que l'encourager à poursuivre et à compléter son œuvre.

***

Aux concerts Lamoureux, l'affluence est telle, le nombre d'en. trées refusées chaque dimanche si considérable, que l'éminent chef d'orchestre a dû songer à organiser des concerts en matinée pendant la semaine, à prix réduits. Le premier de ce genre sera donné jeudi, dans l'après midi; on y entendra M™ Eszipoff et Montalba; cette dernière y chantera de nouveau la *Fiancée du Timbalier*, ballade de Victor Hugo, mise en musique par M. Camille Saint-Saëns, œuvre dont la première audition, qui eut lieu dimanche, a rien révélé de bien nouveau, puisqu'il n'est pas un musicien pour ignorer que l'au. teur est un maître au point de vue de l'habileté dans la facture, de la hardiesse dans l'habillage musical, de la dextérité, de la plénitude et du brillant dans l'instrumentation. — La « scène alsacienne » *Sous les tilleuls* de M. Jules Massenet a permis d'applaudir le talent et le beau son de MM. Salmon, le violoncelle solo, et Mimart, la clarinette..... M™ Montalba a chanté avec encore plus de talent et de succès, si c'est possible, que la dernière fois, la scène finale de *Tris. tan*, la « transfiguration » d'Yseult. — Il est question d'un grand fes. tival donné prochainement au Cirque des Champs Elysées, au profit de l'*Association française pour le développement du drame musical*. A l'heure qu'il est, l'Association compte plus de trois cents membres, et elle n'est encore qu'à ses débuts.

Au concert du Châtelet, à signaler la reprise et l'excellente inter. prétation de la belle et vigoureuse ouverture de *Béatrice* de M. Emile Bernard, avec son portique sombre et désolé,

« Per me si vâ nella città dolente »

avec sa lumineuse phrase intermédiaire en *ut* majeur, si noble et si tendre, où brille, d'un éclat mystérieux et doux, une modulation en *ré* bémol en laquelle le mysticisme particulier à Franz Liszt se fût délecté et complu...... Par contre, médiocre exécution de fragments du deuxième acte des *Troyens*, et même légère tempête à ce sujet, dans laquelle M. Colonne, le Neptune de la chose, a dû, levant son trident...., pardon, son bâton de mesure impérieux, prononcer le « quos ego..... »

À propos des théâtres, beaucoup de petits bruits et pas de grosses nouvelles. — La direction de l'Opéra a communiqué samedi aux journaux une note disant qu'on devait faire relâche ce soir-là (où *la Dame de Monsoreau* était sur l'affiche, en 7e représentation) par suite de l'indisposition simultanée de quatre artistes. C'était là un simple... euphémisme, un *faire part* déguisé, traduction libre de cette amère pensée : « *La Dame de Monsoreau* n'ayant encaissé que trois cents francs de location, n'a plus qu'à rendre son âme (?), sa pauvre âme, à M. Gailhard. » Amen... Quant à Mlle Moore, qui doit, depuis quelques siècles, débuter dans l'Ophélie d'*Hamlet*, elle est aussi indisposée.

J'ai oublié dans la liste des reprises projetées à l'Opéra-Comique, la jolie piécette de M. Guiraud, Mme *Turlupin*; en fait de « réchauffé, » on est encore heureux d'avoir cet entremet à se mettre sous la dent...

Pour le moment, on se contente, afin d'apaiser une faim qui menace de devenir féroce, de nous jeter en pâture la distribution du *Roi d'Ys* :

Margarid	Mmes Deschamps
Rozenn	Simonnet
Mylio	MM. Talazac
Karnac	Bouvet
Le Roi	Cobalet,

Cela me rappelle le bourgeois qui, pour amuser son « garçon, » le conduisait devant chez Tortoni « pour voir prendre des glaces. »

BALTHAZAR CLAES.

BRUXELLES

Le téléphone et les fils spéciaux aidant, les journaux de Paris paraissent très exactement renseignés sur ce qui se passe au théâtre de la Monnaie où l'on n'a plus qu'une préoccupation, fort légitime assurément, celle d'assurer le succès de *Jocelyn*. Bornons-nous donc à enregistrer les nouvelles que publie à ce sujet la presse parisienne, dont voici quelques extraits :

Du *Temps* :

D'après les bruits des répétitions, Mme Rose Caron est remarquable dans le rôle de Laurence de *Jocelyn*.

Du *Voltaire* :

« *Jocelyn* fait du bruit en ce moment à Bruxelles et le camp des wagnériens est en pleine ébullition jusqu'à l'effervescence. Si on écoutait les fanatiques on ne jouerait que du Wagner et toujours du Wagner.

» M. Godard, compositeur français, dont le talent est fort apprécié chez nous, a pu se faire ouvrir les portes de la Monnaie. Il lui faudra s'armer de courage, car il n'est pas wagnérien ; c'est là son moindre défaut. Ah ! s'il était wagnérien, les Belges mélomanes iraient l'attendre à la gare, pour une fois, savez-vous !

» Un excellent musicien, qui vient d'assister à une répétition générale de *Jocelyn*, m'écrit que l'œuvre plaira et qu'elle classera M. Godard comme il le mérite. Et maintenant, préparons notre petite valise pour aller entendre, juger, critiquer s'il le faut, en tout cas pour prêter le concours de nos sympathies et de nos deux mains à un jeune compositeur français. C'est notre devoir et nous n'y faillirons pas ! »

Du *Figaro* :

« Le ministère des Beaux-Arts officiellement représenté à la première de *Jocelyn* ; M. Armand Gouzien, commissaire du gouvernement près les théâtres subventionnés, a été chargé de cette mission. »

Quant aux journaux belges, ils annoncent que la répétition générale aura lieu ce soir et que toute la presse parisienne est invitée. Le service de première a été fait comme pour la *Walkyrie*, l'année dernière.

Pourvu que l'impression soit pareille !

Succès un peu boiteux pour la cinquième matinée des *Concerts d'hiver*, où l'orchestre, moins discipliné que jamais, a eu des défaillances regrettables notamment dans la belle et puissante symphonie en *ut* de Brahms. Si l'exécution de cette symphonie comme avant celle de la musique de Beethoven pour l'*Egmont* de Gœthe, a été un peu heurtée et en somme incomplète, on ne peut méconnaître cependant un sens vraiment artiste chez M. Franz Servais, et ainsi il arrive qu'à côté de morceaux exécutés avec un sentiment vrai et profond de leur portée, comme ils ne l'ont jamais été à Bruxelles, il se rencontre des pages rendues d'une façon très insuffisante. M. Franz Servais redira à son prochain concert, la belle symphonie de Brahms dont l'impression sur l'auditoire a été considérable. Notons aussi que M. Servais a mis à son prochain programme une symphonie de Mozart. Voyez l'exclusivisme des wagnériens !

Mlle Elly Warnots a été fort applaudie à la dernière matinée dans l'air haut perché de la *Reine de la nuit* de Mozart et dans les deux petits *lieder* de l'*Egmont* de Beethoven.

C'est la musique espagnole qui a fait le principal attrait de la deuxième matinée musicale du XX, et cette musique a été si goûtée que la partie la plus insatiable du public a guetté les artistes à leur sortie, les a priés de rentrer dans la salle après que l'auditoire l'eût quittée, et leur a exprimé le plaisir qu'ils lui feraient éprouver en recommençant la séance. Ce à quoi les artistes, bons enfants, se sont prêtés avec la meilleure grâce du monde. Et l'on a assisté à un spectacle inattendu : une jeune pianiste s'improvisant tentatrice pour détailler, avec une finesse et un art exquis, quelques-unes des plus jolies mélodies qu'on entend fredonner là-bas, parmi les frôlements de guitare et le claquement des castagnettes.

Cette pianiste c'est Mlle Pilar de la Mora, dont une trop courte apparition à l'Association des artistes musiciens avait, le mois dernier, donné une idée incomplète. Elle est espagnole, aux XX, vendredi, sa vraie nature, et ses brillantes qualités de pianiste au toucher égal et charmant, au jeu correct, aux sonorités perlées, ont été mises en vive lumière.

M. Fernandez Arbos, le partenaire de la jeune Andalouse, qui a quitté Bruxelles il y a cinq ou six ans, a fait une rentrée triomphale. Il a joué en maître l'*Adagio et fugue* pour violon seul de Jean-Sébastien Bach, les *Morceaux de fantaisie* de Schumann transcrits pour violon et piano et deux danses étincelantes de Sarasate. M. Fernandez Arbos a acquis à l'école de Joachim les plus belles qualités du violoniste : l'ampleur et l'impeccable justesse du son, la sûreté du coup d'archet, et le style qui si peu de virtuoses conquièrent.

Les « pièces caractéristiques dans le genre espagnol, » qui clôturaient la séance, écrites par l'artiste pour violon, piano et violoncelle, ont le pittoresque des danses d'Espagne uni au mérite d'une facture habile et intéressante. L'allure entraînante du *Bolero* et l'entrain endiablé des *Seguidillas gitanes* ont particulièrement plu à l'auditoire, qui s'est cru transporté un moment au pays des tambours de basque et des castagnettes.

Quant à M. Édouard Jacobs, qui prêtait au jeune compositeur le précieux concours de son superbe coup d'archet, il n'a pas été dans l'exécution des *Pièces caractéristiques*, le moins espagnol des trois artistes. On eût dit que sa moustache avait jalouse de celle du comte d'Olivarès, si fièrement retroussée sur la belle toile qu'a peinte le maître Velasquez. *(Art Moderne.)*

GAND.

GRAND-THÉATRE. — Mardi 14 février, le *Barbier de Séville*; Mercredi 15, le *Prophète*; Vendredi 17, le *Chien du Jardinier* et le *Voyage en Chine*; Dimanche 19, *Carmen*; Lundi 20, le *Cid*.

Les bénéfices de M. Merritt, ont été deux belles soirées qui comptent parmi les plus brillantes de la saison actuelle. Ces deux artistes si aimés du public gantois qui a voulu les conserver deux ans, ont reçu des preuves sensibles de l'admiration qu'on avait pour eux et de la sympathie qu'ils ont su inspirer aux habitants de la province. On n'a été avare de fleurs et couronnes, bouquets et corbeilles, cadeaux de toute nature; et inutile de dire que ces cadeaux étaient accompagnés de rappels sur rappels, de véritables salves de bravos. La représentation du *Cid* avait lieu malheureusement le lendemain du dernier jour de carnaval, et cela n'a pas été sans influer sur l'interprétation de l'œuvre de Massenet; on remarquait surtout une certaine lassitude chez l'orchestre et de nombreuses absences dans le corps de ballet, j'ose à peine le dire, cependant, car il faudrait être par trop grincheux pour faire une critique un lendemain de carnaval. La matinée du 14 a parfaitement réussi, et la direction a dû se féliciter de cette innovation qui est particulièrement agréable aux habitants des petites villes de la province. Le *Barbier de Séville* a été convenablement joué, et l'intermède a fait applaudir Mmes Stella-Corva et Danglade; mais tout le monde a été unanime à reconnaître que le petit orchestre de Triganes manquait absolument de fougue et de nerf. Lundi prochain la reprise d'*Aïda*, qui servira de début à la nouvelle contralto, Mme Rouvière. Les études de *Lohengrin* continuent et l'œuvre passera probablement dans les dernières semaines de l'exploitation théâtrale. Quant à l'opéra-comique inédit, *Frontin Vorlauss*, paroles de M. Kervani, musique de M. Eygel, pianiste de théâtre, il ne sera pas représenté cette année, la direction ne le jugeant pas suffisamment prêt.

Mentionnons en terminant le concert donné samedi dernier, dans la grande salle du Casino, au profit de la *Fédération des aveugles belges*, avec le concours de Mlle Boyer, MM. Soum, Godenne, etc., et qui a eu un plein succès.   P. B.

LIÉGE

GRAND-THÉATRE. — Jeudi 16, les *Huguenots*; dimanche 19, *Nos bons Villageois*, *Rigoletto*; lundi 20, *Bonsoir*, M. *Pantalon*; concert Tzigane.

Une omission m'a fait négliger de signaler, à l'audition du Conservatoire du dimanche 12, le succès très mérité de Mlle Debuffe et Duysings, exécutant deux pièces pour deux pianos : la *Chaconne* de Raff et un impromptu sur des motifs de *Manfred* de Schumann (Reineke).

L'exécution de *Samson et Dalila* à la Société d'*Emulation*, aura lieu le samedi 25. Ce concert se composera exclusivement de l'opéra de Saint-Saëns. Vous connaissez cette œuvre importante du maître français, exécutée au théâtre à Weimar et à Hambourg, et au concert à Bruxelles il y a quelques années. A Liège, c'est la première fois qu'elle sera exécutée. En France, elle n'a jamais été représentée ni jouée en entier, que je sache.

La coupe de l'œuvre se rapproche de celle de l'opéra, sans la suivre bien rigoureusement. La partie chantée se compose de récitatifs mélodiques assez froids. Ce n'est pas la déclamation pure et grandiose qui, outre-Rhin, a trouvé son génie créateur; ce n'est pas la mélodie simplement musicale. Par instants (dans le duo entre Samson et Dalila, par exemple), ce récitatif se transforme en mélodies, plusieurs fois répétées par les chanteurs, sur un accompagnement d'autres fois, il n'y a que l'orchestre d'intéressant.

Celui-ci reproduit souvent les mêmes phrases, dans les mêmes formes : c'est une tendance au *leitmotiv*, qui se présente sous l'aspect de *réminiscence voulue*.

Nous n'oserions affirmer que toutes les réminiscences de l'œuvre soient dans ce cas : il en est quelques-unes qui certainement sont involontaires.   F. V. D.

Nouvelles diverses.

M. Reyer est parti pour Nice, emportant le 4ᵉ acte de *Salammbô* qu'il espère bien rapporter complètement terminé. Les personnes qui ont entendu les trois premiers actes déjà composés de cet ouvrage affirment que la nouvelle œuvre de l'auteur de *Sigurd* est tout simplement admirable.

MM. César Franck, Emmanuel Chabrier et Charles Lamoureux sont nommés au jury pour le concours musical de la ville de Paris.

Fort bien accompagnée sur l'harmonium Mustel, le violoncelle, la harpe et le piano par MM. Théodore Dubois, Casella, Hasselmans et Maton, Mˡˡᵉ Raunay-Duményvient de faire merveille à la salle Erard dans la superbe *Méditation religieuse* de Fernand Le Borne.

Cette œuvre est extraite des *six mélodies* (op. 11) qui ont été si bien accueillies à leur apparition, et qui sont maintenant au répertoire de la plupart de nos meilleurs chanteurs.

Puisque nous parlons de ces compositions, prófitons-en pour annoncer à nos lecteurs que leur succès a décidé la maison Schott à publier une nouvelle série de mélodies, ainsi que d'autres œuvres importantes de F. Le Borne parmi lesquelles nous citerons une *Messe en la* qui doit être exécutée à Paris le mois prochain, et qui est appelée, croyons-nous, à produire grand effet.

M. Ambroise Thomas, qui vient d'être très fêté à Rome où l'on a joué son *Hamlet* au théâtre Argentina, est attendu à Vienne dans le courant de mars. L'auteur d'*Hamlet* demeurera à Vienne, chez sa belle-fille, Mᵐᵉ de Serres, en musique Mᵐᵉ Montigny-Remaury. L'Opéra de Vienne va monter à cette occasion un des principaux ouvrages du directeur du Conservatoire de Paris.

Toutes les dispositions sont prises en vue de la prochaine saison italienne à Covent-Garden. On annonce les engagements de Mᵐᵉˢ Nordica et Albani, des deux de Reské, de M. Ravelli et, probablement, de Mˡˡᵉˢ Arnoldson et de M. Lasalle. On espère aussi obtenir le concours de Mᵐᵉ Valleria qui a déjà obtenu de nombreux succès sur différentes scènes italiennes. MM.Mancinelli et Randegger seront les chefs d'orchestre de l'entreprise dirigée par M. Harris.

Le ténor Gayarré est engagé au théâtre de la Scala, à Milan, pour les représentations de *Lohengrin*.

Le deuxième opéra de Ponchielli, *Roderico ultimo Re de Goti*,n'a pas obtenu un grand succès à Milan; la critique paraît s'être montrée sévère pour cet ouvrage qui, paraît-il, est inférieur aux autres du même maître.

La production des livres en Allemagne atteint des proportions énormes, mais elle est dépassée de beaucoup, dit un journal de Francfort, par celle des publications musicales. Durant le dernier trimestre de 1887, les nouveautés et les éditions nouvelles, en matière de musique, atteignent le chiffre prodigieux de 1,700 ouvrages parmi lesquels on trouve 1,035 compositions instrumentales. L'augmentation est de vingt pour cent comparativement au trimestre correspondant de 1886. La musique de piano domine le marché et l'accroissement de la production est d'environ 60 pour cent pour l'année entière. L'exportation de publications musicales de Leipzig vers l'Amérique du Nord, durant les trois derniers mois de 1887, a rapporté à la ville saxonne le joli somme de 78,000 dollars.

La dernière de Hans de Bulow.

Les journaux allemands mettent sur le compte du célèbre pianiste compositeur, chef d'orchestre et polémiste, une anecdote qui — comme Mᵐᵉˢ Angot est — trésjolie,mais peu polie à.Il dirigeait dernièrement à Hanovre la répétition d'un grand concert vocal et instrumental. Les choses ne marchant pas à son gré, le-fougueux chef d'orchestre fait recommencer un passage et donne d'abord les indications voulues. Les dames profitent de la pause pour jacasser. Alors M. de Bulow, d'un ton irrité : « N'oubliez pas, Mesdames, qu'il ne s'agit pas en ce moment de *sauver le Capitole*, mais de faire de la musique. »

Le théâtre royal de Stockholm a représenté avec succès un nouvel opéra de Ivar Hallström, intitulé : *Der Svinaherde*.

M. Ernest Van Dyck vient d'être nommé, par le grand-duc de Bade, chevalier du Lion de Zaehringen.

Ne forçons point les jeunes talents. Le *Guide musical* a raconté la démarche faite par la Société protectrice de l'enfance de New-York, à propos du petit pianiste Hoffmann. Il vient d'être décidé que l'enfant prodige cesserait pendant quelques années de paraître en public. Les médecins ont déclaré que le petit virtuose était surmené et que sa santé chancelante serait gravement compromise si l'on continuait à lui faire mener la vie éreintante et énervante qu'il mène depuis deux ans.

Il y aura procès à ce propos. L'impresario du jeune Hoffmann, M. Abbey conteste que le petit prodige ait été surmené. Il prétend que M. Hoffmann père a reçu la promesse d'une somme de 100,000 dollars (500,000 francs) pour achever l'éducation de son fils à la condition de ne plus l'exhiber en public. Et en conséquence M. Abbey annonce qu'il va intenter un procès à M. Hoffmann père pour rupture de contrat. Il lui réclame 57,500 livres, soit 1,437,500 fr. de dommages-intérêts.

VARIÉTÉS

ÉPHÉMÉRIDES MUSICALES

Le 24 février 1768 (1), à Paris,naissance de Jean-Blaise Martin, célèbre chanteur. Sa mort, à la maison de campagne de son ancien camarade Ellevìou,à la Roncière, près de Lyon, le 28 octobre 1837.

« Le mérite principal de Martin consistait, dit Fétis,dans la beauté incomparable de sa voix, la fraîcheur de l'organe, qu'il conserva pendant plus de trente ans, une grande habileté à passer de la voix de poitrine aux sons surlaryngiens, dont il se servait avec beaucoup d'adresse, du feu, de l'animation, enfin, dans une connaissance profonde de la musique et beaucoup d'aplomb dans les morceaux d'ensemble ».

Martin, en juin et juillet 1802, donna onze représentations,au théâtre de Bruxelles, et encore huit, en octobre 1824.

— Le 25 février 1878, à Bruxelles, reprise de *Lohengrin*, de Richard Wagner, ayant pour interprètes Tournié, Devoyod, Dauphin, Mᵐᵉˢ Fursch-Madier et Bernardi. — La première, avec Blum, Troy, Pons, Mᵐᵉˢ Sternberg et Deschamps,-était du 22 mars 1870.

— Le 26 février 1828, à Bruxelles, concert de Jacques-Féréol Mazas. Un nom oublié aujourd'hui et cependant, parmi les violonistes de son temps, un des plus remarquables. Baillot avait été son maître, et Auber, peu connu alors (1808), avait écrit pour lui un concerto en *mi*, le seul qu'il ait composé. Une vie remplie d'agitations l'amena à parcourir les principales villes de l'Europe et il se fit par-donner bien des incartades à cause de son talent. A Vienne un *concerto héroïque* de sa composition le mit en haute estime auprès du public artiste. Outre de nombreux morceaux pour son instrument et une *Méthode pour violon*, Mazas a eu à l'Opéra-Comique (3 nov. 1842) un petit acte, *le Kiosque*, paroles de Scribe et Duport. Le violon dominait trop en maître dans cette bluette ce qui en rendait la sono. rité aiguë et fatigante. A partir de ce moment on ne parla plus de Mazas si ce n'est pour annoncer sa mort arrivée en 1849. Il avait 67 ans.

— Le 27 février 1813, à Paris, *le Séjour militaire*, 1 acte d'Auber, dont c'était le coup d'essai au théâtre. « Il y a, disait le *Journal*-*de Paris*, un grand mérite dans sa composition; point de bruit, point de recherche, un chant soutenu, des motifs charmants, de l'esprit scé,nique et une sagesse inconcevable pour son âge ». Auber était alors 31 ans.

Grétry, qui assistait à la représentation, adressa les félicitations les plus chaleureuses à son jeune confrère. « N'oubliez jamais, lui dit-il, que le plus sûr moyen de conquérir un nom dans la composi,tion dramatique, c'est de vous livrer avant tout à la vérité du chant. Laissez vos rivaux, sacrifiant au goût du jour, mettre la statue dans l'orchestre; placez-la sur le théâtre, c'est-à-dire dans la bouche de vos acteurs ».

C'est par *Emma*, le troisième opéra d'Auber (1821), que s'ouvrit la brillante carrière du compositeur français.

— 28 février 1876, à Paris, Henri Vieuxtemps réunit chez lui, rue Chaptal, une élite d'artistes, Rubinstein, Fischer, Papini, Samie, et Mᵐᵉ Battu.' Le grand intérêt de la soirée était pour le premier' nom porté au programme. Et cela se comprend quand on saura que Rubinstein exécuta un quatuor de sa composition pour piano, violon, alto et violoncelle, la sonate en *fa* mineur de Beethoven, et des morceaux de Chopin, de Liszt, de Haydn et de lui-même.

Il y avait 150 personnes à cette soirée tout intime qui dura jusqu'à deux heures et demie du matin. Vieuxtemps ne fut pas le moins enthousiaste parmi les auditeurs. Il est touchant-de voir l'hommage rendu par le grand artiste belge à son émule en gloire et en talent.

Voici ce que Vieuxtemps en écrivit à un ami en habitant Anvers : « Rubinstein traite la musique comme jamais on ne l'a rêvé ; sous

(1) Et non le 14 octobre 1869, suivant Fétis (Biogr, univ, des mus., t. V, p. 475) qui fixe aussi la date du décès au 18 octobre au lieu du 28.

ses doigts l'instrument se transforme, c'est idéal, c'est merveilleux, enchanteur, il vous transporte dans un monde nouveau, inconnu, où touches, marteaux, mécanique disparaissent, vous laissant subjugué ! C'est la musique, c'est l'harmonie même, c'est l'art et l'inspiration dans leur expression la plus magnifique, dans leur acception la plus élevée. C'est admirable et je suis encore sous l'impression de ce fleuve harmonique, de cette musique céleste, de ce scintillement d'étoiles, de ce roulement de tonnerre si saisissant, car tout cela se trouve dans la sonate en *fa* de Beethoven qu'il nous a fait entendre et à laquelle il a imprimé un caractère tel que le titan ne l'a jamais soupçonné. Ce talent laisse une impression de grandeur, de noblesse et de force dont je ne puis vous donner qu'une faible idée : j'en suis tout remué, hors de moi ! »

— Le 29 février 1792, à Pesaro, naissance de Gioacchino-Antonio Rossini.

Quand on se risquait à demander à Rossini de quel mois il était, le discret maëstro répondait : — Interrogez ma sœur de lait, la *Muette* de l'Opéra.

Les plus grandes artistes de Paris se plaisaient à souhaiter la fête du cygne de Pesaro, mais de par le 29 février, ce jour-là n'arrivait que tous les quatre ans, à la grande satisfaction de Mme Rossini, qui n'aimait guère les prévenances féminines à l'égard de son illustre époux. L'Alboni, profitant un soir des immunités du jour de fête, dit en l'embrassant :

— « Pourquoi naître un 29 février ? En voilà maintenant pour quatre ans, ajouta-t-elle avec un gros soupir.

— Comment, répliqua galamment Rossini, la fête ne se souhaite-t-elle pas la veille, et le mois de février ne compte-t-il pas toujours au moins vingt-huit jours ? »

A propos du bissexte de 1792, disons que les admirateurs de Rossini attendent avec une vive impatience l'ouvrage que M. Edmond Michotte prépare sur le maître dont il fut le confident et l'ami le plus fidèle. Nul n'est mieux en position de nous faire connaître, sous un jour nouveau, cette grande figure italienne.

— Le 29 février 1828, à Paris, la *Muette de Portici* d'Auber.

— Le 29 février 1836, à Paris, les *Huguenots* de Meyerbeer.

— Le 1er mars 1782, à Paris (Opéra), *Thésée*, 3 actes de Gossec, chantés par Legros, Larrivée, Mmes Saint-Huberty, Duplant. Seize représentations. — C'était une troisième *Thésée* sur le poème de Quinault, le premier mis en musique par Lully (1675), et le second par Mondonville (1767). Gossec avait plus que celui-ci un véritable talent d'harmoniste et de compositeur scénique. Le rôle de Médée, le chœur des *Démons*, l'ouverture, le chœur des *Guerriers* et d'autres morceaux de facture furent les parties les plus applaudies de la partition. Gossec avait eu le bon esprit de conserver un air de Lully, qui plut beaucoup. Toutes ces bonnes conditions de succès ne réussirent pas à donner à son *Thésée* la longévité du *Thésée* de Lully qui resta près de cent ans à la scène et fut repris treize fois.

Nécrologie.

Sont décédés :

A Schaerbeek, le 13 février, Mme Félicie-Désirée Louise Lafaye-Faÿchamps, née à Visé, le 17 octobre 1820, professeur d'une classe de solfège au Conservatoire de musique de Bruxelles, depuis le 7 mars 1860. Mme Lafaye avait pris sa retraite, il y a quelques mois.

— A Stuttgart, le 10 février, Mme la comtesse Henckel de Donnersmark, née Caroline Ost, ex-danseuse du théâtre de la Cour, et qui, dans sa jeunesse, avait été d'une beauté extraordinaire.

— A Mannheim, le 26 janvier, Carl Ditt, né à Francfort-sur-Mein, basse, bouffe du théâtre de la Cour depuis 1842.

— A Berlin, le 25 janvier, Rudolf Magnus, compositeur et chef d'orchestre.

— A Londres, à l'âge de 98 ans, William West, compositeur et ancien directeur du théâtre de Drury-lane, où il fit exécuter, en anglais, le *Freischütz* de Weber (10 novembre 1824).

— A Würzburg, le 8 février, Johann-Georg Bratsch, né à Zell, le 18 février 1817, directeur de l'École de musique, compositeur, et qui s'était fait remarquer sur le violon et sur le violoncelle. (Notice *Musik Lexicon* de Schuberth.)

— A Naples, à l'âge de 62 ans, Carlo Costa, professeur d'harmonie au Conservatoire, frère consanguin de sir Michel Costa.

— A Munich, Anton Thoms, violon-alto de la chapelle royale.

AVIS ET COMMUNICATIONS

La première représentation de *Liderich* au théâtre royal d'Anvers est remise irrévocablement au vendredi 24 février, à cause de la coïncidence de date avec la première de *Jocelyn* à Bruxelles.

On peut se faire inscrire jusqu'à mercredi soir pour les places du théâtre, ainsi que pour le train spécial, chez MM. Schott frères, éditeurs, Montagne de la Cour.

Deux séances de musique de chambre auront lieu le mois prochain dans la salle de la Grande-Harmonie à Bruxelles ; la première, consacrée à la Musique de chambre, sera donnée jeudi 15 mars, à 8 heures du soir, par MM. Joseph Wieniawski et Eugène Ysaye avec le concours de MM. Joseph Jacob et Eugène Sauveur ; le programme porte la sonate (op. 30, n° 3) pour piano et violon de Beethoven, le deuxième grand trio de Raff et le quatuor pour piano et violon, alto et violoncelle de Saint-Saëns. La deuxième séance consacrée à l'audition d'œuvres de Chopin, sera donnée le jeudi 22 mars, à

8 heures du soir, par M. Joseph Wieniawski avec le concours de Mlles Jane De Vigne et Victoire Weimerskirch.

M. Ernest Huysmans, professeur de chant, organise six séances de musique historique, qui auront lieu dans la Salle Marugg, rue du Bois-Sauvage à Bruxelles. L'organisateur compte y passer en revue les pages les plus intéressantes des maîtres français, allemands, italiens, anglais, russes, espagnols, danois et néerlandais.

La première séance, consacrée aux maîtres italiens, embrassera toute la période comprise entre 1400 et la fin du 17e siècle siècle, et comprendra des œuvres de Palestrina, Caccini, Carissimi, Stradella, Marco da Gagliano, Legrenzi, Jomelli et Pergolèse ; elle aura lieu le mercredi 22 courant, à 8 heures. Une séance sera consacrée à l'exécution d'œuvres inédites de compositeurs belges modernes ; enfin le programme de la dernière séance sera composé par les abonnés, suivant la mode créé en Allemagne par Hans de Bulow et renouvelé aux Concerts d'hiver, par Franz Servais. Les dates seront fixées ultérieurement.

Ces séances auront lieu avec le concours de Mmes Dinah Beumer, Libra, Hachstein ; de MM. Blauwaert, De Greef, Guidé, Agniez, Lerminiaux, le baron de Fierlant, Jacob, Anthony, Marchal et Gilesaloot.

Le prix de l'abonnement aux six séances (places numérotées) est fixé à 60 francs par personne et à 15 francs par trois personnes et plus. On s'abonne chez M. Huysmans, rue du Champ de Mars, 39, et chez tous les éditeurs de musique.

Imprimerie Th. Lombaerts, Montagne des Aveugles, 7.

XXXIVe ANNÉE   1er mars 1888   NUMÉRO 9

Le Guide Musical

Paraissant tous les jeudis.

ABONNEMENT

FRANCE et BELGIQUE : Avec musique 25 francs.
—   —   Texte seul . . 10 —
UNION POSTALE : —   12 —

SCHOTT FRÈRES, ÉDITEURS.

Paris, Boulevard Montmartre, 19
Bruxelles, Montagne de la Cour, 82

ANNONCES

S'adresser à l'Administration du Journal.
On traite à forfait.

Les Batailles en Musique[1]

(Suite. — Voir le dernier numéro.)

En ce monde, il n'est pas d'invention sans germe, et l'on procède toujours de quelqu'un ou de quelque chose. Jannequin ne fut pas absolument le premier père de la musique descriptive, et il se peut bien que, pour le genre des batailles en particulier, il ait trouvé dans les œuvres de ses devanciers un modèle abrégé; un manuscrit de la Bibliothèque nationale de Paris, copié au XVIe siècle, mais ne contenant que des œuvres antérieures à celles de Jannequin (2), renferme une chanson italienne anonyme à trois voix, qui peut passer, malgré ses très courtes dimensions, pour un des premiers spécimens du genre; les paroles : « alla bataglia, su, su, chavagli, su, su, fanti », etc., indiquent une intention descriptive réalisée par la musique d'une façon fort incomplète. Si donc l'idée d'écrire une peinture musicale de bataille peut avoir été suggérée à Jannequin par des exemples antérieurs, à lui appartient pleinement le mérite d'avoir imprimé à ce genre un cachet tout personnel, et de lui avoir donné des développements artistiques d'une valeur exceptionnelle. Ce n'est pas un recueil banal de formules descriptives que cette bataille de Marignan, mais bien une œuvre pleine

de verve, d'animation, d'invention, de curieux effets de contrepoint. Kastner, en en citant le texte — mélange bizarrement descriptif de cris, de devises et d'onomatopées imitatives — suppose que certains passages reproduisaient le thème de sonneries de trompette en usage dans les armées de François Ier; rien n'est plus plausible qu'une telle opinion; dans un temps où tous les compositeurs recouraient fréquemment à l'emploi de motifs étrangers, qu'ils traitaient en contrepoint avec une habileté singulière, dans leurs œuvres sacrées ou profanes. On aurait donc, dans le morceau de Jannequin, les plus anciennes versions de sonneries militaires françaises, et l'intérêt historique de la composition en serait encore rehaussé, s'il était possible de les y distinguer avec certitude.

Le succès de la bataille de Marignan engagea Jannequin à revenir plus tard au même genre de composition. La reprise de Boulogne par Henri II sur les Anglais en 1850, lui donna l'occasion d'écrire une chanson en deux parties destinée à célébrer cette victoire, mais non à la dépeindre, car on n'y trouve pas de description musicale proprement dite (1). Il n'en fut pas de même pour le morceau qu'il écrivit peu de temps après la bataille de Metz, c'est-à-dire sur l'échec des armées impériales devant Metz en 1552, fait glorieux, dont le souvenir tout français reste gravé dans le cœur des Lorrains, comme il l'est sur les pierres de la porte Serpenoise. — Dans cette nouvelle bataille de Jannequin (2), nous retrouvons le pendant exact de la chanson de Marignan, avec les mêmes effets descriptifs et les mêmes développe-

(1) Tous droits réservés.
(2) *Suppl.* fr. n° 15123. Les compositeurs nommés dans ce recueil sont : Busnois, Caron, Compère, Cornago, Dufay, Hyckaert, Morton et Ockeghem.

(1) Cette chanson parut pour la première fois dans le *Cinquiesme livre du recueil*, Paris, Nic. du Chemin, 1551. Elle fut réimprimée dans le *Verger de musique*, premier livre, Paris, Le Roy et Ballard, 1559.

(2) Elle parut probablement pour la première fois, dans le *Verger de musique*, 1559.

ments ; il semble que l'auteur ait prévu cette fois l'adjonction d'instruments aux voix, et l'ait même exigé, car deux passages sont notés sans paroles et portent l'indication : « Tambourin des Suisses, — Trompettes. » Enfin, Clément Jannequin donna une dernière bataille (1), celle de Renty (1554), plus courte, mais toujours à peu près dans le même style pittoresque.

Il s'était créé, on le voit, une spécialité dans ce genre tout belliqueux ; mais il n'avait pas tardé à avoir des émules et des imitateurs, empressés à le suivre dans une voie si fertile en succès artistico-politiques. Mattheus Le Maistre, qu'on appelait en Italie Matthias Fiamengo, composa, en réponse à la bataille de Marignan, celle de Pavie (2), dans laquelle il mettait en œuvre avec habileté les mêmes procédés employés par son prédécesseur. Lors de l'entrée de Philippe d'Espagne à Bruxelles, en 1549, on représenta dramatiquement la bataille de Mühlberg, avec une musique appropriée. Tomaso Cimello publia dans ses *Canzone Vi lanèsche al modo napolitano a tre voci*, 1545, une « bataglio vilanesca » ; on imprima, en 1592, deux médailles d'André Gabrieli. L'Allemagne eut le recueil de cinq morceaux intitulé : *Tympanum militare*, de Christophe Demant, 1600, et la bataille de Sievershausen, de Thomas Mancinus, 1608. Tout cela était pour les voix ; les instruments ne furent pas moins bien partagés ; nous avons mentionné déjà en note une bataille, transcrite pour luth, par Francesco de Milano et les réductions par Hans Newsidler, pour le même instrument, des batailles de Marignan et de Pavie ; cette dernière figure aussi dans le recueil du luthiste Besard, *Thesaurus harmonicus* ; Jacob Paix inséra dans son livre de tablature d'orgue (1583), un arrangement de la fameuse composition de Jannequin ; un peu plus tard, Frescobaldi donna, sous le titre de *Bataglia*, une pièce d'orgue ou de clavecin ressemblant simplement à des variations sur un signal de cor ou de trompette (3).

Enfin, on trouve dans le célèbre livre de Virginale de lady Nevil, composé par William Byrd, une pièce descriptive pour l'épinette ou le clavecin, portant le programme détaillé que voici : « La marche du comte d'Oxford ; le combat ; la marche de l'infanterie ; la marche de la cavalerie ; les trompettes ; la marche irlandaise ; la cornemuse et le bourdon ; la flûte et le bourdon ; la marche au combat ; tantara ; le combat est engagé ; la retraite ; et la gaillarde pour la victoire (4). »

Tout cela était signé de noms connus et revêtait une forme artistique ; mais on ne sait pas le nom de l'auteur d'une bataille en musique, chantée en 1615, dans un concert monstre donné devant le prince-électeur de Saxe ; il s'agissait d'un combat héroïque entre les Assyriens et les Israélites, et telle fut l'ardeur inspirée aux choristes par cette musique guerrière, qu'ils prirent subitement leur rôle au grand sérieux et se livrèrent à coups de mottes de terre un véritable assaut (1).

Le XVIIe siècle, malgré les guerres qui s'y succédèrent, n'ajouta pas un contingent nouveau au répertoire descriptif des batailles musicales ; il laissa même tomber en désuétude ce répertoire dont, à la longue, amateurs et compositeurs avaient dû se lasser quelque peu. Quand on revint aux batailles en musique, on eut recours à des procédés différents de ceux qui avaient fait le mérite et le succès des œuvres de Jannequin et de ses imitateurs, et, au lieu d'écrire pour les voix, on fit appel aux instruments. On eut, en même temps, l'idée de figurer abstractivement l'idée de combat en se servant des procédés de l'imitation canonique, et en superposant l'une à l'autre deux reproductions d'une même phrase, qui sont censées se combattre en se poursuivant. Dans ce système, ont été conçues plusieurs fois les scènes d'opéra destinées à représenter un duel, et parmi les voyons appliqué, d'une manière d'ailleurs bien mesquine, dans la *Bataille de Hochstadt*, pièce instrumentale intercalée par J. Fischer dans un recueil de musique de table (2) ; disposée pour deux instruments seulement, un violon et un hautbois, elle a l'intention de personnifier dans ces deux parties opposées les deux généraux aux prises le 13 août 1704, Tallard et Marlborough. Il y eut, à la même époque, une bataille de Blenheim (Hochstädt), anonyme, publiée à Londres pour clavecin. Mais il faut arriver à la fin du XVIIIe siècle pour retrouver un nouvel âge d'or des batailles musicales.

Avec les guerres de la Révolution, l'enthousiasme militaire se réveilla en France ; et tandis que les volontaires de l'armée de Sambre-et-Meuse et de l'armée d'Italie préludaient par de brillantes victoires à une longue suite de conquêtes, les artistes s'empressaient de célébrer leurs triomphes par des morceaux répétés jusqu'au mérite d'une ardeur meurtrière sur les cordes des clavecins. Ces ouvrages, composés avec les intentions les plus patriotiques du monde, n'avaient pour la plupart plus rien du mérite d'invention et de l'ingéniosité de travail qui rendaient si intéressantes les productions du vieux Jannequin.

(A suivre)   MICHEL BRENET.

(1) Dans le ms. ou recueil.

(2) *Le Battaglia taliana... con alcune villote piacevole, novamente con ogni diligentia ristampate e corrette a quattro voci*, Venice, Gardano, 1562. La première édition avait paru, selon Becker, en 1551 ; mais l'ouvrage avait dû être composé longtemps auparavant, puisque le livre de luth de Newsidler, 1544, contient déjà une bataille « vor Bafia », (devant Pavie). On trouve un important fragment du morceau, mis en partition, dans le volume de O. Kade, *Mattheus Le Maistre, niederländischer Tonsetzer*, etc., Mayence, 1862, in-8°.

(3) Dans l'appendix de son premier livre d'*Intavolatura di 'cembalo e organo*, 1637. Voyez Ritter, *Zur Geschichte des Orgelspiels*.

(4) W.-A. Barrett, *English church composers*, chap. IV.

Aussitôt après l'intéressant travail de M. Michel Brenet, le *Guide musical* publiera une étude de M. César Cui, le maitre russe, sur l'*Otello* de Verdi.

(1) Lavoix, *histoire de l'instrumentation*.

(2) Le recueil de Fischer, *musicalische Fürsten-Lust*, 1702, est muni d'un titre démesuré, qui n'occupe pas moins d'une page in-folio tout entière.

JOCELYN

Opéra en 4 actes tiré du poème de Lamartine par MM. Armand Silvestre et Victor Capoul, musique de M. Benjamin Godard, représenté pour la première fois à Bruxelles, le 25 février 1888.

Il était écrit que le beau poème de Lamartine n'échapperait pas à cette manie étrange de convertir les uns après les autres, en opéras, tous les chefs-d'œuvre de la poésie et du théâtre. Cette conversion manquait à sa gloire. Peut-être l'auteur lui-même ne l'eût-il pas dédaignée, lui qui aimait voir les créations de son imagination représentées par le dessin ou la gravure, « voir une créature de son âme en circulation dans le monde des sens, » comme il le dit dans la préface de l'édition illustrée de *Jocelyn*. Voici qu'enfin la lacune est comblée et que le triste amant d'une forme, un peu délaissé, revient à flot sous une forme moins discrète que celle qu'affectionnait le grand poète.

Les adaptateurs de *Jocelyn* n'ont point cherché midi à quatorze heures pour tirer de l'épisode lamartinien un opéra en quatre actes. Ils n'ont guère songé à enfreindre les traditions séculaires qui régissent ce genre de distractions mondaines. Si, dans leur conception, l'accessoire du poème devient le principal du drame, il n'en faut accuser que ces traditions : de nombreux précédents sont là, d'ailleurs, pour les absoudre. Rien d'étonnant, par conséquent, à ce que l'opéra débute par un chœur de villageois ; c'est la règle, et puis, l'on est au village, devant la maison des parents de Jocelyn, dont la sœur se marie précisément ce jour-là. Le chœur des invités est frais et pimpant ; le chant des époux est d'une simplicité parfaite. L'auteur n'a point visé à faire neuf, mais il prouve que l'art de bien commencer un opéra lui est déjà familier. Un vieillard survient qui, par sa bonne humeur, met en gaîté les gens de la noce. La musique prend ici les allures d'un menuet. L'air sur lequel on danse exhale celui d'un charme pastoral très-intense. Cet épisode se prolonge assez longtemps ; après la danse, nouveau chœur de jeunes filles narguant l'attitude de Jocelyn. Ce dernier entre en scène accompagné de sa mère, et le duo qu'ils chantent est inspiré par l'une des premières pages du poème de Lamartine. Les accents de ce morceau sont vrais ; l'exhortation de la mère est pathétique, en dépit de l'orchestration monotone et grise. Les voix ne se marient qu'aux dernières mesures du duo. Jocelyn, resté seul, donne un libre cours aux sentiments qu'il a dû réprimer devant sa mère. Il y a dans l'adagio de l'air qui traduit ces sentiments, des recherches harmoniques qui se rendent la tonalité indécise. Pour le reste, M. Godard ne s'écarte pas du genre créé par Gounod, et son air de ténor n'est pas inférieur aux productions secondaires de l'auteur de *Faust*. Le premier acte, qui se termine par une reprise du chœur, est bien fait dans son ensemble. La contexture en est limpide et claire ; les parties sont nettement exprimées en musique, à part quelques légères négligences de prosodie. En somme, toutes qualités bien françaises que le compositeur aurait grand tort de renier.

À l'acte suivant, l'on est dans la montagne. Chose bizarre : le prélude nous a produit l'effet d'une danse grecque ; on dirait une page des *Érynnies* transportée dans les régions alpestres. Là où s'élèvent des montagnes, il y a fatalement des montagnards et ceux-ci, infailliblement, chantent en chœur. Le chant de ces villageois se passe comme leur pas. Toutefois, il est parmi eux un jeune couple qui a la manie chansonnière plus développée et se divertit longuement aux dépens de l'action. Celle-ci reprend à l'arrivée de Jocelyn, fuyant la persécution révolutionnaire. Dialogue avec le chœur ; intervention du vieux pâtre ; coups de fusil ; mort du père de Laurence qui confie à Jocelyn son enfant et reprise de l'ensemble. Toute cette scène est musicalement dépourvue d'intérêt. C'est du drame pur et la musique y est un obstacle plutôt qu'un stimulant.

Ceux qui liront Lamartine à l'effet de s'initier à la genèse de *Jocelyn*, feront bien de glisser sur les pages datées de la Grotte des Aigles. Elles tiennent si peu de place dans l'opéra que ce n'est guère que le nombreux des montagnards et l'exquise interprétation de Mme Caron qu'elles restent dans la mémoire.

Un prélude, d'abord (il y en a un à chaque tableau), sorte de pédale tenue de la majeur, avec appels lents et solennels des cors, dans une tonalité monotone et presque sourde qui donne l'impression du vide. (Dame ! à de hautes altitudes !) Vient ensuite une romance en deux couplets de Jocelyn et le duo avec Laurence. La romance avec accompagnement de violon solo est d'un dessin élégant mais peu original ; c'est un joli morceau de salon à publier séparément et qui ravira les sociétés où l'on chante avant de procéder au cotillon. Laurence, endormie, se réveille à la voix de son ami ; elle lui fait part de son rêve : sept mesures, interrompues par une courte phrase de Jocelyn et reprises ensuite, contiennent ce récit.

Il est curieux de voir combien peu l'auteur possède le sens du développement dans cette scène faite tout entière de pièces rapportées se suivant les unes les autres, sans aucun lien apparent, et constituant un véritable pot-pourri. L'absence de propulsion de la pensée musicale, l'absence de forme caractérisent ce duo qui n'a point d'envergure. Nulle interprétation de l'orchestre au moment où Jocelyn découvre que Laurence est une femme. La scène était à faire, mais il eût fallu un symphoniste et M. Godard fait bien voir qu'il ne l'est point. Les phrases à l'unisson, notamment celle qui termine le duo, lui donnent, en outre, un cachet de banalité peu digne des hautes sphères où planent les vers de Lamartine.

La scène dans la prison de Grenoble est traitée avec une certaine vigueur ; il y a des accents qui traduisent une situation poignante et l'idée d'un plan s'y trouve en partie réalisée. Un musicien plus habile eût cherché à tirer parti des chants révolutionnaires qui s'entendent au dehors et à produire d'intéressants contrastes. M. Godard n'a pas tenté de vaincre cette difficulté : ici, comme dans la tableau suivant de l'exécution sur la place de Grenoble, il s'est contenté de faire chanter les airs du temps, tels quels, sans les rattacher au discours musical qu'ils viennent interrompre sans produire d'autre effet. La page la plus faible de la partition est, à notre sens, cette grande scène révolutionnaire que l'on vantait par avance : le compositeur s'y dérobe avec une confiance dont la musique moderne offre peu d'exemples. Le spectacle est d'une animation curieuse et le metteur en scène a su fort heureusement remplacer la musique absent. Le thème funèbre de l'évêque marchant à l'échafaud, débute par une entrée fuguée en *pizzicato*, suivie du *Dies Iræ*. Sur ce motif liturgique se placent les paroles de l'évêque prononçant l'adieu suprême.

Le prélude du quatrième acte nous ramène à la Grotte des Aigles. Laurence y est restée seule et reçoit sans cesse la lettre par laquelle Jocelyn lui annonçait son retour. Cette lecture ainsi que la plainte de la jeune fille que vient interrompre le motif de la lettre, forme une sorte de lied qui n'est pas dépourvu de charme et que Mme Caron exprime délicieusement. À l'arrivée de la mère de Jocelyn, de Jocelyn lui-même et du pâtre, la scène prend un instant les allures du drame lyrique. Un souffle d'émotion traverse l'œuvre et permet à Mme Caron de montrer ses belles qualités de tragédienne. Au lieu de finir sur cette impression, les auteurs ont pensé, — conformément à la tradition — qu'un quatuor était nécessaire. Et ces personnages au comble de l'attendrissement mêlent leurs voix dans un ensemble chromatique dont le défaut consiste à affaiblir l'intérêt de ce qui précède.

Le court tableau nocturne qui représente la maison de Laurence, voit reparaître les motifs du 2e acte : celui de la romance, dans le prélude et, plus tard, le rêve de Laurence que celle-ci vient soupirer à sa fenêtre. Le petit chœur de couvines et la musique de scène sont d'une facture délicate rappelant, sans les faire oublier, des effets similaires déjà connus. Le dernier tableau s'ouvre par un carillon, morceau symphonique d'une belle venue, mais qui n'est qu'un hors d'œuvre, à l'instant suprême de la mort de Laurence. Dans la prière que la mourante adresse au ciel, dans le duo qui la met en présence avec Jocelyn, dans le curé de Valneige, il est des phrases mélodiques d'un sentiment expressif. Le rappel du prélude de la Grotte, une nouvelle indication du *Dies Iræ*, et le chœur lointain chantant l'Hosannah pendant que la pauvre femme rend l'âme, suffiraient à dépeindre ce triste moment. La phrase finale de Jocelyn : « Anges du Tout-puissant, couvrez-la de votre aile » qui revient pour la troisième fois paraît être une superfétation.

En résumé, *Jocelyn* est l'œuvre d'un musicien assurément doué d'un harmoniste ingénieux, auquel il reste encore beaucoup à acquérir. L'art des développements, l'ampleur de la forme échappent à M. Godard. Son instrumentation manque de timbre, de variété et parfois de distinction. Ce défaut est d'autant plus sensible, que les maîtres de l'école française, les Bizet, les Delibes, les Saint-Saëns, les Chabrier et tant d'autres, nous ont habitué à une perfection absolue que M. Godard n'a qu'à prendre pour modèle.

On ne saurait le défendre, malgré soi, de le juger avec quelque rigueur la prétention, avouée ou non, de refaire ce qui a été bien fait et de transformer en opéra des œuvres littéraires ayant produit, comme telles, tout ce qu'on en peut attendre. Mais, s'il est permis de critiquer les auteurs de *Jocelyn* sur ce point et sur la façon dont ils s'y sont pris pour former à l'aide de rubriques accessoires, un opéra quelconque, il est équitable aussi de reconnaître qu'ils ont fait preuve d'un respect que l'on n'observe pas chez leurs devanciers. La partition de *Jocelyn* ne renferme point de ballet, ce qui est un progrès. Il y a mieux encore : Laurence n'y chante point de valse, ce qui est parfait. Souvenons-nous que Marguerite, Juliette, Mireille et tant d'autres ont eu moins de chance. Plus heureuse que Gœthe et Schiller, le chantre d'Elvire n'a point subi l'outrage !

Si quelque chose peut contribuer à relever une œuvre où les

défaillances sont sensibles, c'est l'admirable interprétation dont elle est l'objet au théâtre de la Monnaie. M. Godard doit la plus entière reconnaissance, d'abord aux directeurs, qui se sont dévoués, corps et biens, on peut le dire, à la faire triompher malgré elles. La dépense d'énergie et de volonté dont a fait preuve, en particulier, M. Joseph Dupont, le soir de la première, à positivement électrisé l'orchestre et les chanteurs. Mme Caron et M. Engel ont l'un et l'autre déployé un talent incomparable dans des rôles, ingrats s'il en fut, dont l'absence de caractère exigeait un grand effort de création de la part des interprètes. Dans le rôle de l'évêque, M. Seguin a retrouvé la belle ampleur, l'énergie et l'accent des meilleurs jours. Enfin, les rôles secondaires confiés à Mlle Van Besten, Storeli, Legault et Falise, à MM. Vinche, Isnardon, Rouyer et Frankin, sont mis en évidence avec un soin remarquable. Les chœurs, qui prennent une large part à l'exécution, sont parfaits d'ensemble et de mouvement. La mise en scène et les décors font honneur au théâtre de la Monnaie. Tout est réglé avec intelligence, présenté avec cette entente de la scène qui fait de M. Lapissida une autorité en la matière.

Le public spécial, composé d'un grand nombre d'amis et de compatriotes des auteurs, a fait à la représentation de *Jocelyn*, un accueil enthousiaste. Il y a eu des applaudissements et des rappels après chaque tableau. L'auteur de la musique a été appelé et ovationné à la fin du spectacle.

Nous avons entendu dire que le succès de *Jocelyn* était une protestation contre les tendances d'un parti qui voudrait imposer à MM. Dupont et Lapissida de jouer exclusivement des opéras de Wagner. Sans relever ce qu'une telle supposition offre de puéril, nous voulons épargner à M. Godard l'injure de supposer que ce succès est dû à une circonstance fortuite, étrangère aux mérites de son ouvrage. Nous croyons au contraire que ses amis et les admirateurs de son talent lui ont décerné des applaudissements sincères et qu'ils n'ont point obéi à un prétexte, dû au hasard, pour manifester des sentiments que l'absence de toute polémique eût condamnés au silence.   E. E.

Toujours à propos de « Jocelyn ».

Vous venez de voir que *Jocelyn* a obtenu le « brillant succès » que je lui souhaitais. L'interprétation tout à fait hors de pair donnée à l'œuvre par les directeurs de la Monnaie, a sauvé ce qui pouvait être sauvé de cette faible partition et de ce drame monotone. Je n'ai donc pas une ligne à retrancher de l'article que j'ai publié dans ces colonnes avant la première représentation.

Il m'a valu, il est vrai, de véhémentes critiques, des reproches amers, et peut-être m'aura-t-il fait plus d'un ennemi. Ce n'en ai aucun souci. C'est une petite tempête qui passera tôt, comme d'autres ont passé, sans m'émouvoir. J'ai cru devoir élever modestement la voix contre l'industrialisme artistique. Quoi de plus naturel que d'avoir eu tous les industriels, comme des roquets, aboyant à mes trousses.

Et après? Cela me prouve que *Jocelyn* ne *survit*, ni que j'aie eu tort de le dire devant que les chandelles fussent allumées. J'avais eu soin de réserver l'impression de la représentation et de bien marquer que je n'entendais apprécier la chose de M. Godard qu'au point de vue de la facture, des principes de la composition artistique et des lois absolues de l'harmonie sans lesquelles il n'y a pas d'art.

Je ne crois me m'être trompé de beaucoup. Mais il paraît néanmoins, que c'est très vilain ce que j'ai fait là.

Ah! si j'avais dit autre chose, par exemple : Que *Jocelyn* est une œuvre d'art parfaite en toutes ses parties, inspirée, pleine de souffle et d'expression, un admirable, un incomparable chef-d'œuvre, on m'eût certainement tressé des couronnes et peut-être offert une loge à côté des ducs et des princes. Avant la représentation, il est permis de dire d'une pièce de théâtre toute le bien imaginable, de la trouver excellente, dramatique, saisissante, bien faite; mais il est défendu de dire le contraire, de douter qu'elle soit bien construite et conforme à l'esthétique particulière de la scène.

Soit! Cela m'étonne un peu, je l'avoue. Il m'avait semblé jusqu'ici que l'éloge anticipé, comme le blâme anticipé, constituaient au même titre ce qu'on appelle un jugement, une appréciation (1). Je vois,

aux clameurs provoquées par mon article, que je m'étais trompé, et me voilà bien convaincu désormais que la raison ne doit pas s'accorder avec ce qu'on écrit quand on a le malheur d'être un critique. Je remercie l'illustre Besson, l'aimable Comettant, et aussi mon brave ami Lucien Solvay, de m'avoir ouvert les yeux sur cette vérité. Je l'avais soupçonnée vaguement en lisant leurs écrits; maintenant elle m'apparaît lumineuse.

Les lecteurs du *Guide* m'excuseront de les occuper d'une question personnelle, mais il faut bien que je me défende, puisque j'ai été attaqué vivement de divers côtés, même par ceux qui me devraient peut-être quelque reconnaissance pour avoir contribué dans une très large mesure à transformer en un succès (brillant !) ce qui serait très probablement devenu une chute éclatante, sans les passions déchaînées.

Oui, les passions, et les pires de toutes : les passions politiques. On les a introduites dans cette question d'art. Sachez qu'au fond de tout cela il s'agissait non de la valeur plus ou moins contestable d'un opéra nouveau; il y avait bien autre chose : une ligue! oui, une conspiration, et ourdie avec un machiavélisme devant lequel feu Machiavel lui-même aurait tremblé, car seul Bismarck pouvait inspirer; un formidable complot contre les artistes français en général et en particulier contre la musique française.

La *République française*, journal très sérieux et non moins prudent, avait entendu parler de ce complot et elle n'osait y croire. Un de ses rédacteurs consulta le *Ménestrel*, journal facétieux quelquefois (voir la correspondance de Bruxelles du dernier numéro); vite on courut chercher un exemplaire du *Guide*.

La preuve du complot était là, indéniable, irrécusable, complète, patente..... l'article, l'odieux article.

Mettre en doute le génie de David la Gamme et cela sur une simple lecture de sa partition ! Quoi de plus clair !

Et gravement la *République française* imprima cette prodigieuse bêtise : qu'une ligue s'était formée, une ligue d'horribles wagnériens, de monstrueux allemands, de gens hirsutes animés du *furor teutonicus*, pour faire tomber *Jocelyn*, œuvre française !

Si cette énorme fumisterie pouvait un seul moment être prise au sérieux, je me reposerais très tranquillement du soin d'en mettre à nu tout le ridicule sur les parfaits camarades que je crois avoir dans la presse et dans le monde artistique de Paris. Ils connaissent pour les avoir éprouvés depuis de longues années quels sont mes véritables sentiments. J'ajouterais que j'ai quelques lettres d'artistes (et de très grands artistes) français à moi adressées dont je pourrais faire état, si l'invention de ce prétendu complot n'était absolument inepte et digne, en tout point, du *Ménestrel*.

Cette attristante manie de voir partout la main de Bismarck et de mêler les querelles de la politique aux choses de l'esprit va-t-elle gagner jusqu'à la critique d'art?

J'ai lu quelque part que M. Godard aurait été très applaudi s'il s'était appelé Godaert ou Godhardt. La plaisanterie est drôle, mais ce n'est pas tout à fait juste. Le public, très éclectique, se préoccupe assez peu de connaître l'origine de ce qu'on lui joue; il applaudit ce qui le saisit et l'émeut; il ne siffle pas bêtement et stupidement un opéra parce que le nom de l'auteur s'écrit Wagner et non « Vagnaire ».

Ne déplaçons les questions d'art, s. v. p. Si *Jocelyn* avait été ce qu'on avait annoncé depuis deux mois sur les tons les plus divers, dans la presse et dans les cercles artistiques, j'aurais été le premier à faire ma modeste partie dans le chœur des thuriféraires de M. Godard.

Je suis fâché que l'œuvre ne renferme pas les beautés promises et ne m'ait pas offert l'occasion de prouver que les convictions wagnériennes les plus ardentes s'alliant très bien avec l'admiration du beau sous quelque forme qu'il se présente. J'ai dit simplement ma déception, en l'appuyant de raisons développées, il me semble, avec beaucoup de calme. Il ne me déplaît pas de constater que j'ai touché juste et me voir confirmés, par les impressions de la première, et plus encore par celles de la seconde, le jugement porté sur l'œuvre à l'examen de la partition. Cette simple constatation suffira, je pense, pour prouver combien l'appréciation était impartiale, exclusive de tout parti pris, de tout esprit de système comme de toute hostilité personnelle contre les auteurs. J'attends paisiblement la suite de cette piquante aventure !   MAURICE KUFFERATH.

(1) Un journal français a parlé à ce propos de « Procédé incorrect ». L'*Indépendance belge* du mercredi 29 février, relève spirituellement l'injustice de ce reproche. « Le procédé du *Guide*, pourquoi est-il incorrect? Parce qu'il y a irrévérence vis-à-vis d'une œuvre, et peut-être... Non ! Parce qu'il admet l'éloge anticipé? Parbleu s'il l'admet! Ils l'admettent tous. Ils ne demandent que cela. Et si un critique, s'inspirant uniquement de ses sympathies ou de ses préférences personnelles, s'arroge le droit de *jeter la faveur* sur leur œuvre fût-ce un mois avant son apparition, ils n'ont garde de lui

dire : « Attendez pour le louer qu'elle se produise dans son cadre. » Au contraire, ils sont ravis, et volontiers ils diraient à la façon de Dupuis des *Variétés* : La voilà, la vraie critique, la voilà! »

« Bon pour l'éloge, cela. Jeter la faveur, tant qu'on voudra. Monter le coup au public, à la bonne heure. Mais être sous opinion tout bêtement, avant de lever du rideau, si elle n'est pas absolument enthousiaste, halte-là, c'est incorrect! Un peu de logique, de grâce. Si les compositeurs et leurs amis crient à l'incorrection et à la conspiration pour un éreintement qui peut-être ne devancera que de bien peu de jours le jugement du public, à moins qu'il ne soit infirmé, ce qui arrive aussi à l'éloge prématuré — qu'ils commencent par s'entendre pour rompre avec la tradition des réclames avant la lettre. »

Théâtres et Concerts

Chronique de la Semaine

PARIS

Cette semaine, notre élite musicale et artistique a pu goûter une jouissance rare : nous avons entendu, hier dimanche, la magistrale Trilogie d'ouvertures composée par M. Vincent d'Indy, pour le poème dramatique en trois parties de Schiller, *Wallenstein*.

Enfin, grâce à M. Lamoureux, l'homme de toutes les belles initiatives, l'incorrigible champion des grandes et difficiles causes, le public a pu juger dans son ensemble, que dis-je, juger… admirer et applaudir à tout rompre cette œuvre capitale, témoignage incontestable des qualités exceptionnelles de son auteur.

Génie de la combinaison poussé à un degré extraordinaire, science approfondie de l'orchestration, habileté surprenante à manier, à transformer les thèmes, relief et caractère saisissant de ces thèmes, intérêt soutenu de l'harmonie et du rythme, sentiment puissant de la grande construction symphonique, clarté et impeccabilité du plan tonal, goût raffiné pour la couleur et le pittoresque, recherche heureuse de moyens, d'effets nouveaux, et sûreté rare dans leur emploi… je n'en finirais pas d'énumérer tout ce qu'on peut trouver de talent naturel et d'expérience acquise, en un mot, de facultés diverses et bien peu souvent réunies, dans l'œuvre de M. d'Indy.

Et qu'on ne dise pas que cette maîtrise poussée à ses extrêmes limites est incompatible avec le sentiment et l'émotion…… J'en appelle aux auditeurs d'hier : est-il ardeur plus entraînante, plus vivante animation que celle de la première partie, *le Camp?* Que d'imprévu piquant, que de captivante variété !… Et dans la deuxième partie, *Max et Thécla*, quelle tendresse chaste, arrivant à la passion intense, dans cette phrase de Thécla, d'un si beau développement qui passe de la clarinette aux violoncelles et altos, et s'exhale à la fin, soupirée par le hautbois, avec une si touchante mélancolie !.… Et dans la *Mort de Wallenstein*, quelle âme rebelle à toute poésie se refuserait à subir la mystérieuse fluctuation des grandes ondes harmoniques du début, à sentir la majesté sombre et profondément pathéthique de la péroraison !

Il a fallu douze ans pour que cette Trilogie, unique en son genre, fût achevée et présentée au public en son entier, avec la parfaite exécution qui lui était nécessaire ; douze ans pour qu'elle se révélât avec l'intérêt de ses contrastes et de son étroite unité (1). Et dans ce laps de temps donne la mesure des progrès accomplis en France par l'art novateur dont M. Vincent d'Indy, parmi un certain nombre toujours grandissant d'autres musiciens, est un des représentants les plus qualifiés et les plus doués, un des tenants les plus vaillants et les mieux armés, et parmi les jeunes, le plus en lumière, et à juste titre.

J'avoue ici, avec mon admiration pour l'auteur, une tendresse particulière pour sa Trilogie sur *Wallenstein*. Cette œuvre, que j'ai vue naître et grandir peu à peu (2), résume et replace plus spécialement sous mes yeux une période de luttes, de foi agissante, militante isolés et d'ardent ingrats, d'espoirs à leur aurore, d'essais de plus en plus mûris, et conçus dans une pensée exclusivement artistique. C'est là ce qui rend plus significative encore la victoire remportée hier, à la fois, par le talent personnel de l'auteur, et par la cause qu'il représente… Le *Chant de la Cloche*, cette œuvre d'ailleurs hors de pair, couronnée au Concours de la ville de Paris, s'était présentait au public sous le patronage d'un jury éclairé, avec le prestige d'une recommandation officielle, collective et autorisée, après une épreuve des plus favorables devant un public choisi… La *Symphonie cévenole* de l'an dernier était l'œuvre exquise, étincelante, et de proportions plus accessibles, d'un auteur d'une réputation déjà établie, classée… La Trilogie exécutée hier a été conçue, longuement portée, couvée, caressée, parachevée, avant la trop tardive consécration du succès et la période de la pleine lumière. Si par l'ampleur de son plan général, par la sévérité de sa sonorité exclusivement orchestrale, par l'ensemble de son abord tant soit peu fier, elle a déconcerté quelques timides, trop vite lassé quelques amateurs aveugles, et laissé quelques aveugles dans leurs ténèbres irrémédiables, elle a inspiré le respect aux hostiles, elle a fait éclater les applaudissements des clairvoyants, et soulevé les bravos de tous ceux (ils sont nombreux et le deviennent de plus en

(1) C'est surtout le *thème dominateur de Wallenstein*, planant sur les trois ouvertures, et se dressant, en sa majesté finale, aux passages décisifs, qui met le sceau à l'unité de cette Trilogie.

(2) Chacune de ces ouvertures a été donnée à part, successivement, soit aux *Concerts Populaires*, soit à la *Société Nationale*, avec des exécutions diversement insuffisantes… Je tiens néanmoins à rendre hommage ici, en cette occasion, à l'esprit hospitalier et à l'initiative, fort méritoire alors, de feu Pasdeloup.

plus) qui comprennent de quel côté est l'art qu'il faut encourager… Si je ne me trompe, cet accueil a dû être particulièrement doux à l'auteur.

Au surplus, M. Vincent d'Indy suit sa voie ; il sait ce qu'il fait, et le fait sans forfanterie, ni faiblesse. Honneur donc à lui, honneur aussi et merci à M. Lamoureux !

A la fin de ce concert, le même et nombreux public a trouvé l'occasion bonne pour acclamer à la fois Wagner, *Lohengrin* et M. Lamoureux. M. Van Dyck, que nous avons la bonne fortune de posséder pour quelque temps, a chanté le rôle de Lohengrin avec son autorité grandissante, avec sa voix toujours vigoureuse et sa remarquable diction ; quel dommage de ne plus le voir à la scène ! Attendons Bayreuth… Mme Brunet-Lafleur met dans le rôle d'Elsa tout le charme de sa belle voix et de toute son intelligence. Rappels et applaudissements chaleureux à ces deux artistes, bien entendu.

Le concert à prix réduits donné jeudi dans l'après-midi au Cirque d'Été, par M. Lamoureux, a réussi at delà de toute espérance. Salle comble, comme aux dimanches. Enthousiasme, trépignements et ovation à M. Lamoureux, après l'ouverture du *Tannhæuser* ; c'est l'accession d'une nouvelle portion de public qui ne demande qu'à se former… Grandissime succès pour Mme Essipoff et Montalba. Le jeu exquis, la nuance délicat de la première, surtout dans les petites pièces de piano seul, le beau style, la rare diction de la seconde ont été fort appréciés.

Au dernier concert donné à la *Trompette* de M. Lemoine, j'ai entendu avec un plaisir extrême l'exécution de quatre transcriptions de J. S. Bach par Saint-Saëns ; je me fais un devoir de signaler le nom du jeune et très remarquable pianiste, M. René Chansarel, à l'attention de mes lecteurs. Cette admirable musique de Bach, extraite, par un musicien d'un goût parfait, de sonates de violon et de cantates, a été jouée avec un talent qui sort vraiment de l'ordinaire. M. Chansarel, du reste, doit donner en avril, salle Érard, un concert dirigé par M. Lamoureux, concert où on pourra le juger plus à fond, et auquel je ne manquerai pas d'assister.

Comme l'enfer de Milton, nos théâtres musicaux sont pavés de bonnes intentions. L'ère des promesses n'est pas close. Jugez-en : A l'Opéra, on nous annonce pour l'année prochaine l'*Orphée* de Gluck, formant la première moitié du spectacle qui terminera la *Tempête*, le nouvel ouvrage de M. Ambroise Thomas. Le directeur de notre Conservatoire vient, paraît-il, de quitter Rome pour Hyères afin de terminer son ballet. Ce ne sera pas de la « musique de l'avenir » a à coup sûr, puisque ce sera de la « musique d'Hyères ». Il y a aussi quelque part sous roche une *Circé* du même auteur, laquelle, dit-on, n'est nullement mythologique. Je respire. L'action se passe même en Espagne au commencement de ce siècle. Ceci c'est pour M. Paravey, qui pourrait en faire un spectacle avec *Echo et Narcisse* de Gluck, puisque le vent souffle de ce côté.

C'est égal, l'*Orphée* de Gluck monté par MM. Ritt et Gailhard, ce sera curieux.… Nous aurons Mlle Renée Richard pour Orphée, Mme Bosman pour Eurydice… En octobre prochain, grande solennité, première représentation du *Roméo et Juliette* de Gounod, sur la scène de l'Académie Nationale… Attendez, ce n'est pas tout. En septembre, première représentation de *Zaïre*, de MM. Louis Besson et Blau, musique de M. Véronge de la Nux… Enfin, pour l'Exposition de 89, *Ascanio*, l'ouvrage nouveau de MM. Paul Meurice et Louis Gallet, musique de M. Saint-Saëns… Voilà bien de la besogne sur la planche !

A l'Opéra-Comique, M. Soulacroix vient de remporter un très grand succès dans *Zampa*. L'Élysée c'est me mène dérangé pour cette reprise de l'œuvre d'Hérold ; et ce jour-là, M. Paravey étant absent, c'est M. Gandrey qui a reçu le président Carnot… Où donc était M. Paravey, à un moment où de toute façon sa présence est et nécessaire ? Chez vous, à Bruxelles, sans doute, écoutant *Jocelyn*, et supputant, d'après l'effet et l'accueil, les chances du futur *Roy Blas* qu'il songe déjà à monter… On conseille beaucoup à M. Paravey le *Benvenuto Cellini* de Berlioz, que M. Carvalho avait tant promis.

BALTHAZAR CLAES.

BRUXELLES

La première des six séances de musique historique organisées par M. Ernest Huysmans, à la salle Marugg, a eu lieu samedi 22 février. Le programme de cette séance était consacré aux maîtres italiens et l'on a entendu successivement des œuvres de Claudio Casciolini, de l'abbé J. Baini, de Cavalli, Legrenzi, Corelli, Caccini, Carissimi, Stradella, Pergolèse, Tarsini et Marco de Gagliano. Une indisposition de l'organiste assourdit lui-même, a dérangé quelque peu l'ordre du programme. Mais on n'en a pas moins applaudi les interprètes et tout particulièrement la belle voix et le style de Mlle Dyna Beumer qui prêtait son concours à cette première soirée. Citons parmi les morceaux les plus applaudis l'admirable sonate pour violon et piano de Corelli, parfaitement exécutée par MM. Agniez et Dubois et des mélodies chantées par M. le baron de Fierlant.

L'entreprise tentée par M. Huysmans est de celle que l'on doit encourager parce qu'elle a pour but l'instruction et le développement du goût musical. Disons à ce propos qu'on avait eu l'excellente attention de distribuer aux auditeurs des notes biographiques sur les compositeurs figurant au programme.

Public très choisi et très élégant au concert annuel donné, mercredi dernier, par Mme Cornélis-Servais, et le violoncelliste Jacobs, et succès très complet pour les deux artistes. Mme Cornélis-Servais a chanté notamment deux des cinq romances que Richard Wagner a publiées séparément sous le titre de *Cinq Poèmes* et qui sont des esquisses pour Tristan et Iseult. Mme Cornélis-Servais, très en voix, a dit en outre, avec une belle allure, le grand air de *Œdipe* de Gluck. Une des pièces les plus réussies du programme de cette soirée, a été le trio de Kurtchmann, dans lequel on a entendu Mlle Palise et le ténor Moussoux. Enfin Mme de Zarembska a interprété avec son jeu élégant et perlé, deux des plus jolis morceaux de feu Zarembski, la *Bocarolle* et la *Tarentelle*.

La reprise d'*Ali Baba* au théâtre de l'Alhambra a pris les proportions d'un succès. Dimanche, par deux fois, la salle a été comble. A la matinée assistaient les critiques parisiens venus à Bruxelles pour la « première » de *Jocelyn*; ils n'ont pas manqué d'exprimer à M. Oppenheim leur admiration pour la mise en scène et l'excellente interprétation de la pièce de M. Lecocq. Bientôt aura lieu la « centième. »

ANVERS.

La représentation de *Liederick* à notre Théâtre Royal, a été un très honorable succès pour les auteurs de cet ouvrage. Vous n'attendez pas de moi l'analyse de la pièce. Elle est très faible et d'une naïveté qui fait sourire. Pour la première fois qu'une pièce flamande passe de la *moedertaal* au français, la nécessité d'une translation de ce genre n'a pas paru bien démontrée. M. Lagye a très habilement adapté ses couplets français à la musique de M. Mertens, mais il n'est point parvenu à donner à l'action inventée par M. Paul Billiet, l'intérêt et la gaieté qui lui manquent.

Quant à la partition de M. Joseph Mertens, elle avait déjà été applaudie plusieurs fois, on le sait ici au Théâtre Flamand, de même qu'à Bruxelles où elle fut, si je ne me trompe, chantée en 1878 au Théâtre de l'Alhambra alors voué au drame et à l'opéra flamand. Elle a conservé ses qualités de clarté mélodique, de facilité et de verve. Les couplets de l'armurier ont une jolie allure rythmique et dans le duo comique du 3e acte, comme dans les couplets de Rosette, au premier, il y a de piquants détails. L'œuvre datant d'une quinzaine d'années, est nécessairement conçue dans les formes consacrées du genre, sans aucune recherche de nouveauté. Il est très malheureux pour M. Mertens, qu'un bon livret et les encouragements lui aient fait défaut : il était certes doué pour donner au théâtre national une œuvre de valeur.

M. Mertens conduisait lui-même l'orchestre et il a été à plusieurs reprises au cours de la soirée très chaleureusement applaudi, notamment après le premier et le deuxième acte.

Dimanche, on a redonné *Liederick* avec la *Fille du Régiment*. Six actes!

Nous avons eu, cette semaine, un début intéressant : celui d'un professeur de l'Ecole de musique, M. Fontaine, dans le rôle de Méphistophélès du *Faust* de Gounod. Vous connaissez la belle basse profonde de ce chanteur. M. Fontaine a complètement réussi. La ronde du *Veau d'or* a été bissée et l'artiste a été accueilli d'un bout à l'autre de son rôle d'une très chaleureuse façon. Sa première bataille, en somme, a été une victoire éclatante.

La Société de Symphonie annonce pour le 5 mars, un grand concert consacré à l'audition d'œuvres de Wagner. Je vous en adresse le programme. (*Voir la couverture*).

GAND.

Grand-Théâtre.—Mercredi 22 février, *Martha*; Vendredi 24, *Patri!*; Dimanche 26, *les Dragons de Villars* et *Mireille*; Lundi 27, *Aïda*.

Paladilhe et Louis Gallet, les deux auteurs de *Patri!* ont assisté vendredi dernier à une représentation de leur œuvre; ils venaient de Paris en Belgique pour en surveiller la représentation générale à Anvers. Ils ont été appelés sur la scène, après le quatrième acte, et c'est là l'objet d'une manifestation aussi chaleureuse que spontanée. Paladilhe nous reviendra, paraît-il, le 15 mars, pour diriger la représentation gala de *Patri!* que la direction organise à l'occasion d'une visite du Roi. Je saute rapidement sur une mauvaise exécution de *Martha*, et sur la représentation convenable de dimanche, pour dire quelques mots de la reprise d'*Aïda*, attendue avec une certaine curiosité. Selon son habitude, M. Van Hamme a donné tous ses soins à la mise en scène. Mais, à part sōrte que celle-ci, à part quelques détails insignifiants, est parfaitement réglée; mais l'interprétation a laissé à désirer dans son ensemble; pour ne pas parler de l'orchestre, des chœurs semblaient avoir trop peu répété, et les principaux artistes n'ont fait qu'avoir de bons moments, ce qui n'est pas suffisant. C'est ainsi que Mme Laville-Ferminet et M. Merrit se sont fait applaudir après le duo de la scène aux bords du Nil, et que M. Merrit, en particulier, a chanté d'une manière remarquable le dernier

tableau. La nouvelle contralto, Mme Rouvière, à paru jouer non sans talent, quoiqu'avec assez d'exubérance; la voix dont le timbre semble beau, a moins plu mais il serait injuste de la juger d'après cette première audition et nous l'attendons dans *Lohengrin*.

Le Conservatoire a commencé samedi, sa nouvelle série de concerts d'abonnement, par une intéressante séance dont la septième symphonie de Beethoven, et le concerto de piano de Gabriel Pierné, exécuté par l'auteur, faisaient les principaux frais. Je n'ai pas besoin de parler de la symphonie qui a été rendue dans la perfection par l'orchestre de M. Samuel, malgré les difficultés sérieuses de cette belle œuvre; je m'étendrai plutôt sur Pierné que j'ai eu le plaisir de voir après le concert, à une petite réunion charmante, mais tout intime, dans les salons du directeur du Conservatoire. Né à Metz en 1863, Gabriel Pierné, se rendit à Paris en 1871; après la reddition de sa ville natale. Il fit ses études musicales au Conservatoire de Paris, passa notamment, par les classes de Marmontel et de Massenet, et remporta successivement les premiers prix de piano, harmonie, orgue, fugue et contrepoint; enfin en 1882, il fut proclamé lauréat au concours pour le prix de Rome, avec sa cantate : *Edith*. Il partit immédiatement pour la Villa Médicis, et passa trois ans avec Grieg et d'autres jeunes compositeurs; il fit les trois envois réglementaires et adressa au gouvernement français une ouverture symphonique, une suite d'orchestre, et les *Elfes*, poème dramatique que notre Conservatoire a la dimanche matin et qu'il exécutera dans quelques semaines. Outre les œuvres citées ci-dessus, Gabriel Pierné a fait paraître plusieurs mélodies parmi lesquelles plus d'une est déjà célèbre : *le Moulin*, *Hymne à l'Amour*; je mentionne spécialement cette adorable fantaisie, *la Rieuse*, mise en musique d'un ravissant conte en prose de Catulle Mendès;—puis des morceaux de piano, un impromptu, une humoresque, entr'autres, et un joli cahier de scènes enfantines; *l'Album pour mes petits amis*. Tout jeune encore, puisqu'il n'a pas encore vingt-cinq ans, Pierné a déjà un respectable bagage musical derrière lui, et l'échantillon qu'il nous en a donné samedi, permet de l'estimer fort bon. Son concerto de piano (1886), qu'on revêt pas la forme classique du concerto et se compose de trois allegros successifs, est une œuvre originale, jeune, pleine de qualités et surtout d'idées; l'orchestration en est habile et vraiment remarquable; ce qu'on peut reprocher à l'auteur, c'est d'avoir le souffle un peu court, la phrase trop brève; mais ce peut être là un défaut de jeunesse, que l'expérience corrigera. Tel quel, le concerto a eu un très grand succès il a fait rappeler deux fois l'auteur; je dis avec intention l'auteur, car je pense que c'était à lui surtout que s'adressaient les applaudissements, l'exécutant étant, doué d'un mécanisme prodigieux, mais manquant de sentiment au point de jouer parfois avec sécheresse. Les petits morceaux qu'il a fait entendre dans la seconde partie et la Sérénade pour instruments à cordes ont également été fort appréciés et ont montré en Pierné une sorte de Schumann français, très délicat et très poétique, très fin et très délicat. Un remarquable *Andante* d'une symphonie de M. Samuel, à qui nous avons déjà souvent fait la reproche d'être trop avare de ses œuvres, l'ouverture d'*Athalie* et la marche nuptiale du *Songe d'une nuit d'été* complétaient le programme de ce concert aussi intéressant qu'agréable.   P. B.

LIÈGE

Grand-Théâtre. — Mardi 21, la *Reine de Chypre*; jeudi 23, *Rigoletto*; dimanche 26, la *Reine de Chypre*, la *Poudre aux yeux*; mardi 28, les *Vivacités du capitaine Tic*; *Rigoletto*.

Le concert de la Société l'*Emulation*, tant de fois remis, a eu lieu samedi. Grande affluence, comme on pouvait s'y attendre, les auditions de musique étant trop rares au goût du public.

Les soli principaux de *Samson et Dalila* étaient chantés par Mlle de Saint-Moulins et M. Davreux, amateur; MM. Bucognani et Guillabert, artistes du théâtre. On a jugé combien peuvent être supérieurs ceux qui font de l'art par goût à ceux qui chantent le répertoire. — L'interprétation a été satisfaisante dans son ensemble. Remarquons toutefois la tendance liégeoise à prendre les mouvements trop lents. Cela est fâcheux, surtout lorsqu'il s'agit d'une œuvre de Saint-Saëns, qui a tant prêché l'emploi du métronome.

Le *Cercle choral* a été correct dans la première partie; le second, qui se compose de soli, a fait le succès de la soirée; on aurait voulu entendre en entier le duo de Dalila avec Samson; le finale de l'œuvre exécuté dans une nuance *forte* si marquée que cela ne saurait s'appeler du chant..... Attribuons-le au nombre insuffisant des répétitions avec orchestre : le concert se devait être une répétition générale. Mais le nerf de la guerre n'est-il pas aussi celui de la musique?   F. V. D.

Nouvelles diverses.

On nous écrit de Londres :

« *Babette*, dont le livret est de MM. A. Murray et J. G. Mosenthal, la musique de M. Gustave Michiels, vient d'être représentée la semaine dernière au Strand Théâtre. C'est un opéra-comique fondu dans les vieux moules. Le livret est d'un intérêt suffisant et développé avec une habileté qui trahit un compositeur dur et fait au théâtre. Les scènes finales de chaque acte, sans compter le finale, produisent cependant de l'effet; et le livret fournit aux artistes capables de mettre de l'individualité dans leurs rôles, des situations dont ils peuvent tirer bon parti.

» La musique est d'un genre plus élevé. Son auteur, M. Michiels, inconnu jusqu'ici en Angleterre, à été confondu par un des princes de la critique hebdomadaire avec le perpétrateur de la célèbre *Patrouille turque*. Sachez qu'il n'a rien de commun avec lui. M. Michiels est un débutant. Son œuvre arrive à point nommé et atteste les hautes aptitudes de son auteur pour le genre dramatique léger. Si le succès de *Babette* ne dépendait que de la partition, il est évident qu'un nombre de représentations égal à celui des *Cloches de Corneville* lui serait assuré. »

L'Amérique ne parait pas porter bonheur aux entreprises dramatiques. La *National Opera Company* qui s'était élevée sur les ruines de l'*American Opera Company* vient de se dissoudre après avoir désespérément lutté contre la déveine. Les pertes sont évaluées à 100,000 dollars.

Le pianiste Bernad Stavenhaagen, l'un des derniers élèves de Liszt, vient d'obtenir, à Saint-Pétersbourg, des succès tout à fait extraordinaires. Les journaux russes en font un éloge qui touche à l'enthousiasme.

Le violoniste belge César Thompson, est attendu à Vienne, où sur l'invitation de Mᵐᵉ Lucca, la célèbre diva, il donnera une série de concerts. On se rappelle que M. Thompson avait obtenu l'année dernière, le plus éclatant succès dans la capitale de l'Autriche-Hongrie.

Il est question à Londres, de construire un nouveau théâtre, qui serait destiné à l'opéra anglais de Carl Rosa, et qui serait inauguré avant la fin de l'année. L'opéra anglais aurait ainsi dans la capitale anglaise une demeure permanente.

Les journaux de Londres, constate que Mᵐᵉˢ Hadkinson-Seiffert et M. Henri Seiffert, ont exécuté, avec succès, le 15 février, au Crystal Palace, à Londres, la première des airs de Mendelssohn et de Bach, le second, la romance pour violon de Svendsen, et une partie du 2ᵉ concerto de Wieniawski.

C'est décidément le Dʳ A. C. Mackenzie, auteur de *Colomba*, la *Rose de Sharon* et de l'*Histoire de Layeld*, qui remplace feu sir·George Macfarren, comme principal de la Royal Academy of music, de Londres.

Notre correspondant d'Italie nous écrit :

« Mes prévisions se sont réalisées quant à *Otello*. Le succès va croissant. A Turin on refuse du monde aux représentations de cet ouvrage; peut-être en sera-t-il de même lorsqu'à Naples où la première impression n'a pas été entièrement favorable.

» A la dépêche du syndic qui lui annonçait le triomphe de son œuvre, le célèbre compositeur a répondu en ces termes : « Je » m'honore de votre aimable télégramme, heureux que Naples ait » voulu faire bon accueil aux notes du vieux maëstro. »

» A la Scala de Milan on continue de jouer la *Juive* et l'*Africaine* devant des salles vides, en attendant la *Favorita... et Lohengrin*. »

Lohengrin est en répétition au théâtre communal de Trieste et passera à la fin de ce mois. On signale également au Casino Schiller, en la même ville, une exécution d'œuvres wagnériennes qui a obtenu le plus grand succès.

VARIÉTÉS

ÉPHÉMÉRIDES MUSICALES ⁓

— Le 2 mars 1833; à Bruxelles (salle du Grand-Concert), concert de John Field. — « Ce pianiste, dit le *Courrier belge*, s'est montré digne de la haute réputation qui l'entoure et son jeu ou dominent constamment une grande sagesse, une parfaite régularité, est d'une rare précision. La grâce, car elle a été l'idole de la soirée, y préside partout et toujours. Ce genre une fois admis, M. Field s'y est montré supérieur à presque tout ce qu'on a entendu. Il a une manière de son, une manière de chanter qui n'appartient qu'à son beau talent. Sous ses doigts, les touches vibrent comme si elles étaient de métal, comme si le son était produit par une flûte de cristal; il y a expression et durée; toute l'idéalité d'un pianiste est dans ces deux mots. »

John Field, né à Dublin le 24 juillet 1782, est mort à Saint-Pétersbourg, le 13 janvier 1837. Les spirituels et le champagne, qu'il buvait avec excès, avaient miné sa robuste santé en détruisant peu à peu ses belles qualités d'exécutant. Il était bien rare que Field ne se trouvât pas, après dîner, dans un état d'ébriété voisin de l'ivresse. Et c'était ainsi tous les jours, surtout ceux où il devait se faire entendre en public. Un soir, à Paris, au sortir d'un concert où il avait fait merveille, Liszt et Chopin furent obligés de le prendre sous le bras pour le ramener à son hôtel. Une autre fois, en Allemagne, Field se perdit si complétement au beau milieu d'un concerto de sa composition, qu'il fit signe à l'orchestre de se taire, souffla les bougies qui brûlaient sur le piano, et tint longtemps le public sous le charme d'une improvisation merveilleuse.

— Le 2 mars 1802, à Montpellier, naissance d'Adolphe Nourrit. Sa mort à Naples le 8 mars 1839, à l'âge de 37 ans.

On sait que Nourrit, suppléant auprès du public parisien par Duprez, s'en alla achever en Italie sa carrière musicale et finit par s'y suicider. On a généralement attribué ce suicide à un coup de sifflet qu'aurait désespéré M. Legouvé, dans les *Soixante ans de Souvenirs*, affirme que là il ne faut pas chercher la cause de cet acte de désespoir. La vraie cause est celle-ci:

Impressionné par le triomphe de Duprez, Nourrit avait cherché à modifier son système de chanter, à transformer sa voix en quelque sorte; il avait pris une série de leçons à Donizetti qui avait été pour lui un maître presque féroce et tout à fait décourageant. Il avait, en vain, essayé de chanter à Naples dans une série d'opéras où il se croyait supérieur; le roi de Naples avait interdit ces pièces. Il parut enfin dans la *Norma*, de Bellini, et dans *Il Giuramento*, de Mercadante, mais, malgré les applaudissements du public, il sentit lui-même que sa voix avait perdu ses qualités propres, le charme, la mélodie, la tendresse, la demi-teinte et que Donizetti ne lui avait donné en échange que l'énergie de l'accent. Il se mit à désespérer. Les bravos du public lui semblèrent de la moquerie.

Un soir, le spectacle fini, il rentra avec sa femme. Ils soupèrent ensemble, lui agité et silencieux. Il se couchèrent; elle le vit prendre un livre et lire, toujours sans prononcer un mot. Accablée de fatigue vers les trois heures du matin, elle s'endormit. En se réveillant, elle ne le trouva plus auprès d'elle. Elle se lève, elle court... Le malheureux était monté au haut de la maison et s'était précipité du cinquième étage dans la cour.

— Le 4 mars 1832, à Paris (Concerts du Conservatoire), *Calme de la mer, heureux voyage*, chœur à quatre voix, de Beethoven. Dédié à Gœthe, l'auteur de la poésie, composée en 1815, publié en 1822. Dans une lettre à l'archiduc Rodolphe, août 1812, Beethoven écrit ceci : « J'ai été beaucoup avec Gœthe, » sans rien ajouter de plus. On a remarqué qu'il n'a jamais parlé que très brièvement du poète, lequel de son côté ne l'a nommé qu'une fois dans tous ses ouvrages, à propos des honneurs funèbres qui lui furent rendus à Vienne après sa mort.

— Le 5 mars 1816, à Paris (Opéra-Comique), la *Fête du village voisin*, 3 actes de Boieldieu.

'A Bruxelles, 27 décembre 1816; dernière reprise, 18 décembre 1882; à Gand, 31 juillet 1816; à Liége, 17 novembre 1816; à Vienne (*der Kirchtag im benachten Dorf*), quatre représentations à l'Opéra impérial, du 5 au 24 mai 1817.

— Le 6 mars 1801, à Bruxelles, le *Calife de Bagdad*, un acte de Boieldieu. Cette œuvre charmante qui longtemps a fait les délices du public, n'est plus jouée de nos jours, et c'est dommage. Du Boieldieu à son efflorescence et du meilleur dans son petit cadre, cela ne devrait pas s'effacer de nos tablettes.

Les premières : à Paris, 16 septembre 1800; Liége, 23 août 1801; à Vienne (Opéra Impérial), du 7 mars 1805 au 24 septembre 1834, soixante représentations.

— Le 7 mars 1847, à Bruxelles (local de la Grande-Harmonie), troisième concert annuel du Conservatoire royal de musique, l'orchestre dirigé par Fétis.

Programme : 1 Symphonie inédite à grand orchestre de Kufferath; à Hymne à voix seule, de Beethoven, chanté par Mˡˡᵉ Verveine, avec chœur; 3 Fantaisie pour hautbois, de Brod, exécuté par M. Lafaye; 4 Air de *Jean de Paris*, de Boieldieu, chanté par M. Moyaerts; 5 Ouverture de *Prométhée*, de Beethoven; 6 Air de *Fernand Cortez*, de Spontini, chanté par Mˡˡᵉ Vandenhaute ; 7 Symphonie pastorale, de Beethoven.

La symphonie de Kufferath eut les honneurs d'une nouvelle exécution au Conservatoire, le 21 février 1850; elle fut analysée dans le *Diapason*, par Victor Hanssens, un critique des plus compétents, et dont nous, ses amis et ses collaborateurs survivants à ce même journal, puis au *Guide musical*, nous conservons le meilleur souvenir.

Dans son article il disait : « Tout le monde a pu reconnaître dans les quatre parties de cette symphonie, la main du maître expérimenté, procédant d'après un plan régulier et bien conçu et n'admettant, pour rendre ses idées, aucune note qui soit sans valeur et sans le remplissage; ses bases sont toujours distinguées et souvent chantantes, et toutes les parties intermédiaires ont leur importance relative, à l'exemple des grands maîtres de l'art. Comme ordonnance générale et, en particulier, sous le rapport de la marche harmonique, qui est toujours claire et sagement conduite, l'œuvre du compositeur accuse franchement l'école de Mendelssohn. » (*Diapason*, 21 février, 6 et 30 juin 1850.)

— Le 8 mars 1869, à Paris, 19ᵉ anniversaire de la mort d'Hector Berlioz, à l'âge de 66 ans. Il était né à la Côte-Saint-André (Isère) le 11 décembre 1803.

BIBLIOGRAPHIE

SYMPHONIES POUR ORGUE (op. 13 et 42) par *Charles Widor*. — Hamelle, éditeur, boulevard Malesherbes, 22, Paris. — Nous n'avons pas à présenter à nos lecteurs le très merveilleux organiste de Saint-Sulpice à Paris. L'auteur de la *Korrigane* et de tant de compositions charmantes ou sévères pour le piano et l'orgue, la virtuose sans pareil, sont également célèbre dans toute l'Europe. Le présent volume, très splendidement édité par la maison Hamelle, contient huit des *symphonies* pour orgue. L'appellation est nouvelle et elle constitue l'originalité de l'œuvre très importante de M. Widor. Lui aussi il a innové, il a apporté dans la littérature de l'orgue un esprit nouveau et des formes nouvelles parfaitement justifiées par les progrès accomplis en ce siècle dans la facture de l'instrument. Et ce mérite particulier se mêle, en M. Widor, avec des dons très remarquables de compositeur : l'invention, la noblesse des idées, une grande pureté d'écriture et parfois un souffle généreux qui n'est pas très éloigné de la puissance des grands maîtres. A ce double titre, le volume que publie la maison Hamelle sera le très bien venu parmi les organistes et les musiciens sérieux. Dans un avant-propos, M. Widor explique et le but et la portée de ces symphonies où il a cherché à introduire dans la musique d'orgue, grâce aux perfectionnements du mécanisme, la couleur qui lui manquait et l'expression qui souvent lui faisait défaut. Voici le passage le plus important de cet avant-propos.

« Ce n'est guère au-delà de la fin du siècle dernier que remonte l'invention de la « boîte expressive. » Dans un ouvrage publié en 1772, le hollandais Hess, de Gouda, témoigne de l'admiration ressentie en entendant Haendel, à Londres, aux prises avec le nouvel engin ; peu après, en 1780, l'abbé Vogler, recommande l'emploi de la « boîte » dans la facture allemande. L'idée faisait son chemin, mais sans grand effet artistique, car malgré les plus intelligents efforts (1), on ne parvenait pas à dépasser les limites d'un clavier de trente notes et d'un nombre insignifiant de registres. Il faut attendre jusqu'à 1839 la solution du problème.

« L'honneur en revient à l'industrie française et la gloire à M. A. Cavaillé-Coll. C'est lui qui a imaginé les diverses pressions de soufflerie, les doubles laies des sommiers, les systèmes de pédaler et de registres de combinaison, qui a pour la première fois appliqué les moteurs pneumatiques de Barker, créé la famille des jeux harmoniques, réformé et perfectionné la mécanique de telle façon que tout tuyau grave ou aigu, fort et faible, obéit instantanément à l'appel du doigt, les touches devenant légères comme celles d'un piano, les résistances étant supprimées et la concentration des forces de l'instrument rendue pratique. De là résultent : la possibilité de détenir un orgue entier dans une prison sonore ouverte ou fermée à volonté, la liberté d'association des timbres, le moyen de les renforcer ou de les tempérer graduellement, l'indépendance des rythmes, la sécurité des attaques, l'équilibre des contrastes, et enfin toute une éclosion de couleurs admirables, toute une riche palette aux tons les plus divers, flûtes harmoniques, gambes à frein, bassons, cors anglais, trompettes, voix célestes, jeux de fonds et jeux d'anches de qualité et de variété inconnues jusqu'alors.

« Tel est l'orgue moderne, essentiellement symphonique. A l'instrument nouveau il faut une langue nouvelle, un autre idéal que celui de la polyphonie scolastique. Ce n'est plus le Bach de la fugue que nous invoquons, c'est le mélodiste pathétique, le maître expressif par excellence des Préludes, du Magnificat, de la Messe en si, des Cantates et de la Passion suivant Saint-Mathieu.

« Mais cette expression de l'instrument nouveau ne peut être que subjective ; elle procède d'un moyen mécanique et ne saurait avoir de spontanéité. Tandis que les instruments d'orchestre à cordes ou à vent, le piano et les voix, ne règnent que par le prime-saut de l'accent, l'imprévu de l'attaque, l'orgue renfermé dans sa majesté originelle, parle en philosophe : seul entre tous il peut indéfiniment déployer le même volume de son et faire naître ainsi l'idée religieuse de celle de l'infini. Les surprises et les accents ne lui sont pas naturels ; on les lui prête, ce sont des accents d'adoption. C'est dire assez le tact et le discernement qu'exige leur emploi. C'est dire aussi à quel point la symphonie d'orgue diffère de la symphonie d'orchestre. Nulle promiscuité n'est à craindre. On n'écrira jamais indifféremment pour l'orchestre ou pour l'orgue, mais on devra désormais apporter le même souci des combinaisons de timbres dans une composition d'orgue que dans l'œuvre orchestrale.

« Le rythme lui-même subira l'influence des tendances modernes : il se pliera à une sorte d'élasticité de la mesure, tout en conservant ses droits. Il laissera la phrase musicale ponctuer ses alinéas et respirer quand il faut, pourvu qu'il la tienne par le mors et qu'elle marche à son pas. Sans le rythme, sans cette constante manifestation de la volonté au retour périodique du temps fort, l'exécutant ne se fait pas écouter. »

Tout cela est parfaitement dit et d'une justesse absolue. Nous sommes heureux d'être les premiers dans la presse française à signaler cette importante et artistique publication.   M. K.

QUELQUES OBSERVATIONS SUR L'ART DU VIOLON, par A. Meugy. — Firmin Didot, Paris, 1888. — Ces quelques observations sont dédiées à M. Ambroise Thomas, directeur du Conservatoire de Paris, et à MM. les professeurs de violon du même établissement. L'auteur est un violoniste des plus distingués et il a consigné dans cet opuscule les remarques que lui a suggérées une longue pratique. Elles intéresseront certainement les jeunes violonistes à qui elles portent plus d'un conseil utile et digne d'attention.

IL TEATRO ILLUSTRATO (Milan, Sonzogno). Livraison du mois de février.

Illustration avec texte : Emma Calvé, portrait ; Surcouf, opéra-comique de Planquette ; le Procès Clémenceau, drame ; Mattia Saudorf, drame.—Texte : Théâtres de Milan, de Gênes, de Trieste, de Paris, de

(1) Expériences de Sébastien Erard : orgue construit en 1826 pour la chapelle de la Légion d'honneur à St-Denis. — Exposition du Louvre de 1827.

Vienne, de Budapest, de Monaco, de Prague, de Berlin, de Nice ; soirée d'honneur à M. Thomas et le Lacktné de Delibes ; Hamlet et les Pêcheurs de perles, au théâtre Apollo, de Rome ; Carmen et Mignon, en Italie ; Otello, à San-Carlo, à Naples ; Albert Lortzing, par de Stop ; bibliographie, etc.

AVIS ET COMMUNICATIONS

Voici le programme des concours ouverts en 1888, par la Société d'auditions musicales et dramatiques Emile Pichon, fondée en 1881, et encouragée par le ministère de l'Instruction publique et des Beaux-Arts de France.

La Société met au Concours : 1° Un morceau concertant pour Piano à deux ou quatre mains, en une ou plusieurs parties, dont la durée totale n'excède pas 10 minutes. Prix unique : Médaille de bronze. 2° Un Trio pour Violon ou Violoncelle, Harpe et Harmonium, en 2 ou 3 parties, dont la durée totale n'excède pas 10 minutes. Prix unique : Médaille de bronze. 3° Un petit Opéra bouffe en 1 acte, à deux ou trois personnages et une utilité, avec accompagnement de piano. Durée maximum : 35 minutes (livret non imposé). Les auteurs des paroles et de la musique recevront chacun la somme de 50 francs. 4° Une Saynète en vers ou en prose, à un, deux ou trois personnages. Durée maximum : 30 minutes. L'auteur de l'œuvre couronnée recevra la somme de 50 francs. Pour tous autres renseignements, s'adresser à la présidente de la Société d'auditions, 38, chaussée d'Antin, Paris. Samedi et lundi de 1 à 3 heures.

Nécrologie.

Sont décédés :

A Paris, le 22 février, Jean-Delphin Alard, né à Bayonne, le 8 mars 1815, professeur de violon au Conservatoire de 1843 à 1875. (Notices, Biogr. univ. des mus. de Fétis, t. I, p. 44 et suppl. Pougin, t. I, p. 8.)

— A Vérone, Paolo Bombardi, compositeur d'un opéra Isabella Orsini, joué en 1866. (Notice, ibid. Pougin, t. I, p. 107.)

— A Vienne, le 20 février, à l'âge de 70 ans, Heinrich Ruff, ancien chanteur et professeur.

— A Vienne, le 20 février, à l'âge de 65 ans, Carl Roeder, professeur de basson.

XXXIVᵉ ANNÉE · 8 mars 1868 · NUMÉRO 10

Le Guide Musical

Paraissant tous les jeudis.

ABONNEMENT	SCHOTT FRÈRES, ÉDITEURS.	ANNONCES
FRANCE et BELGIQUE : Avec musique 25 francs. — Texte seul . 10 —	Paris, *Boulevard Montmartre, 19*	S'adresser à l'Administration du Journal.
UNION POSTALE : — 12 —	Bruxelles, *Montagne de la Cour, 82*	On traite à forfait.

Les Batailles en Musique[1]

(Suite et fin. — Voir le dernier numéro.)

Le piano, seul ou accompagné, eut en partage la *Bataille de Jemmapes,* du citoyen P.-A. Cezar, la *Bataille de Fleurus dédiée à l'armée de Sambre-et-Meuse,* par Fr. Mezger, — sur laquelle Balbastre improvisait à l'orgue, dans l'église Sᵗ-Roch, des variations qui faisaient courir tout Paris; — la *Défaite des Espagnols par l'armée française,* sonate militaire, de Steibelt; la *Paix entre la France et l'Empereur* ou les *Prodiges de l'armée d'Italie,* pièce militaire, dédiée au général Bonaparte, par Mezger; la *Bataille de Marengo,* par Viguerie; celles de *Montenotte,* d'*Iéna,* d'*Austerlitz,* par Beauvarlet-Charpentier; *le Combat naval et la défaite complète de la grande flotte hollandaise,* par l'amiral Duncan, le 2 octobre 1797, sonate caractéristique, par François Dussek, etc.

Tout cela était calqué sur le patron de la fameuse *Bataille de Prague,* de Lorenziti, composée quelques années auparavant et encore dans toute sa vogue; on retrouvait partout, à des degrés divers, les mêmes procédés puérils d'imitation, la même pauvreté d'invention, la même banalité et les mêmes prétentions; dans les premiers temps surtout, la *Marseillaise* ne manquait pas d'apparaître, soit comme discours patriotique du général en chef, soit comme chant triomphal après la victoire; en ce cas, elle était

volontiers suivie de la *Carmagnole.* Il y avait toujours un petit passage lent, rempli de tierces mineures, pour « les plaintes des blessés », des traits montants et descendants pour le « grand feu », des gammes détachées pour le « feu de file », des dixièmes bien hachées pour « l'attaque à l'arme blanche », des triolets pour le galop des chevaux et des trémolos pour la rumeur sourde du combat. Mais où l'imagination des pianistes-compositeurs se sentait faiblir, c'était quand il s'agissait de rendre « le joli son du canon »; le professeur P.-J. Cezar eut la gloire d'ajouter, pour combler cette lacune, une formule merveilleuse à toute cette cuisine musicale: « *Le coup de canon s'exprime,* dit-il dans sa bataille de Gemmap (sic), *en frappant du p<ia>t des deux mains à la fois, avec une sorte de force, toutes les notes indistinctement des basses, et les conserver jusqu'à l'extinction de la vibration du son.* »

Bien autrement favorisés étaient les musiciens qui écrivaient leurs batailles pour l'orchestre, comme Devienne (bataille de Jemmapes), Lemière de Corvey, aide-de-camp du général Thiébaut, et acteur de la bataille d'Iéna, dont il fit une symphonie, Jadin (bataille d'Austerlitz), etc. Au moins possédaient-ils la grosse caisse pour imiter l'artillerie; mais cela ne leur suffisait pas toujours. En 1800, un capitaine autrichien, fort versé, comme on va le voir, dans les choses musicales, s'en vint faire entendre à Strasbourg certains morceaux de sa composition, qui dépeignaient quand on les jouait en Allemagne, les victoires du prince Charles, et qui représentaient en France, avec la même fidélité, celles de Bonaparte. Au jour dit, trois cents exécutants se réunirent dans la cathédrale, seul édifice jugé de taille à contenir une composition si vaste et si sonore. L'auteur avait ajouté aux instruments connus une série de machines spéciales de son invention, imitant en perfection le bruit du canon, du feu de file et du feu de peloton. « L'orchestre occupait les deux côtés du chœur sous les deux tribunes. Derrière l'orchestre se trouvait de chaque côté, sur un gradin élevé, une rangée de tambours. Les machines de guerre étaient disposées sur les galeries supérieures et dans tous les coins de la nef. Le directeur était placé dans une espèce d'enceinte carrée, dans laquelle se trouvaient des tirants de sonnettes en fil de fer, correspondant avec les machines, et qui étaient mis en mouvement par des pédales, que le compositeur pressait toujours un peu avant la fin de la mesure, afin que le machiniste, prévenu par ce signal, pût chaque fois lancer son coup (1) ». Le public enfonça les portes de la cathédrale, dans la hâte qu'il avait d'entrer, et l'on évalua le nombre des auditeurs à plus de six mille personnes; elles sortirent émerveillées autant qu'assourdies et non sans avoir remarqué « quelques plagiats » dans cette symphonie extraordinaire.

Un nom illustre entre tous et une œuvre remarquable viennent pourtant se placer dans cette série de batailles instrumentales : Beethoven, le maître des maîtres, ne dédaigna pas d'écrire pour l'orchestre une bataille de Vittoria (*Wellington's Sieg, oder die Schlacht bei Vittoria*, op. 91), destinée primitivement à un instrument mécanique, le Panharmonikon de Maelzel. Elle fut exécutée tout d'abord dans deux grands concerts donnés dans la salle de l'Université, à Vienne, les 8 et 12 décembre 1813, au profit des blessés de Hanau; ce fut dans ces deux séances que se révéla au public la symphonie en *la*. L'orchestre comptait dans ses rangs les premiers musiciens de la capitale autrichienne. Schuppanzigh, Spohr, Mayseder étaient mêlés parmi les premiers violons, Salieri indiquait la mesure aux instruments de percussion, Hummel battait une grosse caisse, et Beethoven lui-même dirigeait. Le succès fut immense et se renouvela dans plusieurs auditions ultérieures. L'*Allgemeine musikalische Zeitung*, de Leipzig, fit un compte rendu enthousiaste, dont nous détachons ce qui suit : « En ce qui regarde la bataille de Vittoria, on conviendra que, pour exprimer, avec des sons, les péripéties du combat, rien n'est mieux approprié que les moyens que l'auteur vient d'employer dans cette circonstance. Une fois entré dans ces idées, on est étonné et ravi, en même temps, de voir les éléments de l'art appliqués avec tant de génie pour arriver au but. L'effet et l'illusion ont été complets, et on peut affirmer, sans réserve, qu'il n'existe pas, dans le domaine de la musique imitative, une œuvre semblable à celle-ci. »

Deux thèmes opposés, dont l'un au moins est assez singulièrement choisi, servent à caractériser les deux armées en présence : ce sont le *Rule britannia*, pour les Anglais, et la chanson *Malbrouk s'en va-t-en guerre*, pour les Français. Malgré l'intérêt exceptionnel du

(1) Berg, *Aperçu historique de la musique à Strasbourg*.

travail orchestral, on ne peut s'empêcher de regretter que des thèmes inventés librement par le génie de Beethoven n'aient pas tenu lieu de ces chants populaires, adoptés évidemment, et non sans intention ironique, pour rendre plus sensible aux auditeurs la distinction des deux armées combattantes ; l'idée de défaite est exprimée par la transformation en mode mineur et en rythme brisé du thème de la chanson française; l'idée de victoire se traduit dans le *God save the King*, éclatant à la fin comme hymne triomphal des soldats de Wellington.

Beethoven dédia son œuvre au prince-régent d'Angleterre (plus tard George IV), qui ne répondit pas à la lettre d'envoi. Exécutée à plusieurs reprises pendant l'année 1814, la *bataille de Vittoria* figura notamment dans un grand concert donné le 29 novembre devant les souverains et les hommes d'Etat rassemblés pour le congrès de Vienne. Le caractère principalement politique de la symphonie imitative de Beethoven, accentué encore par le choix des motifs sur lesquels elle était construite, l'empêcha d'acquérir le succès durable auquel pouvaient prétendre, dans d'autres genres, les moindres pages signées du grand et immortel auteur.

On pouvait croire qu'après Beethoven nul compositeur n'oserait plus aborder une forme musicale qui était d'ailleurs, toute question de génie mise à part, usée et bien usée. Il n'en fut pas ainsi ; on eut une bataille de Leipzig, de Riotte; une « Silésie délivrée, ou bataille de la Katzbach », de P. Wüstrich; enfin, la terrible lutte de Waterloo fut mise trois fois en musique, par Johnson, K. Glæser et H. Messemackers.

Alors le canon cessa de tonner, le sang de couler, et les symphonies imitatives de résonner; on entendit encore de temps en temps quelque brave musicien réveiller les échos des fanfares évanouies, comme par exemple, vers 1830, un certain organiste de Toul, qui réservait pour les messes de Pâques ou de Noël un morceau descriptif, intitulé *Bruit de guerre*, dont le souvenir est demeuré longtemps dans la mémoire de quelques-uns de ses paroissiens. Les luttes de la Pologne contre la Russie firent naître quelques morceaux patriotiques, *la bataille de Grochow et Praga*, de L. Glinski (1831), et celle d'*Ostrolenka*, par J. Kiszwaltera. Tout cela n'était plus que des cas isolés de cette manie d'imitation qui avait régné un moment sur toute l'Europe.

En France, le sceptique Rossini sembla donner le dernier mot du genre et prononcer du même coup sa condamnation suprême, en faisant servir à deux fins une page descriptive représentant d'abord, dans l'opéra de circonstance *Il Viaggio a Reims*, la prise du Trocadéro par l'armée française, et ensuite, sans changements, avec la même vérité, le récit comique de la bataille dans *le Comte Ory*. Il n'est pas, comme on l'a très bien dit, de meilleure preuve à donner de l'impuissance où se trouve la musique de peindre un fait précis avec exactitude, si elle se refuse à sortir de son essence même pour chercher le secours d'auxiliaires bruyants et extra-artistiques. Le morceau de Rossini est, « à n'en pas douter, un modèle des mieux réussis du genre, et l'oreille la plus difficile peut y découvrir à volonté le bruit des balles et du canon ou celui d'un bouchon qui saute (1). »

Les compositeurs modernes, si volontiers enclins aux symphonies à programme, se sont heureusement bien gardés de rentrer dans l'ornière des vieilles batailles instrumentales ; s'ils tracent dans un opéra, lorsque la situation l'exige, une description de combat c'est, pour la plupart du temps, d'une façon épisodique et sans afficher une grande foi dans le genre ni de grandes intentions imitatives. Lorsque Bizet intitule *Patrie !* une ouverture de concert, en lui laissant même donner pour sous-titre, à la première audition (1874) : « la bataille de Raclawa, gagnée par Kosciusko sur les Russes », il se contente d'écrire une page brillante de musique d'orchestre, imprégnée d'héroïsme et de tristesse, sonore et poétique à la fois, descriptive sans doute dans une certaine mesure, mais rejetant au loin les programmes mesquins, mesquinement suivis, qui avaient fait naguère la fortune et qui font aujourd'hui le ridicule des batailles de Jadin, de Viguerie, de Devienne ou de Lorenziti.

MICHEL BRENET.

Errata. — Dans notre dernier numéro, quelques erreurs se sont glissées que nous tenons à rectifier ;

Page 65 col. 1 ligne 20, au lieu de 2850, lisez 2550.
— 66 — 1 — 22, au lieu de bataglio, lisez bataglia.
— 66 — 2 — 23, au lieu de *médailles*, lisez *batailles*.
— 66 — 2 — 5 en remontant, au lieu de clevecin, lisez clavecin.

Une nouvelle Symphonie russe

Vous m'avez demandé de vous donner quelques appréciations sur les nouveautés musicales qui pourraient surgir pendant mon séjour à Saint-Pétersbourg. L'occasion se présente de vous faire part de l'une des plus vives jouissances artistiques qu'il m'ait été donné de ressentir, je veux parler de la première exécution d'une « Suite pour orchestre inédite », de César Cui, aux concerts symphoniques de la Société impériale musicale russe le 6/18 février.

Vous êtes trop fin connaisseur et d'un goût trop chatouilleux et délicat en musique pour que je vous parle des nullités dont on se régale ici... comme chez nous !—et que la mode et la routine indignent sans-pitié à un public résigné ou froidé. Puisque j'ai eu la chance de tomber enfin sur une si bonne aubaine, la distance n'y fait rien, *partageons !*

Vous connaissez et admirez, comme moi, le talent si multiple et si éminemment sympathique de C. Cui. Que de fois nous avons été émus, entraînés ou attendris par le magique attrait de cette inspiration si puissante, si variée, si souple, et si féconde ! Et bien, dans cette œuvre toute récente, il semble que C. Cui ait voulu jeter toutes les plus brillantes couleurs, toutes les plus fines nuances de sa palette et concentrer dans ces belles pages, toute la fraîcheur et toute la force de son talent.

La deuxième « Suite pour orchestre » (la première est la « Suite miniature ») est divisée en quatre parties. Au fond, c'est une véritable symphonie en formes libres, elle en a toute l'ampleur et les larges proportions. La première partie débute par un thème (*tema con variationi*) qui fait son entrée sans préface, sans préliminaires, une entrée majestueuse, royale, qui semble avoir conscience de sa puissance et se soucier peu d'accessoires incapables de rien ajouter à sa noblesse et à sa grâce. Ce seul début trahit le maître, et il ne faut pas l'avoir

(1) Ad. Jullien, *Airs variés.*

connu, longtemps pour reconnaître la fière et légitime indépendance de son inspiration. Ce thème est suivi de cinq variations d'une cohésion absolue, et cependant d'une variété si distincte qu'elles semblent représenter la fantaisie d'une beauté idéale et superbe, revêtant tour à tour des draperies sombres, gracieuses ou légères, sans rien perdre de son attrait ni de sa splendeur. Il est difficile de donner la préférence à l'une de ces variations plutôt qu'à l'autre; mais pourtant la troisième, à laquelle la sonorité voilée des sourdines prête un charme mystérieux et poétique au suprême degré, fait penser à l'une des plus belles pages de Beethoven. Le sentiment en est si chaud et si profond, l'expression si simple, si large et si touchante, qu'on ne peut l'entendre sans une vive émotion. La dernière a tout à fait le caractère d'un scherzo, plein d'esprit, de fraîcheur et d'élégance, et finit brillamment cette première partie. La seconde, « Quasi Ballata », est un poème. Il faudrait bien des pages pour en donner une analyse convenable, tant les thèmes sont variés, tant les couleurs sont vives et fines, tant les développements sont intéressants. Toutes les facettes du talent de C. Cui semblent y jeter le prisme de leurs feux; au début, d'une douce gravité, succède une progression chaude et entraînante qui s'épanouit et s'abandonne dans une superbe phrase pleine de passion (second trio). Un admirable effet de tremolo des violons semble répondre à la vibration émue de l'auditeur, en rappelant le thème charmant du commencement, et tout à la fin, par un de ces caprices divins que l'inspiration d'un maître peut seule concevoir, cette admirable et poétique fantaisie change soudain d'aspect; elle semble s'éclairer d'un nimbe d'or, et les dernières mesures, d'un caractère mystique, pur et lumineux, terminent le morceau de la manière la plus inattendue et la plus poétique. Cette ballade est un pur chef-d'œuvre.

La troisième partie est un scherzo d'un coloris vigoureux et rude, traité de main de maître, avec de superbes oppositions d'ombre et de lumière. Ce seul morceau pourrait servir d'éclatant démenti à ceux qui prétendent que la force est incompatible avec la grâce. Rien de plus franc, d'une désinvolture plus rude et plus hardie que le thème de ce scherzo, rien de plus capricieux que son rythme, rien de plus doux et de plus caressant que le thème du trio sur un accompagnement syncopé. C. Cui a le talent de jouer avec ces aspects si divers et jamais on ne sent dans les fantaisies de son inspiration l'ombre d'une recherche ou d'un effort. Les étonnantes harmonies de la conclusion, d'une si âpre et sauvage énergie, sont tombées de sa plume, aussi naturellement que les caresses du trio, et cette franchise entraînante est d'un effet irrésistible sur l'auditeur.

Le quatrième et dernier morceau de la Suite est une *Marche* d'une coupe large et grandiose, offrant de magnifiques progressions de son thème sur un rythme presque solennel. Le thème par lui-même est de la plus vigoureuse et fière allure. Le trio amène une phrase d'une gravité presque hautaine, se détachant sur une *basso ostinata* un peu sombre et du plus grand effet. Un magnifique crescendo dans lequel se versent comme un torrent toutes les forces de l'orchestre, ramène le thème, et les fanfares brillantes de la conclusion s'étreignent dans de magnifiques accords, étrangement rythmés, qui donnent à l'auditeur le sentiment d'une œuvre puissante supérieurement achevée, irrévocablement accomplie, à l'épreuve des caprices du succès et de la malignité des hommes.

Il faut annoncer pourtant, à l'honneur du public de Saint-Pétersbourg, que la deuxième Suite de C. Cui a été chaudement accueillie, et l'auteur rappelé deux fois. Il est à souhaiter qu'elle paraisse bientôt au programme de toutes les sociétés musicales d'une autorité sérieuse et que notre chère petite Belgique ait l'honneur d'en offrir la primeur aux vrais amateurs de musique.

Ctesse DE MERCY-ARGENTEAU.

Théâtres et Concerts

Chronique de la Semaine

BRUXELLES

Mardi a eu lieu, au théâtre de la Monnaie, la première représentation d'un petit acte dû au talent naissant d'un jeune musicien amateur, M. Maurice Lefèvre, qui s'était fait connaître déjà cet hiver par l'exécution, au théâtre de la Ville, d'un opéra-comique en deux actes : l'*Ami Pierrot.*

Nous regrettons pour l'auteur que le vaisseau de la Monnaie soit de dimensions un peu grandes pour la musique pimpante et facile du *Dîner de Madelon*, la pièce nouvelle dont il s'agit. Il faut nécessairement aux menus tableaux de petits cadres, et l'opéra de M. Lefèvre est une œuvre de mince facture, déplacée en un vaste milieu.

L'inconvénient, cependant, n'a pas empêché que l'amusante fantaisie de Déssugiers ne plaise au public de cette première, sous le léger revêtement musical dont l'a paré M. Lefèvre. On a applaudi le compositeur et les interprètes : M⁰ˢ Legault, MM. Isnardon et Nerval.

Il est consolant de penser que l'art belge pourrait être plus dignement représenté au théâtre de la Monnaie. Aussi ne voulons-nous attacher à cette représentation d'autre importance que la bonne volonté marquée des directeurs envers nos compositeurs nationaux et l'indice d'une tendance qui s'affirmera quelque jour, espérons-le, de façon plus éclatante.

—

Le concert qui a eu lieu au Conservatoire royal, dimanche dernier, mérite une mention spéciale, car il est une manifestation assurément intéressante des tendances novatrices de son directeur. Déjà l'année dernière, M. Gevaert avait fait une part très large à la musique moderne. Joachim Raff et Richard Wagner figuraient seuls cette fois sur le programme. Voilà qui est très louable et digne d'applaudissements. Certes il est bon que le Conservatoire maintienne avec une certaine rigueur les traditions purement classiques, mais il est mieux encore qu'il ne se ferme pas tout à fait aux productions de l'école contemporaine et qu'à côté des œuvres des grands maîtres du passé, il réserve la place qui leur convient aux maîtres qui, dans un temps tout proche du nôtre, ont exercé une influence sur la marche de l'art et laissé des compositions dont l'avenir fera plus de cas peut-être que les contemporains. Joachim Raff *avait droit* au Conservatoire au même titre que Liszt, car il a été lui aussi un artiste accompli, et l'une des personnalités marquantes de l'art symphonique en Allemagne après Beethoven, Schumann et Mendelssohn. Sa symphonie *Im Walde*, malgré ses longueurs et ses banalités, est une œuvre de style soutenu, de vive imagination et de belle facture orchestrale.

Pour Wagner, dès le jour de sa mort, sa place a été marquée parmi les immortels de la musique à côté de Bach, Beethoven, Gluck et Mozart. M. Gevaert n'attendait que ce jour pour le faire entrer officiellement dans la catégorie des classiques, consacrés par l'admiration des « autorités musicales constituées ». Le fait n'est pas banal, car les Conservatoires de Paris et de Bruxelles sont les seules institutions de ce genre qui aient jusqu'ici reconnu et classé le maître de Bayreuth. Le Conservatoire de Bruxelles a même cette avance sur celui de Paris qu'il ne se résolument aux œuvres de la dernière manière et ne s'arrête pas timidement à *Lohengrin*. L'éclectisme éclairé de M. Gevaert a plus de hardiesse et il n'est que juste de proclamer son mérite. On se rappelle la part importante prise l'année dernière par M. Gevaert aux études de la *Walkyrie* et n'a pas oublié la très puissante exécution de l'ouverture du *Vaisseau Fantôme* qu'il donna à l'un de ses concerts.

Au concert de dimanche, trois œuvres de Wagner figuraient au programme : l'*Ouverture pour le Faust*, l'*Idylle de Siegfried* et l'*ouverture du Tannhauser*. Elles ont été toutes trois très remarquablement exécutées par le merveilleux orchestre que M. Gevaert a à sa disposition. L'ouverture du *Tannhauser* en particulier n'avait jamais été rendue à Bruxelles d'une façon plus complète, avec un sentiment plus juste des nuances et de la gradation de la composition. M. Gevaert s'est étroitement tenu aux indications données par Wagner lui-même dans ses *Programmatische Erläuterungen* (Commentaires-programmes) que beaucoup de chefs-d'orchestre, même wagnériens, ont le tort de ne pas consulter. Il y a d'utiles indications et de profondes observations à puiser dans ces écrits de Wagner. Il s'entendait comme personne à diriger l'orchestre ; sa critique sagace va au fond de l'œuvre et la disséque en quelques traits rapides et nets. Aussi, rendue comme elle l'a été dimanche, suivant les intentions du maître, sous la direction de M. Gevaert cette ouverture si populaire et si souvent entendue a paru presque nouvelle et l'impression a été aussi saisissante qu'à une première audition.

Dans le *Siegfried-Idyll* il nous a semblé que le thème du cor avait été pris un peu mollement. Ce thème qui est emprunté au premier acte de *Siegfried* correspond à l'explosion exubérante de la jeunesse du héros ; c'est un thème qui doit être vigoureusement scandé, en un mouvement d'allegro bien déterminé (*Lebhaft*). Aux Concerts populaires nous avons entendu naguère ce même thème joué en andante ! L'interprétation de M. Gevaert a été, en tous cas, plus près de la vérité. Toute la première partie de l'*Idylle*, développant le thème du sommeil et celui de l'abandon amoureux de Brunhilde, a été rendue avec une délicatesse et une finesse de charme de sonorité unique ! Ah ! si le grand duo d'amour du 3ᵉ acte de *Siegfried* nous était donné de la sorte à la Monnaie, quelles délices pour les spectateurs !

On sait que Wagner a composé cette œuvre délicate à l'occasion de la naissance de son fils et qu'il la fit exécuter pour les relevailles

de sa femme, à la fin de juin 1870, par un petit orchestre sous la direction de Hans Richter. Le programme distribué dimanche aux abonnés du Conservatoire commet une erreur en disant que cette œuvre est dédiée au roi de Bavière. C'est à M⁰ᵉ Cosima Wagner qu'elle est consacrée ; Wagner a placé en tête de la partition un petit poème adressé à sa femme et qui est comme un commentaire poétique de l'œuvre musicale. J'en ai donné la traduction dans le *Guide musical* lors de la première exécution du *Siegfried Idyll* à Bruxelles, en 1885. Voilà ce que c'est de ne pas lire le *Guide* au Conservatoire ! Le rédacteur des programmes aurait évité cette bévue. On serait tenté de croire qu'il a confondu le *Siegfried Idyll* avec le *Huldigungs Marsch* !

Quant à l'ouverture pour le *Faust*, l'exécution en a été bonne simplement. L'œuvre est, du reste, de moindre valeur ; c'est une composition de jeunesse, on le sait : elle date de 1839 et fut écrite à Paris à l'époque du premier séjour de Wagner dans cette ville. La *Gazette musicale* de Maurice Schlesinger, du 22 janvier 1840, annonce même qu'une *lecture* de l'ouverture avait eu lieu à la Société des Concerts du Conservatoire, et que cette lecture avait obtenu du succès. Ce succès doit avoir été toutefois assez vague, car il n'y eut pas d'exécution publique. Wagner dirigea son ouverture, pour la première fois, en 1844 seulement, dans un concert à Dresde !

En 1855, il la retravailla. Liszt venait de lui apprendre qu'il avait terminé sa symphonie de *Faust*. L'ouverture de 1840 bien oubliée, lui revint alors à la mémoire, comme il l'écrit à Liszt dans une lettre du 19 janvier 1855.

« Il m'a poussé une envie folle, ridicule, de retravailler ma vieille ouverture pour *Faust* ; j'ai fait toute une partition nouvelle, refait une instrumentation tout à fait différente, modifié de fond en comble quelques passages ; au milieu, j'ai même un peu développé, en lui donnant plus d'importance, le second motif. Dans quelques jours, je me ferai jouer cela dans un concert ici à Zurich, sous le titre : Une ouverture pour *Faust*. Mais en aucun cas je ne la publierai ! »

Il se ravisa heureusement peu après.   M. K.

—

Après l'audition consacrée à M. Vincent d'Indy après la séance espagnole de M⁰ᵉ Pilar de la Mora et du violoniste Fernandez Arbos, le Cercle des XX avait organisé, pour la clôture de son salon, une séance de musique de chambre consacrée à M. Gabriel Fauré, maître de chapelle de l'église de la Madeleine à Paris. Comme MM. d'Indy, Chabrier, Léon Husson, André Messager, Ernest Chausson, Henri Duparc, Camille Benoit, M. Gabriel Fauré appartient à cette jeune génération de musiciens formés par Camille Saint-Saëns et César Franck, nourris et élevés à la forte école de la grande musique classique, ouverts à toutes les hardiesses de l'art moderne et poursuivant avec ténacité la rénovation de la musique française ; et il apporte sa note personnelle dans ce groupe ardent de musiciens accomplis et de parfaits artistes. On a entendu de lui à cette séance des XX une maîtresse page, un quatuor pour piano et cordes, qui est de tout premier ordre. Ah ! par exemple, ce n'est pas de la musique qui berce, et le bourgeois qui aime à trouver des conclusions toutes faites aux phrases qu'on lui joue, aura quelque peine à y prendre un plaisir extrême. L'horreur de la banalité est le moindre défaut de M. Fauré. Son art est à la fois simple et raffiné ; simple par la clarté du plan, raffiné par le souci constant des formes nouvelles et d'harmonies intéressantes. Dans ce beau quatuor, qui est, certes l'une des œuvres les plus marquantes parues en ces derniers temps dans le domaine de la musique de chambre, il y a de l'imprévu à toutes les pages, et une belle fougue de jeunesse et du charme poétique avec une recherche toute particulière à l'auteur et des rythmes alertes et vifs dont le tourbillon vous entraîne. Il y a quelque chose de la volubilité du méridional. Les instruments se poursuivent, s'enlacent, se quittent, se retrouvent et c'est un jeu plaisant à l'esprit de suivre cette joûte artistique. Admirablement joué par le maître virtuose Eugène Ysaye, accompagné par MM. Jacob et l'auteur, ce quatuor a été accueilli par de vifs applaudissements.

M. Ysaye a joué ensuite avec M. Fauré une sonate pour piano et violon d'un très beau caractère et d'un souffle généreux, et une berceuse d'une délicieuse poésie. L'élégie pour violoncelle déjà entendue à la séance du M. d'Indy avait été redemandée et fit à la foule le plaisir cette fois jouée avec un rare talent par M. Jacob et l'auteur. Enfin M. Fauré a accompagné quatre mélodies chantées agréablement par M⁰ᵉ Rosine De Wulf, et qui ont à la fois charme et saveur poétiques.

Voilà deux compositeurs français, MM. Fauré et d'Indy, généralement très malmenés par la critique routinière du journalisme parisien, qui sont entrés d'emblée fort avant dans les faveurs du public bruxellois, sans réclame bruyante, sans fanfare charlatanesque, par le mérite seul de leurs œuvres et le charme de leur personnalité. M'est avis qu'ils ont pris le bon chemin et qu'ils se sont conduits en vrais artistes dignes de ce nom.   M. K.

Le théâtre des Galeries-Saint-Hubert vient de reprendre avec succès l'*Etudiant pauvre*, opéra-comique de MM. Hennequin et Valabrèque (adaptation française de M. Maurice Kufferath), musique de C. Millœcker.

La deuxième séance de musique historique, organisée par M. Huysmans, a obtenu un succès au moins aussi considérable que la première.

GAND.

GRAND-THÉÂTRE. — Mercredi 29 février, *Charles VI*; vendredi 2 mars, *Bonsoir Voisin* et les *Dragons de Villars*; dimanche 4, *le Prophète*; lundi 5, les *Pêcheurs de Perles* et *Madame attend Monsieur*.

La série des soirées à bénéfice a continué cette semaine par celle de vendredi, consacrée à Mlle Danglade, notre charmante dugazon, qui a joué joliment bien le rôle de Rose Friquet, et celle de lundi, consacrée à M. Alvarez, notre ténor d'opéra-comique qui a su si vite se conquérir de chaudes sympathies, et dont le rôle de Nadir, dans les *Pêcheurs de Perles*, est un des meilleurs; les deux artistes ont eu beaucoup de succès et ont reçu des souvenirs qui le leur rappelleront agréablement.

Par suite d'une indisposition subite de Mme Stella-Corva, Mme Laville-Fermiliet a laissé, dimanche, son rôle de Fidès à Mlle Rouvière, et a pris celui de Bertha. Malgré ce changement qui a dû se faire presque au dernier moment, la représentation a été fort satisfaisante et bonne en somme.

Ne quittons pas le théâtre sans annoncer que depuis quelques jours les affiches de spectacle annoncent : « PROCHAINEMENT LOHENGRIN, grand opéra romantique en 3 actes et 4 tableaux, musique de Richard Wagner. »

Une œuvre de bienfaisance a été l'occasion de deux très artistiques soirées en la grande salle du Cercle Catholique, samedi et dimanche passés. L'attrait consistait surtout en tableaux vivants reproduisant des œuvres de maîtres célèbres et organisés avec une remarquable fidélité sous la direction du peintre Lybaert; mais la musique y était aussi représentée : outre une ouverture pour deux pianos, brillamment enlevée par la baronne Peers et M. Albert Solvyns, on y a entendu l'andante et le finale du concerto en *sol* mineur, de Mendelssohn, où nous avons avec beaucoup de virtuosité par Mlle Borlœwt, une jeune pianiste dont le mécanisme remarquable prouve des études assidues conduites par un maître distingué. Grand succès pour l'aimable chœur de demoiselles qui a chanté sous l'excellente direction de M. Van Reysschoot, trois chœurs parmi lequels celui des Fileuses du *Vaisseau Fantôme*, bissé avec enthousiasme.

Le 28 et le 29 du mois dernier, a passé en vente chez le libraire Vyt, la bibliothèque musicale bien connue du vicomte Charles de Clerque de Wissocq de Sousberghe, ancien président de la Société Royale des Chœurs et amateur distingué. C'était une collection intéressante et composée avec discernement quoiqu'elle ne formât aucun ouvrage particulièrement rare et précieux. Je vous citerai quelques prix ; parmi les livres de musicologie et les ouvrages de didactique musicale : l'*Art harmonique au XIIe et au XIIIe siècles*, de De Coussemaker, 30 francs; les *Drames liturgiques du moyen-âge*, du même, 33 francs; le *Mémoire sur Hucbald*, du même, 56 francs; les six premières années du *Guide musical*, 16 francs; *Den ouden en de nieuwe grond van de muziek*, du P. Vander Elst (Gand, 1662), 15 fr.; le *Cours de composition* de Reicha (Vienne, Diabelli, 5 vol.), 38 francs; parmi la musique religieuse : un *Marcello de Venise* (Valle, 1803, 42 francs; parmi la musique vocale mondaine : la première édition des *Chants et chansons populaires de France* (Paris, Delloye, 1843), ex. très court de marges, 80 francs; les partitions d'orchestre : celles de la *Muette de Portici*, 50 francs; de la *Dame Blanche*, 62 francs; de la *Juive*, 165 francs; des *Huguenots*, 90 francs; de *Robert le Diable*, 410 francs; de *Guillaume Tell*, 75 francs; de la *Vestale*, 55 francs; une édition Ballard (1716) de l'*Alceste*, de Lully, 36 francs; parmi la musique instrumentale, la collection Cotelle des quintettes de Boccherini, 40 francs; citons enfin les œuvres de Haendel, édition de Londres, 40 vol. (1787-1797), 80 francs; les 26 premières livraisons des mêmes œuvres, édition Breitkopf, 100 francs; le Bach, de Breitkopf, 90 francs. L'ensemble de la vente a produit environ cinq mille francs; il y a loin de cette somme à celle de douze mille francs que l'on exigeait du gouvernement pour la collection complète et qu'il a refusée avec raison. P. B.

LIÉGE.

GRAND-THÉÂTRE : Jeudi 1er mars, *Guillaume Tell* (avec M. B021); dimanche 4, le *Trouvère* (avec M. Vanloo), les *Fourchambault*; lundi 5, *Aïda*.

Le Cercle des amateurs a donné, le mercredi 29 février, un con-

cert dans lequel se sont fait remarquer deux charmants virtuoses : M. et Mlle Gérardi (10 et 11 ans), qui ont exécuté plusieurs duos pour violoncelle et piano. Le jeune violoncelliste a fait preuve d'un talent réel, sobre, et nous ne saurions trop le louer pour sa jeune maestria.

La troisième audition du Conservatoire (dimanche 4) nous a fait entendre la classe d'orchestre, dirigée par M. Delsemme, dans la symphonie en *si mineur* de Schubert, et différentes pièces. L'interprétation a été correcte. — Mme Delhaze professeur de piano, avait fait un heureux choix : celui du quatrième concerto de Beethoven; elle l'a joué avec un mécanisme excellent et une grande distinction : c'était bien une interprétation féminine, dans le sens tout charmant du mot. — Les élèves de la classe de violon de M. Dossin ont ensuite exécuté, avec un ensemble digne d'éloges, une sonate de Corelli. — L'audition se terminait par trois pièces extraites de la *Suite miniature*, de Cui, et arrangées pour orchestre.

Au théâtre, à signaler le retour de MM. Verhees et Plain, le premier partageant l'emploi de fort ténor avec M. Vanloo. Les débuts de celui-ci ont été malheureux; espérons que l'année théâtrale pourra néanmoins s'achever dans les conditions actuelles, mais souhaitons qu'un cahier des charges plus favorable soit proposé aux futurs directeurs. F. V. D.

LONDRES.

Voici enfin une semaine musicale qui vaut une mention, ce qui n'était pas arrivé depuis assez longtemps. Elle a été remplie, variée, mouvementée.

D'abord, la rentrée de Mme Clara Schumann, aux Concerts populaires. A chaque fin de saison, c'est comme un refrain dans la bouche du public. « Nous avons entendu la veuve de Robert Schumann, pour la dernière fois. » Encore une fois la vénérable pianiste, septuagénaire maintenant; vient de démentir cette oraison funèbre anticipée. Et il y avait foule, foule énorme et enragée pour l'entendre, comme il y a quelques mois pour entendre le petit Joseph Hoffmann. Notre public aime les prodiges, les prodiges de longévité musicale comme les prodiges de précocité artistique. Il applaudit autant Mme veuve Schumann à cause de ses cheveux blancs qu'en raison de son exquis doigté, et du profond sentiment avec lequel elle interprète les œuvres des maîtres. Cette fois, il a été plus enthousiaste que jamais. Mme Schumann nous a fait entendre la sonate de Beethoven : « Les adieux, l'absence, et le retour » avec son charme habituel. Le public l'a forcée à corser son programme de la romance N° 32, de Robert Schumann. Je dois dire que la vaillante artiste a justifié cet enthousiasme. La déperdition physique résultant du nombre des années est visible chez elle. Mais cela ne fait qu'accentuer sa principale qualité, sa discrétion, le souci qu'elle a de s'effacer, de faire valoir surtout les œuvres qu'elle interprète, au lieu de sacrifier l'œuvre à l'interprétation. Rare qualité, si rare qu'elle justifie toutes les ovations.

Le St-Jame's Hall a « vibré » également toute la semaine. Un orchestre d'amateurs, qui s'est baptisé du pittoresque nom de *The strolling players* (les artistes errants), y a exécuté la symphonie en *fa mineur* d'un compositeur français bien connu de vos lecteurs : M. Théodore Gouvy. M. Lamoureux nous l'avait déjà fait entendre en 1881, lors de la louable mais infructueuse tentative qu'il fit pour acclimater ici la musique symphonique de la France moderne. Le succès a peut-être été plus grand à cette seconde audition que lors de la première. Je n'en dirai pas autant de l'oratorio inédit d'un de nos compositeurs indigènes, le Dr Jacob Bradford. Sujet : *Judith*, emprunté, comme l'indique son titre, à l'histoire biblique de la belle juive qui coupa la tête à Holopherne pour délivrer Israël de ses ennemis. Le Dr Bradford, qui ne fondait de grandes espérances à la suite d'un « Chant du Jubilé » arrangé à l'occasion du cinquantenaire de la reine Victoria, sur le thème du *God save the Queen*, a simplement cousu quelques passages du livre de Judith avec des versets de la Bible et a brodé là-dessus une musique qui vise à rappeler celle d'Hændel et qui, bourrée de fugues, sent son écolier d'une lieue, mais ne sent pas son maître quand on a le nez dessus. L'auteur donne le même coloris musical à la scène de la décapitation d'Holopherne qu'à celle où il prétend décrire symphoniquement un coucher de soleil en Béthulie. Peut-être répondra-t-il que la vérité veut ces deux scènes également rouges. Il m'en dira tant ! On prétend que c'est la thèse musicale présentée par lui à Oxford, il y a quelques années, pour l'obtention du doctorat, que M. Jacob Bradford nous a resservi là. Je n'en serais pas si étonné. Dans tous les cas, *Judith* est tombée à plat. Ce n'est pas sur M. Bradford que devra compter, jusqu'à nouvel ordre, le nouvel Opéra national qui va être créé ici.

On attend davantage du Dr Villiers-Stanford, dont l'ode élégiaque sur « la Mort », déjà entendue au festival de Norwich en 1884, a, pour la seconde fois, récolté cette semaine de nouveaux applaudissements mérités, aux concerts Bach. Le concert Bach a fait, en même temps, une intéressante exhumation artistique : il nous a donné une audition de *Didon et Enée*, le petit drame lyrique écrit, au siècle dernier, par Purcell. Pas de prétentions dans *Didon et Enée*; de la musique de psaumes, naïve et facile comme le voulait l'esthétique du temps. Ça été goûté, comme ces vieux pastels à moitié fanés qu'une légère couche de poussière rend encore plus touchants. Mais l'événement de la semaine, au concert Bach, a été la découverte d'une jeune violoniste morave, Mlle Marie Soldat, qui a révélé un talent exceptionnel dans le grand concerto de Brahms, écrit, vous le savez, pour Joachim. L'archet de Mlle Soldat a une sûreté d'attaque toute... soldatesque et une finesse de touche vraiment remarquable dans les passages délicats.

La saison musicale, ainsi lancée, va nous conduire de régal en régal jusqu'au mois de mai. Alors elle atteindra son point culminant. On nous annonce pour ce mois de fleurs, l'arrivée de Hans de Bulow, qui nous promet quatre séances dont le programme embrassera exclusivement la musique de Beethoven. Pour la même époque, au Palais de Cristal, l'apparition d'un violoniste hollandais, Théodore Werner, dont on dit merveille et qui donnera trois concerts « à la Sarasate »; et aussi d'un nouveau pianiste-prodige, M. Emmanuel Moore, natif des Etats-Unis. M. Edward Lloyd fera entendre, aux concerts Richter, les chants de l'Epée du *Siegfried*, qui n'ont jamais été chantés ici et qu'on attend comme un événement.

J'en passe; mais — contrairement à la tradition — je n'ajouterai pas « et des meilleures ».   G. H.

AMSTERDAM.

Le compositeur belge Gustave Huberti a donné, au *Toonkunstenaars-Vereniging*, une audition de ses lieder que son beau-frère Emile Blauwaert a chantés avec le talent qu'on lui connaît. Il y en a de charmantes parmi ces romances : le *Meilied*, entr'autres, est une perle digne de Schumann; il a été bissé. Il est toujours dangereux pour un compositeur de remplir tout un concert de ses ouvrages et surtout de les faire chanter par le *même* chanteur. Même en organisant une pareille audition pour les *classiques*, il en résulte une monotonie inévitable. L'auditoire, redoutant sans doute cette monotonie, était malheureusement peu nombreux, mais il s'est montré fort sympathique autant au chanteur qu'au compositeur belge.

Décidément une nuée de violonistes vient s'abattre sur Amsterdam cet hiver; en voici encore un qui vient de se faire entendre avec un grand et légitime succès à *Félix Méritis*. C'est le violoniste hongrois Ondricek, un exécutant *di prime cartello*, surtout dans l'interprétation des compositions d'auteurs modernes.

Depuis longtemps déjà, comme je vous l'avais écrit, l'Opéra néerlandais préparait une audition de l'*Otello* de Verdi, mais voici l'éditeur Ricordi, de Milan qui met opposition à la représentation. Il fait connaître au public d'Amsterdam, que cette représentation aura lieu sans son autorisation, qu'on va lui servir un *faux Otello*, un *Otello orchestré* d'après la partition de piano et chant par un musicien quelconque de la banlieue d'Amsterdam. L'affaire est plaisante, et nous verrons comment elle aboutira. Peut-être va-t-on remplacer maintenant l'œuvre de Verdi, par le *Bonifacius*, de M. Nicolaï, arrangé pour la scène, à l'instar de la *Sainte-Elisabeth* de Liszt.

Autre phénomène néerlandais! On vient de représenter au Théâtre Allemand de Rotterdam, un opéra d'un compositeur néerlandais M. Verhey, *Konig Arped*, sur un libretto d'un poète néerlandais, M. Van Hoghem, sous le pseudonyme de « Flore della Neve ». Ne croyez pas toutefois que ce soit un néerlandais que M. Verhey a composé son opéra. Le poète néerlandais a écrit son livret en.... *allemand*. Voilà certes une piquante manifestation nationale! Quel triomphe pour ceux qui ne croient pas à la vitalité de l'opéra néerlandais !

Quant à la musique de M. Verhey, je ne puis pas en juger; n'ayant pas entendu son ouvrage, mais un de mes confrères très compétent, et qui a assisté à la première, prétend qu'on se trouve en pays de connaissances, que cela manque d'originalité, d'expérience scénique, que l'ouvrage est trop long, trop longueur excessive. J'y reviendrai, quand on l'aura joué à Amsterdam.

L'*Excelsior-Wagner concert*, qui vient d'avoir lieu sous la direction de M. Viotta, aura à beaucoup près offert le même intérêt que la dernière séance du *Wagner-Verein*, a tout de même fort bien réussi. Une partie du programme a été réservée aux anciens maîtres et se composait du *Concerto grosso* de Hændel, de fragments des *Saisons* de Haydn, de l'ouverture *Meeresstille* de Mendelssohn, et d'une cantate de Beethoven. Puis on nous a fait entendre le *Chœur des Moissonneurs* du *Prométhée* de Liszt (qui a été bissé) et de fragments du *Tannhæuser* de Wagner. L'orchestre et les chœurs auraient été supérieurement bien marché. Les solistes : Mlle Pia von Sicherer et la basse M. Stau-digl, tout en ayant laissé à désirer, ont droit à nos louanges. Le ténor M. Zarneckou n'a pas su nous plaire.

Il n'est pas rare de voir de riches amateurs trouver le moyen d'imposer çà et là leurs compositions dans les concerts; voici que

les princes se mêlent de la partie, et vont faire concurrence aux artistes; au prochain concert de *Félix Méritis*, le prince Henri XXIV de Reuss vient diriger *lui-même* une de ses symphonies (1). Où allons-nous, mon Dieu!   D^r Z.

Nouvelles diverses.

On vient de vendre pour 99 francs, à l'hôtel Drouot, une lettre de Richard Wagner, du 2 avril 1861, dans laquelle se trouve ce passage : « N'en veuillez pas trop à votre public de Paris. Malgré les énormes préventions dont il était bien soigneusement nourri contre moi, il s'est vraiment héroïquement battu pour moi contre la cabale de MM. les Jockeys, et ce n'est pas sa faute à lui s'il a été empêché de manifester quemment d'entendre ma musique. » A rapprocher de la *Lettre au sujet de l'exécution du Tannhæuser* à Paris, datée du 27 mars 1861, et publiée (page 57) dans le volume de *Souvenirs* traduits par Camille Benoit. Le passage suivant, extrait de cette lettre du 27 mars, montrera à quel point cette bonne opinion du public parisien était bien arrêtée dans l'esprit de Wagner : « Voici un public (je parle de ce public pris dans son ensemble) auquel je suis, personnellement, tout à fait inconnu, un public auquel les journaux, les bavards et les oisifs rapportent journellement sur mon compte les choses les plus absurdes, et qu'on travaille contre moi avec une rage presque sans exemple : eh bien! qu'un tel public, pendant des quarts d'heure entiers, lutte pour moi contre une coterie, et me prodigue les témoignages les plus opiniâtres de son approbation, c'est là un spectacle qui devrait me mettre la joie au cœur, eussé-je été l'homme le plus indifférent du monde. »

Et dire qu'il se trouvera encore des gens pour parler des « rancunes » de Wagner contre Paris, pour feindre d'y croire, les hypocrites, et pour exploiter ce mensonge !....

A lire dans le dernier feuilleton musical du *Temps* (27 février), quatre colonnes curieuses sur les phénomènes d'audition colorée. On constate avec quelque étonnement la rencontre de M. J. Weber, critique musical, avec M. Arthur Rimbaud, poète décadent. Ce dernier, il y a des années déjà, publia une pièce de vers où il était question de la couleur des voyelles, où la couleur spéciale de chacune d'elles était énumérée..... La fantaisie parut exorbitante et scandalisa fort... Lisez le compte rendu de M. Weber, et vous verrez qu'Arthur Rimbaud est dépassé. M. Jules Lemaître lui-même, qui vient de faire sur les « symbolistes » et les « décadents » un article remarqué, serait sans doute étonné. Nous apprenons, en effet, par l'intermédiaire de M. Weber, que pour tel individu le son de la grosse caisse est couleur chocolat, la guitare d'un gris terne, — et le sifflet noir..... Nous apprenons aussi que « les voix vertes » sont rares. Les langues, par conséquent, ont aussi leurs couleurs; l'espagnol, par exemple, est « jaune et carmin, avec des teintes vives, papillonnantes et à reflets métalliques. » L'allemand est gris-souris; le français tourne vers le blanc, etc. Mais M. Weber craint « que des faits communs ceux de l'audition colorée ne restent encore longtemps, sinon toujours, une pure affaire de curiosité. »   B. C.

L'Association pour le développement du drame lyrique, dirigée par MM. Henry Bauer et Ch. Lamoureux, a déjà réuni la somme de 40,000 francs.

Mais c'est seulement lorsque leur capital s'élèvera à 100,000 fr. que ces messieurs se mettront en quête d'un Théâtre et donneront leur premier ouvrage.

L'époque de l'inauguration de cette nouvelle scène lyrique paraît assez difficile à déterminer.

On sait que prochainement doit avoir lieu à Vienne le transfert au cimetière central des restes mortels de Beethoven, Mozart, Schubert et Gluck, où ils seront solennellement inhumés dans une sorte de *caveau d'honneur*. La Société d'anthropologie de Vienne vient à ce propos d'être autorisée par le ministre de l'Intérieur d'Autriche à procéder à des études sur les crânes de ces grands maîtres de la musique. Les crânes extraits des cercueils seront mesurés et feront l'objet d'observations scientifiques, à l'Institut anatomique de l'Université, par les Drs Toldt, Meynert, Kundrat et Weisbach. Après quoi ils seront photographiés et l'on en prendra des empreintes en plâtre. La question scientifique à résoudre est de déterminer s'il existe des particularités de conformation pouvant se rapporter aux facultés spéciales de ces grands hommes. Cet examen comparatif ne manquera certes pas d'intérêt. Pour Mozart, il est toutefois à remarquer qu'on n'est pas certain de posséder le crâne authentique de l'auteur de *Don Juan*, la tête ayant été volée, quelques jours après sa mort, par un fanatique des théories phrénologiques qui voulait se livrer à son étude favorite sur le cerveau du grand homme. Nous avons raconté l'année dernière cette singulière histoire.

On écrit de Munich que les répétitions de *Die Feen*, l'opéra de Wagner, sont enfin commencées. Les deux principaux rôles ont été distribués à Mlle Dressler et à M. Mikorey. La direction fait des

(1) Rappelons que cette symphonie a déjà été exécutée avec succès en Allemagne, et à Vienne, si nous ne nous trompons.   N. DE LA RÉD.

frais considérables pour la mise en scène. Les décors, commandés à des artistes de Vienne, coûteront à eux seuls plus de 75,000 francs.

Une nouvelle revue wagnérienne vient de paraître à Londres, sous ce titre : *Der Meister* (George Redway, éditeur). Le but de cette publication est de donner à l'Angleterre l'équivalent des *Bayreuther Blätter* de Munich, et de la *Revue wagnérienne* de Paris. Le *Meister* paraîtra trimestriellement. Le premier numéro a paru le 13 février, jour anniversaire de la mort de Wagner. Il contient des articles originaux portant les signatures de MM. C. Armbruster, C. Dowdeswell, H.-F. Frost; B.-L. Mosely; C.-A. Barry; E. Dannreuther; A. Forman; C.-F. Glasenapp et Ferd. Præger.

M. Harris, l'impresario de la prochaine saison à Covent-Garden, a passé quelques jours à Bruxelles, la semaine dernière. Il a engagé deux des artistes de la Monnaie, Mmes Melba et Mlle Martini. On ne dit pas si M. Harris, qui a vu *Jocelyn*, ait retenu cette œuvre pour Covent-Garden.

M. Dietz est allé faire entendre son clavi-harpe à Londres, où les essais de ce nouvel instrument excitent la curiosité. Les journaux spéciaux s'accordent à trouver l'invention pratique et utile et lui prédire un succès complet là surtout où la harpe fait défaut parmi les instruments de l'orchestre. C'est Mlle Dratz qui prête son gracieux talent aux auditions du clavi-harpe que l'on a entendu l'an dernier à Bruxelles et à Paris.

Le 14 février dernier, à Gênes, il y a eu une cérémonie curieuse : en présence du commissaire royal, M. Pavesi, faisant fonctions de maire de la ville, il a été procédé à l'ouverture de l'armoire où la ville de Gênes conserve le merveilleux Stradivarius qui procura à Nicolo Paganini de si extraordinaires triomphes. Il s'agissait de constater l'état de ce bel instrument, l'un des plus parfaits modèles du grand luthier de Crémone. Le violon a été trouvé en parfait état de conservation. M. Sivori, le violoniste bien connu, élève de Paganini, a joué plusieurs morceaux sur cet admirable instrument. Après quoi, M. Pavesi a placé lui-même l'instrument sous une cloche de cristal où il restera désormais exposé aux regards des fidèles de la mémoire de Paganini.

Le théâtre Carlo Felice, à Gênes, vient de représenter la *Reine de Saba* de Goldmark. L'œuvre a plu; cependant, le public un peu désorienté est resté relativement froid et ses applaudissements s'adressaient principalement aux interprètes, si l'on en croit un correspondant du *Trovatore*.

Jusqu'à présent l'*Otello* de Verdi a été représenté sur treize théâtres et en cinq langues. En italien : à la Scala de Milan, à la Fenice de Venise, à Brescia, Parme, Turin, Modène, Rome et Naples. En allemand : à Hambourg et Munich; en hongrois : à Buda-Pesth; en tchèque : à Prague et en russe : à Saint-Pétersbourg.

La saison de carême s'est ouverte au théâtre Manzoni, à Milan, le 26 février, par *Roméo et Juliette*, de Ch. Gounod.

Nous recevons le premier numéro d'un nouveau journal périodique : *O mensageiro litterario*, revue bibliographique publiée à Porto, donnant mensuellement le mouvement littéraire et scientifique du Portugal, du Brésil, de la France, de l'Espagne, de la Belgique, de l'Italie, de l'Angleterre, de l'Allemagne, etc.

On se rappelle l'accueil peu sympathique fait il y a deux ans à la diva Adelina Patti au cours d'une tournée de concerts qu'elle avait entreprise en Espagne. On parle même de sifflets. Pareille mésaventure vient de lui arriver de nouveau au théâtre royal de Madrid : l'illustre cantatrice y a fait ce qu'on appelle vulgairement un *four*. Quelques applaudissements, quelques-uns, même à l'actrice : la cantatrice a été chutée. « Toutes les défaillances de sa voix, dit un journal espagnol, toutes les pauvretés de sa respiration, toute l'incertitude de son organe brisé par tant d'années d'exercice se sont si bien étalées ces derniers soirs, que les spectateurs qui fait mille comparaisons défavorables à la diva avec des chanteuses qui ont la voix juste et fraîche et qui ne coûtent pas 12,500 fr. par représentation. »

A Lisbonne, en revanche, la diva a été très fêtée. Le roi Dom Luiz, relevant de maladie, s'est montré pour la première fois au théâtre à l'occasion des représentations de Mme Patti, et il a donné le signal des applaudissements qui ont été, paraît-il, très nourris.

Vérité en deçà, erreur au delà !

Le gouvernement prussien vient d'acquérir, pour la placer à Berlin, la collection d'anciens instruments de musique réunie par M. Paul de Wit, à Leipzig, et qui comprend environ 300 spécimens variés, dont quelques-uns, uniques en Europe, d'instruments de toutes les époques. Chose à peine croyable, il n'existait jusqu'ici aucune collection publique de ce genre à Berlin. Dès qu'elle aura été placée dans les bâtiments de l'École supérieure de musique, la collection de Wit aura pour conservateur le Dr Philippe Spitta, dont on connaît les remarquables travaux sur les vieux maîtres allemands.

M. Paul de Wit est ce riche amateur de musique qui s'est fait entendre il y a deux ou trois ans à Paris et à Bruxelles sur une magnifique viole de gambe de Stradivarius et qui dirige à Leipzig, avec

une compétence toute particulière, la revue spéciale des facteurs d'instruments intitulée *Zeitschrift für Instrumentenbau*.

Le théâtre de l'Union Square à New-York a été complètement détruit par un incendie. Il n'y avait heureusement personne dans la salle au moment où le feu s'est déclaré. Mais des constructions voisines ont été atteintes et les habitants ont eu quelque peine à se sauver.

Le ténor Alvary, qui a chanté à New-York les rôles de Lohengrin et de Siegfried, paraît être un chanteur de très grande valeur si l'on en juge par les éloges qui lui sont décernés dans la presse américaine. Ces deux créations l'ont mis au premier rang et sont, paraît-il, l'événement de la saison théâtrale qui va finir.

Nous devons des remerciements à notre confrère *The American musician* pour tout le bien qu'il dit du *Guide musical*, en son numéro du 18 février dernier.

Un pianiste-compositeur belge des plus distingués, M. Van Cromphout, s'est fait entendre, cette semaine, à Aix-la-Chapelle, dans un concert donné par l'Union instrumentale. Il a obtenu un très grand succès; rappelé, il a dû ajouter au programme, où figurait le concerto de Rubinstein, quatre morceaux, qui ont fait admirer sa grande virtuosité et son remarquable talent d'interprétation. La presse locale fait de M. Van Cromphout le plus grand éloge.

M. Van Cromphout vient de terminer une suite pour piano et hautbois que M. Guidé, professeur au Conservatoire, fera connaître dans la prochaine séance musicale du Cercle artistique de Bruxelles.

On nous écrit de Liège :
« Un journal illustré de notre ville, la *Caprice-Revue*, publie dans son dernier numéro un portrait et une biographie de M. Joseph Dupont, directeur du théâtre de la Monnaie. La biographie contient une grave erreur. Elle attribue à M. Joseph Dupont, un drame lyrique *Ribeiro Pinto*, chanté au Cercle artistique de Liège, le 14 mars 1858, par la *Légia*. Ce drame est en effet, d'un Joseph Dupont, mais il y a plusieurs Dupont. Le Joseph Dupont du *Ribeiro Pinto* est un ancien professeur de violon de notre Conservatoire, né à Liège, le 21 août 1821, mort ici même le 13 février 1861. Ne pas confondre ce Joseph Dupont (de Liège), avec le Joseph Dupont, d'Ensival, le seul, l'unique, le vrai Dupont ! Je dois constater du reste que l'erreur de M. Loys de Geral signataire de l'article de *Caprice-Revue*, vient sans doute de ce qu'il a consulté les documents sur les musiciens belges réunis par M. Gregoir, d'Anvers. C'est M. Gregoir qui établit la confusion des Dupont de Liège et d'Ensival. Il existe aussi un Auguste Dupont, de Liège comme il existe un Auguste Dupont, d'Ensival; celui-ci est le célèbre pianiste, professeur au Conservatoire de Bruxelles, frère du chef-d'orchestre directeur de la Monnaie; l'autre Auguste Dupont, de Liège, est simplement le frère de l'ancien violoniste du Conservatoire de Liège, de l'auteur de *Ribeiro Pinto* et de la *Clé d'Or*. Cet Auguste Dupont a publié récemment un *Répertoire dramatique* qui contient des notes précieuses et très exactes pour le théâtre en Belgique. Avis à ceux que la chose intéresse. Il y aurait peut-être un moyen d'éviter toute confusion à l'avenir : puisque M. Joseph Dupont, directeur de la Monnaie s'applique avec tant de zèle, cette année, à ranimer le répertoire italien, pourquoi ne l'appellerait-on pas : *Guiseppe Del Ponte*. Ainsi plus d'erreur. »

VARIÉTÉS

ÉPHÉMÉRIDES MUSICALES

Le 8 mars 1858, à Paris (église Saint-Vincent-de-Paul), Alphonse Mailly, aujourd'hui professeur d'orgue au Conservatoire royal de Bruxelles, se fait entendre pour la première fois à Paris. Il exécute : 1° Toccata en *fa* majeur de Bach; 2° Une improvisation; 3° Prière en *la* bémol de sa composition et une fugue en *sol* mineur de Bach; 4° Andante, récit et final de la 1re sonate de Mendelssohn; 5° Prière en *mi*, et scherzo-symphonique de Lemmens.

— Talent sérieux, magistral, élevé, jeu puissant, prodigieuse habileté, telle est la caractéristique de la critique parisienne à l'endroit du jeune organiste belge. Hector Berlioz, dans le *Journal des Débats*, appelle Mailly l'un des plus savants virtuoses que l'art moderne du grand orgue ait produits ».

On fait bien du chemin dans l'espace de trente ans. Celui parcouru par Alphonse Mailly n'a été qu'une succession de triomphes, aussi bien pour le virtuose dans ses auditions publiques que pour le professeur dans les concours du Conservatoire.

— Le 9 mars 1833, à Venloo, naissance de Maurice-Gérard-Hubert Leenders. Après de nombreux succès remportés dans son pays et à l'étranger, ce très distingué violoniste, aujourd'hui directeur-professeur à l'Académie de musique de Tournai, se livre exclusivement à l'exercice de ses fonctions, sans toutefois laisser les occasions qui lui permettent de rappeler autour de lui que son talent n'a rien perdu de sa saveur première.

— Le 10 mars 1834, à Paris (Opéra); *Don Juan*, 5 actes de Mozart. Nouvelle adaptation d'Émile Deschamps, de Castil Blaze adapté et fils, ayant pour interprètes Nourrit, Levasseur, Lafont, Dabadie, Dérivis, Mmes Falcon, Dorus-Gras et Cinti-Damoreau.

Don Juan, dont la première à Bruxelles, est du 17 mars 1867, n'y a plus été joué depuis les représentations de Faure, au commencement d'avril 1873. (Voir *Guide mus.*, 27 oct. 1887; l'article intitulé le *Centenaire de Don Juan en Belgique).*

— Le 11 mars 1852, à Anvers, par une troupe italienne, *Don Pasquale*, 3 actes de Donizetti. Ravissante musique qui fut parfaitement chantée. Même succès (4 mars 1853) par une autre troupe italienne. Le public anversois avait conservé un très bon souvenir de *Don Pasquale*, dont l'avait donné pour la première fois avec Vaez, représenté le 12 déc. 1844. (Bovy, *Annales du Théâtre d'Anvers*.)

Les premières de la version française, à Bruxelles, 4 août 1843; à Liège, 25 mars 1844.

— Le 12 mars 1805, à Paris (Opéra-Comique), *Julie ou le Pot de fleurs*, un acte de Spontini. Ce second essai sur un livret français du futur père de *la Vestale* fut froidement accueilli, malgré une interprétation très bonne de la part d'Elleviou Chenard, Solié, Allaire et Mme Desbordes, celle-ci, à ses débuts au théâtre, et qui, plus tard, à Bruxelles, devenue Mme Desbordes-Valmore, devait se faire un nom si retentissant dans la poésie. Etienne Fay, un acteur-compositeur, — il devait donner le jour à une nichée de comédiens et de comédiennes, — était pour une part dans la musique de la pièce que Bruxelles vit apparaître en la même année (15 août).

La Petite Maison, le premier ouvrage de Spontini, à l'Opéra-Comique, y avait eu le sort le plus lamentable (27 novembre 1804) ; la représentation n'en put même être achevée. Sur un geste méprisant d'Elleviou à l'adresse de quelques siffleurs, le parterre en fureur s'élança dans l'orchestre, chassa les musiciens et brisa tout ce qui lui tomba sous la main.

Mais quelle belle revanche allait prendre Spontini, à trois ans de là, avec sa *Vestale* ! Pauvre alors, déjà décrié et haï de la tourbe des musiciens de Paris, il oublie tout en s'élançant comme un aigle sur la riche proie qui lui est offerte, il s'enferme dans un misérable réduit, néglige ses élèves, insoucieux des premières nécessités de la vie, et travailla à son œuvre avec cette même ardeur fiévreuse, cette passion frémissante, indices certains de la première éruption de son volcan musical. » HECTOR BERLIOZ. (*Soirées de l'Orchestre*.)

— Le 13 mars 1849, à Anvers, *l'Étoile de Séville*, 4 actes de Balfe. Musique peu attrayante quoiqu'empreinte d'un certain cachet d'originalité. Trois représentations, grâce à une excellente interprétation. (Bovy, *ut supra*.) C'est le seul théâtre en Belgique où s'est risquée l'œuvre du compositeur irlando-anglais, que l'Opéra de Paris avait accueillie cependant avec une certaine faveur (17 déc. 1845).

— Le 14 mars 1887, à New-York (Opéra national), *Néron* de Rubinstein, chanté en anglais et pour la première fois aux Etats-Unis. *Néron* a été donné pour la première fois à St-Pétersbourg, puis d'autres villes, Londres, Hambourg, Vienne, ont voulu à leur tour connaître l'œuvre du compositeur russe. C'est Anvers seul, jusqu'ici, où elle a été jouée en français (30 déc. 1884).

— Le 15 mars 1829, à Paris (concerts du Conservatoire), *Symphonie pastorale*, de Beethoven. « La musique peint tout, même les objets qui ne sont pas visibles. » Ces paroles de J.-J. Rousseau n'ont jamais été justifiées d'une manière aussi splendide que par la *Symphonie pastorale*. (ELWART, *Hist. des conc. du Conserv.*)

— Le 15 mars 1842, 46me anniversaire de la mort de Cherubini, à l'âge de 82 ans. Le maître voulait paraître plus jeune qu'il n'était. Nous avons vu une lettre de lui, datée de 1820, et dans laquelle il disait : « Tant que je composerai, je désire que mon âge ne soit pas généralement connu, car dès qu'on sait qu'un compositeur est vieux on croit que sa verve est éteinte et qu'il n'a plus ni d'idées ni de chaleur. »

Notre barde de 1830, Campenhout, avait cette faiblesse-là. Ayant un jour à se plaindre de certain biographe qui avait révélé son âge, il lui en donna sur les doigts dans une longue lettre au bout de laquelle cette objurgation : « Le stupide vulgaire et la jactance des imberbes, ces jugeurs luiques et ignares, ces misérables ont tout dit quand une fois ils ont prononcé, à tort et à travers, leur absurde verdict : il est vieux ! donc il ne peut plus produire que du *rococo*. »

BIBLIOGRAPHIE

Nous venons de recevoir plusieurs partitions et volumes récemment parus : la *Fiancée du Timbalier* de Saint-Saëns (Durand, Paris); les *Trois Pintos*, l'opéra-comique posthume de Weber (Kahnt, à Leipsig); l'*Année musicale* de M. Camille Bellaigue (Ch. Delagrave, Paris); *Musiciens poètes et philosophes*, fragments tirés des écrits de Richard Wagner par M. Camille Benoit (Charpentier); *Une première par jour*, causeries sur le théâtre par M. Albert Soubies (Dupret, Paris); la deuxième édition de *Fanny Mendelssohn*, d'après les mémoires de son fils, par Sergy (Fischbacher, Paris).

L'abondance des matières ne nous permet pas de publier aujourd'hui l'article bibliographique relatif à ces différentes publications.

Nous nous bornons donc à les annoncer, en nous promettant d'y revenir en détail dans un de nos plus prochains numéros.

M. K.

AVIS ET COMMUNICATIONS

M. Alexandre Guilmant donnera cette année ses concerts d'orgue et orchestre, au Trocadéro, à Paris, les jeudis 5, 12, 19 et 26 avril. Comme toujours, M. Colonne conduira l'orchestre. Indépendamment des œuvres de Bach et de Haendel, qui forment la base de ces concerts, M. Guilmant réservera, dans chacun de ses programmes, une place pour les œuvres des auteurs contemporains.

La troisième séance de musique de chambre pour instruments à vent et piano, organisée par MM. les professeurs Dumon, Guidé, Merck, Neumans, Poncelet et De Greef, aura lieu dimanche prochain 11 mars, à 2 heures, en la grande salle des Concerts du Conservatoire de Bruxelles.

Cette séance sera des plus intéressantes ; en fait de morceaux d'ensemble, le programme se composera du quatuor des airs Danois et Russes de Saint-Saëns, d'un trio pour deux hautbois et cor anglais de Beethoven et de la suite en *ré* pour instruments à cordes, flûtes et trompette de Vincent d'Indy.

Mme Elly Warnots, M. E. Ysaÿe et ses élèves prêteront leur précieux concours à cette charmante matinée musicale.

La répétition générale est fixée au samedi 10 de ce mois, à 3 heures, au Conservatoire.

Le concert organisé par le comité « Instruction et Charité », au bénéfice de l'Œuvre de l'Hospitalité de nuit — concert qui devait avoir lieu le 3 mars, avec le concours de Mlle Caron, de MM. Engel, Seguin, Nerval, de la Monnaie, de M. Ysaÿe, professeur au Conservatoire de Bruxelles, de M. Garnier, du Théâtre du Parc et de la Société royale l'*Orphéon* de Bruxelles — est remis au samedi 17 mars.

Le bureau de location est ouvert tous les jours, dimanches exceptés, de 7 à 9 heures du soir, 10, rue des Croisades.

Rappelons à nos lecteurs bruxellois, la première des séances de musique de chambre de MM. Joseph Wieniawski et Eugène Ysaÿe, avec le concours de MM. Joseph Jacob et Eugène Sauveur. Cette séance aura lieu jeudi prochain, le 15 mars.

En voici le programme : 1. Sonate pour piano et violon, op. 30, n° 2 (Beethoven); 2. Deuxième grand trio pour piano, violon et violoncelle, op. 112, en *sol* majeur (Raff); 3. Quatuor pour piano, violon, alto et violoncelle, op. 41, en *si* bémol majeur (Saint-Saëns). — Piano Érard.

Nécrologie.

Sont décédés :

A Saint-Dié, le 13 février, Jean-Romary Grosjean, né à Rochesson (Vosges), le 12 janvier 1815, organiste à la cathédrale, rédacteur du *Journal des Organistes.* (Notices *Biographie universelle des Musiciens*, de Fétis, T. IV, p. 118, et suppl. Pougin, T. I, p. 425.)

— A Paris, à l'âge de 73 ans, Béraud de la Madeleine, qui avait débuté, au Théâtre-Lyrique, dans *Alme, reine de Golconde*, et qui plus tard avait remplacé Poultier à l'Opéra.

— A New-York, où il faisait partie de la troupe française, le ténor Richard, qui, après d'assez heureux concours au Conservatoire, passa par l'Opéra de Paris.

— A Welz (Steiermark), à l'âge de 74 ans, Hans Sutter, compositeur de chœurs pour hommes.

— A Milan, à l'âge de 82 ans, Mme Antonietta Galzerani, née à Padoue, autrefois prima dona à la Scala.

Imprimerie Th. Lombaerts, Montagne des Aveugles, 7.

XXXIVᵉ ANNÉE — 15 mars 1888 — NUMÉRO 11

Le Guide Musical

Paraissant tous les jeudis.

ABONNEMENT
FRANCE et BELGIQUE : Avec musique 25 francs.
— Texte seul. . 10 —
UNION POSTALE : — 12 —

SCHOTT FRÈRES, ÉDITEURS.
Paris, Boulevard Montmartre, 19
Bruxelles, Montagne de la Cour, 82

ANNONCES
S'adresser à l'Administration du Journal.
On traite à forfait.

L'OTELLO
DE VERDI

I

L'impérissable drame de Shakespeare a fourni le sujet de l'opéra de Verdi. C'est, on le sait, le compositeur et poète Arrigo Boïto qui s'est chargé d'approprier le drame shakespearien en opéra. Examinons comment il s'est acquitté de cette tâche délicate.

PREMIER ACTE. — La scène représente l'Ile de Chypre ; une auberge au bord de la mer ; au second plan la façade latérale d'un château. La tempête fait rage. Sur la scène, parmi le peuple, se trouvent le lieutenant d'Otello Iago, le capitaine Cassio, le gentilhomme Rodrigo, et l'ancien gouverneur de Chypre, Montano. On attend Otello, le nouveau général en chef de l'armée vénitienne, dont le vaisseau a été surpris par la tempête et par les Sarrasins. Tous, épouvantés, implorent du ciel un dénouement heureux. Enfin, on entend retentir les cris : « il est sauvé », et Otello apparaît ; il raconte que l'ennemi a été détruit par la fureur des flots, et se rend au château. Le peuple acclame le More valeureux. La tempête s'apaise peu à peu. Pendant que le peuple dresse des feux de joie, Iago s'entretient avec Rodrigo ; ce dialogue révèle que Rodrigo est épris sans espoir de Desdémone, femme d'Otello, et que Iago a conçu une haine violente contre son général pour avoir nommé capitaine Cassio, et non pas lui ;

il excite le naïf Rodrigo à poursuivre son entreprise amoureuse. Le peuple se divertit autour des feux. Un groupe joyeux se presse chez l'aubergiste ; Iago invite Cassio à boire avec lui, il fait chanter les louanges de Desdémone, les répète à l'amoureux Rodrigo en les dénaturant, et chante une chanson bachique. Tout inconsciemment, Cassio s'enivre ; Montano lui rappelle qu'il est temps de se rendre au service dans la forteresse. Cassio se lève en titubant ; tous se mettent à rire ; Rodrigo, excité par Iago, traite Cassio d'ivrogne ; Cassio se jette sur Rodrigo, se bat à l'épée avec Montano, qui s'efforçait de rétablir l'ordre, et le blesse ; alerte générale. Survient Otello, qui ordonne à Iago de raconter ce qui se passe. Il résulte de tout ceci que Cassio est privé de son grade. Otello éloigne tout le monde et reste seul avec Desdémone (accourue au bruit). Otello est au comble de la félicité ; doux entretien des heureux amants. « Tu m'aimes pour tout ce que j'ai souffert, et moi je t'aime pour ta compassion », dit Otello. Le temps s'est complètement rasséréné ; Otello et sa femme rentrent au château.

Dans le drame de Shakespeare, le premier acte se passe à Venise. Otello vient d'enlever Desdémone à son père Brabanzio et l'a épousée. Iago a donné l'alerte. Branbanzio intime à Otello l'ordre de comparaître devant le Sénat. Jugement du doge ; grand discours d'Otello ; il raconte sa vie tumultueuse et guerrière, pleine de périls et de désastres, qui lui a valu la tendresse passionnée de Desdémone ; refus formel de Desdémone de rompre son union avec Otello. C'est alors qu'Otello se rend à Chypre, destination de son nouveau commandement. La scène de la révélation de l'enlèvement de Desdémone et la scène du Sénat offraient des épisodes superbes pour un opéra ; en les retranchant du libretto, et en rapprochant les scènes séparées dans le drame, Boïto a sacrifié la clarté du premier acte et rendu incolore le récit d'Otello, dans son duo avec Desdémone. Le librettiste aurait mieux fait aussi d'utiliser, d'après l'original, les deux courtes chansons de Iago, au lieu d'en composer une lui-même. Quant à l'intercalation des chœurs, elle est tout à fait opportune.

SECOND ACTE. — Une salle du château. Dans le fond, un jardin; Iago conseille à Cassio de supplier Desdémone d'intercéder auprès d'Otello pour qu'on lui rende son grade. Cassio s'éloigne. Iago, resté seul, chante une sorte de profession de foi, disant qu'il ne croit qu'au mal, qu'il est lui-même de naissance un scélérat, un serviteur du démon, et émettant les idées les plus misanthropiques. Cassio s'en est allé dans le jardin rejoindre Desdémone, et lui parle à voix basse. Iago, rencontrant Otello, prononce une phrase dont le sens équivoque éveille les soupçons du More, qu'il excite perfidement en faisant des insinuations sur l'infidélité de Desdémone. Dans le jardin, des femmes, des matelots et des enfants apportent à Desdémone des fleurs, des colliers et autres présents pour fêter sa bienvenue. En voyant sa femme si calme et si belle, les soupçons d'Otello sont presque évanouis; mais voilà Desdémone qui intercède en faveur de Cassio; la jalousie s'éveille de nouveau dans l'âme d'Otello. Il souffre; Desdémone, pour soulager son mal, veut lui attacher autour de la tête un mouchoir (le premier cadeau offert par Otello à sa femme); il jette avec colère le mouchoir par terre. Quatuor. Emilia (femme de Iago, suivante de Desdémone) ramasse le mouchoir, Iago la prie de le lui remettre, et sur son refus le lui arrache de force. Otello ordonne à sa femme de se retirer. Iago excite de plus en plus la jalousie d'Otello et l'amène à une terrible soif de vengeance. Leurs haines sanguinaires se confondent dans un duo.

L'épisode du chœur introduit dans cet acte ne nuit pas; mais le monologue intercalé de Iago est absolument inexplicable, d'autant plus que le texte shakespearien fournit des matériaux surabondants; Boïto défigure absolument la conception du poëte anglais, et fait de Iago une sorte de Méphistophélès doublé d'un bouffon. C'est la seule erreur, mais une erreur capitale, de Boïto, et elle saute aux yeux d'autant plus que dans son libretto les traits fondamentaux des principaux personnages sont conformes au drame du poëte anglais.

On pourrait aussi faire une observation par rapport au manque de naturel de la scène du mouchoir. Dans Shakespeare, Emilia ramasse le mouchoir; Desdémone s'éloigne avec Otello, et c'est alors que Iago reprend à sa femme le mouchoir. On ne comprend pas pourquoi Emilia ne remet pas secrètement à sa maîtresse, et comment elle permet à Iago de le lui arracher des mains devant elle?

Il n'en faut pas moins rendre hommage à l'auteur du libretto d'avoir respecté presque absolument dans cet acte le texte de Shakespeare; il est regrettable seulement qu'il ait changé les expressions du serment d'Otello et de Iago, car bien entendu, ce changement n'est pas une amélioration.

TROISIÈME ACTE.— Salle de réception au château. Un héraut informe Otello de l'arrivée des envoyés de Venise. Iago instruit Otello de ce qu'il doit faire pour s'assurer de la vérité. Entrée de Desdémone. Otello la reçoit avec une feinte cordialité; il la prie de mettre sur sa tête le mouchoir dont il lui a fait présent; la voyant troublée, il ne peut se contenir et éclate en outrageants reproches. Resté seul, il est accablé de désespoir. Survient Iago accompagné de Cassio; Otello se cache et les écoute. Iago parle à Cassio de la maîtresse de celui-ci, une courtisane nommée Bianca; Cassio lui montre le fatal mouchoir (sans savoir qu'il appartient à Desdémone); ils rient ensemble; Otello est persuadé qu'il s'agit de Desdémone; à la vue du mouchoir, ses doutes deviennent une certitude; aussitôt que Cassio s'est éloigné, Otello, violemment, s'écrie : « Comment vais-je la tuer », et Iago lui conseille d'étouffer sa femme dans son lit.

On entend des fanfares; arrivée de la députation de Venise. Otello, tout en lisant le message de la République, ne cesse d'observer Desdémone. On mande Cassio; Otello lui annonce qu'il est nommé gouverneur de Chypre, et que lui-même, Otello, est convoqué à Venise. Pris d'une fureur désespérée, il jette violemment Desdémone à genoux. Long ensemble. Iago s'entend avec Otello au sujet du meurtre de Cassio et en confie l'exécution à Rodrigo. Otello ordonne brusquement à tous de se retirer; il maudit Desdémone. Resté seul, il tombe anéanti et perd connaissance. Iago triomphe. Derrière la scène, le chœur acclame Otello.

Au sujet de cet acte, on pourrait faire les observations suivantes : la scène du mouchoir n'est ni suffisamment intelligible ni suffisamment conforme à l'original; l'entretien de Cassio avec Iago aurait pu être mieux élaboré; dans le monologue d'Otello, l'auteur n'a pas assez mis à profit les admirables vers de Shakespeare; enfin, le grand ensemble manque de naturel. Quant au reste, surtout dans les scènes d'Otello avec Desdémone, l'auteur a suivi presque à la lettre le texte de Shakespeare; par moments seulement on reconnaît le désir d'atténuer le réalisme du dramaturge anglais, sentiment qui fait honneur à la délicatesse de l'auteur, mais qui n'est pas à l'avantage de l'œuvre.

QUATRIÈME ACTE. — Chambre à coucher de Desdémone. Grande scène de Desdémone avec Emilia. Desdémone, en ôtant ses ajustements, chante la chanson du Saule. Prière de Desdémone. Entrée d'Otello par une porte secrète. La scène du meurtre de Desdémone, sauf quelques coupures, est absolument conforme à celle de Shakespeare. On frappe. C'est Emilia qui vient annoncer la mort de Rodrigo; les derniers gémissements de sa maîtresse lui révèlent le meurtre; Otello lui-même dit qu'il l'a tuée. Arrivent Ludovico, Iago, Cassio, Montano. Emilia découvre l'intrigue de Iago, qui s'enfuit. Otello veut se précipiter à sa poursuite, puis se penchant sur Desdémone, il se frappe de son poignard, et avant d'expirer lui donne un dernier baiser.

Dans cet acte, Boïto n'a intercalé que la prière de Desdémone, mais il a supprimé, au détriment de l'œuvre, beaucoup de passages importants. Ainsi, le monologue si poétique d'Otello au moment où il entre dans la chambre à coucher de Desdémone, ce monologue est remplacé par un solo instrumental. Boïto n'a pas fait usage non plus d'un passage admirablement propre, semble-t-il, à la musique, lorsque Otello, pressentant sa fatale erreur, se jette sur Desdémone inanimée, et veut ensuite essayer de se persuader encore qu'elle était coupable. Pourquoi aussi l'addition de cette porte « secrète »? Desdémone attend Otello; un mari ne se présente pas chez sa femme par une porte dérobée.

C'est à dessein que nous avons signalé scrupuleusement jusqu'aux moindres défauts du poème pour en faire ressortir d'autant mieux les qualités : le sujet émouvant du drame de Shakespeare a été conservé fidèlement; les caractères des principaux personnages n'ont pas été altérés à l'exception de Iago; la plus grande partie du texte est conforme à celui de Shakespeare; les coupures sont généralement faites avec habileté. En somme, c'est un libretto d'opéra bien fait.

Voyons maintenant la partition.

(A suivre.) CÉSAR CUI.

Théâtres et Concerts

Chronique de la Semaine

PARIS

Le nom de M. Pierre Tschaïkowsky, le compositeur russe, vient de remplir les journaux; il a occupé deux fois, presque à lui seul, l'affiche des concerts du Châtelet. Je crains que l'excès de réclame dû à ses *impresarii* n'ait fait quelque tort à l'auteur d'*Onéguine*. On s'attendait à quelque chose de très russe, de barbare, d'un peu hirsute. Avec ce nom là, le plus barbu des *moujiks* de Tourguéneuw ou de Tolstoï aurait eu un succès fou. Au lieu de cela, on a vu un fort correct et élégant petit monsieur, bien pris de sa personne, d'une distinction toute française, rappelant par sa tête l'éditeur Durand et M. Gounod jeune, et dirigeant sa musique d'une main gantée de blanc, d'un bras au geste nerveux et précis...

Je donne ce détail de la main gantée de blanc, parce que cela me paraît une invention utile pour assurer la bonne transmission des signes de mesure et des indications de nuances à de grandes masses chorales et instrumentales. La figuration des mouvements rythmiques se dessine mieux et se reproduit plus nettement ainsi à de grandes distances.

Ce que je viens de dire de la personne de M. Tschaïkowsky s'applique surtout à sa musique; c'est là que l'attente d'un public de jour en jour plus blasé et plus avide de nouveauté, fût-elle étrange et âpre, me semble avoir été déçue. Le talent de M. Tschaïkowsky est de nuance mixte et de nature composite. Telle mélodie, telle phrase instrumentale se rattache à l'école de Schumann, tel détail d'orchestration à Berlioz, telle conception descriptive à Liszt (comme dans la *Francesca di Rimini*); en somme l'influence de l'école allemande moderne (Wagner excepté) est grande, et je crois pouvoir dire prédominante. S'il fallait désigner le talent allemand dont se rapproche le plus M. Tschaïkowsky, je nommerais Joachim Raff. Ces deux

compositeurs se ressemblent par la diversité de leurs tentatives, par la variété des ressources qu'ils mettent en jeu, par des qualités d'élégance et de délicatesse, et aussi par une fécondité que certaines gens trouvent excessive.

M. Tschaïkowsky, par ses tendances, représente donc, avec M. Rubinstein, l'élément mixte cosmopolite, dans la musique russe. Le public qui attendait de la musique vraiment russe, d'une saveur nationale très particulière, n'a pas eu son compte. Ce n'est pas à dire que cet ingrédient ne figure pas dans son œuvre [1], mais il reste au second et même au troisième plan.

Pour moi, ce que je préfère dans l'œuvre connue jusqu'à présent de M. Tschaïkowsky, ce sont des mélodies, des pièces de musique intimes, les quatuors, et parmi les grandes compositions orchestrales, la vigoureuse et expressive ouverture de *Roméo et Juliette*. Je connais cette œuvre de longue date, je l'ai entendu exécuter, fort mal, sous la direction de l'excellent Pasdeloup, et je regrette infiniment qu'elle n'ait pas été mise cette année au programme des œuvres exécutées de M. Pierre Tschaïkowsky.

J'ai dit que M. Tschaïkowsky dirigeait fort bien l'orchestre; l'excellente troupe de M. Colonne a manœuvré sous ses ordres avec un entrain, un feu inaccoutumés. M. Tschaïkowsky a dû être enchanté de l'accueil sympathique qu'il a reçu, accueil sympathique à sa personne, à sa patrie et à son talent.

Malheureusement, pour bien juger ce talent, il nous manque un élément important. M. Tschaïkowsky a beaucoup écrit pour la scène (ne pas entendre « pour Lassen »), et de cette partie de son œuvre nous ne connaissons rien... Il fut question, l'an dernier, qu'une troupe russe vînt ici, à l'Éden-Théâtre, donner des représentations littéraires et musicales, *en russe*. Il est regrettable que ce projet n'ait pas abouti... Peut-être se réalisera-t-il quelque jour, qui sait, en 89, l'année prochaine, à l'occasion de l'Exposition. Ce sera l'économie d'un voyage à Saint-Pétersbourg ou à Moscou.

J'oublierais de citer et de louer hautement, parmi les excellents interprètes des *soli* de M. Tschaïkowsky au Châtelet, MM. Brandoukoff, pour le violoncelle, Rémy pour le violon, Diemer pour le piano. Ce sont là des noms qu'il suffit de citer. Mme Conneau a une voix d'un timbre encore exquis et frais, mais d'un volume malheureusement trop exigu pour une salle comme celle du Châtelet... Ces virtuoses éminents ont partagé le succès de l'auteur.

En donnant l'œuvre d'un *jeune*, chose rare, et en la donnant dans des conditions très satisfaisantes de succès — chose rare aussi — la Société des concerts du Conservatoire vient de faire une tentative dont la réussite doit l'encourager à continuer.

Ludus pro Patria... Tel est le titre d'un poème écrit et mis en musique par Mme Augusta Holmès... Ce titre était déjà connu par la belle fresque de Puvis de Chavannes, représentant de jeunes guerriers qui s'exercent, dans un paysage idéal, au jet du javelot et au brandissement de la lance.

L'œuvre de Mme Holmès ne rappelle nullement la composition de notre grand peintre-poète. L'amour, en particulier, tient une place prédominante dans sa conception... Ludus pro Patria! Ce sont les jeux de l'amour, et par contraste et analogie à la fois, ceux de la forge des épées... Le tout couronné d'un hommage à la patrie. Idéalisée les bois de Meudon au printemps avec leurs couples, puis la fabrique d'armes de Saint-Étienne, et enfin l'apparition du général Boulanger sous un arc de triomphe, et vous aurez une idée plus nette, plus concrète tout au moins, des tableaux dont la succession forme le poème, lequel aurait dû s'appeler, au pluriel, *Ludi pro Patria* !

Les vers de Mme Holmès sont généralement sonores, richement rimés, solidement charpentés; on voit que l'auteur a fait brillamment sa rhétorique parnassienne, et que Victor Hugo est son auteur favori. Parfois, au milieu de l'effusion déclamatoire, des délicatesses et des détails de nature joliment observés.

> O mousse veloutée, ô plumes des fougères,
> Lierre léatrs rampant en guirlandes légères !.....

Dans sa musique, Mlle Holmès me fait penser invinciblement au maître anversois, Peter Benoit. Elle a, comme lui, le goût des grandes masses, des grandes lignes; c'est ce qu'on est convenu d'appeler de la musique à la fresque, ou de la fresque musicale; et cela ne va pas sans quelque chose de massif et de redondant. On trouve aussi chez elle, à côté d'une certaine recherche des effets énergiques et les sonorités éclatantes, un certain sentiment de grâce naïve et d'un tour populaire dans la mélodie, témoin le petit chœur printanier

> Dans ce bois
> Entends-tu cette voix
> Qui parle et doucement appelle?

[1] M. Tschaïkowsky a publié un recueil d'airs nationaux harmonisés et arrangés par lui à quatre mains; on y trouve des motifs exquis.

qui a été bissé l'autre jour, et qui a de la fraîcheur... Le talent de Mᵐᵉ Holmès est fait de ces deux couleurs contrastées.

En applaudissant au *Ludus pro Patria* de Mˡˡᵉ Holmès, le public ordinairement plus grincheux des abonnés, encouragé et accompagné par M. le président Carnot, a pensé, comme lui, remplir un double devoir.

Nos hommes politiques, d'ailleurs, me paraissent bien inspirés en ce moment. MM. Jules Ferry et Bardoux, entre autres, ne dédaignent pas de venir applaudir chez M. Lamoureux, *Lohengrin* et la *Valkyrie*, qui sont l'occasion d'ovations chaleureuses à l'éminent chef d'orchestre. A côté de cela, c'est surtout chez lui qu'on entend les jeunes musiciens contemporains. J'ai signalé l'autre jour la Trilogie de M. Vincent d'Indy; son succès a été encore plus décisif à la seconde audition. Hier, c'était une petite suite d'orchestre des frères Hillemacher, la *Cinquantaine*, dont voici les diverses parties : le Cortège des noces d'or, la Bénédiction, reprise du Cortège, la Valse des vieux époux; le Bal, Souvenirs... C'est la *Valse des vieux époux* qui a été la plus goûtée.

C'est aussi chez M. Lamoureux qu'on entend les plus sombreux et les plus intéressants virtuoses, surtout de l'étranger. Voici le jeune Hongrois, M. Paderewsky, qui fait grand bruit (sans jeu de mot, car c'est tout le contraire) dans le monde des pianistes. En effet, M. Paderewsky a un toucher d'une délicatesse exquise, un son plein d'un charme peu commun, qui lui est personnel, qui n'est pas sans analogie, avec des qualités en plus, avec celui de Mᵐᵉ Essipoff, sa quasi compatriote, et qui est tout au moins de la même école. M. Paderewsky se multiplie : on l'entend chez Erard, chez Pleyel, à *la Trompette*, etc. Mais c'est surtout hier, au Cirque d'Eté, chez M. Lamoureux, qu'il a été goûté et fêté. Il excelle dans le Chopin, où il me rappelle Rubinstein, ün Rubinstein tout jeune. Mais qu'il n'abuse pas de sa musique à lui...

C'est le grand moment des pianistes, ce mois de mars et ce temps de carême. C'est une inondation, un débordement, un cataclysme de traits, d'arpèges, d'octaves et de trilles. Il faut citer, outre le nom de M. Chansarel que je mets à part, les noms de MM. Philipp, de Greef, Breitner, etc. O patient Ivoire, ô magnanime Ebène, comme vous êtes bons princes, et comme vous vous laissez « taquiner » à plaisir!... Mᵐᵉ Essipoff, déjà nommée, donne mardi un grand concert d'adieu, où l'orchestre de M. Lamoureux, entre autres choses, jouera l'ouverture de *Coriolan* et les *Murmures de la Forêt* (*Siegfried*), de Wagner.

M. Lamoureux a terminé hier ses concerts. Peut-être donnera-t-il un concert supplémentaire. En tous cas, nous aurons son concert spirituel du Vendredi-Saint, qui aura lieu, par extraordinaire, et par exception non au Cirque d'Eté, mais dans la salle plus vaste du Cirque d'Hiver. M. Lamoureux prépare aussi le festival au profit de l'Association pour le drame musical... J'allais oublier de signaler le grandissime succès du deuxième des concerts à prix réduits donnés le jeudi par M. Lamoureux.

Le premier concert de M. d'Albert, l'éminent virtuose, à la salle Erard, est déjà affiché; j'en rendrai compte.

Un peu de théâtre pour finir. — On commence à s'occuper activement du *Roi d'Ys* de M. Lalo, à l'Opéra-Comique... A l'Opéra, grande discussion pour savoir si le ballet de M. Ambroise Thomas s'appellera la *Tempête* ou *Miranda*. Il paraît que ce sera définitivement la *Tempête*. Pour moi, j'eusse préféré *Miranda*; je ne puis que souhaiter sincèrement pouvoir donner ce nom à l'œuvre quand je l'entendrai.

On assure que M. Porel, l'actif et heureux directeur de l'Odéon, en commandant une traduction de *Roméo et Juliette* de Shakespeare, compte intercaler dans les entr'actes du drame les différents morceaux de la partition bien connue de Berlioz qui porte le même titre... Essai curieux; mais je me demande avec crainte si l'effet sera bon...

BALTHAZAR CLAES.

Au dernier concert de la Société Nationale de musique, deux morceaux de résistance : un fragment important de la *Cléopâtre*, de notre collaborateur Camille Benoit, et un poème symphonique inédit : *Psyché*, de M. César Franck.

Cléopâtre, on le sait sans doute, fut écrite pour le grand concours ouvert par la ville de Paris, en 1879, et faillit remporter le premier prix; elle l'aurait obtenu, dit-on, si quelques-uns des juges, peu sympathiques aux tendances nouvelles, n'eussent suspecté, à bon droit, son orthodoxie. Malgré tout, l'œuvre fut signalée avec éloges dans le rapport de M. Emile Perrin.

Le fragment du drame musical de M. Camille Benoit qu'on nous a fait entendre à la Société nationale est le second tableau du prologue, intitulé le *Festin*. Antoine et Cléopâtre, couchés mollement et côte à côte, s'enivrent de leur amour naissant, tandis que les heures blanches et les heures noires évoluent autour du couple royal, sous le regard énigmatique du Sphinx et des chimères.

Ce n'est pas encore le drame, comme on voit, ce n'est pour ainsi dire que le cadre, et le compositeur n'a eu d'autre préoccupation que de poser le décor musical de son œuvre. Il l'a fait avec le sentiment de la couleur et le goût du pittoresque. Son instrumentation donne à l'oreille la sensation visuelle qu'il s'est efforcé de produire.

En dépit d'une exécution défectueuse du côté des chœurs et des solistes, l'œuvre de M. Camille Benoit a fait la meilleure impression sur l'auditoire; ce fragment de pièce nous a donné le vif désir d'entendre l'œuvre dans son ensemble.

La *Psyché* de M. César Franck est une composition de maître, cela n'est pas douteux, mais elle pèche, il faut bien le dire, par la longueur et la monotonie.

A côté de ces deux grandes compositions, le programme de la Société Nationale nous offrait encore une suite d'orchestre de M. Bonichère, un des bons élèves de l'école Niedermeyer, un fragment de *Sire Olaf*, de M. Lucien Lambert, sorte de légende dramatique représentée l'année dernière au théâtre de Lille et une composition instrumentale de Mᵐᵉ Grandval, intitulée *Mazeppa*, que je regarde comme une fausse couche de la Chevauchée des Valkyries.

V. W.

BRUXELLES

Mᵐᵉ MELBA DANS *LAKMÉ*.

Il fallait une certaine dose de témérité additionnée d'une volonté sans défaillances, pour que Mᵐᵉ Melba osât tenter l'épreuve de chanter en français l'une des œuvres les plus françaises du répertoire contemporain. Chacune des étapes de sa brillante carrière au théâtre de la Monnaie avait valu, il est vrai, à Mᵐᵉ Melba, de conquérir en peu de temps les faveurs du public, en sorte qu'elle pouvait compter d'avance qu'il l'entendrait avec intérêt, avec bienveillance même, en supposant que la charmante cantatrice dût en avoir besoin.

Mᵐᵉ Melba n'a pas eu à réclamer l'indulgence du parterre à l'égard des petites défectuosités d'accent qui résultent de son origine étrangère. Les qualités de son chant sont à ce point réelles, timbre de sa voix est si musical et les notes du registre élevé sont si cristallines, que l'on s'est attaché beaucoup plus à l'écouter qu'à la comprendre. Le rôle de Lakmé laissant d'ailleurs à la virtuosité toute latitude, Mᵐᵉ Melba y est à l'aise pour déployer l'agilité d'un mécanisme vocal qui a fait ses preuves. Et le chant sérieusement, avec trop de sérieux peut-être, pour un rôle de demi-caractère rentrant dans le cadre léger de l'opéra comique. Il est incontestable que son interprétation s'écarte sensiblement du genre et que le vêtement oriental de la fille du brahmane dissimule à peine Lucia, Violetta et Gilda, incarnations purement italiennes de ses débuts.

Mᵐᵉ Melba, qui paraissait très émue à son entrée en scène, n'a pas tardé à reprendre de l'assurance; elle a fort gracieusement détaillé les morceaux du premier acte, sans trop choquer les susceptibilités de langage de ses auditeurs. Aux actes suivants, l'habitude étant prise, on a fini par oublier que Mᵐᵉ n'était pas toujours en mesure de donner aux paroles chantées leur accent véritable, et le dialogue parlé ayant été supprimé pour elle, on s'est plu à lui faire un très grand succès. Peu s'en est fallu même qu'on ne lui fit recommencer l'air des Clochettes, au deuxième acte, qui lui vaudra dans la suite une nouvelle série de triomphes.

Ne blâmons ni le zèle ni la conscience apportés par l'artiste à composer un personnage de fantaisie dont l'invraisemblance même a du charme. Il y a dans sa façon de comprendre le rôle de Lakmé des intentions très louables et une recherche de sincérité qui, pour n'être point encore parvenue à donner l'illusion complète, n'en a pas moins son prix. Félicitons une fois de plus Mᵐᵉ Melba au sujet de ses costumes fort riches et de ce pittoresque ont été fort remarqués.

Au résumé, l'expérience était curieuse, en l'a réalité a dépassé les espérances. Peut-on affirmer cependant que Mᵐᵉ Melba soit apte à chanter couramment le répertoire français? — Oui, à condition qu'elle se trouve en présence d'un public assez objectif pour faire la part des circonstances et pour accepter l'opéra polyglotte comme il se chante à la Monnaie.

Le rôle du lieutenant Gérald est tenu avec infiniment de distinction par M. Mauras, qui s'est fait applaudir dans son air du 1ᵉʳ acte et qui a partagé avec Mᵐᵉ Melba, ainsi qu'avec M. Renaud, dont la belle voix donne du relief au rôle de Nilakantha, le succès de la soirée. Mˡˡᵉ Jeanne Devigne se tire avec talent d'un rôle secondaire. Mᵐᵉˢ Legault, Gandubert et Walther; MM. Isnardon et Rouyer représentent les autres personnages accessoires et complètent un bon ensemble.

On a écouté avec une vive satisfaction les jolis morceaux de *Lakmé*. La musique de M. Léo Delibes n'est point de celles qui provoquent l'enthousiasme bruyant. Elle se veut à un grande effets, ni à briller aux dépens d'aucune autre. La distinction des mélodies, le mouvement, la couleur, un charme très pénétrant dans les morceaux de tendresse et une instrumentation parfaite sous tous rapports, justifient le succès de l'œuvre partout où elle a été représentée, sur les scènes allemandes au moins autant que sur les scènes françaises.

Les choses étant telles, on a pu se dispenser d'évoquer le spectre du wagnérisme à propos de cette reprise d'un opéra qui n'a nul besoin de réclame.   E. E.

Il paraît décidé que la direction de la Monnaie reprendra avant la fin de la saison les *Maîtres chanteurs*, de Richard Wagner, avec MM. Séguin et Dusax, dans les rôles de Hans Sachs et de Walther de Stolzing, Mlle Martini dans celui d'*Eva*, Mlle Van Besten dans le personnage de Madeleine créé à Bruxelles par Mlle Deschamps, M. Renaud, dans le personnage de Bekmesser si merveilleusement incarné naguère par Soulacroix; enfin M. Gandubert dans le rôle de l'apprenti David. On dit que la chose est déjà en répétition. On la répète en passant dans les heures de loisir que laissent aux directeurs de la Monnaie les nombreuses répétitions d'œuvres nouvelles qu'ils introduisent au répertoire de la Monnaie. Connaissant l'œuvre à fond, mise en scène et musique, M. Lapissida se fait fort de la remettre sur pied en huit jours !

Le quatrième concert populaire sous la direction de M. Joseph Dupont, paraît devoir être particulièrement intéressant. Il sera, en majeure partie, consacré à l'audition d'œuvres de Wagner. On parle d'importants fragments du *Crépuscule des Dieux*, qui n'est connu du public bruxellois que par l'exécution qui eut lieu au théâtre de la Monnaie, par la troupe allemande de M. Angelo Neumann. M. Victor Wilder vient de terminer la version française de la troisième et dernière journée de la Tétralogie. Nul doute que ce concert fera salle comble.

Les demoiselles Doust, les jeunes pianistes parisiennes dont le public bruxellois a eu naguère l'occasion d'apprécier le talent naissant, viennent de passer quelques jours à Bruxelles, avant de retourner en Angleterre où les appellent de brillants engagements. Mlle Jeanne Doust s'est fait entendre dans plusieurs salons et elle a émerveillé ses auditeurs par la grâce, par le charme poétique de son jeu en même temps que par la simplicité de son style.

Mentionnons le succès obtenu lundi dernier, par le concert donné à la Grande-Harmonie, par les *Artisans Réunis*, dirigés avec un grand sens artistique par M. Goossens. Comme solistes on a applaudi Mlle Nachstheim et M. Lerminiaux. Nous constatons avec plaisir, à ce propos, que les *Artisans Réunis* se sont relevés et qu'ils ont reconquis leur ancienne valeur, grâce au talent et aux efforts de leur chef, M. Goossens.

ANVERS

Après Gand, Anvers est la seconde ville belge qui ait représenté *Patrie !* le bel opéra de M. Paladilhe, tiré du drame de Victorien Sardou, par M. Louis Gallet. Je dois constater toutefois que l'œuvre du musicien français a obtenu ici un succès moins enthousiaste qu'à Gand. Est-ce l'effet de l'interprétation : sont-ce les défaillances du musicien? Je ne sais, mais on a trouvé généralement la musique inférieure au drame et les accessoires plus réussis que le côté passionnel de la pièce. L'effort pour se hausser à la grandeur du sujet se fait sentir en plus d'une page et en somme ce sont les scènes épisodiques qui ont fait le plus d'effet.

M. Paulin (Karloo) a eu quelques bons moments. M. Noté fait sonner une belle voix dans le rôle du comte de Rysoor. M. Delersy joua un très agréable La Trémoille, et M. Giraud un jeune page parfait. Quant à M. Kinnel (le duc d'Albe), nous ne sommes pas bien sûr de l'avoir entendu. Passons du côté féminin et remercions Mme Rocher (Dolorès) du zèle qu'elle a déployé dans la tenue d'un rôle qui n'est pas écrit pour sa voix. Mme Remy qui a bien joué son personnage de Rafaela, n'était pas en possession de ses moyens vocaux. L'orchestre s'est tiré convenablement d'affaire.

Les chœurs sont passables, les décors sont fort beaux, mais le corps de ballet... n'en parlons pas.

Je dois constater toutefois que la représentation a mieux marché et quelques coupures ont utilement allégé la partition.

Samedi soir, la *Société de musique* a donné son deuxième concert de la saison. L'exécution des œuvres inscrites au programme fait honneur à tous ceux qui y ont pris part. Le programme comprenait la musique de Reinecke pour la féerie du *Songe d'été* (*Blanche Fleur*) avec solis, chœurs et orchestre, les *Bohémiens* de Schumann, et le quintette de ce maître, enfin des valses chantées, *Minnespiel*, du compositeur Hoffmann. Nos félicitations aux exécutants du *quintette*, MM. Potjes (piano), Marien, Lenaers, Ceurveld et Possox, et aux cantatrices de la soirée, Mlles Janssens et Engeringh.

On annonce pour le 31 mars la *Matthäus Passion*, de J. S. Bach, un vrai régal pour les artistes et les amateurs de bonne musique.

Je ne ferai qu'une mention du concert Wagner organisé par la *Société de Symphonie*. Cette Société composée d'amateurs a paru bien faible pour oser s'attaquer à des œuvres aussi corsées que celles de Wagner. Les solistes du chant étaient Mme Mielke, dont l'organe est puissant et pur, mais dont la méthode n'est pas dépourvue de défectuosité; M. Henri Fontaine, notre concitoyen, dont le succès de chanteur a été justement étourdissant, et M. Anton Honingsheim, un ténorino allemand, dont l'organe n'avait absolument rien de mielleux.

GAND

GRAND-THÉÂTRE. — Mercredi 7, *Aïda*; vendredi 9, *Patrie !*; dimanche 11, le *Cid*; lundi 12, *Faust*.

En reproduisant ce répertoire de notre théâtre pendant la dernière semaine, je suis frappé de sa composition et ne puis m'empêcher de vous le signaler; quatre grands opéras en six jours, tous quatre d'une véritable valeur musicale, tous quatre fort convenablement montés; je crois qu'il y a peu d'administrations théâtrales de province qui en offrent autant à leurs abonnés, et sous ce rapport, nous devons vraiment nous féliciter de voir M. Van Hamme continuer la saison prochaine l'exploitation de notre scène. En attendant, il la continue jusqu'à la fin d'avril et prolonge ainsi la saison de plus d'un mois. Pendant ce mois supplémentaire, il donnera *Lohengrin*, ainsi que les *Amours du Diable* de Grisar et *Paul et Virginie* de Massé; il est à espérer que l'appui des abonnés et des habitués assurera cette entreprise qui a lieu sans aucun subside de la ville.

Ont été particulièrement brillantes, la dernière représentation de *Faust* et celle de *Patrie*, donnée au bénéfice de notre si sympathique baryton, M. Soum; ce favori de notre public a reçu un tas de couronnes et de cadeaux et s'est vu rappeler jusqu'à cinq fois ! Qu'on dise encore que les Gantois sont froids !

Il paraît que le *Cercle musical* a donné samedi un second concert qui aurait été en même temps le dernier; on a parlé, en effet, à la suite du succès absolument négatif de cette soirée, de dissoudre la Société; ceci sous toutes réserves.   P. B.

(*Autre correspondance.*)

Les concerts du *Cercle musical* continuent à être composés de façon artistique et intéressante. Après Mme Landouzy et M. Renaud, qui étaient venus au premier, nous avons eu, pour le second, le violoncelliste Édouard Jacobs, Mlle Rachel Neyt, Mlle Danlée, et une jeune pianiste, lauréate du Conservatoire de Gand, Mlle Louise Acart, dont le talent naissant se demande qu'à s'épanouir.

M. Jacobs s'est fait très vivement applaudir dans divers morceaux de Popper, de Bach et de Saint-Saëns, qu'il a enlevés avec une virtuosité charmante. — Mlle Neyt nous a fait entendre, outre de gracieuses piécettes de Godard, deux mélodies de votre concitoyen M. Van Cromphout, vraiment jolies, *Tristesse de printemps* (inédit) et *Sémeï;* elle les a dites avec un sentiment très fin et très distingué. Son succès n'a pas été moindre dans les *Stances* de Flégier avec accompagnement de violoncelle par M. Jacobs, qu'elle a chantées avec une chaleur et une expression remarquables.

C'était le jour des compositeurs belges : M. Danlée a chanté, lui, des mélodies inédites de M. Leyrun : l'auteur et l'interprète ont été acclamés; les mélodies sont d'une forme distinguée et d'une inspiration gracieuse, et le chanteur a su faire valoir avec sa jolie voix et son excellente diction.   Z.

VERVIERS

La Société chorale les *Éburons*, émanation de la *Société Royale de Chant* et continuatrice des traditions de bienfaisance de cette dernière, a donné mercredi une représentation théâtrale du plus vif intérêt. Le spectacle se composait de *Bonsoir Voisin*, du *Barbier de Séville* et de la scène de la bénédiction des poignards des *Huguenots*. Le grand attrait de cette soirée résidait dans le début à la scène de trois chanteurs amateurs, et plus d'un considérait comme audacieuse l'entreprise de ces jeunes gens. La victoire a été décisive, et le public enthousiasmé a applaudi et rappelé à maintes reprises les interprètes.

M. L. Hotermans a chanté *Almaviva* avec sa voix bien timbrée et s'est joué de toutes les difficultés accumulées dans ce rôle. M. Ant. Reners a fait un Bartholo très correct, au jeu fin sans exagération. Quant à M. H. Schipperges, un vétéran du succès, il a montré sous les traits de don Basile sa connaissance approfondie du théâtre et a détaillé en grand artiste l'air de la *calomnie*. M. Soulacroix, à qui était confié le rôle de Figaro, a remporté un véritable triomphe. Sa voix merveilleuse, sa façon de rendre le personnage ont enthousiasmé le public.

M. L. Jussy faisait ses premières armes dans *Bonsoir Voisin*. Comédien fin et intelligent, il a joué et chanté ce charmant opéra de façon à mériter tous les suffrages. Mmes Silvas, Flavigny et Boulangert, de notre théâtre, complétaient cet ensemble et ont contribué pour une large part à la réussite de la fête.

A vous nos chaleureuses félicitations et tout spécialement au directeur, M. Alphonse Voncken, qui a préparé le travail et conduit la représentation avec une autorité et une compétence absolue. Rarement nous avons vu une réussite aussi complète et nous sommes heureux de complimenter les chanteurs et leur chef dévoué d'avoir su sortir victorieusement d'une semblable épreuve.

C.

LONDRES.

L'Opéra Italien qui va s'ouvrir à Covent Garden promet 32 représentations sur lesquelles 12 sont promises à Mme Albani, 12 à Mme Nordica, 4 à Minnie Hauck. De plus, sont engagées Mmes Martini, Melba, Colombia, Bauermeister, Trebelli, Lablache (Louise), Ella Russel, On parle de négociations avec Mlle Van Zandt et Arnoldson et d'une débutante anglaise d'une grande beauté, miss Macintyre.

Voilà donc sur 13 chanteuses, pas une Italienne à cet Opéra Italien. La seule œuvre italienne qui soit annoncée est l'Otello de Verdi qui ne se donnera probablement pas à cause des exigences de l'éditeur. Tout ce monde chanterait bien mieux en anglais (il y a sept Américaines !) ou en français, par exemple Mlle Martini et le principal ténor, M. De Reszké ! Et on ne veut pas croire que l'Opéra Italien soit mort !

Les concerts d'orchestre appelés : London symphony concerts, sous la direction de M. Henschel, viennent de prendre fin, le dernier ayant eu lieu le 7 mars. Mais on en annonce douze pour l'hiver prochain.

Mme Nilsson donnera deux concerts d'adieux définitifs, le 26 mai et le 20 juin. Elle part pour le continent le 25, et elle déclare qu'elle ne chantera plus, ni ici ni ailleurs. C'est à cette condition qu'on lui paye les feux de la Patti : 25,000 francs pour les deux concerts. C'est juste le double de ce qu'elle a eu il y a deux ans. Mme Sembrich aussi donnera deux concerts. Hans de Bulow donnera quatre concerts ainsi que Sarasate.

L. E.

AMSTERDAM.

On sait que dans les Pays-Bas la *propriété* littéraire et musicale n'existe pas, que la contrefaçon s'y pratique sur la plus vaste échelle, sans que jusqu'ici, en dépit de tous les efforts, l'on ait pu parvenir à y mettre le holà. Mais ce que l'on n'avait pas encore vu jusqu'ici et ce qui est un comble, c'est de pousser l'impudence jusqu'à faire *orchestrer* par le premier venu, une œuvre de maître, *publiée* pour échapper aux frais d'achat de la partition et pour esquiver les droits de représentation ! — Ce procédé, sans précédent dans les annales artistiques et théâtrales, vient de se commettre impunément à Amsterdam, où l'on use représenter l'Otello de Verdi, orchestré ou plutôt mutilé par un musicien, qui (n'osant pas se faire connaître) se donne le nom de X, où le directeur de l'Opéra Néerlandais M. de Groot, n'ayant probablement pas les moyens d'acheter la partition *de Verdi*, a imaginé de faire *fabriquer* une orchestration quelconque d'après la réduction pour piano et chant, par le premier venu qui a bien voulu se charger de cette mutilation. Et sans la protestation de l'éditeur des œuvres de Verdi, M. Ricordi à Milan, on aurait même servi aux braves habitants d'Amsterdam, cet Otello, sauce hollandaise, comme étant l'œuvre originale du maître. Le procédé est tout uniment. C'est le vol et la piraterie organisée. Pour ma part je me refuse à rendre compte de la première représentation d'Otello ainsi compris et j'espère que mes confrères de la presse néerlandaise auront la pudeur d'en faire autant.

D^r Z.

Nouvelles diverses.

De M. Adolphe Jullien dans le *Moniteur Universel.* « Le Conservatoire avant la fin de la saison nous promet un concerto de Mozart pour deux pianos; mais depuis un mois que la chose est décidée en principe, on n'a pas pu se mettre au travail, les deux pianistes désignées ne voulant, ni l'un, ni l'autre, accepter de tenir le second piano. C'est un épisode assez comique. Ils sont très justement réputés tous les deux, tous les deux professeurs au Conservatoire; ils seront sur la même ligne aux yeux du public, et cependant, tout en se tutoyant, se félicitant et s'embrassant l'un l'autre, ils ne cèdent pas d'un pouce. Ils se crient pas leurs prétentions sur les toits; mais ils travaillent en-dessous, ils circonviennent les membres du comité et cherchent à faire trancher le différend par ceux-ci, au lieu de s'entendre en bons amis, presque en frères, car leur nom commence par la même lettre; ils font valoir chacun de leur côté cet argument que le public éprouverait une déception grave en ne les voyant pas jouer la première partie... Et tandis que cet amusant conflit de vanités s'éternise, le comité attend, le public attend, Mozart attend. Une idée : pour sortir d'embarras, qu'on adopte l'ordre alphabétique ou qu'on tire au

doigt mouillé ! Mais, demanderez-vous, quels sont donc ces deux pianistes? Ma foi, vous le saurez s'ils finissent par s'entendre et par jouer le concerto de Mozart. Jusque-là cherchez; ce n'est pas difficile à trouver.

M. Franz Rummel vient de passer quelques jours à Bruxelles, en route pour l'Angleterre et la Hollande, où l'éminent pianiste va donner une série de concerts. Il jouera notamment à Harlem, à Glasgow et à Edimbourg, et, à son retour, à Francfort et à Cassel. M. Rummel vient d'obtenir un très vif succès à Dresde, dans le concert donné en présence du roi de Saxe, au théâtre royal. M. Louis Hartmann, l'éminent critique de la *Sæchsisch Landeszeitung*, lui consacre un article enthousiaste, où il loue « son interprétation noble, intelligente et pleine de sentiment, du concerto en *mi* de Beethoven » et le « jeu sain, sans affectation et distingué » qu'il a montré dans les pièces séparées jouées par lui. M. Fr. Rummel donne vendredi un concert à Anvers.

Un singulier accident est arrivé à Brünn (Autriche) pendant la première représentation de l'Otello, de Verdi, dans cette ville, qui, soit dit en passant, est la première scène autrichienne où l'œuvre du maestro italien ait été donnée en allemand. Le baryton Fischer, qui fait Iago tomba si malheureusement au moment où Otello le terrasse, qu'il se démit le bras. Malgré la vive douleur il eut la force de chanter jusqu'à la fin de la pièce. Entre le deuxième et le troisième acte on lui mit un pansement et c'est ainsi, le bras en écharpe et couvert d'un manteau que le courageux artiste a pu aller jusqu'à la fin de la représentation. Aussi, mis au courant, lui a fait une véritable ovation.

Constatons d'ailleurs qu'Otello n'a obtenu qu'un succès d'estime.

L'opérette viennoise qui faisait jusqu'ici les beaux jours du Theatre *An der Wien* est en ce moment reléguée, dans le troisième dessous à ce même théâtre. Depuis quinze jours l'*An der Wien* donne le *Mikado* de sir Arthur Sullivan, traduit en allemand et le théâtre ne désemplit pas. Le *Mikado* obtient un succès fou. Tous les soirs l'on bisse et l'on trisse plusieurs numéros. On dit merveille de l'interprétation et de la mise en scène.

L'Opéra de Berlin vient de s'assurer définitivement le concours de Mme Rosa Sucher, la belle *Ismili* du théâtre de Hambourg.

Après de longs pourparlers avec l'intendance berlinoise, M. Pollini, directeur du théâtre de Hambourg, a consenti, moyennant un fort dédit, à céder sa précieuse pensionnaire.

On sait que le mari de Mme Sucher, le capellmeister, Joseph Sucher, a été récemment engagé à Berlin en remplacement de M. Schroeder. Ce dernier ira remplacer à son tour M. Sucher à la tête de l'orchestre de Hambourg.

A Strasbourg, la Société de chant sacré, dirigée par M. Louis Saar, a donné une belle audition de la *Messe à la mémoire de Jeanne d'Arc*, de Gounod, et du *Lauda Sion* de Mendelssohn. Grand succès aussi pour l'audition de la *Passion selon saint Mathieu* de Bach, donnée par le chœur du Conservatoire sous la direction de M. Franz Stockhausen et avec le concours, comme solistes, de Mlle Schmidtlein, alto, de Mme Schlumberger-Gaudiot, soprano, de M. Jules Stockhausen, baryton, et de M. Hungar, basse.

Brillante revanche pour *Lohengrin*, à la Scala de Milan. On se rappelle qu'en 1868, lors de la première représentation à la Scala, l'œuvre de Wagner avait soulevé de nombreuses protestations. Le public de Milan a accueilli avec enthousiasme aujourd'hui cet opéra et l'a jugé pour ce qu'il vaut.

Les artistes ont contribué pour leur part à ce succès et particulièrement le ténor Gayarre, le baryton Battistini et l'orchestre dirigé par M. Faccio. Les préludes du 1er et du 3e actes ont été bissés ainsi que les adieux de *Lohengrin*.

On nous écrit de Rotterdam que l'opéra de M. Hervey, *Konig Arpad*, dont notre correspondant d'Amsterdam, le Dr Z., nous a déjà dit un mot, a obtenu au Théâtre de la ville un très honorable succès. Le public a vivement applaudi l'ouverture, qui résume les principaux thèmes de la partition : la ballade du contralto et un solo de baryton avec accompagnement de harpe au premier acte; au deuxième et au troisième, des chœurs d'une facture heureuse, frais et harmonieux, un quatuor et un quintette qui sont remarquables par l'ampleur et l'inspiration. Le compositeur, présent à l'exécution de son œuvre, a été l'objet d'une chaleureuse manifestation après la chute du rideau.

Les statistiques publiées par les feuilles américaines font ressortir quelle est, relativement les uns aux autres, la popularité des ouvrages représentés durant la brillante saison artistique qui s'est terminée le 7 courant à l'Opéra Métropolitain de New-York, si l'on compare entre eux les chiffres moyens des recettes. L'ordre s'établit de la manière suivante : *Gœtterdæmmerung, Siegfried, Walküre, Prophète, Tristan und Isolde, Lohengrin, Faust, Tannhæuser, Meistersinger,*

Euryanthe, Trompette de Sakkingen, Juive, Fernand Cortès, Fidélio. Des quatorze ouvrages représentés, sept, soit la moitié, sont de Wagner. Ces derniers comptent trente-six représentations tandis que les autres n'en donnent que vingt-huit. Les œuvres de Wagner ont rapporté 115,195 dollars contre 68,808 dollars encaissés d'autre part. La moyenne des recettes pour les ouvrages de Wagner a été de 3,199 dollars; celle des opéras non wagnériens, de 2,457 dollars, soit une différence en faveur de Wagner de 742 dollars par soirée.

M. C. Stanton, directeur de l'Opéra Germain, est résolu à monter *Rheingold* la prochaine saison. Il est aussi plus que probable que *Parsifal* sera donné à New-York pour la première fois et avant toute autre représentation ailleurs, en dehors de Bayreuth.

—

Les mœurs théâtrales de nos voisins les Anglais offrent certaines particularités qu'il est curieux de relever; celle-ci entr'autres. La troupe de M. Carl Rosa vient de faire d'excellentes affaires à Liverpool où la saison a été des plus fructueuses. Les seuls profits réalisés durant sept semaines permettent à la compagnie de payer 8 p. c. de dividende du capital engagé. Aussi, lors de la représentation de clôture, le directeur de la compagnie n'a-t-il pu s'empêcher de remercier le public de son concours bienveillant. Après la scène du couvent de *Robert le Diable*, M. Rosa s'est avancé devant le rideau et a prononcé un speach que reproduit le *Musical Standard* et qui n'a pas moins de 64 lignes en petit texte. Ce discours d'impresario reconnaissant, intercalé dans la diabolique histoire de Robert de-Normandie, est d'une couleur franchement locale. Conçu dans un style imagé, il a été fréquemment interrompu par les applaudissements de l'assistance.

~~~~~~

VARIÉTÉS

ÉPHÉMÉRIDES MUSICALES

Le 16 mars 1881, à Gand, par une troupe allemande, *Rienzi der letzte der Tribunen,* grosse tragische Oper in 5 Aufzügen, nach dem gleichnamigen Romane Edward Bulwers, von Richard Wagner. Artistes : Hajos (Rienzi); Mme Szégal (Irène); Mlle Krieger (Adriano); Adolfi (Colonna); Grinauer (Orsini).

Au sujet de cette représentation, *la Flandre libérale* écrivit ceci : « Les deux premiers actes et surtout le quatrième, l'*Excommunication,* renferment des choses superbes qui ont été bien vite remarquées du public. La direction, qui avait beaucoup promis pour cette pièce, a très bien tenu ses promesses. La mise en scène, le ballet sont tout ce que l'on peut désirer chez nous. La musique en est ensemble est également fort bonne. »

C'est à Riga, au milieu des labeurs de sa profession de chef d'orchestre du théâtre que Wagner commença, d'après le roman de Bulwer, son premier grand-opéra : *Rienzi.* Il rêvait pour son œuvre les splendides mises en scène de Paris. La gloire du Grand-Opéra était alors à son apogée et malgré les conseils de ses amis, il renonça à sa place de chef d'orchestre et partit pour cette ville, qui faisait et défaisait alors les réputations musicales. Là, malgré l'appui qu'il rencontra de la part de plusieurs compositeurs éminents, il se vit renvoyer de Ponce à Pilate par les directeurs. La misère l'avait assailli et le futur auteur des *Nibelungen* n'eut même pas la ressource qu'il avait cherchée d'écrire des couplets pour des vaudevilles ; il fut réduit à copier de la musique pour ne pas mourir de faim. Il tourna alors ses regards vers l'Allemagne et c'est le bonheur de voir représenter à Dresde, 20 octobre 1842, son opéra qu'il destinait à la France.

Le succès fut éclatant et valut au jeune maître qui venait d'atteindre sa 29me année la place de maître de chapelle du roi de Saxe. Depuis lors, *Rienzi* n'a plus quitté le répertoire des théâtres allemands où l'on a l'habitude, pour obéir à la pensée première de l'auteur, de le monter avec un luxe énorme de mise en scène.

Rienzi, adapté pour la scène française, a été joué à Paris (6 avril 1869), au Théâtre-Lyrique, sous la direction de Pasdeloup.

— Le 17 mars 1862, à Nice, décès de Jacques-Fromental-Élie Halévy, à l'âge de 63 ans. Sa naissance, à Paris, le 27 mai 1799.

Il faut lire dans les pages écrites par son frère Léon, le récit de la mort touchante du grand musicien de race hébraïque. Les médecins avaient envoyé le malade à Nice, au pays du soleil. Il vivait là dans une petite villa, avec sa famille, avec ses filles, avec son neveu Ludovic Halévy qu'il aimait particulièrement.

Le matin du jour fatal, le malade s'était fait asseoir sur son divan. Il voulut s'y étendre et reposer sa tête sur l'oreiller; mais, la force lui manquant, il dit à ses filles : « *Couchez-moi en gamme.* » — Ses filles avaient compris. Elles l'inclinèrent lentement, doucement, et comme en mesure. À chaque mouvement, Halévy disait en souriant : *ut,' ré, mi, fa, sol, la,* jusqu'à ce que sa tête eût atteint l'oreiller. Une fois couché, il envoya un adieu suprême à ses enfants, et il expira.

Halévy a aussi sa place, et une place de premier rang, parmi les lettrés. Sainte-Beuve qui ne prodigua pas ses louanges, parlant aux musiciens, lui a consacré, dans ses *Lundis,* une notice des plus élogieuses.

En parcourant les volumes de mélanges qu'a laissés l'auteur de la *Juive,* on aura l'idée de son style clair, élégant et ferme. Voici ce qu'il a écrit sur l'orgue :

« — L'orgue exige des études sérieuses. Il faut que l'organiste possède tous les secrets de la composition; qu'il ait l'imagination riche, fertile, abondante; que sa main souple et légère soit animée en même temps d'une force toute virile. L'artiste aux prises avec l'orgue est un athlète. Ne croyez pas que l'instrument livre sans résistance les secrets de son harmonie. Il faut lui arracher les trésors qu'il recèle; mais lorsqu'on l'a dompté, il paye avec usure l'effort qu'il a coûté. Il excite, il enivre celui qui a su le maîtriser... »

— Le 18 mars 1876, à Paris, décès d'Henri Rosellen, à l'âge de 64 ans. Sa naissance à Paris, le 13 octobre 1811. Pianiste-compositeur qui tint longtemps le haut du pavé par un genre de productions, abandonnées aujourd'hui : la fantaisie variée sur les thèmes en vogue.

— Le 19 mars 1859, à Paris (Théâtre Lyrique), *Faust,* 5 actes de Gounod. Transporté, à l'Opéra depuis le 3 mars 1869, et joué, les deux théâtres compris, pour la 500me fois, le 4 novembre 1887, sous la direction du maître.

On a refait longuement, dans les journaux de Paris, à l'occasion de cette 500me, l'histoire du *Faust* de Gounod. Il n'y manque qu'un détail : c'est que le signal de la réaction qui ramena triomphant à Paris, après son tour d'Europe, le *Faust,* vengé de l'accueil dédaigneux du public parisien et remis en son rang, vint de Bruxelles.

Faust fut joué à Bruxelles, le 25 février 1861, sous la direction Quélus, avec Jourdan et Mme Boulart. Le public, dès le premier jour, s'inscrivit en faux par ses applaudissements contre l'arrêt de Paris, et un triomphe persistant fut pour le chef-d'œuvre de Gounod le commencement de la réhabilitation. Le maître le sait bien, et dans ses nombreux séjours en Belgique, il s'est toujours plu à rappeler ce qu'il devait au public bruxellois.

On a calculé que Gounod n'a pas tiré loin d'un million de sa partition qui en a rapporté plus de deux à son éditeur Choudens.

— Le 20 mars 1812, à Paris, décès de Jean-Ladislas Dussek, à l'âge de 51 ans. Sa naissance, à Czaslau (Bohême), le 9 février 1761. On a souvent opposé l'un à l'autre Steibelt et Dussek, natures bien dissemblables de compositeurs et de virtuoses. L'un a follement jeté au vent de charmantes idées, dont un artiste consciencieux aurait pu tirer un excellent parti. L'autre, au contraire, sans posséder une aussi féconde imagination, sans être un pur contrepointiste, possédait assez les secrets de la science harmonique pour écrire correctement et dans un idiome châtié la belle langue musicale. (Voir Eph. *Guide mus.,* 3 févr. 1887).

— Le 21 mars 1799, à Kœnigsberg, naissance de Charles Mayer, pianiste-compositeur, élève de Field. Sa mort à Dresde, le 2 juillet 1862.

Maurice Kufferath, dans son étude sur Henri Vieuxtemps (Bruxelles, Rozez, p. 45), a relevé l'erreur ou la malveillance qui a fait du pianiste allemand l'auteur du beau concerto en *mi* du grand violoniste belge. « Ce n'était point le premier venu, dit notre ami, en parlant de Mayer, et l'on a de lui des œuvres distinguées, plusieurs concertos pour piano et orchestre, des duos avec instruments à cordes, des fantaisies, des caprices. Mais on cherchera vainement dans ses œuvres le grand souffle et la magistrale allure des œuvres de Vieuxtemps. »

Charles Mayer s'est fait entendre, à Bruxelles, dans un concert donné au théâtre de la Monnaie, le 5 avril 1816, et nous voyons par le programme qu'il exécuta deux concertos, l'un de Dussek et l'autre de Field, plus des variations sur un air russe de sa composition.

— Le 22 mars 1687, à Paris, décès de Jean-Baptiste de Lulli, à l'âge de 54 ans. Sa naissance à Florence en 1633.

Sous son tombeau gravé par E. Desrochers ce sizain :

    J'ay fait chanter les dieux, ainsy que les héros.
    Mes airs ont fait exprimer le murmure des flots,
    Le someil, les zéphirs, la pluye et le tonnere.
    J'ay même fait oüir les ombres des enfers;
    Et pour un Roy fameux, dans la paix, dans la guerre,
    D'immortelles chansons J'ai rempli l'univers,

~~~~~~

BIBLIOGRAPHIE

La Fiancée du Timbalier, ballade de Victor Hugo, musique de Camille Saint-Saëns (op. 82). Paris, Durand et Schonewerk. 1888. — M. Camille Saint-Saëns a un culte pour Victor Hugo. Il le connaît à fond et le sait par cœur. Sa haute et large conception de l'art se retrempe incessamment dans le flot poétique si prodigieusement abondant du poète d'*Hernani* et de la *Légende des Siècles.* Déjà M. Saint-Saëns nous avait donné un *Pas d'armes* d'après Victor Hugo, extrêmement intéressant par la recherche du caractère et la force de l'expression. Cette *Fiancée du Timbalier* ne le cède en rien au *Pas d'armes,* par la franchise de la composition. Très simple d'ailleurs, ce morceau de grand caractère ! Une simple marche militaire à quatre temps sur laquelle se développe sobrement, mais largement conçu au point de vue musical, le récit de Victor Hugo. M. Saint-Saëns a très visiblement cherché à donner à cette conception le caractère de l'air populaire. La ballade débute par une sorte de récit accompagné d'accords plaqués, frappés aux temps forts de la mesure, comme dans ces primitives chansons que vous avez vues dans les recueils des chansons de France de Weckerlin et de Widor illustrés d'une façon si piquante par Boutet de Monvel.

Trois mill' soldats s'en allant à la guerre *(bis)*
Et rataplan, etc.

Il y avait quelque hardiesse à reprendre ainsi le ton et les procédés simples des chansons d'autrefois. Mais le maître harmoniste et symphoniste reparaît bientôt et sous la mélodie claironnante du récit guerrier, l'orchestre (ou le piano) reprend le thème caractéristique de la marche militaire du début. On pourrait chicaner M. Saint-Saëns sur la banalité de la mélodie sur ces paroles :

Mes sœurs, à vous parer si lentes
Venez voir près de mon vainqueur
Ces timbales étincelantes...

La simplicité voulue de la composition n'obligeait nullement M. Saint-Saëns à recourir à des formules mélodiques et harmoniques aussi parfaitement usées depuis que M. Gounod en a abusé. L'auteur du *Déluge*, de *Samson et Dalila*, d'*Étienne Marcel*, d'*Henri VIII* aurait pu trouver sur ces vers charmantes des accents plus expressifs et tout aussi familiers. Mais on n'a guère le temps de lui en vouloir. Le récit de la ballade se continue, l'intérêt vous saisit, et sur les deux thèmes du début, le drame s'achève, rendu musicalement avec une concision et une force d'expression tout à fait saisissantes. Quand finit pianissimo, comme un écho lointain, le dernier refrain de la marche militaire, l'effet arrive presque à la puissance par la simplicité des moyens et la sincérité absolue de la composition. Cette *Fiancée du Timbalier*, dans un genre tout à fait différent, d'ailleurs, pourrait bien devenir une nouvelle *Danse Macabre*, c'est à dire un morceau populaire, qui s'imprégnera dans l'oreille de la foule et y dominera longtemps.

                                    M. K.

Musiciens, poètes et philosophes, par Camille Benoit. — Paris, Charpentier, 1887. — Nous sommes un peu en retard pour parler de cet intéressant volume paru l'année dernière et que nous avons déjà eu l'occasion de citer à différentes reprises. C'est un recueil d'aperçus et de fragments tirés des écrits de Wagner et précédé des six lettres inédites adressées à ses amis de Dresde pendant les premiers temps de son séjour à Zurich. Ces lettres ont paru pour la première fois dans le *Guide musical*. Nous n'avons pas à faire ici l'éloge du traducteur, M. Camille Benoit, dont nos lecteurs ont eu maintes occasions d'apprécier la critique sagace, le savoir profond et la haute conception artistique. Ce recueil fait suite naturellement aux *Souvenirs de Wagner*, publiés par le même auteur il y a trois ans, et il les complète utilement. On ne saurait trop le recommander aux artistes et aux gens du monde qui, sincèrement épris de l'art, veulent se faire une idée exacte des sentiments, des pensées, des points de vue de l'artiste incomparable dont les œuvres et les tendances sont encore l'objet de si absurdes et si grotesques attaques de la part de critiques prétentieux autant qu'ignorants. Rien ne peut servir plus complètement la cause wagnérienne et celle de la réforme dramatique que la publication des écrits théoriques de Wagner, si incomplètement connus et si sottement condamnés par des gens qui n'en ont jamais lu une ligne. M. Camille Benoit est le premier en France qui se soit résolument attaqué à la traduction de ces importants travaux d'esthétique. Il n'est que juste de le louer de cette initiative qui n'est point banale.

                                    M. K.

L'Année musicale, Camille Bellaigue, Paris, Ch. Delagrave, 1888. — La pensée qui a présidé à ce volume a été d'offrir au public une sorte de revue des œuvres musicales exécutées dans les douze derniers mois par les principales scènes lyriques de la France et de l'étranger. Les contributions relatives à l'étranger sont assez restreintes : cette *Année musicale* est faite des articles de musique publiés par M. Bellaigue dans la *Revue des Deux-Mondes*. Il s'agit surtout de l'*Année musicale* à Paris. C'est peu, car il faut bien le dire, grâce à l'isolement où l'inertie des directeurs de théâtres et l'étroitesse de vues de la plupart des critiques ont plongé le Paris d'autrefois, si brillant et si largement ouvert à toutes les manifestations d'art, ce qui s'y passe aujourd'hui dans les théâtres et les salles de concert est rarement une surprise ou une nouveauté pour le reste du monde. C'est ainsi qu'en cette première *Année musicale* on ne trouvera pas même la mention de la première représentation de la *Valkyrie* sur une scène française, le fait capital de la dernière saison lyrique. L'omission d'autant plus regrettable qu'un très intéressant et très chaleureux article sur l'unique représentation de *Lohengrin* à Paris nous promettait des pages ingénieuses sur la deuxième journée de l'*Anneau des Nibelungen*. Restreintes au cadre étroit de Paris, les études de M. Camille Bellaigue forment néanmoins un livre plaisant à lire, où d'utiles renseignements se trouvent auprès d'ingénieux aperçus. Le mérite de M. Bellaigue est d'avoir apporté à la critique musicale de la *Revue des Deux-Mondes* un renouveau dont elle avait grand besoin. C'est un écrivain délicat, un lettré qui sait ses auteurs et les cite à propos. Avec lui ne craignez point l'ennui. Il disserte avec aisance et esprit de sujets très graves qui font trembler les gens du métier; les problèmes sur lesquels des générations de musiciens et de poètes ont pâli et souffert, il les résoud avec grâce et légèreté. On ne résiste pas à une façon de critique aussi parfaitement aimable. Le livre ouvert, vous le lirez tout entier. Après tout, c'est là le véritable mérite d'un livre : se faire lire. Il y a aussi le livre qui fait penser; mais M. Bellaigue n'a pas visé à donner cette portée à son *Année musicale*. Il a voulu simplement faire repasser sous nos yeux, très joliment contés, les principaux événements de la saison. C'est déjà beaucoup que l'on sente dans ces appréciations de la finesse et du goût.

                                    M. K.

AVIS ET COMMUNICATIONS

Samedi 24 mars 1888, à 8 heures du soir, à la Salle Marugg, à Bruxelles, concert donné par M. Arthur Van Dooren, pianiste, et Mlle Laurent, cantatrice, avec le concours de M. Jacob, violoncelliste et de M. Alonso, violoniste qui jouera la *Viola d'amour*.

Le programme sera des plus intéressants; on exécutera des trios, duos, morceaux pour deux pianos, etc.

Les billets d'entrée sont mis en vente chez tous nos éditeurs de musique.

Un grand concours international d'orphéons, de musiques d'harmonies et de fanfares sera ouvert à Grenoble, le dimanche 12 août et le lundi 13 août 1888, sous les auspices de la Municipalité. Toutes les sociétés françaises et étrangères sont invitées à y prendre part. Les sociétés musicales ne concourront pas.

Le concours comprendra: un concours de lecture à vue, un concours d'exécution, un concours d'honneur, un concours de soli.

Les adhésions devront être envoyées avant le 1er juin, dernier délai de rigueur. La Commission d'organisation prendra les mesures nécessaires pour assurer aux Sociétés les meilleures conditions de séjour, logements et nourriture. Des démarches seront faites auprès des Compagnies de chemin de fer afin d'obtenir les plus grandes réductions de prix et les facilités les plus larges pour le voyage des Sociétés.

Toutes les communications doivent être adressées au Secrétariat général du concours, à l'Hôtel de Ville.

Nécrologie.

Est décédé :

A Milan, Enrico Calzolari, né à Parme, le 22 février 1823, célèbre ténor, à la Scala de Milan, à Vienne, à Paris, à Londres, à Saint-Pétersbourg. « On peut dire avec assurance, dit Fétis (*Biogr. univ. des mus.*, t. II, p. 150, que Calzolari a été le dernier ténor de la bonne école italienne. Malheureusement, le répertoire de Verdi a fatigué son organe en peu d'années. »

XXXIVᵉ ANNÉE   22 mars 1888   NUMÉRO 12

Le Guide Musical

Paraissant tous les jeudis.

ABONNEMENT	SCHOTT FRÈRES, ÉDITEURS.	ANNONCES
FRANCE et BELGIQUE : Avec musique 25 francs.	Paris, Boulevard Montmartre, 19	S'adresser à l'Administration du Journal.
UNION POSTALE : Texte seul. . 10	Bruxelles, Montagne de la Cour, 82	On traite à forfait.
12		

L'OTELLO
DE VERDI

II

Dans la vie de Verdi, l'époque la plus brillante de sa carrière de compositeur est celle de la création de *Rigoletto*, du *Trouvère*, du *Ballo in maschera* et d'autres opéras qui lui ont valu une réputation universelle vers 1850. Il était alors un Italien sincère et convaincu, un partisan de la mélodie large, arrondie, régulière, des morceaux d'opéra détachés, construits d'une manière uniforme, et séparés l'un de l'autre par des récitatifs insignifiants qui ne semblaient avoir que cette destination unique de servir de transition d'un morceau à un autre. Il lui fallait avant tout des ensembles, des duos, trios, quatuors, chœurs, etc.

Malgré cet attachement aux formes routinières et conventionnelles, grâce à un talent d'une grande souplesse, à un tempérament dramatique supérieur à celui de ses prédécesseurs, Rossini, Bellini, Donizetti, il se rapproche parfois dans ses anciens opéras de la vérité dramatique. *Rigoletto*, dans ce genre, est son chef-d'œuvre. Dans cet opéra, à côté des mélodies larges et des morceaux détachés et de forme arrondie, les contours de certains caractères (Sparafuccile, sa sœur, le bouffon Rigoletto) sont tracés de main de maître, certaines situations dramatiques, telles que la scène du bouffon au deuxième acte, le

quatuor, au dernier, et quelques autres sont rendues avec une grande vérité d'expression. *Rigoletto* est l'un des types les plus remarquables du pur style italien.

Don Carlos, monté en 1867, révèle chez Verdi un commencement de décadence, tout au moins quant à l'inspiration mélodique, et en même temps une modification de style ; dans *Aïda*, opéra long, prétentieux, lourd et fatigant, l'un et l'autre s'accusent plus fréquemment encore, et dans *Otello* arrivent à leur plus forte expression.

Nous voici arrivés à *Otello*.

Sous le rapport des formes et du style, c'est presque une œuvre modèle. On n'y trouve plus de numéros détachés, ajustés les uns aux autres ; la liberté des formes est complète et n'est soumise qu'au texte et à la situation dramatique ; les actes sont divisés en scènes, dont la musique se déroule sans interruptions ; aucun épisode inutile visant exclusivement à produire de l'effet ; pas même de ballet, bien que l'occasion s'en présentât dans le libretto au premier et au second acte. Tout l'opéra, très dramatique par son sujet, est écrit dans le style du récitatif déclamatoire.

Verdi a peut-être abusé de ce style, car il y a recours même dans les scènes lyriques où il n'est pas à propos (duo d'amour à la fin du premier acte). Les récitatifs dont se compose presque tout l'opéra ne sont ni secs ni à diction rapide comme dans les opéras italiens précédents : ils sont mélodiques ; telle était du moins l'intention de Verdi.

Remarquons ici que le style de Verdi, dans *Otello*, n'a rien de commun avec le style de Wagner, et que dans leurs aspirations communes vers le même but, c'est-à-dire vers la vérité dramatique, ils emploient des moyens diamétralement opposés.

Chez Wagner, l'orchestre domine, son style est faussement symphonique; chez Verdi, c'est la voix qui domine, c'est le vrai style vocal.

Otello, à ce point de vue, se rapproche le plus de la nouvelle Ecole russe, et surtout du *Convive de pierre* de Dargomijsky (1869). Même les chœurs, totalement absents dans ce dernier opéra, ne jouent dans *Otello* qu'un rôle très secondaire.

Dans deux scènes seulement, le nouveau style de Verdi ne se soutient pas; dans le duo final du deuxième acte (Otello et Iago jurent de se venger), où le ténor et le baryton tantôt s'éloignent de la rampe, tantôt s'y élancent en poussant leurs notes les plus sonores; et dans le grand final du troisième acte, où l'injure faite à Desdémone et la violence exercée sur elle n'empêchent pas les personnages de rester fort tranquillement à leurs places, afin de chanter un interminable ensemble.

En revanche, on trouve partout dans *Otello* la vérité du sentiment et la justesse du coloris, surtout dans l'orchestre. Presque partout on trouve une belle déclamation, meilleure que dans tout autre opéra italien; partout on sent l'intention d'assimiler la phrase musicale à la phrase du texte; la fusion de ces deux phrases est variée et parfois originale; partout la facture, ingénieuse et magistrale, démontre une profonde expérience.

Toutes ces qualités si précieuses et admirables sont malheureusement annihilées par un défaut capital: dans *Otello*, il n'y a presque pas d'inspiration, on pourrait même dire, presque pas de musique.

Il n'y a pas, dans tout l'opéra, une mélodie chantante, large, claire, arrondie, tandis que certains moments lyriques et surtout le duo d'amour du premier acte offraient ces occasions uniques, admirables d'expansion mélodique, je dirai plus, exigeaient cette expansion.

Les récitatifs mélodiques dont est composé tout l'opéra, sont pour la plupart très insignifiants.

Ils seraient même d'une absolue banalité sans la souplesse ingénieuse de Verdi, qui a sans cesse recours aux moyens suivants: 1° aux modulations et aux curieuses harmonisations. Il suffit, en effet, à la fin de la phrase la plus banale, même à sa dernière note, de moduler dans une tonalité éloignée pour la sauver de la banalité; mais ce moyen ne rend pas la phrase musicale ni plus inspirée. Verdi, dans bien des passages, fait parade d'harmonisations prétentieuses, mais elles lui réussissent rarement. Le plus souvent, cette recherche d'originalité amène des harmonies peu naturelles, peu logiques, et qui ne sont ni correctes, ni pures, ni agréables. Ce sont surtout les quintes et octaves parallèles, et les fausses relations qui choquent désagréablement l'oreille et froissent un goût pur.

2° Il a recours aux plus violentes oppositions des ff et des pp. Il n'est pas ordinaire de crier à tue-tête puis ensuite de chuchotter tout bas; aussi par ce moyen les phrases de Verdi ne deviennent-elles ni

plus musicales ni plus inspirées. De plus, pour indiquer le piano, il emploie quelquefois six p, c'est-à-dire: pppppp (pourquoi pas p¹, ce serait plus court). Jusqu'à présent les musiciens se contentaient de cinq indications pour marquer les nuances: ff, f, m f, p, pp. Verdi a éprouvé le besoin d'en employer dix du fff jusqu'aux pppppp. Il est regrettable seulement que l'auditeur ne soit pas en état de saisir ces nuances microscopiques, ni le chanteur de les exprimer.

3° Il fait franchir à la voix des intervalles invraisemblables de dixièmes et plus, depuis les notes les plus hautes jusqu'aux plus basses de la voix. De semblables *salti mortali* ne sont pas un mouvement de voix banal, mais je ne vois pas que la phrase récitante en devienne plus musicale ou plus inspirée.

4° Il a souvent recours au chromatisme. Le mouvement chromatique de la mélodie n'exprime absolument rien par lui-même, mais il pourrait servir à rehausser le caractère expressif d'une phrase récitative. Verdi ne trouve pas à s'en servir avec à-propos.

5° Il a recours à une instrumentation recherchée. Celle d'*Otello* est très heureuse, les sonorités sont souvent originales, belles et même neuves; mais encore une fois, la beauté de l'instrumentation ne rend pas la phrase plus intéressantes en elles-mêmes. Et malgré tous ces artifices, Verdi n'a pas réussi absolument à éviter la banalité. Les passages les plus frappants sous ce rapport sont l'adieu d'Otello à la gloire et surtout son duo avec Iago, au deuxième acte.

(A suivre.)   CÉSAR CUI.

Théâtres et Concerts

Chronique de la Semaine

PARIS

M. Sardou tient plus à M. Massenet que M. Massenet ne tient à M. Sardou. Voilà, dans sa triste vérité, le fait que nous font entrevoir les journaux de ces jours-ci. En effet, le *Matin* a lu dans l'*Evénement*, et le *Temps* nous donne comme le résultat d'un *interview* direct avec son chroniqueur des spectacles, une conversation de M. Sardou rédigée dans les mêmes termes, ce qui donne à penser que c'est M. Sardou qui l'a rédigée lui-même.

Le père de la *Tosca* y montre son violent désir de collaborer à fond (1) une fois dans sa vie avec l'auteur de la *Vierge*. Il se met en trois, au besoin il se mettrait en quatre pour cela. Jugez plutôt: « J'avais tout d'abord songé à faire un *Kléber en Egypte*. Je voyais dans un sujet de ce genre une ample matière pour le talent descriptif de M. Massenet: le campement de l'armée française auprès des Pyramides, les bords du Nil » — on sait que M. Sardou a jamais pu se défaire d'un goût malheureux pour l'animal sacré nommé crocodile — « tout cela me séduisait beaucoup ».

Une chose restait, c'est que M. Massenet fut séduit. Hélas! « Mais je me suis heurté à des difficultés de mise en scène. On m'a dit, par exemple, que jamais les choristes de l'Opéra ne consentiraient à couper leur barbe pour représenter les soldats de la République. J'ai dû respecter la barbe des choristes. » Ou plutôt leurs convictions politiques; car il n'est plus douteux, après cette révélation, que les chœurs de l'Opéra ne soient un centre actif, un foyer ardent de « boulangisme ». Mais quel génie audacieux, et quelle âme de tyran à la fois dans ce Sardou! Concevoir le dessein de faire plier devant sa volonté la fière indépendance des choristes de notre

(1) M. Massenet a déjà écrit quelque musique de scène pour les représentations de *Théodora*.

Académie de musique!... Fol espoir, auquel le père de *Fédora*, d'ailleurs, ne semble pas s'être arrêté plus qu'il ne convenait à un homme doué de bon sens et de perspicacité.

« Je songeai alors à la conquête du Mexique par les Espagnols... Je n'aurais point fait, certainement, un *Montezuma* ou un *Fernand Cortes* de pendule ». J'aime cette noble assurance. « Mais là encore je voyais l'occasion de développements pittoresques qui auraient convenu, me semblait-il, à mon ami Massenet... Il ne s'en montra pas aussi satisfait. » J'ai dû transcrire cette dernière phrase dans toute sa mélancolique amertume. Vous remarquerez l'erreur touchante et obstinée de M. Sardou, qui croit au talent « descriptif et pittoresque » de M. Massenet, alors que tout le monde sait que c'est avant tout le sentiment et la passion qui conviennent à l'auteur d'*Eva*. Pour moi, je suis persuadé qu'au repoussant les avances si engageantes de M. Sardou, M. Massenet, qui d'ailleurs a déjà traité un sujet espagnol dans son *Don César de Bazan*, a cédé à un sentiment de respectueuse déférence pour la mémoire de Spontini, et que son admiration pour ce dernier lui a interdit d'essayer, pour employer un terme de feu M. Blaze de Bury, le *rifacimento* de son *Fernand Cortes* (1).

Ecoutez encore; nous ne sommes pas au bout, et voici le bouquet. « Je me dis alors : On est fatigué du seizième siècle, des casques, des pourpoints, des toques en velours, des hauts de chausse et des grandes bottes. » Mais dites-moi, illustre auteur de *Patrie*, vous parlez comme si vous n'aviez pas la moindre part à cette fatigue et à ce dégoût!... Poursuivez, naïf roué. « Revenons (?) à l'antiquité. C'est une source inépuisable... Et je pensai, non pas à Ulysse à Ithaque, comme on l'a dit, mais à l'*Odyssée* même, à l'*Odyssée* d'Homère (sic)... Quel bel opéra et quelle belle féerie, ou plutôt quels beaux opéras et quelles belles féeries dans ce vaste poème!... Et comme le talent descriptif » — décidément il y tient — « de Massenet pourra trouver son compte dans ces incidents si nombreux et si variés : l'effroi des compagnons d'Ulysse au pied de l'Etna, lorsqu'ils entendent les Cyclopes, le chant des Sirènes, Circé, l'épisode de Nausicaa, le retour à Ithaque, etc., etc. ! N'y a-t-il pas aussi presque un drame dans la lutte entre Circé, la maîtresse, et le souvenir de Pénélope, l'épouse chaste et fidèle?... » Cette déclaration est à double face : l'une rassurante pour MM. Gounod et Ponsard, l'autre inquiétante pour MM. Thomas (Ambroise) et Barbier (Jules). Il est vrai que ces derniers, qui ont un flair merveilleux, un instinct divinatoire vraiment extraordinaire, ont pressenti l'idée de Sardou, et n'ont pas hésité à transporter leur *Circé* en Espagne, au commencement de ce siècle, comme j'ai l'honneur de le dire, il y a quelques semaines; de cette façon, il n'y a rien à craindre, et l'éditeur Heugel peut dormir en paix.

Voici maintenant la fin de ce morceau de choix; je n'aurais garde d'en rien retrancher à votre avide et légitime curiosité. « Ce n'est pas l'antiquité de la *Belle Hélène* que je veux mettre en scène : elle est bien amusante, mais elle ne serait peut-être pas aussi bien à son aise à l'Opéra qu'aux Variétés; ce n'est pas moins celle de Ponsard, qui a bien son mérite. C'est autre chose que je vois clairement, nettement, et si Massenet la voit aussi bien que moi, c'est une affaire faite. »

Je me demande si elle se fera, l'affaire... A voir l'indifférence de M. Massenet devant les propositions d'un nabab qui entasse les trésors à ses pieds, qui ferait le tour du monde en moins de quatre-vingts jours pour lui en dérouler les magnificences, je me demande qui aura raison de sa froideur, de sa rigueur... Faut-il être dur pour résister à ce Protée, à cet être souple, multiforme et insinuant qui a fait *Théodora* ! Dois-je comparer M. Massenet à saint Antoine repoussant les tentations de la reine de Sabat, ou à la mutine et coquette Galathée, qui se plaisait d'agacer les bergers, les géants et les satyres, en feignant de s'enfuir vers les saules, après leur avoir jeté des pommes et s'être laissé entrevoir?

Un avenir, profonds sans doute, nous dira à laquelle de ces deux opinions nous devons nous ranger. En attendant, pourquoi M. Sardou, mis en goût par sa collaboration avec M. Paladilhe, ne s'est-il pas vant dompter sa passion senile pour l'opéra, ne s'adresse-t-il pas à quelque autre musicien, M. Benjamin Godard par exemple, qui peut-être moins farouche, auprès de qui il trouverait quelque consolation?... Mais hélas ! comme dit l'opéra, la passion aveugle; ces choses-là ne se raisonnent pas...

J'exprimerai pour finir un regret sincère. Je crains que M. Sardou n'ait manqué son affaire en ne faisant pas de sa *Théodora* un opéra complet pour M. Massenet. Ce milieu byzantin et décadent, ce luxe et cette luxure, cette mixture de dévotion et de corruption, ces éléments brillants et disparates, ces tons crus et heurtés, ce mélange de mièvreries raffinées et de violences barbares, ces accointances du

---

(1) *Lohengrin* est le *rifacimento* d'*Euryanthe* ». Écrit dans la *Revue des Deux Mondes* par Henri Blaze, continuateur de Scudo.

---

maniérisme avec la grossièreté, tout cela allait comme un gant au genre de talent de M. Massenet..... Peut-être est-il temps encore.

Nous retrouvons M. Massenet au Salon de peinture de cette année. M. Aublet, dans sa toile intitulée *Lecture de partition*, nous représente l'auteur du *Cid* au piano, « entouré de femmes élégantes qui déchiffrent sa musique à ses côtés ». Cet enveloppement doit être fort troublant.

M. César Franck, dont le portrait figurera aussi au Salon de cette année, est représenté, lui, tout seul à son orgue de Sainte-Clotilde. Cela suffit pour intéresser. Mlle Jeanne Rongier, l'élève bien connue de Luminais, a fait là une œuvre qui marquera dans sa carrière déjà si distinguée. L'homme, l'artiste, a été étudié avec une conscience extrême, avec un grand souci de la justesse, de l'attitude et de la vérité psychologique. Le maître se recueille pour l'improvisation; incliné selon une habitude familière, la main gauche déjà crispée sur le clavier, la main droite cherchant et tirant le registre qui doit donner le timbre voulu, les lèvres rapprochées par une contraction qui exprima la volonté et la concentration de l'esprit, sa présence et sa pensée suffisent à remplir tout le vide de la tribune solitaire. Telle est l'œuvre dans sa simplicité éloquente. C'est un grand et rare mérite pour le peintre de l'avoir ainsi comprise et rendue, et de nous avoir donné, d'un artiste éminent par le caractère et le talent, la meilleure image qui ait été faite jusqu'à présent.

M. Fantin-Latour, dont le tableau *Autour du piano* fait son tour d'Europe, passant de Londres à Bruxelles et de Bruxelles à Munich, envoie cette année deux tableaux « musicaux ». Le premier est la première scène du *Rheingold* de Wagner : les trois filles du Rhin, Wellgunde, Woglinde et Flosshilde, sont surprises dans leurs évolutions par le Niebelung Alberich. Le deuxième représente Gretchen, la Marguerite idéale rêvée par Gœthe, par Schumann, par Berlioz et par Liszt; c'est la peinture d'une illustration destinée à un grand ouvrage qui paraîtra prochainement sur Berlioz.

M. Carvalho et le pompier André ayant été l'objet, en appel, d'un bienveillant acquittement, on a vu aussitôt surgir de toutes parts, dans les gazettes, des notes annonçant que l'ex-directeur de l'Opéra-Comique avait l'intention de monter à Paris un théâtre lyrique; qu'il avait déjà en caisse, une grosse caisse, l'argent nécessaire pour cette exploitation et que les principaux actionnaires de la Société qui le commanditaient à l'Opéra-Comique étaient prêts à reformer une nouvelle Société.

Cette note avait trouvé beaucoup d'incrédules. La méfiance augmenta quand une nouvelle note suivant de près fit savoir que M. de Soubeyran, directeur de la Banque d'Escompte, installé dans l'immeuble (Salle Ventadour) occupé autrefois par le Théâtre-Italien, et Carvalho « avaient échangé leurs paroles et leurs signatures pour l'installation du Théâtre-Lyrique dans ledit immeuble. M. Carvalho médite la résurrection dans ledit immeuble. »

Or, M. de Soubeyran, interrogé à ce sujet et pressé de confirmer cette nouvelle, ne s'est pas fait prier pour répondre « qu'il n'avait pas vu M. Carvalho depuis un an, que d'ailleurs les pourparlers, s'ils avaient lieu, devaient s'engager avec la Société *la Foncière*, propriétaire de l'immeuble, et qu'enfin il ne croyait pas qu'aucune négociation fut engagée entre M. Carvalho et cette dernière Société. »

On s'était trop pressé, et je laisse au lecteur le soin de tirer la conclusion.

A l'Opéra-Comique, la reprise de l'agréable *Mme Turlupin*, l'opéra bouffe en deux actes de M. Guiraud, a été accueillie avec la faveur la plus marquée. M. Paravey fait mine de lâcher provisoirement la *Carmosine* de Poise, pour attaquer la pièce de résistance, le *Roi d'Ys* de M. Lalo... M. Paravey manifeste aussi l'intention de confier à M. André Messager le soin d'écrire la musique des *Folies amoureuses*, opéra comique tiré de la pièce de Regnard... Tout cela est très bien.

A l'Opéra, on ne s'endort pas... Quelle activité fiévreuse, dévorante !..... C'est à faire craindre qu'on n'y tombe bientôt dans le nervosisme le plus aigu... Mme Lureau-Escalais « rentre » et sort aussi dans diverses pièces généralement connues du répertoire..... Une grosse question est encore que Muratet doit chanter dans *Sigurd* et l'*Africaine*..... Mais ce qui est tout-à-fait palpitant, c'est qu'on s'occupe déjà, paraît-il, de la mise en scène de la *Tempête*, le grand ballet de M. Ambroise Thomas. Oyez, manants, oyez la merveille : cette mise en scène sera « très compliquée » et fera mentir la chanson

« Il était un — petit navire
Qui n'avait ja, ja, ja — mais navigué... »

On verra un navire évoluer « entièrement » sur la vaste scène de l'Opéra. Il arrivera jusqu'au premier plan pour s'engloutir « complètement » dans les flots. « Les machinistes travaillent à construire un navire de dix mètres de longueur. » On se croirait à Brest ou à Toulon, quoi! Si après cela on n'est pas content, c'est qu'on est bien difficile, et si de si belles inventions doivent rendre coulant et indulgent pour la pièce et la musique.

Hier dimanche, j'étais curieux de comparer à celle de M. Saint-Saëns la nouvelle *Fiancée du Timbalier* de M. Francis Chomé. Arrivé un peu en retard, je vois, devant la toile baissée, sur le proscenium, une personne avenante et élancée qui récite, fort intelligemment, ma foi ! la ballade de Victor Hugo. « C'est Mlle Du Minil, de la Comédie française », me dit un voisin obligeant. En prêtant l'oreille, j'entends derrière la toile un murmure discret et confus d'instruments ; c'est l'orchestre Colonne qui joue, paraît-il. En effet, je perçois des arpèges de harpe au moment où il est question de Sainte-Brigitte, de l'ange gardien, de l'abbé et de Notre-Dame de Lorette ; plus loin, je reconnais des trompettes au moment du « duc triomphant », et des frémissements de cymbales à celui de « l'Egyptienne sacrilège » ; j'ai pu distinguer également des roulements de tambours. Tout cela ne s'est pas fait sans que mon attention fût un peu distraite du débit de Mlle Du Minil, bien que je me fusse appliqué à écouter la déclamation d'une oreille et la musique de l'autre. Je n'ai pu y réussir à mon gré, mais j'ai vu autour de moi des gens fort sérieux qui semblaient enchantés, et j'ai même entendu murmurer ces mots : « M. Francis Thomé est le Wagner français ». Je suis sorti rêveur..... Avais-je rêvé?.....

Au même concert, excellente exécution de la Symphonie en *si* bémol de Schuman (le ton n'était pas indiqué au programme, je ne sais à quoi tient cette innovation!) ; le premier morceau surtout a été exceptionnellement interprété. Il faut en dire autant des deux fragments de la Suite pour orchestre de M. Charles Lefebvre sur la *Dalila* d'Octave Feuillet, œuvre distinguée, dédiée à la *Société Nationale*, où elle fut exécutée pour la première fois, comme l'ouverture de *Béatrice* de M. Emile Bernard, exécutée récemment par les soins de M. Colonne. — Encore un pianiste, M. Grünfeld, qui a détaillé le Concerto en *ut* mineur de Beethoven avec un jeu poli et maniéré. Nous avions autrefois l'unique virtuose de l'école viennoise, M. Jaëll, dont les gros doigts de velours, par un phénomène piquant, excellaient au toucher fin, au *perlé* le plus précieux et le plus délicat... En ce moment M. Jaëll est devenu légion et le jeu viennois déborde. M. Jaëll était une pièce de métal rare et de bon aloi dont nous n'avons plus que la monnaie. BALTHAZAR CLAES.

BRUXELLES

La 8me matinée des *Concerts d'hiver* avait un programme très intéressant. Seulement, il faut bien le dire, ce programme était un peu au-dessus des forces du jeune orchestre de M. Franz Servais. On ne s'attaque pas à la *Symphonie Pastorale* sans pouvoir en offrir aux auditeurs une exécution tout au moins correcte. Sans doute, M. Servais n'est pas directement responsable des entrées intempestives ou des couacs de ses instruments à vent, mais c'est à lui qu'il faut s'en prendre s'il s'embarque pour une expédition dont l'issue est incertaine. Et cette exécution de la *Pastorale*, avec ses inégalités, ses fausses entrées, son finale prodigieusement ralenti sous prétexte de le rendre plus solennel, constituait peut-être une entreprise bien hasardeuse. Ce n'est pas que quelques parties de l'interprétation n'aient offert de très jolis détails : mais il est des œuvres qui ne supportent pas la perfection du rendu, et la *Pastorale* est de celles-là. Nous sommes trop des amis sincères du jeune et vaillant maestro pour ne pas lui devoir toute la vérité.

Le grand succès de cette matinée a été pour le ténor Van Dyck, qui a chanté en allemand la scène de Walther devant les Maîtres (premier acte des *Maîtres Chanteurs*) de Wagner, et deux fragments de la *Damnation de Faust* de Berlioz, où sa belle voix et sa magnifique diction ont profondément impressionné l'auditoire, et fait regretter une fois de plus que MM. Dupont et Lapissida n'aient pas su s'attacher ce remarquable artiste au moment où il s'était mis à leur disposition à des conditions plus qu'acceptables pour créer *Siegfried* au Théâtre de la Monnaie. Parmi les fragments de la *Damnation*, le public a bissé la *Danse des Sylphes* et vivement applaudi la *Danse des feux-follets*. Il est fâcheux que M. Servais n'ait pas su, pour terminer son concert, au lieu de la *marche de Rakoczy* de Berlioz, celle arrangée par Liszt. L'ouverture du *Vaisseau fantôme* a été exécutée avec un certain ensemble et beaucoup de verve.

Salle point tout-à-fait garnie, mais en revanche, succès tout-à-fait complet pour la séance de musique de chambre donnée par MM. Joseph Wieniawski et Eugène Ysaye, avec le concours de MM. Joseph Jacob et Eugène Sauveur, à la Grande-Harmonie. Exécution très fouillée de la sonate, op. 30, en *do* mineur, pour piano et violon, de Beethoven. Interprétation absolument réussie du

beau trio en *sol* majeur, de J. Raff, pour les mêmes instruments avec adjonction du violoncelle. Chacun des virtuoses veut revendiquer sa part de succès : M. Wieniawski par l'agilité merveilleuse et le coloris de son jeu, MM. Ysaye et Jacob par la sûreté de leur archet, la beauté du son et la précision du rythme. Exécution d'ensemble vraiment remarquable au point de vue du caractère spécial de l'œuvre. Le quatuor de Saint-Saëns pour piano, violon, alto et violoncelle (*si bémol* majeur)qui terminait le concert a été l'objet d'une étude approfondie de la part des interprètes. Morceau dont l'intérêt réside moins dans l'originalité de la pensée que dans la facture d'une habileté consommée. Difficultés de tout genre vaincues par les instrumentistes animés d'un même zèle et résultat final tout à l'honneur des deux artistes associés pour l'organisation de cette intéressante séance ainsi que de leurs co-associés. E. E.

La troisième séance de musique historique organisée par M. Ernest Huysmans, a eu lieu mercredi 21 courant, à la salle Marugg, avec le concours de Mmes Delcroix-Willems, pianiste, Mlles Gregoir et Libra, cantatrices, MM. Sivery, ténor, Lerminiaux, violoniste, Léon Du Bois et les chœurs. Elle a été consacrée aux anciens maîtres Néerlandais, Anglais, Russes et à la musique Scandinave moderne. La principale attraction de cette séance a été les œuvres des anciens maîtres néerlandais Josquin Deprés (1440), Antonius Brumel (1460), Thomas Crecquillon (1530), Orlando di Lassus (1560), qui occupèrent le premier rang parmi les compositeurs de cette époque.

Ce soir, au théâtre royal de la Monnaie, première de : *Une aventure d'Arlequin*, deux actes de MM. Paul et Lucien Hillemacher.

On en est revenu au théâtre des Galeries Saint-Hubert, à la *Marcelle*, du compositeur Edmond Audran, avec le concours de M. Pottier et de Mlle Grillon, qui remplissent les principaux rôles à la satisfaction générale. Prochainement la *Légende du Magyar*, opéra-comique inédit en trois actes.

La première représentation du *Dragon de la Reine*, opéra-comique inédit en 3 actes, aura lieu au théâtre de l'Alhambra, demain 23 mars.

ANVERS

La section de musique du Cercle artistique a donné, lundi dernier, son quatrième concert. Le programme, particulièrement intéressant, était ainsi composé :

Symphonie en *sol* majeur de J. Haydn ; — Grand air de *Sigurd* d'E. Reyer ; — 6e Concerto en *la* majeur pour violon de De Bériot ; — *Esther*, scène biblique pour voix de femmes, soli et orchestre de Léon Jehin ; — Menuet de *Manon-Lescaut* de J. Massenet ; — Chœurs mixtes, sans accompagnement, de F. Mendelssohn-Bartholdy ; — *Hymne au printemps*, poésie de M. Eug. Landoy, mélodie, d'A. Timmermans ; — Quintette des *Maîtres chanteurs* de R. Wagner ; — *Pavane*, extraite du ballet de l'opéra *Etienne Marcel*, de C. Saint-Saëns.

Les deux chœurs sans accompagnement de Mendelssohn, ont été admirablement exécutés ; comme nuances, sonorité et style, c'était irréprochable. Sans être outré tout-à-fait à la même perfection, la symphonie de Haydn a été enlevée avec beaucoup d'ensemble, surtout dans le 1er allegro et le finale. Le quintette des *Maîtres Chanteurs*, une des plus belles pages de Wagner, une merveille d'harmonie et de polyphonie, a fait énormément d'effet.

Un petit violoniste bruxellois âgé de 13 ans, Henri Verbrugge, s'est fait applaudir dans ce concert et a transporté le public par sa crânerie et la sûreté de son jeu. S'il continue à travailler et s'il ne se laisse pas éblouir par ses succès précoces, il ira loin. Il a un excellent coup d'archet et un mécanisme absolument étonnant pour son âge. Le petit Verbrugge est élève d'Ysaye. Nous supposons que Mme Lagye-Van Besten était indisposée et préférons ne pas en parler aujourd'hui, l'ayant déjà entendue dans de meilleures conditions.

Pour finir, nos sincères félicitations à M. Jan Blockx pour les résultats qu'il obtient. En continuant à faire jouer à son orchestre d'amateurs des œuvres dont l'exécution matérielle leur est possible, ils s'aguerriront et pourront petit à petit s'attaquer à des œuvres plus difficiles. Qui va sano. Ceci, sans méchanceté, à l'adresse de certain autre orchestre d'amateurs de notre ville.

GAND

GRAND-THÉATRE. — Mercredi 14 mars, *la Traviata, Madame attend Monsieur* et *Lucia* (3e acte) ; vendredi 16, *Roméo et Juliette* ; dimanche 18, *Aïda* ; lundi 19, les *Amours du Diable*.

La représentation de mercredi dernier était donnée au bénéfice de notre charmante chanteuse légère, Mlle Mathilde Boyer; et *la Traviata*, comme le troisième acte de *Lucie*, lui a valu une ample moisson de bravos, de fleurs en couronnes, en bouquets, en corbeilles, et d'écrins; mes confrères du *Journal de Gand* et de la *Flandre libérale* se sont déjà élevés avec raison contre l'exagération qui tend à s'introduire dans ces manifestations laudatives; ils auraient pu rappeler l'antique adage : l'excès en tout est un défaut. Cela dit, je passe à l'événement de la semaine, la reprise des *Amours du Diable*, l'opéra-féerie de Grisar, qui faisait, il y a quelque trente ans, courir tout Paris au Théâtre-Lyrique et qui a été joué pour la première fois à Gand, le 12 mars 1857, avec. Mme Rouvroy et M. Tandeau. Monté avec tout le luxe possible, d'une manière vraiment remarquable pour un théâtre de province, l'opéra de Grisar atteste une fois de plus les remarquables qualités de metteur en scène que possède M. Van Hamme. Le ballet du troisième acte est parfait, pour tout dire en un mot. L'interprétation était en général assez médiocre; Mlle Boyer (*Urielli*), bien mal à l'aise dans son costume de page, et M. Alvares (*Frédéric*) paraissaient tout-à-fait dépaysés dans les nombreux dialogues de la pièce; une bonne note cependant pour M. Geoffray (*Belsébuth*) et pour Mlle Danglade (*Lilia*) et Castel (*Phoeb*). Mais, puisque le ballet est superbe, la mise en scène luxueuse, les trucs réussis, les *Amours du Diable*, dont la reprise a fait salle comble, n'en feront pas moins encaisser de fort jolies recettes au directeur, malgré la foire et le mauvais temps. Bravo, et maintenant à *Lohengrin!*

Le concert que la Société royale des *Chœurs* a offert jeudi dernier à ses membres, a permis à ceux-ci d'applaudir deux excellents artistes habitués de la... maison, MM. De Greef et Jacobs, et de faire la connaissance d'une jeune cantatrice, Mlle Nachtshein, à la voix cultivée et assez souple, sinon d'un timbre très agréable. La note comique était donnée par M. De Kemper. Jolie soirée qui n'a procuré aucune sensation neuve aux auditeurs, mais qui a fait passer agréablement deux heures à la plupart d'entre eux.

P. B.

LYON

Au Grand-Théâtre on a reculé cette semaine la première représentation de la *Jolie fille de Perth*. L'insuccès a été complet. A quoi faut-il l'attribuer? Nos artistes ont cependant vaillamment défendu l'œuvre. L'ensemble était excellent avec Dupuy (Smith), Huguet (le comte), Belhomme (Raff), Vuillaume (Catherine) et Arnaud (Mab). Je crois pouvoir expliquer ainsi ce four : A l'inverse de beaucoup de compositions, cet opéra est venu trop tard dans un milieu musical trop moderne. Joué en son temps, il eut certainement réussi à Lyon — le berceau de *Carmen* — et serait resté au répertoire comme d'autres ouvrages; mais aujourd'hui, après l'évolution opérée depuis une vingtaine d'années, c'est trop tard. Il n'existe aucune situation dramatique, aucun effet de scène qui eussent pu sauver l'opéra l'autre soir. Rien n'a pu dérider le public, pas plus le duo et le quatuor si clairement traité du premier acte, que la chanson bachique et la belle sérénade du deuxième, et le charmant duo accompagné par la musique de scène au troisième acte, ainsi que le superbe finale à l'italienne, de ce même acte. On est resté froid au duo de la forêt, ou à trouvé bébête le chœur de la Saint-Valentin. Il est cependant très bien dans sa simplicité. A côté de choses réellement belles où se manifestent les tendances de Bizet, il en est d'autres désespérément longues et ennuyeuses. Je résume : Livret diffus et sans intérêt. Musique aux formules vieillies et opéra d'une structure surannée.

Au dernier concert de la Société des Concerts du Conservatoire nous avons eu l'audition de deux œuvres de compatriotes : *Chant séculaire* de Widor, et un concerto pour piano et orchestre de M. Périlhou. Cette dernière composition, inédite, a obtenu un grand succès, et le digne élève de Saint-Saëns a montré une science déjà grande d'orchestration, mise au service d'une inspiration d'un beau caractère largement développée et de la meilleur style. M. Périlhou tenait lui-même le piano; son succès d'exécuté a été aussi grand que celui du compositeur. — La symphonie en *fa* de Beethoven et les *Erynnies* de Massenet complétaient le programme de ce concert. Je dois ajouter que tout a été exécuté d'une façon remarquable et nous ne saurions trop complimenter M. Luigini.

LONDRES.

Encore un prodige.

Il nous a été présenté l'autre soir par le professeur Ernest Pauer, à la suite d'une conférence de celui-ci sur « le caractère des grands compositeurs et la caractéristique de leurs œuvres. » Son nom? Otto Hegner, natif de Bâle. Onze ans. Sur un signal donné par le professeur Ernest Pauer, le petit Otto a exécuté au piano un prélude de Bach et une marche de sa composition, marche naïve au point de vue de la conception mélodique, mais d'un travail très

correct pour un enfant d'âge aussi tendre. Est-ce à dire que nous nous trouvions en présence d'un jeune Mozart, naturalisé Suisse? Il se peut que le monde compte simplement une poupée mécanique de plus. Néanmoins, notre public, si amateur de « monstruosités » (dans l'acception latine du mot), courra entendre le jeune Otto Hegner comme récemment le petit Joseph Hoffmann. Celui-ci n'a qu'à bien se tenir.

Maigre semaine musicale, du reste. Son principal et à peu près unique événement a été une nouvelle séance de piano donnée par Mme Schumann, qui a exécuté avec sa discrète virtuosité habituelle un concerto de Chopin et accompagné deux romances de son mari, *Der Nussbaum* et *Frühlingsnacht*, chantées par Mlle Lili Lehmann. Au même concert a été exécuté le prélude d'*Œdipus tyrannicus*, musique composée il y a un an par le professeur Stanford pour accompagner la tragédie grecque lorsque celle-ci a été représentée par les élèves de l'Université de Cambridge. Grand succès pour ce fragment d'une œuvre, qu'on peut considérer comme à peu près inédite. Le prélude en question est d'une orchestration savante et d'une mélodie joliment archaïque.

Jeudi prochain auront lieu à la *Société philharmonique* les débuts, comme chef d'orchestre, du musicien russe Tschaïkowsky, nouveau venu parmi nous.

Je vous ai dit, je crois, que Ben Toyaux préparait un opéra-comique sur un livret de la *Sauvage apprivoisée* (*The Taming of the Shrew*) de Shakespeare. L'auteur est arrivé ici, en quête d'un directeur de théâtre lyrique qui veuille bien le jouer. Il n'y a pas réussi jusqu'à présent, mais finira par là tout de même, Shakespeare étant plus que jamais le meilleur des passeports.

AMSTERDAM.

La Société *Cæcilia* (Association des artistes musiciens) a donné le 15 mars son centième concert, au Théâtre Communal, sous la direction de M. de Lange, et pour fêter cette solennité, on a intercalé dans le programme un ouvrage du fondateur de cette société M. J. B. Van Bree, un allegro pour instruments à cordes, composition fort estimable, et un ouvrage de M. Verhulst, qui pendant de nombreuses années a dirigé ces concerts, un intermezzo *Gruss aus der Ferne*, très pâle imitation de Mendelssohn, morceau fort insignifiant, qui ne méritait certes pas l'honneur de figurer dans le programme d'une pareille solennité. On nous a fait entendre ensuite le *Triple concerto*, op. 56 de Beethoven, une œuvre des plus faibles du grand maitre, les belles ouvertures du *Tannhæuser* et de *Genoveva*, de Schumann, plus un poème symphonique *Antar*, de Rimsky Korsakoff, un comble d'*anarchie musicale*, l'œuvre d'un compositeur de grand talent, mais avec beaucoup *trop de Caucase à la clef*, et qui a été très froidement accueilli. Exécution honorable, mais fort inférieure à celle à laquelle nous avaient accoutumé les concerts de Cæcilia d'autrefois.

Carl Davidoff qui a eu la bonne idée de nous revenir après une longue absence, est *un grand artiste* dans toute l'acception du mot. Il n'est pas seulement *le roi des violoncellistes contemporains*, mais aussi un compositeur d'une grande valeur, et son concerto en *ré* majeur et, du reste, la majeure partie de ce qu'il a écrit pour violoncelle, révèle la main du maitre. C'est, selon nous, ce que la littérature musicale a produit de plus remarquable pour violoncelle depuis bien longtemps déjà.

La nouvelle salle de concert, dont on parle depuis si longtemps, bâtie en pleins champs, très loin, voire même hors de la ville, va décidément être inaugurée le mois prochain. On va former un orchestre spécial, qui sera attaché à cette nouvelle entreprise et qui sera dirigé par M. Henri Viotta, ce qui donne les meilleures espérances pour ce que l'on nous y fera entendre.

D^r Z.

Nouvelles diverses.

La Chambre des députés de France vient de voter la suppression du Bureau des théâtres au Ministère des Beaux-Arts. Le *Ménestrel* est d'avis qu'au point de vue musical, surtout, la mesure est déplorable. « C'était là seulement que nos musiciens, toujours si sacrifiés dans les sphères gouvernementales, trouvaient de l'aide et de la protection. Les voilà complètement abandonnés. C'était là aussi que les directeurs de nos théâtres subventionnés voyaient leurs actes et leurs comptes contrôlés; si on leur lâche complètement la bride, nous allons maintenant en voir de belles! Ce n'était déjà pas si brillant. Il faut espérer que le Sénat va se montrer plus clairvoyant et réformer le vote, vraiment inintelligent et détestable, de la Chambre. »

La *Gaulois* apprécie en ces termes le fragment de la *Cléopâtre* de M. Camille Benoit exécuté à la *Société Nationale* la semaine dernière: « Quelque peu de l'esprit de Gustave Moreau dans la couleur poétique, d'un caractère oriental et voluptueux. Orchestration enveloppante, chatoyante, d'ailleurs limpide et personnelle ; conclusion saisissante et dramatique..... Malgré des absences et des défaillances, dès le début, dans les chœurs, accrocs dont toute l'exécution s'est ressentie, il convient de mettre à part le talent et la belle voix de Mlle Œhrstrœm (Cléopâtre). »

Le Grand-Théâtre de Lille a donné samedi soir la première de *Dimitri*, l'opéra de M. V. Joncières. Malgré une interprétation assez médiocre, l'œuvre a été fort bien accueillie. L'auteur qui dirigeait l'orchestre a été l'objet d'ovations chaleureuses, notamment après le deuxième et le cinquième actes.

Sur la demande du préfet du Nord et de la municipalité de Lille, M. Lamoureux et son orchestre viennent de se rendre dans cette ville pour y donner un grand concert, dont une partie était composée d'œuvres de Wagner.

Dix mille francs étaient alloués à M. Lamoureux. Plus de quatre mille auditeurs se pressaient dans l'immense salle. L'ouverture de *Tannhæuser*, la *Danse Macabre* de Saint-Saëns ont produit une impression considérable. Mlle Landi s'est fait acclamer en chantant quelques mélodies de Bizet et de Saint-Saëns.

M. Paravey est un directeur tellement actif, qu'il semble vraiment posséder le don d'ubiquité. *Nantes-Lyrique* nous apprend que, lundi dernier, il donnait à l'Opéra-Comique la première représentation, à ce théâtre, de *Madame Turlupin*, de Guiraud; le lendemain matin, il filait sur Nantes par l'express, et le soir il assistait, à la salle Craslin, à la première de la *Reine de Saba*, de Charles Gounod !

M. André Messager écrit la partition d'un petit acte de M. Lenéka, *les Folies amoureuses*, que M. Paravey a reçu tout dernièrement, à l'Opéra-Comique de Paris.

Le Grand-Théâtre de Nantes prépare une œuvre inédite qui appelle l'attention; il s'agit de l'*Hamlet*, d'Aristide Hignard. Cet ouvrage en cinq actes est qualifié de *tragédie lyrique*, il est précédé d'une préface où l'on remarque ces lignes : « *Hamlet* est un drame « psychologique qui parait rebelle à la forme musicale à moins de « l'adapter au moule banal des autres opéras et d'en sacrifier les « parties les plus humaines et les plus belles. Nous ne l'avons pas « voulu. Entraîné irrésistiblement à mettre en musique cette étrange « et terrible tragédie, nous venons, après de longues années de « méditation et de travail, soumettre aux rares personnes que les « questions d'art intéressent encore, une œuvre lyrique qui respecte « la pièce originale dans son mystérieux ensemble, dans ses détails « et même ses bizarreries... Sans rompre la trame musicale, nous « avons intercalé une scène une déclamation soutenue par des « mouvements d'orchestre, réalisant ainsi ce que Shakespeare sem-« ble demander lorsqu'il écrit : *Let music sound while he doth make his* « *choice*. C'était là peut-être le rôle spécial de la musique dans le « théâtre antique..... » L'*Hamlet*, de M. Aristide Hignard, date de vingt ans. La presse parisienne sera convoquée à la première, qui ne peut manquer d'être fort intéressante.

Le *Joseph*, de Méhul, vient d'être donné deux fois successivement à la salle *Saint-Stanislas*, à Nantes. Ce chef-d'œuvre n'avait plus été donné depuis un demi-siècle dans cette ville. Aussi était-il à peu près inconnu de deux générations. Cette reprise a eu du succès.

M. Léon Jehin est allé le 11 de ce mois, à Angers, diriger un concert de ses œuvres. Nous trouvons dans le dernier numéro d'*Angers-musical*, des détails intéressants au sujet de cet événement artistique qui a produit là-bas l'impression la plus favorable, à en juger par l'article de notre confrère. Nous n'avons pas à faire connaître l'excellent chef d'orchestre au théâtre de la Monnaie, ni le compositeur des *Scènes de Ballet*, de la romance pour violon, du *Scherzo symphonique* et de la *Marche jubilaire*, morceaux très goûtés du public bruxellois. Mais il est intéressant de voir comment on apprécie à l'étranger ces œuvres d'un mérite reconnu. Voici la conclusion de l'article très élogieux auquel il est fait allusion :

« En résumé, la musique de M. Jehin a paru fort goûtée, non seu-« lement des abonnés, mais encore de tout le public. On y retrouve « ça et là l'emploi des procédés wagnériens, particulièrement dans « la manière d'instrumenter, et c'est sans doute à cela qu'elle doit « une bonne partie de sa couleur et de sa beauté. Si j'avais quelques « réserves à faire, ce serait plutôt au sujet de l'originalité et de la « personnalité des motifs. Après MM. Peter Benoit et Radoux, « voici donc encore l'école belge noblement et brillamment repré-« sentée chez nous par M. Jehin, qui gardera, sans nul doute, un « bon souvenir de l'hospitalité Angevine. »

Nous n'étonnerons personne en ajoutant d'après la même source que « c'est avec une autorité tout-à-fait magistrale que M. Jehin a conduit ses œuvres. » E. E.

Où la politique va se nicher.

Par suite de la rupture des relations douanières entre la France et l'Italie, les pianos venant de France paient à leur entrée un droit de 150 francs pour les pianos droits et de 300 francs pour les pianos à queue.

M. Ernest Reyer va émigrer !

Les journaux autrichiens exaltent à l'envi le talent du violoniste belge, M. César Thomson, en ce moment en tournée dans les principales villes de l'Empire, où il a remporté les plus éclatants succès.

Un des principaux organes de la presse locale, l'*Independents*, de Trieste, s'étend longuement sur la prodigieuse exécution du jeune maître liégeois. Nous en extrayons les lignes suivantes : « On ne se rappelle que chez Paganini une telle puissance d'exécution, une technique si formidable avec laquelle toutes les difficultés les plus ardues et inaccessibles pour tant d'autres grands violonistes sont vaincues par Thompson avec une aisance enchanteresse. Avec le son puissant et moelleux que possède l'artiste, il donne au chant passionné une telle intensité d'expression qu'il transporte l'auditoire dans des régions inconnues. »

Un de nos confrères bruxellois qui se pique de littérature et se montre très dédaigneux de l'ignorance littéraire des journalistes belges, vient de commettre une assez amusante bévue. Il explique dans son dernier numéro à propos de la représentation du *Carosse du Saint-Sacrement* au théâtre Molière que « Mérimée avait imaginé de dissimuler sa verve ironique derrière le paravent de Clara Gazul, la mystérieuse comédienne espagnole » afin d'échapper à la disgrâce de son impériale protectrice. Pas bien sûr, cette histoire là ! Il faudra relire la préface du théâtre de Clara Gazul. Elle est datée du 1 mai 1825, en pleine restauration. L'impériale protectrice, c'est-à-dire l'impératrice Eugénie, ne songeait probablement pas encore, à cette époque, à protéger quoi que ce soit. Comme l'agneau de la fable, elle n'était pas encore née !

On a du reste pu lire dans tous les journaux de Bruxelles un avis du théâtre Molière annonçant : le *Carosse du Saint-Sacrement*, *tiré* du théâtre de Clara Gazul, *par* Mérimée.

Par est délicieux !

La première représentation de l'*Otello* de Verdi, qui a eu lieu jeudi au Grand-Opéra de Vienne, a obtenu un très grand succès. La critique viennoise est unanime à louer l'œuvre du maître italien. Le quatrième acte surtout, avec ses puissants effets dramatiques, a produit une impression grandiose sur l'auditoire. On a beaucoup applaudi aussi le duo d'amour du premier acte et le final du troisième. La mise en scène, l'orchestre et les chœurs n'ont rien laissé à désirer. Quant à l'interprétation, elle mérite tous les éloges. Mme Schläger a été superbe dans le rôle de Desdémone, M. Winkelmann comme Otello, et M. Reichmann comme Iago, se sont réellement surpassés. Certes, si Verdi avait pu assister à la représentation, il n'aurait pas manqué de remercier chaudement M. Jahn, l'habile et intelligent directeur de l'Opéra, auquel revient en grande partie l'honneur d'avoir fait si bien valoir à Vienne le chef-d'œuvre de l'auteur du *Trovatore*.

À l'Opéra de Berlin, qui a dû fermer ses portes la semaine dernière à l'occasion de la mort de l'empereur Guillaume, on vient de commencer les décorations du *Rheingold*. Il y a donc quelque apparence que le public de la capitale puisse voir avant peu le *Ring* tout entier des Nibelungen. Les répétitions d'orchestre et d'artistes sont, paraît-il, assez avancées.

Le théâtre de Schwérin vient de terminer, lui, la mise à la scène des quatre grands drames wagnériens. Sous la direction du *capell-meister* Schmitt, la *Crépuscule des Dieux* a obtenu il y a quinze jours un énorme succès et la direction va organiser des représentations successives des quatre drames de la Tétralogie.

À signaler, au théâtre de Brunswick, la première représentation d'un grand opéra en trois actes : *le Chasseur sauvage*, paroles de MM. Langenbeck, Wagner et Lunebourg, musique de M. Schultz, directeur de l'orchestre de la ville. L'œuvre paraît avoir obtenu du succès.

Le festival annuel de l'*Association universelle des musiciens allemands* aura lieu cette année dans la petite ville de Dessau (duché d'Anhalt.) Au programme figurent la symphonie d'*Harold en Italie*, de Berlioz, le *Faust*, de Liszt, la *Missa solemnis*, de Beethoven, le *Kaisermarsch*, de Wagner. Parmi les solistes annoncés on cite Mlle Sophie Menter. Le festival sera conduit par le capellmeister Klughardt.

L'opéra de Francfort ne paraît pas avoir de chance avec les

nouveautés qu'il a offertes cette année à ses habitués. Le succès du *Cid* ne s'est pas maintenu, et *Gioconda* de Ponchielli, qui a succédé à l'ouvrage de M. Massenet, n'a obtenu qu'un succès d'estime.

La *Gazette de Cologne* et la *Kœlnische Volkszeitung* rendent compte avec beaucoup d'éloges d'un concert où s'est fait entendre Mᵐᵉ Mary Gemma, la jeune pianiste italienne, élève de M. Auguste Dupont, qui s'est fait entendre l'année dernière avec un si vif succès à Paris. Mᵐᵉ Gemma a joué dans l'une des soirées de musique de chambre du quatuor Hollænder et elle a reçu du public un très chaleureux accueil.

On vient de célébrer, à Iéna, le cinquantième anniversaire de l'entrée du Dʳ Gille dans le Comité des concerts de la petite ville universitaire. Le Dʳ Gille est bien connu de tous ceux, allemands, belges, français, que le culte des grands maîtres et des grandes œuvres a menés du côté de Weimar et de Bayreuth. Le capellmeister Edouard Lassen avait composé pour la circonstance une cantate qu'il a dirigée lui-même. Le violoniste Halir et le pianiste D'Albert ont pris part à la fête. L'orchestre a joué des *Humoresques* dédiées par Liszt à son vieil ami. Le jubilaire a reçu des félicitations et des cadeaux venus de tous les coins et recoins de l'Allemagne. Parmi les télégrammes qui lui ont été adressés, il faut citer celui de l'impératrice Augusta, — c'était avant la mort de l'empereur Guillaume. — Enfin le grand-duc de Saxe-Weimar s'était rendu à Iéna pour assister au concert.

Après Milan, *Lohengrin* vient d'être triomphalement accueilli au Grand-Théâtre de Trieste.

Il s'est formé à New-York un orchestre de dames, composé de personnes du sexe appartenant aux meilleures familles. L'idée première de cette association originale est due à miss Sarah Cooper Hewitt, laquelle joue parfaitement le violon. L'heureux chef d'orchestre de cette phalange féminine est M. Reinhard Schmelz, musicien bien connu aux Etats-Unis. Les affiliées ne sont admises qu'après un examen sévère de leurs capacités instrumentales. L' « Orchestre des dames amateurs » a donné sa première audition au Lyceum Theatre au bénéfice d'une œuvre charitable. Le programme de ce concert, qui a obtenu grand succès, portait entre autres pièces : l'ouverture de la *Flûte enchantée*; l'introduction de *Lorelay*, de Max Bruch; les Danses hongroises de Brahms; la Marche turque de Beethoven, etc.

Nous constatons que dans la liste des exécutantes, publiée par l'*American art Journal*, ne figure aucun des instruments à vent, en bois ou en cuivre. Ceux-ci sont remplacés par le piano et l'orgue, ce qui tend à prouver que l'art n'est pas encore parvenu à persuader aux jeunes *misses* du nouveau monde, de jouer du trombone, du basson et autres instruments de même acabit.

A propos de Berlioz, on a souvent parlé de l'acte de munificence de Paganini, sautant au cou de l'auteur de la symphonie d'*Harold en Italie*, le saluant fils du grand Beethoven, et lui faisant don d'une somme de vingt mille francs !

Cette histoire serait une légende d'après Liszt.

Voici comment à un déjeuner, chez M. C. T., lors de son dernier séjour à Bruxelles, Liszt nous a conté le fait.

Paganini, idole du public parisien, avait déjà encaissé de très belles recettes. Une société de bienfaisance le fit prier de bien vouloir prêter son concours gratuit à une séance musicale organisée par elle au bénéfice des hospices parisiens. Paganini refusa net. Aussitôt grand émoi et grande indignation. La presse fit quelques insinuations peu agréables à l'adresse de l'artiste étranger, venu à Paris simplement pour faire sa pelote.

Une sorte de conspiration du silence s'organisa et l'on s'accorda pour faire le vide aux quatre derniers concerts organisés par Paganini.

Jules Janin, grand ami du « virtuose infernal, » eut vent de la chose. Aussitôt, il se rendit chez Paganini.

— Mon cher, lui dit-il, votre refus de jouer au profit des pauvres vous coule à tout jamais. Il n'y a qu'un moyen de vous en tirer. En ce moment, il y a à Paris un jeune compositeur, d'un génie incontestable mais très contesté, qui s'épuise à attirer sur lui l'attention du public. Donnez-lui fastueusement mille mille francs, et au lieu des quatre concerts qu'il vous reste à donner, vous en aurez huit avec des salles combles.

Paganini fit une effroyable grimace. Mais comme chaque concert lui rapportait plus de dix mille francs, il s'exécuta.

En ça qualité d'Italien rusé il alla même plus loin, en proclamant grand homme et maître le jeune Berlioz dont, au fond, il se souciait médiocrement.

Telle serait la vérité vraie, suivant Liszt, présent à la scène si souvent racontée de l'enthousiasme spontané de Paganini pour Berlioz.

VARIÉTÉS

ÉPHÉMÉRIDES MUSICALES

Le 23 mars 1778, Wolfgang Mozart, âgé de 22 ans, arrive à Paris avec sa mère. Il est reçu paternellement par Grimm, dîne chez Mᵐᵉ d'Epignay quand il lui plait. Son père lui écrit : « Je te recommande de la manière la plus instante de mériter ou plutôt de conserver la faveur, l'affection et l'amitié de M. le baron de Grimm, en lui montrant une confiance absolument filiale, et de le consulter sur tout. » (*Nissen, Mozart's Biographie,nach original Briefen*, Leipzig, 1828, in-8°.) C'est de cet ouvrage que I. Goschler a tiré le volume intitulé : *Mozart, Vie d'un artiste chrétien au xviiiᵉ siècle*, Paris, 1857.

Quand la mère de Wolfgang mourut pendant ce séjour à Paris, le 3 juillet, le jeune homme fut recueilli chez ses protecteurs et paraît y avoir demeuré jusqu'à son départ, le 6 septembre.

— Le 24 mars 1844, à Paris (Conservatoire), François Prume exécute sa pastorale la *Mélancolie*. « Habile violoniste et compositeur de mérite; cet artiste fut très apprécié. Les dames surtout applaudirent beaucoup son jeu plein d'expression et exempt de ces tours de force qui étonnent plus qu'ils ne charment. » A. ELWART. (*Hist. de la Soc. des concerts du Conserv. de mus. de Paris*, p. 218.)

Hubert-François Prume, né à Stavelot, le 5 juin 1816, est mort à Liège, le 14 juillet 1849. (Voir Eph., *Guide mus.*, 2 juin 1887.)

— Le 24 mars 1860, à Bruxelles (Théâtre royal), Richard Wagner, dans un 1ᵉʳ concert, dirige l'exécution de ses propres œuvres : Ouverture du *Vaisseau-fantôme*; l'ouverture, la marche des nobles, le chœur des pèlerins, et l'introduction du 3ᵉ acte de *Tannhauser*; l'introduction, la marche des fiançailles, et la fête nuptiale de *Lohengrin*.

Un 2ᵐᵉ et dernier concert composé des mêmes éléments eut lieu quatre jours après. « Aujourd'hui, s'écria le *Guide musical*, nous pouvons dire que la « musique de l'avenir » est de belle et bonne musique du présent; nous n'en voulons d'autre preuve que la rapidité électrique avec laquelle elle a été saisie au vol et comprise à première audition. Richard Wagner vient de recevoir en Belgique ses lettres de grande naturalisation. »

— Le 25 mars 1784, à Mons, naissance de François-Joseph Fétis. Sa mort, à Bruxelles, le 26 mars 1871.

— Le 26 mars 1827, à Vienne, décès de Louis van Beethoven. Sa naissance, à Bonn, le 16 décembre 1770. (Voir Eph., *Guide mus.*, 24 mars 1887.)

« Beethoven, figure homérique qui domine de toute sa hauteur d'*homme* et d'*artiste* dans l'histoire de la musique. Créateur dans l'art, d'un monde immense que l'on peut appeler impersonnellement *beethovien*, il sut le premier, et à lui seul, réunir et condenser dans ses mains puissantes, toutes les sensations du sentiment humain. Il sut faire refléter dans ses œuvres toutes les aspirations créées par les grandes idées qui rendent l'humanité sublime. Profond penseur en même temps que grand esthétitien il connut particulièrement le secret de la transformation des objets extérieurs en des formes musicales, ce qui lui permit d'écrire la symphonie pastorale, la grande dite pastorale.

« Dans sa musique Beethoven parle; ses accents réveillent les idées, et non content, comme ses prédécesseurs, de séduire l'esprit et de ravir les sens, il enseigne en peignant l'infini, le caractère vrai des douleurs de la vie humaine et cette note morale. On peut dire sans exagération que l'immensité de la conception et la grandeur de l'ensemble ainsi que la généralité et la profondeur de l'œuvre de Beethoven constituent un véritable *monde*, un véritable *cosmos*. »

PETER BENOIT.

— Le 27 mars 1806, à Londres (King's theater), la *Clemenza di Tito* de Mozart. « Jusque-là, aucun des opéras du maitre n'avait encore été joué en Angleterre. Le ténor Braham ainsi que la Billington furent très applaudis. Le plèce néanmoins n'eut que quelques représentations.

La *Clemenza di Tito* fut représentée pour la première fois, le 6 septembre 1791, à Prague, en présence de la cour et d'un public d'invités. L'œuvre n'obtint qu'un succès de politesse. L'impératrice qui était italienne, traita la musique de *porcheria*. Mozart, déjà malade, fut très sensible à cet échec. Il mourut trois mois après.

Titus, adapté pour la scène allemande, a eu à Vienne (Opéra, du 31 mars 1795 au 15 nov. 1856) 79 représentations.

— Le 28 mars 1853, à Vienne, décès du baron 'Henri-Edouard-Joseph de Lannoy, à l'âge de 66 ans. Sa naissance, à Bruxelles, le 3 décembre 1787. Il a passé la plus grande partie de son existence en Autriche où il s'était acquis une certaine notoriété dans le monde musical, non pas tant par des compositions de diverse nature (opéras, symphonies, sonates, etc.), que par la haute influence qu'il exerça comme directeur du Conservatoire de Vienne. Il faisait en même temps de la critique et de la littérature. A tous ces divers points de vue, mais à un degré inférieur, le baron de Lannoy était en Autriche ce qu'était Fétis en Belgique. La maison Tobie Haslinger a publié le portrait lithographié d'*Eduard Freyherr von Lannoy*, que nous avons vu chez une de ses parentes, feue Mᵐᵉ Vander Elst-Meulenberg, à Bruxelles.

— Le 29 mars 1827, à Vienne, funérailles de Louis van Beethoven.

Nous avons sous les yeux le spécimen de l'avis funéraire qui fut distribué dans le public. En voici la traduction :

Invitation au convoi funèbre de Louis Van Beethoven, qui aura lieu le 29 mars à trois heures de l'après-midi.

On se réunira à la maison mortuaire, n° 200, maison de l'Espagnol-Noir, sur les remparts, devant la Porte des Ecossais.

Le cortège se rendra de là à l'église de la Trinité, chez les R. P. Minoristes de la rue Alser.

C'est le 26 mars 1827, vers 6 heures du soir que le monde musical a fait la perte irréparable du célèbre musicien.

Beethoven est mort des suites d'une hydropisie, à l'âge de 56 ans, muni des Sacrements de l'Eglise.

Le jour des obsèques sera ultérieurement fixé.

Par les amis et les admirateurs de L. Van Beethoven.

Cette carte est distribuée dans les magasins de musique de Tobie Haslinger, imprimé par Antoine Strauss.

Au jour dit, tout ce qui comptait dans les arts et les lettres à Vienne voulut accompagner Beethoven à sa dernière demeure. Plus de vingt mille personnes suivirent le convoi. Les maîtres de chapelle Eybler, Hummel, Seyfried, Kreutzer, Weigl, Gyrowetz, Gansbacher et Würfel tenaient les coins du poêle. A l'église on exécuta le Requiem de Mozart. L'émouvante cérémonie se termina, au cimetière, par une oraison funèbre due à Grillparzer et récitée par le comédien Anschütz. Dans sa péroraison le poète s'écrie :

Toi qui, dans la vie,
Ne trouva jamais ni repos, ni asile assuré,
Repose maintenant, dans la paix du tombeau,
Dans la paix de la mort.

BIBLIOGRAPHIE

Vient de paraître chez l'éditeur Alph. Leduc, la partition de *Lydia*, le charmant acte de Lyden Smoni et Ed. Missa qui a valu tant de succès l'été dernier au gracieux couple Simon Girard, dans sa tournée depuis Dieppe jusqu'à Ostende.

—

Les principes élémentaires de la musique, par C. H. Watelle. Schott, éditeur. — Exposé très simple, très méthodique et très clair de la théorie générale de la musique. Ce petit traité se recommande à la fois aux professeurs de solfège, aux élèves et même aux simples amateurs qui y trouveront d'utiles enseignements. M. Watelle qui s'est fait connaître déjà par un grand nombre d'ouvrages didactiques excellents, a intercalé dans son petit traité une table des termes musicaux, usités en français, en italien et en allemand pour indiquer les mouvements et les nuances du mouvement.

—

Une première par jour, par Albert Soubies, Paris, A. Dupret, 1888. — Ces causeries sur le théâtre sont extrêmement intéressantes. Ce livre n'est ni un dictionnaire ni une histoire des premières célèbres; c'est une suite d'anecdotes, de curiosités littéraires de renseignements historiques, choisis et classés de manière à former une éphéméride par jour. M. Soubies ne s'est pas borné aux pièces célèbres et aux renseignements qui courent tous les ans. Il exhume parfois de curieux souvenirs et rappelle des noms et des titres de pièces bien oubliées, tant du répertoire ancien que du répertoire moderne. Il faut lui rendre: cette justice qu'il a mis dans ses recherches beaucoup d'exactitude et de soins. Les curieuses éphémérides musicales que M. Félix Delhasse donne depuis de longues années au *Guide*, ainsi que l'*Annuaire dramatique* du même ne nous paraissent pas avoir été tout-à-fait inutiles à M. Soubies, bien qu'il ne les cite pas comme sources.

—

IL TEATRO ILLUSTRATO (Milan, Sonzogno). Livraison du mois de mars.

Illustration avec texte : Mattia Battistini, portrait; l'*Abbé Constantin* drame; les *Trois Pinto*, opéra inédit de Weber; la *Dame de Monsoreau*, opéra de Salvayre.

Texte : Asrall, opéra de Franchetti; théâtres de Milan, Gênes, Venise, Livourne, Paris, Vienne, Monaco; *François de Rimini* de Cagnoni, *Carmen* de Bizet, à Bari; *Tristan et Isolde* de Wagner (suite); bibliographie, nécrologie, bulletin du mois, etc.

Musique: Rève d'amour, mélodie pour chant et piano de G. Tofano; *Sull'Adige*, nocturne pour piano de G. Tahara.

AVIS ET COMMUNICATIONS

Dans sa séance du 9 mars 1888, la Société des Beaux-Arts de Caen, adoptant les conclusions du rapport présenté au nom du jury par M. Cafles, directeur de l'Ecole de musique de Caen, a décerné le prix à la marche n° 14, portant pour devise *Inde Gloria*, dont l'auteur est M. Edouard Bronset, de Paris.

Deux mentions honorables ont été accordées, la première au n° 18, épigraphe *Non canimus canibus*, et la seconde au n° 15, *Trahit sua quemque voluptas*.

Les auteurs sont priés de se faire connaître à M. Bénet, secrétaire de la Société des Beaux-Arts, à Caen.

M̃ᴵˡˡᵉ Jeanne Douste donnera lundi prochain 26 mars, à 8 heures, à la Salle Marugg, une soirée musicale avec le concours de MM. Agniez et Jacobs. Programme: sonate (*sol mineur*) Schumann; prélude et fugue, Bach; scherzo, Mendelssohn; romance, Rubinstein; caprice espagnol, Moskowski; trio (*si bémol*) Rubinstein; ronde piacevole, W. Sterndale Bennett; gavotte, Berger; étude, Chopin; valse, étude d'après Chopin, L. E. Bach.

Nécrologie.

Sont décédés :

A Paris, le 15 mars, Ange-Henri Blaze, dit de Bury, né à Avignon, le 17 mai 1813, écrivain et critique musical, pendant de longues années à la *Revue des Deux-Mondes*, sous différents pseudonymes,

— Hans Werner, F. de Lagenavais, etc. — où il a été remplacé par Camille Bellaigue. Il a été en tiers avec Castil-Blaze, son père, et Emile Deschamps, dans une nouvelle adaptation du *Don Juan* de Mozart, jouée à l'Opéra, le 18 mars 1834. (Notices, *Biogr. univ. des mus.* de Fétis, t. I, p. 413, et Suppl. Pougin, t. I, p. 99.)

— A Paris, le 9 mars, à l'âge de 64 ans, Edouard Alexandre, facteur d'orgues et fabricant d'instruments de musique. (Notice, *Ibid.* Pougin, t. I.

— A Florence, le 10 mars, Ciro Pinsuti, né à Sinelunga (province de Sienne), le 9 mai 1829, compositeur, ancien professeur de chant à l'Académie royale de musique à Londres: (Notices, *Ibid.*, t. II. p. 348, et *Dictionnaire* de Grove, t. II, p. 753.)

— A Wiesbaden, le 8 mars, à l'âge de 81 ans, Iastewitz, chanteur et régisseur du théâtre pendant quarante ans.

— A Iglau, le 8 mars, Mᵐᵉ Braunecker-Schaefer, artiste populaire de l'opéra et de la comédie au théâtre *An der Wien* d'où elle s'était retirée en 1886.

Imprimerie Th. Lombaerts, Montagne des Aveugles, 7.

ABONNEMENT

FRANCE et BELGIQUE : Avec musique 25 francs.
—   Texte seul.   . 10 —
UNION POSTALE :   —   . 12 —

SCHOTT FRÈRES, ÉDITEURS.

Paris, Boulevard Montmartre, 19
Bruxelles, Montagne de la Cour, 82

ANNONCES

S'adresser à l'Administration du Journal.
On traite à forfait.

L'OTELLO
DE VERDI

III

Il faut ajouter à cette caractéristique de la musique d'Otello qu'on y trouve bon nombre d'emprunts. Non seulement Verdi puise dans Aïda des phrases tout entières, mais bien des passages rappellent Gounod, Boïto et même Offenbach, réminiscences qui ne s'étaient pas encore présentées dans sa musique.

La caractéristique des personnages dans Otello n'existe pas.

Iago est le type que Verdi a cherché à dépeindre avec le plus de soin. Cependant, malgré une évidente copie des deux Méphistophélès de Gounod et de Boïto, jusqu'au trille inclusivement, il est si incolore qu'il pourrait sans inconvénient changer de partie avec Otello.

Le caractère musical de Desdémone ne présente qu'une seule différence avec celui des deux autres ; elle chante plus souvent piano, et ceux-là chantent plus souvent forte.

Dans les chœurs, Verdi a cherché à représenter le peuple et à lui donner beaucoup de mouvement, surtout dans le premier acte ; mais il n'a réussi qu'à produire une foule d'exclamations peu musicales.

Il est inutile de s'arrêter aux détails de chaque scène d'Otello en particulier, car on peut leur appliquer tout ce qui a été dit plus haut. J'indiquerai cependant tous les épisodes et toutes les phrases musicales dans lesquelles on retrouve le souvenir de l'inspiration d'autrefois.

Au premier acte, on pourrait citer les dernières phrases du duo d'amour, mais dans l'orchestre et non dans les voix (exception fort rare dans Otello) ; elles ont quelque chaleur, et des contours définis, malgré les modulations un peu forcées par lesquelles Verdi les conduit. Ce sont les seules et uniques phrases de tout l'opéra qu'on puisse retenir facilement, et encore c'est grâce à leur répétition fréquente dans les actes suivants.

Au second acte, on peut signaler le petit chœur de femmes sur deux accords, calqué sur les pastorales françaises, un peu maigres comme musique, mais d'une clarté d'idée et de forme qui plaît après les mélanges précédents de sonorités aussi dépourvues de l'une que de l'autre (et encore le milieu de ce petit chœur n'est pas sans incohérence). L'adieu d'Otello à la gloire est une sorte de marche d'une précision mélodique banale et vulgaire qui rappelle au public l'ancien Verdi et qui sera probablement souvent bissée grâce à un si quelconque du ténor. Les notes élevées du ténor peuvent être comparées à la force physique brutale ; c'est un effet de biceps, et l'u'tima ratio du genre hercule ; rien n'y résiste. Le récit par Iago du songe de Cassio est le morceau le plus musical et le plus substantiel de tout l'opéra.

Au troisième acte, on peut signaler : le monologue d'Otello d'un excellent sentiment ; l'heureux début du duo de Iago et Cassio, et, dans le final, une phrase en deux mesures de Desdémone, phrase gracieuse par elle-même et bien harmonisée. Quant au long ensemble de ce final, c'est l'une des scènes les moins réussies de l'opéra; il n'est ni musical, ni logique sous le rapport de la situation scénique, ni heureux sous le rapport de la sonorité.

Le dernier acte présentait deux scènes éminemment favorables à la musique : la chanson du « *saule* » de Desdemone et sa *prière* avant la mort. La musique en est pâle et insignifiante comme presque tout le reste ; mais elle est écrite à la fois simplement et habilement (avec des arrêts suspendus comme dans la chanson du Roi de Thulé, dans « *Faust* ») et la sincérité du sentiment et du coloris la rendent sympathique.

Telle est l'œuvre la plus récente du vénérable maestro. Comme intention, comme style, comme facture et comme recherche de la vérité dramatique, elle est digne d'attention et d'estime ; mais comme musique, elle est sans consistance, et révèle la décadence de l'inspiration mélodique chez Verdi.

Le vieux maestro a maintenant soixante-quinze ans ; dût-il atteindre l'âge de Chevreul, il serait encore en état d'écrire un opéra de la force d'*Otello*, parce que la technique subsiste toujours chez un compositeur ; il en va tout autrement des idées. Mais l'absence d'inspiration dissimulée par le grand nom de Verdi n'empêchera ni la création ni le succès de ses nouveaux opéras s'il lui prend la fantaisie d'en écrire.

Il serait intéressant de savoir ce qui a pu motiver chez Verdi le changement de style déjà notable dans *Don Carlos* et sa transformation radicale dans le style de récitatif de l'*Otello*. Est-ce la conviction, ou la conscience de l'affaiblissement de son inspiration, et le danger pour lui de ne pouvoir soutenir le style mélodique ?

Il est difficile de pénétrer le véritable mobile de l'artiste. Mais je suis intimement persuadé que si Verdi était actuellement capable d'écrire un second *Rigoletto*, c'est un *Rigoletto* qu'il écrirait et non un *Otello*, je suis également persuadé que c'est l'auteur de *Rigoletto* et non d'*Otello* qui sera connu et apprécié par la postérité.

En tous cas, il est significatif de voir un compositeur italien de premier ordre en venir à renier les formes italiennes conventionnelles, et oser entreprendre un sujet déjà exploité par le « grand Rossini. »

Otello a du succès. Cela n'a rien d'étonnant. De nos jours, le succès d'un opéra se basant bien plus sur le talent du décorateur et du costumier que sur le talent du compositeur, le public s'habitue de plus en plus à écouter un opéra par les yeux ; et dans *Otello* il y a de quoi satisfaire les yeux. De plus, *Otello* est écrit par *Verdi* ; le nom exerce une influence magique sur le public qui fait toujours plus de cas de la signature que de l'œuvre. L'auteur de *Rigoletto* sauve l'auteur d'*Otello*. Le cas n'est pas unique. *La Charmeuse* (1) eut-elle réussi, écrite par un autre que

l'auteur d'*Onéguine* ? L'*Etoile du Nord*, le *Pardon de Ploërmel*, l'*Africaine* eussent-ils vécu sans la signature de l'auteur des *Huguenots* ?

Si l'on compare *Otello* avec *Aïda*, la préférence restera toutefois à *Otello*. Il contient moins de musique, mais le style est meilleur, plus soutenu, et le sujet est beaucoup plus intéressant.

CÉSAR CUI.

Une Aventure d'Arlequin

opéra-comique en un acte, paroles de Louis Judicis, musique de MM. P. L. Hillemacher, représenté pour la première fois au Théâtre Royal de la Monnaie, à Bruxelles, le 22 mars 1888.

Les spectateurs qui s'attendaient à voir une action prestement menée, à suivre le fil d'une de ces intrigues plaisantes et légères brodée sur un canevas dans le style de la comédie italienne, ont été quelque peu déçus jeudi soir. On leur a servi Arlequin et Colombine, Scaramouche, ivrogne, et Mme Scaramouche, querelleuse, le beau Léandre et l'inconstante Isabelle. On y a joint l'inévitable commissaire, bégayant et ridicule, mais l'on paraît s'être préoccupé médiocrement de ce que tous ces personnages allaient dire et faire en vue de mettre le public en belle humeur. D'aventures, il y en a si petite dose, que cela ne vaut guère la peine d'être conté. Arlequin, voleur, fuyant les poursuites du commissaire et rentrant en grâce auprès de son maître, volé, à condition de servir sa passion auprès d'Isabelle, tel est, en substance, le mot de l'énigme que MM. P. L. Hillemacher ont accepté de mettre en musique.

Ceux qui, faisant abstraction de la pâleur du livret, se seront contentés d'écouter la musique, auront emporté, en revanche, de l'*Aventure d'Arlequin*, l'impression la meilleure. En fait, l'esprit, la verve, le rire, l'émotion que l'on demanderait en vain au poème sont renfermés dans la partition des frères Hillemacher. C'est bien la musique qui convient à un pareil sujet, envisagé à un point de vue moderne, à condition que les personnages vivent et que le poète ait réussi à dissimuler habilement sous un masque gai, des passions et des caractères.

MM. Hillemacher ne font pas seulement voir qu'ils sont des musiciens habiles, connaissant à fond les secrets du métier. Ils se montrent doués d'une faculté d'invention assez rare. Leurs mélodies sont expressives, parlantes et neuves ; chaque mot est musicalement et logiquement traduit dans un langage clair, d'un beau rythme et bien approprié aux situations. Ils ont aussi, très judicieusement à notre avis, combiné l'élément archaïque avec le mode actuel de l'expression lyrique. Il existe des exemples de cette fusion déjà réalisée des deux éléments, dans le *Médecin malgré lui* de Gounod et, à un degré supérieur, défiant toute comparaison, dans les *Maîtres chanteurs* de Richard Wagner. Le souvenir de ces ouvrages, types de genre différent, ne nuit pas à l'œuvre nouvelle dont nous nous occupons.

L'archaïsme se retrouve dans un quatuor très ingénieusement développé sur le thème de la chanson populaire de M. et Mme *Denis* ; dans la délicieuse chanson à boire que chantent Arlequin et Scaramouche, et dans le sujet fugué de la scène qui précède le final. Ce sont jeux de maître que ces décompositions thématiques ; on ne saurait assez priser un art qui vit de tels moyens.

L'archaïsme n'est pas seulement dans le choix de tel ou tel sujet mélodique ; il ressort aussi de la facture concise et rythmique. — Ainsi le trouve-t-on partout, habilement dissimulé sous des dehors harmoniques et des sonorités d'orchestre qui rajeunissent la pensée et lui donnent une saveur de piquante modernité. Charmants d'esprit et de grâce, les couplets dialogués : « Bras polis, taille rondelette », avec la plaisante réplique de Scaramouche : « Il devient fou ! sur ma parole ! » Amusant au possible le trio, la belle phrase : « Sois gentil, mon compère », que M. Rouyer a bien fait valoir et qui, reprise dans un mouvement vif, sert de thème principal à la strette. Le fabliau chanté par Isabelle et Colombine offre un joli motif à contre-temps ; c'est un des morceaux les plus gracieux et les plus délicatement ciselés de la partition. Dans les couplets de Colombine : « Nier l'amour, quel blasphème ! », la musique est d'une éloquence persuasive et personne, après les avoir entendus, ne s'aviserait de n'ier l'amour, si Mlle Legault pouvait mettre à les chanter toute la conviction désirable.

Les compositeurs n'ont pas jugé nécessaire de faire précéder leur opéra d'une ouverture symphonique ; mais ils ont instrumenté, pour en faire un entr'acte, la jolie chanson à boire dans le style ancien. L'*Aventure d'Arlequin* se trouve ainsi divisée en deux tableaux par ce petit morceau d'orchestre qui a obtenu le premier soir un très grand succès.

Au reste, il faudrait tout citer pour n'omettre aucune des choses attrayantes de cette partition extrêmement fouillée, qui, si elle ne satisfait pas d'emblée le gros du public, ravira tout à coup tous les vrais musiciens. Il nous a paru que les auditeurs de la première représentation n'en ont pas suffisamment dégagé la valeur en ne faisant point la part d'une interprétation médiocre. On aurait dû, et l'œuvre le méritait bien, confier le soin de l'interprétation aux premiers sujets de l'Opéra-Comique. On a préféré, par raison d'économie, sans doute, recourir aux autres ; mais il est certain que le calcul est faux. Il convient, toutefois, de louer MM. Isnardon et Rouyer qui jouent d'une façon amusante et chantent avec goût et entrain les rôles d'Arlequin et de Scaramouche. Du côté de l'orchestre, il n'y a qu'à féliciter les artistes de la Monnaie conduits par leur excellent chef, M. Léon Jehin, d'avoir fait ressortir avec une grande délicatesse, l'instrumentation fine et colorée de l'*Aventure d'Arlequin*. Les chœurs ont un rôle accessoire qui nécessite pourtant des soins et de l'attention. L'ensemble n'a rien laissé à désirer.

E. E.

Dragon de la Reine

opéra-comique en trois actes de MM. P. Decourcelle et F. Beauvallet, musique de Léopold Wenzel, représenté pour la première fois sur le Théâtre de l'Alhambra à Bruxelles, le 25 mars 1888.

Que vous dirais-je de *Dragon de la Reine*, paroles de MM. Decourcelle et Beauvallet, musique (?) de Léopold Wenzel, que vient de donner le théâtre de l'Alhambra ?

Un chef-d'œuvre ? — Oh que non pas !

Un succès ? — Hum !

Le premier acte semblait annoncer une triomphante première ; le deuxième et le troisième ne failli ne pas aller jusqu'au bout, et sans l'incessant tapage de la grosse caisse ponctuant tous les rythmes, sans la grâce et la verve endiablée de Mme Simon Girard qui mène toute la pièce, la salle se serait peut-être endormie d'un sommeil réparateur et bien mérité.

Sachez que Mme Simon Girard joue un rôle de travesti, celui du jeune Sedaine, l'auteur du *Philosophe sans le savoir*, le collaborateur de Grétry et de Monsigny, et qu'elle le joue à ravir, avec une crânerie, une gaîté, un entrain délicieux. Sedaine, simple tailleur de pierre avant que d'être devenu l'auteur dramatique que vous savez, est enrôlé dans les dragons de la Reine et, du même coup, enlevé aux amours de la petite Rose par l'astuce de deux jaloux, le capitaine Montauciel et le vicomte Pamphile, tous deux épris de la comtesse de Bellardoise, qui a d'engageantes prévenances pour le jeune gâcheur de plâtre. Sedaine retrouve naturellement sa petite Rose après une série d'aventures très compliquées qu'il serait peu séant de vous conter. Qu'il vous suffise de savoir qu'on le voit successivement en apprenti, en dragon de la Reine, en comédien ; qu'il subit les agaceries galantes de la comtesse, qu'il est grisé par Montauciel et Pamphile, qu'on l'accuse de trahison, qu'il se bat avec courage, qu'il mène follement son train de comédiens ambulants, qu'il berne tout le monde pour enlever sa maîtresse, qu'il triomphe en un mot de tous les obstacles mis avec une facilité merveilleuse.

La personnalité de Sedaine pouvait fournir matière à d'autres développements et à de plus intéressants que ceux qu'ont donnés à leur action MM. Decourcelle et Beauvallet. Il y avait là une tentative assurément intéressante : ramener l'opérette, en lui laissant

son allure vive et gaie, au genre d'intrigues qui faisait le fond des pièces du répertoire de Déjazet et de l'ancien vaudeville. Le premier acte semble indiquer que telle était bien la pensée des auteurs du livret ; mais ils sont retombés ensuite dans la fantaisie traditionnelle de l'opérette, et adieu, dès lors, le charme et l'intérêt ! C'est grand dommage.

Quant à la musique, je ne sais si c'est la peine d'en parler. Tout ce qui est commun est simple, mais tout ce qui est simple n'est pas commun, a dit Diderot. Dans la partition de M. Wenzel, tout est simple, et tout est commun. Ça et là surgit un rythme amusant, une phrase de valse, de polka ou de pas redoublé ayant quelque allure. Mais tout cela est si totalement dénué d'orthographe et d'écriture musicale qu'il est vraiment impossible d'y attacher la moindre valeur artistique.

Par exemple, ce qu'il faut louer sans réserve aucune, c'est l'exécution, c'est le cadre donné à ce tableau par la direction de l'Alhambra. La mise en scène est réglée avec une entente du groupement des masses et du mouvement des personnages que je me permettrai de recommander à l'attention de M. Lapissida. Les costumes Watteau d'un ballet de bergères et de postillons, qui se danse à la fin du deuxième acte, sont ravissants. A la fin de ce ballet, sur une musique de foire, sur un galop de cirque, il y a bien, il est vrai, un épisode comique : une guirlande de fleurs qui descend du ciel, sans que l'on sache par quel moyen cette guirlande s'accroche aux nuages des frises. Mais le public ne s'est pas aperçu de la drôlerie de cette machine imprévue : ne nous montrons pas plus sévère que lui. Les trois décors de MM. Devys et Lynen sont très réussis. Enfin, à côté de la délicieuse Mme Simon Girard, il y a la spirituelle et souriante désinvolture de Mlle Blanche Ollivier (comtesse de Bellardoise), les blanches épaules de Mlle Lydie Borel (Rose), le tenorino essoufflé de M. Simon Max, le sympathique baryton de M. Dechesne, le gâtisme amusant de MM. Hurbain de Moch. L'ensemble, en un mot, est parfait.

Allez voir *Dragon de la Reine*, sinon pour l'œuvre, du moins pour constater comment on monte les pièces nouvelles dans un théâtre de genre et comment on ne les monte pas dans un théâtre royal richement subventionné.

M. K.

Théâtres et Concerts

Chronique de la Semaine

PARIS

La société des Concerts du Conservatoire a eu l'heureuse idée de nous donner dans la même saison la *Missa solemnis* et la Symphonie avec chœurs de Beethoven, deux œuvres sœurs. Elle nous a permis ainsi de faire une comparaison dont le haut intérêt est évident. Si je m'embarquais ici dans l'exposé des réflexions que cette comparaison suggère, je n'en finirais pas. C'est une tâche que je pourrai reprendre à part et mener à bien, cet été, ou à la reprise projetée de la *Messe en ré*, au début de la prochaine saison.

Les deux œuvres qui se tiennent étroitement, aussi bien par la date de leur naissance que par l'esprit qui les anime, sont uniques dans la musique comme dans l'œuvre de Beethoven ; elles peuvent être considérées comme le testament de son génie.... Un Allemand dirait qu'elles sont tout seulement une signification esthétique, mais éthique. J'exprimerai la même pensée en disant que j'y vois, pour ma part, moins une œuvre d'art qu'un acte de foi, une sorte de résurrection de l'âme humaine, un nouvel et sublime élan de cette âme vers l'idéal. C'est le cri d'espoir, l'hymne d'amour d'une humanité régénérée, ou au voie de régénération. Le propre du génie supérieur, ou tout au moins un de ses singuliers privilèges, c'est de transfigurer la réalité, c'est de montrer à l'humanité, comme en un miroir magique, le spectacle de ce qu'elle peut et doit être, de ce qu'elle peut et doit faire d'elle-même et de sa demeure passagère. L'esprit créateur fait les hommes à son image ; il rappelle ainsi à leur oubli, à leur inconscience, ou à leur aveuglement, l'idée d'une noble origine et d'une haute destinée.

Aussi, en dépit des titres banals de « Messe » et de « Symphonie », ces deux œuvres ne doivent-elles pas être interprétées comme une messe ordinaire, un oratorio classique, une composition courante de concert. Peut-être faudrait-il essayer de faire passer dans les voix, tout au moins, un peu de cette ardeur sacrée qui consumait l'auteur pendant la composition. Car si le mot d'« inspiration » a été employé à toutes fins et accommodé à toutes sauces, il faudrait, à l'occasion des deux chefs-d'œuvre de Beethoven, le ramener à son sens propre et à sa pureté primitive.

Je me borne, en finissant, à comparer les deux interprétations. Il y avait plus de jeunesse, de feu et de nerf dans celle de la *Messe en ré*, et cela se comprend. La *Symphonie avec chœurs* est une œuvre cotée, classée, admise, et jouée comme une leçon apprise et sue depuis longtemps; de là une certaine mollesse. On s'observait plus pour la *Messe en ré*, on y mettait plus du sien, on y apportait une attention, une curiosité, un intérêt qui faisaient palpiter davantage cette flamme de vie dont l'étincelle fut déposée par Beethoven au cœur de son œuvre.

Il faut encore remercier M. Garcin de tous ses efforts pour compléter la connaissance encore imparfaite de Beethoven en France (1). Il faut aussi féliciter de nouveau les interprètes solistes, notamment Mlle Lepine et M. Augues, qui ont fait preuve dans la *Symphonie* des mêmes qualités que dans la *Messe*.

* *

Au point de vue acoustique, les deux œuvres maîtresses de Beethoven ne me paraissent pas être au Conservatoire dans les meilleures conditions possibles; la salle est trop petite pour certaines expansions des masses chorales, et ces masses chorales sont mal placées devant les violons, et en partie de profil... Mais cela n'est rien à côté des conditions déplorables où on fait de la musique dans l'église Saint-Eustache, par exemple. Là, c'est de la barbarie pure.

Je l'ai déjà dit à propos de la *Messe de Gran* de Franz Liszt; je le répète et le maintiens pour la *Messe* de César Franck, que j'ai entendue (?) jeudi dernier.

Il a déjà été parlé dans le *Guide* de cette belle œuvre à l'occasion de son exécution récente à Bordeaux. Je n'entrerai donc pas dans de grands détails; je ne puis que souscrire aux éloges, et citer, comme étant spécialement de mon goût, le superbe début du *Gloria* et sa magnifique reprise, le *Qui tollis* du même Gloria, merveilleusement soupiré par Mlle Lépine, ainsi que le *Panis angelicus* et l'adorable *Agnus*.

Du reste, les voix, isolées ou en masse, sont seules perceptibles dans ce vaste vaisseau de Saint-Eustache. Quant à l'orchestre, à part certains instruments isolés, harpe ou violoncelle, il n'existe pas, surtout dans ces conditions de place et de groupement. Il le faudrait échelonné sur des gradins adossés à une paroi, et non étendu sur une surface horizontale, comme du beurre sur une tartine, et placé, de plain-pied avec les auditeurs, au centre du transept, ce qui est de la folie, de la stupidité pure. Qu'on s'y prenne donc autrement, ou qu'on renonce à cette partie musicale de la cérémonie qui n'est que pour la montre, qui cause des frais absolument inutiles, et une impression pénible..... Heureux celui qui peut pêcher quelques bribes dans ce chaos sonore, où les basses n'existent pas, où des armées de violons produisent un son souffreteux qui semble sortir d'un soupirail de cave..... C'est bien la peine d'avoir d'énormes affiches avec la mention en grosses lettres de *trois cents exécutants*; il y en aurait six cents et six mille que ce serait la même chose; c'est de la musique en plein vent; autant aller sur la place de la Concorde..... En France, comme souvent ailleurs, sans doute, la musique est considérée comme un accompagnement banal et obligé à certaines solennités, fêtes de bienfaisance, et soirées de gala, etc., etc. C'est une personne qu'on invite parce que c'est l'usage, mais dont la pensée et les sentiments et la valeur propre restent parfaitement indifférents, et de laquelle on ne s'occupe que pour la faire bien entrée dans la maison ou le salon.....

En attendant qu'on ait à Paris une salle de concert convenable, qu'on renonce donc à faire de la musique à Saint-Eustache. C'est l'avis unanime de tous les musiciens qui s'y connaissent.

* *

A la dernière soirée du *Théâtre Libre*, il y avait une pantomime de M. Paul Marguéritte, extraordinairement jouée par l'auteur, qui a un vrai génie de mime, et accompagnée d'une musique de piano de M. Paul Vidal, laquelle suit pas à pas, avec une minutie, une exactitude étonnantes, toutes les phases de l'action. Cela s'appelle *Pierrot*

---

(1) Le *Chant Élégiaque*, les derniers *quatuors* sont à peine connus, les dernières sonates pour piano (ou pour violon, violoncelle, les 33 variations sur la valse de Diabelli (op. 120) sont ignorées surtout des pianistes de profession, des compositeurs et des critiques... La dernière manière reste encore le livre aux sept sceaux.

---

assassin de sa femme. Les thèmes populaires (1) sont variés, harmonisés, transformés avec une habileté, une ingéniosité, un à propos remarquables.

L'ensemble fait un divertissement de raffinés, un régal d'une saveur spéciale; c'est un art dont le point de départ est tout ce qu'il y a de plus convenu et artificiel, mais où on peut introduire pas mal de fantaisie, d'*humour*, et même une dose de poésie et de philosophie. Je crois néanmoins que cet art est d'une portée plus restreinte, et d'un horizon plus borné que ne l'imaginent un certain nombre de ses jeunes disciples; je crois que ce serait terrible s'il devenait « à la mode ». Il serait intéressant d'en discourir plus longuement, et de dire ce qui fait le sel spécial de l'œuvre de M. Marguéritte (qui est aussi un romancier)..... Mais ce n'est pas ici le lieu.

BALTHASAR CLAES.

BRUXELLES

Dans les cercles artistiques bruxellois, on parle beaucoup depuis quelques jours du projet de M. Emile Mathieu de monter cet été, à ses risques et périls, le drame lyrique *Richilde*, dont il a écrit les paroles et la musique. M. Emile Mathieu a vainement frappé aux portes du théâtre de la Monnaie. MM. Dupont et Lapissida avaient d'abord demandé, pour monter convenablement cette œuvre belge, un subside de l'État ou de la ville, afin de se couvrir de leurs risques. D'après leurs premières estimations, ce subside devait s'élever à 56,000 francs.

Aujourd'hui, ils en rabattent de beaucoup: ils se contenteraient de 30,000 francs. Malheureusement, le gouvernement a fait la sourde oreille, et la Chambre des représentants, plus intelligente encore, et uniquement préoccupée de l'élevage du veau flamand, a repoussé le modeste subside de 10,000 francs, proposé par la section centrale, en faveur de M. Mathieu. C'est dans ces conditions que M. Mathieu, qui est un timide audacieux, a pris la parti très sage de se passer de tous ceux qui lui marchandent si durement leur concours. La ville de Bruxelles (grâces en soient rendues à l'intelligente initiative de MM. Buls et André), paraît disposée à accorder à M. Mathieu l'usage du matériel, des décors et des costumes en magasin au théâtre de la Monnaie, qui sont, on le sait, propriété communale.

Cette intervention très efficace de la ville permettra sans doute à M. Mathieu de réaliser son projet. L'auteur de *Richilde* est, dès à présent, à peu près certain du concours des principaux artistes du théâtre de la Monnaie; et il compte sur Mlle Figuet, de l'Opéra de Paris, pour créer le principal rôle féminin de son ouvrage. Si le théâtre de la Monnaie n'était pas libre au moment où M. Mathieu compte le donner, c'est probablement dans la salle de l'Alhambra qu'aurait lieu la représentation de *Richilde*. Certes, il est fâcheux que cette œuvre nationale, dont la valeur a été mise en lumière par différentes exécutions partielles, n'ait pas trouvé au théâtre de la Monnaie l'accueil qui lui était dû. M. Mathieu aura du moins le mérite, si son projet aboutit, d'être seul à l'honneur après avoir été seul au péril.

M. K.

Le Conservatoire a donné dimanche dernier son quatrième et dernier concert. Programme en deux parties bien distinctes: la première consacrée au genre perruque, ouverture de *Faniska* de Cherubini, air de *Roland* de Lulli, symphonie en *si* bémol de Haydn, air de *Zémire* et *Azor* de Grétry; la seconde consacrée à l'incompara-ble symphonie avec chœurs de Beethoven. A part quelques erreurs de nuances toujours les mêmes, l'exécution de ce chef-d'œuvre a été très brillante, surtout celle de la dernière partie où, pour la première fois, les chœurs ont eu un élan, une puissance de sonorité et une justesse d'intonations tout-à-fait hors de pair. Le quatuor a été dit avec ensemble et bonne sonorité par Mmes Landoury, Baldo, MM. Engel et Seguin.

Très applaudie la jolie voix et la diction piquante de Mlle Landoury dans l'air de *Zémire et Azor*, et grand succès pour M. Engel dans l'air de *Roland*. La symphonie de Haydn avec ses rythmes guillerets et ses airs simples a plu beaucoup, mais on en avait complètement oublié l'impression à la fin du concert, après que celle de l'honnête ouverture de *Faniska*.

Le concert Chopin donné par M. Joseph Wieniawski à la Grande Harmonie a réalisé toutes les espérances de l'affiche excep-tionnellement intéressant. L'éminent artiste s'est surpassé dans l'exécution de la musique de Chopin. L'une des plus belles études choisies dans

---

(1) Par exemple, *Au clair de la lune*, *Dodo, l'enfant do......* *l'enfant dormira tantôt*, etc. A un moment donné, ce dernier thème est comme décomposé par des harmonies lugubres; il prend 'une teinte blafarde, verdâtre et cadavéreuse; il s'agit d'exprimer que le sommeil de Pierrot sera empoisonné par le remords de son crime, par l'apparition du spectre de la morte. C'est clair et frappant d'effet...

le riche écrin de ces pièces, uniques en leur genre, que le grand compositeur polonais a marqué du sceau de son génie profond et original. Dans la berceuse, la ballade en *sol* mineur, le nocturne en *fa* dièse majeur et le premier scherzo dramatique, le jeu de M. Wieniawski a traduit de façon merveilleuse l'inspiration poétique et *troublante* de Chopin. Interprétation élevée, suggestive, digne du maître, par un virtuose qui lui-même est un maître et que l'on a applaudi comme tel.

. Mˡˡᵉ Jane De Vigne a chanté avec un sentiment très juste quatre chants polonais : *Si j'étais oiseau, Chanson lithuanienne, Chant funèbre* et *Mazourka*. La jeune cantatrice a su prêter à chacune de ces mélodies le caractère qui lui est propre, mettant dans son chant autant de charme que d'émotion. Son succès a été très vif.

Le concert s'est terminé par le rondo brillant en *do* majeur, pour deux pianos, exécuté par M. Wieniawski avec Mˡˡᵉ Weimerskirch.

                                                        E. E.

Les nombreux auditeurs, qui se pressaient lundi à la salle Marugg, auront emporté de la soirée donnée par Mˡˡᵉ Jeanne Douste le meilleur souvenir. Les brillantes promesses que le talent naissant de la jeune pianiste laissait entrevoir lorsqu'elle vint, tout enfant, se faire connaître à Bruxelles, ont été tenues et au delà. C'est aujourd'hui une artiste déjà formée, ayant acquis tout ce que l'étude pouvait ajouter à son merveilleux instinct et ce que le développement des facultés ne tardera pas à dégager la personnalité.

L'autorité avec laquelle Mˡˡᵉ Douste a tenu sa partie dans le trio en *si* bémol de Rubinstein, exécuté avec le concours de MM. Agniez et Jacobs, a paru extraordinaire. Mais les qualités de style, la justesse d'accent, l'expression et le coloris de son jeu dans l'exécution des divers morceaux d'un programme très varié ont à juste titre émerveillé l'auditoire. Nous avons remarqué surtout l'exactitude et la clarté avec lesquelles Mˡˡᵉ Douste interprète la musique de J. S. Bach; la fantaisie, la grâce et le brio déployés dans les morceaux de Mendelssohn, Rubinstein, Moskowski, W. Sterndale Bennett et Francesco Berger; l'élégance et le charme qu'elle met à jouer la musique de Chopin. Ajoutons encore que ces résultats s'obtiennent sans effort, et que la prodigieuse agilité de ses doigts ne trouble en rien l'impassibilité apparente de la jeune virtuose.

Applaudie et rappelée, Mˡˡᵉ Douste a fait entendre, avec l'aide de sa sœur Louise, deux morceaux à quatre mains dont l'exécution parfaite a provoqué un surcroît d'enthousiasme.

                                                        E. E.

Deux heures de musique et de déclamation chez M. Edouard Elkan, N° 57, avenue Louise, le 27 mars à 9 heures précises. M. Elkan prie M... de vouloir bien faire partie de l'auditoire. R. S. L. P. — Soirée à émotions où le fil électrique a joué un rôle au moins aussi considérable que les excellents artistes engagés par M. Elkan. A six heures vingt-deux minutes, les invités reçoivent un premier télégramme : « Indisposition subite force remettre soirée d'aujourd'hui. Excuses. » (Signé) « Elkan ». — A huit heures, second télégramme faisant connaître que le premier n'est que le résultat d'une aimable fumisterie.

Heureusement tout s'est arrangé, grâce à la promptitude des communications et à l'activité des bureaux télégraphiques. Les invités sont venus un peu intrigués, mais bientôt séduits par les attractions diverses d'un programme qui avait, lui-même, nécessité l'échange de nombreuses dépêches avec Paris, avant d'être arrêté définitivement. Est-il besoin de dire que les artistes chargés de l'exécuter possédaient tous du talent et qu'ils avaient chacun leur mérité personnel ? M. Elkan, qui a le culte de l'inédit, se garderait bien d'en présenter d'autres. Nous avons applaudi Mᵐᵉˢ Horwitz et Lépine, deux jolies voix, bien conduites, formées, sans doute, à la belle école de Mᵐᵉ Marchesi; M. Jérôme, ténor léger, doué d'un bel organe et chantant avec sentiment; M. Casella, violoncelliste de beau son, de jeu fin et net, phrasant avec expression; M. Taffanel, le roi des flûtistes, sinon le plus enchanteur des virtuoses; M. Dumény, de l'Odéon, récitant avec goût et naturel; puis, comme dessert, M. E. Gibert, chanteur comique d'un talent original et d'une spécialité fort goûtée.

Les invités de M. Elkan qui étaient restés, bien au delà des deux heures promises, le charme d'une musique reposante et facile, se sont retirés enchantés de leur hôte, plaignant le fumiste et bénissant le télégraphe.

                                                        E. E.

Le prochain concert de l'Association des Artistes-musiciens, fixé au 14 avril prochain, offrira un intérêt tout exceptionnel. On y entendra pour la première fois le pianiste Paderewski dont le récent début à Paris produit une véritable sensation. Si nous sommes bien informés, cet artiste d'origine polonaise se révélera non seulement comme un virtuose de premier ordre, mais aussi comme compositeur de grand mérité. Dès à présent on se dispute les places dispo-

nibles à la Grande-Harmonie et il y aura certes trop peu d'espace pour satisfaire à toutes les demandes. C'est M. Elkan qui a servi d'intermédiaire entre l'Association et M. Paderewski, et c'est à son initiative que nous devons de connaître ce nouveau virtuose.

Le programme du concert du vendredi-saint donné par M. Franz Servais porte cette singulière notice à propos de l'ouverture op. 124 de Beethoven.

« Cette ouverture fut composée en 1822 pour l'inauguration du théâtre de Josephstadt; elle est connue sous le titre de *Zur Weihe des Hauses* (pour la bénédiction de la maison). »

Cette traduction de son titre *Zur Weihe des Hauses* est absolument cocasse. L'ouverture 124 fut écrite par Beethoven à la demande du directeur du Théâtre de Josephstadt (quartier de Vienne) pour servir à une adaptation nouvelle de la partition déjà ancienne des *Ruines d'Athènes* que le directeur en question avait eu l'idée d'exécuter le jour de l'inauguration de la salle de spectacle complètement restaurée. *Zur Weihe des Hauses* signifie donc tout simplement: *Pour l'inauguration du théâtre*. Il n'est question dans ce titre ni de *bénédiction*, ni de *maison*. En ouvrant la Biographie de Beethoven de Victor Wilder, le rédacteur des notices du concert Servais aurait trouvé la traduction exacte. Le *Ménestrel*, lui, avait l'année dernière donné une traduction plus fantaisiste encore: *Pour la consécration du foyer!!!*

ANVERS

L'Albani étant à Anvers pour chanter au concert des artistes musiciens, le directeur du théâtre en a profité pour donner deux représentations de *Roméo et Juliette* avec le concours de la célèbre cantatrice. Deux représentations, qui ont été deux triomphes, surtout la première, que Gounod, venu exprès de Paris, dirigeait lui-même. Cette représentation n'a été qu'une suite d'interminables ovations, et pour l'admirable artiste et pour l'illustre compositeur qui, malgré ses 70 ans, a dirigé les cinq actes d'un œuvre avec une vigueur étonnante. La scène de l'empoisonnement surtout a été superbement rendue; l'Albani y est incomparable.

Après deux représentations au théâtre, un concert devait naturellement moins attirer le public. Il y avait pourtant une salle assez bien garnie au concert de samedi. La diva a chanté l'air des *Puritains*, un air de la création de Haydn et la cavatine de *Linda di Chamouny*. Le seul reproche que nous ayons à lui faire est sur le choix de l'air de la création. Cet air éminemment classique ne convient pas à son genre de la cantatrice. Nous l'avons entendu souvent en Allemagne et encore dernièrement au concert des pauvres de Kiel où une cantatrice, Mᵐᵉ Weissmann-Léoni, l'a chanté avec plus de style. Cette réflexion faite, il ne nous reste qu'à constater l'enthousiasme qu'a excité l'interprétation des airs italiens. M. Noté, qui, comme l'Albani, prétait son concours gratuit à l'Association des artistes musiciens, a partagé le succès de la cantatrice. Tout le monde admire de plus en plus la splendide voix de notre baryton, mais tout le monde regrette aussi son manque d'école, Maître Benoit avait partagé les cinq parties de la suite italienne de Raff entre les différents morceaux de chant. Inutile de dire que l'interprétation a été irréprochable. Dans le nocturne surtout, les nuances ont été rendues avec un ensemble admirable. A la fin du concert, M. Chaudoir, le président de l'Association, a lu une adresse de remerciements à l'Albani et lui a remis, au milieu d'applaudissements frénétiques, le diplôme de membre d'honneur de la *Antwerpsche Toonkunstenaars Vereeniging*.

Dans mon compte rendu du concert du Cercle artistique, j'ai oublié de parler d'*Esther*, scène biblique pour voix de femmes, soli et orchestres de Léon Jehin. Cet oubli tout involontaire a son excuse dans la hâte avec laquelle j'ai dû écrire ma correspondance. L'œuvre de M. Jehin dénote un réel et sérieux talent. La facture en est simple, mais exactement subordonnée à la situation. Ces sonorités à la Gluck font merveille et la voix de flûte se mêle le plus agréablement au chœur et aux sonorités de l'orchestre. L'œuvre du jeune compositeur bruxellois a été très goûtée du public anversois et fort applaudie.

La Société royale d'Harmonie annonce pour mercredi 28 courant, une soirée musicale avec le concours de l'éminent pianiste Franz Rummel et de MM. O. Jokisch, violoniste, et E. Jacobs, violoncelliste.

                                                        H. R.

GAND

GRAND-THÉATRE. — Mercredi 21, *Patrie!*; vendredi 23, *les Amours du Diable*; dimanche 25, *Madame attend Monsieur*, *les Huguenots* (4ᵐᵉ acte), *Intermède* et *la Fille du Régiment*; lundi 26, *les Dragons de Villars* et *Lucie de Lammermoor*.

. Par ce temps de foire, notre théâtre est assez délaissé des spectateurs et, pour les y attirer, il faut composer des spectacles aussi longs que variés. Sans parler de la représentation d'hier, composée des *Dragons de Villars* et de *Lucie*, je me borne à signaler celle que le personnel offre dimanche au directeur : *Patrie* et *Mireille !!* La soirée de dimanche, donnée au bénéfice de M. Sentenac, notre premier ténor léger, qui a fait de sensibles progrès cette année, était aussi d'un ordre composite : la *Fille du Régiment*, le quatrième acte des *Huguenots*, un Intermède, où se sont fait entendre MM. Alvarez, Soum et Bourgeois, un divertissement par le corps de ballet et la petite comédie de Meilhac et Halévy : *Madame attend Monsieur*, joliment enlevée par Mme Castel ; rien que cela ! Succès, du reste, sur toute la ligne et en particulier pour le bénéficiaire. *Lohengrin* passe définitivement la semaine prochaine, et déjà de grandes affiches vertes l'annoncent ; pour cette reprise, les chœurs et l'orchestre ont été renforcés et tout permet de croire à une interprétation satisfaisante dans son ensemble.

Avant-hier soir est mort, à l'âge de soixante-douze ans, Guillaume Fauconnier, le directeur du théâtre flamand ; la représentation a dû être contremandée ; mais pour tranquilliser le moribond, qui avait conservé toute sa présence d'esprit, il a fallu simuler les apprêts de la représentation annoncée. Cette mort est une grande perte pour le Théâtre Flamand dont il était directeur depuis sa fondation, et qu'il gérait avec un véritable amour. D'un caractère très serviable et très bon, Fauconnier était un homme très sympathique dont de nombreux amis déploreront la perte.

Je vous parlerai dans ma prochaine correspondance des *Elfes* de Pierné, exécutés ce soir au Conservatoire. P. B.

LIÈGE.

Grand-Théâtre : Jeudi 8 mars, *Aïda* ; Vendredi 9, *l'Arlésienne* ; Dimanche 11, *Faust* ; Lundi 12, *Hamlet* ; Mardi 13, *l'Arlésienne*, les *Noces de Jeannette* ; Jeudi 15, *Guillaume Tell* ; Vendredi 16, *Carmen* ; Dimanche 18, *l'Africaine* ; Jeudi 22, la *Juive* ; Dimanche 25, *l'Arlésienne*, la *Fille du Régiment*.

La dernière audition du Conservatoire a eu lieu dimanche. Sans détailler son programme, nous citerons le succès plus mérité qu'obtenu, de la classe de violon de M. Thomson. Sous la direction nerveuse, énergique et sobre de l'éminent artiste, la classe d'orchestre a accompagné son élève, M. Ragghianti, dans le concerto de Goldmarck. C'est un élève digne du maître, qui a toujours de l'expression sans jamais friser l'emphase, et qui sait s'assimiler le style pur et conserver le respect des grandes lignes. Grâce au travail consciencieux qui vient féconder sa nature d'artiste, M. Ragghianti établira son talent de virtuose sur les bases de la plus solide éducation musicale.

Les élèves de M. Thomson ont exécuté le finale de la suite pour violon de Raff, ainsi que *Kol Nidrei* (Max Bruch), sous la direction de leur maître. Cette dernière mélodie a été rendue avec une vie et une ferveur remarquables.

Parmi les autres numéros du programme, citons la symphonie en *ré* de Emmanuel Bach, très correctement exécutée par la classe d'orchestre sous la direction de M. Debefve.

Et l'Emulation, que devient-elle ! M. Hutoy, son sympathique directeur, ayant conduit deux chœurs de femmes à l'audition précitée, tout nous porte à croire que sa santé lui permettra de faire reprendre bientôt les études du Cercle choral, en vue du dernier concert où *devait* être interprétée l'œuvre de Franck : les *Béatitudes*.

On nous annonce que le Conservatoire inscrira au programme de son dernier concert la remarquable œuvre posthume de Moussorgsky : les *Sorcières*. — Je vous en reparlerai prochainement. F. V. D.

Nouvelles diverses.

M. Camille Bellaigue, l'aimable critique musical de la *Revue des Deux Mondes* et du *Figaro*, ne nous en voudra pas de lui signaler une petite bévue qu'il a commise dans son dernier article, à propos du *Prophète*. Le successeur de Scudo et de Blaze de Bury a apporté une attention toute particulière dans *le Prophète*.

Dans la *Revue des Deux Mondes* et dans l'*Année Musicale*, il nous avait déjà confessé sa foi à cet égard ; il la confesse cette fois encore dans le dernier supplément du *Figaro*, en développant cette fois ses idées sur cette partition. Pour lui, le *Prophète*, est le dernier mot de l'art lyrique : la vraie langue du théâtre musical, la vraie forme de l'opéra, les voilà ! Il n'était pas besoin de Wagner pour inventer le drame lyrique. Et à ce propos, M. Bellaigue écrit ceci : « Wagner, disions-nous, a beaucoup découvert dans le domaine de l'instrumentation.

Mais ici déjà, dans le *Prophète*, que d'intentions heureuses, comme ces trois notes de hautbois en détresse, qui deux fois répondent à la phrase de Fidès : *Un seul instant le presser dans tes bras !* Avant l'exorcisme, quelles intonations singulières, caractérisent les effluves d'un magnétisme mystérieux ! Wagner pourrait bien s'être souvenu, dans le prélude de *Lohengrin*, des deux accords d'instruments à vent qui précèdent la phrase : *Que la sainte lumière*. Ah ! l'orchestre de Meyerbeer ! on le méconnaît. »

Meyerbeer méconnu ! Le point de vue est assurément nouveau. Mais ce qui est plus nouveau encore, c'est la découverte de l'influence du *Prophète* sur *Lohengrin*.

Le *Prophète* fut donné pour la première fois à l'Opéra de Paris, le 16 avril 1849.

Lohengrin, commencé en 1845 à Dresde, était entièrement terminé le 28 août 1847 ! Deux ans auparavant ! .

O les dates ! les dates ! Que de vilains tours elles jouent aux critiques musicaux et littéraires !

L'opéra de M. Saint-Saëns, *Samson et Dalila*, vient d'être repris de nouveau au théâtre de Weimar, sous la direction artistique du capellmeister Edouard Lassen. C'est, en moins de dix années, la troisième reprise de cet ouvrage, qui a vu le jour pour la première fois à Weimar même.

Ce n'est pas un acte, mais trois actes que M. André Messager est chargé d'écrire pour l'Opéra-Comique de Paris, sur le sujet des *Folies amoureuses* de Regnard arrangées en opéra-comique.

Le jugement des poèmes du concours Cressent vient d'être rendu : c'est l'*Amour vengé*, opéra-comique en deux actes, tout en vers, de M. Augé de Lassus, qui a obtenu le prix.

Plus de quatre-vingts pièces avaient été présentées à la Commission.

Dans le *Ménestrel*, M. Arthur Pougin signale une nouvelle publication très curieuse de M. le général Parmentier, depuis longtemps connu pour son goût musical et son goût des problèmes harmoniques. C'est une série de *Sept canons d'un genre particulier* pour piano à quatre mains, qui présentent, en effet, des particularités peu communes et parfois entièrement nouvelles. D'abord, ces canons sont lisibles, pour les deux exécutants, sur une seule et même partie, que le premier lit en clef de *sol* et le second, après le silence obligé, en clef de *fa*. En second lieu, l'auteur a trouvé moyen, par l'effet de silences diversement combinés, d'amener une terminaison d'ensemble par les deux exécutants, avec cette condition pourtant que cette conclusion s'opère forcément sur une sixte, comme dans le n° 2. Dans le n° 3, on voit la *prima* jouer un canon à l'octave que la *seconda* répète ensuite à la sixte. D'autre part, les n°s 5 et 6, un canon qui semblerait devoir être forcément à la sixte, se trouve, par le fait d'une armature différente pour les deux parties, répété celui-ci à la quinte, celui-là à la septième. Tout cela est très ingénieux, extrêmement singulier.

Nous avons annoncé récemment les résultats du concours ouvert pour la statue à élever à Mozart devant l'Opéra impérial de Vienne.

On se rappelle que selon les conditions du concours, trois concurrents furent primés. Mais le comité, ayant dû reconnaître finalement l'impossibilité de donner suite à aucun des projets, après avoir dépensé inutilement 12,000 francs en primes, cherche à présent un nouvel emplacement pour la statue du pauvre Mozart. Quand il l'aura trouvé, ouvrira-t-il un nouveau concours ? Le 5 décembre 1891, jour fatal du centenaire de la mort de Mozart, n'est pas loin. On commence à craindre qu'à cette époque l'illustre compositeur n'ait pas encore sa statue sur une place publique de la capitale autrichienne !

Habent sua fata et statua !

L'*Otello* de Verdi, représenté pour la première fois à Vienne le 14 mars, n'y a obtenu qu'un succès d'estime dans le public. Mais l'œuvre paraît avoir vivement intéressé les musiciens.

A Carlsruhe, le capellmeister Mottl vient de faire représenter sur le Théâtre Grand-ducal l'*Acis et Galathée* de Hændel, arrangé pour la scène. Cette curieuse tentative a pleinement réussi. M. Mottl avait en partie renforcé l'orchestration de Hændel et pratiqué quelques coupures dans la partition de l'oratorio.

La Société des Amis de la musique à Vienne a donné pour son concert du mardi-saint, sous la direction de Hans Richter, la grande messe en *mi* bémol de Bach.

—

Jacopo, le nouvel opéra du maestro Leonardi, n'a paru que deux fois sur la scène du Capitole, à Rome. C'est la première fois que l'œuvre d'un Romain a été à Rome condamnée aussi sévèrement. Cela ne veut pas dire du tout que l'opéra de M. Leonardi soit plus mauvais que ceux de tant d'autres compositeurs qui ont eu de retentissants succès de clocher. Mais M. Leonardi est connu pour être un chercheur de réformes, un amateur de la musique de l'avenir, ce qui explique la violence des attaques.

Son opéra a été imposé par la municipalité; en le sifflant, on sifflait la municipalité, ce qui pour beaucoup est un plaisir.

Jacopo, au reste, ne pouvait pas vivre surtout à cause de son sujet lugubre, naïf, privé d'intérêt.

L'opéra compte, cependant, suivant les journaux italiens, quelques morceaux originaux; citons tout le premier acte, la scène de la mort du soprano, une prière et une romance au dernier acte.

Le ténor Valero a mis tout son art à sauver la partition. M¹¹ᵉ Boronat, le baryton Blasi et la basse Wulmann ont fait de leur mieux. Ils n'ont cependant pu réussir à dominer un public nerveux, distrait et impatient.

Genus irritabile !

Croiriez-vous qu'à Londres, un compositeur a menacé d'un procès en diffamation un critique qui, parlant d'une nouvelle symphonie de lui, avait osé dire qu'il serait difficile de la comparer à la septième ou à la neuvième des symphonies de Beethoven. Cela paraît invraisemblablement drôle, mais cela est.

Le compositeur dont il s'agit est M. Cowen.

La Société impériale musicale vient, sur la proposition de Antoine Rubinstein, de décerner à M¹¹ᵉ la comtesse de Mercy-Argenteau, le diplôme de membre actuel de la section pétersbourgeoise de la Société, afin, dit le diplôme, de lui «donner une preuve du prix qu'elle attache à son dévouement» à la cause de la musique russe.

Trois artistes belges qui n'en sont pas à leurs premiers succès à l'étranger, M¹¹ᵉ Beumer, cantatrice; M¹¹ᵉ Zélie Moriamé, pianiste, et le violoncelliste Jules De Swert font, en ce moment, une brillante tournée de concerts en Suisse.

On nous écrit de Limoges :

« Les concerts de la Société Philharmonique deviennent de plus en plus attrayants. Ceux qui ont été donnés hier et lundi méritent tout particulièrement nos éloges pour l'heureuse composition du programme et les noms des artistes qui ont prêté leur concours à ces deux soirées.

La partie vocale était tenue par M¹¹ᵉ Salambiani, soprano de l'Opéra-Comique, et M. Sebilleau, basse chantante.

C'est avec une satisfaction bien légitime et bien sincère que nous enregistrons le véritable triomphe de notre jeune compatriote, M¹¹ᵉ Marie Van Eycken.

Le *Concertstück* de Weber, le *Chant Polonais* et la *Campanilla* de Liszt, la *Berceuse* de Chopin, la *Danse hongroise*, en un mot tous les morceaux qu'elle a exécutés, lui ont valu autant d'ovations. Aussi a-t-elle eu les honneurs d'un rappel.

L'orchestre a enlevé avec beaucoup de brio la *Farandole de l'Arlésienne* et *Royal-Caprice*, gavotte de Bizet. Il a exécuté aussi la *Marche aux Flambeaux* de Meyerbeer et la *Marche à Courbet*, de M. C. Him d'Istroff.

Tous nos compliments à M. Farge, le chef distingué de cette vaillante phalange qui fait de si louables efforts pour arriver à un bon résultat.

On nous écrit de Reims :

Le principal attrait du dernier concert de la Société philharmonique était, outre la coopération du violoncelliste Hollmann, la première audition de *Marie-Magdeleine*, le drame sacré de Massenet.

A signaler en dehors du rôle de Magdeleine, chanté avec une grande expression par M⁽ᵐᵉ⁾ Leslino, le petit solo de Marthe « Plus puissant qu'un roi de la terre » que M¹¹ᵉ Flamant a détaillé avec un sentiment exquis des nuances, une douceur pénétrante qui ont transporté tout l'auditoire. Ç'a été pour la jeune artiste, l'occasion d'une

ovation des plus flatteuses. Le final de la résurrection a été enlevé par les chœurs avec une perfection qui fait le plus grand honneur à la fois à MM. Lefèvre et J.-A. Wiernsberger et aux amateurs qui les secondent avec tant de bonne volonté; belle discipline dans l'orchestre et dans les chœurs! Décidément il n'y a rien de tel pour bien faire les choses que de faire avec plaisir.

M. Hollmann, très applaudi dans un concerto de sa composition qui terminait la première partie du concert, a soulevé des applaudissements unanimes en jouant le nocturne de Chopin et la *Rêverie* de Schumann.

Le concert se complétait par l'entr'acte de *Don César de Bazan* et l'ouverture de la *Flûte enchantée*.

〰〰〰〰〰〰〰〰〰〰〰〰〰〰〰〰〰〰〰〰〰〰

VARIÉTÉS

ÉPHÉMÉRIDES MUSICALES

Le 30 mars 1805, à Bruxelles (théâtre de la Monnaie), 1ᵉʳ concert de Daniel Steibelt. Le programme, que nous tirons de notre collection particulière, mérite d'être reproduit, à titre de spécimen de la réclame pratiquée en ce temps-là :

1ᵉʳ PARTIE : 1. Ouverture manuscrite du ballet de la *Belle Laitière*, donné à Londres, au Grand Théâtre du Roi, et de la composition de M. Steibelt; 2. M. Gensse exécutera un concerto de Viotti; 3. Scène du *Sacrifice d'Abraham* par Cimarosa, chantée par M⁽ᵐᵉ⁾ Rousselois; 4. M. Steibelt exécutera sur le piano-forté un nouveau concerto manuscrit de sa composition. Le sujet de l'*adagio* est tiré d'un air chanté par Marie Stuart, reine d'Écosse, lorsqu'elle était prisonnière au château d'Édimbourg. Celui du rondeau est une imitation de chasse.

2ᵐᵉ PARTIE : 5. Scène du ballet de la *Belle Laitière*. Le calme de la nuit, le réveil de la nature, le concert harmonieux que forment les habitants de l'air, le lever du soleil, le mugissement des troupeaux, le chalumeau du berger, le chant du laboureur forment le sujet de cette scène, qui se termine par une espèce de bacchanale villageoise; 6. M. Steibelt exécutera sur le piano-forté, une fantaisie et prendra pour thème un air de la *Flûte enchantée*; 7. M⁽ᵐᵉ⁾ Rousselois chantera un air de Martini; 8. M. Steibelt terminera le concert en exécutant un rondeau pastoral, avec un orage, morceau à grand orchestre.

Le théâtre de la Monnaie (3 avril), en l'honneur de Steibelt, remonta son opéra : *Roméo et Juliette*, ce qui valut à Campenhout, dans le rôle de Roméo, les compliments du maître. L'auteur de la *Brabançonne* se plaisait à rappeler cet épisode de sa carrière lyrique.

Steibelt alla se faire entendre à Gand (5 avril), peut-être dans d'autres villes du pays, puis il revint à Bruxelles donner son second concert à la Monnaie (7 avril). C'est l'unique voyage du célèbre virtuose-compositeur en Belgique. Fétis ne le mentionne pas dans son Dictionnaire des musiciens. Nos Éphémérides ont rapporté à son sujet bien des traits inconnus aux biographes. (Voir *Guide mus.*, 28 mars 1878, 25 oct. 1883, 11 mars, 9 et 16 sept. 1886.)

La duchesse d'Abrantès, qui avait reçu des leçons de Steibelt, nous a fait connaître le genre de talent de son professeur qu'elle compare avec celui de Liszt. On lit dans ses *Mémoires* : « Quel talent ! quelle puissance d'exécution! Liszt et lui, voilà les deux hommes qui m'ont ému sur le piano. Steibelt a le premier révélé la musique romantique; la première fantaisie avec le même mode de variations par triolets, en mineur, par octaves, fut faite par lui. C'est toujours sa belle fantaisie des *Mystères d'Isis*, puis celle de *Bélisaire* qu'on imite aujourd'hui. Lorsqu'il jouait devant des gens capables de l'apprécier, il s'élevait jusqu'au sublime dans les sons harmoniques; les *tremendos* qu'il employait si à propos et que ceux qui ne l'ont pas entendu ne savent pas encore faire, quelque progrès, quelque immense progrès qu'ait pu faire le piano depuis lui ! — Cette manière de bouleverser un instrument, je ne l'ai vu qu'à Liszt. Thalberg me rappelle Dussek davantage; mais Steibelt m'est représenté avec le progrès dans Liszt; car on peut dire que Steibelt est le fondateur de la musique romantique pour le piano. »

— Le 31 mars 1864, à Bruxelles (Société lyrique), concert d'Antonio Bazzini. C'est pour la première fois que le violoniste italien se faisait entendre en notre ville. Schumann avait dit de lui : « Il est Italien, mais dans le sens le plus élevé. En le comparant à tant de virtuoses dont le jeu blasé est sans cœur ni âme, il m'apparaît comme un jeune homme parmi des vieillards, à qui il est réservé le plus grand avenir, tout en constatant déjà chez lui tant de perfection. » Ainsi en jugèrent les amateurs en Belgique et la prédiction de Schumann s'est réalisée. Bazzini, depuis qu'il est rentré dans sa patrie, après avoir parcouru une partie de l'Europe, ne s'est plus occupé que de composition; il est aujourd'hui directeur du Conservatoire de Milan.

— Le 1er avril 1839, à Paris (Opéra), *le Lac des Fées*, 5 actes d'Auber. Les principaux rôles créés par Duprez, Levasseur, Mmes Stoltz et Nau. « La musique de M. Auber, écrivait Berlioz, semble avoir été écrite à une de ces époques de fatigue où se sont trouvés tous les plus grands artistes et pendant lesquelles leur imagination se refuse à créer rien de saillant et de neuf. »

L'œuvre nouvelle d'Auber n'en réussit pas moins, et cependant, il faut le dire, elle fut bien vite oubliée du public français. L'Allemagne, au contraire, paraît en avoir conservé un bon souvenir, car *Der Feensee*, sous son titre germanisé, reparaît de temps en temps sur les scènes de ses principales villes — à Leipzig, où la première est du 31 décembre 1839; à Berlin, du 14 octobre 1840; à Hanovre, du 16 avril 1855; à Carlsruhe, du 17 avril 1865.

A Bruxelles (21 octobre 1846), *le Lac des Fées* fut un très grand succès avec Laborde, Zelger et Mme Charton-Demeur, alors à ses commencements dans une carrière où elle s'est fait un nom. Cette dame, devenue veuve du flûtiste belge Demeur, vit aujourd'hui retirée du théâtre. (Voir sa biogr. *Annuaire dr. belge* 1847* p. 116.)

— Le 2 avril 1850, à Anvers, *le Prophète*, de Meyerbeer. — Principaux artistes : Tisseyre; Mathieu (directeur du théâtre, le père d'Émile Mathieu, l'auteur de *Richilde*), Mmes Lacombe, Sophie Noël. Onze représentations dans le courant du mois.

— Le 3 avril 1836, à Paris, naissance de Mme Sophie-Ferdinande-Dorothée Boulart, épouse Adolphe Dubois dit Mayer, régisseur de l'Opéra. Aujourd'hui, rendue à la vie privée, cette artiste a été longtemps la coqueluche du public bruxellois du temps de la direction Letellier, 1859 à 1865.

— Le 4 avril 1843, à Raab (Hongrie), naissance de Hans Richter, le célèbre kapellmeister de Vienne, l'ami et le plus proche disciple de Wagner. C'est lui qui vint monter à Bruxelles *Lohengrin* (22 mars 1870).

— Le 5 avril 1820, à Dresde, en langue italienne, *Emma di Resburgo* de Meyerbeer. A cette époque, Morlacchi et C. M. von Weber conduisaient tour à tour l'orchestre. La pièce, représentée à Venise, en 1819 (et non en 1820, suivant Fétis), a été traduite en allemand, sous le titre de *Emma von Leicester*.

Weber, à qui la musique italienne fut toujours profondément antipathique, publia, à propos d'*Emma di Resburgo*, contre son ancien camarade Meyerbeer, un article plein de colère et de sainte conviction. Cet article, extrait de la *Gazette de Dresde*, a été reproduit dans les *Œuvres* de Weber, T. III, p. 213.

BIBLIOGRAPHIE.

Lydia, opéra-comique en un acte, musique d'Ed. Missa. Paris, A. Leduc, éditeur.

L'automne dernier, M. et Mme Simon-Max remportèrent un très grand succès dans leur tournée balnéaire avec *Lydia*, opéra-comique en un acte de MM. E. M. de Lyden et Smoni, musique de M. Ed. Missa. La partition vient de paraître chez l'éditeur A. Leduc, et il importe de signaler ce charmant ouvrage de l'auteur de *Juge et Partie* aux organisateurs de comédies de société. Trois personnages seulement, deux hommes et une femme, un salon pour tout décor, une musique élégante : voilà qui rend très facile à monter cette œuvre sans prétention, mais non sans mérite.

AVIS ET COMMUNICATIONS

Rappelons à nos lecteurs bruxellois que le neuvième des Concerts d'hiver, sous la direction de M. F. Servais, aura lieu le Vendredi-Saint, 30 mars, dans la salle de l'Eden-Théâtre, à 8 1/4 heures précises. Voir le programme sur la couverture du présent numéro.

Nécrologie.

Sont décédés :

A Baltimore (Etats-Unis), le 1er mars, Ernest Szemelenji, né à Saint-Georgen (Hongrie), pianiste et théoricien.

— A Syracuse, à l'âge de 68 ans, Giuseppe Privitera, compositeur et auteur d'ouvrages didactiques.

— A Florence, l'abbé Pietro Del Maro, organiste et compositeur de musique sacrée.

— A Londres, Walter Bache, pianiste bien connu, un des plus fervents interprètes anglais qu'aient eu les œuvres de Liszt. Il était né à Birmingham en 1832 d'une famille de musiciens dont le plus célèbre membre, Francis Bache, frère de Walter, étonnait, dès l'âge de 13 ans, Mendelssohn par son talent de violoniste. Walter Bache, avait été l'élève de Moscheles, Hauptmann et Richter, puis le disciple et l'ami intime de Liszt. Dans ces dernières années, il avait joué un rôle important dans les concerts Wagner donnés à Londres.

XXXIVᵉ ANNÉE   5 avril 1888   NUMÉRO 14

Le Guide Musical

Paraissant tous les jeudis.

ABONNEMENT

FRANCE et BELGIQUE : Avec musique 25 francs.
—   Texte seul. . 10 —
UNION POSTALE : —   12 —

SCHOTT FRÈRES, ÉDITEURS.

Paris, *Boulevard Montmartre, 19*
Bruxelles, *Montagne de la Cour, 82*

ANNONCES

S'adresser à l'Administration du Journal.
On traite à forfait.

L'Idéalisation du Théâtre
PAR
HANS VON WOLZOGEN [1]

Le véritable enthousiasme, qui résulte de la connaissance approfondie de son objet en dehors de toute vanité personnelle, est aussi rare que le perle du Nizam. Il existe cependant de vrais enthousiastes, sincères, convaincus, et compétents dans leur sincérité. Parmi eux, il faut nécessairement ranger M. Hans von Wolzogen, l'éminent traducteur des *Eddas scandinaves* et de quelques monuments de l'ancienne littérature allemande, le commentateur le plus autorisé des œuvres du maître de Bayreuth.

S'il pouvait exister une incertitude sur la qualité de l'enthousiasme de cet écrivain dont le nom est mêlé à tous les événements qui marquent la dernière évolution de l'œuvre wagnérien, le livre qu'il a publié en 1886 sous ce titre : *Die Idealisirung des Theaters*, lèverait assurément tous les doutes.

« Shakespeare et toujours Shakespeare », s'écriait jadis le vieux Gœthe, au plus fort de l'engouement pour le grand dramaturge anglais : c'était l'époque où, grâce aux admirables traductions de A. W. Schlegel, la nation allemande voyait sa belle littérature

s'enrichir d'une série de chefs-d'œuvre étrangers conçus dans un esprit tout congénial à sa race.

De nos jours, c'est « Wagner et toujours Wagner » que l'on entend proclamer de toutes parts, au point d'en avoir les oreilles rebattues. Ce cri de ralliement dans la bouche de certaines gens n'a point l'heur de nous plaire. Que d'engouements irréfléchis ! que d'entraînements volontaires ! C'est le spectacle tragi-comique des moutons de Panurge se jetant les uns après les autres à la mer ! Nous sommes heureux de constater que notre antipathie à cet égard est pleinement partagée et bien fondée en raison par M. von Wolzogen. Dans l'écrit éminemment suggestif que nous voudrions essayer de faire connaître, il fait une guerre acharnée à la mode, c'est-à-dire au goût du jour, dont il démontre l'action décomposante et délétère et auquel il oppose le *génie créateur*, le génie héroïque.

La mode va s'écriant : « Je puis faire autrement, car je suis d'une nature changeante, je suis caméléon ». Le génie, fidèle surtout à sa nature supérieure, répond en héros : « Je ne puis faire autrement, car je suis ce que je suis ! ! ! »

Qui des deux vaincra dans cette lutte acharnée ? Au début, ce sera la mode. Mais celle-ci est capricieuse, versatile comme une coquette. Subitement la coquette se passionne pour qui lui résiste. La voilà courant après celui qu'elle dédaignait aveuglément il y a un quart d'heure à peine. Elle voudrait saisir les pans de ses vêtements ; elle tâche d'attraper les mains du pauvre génie qui, surpris, cherche à se défendre de son mieux contre les caresses véhémentes et intempestives de la belle courtisane, vaincue et pantelante. Ah ! qu'il aurait mille fois raison de s'en méfier ! Tel est l'avis de M. von Wolzogen. La mode est sa bête noire : c'est un cau-

(1) *Die Idealisirung des Theaters*, von Hans von Wolzogen. Verlag des Wagner-Vereins, München, 1886.

chemar qui le hante nuit et jour, et ne lui laisse ni repos ni trêve.

Cependant, force nous est de constater que l'enthousiasme de M. von Wolzogen, quelle que soit sa sincérité, n'en est pas moins celui d'un fanatique. Il faut lire et étudier son écrit avec une extrême circonspection, et se méfier de tout ce qu'il y a d'excessif et de tranché dans ses jugements.

Ainsi M. von Wolzogen calomnie son siècle et ne lui reconnaît, en dehors de l'œuvre wagnérienne, aucune tendance idéale. Pour lui, le monde moderne est séparé en deux moitiés distinctes : le monde idéel et idéal de Wagner, — et le reste. Cette manière catégorique et absolue d'envisager les choses d'ici-bas ne saurait être juste. L'éminent penseur est aussi injuste envers la science qu'envers la société, et, en se retranchant du reste du monde, il oublie ou semble vouloir oublier que les routes qui mènent l'humanité vers la perfection sont multiples; qu'il n'y a pas seulement la route du Beau, qu'il y a aussi celle du Vrai et du Juste ; que l'art ne constitue pas l'unique sommet de la civilisation; que la science, la législation, la philanthropie, etc., etc., nous conduisent aussi vers l'Absolu éternel. Malgré ce reproche, j'avoue sans honte que c'est dans cet ouvrage, dans « l'Idéalisation du théâtre », que l'idée esthétique et philosophique de Richard Wagner m'est apparue, pour la première fois, dans toute son élévation et dans toute sa grandeur.

La lecture de l'ouvrage de M. von Wolzogen n'est pas commode. Toutefois, malgré la lourde phraséologie de l'auteur, malgré les nombreuses redites, malgré l'amalgame parfois bizarre des mots étrangers, enchâssés dans le texte allemand, en dépit du fanatisme intolérant déjà signalé de l'auteur, pour lequel rien de parfait ne subsiste en dehors de la sphère du germanisme pur, et pour qui même la Renaissance ne semble qu'un produit de la mode, une frivole mascarade, — tous ces dehors antipathiques, enfin, n'empêchent que l'œuvre, si puissamment vivante dans le cerveau de l'auteur, ne se dégage de cet écrit avec un certain ordre, avec une clarté relative et une gradation qui, en somme, est vraiment surprenante.

Au commencement de son étude, M. von Wolzogen part du Moyen-âge seulement; mais il revient plus en arrière dans le courant de son travail et ramène enfin l'idéalisation du théâtre à sa vraie source, à son point de départ : au théâtre grec d'Eschyle et de Sophocle.

Pour M. von Wolzogen, Richard Wagner a achevé l'œuvre entreprise par les deux grands classiques de la littérature allemande : Gœthe et Schiller. Schiller, notamment, ce chef de l'idéalisme poétique, « ce lyrique à jet continu » (pour nous servir de l'heureuse expression d'un grand critique russe) (1), Schiller, par la direction de son talent

(1) Bielinsky.

dramatique, tendait constamment vers la réalisation de sa grandiose idée à travers les vicissitudes et les découragements de la pratique théâtrale courante. Il mourut à la tâche, en plein épanouissement de son beau génie; mais, jusqu'au dernier souffle, il ne désespéra point de l'avenir du théâtre allemand. Gœthe, plus sceptique ou plus clairvoyant, s'en détourna à la fin de sa longue carrière poétique, désespérant, quant à lui, d'un avenir meilleur. Peut-être l'insuccès de sa *Fille naturelle*, au théâtre de Berlin, est-il pour quelque chose dans ce découragement. Quoi qu'il en soit, Gœthe abandonna l'idée d'une vaste trilogie se déroulant au sein des événements de la grande Révolution française, dont la *Fille naturelle* devait être le premier chaînon, et il revint à son *Faust* conçu complètement en dehors des données du théâtre usuel.

Si les tentatives réitérées et convergentes des deux amis de Weimar n'ont produit sur le terrain purement scénique que des résultats hâtifs ou avortés, les efforts tentés par ces esprits si merveilleusement doués devaient aboutir, néanmoins, à des œuvres que l'on peut considérer comme ayant atteint les sommets les plus élevés de l'idéalisme dans le domaine de la littérature poétique théâtrale. De ces œuvres, l'une vient d'être nommée; c'est cette même *Fille naturelle* de Gœthe, fleur poétique de sa verte vieillesse. L'autre est la *Fiancée de Messine*, de Schiller, cette tragédie avec chœurs, digne pendant de la Neuvième Symphonie de Beethoven. Si la tragédie précitée semble appeler à son secours la musique, la Neuvième Symphonie, elle, se voit obligée de recourir à la parole. Ces deux chefs-d'œuvre, qui apparaissent ici comme les terminales des développements de deux courants artistiques distincts, cherchent à se tendre la main sans y parvenir ! Wagner surgit inopinément et rétablit le trait d'union entre le classicisme ou idéalisme poétique et le classicisme ou idéalisme musical. Il accomplit une œuvre de géant, car en fusionnant la parole mimée avec la musique, et en se plaçant résolument sur le terrain national germanique, et en se rattachant fortement aux données idéales du théâtre tragique grec, il crée, par cet ensemble un Beau *sui generis* qui répond admirablement au caractère de sa race et qui, par son côté absolu, possède une valeur incontestablement universelle.

Mais un gouffre qui ne sera jamais comblé, sépare visiblement cette splendeur artistique, ce Beau, de la mode dont il paraît être la flagrante antithèse. Et, comme il ne répond pas et ne peut répondre aux goûts et aux tendances de la société moderne, il ne peut, par conséquent, se mêler à elle en aucune façon. Le rôle de ce Beau ne consiste donc pas à s'abaisser vers nous, mais c'est au contraire à nous de nous élever jusqu'à lui. De là résulte pour M. von Wolzogen cette conséquence inévitable que, pour se conserver dans sa complète intégrité, ainsi que l'avait soigneusement déterminé le grand

maître lui-même, cet Idéal doit s'isoler et se perpétuer par la *tradition* appliquée religieusement par les
soins jaloux des apôtres et desservants de l'idéalisme
wagnérien.

(*A suivre.*)

LÉOPOLD WALLNER.

Théâtres et Concerts

Chronique de la Semaine

PARIS

Le relâche général des théâtres pendant les jours saints fait que
les concerts sont toujours courus ces jours-là ! On aime mieux faire
maigre que ne pas manger du tout... Pour beaucoup de Parisiens,
l'habitude d'être quelque part dans un théâtre, le soir, finit par ne
faire qu'un avec l'horreur du chez soi ; c'est pourquoi, le vendredi-
saint, tel qui ne goûte que médiocrement à la musique s'en empiffre
pour toute l'année. Aussi les chefs d'orchestre, sûrs de faire recette,
se préoccupent-ils moins d'attirer le public par des nouveautés, e n
ces occasions. C'est ce qui fait que je n'aurai pas à m'étendre beaucoup sur les grands concerts de cette semaine.

Le programme de M. Lamoureux était le plus fourni, le plus varié
et intéressant. On y a entendu le pianiste virtuose étranger, le plus
remarquable peut-être qui ait paru ici cet hiver, Paderewsky. Aussi
la salle du Cirque d'hiver, la plus grande du centre de Paris, choisie
en cette circonstance et échangée contre le Cirque d'été, était-elle
bondée, et je suis certain, telle est la vogue de M. Lamoureux et de son orchestre, que la salle eût été le double plus
grande, elle eût été remplie quand même..... La foule a acclamé le
Wagner, *Marche funèbre de la Gœtterdammerung, Enchantement du vendredi-
saint de Parsifal, Ouverture de Tannhæuser*. On a fêté Paderewsky
jouant le *Concerto* de Schumann et des pièces de Chopin, où il excelle.
Mmes Brunet-Lafleur et Sandi ont été très applaudies dans divers
morceaux de chant..... Mlle Sandi est une débutante à Paris ; elle a
une voix de contralto superbe, elle est appelée à rendre les plus
grands services.

A la chapelle du Conservatoire, l'office musical a été célébré avec
moins d'éclat ; la cérémonie a été terne. Les fragments de *Mors et
Vita*, l'oratorio de M. Gounod, laissent froids les auditeurs, et finissent par les lasser ; la *Symphonie en ut mineur* de M. Saint-Saëns est
archi-connue ; elle a été jouée quatre ou cinq fois, et il n'y a plus de
découvertes à y faire, pas plus que dans la petite ouverture de
Lénore (Beethoven). Quant à M. Planté, le pianiste, il peut plaire à
un certain nombre d'abonnés par les qualités et surtout par les
défauts de son jeu ; mais je me demande s'il aurait autant de succès
devant le suffrage universel que devant le suffrage restreint.

Au fond, ce menu était chiche et peu succulent ; les maîtres-queux
de la Société des concerts peuvent, doivent faire mieux..... Pourquoi
n'avoir pas donné la *Missa solemnis*, qui paraissait tout indiquée ?...
Beaucoup de gens qui désiraient entendre ou réentendre ce chef-
d'œuvre se le sont demandé et l'ont demandé : ils n'ont pas reçu de
réponse bien nette et bien satisfaisante..... Plus d'un s'est figuré (à
tort, je l'espère), qu'il y avait là de petites questions de jalousies
intestines ; plus d'un s'est laissé dire, — est-ce médisance ou calomnie ? — que certains membres ne convoitaient à M. Garcin, leur
président et chef d'orchestre, la gloire qu'il s'est si justement acquise
en exhumant cette éblouissante merveille de la poussière et de
l'obscurité où elle risquait de rester à jamais ensevelie..... Mais cette
gloire reste bien définitivement acquise à M. Garcin, dont la conviction et la persévérance ont fini par triompher cette année ; rien
ne peut lui enlever ce beau titre d'honneur ; et s'il est vrai que, pour
de tels motifs ou d'autres, l'opposition dont je viens de parler existe,
elle ne peut faire de tort qu'à ses auteurs, à Beethoven, à ses admirateurs nos compatriotes, et à la Société des concerts elle-même,
qui a besoin de marcher droit et ferme dans la voie du renouvellement, de peur de retomber dans l'ornière.

L'exécution de la *Symphonie avec chœurs* a montré qu'elle s'endor-
mait, cédant à ses vieilles habitudes ; qu'elle obéisse donc à la voix
qui la réveille, qu'elle se secoue définitivement, qu'elle comprenne
que les tiraillements, la résistance au progrès par la force d'inertie
la perdraient, et que, seuls, l'unité de direction, l'esprit d'initiative
sont capables de la sauver, de la guérir d'un engourdissement, d'une
tendance à la léthargie, qui pourraient, après quelques rechutes
plus ou moins espacées, devenir le gâtisme incurable, puis la mort
définitive... Je suis fâché d'être le médecin Tant-Pis ; mais je suis
convaincu, tout en louant l'effort fait cette année pour sortir de
l'ornière, qu'on se trompe du tout au tout, à la Société des concerts,
si on le juge suffisant.

Au Châtelet, rien de nouveau ni de particulier. J'ai eu déjà l'occasion, dans le courant de la saison, de parler des œuvres qui formaient le gros du programme (1) : Deuxième tableau du premier acte
d'*Alceste* de Gluck (scène du temple) ; deuxième acte des *Troyens de
Berlioz* ; *Ludus pro Patria* de Mlle Augusta Holmès..... Je n'y reviendrai pas.

A l'Opéra, toujours la même activité dévorante, la même surexci-
tation inquiétante... On ne s'arrête pas ; maintenant qu'on est lancé,
on ne prend plus même le temps de respirer..... Tout le monde est
sur les dents pour *Roméo et Juliette*. M. Jules Barbier travaille nuit et
jour au rapiéçage, et de sa dextre puissante presse son front génial,
pour en extraire le nouveau ballet, le « clou » où doit s'accrocher...,
le succès. Il y aura un pont, un char, des fleurs, etc., etc... Pauvre
M. Paravey, qui a lâché la proie pour l'ombre !

A l'Opéra-Comique, revirement subit : on a planté là le *Roi d'Ys*
pour s'occuper de nouveau de *Carmosine* ; ce mécanisme me semble
ingénieux et les choses peuvent encore durer longtemps ainsi. Pendant que MM. Poise et Lalo font ainsi la navette, on s'est occupé
d'éclairer à la lumière électrique l'ex-théâtre des Nations ; on a
commencé par la façade pour passer à la salle et aux foyers. Cette
idée me semble excellente. C'est tout ce que je puis dire pour le
moment.

A signaler, au programme particulièrement intéressant de la
sixième séance de la *Gallia*, fondée par M. Breitner, la pianiste bien
connu : l'exquise sonate pour piano et violon, œuvre 13, de Gabriel
Fauré, remarquablement interprétée par l'auteur et M. Rémy ; et
l'exécution de ce chef-d'œuvre de grâce et de fraîcheur, les *Poëmes
d'amour* (valses pour quatuor vocal) de Brahms. Le beau concerto en
ré mineur de Bach pour trois pianos et quatuor à cordes terminait
la séance.

Nous entrons dans une période d'accalmie musicale... Depuis le
mois dernier, la musique a débordé, la piano a sévi (a). Nous ne
sommes plus comme au siècle passé, où on prenait de la musique
à plus petites doses ; nous sommes devenus goinfres et gloutons.....
Aussi n'ai-je pas le sens un certain attendrissement la touchante
anecdote suivante, que je cueille pour finir dans le deuxième volume
récemment publié de l'*Histoire d'une grande dame au dix-huitième siècle*
(la comtesse Hélène Potocka) : « J'ai conté aussi, — c'est la comtesse Hélène qui parle et fait le récit d'une soirée en hôtel de
la rue Caumartin en 1807, — quelques anecdotes que je tenais de
mon beau-père..... Il disait que Mme du Châtelet était si désolée de
devoir prendre garde à son corps et voulait être si détachée des
choses terrestres, que lorsqu'elle allait à la garde-robe, six musiciens
commençaient une musique délicieuse, afin de distraire son esprit
d'une chose aussi ignoble, et *pour ne pas se blaser, elle n'entendait de la
musique que dans ces moments-là*..... Le prince de Ligne disait tenir
cette anecdote de Voltaire..... »

Aux érudits de rechercher de quel auteur, Boccherini ou autres,
était cette « musique délicieuse..... » Nous voilà loin de la « musique
de table ».

BALTHAZAR CLAES.

P.-S. — Il y a dix ans, Verdi dirigea à l'Opéra-Comique, pendant
la semaine sainte, sa *Messe de Requiem*, qu'on entendait, à Paris,
pour la première fois. La présence du *maestro*, le concours des deux
voix merveilleuses de Mmes Stolz et Waldmann, l'intérêt et la vie de
la partie non fuguée de l'œuvre firent de cette soirée, à laquelle
j'assistais, un « événement musical », comme on dit. Ce mot trop
prodigué était juste, cette fois. Il faut reconnaître aussi que l'attitude sympathique et la parfaite façon de diriger de Verdi jouèrent
leur rôle dans l'affaire..... La reprise faite cette semaine de cette
Messe de Requiem à l'Opéra-Comique ne nous a pas rendu nos impressions de jadis ; elle a servi au moins à faire connaître à ceux qui
l'ignoraient une œuvre qui contient, à mon avis, quelques-unes des
plus nobles, des plus pénétrantes inspirations du compositeur italien
qui a fait *Otello*. Cette reprise a eu aussi le bon effet de mettre en
pleine lumière le puissant contralto, le talent remarquable, la belle
diction, la voix étendue de Mlle Deschamps, qui a été tout particulièrement et longuement applaudie. M. Talazac est parfois mou et
manque généralement de vie. C'est le chanteur qui s'admire et
s'écoute, qui suit de l'œil, avec complaisance, la note qu'il vient de
pousser, le son qu'il vient de filer. Mme Isaac est experte et froide...
Mlle Deschamps a eu, à juste titre, les honneurs de la séance. L'or-

---

(1) Et de la principale interprète, Mme Krauss ; voir la première audition
de : *La Paradis et la Péri* de Shumann, le *Centenaire* de Gluck, *Marie-Magdeleine* de M. Jules Massenet.

(a) Concerts de Mlle Jenny Maria, de MM. Grunfeld, Hirsch, Hermann,
d'Albert, etc., etc... Je mets d'Albert à part et au-dessus des autres.

chestre était bon, les chœurs très ordinaires, l'ensemble passable...
Comme partout ailleurs, par une déplorable tradition, le corps de
l'ouverture d'*Oberon*, qui ouvrait le concert, a été joué trop vite.
Allegro con fuoco n'est pas *allegro molto*; mettre du feu dans l'exécution
ne veut pas dire qu'il faut presser le mouvement. A cette allure,
toute la poésie de plus d'un passage s'évapore.   B. C.

BRUXELLES

QUELQUES RÉFLEXIONS

A PROPOS DU THÉÂTRE DE LA MONNAIE

La saison théâtrale, qui clôt généralement à la fin d'avril, sera,
cette année, prolongée jusqu'au 15 mai au théâtre royal de la Monnaie. L'ouverture fut retardée, on s'en souvient, par les travaux
destinés à assurer la sécurité des spectateurs contre l'incendie, par
l'aménagement du plancher mobile de l'orchestre et par l'installation de l'électricité.

Nous voici donc, par exception, à l'entrée seulement du huitième
mois de la saison. Il n'est pas trop tôt cependant pour jeter un
regard sur l'année théâtrale. Le résultat artistique ne répond pas à
ce qu'on attendait des éminents directeurs de la Monnaie. Et cependant il faut reconnaître que peu d'années auront été plus actives.

Voyez plutôt le nombre de pièces jouées depuis le 10 septembre :
le chiffre en est supérieur à celui des plus brillantes années de la
direction Stoumon et Calabresi.

Voici la liste des ouvrages montés :

Opéras et opéras-comiques: *Robert le Diable*, les *Huguenots*, l'*Africaine*, *Guillaume Tell*, le *Barbier*, *Lucie*, la *Favorite*, la *Traviata*, *Rigoletto*,
le *Trouvère*, *Haydée*, *Mignon*, *Lakmé*, les *Dragons de Villars*, les *Pêcheurs
de perles*, *Carmen*, *Mireille*, le *Médecin malgré lui*, le *Chien du jardinier*,
le *Farfadet*, le *Sourd*, *Maître Wolfram*, le *Caïd*, le *Maçon*, la *Walkyrie*,
Gioconda, le *Dîner de Madelon*, *Une aventure d'Arlequin*, *Jocelyn*, *Hamlet*
et le *Roi l'a dit* (en préparation) et les *Maîtres Chanteurs* (à l'étude).

Soit au total et, sauf omissions, 32 ouvrages lyriques auxquels il
faut ajouter 4 ballets: *Sylvia*, *Pierrot macabre*, *Myosotis*, et *Milenka* (à
l'étude).

Dans ce répertoire, où tous les styles et toutes les écoles se mêlent
et se confondent, il y a *huit* nouveautés pour Bruxelles: *Gioconda*, *Jocelyn*, les *Pêcheurs de perles*, le *Dîner de Madelon*, le *Roi l'a dit*, l'*Aventure
d'Arlequin*, *Sylvia* et *Milenka*.

Jocelyn (4 actes), l'*Aventure d'Arlequin* (un acte) et le *Dîner de Madelon*
(un acte) sont avec le ballet *Milenka* (un acte) les seules œuvres
inédites, (en tout 7 actes) qui aient été montées cet hiver ; la *Gioconda*
n'était inédite qu'en français.

Et cependant comparée aux années précédentes, la saison, malgré
la variété du répertoire, n'aura pas été très intéressante.

Les deux dernières années de MM. Stoumon et Calabresi (1883-85)
nous avaient donné *Hérodiade*, *Sigurd* et les *Maîtres Chanteurs*; la gestion trop tôt écourtée de M. Verdhurt (1885-86) *Gwendoline*, *Saint-Mégrin* et les *Templiers*; la première année de MM. Dupont et Lapissida
(1886-87) *Lakmé* et la *Valkyrie*.

Nous voici en 1887-88. On attendait *Siegfried*; on a eu *Gioconda* et
Jocelyn.

La compensation n'a pas paru suffisante.

Et l'année finit sans éclat et sans bruit, malgré l'effort considérable
déployé, malgré le nombre appréciable des nouveautés, malgré
l'appoint des artistes extraordinaires successivement appelés à
remplir les vides ou à suppléer aux insuffisances de la troupe
ordinaire.

Cet échec relatif de deux directeurs entourés, comme le sont
MM. Dupont et Lapissida, d'universelles sympathies et également
renommés pour leur compétence particulière serait un phénomène
parfaitement désespérant, si l'on ne devait reconnaître que beaucoup
de fautes ont été commises dans leur exploitation.

Au début de l'année, trois mois ont été perdus en reprises inutiles,
en essais plus ou moins malheureux avec les chanteurs engagés
pendant les vacances : il a fallu d'abord compléter et remanier la
troupe, et quand elle s'est trouvée remaniée, l'arrivée inopinée d'une
étoile découverte par hasard a tout à coup fait changer la tendance
du répertoire qui paraissait devoir être résolument moderne.

Afin de produire l'étoile il a fallu remonter à la hâte des pièces
très justement discréditées; une bonne partie des artistes de la
troupe, relégués inopinément au second plan, ont perdu courage et
n'ont pu reparaître à leur avantage dans des rôles secondaires ; au
lieu de préparer prudemment et sagement des ouvrages d'une
portée certaine où tout le personnel eût pu donner, l'on s'est rejeté
sur de petits actes faciles à monter, afin de compléter des spectacles
insuffisants; et des exécutions bâclées de pièces mises en scène à la
grosse aventure ont ainsi succédé à des reprises médiocres où aucun
artiste ne tenait le rôle dont il eût été digne de son emploi.

Sans se rendre compte des causes, le public éprouve cependant
très vivement les effets. Il a manqué à MM. Dupont et Lapissida
dès le début de la saison la netteté du plan, la clarté du but ; Ils ont
tergiversé, tâtonné. Cela a suffi. Le public a senti le désarroi, et
comme il demande à être conduit, ne se sentant pas guidé cette fois,
il a lui-même hésité et il a manqué d'entrain.

Ici l'on fait généralement intervenir Wagner. Il est:

Le pelé, le galeux d'où nous vient tout le mal.

Quand on a nommé Wagner, on a tout dit.

C'est même une erreur assez communément répandue parmi les
directeurs et amateurs de théâtre d'affirmer que les œuvres de ce
puissant génie sont la mort des anciennes pièces, et qu'elle rendent
toute exploitation du répertoire courant très difficile, sinon impossible.

Il est clair que la forme d'art nouvelle et l'entraînante puissance
du maître de Bayreuth sont un terrible voisinage pour bien des
ouvrages demeurés en possession de la faveur jusqu'en ces dernières
années.

Ayant élevé le niveau artistique du public et décuplé ses exigences,
il est nécessaire que les œuvres de Wagner fassent descendre d'autant dans l'esprit des amateurs certains ouvrages surfaits qui ne se
sont soutenus que par l'effet d'une sorte d'habitude.

Mais il serait insensé de prétendre et de croire qu'elles puissent
rien contre les chefs-d'œuvre. Les *Maîtres Chanteurs* ne suppriment
pas le *Barbier*; *Tristan* et *Lohengrin* ne détruisent ni *Don Juan*, ni *Fidelio*, ni les *Huguenots*. *Faust* et *Mireille* demeurent, à leur plan, des œuvres
remarquables et parfaites en leur genre.

Ce dont il faut bien se convaincre, c'est de l'inutilité des reprises
des choses de second ordre, des œuvres de facture inégale, à moins
qu'un hasard ne vous mette sous la main une exécution parfaite
au point de vue vocal, instrumental et scénique, capable de faire
passer l'auditeur sur les faiblesses ou la caducité de l'ouvrage (1).

L'erreur de MM. Dupont et Lapissida a été de croire qu'il suffirait
de M⁽ᵐᵉ⁾ Melba, dont le talent est certes de qualité rare, pour rendre
la vie à des œuvres telles que *Lucie* et la *Traviata*. Mais une étoile,
ce n'est pas assez pour faire passer sur les insuffisances de la troupe
ordinaire. Ce n'est pas que celle-ci ne renferme d'excellents éléments, mais ils ont été généralement mal employés.

Et avec cela, depuis le début de la saison, une trentaine de
représentations ont été données en *deux langues*! Cela ne s'était
jamais vu au théâtre de la Monnaie.

Le principal effort de la saison s'est porté sur deux œuvres d'une
portée absolument insuffisante, *Gioconda* et le pauvre *Jocelyn*, que
l'attrait du puissant talent de M⁽ᵐᵉ⁾ Caron et la vaillance de M. Engel
ont beaucoup de peine à maintenir au répertoire.

Ainsi la direction de MM. Dupont et Lapissida a constamment
porté à faux : Ils se sont mépris et sur la tendance du public, et sur
la valeur des ouvrages qu'ils lui ont offerts. Il n'y a que cette
explication à l'indifférence générale dans laquelle s'achève cette
saison théâtrale qui promettait d'être si vivante et si animée.

Mais il n'est si habile homme qui ne se soit trompé une fois en sa
vie. MM. Dupont et Lapissida ont une année devant eux pour
prendre leur revanche. Elle est nécessaire à leur renom d'artistes.

Je la leur souhaite aussi brillante et triomphale que le méritent
leur vaillance, qui a momentanément fléchi, et leur talent, toujours
le même.   MAURICE KUFFERATH.

La Légende du Magyar n'a fait que paraître au théâtre des Galeries
et elle ne sera bientôt plus. La pièce de MM. Maxime Bou-
cheron, pour les paroles, et Amédée Godard, pour la musique n'a
pas eu de succès. Il ne servirait de rien de le dissimuler. La faute
n'en est pas tout à fait à l'œuvre, mais aussi à l'exécution. Il n'y a
pas de chef-d'œuvre qui résiste à une interprétation médiocre; à plus
forte raison ne peut-on espérer la réussite dans des conditions
attristantes d'exécution d'une œuvre modeste qui n'est, après tout, ni
pire ni meilleure que bien d'autres. Les quelques lourdeurs du livret,
dont l'idée première est drôle, pouvaient être sauvées par la vivacité du
jeu, par l'entrain de la mise en scène; aux Galeries, il n'y a plus ni de
l'une ni de l'autre. De la partition, qui a quelques jolis numéros,
pas très originaux, mais proprement écrits et d'un tour gracieux, on
n'a entendu que des fragments. On nous assure que l'auteur a écrit
une orchestration complète où il y a un quatuor, des flûtes, des
hautbois, trombones et trompettes, tout l'appareil ordinaire. Cette
affirmation a paru invraisemblable à ceux qui ont entendu l'exécution le soir de la première. Pour notre part, nous n'avons pu attraper que quelques phrases grinçantes de violons aigrelets, un ronfle-
ment de contre-bassé, un appel de trompette; pour le reste, rien

(1) Rappelons, à ce propos, la reprise et le succès invraisemblable de
Jérusalem sous la direction Stoumon et Calabresi. Mais aussi l'exécution d'un
bout à l'autre était excellente et la mise en scène soignée comme celle d'un
ouvrage nouveau.

Qu'est devenu l'orchestre plein d'entrain, où sont les jolis chœurs, les minois coquettement affublés des Galeries d'autrefois? Mais où sont les neiges d'antan?

Sauvons de ce naufrage : Mlle Vallette, qui a une jolie voix, et Mlle Grillon, qui a de la verve ; M. Gosselin, qui chante agréablement; M. Pottier qui, seul, a conservé les traditions de comique de la maison. M. K.

—

M. Franz Servais avait composé un très intéressant programme pour la neuvième séance de ses Concerts d'hiver, donnée par lui le soir du vendredi-saint ; il en a été récompensé par le concours empressé du public. Beaucoup de monde et grand succès pour l'air du jugement dernier du *Messie* de Hændel, le fameux air de la trompette que M. Blauwaert a chanté avec beaucoup de goût et que M. Chevallier a accompagné sur la trompette d'une façon absolument remarquable; succès pour la délicieuse suite en *ré* de Bach dont le public a redemandé la délicieuse *aria*; succès pour la scène du vendredi-saint de *Parsifal* de Wagner très convenablement interprété; succès enfin pour les deux solistes de la soirée, Mmes Cornélia Servais dans l'air d'Elisabeth (2e acte) du *Tannhauser*, et M. Blauwaert dans l'air du 1er acte du *Vaisseau-Fantôme*.

Deux pièces nouvelles pour le public bruxellois figuraient au programme : *Recueillement*, monologue dramatique de M. Franz Servais sur le beau sonnet de Baudelaire: *Sois sage, ô ma douleur !* et le *Chasseur maudit* de César Franck. Mme Cornélia-Servais a très bien chanté le *Recueillement* et l'orchestre a enlevé de verve le poème symphonique imité de la ballade de Bürger. On peut appliquer à celui-ci ce que Wagner disait des compositions symphoniques de Berlioz : à savoir qu'il est fait plutôt avec des idées littéraires qu'avec des idées musicales. Ce *Chasseur maudit* suit pas à pas le développement du récit et, pour chacun des tableaux, apporte une traduction sonore appropriée. La ballade parle-t-elle de cloches, elles tintent aussitôt dans l'orchestre; parle-t-il du cor, le cor résonne; parle-t-il de chants pieux, on les entend; et quand la chevauchée se précipite comme un tourbillon, l'orchestre tourbillonne, c'est un fracas épouvantable et un affolement de tous les instruments. Très ingénieuse adaptation des paroles qui sont censées être présentes à l'esprit de l'auditeur, mais aussi quelquefois très puérile imitation d'une réalité qui fuit sans cesse. Cette musique court après le mot et n'attrape pas l'expression. De telles compositions étonnent et surprennent, mais je doute que jamais elles comptent dans l'ordre musical ; elles sont le résultat d'une erreur esthétique. Singularité intéressante si l'on veut, œuvre d'art jamais.

Le *Recueillement* de M. Servais a l'incontestable mérite d'être tout au moins musicalement conçu. C'est un morceau de déclamation lyrique, mais d'une belle tenue. Peut-être la souffle est-il un peu court; la conclusion surtout semble un peu précipitée. Telle est du moins l'impression à l'audition première. M. Servais le fera redire à son dernier concert, le dixième. On réentendra certainement avec plaisir ce *Recueillement* où de si beaux vers ont l'enveloppe d'une orchestration discrète et distinguée.

Ne parlons pas de l'ouverture *Zur Weihe des Hauses*, ni de l'*Ouverture tragique* de Brahms. Ce sont pièces d'une exécution apparemment trop compliquée pour le jeune orchestre de M. Servais et qu'il faudra remettre au tel métier. L'orchestre du Conservatoire et celui des Concerts populaires ne se sont pas formés en un jour. M. K.

—

Le programme de la première matinée musicale de l'*Essor*, donnée jeudi, était très intéressant. On y a entendu la sonate de Grieg pour piano et violon, jouée par MM. Kefer et Lerminiaux, une scène, *Marguerite à la Mater dolorosa*, de M. Léon Soubre, d'un caractère très dramatique, bien dite par Mlle Martini, qui a également chanté la *Mort d'Iseult*, de Wagner; et une *Suite* pour violon de F. Ries, jouée par M. Lerminiaux.

Il y avait aussi au programme dix mélodies inédites et quatre morceaux de piano de M. G. Kefer, exécutés par l'auteur.

Parmi ces dix mélodies, chantées par M. Engel avec le grand talent et l'admirable diction qu'on lui connaît, deux ont été particulièrement applaudies: la *Chanson de mer* et surtout la *Chanson des olives*.

Les morceaux du piano ont été exécutés, par M. Kefer, avec une virtuosité et un sentiment remarquables.

—

Le *Cercle choral* de l'école n° 10, composé d'élèves et d'anciens élèves des cours d'adultes, filles et garçons, a donné, le 25 mars, son concert annuel dans le préau de l'école de la placé Joseph-Lebau. Cette fête avait attiré un nombreux public. M. Van Loo, en exécutant une fantaisie pour violon sur des motifs de la *Muette de Portici*, et M. Maeck une *Berceuse* et une *Tarentelle* pour flûte, se sont fait vivement applaudir.

L'air de *Si j'étais roi* et surtout la *Chanson bohème* de Carmen ont

valu à Mlle X..., un succès bien mérité. Mlle Jacobs a exécuté avec beaucoup de brio une *Rapsodie* de Franz Liszt.

Enfin les membres du *Cercle choral* ont interprété sous la direction de M. Watelle avec une grande délicatesse de nuances: *Rosmunda* de Schubert et les *Bohémiens* de Schumann.

Le succès de ce dernier chœur surtout a été très vif.

—

Sur la demande de M. Gevaert, le directeur de notre Conservatoire de musique, on exécutera, au prochain concert de l'Association des artistes musiciens, deux ouvrages pour orchestre de notre collaborateur Edouard de Hartog, une *Villanelle* publiée par la maison Schott frères, et un *Sherzino*, le *Furet*, faisant partie des *Scènes champêtres*, croquis et miniatures.

GAND

Grand-Théatre: Mercredi 28 mars, les *Amours du Diable*; vendredi 30, relâche ; Dimanche 1er avril, *Mireille* et *Patrie!*; Lundi 2, les *Amours du Diable*.

Les *Amours du Diable* continuent à faire florès et à procurer d'excellentes recettes au directeur, qui doit se frotter les mains d'aise et se féliciter de l'idée originale qu'il a eue en remontant la vieille féerie de Grisar. Beaucoup de monde aussi à la représentation monstre de dimanche, donnée par le personnel de M. Van Hamme. Lundi 9, la première de *Lohengrin*, version française de Victor Wilder.

Je viens un peu tard vous parler du second concert d'abonnement du Conservatoire, donné le mardi 27 mars, mais les nécessités du tirage du *Guide* m'ont empêché de le faire plus tôt. L'intérêt de la séance se concentrait sur une œuvre d'un jeune compositeur français dont je vous ai entretenu récemment, Gabriel Pierné; aussi la cinquième symphonie de Beethoven, parfaitement rendue du reste sous la direction de M. Samuel, ne servait-elle, en quelque sorte, que de lever de rideau aux *Elfes*, — c'est le titre de la légende dramatique de Pierné, inscrite au programme du concert. Je passe rapidement sur le livret d'une banalité commune à tous les canevas servant aux débuts de jeunes compositeurs, et où il s'agit de deux amoureux écossais, Jane et Patrick, séparés violemment par l'esprit du mal Olmud, mais finissant par se retrouver et se marier tout posauquement, grâce à Banscha, la reine des Elfes. Pierné a construit là-dessus, avec une habileté de technique et une sûreté de main étonnantes, une partition qui a vraiment de l'allure et qui a remporté un franc succès. Sans doute il n'y a pas là de note absolument personnelle, comme tous mes confrères ont eu soin de le faire remarquer ; mais Pierné a écrit les *Elfes* à vingt ans, et si l'on peut avoir de la science et de la facilité, il est difficile d'être soi à cet âge. Tels quels, je tiens les *Elfes* pour une œuvre constituant plus qu'une promesse; la grâce et la finesse que l'on retrouve en maints passages, l'originalité du rythme et de l'orchestration sont déjà les traits d'une physionomie qui ne devra que s'accentuer de jour en jour, et qui finira par devenir une sorte de Schumann français, — je maintiens ma comparaison. L'orchestre était fort bon et les chœurs aussi ; malheureusement, Pierné était bien mal servi par la plupart de ses solistes. M. Noté chantait fort, Mme Dumont chantait faux et Mlle Parez ne chantait pas; seul, M. Wauters nous a paru à la hauteur de son rôle; sa belle voix faisait fort bien et sa diction, qui est de plus en plus châtiée, contrastait singulièrement avec celle de certains de ses camarades. Le public a été unanime, d'ailleurs, à blâmer le choix des solistes, et il nous semble, franchement, qu'il serait triste pour la réputation de notre Conservatoire de ne pouvoir employer que de semblables éléments dans ses exécutions; où donc tous les premiers prix des derniers concours?

Ce concert a donné lieu à un article assez violent de l'*Impartial*, dont le titre suffit à indiquer le contenu: *Pourquoi les concerts du Conservatoire?* L'auteur de cet article traite, — mais assez légèrement, — des questions fort sérieuses au point de vue pédagogique, et qui réclament toute notre attention. Sans partager complètement ses idées, je dois reconnaître avec lui que le travail des répétitions nuit fortement à la marche régulière de l'enseignement, aussi bien dans les classes de chant que dans les classes d'instruments; en particulier, les élèves du cours de chant, qui se donne le soir, sont forcés d'assister à des répétitions qui ont lieu le midi ou l'après-dîner; ce qui les oblige à quitter leurs travaux ou leurs occupations professionnelles, et peut leur causer un préjudice assez grave. Je ne veux pas entamer cette question maintenant, mais je me réserve d'y revenir cet été, si vous le voulez bien, lorsque chômeront théâtres et concerts. P. B.

LIÈGE

Grand-Théatre. — Dimanche 1er avril, la *Juive*. Lundi 2, *Rigoletto*, l'*Africaine*.

Le dernier concert du Conservatoire aura lieu samedi. Comme les deux précédents, il nous offrira l'occasion d'entendre un éminent virtuose : après Mme Landoury, MM. d'Albert et Engel, nous aurons Joachim. Sur ce chapitre, le Conservatoire se surpasse et c'est au nom du public entier que nous le remercions.

Le programme comporte une œuvre importante : le *Requiem* de Berlioz, *première exécution en Belgique*. Nous ne savons trop jusqu'à quel point on doit annoncer que cette œuvre, datant de 1837 (!!) n'a jamais été jouée chez nous ! — A son sujet, jetons un coup d'œil rétrospectif sur les dix dernières années.

C'est, en effet, il y a dix ans, que le public liégeois a fait connaissance de Berlioz, aux Concerts populaires qui venaient d'être fondés par M. Hutoy, et peu après au Conservatoire. Celui-ci a donné bon nombre d'œuvres importantes de cet auteur, de 79 à 83, avec les moyens puissants dont il dispose et qui sont nécessaires pour l'exécution de cette musique où l'orchestre doit être très complet, en vue d'obtenir les puissantes sonorités que le compositeur a cherchées.

Ah! ce temps là était le beau temps musical; le Conservatoire, les Concerts populaires, ceux de l'*Émulation* et du *Cercle des Amateurs* se faisaient concurrence pour arriver à mieux exécuter et à faire connaître bon nombre d'œuvres remarquables. Depuis, sauf le mouvement russe, que M. Jadoul a dirigé et dont nous reparlerons à l'occasion, il y a eu peu à signaler : reconnaissons la dégénérescence où nous sommes. Les Concerts populaires ont fini leur existence; le *Cercle des Amateurs*, désorganisé, ne s'est point encore relevé; l'*Émulation* est dans le marasme et l'inaction.

Le Conservatoire se réveille et nous promet le *Requiem;* souhaitons que son exécution réponde à notre attente, et dans nos annales nous aurons *une* œuvre à inscrire pour résumer cet hiver !

　　　　　　　　　　　　　　　　　　　　F. V. D.

VERVIERS.

Mmes Moriamé et Beumer et M. de Swert ont donné, mardi dernier, avec M. L. Kefer, directeur de notre école de musique, un fort intéressant concert dans la salle du Manège. La plus grande part du succès revient à Mme Moriamé, une artiste dans toute la force du terme, amoureuse de son art, possédant un mécanisme, une technique d'une rare perfection, unis à une modestie peu commune. Les *Caprice* de Saint-Saëns sur les airs de ballet de l'*Alceste* de Gluck, le *Presto* de Scarlatti et la 4e *Rapsodie* de Liszt ont mis en relief les superbes qualités de Mlle Moriamé. La façon remarquable dont elle a tenu sa partie dans le trio de M. L. Kefer et dans les accompagnements des divers morceaux lui ont valu les suffrages unanimes.

Mlle Beumer nous est revenue avec sa voix merveilleuse, au timbre d'une pureté absolue et la folie lui a fait ovations sur ovations. La charmante cantatrice a fait ressortir toutes ses qualités naturelles et sa méthode si parfaite dans la valse d'une *Folie à Rome*, les variations de Rode et la *Berceuse*, de Simon. Nous avons moins apprécié la légende de la fille des Parias de *Lakmé*, dans laquelle Mlle Beumer n'a pas mis la nuance, l'expression et le coloris que cette page réclame.

M. J. de Swert est toujours l'incomparable violoncelliste que nous avons applaudi à maintes reprises. Il sait mieux que tout autre faire chanter son instrument et il en tire des sons d'une puissance et d'une beauté incomparables. Nous n'avons guère goûté cependant le choix de ses morceaux et nous aurions voulu l'entendre dans une des grandes œuvres de Servais ou de J. de Swert, où il aurait mieux pu faire ressortir toutes les faces de sa virtuosité.

Le trio de M. L. Kefer a été magistralement exécuté par Mlles Moriamé, M. de Swert et l'auteur. Cette œuvre dont les lecteurs du *Guide musical* connaissent la réelle valeur, a été justement appréciée par l'auditoire, qui a chaudement acclamé l'auteur et les interprètes.

On nous annonce comme très prochaine la séance de distribution des prix aux élèves de notre école de musique. On nous dit merveille du programme arrêté par M. L. Kefer. Nous n'en attendions pas moins-de son goût éclairé et de son amour pour les œuvres géniales des grands maîtres.

　　　　　　　　　　　　　　　　　　　　C.

AMSTERDAM

M. Bernard Zweers est un musicien sérieux, qui a fait d'excellentes études en Allemagne et qui a de l'avenir, mais c'est peut-être s'estimer un peu trop que de faire exécuter *deux symphonies* dans le même concert ! *Deux symphonies !* Je ne crois pas que ni Brahms ni Rubinstein, qui sont sans contredit les deux plus grands compositeurs d'œuvres symphoniques de notre époque, aient jamais osé tenter d'en faire autant ! Mais il y a, parmi nos modernes, des audacieux qui ne doutent de rien. Ils veulent *s'imposer*, se doutant bien qu'on ne dira jamais d'eux autant de bien qu'ils en pensent. Le concert que M. Zweers a donné au Théâtre communal à ses risques et périls, et où l'on a «entendu», en outre, plusieurs compositions vocales de lui, n'en a pas moins été fort suivi, et le public, fort

sympathique au compositeur, a fait un accueil très chaud à tout ce qu'on lui a fait connaître. Pour ma part, je préfère de beaucoup la deuxième symphonie à la troisième, après une première audition.

Sous la direction de M. de Lange, on a exécuté dernièrement à l'église luthérienne la *Passion* (selon saint Jean), de J. S. Bach. A mon grand regret, je n'ai pu assister à cette audition, dont nos confrères néerlandais disent beaucoup de bien.

L'Opéra néerlandais continue à représenter impunément l'*Otello* de Verdi, revu, corrigé et orchestré par M. Jean Coenen, chef d'orchestre au Palais de l'Industrie. Il y aura probablement des fanatiques néerlandais pour trouver que l'œuvre de Verdi a beaucoup gagné à être orchestrée par M. Coenen. Le maître italien ferait bien de remercier son *illustre* confrère de ce coup de main !

Mme Albani, la célèbre cantatrice a chanté ici, avec la troupe française de la Haye; *Faust* et *Roméo et Juliette*, de Gounod. Inutile de dire que la grande artiste, dont la voix n'est plus ce qu'elle était autrefois, a eu un immense succès. Elle a encore chanté dans un concert spirituel, donné dans l'affreuse salle du Palais de l'Industrie, par les artistes de la Haye, avec le concours d'une société chorale fort médiocre de Leyde, et elle a transporté l'auditoire par la façon magistrale dont elle a rendu un air de la *Création* de Haydn, l'*Inflammatus* de Rossini et la prière de la *Norma*. La seconde partie de ce concert se composait de *Marie-Madeleine* de Massenet, ce drame sacré où le bon Nazaréen me fait l'effet d'un ténor d'opéra-comique, et où Marie-Madeleine me rappelle trop souvent la Marguerite de Gounod. Au surplus, l'exécution de cet ouvrage, si connu en Belgique, a été déplorable d'un bout à l'autre. Les chœurs et l'orchestre surtout ont laissé énormément à désirer. Le ténor Lestellier, seul, a droit à nos sincères éloges.

On persiste à nous promettre que la nouvelle salle de Concerts sera inaugurée le 11 avril, par un grand festival donné sous la direction de M. Viotta, et où l'on exécutera la 9e symphonie, de Beethoven, l'*Halleluja* de Hændel, des fragments des *Saisons* d'Haydn et du *Tannhæuser* de Wagner.

　　　　　　　　　　　　　　　　　　　　D^r Z.

Nouvelles diverses

Le *Progrès de l'Aisne* rend compte d'un concert donné à Soissons par M. A. Jullien, dans lequel cet excellent artiste a fait entendre, avec le concours de MM. Heymann, Giannini et Baretti, plusieurs quatuors de maîtres qui ont été très goûtés. Voilà d'excellente propagande musicale dont il convient de louer M. Jullien.

Le Sénat français et après lui la Chambre ont rétabli, la semaine dernière, le crédit, primitivement supprimé, pour le bureau des théâtres au ministère des beaux-arts. La suppression de ce crédit avait été vivement critiquée et avec raison.

On vient de donner au Grand-Théâtre de Marseille une œuvre nouvelle et inédite : *Callirhoé*, ballet inédit de Mlle Chaminade. Tous les journaux de la cité phocéenne s'accordent pour en constater le succès. On compare ce ballet à *Giselle* et *Coppélia*, auxquels on l'assimile.

Mlle Sarah Bonheur, fille de M. Georges Bonheur, professeur de chant des conservatoires royaux de Liège et de Gand, vient de passer *première*, sur 86 concurrentes, son examen de professeur de musique et de chant de la ville de Paris.

Méhul, qui n'avait jusqu'ici qu'un petit monument (un buste placé sur un piédestal carré d'un effet navrant), à Givet, sa ville natale, va y avoir sa statue en pied. Sur l'initiative du maire de Givet, la petite ville qui vit naître l'auteur de *Joseph*, est en train de se former en ce moment à Paris pour dresser au principale place de Givet une statue au compositeur; la présidence de ce comité a été offerte à M. Ambroise Thomas, qui l'a accepté; plusieurs membres de l'Académie des beaux-arts et de la députation du département des Ardennes, des compositeurs et quelques écrivains spéciaux feront partie du comité.

La statue sera l'œuvre d'un sculpteur ardennais, M. Croisy.

Le théâtre de Cologne vient, à son tour, de donner l'*Otello* de Verdi. La *Gazette de Cologne* constate que l'œuvre du maestro n'a pas obtenu autant de succès qu'*Aïda*.

Les journaux de musique allemands parlent de la sensation produite à Munich par le chanteur belge Blauwaert, le Telramund de l'unique représentation de *Lohengrin* à Paris. Il y a chanté dans différents salons du Wagner et *des lieder* des compositeurs flamands qui ont particulièrement été goûtés.

On fait grand bruit en Allemagne d'un violon en terre cuite exposé en ce moment à Berlin. La forme de l'instrument est identique à celle des violons en bois; le manche est en bois. C'est à M. Rohrmann de Muskau qu'est dû ce singulier instrument. Il a été joué par plusieurs artistes, qui lui ont trouvé un très beau son de flûte. Rappelons à ce propos qu'il existe des modèles de violons en porcelaine de Delft et de Rouen; mais jamais, que nous sachions, on n'avait réussi à en tirer une note.

La direction des théâtres royaux de Prusse vient de faire paraître la statistique des représentations qui ont eu lieu à l'Opéra de Berlin pendant la saison 1887. Le nombre des représentations s'est élevé à 259. Les représentations se répartissent comme suit sur 41 ouvrages de 21 compositeurs :

Wagner 42, 7 ouvrages : *Lohengrin* 14, *Walküre* 9, *Siegfried* 8, *Tannhäuser* 6, *Vaisseau-Fantôme* 2, *Tristan* 2, *Maîtres Chanteurs* 1.

Nessler 29, *Trompette de Sackingen.*

Lortzing 29, 4 ouvrages : *Wildschütz* 8, *Undine* 7, *Czar et Charpentier* 6, *Waffenschmied* 1.

Meyerbeer 19, 4 ouvrages : *le Prophète* 8, *l'Africaine* 6, *Huguenots* 3, *Robert* 2.

Verdi 18, 4 ouvrages : *Aida* 5, *Rigoletto*, *Trouvère*, *Traviata* 4.

Bizet 18, *Carmen.*

Mozart 15, 2 ouvrages : *Don Juan* 12, *Figaro* 3.

Flotow 13, 2 ouvrages : *Martha* 8, *Stradella* 5.

Weber 11, *Freischütz.*

Rüfer 9, *Merlin.*

Auber 9, (3 ouvrages : *Fra Diavolo* 6, *la Maçon* 2, *la Muette* 1.

Donizetti 9, *Fille du Régiment.*

Gounod 7. *Faust.*

Gluck 6, 2 ouvrages : *Le Cadi dupé* 5, *Armide* 1.

Nicolai 6, *Les Joyeuses Commères.*

Offenbach 6, *le Mariage aux lanternes.*

Joncières 6, *le Chevalier Jean.*

Hofmann 5, *Donna Diana.*

Beethoven 4, *Fidelio.*

Rossini 3, *Barbier.*

Boieldieu : *la Dame blanche.*

On le voit, pour le nombre total des représentations, c'est Wagner qui tient la tête. Quant au nombre des représentations séparées, les œuvres se suivent ainsi : *Le Trompette de Sackingen*, 29; *Carmen*, 18; *Lohengrin*, 14; *Don Juan*, 12; *Freischütz*, 11; *Merlin*, la *Fille du Régiment*, la *Walkyrie*, 9.

Dans l'ensemble, 138 représentations ont été données aux compositeurs allemands morts, 35 aux compositeurs français, 12 aux italiens; pour les auteurs vivants : 43 aux allemands, 13 aux français, 18 aux italiens.

Les journaux autrichiens ont annoncé la mort du violoniste hongrois bien connu Réményi, qui aurait péri dans un naufrage à la fin de décembre en revenant du Japon, où cet original est allé faire une tournée de concerts l'année dernière. Il paraît que la nouvelle est inexacte. Réményi voyagerait, en ce moment, au Transvaal et dans l'État d'Orange, où il charme par son jeu les colons de Bloemfontein et de Potchefstrom.

Mme Clara Schumann, après les brillants succès qu'elle vient de remporter à Londres, est rentrée à Francfort, où elle va reprendre ses cours au Conservatoire.

M. Adolphe Wouters, accompagnateur au Conservatoire royal de musique de Bruxelles, vient d'être nommé professeur adjoint du cours de piano pour demoiselles.

A la Pergola, de Florence, *Lohengrin* continue d'attirer un nombreux public très impressionné par la grandeur des ensembles, fasciné par le développement scénique du drame , par le langage triomphant de l'orchestre et bravant, sans murmurer, des longueurs qu'il ne supporterait dans aucun autre ouvrage. Tous les artistes sont applaudis : Bertini, la Meyer, la Boriani et les deux basses, Balisardi et Broglio. Belle mise en scène et exécution excellente sous la direction du maestro Usiglio.

Voici que la Cochinchine s'en mêle.

Au théâtre de Saïgon, *Carmen* vient d'obtenir un grand succès, joué par la troupe d'opéra de M. L. Achard. Le *Monde artiste* nous apprend que l'œuvre de Bizet est très bien donnée : « Mlle Lacourrière

(*Carmen*) tenait le rôle principal avec beaucoup de vigueur, de charme et, pour tout dire, de puissance dramatique; Mlle de Geneffe (Micaela) a la grâce qui convient au touchant personnage qu'elle représente; MM. Brisac (Don José) et Dejan (Escamillo) se sont montrés bons chanteurs et adroits comédiens.

VARIÉTÉS

ÉPHÉMÉRIDES MUSICALES

Le 6 avril 1869, à Paris (Théâtre-Lyrique), *Rienzi*, cinq actes de Richard Wagner, adaptation musicale de Nuitter et Guillaume. — Artistes : Monjauze, Lutz, Massy, Giraudet, Labat, Bacquié; Mmes Borghèse et Sternberg. — Chef d'orchestre : Pasdeloup. Un Bruxellois de nos amis, qui assistait à la représentation du mercredi 6 avril, nous écrivait ceci : « *La musique de l'avenir*, condamnée une première fois sur une épreuve déloyale, a été jugée en appel, et malgré les vociférations d'une certaine presse chez laquelle la mauvaise foi le dispute à l'ignorance, malgré les insinuations de certains musiciens, habitués dès l'enfance à suivre l'ornière de la routine et qui craignent que la lumière du jour n'éclaire trop bien leur propre impuissance, malgré l'injure et malgré l'intrigue, la cause a été gagnée, cette fois.

« La cause est gagnée, non pas que *Rienzi* soit un chef-d'œuvre parfait dans toutes ses parties, ou, qu'on l'ait reconnu pour tel, elle est gagnée parce que tout homme dont l'intelligence s'ouvre aux jouissances de l'art et dont le jugement n'est pas entièrement corrompu par les préjugés de la tradition, parce que tout homme de cœur a senti vibrer, dans cette œuvre d'un débutant, l'âme d'un grand artiste. » Pour l'historique de *Rienzi*, voir *Guide musical*, 15 mars dernier.

Tannhauser, *Rienzi*, *Lohengrin* sont les seules pièces du maître que Paris a pu connaître. A quand les autres?

— Le 7 avril 1838, à Bruxelles (salle du Grand-Concert), concert de Henri Herz, dirigé par Fétis. C'était pour la première fois que le virtuose déjà célèbre se faisait entendre en Belgique. Il joua trois morceaux de sa composition : 1. Grand concerto en *ut* mineur pour piano et orchestre; 2. Nouvelle fantaisie (inédite) pour piano, sur des motifs de *Lucia de Lammermoor*; 3. Grande variation (*di bravura*) pour piano, sur le trio favori du *Pré-aux-Clercs.*

Henri Herz est mort à Paris, le 5 janvier dernier, à l'âge de 85 ans.

— Le 8 avril 1848, à Bergame, décès de Gaetano Donizetti, à l'âge de 50 ans.

Nous aurons bientôt de M. Saltus, le savant musicographe américain, les quatre volumes qu'il prépare sur la vie du grand mélodiste qui a eu une fin si lamentable. Dupres, dans ses Mémoires, raconte ainsi sa dernière entrevue avec le chantre de *Lucia* : « Hélas! c'était bien peu de jours avant sa mort; aussi amoureux des plaisirs des sens que des travaux de l'imagination, il usa dans cette double existence toutes ses facultés physiques et morales.

« Lorsque je vis l'une de ses crises pour la première fois, ce fut chez lui, dans son cabinet. J'avais renversé un encrier sur le tapis : je me courbai, en pestant contre ma maladresse, et lorsque je me relevai, je regardai Donizetti... le croyant un peu fâché, parce qu'il n'avait pas prononcé une parole. Il riait d'un rire idiot qui me fit froid au cœur. L'année suivante, son cousin Accursi dut le faire entrer dans la maison de santé d'Ivry. J'allai l'y voir. Il pouvait à peine se soutenir. Je cherchai à faire jaillir une étincelle de cette grande intelligence éteinte; je lui parlai du passé, de son pays, de ses œuvres que j'avais animées; je lui chantai un fragment de sa chère *Lucia*... « Attends, attends, fit-il, je vais t'accompagner! » Je crus un instant avoir secoué cette horrible torpeur. Il se mit au piano... ses mains inertes tombaient au hasard sur les touches, il avait repris son air hébété. C'était affreux!... »

— A la même date, 8 avril, mais à un an de distance, nous avons perdu deux de nos plus éminents artistes : Charles-Auguste de Bériot, 1870, et Charles-Louis Hanssens, 1871.

— Le 9 avril 1837, à Leipzig, *Die Hugenotten*, de Meyerbeer. Inutile de dire que l'œuvre fit le tour de l'Allemagne, et que, comme partout ailleurs, elle reste encore au premier rang des plus belles productions du siècle. A Vienne, du 19 décembre 1839 à la fin de 1886, les *Huguenots* ont été joués 428 fois. A Berlin, à la première (20 mai 1842), Meyerbeer, qui dirigeait l'orchestre, fut comblé d'honneurs. (Voir Eph., *Guide mus.*, 5 mai 1887.)

— Le 10 avril 1840, à Paris (Opéra), les *Martyrs*, 4 actes de Doni-

'zetti. Mélange de génie et de vulgarité, d'inspiration et de négligence de style qui caractérisait la manière du maestro italien.

C'est Nourrit qui eut l'idée de mettre en musique la tragédie de *Polyeucte*. Le célèbre ténor était alors à Naples. Il tailla le scénario, fit versifier son canevas, et l'offrit à Donizetti qui n'hésita pas à en écrire la musique pour le San-Carlo; mais la censure opposa son *veto* et le *Poliuto* ne put être représenté. Donizetti apporta son œuvre à Paris; Scribe en fit l'adaptation, et enfin, l'Opéra donna les *Martyrs*, chantés par Duprez, Dérivis, Massol et Mme Dorus-Gras. Le succès ne se dessina pas nettement et l'on oublia les *Martyrs*, à Paris du moins, car l'ouvrage ne tarda pas à réussir en province. L'heure du triomphe parisien sonna pourtant; ce fut lorsque Tamberlick et Mme Penco reprirent l'œuvre, sous le titre de *Poliuto*, au Théâtre-Italien de Ventadour. Le public, selon sa coutume d'autrefois, n'écouta que les belles pages et les salua par un enthousiasme énorme. *Poliuto* partit d'un bon train alors et alla se faire applaudir sur toutes les scènes du monde. Il ne valait pourtant ni plus ni moins qu'en 1840.

Les premières à Bruxelles, 7 décembre 1843 (Voir Eph., *Guide mus.*, 1er déc. 1887); à Vienne, sous le titre: *Paolina e Polinto*, 10 mars 1852; à Londres, Royal Italian Opera, *I Martiri*, 20 avril 1852; à Paris, Théâtre-Italien, sous le titre de *Poliuto*, 14 avril 1859.

— Le 11 avril 1806, à Bruxelles, *Gulistan* ou la *Hulla de Samarcande*, 3 actes, de Dalayrac. Voici le vieil opéra-comique dans sa candeur primitive, dans ses détails naïfs qui faisaient pâmer nos aïeux dilettantes. De bonnes et franches mélodies, des motifs heureux et faciles qu'on pouvait répéter le lendemain à la ronde, une ou deux situations plaisantes, et le petit mot pour rire; on n'en demandait pas davantage. Aujourd'hui, à la Monnaie, *Gulistan*, si l'on tentait de le ressusciter, y aurait le même sort que le *Maçon*, il y a quelques mois.

Pendant l'été de 1844, à Paris, la pièce fut remontée, — son acte de naissance est du 30 septembre 1805, — pour un de nos compatriotes, le Liégeois Masset, qui chantait les ténors à l'Opéra-Comique, et qui aujourd'hui, au Conservatoire forme, autant que, possible, des ténors à son image. Il fit grand effet dans la célèbre romance du *Point du jour*.

Adolphe Adam, tout comme pour Grétry et Monsigny, avait cuivré la musique de Dalayrac. Personne ne savait mieux que lui boucher un trou, faire une reprise et coudre une pièce sur une vieille partition qu'on lui donnait à ravauder. Mais le pauvre diable qu'on appela jadis pour mettre des culottes aux personnages nus de Michel-Ange ne manquait pas non plus d'expérience et d'adresse — et il a été livré à la risée éternelle de tous ceux qui respectent même les faiblesses et les écarts du génie.

. — Le 12 avril 1817, à Londres (King's Theater), *Don Giovanni* de Mozart. Le chef-d'œuvre, déjà vieux de vingt ans, avait bien tardé à paraître sur le sol britannique; il n'y fut pas moins bien accueilli du public anglais avec des artistes tels queNaldi, la Pasta, la Fodor, etc.

AVIS ET COMMUNICATIONS

AVIS AUX WAGNÉRIENS

La première représentation de *Lohengrin* avec la traduction nouvelle de M. Victor Wilder aura lieu au Théâtre royal de Gand, jeudi 9 avril. La salle est complètement louée. Un groupe de Bruxellois se propose d'assister mercredi 11 courant à la deuxième représentation. Si le nombre d'adhésions est suffisant, il sera organisé un train spécial de Bruxelles pour Gand avec retour à Bruxelles le soir même.

On s'inscrit pour ce train et pour les places, à la Maison Schott frères, Montagne de la Cour, et chez MM. Breitkopf et Hærtel.

BIBLIOGRAPHIE

Les publications suivantes nous sont parvenues :

Wat ik bemin ! (Ce que j'aime!) — Lied pour chant et piano, paroles de Theodoor Sevens, traduites par P. André, musique de Leo Van Hoof(Paes, éditeur à Anvers).

Berceuse pour violon ou violoncelle avec accompagnement de piano, par H. Wykmans (id).

Gentlemen Rider's Champagne, pas redoublé à grand effet pour piano, par Frans Andelhof (chez l'auteur, à Turnhout).

Grammaire musicale ou théorie des principes de la musique en deux années d'études, par R. Bogaert (Gand, Vanderpoorten).

XXXIVᵉ ANNÉE   12 avril 1888   NUMÉRO 15

Le Guide Musical

Paraissant tous les jeudis.

ABONNEMENT
FRANCE et BELGIQUE : Avec musique 25 francs.
—   Texte seul. : 10 —
UNION POSTALE :   12 —

SCHOTT FRÈRES, ÉDITEURS.
Paris, *Boulevard Montmartre, 19*
Bruxelles, *Montagne de la Cour, 82*

ANNONCES
S'adresser à l'Administration du Journal.
On traite à forfait.

L'Idéalisation du Théâtre

PAR
HANS VON WOLZOGEN.

Suite et fin. — Voir le dernier numéro.

D'après l'auteur, ainsi qu'on l'a vu, le théâtre idéal du maître saxon est le couronnement, d'un mouvement artistique théâtral antérieur plusieurs fois interrompu, repris, et finalement mené à bonne fin par Wagner. Selon M. von Wolzogen, l'œuvre wagnérienne, en sa totalité, constitue le dernier mot de l'art idéal; un splendide et vivant mausolée que le héros a érigé à sa propre gloire à Bayreuth, lieu de son choix. A nous, pieux admirateurs, d'aller en pélerinage à cette Mecque artistique allemande, afin d'y communier, d'y adorer le demi-dieu de la poésie dramatique idéale !

Mais, tout en voulant préserver le théâtre wagnérien contre les envahissements de la mode ; tout en n'apercevant aucun salut pour l'avenir de cet art, dans l'imitation de la manière extérieure de Wagner, cette imitation néfaste qui fait précisément le jeu de l' « hydre à cent têtes » ; considérant, en outre, que les exécutions théâtrales les plus soignées des pièces de Wagner, quoique entreprises avec les éléments choisis par le maître lui-même, sont choses manquées, ailleurs qu'à Bayreuth, M. von Wolzogen croit néanmoins qu'en dehors du drame musical, momentanément isolé, il y a encore salut pour le théâtre

courant allemand, — mais pour le théâtre parlé seulement : drame ou comédie. Il ne désespère point de l'avenir de ce théâtre, car cet avenir est contenu en germe dans les éléments nationaux conservés vivaces au sein de la population germanique, malgré l'action corruptrice de la mode.

C'est dans ces éléments et en dehors de toute convention qu'il faudra désormais chercher les saines données du style pour la diction et pour la mimique. De nos jours, où, parmi les acteurs, s'étalent complaisamment la virtuosité à outrance et l'effet quand même, il ne reste place ni pour une diction ni pour une mimique vraiment saines ; diction et mimique qui seraient uniquement au service de l'idée et des intentions de l'œuvre qu'elles auraient pour mission d'interpréter. En un mot, les acteurs allemands, au dire de M. von Wolzogen, ne jouent pas avec style. L'auteur, si incroyable que cela puisse paraître, va jusqu'à proposer aux acteurs de son pays, comme modèles, triviaux il est vrai, les spectacles d'opérettes française, où l'œuvre et l'exécution se conviennent mutuellement, c'est-à-dire où le jeu des acteurs est à la hauteur de l'œuvre et l'œuvre au niveau de l'interprétation.

Comme l'essence du théâtre parlé est la *réalité*, qui fait pendant à l'*idéalité* du théâtre chanté, M. von Wolzogen conseille de rattacher la continuation du théâtre récité à la tradition du théâtre de Shakespeare, l'*inimitable réaliste, ce génie vraiment germanique.*

En somme, l'auteur aboutit à deux superbes synthèses de l'esthétique théâtrale : deux pôles d'un même axe ; car le réalisme et l'idéalisme théâtral, en apparence opposés l'un à l'autre, appartiennent par le fond au même système de construction artistique, l'un complétant l'autre.

Les voici, ces deux belles définitions, qui valent, à elles seules, tout un traité d'esthétique : « 1° Dans le soi-disant drame musical, nous avons : *le chant* (1), *les figures typiques* dans leur existence éthico-métaphysique, — et, en somme, un *tableau idéal*, comme symbole du monde. 2° Dans le drame parlé, nous voyons, par contre : *la parole*, comme telle ; — *le caractère*, comme tel (dans son développement psychologique), — et, à tout prendre, *l'action* comme telle. A *l'universel* et à *l'idéal* viennent se substituer *l'individuel* et *l'idéal*. Quelle que soit la *matière* (der Stoff), le *sujet* du drame récité, ce sujet doit porter le caractère de *l'actualité*, doit dépendre du *temps ;* en un mot, doit être *historique*. Et plus ce drame se présentera à nous sous forme d'un art théâtral populaire, avec un choix de sujets se rapprochant davantage de ce qu'il y a de symbolique dans la nature humaine, et plus aussi ces œuvres porteront le cachet de l'universel dans le sens historique du mot. »

Cette citation, pièce vraiment capitale de l'ouvrage, suggère un monde de pensées ; mais le cadre que nous nous sommes imposé dans ce simple compte rendu ne permet guère de les effleurer. Nous n'avons eu d'autre but que d'éveiller l'attention du lecteur sur un écrit de haute importance, émanant d'un penseur et un enthousiaste, ami et confident du grand maître idéaliste. M. von Wolzogen était le mieux à même d'étudier et de comprendre dans sa quintessence l'idée wagnérienne : c'est le philosophe et le grand-prêtre de cet art si élevé, si sublime, que l'on doit reconnaître comme tel, alors même que l'on ne se prosterne pas devant lui les deux mains derrière la tête et la face dans la poussière.

On se demande tout d'abord quelle est l'origine de ces belles définitions du drame musical et du drame parlé. M. von Wolzogen les donne-t-il pour siennes ? Nullement, puisque, quelques lignes plus loin, il cite les paroles de Wagner, paroles qui contiennent, en effet, le sens de la *seconde définition :* « Celui qui *a vu* l'histoire, c'est-à-dire les événements qui s'y déroulent, peut *les faire parler ;* non proprement l'histoire ni ses événements, qui pour nous resteront éternellement recouverts d'un voile impénétrable, mais bien les personnes aperçues dans ce milieu comme agissantes et souffrantes. » Et plus haut : « Les facteurs de ce qui est grand dans l'histoire de l'humanité, ce ne sont ni les théories ni les formes politiques fondamentales, mais bien ces grandes personnalités, ces génies féconds et créateurs, dans lesquels le caractère national se condense en

une synthèse vivante et dont les actions portent le caractère de l'universel. »

Ailleurs, M. von Wolzogen cite également la pensée d'un philosophe (de Schopenhauer, sans doute), en la paraphrasant à sa façon : « Pour l'esprit humain, le domaine de l'histoire ne revêt une signification pure et élevée que dans le drame. » Cependant, ni l'auteur de *Parsifal*, ni le philosophe en question ne peuvent réclamer virtuellement la paternité de cette belle pensée ; son origine est plus vénérable, puisqu'on la trouve déjà formulée dans la *Poétique* d'Aristote : « Le point le plus important, dit le grand stagirite, c'est la constitution des faits, car la tragédie est une imitation, non des hommes, mais des actions de la vie, du bonheur et du malheur ; et, en effet, le bonheur et le malheur résident dans une *action*, etc., etc. »

Et plus loin, comparant l'histoire à la poésie : « Aussi la poésie est quelque chose de plus philosophique et de plus élevé que l'histoire, car la poésie parle plutôt de généralités et l'histoire de détails particuliers. »

En opérant ces rapprochements, nous avions un double but : rendre d'abord à César ce qui appartient à César ; montrer ensuite qu'un trait d'union, vrai fil d'Ariane, relie entre eux tous les grands esprits. A deux mille ans de distance, les définitions du penseur grec trouvent non seulement un écho dans la pensée moderne, mais, ce qui est plus remarquable encore, une application artistique défiant toutes les prévisions (1).

Au moment de terminer la présente analyse, nous croyons devoir mettre le lecteur du travail de M. von Wolzogen en garde contre certaine définition, à notre sens erronée.

L'auteur, en parlant du style et de la forme dramatico-musicale de Wagner, définit cette dernière de la façon suivante : « La *forme* c'est le *motif* caractéristique, psychologique. » Est-il croyable qu'un esprit sagace et profond soit amené à confondre, à ce point, deux choses aussi distinctes dans une composition musicale : la forme (le contenant) avec ce qui constitue le fond (le motif — le contenu) !

Que l'ensemble des motifs d'une composition détermine et ses développements et sa forme, qui ne le sait ? Mais ce que tout artiste n'ignore pas non plus, c'est que la forme s'apprend, qu'elle est du domaine de la science, tandis que le *motif*, le *thème* est un pur produit de l'imagination créatrice et qu'il ne s'apprend pas, lui, l'enfant du rêve éveillé de l'artiste. Le motif caractéristique n'est donc autre chose que *l'expression première et déterminante de la pensée du compositeur*. On connaît la peine infinie que se donnait le grand Beethoven pour inventer les *leitmotive* de ses gigantesques œuvres instrumentales. La forme le préoccupait beaucoup moins, sûr et certain qu'il

---

(1) Nous préférons de beaucoup le mot *musique* au mot *chant*. Selon M. von Wolzogen lui-même, c'est grâce à la vertu éthérée de la musique que le drame parvient à s'élever jusqu'aux hauteurs idéales. La musique (et non pas seulement le chant)—cette déclamation renforcée), est bien l'atmosphère propre, le milieu ambiant et supra-naturel à travers lequel nous, spectateurs, contemplons le *tableau* qui se déroule devant nos yeux avec calme et une force fatale et magique. Donc, la musique, à l'instar du chœur de la tragédie antique, est précisément cet fameux intermédiaire entre l'exécution théâtrale et le spectateur.

(1) *Les Maîtres Chanteurs de Nuremberg*.

était de la trouver au bout, quand le fond bien établi, lui apparaissait dans sa _fulgurante plasticité!_

Assurément, les constantes préoccupations de Wagner musicien devaient être les mêmes.

LÉOPOLD WALLNER.

Le Roi l'a dit

opéra comique en trois actes de M. Edmond Gondinet, musique de M. Léo Delibes, représenté au théâtre de la Monnaie le 9 avril 1888.

La campagne italienne semble avoir pris fin au théâtre de la Monnaie depuis que Mme Melba s'avise de chanter dans la langue de Molière et que ce tour de force lui réussit. A vrai dire, quelqu'agrément que procure encore à certains amateurs la _comédie assonance_ à jet continu, on arrive à s'en blaser à la longue. Il était temps de passer à d'autres exercices. De transalpin qu'il était jusque dans ces derniers temps, voilà notre Opéra devenu tout à fait parisien. Il ne s'y joue plus une note qui ne soit de l'un ou de l'autre de nos spirituels voisins du midi, et ce sont leurs œuvres qui défraient, chaque jour et sans partage, le grand opéra ou l'opéra comique. Agréable diversion, sans doute, dont on ne songerait point à se plaindre, s'il existait dans ce répertoire d'opéras français une diversité d'expression suffisante pour satisfaire au besoin de variété, à cette loi des contrastes en dehors de laquelle on finit par tomber dans la monotonie. N'oublions pas que le théâtre de la Monnaie réunit les deux genres lyriques, et reconnaissons que tout ce qui s'y fait pour le moment n'est, en majeure partie, que de l'opéra comique ou de l'opéra de demi-caractère.

C'est M. Léo Delibes qui bénéficie le plus largement aujourd'hui de l'hospitalité si généreusement offerte aux œuvres parisiennes par MM. Dupont et Lapissida. Il ne faudrait point désespérer de voir _Lakmé, Sylvia_ et le _Roi l'a dit_ composer, à eux seuls, les spectacles d'une semaine, ce qui constituerait, sans doute, pour l'auteur de ces charmants ouvrages, un honneur sans précédent. Mais qu'importent les meilleures raisons, du moment que les habitués de la Monnaie se montrent satisfaits et que les affaires de la direction se trouvent bien du régime suivi? Il n'y a pas seulement que des raisons d'esthétique à faire valoir à propos de ces choses où le doit et l'avoir tiennent une large place.

Il y a quinze ans déjà que le _Roi l'a dit_ a vu le feu de la rampe sur ce même théâtre d'opéra que le souvenir d'un feu bien autrement intense n'incite plus guère à qualifier de comique! La fortune a souri à l'œuvre de M. Delibes qui, depuis lors, a été reprise (3 juin 1885) et qui vient enfin de prendre rang très brillamment au théâtre de la Monnaie. Par le sujet comme par le style de la musique, le _Roi l'a dit_ appartient au genre le plus gracieux et le plus spirituel de l'opéra comique. C'est l'histoire, très légèrement contée, d'un marquis ridicule, devenu par hasard courtisan de Louis XIV, et dont la maladresse est cause d'une plaisante aventure. Le marquis de Moncontour, père de quatre filles, mais dépourvu d'héritier mâle, a dit, par mégarde, au Roi-Soleil, qu'il possède un fils. « Je le savais », a dit le roi au marquis, lequel se voit contraint, par déférence, d'adopter un jeune campagnard dont l'intrusion dans la noble lignée des Moncontour ne met plus en doute là la parole royale. Ce rejeton improvisé ne tarde pas à commettre toutes les frasques imaginables; il chagrine beaucoup son père adoptif, scandalise horriblement la marquise, jette l'argent par portes et fenêtres, et finit par s'attirer deux duels. Heureusement, sa couardise lui suggère l'idée de se faire passer pour mort. La nouvelle parvient aux oreilles du roi, et le sire de Moncontour profite de l'occasion pour se débarrasser d'un importun qui mettait à l'envers sa maison et sa famille.

L'action divertissante et mouvementée se trouve égayée par les façons drôlatiques d'un maître à danser, M. Miton, professeur de belles manières et, comme Figaro, homme à toutes fins, que la verve et le talent de M. Isnardon ont su mettre en relief. Fort réjouissantes aussi, les quatre filles du seigneur de Moncontour, élèves du précédent et corsant l'intrigue d'une foule d'épisodes du meilleur comique.

Et, comme il fallait bien assaisonner toute cette gaîté d'une pointe de sentiment, voici le personnage de Javotte, éprise du compère Benoît, le faux héritier des Moncontour, son compagnon de village, et voyant avec dépit la fortune insolente de son amant.

Ce thème, où l'humour du librettiste s'est donné pleine carrière, M. Delibes a su le parer de toutes les variations que pouvait imaginer un talent éprouvé, subtil dans la forme et de fond solide. La musique du _Roi l'a dit_ est, par excellence, la musique du sujet: vive et spirituelle; mélodique avant tout, d'une mélodie franche et facile que l'ingéniosité de l'harmonisation rehausse et préserve de la banalité. Œuvre légère, si l'on veut, mais œuvre de style, où la science et l'érudition se montrent sans pédanterie, où les formules anciennes paraissent rajeunies et ravivées par un souffle de modernité. Il y a, pour tout dire, dans cette aimable partition, un contenu musical intéressant par lui-même, et à coup sûr, l'ensemble de la leçon de musique, les plus dissemblables sur un terrain que l'on ne saurait disputer au compositeur resté le plus français de tous les maîtres de la jeune école.

Le public du théâtre de la Monnaie a fait un chaleureux accueil à la plupart des morceaux du _Roi l'a dit_, principalement au 1er acte, le plus fertile des trois en situations musicales. La scène de la révérence, le départ de la chaise à porteurs, la chanson à deux voix: « Jacquot, courant par les bruyères », les couplets de Miton et la scène de la leçon de maintien, si gentiment mimée par Mme Landouzy, ont obtenu tout d'abord un succès mérité. Mais le morceau le plus original est, à coup sûr, l'ensemble de la leçon de musique, interrompu par la sérénade du marquis de Flarembel et du marquis de la Bluette, — deux travestis portés avec infiniment de grâce par Mmes Legault et Devigne. La reprise de l'ensemble, à l'arrivée soudaine de la marquise, produit un effet du plus haut comique, obtenu à l'aide de moyens en apparence tout opposés, car la musique n'est qu'une sorte de parodie du classicisme pédant du XVIIe siècle. On a remarqué dans le finale cette jolie phrase à trois temps : « La maison s'emplira d'allégresse », dite par Mme Landouzy et accompagnée par le chœur jusqu'à la fin de l'acte.

Signalons, à l'acte deuxième, le petit chœur des marchands et leur sortie sur la ritournelle de l'orchestre; le trio: « Au couvent! c'est affreux! » dont la strette est d'un joli motif; l'air de Javotte: « Quelle indulgence » sur un mouvement de menuet, que l'on a vivement applaudi et que M. Joseph Dupont, dirigeant l'orchestre, a fait redire à Mme Landouzy; enfin le rondeau de belle allure, chanté par Mr Renaud (le marquis de Moncontour): « Oui, palsanguienne! et j'en suis fier », et le finale à treize parties plus ou moins réelles, auquel ce nombre fatidique n'a point porté malheur.

Au troisième acte, le cantabile de Javotte, le rondeau de Benoît, avec contre-chant à l'orchestre, les couplets de Philomèle, la musique de scène des deux duels successifs auxquels Benoît échappe, grâce à son stratagème, et le duo d'amour de Javotte et Benoît retiennent, avec des valeurs diverses, l'attention du public.

L'exécution du _Roi l'a dit_ est très satisfaisante, non seulement au point de vue du chant, mais aussi dans le dialogue, dont les vers libres de M. Gondinet ne soient pas faciles à dire. C'est Mme Landouzy qui l'emporte, par sa jolie voix et la correction de son chant, par la simplicité et le naturel de son jeu. M. Gandubert fait un Benoît assez lourd, ce qui, après tout, est bien dans le rôle. La voix de M. Renaud ne le sert à merveille dans le personnage de Moncontour, dont il rend bien les côtés grotesques. Nous avons nommé M. Isnardon, qui remplissait en 1885, à Paris, le rôle de Merlussac et qui représente aujourd'hui un maître à danser de bonne figure. MM. Rouyer et Chappuis jouent les rôles de Merlussac et de Gautru, et M. Nerval celui de Pacome. Avec Mlles Legault et Devigne, déjà citées, nommons encore Mmes Gandubert, Falize, Maes et Passmore, qui composent le quatuor des demoiselles Moncontour, ainsi que Mme Walther faisant le rôle de la marquise.

La Monnaie n'a pas fait les frais de décors nouveaux ; mais les costumes sont d'une grande fraîcheur. L'œuvre de MM. Gondinet et Delibes est assez riche par elle-même pour se passer du clinquant de la mise en scène.   E. E.

Lohengrin

grand opéra romantique en 3 actes et 4 tableaux, poème et musique de Richard Wagner ; version française de Victor Wilder, représenté au Grand-Théâtre de Gand, le 9 avril 1888.

J'ai donné au *Guide musical*, il y a deux ans, quelques notes sur les exécutions des œuvres de Wagner à Gand ; je peux donc me borner, aujourd'hui, à rappeler que *Lohengrin* a été représenté pour la première fois dans cette ville, en allemand, le 22 octobre 1880, et qu'il eut alors quinze représentations, chiffre fort élevé. Il est vrai que l'interprétation, confiée à Mmes Ottiker (*Elsa*) et Saégal (*Ortrude*), et à MM. Hajos (*Lohengrin*) et Grünauer (*Frédéric*), était excellente. Je faisais remarquer dans cet article que l'œuvre était restée très populaire, grâce à ce grand succès et à des exécutions partielles dans nos concerts, — et que, pour un directeur intelligent, c'aurait été une excellente spéculation de la remonter avec une troupe convenable. La reprise de lundi n'est pas faite pour donner un démenti à ce que je disais en 1886. Elle a eu lieu, en effet, devant une salle particulièrement brillante, qui lui a fait un accueil enthousiaste, rappelant les artistes après chaque acte et tenant compte de l'effort, autant et même plus que du résultat. J'étais, du reste, sans aucune appréhension au sujet de l'issue du spectacle ; les Gantois, je le dis sans amour-propre de clocher, sont, en somme, des amateurs éclairés, qui goûtent la bonne musique, avec discernement et en même temps avec éclectisme, sans intolérance.

Cependant, il faut bien reconnaître que l'exécution ne répond pas tout à fait à ce que l'on nous avait promis ; malgré les renforts apportés à l'orchestre et aux chœurs, ceux-ci ne sont pas à la hauteur de leur tâche. L'orchestre, en particulier, manque de cohésion et de fondu ; les violons semblent ne pas avoir étudié leur partie ou la trouver trop difficile ; les cuivres, dont le rôle est si important, font des couacs et ratent leurs entrées, ainsi que la batterie ; les nuances ne sont généralement pas observées, et ce dédain des *crescendi* et des *decrescendi* ne laisse pas de rendre bien ternes des morceaux comme le prélude, d'une si pure et si parfaite poésie. Enfin, — et ceci est un reproche plus grave que j'adresse à M. De la Chaussée, — les mouvements ont été parfois précipités de manière à dénaturer complètement la pensée du compositeur, notamment au début du troisième acte. Les chœurs, comparativement, sont plus compréhensibles, ils ont été supportables comme chant, bien que nuls comme jeu. Avec quelques répétitions supplémentaires, ces défauts pourront être atténués partiellement pour les représentations subséquentes. Pour celles-ci, il sera bon aussi de revoir la mise en scène et de soigner davantage quelques détails qui, mal rendus, sont assez ridicules et détruisent l'impression produite par le drame.

Du côté des premiers sujets, l'interprétation est sensiblement meilleure. M. Merrit (Lohengrin), un peu froid au premier acte, dans ses adieux au Cygne, s'est peu à peu échauffé et a chanté le troisième acte de façon vraiment remarquable ; le duo du premier tableau l'a montré tour à tour tendre, suppliant, désolé, et la diction parfaite dont il a fait preuve dans le récit du mont Salvat a achevé de lui conquérir tous les applaudissements, qui ont même éclaté au beau milieu de la scène, mais qui ont été vite réprimés pour se continuer après la chute du rideau. Je regrette de ne pouvoir décerner les mêmes éloges à Mme Laville-Ferminet, qui, malgré sa vive intelligence dramatique, ne me paraît pas avoir suffisamment pénétré le caractère d'Elsa, et semble trop se souvenir de ses créations de Chimène, du Cid, et de Dolorés de *Patrie* ; la déclamation laisse à désirer chez cette artiste, et il est difficile de comprendre ce qu'elle chante ; par contre, il faut lui tenir compte de sa grande attention en scène, et de sa mimique expressive. Chez Mme Rouvière, la mimique est un peu exagérée, mais il est malaisé de trouver l'attitude juste dans le rôle violent et farouche d'Ortrude ; elle a chanté l'écrasant duo du deuxième acte avec beaucoup de passion, et elle a produit une impression beaucoup meilleure que lors de ses débuts dans *Aida*. M. Bourgeois est un très beau Roi, et aurait été parfait, si un léger enrouement ne l'avait quelque peu privé de ses moyens au commencement de la soirée. M. Soum a tenu consciencieusement le rôle de Frédéric de Telramonde, mais sans lui imprimer le caractère personnel auquel je m'attendais. Une bonne note pour M. Geoffroy, qui

a racheté ses insuccès de l'année par la manière dont il a lancé les point faciles proclamations du Héraut.

L'impression générale parmi le public de la première était un très vif sentiment de reconnaissance envers la direction, grâce à laquelle il nous était donné d'entendre la belle œuvre du maître allemand. Malgré l'imperfection de cette exécution, imperfection forcée et inévitable chez une troupe habituée exclusivement au répertoire français et italien, certains passages ont causé une sensation artistique vraiment profonde ; et ceci, entre parenthèses, prouve bien la puissance des conceptions wagnériennes, qui émeuvent et captivent, même en dehors des représentations modèles de Bayreuth. Telle quelle, cette reprise peut donc être comptée comme un grand succès à l'actif de cette campagne théâtrale, et nous en félicitons sincèrement M. Van Hamme.

PAUL BERGMANS.

Le Requiem de Berlioz

Exécuté pour la première fois en Belgique aux Concerts du Conservatoire à Liége, le 7 avril 1888.

Liége aura été la première à donner en Belgique la messe de *Requiem* composée par Berlioz pour la cérémonie funèbre donnée à la mémoire des victimes de la Révolution de Juillet, mais qui ne fut exécutée pour la première fois, qu'en 1837, aux funérailles du général Bernard.

Depuis cette époque, le *Requiem* n'avait eu que de très rares exécutions et ce n'est guère qu'en ces dernières années qu'il a reparu dans les concerts, à Paris, à partir de 1878, au moment de l'enthousiaste réaction qui s'opéra en faveur de Berlioz, ensuite à Vienne, à Weimar à l'un des derniers festivals de l'Association des musiciens allemands, et tout récemment à Berlin et à Cologne. Le Conservatoire de Liége en le mettant au programme de son dernier concert de la saison n'en a pas moins le mérite d'avoir été le premier en date, dans notre hospitalière et musicale Belgique, à montrer cette œuvre puissante et de forte pensée. Il est juste que ce mérite soit mis en lumière et que M. Radoux ait la part qui lui revient dans cette artistique initiative.

La cérémonie pour laquelle le *Requiem* a été écrit ne doit pas être oubliée pour bien apprécier cet ouvrage. Ce n'est évidemment pas une œuvre religieuse que Berlioz a entendu écrire, lui, le plus passionné des maîtres modernes, la religion, le culte, ont toujours inspiré à Berlioz une profonde répulsion depuis le jour où des influences cléricales tentèrent de la carrière artistique dans laquelle il se sentait poussé par son impétueuse nature. Dans cette messe de *Requiem*, Berlioz n'a dû rendre que le côté humain des prières liturgiques dont le texte lui était imposé, et il en a fait un drame, un poème de la Mort. Les effets les plus violents, les contrastes les plus heurtés devaient lui paraître tout indiqués pour accentuer la terreur et la pitié, les deux sentiments qui l'ont visiblement inspiré, et il a, en effet, employé toutes les combinaisons imaginables pour arriver à l'expression la plus énergique de ces sentiments. Le gigantesque a toujours exercé sur son génie une singulière attirance, il rêvait de sonorités inouïes, il se représentait des masses chorales et instrumentales énormes interprétant ses œuvres dans des salles immenses ; il a dû penser à l'église, au style religieux ne l'a pas un seul instant préoccupé ; il n'y a qu'une exception, l'*Hosannah* où il s'est servi du style fugué, lui qui avait dit un jour de la fugue qu'elle était la « bestialité dans toute sa splendeur ». « Au sujet d'ailleurs Cherubini avait répondu par ce mot piquant : « Si Berlioz n'aime pas la fugue, c'est que la fugue ne l'aime pas lui-même. »

Gardons-nous donc de toute comparaison de ce *Requiem* avec les grandes compositions analogues de Mozart, de Schumann ou de Cherubini. Cette musique exaltée de Berlioz veut être écoutée avec une sorte d'exaltation ; il faut se donner tout entier à l'auteur, entrer dans sa conception, évoquer avec lui les images qui ont dû l'assaillir en l'inspirant. Ce ne sont pas des mères qui prient pour le repos de ceux qui ne sont plus ; ce sont des âmes qui gémissent, qui tremblent, qui hurlent, qui appellent la rédemption ou s'anéantissent dans la désespérance finale ; la scène de ce *Requiem* n'est pas sur la terre, dans le temple, elle est entre le ciel et l'enfer.

Quel extraordinaire déploiement d'engins sonores ! Jamais avant le *Requiem*, chapelle d'église n'avait vu bien certainement pareil luxe orchestral. Mais Berlioz n'a pas pensé à l'église ; le style est religieux ne l'a pas un seul instant préoccupé. Son orchestre, d'après les indications de la partition, comprend : 4 flûtes, 4 clarinettes, 12 cors, 8 bassons, 12 trompettes, 20 trombones et tubas, 8 paires de timbales, 2 grosses caisses, 10 paires de cymbales et 4 tam-tams !

Vision poétique, après tout, fortement empreinte du romantisme de l'époque, hors de proportion avec la réalité, mais qu'on ne peut condamner sans parti pris, car elle est tout au moins d'un cerveau puissant et d'un esprit original.

Ce qui n'empêche qu'en cette heure musicale, bien des pages de cette œuvre ne nous paraissent déjà surannées, d'autres bizarres, pour ne pas dire franchement affreuses. A côté de surprenantes combinaisons sonores, à côté de phrases d'une énergie d'expression saisissante, se rencontrent, çà et là, des choses d'une pauvreté d'invention qui étonne et d'une faiblesse de facture qui navre. Le musicien vous fait l'effet d'un pauvre écolier, très malhabile dans l'art de développer sa pensée et de la présenter; puis, voilà que surgissent des idées charmantes ou terribles, révélant le poète, l'imagination brûlante et la grande éloquence du génie. Le frisson vous a saisi. Berlioz triomphe.

La page maîtresse à ce point de vue, c'est le *Dies iræ* avec son prodigieux *Tuba mirum*, où les fanfares sinistres du jugement dernier éclatent tout à coup aux quatre coins de l'orchestre, explosion terrifiante et probablement unique dans la musique. Ce n'est proprement qu'un effet de sonorité, mais il est préparé avec une habileté consommée par tout ce qui précède. Berlioz use ici d'un système original. Le début du *Dies iræ* est terne et sans couleur, à la différence de la plupart des morceaux écrits sur cette hymne fameuse, que presque tous les compositeurs ont cherché à rendre terrible dès les premières notes. Berlioz, au contraire, réserve toutes ses forces pour le *Tuba mirum;* avant cette évocation de la trompette du jugement, il n'emploie pas une seule fois les trompettes, trombones, tubas, cymbales et timballes. Aussi, lorsque tout cet ensemble d'engins sonores éclate, l'effet de stupeur et la commotion physique sont irrésistibles, l'horreur vous saisit. Wagner emploie un stratagème analogue dans sa *Cène des Apôtres*, où il laisse se développer d'abord les voix d'un chœur sans accompagnement jusqu'à ces mots : « Quelles rumeurs emplissent les airs? » Alors l'orchestre complet entre tout à coup en action et produit un effet d'autant plus grand qu'il est imprévu.

Au Conservatoire de Liège, toute cette partie de l'œuvre a été rendue avec une vigueur et une puissance auxquelles on doit, sans restriction, les grands éloges. Chœurs, orchestre et fanfares ont donné avec un ensemble d'un effet saisissant et une fermeté d'accent qu'on ne trouve pas toujours ailleurs. L'effet s'est en de telles pages qu'un chef d'orchestre montre toute son autorité, et j'ai plaisir à constater que celle de M. Radoux s'est affirmée là avec une réelle énergie.

Il y a eu un peu de mollesse dans le *Quærens me* et le *Lacrymosa.* Mais ce ne sont point les meilleurs morceaux de la partition. Berlioz, sans doute; y a cherché un contraste, dans la douceur, aux violences du *Dies iræ;* mais, soit que l'effort ait été trop puissant dans cette hymne, soit que les idées musicales laissent en soi à désirer, il n'y a guère que l'expression dans la phrase, plusieurs fois répétée, sur les mots *Salva me,* qui demeure d'une grande justesse d'accent.

Dans l'*Hostias et preces,* les répons du chœur sont interrompus trois ou quatre fois par une étrange combinaison instrumentale de flûtes formant accord avec des tubas, c'est-à-dire d'instruments sonnant à l'aigu accouplés avec tons intermédiaires aux gros cuivres donnant les sous les plus bas de l'échelle. L'effet n'est point plaisant à l'oreille, et l'on n'en saisit pas le côté caractéristique. La combinaison est étrange, mais non expressive. C'est une de ces bizarreries ingénieuses où se complaisait le génie de Berlioz, mais dont l'à-propos échappe le plus souvent. Elles sont intentionnelles assurément, mais rarement elles arrivent à leur but. Lorsque, au contraire, Berlioz est véritablement musicien, lorsqu'il laisse parler en lui son merveilleux instinct de poète des sons, il lui arrive de rencontrer des phrases d'une intensité expressive tout à fait extraordinaire. A cette catégorie appartiennent les thèmes essentiels des trois dernières parties de l'œuvre, le *Sanctus,* avec sa belle mélodie exposée par le ténor et reprise ensuite successivement par toutes les voix du chœur; l'*Agnus Dei,* où reparaissent malheureusement les étranges accords de flûtes et de trombones, enfin le morceau final où repassent les principaux thèmes de la partition, notamment la mélodie du *Requiem æternam dona eis,* accompagnée, cette fois, par les arpèges des instruments à cordes, dont le susurrement produit un effet de repos heureusement rendu.

L'exécution de cette messe de Berlioz fait grand honneur au Conservatoire de Liège et en particulier à son directeur, M. Radoux, qui a mené toutes les répétitions avec une infatigable ardeur et une connaissance parfaite de la partition. Çà et là, on aurait pu désirer un peu moins de lourdeur et plus de souplesse dans les mouvements. Mais que sont de minces détails dans l'interprétation d'un ouvrage de cette envergure et qui exige une si grande dépense des chanteurs, des instrumentistes à la fois et du chef d'orchestre? Je ne m'attendais pas, je l'avoue, à une aussi bonne interprétation, et il faut signaler les mérites particuliers des chœurs, qui ont eu justesse, fermeté et

accent en même temps que très bonne sonorité dans cette longue et difficile partition.

L'orchestre a eu l'occasion de faire plus particulièrement valoir ses qualités d'ensemble dans l'accompagnement du concerto de Beethoven joué par l'incomparable maître Joachim. Quelles délices après le *Requiem* que cette symphonie concertante de mélodie, si claire et si sereine, de charme si simple et si pénétrant! Et quelle merveille que l'interprétation de Joachim, où chaque phrase a son expression si juste et chaque trait son exécution si brillante ! On ne peut rêver rien de plus parfait musicalement et poétiquement. Le public liégeois a fait au maître violoniste un triomphe éclatant, il l'a rappelé jusqu'à cinq fois après le concerto; et d'enthousiastes acclamations l'ont salué de nouveau après la *chaconne* et les trois petites pièces pour violon seul, de Bach, par lesquelles il a clos sa participation au concert. Les élèves de M. Thompson ont alors offert à Joachim une grande couronne aux applaudissements de toute la salle.

Mentionnons la danse des *Sylphes* et la *Bénédiction des drapeaux,* de Berlioz, qui complétaient le programme. — Entre Bach et Beethoven? — Parfaitement! Mais inutile d'insister. On a peu écouté ces morceaux. On eût juré que les voix de bois du violon de Joachim résonnaient encore.

Et ainsi s'est terminée la saison concertante du Conservatoire de Liège, par cette très brillante et très artistique séance de grande musique !
M. K.

Théâtres et Concerts

Chronique de la Semaine

PARIS

Peu de chose en cette semaine de Pâques; il faut bien respirer un peu, faire une courte halte avant le grand arrêt des vacances définitives.

La *Société moderne* de musique vocale et instrumentale a profité de ce que tout le monde reprenait haleine pour se mettre en route et parcourir d'un pas vaillant sa première étape. Fondée l'an dernier par ces virtuoses éminents du violon et du piano, M. Eugène Ysaye et Mme Bordes-Pène, la *Société moderne* se propose surtout de faire connaître des œuvres remarquables, peu ou mal connues, des compositeurs contemporains, dans le cadre limité de la musique de chambre (1). C'est une tentative qui a sa hardiesse ; elle mérite et l'intérêt qu'elle excite, et les encouragements qu'elle reçoit.

Le programme de cette première séance, composé en très grande partie d'œuvres de valeur, était malheureusement trop chargé, et surtout mal ordonné. L'admirable *Chant élégiaque* de Beethoven, entre autres, était mal placé au début ; l'ensemble manquait d'homogénéité et de style; l'insuffisance des répétitions a été cause de deux graves manquements dans les parties vocales; la prononciation était défectueuse. C'est à recommander dans d'autres conditions..... En revanche, je n'ai jamais entendu meilleure exécution du trio pour piano, clarinette et violoncelle, de M. Vincent d'Indy, par Mme Bordes-Pène, MM. Grisez et Liégeois.

Mme Bordes-Pène a des qualités rares; elle apporte, à sa tâche ardue, une vaillance, une aisance, une simplicité exceptionnelles; son aplomb musical est précieux; elle est parfaite dans la musique d'ensemble...... M. Eugène Ysaye, s'il manque un peu, parfois, de mordant et d'énergie véritables, de grandeur simple et de largeur dans le style, est extraordinaire par la beauté, la pureté de son, par la superbe correction du mécanisme, par la souplesse et la variété infinies qu'il déploie dans la dégradation des nuances, surtout dans le *piano,* par la sensibilité exquise de son archet, si l'on peut dire; il ne faut pas méconnaître non plus la chaleur et la poésie de son style. C'est, en définitive, un artiste de tout premier ordre. Voici nombre d'années et nombre de fois que j'entends jouer la *Berceuse* de M. Gabriel Fauré; je puis dire que jamais cette adorable rêverie, qui ne figurait pas au programme, et y a été heureusement intercalée, n'avait été interprétée comme par M. Eugène Ysaye.

A citer aussi la délicieuse voix norwégienne de Mlle Jansen, qui donne à Grieg tout son charme et toute sa saveur.

Cet intéressant, mais trop long et indigeste concert, avait commencé beaucoup trop tardivement; en dépit des promesses, engagements et admonitions du programme, il y a eu près d'une demi-heure de retard, chose à tous égards fâcheuse. Il vaudrait mieux, si

(1) Comme on le verra d'autre part, une place est réservée dans ces séances à des œuvres également peu ou mal connues, et cela bien à tort, des maîtres passés.

c'est possible, avoir des programmes plus courts, mieux distribués, et dont l'exécution commencerait plus tôt. Ceci uniquement dans l'intérêt de la *Société moderne*, dont on ne saurait trop louer le but et affirmer l'importance.

A l'Opéra, à l'Opéra-Comique, on a trop travaillé, on n'en peut plus, on est essoufflé, on se repose, on dort. Je crois même qu'on ronfle... Respectons le sommeil de l'inconscience; passons d'un pas discret, bien que rapide, en murmurant une berceuse ou une sérénade... « Dormez, dormeeeez, ma beeeeeelle!... Dormez, dormeeez toujours! etc. Tououououououjours!... »

Pour se dédommager de ce chômage devenu une douce habitude dans nos théâtres subventionnés, où c'est généralement vacance et fête, bien des gens comptaient sur les fameux *Oratorios en costume* de Mme Marguerite Olagnier, auteur d'un *Saïs*, jadis chanté par Capoul, à la Renaissance. Des affiches, qu'on retrouverait encore sur les murs du Vaudeville, nous annonçaient des merveilles : cent soixante exécutants, sous la direction de M. F. Thomé, et quatre oratorios, avec mise en scène, décors, etc., etc. On commençait par la *Création*, ce qui, au point de vue du costume, était spécialement ingénieux. Suivaient le *Stabat* de Rossini (?), *Tobie* de Gounod, *Hérode* de Chaumet (encore une économie de costume pour les « Innocents »)... Pourquoi a-t-on renoncé à ces beaux projets? Je l'ignore, et je vous le dirai si je l'apprends.

Le jour de Pâques, exécution (sans costumes) de la *Messe* de César Franck, à Saint-Sulpice. Conditions acoustiques à peu près aussi mauvaises qu'à Saint-Eustache.

Charles-Valentin Alkan vient de mourir. Il a fallu qu'il mourût pour qu'on se doutât de son existence.

Alkan! me dira plus d'un lecteur..... Qu'est-ce qu'Alkan?... Et de fait, cet homme paradoxal est presque inconnu à notre génération; il est à peu près oublié de la précédente, de la sienne.

Et pourtant Alkan, l'auteur des *Études mineures*, des *Préludes*, des *Quatres âges de la vie*, reste un compositeur de musique de piano comme il y en eut peu. Il a trouvé pour son instrument des formes inédites, des sonorités nouvelles. Il est personnel, parfois jusqu'à la bizarrerie. Dans la littérature du piano, il occupe une place particulière d' « humoriste ». Il a droit à une place à part, à côté des Liszt, des Chopin, des Schumann, des Schubert. Il était un spécialiste du *pédalier*. On trouve dans son œuvre un élément hébraïque. Israélite comme Henri Heine, fantaisiste comme lui, on rencontre dans ses compositions, à côté de plaisanteries, de drôleries, de facéties même, une certaine poésie, un sentimentalisme particulier.

Il semble, d'ailleurs, qu'Alkan, après ses débuts les ordinaires, ait été arrêté dans son développement. Il y a une part d'étrangeté, un élément énigmatique dans sa vie. Cette destinée incomplète, interrompue, cet ensevelissement de l'artiste de son vivant eurent-ils pour cause le caractère même de l'artiste, sa volonté, ses défauts ou l'exagération de ses qualités? On ne faut-il pas penser que notre sol français est ingrat pour la culture de certaines plantes artistiques rares? C'est ce que je ne puis décider. Je me suis borné à rappeler le nom et l'œuvre d'un artiste infiniment supérieur à des milliers de ses confrères, célèbres et vantés.   BALTHAZAR CLAES.

MARSEILLE

Au commencement de cette saison, je vous ai entretenus de l'heureuse nomination de M. Claudius Blanc, à la tête du Conservatoire de Marseille, des résultats rapides et brillants obtenus par lui, et déjà constatés par la presse locale dès le premier exercice public d'élèves, préparé par les soins du jeune, actif et intelligent directeur.

La réussite et le succès du second exercice public, qui vient d'avoir lieu le mois dernier (1), ont même dépassé l'attente générale, et promettent à Marseille un véritable renouveau artistique et musical.

La composition du programme dénote le goût du nouveau directeur, et permet de constater son autorité... Un chœur du *Massie* d'Hændel (Ah! parmi nous l'enfant est né), et le joli chœur pour voix de femmes de Gabriel Fauré, le *Ruisseau*, ont été chantés dans la dernière des perfections (2). De l'ouverture n° 3 de *Léonore*

---

(1) Le mardi 27 mars.
(2) On dispose, au besoin, de *cent quarante* choristes.

(Beethoven), une exécution excellente, surtout dans le presto final, a été donnée par la classe d'ensemble instrumental. Une *Gavotte en rondeau* de J.-B. Lulli (orchestration rétablie avec un goût exquis, par M. V. d'Indy) a été dite admirablement par les plus jeunes élèves, presque des bambins, et a été frénétiquement applaudie... Mme Mauvernay, qu'on a entendue trop peu à Paris, quand elle y passa, il y a quelques années, a été très émouvante dans l'*Alceste* de Gluck (1er acte, 2e tableau); sa belle voix n'a rien perdu de sa force et de sa fraîcheur. A noter encore au programme la piquante danse avec solo de flûte de la *Namouna* d'Éd. Lalo, un chœur de *Salomon* d'Hændel, des pièces de piano de L. C. Daguin, T. Muffat et Robert Schumann.

Il est consolant de voir de telles tentatives de décentralisation artistique menées à bien et couronnées de succès.   B. Ç.

BRUXELLES

M. Franz Servais a mené jusqu'au bout l'entreprise des Concerts d'hiver. Dimanche dernier, a eu lieu la dixième et dernière de ses séances. C'est déjà un succès dont il est juste de féliciter le jeune chef d'orchestre. Ce qui constitue pour lui un succès plus décisif encore, c'est la certitude, dès à présent acquise, que son entreprise continuera l'hiver prochain. En jetant un regard en arrière sur cette première saison, on ne peut méconnaître que l'orchestre de M. Servais a fait beaucoup de bonne et de vraie musique. Le nombre des œuvres inscrites aux programmes des dix concerts dépasse la cinquantaine, et les noms de tous les grands maîtres, depuis Bach jusqu'à Wagner, y sont représentés par quelques œuvres importantes.

M. Frans Servais s'occupe, dès à présent, de divers engagements de solistes, afin de varier l'attrait de ses programmes. La sonorité de l'orchestre sera notablement améliorée par l'établissement d'un plancher mobile qui couvrira l'abîme mystique de l'Éden-Théâtre, et rapprochera des auditeurs la bande instrumentale. Voilà qui est bien, tout à fait bien. Plus aguerri, l'orchestre de M. Servais nous donnera certainement, l'année prochaine, des exécutions plus châtiées et plus complètes.

Le dernier concert répétait, en partie, le programme antérieur. L'orchestre a redit la délicieuse *Suite* de Bach, l'ouverture du *Vaisseau-Fantôme* et le *Chœur du vendredi-saint* de Wagner, deux petites pièces de Grieg, et M. Joseph Wieniawski, le pianiste bien connu, a joué un concerto de Beethoven et le *Valse-Caprice*.

Après le concert, l'orchestre a fait, en l'honneur de son sympathique *conductor*, une petite manifestation qui a eu lieu à la *Porte-Verte*. Les musiciens ont offert à leur chef une couronne avec leurs noms inscrits sur les feuilles de laurier. Des abonnés s'étaient associés à cette manifestation intime en faisant offrir à M. Frans Servais un superbe bâton de mesure. Plusieurs étudiants de l'Université, auditeurs assidus des Concerts d'hiver, lui avaient, de leur côté, envoyé une palme avec cette inscription : *Vivat! Floreat! Crescat!* Empêchée d'assister aux derniers concerts d'hiver, S. A. R. Mme la comtesse de Flandre avait chargé le général Burnell d'écrire à M. Frans Servais pour lui exprimer tous ses regrets, et le féliciter en même temps de l'initiative artistique qu'il a prise en le remerciant des joies musicales que ses concerts lui ont procurées.

Les études de *Milenka*, le ballet de M. J. Blockx, sont activement poussées au théâtre de la Monnaie. M. Saracco a commencé les répétitions d'ensemble de ce ballet, dont Mlle Sarcy sera l'étoile. La première aura lieu bientôt.

Lundi 16 avril *Rigoletto* et *Sylvia*, au bénéfice de M. Jean Cloetens, contrôleur en chef du théâtre de la Monnaie.

L'obligeance et l'urbanité de M. Cloetens sont traditionnelles. Traditionnel est aussi l'empressement du public à assister à cette représentation, une des plus brillantes de la fin de saison théâtrale.

MM. Joseph Dupont et Lapissida s'occupent, dès à présent, de la composition de la troupe et du répertoire pour la saison prochaine. Annonçons à ce propos le rengagement de Mme Melba, Landouzy; Legault, Wolff et de Mme Séguin, Engel et Mauras. On dit aussi que Mme Caron nous restera.

Quant au répertoire, il est arrêté que la *Richilde* de M. E. Mathieu et *Siegfried* de Wagner passeront dans le courant de la saison. Par suite de l'entente qui s'est établie entre lui et les directeurs, M. Mathieu renonce aux représentations de son ouvrage qu'il avait projeté de donner cet été. *Richilde* passera dans le premier trimestre.

ANVERS

La *Société royale d'Harmonie* a donné, samedi dernier, une soirée de musique des plus intéressantes. Le programme était fort bien composé, il y en avait pour tous les goûts en fait de musique classique : du Schumann, du Beethoven, du Chopin et du Raff.

MM. Jokisch, Jacobs et Rummel dans le *Trio*, op. 80 de Schumann, ont rendu à merveille le caractère passionné et en même temps langoureux de la musique du maître allemand. Le public leur a prouvé par des applaudissements bien nourris son entière satisfaction.

M. Jacobs a été fort applaudi dans la belle *Sonate*, op. 69 de Beethoven, qu'il a interprétée avec les qualités de style qu'on lui connaît, et M. Franz Rummel a fait entendre la fameuse *Sonate* avec la marche funèbre (op. 35) de Chopin. M. Rummel a émerveillé l'auditoire par son toucher délicat, le son à la fois moelleux et puissant. M. Rummel a été beaucoup applaudi après sa *Sonate* de Chopin, et ce à juste titre.

N'oublions pas de mentionner que l'excellent artiste a été admirablement secondé par un superbe piano à queue de Steinway et Sons, de New-York, sorti des magasins de M. Fréd. Rummel. Ces instruments sont vraiment remarquables, ils répondent à toutes les intentions de l'artiste, et les *pianissimi* surtout sont merveilleux.

La *Société de musique*, de son côté, nous a donné une très belle exécution de la *Passion selon saint Mathieu* de Bach, cette œuvre grandiose, véritable cathédrale bâtie avec des sons. Je dois signaler dans l'exécution une particularité assurément intéressante. Le maestro Peter Benoit, qui dirigeait, s'est attaché à faire ressortir la grandeur, la majesté des chorals, en réglant spécialement la durée et l'intervalle des points d'orgue. Plusieurs systèmes, on le sait, sont en présence ; entre autres celui de scinder les différents fragments par un arrêt de même durée. Benoit a réglé les distances d'après la ponctuation des vers. Ainsi les chœurs ont fait, après le point d'orgue, un arrêt court pour une virgule, un arrêt plus long pour le point et la virgule ; et ainsi de suite, en donnant à chaque arrêt la valeur correspondante des signes de la ponctuation du discours.

Le célèbre choral « *Wenn ich einmal soll scheiden, So scheide nicht von mir !* » qui suit immédiatement le passage où l'*Evangéliste* raconte la mort du Christ, a été dirigé par Benoit avec un art exquis ; ce choral a été chanté à bouche fermée, avec une perfection idéale de nuances. La sensation produite sur l'auditoire a été profonde.

Les solistes étaient Mlle Maria Flament et Joh. Welker, M. Henri Fontaine, M. Robert Kauffman (l'*Evangéliste*), un excellent élève de Stockhausen, enfin M. Ad. Pauwels (basse). Ils ont été à la hauteur de leur tâche.

M. Jos. Callaerts, professeur à l'Ecole de musique, tenait la partie d'orgue.

Le public qui remplissait la grande salle de l'Harmonie est resté, pendant deux heures, sous l'impression de cette œuvre géniale, avec un recueillement religieux.

Soirée magnifique, en somme, pour laquelle la *Société de musique* et son savant directeur Peter Benoit méritent de vives félicitations.

Nouvelles diverses

Le conseil d'administration du Conservatoire de Toulouse, sur la proposition de M. Deffès, son directeur, a pris une excellente mesure. Prenant exemple sur ce qui se passe au Conservatoire de Bruxelles et avec l'approbation du ministre des beaux-arts, il a institué un *diplôme de capacité*, brevet d'un nouveau genre qui permettra à ceux qui l'auront obtenu de se présenter avec un titre sérieux à l'attention des familles et des établissements d'instruction.

Des examens viennent d'avoir lieu à Toulouse, et les résultats ont été très satisfaisants. Vingt-trois candidats, dont plusieurs n'avaient jamais suivi les cours du Conservatoire, s'étaient fait inscrire. Sur ce nombre, huit ont obtenu le diplôme de capacité ; deux pour le chant, quatre pour l'enseignement du solfège, cinq pour l'enseignement du piano et un pour l'enseignement du cornet à pistons.

Une solennité musicale unique en son genre, et l'une, des plus considérables du monde entier, aura lieu, à la fin du mois de juin, en Angleterre. Le festival Hændel va réunir au Crystal Palace les 4,000 exécutants formant d'ordinaire le contingent de cette exécution triennale que l'on ne saurait comparer à aucune autre. Les chanteurs les plus distingués sont engagés pour la circonstance. On entendra Mmes Albani, Nordica, Marriott, Valleria, Patey, Trebelli ; MM. Lloyd, Barton Mc Guckin, Santley, Bridson et Brereton. M. W. T. Best tiendra l'orgue, et M. Manns aura la direction du festival ; c'est lui qui fera manœuvrer l'armée d'exécutants accourue de toutes les parties du Royaume-Uni pour célébrer la gloire de Hændel. Les œuvres principales exécutées cette année, seront : le *Messie* et *Israël en Egypte*.

La *Passion selon saint Mathieu* de J.-S. Bach a été exécutée, le 15 mars dernier, à l'Opéra-Métropolitain, de la *New-York oratorio Society*, sous la direction de Walter Damrosch. Précédemment cette gigantesque composition avait été exécutée deux fois déjà dans la grande cité américaine : la première, en 1881, et la seconde il y a quatre ans, sous la même direction.

Une exécution de la *Passion* a eu lieu également à la cathédrale de Saint-Paul, à Londres, le 27 mars dernier.

Le nouveau journal wagnérien, *the Meister*, publié à Londres, annonce que les représentations auront lieu, cet été, à Bayreuth, du 22 juillet au 19 août, les dimanche, lundi, mercredi et jeudi de chaque semaine. On donnera *Parsifal* le dimanche et le mercredi ; *die Meistersinger*, les lundi et jeudi. On sait que M. Levi conduira *Parsifal* et que c'est M. Mottl qui conduit les *Maîtres-Chanteurs*. Parmi les chanteurs, se trouvent déjà annoncés, dès à présent, Mmes Materna, Malten et Sucher ; MM. Gudehus, Van Dyck et Winckelmann.

Le même journal rapporte, d'après le *Bayreuther Taschen-Kalender*, que dans quarante-quatre villes allemandes, 641 représentations d'œuvres de Wagner ont eu lieu pendant l'année 1887. Leipzig occupe la tête de la liste avec 57 représentations ; Dresde vient ensuite avec 53, Berlin avec 42, Munich et Hambourg chacune avec 35. *Lohengrin* a été joué 152 fois, *Tannhäuser* 131, *Walküre* 103, le *Vaisseau* 86, *Siegfried* 37, *Rienzi* 35, *Rheingold* 31, *Meistersinger* 26, *Gatterdämmerung* 21 et *Tristan* 14 fois.

Que pensent de tout cela les éminents critiques dont les prédictions annonçaient la fin prochaine du théâtre de Wagner ? M. Albert Wolff, entre autres, qui, le 25 août 1876, écrivait de Nuremberg au *Figaro* : « Demain ce théâtre de Bayreuth sera probablement un cirque, une salle de bal ou un tir national (1). »

VARIÉTÉS

ÉPHÉMÉRIDES MUSICALES

Le 13 avril 1802, à Paris (Opéra-Comique), reprise d'*Aucassin et Nicolette ou les mœurs antiques*, 3 actes de Grétry. La première, à Versailles, le 30 décembre 1779, et à Paris le 30 janvier 1780. Le sujet, emprunté par Sedaine à un fabliau du XIIIe siècle et que rendait lugubre une musique de plain-chant, prêta beaucoup à rire ; Grétry en convient dans ses *Mémoires*. Grâce à d'heureux changements opérés dans le poème et la partition, *Aucassin et Nicolette* reconquirent la faveur du public, et la preuve c'est que Feydeau remonta l'ouvrage avec ses principaux artistes : Gavaudan, Chenard, Solié, Moreau, Philippe, Lesage, Allaire, Prévost et Mme Haubert.

Aucassin et Nicolette furent connus des Liégeois, le 25 février 1783. Deux mois auparavant, Grétry avait été très fêté dans sa ville natale, où c'était son second voyage depuis son départ pour Rome, en 1759.

— Le 14 avril 1845, à Bruxelles, *Guido et Ginevra ou la peste de Florence*, 5 actes de F. Halévy. — Artistes : Laborde, Zelger, Laurent, Mmes Laborde et Julien. Onze représentations.

« L'œuvre a produit une grande sensation et causé beaucoup de plaisir. La partie musicale, quoique renfermant parfois de ces combinaisons tourmentées d'harmonie, de ces chants heurtés, brisés, sans liaison aucune avec l'ensemble d'une kituation, dévoile cependant des beautés de premier ordre. » (*Belgique mus.*, 27 avril 1845.)

Les premières : à Paris, 5 mars 1838 (Duprez, Levasseur, Massol, Dérivis, Mmes Stoltz et Dorus-Gras) ; à Anvers, 27 février 1839 ; à Vienne, 5 janvier 1844 (4 fois) ; à Paris, Théâtre-Italien, 17 févr. 1870.

(1) Servières. *Richard Wagner jugé en France.*

Guido e Ginevra (Nicolini, Agnesi, Bonnehée, Mmes Krauss et Sabati); à Liége, 31 janvier 1876.

— Le 15 avril 1877, à Bruxelles (Théâtre Alhambra), *Charlotte Corday*, drame historique en 8 tableaux, texte flamand de Van der Ven et Hiel, musique de Peter Benoit. L'œuvre encore tout chaude du grand succès qu'elle avait obtenue à Anvers, un an auparavant (18 mars 1876), rencontra aussi à Bruxelles l'approbation des admirateurs du maître anversois.

— Le 16 avril 1858, à Paris (Théâtre-Lyrique), *Preciosa*, un acte de C. M. von Weber, adaptation française de Nuitter et Beaumont. Point de départ : Berlin, 14 mars 1821. Route parcourue : Londres, (Covent Garden), en anglais, 28 avril 1825 ; Paris, Odéon, 17 novembre 1825, traduction de Sauvage et Crémont; Paris, par une troupe allemande, 12 mai 1842.

— Le 17 avril 1837, à Paris (Opéra), Duprez débute dans le rôle d'Arnold de *Guillaume Tell* de Rossini. « L'élévation de son style dans l'art de phraser, la puissance de son organe dans tout ce qui exigeait de l'énergie, et sa manière admirable de dire le récitatif firent naître des transports frénétiques dans toute la salle. Pendant plusieurs années, Duprez conserva toute la puissance de ses facultés chantantes, mais il est dans la nature de l'organe factice appelé *voix sombrée* de se fatiguer rapidement ; ce qui se produisit dans la voix de Duprez. Par des efforts inouïs d'art et de volonté, il prolongea sa carrière dramatique; mais ces mêmes efforts rendaient souvent pénible et chant pénible et se faisaient apercevoir. L'artiste, comprenant enfin qu'il compromettait son beau talent, prit sa retraite pour se livrer exclusivement à l'enseignement du chant et à la composition. » (Fétis, *Biogr. univers. des mus.*, t. III, p. 84.)

Gilbert-Louis Duprez, né à Paris le 6 décembre 1806, est, par conséquent, dans sa 82° année. (Voir Eph., *Guide mus.*, 1er déc. 1887.)

— Le 18 avril 1820, à Spalato en Dalmatie, naissance de Franz von Suppé. La juste popularité qu'il s'est acquise dans son pays d'adoption, l'Autriche, — son grand-père était Belge, — a eu partout de l'écho. *Fatinitza, Boccace, Juanita*, pour ne parler que de Bruxelles, ont mis le nom de Suppé en grande faveur. (Voir sa biogr. *Guide mus.*, 27 mars 1879.)

— Le 19 avril 1836, à Anvers, l'*Eclair*, 3 actes de F. Halévy. Grand succès. Après *Guillaume Tell*, ce fut la nouveauté qui réussit le mieux. Moreau-Sainti (rôle de Lionel) s'y distinguait entre tous. (Bovy, *Annales du théâtre d'Anvers*.)

Les premières : à Paris, 16 décembre 1835 (voir *Guide mus.* 13 décembre); à Liège, 5 septembre 1836; à Bruxelles, 5 octobre 1836; à Vienne, *der Blitz*, 30 août 1849.

AVIS ET COMMUNICATIONS

Le train spécial pour Gand, organisé pour permettre à un groupe de wagnériens bruxellois d'assister à la représentation de *Lohengrin*, aura lieu vendredi soir.

Réunion à la gare du Nord, à 5 h. 15 m. Départ à 5 h. 30 m. Retour à minuit. Les places pour le théâtre et le billet de parcours devront être retirés chez MM. Schott frères, vendredi avant midi.

Rappelons à nos lecteurs bruxellois le quatrième concert de l'Association des Artistes-Musiciens qui a lieu le samedi 14 avril, à 8 heures du soir, à la Grande-Harmonie. On y entendra Mme Landouzy; M. E. Ysaye et Mme Paderewski, le pianiste russe, qui vient d'obtenir de si éclatants succès à Paris. L'orchestre, sous la direction de M. L. Jehin, exécutera : 1° l'*Ouverture de concert*, de Lassen; 2° *Villanelle et la Furst tskerzino*, des scènes champêtres de Edouard de Hartog (première exécution) et le *Divertissement macabre* (dédié à Saint-Saëns), de J. Bordier.

Nécrologie

Sont décédés :

A Liège, le 4 avril, à l'âge de 55 ans, Alexandre Dupont, auteur d'un *Répertoire dramatique belge*, 2° édition (Liège, Vaillant-Carmanne, 1884 à 1886, 3 vol., in-12), avec une préface d'Arthur Pougin. Cette bibliographie, accompagnée de notes, de documents, de souvenirs, de notices biographiques et historiques, offre un intérêt très réel pour les curieux et les amateurs des choses du théâtre.

Alexandre Dupont laisse sa bibliothèque à la ville de Liège.

A propos de cette mort, rectifions une erreur que nous avons commise dans un de nos précédents numéros toujours en nous fiant aux renseignements de M. Gregoir. Alexandre (et non Auguste) Dupont

était le frère de Joseph Dupont, de Liège, l'auteur du drame lyrique *Ribeiro Pinto*, mort il y a quelques années. M. Gregoir cite également à l'actif de celui-ci : la *Clé d'or*. Cette attribution est erronée.

— A Paris, le 29 mars, Charles-Valentin Morhange dit Alkan, pianiste-compositeur, connu sous le nom d'*Alkan aîné*, et qui était né à Paris, le 30 novembre 1813 et non au mois de décembre, ainsi que le dit Fétis. (*Biogr. univ. des mus.*, t. I, p. 70.)

— A Paris, le 1er avril, Jean Conte, né à Toulouse, le 12 mai 1830, violoniste et compositeur, grand prix de Rome en 1855. (Notice suppl. Pougin-Fétis, t. I, p. 198.)

— A Leipzig, le 2 avril, Franz Goetze, né à Neustadt, le 10 mai 1814, violoniste, élève de Spohr, ancien ténor au théâtre de Weimar, professeur de chant. (Notice, *Musik-Lexicon*, de Riemann, p. 351.)

— A Paris, Jacques Hochstetter, maître de chapelle à l'église Saint-Augustin.

— A Saint-Pétersbourg, Mme Bitchourine, ancienne cantatrice de grand talent à l'Opéra russe.

— A New-York, le 25 mars, Joseph-W. Drexel, président de la Société Philharmonique, un des directeurs de l'Opéra-Métropolitain et excellent violoncelliste. Sa collection d'œuvres musicales était une des plus riches des Etats-Unis.

XXXIVe ANNÉE   19 avril 1888   NUMÉRO 16

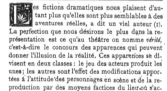

Le Guide Musical

Paraissant tous les jeudis.

ABONNEMENT	SCHOTT FRÈRES, ÉDITEURS.	ANNONCES
FRANCE et BELGIQUE : Avec musique 25 francs. — Texte seul. 10 — UNION POSTALE : — 12 —	Paris, Boulevard Montmartre, 19 Bruxelles, Montagne de la Cour, 82	S'adresser à l'Administration du Journal. On traite à forfait.

RICHARD WAGNER ET LA MISE EN SCÈNE

Les fictions dramatiques nous plaisent d'autant plus qu'elles sont plus semblables à des aventures réelles, a dit un viel auteur (1). La perfection que nous désirons le plus dans la représentation est ce qu'au théâtre on nomme *vérité*, c'est-à-dire le concours des apparences qui peuvent donner l'illusion de la réalité. Ces apparences se divisent en deux classes : le jeu des acteurs produit les unes ; les autres sont l'effet des modifications apportées à l'attitude des personnages en scène et de la reproduction par des moyens factices du lieu où s'accomplit l'*action* représentée.

C'est des apparences de cette dernière classe que je me propose de vous entretenir ; elles constituent dans leur ensemble ce qu'on appelle la mise en scène.

La vérité de l'attitude, du maintien et du geste, la justesse de la récitation de l'acteur sont assurément les éléments les plus importants de l'art théâtral ; mais la vérité des tableaux qui se succèdent dans l'action n'importe pas moins, surtout dans les ouvrages modernes, où l'emploi fréquent de groupes nombreux d'acteurs et même des masses considérables de figurants rapproche l'action figurée de la vie réelle.

Aucun détail n'est indifférent dans la représenta-

(1) Remond de Sainte-Albine : *le Comédien*, Paris, 1774.

tion du drame. Le théâtre est un art qui plus qu'aucun autre exige la perfection des moindres parties, si l'on veut que le *Tout* produise son effet. Comme tout ce qui y est représenté n'est vu qu'à une certaine distance et doit être marqué, par conséquent, en traits plus énergiques, exagérés pour ainsi dire, la moindre disproportion, le plus léger écart de goût frappe à première vue beaucoup plus nettement que dans les ouvrages destinés à être regardés de près. Tout ce qui en dehors de la parole récitée ou chantée est destiné à produire chez les spectateurs les sentiments que le drame a dessein de leur inspirer doit être, par conséquent, l'objet de soins attentifs.

Or, à ce sujet, il faut bien reconnaître qu'en dépit des progrès accomplis à d'autres points de vue par le théâtre moderne, il reste énormément à faire. J'entends parler surtout de l'opéra, qui est resté déplorablement stationnaire et n'a guère profité, semble-t-il, des remarquables innovations appliquées depuis une quinzaine d'années sur toutes les scènes un peu importantes de l'étranger.

Assurément, au point de vue de la richesse des costumes et des décors, on ne peut rien rêver de plus délicieusement harmonieux que ce qui se fait à l'Opéra de Paris dans les pièces nouvelles ; mais ce n'est pas là, pour ainsi dire, que le côté matériel de la mise en scène, et cette partie de l'art théâtral, comme on va le voir, comprend bien d'autres faces sur lesquelles l'attention s'est portée avec fruit en d'autres pays, particulièrement en Allemagne et en Angleterre, où le prodigieux mouvement provoqué par Richard Wagner a renouvelé complètement tous les procédés de l'art théâtral.

Car, encore une fois, c'est à Wagner que l'on doit toute la réforme qui est en train de s'accomplir dans l'art de la mise en scène jusqu'ici soumise à des principes arbitraires consacrés, par l'usage et la routine.

Dans toutes ses mises en scène, Wagner est parti de ce principe que l'acteur n'est qu'une partie d'un *Tout*, qu'il est, au même titre que les décors, un moyen d'interprétation et qu'il doit s'absorber, si l'on peut dire, dans l'œuvre à l'interprétation de laquelle il concourt. Wagner veut le drame, rien que le drame.

Partant de là, il écarte systématiquement de son théâtre tout ce qui peut détourner l'attention du spectateur de l'action représentée et le reporter sur l'individualité de l'interprète. De même qu'il a rendu l'orchestre invisible, afin de ne pas laisser voir l'agent mécanique du son; de même que dans ses partitions il a supprimé rigoureusement le morceau de virtuosité pure ; de même, dans sa mise en scène, il a cherché à éviter tout ce qui pouvait faire valoir personnellement les artistes chargés des principaux rôles.

L'opéra, tel qu'il nous est venu d'Italie, n'a jamais été, au point de vue scénique comme au point de vue musical, qu'un cadre destiné à mettre en valeur le talent vocal ou dramatique des principaux interprètes, et tel il a été tacitement accepté par le public. C'est un concert dont les différents numéros sont reliés entre eux par une action dramatique bien plutôt qu'une action dramatique à laquelle la musique prête l'appoint de sa force expressive; la mise en scène est conforme à cet esprit de l'ancien opéra. Le drame passe après le concert.

Avec Wagner, tout change. Le théâtre est pour lui le lieu où se joue une histoire en actions. Le décor a un but déterminé : il doit contribuer à donner l'illusion de la réalité, et il n'est aucun moyen matériel, aucune invention de la mécanique moderne que Wagner dédaigne pour arriver à ce but.

Qui de nous, en lisant dans l'histoire de la scène anglaise la description du « Globe Theatre » au temps de Shakespeare, n'a souri de l'apparition du poteau indicateur portant l'inscription: « Ici est une forêt » ou : « Ici est une maison », pour indiquer au spectateur le lieu de l'action ?

Et pourtant, à tout prendre, nous ne sommes pas beaucoup plus avancés qu'en ce temps-là. Réfléchissez seulement, rappelez-vous quelques-unes des mises en scène les plus somptueuses des opéras du répertoire, et vous verrez combien de détails y rappellent le primitif placard de Shakespeare. Il faut excepter les décors d'intérieurs, auxquels toute la perfection désirable a été donnée en ces derniers temps ; mais pour les *plein-airs*, les vues de villes, les paysages, que de contre-sens parfois et de fautes de goût. Le placard de Shakespeare disait au spectateur quel lieu il devait s'imaginer; nos plus modernes décors le lui *suggèrent* assurément, mais ils ne le lui font pas encore *voir* réellement (1).

Ainsi, quand la scène doit représenter une forêt, nous avons généralement devant les yeux non l'image d'une forêt, mais un carré rectangulaire bordé de tous côtés par des arbres plus ou moins agréablement peints. Le plancher de la scène dont on aperçoit les rainures quand il n'est pas recouvert d'une toile verte, les lambeaux de toile qui simulent le ciel, les troncs d'arbres s'enchevêtrant dans les fonds et sur les côtés seulement, tout ce traditionnel équipement de la *forêt de théâtre* qui, depuis un demi-siècle, n'a guère varié, donne l'illusion, mais non la *vision* d'un bois.

Le public s'est contenté jusqu'ici de ces tableaux approximatifs, d'abord parce qu'il n'a pas vu autre chose, ensuite parce qu'il sait bien que ce rectangle dans un bois n'est qu'un cadre où deux chanteurs viendront tantôt roucouler un duo et où passera ensuite un cortège plus ou moins somptueux, lequel viendra, à certain moment s'aligner à la rampe pour chanter le chœur attendu.

Rien de tout cela ne subsiste chez Wagner. Il veut partout l'image de la réalité. Aussi interdit-il à ses décorateurs toute concession aux commodités des chanteurs. Dans les *Maîtres-Chanteurs*, il met une rue au beau milieu de la scène et fait planter le décor de telle sorte que le spectateur n'a pas seulement l'illusion des courbures et des angles formés par la capricieuse architecture du vieux Nurenberg ; on a devant soi la reproduction exacte de la réalité.

Dans la *Walkyrie*, aux deuxième et troisième actes, la scène est encombrée de rochers depuis la rampe jusqu'au troisième plan (1), les personnages passent d'un praticable sur un autre, ils grimpent, ils sautent plus souvent qu'ils ne marchent, ainsi qu'il convient dans une contrée sauvage où il n'y a ni routes ni chemins tracés.

Au deuxième acte de *Siegfried*, dans le tableau célèbre de la forêt, toute la scène est occupée par des arbres dont les troncs noueux poussent des racines énormes qui serpentent sur le sol, et dont les branches forment dans les frises un fouillis de verdure d'un réalisme charmant. C'est une vraie forêt sauvage.

La caverne de Mime, au premier acte de *Siegfried*, avec sa forge, où le fer en fusion lance ses étincelles, et son antre qui, au deuxième plan, s'enfonce dans les profondeurs mystérieuses du Niebelheim; la fameuse scène du *Rheingold* représentant les profondeurs du Rhin, où nagent les ondines dans le scintillement lumineux des flots dorés par le soleil ; le jardin enchanté de *Parsifal* et l'admirable décor mouvant qui accompagne le voyage de Gurnemans et de Parsifal vers Montsalvat; l'emploi de la vapeur et des nuages mouvants d'un si surprenant effet quand il sont manœuvrés par des mains habiles; ce sont là autant d'inoubliables merveilles totalement inconnues avant

___

(1) J'emprunte cette observation très juste à un remarquable article de M. F. Alpthorp sur la réforme scénique de Wagner paru dans la livraison de novembre du *Scribner's Magazine* (Londres et New-York). Dans la suite de ce travail, j'aurai plus d'une fois l'occasion d'y revenir.

(1) Je parle, bien entendu, de la plantation de Bayreuth. Les décors que l'on voit à Munich, à Dresde, à Bruxelles ne sont qu'une pâle reproduction des tableaux admirables que Bayreuth avait offerts, en 1876, aux spectateurs de la *Tétralogie*.

de paraître à Bayreuth et qui nous ont singulièrement rapprochés de l'idéal de toute mise en scène :
la vision de la réalité.

(A suivre.)   M. KUFFERATH.

HAMLET

Tragédie lyrique en cinq actes et huit tableaux. Paroles traduites de Shakes
pears par M. Pierre de Garal; musique de M. Aristide Hignard.

Il vient de se passer à Nantes un fait très intéressant de décentralisation musicale. L'*Hamlet* de M. Aristide Hignard a été représenté
avec succès sur la scène du Grand-Théâtre.

La tragédie lyrique d'Hignard, composée à la même époque que
l'œuvre d'Ambroise Thomas, n'avait pas encore été jouée. La partition, parue huit jours avant la première d'*Hamlet* à l'Opéra, n'avait
pas tardé à attirer l'attention des musiciens et des principaux critiques;
pourtant, pas un seul directeur n'avait eu jusqu'ici le courage de lui
donner asile. M. Paravey n'a pas hésité à le faire, on doit lui en
savoir gré. Il prend ainsi la revanche de la représentation piteuse de
Diane de Spaar.

L'auteur du livret du nouvel *Hamlet*, M. Pierre de Garal, a traduit
littéralement Shakespeare sans chercher à en atténuer les brutalités.
Nous sommes loin, aujourd'hui, de l'absurde libretto de MM. Barbier et Carré, qui semblent avoir pris plaisir à dénaturer le chef-
d'œuvre du grand poète anglais. Leur Hamlet est ridicule; ils ont
fait du sombre et désespéré prince un héros d'opéra comique, un
petit modsieur pommadé et musqué, qui soupire amoureusement en
mettant la main sur son cœur. Dans l'œuvre d'Hignard et de Garal,
le caractère d'Hamlet a été conservé dans son intégrité, le drame de
Shakespeare a été suivi le plus scrupuleusement possible. Pour la
représentation, des coupures étaient nécessaires, je le reconnais;
malheureusement, Hignard a eu la faiblesse de consentir à la suppression de plusieurs des passages les plus shakespeariens.

La traduction de Pierre de Garal est fort élégante et possède un
véritable mérite littéraire. Pour en donner une idée, voici un passage de la scène de l'*Evocation* :

> Oh ! réponds à ton fils, Danois royal, mon père !
> Dis-moi pourquoi tes os ont percé ton linceul
> Pourquoi la tombe, ouvrant ses mâchoires de pierre,
>   As monde t'a rejeté seul ?
>
> Cadavre vêtu d'acier, au clair de lune,
> Pourquoi viens-tu nous rendre effroyables les nuits ?
> Réponds ! explique-nous cette horreur importune,
>   Dis-nous pourquoi tu nous poursuis ?

On le voit, le texte du poète est serré de près, in en est de même
tout le long du drame. Je ne vois guère qu'une chose devant laquelle
M. de Garal ait reculé; il n'a pas osé faire appeler le spectre :
« vieille taupe », par Hamlet.

M. Hignard a parfaitement compris que sur un livret semblable
il ne pouvait écrire un banal opéra. Aussi a-t-il franchement rompu
avec le vieux moule. Il a introduit dans son œuvre des parties déclamées sans rompre, pourtant, la trame musicale, qui se continue
toujours à l'orchestre. Massenet s'est servi depuis de ce procédé, dans
Manon, mais dans *Hamlet*, il tient une place beaucoup plus importante.

Cette partition contient un grand nombre de pages excessivement
remarquables, qui dénotent un musicien inspiré, doublé d'un harmoniste de premier ordre. A mon avis, Hignard est bien supérieur à
Thomas dans son interprétation de Shakespeare. Pour quelques passages vraiment beaux, que de fatras, que de choses ridicules dans
l'œuvre de l'auteur de *Mignon* !!

Sans entrer dans une analyse détaillée de la partition, citons les
morceaux les plus réussis :

Au premier acte, il faut signaler les strophes en *ré* bémol : « Fragilité ton nom est femme », et un délicieux duo entre Ophélie et
Hamlet; —le second tableau, rempli par la scène de l'Esplanade, est
beau dans son entier. C'est surtout dans cette scène que Thomas est
dépassé de cent coudées. L' *évocation* », le récit du spectre, est

mélodrame qui suit, enfin le serment sont des pages pleines de grandeur.

Au deuxième acte, le morceau capital est le mélodrame qui accompagne le fameux monologue : « Etre ou ne pas être »; ce passage
est fort intéressant au point de vue harmonique. L'allegro : « Vite
au couvent », est bien dans le véritable caractère d'Hamlet. Quelle
différence avec le fantoche de Thomas, qui soupire en pleurnichant :
« Allez dans un cloître! » Très remarquables aussi, les stances en *la*
bémol d'Ophélie et la phrase :

> La cloche rend des sons fêlés
> Au lieu d'un carillon de joie,

dans le finale.

Le ballet qui est à l'acte de la pantomime est joli. Cependant, il
faut l'avouer, A. Thomas a, ici, la supériorité. Le septuor final est
un médiocre morceau à effet; la mesure à 5/4 de l'allegro lui donne
un faux air de valse qui fait trépigner d'aise une certaine partie du
public.

Le duo entre la mère et le fils est écrit avec une brutalité toute
shakespearienne. La phrase en *fa* : « Célestes légions, couvrez-moi
de vos ailes », est magnifique.

Malheureusement, la fin du duo est conçue dans une vulgaire forme
italienne. Je reprocherai aussi à M. Hignard la reprise, en ensemble,
de la phrase : « Vois ces deux portraits », reprise qui ralentit inutilement la marche de l'action.

Au quatrième acte, les deux scènes de la folie d'Ophélie sont
admirablement traitées. Le musicien n'a pas cherché à faire briller
la virtuosité d'une cantatrice, il a voulu traduire musicalement
Shakespeare et il y a réussi; cela vaut mieux que d'écrire des gargouillades montant au contre-*mi*, pour la plus grande gloire de
Mme Nilsson.

La ballade de la reine, la scène du cimetière qui contient, entre
autres belles choses, l'élégie en *la* bémol : « Des fleurs sur une
fleur », et un adorable cantabile de Laërte sur les vers suivants :

> Rentre dans dans la terre, ô pauvre désolée !
>   Et de ta chair immaculée,
>   A l'aurore, on verra
>   Des violettes naître;
> Et toi, tu brûleras dans l'enfer, méchant prêtre,
>   Quand aux anges gardiens ma sœur ressemblera ;

enfin le dernier tableau sont des pages aussi remarquables au point
de vue scénique qu'au point de vue musical.

L'orchestration d'*Hamlet* est soignée; cependant, dans les mélodrames, les cordes et les bois dominent peut-être un peu trop exclusivement.

La partition d'Hignard, à côté de pages véritablement fort belles,
montre quelques petites taches qu'il serait très aisé de faire disparaître. Quelques coupures dans certaines choses dont la forme a un
peu vieilli,—il ne faut pas oublier, qu'*Hamlet* date de 1868,—
de légers remaniements de phrases, la suppression du finale du grand
duo et de certaines reprises-inutiles ou démodées aujourd'hui suffiraient pour augmenter de beaucoup la valeur de cette œuvre de
grand mérite.   ETIENNE DESTRANGES.

Théâtres et Concerts

Chronique de la Semaine

PARIS

Les intéressantes séances annuelles d'orgue, données au Trocadéro par M. Guilmant, ont recommencé ce mois-ci. C'est à de la
musique de ce genre que la salle du Trocadéro, ce nid à échos et
cette glacière, se prête le mieux. Si la persistance de l'hiver a refroidi
le zèle des exécutants et des auditeurs aux deux premiers concerts,
le retour de la température tiède et normale va ramener, jeudi, au
complet, la troupe nombreuse des fidèles de M. Guilmant. Bach et
Hændel forment toujours le fond des programmes, et c'est tant
mieux. Par ce choix d'œuvres, par l'excellence de l'exécution, l'entreprise toujours florissante de M. Guilmant rend un service signalé
à cause de la civilisation artistique.

A l'excellente salle de la Société de géographie, boulevard Saint-
Germain, la Société de musique de chambre de MM. Lefort, Guidé,
Bernis et Loys rend, depuis cinq ans, avec des moyens naturelle

ment plus restreints et une vaillance égale, des services analogues à ceux des concerts du Trocadéro, sur la rive droite.... Ces messieurs ne se contentent pas d'initier leur jeune public aux œuvres classiques du passé ; ils s'occupent aussi des vivants et des contemporains, tout comme M. Guilmant. Ainsi, la neuvième séance supplémentaire du vendredi treize avril était entièrement consacrée aux œuvres d'un jeune compositeur M. Alary, qui s'est voué à peu près exclusivement à la musique de chambre.... Molière jouait ses pièces ; M. Alary, violoncelliste excellent, interprète lui-même ses compositions. Cela n'était pas sans ajouter à la séance un intérêt particulier. La pièce capitale du programme était, à mon goût, le troisième quatuor à cordes, en quatre parties ; cette œuvre récente nous a montré l'auteur en grand progrès, au point de vue de l'invention et de la facture. ·Le charmant scherzo a été bissé ; l'andante qui suit est aussi fort remarquable. Mlle Fanny Lépine pour le chant, le maître pianiste Delaborde, MM. Cros Saint-Ange et Fridrich, ces excellents virtuoses de l'archet, ont brillamment contribué par leur concours à l'attrait de cette soirée.

Encore une société d'un mérite et d'une utilité tout particuliers : celle de musique de chambre pour instruments à vent. Bien que le domaine soit restreint, il est peu exploré, et mérite de l'être. La difficulté est de varier les programmes, ce genre de compositions n'étant pas fort commun. Il paraît pourtant que la chose est possible : la Société de musique de chambre pour instruments à vent en est à sa dixième année. Nommer MM. Taffanel, Gillet, Turban, Brémond, Espaignet, sans oublier MM. Lafleurance, Minart, Garigue et M. Diémer comme pianiste, c'est dire la perfection de l'exécution, la distinction du son, la sûreté de l'ensemble.... Au concert du 12 avril, l'élément musical était représenté par un Divertissement de M. Emile Bernard, pour deux flûtes, deux hautbois, deux clarinettes, deux cors et deux bassons. On retrouve dans cette œuvre charmante l'ingéniosité de facture et la délicatesse de sentiment de l'auteur ; il est presque inutile d'ajouter qu'il a tiré parti d'une façon piquante des sonorités et des ressources spéciales de cette association d'instruments.

On se réveille enfin à l'Opéra-Comique.

Est-ce à la douche forcée, prise l'autre jour, en scène, par les infortunés interprètes de Mignon, que nous devons ce surprenant et heureux changement ?

Vraiment, l'œuvre de M. Thomas n'a pas de chance. Elle a beau passer d'une scène à l'autre, les éléments semblent s'être donné le mot et se relayer pour la poursuivre..... L'autre jour, c'était le tuyau de dégagement du grand secours qui crevait sous une trop grande pression, et répandait sur MM. Collin-Laërto et Herbert-Wilhelm Meister une pluie torrentielle. Le public ne comprenait rien à cette inondation; le malheureux M. Collin, trempé jusqu'aux os, a dû se rassurer... Si, au moins, l'accident était arrivé quelques mois plus tôt, au moment où débutait l'incendie de la salle Favart, dans la représentation de la même pièce!...

Décidément Carmosine a le dessous et le Roi d'Ys l'emporte. La première lecture à l'orchestre vient d'avoir lieu, et l'effet produit par l'orchestration originale de M. Lalo a, paraît-il, été excellent. La première représentation aurait lieu le 23 avril. Si le sujet dramatique a été traité conformément à la légende, nous aurons, là encore, un débordement aquatique dans le bon, cette fois, et bien préparé...... Mais je doute que les auteurs du livret aient poussé jusque-là l'audace.

M. Massenet se réserve le printemps de 1889. On a annoncé que M. Paravey lui avait demandé quelque chose. Tout le monde a pensé que c'était Werther, puisque M. Carvalho l'avait refusé. Pas du tout : ce sera un Pertinax. Là encore, pas d'erreur, comme pour Circé ; ce ne sera pas un sujet antique, en dépit du titre ; la donnée est empruntée (ô Sardou, voile ta face imberbe) à Shakespeare (?). Voilà de l'ingratitude. On n'en sait pas plus long pour le moment; le reste est mystère... Ah! pardon. On sait que Mlle Sibyl Sanderson (??), de la patrie du susnommé William, —sans doute, sera spécialement engagée pour créer le principal rôle, ainsi que pour chanter celui de Manon... D'ici là, la régénération de la France marchera à pas de géant : à côté de M. Massenet, qui rayonnera en musique, M. Ohnet triomphera en littérature avec la neuf cent quatre-vingt... et quelquième édition de son prochain roman, Inpuissance, et M. Boulanger trônera et fulgurera en politique....., Nous pouvons attendre sans impatience le fameux anniversaire.

BALTHAZAR CLAES.

BRUXELLES

Mme CARON DANS FAUST

En traitant avec Mme Rose Caron pour les représentations de Faust, la direction du théâtre de la Monnaie a fait acte de bonne gestion. L'opéra de Gounod est resté dans les prédilections du public de Bruxelles, et puis Mme Caron est bien la Marguerite qui convient au tempérament de ce public. Elle apporte à ce rôle autre chose encore qu'un talent de cantatrice ; elle en fait ressortir d'une façon pénétrante le côté pathétique et fatal. Sa tendresse est élégiaque, sa souffrance poignante et sa folie tragique. Le personnage est sensiblement vieilli, mais il n'en acquiert que plus d'importance et d'autorité. Aussi l'interprétation de Mme Caron justifierait-elle un changement de titre à l'opéra de Gounod, qui s'appellerait avec bien plus de raison du nom de l'héroïne. Si le rôle de Faust n'a point le développement que justifie le titre de l'ouvrage, du moins M. Engel qui le chantait pour la première fois à Bruxelles, l'a-t-il fait valoir avec ses moyens habituels, mettant à profit toutes ses qualités de chanteur et de charmeur dans la célèbre romance : « Salut, demeure chaste et pure ». De son côté, M. Séguin n'avait jamais abordé le rôle de Méphistophélès (on voit que la représentation offrait plus d'un intérêt), et ce début a mis en lumière les progrès accomplis par l'excellent chanteur dans la composition de ses personnages. M. Séguin a imprimé une grande allure et autant de vérité qu'il est possible à cette incarnation fantastico-lyrique. Il a chanté la ronde du Veau d'or de manière à se faire vivement applaudir. Et M. Renaud a recueilli, lui aussi, des applaudissements pour la façon dont il chante la mort de Valentin.

La soirée n'a d'ailleurs été qu'une longue suite d'ovations venant à tous coups, de façon très agaçante, interrompre les cadences et supprimer les ritournelles. Le public ne pourrait-il attendre pour applaudir que le morceau ou l'acte soient complètement finis ? L'orchestre s'est arrêté au beau milieu de la péroraison du troisième acte, voyant le public applaudir Mme Caron et se soucier peu d'écouter les instruments.

La mise en scène de Faust a subi certaines modifications et améliorations de détail qu'il est bon de signaler. Dans l'ensemble, sauf quelques mouvements contestables, l'exécution est fort satisfaisante et produit grand effet.

E. E.

Assaut de virtuosité samedi, au quatrième et dernier concert de l'Association des Artistes musiciens. Public nombreux s'écrasant dans la salle surchauffée de la Grande-Harmonie, mais succès bien mérités sur toute la ligne. Quatre noms en vedette : celui de Léon Jehin, le chef d'orchestre de la maison, qui a fait entendre une exécution très soignée, très énergique de l'ouverture d'Obéron, ainsi qu'une Villanelle et un scherzino (le Furet), œuvres d'une honnête variété de M. Edouard de Hartog ; ceux de Mmes Landoury, cantatrice ; de M. Paderewski, pianiste, et de M. Eugène Ysaye, violoniste, professeur au Conservatoire royal de musique.

Mme Landoury est trop connue de nos lecteurs pour que nous essayions ici de la leur présenter. Elle a chanté de sa jolie voix, si mignonne et si charmante, avec des éclats de rire et des intonations d'oiseau, l'air de Suzanne de Paladilhe, un morceau qui lui convient à merveille et met en valeur toutes les finesses de son style et de sa méthode, — puis l'air des Noces de Figaro et les couplets du Mysoli de la Perle du Brésil.

Originaire du gouvernement de Volhynie et nouveau venu en Belgique M. Paderewski, dont notre ami Balthazar Claes annonçait dernièrement le brillant début à Paris (1), n'a pas craint de se montrer à Bruxelles d'affronter les horions de certain critique de nos confrères, peu endurant à l'égard des Slaves. Bien lui en a pris, car son succès a atteint, l'autre soir, les proportions d'un triomphe. M. Paderewski a toute l'autorité d'une individualité artistique de premier ordre et c'est en maître qu'il a joué le concerto en ut mineur de M. C. Saint-Saëns. Technique absolument transcendante, mélange de force et de douceur, sonorité bien pleine, toucher ferme et moelleux, style accompli dans les œuvres exécutées par lui, telles sont les qualités révélées en cette première audition par M. Paderewski, l'un des meilleurs élèves du professeur Leschetitski, le maître et l'époux de Mme Annette Essipoff. M. Paderewski a fait entendre un Nocturne de Chopin en la majeur, dans lequel a distingué une variante ajoutée par le maître lui-même, conservée par les soins pieux des élèves encore vivants de Chopin, mais ne figurant dans aucune édition usuelle de ses œuvres. Après s'être fait apprécier comme virtuose, M. Paderewski a tenu à faire goûter deux morceaux de sa composition : Caprice, imitation classique dans le style de Scarlatti, et Menuet, œuvre moins égale, tenant à la fois de la valse lente et du menuet. Ces pièces révèlent un goût sérieux en même temps qu'une culture

(1) Voir Guide musical du 15 mars 1888.

bien dirigée. Dans l'interprétation de la *Rhapsodie hongroise* (b) de Liszt et d'une mélodie de Chopin, arrangée par le même, morceau supplémentaire, exécuté à la demande de l'auditoire, M. Paderewski a confirmé en le renforçant l'excellente impression produite dans le concerto de Saint-Saëns. Il lui reste maintenant à prouver qu'il est à la même hauteur dans l'interprétation des maîtres classiques, de Beethoven, Schumann, Schubert, etc., pour établir définitivement sa réputation à Bruxelles. C'est ce qui aura lieu probablement au mois de novembre prochain, lorsque ce remarquable artiste nous reviendra, comme il en a l'espoir.

Il reste à mentionner le succès obtenu par M. Ysaye, dont le talent très apprécié à l'étranger, sans l'être moins dans son propre pays, contrairement au proverbe, s'est prodigué au concert des Artistes musiciens. Pour commencer l'interminable concerto en *ré* mineur de Spohr, une chose vieillie, que l'habileté seule d'un virtuose peut rendre supportable et que M. Ysaye a su faire applaudir, grâce au beau son, à la délicatesse du coup d'archet à toutes les qualités inhérentes à son brillant mécanisme. La *Berceuse* de M. Gabriel Fauré est un agréable morceau de salon qui paraît quelque peu grêle dans le tohu-bohu d'un concert à grand orchestre. M. Ysaye l'a détaillé à ravir ainsi que l'*Introduction et Rondo capriccioso* de M. C. Saint-Saëns.

L'éminent violoniste avait encore une part d'exécution dans l'*Anneau de fer*, ballet fantastique dont l'orchestre de l'Association a fait connaître un extrait : *Divertissement macabre*, dédié à M. Saint-Saëns, — toujours ! La dédicace est-elle placée là pour sauver l'exagération de procédés connus, employés par l'auteur de la *Danse macabre* ? M. Jules Bordier n'a pas cherché ailleurs les moyens de traduire en musique ce fragment d'un livret qui met en scène l'apprenti serrurier Mux rêvant à sa bien-aimée, un concours qui doit avoir lieu le lendemain comme dans les *Meistersinger* ; des fées, des farfadets, des phalènes, un coup de tonnerre, un chapelet, le *Pater Noster* ; un galop échevelé, des coqs qui chantent et des danseuses qui s'évanouissent.

Pour de la musique descriptive, celle de M. Bordier l'est avec intention. On pourrait, la mise en scène aidant, pointer au programme, telle action ou tel objet, que le musicien représente avec assez de vraisemblance. C'est déjà un mérite, en admettant que l'ambition du compositeur n'aille pas au delà. A notre avis, cependant, la musique ne vaut que par les qualités intrinsèques et c'est une erreur de croire que l'on fait œuvre de vrai musicien en cherchant l'imitation puérile des choses extérieures et matérielles à l'aide d'un instrument habile comme l'orchestre à traduire les émotions de l'âme. Tout en critiquant la tendance, il faut reconnaître pourtant que l'œuvre de M. Bordier n'est point dépourvue de science, qu'elle est soigneusement instrumentée et que le public a fait au compositeur un succès très accentué, dont M. Jehin et son orchestre ont eu leur part.

E. E.

Wagnériens de Bruxelles et des alentours, oyez ceci !

Pour vous prouver qu'il n'abandonne pas du tout la partie, comme l'espérait secrètement Moreno et Comettant, M. Joseph Dupont, directeur des Concerts populaires, vous offrira, pour la clôture de la saison théâtrale et musicale, un grand concert de musique wagnérienne. Ce sera pour le 10 mai, à 8 heures du soir, au théâtre de la Monnaie. Vous y entendrez : 1° L'incomparable introduction, le monologue de Sachs et son dialogue avec Walther du troisième acte des *Maîtres-Chanteurs*, dits par MM. Séguin et Engel ; 2° le prélude de *Parsifal* ; 3° la scène de Siegfried et de l'oiseau par M. Engel et Mme Landoury ; 4° le trio des *Filles du Rhin* du *Crépuscule des Dieux* ; 5° la Marche funèbre de Siegfried ; 6° l'Entrée des dieux dans le Walhall, telle que Wagner l'a écrite c'est-à-dire avec *les six harpes* à l'orchestre.

Dans la première partie, M. Joseph Dupont donnera *Antar*, l'étrange et poétique poème symphonique du grand maître russe Rimsky-Karsakoff.

N'est-ce point là un programme affriolant, dites, wagnériens de Bruxelles et des alentours ?

Petites nouvelles du théâtre de la Monnaie.

La reprise des *Maîtres-Chanteurs* et la première du ballet *Milenka* de MM. Berlier et Jan Blockx sont ajournées à la saison prochaine. MM. Dupont et Lapissida voulant donner à ces deux œuvres tous les soins qu'il serait peut-être difficile de leur donner à cette époque de l'année.

On travaille activement à la reprise d'*Hamlet*, qui passera cette semaine. M. Gevaert, qui, en sa qualité d'inspecteur du théâtre, surveille de près tout ce qui s'y passe, est enchanté de Mme Melba dans le rôle d'Ophélie ; « Elle y sera supérieure à la Nilsson », dira le directeur du Conservatoire en sortant, l'autre jour, d'une répétition.

La clôture de la saison aura lieu le 9 mai.

GAND.

Grand-Théâtre. — Mercredi 4 avril, *la Souris* et *les Pêcheurs de Perles* ; vendredi 6, *les Huguenots* ; dimanche 8, *les Amours du Diable* ; lundi 9, *Lohengrin* ; mercredi 11, *Lohengrin* ; jeudi 12, *les Amours du Diable* ; vendredi 13, *Lohengrin* ; dimanche 15, *Patrie !* lundi 16, clôture.

La reprise de *Lohengrin* dont je vous ai parlé mardi passé avec quelques détails m'a empêché de continuer le petit répertoire dont je fais précéder mes correspondances ; je répare aujourd'hui cette omission. A part *Lohengrin*, du reste, rien de bien intéressant. La deuxième et la troisième représentations de l'œuvre de Wagner n'ont pas été meilleures que la première, au contraire, le personnel étant harassé et surmené par un travail continuel. La troisième avait fait venir à Gand de nombreux artistes et amateurs bruxellois parmi lesquels j'ai remarqué : Mlle Martini et M. Engel de la Monnaie, accompagnant leur directeur M. Lapissida ; MM. Léon Dommartin, de la *Chronique*, Labarre de la *Réforme*, Octave Maus, de l'*Art moderne*, Van Drunen de l'*Indépendance*, le poète Verhaeren, le violoniste Agniez, etc.

La représentation de *Patrie !* où le prix des places avait été sensiblement augmenté en l'honneur de l'exposition d'horticulture ouverte en ce moment au Casino, devait être dirigée par l'auteur ; mais les chœurs et l'orchestre ont été si lamentables, que dès le second acte, Paladilhe a laissé le pupitre à M. De la Chaussée. Pour finir la saison, nous avons eu, hier, un spectacle d'ordre composite, formé du 3e acte de *Lohengrin*, du ballet des *Amours du Diable*, du 3e acte du *Cid*, du 1er acte des *Pêcheurs de perles* et du 4e acte de *Patrie !* rien que cela ! On a vigoureusement applaudi les principaux artistes, qui sont, du reste, rengagés pour la saison prochaine, à ce qu'on raconte.

P. B.

LIÉGE

Grand-Théâtre. — Jeudi 5, *Faust* ; dimanche 8, *Aïda*, *la Pépée, louve* ; lundi 9, *la Papillonne*, *l'Arlésienne* ; mardi 10, *Abou Hamet* ; mercredi 11, *l'Arlésienne* ; jeudi 12, *Violetta* ; vendredi 13, *Abou Hamet* ; dimanche 15, clôture : spectacle varié.

Voici l'année théâtrale finie ! La dernière semaine, une reprise : celle d'*Abou Hamet* de Dubois, créé ici, il y a trois ans, par le barython Claeys, qui a retrouvé son succès d'alors. Cet artiste consciencieux nous quitte, après quatre années de séjour parmi nous. Il s'est acquis la plus vive sympathie du public par sa complaisance inépuisable et les efforts constants qu'il a faits pour se perfectionner. Il a soutenu vaillamment cette dernière campagne, si malheureuse malgré ses efforts, que, nous avons eu rarement à parler du théâtre ; souvent il était seul à donner un peu d'intérêt au répertoire. Intelligent et laborieux, il aurait beaucoup à gagner à l'étude des maîtres classiques ; le style est si absent de l'*opéra* que ce n'est pas en étudiant, même à fond, le répertoire, que l'on peut conquérir un rang honorable parmi les artistes...

M. Lenoir a été choisi par le conseil communal pour la direction de la prochaine année. On dit qu'il nous présentera une bonne troupe ; souhaitons-le : c'est bien le seul moyen de réussir, même pécuniairement. Comme la plupart de nos confrères, nous regrettons que l'organisation projetée d'un orchestre de la ville ne soit pas plus avancée ; il devait être mis à la disposition du théâtre, qui ne jouit d'aucun subside. Ce serait un moyen intelligent de faciliter la tâche du directeur. — Quand-fera-t-on ce qu'on a projeté ?

Souhaitons une complète réussite au nouvel exploitant, et permettons-nous un avis : Pour attirer le public, il est grand temps qu'on varie le répertoire, par trop suranné et vieilli. Il y a quelques années, *Lohengrin* a été donné à moitié bien, et pourtant avec succès : M. Lenoir le rééditerait-il pas semblable épreuve en tâchant de donner une interprétation meilleure, si possible ? Et dans le choix d'un opéra à monter, qu'il se souvienne du peu de succès qu'ont valu des œuvres frivoles à ses prédécesseurs. S'il donnait une œuvre plus sérieuse, *Tannhäuser*, par exemple, n'aurait-il pas plus de succès ? — Espérons, en tous cas, qu'il sera bien inspiré, et que, l'année prochaine, le public ne sera pas privé de bonnes représentations.

F. V. D.

VERVIERS

La cérémonie annuelle de la distribution des prix aux lauréats de 1887 à l'école de musique de Verviers nous a paru particulièrement intéressante cette année ; et à cause de la manifestation dont M. Louis Kefer, son directeur, a été l'objet à l'occasion de sa vingt-cinquième année de professorat officiel, et à cause du superbe et ravissant programme exécuté au concert qui a suivi.

Je ne m'étendrai pas à vous faire l'histoire de l'école de musique de Verviers, à vous décrire les étapes parcourues dans la voie du véritable art par cette institution ; à vous signaler le travail ardu auquel s'est livré sans relâche M. Kefer, depuis quinze ans qu'il en est le directeur. Je noterai seulement ce point: qu'un homme s'est rencontré ayant foi dans le grand art, ayant des convictions profondes sur sa mission, ne comptant pas ses peines pour le propager, et employant, pour faire l'initiation des masses, tout le dévouement, tout le désintéressement qu'un tempérament vigoureux et sincère peut mettre au service d'une idée aussi grande et aussi élevée que celle de l'art. Il n'est besoin, pour le démontrer, que de constater l'état florissant de cette école de musique, d'une petite ville de quarante mille âmes Elle compte près de sept cents élèves, et il suffit de relire les programmes si artistiques des différents concerts organisés à Verviers par M. Kefer pour deviner quelle foi profonde il porte en son âme d'artiste, et quelle énergie il lui a fallu deployer pour arriver aux résultats toujours progressifs que tous peuvent enregistrer et admirer d'année en année. Ce n'est pas une tâche facile que de former un orchestre qui soit à même d'aborder les grandes œuvres de la musique, et d'avoir conduit pas à pas et avec succès, tout un public, un public nombreux, un peuple avant tout industriel, dans la voie de la compréhension d'un art pur, noble et élevé, d'un art dont le sens échappe parfois même à des lettrés.

Voilà, en deux mois, l'œuvre de Louis Kefer, et nous avons été heureux de voir que tous l'ont compris comme nous. Jeudi dernier, cela lui a été redit dans des discours éloquents, par MM. Edouard Feltzer, Joseph Soubre, Alphonse de Thier et d'autres; une œuvre d'art, un bronze splendide, lui a été offert en reconnaissance de ce qu'il avait si bien mérité de l'art; un groupe d'amis et d'amateurs liégeois a voulu aussi s'associer à cette manifestation toute cordiale en même temps qu'artistique; des couronnes nombreuses lui ont été remises. Bref, rien n'a manqué à cette fête, qui a été aussi complète que possible.

Le concert qui a suivi a été beau d'entrain et d'exécution, malgré les difficultés ardues que présentaient les œuvres inscrites au programme (c'est un étonnement qu'une école de musique d'une petite ville de province puisse, avec un succès incontestable, conduire à bonne fin l'exécution de pareilles œuvres).

La *Symphonie héroïque*, le *Concerto* de violon de Beethoven; l'Entrée des dieux dans le Walhalla (*Rheingold*); le Chœur des Fileuses, scène et ballade du *Vaisseau-Fantôme*; les Adieux de Wotan et la Symphonie du Feu (*Walkyrie*); la *Kaiser-Marsch*; l'Entrée d'Elisabeth (2ᵉ acte du *Tannhauser*), le tout de Richard Wagner, a été divinement interprété et rendu par l'orchestre.

Cette exécution a été au-dessus de tout éloge et ne peut que produire un véritable étonnement. Voilà ce que pouvent le travail, le dévouement, la compréhension des grandes œuvres et la foi et la conviction inébranlables dans l'idée pure de l'art, voilà le point où en est arrivé M. Kefer: et nous espérons que la ville de Verviers, qui sait si bien comprendre le vaillant directeur qu'elle a mis à la tête de son école de musique, continuera à le seconder dans ses efforts et dans ses travaux, qu'elle continuera à bien mériter de l'art en conservant la place si distinguée que lui a conquise l'infatigable directeur de son école de musique, dans l'art musical en Belgique.

Nous ne pouvons terminer cette relation sans parler de Mᵐᵉ Ida Cornélis-Servais; elle a dit avec le talent que tous lui connaissent l'air d'Adélaïde. de Beethoven, et l'air d'Elisabeth, du *Tannhauser*: tous, nous l'avons souvent entendue, et ne nous étonnons pas des succès qu'elle a recueillis à Verviers et qu'elle continuera à recueillir partout.

M. Sch. Byrom a chanté les Adieux de Wotan, avec sa maestria, la diction déclamée .qu'exige cette page merveilleuse : Chanteur d'élite, il a maintenu à la hauteur de la réputation qu'il s'est faite dans les nombreux concerts auxquels il a prêté son concours.

Nos éloges les plus sincères à M. Crickboom, élève de M. Kefer, lauréat du concours supérieur de violon, qui a joué le concerto de Beethoven avec beaucoup de talent et a recueilli un vif succès, tout à fait mérité. Ce concerto va des sommets de la littérature du violon, inspire toujours des inquiétudes du moment qu'il est inscrit dans un programme; et néanmoins M. Crickboom correct, son style sans mièvrerie, et empreint déjà de beaucoup de grandeur. Nous formons des vœux pour qu'il continue son éducation musicale, et qu'il ne reste pas en chemin avec un talent déjà si beau, et si plein de promesses.

En terminant, nous renouvelons nos plus vives félicitations à l'*artiste*, directeur de l'Ecole de musique, aux solistes, qui se sont tous distingués, et à tout l'orchestre, qui s'est absolument surpassé dans l'exécution de tout le programme, à la satisfaction des plus difficiles, accourus à Verviers pour cette circonstance.   ERASME RAWAY.

LONDRES

Une intéressante œuvre de propagande vient d'être entreprise par M. Carl Armbruster, admirateur passionné de l'œuvre wagnérienne, qu'il affectionne non seulement pour elle-même, mais à cause de l'évolution générale qu'elle doit forcément faire subir, avec le temps, à l'art musical.

M. Armbruster a pu constater qu'en Angleterre, comme dans plus d'un autre pays, les préjugés qui existent dans certains milieux contre l'œuvre de Wagner viennent beaucoup moins d'un jugement réfléchi, rendu en connaissance de cause, que de certaines légendes répandues parmi les profanes par quelques médiocrités artistiques qui redoutent, et pour cause, les innovations. Il a donc résolu d'aller détruire partout où il le pourra les contes à dormir debout dont on a saturé des esprits trop crédules. Après avoir ébauché cette petite croisade en province, il va, à dater de samedi, donner à la « Royal Institution », de Londres, une série de sept conférences dans lesquelles il racontera la genèse et analysera l'économie de *Tristan et Iseult*, des *Maîtres-Chanteurs*, de la *Tétralogie* et de *Parsifal*. Et non content des effets de la parole, il demandera à une troupe de musiciens amateurs, parmi lesquels se trouve Miss Pauline Cramer, une démonstration encore plus vivante, sinon plus profonde. Les musiciens en question exécuteront des fragments de chaque œuvre wagnérienne, et ce sera comme l'illustration de la conférence parlée faite par l'orateur.

Il est certain que le succès attend les efforts de M. Armbruster. A certains symptômes, on découvre chez le public anglais, une tendance grandissante vers le goût de la grande musique. *Lohengrin* a été l'opéra le plus joué à Londres, pendant la dernière saison. Aux concerts populaires, on a importé depuis quelque temps l'amusant et ingénieux système des « plébiscites », c'est-à-dire de la fixation du programme par le vote des habitués. Or, c'est *universellement* l'ouverture de *Tannhauser* qui arrive à la tête de la liste, avec une majorité que ne dédaignerait pas le général Boulanger.

C'est dans une assez bonne terre, semble-t-il, que M. Armbruster va semer.

AMSTERDAM

Comme je l'annonçais dans ma dernière lettre, la nouvelle salle de concert a été inaugurée, le 1ᵉʳ avril, par un concert donné sous la direction de M. Viotta, avec le programme que j'ai indiqué déjà, en y ajoutant un chœur du *Tannhauser* et une *Suite* de Bach. La salle, dont l'acoustique paraît fort bonne, a 40 mètres de longueur sur 28 mètres de largeur. Elle est loin d'être achevée, et sa dernière toilette reste encore à faire, mais déjà, telle qu'elle est maintenant, elle fait bonne impression. La phalange chorale comptait près de cinq cents chanteurs et l'orchestre se composait de cent vingt exécutants. L'exécution était fort honorable, sans égaler cependant celle que l'on a l'habitude d'entendre au « Wagner Verein ». La 9ᵉ Symphonie de Beethoven surtout m'a semblé laisser à désirer. Il est vrai que, quand on a eu la bonne fortune d'entendre cette œuvre gigantesque aux concerts du Conservatoire de Bruxelles, le souvenir de cette exécution incomparable est toujours présent à la mémoire et fait grand tort à toutes les autres. .

Pendant que l'on inaugure une nouvelle salle de concert à Amsterdam, la Société de *Felix Meritis*, cette institution *séculaire*, où les plus grands artistes de notre époque se sont fait entendre, a cessé d'exister. Le combat finit faute de combattants. Le bâtiment, un immeuble magnifique, va être vendu publiquement, dit-on. *Felix Meritis* avait été fondé en 1788.

La Société pour l'encouragement de l'art musical annonce une exécution de l'admirable Messe solennelle pour le 21 du ce mois, et notre éminent compatriote Ernest Van Dyck vient chanter de nouveau le *Lohengrin* au bénéfice de M. Behrens, avec la troupe allemande de Rotterdam. Je rendrai compté de ces deux solennités dans une prochaine lettre.   Dᵉ Z.

Nouvelles diverses

Le comité du théâtre Wagner à Bayreuth annonce que les représentations modèles de cette année auront lieu du 22 juillet au 19 août. On donnera *Parsifal* le dimanche et le mercredi de chaque semaine, les *Maîtres-Chanteurs de Nuremberg* les lundis et les jeudis.

Les deux ouvrages ont été distribués ainsi aux différents artistes qui joueront successivement les principaux rôles :

Dans le *Parsifal* :

Kundry : Mᵐᵉˢ Materna (Vienne), Malten (Dresde), Sucher (Hambourg);

Parsifal, MM. Gudehus (Dresde), Winkelmann (Vienne), Van Dyck (Anvers);

Amfortas : MM. Reichmann (Vienne), Scheidemantel (Dresde) ;

Gurnemans, MM. Wiegand (Hambourg), Gillmeister (Hanovre) ;

Klingsor, MM. Plank (Karlsruhe), Scheidemantel (Dresde).

Dans les *Maîtres-Chanteurs* :

Hans Sachs, MM. Reichmann (Vienne), Gura (Munich), Planck (Karlsruhe);

Pogner, MM. Wiegand (Hambourg), Gillmeister (Hanovre); ·
Eva, Mmes Malten (Dresde), Sucher (Hambourg). Bettaque (Brême);
Walther de Stolzing : MM. Gudehus, Winckelmann et Van Dyck;
Madeleine, Mme Staudigl (Berlin);
Beckmesser, MM. Friedrichs (Brême), Kürner (Karlsruhe);
David, MM. Schröder (Vienne), Hofmüller (Darmstadt);
Kothner, MM. Planck (Karlsruhe), Hettstadt (Halle).

M. Ernest Van Dyck, qui chanta *Lohengrin* à l'Eden de Paris, le futur Walther des *Maîtres-Chanteurs* à Bayreuth, vient de signer un
engagement de cinq ans à l'Opéra impérial de Vienne, à la suite
d'une audition devant tout un aréopage: Hans Richter, le capellmeister; M. Jahn, le directeur; le prince de Hohenlohe, intendant
du théâtre. Il chantera le répertoire de Gluck, Weber et Wagner.
Toutes nos félicitations à l'Opéra de Vienne qui a su s'attacher ce
remarquable artiste.

Ajoutons au lugubre obituaire des théâtres brûlés, celui d'Oporto
dont l'incendie (20 mars) vient de faire plus de cent victimes, non
compris un nombre plus considérable de blessés. Inauguré le
13 février 1859, le théâtre Baquet était en mauvais état; les précautions contre les dangers du feu étaient nulles. Dès lors, on ne s'explique pas que la municipalité de la ville portugaise ait maintenu
l'autorisation d'y donner des spectacles.

Nous avons sous les yeux un singulier programme, imprimé à
Grahamstown (Afrique méridionale), relatif à un concert que vient de
donner, dans la salle de l'école diocésaine de cette ville, le célèbre
violoniste Reminyi. Nous · reproduisons ce ce programme le petit
extrait que voici : « Après l'entr'acte, le violoniste se remettra à
l'œuvre, en dépit de ceux à qui cela pourrait déplaire, Les pièces
musicales qu'il exécutera seront : une *Eroica* hongroise de sa composition, suivie d'un morceau important, composé par un ancien maître
de violon, Giuseppe Tartini, Italien de naissance; ensuite une pièce
très courte, sur la quatrième corde, intitulée *Aria*, et composée par
Bach, puis un *Ave Maria* de Jacob Arcadelt, maître de chapelle
français, qui vivait au XVIe siècle; M. Reminyi a écrit sur cette
mélodie des variations contrapuntiques, approuvées par le spectre
du vieux maître *[sic]*. A ce moment, le violoniste en aura sans doute
assez, — et nous auditeurs aussi, — et il terminera son menu musical
par un dessert court et savoureux, « pour la bonne bouche ». Ce dessert consistera en une valse d'un mouvement lent, suivie d'un motif
sautillant, exécuté avec la main gauche. Ces deux pièces ont été
composées par un maître contemporain de nous de Delibes. Ce sera
la fin, et tout le monde pourra s'en aller. Avis important : Personne
n'est obligé d'être satisfait. C'est tout. » Les friandises de la fin ne
sont autres que la valse lente et les « pizzicati » de *Sylvia*.

La société chorale *Mannerchor* de Zurich a donné avec grand
succès deux concerts, les 8 et 9 avril courant, au théâtre de la
Scala, à Milan.

On vient de placer dans le foyer du théâtre de la Scala de Milan
le portrait du compositeur Amilcare Ponchielli. Il y a eu à cette
occasion, une cérémonie solennelle à laquelle assistaient le monde
officiel et la plupart des compositeurs et artistes de l'Italie.
Ce portrait de l'auteur de *Gioconda* a été offert au théâtre par un
groupe d'admirateurs de l'artiste défunt.

M. Emile Mathieu, directeur de l'école de musique de Louvain, a
donné, jeudi dernier, dans une nouvelle audition partielle
de son opéra *Richilde*, dont Bruxelles aura, la saison prochaine, la
primeur. Nous lisons à propos de cette audition dans le *Libéral* de
Louvain :

« Ce n'est pas une succession de morceaux de concert que
l'opéra de *Richilde*. C'est un drame plein de vie et de passion, où
résonnent tour à tour, dans une savante conduite et brillamment agencée, les accents de la tendresse et de l'amour, les invectives de la haine et de la jalousie, les supplications de la pitié et les
cris du désespoir ; où se croisent et se font écho les voix du sanctuaire, le tumulte des camps, le braisement de l'émeute et le cliquetis de la guerre; où toutes ces passions humaines, depuis les
plus pures jusqu'aux plus féroces, trouvent leur expression tantôt
naïve et douce, tantôt âpre et menaçante. Le libretto, dans son
habile conception, donne carrière à toutes les puissances du compositeur, et ce n'est pas un des moindres charmes de l'opéra que
cette variété de tons et cette diversité d'épisodes musicaux qu'on y
voit se déployer avec une constante concordance entre la parole et
le chant.
Citons au hasard, parmi ceux des épisodes qui nous ont particulièrement charmés, l'entrée d'Odile au premier acte et son duo
avec Osbern, la gracieuse ballade du second acte, la chanson à « la

botre » et les couplets militaires, le duo de Richilde et d'Odile, l'air
d'Osbern et son duo avec Richilde. Le rôle de Richilde, tout entier,
est d'une idéale beauté. La fierté de la souveraine, les tendresses de
l'amour maternel, la farouche jalousie de l'amante s'y trouvent tour
à tour traduites avec une émotionnante intensité. L'orchestre parle
et chante constamment. Chez Mathieu comme chez Wagner, il est
un élément essentiel de l'action dramatique. La situation des acteurs,
les sentiments qui les animent, la pensée qui les conduit, y sont
reflétés avec une vivante fidélité.

On nous écrit de Thuin, le 3 avril :
Le cercle *le Progrès*, de Thuin, a donné son concert annuel au
profit des pauvres. Concert vraiment extraordinaire, car il ne nous a
pas été donné d'entendre souvent des artistes tels que Mlle Falize,
du théâtre de la Monnaie et le violoniste Vivien. Mlle Falize a eu un
très grand succès avec les deux morceaux qu'elle a chantés d'une
voix ravissante et d'une diction parfaite. Quant au violoniste Vivien,
il a été à la hauteur de sa grande réputation de virtuose; il s'est
emparé de l'auditoire aussitôt après le commencement du superbe
concerto n° 4 de Vieuxtemps qu'il a exécuté avec un beau style.
Son succès a été énorme surtout après la *Fantaisie de Paganini*.
M. Fauconnier avait bien voulu, pour la circonstance, tenir le piano
d'accompagnement. Inutile de dire que Mlle Falize et M. Vivien ont
été admirablement secondés.

On nous écrit de Saint-Nicolas, le 8 avril :
Dimanche, a eu lieu à l'Académie de notre ville une grande fête
à l'occasion du jubilé du pape Léon XIII. M. Van Vlemmeren
a fait exécuter à cette occasion une cantate de sa composition,
paroles de M. Janssens, qui a obtenu le plus vif succès. Mme Falize
Benoît assistait à l'exécution et il a vivement complimenté l'auteur
de la musique, qu'il a déclarée une œuvre originale et caractéristique.
M. Benoit a exprimé l'intention de donner cette cantate, à Anvers
prochainement. Les journaux font tous un grand éloge de l'ouvrage
de M. Van Vlemmeren.

※※※※※※※※※※※※※※※※※※※※※※※

VARIÉTÉS

ÉPHÉMÉRIDES MUSICALES

Le 20 avril 1796, à Paris (Théâtre-Italien), le *Secret*, un acte de
Solié. Une simple romance : *Femmes, voulez-vous éprouver*, a suffi pour
assurer le succès de la pièce et la faire connaître au loin. — A Bruxelles, 10 octobre 1796; à Liége, 9 mars 1797. Solié était chanteur
en même temps que compositeur. Sa voix avait passé insensiblement du ténor au baryton, ce qui, jusqu'à là, ne s'était pas encore vu
à l'Opéra-Comique. Chanter les Solié, cela se disait autrefois pour
caractériser certains emplois au théâtre.

Jean-Pierre Solié, de son vrai nom Soulier, est mort à Paris le 6
août 1812, à l'âge de 53 ans.

— Le 21 avril 1867, à Breslau, et en 1879, à Altona, *Lohengrin*
de Richard Wagner.

— Le 22 avril 1851; à Anvers, *Bonsoir, Monsieur Pantalon*, un acte d'Albert Grisar. Grand succès. Musique gaie et remplie de traits spirituels. Dans le rôle du docteur Tirtoffilo, l'acteur Ricquier se distingua entre tous. (Bovy, *Annales du Théâtre d'Anvers*.)
· Les premières : à Paris, 19 février 1851; à Bruxelles, 25 avril
1851; à Liége, 7 mai 1851; à Vienne, *Gute Nacht, Herr Pantalon*,
15 septembre 1855. D'autres scènes allemandes ont monté et gardent
encore à leur répertoire de chaque semaine l'amusante opérette de
Grisar.

— Le 23 avril 1776, à Paris (Opéra), *Alceste*, 3 actes de Gluck. La
partition excita la plus grande animosité dans les deux *camps* ennemis : les *piccinistes* et les *gluckistes*. Le succès ne s'affirma pas, tout
d'abord, mais après quelques retouches faites par Gossec, au troisième acte, sur la demande de Gluck, *Alceste* ne tarda pas à conquérir les suffrages du public. La pièce compte 313 représentations et
7 reprises, la dernière en 1866, remontée par Berlioz et jouée par
Villaret, David et Mme Battu. La presse parisienne d'alors ne manqua
pas de rappeler que la partition fut la même dont se servait Richard Wagner et que
l'on qualifiait de *musique de l'avenir*».

Théophile Gautier, dont l'autorité en musique était bien mince,
pour ne pas dire nulle, émit cependant des réflexions qui attestaient
la clairvoyance de son esprit. Il écrivait ceci : « La musique de l'avenir, qui fleurit au-delà du Rhin, ne tardera pas, par la force des
choses, à devenir, même en France, la musique du présent. Il est
donc nécessaire que le public, remontant aux sources, se familiarise
avec ces procédés nouveaux : après les avoir entendus appliqués
par Gluck à la tragédie classique, la forme la plus relevée qui
existât à son époque, on en saisira plus facilement la beauté et
la même nécessité, lorsqu'on verra Richard Wagner les employer
dans le drame romantique. »

Alceste, dans sa nouveauté, fut joué à Bruxelles, et, après un repos de plus de trente ans, le théâtre de la Monnaie remonta la pièce pour les représentations de Nourrit père. Nous l'y voyons encore figurer au mois de novembre 1825.

Du théâtre, *Alceste* a passé au Conservatoire, où, à son concert du 14 mars 1886, les trois actes de Gluck furent admirablement chantés par Mmes Montalba, MM. Engel et Fontaine.

— Le 24 avril, 1848, à Anvers, *Robert Bruce*, 3 actes de Rossini. Quatre opéras au moins du maître ont servi à composer ce pastiche arrangé par Niedermeyer ; ce sont *Zelmira*, la *Donna del lago*, *Torvaldo e Dorliska* et *Bianca e Faliero*. La pièce, dit Bovy, obtint à Anvers un succès remarquable ; elle n'y fut pourtant jouée que trois fois. Nous ne la voyons représentée sur aucun théâtre de Belgique. A Paris (Opéra, 3o déc. 1846), malgré Barcilhet, Anconi, Bettini, Paulin, Mmes Stoltz et Nau, *Robert Bruce* n'eut qu'une durée éphémère.

— Le 25 avril 1794, à Londres (Drury Lane), *Lodoïska*, 3 actes, musique arrangée par Storace sur des emprunts faits à Cherubini, à Kreutzer et à Andreozzi ; c'est ce que Parka nous apprend dans ses *Mémoires*. Il y a, dit-il, peu de compositions *most fascinating* que l'ouverture qui est de Kreutzer ; aussi fut-elle entendue à tous les carrefours de Londres et sur tous les tons. L'Angleterre avait aussi son Castil-Blaze dans le pasticheur Storace. (Voir hist. dès deux *Lodoïska* dans *Guide mus.*, 15 et 29 juillet 1886.)

— Le 26 avril 1835, à Paris (Société des Concerts du Conservatoire), Chopin exécute une polonaise de sa composition. C'est la seule fois qu'il s'est fait entendre au Conservatoire. Le grand artiste était à Paris depuis 1832 et y avait déjà donné plusieurs concerts.

« Poète merveilleux de finesse, il avait une manière de comprendre, de sentir et d'exprimer sa pensée que, à de rares exceptions près, on a souvent essayé d'imiter sans réaliser autre chose que de maladroits pastiches. » (A. Marmontel, *les Pianistes célèbres*.)

Chopin est mort à Paris, le 17 octobre 1849, à l'âge de 40 ans.

BIBLIOGRAPHIE

Wronski et l'esthétique musicale, par M. Charles Henry (Paris, A. Hermand, 1887). — Sous ce titre et en une élégante brochure de 40 pages, M. Charles Henry réimprime l'étude du penseur slave publiée en tête de l'*Esthétique musicale* du comte Camille Durutte, ouvrage devenu rare et traitant de la genèse ou génération créatrice des accords musicaux.

Il. Teatro illustrato (Milan, Sonzogno). — Numéro du mois d'avril :

Illustration avec texte : Mila Kupferberger, portrait ; *Lohengrin* de Wagner, à la Scala de Milan ; *Mam'zelle Crénom*, opérette de Vasseur, aux Bouffes-Parisiens ; *Décoré*, comédie de Meilhac, aux Variétés.

Texte : Correspondance de Livourne, Paris, Vienne, Budapest, Berlin, etc. Conférences sur l'histoire de la musique par Lianghans ; opéras nouveaux : *Jacopo de Leonardi*, à Rome ; *Mignon*, au théâtre Piccinni, à Bari ; bibliographie musicale ; nécrologie ; bulletin théâtral du mois de mars, etc.

Musique : Une mélodie de Seppilli pour chant et piano, et une idylle de V. Pepe pour piano.

AVIS ET COMMUNICATIONS

Dimanche 22 avril, à 2 heures, au Conservatoire de Bruxelles, quatrième et dernière matinée musicale, organisée par MM. les professeurs Dumon, Guidé, Poncelet, Neumans, Merck et De Greef, On y entendra un *quintette* de Rubinstein et un *octuor* de Mozart, pour instruments à vent et piano. M. De Greef exécutera une composition de Schumann. Deux artistes aimés du public prêteront leur précieux concours à cette matinée : Mme Lemmens-Sherrington et M. Engel chanteront des œuvres de Beethoven et de Schumann.

La répétition générale aura lieu samedi 21 courant, à 3 heures, en la petite salle d'auditions.

On annonce un concert qui sera donné samedi soir dans les salons du Grand Hôtel par deux jeunes pianistes, Mlles De Monasterio, nièces du violoniste espagnol, avec le concours de M. Tobias, violoncelliste.

Nécrologie

Sont décédés :

A Corbeil, le 15 avril, Théophile-Aimé-Emile Semet, né à Lille le 6 septembre 1824, compositeur à qui on doit cinq opéras, dont un seul, la *Demoiselle d'honneur*, a été joué à Bruxelles (31 janvier 1859). Timballer à l'Opéra, il garda cette position, même après s'être fait un nom comme compositeur. (Notice, suppl. Pougin-Fétis, t. II, p. 510.)

— A Francfort-sur-Mein, le 9 avril, à l'âge de 81 ans, F.-A. Garbe, chef d'orchestre du Kurhaus de Hombourg depuis trente ans.

— A Naples, Mme Amélia Gualdi, contralto renommée du théâtre San-Carlo, à Naples, il y a quarante ans.

— A Florence, Ottavio Frangini, que ses opérettes ont rendu populaire.

— A New-York, le 17 mars, à l'âge de 62 ans, Marie-Amélie-Louise Freund, la mère du fondateur-directeur du journal *Music and Drama*, et laquelle, sous le nom d'Amélia Lewis, s'était occupée de questions musicales, économiques et autres, tant en Angleterre qu'aux Etats-Unis, qu'elle habitait depuis 1880.

Imprimerie Th. Lombaerts, Montagne des Aveugles, 7.

XXXIVe ANNÉE   26 avril 1888   NUMÉRO 17

Le Guide Musical

Paraissant tous les jeudis.

ABONNEMENT
France et Belgique : Avec musique 25 francs.
—   Texte seul. . 10 —
Union Postale :   12 —

SCHOTT FRÈRES, ÉDITEURS.
Paris, Boulevard Montmartre, 19
Bruxelles, Montagne de la Cour, 82

ANNONCES
S'adresser à l'Administration du Journal.
On traite à forfait.

RICHARD WAGNER ET LA MISE EN SCÈNE

(Suite. — Voir n° 16).

L'un des plus puissants effets obtenus par Wagner au théâtre de Bayreuth résulte de l'emploi fréquent qu'il fait des changements à vue à scène ouverte, des changements de décoration qui s'effectuent sous les yeux des spectateurs.

Jusqu'ici, la substitution d'un décor à un autre s'opérait en faisant disparaître subitement dans les dessous les fermes et les châssis sur lesquels sont adaptés les décors, aussitôt remplacés par des châssis nouveaux surgissant des trappes, sortant rapidement des coulisses et descendant des cintres; ou bien elle s'effectuait par le moyen des décors doubles, c'est-à-dire de décors peints à l'endroit et à l'envers, et qu'il suffit de retourner vivement par un jeu de ficelles faisant mouvoir tous les volets sur les châssis qui les supportent. Ces deux systèmes étaient les seuls en usage avant les représentations de l'*Anneau du Nibelung* à Bayreuth, en 1876.

De ces représentations date toute une série de procédés nouveaux qu'il est intéressant de connaître et qui commencent à se généraliser.

Avant tout, Wagner a cherché à enlever au changement à vue le caractère antiartistique qui lui avait été donné jusqu'alors. Généralement le changement à vue, particulièrement dans la féerie et dans l'opéra fantastique, n'avait d'autre but que de produire sur le spectateur un effet de surprise et d'étonnement. Wagner ne l'emploie plus que lorsque la marche de l'action l'y force, quand il ne peut l'éviter sans couper le drame, ou qu'il est obligé de condenser en un seul acte plusieurs épisodes intimement liés l'un à l'autre, mais qui ne peuvent se jouer dans un même décor.

Il ne veut pas étonner le spectateur; les procédés nouveaux qu'il a suggérés, et que le célèbre machiniste Brandt du théâtre de Darmstadt a réalisés à Bayreuth, n'ont d'autre but que de conduire insensiblement le spectateur d'un endroit dans un autre sans interrompre la « continuité poétique » de l'œuvre. En réalité, le changement à vue chez lui est une simple transition.

Dans les *Maîtres-Chanteurs*, où l'emploi du rideau d'avant-scène ou de service est nécessaire au troisième acte, lorsque le spectateur doit passer de l'échoppe de Hans Sachs aux prairies qui bordent la Pegnitz, près de Nurenberg, Wagner n'interrompt pas la symphonie. Aussitôt après la partette, l'orchestre, sans arrêt, entonne un morceau purement instrumental assez développé pour permettre la plantation du nouveau décor et qui est conçu de façon à préparer le spectateur au tableau suivant. Ce n'est déjà plus un entr'acte, c'est une véritable *transition;* seulement, elle est simplement symphonique. Dans les *Nibelungen* et dans *Parsifal*, Wagner va plus loin; il a réalisé l'invraisemblable rêve de la *transition scénique*. Dans ces deux ouvrages il n'y a plus de rideau de service pendant les changements de décoration (1).

(1) Il est assez curieux de constater à ce propos que l'usage de baisser le rideau à la fin de chaque acte est relativement récent. Au XVIIIe siècle, on remplissait les intervalles des actes avec des divertissements, et les changements de décors s'opéraient à la vue du public. Cet usage de ne jamais baisser le rideau pendant la durée d'un spectacle s'est perpétué presque

Dans le *Rheingold*, qui dure près de deux heures à l'exécution, le rideau ne s'abaisse pas une seule fois pendant toute la durée du spectacle; tous les changements s'opèrent la scène restant découverte. C'est dans cette œuvre que l'on vit apparaître pour la première fois les nuages produits par une ingénieuse combinaison de vapeur d'eau s'élevant de la rampe, et de rideaux de gaze transparents tombant du cintre pour dissimuler complètement la scène pendant l'équipement du nouveau décor. Ce n'est point une vaine recherche de la nouveauté qui a poussé Wagner à demander aux praticiens de la scène ce procédé jusqu'alors inconnu. Il a simplement voulu que le changement de décoration s'effectuât sans heurter l'imagination, sans distraire l'attention, et la vue de ces nuages mouvants qui s'épaississent et se dissipent insensiblement, pendant qu'une musique appropriée conduit l'auditeur d'un genre de sensations aux impressions nouvelles qui l'attendent, est on ne peut mieux faite pour remplir ce double but.

Une autre transition scénique utilisée par Wagner dans les *Nibelungen* et dans *Parsifal* était connue avant lui; nous voulons parler des décors mouvants, analogues aux vues panoramiques qui, il y a quelques années, se sont déroulées sur nos théâtres. Le spectateur est censé accompagner les personnages qui se transportent d'un endroit dans un autre; et ainsi il voit passer successivement devant lui les lieux que ceux-ci traversent. Ce procédé a été souvent employé dans les grandes pièces à spectacle depuis une vingtaine d'années. Wagner est le premier qui en ait fait usage dans l'opéra, et cela, en adaptant ce procédé aux conditions du genre.

Dans le *Rheingold*, au moment où Wotan descend dans les cavernes souterraines du Niebelheim, on voit au milieu des nuages de vapeur qui augmentent l'illusion, des blocs énormes de rochers qui s'élèvent vers les cintres à mesure que les personnages sont censés descendre. La vision d'une descente aux enfers n'a jamais été rendue avec plus de *réalisme*.

Dans le *Parsifal* lorsque Gurnemanz avec Parsifal gravit les gorges abruptes qui conduisent à Monsalvat, toute la scène semble se mouvoir: d'abord défile la forêt ; puis, ce sont des roches de granit qui passent devant nos regards, découvrant çà et là les sinuosités de l'étroit sentier qui mène aux splendeurs du Temple sacré. Les deux personnages en scène simulent la marche ascendante et on les voit monter en effet, bien qu'ils continuent d'occuper le centre de la scène ; enfin au milieu des rochers apparaissent les traces du travail des hommes, des niches, des

colonnes se dessinent dans la vague obscurité du sentier; puis à mesure qu'on monte, la clarté devient plus vive, une colonnade apparaît, nous voici enfin à l'entrée du temple qui s'ouvre à nous dans la clarté éblouissante du jour. Pendant que s'accomplit ce voyage, dont tous les spectateurs ont leur part, l'orchestre joue cette admirable marche du Graal que l'on a entendue fréquemment dans les concerts et qui est une des pages les plus puissantes et les plus grandioses de l'œuvre de Wagner.

Ce changement à vue eût pu paraître aisément puéril. A Bayreuth il s'accomplit avec une perfection absolue, et cette succession de tableaux, se déroulant sur l'admirable symphonie qui l'accompagne et la commente pour ainsi dire, laisse une impression artistique d'une incomparable grandeur.

L'autre procédé wagnérien, celui des vapeurs d'eau combinées avec des gazes transparentes, est aujourd'hui adopté sur tous les théâtres austro-allemands et anglais. Parmi les théâtres français, le théâtre de la Monnaie est le seul, je crois, qui en ait fait usage jusqu'ici : d'abord dans le *Sigurd* de Reyer, et depuis dans la *Walkyrie*. Dans la *Walkyrie*, toutefois, l'effet des voiles de gaze n'a été que très imparfait, à la fin du deuxième acte. La scène doit être couverte pendant l'orage par d'épais nuages derrière lesquels a lieu le combat de Siegmund et de Hounding. Par suite d'un système d'éclairage défectueux, ces nuages de gaze ont paru, en général, très lourds; je dirai ultérieurement pourquoi.

A Bayreuth, c'est au moyen de nuages analogues que Wagner dissimule la scène pendant les changements de décors dans le *Rheingold* et dans la *Gotterdæmerung*. L'un des effets les plus saisissants obtenus par ce moyen est le changement qui s'opère après la mort de Siegfried. La scène représente un site boisé au milieu des rochers qui bordent le Rhin. Aussitôt que Siegfried est tombé frappé par la main de Hagen, les guerriers l'étendent sur son bouclier et l'emportent sur leurs épaules par un sentier (praticable) qui monte vers le fond de la scène et disparaît derrière le fouillis des troncs d'arbres. Tandis que, dans ce sentier, s'engage silencieux et morne le convoi, l'orchestre joue la célèbre marche funèbre du héros. Dès que le cortège est sorti de scène et pendant que la symphonie continue et se transforme, des brouillards s'élèvent du sol et montent vers les cintres. La brume s'épaissit et se change peu à peu en un amas de gros nuages, qui occupent toute l'avant-scène. C'est au moyen de voiles superposés que l'on obtient cet effet. Ils font, en réalité, le même office que le rideau de service, celui de cacher les équipes établissant le nouveau décor sur le théâtre ; mais combien ce procédé est plus délicat et comme il ménage plus poétiquement les sensations du spectateur. Quand la plantation est terminée, les rideaux s'enlèvent lentement l'un après l'autre, laissant entrevoir d'abord le tableau dans un lointain vaporeux, mais le laissant voir tout entier ; ensuite, le mon-

---

Jusqu'à nos jours. Ce n'est qu'en 1831 qu'il a pris fin, le jour de la première représentation du *Philtre* d'Auber. A la fin du premier acte, le rideau baissa afin de permettre de changer les décors sans le secours des machines.

Depuis le 19 mars 1671 jusqu'au 13 octobre 1831, le rideau, levé sur les derniers accords de l'ouverture, ne s'était abaissé qu'après le dénouement de l'opéra. Gluck, cependant, ayant supprimé les intermèdes, des toiles particulières, appelées rideaux de service, avaient déjà été introduites de son temps à la fin des actes. (Voir le *Dict. du Théâtre* d'A. Pougin, Paris, Didot, 1885.)

..trant de plus en plus distinctement, comme si le spectateur en approchait. A Bayreuth, en 1876, dans le *Rheingold* et dans le *Crépuscule des dieux*, ces jeux de gaze et de vapeur étaient admirablement réussis ; l'imitation qu'on en a vue dans les théâtres, ordinaires et notamment lors des représentations de la troupe de M. Angelo Neumann, à Londres et à Bruxelles, n'a pu donner qu'une très faible idée de l'effet voulu.

C'est qu'indépendamment de la confection plus ou moins habile des voiles de gaze et des engins destinés à produire la vapeur d'eau, intervient ici un système tout nouveau d'éclairage qu'on ignore encore complètement dans nos théâtres et qui a été introduit par Wagner à Bayreuth. Il est tout naturel qu'on n'ait pu se rendre compte exactement de l'effet des procédés nouveaux combinés précisément en vue de cet éclairage spécial.

Je ne parle pas seulement ici de l'obscurité qu'il fait faire, dans la salle, afin de concentrer toute l'attention du spectateur sur la scène et d'accentuer le relief et la couleur du tableau scénique en l'isolant des tons criards qu'affecte généralement la décoration de nos salles de spectacle. Wagner, en cela, n'a fait qu'appliquer au théâtre un procédé dès longtemps connu des peintres et appliqué dans les ateliers.

Mais indépendamment de cette réforme, Wagner, avec l'aide de ses collaborateurs techniques, a tenté à Bayreuth des innovations bien autrement importantes qui concernent exclusivement l'éclairage de la scène.

(A suivre.) M. KUFFERATH.

Théâtres et Concerts

Chronique de la Semaine

PARIS

Mardi dernier, sous les voûtes étonnées de la Trinité, retentissaient pour la première fois, *exécutées à l'orchestre*, deux belles pages de *Lohengrin*, la Marche religieuse et la Marche des fiançailles..... Les deux morceaux étaient de circonstance ce jour-là, M. Charles Lamoureux, l'éminent chef d'orchestre, mariant sa fille unique. C'est dire que toute l'élite du Paris artistique, indépendant et jeune était là, et que le défilé a été long. Le monde officiel lui-même était fort bien représenté, et avait tenu à apporter aussi son tribut de vive sympathie et de haute estime... Ce tribut de sympathie et d'estime ne s'adressait pas seulement à M. Lamoureux, mais aussi à la si aimable et charmante épousée et au jeune mari, M. Camille Chevillard. M. Chevillard, en effet, ne s'est pas contenté de porter dignement un nom, reçu en héritage, déjà illustré dans le domaine artistique ; à cet héritage précieux, il a joint son mérite personnel de virtuose et de compositeur, ses qualités propres d'aménité et de droiture. Universellement aimé et apprécié pour son caractère et son talent, justement estimé pour l'étendue de ses connaissances musicales approfondies, bien connu pour son dévouement actif aux

manifestations les plus élevées de l'art, M. Camille Chevillard a reçu en cette occasion les félicitations les plus cordiales et les mieux méritées ; et j'ai été heureux d'y joindre les miennes.

J'ai dit en commençant le concours gracieux prêté par les musiciens de l'orchestre de M. Lamoureux à cette brillante cérémonie ; la phalange instrumentale était massée sur une des deux terrasses qui dominent le chœur de chaque côté... Ces terrasses n'ont encore servi qu'en de rares occasions à cet usage, notamment aux obsèques de Rossini et de Berlioz ; c'est peut-être la première fois qu'elles sont employées à une cérémonie d'où les regrets sont bannis, où il n'y a place que pour l'espérance et la joie... Aux obsèques de Rossini et de Berlioz, c'était le très regretté Chauvet qui tenait l'orgue ; aujourd'hui, c'est M. Guilmant, dont je n'ai plus à faire l'éloge, et qui, possédant son Bach comme pas un, a su tirer de ce répertoire, pour la circonstance, les pièces les plus belles, les plus grandioses et les plus appropriées.

Dimanche prochain, 29 avril, M. Lamoureux donne, dans la grande salle des Fêtes, au Trocadéro, un festival qui terminera à la fois le mois et la saison des concerts.

M. Delaborde n'est pas un artiste ordinaire. Au Conservatoire, où il professe le piano, et où il a su se maintenir, il doit passer pour un original et trancher sur le fond neutre de ses collègues, aussi bien par la nature de son grand talent que par la fantaisie de ses allures. Avec sa « rondeur toute maritime », comme il dit lui-même, il ne se gêne pas pour exprimer ses opinions et, au besoin, pour « bêcher » ses confrères les pianistes, petits et grands. Il ne dédaigne pas de s'attaquer aux idolâtrés et aux plus illustres, témoin certaine brochure, qui fit du bruit et même du scandale dans le monde de l'ivoire, de l'ébène et du palissandre, *Schaunard aux concerts Rubinstein* (1).....

Il y a de tout là-dedans : des choses piquantes, cela va sans dire, et imprévues, et même des choses justes..... Aujourd'hui, pour donner un échantillon de la manière, je détache ce bout de dialogue sur la musique russe de piano où il y a beaucoup de vrai : « L'Amateur. — J'ai bien aimé deux morceaux de Glinka. Il me semble que je m'y perds un peu dans le programme. J'ai mal à la tête. Pincezmoi quand il jouera du « Cui ». — *Schaunard*. — Facile à discerner, le Cui. Quand vous reconnaîtrez : « J'ai du bon tabac dans ma tabatière » sur une harmonie attristée, vous serez rendu. — Vous plaisantez toujours les gens qui aiment la musique. — Je plaisante ceux auxquels la musique ne rend pas leur amour. Et dire qu'on nous a informés qu'il a commis quatre opéras. Quelle fête ! Après tout, cela ne ressemble peut-être pas toujours à cette atroce musique polonaise. — Jolis, les morceaux de Liadoff ! — Oui, mais Rubinstein brasse tout cela... Ça ne va pas aujourd'hui. Tsckatkowsky pond déjà très compliqué, et Rubinstein nous le sert en œufs plus brouillés que nature. Grieg a plus de personnalité que tout ces messieurs. On ne saurait, du reste, juger en dernier ressort aujourd'hui. Ils en appelleront d'une manière ou d'une autre, et l'on ne peut méconnaître le talent de la plupart de ces auteurs. — Avez-vous connu Nicolas Rubinstein ? — Connu et entendu. C'était un fort grand artiste et un magnifique pianiste. Chef d'orchestre de premier ordre, comme l'est Antoine également..... »

Samedi soir, 21 avril, M. Delaborde était à son tour sur le tabouret du piano, j'allais dire sur la sellette, salle Pleyel..... Mais qu'il se rassure ; je ne jouerai pas le Schaunard vis-à-vis de lui. Je me contenterai de dire qu'à part certains passages confus et durs dans la force, on ne peut qu'applaudir à sa prodigieuse virtuosité, à la franchise, à la hardiesse de son attaque, à la variété de son jeu, où se rencontrent des délicatesses exquises, enfin à un sens musical personnel et affiné..... Où j'ai goûté tout spécialement ce talent à part, ç'a été dans les pièces avec pédalier, ou piano à clavier de

(1) *Schaunard aux concerts Rubinstein*, dits : *Concerts historiques*, par Miriam ; édité par Raimon-Parent et Roudhloff, 61, rue Rodier, avril 1886.

pédales (2). C'était d'abord une belle *Prière* de Charles-Valentin Alkan, pièce d'un caractère intime et personnel, intéressante de rythme; puis un superbe *Choral* et la fameuse *Toccata* en *fa* majeur de Bach, cette dernière prise un peu trop vite, mais étourdissante d'exécution (que de têtes curieuses se sont dressées pour entrevoir le vol vertigineux de vos pieds agiles, ô nouveau Mercure, aux talons ailés !) et d'un nuancé intéressant; enfin, trois pièces délicieuses de Schumann, deux *Canons*, et surtout une *Esquisse* adorable (tirée de l'op. 58)..... Beaucoup d'élégance et de finesse dans la 2ᵉ série de *Préludes* de Stephen Heller; un brio incroyable et des merveilles de velours végétal dans la Rhapsodie nᵒ 1 de Liszt... A certains égards, c'était vraiment numéro un..... comme on dit.

Salle bondée, beaucoup d'applaudissements et de bravos; pas toujours aux bons endroits: mais « Schaunard » ne saurait s'en étonner.

. .

Le violoniste Sarasate n'a fait que traverser Paris, cette semaine; il a figuré au concert de Mᵐᵉˢ Berthe Marx, l'excellente pianiste; comme toujours, il a joué comme un ange, et il a été très fêté.

. . .

On a donné à l'Opéra une reprise *intégrale* du *Henri VIII* de M. Saint-Saëns... A part Lassalle et Mˡˡᵉ Richard, et Mˡˡᵉ Subra dans le ballet, l'interprétation a été tout ce qu'il y a de plus médiocre, pour ne pas dire lamentable. On a réapplaudi le duo du deuxième acte, et le quatuor du dernier. Mais quel légat du pape, quels chœurs, et même quel orchestre, Dieu du Ciel!... Il y avait déjà eu une reprise du *Prophète* à faire fuir; mais on attendait, pour l'œuvre de M. Saint-Saëns, quelque chose de plus soigné. Quelle déception! Il faut bien le dire, les choses vont de mal en pis à l'Académie nationale... je veux dire « boulangerie » de musique... Comment tout cela finira-t-il, grand Dieu !...

A l'Opéra-Comique, où l'on reprend de temps en temps, heureusement, le *Roi malgré lui* de M. Chabrier, qui nous apporte un peu de vie, de soleil et de couleur, on attend la venue du *Roi d'Ys*. Passerat-il cette semaine ?... *Chi lo sa!...*   BALTHAZAR CLAES.

NANTES

La première représentation d'*Hamlet*, retardée pour différents motifs, n'a pu avoir lieu que samedi. Je n'ai plus à m'occuper de la partition, puisque j'en ai longuement parlé dans le dernier numéro du *Guide musical*, mais il me reste quelques mots à dire sur l'interprétation, qui a été excellente de la part des deux principaux artistes. Mᵐᵉ Vaillant-Couturier, qui n'est pas une inconnue pour vos lecteurs, a fait une adorable création du rôle d'Ophélie. Chanteuse et comédienne ont été également hors ligne. Elle a composé son personnage avec une science et une habileté consommées. Le public enthousiasmé a prodigué à Mᵐᵉ Vaillant ovations sur ovations, notamment après les *danses* et après les scènes de folie, où elle a été tout simplement admirable.

Le rôle d'Hamlet est tenu avec une rare autorité par M. Lorant. La voix de cet artiste, qui commence à prendre de l'âge, est certainement fatiguée, mais il est chanteur habile, et il dit le poème, qui a un si grand rôle dans l'œuvre d'Hignard, d'une manière parfaite. M. Couturier a fait apprécier une fois de plus son talent dans Laërte ; Mᵐᵉ Mesnier (Gertrude) a bien chanté son rôle. Je n'insiste pas sur le reste de l'interprétation.

Hamlet a reçu de la part du public nantais le plus brillant accueil. L'auteur, réclamé à grands cris, a dû paraître sur la scène après le troisième acte et à la chute finale du rideau. Une splendide couronne lui a été offerte. — Justice a été rendue à l'œuvre d'Hignard; si elle a été tardive, — il l'a attendue vingt ans, — du moins elle a été aussi complète et éclatante que possible !

J'ai aperçu dans la salle quelques figures parisiennes de connaissance ; MM. le marquis d'Ivry, l'auteur des *Amants de Vérone*; Heulard, du *Figaro*; Noël, du *Gaulois*, etc., etc.

L'œuvre de notre compatriote fera les belles soirées de la fin de la campagne théâtrale.   ÉTIENNE DESTRANGES.

<hr>

(2) *Cembalo con pedale* de Bach. *Pedal-Flügel* de Schumann.

LYON

La saison théâtrale que vient de nous faire passer M. Campocasso a été déplorable à tous égards.

Nous donnons ici 250,000 francs de subvention pour six mois d'exploitation du Grand-Théâtre, avec participation de la ville dans les frais de représentation d'ouvrages nouveaux, ou de grandes reprises, jusqu'à concurrence de la somme de 30,000 francs. Eh bien, veut-on savoir quels sont les opéras nouveaux montés, cette année, par la direction que l'Europe ne nous envie pas ? Avec ce beau denier de près de 300,000 francs, M. Campocasso (qu'Orphée vous en préserve) nous a gracieusement donné la *Jolie fille de Perth*, dont je vous ai annoncé l'insuccès tout récemment, et... et c'est tout. Qu'en pensezvous ? Faut-il que nous ayons l'âme assez trempée ! Nous a-t-il fallu de longues stations sous le portique de Zénon pour supporter, depuis deux ans, un état de choses où l'esprit mercantile dispute à l'audace insolente d'un Barnum forain, et que protège (d'aucuns savent pourquoi) le bourgeoisisme intéressé de notre adjoint aux beaux-arts.

Sigurd, que notre population admire et voudrait voir entrer au répertoire, a failli nous échapper encore cette année. La ville est heureusement intervenue, et vient d'acquérir, pour la somme de 10,000 francs, le droit de jouer toujours l'opéra de Reyer.

La reprise de *Sigurd* a eu lieu mardi dernier. Des créateurs de cette œuvre à Lyon, il ne restait que Massart, pour le rôle de Sigurd. Mˡˡᵉ Baux, pour des raisons personnelles, ne voulait pas chanter dans l'opéra; elle s'y est décidée cependant et a interprété le rôle d'Hilda avec aussi peu d'enthousiasme que possible, parfaitement secondée dans ces sentiments, du reste, par Mᵐᵉ Huguet dans le rôle d'Uta.

Un artiste dont nous n'aimons pas l'organe de baryton méridional, dont le talent est presque nul, M. Albert, mérite une mention spéciale pour sa bonne interprétation du rôle de Gunther. A côté de ses camarades, il lui était facile de se distinguer dans cette représentation, la circonstance était pour lui favorable, et il a montré quelque intelligence pour en profiter.

M. Massart a été inférieur à ce qu'il était lors de la création de son personnage de Sigurd. Il n'a rien acquis dans le médium, qui est toujours désagréable, et ses quatre notes du registre élevé qui, à elles seules, font tout son succès, paraissent fatiguées. Cependant, on récit d'entrée au premier acte : *Prince du Rhin....*, il était parfaitement grotesque dans l'armure d'Hagen. Malgré ses hauts talons, il ne donnait pas, il s'en fallait, l'illusion d'un chef de ces fameux Burgondes.

Voyez encore là le système en honneur dans notre direction. M. Campocasso n'a pas voulu engager une première basse, — ça coûte, — pour chanter ce rôle, la nôtre étant tout à fait insuffisante; il l'a donné tout simplement à une basse d'opéra comique, qui ne possède ni l'organe ni la taille pour l'interpréter décemment.

En somme, mauvaise représentation qui devait être meilleure. On s'est rattrapé sur l'orchestre, auquel on a fait une ovation après une excellente exécution de l'ouverture, que Luigini a dirigée en maître, comme d'habitude.

<hr>

BRUXELLES

Les représentations de Mᵐᵉ Carpo dans le rôle de Marguerite de *Faust* ont pris les proportions d'un véritable événement au théâtre de la Monnaie. MM. Dupont et Lapissida font des salles combles, absolument combles et ils ont des lendemains heureux avec le *Roi l'a dit* de Léo Delibes. Certes, l'œuvre est charmante, mais il faut dire aussi que l'exécution de cet opéra comique est excellente; on est tout étonné, à la fin de la saison, de découvrir au théâtre de la Monnaie une troupe d'opéra comique qu'on croyait inexistante. Voilà ce que peuvent des répétitions bien conduites et une mise en scène soignée.

Grâce à ces deux succès, la saison se termine, à la Monnaie, d'une façon plus brillante que nous ne pensions.

Au moment de notre mise sous presse, le rideau se lève sur les premières scènes de l'*Hamlet* de M. Ambroise Thomas.

Le vénérable directeur du Conservatoire de Paris est à Bruxelles depuis plusieurs jours, et il a assisté à la dernière répétition de son ouvrage. Il en est sorti absolument enchanté.

Dans l'élan de sa joie, il a même embrassé M. Gevaert (pourquoi pas M. Joseph Dupont?) et il a adressé à l'orchestre une petite allocution où il a délicatement insisté sur le caractère artistique des représentations de la Monnaie, grâce à la *direction* de M. Gevaert.

Ajoutons que MM. Dupont et Lapissida y sont bien aussi pour quelque chose.

Soirée charmante donnée samedi dans les ateliers du professeur Blanc-Garin. Deux jolies comédies interprétées par des amateurs et des élèves de l'atelier. Un intermède musical dans lequel une jeune violoniste de 10 ans, Mlle Irma Sethe, a émerveillé l'auditoire en exécutant avec une crânerie prodigieuse la Ballade et la Polonaise de Vieuxtemps. M. Engel, du théâtre de la Monnaie, a chanté deux mélodies de Kefer accompagnées au piano par l'auteur, et ce n'a pas été, comme on le pense, le moindre succès de la soirée. La fête servait d'inauguration à l'exposition annuelle des travaux d'élèves de l'excellent maître, et l'on y a remarqué un Christ de M. Engel fils, qui dénote un tempérament de peintre.

La Société des instruments à vent du Conservatoire a donné, dimanche, sa dernière séance de la saison. Cette matinée a obtenu le plus vif succès. M. Engel y a fait entendre notamment le cycle de lieder à la Bien-Aimée absente de Beethoven, qu'il a dits avec un sentiment exquis et qui ont été merveilleusement accompagnés par M. Gustave Kefer. Mlles Lemmens-Sherrington, de même ont été très goûtée dans la *Marie* de Schubert, et M. De Greef, dans les poétiques fantaisies pour piano que Schumann a intitulées *Papillons*. La Société des instruments à vent, enfin, a fait entendre le quintette de Schumann et un *octuor* de Mozart avec accompagnement de deux morceaux de la flûte de M. Dumon, le délicieux hautbois de M. Guidé, le cor de M. Merck, la clarinette de M. Poncelet, le basson de M. Neumann et le piano de M. De Greef, c'est dire que l'exécution de ces deux œuvres a été parfaite d'ensemble et de style.

ANVERS

Mercredi dernier, 18 avril, a eu lieu, au Cercle catholique, à Anvers, une solennité musicale pour fêter un jeune compositeur français, Mlle Cécile Chaminade.

Presque pas connue à Anvers, si ce n'est par quelque morceaux de piano et des mélodies chantées, Mlle Chaminade a acquis, en une soirée, toute la notoriété qui revient à un grand artiste.

Le programme était composé de façon à mettre en relief la diversité du talent du compositeur : une ouverture, un madrigal, une chanson slave, un trio et chœur de l'opéra *la Sévillane*, un concertstuck pour piano et orchestre, et un poème dramatique pour soli, chœur et orchestre. Nous n'hésitons pas à le dire, la soirée a été un triomphe pour la jeune et sympathique artiste.

L'ouverture de l'opéra comique inédit *la Sévillane* est bien conçue, bien écrite, simple, sans prétention, mais sans faiblesse, et trouvera, nous n'en doutons pas, sa place marquée dans les prochains concerts à Anvers.

Le madrigal, la chanson slave sont deux perles musicales d'une grande délicatesse; ils ont été dits d'une façon irréprochable, le premier par Mlle Hasselmans, de Bruxelles, la seconde par Mme De Give-Ledelier, professeur à l'école de musique d'Anvers. Le trio et le chœur de la même opéra-comique sont deux morceaux écrits de main de maître; ils ont de l'originalité, de la fraîcheur, et pétillent de gaieté, dans une allure vive et exquise, sans jamais côtoyer la trivialité.

Le chœur a été bissé avec enthousiasme. Les compositeurs qui avaient été invités à la fête n'étaient pas les derniers à rendre hommage aux aptitudes exceptionnelles de Mlle Chaminade.

Le concert-stuck pour piano et orchestre, exécuté par l'auteur, qui joint un remarquable talent de pianiste à la science du compositeur, renferme de belles idées, élégamment et naturellement développées. Nous y avons entendu une remarquable succession de gammes, rattachées successivement à des tonalités vraiment ori-

ginales se confondant avec les instruments soli et les complétant.

Dans le poème dramatique, les *Amazones*, Mlle Chaminade a fait connaître toute la puissance de son talent.

La fuite de Hunwis et de Gandhar a été vivement remarquée. Cette scène sappelle indirectement la course à l'abîme de la *Damnation de Faust* et la *Chevauchée des Walkyries*. Par ce temps de troubles et de complications musicales, où tous les nouveaux arrivants s'évertuent à imiter Wagner, Mlle Chaminade nous expose, dans sa musique, un caractère foncièrement français; fidèle à sa nature, elle dit avec son originalité naïve ce que Berlioz et Wagner ont dit, l'une avec sa verve endiablée et pittoresque, l'autre avec sa puissance et son accentuation de colosse musical. Cette fuite est bien une chevauchée française.

Mlle Chaminade est une musicienne de tempérament ayant de la science et de la distinction.

Cette artiste possède autant que d'autres cette ardeur d'initiative des néophytes de la jeune école française; elle aussi, elle sacrifie au dieu du jour, mais elle le fait avec infiniment de sagesse et d'entendement. Sa musique n'est pas poussée à l'extrême, et n'a aucune prétention à la complication, à l'inattendu.

C'est un vrai mérite chez Mlle Chaminade de rester essentiellement française dans ses expressions : son art est un hommage sincère rendu à la modernité bien entendue. Nous avons beaucoup goûté le duo des Amazones, d'un travail scénique très mouvementé et très dramatique. Mlle Chaminade, en travaillant pour la scène, se trouvera sur son véritable terrain d'action, et son succès nous paraît assuré.

Le combat entre les Amazones et les Perses est un véritable combat traité largement, très mouvementé, et couronné par la victoire des Amazones.

Mlle Chaminade est une jeune artiste, presqu'une jeune fille encore, qui sait ce qu'elle veut, qui dit sincèrement et avec art ce qu'elle éprouve et ce qu'elle pense, et elle le dit aussi correctement au point de vue de l'harmonie du contrepoint que de l'orchestre. Elle donne un bel exemple aux jeunes du sexe fort.

Les interprètes de l'œuvre ont été à la hauteur de la tâche dont ils s'étaient chargés, car, disons-le, la musique de Mlle Chaminade est difficile. — Mlle Hasselmans, Mme De Give-Ledelier, M. Léo Van Hauf ont fort bien chanté les soli. Les chœurs ont bien donné et l'orchestre, au bout de quatre répétitions, a fait des merveilles sous l'habile direction de M. Joseph Moreel, l'infatigable et dévoué directeur de la section de musique du Cercle catholique.

M. le Gouverneur de la province, plusieurs sénateurs, représentants et conseillers provinciaux, plusieurs compositeurs assistaient au concert.

A la sortie de la salle du Cercle, Mlle Chaminade a été l'objet d'une ovation des plus enthousiastes des artistes exécutants.

Toute la soirée, du reste, a constitué un éclatant triomphe pour la jeune et sympathique musicienne française, à qui le président de la section de musique, M. Willevens, est venu offrir une palme aux couleurs françaises et belges, M. Belpaire, la fille du président du Cercle, une splendide corbeille de fleurs.

LIÈGE

Nous recevons d'un de nos lecteurs liégeois la lettre suivante :

« Le numéro du *Guide musical* du 5. avril contient une correspondance de Liége qui ne tend à rien moins qu'à faire passer cette ville pour la capitale de la Béotie. Berlioz, d'après l'auteur, n'y serait connu que depuis dix ans ! C'est là une erreur que vous me permettrez de rectifier. Il y a trente-cinq ans M. Duguet faisait exécuter à la Société d'Emulation des fragments de l'*Enfance du Christ*, qui n'ont plus été entendus depuis lors. Dès cette époque, les ouvertures des *Francs-Juges* et du *Carnaval romain* figuraient fréquemment au programme des concerts de la même société. Berlioz a souvent fait les frais des concerts donnés, il y a vingt-cinq ans environ, par Terry, avec le concours de la section chorale de la Société des étudiants. On y entendit, entre autres, des fragments de la *Damnation de Faust* plus importants que ceux exécutés aux concerts populaires et même au Conservatoire.

« Si la Société d'Emulation est momentanément dans l'inaction, c'est une inaction forcée à laquelle l'a condamnée la maladie de son chef, M. Hutoy; — ce qui n'a pas empêché l'Emulation de donner avec succès, au mois de février, l'opéra *Samson et Dahla* de Saint-Saëns. Sans doute, la *Messe des Morts* de Berlioz est une grande œuvre, mais *Samson et Dalila* existe aussi, et il est un peu téméraire de dire que nos annales musicales ne compteront qu'*une œuvre* à enregistrer *pour ranimer cet hiver*. En parlant incidemment du mouvement russe, votre correspondant a encore oublié de rendre à César ce qui lui appartient. Sans vouloir amoindrir l'initiative de M. Jadoul, le mouvement russe, si mouvement russe il y a, a été surtout dirigé par la Société l'Émulation, qui a fait entendre, pour la première fois en Belgique, les *Steppes* de Borodine, l'ouverture de *Roméo et Juliette* de Tschaïkowski, *Antar* de Rimski-Korsakoff, des fragments de la *Pskovitaine* du même auteur, des fragments d'*Angelo* et du *Prisonnier du Caucase* de Cui, deux chœurs à capella du même auteur, *Satcha* de Glazounoff, la *Tarentelle* de Dargomijski, la cavatine du *Prince Igor* de Borodine, des fragments de *Boris Godounoff* de Mussorgski, etc., etc.

« Voilà, me semble-t-il, plus qu'il n'en faut pour vous prouver qu'on ne s'endort pas à Liége. »

⁂

AMSTERDAM

Votre éminent compatriote Ernest Van Dyck, en chantant deux actes de *Lohengrin* au bénéfice de M. Behrens avec la troupe allemande de Rotterdam, a eu encore un de ces immenses succès qui datent dans les annales artistiques des Pays-Bas, et partout où l'on a eu la bonne fortune de l'entendre, il a été acclamé. Quel grand artiste, quel adorable chanteur! Tout le monde ici s'étonne que la Belgique ait laissé échapper un compatriote *d'une pareille valeur* et que les directeurs du théâtre de la Monnaie ne se soient pas empressés de l'attacher à leur théâtre. On peut féliciter le Théâtre-Impérial de Vienne d'avoir fait une acquisition aussi précieuse, car Van Dyck est, sans contredit, un de nos meilleurs chanteurs contemporains, et, parmi les ténors qui courent le monde en ce moment, c'est lui, sans doute, qui tient la corde.

Il va se faire entendre encore au prochain concert du *Wagner Verein*, qui aura lieu à la fin de la semaine, ainsi que Blauwaert et Mⁱˡˡᵉ Pauline Malten, une des meilleures chanteuses wagnériennes que l'Allemagne possède en ce moment. Dans ma prochaine lettre, je rendrai compte de ce concert, qui promet de devenir magnifique et où l'on n'exécutera que des œuvres de Wagner.

Décidément, la Société pour l'encouragement de l'art musical *décline*, et, pour peu qu'elle nous donne encore beaucoup d'exécutions comme celle qui a eu lieu, le 21 avril, dans la nouvelle salle de Concert, de la *Messe solennelle* de Beethoven, ce chef-d'œuvre immortel, elle ne tardera pas à subir lentement, mais sûrement, le sort de *Felix Meritis*. L'exécution de la messe de Beethoven, sous la direction de M. Röntgen, une œuvre hérissée de difficultés, a laissé énormément à désirer. Qui trop embrasse mal étreint, et cet ouvrage était de beaucoup au-dessus des moyens dont cette société dispose actuellement. C'est ce que M. Röntgen, qui doit connaître la force et la valeur de ses soldats, aurait dû prévoir. Je me résume, pour ne pas ennuyer mes lecteurs de détails inutiles, en affirmant que ç'a été une des exécutions les plus faibles auxquelles la Société pour l'encouragement de l'art musical nous ait fait assister. Les solistes, les femmes surtout, Mᵐᵉˢ Fillunger et Assmann, n'ont pas été non plus à la hauteur de leur tâche. MM. Rogmans et Messchaert se sont beaucoup mieux comportés.   Dʳ. Z.

Nouvelles diverses

Depuis quelque temps, on parlait à Saint-Pétersbourg du projet d'une troupe d'opéra russe qui voyagerait à l'étranger, pour y faire connaître les œuvres les plus importantes du théâtre lyrique russe. Ce projet est aujourd'hui en train de se réaliser. Une troupe formée par MM. Lubimow et Truffi, commencera le 1ᵉʳ mai ses spectacles au Victoria-Theater de Berlin. Voici les noms des artistes qui forment la troupe: *Soprano*, Mⁱˡˡᵉ Silina; *contralti*, Mᵐᵉˢ Sviatlovsky et Vérévkine; *ténors*, MM. Mikhaïlow et Medvédiew; *barytons*, MM. Tartakow, Alennikow et Lubimow; *basses*, MM. Führer, Bedlévitch, Liarow et Schakoulo; *chef d'orchestre*, M. Emmanuel. Les chœurs seront composés de cinquante voix. Les artistes sont engagés pour trois mois et dix jours, et devront paraître à Berlin, à Bruxelles, à Paris et à Londres. Le répertoire sera composé de la *Vie pour le Tzar* de Glinka, de la *Roussalka* de Dargomyjsky, de *Rognéda* de Sérow, du *Démon* de M. Rubinstein, de *Mazeppa* et d'*Eugène Onéguine* de

M. Tchaïkovsky. A Berlin, la troupe compte rester un mois environ, après quoi elle parcourra l'Allemagne, la France, l'Angleterre et les Etats-Unis d'Amérique.

Un concert assurément original est le dernier concert populaire qui a eu lieu à Nantes. A côté des *Erynnies* de Massenet, de fragments de Glinka, de Schumann, de Mendelssohn et de Saint-Saëns, les Nantais ont eu la joie d'entendre Paülüs et Mⁱˡˡᵉ Milly Meyer. Il est vrai que, l'année dernière, on avait déjà vu Thérésa récitant *C'est dans l'nez qu'ça m'chatouille*, après la Symphonie pastorale. Notre confrère Etienne Destranges, dans *Nantes lyrique*, proteste vivement et avec raison contre cette promiscuité : « On avait oublié une chose pour la circonstance : c'est de faire installer des tables dans la Renaissance, d'y faire servir des bocks par des demoiselles court vêtues et d'autoriser la pipe; au moins le plaisir aurait été complet. Le concert d'hier n'était pas un concert populaire, c'était un concert populacier. La soirée n'a été qu'un long scandale : chansons, hurlements, cris d'animaux dans les galeries supérieures, chuts énergiques dans le bas, et finalement, empêchement matériel à M. Busiau et à son orchestre de jouer la *Marche* de Lachner; le public se moquait bien de la musique! La musique, à quoi ça sert-il? A embêter le pauvre monde. Ce qu'il faut, c'est Paulus, Paulus, et la *Revue*, et Boulanger, et le reste ! »

Il faut savoir que les concerts populaires de Nantes sont patronnés par la Société des beaux-arts de cette ville, subventionnés par l'Etat et la ville, pour faire entendre au public de la bonne et saine musique. On peut s'étonner qu'ils servent à leur public des chanteurs de café-concert.

M. Bourgault-Ducoudray, dont on connaît les beaux et intéressants travaux sur la musique grecque, ancienne et moderne, vient d'être nommé, *motu proprio*, par le roi de Grèce, chevalier de l'ordre du Sauveur.

Talarac, le ténor de l'Opéra-Comique, vient de recevoir, pour les fêtes de Pâques, le brevet de chevalier de l'ordre du Christ.

M. Faure s'est fait entendre, dimanche, au concert donné par la Société des Concerts populaires, à Lille. Les quatre mille auditeurs qui se pressaient à l'hippodrome lillois ont fait au fameux chanteur des ovations répétées. M. Faure a chanté des mélodies, parmi lesquelles son *Alléluia d'amour*.

M. Duvernoy, compositeur, a dirigé quelques fragments de ses œuvres, exécutés par M. Faure, Mᵐᵉ Franck-Duvernoy, de l'Opéra, et M. Affre, ténor. Succès pour le compositeur et ses interprètes.

La commission des théâtres, à Paris, a décidé que des modifications vont être apportées au rez-de-chaussée de l'Opéra. De nouveaux chemins seront établis aux fauteuils d'orchestre et au parterre, au moyen de la suppression de baignoires. Aux stalles d'amphithéâtre, les passages actuels seront élargis. Un passage central sera établi au 4ᵉ amphithéâtre.

Voilà pour la salle. Sur la scène, des cheminées d'aération seront construites; un rideau de fer plein sera établi et tous les décors devront être ignifugés.

L'Opéra de Berlin vient de donner un nouvel opéra comique en trois actes, tiré du *Turandot* de Carlo Gozzi. Les paroles et la musique sont de M. Theobald Rehbaum. La première représentation a eu lieu le 4 avril, mais elle ne paraît pas avoir obtenu un bien vif succès, malgré le talent déployé par les interprètes, parmi lesquels figurait au premier plan Mⁱˡˡᵉ Leisinger (Turandot), dont on se rappelle la mésaventure à l'Opéra de Paris. On reproche à la musique de n'être pas distinguée et d'être coulée dans le moule convenu de l'opéra comique.

M. Franz Rummel, l'éminent pianiste, vient de rentrer à Berlin après une brillante tournée de concerts en Hollande et en Ecosse.

Le théâtre de Karlsruhe vient de donner, sous la direction de l'éminent chef d'orchestre Félix Mottl, la *Béatrix et Bénédict* de Ber-

Uor, adapté à la scène allemande par l'intendant du théâtre Grand-Ducal, M. de Putlitz. M. Mottl a écrit des récitatifs pour les parties dialoguées. Le succès a été considérable.

D'après le *Musical World*, le fonds de garantie des représentations de Bayreuth est actuellement suffisant pour couvrir les dépenses de cinq années à venir. Parmi les souscripteurs de ce fonds, se trouve le Kronprinz d'Allemagne.

D'après un calcul publié par le même journal, le prix d'une loge de six places à l'Opéra-Métropolitain de New-York coûte, pour soixante-six représentations, la somme de 400 livres ou 10,000 francs.

Joseph Hofmann a définitivement quitté l'Amérique à la suite des fatigues qui l'ont obligé de cesser ses concerts. Il s'est embarqué, le 28 mars dernier, avec ses parents, pour Brême.

L'*Otello* de Verdi vient de faire à New-York une chute lamentable. Il signor Marconi, chargé du rôle d'Otello, a été très froidement accueilli, si froidement qu'il n'a pas hésité une minute à résilier son engagement et à reprendre le chemin du continent. Otello a momentanément disparu de l'affiche, et n'y reparaîtra que si M. Campanini réussit à découvrir un ténor pour jouer le Maure avec plus de succès que M. Marconi.

Nous avons déjà signalé à plusieurs reprises les succès éclatants que M. Blauwaert obtient en Allemagne chaque fois qu'il s'y fait entendre. Il y a quelques jours, il a été littéralement acclamé dans un concert de la *Staedtische Kapelle* à Mayence. Il y a chanté la Ballade de Van Artevelde, de Gevaert; la Sérénade de Méphisto, de Berlioz, et des lieder flamands de Huberti (*Meillet*), Benoît (*de Tuee Korelen*) et Demol (*Lentedied*), qui ont particulièrement fait plaisir. Les journaux de Mayence parlent de M. Blauwaert comme d'un artiste de tout premier rang.

M. Blauwaert est, en ce moment, aux Pays-Bas, où il a chanté à Amsterdam dans un concert de l'Association wagnérienne, dirigée par le maestro Henri Viotta.

Le prochain concert du Conservatoire de Mons, qui aura lieu en juin, sera particulièrement intéressant. M. J. Van den Eeden y fera exécuter une nouvelle œuvre, qui pourra compter parmi les meilleures de ses compositions : *En mer*, poème symphonique avec chœurs, partition importante, remarquable par sa couleur; l'orchestration en est puissante et produit des effets pleins d'originalité. Les répétitions marchent activement et nous permettent d'assurer dès à présent que le succès répondra aux efforts de l'excellent orchestre du Conservatoire et de son directeur.

M. Jules De Swert, le célèbre violoncelliste, vient d'obtenir un très grand succès à Munich. Le public lui a fait une grande ovation, dit la *Münchner Zeitung*, comme Joachim seul en avait obtenu jusqu'ici.

Les Munichois font preuve de goût !

Le *Yacopo* du maestro A. Leonardi n'est pas le seul ouvrage dont on signale en Italie l'insuccès complet. Voici que le *Nestorio* de M. G. Gallignani, maître de chapelle de l'église du Dôme, vient d'avoir le même sort au théâtre de la Scala, à Milan, en dépit d'une exécution très soignée. L'insuffisance de la mélodie, la faiblesse des récitatifs, la pauvreté de l'instrumentation, le manque de caractère et de personnalité de la musique sont cause, paraît-il, de la défaveur encourue par l'opéra du maestro Gallignani.

La nomination de M. Lenoir comme directeur du Théâtre Royal de Liège, donne un regain d'actualité à l'historiette suivante que la *Scène* a fort plaisamment racontée :

On sait que la ville n'accorde aucun subside au Théâtre-Royal ; aussi trois directeurs ont-ils déjà failli faire faillite. Jadis, on les coffrait tout de suite ; on avisait après.

Maintenant, on se borne à les poursuivre devant le Tribunal de commerce. Jadis, on les coffrait tout de suite; on avisait après.

Aussi, quand M. Calabresi devint directeur du Théâtre-Royal de Liège, il y a quelque vingt-cinq ans, reçut-il la visite d'un personnage qui se présenta d'un air aimable, en disant :

— Bonjour, monsieur, je suis le directeur de la prison d'arrêt.

— Ah !

— Et je viens demander mes entrées au théâtre, comme les années précédentes.

— Ah !

— Vous comprenez, monsieur, tous vos prédécesseurs ont fini par être menés dans ma prison, où je les traite en amis. Si vous maintenez mes entrées, j'aurai également de bons procédés pour vous!

Ce petit discours produisit son effet accoutumé. Au premier abord, M. Calabresi éprouva une certaine surprise désagréable; au second, il s'accorda avec empressement les entrées à ce fonctionnaire si gracieux.

— Après tout, concluait-il en souriant, je ne savais pas ce qui pouvait arriver !

M. Capoul auteur dramatique.

Depuis qu'il a détaillé en émincés lyriques un poème de Lamartine, M. Capoul, dit le *Monde artiste*, n'a plus qu'un rêve : devenir le Quinault de la troisième République.

Désespérant de charmer encore ses concitoyens avec des demi-teintes, M. Capoul prétend les divertir avec des livrets d'opéras.

Et, pressé de donner un pendant à *Jocelyn*, M. Capoul a signifié à ses amis qu'il allait se retirer dans le pays de ses aïeux où l'inspiration doit le toucher de son aile.

C'est ainsi que, depuis une semaine, M. Capoul est en Toulousian, esquissant des scénarios et accouplant des rimes.

M. B. Godard a promis de l'attendre.

VARIÉTÉS

ÉPHÉMÉRIDES MUSICALES

Le 27 avril 1845, à Bruxelles, le Conservatoire royal de musique nous fait connaître pour la première fois le *scherzo* de la 9e symphonie de Beethoven. L'œuvre entière n'y fut donnée que le 27 avril 1873. Voici les dates des exécutions subséquentes : 3 mai 1874, 30 janvier et 19 avril 1881, 29 mars 1885, 18 décembre 1887 et 25 mars 1888.

Charles Hanssens avait devancé Fétis en produisant dans son entier, à l'Association des artistes musiciens, la grandiose composition du maître des maîtres (17 février et 10 mars 1849, et 16 mars 1850).

— Le 28 avril 1823, à Paris (Opéra-Comique), le *Magnifique* de Grétry. C'était pour la troisième fois que le public revoyait cette pièce, écoutée, cette fois, de deux actes, ce qui ne la rendit pas meilleure. D'abord en trois actes, à son origine (4 mars 1770), et reprise le 20 janvier 1814, elle fut encore, en 1823, écoutée avec respect par tous ceux qui avaient conservé le culte du maître liégeois. La scène du *quart d'heure* fut chantée et jouée avec un goût exquis par Ponchard. C'est dans cette scène (dit le *Miroir* du 30 avril) que ce virtuose obtint, il y a quelques années (1810 ou 1811), le prix du chant au Conservatoire, en présence de Grétry même, sur le front duquel il alla placer aussitôt la couronne qu'il venait d'obtenir. (Voir hist. du *Magnifique* dans *Guide music.*, 28 févr. 1884.)

— Le 29 avril 1820, à Paris (Opéra-Comique), les *Voitures versées*, deux actes de Boïeldieu. — A Bruxelles, 3 août; Gand et Liège, 10 et 20 décembre 1820. Ce que l'on demandait alors à la musique de l'opéra comique, on le retrouve dans cette charmante partition : des mélodies faciles, claires, bien en situation et surtout spirituelles. L'air : « Apollon toujours préside à chanter par Martin, et les variations : « Au clair de la lune », amènent encore aujourd'hui un sourire de béatitude sur le visage de quelque vieil amateur d'avant 1830.

Les *Voitures versées* ont été jouées pour la dernière fois, à Paris, en 1868; à Bruxelles, en 1840, et à Gand en 1857.

— Le 30 avril 1854, à Anvers, par une troupe italienne, *Attila*, trois actes de Verdi. Cette partition, l'une des plus faibles du maître et qui avait été composée pour la Fenice, à Venise, où elle obtint peu de succès (17 mars 1846), fut bien goûtée des amateurs anversois.

— Le 1er mai 1880, à Vienne, inauguration de la statue élevée à Beethoven sur la place qui porte le nom du maître.

La structure d'ensemble du monument, dû au ciseau du sculpteur Zarnbusch, est la suivante.

Sur un socle à trois gradins, s'élève une base pour onze figures, qui entourent le piédestal; gradins et piédestal, en granit de couleur sombre, forment environ les deux cinquièmes en hauteur de la masse totale. Le piédestal supporte la statue colossale et pleine de caractère, Beethoven est représenté assis, la jambe droite un peu rentrée, la gauche un peu en avant; sur celle-ci, reposent les deux mains, d'un modelé en parfaite harmonie avec l'aspect grandiose et énergique de l'ensemble. Le visage, très légèrement incliné à droite et en arrière, encadré d'une chevelure en désordre, respire une intense vitalité; le regard est quelque peu sombre. Les traits de Beethoven sont reproduits avec une exactitude presque historique, d'après les deux empreintes de plâtre existantes, l'une prise par Klein sur la figure de Beethoven aussitôt après sa mort, l'autre en 1863, sur le crâne exhumé alors. Le mouvement énergique de tout le personnage, comportant naturellement un jeu assez brusque des plis du vêtement, donne une idée exacte de la manière d'être de Beethoven. A gauche du piédestal, est un Prométhée très mouvementé; symbole du combat, il marche vers la Victoire qui est à droite, distribuant des couronnes et à laquelle semblent se relier neuf génies distribués tout autour.

Le procès-verbal de donation du monument à la ville de Vienne par le comité de souscription donne la liste des sommes recueillies. Le total des souscriptions s'élève à 84.413 florins 10 kreutzer, soit environ 190,000 francs. L'empereur d'Autriche figure dans ce chiffre pour 1,000 florins; l'Opéra de Vienne pour 1,043 florins (produit d'une représentation de Fidelio); Liszt pour 10,396 florins (produit partiel d'un concert); Verdi pour 500 francs. Plusieurs sociétés musicales, les Conservatoires de Vienne, de Munich, de Bruxelles, de Baltimore, la direction des concerts du Gewandhaus de Leipzig souscrivirent des sommes plus ou moins importantes.

— Le 2 mai 1849, à Londres (Princess's Theatre), pour la première fois en langue française, le Pré-aux-Clercs d'Herold. — A Covent Garden, le 26 juin 1880, par la troupe italienne, avec Mme Albani dans le rôle de Marguerite.

— Le 2 mai 1864, à Paris, mort de Giacomo Meyerbeer, à l'âge de 73 ans.

— Le 3 mai 1832, à Vienne, Zampa oder die Marmorbraut, 3 actes d'Herold. Cette adaptation de I. von Seyfried a eu, à la Porte de Carinthie, 130 représentations, la dernière le 14 octobre 1867.

Un an auparavant, 1831, à la même date du 3 mai, Zampa avait été joué pour la première fois à l'Opéra-Comique de Paris, et, jusqu'à l'incendie du 25 mai 1887, la pièce comptait 562 représentations. Elle a été reprise le 20 février dernier pour le baryton Soulacroix.

— Le 3 mai 1856, à Paris, mort d'Adolphe Adam, à l'âge de 53 ans.

BIBLIOGRAPHIE

Vient de paraître, chez l'éditeur D. Van Doorslaer-Verbeken, à Bruxelles, la deuxième série des Aldenardiana en Flandriana, récits flamands par M. Edmond Vander Straeten. Plusieurs chapitres de cet intéressant opuscule traitent de la musique. On y trouve des souvenirs relatifs à la lutherie, aux ménestrels, au carillon, à la chorégraphie, aux chansons populaires du port d'Audenarde. Tout y est inédit et l'ouvrage contribue, dans son ensemble, à enrichir de documents nouveaux l'histoire de l'art musical belge.

—

Vient de paraître, au bureau de la revue Flandria, un nouveau poème d'Emmanuel Hiel, mis en musique par M. Franz Andelhof. Titre : l'Auberge flamande (Vlaamsche Herberg).

—

La société musicale the Glasgow Choral Union, instituée en 1843, vient de publier le catalogue des œuvres instrumentales et chorales exécutées depuis sa fondation jusqu'à la fin de la saison 1886-1887. Cette longue liste de morceaux de tout genre témoigne d'une activité vraiment extraordinaire. Les noms de Händel et de Mendelssohn sont surtout en évidence. Mais la société n'est pas restée indifférente au mouvement musical des dernières années; elle a fait

---

entendre un grand nombre d'œuvres de Brahms, Berlioz et Wagner, pour ne citer que les principaux d'entre les contemporains, et Beethoven aussi a eu sa grande part, dans des préoccupations éclectiques, à côté d'Auber, Gounod et Rossini.

La Théorie de Rameau sur la musique, par M. Charles Henry (Paris, A. Hermann, 1887). — Exposé très clair des principes du célèbre musicien qui, le premier, tenta de constituer une esthétique musicale et crut même avoir découvert un principe général d'esthétique. Renvoyant à la théorie de la dynamogénie, qui sera publiée en tête de son Cercle chromatique, l'auteur conclut ainsi :

« La consonance et la dissonance, la mélodie et l'harmonie, les modes ne sont que des cas particuliers de fonctions subjectives absolument générales : le contraste, le rythme et la mesure. Toute théorie particulière est donc forcément insuffisante. L'esprit délié de d'Alembert le sentait... Mais ces desiderata n'auront bientôt plus, j'espère, qu'un intérêt historique. »

XXXIVe ANNÉE   3 et 10 mai 1888   NUMÉROS 18-19

ABONNEMENT

FRANCE et BELGIQUE : Avec musique 25 francs.
—   —   Texte seul.   10 —
UNION POSTALE :   —   12 —

SCHOTT FRÈRES, ÉDITEURS.

Paris, *Boulevard Montmartre, 19*
Bruxelles, *Montagne de la Cour, 82*

ANNONCES

S'adresser à l'Administration du Journal.
On traite à forfait.

AVIS. — Du 1er mai au 1er septembre, le GUIDE MUSICAL ne paraît que tous les quinze jours.

RICHARD WAGNER ET LA MISE EN SCÈNE

(Suite. — Voir n° 17).

Jusqu'ici, l'éclairage, dans les théâtres, s'était fait d'après un système unique, adopté sur toutes les scènes du monde et qui n'avait guère subi d'améliorations, jusqu'à la réforme wagnérienne. C'est de la rampe invariablement que venait la lumière.

A ce propos, deux mots d'explications : La rampe est cette ligne de lumière qui sépare l'orchestre de la scène, et qui éclaire les acteurs en face, de façon qu'aucun jeu de physionomie ne reste inaperçu (1). La ligne de feu s'étendant d'un côté de la scène à l'autre, tous les personnages sont éclairés de la même façon, quelle que soit la place qu'ils occupent. La lumière va en s'adoucissant vers le fond du théâtre. Là, la clarté est produite, d'une part, par les herses suspendues dans les frises qui éclairent par le haut, de l'autre, par les portants des coulisses, longs montants de bois sur lesquels sont fixées les lampes électriques ou les becs de gaz qui éclairent par les côtés. Tout le système, en un mot, est combiné de manière à faire converger les différents foyers lumineux vers le centre de la scène. L'introduction de l'électricité comme mode de production de la lumière n'a guère

(1) Voyez Moynet, *l'Envers du théâtre*. Paris 1875.

modifié ce *plan* de l'éclairage dans nos théâtres. J'insiste sur ce mot : le *plan*, car il commande, comme on va le voir, toute une série de dispositions scéniques qui n'ont guère varié depuis deux siècles. Le principe dirigeant de tout l'éclairage d'après l'ancienne méthode est que la plus grande intensité imaginable de lumière frappe l'acteur toujours et partout en face. Dans l'ancien opéra, en effet, le public est censé venir au théâtre pour voir l'acteur, comme il y vient pour entendre le chanteur ; le même principe qui détermine la coupe des morceaux et des ensembles a déterminé aussi la plantation des décors et le système d'éclairage. Celui-ci est combiné de telle sorte que l'acteur soit en pleine lumière surtout au premier plan, à l'avant-scène. De là, la plantation rectiligne, le parallélisme de la décoration dont les théâtres fabriqués pour les enfants peuvent donner parfaitement l'idée ; de là, l'habitude prise par tous les chanteurs d'opéra de sortir du cadre du tableau scénique ; de là enfin, ces mouvements constants des masses vers les avant-plans, ces groupements de personnages et ces jeux de scène invariablement exécutés devant le trou du souffleur, sans souci aucun de la vérité et du réalisme de la scène.

Depuis trois siècles, le système n'a pas changé ; les seules améliorations ont consisté dans l'emploi plus ingénieux des ressourses de la peinture, des illusions de la perspective et dans l'amélioration des appareils.

Tout à coup, commence une ère nouvelle pour l'éclairage et pour la mise en scène en général.

L'analyse des lois de l'optique, le sens plus juste du pittoresque, le perfectionnement apporté aux appareils lumineux, devenus plus maniables grâce à l'industrie moderne, tout concourt à faire plus vivement sentir le côté conventionnel du système admis jusqu'alors. Le démon de l'innovation qui porte Wagner à bouleverser de fond en comble la forme musicale de l'opéra le porte également à remanier tout ce qui a trait à l'exécution matérielle du drame lyrique.

Le principe absolu d'où part Wagner, je le répète, est de donner aussi complète que possible la *vision* de la réalité, la vision du drame, de l'action. L'interprète, l'artiste dramatique, le chanteur, l'acteur n'existent pas pour lui comme individualité. Ils sont des moyens figuratifs, ils font partie d'un tout, ils entrent dans la composition d'un tableau, où leur rôle est nettement tracé et dont ils ne peuvent arbitrairement rompre l'harmonie. Ce qui lui importe, c'est la réalité pittoresque du drame représenté. Il part de là pour supprimer sans hésitation tout ce qu'il considère comme étant de nature à altérer la vérité scénique. Or, le vice primordial à ce point de vue, c'est l'éclairage par la rampe.

Wagner n'hésite pas: il supprime la rampe, ou plutôt il déplace le centre lumineux de la scène. Ce n'est plus à l'avant-scène que la lumière est le plus vive ; le foyer lumineux est tantôt à droite, tantôt à gauche, tantôt au fond. Cela n'a l'air de rien, et cependant c'est là une réforme d'une importance capitale.

Il y a longtemps qu'on a fait l'observation qu'au théâtre la lumière était fausse. Dans la réalité, les objets ne se présentent pas à nous dans l'éclairage uniforme et désagréablement intense de la scène. Dans la nature, la lumière diffuse enveloppe chaque objet tout entier, et le rayon de l'astre éclairant, soleil ou lune, produit des jeux d'ombres qui dessinent les contours, rompent les tons, accentuent et modèlent les formes, qui produisent, en un mot, ces oppositions de clartés et de demi-teintes dont se réjouit l'œil du peintre. C'est là ce que Wagner a cherché à obtenir à la scène, et ce rêve, il l'a réalisé en brisant complètement avec le système, considéré comme absolu jusqu'ici, de l'éclairage par la rampe.

Au théâtre de Bayreuth, la rampe n'a d'autre office que de contribuer avec les herses et les portants à répandre sur la scène une clarté égale, reproduisant autant que possible la lumière diffuse du jour ; si le décor représente un intérieur ou un sous-bois, cette lumière diffuse sera moins intense qu'avec un décor représentant, par exemple, une place publique ou un emplacement à ciel ouvert. Pour le décor d'intérieur, qui ne peut recevoir le jour que par des fenêtres, l'éclairage est disposé de telle sorte que la grande clarté viendra de l'une des « prises de jour » et non plus, comme jusqu'ici, de l'inévitable rampe. Pour le sous-bois, par exemple dans *Siegfried*, la clarté rayonnante viendra des cintres, le bas de la scène sera moins éclairé. Dans *Parsifal*, le décor qui représente l'intérieur du temple du Graal est éclairé aux arrière-plans et la lumière vient du haut. Une obscurité mystérieuse règne à l'avant-plan et dans les bas-côtés de l'édifice, comme il convient que cela soit sous

des voûtes qui ne reçoivent pas directement le jour.

Rien ne peut donner une idée de la puissance des effets que l'on peut ainsi obtenir. Les objets, les personnages, les gestes, toutes les parties du tableau scénique se détachent avec un relief étonnant et se placent à leur plan tels qu'ils seraient dans la réalité.

Au fond, l'idée réalisée par Wagner est on ne peut plus simple et plus rationnelle: il rétablit sur la scène les conditions normales de la lumière diurne ; il applique la théorie des repoussoirs depuis longtemps connue des peintres. De là, résulte le réalisme saisissant des mises en scène de Bayreuth, si admirées à juste titre. Les acteurs, n'ayant plus à chercher à l'avant-scène la pleine clarté qui permettra au public de distinguer nettement leurs jeux de physionomie, ne sont plus tentés de s'avancer constamment vers la rampe, ils demeurent dans le rôle plastique qui leur est assigné dans la composition de l'ensemble du tableau.

Il n'est pas de théâtre où ces intéressantes innovations ne puissent être introduites sans difficulté. Il suffit simplement que la régie de la scène porte son attention sur ces détails d'où découlent de si importantes conséquences pour l'impression générale de la représentation. Malheureusement, sur ce point comme sur bien d'autres, il y a à lutter avec l'inertie, souvent avec l'ignorance des régisseurs, à qui il est très difficile de faire accepter des procédés s'écartant de ceux qu'ils tiennent des traditions qui leur ont été transmises d'âge en âge. Le public français soupçonne à peine les progrès réalisés ailleurs à ce point de vue. Certes, pour la richesse des costumes, pour le charme et le mérite pictural des décors, pour le luxe plein de goût de tout l'appareil extérieur, on trouverait difficilement ailleurs des mises en scène comme celles de *Théodora* à la Porte-Saint-Martin, du *Cid* ou de *Patrie!* à l'Opéra de Paris. Mais encore que de détails manqués, que d'invraisemblances, que d'effets conventionnels dans tout cela ! Qui n'a pas vu *Roméo et Juliette* ou *Faust* au théâtre d'Irving (Lyceum Theatre), à Londres, ne peut se faire une idée de ce qu'est une mise en scène véritablement moderne. Au même niveau se placent les mises en scène de la troupe du duc de Saxe-Meiningen, qui se propose de donner prochainement une série de représentations au théâtre de la Monnaie à Bruxelles. Tous ceux qui se connaissent aux choses du théâtre seront certainement émerveillés des surprenants résultats auxquels arrive cette troupe composée d'artistes, tous excellents, sans doute, mais de talent moyen pris individuellement ; pour la convenance des gestes, la concordance des mouvements, le groupement des divers personnages, la disposition des masses, je n'ai vu nulle part rien qui approche de la perfection obtenue par cette troupe. Ne comprît-on pas un traître mot de ce que disent les acteurs, c'est encore un spectacle extrêmement attrayant, d'un bout à l'autre, de voir la variété des attitudes et l'incessante animation du tableau scénique obtenu par l'observation scrupuleuse de la vérité dans toutes les parties de l'exécution. Le judicieux emploi des jeux de lumière d'après la méthode adoptée à Bayreuth est pour beaucoup dans l'effet artistique produit par les mises en scènes des *Meininger*.

Eux aussi, ils éclairent presque toujours la scène par les arrière-plans et par le haut, la rampe ne brûlant qu'à demi-feux. Les jeux de physionomie n'y perdent rien, comme on pourrait le croire. Au contraire, les mouvements, les gestes se dessinent, sur ces fonds éclairés, avec bien plus de relief qu'ordinairement; l'effet est de tout point analogue à celui que produisent les objets placés au-dessus de la ligne d'horizon et qui se découpent avec une si étonnante netteté sur la transparence du ciel.

Dans les scènes nocturnes, on peut obtenir par ce moyen des effets saisissants en faisant, par exemple, nuit complète à l'avant-scène et en maintenant un peu de jour dans les fonds. On aura ainsi la reproduction exacte de ce qui se passe dans la nature. En effet, il subsiste toujours un peu de clarté dans le ciel, si noire que soit la nuit, et c'est parce qu'il se détache sur cette clarté relative que les objets perdent toute forme la nuit, que le modelé n'existe plus, qu'on ne voit que les arêtes extérieures, la silhouette des choses.

C'est cet effet que Wagner veut à la fin du deuxième acte de la *Walkyrie* pendant le combat de Hounding et de Siegmound. L'avant-scène doit être plongée dans une obscurité complète; il faut que les deux guerriers qui bataillent au troisième plan, sur le praticable simulant d'énormes rochers, se détachent à peu près comme des ombres chinoises sur le ciel orageux du fond légèrement éclairé. Il faut que ce soit comme une lutte de géants se profilant sur le ciel et vue par un spectateur qui se trouve en contre-bas du lieu de la scène. Alors seulement, l'impression de terreur voulue par Wagner sera complètement rendue, le caractère fantastique de ce combat pourra être véritablement ressenti. Alors aussi, l'apparition de Wotan et de Brunhilde cessera d'être ridicule. Il est inutile qu'on voie constamment le dieu et la walkyrie aux cotés des combatants. Les éclairs qui sillonnent la nue, doivent, seuls, nous révéler la présence de ces êtres surnaturels et leur intervention dans la lutte. C'est une erreur de diriger sur eux un jet de lumière électrique, comme cela se pratique sur beaucoup de scènes où la *Walkyrie* est au répertoire. Grâce à ce procédé banal, Wotan et Brunhilde ont un peu l'air de deux gendarmes assistant immobiles à une scène de pugilat. J'ai quelque peine à croire que ce soit là l'effet voulu par Wagner. Pour produire l'impression rêvée par lui, il suffit qu'on aperçoive vaguement sur le ciel la silhouette des quatre personnages et qu'on entende leurs appels se mêlant au cliquetis des armes que l'orchestre commente d'ailleurs éloquemment. A la rigueur, on pourrait admettre un jet de lumière électrique au moment où Wotan arrête et brise avec sa lance l'épée de Siegmound. Mais, même à ce moment, l'emploi du jet lumineux n'est pas indispensable, et l'on peut s'en passer si l'avant-scène est tout à fait obscure et le ciel un peu éclairé, car, dans ce cas, les figures se détacheront sur le fond avec une netteté suffisante.

L'éclairage des fonds est très important à un autre point de vue encore dans la mise en scène wagnérienne, par exemple dans l'emploi des nuages sur filets, qui ont été, si je ne me trompe, essayés pour la première fois à Bayreuth et dont l'usage commence à se répandre.

Ces nuages se composent de bandes de toile peinte légèrement et appliquées sur un filet à mailles assez larges, qu'on ne saurait mieux comparer qu'aux canevas dont on se sert pour faire de la broderie. Le filet, comme les rideaux de fond, occupe toute la largeur de la scène et s'enroule comme ceux-ci sur un tambour placé dans les cintres. Les bandes de toile peinte qui y sont appliquées sont découpées selon la forme que le peintre a donnée à ses nuages. On obtient ainsi entre les différents groupes de nues, des espaces vides qui permettent au regard de voir au delà. Quand deux ou trois filets à nuages sont placés aux différents plans, l'effet est analogue à celui que produisent dans l'air plusieurs couches de nuées superposées. Mais pour que cet effet se réalise, il importe que les herses des derniers plans donnent plus de lumière que les herses avoisinant la rampe. Les bandes peintes, quand elles sont bien éclairées par derrière, paraîtront transparentes, et les nuages descendant sur la scène acquerront par là même une fluidité et une légèreté charmantes. A Bayreuth, grâce à des jeux de lumière habilement combinés, cette illusion était obtenue avec un bonheur rare. Les nuages semblaient véritablement flotter sur la scène dans le *Rheingold* et dans la *Walkyrie*.

Quant au contraire, les nuages sont éclairés du côté de la rampe, en face si l'on peut ainsi dire, la transparence ne se produit plus, la toile peinte reprend toute son opacité. Dès lors, ces nuages qui descendent sur la scène pour masquer le paysage ne sont plus qu'un procédé assez banal et sans réelle valeur artistique.

On voit par ces détails de quelle importance est pour la mise en scène moderne, la réforme de l'éclairage inaugurée par Wagner sur la scène de Bayreuth.

(A suivre.)   M. KUFFERATH.

Théâtres et Concerts

Chronique de la Semaine

PARIS

On a exécuté, hier, au Conservatoire, la cantate couronnée au dernier concours Rossini, les *Jardins d'Armide*, texte de M. Emile Moreau [1], musique de M. Chapuis.

Voilà longtemps que cette malheureuse cantate attendait son jour. Elle fut offerte aux concurrents dès l'avant-dernier concours, lors duquel l'aréopage ordinaire décida qu'il n'y avait pas lieu à donner le prix. Parmi les œuvres présentées alors, il s'en trouvait une pourtant qui méritait une mention au moins, celle de M. Charles Bordes. Certainement, la partition de M. Bordes était pleine d'inexpériences au point de vue de la facture, de l'écriture vocale et instrumentale(1) ; mais, à côté, quelles rares qualités d'invention harmonique et mélodique, d'accent poétique, de sensibilité naïve et vraie, de couleur personnelle !..... La première scène ou première partie, entre autres, la séduction par les sirènes, ou entrée de Renaud dans les jardins, était infiniment supérieure chez M. Bordes à celle de M. Chapuis, le lauréat du dernier concours.

Il m'est difficile de songer, sans être navré, combien souvent l'injustice des hommes ajoute à celle du sort, et combien elle est intelligente..... Voilà M. Chapuis, un bon élève certainement, qui sait écrire fort proprement, qui s'est évertué, de la plus louable façon, à trouver une certaine couleur poétique, à réaliser une certaine vérité d'accent et d'expression. Mais quelle nature froide et sage, quelle imagination bourgeoise au fond, et comme on déplore d'avance le malentendu qui pèsera sur toute cette vie, condamnée, par l'imprévoyance d'un jury, à se consacrer tout entière à la musique faite et inutile.

En résumé, la cantate d'hier est l'œuvre d'une main convenablement exercée, d'une nature sans relief, sans personnalité un peu marquée, d'un esprit appliqué et studieux, nourri des bons et des médiocres auteurs. Le style est hybride : telle fin de chœur a la joliesse du bon Massenet ; tel récitatif des basses (début de la scène 2e) rappelle le caractère et le contour de certain passage de la neuvième symphonie de Beethoven ; telle succession d'accords et disposition instrumentale (comme l'endroit où Renaud s'endort) est imitée de telle page célèbre du 3e acte de la *Walkyrie*. — La prosodie est parfois mauvaise ; trop d'accents sur les articles.

L'exécution, dirigée par M. Garcin, a été parfaite. Le public s'est échauffé aux scènes de passion, et l'accueil a été encourageant, comme il convenait. Mmes Yveling-Rambaud (Armide) et Armand (la Sirène), MM. Lafarge (Renaud), Bello et Ferran (le Danois et Ubalde) ont rivalisé de zèle pour donner de cette œuvre la meilleure interprétation. Ils ont été tour à tour applaudis.

Dans cette petite fête de famille, j'ai tenu à ce que le nom trop oublié de M. Charles Bordes fût rappelé ; heureux de réparer, dans une bien faible mesure, une injustice véritable et laissant au temps le soin de compléter cette réparation.

Encore un jeune artiste, une virtuose d'élite, d'un talent d'ailleurs consommé et éprouvé déjà, que je suis heureux de recommander à l'attention de mes lecteurs..... M. René Chansarel n'est pas un pianiste exclusivement pianiste comme il y en a tant, comme il y en a trop ; c'est un musicien ; il a une âme et une intelligence, chose moins commune qu'on ne pourrait croire, et cette âme et cette intelligence, on les sent dans son interprétation, vigoureuse quand il faut, et délicate quand il faut. Son intelligence brille, entre autres choses, dans la composition du programme de son concert, donné le jeudi 26 avril, avec le concours d'un orchestre conduit par M. Charles Lamoureux..... Ces programmes-là sont très généralement bourrés d'œuvres mêlées et disparates ; c'est, le plus souvent, le triomphe de l'indigeste et de l'incohérent ; Tartempion et Mistenflûte coudoyant Beethoven et Schumann ; et cela n'en finit pas.....

Ici rien de pareil. Pour commencer, l'ouverture de la *Grotte de Fingal*, puis le concerto en *si* mineur de Beethoven. Après ce début de résistance, un choix exquis de pièces de courte haleine : une *Novellette* de Schumann, le délicieux *Prélude* d'Alkan : « J'étais endormie, mais mon cœur veillait » (2), une *Gavotte* en *mi* de J.-S. Bach, transcription Saint-Saëns, exécutée avec une énergie, une ampleur de style, une beauté puissante du son, qui étonnent d'autant plus chez un artiste à l'aspect délicat comme M. Chansarel ; enfin, de Chopin, un *Impromptu*, un *Nocturne* et la *Valse*, interprétés avec un sentiment pénétrant et des délicatesses, des finesses adorables. Pour terminer, le beau concerto en *la* mineur de Grieg, que je n'avais jamais aussi bien entendu jouer.

De cette nature fine et nerveuse, qui cache sous une apparence

(1) Une *Pastorale* de M. Bordes, exécutée au dernier concert d'orchestre de la Société nationale, témoigne de progrès accomplis par lui au point de vue de la facture et surtout de l'orchestration. Le début et la fin de cette *Pastorale* sont de tous points charmantes.

(2) *Cantique des Cantiques.*

---

frêle tant de ressort, qui aime la simplicité, qui fuit la mièvrerie et la recherche des petits effets faciles, de cette jeune intelligence si vive à pénétrer l'intime pensée des maîtres, on peut, on doit attendre beaucoup ; c'est une belle carrière qui s'ouvre.

Un violoniste de grand talent, bien connu ici, M. Léon Heymann, vient de fonder une nouvelle société de musique de chambre, sous le titre de Société des quatuors anciens et modernes. Deux matinées ont eu lieu déjà, salle Erard, intéressantes par la composition des programmes et par la valeur des exécutants, parmi lesquels on remarquait MM. Taffanel, Grisez, de Bailly, Mmes Bordes-Pène, Poitevin, Boldin-Pinsais. A noter une très belle exécution du superbe *Quintette* de César Franck et une intéressante première audition des *Mélodies écossaises*, op. 108 de Beethoven, avec accompagnement de piano, violon et violoncelle ; enfin un *Divertimento* avec flûte de F. Germgein.

Ces deux premières séances ayant fort bien marché à tous les points de vue, il faut espérer que cette tentative sera heureuse, et que d'autres matinées plus intéressantes encore succéderont à celles-ci. Le public ne se doute pas combien ce genre de tâche est ingrat et mérite d'être encouragé. Donc, bonne chance à M. Léon-Heymann et à ses jeunes et vaillants acolytes, MM. Bouvet, Laforge et Georges Papin, qui sont aussi des membres de la Société des concerts du Conservatoire.   BALTHAZAR CLAES.

BRUXELLES

REPRISE D'*HAMLET*

Le rôle d'Ophélie étant l'un de ceux que Mme Melba apportait au contrat, il devait s'ensuivre tôt ou tard une reprise d'*Hamlet*. Inutile de chercher, au sujet de cette reprise, des motifs ailleurs que dans ce fait très simple. Si Mme Melba, mieux inspirée, avait consacré le temps de ses études à l'un ou l'autre des chefs-d'œuvre classiques, le théâtre de la Monnaie nous eût offert, peut-être, un régal de meilleur aloi et une fin de saison moins terne. Mais il faut bien prendre les chanteurs tels qu'ils se présentent et, puisque la virtuosité semble trouver, en ce moment, — grâce à Mme Melba, — un regain de faveur, acceptez le fait accompli en attendant des jours meilleurs.

Il reste donc acquis à la postérité depuis le mercredi 25 avril, que Mme Melba chante à ravir, en italien, le quatrième acte d'*Hamlet*; qu'elle y déploie toutes ses belles qualités de *prima donna* et qu'il serait difficile de trouver une artiste sachant mieux qu'elle produire des sons filés et mettre plus de franchise et de souplesse dans l'émission de la voix. La technique de son chant et celle du compositeur se font valoir naturellement dans la scène de folie, qui lui a valu un succès considérable et bien mérité. C'est avec un goût très pur que Mme Melba l'a détaillée, faisant d'un tour tentative sans heureuse, et d'une connaissance approfondie de toutes les ressources que peut offrir un morceau conçu en vue de mettre en évidence l'art du *bel canto*.

Nous avons dit que Mme Melba chante en italien le rôle d'Ophélie. Il avait été décidé, cependant, que le français aurait la préférence et, l'expérience faite avec *Lakmé* ayant réussi, l'on pouvait espérer voir enfin cesser l'étrange confusion des langues qui menace de s'implanter à la Monnaie. Faisons, comme notre éminent confrère de l'*Indépendance*, des vœux pour que Mme Melba s'applique à l'étude du français, qui est, actuellement, l'idiome en usage. Mais si l'italien doit subsister malgré tout, c'est donde au moins le privilège à d'autres langues, et qu'il nous soit donné d'entendre, à l'occasion, des chanteurs allemands dans l'exécution d'ouvrages sérieux que la direction serait dans le cas de monter. Que l'on attire à Bruxelles, par exemple, la Materna, la Malten, Rosa Sucher, le baryton Scheidemantel, le ténor Winkelmann, etc., de manière à satisfaire tous les goûts en mettant le répertoire, au moins de temps à autre, à la hauteur des tendances actuelles.

Le vrai triomphateur de cette reprise d'*Hamlet* a été le baryton Seguin, qui, dans le rôle du prince de Danemark, a produit une vive impression sur le public. Son chant vigoureux, son jeu dramatique et large ont provoqué des applaudissements très chaleureux et de nombreux rappels. Certes, il n'y a pas de comparaison à établir entre M. Seguin et M. Faure, le créateur du rôle. Ce sont deux tempéraments bien différents : l'un méthodique et réfléchi, alliant un réel savoir aux dons les plus précieux de la voix ; l'autre y allant de tout son instinct et cherchant l'effet plutôt dans la force que dans la nuance. Tel qu'il est ; pourtant, M. Seguin a bien du mérite, et c'en est un de montrer que l'on est toujours en progrès.

Très consciencieuse, Mlle Litvinne, dans le rôle de la Reine : on pourrait dire trop consciencieuse même, car l'exubérance est le défaut de cette artiste que l'on aime aussi à voir progresser. Mais il est facile de se restreindre quand on a l'intelligence et que l'on veut bien se rendre aux sages conseils. M¹¹ᵉ Litvinne acquiert de jour en jour plus d'autorité, et nous ne serions pas surpris qu'elle arrivât à l'Opéra de Paris, où M. C. Bellaigue de la *Revue des Deux Mondes* voudrait déjà la voir.

Les autres rôles d'*Hamlet* sont tenus par MM. Frankin (le spectre), Vinche (le roi Claudius), Gandubert (Laërte), Chappuis (Polonius). Tous ne sont pas également à la hauteur de leur tâche, mais, dans l'ensemble, on ne peut que se louer de l'exécution, dont M. Ambroise Thomas, venu tout exprès de Paris, s'est montré d'ailleurs très satisfait.

Les chœurs méritent tous les éloges et ce n'est pas leur faute si les ensembles manquent de distinction; à part le chœur lointain qui accompagne la mort d'Ophélie, il serait difficile de trouver parmi les œuvres contemporaines une tendance plus marquée vers le genre italien. L'instrumentation d'*Hamlet* est lourde et souvent tapageuse; aucune puissance dans le travail symphonique; absence totale de souffle poétique et de caractère: c'est de l'accompagnement presque tout le temps, et cet accompagnement, l'orchestre de la Monnaie, sous la direction de M. Joseph Dupont, y a mis un soin extrême.

Disons, pour finir, que M¹¹ᵉ Sarcy a dansé avec sa légèreté et sa grâce habituelles à côté de M¹¹ᵉ Magliani, fort gracieuse en travesti.

M. Jules Barbier, l'un des auteurs du poème d'*Hamlet*; M. Heugel, éditeur de la partition, ainsi que Mme Marchesi, l'éminent professeur de chant, assistaient à la représentation qui a été donnée devant l'une des salles les plus brillantes de la saison.   E. E.'

L'Indépendance a annoncé, il y a quelques jours, l'engagement de Mme Caron au théâtre de la Monnaie pour la saison prochaine. La nouvelle n'est pas tout à fait exacte. Ce n'est pas sans s'imposer de gros sacrifices que MM. Dupont et Lapissida pourront s'attacher Mme Caron. L'engagement n'est pas encore conclu, mais il y a tout lieu de croire qu'il se signera très prochainement. Mme Caron chantera en représentations, c'est-à-dire qu'elle ne sera engagée que pour un certain nombre de rôles qui lui seront exclusivement réservés et pour un minimum de représentations qui lui sera garanti et pour lesquelles elle touchera un cachet. Les rôles que s'est réservés Mme Caron sont ceux de la *Juive*, de Marguerite de *Faust* et de Brunnhilde dans le *Sigurd* de Reyer. Mme Caron serait, en outre, engagée spécialement pour créer à Bruxelles le rôle de Brunnhilde dans le *Siegfried* de Wagner, celui d'Elsa de *Lohengrin*, le rôle de Léonore dans le *Fidelio* de Beethoven, pourvu de nouveaux récitatifs par M.Gevaert, enfin le rôle de Richilde dans l'œuvre du même nom de M. Emile Mathieu. Ce rôle était primitivement écrit pour une voix de contralto. M. Mathieu va le *peindre* pour le mettre au diapason de la voix de Mme Caron, qui est un mezzo bien caractérisé.

MM. Dupont et Lapissida ont de très vastes et très artistiques projets pour la saison prochaine. La campagne franco-italienne de cet hiver n'ayant pas donné de résultats satisfaisants, les directeurs de la Monnaie vont faire un retour au genre classique et au wagnérisme, puisque c'est là évidemment que se porte la faveur du public intelligent.

Il est probable que la saison débutera par la reprise des *Maîtres-Chanteurs*, qui n'a pu être donnée, comme on l'espérait, à la fin de la saison présente. *Siegfried* sera mis à l'étude en même temps que *Richilde*, et ensuite viendra *Lohengrin* avec Mme Caron, MM. Engel et Seguin. Voilà pour le répertoire wagnérien.

Pour le classique, outre le *Fidelio* de Beethoven, qui n'a jamais été donné à Bruxelles, que nous sachions, il est question d'une reprise de la *Flûte enchantée* de Mozart, où Mme Landouzy ferait une ravissante Pamina et Mme Melba une Reine de la Nuit assurément remarquable.

Ce n'est pas à la bonne volonté, on le voit, qui fait défaut aux directeurs de la Monnaie: Que la moitié seulement de ces beaux projets se réalise et le public bruxellois se montrera reconnaissant à MM. Dupont et Lapissida.

Contrairement à ce qui avait été dit, M¹¹ᵉ Martini n'a pas eu l'intention de contracter avec le théâtre d'Anvers. Immédiatement après nous avoir fait ses adieux dans le premier acte de la *Valkyrie*, l'intéressante Sieglinde s'embarquera pour Londres, où l'appelle son engagement à Covent-Garden.

Débarrassé des soucis de la mise au point de l'*Hamlet* d'Ambroise Thomas, M. Joseph Dupont est tout entier, en ce moment, aux répétitions du dernier concert populaire, qui promet d'être extrêmement brillant. Voir dans notre·supplément le programme détaillé de ce concert extraordinaire qui aura lieu le jeudi 10 mai, à 8 heures du soir, au théâtre de la Monnaie, et clôturera la saison théâtrale et musicale 1887-88.

Il y a eu, vendredi dernier, à la légation de France, une audition très intéressante de fragments de *Barberine*, opéra comique en trois actes tiré de la comédie d'Alfred de Musset, musique de M. G. de Saint-Quentin. On connaissait les mésaventures de cette partition que la sœur de l'illustre poète ne veut voir représenter à aucun prix, par suite de considérations peu ou mal définies; parce qu'elle estime, sans doute, qu'une adaptation musicale, aussi bonne qu'elle puisse être, tend à dénaturer l'œuvre littéraire. Rien d'étonnant, dès lors, à ce que la curiosité fût vivement surexcitée parmi les auditeurs de distinction que se pressaient en foule dans les salons du ministre de France et de Mme Bourée. Ce public très choisi, où l'élément artistique était brillamment représenté, a fait à l'œuvre du compositeur français un très chaleureux succès. On a vivement applaudi chacun des morceaux de *Barberine* et l'on a bissé un madrigal et une ballade qui sont des compositions d'un sentiment très fin. L'auteur tenait le piano et les rôles principaux étaient chantés par Mme Bataille et M. Engel, deux interprètes hors de pair, qui ont fait valoir avec un art parfait la jolie musique de M. de Saint-Quentin. M¹¹ᵉ Van Daele, MM. Smeesters et Raques, ainsi que des élèves de la classe de chant du Conservatoire, sous la direction de M. H. Warnots, prêtaient également leur concours à l'exécution, au cours de laquelle M. Jacobs a interprété, avec la perfection qui caractérise son talent, une romance pour violoncelle de *Barberine*.

ANVERS

Lundi 23 avril, la Société de symphonie donnait son dernier concert de la saison avec le concours de MM. Alwin Schrœder, violoncelliste, et Paul Claeys, baryton.

M. Schroeder a exécuté le concerto op. 33 de Volckmann ainsi que plusieurs morceaux de Popper, Bach, Davidoff. C'est un artiste de tout premier ordre, au jeu large, expressif et doué d'un mécanisme prodigieux. Ces qualités lui ont valu un succès énorme; il fut rappelé trois fois. Les applaudissements ne manquèrent pas non plus à notre concitoyen Claeys, qui fut également rappelé après son air d'*Aben-Hamet* de Dubois et les stances de Flégier.

L'orchestre s'est beaucoup mieux comporté que la dernière fois et a fort bien exécuté l'admirable symphonie en *ré* mineur de Schumann. Après l'exécution de la symphonie, une surprise a été faite à M. Emile Giani, le sympathique chef d'orchestre de la société.

Les membres exécutants lui ont offert, en reconnaissance des peines qu'il se donne et de son dévouement, une superbe lyre en fleurs artificielles. Les membres honoraires se sont également associés à la manifestation et lui ont offert une coupe en porcelaine de Saxe garnie d'un splendide bouquet en palmes et fleurs artificielles. Cet hommage est parfaitement mérité, car c'est au zèle infatigable de M. Giani que la Société de symphonie doit sa prospérité.

Nous avons eu pendant un mois les célèbres «*Meininger*» en représentations. Jamais avant, Anvers n'avait assisté à succès pareil; pendant les trente représentations qu'ils ont données, le théâtre n'a pas désempli et l'enthousiasme a toujours été grandissant. Il est fort difficile de dire ce qu'il faut le plus admirer, si c'est la valeur des artistes, la superbe mise en scène dont chaque détail est une réminiscence historique, ou l'admirable homogénéité de toute l'interprétation.   H. R.

GAND

Comme j'ai dû vous l'avoir écrit, il y a quelque temps, la Société royale des Mélomanes se préparait à fêter, au mois de juillet prochain, le cinquantième anniversaire de sa fondation; elle avait notamment organisé un grand concours de chant d'ensemble qui promettait d'être fort brillant. Mais, pendant les négociations qu'elle ouvrit à ce propos avec l'Association des auteurs, compositeurs et éditeurs de musique, il surgit des difficultés au sujet de l'interprétation de l'article 16 de la loi du 22 mars 1886 et le droit d'auteur des œuvres littéraires et artistiques. Les négociations ne purent aboutir à un résultat positif, et, à la suite d'un différend qui a été loin d'être tout à fait pacifique, à ce qu'on raconte, la commission de la Société des Mélomanes vient de décider à l'unanimité de remettre le concours à l'année prochaine. Dans une lettre adressée aux sociétés chorales du pays et de l'étranger, elle s'exprime dans les termes suivants:

« Des négociations ont été entamées depuis le mois de février dernier entre les représentants de ladite association et ceux de la Société royale des Mélomanes de Gand; mais, en présence de l'opposition de l'Association des auteurs, compositeurs et éditeurs de musique, et malgré les sacrifices que la Société royale des Mélomanes a voulu s'imposer, à titre gracieux, pour assurer la réussite du concours de chant d'ensemble annoncé par elle, il n'a pu être obtenu de résultat.

« De plus, une lettre de l'Association, en date du 19 avril courant, détruit toutes les propositions conciliantes qui avaient été faites et dont la plupart avaient été acceptées par les deux parties. Elle annonce que les auteurs et les compositeurs refusent leur concours direct et indirect à la solennité musicale projetée...... »

Comme bien vous pouvez le penser, cette affaire a fait beaucoup de bruit ici et n'est pas pour populariser la nouvelle.loi des droits d'auteur; quoi qu'il en soit, je suis en faute de ne pas vous avoir envoyé cette nouvelle la semaine passée; je n'ai comme excuse que l'ignorance absolue dans laquelle la commission des Mélomanes a laissé votre correspondant; il me semble pourtant que l'événement intéressait le *Guide musical* et que ladite société n'ignore pas l'existence du moniteur de la musique en Belgique. Mais voilà! J'ai eu un jour l'audace de ne pas dire ici tout le bien que je ne pensais pas des représentations dramatiques des Mélomanes; j'ai eu le tort immense de vouloir faire la part du bon et du mauvais, et de décerner des éloges à M. X.... au détriment de M. Z..... Il paraît qu'on ne me l'a point pardonné; je ne l'aurais jamais cru, pour ma part; mais on me l'a affirmé, et dame! la conduite de ces messieurs n'est pas pour contredire ceux qui m'ont assuré.

P. B.

N. DE LA RÉD. — Le *Guide musical* a déjà parlé des incidents dont il est question dans la lettre ci-dessus. Nous ne pouvons que répéter ce que nous avons dit déjà, à savoir que l'attitude du Comité des *Mélomanes* est absolument inexcusable, d'autant plus inexcusable que celle de ce concert des magistrats parmi ses membres. La loi sur la propriété littéraire et artistique est une loi faite pour tout le monde, et il est inadmissible que les *Mélomanes* ne s'y soumettent pas. C'est en vain que les *Mélomanes* prétendent que le législateur de 1886 n'a pas défini ce qu'il faut entendre par « exécutions publiques » La législation antérieure et la jurisprudence ont, à cet égard, établi des règles absolument précises. Avant la loi du 22 mars 1886, il existe tout un ensemble de dispositions légales sur la matière, notamment les lois des 19 et 24 juillet 1793, l'article 428 et 429 du code pénal de 1810, la jurisprudence constante et les arrêts de la cour de cassation de France décidant que les réunions des sociétés présentent les caractères de la publicité donnant ouverture au droit d'auteur. La loi de 1886 a eu pour but de développer et d'étendre les dispositions antérieures, non de les *restreindre*. A ceux qui inspirent la présente campagne des *Mélomanes* contre les auteurs et compositeurs belges, nous dirons qu'ils défendent une mauvaise cause. Bon gré malgré, il faudra qu'ils cèdent. Si ce n'est aujourd'hui, ce sera demain.

LIÉGE

Le numéro précédent ayant porté quelques réclamations au sujet de mes articles, formulées par « un lecteur liégeois », je me trouve contraint d'y répondre, parce que je dois la vérité à mes lecteurs.

Je n'avais pas cru devoir signaler les exécutions si nombreuses de Berlioz, vingt-cinq ans avant la période dont je parlais, pensant qu'elles n'avaient guère pu édifier le public actuel sur l'œuvre en question. *Mea culpa, mea culpa!* Mais, détail horrible! l'accusé continue ses négations et maintient intégralement les appréciations qu'il a données. — n'en déplaise à son honorable accusateur.

J'avais mis à part, à dessein, la question d'Orient musicale; celle qui traite de la nouvelle école russe. J'ai été précédé par mon anonyme contradicteur; je ne veux que compléter ce qu'il en dit. —

Voici quelques mots d'histoire :

M. Jadoul est le premier qui ait connu et fait connaître les auteurs russes ici; comme il voyait les portes fermées à ses desseins, il dut donner des concerts exclusivement russes, ce qui est regrettable, parce que cela fit croire au soi-disant mouvement russe, tandis qu'il aurait voulu faire apprécier cette musique, à l'égal de toute autre. Ces concerts — donnés par un nombreux orchestre et de remarquables solistes, sous le patronage de Mme de Mercy Argenteau, — ayant rendu le public désireux de poursuivre une connaissance si bien commencée, l'Emulation a donné les œuvres russes citées par mon honorable contradicteur; c'était une très heureuse initiative, bien inspirée par les concerts susdits. — Le Conservatoire a également inscrit des œuvres russes à ses programmes.

Vous voyez donc, mon cher lecteur liégeois, que je sais reconnaître ce qui a été fait. De là, à dire que l'Emulation s'est chargée de diriger le mouvement russe, il y a loin, car celui-ci était bien commencé,— et tant que qu'il y ait un mouvement russe,— avant que cette société s'en fut occupée. Pardonnez-moi d'avoir cité encore le nom de M. Jadoul, qui a introduit chez nous Borodine, Rimsky, Moussorgsky et tant d'autres auteurs de mérite, et d'être revenu sur l'intelligent patronage de Mme de Mercy, qui, présidente d'honneur du comité musical de l'Emulation, a'a pas peu contribué au choix des œuvres russes qui y ont été exécutées.

F. V. D.

AMSTERDAM

Le dernier concert du Wagner-Verein, que j'avais annoncé déjà dans ma dernière lettre, a pris les proportions d'une véritable solennité. Depuis longtemps, je n'ai pas assisté à une audition aussi remarquable, frisant vraiment la perfection, que celle de ce concert donné sous la direction de M. Viotta, dans la salle du Théâtre communal, le 27 avril, avec le concours de MM. Van Dyck, Blauwaert et Mlle Pauline Mailhac (et pas *Maillou* comme on me l'a fait dire dans ma dernière) du théâtre de Carlsruhe, un triumvirat de solistes *di primo cartello* et comme on n'en entend pas souvent ici. Les chœurs, l'orchestre, les chanteurs, tous ont rivalisé de zèle et d'entrain pour amener une exécution superbe, et M. Viotta a prouvé une fois de plus qu'il est un « Kapellmeister » de premier ordre. A la fin du concert, les chœurs et l'orchestre l'ont acclamé avec frénésie, et la direction du Wagner-Verein lui a offert un cadeau magnifique au milieu d'un auditoire plein d'enthousiasme.

Le programme se composait de fragments de *Tristan et Iseult*, de la *Walkyrie*, des *Maîtres-Chanteurs* et de *Lohengrin*, rien que des œuvres de Wagner. Van Dyck a été, comme toujours, admirable

d'un bout à l'autre; il a dit le Preislied des *Maîtres-Chanteurs* comme jamais je ne l'avais encore entendu chanter avant lui, et, pour la première fois, il a chanté en allemand. Blauwaert, lui aussi un enfant chéri des Néerlandais, a prouvé, une fois de plus, qu'il est un artiste de grand mérite, et Mlle Pauline Mailhac, excellente musicienne, douée d'une fort belle voix, a été accueillie avec une grande sympathie et s'est fait vivement applaudir. En somme, soirée des plus intéressantes dont nous garderons le meilleur souvenir.

Grand succès aussi pour la chanteuse suédoise, Mlle Siegfried Arnoldson, qui est revenue en Hollande et qui a chanté *Mignon* avec la troupe française de La Haye.

La Société pour l'encouragement de l'art musical annonce un festival qui durera trois jours, à La Haye, au mois de juin, sous la direction de l'organiste, M. S. de Lange.

D^r Z.

Nouvelles diverses

La première du *Rheingold*, à l'Opéra de Berlin, a eu lieu enfin, le 20 avril, devant une salle absolument comble et avec un succès retentissant, bien que l'exécution, sous plusieurs rapports, ait laissé à désirer, nous écrit-on. Les mouvements pris par le chef d'orchestre Deppe et certains détails d'exécution ont démontré péremptoirement qu'il est peu au fait de la musique wagnérienne et qu'il ignore notamment l'ensemble de la composition du *Ring*. Pour les artistes, il faut citer M. Ernst dans le dieu du Feu (Logue), Lieban, l'excellent Mime que l'on a vu dans la troupe d'Angelo Neumann; M. Krolop dans le dieu du tonnerre (Donner), enfin Betz et Mme Staudigl, la blonde Brangaine de Bayreuth, dans les personnages de Wotan et de Fricka. Les trois filles du Rhin, Mlles Leisinger, Renard et Lammert sont également à citer. Les autres artistes ont été simplement suffisants. L'intendance des théâtres royaux semble avoir attaché plus d'importance à la décoration de l'œuvre. La scène au fond du Rhin est merveilleusement rendue, de même la scène du Niebelheim, et l'*entrée des dieux* dans le Walhall sur l'arc-en-ciel qui leur sert de pont. Quelques changements à vue ont laissé à désirer, mais cela se fera aux représentations subséquentes.

Le *Rheingold* est la troisième partie du *Ring* maintenant entrée au répertoire de l'Opéra de Berlin. Il a fallu douze années au *Rheingold* pour effectuer le voyage de Bayreuth à Berlin! Il reste à l'Opéra de Berlin à monter le *Crépuscule des dieux* pour compléter l'*Anneau du Nibelung*.

M. Lozé, préfet de police, vient de lancer une ordonnance concernant l'emploi de la lumière électrique dans les théâtres, cafésconcerts et autres spectacles publics de Paris.

L'ordonnance s'appuie sur les avis du conseil d'hygiène, de la commission technique et de la commission supérieure des théâtres, et sur le considérant que, « l'emploi de la lumière électrique tendant à se généraliser, il y a lieu, pour prévenir les dangers d'incendie, de soumettre ce mode d'éclairage à une réglementation spéciale ».

L'ordonnance comprend sept chapitres et trente articles.

On écrit de Bruxelles au *Monde artiste*, que M. Gunsbourg, directeur du théâtre Arcadia, à Saint-Pétersbourg, vient d'engager pour deux mois, M. Maurax, l'excellent ténor de la Monnaie, à raison de 8,000 francs par mois, voyage payé! Un beau chiffre!

Les journaux allemands, nous apprennent que M. Hermann Levi, l'éminent chef d'orchestre de Munich, est atteint d'une maladie nerveuse qui nécessitera une cure assez longue dans une station balnéaire. On craint que l'éminent chef d'orchestre ne soit obligé de renoncer, cette année, à diriger les représentations de *Parsifal*, à Bayreuth.

L'Allemagne littéraire et musicale vient de rentrer en possession d'une précieuse relique : il s'agit du fameux manuscrit allemand connu sous le nom de Manuscrit de Manesse, qui faisait jusqu'ici partie de la collection de la Bibliothèque Nationale de Paris. Ce manuscrit renferme la collection la plus riche et la plus complète de chansons et de poèmes des Minnesænger allemands des XIIe et XIIIe siècles. Le gouvernement allemand a payé 500,000 francs au gouvernement français, la restitution de ce précieux manuscrit qui avait autrefois appartenu à la *Bibliotheca Palatina* de Heidelberg. Dans une lettre adressée au grand-duc de Bade, l'empereur Frédéric lui annonce que le manuscrit, qui est en ce moment entre les mains du comte de Münster, l'ambassadeur d'Allemagne à Paris, sera remis à la bibliothèque de Heidelberg.

Un bon mouvement.

A la suite du scandale provoqué par les représentations d'*Otello* à Amsterdam, malgré la défense de l'auteur et de l'éditeur, une pétition se signe, en ce moment, aux Pays-Bas parmi les artistes compositeurs et éditeurs pour demander aux Chambres et au gouvernement français, la conclusion d'une grande convention littéraire et artistique internationale. Pour l'honneur du grand mouvement artistique international. Nous espérons que les Etats généraux feront droit à cette pétition.

Il paraît qu'aux Etats-Unis il se fait aussi une propagande active en faveur de l'entrée de la grande République dans l'Union littéraire et artistique.

A l'occasion de l'exposition musicale, il y aura à Bologne, les 8, 10 et 12 mai, d'intéressantes auditions d'instruments anciens organisées par des artistes belges, MM. Agniez, Dumon, Jacobs et De Greef, professeurs au Conservatoire de Bruxelles. Ces messieurs sont partis pour Bologne; les trois auditions seront données sur les instruments du musée du Conservatoire de Bruxelles, qui a été envoyé tout entier à l'exposition. M. Agniez jouera de la viole d'amour, M. Jacobs de la viole de gambe, M. Dumon de la flûte traversière, et M. De Greef du clavecin. Il est question aussi de concerts à donner à Florence.

Mlle Elly Warnots est du voyage. Elle complétera le programme de ces excellents instrumentistes par l'audition de quelques mélodies du xvie et du xviie siècles qu'elle chante à ravir.

Nous souhaitons à nos compatriotes bon voyage et plein succès.

VARIÉTÉS

ÉPHÉMÉRIDES MUSICALES

Le 4 mai 1802, à Paris (Opéra), *Sémiramis*, trois actes de Catel. La musique de ce compositeur n'a jamais été appréciée du public comme elle méritait de l'être. Cependant, *Sémiramis*, les *Bayadères* et *Wallace* renferment des beautés réelles. Catel, professeur d'harmonie au Conservatoire, dès la création de cet établissement, a publié un *Traité d'harmonie* qui a été, pendant plus de vingt ans, le seul guide des professeurs. Fétis en a donné une savante appréciation.

— Le 5 mai 1824, à Londres (Almack's rooms), Rossini donne son premier concert et mêle sa voix à celles de Garcia, Mme Catalani, Colbran-Rossini, Caradori, Ronzi de Begnis, Pasta, Vestris, etc.

Le programme, traduit de l'anglais, est celui-ci : 1. Ouverture de la *Gazza ladra* de Rossini; 2. Duo *Della cesa* de Generali (chanté par M. et Mme Ronzi de Begnis); 3. Quatuor *Vedi come esulta* de Rossini (Mmes Rossini et Caradori, Garcia et Curioni); 4. Sextuor *E Pelossa* de Rossini (Mmes Caradori et Rossini, Placci, Remorini et Benetti); 5. Cavatine *Quell'biante* de Rossini (Mme Catalini); 6. Duo *Un se puch* de Rossini (Mme Pasta et Curioni); 7. Cavatine *di Piacer* de Rossini (Mme Caradori); 8. Duo *Se fiata in corpo aveta* de Cimarosa (Mmes Catalani et Pasta); 9. Ouverture de *Tancredi* de Rossini; 10. Trio *Cruda sorte* de Rossini (Mmes Catalani et Vestris, et Garcia); 11. Air de Zingarelli (Mme Pasta); 12. Trio *In questo estremo* de Rossini (Mmes Rossini et Pasta, et Garcia); 13. Air *Pensa a la patria* de Rossini (Mme Catalani et chœurs); 14. Duo *Ebben fer mia* de Rossini (Mmes Caradori et Vestris); 15. *Cavatina de Figaro* de Rossini (chanté par Rossini); 16. Trio, *Giuro alla terra* de Guglielmi (Garcia, Remorini et Benetti). — Billets d'entrée, trois guinées.

Le duo de Cimarosa chanté par Rossini et Mme Catalani eut un tel succès, dit Grove, que le public le redemanda trois fois.

De son séjour de cinq mois en Angleterre, Rossini emporta une somme de 700 livres sterling. Au prix que les Patti et les Nilsson se font payer, que de millions Rossini eût récoltés de nos jours, en chantant l'Air du *Barbier de Séville*. Autant de notes, autant de guinées !

— Le 6 mai 1876, à Weimar, *Faust* d'Édouard Lassen. « Partition sans doute la plus complète de toutes celles qui aient paru jusqu'ici, aucun théâtre n'ayant encore monté les deux *Faust* en entier comme vient de le faire le théâtre de Weimar. »

« La nouvelle partition de l'auteur des *Nibelungen*, de tant d'œuvres symphoniques devenues populaires et de lieder charmants, a obtenu un succès d'autant plus significatif qu'il n'a pas été effacé par celui de la représentation même du chef-d'œuvre de Gœthe. Weimar possède un public bon juge en matière d'art. » (Extrait d'un article de Maurice Kufferath, *Guide mus.*, 18 mai 1876, et voir *Gœthe et la Musique*, d'Ad. Jullien, p. 92).

— Le 7 mai 1788, à Vienne (National Theater), *Don Juan* de Mozart. C'est à Prague que l'impérissable et délicieux chef-d'œuvre avait vu le jour (29 octobre 1787). On sait qu'à sa première apparition à Vienne, il n'obtint aucun succès. Au pied de Joseph II, en sortant de la représentation : « Ce n'est pas là de la nourriture pour les dents de mes Viennois », donne une idée assez juste de l'impression du public. Mozart, à qui Da Ponte rapporta les paroles de l'empereur, répliqua en souriant : « Laissons-leur le temps de la mâcher. » Ce ne fut que onze années plus tard, le 11 décembre 1798, que *Don Juan* reparut à Vienne, au théâtre Kaernthnerthor, et chanté en allemand; en 1842; en italien, en 1852 et 1869. On avait oublié depuis longtemps l'horrible parodie de Castil-Blaze, qui, sous le nom de *Léonore*, avait parcouru

les villes de province, lorsqu'une nouvelle traduction due à Jules Barbier et Carré se fit jour au Théâtre-Lyrique (5 mai 1860). L'ensemble fut excellent, Bataille et Mme Viardot dans les principaux rôles. Comme toujours, le public trouva l'œuvre sublime, mais il n'alla pas l'entendre. Paul de Saint-Victor, tel un aveugle jugeant des couleurs, traita *Fidelio* d'un ennui noir, pesant, sépulcral, qui consterne et qui méduse ! Il n'est donné, dit-il, qu'au génie d'ennuyer ainsi. »(!!!)

— Le 9 mai 1839, à Londres (Majesty's Theatre), début de Mlle Pauline Garcia (Mme Viardot), dans le rôle de Desdemona d'*Otello* de Rossini. « *Genuine success*, dit Grove, succès qui s'accrut à chacune des représentations de la brillante cantatrice. » (Voir Eph. *Guide mus.*, 14 juillet 1887.)

— Le 10 mai 1885, à Cologne, décès de Ferdinand Hiller. Sa naissance à Francfort-sur-Mein le 24 octobre 1811.

Comme chef d'orchestre, compositeur, professeur et écrivain, Hiller a exercé une grande influence sur le développement de la musique dans les provinces rhénanes. Il passait, en Allemagne, pour être le chef du mouvement antiwagnérien. Le maître de Bayreuth, il est vrai, ne l'avait pas épargné dans ses brochures sur l'*Art de diriger* et sur le *Judaïsme dans la musique*.

Hiller venait souvent en Belgique, où il comptait de nombreux amis; il y avait même présidé plus d'un de nos grands concours de sociétés chorales. Au Conservatoire de Bruxelles, dans son concert du 10 mai 1857, nous fit connaître une de ses grandes symphonies alors inédites. Ses dernières visites chez nous, en avril et en novembre 1868[1] furent marquées par le succès qu'il remporta comme virtuose au *Cercle artistique*.

— Le 12 mai 1818, à Bruxelles (Théâtre-Royal), Mlle Lemesle débute dans *Didon*, opéra de Piccinni. — Fille de Mme Rousselois, elle fut pendant plus de douze ans, de 1818 à 1830, l'idole du public bruxellois, et lorsque Mme Dorus lui succéda dans les premières chanteuses légères, ce fut avec elle que Mme Lemesle continua à tenir l'emploi des fortes chanteuses. Plus tard, elle joua les duègnes à l'Opéra-Comique de Paris. Elle est morte à Rouen le 6 juin 1848.

Le portrait lithographié de Mme Lemesle, représentée dans le costume d'Elisabeth de *Leicester*, d'Auber, se trouve dans la *Sentinelle* du 11 janvier 1824, avec cette note : « Le talent flexible de cette actrice justement chérie du public sait rendre toutes les passions et porter toujours au cœur. Bonne cantatrice, grande comédienne, elle représente également bien la fière Armide, la sensible Ninette et la naïve Rose, et le moindre des avantages qu'elle possède est celui d'une figure charmante. »

— Le 12 mai 1871, à Paris, décès de Daniel-François-Esprit Auber, à l'âge de 89 ans. Sa naissance, à Caen, le 29 janvier 1782.

Auber n'eut jamais en ce monde qu'une esthétique, comme il n'eut qu'une religion : l'éternelle féminin. Il aimait les femmes et les aimait toutes, dans le monde aussi bien qu'au théâtre, et ce culte assidu, poli toujours, sinon discret, rappelait en lui l'homme du dix-huitième siècle, dont il avait l'esprit et les manières. Aussi, pendant ses soixante ans et de long règne, quelle consommation de minois charmants et de gosiers choisis! Comment nombrer tous les becs-fins de sa volière? On aimerait à se figurer ainsi une galerie des femmes d'Auber, et cette galerie serait formée des Pradher, des Damoreau, des Priola, des Thilloon, des Cabel, des Rossi, des Marie Rose, etc.

— Le 13 mai 1724, à Bruxelles, naissance de Pierre Van Maldere. Ses symphonies, dont la publication a précédé celle des ouvrages de Haydn, ont eu beaucoup de réputation, non seulement à Bruxelles et à Paris, mais en Allemagne. La première, en *sol* mineur, du second œuvre est remplie de traits heureux qu'on entendrait encore avec plaisir. (Fétis, *Biogr. univ. des mus.*, t. VIII, p. 306.)

Van Maldere a écrit quatre-opéras : 1. Le *Déguisement pastoral*, joué à Bruxelles, le 12 décembre 1759, par la troupe française du duc Charles de Lorraine ; 2. La *Bagarre*, représentée à Paris, à la Comédie-Italienne (18 février 1762) et qui, faussement, fut attribué à Philidor; 3. Le *Soldat par amour* (avec Witathumb), le 4 novembre 1766; 4. Le *Médecin de l'amour*. Ces deux ouvrages portés au répertoire du théâtre de Bruxelles et que Fétis ne cite pas, non plus que le *Déguisement pastoral*, auquel Gluck, dès 1756, avait mis de petits airs, pour le théâtre de Schœnbrunn.

Pierre Van Maldere était en grande faveur à la Cour; il est mort, à Bruxelles, le 3 novembre 1768. Sur le registre de la paroisse de Sainte-Gudule, il est qualifié de « jeune homme de chambre de S. A. R. de duc Charles-Alexandre de Lorraine ».

— Le 14 mai 1839, à Paris (salle Favart), pour la première fois et œuvre est remplie de traits heureux qu'on entendrait encore avec la troupe Roeckel, *der Freischutz* de C.-M. von Weber. — Artistes : Haisinger, Fischer, Fritz, Riese, Wieser, Roeckel; Mmes Fischer et Hanff. La pièce eut huit représentations.

— Le 15 mai 1841, à Anvers, par une troupe italienne, *Lucia di Lammermoor* de Donizetti. La version française d'A. Royer et G. Vaez avait obtenu un très grand succès, à ce théâtre, le 29 novembre 1839.

— Le 16 mai 1851, à Paris (Opéra), *Zerline ou la corbeille d'oranga*, trois actes d'Auber. La partition, découpée en grande partie dans l'œuvre ancienne d'Auber (*les Chaperons blancs*), a de l'ampleur de style qui caractérise les grandes compositions, ni les nombreuses et vives étincelles qui éclatent dans toute une série des petits chefs-d'œuvre du maître. Le rôle de Zerline fut la première création de l'Alboni à l'Opéra.

En Belgique, *Zerline* n'a été jouée qu'à Bruxelles, le 26 octobre 1851, ayant pour chanteurs : Mangin, Aujac ; Mmes Rey-Sainton, Cabel et Prévost-Colon.

— Le 17 mai 1866, à Bruxelles (Théâtre-Royal), reprise de *Don Juan* de Mozart, avec Dumestre, Vidal, Jamet. Les rôles des femmes ne sont pas cités, — et pour cause, probablement. Il dans le compte rendu du *Guide musical*, par la plume de Peter Benoit (numéro du 30 mai 1866). Seulement notre ami exprime le regret que la « charmante et poétique Mlle Daniélé ait été oubliée dans la distribution des rôles de *Don Juan* ».

BIBLIOGRAPHIE

ISRAEL EN EGYPTE, par Maurice Bouchor. Paris, Fischbacher.

C'est un bonheur que le poète Maurice Bouchor se détourne parfois des rudes et nobles travaux de son art pour donner à la musique quelques heures de son temps et quelques pages de son encre. M. Bouchor, qui, en toutes choses, professe le culte de la force intelligente et bienfaisante, a pour dieux, en musique, Bach, Hændel, Beethoven et Wagner. On pourrait tomber plus mal.

En même temps qu'un recueil de superbes pièces, les *Symboles* (1), vient de paraître, de M. Bouchor, chez Fischbacher, une brochure intitulée *Israël en Egypte*. C'est le récit d'un voyage à Bâle et de l'audition de l'admirable oratorio de George-Friedrich Hændel qui porte ce nom ; c'est aussi une étude et une analyse admirative de l'œuvre, comme celle que M. Bouchor a publiée déjà sur la messe en *ré* de Beethoven.

Je recommande la lecture de ces pages débordantes d'un enthousiasme communicatif, exubérant. Il est bon de voir quelqu'un qui n'est pas un musicien de profession, qui est une âme ardente, un écrivain de race, une mâle intelligence s'occuper de musique, en écrire sans s'adresser exclusivement aux musiciens, et en touchant un peu à toutes les questions à ce propos. C'est là une chose rare, bonne et salutaire.

Aussi serait-ce mal faire, à mon avis, que de critiquer ou de discuter des points de détail dans un ouvrage qui n'a pas de prétentions critiques, heureusement !... Il est si doux de n'avoir à s'occuper que d'admirer, ou ce qui revient au même, de n'avoir à s'occuper que de choses dignes d'admiration... Je me contente, pour finir, de donner un extrait qui donnera une idée du ton, et qui contient sur Wagner des lignes intéressantes. « Rappelez-vous qu'au moment où les eaux de l'abîme, soulevées par la musique, engloutirent Pharaon, ses chars et ses cavaliers, il fallut nous faire violence pour ne pas pousser des cris ; sans le respect du lieu où nous étions (2), la fureur de notre enthousiasme eût effrayé tout le monde. Il y a pourtant de grandes œuvres qui n'appellent pas l'applaudissement. Celui qui vient d'entendre la *Passion selon saint Matthieu* se retire ému jusqu'au fond de l'âme ; il n'a point de paroles, et toute marque d'approbation lui paraîtrait sacrilège. On éprouve quelque chose d'analogue après le *Parsifal* de Wagner. Vous ne sauriez applaudir, si vous êtes resté cinq heures dans les ténèbres de Bayreuth, les yeux fixés sur des héros vaporeux comme des songes, bien qu'ils saignent de la plaie douloureuse humanité. Quand vous n'êtes plus ébloui par l'étrange lumière où s'agitaient ces merveilleux fantômes, vous allez souper discrètement. Un malaise délicieux vous trouble l'esprit, le cœur et les sens ; que pourriez-vous dire ? Au contraire, après *Israël en Egypte*, nous n'aurions pu nous taire sans étouffer. Une fois hors de l'église, nous hurlâmes dans la nuit : « Chevaux et cavaliers, il les a jetés à la mer !... »

Guide du jeune pianiste. Classification méthodique et graduée d'œuvres diverses pour piano ; aperçus, notes et conseils, à l'usage des maîtres et des élèves, ainsi que de toute personne s'occupant d'éducation musicale, par C. Eschmann-Dumur, professeur à l'Institut de musique de Lausanne. (Bruxelles, Breitkopf et Hærtel, 1888). — Cette nouvelle édition d'un ouvrage qui présente une grande utilité et dont le titre explique suffisamment le but a été revue dans ses détails et augmentée de nombreux renseignements. L'auteur y a joint deux tables alphabétiques : l'une des matières, l'autre des éditeurs. Les indications pratiques sont accompagnées de notes historiques, biographiques, bibliographiques et critiques, donnant au maître toutes les facilités possibles en vue du perfectionnement intellectuel de l'élève, et à ce dernier le moyen de compléter son éducation esthétique. Le *Guide du jeune pianiste* renferme le catalogue, classé d'après le degré de force des élèves, d'œuvres et morceaux pour piano seul, à deux et à quatre mains et pour piano avec accompagnement d'autres instruments, de plus de six cents auteurs de toutes les écoles et de tous pays.

(1) Dans la dernière pièce de ce premier recueil, *Odin*, on trouvera des rapprochements intéressants à faire avec la sublime scène entre Erda et Wotan, au début du troisième acte de *Siegfried* de Richard Wagner.

(2) La cathédrale de Bâle, où ont lieu les grandes auditions annuelles, vocales et instrumentales.

Nécrologie

Sont décédés :

A Bruxelles, le 7 avril, Chrétien Dietz, facteur de piano et mécanicien habile, qui s'est fait connaître par l'invention de plusieurs instruments de musique, notamment le *Polyplectron*. Il était le fils de Jean-Chrétien Dietz, le premier inventeur du *claviharpe*, et le père de M. Dietz, qui vient d'apporter les dernières améliorations à cet instrument. Dietz était né à Emmerich en 1801, il avait donc 87 ans. (Voir Fétis, *Biogr. univ.*)

— A Louvain, le chevalier X. Van Elewyck, maître de chapelle de l'église Saint-Pierre, à Louvain, membre de l'Académie de Belgique, membre correspondant de plusieurs Académies étrangères, musicologue des plus érudits.

— A Dessau, Franz Gœtze, l'un des meilleurs ténors et professeurs de chant de l'Allemagne. Gœtze était né en 1814 à Neustadt-s.-Orla. Ses précoces dispositions musicales, dit le *Ménestrel*, le portèrent tout d'abord vers l'étude du violon, qu'il travailla sous la direction de Spohr. En 1831, il entra au théâtre de la Cour de Weimar en qualité de premier violon, et en 1836, une superbe voix s'étant développée en lui, il put échanger ses fonctions contre celles de fort ténor au même théâtre. Il y fournit une très brillante carrière jusqu'en 1853, époque à laquelle il demanda sa retraite, et où il fut honoré par le grand-duc de Weimar du titre de professeur et nommé titulaire d'une classe de chant au Conservatoire de Leipzig. Il occupa ce poste pendant quinze ans, formant un grand nombre d'élèves distingués qui ont fait apprécier l'excellence de sa méthode par toute l'Allemagne, principalement dans les théâtres. Franz Gœtze était venu à Paris il y a quelque quarante ans, pour s'y perfectionner à l'enseignement de Garcia.

XXXIVe ANNÉE   17 et 24 mai 1888   NUMÉROS 20-21

Le Guide Musical

Paraissant tous les jeudis.

ABONNEMENT	SCHOTT FRÈRES, ÉDITEURS.	ANNONCES
FRANCE et BELGIQUE : Avec musique 25 francs.	Paris, Boulevard Montmartre, 19	S'adresser à l'Administration du Journal.
— Texte seul, 10 —	Bruxelles, Montagne de la Cour, 82	On traite à forfait.
UNION POSTALE : 12 —		

L'abondance des matières nous oblige à ajourner à quinzaine la fin de l'article intitulé : *Richard Wagner et la mise en scène*.

LE ROI D'YS

Opéra en 5 actes et 5 tableaux, poème d'Ed. Blau, musique d'Ed. Lalo, représenté pour la première fois à Paris, sur le théâtre de l'Opéra-Comique le 7 mai 1888.

« Il existait en Armorique, aux premiers siècles de l'ère chrétienne, dit M. de la Villemarqué, une ville, aujourd'hui détruite, à laquelle l'anonyme de Ravennes donne le nom de Keris ou de ville d'Is. A la même époque, c'est-à-dire vers l'an 440, régnait dans le même pays un prince appelé Gradlon le Grand. Gradlon eut de pieux rapports avec un saint personnage, nommé Gwénolé, fondateur et premier abbé du premier monastère élevé en Armorique. Voilà tout ce que l'histoire authentique et contemporaine nous apprend de cette ville, de ce prince et de ce moine ; mais la tradition populaire, toujours plus riche que l'histoire, nous fournit d'autres renseignements. Selon elle, la ville d'Is, capitale du roi Gradlon, était défendue contre les invasions de la mer par un puits ou bassin immense, destiné à recevoir les eaux de l'océan, dans les grandes marées, comme autrefois le lac Mœris celles du Nil. Ce puits avait une porte secrète dont le roi seul avait la clef et qu'il ouvrait ou fermait lui-même quand cela était néces. saire. Or, une nuit, pendant qu'il dormait, la princesse Dahut, sa fille, voulant couronner dignement les folies d'un banquet donné à son amant, lui déroba la clef du puits, court ouvrir la porte et submerge la ville. »

D'après M. de la Villemarqué, cette tradition doit remonter au berceau de la race celtique. Elle est commune, en effet, aux trois grands rameaux de cette race : les Bretons, les Gallois et les Irlandais ; on la trouvé, sous une forme à peu près identique, en Armo-

rique, en Cambrie et en Irlande : C'est là, tout au . moins ; un témoignage de sa haute antiquité.

M. Édouard Blau, l'auteur du *Roi d'Ys*, n'en a pas tiré, ce me semble, tout le parti qu'un poète moins asservi aux formes conventionnelles en eût pu tirer.

Dans le scenario qui sert de trame à son poème, le roi d'Ys a deux filles : Margared et Rozenn, toutes deux éprises de Mylio, leur ami d'enfance, parti depuis longtemps, pour une expédition lointaine. Durant son absence, la fortune des armes a tourné contre le roi, qui, pour obtenir la paix, a promis la main de Margared, au prince de Karnac, son heureux adversaire. Margared, croyant que Mylio à péri, consent à se laisser fiancer à l'ennemi de sa race, mais lorsqu'elle voit reparaître celui qu'elle aime en secret, elle refuse de consommer le sacrifice et rallume la guerre, en repoussant outrageusement la main de Karnac.

Dans les nouveaux combats qui s'engagent sous les murs mêmes de la ville, Mylio, protégé par saint Corentin, patron de la Bretagne, comme le Cid par saint Jacques de Compostelle, triomphe de l'armée de Karnac et la taille en pièces. Mais ce n'est pas aux pieds de Margared, c'est à ceux de Rozenn que le vainqueur va déposer ses lauriers.

Alors la dédaignée, pour se venger d'un bonheur qu'elle envie, s'associe ténébreusement avec Karnac et lui livre la clef des écluses qui doivent déchaîner l'océan. Quand sa faute est irréparable, elle se sent envahir par les remords, confesse son crime et se précipite dans les flots irrités.

Comme on le voit, la pièce imaginée par M. Blau est une fable quelconque, assez habilement contée, toutefois, et mise en scène avec une connaissance réelle des effets habituels de l'opéra. Ce que je lui reprocherai surtout, c'est de dénaturer la légende et d'en avoir faussé le sens symbolique.

Dans le mythe primitif, la ville d'Is nous est dépeinte comme une cité maudite et la cour du roi comme un repaire de débauche. Gradlon lui-même est accusé d'avoir perverti son peuple en introduisant dans ses États la culture de la vigne. La mollesse de ses mœurs et sa tolérance impie pour les amours orgiastiques de sa fille lui sont amèrement reprochées par saint Gwénolé, qui vient, jusqu'au pied du trône, menacer le souverain de la colère divine.

Ainsi, la catastrophe finale n'est plus, comme dans la pièce de M. Blau, un simple accident, résultat d'un caprice jaloux, mais un châtiment céleste, dont Dahut, la fille du roi, est à la fois l'instrument et la victime.

Si M. Blau avait mieux compris sa tâche, il eût pu résumer toute l'intrigue de sa pièce dans une ballade, comme Wagner l'a fait pour le *Vaisseau-Fantôme*, et le motif musical de ce morceau serait devenu le fil conducteur qu'on aurait vu courir à travers la partition, pour rattacher les uns aux autres tous les thèmes imaginés par le compositeur.

Par la faute de son collaborateur, M. Lalo n'a pu tenter cette intéressante entreprise; peut-être, du reste, n'en avait-il pas le désir, car; tout en s'affranchissant de l'esprit de réaction, il n'a pas osé se laisser emporter par le courant de la musique moderne. Son œuvre n'a rien de wagnérien, si ce n'est quelques fragments de motifs dont on retrouve çà et là le souvenir. Au fond, le *Roi d'Ys* est un compromis entre l'ancienne et la nouvelle école.

A l'une, M. Lalo appartient par la persistance des formes typiques: le récitatif et l'air, qu'il s'efforce pourtant de concilier; il donne des gages à l'autre par l'intérêt de sa trame symphonique et l'éclat de son instrumentation.

Si nous entrons dans le détail de l'œuvre, le premier acte paraît le moins heureux, ce qu'il ne veut pas dire, pourtant, qu'il manque d'intérêt, car on y trouve des pages remarquables; mais le deuxième acte et le premier tableau du troisième font bien vite oublier ce que peut avoir de décevant la première impression. Si ce n'est pas encore du théâtre tel que nous l'entendons aujourd'hui, c'est-à-dire du drame lyrique, c'est tout au moins de fort belle musique, écrite par un maître qui connaît, à fond, la technique de son métier et les ressources de son art.

Cette dextérité remarquable, dont M. Lalo avait déjà donné des preuves multiples dans ses compositions symphoniques, il vient de la révéler, avec un bonheur égal, dans sa première partition dramatique.

C'est une raison peut-être pour qu'il n'entre pas aussi facilement dans la popularité que pourrait lui faire prévoir l'attitude enthousiaste du public de la première représentation.

Il ne faut pas oublier, en effet, que, dans les idées reçues, on ne peut-être, à la fois, un compositeur inspiré et un musicien savant. Dans la bouche de bien des gens, ce dernier titre est une flétrissure, dont on marque impitoyablement les fruits secs de l'art, et généralement on ne vous accorde de génie que s'il est bien prouvé que vous ne connaissez pas les éléments de votre métier.

Au lendemain du *Roi d'Ys*, cette opinion a commencé à se faire jour dans une partie de la presse. Des écrivains qui prétendent régler le goût public et sont incapables de suivre un chant, lorsqu'il est enveloppé d'un dessin d'orchestre ou cesse un instant de planer au-dessus des vagues harmoniques, ont déclaré que la partition de M. Lalo manquait de mélodie. Vous connaissez le reproche; c'est *la tarte à la crème* avec lequel on assomme toutes les productions qui s'affranchissent de la banalité courante.

Je ne ferai pas la part des niaiseries l'honneur de les réfuter, car, si je voulais prendre parti dans la querelle, je serais plutôt tenté de blâmer M. Lalo d'avoir accueilli, dans sa partition, quelques morceaux d'allure trop populaire, sous prétexte que c'est des mélodies bretonnes.

Laissons cela et constatons encore une fois que le *Roi d'Ys* fait grand honneur à l'école française. Il est vraiment douloureux de penser qu'un homme de la valeur de M. Lalo ait été tenu à l'écart si longtemps et qu'il ne lui ait été permis de manifester ses aptitudes pour la composition théâtrale qu'aux approches de la soixantaine.

L'interprétation de l'œuvre par la troupe de M. Paravey a mis en relief toutes ses qualités.

M. Talazac chante le rôle de Mylio avec beaucoup d'art; M. Bouvet est un Karnac un peu mélodramatique, mais intelligent et zélé; Mlle Simonet est une douce et gracieuse Rozenn et Mlle Blanche Deschamps une superbe Margared, qui ne laisserait rien à désirer si son articulation était plus franche et plus nette. MM. Cobalet et Fournets complètent ce bel ensemble.

Il faut donner à M. Danbé et à sa troupe instrumentale les éloges qu'ils méritent pour la remarquable interprétation symphonique qu'ils nous ont donnée de la partition de M. Lalo. Félicitons M. Paravey d'avoir rencontré, du premier coup, une partition maîtresse, qui laissera à son administration un renom d'intelligence et de vaillantise.

VICTOR WILDER.

⁂⁂⁂

Théâtres et Concerts

Chronique de la Semaine

PARIS

LA PREMIÈRE REPRÉSENTATION DU ROI D'YS

Je constate avec une joie que je n'ai pas assez l'occasion d'éprouver et d'exprimer le franc, le légitime succès du *Roi d'Ys*. Il y a eu deux triomphateurs en cette affaire, et je m'en voudrais de séparer leurs noms: le maître respecté dont tous les artistes connaissent et ont applaudi les œuvres originales, M. Edouard Lalo, me permettra bien de citer auprès de lui le jeune directeur, M. Paravey, qui a su, dès son début parisien, si parfaitement mettre l'œuvre du compositeur en tout son jour.

Mais par quelle attente ingrate, par quel infécond piétinement sur place, n'a-t-il pas fallu payer ces heures de reconfort où l'artiste a vu enfin vivre et palpiter l'enfant de sa pensée! Quelle nécessité y a-t-il à ce que les partitions d'opéra ressemblent au Rotifère, qui reste inanimé, mort, aussi longtemps qu'une goutte d'eau ne vient pas le rappeler à l'existence, et qui peut ainsi, selon M, de Quatrefages, « employer plusieurs années à dépenser les dix-huit jours de vie que lui départit la nature !......» Il a fallu plus de vingt ans pour que la goutte d'eau vînt ranimer l'œuvre de M. Lalo; maintenant que la voilà ressuscitée, il y a tout lieu de croire que la durée de son existence dépassera de beaucoup celle du Rotifère.

Vraiment, on a bonne grâce à se plaindre de la pénurie des œuvres et de l'absence de compositeurs dramatiques! Le moyen d'en produire et de les encourager, je vous prie, avec l'absurde, l'odieux, le désespérant régime de nos théâtres musicaux subventionnés? Nos théâtres subventionnés, où la mise à l'étude d'une œuvre est considérée comme un privilège rare, comme la consécration d'une renommée *déjà établie*, comme la récompense réservée pour petit nombre des élus de l'Institut, à l'heure, souvent, où la retraite a sonné pour ces honorables invalides! Nos théâtres subventionnés! Mais ils semblent créés et mis au monde pour entretenir d'abord, plus ou moins grassement, directeurs et chanteurs, puis quelques maisons d'édition et quelques compositeurs à leurs gages, genre d'obstructionnistes vivant le plus souvent sur leur passé, et quelquefois sur leur réputation usurpée, sur un premier succès enlevé par un coup de surprise, et plus ou moins habilement exploité... Quant à la classe plus intéressante des débutants, des jeunes gens, elle continue et à se morfondre à la porte, sans autre consolation que de pouvoir dire à l'oligarchie ventripotente : « Après vous, s'il en reste ! »

Tant que ce système restera en vigueur, qui oblige à courir après les succès d'argent et les « centièmes », tant qu'il n'y aura pas un théâtre *d'essais et d'expériences* (et y a-t-il des découvertes et des inventions, y a-t-il progrès, évolution et vie, en un mot, sans des essais et des expériences?), tant qu'on n'aura pas de théâtre de choses durera, le cas de M. Lalo se reproduira fatalement. On assistera au spectacle navrant d'artistes qui, après avoir pondu et, couvé une première œuvre, useront le meilleur de leurs forces, gâcheront les plus belles années de leur vie en vains efforts pour faire arriver à l'éclosion cette œuvre unique, au lieu de développer leur talent et d'en produire de nouvelles. Etonnez-vous, après cette constatation et cette démonstration, si, comme les carabiniers d'Offenbach, nous arrivons toujours trop tard! Etonnez-vous de la stérilité, des avortements! Etonnez-vous s'il ne surgit pas de figure nouvelle, s'il ne se forme pas chez nous des écoles de musique dramatique, s'il n'y a pas un mouvement continu, une vie active du théâtre musical!

Vous condamnez l'artiste, par la création indépendante et la libre expansion, à passer sa vie en courtisaneries, en aplatissements, à quémander des recommandations officielles, à stationner dans les antichambres influentes, à subir la protection des incompétents et la condescendance des intrigants... Aussi voyez les beaux résultats: admirez, par exemple, un M. Salvayre, dont on sait l'avenir, ait eu quatre ouvrages exécutés au théâtre avant d'atteindre la cinquantaine, alors que M. Lalo, à soixante ans passés, assiste à la première représentation du plus important de ses deux opéras !...

⁂⁂⁂

L'idéal dramatique de l'auteur du *Roi d'Ys* s'est formé à une époque où les scènes musicales étaient infestées par la vocalise, par toutes les absurdités de la pure virtuosité vocale; c'était déjà un acte héroïque, un travail d'Hercule, que de tenter de nettoyer ces écuries d'Augias des toiles d'araignée et des ordures accumulées. Il venait d'en cuire à Berlioz pour avoir entrepris cette besogne dans les *Troyens à Carthage*. Tirer les gens de leur barbarie crasse, de leur malpropreté invétérée, quelle audace! Wagner en sut quelque chose avec *Tannhæuser*, M. Lalo fut avec les courageux et les audacieux, quand il conçut le *Roi d'Ys*, qui paraît moins révolutionnaire à l'heure présente, où l'on ne tolère plus la gargouillade (dans les œuvres nouvelles, s'entend) que chez MM. Thomas et Gounod, et où le caprice et la tyrannie du chanteur semblent s'être réfugiés dans les cadences terminales comme dans un dernier retranchement. (1)

Une autre audace plus considérable de M. Lalo fut le choix de son sujet. Il eut la bonne fortune de mettre la main sur une donnée simple et claire, dont les grandes lignes se dégagent et sont aisément saisissables, sur une action qui surtout n'est pas constamment entravée, surchargée, écrasée par des épisodes disparates ou creux, destinés à grossir l'importance matérielle de l'œuvre, à amuser les regards aux dépens de la logique du drame, à distraire l'esprit de la nullité du fond, à allonger la durée du spectacle dans un but lucratif, aux dépens de l'hygiène morale et physique.

Ce n'est pas que la donnée dramatique charpentée et versifiée par M. Blau soit un chef-d'œuvre en son genre. Il y a bien encore, çà et là, quelques superfétations, et surtout quelques fortes invraisemblances d'entrées et de sorties, quelques grosses ficelles mélodramatiques d'une naïveté enfantine et par trop faciles à tirer. Il y a aussi l'éternel et décidément insupportable personnage qui prend part à un ensemble du fond, à distance de fraîcheur et de nouveauté. Il faut dire aussi que l'intérêt dramatique et musical va progressant de tableau en tableau, d'acte en acte, ce qui n'arrive pas toujours; cette heureuse gradation a eu une part importante au bon effet de l'œuvre.

Mais, en somme, l'action marche bien au but; les personnages ne sont pas trop nombreux, et leur caractère est bien contrasté; l'inévitable ballet se réduit à un petit épisode de danse à l'occasion des noces des deux amoureux..... On respirait vraiment, lundi dernier, à voir se dérouler, sans digressions à côté du sujet, sans hors-d'œuvre continuels, cette trame dramatique franchement et honnêtement présentée. Les gens qui avaient subi le fatras accablant et la quincaillerie fatigante de la *Dame de Montoreau* éprouvaient une impression reconfortante de fraîcheur et de nouveauté. Il faut dire aussi que l'intérêt dramatique et musical va progressant de tableau en tableau, d'acte en acte, ce qui n'arrive pas toujours; cette heureuse gradation a eu une part importante au bon effet de l'œuvre.

Si j'avais à rapprocher l'œuvre de MM. Lalo et Blau d'une œuvre actuelle, ce serait au *Sigurd* de M. Reyer que je la comparerais. Analogies de milieu et de personnages, même influence de la tradition berliozienne, même noble effort de conscience artistique, souci de l'accent juste, préoccupation de la couleur poétique, respect de la logique des situations; même goût particulier pour les effets d'énergie héroïque et de mâle vigueur, pour l'expression vraie des sentiments d'un caractère tendre; délicatesse et chasteté féminines plutôt que passion ardente dans les scènes d'amour... Dans certains passages de l'œuvre de M. Lalo, on retrouve les recherches de rythme et les raffinements d'orchestration qui ont marqué sa personnalité dans ses œuvres symphoniques, et qui donnalent une saveur si piquante à son ballet de *Namouna*, si injustement, si stupidement maltraité à l'Opéra.

Cette fois, heureusement, M. Lalo a pu trouver en M. Paravey un directeur honnête et intelligent; M. Paravey mérite les plus grands éloges pour le soin avec lequel il a monté cette œuvre, dont l'exécution est vraiment remarquable. Certainement, elle n'eût pas été montée ainsi à l'Opéra actuel, et je pense que M. Lalo n'a qu'à se louer du changement. A quoi tiennent les choses? Il a fallu l'incendie de l'Opéra-Comique pour que cela arrivât?

L'interprétation, je tiens à le répéter, est de tout premier ordre. Mlle Blanche Deschamps est très belle de voix, d'attitude et de geste dans le rôle sombre de Margared, qui incarne le dépit et la vengeance d'amour. Elle est superbe dans le grand air, déjà connu dans les concerts, qui ouvre le second acte, et qu'entre-coupent si heu-

(1) La lettre suivante de M. Edouard Lalo, écrite le matin de la première du *Roi d'Ys* et adressée à M. Ernest Reyer, précise un point intéressant pour l'histoire de l'œuvre :

Cher ami,

Hier, à propos des *Dibats* et dans le *Tempx* une note erronée que je serais heureux de ne pas voir se reproduire. Ces journaux disent que j'avais quarante ans quand le *Roi d'Ys* fut terminé; or, à quarante ans, je *n'avais jamais pensé au théâtre* et je n'avais jamais écrit que de la musique de chambre. C'est à quarante-deux ans que j'ai *commencé* mon premier ouvrage lyrique, *Fiesque*, que je terminai pour le fameux concours du Théâtre-Lyrique. Lorsque *Fiesque* à ce concours me détourna de nouveau du théâtre et je me livrai entièrement à la musique instrumentale. Plus tard, beaucoup plus tard, je montai au *Roi d'Ys*, d'une première manière, et je l'achevai lors de la direction Escudier au Théâtre-Italien. Puis vint *Namouna* et son échec qui me rejeta une fois encore loin des entreprises théâtrales. Enfin, il y a deux ans, je reris complètement le plan du *Roi d'Ys* auquel je mis le point final en 1887. En somme, le *Roi d'Ys* et ma *Symphonie* sont mes deux dernières œuvres, voilà ce que je voudrais que l'on sût, même si cela doit contredire quelque peu la légende.

Ce soir, cher ami, au champ de bataille. Je suis toujours très calme, ne comptant jamais sur rien.

A vous.

E. LALO.

reusement les sonneries originales des trompettes dans la coulisse. Elle a été très applaudie..... Je suis persuadé qu'elle jouerait et chanterait à merveille le rôle d'Ortrude dans *Lohengrin*. Mlle Simonet a eu également beaucoup de succès dans le rôle gracieux de Rosenn, où elle est charmante, comme une fleur des landes au parfum léger de délicate et fraîche nuance.

Du reste, comme valeur artistique aussi bien que comme interprétation, ces deux rôles de femmes me paraissent supérieurs aux rôles masculins. — M. Talazac, quels que soient son habileté et ses effets de voix mixte, est le moins bon de tous les protagonistes; demander la note filée, l'éternel *ut* bémol extasié, mais de l'accent, de la chaleur, du vrai son, un jeu intéressant, quelque chose de vivant enfin, oh! que nenni! Cela compromettrait cette dignité béate de ténor qui se ménage et tient à se conserver... Et pourtant cette noble satisfaction de soi-même, cette royale, auguste, olympienne et traditionnelle impassibilité, on les passerait à M. Talazac. n'étaient ces effets de maint d'yeux, ces roulements de prunelle de colombe amoureuse...' Oh! les jeunes premiers d'opéra !....., J'aime mieux M. Bouvet exagérant l'énergie, l'emportement, la sauvagerie; M. Bouvet, avec la voix, a de l'allure, et la souplesse de son talent lui permet d'interpréter aussi remarquablement un Karnac qu'un duc d'Anjou. M. Cobalet chante de joue fort bien le rôle du Roi, père de Magared et de Rosenn, rôle où il y a des pages d'un effet large et puissant. M. Fournetz, avec sa belle voix, terrifie le public dans la scène capitale de l'apparition de saint Corentin, à la fin du deuxième acte.

Ce qui a le plus porté dans l'œuvre, et ce que je préfère, pour mon compte, ce sont les deuxième, troisième et quatrième tableaux. Ce n'est pas à dire que le cinquième et dernier tableau, sur une scène moins exigué, n'eût produit plus grand effet, et que le premier acte et premier tableau, qui contient plus d'une page de charme, d'éclat et de couleur, n'ait pas été goûté et applaudi. Il est presque inutile de dire que l'ouverture, déjà très connue dans les concerts, et dirigée par M. Danbé avec une *maestria*, une *furia* (dans la péroraison) peu communes, a manqué être bissée. Pas assez de cordes à l'orchestre, malheureusement. Acoustique excellente, d'ailleurs, surtout pour la voix; si au moins on pouvait obtenir un peu de prononciation, d'articulation des mots et des syllabes; on n'entend pas le quart des paroles.

Les décors sont parfaits; très beau, celui du troisième tableau : le monument de saint-Corentin à droite, une grève avec menhirs et dolmens, une tour trapue et la mer au fond. Très beaux aussi, les roches sauvages du dernier tableau avec un superbe ciel d'orage à la Delacroix. — Les costumes sont très étudiés, et généralement réussis comme aspect et harmonie; ils ont été reconstitués, d'après les documents de l'époque, avec une minutieuse exactitude, qui n'exclut pas la grâce, la beauté du style et le charme de l'impression. Celui de l'épousée au troisième acte est exquis; ceux de Mlle Deschamps sont très remarquables aussi; à noter l'harmonie ravissante entre son costume bleu et le décor de fond légèrement bleuâtre au début du deuxième acte, quand, debout près de la grande baie à vitrail, Margared épie les évolutions des troupes; très beau aussi et très bien porté, son costume violet du dernier acte; nulle part, ailleurs qu'en France, ou ne retrouve ce goût et ce style dans la simplicité. M. Bouvet a fort bonne mine sous le casque ailé, la crinière et la longue moustache rousse. Le vêtement d'évêque de saint Corentin, la façon dont il est éclairé au moment de son apparition miraculeuse peuvent donner à rêver à MM. Puvis de Chavanne et Duez. M. Bianchini, le jeune dessinateur des costumes, avait déjà fait ses preuves, et brillamment, dans le *Lohengrin* de M. Lamoureux; c'est décidément un maître en son art.

Pour la mise en scène, l'éclairage des ensembles, la plantation des décors, rien de nouveau ni de particulier à noter; ce sont toujours les mêmes errements de l'ancien système; la conception générale de l'œuvre, d'ailleurs, n'appelait guère d'innovation à ce point de vue.

Très belle salle comble, affluence de notabilités de tout genre, et de jolies femmes en toilettes nouvelles. Décidément, il est à remarquer, cette année, combien les hommes politiques semblent chercher un dérivatif aux mécomptes de leur profession ingrate dans les jouissances artistiques et notamment musicales..... A la répétition générale (1), c'étaient les femmes, en disponibilité. M. Jules Ferry, entre autres; à la *première*, c'étaient les *leaders* militants du Parlement et du gouvernement, MM. Floquet, Clémenceau, le préfet de la Seine, M. Poubelle, etc.

La fête n'eût pas été complète sans le héros (?) du jour, M. Boulanger. La *vie* de Jeanne d'Arc a voulu voir comment une femme trahissait sa patrie. Malheureusement, le brav'général n'est arrivé

(1) La répétition générale avait eu lieu devant une salle archicomble, si comble que la presse s'était plainte de ne pas y avoir trouvé assez de place. L'accueil avait été des plus chaleureux, et faisait prévoir le succès toujours croissant des représentations.

qu'à onze heures..... quand la bataille était gagnée. A la sortie, entouré et escorté du fidèle Déroulède, il a regagné son coupé aux cris de : « Vive Lalo! »

C'est aussi par ce cri, sincèrement et chaleureusement poussé, que je veux finir. Vive Lalo! Puisse ce maître respecté entreprendre et nous donner, après le *Roi d'Ys*, des œuvres dramatiques où sa personnalité, son originalité s'affirment encore, dans leur pleine indépendance!

En somme, M. Paravey, en choisissant cette remarquable partition pour le premier essai d'une œuvre nouvelle sous sa direction, en la montant avec ce soin et ce goût, avec ce respect des intentions de l'auteur (1), a donné une preuve d'intelligence et d'honnêteté (deux choses rares, séparément ou ensemble), et, par conséquent, d'habileté de premier ordre, dont il faudra lui tenir grand compte. Il a donné aussi un exemple reconfortant et encourageant, et qui devenait urgent, dans la décadence, hélas! trop rapide, et trop évidente, de jour en jour, de nos scènes musicales.

Espérons que du beau succès du *Roi d'Ys* va dater une ère de renouveau pour notre art lyrique!..... BALTHAZAR CLAES.

UNE HEURE DE POÉSIE

Un jour, je vis, dans mon village, de grandes affiches avec cette annonce « Une heure de poésie, 2 francs » : c'était un monsieur qui, le soir, devait dire des vers. Que j'en ai ri alors, et voici que ce rêve, si beau qu'il me faisait sourire d'incrédulité, s'est réalisé samedi dernier pour moi à la Société Nationale, où l'on jouait une pavane et un menuet laissés par Fauré, et l'épithalame de Benoît.

L'art ne vit que de féerie et d'évocation. Eh bien, la baguette de ces deux magiciens nous a transportés, comme dans une fantasmagorie, aux deux époques les plus charmantes qu'il y ait eu, celles où l'homme était tout au plaisir de vivre : Fauré, avec ses deux danses, en plein XVIIIe siècle. Sa pavane (2) est du tour le plus galant, et pimpante et sémillante à souhait. Et c'eût été divin, si les chanteurs l'avaient dansée en costumes, dans un décor du temps, avec, — au fond, — MM. les musiciens. Le menuet surtout a ravi. Dès les premiers accords, on a vu le plus délicieux Watteau :

> . . . . un paysage choisi
> Que vont charmant masques et bergamesques
> Jouant du luth et dansant . . . .
>
> Et leur chanson se mêle au clair de lune,
> Au calme clair de lune triste et beau,
> Qui fait rêver les oiseaux dans les arbres
> Et sanglotent d'extase les jets d'eau,
> Les grands jets d'eau sveltes parmi les marbres (3).

Et puis, avec Benoît, changement à vue : un Puvis de Chavannes.

> A l'obscure clarté qui tombe des étoiles,

un temple grec, profilant sur la nuit argentée ses belles lignes harmonieuses. De jeunes vierges, vêtues de blanc, invoquant sans trouble et sans effroi le plus aimable des dieux, l'Amour :

> Hymen! hymen aux beaux flancs !
> Hespéros se lève,
> Viens à nous, la nuit est brève ;
> Hâte tes pieds blancs (4)!

Chant calme et pur, sans austérité sans tristesse, respirant avec la plus chaste sérénité la volupté la plus douce. C'est bien l'hyménée antique, image du bonheur bien plus que du *devoir*.

Nos grands pontifes de la critique musicale vont répétant tous la même antienne : « Parmi les jeunes musiciens de France, il y a certainement des artistes considérables par le talent et le savoir; plusieurs sont considérés à l'étranger comme des maîtres ; mais ne sentez-vous pas dans leurs plus belles œuvres instrumentales l'infiltration de plus en plus pénétrante de l'inspiration germanique ? » Eh bien, le diable m'emporte (pardon!) si j'ai pu découvrir dans ces trois œuvres la plus légère infiltration germanique. J'y trouve, au contraire, l'expression (5) la plus juste, la plus nette et la plus alerte de la

---

(1) *Pas une coupure*, une seule cadence inutile, ajoutée dans la sérénade du troisième acte, par ou pour le bon plaisir de M. Talazac, met le mot « mou. ou-ourir. »

(2) Pour chœurs et orchestre.

(3) Clair de Lune, tiré des *Fêtes galantes* de Verlaine (Vanier, 1886), pour ténor avec accompagnement d'orchestre.

(4) Epithalame, tiré des *Noces corinthiennes* d'Anatole France (Lemerre, 1876), pour trois voix de femmes, musique de Camille Benoît. Chez Hamelle.

(5) On confond toujours expression et moyens d'expression. Les Allemands ont créé un merveilleux instrument, nos jeunes musiciens seraient des sots de ne pas s'en servir.

---

pensée poétique; or, je le demande, à quels caractères reconnaît-on l'esprit français, sinon à ce qu'il est clair, précis, rapide au but. J'y remarque ensuite un goût sûr et sans défaillance, oui le goût (c'est-à-dire la mesure alliée à la grâce et à la distinction), qualité éminemment française aussi, je crois.

Oui, *bien Français*, ils le sont; et j'ajoute Français d'aujourd'hui.

Fauré et Benoît ont beau, pour l'instant, ressusciter deux des moments les plus rares de l'évolution humaine, ils demeurent essentiellement *modernes*. Et ce qui m'étonne le plus chez le premier (le second est trop discret et se fait entendre trop rarement), c'est, avec la souplesse de son génie apte à prendre toutes les voix et à traduire tous les sentiments dans leurs nuances les plus fugitives, sa modernité. N'est-ce pas lui qui, le premier, a mis en musique du Leconte de Lisle et du Baudelaire, et qui aujourd'hui nous donne du Verlaine? Belle audace, certes, mais qui eût été téméraire, s'il n'avait su rendre musicalement les sensations nouvelles apportées par les deux derniers.

Je suis heureux, — à une époque comme la nôtre, où jamais l'art n'a été plus fêté et où jamais peut-être on n'a fait plus de métier, — heureux de saluer deux véritables artistes (indépendants, fiers, hautains), qui, laissant à d'autres les petits moyens et le soin de flatter la foule, qui veut leur idéal, n'ont parlé que lorsqu'ils avaient quelque chose à dire et l'ont fait avec l'éloquence du cœur, seules, la sincérité, l'ingénuité. AMALEC.

N. D. L. R. — Nous trouvons dans les *Débats*, le *Soir* et le *Ménestrel*, des comptes rendus également flatteurs pour M. Fauré et notre collaborateur Camille Benoît. Voici quelques lignes du compte rendu de M. Julien Tiersot dans le *Ménestrel* : « Deux pièces de M. Gabriel Fauré, *Pavane* avec chœur et *Menuet* pour ténor solo, remarquable par un mélange exquis de style archaïque et du modernisme le plus délicat, ont tenu toute l'assistance sous le charme. Leur succès a été partagé par l'*Épithalame* de M. Camille Benoît, à trois voix de femmes et chœur, une page ravissante de sentiment, de forme, et de couleur antique. »

LYON

Au Grand-Théâtre, pour clore dignement la saison d'opéra, M. Campocasso a cru devoir engager le ténor Degenne et Mlle Delaunay, tous deux de l'Opéra-Comique. Si c'est comme dédommagement de ne rien avoir monté cette année, je crois que notre directeur se trompe sur l'effet de cette compensation.

M. Degenne, qui avait créé *Lakmé*, il y a trois ans, nous est revenu avec ses qualités et ses défauts, et ce n'est pas cet artiste qui fera jamais oublier M. Dupuis, son devancier dont l'engagement n'a pas été renouvelé. La voix est dure et le timbre paryfonnant à d'étranges vibrations, pas de liaisons entre les notes de poitrine et les notes mixtes, mais de brusques contrastes d'intensité, des soubresauts peu agréables pour une oreille délicate. La tenue bien médiocre et le talent de comédien bien incorrect.

Mlle Delaunay, lauréat du Conservatoire de Paris, ces derniers temps, a traversé la scène de M. Paravey pour courir la province à cheval sur son titre de chanteuse de l'Opéra-Comique. Cette artiste possède une petite voix fort gentille, un peu courte dans le haut du registre et gênée par une respiration pénible. Très sûre d'elle-même et très méthodique dans les morceaux classiques, Mlle Delaunay reste encore l'élève peu habituée à la scène, dans les passages plus libres. En somme, malgré les honneurs de la vedette qu'on leur fait, ces deux artistes n'ont pas grand succès, ce qui s'explique fort bien.

La direction, toujours à la recherche d'une maladresse nouvelle à commettre, pour réduire les frais de son dernier mois, a renvoyé le trial, — nous n'avons point de laruette, — qui a contracté immédiatement un engagement avec la Scala-Bouffes, un café-concert de notre ville. — Mais comme la reprise de certains opéras comiques avec Degenne exige la présence d'un trial, il a fallu le reprendre— à moitié seulement, car il ne pouvait rompre son nouvel engagement; de sorte qu'il charme dans la même soirée et les raffinés du *beuglant* et les amateurs du Grand-Théâtre. Il arrive même que son service n'est pas terminé chez M. Campocasso à l'heure où il doit filer à la Scala. Dans ce cas, le premier venu achève son rôle.

J'ai tenu à vous citer ce fait comme un exemple de la direction artistique de M. Campocasso, et si je ne craignais pas d'encombrer les colonnes du *Guide musical*, je vous narrerais des choses fort esbaudissantes sur les opérations théâtrales de notre ville, qui sacrifie près de 300,000 francs chaque année pour un genre d'exercices.

M. Huguet, notre excellent baryton d'opéra comique, vient de signer un engagement avec la Gaîté de Paris, où il fera, à l'automne prochain, ses débuts dans une pièce nouvelle dont Audran écrit en ce moment la musique. R. T.

BRUXELLES

LA CLOTURE DE LA SAISON THÉATRALE A LA MONNAIE

Les distributions de fleurs, de couronnes et d'emblèmes de tout genre qui marquent les fins de saison n'ont pas discontinué pendant plusieurs soirées au théâtre de la Monnaie, dont la fermeture a eu lieu le 9 courant avec *Hamlet*, de M. Ambroise Thomas. Elles avaient commencé d'abord à l'occasion des adieux de Mᵐᵉ Caron, adieux provisoires, du reste, puisque la noble artiste nous revient au mois de septembre. On l'a ovationnée à tout rompre, là où elle se montre faible, comme dans l'air des Bijoux, aussi bien si pas mieux qu'ailleurs où elle est parfois sublime. Puis sont arrivées les dernières représentations de Mᵐᵉˢ Melba et Landouzy, toutes deux engagées, et les avalanches fleuries, les machins allégoriques, les objets encombrants ont repris leur voyage de la salle à la scène en passant par les mains tendues et obligeantes des artistes de l'orchestre, qui pourraient bien se refuser un jour à ce rôle d'intermédiaire, eux que l'on n'ovationne et ne fleurit guère, quoiqu'ils dépensent aussi du talent et des forces.

Mˡˡᵉ Litvinne et Martini, qui nous quittent définitivement, ont eu leur part aussi, plus modeste, de démonstrations enthousiastes. Elles avaient été tenues bien à l'écart durant toute la campagne écoulée, ces deux artistes qui n'étaient pas sans valeur. La direction, occupée ailleurs, les honorait de fonctions *in partibus infidelium*. Et Mˡˡᵉ Leria, dont le départ passera inaperçu, n'était pas la moins favorisée sous ce rapport, puisque, d'après un journal qui en a fait le compte, en huit mois de temps, cette artiste n'a chanté que treize fois.

Les artistes mâles, de leur côté, n'ont eu qu'à se louer du public bruxellois. On leur a fait un bruyant succès, et chacun pour sa part aura remporté une riche moisson de papier doré, de faux lauriers et de fleurs artificielles.

Pour faciliter l'expansion des sentiments, on avait composé le spectacle de l'avant-dernière représentation de manière à faire défiler le plus grand nombre d'artistes en une seule fois : 1ᵉʳ acte du *Médecin malgré lui*, 1ᵉʳ acte des *Pêcheurs de perles*, 4ᵉ acte de *Lucie*, 2ᵉ acte du *Caïd* et 1ᵉʳ acte de la *Walkyrie*. Cette macédoine incongrue, d'où le nom de Wagner eût bien pu être exclu, par respect, n'en a pas moins obtenu, l'autre soir, un succès d'argent et de variété.

Il n'y aurait rien à dire à toutes ces manifestations puériles, si, en fin de compte, elles tournaient au profit de l'art. Mais, pour qui connaît le caractère de la plupart des chanteurs, la seule préoccupation qu'ils ont d'eux-mêmes, leur suffisance et le mépris qu'ils professent à l'égard de toute innovation de nature à amoindrir leur prestige aux yeux de certain public, il n'est pas douteux que les témoignages exagérés de sympathie et d'admiration exercent sur leur esprit et leur talent la plus déplorable influence. Allez donc, après cela, prêcher aux uns le travail, l'étude, la nécessité de se perfectionner; aux autres, l'effacement, la modération, le respect de l'œuvre, la conscience. Dites-leur de chanter en mesure, d'accorder à chaque note sa valeur, de ne rien ajouter ni rien retrancher, de ne pas mettre de points d'orgue là où il n'en faut point, à seule fin de produire un effet de gosier ; de nep as se tourner constamment vers les spectateurs, etc., etc. Ils vous riront au nez, et, forts de leurs triomphes, ils s'appliqueront à flatter le mauvais goût de la masse, à lui donner, dans l'œil, pour parler comme à l'Académie. Enfin, ils feront tout le contraire de ce qu'il faut pour mériter le nom d'artistes et relever une carrière honorable comme toute autre, à la condition qu'ils la fassent honorer.

Heureusement, les choses n'en sont point du tout là au théâtre de la Monnaie. On apprécie même à l'étranger l'esprit de progrès, le désintéressement qui sont de tradition chez les directeurs et les pensionnaires de notre Opéra. On en fait même très grand cas, par la raison qu'il est des scènes lyriques où la règle est précisément contraire à tout idéal, où les vieux errements subsistent et se conservent religieusement, où tout ce qui est antiartistique est d'institution fondamentale et immuable. Mais si l'on veut avancer toujours, si, pénétré du but à atteindre, on est résolu à faire bon marché des habitudes prises à réformer les mœurs théâtrales, qui sont encore dans un état de barbarie relative, il faut bien protester sans cesse contre les abus, relever les négligences et courir sus aux prétentions des artistes qui voudraient, pour des raisons personnelles, enrayer toute innovation et tout progrès.

Ce que nous voudrions, indépendamment d'une exécution musicale irréprochable *dans l'ensemble*, c'est que n'importe quelle œuvre lyrique, française, italienne ou allemande,—belge aussi, à l'occasion, — fût représentée avec la plus grande somme d'illusion possible, autant de la part des interprètes que de celle des machinistes, des décorateurs et des régisseurs. Le matériel existe, les moyens de tout genre ne font point défaut. Il s'agit d'une question d'éducation artistique, d'une réglementation sévère à établir à tous les degrés de l'échelle et à maintenir avec fermeté. MM. Dupont et Lapissida ont donné des gages certains de leur désir de bien faire; on peut être assuré qu'ils feront mieux encore, aidés du public intelligent, celui qui va écouter une œuvre et non pas tel ou tel chanteur en vogue.

E. E.

Après le théâtre de la Monnaie, les Concerts populaires ont fait la clôture de la saison musicale par une très belle et très intéressante séance à laquelle M. Joseph Dupont avait donné tous ses soins.

Une fois de plus, ce concert a permis de constater l'action toute puissante de la musique de Wagner sur le public. L'orchestre avait remarquablement interprété le très intéressant poème symphonique de Rimsky-Korsakoff, *Antar*; applaudissements nombreux, mais sans élan. Voici les fragments de Wagner qui commencent. Aussitôt, c'est dans la salle une agitation, un accroissement d'attention, une tension de toutes les facultés extrêmement curieuse à constater : il n'y a pas à dire, cela bout, cela vit; et bon gré malgré, on est entraîné, secoué par cette puissance incomparable du génie. L'exclamation si curieuse et si vraie de Baudelaire au lendemain des Concerts de Wagner à Paris :

« Où pourrai-je bien entendre ce soir de la musique de Wagner? » cette exclamation est devenue, par la force des choses et du progrès lent mais sûr des idées nouvelles, l'exacte expression du sentiment actuel du public. Nombre de gens même qui n'aiment pas la musique et qui n'ont aucun système en matière d'opéra, vous confessent ingénûment que Wagner est le seul des auteurs modernes qui les retienne et les remue. Preuve évidente de l'exactitude de ce que nous cornons depuis dix ans aux oreilles des gens qui ont le parti pris de n'apprécier que ce qu'ils connaissent et ce qu'on leur a appris : à savoir que les idées et l'art de Wagner n'avaient rien à redouter de la critique et du goût du public, si ce n'est l'ignorance de l'une et de l'autre. A mesure qu'on l'étudie, qu'on se rapproche de son génie, son influence devient plus décisive ; plus on le connaît, plus il grandit. C'est, décidément et plus que jamais, le puissant parmi les puissants.

Pour en revenir au concert de jeudi dernier, constatons simplement le charme pénétrant et l'humour très exactement rendu de la jolie scène des *Maîtres-Chanteurs*, entre Walther et Hans Sachs (3ᵉ acte), dite à ravir par MM. Engel et Seguin; le triomphal succès du trio des filles du Rhin (Crépuscule), chanté par Mᵐᵉˢ Landouzy, Falize et Van Besten, comme jamais nous ne l'avons entendu nulle part ; ce numéro a été bissé d'enthousiasme ; le ravissement causé par la poétique scène de Siegfried et de l'Oiseau, où l'on aurait pu désirer un peu plus de lointain à la voix exquise, mais claire de Mᵐᵉ Landouzy; enfin la grande sensation produite par la Marche funèbre de Siegfried (Crépuscule), par l'ouverture de *Parsifal* et l'Entrée des dieux dans le Walhall. Il est fâcheux que l'orchestre, après avoir répété dans la salle de la Grande Harmonie, se trouve transporté tout à coup sans transition sur la scène de la Monnaie, où l'acoustique est absolument différente. De là résultent nécessairement des hésitations, tantôt des erreurs de nuances qui ne sont pas précisément profitables à l'exécution et qui en détruisent l'harmonie. Aussi serait-il à désirer que les répétitions générales eussent lieu toujours dans la salle même où se donne le concert. M. Joseph Dupont avisera probablement à obvier aux inconvénients signalés, dont il est, du reste, le premier à se plaindre.

Il n'en reste pas moins que ce dernier concert de la saison a fait une très brillante clôture à la campagne théâtrale et musicale 1887-88.

M. K.

L'orchestre de la Monnaie, sous la direction de M. Léon Jehin, a repris ses concerts d'été traditionnels au Waux-Hall du Parc. Comme les années précédentes, il y aura, les jeudi et dimanche de chaque semaine, des concerts extraordinaires de musique classique.

L'engagement de Mᵐᵉ Caron au théâtre de la Monnaie est aujourd'hui définitivement conclu et signé. Lundi, Mᵐᵉ Caron, MM. Engel, Renaud, et les directeurs de la Monnaie ont assisté, à Louvain, à une lecture de la *Richilde* de M. Mathieu, dont les répétitions commenceront dès la rentrée, en septembre.

Songerait-on sérieusement à porter remède aux dangers qui menacent le Conservatoire de Bruxelles en cas d'incendie? Une somme de 30,000 francs, au budget de 1888, doit servir à substituer l'éclairage à l'électricité à l'éclairage au gaz et à établir un escalier supplémentaire, de manière à améliorer les dégagements de la salle de concerts. Bien que la section centrale se soit déclarée satisfaité, nous trouvons cette allocation tout à fait insuffisante, eu égard aux transformations radicales que devraient subir les dégagements de la salle du Conservatoire. Ce n'est pas à l'aide de demi-mesures que l'on améliorera les conditions de sécurité d'un édifice aussi foncièrement défectueux.

GAND

Le *Willems-Fonds* a offert à ses membres, le lundi 7 mai, un intéressant concert organisé par le Comité pour le développement du chant néerlandais, avec le concours d'amateurs et d'élèves du Conservatoire; le programme était réservé exclusivement à des œuvres de musiciens néerlandais contemporains. Pour beaucoup d'assistants, cette audition a été une véritable révélation; car elle a fait connaître des trésors assez peu connus du gros public, les mélodies charmantes éditées par le *Willems-Fonds* lui-même. Les applaudissements ont surtout marqué le beau *Gezanszang* de Peter Benoit, extrait du drame lyrique de Van Goethem: *De Pacificatie van Gent*, et *Een Vrouwke gewond te spinnen zat*, une pièce ravissante de G. Antheunis, qui ne se contente pas d'être un aimable poète, mais qui est, en même temps, un mélodiste distingué. Du reste, tous les numéros du programme, composé avec beaucoup de discernement, ont eu du succès, et le public a eu des bravos pour tous les auteurs: Hol, Peter Benoit, Blaes, Berghs, Antheunis, Brandts-Buys, Huberti, Van Gheluwe, Van Tussenbroek, Van Rennes et De Haan. J'applaudis des deux mains à cette tentative excellente et je forme des vœux sincères pour que de pareilles séances se répètent.   P. B.

LIÉGE

La dernière semaine de l'année musicale nous réservait le dernier concert de l'Emulation. La presse n'y a pas été admise; nous devons à notre qualité de membre de la société de pouvoir en donner un compte rendu. Pourquoi cette exclusion, pourquoi ce procédé, — tout au moins peu aimable, — envers quelques-uns de nos collègues? Parce que, quand cinq cents personnes assistent à un concert, on appelle celui-ci audition privée, et l'on est dispensé de payer les droits dus à la Société des auteurs, à condition que, seuls, les membres de la société organisatrice y soient admis. Nous aurons à revenir sur ces faits, que l'on ne saurait trop jugés que sévèrement.

Le Cercle choral n'a pu prendre part à ce concert, à cause de l'indisposition de son directeur; espérons qu'il aura sa revanche l'année prochaine. L'œuvre importante de César Franck: les *Béatitudes*, feste inscrite à son programme; recommencer les études dès le début de la saison et les pousser activement est le seul moyen de mener à bien cette entreprise.

M. Hutoy, remis de son indisposition, a repris mardi (8 mai) le bâton de mesure pour diriger le concert de l'Emulation. La première partie en était consacrée à la *Symphonie libre* de E. Raway, déjà exécutée à la fin de l'année passée. C'était un événement musical, car chacun désirait entendre encore l'œuvre puissante et inspirée de notre sympathique concitoyen. Malheureusement, l'exécution n'a pas répondu à l'attente, malgré les efforts du directeur; l'œuvre, essentiellement polyphonique, n'a pas acquis la clarté, la simplicité d'allures désirables. Bien des phrases se sont perdues dans le fond de sonorités vagues, si difficiles à éviter pour des musiciens peu habitués à ces œuvres; sorte de bruit confus qui rend si laborieuse l'audition, pour le spectateur qui veut approfondir la connaissance d'une œuvre, et qui rebute tant de personnes moins décidées à cette étude.

Je dis étude, car la *Symphonie libre* n'est pas une œuvre que l'on pénètre aisément, surtout d'après des exécutions imparfaites. Elle peut vous charmer à première vue, vous plaire plus ou moins; mais ce n'est qu'une impression bien légère, qui doit s'accentuer et s'approfondir aux autres auditions. Après avoir entendu les répétitions et le concert de l'an passé, puis ceux de cette année, nous voudrions pousser plus loin notre étude, chaque audition nous apportant une vue plus claire de l'unité, de la grande ligne de l'œuvre.

L'*Allegro moderato et capriccioso* n'a point fait un commencement bien ferme; les mouvements très lents du début ont paru difficiles à soutenir pour l'orchestre, qui tend à jouer tout *moderato*. Le *Scherzo* a été mieux enlevé; il a été suivi de sincères applaudissements. Le commencement de l'*Adagio cantabile* a également reçu une bonne interprétation, pourtant trop maniérée, et qui a faibli dans la suite, la partie la plus difficile de l'œuvre. L'*Allegro finale* a relevé l'exécution; il a été plus clairement compris que les autres parties, ce que de chaleureux applaudissement ont démontré au trop modeste auteur.

Souhaitons que l'an prochain nous amène de nouvelles exécutions d'œuvres de Raway, — les *Adieux*, par exemple, que Bruxelles a entendus aux Concerts populaires. — Les succès du passé ne doivent-ils pas répondre de ceux de l'avenir?

La seconde partie commençait par le poème symphonique bien connu de Saint-Saëns: le *Rouet d'Omphale*. L'exécution de cette pièce

d'harmonie imitative a été très honorable, malgré d'assez grandes difficultés.

Mⁿᵉ Delhaze, dont nous avons eu déjà l'occasion de parler, a mis son sympathique talent à exécuter l'*Andante spianato et polonaise* de Chopin, ainsi que trois petites pièces de Rubinstein, Scarlatti et Martucci. Toutes les qualités de virtuose ainsi que son beau mécanisme se sont révélés, surtout dans les trois petites pièces.

Le programme portait encore une *Villanelle*, puis des fragments d'une *Suite* pour orchestre (scènes de forêt, croquis et miniatures), de E. de Hartog. Le *Clair de lune* surtout nous a plu, dans cette suite, qui a beaucoup perdu à n'être pas exécutée en entier.

Enfin, *In cauda venenum*! M. Byrom a dit les *Adieux de Wotan* de sa belle et large voix; mais combien il a été peu soutenu par l'orchestre! Rendons cependant justice à ce dernier: on a lu deux fois les *Adieux* et la *Symphonie du feu* avant l'exécution. Cela ferait sourire, s'il n'était triste de penser que c'est d'après de pareilles…exécutions que le public doit juger Wagner, s'il ne veut ou ne peut l'étudier hors de Liège.

L'*Ouverture jubilaire* d'E. Hutoy terminait le concert.

La dernière semaine de la saison n'a pas été la moins importante; nous avons encore à parler d'un concert donné par le Cercle des amateurs. La suite en style ancien, de Grieg (*Aus Holberg's Zeit*), une très élégante *Gavotte* d'I. Raghhianti et l'ouverture de *Don Juan* sont à citer parmi les pièces exécutées par le jeune orchestre. Un jeune violoniste, M. Lemaître, a fait preuve de talent dans différents morceaux; nous lui reconnaissons de sérieuses qualités qu'il devra cultiver par des études complètes. Mⁿᵉˢ Fick-Wéry, Hayemal et Joachim se sont fait entendre dans plusieurs petites pièces. En somme, jolie soirée, dont nous aurions voulu parler plus longuement, pour louer le talent et la bonne volonté de chacun.

Le théâtre a rouvert ses portes, dimanche, pour une représentation du *Barbier*, donnée par Mⁿᵉ Landousy, MM. Renaud et Boon. Salle archicomble et beau succès, surtout pour la charmante Rosine, qui nous reviendra dans quelques jours, pour donner la même représentation.   F. V. D.

Les journaux de Liège font un grand éloge de Mˡˡᵉ Ludovie Mouton, une jeune pianiste d'un talent remarquable, élève de M. Auguste Dupont, qui s'est fait entendre dernièrement, à la Société d'Emulation. Le *Journal de Liège*, la *Meuse* et la *Gazette de Huy* constatent que le début de cette jeune artiste a été des plus brillants.

Nouvelles diverses

La question de l'Opéra-Comique à Paris n'est toujours pas tranchée. Le ministre des beaux-arts avait eu un moment l'idée d'ouvrir un concours pour la reconstruction du théâtre, mais il paraît s'être ravisé. On annonce aujourd'hui que M. Lockroy vient d'être saisi d'une combinaison tendant à installer l'Opéra-Comique dans les bâtiments de l'ancien théâtre Ventadour, actuellement occupés par un établissement financier. A égalité de dépenses, ce plan aurait l'avantage de pouvoir être réalisé plus rapidement que la reconstruction totale sur l'emplacement de la place Boïeldieu, car il y aurait moins de travaux à exécuter pour rendre l'ancien Théâtre-Italien à sa destination primitive.

A propos de la *Salambô* de M. Ernest Reyer. Plusieurs journaux de Paris affirment qu'on s'est trop pressé d'annoncer que l'auteur donnerait sa nouvelle partition au théâtre de la Monnaie.

Il est exact que M. Reyer ait changé d'avis depuis quinze jours, mais nous savons qu'il a promis *Salambô* à MM. Dupont et Lapissida, et que c'est lui-même qui en a donné la nouvelle au *Ménestrel*.

L'Opéra de Vienne a célébré, le 7 mai, le 100ᵉ anniversaire de la première représentation, dans la capitale autrichienne, du *Don Juan* de Mozart. C'est sur la scène du Hofburgtheater et en langue italienne qu'eut lieu, en 1788, la première représentation de ce chef-d'œuvre.

Les répétitions de l'opéra les *Fées*, de Richard Wagner, sont poussées avec activité à l'Opéra de Munich. La partition de cette œuvre de jeunesse paraîtra prochainement chez l'éditeur Heckel, à Mannheim.

M. Pierre Tchaïkovsky, le compositeur russe, MM. Gade et Grieg, les compositeurs scandinaves bien connus, viennent d'être élus « académiciens correspondants » de l'Institut royal de musique de Florence. Après les succès à sensation obtenus par lui à Paris et à Londres, M. Tchaïkovsky, vient de se rendre à Tiflis, pour se reposer des fatigues de sa tournée en Europe, qui a duré plus de trois mois.

La troupe d'opéra russe qui se propose de faire une tournée en Europe a débuté le 7 mai, à Berlin, au Victoria-Theater, avec la *Vie pour le Tzar*, de Glinka, interprétée par Mᵐᵉˢ Ofrossimow et Vérevkine, MM. Sokolow et Liarow. A en croire les journaux, l'accueil fait à l'œuvre et aux artistes russes a été des plus sympathiques.

On annonce une nouvelle composition de Joh. Brahms : des chansons bohémiennes pour quatuor mixte et piano, dans le genre des *Liebeslieder* et des *Danses hongroises*.

On assure que c'est Hans Richter, de Vienne, qui dirigera à Bayreuth les représentations des *Maîtres-Chanteurs* en remplacement de M.Levi, dont l'état de santé, comme nous l'avons dit, ne lui permet pas de se vouer aux études de cette œuvre.

M. Félix Mottl, de Carlsruhe, dirigera *Parsifal*.

Un journal de Pittsbourg a calculé que la célèbre cantatrice Adelina Patti a fait « sa dernière apparition en public » vingt-sept fois; « sa toute dernière apparition » neuf fois; qu'elle a pris « sa retraite définitive de la scène » sept fois; « sa retraite, afin de passer le restant de ses jours dans son domaine » trois fois, et qu'elle est encore sur le point de reparaître en public pour se retirer ensuite.

Ces jours derniers, on a représenté à Bushey (Angleterre), avec un très vif succès, une pièce de théâtre dont le scénario, tiré d'une ballade allemande, la musique, la mise en scène et les décors sont du professeur Hubert Herkomer, le peintre bien connu, auteur du beau portrait de Richard Wagner. C'est l'institut de peinture, de dessin, de gravure, etc., fondé par le célèbre artiste et fréquenté par de nombreux élèves, qui a fourni les acteurs et les exécutants. Un théâtre a été édifié tout exprès, sur le modèle de celui de Bayreuth, avec orchestre invisible et éclairage venant du haut. La pièce représentée porte pour titre la *Sorcière* (the *Sorceress*) et met en scène des gipsies et des pasteurs. Dans son ensemble, la représentation a offert un intérêt artistique véritable, et l'interprétation, de la part d'élèves débutants pour la plupart, a été tout à fait surprenante.

La symphonie en *mi* mineur du baron Franchetti, l'auteur d'*Asraël*, l'opéra dont nous avons longuement parlé et qui fait décidément fortune en Italie, a été exécutée au dernier concert de la *Société orchestrale* de Milan, avec le plus grand succès.

On annonce de Milan la fusion des deux grandes maisons d'édition Ricordi et Lucca, qui formeront désormais une même et unique raison sociale.

L'opéra de M. Goring Thomas, *Nadeshda*, a été reçu par M. Hofmann, le directeur du théâtre de Cologne, et y sera représenté l'automne prochain.

Au théâtre du Verme, — l'un des trois scènes d'opéra où les Milanais peuvent aller chercher des consolations durant la fermeture de la Scala (1), — on a représenté *Carmosina*, drame lyrique en trois actes d'Antoine Ghislanzoni, musique du compositeur brésilien João Gomès de Araujo. La présence de la famille impériale du Brésil, qui assistait à la première représentation de cet ouvrage, paraît avoir décidé, en partie, du succès. Le public a voulu se montrer aimable à l'égard d'un sujet de Don Pedro, que ce dernier honore paraît-il, de sa protection. *Carmosina* est la première œuvre de son auteur, qui, au dire de la *Gazetta musicale*, a prouvé qu'il possède de grandes qualités artistiques.

Leurs Majestés brésiliennes ont eu, lors d'une soirée musicale donnée à l'hôtel Milano, la primeur de deux airs tirés d'opéras inédits qui verront le jour tôt ou tard en Italie : le *Schiavo* (l'*Esclave*) du maestro Carlos Gomes et *Bug Jargal* du compositeur brésilien J. Gama Malcher.

Le dernier des sept concerts donnés à l'occasion du festival de Cincinnati et dirigés par M. Théodore Thomas est consacré exclusivement aux œuvres de Richard Wagner.

C'est le ténor Campanini, directeur de la troupe italienne à l'aide de laquelle on vient de représenter avec un insuccès marqué l'*Otello* de Verdi à New-York, qui s'est chargé du rôle délaissé par le chanteur Marconi, dont l'incapacité était notoire. Le nouveau titulaire n'a pas eu la chance de relever le prestige de l'œuvre; les dernières représentations ont été données à prix réduits, et le déménagement vers Boston, Philadelphie, Chicago, etc., a été décidé et exécuté à bref délai.

(1) Les deux autres sont le *Filodrammatico* et le *Manzoni*.

On lit dans la revue *Flandria* :

« Edmond Vander Straeten, à qui tout récemment un diplôme d'honneur a été octroyé par l'Académie de Sainte-Cécile à Rome, vient d'obtenir une nouvelle et flatteuse distinction.

« Dans son assemblée générale du 23 avril dernier, l'Académie royale des beaux-arts de San-Fernando, à Madrid, a décerné à l'unanimité, à notre savant compatriote, le diplôme de membre correspondant. »

VARIÉTÉS

ÉPHÉMÉRIDES MUSICALES

Le 18 mai 1832, à Keszthely (Hongrie), naissance de Carl Goldmark. — Artiste des mieux doués, il s'est fait un nom retentissant par une *Reine de Saba*, en quatre actes, représentée à l'Opéra-Impérial de Vienne (10 mars 1875), et qui, reçue sur les théâtres de l'Allemagne, y est encore entendue chaque jour. La pièce traduite en italien, Turin, Bologne, Rome ont aussi applaudi la musique de Goldmark. Le *Teatro illustrato*, de Milan, numéro du mois d'avril 1882, renferme le portrait du compositeur hongrois.

— Le 19 mai 1837, à Bruxelles, le *Postillon de Lonjumeau*, trois actes d'Adolphe Adam. — Artistes : Thénard, Renaud, Juillet et Mˡˡᵉ Bultel. On ne joue plus depuis longtemps cet opéra à Bruxelles; en France même, il semble délaissé. L'Allemagne, seule, lui fait encore une place à ses théâtres. Le ténor Wachtel a chanté le rôle de Chapelou plus de mille fois. Oh! oh! oh! qu'il était beau.....

Les premières : à Paris, 13 octobre 1836; à Anvers, 22 février 1837; à Liége, 13 octobre 1837; à Berlin, 3 juin 1837; à Hanovre, 5 novembre 1837; à Riga, 26 mai 1838; à Weimar 14 novembre 1868; à Vienne, 14 octobre 1837.

— Le 20 mai 1854, à Paris (Théâtre-Lyrique), *Maître Wolfram*, un acte de Reyer. L'Opéra-Comique s'appropria l'ouvrage (premier acte de Reyer, — puis directeur de la chapelle pontificale, compositeur distingué, écrivain plein de savoir et de talent, l'abbé Baini a publié un ouvrage considérable, qui a fait sensation dans les cercles, d'ailleurs restreints à cette époque, de la littérature musicale : ses *Mémoires sur Palestrina*. Ce grand travail, monument d'une fervente admiration pour l'illustre artiste auquel il était consacré, acquit immédiatement, aux yeux de tous les musicographes, une autorité très grande, méritée à beaucoup d'égards et qui s'explique facilement par la date de son apparition. C'est de quelques lignes de cet ouvrage, au second volume, qu'est née, relativement à Guillaume du Fay, une grosse erreur de date répétée à l'envi pendant cinquante ans par les historiens de la musique : Fétis, Kiesewetter et Ambros. Notre collaborateur Michel Brenet, dans une série d'articles publiés dans le *Ménestrel* (août et septembre 1886), 'a savamment exposé la question d'après les récentes découvertes de MM. Houdoy et Haberl.

— Le 22 mai 1818, à Dresde, sous la direction de C.-M. von Weber, *die Schweizerfamilie* de Weigl, en langue allemande pour la première fois, la pièce ayant été chantée jusque-là avec des paroles italiennes : *Famiglia svizzera*. — A Bruxelles (5 août 1829), par une troupe allemande, et à Paris, une traduction française, sous le titre d'*Emmeline*, au théâtre de l'Odéon, 6 janvier 1827. (Voir Eph., *Guide mus.*, 24 mars 1887.)

— Le 23 mai 1813, à Leipzig, naissance de Wilhelm-Richard Wagner. Sa mort à Venise, le 18 février 1883.

Les livres publiés sur le maître, dans toutes les langues, dans tous les styles, pour le combattre ou pour le glorifier, empliraient une bibliothèque, le catalogue seul de ces critiques, études, biographies, formerait un volume; tout a donc été dit sur ses défaites et ses victoires, et sur ce que l'on veut appeler son système musical. (Judith Gautier, *Richard Wagner et son œuvre poétique depuis Rienzi jusqu'à Parsifal*.)

— Le 23 mai 1596, à Mantoue, mort de Jacques De Wert, illustre compositeur de madrigaux, attaché au service du duc Alphonse. (Notice nouvelle dans *Musique aux Pays-Bas* d'Edm. Vander Straeten, t. VIII.)

— Le 24 mai 1834, à Paris (Opéra-Comique), *Lestocq*, 4 actes d'Auber. Quoique cet opéra passe pour un des moins bons du maître, Richard Wagner cependant en faisait grand cas. Il a été joué pour la première fois à Bruxelles, le 18 octobre 1834; à Anvers, le 28 octobre 1834; à Liége, le 5 décembre 1834.

— Le 25 mai 1819, inauguration de la nouvelle salle du théâtre Royal de la Monnaie de Bruxelles, bâtie sur les plans de l'architecte Damesme.

L'affiche du jour est une pièce introuvable, nous la reproduisons ici dans son intégralité :

« Théâtre royal. — Ouverture de la nouvelle salle. — Représentation extraordinaire. — Les comédiens ordinaires du Roi donneront aujourd'hui, mardi 25 mai 1819 (billets et entrées de faveur généralement supprimées), la CARAVANE DU CAIRE, grand opéra en 3 actes et à grand spectacle, de Morel, musique de Grétry, orné d'UN DIVERTISSEMENT dont les principales entrées seront exécutées par les premiers sujets de la danse.

« Chant : MM. Bernard, Desfossés, d'Arboville, Chaudoir, Bousigue, Hubert, Folville, Mmes Lemesle, Cazot, Michelot.

« Danse : MM. Petipa, Desplace, Josse, Mmes Lesueur, Adeline, Feltmann, Sarette, Oudart.

« Le spectacle commencera par Momus à la Nouvelle Salle, prologue d'inauguration en un acte et en vaudeville, terminé par un Divertissement nouveau, composé par M. Petipa.

« Distribution : Momus, M. Bourdois. — L'Opéra-Comique, M. d'Arboville. — Le Mélodrame, M. Perceval. — Un directeur de spectacle, M. Bernard. — Deux acteurs, MM. Linsel et Chaudoir. — Thalie, Mme Lemesle. — Suite de Thalie, de l'Opéra-Comique, jeux, ris et plaisirs, etc.

« A dater du 1er juin, les représentations auront lieu et se suivront sans interruption à la nouvelle Salle ; les abonnements commenceront à courir de cette époque. — Dans le courant du présent mois de mai, il y aura trois représentations extraordinaires à la nouvelle Salle (aux 25, 27 et 31).

« Prix des places, y compris le droit des indigents : Premières, fr. 4,40 ; secondes, loges, parquet, loges de parquet et galeries, fr. 3,85 ; troisièmes loges, fr. 2,30 ; quatrièmes ou paradis, fr. 0,80 ; loges de parterre, a fr. ; parterre et quatrièmes loges, fr. 1,65 ; parquet militaire, 2 fr. ; quatrième ou paradis militaire, fr. 0,45. — Bureaux ouverts à 4 heures et demie. — On commencera à 7 heures précises. »

L'ancienne salle, bâtie par l'architecte italien Bombarda, et qui fut inaugurée le 20 janvier 1705, a eu donc une durée de cent vingt-quatre ans. Il n'en a pas été de même de la nouvelle salle de 1819, qu'un incendie vint détruire en janvier 1855.

De tous les artistes de l'ancienne troupe de 1819, il ne reste en vie, parmi nous, que Mlle Lesueur, une célébrité du ballet, et dont les grâces séduisantes en firent la femme d'un haut fonctionnaire sous le roi Guillaume des Pays-Bas. Mme veuve Van Gobbelschroy est aujourd'hui âgée de 88 ans, ce qui est un cas de longévité rare dans le monde des théâtres.

— Le 26 mai 1778, à Paris (Opéra), la Fête de village, intermède en un acte mêlé de chant et de danse par Gossec. La partition, presque improvisée fut assez goûtée. Cependant la pièce ne fut jouée que trois fois. Les « airs à danser » sont pourtant charmants, et les petits duos de Nicette et d'Isabelle, et de Thérèse et Germain sont très agréables à lire. (Th. de Lajarte, Bibliothèque de l'Opéra, p. 296.)

— Le 27 mai 1840, à Nice, décès de Nicolo Paganini. Sa naissance à Gênes le 27 octobre 1782. Cette date est celle de l'inscription placée sur la maison où est né cet artiste extraordinaire. Voici la teneur de l'inscription : « Un grand honneur était réservé à cette maison : le 27 octobre 1782, Nicolo Paganini, qui brilla d'un éclat incomparable dans l'art divin des sons, y vint au monde pour la joie de l'univers et la gloire de Gênes. » Fétis (Biogr. univ. des mus., t. VI), en fixant au 18 février 1784 la date de naissance de Paganini, se serait donc trompé.

— Le 28 mai 1798, à Prague, naissance de Joseph Dessauer. Sa mort à Mœdling le 9 juillet 1876. Dans nos Ephémérides (Guide mus., 1er juillet 1886), nous avons fixé, d'après Fétis (Biogr. univ. des mus., t. III, p. 7), la naissance de Dessauer à l'année 1794, ce qui est une erreur.

— Le 29 mai 1881, à Bruxelles (salle du Palais ducal), sous la direction de Franz Servais, festival Liszt, le maître présent. On y entend : 1. Le Tasse, poème symphonique ; 2. Concerto pathétique pour deux pianos, exécuté par M. et Mme Zarembski ; 3. Loreley, air chanté par Mlle Antonia Kufferath ; 4. Faust, symphonie avec chœurs par la société l'Orphéon, dirigée par Bauwens.

— Le 30 mai 1794, à Prague, naissance d'Ignace Moschelès. Sa mort à Leipzig, le 10 mars 1870.

— Le nom de cet artiste restera dans l'histoire de l'art parmi les plus purs et les plus dignes d'admiration, à côté de ceux de Clementi et de Hummel, et dans le rayonnement des Bach, des Hændel et des Scarlatti. » A. MARMONTEL, les Pianistes célèbres.

Moschelès s'est fait entendre pour la première fois à Bruxelles, dans un concert qu'il donna dans la salle de la rue Ducale, le 14 décembre 1820. Brassin fut un de ses élèves les plus distingués.

— Le 31 mai 1809, à Vienne, décès de François-Joseph Haydn, à l'âge de 77 ans. Sa naissance à Rohrau, le 31 mars 1732.

« Haydn, écrit Richard Wagner, fut le maître de génie qui, pour la première fois, donna à la symphonie de vastes proportions, et par

l'inépuisable alternance des motifs, par leurs combinaisons et leurs transformations, la marque au sceau d'une profonde puissance expressive. »

Il serait impossible de dire et penser plus juste. C'est bien en effet cette « inépuisable alternance des motifs », c'est l'imprévu.

BIBLIOGRAPHIE

Recommandé aux maîtrises et aux maisons d'éducation : Ave Maria, pour soprano ou ténor, tiré d'une des œuvres de Mendelssohn-Bartholdy. Transcription de G. de Penaranda.

Nécrologie

Sont décédés :

A Venise, à l'âge de 46 ans, Ugo Errera, avocat, compositeur, pianiste, un des fondateurs du lycée Benedetto Marcello. Il a écrit de la musique de salon, une marche pour l'Exposition de 1887, et bien d'autres morceaux. Prochainement, paraîtra chez Schott une charmante valse de cet amateur distingué.

— A Leipzig, le 21 avril, Christian-Julius Weissenhorn, professeur au Conservatoire et musicien de l'orchestre de la ville.

Le chevalier Xavier-Victor-Fidèle Van Elewyck, dont nous avons annoncé la mort, arrivée à Louvain, le 28 avril dernier, était né à Ixelles, le 24 avril 1825. Il a écrit principalement de la musique d'église, qu'il faisait exécuter, à la collégiale de Louvain, par un orchestre formé et dirigé par lui. Comme musicologue, on lui doit deux publications importantes au point de vue de l'art belge : Mathias Van den Gheyn, et la Collection d'œuvres d'anciens et célèbres clavecinistes flamands, a vol-in-4°, Bruxelles, Schott. Peu de feuilles spéciales qui ne reçussent de la prose de Van Elewyck; aussi l'aimable chevalier a-t-il beaucoup écrit. La Gazzetta musicale di Milano, dont il était le correspondant, lui donne la qualité de « celebre veterano dell'arte; — un uomo d'altissimo sapere ». (Voir Fétis, Pougin et Gregoir.)

Imprimerie Th. Lombaerts, Montagne des Aveugles, 7.

Le Guide Musical

Paraissant tous les jeudis.

ABONNEMENT	SCHOTT FRÈRES, ÉDITEURS.	ANNONCES
FRANCE et BELGIQUE : Avec musique 25 francs.	Paris, Boulevard Montmartre, 19	S'adresser à l'Administration du Journal.
— Texte seul . 10 —	Bruxelles, Montagne de la Cour, 82	On traite à forfait.
UNION POSTALE : — 12 —		

RICHARD WAGNER ET LA MISE EN SCÈNE

(Suite. — Voir n°s 18-19.)

Les filets dont on se sert au théâtre de Wagner pour simuler les nuages ont encore un autre emploi à Bayreuth. A chaque plan, sont suspendus des filets vides, sans application de toile peinte, de véritables filets de pêcheurs, à mailles assez larges et faits de fil de chanvre écru. Vus à distance, ces filets ressemblent à une toile de gaze légère et ils ont complètement remplacé, à Bayreuth, les rideaux de cette matière autrefois en usage. Le filet a sur la gaze un avantage inappréciable, celui d'être transparent et de laisser voir distinctement les objets qu'il voile tout en atténuant la crudité des tons et en estompant les arêtes des décors. C'est au moyen de rideaux en filets qu'on obtient, à Bayreuth, les jolis effets de lointain et de demi-jour qui ont été si justement admirés.

Ces filets sont tendus soit sur toute la largeur de la scène, devant la toile de fond, dont ils doivent éloigner la perspective, soit devant une partie quelconque de la décoration que l'on veut momentanément voiler. Dans les tableaux qui représentent un paysage très profond, ils produisent une sorte de vibration lumineuse qui donne, avec une vérité surprenante, l'impression d'une athmosphère chargée de vapeurs.

Il importe, pour que les rideaux en filets rendent les services qu'on en attend, que les mailles du filet forment des lignes horizontales et verticales. Les rayons lumineux qui frappent les fils de chacune des mailles produisent alors cette ligne de lumière et d'ombre qui font exactement l'office des hachures usitées dans le dessin, la gravure sur bois et l'eau-forte.

Dans certains théâtres allemands et anglais, où ces rideaux ont été imités du théâtre de Bayreuth, on n'a pas pris garde à la disposition horizontale des fils.

On s'est servi de filets à mailles obliques sans se douter que, dans cette disposition, les fils recevaient la lumière autrement. La lumière qui vient toute des herses (par en haut) ou des portants (par les côtés), frappe uniformément les losanges formés par les mailles, elle glisse, pour ainsi dire, le long des fils ; tandis que, si les fils forment des carrés à base horizontale, comme la lumière de la scène ne porte pas de bas en haut, le fil horizontal est toujours accompagné d'une ligne d'ombre (1). C'est de ces petites lignes, très ténues, très légères, imperceptibles à quelques mètres de distance, que résultent l'atténuation des tons clairs de la décoration et l'obscurcissement extrêmement délicat des objets placés derrière le filet. Les belles mondaines savent combien une voilette, en arrondissant la netteté des traits, donne de charme à un joli visage. Voilà par analogie, l'effet du filet au théâtre. Que de gradations de tons charmantes et variées à l'infini un décorateur habile pourrait tirer de là !

Dans le troisième acte de *Parsifal*, c'est au moyen de ces sortes de rideaux que l'on obtient la prairie s'émaillant de fleurs au moment où s'opère le *Charme du vendredi saint*. La toile de fond, qui représente la

---

(1) Cette particularité des filets à mailles obliques a été signalée par M. William F. Apthorp dans son article déjà cité du *Scribner's Magazine* ; *Wagner and scenic Art*.

prairie, est d'abord vaguement dissimulée derrière une série de filets, dont l'effet est d'effacer presque complètement, ou plutôt de brouiller les tons clairs des fleurs peintes sur la toile de fond. Celle-ci ne subit aucun changement. Au moment où le miracle s'opère, les filets sont successivement enlevés ; aussitôt, le regard distingue les tons vifs de la toile de fond dans tout leur éclat, et il semble réellement que la prairie se soit couverte de fleurs nouvellement écloses. Bien peu de spectateurs se doutent qu'un moyen aussi simple suffit pour produire cette étonnante modification du tableau.

C'est par le même procédé que s'effectue, dans la *Gœtterdæmmerung*, l'admirable effet d'aube naissante au moment où Haguen appelle à lui ses guerriers et ses vassaux pour célébrer les noces de Siegfried et de Gunther. Le fond de la scène, qui représente les rives du Rhin, est couvert par des voiles en filets qu'on retire lentement, à mesure que la clarté du jour augmente. Il semblerait véritablement que les brumes légères du matin se dissipent sous les yeux du spectateur.

On demandait à Jean-Jacques Rousseau pour quel motif il se refusait à voir les dispositions intérieures de la scène ; « c'est, répondait le philosophe, parce que je ne désire pas de connaître les grands moyens que l'on emploie pour produire de petits effets ». Il est vrai que, de son temps, les machines de théâtre étaient très compliquées et d'un maniement pénible. Quand il s'agissait, par exemple, de faire descendre un dieu dans sa gloire, c'était toute une affaire : un échafaudage de bois retenu par de gros cordages et plus ou moins dissimulé par de lourds nuages en carton, descendait péniblement des frises au moyen d'une demi-douzaine de treuils et de poulies qu'il fallait faire manœuvrer par autant de machinistes. Il est clair que ces moyens extraordinaires n'étaient pas en rapport avec l'effet produit. Mais, aujourd'hui, combien toute cette machinerie a été simplifiée ! Si Rousseau avait pu voir comment, à Bayreuth, avec de très petits moyens on obtient de grands effets, il eût, sans doute, changé d'avis. Il serait allé voir.

Ainsi, le ciel mouvant que l'on voit dans la *Walkyrie*, pendant la tempête de la chevauchée, n'est-il pas d'un effet très puissant ? Eh bien, c'est tout simplement au moyen de projections lumineuses qu'il s'obtient : deux lampes électriques sont placées à quelque distance devant la toile de fond, et c'est devant ces lampes que deux machinistes font tourner des disques de nuages en verre sur lesquels sont peints des nuages (1).

(1) Lors de l'essai des appareils envoyés d'Allemagne pour les représentations de la *Walkyrie* à Bruxelles, un photographe bien connu, M. Géruzet, avait eu l'idée de photographier des nuées d'orage véritables et de les reporter sur les disques de verre. La légèreté de ces nuages était charmante, seulement il eût fallu forcer les tons de la photographie, la lumière de la scène affaiblissant un peu les contours et les ombres. Le temps manqua pour compléter la tentative. Il serait à désirer que M. Géruzet continuât ces essais. Ne serait-ce pas un effet délicieux si, au lieu des ciels si souvent lourds et épais des toiles de fond, on pouvait, au moyen de projections fixes, obtenir la légèreté et la profondeur des ciels véritables ?

Les vols de walkyries également obtenus par des projections sur la toile de fond ont paru moins réussis et, en effet, ils laissaient beaucoup à désirer, même à Bayreuth. En cherchant bien, il est certain, toutefois, que dans cette voie on trouverait aisément à faire mieux et même tout à fait bien.

Le malheur est que, dans les théâtres ordinaires, la nécessité de renouveler sans cesse le répertoire ne permet pas de corriger les défectuosités d'une mise en scène une fois établie, quand l'œuvre nouvelle a obtenu du succès. Bah ! se dit-on, puisque le public ne murmure pas, laissons aller les choses comme elles sont.

C'est ainsi, hélas ! que des méprises, des tentatives inachevées, des détails mal rendus dans la hâte d'une « première » s'établissent peu à peu comme traditions, et il est ensuite impossible de les déraciner. Le directeur vraiment artiste ne devrait jamais souffrir un pareil laisser-aller.

Qui sait, si en recomposant la mise en scène surannée de certaines œuvres du répertoire que la routine a pieusement conservée, on n'arriverait pas à donner à ces pièces un regain de vitalité ? Ce qu'un chanteur ou un comédien de talent peut réaliser dans un rôle qu'il renouvelle par sa personnalité, pourquoi ne pourrait-on pas le faire pour tout l'ensemble d'une œuvre ? Il suffirait de vouloir, car vouloir c'est pouvoir, au théâtre comme ailleurs. Ainsi en voyant les mises en scène mouvementées que l'on s'efforce aujourd'hui de donner aux pièces nouvelles, ne doit-on pas regretter que l'aveugle respect des traditions et des mauvaises habitudes prises par les chanteurs et les comédiens s'autorisant quelquefois d'un illustre exemple perpétuent de grossiers abus et paralysent totalement l'initiative des régisseurs actifs et portés à l'innovation ? Les masses chorales, les groupes de figurants qu'on parvient à faire agir dans un opéra nouveau, pourquoi restent-ils invariablement immobiles et comme collés aux portants des coulisses chaque fois qu'ils paraissent dans un ouvrage du répertoire d'il y a trente ans ? C'est inexplicable.

En Allemagne, grâce à l'énergie avec laquelle dès ses débuts Wagner n'a cessé de combattre tous les abus et toutes les conventions absurdes consacrées par la routine, il n'est plus un théâtre un peu convenable où l'on ne cherche aujourd'hui à interpréter les œuvres, même les plus usées, suivant les exigences de la mise en scène moderne. Qu'on me permette, à ce propos, de rendre hommage, en passant, à l'esprit d'initiative montré en maintes occasions par M. Lapissida, qui, soit en sa qualité de régisseur sous la direction Stoumon et Calabresi, soit aujourd'hui comme directeur du théâtre de la Monnaie à Bruxelles. Il a tout au moins montré un très grand souci de n'ignorer aucune des innovations apportées au système scénique, alors qu'à Paris une inertie singulière, sauf sur quelques scènes de genre, a maintenu jusqu'aujourd'hui toutes les erreurs d'autrefois, avec lesquelles malheureusement le public s'est familiarisé si complétement que c'est tout un travail de lui faire comprendre qu'elles sont des erreurs.

Je me souviendrai longtemps de l'incroyable impression produite sur le public de l'Eden-Théâtre, par la mise en scène de *Lohengrin*, très soignée et très fidèle à l'esprit wagnérien, lors de l'unique représentation de cette œuvre sous la direction de M. Lamoureux. Pour la première fois, on voyait à Paris des chœurs agissant, formant des groupes, indiquant par des attitudes habilement variées les sentiments divers que doit nécessairement ressentir et exprimer une foule aussi directement mêlée à l'action.

La leçon, malheureusement, ne parait pas avoir porté, car sur les théâtres de l'Opéra et de l'Opéra-Comique, les deux plus beaux théâtres du monde quand on songe aux éléments absolument incomparables dont ils disposent à tous les points de vue, les errements d'autrefois continuent de se perpétuer sans que le public réclame. Il est vrai que l'habitude asservit à l'erreur. Un public qui croit assez volontiers que le reste du monde s'est arrêté, parce qu'il ne marche plus lui-même, ne demande pas qu'on lui prouve le mouvement. C'est logique.

Cependant les avertissements ne lui ont pas manqué.

Le hasard heureux qui n'abandonne jamais le bibliophile persévérant m'a fait découvrir dernièrement un opuscule extrêmement curieux, qui a trait directement à mon sujet. Ce petit écrit date de 1809. A-t-il été lu? je l'ignore ; mais, bien certainement, il n'a pas été compris.

Voici le titre de cet ouvrage assez rare, je crois, en tous cas rarement cité :

DE L'EXÉCUTION DRAMATIQUE CONSIDÉRÉE DANS SES RAPPORTS AVEC LE MATÉRIEL DE LA SALLE ET DE LA SCÈNE, *traité dédié à S. A. S. M⁹ʳ le prince de Cambacérès, archi-chancelier de l'Empire, duc de Parme, etc., par le* COLONEL GROBERT, *chevalier de l'Empire, membre de l'ancien Institut de Bologne, de l'Académie de Florence, etc. Paris, F. Schœll, éditeur, 1809.*

Ainsi que le titre l'indique, l'ouvrage est, en majeure partie, consacré à la construction des salles de spectacle ; mais il contient aussi nombre d'observations vraiment judicieuses et singulièrement neuves pour l'époque, sur l'art de la mise en scène et sur les réformes dont il est susceptible, réformes que l'auteur déclarait déjà urgentes à l'époque où il écrivait, et qui restent encore à accomplir dans la plupart de nos théâtres.

Il y a plus ; — et c'est ce qui me parait particulièrement intéressant, — dans ce traité, se trouvent exposées, et cela avec une précision et une netteté remarquables, la plupart des idées réalisées depuis à Bayreuth et sur le théâtre de Meiningen.

Laissons parler le colonel Grobert :

L'habitude de voir un matériel scénique vicieux et discordant nous dérobe les défauts les plus grossiers. Une jouissance inconnue ne peut exciter de regrets ; on ignore jusqu'à quel point elle peut augmenter l'émotion que nous allons chercher dans les spectacles.

Enivrés des beautés de leurs ouvrages dramatiques et de l'excellence du jeu des comédiens, les spectateurs français se doutent à peine que la presque totalité des objets que la scène offre à leurs regards est absurde et disposée pour détruire l'illusion que le poète a voulu créer... Le public voit des colonnes, des arbres, des nuages peints d'une manière brillante. Le talent du peintre est la seule idée qui captive son imagination. Le spectateur se contente de voir des colonnes, lorsque la scène se passe dans un palais, et des arbres, lorsqu'elle est dans la campagne. Il ne saurait réfléchir qu'il voit des ombres et des contours à contre sens.

Depuis son enfance, il les a vus ainsi dans tous les théâtres. Que si un théâtre nouveau représentait les objets tels qu'on les aperçoit dans la nature, en revoyant les anciens, le spectateur n'y trouverait plus le charme qu'il a éprouvé ailleurs, sans se rendre compte des motifs qui l'ont produit.

Malgré les merveilleux progrès accompli en France par la peinture décorative, c'est très exactement le sentiment qu'éprouvent tous ceux dont l'œil a conservé l'image poétique de certains tableaux inoubliables de la scène de Bayreuth à la vue des splendeurs si souvent mal employées qu'offrent nos théâtres.

En 1809, le colonel Grobert rompait encore, pour la forme, quelques lances en faveur de la vérité du costume, à peine rétablie au Théâtre-Français par Le Kain, Talma, Mˡˡᵉ Saint-Huberti, Mᵐᵉ Favart, etc. Ce procès était, dès lors, définitivement gagné. Pour la mise en scène, il parlait alors et il parle encore en novateur plein de hardiesse.

Voici, par exemple, ce qu'il dit du décor en général et de l'éclairage qu'on lui donne.

La distribution de la lumière exige des préceptes aussi précis que le tracé des ombres et des contours. Les spectateurs modernes se contentent de voir beaucoup. Faute de toute autre comparaison que celle qu'ils devraient prendre dans la nature, ils trouvent agréable ce qui éblouit, et peu de personnes se doutent qu'un torrent de lumière émané de la rampe est une absurdité accréditée par le désir de faire valoir les charmes des actrices, les attitudes des danseurs et l'éclat des vêtements agréables. Si le public pouvait jouir une seule fois de l'effet des lumières répandues sur les objets inférieurs, d'après l'imitation seule de la nature, il n'apercevrait plus, dans les tableaux que les théâtres modernes nous offrent que des caricatures extravagantes, aussi éloignées du beau qu'une peinture de paravent peut l'être de l'ouvrage de Raphaël.

L'assaut est vraiment donné de verve.

Dans un chapitre spécial, consacré à la *Peinture*, Grobert explique longuement la théorie de l'optique au théâtre, et il combat ensuite successivement le plan vertical de la scène, l'écartement symétrique et le parallélisme rigoureux des feuillets des coulisses, la distribution uniforme de la lumière, « d'où résulte que tout est éclairé ou obscurci à la fois, comme autant de tableaux séparés, devant lesquels on aurait placé des flambeaux », enfin « l'idée absurde de l'avant-scène, espace qui ne tient au théâtre que par la continuité des planches, et qui est l'une des causes de cette lumière absurde, destructrice des effet de la scène. »

Non seulement la plus forte masse de lumière est lancée, contre toute vraisemblance, de bas en haut, mais cette lumière que la *rampe* produit anéantit l'effet des surfaces ombrées qui doivent encadrer le tableau, et rapproche les objets figurés derrière ces châsses dans une raison inverse de celle qui les éloigne dans les tableaux ordinaires.

Et le brave colonel ne se contente pas d'indiquer les défauts, il donne le remède. Il demande, dès lors, que la lumière frappe les objets sur la scène sous l'angle de la huitième partie du cercle, qui est l'angle de la pleine lumière solaire. Il va sans dire qu'il suppose la lumière fixe pendant toute la durée d'une pièce, ou tout au moins d'un acte. Et il ajoute, ce qui est absolument rationnel et conforme à la nature :

Les spectateurs de droite doivent se contenter de voir toujours le clair à leur gauche et *vice-versa*, attendu que l'effet serait le même dans la nature, si les données étaient les mêmes... Toutes les objections que l'habitude ou la prévention peuvent faire ne pourront pas anéantir la faculté qui est acquise à la représentation des corps en relief de présenter des contours et des ombres exacts aux spectateurs qui les regardent de tous les points du théâtre.

Au nom de la vérité du tableau, il demande que la rampe inférieure soit supprimée, ainsi que l'avant-scène, « afin que les acteurs ne sortent jamais de leur cadre ».

On ne saurait formuler plus exactement les principes du système scénique de Bayreuth. Mieux que cela : Grobert demande même la suppression des lustres dans la salle, il veut que l'éclairage de celle-ci soit distribué sur ses parois et qu'elle *soit obscurcie* pendant la durée de la représentation.

A propos du rideau qui sépare la scène des spectateurs, il demande le rétablissement de la toile s'ouvrant sur le milieu de sa largeur, comme cela se pratiquait de son temps dans les grands théâtres d'Italie et comme cela s'était fait autrefois au petit théâtre de *Molière*, à Paris même.

Pour les *changements à vue*, contraires à l'illusion, « car on ne saurait voir sans étonnement des colonnes qui s'engloutissent successivement et des arbres verdoyants qui surgissent à côté », il suggérait aux artistes un moyen de transporter comme en un rêve le spectateur d'un lieu à un autre. Et ce moyen c'était « des nuages dont les groupes mobiles descendraient à la fois du ciel et sortiraient des côtés latéraux, qui se croiseraient avec un mouvement lent » pour disparaître ensuite et découvrir aux spectateurs le tableau nouveau.

L'une des parties les plus intéressantes de cet opuscule concerne la perspective de la scène et l'emploi des décorations en relief, « les seules qui reçoivent exactement la quantité de lumière qui leur convient et qui servent mieux la magie théâtrale ». Grobert voulait que l'on exprimât en relief tous les objets *praticables*, c'est-à-dire, ceux qui couvrent le sol de la scène. Sur ce point, la recherche du réalisme et du pittoresque qui caractérise la mise en scène moderne a complètement réalisé le rêve de l'auteur du *Traité de l'exécution dramatique*. Depuis longtemps, l'usage des décors offrant ces parties exécutées en relief s'est substitué à celui des décorations simplement peintes. A l'époque où écrivait le colonel Grobert, on se servait encore couramment, pour les intérieurs, de décors où les portes et les fenêtres étaient peintes seulement et ne s'ouvraient pas : l'acteur sortait entre les feuillets de coulisse, qui simulaient, par des artifices plus ou moins ingénieux du pinceau, la continuité des murs.

Le théâtre français connaît depuis longtemps d'autres procédés, relativement nouveaux, empruntés aux féeries anglaises. On a vu avant Bayreuth, à Paris, des arbres dont le feuillage s'agitait au souffle

du vent ; on y a vu aussi des édifices entiers plantés sur la scène et offrant leurs différentes façades au regard du spectateur. A Bayreuth, la réforme a seulement été étendue au plus grand nombre possible d'objets. On y a surtout veillé à l'exécution très soignée de tous les décors qui coupent les plans des coulisses et font saillie aux deuxième ou troisième plans sur la toile de fond. Ainsi, l'arbre qui, dans la *Walkyrie*, occupe le milieu de la scène au premier acte, n'est pas une toile peinte, montée sur châssis. C'est un cartonnage en forme de fût, creux à l'intérieur, sur lequel sont imités en *ronde-bosse* toutes les rugosités d'un tronc d'arbre puissant et noueux. La partie supérieure, seule, qui se perd dans les frises et se confond avec les bandes de toile représentant de fortes branches et les étais du toit de la demeure de Hunding, est peinte sur toile. Ainsi encore, le foyer et les soufflets de la forge de Siegfried ne sont pas de simples simulacres. Ce sont de véritables accessoires présentant la forme exacte, en profondeur comme en largeur, de l'objet imité. Il faut croire qu'en 1876 c'était encore une nouveauté, puisque M. Saint-Saëns, dans ses lettres de Bayreuth à l'*Estafette*, signalait ces détails de mise en scène comme dignes d'imitation.

Sur le théâtre de Meiningen, on a poussé plus loin encore qu'à Bayreuth l'emploi des décors en relief. Il n'y a plus guère que les fonds qui soient peints sur toile, et quelques objets dont le pinceau peut reproduire aisément les formes en trompe-l'œil. Tout le reste est *praticable* et, comme dans la nature, fait véritablement saillie sur les surfaces planes. Aussi, les *Meininger* sont-ils arrivés, dans certains tableaux des grands drames de Shakespeare, de Gœthe et de Schiller, à une vérité qu'il semble impossible de surpasser (1). Le public bruxellois aura, sous peu, l'occasion de juger de quel puissant secours leurs procédés, d'un réalisme tout moderne, sont pour l'optique de la scène et pour ce que le colonel Grobert appelle « la magie théâtrale ».

L'emplacement de l'orchestre préoccupe aussi notre auteur ; il rappelle ce que Grétry a dit à ce sujet ; il signale les essais de Méhul pour dissimuler l'orchestre *sur la scène*, *derrière les portants* ; mais il ne donne pas la solution définitive du problème.

Wagner a seul eu le bonheur de réaliser cette idée avec le concours de l'architecte Semper, en plaçant l'orchestre en contre-bas de la scène et en le couvrant en partie.

A ce propos, on a cherché à contester à Wagner le mérite de cette innovation, pour la reporter toute à Grétry, qui lui-même avait été précédé par Beaumarchais dans l'expression du *vœu* que l'orchestre fût invisible ; M. Gevaert vous dira même que, dès le XVIe siècle, des essais de ce genre avaient été faits en Italie. Qu'est-ce que cela prouve ? Tout uniment que

---

(1) On ne peut oublier de citer à ce propos les intéressantes tentatives du théâtre naturaliste de Zola, qui a exercé une très bienfaisante influence sur la mise en scène des théâtres de Paris en général. Seulement, l'éclairage par la rampe, projetant ses clartés violentes et crues sur des tableaux d'ailleurs bien conçus et merveilleusement exécutés, n'a pas cessé d'y être l'invincible obstacle à la reproduction exacte de la réalité.

cette idée était depuis longtemps dans l'air. Et il faut bien croire qu'il n'était pas si simple de la rendre pratique, puisqu'il a fallu un bon siècle avant qu'on en eût trouvé l'application.

Je m'attends, cela va sans dire, à voir les chevaliers de là croisade antiwagnérienne se jeter sur le livre du colonel Grobert, pour dénoncer au monde le nouveau plagiat de Wagner sur lequel j'ai eu l'indigne courage d'avoir appelé l'attention.

Grobert, colonel et ingénieur français, plagié par Wagner : quel joli sujet de causerie à l'usage des lecteurs du *Siècle*, du *Ménestrel* ou du *Figaro* (article musical des suppléments du samedi).

Le malheur pour celui qui tenterait de formuler cette accusation, c'est que le colonel Grobert, esprit très judicieux décidément, y a répondu lui-même d'avance. Ingénieur, il savait par expérience que, s'il est aisé d'énoncer un problème, il ne l'est pas de le résoudre. Il savait que ce n'est pas le problème, mais la solution, qui importe ; que ce n'est pas l'idée, mais l'application, qui en sera la pierre de touche. Aussi, écrivait-il modestement au début de son opuscule :

Le travail du critique n'exige pas la nécessité de surpasser l'ouvrage dont il trace les imperfections. A quoi sert un remède froidement indiqué? La multitude ne donne droit qu'à celui qui opère.

Hé ! c'est cela même. Wagner a opéré, et cela me suffit.

Grobert avait formulé ce théorème. « Le meilleur théâtre sera celui où l'on produira la plus grande illusion possible par la méthode la plus simple ».

Allez à Bayreuth et vous verrez que c'est là que se trouve la solution.   MAURICE KUFFERATH.

Le Soixante-Cinquième Festival Rhénan

C'est à Aix-la-Chapelle, dans la belle salle du Kurhaus, que la 65ᵉ fête musicale du Bas-Rhin a eu lieu, cette année, le jour de la Pentecôte et les deux jours suivants. Favorisée par un temps superbe, réussie en tous points, cette grande solennité printanière, témoignant de la vitalité d'une institution que l'on ne saurait trop envier à l'Allemagne, a produit, sur les nombreux assistants, l'impression la plus favorable. Quantité de Belges, parmi lesquels se trouvaient plusieurs Bruxellois, avaient risqué le voyage, alléchés par les séductions d'un programme intéressant et curieux de voir à l'œuvre le célèbre chef d'orchestre Hans Richter, le même qui vint monter pour la première fois *Lohengrin* à Bruxelles, et qui dirigea, l'année dernière, avec tant d'éclat, le festival de Dusseldorf.

Si quelqu'un était capable non seulement de maintenir l'institution des fêtes rhénanes au niveau de leur ancienne splendeur, mais de leur donner une impulsion jeune, de leur infuser un sang nouveau, régénéré par un souffle vivifiant de modernité, c'est bien l'éminent kapellmeister de l'Opéra de Vienne, le directeur des concerts symphoniques de Londres, l'homme enfin à qui Richard Wagner confia la direction de sa Tétralogie au théâtre de Bayreuth.

Hans Richter est le type du parfait chef d'orchestre. Sa direction n'est pas seulement un guide assuré pour l'exécutant ; elle offre aussi un enseignement esthétique destiné à fixer, chez tous ceux qui ont la chance d'être initiés par lui, les meilleures traditions de mouvement et de style. Sa prodigieuse mémoire lui permet de diriger par cœur les œuvres les plus compliquées, comme la 9ᵉ symphonie de Beethoven, les œuvres de Wagner, et de les faire répéter avec la même assurance que s'il avait la musique sous les yeux. Il en résulte que l'attention chez lui est concentrée tout entière sur le jeu des musiciens, que rien ne lui échappe et qu'aucun d'eux ne résiste à son pouvoir magnétique. Les caractères que présente une direction aussi ferme, aussi parfaitement sûre d'elle-même, sont la précision du rhythme, l'accentuation des temps forts, la mesure marquée et constante ; la valeur exacte des silences, des tenues d'orgue et des tenues pour les instruments à vent et en bois ; la pondération des éléments sonores ; l'équilibre parfait entre le quatuor et l'harmonie, enfin cette clarté de la phrase musicale, cette ponctuation que l'on observe chez tous les grands virtuoses et qui fait que tout ce qu'ils jouent se conçoit sans effort, coule de source et ravit !

Mais si le comité a eu la main heureuse en appelant Hans Richter à diriger le festival, il n'a pas à regretter non plus de lui avoir donné comme assistant M. Eberhard Schwickerath, le directeur de musique de la ville d'Aix, un musicien solide, un artiste convaincu, qui est parvenu à ce faire, à côté de Richter, un très joli succès. Ainsi confiée aux mains habiles de deux chefs d'élite, l'exécution s'est maintenue tout le temps au plus haut degré de la perfection ; elle a point présenté, comme l'an dernier, à Dusseldorf, des hauts et des bas, résultant de la présence ou de l'absence de Richter au pupitre.

Les solistes chanteurs formaient un quatuor puissant, qui est parvenu à donner un relief extraordinaire au finale de la 9ᵉ symphonie de Beethoven. C'était d'abord, Mᵐᵉ Fanny Moran-Olden, de Leipzig, soprano dramatique, grande voix au timbre perçant, d'une étendue considérable, constitution robuste, admirablement taillée pour le rôle de Brunnhilde et les autres créations héroïques de Wagner. Ensuite, Mˡˡᵉ Herminie Spies, de Wiesbaden, douée d'une voix de contralto superbe, d'une gravité peu commune, et possédant la vraie manière d'interpréter la musique ancienne : l'onction, la largeur de style et la sobriété d'accent que comportent les œuvres de Bach et de Hændel. M. Max Mickorey, de Munich, n'est peut-être point le ténor idéal ; sa voix gutturale a le tort d'osciller trop souvent entre le registre de tête et celui de poitrine, mais, elle est d'un bon timbre et elle sort sans effort. De plus, M. Mickorey paraît être bon musicien. Les qualités enviées du chanteur se trouvent presque toutes réunies chez M. Perron, la basse de Leipsig (une basse peu profonde, tenant beaucoup du baryton) qui, lui, est un artiste accompli. Voix à peu de chose près égale, d'un timbre sympathique, ayant du velouté et du mordant ; articulation parfaite, expression tout à fait remarquable. Avec cela, distingué de sa personne, M. Perron doit faire un Don Juan de belle allure et un Wotan de noble souché.

La première journée du festival a débuté par l'ouverture de fête *Weihe der Hauses*, op. 124 de Beethoven, sous la direction de Hans Richter. Très belle entrée en matière, qui a permis d'apprécier sous son vrai jour une page assez peu répandue chez nous de l'œuvre du maître. Richter a su lui conserver son inspiration populaire tout en faisant ressortir avec vigueur et délicatesse le travail fugué et avec un éclat superbe la conclusion solennelle. Immédiatement après, on a entamé l'exécution du *Messie*, que M. Schwickerath a conduit d'une main exercée d'après l'édition nouvelle revue par Robert Franz. C'est la première fois, croyons-nous, que cette version du *Messie* est donnée en Allemagne. Robert Franz s'est attaché à y rétablir autant que possible le texte primitif de Hændel, cherchant à l'instrumentation et les additions qui ont l'œuvre de Mozart, en élaguant, d'autre part, tout ce qui lui paraissait avoir été ajouté par des mains profanes. Car le *Messie* n'a pas été à l'abri des arrangeurs et il est presque certain que Mozart lui-même s'appuyait sur l'arrangement, antérieur au sien, d'Adam Hiller, lorsqu'il en renforçait les parties d'orchestre. On trouve dans l'arrangement de Hiller des choses incroyables, reproduites plus tard, note pour note, dans la soi-disant partition revue par Mozart, dont le manuscrit a, d'ailleurs, complètement disparu. Le savant et consciencieux artiste, auquel on doit déjà la revision de nombreuses œuvres chorales, notamment des cantates de J.-S. Bach, s'est acquis un titre à la reconnaissance des gens de goût en produisant une édition du *Messie* pure de tout mélange et digne du grand musicien qui en fut l'auteur.

S'il fallait faire des distinctions et des comparaisons au sujet de l'exécution du *Messie*, c'est aux chœurs que l'on devrait donner la préférence. Quel ensemble merveilleux, quelle vigueur dans les attaques et quel rhythme! Ces trois cent trente-huit voix n'en formaient qu'une seule et se confondaient avec les cent trente-huit instrumentistes dans un tout d'une homogénéité parfaite. Et dans le cours de cette longue soirée, on constate à peine une légère hésitation des soprani à l'entrée fuguée « Durch seine Wunden sind wir geheilet ». Tout le reste a marché sans erreur et sans faiblesse, de manière à provoquer les applaudissements dont on est assez avare généralement lorsqu'il s'agit de chœurs. Comme exemple de la conscience avec laquelle ces excellents chanteurs d'Aix et d'ailleurs entendent l'interprétation chorale, nous rappellerions volontiers ce passage « Uns ist zum Heil ein Kind geboren », dont l'accent d'une sincérité naïve résonne encore à notre oreille et remue doucement notre âme. Il est impossible d'entrer plus avant dans l'intimité des sentiments et de donner avec plus d'intensité la sensation du temps et du milieu. Le public enthousiasmé a fait une longue ovation à M. Schwickerath après l'*Hallelujah*, dont l'effet a été immense.

Les solistes, sauf Mˡˡᵉ Spies, appartiennent au théâtre. On s'en aperçoit bientôt à l'effort qu'ils doivent faire pour maîtriser leur voix, pour rester dans le ton d'une œuvre si peu compatible avec leurs occupations journalières. Les traditions se perdent et les talents se modifient. M. Perron, cependant, chante avec beaucoup d'autorité, d'un style large et puissant le récit et l'air : « Sie schallt, die Posaun' und die Todten ersteh'n ». Le ténor Mickorey et Mᵐᵉ Moran tiennent vaillamment leur partie. Cette dernière, toutefois, abuse des ports de voix et reste parfois au-dessous du ton. Le délicieux air en 12/8 « Erweidet seine Heerde », est chanté attentivement par les deux chanteurs qui n'en font valoir qu'à demi le charme pénétrant. Mˡˡᵉ Spies, elle, triomphe, ce soir, dans l'air célèbre : « O du die Wonne verkündet », et dans un autre air écrit pour la basse : « Du fürest in die Höhe ». Son bel organe et son style si pur et si élevé font une impression profonde sur l'auditoire dans l'air : « Er ward verschmähet », dont elle fait valoir le sentiment religieux en artiste de la plus sérieuse valeur.

Une agréable surprise nous était réservée en arrivant à la répétition de la deuxième journée. Hans Richter était au pupitre et allait donner le signal, lorsqu'il adressa à ses musiciens ce seul mot : *Meistersinger!* Nous nous regardons étonnés, car il n'est pas question de ce nom au programme ; mais bientôt l'admirable prélude se déchaîne, et nous écoutons, fascinés, entraînés, une exécution de l'ouverture préférée, comme, seul, Richter peut la donner, avec cette intensité de vie et de couleur qui est le propre de son talent, cette grandeur d'interprétation qui est le fait de la maîtrise consommée et qui résulte de sa longue collaboration avec R. Wagner. Le mot de l'énigme est bientôt découvert : on n'a pas voulu laisser passer l'anniversaire de la naissance de Wagner, le 22 mai, sans fêter spécialement cette date mémorable, et l'ouverture des *Meistersinger* sera introduite au programme de la troisième journée, qu'elle rehaussera de façon grandiose.

Le programme de la deuxième jour, consacré aux maîtres du siècle, est de beaucoup le plus intéressant, parce qu'il est plus conforme à notre tempérament et que les solistes s'y trouvent plus à l'aise. Aussi, est-ce un anachronisme que d'y faire figurer une cantate de Bach, et, précisément une de celles dont l'instrumentation a le moins d'éclat. Après l'ouverture d'*Euryanthe*, que l'orchestre de Richter enlève prestigieusement, M. Schwickerath a paru vouloir imposer des méditations funèbres aux auditeurs en réveillant en eux le souvenir d'une existence éphémère : « Frères, il faut mourir ! » tel est, en résumé, le sens de l'œuvre bien connue : « Gottes-Zeit ist die aller beste Zeit » (*actus tragicus*), qui est venue interrompre un moment l'élan donné par Weber. Saluons respectueusement le chef-d'œuvre qui renferme des pages immortelles, comme le solo de basse avec le plain-chant des alti, l'une des choses les plus suggestives parmi celles que la foi inspirait au vieux maître d'Eisenach, et rentrons, avec la romantique ouverture de *Genoveva*, dans le courant moderne, qui nous entraîne irrésistiblement. Le *Psaume 114* de Mendelssohn déploie ses majestueux accords sur l'onde agitée de la masse orchestrale. C'est le peuple d'Israël sorti d'Egypte et la mer qui fuit et le Jourdain remontant vers sa source. « O mer, qu'avais-tu pour t'enfuir, et toi, Jourdain, pour retourner en arrière ? Montagnes, pourquoi avez-vous sauté comme des moutons, et vous, coteaux, comme des agneaux ? » *Et* le tutti formidable des voix et des instruments répond : « Terre, tremble pour la présence du Seigneur, pour la présence du Dieu de Jacob ! »—Succès assuré, comme on pense, et sensation de grandeur très marquée.

Mais d'autres impressions nous attendent avec la scène finale du *Gœtterdämmerung*, qui a produit, à la répétition générale, un effet foudroyant. Mme Moran-Olden avait une revanche à prendre, et la scène titanesque de la mort de Brunnhilde va lui en fournir l'occasion. Dans l'attitude sculpturale de la fille de Wotan, la cantatrice, électrisée par l'enivrante symphonie qui se déroule à l'orchestre, proclame de sa voix vibrante et solennelle la fin des dieux. Dès les premières paroles, on s'aperçoit qu'elle est sur son vrai terrain et qu'il lui faut les larges envolées de l'épopée wagnérienne pour dépenser ses forces contenues. On reste suspendu à ce chant qui part haut et loin, aux sombres retours vers le drame lugubre de la mort de Siegfried, aux tendres souvenirs de l'amour du héros. L'impression va grandissant ; la colossale ampleur du flot musical trouve incessamment de nouveaux moyens de se surpasser, et l'admirable interprète arrive au déchaînement final sans la moindre défaillance, et même, tandis que l'écroulement du Walhall et les grondements lointains du Rhin apaise lui permettent de recevoir l'une des plus formidables ovations qui aient ébranlé le Kurhaus d'Aix-la-Chapelle.

Quel magnifique couronnement pour cette journée que la 9e symphonie de Beethoven, l'œuvre par excellence qui excitait notre convoitise. Entrer dans les détails au sujet d'une exécution poussée jusqu'aux dernières limites du beau serait abuser de la patience du lecteur. Qu'il nous soit permis cependant de dire que la conception générale de cette interprétation est de tous points digne de l'impérissable chef-d'œuvre ; que Richter y apporte toute son ardeur, toute sa verve, toute son indiscutable logique. Il n'est guère possible de rendre plus claire et plus étonnante la première partie de la symphonie, d'assouplir davantage la matérialité de l'exécution instrumentale à la grandeur de la pensée dominante. La sage réserve du mouvement dans le scherzo ; la précision, le fondu, l'expression du chant dans l'adagio, sont à louer comme la conviction avec laquelle toutes les nuances sont indiquées. Richter enchaîne l'adagio au finale immédiatement après les applaudissements qui éclatent de toutes parts. Et l'Ode à la joie ! quelle merveille extraordinaire avec cet orchestre et ces chœurs ! quelle étonnante compréhension du texte, de l'esprit, de l'enthousiasme qui éclate à chaque page. Cela se produit d'une façon haletine, sans traîner, sans lourdeur, sans effort apparent, dans une sorte d'illumination vertigineuse qui absorbe toutes vos facultés et vous enlève de terre !

Un appel de trompette annonce pour la troisième fois qu'il est l'heure de commencer. Les jours précédents, on avait eu recours au thème de l'épée (*Schwert* motif) de l'*Anneau du Nibelung*. Aujourd'hui, c'est l'appel de Siegfried dans la forêt qui sert de signal et donne également sa fanfare dans les jardins d'alentour. La pièce de résistance qui forme le principal attrait du concert des solistes est le *Doppel-Concert* pour violon et violoncelle avec accompagnement d'or. Ce morceau est à peine connu, ayant été joué en public pour la première fois à l'un des concerts du Gurzenich pendant la saison dernière, il est interprété par les mêmes artistes que ceux qui l'ont joué dans une réunion intime à Baden-Baden, puis

à Cologne : par Joachim, dont il n'y a point à faire l'éloge, et par Hausmann, le violoncelliste de Berlin. Avec Richter au pupitre, cette nouvelle production de Brahms, étudiée avec soin, jouée *con amore* par les deux solistes, produit un effet d'enchantement. Jamais Brahms ne fut mieux inspiré et jamais l'inspiration ne s'est traduite de façon plus claire, plus concise et mieux appropriée au rôle des instruments. La forme est celle du concerto, avec les tutti de l'orchestre et les parties principales concertantes. Les thèmes sont franchement exposés et leurs développements offrent des effets charmants, des combinaisons de sonorités neuves et vraiment poétiques. Le public fait surtout un grand succès à la deuxième partie, écrite dans le caractère d'une ballade avec un thème adorable à l'unisson des deux instruments soli, le violon jouant sur la quatrième corde. Cette page d'un sentiment idyllique exquis est destinée à faire sensation partout où l'exécution atteindra l'expression et la délicatesse qu'y mettent Joachim et Hausmann. Le motif principal de la troisième partie est d'un dessin pittoresque, passant du mineur au majeur pour finir de nouveau en mineur, et le deuxième motif de cette même partie finale, conçu dans le mode d'un chant populaire, est présenté par le violoncelle sur un accompagnement de basses en doubles cordes d'un effet saisissant. Toute l'œuvre est parfaite et son interprétation magistrale soulève une tempête de bravos.

Il ne reste plus qu'à énumérer les autres morceaux formant le programme de cette journée bien remplie, mais où le détail ne pas sur l'ensemble.

L'orchestre exécute l'ouverture de *Benvenuto Cellini* (Berlioz n'est jamais oublié et doit prendre à lui demeure une place prépondérante au prochain festival), celle des *Maîtres Chanteurs*, annoncée plus haut, ainsi que les *Préludes* de Fr. Liszt. Les chœurs font entendre la ballade *Schon Ellen*, composition assez banale de Max Bruch, et MM. Miclcrey et Perron chantent respectivement un air de l'*Enlèvement au Sérail* (*la majeur*) et un air d'*Alfonso und Estrella*, de Schubert, tandis que Mme Spies fait florès en disant trois mélodies de Schumann, Schubert et Brahms après lesquelles on l'oblige de chanter encore un *lied* de J.-S. Bach dont la modernité a tout lieu d'étonner l'auditoire. On entend une seconde fois M. Hausmann, qui fait valoir avec son talent sérieux, sans vibrato ni coquetteries de virtuose, l'adagio *Kol Nidrei*, composé par Max Bruch d'après une ancienne mélodie hébraïque.

La fête se termine enfin de la façon la plus magistrale par la *Kaisermarsch* de R. Wagner, dont l'hymne final est écouté debout par l'assistance émue. Les couronnes offertes aux chefs conducteurs du festival recouvrent entièrement l'estrade centrale. On applaudit encore une dernière fois Richter et sa brillante phalange, et l'on se retire enchanté, en se promettant bien de recommencer l'an prochain et d'affronter encore avec joie, dans les mêmes conditions, les vingt-quatre heures de musique que durent les trois concerts et leurs répétitions.
         E. E.

PARIS

Notre collaborateur Balthazar Claes ayant été retenu au Conservatoire par l'audition de l'admirable chef-d'œuvre de Bach, la *Passion selon saint Matthieu*, le concert annuel de Mme Gabrielle Ferrari ayant malheureusement lieu le même soir, nous ne pourrons en rendre compte comme l'aurait mérité le talent de l'intéressante artiste. Nous devons donc nous borner à enregistrer le succès très grand remporté à ce concert par Mme Ferrari comme pianiste et comme compositeur. Si nous en croyons nos propres productions, dont la plupart se distinguent par un grand sentiment de charme et de sincérité. La *Valse des guirlandes*, par exemple, une composition tout à fait ravissante, de beaucoup de finesse et de distinction, lui a valu de longs applaudissements et a été redemandée. Mme Isaac, qui a chanté que des morceaux de Mme Ferrari, a eu de nombreux bis, et M. Soulacroix a été fort applaudi dans les mélodies de Fernand Leborne.

Pour la première fois depuis sa création, le concours musical de la ville de Paris n'a pas donné, cette année, de résultat, et le prix de 10,000 francs n'a pas été décerné. Sur les quatorze partitions qui avaient été envoyées au concours, trois avaient été définitivement réservées, à la suite d'un premier classement : 1er *Geil*, de M. Garnier ; 2e *Sita*, de M. Géduage ; 3e *Vallée*, de M. Lucien Lambert. A la majorité de no voix contre 6 et 1 bulletin blanc, le jury a décidé qu'il n'y avait pas lieu de donner de prix. Un membre demanda qu'on accordât tout au moins une prime de 3,000 francs. Mais le règlement s'y oppose d'une manière formelle. Toutefois, le jury a émis, à l'unanimité, le vœu qu'un nouveau concours fût ouvert dès la fin de l'année. En outre, la question de la mise à la disposition des concurrents d'un livret facultatif et celle de la possibilité de l'anonymat ont été soulevées. Des propositions doivent être faites, à ce sujet, au conseil municipal. D'ailleurs, le concours supplémentaire projeté n'empêcherait en aucune façon le nouveau concours ordinaire, qui doit avoir lieu réglementairement dans deux ans.

Dans la séance de samedi 14 mai, de l'Institut (Académie des beaux-arts), le prix Monbinne, d'une valeur de 3,000 francs, a été décerné, à l'unanimité, à M. Édouard Lalo, pour sa partition du *Roi d'Ys*.

L'Académie française vient, de son côté, de décerner un prix

Vitet à M. Louis-Gallet, le poète délicat d'*Eve*, *Marie-Magdeleine*, le *Déluge*, le *Roi de Lahore*, *Étienne Marcel*, etc., le critique musical distingué de la *Nouvelle Revue* et l'auteur d'un très beau volume de poésies, intitulé *Patria*. C'est l'ensemble de ces travaux que l'Académie française a voulu récompenser.

M. Camille Saint-Saëns vient de rentrer à Paris, après un séjour de près de six mois en Algérie.

Sa partition d'*Ascanio*, destinée à l'Opéra, est entièrement achevée. L'orchestration, seule, reste à faire.

BRUXELLES

M. Léon Van Cromphout a fait entendre ces jours derniers un trio pour flûte violoncelle et piano, une suite pour hautbois et piano et des lieder de sa composition. Ces diverses œuvres, à l'exécution desquelles l'auteur collaborait avec le talent qu'on lui reconnaît, ont fait à l'auditoire de M. Van Cromphout le plus vif plaisir. On a goûté beaucoup le travail très serré et brillant du trio, la couleur mélodique des morceaux de hautbois et la distinction des mélodies vocales.

Ajoutons que M. Van Cromphout s'était assuré le concours d'exécutants de premier choix, MM. Fontaine, Jacob, Guidé, etc.

GAND

Les sociétés libérales flamandes s'occupent beaucoup de la question du théâtre flamand. Une délégation, dont faisaient partie MM. Paul Fredericq, H. Van Duyse, et Em. Van Goethem, s'est rendue chez le bourgmestre; celui-ci a donné aux délégués l'assurance que le conseil communal est tout disposé à mettre à exécution le projet de construire un nouveau théâtre flamand au *Pakhuis*, au Marché-aux-Grains; malheureusement l'autorité provinciale ne cesse de soulever des difficultés à ce propos.

Puisque je parle construction, je vous annonce qu'il est question d'élever un nouveau conservatoire près de l'école industrielle; les plans sont dressés par l'architecte Van Rysselberghe.

Le *Journal de Gand* de ce matin publie un excellent article sur l'orchestre du Grand-Théâtre; il y a, en effet, du tirage entre la direction et les musiciens; ceux-ci réclament une sorte d'examen d'entrée à l'orchestre, afin d'en écarter certains petits jeunes gens qui s'occupent plus de ce qui se passe en scène que de ce qui se trouve sur leur partie... Comme je dit très bien mon confrère, de quelque façon que s'aplanissent les difficultés, on ne tolèrera en aucune façon l'an prochain la pétaudière musicale qu'on a été obligé de subir pendant toute une campagne. On est en droit d'exiger et on exigera un orchestre digne de la réputation artistique de Gand, et un chef capable de succéder au x Singelée, aux Hasselmans et aux Waelput.

La Société royale des Mélomanes a clôturé, dimanche, ses fêtes de l'hiver 1887-1888, par une bonne représentation du *Marquis de Villemer*. Toujours très actif, ce cercle a offert, cette saison, douze fêtes à ses membres, parmi lesquelles trois concerts et une représentation du joli opéra comique de Cornet, les *Amours d'Arlequin*. Elle a fait paraître, la semaine dernière, le rapport qui a été présenté dans son assemblée générale du 19 mai, sur la suppression du grand concours international de chant d'ensemble. Le rapport fait connaître toutes les négociations qui ont eu lieu avec la Société des auteurs, compositeurs et éditeurs de Paris, et la correspondance échangée à ce propos. Il a été exposé à toutes les sociétés chorales intéressées, afin que celles-ci puissent apprécier les faits en connaissance de cause et voir de quel côté est le droit. P. B.

Nouvelles diverses

Les concurrents pour le prix de Rome de l'Institut de France viennent d'entrer en loge, le 19 mai. Ils sont au nombre de quatre : MM. Erlanger, Carraud, Dukas et Bachelet. Deux d'entre eux, MM. Erlanger et Bachelet, ont déjà obtenu chacun un second prix en 1887. Ils sortiront de loge le 13 juin. L'audition de leurs cantates de concours aura lieu au Conservatoire, le 22 juin, et le lendemain 23, à midi, le jugement sera rendu à l'Institut.

L'Académie des beaux-arts de France a choisi, pour le concours du prix Bordin de 1890, le sujet : « De la musique en France, et particulièrement de la musique dramatique depuis le dix-huitième siècle ».

La liste des postulants à la direction du Grand-Théâtre de Marseille augmente chaque jour; on y relève les noms de MM. Calabresi et Ambroselli; Louis Gautier, ancien directeur des Folies-Dramatiques avec M. Dufour; Milliet, ex-directeur de l'Opéra populaire du Château-d'Eau; Silvestre, directeur du Gymnase de Marseille; Mme veuve Bernard; MM. Rodeville et Darmond; Roudil, Husson. La municipalité ne prendra pas de décision avant la semaine prochaine.

De M. Adolphe Jullien, en son dernier feuilleton du *Moniteur universel*, cette caractéristique du talent de M. Edouard Lalo, l'auteur du *Roi d'Ys* :

« M. Lalo se rattache aux maîtres classiques, et d'ailleurs il n'en

connut jamais d'autres; par le caractère intime et touchant de la mélodie, il se rapproche de Schumann, de Schubert; par la justesse et la puissance de la déclamation, c'est de Gluck qu'il paraît procéder. Et lui-même a très bien expliqué la nature de son talent, lorsqu'il répondait, un jour, à qui lui demandait des renseignements sur ses études antérieures : « J'espère n'avoir jamais pastiché personne; « mais mes *professeurs* préférés sont, — rien du Conservatoire, — « avant tout Beethoven, puis Schubert et Schumann. Pour qui sait « lire et entendre, cela donne la clef de toute ma musique. »

Le théâtre de Francfort vient de représenter avec succès un opéra nouveau, la *Tempête*, du compositeur Antoine Urspruch, résidant à Francfort.

Le programme des fêtes musicales de cette année à Birmingham porte quatre compositions nouvelles : un oratorio, *Judith*, du Dr Herbert Parry; une œuvre chorale du Dr Mackenzie, une cantate du Dr Bridge, organiste de l'Abbaye de Westminster, intitulée *Callirhoe*; un psaume du compositeur Robert Franz, et la *Légende d'Or* de sir Arthur Sullivan. La direction supérieure est confiée à Hans Richter, le célèbre chef d'orchestre.

ÉPHÉMÉRIDES MUSICALES

Le 1er juin 1814, à Waterford (Irlande), naissance de William-Vincent Wallace. Son décès au château de Bagen (Haute Garonne), en France, le 12 octobre 1865. Notre ami Arthur Pougin a publié une étude biographique et critique sur cet artiste (Paris, Ikelmer, 1866), auquel il ne manqua peut-être qu'une plus grande dose d'originalité pour être un créateur de premier ordre. Deux de ses opéras, *Lurline* et *Maritana*, ont eu grand succès en Angleterre et en Allemagne.

— Le 2 juin 1883, à Trieste, décès de Mme Hedwig Reicher-Kindermann, à l'âge de 30 ans. — Sa naissance à Munich, le 15 juillet 1853. Lors des représentations de Bayreuth en 1876, Mme Reicher-Kindermann figurait modestement dans la phalange des walkyries. Sa réputation s'établit par degrés, et l'on commençait à citer cette artiste à côté des grandes cantatrices wagnériennes, Mmes Mallinger, Brandt et Materna. A Bruxelles, en janvier 1882, étant malade, elle ne put prendre part à la deuxième représentation de la *Walkyrie*, mais le public bruxellois eut occasion de l'apprécier dans le *Götterdämmerung*, où elle obtint un grand succès. C'était un véritable type de la tragédienne lyrique. Sa bonne musicienne et douée d'une voix de mezzo-soprano exceptionnelle de puissance et d'étendue.

— Le 3 juin 1832, à Paris, naissance d'Alexandre-Charles Lecocq.
— La *Fille de Mme Angot* et *Giroflé-Girofla*, dont Bruxelles a eu la primeur, ont été les commencements de la renommée et de la fortune du musicien français, qui a ramené peu à peu l'opérette vers l'opéra comique, au grand avantage du bon goût. Comparée à la musique d'Offenbach, la musique de Lecocq a plus de distinction, mais bien moins de tempérament.

Le dernier succès de Lecocq à Bruxelles est son *Ali-Baba*, composé expressément pour l'Alhambra (11 novembre 1887).
— Le 3 juin 1875, à Bougival, décès de Georges Bizet, à l'âge de 37 ans.

— Le 4 juin 1804, à Bruxelles, mort de Jean-Engelbert Pauwels à l'âge de 36 ans. Sa naissance à Bruxelles le 24 novembre 1768.

Mettant Grétry et Gossec à part, Pauwels, parmi les musiciens belges de son temps, est celui qui a le plus marqué. « Comme violoniste, dit Fétis, dans un concert donné à Bruxelles par Rode, en 1801, il joua une symphonie avec cet artiste célèbre et parut digne de se faire entendre à côté de lui. » (Voir Eph. *Guide mus.*, 3 juin et 18 novembre 1886.)

— Le 5 juin 1826, à Londres, décès de Carl-Maria von Weber, à l'âge de 40 ans. — Sa naissance, à Eutin (Holstein), le 18 décembre 1786. « Par le caractère excentrique de son génie, Weber n'en fut que mieux l'organe de la nationalité allemande, restée plus qu'aucune autre en rapport avec la nature : peuple-enfant que bercent toujours dans l'oppression les sons merveilleux du cor enchanté qu'il entend dans les grandes forêts des légendes populaires.

« L'Allemagne envahie révéla à Weber son génie. Elle lui inspira les chants de 1813. Fils des chants populaires, il en fut le continuateur.

« Weber est excessif et bizarre, ses perceptions sont si subtiles que ses idées, comme des fils trop ténus, se nouent ou se brisent. Mais quelle exquise sensibilité ! Sa nature était si sympathique, si vibrante, que sa musique exprime la solidarité universelle qui existe entre tout ce qui vit.

« Ce qu'il y a de dramatique dans ses œuvres, c'est l'accent; charme de rêverie voilée qui n'est point la reproduction servile des bruits de la nature, mais qui leur emprunte une tonalité singulière, qui rend ces bruits comme les recevait cette âme malade de solitude.

« S'il le sont pas assis dans les sentiments humains, comme Mozart et Beethoven, il donna les voix inconnues de l'âme moderne en face de la nature, qui est aussi une société, une harmonie. C'est ce caractère étrange qui a prêté ceux mêmes qui n'ont pas cherché à pénétrer le sens de sa musique. »

ALEXIS DUMESNIL.

— Le 6 juin 1807, à Hal (Brabant), naissance de François-Adrien Servais. — Sa mort dans cette même ville, le 26 novembre 1866.

— Le plus grand violoncelliste peut-être qui ait jamais existé : c'est un virtuose de génie. Il en a la grandeur, la fougue et l'émotion profonde. Quel coup d'archet ! comme il chante sur cet admirable instrument qui tressaille, rit et pleure sous sa main puissante ! A la bonne heure voilà un artiste, un artiste presque aussi merveilleux que Paganini, dont il imite la pantomime et dont il a l'*humour*, la fantaisie idéale et la passion. Il faut entendre jouer à Servais ses caprices sur l'air populaire : *Maître Corbeau*, pour avoir une idée de son talent de compositeur qui est fort distingué, et de son exécution étonnante, où l'imagination s'ajoute au sentiment. » P. Scudo, 1854.

— Le 7 juin 1842, à Bruxelles, représentation de Barroilhet, baryton de l'Opéra de Paris (la *Favorite* et *Guillaume Tell*).

Paul-Bernard Barroilhet, né à Bayonne, le 22 septembre 1810, est mort à Paris, le 4 avril 1871.

— Le 8 juin 1794, à Paris, à la grande fête du Champ-de-Mars, *Hymne à l'Être suprême, Père de l'univers*, de Gossec. Cette composition, dont la grandiose était à la hauteur de la circonstance, fut interprétée par un chœur immense auquel prit part le peuple tout entier et par seize cents instruments à vent couronnés par des trophées guerriers. Tous les mémoires du temps rendent hommage au prodigieux effet que l'œuvre produisit. Gossec, dont le nom est presque oublié aujourd'hui, fut l'initiateur d'un genre de musique à peu près inconnu jusqu'à lui : la *musique patriotique*. La plupart des chants nationaux exécutés dans les cérémonies officielles de la République lui avaient été inspirés par le vif sentiment qu'on lui connaissait pour la cause de la liberté.

Gossec, comme on sait, était originaire du Hainaut. Né le 17 janvier 1734, à Vergnies, où il lui a été élevé une statue, il est mort à Passy-Paris, le 16 février 1829.

— Le 8 juin 1810, à Zwickau, naissance de Robert Schumann. Sa mort à Endenich, près Bonn, le 29 juillet 1856.

— Le 9 juin 1842, à Paris (Opéra-Comique), le *Code noir* de Clapisson. — A Bruxelles (15 février 1843), peu de succès, malgré la présence du compositeur à la cinquième et dernière représentation (20 mars). Qui, aujourd'hui, se souvient encore de Clapisson ! Voir Éphémérides, *Guide musical*, 17 mars 1887.

— Le 10 juin 1773, à L'Aigle (Orne), naissance de Charles-Simon Catel. Sa mort à Paris le 29 novembre 1830. Ses œuvres étaient trop largement traitées pour être comprises à une époque où la science de la musique était généralement peu répandue en France. Voir Éphémérides, *ibidem*, 3 mai 1888.

— Le 11 juin 1791, à Paris (Théâtre de la Nation), *Athalie*, de Racine, avec les chœurs nouveaux de Gossec, remplaçant ceux de Moreau. Déjà, en 1786, la cour de France, à Fontainebleau, puis à Versailles, avait eu la primeur de la musique de Gossec. A une représentation donnée à l'Opéra, au bénéfice de Gardel (8 mars 1819), Talma jouait Joad, Lafon Abner, et Mlle Duchesnois Athalie. « Une chaque entr'acte, dit le *Journal de Paris*, la belle et religieuse harmonie des chœurs de Gossec, si bien faite pour s'allier avec la poésie de Racine, venait reposer doucement des fortes sensations produites par la tragédie et trouvait des interprètes dignes d'elle dans Nourrit, Derivis, Lecomte, Levasseur, Mmes Brancha, Albert, Grassari et Armand. »

« La symphonie pour la scène de la prophétie fut un des' morceaux qui produisirent le plus d'effet. Mais le chœur qu'on trouva le plus beau et qui rallia tous les suffrages fut celui qui avait été écrit pour le serment du quatrième acte sur ces vers d'Azarias :

Oui, nous jurons ici, pour nous, pour tous nos frères,..... »

(AD. JULLIEN, *Racine et la musique*.)

Athalie fut encore jouée à l'Opéra (1er mai 1823) avec les chœurs de Gossec, avec Talma, Lafon et Mlle Duchesnois.

BIBLIOGRAPHIE

NOUVEAU TRAITÉ D'HARMONIE FONDAMENTALE, par P. Thielemans. — Paris et Bruxelles, Schott. — Depuis longtemps annoncé, cet important ouvrage vient de paraître et il attirera certainement l'attention. Un simple aperçu du sommaire de l'ouvrage en fera apprécier toute l'importance. Les bases de l'harmonie fondamentale sont éternelles. Le procédé est unique, selon M. Thielemans. C'est l'unité essentielle de forces attractives harmonieuses en totalité, dont la négation amène ou la répulsion ou l'anéantissement.

La première partie contient : Considérations générales sur l'harmonie, au point de vue philosophique et théologique, ses rapports avec les sciences physiques naturelles et mécaniques.

Deuxième partie : Étude approfondie de l'harmonie fondamentale et ramenant progressivement au système de l'apomécométrie des sons.

La troisième partie, la plus importante et qui est proprement personnelle s'est l'exposé de la théorie de l'apomécométrie des sons dans tous ses développements au moyen des douze sons chromatiques ou leurs identités coharmonisées. L'apomécométrie des sons est un système imaginé pour établir les degrés fondamentaux et judicieur exac, tement les distances qui les séparent les uns des autres, qu'ils soient altérés ou non. Par cette nouvelle théorie, on peut exactement éta, blir l'unité qui gouverne les harmonies universelles. L'apomécomé-

trie donne un mécanisme indiscutable et d'une précision mathématique rigoureuse pour tout ce qu'il est possible de réaliser dans l'harmonie naturelle, transitive et dans la composition. C'est donc surtout à cette partie de l'ouvrage que M. Thielemans qu'ira la curiosité des musiciens et l'intérêt des savants.

AVIS ET COMMUNICATIONS

Un avis du Conservatoire de Bruxelles porte à la connaissance des intéressés que c'est le lundi 4 juin qu'on s'inscrit pour le concours de la bourse de 1,300 fr. instituée par le gouvernement, en vue d'encourager l'étude du chant au Conservatoire de Bruxelles. Il faut être Belge et n'avoir pas dépassé l'âge de 26 ans pour les hommes et de 23 ans pour les femmes.

Le concours aura lieu le mercredi 6 juin à 2 heures.

Les demandes doivent être accompagnées de l'extrait de naissance de l'aspirant et d'un certificat émanant du directeur d'une école de musique ou d'un professeur de chant, et constatant que le postulant possède les connaissances musicales et les dispositions requises pour se présenter au concours.

Nécrologie

Sont décédés :

A Westwood house Sydenham, le 11 mai, à l'âge de 66 ans, Henri Littleton, chef de la maison Novello, Ewer and C^o, l'une des plus importantes du commerce de musique de Londres.

— A Bruxelles, à l'âge de 45 ans, Mme Belval, ex-artiste de l'Opéra de Paris (elle portait alors le nom d'Angèle Godefroy).

— A Gratz, le 16 mai, à l'âge de 78 ans, Ludwig-Carl Seydler, organiste à la cathédrale et compositeur.

— A Saint-Pétersbourg, Constantin de Haller, compositeur, critique musical, auteur d'un traité de la théorie de la musique et de plusieurs recueils de chansons russes.

— A bord d'un steamer français, en traversant l'Océan, le 7 avril, J. Lino Fleming, jeune compositeur brésilien.

— A Londres, Olof Svendsen, le 8 mai à Christiana (Norwège), le 9 avril 1832, professeur de flûte à l'Académie royale de musique. Il avait fait ses études au Conservatoire de Bruxelles, et, comme flûte solo, il avait joué aux principaux orchestres de la métropole.

Imprimerie Th. Lombaerts, Montagne des Aveugles, 7.

XXXIVe ANNÉE · 14 et 21 juin 1888 · NUMÉROS 24-25

Le Guide Musical

Paraissant tous les jeudis.

ABONNEMENT	SCHOTT FRÈRES, ÉDITEURS.	ANNONCES
France et Belgique : Avec musique 25 francs.	Paris, Boulevard Montmartre, 19	S'adresser à l'Administration du Journal.
— Texte seul. . 10 —	Bruxelles, Montagne de la Cour, 82	On traite à forfait.
Union Postale : — 12 —		

L'ABBAYE DE MAREDSOUS

Lorsque l'on traverse la Meuse à Yvoir, que l'on s'engage dans l'abrupte vallée de la Molignée, — autrefois paisible, jolie, où l'on passait gaiement, aujourd'hui profanée, sapée par la mine et la pioche, — on arrive, après deux heures de marche, devant les ruines pittoresques du château de Montaigle. Ce burg féodal, élevé sur le mont des Aigles, s'illustre d'une légende sanglante qui rappelle celle de *Roméo et Juliette* : les amours de la belle Midone et du chevalier Gille de Berlaymont, seigneur de Montaigle. Mais il pleut, il vente, et le soir approche. Il faut monter, monter toujours, passer pont sur pont, accumulés ici comme à plaisir, gravir la côte du village de Sossoye surmontée d'une côte plus raide encore, d'où l'on découvre enfin les clochers de l'abbaye.

Sur un long plateau morne, dénudé, ravagé par les temps âpres et durs, là, du côté de l'ouest, se dresse l'imposant monastère des Bénédictins.

J'arrivai devant la porte comme le soir tombait. J'entrai dans ce silence crépusculaire qui traîne dans toute église déserte. Le cœur me battait. J'étais un peu saisi de me trouver seul sous ces voûtes immenses sous lesquelles j'avançais sans bruit. Il me semblait qu'un grand manteau sombre me descendait sur les épaules. De petites lueurs vertes vacillant dans les profondeurs obscures du temple m'attirèrent,... j'allai vers elles : sur les marches du chœur, elles veillaient au tombeau du Christ.

C'était le soir du vendredi-saint, après l'office des Ténèbres.

Je n'étais plus seul. Derrière un pilier du transept, un homme noir était agenouillé. Il se leva pour me dire qu'on allait fermer l'église. « Pourquoi la fermer? Le Christ est mort, ne faut-il pas le veiller? »

Je sortis un peu halluciné, suivi de l'homme noir qui boîtait. Il avait les cheveux ras et le visage poilu.

Au dehors, un ciel rempli d'épouvante, sans lune, sans étoiles, rien dans cette obscurité de néant, rien que le vent angoissé qui hurlait, me poursuivant avec rage jusqu'à l'hôtellerie où je trouvai un gîte.

Le lendemain, de bon matin, je retournai à l'église, très belle, très simple en son grand style ogival primaire. Le samedi-saint, par le nombre des cérémonies rituelles, est un jour des plus favorables pour entendre le plain-chant. Les bénédictins de Maredsous en ont fait une étude particulière et l'interprètent d'après la tradition originale récemment remise en lumière par Dom Pothier, de l'abbaye de Solesmes.

Au parvis, dans les brumes grises du matin, des moines revêtus de l'aube blanche procédaient au mystère du *feu nouveau*, qui, selon le rite romain doit sortir d'un caillou. Le diacre prend un roseau à trois cierges. Précédé du sous-diacre portant la croix et d'un acolyte portant dans un vase les cinq grains d'encens, il entre dans l'église emplie de ténèbres; aussitôt, il allume un des cierges du roseau et l'élève dans les airs en s'écriant : « *Lumen Christi!* » Le cortège sacré s'avance sur les fleurs effeuillées qui couvrent les dalles. Au milieu de l'église, le deuxième cierge s'allume, puis le troisième à l'entrée du chœur, où trône l'abbé mitré, entouré de tous ses moines. Et chaque fois, le diacre répète sur un ton plus haut :

« *Lumen Christi !* » L'assistance témoigne de sa joie et accueille la lumière nouvelle par des chants sonores d'allégresse. A ce feu, on enflamme le cierge pascal, symbole de l'éternelle clarté. Sa lumière se transmet en suite aux cierges et aux lampes de l'autel, symbolisant cette scène où les apôtres reçurent la mission d'aller par l'univers répandre la Lumière nouvelle.

Les détails de ce cérémonial, encore rigoureusement observé dans les monastères, rappellent l'importance du samedi-saint dans l'année liturgique, jour de renouveau qui illuminait les premiers chrétiens et leur inspirait ces chants d'une grandeur sereine si troublante dont les siècles n'ont pas pu ternir la sublimité.

Tout à coup, dans ce recueillement, un long bêlement bruit sous la voûte et vient presque troubler la cérémonie : c'est l'agneau pascal. Paré, fleuri, enrubanné, escorté par des enfants de chœur, il arrive péniblement à l'autel, où il est bénit un peu malgré lui. L'agneau, apeuré, répond en bêlant plus fort, il ne demande qu'à retourner à la prairie. Après ces cérémonies, les officiants revêtent les plus beaux ornements sacrés et se préparent à célébrer la messe. L'*Alleluia* est entonné, précédant le *Kyrie eleison*. Au *Gloria in excelsis solennel*, les accords majestueux des orgues retentissent, superbes, les cloches s'ébranlent et battent bientôt leur plein ; l'austérité du temple résonne de toutes ces voix triomphantes, qui proclament déjà la résurrection de l'Homme-Dieu...

La *schola* de Maredsous se compose d'une quarantaine de voix d'hommes et d'enfants. Ce qui surprend tout d'abord, c'est la nouveauté ou plutôt la *fidélité* de l'interprétation. Car la présence d'une réforme se manifeste clairement.

Que l'on est loin de ce plain-chant lourd et désordonné de nos églises, mal appris, routinièrement chanté, bredi-breda de mots et de sons nasillards. On est frappé de l'ensemble parfait, de la justesse et du charme des voix, de l'aisance animée du débit, de cette espèce de balancement mélodique et aussi de la douce pureté italienne de la prononciation.

C'est qu'ici les chantres sont choisis, journellement exercés par le chef de la maîtrise, et que l'étude de la langue latine corrobore celle de la musique. Etude précieuse et bien légitime, car, outre que le rythme fondamental du chant liturgique n'est autre que le rythme oratoire, plusieurs de ces mélodies n'ont été composées que pour renforcer l'expression du texte. C'est ainsi que la langue porte en elle le principe de son chant.

Si elle a son génie, elle a aussi sa chanson.

Le plain-chant est formé d'éléments hétérogènes appartenant à divers pays, à des époques s'échelonnant jusqu'au moyen âge et dont les origines se perdent dans l'antiquité. « On reconnaît facilement deux couches de chants correspondant à deux âges distincts. La plus récente se compose de morceaux mélismatiques et développés (répons, graduels, traits,

introïts, *alleluias*) ; ce sont, en général, des variations sur des motifs mélodiques plus anciens. Ces morceaux, dont l'exécution suppose l'existence d'un corps de chantres exercés, ne doivent pas remonter au-delà du vi° siècle. Une seconde couche, plus ancienne, est fournie par les chants syllabiques. Par là, nous ne désignons pas seulement les parties primitives de la liturgie (la psalmodie, la préface, le pater, etc.), mais aussi les antiennes des Heures. Celles-ci sont composées sur une trentaine de mélodies-types, que l'on pourrait appeler les thèmes fondamentaux de la musique chrétienne, et nous représentent, sans aucun doute, les formes mélodiques les plus en vogue dans le monde romain, aux premiers siècles de notre ère (1). »

Je suis revenu à l'abbaye, le soir de ce jour, pour le dernier office des Ténèbres.

La pluie ne cessait pas de tremper la campagne. Un coup de vent s'engouffre avec moi dans la solitude de l'église. Une impression de froid, de mouillé sortant des dalles, des piliers, des murs jusqu'aux voûtes, me transit. Dans les stalles, des deux côtés du chœur, les moines dans la robe noire, le capuchon rabattu, chantent les *Complies* du soir sous des lampes qui n'éclairent que la blancheur de leurs bréviaires et de leurs mains. Ils sont une trentaine dont les voix profondes murmurent et grandissent dans l'isolement monastique de la chapelle. Au fond du chœur, suspendu devant l'autel désert, brûle sourdement un feu rouge : c'est Lui, *le feu nouveau !*

J'écoutais ces moines en prières, se perdant dans l'espace inconnu, faisant le vide plus grand encore. Ma pensée se reportait aux premiers âges du christianisme, alors que le peuple et les prêtres, fuyant leurs persécuteurs, s'assemblaient dans les temples nocturnes et chantaient ensemble ces cantiques sacrés qui épanouissent le cœur, exaltent l'âme, et soutenaient le courage des martyrs.

Comment rester insensible à ces chants inspirés, venus de si loin, et qui, après avoir été pourchassés, mutilés, profanés et interdits, reparaissent aujourd'hui purs et divins comme des aurores de printemps ?

Les *Complies* s'achèvent... les moines se réunissent devant l'autel, et se prosternent dans un froufrou lourd de frocs qui tombent. Si longtemps se prolongea le silence dans ces ténèbres que l'effet en fut étrange. Ils se relevèrent enfin et, processionnellement, disparurent dans la paix du cloître.

Le jour de Pâques. Je fus debout avant l'aube pour assister à l'office de Matines, qui commençait à quatre heures. La nuit close assombrissait la plaine dans la profondeur de la vallée. L'abbaye était invisible. Des jeunes arbres de la route, de grands oiseaux, troublés dans leur repos, s'envolèrent avec de longs claquements d'ailes. A mesure que j'appro-

(1) GEVAERT, *Histoire de la musique de l'antiquité*, I, 7.

chais du monastère, de faibles lueurs apparaissaient, disparaissaient ; les vitraux de l'église avaient un mystérieux scintillement. Je pousse la porte. L'église est vide. Seuls, les moines psalmodient là-bas, au fond, comme s'il n'avaient pas quitté leurs places depuis la veille.

A droite de l'abside, au fond d'une modeste chapelle, faiblement éclairée dans l'agonie de l'ombre nocturne, un prêtre disait sa messe humblement assisté d'un moine. Agenouillé sur les marches de l'autel, les mains parfaitement jointes, dans une immobilité béate, l'assistant restait comme pétrifié sous son manteau noir, d'où sortait la tête pâle et fine d'une carnation d'ivoire. La mimique de cette messe muette était si éloquente que j'en fus touché.

Puis, les collégiens en uniforme, firent leur entrée en bon ordre. Ceux de la *schola cantorum* venaient mêler leurs voix argentines aux voix graves des chantres. Les chœurs maintenant alternaient agréablement, se répondaient, se réunissaient, accompagnés par les jeux doux et veloutés des orgues ; un petit groupe d'enfants se détachaient en *solo*, sans accompagnement ; leurs voix graciles et claires, effet d'éclaircies sous bois, apportent aux mélodies grégoriennes cette légèreté, cette fraîcheur, ce souffle de jeunesse qui les spiritualisent et les transportent bien loin au-dessus de nous.

Je me sentais redevenir enfant. J'éprouvais cette jouissance intime de pleurer sans raison.

Les *Laudes* commencées annoncent le lever du jour. Le Soleil de la Résurrection éclaire le monde. Plus rien des cérémonies funèbres, des lamentations de la veille ; la joie pascale ranime les cœurs. Vie et lumière : tout renaît, l'aurore rouvre les cieux. La fumée des encens s'élève de toutes parts de l'autel et figure la prière de l'église.

Dès ce moment, et jusqu'à la fin des offices pontificaux, ce ne sont que concerts délicieux d'homélies pastorales, de cantiques triomphants, de louanges fleuries se dressant dans les airs en contours gracieux, larges tracés d'arcs mélodiques, au-delà desquels, pour les sens contemplatifs, apparaissent les anges dans de célestes apothéoses.

O musique, puissance évocatrice ! Vierge mystique, fille de Dieu ! ouvrez les portes du ciel et, de la magie des sons, emplissez les âmes ! *Alleluia !*

Après le festin rituel de la Pâque, je quittai l'abbaye de Maredsous et repris la vallée de la Molignée, heureux et réjoui de sentir enfin la chaleur du soleil. Des collines se perdaient à fond de vue. Les eaux descendaient rapides. Dans l'air, comme un essaim d'abeilles, des mélodies grégoriennes tournoyaient, joyeuses et légères. L'oreille, encore surprise et charmée, percevait avec délices ces chants souplement cadencés, enveloppant l'âme de visions béatifiques…

Au déclin du jour, le cycle radieux brillait, étincelant, dans les resplendissements des ors et des feux rouges du couchant.　　　　　CAMILLE GURICKX.

LES OISEAUX

COMÉDIE FANTASTIQUE D'ARISTOPHANE

Première représentation (reprise) en Occident.

Si quelque lecteur s'étonnait de me voir traiter ici un tel sujet, je ne manquerais pas de raisons à lui donner de cette anomalie purement apparente. Je dirais d'abord qu'il y a eu une part de musique dans la représentation de l'œuvre ; je rappellerais ensuite que, dans ce journal, attaché aux idées de rénovation théâtrale dont Wagner est le grand représentant, les hautes questions d'art dramatique sont à l'ordre du jour : témoin la toute récente et si remarquable étude de M. Maurice Kufferath, *Wagner et la mise en scène*. Enfin, je pourrais mettre en lumière, par maintes citations, des écrits du maître allemand, *Art et Révolution*, *Opéra et Drama*, entre autres, l'importance qu'il attachait à la belle civilisation grecque, manifestée par le théâtre, et le rôle capital joué par l'idéal hellénique dans l'évolution de ce génie moderne.

Ceci dit, j'aborde mon sujet….. On m'accordera que cette reprise du chef-d'œuvre d'Aristophane offrait plusieurs sortes d'intérêts. Songez donc : cela n'est point commun, une reprise faite deux mille trois cent trois ans après l'apparition de l'œuvre (1). Une reconstitution du théâtre antique avec des marionnettes masquées comme acteurs, on ne peut pas dire non plus que cela se soit vu souvent.

Ce fut, la semaine passée, un moment solennel, que celui où la toile du *Petit-Théâtre* du passage Vivienne se leva sur le site sauvage, accidenté de broussailles et de rochers, où allaient se rencontrer des hommes, des oiseaux et des dieux. Ce furent, pour plus d'un auditeur, quelques instants de rare émotion artistique ; et cette émotion n'alla point sans un certain élan de reconnaissance vers les promoteurs de l'entreprise.

Il va sans dire que c'est à un groupe de jeunes hommes, lettrés, artistes, poètes, que nous avons dû cette joie ; et si je nomme quelques-uns d'entre eux, c'est que la musique est aussi l'objet de leur culte, que ce culte soit actif ou contemplatif.

Le poète Maurice Bouchor est connu de nos lecteurs commentateur des deux études sur l'*Israël en Égypte* d'Hændel et la *Messe en ré* de Beethoven. M. Signoret est, avec M. Dutheil d'Oeanne, à la tête d'une société chorale en formation, l'*Eutrrpe*, spécialement vouée aux œuvres classiques et aux compositions vocales de Robert Schumann. M. Amédée Pigeon, romancier et critique d'art, figure dans le tableau connu de M. Fantin-Latour au Salon d'il y a deux ans, *Autour du piano*. M. Félix Rabbe a traduit Shelley avec amour ; et l'on ne peut aimer profondément le grand lyrique anglais sans aimer, goûter et comprendre, du même coup, ce qu'il y a de plus sublime en matière. M. Félix Rabbe, qui vient de faire, en vue du *Petit-Théâtre*, une traduction nouvelle des *Oiseaux*, n'est pas seulement un traducteur émérite : c'est un merveilleux déclamateur comique.

Il faut vous dire qu'il n'y a pas moins, dans les coulisses, de huit lecteurs dont les voix alternent, tandis que les charmantes figurines de MM. Signoret et Gibelin se succèdent et se meuvent sur la scène avec un naturel parfait, une vie vérité, une variété de gestes étonnantes. Il est rare, du premier coup, d'approcher de si près la perfection. Costumes et accessoires sont étudiés de la façon la plus amusante et parlante. Des peintres comme MM. Doucet et Rochegrosse mettent la main aux décors, qui n'ont rien de banal. La disposition de l'*orchestre* où se meut le *chœur* est ingénieuse, exacte, saisissante.

Je vais avancer une chose qui semblera sans doute bien grosse à certaines gens : en-dehors de Bayreuth, j'ai rarement vu un ensemble artistique aussi pénétré d'un esprit vraiment délicat, un tout scénique aussi harmonieusement et intelligemment agencé, aussi animé du vif sentiment de la beauté poétique et plastique.

.·.

Malgré les raisons justificatives que j'ai données au début de cet article, je tiens à ne pas dépasser ici les limites d'une courte notice, simplement destinée à signaler à ses débuts une entreprise modeste, qui peut avoir la plus heureuse influence et conduire aux plus importants résultats.

Je ne m'embarquerai donc pas dans l'analyse de l'œuvre d'Aristophane. Ce serait faire une véritable conférence, et j'en laisse le soin à d'autres, en d'autres endroits.

Je me contenterai, avant de m'occuper de la musique adaptée à la pièce, de citer quelques jugements qui donneront une idée de son caractère et de son esprit.

William Schlegel en qualifie la poésie d' « aérienne, allée, bigarrée, comme les êtres qu'elle dépeint….. C'est le jeu innocent d'une imagination pétulante et badine, qui touche légèrement à tout, et se joue de la race des dieux comme de celle des hommes, mais sans se diriger vers un but particulier ».

Paul de Saint-Victor déclare qu'elle est « merveilleuse comme une féerie, légère comme un rêve, hors du temps et hors de l'espace, libre et presque des souvenirs d'ici-bas. Avec les ailes de ses oiseaux, la comédie d'Aristophane prend quelque chose de leur innocence. Elle a la fraîcheur de l'air qu'elle habite, la sérénité du

(1) La pièce des *Oiseaux* est de l'an 415 avant Jésus-Christ.

jour qui l'éclaire. Son ironie est une mélodie, son rire est un chant. C'est le *Songe d'une nuit d'été* de la Grèce. Shakespeare a rêvé le sien sous le même ciel. Le duché d'Athènes n'est pas moins fantastique que Néphélococcygie (1), et les oiseaux d'Aristophane pourraient chanter sans dissonance avec les sylphes de Titania ».

Après les critiques, les confrères... Gœthe et Shelley, s'ils s'en ont pas parlé, doivent quelque chose à Aristophane et aux *Oiseaux* : le premier dans la fin du premier *Faust* et dans maint passage du second ; le deuxième, dans son drame satirique, *Œdipus Tyrannus* ou *Swellfoot Tyrant*, écrit à l'occasion du procès entre le roi Georges IV et sa femme la reine Caroline... Voici, pour finir, quelques lignes de Henri Heine : « Nul ne saurait traduire ces chœurs aériens qui se perdent dans l'Infini, cette poésie ailée escaladant hardiment le ciel, ces chants de triomphe de la folie, enivrants comme des mélodies de rossignols en gaîté ! »

Un mot maintenant des heureuses adaptations de M. Casimir Baille, un excellent musicien et organiste, à qui M. Bouchor a dédié son étude sur l'*Israël en Égypte* d'Hændel. Ce sera pour moi l'occasion de citer quelques fragments de ces admirables chœurs dont l'envolée, par un contraste hardi avec la partie comique (et c'est là le trait distinctif de l'œuvre), atteint aux suprêmes hauteurs de l'éther.

Comme Siegfried, au deuxième acte de la troisième journée, dans la *Tétralogie* de Wagner, entend et écoute la voix de l'*Oiseau de la forêt*, et cherche à l'imiter sur un pipeau fait de sa main, puis lui joue du cor, ainsi à la fin de la première partie de la pièce d'Aristophane, Térée la Huppe va dans le taillis réveiller le rossignol, Procné (2), écoute son chant, et rivalise avec lui.

Ici Aristophane a eu recours à des onomatopées musicales, dont l'effet déjà est charmant, très défini. Ces onomatopées notent, pour ainsi dire, les inflexions de la voix, de façon à donner aux interprètes grecs l'indication de petits cris imitatifs. Il est très probable que ces interprètes s'efforçaient vraiment de simuler le chant de l'oiseau en question, et je regrette que l'essai n'ait pas été fait au *Petit-Théâtre*. M. Baille a remplacé ces onomatopées par un gazouillis de flûte dans la coulisse ; c'est à la fois *Siegfried* et la *Symphonie pastorale*.

Voici le chant de Térée la Huppe, à la fin de la première partie : « Epopopopopopopoi ! Io, io, ito, ito, ito, ito, venez, mes compagnons ailés, innombrables tribus de picoreurs d'orge et de butineurs de grains ; et vous qui vous plaisez à gazouiller sur les sillons le petit cri, tio, tio, tio, tio, tio, tio, tio (3) ; et vous qui, dans les jardins, sautillez sur les rameaux du lierre ; oiseaux des montagnes, qui vous nourrissez des fruits de l'olivier sauvage et de l'arbousier, hâtez-vous d'accourir à ma voix : trioto, trioto, totobrix... Venez tous à cette conférence, deuro, deuro, deuro, torotorotoro-torotia, kikkabau, kikkabau, torotorotorotorolililix. »

Quel joli tour de force de notation ! Et ne vous vient-il pas aussi à l'idée qu'Aristophane est quelque peu l'ancêtre des *Hoiotho* des *Wagalawia* de la *Tétralogie* de Wagner ?...

A la fin de la deuxième partie, quand Procné entre en scène avec sa double flûte, elle scande de ses fioritures certaines strophes du chœur. « Muse bocagère, tio, tio, tio, tio, tio, tiotix, muse aux accords variés, je chante avec toi, dans les bocages et sur les sommets des montagnes, tio, tio, tio, tio, tiotix. Perché sur un frêne au feuillage touffu, tio, tio, tio, tio, tix, je lance de mon gosier flexible des mélodies sacrées en l'honneur du dieu Pan, et ma voix s'unit aux chœurs augustes qui célèbrent Cybèle, amie des montagnes, totototototototix ; c'est là que Phrynicus venait, semblable à l'abeille, butiner l'ambroisie de ses mélodies toujours harmonieuses. Tiotiotiotiotix.

Ici, M. Baille a intercalé des fragments de l'*Air du rossignol* d'Hændel (tiré de la musique faite sur le texte de l'*Allegro e Penseroso* de Milton). Ces fragments pour flûte sont jolis et bien arrangés ; mais je me demande s'ils correspondent toujours bien aux indications de l'auteur. L'effet, d'ailleurs, est charmant.

J'aurai achevé de rendre un compte exact du travail de M. Baille, en disant qu'il a ajouté, à certaines parties du chœur d'un caractère élevé et plus solennel, quelques larges accords arpégés de piano, se succédant en harmonie simple et vague, unitonique. L'effet eût été meilleur, si on avait remplacé le piano par la harpe. Tel ce passage si beau et si souvent cité, où il montre jusqu'à quel ton le poète se hausse au cours de son œuvre, et que le choryphée adresse aux spectateurs, en se tournant vers eux : « Hommes qui vivez une vie obscure, race aussi vaine que l'ombre, éphémères sans ailes, mortels infortunés qui ressemblez à des rêves, prêtez-nous l'oreille, à nous qui sommes des êtres immortels, éternels et aériens, toujours jeunes, toujours occupés d'éternelles pensées ; nous vous ferons connaître à fond toutes les choses célestes : l'essence des oiseaux et l'origine des dieux, des fleuves, de l'Érèbe, du Chaos..... »

Les trois représentations des *Oiseaux* étaient accompagnées,

---

(1) *Nubicucculie*, selon l'amusante transposition de M. F. Rabbe.
(2) Aristophane suit ici une tradition différente de l'ordinaire, qui veut que Procné soit l'hirondelle et Philomèle le rossignol.
(3) Est-ce hasard ? Est-ce instinct ? Est-ce un emprunt à Aristophane ? M. Victor Wilder, dans sa traduction de *Siegfried* si curieusement étudiée, où le texte original est si consciencieusement serré de près, remplace, dans le chant de l'*Oiseau de la forêt*, l'onomatopée allemande *Hei* par celle-ci, dessus, *Tio*... L'idée pour être discutable, n'en est pas moins intéressante.

---

comme lever de rideau, d'un intermède inédit de l'auteur du *Don Quixote*, Miguel de Cervantes : le *Gardien vigilant*. Cette fantaisie finissait de la façon la plus désopilante par un chant catalan original à deux voix, chanté par MM. Bouchor, Ponchon, Rabbe et Signoret. C'était délirant.

La saison ne se prête plus à la continuation de ces fêtes exquises de l'esprit. Mais elles recommenceront en octobre. Peut-être auronsnous alors la *Tempête* de Shakespeare. Et quels horizons ouverts, depuis le *Prométhée enchaîné* d'Eschyle jusqu'à la *Tentation de saint Antoine* de Gustave Flaubert !...

Car le grand, l'incomparable bienfait de ces augustes, de ces divines marionnettes, c'est de rendre inutiles les acteurs, dont la personne, pour quelques avantages, est souvent si gênante, si encombrante, si funeste à l'esprit d'une œuvre. Avec les marionnettes, tout le côté matériel devient mille fois plus aisé.

Les promoteurs de l'entreprise s'en expliquent dans une note dont je me plais à extraire quelques lignes. « Les drames ou comédies de Bavabhoûki, Kalidasa, Eschyle, Sophocle, Shakespeare Marlowe, Cervantes, Lope de Vega, Alarcon, Calderon, Gozzi, Machiavel et de bien d'autres sont demeurés aussi beaux, aussi émouvants qu'au premier jour. La joie qu'éprouvent les lettrés s'aventurent à lire les œuvres de cet immense répertoire, nous avions l'ambition de la faire partager à qui voudrait. L'insurmontable difficulté de trouver des acteurs, une scène, nous eût arrêtés pour toujours dans notre dessein. Aussi avons-nous conté à des marionnettes le soin de gesticuler et de mimer les rôles dus dans la coulisse. *Nous ne pensons pas qu'aucun de nos interprètes accapare l'attention du public au détriment de l'œuvre elle-même*. Ce qu'ils pourront avoir d'insuffisant sera racheté par l'intérêt des pièces, par la beauté de chefsd'œuvre consacrés par la longue admiration des siècles. »

C'est fort bien dit, et les juges difficiles, des critiques délicats comme M. Anatole France se rangent (1) à cet avis : « J'ai vu deux fois les marionnettes de la rue Vivienne, et j'y ai pris un grand plaisir. Je leur sais un gré infini de remplacer les acteurs vivants. S'il faut dire toute ma pensée, les acteurs me gâtent la comédie. J'entends les bons acteurs, à l'occasion, et je m'accommoderais encore des autres ; mais ce sont les artistes excellents, comme il s'en trouve à la Comédie-Française, que décidément je ne puis souffrir. Leur talent est trop grand, il couvre tout. Il n'y a qu'eux. Leur personne efface l'œuvre qu'ils représentent. Ils sont considérables. Je voudrais qu'un acteur ne fût considérable que quand il a du génie. »

Vous le voyez, sur ce terrain-là encore, aur cette question controversée et inépuisable de la subordination de l'interprète à l'ensemble de l'œuvre et à la pensée de l'auteur, nous retrouverions forcément Wagner et ses idées, qu'il a pu réaliser presque complètement à Bayreuth.

Allons donc à Bayreuth et entendant que les hirondelles repartent et que nos chères marionnettes reviennent.

... Au revoir ! artisans bien-aimés de nos joies !... Marionnettes bénies, au revoir !...

Vingt-cinquième réunion des Artistes musiciens
de l'*Allgemeine Deutsche Musikverein* à Dessau
DU 10 AU 13 MAI 1888

Le festival annuel organisé par l'*Allgemeine deutsche Musikverein*, à l'occasion de la 25e réunion des artistes musiciens allemands, a eu lieu du 10 au 14 mai, dans la petite ville de Dessau, sous la direction du kapellmeister Klughardt. Ce festival, bien que par des côtés remarquables, n'a pas offert, à beaucoup près, l'intérêt de celui donné à Cologne, l'an dernier, sous la direction de Wüllner. L'affluence d'assistants était beaucoup moins grande que les années précédentes ; pas d'artistes étrangers, peu d'illustrations musicales qui avaient l'habitude de figurer à ces festivals. Brahms, von Bulow, Cui, Saint-Saëns, Sgambati, Bargiel, et beaucoup d'autres n'y ont pas paru. Les journaux de musique étrangers n'y étaient presque pas représentés. A part Berlioz et Lassen, *aucun* compositeur contemporain *non allemand* n'avait été admis au programme. En fait d'ouvrages nouveaux d'auteurs vivants, il y avait très peu de compositions à signaler ; mais ce qu'il y a eu de vraiment remarquable, a été le « Riedelverein » le célèbre chœur de Leipzig, dirigé par le professeur Riedel, président de l'*Allgemeine deutsche Musikverein*. Tout ce que le « Riedelverein » a chanté a été d'une exécution incomparable, frisant la perfection, autant la *Messe solennelle* de Beethoven, cet immortel chef-d'œuvre si hérissé de difficultés, que les motets de Cornélius et de Palestrina, sans oublier les fragments de l'oratorio *Christus* de Liszt. Comme solistes, figuraient aux deux auditions du « Riedelverein », Mmes Metzler-Lömy (une chanteuse de grand mérite), Mlle Schneider, MM. Hungar, Dierich et Schmalfeldt.

La première journée du festival ou a été certes la plus intéressante. La seconde se composait d'un concert d'orgue et de musique religieuse assez monotone, donné dans l'église Saint-Jean, et d'un con-

---

(1) *Temps* du 10 juin 1888.

cert symphonique donné au théâtre Grand-Ducal. On nous y a fait entendre une symphonie de Klughardt, une ouverture de Draeseke, celle des *Maîtres-Chanteurs* (l'ouvrage le plus remarquable de ce concert) de Wagner, et une quantité de lieder.

Ensuite, nous avons applaudi deux exécutants de beaucoup de talent : le pianiste Stavenhagen, dans un concerto de Liszt, et le violoniste Arno Kilf, de Moscou, dans un concerto aussi long que tourmenté de Joachim.

L'ouvrage le plus important de la troisième journée et du concert donné au théâtre était une cantate de Klughardt, l'*Inhumation de Jésus-Christ*, à laquelle nous préférons de beaucoup sa symphonie ; l'exécution a laissé d'ailleurs beaucoup à désirer. Puis nous avons entendu une sonate pour piano et violoncelle de Nicodé, et une composition beaucoup plus intéressante pour piano et clarinette de Draeseke, *Berg-Idylle*, fort bien jouée par MM. Buchmayer et Demnitz, le tout entremêlé d'une quantité de lieder de minime importance. Les deux concerts de la quatrième et dernière journée du festival se composaient d'une matinée de musique de chambre et d'un concert symphonique au théâtre. A la matinée, la Société de Quatuor de Dessau a joué un quatuor tourmenté, fouillé et d'une difficulté extrême, d'Eugène d'Albert et, avec le concours de M. Klughardt, comme pianiste, un quintette d'Albert Becker, beaucoup plus intéressant comme forme et comme style. Puis le pianiste Rehberg a joué des variations de Spielter, et des chanteurs, dont les noms peu connus m'échappent, ont chanté, comme toujours, une quantité de lieder. Le concert du soir offrait un intérêt beaucoup plus grand, surtout par l'exécution de la symphonie *Harold* de Berlioz, œuvre superbe, qui, avec la messe de Beethoven, a été le clou du festival, et a été supérieurement jouée par la chapelle grand-ducale, sous la direction de Klughardt. A ce dernier concert, on a joué encore deux poèmes symphoniques de Liszt, les *Préludes* et *Mazeppa*. Ensuite, le violoniste Halir, de Weimar, nous a fait entendre un intéressant concerto de Lassen ; le pianiste Rehberg un concerto aussi long qu'ennuyeux de von Bronsart, et Mme Zerbst, de Berlin, a chanté des lieder de Brahms et d'Eichberg.

En somme, et pour me résumer, un festival beaucoup moins complet et moins réussi que ceux auxquels nous avons assisté les années précédentes. En dehors du « Riedelverein », rien d'absolument remarquable comme exécution. En fait d'ouvrages nouveaux, aucune œuvre d'une grande valeur. En fait de solistes, à part le violoniste Halir et la chanteuse, Mme Meixler-Lömy, aucun artiste *di primo cartello*. Comme durée, un *quatre* jours un peu trop long pour l'œuvre offerte ; comme intérêt et comme plaisir, deux journées d'une longueur désespérante. NEMO.

P.-S. — Épilogue ! Distribution de *décorations* comme à l'ordinaire, *pas* aux compositeurs ni aux artistes qui se sont distingués à ce festival, mais à *tous* les membres du directoire de l' « Allgemeine Deutsche Musikverein ».

Le Roi Lear

grand opéra, en 4 actes et 7 tableaux, paroles de M. Henri Lapierre, musique de M. Armand Raynaud, représenté pour la première fois, le 1ᵉʳ juin, sur le théâtre du Capitole à Toulouse.

La première du *Roi Lear* était impatiemment attendue à Toulouse. Le nom du sympathique compositeur, le succès de ses précédentes œuvres, *Tolosa*, de nombreuses suites d'orchestre, les *Gitanos*, enfin le joli ballet *Nouredda*, étaient de sûrs garants de la valeur de l'œuvre nouvelle.

Le sujet du *Roi Lear* est emprunté à la pièce du même nom de Shakespeare. Le librettiste n'a pas eu traiter son sujet d'une façon absolue, comme l'avait traité le grand dramaturge anglais. Le drame et l'opéra ont, tous deux, des exigences ; mais ces exigences ne sont pas les mêmes. Ainsi, certains personnages, le duc de Bourgogne, Glocester, Goneril, etc., ont-ils été supprimés par Henri Lapierre. Celui-ci, ne prenant que l'essence même, le squelette, et l'on peut ainsi parler, de la pièce anglaise, a fait un *Roi Lear* non pas identique, mais semblable à celui de Shakespeare. La tâche était délicate ; elle a été accomplie avec un tact parfait, et le libretto sera irréprochable, si l'auteur veut bien consentir à *alléger* un peu le sixième tableau.

La partition écrite par Armand Raynaud a une incontestable valeur. Par la seule inspiration musicale et son extrême harmonisation avec le sujet, sans lieux communs ni « ficelles », le musicien nous a vivement intéressé, nous communiquant sa chaleur, sa désolation, sa douleur, sa vie. Nous ne pouvons pas signaler tous les numéros de la partition qui nous ont plu ; nous en citerons que quelques-uns.

Au premier acte, après le *Prélude* richement orchestré, la romance de Lear, les fanfares qui annoncent l'entrée du roi de France, le *Finale*.

Au deuxième acte, la pathétique duo entre Régane et Edmond, la belle scène des chevaliers.

Au troisième acte, l'orage, la fameuse scène de la "bruyère, l'*Entr'acte*, le *Finale*, que le public a été unanime à redemander.

Au quatrième acte, l'*Intermède*, le *Ballet*, la *Marche* des prisonniers et, enfin, le septième tableau tout entier, dont nous ne savons distinguer la page maîtresse.

L'interprétation nous a pleinement satisfait. Il est vrai de dire que la monture de l'ouvrage comprenait les principaux artistes, et que chacun, sur la scène ou à l'orchestre, avait pris à cœur son rôle ou sa partie.

Mme Marie Laurens a mis, comme toujours, toute son âme vibrante de passion dans la fiction de Cordélia. Le rôle ingrat et particulièrement odieux de Régane a trouvé en Mme de Basta une excellente interprète. M. Guiot a chanté Edgard avec sa jolie voix, qui semblait avoir retrouvé, pour la circonstance, sa pureté d'antan. M. Delrat a créé, de maîtresse façon, le rôle écrasant de Lear. L'interprétation, au second plan, satisfaisante. L'orchestre excellent ; ce qui prouve une fois de plus que, lorsqu'il veut bien s'en donner la peine, il est encore à la hauteur de sa vieille réputation. Le ballet, intelligemment réglé par M. d'Alessandri, a été chaleureusement applaudi et a valu à Mlle Lœlia Rossi de sympathiques ovations.

Après le quatrième acte, au milieu des bravos de la salle entière, Mme Marie Laurens et M. Delrat, ont conduit l'auteur sur la scène.

Nous n'hésitons pas à le répéter, le succès du *Roi Lear* a été très vif. La partition, qui s'éloigne de l'opéra proprement dit pour incliner vers le drame lyrique, contient des pages qui sont du vrai chefs-d'œuvre de grâce charmante ou de puissance. Quant à l'orchestration, elle est riche, colorée, originale ; on reconnaît aisément la main du chef d'orchestre familiarisé depuis longtemps avec les œuvres des grands maîtres.

Le *Roi Lear*, dans lequel l'auteur a mis toute son âme de musicien délicat et érudit, est un très franc succès. L. S.

AUX MÉLOMANES GANTOIS

Je viens de recevoir et de lire la brochure que la société des *Mélomanes* de Gand a publiée à propos de son différend avec la *Société des auteurs et compositeurs belges*, différend dont les lecteurs du *Guide* connaissent les éléments. Qu'il me suffise de rappeler que la société gantoise, arguant sur les termes de la loi relative à la propriété artistique, refuse de reconnaître la légitimité d'une rétribution aux auteurs pour les concerts qu'elle donne dans son *local*, comme on dit à Gand, sous prétexte que ce *local* est assimilé au domicile particulier. Il y a dix jugements et arrêts qui définissent exactement ce qu'il faut entendre par réunion *publique* et réunion *privée*. C'est sur ces textes que s'appuie la Société des auteurs pour réclamer des *Mélomanes* la reconnaissance de ses droits. Malgré des pourparlers qui ont duré près de trois mois, on n'est pas parvenu à les convaincre. Après avoir longtemps hésité, les *Mélomanes* ont fini, il est vrai, par reconnaître que le concours par lequel ils se proposaient de fêter le cinquantenaire de leur fondation était bel et bien une réunion publique et qu'il fallait payer ; pour le reste, ils ont maintenu leurs réserves et refusé de se soumettre à la loi. Ce que voyant, le secrétaire de la Société des auteurs et son fondé de pouvoir, M. Louis Cattreux, a purement et simplement rompu les négociations, ne voulant pas séparer la question du concours de celle des concerts, en quoi, il s'est montré le défenseur énergique et habile des auteurs et compositeurs belges. Le résultat de tout cela, c'est que les artistes membres de la Société des auteurs et compositeurs ont définitivement refusé leur participation aux fêtes que les *Mélomanes* projetaient de donner, et que ceux-ci ont dû renoncer au grand concours international de chant pour lequel des centaines d'invitations avaient été envoyées de tous côtés.

La brochure des membres du comité des *Mélomanes* a pour but de rejeter sur la Société des auteurs et sur M. Cattreux la responsabilité du prétendu échec de leur entreprise. Je dois qu'elle réussissent à convaincre le lecteur au courant de la législation sur la matière. J'ai lu attentivement et impartialement cette brochure. Non seulement elle m'a convaincu de la légitimité absolue des exigences formulées par M. Cattreux, au nom des auteurs et compositeurs ; elle m'a, en outre, procuré une bonne heure de gaîté.

Rien de plus amusant, que l'imperturbable solennité des lettres du comité de la société gantoise, rien de plus piteux que l'attitude de ce comité d'une société riche et puissante, discutant sou par sou la rétribution à accorder au bloc aux auteurs dont les œuvres l'ont fait vivre et prospérer.

Encore s'il en était résulté un éclaircissement de la question. Mais c'est tout l'opposé. Le comité gantois discute comme les femmes ; il en revient toujours au même argument. On lui a prouvé par $a + b$ que cet argument ne vaut rien. Ça ne le gêne pas autrement ; il le reproduit avec ténacité.

M. Cattreux lui cite des textes de lois, de jugements, des arrêts des cours de cassation de Belgique et de France ; M. Gevaert, apprenant ce qui se passe, refuse net d'écrire une cantate qu'il avait promise à ses compatriotes ; ce sont ensuite les membres de la Société des auteurs et compositeurs qui mettent la société gantoise en interdit ; les chorals qui avaient déjà donné leur adhésion au concours se retirent à leur tour ou menacent de se-retirer, pour ne pas se rendre complices d'un déni de justice ; bref, les fêtes du cinquantenaire de la société sont compromises, tout le monde donne tort aux Gantois, vous croyez qu'ils vont céder. Du tout ! Je vous répète que les *Mélomanes* ont à leur tête un comité tenace, comme peuvent l'être les fils de Van Artevelde quand ils s'y mettent. Et le plus tenace d'entre ces tenaces, c'est Bruyneel. Bruyneel est héroïque ; il ne cède pas, Bruyneel ; il ne recule pas ; Bruyneel résiste !

— Qui ça, Bruyneel ? Bruyneel, connais pas !

— Parbleu ! il n'y a absolument aucune raison pour que Bruyneel soit connu, n'était qu'il a le titre de président de la Société des *Mélomanes.*

— Parfait ! Eh bien, Bruyneel.....

— .... Bruyneel cherchait un moyen de s'illustrer, il a trouvé : ç'a été d'organiser la résistance contre les auteurs. Vous comprenez quelle popularité à Gand : avoir défendu les *Mélomanes* contre ceux qui les voulaient spolier ! Avoir été l'âme de la *résistance* ! A Gand, l'on rencontre encore cette espèce rare de gens qui ont l'ambition d'être *l'âme* de quelque chose. Bruyneel en est.

Seulement, m'est avis qu'il a pris un peu trop au sérieux son rôle d'âme.

Bruyneel, certes, doit avoir recueilli parmi les *Mélomanes* gantois une renommée présidentielle considérable. Bruyneel m'étonne, je l'avoue ; Bruyneel est grand, je l'accorde ; mais Bruyneel a fait, en somme, ce qu'on appelle poliment un pas de clerc, et ce que, vulgairement, on dit une énorme bêtise. Car, *primo*, il a reçu un camouflet pas mal raide de la main de M. Gevaert ; *secundo*, il s'est mis à dos tous les auteurs et compositeurs belges ; *tertio*, il a dû renoncer à son concours et il s'est ainsi privé de la plus enviable des prérogatives présidentielles : celle de s'entendre déclarer « éminent » dans un nombre incalculable d'allocutions ; enfin, *quarto*, Bruyneel, mis en interdit par les auteurs, va se voir refuser tout leur répertoire, il ne pourra plus donner de concerts dans son *local* sans qu'aussitôt apparaisse l'huissier ; il aura procès sur procès, et ça coûtera à la société beaucoup plus cher que l'abonnement au répertoire, qu'on lui proposait ; finalement, quand il n'y aura plus de musique, il est clair que les *Mélomanes et leurs dames* (pour employer le style de la brochure signée par Bruyneel), les *Mélomanes et leurs dames*, dis-je, ne viendront pas passer leur soirée au *local* pour l'unique plaisir de contempler l'auguste binette de Bruyneel. Il est bien de sa personne, j'en conviens, mais enfin je doute que ça suffise.

O Mélomanes, mes amis, écoutez-moi. C'est dans votre intérêt que je parle ici : Bruyneel vous perd ! Bruyneel ternit votre réputation d'honnêtes pères de famille affligés de goûts artistiques ! Croyez-moi, lâchez Bruyneel !

Si éloquent qu'il soit, jamais Bruyneel ne réussira à faire décider par un tribunal, fût-il gantois, qu'une réunion comprenant plus de douze cents *Mélomanes*, accompagnés de *leurs dames* et enfants, des parents de *leurs dames* et des enfants et amies de celles-ci, constitue ce que la loi appelle une réunion privée, assimilable à une réunion dans un domicile particulier. Si Bruyneel n'a pas de bon sens, ayez-en pour lui. Et si, par extraordinaire, ce que je ne crois pas, vous n'en aviez pas à revendre, attendez seulement un peu, ô Mélomanes : nos juges en ont, eux ; ils vous en repasseront.

M. K.

Théâtres et Concerts

Chronique de la Semaine

PARIS

J'ai, pour compléter les comptes rendus de la saison, à parler de quelques concerts de la dernière quinzaine de mai. Désormais, une température tropicale met fin, décidément, à ce genre de sport artistique, et, par suite, à la mission du chroniqueur.

Je mentionnerai d'abord la tentative faite par la *Concordia* de nous donner la *Passion* de Bach. Cette société chorale, dont il faut louer la bonne volonté, le zèle, l'activité un peu brouillonne, garde encore trop de son caractère de société d'amateurs pour pouvoir aborder convenablement des œuvres telles que la *Passion*. Pour interpréter la Bible ou le Rig-Véda, il faut être quelque peu clerc, avoir conquis ses grades, avoir qualité et science de docteur ; et ce n'est pas ici le cas. Tâchons de ne pas confondre « vitesse » avec « précipitation », « vaillance » avec « présomption », et l'ardeur d'une foi artistique profonde avec le besoin de réclame.

Ce n'est pas d'aujourd'hui que je signale les excès de zèle de la *Concordia* ; je l'ai fait déjà à l'occasion de l'exécution (sans orchestre) du chœur des Filles-Fleurs de *Parsifal.....* Cette année, la *Concordia* pouvait nous donner, dans des conditions excellentes, et avec orchestre, des œuvres comme le *Faust* de Schumann, l'*Israël en Egypte* d'Hændel, l'*Actus tragicus* ou telle autre sublime *Cantate* de Bach. C'eût été une œuvre plus intelligente, une entreprise proportionnée à peu près aux moyens disponibles, une préparation aux futurs

exploits plus appropriée. Mais quand on veut à tout prix capter l'attention et paraître frapper un grand coup, rien n'est plus simple que de mettre la charrue devant les bœufs ; c'est toujours une façon de se faire remarquer.

En disant que les études de l'exécution de la *Passion* ont été un travail de dégrossissement fort honorable, je ne crois pas m'écarter beaucoup de la vérité et des convenances. Si je venais prétendre que cette audition a présenté un modèle d'unité, de pureté, de grandeur dans le style, que la sûreté des attaques a été constamment parfaite, que les sonorités vocales étaient suffisamment fondues dans les chorals, que l'accent enthousiaste et l'élan qui entraîne régnaient toujours dans les chœurs de grande envolée, aussi bien que dans les *soli*, la justesse d'intonation, la netteté du rythme et de la mesure ; si je disais cela, les promoteurs mêmes de l'entreprise ne me donneraient pas raison. Il en serait de même du public, où se trouvaient pourtant certaines dames de ma connaissance que je sais fanatiques de Bach, au point de pouvoir en goûter toute la sublimité, même s'il était accompagné par le piano le moins accordé ou l'orgue de Barbarie le plus trivial.

Ce qui empêche d'être tout à fait indulgent pour ce premier essai imparfait, pâle imitation, je regrette d'avoir à le maintenir pour l'ensemble des exécutions de la Suisse, de l'Angleterre et de l'Allemagne, ce sont les prétentions, les allures prématurément conquérantes des prospectus lancés pour annoncer l'audition, qui y est qualifiée de « solennelle ». Il y a bien aussi quelque légèreté et quelque exagération à affirmer que la *Passion* n'a été donnée ' à Paris qu'une fois, puisque' M. Pasdeloup la fit entendre avant la la guerre avec le concours de Faure, et que la tentative de M. Lamoureux il y a quatorze ans « a passé presque inaperçue ». Je crois que le nombre des fidèles de Bach a augmenté depuis cette époque, mais j'affirme que tout ce qu'il y avait alors de musiciens dignes de ce nom à Paris était présent au Cirque d'Hiver ce jour-là, et fut pris aux entrailles, dès le début, par ce grandiose double chœur, vision sublime, où le choral des enfants éclate fulgurant, comme un vol de séraphins sur le fond sombre des nuées..... Je ne suis pas le seul à m'en souvenir.

La *Passion* de Bach est le premier, le plus ancien de nos livres sacrés ; comme telle, il faut la traiter avec un respect qui ne soit seulement de bouche ni même d'intention, mais qui soit surtout de cœur et de fait ; elle ne doit pas servir à des fins profanes, elle doit être un but et non un moyen. Il faut l'ouvrir et la lire, ce Livre, cette Bible rénouvelée, dans un esprit de pureté, avec un essor idéal qui s'efforce d'égaler celui de la grande âme qui le conçut, du maître qui l'écrivit... On me dira que le respect et la piété ne doivent pas aller jusqu'à l'abstention : pour certaines œuvres, si fait. Il vaut mieux renoncer à recevoir un hôte de haut lignage que de le recevoir d'une façon indigne de sa valeur et de son origine.

Somme toute, prenons cette audition de la *Concordia* comme une préparation ; c'est un, avant-goût de celles que nous donnera, au cours de la saison prochaine, la Société des Concerts. C'est à elle qu'il appartient, avec des moyens plus appropriés, de tenter plus efficacement l'entreprise. Là, nous retrouverons sans doute les belles voix de Mme Boidin-Puisais, de MM. Auguez et Lafarge.Plus de largeur de style, plus de simplicité impersonnelles plus de naïveté chez ce dernier dans l'*Evangéliste ;* une nuance plus jointe parfois aux belles qualités de M. Auguez ; un peu plus de profondeur dans l'expression de la ferveur mystique chez Mme Boidin-Puisais (qu'elle se figure en chantant être sainte Thérèse !) et les choses n'en iront pas plus mal... Là, nous retrouverons aussi, je l'espère, M. Guilmant, le maître organiste, et, je le souhaite, M. Vidal, le parfait accompagnateur des récits de l'Evangéliste... Quand à l'orchestre et aux chœurs de la Société des Concerts, l'inoubliable exécution de la *Messa en ré* de Beethoven a montré qu'ils pouvaient être à la hauteur de leur nouvelle tâche.

Je signalerai rapidement ce qu'il y a eu de saillant et d'inédit à chacun des concerts qui me restent à énumérer. Nous avons entendu presque simultanément, au dernier concert de la *Société nationale* et au deuxième de la *Société moderne de musique vocale et instrumentale*, une œuvre nouvelle de M. César Franck, interprétée les deux fois par Mme Bordes-Pène. C'est le digne pendant du *Prélude, choral et fugue* que ce nouveau morceau de piano, *Prélude, aria et finale*. Dans cette composition magistrale, le finale est la partie que la vaillante.interprète a fait encore le mieux assimilée ; et déjà, dans la seconde.première audition, elle était en pleine et parfaite possession de tous ses moyens.

A la soirée du jeudi 17 mai, au Cercle Saint-Simon, organisée par M. Julien Tiersot au profit de l'école française contemporaine, beau succès pour la musique de MM. César Franck, Gabrielle Fauré, Vincent d'Indy. Très goûté le *Trio avec clarinette* de ce dernier, surtout le *Divertissement* et le *Chant élégiaque*. Très applaudie, Mme Bordes-

Pène dans le superbe *Prélude, choral et fugue* mentionné plus haut.....
Molière et M. Richepin ont joué leurs pièces; M. Alary exécute sa
musique de chambre; M. Tiersot chante ses propres compositions
vocales (1). Il a interprété, ce soir-là, des mélodies de lui et de divers
auteurs, parmi lesquelles la suave cantilène de Franck sur les vers
si purs de Reboul, l'*Ange et l'enfant*, a été très remarquée.

Dans la grande séance donnée par le brillant virtuose du piano,
M. Delaborde, professeur au Conservatoire, dans la salle de la
Société des Concerts (où l'électricité figurait enfin, Dieu merci! pour la
première fois), je citeral, avec l'interprétation des trente-deux variations en *ut* mineur de Beethoven, celle des pièces pour piano-
pédalier, notamment celle de Schumann, l'*Esquisse* (de l'op. 58) entre
autres. Grande affluence et grandissime succès.

M. Marcel Herwegh, dans son concert annuel de violon, s'est
fait très justement applaudir par un public d'élite, réuni salle Erard,
dans la *Suite* si distinguée, avec piano, de M. Emile Bernard, et
surtout dans l'*Andante* et le *Finale* du *Concerto* de Mendelssohn.
M. Herwegh est de plus en plus maître de son beau talent.....
M. Fœrster tenait le piano.

Au quatrième et dernier concert de la Société des Compositeurs,
intéressante audition, au début de la séance, du quatuor en *fa* mineur de M. L. Bœllmann, œuvre couronnée au concours de la
susdite société en 1887. M. Bœllmann tenait lui-même le piano
avec une finesse, une délicatesse de toucher remarquables. L'*Allegro
un poco moderato* et l'*Andante* sont, à mon sens, les parties les mieux
réussies, les plus personnelles, celles où le talent distingué de l'auteur se montre sous son meilleur jour.

Je n'ai garde d'oublier et je finiral par là : le grand Festival
donné par M. Lamoureux au Trocadéro. Remplir jusqu'aux bords
ce vaste vaisseau est chose rare, je dirai même unique; seuls,
M. Lamoureux et son merveilleux orchestre pouvaient opérer
ce miracle. Succès aussi considérable que l'affluence, malgré le
retard apporté par l'indisposition du chanteur Faure. Remarqué
l'effet poétique et solennel du Prélude de *Parsifal*.

Le *Guide* a donné le résultat des votes du jury dans le
dernier concours institué par la ville de Paris. Il n'y a pas de
prix. Il faut dire que le résultat de l'avant-dernier concours,
où la *Cloche*, l'œuvre magistrale de M. Vincent d'Indy, fut couronnée, a singulièrement relevé le niveau de l'institution et rendu
les juges plus difficiles pour l'avenir. Assurément, le concours
de cette année ne présentait rien qui approchât d'une musique aussi
corsée, aussi personnalisée, aussi colorée que celle de M. d'Indy.
Il faut cependant mettre à part les trois premières parties de la
Vellida de M. Lucien Lambert, où l'on rencontre des choses fort
poétiques, surtout dans les passages d'amour. M. Lambert a eu le
tort de choisir, pour les mettre en musique, certains fragments
d'une prose *toute faite*, et non faite en vue de la musique, celle de
Châteaubriand dans les *Martyrs*.....Mais le nom de M. Lambert,
qui a fait déjà ses preuves de musicien distingué, ne mérite pas
moins d'être cité.

P. S. — Je laisse de côté, pour cette fois, sans la comprendre
dans cette liquidation de fin de saison, l'audition, qui eut lieu, à la
Madeleine, il y a quelques semaines, d'une œuvre d'une beauté rare
et achevée, la *Messe de Requiem* de M. Gabriel Fauré, me réservant
d'en faire à loisir une étude spéciale.   B. C.

BRUXELLES

Les comédiens du duc de Saxe-Meiningen ont pris possession du
théâtre de la Monnaie pour un mois et depuis quinze jours, ils y
jouent tous les soirs. Nous reviendrons sur l'ensemble de ces représentations, remarquables à tant de points de vue, et vraiment uniques
par la tenue générale, par le style de l'exécution, comme aussi par la
valeur exceptionnelle du répertoire représenté. Grande affluence
d'artistes et d'écrivains; mais public restreint. C'est fâcheux, car
ce théâtre-là sort tout à fait de l'ordinaire et nous fait éprouver
des sensations nouvelles. L'ironie de Heine qui devait, disait-on,
s'exercer aux dépens de ceux qui vraient appelé l'attention sur ces
représentations des *Meininger*, commence à s'exercer, tout à l'opposé,
sur ceux qui n'ont porté que leurs préventions et leurs idées toutes
faites dans l'appréciation d'un art scénique si différent de celui qu'ils
connaissent. Il faut de la jeunesse d'âme pour goûter les innovations
et se plaire aux impressions inattendues. Nous avons vu, à propos
des *Meininger*, se produire le même phénomène qu'aux représentations wagnériennes de la troupe Neumann. Comme alors, la critique

(1) A joindre à ces exemples celui du violoncelliste Hollmann, dont la
Chanson d'amour, accompagnée par lui et chantée par Mme Bernardaky, a
ravi les auditeurs de la salle Kriegelstein, dans le concert donné le 27 mai,
au profit de l'œuvre des libérés de Saint-Lazare.

s'est montrée rétive, condamnant en bloc, sur une première impression tout à fait superficielle, un ensemble artistique dont chaque
manifestation lui arrache, depuis, concession sur concession. Les
représentations des *Meininger* laisseront à ceux qui les ont suivies
une impression qui ne s'effacera pas de sitôt, et dont les effets ne
tarderont pas à se faire sentir dès qu'on sera retombé dans la
banalité du théâtre courant. Alors se décidera nettement à quel
rang mérite d'être placée cette troupe d'élite.

Les comédiens ordinaires du duc de Saxe-Meiningen ont amené
avec eux leur riche matériel de décors, de costumes et d'accessoires,
faisant dérouler sous les yeux des spectateurs de surprenants
tableaux qui donnent, avec une réalité saisissante, l'idée la plus
complète du cadre historique dans lequel l'action se déroule. Leur
troupe, composée d'excellents éléments, où tranchent deux artistes
remarquables, Mme Lindner et M. Barthel, forme un ensemble des
plus homogènes, chacun étant invariablement à la hauteur de son
rôle.

Les *Meininger* possèdent en M. Chronegk un régisseur dont le
talent se manifeste en toutes choses et que le public so plaît à
associer chaque soir à ses applaudissements. Une bonne part du
succès lui revient, et l'on s'explique, en présence des résultats obtenus, que le duc de Meiningen l'ait en si haute estime.

Que les retardataires s'empressent d'aller juger par eux-mêmes ce
merveilleux théâtre; ils auront, il est vrai, perdu l'occasion, bien
rare, de voir *Jules-César*, la *Pucelle d'Orléans*, la trilogie de *Wallenstein*.
Mais, fort heureusement, il leur reste encore *Marie Stuart*, qu'on
annonce pour demain, puis, successivement : *Guillaume Tell*, les
Brigands, le *Marchand de Venise*, etc., un répertoire qui, après tout,
vaut bien la peine qu'on s'y intéresse.

Un différend s'est élevé entre la ville de Bruxelles, propriétaire
de l'enclos du Waux-Hall, et les artistes musiciens de l'orchestre de
la Monnaie qui y donnent les concerts d'été. La ville réclame à
ceux-ci le paiement d'un loyer que les artistes du Waux-Hall se
déclarent dans l'impossibilité absolue de payer, les recettes de
leurs concerts étant insuffisantes même pour payer leurs appointements. Nous est avis que l'administration communale abuse en ceci
d'un droit que personne ne conteste d'ailleurs. Il importe que l'orchestre de la Monnaie ne se désagrège pas. Or, il est clair qu'on ne
peut exiger des artistes qu'ils jouent tout l'été au Waux-Hall à des
prix dérisoires, alors qu'ils leur serait aisé de gagner le double de
leurs appointements ordinaires dans les orchestres des villes de
bains. Si la ville insiste sur le paiement de la redevance qu'elle
exige, l'orchestre du Waux-Hall, qui se trouve déjà en déficit, préfé-
rera sans aucun doute fermer boutique plutôt que de continuer dans
des conditions inacceptables. La belle avance! Bruxelles, qui n'est
déjà pas une ville gaie en été, se trouvera privé d'un de ses rares
plaisirs artistiques. Encore si l'on pouvait reprocher aux artistes du
Waux-Hall de se négliger; mais, au contraire, ils se donnent beaucoup
de mal pour rehausser l'intérêt de leurs concerts. Ce serait donc un
acte de très mauvaise administration que les forcer à renoncer à
leur entreprise en exigeant d'eux une redevance qu'ils paieraient
s'ils le pouvaient, mais trop forte pour eux en ce moment.

Le *Moniteur belge* de mercredi matin contient les nominations suivantes dans l'ordre de Léopold. Sont nommés:

Commandeur : M. E. Fétis, conservateur en chef de la Bibliothèque
royale; *Officier* : M. Antoine Clesse; *Chevaliers* : MM. Goossens,
directeur des *Artisans Réunis*; A. Tilman, compositeur; E. Vanderstraeten, musicologue.

Nos félicitations!

MONS

Le concert annuel du Conservatoire, dirigé par M. Jean Van den
Eeden, offrait, cette fois, un intérêt exceptionnel : l'exécution d'une
œuvre inédite du jeune maestro, une sorte de cantate ou de poème
symphonique et lyrique pour orchestre, chœurs et soli, intitulé *Esmer*.

Cette composition, disons-le tout de suite, a obtenu le plus éclatant
et le plus légitime succès. M. Van den Eeden est l'un des plus doués
parmi nos jeunes compositeurs. Très habile harmoniste, il possède
à fond son orchestre et sait l'art d'en jouer. Tour à tour descriptif et
dramatique, son poème *Esmer* forme un seul tableau haut en couleur,
d'inspiration forte et de belle envolée. Il est impossible d'en donner
une analyse après une seule audition : mais ce qu'on peut dire, c'est
qu'il y a du souffle et de l'élan dans la grande phrase mélodique qui
est le thème fondamental de l'œuvre et qui reparaît à la fin dans un
crescendo puissant et d'un effet certain. M. Van den Eeden ne divise
pas son œuvre en morceaux séparés; les différents épisodes du
poème s'enchaînent, les thèmes exposés par l'orchestre, repris par
les chœurs ou chantés par les solistes se développent naturellement
et se combinent très heureusement. L'ensemble de la composition
est bien d'aplomb, le plan est clair, et les idées qui se greffent sur le
thème essentiel sont rehaussées par de très jolis détails d'orchestration
et d'intéressantes harmonies. Voilà, en somme, une composition
très distinguée et qui mérite d'être entendue ailleurs qu'à Mons.

J'ai vraiment plaisir à constater que l'exécution a été excellente et
j'applaudis particulièrement à l'excellente diction, à la jolie sonorité,
claire et gaie des soprani et des ténors montois. L'orchestre est un

des meilleurs orchestres de province que nous ayons en Belgique ; il est infiniment supérieur à celui d'Anvers, et il n'est pas inférieur à celui de Gand. Il faut rendre à M. Jean Van den Eeden cette justice qu'il a su faire quelque chose d'éléments très divers qu'il n'était pas facile de discipliner.

Cet orchestre nous a fait entendre une exécution très suffisante de la *Marche impériale* de Wagner, de l'ouverture d'*Obéron* de Weber et du *Menuet* de la suite d'orchestre de Grieg, et il a accompagné avec discrétion et ensemble un concerto de violon de M. Dongrie, professeur de violon au Conservatoire de Mons.

Les solistes de la soirée méritent nos éloges. Mlle Olga Demarez a chanté agréablement, d'une jolie voix, un peu timide encore, un air de *Marie Stuart* de Fétis, et l'air des bijoux de *Faust*; MM. Huet et Friart ont dit avec talent les soli de l'œuvre de M. Van den Eeden, enfin, M. Dongrie a recueilli de vifs applaudissements dans différentes petites pièces de violon qu'il a jouées après son concerto.

En somme, très agréable fête et soirée des plus intéressantes.

M. K.

Nouvelles diverses

Les représentations modèles de *Parsifal* et des *Maîtres-Chanteurs* sur le théâtre de Bayreuth paraissent devoir attirer, le mois prochain, beaucoup d'étrangers. Outre les nombreux wagnériens de Paris qui s'y rendront comme de coutume, il y aura une forte colonie de Belges. Bruxelles, seul, enverra une quarantaine de spectateurs au théâtre Wagner.

Annonçons à ce propos que l'intendance des théâtres royaux de Bavière se propose d'organiser à Munich des représentations qui attireront certainement les amateurs venus du dehors. Du 23 juin au 14 octobre, le Théâtre de la Cour et le « Residenstheater » munichois donneront une série d'œuvres peu connues et qui figurent rarement dans le répertoire des scènes européennes : citons tout d'abord pour l'opéra, les *Fées*, l'œuvre de jeunesse de Wagner ; les *Trois Pintos*, l'œuvre posthume de Weber ; l'*Othello* de Verdi et le *Faust* de Zöllner. Pour le drame et la comédie, on monte actuellement le grand drame indien de Kalidosa : *Urvasi*, le *Faust* complet de Goethe (les deux parties), avec musique de scène de Max Zeuger, etc.

Il est probable qu'il y aura également des représentations wagnériennes à Dresde et à Leipzig, notamment de *Lohengrin* et de l'*Anneau du Nibelung*.

On annonce qu'en présence des difficultés que rencontre la création du Théâtre-Lyrique à Paris, un groupe de compositeurs, auteurs et critiques, parmi lesquels nous relevons les noms de MM. Reyer, V. Joncières, Lenepveu, Chabrier, Coquard, Cahen, Rosenlecker, Vitu, Darcours, Soubies, Wilder, Stoullig, Fourcaud, Bauer et d'un grand nombre de personnalités artistiques et littéraires, se proposent de transformer, avec le concours de la municipalité, le Théâtre des Arts de Rouen en *Théâtre lyrique départemental français*.

Ainsi que l'écrivent les promoteurs de cette idée dans leur requête au maire, la capitale de la Normandie, par la magnificence de son théâtre, comme par l'importance de sa subvention, paraît se prêter à un sérieux essai de décentralisation artistique. Aussi veulent-ils tenter ce qui avait été fait jusqu'ici ces derniers temps à Bruxelles.

Deux heures seulement séparent Rouen de Paris, où les dilettanti pourraient rentrer dans la nuit même, et les œuvres françaises verraient au moins le jour sur un sol français.

Le comité, qui s'est réuni le 26 mars dernier, a pris les résolutions suivantes :

1° De mettre en rapport le directeur avec les compositeurs français qui en feront la demande, et de leur procurer une audition certaine dans le courant des mois d'été ;

2° D'assurer aux compositeurs dont les œuvres seront jouées à Rouen la présence de la presse parisienne et d'une partie du public parisien des premières. Ce public sera amené par des abonnements spéciaux et, au besoin, par des dispositions spéciales à prendre avec la Compagnie du chemin de fer de l'Ouest ;

3° D'obtenir de l'État, de la municipalité, des éditeurs, directeurs et artistes ou particuliers, tout ce qui pourrait contribuer à rehausser l'éclat de ces représentations spéciales.

Le nombre d'actes à représenter par an est fixé à douze ; l'ouverture du *Théâtre lyrique départemental français* se ferait en 1889.

Plusieurs directeurs se sont déjà présentés pour prendre en main l'entreprise théâtrale ; et c'est M. Verdhurt, dont la campagne à la Monnaie a été si artistique, que le Comité a résolu de recommander à la municipalité de Rouen, pour mener à bonne fin cette intelligente innovation.

Les membres du comité de la *Société nationale de musique* de France, se sont réunis, lundi soir, dans un banquet, chez Gillet ; on remarquait MM. César Franck, Vincent d'Indy, Emmanuel Chabrier, Fauré, Messager, P. de Bréville, Léon Husson, Bordes, etc. Au dessert, M. Chabrier a annoncé à ses collègues que la libéralité de la princesse de Scey-Montbéliard permettrait dorénavant à la société de donner un concert d'orchestre de plus par an. Cette nouvelle a été accueillie par les plus vifs applaudissements.

M. Paravey, le directeur de l'Opéra-Comique, vient de rengager pour trois ans M. Soulacroix et Mlle Blanche Deschamps.

On prête également au directeur de l'Opéra-Comique l'intention de s'attacher Mlle Sarolta, dont l'engagement à l'Opéra expire dans quelques mois.

Mme Vaillant-Couturier a fait, mardi, ses débuts provisoires chez M. Paravey dans *Carmen*. Les débuts définitifs auront lieu au commencement de la saison prochaine, dans les *Pêcheurs de perles* et dans *Mireille*.

Annonçons également l'engagement de Mlle Litvinne à l'Opéra de Paris. Le contrat a été signé pour trois ans, il y a deux jours.

Mlle Litvinne prendra néanmoins, cet hiver, un congé de quatre mois, pour aller à Rome, où elle. est liée par un engagement antérieur.

Antoine Rubinstein a donné pendant tout l'hiver, deux fois par semaine, les mercredis et les samedis, des séances de musique de piano aux élèves de la classe pédagogique formée par lui au Conservatoire de Saint-Pétersbourg, dont il est le directeur. L'activité qu'il a déployée est surprenante, dépassant même celle de l'époque légendaire des concerts historiques. La *Revue musicale* de M. Bessel donne le compte des morceaux que le grand virtuose y a exécutés depuis le 23 septembre 1887 jusqu'au 2 avril de l'année courante, — en tout 1,302 morceaux, de 79 auteurs. Il a fait entendre 10 morceaux de 3 vieux compositeurs anglais (Bird, John Bull, Gibbons, Purcell et Arne); 43 morceaux de 5 vieux compositeurs français (Dumont, Louis et Thomas Couperin, Rameau et Lully); 56 morceaux de 17 vieux Italiens, dont Frescobaldi; les deux Scarlatti, Durante, Porpora, Sacchini, Sarti, Galuppi, Martini et Clementi sont les plus connus, et 1,193 morceaux de 51 compositeurs de l'école allemande de toutes les époques. Jean-Sébastien Bach y est pour 180 morceaux, Haendel pour 112, Mozart pour 16, Schubert pour 7, Weber pour 11, Moscheles pour 21, Mendelssohn pour 60, Schumann pour 155, Beethoven enfin avec *toutes* ses sonates pour piano seul, ses variations et ses « bagatelles ». M. Rubinstein y a joint aussi 18 morceaux de Field, 158 de Chopin et 63 de Liszt, n'ayant omis que les compositeurs contemporains de l'Allemagne, de la France et de la Russie. Dans le groupe allemand, on a eu l'occasion d'entendre aussi des œuvres de compositeurs qu'on ne joue que fort rarement, depuis Frohberger et Muffat jusqu'à Tomaschek et Lachner.

En présence d'un effort aussi gigantesque, que sont les cinquante *recitals* pour lesquels un *impresario* américain propose à l'illustre. virtuose un *demi-million* de francs net ?

La saison italienne est commencée, depuis le milieu du mois de mai, au théâtre de Covent-Garden. C'est par *Lucrèce Borgia* que la troupe de M. Aug. Harris a débuté, et cet opéra a valu un grand succès à Mlle Furech-Madier ainsi qu'à Mlle Trebelli. *Carmen*, qui a été donné ensuite, servait de début à Mlle Nordica. Mais l'intérêt paraît s'être porté sur un autre début, celui de Miss Mac Intyre, fille d'un général de l'artillerie royale, et pupille de Garcia, qui paraît avoir bien réussi dans le rôle de Michaéla.

Mme Melba a fait sa première apparition dans *Lucia di Lammermoor* et sa jolie voix, ses avantages physiques ont produit sur le public anglais le même enthousiasme qu'à Bruxelles. On est d'accord, cependant, dans la presse londonienne, pour constater qu'il lui reste encore à se perfectionner sous certains rapports. Sait-on, à ce propos, que le nom de Mme Melba ou de Mme Armstrong, pour parler plus correctement, est Mlle Mitchell ?

Depuis lors, ont été représentés : la *Traviata*, avec Mlle Russell ; *Faust*, avec Mme Albani ; *Don Giovanni* et *Nozze di Figaro*, avec les mêmes artistes, plus Mlle Arnoldson. L'intelligent directeur de Covent-Garden a eu l'idée merveilleuse d'introduire un divertissement dans cette dernière œuvre de Mozart, et nous s'est porté, — je vous le donne en mille — sur l'*Invitation à la valse* de Weber ! ! Mme Marguerite Martini a fait bonne impression dans *Il Trovatore*. Le *Musical World* lui trouve une excellente voix, une bonne méthode, mais il blâme l'abus du chevrotement. D'après ce journal, le début de Mlle Martini promet beaucoup, et l'on attend avec intérêt ses représentations futures.

L'*Africaine* a servi de rentrée aux frères Jean et Edouard de Reszké dont le talent est très heureux à Londres et Mme Nordica s'est fait applaudir dans le rôle de Sélika ; celui d'Inez était tenu avec beaucoup d'autorité par Mme Mac Intyre.

Edward Grieg donne, en ce moment, des concerts à Londres. Il est accompagné de sa femme, qui possède une jolie voix de soprano et qui interprète les mélodies du charmant compositeur norwégien; Grieg exécute lui-même ses pièces favorites pour le piano, et ses auditions excitent le plus vif intérêt.

Parmi les artistes qui se font entendre durant la saison actuelle, citons encore : Hans de Bulow, Sarasate, Mme Nilsson, et Hans Richter, dont les concerts d'orchestre ont une vogue toujours croissante.

Un monument a été érigé au cimetière de Woodlawn, près New-York, à la mémoire de Walther Damrosch, en reconnaissance des services qu'il a rendus à l'art musical aux États-Unis.

Nous arrivons bien tard pour mentionner le succès obtenu à l'exposition musicale de Bologne, par MM. Agniez, Dumon, De Greef et Jacobs, ainsi que par Mlle Elly Warnots, qui sont allés se faire entendre dans des concerts historiques, à l'aide des instruments anciens appartenant au Conservatoire royal de Bruxelles. Les mêmes artistes ont donné un concert au Conservatoire de Milan, et ils ont reçu à cette occasion les compliments les plus flatteurs.

On vient d'inaugurer au Conservatoire royal de Milan, une plaque commémorative surmontée du buste en bronze du compositeur Amilcare Ponchielli.

ÉPHÉMÉRIDES MUSICALES

— Le 12 juin 1849, à Paris, décès de Mme Angélique Catalani, épouse Valabrègue, à l'âge de 70 ans. Sa naissance à Sinigaglia, au mois d'octobre 1779. Peu familière avec les secrets de l'art, cette cantatrice causait plutôt de l'étonnement par des tours de force, qu'elle ne procurait des émotions douces et profondes. Une épigramme du temps la caractérisait en l'appelant l'*instrument Catalani*. Malgré cela, sa réputation a été de beaucoup supérieure à celle d'autres cantatrices, bien plus distinguées. Mme Catalani vint se faire entendre pour la première fois à Bruxelles, en 1815 (salle du Grand Concert, 27 avril et 2 mai).

— Le 13 juin 1813, à Bruxelles, les *Aubergistes de qualité*, 3 actes de Catel. — A Paris, 17 juin 1812; à Anvers, 14 janvier 1821.

— Le 14 juin 1764, à Pérouse, naissance de Francesco Morlacchi. Son décès à Innsbruck, le 28 octobre 1841. — Le comte Rossi-Scotti, dans la *Gazzetta musicale* de Milan (année 1877), a publié un tableau complet des œuvres de Morlacchi, et 'il a relevé un assez grand nombre d'erreurs du catalogue donné par Fétis (*Biogr. univ. des mus.*, t. VI, p. 201). Voir supplément Pougin, t. II, p. 242.

Morlacchi, dit Fétis, a toujours vécu avec ses collègues Weber et Reissiger dans les relations d'amitié et sans aucun sentiment de jalousie. L'ouvrage du fils de Charles-Marie von Weber sur la vie de son père (t. II, p. 32) établit le contraire. Morlacchi, habile homme, fin, élégant, instruit, fort bien en cour, connaissait l'intrigue et il n'épargnait personne. Il avait conservé de sa première éducation un fonds de diplomatie dont il ne se départit jamais : c'est ainsi que, pour invoquer au besoin un malentendu, il fit semblant de ne jamais posséder entièrement la langue allemande, et cependant il avait passé treize ans de sa vie à Dresde; aussi le comte Vitzthum, directeur général de l'Académie des beaux-arts, qui abhorrait sa nature féline et se défiait de lui, avait-il pris l'habitude de lui envoyer ses instructions en italien.

Morlacchi composa pour le théâtre royal de Dresde, un *Barbiere di Siviglia*, qui précéda d'une année celui de Rossini. Le manuscrit en a été offert à la bibliothèque du Conservatoire de Bruxelles par le comte Scotti.

— Le 15 juin 1810, à Bruxelles (théâtre de la Monnaie), André Robberechts, âgé de douze ans, élève de Corneille Vander Plancken, se fait entendre pour la première fois en public en jouant un concerto de violon. Comme virtuose et comme professeur, il a été au premier rang. Personne parmi les célèbres, a dit la *Revue et Gazette musicale* de Paris, ne jouait avec plus de charme et d'élégance, avec un son plus pur et une justesse plus parfaite. Il excellait surtout dans l'exécution des œuvres de Mozart, qu'il interprétait avec un sens exquis. C'était un maître dans toute l'acception du mot. Robberechts, né à Bruxelles le 16 décembre 1797, est mort à Paris, le 22 mai 1860. Il était fixé dans cette ville depuis 1830.

— Le 15 juin 1869, à Asnières, près de Paris, décès d'Albert Grisar, à l'âge de 61 ans. Sa naissance à Anvers, 26 décembre 1808.

— Le 16 juin 1851, à Londres (théâtre Haymarket), en langue anglaise, le *Caïd*, opéra bouffe en deux actes, musique d'Ambroise Thomas.

Les premières : à Paris, 3 janvier 1849; Bruxelles, 28 juillet; Anvers, 22 novembre; Liège, 24 décembre 1849; Vienne, *der Kadi*, 29 août 1856.

A Bruxelles (24 janvier dernier), le *Caïd*, disparu depuis longtemps du répertoire du théâtre de la Monnaie, a obtenu un regain de succès, grâce à l'excellente interprétation de Mme Landousy, de MM. Isnardon et Gandubert.

— Le 17 juin, 1818, à Paris, naissance de Charles-François Gounod.

Son art a la douceur, le ton des vieux pastels,
Toujours il adora vos voluptés bénies,
Cloches saintes, concerts des orgues, purs autels,
De son œil clair, il voit les beautés infinies.

Sur sa lyre d'ivoire, avec les Polymnies,
Il dit l'hymne païen, cher aux dieux immortels,
Faust qui met dans sa main le sang des deux génies,
Egale les juana, les Raouls et les Tells.

De Shakespeare et de Gœthe il dore l'auréole,
Sa voix a rehaussé l'éclat de leur parole,
Leurs œuvres de sa flamme ont gardé le reflet.

Echos du mont Olympe, échos du Paraclet
Sont redits par sa Muse aux langueurs de créole,
Tells vibre à tous vents une harpe d'Eola.

CAMILLE SAINT-SAËNS.

— Le 18 juin 1755, à Berlin, de parents français, naissance de Mme Dugazon (Louise-Rose Lefebvre). Son décès, à Paris, le 22 septembre 1821. L'Opéra-Comique n'a guère possédé de chanteuse plus choyée du public parisien que ne l'a été Mme Dugazon, qui a donné son nom aux rôles de sa jeunesse et de son âge mûr. On dit encore aujourd'hui les *jeunes Dugazon*, les *mères Dugazon*. Dans son opuscule *Figures d'Opéra-Comique* (Paris, Tresse, 1875), Arthur Pougin a retracé la vie de Mme Dugazon, dont les aventures galantes se comptent autant que ses succès au théâtre.

— Le 19 juin 1783, à Paris, décès de Mme Billioni (Catherine-Ursule Bussa), à l'âge de 32 ans. Née à Nancy en 1751. Chanteuse et danseuse distinguée de la Comédie-Italienne, c'est à Bruxelles, en 1763, que son double talent avait pris naissance.

— Le 20 juin 1831, à Paris (Opéra), le *Philtre*, deux actes d'Auber. (Voir Eph. *Guide mus.*, 29 décembre 1887.)

— Le 21 juin 1804, à Paris (théâtre Montansier), le *Bouffe et le Tailleur*, un acte de Gaveaux. Un des rares opéras bouffes ayant résisté à l'action du temps et qui reparaît de loin en loin sur nos théâtres. Dans une de ses représentations à Bruxelles (juin 1836), nous avons entendu Nourrit chanter, par extraordinaire, le rôle de Cavatini, comme personne depuis ne l'a chanté.

A Bruxelles, 7 janvier 1805; à Liège, 14 février 1807.

— Le 22 juin 1830, à Paris, par une troupe allemande, *die Rauberbraut*, 3 actes, de Ferdinand Ries. Une seule représentation.

Les premières à Francfort-sur-Mein, 15 octobre 1828; à Londres, traduction anglaise : *the Robber's bride*, 15 juillet 1829; à Liège, traduction française de Ramoux; le *Fiancée du brigand*, 11 novembre 1839.

— Le 23 juin 1837, à Londres (Drury Lane), *Norma* de Bellini, adaptation anglaise. La version italienne déjà connue depuis le 20 juin 1833, à King's-Theater, avec la Pasta et Donzelli. » Jamais, écrivait Bellini, alors à Londres, jamais théâtre anglais n'avait vu pareil succès. »

La Scala est le théâtre d'origine de *Norma*. (Milan, 31 déc. 1831.)

— Le 24 juin 1705, à Naples, naissance de Carlo Broschi, plus connu sous le nom de Farinelli. Son décès à Bologne le 15 juillet 1782. Le plus étonnant des chanteurs du XVIIIe siècle, bien qu'il, ait été contemporain de plusieurs virtuoses de premier ordre. (Fétis.)

— Le 25 juin 1792, à Berlin, décès d'Ernest-Théodore-Guillaume Hoffmann, à l'âge de 46 ans. Sa naissance à Kœnigsberg le 24 janvier 1776. Ses compositions musicales eurent moins de réputation, que ses *Contes fantastiques*; cependant son *Ondine*, jouée à Berlin, en 1816, laissa une bonne impression de son talent. C.-M. von Weber, après avoir fait représenter la pièce sur le théâtre de Prague, en décembre de la même année, en parla dans les termes les plus élogieux. (Voir l'ouvrage de fils Max, t. III, p. 121.)

— Le 26 juin 1870, à Munich, *die Walküre*, trois actes de Richard Wagner. Grand succès, malgré de fâcheux pronostics, malgré quelques timides coups de sifflet, lancés surtout pendant les longues scènes du 2e acte. L'exécution de tout point parfaite : Mme Stehle (Brunehilde), M. et Mme Vogl (Siegmund et Sieglinde), MM. Kindermann (Wotan), Bausewein (Hunding), et Mlle Kaufmann (Frika). L'orchestre, dirigé par Frans Wüllner, — 120 exécutants au moins, — était placé en contre-bas du parterre hors de la vue du spectateur, conformément aux indications de Wagner, qui avait pu enfin réaliser une réforme à laquelle il tenait essentiellement. La mise en scène, très luxueuse et fort ingénieusement conçue, était due au machiniste Brand et au peintre décorateur Jank : le tout pour la bagatelle de 50,000 florins payés par le roi de Bavière, qui rendait, seul, possible une telle exécution des ouvrages de Richard Wagner. (ADOLPHE JULLIEN, *Richard Wagner, sa vie et ses œuvres*, p. 198.)

A Bruxelles (9 mars 1887) la première de la *Walkyrie*, drame lyrique en trois actes, de Richard Wagner, version française de Victor Wilder. — Interprètes : MM. Engel (Siegmund), Seguin (Wotan), Bourgeois (Hounding), Mmes Litvinne (Brunehilde), Martini (Sieglinde), Balensi (Frika).

La maison Schott, outre la partition ainsi qu'un numéro-programme illustré contenant l'analyse de la *Walkyrie*, a encore publié une brochure fort intéressante due à la plume de notre directeur Maurice Kufferath. Titre : *La Walkyrie de Richard Wagner*. Esthétique. — Histoire. — Musique. Contenant une étude sur le système musical et dramatique de Wagner, sur les origines littéraires de l'*Anneau du Nibelung*, et l'analyse thématique de la partition de la *Walkyrie*.

— Le 27 juin 1822, à Dresde, *Preciosa*, 4 actes de C.-M. von Weber. Cet ouvrage avait été donné en premier lieu à Berlin, 16 mars 1821, et par conséquent, avait précédé de trois mois le *Freischütz*, celui-ci étant du 18 juin. Fétis (*Biogr. univ. des mus.*, t. VIII, p. 431), se trompe en disant le contraire.

Pour l'historique de *Preciosa*, voir Eph. *Guide mus.*, 12 avril 1888.

— Le 28 juin 1831, à Kittsee (Hongrie), naissance de Joseph Joachim.

Bruxelles a eu souvent l'occasion d'entendre cet incomparable violoniste; la dernière fois, en décembre 1887, à la Grande-Harmonie, puis au Cercle littéraire.

Joachim se rattache à l'école exclusivement classique; il est un partisan déclaré de Schumann, auquel il porte une admiration profonde, et même pour les morceaux où doit surtout briller la virtuosité, et mécanisme, il ne choisit jamais que des compositions de maîtres et fait fi des fantaisies banales, des jongleries éblouissantes pour le public, mais dépourvues du moindre intérêt musical.

BIBLIOGRAPHIE

FRIEDRICH LUX, *sein Leben und seine Werke* (sa vie et ses œuvres) par Aug. Reissmann (son portrait), Leipzig. Breitkopf et Härtel, 1888. — Peu connu en dehors de l'Allemagne, Fréd. Lux est un musicien distingué qui eut des succès au théâtre et qui a laissé des œuvres importantes pour l'orgue. Lux est l'auteur de l'opéra comique *das Kätchen von Heilbron* (Catherinette de Heilbron), populaire de l'autre côté du Rhin.

M. Reissmann étudie consciencieusement les œuvres musicales de genres divers de Fréd. Lux, compositeur de lieder, auteur de compositions religieuses, de chœurs, pianiste et organiste également expert en son art. Cette étude n'est pas sans intérêt.

MANUEL DU CHANTEUR ET DU PROFESSEUR DE CHANT, par le Dr P. Hamonic et E. Schwartz. — Paris, librairie Fischbacher, 1888. — Dr Hamonic est professeur libre à l'École pratique de la médecine de Paris; M. Schwarts est professeur aux écoles de la ville de Paris. De leur collaboration est sorti un petit opuscule qui expose sous une forme simple et concise la structure anatomique du larynx et le mode d'action de chacune des pièces qui constituent l'appareil de la voix, qui indique clairement les lois de la production du son et en déduit quelques préceptes généraux, fondés sur l'expérience et sur les données scientifiques irrécusables. Recommandons cet excellent manuel aux professeurs de chant et aux chanteurs. Ils le liront avec fruit.

LOHENGRIN A FLORENCE, par Georges Noufflard, Paris, Fischbacher; Florence, Loescher et Seeber, 1888. — Courte et substantielle plaquette d'une trentaine de pages au plus, écrites au lendemain de la reprise de *Lohengrin* à Florence. L'auteur de *Richard Wagner d'après lui-même*, l'étude la plus complète qui ait paru en français sur le développement de l'homme et de l'artiste en Wagner, M. Georges Noufflard, a développé dans cette brochure quelques réflexions à propos de cette reprise dont le succès a été et éclatant. Ce que M. Noufflard dit de l'interprétation des rôles de Lohengrin et d'Elsa est d'une justesse absolue et nous y appelons l'attention des artistes qui pourraient être appelés à donner ces rôles. La brochure se termine par une jolie fantaisie critique, *Wagner et l'art italien*, dialogue de minuit, qui, sous une forme piquante, marque très justement la place qu'occupe le drame lyrique moderne dans l'histoire de l'opéra.

Les éditeurs Breitkopf et Härtel, de Leipzig, publient un catalogue thématique des compositions éditées de Frédéric Chopin. Ce joli volume in-8° de 86 pages, imprimé avec grand soin, renferme les renseignements bibliographiques les plus complets et il contient en outre, la nomenclature des ouvrages ayant trait à la vie du célèbre artiste polonais, de ses bustes, portraits et médaillons, ainsi que les catalogues des nombreuses éditions de ses œuvres.

IL TEATRO ILLUSTRATO (Milan, Sonzogno). — Livraison du mois de mai.

Illustration avec texte : Mlle Sigrid Arnoldson; portrait; *la Grande Marnière*, drame d'Ohnet; *la Marchande de sourire* de Mme Gautier; Album des costumes allemands de 1400 à 1500.

Texte : Théâtres de Milan, de Paris, de Berlin, de Vienne, de Venise, de Buda-Pest; *Carmen* en Italie (Turin, Palerme, Reggio); Opéras nouveaux; Exposition musicale à Bologne; *Histoire de la musique*, douze conférences de Langhans; Bibliographie musicale; Concerts; Bulletin du mois, etc.

Musique : Un air de *Rinaldo* d'Hændel; *Scènes d'enfants* de Schumann, *Petits Berceaux* de Carlo Roman.

AVIS ET COMMUNICATIONS

M. le maire de Douai nous informe que la ville de Douai organise pour le dimanche 8 juillet prochain, à l'occasion de la fête communale, un Festival d'harmonies et de fanfares, auquel elle serait heureuse de voir prendre part le plus grand nombre possible de sociétés.

Les adhésions doivent être envoyées avant le 1er juillet, et l'on est prié d'y joindre les titres des morceaux qui seront exécutés, la durée de chacun d'eux, le nombre des exécutants et la section dans laquelle, par application du règlement, les sociétés demandent à être classées.

Des trains spéciaux seront organisés dans les directions où les trains ordinaires seraient insuffisants, et une réduction de moitié prix sera accordée aux membres des sociétés musicales qui s'y rendront en corps, par groupe de dix au moins, et qui justifieront de leur qualité.

Nécrologie

Sont décédés :

A Leipsig, le 3 juin, Karl Riedel, né à Kronenberg près Elberfeld, le 6 octobre 1827, musicien de grand talent, qui avait fondé et dirigé un des chœurs les plus célèbres d'Allemagne, le *Riedel-verein*, et qui s'était énergiquement employé à l'œuvre de l'*Association des musiciens allemands*. Comme tel, il fut un des plus ardents protagonistes de la nouvelle école musicale, à laquelle il a rendu d'inappréciables services. Ayant succédé à Frans Brendel dans la direction du comité central du *Tonkunstlerverein*, c'est à lui que tant de compositeurs français, anglais, allemands, norvégiens, suédois, italiens doivent d'avoir vu leurs œuvres figurer aux programmes des festivals annuels de l'Association. Ami de Liszt, admirateur passionné de Wagner, Karl Riedel n'en était pas moins un profond connaisseur de la musique classique et particulièrement de l'ancienne musique religieuse. Les admirables chœurs formés et stylés par lui donnaient régulièrement à Leipzig des auditions d'œuvres de vieux maîtres italiens, allemands et français, où la perfection du rendu égalait l'intelligence artistique du style de cette ancienne musique. Nul plus que lui n'a contribué à développer le culte de Jean-Sébastien Bach, et tous les ans, pendant la semaine sainte, dans l'église Saint-Thomas, il dirigeait, en chef accompli, des exécutions parfaites des *Quatre Passions* du vieux Kantor saxon.

Il y a quelques jours à peine, Riedel présidait encore le festival annuel du *Tonkunstlerverein* à Dessau. (Notice, Tonger's *Lexicon*, p. 202).

— A Brême, le 2 mai, Oscar Bolck, né à Hohenstein le 4 mars 1839, compositeur et professeur. (Notice, *ibid.* p. 36).

— A Leipsig, le 19 mai, Hermann Hirschbach, né à Berlin le 29 février 1812, compositeur, critique musical, etc. (Notice, *Musik-Lexicon* de Riemann, p. 427).

— A Wolfenbuttel, le 14 mai, à l'âge de 69 ans, Selmar Müller, compositeur et chef d'orchestre.

— A Boulogne-sur-Mer, Mme Mary-Pélagie Passama, artiste lyrique (contralto), successivement aux théâtres de Liége et de La Haye.

XXXIVe ANNÉE   28 juin et 5 juillet 1888   NUMÉROS 26-27

Le Guide Musical

Paraissant tous les jeudis.

ABONNEMENT
France et Belgique : Avec musique 25 francs.
— Texte seul . 10 —
UNION POSTALE : — 12 —

SCHOTT FRÈRES, ÉDITEURS.
Paris, Boulevard Montmartre, 19
Bruxelles, Montagne de la Cour, 82

ANNONCES
S'adresser à l'Administration du Journal.
On traite à forfait.

LE CHANT DANS LA NATURE

'est à tort, croyons-nous, que la science esthétique musicale s'est plue à établir une distinction si grande entre le chant tel qu'il se manifeste dans la nature et le chant dit cultivé. La ligne de démarcation qui les sépare l'un de l'autre est difficile à tracer, et l'on pourrait même affirmer, sans crainte de se tromper, qu'elle n'existe point.

La nature ne procède jamais par bonds ni par soubresauts, mais bien par une gradation lente, imperceptible et continue.

Habitué à se considérer comme un être d'exception absolument en dehors de la nature, l'homme n'est arrivé que successivement, et non sans mille efforts, luttes, errements et peines, à acquérir certaines notions exactes des choses, et à se reconnaître, entre autres, comme le chaînon (dernier, il est vrai), de la chaîne des êtres animés, chaîne immense qui part des organismes les plus humbles, passe par tous les degrés infermédiaires, et aboutit aux organismes les plus complexes.

L'une des gloires de la science moderne consiste à prouver victorieusement que l'homme, malgré sa grandeur et ses hautes destinées, n'est, en réalité, qu'une *synthèse vivante* de toutes les facultés que l'on retrouve éparses dans le règne animal tout entier. Qu'à ces facultés si variées viennent s'en ajouter d'autres qui lui sont propres, rien de plus vrai ! Mais

il était nécessaire que l'homme reconnût enfin, dans son propre intérêt, la solidarité qui le rattache sous bien des rapports aux êtres d'ordre inférieur.

Je n'entends pas examiner ici la doctrine zoologique de Darwin, et je ne veux pas prouver, à grand renfort de termes et de phrases scientifiques que tout n'est que matière et que l'homme n'est, en réalité, qu'un singe perfectionné (1). Ce serait mal me comprendre.

Mais sans vouloir entrer dans l'exposé des questions de philosophie naturelle, un point doit être nettement indiqué, c'est que si les dernières conclusions de la science moderne sont pour le moins hypothétiques, si le matérialisme auquel se rattachent elles perd de plus en plus de terrain, un fait n'en reste pas moins acquis : à savoir que l'homme ne peut plus se considérer comme agissant en dehors des lois naturelles de l'univers; force lui est de reconnaître qu'il constitue une partie intégrante du monde terrestre. D'autres faits de haute importance ne sont pas moins évidents, c'est qu'à chaque manifestation de l'activité humaine ou animale correspond une faculté ou un ensemble de facultés, et qu'à chaque faculté correspond un organe ou un ensemble d'organes; de plus, que l'analogie entre les fonctions humaines et animales suppose l'analogie de struc-

---

(1) Et cependant cette conclusion, poussée jusqu'aux dernières conséquences, n'offre rien qui puisse effrayer ou offusquer notre génération actuelle d'artistes. De nos jours, où le *réalisme* tient le haut du pavé dans le domaine de l'art, on le confond volontiers avec le *matérialisme*. Confusion qui dénote un manque d'orientation historique et philosophique vraiment impardonnable ! Les deux plus grands réalistes, — Shakespeare et Gœthe, — n'étaient ni l'un ni l'autre des matérialistes. Au fond, le *réalisme* n'est qu'une enseigne de boutique. Ou l'on ignore, ou l'on oublie, que tout grand artiste, quelle que soit sa tendance, est vrai et sincère par là même qu'il est homme de génie. Homère, Eschyle, Kalidasa, — le Shakespeare indou, — consultaient le fameux « document humain » plusieurs dizaines de siècles avant Flaubert, avant les de Goncourt et Zola. Mais c'est toujours avec du sucre qu'on attrape les mouches, et les hommes avec des mots et des étiquettes !

tûre entre les organes respectifs qui les produisent et vice-versa.

Tel est le cas pour le chant. L'homme s'était figuré que lui seul savait chanter et que seul, par conséquent, il possédait la faculté et les organes propres à cette fin. Ce qu'il appelait par euphémisme *le chant des oiseaux* ne devait être, dans son esprit, qu'un gazouillement plus ou moins gracieux, plus ou moins élégant, intraduisible en son langage musical. Les poètes voulaient bien accorder à ces chants la signification d'un langage propre à la gent ailée, — chaque espèce d'oiseau ayant naturellement le sien: les savants, à leur tour, n'ont point contredit l'idée des poètes.. Mais, à nous autres musiciens, il nous importe de connaître tout d'abord si l'homme a seul le monopole du chant.

Les historiens de notre bel art ont précieusement recueilli les vestiges des chants de toutes les races, de toutes les époques et de toutes les zones (1). Leur œuvre collective ou individuelle est immense et inappréciable.

Elle présente, toutefois, une lacune qui consiste à n'avoir pas poursuivi leurs investigations au-delà des derniers échelons des races humaines, alors qu'en-dessous de l'humanité existent des êtres qui *chantent* et dont le chant est parfaitement analogue à notre langage musical actuel (diatonico-chromatique).

Ces historiens pouvaient-ils pousser si loin leur enquête, même s'ils l'avaient voulu ? Je ne crois pas, car il leur manquait les documents sur lesquels ils eussent pu asseoir ces investigations et les intéressantes inductions qui en découlaient.

Il m'a donc paru qu'il était intéressant d'attirer l'attention sur ce point encore inexploré de l'histoire de la musique (et notamment de l'histoire du chant) en faisant connaître quelques matériaux puisés à des sources géographiques.

En nous figurant, que seuls, parmi tous les êtres qui respirent, nous possédons le don de chanter au sens propre du mot, notre erreur fut évidemment excusable; car, de tous les oiseaux connus, le rossignol nous paraissait être le plus parfait d'entre les chanteurs ailés.

Cependant notre présomption était grande aussi. En effet, si de tous temps on combla de louanges le chant suave et varié de « l'amant de la rose », si depuis la Perse jusqu'aux confins occidentaux' de l'Europe, on s'extasia sur le chantre du mystère et de l'amour, en vain voulut-on traduire son doux ramage en notation usuelle. Ce n'est pas que le rythme n'en soit bien déterminé; — par là du moins ce gazouillement semblait participer de l'essence de notre chant. En effet, le rossignol trille, fait des appogiatures, orne son chant d'une foule de notes d'agrément. L'origine de l'ornement musical (la partie en apparence la plus artificielle de l'art du chanteur et de l'instrumentiste) a donc un point de départ bien défini dont nous n'avons pas droit de tant nous enorgueillir. L'homme n'a pas créé de toutes pièces l'ornementique musicale, ou plutôt, et en écartant même l'idée de toute tendance à l'imitation de sa part, on peut affirmer qu'elle ne commence pas avec lui.

Mais enfin l'homme seul chante en sons déterminés, distincts : le *son* devenu *ton* semble être son domaine exclusif et la mélodie (ce produit du *mélos* et du *rythmos*) dut naître au sein de l'humanité, comme Vénus au sein des ondes ? Il n'en est rien !

Parmi les « hôtes des bois » il en est qui chantent dans toute l'acception du terme, c'est-à-dire dont le chant offre un exemple non équivoque et bien caractérisé de mélodie humaine : tout s'y trouve réuni, rythme et successions définissables d'intervalles musicaux.

Afin de le prouver, donnons ici quelques exemples de ces chants notés par un voyageur allemand (1) qui parcourut l'Australie il y a quelques vingt ans, et qui, en excellent musicien qu'il se montre, les recueillit avec un soin minutieux et louable.

Ces chants d'oiseaux ont été recueillis un peu au hasard de son voyage par M. Beckler, sans qu'il connût le plus souvent le nom même de l'oiseau auquel ils appartiennent. Il n'indique, pour la plupart d'entre eux, que le nom des localités où il les a entendus et notés. La vérification postérieure est donc possible.

Nous ne les reproduisons ici qu'en partie, choisissant, toutefois, les plus beaux et les plus frappants.

Voici les trois premières notations qu'il nous donne :

Nº 1. *Mc Intyre River, Darling Downs.*
Entendu assez souvent :

Nº 2. *Dangars Station Yellowroy. Darling Downs.*

ou bien aussi :

Nº 3. *Hastings River. New South Wales*

une courte pause, puis

« Ce chant, dit M. Beckler, tout en restant tendre et gracieux, se distingue néanmoins par un rythme bien accusé, de même que par le *marcato* sur certaines notes. La cause de ce marcato réside dans l'inspiration et l'expiration de l'air tombant sur certaines notes de ce chant. »

---

(1) Fétis, Ambros, Klesewetter, Becker, etc.

(1) D.-H. BECKLER, *la Musique des oiseaux. Gartenlaube.* Nº 35. Année 1867.

N° 4. Sans indication précise de localité.

Ce chant, du reste, avait été entendu en plusieurs endroits assez éloignés les uns des autres.

Ce motif ne rappelle-t-il pas la ritournelle d'une romance bien connue de Chopin? et qui débute ainsi :

La rencontre est au moins piquante, et bien certainement le grand musicien polonais ne s'est jamais douté qu'au sein de la fruste et primitive nature, il existait quelque part, depuis un nombre incalculable d'années, le modèle de sa gracieuse ritournelle.

N° 5. Tenterfield (Nouvelle-Angleterre, Nouvelle-Galles du Sud).

ou bien :

ou bien encore :

Cette mélodie est surprenante de hardiesse et d'originalité.

N° 6. Recueilli en divers endroits.

D'une allure svelte, gracieuse quoique décidée.

(A continuer.) LÉOPOLD WALLNER.

La Messe en si mineur

DE JEAN-SÉBASTIEN BACH

A LONDRES ET A BALE

Comment se fait-il que ni Paris ni Bruxelles ne connaissent de Bach un chef-d'œuvre égal en beauté à la *Passion selon saint Matthieu*, sinon équivalent de proportions et de conception? Mais que dis-je! Bruxelles ne connaît pas du tout ces deux monuments de la musique; Paris connaît bien imparfaitement et insuffisamment la *Passion*; quant à la *Messe en si mineur*, je ne sais même pas si quelques abonnés bien clairsemés de la Société des Concerts se souviennent d'avoir entendu vaguement, à de longs, à de rares intervalles, un certain *Crucifixus* qui n'est pourtant pas « piqué des vers ». Et l'on se dit parfois embarrassé de trouver, de donner du beau et du nouveau!

Au point de vue de l'exécution, d'ailleurs, la *Messe* est moins complexe, et plus abordable, à certains égards, que la *Passion*; mais son style plus spécialement *fugué*, son caractère sans doute plus hiératique que dramatique, d'une uniformité plus sévère, moins relevée de contrastes, l'aura fait passer au second ou au troisième plan, aux yeux des gens qui se donnent la tâche d'initier leurs concitoyens aux belles et grandes choses.

A Londres, cette Mecque du prophète Hændel, il y a un *Bach-Choir*, c'est-à-dire une société chorale exclusivement vouée à l'exécu-

tion des œuvres de Bach. Cette année, c'était la *neuvième fois* que le *Bach-Choir* donnait la *Messe en si mineur*, mais c'est la première fois qu'elle la donnait sans coupures. *Sans coupures*, vous entendez bien; comme on fait à Bâle même. L'audition a eu lieu à Saint-James Hall, sous la direction de M. Villiers Standford.

Est-ce parce que l'étude supplémentaire des morceaux non coupés cette fois avait fait négliger les parties déjà sues, et pour lesquelles on se reposait sur le passé avec une certaine confiance? Est-ce parce que le surcroît de travail imposé avait fatigué les choristes? Toujours est-il que la partie chorale a paru un peu moins d'aplomb, d'un effet moins net et moins vigoureux qu'à Bâle, sous la direction de l'énergique Volkmann, dans cette cathédrale dominant le Rhin, où la disposition acoustique est si excellente.

Il faut dire que les chœurs de la *Messe* exigent des qualités exceptionnelles de vigueur et d'ensemble. La plupart sont à cinq parties: non pas par effet de dialogue, de demandes et réponses alternatives comme dans la *Passion*, mais cinq parties bien réelles et soutenues. Tel le début, et ce premier numéro, *Kyrie eleison*, admirable fugue *expressive* avec son exposition à cinq entrées; là, les mailles serrées de la riche trame ne laissent lâcher que juste ce qu'il faut pour laisser les choristes reprendre haleine ou préparer une entrée. C'est là qu'il y aurait lieu d'appliquer ce mot de Wagner dans la préface des *Quatre poëmes d'opéra*, à propos du motet *Singet dem Herrn ein neues Lied* (1) : « On est comme submergé par une mer d'harmonie ». Cela rappelle, en plus beau encore, la superbe fugue en *si* bémol mineur, à cinq parties, dans le premier recueil du *Clavecin bien tempéré*; mais combien l'effet est plus émouvant aux voix qu'au clavecin ou à l'orgue même!

C'est le dédoublement de la masse des voix supérieures en *soprano I* et *soprano II* qui permet de renforcer ainsi l'harmonie par une partie distincte, indépendante. Le même système se retrouve dans le n° 4, première partie du *Gloria*, dans un style en *imitations* d'une allure plus libre; ce système fait merveille dans le prodigieux *Et in terra pax hominibus*; il atteint à des effets foudroyants de sonorité dans la finale du *Gloria*, *Cum sancto Spiritu* : là, l'intensité d'impression fait songer à des œuvres plus modernes, comme la *Missa solemnis* de Beethoven; un mien voisin parlait de « splendeur lohengrinienne ».

Elle est aussi à cinq parties pleines et à peine interrompues, l'entrée majestueuse du *Credo*, le n° 12, *Credo in unum Deum*. Quel péristyle aux assises colossales! L'*Incarnatus* appartient à la même catégorie (2). Vous devinez l'éclat du procédé dans le *Resurrexit*, une explosion de lumières, et dans la péroraison, *Confiteor unum baptisma*: là, après l'arrêt, extraordinaire par le sentiment d'angoisse de ces harmonies mystérieuses, *Expecto resurrectionem mortuorum*, l'extrême *coda*, terminée par l'*Amen* de rigueur, devient frénétique.

Que dire du *Sanctus*, autre splendeur à six parties réelles (deux parties de soprano et deux d'alto, établissant la prédominance des voix célestes)! C'est une création à part, une page inouïe. L'*Osanna* (n° 21), à deux chœurs et parfois à huit parties réelles, est éblouissant.

Telle est la puissante progression, l'irrésistible ascension des masses chorales, gravitant vers je ne sais quel soleil invisible et prodigieux. Evoquez les Michel-Ange, tous les géants de la pensée et de l'art humain, vous n'en trouverez pas qui aient donné vers l'infini des coups d'aile d'une plus superbe envergure.

Je ne peux m'étendre sur les trésors de tendresse, d'onction, d'amour idéal, contenus dans les *Aria* et *Duett* qui reposent de ces chœurs titaniques..... A Bâle, Mlle Spies, qui est une grande artiste et une superbe voix, a été admirable dans la partie de contralto solo, notamment dans le *Qui sedes*. Je suis heureux de joindre ici mon témoignage au témoignage récent d'un honorable correspondant du *Guide*, à propos de la haute valeur et du grand talent de Mlle Spies (3). MM. Kaufmann, ténor, et Staudigl, basse, qui chantaient à Bâle aux côtés de Mlle Spies, ne sont pas indignes d'éloges.

Quelques détails d'orchestration, et j'ai fini.

Le *Oboi d'amore* (hautbois d'amour), employé tout d'abord dans le *Gloria* (*Qui sedes*) pour se marier à la voix du contralto, était joué à

(1) *Chantez au Seigneur un chant nouveau.*

(2) Le sublime *Crucifixus* qui suit, d'un caractère plus intime et plus poignant, est à quatre parties seulement, avec le *soprano II*.

(3) Dans le compte rendu du 65e festival rhénan (avant-dernier numéro), le correspondant du *Guide*, citant Mlle Herminie Spies, de Wiesbaden, signale « la gravité peu commune de sa voix superbe », et déclare « qu'elle possède la vraie manière d'interpréter la musique ancienne ».

Bâle sur un véritable *hautbois d'amour*, copié d'après le modèle du trésor de la cathédrale, et dont on peut voir des spécimens au Musée national de Munich. A Londres, on se contentait du hautbois ordinaire ou du cor anglais. Dans le *Credo*, l'air de basse, *Et in Spiritum sanctum*, est accompagné par deux *Obœi d'amore*, présents à Bâle et remplacés à Londres par deux clarinettes doublant, renforçant les hautbois, ce qui ne fait pas l'équivalent. Par contre, il y avait à Londres, pour la partie supérieure de trompette (il y a trois trompettes distinctes dans la partition), une véritable trompette haute en *ré*, atteignant jusqu'au *mi* au-dessus de la portée. A Bâle, cette trompette était remplacée par deux clarinettes à l'unisson, ce qui était misérable.

Le hautbois d'amour est encore employé dans le duo n° 14, *Et in unum*. A remarquer le solo de violon du *Benedictus* (1), comme dans la *Messe en ré*. Il est probable que Beethoven connaissait le chef-d'œuvre de son prédécesseur; il serait intéressant de faire le rapprochement, de rechercher exactement les parties qui offrent quelque analogie, indice de cette connaissance. Curieuse sonorité d'orgue dans l'air *Quoniam tu solus sanctus*, où un *corno di caccia* (cor ordinaire), allant jusqu'au *ré* supérieur, et accompagné de deux bassons, se marie à la belle mélodie grave de la basse...... Que de choses encore : l'effet des deux flûtes au tiers dans les premiers temps du 2/3 dans le *Crucifixus*, les violons (a) à deux parties entonnant le thème de plainchant du *Credo* au-dessus des cinq parties vocales réelles, et de la basse au mouvement égal qui fait une septième partie distincte, etc...

Le n° 3 du *Kyrie*, tout entier, et quelques parties des airs ont été coupés à Bâle.

. Ceux-là vraiment doivent s'estimer heureux qui ont le loisir et le moyen d'aller là où on entend ces merveilles. Il ne faudrait pas trop louer de leur zèle ces pèlerins de l'art : pour qui sait quelles jouissances on goûte ainsi, il y a moins de mérite à ne pas se laisser rebuter par les difficultés du voyage.   **B.**

A PROPOS DES *MEININGER*

Bien qu'il n'entre pas dans le cadre habituel du *Guide musical* de s'occuper de questions se rattachant au théâtre de comédie ou de drame, nous ne croyons pouvoir passer sous silence les représentations données au théâtre de la Monnaie par les comédiens du duc de Saxe-Meiningen, tant à cause de la nouveauté du spectacle que de son influence sur nos goûts et nos habitudes. On a fait assez peu de cas à Bruxelles de cet événement artistique, survenu en dehors de la saison où l'on va au théâtre, et l'on semble y avoir attaché médiocrement d'importance. Sauf d'honorables exceptions, la critique s'est montrée faible et injuste! On a surtout jugé le théâtre allemand de Meiningen avec des idées françaises, sans avoir égard à l'abîme qui existe entre deux peuples de races différentes par les mœurs et par le langage.

Tout d'abord, le théâtre est celui d'un peuple instruit; il s'adresse à l'intelligence presqu'autant qu'il parle au sentiment. Son but est d'animer, à l'aide d'une représentation se rapprochant autant que faire se peut de la réalité et de la vérité historique, des créations poétiques de l'ordre le plus élevé, des types d'art dramatique de nationalités diverses et de satisfaire à toutes les exigences qu'un esprit cultivé peut concevoir de cette représentation. Rassembler tous les éléments matériels nécessaires à une entreprise de ce genre; s'assurer le concours d'artistes dont le talent sérieux, assoupli à la variété des emplois, répondit exactement au but proposé, telle a été l'unique préoccupation du prince qui a fondé le théâtre de Mel. ningen. Il n'y a dans ce théâtre, ni l'ombre de la virtuosité en-deçà de la rampe, ni trace du dilettantisme au delà. Le public allemand y est convié à goûter la haute saveur d'œuvres maîtresses, conscien, cieusement et intelligemment présentées aux yeux, respectueuse. ment personnifiées par les interprètes.

L'art le plus sévère, l'archaïsme le plus rigoureux président à la mise en scène, à la confection des décors et au choix des costumes, ce qui a pu faire dire à l'un de nos confrères que ces derniers ne sont que « médiocrement brillants ». Le brillant, l'éclat, autrement dit *clinquant*, voilà bien ce qui plaît au vulgaire et ce que l'on ne

---

(1) Ce morceau admirable, si je ne me trompe, a figuré dans un des concerts d'orgue donnés cette année par M. Guilmant au Trocadéro.

(2) La variété des effets des instruments à cordes est aussi à noter.

---

trouve en aucune façon chez les *Meininger* (1). Aucun détail, si minime qu'il soit, n'est abandonné au hasard; il y a de l'observation et du goût dans la manière de régler les ensembles de la figuration, ainsi que les attitudes et le groupement des personnages. En un mot, la connaissance de ce qui touche à l'illusion scénique, l'étude approfondie des physionomies et des caractères se décèlent dans toutes les manifestations de ce théâtre, et ces jeux facteurs qui constituent un art, une science, en sont véritablement l'âme!

Nous ne mettrons aucun scrupule à confesser que les effets produits par l'ensemble de la troupe de Meiningen nous paraissent résulter beaucoup moins de l'initiative personnelle des acteurs que de l'autorité qui les gouverne. Ayant à concourir *tous ensemble*, et chacun pour une part proportionnelle bien déterminée à la totalité de l'action représentée, et cette action doit elle-même soumise à des lois qui assurent la parfaite coordination de ses éléments, il se conçoit que l'initiative personnelle des acteurs doive s'effacer de vant la nécessité de rester toujours à leur plan, de ne jamais dépasser une certaine mesure et de maintenir entre eux des rapports conformes à la vérité scénique.

Dans les représentations extraordinaires d'acteurs célèbres, le plus souvent mal secondés, ces rapports n'existent guère. La supériorité du comédien éclate d'autant mieux que ses partenaires sont plus faibles, et l'on sait que certaines célébrités recherchent de préférence un entourage médiocre. Mais cela est-il bien d'accord avec les intentions de l'auteur? N'y a-t-il qu'un seul rôle intéressant dans chacune des pièces de Shakespeare, et doit-on estimer pour rien le soin jaloux avec lequel chacun des rôles accessoires est composé, le raffinement d'observation dont certains personnages purement épisodiques fournissent la preuve. Ces exhibitions de célébrités, d'étoiles et de virtuoses, sont, à tout prendre, des accidents dont il n'y a pas lieu de s'occuper lorsqu'on envisage l'état du théâtre en général. Il est incontestable que la présence d'un grand artiste offre un attrait puissant qu'il serait fou de méconnaître. Toutefois, la personnalité des grands comédiens ou chanteurs absorbe entièrement ce qui les environne. L'œuvre dramatique se réduit en quelque sorte aux proportions d'un seul personnage, et l'on n'en subsiste qu'un beau monologue ne donnant pas l'impression entière du drame. Ces exceptions ne sauraient constituer la règle.

Les acteurs du théâtre de Meiningen agissent absolument comme les musiciens d'un orchestre bien discipliné où chaque exécutant se soumet à la loi commune et sait à propos donner le relief nécessaire à sa partie. On voudrait cependant les entendre exécuter des concertos où la partie principale a le devoir de primer les autres. Mais les drames de Shakespeare et de Schiller sont d'admirables symphonies et non point des concertos; les conflits de sentiment, de même que les combinaisons de thèmes exigent des nuances et des accents qu'un chef savant, doublé d'un véritable artiste, est seul capable d'indiquer. Cette direction, ou la part, cette discipline, n'enlève rien au mérite personnel des interprètes, qui est considérable. C'est la critique intelligente appliquée aux études; c'est l'œil du maître veillant à ce qu'il n'y ait dans le tableau ni tons criards, ni figures disproportionnées.

La science minutieuse des *Meininger*, qui embrasse à la fois l'optique théâtrale et la psychologie des personnages, d'aucuns lui font peu d'honneur. Elle constitue pour eux l'embarras des richesses et les fait aspirer de préférence « à un art dramatique sans aucune mise en scène », « aux écrivains de Shakespeare, à l'unique décor vague, où se jouaient de belles œuvres, que de grands artistes, *pleins de passion*, suffisaient à rendre réelles, saisissantes, de la plus impérieuse et de la plus évidente illusion ».

Fort bien! — Mais nous ne sommes plus au temps de Shakespeare et nous ne connaissons que par ouï dire les « acteurs passionnés » dont le talent dépassait, nous dit-on, les « chétifs mérites » de ceux de Meiningen. Notre œil est fait à la mise en scène moderne et nous ne nous contenterions probablement pas longtemps des écrivains qui formaient l'unique décoration du Globe-Theatre, dans Southwerk. Aussi, faute de mieux, préférons-nous de beaucoup l'intelligente et scrupuleuse interprétation des *Meininger* aux fantômes que l'on évoque à l'aide d'indications si peu précises.

---

(1) On a objecté aussi que les décors du théâtre de Meiningen sont d'une couleur crue, peu harmonieuse et qu'ils sont loin de supporter la comparaison avec ceux des théâtres français. Cela est vraisemblable, si l'on ne considère les décors en eux-mêmes. Mais ils offrent ce grand avantage d'harmoniser parfaitement avec les costumes des personnages et de faire que ceux-ci s'en détachent sans nuire à la perspective. Les décors et les figures forment réunis un tableau harmonieux : là est l'essentiel. Ajoutons que la disposition de certains intérieurs dont les angles ou les coins occupent le milieu de la scène est de l'effet le plus heureux et permet un arrangement pittoresque des meubles et accessoires. Cette disposition triangulaire est entièrement nouvelle, et, croyons-nous, il y a lieu de l'imiter, à condition que les portes, les fenêtres et les cheminées se présentent en creux ou en saillie.

A notre avis, l'avenir est aux théâtres qui se modèleront sur celui de Meiningen, et réaliseront, chacun dans sa sphère, les progrès dont ce théâtre est encore susceptible. Mais nous ne nous faisons pas illusion sur la possibilité de voir se réaliser, en français, un théâtre similaire : il faudrait pour y arriver une dose d'élévation, de science et de soumission que nous ne voyons chez aucun de ceux qui font de l'art dramatique leur carrière.

Nous l'avons dit en commençant : ce théâtre s'adresse à un peuple instruit. Ajoutons que l'instruction littéraire et l'élévation des idées, qui sont choses courantes dans l'éducation que reçoivent les Allemands, ont pour résultat de former des acteurs et en général des artistes tout disposés à comprendre et à réaliser des projets largement conçus. Ils ont un bagage de connaissances, un fonds sérieux, à l'aide desquels on leur fait exécuter les plans les plus vastes. Le théâtre de Bayreuth est là pour en témoigner. Aussi, les comédiens et les chanteurs jouissent-ils en Allemagne d'une considération plus grande et bien fondée.

Ce ne sont pas nos Conservatoires qui pourront jamais arriver à former des artistes accomplis dans le sens que nous voulons dire. Il n'existe pas d'école, partant il ne saurait y avoir d'élèves.

Bornons-nous à espérer que les leçons du théâtre de Meiningen ne seront point perdues pour le théâtre de la Monnaie, le seul qui ait eu le courage d'innover et dont le passé réponde de l'avenir.

E. E.

PARIS

La question de la reconstruction de l'Opéra-Comique à Paris, vient de faire un grand pas. M. Lockroy, ministre de l'instruction publique et des beaux-arts, a saisi la Chambre des députés d'un projet pour la reconstruction du théâtre.

Dans l'exposé des motifs du projet, M. Lockroy constate que les solutions relatives à l'aménagement de l'ancienne salle Ventadour ou de celle de l'Eden ont dû être écartées à cause des dépenses considérables qu'elles entraîneraient. Le ministre s'est arrêté définitivement au seul projet vraiment logique et pratique, à celui que l'opinion est unanime à réclamer, et qui consiste à exproprier une maison du boulevard des Italiens et à occuper tout l'îlot de terrain compris entre le boulevard, la rue Favart, la place Boieldieu et la rue Marivaux.

C'est une surface de 375 mètres carrés de plus à couvrir. D'autre part, une façade sur le boulevard devra avoir un caractère monumental qui ne sera pas sans occasionner un surcroît de dépense ; le ministre demande donc à la Chambre d'augmenter d'environ 500,000 francs le chiffre qui avait été demandé tout d'abord pour l'exécution du projet restreint, et de fixer à quatre millions le prix de la dépense. Il est bien entendu, au reste, que ce chiffre de quatre millions serait un maximum qui ne pourrait, quoi qu'il arrive, être dépassé.

Quant à l'expropriation de l'immeuble du boulevard, il résulte des études faites par les services compétents qu'elle ne saurait être évaluée à moins de deux millions et demi : c'est donc au total, une somme de six millions et demi qui serait nécessaire.

La commission parlementaire chargée d'examiner la demande de crédits a été nommée par les bureaux aussitôt le dépôt du projet de M. Lockroy. Elle comprend neuf commissaires sur onze favorables aux propositions de M. Lockroy. Un seul, M. Raynal, s'est prononcé pour l'ajournement, la reconstruction ne pouvant pas être, selon lui, terminée pour l'Exposition.

En attendant que ces beaux plans aboutissent, M. Paravey continue courageusement la campagne. Le *Roi d'Ys* tient toujours l'affiche et fait de belles salles. C'est décidément un grand succès de public après avoir été un grand succès d'artistes.

Mme Vaillant-Couturier, dont le succès n'a pas été unanime dans *Carmen*, fera ses seconds débuts dans *Manon* et *Mireille*, rôles qui lui conviennent mieux.

Signalons aussi la signature des traités qui renouvellent les engagements de MM. Fugère, Collin, Cobalet et Barnolt.

A l'Opéra, la période des vacances est ouverte, Les représentations du samedi sont supprimées jusqu'à l'automne. A signaler l'engagement de M. Cossira, qui débutera, dit-on, dans les *Huguenots* avec Mlle Litvinne. Un autre ténor, M. Gibert, du Grand-Théâtre de Rouen, va s'essayer, sans débuts, dans le *Cid*, rôle de Rodrigue. Enfin MM. Ritt et Gaillard ont engagé M. Bernard, fort ténor, qui débutera dans la *Juive*. On dit cet artiste doué d'une belle et puissante voix.

Au Conservatoire, on est tout à la préparation des concours. Les concours publics commenceront le 19 juillet. Les examens préparatoires ont lieu en ce moment.

AVIGNON

Un musicien très distingué de cette ville, M. Jules Goudareau, y a fait exécuter, dimanche dernier, une *Messe solennelle* de sa composition. Cette œuvre, par les tendances qu'elle affiche comme aussi par le succès qu'elle a obtenu, mérite d'être signalée aux lecteurs du *Guide*. Elle est écrite pour trois voix et orchestre. Il est à regretter que des circonstances matérielles n'aient pas permis d'introduire le grand orgue à l'exécution. Car en vérité, la partie instrumentale, confiée à des amateurs, manquait un peu de ce fondu que l'intervention de l'orgue aurait pu, seule, ramener dans l'orchestre. Les cinq parties de la Messe sont largement traitées. Le sentiment dramatique s'y mêle, mais d'une façon discrète, juste ce qu'il faut pour éviter la sécheresse et la monotonie. Ce qu'il faut surtout louer, c'est le parti pris de l'auteur de rejeter les formules de convention, et de n'employer, en aucun cas, les mélodies à l'italienne. M. Goudareau a sérieusement étudié les œuvres de la nouvelle école, il s'est tenu au courant des progrès de l'art musical, et il a d'autant plus de courage de les refléter dans son œuvre qu'il vit à Avignon, c'est-à-dire dans le milieu le plus franchement antimusical qu'il se puisse rêver.

Voilà pourquoi nous tenons à le féliciter tout particulièrement, espérant que sa Messe, si remarquable pourra un jour se présenter dans des conditions plus favorables, au point de vue de l'exécution, que celles qui lui ont été réservées par les compatriotes de Castil-Blaze.

E. DE B.

BRUXELLES

Les concours sont ouverts au Conservatoire. Nous en apprécierons les résultats d'ensemble quand ils seront terminés.

En attendant, voici les récompenses décernées par le jury.

INSTRUMENTS A EMBOUCHURE

Cornet à pistons. Professeur, M. Duhem. 1er prix, MM. Minsart, par 53 points ; Vliez, par 52 ; 2e prix, M. Dewever.

Trompette. Même professeur. 2e prix, par 42 points, MM. Hendrickx et Keyaerts.

Cor. Professeur, M. Merck. 1er prix, MM. Ruelle, par 54 points ; Lemal, par 51 ; Drouard, par 50 ; 2e prix, MM. Lelièvre et Mahy, par 41 points ; rappel du 2e prix avec distinction, M. T'Kint ; accessit, M. Geeraerts.

Trombone. Professeur, M. Seha. 2e prix, MM. Hettenberg, par 42 points ; Nakaerts et Deroy, par 40 ; accessit, MM. Segers et Ghessy, par 35 points.

Saxophone. Professeur, M. Beekman. 2e prix, par 42 points, MM. Fayt, Meuret et Joppart ; par 40 points, M. Dufrasne.

INSTRUMENTS A ANCHES ET FLUTE

Clarinette. Professeur, M. Poncelet. 1er prix, par 52 points, M. Robert ; par 51 points, MM. Sergyssels et Morenier ; 2e prix, par 43 points, M. De Permentier ; par 40 points, M. Hannon ; accessit, par 37 points, M. Otten ; par 36, M. Bouteca.

Basson. Professeur, M. Neumans. 1er prix, M. Lenom ; accessit, M. Piétain.

Hautbois. Professeur, M. Guidé. 1er prix, avec distinction, M. Nahon, 2e prix, M. Wouters ; accessit, M. Gorin.

Flûte. Professeur, M. Dumon. 1er prix, avec distinction, M. Jean Aerts ; 1er prix, M. Massay ; 2e prix, MM. Carlier et Verboom, tous deux par 43 points ; accessit, M. Broeckaert.

INSTRUMENTS A CORDES

Contre-basse. Professeur, M. Vanderheyden. 1er prix, M. Jodot ; 2e prix avec distinction, M. Aerts ; 2e prix, M. Mondalt.

Alto. Professeur, M. Firket. 1er prix, M. Vandeputte ; rappel du 2e prix avec distinction, M. Van Hufsel.

Le concours de violoncelle est remis au mercredi 4 juillet.

INSTRUMENTS A CLAVIER

Orgue. Professeur, M. Mailly. 1er prix avec distinction par 56 points, M. Andlauer ; 2e prix par 42 points, MM. Smets et Danneels ; 1er accessit par 38 points, M. Deneufbourg.

BRUGES

Le Cercle Beethoven, sous la direction de M. Jules Goetinck, avait organisé, pour le 14 de ce mois, une séance de musique scandinave, avec le concours de MM. E. Daveluy, baryton, Van Kerschaever, pianiste, Clarys, Lescrauwaet et Sabbe (violons), Dupont et Hardy (altos), Depost et Inslegers (violoncelles) et Van Lemberghe (contre-basse). L'entreprise de M. Goetinck a été couronnée d'un plein succès. Un public nombreux et choisi se pressait au foyer du théâtre, où la séance avait lieu.

Aussi bien, cette matinée était de tous points digne d'intérêt. Le programme, choisi avec goût, comprenait les noms de quatre compositeurs : Kjerulf, Gade, Grieg et Svendsen.

La séance s'ouvrait par l'exécution des deux mélodies élégiaques pour cordes de Grieg, pages pleines de sentiment et de poésie, que Bruxelles a entendues l'hiver dernier aux Concerts Servais.

M. Daveluy, un jeune baryton brugeois, a chanté à ravir deux mélodies de Halfdan Kjerulf (sur des poésies de Victor Hugo) et deux mélodies de Niels Gade : *Sérénade au bord de la mer* et le *Ménestrel*, qui ont valu à leur interprète un légitime succès.

Le trio *Novellettes* de Niels Gade, une œuvre pleine de verve et de légèreté, a été enlevé avec un brio remarquable par MM. Goetinck (violon) Depost (violoncelle) et Van Kersschaever (piano).

Ce dernier s'est encore fait applaudir dans ses piécettes pour piano; deux aquarelles de Gade et deux morceaux lyriques de Grieg, qu'il a joués avec une grande distinction; le dernier morceau surtout (*Printemps* de Grieg) est absolument exquis, avec ses harmonies si originales.

La sonate en *fa*, pour violon et piano, de Grieg, jouée par MM. Goetinck et Van Kersschaever, a remporté un franc succès, que méritait, du reste, l'excellente interprétation que ces deux artistes lui ont donnée.

Le morceau de résistance du concert, le digne couronnement de ce beau programme était l'octett de Johan Svendsen pour 4 violons, 4 altos et 2 violoncelles. Que dire de cette œuvre superbe, toute d'inspiration et d'une science consommée, avec, à chaque bout de phrase, de véritables trouvailles de rhythme, d'harmonie et d'instrumentation? Le scherzo, notamment, est une vraie dentelle, d'une originalité absolue, renfermant de ravissantes sonorités, passant de la plus grande fougue à la plus exquise légèreté, entrecoupé par un lento, dialogue poignant entre le premier alto et le premier violon, puis reprenant le motif principal pour finir en un effet merveilleux de pizzicati arpégés. L'andante est d'une large inspiration, avec ses mélopées d'une incomparable intensité expressive, et la suave péroraison pour violons en sourdine.

L'exécution a été de tous points remarquable, d'une homogénéité parfaite. Tous les exécutants se sont surpassés, et ont obtenu une ample moisson d'applaudissements. Nous devons cependant tirer hors de pair M. Goetinck, qui tenait le rôle écrasant de premier violon, avec le talent qu'on lui connaît, le deuxième violon (M. Claeys), le premier violoncelle (M. Depost) et le premier alto (M. Dupont), sur qui reposait tout le poids de l'œuvre. Ce dernier surtout a été admirable dans les soli de l'octett; il avait un son d'une ampleur et d'une pureté peu communes.

Nous félicitons vivement M. J. Goetinck de son excellente initiative; il a conduit les répétitions avec une rare intelligence, donnant à chaque morceau une interprétation irréprochable. Il a fait vraiment œuvre d'artiste en travaillant à la propagation des chefs-d'œuvre musicaux des peuples du Nord, avec lesquels nous, Flamands, nous avons tant d'affinités de race. Nous espérons qu'il ne s'en tiendra pas là, et que le succès du 14 juin, l'incitera à persévérer dans son entreprise artistique.

LIÈGE

Le théâtre du Gymnase a donné, le 12 juin, une pièce nouvelle du cru : *Cœur d'agnon*, tableau naturaliste en deux actes, paroles de M. Henri Simon, musique de M. Sylvain Dupuis. C'est un très grand succès pour l'auteur des paroles et pour l'auteur de la musique. Le sujet est d'une grande simplicité; c'est l'histoire d'une jeune fille du peuple qui passe d'un amoureux à l'autre et se voit finalement abandonnée par l'amant qui voulait l'épouser. L'intérêt est tout entier dans l'adaptation au théâtre de scènes populaires prises au vif et si parfaitement observées. Tout y est exquis : le cadre même où se meuvent les personnages, leurs caractères, leur langage, leurs costumes; les chants au parfum de terroir et aux rhythmes d'inspiration bien franche. La musique de M. Sylvain Dupuis est admirablement appropriée à l'œuvre. Il a fait preuve, dans le choix et l'arrangement des divers airs populaires, de sagacité, de tact et de goût. Citons *l'introduction* du 1er acte, une paraphrase gracieuse de vieux airs de crâmignons qui se condeit heureusement, puis une chanson de Fifine, les couplets amusants de l'Jojet, la romance de Jôseph et les couplets de *Gérd*; au second acte, on a applaudi les deux chansons de Fifine, les couplets de l'Jojet sur *le poste* et bissé le monologue furieux, très plaisant de Bambert et une romance de Bergopsoom :

Quand m's oulld al' vôtt a stoc tl va;

MM. Dupuis et Sithon ont été rappelés avec enthousiasme par un public enchanté.

M. Dupuis a dirigé lui-même avec précision, un excellent orchestre de vingt-cinq musiciens, phalange improvisée, où nous avons remarqué les chefs de pupitres du Théâtre-Royal.

Tous les détails de la mise en scène ont été l'objet d'une sollicitude éclairée et ont contribué à un excellent effet d'ensemble. C'est une pièce réaliste sans grossièreté et l'œuvre n'en est pas moins sincère, vraie et intéressante.

AMSTERDAM

La société « Maatschappij tot bevordering der Toonkunst » a donné, les 8, 9 et 10 juin, un festival à la Haye, sous la direction de l'organiste M. Samuel de Lange, avec le concours de M. les Pia von Sicherer, Assmann, MM. Lisman, Rogmans, Schmalfeld, et votre compatriote le violoniste Isaye. Un programme ultra-conservateur, à l'exception d'une ouverture de M. de Lange: aucun ouvrage nouveau ou même de date récente; exécution satisfaisante, mais fort inégale. ayant même laissé beaucoup à désirer. Quand on compare les concerts et les festivals donnés dans les dernières années, par cette société, jadis célèbre, à ceux qui ont eu lieu il y a une vingtaine d'années sous la direction de Verhulst et de Verhulst, et qui étaient considérés comme de véritables événements, il faut avouer qu'il y a *décadence* complète, et que ces festivals ne sont plus que l'ombre de ce qu'ils étaient autrefois. A celui de La Haye, nous avons entendu, le

premier soir, l'oratorio *Israël en Égypte* de Hændel, précédé de l'ouverture de M. de Lange. L'exécution de l'œuvre de Hændel ne nous a que bien médiocrement satisfait. Les chœurs, auxquels Hændel donne le plus souvent la part du lion, n'étaient, sous aucun rapport, à la hauteur de leur tâche, l'orchestre a commis de nombreuses négligences, et, parmi les solistes, il n'y a que M. les Pia von Sicherer et M. Rogmans qui aient droit à nos éloges. La première surtout a eu de très beaux moments, et on lui a fait bisser l'*Halleluja*. M. les Assmann à eu son temps et ferait bien de se retirer de l'arène artistique. Le baryton, M. Lisman, n'a pas eu l'occasion de se montrer dans sa partie secondaire, et, quant à la basse, M. Schmalfeld, il a une belle voix, mais la justesse de l'intonation laisse beaucoup à désirer. La seconde soirée était meilleure que la première. On y a exécuté la 9e symphonie de Beethoven, une cantate de Bach, le 114e psaume de Mendelssohn et un concerto pour orgue et orchestre de Hændel. Ce dernier ouvrage, magistralement joué par M. de Lange, a été vivement applaudi. M. de Lange est un organiste de premier ordre; nous plaçons l'organiste bien au-dessus du compositeur, et c'est surtout comme tel que nous l'avons admiré. La cantate de Bach, *Eine feste Burg ist unser Gott*, a eu une exécution honorable, celle du beau psaume de Mendelssohn était encore meilleure. Quant à la 9e symphonie de Beethoven, quand on a eu le bonheur d'entendre cette œuvre gigantesque à Aix-la-Chapelle, dirigée par Hans Richter, et au Conservatoire à Bruxelles, le souvenir de ces exécutions incomparables est ineffaçable. A La Haye, on a fait ce qu'on a pu et c'est tout ce que nous pouvons en dire. La dernière journée du festival était intéressante et c'est votre compatriote Isaye qui a été le héros de la fête. Il a obtenu un succès d'enthousiasme après l'admirable exécution du concerto de Viotti n° 22 (un ouvrage un peu suranné) *l'Abandled* de Schumann et une polonaise de Wieniawsky. En dehors des autres solistes, qui, tous, ont chanté avec plus ou moins de succès, il y a eu une fort bonne exécution de la symphonie en *ré* majeur de Brahms. Quant au psaume de M. Verhulst, c'est une pâle copie des psaumes de Mendelssohn, mais on a voulu fêter le compositeur septuagénaire et le public lui a fait une ovation. Verhulst s'est surtout acquis une *triste* célébrité par sa haine féroce contre l'immortel Wagner, dont il feignait d'ignorer l'existence et dont il n'a jamais voulu faire exécuter une note pendant son règne dictatorial. On a terminé ce concert par le chœur final de l'oratorio *Israël en Égypte*.

Dr Z.

Nouvelles diverses

Vendredi dernier a eu lieu à Vienne une cérémonie touchante ; la translation des restes de Beethoven du cimetière de Wæhring au nouveau cimetière central de la capitale.

A une heure de l'après-midi, les députations du Conservatoire et des sociétés musicales de Vienne, la ville de Bonn, où est né le grand compositeur, la ville de Berlin, les autorités de la capitale de l'Autriche, les deux filles de Charles von Beethoven, le neveu et fils adoptif de Beethoven, une délégation de la Concordia, association des journalistes viennois, se sont réunis au cimetière de Wœhring. La municipalité et toutes les délégations avaient apporté de belles couronnes destinées à être déposées sur la tombe où les cendres de Beethoven reposeront définitivement. Parmi celles-ci, on a admiré particulièrement celle de la municipalité, qui était immense, et une couronne envoyée par M. me de Serres (M. me Montigny-Remaury) nouée de rubans aux couleurs françaises.

A une heure et demie, la chapelle où se trouvait le cercueil, gardé par deux hommes, fut ouverte et, après que la bière eut été portée sur une voiture de gala attelée de huit chevaux, le cortège se mit en marche.

Un employé des pompes funèbres, à cheval, et portant un drapeau de deuil ainsi qu'une couronne de laurier, ouvrait la marche. Venaient ensuite deux cavaliers portant des lanternes allumées et voilées de crêpe ; puis une voiture chargée de couronnes ; le char portant le cercueil, entouré d'employés des pompes funèbres ayant à la main des lampions voilés de crêpe ; le cercueil les couronnes envoyées par la famille Beethoven; derrière le char, deux domestiques portant sur des coussins de velours rouge, l'un une lyre, l'autre une couronne; puis une seconde voiture chargée de couronnes, un certain nombre de voitures de deuil, et enfin des députations. Parmi les assistants, on a remarqué un vieillard de 80 ans, le maître de chapelle Godefroid Freyer, un contemporain de Beethoven.

Sur tout le parcours, la haie était formée par une foule très nombreuse et recueillie ; les becs de gaz brûlaient dans toutes les rues, en signe de deuil.

Au cimetière central, un chœur de Beethoven fut chanté par les élèves du Conservatoire. Puis le coadjuteur Angerer, qui avait assisté, enfant, aux funérailles du compositeur, en 1827, bénit le cercueil, qui fut porté jusqu'au caveau par une députation des professeurs du Conservatoire. M. Lewinski, un des principaux artistes du Burgtheater, lut un éloge funèbre du compositeur par M. de Wellen, le président de la Concordia, et on publia un chœur de Beethoven fut chanté par les élèves du Conservatoire pour terminer la cérémonie.

La veille de la cérémonie au cimetière central avait eu lieu au cimetière de Wœhring, l'exhumation des restes. Ils s'est produit à ce propos un incident pénible. Lorsque le cercueil a été ouvert et que le professeur Toldt, de l'université de Vienne, s'est avancé pour procéder à un examen du crâne, des protestations assez vives se sont fait enteudre, sous prétexte que des observations de ce genre avaient déjà été faites en 1863, et que le renouvellement de ces études compromettait la solennité et le recueillement de la cérémonie. Après des pourparlers assez longs, un compromis intervint entre les deux partis en présence : on mit les restes dans le nouveau cercueil, on les transporta dans la chapelle du cimetière, et là les professeurs Toldt et Meynert procédèrent à leurs études, non cependant sans que quelques fanatiques admirateurs du grand mort protestassent encore contre cette prétendue profanation. Le bruit s'est répandu depuis que deux dents de Beethoven avaient disparu, emportées sans doute comme des reliques par l'un ou l'autre des opérateurs. Cette rumeur est sans aucun fondement. Tout enlèvement de ce genre était impossible, attendu que l'opération de l'exhumation de même que les observations physiologiques ont été faites sous la direction et la surveillance des délégués de l'administration de Vienne.

Le docteur Toldt, adressera sous peu une communication à la Société d'anthropologie de Vienne sur les résultats de son enquête. En attendant, dans une lettre aux journaux de Vienne, il constate que l'empreinte au plâtre prise sur le crâne lors de l'exhumation en 1863, est insuffisante pour servir aux observations phrénologiques, mais qu'elle donne cependant une idée exacte de la conformation du crâne.

Ce crâne, est-on le sait, l'un des plus curieux que l'on connaisse. Il est à la fois très volumineux, il montre un front très développé et extraordinairement uni, enfin les sutures du crâne offrent des structures tout à fait anormales. C'est sur l'ensemble de ces observations corroborées par le Dr Meynert et le Dr Weissbach, qui assistaient le Dr Toldt, que portera la communication de celui-ci à la Société d'anthropologie.

La réduction de piano de la partition des *Fées* de Richard Wagner vient de paraître et sera, sous peu, mise en vente. Cet ouvrage de jeunesse, qui est écrit dans la manière de *Rienzi*, date de 1833-34. Le manuscrit de la partition d'orchestre nous fait connaître que le premier acte fut terminé le 6 août 1833 et le troisième le 1er janvier 1834. Cette œuvre de jeunesse, Wagner la donna, on le sait, au roi de Bavière Louis II, en 1886. Le manuscrit, qui est fort beau et d'une netteté d'écriture remarquable, porte en tête cette dédicace, qui nous livre en même temps le sentiment de Wagner sur ce « péché de jeunesse » :

J'errais jadis et je voudrais aujourd'hui effacer mon erreur ;
Mais comment me libérer de ce péché de jeunesse ?
Je le dépose humblement à tes pieds,
Pour que ta grâce lui soit une rédemption !

Cette dédicace à Louis II est datée de Noël 1886. En même temps que les *Fées*, Wagner envoya à cette époque à Louis II la partition des *Défenus d'aimer* ; la mort du roi, les deux œuvres furent retrouvées dans sa bibliothèque, et ce n'est qu'après de longs pourparlers entre la famille de Wagner et les curateurs de la succession de Louis II qu'une entente s'établit pour la publication et la représentation de deux ouvrages ; car il paraît qu'après les *Fées*, l'intendance des théâtres royaux de Munich se propose de monter aussi *Défense d'aimer* qui est-on le sait tiré de *Mesure pour mesure* de Shakespeare.

Quant aux *Fées*, imitées d'un conte de Gozzi, l'intendance de Munich en prépare activement l'exécution pour le mois prochain, et les pèlerins de Bayreuth qui pousseront jusqu'à Munich pourront, après *Parsifal* et les *Maîtres-Chanteurs*, les œuvres de la maturité, aller entendre aussi l'œuvre de la jeunesse.

A ce propos, on a paru, de différents côtés, manifester quelque suprise que les héritiers du maître n'aient pas empêché l'exécution d'un ouvrage dont le nom de Wagner ne paraît pas devoir tirer une gloire nouvelle. Il est clair que si l'on se place au point de vue de *Parsifal* et des *Nibelungen*, la publication et la représentation des *Fées* ne peuvent offrir un bien vif intérêt. Mais il sera certainement curieux de connaître ces premiers essais dramatiques du puissant génie qui a réformé tout le théâtre ; et pour le développement même de ses facultés, il y a un grand intérêt à ce qu'on n'ignore pas ses commencements, si imparfaits qu'ils puissent être, en regard des grandes œuvres subséquentes.

Tristan et Isolde, de Richard Wagner a été représenté pour la première fois en Italie, le 2 de ce mois, au théâtre de Bologne, à l'occasion des fêtes universitaires et de l'exposition ouverte dans cette ville. Bien que la représentation ait eu lieu devant un public cosmopolite peu préparé aux beautés musicales de l'œuvre, celle-ci a obtenu un éclatant succès, surtout le premier acte et le troisième. La scène d'amour du deuxième acte a été écoutée dans un silence religieux, mais le finale a déplu. Les Italiens n'ont rien compris au renoncement héroïque du roi Marke. Chef d'orchestre Martucci. Tristan (Novelli), Iseult (Signora Cattaneo), et Brangaine (Signora Spagni) ont été rappelés après chaque acte.

Au San-Carlo de Naples, le *Tannhæuser* sera donné au début de la prochaine saison.

Une intéressante représentation a été donnée à l'Opéra de Vienne, à l'occasion de l'inauguration du monument de Marie-Thérèse. Le spectacle se composait exclusivement d'œuvres de l'époque de la grande impératrice : l'ouverture d'*Iphygénie en Aulide*, de Gluck, avec

la *coda* de Wagner ; un opéra comique du même maître, les *Amours champêtres*, sur un livret de Favart, et un ballet militaire le *Camp de Marie-Thérèse*.

Les *Amours champêtres* avaient été appropriées à la scène moderne pour la circonstance au moyen de fragments empruntés à d'autres opéras comiques de la jeunesse de Gluck, l'*Isle de Merlin* et la *Fausse Esclave*, composées de 1755-1766.

Le théâtre Victoria, à Berlin, où eurent lieu les premières représentations de l'*Anneau du Nibelung*, par la troupe d'Angelo Neumann, va être démoli. Il a été acheté par une société de construction pour la prolongation de la Kaiser Wilhelmstrasse.

—

M. Hans de Bronsart, intendant général du théâtre Grand-Ducal de Weimar, vient d'être désigné pour prendre la succession de Karl Riedel, comme président de l'Association générale des musiciens allemands.

—

M. Calabresi est nommé définitivement directeur du Grand Théâtre de Marseille. M. Stoumon, ancien directeur du Théâtre de la Monnaie avec M. Calabresi, est, dit-on, de la combinaison. Il vient de partir pour Marseille.

—

La Société du Mérite pour les Arts, les Sciences et les Lettres de Bologne vient d'adresser le diplôme de membre associé et correspondant avec la médaille d'or de 2me classe, à M. Maurice Leenders, le sympathique directeur de l'École de musique de Tournai, pour l'envoi de la partition de son concerto de violon en *ut mineur*.

ÉPHÉMÉRIDES MUSICALES

Le 29 juin 1813, à Paris, le *Nouveau Seigneur du village*, un acte de Boieldieu. — A Bruxelles, en la même année, 13 oct. ; à Liège, 11 déc. ; à Vienne, *der Gutsherr*, 24 juil. 1814, et a été joué 170 fois, la dernière, 26 févr. 1850.

Depuis le premier quatuor : *Ainsi qu'Alexandre le Grand* jusqu'au duo : *Si vous restez à cette place*, cette musique pétille d'esprit. Ce petit acte est le montant, le bouquet d'un doigt de vieux bourgogne, de ce chambertin qu'on y chante dans un duo fameux. (Voir *Boieldieu, sa vie*, etc., par A. Pougin, Paris, Charpentier, 1875.)

— Le 30 juin 1818, à Paris (Opéra-Comique), le *Petit Chaperon rouge*, 3 actes de Boieldieu ; dernière reprise, 2 août 1860. — A Gand, 18 nov. 1818 ; à Anvers, 8 déc. 1818, avec Campenhout, l'auteur de la *Brabançonne*, dans le rôle de Rodolphe ; reprise en mars 1877 ; à Bruxelles, 27 janv. 1819 ; à Liège, 22 févr. 1819 ; à Vienne, *das Rothkæppchen*, 17 mars 1819 au 21 déc. 1866, quarante-trois représentations.

Une particularité de cet ouvrage, particularité peu connue, parce que la partition transcrite pour piano et chant n'en fait pas mention, c'est que Boieldieu jugea à propos de placer en tête de l'ouverture le petit avis que voici : « Le sujet de cette ouverture est une partie du conte du *Petit Chaperon*. L'auteur croit devoir en donner le programme sous chaque phrase musicale, pour que le chef d'orchestre fasse sentir les nuances, qui, sans cette précaution, pourraient échapper à l'attention. » (Voir POUGIN, *Boieldieu*, p. 175).

— Le 1er juillet 1784, à Bruxelles, naissance de Charles-Auguste Lis. — Son décès à Bruxelles le 28 juin 1845. Deux ou trois de ses romances : *Portrait charmant* et *Flaune du Tage*, entre autres, ont beaucoup été chantées dans les salons où la guitare régnait en souveraine.

— Le 2 juillet 1844, à Liège, naissance d'Eugène Hutoy. Professeur au Conservatoire, chef d'orchestre, compositeur, cet estimable artiste a organisé et dirigé les premiers concerts populaires qui ont été donnés à Liège. Il est fâcheux que l'entreprise n'ait pas été pour suivie.

— Christophe-Willibald Gluck naît à Weidenwang, le 2 juillet 1714, et Jean-Jacques Rousseau, meurt à Ermenonville, le 2 juillet 1778.

— Le 3 juillet 1778, à Paris, mort de la mère de Mozart (née Anna-Maria Pertlin).

Nous empruntons à l'ouvrage si intéressant de notre ami, Adolphe Jullien, *la Ville et la Cour au XVIIIe siècle*, le récit touchant de la mort de la mère de Mozart.

« Au milieu de son séjour chez nous, Mozart fut frappé d'un coup terrible et en ressentit une douleur profonde, qui influa beaucoup sur l'opinion qu'il garda de Paris.

« Un matin, le médecin dit brusquement à Mozart : « Je crains bien que votre mère ne passe pas la nuit, car, si elle se trouve mal sur sa chaise, elle peut mourir en un clin d'œil. Ainsi, voyez à ce qu'elle se confesse ». Aussitôt, Wolfang prit sa course jusqu'au bout de la Chaussée d'Antin, au-delà de la barrière, où il vit son compatriote Heina, qui lui promit de venir le lendemain avec un prêtre allemand. En revenant, il monta un instant chez Grimm et Mme d'Epinay, qui lui reprochèrent de ne pas les avoir prévenus plus tôt et envoyèrent aussitôt leur médecin. Rien n'y fit cependant : la malade perdit tout sentiment, ne vit plus, n'entendit plus, et, suivant la belle expression de son fils, « elle s'éteignit comme une lampe, elle mourut sans en avoir conscience. » C'est ainsi qu'elle expira dans une modeste chambre d'auberge, la mère de Mozart, entourée à son lit de mort de trois personnes ; son fils, un compatriote, nommé Heina, chevau-léger du roi, et leur hôtesse, la maitresse de l'auberge des Quatre Fils Aymon (rue du Gros-Chenet). »

— Le 4 juillet 1694, à Paris, naissance de Louis-Claude Daquin. Sa mort à Paris, le 15 juin 1772. Fétis dit de Daquin : « Comme organiste, il excita pendant plus de soixante ans l'admiration de ceux qui l'entendirent. Dans ses pièces d'orgue, ses noëls, *ses pièces de clavecin*, on n'y trouve que des idées communes et une ignorance complète de l'art d'écrire. » Rameau lui avait disputé dans un concours la place d'organiste à l'église de Saint-Paul en exécutant une fugue préparée. Daquin s'en aperçut, il remonta à l'orgue, et arrachant le rideau qui le cachait à l'auditoire, il lui cria : *C'est moi qui vais toucher*. Son morceau improvisé lui valut la gloire de l'emporter sur son rival.

— Le 5 juillet 1823, à Paris (Opéra-Comique), les *Sœurs jumelles*, de Fétis. Sauf un quintette qui se chante de temps en temps dans les concerts de notre Conservatoire, il n'y a rien à citer de ce petit acte incolore. Nous ne voyons en Belgique qu'un seul théâtre où la pièce fut jouée, celui de Gand, 13 octobre 1826.

— Le 6 juillet 1802, à Bruxelles, l'*Irato*, un acte de Méhul. — A Paris, 17 février 1801 ; à Liége, 9 août 1801 ; à Gand, 6 septembre 1803 ; à Anvers, 29 décembre 1803.

Méhul, agacé d'entendre toujours vanter les Italiens, eut l'idée de donner une pièce bouffe sous le nom d'un maitre d'outre-monts, et ne se découvrit qu'après la représentation. Les amateurs, gens du monde et gens d'esprit, s'étaient naturellement laissés prendre au piège ; mais en somme, l'*Irato*, quoique un peu bariolé d'italianisme, est une partition bien française, et par son esprit et par son tour mélodique.

— Le 7 juillet 1792, à Paris (Feydeau), les *Visitandines*, deux actes de Devienne. — A Bruxelles, 23 août 1794 ; à Gand, 1793, à Liége 8 mars 1798.

Au retour des Bourbons, la pièce, condamnée en France pour cause d'irréligion, changea de titre et s'appela, pour le théâtre de l'Op.-Com. (6 mars 1825) : *le Pensionnat de jeunes demoiselles*, et pour l'Odéon (28 juin 1825) : *les Français au Caire*. La charmante musique de Devienne ne perdit rien à la transformation du poème de Picard. Les *Visitandines*, sous leur forme première, ont reparu cependant aux Folies-Bergère, en 1872. On a prétendu que l'air de Frontin : *Enfant chéri des dames* ressemblait à la chanson de Papageno dans la *Flûte enchantée*. Est-ce une rencontre, une réminiscence ou un plagiat ? Notre ami Pougin opine pour le premier cas, et il en développe longuement les raisons dans la notice qu'il a consacrée à *Devienne*, une brochure de 32 pages, Paris, 1864.

— Le 8 juillet 1779, à Paris (Opéra), par des chanteurs italiens, l'*Amore soldato*, intermède en trois actes de Sacchini.

On connaissait déjà en France Sacchini par la traduction de deux de ses opéras, représentés à la Comédie-Italienne, l'un, la *Colonie* (1775), l'autre l'*Olympiade* (1777).

La carrière de Sacchini ne présente un intérêt véritable que du jour de son arrivée en France (1781). Les cinquante ou soixante opéras que son inspiration facile avait écrits au courant de la plume, durant ses longs séjours en Italie et en Angleterre ne sont rien pour l'histoire auprès des cinq ouvrages qu'il créa chez nous et pour nous : *Renaud, Chimène, Dardanus, Œdipe à Colone, Arvire et Evelina*. (Voir Ad. Jullien, *la Cour et l'Opéra sous Louis VVI.*)

— Le 9 juillet 1883, à Quincy près Paris, décès d'Adrien-Louis-Victor Boieldieu. Sa naissance à Paris le 3 novembre 1815. Pâle reflet à peine perceptible du génie de son père, le glorieux auteur de la *Dame blanche* !

Des huit ou dix opéras de Boieldieu fils un seul la *Fille invisible*, trois actes, a été joué à Bruxelles (théâtre de la Monnaie, 7 mai 1855). En écoutant M. Boieldieu fils, disait le *Guide musical*, on cherche à ne plus se rappeler que Boieldieu père.

— Le 10 juillet 1804, à Paris (Opéra), *Ossian ou les Bardes*, cinq actes de Lesueur.

« L'étrangeté des mélodies, le coloris antique et l'accent grave des harmonies de Lesueur se trouvaient là parfaitement motivés. On sait quelle était la prédilection de Napoléon pour les poèmes de Macpherson, attribués à Ossian : le musicien qui venait de leur donner une vie nouvelle ne pouvait manquer de s'en ressentir. A l'une des premières représentations des *Bardes*, l'Empereur enchanté, l'ayant fait venir dans sa loge après le troisième acte, lui dit : « Monsieur Lesueur, voilà de la musique entièrement nouvelle pour moi, et fort belle, placez-vous à côté de moi, jouisses de votre triomphe, on n'en obtient pas toujours de pareil. » (H. Berlioz, *Soirées de l'orchestre*.)

L'Empire tombé, *Ossian* ne reparut à l'Opéra qu'une seule fois, le 29 septembre 1817.

— Le 11 juillet 1790, à Versailles, naissance d'Amédée-Louis-Joseph de Beauplan, de son vrai nom Rousseau. Sa mort à Paris le 24 décembre 1853. Des nombreuses romances dont il s'est rendu coupable, les amateurs citent particulièrement : *Bonheur de se revoir*, mais surtout *Dormez, mes chères amours*.

— Le 12 juillet 1824, à Paris, les *Deux Salem*, un acte de Daussoigne-Méhul. — Treize représentations, ce qui indique que l'œuvre n'obtint qu'un succès d'estime ; elle fut jouée par les deux Nourrit père et fils, dont la ressemblance extraordinaire, tant au

point de vue des traits du visage que de la voix et de la taille, paraissait une circonstance heureuse pour la personnification des deux héros de la pièce. (J.-Th. Radoux, *Notice sur Daussoigne-Méhul*, p. 15.)

Nécrologie

Sont décédés :

A Londres, le 8 juin, à l'âge de 80 ans, Mme veuve Balfe, née Lina Roser, de nationalité hongroise, ancienne prima donna des théâtres d'Italie. C'est à Bergame qu'elle fit là connaissance du compositeur anglais Balfe, qui chantait alors les barytons et dont elle deviat la femme. (Voir *Balfe, his life and works*, London, Remington, 1882.)

— A Prague, le 3 juin, à l'âge de 50 ans, Engelbèrt Pirk, jadis chanteur à l'Opéra de Vienne.

— A Paris, Hubert-Antoine Rubner, né le 11 mai 1814, violoniste et le doyen des chefs d'orchestre de Paris.

— A Leipzig, Friedrich-Wilhelm Gebhardt, né à Duderstadt en 1804. Il chantait les ténors dans les concerts du *Gewandhaus*, du temps de Mendelssohn, et il a publié différents recueils de chant à l'usage de la jeunesse.

— A Catane, Antonio Gandolfo, auteur de plusieurs opéras, entre autres *Caterina di Guisa*, joué à San-Carlo, à Naples.

— A Sesto-di-Monza, le 20 juin, Cesare Dominicetti, né à Desenzano-sul-Lago, le 12 juillet 1821, compositeur dramatique. (Notice, suppl. Fétis-Pougin, t. 1, p. 276.)

XXXIVᵉ ANNÉE   12 et 19 juillet 1888   NUMÉROS 28-29

Le Guide Musical

Paraissant tous les jeudis.

ABONNEMENT
FRANCE et BELGIQUE : Avec musique 25 francs.
—   Texte seul. . 10 —
UNION POSTALE : —   12 —

SCHOTT FRÈRES, ÉDITEURS.
Paris, *Boulevard Montmartre, 19*
Bruxelles, *Montagne de la Cour, 82*

ANNONCES
S'adresser à l'Administration du Journal.
On traite à forfait.

LE CHANT DANS LA NATURE

(Suite. — Voir nᵒˢ 26-27).

 ous voici arrivé aux pièces capitales de la collection; écoutons M. Beckler:

« Le *Soldier* ou *læther head* (nom anglais d'un oiseau appartenant au genre corneille), a également sa mélodie bien déterminée qui contient en elle tout un monde de mélancolie. Quoique cet oiseau, très répandu, fût bien connu par tous les habitants des colonies, je n'eus la chance de l'entendre et de le voir qu'à la station appartenant à mon vieil ami, M. Bracker, Mecklembourgeois de naissance.

« L'oiseau vint se percher, un soir, sur un arbre à proximité de l'habitation où je me trouvais, et y entonna à plusieurs reprises sa triste chanson d'une voix pure quoique aiguë et plaintive, marquant l'*ut* initial comme par une expiration violente et rapide. »

Comme document, ce récit ne laisse rien à désirer. Nous l'avons reproduit à cause de son extrême intérêt, et afin de prévenir tout doute de la part du lecteur et d'éviter toute objection.

Nᵒ 7.

Par la rythmique, par la disposition des intervalles et par le mode qui est manifestement mineur, cette mélodie rappelle les chants slaves ou scandinaves.

Sous les tropiques, elle a un caractère exotique qui tranche singulièrement avec le milieu où elle se produit. Le récit du voyageur australien évoque en moi l'image d'une fée maligne, d'une Circé du Nord métamorphosant un couple d'amoureux en oiseaux et les bannissant loin des pays brumeux de Norwège ou de Lithuanie, où vont leurs rêves d'exilés et la plaintive chanson de leur incurable nostalgie (1).

Mais revenons à la réalité et mettons en regard de ce chant d'oiseau un refrain des bateliers nègres (2), cité par un voyageur africain :

Les deux chants se meuvent dans l'intervalle de la quinte. Mais combien plus riche est la rythmique du chant de l'oiseau? Toute réflexion faite, il nous semble qu'ici c'est le chant de l'oiseau qui l'emporte sur celui de l'homme.

Nᵒ 8. Pour finir, voici maintenant le chant du *magpie*, dont la voix, au dire de notre voyageur, a un charme surnaturel:

Arrivé à cette phrase de son chant, le *magpie* semble se recueillir un moment ; puis, subitement, il entonne son passage final avec une force et une

---

(1) C'est une particularité curieuse des habitants du Nord, transportés dans les pays méridionaux, qu'ils conservent sous les latitudes les plus séduisantes un invincible attachement au pays natal, lequel exerce sur eux une sorte de fascination qui va jusqu'à devenir une sensation douloureuse persistante.

(2) *La Vie en Afrique,* par Jérôme Becker. Bruxelles.

grâce qui feraient penser que le chantre ailé en a lui-même une très haute opinion.

« Ce chant tout entier se repète ainsi quatre ou cinq fois de suite à quelques temps d'arrêt entre chaque répétition et de plus en plus piano. »

Les documents que nous venons de présenter offrent un intérêt scientifique et font surgir de curieuses réflexions. Nous les formulerons dans un sens qui peut-être ne sera pas du goût de tout le monde, mais que l'enquête présente nous suggère fatalement, à savoir que tous les éléments du chant, rythme, successions d'intervalles musicaux, ornements, non seulement se retrouvent épars chez les êtres inférieurs à l'homme, mais qu'en outre ces éléments se retrouvent, chez certains de ces êtres, réunis en un tout complet, ce tout que nous appelons dans notre langage humain *la mélodie ornée*.

La nature ne fait donc que continuer dans l'homme ce qu'elle a commencé dans les séries vivantes, inférieures et antérieures. Et ici encore, d'accord avec toutes les données de l'anatomie, de la physiologie et de la psychologie comparée, se trouve la preuve que l'homme fait partie du plan général, grandiose et beau de la création terrestre.

Mais ce fait indéniable constaté une fois de plus, faut-il pour cela déprécier le mérite des grandes écoles de chant, de celles qui florissaient en Italie au XVIIe et au XVIIIe siècle, tant à Rome et à Bologne qu'à Venise et à Naples, et qui produisirent non seulement les plus beaux virtuoses, mais aussi la plus parfaite méthode vocale ? Ce serait évidemment se méprendre sur notre but. Ce n'est pas du point d'arrivée de la méthode vocale qu'il s'agit dans cette étude, mais bien de son point de départ, lequel pourrait n'avoir pas commencé avec l'homme, pas plus que le chant lui-même, si incroyable que cela paraisse !

Si, par méthode, on entend *une façon de raisonner les moyens d'exécution en vue de réussir à faire telle ou telle chose déterminée*, il se pourrait que l'oiseau chanteur raisonnât à sa façon aussi, et les preuves ne manquent pas à l'appui d'une telle supposition.

L'oiseau, dira-t-on, quelque beau que soit son chant, chante d'instinct et sempiternellement le même air. Et cependant, considérez que le petit du rossignol, à peine sorti de sa coquille, ne sait ni voler ni chanter ; c'est graduellement, entouré des tendres soins de ses parents et encouragé par l'exemple, que le rossignolet se hasarde à quitter timidement son nid. C'est par des essais réitérés et souvent peu heureux, c'est par un exercice basé sur une imitation graduée qu'il parvient à se raffermir et, finalement, à faire agir avec aisance et sûreté son appareil de locomotion aérienne. Il en est de même de son chant. Ce n'est que graduellement aussi qu'il parvient à la virtuosité. L'époque de sa puberté

marque la fin de son stage. C'est durant la saison poétique de ses premières amours qu'il élève la voix au sein des nuits printanières. La passion le stimule à accomplir les hauts faits musicaux que nous admirons sans nous lasser jamais.

(*A continuer.*)   Léopold Wallner.

LES FÉES

opéra en 3 actes, paroles et musique de Richard Wagner, représenté pour la première fois sur le Théâtre de la Cour, à Munich, le 29 juin 1888.

« C'est un très grand succès que celui que vient de remporter au théâtre de Munich le jeune auteur qui a nom : Richard Wagner. Cet opéra, les *Fées*, est la première partition dramatique de ce compositeur qui s'est fait connaître déjà par une symphonie jouée au Gewandhaus, à Leipzig, et par quelques ouvertures où il y avait du souffle et de l'allure. S'il continue comme il a commencé, on peut lui prédire le plus brillant avenir, car il y a plus que des promesses de talent dans cet œuvre d'un artiste de vingt ans ; il y a une force d'inspiration, un souffle généreux et un savoir faire qui annoncent en lui une puissance supérieure, la puissance créatrice qui fait les grandes œuvres. »

Ainsi auraient pu dire les journaux de 1834 ; ils ne l'ont pas dit, l'œuvre étant demeurée dans les cartons de l'auteur et n'en étant sortie qu'après sa mort, cinquante-quatre années, un demi-siècle après avoir été écrite. Voilà qui est pour donner aux impatients le courage d'attendre et aux présomptueux la conscience de leur médiocrité.

Comment cette œuvre surprenante, dont l'effet a été si considérable le 29 juin, a-t-elle pu rester ignorée si longtemps, comment personne ne l'a-t-il devinée en 1834, quelle fée maligne a tenu ces *Fées* à l'écart et leur a fait ployer les ailes ?

C'est là une de ces douloureux mystères que se reproduisent dans la vie de tous les grands artistes. En 1834, les *Fées* auraient nécessairement produit une aussi grande impression qu'en 1888. L'œuvre n'est certes pas inférieure à *Rienzi* ; on peut même affirmer qu'en certaines parties elle y est supérieure. Or, voyez quelle modification dans la carrière de Wagner, si ces *Fées* avaient été jouées en 1834 ou en 1835. *Rienzi* ne paraît qu'en 1843 ; du jour au lendemain, Wagner est célèbre ; il l'eût été bien certainement aussi après les *Fées* ; il fût peut-être devenu tout de suite capellmeister dans un théâtre de grande ville, et il n'aurait souffert ni le théâtre de Magdebourg, ni les déboires de Riga, ni le prodigieux voyage par mer de la Baltique aux côtes d'Angleterre, ni les tribulations et la misère de Paris. Et qui pourrait dire de quel poids tous ces incidents de sa pleine jeunesse, de la vingtième à la trentième année, ont pesé dans le développement de son génie ?

Si bien qu'on en revient à se féliciter que les *Fées* n'aient pas vu le jour à leur heure, et qu'elles n'aient pas été, dix ans plus tôt, trop tôt peut-être, ce que *Rienzi*, le point initial de sa renommée.

Quant à ceux qui redoutaient pour la gloire de Wagner l'épreuve de cette œuvre de jeunesse, qu'ils soient rassurés. Si elle n'ajoute pas, elle ne la diminue pas davantage, mais elle demeurera comme une preuve éclatante de la force originelle de son génie. Comme œuvre d'un jeune homme de vingt ans, la partition est, certes, extraordinaire. A côté des pages inspirées de Beethoven et de Weber, de l'aveu même de Wagner, il y a des beautés de premier ordre, des surprises mélodiques et instrumentales où se marquent dès alors l'originalité et la puissance du maître.

Ce qui frappe surtout, c'est le souci très sensible de donner au récitatif de l'accent sa caractère. Wagner ne trouve pas partout l'expression juste ; il faut dire que ses récitatifs sont souvent alambiqués et gauches ; mais le désir de donner plus de vérité à la diction musicale, qui était déjà la caractéristique de Weber, se trahit ici à chaque pas, et avec une note personnelle et nouvelle.

L'ouverture, dont Wagner a raconté qu'elle avait eu du succès dans un concert à Wurzbourg, est longue et ne diffère pas sensiblement, par le développement et le caractère, des morceaux symphoniques qu'il était d'usage, en ce temps, de donner comme préface orchestrale à toute œuvre lyrique. Elle roule presque tout entière sur les thèmes qui ont trait au cœur de la pièce. On y rencontre un thème d'amour très finement orchestré, auquel succèdent malheureusement des développements dans le goût de l'époque et qui paraissent aujourd'hui bien oiseux. Après ces variations, vient un motif assez court, qui rappelle la belle conclusion de l'air d'Elisabeth de *Tannhæuser*. Le premier acte s'ouvre par une jolie scène de ballet analogue à celle d'*Obéron*, mais incontestablement inférieure à celle-ci. La suite de l'acte est presqu'entièrement en récits ariés qui n'offrent plus qu'un intérêt relatif. Ce premier acte est, du reste, le plus faible. Le deuxième est infiniment supérieur. Ici, nous rencontrons de véritables éclairs de génie. Des ensembles puissants, un air de soprano d'un très beau caractère, un délicieux duo comique qui fait pressentir l'humour des *Maîtres Chanteurs*, et le finale, dont Wagner avouait, dans son esquisse biographique, qu'il se promettait un grand effet, donnent à cet acte une valeur exceptionnelle.

Le troisième acte contient la perle de l'œuvre, une prière avec accompagnement de chœurs a capella, qui est de toute beauté et d'une suavité mélodique que Wagner n'a plus retrouvée. Il faut mentionner enfin la scène de la folie d'Arindal, grandement traitée et très dramatique.

Le sujet des *Fées* est, vous le savez, tiré de la *Femme-serpent*, une nouvelle du conteur italien Gozzi, un peu oublié aujourd'hui, mais très populaire alors en Allemagne; c'est à ce conteur que Schiller a emprunté le sujet de *Turandot*.

L'adaptation dramatique de la *Femme-serpent* est habile et dénote un instinct remarquable de la scène. Le poème, toutefois, est loin d'offrir l'intérêt littéraire et poétique de ceux de *Lohengrin*, des *Maîtres Chanteurs* ou même de *Tannhäuser*. Dans le conte de Gozzi, une fée s'est éprise d'un mortel; pour être à lui, elle a renoncé à l'immortalité. Une condition est mise à l'accomplissement de son dessein. Il faut que son amant n'ait aucun doute, quelque cruelle qu'elle se montre à son égard; s'il succombe, elle est menacée d'un sort terrible. En effet, l'homme ayant manqué de foi, la fée est changée en serpent. L'amant, reconnaissant sa faute, l'expie en donnant un baiser à l'animal immonde, baiser magique qui ne manque jamais son effet. Wagner a modifié cette fable en un point seulement. Au lieu d'être changée en serpent, la fée Ada devient une statue à laquelle, par l'ardeur de ses chants, Arindal rend la vie; lui même par la toute-puissance de l'amour devient un dieu.

Les journaux ont raconté que Wagner, en adressant son manuscrit en trois grands volumes au roi de Bavière, avait inscrit sur le premier feuillet un quatrain, où il désignait l'œuvre comme un péché de jeunesse (1). Le renseignement n'est pas tout à fait exact. Le quatrain en question se trouve sur la première page de la partition de *Défense d'aimer ou la Novice de Palerme*, l'autre partition de jeunesse donnée en manuscrit à Louis II et inscrite après sa mort dans sa bibliothèque. J'ai, vu le manuscrit des *Fées* et je l'ai feuilleté; je puis vous assurer qu'on n'y rencontre aucune annotation étrangère à l'œuvre. L'écriture est très fine et très ferme; seulement, l'encre commence à passer et c'est ce qui a rendu assez difficile le travail de reconstitution de la partition d'orchestre. C'est M. Lévi, l'éminent chef d'orchestre de Munich, qui a surveillé de près cette œuvre délicate. C'est à M. Lévi également qu'on doit la réduction pour piano et chant parue chez l'éditeur Heckel, à Mannheim.

L'œuvre est montée avec un luxe remarquable. Les décors sortant des ateliers de MM. Brieschl et Burghart, de Vienne, sont magnifiques et bien supérieurs à ce que l'on voit d'ordinaire sur les théâtres allemands. La mise en scène est réglée avec beaucoup de soin et toutes les machines ont admirablement marché. Orchestre superbe, chœurs excellents sous la jeune direction du maëstro Richard Strauss. Quant aux solistes, je signalerai le ténor Mikorey (Arindal), Mme Dressler (la fée Ada), Mlle Herzog (Drolla), M. Sierh (Gernot), etc.

L'intendance de Munich s'est grandement honorée en montant aussi splendidement la première œuvre de Wagner. Tout fait prévoir que le succès de la soirée du 29 maintiendra et que l'œuvre demeurera au répertoire.

Elle est infiniment supérieure à bien des ouvrages de Lortzing et Marschner, et à d'autres du répertoire italien qui se sont maintenus jusqu'ici.   W.

BERLIOZ ET WAGNER

Lu, dans le compte rendu des *Fées* adressé par M. Berggruen au *Ménestrel*, la phrase suivante : « L'orchestre des *Fées* est traité savamment, mais n'offre *pas encore* les effets que Wagner *trouvera* plus tard sous *l'influence des partitions* de Berlioz. »

Voilà dix ans que l'on parle en France des effets trouvés par Wagner sous l'influence de Berlioz. Si l'on veut dire par-là que Wagner doit son orchestration à Berlioz, on commet une erreur historique et l'on soutient une pure absurdité. La vérité est que Wagner a bien connu les œuvres de Berlioz et que leur a jamais accordé une grande valeur musicale. De son premier séjour à Paris,

(1) Nous avons donné la traduction de ce quatrain; voir la dernier numéro du *Guide*. Il y a lieu de rectifier suivant les indications de notre correspondant ce que nous avons dit à ce sujet. Rectifier aussi la date de la dédicace au roi de Bavière: Noël 1866, au lieu de *1866*.   N. de la R.

il n'emporta au sujet de Berlioz que des impressions assez confuses, et plutôt défavorables, qui ne semblent guère indiquer le désir d'imiter ce modèle auquel il trouvait de grands défauts et vers lequel il ne se sentait pas attiré par l'admiration (1). Plus tard, en 1842, Wagner revit Berlioz à Dresde, et il l'assista dans les répétitions pour le grand festival donné dans cette ville en l'honneur du maître français. On y exécuta *Harold*, la *Fantastique* où Wagner avait trouvé « tout audacieux, excessif, mais extrêmement désagréable »; enfin le *Requiem*, qui en lui laissa aucune impression. Or, à ce moment Wagner avait donné *Rienzi* et le *Vaisseau-Fantôme*, où l'on trouvera déjà indiqué, avant Berlioz, ou tout au plus en même temps que par lui, le système de la division de l'orchestre par familles d'instruments, la principale innovation orchestrale de Wagner.

En 1855, à Londres, Wagner rencontra de nouveau Berlioz, et les deux maîtres se lièrent plus étroitement. Wagner était alors si peu au fait des œuvres de son rival et qu'aussitôt après son retour à Lucerne, il écrivait à Liszt : « Berlioz a répondu récemment à une lettre de moi où je lui demandais, entre autres choses, de m'envoyer ses partitions; il me dit qu'il ne peut le faire, parce que ses éditeurs ne lui délivrent pas d'exemplaires gratuits. J'avoue que je trouverais aujourd'hui intérêt à lire les partitions de ses symphonies. Les as-tu? Dans ce cas, tu m'obligerais en me les prêtant? »

D'où il résulte qu'en 1855, Wagner n'avait pas *lu* une seule des partitions symphoniques de Berlioz! Et à cette époque *Tannhäuser*, *Lohengrin*, le *Rheingold*, cette merveille orchestrale de toute la tétralogie, avaient vu le jour, et la *Walküre* était aux trois quarts orchestrée. (Voir la correspondance de Liszt et Wagner.)

Parler des effets trouvés par Wagner *sous l'influence des partitions* de Berlioz, c'est donc énoncer une vérité qui a tout juste la valeur de celle que M. Bellaigue faisait connaître récemment aux lecteurs de la *Revue des Deux Mondes* et du *Figaro* : à savoir que Wagner avait *trouvé* certaines harmonies de *Lohengrin* dans le *Prophète*, postérieur de deux ans à *Lohengrin* !

Et voilà comme on écrit l'histoire de la musique!   M. K.

Chronique de la Quinzaine

PARIS.

Depuis que le Grand Prix est couru, Paris est vide, Paris n'a plus de Parisiens et ce n'est plus Paris. Il y a, il est vrai, les étrangers : Allemands, Anglais, Espagnols, Portugais, Italiens et provinciaux, qui circulent sur les boulevards et s'entassent dans les salles de spectacle : l'animation y est, mais il n'y a pas le mouvement. Paris, c'est le désert animé, mais le désert. Une preuve : les cochers sont devenus polis, les garçons de café se précipitent aux pieds des consommateurs pour deux sous de pourboire ; il pleut du matin au soir, et les rares flâneurs indigènes, navrés de leur solitude au milieu de cette foule, prennent des patiences extrêmes : on a vu qui entralent à l'Opéra !

Il est vrai que MM. Ritt et Gaillard continuent d'étonner ce monde sublunaire par la hardiesse de leurs entreprises; en dépit de tous les obstacles, ils viennent de reprendre la *Favorite*, la chef-d'œuvre de Donizetti. On assure qu'ils pousseront l'audace jusqu'à donner *Roméo et Juliette* de Gounod vers le mois de décembre. Tout pour l'art, telle est leur devise!

Cette reprise de la *Favorite* a servi de début à M. Cossira. Je l'avais entendu il y a deux ans au théâtre de la Monnaie, à Bruxelles. Il a pris de l'embonpoint, mais il est toujours bien en scène et son jeu a généralement plu. Sa voix a été trouvée un peu faible dans l'immense vaisseau de l'Opéra, mais elle a du charme et le timbre en est agréable. L'épreuve, en somme, a été favorable au nouveau pensionnaire de MM. Ritt et Gaillard. Il pourra rendre des services à l'Académie de musique, mais seulement dans les rôles de demi-caractère.

A l'Opéra-Comique, continuation des mêmes programmes pendant que la commission parlementaire discute le projet relatif à la reconstruction de la salle incendiée. A ce propos, il y a été de nouveau question de la transformation de l'Eden, mais M. Lockroy tient à son projet de reconstruction, et il y a tout lieu de croire que la Chambre l'adoptera. On parle aussi, dans le cas où la combinaison de l'Eden serait définitivement écartée, d'un projet de théâtre lyrique dans la salle de la rue Boudreau.

M. Bertrand a eu avec M. Carvalho une longue entrevue à ce sujet. Ils en causeront encore vraisemblablement. Il s'agit de faire, pour la saison prochaine, un théâtre lyrique de l'Eden. L'ouverture aurait lieu le 1er mars prochain, en attendant que M. Carvalho ait constitué sa troupe, l'Eden transformé donnerait une saison italienne de deux mois, du 1er mars au 1er mai — probablement; — Adélina Patti et le baryton Maurel y donneraient l'*Otello* de Verdi, si Verdi consent. Consentira-t-il? *That is the question.*

(1) Voy. l'article sur Berlioz publié dans *l'Europe* de Dresde en 1841 et traduit par M. Camille Benoît. (*Guide musical*, n° 40-41, année 1884.)
(2) Dans sa lettre sur les *Poèmes symphoniques* de Liszt.

Le premier grand prix du concours de composition musicale, dit de Rome, a été, vous le savez, décerné à M. Erlanger, élève de M. Delibes; le second grand prix à M. Dukas, élève de M. Guiraud.

Le vote proclamant ce résultat a été assez difficilement obtenu.

Il avait d'abord été procédé au jugement de la section de musique assistée des jurés adjoints. Ce jugement, dont s'étaient désintéressés MM. Gounod et Saint-Saëns, attribuait par 4 voix le premier grand prix à M. Erlanger, contre 3 portées sur M. Dukas. L'unanimité des 7 votants accordait à celui-ci le second grand prix. L'hésitation des musiciens devait nécessairement entraîner celle de leurs collègues de l'Institut, qui se fient rarement à leurs propres lumières, et recherchent volontiers une petite consultation préalable. En effet, au premier et au deuxième tour de scrutin, MM. Erlanger et Dukas ont obtenu chacun 13 voix pour la même récompense; au troisième tour seulement, la défection d'un juré permettait à M. Erlanger d'en réunir 14. L'unanimité des votants attribuait alors à nouveau le second grand prix à M. Dukas qui, en somme, a été le véritable triomphateur de ce grand concours de composition musicale auquel il prenait part pour la première fois.

La scène que les concurrents avaient à mettre en musique est une *Vellida*, de M. Fernand Beissier. Le théâtre a déjà fortement défloré ce sujet traité en cantate par Bignon en 1836 et qui valut le grand prix à M. Boisselot. *Intérim.*

Les concours à huis clos du Conservatoire sont commencés depuis samedi dernier. Voici les résultats :

SOLFÈGE DES INSTRUMENTISTES

Hommes : Premières médailles. — M. Leroux, élève de M. Lavignac; MM. Chadeigne et Wuillaume, élèves de M. Paul Rougnon.

Deuxièmes médailles. — MM. Catherine et Baume, élèves de M. Lavignac; M. Leplant, élève de M. Granjany.

Troisièmes médailles. — MM. Darnis et Bruguière, élèves de M. de Martini; M. Archainbaud, élève de M. Granjany; MM. Quevremont et Lebreton, élève de M. Alkan.

Femmes : Premières médailles. — Mmes Gay, Bondues, Mallet, Roit, Leybaque, Jeanne Lavieville, Harnodort et Jourde.

Deuxièmes médailles. — Mmes Malherbe, Verrier, Boutoillé, Mate, Roth, Faivre, Ruelle, Fortier, Ségoin et Laville.

Troisièmes médailles. — Mmes Duhamel, Fonsa, Wilmès-Léger, Charmois, Ogée, Jacquinet, Khaln et Rheims.

SOLFÈGE DES ÉLÈVES CHANTEURS

Hommes. — Premières médailles : MM. Lafarge, Narcon, Gabaston.

Deuxièmes médailles : MM. Theurot, Gilibert.

Troisième médaille : M. Leroy.

Tous les élèves récompensés appartiennent à la classe de M. Heyberger.

Femmes. — Premières médailles : Mlles Bréjean et Morel, élèves de M. Mangin.

Deuxièmes médailles : Mlles Varnerot et Ibanes, élèves de M. Mouzin.

Troisièmes médailles : Mmes Buhl, Lesne et Priollaud, élèves de M. Mangin.

HARMONIE

Hommes. — Premier prix : M. Albéric Magnard, le fils de M. Francis Magnard, et M. Burgat, élèves de M. Théodore Dubois.

Second prix : MM. Bouval et Hirsch, élèves de M. Th. Dubois.

Premier accessit : MM. Maurel, élève de M. Taudou; Hourdin, élève de M. Th. Dubois, et de Serres, élève de M. Taudou.

Deuxième accessit : M. Levadé, élève de M. Th. Dubois.

Femmes. — 10 concurrentes. 1er prix : Mlle Barat, élève de M. Ch. Lenepveu, et Mlle Duronier, élève de M. Barthe; pas de second prix; accessit, à l'unanimité : Mlle Weyler, élève de M. Lenepveu.

PIANO (CLASSES PRÉPARATOIRES)

Hommes. — Pas de premières médailles.

Deuxièmes médailles : MM. Morpain et Niederhofheim.

Troisième médaille : M. Hahn.

Femmes : Premières médailles : Mlles Szkop, Dietrich, Desplatz, Deldick, Steiger, Veras de la Baslière, Sabaut, Fernet, Marie Goldenweiser et Ogea.

Deuxièmes médailles : Mlles Charmois, Givry, Mate, A. Bonnard, Robert, Vincent, Da Silva, Desmoulins et Roit.

Troisièmes médailles : Mlles Leybaque, Ruelle, Roth, L. Lhota, Marisand, Candille, Degouy et Pimbel.

VIOLON (CLASSES PRÉPARATOIRES)

Pas de premières médaille ; deuxièmes médailles : MM. Mathias, Monteux, Oberdœrffer.

Troisièmes médailles : MM. L. Aubert, Willaume, Mlle Boudat, M. Chevalier, M. Renault.

BRUXELLES

LES CONCOURS DU CONSERVATOIRE

Les concours viennent de se terminer au Conservatoire royal de Bruxelles. Nous n'avons plus ici à renouveler la petite distribution de prix, d'accessits ou de mentions faite par ces traditionnels jurys que l'on compose avec un souci évident de la perspective en y mêlant à un ou deux musiciens de talent quelques têtes de second et de troisième plan. C'est la règle pour tous les jurys. Des hommes de talent trop accusé sauraient trop peut-être des opinions excessives et se pèseraient pas avec assez de calme les points et les contre-points. Lumières, c'est un peu comme l'eau pour la barbe; cela doit se prendre à un degré de tiédeur déterminé, sans excès ni en plus ni en moins.

Il est très curieux, du reste, de voir fonctionner, à côté de capacitaires plus ou moins capables, le suffrage universel des amateurs qui assistent à ces élections de virtuoses et qui, non contents d'influencer le vrai jury par des applaudissements ou des rires, passent les heures du concours à couvrir leur programme de petites croix, de soulignages et d'observations rapides, se livrant à cette besogne avec la conviction et la hâte fiévreuse des gens qui ont une fonction à accomplir. C'est très drôle à voir; les damés se dégantent pour manier plus à l'aise le crayon qui notera les péripéties de la lutte. Au lieu de venir-là comme au concert, elles y viennent comme aux courses. À quand les agences de paris et les bookmakers? Les concours, comme tous les examens en matière de science ou d'art ne sont-ils pas, après tout, un jeu de hasard ?

Pour certains élèves, — petits pruneaux secs, — le concours est le but. Leur ambition finit où elle devrait commencer. Ils prennent la vie d'artiste pour une distribution de prix dont le *premier* est doré sur tranches: Monter sur l'estrade du concours, c'est grimper au mât de cocagne. Si le mât est trop savonné et qu'ils en glissent jusque par terre... patatra! un premier prix raté, c'est l'écroulement de toutes leurs espérances. Ceux ou celles sont rares qui s'essaient au mât de cocagne avec quelque philosophie et portent leurs aspirations au-delà de ces lauriers de carton.

Les concours se sont ouverts par une audition des classes bien disciplinées de chant d'ensemble et d'ensemble instrumental.

Puis sont venus les concours d'instruments de bois et de cuivre. Citons les classes hautement stylées de MM. Merck, Guidé, Dumon. Les flûtistes ont joué la première partie du concerto en *ré* de Mozart avec un point d'orgue de M. Gevaert.

Ici, un petit intermède par les classes de musique de chambre, archets (M. Cornélis), piano (Mme de Zarembska et M. Dupont). Les prix qu'on décerne ici devraient être, avant tout, des prix de modestie et d'abnégation artistique. Une classe de musique de chambre, c'est une classe d'études austères, par laquelle devraient passer tous les futurs virtuoses, pour y apprendre à s'effacer devant les maîtres classiques. Après avoir exercé leur mécanisme, ils viendraient fortifier leur pensée... leur *passer*, devrais-je dire, qu'ils sont si souvent enclins à lancer par dessus les moulins de la virtuosité. M. Alex. Cornélis, un respectueux de Beethoven et un modeste entre tous, est un de ceux qui comprennent le mieux cette petite retraite musicale. La classe de Mme de Zarembska est sérieuse. Chez M. Dupont, on perçoit dans le jeu des élèves une tendance à la virtuosité et, — ceci dit sans nier en rien le style de l'auteur de l'*École du piano*, — on sent, dans la façon dont elles abordent Beethoven ou Hændel, qu'elles viennent de jouer du Liszt.

Un très sérieux concours dans son ensemble a été celui de la classe de M. Mailly. Il a produit quelques jeunes organistes qui ont dû voir en rêve leur maître Bach et s'inspirer de ses bons conseils. Bach leur a dit, entre autres choses, qu'un élève sérieux ne joue pas à l'orgue des petits morceaux de boîte à musique comme nous en avions entendu l'année dernière, et ils n'en ont plus joué.

Enfin les vrais virtuoses de l'instrument solo, violon, violoncelle, piano, sont entrés en lice à leur tour.

La classe de M. Jacobs n'avait que peu de concurrents, mais parmi eux M. Merck, un jeune artiste de race très pure, qui a décroché un premier prix mérité. M. Merck n'est plus un élève; il a fait partie de plusieurs orchestres et collabore notamment aux Concerts d'hiver. Son esprit délicat s'est ouvert déjà aux subtilités passionnelles des modernes, il commence à avoir sa vision et son interprétation à lui.

M. Isaye, au contraire, a produit tout un bataillon de violonistes. On aurait pu en retrancher quelques-uns sans grand inconvénient. Trois surtout ont de réelles qualités : MM. Collin, Duesberg et Crickboom. M. Crickboom, qui est un violoniste déjà remarquable dans le sens technique du mot, et qui a eu le succès de la séance, a un jeu un peu sec, un peu froid. J'ajoute que presque tous les concurrents ont manqué de justesse dans le son, mais la température y était sans doute pour quelque chose.

Des deux classes de piano, la classe de M. Dupont a sans doute la plus travaillée, la plus « maçonnée », en ce qui concerne la technique du clavier. M. Dupont tient ses élèves en bride. Leur jeu est pétri, mâché, trituré à fond, vaincu par la savante scolastique du maître, et les élèves qui résistent à la torture un peu cruelle de cette gymnastique d'acrobate se trouvent en possession d'un mécanisme absolument asservi à leurs caprices d'artiste. Malheureusement, est-il à craindre que le développement excessif du travail musculaire ne mate un peu l'imagination. La plupart de ces demoiselles me semblent être coulées dans un même moule à la mécanique et ne pas voir, en musique, beaucoup plus loin que le bout de leur clavier.

M. De Greef a su, au bout de très peu de temps de professorat, donner à sa classe une valeur. Son enseignement, le sent, c'est qu'une suite de conseils plutôt que de règles et de commandements. Il *guide* ses élèves plus qu'il les *mène*, inculquant à leur un fonds de style qu'ils mettent en œuvre suivant leurs aptitudes personnelles.

Pour le concours Van Cutsem (1,000 fr.), une seule concurrente s'est présentée, Mlle Schmidt. Elle a joué en musicienne, avec virtuosité et justesse d'accent la *Fantaisie* de Schumann et elle a été couronnée à l'unanimité.

Le concours de chant, toutes voix et tous ports dehors, a été, cette année, plus intéressant que de coutume. Beaucoup de vraies voix de femmes dans les deux classes de MM. Warnots et Cornélis et un petit triage, — qui avait divisé le concours en deux auditions, l'une sorte de concours préparatoire à huis clos, l'autre publique — a permis de ne soumettre aux dispensateurs de prix et d'accessits que le dessus de chaque classe.

Quant à celle de Mme Lemmens, consacrée au chant italien, non seulement elle n'a aucune raison d'être, mais elle n'a rien produit. Mme David, la moins mauvaise des trois élèves de ce cours, a un peu de voix et chante gentiment de la gorge, à l'anglaise.

On devrait supprimer cette classe pour la remplacer par la classe de déclamation lyrique qu'on réclame depuis longtemps et à la direction de laquelle plusieurs artistes ont été proposées.

Justement, cette classe, les chanteuses dramatiques étaient en majorité de nombre et de qualités : Mlle Wolf, qui a bien dit son air de *Sigurd* avec quelques mouvements trop lents, mais dont la voix est un peu vinaigrée dans le haut. Mlle Falize, dont la voix puissante, étendue, mais trop tendue, s'est rendue maîtresse du grand air d'*Obéron* : « Vaste mer ». Mlle Falize crie un peu, comme la plupart des élèves de M. Cornélis. Je me souviens l'avoir entendue dans *Jocelyn*, où elle chantait le duo léger des cheveliers avec Mlle Legault. C'est un soprano forcé et le timbre de sa voix s'en ressent. Mlle Lepage, du même cours, est plus falcon, celle-ci, mais elle chante en élève. Mlle Lepage a chanté l'air d'*Alceste* : « Non, ce n'est point un sacrifice ». Mlle Bauveroy (classe de M. Warnots) a chanté l'autre : « Grands dieux, soutenez mon courage ». Elle l'a dit avec une intensité d'accent et un remarquable sentiment personnel. Mlle Bauveroy avait fait, l'année dernière, un brillant début dans le récit de Sieglinde de la *Walkyrie*. Nous l'avons retrouvée toute avec cette excellente diction et cette voix chaude, bronzée par places d'une légère patine qui lui donne son timbre particulier. C'est une des seules qui joignent à des qualités vocales une véritable imagination d'artiste, qui aient la pensée et la vision de ce qu'elles chantent. L'excès de relief qu'on lui a reproché de donner aux différentes parties de l'air d'*Alceste* n'a pas empêché son interprétation d'être religieusement classique. Elle a su, ici comme dans l'air impavé, graduer sa passion et nuancer ses phrases. Elle a dit l'air d'*Alceste* comme elle le sentait, sans songer à mener sa voix à la rampe.

Mmes Falize et Bauveroy, avec des qualités très différentes, ont décroché le premier prix avec distinction.

Parmi les chanteuses légères, Mlles Nachtsheim et Loevensohn, bien qu'elles brossent un brin leurs traits, ont des qualités de finesse, de légèreté, de l'entrain, de gracieuses voix, la première un peu échevelée, la seconde un peu pointue. Mlle Milcamps est plus propre, plus nette, plus mathématique dans ses vocalises, mais d'une nature qui me paraît restreinte davantage aux petits détails d'une musique un tantinet bourgeoise. Elle a chanté l'air du *Caïd*. Mlle Pluys, qui a une petite voix, toute petite, avec des notes hautes qui semblent des bulles sonores d'une coloration délicate, Mlle Pluys, qui était jolie comme tout, le jour du concours, et même le lendemain, avec un peu de poudre de riz par-dessus son trac, a spirituellement accepté son petit échec : le rappel, avec distinction de son second prix. Mlle Pluys se destine surtout à la comédie ; or, avec de l'esprit et toutes les jolies choses qu'il y a autour de celui-ci, on peut aller très loin, même sans chanter.

Parlerons-nous des hommes ? Leur concours a été aussi médiocre que l'autre avait été bon. Les deux élèves qui vaillent sont MM. Dutreux et Suys, deux voix.

La seconde journée s'est clôturée par le concours de duos (prix de la Reine). Il y avait trois groupes de concurrentes : Mlle Falize et Wolf, qui ont obtenu le prix ; Mlles Dewulf et Nachtsheim, Pluys et Bauveroy.

Suite des résultats des concours du Conservatoire :

Piano (hommes), professeur : M. De Greef, 1er prix, par 53 points, M. Jonas ; rappel avec distinction, id., par 49 points, M. Hénusse ; 2e prix, par 43 points, M. Stevens ; id., par 42 points, M. Pallemaerts.

Piano (jeunes filles), professeur : M. Auguste Dupont, 1er prix, Mlle Lecomte ; rappel du 2e prix avec distinction, par 40 points, Mlle Roman ; 2e prix, avec distinction, Mlle Hoffmann ; accessit, Mlle Le Maire, par 38 points ; Mlle Parcus, par 36 points.

Prix Laure Van Cutsem : A l'unanimité, Mlle Hélène Schmidt (1).

Violon, professeur M. Ysaye. 1er prix avec le plus grande distinction, M. Crickboom ; rappel du 2e prix avec distinction, M. Collin ; 2e prix, par 40 points, M. Duesberg ; accessit, par 30 points, MM. Verbrugghen et Bosard ; accessit, par un nombre de points inférieur : MM. Bosquet, Dupont, Soetens, Pthard.

Chant théâtral (jeunes filles), professeurs : Mmes Lemmens, MM. Cornélis et Warnots, 1er prix avec distinction, par 59 points, Mlle Falize ; par 55 points, Mlle Bauveroy ; 1er prix, par 54 points, Mlle Nachtsheim ; 2e prix avec distinction, Mlle Wolf, Milcamps et Lepage. Rappel du 2e prix avec distinction, Mlles Slypsteen, Pluys et Burlion ; 2e prix avec distinction, Mlle Dewulf ; 2e prix, par 43 points, Mlles Brohée et Lovensohn.

Lundi, a eu lieu à l'Exposition du Grand Concours l'inauguration du grand orgue construit par MM. Pierre Schceyven et Cie. M. Alphonse Mailly avait bien voulu se charger de faire valoir cet instrument, remarquable. Sur la belle sonorité et la variété de ses jeux. M. Alphonse Mailly, dans une série de morceaux de caractères.

(1) A tous les concours de piano, on a remarqué une nouvelle chaise mécanique qui rendra, pensons-nous, de grands services aux pianistes. Ce tabouret, d'invention nouvelle et breveté, peut être haussé et abaissé à volonté, sans bruit et sans entamer la fixité de l'assise. Ce nouvel appareil est en vente chez le fabricant, M. Hoffmann, chaussée d'Ixelles, 85.

divers, en a fait ressortir toutes les qualités avec une adresse, un goût et un talent vraiment hors ligne. Le choral varié de la VIe sonate de Mendelssohn et la *toccata* et *fugue* en *ré* mineur de Bach ont permis de constater l'ampleur des jeux de fond et la parfaite réussite des pédaliers.

Les autres morceaux, particulièrement ceux de la composition de M. Mailly, l'*Abendlied* de Schumann et la *Marche funèbre* de Chopin, ont donné l'occasion à M. Mailly de faire ressortir toutes les ressources des jeux expressifs, des imitations d'instruments, voix humaine, etc. Le public, très nombreux, à fait un très grand succès à l'artiste et à l'instrument.

Malgré l'orage et la tempête, le Waux-Hall poursuit courageusement la lutte contre la concurrence du Grand Concours et le mauvais vouloir de l'administration communale. Concert Berlioz, concert Wagner, concert de solistes, concerts d'auteurs belges ; les soirées extraordinaires sont devenues l'ordinaire, — dont personne ne se plaint. Lundi, M. Jehin a donné pour la seconde fois une audition de jeunes compositeurs belges.

On y a entendu une *Marche-ballet*, de M. Soubre, qui a de la facture et du rythme, une petite *Suite d'orchestre*, de M. Agniez, de motifs élégante et joliment traités, une *Ronde fantastique* de M. Van Cromphout, qui use habilement des procédés ordinaires pour faire du fantastique en musique, l'ouverture de la *Revanche de Sganarelle* de M. Dubois, morceau piquant, avec des idées mélodiques et un arrangement ingénieux, et un *Liège* et une *Czardas* mouvementée et pittoresque de de M. De Greef. Cette musique belge a paru intéressante au public bruxellois et étranger du Waux-Hall.

La société chorale *le Progrès*, sous l'habile direction de M. Joseph Duysburgh, vient de remporter au concours de Boulogne-sur-Mer, en division d'excellence, le premier prix de lecture à vue, le premier prix de quatuor, le premier prix d'exécution et le premier prix d'honneur dans la division internationale.

※※※

LIÉGE

En cette saison de disette musicale, il ne reste aux dilettanti liégeois d'autre ressource que celle d'aller entendre les concerts en plein air donnés, plusieurs fois par semaine dans les promenades et jardins publics, par les divers corps de musique militaire de la garnison, ou d'écouter, au jardin d'acclimatation, les intéressantes séances symphoniques dirigées par M. Oscar Dossin, professeur au Conservatoire.

Dans cette morte-saison, vient se placer un événement musical extraordinaire, les fêtes organisées par les *Disciples de Grétry*, secondées par le comité des fêtes de la ville, pour célébrer le 10e anniversaire de sa fondation. L'orphéon liégeois avait sollicité et obtenu, grâce à son président, M. Keppenne, le précieux concours de la musique de la *Garde républicaine de Paris*. Ce corps d'élite s'est fait entendre au concert donné le 1er juillet dans la vaste cour de l'antique palais des princes-évêques. Les musiciens de la garde républicaine sont au nombre de quatre-vingts ; leur chef, M. Gustave Wettge, prix de Rome, est un musicien de grand mérite ; leur exécution musicale se distingue par une justesse, un ensemble, une précision irréprochables et par une diversité de timbre qui est tout exceptionnelle et dont ils usent avec une rare habileté. Cet orchestre militaire, qui marche au premier rang des meilleures musiques de l'Europe, est ainsi composé : dix-neuf clarinettes, trois hautbois, trois flûtes, deux bassons, sept saxophones, soprano, alto, ténor, basse, quatre cornets à pistons, quatre bugles, deux trompettes, deux petits bugles, trois altos, quatre cors, six trombones, cinq saxhorns basses, quatre saxhorns contre-basses, les timbales, la grosse caisse, etc., etc.

L'organisation de cette musique réalise la perfection absolue. Rien de pondéré dans la puissance, de puissant dans la douceur comme ce vaste ensemble qui, partant des extrémités du grave, monte à l'aigu par une série non interrompue d'échelons sonores.

On a pu apprécier dans le programme aussi brillant que varié que la musique de la garde républicaine a exécuté, l'observation la plus minutieuse des nuances et la plus harmonieuse fusion de la sonorité des instruments. Dans l'ouverture d'*Obéron*, les traits confiés aux instruments à cordes sont accomplis avec une agilité et merveilleuse par les instruments qu'on les croirait ainsi écrits par Weber.

L'effet produit par la première partie de la Symphonie pastorale de Beethoven n'a pas été moindre, et dans cette belle page symphonique, la musique de la garde républicaine donnait l'illusion d'un véritable orchestre.

Le succès a atteint son apogée après l'exécution de la Conjuration et bénédiction des poignards (4e acte des *Huguenots*), d'une très belle ouverture de M. Wettge, *Mysora*, d'une mosaïque sur la *Favorite* interprétée avec une perfection inouïe.

Au nombre des solistes, tous artistes incomparables attachés à la musique de la garde républicaine, nous signalerons : MM. Papais, pistoniste et à la fois sous-directeur ; Pellegrin jaubolster ; Fontbonne flûtiste, ancien lauréat de notre conservatoire, où il a remporté, il y a quelques années dans la musique de son maître, M. Tricot, les clarinettes les plus élevées ; Paradis, clarinettiste ; Laforgue, bugle attaché au Grand-Opéra ; Lechanaud pistoniste ; Sadran et Letailleur, trombonistes ; Baton et Barat, trompettistes ; Leroux, contre-basse ; Graffeulli, petite clarinette ; Maléxieux, corniste à l'Opéra-Comique.

Les auditeurs de ce concert ont pu apprécier le mérite de la

plupart de ces instrumentistes dans les divers soli qu'ils ont interprétés, tout paticulièrement dans la mosaïque sur la *Favorite*, dans le
concerto pour clarinette de Klosé, exécuté par quinze solistes et
dans une valse, *les Petits Oiseaux*, jouée par trois petites flûtes. Il serait
impossible d'obtenir une homogénéité, une souplesse, une justesse, un
résultat d'ensemble, enfin, plus impeccable et plus complet.

Acclamations, ovations, couronnes offertes par la ville, par les
sociétés de la *Légia* et *les Disciples de Grétry*, Liége a tout prodigué à la
musique de la garde républicaine.

Pour répondre au désir du public émerveillé, la société, des
Disciples de Grétry a obtenu de la garde republicaine une seconde
audition d'un caractère plus à la portée de tous et qui a provoqué la
même enthousiasme dans l'immense auditoire composé de 5,000 à
6,000 personnes.

Notre hymne national, que la garde républicaine avait eu la délicate attention d'exécuter au commencement et à la fin de ces superbes concerts, a été suivi, chaque fois, à la demande de l'auditoire
exalté aux dernières limites, par la *Marseillaise*, habilement arrangée
par M. Wettge.

Les impressions émouvantes de ces fêtes artistiques se sont com-
plétées par l'imposante exécution du chœur *le Temple* de M. Radoux,
interprété avec un ensemble admirable, sous la direction ferme
et délicate de M. Joseph Delsemme. Comme toutes les fêtes de ce
genre, celle-ci s'est achevée par un magnifique banquet de trois
cents couverts, donné dans les belles galeries du jardin d'acclimatation récemment inaugurées. Au dessert, nombreux toasts portés
tour à tour par M. Leo Gérard, ff. de bourgmestre, au Roi et au Président de la République; par M. Micha, à la garde républicaine et
aux *Disciples de Grétry*; remerciments de M. Wettge, de M. Courtois, consul français à Liége, et de M. Keppenne. Ces toasts, tous
très chaleureux et remplis d'à-propos, ont produit un grand enthousiasme. La poésie a eu également son tout : M. Édouard Van den
Boorn, critique musical attaché au journal *la Meuse*, a lu une pièce
dithyrambique adressée aux *Disciples de Grétry* et à la *Garde républicaine*.   J. Greynens.

OSTENDE

A l'occasion de la distribution des prix aux élèves de l'académie
de musique de notre ville, le directeur de cet établissement
M. Joseph Michel, organise, chaque année, un concert qui permet de
juger et de l'excellence de l'enseignement musical et des progrès
un petit événement pour les Ostendais. Comme de coutume, il
a eu lieu dans la salle de bal du Kursaal, le dimanche 22 juin.

La marche en ré, op. 198, de Mendessohn ouvrait le programme.
Beau début, salué par de longs applaudissements. Venait ensuite
la barcarolle et le chant des sylphes d'*Obéron*. Entrée en scène des
chœurs, soutenus par la symphonie. La barcarolle et le chant des
sylphes sont enlevés avec une crânerie superbe et une irréprochable
justesse. Le *Moulin* et la fête chez Capulet, de *Roméo et Juliette*, de
Berlioz, obtiennent même succès. Pour l'orchestre, il se fait acclamer
en exécutant *Alla-Gavotte*, de M. Michel, et un *Ballet égyptien*, de
Luigini. Nous avons encore entendu l'un des lauréats du dernier
concours supérieur de l'académie, M. Désiré Vander Aa, à qui,
dans ce concours, a été décerné le prix d'excellence, à l'unanimité.
C'est avec le morceau qui lui a valu cette distinction, *Souvenir de
Bade*, fantaisie pour violon de Léonard, que M. Vander Aa s'est
présenté devant l'auditoire, qui a ratifié le jugement prononcé par
le jury musical, en applaudissant chaque partie de la fantaisie et en
rappelant chaleureusement l'artiste. Le piano était tenu par
Mme Alice Unruh, qui s'est modestement tenue à l'arrière-plan. A la
fin du concert, M. le gouverneur de la province a félicité en termes
gracieux M. Michel, les professeurs de l'académie, et l'orchestre de
symphonie.

Nouvelles diverses

Les répétitions des *Maîtres Chanteurs* et de *Parsifal* sont commencées au théâtre de Bayreuth. Il résulte d'une communication que
nous recevons du comité que, dès à présent, toutes les places au
dehors du théâtre sont retenues pour les quatre premières représentations. Mais il est à remarquer qu'en raison de la disposition de la
salle, les autres places, sauf celles à l'extrémité de chaque rangée
de fauteuils, sont également bonnes et tous les spectateurs de Bayreuth ont pu constater, en effet, que l'on embrasse parfaitement du
regard la scène entière de toutes les parties du théâtre.

Quand les répétitions seront plus avancées, on fixera définitivement l'ordre dans lequel les différents artistes chargés des principaux rôles se succéderont dans le cours des représentations. Dès à
présent, il est certain que MM. Winckelmann et Gudehns chanteront
en premier le rôle de Parsifal. M. Van Dyck, le ténor belge, ne fera
sa première apparition qu'à la troisième ou quatrième. Pour le rôle
de Kundry et celui d'Amfartas, rien n'est encore décidé.

L'orchestre et les chœurs sont définitivement constitués. L'orchestre comprend 32 violons ayant à leur tête MM. Halir, de Weimar,
et Fleischer, de Meininger; 12 altos, 12 violoncelles, 8 contre-basses,
5 flûtes, 5 clarinettes, 5 hautbois, 4 bassons, 1 contre-basson, 7 cors,
4 trompettes, 4 trombones, 1 tuba, 4 harpes, 2 timbales, en tout
106 musiciens.

Les chœurs comprennent : 44 sopranos, 28 ténors, 24 basses. On

aura une idée de la valeur exceptionnelle de l'orchestre et des
chœurs en constatant que la moitié au moins de ces instrumentistes
tiennent ordinairement l'emploi de premiers pupitres et de solistes,
et que dans les chœurs il y a des artistes qui jouent les premiers et
seconds rôles dans des théâtres tels que ceux de Munich, Carlsruhe,
Cologne, Rotterdam, Weimar, etc.

Les chefs d'orchestre sont: MM. Hans Richter, de Vienne, qui
dirigera les *Maîtres Chanteurs*, et Félix Mottl, de Carlsruhe, qui
dirigera *Parsifal*. Le chef des chœurs est M. Jules Kniese, directeur
de musique à Breslau.

Il est à remarquer que, cette année, la distribution des premiers
rôles ne comprend pas un seul artiste de Munich. L'Opéra de cette
ville a, de tout temps, contribué aux exécutions de Bayreuth; mais
l'Exposition de Munich lui impose, cette année, une saison d'été
exceptionnelle.

M. Ernest Reyer vient de quitter Paris, pour se rendre à Uriage,
où il compte terminer le quatrième acte de *Salammbô*. Les directeurs
de la Monnaie de Bruxelles, en ce moment à Paris, ont fait une
nouvelle démarche auprès de lui, pour s'assurer de sa nouvelle
partition.

M. Reyer, qui sait que Joseph Dupont est un latiniste distingué, lui
a répondu :

> *Ubi Caro*
> *Ibi Salammbô!*

Ce qui veut dire : où chantera Mme Caron, on jouera *Salammbô*.

Puisque nous parlons des directeurs de la Monnaie, annonçons les
engagements suivants qu'ils viennent de conclure :

Mme Caynard, soprano; Mlle Rocher, un contralto, premier prix du
Conservatoire de Paris, et M. Chevalier, un ténor qui s'est fait remarquer, il y a deux ans, dans *Martha*, à l'Opéra-Populaire du Château-
d'Eau.

Moreno s'amende. Il appelle la *Favorite* un opéra *du genre poitlu*.

On annonce que M. Gounod va en Roumanie, invité par la Reine
à passer quelques jours au château de Sinaïa.

MM. Calabresi et Stoumon, les nouveaux directeurs du théâtre de
Marseille, préparent leur campagne prochaine. Parmi les engagements déjà faits, citons ceux de MM. Sellier, Manoury, Olive Roger
et Bourgeois, et de Mmes Fierens, un soprano dramatique fort remarqué
à Lille l'an dernier, et Terestri, premier prix du Conservatoire
en 1886, qui a fait deux saisons brillantes à Bordeaux.

C'est par *Sigurd* que MM. Calabresi et Stoumon comptent ouvrir
la saison.

Nous apprenons que le bel oratorio *Le Lucifer*, poème d'Emmanuel
Hiel, musique de Peter Benoit, sera exécuté à Londres, le 16 janvier de l'année prochaine par la *Royal Choral Society*, sous la protection de S. M. la Reine et sous la présidence du duc d'Edimbourg. Le
poème de Hiel date de 1866. *Le Lucifer* fut exécuté pour la première
fois à Bruxelles, avec un immense succès, au mois de septembre 1867,
et la dernière fois à Paris, avec un moins de succès, le 7 mai 1883.
Souhaitons aux deux artistes belges le succès qu'ils méritent à
Londres.

Le festival Hændel, qui a eu lieu le mois dernier au palais de
Sydenham, sous la direction de M. Auguste Manns, semble avoir eu,
cette année, un éclat extrâordinaire, d'après les comptes rendus qui
nous arrivent de Londres. Le *Messie*, notamment, avait attiré dans
la vaste coupole du palais de Cristal un auditoire de 22,552 personnes !

L'un des événements de la saison d'opéra italien à Covent-Garden est la reprise de *Lohengrin*, qui a eu lieu le 16 juin dernier.
L'exécution s'est présentée dans des circonstances très favorables,
Mme Albani remplissant le rôle d'Elsa, qu'elle interprète à merveille,
et M. Jean de Reszké, celui du chevalier au Cygne, qui lui va parfaitement. Le rôle d'Ortrude n'a pas été donné à Mme Martini, comme
on l'avait cru d'abord, et c'est Mme Hastreiter qui s'en est chargée
avec talent. Les autres rôles étaient confiés à MM. Edouard de
Reszké (le Roi), d'Andrade (Frédéric) et Navarrini (le Héraut). Les
représentations de *Rigoletto*, de *Lucia* et « tutti quanti » n'ont pu empêcher *Lohengrin* d'avoir un très grand succès. On ne dit pas si
M. Harris avait intercalé un ballet dans l'œuvre de Wagner, comme
il l'avait fait, quelques jours auparavant, dans les *Nozze di Figaro* de
Mozart.

Le correspondant bruxellois de la *Gazette musicale* de Milan écrit ce
qui suit :

« Les représentations de la *Valkyrie* n'ont pu empêcher *Rigoletto*,
Lucia et *Faust* de reparaître sur la scène du théâtre de la Monnaie
» avec un succès éclatant; les représentations des *Meininger* ne nui-
» ront certes point aux opéras du répertoire français, tant ap-
» plaudis..... »

— Nous sommes parfaitement d'accord : Rien n'est lent comme
le progrès, cher confrère !

On aurait, d'après *Il Trovatore*, chance d'entendre la *Valkyrie* à

Rome, l'hiver prochain, si la municipalité concédait le théâtre Argentina à l'impresario Canori, lequel médite ce projet wagnérien.

Les concerts donnés à Saint-James Hall par Hans Richter, le célèbre capellmeister viennois, font sensation dans le monde musical de Londres. L'énergie déployée par ce grand artiste en tout ce qu'il interprète, sa profonde science et sa direction magistrale portent ombrage aux talents flegmatiques dont s'honore la perfide Albion. Aussi Richter n'est-il pas à l'abri des critiques acerbes des conservateurs endurcis, qui voient en ce concurrent redoutable une émanation révolutionnaire du maître de Bayreuth. Ce qui n'empêche pas ses concerts d'attirer la foule, de provoquer un grand enthousiasme et d'initier puissamment le public londonien aux œuvres de Richard Wagner, ainsi qu'à d'autres œuvres peu connues, telles que la messe en *ré* de Beethoven, exécutée au dernier concert.

Richter n'exclut pas la musique anglaise de ses programmes. Il a même fait exécuter, le mois dernier, une ouverture du D' Mackenzie composée pour la charmante comédie *Twelfth Night* de Shakespeare, dont les acteurs du Meiningen ont donné récemment une représentation si intéressante à Bruxelles. Cette ouverture est, au dire du *Musical Times*, une œuvre de mérite, ayant des qualités de finesse et d'humour, de l'archaïsme et de la couleur.

On nous écrit de Milan :

Voici un cas de concurrence commerciale qui intéresse le monde musical italien et étranger.

Vous savez que les anciennes lois sur la propriété littéraire fixent de quinze à trente années la durée de la propriété des œuvres de l'esprit dans lesquelles, naturellement, étaient comprises les partitions de musique. La nouvelle convention internationale porte ce délai à quatre-vingts années, et autre, que ceux dont les droits souffrent une atteinte en vertu de l'ancienne législation peuvent les renouveler au moyen de certaines formalités très simples et très expéditives. Or, il paraît que la maison Ricordi, de Milan, qui possède les meilleures partitions du répertoire italien et étranger, a négligé de remplir ces formalités pour certaines œuvres dont les droits seraient prescrits. Toujours est-il que la maison Sonsogno vient de faire annoncer à grands renforts de réclame qu'elle se propose de publier une anthologie musicale, destinée à divulguer les chefs-d'œuvre du mélodrame ancien et moderne. Chaque livraison de cette anthologie, pour piano et chant, devait contenir vingt-quatre pages de musique et ne coûter que 25 centimes ! La première livraison devait précisément être consacrée aux *Huguenots* de Meyerbeer, qui ont appartenu jusqu'à présent aux Ricordi. On croyait de la maison rivale allait fair e le papier timbré et revendiquer ses droits. Pas du tout. Elle laisse faire, se recueille et a recourt à un expédient plus court, plus sûr et peut-être moins coûteux. Elle vient de faire annoncer que, sous le titre de *la Musique universelle*, elle publiera successivement, au prix de 15 centimes par livraison, toutes les créations musicales connues. En même temps, elle a fait mettre en vente le premier fascicule de cette collection, contenant la partition des *Huguenots*, imprimée à l'aide du procédé tachygraphique Tessero, qui est un procédé électrique. Voilà un tour de force qui nous ferait croire que l'Amérique n'est pas tout entière au-delà de l'Atlantique !

Mais ne croyez pas que Sonsogno se soit rendu à discrétion... Il fait savoir à son tour qu'il réduit à 5 centimes le prix de ses livraisons !

Que va trouver Ricordi ? Peut-être aura-t-il l'idée d'offrir un piano en prime à chaque acheteur d'une de ses livraisons. Voilà qui fera dresser les cheveux sur la tête de Reyer. Bientôt il nous faudra peut-être regretter le temps où il n'y avait qu'un piano par quartier ! Que deviendront nos pauvres oreilles, si, pour deux liards, on peut avoir vingt-quatre pages de croches et de doubles croches, peu dessus le marché, une de ces horribles boîtes à charivari qu'on appelle par dérision un piano ! O concurrence, voilà bien de tes coups ! Je connais plus d'un mélophobe qui, du coup, va devenir un partisan acharné de la restriction des libertés commerciales, qui ont de si singuliers revers !

BIBLIOGRAPHIE

MÉLANCOLIES, douze mélodies pour chant et piano, par Georges Weller. Bruxelles, Schott frères. —. Voici l'œuvre deuxième d'un jeune compositeur dont le début, il y a quatre ans, avec un recueil de mélodies intitulé *Poème des souvenirs*, était très remarqué. Le nouveau recueil que nous annonçons ici n'est pas moins intéressant que le précédent ; il marque même un progrès considérable de ce talent distingué et très poétique. Le souffle s'est élargi, la facture est devenue plus riche, et style de ces petites pièces, de chaste pénétrant, très fraîche de beaucoup à tout ce qui s'est publié en ces derniers temps en Belgique dans ce genre. Signalons dans ce joli recueil, le *Sonnet à la mort*, *Ton rire et tes yeux*, *Pourquoi dire non*, *Nocturne*, *Douleur de la morte*, autant de morceaux tout à fait charmants, où l'inspiration est à la justesse et même de la force, où l'inspiration mélodique est rehaussée par un travail harmonique qui dénote un sentiment très fin de l'oreille. Ailleurs, l'inspiration et la facture ne coulent pas toujours de source, et l'on sent un effort. La mélodie manque de franchise et l'accompagnement est laborieux. M. Weller semble chercher encore son expression personnelle ; il la trouvera, car dans tout ce qu'il fait se révèle un joli poète et un musicien habile.   M. K.

CHANTS BRETONS, poésies de H. P. Musique de Xavier Schlœgel. Liège. Veuve L. Muraille. — Ce titre *Chants bretons* ne doit pas induire en erreur. Il ne s'agit pas d'un recueil de chants nationaux ou populaires transcrits et harmonisés. Les chants bretons de M. Schlœgel sont des compositions originales, et, disons-le tout de suite, ces compositions sont charmantes.

Ce petit recueil, qui est un début, un début d'amateur, contient de belles promesses. Il y a la séduction particulière des choses jeunes, ce joli tour du sentiment, ces trouvailles ingénieuses mais piquantes qui captivent on ne sait pourquoi. M. Schlœgel ne cherche pas midi à quatorze heures : sa mélodie est distinguée et facile, mais point banale, et l'accompagne en musicien qui a fait de bonnes études. L'originalité vient de la sincérité de l'inspiration, ni attardée par de vaines recherches d'expression, ni alourdie par le travail souvent pénible qui substitue plus tard à l'abondance naturelle du sentiment. Et c'est ainsi que, de ces premiers chants, se dégage une saveur poétique très particulière et très attrayante. M. Schlœgel se consacre à des travaux plus importants, et l'on nous dit qu'il a en portefeuille quelques œuvres de musique instrumentale et chorale. L'amateur des *Chants bretons* pourrait donc se révéler quelque jour musicien complet. Nous lui souhaitons persévérance et bon courage. Ce que les *Chants bretons* nous ont appris de lui permet d'augurer favorablement de ses productions ultérieures ; il a de jolies idées et il se meut avec aisance et sûreté dans les complications de l'harmonie. En attendant, lisez ce recueil de *Chants bretons*, vous y trouverez de très jolies choses, de la grâce, du naturel, du goût, du charme, c'est-à-dire plus qu'il n'en faut pour se faire lire et écouter.
                                                          M. K.

ÉPHÉMÉRIDES MUSICALES

Le 13 juillet 1803, à Gand (théâtre), concert de Rudolphe Kreutzer, violoniste, Frédéric Duvernoy, corniste, et Dalvimare, harpiste. — Second concert le 16 juillet.

Ces trois artistes renommés, venaient de Bruxelles, où ils s'étaient fait entendre au théâtre de la Monnaie, les 2 et 5 juillet. Ils y avaient été appelés par la présence du Premier Consul Bonaparte alors en tournée dans nos provinces devenues françaises.

— Le 14 juillet 1862, à Spa. Mlle Meyer, cantatrice de Berlin, Louis Brassin, pianiste, et Kœmpel, violoniste, se font entendre dans un concert, à la Redoute, aujourd'hui Casino, Brassin y exécuta pour la première fois un concerto encore inédit de sa composition, lequel produit un grand effet. (Voir le *Théâtre et la Musique à Spa*, par Albin Body, p. 215.)

— Le 15 juillet 1852, à Londres (Covent-Garden), *Faust* de Louis Spohr, sous la direction de l'auteur, qui conduit l'orchestre. Artistes : Ronconi (Faust), Formes (Mephisto), Tamberlick (Hugo), Mme Castellan (Kunigunda). Grand succès, ce que Spohr constate lui-même dans ses *Mémoires*.

En dehors de l'Allemagne, l'Angleterre est le seul pays où le *Faust* de Spohr ait été produit. Même sur la terre allemande, le *Faust* de Gounod est l'œuvre préférée sur tous les théâtres.

— Le 16 juillet 1846, à Bruxelles (Théâtre-Royal), par une troupe allemande, *Fidelio* de Beethoven. — Artistes : Don Fernando (Steinecke), Don Pizzaro (Biberhofer), Florestan (Lehmann), Rocco (Reichel), Jaquino (Frühling), un capitaine (Jacobi), Leonor (Mme Pircher), Marceline (Mlle Welly). — Chef d'orchestre : Franz Lachner.

Fidelio avait déjà été joué à Bruxelles par une autre troupe allemande (5 août 1844). On prête l'intention à MM. Dupont et Lapissida, directeurs de la Monnaie, de nous donner, pour la prochaine saison, l'opéra de Beethoven, un par modèle, dont les compositeurs présents et futurs auront toujours raison de s'inspirer. M. Gevaert, dit-on, y a ajouté des récitatifs.

— Le 17 juillet 1815, à Bruxelles, dans un concert au théâtre de la Monnaie, Mme Catalani chante trois morceaux : 1° *Della tromba*, scène et air de Pucitta, 2° *Nel cor più non mi sento* de Paisiello, 3° un air de Portogallo. — 2e concert le 22 juillet.

Les premiers concerts de Mme Catalani, à Bruxelles, sont des 27 avril et 2 mai de la même année. (Voir Éphém. *Guide mus.*, 14 juin dernier.)

— Le 18 juillet 1864, à Spa (Redoute), concert de Jaell, pianiste, de Cossmann, violoncelliste, de Lutz, chanteur, et de Mlle Vercken, cantatrice. (Voir Albin Body, *ut supra*, p. 215.)

— Le 19 juillet 1787, à Paris (Comédie-Italienne), *Renaud d'Ast*, 2 actes de Dalayrac. Plusieurs des motifs sont devenus populaires, un entre autres dont l'Église s'est emparé, et qui en a fait un cantique, les paroles étant restées les mêmes, sauf une légère variante. « C'est dit l'auteur du *Dictionnaire lyrique*, ce qui cause aux musiciens doués de mémoire d'étranges distractions dans le saint lieu. »

Renaud d'Ast, à Bruxelles 1787 ; pour la dernière fois, le 28 octobre 1828 ; à Liège, 15 novembre 1789.

— Le 20 juillet 1799, à Paris, naissance de Marie-François-Stanislas Champein. Son décès à Paris, 8 mars 1871. Fils de l'auteur de *la Mélomanie*, de *la Dettes*, deux opéras qui eurent du succès ; il s'essaya, lui aussi, dans la composition, mais sans y réussir ; il se jeta ensuite dans la critique théâtrale. Pendant le séjour qu'il fit à Bruxelles, en 1833, il écrivit dans plusieurs journaux et créa le

Franc-Juge, une publication hebdomadaire. Accusé de chantage, la petite presse le désignait sous le nom de *Sauspain*.

— Le 21 juillet 1880, à Bruxelles (théâtre de la Monnaie), reprise de *Gilles ravisseur*, un acte d'Albert Grisar. — Artistes : Rodier, Dauphin, Chapuis, Guérin, Lefèvre, Mlle Warnots.

« Il y a du Grétry et du meilleur dans la plume qui a écrit *Gilles ravisseur*. Sans doute, l'orchestre porte çà et là de regrettables marques de négligence, et l'on aimerait un système d'accompagnement moins primitif ; mais en revanche, comme la phrase est leste, facile et d'un ton familier ! Comme ce dialogue musical rapelle le bon temps ! » (BLAZE DE BURY.)

— Le 22 juillet 1824, à Londres (English Opera-house), *der Freischütz, or the smooth bullet* de C.-M. von Weber. Adaptation anglaise qui eut trente-six représentations consécutives pendant la saison ; elle fut donnée, dans la même année, à Covent-Garden (15 oct.) et à Drury-Lane (10 nov.). Le *Freischütz* fut ensuite joué par une troupe allemande, à Kingstheatre (9 mai 1832), et par des Italiens, sous le titre : *il Franco Arciere*, avec récitatifs de Costa, à Covent-Garden (16 mars 1850).

— Le 23 juillet 1859, à Paris, décès de Mme Marceline-Félicité-Josèphe Desbordes-Valmore, à l'âge de 73 ans. Sa naissance à Douai, le 20 juin 1786.

Nature unique de femme-poète, ainsi qualifiée par son biographe Sainte-Beuve, Mme Desbordes-Valmore avait commencé par le théâtre, et c'est à Bruxelles, par deux fois (1807 et 1815 à 1819), qu'elle se fit remarquer par son double talent de chanteuse et de comédienne. Plus d'une fois dans nos Ephémérides, nous avons rappelé les divers épisodes de sa carrière dramatique.

On connaît des d'autographes de Paganini ; en voici un que nous tirons de notre collection, et tout en situation, puisqu'il s'agit de Mme Desbordes-Valmore :

« Madame, les pensées sublimes que vous exprimez avec tant d'énergie par vos vers resteront imprimées dans mon cœur, *jubil éternel*. Nicolo Paganini, plein d'admiration, à la *Corinne française* Marceline Valmore. Rouen, 17 octobre 1832. »

— Le 24 juillet 1817, à Dresde, sous la direction de C.-M. von Weber, *Lodoïska*, trois actes de Cherubini. « Un des rares héros (*Kunst-Heroen*) de notre temps, classique autant que novateur, ne portant pas sa propre bannière, et qui brillera éternellement dans l'histoire de l'art. » C'est ainsi que Weber parle de Cherubini dans le compte rendu qu'il fait de la pièce. (T. III, p. 153, de ses *Œuvres*.)

Quoique *Lodoïska* datât du 18 juillet 1791 (Paris, théâtre Feydeau), elle ne fut connue que tard en Allemagne, à Vienne, 24 janvier 1814, — et, en Belgique, où elle n'a pas été jouée, on y a toujours préféré la *Lodoïska* de Kreutzer.

— Le 25 juillet 1882, à Liége, décès de Jean-Léonard Terry, à l'âge de 66 ans. Sa naissance à Liége, le 13 février 1816. — Un nom que l'on aime à rappeler et qui ne sera pas de si tôt oublié. Terry était de la race des vrais artistes.

— Le 26 juillet 1882, à Bayreuth, *Parsifal* de Richard Wagner.

« Les seize représentations promises de *Parsifal* marchèrent régulièrement jusqu'au bout, malgré les prophètes de malheur annonçant que cela n'irait pas au-delà de deux ou trois exécutions, et, fait significatif, le succès en fut toujours aussi franc, même après les deux séances réservées aux patrons et à l'arrivée du véritable public ; elles se terminèrent le 28 août, par une soirée où Wagner se donna le plaisir de diriger le troisième acte sans être aperçu des spectateurs. » (AD. JULLIEN, *Richard Wagner, sa vie et ses œuvres*, p. 282.)

AVIS ET COMMUNICATIONS
PARIS — BRUXELLES — BAYREUTH

Nous conseillons aux artistes et amateurs français qui désirent assister aux représentations théâtrales de Bayreuth de se servir de la voie de Belgique, et de passer par Bruxelles ou Liége. Ils peuvent profiter ainsi des *billets circulaires à prix réduits*, que l'on délivre à Bruxelles à la gare du Nord, à Liége aux Guillemins

Même pour les voyageurs belges et français qui ne désirent pas prolonger leur séjour en Bavière, l'usage des billets circulaires est à recommander ; il n'en résulte aucune perte de temps, les deux routes : Bruxelles — Francfort — *Wirzbourg* — Bayreuth pour l'aller ; Bayreuth — *Nuremberg* — Francfort — Bruxelles pour le retour, ayant à peu près même longueur. Et l'on bénéficie ainsi d'une réduction d'environ 30 00.

Ajoutons qu'en vue de faciliter les communications avec Munich, Dresde, Prague, Nuremberg, des trains spéciaux sont organisés à l'aller comme au retour, avant et après chacune des représentations à Bayreuth.

Nécrologie

Sont décédés :

A Dresde, le 23 juin, Emile Naumann, né à Berlin, 8 septembre 1827, compositeur et écrivain musical. (Notices, Pougin-Fétis, t. II, p. 264, et *Musik-Lexicon* de Riemann, p. 670.)

— A Berlin, le 28 juin, J.-E. Engel, directeur du théâtre Kroll et l'une des personnalités les plus répandues de la capitale allemande. Né à Budapest, le 4 mars 1821, Engel, qui était violoniste, avait d'abord dirigé les Concerts d'été dans les jardins de Kroll ; en 1832, il fut nommé directeur du théâtre élevé dans cet établissement, et par son activité et son goût artistique sut bientôt attirer l'attention sur cette scène qui, peu à peu, devint l'une des meilleures d'Allemagne.

En 1862, Engel était devenu propriétaire du théâtre. Les chanteurs les plus célèbres de l'Allemagne et du dehors ont tour à tour chanté sur cette scène, depuis le ténor Roger et la Patti jusqu'aux chanteurs wagnériens tels que Nachbaur, Scaria, Reichmann, etc. On jouait à la fois la farce, le drame, l'opérette, l'opéra comique et le grand opéra.

— A Paris, le 28 juin, à l'âge de 67 ans, Claude-Théodore Hustache, ancien chef du chant à l'Opéra.

— A Aix-les-Bains, Camille Lelong, 1er prix de violon en 1862, et qui avait fait partie pendant plusieurs années de l'orchestre de l'Opéra de Paris.

— A Paris, à l'âge de 22 ans, Berthe Carpentier, danseuse à l'Opéra, puis à Bruxelles.

— A Kentucky (Etats-Unis), Lucien-Marius Collière, né à Paris en 1813, ancien baryton de l'Opéra.

Son grand-père, autrefois gouverneur de la Corse, avait refusé, dit-on, d'accepter pour gendre Napoléon-Bonaparte, — trop jeune et trop pauvre à son gré !

Lucien Collière était poète, musicien, chanteur ; il eut un engagement comme baryton à l'Opéra. Plus tard, il partit pour la Nouvelle-Orléans. Bientôt il perdit sa femme, tomba dans la misère, et la maladie le conduisit à la dernière extrémité. Il recouvra pourtant une santé suffisante qui lui permit d'enseigner le dessin et la musique en différentes villes des Etats-Unis. Il posséda jusqu'à la fin sa splendide voix de baryton ; mais, pris d'une sorte de monomanie religieuse, il voulut se faire moine et entra à la Trappe de Gethsémani, au Kentucky, où il a vécu onze ans sous le nom de « Frère Joseph ».

XXXIV ANNÉE   26 juillet et 2 août 1888   NUMÉROS 30-31

Paraissant tous les jeudis.

ABONNEMENT	SCHOTT FRÈRES, ÉDITEURS.	ANNONCES
FRANCE et BELGIQUE : Avec musique 25 francs.	Paris, Boulevard Montmartre, 19	S'adresser à l'Administration du Journal.
— Texte seul. . 10 —		On traite à forfait.
UNION POSTALE : — . . 12 —	Bruxelles, Montagne de la Cour, 82	

LE CHANT DANS LA NATURE

(Suite et fin. — Voir nᵒˢ 28-29).

Tout comme chez l'homme, le chant de l'oiseau, quoique son essence soit apparemment dans l'instinct et dans la spontanéité, n'est autre chose que le résultat d'une éducation très rudimentaire, il est vrai. Mais tandis que l'oiseau, arrivé à un certain degré de développement, s'arrête pour toujours, l'homme semble, au contraire, progresser indéfiniment. Les animaux donnent parfois des marques non équivoques de raisonnements partiels, l'homme en possession de la plus haute faculté, — de la raison, — réussit à acquérir, grâce aussi à sa grande mémoire, non seulement toutes sortes d'adresses et toutes sortes de connaissances, mais encore à classer ces connaissances si variées, à apercevoir entre elles mille rapports, à extraire de ces rapports multiples des règles, et à réunir ensuite ces règles en des codes, des grammaires et des méthodes.

Mais si le champ de vue de l'homme est infiniment plus vaste que celui de l'oiseau, il faut reconnaître qu'en ce qui concerne le chant et son exercice, l'homme, au début, n'agit pas autrement que le volatile qui ramage.

Du reste, certaines espèces d'oiseaux, pris au trébuchet et devenus prisonniers de l'homme, du bourreau de la création, comme l'appelle si énergiquement Théophile Gautier, certains oiseaux, dis-

je, sont susceptibles d'une certaine culture musicale qu'ils n'auraient pu acquérir à l'état de liberté, livrés à leurs propres ressources et au contact de leurs semblables. Aux merles, par exemple, n'apprend-on pas à siffler nos chansons populaires et nos airs d'opéra ? Les perroquets apprennent également à chanter et à dire tout ce que l'on veut, et, ma foi, peut-être aussi bien, sinon mieux, que certaines de nos divas d'opéra.

A propos des perroquets, je me rappelle, en me reportant à quelques trente ans en arrière, une scène très originale, dont le souvenir s'est gravé dans ma mémoire d'une manière ineffaçable.

C'était en Russie, à Kieff, durant une soirée musicale chez mes parents. Une jeune et gracieuse cantatrice, Mˡˡᵉ Bohdanowitch, commençant à peine l'exécution d'une romance, alors très en vogue, qu'une partie des invités quittaient précipitamment le salon de musique. Le salon fut vidé en un rien de temps. Et, en effet, quelque chose d'insolite venait de se produire dans la pièce voisine où s'étaient portés les invités. La cantatrice, interdite, s'arrêta court ; mais, étant l'amie de la maison, elle comprit aussitôt de quoi il était question et, riant aux éclats, courut rejoindre les autres. La cause de cet émoi, c'était notre brave ami d'enfance, notre perroquet. Messire Vert-Vert, réveillé en sursaut par le bruit et le chant, et trouvant le procédé peu de son goût, avait voulu se venger en prouvant aux perturbateurs de son repos que lui aussi n'était pas un ignorant en matière d'art musical. Et de sa plus belle voix, il s'était mis à chanter une cracovienne très populaire dans notre pays... Son succès fut grand à faire pâlir d'envie maint virtuose.

J'ajoute que plusieurs grands artistes assistaient à cette scène curieuse et applaudissaient plus fort encore que les autres. Je citerai notamment les demoiselles Neruda (Wilma et Marie), toutes les deux violonistes alors déjà célèbres; feu Wilmers, pianiste de la cour d'Autriche; les violonistes Nasser et Newadbu. Chacun fit ensuite les plus humbles excuses à Mᴸᴸᵉ Bohdanowitch, qui fut ramenée en triomphe au salon de musique; elle fut écoutée religieusement et on lui fit un succès qui compta dans les annales de sa carrière artistisque ?

Quant au rival peu galant de notre cantatrice, le perroquet, il méritait mieux, assurément, que d'avoir été condamné à rester Vert-Vert toute sa vie. Il n'était redevable de son talent de musicien qu'à lui-même. Il était autodidacte ! C'est en nous écoutant chanter, nous autres enfants, qu'il s'était assimilé son répertoire composé de trois ou quatre airs différents, après s'être exercé à l'apprendre aux heures où il ne se sentait pas épié. Ce perroquet donnait souvent des signes manifestes d'intelligence, je dirais humaine.

Il y a, en réalité, un domaine vocal qui ne commence qu'avec l'homme. Ce domaine, c'est *l'harmonie vocale* (et à plus forte raison instrumentale). Et même l'harmonie n'est pas l'apanage de toutes les races humaines, mais bien de certaines races du Nord. Ces races la possédaient d'abord instinctivement. Cet instinct s'exprima au début très rudimentairement, grandit le temps et devint aptitude; cette aptitude se développa à son tour par l'expérience et le raisonnement jusqu'à constituer notre grand et bel art.

Il y eut un moment dans l'histoire où l'harmonie vocale (1) prit un développement tel que la *monodie* s'y noya tout entière. Ce fut l'époque musicale des Néerlandais (de Dufay à Roland de Lattre) et celle des Italiens durant tout le xvıᵉ siècle (Palestrina, Allégri, de la Vittoria, etc.). La monodie fut alors tellement oubliée qu'à la fin du xvıᵉ et au commencement du xvııᵉ siècle, il a fallu la retrouver, en quelque sorte, et rétablir ses droits, certes non sans luttes.

Encore de nos jours, beaucoup de musiciens se figurent que l'harmonie est un produit pur de la science, le fruit du froid calcul et de la spéculation. C'est une opinion erronée. L'origine de l'harmonie vocale est entièrement dans l'instinct. Car je me demande qui apprend aux paysans russes, dénués pour ainsi dire de toute culture intellectuelle à plus forte raison musicale, à chanter en chœur chaque fois qu'ils s'assemblent pour prendre leurs ébats.

Ayant habité pendant plusieurs années une des îles du Dniéper, en face de la ville de Kieff, que de fois n'ai-je pas entendu des chœurs de ce genre ! Par une belle soirée, bateliers et batelières, les uns

(1) Sa base réside probablement dans une affinité mystérieuse entre sentiments d'individu à individu, affinité qui fait que ces individualités distinctes se subordonnent spontanément les unes aux autres, pour ne former qu'un tout musical, dit harmonieux.

accroupis, les autres assis sur le pont de leurs embarcations, égayaient leurs loisirs par des chants d'ensemble, pendant que leurs barques plates dérivaient au fil du courant, dirigées uniquement par le timonier. C'étaient tout d'abord des voix féminines ou enfantines qui commençaient une ou plusieurs mesures de l'air; bientôt le chœur tout entier faisait son entrée. Cette entrée était parfois d'un effet irrésistible.

Exemple :

Des harmonies tantôt consonantes, tantôt dissonantes, aux combinaisons parfois très curieuses, se dégagent de ces chants en chœur, planent magiquement et se répandent dans la nuit calme et attiédie. La lune de l'Ukraine, tant vantée par nos poètes, argente les eaux du fleuve, qui roule ses flots tranquilles avec majesté. En face, de l'autre côté de la rive, s'élève la ville de saint Vladimir, s'étageant par terrasses couronnées d'églises byzantines aux mille clochers et clochetons, dont les coupoles dorées et argentées reluisent majestueusement çà et là... C'est un tableau parlant d'une poésie ineffable, grandiose !

Voilà l'humanité dépouillée de toute animalité.

LÉOPOLD WALLNER.

A Bayreuth

Pour la sixième fois depuis son inauguration, les portes du temple de Bayreuth viennent de s'ouvrir aux manifestations les plus hautes et les plus pures de l'art dramatique contemporain. Et il y a foule. Partis les spectateurs des premières représentations de *Parsifal* et des *Meistersinger*, il en viendra d'autres, pendant un mois, et de partout : d'Allemagne, d'Autriche, de France, de Belgique, des Pays-Bas, d'Angleterre et même d'Amérique. Tous, ils risquent un long voyage, une dépense relativement considérable pour voir quoi : un mystère et une comédie musicale.

Le spectacle est nouveau et probablement unique dans l'histoire. Jamais peut être la fascination du génie n'a inspiré pareille constance d'admiration.

Les premières nouvelles qui nous arrivent des représentations des 22 et 23 juillet portent que le succès de *Parsifal*, joué avec le même souci de l'ensemble artistique que par le passé, a produit sur l'auditoire une profonde impression. Seule des artistes de la création Mᵐᵉ Materna a reparu dans le rôle de Kundry, qu'elle a rendu avec son habituelle autorité et sa puissance de diction dramatiques. Contrairement à l'ordre d'abord fixé, c'est M. Ernest Van Dyck qui a paru le premier dans le rôle de Parsifal et il y a été magnifique. Les dépêches des journaux allemands que nous avons sous les yeux constatent unanimement son éclatant succès. M. Scheidemantel, de Dresde, a été magnifique, lui aussi, dans le rôle d'Amfortas. Seul, le Klingsor de M. Planck a paru un peu lourd. Quant aux Filles-fleurs, jamais, de l'avis de tous, elles n'ont été plus charmantes, et ce délicieux épisode est rendu dans la perfection par des artistes de premier rang qui ne dédaignent pas de chanter à Bayreuth de simples parties de choristes. L'orchestre, bien entendu, a été merveilleux à son ordinaire, sous la direction de Felix Mottl.

Le 23, a eu lieu la première des *Maîtres Chanteurs*, qui n'avaient pas encore été vus sur la scène de Bayreuth. L'effet de l'œuvre dans le cadre unique de cette scène, avec l'orchestre voilé, a été magique.

Bien qu'on l'eût donnée sans une coupure, elle n'a paru ni languissante, ni trop longue. Reichmann (de Vienne) dans Hans Sachs, Gudehus (de Dresde) dans Walther, Mᵐᵉˢ Sucher (de Hambourg) dans Eva, Friedrichs (de Brême) dans Beckmesser, et Hofmüller (de Darmstadt) dans le petit rôle de David, formaient un ensemble idéal. Les chœurs ont été extraordinaires, l'orchestre admirable de clarté sous la direction de l'incomparable Hans Richter. L'ensemble est parfait et extraordinairement vivant. Les décors, tous nouveaux, sont très réussis, particulièrement le dernier, qui représente les bords de la Pegnitz avec une vue lointaine de Nuremberg.

Après la chute du rideau, l'acclamation a été générale, enthousiaste. Par trois fois, les applaudissements se sont renouvelés et de nombreux cris ont appelé sur la scène Hans Richter. Mais le maëstro n'a pas paru, se conformant à la discipline wagnérienne.

Ces deux premières soirées ont eu lieu devant une salle absolument comble, où l'on remarquait un grand nombre d'artistes étrangers, de critiques, de princes : citons la grande duchesse Vera de Wurtemberg ; la princesse Amélie de Bavière ; les princes Alexandre et Max de Battenberg ; Mᵐᵉ Cosima Wagner ; M. Charles Lahoureux, l'éminent chef d'orchestre ; M. Joseph Sucher, chef d'orchestre de l'Opéra de Berlin, et M. et Mᵐᵉ Charles Tardieu, etc.

On annonce que MM. Dupont et Lapissida, directeurs du théâtre de la Monnaie, ainsi que MM. Seguin, Engel et Renaud, artistes du même théâtre, assisteront aux représentations du 5 et 6 août.

La salle du théâtre est,pour la première fois,éclairée à la lumière électrique. Les nouvelles installations ont parfaitement manœuvré.

Quelques modifications ont dû être introduites dans le personnel exécutant, par suite d'une indisposition de M. Winckelmann, qui empêche l'excellent ténor de prendre part aux représentations. M. Winckelmann est remplacé par M. Jæger, de Carlsruhe, lequel alternera avec M. Van Dyck dans le rôle de Parsifal. Voici la distribution,telle qu'elle est fixée pour les représentations à venir.

Le 29 juillet (*Parsifal*) : Parsifal (Jæger); Kundry (Sucher); Gurnemans (Wiegand) ; Amfortas (Reichmann); Klingsor (Scheidemantel).

30 juillet : (*Maîtres Chanteurs*) Walther de Stolzing (Gudehus); Eva (Malten) ; Pogner (Gillmeister) ; Hans Sachs (Plank) ; Beckmesser (Kürner); David (Hidmondt).

1ᵉʳ août (*Parsifal*). Parsifal (Van Dyck); Kundry (Materna); Gurnemans (Gillmeister); Amfortas (Scheidemantel); Klingsor (Plank).

2 août : (*Maîtres Chanteurs*). Walther de Stolzing (Gudehus); Eva (Sucher); Pogner (Wiegand) ; Hans Sachs (Reichmann); Beckmesser (Friedrichs); David (Hoffmüller).

Pour les représentations du 5 et du 6 août, la distribution n'est pas encore arrêtée, mais elle sera probablement la même que pour les représentations du 1ᵉʳ et 2 août.

Chronique de la Quinzaine

PARIS

En comparant le nombre des distinctions honorifiques accordées par le gouvernement aux peintres, architectes, etc., d'une part, et, d'autre part, aux musiciens, on est généralement frappé d'une disproportion, toute à l'avantage des premiers ; voilà longtemps, et non sans apparence de raison, qu'on se plaint de cette parcimonie, de cette indifférence ou de ce mépris officiels pour les représentants d'un art que plus d'un penseur, et non des moins qualifiés, déclare supérieur aux autres... Cette année, ou plutôt ce 14 juillet, on vient d'applaudir chaleureusement la nomination,au grade de chevalier de la Légion d'honneur, d'un *jeune* au talent brillant et exubérant, d'un musicien classé parmi les *avancés* actuels, M. Emmanuel Chabrier.

Rappelaurai-je ses œuvres, la verve originale, la drôlerie de plaisanterie musicale de l'*Étoile*, une opérette où il y avait beaucoup de musique, chose vraie ; le succès étourdissant et mérité d'*España*, cette page ensoleillée jusqu'à l'éblouissement ; et toutes ces piquantes aquarelles, pastels, gouaches et pochades, *Pièces pittoresques* pour le piano, *Valses à quatre mains*, *Mélodies* et *Scènes* (*Tes yeux bleus*, sur les vers de Rollinat, la *Sulamite*, texte de J. Richepin)? On n'a pas oublié, à Bruxelles, les représentations, si malheureusement interrompues par la faillite Verdhurt, de l'opéra *Gwendoline*, révélation d'un tempérament exceptionnel, comme éclat et comme « en dehors ». Depuis, les pages étincelantes, piquantes ou charmantes du *Roi malgré lui*, ont maintenu l'attention des connaisseurs et du public fixée sur M. Chabrier; les représentations de cet ouvrage, arrêtées salle Farvart, par l'incendie mémorable qu'on sait, ont pu être reprises place du Châtelet. Là encore, la malechance poursuivait M. Chabrier a contribué à accroître l'intérêt qui s'attachait déjà à ses mérites de compositeur et à le désigner plus impérieusement encore aux justes faveurs du gouvernement. Pour toutes ces excellentes raisons, on a applaudi unanimement et chaleureusement à la distinction conférée à M. Chabrier; cette distinction est à la fois un encouragement donné à toute la jeune école et un puissant stimulant pour le compositeur qui consacre, en ce moment, toutes ses forces à son opéra de *Briséis*, tiré par M. Catulle Mendès de la ballade de Gœthe, la *Fiancée de Corinthe*... Pour moi, qui connais et

goûte depuis longtemps la musique de M. Chabrier, cet événement heureux et récent ne pouvait rien changer à l'idée que j'avais de sa valeur ; décoré ou non, je ne sais pas de mélodiste plus inventif, d'orchestrateur plus épris de la lumière et de la couleur, de cavalier plus hardi à enfourcher un rythme, à le mener à toute allure, à le faire trotter, galoper, caracoler, écumer et hennir d'une plus fringante façon.

On annonce aussi (et l'on n'attendrait que la distribution des prix au Conservatoire pour la proclamer) la nomination de M. Bourgault-Ducoudray au même grade. Voilà encore un choix heureux, et qui sera ratifié, qui est déjà ratifié dès à présent par une approbation unanime. M. Bourgault-Ducoudray a dirigé avec un mérite et une conviction rares une société chorale d'amateurs destinée à interpréter les chefs-d'œuvre des maîtres de l'oratorio ; on n'a pas oublié les auditions des œuvres d'Hændel, les *Fêtes d'Alexandre*, *Acis et Galatée*, l'*Ode à sainte Cécile*, et des cantates de Bach, notamment celle si admirable, *C'est Dieu seul qui gouverne*. Ce n'est pas la faute de M. Bourgault si les circonstances et le sol ingrat qu'il avait alors à défricher ont triomphé de son énergie. M. Bourgault-Ducoudray professe avec succès l'histoire de la musique au Conservatoire ; il donne à ce cours une physionomie vivante, il y fait preuve d'une intelligence ouverte aux belles innovations. Mais son meilleur titre, à mon avis, ce sont les travaux où il rapproche le plain-chant ecclésiastique et la musique de l'antiquité, ses missions en Grèce et en Bretagne, les deux précieux recueils, harmonisés et commentés, de mélodies grecques et bretonnes, qui ont été le fruit de ces missions. C'est surtout le promoteur des études sur la mélodie populaire qu'on aura raison d'applaudir à la distribution des récompenses au Conservatoire.— Un vœu pour finir. Le gouvernement serait bien inspiré, il échapperait enfin à cette réputation invétérée, et légitime jusqu'à présent, de partialité et d'inégale répartition de ses faveurs, en persévérant dans la voie inaugurée cette année, en pensant un peu plus aux musiciens de valeur qui ont droit à ses distinctions, et parmi lesquels je citerai, après M. César Franck et Lalo, deux vétérans déjà décorés, si je ne me trompe, des *jeunes* comme M. Gabriel Fauré et Vincent d'Indy, par exemple, qui ont fait leurs preuves, sans parler d'autres,tels que MM. Messager, Th. Lefebvre, etc.

Le *Guide* a parlé dernièrement de M. Dukas, qui a eu le second prix de Rome avec une cantate plus remarquable que celle de M. Erlanger, qui a obtenu le premier prix. Parmi ceux qui s'étonnent de cette injustice, il en est peu qui sachent que M. Dukas a commis le crime d'admirer, d'étudier les œuvres de Wagner, d'aller à Bayreuth, et de ne pas le cacher. Il est aussi l'auteur de réductions orchestrales très soignées de fragments de Wagner.

On fait circuler, en ce moment, une pétition, signée des membres de l'Institut, pour faire représenter la *Vie pour le Czar* de Glinka sur un de nos théâtres subventionnés. C'est là une idée plus politique qu'artistique, l'intérêt de l'œuvre n'étant plus très palpitant ; à ce titre, je ne saurais approuver cette idée, ou tout au moins l'appuyer, car elle dépend de considérations étrangères à la question d'art.

Au *Petit-Théâtre* (théâtre des Marionnettes) de la rue Vivienne, on prépare une reprise de la *Tempête* de Shakespeare, soit avec le texte de François-Victor Hugo, soit avec une traduction nouvelle de MM. Bouchor et Richepin ; M. Ernest Chausson ferait la musique qui doit accompagner le drame.

Il est question d'une *Judith* de M. Armand Silvestre, opéra dont M. Paul Vidal, que j'ai souvent cité ici avec éloge, doit faire la musique. Ce sujet a déjà été traité avec talent par M. Charles Lefebvre, sous la forme d'un oratorio dramatique, c'est-à-dire pouvant, au besoin, se prêter à la représentation, comme le *Samson et Dalila* de M. Camille Saint-Saëns, qui fut *joué* sur la scène de Weimar.

BALTHAZAR CLAES.

À l'Opéra, continuation du marasme. Le ténor Bernard, qui a débuté dans la *Juive* après M. Cossira,n'a pas beaucoup mieux réussi.. Le nouveau venu a l'organe, c'est incontestable, organe un peu barytonal,mais généreux et puissant ; seulement il en use à tort et à travers, ignorant aussi bien des finesses de l'art que des roueries du métier. M. Bernard prépare son second début, qui aura lieu dans *Robert le Diable*, disent les uns, dans *Guillaume Tell*, disent les autres ; Mˡˡᵉ Bronville étudie *Aïda*.

Après avoir fait son second début dans le rôle de Rhadamès d'*Aïda*, M. Cossira chantera Raoul des *Huguenots*. Cet artiste est payé, en ce moment, au cachet ; un engagement définitif n'a pu être signé, puisque M. Cossira doit partir au mois d'octobre pour Lyon, d'où il reviendra, le 1ᵉʳ mai 1889, se mettre à la disposition de MM. Ritt et Gailhard.

Une audition tout à fait intime du *Benvenuto Cellini* de M. Camille Saint-Saëns a eu lieu chez M. Ritt, directeur de l'Opéra, dans sa propriété de Brunoy.

M. Louis Gallet a lu le poème qu'il a tiré du drame de Paul Meurice, et M. Camille Saint-Saëns a fait entendre toute sa partition.

L'Opéra-Comique a fermé avec la vingt-cinquième représentation du *Roi d'Ys*, qui, dans les dernières soirées, faisait encore salle comble.

La question de la reconstruction n'a pas fait un pas. Les Chambres viennent de se séparer sans avoir rien décidé quant au projet qui leur avait été soumis par M. Lockroy, ministre des beaux-arts.

Au moment où l'on croyait le plan de M. Duteri, architecte, accepté par la commission, M. Falconnet en présentant un autre, s'offrant à construire l'Opéra-Comique à forfait, afin de limiter la dépense. La commission s'est montrée favorable à ces dernières propositions, que M. Lockroy a formellement repoussées.

Le plus clair, en tout ceci, et le moins gai, c'est que l'État se rend locataire pour trois nouvelles années du théâtre des Nations, à raison de 240,000 francs. Grosse dépense dont l'art ne profitera guère !

Les négociations entamées entre MM. Carvalho et Bertrand n'ont pas encore définitivement abouti. C'est donc à tort que plusieurs de nos confrères annoncent l'ouverture de l'Eden-Lyrique, soit avec *Lakmé*, soit avec *Néron*. Aucune décision n'a été prise encore à ce sujet.

M. Paravey vient de rengager Mᵐᵉ Degrandi, Mˡˡᵉ Simonnet et d'engager Mˡˡᵉ Marcolini, à laquelle on prédit l'avenir d'une Patti. Mˡˡᵉ Merguillier quitte le théâtre de ses débuts, pour s'adonner à la carrière italienne.

On parle beaucoup ou plutôt on fait parler beaucoup d'un *Dante*, drame lyrique en 4 actes, de M. Benjamin Godard et Éd. Blau, qui serait destiné à l'Opéra-Comique.

On a donc renoncé à *Jocelyn* ?

L'opérette sera en honneur l'hiver prochain : l'Eden compte rouvrir avec une reprise du *Pied de mouton*, qui suivra celle du *Petit Duc*; les Nouveautés avec une *Vénus d'Arles*, de MM. Paul Ferrier et Armand Liorat, musique de M. Louis Varney; les Folies-Dramatiques avec la *Petite Fronde*, de M. Audran; la Renaissance avec *Madame Briguel*, de MM. Ordonneau et Audran. Aux Bouffes-Parisiens, Mˡˡᵉ Marguerite Ugalde rentrera dans la *Gemma de Paris* et interpréta ensuite le rôle principal dans la *Gardeuse d'oies*, de M. Lacôme.

M. Martial Senterre, ex-directeur des théâtres de Lyon, Liége et Anvers, vient de louer la salle du Château-d'Eau, avec l'intention d'y installer un théâtre lyrique populaire.

L'ouverture aurait lieu vers le 1ᵉʳ octobre par des représentations du *Cheval de bronze* ou de *Lucrèce Borgia*.

Une audition de fin d'année a été donnée, le 19 juillet, devant un nombreux auditoire d'artistes et de connaisseurs, par cinq des meilleurs élèves qui suivent le cours d'orgue, d'improvisation et de plain-chant, dirigé par M. Eugène Gigout, le savant et habile organiste de Saint-Augustin. Le jeu net et très artistique de ces jeunes organistes a été remarqué, qu'il s'agisse d'interpréter les maîtres classiques ou de traduire, avec des effets de registration, les auteurs modernes. Cette intéressante séance a pleinement justifié la subvention dont le cours d'orgue de M. Gigout a été l'objet de la part du ministère des Beaux-Arts. Nul doute que, l'année prochaine, cette très sérieuse et utile institution musicale ne donne des résultats encore plus remarquables.

—

Les concours publics, au Conservatoire national de musique, ont commencé jeudi dernier. Voici les résultats :

CONTRE-BASSE

Premier prix : M. Bourdeau.
Deuxième prix : MM. Garnier et Pickett.
Premier accessit : M. Thévenin.

VIOLONCELLE

Premier prix : MM. Dumoulin, Huck (classe Delsart) et Gurt (classe Rabaud).
Deuxième prix : M. Charpentier (Rabaud) et Mˡˡᵉ Baude (Delsart).
Premier accessit : M. Jobert (Delsart) et Mˡˡᵉ Fleschelle (Rabaud).
Deuxième accessit : M. Ghys (Rabaud).

PIANO (femmes)

Premier prix : Mˡˡᵉˢ Depecker (classe Duvernoy), Panthès (Fissot), Querrion (classe Delaborde), Jusseaume (classe Fissot), Parisot (classe Fissot).
Deuxième prix : Mˡˡᵉˢ Weyler (Duvernoy), de Possel (Delaborde), Morhange (Fissot) Ruckert (Delaborde).
Premiers accessits : Mˡˡᵉˢ Dufourcq (Delaborde), Quanté (Duvernoy), Dieudonné (Duvernoy) Jetot (Fissot), Périssoud (Fissot), Vanier (Duvernoy), Petit-Gérard (Duvernoy), Lefort (Delaborde), Buval (Fissot).

PIANO (hommes)

Premier prix : MM. Staub et Riera, le premier élève de M. Diémer, le second élève de la classe de Bériot.
Deuxième prix : MM. Risler (Diémer), Lachaume (de Bériot) et Bloch (Diémer)
Premier accessit à l'unanimité : M. Quesvremont (Diémer).
Deuxième accessit : MM. Baume (Diémer) et Barthélemy (de Bériot).

ORGUE

Premier prix : Mˡˡᵉ Bouley (classe de M. C. Franck).
Pas de second prix.
Premiers accessits : M. Aubry, Mˡˡᵉ Prestat.
Mˡˡᵉ Bouley est une jeune aveugle.

CONTRE-POINT ET FUGUE

Premier prix : Mˡˡᵉ Gonthier.
Deuxième prix : Mˡˡᵉ Prestat.
Premier accessit : M. Bachelet.

HARPE

Pas de premier prix : Mˡˡᵉ Taxy (classe de M. Hasselmans).
Premier accessit : Mˡˡᵉ Thévenet.
Deuxième accessit : Mˡˡᵉ Bressler.

CHANT (classes des femmes)

1ᵉʳ prix : Mˡˡᵉˢ Dépecker, Panthès, Querrion, Jusseaume, Larisot.
2ᵉ prix : Mˡˡᵉˢ Weyler, de Possel, Morhange, Ruekert.
1ᵉʳˢ accessits : Mˡˡᵉˢ Dufourcq, Quanté, Dieudonné, Lucie Jetot, Périssoud, Vanier.
2ᵉˢ accessits : Mˡˡᵉˢ Nassberg, Chapart, Petit-Gérard, Lefort, Buval.

CHANT (classes d'hommes)

Premiers prix : MM. Saleza, élève de M. Ban (premier accessit en 1887), air d'*Iphyénis en Tauride*, et M Jérôme, élève de M. Crosti (second accessit en 1887), air de *Lucie de Lammermoor*.
Seconds prix : M. Lafarge, élève de M. Warot (second accessit en 1887), air d'*Othello* ; et M. Affre, élève de M. Duvernoy, air de *Lucie de Lammermoor*.
Premiers accessits : M. Fabre, élève de M Barbot, air de *Sardanapale*; M. Vaguet, élève de M. Barbot, air de *Joseph*; M. Disard, élève de M. Bussine, air de la *Reine de Saba*; M. Bello, élève de M. Barbot (second accessit en 1887), air d'*Hamlet*; M Ferrand, élève de M. Warot (second accessit en 1887), air de *Sémiramis*, et M. Vallier, élève de M. Archaimbaud, air d'*Hérodiade*.
Seconds accessits : M. Macquin, élève de M. Boulanger, air du *Songe d'une nuit d'été*; M. Carbonne, élève de M. Ban, air de la *Dame blanche*, et M. Clément, élève de M. Warot, air de *Raymond*.

BRUXELLES

Les distributions des prix aux écoles communales de Bruxelles donnent lieu, en ce moment, à d'intéressantes auditions musicales avec le concours des chœurs de ces écoles. Samedi dernier, c'était au théâtre de la Monnaie la distribution des prix aux élèves des divisions supérieures des écoles primaires de la ville. Six chœurs ont été chantés par neuf cents garçonnets et fillettes, sous la direction de MM. Watelle et Landa, les deux habiles directeurs dont on connaît le talent. Très correctes et d'un grand fini, ces exécutions ont provoqué d'unanimes applaudissements.

Tout d'abord, les fillettes ont très coquettement gazouillé une valse charmante, *Aux vendanges*, puis les garçons ont enlevé avec brio et crânerie une valse espagnole, *Estudiantina*.

Nous avons entendu ensuite les *Sylphes* de Brahms, un morceau hérissé de difficultés dont les jeunes chanteuses se sont jouées avec beaucoup de sûreté.

Signalons encore : un superbe chœur flamand, de Jan Blockx, *de Kleine Brennan*, et *Sneeuwwitje*, de Rumkey, chantés par les garçons et les filles; enfin le *Soir*, une page mélodique avec un finale de grande allure, qui est l'œuvre de M. Aug. Landa. L'auteur a dirigé lui-même et a reçu, ainsi que M. Blockx et M. Watelle, les félicitations de M. Buls.

L'audition des pianos Becker, à la section russe du grand Concour, avait attiré, mardi dernier, un public très distingué et choisi. Jusqu'à présent, ç'a été la plus brillante des auditions. Les trois charmantes jeunes pianistes, Mᵐᵉˢ Merk, Vandercammen, Weimerskirch, élèves de M. Joseph Wieniawski, ont eu un succès aussi grand que mérité. Ces jeunes artistes ont su non seulement faire valoir la bonne sonorité et l'admirable planissimo des célèbres pianos Becker, mais aussi l'incomparable méthode d'enseignement de leur éminent professeur, dont elles ont consciencieusement profité. La fantaisie de Wieniawski pour deux pianos, les variations de Rameau, l'allegro de Schulhoff et la valse de Moskowsky, précédée du « Warum » de Schumann, ont eu les honneurs de cette intéressante et belle matinée, qui avait toutes les allures d'un concert sérieux.

M. Paul Petersen, chef de la maison Becker, ancien professeur au Conservatoire de Pétersbourg, assistait à cette audition. Il est chevalier de l'ordre de Saint-Wladimir, distinction très rarement accordée aux artistes russes. Il n'y a que Rubinstein, Henselt et Tschaïkowski qui soient chevaliers de Saint-Wladimir, avec droits de noblesse.

****

GAND

FESTIVAL DES MÉLOMANES

Malgré les dissentiments survenus entre la *Société des auteurs* et la Société des *Mélomanes*, le grand festival de chant choral organisé par *les Mélomanes* a réussi au-delà de toutes prévisions et a obtenu un succès complet. Sept sociétés ont pris part à cette audition d'un caractère absolument nouveau : *Les Mélomanes* de Gand, *les Chœurs de Gand*, *l'Orphéon de Bruxelles*, *les Artisans réunis* de Bruxelles, *la Réunion lyrique* de Saint-Gilles, *la Légia* de Liége et l'*Émulation* de Verviers.

A tout seigneur tout honneur. *Les Mélomanes* ont fait exécuter par

vingt de leurs plus anciens membres un petit chœur de Clapisson :
« *Voici le nuit* », qui fut le début de la société naissante il y a cinquante ans, — exécution très délicate et très soignée. — A cette jolie
petite page succéda les *Eburons*, d'Alfred Tilman. Ecrite pour barytons
et basses, les *Mélomanes* ont tiré grand parti de cette œuvre assez
vide en elle-même.

Le succès de la journée a certainement été pour la société
l'*Emulation*, de Verviers, dirigée par M. Voncken. En deux chœurs
différents, mais d'une égale difficulté : *les Esprits de la Nuit* de Riga,
et *la Tempête* de Radoux, elle a fait preuve d'une discipline étonnante, mise au service d'une intelligence musicale très vive et de
grandes qualités chorales.

Grand succès aussi pour les chanteurs de l'*Orphéon* (directeur
M. Bauwens). *L'Hymne à l'Amour* d'Auguste Dupont, qu'ils ont admirablement détaillé, est une composition charmante, dont seule la
fin pèche par un excès de banalité. Le reste est un vrai bijou. —
Deux bien jolies choses de Gevaert : *Gentschealbrytang* et de *Toovers
in Keulens Kelder*, complétaient le programme de cette société ; la
seconde, dite et chantée dans la perfection, a transporté l'auditoire;
on l'a chaleureusement bissée, et on l'aurait trissée si l'on avait osé.

La Légia (directeur Sylvain Dupuis), nous venait précédée de
l'immense réputation que cette belle société a conquise jadis dans
le monde artistique belge, et l'exécution de son premier chœur, le
Germinal de Riga, n'était point faite pour la démentir. Malheureusement, dans *les Corsaires grecs*, les ténors, — merveilleux toujours, —
s'en sont allés de leur petite virtuosité, et ont monté, monté... Bref,
une revanche à prendre, Messieurs les Liégeois.

Les Artisans réunis (directeur M. Goossens), qui chantaient les derniers, ont réussi à retenir le public brisé par six heures de musique
et par une chaleur tropicale, grâce à la jolie, fine et spirituelle interprétation du chœur de Rillé (*Les Dau-Minuit*.) Les voix sont justes,
expertes et singulièrement souples et nuancées. Le *Cyrus à Babylone*
de Boulanger, un peu trop mièvre, a cependant obtenu sa large part
de succès.

La *Réunion lyrique* (directeur M. Duysburgh), a chanté *les Emigrants
irlandais*, le beau chœur de Gevaert, et l'*Hymne au matin* de Hanssens. Malgré quelques défaillances, dans ce dernier chant surtout,
l'interprétation est restée à la hauteur de la moyenne de cette brillante journée.

Enfin la *Société Royale des Chœurs* (directeur M.Paul Lebrun), qui ne
chantait qu'un seul chœur, voulant ainsi, tout en réservant sa modestie, affirmer les sentiments de réelle et solide confraternité qui
l'unissent aux *Mélomanes*, nous a fait entendre les *Proscrits*, ce chœur
que Gevaert écrivit jadis pour elle et qui valut à tous deux, à
l'auteur et à la société, leurs premiers succès en France. Cette exécution, parfaite de fondu, de justesse et de nuances, a suffi pour
prouver que la vaillante phalange chorale conserve toujours la place
qu'elle a su conquérir parmi ses rivales du pays.

En résumé donc, fête admirablement réussie. Public nombreux,
attentif, enthousiaste. Les *Mélomanes* heureux, les étrangers enchantés; des banquets, des toasts, des bals......   F. L.

LIÉGE

Les concours publics de notre conservatoire, qui sont, en quelque
sorte, le bilan annuel des travaux et de la situation de cet établissement et dont l'intérêt ne saurait être mieux attesté que par l'empressement de la foule qui s'y porte et les suit avec une infatigable
persévérance, ont commencé il y a une quinzaine de jours et se
continueront jusqu'au 31 juillet inclusivement.

Voici les récompenses décernées dans les séances du 10 au 20 juillet :

INSTRUMENTS A EMBOUCHURE

Trombone. Professeur : M. Emile Daloze. 5 concurrents. — 1er prix
non décerné; 2e prix, MM. Henri Chévremont et Fernand Roger;
1er accessit, M. Joseph Quintin.

Cornet à pistons. Professeur : M. Dieudonné Gérardy. 5 concurrents.
— 1er prix, MM. Charles Gaucet et Walter Dedecker; 1er accessit,
M. Arthur Deherve.

Cor. Professeur : M. Mathieu Lejeune. 4 concurrents. — 1er prix,
M. Joseph Lhoest; 1er accessit, M. Joseph Dauzenberg; 2e accessit,
M. Marcel d'Archambeau.

INSTRUMENTS A ANCHE ET FLUTE

Basson. Professeur : M. B. Gérôme. 3 concurrents. — 1er et 2e prix
non décernés; 1er accessit, M. Auguste Gielen; 2e accessit, M. Joseph
Tasset.

Clarinette. Professeur : M. Georges Haeseneire. 5 concurrents. —
1er prix, M. Joseph Thiry; 2e prix, M. Ferdinand Wilmet; 1er accessit, M. Auguste Léva; 2e accessit, M. Charles Hupkens.

Hautbois. Professeur : M. E. Bernard. 2 concurrents. — 1er prix
non décerné; 2e prix, M. Renaud Piroa; 1er accessit, M. Hubert
Mouton.

Flûte. Professeur : M. Ed. Tricot. 2 concurrents.—1er et 2e prix non
décernés; 2e accessit, M. Alphonse Maet; 3e accessit, M. Gilles
Cara.

INSTRUMENTS A CLAVIER

Orgue. Professeur : M. Pierre Danneels. 4 concurrents. — 1er prix
avec distinction, M. Pierre Vandamme; 1er accessit, M. Edouard
d'Archambeau.

Piano (hommes). Professeurs suppléants : MM. Jules Ghymers et
Louis Donis; professeurs adjoints : MM. Jean Lebert et Joseph
Herman. 13 concurrents. — 1er prix, M. Edouard d'Archambeau,
élève de M. Jules Ghymers; 2e prix, M. Fernand Mawet, élève de
M. Jules Ghymers, et Maurice Jaspar, élève de M. Joseph Herman;
1er accessit, M. Albert Massin, élève de M. Jean Lebert; 2e accessit,
MM. Henri Deger, élève de M. Jules Ghymers, et Louis Barras,
élève de M. Joseph Herman.

Piano (demoiselles). Professeurs : MM. Joseph Massart, Lambert
Henrotay, Jules Ghymers, Louis Donis, Mmes Gillard-Labeye et
Mlle L. Bois. 16 concurrentes. — 1er prix avec distinction, Mlle Henriette Sampaix, élève de M. Donis; 1er prix, Mlle Ferdinande Servais, élève de Mme Gillard; 2e prix, Mlle Elisa Odeckerken, élève de
Mme Gillard, et Eméence Tasset, élève de M. Joseph Massart;
1er accessit, Mlle Héloïse Weimar, élève de M. Donis; Sophie Ross,
élève de Mlle Bois, et Jeanne Krappowitz, élève de M. Jules Ghymers; 2e accessit, Mlles Anna Bott et Clara Loeser, élèves de
M. Donis.

Musique de chambre (piano et archets). Professeur : M. Léon Massart. 10 concurrents. — 1er prix avec distinction, Mlle Elisa
Lejeune; 2e prix, Mlle Jenny Villiot; 1er accessit, Mlle Laure Hannot;
2e accessit, Mlle Hubertine Dormal. *Violoniste.* 1er prix, M. Louis
Hirsch; 1er accessit, M. Joseph Goulet; 2e accessit, MM. Léon Grétry et François Kinapenne. *Violoncelliste.* 1er prix, M. Charles Péclers.

Musique de chambre pour instruments à archets. Professeur : M. Rodolphe Massart. 5 concurrents. — 1er prix, M. Laurent Bourdoux.

Chant (hommes). Professeurs : MM. Théophile Vercken et Georges
Bonheur. 5 concurrents. — 1er prix, M. Désiré Demest, élève de
M. Bonheur; 2e prix, M. François Honin, élève de M. Vercken;
1er accessit, MM. Edmond Strivay, élève de M. Bonheur, et Eugène
Henrotte, élève de M. Vercken.

Chant (demoiselles). 7 concurrentes. 1er prix, Mlles Thérèse Bastin
et Marie Ledent, élèves de M. Bonheur; 2e prix Mlle Gabrielle
Lejeune, élève de M. Vercken, et Berthe Schouten, élève de M. Bonheur; 1er accessit, Mlle Marthe Lignier, élève de M. Vercken.

INSTRUMENTS A CORDES

Violoncelle. Professeur : M. Léon Massart. 3 concurrents. — 1er prix,
M. Jean Fralla; 2e prix, M. Henri Derouette; 1er accessit, M. Arthur
Nizet.

Alto. Professeur : M. Désiré Heynberg. 3 concurrents. — 1er prix,
M. Léon Mozin.

Violon. Professeurs : MM. Désiré Heynberg, Rodolphe Massart,
César Thomson; professeur adjoint : M. Oscar Dossin. 16 concurrents. — 1er prix, MM. Kinapenne, élève de M. Thomson; Alfred
Léonard, élève de M. Rodolphe Massart, et Léon Lemaître, élève
de M. Oscar Dossin; 2e prix avec distinction, MM. Léon Sampaix,
élève de M. Dossin; Georges Lagarde, élève de M. Thomson;
élève de M. Dossin; MM. Oscar Lemaire et Edouard Wasseige, élèves
de M. Dossin; 2e accessit, MM. François Colline, élève de M. Heynberg; Adolphe Claes, élève de M. Rodolphe Massart.

Le temps et l'espace ne nous permettent pas d'insister sur le
mérite et les travaux de chacune des classes. Nous ferons remarquer
du moins que, comme à l'ordinaire, le concours de violon a été fort
brillant et que les concurrents se sont vivement disputé les récompenses; on peut même assurer sans flatterie qu'ils en méritaient tous,
car ils ont tous plus ou moins de talent. Parmi eux, on a distingué le
jeune Lagarde, âgé de onze ans, élève de M. Thomson, qui, pour la
première fois descendait dans la lice, et qui remporte un second prix
avec distinction.

Cet enfant qui, fort heureusement, n'a rien du petit prodige et
dont toute l'école connaissait les facultés merveilleuses, est musicien
comme la musique. Son jeu est d'une sûreté, d'une justesse et
d'une élégance des plus remarquables ; à ces brillantes qualités
si rapidement acquises, il joint une intelligence, un tempérament
vraiment exceptionnels. Si vous l'écoutiez en fermant les yeux, vous
croiriez entendre quelque virtuose de grand renom. On a fait fête,
cela va de soi, à ce talent si précoce et déjà si parfait.

Les séances de lundi, mardi et mercredi 23, 24 et 25 juillet, ont été
consacrées aux concours supérieurs. Nous donnerons, dans le prochain numéro, la liste des lauréats.   JULES GHYMERS.

On annonce l'engagement, au théâtre pour l'année prochaine, du
ténor Jourdain, créateur du rôle de Sigurd à Bruxelles. Il ferait la
même création ici. M. Lenoir veut, paraît-il, nous donner une bonne
troupe et de bonne musique; applaudissons à ses intentions et souhaitons-lui bonne chance. Comme falcon, on cite Mlle Dumont,
lauréat du Conservatoire de Paris.   F. V. D.

Nouvelles diverses

La musique et les théâtres ont été bien partagés, cette année,
dans les distinctions honorifiques décernées à l'occasion de la fête
nationale du 14 juillet. Sont nommés : Chevaliers de la Légion
d'honneur, M. Emmanuel Chabrier, compositeur; M. Albert Wolff,
publiciste et critique dramatique. — Officiers de l'instruction publique : MM. Jules Barbier, Emile Abraham, Edmond Stoullig,
Léon Kerst, Christian de Trogoff, auteurs et critiques dramatiques;

Guion, Jules Urés, Gariboldi, compositeurs. — Officiers d'académie : MM. Charles René, Fragerolles, compositeurs; Delaruelle, directeur de l'Ecole nationale de musique de Nîmes ; Sandré, directeur de l'Ecole de musique de Nancy; l'abbé Chérion, directeur de la maîtrise de Moulins; Sinsoillies, chef d'orchestre de l'Association artistique du Grand-Théâtre de Lille; Mathieu, chef d'orchestre des Concerts populaires de Boulogne-sur-Mer; Baudry, professeur à l'Ecole nationale de musique d'Aix; Sieg, inspecteur du chant dans les écoles de la ville de Paris; Bonnemie, Carben, De Martini, Vernes, professeurs de chant dans les écoles de la ville de Paris ; Ducor, Laforgue, artistes de l'orchestre de l'Opéra; Mᵐᵉˢ Anna Barthe-Banderali, Marie Masson, professeurs de chant ; Mᵐᵉ veuve Pichoz, compositeur; Mᵐᵉ Marchand, professeur de piano; MM. Binon, Systermans, Stolz, Célor, Sarreau, Mansion, Henry, Pujos, Brun, Joublet (à Melun), Michel (à Toulon), Herzog (à Bourges), Alwens (à Chaumont), Delangle (à Chartres), Béjot (à Pamiers), Martin (à Rouen), professeurs de musique; Chignard, directeur de la société musicale *l'Union gauloise*; Ratheaux, président de la Société chorale de Beaune; Mollard, président de la fanfare de Pont-de-Vaux; Ferret, directeur de la musique municipale du Cateau; — M. Colleuille, régisseur de la scène à l'Opéra; Mᵐᵉˢ Blanche Deschamps, Juliette Bilbaut-Vauchelet-Nicot, MM. Fugère, Barnolt, artistes de l'Opéra-Comique; M. Sapin, « membre de la commission de liquidation de la caisse des retraites de l'Académie nationale de musique », artiste de ce théâtre; M. Lauwers, artiste lyrique; Mᵐᵉ Normand, née Séveste, artiste dramatique ; Mᵐᵉ Richault, professeur de déclamation; M, Coudert, directeur de l'Eden-Théâtre de Vichy.

De l'état des recettes des théâtres de Paris pendant l'exercice 1887-88, qui s'élève à 17,454,684 francs, il résulte qu'il y a, sur les recettes de l'exercice précédent, soit 19,234,798, une diminution de 1,780,114 francs.

Les droits d'auteur, qui pour 1886-1887, s'étaient élevés à 1,990,763 francs, ne sont arrivés pour 1887-1888 qu'à 1,795,508 francs. Des quatre théâtres subventionnés, trois : l'Opéra, le Théâtre-Français et l'Opéra-Comique ont fait *moins* que l'année précédente. Un, l'Odéon, a fait plus. Les recettes de l'Opéra ont baissé de 239,426 francs; celles du Théâtre-Français de 233,735 francs; celles de l'Opéra-Comique de 351,190 francs. Celles de l'Odéon ont monté de 115,164 francs.

Ces chiffres sont instructifs. L'Odéon doit son accroissement de recettes à la reprise de l'*Arlésienne*, au *Songe d'une nuit d'été*, aux pièces nouvelles que M. Porel n'hésite pas à donner. ·Partout, ailleurs, c'est le vieux répertoire que l'on maintient obstinément.
Preuve éclatante que le public : n a assez.

Hans Richter a terminé brillamment la série de ses grands concerts, à Londres, par une exécution magistrale de la *Messe solennelle* en *ré* de Beethoven. Saint James Hall regorgeait de monde, et le succès a été complet. Le quatuor solo était composé de Mᵐᵉˢ Anna Williams et Lena Little, de MM. Lloyd et Henschel.

Mᵐᵉ Blanche Deschamps, de l'Opéra-Comique de Paris, est, en ce moment, à Saint-Pétersbourg. Elle vient de chanter avec un très grand succès dans *Mignon* et dans *Carmen*, au théâtre Gunsbourg.
Est également très choyé, le ténor Mauras, à qui le public a fait, le jour de son bénéfice, une ovation accompagnée de cadeaux et de couronnes, parmi lesquelles une attachée de rubans aux couleurs tricolores, offerte par la colonie française.

Le programme de la saison prochaine, au théâtre « Constanzi » de Rome, annonce six opéras nouveaux : *Medjé* de Samara, *Orfeo* de Gluck, *Cid* de Massenet, *Didone abbandonata* (les *Troyens à Carthage*) de Berlioz, *Francesca di Rimini* de Thomas et *il Rs d'Ys* de Lalo. Les autres opéras sont : *Amleto*, *Ugonotti*, *Lucia*, *Borgia*, *Mirella*, *Guglielmo Tell*, *Bella Fanciulla di Perth*, *Sonnambula* et l'*Elisir*, en tout quinze ouvrages.

Veut-on savoir quel a été le° répertoire joué au Politeama de Palerme durant les six mois de la saison écoulée? *Linda* (11 représentations), *Educante di Sorrento* (7), *Barbiers* (4), *Frà Diavolo* (4), *Trovatore* (13), *Marta* (3). *Luisa Miller* (5), *Carmen* (20), *Faust* (10), *Lucia* (2), et *Bianca* du baron *Tasca* (4). En tout, onze opéras et quatre-vingt-treize représentations, les trois opéras français comptant, à eux seuls, pour quarante-quatre représentations ! On n'est pas grisé de musique italienne au Politeama.

Au théâtre Ricci de Crémone, on a représenté dernièrement un opéra nouveau du maëstro Coffi, intitulé *I Cerretani* (les Charlatans ou les Bateleurs.) Le bilan de la soirée se chiffre ainsi : 1ᵉʳ acte, l'auteur est rappelé six fois; 2ᵉ acte, l'auteur est rappelé douze fois; 3ᵉ acte, trois rappels avant et cinq rappels après la chute du rideau; total : vingt-six rappels! Une bagatelle et un succès d'estime, tout uniment, à ce qu'il paraît.

Durant la saison qui vient de finir au théâtre Liceo de Barcelone, il a été donné 53 représentations, soit 46 d'opéras et 7 concerts. Les opéras .sont au nombre de 10; ils ont eu respectivement : *Lohengrin* et *Carmen*, 10 représentations; *Gioconda* 7; *Hamlet*, *Faust* et l'*Africaine*, 6; *Méfistofele* et *Lucrezia Borgia*, 2; les *Puritains* et la *Favorite*, une seule représentation. Ajoutons, en matière de conclusion, que les opéras du répertoire italien n'ont pu empêcher *Lohengrin* d'avoir le maximum des représentations, avec *Carmen*, un ouvrage qui n'est pas écrit d'après les règles du *bel canto*.

On annonce l'engagement pour la prochaine saison ·d'opéra allemand au Théâtre-Métropolitain de New-York, de Mᵐᵉˢ Malten, de Dresde; Moran-Olden, de Leipzig; Bettanya, de Vienne, et d'une jeune artiste polonaise, Mᵐᵉ Kuszowska. D'autre part, M. Stanton s'est assuré le concours de M. J. Beck, baryton du théâtre de Prague et fils du célèbre chanteur wagnérien. Les premiers ténors seront MM. Peratti, de Buda-Pesth, et Alvary, le même qui remplit, l'an dernier, d'une façon si remarquable, le rôle de Siegfried. Anton Seidl reste en qualité de chef d'orchestre. On exécutera l'*Anneau du Niebelung* en entier. Le *Cid* de Massenet et le *Roi d'Ys* de Lalo figureront parmi les œuvres nouvelles que l'Opéra-Métropolitain offrira à ses habitués durant la saison prochaine. Il se confirme que Mᵐᵉ Cosima Wagner, cédant à l'opinion publique en Allemagne, aurait définitivement refusé l'autorisation de monter *Parsifal*, qui resterait acquis exclusivement au théâtre de Bayreuth.

Anton Seidl dirige, en ce moment, des concerts d'été à Brighton Beach Hotel (Coney Island, .New-York), où une salle nouvelle est mise à sa disposition pour toute la saison estivale. Le kapellmeister du Métropolitan Opera House se reposera de ses fatigues en y donnant cent quarante séances dont le programme ne le cède en rien à ceux de nos concerts populaires. Décidément, le peuple américain paraît avoir un réel goût sérieux pour la musique.

« Si quelques-uns de nos lecteurs, dit le journal new-yorkais *Freund's Music and Drama*, comparent le répertoire des opéras qui ont été donnés au Metropolitan Opera House, la saison dernière, avec celui qui est présenté, en ce moment, aux amateurs de musique de Londres, au théâtre de Covent Garden, sous la direction de M. Harris, ils pourront se rendre compte à quel point beaucoup plus élevé monte le niveau de l'art musical dans notre ville comparativement à Londres, la métropole du monde. Dans celle-ci, les « *Lucrezia* », « *Puritani* », « *Sonnambula* », « *Traviata* » et autres productions hystériques et larcymatoires sont encore enthousiasmés à la ronde. Un ouvrage tel que *Carmen* avec Minnie Hauk dans le rôle principal est considéré comme étant d'attraction irrésistible. Nous avons eu ici, durant l'hiver écoulé, les chefs-d'œuvre du plus grand compositeur de musique dramatique que le monde ait jamais vu. A l'exception d'un seul drame, — le *Rheingold*, qui sera représenté la saison prochaine, — nous avons eu le cycle complet des *Nibelungen*. Nous avons eu *Tristan* et *Isolde*, ainsi qu'une exécution extraordinaire de *Lohengrin* et de *Tannhæuser*. Le fait est qu'à Londres, grand centre de la musique italienne d'opéra, le théâtre n'est aujourd'hui qu'un lieu mondain, où une société fashionable se rend après dîner, pour discuter des choses de la vie élégante, écouter la chronique scandaleuse et se livrer à des dénigrements réciproques. A la vérité, nous avons notre part assez grande de ces choses parmi les localités des loges de notre Métropolitain, mais la majorité des personnes occupant les fauteuils d'orchestre et garnissant les trois galeries audessus des loges forment un public sérieux, cultivé, qui vient dans un but unique, celui d'entendre les plus beaux ouvrages lyriques qui aient jamais été créés, interprétés d'une façon artistique n'ayant d'équivalent que dans trois ou quatre des grands théâtres d'opéra du vieux monde. »

Le *Musical World*, de Londres, qui reproduit l'article de son confrère américain, y trouve un grain de vérité, et pense qu'il donne à réfléchir à ceux que préoccupe la condition de l'art en Angleterre.

A son tour, le *Guide musical* y voit un enseignement et un sujet de méditations profondes, lorsqu'il envisage l'état présent de la musique en France et en Belgique. Et il songe avec effroi que la régie des cantatrices à mouchoir et des roucoulades italiennes va recommencer dans cinq semaines au théâtre de la Monnaie!

Les théâtres royaux de Stockholm sont sérieusement menacés. Le Rigsdag vient de supprimer du budget les subventions qu'il leur accordait. Les artistes du *Théâtre de Drame* se sont constitués en société et ils vont essayer de continuer l'exploitation. Pour l'Opéra le kapelmeister Nordquist a accepté la direction pour une année, moyennant une subvention de 60,000 couronnes que le Roi lui a promise, sur sa cassette particulière. On doute cependant que l'exploitation puisse continuer dans ces conditions.

La troupe d'opéra russe sous la direction de M. Lubimoff, qui devait, après avoir traversé l'Allemagne, se faire entendre à Paris et à Bruxelles, a été obligée, pour des raisons financières, de renoncer à la suite de son voyage. Après avoir donné quelques représentations à Berlin, où la *Vie pour le Czar* de Glinka a fait quelques belles recettes, les pauvres artistes sont restés en détresse à Copenhague.

BIBLIOGRAPHIE

Lettres de W.-A. Mozart, traduction complète, avec une introduction et des notes, par Henri de Curzon. 1 vol. de 650 pages. — Paris, Hachette, 1888.

C'est la première fois qu'on offre au public français la collection complète et intégrale des lettres de Mozart. Un certain nombre d'entre elles avaient été traduites, il y a une quarantaine d'années, mais d'une manière fragmentaire et fort incomplète. On n'avait pas d'ailleurs, à cette époque, les documents qui ont été trouvés et publiés depuis, en Allemagne. La foule, qui contient pas moins de trois cents lettres. C'est une des sources les plus précieuses pour connaître la vie du grand artiste. On sait combien cette existence a été mouvementée : les lettres en offrent une vive image. L'entrain et la vie qui y débordent de toutes parts, la variété des idées qui s'y trouvent remuées, les récits piquants, les anecdotes curieuses, les jugements musicaux qu'on y rencontre rendent leur lecture des plus attrayantes.

La traduction de M. Henri de Curzon est très élégante et très heureuse. Par un scrupule, qu'il faut louer, l'auteur n'a rien omis, rien arrangé dans ces écrits où les tournures familières abondent et où les plaisanteries sont parfois risquées. Tous les Mozart avaient une disposition très particulière à la raillerie : l'auteur de *Don Juan* participe du caractère de la famille. Quelques-unes des plaisanteries de Mozart me semblent toutefois avoir été insuffisamment rendues. Pour ne citer qu'un exemple : Dans une lettre à sa sœur, il signe : « Wolfgang en Allemagne, Amedeo Mozart en Italie, derrière comme devant et double au milieu ». Ceci ne se comprend pas très bien. Il me semble qu'il serait plus exact de dire : Mozart, par devant, par derrière, double au milieu, c'est-à-dire, Mozart tout entier. Le facétieux Wolfgang-Amedeo fait ici en allemand une plaisanterie bien innocente, dans le goût de ce jeu de nos collégiens qui consiste à ajouter les mots *par devant*, *par derrière* par exemple, au récit de l'antienne. Gaminerie d'enfant qui est intéressante à noter comme indice de l'exubérance de vie du jeune maître. L'observation que nous formulons s'applique à la traduction de plusieurs autres plaisanteries de Mozart. Ceci n'empêche pas la version de M. de Curzon d'être le plus souvent très fidèle.

L'introduction esquisse à grands traits la carrière de Mozart et donne une idée générale de l'intérêt documentaire que présente sa correspondance. Les notes éparses dans le volume éclaircissent les points obscurs. Pour faciliter les recherches et les rapprochements, deux tables ont été dressées : l'une, musicale, rappelant toutes les œuvres de Mozart citées dans ses lettres, l'autre relevant tous les noms propres et les noms de lieux. Enfin, on a pu reproduire en tête de l'ouvrage, par autorisation expresse des propriétaires, le beau portrait du maître, peint par Tischbein en 1790, et dont l'original est conservé à Offenbach-sur-le-Mein.

Il Teatro illustrato (Milan, Sonzogno). — Livraison du mois de juin.

Illustration avec texte : A. Talazac, portrait ; le *Roi d'Ys* de Lalo ; le *Flibustier* de Richepin ; Album des costumes germains de 1400 à 1500.

Texte : *Tristan et Iseult* de Wagner, représenté au théâtre communal de Bologne ; les livrets ; Correspondance de Turin, Naples, Paris, Berlin, Monaco, Vienne, Prague ; Opéras nouveaux : *I Corridani* de Caffi, les *Pêcheurs de perles* de Bizet ; Le nouveau théâtre de l'Opéra-Comique ; Histoire de la musique, par Langhans ; *Noé*, opéra d'Halévy et Bizet ; Concerts ; Bulletin théâtral du mois de mai.

Musique : Une ariette d'*Elsilda* de Legrenzi, et une sérénade calabraise pour piano de Guerrera.

Livraison du mois de juillet.

Illustration avec texte : Estella de Vita, portrait ; Instruments de musique à l'exposition de Florence ; *Skobeleff*, pantomime de Mugnone, représentée à l'Hippodrome de Paris ; Album de costumes anglais de 1400 à 1450.

Texte : Encouragement aux jeunes compositeurs, concours ; Le *Roi d'Ys*, de Lalo ; Congrès de Venise ; Correspondance de Gênes, Venise, Paris, Berlin, Vienne, Monaco ; Concerts ; Opéras nouveaux ; Le poète Wilbrandt, directeur du Burgtheater à Vienne ; Histoire de la musique par Langhans ; A. Catalani ; Bibliographie, Nécrologie, Bulletin théâtral du mois de juin.

Musique : Morceau de chant avec accompagnement de piano.

ÉPHÉMÉRIDES MUSICALES

Le 27 juillet 1882, à Spa (théâtre), Mⁿᵉ Théo, dans les *Cloches de Corneville* de Planquette, attire la foule. — Piccolo, du nom de sa mère ; Vachot, du nom de son mari ; Théo, de son nom de guerre, « cette célébrité » de la chansonnette et de l'opérette a commencé par les cafés chantants, a passé par les Variétés, la Renaissance, par la Belgique, par l'Autriche, par les États-Unis, est finalement est rentrée au bercail, c'est-à-dire au théâtre des Nouveautés, où elle joue en ce moment. Née à Paris le 22 avril 1834, Mᵐᵉ Théo est donc aujourd'hui dans sa cinquante-quatrième année. (Voir Albin Body, le *Théâtre et la Musique à Spa*, p. 151).

— Le 28 juillet 1750, à Leipzig, décès de Jean-Sébastien Bach. Sa naissance à Eisenach le 21 mars 1685.

« L'œuvre de Jean-Sébastien Bach, c'est pour les musiciens, la loi et les prophètes ! Beethoven l'a nommé la « Bible de l'Humanité » ; tous les grands compositeurs, de Gluck à Wagner, y sont venus puiser les plus hautes inspirations de leur art. L'organiste de Leipzig fut une de ces natures extraordinaires qui viennent au monde par une sorte de génération spontanée ; sans ascendant à qui on puisse les rattacher immédiatement, sans milieu préparé par leur genèse ; il semble qu'ils tombent du ciel, armés de toutes pièces, prêts à dire le dernier mot des choses, alors qu'autour d'eux on en est encore aux balbutiements de l'enfance. Tel il fut dans la première moitié du XVIIIᵉ siècle, tel il nous apparaît aujourd'hui, un musicien d'une incomparable puissance : son génie a tiré du néant un art nouveau, l'a porté du coup à sa plus sublime perfection. » (Alfred de Loustalot, *Gazette des Beaux-Arts*, 1ᵉʳ juin 1888.)

— Le 29 juillet 1870, à Paris (Opéra), le *Rhin allemand*, d'Alfred de Musset, mis en musique par Ch. Delioux et orchestré par Léo Delibes. « C'est Faure qui chante le solo ; il est en uniforme de lieutenant de mobiles. Comme figuration, on a placé soixante hommes et trente cuirassiers en tenue de campagne. Combien en est-il revenu, de ces malheureux figurants ?

« Quelques jours après, le 8 août, autre cantate : *A la frontière !* de Ch. Gounod. » (*Curiosités de l'Opéra*, par Th. de Lajarte, p. 233.)

De leur côté, les Allemands ripostèrent par leur *Wacht am Rhein*, d'où cette guerre terrible de 1870.

— Le 29 juillet, trente-deuxième anniversaire de la mort de Robert Schumann (Endenich, 1856).

— Le 30 juillet 1844, à Carlsbad, décès de Wolfgang-Amédée Mozart, second fils du grand Mozart. Sa naissance à Vienne, le 26 juillet 1791. Il n'eut pas le bonheur de connaître l'auteur de ses jours, mort dans la même année (5 décembre). « Mon enfant, disait le pauvre père, sera musicien, parce qu'en écoutant jouer du piano, il pleure dans le ton qu'on exécute. » Le nom que Mozart lui portait, bien plus que son talent de pianiste et de compositeur, excitait la plus vive sympathie quand il paraissait en public.

— Le 31 juillet, François-Auguste Gevaert entre dans sa soixante et unième année. Il est né à Huysse (Flandre orientale), en 1828. Sa nomination de directeur du Conservatoire royal de musique de Bruxelles est du 28 avril 1871. Nous souhaitons à l'éminent maître un aussi long règne que celui de son prédécesseur. Fétis a rempli les mêmes fonctions pendant trente-huit ans.

— Le 1ᵉʳ août 1804, à Bruxelles, *Une heure de mariage*, un acte de Dalayrac. La pièce ne disparut de l'affiche que le 12 juillet 1827, preuve qu'en Brabant on trouvait plaisir à écouter cette musique douce, souriante, dans la manière de Grétry.

Les premières : à Paris, 20 mars 1804 ; à Anvers, 10 novembre 1804 ; à Liège, 13 décembre 1806.

— Le 2 août, cent quatorzième année de la première, à l'Opéra de Paris, d'*Orphée* de Gluck. (Voir historique, *Guide mus.* 29 juillet 1886.

— Le 2 août 1843, dans le village de Hussaby (Suède), naissance de Mᵐᵉ Christine Nilsson, veuve Rouzaud, aujourd'hui comtesse de Casa Miranda. Depuis son « remariage », le diva scandinave paraît avoir renoncé au théâtre. Sortie de la plus humble condition, tout comme la Taglioni, la Patti, elle aussi, a voulu tâter d'un mari blasonné. On sait, par l'exemple de ces deux dames, comment tournent ces sortes d'unions. Vieuxtemps, qui a fait une longue tournée avec la personne et le talent de sa partenaire. N'était qu'on pourrait savoir feu notre ami Henri de son peu de galanterie, quelques-unes de ses notes se feraient pas mal ici. Nous les réservons pour une autre occasion.

Mᵐᵉ Nilsson donna ses premières représentations à Bruxelles en avril 1875.

— Le 3 août, cinquante-neuvième année de la première, à l'Opéra de Paris, de *Guillaume Tell* de Rossini. — 736 représentations, totales ou partielles, du 3 août 1829 au 31 décembre 1886. (Voir historique, *Guide mus.* 24 juillet 1884, Éphém.)

— Le 4 août 1843, à Bruxelles, *Don Pasquale*, trois actes de Donizetti. Adaptation française d'Alphonse Royer et Gustave Vaez, et ayant pour interprètes Alizard, Laborde, Zelger et Mᵐᵉ Villiomi, devenue Mᵐᵉ Laborde.

Les premières : à Liège, 25 mars 1844 ; à Anvers, 12 décembre 1844 ; à Paris (Théâtre-Lyrique), 9 septembre 1864 ; à Vienne, traduction allemande, jouée 66 fois au Hofopernhaus, du 14 mai 1843 au 28 avril 1867.

— Le 5 août 1811, à Metz, naissance de Charles-Louis-Ambroise-Thomas. Successeur d'Auber au Conservatoire de Paris. « Aidé par M. Émile Réty, un sous-administrateur de tout premier ordre et un fin artiste, Ambroise Thomas a pu donner à la grande école qu'il dirige un nouvel et puissant essor ; il a su réaliser des réformes et des progrès qui la maintiennent au premier rang des institutions du même genre qui existent dans les grandes villes d'Europe.

« Un jour d'Auber que raconte le maître lui-même. Un ami commun demandait un jour à l'auteur de la *Muette* : « Comment trouvez-» vous Thomas ? N'est-il pas très changé ? » Je ne sais pas, répliqua » Auber, je ne l'ai jamais connu que très changé. »

« Ambroise Thomas en, effet, avec sa belle tête caractéristique, semble rêveur et triste, quelquefois même malade. Mais, malgré des fatigues énormes, l'éminent maitre jouit d'une robuste santé : aux concours de fin d'année du Conservatoire, aux examens, il est le plus assidu des jurés et ne perd pas une note, même du plus faible des trombones. »

(Progrès artistique.)

— Le 6 août 1840, à Leipzig, concert d'orgue au bénéfice du monument à élever à Jean-Sébastien Bach. Mendelssohn fit tous les frais du programme composé des morceaux suivants : Fugue en *mi* bémol, fantaisie sur le choral *Pare-toi, ô chère âme!* prélude et fugue en *la* mineur, la célèbre *passacaglia* en *ut* mineur avec ses 21 variations, la *pastorella* et la *toccata* en *la* mineur; finalement, une fantaisie sur le choral *O liês sacrés, maintenant blessés.*

C'est seulement, en 1843, que Bach eut son monument — un simple buste — que l'on peut voir aujourd'hui, à Leipzig, près de l'école où le vieux *Cantor* enseigna si longtemps. Enfin, en 1883, à son second centenaire, les admirateurs du grand maître d'Eisenach lui ont élevé une statue dans sa ville natale.

— Le 7 août 1826, à Londres (English Operahouse), *the Oracle or the interrupted sacrifice*, trois actes de Winter. Adaptation en langue anglaise de cette pièce, qui eut une vogue extraordinaire sur tous les théâtres allemands. Son titre : *Das unterbrochene Opferfest*, joué, en premier lieu, à Vienne, 14, juin 1796; à Dresde, en italien, *il Sacrifisio interrotto*, 1798; à Paris, *le Sacrifice interrompu* (Odéon, 21 octobre 1824).

— Le 8 août 1792, à Bruxelles, *Pierre le Grand*, quatre actes de Grétry. Cet ouvrage, joué à Paris, le 13 janvier 1790, répondait trop aux préoccupations et aux passions du moment, dit Michel Brenet, pour ne point obtenir un grand succès. Un couplet en l'honneur du czar de Russie et que le public, par allusion, appliquait à Louis XVI, était redemandé tous les soirs. A la 15e représentation, Marie-Antoinette fut acclamée, et si l'on cria beaucoup: *Vive la Reine!* l'on ne cria pas moins : *Vive Grétry!*

Les Liégeois ne conuurent l'œuvre de leur concitoyen que le 29 août 1800.

Scribe, pour son *Etoile du Nord*, a traité le même sujet que le larmoyant Bouilly pour son *Pierre le Grand.*

— Le 9 août 1807, à Bruxelles, les *Rendez-vous bourgeois*, un acte de Nicolo. Dernière reprise 4 février 1887. Au dire de certains puristes, le succès de cette joyeuse bouffonnerie se prolonge au-delà de toute raison ; mais la musique de Nicolo a bien son charme aussi; musique française, fine, enjouée, avec une légère pointe d'ironie, de malice et qui se grave aisément dans la mémoire.

Les premières : à Paris, 9 mai 1807; à Liège, 9 janvier 1808. (Voir historique, *Guide mus.* 6 mai 1886, Ephém.)

AVIS ET COMMUNICATIONS

Notre directeur étant à Bayreuth, nous prions nos correspondants d'adresser les lettres et articles pour le numéro prochain, à MM. Schott frères, Montagne de la Cour, Bruxelles.

Le mercredi 22 août prochain, à 2 heures, aura lieu à Malines, sous les auspices de l'administration communale et sous la direction de l'auteur, la première exécution de l'oratorio *Saint François* d'Edgard Tinel, poème de L. De Koninck.

L'exécution de cette œuvre, l'une des plus vastes du genre, promet d'être une solennité artistique hors ligne.

L'auteur s'est assuré le concours de Mme H. Lemmens-Sherrington, la célèbre cantatrice qu'on ne se lasse pas d'entendre et d'applaudir ; de M. J. Rogmans, un ténor d'Amsterdam, inconnu en Belgique et qui fera sensation dans le rôle dramatique de saint François ; de M. P. Vandergoten, la basse bruxelloise dont le puissant organe fera merveille dans le rôle pittoresque du veilleur de nuit ; de MM. L. et E. Van Hoof, les amateurs anversois bien connus, et enfin de l'orchestre complet du théâtre royal de la Monnaie de Bruxelles. Les chœurs seront chantés : 1° par une soixantaine de dames de la ville ; 2° par la société chorale l'*Aurora*; 3° par la *Société de Saint-Grégoire.*

La partition de l'oratorio *Saint François* comporte de vastes développements instrumentaux. C'est ainsi que, outre un formidable orchestre, parmi lequel plusieurs harpes, elle réclame encore l'emploi d'un orgue. Le comité s'est entendu avec M. Ch. Anneessens, l'organier de Grammont, qui placera un orgue dans la salle des Fêtes, tout spécialement pour l'exécution du *Saint François.*

On peut prédire une affluence énorme de monde à cette solennité, qui coïncide avec les fêtes jubilaires de Notre-Dame d'Hanswyck. Envoyer, *avant le 10 août,* les demandes de cartes à M. Paul Ryckmans, secrétaire du comité, rue de la Chaussée, 58, à Malines, et joindre le montant des places.

Le prix des places est fixé comme suit : *Places réservées et numérotées :* 10 francs; *Premières :* 5 francs; *Secondes* (galerie) : 2 francs.

PARIS — BRUXELLES — BAYREUTH

Nous conseillons aux artistes et amateurs français qui désirent assister aux représentations théâtrales de Bayreuth de se servir de la voie de Belgique, et de passer par Bruxelles ou Liège. Ils peuvent profiter ainsi des *billets circulaires à prix réduits*, que l'on délivre à Bruxelles à la gare du Nord, à Liège aux Guillemins.

Même pour les voyageurs belge et français qui ne désirent pas prolonger leur séjour en Bavière, l'usage des billets circulaires est à recommander; il n'en résulte aucune perte de temps, les deux routes : Bruxelles — Francfort—*Aschaffenbourg*—Bayreuth pour l'aller ; Bayreuth—Nuremberg—Francfort — Bruxelles pour le retour, ayant à peu près même longueur. Et l'on bénéficie ainsi d'une réduction d'environ 30 o/o.

Ajoutons qu'en vue de faciliter les communications avec Munich, Dresde, Prague, Nuremberg, des trains spéciaux sont organisés à l'aller comme au retour, avant et après chacune des représentations à Bayreuth.

Le Guide Musical

Paraissant tous les jeudis.

ABONNEMENT	SCHOTT FRÈRES, ÉDITEURS.	ANNONCES
France et Belgique : Avec musique 25 francs. — Texte seul. . 10 — Union Postale : . 12 —	Paris, Boulevard Montmartre, 19 Bruxelles, Montagne de la Cour, 82	S'adresser à l'Administration du Journal. On traite à forfait.

La Messe de Requiem
DE
GABRIEL FAURÉ

« L'artiste païen décorait les sarcophages et les urnes funéraires des images de la vie... Ainsi l'épanouissement triomphe de la mort, et la cendre au dedans semble, en sa muette enceinte, jouir encore de la vie. Que cette volute, ornée par lui de tous les trésors de la vie, entoure ainsi plus tard le sarcophage du poète ! »

Cette pensée, ce vœu de Gœthe, me revenaient à la mémoire après avoir entendu la *Messe de Requiem* de Gabriel Fauré.

Si l'on trouve que le mot de « païen » jure avec l'idée évoquée par le texte liturgique et le lieu où la musique s'exécute, je dirai que cette œuvre est d'un esprit « antique » : sa forme est belle, elle est d'un artiste qui vise à la perfection, et qui sait l'atteindre; il y règne une sérénité, une noblesse innées, avec je ne sais quoi de léger et de fin, véritable atticisme musical; surtout, les laideurs, les hideurs, les épouvantements de la terreur chrétienne en sont bannis.

« C'est la messe d'enterrement d'une jeune duchesse », me soufflait à l'oreille un ami pendant l'une des récentes auditions de la Madeleine. Ceci est moins une façon d'envisager les choses que de traduire la même idée. Le mot serait plus juste encore, appliqué aux funérailles « spirituelles » d'une belle jeune fille de haute race : voilà bien la

musique à chanter le jour où la patricienne mourrait au monde en prononçant ses vœux, lys fier, lys sans tache offert à l'Epoux mystique.

De l'œuvre de Fauré, cette suave odeur de lys s'exhale, cette vapeur du plus pur encens monte, légère et parfumée.

Si les anciens furent nos maîtres en l'art de marier aux pensers funèbres les idées de la plus délicate volupté, une élite de modernes a su renouveler cette alliance, raffiner en cet art subtil. Par son *Requiem*, Gabriel Fauré appartient décidément à cette élite. D'une part, on peut dire qu'en lui revit l'âme d'un poète élégiaque et idyllique de l'Orient, l'âme d'un Tibulle et d'un Théocrite de la Perse ou de l'Inde. Mais tout contemporain qu'il est par un certain passé par son goût prononcé, constant, pour la pureté de la forme, par le souci d'exquise simplicité qu'il apporte à rendre la rêverie amoureuse et les impressions de la nature, cet artiste rare ne demeure étranger à aucune des préoccupations, à aucune des recherches de notre temps... Et si j'avais à lui trouver un parent, un frère, parmi ceux de sa génération qui pratiquent un autre art que le sien, sans hésiter je choisirais et nommerais Anatole France, l'auteur presque ignoré de la *Prise de voile*, de *La Pia*, de *Leuconoé*, des *Noces Corinthiennes*.

Il est des familles d'âmes, comme il est des familles de plantes. Sainte-Beuve ne s'intitulait-il pas « botaniste des intelligences » ou « naturaliste des talents », je ne sais plus au juste?... Ces rapprochements ne sont pas un simple et vain jeu de l'esprit ; fondés sur la nature même des choses, ils aident à son intelligence, ils répondent à des filiations, à des affinités véritables.

Après avoir entendu, de Gabriel Fauré, certains *Nocturnes*, certaines *Mélodies*, certains *Andante de* musique de chambre, et surtout le *Requiem*, ouvrez les *Poèmes dorés* d'Anatole France. Lisez ces pièces d'un si grand charme de forme et de sentiment, *Sur une signature de Marie Stuart, Désir, Vision des ruines, la Mort, les Affinités*. Prenez surtout le recueil *Idylles et Légendes* ; laissez-vous aller aux impressions pénétrantes des *Dernières tendresses*, du *Bûcher de santal*, de la *Dernière image*, du *Basilic*, de la *Danse des morts*, de l'*Adieu*... et tout alangui encore d'une délicieuse tristesse, sans doute vous reconnaîtrez, en France et en Fauré, deux êtres de même essence et de même origine, deux fils d'une même mère, visités d'un même souffle de l'esprit, semblables et différents, ainsi qu'il convient à des frères. Peut-être aussi, des deux jumeaux, préférerez-vous le musicien au poète : la poésie elle-même semble parfois fade et impuissante en face de la musique ; vingt mesures, issues de la même inspiration que vingt poèmes, en enferment là quintessence ; une goutte d'un élixir balsamique a plus de saveur et de vertu que toute la plante même du baume d'où il fut tiré.

J'ai parlé de « délicieuse tristesse » ; peut-être dois-je faire en passant cette réserve, qu'il ne serait pas bon de trop s'attarder en ces régions d'enchantement. L'ombre assoupissante de ces myrtes, de ces orangers, de ces palmiers, est souvent dangereuse. Comme le dit Fénelon de l'île de Chypre vouée à Vénus, l'air qu'on respire en cette mystérieuse vallée est doux, mais amollissant, et j'engagerais peu de Renauds à s'aventurer en ces jardins d'Armide. Les délices qu'on y goûte sont parfois de mortelles délices, et l'*éternel féminin* n'attire pas toujours aux cieux.

* *
*

La nouveauté du *Requiem* de Fauré gît donc en ceci : il y a mis sa marque personnelle, sa façon de sentir la vie. C'est là ce qui importe en art.

De ces choses, les gens du monde, qui seront appelés le plus souvent à entendre cette *Messe*, se soucient peu en général. Pour eux, l'habile idéal est l'habile et souple serviteur du goût régnant, le « brodeur » dont parle Pascal, abdiquant son indépendance, dépouillant sa propre manière d'être pour s'accommoder à la mode, pour endosser la livrée du jour, et couler dans les moules familiers des idées reçues, qui plaisent, ne fatiguent pas, et soient aisées à saisir du premier coup. C'est réduire la musique à n'être plus qu'un bavardage aussi agréable, mais aussi frivole, aussi inutile, aussi vide, que la plupart des conversations de salon.

Les mondains qui joignent à leur luxe celui de s'occuper de l'art et des artistes feraient preuve d'intelligence en s'y intéressant, ou en feignant de s'y intéresser, aux œuvres qui leur semblent tout d'abord âpres et déconcertantes : en s'évertuant dans ce sens, ils auraient plus de chance de bien juger qu'en se laissant tomber dans l'excès opposé. Ce qu'on est en droit d'attendre des gens qui concourent pour le « mécénat », c'est, à défaut d'une notion profonde ou

simplement élevée des choses, du moins le flair et l'adoption des œuvres nées d'une telle notion.

Ceci dit, entrons dans l'œuvre de Gabriel Fauré. Visitons, si vous le voulez bien, ce mausolée de marbre blanc, à plusieurs étages et divisions.

Au fronton du vaste péristyle, si j'avais à imaginer une inscription, je graverais volontiers ces vers d'Anatole France, soupirés par la jeune Daphné à son amant Hippias, au moment de mourir :

> Je sais que vivre est vain, et que la mort est bonne,
> Qu'elle a des charmes doux et de profonds secrets.

Ce sentiment d'un charme doux, planant sur l'au-delà de la tombe, se fait jour même à travers l'austérité de l'*Introït et Kyrie*. Ce morceau, par l'ampleur de son style, par les proportions de sa structure, par le caractère de ses développements, par la richesse et la plénitude de ses harmonies, est le plus important de tous.... Je me figure que si on donnait à entendre à Mozart, revenu parmi nous, nos meilleurs *Requiem*, c'est à celui-ci, dès le début, qu'iraient ses préférences. Et même, pourquoi cette imagination ? L'âme tendre, si ouverte aux plus diverses émotions, de l'artiste qui chanta pour sa propre fin l'admirable chant du cygne qu'on sait, cette âme revit, *réellement*, dans l'œuvre récente du musicien contemporain.

Détail à noter : pas de violons, pas de cuivres, dans l'accompagnement des voix (sauf, dans le *Sanctus*, un violon solo, et à l'*Hosannah*, une courte fanfare de cor et trompette). Rien, avec l'orgue, que des altos et violoncelles divisés, donnant ainsi quatre parties au-dessus des contre-basses ; et, dans le *Sanctus*, le *Pie Jesu*, l'*In Paradisum* : la harpe, qui contribue pour beaucoup à ce caractère particulier dont j'ai parlé.

Le *Sanctus* est tout baigné d'une lumière de consolation ; elle brille, cette lumière, égale et douce, sans intermittences, parfois éclatante...

> Quand je ne serai plus qu'un fantôme sans chair,
> Garde le souvenir de la fille chrétienne,
> Qui, belle, abandonna sa main douce à la tienne (1).
> Et mêlés aux martyrs, belle et candide armée,
> Les époux reverront, ceinte d'un nimbe d'or,
> Dans les longs plis du lin, passer la bien-aimée (2).

Le *Pie Jesu* est chanté par une seule voix d'enfant. L'appellerai-je une merveille de grâce virginale ? Une perle fine du plus doux orient ?... Cela ne s'analyse point, ne se définit point : sachons admirer sans y toucher, de peur de ternir leur poussière nacrée, les ailes pudiquement frémissantes de la Psyché !

> Hélas ! la vie est brève, et l'amour infini...
> Christ est le Dieu des morts ; que son nom soit béni (3) !

Dans l'*Agnus*, une phrase caressante et tendre de l'orchestre s'enroule autour de la phrase calme et confiante des ténors seuls, comme une guirlande de liane embrasse une colonne, relevant de ses festons légers, égayant de son élégante mobilité, la sévère et fixe simplicité du fût..... Le retour, à la fin de ce

---

(1) *Noces Corinthiennes*, 3e partie, scène VII. (Lemerre.)
(2) POÈMES DORÉS, *Idylles et Légendes* (la Danse des morts), p. 130. (Lemerre.)
(3) *Noces Corinthiennes*, page 103.

morceau, du début solennel de l'œuvre, *Requiem æternam dona eis, Domine*, est saisissant: l'anxiété de l'âme en face des arcanes de la vie future s'y exhale une dernière fois... Est-ce frisson? Est-ce caresse? L'anxiété se fond bientôt en espérance, et l'*Agnus* se termine par la phrase tendre qui l'avait commencé.

> Certes, il est plus léger que les tissus d'Asie,
> Ma sœur, le voile blanc de l'Épouse choisie.
> Il brille mieux au doigt que le saphir, l'anneau
> Qui destine la Vierge aux noces de l'Agneau...
> Et quand les fils d'Adam sortiront de la tombe,
> Votre époux vous dira : « Lève-toi, ma colombe !
> Repose sur mon sein, dans mon éternité,
> Tes ailes de candeur et de simplicité (1). »

La conclusion de l'œuvre n'est déjà plus de la terre. Quelle page adorable que cet *In Paradisum* où dominent les voix des *soprani*, vibrant aux lointains d'un éther voilé par les sourdines, enveloppées et comme drapées des sonorités les plus suaves de l'orgue, auréolées du rayonnement des harpes, attendries par la voix mystique de l'alto solo, par les soupirs presque imperceptibles du reste du chœur(2)!

> La chrétienne Daphné que le siècle a blessée
> Goûte, en l'éternité pour elle commencée,
> Le rafraîchissement de Jésus et du ciel (3).

A ces vers de l'épigramme funéraire sur Daphné, fille d'Hermas, je joindrai, pour finir, et pour achever de justifier mon essai de rapprochement, celle sur Hippias de Théra, fils de Lacôn, fiancé de Daphné :

> Passant, réjouis-toi. Cette sainte poussière
> Couvre un homme pieux qui mourut à vingt ans.
> Deux Erôs sont gravés sur la stèle grossière :
> L'un donne et l'autre enlève aux mortels la lumière,
> **Mais ils sont beaux tous deux, et tous deux souriants (4).**

**

Aucune tombe, dans l'humble cimetière normand près duquel j'écris ces lignes, n'offre de telles inscriptions. Toutes, d'ailleurs, disparaissent à demi sous la verdure envahissante, sous les fleurs de cet enclos paisible, aimé des oiseaux et des papillons. Au centre, les regards vont tout d'abord à un petit monument, mi-païen, mi-chrétien, qui retient la vue par l'élégante sveltesse de ses lignes, par l'harmonie de ses proportions. Sur un haut piédestal triédrique, aux trois faces ornées, par la plus pure renaissance, d'attributs antiques, la croix s'élève et domine. Dans les champs de la paix, — cette paix qu'on se prend parfois à envier aux morts, — le Pasteur nazaréen garde son troupeau. A l'horizon, sur l'azur tendre du ciel, l'azur plus proche et comme plus palpable de la mer se détache à travers les grands arbres.

---

(1) La *Prise de voile*, à la fin des *Noces Corinthiennes*, p. 145-146.
(2) Ayant cherché avant tout à faire goûter l'intime esprit poétique de l'œuvre dont j'écris, à rendre compte, ayant tenté de faire respirer l'essence même de son parfum, j'ai tenu à éviter la minutie, et surtout l'aridité technique du détail. Je fais exception ici pour signaler aux délicats, dans cet *In Paradisum* final, les modulations si pénétrantes, presque si poignantes dans leur douceur, qui accompagnent le retour de la phrase sur ce beau texte :

> Chorus angelorum te suscipiat,
> Æternam habeas requiem.

A noter aussi l'ensemble modulant qui amène et traverse le ton de *sol* bémol, dans le début grandiose du *Kyrie*.
(3) *Noces Corinthiennes*, p. 115.
(4) *Noces Corinthiennes*, page 114.

Voilà bien le paysage disposé à souhait pour symboliser le *Requiem* de Fauré !

Et laissez-vous faire. Que le soir vienne, que la lune de juin verse sur ces ombrages sa troublante magie, étendant les distances, changeant les proportions ; le cimetière normand va se transformer en un parc à la Watteau, où errent, jouant du luth, des couples, « masques et bergamasques »

> ....Quasi tristes, sous leurs déguisements fantasques :
> Tout en chantant, sur le mode mineur,
> L'amour vainqueur et la vie opportune,
> Ils n'ont pas l'air de croire à leur bonheur,
> Et leur chanson se mêle au clair de lune,
>
> Au calme clair de lune triste et beau,
> Qui fait rêver les oiseaux dans les arbres (1),...

Mort dans la vie. Vie dans la mort. Les deux termes se tiennent et se complètent. Les deux idées s'opposent, pour se réconcilier. Berceaux, tombeaux : ne sont-ce pas deux aspects d'une même chose ?

Aux amertumes inséparables de notre condition terrestre, une main maternelle a mêlé quelque douceur. De ces fleurs d'absinthe, des poètes ont su tirer le nectar caché, et composer leur miel. Gabriel Fauré doit venir aux premiers rangs de ceux à qui l'exercice de ce bienfait a été accordé. C'est une science précieuse, et dont l'enseignement n'est pas donné à tous, que celle qui apprend à goûter l'enivrement des larmes, à savourer longuement la volupté de la douleur, à affronter, sans crainte, la fascination de l'inévitable évanescence.

CAMILLE BENOIT.

~~~~~~~~~~~~~~~~~~~~~~~~~~~~~~~~~~~~~~~

Orange-Bayreuth (a)

« Je le trouvai, ce modèle, dans le théâtre de l'ancienne Athènes : là, le théâtre s'ouvrait son enceinte qu'à certaines solennités où s'accomplissait une fête religieuse qu'accompagnaient les jouissances de l'art. Les hommes les plus distingués de l'Etat prenaient à ces solennités une part directe comme poètes ou directeurs; ils paraissaient aux yeux de la population assemblée de la cité et du pays; et cette population était remplie d'une si haute attente de la sublimité des œuvres qui allaient être représentées devant elle que les poèmes les plus profonds, ceux d'un Eschyle ou d'un Sophocle, pouvaient être proposés au peuple et assurés d'être parfaitement entendus. »

Ce fragment d'un écrit théorique de Wagner m'est revenu à la mémoire à la première annonce des fêtes félibréennes. Une fois de plus, le programme de 1869 allait être rempli et tous les détails remis en lumière, de ce qui constituait autrefois une fête théâtrale. Aussi bien, veuillez le remarquer, dix ans avant l'ouverture de l'Opéra de Bayreuth et l'inauguration des fameux *Bühnenfestspiele*, nous réalisions presque, nous gens de Vaucluse, avec *Joseph*, de Méhul, cet idéal scénique que caressait amoureusement l'imagination de Wagner.

Voici bien la petite ville, dont l'attention n'est pas libre de s'égarer sur un autre objet que le but du pèlerinage; le théâtre, monument unique en son genre, où des milliers de spectateurs tiennent à l'aise; ce sont les notables du pays qui prennent l'initiative des représentations, strictement limitées à deux soirées pour une année entière; et l'on recherche, pour interpréter l'œuvre, l'élite des chanteurs, des comédiens, des choristes, des musiciens de l'orchestre. Ce théâtre n'est plus, comme dans les grandes villes, un lieu de réunion mon-

---

(1) Paul Verlaine, *Menuet*, FÊTES GALANTES. (Vanier, éditeur.)

(2) De grandes fêtes auront lieu à Orange le 11 et le 12 août. On jouera, dans les ruines du théâtre romain, *Œdipe Roi* avec Mounet-Sully, Paul Mounet, Mlle Caristie Martel, et le second soir, *Moïse*, de Rossini, chanté par Vergnet, Boudouresque, Piroia, Mlle Leroux, tous de l'Opéra. M. Luigini dirigera l'orchestre et M. Puig, d'Avignon, les chœurs forts de cent soixante personnes. A l'ouverture des fêtes, on entendra l'*Hymne à Minerve*, dont notre collaborateur M. de Bricqueville a écrit la musique pour chœur d'hommes et d'enfants à six parties et accompagnement de quatre harpes.
En attendant de pouvoir donner quelques détails sur cette fête, nous insérons l'article ci-dessus.

daine où quelques désœuvrés viennent étaler leur suffisance ignorante. Point du tout : c'est ici un spectacle pour le peuple, ce peuple
que les fournisseurs habituels de l'Académie de musique dédaignent,
et dont le goût, en matière de théâtre, vaut au moins celui de tous
les membres réunis des cercles du Boulevard.

À une époque où l'art est devenu banal, à force de pratique et de
diffusion, n'est-il pas surprenant de voir toute une population en émoi
à la seule annonce d'un spectacle renouvelé des Grecs? Car, ne vous
y trompez pas, — le triomphateur de demain, ce ne sera pas Rossini, avec ses Hébreux de la Scala et ses Égyptiens de San Carlo;
non ! l'homme du jour, celui dont le génie illuminera ces fêtes, le
voici ; c'est Sophocle, Sophocle de Kolone, dont l'Œdipe rajeunidans
le beau vers de J. Lacroix et la musique de Membrée nous apparait,
après deux mille ans, comme un des plus beaux modèles de l'art
scénique.

Et maintenant que la voie est ouverte, grâce à l'esprit d'entente
et à l'habile organisation du comité des fêtes orangeoises, qu'il me
soit permis de signaler un nom qui doit rayonner, avant tout autre,
sur le fronton du monument romain; un maître qui sut, de l'aveu de
ses contemporains, « retrouver les accents de la douleur antique,
et y joignant vous les attraits du plaisir moderne »; un musicien
qui a écrit Orphée, Alceste, les deux Iphigénie; successeur de Rameau,
précurseur de Richard Wagner.....

Messieurs de l'Institut de France (section de musique), veuillez
vous lever et saluer profondément.....

J'ai nommé le chevalier Gluck.

                                EUGÈNE DE BRICQUEVILLE.

Concours et Conservatoires

Si vous êtes jamais passé quai de la Mégisserie, vous avez remarqué ces boutiques d'oiseliers, aux devantures masquées par un en-
combrement de cages emplies, dans lesquelles s'agitent incessamment, piaillant et jacassant à qui mieux mieux, serins et perroquets,
voire cardinaux et autres oiseaux des îles. Un compagnon de promenade me faisait remarquer, l'autre jour, que c'était là une image
fidèle des conservatoires en général, de celui de Paris en particulier,
et je ne puis faire autrement que d'acquiescer.

Je laisse de côté Bruxelles, les personnes à qui on s'adresse
devant toujours être exceptées, et parce qu'il y a vraiment dans votre
Conservatoire, grâce à la valeur de son chef, une organisation, une
direction un peu plus intelligente en un plus d'un endroit. Mais il
faut bien avouer qu'au fond les méthodes de dressage pratiquées
dans ces volières ne diffèrent pas essentiellement de l'art d'élever
des serins, de faire dire des phrases aux perruches, et d'apprendre
aux merles à siffler... heureux quand on ne déforme pas leurs qualités natives. Aussi, je ne connais rien de plus dépourvu d'intérêt, et
plus antiartistique, de plus pénible même et souvent de plus grotesque qu'un concours d'instruments, et surtout de chant. On rit de
Beckmesser, et des Maîtres-Chanteurs de Nuremberg ; mais on ne
fait guère mieux, et c'est encore la même chose, sans Evas, sans
Walthers, sans Hans Sachs, pour se consoler un peu.

Le vrai public intelligent s'intéresse peu à ces luttes. Qui nous
fera un jour la monographie exacte d'une salle de concours. L'inventaire approfondi de ce public spécial de Madames Cardinal, d'aspirants ou de vétérans,—professeurs et élèves,—de directeurs-à l'affût
de chairs fraîches, de journalistes à court de copie en une saison où
les gens restés à la ville passent généralement les journées à
s'éponger ?

Ce qu'il y a peut-être de plus palpitant, de plus nouveau à dire
sur les concours de cette année, c'est que, par suite d'une température d'une fraîcheur insolite, on a pu les suivre sans se croire dans
une étuve de Thermes ou de Harmnam (comme c'est l'impression
annuelle, moins les agréments et les bienfaits thérapeutiques toutefois). Le résultat le plus remarquable et le plus apprécié a donc été
qu'on a moins joué de l'éventail que de la prunelle, et moins usé de
mouchoirs et d'héliotrope blanc que de foulards et de pastilles
Géraudel.

Si vous aimez la statistique, science prestigieuse, mais parfois
décevante, je vous dirai que le total des récompenses décernées
cette année s'élève au chiffre de 255, ainsi réparties :

Premiers prix	35
Seconds prix	40
Premiers accessits . . .	53
Premières médailles . . .	26
Deuxièmes accessits . .	39
Deuxièmes médailles . .	31
Troisièmes médailles . .	31
	255

Ce chiffre est un peu moins élevé que celui de l'année dernière,
ce qui ne serait guère concluant, si la qualité rachetait la quantité,
mais il n'en est rien, malheureusement. C'est toujours la même mé-

diocrité immuable, ce sont presque les mêmes figurants et figurantes
qu'il semble qu'on revoie défiler sous de nouveaux noms. Les noms
changent, le fonds reste, et il en sera ainsi tant que le système
général de notre art musical actuel restera en vigueur (?)... Mais
dispensez-moi d'entrer dans un examen critique et un exposé théorique pour lesquels il faudrait un volume, et plus.

Vous entretiendrai-je des potins de la coulisse ? Et le récit de l'incident Salæs est-il de nature à vous procurer un « frisson nouveau ?»
Tous les ans, il se produit de ces petites réclamations plus ou moins
bruyantes qui tranchent sur le fond terne, qui réveillent les jurys de
leur torpeur. Ces tempêtes dans un verre d'eau sucrée permettent
à l'honorable M. Thomas d'employer son « olympicité » naturelle et
de réprimer, d'un mot sévère et parfois innocemment injuste, ces
bouillonnements intempestifs des mères et des camarades..... Tous
les ans, il y a certainement quelques injustices commises, mais ce
n'est pas toujours à leur propos qu'on crie le plus fort.

On s'est agité au sujet d'un premier prix de chant refusé à M. Lafarge, un ténor dont j'ai eu à parler dans le Guide à plusieurs
reprises. M. Lafarge n'a eu qu'un second prix, bien qu'il eût plus
d'acquis que son concurrent plus heureux : il a figuré honorablement dans les concerts, pris l'habitude de chanter avec l'orchestre,
étudié de la musique difficile et intéressante. En effet, j'ai eu à
louer tout d'abord M. Lafarge pour son interprétation fort convenable de la partie du ténor solo dans la Messe en ré de Beethoven ; il
avait été bien stylé et avait su se laisser styler. Mais ce manque
d'initiative individuelle, qui a ses avantages dans le cas d'un bon
guide, a plus encore d'inconvénients dans le cas plus fréquent d'un
mauvais. J'ai entendu depuis M. Lafarge dans un acte presque
entier du Néron de Rubinstein, où il ne pouvait être, vu la musique,
autrement que mauvais, et dans la Passion selon saint Matthieu de
J.-S. Bach (audition de la Concordia), où il fut, avec tout son zèle,
moins bon, moins simple, plus maniéré que dans la Messe en ré,
moins dans l'ensemble de l'interprétation que dans l'unité d'esprit où
l'œuvre aurait dû être maintenue. Ce n'était aussi doute pas tout à
fait la faute de M. Lafarge, qui est jeune, à la fois plein d'ardeur et
de docilité, ce qui permet d'espérer qu'il arrivera à être excellent
un jour.

Citerai-je encore M. Jérôme, un autre ténor qui a débuté au concert dans des fragments des Troyens de Berlioz, au Châtelet?.....
Cette classe d'élèves, sortant de l'air parfois étouffant de ce conservatoire (qui sent le renfermé au propre et au figuré), pour respirer
plus librement dans l'atmosphère un peu moins miasmatique des
salles de concerts, cette classe d'élèves, dis-je, qui apprend, un peu
tard, à se former à la vraie musique, est particulièrement intéressante, pourvu que la présomption et l'envie d'arriver plus vite ne
l'entraînent dans un excès fâcheux en lui faisant abandonner trop
tôt certaines études techniques.

Nous retrouverons MM. Lafarge et Jérôme dans la saison des
concerts. Nous retrouverons aussi, dans les théâtres et au concert,
d'autres noms qu'il est inutile de citer ici pour l'instant. MM. les
directeurs étaient aux aguets, ils ont fait leur provision, et j'aurai
l'occasion, au cours de la saison prochaine, de vous dire s'ils ont
fait de bonnes ou de mauvaises acquisitions..... J'allais arrêter là
ces quelques réflexions, quand je reçois d'un ami un mot daté de
Bayreuth, où le ténor Van Dyck, votre compatriote, qui joue le rôle
de Parsifal, est qualifié de merveilleux. Nous l'avons vu très remarquable ici déjà, à la scène, dans Lohengrin..... Et pourtant ce jeune
artiste ne sort pas d'un établissement patenté; ce n'est pas un produit des Conservatoires..... Concluez.   BALTHAZAR CLAES.

P.-S. — Je vous ai entretenu à plusieurs reprises, depuis un an,
du Conservatoire de Marseille et des louables efforts du nouveau
directeur, M. Claudius Blanc, pour y relever le niveau des études.
Le jeune et intelligent directeur fut d'abord en butte à une opposition assez vive de la part des ennemis de l'art sérieux, des gros
bonnets habitués et se pourlécher aux bons-bons italiens, des professeurs gênés dans leur facile besogne. Mais, au bout de quelques
mois, ces inimitiés durent baisser pavillon devant les résultats brillants obtenus, résultats au courant desquels j'ai mis les lecteurs du
Guide..... Hélas ! ces sortes de haines sont lentes à désarmer ; il y a
eu un retour offensif; et sous quelle forme s'est manifestée cette
reprise des hostilités? Sous celle de la calomnie la plus vague, la
plus basse et la plus invraisemblable. A entendre certains bruits
anonymes, le Conservatoire de Marseille était devenu le pire des...
harems, où directeur et professeurs jouaient les Auber pacha. Voilà
ce qu'on avait trouvé, dans l'impossibilité d'attaquer la direction
au point de vue artistique..... Je n'insiste pas et vous fais grâce de
tout le détail des potins qui dépassent l'imaginatiou des plus ba-
vardes concierges, pour citer la lettre suivante, adressée au maire
de Marseille et qui clôt l'incident :

« Monsieur le Maire,

» Suivant le désir que vous m'avez exprimé, j'ai procédé à une enquête minutieuse sur l'affaire dite du Conservatoire municipal.

» J'ai l'honneur de vous informer qu'il m'a été impossible, malgré

mes recherches, de préciser un fait quelconque présentant un caractère criminel ou délicateux... » *Le Procureur de la République,*
» G. PELLEFIGUE. »

Le maire a ajouté que la publication de cette lettre dans les jour-
naux ne peut manquer de donner satisfaction à tout le monde.....
Épilogue : Beaucoup de bruit pour rien... Oh ! la province ! !...
B. C.

Chronique de la Quinzaine

PARIS

La distribution des prix a eu lieu, samedi, au Conservatoire, accompagnée du discours d'usage, prononcé par M. Larroumet, le proposé
à la direction des beaux-arts, poste où l'avait précédé M. Castagnary,
le critique d'art récemment décédé.

M. Larroumet sort de l'Université; c'est un lettré distingué qui
s'est occupé de notre théâtre (Molière, Regnard, Marivaux, Sedaine, etc.). Il nous a d'ailleurs chanté la même antienne que tous les
ans, d'une voix cependant plus claire et plus dégagée. Il n'y a pas de
raison pour que ce *Gloria Patri* ne revienne toujours sur la même ton
jusqu'aux siècles des siècles. C'est toujours l'ode à la supériorité du
goût français : quant à une idée de réforme, un soupçon de perfectionner le plan d'études, pas l'ombre... Du reste, pour jeter une
pâture au Cerbère aboyant de la critique, il y a toujours le verset
consacré, ainsi conçu, cette fois : «°je me prétends pas que tout soit
pour le mieux au Conservatoire; il y a des améliorations à chercher,
et je compte bien n'y employer avec les chefs et les conseils de cette
maison. Mais elle est quelquefois en butte à des reproches qui ne me
semblent pas très fondés. » A part cette phrase, qui reparaît régulièrement et qui suffit à soulager la conscience des responsables, rien
n'est modifié au cours éternel des choses, le même optimisme béat
continue à régner dans les hautes sphères sereines. Nous commençons à la connaître : le meilleur moyen, paraît-il, pour éviter les
traits de la critique, c'est de ne pas bouger... C'est désespérant.
Passons.

Beaucoup d'applaudissements de l'élément jeune, pour accueillir
la nomination déjà connue de M. Emmanuel Chabrier au grade de
chevalier de la Légion d'honneur; quelques anciens ont fait la grimace. Acclamation unanime au nom de M. Bourgault-Ducoudray,
dont je vous ai annoncé, il y a quinze jours, la nomination au même
grade. Il faut citer aussi les nominations au grade d'officier de l'instruction publique de MM. Théodore Dubois, l'excellent professeur
d'harmonie, et de M. Heyberger, le remarquable professeur de solfège; qui a présidé, l'an dernier, aux répétitions des chœurs et soli
pour la *Mass en ré* de Beethoven, et qui avait si bien préparé cette
belle, cette mémorable exécution... je constate, en passant, que ces
distinctions s'adressent toutes à des gens dont j'ai fait précédemment
l'éloge ici.

Une nouvelle qui n'est pas encore connue, et qui va faire sa part
de bruit dans le monde musical, c'est que M. Colonne (Édouard)
s'empare de l'Éden pour la prochaine saison... Une note avait bien
paru dans les gazettes sous cette forme: « M. Bertrand a l'intention
de représenter en matinées à l'Éden, pendant l'hiver, le *Désert* de
F. David, avec décors et costumes. Ces emprunts même seraient faits
au *Jardin d'acclimatation*. M. Colonne sera chargé de l'exécution
musicale. » Mais ceci n'est pas très explicite, et peut ne pas paraître
très sérieux. Pourtant, la nouvelle est exacte, m'affirment des personnes de la maison, en situation d'être bien renseignées. M. Colonne
éprouverait-il le double besoin d'une salle plus restreinte et d'un
public plus distingué? C'est fort possible... Mais qui verrons-nous
au Châtelet?...

Pendant que MM. Ritt et Gailhard travaillent, avec cette sérénité
que l'impunité assure, à consommer la ruine de notre première scène
lyrique subventionnée, M. Benjamin Godard s'apprête à réaliser la
françoise de Rimini de M. Ambroise Thomas, qu'il juge peut-être
insuffisante, sous le titre de *Dante et Béatrix*. L'engagement est
signé; le musicien fécond vient de se mettre à l'œuvre, et tout doit
être prêt *pour le premier novembre...* Peste! Quel admirable système !
Quel grand travailleur? Quelle facilité, quelle rapidité d'inspiration !...
Je vois surtout M. Godard aux prises avec l'élément mystique de
son sujet, où il y aura de tout, paraît-il, du ciel et de l'enfer, et
aussi un grand ballet.

Un autre travailleur, M. Massenet, ne reste pas inactif. Une dix
mille six cent quatre-vingt dix-neuvième note des feuilles publiques
nous annonce que, cette fois, il n'est plus question de *Werther*, ni de
Pertinax, mais d'une *Clarimonde* ou *Esclarmonde*, grandes féeries, où
nous entendrons une chanteuse américaine, Mⁱⁱᵉ Sybil Sanderson...
Il paraît, d'ailleurs, que la donnée d'*Esclarmonde* est la même que celle
de *Pertinax*. Peut-être sommes-nous destinés à voir réapparaître
Werther sous le titre d'*Hermann et Dorothée*. Quel, chatoyant Protée
que ce M. Massenet, et qu'il est insaisissable en ses divers revirements et multiples transformations! C'est un illusionniste exquis, et
vous verrez qu'un Robert Houdin nous l'enlèvera quelque jour.
Puisse cette jolie bulle de savon, aux couleurs irisées et chan-
geantes, rester longtemps suspendue, sans crever, dans notre atmosphère, pour la plus grande délectation de nos regards !...

Une autre fois, j'aurai à vous parler des articles parisiens sur
Wagner et Bayreuth. BALTHAZAR CLAES.

Voici les résultats des derniers concours au Conservatoire de
Paris.

CHANT (femmes)

Premier prix : Mⁱⁱᵉ Levasseur (Barbot).
Deuxième prix : Mⁱⁱᵉ Buhl (Archaimbaud).
Premiers accessits : Mⁱⁱᵉ Nentingham (Boulanger) et Armand (Warot).
Deuxièmes accessits ; Mⁱⁱᵉ Aussourd (Croeti) et Paulin (Boulanger).

CONCOURS D'OPÉRA COMIQUE (femmes)

Premier prix : Mⁱⁱᵉ Durand (Ponchard).
Deuxième prix : Mⁱⁱᵉ Levasseur ·Achard).
Premier accessit à l'unanimité: Mⁱⁱᵉ Buhl (Ponchard) et Paulin (Achard).
Deuxième accessit : Mⁱⁱᵉ Aussourd (Ponchard).

CONCOURS D'OPÉRA COMIQUE (hommes)

Premier prix : M. Badiali (Achard).
Deuxième prix : MM. Lafarge et Jérôme (Ponchard·.
Premier accessit: MM. Carbonne et Daraux (Achard), Gilibert (Pon-
chard).

VIOLON

Premier prix à l'unanimité : Mⁱⁱᵉ Dantin (Dancla), une remarquable
jeune fille.
Deuxième prix : M. Cœur (Dancla), M⁰ᵉ Langlois (Saurzy), Magnien
(Dancla) et Duport (Massart).
Premier accessit : Mⁱⁱᵉ Hoon (Sauzzy), MM. Barach, Durieux et M⁰ᵉ Vor-
mese (Massart).
Deuxième accessit ; M. André (Maurin), Mⁱⁱᵉ Romero et Bourgaud
(Massart), MM. Tracol (Massart) et M. Lammers (Sauzzy).

BRUXELLES

Les examens des cours de chant individuel donnés par M. Henry
Warnots à l'École de musique de Saint-Josse-ten-Noode-Schaerbeek
ont eu lieu les 28, 29 et 30 juillet. La division inférieure comprenait
six hommes et vingt et une demoiselles. Dans la division supérieure,
vingt-cinq hommes et trente-cinq demoiselles ont défilé successivement devant le jury. Si l'on ajoute à ces nombres déjà respectables
deux duos de chambre masculins et douze féminins, on aura
l'idée de l'importance acquise, du côté des jeunes filles surtout, par
ces examens de fin d'année scolaire, qui présentent, comme on sait,
le plus vif intérêt. Ce n'est pas chose facile de distinguer parmi
toutes ces futures « cantatrices » quelle est celle que l'on pourrait
médailler, et les membres du jury ont eu fort à faire, cette fois, pour
se mettre d'accord. Naguère, on n'y regardait pas de si près ; la
médaille était partagée entre les plus méritantes, et l'on en distri-
buait parfois trois ou quatre. Il en est plus de même aujourd'hui,
le gouvernement étant décidé à n'accorder qu'une médaille à chaque
cours supérieur. Aussi a-t-il fallu demander un supplément d'épreuve
à trois des élèves du cours supérieur, M⁰ᵉ Delecœuillerie, Goethals
et Guillaume. C'est la première qui est sortie victorieuse de la lutte,
mais le jury a pensé qu'il fallait mentionner extraordinairement la
première distinction obtenue par les deux autres concurrentes, et il
leur a adjoint M⁰ᵉ Holland, qui avait fourni un très bon concours.

Il y a eu moins d'hésitation de la part du jury à décerner la médaille aux concurrents mâles styles avec tant de soin par M. Warnots ; M. Isidore De Backer, qui avait obtenu une première distinction en 1887, ayant chanté d'une façon très supérieure l'air de *Jean
de Paris* : « Qu'à mes ordres ici », le prix lui a été décerné à l'unanimité.

Voici quelles sont, d'autre part, les distinctions et les mentions
obtenues dans chacun de ces examens :

DIVISION INFÉRIEURE (HOMMES) 1ʳᵉˢ *mentions* : MM. Collart et Robette;
2ᵉˢ *mentions* : MM. Vinck et Gillart.

DIVISION INFÉRIEURE (DEMOISELLES). 1ʳᵉˢ *mentions* : M⁰ᵉˢ Richelle, De-
coster, Haemers, Roulet, Delhez, Michel, Grégoire, Van Haut.
gaerden, Boin et Rousseau.; 2ᵉˢ *mentions* : M⁰ᵉˢ Cabeke, M⁰ᵉˢ Du-
breucq, Louvois, Laureys, Weber, Barbanson, Fleury et Semal.

DIVISION SUPÉRIEURE (HOMMES). 1ʳᵉˢ *mentions* : MM. Saey, de Tol-
lenaere (Henri), Blieck, Ceuppens et Vander Hart ; 2ᵉˢ *distinctions* :
MM. Schreurs, Devos, De Tollenaere (Alphonse), Schelhrever,
Sindorff, Maes et Leemput.

Rappel exceptionnel du 2ᵉ prix à M. John Tyssen. 1ʳᵉˢ *mentions* :
MM. De Carpigny, Tyssen (Joseph), Dutillieu, Convert, De Lobbe,
Overloop et Hattier; 2ᵉ *mention* : M. Doorenbos.

DIVISION SUPÉRIEURE (DEMOISELLES). *Rappels du* 1ʳᵉˢ *distinctions* :
M⁰ᵉˢ Mahieu et Keyzer; 1ʳᵉˢ *distinctions* : M⁰ᵉˢ Ceuppens, Duprez
(Mathilde), Duprez (Emma) et Delannoy; 2ᵉˢ *distinctions* : M⁰ᵉ Van
Brussel, Hourdequin, Schovaers, Hoogewys, Despret, Beissel
(rappel), Muller (rappel), Vande Gehucte (Marie), Wielmaeckers et
Barbanson (rappel).

1ʳᵉˢ *mentions* : M⁰ᵉˢ David, Michel, Daudremont, Vandiepenbeek,
Mathilde Delobbe, Finch, Gougenheim, Huntley, Keazier, Mal.
vaux, Léonie Vande Gehucte et Otto; 2ᵉˢ *mentions* : M⁰ᵉˢ Emma
Delobbe et Gunther.

Les prix des duos de chambre ont été répartis de la manière
suivante :

HOMMES. 1ᵉʳ *prix* : MM. John Tyssen et Schreurs ; 2ᵉ *prix* : MM. Saey
et Vander Hart.

DEMOISELLES. *Prix Marhelbock* : M⁰ᵉˢ Delecœuillerie et Goethals;
Prix Huart : M⁰ᵉˢ Emma et Mathilde Duprez; *Prix Michotte* :
M⁰ᵉˢ Daudremont et Van Brussel.

OSTENDE

Nous n'assistions pas à l'exécution des *Suppliants*, la belle cantate qui a valu à son auteur, M. Lapon, le deuxième prix au concours du Prix de Rome, par la raison que cette exécution a eu lieu au Kursaal d'Ostende, le 22 juillet dernier. Mais nous sommes en mesure de donner sur cet événement musical des détails précis, grâce aux renseignements très complets qui nous sont fournis par l'*Écho d'Ostende*.

Notre confrère se plaît à rendre justice aux interprètes : Mmes Landoury et Van Besten, de la Monnaie ; MM. Boon et Vandergoten, de Bruxelles ; aux chœurs, formés de la section chorale des dames d'Ostende et du *Cercle Demol*, ainsi qu'à l'excellent orchestre de symphonie du Kursaal, qui nous ont fait merveille sous la direction de M. Lapon. Le succès n'a pas été douteux un seul instant : « Le » public a souligné de ses applaudissements différentes parties de » l'œuvre de M. Lapon, qui a dû trouver dans les ovations qui lui » ont été faites, dimanche, une douce compensation à ses labeurs et » à ses veilles. »

La première partie du concert était remplie par l'exécution d'une marche triomphale et de l'ouverture de *Jane Gray*, deux compositions bien venues du jeune maître ostendais. La deuxième partie était consacrée aux *Suppliants*. Entre ces deux parties, M. l'échevin Montaugie, ff. de bourgmestre, a remis à M. Lapon, au nom de la ville, les partitions richementreliées de la *Walkyrie*, de *Siegfried*, des *Maîtres Chanteurs* et de *Lohengrin*. Ce présent était accompagné d'un petit discours très flatteur de l'honorable magistrat.

Il nous est malheureusement impossible de suivre notre estimable confrère dans l'analyse détaillée qu'il donne des *Suppliants* ; la place nous ferait défaut. La partition étant gravée, nous ne pouvons qu'y renvoyer les amateurs désireux de connaître et d'approfondir une œuvre qui dénote chez son auteur les dispositions les plus remarquables. « La musique de M. Lapon », dit l'*Écho d'Ostende*, « est très » méritante : elle a de l'émotion et de la distinction, le musicien a » donné à son œuvre un cachet légèrement archaïque rappelant » Gluck, ce qui ne l'empêche pas d'être en même temps bien moderne de facture et de sentiment, dans une teinte un peu grise, » peut-être, mais qui ne manque pas de charme. »

MONS

Résultats des Concours du Conservatoire de musique

INSTRUMENTS A EMBOUCHURE

Grand bugle. — 2e prix, M. Désiré Poulain.
Petit bugle. — 1er prix, M. Alexis Hotton.
Cornet à pistons. — 1er prix, M. Arthur Norel ; 2e prix, M. Henri Locquet.
Excellence : M. Achille Dieu (à l'unanimité, avec distinction).
Cor. — 1re prix, M. Edmond Dequesne.
Alto — 2e prix, M. Norbert Dieu
Tuba. — 1er prix, M. Arthur Lambert.
Trombone — 1er prix, M. Auguste Meunier.
Excellence : M. Charles Lecapitaine.
Saxophone. — 1er prix, M. Napoléon Leemans.
Basson. — 2e prix, MM. Adhémar Descamps et Georges Sace.
Flûte — 2e prix, M. Camille François.
Excellence : M. Oscar Gondry (à l'unanimité, avec distinction).
Clarinette. — 1re prix, M. François Vermeissen, 2e prix, M. Joseph Verhelle
Excellence : M. Arthur Bailliez (à l'unanimité, avec distinction)

INSTRUMENTS A ARCHET

Contre-basse. — 2e prix, M. Edouard Loncke.
Excellence : M. Louis Voiturier.

SOLFÈGE

Division d'excellence. — Médaille du Gouvernement ; Mlle Léonie Gaudier (par acclamation). Médailles de la Ville ; Mlle Laure Hacquet (avec distinction), Marie Dogneaux et Augusta de Brissy (à l'unanimité).

CLASSE DE COMPOSITION

Harmonie (jeunes gens) — 1er prix, M. Arthur Fromont. 2e prix, M Arthur Mahieu. Accessit avec distinction, M. Xavier Carlier. — (Demoiselles). 2e prix Mlle Victoria Moreau.
Contre-point. — 1er prix, Mme Adèle Delbaune (à l'unanimité).

ESPAGNE

Les lecteurs du *Guide* se rappellent apparemment les brillants succès récoltés en France par M. Jean Ghys, commerfacteur d'orgues. Diverses correspondances de Dijon ont relaté ces succès, et; tout dernièrement, une remarquable étude d'un des plus savants musicologues de France, M. le chanoine Morelot, est venue les confirmer pleinement.

Il s'agit, pour le moment, d'un frère de l'éminent facteur d'orgues belge, M. Achille Ghys, établi depuis quelques années en Espagne, et qui's'y est frayé une honorable carrière, au même titre que M. Jean Ghys.

Une lettre de Valence, émanée d'un homme compétent en la matière, donne, à ce sujet, quelques informations intéressantes, qui seront lues, croyons-nous, avec plaisir.

« Valence, le 21 juillet 1888.

» À diverses reprises, on s'était adressé pour les réparations à effectuer aux orgues de l'église paroissiale de Carcagente, à des maîtres espagnols. On y consacra même des sommes importantes. Soit inhabileté, soit duperie, aucun résultat satisfaisant ne fut obtenu.

» Admis à entreprendre ce délicat travail, M. Achille Ghys prouva, à la fois, qu'il était homme probe et artiste supérieur.

» Non seulement il redressa admirablement les parties défaillantes de l'instrument, mais il en effectua de nouvelles, marquées, sans contredit, du sceau de la perfection : sommier, soufflets, claviers, etc.

» Jamais, au jugement des experts, le temple de Carcagente n'avait retenti d'harmonies aussi belles, aussi captivantes.

» Un travail aussi étonnamment conditionné devait lui en valoir nombre d'autres d'une importance plus grande encore.

» Au début du mois de juillet dernier, un nouvel orgue à deux claviers, construit par l'artiste belge, dans l'église paroissiale de Saint-André, fut soigneusement expertisé, et mit de nouveau en relief l'habileté surprenante du maître.

» Un jury, composé des sommités musicales de la populeuse cité, déclara que M. Achille Ghys possédait à fond toutes les connaissances requises pour l'édification d'un instrument aussi compliqué, tant pour le mécanisme proprement dit, d'une rare ingéniosité, que pour les divers timbres et leurs combinaisons, d'une beauté caractéristique et spéciale.

» Parmi les jeux les plus vantés, on peut citer la voix humaine, le hautbois, le *flautado*, et surtout la clarinette, qui fut l'enchantement de la séance. Une audition publique va être organisée, par l'illustre virtuose du clavier Plasencia, afin de permettre aux amateurs de Valence d'admirer à leur tour l'œuvre de M. Achille Ghys.

» Le maître belge confectionne, en ce moment, un orgue pour Alicante et un autre, très complexe, dit-on, pour Novella, deux nouvelles entreprises qui ajouteront un fleuron de plus à sa couronne artistique.

De même que son frère, M. Jean Ghys, il s'est perfectionné dans les ateliers de Cav aillé-Coll, à Paris. Ses débuts eurent lieu à Alger, de la façon la plus heureuse.

» Né à Nukerke, près d'Audenarde, M. Achille Ghys compte à peine 35 ans. Une large carrière s'ouvre donc pour ses travaux et sa gloire.

» J'ajouterai, en terminant, que les principaux journaux d'ici parlent de lui avec les plus grands éloges. »

Nouvelles diverses

On nous écrit de Bayreuth, le 7 août :

Les représentations au théâtre Wagner continuent d'attirer une foule énorme. La cinquième série vient de se terminer et elle a été merveilleuse. *Parsifal*, avec Mmes Malten (Kundry), MM. Van Dyck (Parsifal), Wiegand (Guernemans), Planck (Klingsor) et Scheidemantel (Amfortas), a profondément impressionné les nombreux auditeurs français et belges. La scène du temple, admirablement rendue, la scène entre Kundry et Parsifal, très séduisante et plus humaine, si l'on peut dire, avec la scène au Malten qu'avec la Materni ; l'épisode du baptême de Kundry, dit avec une charme pénétrant, une onction, une pureté de style parfaites par Van Dyck ; enfin la grande scène finale, où Scheidemantel est profondément dramatique, tout cela forme un ensemble unique, prodigieusement émouvant, à l'impression duquel nul ne se soustrait.

La représentation des *Maîtres Chanteurs* a été absolument exquise : MM. Reichmann (Hans Sachs), Friedrichs (Beckmesser), Mlle Bettaque (Eva), Gudehus (Walther), Hofmüller (David), telle était la distribution. Le Beckmesser excellent. Hans Sachs un peu bellâtre, mais très poétique ; Eva charmante ; les chœurs délicieux.

MM. Dupont et Lapissida assistaient à cette série avec les principaux interprètes bruxellois des *Maîtres Chanteurs*, MM. Seguin et Renaud. Les éminents directeurs du théâtre de la Monnaie ont pris force notes, ce qui nous promet de nouvelles beautés pour la reprise qu'ils préparent de l'œuvre wagnérienne. M. Renaud étudie le rôle de Beckmesser, et il l'interprétera avec les bonnes traditions de l'école. Il faut dire que les artistes de la Monnaie ont été extrêmement empoignés et qu'ils reviendront à Bruxelles plus épris que jamais des œuvres du maître.

Rencontré beaucoup d'artistes français : André Messager, Léon Husson, Gabriel Fauré, de Bréville, le prince de Polignac, Henri Bauër du *Gil Blas*.

On assure que l'Opéra-Populaire du Château-d'Eau remontera, cet hiver, *Quentin Durward*, de M. Gevaert, qui fut représenté, il y a plus de vingt-cinq ans, à l'Opéra-Comique, et que la Monnaie, de Bruxelles, reprit en 1880.

Les deux principaux rôles seront joués par M. et Mme Jouanne-Vachot, que M. Santerre vient d'engager.

Les troisième et quatrième sections de musique à l'Exposition universelle de 1889 se sont réunies hier, au Conservatoire, en vue de préparer, d'un commun accord, un concours international de musiques municipales au mois de juillet de l'année prochaine.

Les musiques d'harmonie de premier ordre, en France et à l'étranger, prendront seules part à ce concours restreint, qui ne comprendra guère qu'une douzaine de sociétés, et pour lequel quatre prix seront décernés : l'un de 5,000 francs, le second de 3,000, le troisième de 2,000 et le quatrième de 1,000, plus une médaille d'or pour chacune des sociétés.

Les vingt-quatre membres de la troisième section (président, M. Reyer ; vice-président, M. Altès ; secrétaire, M. Vincent d'Indy, et rapporteur, M. Besson) et les vingt-quatre membres de la quatrième section (président, M. le général Gervais, en remplacement de M. Delibes, démissionnaire; M. Jonas, vice-président, et M. Oscar Comettant, secrétaire-rapporteur) feront de droit partie du jury, auquel seront adjointes diverses notabilités françaises et étrangères, et qui délibérera, au scrutin secret, les prix ne pouvant être adjugés qu'à la majorité absolue des voix.

Un nouveau bureau a dû être nommé pour ce concours spécial. — Ont été nommés: M. Jonas, président; M. Altés, vice-président; MM. Oscar Comettant et Louis Besson, secrétaires-rapporteurs.

Avant sa séparation, la Chambre des députés de France a été saisie par M. Maurice Faure d'une proposition de loi tendant à exempter de la perception des droits d'auteur les exécutions musicales, quand elles ont un caractère gratuit ou un but de bienfaisance.

Cette proposition, qui a pour objet le développement populaire de l'art musical, n'est que la reproduction d'une disposition de la loi suisse et répond au vœu exprimé dans de nombreuses pétitions adressées au Parlement par la plupart des sociétés musicales et orphéoniques.

Les pourparlers engagés depuis quelque temps entre l'intendance des théâtres royaux et M. Sacher, l'éminent chef d'orchestre du théâtre de Hambourg et le mari de la cantatrice Rosa Sacher, viennent d'aboutir. M. Sacher est nommé chef d'orchestre à l'Opéra de Berlin et prendra le bâton dès la saison prochaine.

On annonce que M. Ernst Frank, chef d'orchestre du théâtre de Hanovre, est devenu subitement et complètement fou.

M. Frank était un artiste fort distingué et encore dans toute la force de la jeunesse, car il est né en 1847 à Munich, où il a fait toutes ses études. Successivement chef d'orchestre ou chef des chœurs à Munich, à Wurzbourg, à Vienne, à Manheim, à Francfort, il était depuis 1879 à la tête de l'orchestre du théâtre de Hanovre.

Deux artistes bien connus dans le monde musical, Mme Norman-Neruda et Sir Charles Hallé viennent de se marier, à Kensington, le 26 juillet dernier. Depuis plusieurs années, ils étaient associés, *artistically*, dit *the Musical Standard*. Mme Hallé compte 48 printemps et son mari 70.

ÉPHÉMÉRIDES MUSICALES

Le 10 août 1806, à Paris, décès de Chrétien Kalkbrenner, à l'âge de 51 ans. Sa naissance, à Minden (Hanovre), le 22 septembre 1755. Comme compositeur de musique instrumentale et théâtrale, comme écrivain sur la musique, Kalkbrenner ne paye guère. On lui reprochera toujours d'avoir mutilé le *Don Juan* de Mozart, quand, chef du chant à l'Opéra de Paris, et sans se couvrir la face de honte, il osa présenter l'adorable partition dans les conditions que l'on sait (17 sept. 1805).

Si son nom est sauvé de l'oubli, il le devra à son fils, Frédéric-Guillaume Kalkbrenner, mort en 1849, et qui a laissé une réputation justement méritée de pianiste, de professeur et de compositeur d'un certain genre. Il y a quelque cinquante ans qu'il vint se faire entendre à Bruxelles.

Arthur Kalkbrenner, mort en 1869, petit-fils et fils des précédents, également musicien, était connu de tout Paris pour sa vie excentrique et ses prodigalités. Il a fait néanmoins un acte de générosité en léguant à l'Association des artistes musiciens de France une somme de 125,000 francs. La fortune qu'il tenait de son père était considérable.

— Le 11 août 1801, à Berlin, naissance d'Édouard-Philippe Devrient. Sa mort à Carlsruhe le 4 octobre 1877.

Issu d'une famille d'artistes dramatiques qui a été l'honneur de la scène allemande, Édouard Devrient a contribué pour sa bonne part à rehausser l'éclat du nom qu'il portait: il a été successivement bon chanteur, bon acteur, auteur dramatique médiocre et excellent critique de théâtre. Outre une *Histoire du théâtre allemand*, il a publié un volume intitulé: *Mes souvenirs* (*Erinnerungen*) de *Mendelssohn-Barholdy*. Ces souvenirs remontent à l'enfance de Mendelssohn et sont du plus haut intérêt. Les deux amis (mars 1829) ont attaché leur nom à la reprise de la *Passion* de Bach, qui fut alors une révélation dans le domaine de la musique sacrée. Il est curieux, ainsi que Mendelsohn se plaisait à le dire, que l'Église soit redevable de ce service à un comédien et à un juif.

— Le 12 août 1801, à Londres (Crystal Palace), *Iréne*, c'est-à-dire, sous forme de cantate, la *Reine de Saba* de Gounod. Les soli, par Mme Lemmens-Sherrington (Irène), MM. Cummings, Vinning et Lewis Thomas. On avait supprimé les numéros les moins importants de l'œuvre française.

— Le 13 août 1790, à Cologne (église des Jésuites), concert spirituel sur l'orgue, par l'abbé Georges-Joseph Vogler, directeur de l'Académie de musique de S. M. le roi de Suède.

Le programme descriptif que va suivre, nous le donnons tel qu'il a paru dans la *Gazette de Cologne*, petit in-4°, publié alors en français: « Première partie; 1° Concert de flûte. Marche: *Andante, Rondo*; 2° *Nocturne*; 3° Fantaisie libre; 4° *Scena recitativo, Aria cantabile, Aria concertante*; 5° Combat de mer où l'on entend les roulements de tambour, la musique militaire, les mouvements des vaisseaux, les flots

qui se croisent, les coups de canon, les cris des blessés, les chants des victorieux, etc., etc.

» Seconde partie: 1° *Benedicamus Domino*, en contre-point; 2° Sonate des harpes accompagnée des flûtes et violoncelles; 3° *Pastorale*; 4° Le *Dernier Jugement selon Rubens*: *a*) L'ouverture majestueuse; *b*) Les trompettes retentissent, les tombeaux s'ouvrent; *c*) Le Bon Dieu juge les malheureux; *d*) Leurs hurlements et leur descente dans l'enfer; *e*) Le Bon Dieu évoque les bienheureux; *f*) Leur chant joint aux chœurs des anges; *g*) Carillon et Fughe.

» On peut avoir des billets d'entrée à 20 sols dans l'auberge du *Saint-Esprit* et à l'entrée. »

L'organisateur de ce concert, l'abbé Vogler, a eu pour élèves C.-M. von Weber et Meyerbeer. C'est son plus beau titre de gloire.

— Le 14 août 1775, à Paris (Comédie-Italienne), la *Belle Arsène*, 4 actes de Monsigny. A Bruxelles, 19 avril 1776; dernière fois, 4 décembre 1824; à Liége, 18 février 1776; à Vienne, *Schöne Arsene*, 4 août 1786.

Les autres œuvres de Monsigny que nos grands-pères ont le plus applaudies, le *Déserteur, Rose et Colas, Félix ou l'Enfant trouvé*, ont encore reparu de nos jours à Paris et à Bruxelles.

« Certes, cette musique a bien le cachet de son époque, musique de pastel qu'il faut toucher d'une main délicate, de peur d'en faire tomber la poussière. » (C. BELLAIGUE, *Un siècle de musique française*.)

— Le 15 août 1837, à Amsterdam, naissance d'Edouard de Hartog, musicien d'un savoir solide, dont nous entendons encore les œuvres, ici et là, et qui veut bien favoriser de ses communications le *Guide musical*. Fétis (*Biogr. univ. des mus.*, t. IV, p. 234), le vieillit d'un an en plaçant sa date de naissance en 1826.

— Le 16 août 1786, à Bruxelles, décès de Henri-Jacques Decroes, à l'âge de 81 ans. Sa naissance à Anvers, le 19 septembre 1705. Edmond Vander Straeten, au tome V de sa *Musique aux Pays-Bas*, a reconstitué, d'après des documents authentiques, la carrière si longue et si bien remplie de l'ancien maître de chapelle à la cour de Brabant. Fétis ne donne sur Decroes qu'une insignifiante et incomplète notice dans son *Dictionnaire des musiciens*.

— Le 17 août 1849, à Spa, Spontini assiste au concert donné à la Redoute par Mlle Ida Bertrand, cantatrice; Steveniers, violoniste, et Dutertre, harpiste. Un autre soir, l'illustre maître fit la même honneur à un jeune artiste spadois, François Jehin, âgé de 10 ans, en allant l'applaudir, ce qui incita un journaliste débonnaire à écrire ceci: « Nous félicitons Jehin d'avoir reçu quelques rayons du magnifique soleil qui brilla si longtemps sur l'horizon musical. » Le Jehin dont il est ici question, ayant ajouté à son nom celui du célèbre violoniste Prume, son oncle, s'est définitivement fixé au Canada, où il occupe une première place parmi les musiciens du pays.

Spontini figure en pied parmi les personnages peints au plafond du grand salon du Casino actuel. (Voir ALBIN BODY, le *Théâtre et la musique à Spa*, p. 201.)

— Le 17 août, Peter Benoit, né à Harlebeke en 1834, accomplit sa cinquante-quatrième année. Le maestro flamand ne reste pas inactif, on le dit occupé d'une nouvelle et grande composition qui ne tardera pas à voir le jour. Bravissimo!

— Le 18 août 1849, à Paris, naissance de Benjamin-Louis-Paul Godard. Ces deux seuls ouvrages que l'artiste français a écrits pour le théâtre n'ont été joués qu'en Belgique, savoir: *Pedro de Zalaméa* (Anvers, 31 janvier 1884), et *Jocelyn* (Bruxelles, 25 février 1888).

Les artistes, en général, ont des faiblesses ou des travers bien plus que le commun des mortels. Le *Temps* nous a révélé un certain travers d'esprit dont est affligé Godard. « C'est, dit la feuille parisienne, un orgueil d'une naïveté charmante, qui prête à rire un plus malicieux. Il éclate dans toute la personne même de Benjamin Godard, depuis les cheveux dressés en auréole jusqu'au bout des bottes. Imaginez un grand garçon long et maigre comme David la Gamme, une gravité voulue, une tête portée très haut avec précaution comme un saint-sacrement de campagne un beau jour de Fête-Dieu.

» Benjamin Godard songe sérieusement à part soi qu'il ressemble à Beethoven; il n'est pas fâché que ses amis s'en doutent. Pour les mettre sur la voie, il a placé le buste du maître allemand dans son antichambre et son propre buste dans toutes les pièces de son appartement. Il y a sur les consoles des bustes de Benjamin enfant avec des inscriptions comme celle-ci:

» *l'enfant disparaît, l'artiste se révèle.*

» Il y a sur des colonnes des bustes de Benjamin pubère; il y a sur des socles des bustes de Benjamin homme fait. D'année en année, la tête est portée plus haut, les cheveux plus longs élargissent l'auréole. Des moissons de lauriers coupés s'entrelaçrent pour former le fond des portraits, » etc., etc.

— Le 19 août 1750, à Legnano, naissance d'Antonio Salieri. Sa mort à Vienne, le 7 mai 1825. Beethoven, Weigl, Meyerbeer se sont fait honneur d'avoir reçu ses conseils, dit Fétis. Dans son volume si curieux *la Cour et l'Opéra sous Louis XVI*, Adolphe Jullien a retracé les faits et gestes de Salieri au temps où Paris entendait les *Danaïdes*, puis *Tarare*, deux ouvrages du maître.

— Le 20 août 1841, à Bruxelles, les *Travestissements*, un acte d'Albert Grisar. Deux seuls personnages, joués par Chollet et Mme Prévost, les créateurs de la pièce, à Paris. (Opéra-Comique, 16 novembre 1839); reprise (Théâtre-Lyrique, 20 novembre 1851). Les premières: à Liége, 19 avril 1840; à Anvers, 11 novembre 1841, avec Chollet et Mme Prévost, en représentation.

— Le 21 août 1865, à Spa, pour la première et unique fois en cette ville, Adelina Patti donne un concert, secondée par Scalese, Brignoli et Amadio. Malgré les hauts prix d'entrée (20 francs et 10 francs), la foule accourt pour entendre la merveille du jour. Ci 8,000 francs, la plus forte recette qui ait été faite à Spa. Les morceaux portés au programme : 1. Une cavatine du *Barbier*; 2. Un duo de l'*Elisire d'amore*; 3. Un trio d'*Attila*; un quartetto de *Don Pasquale*; 4. Une romance de Mᵐᵉ de Rothschild. (Voir ALBIN BODY, *ut supra*, p.216.)

— Le 21 août 1854, à Breslau, naissance de Moritz Moszkowski, d'origine polonaise. Outre son remarquable talent sur le piano, il a aussi attiré l'attention des connaisseurs par diverses compositions de différents genres, entre autres une symphonie intitulée *Jeanne d'Arc*. et qui a été exécutée avec succès à Berlin, à Wiesbaden, à Hanovre, à Amsterdam, etc. Au mois d'avril 1880, le public gantois, aux concerts du Conservatoire, a pu entendre un fragment de cette belle œuvre en même temps que l'auteur comme pianiste.

— Le 23 août 1837, à Paris (Opéra-Comique), le *Double Échelle*, un acte d'Ambroise Thomas. Premier essai et heureux début d'un jeune musicien sur une scène où il marquera quelque jour.
Les premières : à Liége, 15 janvier 1838 ; à Vienne, *Die Doppelleiter*, 31 octobre 1838 ; à Bruxelles, 5 décembre 1842.

Rectification. — Deux erreurs à relever en ce.qui concerne Mᵐᵉ Théo : Son mari s'appellerait Vachier et non Vachou ; sa naissance, 1854, ce qui ne lui donnerait que trente-quatre ans d'âge au lieu des cinquante-quatre que nous lui avons octroyés si peu généreusement. Vingt bonnes années de rattrapées, que de beaux jours encore pour la gentille chanteuse des Nouveautés !

Nécrologie

A Paris, à l'âge de 67 ans, Jacques Potharst, professeur de chant et auteur de mélodies.

— A Maisons-Laffitte, près Paris, Henri Bonjean, professeur de chant, compositeur de musique attaché à la maison Pleyel.

— A Paris, Gustave Feitlinger, professeur de chant, ex-basse chantante à Paris et en province.

— A Saint-Pétersbourg, à l'âge de 34 ans, Grégoire Lyschine, compositeur russe. Son dernier opéra *Don César de Bazan*, a récemment été représenté à Odessa avec un certain retentissement.

— A Littlemore (Oxford), le 18 juillet, Mᵐᵉˢ Gabriel Davis, très bonne musicienne dont les compositions ont été publiées par la maison Novello.

— A Wiesbaden, le 27 juin, Albert Parlow, né à Torgelow (Prusse), le 1ᵉʳ janvier 1824, chef d'orchestre militaire, compositeur. En 1865, avec sa phalange instrumentale, il donna douze concerts au Cirque à Paris, et obtint la croix de la Légion d'honneur. Il y a cinq ans, les journaux annoncèrent prématurément sa mort. (Notice, *Schuberth's Mus. Lexicon*, p. 336.)

— A Prague, le 18 juillet, Ludwig Prochazka, compositeur et professeur de musique.

— A Dunkerque, à l'âge de 64 ans, Louis-Jacques-Albert Gillet, professeur de musique, chef d'orchestre, auteur d'œuvres de tous genre, surtout de musique religieuse.

La mort de Hermann Levi, annoncée par le *Ménestrel*, ne s'est heureusement pas confirmée. Le célèbre kapellmeister est encore de ce monde.

XXXIVᵉ ANNÉE — 23 et 30 août 1888 — NUMÉROS 34-35

Le Guide Musical

Paraissant tous les jeudis.

ABONNEMENT	SCHOTT FRÈRES, ÉDITEURS.	ANNONCES
France et Belgique : Avec musique 25 francs.	Paris, Boulevard Montmartre, 19	S'adresser à l'Administration du Journal.
— Texte seul, . 10 —	Bruxelles, Montagne de la Cour, 82	On traite à forfait.
UNION POSTALE : — 12 —		

BAYREUTH

 oici terminées les fêtes théâtrales de Bayreuth. Dimanche dernier, le 19 août, les portes du Théâtre-Wagner se sont fermées sur les derniers et divins accords de *Parsifal*, tombant de la coupole du temple sacré :

Hœchsten Heiles Wunder!
Erlœsung dem Erlœser (1) !

Et dans l'abîme d'où la clarté et l'harmonie se répandaient il y a quelques jours, règnent maintenant, pour combien de temps ? le silence et l'ombre.

On dit que, grâce à une subvention promise par l'empereur Guillaume, des représentations auront lieu à Bayreuth l'année prochaine. D'autres assurent qu'il n'y aura pas de fêtes scéniques avant deux ans. Nous souhaitons que ce soit ce dernier parti qui l'emporte. Certes, le succès des représentations de cette année autorise l'espoir que des représentations annuelles attireraient la foule ; mais il importe, avant tout, de préserver l'œuvre de Bayreuth de tout contact avec le public vulgaire ; il s'agit de ne pas la laisser dégénérer en une exploitation commerciale, de lui conserver, en un mot, son caractère aristocratique et purement artistique. Les curiosités bourgeoises seraient déplacées en ce sanctuaire où, par un miracle unique de la piété artistique, s'est perpétuée jusqu'ici à peu près intacte la tradition des admirations chastes et religieuses. Il n'est pas bon qu'en ce lieu sacré où, seul, l'artiste peut savourer la forte et désin-

(1) Miracle du suprême salut :
Rédemption au Rédempteur !

téressée volupté d'entrer en contact direct avec le génie, où, seules, les âmes compréhensives et jeunes peuvent se donner toutes à la jouissance d'art qui renferme toutes les joies, pénètrent les sots et les ignorants, pour qui tout est sujet à questions, qui, n'éprouvant rien, ne comprennent rien, et qui, au sortir de *Parsifal*, demandent, par exemple, pourquoi Kundry, qui est une sorcière ne songeant qu'à dormir au premier acte, devient, au second acte, une enchanteresse qui ne songe qu'à aimer (1) !

A ces inintelligents, incapables de saisir une synthèse, trop faibles d'esprit pour pénétrer un symbole, convient la réponse de Gurnemanz à Parsifal, à la fin du premier acte : « Sortez, niais, et reprenez votre chemin. Oisons, accouplez-vous aux oies ! »

Que le protectorat de l'empereur Guillaume II préserve, si c'est possible, le théâtre de Bayreuth de l'envahissement de cette engeance.

Jusqu'ici, — et c'est fort heureux, — le « pèlerinage de Bayreuth » avait été l'exclusive fantaisie des artistes et des lettrés, de tous ceux qu'animait, dans les pays les plus divers, la commune aspiration vers l'art. Cette année encore, la salle de Bayreuth offrait l'intéressant spectacle d'un public où toutes les races, tous les idiomes étaient représentés ; et il est telles représentations où le hollandais, le français et l'anglais se parlaient plus que l'allemand. C'est là le vrai public qui convient à Bayreuth ; public d'initiés et d'intelligents, n'apportant là aucune des préventions, des manies de comparaison des « habitués » de théâtres, pénétrant dans le sanctuaire avec le seul souci d'une impression d'art.

Le vrai, l'unique, l'incomparable avantage des représentations de Bayreuth est de vous la donner. Ce théâtre n'en est plus un ; ce n'est plus une salle de

(1) Voir le dernier numéro du *Ménestrel.*

spectacle, c'est un temple d'où l'on sort avec une grandiose vision de l'idéal et avec un trouble étrange au cœur : émotion indéfinissable, volupté religieuse, extase mystique, qui vous saisit tout entier. Nul n'échappe à cette impression, de ceux au moins qui ont quelque jeunesse au cœur et quelque sensibilité au cerveau. Les railleurs à distance ont beau jeu. Qu'ils y viennent, ils verront. J'ai fait, cette année, à cet égard, une expérience décisive avec quelques artistes et amateurs français ou belges, les uns convaincus depuis longtemps, les autres demeurés sceptiques jusqu'ici. Ils ont été pris comme nous autres, il y a douze ans, et leur admiration, sincère puisqu'elle était absolument libre, s'est manifestée de la même façon, non par des exclamations bruyantes, mais, chose curieuse, par ces seuls mots, toujours les mêmes et dits avec une sorte de recueillement après le grandiose spectacle de *Parsifal :* « Oui, c'est grand, c'est beau !... »

Avec les *Nibelungen, Parsifal* est, par excellence, l'œuvre qui convient au cadre scénique de Bayreuth. On imagine malaisément ce drame mystique transporté sur une scène ordinaire, à moins qu'on ne le réserve pour certaines grandes solennités et qu'on ne le donne qu'exceptionnellement. Au moyen âge, la religion s'était faite « art » ; par un miracle du génie, avec *Parsifal,* l'art est redevenu « religion ». Je ne sache pas une œuvre qui touche plus profondément en nous le pur sentiment humain, qui remue plus directement dans notre intérieur le vieux fond d'idées et d'aspirations chrétiennes (ne pas confondre chrétien et catholique), qui depuis dix-huit siècles sont le bien commun de races européennes. *Parsifal,* à ce point de vue, demeurera probablement l'élan le plus prodigieux de l'âme humaine vers la divinité, comme au point de vue de l'art il est le plus surprenant effort du génie dramatique.

Tout autres sont les sensations qu'éveillent les *Maîtres Chanteurs,* qui ont alterné, cette année, avec *Parsifal,* de même qu'il y a deux ans, avait alterné *Tristan et Isolde.* La comédie humaine, avec ses alternatives de travers risibles et de sentiments nobles ou touchants, amuse tour à tour et émeut. Tous, nous avons eu au moins une heure en notre jeunesse où le silence poétique du cloître nous était apparu comme l'idéal de la vie ; puis nous sommes revenus à la vie dépendante, agitée, variable, gaie ou triste, mais généralement banale et quelconque du reste des humains. Bayreuth nous a fait repasser, cette année, par cet état psychologique : *Parsifal,* le cloître ; les *Maîtres Chanteurs,* la rue. Piquante opposition, qui a été pour beaucoup dans l'empressement du public et dans les impressions extrêmement favorables de tous les spectateurs.

Il faut ajouter que, nulle part, cette œuvre si radieusement vivante, si mouvementée, si poétique à la fois et si narquoise, n'avait été pareillement exécutée et rendue. Pas une mesure supprimée, pas une note changée ; ç'a été un enchantement d'un bout à l'autre. O le merveilleux tableau que celui de l'échoppe de Sachs et de la rue étroite s'approfondissant vers la scène et laissant voir, dans le fond, une place noyée dans le demi-obscurité du jour tombant ! Les joyeux chœurs ! les bons bourgeois de *Maîtres Chanteurs,* le beau et vivant défilé de corporations sur la pelouse de la Pegnitz ! Et l'admirable orchestre détaillant avec une finesse exquise les délicates broderies instrumentales jetées sur la large trame mélodique de l'œuvre ! Jamais nous ne reverrons si parfait ensemble et si complète exécution.

Ceux qui ne connaissaient les *Maîtres Chanteurs* que par l'exécution bruxelloise ont été très surpris de voir, à Bayreuth, une interprétation du rôle de Beckmesser absolument différente de celle de M. Soulacroix. Ce rôle est délicat, difficile, extrêmement périlleux. L'artiste qui en avait été chargé à Bayreuth, M. Friedrichs, de Brême, s'y est montré tout à fait supérieur. Avec une finesse exquise, avec un art consommé du chanteur et du comédien, il a marqué la gravité comique, le caractère sournois, la passion envieuse du personnage, sans tomber un instant dans la charge. M. Soulacroix s'était préoccupé surtout du côté grotesque, il avait mis étonnamment en lumière la cuistrerie du faux bonhomme ; gardons-nous de lui jeter la pierre : il avait apporté dans son interprétation d'admirables qualités de chanteur et la vivacité charmante d'un tempérament de véritable comédien. Il n'en reste pas moins que le Beckmesser de M. Friedrichs est infiniment supérieur à l'autre. Ce Beckmesser-là est le vrai, tel sans doute que Wagner l'a voulu : magistrat plein d'une solennité d'autant plus comique qu'elle est plus déplacée chez lui. Beckmesser, après tout, est un maître chanteur, comme Sachs, comme les autres bourgeois mélomanes, et il doit apparaître tout imbu des importantes fonctions de marqueur qu'il a su se faire attribuer. Un seul détail de l'interprétation de M. Friedrichs m'a choqué : c'est l'ostentation avec laquelle, au moment du concours (dernier tableau), il déplie le papier sur lequel Sachs a écrit le rêve de Walther dont Beckmesser va si déplorablement défigurer le texte et la mélodie. Un peu plus de discrétion dans ce jeu de scène et dans les saluts que le scribe amoureux fait à la belle Eva n'eût pas diminué l'effet comique de la scène. A côté de M. Friedrichs, il faut signaler M. Hoffmüller, de Darmstadt, un délicieux David, jeune, bon enfant, naïf, gaillard, de voix et de jeu également agréables. Ces deux artistes sont des nouveaux venus à Bayreuth, où ils ont immédiatement pris rang.

Il est curieux de constater, à ce propos, les heureux résultats de l'introduction d'éléments jeunes et nouveaux à Bayreuth. Les grands artistes qui ont reçu l'initiation directe du maître commencent malheureusement à se fatiguer et à subir leur « ans l'irréparable outrage ». Le rajeunissement s'imposait. Avec quelle joie on a constaté qu'il était non seulement possible, mais qu'il s'effectuerait dans d'excellentes conditions.

L'arrivée de M. Van Dyck a complété la démonstration. Il n'y a rien d'exagéré, croyez-le bien, dans les dithyrambes qui ont salué l'apparition du jeune ténor belge sur la scène de Bayreuth. C'est un grand artiste qui entre dans la carrière ; on le sent à la supériorité qu'il a immédiatement marquée sur tous ses concurrents dans l'interprétation du rôle de Parsifal, malgré son inexpérience des planches et le souci de chanter dans une langue qui lui est, en somme, étrangère. Le geste est noble et grand, le maintien distingué, la démarche aisée ; et la voix, chaude et tendre tour à tour, module avec facilité. Depuis longtemps, on n'avait vu débuter plus brillant d'un chanteur doué d'aussi précieuses qualités. Aussi, les Allemands sont-ils ravis de l'avoir attaché à leur théâtre.

L'accueil chaleureux qu'ils lui ont fait s'explique, d'ailleurs, en partie par l'incontestable avantage de la méthode française de chant sur l'allemande. Si l'on en excepte M. Scheidemantel, un élève de Stockhausen, et Mᵐᵉ Materna, qui s'est formée à l'école italienne de Vienne, il n'est pas un artiste de Bayreuth qui pose bien la voix ; chanteurs et chanteuses ont tous le même défaut de prendre le son en-dessous et de donner des sons traînés dans toutes les marches ascendantes de la voix. L'émission franche des chanteurs français, leur diction claire, leur articulation si nette conviennent admirablement à la musique wagnérienne, qui ne demande pas, quoi qu'on ait dit, une dépense considérable de forces vocales ; Verdi et Meyerbeer chargent bien autrement la voix. Et il apparaît clairement aujourd'hui que la véritable école du chant, celle de la diction et de l'expression aura été sauvée et se reconstituera par l'art wagnérien. L'un des exemples les plus frappants de la bienfaisante influence de la musique de Wagner sur les chanteurs, c'est précisément M. Van Dyck, dont vous vous rappelez les débuts bêlants. Un autre artiste qui s'est singulièrement développé sous cette influence est M. Seguin, le remarquable et poétique Hans Sachs, le puissant Wotan des représentations wagnériennes de Bruxelles. Lui aussi, il paraissait à ses débuts ne devoir être qu'un bon chanteur de théâtre, ayant forte voix et bornant son ambition, comme tant d'autres, à lancer au bon moment un *fa* éclatant, savamment prolongé au gré des amateurs de province. Le voici devenu un artiste sérieux, étudiant ses rôles avec un souci constant de l'expression ; et sa voix même, naguère un peu dure, connaît aujourd'hui des nuances et des assouplissements qu'elle refusait jadis à sa volonté. Il était de notre petite caravane bayreuthoise avec MM. Engel, Renaud et les directeurs du théâtre de la Monnaie. Le spectacle qu'il a vu ne troublera pas sa conscience d'artiste ; il stimulera, au contraire, ses nobles et artistiques aspirations, car il doit savoir maintenant que son Hans Sachs de 1884 était une interprétation poétique et charmante du personnage, ne le cédant

pas au Sachs par trop bellâtre de M. Reichmann. Il est vrai que le lendemain, ce même rôle était tenu à Bayreuth par M. Planck, qui y était, paraît-il, infiniment supérieur à ce qu'il est dans le magicien Klingsor, et par M. Scheidemantel, toujours égal à lui-même, qu'il représente Amfortas, Klingsor ou le poète-cordonnier.

Ce qui prouve qu'en dépit des ressources exceptionnelles que le théâtre de Bayreuth possède, il faut, là comme ailleurs, compter avec les faiblesses humaines. Que Richter ou Mottl soit au pupitre, nul ne peut répondre d'une entrée malencontreuse des chœurs, d'un manque de mémoire de l'artiste en scène, d'une faiblesse passagère de la voix. Ce qui est resté jusqu'ici l'unique et absolu apanage de la scène bayreuthoise, c'est l'harmonieux ensemble, l'incomparable unité du style, la complète subordination de tous à l'effet général de l'œuvre, et de l'œuvre seule.

Combien est grande la distance qui sépare cette scène modèle des autres, je l'ai éprouvé en allant à Munich voir les *Fées*. Inspiration malheureuse, curiosité intempestive. Je suis sorti de là navré. La partition est vraiment insuffisante et elle est montée avec le luxe éblouissant mais déplorable d'un théâtre de province. Si l'on ne savait que la cession de cette œuvre de jeunesse a dû être consentie au théâtre de Munich pour conserver *Parsifal* à Bayreuth, ce serait à crier au scandale.

Le lendemain, j'ai vu au même théâtre de Munich le *Don Juan* de Mozart, à peu près joué, mais à peine chanté par Vogl et sa femme, Mᵐᵉˢ Weckerlin et le baryton Gura, dont les âges réunis représentent deux siècles et demi au bas mot.

Et la décadence profonde de ce théâtre jadis animé du souffle puissant du maître, aujourd'hui livré à un intendant impotent, serviteur obéissant d'un prince qui s'entend aux choses de l'art comme un pompier à la peinture, m'est apparue désolante et cruelle.   M. KUFFERATH.

À propos des « Meininger »

Dans un récent article intitulé : *les Comédiens du duc de Saxe-Meiningen*, M. André Hallays raconte aux lecteurs du *Journal des Débats* (1), les particularités remarquables du théâtre de Meiningen, et note les traits caractéristiques des excellents artistes qui sont venus donner des représentations pendant le mois de juin à Bruxelles. Ce qui semble avoir frappé beaucoup notre confrère, c'est l'abnégation de ces comédiens, qui, quel que soit leur talent, n'accaparent jamais l'attention du spectateur au détriment de l'œuvre qu'ils représentent. M. Hallays rappelle combien Richard Wagner était intraitable sur ce chapitre et quelles étaient ses exigences :

« Il faudrait que tous les ténors du monde pussent venir à Bayreuth et contempler Parsifal au second tableau, quand, durant une heure, il demeure le dos tourné au public sans faire aucun mouvement. Le duc de Meiningen est encore loin d'obtenir de ses comédiens ce que Wagner a obtenu de ses chanteurs. Par exemple, il permet à l'artiste qui vient de se distinguer dans quelque scène ou quelque tirade de venir recevoir en saluant les applaudissements du public. Mais, à part cette coutume grotesque, il existe dans cette troupe des mœurs inconnues des comédiens français ou anglais. »

Nous avons fait la même remarque à l'endroit des saluts que les acteurs de Meiningen se permettent probablement qu'en voyage. Il serait curieux de savoir si on les autorise chez eux à venir s'incliner devant le public et à recevoir des ovations ou des bouquets.

(1) 27 juillet 1888.

durant le cours de la représentation. Mais il est bien d'autres points sur lesquels on devrait insister pour démontrer quelle est, au fond, la modestie de ces acteurs, qui consentent à se trouver chaque soir en scène et à tenir des rôles de comparses les jours où ils n'ont point de rôle principal dans la pièce. Ceci compense bien cela !

« Toutes ces innovations, dit encore M. Hallays, paraîtront peu de chose et, pourtant, le résultat en est merveilleux. Le public va au théâtre pour voir la comédie et non le comédien. L'acteur, dont le public ne se soucie plus, ne se soucie pas davantage du public. Il ne sacrifie plus au désir de se mettre en évidence aux dépens de la vérité de la situation dramatique. Il ne quête plus l'applaudissement par des cris inattendus. Tous les rôles, même les moindres, sont tenus avec le même respect de l'œuvre qui est jouée. Si, l'un des acteurs les plus renommés de la troupe est chargé de représenter quelque personnage secondaire (le fait n'est pas rare), il ne tire jamais son rôle au premier plan, et il ne fait pas sentir au public tout le prix de sa modestie et de sa complaisance. »

Voilà toutes choses qui seraient parfaitement applicables aux chanteurs d'opéra et nous les livrons aux méditations de ceux qui ont la direction des scènes lyriques et qui rêvent d'en élever le niveau artistique.

Avec quelle satisfaction nous avons pris lecture des lignes suivantes qui cinglent vigoureusement et frappent au bon endroit :

« Je n'avais vu *Guillaume Tell* sur aucun théâtre allemand. J'ai donc » éprouvé, cette fois encore, l'exquise surprise que nous réserve la » représentation de tant de chefs-d'œuvre étrangers, déshonorés par » les fabricants d'opéras français. Nous avons lu et relu *Hamlet*, » *Faust, Guillaume Tell*; mais quoi que nous fassions, les souvenirs du » théâtre ont altéré dans notre imagination les souvenirs de la » lecture. Et le théâtre a été pour nous l'Opéra. Nous avons beau » maudire les librettistes et la mascarade burlesque que font dans » leurs ouvrages les héros créés par les poètes, peu à peu leurs cari- » catures nous obsèdent et chassent de notre mémoire les œuvres » originales. Nous ne pouvons plus ouvrir Shakespeare, Gœthe et » Schiller sans que, entre nous et les pages du livre, vienne défiler » l'odieux cortège des ténors obèses, des barytons bellâtres et des » cantatrices à roulades. Aussi, quel renouveau d'admiration quand » il nous est donné de voir une scène, non plus de lourdes paro- » dies en musique, mais les drames eux-mêmes, simplement et sincè- » rement joués par de bons comédiens ! »

En vérité, l'on ne saurait louer assez des artistes qui provoquent des émotions d'art élevées. M. Hallays l'entend bien de la sorte et il venge noblement les comédiens de Meiningen des bro- cards qui ne leur ont pas manqué durant leur séjour à Bruxelles. Il serait intéressant de connaître l'opinion du *Ménestrel* sur la façon cavalière, mais sensée dont M. Hallays traite certains opéras tirés des chefs-d'œuvre poétiques. Le *Journal des Débats* en prend fort à l'aise et dit les choses crûment. Ce n'est pas nous cependant qui les lui faisons dire !

Chronique de la Quinzaine

PARIS

Il existait autrefois, à la direction des beaux-arts, une commission consultative de théâtres, instituée par un décret du 30 avril 1872. Après avoir longtemps fonctionné, cette commission ne s'était plus réunie depuis le mois de janvier 1879.

Le ministre de l'instruction publique et des beaux-arts a pensé qu'il plus était utile de la reconstituer et de mettre ainsi auprès du bureau des théâtres un moyen d'information et de contrôle semblable à ceux dont se servent si utilement les bureaux des travaux d'art, des monuments historiques et des musées.

La composition de la nouvelle commission est la suivante :

Le ministre de l'instruction publique et des beaux-arts, président ; M. Gustave Larroumet, directeur des beaux-arts, vice-président ; MM. Jules Lecomte, Calmon, Édouard Charton, Denormandie, Adrien Hébrard, Emmanuel Arène, Henry Maret, Antonin Proust, Gustave Rivet ;

Paul Deslère, Paul Dupré, Poubelle, Lozé, Ambroise Thomas, Alexandre Dumas ;

Charles Garnier, Charles Gounod, Ernest Legouvé, Camille Dou- cet, Colmet d'Aâge, Halanzier, Armand Gouzien ;

MM. des Chapelles, secrétaire ; Henri Regnier, secrétaire-adjoint.

Aux termes du décret constitutif, la commission des théâtres donnera son avis au ministre sur toutes les questions de législation et d'administration relatives aux théâtres, notamment sur la consti- tution des exploitations dramatiques, la rédaction et l'exécution des règlements, cahiers des charges et actes administratifs qui régissent ces établissements ; elle sera également consultée sur les divers règlements concernant le Conservatoire de musique et de décla- mation.

M. Senterre, le directeur du nouveau Théâtre Lyrique *national*,

vient de partir pour Bordeaux, afin de s'entendre avec M. Capoul, l'un des auteurs de *Jocelyn*. C'est en effet avec cet opéra que M. Sen- terre se propose d'ouvrir sa campagne théâtrale, le 29 septembre prochain. Grand bien lui fasse ! Le but de M. Senterre en allant à Bordeaux est d'avoir deux fois le nom de M. Capoul sur l'affiche, une fois comme auteur, la seconde comme chanteur. M. Senterre n'a donc pas demandé à Bruxelles des renseignements sur le succès de *Jocelyn* ?

Après *Jocelyn*, M. Senterre reprendra,... les *Amours du Diable* de Grisar ! Voilà qui s'appelle faire du neuf !

Parmi les engagements d'artistes faits par M. Senterre, il en est qui méritent d'être notés : ainsi M. Badiali, premier prix d'opéra comique de cette année ; M. Gluck, un jeune ténor qui a chanté avec peu de succès l'*Africaine* à la Monnaie de Bruxelles ; M. Fontaine (est-ce le baryton anversois?) ; Mme Stella Corva, chanteuse de demi- caractère qui a fait une courte apparition au théâtre de la Monnaie et depuis a fait les beaux jours des théâtres de la province belge ; enfin Mme Mailly.

Il y aura évidemment de l'imprévu au théâtre de M. Senterre.

MM. Maurice Ordonneau et Edmond Audran viennent de lire aux artistes de la Renaissance un opéra comique en trois actes, dont le titre est *Miette*.

Les rôles ont été distribués à MM. Morlet, Lamy, Maugé, Albert Sanson, Bellot, Gildès ; Mmes Mathilde, Burty, de Marsay, etc. Quant à la créatrice du rôle de Miette,elle n'est pas encore désignée.

M. Massenet travaille, travaille ! Le voici dans le journalisme. Le *Galignani Messenger* (un journal anglais de Paris), publie un article de lui, d'ailleurs très intéressant, sur l'organisation de notre Conservatoire de musique.

M. Massenet trouve l'éducation musicale donnée rue du Faubourg-Poissonnière est absolument parfaite.

« L'art n'a pas de patrie, ajoute Massenet, et le Conservatoire, *national* pourrait fort bien s'appeler Conservatoire *international*, car élèves et professeurs y étudient avec admiration tous les grands compositeurs qu'ils soient Allemands, Italiens ou Français. »

Dans cet article, M. Massenet nous annonce que l'opéra auquel il travaille, et dont nous avons parlé, portera le titre de : *Escler- monde et Rolland*, et qu'il sera représenté cet hiver.

Préparons nos battoirs.

Le marquis d'Ivry, l'auteur des *Amants de Vérone*, vient d'achever *Persévérance d'amour*, un opéra en quatre actes, tiré du joli conte de Balzac.

BRUXELLES

La prochaine saison au théâtre de la Monnaie, qui s'ouvrira le 2 septembre prochain, paraît devoir être extrêmement brillante.

Les troupes de grand opéra et d'opéra comique ont subi des modifications. Il y a deux chanteuses et trois chanteurs nouveaux. Pour le reste, pas de changement.

Voici la composition de la troupe, telle qu'elle est actuellement constituée. Nous soulignons les noms des artistes nouveaux :

Directeurs : J. Dupont et Lapissida.

Chefs de service : J. Dupont, directeur de l'orchestre ; Léon Jehin, chef d'or- chestre (jusqu'au mois de novembre) ; Ph. Flon; deuxième chef d'orchestre ; Lapissida, directeur de la scène.

Artistes du chant : Ténors; MM. Engel, *Chevalier*, Mauras, Gandubert, Boon, Nerval et Seuille; barytons: MM. Seguin, Renaud et Rouyer ; basses ; MM. Vinche, *Gardoni*, Isnardon et Chapuis.

Chanteuses : Mmes Caron, Melba, Landouzy, *Caguari*, Angèle Legault, *Ruelle*, Gandubert, Van Besten et *Pauline Rocher* (contralto).

Artistes de la danse : Danseurs; MM. Sarocco, Duchampa, Desmet et De Ridder.

Danseuses : Mmes Sarcy, Adelina Rossi, Térésa, Magliani et Zuccoli.

Quant au répertoire que MM. Dupont et Lapissida se proposent d'offrir aux habitués du théâtre de la Monnaie, il sera, on le sait, très résolument wagnérien et moderne. Les reprises les plus impor- tantes, ainsi que nous l'avons déjà dit, seront celles du *Sigurd* de M. Reyer, qui servira de pièce d'ouverture ; puis viendront les *Maîtres Chanteurs* remontés à neuf d'après les indications recueillies à Bayreuth par MM. Dupont et Lapissida, et avec la distribution suivante : Walther, M. Engel ; Hans Sachs, M. Seguin, Beckmesser, M. Renaud ; David, M. Gandubert ; Eva, Mme Caron ; Madeleine, Mme Van Besten ; ensuite *Lohengrin*, avec M. Engel et Mme Caron ; enfin pour la clôture de la saison, *Siegfried*, avec M. Engel dans le rôle principal, M. Gandubert dans le rôle de Mime, Mme Caron dans celui de Brunnhilde et M. Seguin,dans celui de Wotan.

A côté de *Siegfried*, il y aura, comme nouveautés, pour le grand opéra, la *Richilde* de M. Émile Mathieu, et le *Roi d'Ys* de M. Édouard Lalo, dont le succès a été si retentissant à l'Opéra-Comique de Paris. M. Émile Mathieu vient de remettre à la gravure le rôle principal de Richilde remanié pour Mme Caron, qui le créera.

Pour l'opéra comique, on débutera par une reprise du *Roi l'a dit* de Delibes, auquel succéderont des reprises de *Mireille*, de *Philémon et Baucis*, de *Lakmé*, des *Pêcheurs de perles*, de *Carmen*, de la *Fille du régiment*, etc. MM. Dupont et Lapissida se proposent de remettre ensuite à la scène le *Flûte enchantée* de Mozart, avec Mme Melba dans le rôle de la Reine de la nuit et Mme Landouzy dans celui, de Pamina. Peut-être aussi donnera-t-onle *Cosifan tutti* du même auteur, qui n'a plus été joué depuis bien longtemps à Bruxelles. *La Sauvage a_fricaine* d'Hermann Goetz, dont tous les rôles étaient déjà distribués l'année dernière, passera dans la première partie de la saison. On répète, en ce moment, une piécette de Poise : *les Charmeurs*.

Pour le ballet, outre les reprises des ouvrages montés l'année dernière, on remettra bientôt en répétition le ballet de MM. Berlier et Jan Blockx, *Milenka*, déjà distribué à la fin de la dernière saison. C'est Mlle Sarcy qui en créera le principal personnage.

Quant au *Fidelio* de Beethoven, s'obtient deux présents devait écrire des récitatifs nouveaux, il sera mis à la scène dès que l'éminent directeur du Conservatoire aura terminé le délicat travail d'adaptation du dialogue parlé en dialogue chanté.

Avec des artistes tels que Mmes Caron, Melba, Landouzy, MM. Engel et Seguin, il y a tout lieu d'espérer que la saison sera bonne et pour le public et pour les directeurs... et pour l'art.

Au concert de samedi au Waux-Hall, on entendra une jeune chanteuse récemment couronnée au Conservatoire de Bruxelles, Mlle Nachtsheim, très applaudie ces jours-ci à Ostende. Nous serait-il permis d'appeler l'attention des directeurs de la Monnaie sur cette jeune artiste. Il serait regrettable de voir Mlle Nachtsheim abandonner pour Paris, où elle a déjà plusieurs propositions alléchantes, notre scène bruxelloise; où il serait doublement agréable de la voir débuter comme compatriote et 1er prix du Conservatoire de Bruxelles.

GAND

Les concours du Conservatoire viennent de se terminer. Constatons tout d'abord les progrès considérables qu'a faits notre école de musique. L'honneur en revient à l'excellente administration et au zèle toujours grandissant du personnel enseignant de l'école. En ce qui concerne le piano, le chant, l'art de la scène et l'orgue, les mérites sont,pour ainsi dire, équivalents. Le cours de composition a brillé entre tous.

Les concours des cours moyens de piano, sous l'excellente direction de M. Franz De Vos, pour les demoiselles, et de M. Herman Bal, pour les jeunes gens, ont été va véritable succès pour les deux professeurs. Le premier présentait trois élèves, qui, toutes, ont remporté la première mention.

M. Bal, sur six élèves, obtient deux premiers prix: résultat très satisfaisant et qui augure favorablement de l'avenir.

Dans le cours supérieur donné par M. Heyndrickx, l'élément masculin l'emporte de beaucoup sur l'élément féminin.

Mlle Bauwens, qui est passée du cours préparatoire au cours supérieur, en devançant les compagnes du cours moyen, obtient un accessit.

Mlle Westendorp remporte un premier prix, que nous eussions voulu voir accorder également à Mlle Plasschaert, qui le méritait tout autant. La dernière a plus de netteté dans son jeu, tandis que la première y met plus de force. Sous le rapport de l'exécution, les qualités sont équivalentes.

Mlle Asselons échoue pour son premier prix à cause de la trop grande difficulté de son morceau de choix.

Chez les jeunes gens, nous avons remarqué un pianiste d'avenir, M. Bracke, qui, tout en interprétant assez froidement, n'en promet pas moins un virtuose. M. Dé Caluwe, une nature artiste, tiendra, espérons-le, tout ce qu'il promet.

Pourquoi, ainsi que cela se fait à Bruxelles pour les classes de MM. Warnots et Cornélis, celles de MM. Bonheur et De Vos ne luttent-elles pas ensemble? Il est certain que, dans ces conditions, Mlle Pares et Béosières auraient eu un premier prix au même titre que Mlle De Coen.

Dans l'émission de la voix, chez les élèves de M. Bonheur, le coup de glotte est exagéré, tandis qu'il est trop faible chez les élèves de M. De Vos. Dans la classe de ce dernier, nous relevons encore un premier prix à Mlle Cnops; honneur qui nous paraît exagéré.

Les jeunes gens de la classe de M. Bonheur n'arrivent pas à la hauteur des demoiselles. Chez M. De Vos, il en est autrement. M. Neirinck, qui possède une superbe voix, mais qui chante trop froidement, a remporté un premier prix bien mérité. M. Jean De Vos, dont la voix de basse chantante a de très sérieuses qualités, n'a obtenu qu'un accessit. On aurait pu, sans injustice, lui accorder mieux.

Une mention spéciale revient également à la classe de déclamation néerlandaise de M. Block, où M. Acke obtient un premier prix et Mlle Peris un second. M. Acke a été irréprochable dans *Het Wiegje*, d'Emile Van Goethem. Mlle Perie, dont le jeu simple et naïf était tout à fait dans le ton, a bien mérité son second prix. Il en est de même de M. Gommes. Mlle Van Hecke, dont le jeu et la diction sont absolument correctes, méritait, comme Mlle De Cleene, un premier prix. Peut-être est-elle trop jeune pour aspirer à tant d'honneur.

Mlle Dumont, de la classe de M. Rey, a été de tous points irréprochable et nous promet une actrice à laquelle les lauriers ne feront pas défaut.

Le succès de ces tournois artistiques revient à M. Samuel pour

---

son incomparable cours de composition. Les travaux que nous avons eu l'occasion d'examiner montrent que les élèves sont dignes du maître. M. De Hovre est un fuguiste consommé. Dans la fugue de M. Roels; il y a plus de science que d'art.

M. Van der Meulen, élève des cours d'harmonie et de contrepoint, a présenté des travaux absolument hors de pair.

Il résulte de ces diverses épreuves que notre Conservatoire tient une place des plus honorables et que la valeur de son enseignement croît de jour en jour. *(Journal de Gand.)*

LIÈGE

Les concours du Conservatoire se sont terminés le mardi 31 juillet. Les dernières séances, consacrées aux concours supérieurs, ont présenté un ensemble très satisfaisant. Les classes de cor, de clarinette, de piano et de violon ont révélé des connaissances précieuses chez tous les récipiendaires. Une mention spéciale est due au jeune violoniste M. J. Ragghianti, brillant sujet formé au conservatoire de Florence, où il a obtenu, il y a trois ans, les distinctions les plus élevées dans les classes de composition et de violon, et qui a concouru dans un concerto de sa composition. C'est une œuvre conçue dans de sages proportions, très habilement instrumentée. Si les motifs manquent d'originalité, ils ne sont point cependant complètement banaux. Ce concerto, dans lequel on apprécie la pureté de M. Ragghianti, la pureté de son jeu, n'a pu être écrit que par un virtuose bornant son ambition à jouer du violon, et à en jouer supérieurement.

Voici les résultats, qu'il nous reste à faire connaître :

Cor. — Professeur : M. Lejeune, 1 concurrent. Médaille en vermeil avec distinction, M. Jean Jamar.

Hautbois. — Professeur : M. Bernard, 1 concurrent. Médaille en argent à M. Joseph Jehin.

Clarinette. — Professeur : M. G. Hasenier, 1 concurrent. Médaille en vermeil avec grande distinction à M. Alexandre Petré.

Piano (hommes). — 1 concurrent. Médaille en argent à M. Désiré Pâque, élève de M. Louis Donis.

Piano (demoiselles). — 3 concurrentes. Médaille en argent à Mlle Laure Hannot, élève de M. Henrotay; la médaille en vermeil à Mlle Hubertine Dormal, élève de M. Louis Donis; la médaille en vermeil, avec distinction, à Mlle Eva Braconier, élève de M. Joseph Massart.

Solfège (jeunes gens). — Trente concurrents. 1er prix : MM. Léon Lemaitre, Ferdinand Willmet, Léonard Roufosse, Louis Thiéry, élèves de M. Jules Debefve, professeur agrégé ; Georges Krappowitz, élève de M. François Duyzings, professeur-adjoint, et Jean Pirson, élève de M. Sylvain Dupuis, professeur suppléant. 2e prix à MM. Jean Lahaye, Ernest Horrenbach, François Forgeur, élèves de M. Sylvain Dupuis; Auguste Weyns, Alphonse Cloos, élèves de M. François Duyzings; Albert Zimmer et Gérard Straetmans, élèves de M. J. Debefve. 3e accessit à MM. Charles Radoux, élève de M. J. Debefve, et Léon Gonne, élève de M. Sylvain Dupuis. 3e accessit à MM. Jules Devillez, élève de M. F. Duyzings.

Solfège (demoiselles). — 36 concurrentes. 1er prix à Mlle Clémentine Thirmister, Juliette Pairon, Léontine Lemaire, élèves de M. Joseph Delsemme, professeur-adjoint ; Marie Fontenelle, Elise Dupont, Martha Libert, élèves de M. J. Conrardy, professeur ; Jeannette Lejeune et Jeanne Baiwir, élèves de M. Eugène Hutoy, professeur. 2e prix à Mlle Marie Derwael, Louise Govaerts, Jeanne Mareng, élèves de M. Jules Conrardy, professeur ; Berthe Henrard, Louise Chévy, Marguerite Radoux, Joséphine Meurice, Emma Pirson, élèves de M. J. Delsemme, professeur-adjoint ; Jeanne Heurotte, Alphonsine Hannot, Marie Deleval, élèves de M. Eugène Hutoy. 1er accessit à Mlle Louise Clerx, Valérie Vanstrydonck, élèves de M. Jules Conrardy. 3e accessit à Mlle Arnoldine Demarteau, élève de M. Delsemme.

Violon. — Quatre concurrents. La médaille en argent, avec distinction, à M. Laurent Bourdoux, élève de M. Rodolphe Massart, professeur. Médaille en vermeil à MM. Hypolyto Ragghianti, élève de M. César Thomson, professeur ; Léopold Charlier et Jules Harzé, élèves de M. R. Massart.

Harmonie écrite. — 11 concurrents. Professeur, M. Sylvain Dupuis. 1er prix avec distinction à M. Désiré Pâque ; 1er prix à MM. Winand Straetmans et Maurice Jaspar. 2e prix à MM. Edouard d'Archambeau, Désiré Duysens, Jean Deffet et Fernand Mawet. 3e accessit à MM. F. Knappen et Hadelin Solet.

JULES GHYMERS.

OSTENDE ET BLANKENBERGHE

La musique est fort en honneur sur nos plages. Ostende et Blankenberghe se disputent nos meilleurs chanteurs et instrumentistes, et les étrangers n'ont que l'embarras du choix dans les programmes, très variés et habilement composés, que leur offrent tour à tour, à Ostende, MM. Périer et Joseph Michel ; à Blankenberghe, M. Frits Sennewald.

Après la cantate de M. Lapon, les habitués du Kursaal d'Ostende ont eu de belles auditions d'orgue données par M. Wiegand, qui est, comme vous le savez, un maître de cet instrument. M. Van Dam, le pianiste bruxellois bien connu, s'est également fait entendre et applaudir. Mme Landouzy, la charmante divette du théâtre de la Monnaie, a fait véritablement fureur. Après l'avoir rappelée quatre fois, le public a failli se fâcher, l'autre soir, parce que l'aimable artiste, enrhumée, se déclarait dans l'impossibilité d'ajouter un air à ceux qu'elle venait de lui dire avec sa finesse et sa virtuosité habituelles.

Impossible, de détailler les programmes des principaux concerts qui ont eu lieu dans la dernière quinzaine. Parmi les œuvres exécutées avec beaucoup d'ensemble par l'orchestre sous la direction alternative de M. J. Michel et de M. Périer, je citerai seulement les principales : la *Marche de la cantate de Rubens*, de Benoît, la suite de

Carmen et l'ouverture de *Patrie* de Bizet; les danses hongroises de Brahms; l'Espana, la mazurka et la valse du *Roi malgré lui* de Chabrier; la grande *Marche nuptiale* pour orchestre et orgue d'Auguste Dupont; la fantaisie sur les *Dragons de Villars* de Joseph Dupont; l'ouverture du *Château-Trompette* de Gevaert; la *Marche d'Alceste* de Gluck; le ballet de *Pierrot macabre* de Lanciani; les scènes napolitaines de Massenet; le ballet de *Faramors* de Rubinstein; l'ouverture du *Tannhæuser* et le prélude du troisième acte de *Lohengrin* de Wagner, etc., etc. Vous voyez qu'il y en a pour tous les goûts, et je vous assure qu'il n'est pas aisé de satisfaire le public cosmopolite de notre ville. Grâce au tact du directeur du Kursaal, notre confrère Paul Landoy, et au talent de MM. Périer et Michel, les musiciens et les simples amateurs trouvent une égale satisfaction aux concerts du Kursaal.

A Blankenberghe, M. L. Konkelberge, un directeur plein d'initiative doublé d'un galant homme, organise, toutes les semaines, un ou deux concerts extraordinaires où l'on fait d'excellente musique. Le petit orchestre de M. Frits Sennewald fait, tous les ans, de nouveaux et remarquables progrès, grâce au zèle constant et à l'intelligence de son chef. Au dernier de ces concerts, nous avons entendu une très mélodieuse et intéressante cantate de M. Clément Broutin, ancien prix de Rome de l'Institut de France, aujourd'hui directeur de l'académie de musique de Roubaix, où il représente les vrais et grands principes de la rénovation musicale. La *Fille de Jephté* est la scène lyrique qui a valu, il y a quelque dix ans, le prix de Rome à M. Clément Broutin. C'est une œuvre remarquable, conçue sous l'influence de Massenet, mais finement orchestrée, d'un joli tour mélodique et très habilement charpentée. On a vivement applaudi une charmante danse juive, qui se combine ensuite, dans le trio, avec deux airs motifs caractéristiques très heureusement ramenés et développés. On a beaucoup applaudi aussi le morceau du ténor. Mme Landouzy avait bien voulu se charger de la partie de soprano, et M. Frère, premier prix du conservatoire de Bruxelles, de la partie de baryton. M. Clément Broutin a été rappelé par le public et très sympathiquement acclamé.

Parmi les artistes qui ont successivement paru devant le public de Blankenberghe, je citerai : Mmes Landouzy, plus en voix que jamais; M. Renaud, le futur Beckmesser des *Maîtres Chanteurs*; M. Gandubert, l'excellent ténorino; Mlle Neydt, Mme Bauveroy, le baryton Claeys, de Liége; l'excellent flûtiste Anthony, M. De Greef, l'éminent professeur de piano au conservatoire de Bruxelles, et son collègue M. Van Dam, le violoniste Queekers et le jeune violoncelliste Merck. Somme toute, ces concerts extraordinaires de Blankenberghe ont un cachet réellement artistique, et personne ne s'en plaint, pas même le directeur, qui refuse chaque fois du monde. Voilà qui prouve pour le public de Blankenberghe.   M. K.

〰〰〰〰〰〰〰〰〰〰〰〰〰〰〰〰〰〰

Nouvelles diverses

Nous avons annoncé que le siége du Comité exécutif de l'Association universelle wagnérienne avait été transféré à Berlin en vertu d'une décision de l'assemblée générale des Associations wagnériennes récemment tenue à Bayreuth.

On paraît s'être mépris en France sur la portée de ce transfert. Le rédacteur du *Figaro*, qui se donne beaucoup de mal pour faire oublier son origine juive et allemande, a plaisamment dénoncé ce transfert comme une nouvelle machination de Bismarck, s'ingéniant machiavéliquement à transformer le mouvement wagnérien en une institution de propagande politique, sous la direction du général comte de Waldersee, aujourd'hui chef de l'état-major général !

Il importe assez peu de voir de pareilles inepties paraître dans le journal le « mieux informé » du monde; mais il est regrettable de voir des écrivains qui se sont fait jusqu'ici remarquer par l'impartialité de leur critique et de leurs appréciations accepter comme paroles d'évangile les bourdes énormes du copieux et surabondant reporter international du *Figaro*. C'est ainsi que dans la *Musique des Familles*, dont il vient de reprendre la direction, M. Edmond Hippeau invite solennellement l'Association wagnérienne de Paris à se dissoudre pour ne pas être à la fois complice et dupe des complots de Bismarck.

M. Edmond Hippeau devrait cependant savoir que le Comité exécutif, dont le siège vient d'être transféré à Berlin, est un simple bureau d'affaires; c'est le comité central chargé de la correspondance, de l'encaissement des cotisations, de la gérence générale des associations wagnériennes particulières constituées dans les divers pays. Ce comité est sans action aucune sur la direction artistique de l'œuvre et il n'a aucun pouvoir à l'égard des associations allemandes et étrangères. Le Comité *général* dont celles-ci relèvent est à Bayreuth et il se compose, comme par le passé, *des délégués de toutes les associations*. Quant au Comité *exécutif*, dont le siège a d'ailleurs toujours été variable, il est tout à fait inutile qu'il soit composé d'artistes, car il n'a de compétence dans les questions d'affaires. Aussi, personne ne peut trouver mauvais qu'il soit composé d'avocats, de commerçants, de fonctionnaires, voire d'officiers, qui disposent généralement de plus de temps que les artistes.

Le président du Comité de Berlin est le comte de Waldersee, contre-amiral en retraite, que M. Jacques Saint-Cère a très innocemment confondu avec le général du même nom, chef de l'état-major

général, connu aussi pour son zèle antisémitique ; c'est là sans doute ce qui a motivé la grande colère de M. Jacques Saint-Cère. On a fait courir aussi le bruit que le Théâtre-Wagner allait être transporté à Berlin. Ce bruit ne mérite pas plus de crédit que toutes les autres affirmations que nous venons de relever. Le théâtre de fêtes, inauguré en 1876, est fixé à Bayreuth d'une manière permanente; il est la propriété de la famille, qui n'a jamais songé à le transporter ailleurs. Le théâtre de Bayreuth est tout à fait indépendant de l'Association wagnérienne universelle, fondée en 1883, le Richard-Wagner Verein, composé de 6,000 personnes environ, qui versent une cotisation annuelle d'au moins 5 francs par membre. Depuis que, en 1886, la société a acquis la personnalité civile, son siége permanent, qu'on ne peut changer (la loi le défend), est à Bayreuth, et c'est le maire de Bayreuth qui en est le président. L'Association wagnérienne emploie une partie de ses fonds (35 p. c.) à la constitution d'un fonds de réserve destiné à garantir l'avenir du théâtre. Le reste est employé à l'achat de billets, à la constitution de bourses de voyages, qui se distribuent parmi les membres et les artistes en vue de leur faciliter le voyage à Bayreuth. Nombre d'artistes français, belges, italiens et anglais ont profité de ces bourses. M. Jacques Saint-Cère l'ignore, sans doute, comme il ignore beaucoup d'autres choses.

—

L'impératrice d'Autriche a assisté, dimanche dernier, à la dernière représentation de *Parsifal* au théâtre de Bayreuth. C'était la première fois que l'impératrice Elisabeth se rendait à Bayreuth. Elle a paru charmée de ce qu'elle y a vu et entendu, et s'est fait présenter les deux artistes de l'Opéra de Vienne, M. Reichmann, et M. Van Dyck. Elle a invité ce dernier à chanter le 3 octobre, à la Cour, après s'être entretenue avec lui plus d'un quart d'heure et l'avoir félicité de son interprétation du rôle de Parsifal et de son succès.

—

Il est probable qu'avant peu il y aura du nouveau à l'intendance générale des théâtres royaux de Prusse. M. de Hochberg est, paraît-il, très menacé. Ce fut son administration a été désastreuse pour l'Opéra de Berlin, et personne, croyons-nous, ne regrettera son départ.

—

Le *Progrès artistique* annonce une nouvelle qui ne manquera pas d'éveiller toute l'attention du monde des auteurs.

La Société des auteurs, compositeurs et éditeurs de musique de Paris est désormais représentée officiellement en Angleterre dans les mêmes conditions qu'en France, en Belgique, en Espagne et en Suisse.

La représentation générale de ses droits pour tout l'empire Britannique a été confiée à M. Alfred Moul, l'agent dramatique (opéras), bien connu, résidant à Londres.

—

Notre correspondant de Londres nous annonce que Sir Arthur Sullivan a terminé un nouvel opéra pour le Savoy Theatre, auquel il a déjà fourni tant de partitions : *H. M. S. Pinafore*, *Patience*, le *Mikado*, etc. La nouvelle œuvre, dont M. Gilbert a écrit, comme d'habitude, le livret, a pour titre *the Tower of London* (la Tour de Londres). L'action se passe sous le règne de Henri VIII. Malgré les idées graves, presque tragiques, qu'éveille le titre, la musique ne diffère pas, paraît-il, du genre léger que Sir Arthur Sullivan cultive expressément pour le Savoy Theatre, comme il travaille le genre grave pour les festivals de musique symphonique. La première représentation du *the Tower of London* aura lieu vers la fin de septembre.

—

Voici le programme du festival de Birmingham, qui aura lieu les 28, 29, 30 et 31 août prochain.

Première journée. — Matin : *Elie* de Mendelssohn ; le soir : *Stabat mater* de Dvorak; *Symphonie* (Salomon), en *ré* de Haydn ; *Troisième rhapsodie* de Liszt; Ouverture d'*Obéron*.

Deuxième journée. — Matin : *Judith et Holopherne*, nouvel oratorio composé pour le festival par Dr Hubert Parry; la *Golden Legend* de sir Arthur Sullivan.

Le soir : Nouvelle cantate composée par Dr A.-C. Mackenzie sur le poème de Burns : *La nuit du samedi du villageois*; Concerto de Schumann pour piano, exécuté par Mlle Fanny Davies; Ouverture : *En automne* de Grieg ; Psaume de Franz; *Jupiter*, symphonie de Mozart.

Troisième journée. — Matin : le *Messie* de Hændel. Le soir : *Callirhoe*, cantate composée pour le festival par Dr Bridge; *Suite* de Grieg ; *In seiner Ordnung*, hymne de Weber ; Prélude des *Maîtres Chanteurs*; *Akademische Festonverture* de Brahms.

Quatrième journée. — Matin : *Magnificat* de Bach; 5e *Symphonie* de Beethoven; *Requiem* de Berlioz. Soir : *Saül* de Hændel.

Nous empruntons au journal de Glasgow, *Quiz*, l'article suivant :

« Les concerts de la musique des guides, qui seront terminés à la fin de la semaine, resteront dans le souvenir de tous comme l'événement musical le plus important de l'Exposition. Ce n'est pas trop de dire que l'excellence de leur exécution et le choix de leurs programmes ont élevé la musique au niveau où elle devait se trouver vis-à-vis de sa sœur la musique, qui occupe une si digne place dans les salons de l'Exposition. Avant l'arrivée de la musique des guides, ces concerts n'étaient que des concerts-promenades et étaient acceptés comme tels par le public, et ils sont maintenant des auditions artistiques, et c'est avec joie qu'on remarque l'empressement avec lequel les amateurs de bonne musique ont accepté cet heureux changement. L'attention sérieuse avec laquelle le public écoute la musique classique et l'évidente jouissance, le profond intérêt qui se peignent sur la physionomie des auditeurs, suggèrent plutôt l'idée d'un concert symphonique sous la direction d'un grand chef d'orchestre que l'exécution du meilleur corps de musique militaire, même pourvu d'instruments à cordes.

« Le directeur et les exécutants sont, du reste, tout à fait dignes de l'admiration et de l'intérêt qu'ou leur témoigne. Le capitaine Staps n'est pas un vulgaire chef de musique, arrangeur de pot-pourris, mais un musicien accompli et la plupart des membres du corps de musique sont des musiciens de grande habileté, passés maîtres dans la connaissance et le maniement de leurs instruments respectifs. Outre l'excellente technique de leur exécution, nous avons l'intérêt attaché à l'interprétation de la musique et la lecture des œuvres par d'habiles exécutants sous le bâton d'un artiste de premier ordre. Leur exécution de l'ouverture de *Rienzi*, de la transcription de la *Fantaisie-Caprice* de Vieuxtemps, des rhapsodies de Liszt, ferait la gloire d'orchestres bien plus prétentieux; la remarquable pondéra-tion des timbres, l'observation parfaite des nuances donnent à leur interprétation, même de valses et de musique légère, une ampleur et une richesse rarement acquises par des instruments à vent seuls, sans la moindre tendance au bruit et à la perte d'une articulation distincte. »

Après Alcibiade, après Annibal, voici que les Italiens font battre des entrechats à... Napoléon-Ier. Au Nuevo Politeorama de Milan, on vient de représenter un nouveau grand ballet intitulé : *Napoléon* *il Grande a Mosca*.

═══════════════════════════════

ÉPHÉMÉRIDES MUSICALES

Le 24 août 1771, à Paris (Comédie-Italienne), les *Deux Miliciens*, un acte de Fridzeri. Cet opéra a été joué sur tous les théâtres de France, de Belgique et en Allemagne, sous le titre *die Beiden Milizen.* « On y trouvait, dit Fétis, un sentiment juste de la scène, de l'élégance dans la mélodie, enfin, une harmonie naturelle. »

Fridzeri s'appelait de son vrai nom Frixer (Alexandre-Marie-Antoine) et avait vu le jour à Vérone, le 26 janvier 1741. Devenu aveugle, à l'âge d'un an, il avait appris à jouer de plusieurs instruments qu'il fabriquait de ses propres mains. Il se servit surtout de la mandoline pour se faire connaître comme virtuose, dans ses voyages qu'il entreprit de ce côté-ci des Alpes. A Liège, dans un concert au théâtre (15 juin 1768), il joua, sur le violon et la mandoline, plusieurs morceaux de sa composition. Fridzeri s'était fixé à Anvers, depuis le commencement du siècle; il y tenait un magasin de musique, et c'est là qu'il mourut le 16 octobre 1825. Fétis (*Biogr. des mus.*, t. III, p. 339) dit erronément 1819. Ce détail d'état civil nous est fourni par notre ami Gregoir, dont le père, amateur de musique, était lié avec Fridzeri.

— Le 25 août 1835, à Bruxelles, décès de Nicolas-Joseph Platel, à l'âge de 58 ans. Sa naissance à Versailles, en 1777. Il a passé la plus grande partie de sa carrière comme virtuose, dans les voyages qu'il entreprit de ce côté-ci des Alpes. Professeur de violoncelle au Conservatoire de Bruxelles, dès sa création, c'est à son école que se sont formés Servais, Batta et Demunck.

Platel était un mélange de bizarrerie, d'insouciance et de naïveté. Ses contemporains racontent bien des anecdotes sur son compte, celles-ci entre autres :

Des huissiers vinrent un jour chez lui pour saisir ses meubles. Dans ce moment, l'artiste jouait du violoncelle. Dès qu'il sut ce que ces hommes venaient faire, il les reçut fort poliment, "les fit entrer dans sa chambre à coucher, et, pendant qu'ils verbalisaient, il sortit, emportant seulement son instrument, et ferma la porte à double tour sur les huissiers, sans plus s'informer de ce que deviendrait son mobilier.

Platel étant malade, et comme toujours, dénué de ressources, reçut un panier de vieux vin de la part du prince de Chimay, un mélomane qui aimait les artistes. Le vin bientôt bu, le panier vide retourna à l'hôtel du prince, sans autre remerciement que ces mots, empruntés au vocabulaire musical : *Da capo.*

— Le 26 août 1847, à Londres, décès de William-Thomas Parke, à l'âge de 85 ans. Sa naissance à Londres en 1772. Chanteur, hautboiste, compositeur, ses deux volumes de *Mémoires*, souvent nous renseignent pour nos Éphémérides, sur l'état général de la musique en Angleterre depuis 1784 jusqu'à l'année 1830.

— Le 27 août 1521, à Condé, décès de Josquin Desprès, un des plus grands musiciens de la fin du XVe siècle et celui dont la réputation eut le plus d'éclat. « Nul n'a joui, dit Fétis, d'une si brillante réputation pendant sa vie, et n'a conservé sa renommée aussi longtemps après sa mort. Les Allemands, les Italiens, les Français, les Anglais l'ont unanimement proclamé le plus habile qu'ait produit l'ancienne école gallo-belge, si fertile en savants musiciens. »

— Le 28 août 1837, à Bruxelles, le *Dilettanti d'Avignon*, un acte d'Halévy. — Il y avait huit ans que cet ouvrage avait paru avec succès à Favart (7 nov. 1829). Dans l'intervalle, en 1835, la *Juive*, puis l'*Éclair*, avaient été livrés à la célébrité du maître français. Au moment même où ces deux pièces excitaient au plus haut point

l'admiration du public bruxellois, le *Dilettanti d'Avignon* eut la disgrâce de n'être joué qu'une seule fois sur la scène de la Monnaie, et cela, malgré une musique charmante, très bien interprétée par Thénard, Renault, Juillet, Mme Casimir et Letur.

Liége fut la première de nos villes qui donna l'hospitalité au *Dilettanti d'Avignon* (16 déc. 1830). Anvers ne vint que plus tard (24 janv. 1840).

— Le 29 août 1852, à Gand, *Galathée*, 2 actes de Victor Massé. Les premières : à Paris, 14 avril 1852; à Bruxelles, 22 sept. 1852; à Anvers, 27 janv. 1853; à Liége 4 févr. 1856.

Massé a été traité de révolutionnaire, de musicien *trop avancé*, à l'occasion de *Galathée*. « Il me souvient, a écrit Saint-Saens, des lances que j'ai rompues à ce sujet, notamment avec les musiciens de l'orchestre du théâtre; et comme je cherchais à connaître la cause de leur hostilité, je finis par découvrir cette chose affreuse : l'auteur, à mainte page de sa partition avait *divisé les altos !* Il est certain qu'un homme capable de semer la division dans l'honorable corps des altos aurait mérité toutes les haines. »

— Le 30 août 1809, à Breslau, naissance d'Adolphe-Frédéric Hesse. Sa mort, dans la même ville, le 5 août 1863. La nature de son talent sérieux et profond, la grandeur de ses œuvres, l'ont fait regarder par les artistes comme le digne émule de Sébastien Bach, ce prince de l'orgue, enfanté par cette Allemagne féconde qui a produit les plus grands et les plus savants musiciens. Telle fut l'opinion exprimée par un journal de Paris, lorsque le célèbre organiste de Breslau se fit entendre dans cette ville pendant l'été de 1862.

— Le 31 août 1787, à Paris, naissance' de Louis-Antoine-Eléonore Ponchard. Son décès dans cette ville, le 6 janvier 1866. — « Avant lui, dit Fétis, il y avait eu de belles voix et d'excellents acteurs à l'Opéra-Comique; mais il fut le premier qui y introduisit l'art véritable du chant. » Parmi ses créations, on cite, entre toutes, *Joconde*, le *Petit Chaperon rouge*, le *Maçon*, *Masaniello*, la *Dame blanche*, etc.

En septembre 1822, Ponchard donna quatre représentations au théâtre royal de Bruxelles.

Arthur Pougin dans son suppl. à la *Biogr. univ. des mus.* (t. II, p. 358) a indiqué exactement les prénoms ainsi que la date de naissance de Ponchard, que n'avait pas fait Fétis.

— Le 1er septembre 1802, à Paris, décès de François-Joseph Herold, père de l'auteur de *Zampa*. Sa naissance à Seltz (Alsace), le 18 mars 1775. Professeur de piano et compositeur, il s'était fixé à Paris, en 1781, et il s'y maria, en 1790, avec Jeanne-Gabrielle Pascal, qui lui survécut *cinquante-huit ans*.

Mme Herold mourut en 1860, nonagénaire. Vingt-sept années s'étaient écoulées depuis le jour (19 janvier 1833) où la pauvre mère avait perdu son fils, le grand musicien qui portait son nom.

Son petit-fils Ferdinand Herold, sénateur, préfet de la Seine, mort en 1882, a tenu une place des plus honorables dans la politique et l'administration de son pays. Dans un de nos voyages à Paris, le très aimable homme eut la gracieuseté de nous faire voir chez lui, l'intéressante collection qu'il avait rassemblée de toutes choses provenant de son illustre père : manuscrits, partition, musique inédite, portraits, instruments, lettres de famille, etc. C'est à cette source que Pougin a puisé des matériaux précieux pour le grand ouvrage qu'il prépare en ce moment, sous le titre de : *Herold, sa vie, ses œuvres, son génie, d'après des documents inédits.*

— Le 2 septembre 1795, à Liége, la *Caverne*, drame lyrique en 3 actes de Lesueur, imprimé chez Bollen. — A Paris, 16 févr. 1793; à Bruxelles, 28 décembre 1795; à Vienne, *die Rauberhæhle* fut jouée vingt-deux fois à l'Opéra, du 24 juin 1803 au 6 juillet 1804. (Pour l'historique de la pièce, *Guide mus.* 14 février 1884. Eph.)

— Le 3 septembre 1835, à Bruxelles, la *Sylphide*, ballet en 2 actes, de Schneitzhoeffer. Un des plus grand succès de la chorégraphie sur la scène de la Monnaie, avec une ballerine du nom d'Ambroisine, que d'aucuns, en ce temps-là, osèrent placer aussi haut que la Taglioni, la créatrice du rôle à Paris (12 mars 1832).

— Le 4 septembre 1887, à Lorient, inauguration de la statue de Victor Massé, représenté assis sur un tertre, la main gauche étendue, la tête penchée, avec son front large et découvert, les cheveux longs, les moustaches fines et la barbiche en pointe. Le sculpteur Antonin Mercié a groupé sur le piédestal autour de la statue quelques allégories diverses : un oiseau qui chante, une gerbe de blé, un bas-relief antique brisé, une vague et un lotus, qui représentent à l'esprit du passant les *Noces de Jeannette*, les *Saisons*, *Galathée*, *Paul et Virginie* et *Cléopâtre.*

Felix-Marie-Victor Massé, né à Lorient(Morbihan), le 7 mars 1822, est mort à Paris, le 5 juillet 1884.

C'est lui qui présida, comme chef des chœurs, à l'Opéra, aux études du *Tannhæuser* de Wagner.

— Le 5 septembre 1803, à Charenton, décès de François Devienne, à l'âge de 44 ans. Sa naissance à Joinville (Haute-Marne), le 31 janvier 1759. Il n'est plus cité pour son opéra *les Visitandines*, qui jouit longtemps d'une grande vogue. (Voir Eph., *Guide mus.*, 28 juin dernier.)

— Le 5 septembre, 97e anniversaire de la naissance de Giacomo Meyerbeer (Berlin. 1791). Sa mort à Paris, le 2 mai 1864.

— Le 6 septembre 1824, à Lille, naissance de Théophile-Aimé-Emile Semet. Sa mort à Corbeil, près Paris, le 15 avril 1888. Des cinq opéras qu'il a fait jouer sur les théâtres de Paris, un seul, la *Demoiselle d'honneur*, a réussi incomplètement à Bruxelles (31 janv. 1859).

AVIS ET COMMUNICATIONS

Le onzième congrès de l'Association littéraire et artistique internationale aura lieu, cette année, à Venise, du 15 au 22 septembre.

Le congrès siégera au palais des Doges (salle du Sénat), MM. les ministres de l'instruction publique et du commerce d'Italie ont accepté le patronage du congrès.

Le programme des travaux comprend : l'étude de la loi sur la propriété littéraire aux États-Unis ; les améliorations à introduire dans la convention internationale de Berne ; de la propriété des lettres missives, du droit de traduction, etc., etc.

Le programme des fêtes qui seront offertes aux membres du congrès comporte : une grande fête de nuit dans le bassin de Saint-Marc ; des excursions à Tonello, à Padoue, à la Villa royale de la Stra, etc.

Les membres belges de l'Association ou les personnes qui désirent assister au Congrès, peuvent s'adresser à M. Louis Cattreux, secrétaire de l'Association, rue des Riches-Claires, 1, à Bruxelles.

Les membres du congrès auront droit à une réduction de 50 o/o sur les chemins de fer français et italiens, etc.

Nécrologie

M. Pierre Schott, chef des maisons Schott de Paris et de Bruxelles, vient d'être cruellement frappé dans ses plus chères affections par la mort subite de sa mère, Madame Schott, née Franziska Rummel, veuve de M. Pierre Schott. Mme Schott se trouvait en villégiature en Suisse, à Hospenthal, lorsqu'elle fut prise d'un malaise. Trois jours après, le 16 août, au matin, elle succombait à une attaque d'apoplexie.

Tous ceux qui ont approché Mme Schott se rappellent sa gaîté, son esprit mordant, la verve de sa conversation, l'affabilité de son accueil, l'inaltérable sûreté de son dévouement à ceux qu'elle avait pris en affection. Fille d'artiste, artiste elle-même, elle avait eu jadis de grands succès comme cantatrice dans les salons et les salles de concerts ; et elle adorait nécessairement la musique et les artistes. Du vivant de son mari, sa maison hospitalière était ouverte à tous, et les plus grands y ont passé. Vieuxtemps, de Bériot, Rubinstein, Liszt, Henri Wieniawski, Louis Brassin, Servais, Léonard, la Patti, Mme Schumann, Norman-Neruda, Ole-Bull, etc., etc., sans parler des écrivains et des peintres que ce milieu artistique attirait. A ceux qu'elle laisse éplorés, adressons ici nos compliments de condoléance.

Mme Schott était née le 4 février 1821. Elle était la fille de Chrétien Rummel, le célèbre capellmeister mayençais. L'inhumation provisoire a eu lieu à Hospenthal. Le corps sera transféré, en octobre, à Bruxelles, où aura lieu l'inhumation définitive.

— A Paris, le 9 août, Isaac Strauss, né à Strasbourg, le 2 juin 1806, chef d'orchestre des bals de la cour sous Napoléon III, et des bals de l'Opéra.

— A Paris, le 5 août, Edouard Okolowitz, compositeur de musique et auteur d'un grand nombre de chants populaires.

— A Paris, à l'âge de 55 ans, Francisque Villaufret, basson à l'Opéra.

— A Berlin, le 31 juillet, Jean Vogt, né à Gross-Tinz près Liegnitz, le 17 janvier 1828, compositeur, pianiste, chef d'orchestre. (Notice, *Schubert*'s *Lexicon*, p. 501).

— A Berlin, le 8 août, Friedrich-Wilhelm Jaehns, né dans cette ville, le 2 janvier 1809, compositeur, professeur et chef d'orchestre. (Notice, *Ibid.*, p. 210.)

— A Dantzig, le 14 juin, à l'âge de 63 ans, Rudolf Laade, chef d'orchestre et compositeur de musique de danse.

— A Vienne, le 22 mai, à l'âge de 78 ans, Laurenz Weiss, compositeur et professeur de chant.

— A Berlin, le 30 juillet, Mme Louise Haenel, née Stephan, et sous ce dernier nom, il y a trente ans, une des étoiles de l'Opéra.

— A Munich, le 13 août, à l'âge de 65 ans, Mme veuve von Mangstl, née Caroline Hetzenecker, ex-cantatrice de la cour.

— A Leipzig, le 25 juillet, à l'âge de 57 ans, Mme Pauline Rœntgen, pianiste.

— A Douai, à l'âge de 76 ans, J.-B.-J. Grard, professeur de chant, ancienne basse chantante à l'Opéra, puis à l'Opéra-Comique, d'où il avait pris sa retraite en 1846.

Marche héroïque de Jeanne d'Arc
PAR
Théodore DUBOIS
pour piano à 4 mains, avec orgue ad'libitum

Prix net : 3 fr. 35 (franco)

E. MENNESSON, Editeur, à **REIMS**
et chez tous les marchands de musique

Imprimerie Th. Lombaerts, Montagne des Aveugles, 7.

XXXIVᵉ ANNÉE   6 septembre 1888   NUMÉRO 36

Le Guide Musical

Paraissant tous les jeudis

ABONNEMENT	SCHOTT FRÈRES, ÉDITEURS.	ANNONCES
FRANCE et BELGIQUE : Avec musique 25 francs.	**Paris,** *Boulevard Montmartre, 19*	S'adresser à l'Administration du Journal.
— Texte seul. . 10 —	**Bruxelles,** *Montagne de la Cour, 82*	On traite à forfait.
UNION POSTALE : . . 12 —		

SOMMAIRE. — Un Symphoniste de l'avenir, Antoine Bruckner, J. Van Santen-Kolff. — Dialogue de minuit. — Chronique de la quinzaine. Paris. — Bruxelles. — Correspondances : Lyon, Birmingham, Verviers. — Nouvelles diverses. — Ephémérides musicales. — Bibliographie. — Nécrologie.

Un Symphoniste de l'Avenir

ANTOINE BRUCKNER

Eh ! certes, il est bien de « l'Avenir », me semble-t-il, de l'avenir réparateur, compensateur, étant relativement si peu du présent, le sexagénaire génial, au gros crâne chauve, à l'accent viennois très prononcé à l'embonpoint respectable, au caractère naïf, frais et jovial, cet Antoine Bruckner dont, — résultat d'une indifférence aussi inconcevable que fâcheuse, — la plupart des œuvres, nombreuses pourtant, sont restées inédites, sinon à peu près inconnues jusqu'à ce jour.

Malgré son âge respectable (1), Bruckner n'est parvenu que depuis quatre ans, sinon à occuper le rang qu'il mérite parmi les compositeurs génial, du moins à être discuté, et à être envisagé assez généralement comme la seule force vraiment originale, créatrice de mondes nouveaux, à côté de Brahms, célèbre déjà, lui, adulé et adoré, depuis vingt ans.

Dénigré, conspué par les uns, volontairement ignoré par les autres, — notamment par le parti réactionnaire, qui ne se prosterne que devant son dieu : Brahms, — proclamé chef d'école par le parti wagnérien, Bruckner est un peu dans la position du Wallenstein de Schiller : « dénaturé par la faveur et la haine des sectes ».

L'homme et l'artiste mériteraient une étude développée et approfondie. L'histoire de l'œuvre de Bruckner forme, dès à présent, une littérature d'une certaine étendue et d'un caractère très passionné, outre des articles épars dans des journaux de musique, parmi lesquels il faut citer une étude biographique et critique assez développée d'un écrivain viennois bien connu, le Dr Théodore Helm (1), et deux remarquables essais esthétiques du critique munichois M. Paul Marsop (2).

Le branle paraît avoir été donné à ce mouvement par J. Schalk, par une étude parue dans les *Bayreuther Blaetter* d'octobre 1884.

La véritable campagne en faveur du compositeur n'a commencé à se dessiner et à se développer, assez prudemment et lentement, il est vrai, qu'à la suite de cet article. Mais, dès lors, la glace a été rompue et le succès de la troisième symphonie en *ré* mineur, dédiée à Wagner dans l'été de 1873, ne tarda pas à s'étendre, au-delà du groupe forcément restreint des privilégiés viennois qui en avaient eu la primeur (3), la connaissance et l'admiration du maître. Hans Richter, Emile Schuch, Verhulst, Richard Hol (Utrecht), tels sont les chefs d'orchestre dont les noms méritent de figurer en tête de cette étape de l'histoire de notre artiste. Un peu plus tard, la communauté brucknérienne s'accrut de deux nouveaux champions, de deux autorités très en vue, qui, dans

---

(1) Le 4 de ce mois Bruckner a atteint sa soixante-quatrième année. Il est le fils d'un petit maître d'école, à Ansfelden (Autriche méridionale). Depuis bon nombre d'années, il est professeur de contre-point et de composition, et organiste à Vienne.

---

(1) *Musikalisches Wochenblatt* de Leipzig, 1886, n° 1-5, se basant sur un « essay » du professeur Dr Schuster, dans l'*Allgemeine Kunst-Chronik* de Vienne.

(2) *Deutsche Montagsblatt* et *Gegenwart* de Berlin, *Kastner's Wiener Musikalische Zeitung* de Vienne, 1885-1887

(3) Le 16 décembre 1878. Sa devancière, une symphonie en *ut* mineur, date, quant à sa première exécution, d'octobre 1873.

un bel élan d'admiration, se firent les patrons de la septième symphonie, que le jeune et infatigable vieillard, incessamment à la poursuite d'un idéal de plus en plus élevé, venait d'achever: Arthur Nikisch kapellmeister de l'Opéra de Leipzig qui en organisa et en dirigea le baptême et le vétéran de l'Opéra de Munich, le célèbre chef d'orchestre de *Parsifal*, Hermann Lévi (1). La gaie capitale impériale sur les bords du beau Danube bleu ne vint, cette fois, qu'en troisième lieu; seulement l'exécution par l'orchestre de la Société philharmonique, réputé le premier de l'Europe, — directeur Hans Richter, — remporta un triomphe phénoménal, sans précédent dans la longue et ardue carrière du compositeur, rappelé cinq fois innombrables, déjà cinq ou six fois après le premier morceau, au cours de cette soirée mémorable du 21 mars 1886.

L'acerbe Hanslick lui-même, quoique confessant son antipathie pour la Muse de Bruckner, ne put nier les « parties intéressantes, même belles », ni « les idées géniales » qui s'y trouvent.

Richter, en cette occasion, fit *coram populo* la promesse solennelle, le serment formel, que toute nouvelle symphonie de Bruckner n'aurait sa « première » que sous sa direction même, et par l'orchestre « Philharmonique ».

Inconnu, la veille encore, de la plupart des dilettanti, dédaigné, conspué par la majorité de la presse, le Nestor des maîtres symphonistes actuels se vit, le lendemain, proclamé créateur de la musique instrumentale « de l'Avenir », de la symphonie wagnérienne. Le rang et le titre même de « Maître », jusque-là uniquement réservés à Wagner et à Liszt, lui furent décernés à l'unanimité.

Cette symphonie, publiée aussitôt, ne tarda pas, cette fois, à faire le tour des centres musicaux les plus en vue : Cologne, Amsterdam, Berlin, Dresde, etc. Les « kapellmeister » qui dirigèrent ces exécutions ont nom Franz Wuellner, Daniel de Lange, Carl Klindworth, F.-L. Nicodé.

Encouragé peut-être par ces succès plus ou moins francs et sincères, le vieux maître, si peu habitué aux triomphes, resté si jeune si frais encore de cœur et d'esprit, vient de mettre la dernière main à sa huitième symphonie.

Quant aux compositions non symphoniques de Bruckner, je ne puis signaler ici que deux œuvres principales : un quintette pour cordes en *fa majeur*, peu connu encore, mais célèbre déjà, dont l'adagio est d'une beauté sublime, transcendante, presque béethovienne; et un *Te Deum* pour chœurs, orchestre et orgue, dont le caractère gigantesque, au dire des connaisseurs, rappelle de même l'immortel auteur de la « Messe en *ré* ». Ce Te Deum a été exécuté, en janvier et en avril 1886, sous la direction de Richter, à Vienne, et sous celle de Lévi, à Munich, avec un succès considérable.

(1) Leipzig, janvier ou février ; Munich, le 10 mars 1885.

Bruckner a, en outre, écrit quantité de compositions religieuses, entre autres, trois grand'messes, dues à « son zèle ardent pour la foi catholique » ; un chœur pour quatre voix d'hommes sans accompagnement : *Um Mitternacht* (A minuit), daté du 11 février 1886, fut magnifiquement reproduit en fac-similé dans le superbe album d'autographes intitulé : *Strassburger Sængerhaus* (1886).

Les œuvres publiées se bornent à la troisième et à la septième symphonies, au *Te Deum* et au *Quintette*.

Il est surprenant à tous égards que l'*Allgemeine deutscher Musikverein* ait négligé jusqu'ici Bruckner dans ses festivals annuels; il n'a exécuté, à part le *Quintette*, que des fragments (!!) de ses symphonies, à Carlsruhe sous la direction de Félix Mottl, à Sondershausen sous celle de Carl Schrœder.

Depuis ces auditions du *Te Deum*, le mouvement brucknérien semble cependant avoir subi une sorte de stagnation ; le silence s'est fait d'une façon qui n'exclut pas une certaine inquiétude pour l'avenir. Quant à la capitale allemande, d'où j'écris ces lignes, quant à Berlin, qui aime à se décerner à elle-même le rang de capitale du monde musical, et où le mouvement venait à peine d'éclore, — pendant la saison dernière, pas une note du maître viennois n'a retenti dans aucun de ses concerts si variés et si multiples. Les espérances brucknériennes pour la saison prochaine y sont malheureusement nulles. Et voici pourquoi : le pape omnipotent de la *Reichshauptstadt*, l'impresario des concerts, M. Hermann Wolff, qui ne risque que des entreprises sûres au point de vue exclusivement mercantile, ne se souvient que trop bien de la chute éclatante, auprès du public et de la majorité de la presse, de la septième symphonie..... et puis, le Dr Hans de Bülow « brahmine » fanatique, est, dit-on, un antagoniste enragé de Bruckner.

Quant à Joachim, prédestiné pour ainsi dire pour faire connaître aux Berlinois le *Quintette*, il est malheureusement de ceux auxquels notre artiste pourrait dire avec le Roméo de M. Gounod :

> Mon nom même est un crime à ses yeux !

Le maître viennois est encore un réputé organiste et contre-pointiste, et un improvisateur génial. C'est même en cette qualité qu'il a naguère donné des concerts à Paris(1). Les privilégiés qui assistèrent au service funèbre de Franz Liszt dans l'église catholique de Bayreuth, aux premiers jours d'août 1886, n'ont sans doute pas oublié la fantaisie libre pour orgue sur le principal motif religieux de *Parsifal* improvisée par Bruckner, pendant l'Offertoire, je crois.

Il me reste maintenant à esquisser en traits rapides l'œuvre instrumentale maîtresse d'Antoine Bruckner, sa septième symphonie.

(La fin au prochain numéro.)　J. VAN SANTEN KOLFF.

(1) Peu de temps après la guerre franco-allemande; déjà en 1869, Bruckner avait remporté d'éclatants succès à Nancy, dans l'église Saint-Epore. En 1871, il ne donna pas moins de onze concerts à Londres, tant au Cristal Palace qu'à l'Albert Hall, où il avait été délégué par l'Autriche, au concours international d'organistes. Il y obtint le premier prix.

Dialogue de minuit [1]

C'était un soir après une représentation de *Lohengrin* à la Pergola. La lune était dans son plein et le ciel sans nuage. Les tours, les clochers, les façades des vieux palais gothiques se dressaient éclatants de blancheur, comme dans un rêve. Arrivé à l'Arno, tout embrasé par les rayons lunaires, fasciné, je m'engageai sur le quai qui mène aux *Cascine*. Il était désert, et cette solitude étrangement brillante exerçait sur moi un charme qui me poussait toujours en avant. A la grille des *Cascine*, nouvel enchantement; les tours, la nuit, avec ses ombres vagues et ses formes indécises, n'est-ce pas là le séjour même du rêve? J'entrai donc, bien décidé à parvenir jusqu'au tombeau du Prince Indien. Mais je n'y arrivai pas. A mi-chemin, près de cette clairière où s'élèvent des chênes séculaires, j'entendis un murmure singulier, et à travers le taillis, j'aperçus je ne sais quelle foule transparente, qui se mouvait. Comme j'avançais, pour voir ce que cela pouvait bien être, une voix cria : « On ne passe pas! » et au même moment un soldat surgit, mais un soldat comme je n'en avais jamais vu... que dans les cortèges historiques. C'était un lansquenet, et c'était avec une hallebarde qu'il me barrait le chemin. « Qu'y a-t-il donc ici? » fis-je tout ébahi. – « Eh quoi, ne le savez-vous pas! Cette nuit, à lieu la fête que, chaque année, nos grands Florentins de la renaissance donnent à tous les artistes et à tous les poètes, qui, paraît-il, ont suivi la voie qu'ils ont ouverte. » Je crus avoir affaire à un mauvais plaisant, et je partis d'un grand éclat de rire. Mais le soldat ne riait pas, lui; il avait même l'air si sérieux qu'il finit par m'en imposer. M'étais-je endormi en marchant? Rêvais-je tout debout? C'est probable, mais ce qui est certain, c'est que, pour lors, je demeurai convaincu.. Un désir fou me vint donc de voir tous ces grands hommes; et je fis si bien que je décidai mon hallebardier à me laisser passer. Ce qu'il ne fit, toutefois, qu'après m'avoir recouvert de son manteau, un grand manteau couleur d'ombre, qui m'empêcherait de faire dissonance au milieu de l'illustre assemblée.

La première ombre que je vis fut celle de Giovanni Bardi, comte de Vernio, le noble Florentin dans le palais duquel se réunissaient les artistes qui, voulant faire renaître la tragédie grecque, créèrent l'opéra. Autour de lui, étaient ses plus illustres commensaux. Il y avait Vincent Galilée, le premier musicien qui substitua le style *monodique* aux formes savantes de l'école de Palestrina; le poète Rinuccini, qui écrivit le premier livret d'opéra, et les compositeurs Péri et Caccini, qui le mirent en musique. Enfin, tout à côté, mais faisant bande à part : Dante et Palestrina. – Excusez du peu!

Tous ces grands hommes parlaient de *Lohengrin*.
— Savez-vous que c'est très beau! disait le comte Bardi.
— Oui, répondit Péri, c'est précisément ce que nous aurions fait, et cela eût été possible au point où la musique en était de notre temps.
— Et si, au lieu de vouloir imiter les Grecs, fit Dante, vous vous .êtiez contentés de suivre leur exemple; si, au lieu d'aller demander vos sujets à une poésie morte depuis longtemps, vous eussiez, comme moi et comme Wagner, puisé aux sources encore vivantes autour de vous!
— Et si vous n'aviez pas eu un si grand dédain pour mon école, ajouta Palestrina. Wagner n'a pas fait fi de mes œuvres, lui; cela se voit bien dans l'une des divines harmonies du Graal!
— Certes, répondit Vincent Galilée, pour que notre rêve se réalisât, la polyphonie devait s'introduire dans l'opéra. Mais, pour que .ce fût possible, il fallait que du chœur, dont pour vous elle était .inséparable, elle passât à l'orchestre, et que là elle reçut du rythme .de la danse l'impulsion qui devait la rendre capable de servir de base à l'action dramatique elle-même. Pour accomplir une transformation semblable, il n'a fallu rien moins que le génie réuni de tous les maîtres de la grande école allemande, depuis Bach jusqu'à Beethoven.
— En tous cas, reprit Péri, il n'en reste pas moins que ce que nous avons voulu, c'est, comme Wagner, le drame. On parle toujours de l'opéra italien, comme d'une genre absurde, où le bon sens est sacrifié à la virtuosité; on oublie trop ce que nous avons fait, nous autres Toscans, qui en sommes les fondateurs. Comme la .nature offre un contour ferme qu'une belle végétation fait passer la .noyer, comme nos peintres et nos sculpteurs n'ont jamais perdu de .vue la structure organique du corps humain, comme nos poètes eux-mêmes n'ont vu dans les vers que le *beau vêtement de la vérité*, nous n'avons jamais conçu la mélodie que comme une forme expressive destinée à manifester le drame! Ce sont les Vénitiens qui ont introduit la .baroquisme à la fois dans les arts plastiques et dans la musique! Est-ce là l'effet de l'élément bleu, mou et dissolvant qui les entoure? Je ne sais, mais ce que les Vénitiens avaient commencé, ce sont les Napolitains qui l'ont achevé! Et si Cavalli (a) a introduit l'air dans .l'opéra, Scarlatti en a fait la chose principale. Cela a été comme une .inondation qui a submergé le pur et noble génie toscan. Et voilà .comment ce que Florence, elle-même, avait pu faire, c'est un Allemand qui nous l'apporte.

(1) Extrait de la brochure de M. Georges Noufflard sur les représentations .de *Lohengrin* à Milan.
(2) De son vrai nom Caletti-Bruni.

A ce qu'il paraît, dans le monde des ombres comme dans le nôtre, on ne peut parler du loup sans en voir les oreilles. Péri n'avait pas prononcé le nom de Cavalli, que celui-ci était déjà là.
— Mon ami, fit-il avec une voix chantante, vos reproches sont peu fondés. Si j'ai introduit l'air dans l'opéra et si tout le monde en a été ravi, c'est que, sans vous faire tort, vos éternels récitatifs avec leur maigre accompagnement étaient vraiment trop ennuyeux. Tenez, si Wagner a pu faire ce qu'il a fait, il le doit à ces deux hommes. — Et ce disant, il montra Scarlatti et Bach qui se promenaient bras dessus bras dessous. — L'un a donné à la mélodie de chant la beauté souveraine, l'autre est le fondateur de la symphonie. Voilà les deux éléments dont la réunion a, seule, rendu possible le drame musical moderne; et la part qui revient à l'un n'est pas moindre que celle qui revient à l'autre..... Cessez donc de médire de la belle mélodie de chant; c'est l'honneur suprême de l'Italie que de l'avoir donnée au monde, et sans elle vous n'eussiez eu ni Mozart, ni Beethoven, ni Wagner.
— Très bien! très bien! Cavalli, s'écria Wagner, qui, lui aussi, était venu se joindre au groupe. Et, comme ce diable d'homme n'a pas perdu, dans l'autre monde, la manie qu'il avait dans celui-ci de ne jamais laisser échapper l'occasion de faire un discours, il monta sur un tertre et s'exprima en ces termes :
— Il est un pays béni des dieux, où les fleurs roses s'épanouissent sur les bords d'une mer azurée. C'est là que la mélodie a revêtu les formes enchanteresses grâce auxquelles elle a pu jouer dans le domaine des sons le rôle qui appartient dans la vie à la déesse de Cythère. Oui, la mélodie italienne, c'est la femme, la femme dans tout l'épanouissement de ses attraits, et sans laquelle le monde ne serait qu'aridité et stérilité. Voyez Bach. Il n'est pas de plus grand génie. Mais ce fut un génie exclusivement viril. Il n'a pas connu Vénus : aussi est-il resté une sorte de sphinx, moitié homme et moitié..... contre-point. Avec Mozart et avec Beethoven, quelle différence! C'est que le divin *cantabile* italien leur était apparu, c'est qu'il avait pris possession de leur âme. En vérité, dans leurs œuvres, s'est accompli le mariage de Faust et d'Hélène, ou, si vous voulez, Pygmalion a embrassé la statue de Vénus et lui a donné la vie! — Il faut le reconnaître, il manquait deux choses à votre mélodie, le coloris et le mouvement; mais elle avait l'attrait suprême, qui, en brillant au cœur pouvait, seul, faire jaillir l'étincelle créatrice, elle était enfin le germe de vie qui ne peut être que fécondé. — Mendelssohn, Schumann et Brahms ont fait les leurs, ils ont voulu être de purs Germains. Que grand bien leur fasse! Pour moi, je le dis franchement, non seulement la mélodie de Bellini m'a inspiré une véritable passion, mais j'ai adoré la Vénus de chair et d'os dont cette mélodie n'est que l'image fluide. Là est le secret de tout ce que j'ai pu faire de nouveau. Quand je concevais mes drames, il me semblait voir agir les êtres superbes dont les sculpteurs grecs et les vôtres ont fixé l'image dans la pierre. Et c'est la beauté des rythmes qu'ils me suggéraient qui a permis de renoncer en faveur du mouvement aux formes symétriques.
En prononçant ces paroles, Wagner s'était animé de plus en plus. Ici, il fit une pose, puis, sur un ton plus doux : Vous voyez ce que je vous dois, reprit-il. Non seulement votre mélodie est, avec l'art de notre vieux Bach, le fond même de ma musique; mais ce qui m'a permis d'atteindre à la forme dramatique, c'est, je le répète, le bel être humain, se manifestant par le geste et l'expression du visage, librement et largement, comme il le fait surtout dans vos belles contrées du midi. Il est donc bien naturel que, chez vous, mes drames trouvent leurs meilleurs interprètes (1) et qu'ils puissent aussi être accueillis avec quelque faveur.

....

Ainsi, l'explication que je cherchais, Wagner me l'a donnée lui-même. Je n'ai plus rien à dire. ·   GEORGES NOUFFLARD.

~~~~~~

ON DEMANDE UNE CANTATE

Il Trovatore s'occupe des fêtes projetées à l'occasion du quatrième centenaire de la découverte de l'Amérique et devant avoir lieu à Gênes en 1892. Notre confrère voudrait que les autorités génoises et le gouvernement italien s'entendissent dès à présent pour arrêter un programme digne d'une solennité qui intéresse toutes les nations civilisées. Ce programme comprendrait naturellement l'exécution d'une œuvre musicale. Eutrpe ayant toujours le pas dans les cas de l'espèce. Déjà l'on avait mis en avant le nom de Verdi, à qui l'on aurait demandé une œuvre dramatique en rapport avec l'événement. Mais le vieux maître a toujours résisté, lorsqu'on lui a fait des propositions de ce genre; et puis au point où en est l'art lyrique, on n'écrit pas comme autrefois un ouvrage en vingt jours (dont dix pour la copie) de sorte que l'auteur d'*Otello*, pressenti sur la question, avait laissé entendre qu'il préférait vivre tranquille.

On a songé ensuite à reproduire « quelque composition musicale grandiose s'adaptant à la circonstance » : le *Colombo* de Morlacchi ou

(1) Thomas Salvini et Ernest Rossi sont aussi, de nos jours, les meilleurs interprètes de Shakespeare, du moins à ma connaissance.

l'ode-symphonie de Gambini portant le même titre. On ne connaît plus guère le premier, qui, paraît-il, est resté inédit; les journaux contemporains de la représentation de cet opéra en parlent comme d'une œuvre embrouillée, obscure, « *troppo minutiosa* », ce qui n'est pas de trop mauvais augure. Mais le développement de l'action ne semble guère admissible au point de vue moderne. Il y a deux actes et six tableaux, divisés en scènes se suivant sans trop se rapporter les uns aux autres; une intrigue amoureuse entre une sauvage et un Européen, bref, un scenario, qui n'inspire pas confiance au journal milanais. Et cette résurrection d'un opéra vieux de cinquante carnavals (1) ne lui paraît pas conciliable avec le goût d'un public déjà enclin à épiloguer sur le sujet égyptien d'*Aïda*.

D'autres ont suggéré l'idée d'une féerie chorégraphique, d'un ballet comme *Amor* ou *Excelsior*, où l'on verrait Christophe Colomb entouré de jupons courts, d'esclaves nues, de petits nègres couleur chocolat, au milieu de toutes les incongruités historiques et locales familières aux ballets modernes, le tout miroitant et scintillant sous les feux de la lumière électrique. Cela, bien entendu, n'est pas sérieux, Le souvenir de Colomb doit inspirer des conceptions plus sévères et plus nobles à propos d'un centenaire tel que celui dont l'Italie sera bientôt le théâtre.

Et puis! Il ne reste qu'à réfléchir et à attendre que l'étude de la question et sa maturité aient fait naître une idée présentable. Les maîtres ne manquent pas, dit encore *Il Trovatore* : Faccio, Botto, Catalani, Franchetti, Marchetti, Pedrotti, et *tutti quanti*. Ne pourrait-on tenter une grande action symphonico-vocale, une espèce d'oratorio profane ou quelque chose de semblable, se demande le journal, qui trouvé que l'on devrait ne pas tarder à discuter sur ce point, sans désigner, toutefois, le musicien le plus capable, d'après lui, de réaliser ce desideratum.

Il est certain que l'Italie doit nous envier, un compositeur qui pourrait aisément tirer d'embarras la rédaction du *Trovatore*, l'édilité génoise ainsi que le gouvernement du roi Humbert. J'ai nommé Peter Benoit dont la *Rubens-Cantate* est le parfait modèle de ce que souhaite notre confrère. Pourquoi les Italiens, faisant trêve de patriotisme, ne s'adresseraient-ils pas tout d'abord à ce spécialiste, qui a mis du génie là où fort souvent on ne découvre que les effets d'une honnête médiocrité. Il y aurait quelques concessions à faire, naturellement, Peter Benoit ne devant pas consentir à composer de la musique autrement que sur des paroles flamandes. Mais tout s'arrangerait bien, si l'on commandait le poème à Emmanuel Hiel, sauf à faire après coup une bonne traduction en italien de cette œuvre qui, certes, offrirait toutes les garanties de succès et remplirait, j'en suis convaincu, toutes les conditions de grandeur et d'élévation inhérentes au sujet.

E. E.

Chronique de la Quinzaine

PARIS

Le marasme continue à l'Opéra. Il se confirme que M. de Reszké, dont l'engagement échoit le 1ᵉʳ juin prochain, quittera à cette date l'Académie nationale de musique, pour aller à Londres, où M. Harris l'a engagé à de brillantes conditions.

Autres départs : M. Ibos n'a pas renouvelé son engagement; M. Cossira, qui n'a pas réussi dans les *Huguenots*, ne doit plus reparaître cette année devant le public parisien; il va partir prochainement pour Lyon, afin de satisfaire à ses engagements avec M. Campo-Casso; enfin Mlle Louvet, dont on annonça avec fracas les débuts dans les « pages », a résilié après une seule représentation.

On parle, il est vrai, de nombreux engagements de ténors pour remplacer ceux qui partent ; c'est tantôt M. Gayarre, tantôt MM. Mierwynski et Provost qui doivent remplacer M. Jean de Reské. Beaux projets. Les Parisiens ont déjà entendu ces trois ténors : M. Provost au Château-d'Eau et M. Mierwynsky à l'Opéra même, pendant quelque temps, vers la fin de la direction Halanzier. Quant à Gayarre, il est probable qu'il coûtera trop cher.

En résumé, nous en sommes réduits pour le moment à annoncer que M. Jérôme, lauréat des derniers concours du Conservatoire, débutera, très incessamment, par le rôle de Raimbaud dans *Robert le*

(1) Faisons remarquer à notre confrère que, d'après Fétis, la première représentation du *Colombo* de Morlacchi au théâtre Carlo-Felice remonte à l'année 1828 et non à 1839. L'auteur de la *Biographie universelle des musiciens* ajoute que la musique de cet opéra fit naître l'enthousiasme des habitants de Gênes et procura au compositeur des ovations inaccoutumées. Morlacchi est également l'auteur d'un *Barbiere di Siviglia* qui précéda d'une année celui que Rossini fit jouer à Rome en 1816. Le dictionnaire lyrique de Clément mentionne encore plusieurs opéras portant le titre de *Colombo* dus à divers compositeurs italiens : Barbieri, Fabris, L et F. Ricci, Sangiorgi, etc,

Diable. Mlle Landy, un jeune contralto, récemment engagée par MM. Ritt et Gailhard, débutera dans le courant du mois d'octobre par le rôle de Léonor dans la *Favorite*.

M. Saléza, qu'il avait été question d'engager à l'Opéra, passe décidément à l'Opéra-Comique, conformément à l'avis de M. Bax, son professeur au Conservatoire, qui, mieux éclairé que personne sur les moyens de son élève, lui a conseillé d'opter pour l'Opéra-Comique.

Ascanio, l'opéra de M. Saint-Saëns, ne passera probablement qu'après *Roméo* remanié. Les études des chœurs d'*Ascanio* ne commenceront qu'après la première représentation de *Roméo*, de sorte que l'ouvrage ne sera prêt que pour le mois de mars 1889.

A l'Opéra-Comique, la réouverture a eu lieu le 1ᵉʳ septembre. Répertoire courant. M. Paravey compte reprendre avec solennité le 17 ou le 18 septembre, son grand succès : le *Roi d'Ys*.

Le bel ouvrage de M. Lalo aura pour interprètes les artistes de la création, sauf un seul, M. Talazac, dont le rôle vient d'être donné à M. Saléza, qui débutera dans le personnage de Mylio.

BRUXELLES

Le théâtre de la Monnaie a fait, hier soir, une brillante réouverture. Il y avait foule et le public a fait bon accueil aux chanteurs engagés par MM. Dupont et Lapissida. On a revu avec infiniment de plaisir les anciens interprètes de *Sigurd* : Mme Caron, dont le talent est dans toute sa puissance; MM. Seguin et Renaud, dont l'autorité s'est encore accrue, semble-t-il, depuis leur voyage à Bayreuth.

M. Chevallier, le nouveau *helden tenor*, possède une voix généreuse, ayant de la force et du charme ; il s'est fait applaudir par la fraction du public qui ne dédaigne pas les gros effets; mais il a su rallier l'autre fraction par des effets de demi-teinte bien réussis. Du reste, M. Chevallier montre de l'inexpérience; il se tient mal en scène et ne se sent pas encore maître de lui-même.

M. Gardoni, la nouvelle basse, a une voix chaude et sympathique dont les notes de tête compensent le défaut de profondeur. La voix de Mlle Pauline Rocher manque de timbre et son étendue restreinte, ne fait pas entrevoir le contralto tant désiré. Quant à Mlle Cagnart, il convient de réserver une appréciation définitive. La voix a du bon, sans avoir beaucoup d'ampleur, et le jeu de Mlle Cagnart a paru froid.

En somme, un bon début qui promet pour la suite.

L'orchestre de la Monnaie s'est enrichi d'un instrument nouveau : la claviharpe de Dietz, dont nous avons, dès le début, signalé les avantages au point de vue des orchestres de théâtre. L'instrument se joue aussi aisément qu'un piano, l'accompagnateur du théâtre qui est généralement un bon musicien, peut remplacer avantageusement le harpiste qui, généralement n'est pas et qui a, en outre, l'inconvénient de se faire très grassement payer.

Le théâtre de la Monnaie aura été le premier à faire l'essai du nouvel instrument et c'est dans *Sigurd* qu'on l'a entendu pour la première fois, d'ailleurs sans étonnement, car si l'on n'avait pas annoncé la chose, personne ne se serait aperçu de la substitution du clavi-harpe à la harpe ordinaire. Mlle Eugénie Dratz, qui a fait entendre l'hiver dernier cet instrument avec beaucoup de succès à Bruxelles, à Paris et à Londres, a bien voulu se charger de le jouer à l'orchestre de la Monnaie jusqu'au jour où l'accompagnateur se sera familiarisé complètement avec l'instrument.

M. Léon Jehin, chef d'orchestre au théâtre de la Monnaie et de l'Association des Artistes musiciens, nous quitte décidément en décembre, pour aller à Monte-Carlo, où l'appelle un brillant engagement. Le départ de M. Léon Jehin sera vivement regretté. Musicien accompli, compositeur de talent, artiste convaincu, M. Léon Jehin a rendu de grands services à l'art musical par les soins intelligents qu'il a donnés à la préparation de nombre de grandes partitions jouées dans ces derniers temps dans les concerts et à l'Opéra de . Bruxelles, et M. Joseph Dupont sera tout le premier à regretter l'absence d'un collaborateur de ce mérite.

L'orchestre de la Monnaie a abandonné les ombrages devenus trop réfrigérants du Waux-Hall pour reprendre sa place au théâtre. Malgré les difficultés financières de l'exploitation et l'épouvantable été dont le ciel a gratifié les Bruxellois, le vaillant orchestre, sous la direction alternative de MM. Léon Jehin et Philippe Flon, a donné d'intéressants programme d'été, où la musique classique et les maîtres modernes, ont eu leur place à côté des fantaisies et des arrangements d'opéras. Aux deux derniers concerts extraordinaires du Waux-Hall, on a très vivement applaudi Mᵐᵉ Nachtsheim. et Bauveroy, deux cantatrices dont le Conservatoire de Bruxelles a le droit d'être fier.

Le jury des concours d'harmonie écrite et de contre-point et fugue, composé de MM. Gevaert, président, Miry, Samuel, s'est réuni il y a quelques jours; la décision suivante a été rendue: *Harmonie écrite*. Chargé du cours: M. G. Huberti. 1ᵉʳ prix avec distinction. MM. Fanck, Deneufbourg. 1ᵉʳ prix: M. L. Declercq, Mᵐᵉ Hancq. 2ᵉ prix avec distinction: M. Andlauer. 2ᵉ prix: M. Carnier, Mᵐᵉ Docquier. 1ᵉʳ accessit: Mᵐᵉ Bourotte. *Contre-point et fugue*. Professeur: M. Ferd. Kufferath. 1ᵉʳ prix: M. Poschen. 1ᵉʳ accessit: M. Flevez. 2ᵉ accessit: M. Vilain.

LYON

La maîtrise de la cathédrale de Lyon a donné, le 24 juillet, une excellente exécution du *Paulus* de Mendelssohn. Les chœurs, dirigés par M. Trillat, maître de chapelle, se sont distingués par un ensemble, une justesse et une vigueur d'attaque qui ne peuvent être dépassés, et sont d'autant plus admirables que l'éminent directeur ne dispose, comme sopranos, que de voix d'enfants, toujours difficiles à discipliner.

Le choral, accompagné de trompettes, et le finale de la première partie ont été enlevés avec l'éclat le plus brillant. Toutefois, on pourrait désirer un peu plus de *mysterioso* dans le chœur céleste sur le chemin de Damas, et un peu plus de chaleur dramatique dans les récits. Mais on comprend que cela soit difficile à obtenir de chanteurs habitués uniquement à la musique religieuse la plus austère, car la tradition de l'église de Lyon n'admet que de la musique d'un style irréprochable.

Les solistes, ténor et basse, ont chanté les airs d'Étienne et de Paul avec le vrai sentiment mystique.

L'orchestre s'est tiré à son honneur des difficultés fuguées de l'ouverture. On aurait voulu seulement plus d'ensemble dans l'accompagnement de l'air de ténor.

Le succès qu'a eu cette œuvre indique un relèvement très appréciable dans le niveau du goût musical à Lyon.

Nous espérons que M. Trillat ne s'en tiendra pas là et ne tardera pas à aborder les œuvres du grand Sébastien Bach, ce *nec plus ultra* de la musique religieuse. Ses élèves sont certainement au point voulu pour cette noble entreprise.   G. V.

LE FESTIVAL DE BIRMINGHAM

Le festival de Birmingham est venu, a vécu et laisse peu de souvenirs derrière lui. Ses organisateurs ont été payés dans leurs espérances. Ils voulaient un programme aussi varié que d'habitude. Gounod, dont ils attendaient quelque nouvelle *Rédemption*, n'a rien fourni; Dvorak non plus; Villiers-Stanford non plus; Arthur Sullivan pas davantage. Celui-ci, très chatouilleux comme tout musicien qu'on a fait *baromet*, a failli faire biffer du programme sa *Golden Legend*, parce qu'on n'y avait inscrits sans lui en demander la permission. En fait d'inédit, on ne nous a servi qu'une *Judith* du docteur Hubert Parry, et une *Callirhoë*, cantate écrite sur un mythe grec bien connu par le docteur F. Bridge, le savant contre-pointiste et organiste de l'abbaye de Westminster. De la *Judith*, je ne parlerons pas; elle ne le mérite guère plus que l'oratorio de même titre composé il y a quelque temps par le docteur Bradford et exécuté aux concerts Bach. Nos musiciens feraient décidément bien de laisser dormir en paix la pauvre tête coupée d'Holopherne. Ce n'est pas que M. Hubert Parry ne soit un musicien distingué. L'œuvre, au point de vue purement musical, est pleine d'intérêt, mais elle manque de variété, d'éclat et de couleur; et l'œuvre commence par un joli motif choral représentant la scène où Coresos, prêtre de Bacchus, offre des fleurs à la vierge Callirhoë dans le temple de Calydon; puis vient un morceau de ténor : « L'Amour gouvernera le monde », qu'on retrouve dans le chœur final, au moment où Coresos et Callirhoë, morts l'un pour l'autre, reçoivent leur récompense dans une apothéose joyeuse comme toutes les apothéoses païennes. Les premiers dédains de Callirhoë pour Coresos, l'incident de la folie universelle déchaînée par les dieux sur le peuple de Calydon, la scène du sacrifice, où le prêtre de Bacchus verse son propre sang plutôt que celui de Callirhoë, qui finit par y mêler le sien, sont traités avec une vigueur dramatique et une variété d'effets qu'on n'attendait pas de l'organiste de Westminster. À signaler une intéressante tentative d'instrumentation nouvelle dans la scène où le Dʳ Bridge dépeint les rites de l'oracle de Dodone. Le savant musicien a essayé de donner l'illusion de la grotte sacrée où les réponses de l'oracle résonnaient dans les pins et les chênes prophétiques, par l'effet d'instruments de cuivre, sortes de crotales ayant la forme de gourdes aplaties et que le vent entre-choquait. Et il y a réussi; aidé d'un habile mécanicien de Birmingham, il a enrichi son orchestre, pour cette scène, de cuivres de l'ère patenne qu'on avait toujours remplacés jusqu'ici par de vulgaires simulacres de harpes éoliennes. Et il y a eu là un effet de sonorité très neuf, très original, avec un parfum d'antiquité qui n'a pas nui, loin de là, au succès de l'ensemble. Le vénérable cardinal Newman, dont la calotte coiffe un petit fleuve de cheveux blancs, est, avec le duc de Norfolk, au nombre des amateurs de musique profane qui ont applaudi le plus chaudement.

Faute d'autre nouveauté, il a fallu se rabattre sur les œuvres classiques qui reparaissent à chaque festival: l'*Elie* de Mendelssohn, le *Magnificat* de Bach, le *Messie* d'Hændel, d'après l'édition de Robert Franz; la symphonie en *ut* mineur de Beethoven. On a heureusement corsé ce menu de la *Messe des Morts* de Berlioz, moins rebattue en Angleterre qu'*Elie* ou le *Messie*, et on y a ajouté, à la grande délectation du public et de la critique, le prélude orchestral des *Maîtres Chanteurs* et le morceau de concours des mêmes *Meistersinger*, chanté avec sa verve et son charme habituels par M. Lloyd. Je mentionnerai également un bel air de M. Goring-A. Thomas, qu'a chanté Mᵐᵉ Albani et qui est tiré de la *Esmeralda* de ce jeune compositeur. M. Goring Thomas vient d'ajouter cet air et un duo dramatique au quatrième acte de son opéra, pour l'édition italienne de son œuvre, qu'il est question de donner, l'année prochaine, à Covent Garden avec Jean de Reské et Lassalle.

Pour l'ensemble des trois journées, les chœurs et soli étaient représentés par le magnifique personnel qu'on recrute en Angleterre pour ces solennités musicales. S'il faut citer des noms, nous mentionnerons : Mᵐᵉˢ Albani, Patey et Trebelli; MM. Lloyd, Banks et Santley. Une bonne mention également pour une jeune pianiste, Miss Fanny Davies, qui se faisait entendre pour la première fois, et que son professeur, Mᵐᵉ Schumann, compte parmi ses plus brillants élèves. Miss Fanny Davies est de Birmingham; l'amour-propre local a donc eu d'agréables satisfactions. C'est Hans Richter qui a dirigé, avec sa maestria accoutumée, les masses orchestrales et vocales. En somme, un programme qui a tenu plus qu'il ne pro, mettait.   G. H.

VERVIERS

Un jeune quatuor verviétois composé d'élèves-lauréats de notre école de musique vient de remporter, au concours de la ville de Cette (Hérault, France), le 1ᵉʳ prix de quatuor à l'unanimité et avec les félicitations du jury.

Le programme du concours se composait d'un morceau au choix (quatuor en *ut* de Mozart), d'un quatuor imposé, remis aux concurrents quinze jours avant, et d'un morceau de lecture à première vue. Ce dernier a été enlevé avec un tel brio que la salle électrisée l'a redemandé à grands cris.

Voici les noms des jeunes gens qui composent ce quatuor : *Premier violon*, O. Grisard, médaille en vermeil au Conservatoire de 1885 (cours de M. L. Kefer), 1ᵉʳ prix d'harmonie au Conservatoire royal de Liège en 1887; *second violon*, Jean Kefer, fils du directeur l'École de musique de Verviers, 1ᵉʳ prix de violon à l'unanimité en 1888 et 2ᵉ prix de piano en 1888; *alto*, F. Derbaudringhien, 2ᵉ prix de violon et 2ᵉ prix de piano en 1888; *violoncelle*, Henri-Gillet, médaille en argent en 1888. Une brillante réception a été faite aux vainqueurs à leur retour.

Le succès fait grand honneur à l'enseignement de l'École de musique de Verviers, dont voici, du reste, le résultat des derniers concours, qui ont été très satisfaisants.

Solfège supérieur (jeunes filles). — 2ᵉ prix: Mᵐᵉ Maria Lahaye (avec distinction), Alice Delhaye (à l'unanimité), Alice Herman.

Solfège supérieur (jeunes gens). — 2ᵉ prix: L. Angenot; 3ᵉ prix: H. Gillet (avec distinction), H. Penasse (avec distinction) et M. Lejeune.

INSTRUMENTS À VENT EN CUIVRE (2ᵉ DIVISION). — *Cornet à piston*, 1ᵉʳ prix : M. Maréchal; 2ᵉ prix: MM. Gilson (à l'unanimité) et Fabry. *Trombone*, — 1ᵉʳ prix : M. P. Baiwir.

INSTRUMENTS À VENT EN BOIS (1ʳᵉ DIVISION). — *Clarinette*, 1ᵉʳ prix : M. B. Duckerts (à l'unanimité). — 2ᵉ prix : M. Defosses (à l'unanimité avec distinction).

Piano (jeunes filles), 1ʳᵉ DIVISION. — 2ᵉ prix: Mᵐᵉ Alice Delhaye (à l'unanimité avec distinction).

2ᵉ DIVISION. — 2ᵉ prix: Mᵐᵉˢ Maria Lahaye et Jeanne Gathy.

Piano (jeunes gens), 1ʳᵉ DIVISION. — 2ᵉ prix: MM. J. Kefer (à l'unanimité) et F. Derbaudringhien.

2ᵉ DIVISION. — 1ᵉʳ prix : M. J. Sauvage (à l'unanimité).

Violoncelle, 2ᵉ DIVISION. — 1ᵉʳ prix : MM. J. Gaillard et G. Fabry. .

1ʳᵉ DIVISION. — 1ᵉʳ prix : M. J. Gérardy (à l'unanimité).

CONCOURS SUPÉRIEUR DE VIOLONCELLE. — M. Henri Gillet (médaille en argent à l'unanimité).

Contre-basse (2ᵉ DIVISION). — 2ᵉ prix : M. J. Closset.

Violon (inférieur). — 1ᵉʳ prix : M. Mathieu Lejeune (à l'unanimité) ; 2ᵉ prix : M. Prosper Lincé.

Violon (supérieur). — 1ᵉʳ prix : M. Jean Kefer (à l'unanimité) ; 2ᵉ prix : M. Firmin Derbaudrenghien (à l'unanimité).

Chant (hommes) ; 2ᵉ prix : M. A. de Thier (à l'unanimité).

Chant (jeunes filles) — 2ᵉ prix : Mˡˡᵉ Victorine Timister.

CONCOURS SUPÉRIEUR DE CHANT. — Mˡˡᵉ Félicie Arnold (médaille en argent).

Nouvelles diverses

De plus en plus surprenant, le *Ménestrel*. Il publie, en ce moment, un travail naïvement révélateur, de M. P. Lacome où celui-ci explique aux populations étonnées de France et de Navarre, — et aux lecteurs du *Ménestrel* en particulier, — que pas une race n'a brillé à l'égal de la française dans la poésie héroïque et dans l'épopée, et qu'il y a plusieurs cycles de poèmes merveilleux peu connus dans les collèges et les universités de France.

Quoique ces articles n'apprennent rien de nouveau, nous en recommandons la lecture à notre ami Moreno. Il y pourra apprendre que quelques-unes des inventions et des fantaisies les plus nébuleuses de Wagner sont tout uniment d'aimables caprices de l'imagination si claire et si constamment limpide du génie français, — ce qu'il a paru ignorer jusqu'ici, comme beaucoup d'autres de ses confrères de la critique littéraire et musicale aussi ferrés que lui sur les origines poétiques de la France.

Lire dans le même numéro les lettres de Bayreuth de M. Amédée Boutarel, qui fait de surprenantes découvertes dans *Parsifal* et dans les *Maîtres Chanteurs*.

Qui prétend que le *Ménestrel* n'est pas amusant ?

Les trois derniers numéros sont prodigieusement gais.

La *Revue wagnérienne*, fondée à Paris en février 1885 par M. Ed. Dujardin, a cessé d'exister. Le dernier numéro, publié après un long retard, a paru au mois d'août, et c'est M. Alfred Ernst, l'auteur d'un ouvrage estimé (*Richard Wagner et le Drame contemporain* (1), qui s'en explique de la manière suivante :

« Il plaît à la direction de la *Revue* d'interrompre la publication de ces annales, qui furent, en quelque façon, les *Actes des apôtres* de l'église wagnérienne française... Ayant cru devoir, à la fin de 1886, intervenir activement dans la rédaction de la *Revue wagnérienne*, je m'efforçai d'en modifier la tendance primitive, d'en élargir la propagande et l'idée, tâchant à réparer les maux issus d'un conflit récent, que nos lecteurs n'ont pas oublié, et sur lequel je n'ai pas à porter d'appréciation. »

M. Ernst avoue lui-même qu'il ne réussit point dans sa tentative. Il regnait malheureusement à la *Revue wagnérienne* un esprit d'exclusivisme, qui, joint aux allures décadentes et aux drôleries souvent relevées par la presse quotidienne, devait infailliblement la couvrir de ridicule. C'est ce qui arriva. Et pourtant les trois volumes, aujourd'hui complets, et qui deviendront par le temps une rareté bibliographique, renferment d'excellents travaux, très instructifs et des études consciencieuses, notamment celles qui sont dues à M. Houston Stewart Chamberlain, un érudit et un critique de premier ordre. Que lui manquait-il pour subsister, à cette revue née sur une terre réfractaire ? Un peu plus de sens commun, de la simplicité dans les mœurs et moins d'outrecuidance à l'égard d'autrui. La direction n'a pas compris ou n'a pas voulu comprendre que le triomphe de l'idée wagnérienne était à ce prix. Elle aura certainement contribué pour une part à enrayer le mouvement qui se produisait naguère à Paris, sous l'active impulsion de M. Lamoureux.

On commence déjà, à Berlin, à préparer la saison des concerts de l'hiver prochain. La Société philharmonique annonce, dès à présent, une exécution de la 9ᵉ symphonie de Beethoven sous la direction de Hans de Bülow. Le célèbre chef d'orchestre dirigera le premier concert de l'orchestre philharmonique, qui aura lieu, le 15 octobre, avec le concours du pianiste Eugène d'Albert. On y entendra la belle symphonie en *si* de Schubert. Une autre institution concertante, les *Nouveaux Concerts d'abonnement*, donnera des auditions orchestrales et vocales sous la direction du kapellmeister Arthur Nikisch, de Leipzig. Dès à présent, on annonce l'apparition de Mᵐᵉ Thérèse Malten, Sofie Menter, Rosa Papier, du pianiste Firedheim, etc.

L'Opéra de Berlin a rouvert ses portes le 17 août avec le *Freyschütz*. Deux jours après, le 19, on y donnait la centième du

Trompette de Sachingen de Nessler. Le 22, le nouveau kapellmeister, M. Sucher, a pris possession du pupitre et a dirigé *Lohengrin*.

Dans le courant du mois, il y aura des représentations de *Tristan et Iseult* avec Niemann et Mᵐᵉ Sucher. A propos de Niemann, signalons une particularité peu connue. Le 16 août dernier, le célèbre ténor aurait pu célébrer le 35ᵉ anniversaire de son début sur la scène berlinoise. C'est en effet le 16 août 1853 qu'il chanta pour la première fois dans la *Norma* de Bellini.

Les journaux de musique allemands font grand éloge du jeune kapellmeister Wilhelm Bruch, depuis peu nommé à Fribourg-en-Brisgau et qui s'est fait connaître par un grand opéra *Hirlanda*, joué, il y a deux ans, à Mayence avec succès. M. Bruch, qui est le neveu et l'élève de Max Bruch, l'auteur du concerto de violon, de *Schœn Ellen*, de l'*Odyssée* et d'autres grandes compositions orchestrales et chorales, travaille, en ce moment, à un nouvel opéra, ce qui ne l'empêche pas de donner tous ses soins à l'orchestre municipal avec lequel il a organisé des concerts d'abonnement aujourd'hui très courus et dont les attrayants programmes comprennent toute la littérature symphonique moderne, depuis Wagner jusqu'aux jeunes maîtres français contemporains.

Le théâtre de Francfort monte, en ce moment, la Tétralogie complète des *Nibelungen*. *Rheingold* et la *Walkure* ont été donnés déjà trois fois depuis quinze jours ; *Siegfried* passera probablement cette semaine ; le *Crépuscule* suivra de près.

A Dresde, on vient également de donner le Tétralogie de Wagner qui demeurera au répertoire pendant tout le mois de septembre.

Angelo Neumann, l'impresario qui donna, en 1883, dans nombre de villes de l'Allemagne et de la Hollande, et à Bruxelles des représentations de l'*Anneau du Nibelung*, vient d'être chargé de présider à l'exécution de la Tétralogie à Saint-Pétersbourg.

La *Tribune* de New-York raconte une entrevue de son rédacteur, M. Louis-C. Elson, avec Mᵐᵉ Cosima Wagner, au cours de laquelle le journaliste américain aurait affirmé à la veuve de Richard Wagner qu'il y avait, à sa connaissance, cinquante Américains présents à Bayreuth et qu'il ne doutait pas que le nombre de ses compatriotes atteindrait au-delà de deux cents avant la fin des représentations bayreuthiennes.

A ce propos, faisons un peu de statistique : *Parsifal* a été joué neuf fois, et les *Maîtres Chanteurs* huit, cette année, à Bayreuth. Malgré les frais que se sont élevés à la somme de 450,000 francs (340,000 marcs), y compris 80,000 marcs pour le nouvel éclairage électrique, il reste un bénéfice considérable, le public ayant été plus affluent qu'à tous les autres précédents festivals.

Au théâtre de Prague, la première des *Trois Pintos*, l'opéra comique posthume de Weber, a obtenu un éclatant succès.

On annonce, dit le *Ménestrel*, la publication prochaine d'un oratorio posthume de Franz Liszt : *Via Crucis*, dont le manuscrit aurait été trouvé récemment parmi les papiers du maître.

La direction du *Musical World* passe des mains de M. Hueffer dans celles de M. Edgar-F. Jacques, l'un des collaborateurs au *Meister*, organe de l'Association wagnérienne de Londres.

Il serait puéril de tirer du récent succès de la saison italienne à Covent Garden cette conclusion que le genre italien revient à la mode. Un simple coup d'œil jeté sur le répertoire des œuvres montées par M. Harris suffit à le démontrer. Les opéras qui ont eu le plus de représentations sont : *Faust* (7), *Lohengrin* (6) et *Carmen* (5). Sur 48 représentations, on en compte 13 d'opéras français, 20 d'opéras allemands et quinze d'opéras italiens. Encore ces derniers sont-ils au nombre de 10 (en y comprenant *Guillaume Tell*) et aucun d'eux n'a été chanté plus de deux fois. Comme le nombre total des opéras représentés est de dix-neuf, on doit en déduire : Que 10 opéras italiens n'ont donné que 15 représentations, tandis que 9 opéras français et allemands ont produit 33 représentations !

Là conclusion à tirer de ces chiffres nous paraît décisive.

Les « performances » en plein air semblent devoir s'acclimater aux États-Unis, à en juger par la réussite que vient d'obtenir la représentation à Masconomo House (Manchester-sur-Mer) du *Songe d'une nuit d'été* de Shakespeare, à la place même où l'on jouait l'été dernier : *Comme il vous plaira*, une des jolies comédies du grand dramaturge anglais. Cette représentation, qui a des rapports avec celles qui viennent d'avoir lieu au théâtre d'Orange, était donnée avec la musique de Mendelssohn. L'effet produit a été excellent, grâce aux interprètes, grâce aussi aux lumières de calcium qui ont remplacé le soleil, — le vrai soleil, — sur la collaboration duquel on était peu en droit de compter.

(1) Librairie moderne, Paris, 1885.

L'Académie Trentano de Naples, dont S. M. le roi d'Italie et S. A. R. le prince Amadeo, sont les protecteurs, vient de nommer membre honoraire Mme Emma Weismann, à Anvers, l'éminente cantatrice, et lui a décerné la grande médaille d'or avec la couronne royale.

BOITE AUX LETTRES

A une abonnée du Guide *à Louvain.* — Nous regrettons de ne pouvoir consacrer en ce moment un article aux questions qui vous intéressent. Nous y viendrons un jour. En attendant, nous nous permettons de vous renvoyer à l'article paru dans le *Guide* en 1882, lors de la première de *Parsifal*, et de vous signaler, outre les études parues dans la *Revue wagnérienne*, le très éloquent chapitre consacré à *Parsifal* dans le livre de M. Alfred Ernst : *Richard Wagner et le drame contemporain.*

BIBLIOGRAPHIE

STENKA RAZINE, poème symphonique pour orchestre, par Glazounow. Leipzig, Relateff; partition et réduction pour piano à quatre mains.

Cette nouvelle œuvre du jeune mais déjà célèbre auteur du *Quatuor*, de l'*Élégie sur la mort d'un héros*, etc., marque un stade important dans les progrès d'un talent déjà sûr de lui-même. Parfois descriptif, ce poème symphonique révèle aussi une profonde analyse des sentiments. Voyons quel en est le sujet, exposé, du reste, par quelques lignes de texte.

Le Volga, le grand fleuve, est paisible et majestueux dans son repos; on entend s'approcher le chant populaire des mariniers, contrapointé sur la basse du thème du fleuve. Bientôt, quelques éclats de trompette annoncent l'arrivée des hordes barbares du guerrier ataman Stenka Razine. Il vient ravager les rives fertiles; un motif de dévastation parcourt l'orchestre, sorte de frémissement sauvage, porté par toutes les voix des instruments.

Mais, au milieu de ces guerriers, se trouve la maîtresse de leur chef, doucement couchée aux cousines de l'une des barques. Elle sommeille : tout s'apaise; un rêve passe dans son esprit. « La voix des femmes aimées » dit quelques douces notes, les répète sur un poétique accompagnement de violon, sorte de psalmodie qui fait bien penser au vague du songe, le développe ensuite en phrases qui deviennent douloureuses. La jeune femme a deviné que son bonheur serait de courte durée, que son amant serait bientôt vaincu et qu'elle-même périrait dans les flots. Le thème barbare reprend l'orchestre, toujours bercé du *Leitmotiv* du rêve; on entend de nouveau le chant des mariniers : la lutte commence avec les riveralns; c'est l'accomplissement du pressentiment, dont le motif revient encore une fois, affolé, déchirant.

Pourtant Stenka est vaincu : ne voulant pas livrer sa maîtresse, lui-même la précipite dans le fleuve après la dernière supplication du thème du rêve. Un instant de calme, où l'on n'entend plus que les vagues, puis la lutte reprend, acharnée, féroce, entre les sauvages ennemis que la mort seule calmera.

Tel est le sujet du poème que M. Glazounow a dédié à la mémoire de Borodine, de cette dramatique légende, il a su tirer une poignante épopée en mettant au service de son remarquable tempérament toutes les ressources d'un art qu'il connaît à fond.

F. V. D.

LA VIE POUR LE CZAR, grand opéra en 5 actes, musique de Glinka, paroles françaises de Jules Ruelle et Michel Delènes. — Paris, V. Durdilly et Cie, éditeurs, 1888. — Le nom de Glinka est universellement connu; son œuvre, en dehors de quelques pièces symphoniques et de quelques mélodies célèbres, l'est beaucoup moins. Cela s'explique; ses ouvrages dramatiques n'ont pas passé jusqu'ici sur les scènes étrangères, même la *Vie pour le Czar*, l'opéra le plus populaire et le plus souvent joué du maître russe. En donnant de ce chef-d'œuvre une version française, M. V. Durdilly et Cie ont donc rendu un grand service aux artistes et aux amateurs français qui n'ont plus aucune raison désormais d'ignorer cette noble et émouvante partition. Il serait vraiment intéressant de voir ce drame puissant passer sur une de nos scènes lyriques. Bien que la *Vie pour le Czar* date d'une quarantaine d'années, l'ouvrage n'a vieilli qu'en quelques-unes de ses parties : ici un air à roulades, là une *romance* d'un tour démodé; mais ce sont quelques pages tout au plus. Le reste est demeuré d'une originalité saisissante et d'un sentiment dramatique. Toute la partie chorale me semble particulièrement captivante, autant par le caractère national des thèmes que par l'intérêt des développements qui sont d'un grand maître; et dans les récitatifs, qui ont parfois un accent d'une intensité d'expression peu commune, on sent palpiter une grande âme de poète. Il y a dans toute cette partition un souffle puissant et un charme élevé qui rappellent Beethoven, sans qu'il y ait d'ailleurs filiation directe. Se trouvera-t-il en Occident pour tenter l'acclimatation de ce chef-d'œuvre russe? Nous le souhaitons. En attendant, signalons aux amateurs et aux musiciens la version française de

cette grande et belle œuvre; MM. Ruelle et Delènes se sont acquittés de leur tâche en habiles adaptateurs, et l'œuvre est de valeur trop haute pour ne pas intéresser, même à la simple lecture.

M. K.

ÉLÉVATION, OFFERTOIRE, PRIÈRE, par Victor Marchot. — Ces trois pièces d'orgue ont même caractère : simplicité d'idée et de facture. Nous préférons la *Prière*, dont l'inspiration n'est pas sans charme. Recommandé aux organistes. Ces trois morceaux font partie du Répertoire de pièces faciles et chantantes pour orgue ou harmonium, publié par la maison Muraille, à Liège.

'T MOLENRAD (LE MOULIN) ET LIEF DUIFKEN (GENTILLE COLOMBE), deux lieder flamands mis en musique par M. Joseph d'Hooghe. Aimables compositions, dans le ton populaire et non sans saveur, particulièrement le *Moulin*, qui est piquant et spirituel. Ces deux lieder font partie du recueil des *Nederlandsche Zangstukken* (chants néerlandais) publiés à Louvain, par Karel Peeters.

Signalons également, à Paris, une nouvelle *Revue contemporaine* qui se publie, 17, rue de Rennes. Outre des travaux d'histoire, d'économie politique, de littérature, la *Revue contemporaine*, qui paraît mensuellement, consacrera des chroniques aux choses de l'art, à la musique et au théâtre.

Nous rendrons compte prochainement des ouvrages suivants, dont nous avons reçu un exemplaire : *Isaïas*, oratorio de Giuseppe Mancinelli; *Franciscus*, oratorio en trois parties d'Edgard Tinel; *Wie haben wir Musik*, par Hugo Riemann; et *die Deutsche Tonkunst*, par L. Meinardus.

La *Jeune Fille*, tel est le titre d'un journal hebdomadaire dirigé par des femmes du monde, dont nous avons reçu, la semaine passée, le premier numéro. Souhaitons bonne chance à ce nouveau confrère. Cette revue se publie chez Mucquardt, à Bruxelles.

IL TEATRO ILLUSTRATO (Milan, Sonzogno). Livraison du mois d'août. *Illustration avec texts :* Giovanni de Reské (portrait); le nouveau théâtre d'Odessa; album de costumes allemands de 1400 à 1500. *Texts :* La société italienne des auteurs; concours du Conservatoire de musique; correspondances de Venise, Paris, Bayreuth, Berlin; opéras nouveaux : *Dartagnan* de Dionesi; le nouveau drame espagnol; *Tristan et Isolde* de R. Wagner (suite); un ouvrage d'Ernesto Rossi; bibliographie musicale; conférence sur les droits d'auteurs; bulletin du mois.

Musique: Chants slaves, fantaisie pour piano et violon de G. Zaytz.

ÉPHÉMÉRIDES MUSICALES

Le 7 septembre 1863, à Spa, dans un concert donné par la Société des jeux, M. Alphonse Mailly se fait entendre sur l'harmonium en exécutant plusieurs morceaux de sa composition. Cette fois encore, l'habile organiste s'est montré digne de lui-même et de sa haute réputation (Voir ALBIN BODY, *le Théâtre et la musique à Spa*, p. 215.)

— Les 8, 9 et 10 septembre 1873, à Spa, festival à l'instar de ceux qu'on donne en Allemagne et dont le principal attrait était le symphonie encore inconnue en Belgique : *Im Walde*, de Raff, sous la direction du maître.

1re Journée : Symphonie en la de Beethoven; l'ouverture du *Tannhauser* de Wagner; Fragments d'*Antigone* de Mendelssohn, les *Ruines d'Athènes* de Beethoven; une marche de Rubinstein; *Chœur des soldats* de Soubre.

2e Journée : *Im Walde*, symphonie en quatre parties. Sous l'action puissante de Raff, l'œuvre est acclamée et redemandée pour le lendemain.

L'introduction de *Lohengrin* de Wagner, la première partie du concerto de violon de Beethoven, jouée par Jehin-Prume; le *Carnaval romain* de Berlioz; un air des *Noces de Figaro* chanté par Mme Vercken complétaient la partie symphonique de cette deuxième journée.

3e Journée. Même succès, et plus plus grand que la veille. Outre la symphonie *Im Walde*, on entend encore une ouverture de Raff, *Eine Feste Burg*; des airs chantés par Mme Cabel et Vercken, ainsi que des morceaux exécutés par Jehin-Prume et le violoncelliste Jules Deswert.

En dehors de Raff, l'orchestre fut conduit tour à tour par Daussoigne-Méhul fils, J. Deswert et Guilleaume. (Voir ALBIN BODY, *ut supra*, p. 232.)

— Le 11 septembre 1826 à Bruxelles, *la Vieille*, un acte de Fétis, « un maître fort habile et un savant théoricien; aussi, ce qu'on peut lui conseiller de mieux, c'est de faire des *traités d'harmonie*, et ne pas travailler pour le théâtre : ses élèves y gagneront et le public aussi. » (*Aristargue des spectacles*, numéro du 17 septembre.)

« Quelques chants gracieux et le jeu de Mlle Lemesle ont conduit jusqu'à la fin ce long petit acte, mais en cas de récidive, nous ne répondrons de rien. » *(Courrier des Pays-Bas du 14 septembre.)*

« Récidive » il y a eu, car *la Vieille* fut jouée cinq fois pendant l'année 1826; elle reparut en 1838, mais pour ne plus se relever. Au théâtre du Parc, où elle trouva momentanément un abri, la pauvre vieille y fut si maltraitée qu'elle resta sur le carreau. (20 déc. 1860.)

Les premières : à Paris, 14 mars 1826; à Gand, 26 septembre 1826; à Liége, 29 janvier 1827; à Anvers, 9 décembre 1827. (Voir, au surplus, *Guide mus.*, 12 mars 1885.)

Puisque de Fétis il s'agit, transcrivons ici une de ses lettres par laquelle le futur directeur du Conservatoire de Bruxelles, — huit ans avant son retour en Belgique, — nous fait connaître la malechance qui le poursuivait à Paris. Cette lettre, datée du 25 février 1825, est adressée à Guilbert de Pixérécourt, directeur de l'Opéra-Comique. L'autographe est dans la collection Dentu.

« Monsieur,

» La répugnance que j'éprouve à solliciter m'a, jusqu'à ce moment, empêché d'élever la voix contre l'espèce de proscription qui pèse sur moi au théâtre que vous dirigez; mais, enfin, comme père d'une nombreuse famille, je lui dois d'user de tout mon pouvoir pour améliorer son sort, et je viens réclamer de vous une justice qui, je crois, m'est due, et comme homme et comme artiste; comme homme, je ne pense pas vous avoir jamais donné lieu de vous plaindre de moi; comme artiste, la réputation dont je jouis et le sentiment que j'ai de mon talent me persuadent que je peux avoir autant de droits qu'un autre à la bienveillance de l'Administration. Cependant je vois jouer et reprendre chaque jour des ouvrages ignominieusement tombés et que l'on croyait disparus pour jamais du répertoire, tandis que moi, dont l'opéra des *Jumelles*, malgré son succès, est arrêté, depuis plus d'un an, par l'inconcevable caprice de l'un des acteurs, je ne puis même être indemnisé du tort que m'a fait cette interruption par la représentation de *Marie Stuart*. Cependant cet ouvrage n'est pas plus mauvais que beaucoup d'autres qui sont plus favorisés, sa dernière représentation a produit 2,500 francs, son nom sur l'affiche ne ferait pas plus mal que *Richard*, qui y figure quelquefois, et ne coûterait pas plus de peine à mettre, puisque tous les rôles sont sus. D'ailleurs, qui sait si cet ouvrage ne jouirait pas de quelque faveur aujourd'hui auprès du public? Votre excellente administration, Monsieur, ayant ramené ce public au théâtre Feydeau, nous voyons aujourd'hui des spectacles qui faisaient autrefois cent écus produire plus de deux mille francs ou cent louis.

» J'ai trop confiance en votre justice, Monsieur, pour croire que la démarche que je fais auprès de vous soit sans résultat, et vous prie de me croire en attendant,

» Votre très humble serviteur,　　　　　　　FÉTIS. »

— Le 12 septembre 1834, à Anvers, *le Comte Ory*, deux actes de Rossini. Grand succès. Musique délicieuse. Canaple, Derivis, Mᵐᵉ Ferry-Fay, très applaudis. (BOVY, *Annales du théâtre royal d'Anvers*.)

Les premières à Paris, 20 août 1828; à Liége, 27 février 1829; à Bruxelles, 24 août 1829; à Vienne, *Graf Ory*, 3 novembre 1829.

— Le 13 septembre, Mᵐᵉ veuve Robert Schumann, née Clara-Joséphine Wieck. Leipzig 1819, entre dans sa soixante-dixième année. Toujours sur la brèche, la vaillante artiste s'est encore fait entendre cet été dans des concerts à Londres, l'âge ne lui ayant rien ôté de son talent. (Voir Ephém. *Guide mus.*, 9 septembre 1886.)

Nécrologie

Sont décédés :

A Marseille, Ferdinand Ginouvès, né à Cayenne, en novembre 1844, pianiste, compositeur et professeur au Conservatoire de cette ville.

—A Bruhl, près de Bonn, à l'âge de 78 ans, Gérard Brassin, chanteur et acteur de talent, longtemps attaché au théâtre de Leipzig. Gérard Brassin était le père de Louis Brassin, le grand pianiste qui a laissé à Bruxelles de si profonds regrets. Gérard Brassin était un artiste de talent et il avait fait des créations importantes. C'est lui qui joua Tellramund dans le *Lohengrin* de Wagner lors de la première exécution de cette œuvre à Leipzig, et il passait, de son temps, pour un des meilleurs Don Juan de la scène allemande. Il avait fait partie de la troupe d'opéra allemand qui alla, vers 1834, donner à Paris des représentations de *Freyschütz* et de *Don Juan*, salle Ventadour. Boïeldieu l'avait alors remarqué. C'était un artiste consciencieux et un parfait honnête homme.

— A Londres, le 20 août, William Chappell, né dans cette ville, le 20 novembre 1809, ancien éditeur de musique, écrivain sur la musique et fondateur de la *Musical Antiquarian Society*. (Voir GROVE, *Dictionary of music*, t. I, p. 339; *Musical Times* 1ᵉʳ sept.)

— A Philadelphie, le 1ᵉʳ août, Rodolph Herold, né en Saxe en 1834, chef d'orchestre, organiste, pianiste établi en Amérique depuis 1852. Il avait fait ses études au Conservatoire de Leipzig. (Notice, *American Art Journal* (11 août).

XXXIVᵉ ANNÉE — 13 septembre 1888 — NUMÉRO 37

Paraissant tous les jeudis.

ABONNEMENT	SCHOTT FRÈRES, ÉDITEURS.	ANNONCES
FRANCE et BELGIQUE : Avec musique 25 francs.	Paris, Boulevard Montmartre, 19	S'adresser à l'Administration du Journal.
— — Texte seul . 10 —	Bruxelles, Montagne de la Cour, 82	On traite à forfait.
UNION POSTALE :	— — 12 —	

Un Symphoniste de l'Avenir

ANTOINE BRUCKNER

(Suite et fin.)

Si franchement moderne qu'elle soit, la septième symphonie de Bruckner adopte néanmoins les grands contours de la forme « classique », bien distincte en cela de l'école symphonique « néo-allemande », qui dérive du « poème symphonique » lisztien (1), et de celle de la symphonie à « motifs conducteurs » *(Leit-motive)*, créée par Berlioz, Schumann et Liszt (2).

L'œuvre est inégale ; je le veux bien, un peu bizarre, hachée par moments, mais elle est la manifestation magistrale et absolument originale, d'un cerveau puissant, le discours impérieux, passionné d'un orateur musical qui ne parle que parce qu'il sent en lui du beau, du grand, du sublime, qui, plus fort que lui, se répand au dehors, tout d'un jet, chaud encore de l'âme d'où il sort. On peut appliquer ici le mot de Gœthe : « le cœur ne reçoit que ce qui est venu du cœur. » C'est, pour tout dire, la création d'un des rarissimes élus, émergeant de la foule encombrante des appelés (3).

(1) Représentée de nos jours, en premier lieu : en France, par Saint-Saëns ; en Belgique, par Erasme Raway ; en Russie, par Rimski-Korsakow ; en Allemagne, par Joseph Huber et Paul Geisler.

(2) *Faust.* Voir mes *Notes esthétiques et historiques sur le Motif de réminiscences.* (*Revue wagnérienne*, 1886, p. 257.)

(3) Qu'ils s'appellent Rubinstein ou Goldmark, Bruch ou Gernsheim... Je passe une foule et non pas « des meilleurs » de ces dieux mineurs contemporains de l'art allemand. Infatigables, ils continuent d'encombrer le marché

Dans tel épisode, incontestablement, l'influence de Beethoven et de Wagner est manifeste. — *Zwei gute Meister*, comme dirait Hans Sachs (1). — Cependant je n'y ai rencontré qu'à de rares intervalles des réminiscences proprement dites, des ressouvenirs textuels. C'est surtout dans le coloris instrumental que se fait sentir l'influence du maître de « Bayreuth ».

Comme la huitième symphonie de Beethoven, comme celles en *sol* et en *ut* du grand Précurseur, le premier morceau, — *allegro moderato*, — débute, sans exposition ni introduction aucune, par le thème principal : une mélodie enchanteresse, d'une poésie tendre, délicieusement suave, surgissant des profondeurs des violoncelles et du cor, à travers le voile léger, transparent de *trémolos* des violons, et reprise ensuite par les violons, dans des régions plus élevées, en toute sa pureté et sa sérénité. Ce début est une des pages les plus séduisantes, les plus fascinantes que je connaisse. Le dernier épisode, du premier allegro, non moins superbe, est formé par un long *decrescendo*, bâti sur une pédale des timbales, où tout semble s'anéantir, se mourir. L'idée cependant se redresse ensuite, et s'élève en une explosion finale, savamment ménagée par un long développement, à une conclusion grandiose, d'une puissance vraiment écrasante, — sans quitter presque la tonique (*mi* majeur) en un *fortissimo, tutti*, ininterrompu. Cette conclusion rappelle peut-être d'un peu trop près les dernières pages du *Rheingold*, et celles de la *Walküre*..... Voici même les flûtes qui,

symphonique de leurs produits. Il faut en excepter l'unique Brahms, auquel je reviendrai au cours de cette étude.

(1) Deux bons maîtres, dit Hans Sachs à Walther, lorsque celui-ci, interrogé, répond qu'il a appris la poésie dans un vieux bouquin, *Walther von der Vogelweide*, et que son autre maître est le printemps.

planant au-dessus des masses déchaînées de l'orchestre, entament textuellement la tendre mélodie du sommeil enchanté de Brunehilde !

Les thèmes noblement tragiques, gravement pathétiques, alternant avec des chants élégiaques, le caractère funèbre, le sentiment intense, l'émotion profonde de l'*Adagio*, — *Serh feierlich*, — élèvent cette page émouvante et de grandes dimensions au rang du morceau lent le plus sublime peut-être que je connaisse après les grands adagios du maître absolu de la symphonie: de Beethoven. Un second thème,—*moderato*, — un chant mélodique tendrement consolateur, d'une beauté pénétrante en *fa* dièse majeur, est chanté tout d'abord par les cordes, formant contraste touchant avec la gravité presque sépulcrale du thème principal. Vers la fin de l'adagio, se trouve un long et immense *crescendo*, dont le point culminant est marqué par un seul et formidable coup de cymbales, qu'on pourrait qualifier de « wagnérien » (1), et un court tintement de triangle. Mais on remarque avant tout, dans ce morceau, un effet de coloris instrumental inoubliable, aussi curieux que réussi : l'emploi, — nouveau dans la symphonie, si je ne me trompe, — des fameux trombones-tubas (2) que Wagner a introduits dans l'orchestration de la *Tétralogie* et qu'il avait fait construire expressément en vue de Bayreuth. Dès les premières mesures, ils posent entièrement en *soli* le premier thème, en *ut* dièse mineur. C'est une inspiration hardie, géniale. La conception tout entière de cet *adagio* est émanée, au dire de l'auteur lui-même, de son inexplicable pressentiment de la mort prochaine de Wagner, véritable obsession qui le poursuivait et se réalisa trop tôt, le 13 février 1883. Merveilleux est l'effet produit par la sonorité magnifiquement lugubre (3) de ces tubas, tantôt mêlés aux cordes au registre grave, tantôt formant la base harmonique de chants du cor ou du trombone, tantôt traités en quintette obligé. Et quelles merveilles de travail technique, de contre-point ! Cela ne tarit pas..... L'émotion qu'on éprouve est ineffable. C'est une de ces suprêmes et rares sensations de « grand art », auxquelles s'applique le mot naïf et touchant de Schumann : « Devant ces beautés, on ne saurait qu'admirer et se taire (4). »

Les professeurs et les adeptes de la *Hochschule* de Berlin (directeur Joachim), prosternés jour et nuit, devant l'autel de leur idole Brahms, eurent le sang-froid de confesser, avec une moue indéfinissable, après l'exécution de cet ineffable *adagio*, qu'ils ne se croiraient guère capables d'écouter pareille musique une seconde fois !... Qu'importe ! Il est heureux que certaines œuvres ne soient pas admirées par certaines gens.

D'un bout à l'autre, le *Scherzo* en *la* mineur, est étincelant d'entrain et de verve. Par le rythme piquant, et aussi par le caractère mélodique, il rappelle le *Scherzo* de la « Neuvième ». L'idée d'en confier le thème principal à la première trompette est un caprice d'un curieux effet humoristique. Le flot de ce *scherzo* est interrompu par un *trio* un peu lent, délicieux et d'un grand charme mélodique. Il est préparé par de sourds coups des timbales seules (1).

Le morceau le plus bizarre, le plus original en même temps, est le *finale*, abondant en oppositions violentes, orageuses, voulues évidemment, comme l'indique la confession de l'auteur, en tête du morceau : « Lutte d'une âme humaine, qui, au lieu de la paix, n'aspire qu'au combat et s'élance impétueusement, pleine de confiance en soi-même, vers des buts particuliers ».

Toutefois, il y a là beaucoup de traits plutôt séduisants et spirituels : le premier thème pour les cordes, par exemple, très piquant, très vif, très étincelant. Dans les dernières pages, l'éclat est superbe et couronne triomphalement cette grande œuvre.

Ce fut la première de *Tristan* à Munich, en juin 1865, qui, pour Bruckner, organiste alors de la cathédrale de Linz, devint le chemin de Damas, la révélation suprême.

Plus tard, il supplia l'auteur des *Maîtres Chanteurs* (cette œuvre était encore manuscrite à ce moment) de lui permettre d'en exécuter, sous sa direction, longtemps avant la « première » de Munich, quelque fragment ; Wagner lui céda les chœurs finals, que la *Liedertafel* de Linz, dont Bruckner était le directeur, exécuta de la sorte pour la première fois. Lorsque, en 1873, le Maître accepta la dédicace de sa troisième symphonie, à Wahnfried même, où Bruckner lui avait rendu visite, celui-ci, comme il l'a confessé, éprouva la joie la plus intime de sa vie. Deux ans après, Wagner, se rendant à Vienne pour l'exécution de fragments inédits du *Crépuscule des dieux*, aperçut Bruckner parmi ceux qui l'attendaient à la gare ; il lui cria de loin : « Il faudra exécuter la symphonie ! » Et encore un an plus tard, l'apercevant pendant une des répétitions du *Ring*, il dit à haute voix : « Mon ami est là, nous exécuterons la symphonie ! » promesse que Wagner réitéra peu avant sa mort en disant : « Soyez tranquille, mon cher ; moi-même je ferai exécuter toutes vos symphonies... » promesse qui devait rester vaine, malheureusement ! Bruckner figure invariablement parmi les fidèles des festivals bayreuthiens, ignoré toutefois de la foule des dilettanti qui s'y pressent.

Quant à la fameuse controverse entre les clans des

---

(1) Voir le prélude de *Lohengrin* et, surtout, celui des *Maîtres Chanteurs*. On serait presque tenté de s'étonner de l'absence de ce coup de foudre, au point culminant du prélude de *Tristan*.

(2) Deux de ténor, deux de basse, un de contre-basse.

(3) On pourrait considérer, si l'on veut, comme l'*embryon* de ce coloris la combinaison inoubliable de basse-tuba et de contre-basse, aux premières mesures de l'ouverture de *Faust* de Wagner.

(4) A propos de l'*allegretto scherzando* de la huitième symphonie.

(1) Ces effets, si fréquents chez Wagner, me semblent dériver des sublimes notes mystiques, en rythme, coupé, des timbales, à la dernière page de la Grand'Messe en *ré*.

deux maîtres viennois, Bruckner et Brahms, hors desquels, en Allemagne, il n'y a point aujourd'hui de salut en matière d'art symphonique, on serait presque tenté de dire qu'ils n'ont seulement de commun que l'allitération de leurs noms. Laissons, si vous le voulez, cette querelle m'entraînerait trop loin.

Qu'on me permette seulement d'ajouter que l'œuvre symphonique de Bruckner me semble atteindre bien davantage l'idéal dès longtemps entrevu d'une réforme de la symphonie dans le sens vraiment moderne, qui irait de pair avec la réforme wagnérienne de la musique dramatique (1); les superbes symphonies de Brahms, malgré leur indiscutable et immense valeur musicale, et les merveilles de travail technique et de contre-point qu'elles renferment, pourraient tout aussi bien avoir été écrites il y a vingt ou trente ans.

Mieux vaut, à coup sûr, abandonner ce débat toujours stérile, dans lequel il semble impossible de convaincre la partie adverse. Réjouissons-nous plutôt de ce que la période actuelle de l'art musical puisse se glorifier de compter deux génies de cette puissance dans une seule et même branche de l'art ! Laissons impartialement à Brahms ce qui est à Brahms, rendons à Bruckner ce qui est à Bruckner !

J. Van Santen Kolff.

FRANCISCUS

Oratorio pour soli, chœur, orgue et orchestre, poème flamand de L.:De Koninck, musique d'Edgard Tinel, exécuté pour la première fois à Malines, le 22 août 1888.

Franciscus est un oratorio en trois parties, qui raconte la légende du fondateur de l'ordre des Franciscains, saint François d'Assise. Ce n'est pas la première fois que celui-ci inspire musiciens, peintres et poètes. Saint François est une des figures les plus touchantes de la chrétienté : son amour pour l'humble et le faible lui fait, à côté de son rôle dans l'histoire de l'Église et des ordres monastiques, une belle place dans l'histoire de l'humanité.

Le poète flamand qui a écrit le livret de cet oratorio n'a-t-il pas compris le parti qu'il y avait à tirer de ces deux aspects; a-t-il dû se soumettre à des restrictions qui n'ont pas laissé toute liberté à son inspiration poétique? Il ne nous appartient pas de l'examiner. Nous n'avons à juger que l'œuvre, qui est devant nous, et il faut bien convenir qu'elle est médiocrement intéressante.

M. De Koninck, — c'est l'auteur du livret flamand, — nous montre d'abord saint François dédaignant des joies mondaines, évitant les plaisirs terrestres, tout épris de l'image de la Pauvreté. Une voix du ciel l'appelle tout à coup à des jouissances plus pures : il renonce au monde.

La deuxième partie nous montre le génie de la Paix en lutte avec les Esprits de la Haine, de la Guerre et de l'Amour. Le génie de la Paix triomphe, et saint François chante de nouveau sa dame, la Pauvreté.

Troisième partie : le saint mourant est bénissant ses compagnons de prière; son convoi funèbre a lieu, puis les mortels et les anges le glorifient.

Dans ce poème, doit-on le dire, il n'y a, on le voit, nul intérêt dramatique, nulle gradation de sentiments. La

(1) En effet, je ne vois qu'un seul maître symphoniste qui soit resté debout après Beethoven, et il est mort, celui-là, il y a vingt ans...j'ai nommé le créateur de la musique symphonique moderne, toujours debout dans le superbe isolement de son génie, l'incomparable auteur de la *Fantastique* d'*Harold* et de *Roméo.*

seule originalité est dans l'adaptation des quelques idées empruntées aux poésies de saint François d'Assise et juxtaposées au texte de la légende plutôt qu'enchâssées dans le poème. M. De Koninck nous paraît avoir poussé si loin le respect et l'admiration pour son héros qu'il a mis pauvreté d'inspiration et de conception dans sa légende.

Il est assurément très étonnant que M. Edgard Tinel ait su tirer parti musicalement d'un pareil dénûment poétique : car l'œuvre qu'il nous a fait entendre est remarquable à plus d'un titre et marquera certainement dans la carrière du jeune directeur de l'École de musique religieuse de Malines.

La partition de M.Tinel avait paru (1), réduite pour piano et chant, longtemps avant la première exécution. L'impression que nous avait faite à la lecture la marche des idées ne s'est guère modifiée à l'exécution, comme aussi ce que l'on pouvait approximativement se figurer de l'instrumentation. Cette impression, hâtons-nous de le dire, est excellente. Comparé aux œuvres antérieures de M. Tinel, *Saint François* marque un progrès énorme.

L'instrumentation de M. Tinel est naturelle, par moments un peu chargée, mais ne contient rien qui vise uniquement à l'effet; c'est faire l'éloge du jeune compositeur que de constater cette simplicité de moyens en un temps où, trop souvent, le brillant de la forme revêt une absence à peu près totale d'idées. Toute sa partition est, à ce point de vue, écrite avec une habileté et une conscience auxquelles il faut rendre hommage.

En ce qui concerne l'expression musicale des idées poétiques, M. Tinel a particulièrement réussi les morceaux dans la forme du lied; aussi ont-ils obtenu les applaudissements chaleureux et mérités du public. Citons notamment : la *Ballade de la pauvreté* (1re partie), le *Chant de la pauvreté* (2e partie), le *Cantique du soleil* et le *Chant d'amour*. Dans la même catégorie, on peut ranger la *Danse* (avec chœur) de la première partie. Ces morceaux demeureront probablement les morceaux saillants pour le public. Mais, à côté de ces pages réussies, nous signalerons encore plusieurs chœurs et soli qui sont écrits dans le style de l'oratorio moderne, d'une grande animation et d'un très bel effet.

M. Tinel a évité la fugue, mais l'imitation domine. Les chœurs à quatre voix (soprano, alto, ténor et basse) alternent entre les voix d'hommes et les voix de femmes ; les soli sont, pour la plupart, écrits pour voix de ténor ou de soprano, quelques-uns même sont à quatre voix. L'idée de confier le récitatif mesuré aux chœurs n'est pas tout à fait une nouveauté, mais l'effet en est parfois très heureux. Il en est de ces récitatifs comme de tout moyen d'expression trop fréquemment employé : ils fatiguent, à la longue, à cause de l'uniformité du timbre. Nous avouons que, sauf le premier, très caractéristique d'ailleurs, les autres perdent quelque peu de leur intérêt après huit ou dix mesures. Dans la *Danse* (valse), le chœur produit même un effet troublant : le chœur (ténors *tutti*) se meut un peu lourdement à côté des légères figures dessinées par les violons; le coloris de tout ce morceau est trop longtemps le même. La monotonie qui en résulte aurait pu aisément être évitée, si M. Tinel avait fait intervenir, ne fût-ce que momentanément, par phrase, le soprano et l'alto.

Çà et là, on rencontre des pages pleines de difficultés pour le chœur, même pour un chœur exercé. Il nous semble qu'à l'exécution ces difficultés se sont encore trouvées augmentées par l'incertitude des mouvements. En général, à la lecture, nous nous étions figuré certains mouvements sous un tout autre aspect. Ils étaient manifestement trop lents dans le prélude et la marche funèbre, qui ont plus d'allure, et les longueurs des reprises eussent paru moins frappantes. M.Tinel, qui dirigeait son œuvre en personne, paraissait, du reste, un peu énervé, et c'est sans doute à quoi il faut attribuer le ralentissement ou la précipitation de certains mouvements. On nous assure qu'à la seconde exécution tout était à sa place. L'impression d'ensemble y aura certainement gagné. Les longueurs qu'on remarque dans certains chœurs résultent, d'ailleurs, aussi des trop fréquentes reprises des phrases principales.

Nous ne sommes pas de ceux qui reprocheront au jeune compositeur de s'inspirer de Mendelssohn, de Schumann et d'autres classiques. Il est si naturel de s'absorber dans les belles œuvres des grands maîtres et de s'assimiler leurs procédés d'écriture. Aussi bien, les maîtres eux-mêmes, Beethoven y compris, ont tous commencé

(1) Chez Breitkopf et Hærtel, Bruxelles et Leipzig.

par s'inspirer d'un modèle. Mais il importe qu'ensuite la personnalité se dégage nettement. Chez les uns, elle se manifeste plus tôt, chez les autres plus tard. En revoyant son œuvre à une certaine distance, M. Tinel sera le premier à reconnaître ce qui lui appartient en propre et ce qui s'inspire de la pensée et de la manière de ses auteurs favoris.

L'œuvre n'en reste pas moins une production remarquable et qui mérite les plus grands éloges. M. Tinel est un artiste sérieux, convaincu, plein de nobles idées et de beaux sentiments, qui travaille, qui étudie et qui est certainement l'un des mieux doués parmi les jeunes compositeurs belges. Son oratorio, qui est la première de ses œuvres de grandes dimensions, est bien au-dessus de ce qui s'est fait dans ce genre en Belgique, et le succès incontesté qui a couronné les efforts du jeune artiste lui sera, sans aucun doute, un puissant encouragement.

L'exécution a été, en somme, très satisfaisante. Les solistes étaient Mᵐᵉ Lemmens-Sherrington (la Voix du Ciel); MM. J. Rogmans (Franciscus), L. Van Hoof (le Génie de la Paix et le Génie de la Victoire), E. Van Hoof (l'Hôte et le Génie de la Guerre) et P. Van der Goten (un Veilleur de nuit et le Génie de la Haine), et ils ont fait preuve, les uns de talent, les autres de beaucoup de bonne volonté. Les chœurs ont été bons, excellents même pour une petite ville comme Malines ; l'orchestre, qui était celui de la Monnaie, nous a paru un peu agité. Somme toute, si l'on tient compte des difficultés inhérentes à la mise en œuvre d'une aussi vaste composition, le résultat obtenu fait grand honneur au jeune et actif directeur de l'École de musique religieuse, à qui l'assemblée mi laïque et mondaine, mi-ecclésiastique, n'a pas ménagé les applaudissements et les ovations.   X.

Chronique de la Semaine

PARIS

Nos scènes lyriques, subventionnées ou non, sont toujours au même point. En dehors des derniers et très complets renseignements donnés par le *Guide*, rien de bien particulier. Il faut pourtant signaler l'annonce de la mise en répétition à l'Opéra-Comique, pour cet hiver, des *Folies amoureuses*, trois actes de M. Lenéka d'après Regnard, mis en musique par M. André Messager.

La ville de Lille se prépare à faire honneur à son glorieux enfant, M. Édouard Lalo, en donnant une exécution très soignée du *Roi d'Ys* ; la municipalité a voté une subvention spéciale à cet effet. Nul doute que l'œuvre ne soit accueillie là-bas aussi bien qu'ici ; elle ne saurait l'être mieux.

Nos illustres faiseurs d'opéras se délassent de leurs rudes travaux en écrivant à l'envi. Il semble qu'ils se soient partagé la besogne : M. Massenet en adressant au *Galignani's Messenger* un dithyrambe en prose poétique sur le Conservatoire où il professe ; M. Saint-Saëns en prononçant dans la *France* un panégyrique sans mesure du R. P. Gounod, un des premiers compositeurs, paraît-il, de musique sacrée (prière de ne pas intervertir les termes)... Le Conservatoire d'une part, l'Institut de l'autre, auraient-ils donc tant besoin d'être défendus ?...

M. Massenet esquisse quelques vagues portraits de ses collègues en professorat. On peut supposer qu'il figure lui-même dans la galerie ; jugez-en : d'après lui, l'un de ces maîtres brille par la science, il dispose « d'un art consommé » ; mais le second a « la force et la grâce », il brille surtout « par la sensibilité, l'émotion, l'inspiration ». Ne vous semble-t-il pas reconnaître en ce dernier M. Massenet lui-même, s'opposant modestement à l'académique M. Ambroise Thomas ?...

Quant à M. Saint-Saëns, il insiste sur les mérites du compositeur *religieux* en M. Gounod, ce qui paraîtra fort contestable à bien des gens, aussi bien au point de vue purement musical qu'à un point de vue plus général et pénétrant plus au fond des choses. De ces choses, M. Saint-Saëns, qui ne cache ni son rationalisme un peu retardataire, ni son horreur du « symbole », a-t-il bien qualité pour parler ? Je voudrais le croire : si oui, combien alors eût-il été mieux inspiré en nous faisant un bel article sur la *Messe en ré* de Beethoven ! Il est vrai que, dans ce cas, il n'eût pas eu à parler d'un certain « coquin de Sanctus », tout printanier, « avec des solos de violon », aussi, lequel l'émoustille fort, dans une messe de M. Gounod... Même temps, M. Saint-Saëns conteste à Schumann que « les lois de la morale et celles de l'art soient identiques », je n'ai pu deviner à quel propos... M. Gounod se portera-t-il mieux de tout cela ? Je me le demande.

Pendant que M. Saint-Saëns défend M. Gounod, qu'on n'attaquait pas, et s'emballe ; pendant que M. Massenet prépare sa candidature à la succession de M. Thomas, et change, une fois de plus, en *Esclarmonde* et *Rolland*, le fameux titre « ondoyant et divers » de sa dernière œuvre : les jeunes, — et l'on est jeune en art plus par les visées, par les aspirations, que par l'âge, — les jeunes ne perdent pas leur temps et songent à préparer notre art lyrique futur.

M. César Franck a commencé son travail sur un texte de drame lyrique, d'une donnée historique mérovingienne, dû à la plume ingénieuse et souple de M. Gilbert Augustin-Thierry, le descendant du célèbre historien de nos origines (1). Espérons que la nouvelle œuvre dramatique de M. Franck aura plus de chance que sa *Hulda*. Pour se délasser, le robuste maître, plus vert que jamais, achève une symphonie en *ré* mineur, commencée l'an dernier et que j'ai annoncée ici .L'auteur des *Pièces d'orgue* excelle dans la musique pure ; c'est le domaine qu'il lui faut pour se mouvoir librement. L'andante et le finale de sa symphonie, que je ne connais pas encore, sont, dit-on, admirables.

M. Vincent d'Indy, dont on attend tant et de si belles choses, s'est retiré en province pour travailler à son drame lyrique du Xᵉ siècle, qui se passe dans les montagnes de l'Ardèche, son pays natal. L'œuvre est en bon train et déjà avancée. Lui aussi se délasse, dans l'intervalle, en écrivant pour M. Lamoureux un morceau d'orchestre conçu dans les teintes douces et reposantes.

M. Emmanuel Chabrier est tout à sa *Briséis*, dont M. Catulle Mendès lui a fait un vrai drame lyrique. Pour le moment, il se confine dans la recherche des quinze ou vingt *Leitmotive* principaux qui formeront l'ossature de sa musique... Il y aura, à côté d'austérités monastiques, des scènes de passion éperdue, et un ballet-pantomime que, d'avance, je me figure exquis.

M. Ernest Chausson, tout en écrivant la musique qui doit accompagner la *Tempête* de Shakespeare au *Petit-Théâtre* (théâtre des marionnettes), s'occupe de son drame lyrique le *Roi Artus* (titre provisoire), pour lequel il a composé un texte remarquable, très soigné, d'une belle et pure langue.

Je signale, pour finir aujourd'hui, la publication de *Danses béarnaises* (éditées chez Lissarague) réduites à quatre mains d'après l'orchestre, par M. Charles Bordes. Les motifs de ces danses sont ravissants, et l'auteur les a traités avec beaucoup de charme et de piquant, sous l'influence très visible de Grieg, une influence qui, d'ailleurs, ne vient pas d'un parti pris, mais d'une affinité réelle de nature. J'ajoute que l'exécution est facile et l'arrangement commode... Je mentionne particulièrement, pour le rythme et l'harmonie, la deuxième de ces danses, en *ré* mineur, très réussie.   BALTHAZAR CLAES.

M. Talazac quitte définitivement l'Opéra-Comique et se dispose à partir pour Madrid, où il a signé pour douze représentations en six semaines à raison de 3,500 francs l'une. Il chantera *Lakmé*, *Lucie* et les *Huguenots*. Il est regrettable qu'après tant d'autres pertes pour Paris, il y ait encore à enregistrer celle-ci. Ce n'est pas que M. Talazac soit un artiste hors ligne, mais c'était tout au moins un aimable chanteur qui était à sa place à l'Opéra-Comique et qu'on ne remplacera pas aisément.

Aussitôt après la reprise du *Roi d'Ys*, M. Paravey donnera l'*Escadron de la Reine* de Litolff, puis viendront les *Pêcheurs de perles*, dont les deux rôles principaux viennent enfin d'être distribués : Leïla, ce sera Mˡˡᵉ Simonnet ; Nadir, M. Dupuy. Le rôle du baryton est confié à M. Soulacroix. Les chœurs sont sus, et la partition de Bizet passera aussitôt après celle de M. Littolf.

À l'Opéra, continuation de l'éternel vieux jeu. Cette semaine, les nombreux étrangers passant par Paris ont eu l'ineffable plaisir d'entendre la *Juive*, la *Favorite* avec la *Korrigane* et les *Huguenots*. La soirée de la *Juive* a été triomphale pour M. Duc, qui, d'après le *Ménestrel*, serait loin de s'entendre avec ses directeurs. Les prétentions de cet excellent artiste n'ont pourtant rien de bien exagéré ; il se 'contenterait d'un traitement de 5,000 francs par mois. Ce n'est pas trop certainement, surtout avec le départ de M. Jean de Reszké, qui rend M. Duc plus indispensable que jamais à l'Opéra. Mais l'esprit d'économie de MM. Ritt et Gailhard ne recule devant aucun sacrifice... d'artistes. Pour donner une idée des procédés de ces sur prenants directeurs à l'égard de leur personnel, il suffira de dire que, pendant les trois premières années de son engagement, du mois de février 1886 à mars 1888, les retenues et amendes infligées à M. Duc par ses directeurs ne s'élevaient pas à moins de 8,166 fr. 45 c.

(1) Le tour d'imagination de M. Gilbert Augustin-Thierry le rend particulièrement propre à traiter certains sujets musicaux. Voir ses nouvelles semi-fantastiques de la *Revue des Deux Mondes*, le *Palimpseste* et la *Tresse blonde*.

y compris une retenue de 865 fr. 60 pour treize jours de service militaire. C'est un véritable scandale !

A propos du *Ménestrel*, qui a déjà un procès avec la direction de l'Opéra, Moreno continue avec acharnement sa campagne contre MM. Ritt et Gailhard. Moreno en veut particulièrement à Gailhard qu'il nous présente sous différentes incarnations : Gailhard *malheureux*, Gailhard cocher, Gailhard photographe, Gailhard toréador. Ce n'est pas très fin, mais l'éreintement est au moins amusant.

—

Dans les petits théâtres, rien de nouveau, si ce n'est aux Bouffes-Parisiens. Après trois ans d'exercice, Mme Ugalde quitte la direction et passe la main à M. Chizola.

BRUXELLES

RÉOUVERTURE DE LA MONNAIE

On a rompu, cette année, avec les vieilles traditions qui voulaient que la réouverture du théâtre de la Monnaie se fît par un ouvrage de Meygtbeer. C'est l'auteur des *Huguenots* qui, de longue main, avait le privilège, d'inaugurer les soirées d'hiver de notre Opéra. Porté par le courant moderniste, M. Ernest Reyer s'installe à sa place; il vient même de Paris tout exprès pour cela, et il s'offre de *Sigurd* avec Mme Rose Caron, la Valkyrie de ses rêves, sa future *Salambo* ! Une audition intégrale, sans ces fâcheuses coupures qu'on lui inflige inexorablement à Paris et que l'on rétablit à Bruxelles aussitôt qu'il est parti, à son insu, de manière à ne pas lui faire de peine. Et cette reprise de *Sigurd*, qui est une très heureuse entrée en matière, vaudra, soyons-en sûrs, au théâtre de la Monnaie quelques louanges bien senties dans le prochain feuilleton du *Journal des Débats*. N'a-t-on pas dit et répété que M. Reyer s'était montré enchanté de l'exécution de *Sigurd* ? Nous aurions mauvaise grâce, après cela, de chercher midi à quatorze heures et cette brillante exécution, qui a paru satisfaire un très nombreux auditoire. Il serait mesquin de relever telle note mal venue de Rudiger, l'envoyé d'Attila, ou de morigéner quelque pauvre trompette enrhumée, au sujet d'un opéra qui met en scène tant de monde et où les appels de cuivres ne se comptent pas. Bornons-nous à constater que l'interprétation, dans son ensemble, a été très soignée et que les interprètes déjà connus ont retrouvé toute la faveur du public, les chanteurs nouveaux engagés par MM. Dupont et Lapissida ont fait devant lui bonne contenance.

M. Chevallier est un ténor qui a de la voix, mais qui ne possède pas encore l'art de bien s'en servir. Espérons que cet art lui viendra pas trop tard, lorsque l'organe aura déjà perdu les belles qualités de timbre, de volume et d'étendue qui le distinguent actuellement. On devrait conseiller à M. Chevallier de se modérer, d'économiser ses forces, de chercher la gradation dans l'effet, au lieu de se dépenser tout le temps. Rien ne l'oblige, par exemple, à crier fort dès son entrée au premier acte : « *Prince du Rhin, au pays de mon père,* » etc. Le récit commence d'une voix normale devrait aller crescendo et finir avec éclat sur ces paroles :

Si vous voulez savoir ma patrie et mon nom,
Je suis Sigurd, fils du roi Sigemon.

M. Chevallier possède, d'ailleurs, l'instinct des nuances, car il a dit à demi-voix, et avec un charme réel, plusieurs passages de son rôle. Il appartient à la direction musicale du théâtre de former ce chanteur et d'en faire un artiste. M. Lapissida aura souci de le façonner au point de vue de la tenue, des gestes, de l'allure générale, que l'on s'est accordé à trouver par trop militaire. Si M. Chevallier a l'intelligence et la bonne volonté qu'il pourra faire, d'ici à un an, de sensibles progrès.

Il serait téméraire de porter un jugement définitif sur les autres débutants qui se sont fait entendre dans *Sigurd* et n'y tiennent que des rôles secondaires. Mlle Cagniart, dont la voix de soprano paraît suffisante dans le rôle d'Hilda, devra se garder d'une certaine sécheresse dans la façon d'exprimer et dans celle de jouer; l'une et l'autre manquent d'ampleur. Le contralto de Mlle Rocher a semblé faible; la voix est sourde; mais ces défauts apparents sont peut-être le fait de l'émotion; attendons une nouvelle expérience. M. Gardoni possède une voix de baryton que complètent quelques belles notes de tête. Son chant a fait plaisir, mais il n'a pas décroché l'ovation que l'on décernait autrefois à l'excellent Gresse dans le pas redoublé chanté sur ces mots : « Semez ces bords de joncs et de rameaux fleuris ! »

Est-il nécessaire d'entrer dans de longs détails pour dire combien a été chaleureuse la rentrée de Mme Caron, l'artiste aimée et choyée que l'on a revue avec d'autant plus de plaisir que ses belles qualités dramatiques et l'impression de son chant semblent avoir acquis un pouvoir plus intense ? Il n'importe guère que ce rôle de Brunehilde ne soit, au fond, qu'une pâle esquisse de la grande figure créée par Wagner. Mme Caron sait lui donner la vie; elle émeut et captive par sa seule présence, par l'accent et l'intonation de sa voix, par un charme qui envahit et subjugue. N'est-ce pas étrange que cette voix frêle en apparence et ce masque sévère aient sur les sens et sur le cœur ce don d'enchantement auquel nul n'échappe ? En vérité l'on conçoit que M. Reyer ait dit : « Celle-là sera Salambo, et nulle autre ! »

Associons MM. Seguin et Renaud au grand succès de Mme Caron. Tous y dont droit, par leur mérite incontestable, par la volonté qu'ils ont de progresser toujours et les résultats brillants de leur carrière d'artiste. Attendons-nous à les voir bientôt s'incarner dans les rôles de Hans Sachs et de Beckmesser, qu'ils ont été étudier à Bayreuth avec leur camarade Engel, auquel est destiné, dit-on, le rôle de Walther de Stolzing.

L'orchestre et les chœurs, placés sous la direction de M. Joseph Dupont, ont exécuté avec leur vaillance accoutumée la vétilleuse musique de *Sigurd*. Quelques défaillances sont imputables, sans doute, à ce que le nombre des répétitions n'est pas toujours en rapport avec les difficultés de l'exécution. L'orchestre, en particulier, s'est montré beaucoup trop bruyant. Si l'on ne parvient pas à modérer le zèle des instrumentistes, à leur imposer des nuances, et celles, entre autres, que l'on désigne sous le nom de *piano* et de *pianissimo*, il faut de toute nécessité que la direction se décide à baisser le niveau de l'orchestre. Il y a beaucoup plus de raisons de jouer *Sigurd* avec un orchestre « étouffé » que d'étouffer l'orchestre dans la *Valkyrie*. L'orchestration de Wagner, quelque puissante qu'elle soit, permet toujours au chanteur de se faire entendre, parce qu'au moment même où la voix entre en jeu, l'accompagnement est toujours restreint à un minimum de sonorité. Cette loi élémentaire n'est guère beaucoup appliquée dans *Sigurd*. Elle ne l'est pas davantage dans les opéras de Meyer beer, dans ceux de Halévy et de la plupart des auteurs qui ont composé pour la scène du Grand Opéra de Paris.

La troupe d'opéra comique a fait sa rentrée jeudi 6 courant. On donnait le *Roi l'a dit*, le charmant ouvrage de Léo Delibes interrompu en plein succès par la clôture annuelle du théâtre. De tous les opéras comiques montés dans les derniers temps, celui-ci est certainement l'un de ceux auxquels la Fortune a toutes les raisons de s'attacher. Une excellente distribution en fait un spectacle très réjouissant pour l'esprit et une fête pour les oreilles. Le *Roi l'a dit* a servi de rentrée à Mme Landouzy, qui s'y montre habile cantatrice, spirituelle et gracieuse comédienne tout à la fois. Avec elle ont reparu : Mme Legault et Grégoire, MM. Isnardon, Renaud, Gandubert, Chappuis, Rouyer et Nerval. Sauf Mlle Anna Wolf remplaçant Mlle Pâssmore, la même distribution qu'au printemps dernier.

Lundi passé, reprise très brillante de *Faust* avec Mme Caron. Succès considérable pour chacune des grandes scènes de l'œuvre dans lesquelles la grande artiste s'est vraiment surpassée. Rentrée de M. Engel dans le rôle de Faust, qui partage avec MM. Seguin (Méphistophélès) et Renaud (Valentin) les applaudissements et les rappels.

Mardi, les *Pêcheurs de perles*. La distribution reste la même, à part le rôle de Nourabad, qui est tenu par M. Gardoni, la nouvelle basse. Le délicieux premier acte produit son effet accoutumé : M. Mauras, dont c'est la rentrée, et M. Renaud, sont très applaudis. Mme Landouzy chante Leïla de sa plus jolie voix. Orchestre et chœurs sous la direction très ferme de M. Léon Jehin.

On persiste encore, non seulement à la Monnaie, mais ailleurs, dans cette coutume antédiluvienne qui consiste à frapper trois coups violents derrière le rideau pour annoncer que le spectacle va commencer. L'autre soir, ce signal barbare nous a paru manquer plus que jamais aux principes élémentaires d'une civilisation raffinée. Les *Meininger* nous ont habitués à ce petit coup de timbre discret qui, résonnant deux fois, suffisait à prévenir les spectateurs. A Bayreuth, l'avertissement se donne uniquement par l'extinction des lumières; aucun bruit, si ce n'est le signal donné par le chef d'orchestre à ses musiciens, ne parvient à l'oreille des auditeurs. Les trois coups de massue seraient, il faut en convenir, avantageusement remplacés par l'un ou l'autre de ces moyens.   E. E.

<hr/>

GAND

M. Voïtus Van Hamme a enfin fait connaître la composition de sa troupe pour l'année théâtrale-1888-1889. Voici le tableau du personnel; je passe les petits emplois.

Administration. — MM. A. Voïtus Van Hamme, directeur-administrateur; Maxime, régisseur général parlant au public; Bonvoisin, régisseur de la scène et des chœurs; Ed. Chevalier, secrétaire et contrôleur.

Orchestre. — MM. Cambon, premier chef d'orchestre; Ch. Alloo, deuxième chef et premier au besoin.

Grand opéra. — *Traductions.* — *Opéra comique.* — *Grands ballets.* — MM. Merritt, fort ténor de grand opéra; Déo, premier ténor d'opéra comique; Lambert, deuxième ténor d'opéra comique et de grand opéra; Bordet, trial d'opéra et d'opéra comique; Soum, baryton de grand opéra; Jau, baryton d'opéra comique et de grand opéra au besoin; L. Libert, baryton en tous genres; Pourret, basse de grand opéra; Darmand, première basse d'opéra comique, deuxième de grand opéra; Maxime, deuxième basse d'opéra comique et deuxième de grand opéra; Tristan, laruette de grand opéra et opéra comique; Mme Laville-Ferminet, forte chanteuse en tous genres; Mme Van Gelder, contralto; mezzo soprano; M. Boyer, chanteuse légère d'opéra comique. de grand opéra et traductions; Didier, chanteuse légère de grand opéra, opéra comique et traductions; Vives, première dugazon et Galli-Marié; Ad. Hervé, deuxième dugazon de grand opéra et opéra comique; Ballande et Dupont, troisièmes' dugazons; Lecorneur, duègne; Dullé, Stevens et Gras, coryphées.

Ballet. — M. Holtzer, maitre de ballet et premier danseur en tous genres; Mme Zuliani, première danseuse noble; Rossi, première danseuse demi-caractère.

Outre le répertoire donné pendant les deux dernières saisons, on nous annonce le *Roi d'Ys*, les *Vêpres Siciliennes*, *Paul et Virginie*, *Roland à Roncevaux*, les *Porcherons*, la *Chatte merveilleuse*, le *Tribut de Zamorah* et l'*Étoile du Nord*.   P. B.

OSTENDE

Malgré l'époque avancée de la saison et malgré l'inclémence du temps, Ostende compte encore un nombre considérable d'étrangers, et le Kursaal, aux concerts du soir, offre le plus joli coup d'œil qu'on puisse rêver.

Il ne pourrait, du reste, en être autrement, car, à côté des attraits naturels d'Ostende, qui en font la reine des plages, viennent s'ajouter une foule d'attractions et de plaisirs heureusement combinés et bien faits pour retenir les baigneurs.

Au point de vue musical, les plus difficiles se montrent enchantés. L'orchestre d'harmonie militaire sous la direction de M. Ch. Simar et l'orchestre de symphonie dirigé par l'excellent chef M. Périer sont tous deux composés de musiciens d'élite, et les programmes, composés d'une façon fort artistique, savent satisfaire tous les goûts. La huitaine qui vient de s'écouler a été féconde en bonnes séances. Nous avons eu successivement le plaisir d'entendre M. Fontaine, la basse anversoise dont la réputation est solidement assurée depuis longtemps; Mme Théry, une jeune cantatrice, premier prix du Conservatoire de Lille, et M. Wiegand, l'éminent organiste. Le public a fait fête à tous les artistes et a également accueilli le compositeur Maskowski actuellement en villégiature à Ostende et dont les œuvres puissamment conçues sont exécutées avec beaucoup de goût et de goût le symphonie.

Exécutants, artistes et directeurs ont droit à nos vives félicitations.   O. C.

AMSTERDAM

La saison musicale prochaine ne s'annonce pas sous de bien brillants auspices. La capitale des Pays-Bas continuera à ne posséder aucune troupe d'opéra. On devra s'y contenter, comme à l'ordinaire, des représentations données par les troupes françaises et allemandes de La Haye et de Rotterdam. En revanche, l'Opéra néerlandais a rouvert ses portes en donnant le *Faust* de Gounod. C'est le vieux pianiste Maurice Hageman qui dirige l'orchestre et qui débute dans la carrière de kapellmeister après avoir dépassé la soixantaine. Il s'est fait *acclamer* à son apparition au pupitre. Il n'y a que la foi en soi-même qui sauve! Pourvu qu'il ne se mette pas à *réorchestrer*, lui aussi, les œuvres de Verdi, et il lui sera beaucoup pardonné.

Quant à l'exécution du *Faust* en hollandais, pour ma part, je l'ai trouvée... *déplorable*; mais le public ne partageait nullement ma manière de voir, car il semblait ravi, enthousiasmé.

Comme déjà je vous l'avais annoncé, « Felix Meritis », cette institution séculaire, a cessé d'exister, et le superbe bâtiment va être vendu prochainement. Le palais de l'Industrie subira probablement le même sort, et il ne restera à la bonne ville d'Amsterdam qu'une seule et unique société de concerts, qui vient de se constituer sous la direction de M. Stumpfi, et qui donnera ses concerts dans la nouvelle salle de musique. C'est le violoniste Kes, actuelle-

ment directeur de la Société pour l'encouragement de l'art musical à Dordrecht, un artiste de mérite, qui en est nommé le chef d'orchestre. On avait d'abord tenté, par tous les moyens possibles, d'amener Bülow à accepter ces fonctions, mais il a refusé carrément, et je crois qu'il a bien fait. Nous verrons M. Kes à l'œuvre, et j'ai tout lieu d'espérer que nous aurons de bonnes exécutions et des programmes variés, sans parti pris aucun, tout en supposant que ce ne sera *pas* aux compositeurs *néerlandais* que sera réservée la part du lion. La Société pour l'encouragement de l'art musical prépare une exécution de l'oratorio *Sulamith* de Rubinstein, pour son premier concert, et une société chorale, « Zanglust », organise un concours de sociétés de chant néerlandaises pour les premiers jours d'octobre.   D^r Z.

Nouvelles diverses

Le théâtre Costanzi de Rome (direction Sonzogno) vient de faire connaître son programme pour la saison 1888-89. Les opéras suivants y seront représentés :   «lo

Les *Ugonotti* de Meyerbeer, l'*Amleto* de Thomas, l'*Orfeo* de Gluck, le *Cid* de Massenet, *Medgé* de Samara, les *Conto di Glokhen* d'Anteri, *Francesca da Rimini* de Thomas, *Guglielmo Tell* de Rossini, *Il re d'Ys* de Lalo, *Didone abbandonata* (est *Troyens*) de Berlioz, *Lionella* de Samara, *Djamileh* de Bizet et autres opéras de répertoire.

Ballets : *I due soci* de Taglioni, musique de Hertel, et *Il Sogno d'una notte d'estate* de Casati, musique de Giorza.

Parmi les artistes engagés citons : Mmes E. Boronat, Emma Calvé, V. Ferni Germano, F. Litvinne, B. Nevada, G. Novelli, et MM. Fagotti, A. Garulli, N. Massart, ténors ; Kaschman, A. Navarrini, barytons.

Directeur d'orchestre le maestro Leopoldo Mugnone; pour les ballets. le maestro Bernardini.

L'inauguration de la saison aura lieu le 4 octobre avec *Gli Ugonotti*.

On a annoncé que la municipalité de Bari avait réclamé les restes d'un de ses illustres enfants, de Piccini, le rival de Gluck, mort et enterré à Passy-Parjs en 1800. Le *Ménestrel* nous apprend que, des recherches faites à ce sujet, il résulte que le corps de Piccini n'a pas été inhumé au cimetière de Passy, comme on le croyait, mais dans un cimetière qui dépendait d'une communauté religieuse, située près de l'église Notre-Dame-de-Grâce, à Passy. Au commencement du siècle, ce cimetière fut désaffecté, et les terrains qu'il occupait furent vendus pour être recouverts de constructions. Seul, un petit coin du champ de repos, acheté par une famille qui y possédait les restes de l'un des siens, fut respecté et conserva sa physionomie première. C'est dans cette partie conservée et qui est située entre la rue de l'Annonciation et la rue Lekain, non loin de l'église de Passy, que se trouve la plaque funéraire indiquant que Piccini a été enterré là. Mais la position de cette plaque contre le mur d'une maison bâtie longtemps après la mort du musicien démontre que toute tentative pour retrouver les restes de l'auteur de *Didon* serait superflue.

La centième représentation, à Londres, de *Lohengrin* a été donnée le 16 juillet dernier. D'après une statistique publiée par le *Musical World*, ce chef-d'œuvre a été représenté 74 fois en italien, 21 fois en anglais et 5 fois en allemand, dans l'espace de treize ans (1875-1888). A Bruxelles, *Lohengrin* ne compte que 54 représentations depuis la première (22 mars 1870), jusqu'à la dernière, (24 février 1880). Voilà donc huit ans que l'œuvre de Wagner n'a plus été jouée à la Monnaie. — Soyons fiers !

La manie commentatrice des Allemands aboutit quelquefois à de bien étranges résultats. On peut lire, en ce moment, dans la *Neus Zeitschrift für Musik* de Leipzig un travail intitulé : l'*Hypnotisme dans Parsifal.* L'auteur. analysant vers par vers les rôles de Kundry la possédée et de Klingsor le magicien, démontre que les deux personnages agissent d'un bout à l'autre de la pièce comme des hypnotiques et que tous leurs gestes, leurs actes, leur paroles sont conformes à ce que la science et l'expérience nous ont appris sur les habitudes, les sensations, les visions des sommeils au sommeil hypnotique. Conclusion: Quel génie que Wagner qui, par la seule intuition du génie, reconstitue de fait toute la théorie de l'hypnotisme, sans se tromper d'un iota !

Il faut avouer que ce genre de critique est. absolument puéril. Il est heureux que l'œuvre de Wagner soit à l'abri de ces sottes adulations; on finirait, sans cela, par la rendre ridicule.

Le 22 septembre prochain, on procédera, à Vienne, à l'exhumation des restes mortels de Schubert pour les transporter comme les restes de Beethoven au nouveau cimetière central de la capitale. La translation solennelle aura lieu le 23, à 8 heures du matin, avec le cérémonial qui a été observé lors de la translation des restes de Beethoven, c'est-à-dire avec le concours des délégués de la municipalité et des principales sociétés musicales de la capitale. Des constatations phrénologiques seront faites sur le crâne de Schubert par les médecins délégués par l'Académie de médecine ; mais afin d'éviter le renouvellement des incidents qui se sont produits récemment lors de la translation des restes de Beethoven, ces expériences phrénologiques seront faites en présence d'un commissaire délégué à cet effet et d'un membre de la famille. Avant l'inhumation au cimetière central, un service funèbre, corps présent, sera dit à l'église Votive, et c'est le propre frère de l'illustre compositeur, le père Hermann Schubert, qui dira l'office.

On sait les difficultés et les ennuis que cause aux violonistes l'accord de leur instrument par le moyen des chevilles. Les chevilles doivent satisfaire à deux conditions difficilement conciliables : rester immobiles sous la traction des cordes et tourner facilement pour l'accord. Ce problème vient de recevoir une solution complète et sans doute définitive, grâce aux recherches de M. J.-P. Alibert, ingénieur, qui a déjà inventé un système de chevilles pour le piano. Ce système, il vient de l'appliquer aux instruments à archet. Pour la description, on la trouvera dans une brochure publiée par M. Alibert : *Accord des instruments à archet et des pianos*, et dans un rapport très favorable inséré dans le bulletin de la Société d'encouragement pour l'industrie nationale (février 1888). La cheville est formée de trois pièces; celle à laquelle sont attachées les cordes ne tourne pas, la tension ne fait par un mouvement de bascule. D'autre part, la cheville offre l'immobilité désirée; d'autre part, elle est très facile à manier; l'accord peut être obtenu instantanément et sans tâtonnement, quand on a l'habitude du violon.

L'invention de M. Alibert a été approuvée par les conservatoires de Paris, de Bruxelles, de Berlin, de Cologne et de Vienne; elle a été adoptée par les premiers artistes et un grand nombre de virtuoses dont on trouvera les noms dans la brochure de M. Alibert. Le directeur actuel de la maison Pleyel, M. Lyon, a appliqué la nouvelle cheville à ses pianos.

Parmi les œuvres de Fernand Le Borne acquises par la maison Schott, figurent les scènes de ballet (2e suite d'orchestre) publiées l'an dernier, et qui, depuis leur exécution à Paris, obtiennent un peu partout un grand succès.

Hier encore, c'était le vaillant orchestre d'Ostende qui, dans un de ses concerts extraordinaires, faisait applaudir, sous l'habile direction de M. E. Périer, l'œuvre du jeune compositeur.

Nous lisons à ce sujet dans la *Vigie de la côte*.

« Le programme de ce concert du jeudi empruntait un intérêt particulier à l'audition d'une suite d'orchestre due à M. F. Le Borne, un élève de Saint-Saëns, Belge de naissance, et dont les compositions ne laissent pas que d'être discutées assez passionnément à Paris et ailleurs. On peut évidemment ne pas être grand partisan du faire de M. Le Borne, mais ce qu'on ne peut nier, c'est que le jeune compositeur a un véritable tempérament artistique et que sa musique a un cachet point banal et bien personnel. En un mot, c'est quelqu'un. Son orchestration est riche, travaillée, et ce ne sont pas les rythmes francs, les sonorités vigoureuses qui lui manquent, ce qui n'exclut pas les pages gracieuses telles, par exemple, que « la Danse de la bayadère » et « le Pas de la séduction », riches en coloris. »

BIBLIOGRAPHIE

SOUVENIRS DE MA VIE ARTISTIQUE, par J. Blaes, Bruxelles, 1888. Ve Monnom. — Élégante plaquette d'une centaine de pages, où le célèbre clarinettiste belge raconte avec l'humour qu'on lui connaît ses voyages et ses aventures de virtuose concertant. On lira avec un très réel intérêt cette sorte d'autobiographie bourrée d'anecdotes déroulantes racontées par l'auteur avec une simplicité bon enfant d'un comique irrésistible. Beaucoup de figures d'artistes célèbres, de chanteurs et d'instrumentistes revivent dans ces pages sans prétention. Ce sont des notes de voyageur plutôt que des aperçus d'artistes, mais la lecture en est extraordinairement divertissante, et ceux qui se remémoreront la verve gaillarde du coureur et le large rire de J. Blaes, quand il raconte de vive voix, trouveront double plaisir au récit de ces aventures plaisantes. M. K.

CATALOGO DELLA BIBLIOTECA DEL LICEO MUSICALE DI BOLOGNA. Lorenzo Dall' Acqua. Bologna, 1888. — Nous recevons les premiers fascicules du catalogue de la bibliothèque du Lycée musical de Bologne, l'un des instituts d'art les plus célèbres d'Italie. Cette bibliothèque est l'une des plus nombreuses en ce genre qui existent en Europe. Le catalogue, qui est l'œuvre du compositeur Federico Parisini, paraît devoir être très intéressant. L'énonciation des titres des ouvrages les plus importants est accompagnée de notes qui en résument brièvement le contenu. Pour tous ceux qui s'occupent de questions d'histoire musicale et d'esthétique générale, ce catalogue sera d'un précieux secours. Il est imprimé avec un soin et une netteté qui font honneur à l'éditeur.

VARIÉTÉS

ÉPHÉMÉRIDES MUSICALES

Le 14 septembre 1811, à Paris, Opéra-Comique, le *Billet de loterie*, un acte de Nicolo. — A Liège, 21 décembre 1811; à Bruxelles, 23 janvier 1812, et, pour la dernière fois, 4 mai 1830; à Vienne, *das Lotterielooz*, 5 mai 1812, et jusqu'au 17 septembre 1842, joué 110 fois; à Dresde, sous la direction de C.M. von Weber, 11 mai 1817. Le célèbre maître allemand fait le plus grand éloge de la musique de la pièce, ainsi que du talent de son confrère français. (Voir sa monographie, par son fils Max, t. III, p. 145.)

Dans nos concerts, on entend encore de temps en temps l'air devenu classique : « Non, je ne veux pas chanter », du *Billet de loterie*.

— Le 14 septembre, 128e anniversaire de la naissance de Louis-Charles-Zénobi-Salvador Chérubini (Florence, 1760). — Sa mort, à Paris, 15 mars 1842.

— Le 15 septembre 1825, à Bruxelles, le *Maçon*, 3 actes d'Auber. Dernière reprise, 23 décembre 1887, et musique. La musique et le sujet de la pièce n'étant plus dans le goût du jour. (Voir *Guide mus.* 29 déc. 1887.)

Les premières : à Paris, 3 mai 1825; à Gand, 16 novembre 1825; à Anvers, 26 novembre 1825; à Liège, 16 janvier 1826; à Berlin, *Maurer und Schlosser* (Maçon et serrurier), 19 mars 1826, reprise 17 novembre 1887; à Weimar, 17 mai 1826; à Vienne, 2 août 1826, reprise 16 septembre 1864; à Riga, 25 mars 1827; à Hanovre, 30 mars 1827; à Darmstadt, 2 janvier 1831; à Wiesbaden, 7 févr. 1885.

— Le 16 septembre 1864, à Spa, concert de Henri Vieuxtemps, Joseph Wieniawski, Nabich et Mlle Isabelle Duboys.

Albin Body (*le Théâtre et la musique à Spa*, p. 216), nous apprend que Vieuxtemps toucha pour sa part 1,000 francs; Wieniawski, 500 francs; Nabich, 300 francs; Mlle Duboys, 500 francs.

— Le 17 septembre 1881; à Leipzig (Opéra), *Carmen* de Bizet. Adaptation en langue allemande assez froidement accueillie, malgré le talent si élevé de Mme Reicher-Kindermann dans le rôle de Carmen. Aujourd'hui, pas de jour, pas de théâtre en Allemagne, où ne paraisse l'œuvre du regretté maître français.

— Le 18 septembre 1834, à Verviers, naissance de Victor-Alexandre-Joseph Warot, ancien ténor à Paris, à Bruxelles, à Anvers, et, depuis 1886, professeur de chant au Conservatoire de Paris. (Voir les trois éditions successives des *Artistes musiciens belges* d'Édouard Gregoir.)

— Le 19 septembre 1830, à Paris, décès de Stanislas Champein, à l'âge de 77 ans. Sa naissance à Marseille, le 19 novembre 1753.

Deux ou trois succès de bon aloi au théâtre, et Champein crut avoir le droit de se présenter à l'Institut pour y remplacer Gossec qui venait de mourir (16 février 1829). Malheureusement, sa candidature échoua contre celle d'Auber, l'heureux auteur de la *Muette de Portici*, fraîchement éclose. Les titres de Champein, tels qu'il les énumère lui-même, étaient ceux-ci :

« Contemporain et ami de Grétry et de Monsigny, s'ils existaient encore, je serais assuré, écrit-il, d'être porté par eux lorsque la section musicale choisira ses candidats, et leur suffrage, dont ils honoreront mes ouvrages vous disposerait plus en ma faveur que je ne puis le faire moi-même. Je dois cependant le tenter, aujourd'hui que leur absence m'en fait sentir vivement le besoin.

» En 1776, à 23 ans, je fis exécuter une messe de ma composition en la chapelle du Roi, à Versailles, devant Louis XVI, et, la même année, je donnai une grand'messe à Paris, en l'église des Mathurins, le jour de la Sainte-Cécile.

» Mes ouvrages dramatiques sont : la *Mélomanie*, les *Dettes*, le *Nouveau Don Quichotte*, qui a eu plus de six cents représentations; le *Poête supposé* (paroles de Laujon); le *Baiser* (paroles de Florian); les

Trois Hussards ; Menzikoff, ouvrage dont le succès est connu ; deux grands opéras reçus depuis longtemps, *Diane et Withoss*, etc.

» Ma *Milomanis* obtint dans le temps un succès que personne n'ignore et qui, malgré *ses 5o ans*, — la première, 23 janvier 1781, — lorsqu'on la remonta, il y deux ans, à l'Opéra-Comique, fut jouée pendant trois mois comme un nouvel ouvrage qui aurait réussi, et j'oserai vous dire, Monsieur, qu'un tel succès ne se renouvelle pas souvent. Parvenu à un âge où la postérité a déjà commencé pour moi, je viens réclamer une faveur à laquelle je crois avoir quelques droits par mes longs travaux, et qui, en honorant mes vieux jours, versera le bonheur sur la fin de ma vie.

» Recevez, Monsieur, l'assurance de ma haute considération, et veuillez me croire votre très humble et très obéissant serviteur.

» CHAMPEIN, membre associé de l'Académie des Arts et Belles-Lettres de Marseille. » (Autographe de la collection Dentu.)

— Lé 20 septembre 1823, à Saint-Pétersbourg, décès de Daniel Steibelt, à l'âge de 58 ans, d'après la date de naissance donnée par Fétis, tandis que d'autres biographes la placent dix ans plus tôt(1765). Arthur Pougin, dans une étude très intéressante intitulée : *La Jeunesse d'Herold*, et dont une partie seulement a été publiée par la *Revue et Gazette musicale* de Paris, nous fait connaître Steibelt, au commencement de son séjour à Paris. « Cet artiste dont la vie ne.fut qu'une longue suite d'indélicatesses et de procédés fâcheux, dit notre ami. fréquentait alors la maison d'Herold, — le père du futur auteur de *Zampa*, — et cela au grand désespoir de la jeune Mme Herold, qui ne comprenait pas un mot d'allemand, et devant qui, son mari et tous ses amis ne s'exprimaient presque jamais qu'en cette langue. Mme Steibelt, pour une autre raison, était particulièrement pour elle un objet de terreur. Toujours à court d'argent, avec cela peu scrupuleux et sans vergogne, l'auteur de *Roméo et Juliette* était un emprunteur forcené, et il avait sans cesse recours à la bourse d'Herold, qui, tout en le connaissant bien, ne savait pas lui refuser, et lui disait chaque fois : — « Si j'en avais davantage ; je t'en donnerais davantage. Je sais bien que tu ne me le rendras pas, mais tu vas me jouer ceci... » — Et il lui indiquait un morceau quelconque, que Steibelt, pianiste superbe et plein de fougue, lui jouait aussitôt. » (Voir *Eph. Guide mus.*, 29 mars dernier.)

Nécrologie

Sont décédés :

A Ostende, le 6 septembre, à l'âge de 41 ans, Joseph Michel, directeur de l'Académie de musique d'Ostende, né à Liége le 12 décembre 1847. Cette mort sera vivement regrettée en Belgique, où M. Joseph Michel comptait de nombreux amis, et particulièrement à Ostende, où il a rendu de réels services à l'art. Après avoir obtenu plusieurs prix au Conservatoire de Liége, M. Joseph Michel s'était établi à Paris, d'où il fut chassé par les événements de 1870. Revenu en Belgique, il donna successivement au théâtre de Liége, la *Meunière de Sanuttham*, les *Chevaliers de Tolède*, et M. *Canardier*, 1 v. jx., frois petits opéras comiques qui eurent plus ou moins de succès. Au théâtre de la Monnaie, il avait obtenu un succès du meilleur aloi avec un petit acte : *Aux avant-postes !* qui se maintint quelques temps au répertoire. Joseph Michel avait été appelé en 1883 à la direction de l'Académie de musique d'Ostende vacante depuis la mort de M. F. Demol. Il a publié depuis, chez Schott, des *Pièces romantiques pour piano*. A Ostende, pendant la saison, il dirigeait alternativement avec M. Périer les concerts symphoniques du Kursaal. (Voir notice dans les *Artistes mus. belges* de Ed. Gregoir.)

— A Paris, à l'âge de 23 ans, Mlle Schoffer, artiste lyrique qui promettait et qui avait eu quelques succès dans l'opérette et l'opéra comique en province. On se rappelle, sans doute, qu'elle avait intenté, il y a six mois, un procès à M. Rey, directeur du théâtre de Rouen, où elle était engagée, parce que celui-ci voulait la contraindre à figurer en maillot dans les *Pilules du Diable*. Elle gagna son procès, son engagement spécifiant qu'elle ne devait ni figurer ni chanter dans les chœurs.

La pauvre artiste a été enlevée en quelques jours par une phtisie galopante.

XXXIVᵉ ANNÉE — 20 septembre 1888 — NUMÉRO 38

Le Guide Musical
Paraissant tous les jeudis.

ABONNEMENT

FRANCE et BELGIQUE : Avec musique 25 francs.
— — Texte seul. 10 —
UNION POSTALE : — 12 —

SCHOTT FRÈRES, ÉDITEURS.
Paris, Boulevard Montmartre, 19
Bruxelles, Montagne de la Cour, 89

ANNONCES

S'adresser à l'Administration du Journal.
On traite à forfait.

Le Théâtre à Paris en 1860

Il est curieux, et intéressant souvent, de parcourir les revues littéraires et artistiques d'il y a vingt ans. On y retrouve de précieuses indications sur l'état des esprits, le goût du moment (ce fameux goût que les critiques seraient bien embarrassés de définir et dont ils parlent à tout propos et surtout hors de propos), — les aspirations des jeunes générations, les regrets de celles qui voient venir le déclin, sur tout cet ensemble de sensations plus ou moins vives, d'idées souvent mal définies, de vérités entrevues mais non encore réalisées, qui ont constitué la vie intellectuelle d'une époque.

En feuilletant, l'autre jour, un exemplaire poussiéreux d'une revue liégeoise aujourd'hui disparue : la *Belgique contemporaine*, nous avons ainsi retrouvé un article très instructif sur la situation de l'opéra français et de ses sous-genres en l'année 1860. Il est particulièrement intéressant en ce qu'il est un des rares articles d'ensemble analysant avec précision et sûreté de jugement le mal dont souffrait dès lors la scène française, malgré l'éclat que l'Empire avait su donner à la vie parisienne, le mal qui annonçait une décadence, et qui faisait désirer aux clairvoyants et aux sagaces un ordre de choses nouveau et moins superficiel. A ce titre, l'article qui nous occupe mérite quelque attention, et nous croyons qu'on nous saura gré de le reproduire.

La Belgique contemporaine, revue mensuelle, Tome Iᵉʳ 1861, Liège, Chœr-St.-Paul, 1; Bruxelles, Ernest Parout, Montagne-du-Sion, 17.

Dès le début, l'auteur expose en quelques traits rapides mais précis les causes de la décadence, déjà sensible alors, de la production dramatique à Paris :

En 1762 arrivait à Paris, avec un léger bagage, mais avec une foule d'illusions et d'espérances, un jeune artiste guidé par les conseils d'un homme alors arbitre souverain du goût français : le jeune homme était Grétry ; l'arbitre, le roi du monde artistique, était Voltaire, et il ne s'était pas trompé en prédisant au jeune compositeur un glorieux avenir. Cependant Grétry vit d'abord s'évanouir les uns après les autres les rêves dont quelques succès remportés à l'étranger avaient rempli sa jeune imagination : il resta inconnu près de deux ans, travaillant sur un libretto médiocre, obtenu à grande peine, et vit son ouvrage, quoique accepté par le directeur du théâtre italien, tomber devant le mauvais vouloir des comédiens. Grétry porta ensuite sa partition remaniée à l'Opéra, où elle eut le même sort qu'au théâtre italien. Les acteurs de l'Opéra tournèrent en ridicule le jeune compositeur, qui, après une répétition, navré de dégoûts, retira son œuvre. Grétry se disposait à retourner à Liège et à abandonner la musique dramatique, lorsque ses amis le mirent en rapport avec un autre jeune homme que la fortune n'avait pas plus favorisé au début de sa carrière. Marmontel tendit la main à Grétry, et de l'union de ces deux intelligences, qui se sentaient la force et le courage de résister à l'envie et à la critique malveillante, naquit l'opéra *le Huron*, qui fut le premier titre de gloire du compositeur liégeois.

Aujourd'hui, qu'un jeune auteur aille faire consacrer son talent sur les grandes scènes parisiennes, la critique, exploitée de nos jours à l'instar d'un honnête métier, s'acharne sans pitié contre lui et tue souvent un bel avenir dans son premier germe. Les dégoûts qui accablent l'artiste sont encore les mêmes qu'il y a un siècle ; quelquefois, cependant encore, le jeune auteur parvient à se sauver du naufrage ; mais ce n'est plus comme en 1762, un auteur de talent qui lui tend la main, c'est deux, c'est plus souvent aujourd'hui une chanteuse. Dès lors, ce n'est plus de l'union de deux talents créateurs que naît le succès ; c'est de l'asservissement du génie naissant à un don naturel que tout le monde admire, mais qui réellement, pensons-nous, a amené en grande partie la musique dramatique au point où elle en est aujourd'hui en France. L'art, pour rester art, ne doit jamais faire prévaloir le moyen matériel sur le moyen intellectuel, la voix ou la couleur sur l'idée. Ce n'est donc pas parmi les compositeurs qu'il faut rechercher les coupables de la pénurie d'œuvres marquantes où nous nous trouvons, c'est surtout parmi ces charmantes cantatrices que les feuilletons parisiens appellent tous les jours les étoiles de la scène française. Les applaudissements qui suivaient une 'cadence de Mme Marie Cabel ou un trille de Mme Miolan-Carvalho ne s'adressent certainement pas au compositeur, et c'est cependant vers ce but que tendent tous ses efforts : faire un opéra où l'on applaudira beaucoup telle ou telle cantatrice. Du moment qu'il y a du succès, la jeune artiste s'inquiète malheureusement trop peu de savoir s'il en est la cause directe ou l'instrument. Un tel succès, cependant,est-il bien durable? Sont-ce de tels ouvrages qui restent au répertoire? Voyons plutôt ce qui arrivait il y a quelque cinquante ans: l'Opéra-Comique possédait à cette époque un chanteur doué d'une voix splendide : Martin avait non seulement la voix, mais l'art du chant ; deux choses qui se voient rarement réunies. Tous les compositeurs dont les opéras défrayaient alors la scène de l'Opéra-Comique se mirent en devoir de lui écrire des rôles; il ne s'agissait pas cependant,pour Boieldieu, Nicolo, Dalayrac,de se faire un nom en écrivant pour Martin; mais c'est ainsi que furent composés le *Nouveau Seigneur*, *Joconde, Maison à vendre* et tant de charmants ouvrages tombés aujourd'hui dans l'oubli ; et quelle cause assigner à cet oubli prolongé, sinon l'absence complète de *martins* provenant de l'élévation successive du diapason et de l'avantage matériel que trouvaient et que trouvent encore les *vrais martins* à se transformer en forts ténors? Si Boieldieu n'avait pas fait la *Dame blanche*, son nom ne serait pas aujourd'hui plus populaire que ceux de ses deux contemporains que nous avons cités. Nous n'osons prévoir ce qui arrivera du *Pardon de Ploërmel*, opéra où Meyerbeer, tout en saisissant admirablement la couleur pastorale un peu sombre qui convient à son sujet, où le mystérieux de la légende s'unit à la simplicité de la vie champêtre, n'a pu s'empêcher de sacrifier à l'idole du jour, en faisant un rôle à Mme Cabel.

Parmi les opéras les plus importants représentés sur les scènes parisiennes en 1860, que voyons-nous ? Deux opéras sacrifiés ainsi à un rôle: au Théâtre-Lyrique, *Gil-Blas*, opéra comique en cinq actes de Semet, où le rôle écrasant de Gil-Blas fut créé par Mme Ugalde avec un immense succès ; à l'Opéra-Comique, le *Château,Trompette* de Gevaert, avec un rôle casse-cou pour Mme Cabel, musique bien éloignée de l'originalité de *Georgette*, qui n'avait été écrit pour personne. Après avoir fait le procès aux adorables accusées que nous venons de nommer, il nous reste à nous incliner devant leur talent, tout en déplorant sa fatale influence sur l'art, et à signaler leurs complices.

Si le jeune auteur ne réussit pas à être chanté par une de ces actrices habituées à faire vivre une pièce pendant une longue série de représentations, s'il n'a pas de protections élevées qui lui ouvrent les portes des grands théâtres, il gardera en portefeuille pour les temps meilleurs la grande partition sur laquelle étaient basés tous ses rêves de gloire, et se mettra à écrire pour ces petites scènes lyriques créées à Paris depuis peu de temps, à qui il faut une nourriture plus abondante que forte et à la consommation desquelles ne peut suffire la fécondité de leurs auteurs ordinaires. Les Bouffes-Parisiens et le théâtre Déjazet, tels sont les complices des coups portés à la musique dramatique dans les dernières années. Ici, cependant, nous désirons encore être compris: l'opérette bouffe en tout genre ne doit pas être accusée d'avoir engendré en France un mal qu'elle n'a jamais produit en Allemagne, d'où Offenbach l'a importée. Les Bouffes-Parisiens créés par Offenbach, dirigés par Offenbach, jouant les opérettes d'Offenbach, étaient une excellente chose. Les opérettes de Flotow jouées depuis longtemps en Allemagne, sont de charmantes petites productions dont l'art sérieux n'a nullement à se plaindre. Dans celles d'Adam ou de son élève, Léo Delibes, l'art musical français s'incline devant l'esprit gaulois ; mais ces auteurs abordent l'opérette franchement, parce qu'ils sentent en eux la verve créatrice qui convient au genre ; ils écrivent sans songer au succès et ils y arrivent avant ceux qui y songent. Mais un théâtre qui joue quatre ou cinq pièces par soirée ne peut vivre des ouvrages de quatre ou cinq auteurs ; la plupart des jeunes compositeurs qui ne peuvent approcher des scènes sérieuses se croient doués pour l'opérette d'une aptitude toute particulière, en raison même du peu de difficulté qu'ils éprouvent à se faire représenter sur ces petits théâtres ; quand on voit la quantité innombrable de petits actes signés de noms inconnus, joués dans l'espace d'une seule année aux Bouffes-Parisiens, quand on voit peut-être le plus grand mouvement artistique dirigé vers un point où, à tout prendre, le bon goût ne réside pas habituellement, il y a vraiment lieu de s'alarmer et de se demander où cette pente fatale doit conduire l'art musical.

Une troisième cause qui fait actuellement beaucoup de mal à la musique dramatique réside dans l'insuffisance, la nullité même du libretto moderne. Il est très aisé de comprendre que l'insuffisance du poème empêche l'essor de l'inspiration chez le compositeur ; mais ce qu'on a beaucoup plus de peine à saisir, c'est ce qui peut faire produire aux librettistes d'aujourd'hui les monstrueuses élucubrations qu'ils osent mettre au jour. Ce n'est pas parce que les tendances littéraires dramatiques sont tournées actuellement vers un but élevé que l'on néglige le libretto d'opéra comique. La littérature *camélia*, à l'ordre du jour du théâtre, comme du roman, n'absorbe pas, pensons-nous, les facultés intellectuelles des auteurs dramatiques au point de leur faire abandonner un genre où plusieurs, tels que MM.Scribe et Saint-Georges,de Leuven et Brunswick,ces frères siamois de la littérature dramatique, ont acquis une juste célébrité, qui court risque de rester pour eux une spécialité, par suite de l'incurie de leurs successeurs.

Nous ne citerons, comme exemple de l'influence du poème sur la partition, que *Philémon et Baucis*, que Charles Gounod a fait représenter cette année au Théâtre-Lyrique. Cet opéra, bien qu'offrant des beautés auxquelles son auteur nous a habitués, est fort inférieur à ses devanciers et nous n'en chercherons point la cause que le libretto qui, sous prétexte de dramatiser un conte par lui-même fort peu dramatique du théâtre de La Fontaine, le travestit en une affreuse bouffonnerie capable, tout au plus,. de faire une digne suite à l'*Orphée* des Bouffes-Parisiens.

Quelques ouvrages remarquables se sont cependant produits en France pendant l'année qui vient de s'écouler, et nous citerons en première ligne le *Roman d'Elvire* d'Ambroise Thomas,écrit sur un poème d'Alexandre Dumas et Brunswick, qui fait une honorable exception parmi les livrets modernes; *Ma tante dort*, petit acte de H. Caspers, représenté avec beaucoup de succès au Théâtre-Lyrique; les *Pêcheurs de Catane*, opéra de A. Maillart, représenté tout récemment et dont on dit beaucoup de bien; l'opéra du prince Poniatowski, *Pierre de Médicis*, ressemblant plus à une traduction qu'à une œuvre originale; enfin quelques ouvrages peu importants : Les *Valets de Gascogne* de Defresne, l'*Auberge des Ardennes* de Hignard, le *Docteur Mirobolan* de Gautier, *Crispin rival de son maître* de Sellenick; les sujets de ces derniers opéras étant sagement empruntés à d'anciennes pièces françaises, ce qui garantit, à coup sûr, le compositeur contre le mauvais goût de l'époque actuelle, mais ce qui lui présente un autre écueil bien difficile à franchir; nous voulons parler de la difficulté de faire saisir dans la musique la couleur locale d'une autre époque, difficulté si bien vaincue par Gounod dans les deux genres les plus opposés, dans *Faust* et dans le *Médecin malgré lui*.

Plus d'une de ces judicieuses observations pourrait encore s'appliquer avec à-propos à l'état présent du théâtre à Paris, dont l'influence en Europe a tant perdu dans ces dernières années, par la faute surtout des directeurs, qui s'attardent dans un genre absolument antipathique à nos aspirations actuelles.

Notre revuiste, après cet examen du présent, se tourne vers l'avenir,et son article devient ici particulièrement curieux à relire.

En présence de la disette d'œuvres capitales où nous vivons, quelques directions ont cherché par des reprises ou des traductions à imiter M. Carvalho, l'ancien directeur du Théâtre-Lyrique, lorsqu'il mit en scène les chefs-d'œuvre allemands non traduits. Après l'*Orphée* de Gluck, si admirablement joué et chanté par Mme Viardot, est venu sur ce théâtre le *Fidélio* de Beethoven, dont le succès n'a pas été aussi grand qu'on pouvait s'y attendre. Mme Viardot jouait le rôle de Fidélio, assez bien important au point de vue musical, et Beethoven, lui-même, s'est vu méconnu pour n'avoir pas écrit sa partition en vue de l'artiste qui devait la chanter un demi-siècle plus tard.

L'Opéra, dans le même esprit que le Théâtre-Lyrique, donna, l'été dernier, une traduction de la *Sémiramide*, interprétée par les deux sœurs Marchisio, qui auraient tiré un parti beaucoup meilleur au Théâtre-Italien, vu qu'au quelque mois elles ferent s'initier à une langue antimusicale par excellence pour des lèvres italiennes.

L'Opéra-Comique, ne voyant rien venir et n'ayant même pas, comme sœur Anne, la consolation de voir le soleil poudroyer, vu le prolongement indéfini de la saison pluvieuse, s'est mis à fouiller ses cartons en a retiré un acte de Donizetti, enfoui depuis la mort de l'illustre maestro : *Rita ou le mari battu*, appartient à cette manière qui nous a valu l'*Elisire* et *Don Pasquale*, ces chefs-d'œuvre du genre bouffe.

Pour terminer cette esquisse rapide, signalons en, passant, *Margherita la mendicante*, opéra italien de Gaetano Braza, qui n'a pas vécu plus longtemps que la plupart des autres ouvrages représentés sur le Théâtre-Italien sans avoir été préalablement consacrés par le public de la Scala ou de San-Carlo. Nous ne pouvons non plus omettre quelques reprises importantes : celles d'*Il Matrimonio segreto*, de Cimarosa, et d'*Il Crociato in Egitto*, de Meyerbeer, opéras oubliés depuis une vingtaine d'années ; celle des *Rosières* d'Hérold, oubliée depuis les chefs-d'œuvre dont leur illustre auteur enrichit la scène française ; celle du *Petit Chaperon rouge*, oublié depuis que Martin n'était plus à l'Opéra-Comique pour chanter le rôle du *Loup*; ce rôle, ayant depuis lors monté en même temps que le diapason, s'est trouvé dans les moyens vocaux de Montaubry, le charmant ténor que Paris a enlevé à Bruxelles, et la direction de l'Opéra-Comique a jugé à propos, non sans raison, de ressusciter un opéra qui, depuis 1818, a si peu perdu de sa fraîcheur que, sauf quelques formes usées et grâce surtout à un libretto tout à fait moderne, c'est-à-dire détestable, on serait tenté de le prendre pour un ouvrage entièrement neuf.

L'événement musical le plus important de l'année a été, sans contredit, en France, l'arrivée de Richard Wagner, précédé de sa réputation de chef d'une école nouvelle, venant faire connaître au public français cette fameuse musique de l'avenir dont il ne connaissait rien, si ce n'est le côté ridicule que le chroniqueur parisien sait trouver dans toute œuvre nouvelle, fût-elle une œuvre de génie. Wagner a donné à Paris quelques concerts, dans lesquels il a fait entendre des fragments de ses principaux opéras : le *Vaisseau-Fantôme*, *Tristan et Iseult*, *Lohengrin* et *Tannhæuser*. Ces quelques concerts ont été, à peu de chose près, alimentés par le même répertoire, c'est-à-dire par cinq ou six morceaux, et l'on ne saurait croire ce que ces cinq ou six morceaux ont fait écrire de lignes à tous les chroniqueurs qui avaient la prétention de juger le maître sur cet échantillon.

Wagner est le compositeur qu'on peut le moins juger par des fragments : un ouvrage de Wagner forme un tout depuis l'ouverture jusqu'à la dernière scène. Il y a plus de liaison entre ces deux morceaux qu'entre l'allegro et le finale de n'importe quelle symphonie. Un opéra de Wagner est un morceau de musique d'un nombre considérable de pages, et l'on n'en peut détacher quelques-unes que lorsque l'auteur lui-même semble avoir indiqué la possibilité d'un tel extrait.

Voilà qui est assurément bien dit et bien compris pour le moment où ces lignes furent écrites. Notre auteur devait bien connaître l'œuvre de Wagner et l'avoir étudiée intelligemment. Il résume sa théorie dramatique avec une clarté et une exactitude assez rares à cette époque.

Ce, n'est pas un opéra qu'écrit Wagner, c'est, un drame où les caractères et les passions sont exprimés par l'orchestre et le chant. Ouvrez au hasard une de ses partitions : si vous n'êtes pas prévenu, vous croirez être tombé sur une page de récitatifs ; lisez l'opéra tout entier, puis revenez à cette page ; vous y trouverez le plaisir que vous éprouvez à voir un duo ou un chœur dans une partition connue. Dans un tel ouvrage, il ne peut être question de cavatines, d'airs, etc. ; Wagner n'a rien conservé des formes anciennes, et son ouvrage est divisé en actes et en scènes, comme un drame de Gœthe ou de Schiller. Il ne rentre dans une de ces formes que lorsque son sujet l'y amène naturellement. C'est ainsi que Schiller commence son *Guillaume Tell* par faire chanter un pêcheur, un pâtre et un chasseur ; c'est encore ainsi que Gœthe interrompt le monologue du docteur Faust, au moment où il porte la coupe fatale à ses lèvres, par des chœurs d'anges annonçant la résurrection du Sauveur. Tel est, dans *Lohengrin*, le *Brautlied*, sorte d'épithalame chanté par le chœur pour célébrer l'union d'Elsa, duchesse de Brabant, et du mystérieux chevalier Lohengrin, son sauveur ; telle est la romance *der Abendstern*, l'étoile du soir, chantée par Wolfram dans *Tannhæuser*. Quand le drame comporte la musique, Wagner y fait

toujours entrer la mélodie ; quand il ne présente que l'action. Wagner se sert de l'harmonie, tout en appelant encore, à de rares intervalles, la mélodie à son secours pour peindre un sentiment vague ou fugace, ou, pour dessiner un caractère. Wagner écrit lui-même ses poèmes d'opéra, dont il vient même de publier une traduction française. Son drame et sa musique sont le produit d'une même tension de son esprit ; fondus ensemble d'un seul jet, ils constituent un genre qu'il se passe tout d'après nos idées reçues ; ces idées nous permettraient tout au plus d'apprécier ces morceaux de chant intercalés dans le drame, et nous ne pouvons pas plus nous faire une juste idée de Wagner d'après de tels extraits que nous ne pouvons juger un poète dramatique d'après une poésie lyrique déclamée par un héros de son drame.

Or, Wagner a fait entendre à Paris les seules choses que, d'après son propre système, il pouvait extraire de ses ouvrages, c'est-à-dire les ouvertures, où il résume généralement l'œuvre entière, qu'on ne peut, par conséquent, bien comprendre qu'en connaissant l'opéra entier, et ses morceaux de chant pour ainsi dire intercalés dans le drame ; et tout le monde s'est empressé de juger Wagner sur des fragments qui ne rentrent même pas dans le genre spécial qu'il a créé.

L'exécution du *Tannhæuser* à Paris est prochaine ; suffira-t-elle pour faire comprendre l'homme que le public s'est empressé de juger si légèrement ?

La réponse à cette question, on le sait trop, fut absolument négative. *Tannhæuser* ne fut pas entendu et il fut encore moins compris. Mais, chose singulière, c'est de cet échec que date en réalité la rénovation du théâtre en France. Toute la jeune génération d'alors prit fait et cause pour le musicien honni et conspué. Elle fit mieux : elle ouvrit ses partitions et en fit l'objet d'une étude sérieuse. C'est de cette réaction contre le mauvais goût qui fut le « bon » goût de 1860 que sont nées peu à peu des œuvres telles que *Carmen*, les *Pêcheurs de perles*, le *Roi de Lahore*, *Hérodiade*, *Etienne Marcel*, *Henri VIII*, *Samson et Dalila*, *Sigurd*, *Gwendoline*, le *Roi d'Ys*. Et d'autres suivront.

Chronique de la Semaine

Théâtres et Concerts

PARIS

Voici encore quelques détails destinés à compléter ceux que j'ai donnés la semaine passée, au sujet des œuvres en cours de composition ou d'exécution. Ces détails permettront de saisir d'avance, en ses grandes lignes, et tout imprévu mis à part, la physionomie de la saison musicale imminente.

Comme MM. Franck, Chabrier, d'Indy, Chausson, M. Gabriel Fauré s'occupe aussi d'une œuvre lyrique ; le sujet, mi-parti féerique, mi-parti chevaleresque, est emprunté à nos vieilles traditions légendaires ; il se rapprocherait, en beaucoup mieux, est-il besoin de le dire, des données analogues à celle d'*Euryanthe* de C.-M. de Weber. Cette donnée est fournie et traitée par un littérateur fort distingué, M. Henry Cochin. — Il est question, pour un de nos théâtres de genre, d'une *Isoline* de M. André Messager, texte de M. Catulle Mendès, le Scribe des jeunes, soit dit sans pousser trop loin le rapprochement. — J'ai à citer, enfin, la *Brocéliande* de M. Lucien Lambert, poème de M. Alexandre.

On sait par quels efforts heureux M. Porel, le jeune, l'actif, l'intelligent directeur de l'Odéon, est parvenu à désenguignonner la scène jadis mal notée dont il dispose, et non seulement à lui donner un lustre nouveau, inaccoutumé, mais à en faire décidément un foyer d'innovations et le rendez-vous véritable de l'élite artistique parisienne. La musique lui a beaucoup servi pour cela, et l'on n'a pas oublié les brillantes et récentes représentations de l'*Arlésienne* de

MM. Daudet et G. Bizet, avec l'admirable orchestre de M. Lamoureux. M. Porel n'est pas ingrat, et continue à faire à la musique, qui l'a si bien servi, une place dans ses tentatives. C'est ainsi qu'il vient de confier à M. Gabriel Fauré la composition de la musique destinée au *Caligula*, tragédie en vers d'Alexandre Dumas père. Il y a là, notamment au premier acte, une scène triomphale, et surtout un chœur alterné des *Heures du travail* et des *Heures du repos*, qui prêteront beaucoup au talent particulier de M. Fauré, ainsi que les pages voluptueuses du dernier acte. M. Porel a également l'intention de donner, cet hiver, les *Noces corinthiennes*, poème dramatique de M. Anatole France, où il y a une part assez importante de musique, écrite, depuis quelques années déjà, en vue de la représentation, par M. Camille Benoit.

A la Société des Concerts du Conservatoire, la saison promet d'être fort belle, grâce aux bonnes dispositions de ses membres, qui ont compris la nécessité de seconder, dans l'intérêt même de l'institution, les efforts si louables de leur digne chef, M. Garcin, pour ramener la vie et l'intérêt dans les programmes. Nous aurons donc, cet hiver, la reprise de la *Missa solemnis* de Beethoven, et la première exécution de la *Passion selon saint Matthieu*, de J.-Sébastien Bach : un événement. Ceci déjà suffirait à donner un haut intérêt à la saison. Mais il est fort possible que nous entendions là encore une grande page chorale et instrumentale de Wagner, tirée de *Parsifal* ou des *Maîtres Chanteurs*, peut-être toute la grande scène finale de *Parsifal*, à partir du changement de décor (cette scène se passe dans le temple du Graal). Peut-être aussi entendrons-nous là quelque nouveauté contemporaine de MM. Lalo ou Saint-Saëns, et, nous l'espérons bien, la nouvelle symphonie de M. César Franck.

A signaler la publication (chez Enoch) de charmants petits chœurs pour jeunes voix, à deux parties, de M. C. Franck, déjà nommé; petits chœurs charmants et faciles, aimables délassements du maître, parmi lesquels je note la *Vierge à la crèche*, paroles de M. Alph. Daudet. — A signaler aussi, également chez Enoch, un recueil d'intéressantes mélodies de M. Alexandre Georges, d'après le joli roman slave de M. A. Richepin, *Miarka*.   Balthazar Claes.

BRUXELLES

THÉÂTRE DE LA MONNAIE

La rentrée de Mme Melba dans *Rigoletto* a fait surgir de nouveau la question, désormais fameuse, des représentations bilingues au théâtre de la Monnaie. De diverses parts, on a fait à la charmante diva, et cela au nom de l'illusion scénique et des convenances théâtrales, le reproche de n'avoir pas consacré ses mois de vacances à apprendre par cœur la traduction française des opéras qu'elle a coutume de chanter dans la langue harmonieuse du Dante. Sans doute, Mme Melba, qui continue à jouer le rôle de Gilda dans le texte original, aura trouvé qu'elle pouvait plus agréablement employer ses loisirs et, là, franchement, nous ne sommes guère tenté de lui donner tort. Que peut bien faire, après tout, que Mme Melba chante ou non en italien *Rigoletto*, *Traviata*, *Lucia*, et cætera? Ces ouvrages n'appartiennent-ils pas à une catégorie d'œuvres musicales où le sujet poétique (chose accessoire), est subordonné à la forme des morceaux de musique (chose essentielle); ne sont-ce pas de vrais concerts chantés en costume de théâtre et composés d'airs, de duos, de trios, de quatuors, de quintettes, de sextuors, de septuors et d'ensembles, qui n'ont, le plus souvent, entre eux aucune corrélation, aucun lien de parenté, si ce n'est le style propre de l'auteur?

Il paraît, au contraire, qu'il est plus raisonnable de chanter ces morceaux de virtuosité dans l'idiome primitif qui leur a servi de canevas, toute transposition de lettre devant naturellement entraîner une modification de la sonorité et brouiller plus ou moins l'ordre des fioritures.

Au surplus, croit-on, par exemple, nos oreilles seront moins blessées si nous entendons dire en français : *Si mon* d^{ss}—*sie*(†) *au ci—e—el t'à—à—lance,vers Dieu ce nous volera*[13], *vers Dieu volera, oui, vers Dieu ce nous volera, oui, vo—e—le—e—era, oui, vers Dieu ce nous volera, ah*¹⁰ *vo^{rus}—o—lera*.

Au lieu de : *Ca*²¹—*ro—e no—o—me—e tuo sa—ara—d a ca*²¹—*ro—o nome tuo tanto, il mio desir a tu ognora vo—ele—o—erà, fin l'ultimo sospiro tuo sa*¹⁰—*ā*^{ruia}—*a—a—rà?*

(†) Le chiffre de l'exposant indique le nombre des répétitions de la même lettre.

De ces deux versions qui, au point de vue de la vraisemblance et de l'illusion scénique, sont absolument cocasses, l'italienne est au moins préférable, les amateurs de ce genre de sport en conviendront sans peine avec nous.

Mais on se plaint surtout de la confusion résultant de ce que certains chanteurs donnent la réplique en italien, ce qui est très louable, alors que d'autres ne le font pas et que les chœurs, notamment, chantent en français. En toute justice, ne peut rendre Mme Melba responsable de ces imbroglios. Pourquoi tous les chanteurs ne chanteraient-ils pas l'italien, et les chœurs aussi? Nous n'y voyons, quant à nous, aucun inconvénient.

Laissons donc Mme Melba chanter ses rôles italiens en italien, c'est-à-dire dans la langue qui lui permet d'égrener, en toute sécurité les perles de son riche écrin vocal; et ne lui faisons point un grief de ce qu'elle n'affecte pas notre sensibilité au même degré que Mme Caron, laquelle serait d'ailleurs fort embarrassée de chanter comme Mme Melba.

Pour les amateurs de virtuosité pure, pour ceux qui préfèrent le dessin à la couleur, cette dernière remplit à merveille toutes les conditions exigibles. A ceux qui cherchent l'impression de la vie sous des apparences idéales, nous conseillons d'aller entendre Mme Caron. Et nous nous réjouissons à l'idée que cette grande artiste nous donnera bientôt,du rôle d'Elsa, une incarnation émouvante qui nous dédommage de l'artificiel apparat des opéras en vogue.

Toutefois, pour exécuter *Lohengrin*, il faut une Ortrude, et les premiers essais de Mlle Pauline Rocher laissaient subsister un doute sur les moyens de cette chanteuse engagée pour tenir les emplois de contralto. L'épreuve qu'elle vient de subir dans la *Favorite* ne lui a point été défavorable. Mlle Rocher possède une voix de mezzo-contralto étendue, ayant de l'éclat dans le registre aigu, mais présentant, selon l'ordinaire, des lacunes dans le medium. Elle a soutenu avec une certaine vaillance le rôle de Léonor, cherchant à mettre de l'expression dans son chant et des intentions dans son jeu. D'une taille élancée, d'un physique agréable, Mlle Rocher a de la stature et de la physionomie. Il y a en elle de l'étoffe, mais il faut qu'elle s'applique à développer ses notes faibles et à varier ses moyens d'expression.

Le rôle du roi Alphonse a été repris par M. Renaud, dont la voix pleine et moelleuse se prête bien aux rondeurs mélodiques de la phrase italienne. M. Engel a mis toute la chaleur désirable dans le rôle de Fernand, qu'il interprète de façon magistrale et qui reste toujours un de ses meilleurs rôles. Celui de Balthazar est aussi très bien tenu par M. Vinche, et cette *Favorite*, en attendant mieux, a fait, au total, assez bonne figure.

Il y a eu,la semaine dernière, une reprise du *Caïd* avec la distribution antérieure. Le *Farfadet* ainsi que le *Bœuf et le Tailleur* sont les levers de rideau jusqu'à présent en usage. *Sylvia*, le beau ballet de Delibes, vient également de reparaître sur l'affiche pour la rentrée, — suffisamment fêté, comme on pense, — de Mlle Sarcy. On ne chôme pas au théâtre de la Monnaie, on ne s'y endort pas sur les succès présents ; on se prépare, au contraire, à de nouvelles victoires.   E. E.

L'observation que nous avons faite à propos des trois coups traditionnels annonçant le lever du rideau paraît avoir frappé d'autres que nous. M. Porel, qui a vu les *Meininger* à Bruxelles, vient de supprimer ces trois coups au théâtre de l'Odéon et de les remplacer par une petite sonnerie discrète.

Notre éminent confrère dramatique de la *Gazette* en sera peut-être ennuyé, car la petite modification proposée par nous lui paraissait le comble de l'aberration. « On dirait,s'écriait-il l'autre jour, que cet admirateurs du théâtre allemand ont toujours peur d'être réveillés en sursaut. » Il y a un peu de cela, en effet: il nous serait pénible, sans doute d'être trop brusquement réveillé à l'audition de certains opéras dont les mélodies vous bercent et,après dîner,vous procurent un assoupissement délicieux; mais que notre éminent confrère veuille nous croire, c'est sans aucune pensée égoïste que nous avons soulevé cette question. Les trois coups de marteau sur la scène nous paraissent inutiles : 1° parce qu'ils ne réveillent tout au plus que les honnêtes bourgeois venus au théâtre pour faire leur sieste ; et 2° parce que ces trois coups,s'ils réveillent l'attention des dormeurs au sommeil lourd, sont absolument incapables de réveiller chez eux une intelligence artistique qu'ils n'ont pas.

Alors, à quoi boh ?

On discute beaucoup, dans les couloirs de la Monnaie, sur les avantages et les inconvénients du claviharpe introduit dans l'orchestre depuis le début de la saison. Comme toujours, les moins compétents ont le verbe le plus haut et, une fois de plus, on peut constater que toute innovation intelligente rencontre nécessairement l'opposition des sots et des ignorants. On a pu lire ainsi, dans les journaux, que le claviharpe n'était, en somme, qu'un piano imitant, habilement d'ailleurs, les sons de la harpe. C'est là une erreur absolue. Le claviharpe est un instrument à cordes pincées comme la harpe elle-même, et il est scientifiquement impossible qu'il produise le même son qu'un piano, instrument à cordes percutées. C'est un principe absolu d'acoustique, aussi absolu qu'une loi mathématique, que le mode de production modifie le caractère et le timbre du son. Ainsi, le hautbois et la flûte sont tous deux des instruments à vent; mais, dans l'un, le mouvement vibratoire d'où résulte le son est produit par le souffle agissant sur une anche, dans l'autre par un courant d'air agissant sur une bouche biseautée, latérale ou transversale. De là, la différence du timbre, le caractère particulier de chaque instrument. Pour les instruments à cordes, la vibration est produite par le *frottement* (violon, alto, violoncelle), par le *pincement* (harpe, claviharpe, luth, lyre, guitare, etc.), ou par la *percussion* (piano, cymbalum, etc.). Jamais une oreille un peu exercée ne pourra confondre la sonorité particulière et caractéristique de ces divers genres d'instruments.

Il n'y a entre la harpe et le claviharpe d'autre différence que la substitution d'une main artificielle à la main du virtuose, et la similitude du son est si parfaite qu'il est arrivé à plus d'un musicien de ne pouvoir distinguer la harpe et le claviharpe l'un de l'autre quand on dissimulait les instruments derrière un paravent.

Est-ce à dire que le claviharpe soit destiné à détrôner la harpe? Nous ne le pensons pas, — et ce n'est pas d'ailleurs le but de l'invention, pas plus que la trompette à pistons n'a remplacé la trompette naturelle. Mais de même que la trompette à pistons s'est substituée dans beaucoup de cas et avec avantage à la trompette naturelle, et a fini par devenir elle-même un instrument de soliste, de même le claviharpe, par la simplicité et la facilité de son mécanisme, est appelé à se substituer à la harpe, et c'est particulièrement à l'orchestre où il peut rendre d'inappréciables services. M. Joseph Dupont, dont l'expérience et les connaissances techniques ne peuvent faire l'objet du moindre doute, ne s'est prononcé pour le claviharpe qu'en connaissance de cause. Parlant, l'autre jour, du claviharpe, il nous disait : « Pour moi, la question de la harpe à l'orchestre est définitivement résolue. »

Il nous semble que cela est un peu plus concluant que les impressions de quelques amateurs, critiques musicaux d'occasion, installés dans un fauteuil au théâtre.

Nouvelles diverses

Un journal viennois, rappelant que, le 19 courant, il y a eu trente ans que *Lohengrin* a été joué pour la première fois à Vienne, établit à ce propos une statistique intéressante. Il en résulte que, de toutes les œuvres de Wagner, *Lohengrin* est celle qui, à Vienne, a été la plus souvent représentée. En effet, ont été joués :

239 fois *Lohengrin*.
209 — *Tannhäuser*.
148 — *Le Vaisseau-Fantôme*.
 69 — Les *Maîtres Chanteurs de Nuremberg*.
 60 — La *Walkyrie*.
 51 — *Rienzi*.
 28 — *Le Crépuscule des dieux*.
 27 — *Siegfried*.
 20 — *Tristan et Iseult*.
 17 — *L'Or du Rhin*.

En tout, 868 représentations pour l'ensemble des œuvres de Wagner. Un journal de Paris trouve ce chiffre modeste, et le compare à celui qu'ont atteint, par exemple, les *Huguenots* à Paris. Il est vrai, mais il ne faut pas oublier qu'il n'y a pas de théâtre au monde qui ait un répertoire aussi pauvre que celui de l'Opéra, où l'on est bien forcé de jouer cinquante fois de suite un même ouvrage, fût-il un four notoire, parce qu'il n'y a pas d'autre pièce pour le remplacer.

Il est, en outre, à remarquer que tout le répertoire wagnérien est de date relativement récente. Ainsi, les *Maîtres Chanteurs* ont été joués pour la première fois à Vienne en 1870, la *Walkyrie* en 1877, *Siegfried* en 1878. Il est donc probable que quand ces ouvrages auront trente ans de date, ils auront atteint le chiffre de *Lohengrin* et que quand ils auront l'âge avancé des *Huguenots* (cinquante-deux ans), ils ne seront pas très éloignés du chiffre du chef-d'œuvre de Meyerbeer.

—

Samedi, a eu lieu à l'Opéra de Berlin la reprise de *Tristan et Iseult* de Wagner, avec Niemann et M. Sucher dans les personnages principaux; M. Staudigl dans celui de Brangœne et Betz dans celui du fidèle serviteur Kurwenal. M. Rothmühl, enfin, chantait le petit rôle du pâtre. La salle était comble et le succès a été énorme. L'*Iseult* de M. Sucher, que ceux qui ont assisté il y a deux ans aux fêtes théâtrales de Bayreuth en ont gardé un inoubliable souvenir. Le public de Berlin a fait à la grande artiste un accueil enthousiaste. Quant à Niemann, la voix du célèbre ténor n'est plus ce qu'on souhaiterait qu'elle fût; mais son jeu a profondément impressionné l'auditoire. Il rend admirablement, disent les critiques berlinois, le caractère sauvage et irrésistible de sa passion pour *Iseult*.

A propos de cette reprise, un journal local rappelle un mot bien amusant d'un compositeur berlinois bien connu, qui venait de donner à l'Opéra de Berlin un ouvrage, d'ailleurs médiocre, quelques jours seulement après la première de *Tristan*. Rencontrant dans les couloirs du théâtre un critique wagnérien qui ne l'avait pas ménagé, « Oh! ne vous faites pas d'illusions, lui dit-il, mon opéra sera donné encore longtemps après que personne ne parlera plus de votre *Tristan* ! »

Combien de compositeurs, même célèbres, ont pensé de même, plaignant l'erreur de ce pauvre Wagner fourvoyé dans le dédale de ses *Leitmotive* !

—

Une célèbre cantatrice avait demandé pour chanter à Berlin une somme fabuleuse.

L'empereur, furieux tant à payer, s'écria ;

— Je ne paye sur ce pied-là aucun de mes feld-maréchaux !

— En ce cas, dit la chanteuse, qu'on en rapporta ce propos, que Sa Majesté fasse chanter ses feld-maréchaux.

—

Les journaux d'Aix-la-Chapelle nous apportent le récit de la triomphale excursion faite récemment dans cette ville par le Cercle Instrumental de Bruxelles sous la direction de M. Heymans. Ils louent grandement le bel ensemble, la sonorité éclatante sans dureté, de cette excellente phalange instrumentale, dont les deux concerts ont du reste, obtenu le plus vif succès.

—

Signalons l'apparition d'un nouveau confrère, qui paraît à Leipzig sous le titre de *Centralblatt für Musik*.

—

L'opéra de Francfort a repris, hier mercredi, le *Siegfried* de Wagner avec le ténor Vogl dans le rôle principal. Il ne lui reste plus qu'à monter le *Crépuscule des dieux* pour avoir donné toute la Tétralogie. Une nouvelle série de représentations du *Ring*, commencera, le 22 septembre, à l'opéra de Dresde.

A Berlin, on attend le *Crépuscule des dieux* pour le mois de janvier, sous la direction de M. Sucher, qui dirigera aussi les représentations complètes du *Ring*, projetées immédiatement après le *Crépuscule des dieux*.

—

On annonce que Hans de Bulow va faire paraître prochainement une brochure qui ne manquera pas de piquant. Elle aurait pour titre: les *Néo-Wagnériens*, par un *vieux Wagnérin*. Ce sera, paraît-il, une charge à fond contre la direction et les tendances du comité du théâtre de Bayreuth, comme aussi contre les fanatiques qui veulent faire de Wagner le fondateur d'une religion nouvelle.

—

Le 12 septembre, au théâtre de Leipzig, brillante reprise d'*Hamlet* d'Amb. Thomas, devant une salle absolument comble. Le triomphe de la soirée a été pour M. Baumann, une Ophélie remarquable autant par la voix que par la finesse du jeu. *Hamlet* n'avait eu autrefois que très peu de succès en Allemagne. On avait fait des coupures si malheureuses et si nombreuses qu'on était arrivé à dénaturer l'œuvre. Le Kapellmeister Nikisch qui a conduit avec son talent habituel, s'était opposé, cette fois, à une telle mutilation. Le respect et le talent exceptionnel de M. Baumann expliquent le succès que l'opéra d'Ambr. Thomas vient de remporter à l'Opéra de Leipzig.

—

Une nouvelle opérette de Czibulka, le compositeur bien connu de la *Gavotte Stéphanie*, vient d'essuyer le feu de la rampe au théâtre Friedrich-Wilhelmstadt, à Berlin. Titre : l'*Aventurier*. Le livret, bien qu'emprunté à une pièce française, ne paraît pas avoir été très goûté, sauf le premier acte, qui paraissait annoncer un grand succès. Quant à la musique du maestro Czibulka, on en loue la facilité et la verve rythmique. En somme, succès moyen.

Le Reichstag allemand vient d'être saisi d'une pétition de l'Association générale des musiciens allemands, laquelle demande au Parlement : 1° De définir nettement quel genre d'exécution musicale tombe sous l'application des lois et taxes relatives à l'exercice des métiers manuels ; 2° D'assimiler les musiciens de profession aux ouvriers de tout autre métier, afin de leur assurer le bénéfice des lois relatives aux pensions de retraite et, en général, la protection des lois relatives à l'exercice de l'industrie ; 3° D'exiger un diplôme de capacité de tout musicien qui s'adonne au professorat ; enfin, 4° D'instituer un conseil composé de musiciens de profession, lequel aurait pour mission de prendre des décisions dans toutes les questions relatives à l'éducation musicale et à l'exercice de cet art, tout comme il existe un conseil général de l'instruction publique.

Les journaux de musique allemands se prononcent presque tous en faveur des deux dernières demandes formulées dans cette pétition, mais ils repoussent les deux premières, qui auraient pour résultat d'enlever à la musique son caractère d'art libéral.

Il est question d'élever à Chicago un nouveau théâtre pouvant contenir 8,000 spectateurs. Comme à raison de sa situation centrale, Chicago est fréquemment le lieu de grandes réunions politiques et de festivals de musique, un hôtel sera annexé au théâtre, mais un hôtel énorme, invraisemblable, ayant *dix* étages. C'est le colonel Mapleson, de Londres, qui serait à la tête de cette entreprise.

M. Théodore de Lajarte vient d'être nommé chevalier de l'ordre de Léopold, de Belgique, pour sa collaboration à l'édition nationale des œuvres de Grétry.

La réouverture de l'Opéra russe au Théâtre-Marie, à Saint-Pétersbourg, a eu lieu le 12 septembre devant une salle comble. On donnait 'la *Vie pour le Czar*, de Glinka, pour la 600° fois. La popularité de ce chef-d'œuvre ne diminue pas, on le voit.

On annonce que M. A. Bungert, compositeur américain, vient de terminer une tétralogie musicale, intitulée *The Homeric World* (le Monde homérique), dont la troisième partie *Nausicaa*, sera probablement exécutée l'hiver prochain, à New-York, sous la direction d'Anton Seidl.

Les représentations de Bayreuth ont inspiré à M. Guiseppe Depanis un excellent travail intitulé *Riccardo Wagner et il teatro di Bayreuth*, publié dans *Il Trovatore* (nᵒˢ 35 et 36).

Le théâtre Sannazzaro de Naples fait sa réouverture aujourd'hui même, par *Don Giovanni*.

Lohengrin sera exécuté au Teatro Sociale, à Mantoue, durant la prochaine saison de carnaval.

A la Scala de Milan, on donnera, l'hiver prochain : *Asrail*, du baron Franchetti ; *Edgard*, de Puccini ; *Zampa* avec Maurel, et *Lohengrin* avec le ténor espagnol Viñas.

Liverpool a reçu la visite d'une troupe d'opéra russe, qui a fait entendre la *Vie pour le Czar*, de Glinka ; le *Démon*, de Rubinstein ; *Rigoletto*, de Verdi, et *Mazeppa*, de Tschaïkowsky. Ces représentations ont été très suivies.

Joseph Hofmann, le pianiste prodige, dont on avait annoncé la mort, est attendu à New-York, pour le 10 novembre.

VARIÉTÉS

LA FLUTE ENCHANTÉE ET LA ZAUBERFLOETE

M. Julien Tiersot publie, dans le *Ménestrel*, sous ce titre : *Trois jours à Munich*, de très intéressantes impressions musicales et théâtrales, entre autres sur une représentation de la *Flûte enchantée*. Nous lui donnons la parole :

« On jouait le soir la *Flûte enchantée*, ou pour parler exactement, *die Zauberflœte* : car il y a presque autant de différence entre la forme originale de cette œuvre et la version française qu'entre leurs deux titres. Un seul point suffira à en faire juger ; tandis que, dans la pièce française, la Reine de la nuit est rivale et persécutrice de Pamina, dans le texte allemand, elle est sa mère et la protège. La pièce se réduit ainsi à une féerie, d'esprit simple autant que classique, dont le sujet est l'éternelle lutte du jour et de la nuit. Sa, rastro et la Reine, — et dont la morale, symbolisée par les épreuves qui conduisent au dénoûment, est que, pour obtenir l'amour, il faut savoir le mériter : pensée à laquelle personne, je présume, ne trouvera rien à reprendre.

» Mais ce n'est pas dans la pièce elle-même, si caractéristique qu'elle soit et sa naïveté, que l'on peut trouver le principal élément d'intérêt, c'est bien plus dans l'esprit dans lequel elle est interprétée en Allemagne. La *Flûte enchantée*, dernière composition théâtrale de Mozart, est non seulement, de beaucoup, l'œuvre la plus allemande qu'il ait produite, c'est encore la plus allemande des œuvres lyriques qui aient été écrites avant le *Freischütz*. Sans prétendre y découvrir des arcanes plus ou moins impénétrables, il est certain qu'on y trouve une part de fantastique et de mystérieux qui s'accorde absolument avec le tempérament national, et qu'il est très intéressant de voir mettre en œuvre dans son milieu naturel. On peut en juger dès les premières mesures. A peine la toile s'est-elle levée sur un paysage désolé, à peine Tamino a-t-il achevé sa pathétique et concise phrase d'introduction, qu'on voit, se glissant au milieu des rochers, un grand serpent aux anneaux luisants, — je le soupçonne fort d'être emprunté aux accessoires du *Rheingold* ; — il rampe presque d'un bout à l'autre de la scène et va atteindre Tamino évanoui, quand apparaissent, vêtues de noir, les trois fées protectrices qui, du bout de leurs baguettes magiques, atteignent le monstre. Puis, quand les fées ont, dans l'ombre, chanté leur idéal trio, c'est au tour de la Reine de la nuit à paraître ; mais, quoiqu'elle ait à chanter un air tout de virtuosité, ce n'est pas sur l'avant-scène qu'elle viendra se placer. A son approche, l'obscurité se fait de plus en plus profonde sur le théâtre. La toile du fond s'abaisse, et l'on n'aperçoit plus qu'un ciel pur, tout constellé d'étoiles avec, au centre, à mi-hauteur, la Reine de la nuit comme suspendue ; sa silhouette seule ressort sur ce fond sombre ; sa longue traîne noire disparaît en s'enroulant autour d'un croissant de lune ; et c'est ainsi que, du fond du ciel, elle égrène ses vocalises qui jaillissent de très loin, comme une pure et fraîche rosée : cela est d'une poésie mystérieuse et intense que l'air, pris au lui-même, ne saurait faire soupçonner, encore qu'on en ait beaucoup trop médit ; car, autant je comprends, les critiques adressées à l'air de donna Anna, dans *Don Juan*, où la douleur est exprimée en des roulades passablement incongrues, autant je conçois, pour un personnage fantastique et en dehors des passions humaines, l'emploi de ce style vocal étrange, aux notes précipitées, aux sonorités suraiguës, cristallines.

» Mieux que dans aucune autre œuvre de Mozart, les convenances scéniques sont ici respectées. Je n'en citerai qu'un exemple : voyez avec quel art s'opère la conclusion du quintette, qui va se dégradant, se perdant peu à peu, tandis que les trois fées d'une part, Tamino et Papageno de l'autre côté, se séparent et s'éloignent.

» Il n'y a pas grand'chose de nouveau à dire des parties familières et comiques de l'œuvre, bien qu'en ces endroits la musique prenne fréquemment une forme et un accent de vieux *Lied* allemand qui ressortent beaucoup mieux dans la langue et le milieu réels. Mais les scènes du temple de Sarastro, avec leurs cortèges aux pas ca, dencés, leurs imposantes cérémonies, leurs chants nobles et reli, gieux, sont d'une grandeur simple et sobre, et l'impression en est profonde. Comment ai-je plusieurs fois, au cours de ces scènes, songé au temple de *Parsifal* ? Cependant les deux musiques ne se ressemblent guère.

» Enfin, dans les scènes qui conduisent au dénouement, l'œuvre prend des proportions que les représentations de l'Opéra-Comique, où elles étaient assez vite expédiées, ne laissaient pas soupçonner. Dans ce long finale aux épisodes nombreux, où les transformations et les changements de scènes se succèdent continuellement, il y a, parmi de nombreuses richesses, un morceau véritablement monumental : c'est un duo des prêtres chargés de diriger Tamino et Pamina à travers les épreuves : leurs deux voix, soutenues par les trombones de l'orchestre, chantent un chant large, une sorte de choral au développement puissant que les instruments à archet accompagnent de légers contre-points. Puis les épreuves commencent, accompagnées d'une symphonie au-dessus de laquelle plane constamment le chant magique de la flûte, comme un *Leitmotiv* symbolique de Foi et d'Amour : et Tamino et Pamina s'avancent à travers les obstacles ; ils passent, dans une eau bleue et limpide, aussi tranquilles que les filles du Rhin des *Nibelungen* ; ils traversent les flammes, comme Siegfried à la recherche de Brunhild... Mais je m'arrête : on finirait par m'accuser de vouloir faire de Mozart un wagnérien, tandis que, d'autre part, on me reprocherait d'ôter à Wagner tout le mérite de ses inventions, puisque j'ai déjà trouvé dans la *Flûte enchantée*, le *Rheingold*, *Parsifal*, *Siegfried*, sans compter *Tristan et Yseult*, dont toute la philosophie a pour objet la lutte du jour et de la nuit, ce que l'on croyait dû à Schopenhauer, et qui se trouve déjà tout au long dans Mozart !...

» Cette représentation de la *Flûte enchantée* a été de tout point intéressante, autant par la valeur intrinsèque de l'interprétation que par l'esprit et l'intelligence de l'œuvre. Ce n'est pas sans quelque surprise que j'ai entendu M. Vogl, que j'avais vu à Bayreuth et terriblement émouvant dans Tristan, chanter les larges et chastes mélodies de Mozart avec un style pur, profondément musical, admirable : la voix n'est plus de première fraîcheur, mais l'art est incomparable. L'art du chant, en Allemagne, n'est pas, on le sait, dirigé dans le même sens que chez nous, les effets de voix y sont beaucoup moins cultivés ; et je ne songe aucunement à mettre en parallèle, par exemple, une artiste telle que M⁻ᵐᵉ Carvalho, qui fut en France une admirable Pamina, avec la titulaire du même rôle à Munich, Mᵐᵉ Wekerlin. Les effets, d'ailleurs, étaient complètement transposés ; les morceaux qui, à Paris, ressortaient avec le plus de relief, par exemple le célèbre duo en *mi* bémol et la petite phrase de Pamina et Papageno qui suit le chœur avec glockenspiel, ont passé presque inaperçus à Munich. Malgré cette infériorité reconnue, je ne jurerais pas que les artistes allemands ne donnent pas une idée plus juste et plus conforme à l'esprit du compositeur. Sans parler de M. Vogl, dont j'ai dit la supériorité, je puis citer Mˡˡᵉ Herzog, qui, sans chercher malice, a chanté les deux airs de la Reine de la nuit avec une crânerie, un aplomb et une justesse dignes des plus grands éloges. Ni M. Slehr (Sarastro), ni M. Fuchs (Papageno) ne brillent par la voix, et cependant leur interprétation juste et exacte est parfaitement satisfaisante. Quant aux scènes d'ensemble, elles sont réglées de la façon la plus artistique : chacun reste à son plan,, nul ne cherche d'effets personnels, et, par cette discipline absolue, l'effet général est exactement obtenu. Rien de plus parfait, par exemple, que le trio des fées évoluant avec une souplesse et une liberté absolue, et retrouvant au moment voulu toute la cohésion nécessaire : c'est charmant de grâce et de naturel. Inutile d'ajouter que l'orchestre, malgré l'absence infiniment regrettable de son chef, l'éminent kapellmeister Hermann Levi, s'est montré d'un bout à l'autre impeccable. »

ÉPHÉMÉRIDES MUSICALES

— Le 21 septembre, 87ᵐᵉ anniversaire de la naissance de Jean-Valentin Bender (à Bechtheim, Hesse rhénane, 1801). Son décès, à Bruxelles, 14 avril 1873. Un nom justement populaire dans la musique de nos régiments, celui des Guides particulièrement, d'où

Bender tira sa grande renommée et où ses excellentes traditions sont continuées par F. Staps. (Voir Eph., *Guide mus.*, 20 sept. 1883.

— Le 22 septembre 1854, à Nandrin, province de Liége, naissance d'Ovide Musin.

Après s'être fait connaître dans les principales villes de l'Europe, Musin paraît vouloir s'américaniser tout à fait, car il ne quitte plus guère le pays des dollars. Il y donne concerts sur concerts. Depuis Vieuxtemps, dit le *Courrier de New-York*, personne n'a eu chez nous autant de succès que Musin.

— Le 23 septembre 1837, à Bruxelles (église Sainte-Gudule), *Messe de requiem* (en *la* mineur), à 4 voix et orchestre, par Charles-Louis Hanssens. « Ce bel ouvrage a prouvé que son auteur peut se placer au rang des plus habiles de son époque. » (FÉTIS, *Biographie des mus.*, t. IV, p. 123.)

— Le 23 septembre, 53ᵐᵉ anniversaire de la mort de Vincenzo Bellini (Puteaux, près Paris, 1835; et le 52ᵐᵉ de la mort de Mᵐᵉ Malibran-de Bériot (Manchester, 1836). (Voir Eph. *Guide mus.*, 16 sept. 1885, et 22 sept. 1887.)

— Le 24 septembre, le 75ᵐᵉ anniversaire de la mort d'André-Ernest-Modeste Grétry (Montmorency, près Paris, 1813).

« Né à Liége le 8 février 1741, Grétry était venu en France, à l'âge de 27 ans, y avait été accueilli avec enthousiasme, patronné et adopté, non seulement à cause de son talent musical, mais encore à cause de sa belle humeur et de son esprit tout français.

» Grétry avait bien compris le genre de musique qui convenait au public français : « Il faut être vrai dans la déclamation, à laquelle la France est très sensible, disait-il. Je chercherai donc la vérité dans la déclamation ; je n'en pense pas moins que le musicien qui saurait la métamorphoser en chant sera le plus habile. »

« Grétry avait d'abord imité Pergolèse et les maîtres napolitains, mais il s'affranchit bientôt de cette imitation, plus involontaire que systématique, et fut un des artistes créateurs de l'école française. Les femmes, comme il le dit lui-même, reconnaissaient sa sensibilité, les jeunes gens, son enjouement et sa finesse, et les connaisseurs disaient que sa musique était *parlante*. Les *Deux Avares* (1770), *Zémire et Azor* (1771), la *Caravane* (1783), *Richard Cœur de Lion* (1785), sont restés dans la mémoire de tous, et le succès n'a jamais manqué aux reprises qui en ont été faites de nos jours. On s'explique mal pourquoi la réputation de Grétry, qui ne cessait de s'accroître à chaque nouvelle œuvre, ne fut nullement compromise par le prodigieux succès que la musique allemande obtint à Paris, quand on y représenta les opéras de Gluck. » (PAUL LACROIX, *Lettres, sciences et arts, au XVIIIe siècle*, Paris, Didot, 1878, p. 432.)

— Le 25 septembre 1834, à Paris (Opéra-Comique), le *Chalet* d'Adolphe Adam. — Joué par Mᵐᵉ Pradher, Couderc et Inchindi, celui-ci, un Brugeois, de son nom flamand Hennekindt, et qui créa le rôle de Max de la pièce pour son début à ce théâtre.

Les premières : à Bruxelles 19 déc. 1834; à Liége, 23 janv. 1835; à Anvers, 12 févr. 1835 : à Riga, 21 mars 1853 ; à Vienne, *die Alpenhütte*, 28 août 1858, reprise 27 avril 1875 ; à Hanovre 4 déc. 1866.

Adam a raconté le touchant épisode qui marqua la première du *Chalet*. Boieldieu avait été le maître de l'heureux auteur de la pièce. « Son affection de larynx était augmentée, nous dit Adam ; il ne pouvait parler, et écrivait sur une ardoise. Sitôt ma partition terminée, je me rendis à Jarcy, jolie campagne qu'il s'était plu à embellir, et qu'il habitait. Je lui jouai tout mon *Chalet*. Il en fut si content qu'il m'écrivit : *J'irai à la première !* Je n'osais l'espérer. Je le voyais si malade ! Il y vint cependant. Ce fut sa dernière sortie ! Après la pièce, j'allai à lui. Il m'embrassa, et me traça sur son ardoise ces mots qui se sont gravés dans ma mémoire comme le plus bel éloge que j'aie jamais reçu : *Je voudrais que cette musique fût de moi. Merci, aussi, de cette bonne soirée.* » Boieldieu expirait quinze jours plus tard, le 8 oct. 1834.

— Le 25 septembre, 205ᵉ anniversaire de la naissance de Jean-Philippe Rameau (Dijon, 1683.) Sa mort, à Paris, 12 sept. 1764.

— Le 26 septembre 1816, à Marseille, naissance de Marius-Pierre Audran. Sa mort, dans cette ville le 9 janvier 1887. Au dire d'Adolphe Adam, le seul ténor vocaliste de l'ancien Opéra-Comique de Paris, de 1842 à 1852. Il vint remplacer à Bruxelles le ténor Thénard, qui venait de mourir, et débuta, en juin 1838, au théâtre de la Monnaie, où il ne resta qu'une saison. Sa bonne réputation l'y ramena encore sous la direction Letellier. A sa retraite, nommé professeur au Conservatoire de Marseille, il garda ces fonctions jusqu'à l'époque de sa mort. L'auteur de la joyeuse musiquette, la *Mascotte*, est son fils.

— Le 27 septembre 1737, à Saint-Denis, décès de Montéclair (Michel Pinolet.) Sa naissance à Andelot (Haute-Marne), le 4 décembre 1667.

Sa *Jephté*, tragédie lyrique en 5 actes et un prologue, paroles de Pellegrin, fut le premier ouvrage biblique joué à l'Opéra (28 février 1732); il a été remis à la scène plusieurs fois. De l'aveu de Rameau, la musique de *Jephté* était un vrai chef-d'œuvre.

Montéclair a introduit la première contre-basse à l'Opéra. Auparavant, on employait le *violone*, grande viole montée de sept cordes et qu'on posait sur un pied pour en jouer debout. Le manche était divisé par cases comme celui de la guitare. Le son de l'instrument, comme celui des violes en général, était sourd.

On trouvera des détails nouveaux sur Montéclair dans deux opuscules, l'un par M. Emile Voillard et l'autre par M. Jules Carlez. Voir l'analyse qui en a été faite, *Guide mus.*, 16 oct. 1879.

BIBLIOGRAPHIE

IL TEATRO ILLUSTRATO (Milan, Sonzogno). Sommaire de la livraison du mois de septembre :

Portrait de Mme A. Isaac avec notice; album de costumes germains et espagnols, accompagné d'une feuille de dessins; le nouveau drame espagnol; théâtres de Milan; bulletin théâtral du mois d'août; correspondance de Como, Paris, Copenhague; la *Carmen* de Bizet au théâtre de Bergame; les *Pêcheurs de perles* de Bizet au théâtre de Carpi; Histoire de la musique, conférences de Langhans; congrès international à Venise sur la propriété littéraire et artistique, M. le public aux premières représentations; bibliographie, concours, nécrologie, etc.

Musique: un morceau pour chant et piano d'Emile Serrano; et une pensée pour piano d'Ed. Lombardo.

AVIS ET COMMUNICATIONS

Mme Cornélis-Servais, cantatrice des concerts du Conservatoire de Bruxelles, dont le talent est bien connu, reprendra ses cours de chant le 15 octobre prochain. Mme Cornélis vient de faire un long séjour à Paris, pour s'initier à la méthode de Mme Marchési, la célèbre professeur. C'est cette excellente méthode que Mme Cornélis se propose de faire connaître à ses élèves.

Nécrologie

Sont décédés :

A Milan, le 7 septembre, Tito Ricordi, né dans cette ville, le 29 octobre 1811, éditeur de musique, fils de Giovanni Ricordi, le fondateur de la grande maison italienne de ce nom. C'est M. Giulio Ricordi qui en prend la direction aujourd'hui.

— A New-York, le 24 août, à l'âge de 75 ans, Mme Edward-Edward Shelden Seguin, née Anna Child, cantatrice d'origine anglaise, qui avait débuté à Londres, en 1836, et y avait brillé à côté des plus grands noms de l'opéra italien. Plus tard, aux Etats-Unis, avec son mari — une basse profonde des plus remarquables — elle quitta la scène, et, devenue veuve en 1852, elle se livra à l'enseignement du chant. (Notice, *American Art Journal.*)

— A Oldham, près Londres, le 25 août, à l'âge de 28 ans, William Fullerton, pianiste et compositeur américain de beaucoup d'avenir. Son opéra, *the Lady of the Lochet*, avait été joué avec succès.

— A Paris, Paul Delisse, né en Belgique le 12 avril 1817, professeur de trombone au Conservatoire. Le malheureux artiste s'est asphyxié pour des motifs encore inconnus.

XXXIVᵉ ANNÉE   27 septembre 1888   NUMÉRO 39

Paraissant tous les jeudis.

ABONNEMENT
France et Belgique : Avec musique 25 francs. —
Texte seul. . 10 —
Union Postale :   —   12 —

SCHOTT FRÈRES, ÉDITEURS.
Paris, Boulevard Montmartre, 19
Bruxelles, Montagne de la Cour, 82

ANNONCES
S'adresser à l'Administration du Journal.
On traite à forfait.

La Règle de l'octave

ET SES INVENTEURS

Aujourd'hui que la culture de la musique s'est partout popularisée, et que, à tort ou à raison, des milliers de jeunes doigts frappent quotidiennement des milliers de touches blanches et noires, dans l'espoir d'arriver à savoir « jouer du piano », on ne se rappelle plus guère ce qu'était, il y a deux siècles, l'enseignement pratique de la musique, et ce que les amateurs demandaient aux leçons de leurs professeurs. Les dernières années du XVIIᵉ siècle marquèrent peut-être la plus grande vogue du « maître de musique ». Bien dressé aux manières du monde, recherché dans sa mise, ayant des galons à son habit, des dentelles à ses manches, une perruque parfumée, sachant tourner avec une fadeur de bon ton un compliment flatteur, chantant sur les airs à la mode des « doubles » de sa composition, ou bien jouant sur le luth, le théorbe ou le clavecin des pièces tour à tour sentimentales et coquettes, baptisées de noms précieux et surchargées d'« agréments », — le maître de musique était devenu la « grippe » des gens du monde ; ils le recevaient à leur table, le promenaient dans leur carrosse, et prenaient ses leçons chaque jour. Que leur enseignait-il ? peu de chose de ce qui fait aujourd'hui le but d'une éducation musicale ; la grande affaire, à cette époque, en fait de musique instrumentale, n'était pas de jouer brillamment tel ou tel morceau réputé classique ou réputé de mode ;

ce qu'on cherchait, ce qu'on demandait avant tout à son maître, c'était l'art, la science, le « secret » de l'accompagnement ; c'était de pouvoir exécuter couramment, avec des amplifications suffisantes, la simple basse chiffrée que les auteurs d' « airs de cour » ou de « brunettes » esquissaient au-dessous de leurs morceaux de chant.

« L'accompagnement, écrivait un de ces profes-
» seurs en 1690, n'a jamais été si commun qu'il est,
» presque tous ceux qui jouent des instruments se
» meslent d'accompagner, mais il y en a très peu qui
» accompagne (sic) régulièrement ; on se contente
» d'une certaine routine, laquelle n'étant pas soute-
» nue de la science n'empêche pas que l'on ne tombe
» dans quantité de fautes... Cela vient de ce que per-
» sonne jusqu'à présent n'a traité à fond de l'accom-
» pagnement. »

C'est pour combler cette lacune que le sieur D. Delair, un maître de musique demeuré fort obscur, et moins expert assurément sur l'orthographe de la langue française que sur les agréments du chant, publiait en 1690, avec un privilège pour huit ans, l'ouvrage auquel nous venons d'emprunter ces lignes. Entièrement gravée, dans le format in-4° oblong, sa méthode portait ce titre long et incorrect :

Traité d'accompagnement pour le Théorbe et le Clavessin qui comprend toutes les regles necessaires pour acompagner sur ses deux instruments. Avec des observations particulieres touchant les differentes manieres qui leur conviennent. Il enseigne aussi à acompagner les basses qui ne sont pas chifréez. Composé par D. Delair. Se vend à Paris chez l'auteur rue St-Honoré proche la croix du tiroir vis-à-vis l'hotel d'Aligre à l'Ecouvette, 1690.

La dédicace de ce traité à Madame la marquise d'Estrades est un parfait échantillon des humbles épîtres qu'il était d'usage alors, chez certains auteurs,

de placer en tête de leurs productions musicales,
pour leur donner le lustre d'un grand nom, en même
temps que pour s'attirer quelque remercîment princier en bonnes espèces sonnantes:

« Madame, l'ouvrage que ie prens la liberté de vous
» presenter, vous apartient avec justice, il n'a été
» composé que pour vous, et ie ne l'aurois iamais
» mis en état de paraître, si vous n'aviez souhaité
» que ie vous apprisse l'acompagnement, après vous
» avoir montré la musique et le chant. Je n'ay songé
» en le composant qu'à vous donner quelque facilité
» pour parvenir à la connoissance d'un art qui ren-
» ferme ce que la musique a de plus dificile, et à
» vous marquer par ce petit soin, que ie ne neglige
» rien pour meriter les bontez et la protection dont
» vous m'avez toujours honoré; il est vray, Madame,
» qu'en satisfaisant à mon devoir, rendant un témoi-
» gnage public de ma reconnoissance, je suis bien
» aise de parer mon ouvrage de votre illustre nom.
» Un autre que moy prendroit cette occasion pour
» faire vostre eloge: Ce noble extérieur, cette beauté
» acomplie dont vous estes pourvue, un esprit juste et
» poli, un cœur sincere et généreux, et mille autres
» belles qualitez qu'on admire en vous, fourniroient
» un ample sujet à de légitimes louanges, mais un
» respectueux silence m'a paru plus convenable à ce
» que ie vous dois, ie me contenteray seulement de
» vous suplier d'agreer que ie continue de me dire
» avec un profond respect. Madame, vostre très
» humble et tres obeyssant serviteur, Delair. »

Le difficile n'était pas d'aligner, à l'adresse de
quelque riche et noble élève, de naïves louanges et
de plats compliments : c'était d'éclaircir pour de tels
amateurs la science encore fort embrouillée de l'harmonie ; c'était d'apprendre l'usage régulier des
accords à des gens qui savaient à peine lire la musique, et qui ne connaissaient guère mieux le doigté
de leur instrument. Aussi le traité de Delair n'est-il
qu'une exposition fort élémentaire des principes de
la musique: le nombre et le nom des notes, des clefs,
des intervalles, etc. Les doubles dièses « paroîtront
d'invention nouvelle à ceux qui n'ont pas aprofondy
» les règles des transpositions » ; il en sera de même
des mesures « extraordinaires » qui se marquent par
deux chiffres placés l'un au-dessus de l'autre. Entre
les instruments qui peuvent servir pour accompagner
Delair conseille à ses élèves de choisir le clavecin :
« il est beaucoup plus facile et plus commode que
» le théorbe, d'autant que la main y peine bien
» moins, et que la veuë conduit aux notes et aux
» accords dont on a besoin ». Au cours de ses explications, l'auteur, pour aider ses disciples à se reconnaître au milieu des tons et des accords, imagine de
superposer deux morceaux de carton : le second,
coupé en rond et fixé au premier par une virole centrale, tourne à volonté et présente successivement ses
diverses divisions aux séparations d'un grand cercle
placé sur le premier. Les signes tracés sur chacun
de ces deux cartons se combinent ainsi de plusieurs

manières et permettent de trouver mécaniquement
« tous les accords possibles ».

On a vu depuis cette époque éclore plus d'une
invention de ce genre. Celle-ci, malgré tous les
mérites que lui attribuait son auteur, ne répondait
pas encore au but rêvé. Parmi les jolies femmes et
les élégants seigneurs qui se piquaient d'accompagner, mais à qui la patience manquait pour
apprendre les principes théoriques nécessaires, il
s'en rencontrait certainement qui possédaient un
instinct musical suffisant pour suppléer à leur ignorance; ceux-là, comme M. Jourdain, faisaient de la
prose sans le savoir ; aux autres, il fallait offrir
quelque formule courte, qu'on pût apprendre à peu
près sans étude et retenir par pure routine : ce fut le
but que visa la fameuse « Règle de l'octave ».

Cette célèbre formule se répandit rapidement,
sans que l'on en connût bien l'inventeur. J.-J. Rousseau, dans son *Dictionnaire de musique,* dit qu'elle
fut publiée en 1700 par le sieur Delair; mais, outre
que le traité de Delair porte la date de 1690, Fétis a
déjà remarqué qu'il n'y est fait nulle mention de la
règle de l'octave; dans la deuxième édition seulement, que Fétis n'a pas connue et dont nous parlerons plus loin, Delair donna, en 1724, l'explication de
ce procédé : à cette époque, il en parle comme d'une
formule, très répandue, dont il ne se prétend nullement l'inventeur.

En effet, dès 1716, un de ses collègues en fait de
professorat musical, le sieur Campion, en avait
donné l'explication et raconté l'origine dans un
ouvrage destiné au même but que celui de Delair.
L'un et l'autre de ces braves maîtres de musique faisaient assez peu de cas de la grammaire française;
mais pour la confusion du style, le traité de Campion
surpassait encore celui de son prédécesseur. Il avait
pour titre :

*Traité d'accompagnement et de composition selon la règle
des octaves de musique. Ouvrage généralement utile pour la
transposition à ceux qui se meslent du chant et des instrumens d'accord, ou d'une partie seule, et pour apprendre à
chiffrer la Basse continue. Par le sieur Campion, profes-
seur-maître de Théorbe et de Guitare, et ordinaire de
l'Académie royale de musique. Œuvre second. A Paris
chez la veuve G. Adam, imprimeur-libraire, pont Saint-
Michel, à l'Olivier, et l'auteur, rue de Grenelle, quartier
St-Honoré, près la rue des deux écus. Et à la porte de
l'Opéra. M.DCC.XVI. Avec privilège du Roy.*

Il faut bien se garder de chercher, dans les vingt-
deux pages de ce petit traité, la moindre trace de
cette précision catégorique, nette, claire et sèche, que
l'on tient aujourd'hui pour nécessaire dans les livres
d'enseignement. L'auteur éprouve une certaine peine
à s'entendre lui-même sur les termes qu'il emploie.
Tout d'abord, dans la bonne intention d'être clair, il
énumère les « douze semi-tons sur lesquels la musique est possible », et qui sont *ut*; *ut* dièse, *ré*, *mi*
bémol, *mi*, *fa*, *fa* dièse, *sol*, *sol* dièse, *la*, *si* bémol, *si*.
« Sur chacun de ces semi-tons, on établit un mode

mineur et un mode majeur » ; les gammes de ces vingt-quatre tons sont ce qu'il appelle des *octaves*, et le musicien qui voudra apprendre à accompagner devra, avant toutes choses, « pratiquer octave à octave », autrement dit faire.des gammes dans tous les tons, chose en quoi « il faut se consommer avec le secours d'un maistre qui soit au fait de ces octaves ». Pour y aider, l'auteur donne en un tableau gravé les vingt-quatre gammes majeures et mineures et il engage « ceux qui voudront se divertir sur un instrument » à les répéter dans l'ordre où il les a mises. La première des gammes majeures et la première des gammes mineures sont chiffrées, et servent.de modèles pour toutes les autres. Ces chiffres, indiquant l'accord à placer sur chaque degré de la gamme, constituent précisément, sans que Campion parvienne à le dire une fois franchement, la fameuse Règle des octaves. Pour l'appliquer, deux choses sont nécessaires ; d'abord « il faut considérer dans » quelle de ces octaves on est, à combien du ton, » commençant à compter par la première, montant » ou descendant l'armonie ; c'est la manière la plus » sûre et la plus facile de donner l'accord nécessaire » et je ne croy pas que l'on ait jusqu'ici rien donné » de plus général et de plus simple ». — Ensuite, « la grande affaire est de savoir quand on change » d'octave (de ton) ; car une musique est un assem- » blage d'une partie de ces octaves, c'est ce qui se » découvre par le dièze extraordinaire à l'octave » (gamme) de laquelle on est... Le dièze est donc » une notte sensible qui annonce l'octave du semi- » ton au dessus... Tout le secret pour l'écolier est de » découvrir en quel ton il est, du majeur, ou du » mineur, » etc.

(A continuer.)   MICHEL BRENET.

HARMONIOMANES

ous ce titre, le *Figaro*, dans son supplément de dimanche dernier, publie un bien amusant paradoxe de M. Emile Faguet, le Sarcey de l'orléaniste *Soleil*. Sujet : les amateurs de musique. M. Faguet les appelle harmoniomanes. Pourquoi ? Voici l'explication :

Il ne faut plus être mélomanes depuis qu'il est acquis que la mélodie est le contraire de la musique. A une situation nouvelle il faut des mots nouveaux. Harmoniomanes, si vous voulez. Un autre terme, si l'on trouve mieux. Hommes d'orchestre, si l'on préfère ; mais il pourrait y avoir confusion.

M. Faguet trouve dans l'harmoniomane un trait nouveau de la physionomie française :

L'homme qui ne peut se passer de musique, et de musique orchestrée,.de « grande musique », de musique « complexe et minutieuse comme un organisme », de musique « foisonnante, frissonnante et indéfinie comme une forêt », de musique » enfin, car tout ce qui n'est pas cela n'est pas de la musique, oui, certes, cet homme est tout nouveau dans nôtre pays. Il ne date guère que d'une vingtaine d'années. Il est essentiellement « fin de siècle ». Comment cela a-t-il pu se produire chez un peuple essentiellement antimusical, chez un peuple qui chanté faux de naissance, chez un peuple où les chœurs des ouvriers revenant du travail sont le plus effroyable charivari qui se puisse ouïr, où la chanson de l'ouvrière à sa fenêtre est touchante

de cacophonie sincère, chez un peuple si antimusical qu'il a inventé l'opéra comique, la chanson, le vaudeville à couplets, et, je crois, l'orgue de barbarie ? — Je ne sais trop. Je suis historien. Je raconte. Je ne cherche pas trop les causes.

Il y a peut-être une raison générale qui est que si ce peuple est antimusical de complexion, il aime le bruit, à la vérité, de tout son cœur. Le bruit a pu conduire à la musique, la vanité aidant. Celui qui a dit que la musique est le plus cher des bruits a peut-être fait plus qu'une épigramme ; il a peut-être fait une révolution. Aussi bien, en France, les révolutions sont des épigrammes qui se prolongent en coups de fusil. Dire que la musique est un bruit cher, c'était dire que c'est un bruit aristocratique. La vanité bourgeoise s'est jetée sur cet objet de prix. La musique est devenue un bruit prétentieux. Cette définition contenait pour elle le succès. Turcaret disait déjà : « La musique ? si je l'aime ? Furieusement ! Une belle voix soutenue d'une trompette, cela jette dans une douce rêverie. » De cette grande parole sont nés la harpe de nos bisaïeules, la guitare de nos grand'mères et le piano de nos mamans.

Et après trois générations de mères concertantes, le petit Fran-. çais harmoniomane devait naître. Il était à portée musicale. Il y a environ vingt-cinq ans qu'il respire le jour, pour parler classique.

C'est vers 1865 que les concerts populaires se sont organisés, à Paris d'abord, puis dans les grandes villes. C'était une révolution artistique, morale et physiologique. Autrefois, le bourgeois français savait de la musique qu'elle existait quelque part. Pour son usage propre il ne connaissait que la chanson au dessert, et, quelquefois, dans sa chambre, une modeste flûte. Remarquez « des cartes, une flûte » dans le mobilier de Roger Bontemps. La race est classique. Une églogue de Virgile arrangée par Béranger flotte toujours dans un coin de sa cervelle. Roger Bontemps chantait *Lari[f]a*, à l'ordinaire ; mais dans les « minutes supérieures », il gonflait un peu les pipeaux. Voilà la musique de nos grands-pères.

Puis, il y eut une transition. Nos pères se réunissaient par groupes de trois ou quatre, deux violons, un violoncelle, pour « gratter un peu le boyau ». C'était le bon temps, celui que je me rappelle avec attendrissement. Ils n'étaient pas très forts ; mais ils étaient musiciens, en ce sens qu'ils n'écoutaient pas de la musique ; ils en faisaient, ce qui est la vraie manière. Ils étaient conscencieux, sans être enragés. Ils jouaient avec une application touchante, sans s'acharner pourtant. Ils étaient éclectiques. Ils jouaient de la musique italienne, de la musique française et du Mozart. Ils admiraient le tout, à peu près également. « Tout ça, c'est de la bonne musique, » On buvait un verre de bière en répétant : « Oui, c'est de la bonne musique! » et l'on se séparait à dix heures et demie avec des propos honnêtes.

Les bons bourgeois s'en allaient, portant leur violon dans sa boîte qui se balançait au bout de leur bras. Le petit domestique du violoncelliste précédait le violoncelle sur son dos : « Il a l'air d'une tortue. » — « *Testudo* », répliquait le professeur d'humanités. Il répétait cette plaisanterie tous les soirs. C'est qu'elle était bonne.

Le dimanche, le jeudi, on allait un peu entendre la musique militaire dans l'après-midi. On oscillait autour du kiosque en devisant, en étudiant-les toilettes de ces dames, en écoutant même, de temps en temps. C'était la vraie manière française, la race étant éminemment sociable, causeuse et oscillatoire. C'était un peu artistique et très hygiénique. Quelques petits airs et beaucoup de grand air. Un allegro militaire et un coup de vent qui fait tournoyer les feuilles mortes et danser les partitions des musiciens. Il n'y a rien qui rafraîchisse le sang comme ce concert des mélodies humaines et des harmonies de la nature.

C'est tout cela que le concert populaire a tué net. Il est savant, il est supérieur, il est élevé ; enfin, cette fois, c'est de la musique ; mais il est antihygiénique au suprême degré. L'harmoniomane est l'opposé du bicepsmad. Au lieu de trois musiciens dans une bonne chambre ou de mille bourgeois oscillant dans une promenade, quinze cents auditeurs entassés dans une salle étouffante, immobiles, ankylosés, et sur ces muscles martyrs l'exaspération des nerfs fouettés par la plus violente des excitations artistiques, vous voyez la différence. Elle fait frémir, rien que d'y songer.

Et M. Faguet frémit, tout en y songeant. L'harmoniomane lui fait peur.

L'harmoniomane n'est pas un homme d'humeur très facile. Il est essentiellement nerveux. Il est tendu comme une corde de contrebasse. Il ne faut pas confondre l'harmoniomane et le musicien. Le musicien est celui qui fait de la musique, l'harmoniomane est celui qui en écoute. Le musicien est actif et passif tour à tour. L'harmoniomane est passif essentiellement. Il écoute de la musique indéfiniment ; il l'absorbe ; il ne la produit pas. Très souvent, le plus souvent, il ne sait pas un mot de musique, ne sait pas déchiffrer une note. La musique est, paraît-il, une langue qu'on entend très bien, où l'on est très fort, sans pouvoir la parler, ni la balbutier, ni la lire. C'est l'opinion de l'harmoniomane. Du reste, je n'en crois pas un mot.

En raison même de cette ignorance, et de cette passivité, et de cette contention nerveuse, et de cette compression musculaire, l'harmoniomane est tranchant dans ses opinions et excessivement dur dans les entretiens. Il est dogmatique comme un diable, hérissé comme une triple croche, et passablement dédaigneux du pauvre monde. Personne ne sait mépriser comme l'harmoniomane. Il méprise la politique (passe encore !), l'économie politique, la science, la littérature, la poésie, qui n'est qu'une musique élémentaire ; la peinture, la sculpture, l'architecture, et aussi, mais principalement toutes les musiques qui ne sont pas celle qu'il préfère. Le wagnérien n'a qu'un vague dédain pour l'homme de lettres, mais en présence d'un partisan de la musique française, ce qu'il ressent, c'est un mépris immense et une haine furieuse, une haine de théologien ou d'homme politique. Il ne se contient plus. Il se sent en face d'un être méprisable et dangereux, d'un malfaiteur, d'un homme profondément perverti et vicieux. Il devrait y avoir des lois contre ces gens-là.

Le croquis est tracé de verve. Seulement, le wagnérien que nous fait là le spirituel chroniqueur est une espèce toute particulière de wagnérien qui n'existe plus guère qu'en France. Et cela s'explique :

C'est qu'à Paris, à côté de l'harmoniomane wagnérien, il y a l'harmoniophobe ; l'harmoniophobe, qui est généralement un musicien arriéré ou un mélomane très fatigué, à moins que ce ne soit un de ces gens de lettres qui parlent de tout sans savoir grand' chose ; qui tranchent, en particulier, du critique musical avec d'autant plus d'aisance et de sérénité qu'ils sont plus totalement dépourvus du sens musical ;

L'harmoniophobe, qui, pour se donner l'apparence d'être au fait, émaille ses élucubrations esthétiques de termes spéciaux dont il ne soupçonne même pas la signification ; qui mêle les styles et confond tous les genres ; qui donne à la flûte ce qui vient de la clarinette, à la contre-basse ce qui vient de la harpe, incapable qu'il est de distinguer les instruments entre eux sans les voir ;

L'harmoniophobe, qui condamne avec une juste sévérité le système de Wagner dont il n'a d'ailleurs jamais lu une ligne, ni entendu une note ; qui vilipende en Wagner l'homme et l'artiste au nom de la France insultée ; qui n'entend pas qu'on joue Wagner en France sous prétexte de protéger l'art national comme on protège les cotonnades et les sucres ; qui ne veut pas ouvrir la porte aux mélodies allemandes, parce qu'elles seraient le véhicule du teutonisme, ce qui ne l'empêche pas d'exalter ce même teutonisme sous les espèces de Mozart, Weber, Haydn, Beethoven, voire Gluck et Meyerbeer ;

L'harmoniophobe, qui a une haine si invétérée contre Wagner qu'il n'hésite pas à sacrifier patriotiquement à son ressentiment les plus belles espérances du pays, la moisson naissante, les talents jeunes soupçonnés de n'ignorer pas complètement l'homme de Bayreuth ;

L'harmoniophobe, que le seul nom de Wagner met dans des fureurs telles qu'il ressemble à un Cinghalais épileptique plutôt qu'à un Européen civilisé :

L'harmoniophobe, enfin, qui est, à tout prendre, un assez sot et très risible animal, quand il n'est pas un animal malfaisant dans la peau d'un concierge ou d'un épicier ratés.

Après cela, Messieurs les hommes de lettres qui rendez largement à la musique le dédain de l'harmoniomane pour votre littérature, donnez-nous au théâtre, dans le roman ou dans la poésie, des œuvres assez puissantes pour secouer, comme l'ont fait les drames wagnériens, la torpeur intellectuelle et l'inertie morale de deux générations d'hommes ; donnez-nous seulement l'équivalent de ce que, en dehors de lui, la musique a produit dans ces vingt dernières années ; et vous retrouverez la préséance que vous vous êtes laissé prendre ! Et l'on n'aura plus pour vous le dédain dont vous souffrez, mais que vous êtes incapables de secouer !

                M. K.

Chronique de la Semaine

Théâtres et Concerts

PARIS

Il y a eu, cette semaine, un retour de vie et d'intérêt dans nos théâtres. Oh! c'est bien peu de chose encore : le plaisir tardif de la chasse, l'attrait exceptionnel des champs, des montagnes et de la mer par cet automne estival succédant à un été pire qu'automnal, retiennent à Paris ou poussent loin d'ici bien des gens, et prolongeront les vacances.

Le fait notable de la semaine est la reprise du *Roi d'Ys*, de M. Lalo, et le début de M. Saléza dans le rôle de Mylio, où il remplace M. Talazac. … M. Paravey, l'heureux directeur, a lieu d'être fort satisfait de l'effet de cette reprise et de ce début. M. Paravey me paraît être, dans les théâtres musicaux, ce qu'est M. Porel dans les théâtres littéraires ; il ne perdra rien à imiter jusqu'au bout son modèle.

M. Saléza, qui vient de sortir du Conservatoire avec son prix, et qui est d'origine basque, a donc débuté devant une salle presque aussi brillante qu'un jour de *première*. Si je disais qu'il était en possession de tous ses moyens, vous ne me croiriez pas, et, de fait, c'est maintenant surtout qu'il faut aller l'entendre et le juger. Étant jeune, il a de l'expérience à acquérir, c'est certain ; mais il a aussi une qualité précieuse, la chaleur, la vie. Il me paraît d'étoffe à devenir bientôt un *vrai ténor*, oiseau rare à l'heure qu'il est, et fort recherché sur la place, témoin M. Lafarge, qui chanta, l'an dernier, la Messe en *ré*, la Neuvième symphonie, la *Passion*, et qui nous en a enlevé par l'Amérique. M. Saléza, qui réussit très bien les demi-teintes, n'en abuse pourtant pas, et cherche à rendre avec énergie, avec éclat, les passages d'éclat et d'énergie. Il semble déjà étonnant qu'il faille lui en faire compliment : mais que dire des gens qui lui en font un reproche !

Quant à l'Opéra, il faut bien l'avouer, c'est avec une profonde indifférence qu'on y voit Mᵐᵉ Agussol chausser le maillot du page Urbain, et M. Bertrand endosser le pourpoint des preux et des amoureux. Tout cela est du *déjà vu*, et on voudrait nous le faire passer pour du nouveau ; il semble qu'on fasse toujours défiler les mêmes comparses, en changeant seulement les noms ; tout cela est province, bourgeois et « popotte » en diable… Pendant ce temps, M. Gounod se livre à un retapage sérieux de *Roméo et Juliette*. C'est une « Jenny l'ouvrière » modèle, qui ravaude, du matin au soir, devant cette fenêtre où s'arrose et s'épanouit le pot de fleurs de Siebel ; mieux encore, c'est la grande modiste parisienne, qui prend un chapeau de paille de bergère, y coud un peu de velours, y fronce un ruban de satin, y pose une aile d'ibis, et c'est un merveilleux article à la mode du jour…

En attendant, grand remue-ménage dans la maison pour se préparer à cette solennité : on secoue les vieux décors, on dispose les nouveaux, on ôte le camphre de la garde-robe, on enlève les mites et les toiles d'araignées, on remet quelques tampons de coton dans les faux-mollets des maillots… Voici venir le grand jour… Après quoi, la *Zaïre* de MM. Véronge de la Nux et Bessoo mettra le comble à la joie des populations. Ce sera la revanche de la *Dame de Montsoreau*, de piteuse mémoire.

On voit, ces jours-ci, sur nos colonnes Morris, d'engageantes affiches roses, avec ces mots magiques en tête : *Théâtre lyrique national*. C'est tout simplement qu'un certain M. Senterre (nom fatidique) qui, soutenu par un puissant nabab, — l'éditeur Choudens, — a mis la main sur le Château-d'Eau pour nous y faire savourer ce *Jocelyn* de M. Godard, que vous vouliez peut-être garder tout pour vous, ô Bruxellois, gourmands que vous êtes! On annonce aussi, à la suite, une foule de petits actes d'auteurs plus ou moins inconnus, qui semblent avoir poussé comme des champignons..... non vénéneux, j'espère.

M. Benjamin Godard va avoir terminé son *Dante* pour l'Opéra-Comique. Cet infatigable compositeur est bien de son siècle, celui de la vapeur et de l'électricité! Puisse le public être électrisé par cette double exécution!... On peut dire vraiment que nous avons du Godard sur la planche.

BALTHAZAR CLAES.

—

D'après la *Coulisse*, M⁰ᵉ Melba chantera, l'an prochain, à l'Opéra. Une petite question à ce propos. M⁰ᵉ Melba chantera-t-elle en italien ou en français?

—

M. Sellier, l'ex-ténor de l'Opéra, engagé à Marseille, a été, la semaine dernière, victime d'un accident de chasse qui rappelle, — de loin, de fort loin, par bonheur, — celui du ténor Roger.

Il chassait mardi dernier aux environs de Vernon avec son ami M. Lecomte, banquier; il venait de tirer un lapin et de le blesser assez pour qu'il ne jugeât pas utile de lui envoyer un second coup de fusil. Il courut vers l'animal, quelconque le blesser que ce second coup partit et qu'il en reçut la charge dans l'avant-bras gauche.

Il s'en est fallu de peu que M. Sellier ne perdit complètement l'usage de la main. Il en sera quitte, heureusement, à meilleur compte. Les dernières nouvelles sont, en effet, tout à fait rassurantes.

—

Les *Pêcheurs de perles* de Bizet sont décidément retirés du répertoire de l'Opéra-Comique, les diverses parties intéressées n'ayant pu s'entendre sur la distribution convenable à donner à l'ouvrage. On pousse d'autant plus activement les études de l'*Escadron volant* de L.Wolf, qu'on pourrait faire passer vers la fin du mois d'octobre.

—

L'éditeur italien bien connu, M. Sonzogno, se proposait, on le sait, de donner au palais du Trocadéro, pendant l'Exposition, de grands concerts où l'on aurait entendu les œuvres les plus importantes de la jeune école italienne, ainsi que les artistes les plus connus du royaume. M. Sonzogno avait compté sans toutes les formalités, toutes les entraves, toutes les difficultés que ne manquent jamais d'apporter à un projet quelconque la paperasserie et la bureaucratie, toujours si prospères en ce beau pays de France. Bref, on a tellement abreuvé d'ennuis M. Sonzogno, on lui a posé des questions tellement saugrenues, jusqu'à lui demander de fixer ses programmes huit mois à l'avance, qu'il a renoncé tout simplement à poursuivre son idée.

〰〰〰〰〰〰〰〰〰〰〰〰〰〰〰

BRUXELLES
THÉÂTRE DE LA MONNAIE

M. Camille Bellaigue, dont on lira avec intérêt l'étude nouvelle intitulée : *l'Amour dans la musique* (1), se montre tout à fait injuste envers Donizetti. Moins heureux que Rossini, dont le compte se règle en quatre lignes, le chantre de *Lucie* et de la *Favorite* n'arrive même pas à l'honneur d'une citation. Dans ses investigations passionnelles, M. Bellaigue ne veut s'arrêter qu'aux sommets : Gluck, Mozart, Beethoven, Meyerbeer, Verdi, Wagner et Gounod. Cinq Allemands, un Italien et un Français. La part faite à ces deux derniers semble minime à première vue; mais, en lisant M. Bellaigue, on se convainc qu'il leur donne une belle place dans son panthéon à lui, et que si Gounod, par exemple, est seul, avec Massenet, à y représenter l'école française, dans le domaine du tendre, l'auteur est bien près de le proclamer le premier des « musiciens d'amour ». Quant à Wagner, on devine qu'il ne pourrait, sous le miroir de M. Bellaigue, atteindre au-delà de certaines régions mitoyennes; Wagner est, certes, un monticule à considérer, mais il demeure abrupt et rocailleux (quoique sublime). Meyerbeer reste toujours le plus grand et le plus équilibré de tous : c'est le Mont Blanc! — Soit, Wagner n'a guère besoin qu'on le classe et que l'on cote son altitude; il a grandi tout seul et grandira probablement encore, non pour avoir composé le duo d'amour de *Lohengrin*, mais parce qu'il est l'auteur des *Meistersinger*, de *Tristan*, de *l'Anneau des Nibelungen* et de *Parsifal*, œuvres qui résument assez bien tout ce que l'amour peut engendrer de félicités et de souffrances, voire de catastrophes.

C'est le malheureux Donizetti qui, somme toute, aurait à se plaindre de l'oubli où le plonge, volontairement ou non, M. Bellaigue. Avoir écrit ces deux drames d'amour qui, après un demi-siècle d'existence, font encore la joie des familles, être celui qui composa le sextuor de *Lucie*, la romance célèbre du roi Alphonse, les duos

(1) *Revue des Deux Mondes* du 15 septembre.

—

de la *Favorita*, et se voir méconnu, — lui qui mourut d'avoir trop aimé, — au profit de la *Traviata*, —dérision amère!

Ces réflexions nous sont venues..... « en entendant chanter le rossignol », —oui, vraiment, en écoutant M⁰ᵉ Melba dans *Lucie de Lammermoor*. Quel singulier mélange d'accents passionnés, de choses banales et suaves dans cette *Lucie*, type remarquable d'un art décadent, qu'un auteur moins wagnérien que M. Camille Bellaigue eût cependant admise dans son champ d'observation.

Et que ce spectacle comporte bien grande lumière, les brillantes toilettes et tout ce qui peut faire oublier les innovations mystérieuses du théâtre allemand. Ah! cette fois, nous ne réclamons plus l'obscurité des temples, l'illusion suggestive et l'initiation obligatoire. A nous, les trois coups frappés très fort, et, dans les loges, à la mode italienne, les éclats de rire, les sorbets et les confetti! A nous, les « choristes paisibles et modestes », —aimés de l'un de nos confrères, — écoutant paisiblement et modestement le concerto vocal du 3ᵉ acte, dont la prestigieuse interprétation par M⁰ᵉ Melba semble les pétrifier tout en ravissant l'auditoire!

Plaisanteries que tout cela ! On a écouté religieusement les chanteurs de la Monnaie faisant de leur mieux pour accommoder leur talent au style de la pièce. Deux morceaux ont été bissés et c'étaient, comme de juste, le sextuor déjà nommé, — bien qu'une somme l'exécution n'en fût guère parfaite, —et puis l'air de la folie, mieux qu'un air : une méthode de chant tout entière, que M⁰ᵉ Melba détaille avec une agilité, un charme de virtuosité irrésistibles, et que la flûte de M. Anthony accompagne très délicatement. On a vivement applaudi M. Mauras, qui a fait preuve d'aptitudes plus étendues dans le rôle d'Edgar de Ravenswood, non sans y mettre parfois un zèle trop ardent, par une tendance à forcer la voix outre mesure. L'organe de M. Seguin n'a pas tout à fait la souplesse voulue dans certains passages où l'excellent chanteur pêche par des effets de dureté. M. Boûn a été plus heureux, cette fois, dans le rôle de Gilbert, qu'il chante avec modération, mais en remuant beaucoup trop la tête. Quant au chapelain, nous le trouvons tout bonnement déplorable. Mais qu'importent ces faits accessoires ? Qu'importe, après tout, la musique de Donizetti ? Ne joue-t-on pas *Lucie* pour M⁰ᵉ Melba, pour elle seulement ? N'est-ce pas bien assez que nous goûtions ce chant dans toute sa pureté, en cherchant dans toute leur perfection? N'est-elle pas l'étoile scintillante autour de laquelle gravitent les humbles planètes ? Et, comme si elle se piquait au jeu, M⁰ᵉ Melba s'est mise en peine de montrer qu'elle aussi voudrait composer ses rôles et donner à ses personnages le sentiment et la vie.

E. E.

—

Un journal annonce que le théâtre de la Monnaie ne sera probablement pas en mesure de donner *Siegfried*, — « ce *Siegfried* attendu comme le Messie par les wagnériens »...

Attendre avec impatience l'exécution d'une œuvre de Wagner est une aberration. Espérer, au contraire, que l'on montre le *Voyage en Chine* ou *l'Œil crevé* est une preuve de tact et de goût artistiques. N'attendre rien du tout, vaut mieux encore.

Mais est-on bien sûr que les wagnériens habitués d'aller entendre Wagner en Allemagne attendent *Siegfried* aussi impatiemment ? Et n'y a-t-il vraiment que cés prétendus wagnériens-là qui aspirent après cette nouveauté à sensation ? Ce ne serait pas la peine, alors, de faire des frais et de s'échiner à apprendre d'une des partitions les plus difficiles qui existent.

—

Le concert donné dimanche, au palais des Académies, au profit de la Société antiesclavagiste de Belgique, avait à lutter contre les séductions champêtres d'une journée exceptionnellement belle. Le public, un peu clairsemé, n'en a pas moins fêté d'enthousiasme le ténor Van Dyck, le chanteur le plus en vue, le mieux en voix, des dernières représentations wagnériennes à Bayreuth. M. Van Dyck a dit merveilleusement le récit de *Lohengrin*, un fragment des *Maîtres Chanteurs*, ainsi que l'air de *Joseph*. M⁰ᵉ Dyna Beumer, qui prêtait à la séance le concours de son joli talent et de sa belle voix, a recueilli de nombreux bravos. M. Jacobs, de son côté, s'est fait applaudir en exécutant deux compositions assez pâles de Servais le père et de J. Servais.

L'orchestre des Concerts d'hiver, sous la direction de M. Frans Servais, dont nous annonçons plus loin les projets pour la saison prochaine, a joué avec précision l'ouverture d'*Euryanthe*, le charme du vendredi-saint de *Parsifal*, et l'*Huldigungsmarsch* de R. Wagner.

—

Les concerts Frans Servais reprendront, cet hiver, à l'Eden-Théâtre, vers le 15 novembre.

Le directeur des « Concerts d'hiver » a des projets fort intéressants pour cette seconde année de l'institution qu'il a fondée.

Il donnera six concerts d'abonnement et deux supplémentaires, s'il lui reste deux dimanches disponibles.

Son premier concert s'ouvrira par les *Préludes* de Liszt et la symphonie en *ut* mineur de Beethoven. Puis viendront la 3ᵉ symphonie de Brahms ; la grande symphonie de Saint-Saëns, avec orgue, dont le succès au Conservatoire de Paris a été si éclatant l'année dernière ; la symphonie tragique de Draeseke, qui n'a jamais été exécutée à Bruxelles et dont l'auteur est très apprécié en Allemagne ; *Harold en Italie*, de Berlioz, avec alto solo, — la partie obligée d'alto confiée à notre compatriote Van Waefelghem, le premier altiste des concerts de Paris ; et, pour finir, la *Faust-Symphonie* de Liszt, que nous n'avons plus entendue depuis le festival Liszt, dirigée en 1881 au palais des Académies par M. Franz Servais. Il est possible aussi qu'il nous fasse connaître une nouvelle symphonie que M. César Franck termine en ce moment. Il se propose enfin de faire interpréter par son orchestre plusieurs pages symphoniques qui seront pour le public de véritables nouveautés ; l'ouverture du *Barbier de Bagdad* de Cornelius ; des œuvres de Dvorak, Smetana, Richard Strauss, et d'autres qui, bien connues, n'ont pourtant figuré que rarement aux programmes de nos concerts ; telles les deux ouvertures de Beethoven : *Kœnig Stephan* et *Namensfeier* ; la fantaisie symphonique de Schumann : Ouverture-scherzo-finale ; et la marche de Hans de Bülow pour le *Jules-César* de Shakespeare, donnée aux Concerts populaires, sous la direction de Vieuxtemps.

Enfin, M. Franz Servais a l'intention de donner dans ses programmes plus d'importance à l'élément soliste. C'est ainsi qu'il fera entendre le concerto de Lassen pour violon et orchestre, qui a eu un grand succès au dernier festival de Breslau, le solo joué par M. Halir, de Weimar, qui l'a créé. Les solistes chanteurs ne seront pas oubliés. La deuxième campagne des Concerts d'hiver promet, en un mot, d'être plus brillante encore que la précédente.

Pendant trois mois, les jeudis, à 3 heures, il y a eu régulièrement foule à la section russe de l'Exposition. C'était le jour et l'heure des auditions des célèbres pianos Becker, de Saint-Pétersbourg. Il y a eu douze auditions de ce genre ; jeudi 20 septembre, a eu lieu la dernière. Les pianos Becker ont été joués successivement par trois charmantes pianistes bruxelloises, élèves de M. Joseph Wieniawski, ensuite par un pianiste russe, M. Paul de Voss, enfin par M. Léon Van Cromphout, le sympathique pianiste compositeur. Tous ces pianistes ont fait valoir les éminentes qualités des pianos russes : les trois jeunes dames par l'élégance de leur jeu, M. Voss par sa force et la souplesse de son toucher à nuances variées, et de M. Van Cromphout par la finesse de son interprétation et par la richesse de ses programmes, aussi intéressants que distingués.

Ces auditions ont prouvé, par leur attrait croissant sur le public, que non seulement il y a moyen d'intéresser les visiteurs d'expositions par un programme sérieux, mais aussi que la supériorité des pianos Becker est incontestable ; ils sont à l'unanimité déclarés les meilleurs pianos de l'Exposition. (1025).

ANVERS

La direction du Théâtre royal d'Anvers vient de publier le tableau de la troupe pour la saison 1888-1889, sous la direction de M. Olive Lafon. Voici comme elle est composée :

Artistes du chant : MM. Duzas, fort ténor ; Bellorde, premier ténor léger ; Boutt, deuxième ténor ; Calmann, troisième ténor ; Noté, baryton de grand opéra ; Gheylens, baryton d'opéra comique ; Hannart, des barytons en tous genres ; Fabre, première basse noble ; Fontaine, des premières basses en tous genres ; Frankin, première basse chantante ; Diany-Augier, deuxième basse ; Juteau, trial ; Servat, Bonbeck, des troisièmes ténors ; Martens, troisième basse ; Delvil, troisième basse ; Mᵐᵉˢ Verheyden, première chanteuse des grands théâtres de Lyon, Marseille, Rouen (en représentations) ; Martinoni, falcon ; Eléonore Peyret, contralto ; Céline Bloch, première chanteuse légère en tous genres ; Tevini, première dugazon ; Galli-Marié ; Boutt, deuxième dugazon, des premières ; Delersy, troisième dugazon ; Pelisson, mère dugazon, duègne.

Opéras. — MM. Boutt, Gheleyns, Juteau, Augier Diany, Servat, Lignel, Gignez, Garnier, Calmann, Galère. — Mᵐᵉˢ Tevini, Pelisson, Boutt, Delersy, Gignez, Galère, Martens, Vilette. — Chœurs : 22 hommes et 20 dames.

Ballet-divertissement. — M. Charles, maître de ballet ; Mᵐᵉˢ Linda Pastore, première danseuse noble ; Sabini, première danseuse demi-caractère ; M. Charles, premier danseur.

Orchestre. — M. Dela Chaussée, premier chef d'orchestre ; Neufcour, deuxième chef d'orchestre ; Keurvels, pianiste-organiste ; Huybrechts, répétiteur des chœurs.

Les pièces de début seront, pour le grand opéra, la *Juive*, les *Huguenots* et l'*Africaine* ; pour l'opéra-comique, *Mignon*, *Faust*, la *Traviata*.

Parmi les grandes reprises, on annonce le *Cid*, *Manon*, *Lakmé*, *Hamlet*.

Les nouveautés seront : *Don César de Bazan*, de Massenet, le *Roi d'Ys*, d'Ed. Lalo, et l'*Amour mouillé*, de Varney.

Nouvelles diverses

Ce n'est plus M. Messager, c'est M. Emile Pessard qui va écrire la partition des *Folies amoureuses*, de MM. André Lénéka et Matrat. Aussitôt livré par M. Emile Pessard, l'ouvrage sera mis en répétition et joué sans retard.

—

M. Gravière, directeur du Grand-Théâtre de Bordeaux, vient de publier le tableau de sa troupe pour la saison 1888-89. Parmi les artistes du chant, nous voyons figurer : MM. Frédéric Boyer, engagé en représentations, baryton d'opéra comique ; Reynaud, premier fort ténor ; Mailland, premier ténor d'opéra comique ; Vailler, baryton de grand opéra (lauréat du conservatoire de Paris ; Joussesaume, première basse de grand opéra ; H. Devries, basse d'opéra comique, deuxième basse de grand opéra ; Guérin, trial ; Mᵐᵉˢ Piguet, engagée en représentations, contralto ; Chasseriaux, première chanteuse falcon ; Levasseur, première chanteuse légère d'opéra comique, 1ᵉʳ prix de chant au conservatoire de Paris ; Martini-Lutscher, chanteuse légère d'opéra et d'opéra comique ; chefs d'orchestre : MM Ch. Haring et de Aldazabal.

Voici les nouveautés et reprises que la direction se propose de donner au cours de la saison : le *Roi d'Ys*, *Don César de Bazan*, la *Fête au village voisin*, *Paul et Virginie* (Massé), *Don Juan*, le *Songe d'une nuit d'été* (nouvelle version), le *Tribut de Zamora*, le *Prophète*.

Un peu retardataire ce programme !

—

M. Hans de Bulow n'écrira pas la brochure qu'on avait annoncée : *Les Néo-wagnériens par un Vieux-wagnérien*. Il écrit de Hambourg une lettre aux journaux de Berlin dans laquelle il déclare que ne voulant ni un malentendu, ni une spéculation de librairie avec ses idées, il détruira les matériaux qu'il avait réunis. « Je suis encore assez vigoureux, ajoute-t-il, pour être utile à l'art musical sans me faire remarquer par des actes malfaisants. »

—

L'Opéra de Berlin vient d'accepter définitivement l'opéra *Nadeshda* du compositeur anglais A. Goring Thomas. Cet ouvrage sera donné cet hiver.

—

Le grand violoniste Joachim est, en ce moment, à Amsterdam, où il suit une cure de massage. L'illustre artiste a eu, cet été, une attaque de goutte à la main gauche. La cure de massage lui a fait un bien considérable et la guérison du membre malade n'est plus qu'une affaire de jours. A la fin du mois, Joachim prêtera son concours à plusieurs concerts en Hollande.

—

Antoine Rubinstein travaille à un nouvel opéra intitulé la *Nuit de Walpurgis*. Le célèbre maître russe est occupé, en ce moment, à l'instrumentation de la partition, qui est complètement esquissée.

—

Le Dʳ Gottschalg, qui fut un ami intime de Liszt, déclare qu'il n'y a rien de vrai dans l'annonce d'un oratorio posthume, *Via Crucis*, prétendument retrouvé dans les papiers de l'illustre maître. Il s'agit, non d'un oratorio, mais tout uniment d'un recueil de chœurs à chanter devant les douze stations de la Croix, analogue aux *Sept Sacrements* (avec accompagnement d'orgue). En fait d'oratorio, Liszt n'a laissé que la partition inachevée de *Saint Étienne*, à laquelle, depuis vingt ans, il n'avait plus touché.

—

Pour reconnaître le talent et le dévouement dont elle a fait preuve à Bayreuth, Mᵐᵉ Malten vient de recevoir de Mᵐᵉ Wagner une édition complète magnifiquement reliée des œuvres du maître de Bayreuth, et une taie d'oreiller arabe, vieille de trois cents ans, provenant de la collection d'antiquités de Wahnfried.

—

Le ténor Van Dyck, dont le public viennois attend avec impatience l'apparition, fera ses débuts à l'Opéra de Vienne dans les premiers jours du mois prochain. Il chantera pour la première soirée, le rôle de *Lohengrin*. Un peu plus tard, il paraîtra dans le rôle de Walther des *Maîtres Chanteurs*, qui vont être repris à son intention à l'Opéra viennois.

—

La saison musicale paraît devoir être extrêmement intéressante à Aix-la-Chapelle. Le 18 octobre, commenceront les concerts d'abonnement sous la direction de M. Schwickerath, au nombre de six. Le programme de la saison porte, entre autres, la *Messe* en *ré* de Beethoven, la *Cloche* de Max Bruch, l'*Élie* de Mendelssohn et très probablement une œuvre de Haendel. En fait de solistes, on annonce un concert avec le concours de Mᵐᵉ Malten et un autre avec celui du ténor Van Dyck. Avis aux amateurs de Belgique.

—

Grande émotion, samedi soir, à l'Opéra de Stuttgard. Mᵐᵉ de Marlow, l'ancienne et célèbre cantatrice de cet opéra, venait d'arriver dans la salle pour assister à la représentation du *Rheingold* de Richard Wagner, lorsqu'elle s'est subitement affaissée. Elle a succombé au bout de peu d'instants à une congestion pulmonaire.

Il paraît qu'il n'y a pas qu'aux Pays-Bas où l'*Otello* de Verdi se joue sans l'orchestration de l'auteur. Un impresario russe, qui compte exploiter le midi de la Russie, vient de proposer à un capellmeister allemand, M. Volbach, une somme rondelette, s'il voulait lui arranger une orchestration pour l'*Otello* et pour le *Démon* de Rubinstein d'après la partition pour piano. M. Volbach a refusé net et publie, dans les journaux de Berlin, une protestation indignée, ce qui fait honneur à sa probité d'artiste. Il signale le fait, afin que les auteurs, prévenus de ce qui se passe, puissent prendre leurs mesures et sauvegarder leurs intérêts.

À Rome, il y aura, cet hiver, concurrence sérieuse entre le théâtre Costanzi, à la tête duquel se trouve M. Sonzogno, et l'Argentina, que dirigera l'impresario Canori. Nous avons fait connaître le « cartellone » du Costanzi. Voici le programme de l'Argentina : M. Canori promet à ses abonnés *Aïda*, *Otello*, *Robert le Diable*, la *Forza del Destino*, *Aroldo*, *Gioconda*, les *Huguenots*, *Dinorah* (le *Pardon de Ploërmel*), *Norma*, les *Vêpres siciliennes*, la *Muette de Portici*, *Lohengrin*, et probablement l'*Africaine*, *Simon Boccanegra*, et un opéra nouveau de M. Carlos Gomes, *lo Schiavo*. Comme ballets, la *Source* et *Tsodora*. Les artistes engagés sont les suivants : ténors, MM. Tamagno, Artisi, Marconi, Durot, Bertini, Pelagatti-Rossetti, Grossi, Gayarre et probablement aussi Masini ; soprani et mezzo-soprani, Mmes Teodorini, Meyer, Bruschi-Chiatti, Butì, Marthe Duvivier, De Spagny, Figuet, Mantelli, Boriani, Caravalios ; barytons, Kaschmann, Beltrami, Limonta, Vinci, et peut-être Maurel ; basses, MM. Boudouresque, Tamburini et Marianni ; *maestro concertatore*, M. Mascheroni.

La saison s'ouvrira le 7 octobre avec *Aïda*.

Il Trovatore ne saurait admettre que l'on confiât à un étranger la composition d'une cantate destinée à glorifier la mémoire de Christophe Colomb. « Tout chauvinisme à part, dit le journal milanais, si l'on devait suivre le conseil du *Guide musical* (1), il ne resterait plus qu'à fermer les portes de nos écoles de musique et de nos conservatoires, et à déclarer que l'Italie, terre classique dessons, est devenue une Béotie. »

Nous sommes d'avis que l'on pourrait très bien, dans le cas présent, sans compromettre le renom artistique de la Péninsule, instituer un concours international pour la composition d'une œuvre musicale grandiose et appeler les artistes du monde entier à y prendre part. Les concours internationaux ne font pas exception. Le roi des Belges a institué un prix de 25,000 francs pour des concours non exclusivement nationaux. Et, en ce qui concerne l'Italie, dernièrement encore on a fait appel aux architectes de toutes les nations, en vue des réparations à faire au dôme de Milan. Il n'y aurait rien de blessant pour les compositeurs italiens, dans le fait que la gloire de Colomb appartient à l'humanité tout entière.

À propos du travail de M. Léopold Wallner, que le *Guide musical* a publié dernièrement, il est intéressant de relire les pages où Darwin, le célèbre naturaliste, nous raconte les joutes de certains oiseaux par le chant. C'est quelquefois une véritable académie où tous les mâles de la même espèce attendent que la femelle, cachée dans les feuilles, accorde la palme au plus habile. Le petit oiseau peut faire de tels efforts qu'il tombe épuisé de l'arbre, et plus d'une fois il meurt de la rupture d'un vaisseau pulmonaire.

Cette théorie de la sélection sexuelle est très ingénieuse.

Pour Darwin, même le caractère sexuel de la voix humaine est un produit de la sélection, et à ce propos il est curieux de confronter les opinions contraires qu'entre vue deux des plus grands penseurs contemporains : Herbert Spencer croit que les inflexions du langage primitif des passions humaines ont donné naissance à la musique, tandis que pour Darwin les sons musicaux et le rythme ont été acquis par nos ancêtres pour séduire l'autre sexe.

Un mot amusant d'Édouard Hanslick, le *Scudo* de la *Nouvelle Presse* de Vienne.

Hanslick était allé voir l'œuvre prétendument posthume de Weber, les *Trois Pintos*, à l'Opéra de Munich. En sortant, il dit à un voisin :

— Ça ne devrait pas s'appeler les *Trois Pintos*, Weber est à peine pour un tiers là-dedans. On devrait intituler la pièce *Un tiers de Pinto*, d'autant plus que, des trois personnages qui se font passer pour des Pintos, un seul est un vrai Pinto.

BIBLIOGRAPHIE

Signalons en Allemagne toute une série d'écrits nouveaux relatifs à la musique. *Die Deutsche Tonkunst* (par Louis Meinardus, George Böhme, Leipzig), est un substantiel exposé du développement de l'art musical en Allemagne. Ce n'est pas une histoire de l'art allemand, c'en est plutôt la synthèse. L'auteur s'attache à noter seulement les traits caractéristiques de la musique germanique et à l'examiner dans ses rapports avec les lettres, les arts et l'histoire

(1) Voir le n° 36.

même du peuple allemand. Cela intéressera surtout les amateurs d'études philosophiques et esthétiques. On s'étonne seulement que M. Louis Meinardus, qui passe pour écrivain de talent, se montre si peu plus scrupuleuse exactitude dans ses citations. C'est ainsi qu'il commente des extraits d'écrits de Wagner qui sont absolument tronqués et dont il tire ensuite des conclusions nécessairement fausses. — *Wie haren wir Musik*, par le docteur Hugo Riemann (Max Hesse, Leipzig), est également une étude de philosophie musicale. Le savant professeur du Conservatoire de Hambourg a réuni en cette brochure trois conférences qu'il a faites naguère dans son cours et dans lesquelles il examine *de quelle façon nous entendons la musique*, c'est-à-dire quels sont dans la musique les facteurs qui agissent sur le moi. Il s'agit, on le voit, d'une analyse des éléments constitutifs de l'art. Dans la première conférence, l'auteur du *Dictionnaire de la Musique* examine les moyens élémentaires de l'expression musicale : la mélodie, le rythme et les nuances dynamiques du son ; dans la deuxième, il s'occupe des principes fondamentaux d'où résultent les *formes* musicales et qui régissent l'expression musicale ; la troisième enfin est consacrée aux accessoires de l'art qui ont ajouté des moyens nouveaux d'expression aux facteurs primitifs et essentiels. Nous recommandons vivement ce petit écrit, qui fait suite en quelque sorte au livre de Hanslick sur le *Beau dans la Musique*. — *Dis Umghurst*, par le docteur C. A. Koch), est un court et substantiel exposé de la théorie et de la pratique du chant.

Signalons aussi à Paris une nouvelle revue : la *Revue universelle illustrée*, qui paraît à la librairie de l'Art. La première livraison est de juillet 1888. Jolies gravures, études variées sur les arts les plus divers, nouvelles intéressantes, rien ne paraît devoir manquer à ce *Magazine* à images. La musique paraît devoir y être fort en honneur. La première livraison contient un travail de critique serrée et mordante sur Boïeldieu de la plume de notre éminent confrère Adolphe Jullien ; et plus loin, huit pages de musique gravée ; une suite de rondes à danser de la haute Bretagne, recueillies et harmonisées par M. Julien Tiersot. On ne peut rêver revue mieux faite pour les familles où règne l'esprit artistique.

ÉPHÉMÉRIDES MUSICALES

Le 28 septembre 1844, à Bruxelles, le *Panier fleuri*, un acte d'Ambroise Thomas. Joué cinq fois, encore huit fois, à la reprise, en 1846, ce qui est l'indice de la faveur du public bruxellois pour l'œuvre du compositeur français, la troisième du même genre depuis que Thomas avait pris pied à l'Opéra-Comique de Paris, par la *Double Échelle* (1837), et le *Perruquier de la Régence* (1838).

Les représentés : à Paris, 6 mai 1839 ; à Liège, 16 décembre 1844 ; à Anvers, 17 janvier 1845.

— Le 29 septembre 1848, à Anvers, *Bélisaire*, grand opéra en trois actes de Donizetti. Adaptation pour la scène française. Musique magnifique et dont déjà, en 1840, une troupe italienne nous avait donné un avant-goût. (Bovy, *Annales da th. d'Anvers*.)

Bruxelles (13 janvier 1845) avait eu la priorité de cette même adaptation d'Hippolyte Lucas, et ce fut un succès extraordinaire, dû principalement à Alizard, une des plus belles voix de basse que l'on y ait jamais entendues.

Bélisario, à Anvers, avait été joué sous sa forme italienne, à Londres (King's theatre, 1er avril 1837) et à Paris (théâtre des Italiens, 24 octobre 1843).

À Vienne, *Belisar* compta 98 représentations allemandes, à l'Opéra impérial, du 17 juin 1836 au 14 septembre 1865.

— Le 30 septembre 1872, à Paris (théâtre du Vaudeville), l'*Arlésienne* de Bizet. Après les quinze représentations données au Vaudeville, Pasdeloup demanda de jouer au Châtelet des fragments de l'œuvre, ce qui eut lieu le 10 novembre, et depuis lors la suite d'orchestre de l'*Arlésienne* est restée au répertoire des Concerts populaires, Bizet a pu donner ces morceaux comme il les avait conçus. La « suite d'orchestre » comprend l'ouverture, dont les motifs se retrouvent dans les différentes scènes, puis le menuet, le carillon, un adagio en sourdine et une pastorale. Bizet a employé avec beaucoup de bonheur deux airs provençaux : la *Marche des Rois*, et une farandole : *Danso dei Chivau-Frus*, Au Vaudeville, on avait exécuté les chœurs qui peuvent se chanter dans la coulisse ; mais on avait supprimé celui de la farandole, en faisant jouer le morceau par l'orchestre seul. Si le public juge aujourd'hui la partition de Bizet comme un petit nombre de personnes l'ont jugée d'abord, il n'est pas inutile d'en chercher les causes. L'accueil fait à la pièce d'Alphonse Daudet devait nécessairement rejaillir sur la musique, d'autant plus que, dans des ouvrages comme l'*Arlésienne*, la musique est un hors-d'œuvre et que la pièce n'avait peut-être pas même été écrite pour en admettre. N'oublions pas que *Carmen* fut froidement accueillie et n'a été réhabilitée en France qu'après avoir été favorablement accueillie dans les villes étrangères. La cause principale, ce sont les absurdes préventions auxquelles on n'a pas tout à fait encore renoncé aujourd'hui ; on voyait alors les jeunes compositeurs du wagnérisme partout, quoiqu'il n'y en eût nulle part ; il n'y en a jamais eu dans aucune partition de Bizet; mais puisqu'on en trouvait juaque dans *Don César de Bazan*, de M. Massenet, il ne faut s'étonner que d'une seule chose, c'est qu'on n'ait pas découvert chez Auber et Adolphe Adam. Aujourd'hui, on juge d'une autre façon l'*Arlésienne*, comme *Carmen*; mieux vaut tard que jamais; seulement Bizet est mort, comme Berlioz était mort quand on a bien voulu lui rendre justice.   J. WEBER.

— Le 1ᵉʳ octobre, 117ᵐᵉ anniversaire de la naissance de Pierre-Marie-François de Sales Baillot (Passy-Paris, 1771). Sa mort, à Paris, 15 sept. 1842.

Pour les amateurs de latin, voici des vers composés en l'honneur de Baillot.

Haydn, Mozart, Boccherini, Beethoven
Au violoniste Baillot.
Vir sacer, ad Rhodopes, viventia ligna movebat;
    Arida ligne viros, te moderanta, movent.
Sive sacras veneres majestatesque severus
    Hadaiacam plectro nobiliore refers
Seu contemnentem discrimina mille, Mozarti
    Centuplicis te vis ingenioss rapit;
Seu tibi mulliculos affat Bocherinius ignes,
    Sive Bethovenio corda furore calent:
Segnius infigit domito mihi carmina vates,
    Quam tu flammantes, o Baliote, sonos.
                              BARBIER-VÉMARS, (1818.)

(Voir Eph. *Guide mus.* 30 sept. 1886, et 8 sept. 1887.)

— Le 2 octobre 1840, à Gand, *Guillaume Tell* de Rossini. C'est celle-de nos grandes villes où l'immortel chef-d'œuvre ait tant tardé à paraître, venant ainsi après Bruxelles (18 mars 1830), après Liège (25 février 1831), après Anvers (25 février 1835.)

La première de *Guillaume Tell*, à l'Opéra de Paris, est du 3 août 1829. (Voir Eph. *Guide mus.* 26 juillet 1888.)

— Le 3 octobre 1821, à Bruxelles, le *Barbier de Séville*, 4 actes de Rossini, adaptation de Castil-Blaze, chantée, par Desfossés (Almaviva). Eugène (Bartholo), Darboville (Figaro), Margaillan (Bazile), Mᵐᵉ Cazot (Rosine) et Mᵐᵉ Rousselois (Marceline).

Il Barbiere di Siviglia fut, comme on sait, outrageusement sifflé le premier soir de la représentation au théâtre Argentina de Rome (5 février 1816). Peu s'en fallut que ce chef-d'œuvre d'esprit et de charme n'éprouvât le même sort aux Italiens de Paris (26 oct. 1819). On peut accuser Castil-Blaze pour ses méfaits de pasticheur, mais il lui restera du moins le mérite d'avoir été le premier à vulgariser, en dehors de Paris, la musique du *Barbier*. Sa traduction, refusée par l'Opéra-Comique, a fait le tour de la France, à commencer par Lyon (14 oct. 1820). Après des voyages à l'étranger, l'ouvrage a été ressaisi par le théâtre de l'Odéon (6 mai 1824), et c'est dans cette même année que notre Campenhout y chanta le rôle d'Almaviva pour son début.

— Le 4 octobre 1836, à Bruxelles, funérailles de Mᵐᵉ Malibran-de Bériot.

Le corps de l'admirable artiste, ramené de Manchester à Ixelles, le dimanche 2 octobre, fut conduit en grande pompe au cimetière de Laeken. Les cordons du corbillard, trainé par quatre chevaux, étaient tenus par MM. Blargnies, conseiller à la cour d'appel; A. de Pellaert, compositeur de musique; Geefs, statuaire; Navez, peintre; Fétis, directeur du conservatoire; A. Baron, professeur; Suys, architecte, et Renaud, basse-taille du théâtre royal. Le cortège officiel était formé de la Société d'harmonie d'Ixelles avec sa bannière voilée d'un crêpe; de la Société de la Grande-Harmonie de Bruxelles; de la musique du régiment des Guides; des professeurs et élèves du conservatoire; des artistes de la ville, etc. Le cercueil ayant été porté à bras à l'entrée du caveau sur lequel un superbe monument a été élevé depuis, Fétis fit exécuter par les élèves du conservatoire et par les artistes du théâtre, un *Miserere* à quatre parties sans accompagnement, d'un très bel effet; puis deux discours furent prononcés, l'un par Fétis, l'autre par Baron.

Ixelles a sa rue Malibran en souvenir de la grande artiste qui y avait sa résidence.

AVIS ET COMMUNICATIONS

La place de directeur chargé des cours d'harmonie et de piano est vacante à l'Académie de musique d'Ostende. Les artistes qui désirent solliciter cet emploi doivent adresser leur demande à l'administration communale d'Ostende, avant le 15 octobre prochain.

Imprimerie Th. Lombaerts, Montagne des Aveugles, 7.

ABONNEMENT

FRANCE et BELGIQUE : Avec musique 25 francs.
—   Texte seul.   . 10 —
UNION POSTALE :   —   12 —

SCHOTT FRÈRES, ÉDITEURS.
Paris, *Faubourg Saint-Honoré, 70*
Bruxelles, *Montagne de la Cour, 82*

ANNONCES

S'adresser à l'Administration du Journal.
On traite à forfait.

La Règle de l'octave

ET SES INVENTEURS

(Suite et fin. — Voir le dernier numéro.)

La formule chiffrée de la règle de l'octave est trop connue pour que nous la reproduisions ici ; depuis le sieur Campion, elle a été cent fois répétée. Sans vouloir nous étendre sur les services qu'elle a pu rendre et les défauts qu'on lui a reprochés au cours de sa longue célébrité, nous n'entendons parler ici que de son origine, en laissant encore une fois la parole à Campion :

« Le chemin des octaves est sûr, dit-il, et leur pra-
» tique rend l'oreille musicienne et infaillible, et les
» maistres qui les enseigneront bien, seront d'habiles
» gens... On commence à les enseigner à Paris. Les
» premiers qui les ont sçu, en ont fait mystère.
» J'avouerai même que j'ay esté de ce nombre, avec
» le scrupule de ne pas les donner à gens qui les
» pussent enseigner : mais plusieurs personnes de
» considération et de mes amis m'ont enfin engagé
» à les mettre au jour. » Ceci ne veut pas dire que Campion en soit l'inventeur, loin de là ; d'un autre passage de son traité, on a cru pouvoir conclure que la gloire de cette découverte, — si gloire il y a, — appartenait à un certain Maltot ; mais il semble en réalité que ce musicien se soit borné à trouver le moyen de s'en servir sur les instruments à cordes pincées : « Il y a, dit Campion, une manière toute parti-
» culière de faire ces octaves sur le théorbe et sur la
» guitare, qui est de l'invention de feu M. de Maltot,
» mon prédécesseur en l'Académie de musique. Je
» l'ay reçeu de lui comme le plus grand témoignage
» de son amttié. Il a rendu cet instrument très prati-
» quable en peu de temps, qui n'estoit avant accessible
» que par le grand nombre d'années, et je ne sçache
» pas qu'il ait fait part de ce secret à d'autres qu'à
» moi, en état de l'enseigner. »

Le précieux procédé de Maltot, conservé plusieurs années par Campion comme une mystérieuse recette, fut publié par lui en 1730 dans un ouvrage spécial, intitulé : *Addition au traité d'accompagnement et de composition par la règle de l'octave ; où est compris particulièrement le secret de l'accompagnement du théorbe, de la guitare et du luth, etc. Œuvre IV*, Paris, 1730, etc., — avec une « Lettre du sieur Campion à un philosophe disciple de la règle de l'octave », en huit pages, véritable galimatias mythologique, astrologique, et fantasmagorique, dont il n'y a rien à tirer pour le sujet qui nous occupe.

Quelques années avant cette seconde publication de Campion, Delair, voyant la règle de l'octave se répandre rapidement, et recevoir l'approbation officielle des plus célèbres maîtres de musique de l'époque, Clérambault, Forqueray, Bertin, pensa qu'il lui serait profitable de s'en servir à son tour. Il reprit donc les planches gravées de son traité d'accompagnement publié en 1690 et y fit quelques retouches, dont les principales furent l'intercalation de quatre feuillets nouveaux au bout de l'introduction, et de dix pages à la fin du livre. Le titre ne fut pas même changé : on se contenta d'ajouter tout en haut le mot *nouveau*, ce qui fit croire à un *Nouveau traité d'accompagnement pour le théorbe et le clavecin*, etc., — et de changer l'adresse, en écrivant : *se vend à Paris chez l'auteur, rue des Poulies à l'hôtel de Créqui et le sieur*

Boivin, rue Saint-Honoré à la règle d'or. Le privilège, pour huit ans, est daté du 6 mars 1724. La dédicace à la marquise d'Estrades se trouve remplacée par une épître analogue à la présidente Saulnier, dans laquelle Delair laisse cependant entendre qu'il avait « ébauché » cet ouvrage pour d'autres : « mais, » ajoute-t-il, ayant trouvé en vous des dispositions » très heureuses du costé de l'esprit jointes à une » attention infatigable je me suis apliqué à inventer » des règles si solides et si faciles qu'elles vous ont » rendu en peu de tems et dans un age très tendre » l'admiration de tout Paris et des plus habiles de » l'art », etc.

C'est dans les feuillets non chiffrés ajoutés à l'introduction, que Delair explique la règle de l'octave, sous le titre de « Règles générales que l'on doit savoir avant que d'accompagner ». Loin d'en revendiquer l'invention, il en fait la critique, en remarquant que « la règle de l'octave ne sert point lorsque la basse » procede par degrez disjoints et que le ton n'est » point fixé... elle ne sert encore point à l'harmonie » par intervale, ensuite dans la musique cromatique, » qui procède par semi-tons, ny dans l'harmonie ex- » traordinaire (dissonante).... Cette règle ne déter- » mine point les différens accompagnements qui con- » viennent aux accords, ce qui ne peut être déterminé » que par la règle des intervalles, ce qui fait le corps » principal du traité qui suit, ainsi c'est sans raison, » que plusieurs fondent tout l'accompagnement sur » cette règle, qui n'en fait que la moindre partie. »

Ni Campion, ni Maltot, ni Delair ne se trouvent donc formellement désignés comme les inventeurs de cette formule célèbre ; aucun ne réclame explicitement la paternité. Mais voici qu'en 1739 paraît à Amsterdam un ouvrage de l'artiste hollandais Quirin Van Blankenburg, mort la même année : *Elementa musica of nieuw licht tot het welverstan van de musiec en de bas continuo*, etc. Dans un passage intéressant. déjà cité avant nous par M. Vander Straeten (1), Van Blankenburg raconte que sur l'instigation d'un professeur de mathématiques auquel il enseignait la basse continue, à Leyde, en 1680, il se mit à chercher les termes de quelque formule précise qui offrît le résumé des doctrines et des usages établis dans la pratique de l'accompagnement. Cette recherche, poursuivie avec un grand zèle, et à l'aide, remarquons-le bien, des ouvrages théoriques de quelques « honorables auteurs italiens », conduisit le jeune musicien à la constitution de deux échelles tonales chiffrées, pouvant servir à tous les tons majeurs et mineurs. Enchanté de sa découverte, l'artiste la communiqua à un certain Schombag, organiste de la cathédrale de Leyde, qui en fit immédiatement usage dans son enseignement, si bien que, dans cette ville, la formule en question ne fut bientôt plus désignée autrement que sous le nom de « règles de Schombag ». D'autre part, Van Blankenburg, ayant agi avec la même con-

(1) *La Musique aux Pays-Bas*, t. I, p. 57 et s.

fiance vis-à-vis d'un amateur de musique, qui se rendait à Paris, celui-ci transmit la formule à un maître de l'art, et en 1716, le musicien hollandais eut le désagrément de la voir publier par Campion, sans que son nom fût prononcé et en pût retirer aucun lustre.

Ces affirmations sont précises et il faut les admettre, tout en s'étonnant quelque peu que, dans une affaire qui semblait pourtant lui tenir assez au cœur, Van Blankenburg eût tellement tardé à produire ses réclamations. La cause en est peut-être qu'au fond il ne se regardait pas réellement comme l'inventeur absolu de la règle en litige, puisqu'il avouait loyalement l'avoir déduite du système musical de ses « honorables auteurs italiens ». Fétis a cité, en effet, l'emploi partiel, dans l'*Armonico pratico al cembalo*, de Gasparini, d'une formule de chiffrage, réduite à l'étendue de l'ancienne gamme par hexacordes, et qu'il ne s'agissait que de compléter pour l'appliquer à la gamme par octaves.

La conclusion la plus nette de tout ceci, c'est que la règle de l'octave peut fort bien avoir eu plusieurs pères et plusieurs patries. A une époque où l'art de « l'accompagnement » était partout en vogue, partout cultivé et enseigné, une règle qui se trouvait être la résultante naturelle de tout ce que l'on faisait par instinct, par routine ou par raisonnement, devait nécessairement éclore un jour ou l'autre sous les doigts ou dans le cerveau d'un ou de plusieurs musiciens. Sa brièveté, qui la rendait facile à retenir, en fit d'abord le principal mérite ; le mystère même dont ses premiers détenteurs crurent sage de l'entourer ne put qu'ajouter à sa vogue auprès des demi-artistes et des demi-savants, tout fiers de se croire admis dans le secret des dieux ; la force de l'habitude aidant, elle se maintint fort longtemps, malgré les critiques, dans sa forme primitive ; et il ne fallut, en somme, rien moins que les transformations de l'art tout entier pour la briser, la refondre et la remplacer.

MICHEL BRENET.

Chronique de la Semaine

Théâtres et Concerts

PARIS

A propos des œuvres nouvelles ou en cours de préparation, j'ai parlé, l'autre jour, d'un groupe de jeunes musiciens, j'ai énuméré une série de compositeurs à tendances particulières et entièrement indépendants de toute attache officielle.

Je voudrais, pour compléter ce tableau d'avant la saison, dire aujourd'hui quelques mots de ce que j'appellerai *les prix de Rome' indépendants*, c'est-à-dire ceux des jeunes musiciens qui, ayant passé par le Conservatoire et concouru pour Rome, même avec succès, n'ont pas cru, pour cela, que tout fût fait, ont pensé qu'il y avait autre chose en dehors de cet enseignement, se sont mis au courant peu à peu, se sont détachés et défaits des mauvais plis des pratiques routinières. Cela a tenu chez eux, tantôt à une sorte d'instinct, tantôt le plus souvent à des habitudes intellectuelles antérieures. Quelquefois une réflexion soudaine, un fait frappant, une révélation artistique inattendue les ont éclairés sur leur voie.

J'ai souvent parlé ici de M. Claudius Blanc, qui fut élève de M. Jules Massenet et qui eut le prix de Rome. M. Blanc, les lecteurs du *Guide* le savent, est directeur du Conservatoire de Marseille, qui vient de se relever sous son intelligente impulsion. M. Claudius Blanc s'est séparé de bonne heure de son maître, même quand il était encore sur les bancs ; c'est dire qu'il n'en a rien gardé depuis, chose rare chez les élèves de l'auteur du *Cid*. Le directeur du Conservatoire de Marseille est un esprit ouvert, un éclectique qui sait *choisir*, et à qui rien ne fait peur *a priori*. Je pourrais dire qu'il a été à Bayreuth, mais depuis 1880, cela n'est plus.ni une bonne ni une mauvaise note, puisque tout le monde y va, même M. Salvayre.

Je pourrais en dire autant de M. Charles Lefebvre, dont vous connaissez les œuvres, son oratorio de *Judith* ayant été donné depuis la guerre à Bruxelles et à Anvers, et le petit opéra comique, le *Trésor* (avec M. François Coppée), au théâtre de la Monnaie. *Judith* doit être redonné bientôt en Belgique, à Liége, si je ne me trompe. Cet oratorio a été exécuté avec succès à Berlin, il y a deux ans. M. Ch. Lefebvre a terminé, l'hiver dernier, une nouvelle œuvre pour orchestre, chœurs et soli : *Eloa*, d'après le poème d'Alfred de Vigny, par M. Paul Collin. M. Lefebvre vient de revenir de Bayreuth, profondément enthousiasmé de *Parsifal* et des *Maîtres Chanteurs*, qu'il a voulu entendre plusieurs fois... M. Lefebvre a du goût, un goût qui peut paraître parfois un peu timide ou, pour mieux dire, circonspect ; en tous cas, c'est un esprit essentiellement honnête, ennemi de tout ce qui est charlatanisme ; c'est une intelligence ouverte et réfléchie à la fois; c'est un beau caractère d'artiste, et, chez lui, chose rare et heureuse, l'homme et l'artiste ne doivent pas être séparés. ,

M. Amédée Dutacq a eu un second prix de Rome il y a quinze ans. On a donné de lui à l'Opéra-Comique, sous la direction Carvalho, un petit acte distingué, *Batka Philidor*, texte d'Abraham Dreyfus. Mais ce que je préfère de lui, c'est un recueil de *Mélodies*, que j'ai mentionnées jadis dans le *Guide*, sur des vers la plupart d'Armand Silvestre ; dans cette musique assez récente,la vie palpite, l'accent de la passion est incisif. M. Amédée Dutacq travaille, en ce moment, à un sujet moderne d'opéra en compagnie de M. Gilbert Augustin-Thierry, le littérateur distingué qui collabore aussi avec M. César Franck et dont j'ai parlé récemment.

Je pourrais dire de M. Paul Vidal, souvent cité ici depuis un an, ce que j'ai dit de M. Claudius Blanc : élève de M. Massenet et prix de Rome (il s'est séparé de son maître (esthétiquement parlant, s'entend), et n'en a rien gardé, ou fort peu de chose ; ce dont je le félicite d'ailleurs.

MM. Lucien Lambert et A. Bruneau ont eu aussi l'occasion de figurer avec éloge dans ces colonnes.

On peut encore citer, dans le même ordre d'idées, les noms de MM. Debussy et X. Leroux, qui, je l'espère, feront un jour parler d'eux, et en bien.

Enfin, je citerai, pour la bonne bouche, le nom d'un ex-élève de Reber, M. Edouard Moullé, musicien d'un goût délicat et curieux, qui, après avoir renoncé pendant longtemps à la composition, pour laquelle il semblait avoir des dons, va rentrer en lice avec un recueil, des plus intéressants, de chants rustiques harmonisés par lui, Titre : *Chants populaires de la Normandie, recueillis et harmonisés*. Cela procède naturellement de M. Bourgault-Ducoudray (chants de la Grèce et de la basse Bretagne) ou sent aussi, trop peut-être parfois, l'influence d'Edward Grieg. Mais cela n'empêche pas que ce recueil coloré et vivant ne soit semé de trouvailles personnelles, d'accompagnements piquants et ingénieux; il arrive même parfois que l'intérêt de l'arrangement l'emporte sur celui des thèmes. Je me propose de revenir sur ce recueil, qui sera sans doute publié dans le courant de l'année qui vient, et qui fait honneur à son auteur.

Balthazar Claes.

Lundi soir, à l'Opéra, rentrée de M. Jean de Reszké et débuts de M᷾ˡˡᵉ Landi dans *Aïda*.

L'accueil le plus chaleureux a été fait à l'excellent ténor, qui a été rappelé plusieurs fois. Les autres interprètes, MM. Melchissédec, Dubulle, Delmas et M᷾ˡˡᵉ Adiny l'ont convenablement secondé.

La débutante, M᷾ˡˡᵉ Landi, a quelques jolies notes de contralto. Mais sa voix ne paraît pas faite pour le grand vaisseau de l'Opéra, à moins que ce ne soit le grand vaisseau de l'Opéra qui est mauvais pour les voix. C'est à peine si on a entendu M᷾ˡˡᵉ Landi.

Le rengagement de M. Duc à l'Opéra est chose faite. C'est à M. Calabresi, le directeur du Grand-Théâtre de Marseille, qu'est dû cet heureux résultat.

On sait, dit le *Monde artiste*, que la partition de *Roméo et Juliette* a été achetée par M. Choudens aux auteurs 50,000 francs, soit 33,333 francs 33 centimes à M. Gounod et le reste à MM. Carré et Barbier. Le compositeur apportant de nombreuses modifications à son œuvre en vue de l'Opéra et y ajoutant plusieurs morceaux d'en-

semble et un ballet, l'éditeur devient il propriétaire des nouvelles pages inédites sans pour cela être obligé de donner une prime à M. Gounod?

Quand, il y a quelques années, le maître, transformant *Sapho*, réclama 30,000 francs pour la musique ajoutée, M. Choudens, qui avait eu, sans bourse délier, la propriété de *Sapho*, prétendit que tous les morceaux nouveaux lui appartenaient ou que, tout au moins, M. Gounod n'avait pas le droit de les faire éditer autre part que chez lui.

D'autre part, M. Choudens a acheté séparément 2,000 francs le ballet de *Faust*, quand cet ouvrage a passé du Théâtre-Lyrique à à l'Opéra.

Dans les deux cas il y a contradiction. Espérons que les auteurs et éditeurs trancheront la question sans difficulté et que le public aura une partition conforme aux représentations de l'Académie nationale de musique.

Nous avons annoncé que M. André Messager avait abandonné le livret des *Folies amoureuses*, destiné à l'Opéra-Comique, M. Messager collabore, en ce moment, avec M. Catulle Mendès à un opéra féerie qui sera donné, cet hiver, à la Rennaissance.

Le compositeur est en train de travailler à sa partition, qu'n'appartiendra nullement au domaine de l'opérette. C'est un véritable opéra. M. Silvestre veut monter cette pièce avec un grand luxe d'interprétation et de mise en scène. On assure qu'il est en pourparlers avec M᷾ᵐᵉ Van Zandt pour le rôle principal.

～～～～～～～～～～

BRUXELLES

L'événement a démontré qu'avec l'aide de M᷾ᵐᵉ Caron l'on peut tout entreprendre, même une reprise de la *Juive* dans des conditions peu brillantes. Que serait-il advenu de la *Juive* trouvée Eudoxie, juste ciel ! et l'admirable artiste ne s'était trouvée là pour conjurer un désastre. Nous n'en dirons pas davantage sur les moyens de M᷾ˡˡᵉ Ruelle,dont le talent de vocalisation ne saurait faire oublier l'absence de voix et le reste. L'emploi des chanteuses légères de grand opéra tendant, comme celui des postillons, à disparaître des nos mœurs, il est probable d'ailleurs que les services de cette nouvelle débutante ne seront pas requis souvent. M᷾ˡˡᵉ Leria, qui, en de rares occasions, tint le mouchoir, durant la campagne écoulée, doit avoir emporté, sous ce rapport,du théâtre de la Monnaie, le souvenir d'un éternel *far niente*. La voix et les manières de M. Gandubert ré-clament aussi un soutien, qui laisse un peu à même temps un contraste, dans ce rôle imbécile du prince Léopold. M. Vinche a de la distinction et il porte assez bien la pourpre cardinalice; n'était l'organe indécis et mal posé, il ferait un Brogni excellent. Quant à M. Rouyer, le souvenir de son collègue Renaud dans le rôle de Ruggiero lui fait quelque tort.

M. Engel et M᷾ᵐᵉ Caron soutiennent le poids de l'exécution et s'en tirent à leur avantage, le premier avec des efforts visibles, mais avec un art consommé de chanteur et une intelligence rare de comédien, la seconde avec ses belles facultés de tragédienne. On la savait remarquable, pathétique surtout, dans ce rôle de Rachel qui sied à son. caractère, à sa voix, à l'expression mobile de ses yeux profonds et de ses mouvements amples. On y a retrouvé M᷾ᵐᵉ Caron plus attachante, plus parfaite encore, s'il est possible. Il lui est arrivé plus d'une fois d'être, en son interprétation, de beaucoup supérieure à l'œuvre elle-même, et cela, grâce aux nombreux récitatifs qui ratta-chent la *Juive* non « au système adopté par l'école contemporaine », ainsi que l'a dit un confrère, mais bien au système qui fleurissait au temps de Rameau et qui a été celui de l'ancienne école française de l'opéra. Car il ne faut pas confondre les différents genres de récitatifs qui surabondent dans l'opéra de *Castor et Pollux*, par exemple, ou dans les partitions de Lully, et plus tard dans celles de Gluck et de ses successeurs, avec la déclamation mélodique absolue, soutenue par un accompagnement symphonique,dont Wagner a, de nos jours, fixé le type le plus parfait.

Le récitatif a toujours été en honneur dans l'école française et il suffirait d'entendre M᷾ᵐᵉ Caron pour se convaincre à quel point cette forme musicale est plus propre que le morceau à couplets, l'air proprement dit et ses dérivés, à donner au théâtre l'impression de la vie. J.-J. Rousseau trouvait aux récitatifs,bien dits une énergie d'expression plus grande qu'aux airs mêmes. Son admiration n'avait pas de bornes à l'endroit des récitatifs entremêlés de ritournelles et de traits de symphonie, obligeant le récitant et l'orchestre l'un envers l'autre. Ecoutons-le en passant ; sa profession de foi est de nature à intéresser les esprits les plus avancés, et dénote, en plus, un don prophétique d'une rare concordance : « Ces passages alternatifs de récitatifs et de mélodie revêtue de tout l'éclat de l'orchestre, dit l'auteur du *Dictionnaire de musique* et d'*Emile*, sont ce qu'il y a de plus touchant, de plus ravissant, de plus énergique dans toute la musique moderne. L'acteur, agité, transporté d'une passion qui ne lui permet pas de tout dire, s'interrompt, s'arrête, fait des réticences, durant lesquelles l'orchestre parle pour lui, et *ces silences ainsi remplis affectent influemment plus l'auditeur que si l'acteur disait lui-même tout ce qui la musique fait entendre.* »

Les récitatifs d'Halévy possèdent les qualités expressives qu'un Rousseau pouvait souhaiter, étant donnée la forme alors en usage. Peut-être même eussent-ils paru révolutionnaires au siècle dernier. Nous avons aujourd'hui la notion d'un art plus complexe et nous demandons à l'orchestre de jouer un rôle plus actif. Mais l'ancien *récitatif obligé* n'en conserve pas moins sa valeur expressive, et lorsque nous l'entendons dire par un grand artiste, il a de quoi nous émouvoir profondément. On a pu le vérifier par l'ovation spontanée faite à Mme Caron après le court récit de l'entrevue de Rachel avec le cardinal Brogni, au quatrième acte de la *Juive*. Nous estimons et nous applaudissons surtout Mme Caron, parce qu'elle est toujours la femme de ses rôles, parce qu'elle fait constamment du théâtre, sans se préoccuper d'éblouir ou de charmer à l'aide de moyens artificiels étrangers à l'illusion scénique, en un mot, parce qu'elle ne fait pas du chant le but de son art, mais seulement un moyen d'expression en vue d'atteindre un but supérieur.

Nous n'avons pas été les seuls ni les premiers, sans doute, à protester contre l'exagération habituelle de la sonorité de l'orchestre. Dans la *Juive* surtout, cette sonorité atteint les dernières limites et l'on ne saurait s'empêcher de la trouver tapageuse à l'excès. Pourquoi, dès lors, ne pas se servir de l'appareil qui a été construit tout exprès pour obvier en partie à cet inconvénient et qui permet de baisser le niveau du plancher supportant les musiciens. En supposant même qu'on ne se soucie pas du désagrément que tout ce bruit occasionne aux auditeurs, n'a-t-on pas intérêt à ménager la voix des chanteurs, celle de M. Engel, entre autres, qui s'épuise à la lutte ?

Veut-on une preuve que le bruit n'est pas toujours indispensable au succès ? Il a suffi à M. Léon Jehin de finir *pianissimo* la valse lente qui sert d'entr'acte à la *Fille du Régiment*, pour provoquer des applaudissements. Nous recommandons ce morceau léger, ainsi que l'ouverture du même opéra, aux directeurs de nos grands concerts symphoniques. Tous deux ont obtenu un grand succès, l'autre soir, ce qui ne peut laisser subsister aucun doute au sujet de leur valeur musicale. De longtemps on n'entendra la *Fille du Régiment* à Bruxelles sans se rappeler Mme Meyer-Boulard, qui fut, il y a quelque vingt-cinq ans, une interprète si parfaite du rôle de Marie. Comme en tous ses rôles, d'ailleurs, cette artiste accomplie avait le don de charmer et d'attendrir par une chaleur d'expansion à laquelle bien peu de spectateurs sont restés insensibles. Elle affectait une crânerie militaire charmante ; mais son chant, qui savait être toute tendresse, atteignait à l'émotion véritable, ressentie, et l'on ne pouvait écouter sans être remué profondément la cantilène des Adieux. Il n'est pas dans la nature de Mme Landouzy d'émouvoir à ce point. Les phrases pathétiques du rôle, heureusement rares, sont celles qui lui portent le moins bonheur. En revanche, la toute gracieuse artiste s'est fait applaudir dans chacun des morceaux de vivacité mutine et virtuosité légère. Elle a fait du personnage en question une jolie réduction, d'allures mignonnes, alliant à ses riches facultés musicales, une intelligence de comédienne fine et spirituelle. A côté d'elle, M. Isnardon a très consciencieusement cherché et trouvé la note caractéristique du rôle de Sulpice. Ce rôle est une de ses bonnes créations ; il l'a chanté et joué en artiste. L'ensemble, complété par MM. Gandubert et Chappuis et par Mme Walther, est assez satisfaisant. Cela s'éloigne beaucoup des traditions, sans doute ; mais un théâtre qui change forcément de personnel et qui doit sans cesse varier son répertoire, passant du grave au doux, du plaisant au sévère, ne saurait conserver absolument intactes ces précieuses traditions de l'opéra comique.

Aussi ferons-nous peu d'état de la reprise du *Nouveau Seigneur du village*, qui précédait celle de la *Fille du Régiment*, la chose n'en vaut guère la peine. Disons seulement qu'on y a entendu une débutante, Mlle Falize, dont la voix fraîche a du timbre et de la justesse, dont la diction a paru claire, et que cette première épreuve n'a pas trop déconcertée.   E. E.

Petites nouvelles wagnériennes et autres au théâtre de la Monnaie.

Les répétitions des *Maîtres Chanteurs* sont fort avancées, elles ont été toutefois plus longues qu'on n'avait pensé ; l'orchestre et les chœurs ayant subi depuis 1884 de nombreux changements, il a fallu remettre l'œuvre au point comme s'il s'agissait d'une nouveauté. Dans quelques jours, commenceront les ensembles, artistes, chœurs et orchestre, et M. Joseph Dupont espère être prêt du 15 au 20 octobre. Voici la distribution complète et définitive : Hans Sachs, M. Seguin ; Walther, M. Engel ; Pogner, M. Gardoni ; Beckmesser, M. Renaud ;

David, M. Gandubert ; Kothner, M. Rouyer ; Eva, Mlle Cagnaert ; Madeleine, Mlle Rocher.

Aussitôt que les *Maîtres Chanteurs* auront passé, MM. Joseph Dupont et Lapissida remettront à l'étude *Lohengrin*, qu'ils comptent faire passer en décembre. Nous avons déjà dit que Mme Caron chanterait pour la première fois le rôle d'Elsa. Lohengrin, ce sera M. Engel ; le Roi, M. Gardoni ; Telramund, M. Seguin ; Ortrude, Mlle Pauline Rocher.

Siegfried sera mis en répétition à la fin du mois de janvier pour passer en février ou en mars. Comme il n'y a pas de chœurs, l'œuvre est assez facile à monter, abstraction faite, bien entendu, de la partie orchestrale, à laquelle M. Joseph Dupont consacrera tous ses soins.

Voilà, pour le répertoire wagnérien, les dispositions prises. Sauf l'imprévu, MM. Dupont et Lapissida suivront leur programme. La troupe, telle qu'elle est composée, est une des meilleures qu'on ait vues à la Monnaie, et il est tout à fait invraisemblable qu'elle donne lieu à des mécomptes. Il y a donc tout lieu d'espérer que les directeurs pourront exécuter jusqu'au bout le beau programme qu'ils ont annoncé et qui comprend encore, comme nouveautés : la *Richilde* de M. E. Mathieu, le *Roi d'Ys* de Lalo et le *Fidelio* de Beethoven. M. Gevaert vient de mettre la dernière main aux récitatifs qu'il a écrits pour le drame de Beethoven. C'est très probablement en janvier que *Fidelio* pourra passer. L'illustre directeur du Conservatoire s'occupera en personne de l'étude et de la mise en scène de *Fidelio*.

Pour *Richilde*, les chœurs répètent, les rôles sont distribués et les ensembles, vont bientôt pouvoir commencer. L'œuvre sera montée avec un grand luxe de costumes et de décors. Annonçons, à ce propos, que l'œuvre de M. Mathieu sera donnée, cet hiver, au Théâtre néerlandais d'Amsterdam, aussitôt après avoir passé à Bruxelles. Quant au *Roi d'Ys*, il ne sera donné que dans la seconde partie de la saison.

L'autre nouveauté annoncée, *Milenka*, le ballet de Jan Blockx, dont la musique a eu, l'année dernière, un si vif succès aux Concerts populaires, est absolument prête et passera certainement dans une quinzaine de jours avec *Philémon et Baucis*. La partition de *Milenka* paraîtra chez Schott, la veille de la première.

On ne reprochera pas à MM. Dupont et Lapissida de manquer d'activité !

Les concerts vont également reprendre sous peu. Nous avons déjà annoncé le programme des concerts Servais. Les concerts populaires n'ont pas encore arrêté le leur, et les nouvelles qui ont couru les journaux quotidiens sont pour le moins prématurées.

En revanche, l'Association des artistes musiciens annonce son premier concert pour le 27 octobre. Il aura lieu avec le concours de Mme Melba, et l'on y entendra les Scènes de ballet de M. Fernand Leborne, qui ont eu un succès à Ostende, à Spa, à Paris. Cette suite d'orchestre figurera également au premier concert de l'Harmonie d'Anvers.

Annonçons enfin trois séances de musique de chambre organisées par la maison Schott, qui auront lieu, comme l'année dernière, à la Grande-Harmonie, et dans lesquelles on n'entendra que des artistes de premier ordre. La première de ces séances aura lieu dans la seconde quinzaine d'octobre, les autres suivront à quinze jours d'intervalle. On y entendra probablement Mlle Clothilde Kleeberg, la jeune pianiste française qui a eu si vif et si éclatants succès l'année dernière à Londres, à Paris et dans toute l'Allemagne ; Mlle Marie Soldat, une jeune violoniste dont le talent exceptionnel fait sensation en Allemagne ; le pianiste Paderewsky, le violoncelliste Delsart ; enfin, *last not least*, M. Hans de Bülow. Le célèbre maître donnera un « piano-recital » exclusivement consacré à l'œuvre de Beethoven.

Voilà qui intéressera certainement les amateurs de musique.

L'infaillible *Etoile* a relevé, dans notre compte rendu du concert Van Dyck, une erreur qu'il ne nous coûte rien d'avouer. L'excellent ténor, en effet, a chanté le *Lied* du Printemps de la *Walkyrie*, et non point un fragment des *Maîtres Chanteurs* comme nous l'avons dit.

Mais remarquons bien que nous n'avons nullement parlé d'un « air » ; il n'y a point d'« airs » dans les *Maîtres Chanteurs*.

Le *Soir* nous accuse d'avoir, l'an dernier, « démoli tout le reste du répertoire de la Monnaie, parce qu'on n'avait pas joué *Siegfried*.

Démolir est un peu violent ! Nous avons si peu démoli le répertoire de la Monnaie qu'il reparaît tout entier depuis le commencement de la campagne actuelle.

Est-ce parce que nous n'avons pas jeté des cris d'admiration pour *Gioconda* et pour *Jocelyn* qu'on nous impute de vilains sentiments ? — Si nous nous sommes trompé dans notre jugement, que le *Soir* recommande donc la reprise de ces chefs-d'œuvre.

BERLIN

L'Opéra royal possède enfin à son répertoire la Tétralogie tout entière des *Nibelungen*. A la fin de la saison dernière, nous avions eu le *Rhingold*; au début de celle-ci, nous avons eu, enfin, *Gœtterdœmmerung* (le Crépuscule des dieux), la quatrième et dernière partie de cette œuvre gigantesque et unique. Bayreuth, juillet-août 1876; — Berlin : le 27 septembre 1888. Il a donc fallu douze années pleines pour que le *Ring* passât tout entier sur la scène qui devrait être à la tête des théâtres allemands. Berlin avait déjà entendu, il est bon de le rappeler, le *Ring* entier, mais à *Kroll's theater* par la troupe d'Angelo Neumann et non à l'Opéra royal. Mais voilà : il y avait alors à la tête de l'intendance le comte Botto de Hulsen. Malgré les réclamations réitérées de la presse et des admirateurs du maître de Bayreuth, M. de Hulsen se refusa toujours à laisser jouer à l'Opéra berlinois le grand drame wagnérien. Ce ne fut que tout à la fin de sa carrière et sur les pressantes instances de personnages influents de la cour impériale qu'il céda et fit donner la *Walkure* et *Siegfried*.

Le nouvel intendant, M. le comte de Hochberg, mieux disposé en faveur des œuvres de Wagner, annonça, dès son entrée en fonctions, qu'il mettrait au répertoire le *Ring* tout entier. Seulement la réalisation de ce projet s'est trouvée dès le début arrêtée par les dissentiments qui s'élevèrent entre l'intendant et les différents chefs qui, depuis trois ans, se sont succédé à la tête de l'orchestre de l'Opéra.

C'est grâce à l'énergie du nouveau chef d'orchestre, M. Sucher, le mari de la célèbre cantatrice Rosa Sucher, que nous devons d'avoir enfin *Gœtterdœmmerung*.

L'exécution a été un événement triomphal. La salle était absolument comble et la public a acclamé avec enthousiasme l'œuvre, les interprètes et le chef d'orchestre.

C'est M⁾ Rosa Sucher qui fait Brunnhilde, et elle a joué et chanté ce rôle écrasant avec une sûreté de voix, une flamme, une chaleur de sentiment qui ont profondément remué l'auditoire. Elle a été surtout admirable dans la scène finale : *Siegfried ne me connaît plus !* qu'elle a dite avec une expression poignante. A côté d'elle, il faut citer le ténor Ernst, qui s'est montré très vaillant dans Siegfried, quoiqu'il en fasse un héros un peu rose. Ah! que Niemann serait beau dans ce rôle. Mais, hélas! la voix n'y est plus. Hagen, c'était M. Biberti; Alberich, M. Schmidt; les trois filles du Rhin, M⁾⁾ Leisinger, von Ehrenstein et Lammert; Waltraute, M⁾⁾ Staudigl, qui a été regrettée dans son récit à Brunnhilde. L'ensemble a été bon; la mise en scène est convenable; ce qu'il y a de mieux, c'est incontestablement l'orchestre, à qui la direction de M. Joseph Sucher a imprimé une clarté et un ensemble qu'il avait depuis longtemps perdus. En somme, très grand succès.

LONDRES

Deux nouvelles musicales, cette semaine.

Au palais de Cristal, une adaptation lyrique des *Frères corses*, par M. George Fox, auteur d'un *Robert Macaire* traité en opéra par un musicien allemand du nom de Carl Gœtz, si je me souviens bien. Il faudrait s'apitoyer sur le sort de la province anglaise, dont la nouvelle œuvre de M. George est destinée, paraît-il, à faire le tour. Ne gâtons pas leurs espérances et leurs illusions aux braves habitants de Sussex et du Devonshire; qu'ils sachent au moins que le livret des *Frères corses* est très convenable, M. Bradberry ayant eu le bon sens de suivre du plus près possible l'œuvre de Dumas.

C'est l'inverse pour *Carina*, opéra comique nouveau de mistress Julia Wolf, représenté sur la jolie scène de l'Opéra-Comique, où feu M. Humbert conduisit à tant de succès la troupe que vous avez connue à l'Alcazar de Bruxelles. Forte déconvenue pour les librettistes de *Carina*, MM. E.-L. Blanchard et Cunningham-Bridgmann, qui ont démarqué d'une main malheureusement trèe lourde la *Guerre ouverte* ou *Ruse contre ruse*, comédie de Damastant très goûtée des femmes vers la fin du siècle dernier. Mais succès relatif, succès d'estime pour M⁾⁾ Julia Wolff, la musicienne déjà avantageusement connue, mais d'un public restreint, il est vrai, comme pianiste.

Le thème de *Guerre ouverte* ou plutôt de *Carina* est vite exposé : Appelez Almaviva Don Félix, faites-lui prendre le déguisement final de Bazile pour épouser sa Rosine qui s'appelle Carina et qu'un oncle et tuteur, un Bartholo mâtiné de général Boum, veut faire épouser à un gros marchand de Cuba, et vous avez le poème, — pas très neuf, on en conviendra, — sur lequel M⁾⁾ Wolf a brodé sa musique. L'ensemble et malgré une surabondance de ballades inspirées de Balfe et dont il sera facile de supprimer quelques-unes, M⁾⁾ Julia Wolff a écrit là, pour le populaire, un ouvrage agréable et dont les ariettes, d'autant plus faciles à retenir qu'elles sont toutes cousines de quelque « air connu », se fredonneront bientôt dans les rues. M⁾⁾ Julia Wolff semble avoir hésité entre deux genres : le franc opéra bouffe d'Offenbach et l'opéra comique d'Auber. Elle a un peu fait les deux, c'est-à-dire qu'il y a de la *Grande Duchesse* et du *Domino noir* dans *Carina*, avec beaucoup de Balfe, et même un peu de Donizetti, s'il vous plaît. Mais le travail d'orchestre, pour être mince, n'en relie pas moins avec une certaine grâce et habileté de facture les nombreuses mélodies de cette petite partition, et le premier acte a une finale qui trahit chez la musicienne une secrète aspiration vers l'opéra proprement dit. En somme, *Carina*, tout en contenant la masse candide de mes compatriotes, était en train de faire espérer aux vrais musiciens quelque future œuvre plus personnelle, lorsque M⁾⁾ Julia Wolff, appelée sur la scène par le public, qui voulait applaudir la femme et l'artiste, nous a fait voir, dans une gracieuse révérence, des cheveux très gris, qui ont un peu surpris et encore plus peiné. C'est dommage.

Nous ne tenons pas encore le musicien que la musicienne qui nous vengera de notre réputation antimusicale.

Nouvelles diverses

La commission de l'Association artistique des Concerts populaires d'Angers, dans sa séance du 30 mai 1888, a décidé la création d'un organe officiel chargé de la défense de ses intérêts. La nouvelle feuille, qui porte le titre suffisamment explicite de : *Bulletin officiel de l'Association artistique d'Angers*, continuera la série d'*Angers-Revue* et d'*Angers-Musical* et contiendra : les Programmes, Notice explicative et Compte rendu de chaque concert, Nouvelles musicales, Revue de la Presse, etc., etc. Son premier numéro paraîtra le 11 octobre prochain.

Ainsi que nous l'avons annoncé, le 23 septembre, a eu lieu, à Vienne, la translation solennelle des cendres de Schubert du cimetière de Wæhring au cimetière central de la capitale. On sait que le célèbre compositeur est mort en 1828, à l'âge de 31 ans. Il y a vingt-cinq ans, le corps avait déjà été transporté d'une tombe plus que modeste dans celle où il avait reposé depuis. Le monument de Schubert au cimetière central se trouve maintenant à côté de celui de Beethoven. Après l'exhumation, le professeur Toldt a mesuré le crâne du célèbre compositeur, dont on a pris, en outre, des esquisses photographiques. La mâchoire est encore garnie de toutes ses dents, sauf une.

Toutes les sociétés de chant de Vienne ont pris part à la cérémonie de la translation, qui a été très imposante. Après les prières dites à l'église Votive, par l'abbé Schubert, frère de l'illustre maître, plusieurs discours rappelant le génie de François Schubert ont été prononcés. L'acteur Gabillon a récité une pièce de vers composée pour la circonstance par le poète Louis-Auguste Frankl. Quand le char sur lequel le cercueil avait été déposé a passé sur la place Schiller, plusieurs milliers de chanteurs réunis sur cette place ont entonné le chœur de la *Nuit*, de Schubert, qui a produit un effet saisissant.

Une foule énorme a pris part à la cérémonie.

La *Musikzeitung*, de Berlin, annonce que l'empereur vient de donner l'ordre de remettre à l'étude les *Maîtres Chanteurs* de Wagner à l'Opéra de Berlin. L'ouvrage serait donné en entier, sans coupure aucune, d'après la mise en scène de Bayreuth.

Une dépêche adressée à un journal de Paris a annoncé, il y a quelques jours, l'incendie du Théâtre-National de Pesth. Renseignements pris, la nouvelle est inexacte. Il y a eu seulement un commencement d'incendie. De là, l'alerte. Mais le feu a été rapidement éteint ; le bel édifice du Théâtre-National n'est pas même sérieusement endommagé.

Nous avons donné le programme de la saison théâtrale de l'Argentina de Rome. Ce programme doit être complété. Parmi les opéras que l'on donnera pendant le carnaval, signalons : *I Vespri siciliani* de Verdi, qui n'a pas été représenté depuis longtemps à Rome. La *Walkyrie* de Wagner, qui n'a jamais été chantée en italien et qui a été entendue une seule fois à l'Apollo, représentée par la troupe allemande de M. Neumann.

La grande question qui agite le monde des théâtres à Rome est toujours l'affaire du théâtre Costanzi, dont la saison s'ouvre aujourd'hui même.

On sait que M. Ricordi, comme chef de la maison Ricordi-Luca et comme représentant de l'éditeur Cotrau et de la municipalité de Pesaro, a cité M. Sonzogno, le 16 octobre, devant le tribunal civil de Milan pour s'entendre condamner à des dommages-intérêts à cause des représentations données au théâtre Manzoni de Milan des opéras *Sonnambula*, *Barbiere* et *Elisir d'amore*, et pour qu'on lui interdise de représenter au Costanzi, à Rome, les opéras *Ugonotti*, *Guglielmo Tell*, *Favorita*, *Sonnambula*, *Linda di Chamounix* et *Puritani*.

La question de droit qui sera débattue a un grand intérêt pour tous ceux qui s'occupent de législation en matière de droits d'auteurs; à part les avantages qu'auront les impresarios, si beaucoup d'opéras célèbres sont déclarés du domaine public; à part aussi l'avantage dont jouira le public par suite de la concurrence et du bon marché des éditions musicales, il y a là une question de grande actualité pour tous.

M. Ricordi demande que l'on empêche M. Sonzogno de représenter ces opéras au Costanzi; si le tribunal lui donne raison, la moitié du programme de ce théâtre serait si diable; mais c'est un péril éloigné parce que la voie judiciaire est longue.

Le péril pressant est que l'autorité judiciaire, secondant la demande de M. Ricordi, mette le *veto* aux représentations du Costanzi en attendant le jugement au fond.

On ne parle que de cette éventualité à Rome.

On lit dans le *Trovatore* :

« Depuis quelque temps, les journaux politiques répètent à l'envi que Verdi est en train d'écrire un nouvel opéra, et vont jusqu'à déclarer qu'il s'occupe d'un *Barbier de Séville*. Au lieu de cela, le sénateur Piroli, qui revient de Sant'Agata, où il a passé quelques jours, recevant l'hospitalité de Verdi, rapporte que l'illustre compositeur s'occupe considérablement d'agriculture, mais nullement de musique. »

La direction du Grand-Théâtre de Genève vient de publier le tableau de la troupe pour la saison prochaine.

Les quatre principaux artistes sont Mlle Félicie Arnaud, première chanteuse; MM. Séran, Dauphin et le baryton G. Dechesne. On jouera l'opéra comique, les traductions et l'opérette. Il y aura, en outre, un certain nombre de représentations de comédies, et quelques soirées de grand opéra. On parle comme nouveautés, du *Roi d'Ys*, de Lalo, et du *Roi malgré lui*, de Chabrier.

Comme les années précédentes, Antoine Rubinstein a recommencé, à Saint-Pétersbourg, son cours de littérature du piano, auquel sont admis, outre les élèves des classes supérieures de composition et de piano, ceux de la nombreuse classe pédagogique, les professeurs du Conservatoire et une trentaine de professeurs de piano de la ville. Les quelques places restantes sont vendues, au profit de la caisse des élèves pauvres, à raison de *cent* roubles par personne. Ce qui fait l'originalité de ce cours, c'est que Rubinstein ne donne pas seulement des explications sur le style des différents maîtres de toutes les époques et de tous les pays, mais qu'il exécute en personne presque la totalité de leurs œuvres pour le piano. Ce même cours a été fait l'année dernière en petit comité dans un des auditoires du Conservatoire. Le grand virtuose y a exécuté 1,302 morceaux de 79 auteurs ! Cette fois, il compte y faire entrer également les œuvres des maîtres de l'époque contemporaine.

La Société musicale russe prépare activement ses concerts pour la saison qui s'ouvre. Excepté le mois de décembre, où il n'y aura qu'une séance (le 10), les concerts symphoniques auront lieu, à partir du 15 octobre, tous les quinze jours, les samedis, et alterneront avec les séances de quatuor.

Les nouveautés qu'on entendra aux soirées de musique de chambre seront un quatuor de M. Serge Tanéïew, directeur du Conservatoire de Moscou, et un trio de M. Schütt, un ancien élève du Conservatoire russe établi à Vienne, qui dans ce trio jouera lui-même la partie de piano. Deux des séances de musique de chambre seront consacrées à la romance, dont l'une exclusivement aux chansons russes, l'autre aux *Lieder* allemandes.

Le programme du premier concert symphonique se composera de la *Faust-Ouverture* de Wagner, d'une rapsodie mauresque de M. Svendsen et de la cinquième symphonie (en *ut* mineur) de Beethoven.

Un intérêt particulier s'attache à l'audition du *Requiem* de Berlioz, qui n'a pas encore été entendu dans la capitale russe.

En fait de nouveautés, on annonce une symphonie de Napravnik, des fragments du ballet *la Vigne* de Rubinstein; une ouverture inédite de M. Tchaïkovski, dont la 5e symphonie sera également exécutée à un concert de la Société philharmonique; enfin une symphonie et un concert de piano de M. Grieg, le compositeur norvégien, qui paraîtra en personne, en qualité de pianiste et de chef d'orchestre.

Une œuvre nouvelle de Giovanni Sgambati a été exécutée au grand concert de l'Académie philharmonique de Turin, donné à l'occasion du mariage du duc d'Aoste avec la princesse Lætitia. C'est une suite intitulée *Symphonie-Epithalame* et divisée en trois parties : 1° Prélude et Cantique (*andante religioso*); 2° Fête dans le jardin (Fête populaire; Sérénade; Danse d'enfants); 3° A la Cour (Menuet; Cortége).-On dit grand bien de cette composition du jeune maître, qui fait le plus grand honneur à l'école italienne.

On signale à Bergame l'exécution d'une *Messe funèbre* du maestro Cagnoni.

Un journal américain annonce que M. Aug. Harris, directeur du théâtre de Covent-Garden, aurait l'intention de donner, l'année prochaine, en italien, les *Meistersinger*. Les rôles seraient déjà distribués : Mme Albani ferait Eva, M. Jean de Reszké Walther, et M. Edouard de Reszké Hans Sachs. M. Harris s'est rendu à Bayreuth dans le but de régler la mise en scène et les détails de l'exécution. Son chef d'orchestre, M. Luigi Mancinelli l'y a accompagné.

La réapparition du jeune et prodigieux Hofmann, qui va reprendre, aux Etats-Unis, le cours interrompu de ses pérégrinations artistiques, soulève déjà des discussions et suscitera probablement aussi des procès. L'exhibition du phénomène est loin d'être étrangère aux mœurs industrielles de ce pays du *Humbug*. Cela se complique d'engagements et de dégagements plus ou moins licites entre facteurs de pianos qui, avec la complicité du père, cherchent à se servir du petit Joseph, comme d'une réclame quelconque pour leurs produits. C'est ainsi que les pianos Weber vont être délaissés pour les pianos Steinway, non parce qu'ils sont meilleurs, mais, sans nul doute, parce que la commission à retirer est plus forte. Avocats et juges seront appelés à régler le différend, car le père Hofmann reste, paraît-il, engagé vis-à-vis de Weber, lequel réclame 50,000 dollars pour rupture de contrat. Affaire de famille encore, car à laquelle pourraient bien sombrer les dispositions extraordinaires du jeune sujet. Ce pauvre Hofmann, si on continue à le trimbaler de la sorte, pourrait bien devenir un affreux charlatan!

On annonce, au théâtre Guillaume de Brescia, la prochaine représentation d'un opéra nouveau, en quatre actes, du maestro Cesare Galliéra, intitulé : *les Dernières Armes de Richelieu*.

Le concert de charité organisé au parc Louise-Marie par le Cercle musical de Namur, avec le concours de l'Harmonie de Sainte-Marie d'Oignies, a obtenu un plein succès.

La Société philharmonique de Sainte-Marie d'Oignies, depuis que M. Balthasar-Florence lui a infusé une nouvelle ardeur, s'est placée à la tête des meilleures sociétés du pays.

Le programme très varié se composait de l'ouverture de *Don Juan* de Mozart et d'une symphonie de Haydn; la deuxième partie ne comprenait que des œuvres de maîtres modernes : la géniale ouverture des *Maîtres Chanteurs* de Richard Wagner, une mosaïque d'*Etienne Marcel* de Saint-Saëns, *Sévillana*, entr'acte de *Don César de Bazan* de J. Massenet, et une fantaisie sur *Carmen* de Bizet, très habilement arrangée par M. Daudenart. Toutes ces compositions, l'excellente phalange dirigée par M. Balthasar-Florence les a enlevées avec une incomparable perfection.

Nous lisons dans l'*Estafette* de Lausanne, à propos d'un concert donné dans cette ville par Mlle Peruini, ex-prima dona de la Scala de Milan.

« L'émission de la voix est d'une pureté irréprochable, et les notes hautes surtout, le timbre en est délicieux. L'aimable cantatrice s'est distinguée tout particulièrement dans le Boléro des *Filles de Cadix*, de Léo Delibes, et dans un air de *Manon Lescaut*, d'Auber, qu'elle a détaillé avec infiniment d'esprit. On a comblé Mlle Peruini d'applaudissements et de fleurs.

BIBLIOGRAPHIE

PROFILS DE MUSICIENS, par Hugues Imbert, avec une préface d'Edouard Schuré. Paris, Fischbacher, 1888.—Tchaïkowsky, J. Brahms, Emmanuel Chabrier, Vincent d'Indy, G. Naprávik, C. Saint-Saëns, tels sont les musiciens dont M. Hugues Imbert esquisse les profils. Cette brochure est le recueil des intéressantes études publiées par M. Imbert, l'an dernier, dans l'*Indépendance musicale*, où elles avaient été très remarquées. M. Imbert connaît bien ses modèles et ses portraits sont ressemblants. Œuvre d'un critique sérieux et d'un écrivain de talent. La préface de M. Schuré est à lire, elle aussi.

Essai de critique musicale. Hector Berlioz, Joh. Brahms, par Léonce Mesnard. Paris, Fischbacher, 1888. — M. Léonce Mesnard s'est fait connaître, il y a quelques années, par une très belle étude sur Schumann. Il est, avec. M. Adolphe Jullien, l'un des premiers en France qui aient appelé l'attention sur Schumann, si peu compris et si mal apprécié par l'école sortie du Conservatoire. M. Léonce Mesnard vient de faire pour Brahms ce qu'il avait fait pour Schumann. Son étude sur ce grand maître contemporain est non seulement d'un artiste, mais d'un juge compétent et impartial. L'admiration la plus sincère pour Berlioz n'empêche pas M. Léonce Mesnard de placer Brahms au tout premier rang des maîtres symphonistes contemporains. Il en analyse les œuvres avec finesse, tant au point de vue poétique qu'au point de vue purement musical. C'est un beau travail, qui mérite d'être lu et de rester. M. K.

VARIÉTÉS

ÉPHÉMÉRIDES MUSICALES

Le 5 octobre 1858, à Bruxelles, *Quentin Durward*, 3 actes de Gevaert. — Les artistes de la création : Monjauze, Aujac, Carman, Mengal, Van Huffen, Gourdon, Borsary, Mmes de Jolly, Cèbe et Mouriot. A la dernière reprise (15 déc. 1880) : Rodier, Dauphin, Devoyod, Soulacroix, Lefèvre, Lonati, Mmes Bosman, Lonati et Ismaël.

. Les premières : à Paris, 25 mars 1858; à Gand, 17 déc. 1858; à Liège, 10 mars 1859; à Anvers, 25 déc. 1859; à Weimar, 20 mai 1888. C'était pour la première fois que l'on -entendait sur une scène allemande une œuvre de Gevaert. (Voir *Guide mus.*, 30 sept. 1886.)

— Le 5 octobre 1880, 8me anniversaire de la mort de Jacques Offenbach (Paris, 1880). Sa naissance, à Cologne, le 21 juin 1819.

— Le 6 octobre 1820, à Stockholm, naissance de Jenny Lind-Goldschmidt. Son décès, à Malvern (Angleterre), le 2 novembre 1887. — Après ses grands triomphes en Allemagne, en Angleterre et aux États-Unis, le *rossignol suédois*, ainsi qu'on la surnommait, s'était fixé à Londres, où elle consacra son talent au professorat. Sa voix, soprano léger, brillait par la souplesse, la grâce et le charme. Jenny Lind n'a pas été moins fêtée comme comédienne dans les rôles de demi-caractère. Schumann, Mendelssohn, Meyerbeer, Ferd. Hiller, Liszt ont laissé dans leurs lettres des pages enflammées sur Jenny Lind.

— Le 7 octobre 1878, à Paris (Opéra), *Polyeucte*, 5 actes de Gounod. Partition des plus intéressantes, mais qui laissa froid le public parisien. Il en aurait été de même à Anvers, si Gounod n'y était venu diriger en personne la première de son œuvre (17 avril 1879): *Polyeucte* ne fut joué sur aucune autre scène en Belgique.

La partition, longtemps exilée en Angleterre, n'a été rendue à l'auteur qu'après bien des négociations. On lira à ce sujet des détails fort piquants, dans l'ouvrage que Mme Georgina Weldon a publié sur ses relations avec Gounod. Cet ouvrage écrit en français et ne formant trois fascicules, n'est guère sorti du Royaume-Uni. L'aimable *lady* y a mis bien de la méchanceté. Un réquisitoire en due forme.

— Le 8 octobre, 54me anniversaire de la mort d'Adrien-François Boieldieu (Jarcy près Paris, 1834). Sa naissance, à Rouen, le 16 décembre 1785.

La *Revue universelle illustrée* (1), que nous avons annoncée dans le dernier numéro du *Guide musical*, renferme, ainsi que nous l'avons dit, une étude de notre ami Adolphe Jullien sur le charmant compositeur dont nous venons de citer le nom. Nous saisissons les pages suivantes :

« Boieldieu, — un des compositeurs qui, dans un genre secondaire, avec une science très restreinte, font le plus d'honneur à l'école française, et dont certains morceaux ont chance de durer parce qu'ils traitent du plus juste de l'expression, sur la vérité dans la diction, qui sont deux des conditions essentielles de vie pour toute œuvre ou toute page de musique dramatique... Ce n'est que lentement qu'il est arrivé à donner plus d'ampleur à sa musique; mais la mélodie chez lui coulait de source, elle avait une grâce, un charme particulier, tant qu'il ne cherchait pas à rendre des situations trop pathétiques, des sentiments trop élevés, et, par instants, ses mélodies chantées sont si bien appropriées à la scène, aux paroles, qu'ils en sont comme inséparables.

» ...Est-il bien nécessaire de rechercher le témoignage des musiciens étrangers, surtout des Allemands, pour l'opposer aux Français qui seraient enclins à rabaisser, à railler ce charmant compositeur français, qui nous a laissé le modèle accompli de l'opéra-comique français, ni trop sérieux ni trop futile, à la fois galant, tendre, aimable et chevaleresque ? Au moins sera-ce instructif et amusant, ne fût-ce que pour aviser certains, présomptueux qu'on

(1) Paris, librairie de l'Art, 29, cité d'Antin: Prix du numéro : un franc.

peut avoir un génie hors pair, comme Weber, et tenir Boieldieu en grande estime. »

Ici, Adolphe Jullien rapporte un extrait du *Journal de Dresde*, par lequel Weber, à l'occasion de *Jean de Paris*, faisait le plus grand éloge de Boieldieu, qu'il plaçait au « premier rang parmi les compositeurs français de son temps ».

« Certes, cet article est très curieux, continue Jullien, mais je connais deux jugements encore plus curieux sur Boieldieu et son *Jean de Paris*, encore plus élogieux sous une forme plus brève, et qui pourtant n'ont jamais été publiés en France. Ce sont tout justement ceux des deux compositeurs qu'on pourrait croire les plus dédaigneux pour le talent du musicien français, et qui montrent envers lui une impartialité dont on use trop peu à leur égard. Pourquoi faut-il que tous ceux qui les attaquent et les dénigrent profitent si mal de cet exemple de modération ?

« *Jean de Paris*, *Figaro* et le *Barbier*, s'écrie Schumann, sont les « premiers opéras comiques du monde, de clairs miroirs où se » réfléchit la nationalité des compositeurs....

Wagner, dans d'autres termes, a exprimé à peu près la même pensée... « Le genre rossinien gagne beaucoup à se combiner ainsi » avec les qualités positives d'un style arrêté, et les artistes français » produisirent dans cette direction des ouvrages dignes d'une admi-» ration sans réserve, miroirs fidèles au tout temps des éminentes » qualités du caractère national. C'est ainsi que l'aimable esprit che-» valeresque de l'ancienne France semble avoir inspiré à Boieldieu sa » délicieuse .musique de *Jean de Paris*, car la vivacité et la grâce de » l'esprit français sont empreints surtout dans le genre de l'opéra » comique. »

Voici la conclusion de l'ingénieux travail d'Adolphe Jullien.

« Puissé-je, en publiant ces témoignages d'estime et d'approbation, ne pas aliéner à Boieldieu le suffrage des gens timorés que le seul nom de Schumann et de Richard Wagner fait tomber encore en pâmoison ! »

— Le 9 octobre 1835, à Paris, naissance de Charles-Camille Saint-Saëns.

Par maints côtés, une sorte de Liszt français; comme lui, artiste précoce, sinon enfant-prodige; comme lui, formé d'abord pour la virtuosité du piano, puis.s'adonnant à la composition, et finalement, partageant sa vie entre l'interprétation des maîtres et leur imitation dans l'ordre- inventif; comme lui, virtuose de l'orchestration, manieur de timbres consommé, impeccable; comme lui, porté par la variété de ses aptitudes à pratiquer un éclectisme des plus étendus, et témoignant, dans ses œuvres multiples, d'une grande sûreté technique, et de cette délicatesse de goût, de ce souci de la lucidité propres aux races latines.

M. Schuré, dans la préface à *Profils de Musiciens* de M. Hugues Imbert, l'apprécie en ces termes :

« On a dit de l'illustre historien religieux qu'il est aussi et surtout un artiste : « M. Renan ne change jamais d'avis; il les a tous ». On pourrait dire de même de M. Saint-Saëns : « Il ne change jamais de style, il les pratique tous avec une égale virtuosité. » Personne ne possède plus à fond'la science technique de la musique, personne ne connaît mieux les maîtres de Bach jusqu'à Liszt, à Brahms et à Rubinstein... M. Saint-Saëns peut dire : « Rien de musical ne m'est étranger. Il a abordé tour à tour tous les genres et presque avec un égal bonheur... Mais il serait impossible de définir l'individualité qui se dégage de l'ensemble de son œuvre. On n'y sent pas le tourment d'une âme, la poursuite d'un idéal. C'est le Protée multiforme et polyphone de la musique. »

— A la même date, Giuseppe Verdi entre dans sa 76me année. Il est né à Roncole, près Busseto, en 1813. On disait l'illustre maître occupé d'écrire un *Barbier de Séville*. Les journaux italiens démentent la rumeur publique.

— A la même date, le 55me année de la première à Bruxelles (1833) de *Robert le Diable* de Meyerbeer. (Voir historique, Eph. *G. M.*, 7 oct. 1886.)

— Le 11 octobre 1799, à Paris (théâtre Favart), *Ariodant*, 3 actes de Méhul. — A Liège, 9-janv. 1802; à Gand, 1802; à Bruxelles, 27 janv. 1803; à Anvers, 31 août 1806. (Voir *ibidem*, 9 oct. 1884.)

Nécrologie

Sont décédés :

— A la Salle, Joseph Schiffmacher, pianiste et compositeur. On nous écrit de Strasbourg au sujet de cette mort : Joseph Schiffmacher vient de trouver la mort dans des circonstances tragiques. Venu en vacances au château de la Salle, près de Mâcon, où, chaque année, depuis qu'il s'était fixé à Paris, il répondait à l'invitation de M. de La Chesnaye, Schiffmacher était allé faire la promenade en canot qu'il avait l'habitude d'entreprendre tous les matins sur une des pièces d'eau qui entourent le parc du domaine. Ne le voyant pas rentrer à l'heure du déjeuner, ses hôtes s'inquiètent, vont à sa recherche, et on le trouve noyé dans la principale pièce d'eau, le front abîmé par une large blessure.

Sachant comment Schiffmacher terminait régulièrement sa partie de canot, la famille de M. de La Chesnaye put reconstituer ainsi l'affreux et fatal dénoûment : Schiffmacher abordait toujours à un escalier en pierre. C'est en voulant sauter du canot qu'il aura manqué son élan et sera tombé en frappant du front contre une des marches de l'escalier. La violence du choc, en le faisant glisser dans l'eau, lui aura fait perdre connaissance, et c'est ainsi que le malheureux blessé, à bout de forces, se sera noyé.

En Schiffmacher, le monde artistique perd un talent des plus fins, un esprit original et un cœur généreux. Né en 1827, à Eschau, près de Strasbourg, où son père était instituteur, Schiffmacher, après avoir été l'élève de Conrad Berg à Strasbourg, compléta son éducation musicale à Paris. Pour le piano, il profita des conseils de Rosenhain, de Schulhoff, de Gothschalk, de Prudent et de Chalbery. Henri Reber a été son maître pour la composition. Il laisse de nombreuses œuvres pour le piano, dont la majeure partie est restée au répertoire courant. Strasbourg, où il a professé pendant une série d'années, l'avait gardé en bon souvenir.

Schiffmacher laisse une famille à laquelle nous exprimons nos profondes condoléances.

                                  . A. O.

— A Paris, le 29 septembre, à l'âge de 58 ans, Jean-François Berthelier, artiste des Nouveautés et l'un des plus fins chanteurs comiques du théâtre contemporain. Il avait successivement chanté à l'Opéra-Comique, aux Folies-Dramatiques, à la Gaîté, où ses créations furent nombreuses, ainsi qu'à Bruxelles, aux Galeries, au Parc et à l'Alcasar.

— A Londres, le 27 août, Mme Blanche Cole, épouse Sidney Naylor, née à Portsmouth en 1851, ayant chanté avec succès à l'Opéra anglais et dans des concerts.

— A Arlon, le 14 septembre, Pierre Arendt, directeur de l'école de musique, professeur à l'école normale et à l'athénée royal de cette ville.

— Mme de Marlow, dont nous avons annoncé la mort subite en arrivant au théâtre de Stuttgard (22 septembre), était née vers 1835. Elle avait appartenu fort jeune au Théâtre-Royal de cette ville, où sa belle voix de soprano et son double talent vocal et scénique lui avait valu rapidement une grande renommée. Ce talent, très souple et très varié, lui permettait de se faire applaudir dans des rôles du genre le plus opposé, et on lui voyait jouer tour à tour les Huguenots et les Diamants de la Couronne, Robert le Diable et la Fiancée, Stradella et la Fille du Régiment, etc., etc. Presque toute la carrière de de Mme Marlow s'écoula à Stuttgard ; un instant seulement, elle se produisit au théâtre de Kroll, de Berlin, où son succès l'accompagna ; elle donna aussi quelques représentations à Dresde. Il y a plus de vingt ans que la nouvelle de sa mort se répandit une première fois.

Avis et Communications

La réouverture des cours de l'école de musique de Saint-Josse-ten-Noode, Schaerbeek, sous la direction de M. Henry Warnots, a eu lieu le lundi 1er octobre.

Le programme d'enseignement comprend, le solfège élémentaire, le solfège approfondi, l'harmonie, le chant individuel et le chant d'ensemble. Tous les cours sont gratuits. L'inscription des élèves a lieu à partir du 1er octobre, dans les locaux de l'école, savoir : Pour les jeunes filles, le jeudi après-midi et le dimanche matin, rue Royale Sainte-Marie, n° 152, à Schaerbeek.

Pour les jeunes garçons, le lundi, le mercredi et le vendredi, à 6 heures du soir, rue Traversière, 11, à Saint-Josse-ten-Noode.

Pour les adultes (hommes) le lundi et le jeudi, à 8 heures du soir, rue Traversière, 11.

La place de directeur chargé des cours d'harmonie et de piano est vacante à l'Académie de musique d'Ostende. Les artistes qui désirent solliciter cet emploi doivent adresser leur demande à l'ad. ministration communale d'Ostende, avant le 15 octobre prochain.

Imprimerie Th. Lombaerts, Montagne des Aveugles 7.

Le Guide Musical

Paraissant tous les jeudis.

ABONNEMENT	SCHOTT FRÈRES, ÉDITEURS.	ANNONCES
FRANCE et BELGIQUE : Avec musique 25 francs.	Paris, Faubourg Saint-Honoré, 70	S'adresser à l'Administration du Journal.
— Texte seul. . 10 —	Bruxelles, Montagne de la Cour, 82	On traite à forfait.
UNION POSTALE : — 12 —		

AVANT
LES
« Maîtres Chanteurs »

Les récentes représentations des *Fées*, — cet opéra de jeunesse de Richard Wagner qu'il eût peut-être mieux valu ne pas produire sur la scène, et qu'il suffisait de publier pour compléter l'œuvre du maître de Bayreuth, — ces représentations ont rappelé l'attention sur l'influence que Lortzing a exercée sur l'esprit du futur auteur de *Parsifal*.

Lortzing, l'auteur de *Czar et Charpentier*, du *Vampire*, de l'*Arquebusier* (Wildschütz), d'*Ondine*, du *Waffenschmied* (l'Armurier), opéras de demi-caractère restés jusqu'aujourd'hui au répertoire de toutes les scènes allemandes, était de dix ans plus âgé que Wagner. Il était déjà un compositeur célèbre alors que Wagner errait encore de ville en ville, en quête d'une position sociale, tout plein de souvenirs classiques, inquiet de son avenir, ne sachant dans quelle voie s'engager, s'essayant au théâtre et cherchant naturellement, avant que de créer, à suivre des modèles comme il convenait à son âge et au développement de ses facultés.

Or, il y a quelque apparence que le talent vivant, la nature aimable et sympathique, le caractère éminemment populaire des œuvres de ce compositeur ne restèrent pas sans attirer pendant quelque temps l'attention du jeune Wagner.

L'influence que Lortzing a exercée sur lui est assurément très minime et ne peut être comparée en rien à la profonde impression que firent sur sa jeune intelligence Beethoven et surtout Weber. Mais les premiers et très vifs succès de Lortzing sur le théâtre de Leipzig, au moment même où Wagner était étudiant à l'Université de cette ville et débutait dans la carrière de compositeur, ont dû le frapper certainement. Nous ignorons si jamais les deux artistes se connurent ; toujours est-il que Wagner mentionne quelque part (1) Lortzing comme un « homme habile dans son genre », ce qui prouve tout au moins qu'il avait trouvé plaisir et intérêt à ses œuvres théâtrales. Ses premières tentatives dramatiques sont d'ailleurs, tout au moins par leur sujet, très voisines du « genre de Lortzing », et ce n'est que longtemps après qu'il s'aperçut avec quelque terreur qu'il était encore « en train de faire de la musique à la *Adam* (2) ».

Or, il est un fait assez peu connu et qu'il est intéressant de signaler à propos des *Maîtres Chanteurs* : c'est qu'il existe de Lortzing un opéra dont le principal personnage est le poète-cordonnier de Nuremberg et dont le sujet n'est pas sans de frappantes analogies avec celui des *Maîtres Chanteurs*. Cette pièce est intitulée *Hans Sachs* (3).

Wagner l'entendit-il à Leipzig ? On n'a aucune indication précise à ce sujet. Le *Hans Sachs* de Lortzing est de 1840, et, à cette époque, Wagner était à

---

(1) Dans la *Communication à ses amis*, en tête de la première édition de ses poèmes d'opéras *Gesammelte Schriften*, tome IV.

(2) *Esquisse autobiographique*. Voir « Souvenirs de Rich. Wagner », trad. de l'allemand par Camille Benoît.

(3) Il y a encore un opéra comique de Gyrowetz où paraît le poète-cordonnier, mais il n'en est resté nulle trace, si ce n'est dans les dictionnaires de musique, où l'on peut lire la liste énorme des œuvres de ce compositeur fécond et célèbre en son temps, né en Bohême en 1763, mort à Vienne en 1850.

Paris, d'où il ne revint qu'au printemps de 1842, pour devenir chef d'orchestre de l'Opéra de Dresde. Il aurait pu l'entendre dans cette ville, ou à Leipzig, car ce *Hans Sachs*, complètement oublié aujourd'hui, se maintint pendant un certain temps à la scène. Quoi qu'il en soit, il est certain, de toutes façons, que l'œuvre de Lortzing ne resta pas inconnue de lui.

Antérieurement à Lortzing, un poète dramatique viennois, doué de quelque talent, J.-L. Deinhardtstein, avait déjà porté à la scène le type de Hans Sachs. Il n'est pas sans intérêt de suivre à travers ces adaptations successives le développement d'une même intrigue scénique jusqu'à son plein épanouissement dans l'œuvre d'un poète de génie.

Voyons d'abord le drame de Deinhardtstein.

Ce drame, en quatre actes et en vers, fut joué pour la première fois, le 4 octobre 1827, à Vienne. Il faut croire qu'il parut remarquable aux amateurs de l'époque, puisque Gœthe, le grand Gœthe, ne dédaigna pas de composer un prologue pour la première représentation de ce *Hans Sachs* à Berlin (1). C'est même à cette circonstance que le drame de Deinhardtstein doit de n'être pas tombé dans un oubli complet. On est nécessairement curieux de relire une œuvre pour laquelle Gœthe avait écrit un prologue, mais je dois dire que cette curiosité est médiocrement récompensée. Un court résumé de la pièce fera mieux saisir le côté banal de l'œuvre.

Le drame s'ouvre par un monologue de Hans Sachs Le poète-cordonnier, — notez cette première diver-

(1) Au *Schauspielhaus*, le 13 février 1828. Les circonstances dans lesquelles ce prologue fut composé méritent d'être rappelées, car elles ne sont pas tout à fait étrangères à notre sujet.

Édouard Devrient (l'historien du théâtre allemand), avait annoncé qu'il réciterait, le soir de la première représentation du *Hans Sachs* de Deinhardtstein, le poème bien connu de Gœthe intitulé : *la Mission poétique de Hans Sachs (Hans Sachsens's poetische Sendung)*, qui, peut-être, inspira à Wagner la donnée poétique du *Preislied des Maîtres Chanteurs*.

Le comte de Brühl, intendant des théâtres royaux, écrivit aussitôt à Gœthe pour lui demander l'autorisation nécessaire. Gœthe, non seulement s'empressa de la donner, mais il s'offrit, en outre, à écrire une sorte d'introduction à ce poème, afin d'en expliquer le sens au public. Dans sa notice sur les *Motifs typiques des Maîtres Chanteurs* (Paris, Schott, éditeur), M. Camille Benoît a donné une traduction complète de la *Mission poétique de Hans Sachs*. Mais il ne mentionne pas le prologue écrit en 1828 pour Berlin. Or, c'est ce prologue qui est surtout intéressant, car il nous montre le premier poète lyrique et dramatique de l'Allemagne vivement épris de cette figure de Hans Sachs et des maîtres chanteurs qui l'entouraient.

Le prologue de Gœthe mettait en scène un Maître chanteur qui venait expliquer au public les changements qu'avait subis le monde depuis l'an 1500, et esquissait rapidement l'état de la société d'alors et ses aspirations artistiques. L'acteur demandait ensuite au public de s'intéresser de nouveau à ce poème et de faire allusion aux vertus artistiques et industrielles de cette cité pour amener un éloge de Berlin, où l'on accomplit aujourd'hui, sous mille formes nouvelles, ce qui jadis avait fait la gloire de Nuremberg. » (Lettre du 26 janvier 1828.)

Le prologue de Gœthe fut imprimé et distribué au public dans la salle (13 pages in-4°. Berlin 1828). Il ne figure pas dans l'édition des œuvres de Gœthe publiée par la maison Cotta à Augsbourg. Il a été reproduit seulement dans l'édition plus récente publiée par M. G. von Lœper, et en tête du *Hans Sachs* de Deinhardtstein, dans les œuvres complètes de ce poète (Leipzig, 1853).

gence avec le poème wagnérien, — est jeune encore, et nous ouvre tout de suite le secret de son cœur ; il est amoureux, il aime *Cunégonde*, la fille du riche orfèvre de Nuremberg, *Maître Etienne*. La jeune fille le paye de retour, mais le père ne favorise pas du tout cet amour. Maître Etienne est un bourgeois têtu, vaniteux, fier de la richesse acquise par son travail. Il ne veut pas entendre parler du mariage de sa fille avec un simple artisan, un cordonnier. C'est ce que nous apprend une scène où Sachs se montre un amoureux très épris, très passionné en même temps qu'un artisan consciencieux et animé des meilleurs sentiments. Survient alors un jeune conseiller de la ville d'Augsbourg, type d'amoureux ridicule, qui a toutes les préférences de Maître Etienne et qui reçoit la promesse de la main de Cunégonde. Ce rival de Sachs, qui porte le nom de Eoban Kunge, arrive à point nommé pour surprendre un rendez-vous de Sachs avec sa fiancée, ce qui provoque une scène assez vive de reproches auxquels Sachs répond très vertement. Voilà le premier acte.

Au deuxième, le grotesque Eoban Kunge, ayant besoin d'une paire de chaussures, apprend que Sachs, l'amoureux de sa fiancée, est un cordonnier. Cette découverte le remplit de joie, car elle lui permet d'intriguer auprès de Maître Etienne et de sa fille Cunégonde contre l'artisan-poète. Il fait si bien qu'il parvient à arracher à la jeune fille la promesse qu'elle l'épousera, si réellement on lui prouve que Sachs est un vulgaire cordonnier. Cunégonde cherche ensuite à déterminer Sachs à quitter son métier, mais cette tentative échoue piteusement, si piteusement même qu'il en vient à rompre avec elle. Sachs, désolé, s'exile volontairement.

En chemin, il rencontre l'empereur Maximilien, qui depuis longtemps le connaît comme poète et l'a comblé déjà de maintes faveurs. Mais l'empereur Maximilien est en costume de voyageur, de sorte que Sachs ne le reconnaît pas tout d'abord et le conduit à Nuremberg. C'est à Eoban Kunge, le rival de Sachs, qu'il doit son élection. Pour reconnaître ce service, il impose comme mari à sa fille. Celle-ci dont l'amour réel pour Sachs s'est accru par l'absence, refuse net. L'empereur Maximilien et Sachs arrivent au moment précis où la jeune fille se débat entre un père qui veut la marier de force et un prétendant qu'elle n'a jamais aimé et qui lui est devenu odieux. Sachs s'interpose et refuse obéissance aux injonctions du magistrat municipal. Le conflit est grave !

Mais le bon empereur a tout vu, tout entendu. Au quatrième acte, il dénoue la situation en relevant Sachs de la peine encourue pour sa désobéissance au bourgmestre. Tout s'arrange, Eoban Kunge est éconduit, Cunégonde tombe dans les bras de Sachs et les deux amants reçoivent à la satisfaction générale la double bénédiction paternelle et impériale.

Telle est en peu de mots l'analyse de cette pièce

insipide dont on dirait la trame inventée par quelque auteur de la fin du siècle dernier. Rien n'y manque des vieilles ficelles du drame bourgeois : la jeune fille entre deux rivaux qui se la disputent, l'un sympathique. l'autre ridicule, un père bourré de tous les défauts nécessaires pour rendre sa fille malheureuse; tout, jusqu'au bon empereur qui intervient comme le *deus ex machina*, au moment psychologique. On ne s'expliquerait guère le succès de cette banale construction et l'attention qu'y donna Gœthe, si l'on n'y rencontrait quelques vers bien frappés et des tirades sentimentales tout à fait dans le goût du temps. Mais tout cela est absolument factice; il n'y a pas une péripétie du drame qui ne soit artificiellement amenée, et, quant aux caractères des personnages, ils sont aussi superficiels que tout le reste. Qu'il y a loin de ce Hans Sachs aux tableaux si vivants et si animés qui se succèdent dans les *Maîtres Chanteurs*, et combien paraît dénuée d'intérêt cette intrigue laborieuse auprès de la simple et limpide histoire qui sert de trame à la comédie wagnérienne!

Avec le *Hans Sachs* de Lortzing, nous nous acheminons sensiblement vers l'œuvre moderne. Il y a déjà un souffle plus jeune et une tendance très marquée à donner plus de naturel au jeu des passions. Quoique le livret soit tiré du drame de Deinhardtstein, il en diffère considérablement. Mais il est particulièrement intéressant en ce qu'il renferme plusieurs traits qui ont évidemment inspiré l'auteur des *Maîtres Chanteurs*.

Le librettiste de Lortzing, le poète leipsicois Reger, à l'exemple de Deinhardtstein, fait de Hans Sachs un homme encore jeune. Sachs est aussi l'amoureux de la pièce; il aime la fille du maître joaillier Etienne, et il a pour rival, comme dans le drame du poète viennois, le grotesque conseiller de la ville d'Augsbourg, qui s'appelle ici Eoban Hesse.

L'intrigue se développe d'une façon identique: Cunégonde ne veut pas du conseiller d'Augsbourg, que Maître Etienne lui impose pour mari, et c'est l'empereur Maximilien qui, à la fin de la pièce, arrange les choses en faveur de Sachs. Seulement, le nœud de l'intrigue est tout à fait déplacé : le conseiller d'Augsbourg, le rival de Sachs, vient à Nuremberg pour s'y faire connaître comme chanteur et faire sa cour à la jeune fille.

Au deuxième acte, il est, en effet, reçu dans la corporation des *Maîtres Chanteurs*, de préférence à Sachs, avec lequel il concourt et qui n'obtient pas le prix auprès des maîtres, bien que le peuple l'acclame. Ce succès du conseiller n'empêche pas la jeune fille de lui préférer Hans Sachs et de regimber véhémentement contre un mariage qui lui est imposé. Comme dans la pièce de Deinhardtstein, Hans Sachs et la jeune fille se donnent un rendez-vous dans la prairie devant les portes de Nuremberg, où ils sont surpris par le père et le rival, ce qui amène l'exil de Sachs. Cet exil est levé ensuite, grâce à l'intervention de l'empereur Maximilien.

Mais voici qui est caractéristique : toute l'intrigue roule autour d'une pièce de vers de Hans Sachs, dont le manuscrit lui a été dérobé au premier acte, par son apprenti, le petit Gœrg, le véritable prototype du David des *Maîtres Chanteurs*. Ce brave petit apprenti, épousant la cause de son maître, ne sait quelles niches inventer pour évincer le conseiller d'Augsbourg.

Il est lui-même amoureux d'une cousine de Cunégonde, la petite Cordula, à qui il remet le petit poème volé à Sachs comme un poème de sa façon à lui.

Finalement, l'empereur Maximilien, ayant entendu réciter cette pièce de vers, demande à en connaître l'auteur. L'apprenti n'ose dire que c'est lui, ce qui amène la péripétie capitale. Eoban Hesse propose aux maîtres de se déclarer, lui, l'auteur du poème : « La pièce a plu à l'empereur, dit-il, qu'importe quel en est l'auteur; c'est un enfantillage, je dirai qu'elle est de moi. » L'empereur demande à Hesse de lui réciter la pièce, le conseiller se trouble, perd la mémoire, dit le poème tout de travers en y mêlant des vers d'une poésie à lui, son poème sur la mort d'Absalon, avec laquelle il a remporté le prix sur Hans Sachs. La scène est d'un très bon comique. Au milieu de la confusion générale, le maître joaillier, pour flatter l'empereur, déclare qu'il donnera sa fille à celui qui est le véritable auteur de la pièce contestée; sur quoi, l'apprenti avoue qu'il l'avait dérobée à son maître Hans Sachs, ce qui amène le dénouement de l'intrigue.

On voit tout de suite qu'il y a là plusieurs traits que Wagner a utilisés : d'abord l'idée de faire des deux rivaux, Sachs et le conseiller d'Augsbourg, deux concurrents en poésie, comme Beckmesser et Walther; ensuite l'idée de la pièce de vers dérobée à Sachs, qui joue, dans l'opéra de Lortzing, un rôle analogue au *Preislied* de Walther, que dérobe Beckmesser et qui amène dans les deux pièces le dénouement favorable aux amoureux. Enfin l'œuvre de Wagner et celle de Lortzing mettent toutes deux en scène un concours de chant devant la corporation des maîtres chanteurs.

Dans le drame de Deinhardtstein, il n'y a guère que deux traits qu'on retrouve également chez Wagner : l'un est l'allusion que fait Sachs à un rêve dans lequel il a vu la muse de la poésie venir à lui, le couronner de lauriers ; l'idée-mère paraît être empruntée au poème de Gœthe sur la *Mission poétique de Sachs;* l'autre est un côté du caractère de Sachs en qui Deinhardtstein nous montre déjà un poète indépendant et fier, qui tient en médiocre estime les doctrines poétiques des maîtres et les lois de la tablature.

Ces ressemblances, ces analogies sont trop frappantes pour être fortuites. Il est clair que Wagner a connu à la fois la pièce de Deinhardtstein et l'opéra de Lortzing. Dans l'une et l'autre, il a puisé des éléments qu'il a fait entrer dans son œuvre, mais en les employant à sa manière et d'une façon tout originale. Le type de Hans Sachs dans les *Maîtres Chanteurs* a un tout autre développement et une tout autre portée. Ce n'est plus un amoureux d'opéra comique, c'est une physionomie nouvelle au théâtre. Le personnage est en dehors de l'intrigue; il est l'élément qui concilie tout, il prend la place qu'occupait, dans les essais antérieurs, le personnage fantochtique de l'empereur Maximilien, et il domine cependant toute l'œuvre. C'est qu'une heureuse modification a resserré l'action: Sachs y entre par l'intérêt qu'il porte au jeune chevalier-poète. Quoique étranger à l'intrigue, il y est partout mêlé, et lorsqu'il amène la péripétie d'où découle le dénouement, celui-ci se produit naturellement sans effort et non d'une manière artificielle. Ce qui est dans la pièce de Lortzing le point de départ est, chez Wagner, le point d'arrivée. Enfin, celui-ci a introduit dans sa pièce un élément de comique et de pittoresque, dont ses prédécesseurs n'avaient su tirer aucun parti, je veux dire les coutumes plaisantes et les mœurs si curieuses de la bourgeoisie nurembergeoise du XVIᵉ siècle.

Quant à la partition, aucune analogie n'existe entre l'œuvre de Lortzing, une sorte d'Herold allemand, et la puissante polyphonie du maître de Bayreuth. Il m'a, du reste, été impossible de me livrer à une comparaison sur textes, la partition de Lortzing, quoiqu'ayant été publiée pour piano et chant(1), étant aujourd'hui absolument introuvable. Je m'en réfère, pour le côté musical, aux observations de M. H. Welti, qui, le premier, je crois, a appelé l'attention (2) sur les deux *Hans Sachs* de Lortzing-Reger et de Deinhardtstein. Fétis constate (3) que le *Sachs* de Lortzing eut un brillant succès, grâce à la fraîcheur des mélodies de la partition. M. Welti n'hésite pas, lui, à reconnaître à Lortzing une supériorité sur Wagner, au point de vue de la légèreté et du naturel de l'expression musicale.

Pour la force de l'expression et l'art de caractériser musicalement les personnages et les situations, la comparaison est, évidemment, tout en faveur du maître de Bayreuth. Où les autres ont tâtonné, Wagner frappe le coup décisif et juste, et son impérieux génie ne laisse pas place à une autre interprétation du même sujet. Il a pu refaire le *Sachs* de Deinhardtstein et de Lortzing. Personne ne refera les *Maîtres Chanteurs*.

M. KUFFERATH.

(1) Chez Breitkopf et Hærtel
(2) Dans le *Richard Wagner Jahrbuch* publié par M. J. Kurschner (Stuttgart, 1886).
(3) *Biographie générale des musiciens*.

Chronique de la Semaine

Théâtres et Concerts

PARIS

Est-ce le calme plat qui précède l'agitation des éléments?...: Le fait est que la semaine qui vient de s'écouler n'a pas été marquée par le moindre événement notable en musique, et que la tâche du chroniqueur est fort ingrate aujourd'hui.

Répéterai-je le refrain dit « marasme » à l'Opéra? Dirai-je qu'on fait traîner en longueur les répétitions de *Roméo et Juliette*?... (Adapter est-il donc chose si ardue?...) Parlerai-je de la cent quatre-vingt-dix-neuvième « rentrée » de M. Jean de Reszke?

Il n'y aura pas d'imprévu cette année à l'Opéra. On nous promet toujours *Ascanio*, de M. Saint-Saëns, et tout ce qu'on peut apercevoir, en regardant de tous ses yeux vers l'extrême limite de l'horizon, c'est le point noir de la *Tempête* de M. Ambroise Thomas. Encore cette tentative d'adjonction des chœurs à un ballet ne manque-t-elle pas d'un certain intérêt qui, espérons-le, sera justifié.

Quant à l'Opéra-Comique, M. Paravey me paraît s'endormir sur les lauriers du *Roi d'Ys*. Cet engourdissement hivernal serait de mauvais augure, si l'on ne connaissait la bonne volonté, l'intelligence et l'activité habituelles du jeune directeur de l'Opéra-Comique.

Au Théâtre-Lyrique même, de MM. Sénserre et Choudens, on semble également manquer d'entrain, car la *Jocelyn* tant attendu de M. Godard est encore remis à quinzaine. Et cependant citadins, politiciens, professeurs, étudiants, et même mondains rentrent déjà, ramenés et par l'inclémence ordinaire de la saison, et par leurs occupations accoutumées.

Le premier fait à noter dans le monde musical se passera donc, ces jours-ci, à l'Odéon; chose bizarre : ce sera la reprise de l'*Antigone* de Racine, avec les chœurs de Mendelssohn. Comme c'est M. Lamoureux qui est chargé de la chose, on peut compter que l'orchestre et les chœurs seront parfaits.

C'est encore M. Lamoureux qui, le 26, dernier dimanche de ce mois, inaugurera la saison des concerts, dans cette salle du Cirque d'Été où il a su, l'an dernier, attirer une belle affluence. On peut penser qu'il saura donner à ses programmes tout l'intérêt voulu.

En ce qui concerne l'*Association artistique* du Châtelet, dirigée par M. E. Colonne, silence absolu sur son existence, ses projets et la date même de réouverture de ses concerts. On a parlé de matinées à l'Eden, où l'on devait voir le *Désert* de Félicien David, avec costumes et emprunts d'animaux, orientaux et sobres, au Jardin d'Acclimatation. Sauf ce bruit, qui date de deux mois déjà, un profond mystère entoure M. Colonne et ses programmes instrumentale. Attendons-nous à voir l'habile chef d'orchestre qui nous a révélé déjà l'admirable *Chant élégiaque* de Beethoven, les beaux *concertos* de Bach, le charmant oratorio légendaire du Cirque d'Été de Schumann, le *Paradis et la Péri*, etc., etc., nous donner cette année l'*Israël en Égypte*, d'Hændel, le *Faust* de Schumann (quand ce ne serait que l'ouverture, injustement négligée); le *Carnaval à Paris* de Svendsen, le *Te Deum* de Berlioz, la *Passion selon saint Jean* de Bach ou son merveilleux *Actus tragicus*, la symphonie de *Faust* de Liszt ou son *Christus*, et le « Miracle des Roses » de la *Sainte Élisabeth*; sans parler du *Requiem* de Brahms ou de la septième symphonie d'Antón Brückner, par exemple, et aussi, chez les Russes, des compositions instrumentales, intéressantes et colorées, de Borodine et de Rimsky-Korsakoff.

Quant aux jeunes musiciens français (en dehors de l'Institut, des gens arrivés et à éditeurs « sérieux »), on bât la remarquable réserve de M. Colonne à leur égard; c'est un terrain sur lequel il aime à cultiver une certaine médiocrité, *aurea mediocritas*. Je parle en général, bien entendu, et il y a, à cette règle austère de la maison, de trop rares et fort honorables exceptions. Et, d'ailleurs, pourquoi forcer son talent? Puisque M. Colonne, après s'être longtemps tâté, n'a point placé là son génie, on ne saurait lui en vouloir et le taquiner à ce sujet, pourvu qu'au point de vue des œuvres classiques et de l'étranger contemporain, il nous donne la satisfaction qu'on est en droit d'attendre de lui. BALTHAZAR CLAES.

On sait que la symphonie en *ut* majeur, l'unique symphonie de Wagner, sera retirée, à la fin de l'année, du répertoire des concerts et réintégrée dans les archives de Bayreuth pour ne plus en sortir, conformément à la convention intervenue entre l'imprésario Hermann Wolff et les héritiers du maître de Bayreuth. Nous apprenons que cette œuvre figurera au programme des Concerts-Colonne le premier et le deuxième dimanches de décembre.

Note communiquée aux journaux :

« *Dante*, l'opéra de M. Godard, qui devait, par traité, passer à l'Opéra-Comique le 14 février 1889 au plus tard, sera probablement représenté à une date postérieure. Le compositeur, *qui préfère être joué pendant l'Exposition*, s'est entendu à ce sujet avec M. Paravey. »

Préfère est charmant !

BRUXELLES

Mlle Pelosse, la chanteuse légère de grand opéra engagée pour remplacer Mlle Ruelle, a paru lundi dans la *Juive*. L'impression produite par cette artiste, qui nous vient du théâtre de La Haye, a été fort bonne. Mlle Pelosse possède la voix et les aptitudes de son emploi. Elle a parfaitement secondé Mme Caron, M. Engel et M. Vinche, qui se sont fait applaudir souvent durant le cours de la représentation.

—

La première (reprise) des *Maîtres Chanteurs* de Wagner, au théâtre de la Monnaie, aura lieu très probablement le mercredi 17 octobre. Le ballet de M. J. Blockx ne passera qu'après.

—

Vendredi dernier, ont commencé, à la Monnaie, les répétitions d'orchestre de *Nadia*, opéra en 2 actes, de M. Jules Bordier. M. Gevaert assistait à la lecture de cette œuvre, à laquelle l'orchestre a fait un chaleureux accueil.

M. Jules Bordier est l'un des fondateurs et des plus zélés coopérateurs de l'Association artistique d'Angers, dont les concerts populaires, très appréciés, ont inscrit à leur programme des œuvres de compositeurs belges.

Une page symphonique de M. Jules Bordier a été exécutée avec succès, à Bruxelles, par l'Association des artistes musiciens.

—

Le *Kölner Liederkranz*, l'une des meilleures sociétés chorales de l'Allemagne, se faisait entendre dimanche dans la salle des Fêtes du Grand Concours. Il a obtenu un réel succès.

Sous l'habile et énergique direction du konzertmeister S. Schwartz, professeur au Conservatoire de Cologne, les excellents chanteurs ont détaillé avec un art exquis des nuances et une rare pureté d'intonations plusieurs morceaux célèbres, notamment le *Zur Weihe des Tages*, d'Alfred Dregert, qui leur ont valu le prix d'honneur au concours de Barmen.

Le violon de M. Hollænder, que le public bruxellois a applaudi naguère à l'Association des Artistes musiciens et au Cercle artistique, a paru manquer un peu d'ampleur dans la vaste salle des Fêtes. De même, la jolie voix de ténor de M. Van Bruck a paru un peu mince dans l'*Ave Maria* d'Abt. Les deux solistes n'en ont pas moins été très applaudis.

—

La maîtrise de l'église Saint-Boniface, à Ixelles, a célébré, dimanche, le vingtième anniversaire de sa fondation. Il y a eu messe et salut solennels, composés exclusivement d'œuvres d'artistes appartenant ou ayant appartenu à la maîtrise. On a exécuté les morceaux suivants : *Kyrie* de P. Costenoble; *Gloria* de J.-B. De Pauw; *Credo*, *Ave verum*, Marche et Andante pour orgue, de P. Flon; *Offertoire* pour violoncelle solo, *Agnus Dei* et *Ave Maria* avec violoncelle solo, de V. Ceuppens; *O Salutaris* de F. Balaes; *Sanctus*, *Benedictus*, *Tantum ergo* et *Genitori* de J. Neury; *Ave Maria Stella* de C. Lust. La cérémonie avait attiré un grand nombre d'assistants.

—

Rassembler périodiquement quelques amis, des élèves ainsi que des artistes se complaisant dans un milieu choisi; faire, au pied levé, de bonne musique, sans un programme rigoureusement arrêté d'avance, au hasard des voix ou des instruments, tel est le but des matinées intimes que M. Joseph Wieniawski inaugurait dimanche dans l'hospitalière maison Erard, rue Latérale, et qu'il se propose de donner régulièrement, de quinzaine en quinzaine, tous les premiers et troisièmes dimanches de chaque mois, de dix heures à midi. On a joué du Mendelssohn, du Beethoven, du Rubinstein, et Mlle Rachel Neyt a fait entendre, de sa jolie voix, un air de Bizet et des mélodies de Godard. MM. Van Cromphout, pianiste; Marchot, violoniste ; Merck, violoncelliste, prêtaient leurs concours à cette agréable séance au cours de laquelle un amateur doué d'une belle voix de basse, M. E. J..., a dit avec sentiment une mélodie de Schubert. M. J. Wieniawski a exécuté, pour finir, *Sur l'Océan* (contemplation), une de ses compositions les plus poétiques, et sa *Valse-Caprice* en *la* majeur, une œuvre de facture originale et caractéristique.

—

Nous apprenons que M. J. Wieniawski vient de recevoir trois brillants engagements (émanant de Rubinstein), pour se faire entendre au mois de janvier à Saint-Pétersbourg.

GAND

Dimanche 20 septembre, *Faust*; lundi 1er octobre, les *Huguenots*; mercredi 3 octobre, *Mireille*; vendredi 5 octobre, *Faust*; dimanche 7 octobre, la *Juive*; lundi 8 octobre, le *Chalet*, *Mireille*.

C'est la troupe d'opéra comique qui a fait l'ouverture de l'année théâtrale avec le *Faust* de Gounod. L'impression générale a été favorable, et je ne crois pas que la troupe subisse de changements notables à la suite d'épreuves ultérieures.

La chanteuse, Mme Jau-Boyer, nous était connue de l'an dernier. Nous avons retrouvé en elle les qualités précieuses qui en ont fait l'enfant gâtée de ce bon public gantois, dont on a beaucoup médit. A tort, croyons-nous, car s'il est parfois sévère pour les nullités ou les doublures qui tentent d'affronter notre scène, il sait déployer des trésors d'indulgence et de bonne humeur à l'égard de jeunes débutants en qui il devine « quelque chose », à preuve les encouragements qu'il a accordés à notre jeune ténor, M. Déo, qui, pour ne point valoir son prédécesseur Alvarez, a néanmoins témoigné dans ses premières apparitions de réelles qualités de chanteur et d'une volonté évidente de bien faire. Comme jeu, c'est nul, absolument, et les rôles qu'il nous a donnés sont à refaire du tout au tout. Mais la voix est jolie, fraîche et jeune, et c'est déjà beaucoup, les ténors légers se faisant rares.

Quant à M. Darmand, la basse, il s'est acquis, du coup, droit de cité sur notre scène : organe facile, élégant, bien timbré; aisance scénique parfaite. Son rôle de Méphisto, pour n'être pas tout à fait traditionnel, n'en a pas moins été goûté, Il y a témoigné d'une intelligence très vive et d'une recherche fort heureuse des couleurs de bon aloi. La voix de M. Jau, baryton, est suffisante, et l'artiste met à son jeu et à sa diction un soin qui lui a attiré de nombreuses sympathies. Très apprécié déjà dans Valentin, il s'est fait applaudir et rappeler après les couplets d'Ourrias (*Mireille*). La conscience et la bonne volonté sauvent chez lui ce que ses moyens naturels pourraient avoir d'insuffisant.

Je remets à jeudi le compte rendu des débuts de la troupe de grand opéra, dans laquelle nous retrouvons plusieurs connaissances et des meilleures ; Mmes Laville et Danglade; MM. Merrit et Soum. Le public leur a fait une rentrée triomphale, dont ils ont le droit d'être fiers et heureux.

Je vous dirai un mot de la charmante matinée musicale à laquelle nous conviait, dimanche matin, un groupe de vingt instrumentistes et qui méritaient mieux que l'assistance restreinte qui les a applaudis et appréciés. Le programme presque entièrement composé d'un. cienne musique populaire flamande, collectionnée et orchestrée par un musicien de talent, M. Florimond van Duyse, a été exécuté de façon à satisfaire les plus difficiles. Signalons tout spécialement, dans ce bouquet de jolies choses, la ballade du XVIe siècle : « *Il était deux petits princes* », et les deux marches brabançonnes du XVIIIe siècle : « *Marsch voor de vrijwilligers der vijf gilden van Brussel* » et « *Marsch voor de wachtparade der Brabanders* », deux riens charmants, J'aurai, du reste, l'occasion de revenir sur cette tentative de restauration artistique, dont les excellents exécutants nous promettent encore maintes auditions.

F.

—

On écrit de Gand à l'*Indépendance belge* que les dix-huit membres du comité de la Société royale des Mélomanes, qui avaient été assignés en dommages-intérêts devant le tribunal civil de Gand par la Société des auteurs et compositeurs de musique, ont fait signifier à MM. Gounod, Paul Lacombe et Palaghile, compositeurs à Paris, et Gevaert et Steveniers, compositeurs à Bruxelles, un exploit par lequel ils réclament d'abord des trois premiers, à raison de leur qualité d'étrangers, une caution *judicatum solvi* de 5,000 francs, et ils contestent ensuite aux cinq compositeurs la validité des leur assignation. Ils prétendent que la société ne peut agir en justice par l'intermédiaire de ses administrateurs, mais qu'elle aurait dû être assignée en la personne de chacun de ses membres. Au surplus, la composition des comités varie, et l'on ne pourrait rendre le comité de 1888 responsable des exécutions d'œuvres musicales faites en 1886 et 1887. Les Mélomanes continuent à prétendre que les exécutions faites dans les réunions de leur société n'avaient aucun caractère de publicité. Ils offrent, en outre, de prouver que certaines ont été exécutées à la parfaite connaissance et du complet consentement de l'auteur. Enfin les cinq auteurs désignés dans l'exploit n'ont pas été nommés dans la brochure livrée à la publicité et qui fait l'un des objets du procès principal. Considérant ce procès comme téméraire et vexatoire, les membres du comité des Mélomanes réclament reconventionnellement contre les cinq signifiés 1,800 francs de dommages-intérêts.

L'affaire est fixée au 20 novembre.

LIÉGE

Voici le tableau des différents artistes du théâtre qui auront, cet hiver, à soutenir la campagne.

Directeur: M. J. Lenoir.

Chefs d'orchestre: MM. Lecocq, De Bruni, Jardon.

Régisseurs: MM. Max, Donval, Delvaux.

Ballet: M. Rosetti, Mlle Rosetti, dix danseuses.

GRAND OPÉRA, TRADUCTIONS, OPÉRA COMIQUE.—Ténors, MM. Dupuy, Jourdain (de l'Opéra), Maugnier (de l'Opéra-Comique), Marcellio, Max.

Barytons. — MM. Génecand, Audra.

Basses. — MM. Labarre, Lissoty, Schauw, Donval, Deprés.

Chanteuses. — Mmes Du Mont, Bümant, Grégia, Asch, Duzil, Frasset, Adam, Legénisel.

On annonce que les représentations commenceront vers le 20 octobre.
           F. V. D.

LONDRES

MM. Gilbert et Sullivan restent décidément les grands amuseurs de Londres. Après leur dernier opéra comique *Ruddygore*, qui sentait l'huile, on s'était demandé avec inquiétude si la veine qui a fourni au Savoy Theatre *H. M. S. Pinafore*, *Patwnie*, *Iolantha*, le *Mikado* et tant d'autres partitions et livrets populaires n'était pas près de se tarir, pour avoir été trop fiévreusement exploitée. On attendait MM. Gilbert et Sullivan au nouveau fruit de leur collaboration, *the Yeoman of the Guard*, annoncé pour mercredi. Ils sont sortis très heureusement de l'épreuve. La source n'est pas épuisée. Elle paraît même s'être renouvelée par l'adjonction d'un liquide qui me paraît bien être du vin. C'est-à-dire que MM. Gilbert et Sullivan échappent à l'écueil de la monotonie ou de la redite, en changeant un peu de manière et en nous donnant dans les *Yeomen of the Guard* un livret moins bouffon que d'habitude, une partition moins décousue et de plus haute prétention.

Il y a du *Don César de Bazan* et un peu de la *Maritana* de Vincent Wallace dans le livret de M. Gilbert. Sans renoncer à la fine épigramme philosophique par laquelle il nous a souvent donné l'équivalent en anglais du genre Meilhac et Halévy, ses personnages ne forment plus un monde à l'envers, marchant la tête en bas et obligeant le musicien à une musique laborieuse et contournée, d'un dessin aussi vague et aussi peu réel que les sentiments dépeints par le librettiste. Dans *the Yeomen of the Guard*, les personnages sont de chair et d'os, leurs idées et leurs actes rationnels, même quand l'auteur les assaisonnés de son *humour* et de son sarcasme. La partition, beaucoup plus vivante, serre de plus près le poème et gagne en franchise et en précision plus qu'elle ne perd en fantaisie. En réalité, c'est presque une évolution du genre féerie à l'opéra comique, de la recherche bouffonne vers l'ambition lyrique proprement dite. Évolution conservatrice, puisqu'elle conserve à MM. Gilbert et Sullivan la faveur du public, qui menaçait de les abandonner; puisque *the Yeomen of the Guard* ont obtenu un succès égal à celui des œuvres de début des mêmes auteurs.

C'est sous le règne de Henri VIII que M. Gilbert a placé son intrigue; le rideau se lève sur le pré qui sert d'avant-plan à la Tour de Londres et où les *bretfatters* de l'époque; un cordon de troupes et une foule bariolée entourent un sombre échafaud dressé pour le colonel Fairfax, un officier des *yeomen* qui attend la mort dans la Bastille anglaise. Sur cette scène, Sir Arthur Sullivan a plaqué une musique de rythme funèbre dont le motif principal, le motif de la « Tour », servira, en quelque sorte, de *Leitmotiv* au premier acte, avec réminiscences lointaines dans les deux autres.

Mais nous ne sommes pas condamnés à la perpétuité de cette note-là. Injustement embastillé sur la dénonciation d'un parent qui aspire à hériter de sa fortune le plus tôt possible, le colonel Fairfax est décidé à frustrer son cruel ennemi. Il demande, à sa dernière heure, qu'on fasse venir auprès de lui la première jeune fille qu'on rencontrera dans la rue, afin qu'il la puisse épouser et en faire sa légitime héritière. Puis, grâce à la complicité inespérée d'un vieux sergent et de sa fille, il réussit à s'échapper sous le déguisement d'un simple milicien, assiste lui-même, en secret, aux derniers préparatifs de son exécution et à la déception des geôliers apprenant son évasion, puis, d'aventure en aventure, rencontre, sans la reconnaître, la jeune femme qu'il a épousée *in extremis*, en devient amoureux, est repoussé par cette vierge qui se croit veuve, et l'est veuve depuis trois jours seulement, jusqu'à ce que tout se soit débrouillé et que les deux amants découvrent leur situation d'époux légitimes qu'un bonheur permis attend. Les pièges amoureux tendus par la fille du sergent au geôlier de Fairfax, pour le séduire et lui enlever ses clefs, une seconde intrigue espiègle, tramée là-dessus; les doléances comiques d'un bouffon de l'école du Touchstone de Shakespeare, exprimées avec un rare talent par M. Grossmith, si applaudi dans

le *Mikado* et *Ruddygore*, tout cela a fourni à l'inspiration de Sir Arthur Sullivan une multitude de thèmes tantôt parquois, tantôt poétiques, dont il a tiré parti avec une souplesse de ton et une variété de gamme parfaites. Contrairement à son habitude, le musicien a écrit pour *the Yeomen of the Guard* une véritable ouverture, qui est la synthèse de l'ouvrage, et non plus un chapelet de romances mises bout à bout, au hasard de la fourchette. Il a soigné son orchestration et tiré des flûtes un parti encore plus distingué que d'habitude, conçu de jolis couplets de musique pastiche appropriée à l'époque de l'intrigue, élevé, en somme, son talent à la hauteur du livret, qui dépasse de beaucoup, comme je vous le disais tout à l'heure, le niveau ordinaire des poèmes de M. Gilbert. Une interprétation excellente, que corsent la jolie voix de ténor de M. Courtice Pounos et la gaieté gouailleuse de M. Grossmith, et où Miss Ulmar, Miss Jessie Bond, Miss Rose Hervey et Miss Brandram mettent le charme de leur beauté et de leurs voix très agréables, a achevé d'assurer un véritable triomphe aux *Yeomen of the Guard*.

Je me suis souvent demandé pourquoi les premières œuvres de MM. Gilbert et Sullivan ne se sont jamais frayé un chemin jusqu'à la scène française, qui, depuis la mort d'Offenbach et la décadence de Lecocq, est si manifestement pauvre en opérettes originales. Il y a là peut-être une mine à exploiter pour les adaptateurs, et le succès du *Mikado* à Berlin, de toutes les œuvres de Gilbert et Sullivan aux États-Unis prouve que, malgré le parfum local dont elles sont imprégnées, la transplantation sur des planches étrangères est parfaitement possible. La vogue de *the Yeoman of the Guard* appellera peut-être l'attention des « arrangeurs » français sur cette source, en somme, précieuse, et nous verrons sans doute les premiers ouvrages de ces deux fidèles collaborateurs retrouver à Bruxelles et à Paris un regain de popularité, tandis que MM. Gilbert et Sullivan continueront à rafraîchir leur vogue chez nous par les produits de leur nouvelle manière.

AIX-LA-CHAPELLE

La jolie ville d'eaux dont c'est le nom entrera, à dater d'aujourd'hui, dans le nombre de celles qui jouissent de comptes rendus détaillés dans le *Guida*. C'est qu'on y fait beaucoup et de bonne musique, non seulement aux six concerts d'abonnement donnés par les soins mêmes de la ville, mais encore dans maintes autres séances. Notre chronique s'attachera spécialement à ces six concerts; M. Schwic-kerath, qui les dirige, nous a communiqué ses projets, et les voici; Les grandes œuvres inscrites au programme de l'hiver 1888-89 sont: *Élie* de Mendelssohn, la Septième Symphonie de Beethoven, la *Cloche* de Bruch, la *Messe* en *ré* de Beethoven.

De renommés artistes prendront part à ces exécutions. *Élie* sera dernier, un fidèle de Bayreuth; Mme Malten se fera entendre au troisième concert, dans le finale de *Tristan*; à ce même concert, est inscrit Max Pauer, le célèbre pianiste. Citons en dernier lieu le violoniste Brodský, pour clore un programme bien complet et intéressant en tous points. Encore un mot pourtant': j'allais oublier les nombreux fragments wagnériens exécutés presque constamment à Aix. Car M. Schwickerath est un fidèle disciple du maître, et il recherche constamment l'occasion de le faire entendre et comprendre par son public, élevé du reste à la solide école du pur classique.   F. V. D.

Nouvelles diverses

De Vienne : Mme Pauline Lucca, la toujours vaillante cantatrice, donnera, cette année, comme précédemment, une série de représentations à l'Opéra de Vienne. Elle y paraîtra du 31 octobre au 13 janvier et du 1er avril à la fin de mai dans les rôles principaux de *Carmen*, de *Gioconda* (Ponchielli), du *Sauvage opprivoisée*, du *Tribut de Zamora*, de la *Part du Diable*, du *Domino noir*, de *Cosi fan tutti*, de *Faust*, de l'*Africaine*. La grande artiste fera ensuite une tournée en Amérique, qui sera la dernière. Mme Lucca annonce, en effet, l'intention de se retirer de la scène et de fonder à Vienne une école de chant.

Quant au ténor Van Dyck, dont il a l'Opéra dans *Lohengrin* est annoncé pour le 17 octobre. C'est Mme Materna qui jouera le rôle d'Elsa.

On avait annoncé que les *Fées*, l'œuvre de jeunesse de Wagner, seraient données cet hiver à l'Opéra. La nouvelle était inexacte, mais elle ne l'est plus. On a simplement renoncé à ce projet, et l'on a bien fait.

L'opérette continue de fleurir en Allemagne. La semaine dernière, Berlin en a vu une nouvelle, la *Comtesse Wildfang*, trois actes, paroles de L. Ordemann, musique de W. Behre, deux nouveaux venus. La chose a, dit-on, réussi.

Au nouveau théâtre de l'Opéra de Francfort-sur-le-Mein, l'*Otello* de Verdi a eu un très beau succès. Mme Jæger, dans le rôle de Desdemona, a beaucoup plu. Le ténor De Franceschi a montré beaucoup d'intelligence, mais une voix insuffisante pour le rôle d'Otello; bien, le baryton Heine, mais, au dire de qui a entendu cet opéra à Milan, trop inférieur à Maurel.

Mise en scène passable, orchestre excellent.

Le colonel Mapleson vient de céder à la manie régnante en publiant ses *Mémoires*. Quarante années de services dans ce difficile métier d'impresario doivent laisser d'abondants souvenirs et fournir à l'autobiographe une ample moisson de faits capables d'intéresser le lecteur. Aussi, le titre du colonel est-il curieux à lire et le succès qu'il obtient en Angleterre n'a-t-il rien de surprenant.

Deux festivals auront lieu ce mois-ci en Angleterre ; les 16, 17, 18 et 19 octobre à Bristol (triennal), et le 11 octobre, à Hanley. — Au premier, l'on exécutera *Elie* de Mendelssohn, le premier acte d'*Iphygénie en Tauride* de Gluck, la quatrième Messe de Cherubini, *the Rose of Sharon* de Mackenzie, *Roméo et Juliette* de Berlioz, la *Légende dorée* de Sullivan, la *Nuit de Walpurgis* de Mendelssohn, la *Messe* de Hændel, plus un concert varié où l'on remarque une étude de Wagner et l'introduction avec scène finale de *Tristan et Iseult*. Les principaux chanteurs de Londres prendront part à ce grand festival, qui sera dirigé par M. Charles Hallé.

Au festival du North Staffordshire, beaucoup plus modeste, on n'entendra que l'*Elie* et un concert de morceaux variés parmi lesquels la marche du *Tannhæuser*. Conducteur, M. le Dr Swinnerton-Heap.

D'après les dernières informations, Joseph Hofmann ne retournera pas en Amérique. Attendons-nous à voir la nouvelle de son voyage tour à tour affirmée et démentie, histoire d'occuper l'attention publique.

Le feu au théâtre :

Le théâtre royal de Dundee, qui existait depuis soixante-dix-huit ans et se trouvait en réparation, a été détruit par un incendie. Il n'y a pas eu d'accident de personne.

L'Opéra russe de Saint-Pétersbourg vient de rouvrir ses portes par une reprise de la *Roussalka* de Dargomisky.

Les dilettanti romains sont dans la jubilation. Ainsi que nous l'avons annoncé, le théâtre Costanzi a ouvert ses portes jeudi dernier sans encombre, c'est-à-dire sans que l'intervention de la justice mit obstacle à la représentation des *Huguenots*. La première représentation a eu un énorme succès, au dire des journaux de Rome.

Tous les principaux artistes ont eu leur part de succès; le grand triomphe a été pour Meyerbeer.

Le public, à partir de l'Introduction jusqu'à la fin du quatrième acte, a été sous l'impression d'une jouissance spirituelle non interrompue.

Le concours de tous a rendu possible une exécution du premier acte comme nous n'en avons jamais eu, dit l'*Italie* ; les chœurs ont chanté la bénédiction des poignards avec un accord merveilleux. Ce morceau a soulevé une véritable enthousiasme et a donné l'occasion, au public de faire les ovations les plus chaleureuses au maestro Mugnone que l'on avait déjà reconnu dès le commencement comme un chef d'orchestre d'une valeur exceptionnelle.

Les artistes ont aussi été très applaudis, notamment Mlle Litvinne dont la voix puissante et l'intelligence dramatique ont fait une grande impression; et le ténor Massart, auquel l'*Italie* reproche de s'être trop préoccupé, ainsi que cela arrive aux étrangers qui chantent en Italie, de donner du relief à tout le rôle; aussi le célèbre duette (!) a trouvé un peu fatigué (il a été chanté à une heure du matin, et l'opéra avait commencé à 8 heures 1/2 !) ; enfin citons encore le baryton Devriès, qui faisait le comte de Nevers. En fait d'artistes italiens, citons la basse Navarrini (Marcel); Cherubini dans le rôle de Saint-Bris.

La mise en scène a été très soignée et vraiment artistique, disent les journaux.

Une collection d'autographes précieux est à vendre et se trouve déposée chez MM. W. E. Hill and sons, 38, New Bond street, à Londres. Ces autographes sont ceux de compositeurs représentant les diverses écoles italienne, française, allemande et anglaise. On y trouve notamment : un trio pour orgue par J.-S. Bach ; des mélodies inédites de Schubert et de Henry Purcell; une scène inédite de Boccherini et des feuillets d'études de Beethoven pour trois de ses œuvres : concerto op. 73, fantaisie op. 77, et la fantaisie avec chœur op. 80. Il y a aussi des compositions complètes de Mozart, une œuvre de Haydn pour voix et orchestre, une page manuscrite de Gluck et un *air de danse* de son *Admète*; un chapitre de l'autobiographie de Grétry; une courte marche funèbre improvisée par Liszt à la mort de son père à Boulogne, le 30 août 1827, et d'intéressants manuscrits d'Auber, Bellini, Donizetti, Rossini, Gounod, Dalayrac, Piccini, Rernberg; Spohr, Wagner, Verdi, Weber, etc.

Avis aux amateurs et aux bibliothèques des conservatoires. (*Musical World*.)

ÉPHÉMÉRIDES MUSICALES

Le 12 octobre 1812, à Paris (Opéra-Comique), la *Jeune Femme colère*, une acte de Boieldieu, ayant pour interprètes Chenard, Gavaudan, Darancourt, Mmes Desbrosses et Regnault.

C'est pendant son séjour à Saint-Pétersbourg que Boieldieu fit représenter pour la première fois, au théâtre de l'Ermitage (18 avril 1805), la *Jeune Femme colère*. Deux artistes belges, Mees et sa femme, née Vitzthumb, y avaient les rôles. La partition gravée est dédiée « à Sa Majesté l'Impératrice Élisabeth-Alexiewna, par Adrien Boieldieu, maître de chapelle de Sa Majesté l'Empereur de toutes les Russies, et membre du Conservatoire de France ».

« La musique, dit Pougin, quoique ne s'élevant pas à la hauteur des bons ouvrages de Boieldieu, est néanmoins jolie et contient le trio adorable : « Je vais partir, ne vous déplaise », (*Boieldieu, sa vie, ses œuvres*, etc., p. 143.)

—Le 13 octobre 1813, à Bruxelles, le *Nouveau Seigneur du village*, un acte de Boieldieu. La dernière reprise, il y a dix jours, pour le début d'une jeune artiste, Mlle Falize, a donné lieu de la part d'un de nos confrères du journalisme, à une éreintement qui aura fait bondir d'indignation plus d'un vieil habitué de la Monnaie. C'est le contre-pied de tout ce qui a été écrit jusqu'ici sur Boieldieu, notamment par Weber, Schumann, Wagner, Jullien, Pougin, etc. (Voir nos dernières Éphémérides.) Les épithètes blessantes tombent dru comme grêle sur la tête de Boieldieu. Nous avons relevé celles-ci : « Quel meuble-empire, vermoulu et vert de grisé (*sic*) que le *Nouveau Seigneur* ! De la musique de ménétier sentimental, Art fadaise et galant, en pantalon nankin, en bottes à revers, jamais emporté ni rêveur, mais joyeux et troubadour, la main sur le cœur, le genou en terre, un *chevalier français* de dessus de pendule ! Musique en acajou, etc., etc. »

— Le 14 octobre 1877, à Paris, décès d'Antoine-Amable-Élie Elwart. Sa naissance dans cette ville, le 8 novembre 1808.

Artiste singulier, quoique non sans valeur, qui était considéré depuis quarante ans comme le type d'un original caractérisé. Ancien prix de Rome, ancien professeur d'harmonie au Conservatoire, ardent propagateur de l'œuvre orphéonique, à la fois théoricien, compositeur et écrivain sur la musique, Elwart a publié un *Petit Manuel d'harmonie*, un *Manuel de la fugue*, une *Histoire de la Société des concerts du Conservatoire*, une *Histoire des concerts populaires*, des biographies de Dupres et de Choron, un poème didactique intitulé l'*Harmonie*, etc.

Un écrivain qui a beaucoup connu celui qu'on appelait familièrement « le petit père Elwart » a donné, dans l'*Orphéon* une étude très humoristique de ce curieux type disparu. Nous en détachons les quelques traits qui suivent :

« L'*Orphéon* se plut à voir en Elwart l'orateur et le chansonnier de prédilection de ses « agapes fraternelles », style concordat. Au soir des concours ou des fêtes de Sainte-Cécile, il n'était pas de banquet complet sans le désert et comique Elwart. A peine se levait il criant « Messieurs » dans le tumulte pour imposer silence, que déjà une douce hilarité gagnait les convives. Après les allocutions sages, pompeuses, plates, laborieusement préparées, et prononcées de même, à personnages officiels et de certains auteurs de musiquette jaloux de se produire à leurs concitoyens sous la toge de Cicéron, c'était la petite pièce, le vaudeville qui commençait ! On allait donc s'amuser, et bien rire à ces improvisations sans but et sans plan, allant au hasard du cerveau, avec une verve irrésistible, toutes pleines de malices, de calembours, de gentillesses, de drôleries, d'inventions cocasses, de trouvailles abracadabrantes, un vrai feu d'artifice ! C'était quelquefois à se tordre, J'en pleure encore de songer combien nous rîions tous alors ! Ces discours restaient épiques dans l'histoire de l'*Orphéon*. Avec La Bédollière, du *Siècle*, fort choyé aux réunions ouvrières, Elwart partageait la sceptre aux grelots d'or de la chanson festivale, chanson roulant, suivant la coutume, sur une spécialité culinaire de la ville du pays. C'est ainsi qu'à Troyes,ces bardes « bien repus et s'ébaudissant d'aise » célébraient l'andouillette ; à Melun, les anguilles ; à Chartres, le pâté; à Bar, la confiture ; à Montélimart, le nougat ; à Provins, la liqueur de roses ; à Commercy, les madeleines; à Dijon, la moutarde ; à Reims, le pain d'épice ; ils chantaient les grands crus de la Gironde, le cidre de Normandie, la bière de Lyon, le champagne d'Épernay, la truffe du Périgord, et, comme cela, en tous pays, avec une merveilleuse facilité. Que n'ont-ils pas mis en chansons, les joyeux compères, en chansons bien tournées, accortes, finement ou gaillardement troussées, bonnes filles, pas béguules, commodes au refrain, françaises ,des pieds à la tête des leurs couplets, avec l'éclair dans leurs beaux yeux de velours brun et la risette au coin de leur bouche rose... Et ! ils sont morts ! Ce que c'est que de nous. »

—Le 15 octobre 1772, à Bruxelles (direction Vitzthumb et Compain), *Ernelinde, Princesse de Norwège*, tragédie lyrique, en 3 actes de Philidor, jouée par Compain, Fargès, Lambert, Dugué, Mmes Angélique d'Hannetaire, Durancy et Gonthier. L'exécution fut médiocre, paraît-il. *Ernelinde* ne reparut que deux ans après (4 nov. 1774), le livret et la musique avaient été remaniés. Philidor vint à Bruxelles et sa présence et ses conseils contribuèrent au grand succès qu'obtint sa musique. Faber donne, à cet égard, des détails assez étendus dans son *Histoire du théâtre français en Belgique*, t. I, p. 272.

La première d'*Ernelinde*, à l'Opéra de Paris, est du 24 nov. 1767; la pièce refaite, paroles et musique, du 11 déc. 1773.

— Le 16 octobre 1883, à Schaerbeek-lez-Bruxelles, décès de Guillaume-Frédéric-Aimé Meynne. Sa naissance à Nieuport, le 5 février 1821. Doué d'une heureuse organisation musicale, que l'étude des belles œuvres classiques avait perfectionnée, cet artiste fort distingué a laissé le meilleur souvenir, et comme professeur de piano, et comme compositeur de talent.

— Le 16 octobre 1852, à Maestricht, est né Joseph Holman, un violoncelliste qui, par son beau talent, fait grand honneur au Conservatoire de Bruxelles d'où il est sorti.

— Le 17 octobre, 39ᵐᵉ anniversaire de la mort de Frédéric Chopin (Paris, 1849). Sa naissance, à Zelazowa-Wola près Varsovie, le 1ᵉʳ mars 1809.

Même date, le 51ᵐᵉ anniversaire de la mort de Jean-Népomucène Hummel (Weimar, 1837). Sa naissance à Presbourg le 14 déc. 1778.

— Le 18 octobre, 71ᵐᵉ anniversaire de la mort d'Étienne-Nicolas Méhul (Paris, 1817.) Sa naissance à Givet, le 22 juin 1763.

Un comité s'est constitué à Paris, sous la présidence d'Ambroise Thomas, à l'effet d'élever une statue à Méhul dans la ville où le grand musicien a vu le jour. Les sommes recueillies sont déjà suffisantes pour l'exécution du monument.

Notre ami Pougin, un des secrétaires du comité, est en train de corriger les épreuves de son livre sur Méhul, qui paraîtra chez Fischbacher.

Nécrologie

Sont décédés :

A Boulogne-sur-Seine, Mᵐᵉ Casimir, veuve Compan, née le 27 avril 1803, autrefois première chanteuse à l'Opéra-Comique, et à Bruxelles, de 1837 à 1843, puis encore à Paris, où, au déclin de sa carrière, elle joua les duègnes. C'est elle qui, chargée de créer dans le Pré-aux-Clercs, le rôle d'Isabelle, s'enfuit furtivement après quelques représentations. La pièce fut suspendue et il fallut attendre pour la reprendre que Mᵐᵉ Dorus eût appris le rôle. Ce fut un coup terrible pour Hérold déjà malade et qui descendit bientôt dans la tombe. La conduite indigne de la Casimir a certainement abrégé les jours du grand musicien. Cette femme, après avoir mené un grand train de vie luxueuse, avait trouvé un refuge à Sainte-Périne.

— A Pistoie, le 23 septembre, Pasquale Piacenza, né à Casal-Monferrato le 16 novembre 1816, compositeur, chef de musique militaire, écrivain, etc. (Notice, suppl. Pougin-Fétis, t. II, p. 342.)

— A Londres, le 20 octobre, John Ella, né à Thirsk le 19 décembre 1802, violoniste, fondateur et directeur de la Société de musique instrumentale établie à Londres, sous le nom de the Musical Union, et où les plus grands virtuoses se sont fait entendre depuis 50 ans. Il avait reçu les premières leçons de violon d'un Gantois, François Fémy, et des leçons de composition de Fétis. Comme écrivain, John Ella a publié grand nombre d'analyses critiques et de notices artistiques. (Voir Fétis, Pougin, Grove et le Musical Standard du 6 octobre.)

— A Leipzig, le 20 septembre, Julius-Wilhelm-Caesar Lammers, né à Osnabrück en 1829, professeur de piano au Conservatoire. (Notice, Tonger's Lexicon, suppl. p. 42.)

— A Prague, le 27 septembre, à l'âge de 20 ans, Mᵐᵉ la baronne Olga Philippovic, dont on a publié de charmants lieders.

— A Laval, Lack père, né en 1814, ancien maître de chapelle à la cathédrale de Quimper, et le premier qui, en cette ville, il y a 55 ans, introduisit et enseigna le piano, où il n'était pas connu.

— A San-Francisco, le 6 septembre, à l'âge de 32 ans, Julius Hinrichs, originaire du Mecklembourg-Schwerin, et violoniste de grand talent.

— A Washington, J. Vernon Reardon, violoniste distingué et correspondant du Musical Courier de New-York.

Avis et Communications

Les trois concerts classiques organisés par la maison Schott, que nous avons déjà annoncés, sont aujourd'hui définitivement arrêtés. Ils auront lieu les 3 et 17 novembre, et 1ᵉʳ décembre prochains, à la Grande-Harmonie, à 8 heures. Ces séances auront lieu avec le concours de Mˡˡᵉ Marie Soldat (violoniste), MM. Hans de Bülow (piano), Paderewski (piano), Gustave Kefer, Ed. Jacobs, le quatuor du Conservatoire de Cologne : MM. G. Hollænder, J. Schwartz, L. Körner, L. Hegyesi pour la partie instrumentale et Mˡˡᵉ Blanche Deschamps pour la partie vocale. La séance avec le concours de M. H. de Bülow (1ᵉʳ décembre) sera consacrée exclusivement à Beethoven ; les autres séances aux Maîtres classiques, anciens et modernes.

Les demandes de places peuvent être adressées à partir du 8 octobre directement à MM. Schott frères, éditeurs, Montagne de la Cour.

Le prix de souscription aux trois séances est fixé à 20 francs pour les places numérotées, 12 francs pour les places non numérotées, 8 francs pour les galeries. Pour chaque concert séparé, le prix est de 8 francs aux places numérotées, 5 francs aux places non numérotées, 3 francs aux galeries.

Trois séances analogues auront lieu à Anvers (dans la petite salle de la Société royale l'Harmonie),les 5 et 19 novembre, et 3 décembre, à 8 heures du soir.

XXXIVᵉ ANNÉE — 18 octobre 1888 — NUMÉRO 42

Le Guide Musical

Paraissant tous les jeudis.

ABONNEMENT
FRANCE et BELGIQUE : Avec musique 25 francs.
— Texte seul. . 10 —
UNION POSTALE : — 12 —

SCHOTT FRÈRES, ÉDITEURS,
Paris, Faubourg Saint-Honoré, 70
Bruxelles, Montagne de la Cour, 82

ANNONCES
S'adresser à l'Administration du Journal,
On traite à forfait.

Deux satires musicales

SUR UNE FABLE ANTIQUE

Le lion, roi du désert, qui regarde le soleil en face, se retrouve félin à ses heures, et son allure s'assouplit pour des jeux de chat gigantesque. L'homme de génie, dont l'esprit plane sans effort sur les sommets les plus élevés de l'art, aime parfois à se mêler aux disputes de son temps ; alors qu'on croyait sa pensée absorbée par des spéculations abstraites, voici qu'il intervient dans les démêlés d'ici-bas, par une moquerie d'autant plus redoutable qu'elle est tombée de plus haut. C'est ainsi que Sébastien Bach descendit une fois des splendeurs de la *Passion* et de la Messe en *si mineur*, et composa la cantate du *Défi de Phébus et de Pan*.

À qui s'adressait cette flèche lancée d'une main si vigoureuse? le maître n'a pas pris souci de nous le dire. Mais l'intention satirique est évidente dans ce petit « dramma per musica », disposé sur une fable antique, tirée d'Ovide, par le poète Henrici, dit Picander, et que Bach mit en musique en 1732. La plaisanterie était si vive que ses victimes eurent peine à l'endurer sans colère, à s'en souvenir sans rancune : et précisément leur mauvaise humeur les trahit ; l'un d'eux se révéla lui-même à la postérité : ce fut Johann-Adolphe Scheibe, organiste, compositeur, écrivain, qui, dirigeant à Hambourg, cinq ans après l'exécution de la fameuse cantate, un journal de musique, laissa percer un beau jour une animosité violente contre Sébastien Bach et fit allusion à des griefs de plusieurs années. Or, on se rappela qu'en 1729 il s'était présenté à Leipzig pour la place d'organiste de Saint-Thomas, et qu'après le concours dont Bach était un des juges, ce poste avait été donné à un autre candidat, Gœrner ; l'inégalité des concurrents, la diversité d'opinion des jurés, le triomphe final de l'art sérieux sur l'art frivole, n'était-ce pas là justement la donnée du *Défi de Phébus et de Pan* ? Apollon, l'artiste par excellence, le dieu de la noble musique ; Pan, le musicien d'instinct, sans âme et sans art ; Midas, le juge à l'esprit borné, le « bourgeois », comme on dit aujourd'hui, le « Philistin », comme on disait naguère ; Tmolus, au contraire, l'homme au goût délicat, qui sait distinguer immédiatement le vrai génie, qui le sent, qui le devine et qui l'exalte ; Mercure, enfin, qui prononce en dernier ressort, avec la sûreté réfléchie que le temps seul donne : — tous ces personnages mythologiques, qui sont en art des types éternels, représentaient en 1732 des individus connus à Leipzig, connus dans l'Allemagne musicale ; nous pouvons, en associant aux indices historiques une petite part d'imagination, nous figurer l'effet produit par cette œuvre pleine d'allusions cachées, sur un public prêt à les saisir, composé en grande partie d'amis, d'élèves, d'admirateurs de Bach, qui l'applaudissaient de grand cœur et se moquaient avec joie de la tête de turc sur laquelle il assénait ses coups.

Le maître lui-même fut si satisfait de son œuvre qu'à dix-huit ans de là, il la reprit et s'en servit, pour se jeter, à sa manière, dans une mêlée musicale et littéraire où beaucoup de combattants ferraillaient.

Un certain Biedermann en avait été le promoteur maladroit. Recteur à Naumbourg, puis à Freiberg, il dirigeait paisiblement son école, sans que le monde s'occupât de lui, et sans faire grand'chose pour attirer l'attention du monde. Survint la paix de Westphalie : aux grandes causes les petits effets ; le recteur voulut, en bon patriote ; la célébrer selon l'usage par une cérémonie dramatique, allégorique et musicale ; il se fit faire un poëme par un certain Enderlein, et une partition par le maître de chapelle Doles ; le sort voulut que cette pièce réussit au-delà de toute espérance, que le public s'y pressa, que plusieurs auditions devinrent nécessaires, et que le résultat pécuniaire fut fort lucratif. Quand on en fut à le partager, Biedermann se montra peu magnanime ; le musicien, en particulier, toucha de maigres honoraires, et toute la ville en jasa ; elle en jasa tant et si bien que le recteur, exaspéré, conçut la funeste idée d'utiliser contre la gent musicale son fonds d'érudition classique : et, par un beau jour de mai 1749, il fit paraître une mince brochure, rédigée dans la langue de Cicéron, et intitulée : *De Vita musica ex Plaut. Mostellar. Act. III. Sc. II., præfatus ad orationes benevole auscultandas officiose invitat M. Jo. Gottl. Biedermann, R. Freibergæ.* Cette thèse, basée sur deux lignes de Plaute : « la musique agit sur le tempérament, comme le vin et la victuaille », était destinée à prouver que si la musique est « la plus grande des muses », l'abus qu'en font les hommes est fâcheux, préjudiciable aux mœurs et à la vertu ; avec Plaute, Horace, Luther, Caton, Suétone, Cardan sont appelés en témoignage ; dès les temps les plus reculés, les gens adonnés au chant eurent mauvaise renommée : et qui pourrait s'en étonner, puisque Jubal, l'inventeur de cet art, ne descendait pas du pieux Seth, mais du criminel Caïn ? Néron et Caligula, ces deux monstres antiques, avaient été dans leur enfance gâtés par l'amour de la musique, etc. À cette époque, on n'écrivait pas dix lignes sans invoquer l'antiquité, et selon qu'on s'y prenait dans un sens ou dans l'autre, la phalange des auteurs classiques proclamait tout ce qu'on voulait. Ce que Biedermann lui faisait dire produisit un bruit énorme. Mattheson, l'intrépide polémiste, fut le premier à le rétorquer, dans deux passages du « Mithridate ou contre-poison » qu'il imprimait à propos de la satire sur la musique de Salvator Rosa ; les journaux littéraires qui existaient à Francfort, à Berlin, à Hambourg, prirent immédiatement parti, et les brochures spéciales commencèrent à se succéder. L'une d'elles, anonyme, intitulée *Christliche Beurtheilung des von Hrn M. Biedermann, Freybergischen Rectore, edirten Programmatis de Vita Musica,* avait été écrite à l'instigation de Bach par un musicien nommé Schrœter, et le maître l'avait approuvée dans une lettre privée, adressée au maître de chapelle Einike, où il louait aussi le « Mithridate » de Mattheson, et souhaitait qu'après quelques réfutations semblables, justice fût enfin faite du recteur Biedermann ; or, il paraît que le grand Bach ne se contenta point d'une simple approbation, et peut-être mit-il volontiers la main à la dissertation de Schrœter avant qu'elle fût imprimée : car l'écrivain lui fit transmettre par Einike ses

plaintes sur les corrections et les additions apportées à son ouvrage, et sur le titre qu'on lui avait donné à son insu, ajoutant que Bach aurait mieux fait de s'avouer tout simplement l'auteur de l'écrit entier, et que lui, Schrœter, ne pouvait plus le reconnaître pour sien.

Tandis que la dispute continuait, que les brochures pédantes ou facétieuses se succédaient dans les deux camps, que le pauvre Biedermann, harcelé, traqué, conspué, essayait en vain d'expliquer comment il avait voulu seulement prémunir la jeunesse contre l'abus, l'excès, et non contre l'usage modéré de la musique ; tandis que ses ennemis poussaient la plaisanterie jusqu'à imprimer sous son nom même une parodie de sa thèse, et que l'intarissable Mattheson accumulait contre lui et d'autres les doses de sa « Panacée », — Bach se souvint de sa cantate, et trouva l'occasion bonne de la faire réentendre, sans trop s'inquiéter de savoir comment elle s'adapterait à cette nouvelle circonstance. Il se contenta de changer deux vers dans le récitatif de Momus, et de substituer à la phrase : « Reprends ta lyre, Phébus, il n'est rien de plus doux que tes chants », celle-ci : « Redouble, Phébus, ta musique et tes chansons, et fais rage contre Hortensius et Orbil. » Orbil, c'était Biedermann, et sous le nom d'Hortensius, emprunté à un contemporain de Cicéron, Bach désignait le vice-recteur de l'école Saint-Thomas, J.-A. Ernesti, dont il avait à se plaindre pour des questions de discipline scolaire, et qui avait publié une édition de Cicéron.

On voit que l'allusion n'était pas bien mordante. Bach l'avait sans doute placée là plutôt pour son plaisir personnel que pour l'effet à produire sur les auditeurs : car il avait, ce grand maître, un penchant à la dispute, une pointe batailleuse, « Streitfreudigkeit », dit M. Spitta. Ce fut la dernière occasion qu'il trouva de produire au grand jour le *Défi de Phébus et de Pan.* Génie laborieux entre tous, modeste comme on ne l'est plus, il ignorait l'art tout moderne de reprendre et de faire fructifier ses œuvres ; son cerveau, toujours débordant d'inspirations nouvelles, se souvenait à peine du chef-d'œuvre de la veille en préparant celui du lendemain : et les manuscrits renfermant ses sublimes pensées s'entassaient, pour ne se révéler qu'aux hommes de cinq ou six générations plus jeunes.

Personne assurément ne se doutait en France, moins de trente ans après, lorsque Grétry et Hales reprenaient la légende de Midas pour en faire un opéra comique, qu'une partition charmante existât n'importe où sur le même sujet : et on le savait d'autant moins que Bach, le grand, l'incomparable maître, était totalement inconnu chez nous de ceux-mêmes qui se piquaient le plus d'instruction et de bon goût ; le seul Bach qu'on connût un peu était le Bach d'Angleterre, et pour cette bonne raison qu'il avait fait des opéras : car l'opéra, pour les dilettanti en perruque poudrée des règnes de Louis XV et

Louis XVI, était l'apogée, le sommet de l'art, l'alpha et l'oméga de la musique, le seul genre dont on fit grand cas, le seul moyen de devenir célèbre. Ne connaissons-nous plus, dans notre monde moderne, de dignes descendants de ces amateurs éclairés?

Le livret du *Jugement de Midas*, imité, disait son auteur, d'une pièce anglaise, n'avait plus qu'un rapport assez secondaire avec la légende antique que le petit drame de Picander avait suivie de très près. Sous la main d'un Anglais francisé de la fin du XVIIIᵉ siècle, le récit poétique d'Ovide avait presque entièrement disparu, ou du moins s'était transformé selon l'esprit d'un temps sceptique et railleur, qui affectait de ne plus croire ni à Dieu ni au diable, et qui se hâtait, comme le barbier de Beaumarchais, de rire de tout, peut-être parce qu'il pressentait que les deuils et les larmes était proches. Ce *Jugement de Midas* contient en germe, dans une forme encore mitigée, toutes les folles charges mythologiques de la *Belle Hélène* et d'*Orphée aux Enfers :* et si la fin de l'opéra replace encore Apollon sur son trône de dieu des arts, tout le commencement de la pièce ne lui laisse nul prestige.

Pour les besoins de sa pièce, Hales associait à la dispute de Pan et Phébus celle de Marsias et Apollon, et les faisait juger toutes deux ensemble par Midas; le concours se trouvait donc augmenté d'un personnage, et le texte prêtait à une double caricature. Bach, qui aimait les personnalités, en eût fait le portrait de deux de ses ennemis : Grétry, moins ardent dans ses antipathies artistiques, plus policé de manières et surtout plus fin politique, prit pour objectif les formules longtemps admirées d'une école déjà tarie; il fit de Marsias l'image, comiquement exagérée, de l'ancien récitatif d'opéra, dans le style de Lully-Rameau, et de Pan la personnification ridicule du vieux vaudeville, autre forme passée de mode, mais assez présente au souvenir de tous pour que l'on s'amusât fort de son travestissement. Cette double idée une fois adoptée, il la soutint loyalement, pendant tout le cours de l'ouvrage, rendant ainsi l'effet plus comique par sa persistance, et atteignant d'autant mieux le but ironique qu'il avait choisi.

L'allusion, qui se rapportait à des faits connus, à des souvenirs précis, ne fut obscure pour personne, et les beaux esprits, charmés de cette agréable malice, charmés plus encore des thèmes délicats et de la verve heureuse dont étaient dotés les autres rôles, applaudirent avec un entrain qui dura de longues années : Grétry touchait à ses derniers jours, depuis longtemps Gluck avait fait oublier les vieux moules du récitatif lulliste, les chants de la Révolution avaient relégué à l'écart les anciens vaudevilles français, — que l'on jouait encore le *Jugement de Midas :* seulement, Martin, qui en interprétait le rôle principal, ne se contentait plus de ses mélodies gracieuses et naturelles; il les enjolivait à sa guise, sous les yeux de l'auteur légèrement blessé et attristé : et le

public, se désintéressant d'une caricature dont il ne connaissait plus l'original, commençait à ne plus comprendre le sel naguère si piquant des chants de Pan et de Marsias, et à s'y ennuyer quelque peu.

C'est qu'en musique, la satire la plus mordante perd sa saveur en vieillissant; et il se peut qu'au bout d'une certaine période écoulée, l'impression qu'elle produit se trouve aller juste au rebours de ce qu'avait voulu son auteur. On a pu le constater lors de l'exécution de l'œuvre de Bach, le *Défi de Phébus et de Pan,* aux concerts Lamoureux, les 2 et 9 décembre 1883 (1). Entre les deux morceaux de concours, l'air d'Apollon, noble, large, lié, sérieux, et l'air de Pan, léger, rond d'allure, animé, le public moderne préféra le second, et se trouva juger comme Midas; ce verdict tout spontané ne tenait pas uniquement à des différences d'interprétation : à des distances inégales, un paysage, un monument, une peinture peuvent nous choquer ou nous plaire; il en est ainsi des différences de date pour l'appréciation des œuvres musicales. A l'époque où Bach plaçait dans la bouche de Pan cette mélodie, son rythme, sa forme, sa tournure mélodique, toute sa nature enfin, rappelaient aux auditeurs les thèmes et la mesure des chansons rustiques et des danses populaires; pour nous, qui ne l'avons jamais entendue résonner au coin d'un carrefour ni sur les tréteaux d'un ménétrier de village, nous sommes pris, charmés justement par cette sève populaire, et par ces qualités de rusticité et de simplicité voulue; le long travail des années en a, pour nous, changé l'aspect, comme il fait pour la peinture en étendant une teinte d'ombre poétique et mystérieuse sur des couleurs d'abord très vives. Le jour sous lequel nous le voyons est faux peut-être, mais l'embellit, tout en nous cachant en partie l'intention; nous ne cherchons ni Scheibe, ni Biedermann, ni Ernesti, ni aucun bourgeois, ni aucun artiste de la vieille Allemagne, ni même l'image d'un style vulgaire ou populaire, mais seulement Bach, Bach toujours grand, même lorsqu'il joue, même lorsqu'il pétrit de toutes petites figurines, pour se délasser de bâtir des cathédrales.

Dans l'opéra de Grétry, la satire musicale échappe à notre sens moderne justement par le caractère d'exactitude littérale qui le rendait jadis si claire et si frappante. Parodie spirituellement fidèle d'un genre perdu sans retour, elle a surtout l'intérêt d'une reconstitution factice, dont l'esprit dépasse quiconque n'a pas connu d'abord le modèle. Ceux seulement qui ont appris à connaître par la lecture les styles disparus peuvent apprécier aujourd'hui le piquant de cette moquerie : et les autres ont, il est vrai, à étudier chez le maître, en dehors de ce détail, plus de mérites qu'ils n'ont de zèle.

Aucune comparaison ne sera jamais établie entre le chantre de la Messe en *si* mineur et celui de

---

(1) Dans ces auditions, dont le souvenir nous est resté comme celui d'un haut régal artistique, le rôle de Tmolus, qui comprend un air et quelques phrases de récit, avait été, toutefois, entièrement supprimé.

l'*Épreuve villageoise;* tout en se rencontrant dans une même intention, sur un sujet analogue, ils ne pouvaient se rapprocher. L'aigle qui habite les cimes, et la fauvette qui chante dans les buissons fleuris ne sont pas de même famille. Aussi bien, n'est-ce point là que nous voulons en venir. La morale à tirer de tout ceci, c'est que l'art tout spéculatif de la musique se prête mal à la satire. Il souffre dans ce lit de Procuste auquel on veut l'assujettir : ou bien il le brise pour reprendre, en dépit du texte, son existence propre, sa valeur intrinsèque, ou bien en s'y pliant il renonce à son indépendance ; ce n'est pas de sa part pauvreté, et si cette corde manque à sa lyre, celles qui lui restent suffisent, et au delà, à faire de lui, comme l'avouait Biedermann lui-même, « la plus grande des muses ».

MICHEL BRENET.

Chronique de la Semaine

Théâtres et Concerts

PARIS

LA PREMIÈRE DE *JOCELYN*
AU CHATEAU-D'EAU

Il paraît, on le dit du moins, que Paris séchait de dépit de s'être laissé enlever par Bruxelles la primeur de l'ouvrage de M. Godard. A tout petit, il lui fallait *Jocelyn* à son tour. Il l'a. En est-il plus fier et plus fringant pour cela? C'est ce qu'on peut se demander.

Je dois dire tout d'abord, en historien fidèle, que l'aréopage officiel qui présidait à cette cérémonie, si peu occupant, avec des mines d'augures, les places en vue, ne s'est laissé déconcerter ni par l'insuffisance de l'œuvre, ni par le ridicule de l'interprétation : tous, Institut, éditeurs, chefs d'orchestre, violonistes et pianistes, amis de tout genre, tous ont accompli leur tâche jusqu'au bout, et, vraiment, il serait mal de les blâmer ; ils remplissaient un devoir, un devoir d'autant plus méritoire qu'il n'avait rien de précisément folâtre; mais si vous pensez, à tort, qu'on est en ce bas monde pour s'amuser, demandez à Arthur Schopenhauer, et aussi à ces messieurs..... D'ailleurs, M. Godard officiait lui-même, et ses futurs collègues du bout du pont des Arts ne pouvaient, à son nez, lui ménager leurs applaudissements. Je dois dire aussi qu'en vérité M. Godard est un bel officiant, et qu'il dirige magistralement sa peu magistrale musique; les mouvements de l'avant-bras sont précis sans raideur, les indications sont claires et sobres sans sécheresse. On aimerait à le voir conduisant le *Tasse* ou quelque œuvre de la première et de la bonne manière de M. Gounod.

Puisque le nom de l'auteur de *Mireille* vient sous ma plume, il faut lui rendre cette justice que sa présence et sa mimique expressive n'ont pas peu contribué à relever le moral des troupes, quand il menaçait de faiblir ; c'est lui qui « dirigeait » dans la salle, et non moins magistralement que l'auteur; on eût pu dire sans crainte qu'on voyait là l'auteur en deux personnes. Parfois même, il y avait excès de tête, et, l'intérêt se déplaçant, passant de la scène et du trou du souffleur au fauteuil pontifical : il eût fallu, à ce numéro deux d'hypostase, un peu de la sobriété de geste et de l'impassibilité remarquable de physionomie du numéro un...... Mais non : c'était, les yeux levés au ciel et des narines se joignant pendant les prières à la Madone; des narines frémissantes et une bouche entr'ouverte, comme pour aspirer l'air pur des montagnes, pendant les duos de petits chevriers, etc..... Ceux que le devoir avait appelés et maintenus à leur poste n'ont pas perdu cette occasion d'échapper un instant à l'impression de monotonie, d'uniformité, d'ennui, que l'ennui qui les gagnait.

Car l'ennui, (un ennui non catalogué, je le crains, par M. Belaigue, le pétulant critique de la *Revue des Deux Mondes*), l'ennui dégouttait de l'œuvre, comme la bruine des brouillards traînant au pli des monts, dans des régions alpestres, — on voit que je conserve la couleur locale,— l'ennui transsudait de cette orchestration enfantine, aussi dure et heurtée de ton que les images d'Épinal, comme la goutte d'eau suintant des parois de la grotte des Aigles et traçant à la longue son sillon dans le roc... C'est une espèce particulière d'ennui; non pas l'ennui agité, nerveux, exaspéré, sanguin, si bien décrit et éprouvé par M. Bellaigue pendant la plus grande partie des œuvres de Wagner; mais l'ennui apathique, flegmatique et lymphatique; l'ennui douçâtre et limoneux, l'ennui sirupeux, où, le sang se fige ; en un mot, l'ennui « pastoral » et « élégiaque », coton-

neux et floconneux comme la toison des brebis ou la neige qui ensevelit lentement les prés verts; un ennui plus fade que la châtaigne bouillie et le fromage blanc des bergers... Si, au moins, on pouvait prendre *Jocelyn* comme on fait une cure au petit-lait. Mais j'ai bien peur qu'il ne soit éventé et suri avant qu'il soit longtemps... Hélas ! nous sommes loin de ce *Tasse*, qui ne manquait ni d'une certaine fraîcheur et naïveté, ni d'une certaine grâce émue et amoureuse. Qu'il s'est envolé loin, le rêve que nous faisions alors pour M. Godard! Quelle déception dans nos espérances, et combien je voudrais pouvoir lui donner aujourd'hui le compliments que je lui adressais alors dans la sincérité de mon cœur. Je ne les regrette pas; j'aime mieux, pour moi du moins, m'être trompé en exagérant sa valeur, en me faisant, des promesses de son talent, une trop haute idée.

M. Capoul joue le jeune prêtre, amant de Laurence, qui donne son nom au poème de Lamartine. Il est là, paraît-il, pour attirer un certain public; tant pis pour ce public, s'il aime les chevrotements, les bêlements et autres cris et soupirs plus ou moins bucoliques ; une bonne voix, jeune et franche, ferait mieux l'affaire... On dit que M. Capoul va être bientôt remplacé par M. Furst; mais quand il ne sera plus là pour attirer son public spécial, quand M Godard ne sera plus au pupitre, et que l'orchestre déjà médiocre jouera encore plus médiocrement que maintenant, que restera-t-il?... Je crains fort que l'ouvrage n'aille pas beaucoup plus loin qu'à Bruxelles. Je crains que cette salle du Château-d'Eau, que n'a pu désenguignonner l'*Étienne Marcel* de M. Saint-Saëns, si supérieur à *Jocelyn*, ne succombe à des destinées, chose d'autant plus fâcheuse qu'elle n'est pas mauvaise du tout pour la musique.

Je dois mentionner la voix agréable, le jeu simple et non sans grâce de Mme Marguerite Gay, qui joue Laurence. Pour les autres interprètes, rien à dire, ou plutôt mieux vaut n'en rien dire... Il est certain que, pour toute l'interprétation, orchestre et voix, *Jocelyn* a été *incomparablement* mieux partagé à Bruxelles.

Je renvoie à la semaine prochaine, qui précédera l'ouverture des concerts, le compte rendu de la reprise d'*Athalie* à l'Odéon et les nouvelles moins importantes de cette semaine.

BALTHAZAR CLAES.

On a de meilleures nouvelles de Ferdinand Poise dont la santé a donné, ces jours-ci, de sérieuses inquiétudes. Les nombreux amis de l'auteur des *Surprises de l'Amour*, de *Joli Gilles* et de *Carmosine* n'ont pas perdu l'espérance de voir le charmant musicien revenir à la santé.

Joli, opéra en deux actes de M. Gallet, musique de Gilbert des Roches, sera représenté cet hiver au théâtre municipal de Nice. Le traité vient d'être signé par M. Taillefer, directeur de cette importante scène.

Un de nos savants confrères, le *Gil Blas*, a pris, cette semaine, une détermination : il s'est décidé à refuser toute espèce de faveur de la part des directeurs de théâtre, et il payera dorénavant le prix des places occupées par ses deux critiques, MM. Léon-Bernard Derosne et Victor Wilder, aux premières représentations, de façon, à conserver une indépendance absolue et une impartialité rigide dans tous ses jugements.

Infidèle à l'art : Mardi, a été célébré à la légation de Roumanie, à Paris, le mariage civil de Mlle Charlotte Wirth (de son nom d'artiste, Mlle Léria, ex-chanteuse au théâtre de la Monnaie), née à Jassy, âgée de trente-huit ans, avec M. Démètre Zossima, étudiant à Paris, né à Bucharest, âgé de vingt-quatre ans.

BRUXELLES

THÉÂTRE DE LA MONNAIE

L'absorbant travail qu'entraîne l'étude des *Maîtres Chanteurs de Nuremberg* n'a pas empêché la direction du théâtre de la Monnaie d'offrir à ses habitués une bonne reprise de *Lakmé*, l'ouvrage de M. Delibes qui paraît avoir plus particulièrement conquis les sympathies du public bruxellois. Cette reprise nous a rendu la distribution adoptée au mois de mars dernier, lorsque Mme Melba s'essaya, pour la première fois, à chanter en français. Il n'y a de changé que l'attribution d'un petit rôle secondaire confié à Mlle Falize, tandis qu'il l'était auparavant à Mme Devigne. Mais, comme le bout de rôle comporte un joli duetto avec Lakmé, on a pu se convaincre que la voix de Mme Melba et celle de Mlle Falize s'harmonisaient à souhait.

On s'est accordé généralement pour trouver que Mme Melba est en progrès depuis l'hiver dernier; qu'elle articule mieux les paroles françaises et qu'elle déploie dans l'interprétation du rôle de Lakmé plus d'assurance, en même temps qu'elle y met plus de sentiment. Qu'il y ait progrès, cela n'est pas contestable; mais est-il aussi réel qu'on le dit en ce qui concerne la prononciation française? Quant à nous, nous préférerions toujours entendre Mme Melba chanter en italien, nos oreilles étant toutes plus ou moins prêtes à une grande indulgence dans cet idiome qui leur est moins familier. Pour ce qui est du chant proprement dit, Mme Melba y apporte, outre son extraordinaire virtuosité, une expérience plus grande des effets et un sentiment plus juste du phrasé. Nous avons dit naguère qu'elle prenait ce rôle de fantaisie trop au sérieux ; de ce côté, rien ne nous semble changé, M⁰ᵉ Melba cherchant à donner à son personnage une physionomie bien tragique, en égard au style et au caractère de l'ouvrage. Dans son ensemble, l'interprétation de M⁰ᵉ Melba révèle cependant un sérieux effort et le développement d'aptitudes peu banales.

Le succès de la cantatrice a été partagé par M. Renaud, dont la voix puissante et moelleuse a fait merveille dans la cantilène du deuxième acte, après laquelle cet artiste a été longuement applaudi. M. Mauras, un peu dur, et M. Isnardon, très en verve, représentent l'armée de sa Gracieuse Majesté impériale et britannique ; M⁰ᵉˢ Legault, Gandubert et Walther, l'éternel féminin (côté des Anglaises). Les chœurs et l'orchestre, légèrement fatigués à la suite d'une longue répétition des *Maîtres Chanteurs*, ont cependant tenu assez bon jusqu'au bout.

C'est M. Léon Jehin qui a dirigé cette reprise de *Lakmé*, comme il avait conduit celle de la *Fille du Régiment*, quelques jours auparavant ; ce qui ferait croire que l'on songe à lui accorder quelque prestige, au moment où il va nous quitter pour prendre la direction de l'orchestre de Monte-Carlo. Si nos renseignements sont exacts, la position effacée et subalterne dans laquelle on s'est contenté de maintenir M. Jehin, non seulement au théâtre de la Monnaie, mais au Conservatoire de Bruxelles, est, sa grande partie, cause de la détermination qu'il a prise d'accepter un engagement à l'étranger. Il vient un moment dans la vie où l'on éprouve le besoin d'arriver, si bon que l'on soit, et, toujours vaillant à la tâche, d'être aussi tant soit peu à l'honneur. Ce moment, paraît-il, est arrivé pour M. Jehin, dont les services intelligents méritent considération et dont on regrettera le départ, quand on s'apercevra qu'il n'est plus là ! E. E.

La reprise des *Maîtres Chanteurs* a été ajournée au lundi 22 octobre prochain, afin de permettre des répétitions d'ensemble supplémentaires. MM. Dupont et Lapissida voulant donner de cette œuvre importante une exécution irréprochable. Nous avons déjà signalé quelques modifications qui seront apportées à la mise en scène, et nous avons indiqué à ce propos, au second tableau du troisième acte, une nouvelle toile représentant le panorama de Nuremberg. L'indication était inexacte. Cette toile de fond s'est trouvée parmi les accessoires, et il a suffi simplement de la rafraîchir. Au deuxième acte, le décor de la ruelle où a frôle la scène de puglat a été avancé et resserré. Une sorte de véranda qui s'avance en relief a été ajoutée à la maison de Sachs, et c'est au pied de cette véranda qu'Eva viendra s'asseoir, pour essayer de savoir ce qui s'est passé dans la séance de la corporation des Maîtres.

On se rappelle l'intervention comique du veilleur de nuit à la fin de l'acte, sonnant dans sa trompe pour inviter au repos les paisibles habitants de Nuremberg et prévenir sans doute les malfaiteurs de sa présence. On avait beaucoup ri à Bayreuth de l'arrivée du veilleur armé d'une trompe énorme. Cet instrument avait été copié exactement sur le modèle qui se trouve au musée germanique de Nuremberg. MM. Dupont et Lapissida en font venir un exemplaire, une corne superbe, qui donne un son rauque, un *fa* dièse étrange, d'un effet irrésistible.

La mise en scène a encore été modifiée en ce sens que le cortège des maîtres chanteurs, des magistrats municipaux, etc., arrivera par bateau sur les eaux de la Pegnits, ainsi que l'indique le livret.

Les costumes aussi ont subi quelques améliorations d'après les dessins de ceux de Bayreuth.

Enfin, cette fois, la jolie valse des filles de Nuremberg avec les apprentis ne sera pas dansée par les dames du corps de ballet en jupes courtes, comme le ballet de *Faust*. Conformément à la mise en scène nettement prescrite par Wagner, ce sera une danse villageoise et gauche, comme l'indique, du reste, le caractère rythmique de la musique. Il est, en effet, à remarquer que ce morceau est d'une construction tout à fait anormale. Les quatre premières périodes de la valse se composent chacune de sept mesures au lieu de huit que comporte ordinairement la période symphonique de cette danse ; elles sont suivies d'une période de neuf mesures (la phrase du violoncelle) ; puis la valse passe alternativement par des périodes de huit mesures et la répétition des périodes de sept, pour terminer finalement, quand la danse est générale, par la période normale à huit mesures.

Cette irrégularité de construction n'est pas arbitraire ; elle est assurément voulue et nous aimons à croire qu'il aura été tenu compte, cette fois, de l'intention du compositeur. Dans le livret de mise en scène, Wagner l'explique : « Le côté caractéristique de cette danse doit consister en ceci que, tout en dansant, les apprentis aient l'air de vouloir conduire les jeunes filles à une place où elles puissent bien voir (le cortège). Lorsque les bourgeois veulent intervenir, chaque fois les apprentis enlèvent de nouveau leurs danseuses, et ainsi ils leur font décrire le cercle entier ; ils doivent avoir l'air de chercher une bonne place tout en faisant durer le plaisir de ce jeu. » C'est d'après ces indications qu'avaient été réglés les pas à Munich, lors de la première, en 1868, mais les maîtres de ballet, à qui les indications de Wagner paraissaient peu conformes aux règles de la danse, mirent l'ordre bien vite à ce va-et-vient irrégulier. Il a fallu la mise en scène exacte de Bayreuth, cette année, pour rappeler l'attention sur ce petit détail qui n'en a pas moins son importance. Recommandé à M. Saracco. M. K.

Bruxelles compte, depuis quelques jours, un théâtre de plus, la *Renaissance*. L'ancien café-chantant de la rue de Brabant a subi d'heureuses transformations qui en font une très jolie salle de spectacle. Directeurs MM. Coppé et Deschamps. Le répertoire comprendra l'opérette et le vaudeville à couplets. C'est par la *Femme à Papa* que s'est faite devant un public nombreux et sympathique l'inauguration de la nouvelle scène. Il y a une jolie chanteuse qui est artiste intelligente, M⁰ᵉ Caillot ; il y a de plus de bons comiques, M. Deschamps en tête, et un orchestre de trente musiciens conduit par M. Ysaÿe père. La mise en scène est soignée, les décors sont propreté. Bonne chance à l'entreprise.

ANVERS

La saison théâtrale a été inaugurée par une reprise de *Mignon*. La troupe d'opéra comique a été favorablement accueillie, notamment M⁰ᵉ Tevini [Mignon], dont la voix est pure, d'un timbre sympathique et conduite avec art et méthode. M. Frankin a fait bonne impression dans le rôle de Lothario. M⁰ᵉ Bloch (Philine) s'est fait applaudir après la polonaise, finement détaillée.

Les débuts de la troupe de grand opéra ont eu lieu dans les *Huguenots*. M⁰ᵉ Martinon (Valentine) a obtenu un très vif succès ; elle a été parfaitement secondée par MM. Noté, Frankin, M⁰ᵉ Tevini et Bloch. M. Fabre très bon dans Marcel. Le ténor, M. Duzas, s'est distingué dans la romance du premier acte et dans le duo du quatrième ; mais il a eu quelques défaillances, dues sans doute à l'émotion.

Un bon point aux chœurs, au ballet et à l'orchestre, dirigé par M. De la Chaussée.

Le Cercle artistique d'Anvers a inscrit au programme de sa deuxième séance, avec le *Déluge* de Saint-Saëns, *Daphnis et Chloé* de M. Fernand Le Borne. Cette œuvre sera donnée avec le concours de M⁰ᵉ Blanche Deschamps. M. Jan Blockx dirigera l'orchestre, ce qui fait présumer une interprétation excellente.

Du même compositeur, la *Messe* en *la* sera exécutée à l'église de Sainte-Gudule à Bruxelles, le jour de Noël.

VERVIERS

La Société d'harmonie a donné, mercredi dernier, son premier concert d'hiver avec le concours de M⁰ᵉ Sacré, de l'Opéra-Comique, de M. Van Cromphout, pianiste, et de l'orchestre communal, sous la direction de M. L. Kefer, Succès complet pour tous, artistes, instrumentistes et directeur.

M⁰ᵉ Sacré possède une voix bien timbrée, d'un volume peut-être un peu restreint ; mais cette jeune chanteuse dit avec un sentiment très juste et a provoqué les applaudissements par sa façon de dire l'air du *Caïd*, et celui du *Concert à le Cœur* surtout, qu'elle a très spirituellement détaillé.

M. Van Cromphout se produisait pour la première fois à Verviers. L'excellent virtuose a d'emblée conquis son auditoire par la sûreté de son mécanisme et son interprétation chaude et colorée. Le *Concerto* de Rubinstein, le *Chant du soir* de Schumann, le *Printemps* de Grieg et la *Grande Valse* de Moskowski ont mis en relief les brillantes qualités de M. Van Cromphout et lui ont valu de chaleureux rappels.

L'administration communale, désireuse de grouper les meilleurs instrumentistes de la ville, vient de créer un orchestre communal, destiné à desservir le théâtre, les concerts privés et, en général, toutes les fêtes publiques auxquelles un orchestre participe. La Société d'harmonie a voulu patronner l'œuvre nouvelle, et c'est à cet orchestre que seront confiées dorénavant les exécutions qu'elle organise. L'orchestre communal a donc fait ses premières armes la semaine dernière, et victorieusement. Il est vrai qu'il a à sa tête un chef éminent, d'une compétence absolue, un artiste, qui sait comprendre et faire comprendre à ses musiciens toutes les grandes œuvres anciennes ou modernes.

L'interprétation de l'ouverture du *Vaisseau-Fantôme*, de l'*Espana* de Chabrier et du *Cortège* de Moskowski a été ce qu'elle devait être sous l'énergique impulsion de M. Kefer. Il est regrettable que de telles exécutions n'aient pas de lendemain et que les membres de la société aient seuls le plaisir d'entendre ces pages superbes.

Un andante de Mozart a servi de début à une jeune corniste, M. Jamar, lauréat du Conservatoire de Liège. Il a interprété ce morceau avec une largeur de style et une pureté de son remarquables. C.

LYON

Voici le tableau de la troupe du Grand-Théâtre de Lyon :

MM. Campocasso, directeur ; Vanal, régisseur général.

Grand opéra, opéra comique, traductions. — MM. Cossira et Selrack, forts ténors ; Alvarez, premier ténor léger ; Isouard et Musset, seconds ténors légers ; Combes, troisième ténor ; Mouthonet, trial ; Beyle, baryton de grand opéra ; Freiche, baryton d'opéra comique ; Lacame, troisième baryton ; Vanal, laruette ; Bordeneuve, première basse de grand opéra ; Belhomme, première basse d'opéra comique ; Sylvain, deuxième basse de grand opéra ; Besson et Simonnet, troisième basse.

Mᵐᵉˢ Tanésy et de Garden, fortes chanteuses falcon; Armand, forte chanteuse contralto; Vuillaume, première chanteuse légère d'opéra comique; Hamann, première chanteuse légère de grand opéra; Gulbert, première dugazon; Jeanne Castel et Michy, deuxièmes dugazons; Gayet, mère dugazon.

Orchestre. — MM. Alexandre Luigini, premier chef d'orchestre; Couard, deuxième chef d'orchestre.

ANGERS

L'Association artistique d'Angers, qui a commencé, le 14 octobre, sa douzième année et donné son 309ᵉ concert populaire, vient de faire connaître le programme de ses concerts de la saison. Tout en faisant réentendre les œuvres classiques consacrées qui font partie de son répertoire. elle a l'intention de s'appliquer surtout à l'interprétation des chefs d'œuvre peu connus en France de la littérature symphonique : les symphonies de Schumann, la belle symphonie en *ut* de Schubert; une symphonie de Weber, puis la symphonie en *mi* mineur de Hiller ; la quatrième symphonie de Svendsen. Elle fera entendre aussi la symphonie de Saint-Saëns (probablement sous la direction de l'auteur), la *Lénore* de Raff, la *Sérénade* de Brahms et quelques-uns des poèmes symphoniques de Liszt. Une partie de ses programmes sera consacrée à la musique russe, depuis Glinka jusqu'aux compositeurs contemporains.

Les compositeurs, les virtuoses et les chanteurs qui ont promis de faire ou pour la plupart de refaire le pèlerinage artistique d'Angers sont MM. Bourgault-Ducoudray, Cahen, Chabrier, Th. Dubois, C. Franck, Benjamin Godard, d'Indy, Victorin Joncières, Lalo, J. Massenet, Fr. Thomé, Widor, Wormser, Mᵐᵉˢ Boidin-Puisais, Fleschelle (violoncelliste), Roger-Miclos, Steiger, MM. Auguez, Hasselmans, Jeno Hubay, Mariotti, Marsick, Philipp, Ysaye frères, etc., etc.

Avec un semblable programme, si les fervents disciples de la musique qui forment l'Association artistique ne voient pas le public angevin répondre à leur appel, ils pourront du moins marcher la tête haute avec le sentiment du devoir accompli, car ils auront, une fois de plus, bien mérité de l'art et des artistes.

ROUBAIX

L'Hippodrome-Théâtre de Roubaix a ouvert de nouveau ses portes, pour la saison théâtrale 1888-89, à la troupe d'opéra de Gand.

C'est vraiment une bonne fortune que de posséder des artistes d'un pareil talent. Mᵐᵉ Laville-Ferminet, Boyer (aujourd'hui Mᵐᵉ Jau), et MM. Merrit et Soum, dont l'éloge n'est plus à faire, sont revenus sur notre scène, et c'est avec un plaisir nouveau qu'on est allé les écouter et les applaudir.

Cette troupe a débuté, la semaine dernière, par les *Huguenots*. Une ovation spontanée a été faite à Mᵐᵉˢ Laville-Ferminet et à MM. Merrit et Soum.

Jeudi dernier, elle nous a donné *Faust* de Gounod. L'interprétation était digne de l'œuvre. Mᵐᵉ Boyer a chanté Marguerite avec une remarquable virtuosité. MM. Déo (Faust), Darman (Méphisto), Jau (Valentin) nouveaux sujets, ont obtenu la sympathie du public.

M. Déo, quoique fort ténor, n'a pas l'étoffe voulue pour faire un ténor émérite, il semble plutôt fait pour l'emploi de ténor en second lieu. Il manque d'action. Quant à MM. Darman et Jau, ils se sont bien acquittés de leur tâche.

L'orchestre, sous la direction de M. Cambon, mérite toutes nos félicitations.

Cette année, comme les années précédentes, la salle est chaque fois comble, et l'on peut évaluer, en moyenne, à trois mille le nombre des spectateurs.　　　　　　TÉLÈS.

Nouvelles diverses

On vient d'inaugurer, à Berlin, une nouvelle salle de concerts, la Philharmonie, élevée sur les ruines de l'ancienne salle de ce nom, dans l'espace de *cinq mois* ! L'orchestre peut contenir quatre cents exécutants ; il est surmonté d'un orgue dont les soufflets sont mis en mouvement par l'électricité. La salle est ornée de médaillons de Bach, Hændel, Haydn, Gluck, Mozart, Beethoven, Cherubini, Spohr, Weber, Schubert, Chopin, Schumann, Mendelssohn, Liszt, Wagner et Raff se détachant en relief. Les noms de Berlioz et de Meyerbeer sont absents. Est-ce une omission involontaire?

L'inauguration a eu lieu, le 5 octobre, par un grand concert qui a permis de constater l'excellente acoustique de la salle. Le concert a commencé par l'ouverture *Zur Weihe des Hauses*, qui était tout à fait de circonstance. Avec le concours de Hans de Bülow, on a exécuté ensuite la *Fantaisie pour piano, chœur et orchestre* de Beethoven; puis une fantaisie pour orgue, et l'*Alleluia* de Hændel. Un prologue et un discours avaient précédé le concert.

Les journaux de Berlin font grand tapage autour d'une jeune virtuose de talent et de grand avenir, disent-ils, une violoniste, Mᵐᵉˢ Métaura Torricelli, arrière-petite-fille du célèbre physicien italien. Elle vient de donner à Berlin, devant un nombreux public appartenant en grande partie aux colonies étrangères, plusieurs concerts où elle a exécuté des morceaux de musique belge (Vieuxtemps), française et

italienne, et s'est fait vivement applaudir. La gracieuse artiste, qui vient de faire une tournée en Amérique, se propose de visiter prochainement la Belgique et la France.

Une nouvelle maladresse de M. le comte de Hochberg, l'intendant général des théâtres royaux de Berlin. Dans la lettre par laquelle il accepte la démission de ses fonctions de chef d'orchestre, offerte par M. Deppe, M. l'intendant s'exprime ainsi : « Je ne puis ajouter que l'expression du profond regret que j'éprouve en voyant l'Opéra royal privé des services d'un artiste accompli, dont le talent était propre à remettre en honneur l'opéra classique si déplorablement négligé et à porter les exécutions de l'orchestre royal à un degré de perfection digne de cette institution. Des exécutions telles que celles de *Fidelio*, de *Don Juan*, et aussi du *Rheingold*, resteront inoubliables chez tous ceux dont le parti pris n'a pas faussé le jugement et l'oreille.»

Le piquant de cette lettre, c'est qu'elle dissimule mal le dépit de l'intendant, dont la direction a été dès le début l'objet des plus vives critiques. On sait que M. de Hochberg a des prétentions musicales extraordinairement plaisantes. Sous prétexte qu'il a composé quelques mauvais airs et un mauvais opéra, il se mêle de faire des observations aux chefs d'orchestre. M. Deppe les acceptait humblement. De là, la faveur dont il jouissait auprès de l'intendant. D'autres artistes éminents, tels que MM. Seidl et Félix Mottl protestèrent immédiatement contre cette invasion de l'intendance dans leur domaine et, finalement, donnèrent leur démission. Depuis lors, l'Opéra a changé tous les six mois de chef d'orchestre ! Il faut croire que M. de Hochberg se sent aujourd'hui la main forcée, puisqu'il consent à laisser partir M. Deppe, dont les journaux de Berlin avaient maintes fois critiqué la manière de diriger. En revanche, il lance une pointe au premier chef d'orchestre récemment installé, M. Sucher, qui est vraisemblablement trop indépendant et trop wagnérien aux yeux de cet amateur de l'opéra classique. Que penser de cet intendant, qui débine ainsi *coram populo* les artistes de la maison, parce qu'il a été obligé de se séparer d'un favori dont l'insuffisance était notoire ? Tout cela est bien amusant! Quelle petite ville, cette grande capitale! La conclusion de l'affaire sera très probablement la retraite de M. de Hochberg lui-même. Elle s'impose.

Voici que l'Allemagne musicale, après avoir enfin complètement justice aux mérites du bel ouvrage de M. Adolphe Jullien sur *Richard Wagner*, commence à s'occuper du *Berlioz* que le même auteur. a promis de publier à la librairie de l'Art, à Paris. La *Wiener Musikalische Zeitung*, d'Emerich Kastner, et l'*Allgemeine Musik-Zeitung*, qu'Otto Lessmann publie à Charlottenburg-Berlin, ont avisé déjà leurs lecteurs de la prochaine apparition de cet ouvrage considérable en leur assurant qu'il serait fait de main de maître, car l'auteur, disent-ils, est un de ces plus anciens et des plus clairvoyants admirateurs du grand musicien français. Son *Hector Berlioz*, ajoutent-ils avec raison, sera à tous égards le digne pendant de son magnifique *Richard Wagner*; texte et illustrations, tout sera conçu sur un plan pareil; le format sera le même et la disposition identique; enfin, le célèbre peintre Fantin-Latour fera un fois bond à son ami et a dû composer tout exprès pour cet *Hector Berlioz* une série de lithographies aussi nombreuses et aussi poétiques que pour le *Richard Wagner*..... Ce sont les journaux allemands qui parlent ainsi par avance, et nous ne faisons que transcrire ici leurs compliments significatifs. Pour l'ouvrage en lui-même, on en pourra juger avant quinze jours.

Si M. Reyer a le piano en horreur parce qu'il est trop répandu en Europe, que pensera-t-il du prodigieux développement de l'orgue et de l'harmonium aux Etats-Unis ? Une maison fondée à Brattleboro (Vermont) en 1846 vient d'expédier les deux cent millième orgue sorti de ses ateliers !

Voilà une consommation de tuyaux qui dépasse probablement la consommation de marteaux en Europe.

Nous avons annoncé la nomination de M. Hans de Bronsart, l'intendant général du théâtre grand-ducal de Weimar, à la présidence de l'Association universelle des musiciens allemands, en remplacement de feu le professeur Riedel. M. de Bronsart faisait déjà partie du comité général de l'Association. A la place devenue vacante par son élection, l'Association vient de nommer M. Ed. Lassen, le sympathique directeur de la musique du grand duc de Saxe-Weimar.

La musique russe : On vient de reprendre, à Moscou, la *Judith* de Sérow avec Mᵐᵉˢ Korovine et M. Korsow, qui seront aussi les interprètes des deux principaux rôles à la prochaine reprise de cet opéra à Saint-Pétersbourg.

L'Opéra tchèque de Prague vient de reprendre, avec succès, la *Vie pour le Czar* de Glinka, dont la première représentation dans la capitale de la Bohême remonte à 1868. La même théâtre représentera, le 30 novembre prochain, une traduction d'*Eugène Onéguine*, de M. Tchaïkovsky, sous la direction de l'auteur. Ce sera la première fois que l'apparition du maître moscovite franchira les frontières de la Russie.

A l'instar des concerts de l'Opéra de Berlin, la Société symphonique d'Amsterdam va exécuter, ces jours-ci, la *Sulamite* de M. A. Rubinstein, sous forme d'oratorio. Enfin, un théâtre d'opéra russe vient d'être fondé à Riga. On vient d'y représenter le *Démon* de M. Antoine

Rubinstein. Cet opéra a été donné aussi en russe par une troupe ambulante qui, après s'être fait entendre à Berlin et à Copenhague, parcourt en ce moment les villes de province de la Grande-Bretagne. Cette entreprise annonce des concerts russes à l'Albert-Hall de Londres.

L'Opéra-Italien du Théâtre-Panaïew, à Saint-Pétersbourg, vient de publier son prospectus pour la saison de 1888-89, qui commencera le 7 novembre pour durer jusqu'au grand carême, pendant lequel la troupe italienne, Mme Marcella Sembrich et M. Masini à sa tête, ira donner des représentations à Moscou.

A Saint-Pétersbourg, M. Masini est engagé pour toute la saison, Mme Sembrich pour le dernier mois.

Voici la composition de la troupe. Soprani : Mmes Marcella Sembrich, Sandra-Kartsew, S. Arnoldson et M. Samoïlow; mezzo-soprani et contralti : Mmes S. Scalchi-Lolli et O. Synnerberg; ténors : MM. Angelo Masini, L. Ottaviani, L. Calzolari, J. Corsi et Bartolotti; barytons : MM. Padilla, Salassa et Ughetti; basses: MM. Mirabella et Contini; basse-bouffe : M. Scolara; chefs d'orchestre : MM. A. Pomé et E. Cavazza.

Le répertoire sera composé de *Don Juan* de Mozart, du *Barbier de Séville* et du *Guillaume Tell* de Rossini, des *Huguenots* et de *Dinorah* de Meyerbeer, de *Lucia*, *Lucrezia Borgia* et la *Favorite* de Donizetti, de la *Traviata* et *Aïda* de M. Verdi, du *Faust* de Gounod, de *Lakmé* de M. Delibes et des *Pêcheurs de perles* de Bizet, une nouveauté pour Saint-Pétersbourg, qui sera interprétée par Mme Arnoldson et M. Masini.

Signalons, dans *Nadus-Lyrique*, une série d'intéressants articles de notre confrère Etienne Destranges sur Bayreuth et les représentations de cette année.

Encore un qui est revenu de là-bas émerveillé de ce qu'il y a vu et entendu.

Après le Costanzi, l'Argentina a fait sa réouverture à Rome avec l'*Aïda* de Verdi. Voilà la lutte engagée entre les deux théâtres rivaux, jouant tous deux le grand opéra.

Un beau match artistique. Nous marquerons les coups. Pour le moment, le Costanzi paraît avoir l'avance.

Nous apprenons que le *Capitaine noir* et le *Liederich* de M. Joseph Mertens sont acceptés au Grand-Théâtre d'Amsterdam et y seront donnés dans le courant de la saison.

M. J. de Swert est engagé par la Société russe pour trois concerts qui auront lieu, en décembre, à Saint-Pétersbourg.

Notre confrère Zénon Etienne vient de publier chez Schott frères une marche militaire, *Mars*, qui obtient beaucoup de succès. Cette marche est dédiée à M. Constantin Bender, l'excellent chef de musique des grenadiers.

BIBLIOGRAPHIE

LES ŒUVRES DE BEETHOVEN. — La maison Breitkopf & Hærtel, dont on connaît les belles éditions classiques, vient d'entreprendre une nouvelle édition complète de Beethoven destinée spécialement à l'enseignement et à l'usage particulier.

La grande édition publiée sous les auspices de Bœrge, de David, d'Espagne, de Nottebohm, de Reinecke et Rietz est la plus complète, la plus correcte qui ait vu le jour, et elle a servi de modèle à une foule de publications similaires. Mais il restait à compléter cette belle publication par une édition plus à la portée du public, et c'est cette édition que MM. Breitkopf et Hærtel viennent d'entreprendre. Cette édition complète de Beethoven comprendra vingt volumes du format ordinaire, lesquels paraîtront par livraisons. Les œuvres de chant et les œuvres pour orchestre formeront les douze premiers volumes, qui renfermeront les *lieder* dans leur forme originale, les airs écossais et les autres airs populaires, la musique d'église, les cantates et *Fidelio* avec l'orchestre réduit pour piano; les œuvres de piano, les concertos avec l'accompagnement d'orchestre arrangé pour un second piano, les ouvertures, les symphonies et tout l'œuvre orchestral réduits pour piano. Les huit autres volumes comprendront toute la musique de chambre, duos, trios, quatuors, septuor, etc., en partition et en parties. Ce sera, en un mot, une édition pour les bibliothèques particulières et les amateurs.

Nous venons de recevoir les premières livraisons du premier volume, comprenant les airs populaires écossais, irlandais, gallois, anglais, italiens, et les lieder. La première livraison est ornée du beau portrait de Beethoven par Waldmuller. Elle est d'une exécution typographique absolument parfaite. Il est à remarquer, en outre, que c'est la première fois que la collection des airs populaires réunis par Beethoven paraît ici avec l'accompagnement de piano. Jusqu'ici, on n'en possédait qu'un volume assez rare avec l'accompagnement de violon et de violoncelle. MM. Breitkopf et Hærtel annoncent également que, parmi ces chants, il en est plusieurs qui n'avaient pas été publiés jusqu'ici. En tout, l'édition nouvelle comprendra quarante-six œuvres de Beethoven demeurées jusqu'ici inédites.

On voit l'intérêt qu'offre cette nouvelle et splendide édition. Ce qui ajoute à son prix, c'est qu'elle est d'un bon marché surprenant pour une édition de luxe : la livraison de 32 pages coûte 1 mark,

soit 1 fr. 25, L'édition complète comprendra cent cinquante livraisons, dont cinquante livraisons doubles pour la musique de chambre. On souscrit chez tous les marchands de musique.   M. K.

PANDORE, scène lyrique pour voix de soprano, récitant et chœur, avec accompagnement de piano et d'orchestre, poème de Paul Collin, musique de G. Pierné. Paris, Alphonse Leduc. — Parmi les jeunes compositeurs français, M. Pierné est, certes, l'un des mieux doués. Pianiste distingué, M. Pierné, quoique très jeune encore, s'est déjà essayé dans tous les genres avec un égal bonheur. Sa facilité est surprenante. Ses œuvres s'en ressentent un peu; non qu'elles soient banales; cela est joli, charmant, très séduisant dans l'invention mélodique et dans le revêtement harmonique, mais cela manque de caractère et de profondeur. Il y a là toutefois un ensemble de qualités qui justifient pleinement les très réels succès que M. Pierné compte déjà dans sa courte carrière. Et ces qualités se trouvent réunies dans la petite cantate que l'éditeur Leduc a fait paraître récemment. Elle fera plaisir par le charme et la grâce qui sont en elle.

IL TEATRO ILLUSTRATO (Milan, Sonzogno), livraison du mois d'octobre.

Illustration avec texts : Elena Hastreiter, portrait; les *Joyeusetés*, revue du Palais-Royal, à Paris; le nouveau plafond du théâtre de l'Odéon de Paris; album de costumes italiens du XVIe siècle.

Texts : Le Dr Ugo Riemann et son système harmonique; le congrès littéraire de Venise; théâtres de Milan; correspondances de Paris, Trieste, Vienne; opéras nouveaux : *Isanobe* de Clardi; histoire de la musique de Langhans; Wagner et Meyerbeer; le nouveau drame espagnol; le nouveau théâtre Lessing à Berlin; les *Huguenots* au théâtre Costanzi de Rome; bulletin théâtral de septembre, etc.

Musique : *Ballabile* du premier acte de *Ravailles* de Righi; chasse des sylphes de Mendelssohn.

ÉPHÉMÉRIDES MUSICALES

Le 19 octobre 1845, à Dresde, *Tannhæuser und die Sänger auf Wartburg*, 3 actes de Richard Wagner qui conduit l'orchestre. Le succès de l'œuvre ne s'affirma nettement qu'après que Liszt l'eut fait exécuter à Weimar (12 nov. 1848).

L'adaptation française de Nuitter, à l'Opéra de Paris, est du 13 mars 1861, et, à Bruxelles, du 20 fév. 1873.

L'historique du *Tannhæuser* forme un des chapitres les plus intéressants de l'ouvrage *Richard Wagner, sa vie et ses œuvres* par Adolphe Jullien (de page 71 à 80).

— Le 19 octobre 1819, à Bruxelles, décès de Lambert-François Godechale. Sa naissance dans la même ville le 13 février 1751. Fétis (*Biogr. univ. des mus.* T. IV. p. 42) cite quatre frères Godechale comme ayant fait partie de la chapelle royale de Bruxelles. Deux se sont particulièrement distingués : l'aîné, Eugène-Charles-Jean, violoniste, harpiste, compositeur; le cadet, Lambert-François, maître de musique de l'église Saint-Nicolas et auteur de diverses compositions religieuses.

Un cinquième frère était le statuaire Lambert Godecharle, mort à Bruxelles, le 24 fév. 1835.

Dans sa *Musique aux Pays-Bas* (T. IV.) Edmond Vander Straeten a donné sur les Godecharle musiciens des détails plus précis que ceux de Fétis.

— Le 21 octobre 1846, à Bruxelles, le *Lac des fées*, 5 actes d'Auber. Cet opéra-féerie, qui n'eut à Paris qu'un succès relatif (1er avril 1839), en eut un très grand au théâtre de la Monnaie avec Laborde, Zelger, Mmes Charton et Julien, pour principaux interprètes. Encore aujourd'hui, les théâtres allemands conservent à leur répertoire *der Feensee*, alors que, dans son pays d'origine, la pièce est complètement oubliée. Leipzig est la première ville étrangère qui fit connaître l'œuvre d'Auber, 31 déc. 1839, et successivement, Berlin, 14 déc. 1840; Riga, 16 avril 1845; Hanovre, 16 avril 1855; Carlsruhe, 17 avril 1865.

Un critique allemand s'est demandé pourquoi la musique du *Lac des fées*, où se rencontrent, dit-il, des « beautés incontestables », n'est pas à sa vraie place. Il répond ceci :

« Sa *réalité* ne saurait convenir à cette imagination éthérée et merveilleuse venue d'Allemagne. Il y a des sujets auxquels la poésie seule peut toucher. Or, la poésie n'est guère du fait d'Auber. La pièce se joue dans les nuages, dans le *bleu*, comme nous disons, et la musique, hélas! rase-la terre. N'oublions pas que Weber a fait *Obéron*, ce chef-d'œuvre d'imagination vaporeuse, cette révélation inouïe de la musique des elfes et des ondines. Auber se garde bien, lui, de vouloir approfondir de pareils secrets. Quoi qu'on fasse, le monde des esprits nous appartient, nous seule savons les évoquer du sein des ténèbres, du sein de la lumière et des eaux. Gaspard, Obéron, Titania sont à nous. Auber, avec tout son esprit, ou, pour mieux dire, à cause de son esprit, ne comprend rien à tout cela. Il y a entre *Obéron* et le *Lac des fées* toute la différence qui sépare un conte bleu de Perrault d'une fantaisie d'Hoffmann ou de Novalis. »

— Le 22 octobre, 77me anniversaire de la naissance de Frans Liszt (Raiding, Hongrie, 1811). Sa mort à Bayreuth, le 31 juillet 1886. (Voir Eph. G. M. 21 oct. 1886.)

— Le 23 octobre, 85me anniversaire de la naissance d'Albert Lortzing (Berlin, 1803). Sa mort dans cette ville le 21 janv. 1851.

Le compositeur à qui le théâtre doit de si charmants ouvrages n'a qu'une simple pierre sépulcrale sur laquelle on lit :

> « Sein *Lied war deutsch, und deutsch* sein *Lied*
> Sein Leben Kampf mit Noth und Neid ;
> Das *Leid flieht diesen Friedensort*,
> Der *Kampf ist aus* — Sein Lied tœnt fort. »
>
> « *Sa chanson fut allemande, allemande sa souffrance,*
> *Sa vie ; un combat contre la misère et l'envie ;*
> *La souffrance fuit ce lieu de repos,*
> *La lutte est finie, mais la chanson continuera de chanter. »*

L'article : *Avant les Maîtres Chanteurs*, paru dans le dernier numéro du *Guide*, n'aura pas échappé à nos lecteurs, les noms de Lortzing et de Wagner s'y trouvant mêlés à propos du *Hans Sachs* du premier des deux.

— Le 24 octobre 1850, à Bruxelles, en l'église SS. Michel et Gudule, pour le service funèbre de la reine des Belges, *Messe de requiem* de Fétis, pour quatre voix et chœur, avec accompagnement de six cors, quatre trompettes, trois trombones, saxhorn, basse-tuba, bombardon, orgue obligé, violoncelles, contre-basse et timbales. Partition gravée, Paris chez Meissonier.

— Le 25 octobre 1850, à Anvers, les *Porcherons*, 3 actes d'Albert Grisar. « Musique vive, entraînante et savamment orchestrée. Abondance de motifs, duos, trios, chœurs, se suivant sans interruption. » (Bovy, *Annales du théâtre royal d'Anvers*.) La pièce fut jouée sept fois pendant le cours de la saison.

La première : à Paris, Opéra-Comique, 12 janv. 1850, dernière reprise, 26 août 1865 ; à Bruxelles, 13 août 1850.

Nécrologie

Sont décédés :

A Anvers, le 9 octobre, à l'âge de 34 ans, L. Van Cauteren, ancien chef d'orchestre au Théâtre-Royal.

— A Cannes, Mme Henriette Bourgogne, née Hitzemann, charmante artiste qui, à Paris, eut, il y a quelque vingt ans, son heure de célébrité comme pianiste.

— A Munich, le 25 septembre, à l'âge de 85 ans, Mme veuve Barbara Horschelt née Eckner, ancienne danseuse à l'Opéra.

Avis et Communications

Les séances de musique de chambre pour instruments à vent et piano, au Conservatoire de Bruxelles, reprendront, cet hiver, avec plus d'éclat que jamais.

Les organisateurs, MM. Dumon, Guidé, Poncelet, Neumans, Merck et De Greef, préparent pour les quatre séances d'intéressants programmes.

Pour les abonnements, s'adresser chez les éditeurs de musique et chez M. Florent, aile droite du Conservatoire.

Le premier concert de l'Association des Artistes-Musiciens de Bruxelles aura lieu le samedi 27 de ce mois, à 8 heures du soir, au local de la Grande-Harmonie, avec le concours de Mme Melba ; de Mlle Eugénie Dratz, qui se fera entendre sur le nouvel instrument le Clavi-Harpe, et de M. Antoine Bouman, violoncelliste dont on dit le plus grand bien.

L'orchestre, sous la direction de M. Léon Jehin, exécutera la 2e *Suite d'orchestre* (scène de Ballet) de F. Le Borne (première exécution à Bruxelles) et une *Aubade* pour petit orchestre de M. Éd. Lalo, l'heureux auteur du *Roi d'Ys*.

Le prix de l'abonnement reste fixé à 10 francs par place numérotée, pour les quatre concerts.

On peut souscrire chez les marchands de musique et au local de la Grande-Harmonie, rue de la Madeleine.

Pour venir en aide aux habitants des villes de Sundsvall et de Umeå en Suède qui, cette année, par suite d'incendies, ont souffert des pertes évaluées en 30 millions de francs, le Cercle Beethoven de Bruges, composé d'anciens lauréats du Conservatoire royal de Bruxelles, a bien voulu prêter son concours gracieux et, sous la direction de M. Jules Goetinck, il va donner, le 20 de ce mois, dans la petite salle de la Société royale de l'Harmonie d'Anvers, une séance de musique scandinave où l'on aura l'occasion d'entendre exécuter d'une manière remarquable des œuvres de compositeurs tels que Grieg, Gade et Svendsen.

Les exécutants sont : MM. Ed. Daveluy, baryton ; J. Goetinck, O. Claeys, H. Sabbe, L. Lescrauweat, violons ; Van Kerschaever, pianiste ; E. Dupont, F. Hardy, altos ; L. Depost, A. Inslegers, violoncelles ; M. J. Van Lemberghe, contre-basse.

Clarinettiste, lauréat du Conservatoire, professeur et chef de musique expérimenté, demande emploi. Adresse A. B. au bureau du Journal.

PROCHAINEMENT, PREMIÈRE REPRÉSENTATION

AU

Théâtre royal de la Monnaie

DE

RICHILDE

TRAGÉDIE LYRIQUE EN QUATRE ACTES ET DIX TABLEAUX

Poème et musique d'Émile MATHIEU

Partition piano et chant . . . . . Net fr. 15,00
Le libretto 1,00

SCHOTT Frères, éditeurs, Montagne de la Cour, 82, Bruxelles

XXXIVᵉ ANNÉE   25 octobre 1888   Nᵒ 43

Le Guide Musical

Paraissant tous les jeudis.

ABONNEMENT	SCHOTT FRÈRES, ÉDITEURS.	ANNONCES
FRANCE et BELGIQUE : Avec musique 25 francs.	Paris, Faubourg Saint-Honoré, 70	S'adresser à l'Administration du Journal.
— Texte seul. . . 10 —	Bruxelles, Montagne de la Cour, 82	On traite à forfait.
UNION POSTALE . . . . 12 —		

Le pédantisme et le dandysme

DANS LA CRITIQUE MUSICALE

'est-il pas déplorable de constater qu'en France il n'existe aucune revue traitant de l'art musical avec l'autorité et l'élévation que comporte cette merveilleuse langue des sons? Le seul journal parisien ayant une certaine vogue dépend d'un éditeur et n'a d'autre but que de travailler *ad majorem Dei gloriam* (traduisez à la gloire du maître de la maison et des compositions qu'il édite). On y voit louer à outrance les œuvres de la plus triste médiocrité, alors que celles des plus grands maîtres ou de leurs adeptes sont généralement maltraitées. C'est pure affaire de boutique.

Quant à la grande majorité des revues et journaux importants de Paris, la critique musicale n'en est plus assurément à l'heureux temps où florissaient les Scudo, Azévédo et autres connaisseurs de la même trempe; mais il faut avouer qu'à quelques exceptions près (1), cette critique est confiée à des littérateurs dont l'esprit de discernement peut être, à bon droit, mis en question.

Pour l'amour du contraste, il serait aisé de s'attacher de préférence à deux types de critique particulièrement significatifs.

Le premier fait songer tout d'abord à cette phrase initiale de l'article consacré par M. Jules Lemaître

(1) Au premier rang de ces exceptions, nous plaçons le *Journal des Débats*, la *Revue bleue*, le *Moniteur*, etc...

à un coryphée de la critique classique, à un successeur de Nisard ; « *M. F. B., qui aime peu, n'est point « aimé passionnément.* » Nous supposons que notre critique est, à la rigueur, encore plus expert dans l'art musical que dans celui de se faire des amis par l'aménité de son style. Magister de village de la tête aux pieds, il passe le meilleur de son temps à écraser avec sa lourde férule indistinctement tous les ouvrages dont il a à rendre compte. On dirait qu'il se plaît, avec cette redoutable férule, à rabaisser à une sorte de niveau égalitaire tout ce qui tombe sous son contrôle. Cet ennemi des Grâces éprouve, en revanche, une satisfaction visible, lorsqu'il lui arrive de signaler tel ou tel détail insipide, qui se rapporte à la technique la plus sèche, autrement dit à ce qui est proprement du ressort du maître d'école. En fait de délicatesses musicales, il consacrera des colonnes entières à la description d'une nouvelle méthode de solfège ou de clarinette. Mais, s'il a à parler d'un ouvrage sérieux, le maximum qu'il lui accordera, en fait de témoignage élogieux, sera de choisir avec soin deux ou trois passages insignifiants et de les citer.

Demandez-lui d'écrire *sur* ou *contre* n'importe quelle production se rapportant à la musique; mieux que cela, à côté; mieux que cela encore, à la place de l'auteur, sans faire la moindre attention à lui : mais cessez d'espérer qu'il puisse se résoudre à parler *pour*.

Quant à ses découvertes personnelles, en voulez-vous quelques exemples? Dans un article paru récemment, il nous apprend que « l'enseignement de » la mesure est plus simple et plus facile que celui » de l'intonation..... qu'il n'y a que deux divisions » fondamentales, la binaire et la ternaire... que » quatre est le double de deux... que six est le double » de trois... que, pour battre la mesure, il faut la

» sentir... mais qu'il vaut mieux ne pas la battre du
» tout ».

Après avoir proclamé ces précieuses vérités et bien
d'autres de la même valeur, dignes d'un Joseph Pru-
dhomme, disons mieux d'un Beckmesser (voir les *Maîtres Chanteurs*), il se hausse sur son pavois ou sur son
trépied, en s'écriant : « J'ai dit ».

Celui qui voudrait le peindre complètement devrait
ne pas oublier une habitude d'esprit invariable, dont
l'exercice, dégénérant en manie, produit chez lui des
effets véritablement grotesques. Soumettez-lui n'importe quelle composition musicale ; il est fermement
convaincu que son premier devoir est de constater si,
oui ou non, le morceau en question ne serait pas
infesté, ne fût-ce qu'au moindre degré, de ce virus
qu'il appelle *le genre descriptif*. Pour peu qu'il le juge
atteint, il lui opposera une fin de non recevoir
catégorique.

Prenons sans regret congé de ce personnage grincheux, pour trouver quelque bonne humeur dans la
compagnie d'un arbitre des élégances, d'un favori
des Muses. Celui-ci a eu le bonheur de prendre la
place, dans une de nos grandes Revues, et de recueillir, sous bénéfice d'inventaire, l'héritage des Scudo
et des Blaze de Bury ; il sent profondément à quoi
l'engage une position aussi honorable et il s'attache à
parer de tous les charmes et de tous les raffinements
d'un style exquis les traditions consacrées. Il est
passé maître dans l'art d'ajouter à ces traditions
quelques innovations timides ! Il faut bien ménager
aux lecteurs et aux lectrices, à peu près comme sur
notre plus grande scène lyrique on ménage aux auditeurs et aux auditrices, *cette sécurité dans le plaisir* (1) », sans laquelle le plaisir de lire ou d'entendre
risque de se changer si vite en peine. Avec notre
aimable critique, n'appréhendons point cette peine ;
il connaît trop ses obligations envers la très bonne
compagnie qui forme sa clientèle. A le lire, on se
croirait transporté dans un de ces salons (devenus
malheureusement trop rares) où la meilleure récompense de celui qui venait de débiter une poésie ou
de chanter une romance était l'approbation et le
sourire des dames.

Comme on a dû sourire, en effet, de plus d'un côté
et de plus d'une manière, lorsqu'un événement inattendu, la reprise de l'opéra comique *la Dame blanche*,
a éveillé toutes les sollicitudes et provoqué l'enthousiasme délirant de notre critique ! On ne saurait
oublier les lignes débordantes de lyrisme que lui a
suggérées cette bonne fortune inespérée. Quel prologue tout trouvé, comme s'il s'agissait d'un chef-
d'œuvre de Shakespeare et de Gœthe ! Il ne manquait
à ce prologue que d'être débité en scène, après l'ouverture dudit opéra comique, par le jeune littérateur
lui-même, en costume authentique de troubadour.

La haine de la musique descriptive est l'un des
traits de caractère les plus saillants du critique de

(1) Alphonse Daudet.

tout à l'heure. L'amour de la musique amoureuse et
de la musique amusante restera, sans doute jusqu'au
bout, la passion exclusive du critique que nous
saluons en ce moment. Cette passion, du reste, il l'a
affichée à plaisir (1).

Nous croyons, nous, que si un grave danger menace dans notre pays l'avenir de l'art musical, c'est
l'absence et la mise en oubli de ce que cet art comporte de virilité saine et parfois un peu âpre. Sous
l'enveloppe des phrases complaisantes qui font
valoir et qui flattent avant tout certaines ambiguïtés
mystico-voluptueuses à la mode du jour, nous crai-
gnons que des encouragements trop formels ne soient
donnés aux tendances et aux recherches qui visent à
émasculer cet art, c'est-à-dire à compromettre sa
pure et robuste noblesse.

O, Monsieur X..., si l'on retranchait de la bonne
musique tout ce que vous trouvez descriptif ; — ô,
Monsieur Z..., si on la débarrassait de ce que vous
trouvez ennuyeux, à quoi serait-elle réduite ?

HUGUES IMBERT.

Chronique de la Semaine

Théâtres et Concerts

PARIS

L'Odéon a repris *Athalie* avec un grand éclat, auquel contribue
pour une très grande part la superbe exécution de la musique de
Mendelssohn par l'orchestre de M. Lamoureux et par les chœurs
excellents qu'il a su choisir. Les trois solistes femmes ont été remarquées, notamment le premier soprano, Mᵐᵉ de Montaland ; sa voix,
d'un timbre chaud et velouté, capable de se plier également aux
inflexions des sentiments tendres et des sentiments vigoureux, a été,
aussi goûtée que pouvait le permettre la musique, un peu uniforme
d'expression, du maître allemand. Il est vraisemblable que nous
entendrons Mᵐᵉ de Montaland dans le courant de la saison, aux
concerts du Cirque d'Été, que M. Lamoureux va inaugurer dimanche
prochain. Le programme, outre l'adorable quatrième Symphonie en
si bémol de Beethoven et la suite des *Maîtres Chanteurs* de Wagner,
portera une suite du compositeur slave Antoine Dvorjak, et peut-
être une page pittoresque de Borodine, *Dans la steppe*. Le concert
s'ouvrira probablement par l'ouverture de *Geneviève* de Schumann,
qui est rarement jouée. M. Lamoureux pourrait donner aussi celle
de *Faust*, du même auteur, qui n'est jamais jouée, elle, et bien à tort,
car plus d'un passage est de premier ordre, sinon son orchestration, la
rapproche de celle de *Manfred*, le chef-d'œuvre en ce genre.

Les exécutions musicales de la banlieue méritent rarement d'être
signalées. Je ferai une exception, aujourd'hui, pour la fête artistique
qui réunissait dimanche dernier, à Nogent-sur-Marne, une petite élite
de musiciens et d'artistes. Un délicieux *Ave verum* inédit de Gabriel
Fauré, qui tenait l'orgue ; le *Pietà signore* de Stradella, chanté par
Mᵐᵉ Blanche Deschamps avec toute l'ampleur de sa voix étoffée et
la vigueur de son sentiment dramatique ; une *Messe* à deux voix de
femme, des plus intéressantes (notamment le *Sanctus*, l'*Agnus* et surtout certaines parties du *Gloria*), par M. Pierre de Bréville, ont donné
un éclat tout particulier à la cérémonie qui en était l'occasion. L'organiste, M. Charles Bordès, ayant cédé sa place au maître de chapelle de la Madeleine, M. Gabriel Fauré, déjà nommé, M. Charles
Bordès, dis-je, dirigeait le double chœur de soprani et contralti,
composé de dames amateurs, et qui, sans beaucoup de répétitions,
s'est convenablement acquitté d'une tâche difficile d'ailleurs.
M. Charles Bordès, mes lecteurs le savent, est l'auteur plein de
promesses des *Paysages tristes* et des *Danses basques et béarnaises*.
J'allais oublier le *Panis angelicus* de César Franck (avec violoncelle
obligé), cette merveille bien connue d'onction mystique. Disons à
la louange de M. de Bréville, élève de Franck, qu'il se rapproche
parfois de son maître, dans sa *Messe* d'une écriture si distinguée.

(1) Voir ses articles sur l'*Ennui*, sur l'*Amour* dans la musique.

L'Exposition, qui va s'ouvrir au printemps, a le don d'exciter tout particulièrement les convoitises musicales, je parle de celles des éditeurs et des auteurs. Dans notre Olympe subventionné, où va trôner, au plus haut bout de la table du festin, le *Numen supremum*, l'*Ecole française* en trois personnes (MM. Thomas, Saint-Saëns et Massenet), la tourbe des *Dii minores*, et même *inferiores*, réclame déjà sa place et sa part à côté de cette auguste Triade... On a vu ici que M. Godard, si pressé tantôt, si disposé à bâcler son *Dante* pour arriver juste à une ceraine date de novembre (dame ! il y avait un traité, disait-on, et la foi des traités, c'est chose sacrée), le même M. Godard, maintenant, ne veut plus même être joué en février, et *préfère* attendre, « afin d'être joué pendant l'Exposition ». Les gens qui savent à quel point la musique n'a jamais douté de rien ne s'étonneront point de cette attitude... Mais où on aurait attendu plus de modestie, c'est dans celle (l'attitude) de MM. Mermet et Diaz, ne pas prononcer Phidias,— qui jugent l'occasion bonne pour émerger de l'ombre tutélaire qui les voilait, et pour produire: le premier un *Bacchus*, Bacchus aux Indes, un sujet tout à fait enivrant, comme vous voyez; et le second *son* « Benvenuto Cellini », où il compte faire merveille, après Berlioz et M. Saint-Saëns.

Puisque nous sommes à l'Opéra, un mot sur le début du ténor Jérôme, qui a eu lieu ces jours-ci. On est si peu gâté à l'Opéra que M. Jérôme, qui n'attirerait pas extraordinairement l'attention partout ailleurs, y a fait merveille. M. Jérôme n'a pas une voix puissante; c'est un ténor de demi-caractère, mais il chante avec goût, avec sentiment; il faut reconnaître qu'au milieu des nullités et des incapacités provinciales qui se sont succédé sur notre « première scène lyrique (quelle épouvantable ironie !), il est à peu près le seul qui mérite d'être encouragé. — D'autre part, voilà les études de *Roméo et Juliette* arrêtées. Pourquoi ? Il paraîtrait que Mᵐᵉ Darclée aurait cessé de plaire, après tant d'autres déjà essayées. Qu'est-ce donc que ces œuvres dont le succès repose uniquement sur une question d'interprétation, pour laquelle on ne saurait se contenter des moyens ordinaires ? Encore si c'était une œuvre nouvelle et difficile !

Les impressions recueillies sur *Jocelyn* confirment celles que je vous transmettais l'autre semaine. Quelques romances d'un tour mélodique distingué, quelques trouvailles harmoniques, un caquetage de muscadins sur un rythme de valse, d'un caractère réussi de jolie opérette, ne compensent pas les bévues de l'œuvre, l'insuffisance des scènes pathétiques, la monotonie des moyens employés dans ce fatras de hors-d'œuvre. Cela manque par trop d'intelligence et de flamme. Il ne me semble pas que l'œuvre doive se soutenir. De plus, une explosion arrivée l'autre jour et qui a fait détaler fort prestement le sosie de Paulus (j'ai nommé M. Capoul (1)), a attiré l'attention du public sur le fait que ce théâtre du Château-d'Eau, qui s'arroge contre tout droit le titre de Théâtre-Lyrique *national*, n'était éclairé qu'au gaz, contre tous les règlements que l'incendie Carvalho a dû obliger d'édicter. Cette circonstance ne sera pas faite, sans doute, pour retenir un public qui se fatiguera de l'éternel *sotto voce* de M. Capoul.

Chaque année, à la chute des feuilles, une cantate tombe aussi au vent de l'oubli. C'est l'œuvre couronnée, c'est le prix de Rome, obtenu cette année par M. Erlanger. J'ai dit cet été, au moment où le prix fut décerné, combien l'œuvre de M..Dukas, qui a obtenu le deuxième prix, l'emportait en valeur sur celle de M. Erlanger. J'aurais souhaité à ce dernier quelque chose de l'élégance de son maître Delibes, un peu de sa limpidité d'orchestration, de la grâce de son tour mélodique, des harmonies piquantes et fines qu'il rencontre parfois. Comparées à la sienne, les œuvres médiocres de ses prédécesseurs paraissent presque brillantes. C'est tout ce que je puis en dire... M. Erlanger a eu, d'ailleurs, la bonne fortune d'être interprété par Mᵐᵉ Rose Caron, toujours fort appréciée; par une ironie amère, ces cantates, généralement piteuses, sont toujours confiées, pour l'exécution, à tout ce qu'il y a de mieux en fait de chanteurs.

Une mention à l'opérette nouvelle des Bouffes, *Oscarine*, de MM. Nuitter et Guinon pour la pièce, et de M. Victor Roger pour la musique, à cause des quelques pages plus spécialement musicales qu'elle renferme, BALTHAZAR CLAES.

P.-S. — Conclusion de l'incident Darclée à l'Opéra. C'est Mᵐᵉ Adelina Patti qui chantera le rôle de Juliette !!!???

La question de l'Opéra-Comique : M. Edouard Lockroy, ministre de l'instruction publique et des beaux-arts, a annoncé à la commission de la Chambre chargée du projet de reconstruction de l'Opéra-Comique que la combinaison financière à laquelle il avait fait allusion avant les vacances était définitivement abandonnée.

La commission n'a donc à s'occuper que du projet de loi dont elle

(1) Un de nos confrères bruxellois ne l'appelle plus autrement que *Capoul-mouillé.* N. DE LA R.

---

a été saisie et qui tend à l'ouverture d'un crédit de six millions et demi pour la reconstruction du théâtre sur son ancien emplacement de la place Boieldieu avec façade sur le boulevard.

M. Lockroy a ajouté qu'il persistait à regarder comme préférable le plan qu'il a soumis à la commission, mais il a déclaré qu'il ne faisait pas du maintien de ce plan une condition *sine qua non*.

Après le départ du ministre, la commission a pris à l'unanimité les résolutions suivantes :

« Il y a lieu de reconstruire dans le plus bref délai possible le théâtre sur son ancien emplacement de la place Boieldieu, avec établissement d'une façade sur le boulevard.

» Un concours sera ouvert pour le choix du meilleur plan de reconstruction.

» Un crédit de 30,000 francs sera demandé à la Chambre pour les frais de ce concours. »

M. Steenackers a été nommé rapporteur. Il lira son rapport mercredi prochain à la commission et le déposera le lendemain sur le bureau de la Chambre en demandant à celle-ci de statuer d'urgence sur l'allocation du crédit de 30,000 francs.

À l'Opéra-Comique (Théâtre des Nations),lecture a été donnée aux artistes du livret de l'*Escadron volant de la Reine*, l'opéra comique de Litolff que M. Paravey se propose de donner très prochainement : la pièce a été complètement remaniée et mise au point. M. d'Ennery n'assistait pas à cette lecture. M. Brésil seul et le compositeur, M. Litolff, étaient présents. Les études d'ensemble vont commencer immédiatement; les rôles sont sus au point de vue musical : Voici la distribution :

Mᵐᵉˢ Pierron, Catherine de Médicis; Vaillant-Couturier, Thisbé de Montefiori; Chevalier, Cortsandre; Degrandi, Gina; MM.Dupuy, René de Tremaria; Soulacroix, Gaël de Penhoë; Fugère, Isabeau de Valperdu; Lonati, capitaine Maurevert.

L'action se passe à Saint-Germain, dans les premières années du règne de Charles IX.

BRUXELLES

THÉÂTRE DE LA MONNAIE

REPRISE DES « MAITRES CHANTEURS DE NUREMBERG »

MM. Dupont et Lapissida ont tenu parole à l'heure habituelle où l'on songe à représenter les œuvres de Richard Wagner. Après bien d'autres mesures tendant à réformer d'anciennes traditions, c'en est une intelligente, à coup sûr, de ne pas attendre les derniers jours de la saison théâtrale, comme on l'a fait souvent, pour monter, à grand'peine, les ouvrages dont la clôture annuelle de la Monnaie vient, malencontreusement, interrompre le succès. Le système nouveau permet, au surplus, de ne pas donner, coup sur coup, les représentations d'une même œuvre, et d'éviter ainsi la fatigue et la lassitude qui résultent, pour les exécutants et pour certains auditeurs même, de représentations longues et substantielles. On n'écoute pas les *Maîtres Chanteurs* comme on écoute n'importe quel autre ouvrage du répertoire. Que l'on soit ou non partisan de sa musique, Wagner vous tient sans vous lâcher, du premier accord de l'ouverture à la dernière note du final. Il y a des gens qui se plaignent de cette captivité morale et souffrent d'une contrainte contre laquelle ils se sentent impuissants à réagir. Mais combien se trouvent à merveille d'être le jouet du rêve qui les arrache momentanément aux matérielles préoccupations de la vie ordinaire et s'abandonnent volontiers aux chants fascinateurs de la muse wagnérienne !

Nous n'étions pas sans appréhender pour nous-même l'effet de cette reprise des *Maîtres Chanteurs*, étant de ceux qui ont fait, au mois d'août dernier le pèlerinage de Bayreuth. La distance est grande qui sépare le théâtre d'opéra quotidien où s'exercent tous les métiers en rapport avec l'industrie lyrique du *Festspielhaus* où se célèbrent, à de longs intervalles et comme pour le soin religieux d'un culte, les plus grandes fêtes théâtrales des temps modernes. Si, tenant compte de cette circonstance, nous avouons avoir pris un vif intérêt à la représentation de lundi, si nous confessons même avoir éprouvé, à plusieurs reprises, des émotions compatibles seulement avec une exécution soignée, nous croyons faire assez large la part d'éloges qui revient aux directeurs de la Monnaie et en particulier à M. Joseph Dupont, lequel a fait preuve, une fois de plus, en montant les *Maîtres Chanteurs*, d'une grande volonté et d'une suprême énergie.

Mais toute satisfaisante qu'ait paru cette première représentation, il n'y a pas lieu de considérer comme définitive l'exécution telle qu'elle s'est produite dans l'ensemble. Il est certain que le trac a dû paralyser bien des efforts et que certains défauts de cohésion, la précipitation de quelques mouvements au un semblant de confusion dans le chœur de la dispute sont imputables aux agitations bien excusables de la première heure. Il est avéré que la répétition générale avait marché avec beaucoup plus de sûreté et que les chœurs, notamment, avaient montré une assurance remarquable; dès lors, l'avenir est assuré, et nous pouvons nous attendre à passer quelques bonnes soirées au théâtre de la Monnaie. Ce qui ressort dès à présent de l'impression générale, c'est que la reprise des *Maîtres Chanteurs* dépasse en soins de tout genre, mise en scène, interprétation littéraire et musicale, la première représentation du 7 mars 1885. Et il n'en pouvait être autrement, dès l'instant que MM. Dupont et Lapissida, avec trois de leurs pensionnaires chargés des rôles de Sachs, Beckmesser et Walther, prenaient la peine d'aller à Bayreuth chercher le bon exemple.

De fait, MM. Seguin, Renaud et Engel sont à ranger hors-de pair dans cette brillante exécution des *Maîtres Chanteurs*. Le premier, déjà classé haut par sa création antérieure du rôle de Hans Sachs, apporte davantage encore l'ampleur et l'accent qui conviennent au personnage. Avec cela, un air de bonhomie sous lequel perce l'esprit viril et la grandeur d'âme. La conception est naturelle, forte, éloquente. Malgré l'uniformité assez marquée de ses inflexions de voix, on ne se lasse pas plus de l'entendre que l'excellent chanteur ne se lasse de chanter, Dieu sait si le rôle a de l'importance et s'il comporte un nombre respectable de pages dans la partition, depuis qu'on a rétabli plusieurs coupures maladroitement faites en 1885, entre autres celle du monologue suivant le grand choral du troisième acte : *O mes amis, qu'ai-je donc fait pour mériter un tel hommage?*

Le Beckmesser de M. Renaud est de tous points réussi, légèrement inspiré de celui que l'on a tant goûté à Bayreuth et qui a fait distinguer là-bas M. Friedrichs, le créateur; mais original tout de même, et d'un comique modéré frisant moins le grotesque que-celui de M. Soulacroix. L'articulation parfaite de M. Renaud, sa belle voix, qu'il transforme à plaisir, et dont le timbre clair sonne avec une justesse irréprochable dans le fouillis harmonique de l'accompagnement, sont des qualités bien précieuses, qui relèvent l'exécution et la colorent.

M. Engel a très artistement compris le rôle du jeune chevalier-poète, Walther de Stolzing. Ce personnage tranche bien sur le milieu bourgeois qui l'entoure ; il a la distinction du racé et la chaleur de sentiment d'un amoureux peu vulgaire. Quant aux divines mélodies qui font de ce rôle un des plus séduisants de la scène lyrique, M. Engel les chante avec son talent des meilleurs jours, sinon avec toute la correction rhythmique rigoureusement désirable. Ce défaut ne dépare pas sensiblement l'ensemble de l'interprétation du rôle de Walther; nous croyons cependant devoir le signaler à l'artiste consciencieux et dévoué que l'on applaudit à la Monnaie, afin qu'il n'exagère pas la tendance et fasse, au contraire, tous ses efforts pour arriver à chanter le thème note pour note, Est-il besoin d'ajouter que M. Engel est le meilleur Walther que nous ayons eu, MM. Jourdain et Verhees n'ayant montré, à beaucoup près, ni l'élégance, ni la maîtrise, ni le charme, enfin, de notre premier ténor ?

Nous voudrions juger Mᵐᵉ Caguiart après quelques représentations, à supposer qu'elle puisse ou qu'elle veuille apporter à son rôle un peu de vie et de chaleur. Eva n'est pas immobile à ce point, ni sérieuse tout près cela. Ce rôle charmant, de grâce primesautière, on le revoit toujours sous les traits de Mᵐᵉ Bettaque, l'inoubliable Eva de Bayreuth qu'il a manqué à Mᵐᵉ Caguiart d'étudier de près. Nous ne lui en ferons point un crime ; elle a d'ailleurs la voix suffisante et un physique non fait pour déplaire Que la jeune artiste s'applique donc à nuancer son chant, à lui donner l'expression ; qu'elle mette surtout plus d'accent et d'élan à dire cette phrase d'Eva : *O Sacha ! B brave et noble cœur !* et nous l'applaudirons bien volontiers.

Les rôles de second plan n'ont pas été négligés dans cette belle reprise des *Maîtres Chanteurs*. On a mis la main sur un David que l'on ne s'attendait pas à trouver aussi formé ni aussi vivant dans la personne de M. Gaudubert. Ces œuvres de Wagner réservent des surprises qu'il est curieux de noter. Pocват-on croire que M. Gaudubert y trouverait l'une de ses bonnes, sinon sa meilleure création ? Veit Pogner est chanté par M. Gardoni, qui fait oublier la voix rude de son prédécesseur. M. Gardoni aussi, se relève du coup et prend figure. A M. Rouyer qui vocalise agréablement les articles de la *Tabulature*, ainsi qu'à M. Isnardon, chantant par complaisance (honorable pour l'artiste), le rôle du veilleur de nuit, revient également une bonne part d'éloges.

Nous allions oublier que Mᵐᵉ Rocher, qui a repris la succession de Blanche Deschamps, prend bien au tragique ce rôle de Madeleine, exigeant tout au plus la sollicitude effarée d'une tendre nourrice. Un peu moins de grands gestes et Mᵐᵉ Rocher rentrera dans le rang.

L'orchestre s'est montré plus qu'attentif à la note, en attendant qu'il réponde mieux encore à l'esprit de l'œuvre. En général, on ne perçoit pas d'une manière assez continue le fil mélodique ininterrompu dans l'accompagnement symphonique. Par contre, les parties intermédiaires, notamment chez les cuivres, ont parfois le verbe trop haut et voudraient faire croire qu'elles sont la partie prin-

cipale. C'est être dans l'erreur que de les prendre au mot. Ce dont il faut féliciter M. Joseph Dupont, c'est d'avoir réduit à des proportions raisonnables la sonorité de ses instruments en abaissant le niveau de l'orchestre, d'une part, et en adoptant la disposition prise pour la *Valkyrie*, d'autre part, en modérant le plus possible le jeu de ses instrumentistes. On comprend, grâce à cela, tout ce que disent les chanteurs, et la pièce devient intelligible à tous.

La direction s'est mise en frais d'un décor nouveau représentant le panorama du vieux Nuremberg. Le site, d'une grande fraîcheur et d'un pittoresque achevé, forme un cadre superbe à la mise en scène du concours, que nous voudrions plus animée. La jolie valse dansée est une déception : aucune des indications que nous avons rapportées, dans l'un de nos derniers numéros, d'après Wagner lui-même, n'y est observée. C'est un ballet quelconque, jurant dans l'ensemble et à côté duquel on s'explique mal l'obscurité de la salle et le rideau spécial empruntés au théâtre de Bayreuth.

Ces critiques faites, il est juste de reconnaître la bonne volonté, l'application, disons même le dévouement dont tout le monde, chanteurs, musiciens et choristes, a fait preuve. On s'y est mis de tout cœur, résolu à triompher des obstacles, à les surmonter quand même et l'on est parvenu au but dans un espace de temps relativement court.

Le succès des *Maîtres Chanteurs* a été énorme; deux et trois rappels après chaque acte, deux rappels après l'admirable quintette du troisième acte, le prouvent surabondamment. Il y aurait eu des applaudissements à plusieurs reprises durant la représentation, si les tentatives parties du fond de la salle n'eussent été réprimées aussitôt.

Il serait injuste d'omettre, parmi les collaborateurs zélés qui ont apporté leur part d'énergie et de science à l'œuvre commune, les noms de MM. Léon Jehin, chef d'orchestre chargé des répétitions partielles, et Philippe Flon, chef des chœurs, qui, tous deux, se sont multipliés dans leur importante fonction. E. E.

—

Deux mots complémentaires à propos de la reprise des *Maîtres Chanteurs*. La salle, très brillante, était littéralement comble. Quelques abonnés volontairement encroûtés dans leurs vieilles admirations ont eu le bon goût de ne faire leur entrée dans la salle qu'après le premier acte D'autres ont manifesté leur manière de penser sur Wagner en quittant la salle après le deuxième acte. Ces petites protestations sont bien innocentes et font sourire.

Le vrai public, en revanche, a été extraordinairement attentif et chaleureux.

Parmi les plus enthousiastes, on remarquait M. Gevaert. L'illustre directeur du Conservatoire est allé, entre le deuxième et le troisième tableau, féliciter les directeurs du théâtre et les artistes : « Il n'y a pas de théâtre au monde, leur a-t-il dit, où l'on puisse obtenir ce que vous venez de réaliser. » Cela est parfaitement vrai.

Quelques figures parisiennes dans la salle. Remarqué, entre autres, M. Francis Magnard, directeur du *Figaro*.

—

Un mot cueilli aux fauteuils de balcon, pendant un entr'acte : « Moi, dit au *v'lan*, monocle dans l'œil, — je vais voir des pièces de ce genre deux fois ; si ça ne m'amuse pas la seconde fois, je suis fixé. » C'est bon pour les chefs d'orchestre. »

— A rapprocher du « plat vaudeville » et de « l'art décadent » du mordant critique de la *Gazette*.

—

Après la brillante reprise des *Maîtres Chanteurs* qui vient d'avoir lieu, les directeurs du théâtre de la Monnaie auraient quelque droit au repos, semble-t-il. Et pourtant, ils ne songent qu'à préparer de nouveaux spectacles. Outre *Philémon et Baucis*, dont la reprise aura lieu la semaine prochaine, en même temps que la première du ballet de M. Jan Blockx, *Milenka*, les études pour la reprise de *Lohengrin* vont être sous peu commencées. La distribution sera la suivante : Elsa, Mᵐᵉ Caron; Lohengrin, M. Engel; Ortrude, Mᵐᵉ Rocher; Tellramund, M. Seguin; le Roi, M. Gardoni. Aujourd'hui même, commencent les études d'ensemble de *Richilde* de M. Emile Mathieu, qui vont être poussées aussi activement que possible. Enfin,. MM. Dupont et Lapissida se proposent de reprendre *Roméo et Juliette*, aussitôt que l'œuvre de Gounod aura passé à l'Opéra de Paris avec le nouveau ballet.

—

Mˡˡᵉ Marie Soldat, la jeune violoniste qui se fera entendre à la première soirée de musique de chambre organisée par la Maison Schott, est d'origine hongroise. Son nom est encore peu répandu en France et en Belgique. Dans ces trois dernières années, cependant, ses succès à Berlin, Hambourg et Vienne, et surtout à Londres, où l'attention sur cette artiste, dont la carrière paraît devoir être des plus brillantes, Mˡˡᵉ Soldat est une élève de Joachim, que l'on considère déjà comme la rivale de son maître. C'est Brahms qui, dit-on, a découvert ce remarquable talent à Vienne. Il avait entendu chanter la jeune fille et avait trouvé dans sa diction un sentiment musical-

distingué. Il l'interrogea et il apprit ainsi qu'elle n'était pas du tout chanteuse, mais violoniste et qu'elle jouait aussi du piano! Brahms adressa immédiatement Mlle Soldat à Joachim, qui fit compléter son éducation à la *Hochschule* de Berlin.

Il n'y a guère plus de deux ans que Mme Soldat est entrée dans la carrière de virtuose. On loue en elle la fermeté de l'archet, le charme du son; la justesse et la sûreté, prodigieuse paraît-il, de son mécanisme. Elle n'est pas cependant une simple virtuose; c'est surtout et avant tout une musicienne et une artiste, formée à forte école et qui apporte dans l'exécution des œuvres classiques une personnalité et une poétique à elle.

Son début à Bruxelles ne peut manquer d'intéresser vivement artistes et amateurs.

Nous recevons la communication suivante :

Une grande partie des décisions prises par le jury de la classe X (instruments de musique) du Grand Concours international des sciences et de l'industrie ont été modifiées par le jury de groupe de manière à dénaturer la signification d'ensemble de son jugement. Ces modifications ont été apportées en l'absence des représentants autorisés du jury de la classe X, convoqués trop tard pour assister à la séance.

Malgré la protestation écrite du secrétaire-rapporteur délégué, ces modifications ont été maintenues par le jury supérieur.

Dans ces conditions, nous déclarons *décliner toute responsabilité* dans la répartition des récompenses qui, telles qu'elles sont accordées, sont de nature à fausser l'opinion du public sur la valeur relative des produits exposés.

Signé : VICTOR MAHILLON, conservateur du Musée du Conservatoire royal de musique de Bruxelles, président du jury ; PETERSEN, chef de la maison Becker à Saint-Pétersbourg, vice-président du jury ; G. LYON, chef de la maison Pleyel à Paris, secrétaire-rapporteur du jury ; G. HUBERTI, professeur au Conservatoire royal de musique de Bruxelles, secrétaire-rapporteur délégué du jury ; BALTHAZAR-FLORENCE, compositeur de musique à Namur ; A. ERMEL, pianiste-compositeur à Bruxelles ; C. GURICKX, artiste pianiste à Bruxelles ; TRIBOUVILLE-LAMY, vice-président de la chambre syndicale des instruments de musique à Paris.

GAND

Mercredi 10 octobre, *le Trouvère;* vendredi 12, *les Huguenots;* dimanche 14, *Mireille* et *le Chalet;* lundi 15, *Robert le Diable;* mercredi 17, *les Pêcheurs de perles;* vendredi 19, *la Traviata;* dimanche 21, *Guillaume Tell;* lundi 22, *les Pêcheurs de perles.*

Les prévisions que je formulais dans mon article précédent se sont confirmées, du moins en grande partie. Les anciens pensionnaires de M. Van Hamme, Mmes Laville, Boyer et Danglade, ont retrouvé leur succès d'antan. De même MM. Merrit et Soum, qui tous deux nous reviennent en pleine possession de leurs moyens.

Pour ne point posséder la belle voix et l'inoubliable talent d'acteur de M. Bourgeois, la basse Pourret n'en paraît pas moins avoir conquis la faveur d'une grande partie du public. Qu'il se défie d'une grande tendance à exagérer les effets, vocaux et scéniques, et nous ne doutons pas que l'approbation des quelques réfractaires ne lui soit acquise avant peu.

L'opposition paraît plus forte contre M. Trémollet, l'acteur choisi par M. Van Hamme, pour jouer, de concert avec le ténor Déo, le répertoire d'opéra comique, absolument trop lourd pour un débutant. Ces deux artistes forment l'antithèse la plus complète qui se puisse imaginer. L'un est bien le commençant inexpérimenté, gauche et embarrassé. Mais sa jolie voix est suffisamment fraîche et pure pour que l'on puisse fermer les yeux sur ces imperfections. M. Trémollet lui, ancien premier sujet de l'Opéra-Comique, est certainement l'un des meilleurs acteurs de notre troupe, et il rachète, par la distinction et la conscience qu'il apporte à l'interprétation de ses rôles, ce que son organe pourrait avoir de trop faible ou de trop fatigué. Espérons que notre public, un peu trop amateur de la « note », saura reconnaître ces précieuses qualités. Un ténor d'opéra comique doit être *plus*, et surtout *mieux* qu'un chanteur. Le grand opéra, tel que la majorité des spectateurs l'entend encore aujourd'hui, est-là pour satisfaire les plus difficiles d'entre ceux qui mettent la *voix* au-dessus du *jeu.*

Je vous ai parlé des autres artistes, de M. Darmand notamment, une basse chantante digne des plus grandes scènes. Notre nouvelle chanteuse légère de grand opéra, Mlle Marguerite Lion, a fait dimanche un bon début dans *Guillaume Tell.* Les rôles secondaires sont très convenablement tenus et c'est l'orchestre, que M. Cambon, ont été incomparablement tenus et c'est l'orchestre qui reste d'une infériorité contre laquelle tous les efforts d'un chef dévoué, M. Cambon, ont été impuissants jusqu'ici.

Par contre, la petite phalange de vingt instrumentistes dont faisait mention ma lettre précédente continue la série de ses restaurations de musique populaire flamande, ancienne et moderne. Après deux auditions très applaudies aux « Chœurs » et au « Casino », ces Messieurs se sont décidés à entreprendre une tournée artistique dans les Flandres. Les villes de Bruges, Termonde, Saint-Nicolas sont, dès à présent, comprises dans leur itinéraire. Espérons que nos concitoyens trouveront là-bas le même succès qu'ici : succès bien mérité, du reste, et nullement exagéré.   F.

LIÉGE

A Liége, le théâtre a repris, jeudi dernier, les *Amours du Diable,* l'ancien opéra-féerie de Grisar, passablement bien exécuté. La vraie saison commencera le 1er novembre par *Guillaume Tell.* Comme nouveauté, on annonce le *Roi d'Ys* d'E. Lalo.

LYON

L'ouverture du Grand-Théâtre a eu lieu lundi 8 octobre. Les débuts des nouveaux artistes, dans *Faust,* la *Juive,* la *Favorite,* n'ont pas été heureux. Il ne s'est pas donné une représentation qui n'ait été marquée par la chute bruyante d'un artiste de la troupe. Chaque opéra voit se débattre et finalement périr sa victime. Après la dugazon et le baryton d'opéra comique, la basse noble et le fort ténor ont mordu la poussière. Si nous marchons de ce train-là, il faudra fermer les portes avant la fin du mois, car il ne restera plus un seul chanteur debout sur notre scène.

Même M. Cossira n'a pas trouvé grâce devant les amateurs du coup de g...osier. La foule inconstante l'a fort malmené à la reprise des *Huguenots.* M. Cossira chantait pour la première fois l'opéra de Meyerbeer sur la scène de Lyon; la curiosité du public, mise en éveil, était donc parfaitement justifiée par la valeur incontestable de notre premier ténor et par l'importance de l'ouvrage qu'il devait interpréter. L'épreuve ne lui a pas été favorable. Elle l'a été moins encore pour M. Selrack, qui a été nettement chuté.

Mlle Tanési faisait, dans cet ouvrage, son premier début. Cette artiste, qui doublait Mlle Baux l'année dernière, est loin de faire oublier sa devancière. Sa voix, qui ne manque pas de puissance, laisse à désirer au point de vue de la qualité, surtout lorsqu'elle veut forcer le son; cela est criard et chevrotant.

Constatons les succès de rentrée, dans *Faust,* de M. Belhomme et de Mlle Vuillaume, qui restent ce qu'ils étaient, et de Mlle Hamann, qui nous revient après une année d'absence aussi correcte et plus agréable peut-être. M. Cossira, dans la *Favorite,* a été dédommagé, par une petite ovation que le public lyonnais lui a faite, de son demi-échec dans les *Huguenots.* L'orchestre sous la direction de M. Luigini, est toujours bon. On marchande d'autant moins les éloges qu'ils ont cet effet, sur notre sympathique chef d'orchestre, de l'exciter à mieux faire encore, si c'est possible, au lieu de l'endormir dans les vapeurs de l'encens.

Lorsqu'on aura une basse noble, une première dugazon, un baryton d'opéra comique, un fort ténor, une deuxième danseuse et un corps de ballet rafraîchi, tous artistes acceptables, croyez que la troupe ne sera pas mauvaise et que nous pourrons aborder d'autres opéras que *Faust* et les *Huguenots.*

AIX-LA-CHAPELLE

L'*Allgemeiner Richard Wagner-Verein* vient de donner sa première soirée de musique. Charmant concert donné par des amateurs de la ville, sous l'impulsion de M. Schwickerath. Des amateurs, et d'excellents amateurs, dont la discrétion du programme nous force à taire les noms; mais des gens convaincus, qui pénétrent profondément dans l'art pour en voir et en montrer toutes les beautés.

Nous entendons d'abord la prière d'Elisabeth (*Tannhæuser*), ainsi que deux des « *Fünf Gedichte* » : *l'Ange* et *Rêves,* chantés par un so. prano dont le talent ferait pâlir pas mal d'étoiles. Puis un duo du *Vaisseau-Fantôme ;* puis un *pianorecital* sur l'œuvre wagnérien, par le professeur Dingeley, de Dusseldorf, — un fervent de Bayreuth.

La seconde partie se composait du récit de Wolfram du *Tannhæuser,* puis de la scène de Waltraute de la *Gotterdämmerung,* par le soprano de tantôt, qui se montre supérieur encore à ce qu'il a été jusque-là, qui vous empoigne dans cette pathétique page. Ensuite, deux fragments des *Maîtres Chanteurs :* le monologue de Sachs, dit avec un sentiment profond et pénétrant, toujours par un amateur; pour finir, le quintette de la même œuvre, enlevé avec un ensemble des plus satisfaisants, et bissé d'enthousiasme.

Et tout cela se fait artistement, simplement, en famille, — mais dans une famille où chacun se sent élevé par l'art et où tout disparaît devant un but : comprendre une œuvre, l'apprécier tous en semble, chacun pour soi et pour tous. C'est la première soirée du *Wagner Verein ;* puissent les autres avoir le même succès marqué par la même valeur. Ce sera une seconde source d'éducation artistique donnée à la ville par M. Schwickerath, car non seulement il fait apprécier les œuvres par l'audition, mais encore il les explique et les commente chacune, en quelques paroles, parant par là à l'inconvénient immense de Wagner au concert, qui est de le faire voir par le gros bout de la lunette; de montrer des fragments de ses œuvres, si *mwt* qu'une partie peut ne rien signifier pour celui qui ne connaît pas le tout.   **F. V. D.**

LONDRES

Les organisateurs du festival triennal de Bristol s'y sont pris de façon à économiser l'encre des chroniqueurs et critiques. Excellent programme comprenant plus d'un chef-d'œuvre connu, la *Messe* n° 4, en *ut* de Cherubini, le *Roméo et Juliette* de Berlioz, l'*Elie et la Nuit de Walpurgis* de Mendelssohn, le premier acte de l'*Iphigénie en Tauride* de Gluck, etc.; la grande nouveauté a été l'oratorio de Mackenzie, la *Rose de Sharon*, que nous connaissons depuis plusieurs années, de sorte qu'il n'y avait vraiment pas lieu de se rendre à Bristol en Christophe Colomb de la musique. Je n'ai eu qu'à constater la bonne exécution des différentes parties du programme par les masses orchestrales que conduisait Sir Charles Hallé, par les chœurs, qui ont été à la hauteur de leur réputation, et les solistes, au nombre desquels brillaient des étoiles familières, Mme Albani, MM. Lloyd et Lonkey.

Sir Arthur Sullivan, dont la *Légende dorée*, décidément plus goûtée dans les provinces anglaises qu'à Berlin, a été applaudie à Bristol, n'a eu un autre succès d'un autre genre, ces jours-ci. Désigné pour distribuer les prix de la *Birmingham and Midland Institute*, il a prononcé, à cette occasion, un « discours sur la musique » qui a flatté bien agréablement l'amour-propre national. Non content de nous assurer que l'Angleterre contient l'étoffe d'une grande nation musicale, il a fait appel à ses souvenirs historiques pour nous prouver qu'elle peut se flatter de l'avoir été, ce qui nous permet d'espérer qu'elle pourra le redevenir.

Dès les premiers siècles de l'ère chrétienne, nous dit Sir Arthur Sullivan, l'Angleterre se plaçait à la tête des pays de musique, et il n'est pas de nation où l'on ait cultivé cet art exquis avec autant d'enthousiasme que le peuple anglo-saxon depuis le règne du roi Alfred jusqu'à l'époque de la Réforme. L'érudit auteur du *Mikado* et des *Yeomen of the Guard* nous rappelle un grand concours de harpistes, un embryon de *Eisteddfod* qui se tint en 550, à Conway, dans le pays de Galles. Un peu plus de trois siècles après, le roi Alfred fondait une chaire de musique à l'université d'Oxford, et si cela ne suffisait pas pour prouver que voir le instruments chantaient des compositions d'ensemble, dès le IXe siècle de l'ère chrétienne, il y aurait encore les preuves exposées au *British Museum*, une harpe à six cordes, un violon à quatre cordes, une trompette, etc., tous les éléments primitifs d'un orchestre. Du reste, les progrès sont rapides, car, au siècle suivant, le moine Wilson fait la description d'un piano-orgue installé à la cathédrale de Winchester et sur le modèle duquel saint Dunstan ne tardait pas à construire un autre orgue à tuyaux de cuivre pour l'abbaye de Malmesbury.

Les vieilles chroniques attestent, au surplus, que l'harmonie en trois parties nous avait déjà livré ses secrets avant la conquête, et qu'elle y fut vite en grand honneur, puisque Thomas à Béquet, allant négocier en France le mariage de Henri II, emmena avec lui deux cent cinquante jeunes Anglais qui étonnèrent la cour de France par leurs chants harmonieux en trois parties. Parmi d'autres témoignages qu'invoque Sir Arthur Sullivan, figurent les libéralités faites aux artistes sous le règne d'Édouard Ier, qui, le jour du mariage de sa fille, paya à chaque ménestrel un cachet de quarante shillings, égal à vingt livres sterling de la monnaie d'aujourd'hui. Il ·y a enfin la fameuse ronde sur la Venue de l'été (*Sumer is comen in*), composée par un moine de Reading, dont le manuscrit existe au *British Museum* et qui atteste que le XIIIe siècle a vu éclore de petits chefs-d'œuvre sur le sol des îles Britanniques.

Sir Arthur Sullivan constate que le répertoire contemporain ne manque pas de bons musiciens (il en doit savoir quelque chose), et qu'il ne lui manque qu'un public plus artiste, mieux éduqué, un public auquel on aurait enseigné la technique de la musique, de façon qu'il puisse exécuter et apprécier, car chaque peuple a la musique qu'il mérite, et le peuple anglais n'a d'autre tort que de premier l'imaginer avoir. J'imagine que sir Arthur Sullivan est volontaire, ment allé au-delà de sa pensée en octroyant à l'Angleterre du moyen âge le premier prix de musique. Mais c'est l'habitude d'un artiste jaloux de son art et qui sait qu'il n'y a pas de meil. leur stimulant, pour en exciter la passion chez autrui, que l'évo. cation des grands exemples. C'est ainsi qu'à la guerre, tout officier qui veut vaincre exagère dans ses ordres du jour la gloire des anciens, qu'il s'agit d'égaler, sinon de dépasser, et essaie de faire mon, ter aux lèvres de ses soldats quelque chose comme la fière bravade de Musset : Où le père a passé passera bien l'enfant.   **G. H.**

AMSTERDAM

La Société pour l'encouragement de l'art musical a eu l'heureuse idée d'engager, pour sa première séance de musique de chambre, Joachim, qui, vous le savez, a suivi ici une cure de massage. Cette séance avait attiré un public si nombreux que la salle était bondée. Joachim, un des plus grands artistes contemporains, est aussi éminent comme soliste que comme chef de quatuor. Le quatuor qu'il a fondé à Berlin, avec MM. Hausmann, de Ahna et Wirth, est, selon moi, incontestablement le premier du monde; il est bien au-dessus de feu le célèbre quatuor florentin. Ce qui constitue la perfection incomparable du quatuor Joachim, c'est qu'il se compose de quatre artistes *di primo cartello*), qu'ils jouent tous les quatre des instruments de la plus grande valeur, et qu'ils ont l'habitude de jouer toujours ensemble. Détacher un grand artiste de son quatuor pour le faire jouer avec des artistes étrangers de second ordre et qui ne possèdent que des instruments d'une valeur toute secondaire, c'est une combinaison que je suis loin d'approuver, car, comme ensemble de quatuor, elle ne donne, le plus souvent, qu'un résultat fort problématique, et, pour ma part, je préfère entendre un bon quatuor ordinaire, comme on en trouve maintenant dans toutes les grandes villes, de quatre artistes qui se connaissent, qui sont d'une valeur égale, à un ensemble hétérogène, comme celui que j'ai encore rencontré ici à cette dernière séance. C'est le quintette de Mozart en *sol* mineur, qui n'a le plus favorablement impressionné, et j'ai, éprouvé l'exécution du quatuor op. 59 de Beethoven en *mi* majeur beaucoup moins satisfaisante comme ensemble. Dans le quintette de Brahms, un ouvrage aussi fouillé que tourmenté, c'est le pianiste, M. Röntgen, qui s'est réservé la part du lion. Le nombreux public a fait un accueil très enthousiaste à Joachim, qui a été couvert de fleurs et de couronnes.

M. Viotta, le directeur du *Wagner Verein*, qui dirige en même temps les concerts d'*Excelsior*, se propose de donner une espèce de concert historique du chant choral, où il fera entendre des chœurs depuis Palestrina jusqu'à nos jours, ce qui nous promet une soirée intéressante.

Je n'ai pas encore pu assister aux représentations de l'Opéra-Français de La Haye, qui se donnent ici au Théâtre-Communal; ce sera pour ma prochaine lettre. Quant à la troupe allemande de Rotterdam, elle est d'une médiocrité absolue. J'ai entendu le *Tannhauser*, mais j'avoue qu'il m'a été impossible de rester jusqu'à la fin. C'est un ténor nommé Walther, qui a la même paie qu je ne soutenir un petit théâtre de Wiesbaden, qui a le don d'enthousiasmer les braves habitants de la capitale néerlandaise. Je suis très loin de partager leur sentiment.

Un fait étrange, qui donnera une idée de l'intolérance religieuse qui règne et qui domine dans les Pays-Bas en ce moment. Non seulement la *Tosca* a été interdite à La Haye, et on a prêché dans les églises catholiques d'Utrecht pour défendre aux habitants de se rendre à la représentation de Sarah Bernhardt, Mais voici le comble : A la demande du ministère, le bourgmestre de La Haye a fait défendre *la scène de l'église* dans le *Faust* de Gounod. Cette scène se joue maintenant sur une place publique *devant l'église!*

Cela, dans le pays de Spinoza et du Taciturne !   **Dr Z.**

Nouvelles diverses

Le 20 octobre, l'Allemagne musicale a célébré un anniversaire artistique assurément rare; ce jour-là, il y a eu soixante ans que Mme Clara Schumann avait paru pour la première fois comme pianiste dans un concert donné à Leipzig, par une pianiste nommée Perthaler, de Gratz, avec laquelle elle joua des variations de Kalkbrenner pour piano à quatre mains; elle avait alors neuf ans. Et la jeune grande artiste, que le public de Londres acclamait encore l'hiver dernier au millième concert populaire donné par M. Chappel, s'est fait entendre, dimanche dernier, à Francfort, devant un cercle d'amis et d'admirateurs, et, samedi prochain, aux concerts du *Museum*, elle paraîtra encore en public et jouera l'un des concertos du grand maître qu'il fut son mari : Robert Schumann.

Soixante années de carrière artistique ! Cela sonne comme une légende et cependant c'est la réalité, que l'admirable artiste est encore vaillante, et l'âge ne l'a pas courbée. Ses doigts de fée, en courant sur l'ivoire du clavier, évoquent encore, comme par le passé, tout un monde d'harmonies enchanteresses et de poétiques visions. Elle aura passé véritablement comme une muse, chaste et séduisante, parmi la phalange nombreuse et mêlée des femmes artistes de ce siècle. Nulle comme elle n'a eu l'amour pudique de l'art, le culte profond des grandes œuvres, et nulle n'aura su mieux défendre de tout avilissement ses saintes visions. Sa carrière a été tout entière partagée entre l'admiration la plus réfléchie pour les maîtres tels que Beethoven, Mozart, Bach, Haydn, et la plus courageuse passion pour les œuvres des grands artistes au milieu desquels son talent naissant s'était formé : Schubert, Chopin, Mendelssohn, et par dessus tout celui à qui elle consacra sa vie d'abord et ensuite toutes les puissances et toutes les séductions de son rare et unique talent. Qui ne l'a pas entendue dans le cercle intime jouer les pièces de piano de Schumann ne peut se faire une idée du charme discret de la poésie intense, du sentiment profond qui sont en ces œuvres délicates ou passionnées d'un des plus grands poètes de la musique. Et l'on dira aussi que nul n'a mieux qu'elle traduit la pensée sereine et l'amertume résignée de Beethoven, que l'on comprend tout autrement aujourd'hui et qui a trouvé des interprètes plus passionnés ou plus puissants, mais non plus émus et plus poétiques. En tous pays, les sincères amants de l'art saluent avec respect cette belle et noble figure de femme et d'artiste. M. K.

M. Ernest Van Dyck, le remarquable ténor belge dont les succès parisiens ont été confirmés par son éclatante création de *Parsifal* à Bayreuth, cette année, vient de débuter à l'Opéra de Vienne, où il est engagé pour cinq années successives. C'est dans le rôle de Lohengrin que M. Van Dyck a paru pour la première fois, le 17 octobre. Les journaux de Vienne sont unanimes à constater la brillante réussite du charmant artiste, auquel le public a fait un chaleureux accueil. Mme Materna, la grande artiste wagnérienne, a tenu à chanter le rôle d'Ortrude (qu'elle ne joue plus que rarement), à cette représentation de *Lohengrin*, afin de donner à M. Van Dyck une marque de son estime. L'orchestre était dirigé par Hans Richter.

Le théâtre de Cologne vient de reprendre d'une façon brillante la *Walkure* de Wagner. Le succès a été considérable. L'exécution, dit la *Gazette de Cologne*, est remarquable et de beaucoup supérieure à celle d'il y a quelques années.

Le comité de la statue de Méhul, qui doit être érigée à Givet, ville natale de l'illustre musicien, s'est réuni hier, au Conservatoire, sous la présidence de M. Ambroise Thomas.

Il a été décidé qu'une représentation et un festival seraient organisés à cette occasion, et qu'un appel serait fait aux meilleurs artistes pour y apporter leur concours.

En attendant, une souscription est ouverte au secrétariat du Conservatoire et chez les éditeurs de musique Brandus, Heugel et Durand-Schœnewerke.

M. Adolphe Jullien, dans le *Moniteur universel*, termine son compte rendu de *Jocelyn* par une petite histoire bien piquante dont nos lecteurs saisiront facilement la fine ironie :

« Il y a quelque temps, dans une soirée, on demandait à un jeune compositeur, qui revenait de Bruxelles, son opinion sur la *Valkyrie* « Peuh ! fit-il, de l'oratorio en costumes ! » M. Godard, dont la modestie est connue et qui reçoit presque avec trop d'humilité les conseils d'autrui, ne serait-il pas curieux d'avoir l'avis de ce musicien-là sur *Jocelyn* ? »

M. Jadassohn, l'éminent professeur du Conservatoire de Leipzig, dont les compositions ont été maintes fois exécutées avec succès en France et en Belgique, vient de faire jouer à Magdebourg, un nouveau concerto pour piano avec accompagnement d'orchestre, dont le succès a été très vif. Le piano était tenu par M. Willy Rehberg, dont la virtuosité a fait valoir les beautés de l'œuvre nouvelle.

A l'occasion du jubilé du roi Christian, il y aura à Copenhague des fêtes musicales et dramatiques intéressantes. On donnera notamment au Théâtre-Royal un opéra nouveau, *Alodin*, du compositeur danois Hortiemann. Cette œuvre n'a pas encore été donnée, que nous sachions. L'année dernière, l'ouverture seulement en a été jouée avec un éclatant succès au *Gewandhaus* de Leipzig. Le Czar de Russie, dont la visite est annoncée à la Cour danoise, assistera à la première exécution de cette œuvre.

Il se confirme malheureusement que M. Théodore Thomas, le chef d'orchestre bien connu des concerts symphoniques et philharmoniques de New-York, abandonne les concerts qu'il avait donnés jusqu'ici chaque hiver à la salle Steinway.

La saison d'opéra allemand s'ouvrira le 29 novembre, à l'Opéra-Métropolitain de New-York. L'opéra choisi pour la réouverture est *Don Juan* de Mozart.

Nous trouvons dans l'*American Musician* une intéressante notice sur le chef d'orchestre Anton Seidl, qui vint à Bruxelles diriger les représentations de *l'Anneau du Nibelung* avec la troupe d'Angelo Neumann. Nous la résumons pour les lecteurs du *Guide*. Seidl est né à Pesth le 6 mai 1850. Il étudia d'abord l'harmonie et le contre-point avec Nicolitsch, professeur à l'Académie nationale hongroise de musique, dont Liszt était le directeur. Après avoir fait ses études à l'école normale de Pesth, puis ensuite au gymnase de la même ville, il

suivit pendant deux ans les cours de l'Université. Entre l'âge de quinze et seize ans, Seidl manifesta un penchant marqué pour l'état ecclésiastique, mais son amour pour la musique eut le dessus et décida de sa carrière d'artiste.

Ayant entendu *Lohengrin* pour la première fois à Pesth, il se mit à étudier avec ardeur les œuvres de Wagner. En 1870, il entra au Conservatoire de Leipzig et eut pour maîtres Jadassohn, Wenzel, Kretschmer et Papperitz, s'occupant du mouvement musical autant que de ses études et suivant avec un profond intérêt la marche progressive du wagnérisme en Allemagne.

En 1872, il sollicita de Hans Richter, qui venait d'être nommé chef d'orchestre au théâtre de Pesth, la faveur d'être son élève. Sa proposition fut agréée, et c'est sous la direction du grand kapellmeister qu'il acquit l'autorité qui lui valut plus tard la confiance de Richard Wagner. Ce dernier l'appela, en effet, auprès de lui, sur la recommandation de Richter, pour l'aider dans ses travaux, et il remplaça Hans de Bulow, que son infortune matrimoniale avait éloigné du maître, Tausig enlevé par une mort prématurée et mêlé activement aux études des *Nibelungen*, ainsi qu'aux préparatifs de *Parsifal*. Sa compétence et son talent l'avaient fait désigner par Wagner pour remplacer Richter aux représentations de Bayreuth en 1876, au cas où le dernier ne serait trouvé empêché par une circonstance de force majeure. Plus tard, Wagner lui confia le soin de faire répéter aux chanteurs de l'Opéra de Vienne leurs rôles dans *Siegfried* et *Gotterdämmerung*. De Vienne, Seidl passa en qualité de chef d'orchestre à Leipzig (1879). Il y fit jouer les œuvres classiques de Gluck, Mozart, Beethoven, Weber, et nécessairement celles de Wagner, avec un très grand succès. La première représentation de *Tristan* à Leipzig (3 janvier 1882) fut surtout pour Seidl l'occasion de montrer ses hautes capacités et de prouver que cet ouvrage n'était point d'une exécution impossible, comme on l'avait cru jusqu'alors. Le succès obtenu avec les ressources ordinaires du théâtre fut une révélation et décida, en quelque sorte, des représentations ultérieures de *Tristan* sur les principaux théâtres de l'Allemagne.

Seidl a dirigé les *Nibelungen* à Berlin (1881), à Londres (1882), à Bruxelles (1883). Il est depuis lors passé à Brême et, peu après, M. Edmond C. Stanton, directeur de l'Opéra-Métropolitain de New-York, a eu la bonne fortune de l'attacher à son théâtre. Seidl occupe aujourd'hui une place considérable aux Etats-Unis ; il y fait autorité et imprime au mouvement musical une impulsion extraordinaire.

VARIÉTÉS

ÉPHÉMÉRIDES MUSICALES

— Le 26 octobre 1816, à Bruxelles, *Une journée du Czar*, opéra comique en un acte de Berton. La partition manuscrite se trouve à la Bibliothèque royale, et c'est, paraît-il, l'exemplaire qui a appartenu à la mère du roi actuel de Hollande. A la première page, on voit que « l'opéra, *Une journée du Czar*, fut représenté sur le théâtre royal, à l'occasion des fêtes données par le corps municipal pour le mariage de S. A. R. le prince héréditaire, composé et dédié à S. M. I. et R. Mme la grande duchesse de Brabant (sic (1), princesse d'Orange, par H. Berton, membre de l'Institut, chevalier de la Légion d'honneur, surintendant de la musique du Roi, pensionnaire de S. M., du Conservatoire et de l'Académie royale de musique, etc. »

A la seconde page, il y a une dédicace, non signée, à la princesse d'Orange.

Une journée du Czar, écrite sur commande et payée sans doute pour le cas particulier d'un « auguste hymen », avait été jouée à Paris onze jours avant Bruxelles, sans autre changement que ce titre : le *Batelier du Don* (Opéra-Comique, 15 oct.). Les auteurs, — le parolier s'appelait Claparède, — tiraient ainsi du même sac deux moutures. Leur « farine » ne fut pas jugée d'assez bonne qualité et deux représentations suffirent pour en faire passer le goût au public pour courtois de 1816.

— Le 27 octobre 1862, à Bruxelles, reprise de *Rose et Colas*, un acte de Monsigny. — Cette bergerie du bon vieux temps, naïve, honnête, convaincue, et sur laquelle un siècle avait déjà passé, eut l'heur de plaire au public du théâtre de la Monnaie, dont l'interprétation en ayant été très bonne avec Jourdan, Bonnefoy, Carrier, Mme Monrose, Dupuy et Meuriot.

« Monsigny, le plus chantant des musiciens, Monsigny qui chante d'instinct ! » telles sont les paroles employées par Grétry, dans ses *Essais*, pour caractériser son prédécesseur et son rival.

Rose et Colas est du 8 mars 1764 à la Comédie-Italienne, à Paris, et à Liége, 27 oct. 1770. La pièce, traduite en allemand, sous le titre de *Rœschen und Colas*, a été jouée, avec la musique de Monsigny, au National-Theater de Vienne, le 9 mai 1777, et y a eu 34 représentations, la dernière, le 21 février 1794.

— Le 28 octobre 1873, incendie du théâtre de l'Opéra, rue Lepelletier, à Paris.

— Le 29 octobre 1876, à Ixelles-Bruxelles, décès de Jacques-Joseph Gregoir. Sa naissance à Anvers le 19 janvier 1817.

(1) Pour Russie.

Pianiste-compositeur, Joseph Gregoir a publié quantité d'œuvres diverses, au nombre desquelles : un opéra, des oratorios, et un *Faust*, poème musical en deux parties.

Dans son beau livre : *Gœthe et la musique*, M. Adolphe Jullien a passé en revue tous les *Faust* mis en musique. Au nombre de ceux-ci, il cite le *Faust* de Joseph Gregoir, et voici comment il en parle :

« A l'époque même où Berlioz écrivait les premières scènes de sa *Damnation de Faust*, au milieu du bruit et de l'agitation de Paris, un jeune musicien belge polissait et repolissait une partition inspirée par le même sujet et qu'il voulait bientôt produire en public. Le 27 janvier 1847, Joseph Gregoir faisait exécuter son œuvre à Anvers dans un grand festival organisé par lui avec le concours de 200 chanteurs et instrumentistes. Le début du jeune compositeur fit grand bruit dans son pays natal...

» Le plan de ce « poème musical » est à peu près celui que les collaborateurs de Gounod devaient suivre plus tard pour écrire leur libretto, car M. Gregoir a choisi tout simplement les scènes principales du premier *Faust* de Gœthe, et il les a mises en musique. Chose singulière, il a compris son sujet à peu près de la même façon que Gounod, et il l'a rendu dans la même gamme aimable et discrète, dans cette demi teinte qui est comme le clair de lune du génie. Il s'est arrêté de préférence aux scènes sentimentales, touchantes et passionnées qui se rencontrent dans le drame philosophique du poète allemand; il s'est même si bien cantonné dans cet agréable domaine qu'il a écarté de son poème le personnage du démon. Un *Faust* sans Méphisto, autant vaudrait un *Faust* sans Marguerite ou sans Faust. »

La partition de *Faust* de Joseph Gregoir a été publiée par la maison Schott frères (Bruxelles, 1877, in-4° de 67 pages), avec un avant-propos. Au frontispice, un Méphistophélès en couleur rouge. La première partie contient neuf morceaux, et la deuxième onze.

Joseph Gregoir était le frère de M. Edouard Gregoir, le fécond littérateur musicien bien connu.

— Le 29 octobre, la 101ᵐᵉ année de *Don Giovanni* de Mozart (Prague 1787). Voir *Eph. G. M.* 27 oct. 1887.

— Le 30 octobre 1828, à Bruxelles, *Masaniello ou le Pêcheur napolitain*, 4 actes de Carafa. Après les succès des premiers jours, succès bientôt éclipsés par ceux de la *Muette de Portici* d'Auber, une résurrection de l'œuvre de Carafa à la Monnaie (18 déc. 1860) ne pouvait guère réussir. Et c'est ce qui arriva, malgré tout le talent de Jourdan dans le rôle de Masaniello.

Les premières : à Paris, 27 déc. 1827; Gand, 19 mars 1828; Liége, 14 avril 1828 ; Anvers, 6 nov. 1831.

— Le 31 octobre 1799, à Roth-Lhotta (Bohême), décès de Karl Ditters von Dittersdorf. Sa naissance à Vienne, le 2 novembre 1739. Son nom s'est conservé en Allemagne surtout à cause de ses opérettes dont la plus populaire, le *Docteur et l'Apothicaire* se joue encore. Par son genre de talent Jacques Offenbach devait lui ressembler.

Véritable nature d'artiste, Dittersdorf n'avait pas le moindre esprit d'ordre et d'économie, et dissipait tout le produit de ses travaux. Sans la généreuse hospitalité que lui accorda le baron Ignace de Stillfried, dans sa terre de Rothlotta, Dittersdorf serait littéralement mort de faim avec sa famille, une femme, deux fils et une fille. Et pourtant, un grand nombre de ses désopilantes opérettes datent de cette époque. Il disait dans ses derniers moments : « J'aime ma bonne patrie allemande; je révère mes compatriotes; mais lorsqu'il s'agit de soulager une misère, on ne trouve plus personne. J'admets que ma musique a mis en bonne humeur un demi-million d'individus; or, si chacun de ces individus voulait se priver d'un kreutzer en ma faveur, ou plutôt en faveur de ma famille (car moi je n'en aurai bientôt plus besoin), ce serait une bien modeste contribution qui coûterait si peu au donateur et deviendrait une fortune pour la famille d'un homme dont les œuvres ont acquis tant de popularité. »

La destinée de Dittersdorf avait quelque analogie avec celle de Mozart. Tous deux vécurent misérablement, et moururent tellement pauvres, que des étrangers durent se charger de leur enterrement. Ce fut aussi le sort de Lortzing, dont nous parlions dernièrement.

Bien autrement favorisés nos faiseurs d'opérettes, qui tirent des sommes folles du produit de leurs fioritions.

— Le 1ᵉʳ novembre 1825, à Bruxelles (société de la Loyauté) : *Jésus-Christ au jardin des Olives*, oratorio de Beethoven.

A ce même concert, l'orchestre exécuta une Symphonie de Pierre-Jean de Volder, de Gand. Mᵐᵉˢ Delos chanta un air, puis avec Defossés, un duo de Rossini. Le concert finit avec « récit et chœur » de la *Création* d'Haydn.

Nécrologie

Sont décédés :

A Syracuse (Etats-Unis), le 26 septembre, à l'âge de 61 ans, William-Henry Schultze, né à Celle (Hanovre), professeur de musique à l'Université et ancien directeur du Quintette-Club de Boston.

— A Budapest, le 8 octobre, à l'âge de 74 ans, Stoll, professeur de chant et chef d'orchestre, ayant chanté autrefois les ténors.

Clarinettiste, lauréat du Conservatoire, professeur et chef de musique expérimenté, demande emploi. Adresse A. B. au bureau du Journal.

XXXIVe ANNÉE — N° 44

Le Guide Musical

Paraissant tous les jeudis.

Abonnement	SCHOTT Frères, éditeurs.	Annonces
France et Belgique : Avec musique 25 francs — Texte seul. . 10 —	Paris, Faubourg Saint-Honoré, 70	S'adresser à l'Administration du Journal.
Union Postale : — 12 —	Bruxelles, Montagne de la Cour, 82	On traite à forfait.

A propos des « Maîtres Chanteurs »

UNE ORIGINE POSSIBLE DU LIVRET.

Si l'on demandait, non seulement à un critique de profession, mais même à un amateur de musique dramatique, quelle est la pièce dont le sujet peut se résumer en ces quelques mots : « Pour obtenir la main d'une jeune fille qu'il aime, un artiste, ridicule et plus pédant qu'habile, s'approprie l'œuvre d'un jeune auteur encore inconnu qui aime cette jeune fille et qui, plus heureux que le premier, en est aimé; la supercherie se découvre à la fin, et le véritable auteur reçoit, sous les yeux de son rival confus, la récompense de son talent; » la personne interrogée répondrait vraisemblablement : *les Maîtres Chanteurs* de Richard Wagner.

Soit; mais cette brève analyse n'est pas moins celle qui convient, mot pour mot, à un ouvrage plus ancien et bien ignoré aujourd'hui : *l'Elève de Presbourg*, opéra comique en un acte, paroles de Vial et Théodore Muret, musique de Luce, représenté à l'Opéra-Comique de Paris, le 24 avril 1840.

Or, à cette époque, Wagner vivait à Paris; il fréquentait les théâtres de musique, il se tenait au courant des nouveautés, comme un curieux que toutes les manifestations artistiques intéressent, bien plus,

comme un journaliste qui prend des notes en quête d'articles, puisque, cette année-là même, il commençait à collaborer à la *Revue et Gazette musicale de Paris*. Et c'est précisément dans ce journal que parut, au surlendemain de la première représentation, un article signé Henri Blanchard, et analysant d'une façon assez complète *l'Elève de Presbourg*.

Peut-être Wagner vit-il la pièce et en lut-il le compte rendu; tout au moins, on doit admettre comme très probable, sinon comme certain, qu'il eut connaissance de l'une ou de l'autre. En effet, il était déjà, par l'entremise de Meyerbeer, en relations avec Maurice Schlesinger, propriétaire de la *Revue et Gazette*.

Quoi qu'il en soit, l'analogie n'en demeure pas moins évidente, et assez étrange pour qu'on la signale, au moment où le théâtre de la Monnaie vient de remettre à la scène les *Maîtres Chanteurs :* elle s'ajoute naturellement comme un complément possible, à l'étude publiée ici même, et dans laquelle M. M. Kufferath a précisé les emprunts de Wagner au *Hans Sachs* de ses devanciers, c'est-à-dire au drame de Deinhardtstein et à l'opéra de Lortzing. Voilà pourquoi il nous a paru curieux de tirer pour un instant de l'oubli *l'Elève de Presbourg* et de rappeler brièvement au lecteur ce que l'on peut savoir de la pièce et de ses auteurs.

Vial, l'un des librettistes, n'était pas le premier venu, mais bien l'auteur d'un vaudeville transformé plus tard en un opéra comique en trois actes, qui portait justement ce titre et dont Herold avait composé la musique. De plus, on lui devait les paroles de cette *Aline, reine de Golconde,* qu'on cite encore comme le principal titre de gloire de Berton.

Théodore Muret, son collaborateur, avait écrit, lui aussi, plusieurs ouvrages dramatiques; mais on connait son *Histoire par le théâtre*, un recueil intéressant et riche en renseignements de toute espèce.

Quant au musicien, Luce, ou plus exactement Luce Varlet, la *Biographie* de Fétis nous apprend que c'était un violoniste et compositeur amateur, né à Douai le 13 décembre 1781, mort dans cette ville en 1856.

Fondateur de concerts d'orchestre, et devenu, suivant l'expression de Fétis, « le centre d'activité de la culture musicale dans sa ville natale », Luce avait composé, en effet, bien des œuvres instrumentales et vocales, ouvertures, musique de chambre, entr'actes symphoniques pour des drames, des cantates, chœurs, dont l'une même, *Hymne à l'humanité*, a paru chez Lemoine, opéras enfin, tous représentés à Douai, sauf deux :

L'Elève de Presbourg, édité chez Lemoine et joué à Paris, lorsque l'Opéra-Comique se trouvait place de la Bourse, moins d'un mois avant l'ouverture de la seconde salle Favart;

Le *Maestro ou la Renommée* (1), édité par Richault et joué à Versailles en 1850, sous la direction de M. Vachot, qui devait, un jour, administrer des scènes plus importantes et préludait alors à sa carrière directoriale.

Ajoutons, pour compléter cette notice biographique, que Luce avait, comme ami et protecteur, un compatriote, Martin (du Nord), ministre, vice-président de la Chambre des députés, lequel pourrait bien avoir contribué à faire représenter *l'Elève de Presbourg*, car cette partition lui est dédiée. La croix de la Légion d'honneur, qu'il obtint en 1845, dut combler les vœux de cet aimable homme, dont la place n'est pas grande dans l'histoire de la musique, car il a fallu même un singulier hasard pour amener ainsi son nom à côté de celui de Wagner.

La critique parisienne rendit compte de son œuvre, et Théophile Gautier ne manqua pas d'en commenter le titre à sa façon, c'est-à-dire avec son esprit : « *L'Elève de Presbourg!* dit-il, qu'est-ce que cela, Presbourg? Connaissez-vous ce maître? Point du tout. Mais n'allez pas prendre le Pirée pour un nom d'homme. Presbourg est une ville de Hongrie où se tient la Table des magnats, et le titre du nouvel opéra comique est une grosse faute de français, tout simplement. »

En deux mots, voici l'intrigue : Le jeune Haydn, arrivé à Vienne, s'est épris de la fille de Kreisler, maître de chapelle de l'empereur. Pour échapper à la misère qui l'étreint, il en est réduit à vendre sa musique au poids du papier; certaine cantate, faisant partie du tas, tombe ainsi par hasard entre les mains d'un intrigant, compositeur médiocre et vaniteux, Rondonelli, qui se l'approprie, voit le parti qu'il en peut tirer, et la fait exécuter comme sienne devant l'empereur, espérant que le succès remporté lui vaudra la main de Mina, la fille du maître de cha-

pelle qu'il aime sans être payé de retour. Au dénouement, tout s'explique, et le voleur est volé, car Haydn est reconnu l'auteur véritable, et les deux jeunes gens s'épousent pour la grande confusion du rival éconduit et bafoué.

Ce livret, assez agréable, était tiré, paraît-il, d'un conte en vers de Ménechet, publié quelques années auparavant.

La musique fut diversement appréciée : « C'est léger, facile, mouvementé, suffisamment modulé (!), dit la *Revue et Gazette musicale*, et l'instrumentation, sans afficher le luxe moderne, est assez riche. » Théophile Gautier se montra plus sévère : « L'instrumentation, écrit-il, nous semble aujourd'hui un peu pauvre, accoutumés que nous sommes au *fracas* de Rossini et de Meyerbeer. *L'Elève de Presbourg* aurait sans doute produit plus d'effet sous le Directoire. »

La vérité est que, joué à cette époque-là, un tel opéra comique eût passé pour très avancé, car il porte, en maint endroit, la trace évidente de l'influence rossinienne, et, pour le prouver, il suffirait de citer l'ouverture transcrite, selon l'usage du temps, pour piano et violon, ou encore l'accompagnement de la deuxième partie du premier duo.

En tout, la partition comprend sept morceaux : 1° deux couplets de Rondonelli, assez insignifiants; 2° un air de Mina, qui rappelle certaines barcaroles d'Herold ou d'Auber; 3° un duo de Rondonelli et d'Haydn, écrit avec une certaine verve, la meilleure partie de l'ouvrage, celle qui présente la plus directe analogie avec les *Maîtres Chanteurs*, et qui va tout à l'heure fixer notre attention; 4° une invocation d'Haydn à la Muse, dont le tour mélodique semble aujourd'hui quelque peu démodé; 5° un quatuor convenablement traité; 6° un duo d'Haydn et de Mina, interrompu par un chœur chanté dans la coulisse, et qu'Haydn reconnaît pour son œuvre; enfin, un court finale.

Tout cela forme une partitionnette dont le mérite est mince, mais dont l'élaboration avait dû causer de réels soucis à son auteur. Pour la première fois, il abordait l'Opéra-Comique : c'était un rêve longtemps caressé, et déjà, sans doute, il entrevoyait la renommée sourire à cet essai et lui promettre de nouveaux lauriers. En parlant de son œuvre, avant la première représentation, il avait, malgré ses cinquante-neuf ans, la joie naïve et la fierté d'un adolescent à sa première conquête. C'est ainsi qu'il disait chez l'éditeur Lemoine devant un témoin qui nous l'a raconté : « Mon fils me tourmente! Il veut se marier; mais il faut que mon *Elève* passe d'abord! »

L'art avant la famille! Le brave homme prenait sa musique au sérieux et tressaillait d'aise à la pensée qu'après Douai Paris, enfin, le connaîtrait.

ALBERT SOUBIES et CHARLES MALHERBE.

(La fin au prochain numéro.)

(1) Cet ouvrage n'est pas mentionné dans le *Dictionnaire lyrique* de Clément.

HECTOR BERLIOZ

SA VIE ET SES ŒUVRES

Cette semaine a paru à la Librairie de l'Art, à Paris, le magnifique ouvrage de M. Adolphe Jullien, dont nous avons déjà avisé nos lecteurs, d'après les journaux allemands : *Hector Berlioz sa vie et ses œuvres* (1). Nous pensons leur être agréable en publiant ici la préface de ce superbe volume, où M. Jullien raconte avec bonne grâce comment il a été conduit à le publier ; car, il n'y pensait guère et n'a entrepris ce nouveau travail que pour répondre aux nombreuses demandes qui lui étaient adressées de composer sur Berlioz un ouvrage identiquement semblable à son *Richard Wagner*. Il serait dès lors superflu d'insister pour expliquer ce qu'est ce livre, rédigé dans le même esprit d'indépendance absolue et d'admiration réfléchie, avec un égal souci de la vérité historique, par un écrivain qui fut de tout temps un partisan convaincu d'Hector Berlioz ; et, d'ailleurs, le grand succès obtenu par son *Richard Wagner*, particulièrement en Belgique, est un sûr garant de l'accueil réservé à son *Hector Berlioz*. Nous en reparlerons à loisir ; mais nous voulons, dès aujourd'hui, dire à quel point un tel ouvrage est intéressant à lire et curieux à feuilleter avec ses innombrables illustrations, avec ses quatorze lithographies originales de M. Fantin-Latour, qui n'a pas été moins puissamment inspiré que pour Richard Wagner ; avec ses douze portraits du maître, inédits pour la plupart et découverts chez des amis de Berlioz ; avec ses cent vingt deux gravures, titres de romances, scènes de drames ou d'opéras, portraits de miss Smithson ou d'autres artistes, caricatures, autographes, musique anéantie par l'auteur, etc., etc., toutes pièces d'une rareté insigne et dont plusieurs n'avaient jamais vu le jour... Bref, cette publication splendide est un véritable monument élevé à la gloire du maître français en face de celui déjà consacré au maître allemand.

Maintenant, laissons parler M. Adolphe Jullien. Après avoir expliqué comment il fut amené à écrire ce nouvel ouvrage, il expose en ces termes le problème que la biographie avait à résoudre :

« Il n'existe, on le sait, aucune biographie de longue haleine sur Berlioz, et les notices sommaires qui parurent sur sa vie, les études tant soit peu développées sur tel ou tel point de sa carrière n'ont guère d'autre fondement que ses *Mémoires* auxquels, jusque dans ces derniers temps, on accordait une créance absolue. Or, à moins de vouloir retomber toujours dans les mêmes erreur ments, il ne fallait pas penser à se guider sur des *Mémoires* apprêtés, romanesques, remplis d'omissions voulues ou d'erreurs involontaires, avec des interversions tout à fait déconcertantes ; si bien qu'après avoir vainement tenté d'y remettre un peu d'ordre, il m'apparut que le seul moyen de constituer un canevas biographie solide était de suivre les indications très précises des feuilles musicales du temps, puis d'y rattacher les renseignements fournis par les *Mémoires*, après révision minutieuse, en contrôlant ceux-ci par les lettres où Berlioz, s'épanchant d'abondance avec ses amis, montrait à nu les blessures de son amour-propre et les plaies de son cœur. »

Le système de travail et de vérification que M. Adolphe Jullien s'est imposé ne s'applique pas seulement aux récits ou documents émanant de Berlioz, mais aussi aux mémoires publiés par ses amis, aux notices rédigées par divers écrivains. Chaque fois qu'un renseignement oral précis ou qu'une recherche dans les journaux modifiait en partie les faits eux-mêmes, ou les circonstances dans lesquelles ils se sont produits, M. Jullien a corrigé la partie fautive et n'a conservé que les détails vérifiés exacts.

« Combien de fois n'ai-je pas dû procéder de la sorte, dit-il, en particulier pour certains souvenirs, d'ailleurs très intéressants, de Stephen Heller, ou pour ceux de M. Legouvé, qui place, par exemple, — et cet exemple est pris entre vingt, — l'élection de M. Charles Blanc comme académicien libre à peu près quinze jours avant la mort de Berlioz, tandis qu'elle eut lieu, en réalité, le 23 novembre 1868, plus de trois mois avant la disparition du maître ! On peut donc être assuré de ceci : c'est que la fantaisie n'entre pour rien dans cet ouvrage et que la moindre particularité, glissée au courant du récit, provient d'un renseignement oral très sérieux ou d'un texte précis, alors même qu'elle n'est pas appuyée d'une note corroborante. Que s'il existe, — et cela devra souvent se produire, — une différence, si mince soit-elle, de temps, de lieu, de circonstances entre ma version et celle qu'on est accoutumé de lire ou qu'on trouverait dans d'autres ouvrages, il y aura de fortes présomptions pour que la vérité soit de mon côté, et je prie le lecteur de vouloir bien s'en fier à mon texte,

(1) En vente à Bruxelles, chez Schott frères, 82, Montagne de la Cour ; à Paris, chez P. Schott, 70, faubourg Saint-Honoré. Prix de l'exemplaire ordinaire : 40 francs. Exemplaire de luxe sur papier japon impérial, avec double tirage des lithographies de M. Fantin-Latour : 100 francs.

encore que je lui aie épargné le plus souvent le récit des recherches qui m'ont amené à l'établir. Observations qui sont d'une application générale, mais qui visent spécialement les voyages de Berlioz, pour lesquels on s'en tenait toujours à ses récits très développés, mais passablement confus, et dont je suis arrivé à déterminer nombre de dates et de menus incidents, grâce aux recherches faites tout exprès par d'obligeants confrères d'Autriche et d'Allemagne...

» Pour les temps plus rapprochés de nous, je me suis renseigné auprès des amis que Berlioz avait le plus fréquentés, le mieux aimés dans les derniers temps de sa vie, auprès d'admirateurs qui l'avaient respectueusement approché et soutenu de leurs bravos, auprès de Mᵐᵉˢ Damcke et de M. Massart, auprès de M. Reyer. Et ceux-là ne m'aidaient pas seulement de la parole ; ils me montraient les souvenirs qu'ils conservaient pieusement ; ils me confiaient des portraits inconnus ; et c'est ainsi que, d'autres aidant encore à mes recherches personnelles, M. Ernest Redon m'envoyant une miniature, MM. Richault et Lemercier m'autorisant à reproduire de belles lithographies publiées par leurs soins, M. Émile Wartel me communiquant une photographie faite en Russie, il m'a été possible de constituer cette série de douze portraits, sur lesquels il en est bien huit ou neuf dont on n'avait pas connaissance, qui seront autant de surprises pour les admirateurs du maître.

» Aussi bien pour Hector Berlioz que pour Richard Wagner, il était piquant d'ouvrir, en regard de cette galerie sérieuse, une sorte de galerie comique où les charges crayonnées sur sa personne, où les caricatures suggérées par sa musique et ses opéras vinssent témoigner de l'attention qu'on avait dû lui prêter dès la première heure et des glorieuses attaques auxquelles il fut constamment en butte. Car c'est là, n'en déplaise à certains écrivains, la consécration suprême ; aujourd'hui, la caricature, par l'extension qu'elle a prise en France et même à l'étranger depuis le second tiers du siècle, est devenue comme la pierre de touche de la célébrité, et les faux talents demeurent accablés sous ses attaques, les vrais génies, en revanche, à l'heure de la réparation, sont grandis en quelque sorte par les parodies qu'ils ont inspirées... Et quelle consécration plus complète, à ce compte-là, que celle à laquelle ont successivement aidé tous les maîtres de la caricature et tous les virtuoses du crayon : Dantan jeune et Traviès ; Benjamin, Grandville et Daumier ; Cham, Nadar et Carjat ; Marcelin, Grévin, Bertall et Gustave Doré !

» Il n'était pas douteux pour moi que je dusse rencontrer toutes les facilités désirables auprès des directeurs de nos journaux comiques : *Charivari* et *Journal amusant*, *Vie parisienne* ou *Caricature*, ayant déjà pu juger de leur obligeance à l'occasion de mon *Richard Wagner*; mais je difficile était de découvrir ces charges, perdues dans d'énormes collections. Et si je recueillis d'abord d'utiles données de la bouche de M. John Grand-Carteret, dont les indications sont toujours précieuses, tant il a consulté de personnes et compulsé de journaux pour composer son beau travail sur *les Mœurs et la Caricature en France*, il ne fallut toujours en arriver au labeur fastidieux de feuilleter tous ces journaux à images ; mais, pour cette besogne intermittable, il me fut donné de rencontrer un aide aussi éclairé qu'aimable en la personne de M. Henry Cheval, sous-bibliothécaire à Carnavalet, qui prenait plaisir à parcourir avec moi ces nombreuses feuilles satiriques et qui, ne perdant jamais de vue Berlioz, même au courant de ses travaux personnels, me donnait avis des qu'il trouvait trace d'une lettre, d'une anecdote ou d'un croquis. Combien de fois cela ne lui est-il pas arrivé dans les livres les plus étrangers, en apparence, à la musique et à Berlioz !

» Mais ce n'était pas tout que des portraits, ce n'était pas tout que des caricatures. Le désir m'était venu, Berlioz ayant frayé longtemps avec certains dessinateurs romantiques, comme Louis Boulanger et Célestin Nanteuil, de retrouver des dessins que ceux-ci avaient dû faire pour orner ses morceaux de musique, et, partant de là, de donner la série absolument complète de ces illustrations musicales dont plusieurs sont déjà presque introuvables ; qui, toutes, deviendront très rares, même celles qu'on peut voir encore en tête de deux ou trois partitions et qui disparaîtront un beau jour, si la planche est usée ou que l'éditeur ne la trouve plus à son goût : n'est-ce pas là ce qui vient d'arriver pour la composition, d'ailleurs assez médiocre, qui servait de frontispice au *Recueil de 33 mélodies* et qui ne figure plus dans les exemplaires nouvellement tirés ? De ce côté, j'ai encore été servi par les événements au-delà de mes souhaits. Non seulement les éditeurs de Berlioz, ses éditeurs musicaux, MM. Richault, Brandus et Choudens, aussi bien que M. Calmann Lévy, son éditeur littéraire, mettaient à ma disposition tout ce qu'ils avaient entre les mains : affiches, titres et gravures ; non seulement il n'était possible de retrouver de droite et de gauche des frontispices entièrement oubliés, mais un collectionneur passé maître en fait de trouvailles romantiques, M. le vicomte de Spoelberch de Lovenjoul, me communiquait une pièce absolument unique et sauvée comme par miracle d'un autodafé général. Bien mieux, mes investigations dans ce sens m'amenaient à découvrir un filon précieux, toute une suite de lithographies de Boulanger et de Devéria sur les représentations de miss Smithson au plus beau moment de sa carrière, et ces pièces rares, jointes aux portraits que j'avais déjà recueillis de l'illustre tragédienne, allaient donner à mon ouvrage tout le lustre romantique désirable.

» Ma tâche était terminée et les dernières feuilles de ce livre allaient être mises sous presse, lorsqu'un renseignement digne de foi me lança sur une nouvelle piste. Il y a déjà douze ou quinze ans, M. Hugo de Senger, directeur des concerts de l'orchestre de la ville de Genève, achetait chez un marchand de curiosités de cette ville deux précieuses reliques de Berlioz : un petit portrait en couleur et l'exemplaire de la partition des *Troyens* que le maître avait donné à son fils, avec dédicace appropriée au caractère du jeune marin. Je connaissais déjà le portrait, dont M. Hugo de Senger avait fait cadeau à M. Ernest Redon et que celui-ci m'avait communiqué dès le premier appel; mais qu'était-il advenu de cette partition unique ! Elle était également sortie des mains de M. de Senger qui l'avait offerte à M. Alexis Rostand, de Marseille; et ce dernier, malgré le prix qu'il attache justement à cet exemplaire, a bien voulu me l'expédier : grâces lui soient rendues pour son obligeance empressée qui me permet de reproduire ici cette triste et fière dédicace, où le grand artiste a laissé percer son découragement, où le père a mis toute sa tendresse. Maintenant, comment ces épaves du maître sont-elles allées, après la mort de son fils et la sienne, échouer chez un brocanteur de Genève ? C'est ce qu'il serait malaisé de raconter de façon positive et ce qu'on peut soupçonner pourtant, quand on connaît la fin de la vie de Berlioz (1). »

Le travail de M. Adolphe Jullien fixera certainement l'attention des admirateurs du maître, qui vont y trouver un Berlioz aussi soigneusement étudié, aussi sincèrement jugé, que le fut déjà Wagner, par un partisan d'ancienne date et qui, plus qu'aucun autre, contribua à la défense, à la réhabilitation du génie méconnu, que ce génie eût nom Schumann, Berlioz ou Wagner.

Chronique de la Semaine

Théâtres et Concerts

PARIS

Il faut tout l'attrait qu'exercent sur le public musical le nom et le talent de M. Lamoureux pour qu'une salle comme celle du Cirque d'Été ait pu se remplir, hier dimanche, par la température étrangement printanière, par le soleil de mai qu'il faisait... Les trois œuvres qui ont le plus porté dans ce concert de début sont, en suivant l'ordre du programme, la Quatrième Symphonie en *si bémol* de Beethoven, l'ouverture de *Geneviève* de Schumann, et le morceau descriptif tiré du deuxième acte du *Siegfried* de Richard Wagner, avec ce titre : les *Murmures de la Forêt*. La Quatrième Symphonie donne un avant-goût de la *Pastorale*, qu'elle égale parfois. La troisième en *mi bémol*, dite l'*Héroïque*, est, en effet, le formidable effort d'un héros de l'art pour se frayer sa voie; mais cette volonté réconcentrée du génie captif, tendue pour rompre les liens qui l'emmaillottent, se ne manifeste pas toujours avec une certitude et une égalité parfaites. Dans la Quatrième Symphonie, ce génie, désormais rassis, atteint à la plus charmante limpidité, à la plus exquise unité de style : avec quelle grâce de gestes, avec quel imprévu d'allures, usant de sa liberté reconquise, il folâtre à travers les vastes espaces de son nouveau domaine, prenant un plaisir singulier, communicatif jusqu'à nous griser, aux jeux de rythmes qui donnent une physionomie si nouvelle, si piquante à cette Quatrième Symphonie. M. Lamoureux a su très bien comprendre ce caractère spécial de l'œuvre et l'a mis en lumière d'une façon magistrale, notamment dans le finale, qu'il a enlevé d'un *brio* extraordinaire, a été vraiment éblouissant.

L'ouverture de *Geneviève* de Schumann, d'une belle facture classique, d'une poétique ordonnance, où les influences de Weber, Mendelssohn et Beethoven s'unissent dans une proportion si intéressante, a été dite avec une chaleur superbe. Quelle envie cela vous donne d'entendre celles de la *Fiancée de Messine* et du *Faust*, qu'on n'entend jamais, et qui, moins encore que celle de *Geneviève*, méritent ce triste abandon.

Le merveilleux paysage musical de *Siegfried* est un enchantement et produit toujours sur le public une impression vive et lumineuse. M. Lamoureux, fidèle à la loi qu'il s'est imposée avec raison pour tous les morceaux possibles, n'a pas consenti à le bisser, malgré l'envie manifestée par la très grande majorité des auditeurs. Cette évocation de la nature, d'une intense poésie, a été détaillée, il faut

le dire, avec amour, avec un fini adorable des nuances. Nul doute qu'en manière de dédommagement, M. Lamoureux ne le fasse réapparaître à ses programmes.

Décidément, je m'étais trompé sur le compte de *Jocelyn*, et je n'hésite pas à abjurer mon erreur. Une œuvre comme celle de brav'général Boulanger n'est plus une œuvre médiocre, ni même ordinaire. Cette rencontre du Capoul de la politique avec son confrère du chant, sur le terrain commun de B. Godard, est évidemment un événement d'une plus haute portée que celle du même héros avec Floquet. Ce modèle des vertus civiques et militaires (je parle de M. Boulanger), ce dépositaire des traditions chevaleresques, se plaît à intervenir au milieu des batailles perdues, à prendre en main les causes désespérées. Ce n'est pas la première fois, d'ailleurs, que je constate la prédilection du futur chef du Néo-Directoire pour la musique. J'en ai dit un mot à l'occasion de la première du *Roi d'Ys*, où il avait paru vers les onze heures et demie..... Pour *Jocelyn*, il en a été autrement : M. Boulanger est arrivé dès le lever du rideau ; mais il faut dire, d'autre part, que ce n'était plus que la sixième ou septième représentation de l'œuvre..... Il y a là des faits singuliers, éminemment suggestifs, comme on dit, ou, pour parler la vieille langue, qui donnent à penser ; les livre comme tels à toute l'attention, à toute la sagacité des historiens, déjà nombreux à l'œuvre. Plus heureux que .moi, ils trouveront sans doute, je l'espère, une réponse satisfaisante à cette question : Pourquoi M. Boulanger, qui va entendre l'opéra, ne met-il pas les pieds dans les théâtres non musicaux ?...... Le plus simple serait d'aller le demander à M. Boulanger lui-même; mais celui que M. Anatole de la Forge vient d'appeler le « Sphinx de la dictature » est un beau ténébreux, un mystérieux chevalier qui baisse sa visière quand le nez de son interlocuteur lui déplaît..... ou quand il est embarrassé de répondre, ce qui peut lui arriver plus d'une fois..... A *Jocelyn*, malgré l'assistance des fidèles mamelouks qui jadis ont tant braillé (je ne dis pas « braire » de « cabotin » et de « paillasse », deux professions qui, d'ailleurs, ne s'exercent qu'au profit et surtout pour le plaisir du peuple, lequel aime avant tout à s'amuser..... Quant à *Jocelyn*, le succès qu'il continue à obtenir est, si j'ose m'exprimer ainsi, extrinsèque et latéral.

Au dernier moment, un bruit me parvient que j'enregistre « sous toutes réserves ». Les habiles directeurs, — ai-je besoin, pour qu'on ait reconnu MM. Ritt et Gailhard, d'ajouter « de l'Opéra? » — se seraient assuré le concours, autrement dit la présence de M. Boulanger, pour toutes les premières représentations de l'année, y compris celle de la *Zaïre*, de M. Véronge de la Nux, » retardée, nous dit M. Henry Maret dans son rapport sur le budget des beaux-arts, par la faute du compositeur ». Cette ligne, qui a quelque chose d'énigmatique, s'éclaire maintenant d'un jour nouveau et radieux : M. de la Nux, mis au courant, sans nul doute, des négociations et du bruit passé, dit-on, par les éminents directeurs avec M. Boulanger pour 1889, a voulu en profiter; c'est un malin et un gourmand, qui fait traîner les choses en longueur, pour avoir, avant M. Massenet lui-même, avant les Diaz et les Mermet, l'Exposition, 1889 et M. Boulanger.

Il y a d'autres belles choses dans ce rapport de M. Henry Maret, et il y aurait lieu de s'y arrêter. Notons seulement ceci : en 1887, l'excédent des recettes sur les dépenses est de 235,000 francs ; en 1888, de 10,000, *ça s'entend*. Cette dégringolade est due, le rapport l'avoue, et le copie, « à l'insuccès de la *Dame de Monsoreau* de M. Salvayre, dont la mise en scène a coûté 178,053 francs » Et c'est tout ; pas de réflexions ni de commentaires désobligeants ; et, le reste du rapport visse à ne pas se départir, sinon d'un optimisme triomphant, du moins d'une indulgence souriante et encourageante, ou, si l'on veut, d'une indifférence sereine..... Mon Dieu ! quel fléau que des gens d'esprit, et comme ils deviennent bêtes dès qu'ils touchent à la musique !!!... Car M. Maret, dans ses bons jours, a de l'esprit, et du meilleur. — BALTHAZAR CLAES.

—

M. Alexandre Georges vient de mettre en musique les *Chansons de Miarka* de M. Jean Richepin.

Une audition de cette œuvre sera donnée prochainement sur une scène de Paris. L'interprétation en sera confiée à M. et M⁰ Delaguerrière et à M⁰ Yveling Rambaud.

—

De retour à Paris après divers voyages artistiques à l'étranger, notamment à Barcelone, où ses concerts d'orgue de l'Exposition ont obtenu le plus brillant succès, M. Eugène Gigout, le maître organiste de Saint-Augustin, a fait la réouverture de son école d'orgue, d'improvisation et de plain-chant, qui a déjà donné de si sérieux résultats et qu'a encouragée, l'année dernière, l'administration des beaux-arts. Nul doute que les résultats de cette nouvelle .année scolaire ne soient encore plus satisfaisants.

BRUXELLES
THÉÂTRE DE LA MONNAIE

La première représentation des *Maîtres Chanteurs* nous a fait négliger, la semaine dernière, une reprise de *Mireille* qui n'a point passer inaperçue, puisqu'on y a entendu M⁰ Landouzy et que la gracieuse cantatrice ne s'y est pas montrée inférieure aux autres créations qui lui ont valu de sérieux succès au théâtre de la Monnaie.

---

(1) Cette partition, en plus de la dédicace, est également intéressante et par sa date et par sa disposition. En 1862, Berlioz était encore persuadé qu'on exécuterait son « opéra » tel quel, en une seule soirée. Aussi, cette partition pour piano et chant, gravée à l'avance et tirée uniquement pour l'auteur, forme-t-elle un gros volume de 450 pages, marqué du prix de 32 francs net, mais sans indication d'éditeur, n'ayant qu'un seul titre : les *Troyens*, et divisée en 5 actes de 1ᵉʳ comprend les deux premiers de la *Prise de Troie* et le 2ᵉ équivaut au 3ᵉ du même ouvrage ; le 3ᵉ est de même que le 1ᵉʳ des *Troyens à Carthage*; le 4ᵉ comprend les 2ᵉ (Chasse royale) et 3ᵉ du même ouvrage ; enfin, le 5ᵉ correspond aux deux derniers des *Troyens à Carthage*. — A la fin, se trouve aussi l'avis imprimé qu'on peut lire à la dernière page des *Troyens à Carthage*; seulement il est plus long dans sa forme première et se termine ainsi : « Si les mouvements sont bien pris et bien soutenus, la durée de chaque acte sera la suivante : 1ᵉʳ acte, 52 minutes; 2ᵉ, 22; 3ᵉ, 40 ; 4ᵉ, 47 ; 5ᵉ, 48. Total, 206 minutes. Avec quatre entr'actes de 15 minutes chacun, la représentation devra durer 4 heures 26 minutes; commence à 7 heures 1/2, elle devra finir un peu avant minuit. » — Enfin, ce qui fait le grand intérêt de cette partition au point de vue musical, c'est qu'on y trouve l'air de Narbal et la cavatine d'Anna qui doivent précéder les airs de ballet dans les *Troyens à Carthage* et qui n'ont jamais paru dans aucune partition mise en vente.

Le rôle de Mireille, enjolivé de fioritures et réduit, par Gounod lui-même, aux proportions de l'opéra comique, ne présente pas de situations qui soient au-dessus des forces de Mme Landouzy. Elle suppléa, par la délicatesse des nuances et la simplicité de son jeu, aux quelques accents pathétiques subsistant dans la pièce, et contribue pour beaucoup à lui donner, la couleur pastorale qui est un des charmes de la partition. Les autres rôles restent distribués comme ils l'étaient l'hiver dernier, à MM. Maurns, Isnardon, Rouyer, Gandubert, ainsi qu'à Mmes Legault et Maes.

Après avoir débuté bruyamment dans Sigurd, M. Chevallier vient de reprendre le rôle d'Eléazar de la Juive. Cette nouvelle épreuve n'a fait que confirmer l'impression première, à savoir que M. Chevallier est un chanteur inégal, visant à produire de l'effet sur le gros public, ce qui ne peut le rendre aimable aux yeux du public artiste. Mais, le gros public n'étant pas en minorité, tant s'en faut, on peut en conclure que le talent de M. Chevallier aura des admirateurs sincères chaque fois qu'il lui arrivera de faire un sort heureux à tous les « chevaliers de ma patrie » rentrant dans ses attributions.

La deuxième des Maîtres Chanteurs avait légèrement souffert de la coïncidence des représentations de Mme Sarah Bernhardt. Le succès a été grand mais la salle présentait quelques vides. A la troisième représentation donnée lundi, la salle était absolument comble et l'on a pu constater que l'exécution s'est raffermie sous bien des rapports Mlle Cagniart a fait de sensibles progrès depuis la première; elle est maintenant plus éveillée -et sa voix plus chaude, s'accoutume au chant wagérien. Le rôle est mieux compris, joué avec infiniment plus de chaleur; tout contribue donc à faire de Mlle Cagniart une très gentille Eva. Il y a eu à cette troisième représentation quelques accrocs à l'ensemble et à la mesure. Mais on peut attribuer ces faiblesses de l'exécution aux fatigues résultant du spectacle donné la veille (Lucie et la Fille de Réjimenl), ainsi qu'aux répétitions de Philémon et Baucis faites le jour même.

E. E.

—

Les répétitions de Richilde, sous la direction de l'auteur, commencent à prendre tournure. Tous les rôles sont sus et, la semaine prochaine, commenceront les répétitions d'ensemble. Mme Caron se donne tout entière à la composition de son personnage, la terrible Richilde. M. Emile Mathieu ne se lasse pas d'admirer le talent avec lequel la grande artiste entre dans l'esprit de son rôle, y découvrant chaque jour quelque expression nouvelle et y donnant un accent plus passionné. MM. Dupont et Lapissida comptent être prêts à passer dans un mois au plus tard.

Samedi, première de Milenka, le joli ballet de M. Jan Blockx, et reprise de Philémon et Baucis.

—

Dimanche, à la séance publique annuelle de la classe des Beaux-Arts, a eu lieu, avec l'appareil académique ordinaire, l'exécution de la cantate : les Suppliantes, poème couronné de M. Louis de Casembroot, musique de M. Paul Lebrun, de Gand, second prix du grand concours de composition musicale de 1887. On sait que le premier prix (de Rome) a été adjugé pour le même concours à M. Lapon, dont l'œuvre a eu, depuis la séance dernière, l'honneur d'une belle exécution à Ostende. L'œuvre de M. Lebrun a des qualités qui la rendent tout à fait intéressante et font entrevoir un brillant avenir à notre artiste gantois. Le sens du théâtre perce en maint endroit de sa cantate et plus d'une page révèle un tempérament de musicien énergique et original. Son orchestration, très colorée, a des effets pittoresques dans le registre grave des bois et, en général, l'auteur s'applique à varier d'une manière surprenante l'emploi des timbres. L'intention de confier le sujet mélodique à l'orchestre, en donnant à la voix le rôle naturel d'une déclamation chantée, se fait sentir également dans la façon dont M. Lebrun s'y prend pour composer les récits et les morceaux de son œuvre. Nous y remarquons également des thèmes conducteurs et-des retours de mélodie qui dénotent le souci d'un plan d'ensemble et de l'unité indispensable à toute œuvre d'art.

Conformément à l'usage, M. Lebrun dirigeait lui-même l'exécution des Suppliantes, à laquelle concouraient les élèves du cours d'ensemble vocal du Conservatoire royal de Gand et les membres de la section chorale de la Société royale des chœurs de la même ville. Les soli étaient chantés par Mlles C. Vande Weghe, J. de Jaeger, H. de Béoxières; MM. J. Wauters et C. Wayenberghe. Le public habituel de ces séances académiques a fait à l'auteur, ainsi qu'à ses interprètes, un chaleureux succès.

E. E.

—

Après la saison théâtrale, voici ouverte la saison des concerts. L'Association des artistes musiciens a donné, samedi soir, sous la direction de M. Léon Jehin, son premier concert d'abonnement. Température invraisemblable! Désie troisième morceau d'orchestre, il a fallu emporter une spectatrice évanouie et plusieurs auditeurs ont dû quitter la salle pour ne pas subir pareil accident. L'exécution s'est ressentie des déplorables conditions de la salle. Un violoncelliste de talent, ancien élève de notre Conservatoire, comme pensionnaire du roi des Pays-Bas,-M. Antoon Bouman, s'est trouvé visiblement incommodé par la chaleur et n'a pu donner toute la mesure de sa virtuosité dans le concerto de Davidoff; ce n'est que dans la seconde partie, dans un adagio de Bargiel, que le public a pu apprécier la belle qualité de son instrument, la correction de son jeu et l'ampleur de son archet.

Dans le monde des musiciens, on était très curieux d'entendre et

d'apprécier le nouvel instrument récemment introduit à l'orchestre de la Monnaie, le claviharpe de M. Dietz, qui faisait sa première apparition dans les salles de concert.

On a trouvé généralement un peu sourde la sonorité de l'instrument, surtout dans la fantaisie pour harpe et orchestre du vieux Hummel, exhumée pour la circonstance. On a mieux apprécié les qualités chantantes, la distinction et la délicatesse de son, enfin la facilité de mécanisme du claviharpe dans deux petites pièces écrites pour la harpe et dont Mlle Dratz a rendu les effets comme si elles avaient été écrites pour le nouvel instrument, avec lequel, d'ailleurs, il est fort familiarisée en moins d'un an. Tout à la fin du concert, dans l'accompagnement de la célèbre romance anglaise ; Home sweet home, que Mme Melba a gracieusement ajoutée à son programme, on a pu constater que le claviharpe se mariait à ravir avec la voix, beaucoup mieux même que le piano.

Quant à Mme Melba, il est superflu de dire qu'elle a été la triomphatrice de la soirée, et qu'après la valse de Roméo et Juliette comme après l'air de la Reine de la Nuit de la Flûte enchantée, elle a été l'objet d'ovations sans fin.

L'orchestre, outre une ouverture de Hanssens, a fait entendre deux nouveautés : une Aubade en deux parties (allegretto et andantino) pour flûte, hautbois, clarinette, basson, cor et quatuor de M. Edouard Lalo, d'une grande fraîcheur d'inspiration et d'une contexture harmonique pleine de charme; et une suite de M. Fernand Leborne, intitulée Scènes de ballet. M. Leborne est, on le sait, un compositeur belge qui a fait ses études à Paris successivement sous MM. Massenet, Camille Saint-Saëns et César Franck, trois maîtres qui comptent. M. Leborne s'est déjà fait connaître dans différents genres; il a à son actif plusieurs Suites, une sorte de cantate profane ; Daphnis et Chloé, exécutée il n'y a pas longtemps à Bruxelles et que nous avons analysée ici même, une Messe, enfin un Concerto pour violon que M. Marsick jouera prochainement aux concerts Colonne de Paris. Les Scènes de ballet exécutées par l'Association ne sont probablement pas l'œuvre capitale de M. Leborne, elles n'en ont pas moins reçu un accueil très favorable. Le premier mouvement développant un thème de valse a de la vigueur rythmique et un certain éclat dans l'orchestration; les deux parties suivantes (Danse de la bayadère et Pas de la séduction) ont beaucoup de charme, seulement l'idée semble un peu courte ; le finale (Révolte sauvage) est là partie la plus intéressante par son originalité, sa vive allure et sa couleur vigoureuse. L'œuvre, dans l'ensemble, est d'un artiste dont le talent permet d'espérer beaucoup. Le public a très chaudement applaudi l'œuvre et l'auteur qui, présent dans la salle, est venu saluer l'auditoire.

La Société royale l'Orphéon, sous la direction de M. Ed. Bauwens, avait organisé, dimanche, une grande fête musicale dans la salle des Fêtes du Grand Concours. Cinq sociétés royales de chant et de fanfares, comptant chacune plus de cent vingt exécutants ont pris part à cet intéressant festival : les Mélomanes de La Réunion lyrique de Malines, les Bardes du Hainaut, de Quaregnon, la Phalange estudiantine (fanfares) de Bruxelles, enfin l'Orphéon. Le programme se composait des principales œuvres du répertoire de nos sociétés chorales. On a particulièrement remarqué la belle et franche sonorité et l'allure rythmique du chœur gantois, qui a chanté dans la perfection les Elsewns de M. Alfred Tilman (directeur : M. Van Loo). Il va sans dire que nos excellents orphéonistes ont eu leur large part du succès avec le Serment des Franchimontois de Radoux, l'un des chœurs les plus difficiles. Mais l'intérêt du concert a été plutôt dans l'exécution, par les quatre sociétés chorales réunies, du Soir de Jouret et des Emigrants irlandais de Gevaert, un ensemble de cinq cents voix remarquablement stylées et d'un effet puissant. M. Alfred Tilman avait, pour la circonstance, composé une cantate pour chœur, fanfare et orgue, exécutée avec le concours de la Phalange artistique et de M. Danneels, professeur d'orgue au Conservatoire de Liége. Cette œuvre a été très chaleureusement accueillie et elle est d'un beau caractère dans ce genre spécial, largement conçue au point de vue des masses et habilement écrite pour les voix. N'oublions pas de mentionner les brillantes exécutions d'orgue de M. Mailly.

◆◆◆◆

ANVERS

Le concert donné, le 20 de ce mois, par le Cercle Beethoven de Bruges, dans la petite salle de la Société d'Harmonie, avait attiré un public choisi, et la recette, qui était destinée à une œuvre de bienfaisance, aura soulagé bien des misères.

Le programme était composé exclusivement d'œuvres de Grieg, Niels W. Gade, J. Svendsen et H. Kjerulf, et l'on a écouté avec beaucoup de plaisir cette musique scandinave, tout en sentiment, finesse et originalité.

Le Cercle Beethoven, qui est composé de véritables artistes, s'occupe surtout de l'exécution d'œuvres peu ou prou connues. Cette jeune phalange, qui est dirigée avec infiniment de talent par M. Goetinck, a exécuté les divers morceaux du programme avec un excellent ensemble et une stricte observation des nuances. Nous devons mentionner spécialement l'ottetto pour quatre violons, deux altos et deux violoncelles de Svendsen, qui, malgré sa grande difficulté et son rythme particulier, a été joué d'une manière irréprochable. M. Davelny, un baryton à la voix claire et sympathique, a chanté avec goût plusieurs keder de Grieg, de vraies perles, ainsi que le « Synöres Lied » de Kjérulf, dont il a bien rendu le caractère plaintif.

Nos diverses sociétés de musique s'occupent activement de l'organisation des concerts d'hiver. La Société de symphonie donnera probablement un concert Beethoven et le Cercle artistique compte exécuter le *Déluge* de Saint-Saëns. De plus, on annonce pour les 5, 19 novembre, et 3 décembre, à la salle de l'Harmonie, trois concerts classiques organisés par MM. Schott frères; une séance sera consacrée exclusivement à Beethoven et les autres aux maîtres anciens et modernes.

Les représentations au Théâtre-Royal sont très suivies. L'ensemble de la troupe est décidément supérieur à celui de l'année dernière et nous pouvons nous attendre à une campagne excellente. Nous avons eu de très bonnes reprises du *Barbier de Séville* et de *Hamlet*, et la direction nous promet pour bientôt le *Cid*, *Manon* et *Lakmé*. Comme nouveautés, on montera le *Roi d'Ys* d'Édouard Lalo et *Don Cæsar de Bazan* de Massenet.   J. W.

GAND

Mercredi 24 octobre, le *Songe d'une nuit d'été*; vendredi 26 octobre, le *Cid*; dimanche 28 octobre, le *Songe*; le *Maître de chapelle*; lundi 30 octobre, le *Cid*.

Deux reprises importantes, dont la première, celle du *Songe d'une nuit d'été*, a été très favorablement accueillie.

M. Trémoulet donne au rôle de William Shakespeare un cachet de distinction et de goût qui lui a valu les applaudissements de quelques *réservataires* qui s'étaient tenus jusqu'ici, à son égard, dans une expectative un peu hostile. Si le chanteur est parfois un peu faible, l'acteur est excellent, foncièrement artiste et d'une conscience que les plus difficiles n'ont pu jusqu'ici prendre en défaut. M. Trémoulet, de plus, dit le poème avec une finesse et un soin que nous n'avions plus, depuis longtemps, connus sur notre première scène. Bref, un franc succès. Il en a été de même pour M. Darmand, qui réunit décidément les multiples et rares qualités exigées chez une basse-chantante. Son Falstaff est très complet, très amusant, et suffisamment distingué pour résister à la critique la plus sévère. Aussi l'a-t-on chaleureusement applaudi après ses couplets du premier acte, — une perle, décidément. Mme Danglade fait une séduisante Olivia.

La chanteuse légère a été plus faible. Voix insuffisante, diction souvent imparfaite.—J'ai bien peur qu'il ne faille encore chercher, de ce côté-là, avant de trouver ce qu'il nous faudra. — Le reste était bon, — chœurs bien sus, orchestre passable, petits rôles gentiment tenus, — sauf M. Lambert, un bien piteux Latimer. Il est vrai que le rôle est une des plus jolies pannes dont un auteur ait jamais doté cet emploi du second ténor. L'un des plus sacrifiés dans ce genre.

La reprise du *Cid* a eu lieu devant une salle presque hostile. Si l'on en excepte Merrit et Soum, admirablement en voix tous les deux, et Darmand, un Don Gormas parfait, l'interprétation a semblé de beaucoup inférieure à celle des années précédentes. Mme Laville était indisposée; le Roi, — un débutant, dont nous ne parlerons pas, — s'est montré pitoyable d'un bout à l'autre. L'infante ne valait guère mieux. Aussi a-t-on bien fait de rendre son rôle à Mme Boyer, dont nous étions un peu privés depuis quelque temps, et de donner celui du Roi à M. Jan, qui n'est pas encore l'idéal, — tant s'en faut, — et qui surtout a le tort de se décourager trop vite. *Patience et longueur de temps font plus*, etc., etc. — Qu'il médite un brin ces mots de l'excellent La Fontaine et nous donne dorénavant un Roi un peu moins « schopenhauerifique » (le mot n'est pas de moi).

La seconde représentation, qui a eu lieu hier, a mieux réussi. Les chœurs connaissaient leur partie. L'orchestre a montré un zèle et une bonne volonté qu'il serait injuste de lui méconnaître. Il y a progrès de ce côté-là. Mais la veine du Campéador semble décidément épuisée. M. Van Hamme fera bien de chercher autre chose. Le public est blasé sur les malheurs d'une Chimène dont il connaît les moindres gestes et prévoit les moindres signes. M. Dupuis a la vraie raison de sembler de froideur qui a envahi notre prima-donna, et dont nous sommes les premiers à déplorer la fatale nécessité.

N. B. — Au moment d'envoyer ma *correspondance*, j'apprends une excellente nouvelle : M. Van Hamme est, paraît-il, parti pour Lille, à l'effet d'engager une artiste bien aimée des Gantois, Mlle Zelca, chanteuse légère.   F.

LIÉGE

Notre correspondant liégeois nous annonce que les concerts populaires vont reprendre en cette ville sous le titre de Nouveaux Concerts. M. S. Dupuis se charge de les diriger. L'orchestre au nombre de quatre; quatre-vingt-cinq exécutants feront partie de l'orchestre. M. Dupuis se propose de faire entendre les productions modernes appartenant à toutes les écoles contemporaines. M. Dupuis s'est, en outre, assuré le concours de virtuoses renommés. La séance d'inauguration des Nouveaux Concerts est fixée au dimanche 2 décembre.

En attendant nous aurons, le samedi 24 novembre, la première séance de la Société des Concerts du Conservatoire sous la direction de M. Radoux, dans laquelle on entendra le célèbre pianiste français Delaborde et la Septième Symphonie de Bruckner.

MARSEILLE

Le Grand-Théâtre a fait, jeudi dernier, sa réouverture par une brillante représentation des *Huguenots*. De mémoire de Marseillais, on n'avait vu pareille unanimité du public et MM. Calabrési et Stoumon, les nouveaux directeurs peuvent se féliciter d'avoir enfin rétabli la concorde parmi nos dilettanti. Leur troupe a été accueillie avec beaucoup de faveur et le public a successivement applaudi et rappelé Mme Fierens, M. Dufriche, M. Bourgeois et le ténor Lestellier. La soirée d'ouverture, en un mot, a été excellente pour les artistes. Mais ce qu'il faut surtout louer, c'est la discipline, la solidité d'attaque, la justesse des masses chorales, l'exécution souple, puissante et intelligente de l'orchestre, la tenue générale de la figuration, du ballet, des costumes, la probité artistique du personnel, surtout la sévère homogénéité de l'ensemble. Si cette excellente direction s'affirme, et la représentation de la *Traviata* l'a dès à présent affirmée de nouveau, M. Calabrési aura prouvé, à Marseille, comme à Bruxelles, que le meilleur moyen de faire ses affaires est encore de faire de l'art. Il y a longtemps qu'à Marseille on n'avait rendu un opéra entier avec une telle force de cohésion.

Comme le dit avec justesse mon confrère Pradelle du *Sémaphore*, les ténors s'en vont, les barytons et les chanteuses aussi, et encore les agaçantes criailleries des *la* et des *si* de poitrine. Avec l'orchestre et les chœurs, il reste la musique et, avec eux, l'art demeure. C'est pour cela que, sans eux, tout croule, et le théâtre et l'art sont ruinés.

Nouvelles diverses

Le 60e jubilé artistique de Mme Clara Schumann a été célébré vendredi au premier concert du Museum, à Francfort, que l'illustre artiste habite, on le sait, depuis qu'elle s'est chargée du cours de piano au Conservatoire Raff de cette ville. Le programme de ce concert était tout entier composé d'œuvres de Schumann. Sous la direction du capellmeister Müller, l'orchestre a joué l'*Ouverture de Genoviève*, la symphonie n° 2 en *ut* majeur; le cercle choral *Cæcilia* a chanté six chœurs pour voix mixtes : sur le *Lac de Constance* (op. 52,2); *Chœur de chasseurs* (op. 59, 3); la *Barque* (op. 146, 5); puis *Chant d'été* (op. 116, 4); *Bonne nuit* (op. 59, 4), et *Schön Rothraut* (op. 69); enfin Mme Schumann a joué le concerto en *la* de son mari, après quoi l'orchestre a entonné une marche jubilaire composée en 1879 par Mme Schumann et instrumentée par M. Grimm, directeur de musique à Münster. L'apparition de la jubilaire sur l'estrade a été pour elle l'objet d'une ovation émouvante. Tout l'auditoire debout l'a acclamée longuement, tandis que deux dames du chœur lui remettaient une couronne de lauriers en or et argent, avec cette simple inscription : *Leipzig 20 octobre 1828, Francfort 27 octobre 1888*. Après l'exécution du concerto de Schumann, l'enthousiasme de l'assemblée s'est manifesté par de longs et interminables applaudissements. De toutes les parties de l'Allemagne, d'Angleterre, d'Autriche, de Russie, de Belgique et de Hollande, l'artiste septuagénaire a reçu des télégrammes de félicitation, des lettres et des souvenirs.

La saison théâtrale continue de façon extraordinairement brillante à Rome. Le Costanzi vient de reprendre avec éclat l'*Orphée* de Gluck avec Mme Hastreiter, une étoile américaine, dans le travesti d'Orphée, Mme Boaio dans le rôle de l'Amour, Mme Pettigiani dans celui d'Eurydice. Le succès a été retentissant. La presse locale ne tarit pas sur l'œuvre et son interprète, surtout Mme Hastreiter, qui a soulevé le plus grand enthousiasme. Sa voix est, dit-on, très étendue, belle, d'un timbre sympathique. Son chant expressif, dramatique, sans exagération, se distingue par une grande correction de style, et l'intelligence de la comédienne complète celle de la cantatrice.

L'orchestre aussi a fait merveille, paraît-il, sous la direction du maestro Mugnone, dont les journaux sont unanimes à louer la fermeté et la souplesse, alliées à une sûreté qui est, dit-on, rien de vraiment artistique; M. Sonzogno unit aux largesses d'un mécène le goût de l'artiste et un grand respect au culte pour le grand art.

A l'Argentina, le théâtre concurrent, c'est l'*Otello* de Verdi qui attire la foule, alternant sur l'affiche avec l'*Aïda* et *Robert le Diable*. Chaque fois que l'on donne l'*Otello*, il y a belle salle et le public rappelle quatre et cinq fois le ténor Tamagno et le baryton Kaschmann après leur grand duo. Malheureusement, les beaux jours de l'Argentina paraissent décidément comptés. Tamagno a terminé son engagement et le baryton Kaschmann va passer au Costanzi.

Heureux Sonzogno !

Heureux Romains !

Nouvelles du théâtre de Lyon, 30 octobre:

Depuis quelques jours, au Grand-Théâtre, les débuts des artistes sont empêchés par des scènes de tumulte indescriptibles. Hier soir encore, la représentation de *Guillaume Tell* n'a pu s'achever; trois artistes ont dû réalber leur engagement en présence des manifestations hostiles dont ils étaient l'objet. Le commissaire de police avait dû faire évacuer les quatrièmes, pour rétablir l'ordre.

On nous écrit de Roubaix que les débuts de la troupe d'opéra comique ont été moins bien accueillis que ceux de la troupe de grand opéra. Mlle Lion et M. Trémoulet (du théâtre de Gand) ont été trouvés insuffisants. Mlle Danglade et M. Darmand, la basse-chantante, ont réussi. A part quelques hésitations, les chœurs ont bien marché. L'orchestre, sous la direction de M. Cambon, obtient toujours grand succès.

La popularité a ses inconvénients, dont la moindre souvent est de rendre ridicule celui qui en est l'objet. Que de gorges chaudes les adversaires de Wagner ont faites de ces mille bibelots que l'industrie bayreuthoise a ornés de portraits du maître : savon Wagner, serviettes Wagner, chocolat Wagner, cartes postales, enveloppes, papier Wagner, etc., etc.

Le culte pour Brahms vient de donner naissance à une manifestation analogue. A Leipzig, on vend des paletots Brahms et des gants Brahms. Brahms passera aussi au chocolat !

En France, il y a déjà eu le cigare Gounod. On y verra peut-être un jour le cache-nez Saint-Saëns et le parfum Massenet.

A quand le julep Godard ?

—

L'Anneau du Nibelung sera exécuté complètement au théâtre métropolitain de New-York durant les deux dernières semaines de la saison théâtrale, du 11 au 23 mars 1889. Les œuvres qui feront partie du répertoire, pendant l'hiver, forment une liste de vingt-cinq opéras, dont huit sont de Wagner, quatre de Meyerbeer, deux de Verdi, deux de Goldmark et un seul de Gounod, Rossini, Nessler, Mozart, Halévy, Lalo, Auber, Brull et Beethoven. Les seules nouveautés de cette liste sont le Rheingold et le Roi d'Ys.

Un journal allemand rapporte qu'il est question de donner, à Bruxelles, au théâtre de la Monnaie, le Parsifal de Wagner, exécuté en forme d'oratorio, c'est-à-dire sans décors ni costumes.

Il n'y a pas un mot de vrai dans cette histoire.

—

Un fait assez rare s'est produit au premier des concerts organisés à Hambourg, par M. de Bülow. Le pianiste Eugène d'Albert, dans le concerto en si majeur de Brahms, magistralement accompagné d'ailleurs par l'orchestre de Bülow, a provoqué un tel enthousiasme qu'il a dû recommencer la dernière partie du concerto Quant à M. de Bülow, il a été longuement acclamé après la Symphonie pastorale de Beethoven. La salle était absolument comble, cela malgré une cabale montée contre l'ardent artiste par les conservatoires de l'endroit.

Chose inouïe, le directeur du Conservatoire de la ville, M. de Bernuth, a interdit à tous les musiciens qui dépendent de lui de jouer sous la direction de M. de Bülow, sous prétexte que ces concerts multiples fatiguaient les élèves, en réalité parce que les concerts de M. de Bülow ont réduit à néant les concerts du Conservatoire. Exemple heureusement isolé de cuistrerie artistique !

—

Le célèbre violoniste Thérèse Milanollo, qui habite la France depuis de longues années, a fêté dernièrement une visite à Savigliano, son lieu natal, où elle a été reçue avec tous les honneurs dus aux glorieux souvenirs de son passé artistique. L'événement principal de ce retour dans la patrie a été le concert où l'illustre sexagénaire a joué plusieurs morceaux qui ont ravi l'auditoire. Parmi ces derniers, figurait une élégie composée à la mémoire de sa sœur Marie, décédée en 1848, et qui partagea autrefois les triomphes de celles que l'on nommait et que l'on nomme encore les sœurs Milanollo.

BIBLIOGRAPHIE

Poème en quatre chants, paroles de M. F.-V. Dwelshauvers, musique de M. Jadoul, pour piano et chant. — Mme veuwe Muraille. Liège, 1888. — Un joli poème en quatre parties, qui développe les stades différents d'une même passion : Sonnet, Rêverie précédant la sérénade, Obsession, Lamento. Il s'agit, on le devine, d'un cœur épris, qui passe du désir à l'espoir et de l'espoir à la désespérance. M. L. Jadoul, qui s'est fait connaître par le zèle ardent avec lequel il a mené, à Liège, la propagande en faveur des compositeurs de l'école russe, a rendu musicalement, non sans charme et avec d'intéressantes recherches d'expression, les diverses évolutions du sentiment amoureux. Les paroles sont d'un jeune poète liégeois, M. F. Dwelshauwers, dont les vers sont joliment tournés, précis et bien rythmés.

César Cui, esquisse critique, par la comtesse de Mercy Argenteau. Paris, Fischbacher 1888. — Nous n'avons plus à présenter aux lecteurs du Guide la comtesse de Mercy Argenteau, dont ils connaissent l'admiration enthousiaste pour les maîtres de la nouvelle école russe. La brochure qu'elle publie aujourd'hui est un tiré à part de l'étude sur César Cui parue dans la Nouvelle Revue de Paris. L'auteur avoue avec une parfaite sincérité que cette brochure est une œuvre d'amitié et d'admiration, nous ajouterons qu'elle est aussi une œuvre courageuse, car on sait que César Cui est l'un des plus remarquables artistes de l'école russe contemporaine, il en est aussi l'un des plus vivement attaqués et vilipendés. Mme de Mercy Argenteau, après avoir esquissé la vie de César Cui, ses luttes avec très vives contre la critique retardataire, là-bas comme ici, examine, en juge souvent prévenu mais toujours sincère, les principales œuvres du compositeur qu'elle préfère à tous autres. Mais qui n'a pas ses préférences? Mme de Mercy Argenteau met à défendre les siennes une fière et noble passion. On lira particulièrement avec

intérêt toute la partie de ce travail relative à l'état de la musique en Russie et spécialement au monde musical de Saint-Pétersbourg. La brochure est ornée d'un très beau portrait de César Cui (eau-forte par A. de Witte), accompagné du fac-similé d'un autographe de sa main.

—

Souvenirs d'un wagnériste. Le Théâtre de Bayreuth, par Octave Maus. Bruxelles, veuve Monnom, 188. — Jolie plaquette de dix pages grand in-quarto, avec un portrait-buste de Wagner par De Groux et une vignette en couleur représentant le théâtre. M. Octave Maus, dont on connaît les excellents articles de critique musicale dans l'Art moderne, raconte brièvement quelques souvenirs de ses voyages à Bayreuth. Ce n'est pas une notice sur le théâtre, mais une esquisse vivante et animée des divers pèlerinages de l'auteur au temple de l'art wagnérien.

ÉPHÉMÉRIDES MUSICALES

Le 2 novembre 1801, à Bruxelles, l'Auteur malgré lui, un acte d'Englebert Pauwels. La seconde production dramatique de cet artiste des mieux doués et dont la carrière fut de si courte durée. (Voir Eph. G. M., 18 nov. 1886.)

Le théâtre de l'Opéra-Comique de Paris a eu aussi un acte, sous le titre : l'Auteur malgré lui, musique de Jadin (16 mai 1812).

— Le 3 novembre, le 88me anniversaire de la naissance de Vicenzo Bellini (Catane, 1801). Sa mort, à Paris, 23, sept. 1835. (Voir Eph. G. M., 28 oct. 1886.)

— Le 4 novembre, le 41me anniversaire de la mort de Félix Mendelssohn-Bartholdt (Leipzig, 1847). Sa naissance à Hambourg, le 3 février 1809.

Si sa vie fut courte comme celle de Raphaël ; s'il mourut à la fleur de l'âge, il était parvenu à la maturité de son génie, et ses semaines pouvaient être égalées aux années d'un autre.

Mendelssohn, qui a pourtant beaucoup voyagé, n'est venu qu'une seule fois en Belgique, et c'est à Liège, en juin 1846, à l'occasion d'un Lauda Sion qu'il avait composé pour un jubilé religieux. Il se fit dans cette ville qu'une courte apparition, le temps nécessaire pour surveiller les répétitions de son œuvre, à l'exécution de laquelle il n'assista pas.

Sait-on pourquoi Mendelssohn n'a jamais honoré de sa présence le Conservatoire de Bruxelles ! Ne serait-ce pas à cause de Fétis ? Le grand artiste allemand ne devait pas aimer le maestro belge, il devait lui garder une dent pour certain article sorti de la plume du rédacteur de la Revue musicale. Et comment cela s'est-il produit ?

Mendelssohn, lors de son voyage à Paris, en 1832, fit exécuter, à l'un des concerts du Conservatoire (19 février), son ouverture du Songe d'une nuit d'été, et lui-même, dans sa correspondance, constate « qu'elle paraît avoir plu au public ». La modestie de l'auteur ne lui permit pas d'en dire davantage, mais ce qui est certain, c'est que la presse lui fut tout à fait favorable, « le succès fut extraordinaire », suivant M. Barbedette (1) ; le seul Fétis y trouva à redire, et de quelle voix aigre ! Écoutez plutôt :

« La première impression laissée par l'ouverture de M. Mendelssohn n'a pas été avantageuse... Je ne parle pas des incorrections d'harmonie et du mépris de l'art qu'il écrire qui se font apercevoir en général dans cette composition. M. Mendelssohn est d'une école où l'on n'est pas sévère pour ces sortes de choses. »

Tout savant qu'il était, Fétis a plus d'une fois commis de ces jugements téméraires que le public lui a cassés sur le nez, car plus tard, placé à la tête du Conservatoire de Bruxelles, le critique parisien de 1832 a dû, pour sa juste punition, diriger lui-même l'exécution du Songe d'une nuit d'été, de Mendelssohn Que de ces sortes de choses Fétis a eu à avaler dans le cours de sa longue carrière de musicien ! (Voir Eph. G. M., 28 oct. 1886.)

— Le 5 novembre 1863, à Prague, concert de Richard Wagner, sous sa propre direction. Second concert, trois jours après. Pendant le même mois, à Carlsruhe, deux concerts. On était venu de loin pour assister à ces séances et bien des personnes venues avec l'intention de critiquer et de dénigrer, dit une feuille allemande, sont reparties enchantées et complètement gagnées pour la cause du célèbre novateur.

— Le 6 novembre 1814, à Dinant, naissance d'Antoine-Joseph dit Adolphe Sax. « Il s'est rendu célèbre, dit Fétis. (Biogr. univ. des mus., t. VII, p. 413), par son génie d'invention, et par l'énergie de caractère qu'il a déployée dans une lutte de plus de quinze ans contre une formidable association de spoliateurs qui, lui disputant la réalité des perfectionnements qu'il apportait dans le domaine des instruments à vent, s'en emparaient et le plongeaient dans la misère, tandis qu'ils s'enrichissaient de ses dépouilles. »

Déjà, en 1842, alors que Sax était encore peu connu, Berlioz écrivait ceci du jeune inventeur : « C'est un homme d'un esprit pénétrant, lucide, obstiné, d'une persévérance à toute épreuve, d'une grande adresse, toujours prêt à remplacer, dans leur spécialité, les ouvriers incapables de comprendre et de réaliser ses plans ; à la fois calculateur, acousticien, et au besoin fondeur, tourneur et ciseleur. Il sait penser et agir ; il invente et il exécute. M. Sax contribuera sans doute puissamment à la révolution qui se prépare dans la fabrication des instruments. »

(1) Félix Mendelssohn-Bartholdi, sa vie et ses œuvres, Paris, Heugel et Cie, 1869, p. 46.

— Le 7 novembre 1859, à Dresde, décès de Charles-Théophile Reissiger. Sa naissance à Belzig près Wittenberg le 31 janvier 1798.

On a longtemps attribué à Weber la valse célèbre appelée *la Dernière Pensée de Weber*. Le véritable auteur, Reissiger, a réclamé naturellement et voici la lettre qu'il écrivit, sous la date du 9 oct. 1846, à un des rédacteurs de la *Revue et Gazette musicale de Paris*, aujourd'hui M. le général Parmentier-Milanollo:

« *La Dernière Pensée de Weber*, éditée en Allemagne, et aussi à Paris, peu de temps après la mort du célèbre Weber, vers la fin de 1826, n'est autre chose (ainsi que je l'ai plusieurs fois fait connaître dans les publications musicales du temps) que l'une des valses composées par moi, en 1823, et éditées en 1824, par Peters, à Leipsick, sous le titre de *Douze valses brillantes in-12, op. 26*. L'éditeur Peters a aussi décliné ce fait, il y a dix ans, dans les journaux publics, et il en est résulté que l'on intitule aujourd'hui la valse en question : *Valse de Reissiger dite Dernière Pensée de Weber*. Je ne sais comment il se fait que l'on a utilisé de cette manière l'une de mes valses; mais il est certain que cela a été une spéculation de marchands de musique, et une véritable fraude. Mon ami Weber m'avait souvent entendu jouer moi-même cette valse, en 1823, à Leipsick; je sais aussi qu'elle lui plaisait beaucoup et qu'il la jouait fort souvent. Je ne sais s'il l'a jouée à Paris, mais cela est probable. »

Reissiger était regardé comme un des meilleurs chefs d'orchestre de l'Allemagne, et, à la mort de Morlacchi, il eut, au théâtre royal de Dresde, Richard Wagner pour collaborateur.

Avis et Communications

La première séance de musique de chambre pour instruments à vent et piano aura lieu le dimanche 4 novembre, à 2 heures de relevée, au Conservatoire de Bruxelles.

Cette séance offrira un grand intérêt: Mᵐᵉ Ida Cornélis y prêtera son précieux concours, elle chantera un air de Beethoven et des mélodies de Schubert. En fait de morceaux d'ensemble, MM. les professeurs exécuteront l'otetto en *ut mineur* de Mozart, un andante et scherzo de Sobeck et une sérénade de Djorak.

La répétition générale se donnera la veille, à 3 heures de l'après-midi, en la petite salle d'audition.

Rappelons la première séance de musique de chambre organisée par la Maison Schott, qui a lieu samedi 3 novembre, avec le concours de Mᵐᵉ Marie Soldat et du pianiste Paderewski. Voici le programme:

1. Fr. Schubert: Trio pour piano, violon et violoncelle, op. 99 (en si bémol majeur), Mᵐᵉ M. Soldat, MM. Paderewski et E. Jacobs. 2. R. Schumann: Fantaisie, op. 17, M. Paderewski. 3. Vieuxtemps: Rondo-Introduction, Mˡˡᵉ Soldat. 4. Chopin: Polonaise pour violoncelle et piano, MM. E. Jacobs et Paderewski. 5. Chopin: *a*) Étude, *b*) Prélude, *c*) Impromptu, *d*) Chant polonais, M. Paderewski. 6. Spohr: *a*) Adagio, Zazycky; *b*) Mazourka, Mᵐᵉ M. Soldat. 7. Paderewski: *a*) Thème varié, op. 16, Leschetizky; *b*) Menuetto capriccioso; Liszt: *c*) Rhapsodie hongroise n° 12, M. Paderewski.

Nécrologie

Sont décédés :

— A Gand, le 23 octobre, à l'âge de 70 ans, Jules Bernard, secrétaire et bibliothécaire du Conservatoire de musique.

— A Berlin, le 22 octobre, Mᵐᵉ veuve Richard Wuerst, née Franziska Weimann, à Graudenz, le 30 mai 1829, cantatrice de concerts, puis professeur de chant. (Notice, *Schuberth's Lexicon*, p. 530.).

— A Glasgow, le 19 octobre, à l'âge de 42 ans, Aloïs Brousil, né à Prague, violoniste et chef d'orchestre fixé en Angleterre depuis de longues années.

— A Laval, à l'âge de 30 ans, l'abbé Baraize, maître de chapelle à la cathédrale, élève de Massenet et Franck.

— A la villa Monaxque, près Marseille, à l'âge de 22 ans, Marguerite Brun, artiste lyrique.

Clarinettiste, lauréat du Conservatoire, professeur et chef de musique expérimenté, demande emploi. Adresse A. B. au bureau du Journal.

Vient de paraître et en vente

chez SCHOTT FRÈRES, 82, Montagne de la Cour

ADOLPHE JULLIEN

HECTOR BERLIOZ

Sa vie et ses œuvres, ouvrage orné de 14 lithographies originales par M. Fantin-Latour, de 12 portraits de Hector Berlioz, de 3 planches hors texte, et de 122 gravures, scènes théâtrales, caricatures, portraits d'artistes, autographes, etc.

1 beau vol. gr. in-4e de XXI-338 pp. sur papier fort.

PRIX NET : 40 francs.

CÉSAR CUI

ESQUISSE CRITIQUE

par Mᵐᵉ la comtesse de Mercy Argenteau

1 vol. in-8º, portrait gravé. Prix : 6 francs

XXXIVe ANNÉE   8 novembre 1888   No 45

LeGuide Musical

Paraissant tous les jeudis.

ABONNEMENT	SCHOTT FRÈRES, ÉDITEURS.	ANNONCES
FRANCE et BELGIQUE : Avec musique 25 francs.	**Paris,** Faubourg Saint-Honoré, 70	S'adresser à l'Administration du Journal.
— Texte seul. . 10 —	**Bruxelles,** Montagne de la Cour, 82	On traite à forfait.
UNION POSTALE : — 12 —		

A propos des «Maîtres Chanteurs»

UNE ORIGINE POSSIBLE DU LIVRET

(Suite et fin)

L'*Elève de Presbourg* fut, en effet, très honorablement accueilli le 24 avril 1840. Chose curieuse, la petite pièce accompagnait sur l'affiche la *Vieille* de Fétis et *Carline* d'Ambroise Thomas, deux ouvrages dont les auteurs auront occupé, chacun dans son pays, une situation analogue, la place de directeur du Conservatoire, le premier à Bruxelles, le second à Paris.

Les rôles étaient confiés à MM. Roger (Haydn), Grignon (Rondonelli), Riquier (Kreisler), et Mlle Darcier (Mina), excellents chanteurs, grâce auxquels l'interprétation ne pouvait manquer d'être satisfaisante.

On ne saurait juger, d'après les recettes, la valeur d'un lever de rideau, soumis forcément à la fortune de la pièce principale qu'il accompagne ; mais le nombre des représentations obtenues peut servir à mesurer le succès. Or, tant à l'ancienne salle, place de la Bourse, qu'à la nouvelle, place Favart, l'*Elève de Presbourg* fut joué vingt-quatre fois, dans la même année, le plus souvent avec l'*Eclair*, avec le *Pré-aux-Clercs*, avec l'*Opéra à la Cour*, pièce de circonstance à laquelle collaborèrent douze compositeurs dont quelques-uns n'avaient pas été consultés, puisqu'ils étaient morts, par exemple Dalayrac, Méhul et Weber ; l'avant-dernière fois avec *Joconde*, et la dernière (31 octobre) avec *Zanetta*, cette pièce d'Auber qui devait servir à l'inauguration du nouvel Opéra-Comique, et qui, au dernier moment, avait cédé son tour au chef-d'œuvre d'Hérold.

Aujourd'hui, à peine est-il fait dans les dictionnaires une mention de Luce et de l'*Elève de Presbourg*. L'auteur et l'œuvre ont disparu, et l'une ne revivra pas plus que l'autre ; mais, en relisant le duo d'Haydn et de Rondonelli, on ne peut s'empêcher d'évoquer le souvenir des *Maîtres Chanteurs*, car c'est dans cette scène que le rapprochement devient plus précis. Haydn n'a pas, comme Walther, l'indécision du génie qui s'ignore : il sait ce qu'il vaut et ce qu'il veut. Mais ce type de l'intrigant classique italien, avec ses bagues, ses manchettes, ses jabots et ses vêtements écarlates, Rondonelli, a plus d'un trait commun avec Beckmesser. Il sait la musique et prétend la connaître mieux que son rival ; aussi le traite-t-il avec quelque dédain, l'interrogeant et lui faisant passer une sorte d'examen, ainsi qu'il arrive à Walther.

Par exemple, il s'exprime ainsi :

> Voyons, je veux juger un peu,
> Mon ami, de votre science.

Et comme Haydn répond modestement :

> Je suis bien loin, j'en fais l'aveu,
> De posséder votre science,

Rondonelli ajoute, d'abord à part :

> Combien je vais rire !
> Car le pauvre sire
> Ne m'entendra pas.

Et puis, tout haut :

> Or ça, mon cher,
> Que l'on m'écoute !
> Il est un air
> Que vous connaissez sans doute.
> Mon chef-d'œuvre, en un mot : c'est vous en dire assez.
> Lui seul, il réunit l'exemple difficile
> Et des règles et du bon style :
> Et nous verrons si vous les connaissez.

Ne semble-t-il pas qu'on touche là presque aux lois de la tablature, et qu'on aperçoit déjà le tableau noir où seront marquées les fautes du délinquant ? Au surplus, le pédant chante son air et les corrections d'Haydn provoquent son impatience et sa rage. Il trépigne comme Beckmesser à la fin du premier acte des *Maîtres Chanteurs*, et s'en va répétant :

S'attaquer à mon génie !
Critiquer mon harmonie !
A cette audace infinie,
Je ne pardonnerai pas !

et la musique se trouve allumer ainsi la guerre entre les deux rivaux. De *Preislied* il n'est pas question à proprement parler, et cependant ne pourrait-on rappeler à ce sujet le grand air qui suit le duo ; Walther invoque la nature et l'amour ; Haydn invoque la mélodie : de part et d'autre, naissent ainsi, après le conflit brutal de deux intérêts, l'aspiration vers l'idéal, l'évocation du rêve, le libre essor du génie.

Certes nous ne prétendons point à l'honneur d'une insigne découverte, pour avoir retrouvé au fond d'une bibliothèque l'*Elève de Presbourg*. Mais il suffit d'un point de contact avec une œuvre de Wagner pour donner à l'ouvrage une importance que par lui-même il n'avait pas. Rien de ce qui touche aux grands hommes, en effet, n'est indifférent ; leur vie et leurs œuvres deviennent l'objet de commentaires où s'exercent la patience et l'ingéniosité des critiques. C'est ainsi que la genèse des drames de Victor Hugo a fourni la matière de plus d'une étude ; et, tout récemment, une certaine conformité de situation entre un roman du XVIIe siècle et une comédie de Molière est devenue le prétexte d'une série de notes curieuses parues dans le *Moliériste*, la revue de M. Georges Monval.

Somme toute, entre l'*Elève de Presbourg* et les *Maîtres Chanteurs*, il y a naturellement l'abîme qui sépare une bluette oubliée d'un chef-d'œuvre consacré. Il n'en reste pas moins ce fait singulier, c'est qu'on peut, et nous l'avons montré au début de cet article, se servir des mêmes termes pour résumer le scénario des deux ouvrages !

De là, il ne faudrait pas conclure au moindre plagiat. Mais peut-être est-il permis de supposer qu'un vague souvenir de cet opuscule pouvait flotter dans l'esprit de Wagner, quand il mit son opéra sur le chantier. Il voulait, il l'a dit, faire une contre-partie comique de *Tannhæuser* ; il avait besoin d'une intrigue dont le fil, si léger qu'il fût, reliât les divers épisodes de cette satire dramatisée. Peut-être alors s'est-il rappelé, sans chercher même à en préciser l'origine, cette rivalité de deux artistes et cette variante nouvelle de la fable du geai paré des plumes du paon. Qui sait donc, à propos des *Maîtres Chanteurs*, si fortuitement l'*Elève de Presbourg* n'a pas fourni le point de départ de l'action, comme le *Hans Sachs* de Deinhardtstein et de Lortzing fournissait le cadre du tableau ?

En tout cas, l'hypothèse était assez séduisante pour mériter qu'on la formulât ; en la soumettant au lecteur, nous le laissons juge de conclure si nous avons eu tort ou raison.

ALBERT SOUBIES ET CHARLES MALHERBE.

Le Pédantisme et le dandysme
DANS LA CRITIQUE MUSICALE

A propos de l'article de M. Hugues Imbert que nous avons publié sous ce titre, nous recevons la piquante lettre que voici d'un de nos abonnés de Paris :

Paris, a novembre.

Monsieur le Directeur,

Je viens de lire avec le plus vif intérêt l'article intitulé *le Pédantisme et le dandysme dans la critique musicale*.

A ce propos, j'ai pensé qu'il serait peut-être intéressant pour les lecteurs du *Guide musical* d'avoir sous les yeux quelques spécimens de critique musicale contemporaine, et j'ai ouvert à leur intention un ouvrage bien connu et qui fait autorité chez certaines gens : l'*Histoire de la musique depuis les temps anciens jusqu'à nos jours*, par Félix Clément (Paris, Hachette et Cie, 1885). Je ne crois pas qu'il soit possible de lire rien de plus amusant, de plus imprévu, de plus cocasse, si ce n'est certains articles de théâtre et de musique des journaux quotidiens.

Voici, par exemple, ce que je lis dans l'*Histoire de la musique* de Félix Clément :

« Que d'Aristarques impuissants à trouver une mélodie ont daubé » sur cette trop heureuse *Favorite* laquelle, malgré eux, n'a jamais » quitté le répertoire depuis bientôt un demi-siècle. Je ne veux pas » reproduire ici les termes outrageants dont ces pygmées se sont servis » pour qualifier *Lucie*, la *Favorite* et *Guillaume Tell*!... Le livret doit » compter parmi les meilleurs ; un souffle d'honneur y circule, et » Donizetti a su trouver des chants en parfaite harmonie avec les » situations émouvantes du drame. »

M. Clément, après avoir parlé du *souffle d'honneur* de la *Favorite*, s'exprime ainsi à propos du *Tannhæuser* :

« Le dénouement de *Tannhæuser* est honteux »,

Voici ce que le même historien dit de *Carmen*; tout ce que l'auteur a cru devoir écrire en 1885 sur Bizet, est de la même veine.

« Je ne rangerai pas *Carmen* de Bizet (1875) parmi les ouvrages » qui doivent rester au répertoire de l'Opéra-Comique, parce que, » la musique, fût-elle aussi intéressante qu'elle est inégale et de » facture hybride, ne pourrait racheter la honte d'un pareil sujet, » lequel depuis deux siècles n'avait jamais déshonoré une scène » destinée aux plaisirs délicats et aux divertissements de bonne » compagnie..... Quant à *Lakmé* de M. Delibes, cet ouvrage n'offre » d'intéressant qu'un assez joli nocturne; ce n'est pas assez pour » être mis à la suite des opéras que j'ai cités. »

Berlioz est, cela va de soi, l'une des bêtes noires de M. Clément.

« Berlioz, le prédécesseur de Wagner dans cette campagne hai-» neuse contre les plus glorieux représentants de l'art musical n'a » pas été et ne sera pas plus heureux. Le succès du *Barbier*, d'*Othello*, » de *Moïse*, de *Sémiramis*, l'impatientait au point qu'on lit ceci dans » ses mémoires : « Je me suis demandé comment je pourrais m'y » prendre pour faire sauter le Théâtre-Italien avec toute sa popu-» lation rossinienne ». Il est inutile de dire que le *Barbier*, *Othello*, et » *Moïse* ont survécu et survivront encore longtemps à *Benvenuto* » *Cellini* et aux *Troyens* de Berlioz.

» Berlioz, à mon sens, est sorti de la bonne voie en méconnaissant' » tout ce qu'une tradition civilisée a formé dans notre esprit de » goûts et d'habitudes. Les arts, comme les peuples, retournent à la » barbarie lorsqu'ils rompent avec la tradition. Qu'est-ce que la tra-» dition, sinon une longue suite de chefs-d'œuvre soumis à d'écla-» tantes expériences... »

Que pensez-vous de M. Félix Clément ?
A Schumann, à présent :

« Dans les grands ouvrages de Schumann, tels que *Manfred*, le » *Paradis et la Péri*, les idées que le compositeur a pu avoir sont » obscurcies par un luxe d'incidents accessoires, par une surcharge » d'intentions louables. Je le veux bien, mais du genre de celles dont » on dit que l'enfer est pavé..... Cinq ou six fragments agréables à » entendre émergent de la masse compacte de ses productions. »

Enfin, voici à coup sûr du nouveau :

« Après quinze années à peu près stériles, l'opéra de *Henry VIII* » est venu continuer cette série néfaste. L'auteur de la musique, » M. C. Saint-Saëns, occupé depuis de longues années une place » considérable dans le monde musical. Pianiste remarquable, mu-

» sicien accompli, il s'était fait connaître comme le plus chaleureux
» représentant en France des doctrines d'outre-Rhin, wagnériennes
» et schumanniennes, et n'avait pas dissimulé son dédain à l'égard
» des plus grands compositeurs italiens ou même français..... Aucun
» des ouvrages lyriques de M. Saint-Saëns n'a révélé un composi-
» teur qu'on puisse admettre au rang de ceux dont il a critiqué si
» amèrement les œuvres. Le *Timbre d'argent*, *Étienne Marcel*, *Samson
» et Dalila*, à Weimar, en 1878, réussirent peu...... M. Saint-Saëns
» appartient à une école où l'on s'est trop moqué des cavatines et
» des duos pour que le nom de ces morceaux soit écrit dans sa
» partition, divisée par scènes; mais si le nom n'y est pas, la chose
» subsiste. Il suffit de citer la mélodie chantée par don Gomez !
» La beauté que je sens est telle... » « Qui donc commande », etc.
» Des ballets, des marches, des ensembles complètent cette volu-
» mineuse partition Ce n'est donc pas dans la conception de la
» partie vocale scénique qu'il faudrait chercher une divergence,
» mais c'est dans le parti pris d'une symphonie continue à l'or-
» chestre, idée contestable *parce qu'elle est contraire à la nature du drame
» lyrique* (sic.) L'oreille de l'auditeur est fatiguée de cette tension pro-
» longée et de cette suite non interrompue de combinaisons rythmi-
» ques et orchestrales qui se succèdent sans points ni virgules... »

Le morceau valait, je crois, la peine d'être connu. Que .peut-on
attendre de sérieux, quelle vue d'ensemble sur l'histoire de la
musique, quelle apparence de bon sens et de goût dans les appréciations d'un homme qui a écrit : « *Guillaume Tell* est l'opéra des
opéras ».

Et c'est à des critiques, à des historiens de cette trempe, qu'est
livrée la musique en France !

Veuillez agréer, Monsieur le Directeur, etc.

UN DE VOS ABONNÉS.

Chronique de la Semaine

Théâtres et Concerts

PARIS

Semaine pauvre en événements musicaux, il faut le dire. Vous
parlerai-je de la reprise de *Si j'étais roi* au Château-d'Eau, et de
celle, au même théâtre, des *Amours du Diable*, cette vieille féerie,
enguirlandée de la pâle musique de Grisar le bien nommé. Ce sont
là les « lendemains » de *Jocelyn*, qu'ils font presque briller. A ce
point de vue, il n'y a pas trop de mal, L'interprétation, de plus en
plus, est digne de Brives-la-Gaillarde.

Quant à M. Capoul, il continue d'obliger la critique à s'occuper
de lui. Mardi dernier, il devait chanter au mariage de Mlle Boulanger; puis, au dernier moment, des dissentiments survenus entre
M. Senterre et lui ont privé de son talent M. Laguerre et la duchesse d'Uzès.

Quels étaient ces dissentiments ? Un certain mystère les enveloppe. Toujours est-il qu'on a fait relâche, ce soir-là, au Château-
d'Eau, M. Capoul ayant refusé de chanter, dit-on, parce qu'il n'entendait pas être remplacé par M. Furst, comme le demandait son
directeur, Depuis, il chante encore, bien que des journaux à chroniqueurs bienveillants, comme le *Temps*, aient annoncé formellement « que, le lendemain mercredi, *Jocelyn* serait repris avec
M. Furst, et que M. Capoul ne chanterait plus au Théâtre-Lyrique».
— A citer le billet, désormais historique, de M. Capoul à M. Melchissédec, pour s'excuser de ne pas chanter au mariage Boulanger :

Lundi soir.

Mon cher Melchi,

*Je suis complètement enrué et dans l'impossibilité de chanter ce soir sans
faire avertir au théâtre. Je m'empresse de vous en avertir aussi pour que vous
ayez le temps de me faire remplacer à cette cérémonie de demain, à laquelle
j'étais si heureux de prêter mon concours.*

On vous croit, ô Garat du nouveau régime !... Mais qu'est-ce que
je lis encore dans le *Temps* d'hier, journal grave et peu facétieux !...
« Dans la première quinzaine de janvier sera représentée au Théâtre-
Libre la *Reine Fiammette*, drame en six actes, en vers, de M. Catulle
Mendès. Le rôle d'Orlanda sera créé par Mme Marie Defresnes.....
En outre, *le personnage d'homme le plus important de l'ouvrage sera joué par
M. Victor Capoul*... » Qu'on se le dise!....

M. Massenet ne nous laisse pas respirer. A peine les journaux
ont-ils s'occupé qu'on va s'occuper d'*Esclarmonde-Portinas* à l'Opéra-
Comique, et voici qu'il est question d'un *Mage*, grand opéra iranien
et touranien (2,500 ans avant l'ère chrétienne, rien que cela), soit
quatre actes et sept tableaux, On y verra Zarâstra... lire Zoroastre
et non Sarastro, — et le roi de Bakdi, Viçtaçpa, Il y aura un ballet,
la Fête des voluptés (hum! hum!) « dans le temple même de la
déesse Jahi ». On ajoute qu'il n'y aura « que la chorégraphie strictement nécessaire exigée par l'action, que M. Richepin veut logique,

et sans hors-d'œuvre inutiles ». S'il en est vraiment ainsi, le dieu des
arts soit loué ! Ce sera la revanche de *Jocelyn*, Mais je ne me berce
pas de folles illusions. Tout cela est très beau sur le papier, mais il
faudra voir les actes (sans jeu de mots). Remarquez aussi que, par
son époque reculée, le *Mage* semble devoir être la contre-partie, disons mieux, à un autre point de vue encore, l'antipode de *Jocelyn*.....
Tout cela est au moins fort divertissant.

M. Massenet n'est pas le seul musicien que tente le talent brillant
et souple de M. Richepin : M. César Cui, le compositeur russe, vient
de terminer deux actes d'après le *Flibustier*, représenté avec succès,
il y a quelques mois, à la Comédie-Française. Il paraît que M. Cui
s'est attaché à respecter le plus scrupuleusement possible le texte du
poète français, et que la partition doit être achevée pour l'année
prochaine.

M. Richepin avait déjà travaillé avec des musiciens et donné,
entre autres choses, le texte de la *Sulamite*, scène biblique mise en
musique par M. Emmanuel Chabrier, et chantée aux concerts Lamoureux du Château-d'Eau par Mme Brunet-Lafleur.

On parle aussi d'un opéra tiré du *Rêve*, la récente incursion d'Emile
Zola dans le domaine de l'imagination idéaliste, par M. Louis Gallet, et destiné à être habillé en musique par M. Bruneau fils, auteur
d'un *Kérim* représenté l'an dernier au Château-d'Eau.

Dimanche, les programmes des concerts Lamoureux et Colonne
(séance d'ouverture chez ce dernier) ne contenaient rien que de
connu et d'archiconnu. Il n'y a donc pas lieu d'en parler. Aussi,
finirai-je sur une histoire, un conte de fées, qui pourrait bien devenir
réalité.

Il était une dame jeune, richissime, enthousiaste d'art wagnérien.
Après avoir été initiée aux splendeurs de Bayreuth, une idée lui vint,
celle d'avoir, tout à elle, un théâtre du même genre; plus restreint,
bien entendu, mais façonné exactement sur le même modèle. Elle
était décidée, au besoin, à retrancher quelque peu sur sa part de sa-
ries, pour subvenir aux frais. Ce véritable « Petit-Bayreuth » devait
être édifié aux environs de Paris, comme qui dirait à Neuilly. On
agita même les questions de direction artistique, de perfectionnement de l'éclairage, etc. Avis aux architectes... Il n'y a pas bien
longtemps de tout cela. Qu'est-il advenu depuis? Où en sont les
choses? Je l'ignore, et dès que j'en saurai quelque chose, je vous en
ferai part.

BALTHAZAR CLAES.

BRUXELLES

REPRISE DE PHILÉMON ET. BAUCIS

PREMIÈRE REPRÉSENTATION DE MILENKA, DE JAN BLOCKX (1).

Préoccupés sans cesse d'apporter de la variété au répertoire, les
directeurs de la Monnaie viennent de reprendre *Philémon et Baucis*,
opéra comique en un, deux ou en trois actes, au choix, selon
qu'on s'en réfère à la version primitive destinée au théâtre de Bade,
à celle qui fut représentée au Théâtre-Lyrique le 18 février 1860,
ou bien encore à l'édition définitive conforme à la représentation
du théâtre de l'Opéra-Comique. C'est la dernière qui nous occupe
aujourd'hui, réduite aux deux situations de la vieillesse d'abord, et
de la métamorphose ensuite, des fidèles époux phrygiens. Mais
cette métamorphose n'est pas exactement celle du conte mythologique; Philémon, en effet, n'est pas, que l'on sache, transformé
en chêne, et Baucis ne revêt point l'odorante ramure du tilleul.
Jupiter, sous les traits de M. Renaud, se borne tout simplement à
leur rendre la jeunesse, et le rideau tombe au moment où le couple
heureux s'apprête à fêter le retour des jeunes années.

L'acte supprimé renfermait des scènes bachiques, des danses et
un chœur de blasphèmes avec punition céleste. Il établissait un
contraste nécessaire entre deux situations à peu près identiques. Ce
contraste disparaissant, l'intérêt du second acte se trouve amoindri.
Je dois dire que Jupiter ne réussit qu'à demi son prodige, car si
dame Baucis renaît effectivement au printemps de la vie, sous les
dehors charmants de Mme Landouy, il s'en faut qu'il en soit de
même pour le bon Philémon. M. Gandubert, lui, conserve un petit
air vieillot qui, joint à son accent de terroir, rend presque invraisemblable la préférence que lui accorde sa tendre épouse. M. Isnardon
rend le personnage de Vulcain suffisamment laid; il comprend bien
la philosophie du rôle et souligne, « afin que nul n'en ignore », tout
ce qui a trait à l'auguste confrérie dont il est le patron ridicule de
l'infidélité de Vénus. M. Renaud a de la noblesse avec beaucoup de rondeur en maître des dieux, et sa voix superbe ajoute à
l'autorité du personnage. Mais l'excellent chanteur semble avoir
une tendance à appuyer trop sur les syllabes longues, ce qui alourdit
son chant.

(1) La partition pour piano est en vente chez Schott frères.

Le rôle de Baucis fournit à Mᵐᵉ Landouzy une occasion nouvelle de faire valoir son gracieux talent, sa jolie voix si déliée, ses demi-teintes qu'elle résout en quarts de teintes, et, par dessus le marché, l'air d'aimable candeur qui lui sied si bien en l'occurrence. Le public de la Monnaie lui a fait un très beau succès, partagé d'ailleurs avec ses partenaires.

L'orchestre met de la discrétion dans l'accompagnement instrumental très purement écrit de l'agréable partition de Gounod. Le chœur de coulisse a produit un joli effet, parce qu'on a eu le bon goût de simuler l'éloignement. Cette nuance s'observe trop rarement dans les cas de l'espèce pour qu'on n'en tienne pas compte à M. Joseph Dupont. Le plus souvent, les chœurs de coulisse se chantent beaucoup trop fort. L'auditeur s'aperçoit, aux dépens de l'illusion, que les choristes sont rangés derrière le manteau d'arlequin, alors que les voix sont sensées sortir d'une église voisine ou provenir d'un endroit éloigné. On devrait toujours s'inspirer des dispositions excellentes prises à l'égard du chœur des Bacchantes.

Sans doute, le public accouru nombreux pour assister à la reprise de *Philémon et Baucis*; mais il est permis de croire aussi que l'attrait d'une nouveauté chorégraphique entrait pour quelque chose dans l'empressement de ce même public. *Milenka*, l'œuvre de M. Jan Blockx, qui formait la deuxième partie de la représentation de samedi, n'était pas inconnue, puisqu'on en avait eu la primeur à l'un des concerts populaires donnés l'hiver dernier. Toutefois, sous sa forme première, ce ballet symphonique ne comportait pas suffisamment de musique dansée pour être un vrai ballet bien orthodoxe. Il a donc fallu se remettre à l'ouvrage, ajouter un prologue à la *Kermesse* et à la *Sérénade*, qui étaient les parties primitives du texte imaginé par M. Paul Berlier, et intercaler, là où le besoin s'en faisait sentir, quelques morceaux de vrai rythme sautillant.

Nous avons retrouvé l'impression de couleur locale très intense qui se dégage de la musique de M. Blockx, et que la mise en scène du théâtre de la Monnaie vient très heureusement expliquer. Il existe une conformité parfaite entre le sujet et son interprétation symphonique. Aux manières d'être peu raffinées des réjouissances populaires flamandes, se prêtent les thèmes lourds et caractéristiques, le déchaînement bruyant, le tutti formidable mêlant ensemble des chants divers. Comme opposition, voici la phrase amoureuse du peintre Wilhem épris de noble dame Yolande; les séductions de Milenka, la bohémienne; la scène bouffonne (écrite pour deux bassons) entre Riesencraft, le sigisbée de la belle Yolande et Zafari, frère et barnum de la Zingarelle, etc. Tout cela tient de la robustesse vivante d'un Adrien Brauwer ou d'un Craesbeek plus encore que du maniérisme relatif d'un Teniers. C'est un art sanguin, sur l'ethnographie duquel on ne saurait se méprendre et qui, l'autre soir, a positivement électrisé l'auditoire, que la musique de Gounod venait de plonger dans une douce quiétude.

La direction s'est mise en frais pour donner à la partition de M. Blockx un cadre animé, conforme à l'esprit de l'œuvre et au milieu pittoresque où l'action se passe. On a goûté tout particulièrement une danse paysanne pour laquelle danseurs et danseuses sont chaussés de vrais sabots. C'est neuf, original et bien en situation. Ici, l'auteur de *Milenka* peut se flatter d'avoir été traité plus respectueusement que Richard Wagner; au moins ne lui a-t-on pas imposé les marcheuses en jupes courtes et en maillot. Que ne peut-on faire bénéficier les *Maîtres Chanteurs* de cette heureuse tendance à s'écarter des « sentiers » de la routine. Les petites bourgeoises de Nuremberg ont certes des titres aux mêmes égards que les maraîchères d'Anvers, lorsqu'il s'agit de la vérité scénique, et Richard Wagner peut revendiquer à l'égal de M. Blockx et de M. Berlier des scrupules de mise en scène qui ne jettent pas la confusion et l'ahurissement dans l'esprit des spectateurs.

L'introduction des chœurs dans le ballet de *Milenka* est d'un effet très réussi. Plutôt que de faire danser des groupes de rhétoriciens, les auteurs leur ont fait chanter, une vieille chanson d'étudiants; c'est à la fois naturel et brillant, et cela ajoute encore plus d'entrain à l'animation de la kermesse.

L'héroïne de l'histoire ne pouvait être que Mˡˡᵉ Sarcy, la sémillante ballerine qui occupe à la Monnaie le plus haut grade et, dans l'estime des connaisseurs, la première place. Elle a dansé et mimé le rôle de Milenka avec un brio charmant, une grâce tant soit peu nerveuse qui plaît, et des audaces de virtuosité qui étonnent.

On a fait à M. Blockx une longue ovation après l'exécution de son ouvrage. Appelé sur la scène, le jeune musicien anversois ne s'est pas laissé prier longtemps; il a savouré tout à l'aise son triomphe, et le public regagnait déjà les issues que le compositeur prodiguait encore des saluts à gauche et à droite et à gauche. Contrairement à l'adage connu, M. Blockx peut se vanter d'être prophète en son pays.

Le succès incontesté de *Milenka* est d'un excellent augure pour le succès futur de *Richilde*, que l'on va s'occuper très sérieusement, à présent, de mettre en scène.

E. E.

—

A propos de *Milenka*, relevons une bien piquante bévue des jeunes soiristes à qui des directeurs indulgents ont eu l'imprudence de confier la critique théâtrale dans leurs gazettes quotidiennes.

M. Jan Blockx, au moment où le cortège des rhétoriciens entre en scène, fait chanter par ceux-ci une vieille chanson d'étudiants : *Ha, ha, ha ! Valete, studia*

Nos éminents critiques ont tous deux pris ces paroles *latines* pour des vers *flamands !*

Ont-ils l'oreille fine !

—

La première soirée de musique de chambre organisée par la maison Schott a été l'une des plus intéressantes séances musicales que nous ayons eues depuis longtemps à Bruxelles. Déjà l'année dernière, le pianiste Paderewski avait fait une vive impression dans une courte apparition à l'Association des Artistes musiciens. Il a eu l'occasion, samedi dernier, de faire apprécier son rare talent sous toutes ses faces, et il n'y a pas à dire, l'impression a été unanime, irrésistible, profonde. C'est une personnalité originale que ce pianiste, dont le nom était peu répandu jusqu'ici dans l'Occident musical. Polonais de naissance, élève de Lechetitzky à Saint-Pétersbourg, vivant à Vienne, M. Paderewski, qui est un homme d'une trentaine d'années, ne s'est guère révélé que depuis deux ou trois ans, à Londres, je crois. Ce n'est donc pas un artiste précoce, c'est un talent dans la plénitude de ses facultés, dans tout son épanouissement, qui n'en est plus aux imitations et aux étonnements. C'est un artiste qui sait ce qu'il pense et qui sait comment il faut le dire. Son mécanisme est absolument extraordinaire; la main gauche a une puissance et une force peu communes; avec cela une qualité inappréciable : la clarté des traits et la fermeté du rythme, même dans le plus vif. Ce qui distingue par dessus tout le jeu de M. Paderewski, c'est la souplesse et la variété du toucher, la fougue et la passion unies chez lui à la délicatesse allant quelquefois jusqu'à la préciosité, mais sans fadeur néanmoins; c'est la manière vivante, l'énergie morale, le sentiment poétique et passionnel qu'il a dans toute sa façon de jouer. Ceci si l'on veut la virtuose du clavier, c'est un artiste, un véritable interprète. Depuis Rubinstein, nous ne sachions personne qui ait à ce point intéressé musiciens et dilettanti. Samedi, M. Paderewski a accompli ce miracle de retenir tout l'auditoire jusqu'à la fin du concert; pas une personne n'a quitté la salle avant la fin du programme, et Reyer lui même, s'il s'y fût trouvé, eût été subjugué par cette impétueuse et brillante virtuosité. Nous ne nous rappelons pas avoir jamais entendu la *Fantaisie* de Schumann jouée avec un éclat et une fougue aussi entraînants. Çà et là, on pourrait chicaner l'interprète sur certains mouvements inutilement modifiés d'un même thème chantant, lequel se reproduit plusieurs fois avec des accompagnements nouveaux qui en modifient suffisamment le caractère sans qu'il soit besoin d'en précipiter et, qui pis est, d'en briser le rythme primitif et fondamental par des retards ou des accélérations arbitraires. Mais ce sont là des détails qui n'ont pu détruire l'impression d'ensemble de cette exécution absolument hors ligne et superbement triomphante d'un des morceaux les plus difficiles, et, ajoutons-le, d'un des plus admirables poèmes de la littérature du piano. M. Paderewsky a fait apprécier ensuite la délicatesse de son toucher dans une série de petites pièces de Chopin, dans un thème varié de sa façon (un thème de menuet traité d'abord en canon, sur lequel se développe ensuite de brillantes arabesques), enfin, dans une rhapsodie de Liszt. Le public absolument pris, l'a rappelé et acclamé après chacune de ses apparitions.

L'autre artiste, que le public bruxellois voyait pour la première fois devant lui, Mˡˡᵉ Marie Soldat, n'a pas obtenu moins de succès, et elle s'est immédiatement affirmée comme une violoniste de tout premier ordre. Le son est beau, d'une pureté merveilleuse et avec cela d'une intensité rare. Élève de Joachim, Mˡˡᵉ Soldat a acquis de son maître cette plénitude du son qui est le plus précieux mérite de la grande école de Spohr et de Ferdinand David. Mais elle possède, en outre, le plus surprenant archet que nous ayons vu. D'une seule venue, elle file trois ou quatre sons avec une puissance et une ampleur extraordinaires. Cela nous change un peu de la déplorable tendance de nos violonistes et violoncellistes à répéter les coups d'archet pour soutenir une note, à *savonner* les traits et les passages. Servais père, Vieuxtemps et de Bériot seraient quelquefois navrés, en entendant certains de nos virtuoses qui n'ont plus qu'une notion vague de ce que ces grands maîtres appelaient : *Avoir l'archet à la corde.*

Malheureusement pour Mˡˡᵉ Soldat, le choix de ses morceaux a laissé à désirer. La pauvre ! venant de Leipzig, où elle avait joué, l'avant-veille, avec un énorme succès le concerto de Brahms, elle est arrivée à Bruxelles croyant avoir à jouer avec orchestre et elle avait choisi un *Rondo* de Vieuxtemps et un *Adagio* de Spohr. Au lieu de cela, un simple accompagnement de piano ! Juges du désappointement de l'artiste ! Que ces morceaux ont paru démodés et vides !

Fernand LE BORNE

ŒUVRES PARUES CHEZ **SCHOTT FRÈRES**, A BRUXELLES

Poème pour orchestre (2e suite). Scènes
de ballet
La partition d'orchestre, net.	10	»
Les parties d'orchestre, »	10	»
— Arrang. à 4 mains, par Aug. Horn. net.	3	75
— Danse de la Bayadère, pour piano seul.	1	35
La même, arrangée pour flûte et piano.	1	75

Op. 12. **Six mélodies** pour chant et piano.
N° 1. A une passante, 3 fr ; N° 2. Ici-
bas, 4 fr.; N° 3. Notre amour, 2 fr. 50 ;
N° 4. Garde toujours ces fleurs, 2 fr. 50 ;
N° 5. Méditation religieuse (avec vio-
loncelle), 7 fr. 50 ; N° 6. Matutina, 3 fr.

Op. 15. **Six mélodies** pour chant et piano
réunies, net.	4	»

N° 1. Aubade, 4 fr. ; N° 2. La fille aux
cheveux de lin, 3 fr. ; N° 3. Le petit
enfant, 4 fr. ; N° 4. A une amie, 4 fr. ;
N° 5. En recevant des fleurs, 2 fr. ;
N° 6. Hymne d'amour, 4 fr.

Op. 17. **Messe brève** (n° 1) à quatre voix
mixtes avec violoncelles, contre-basses
et orgue.
Partition, net.	4	»
Parties de chant, net.	1	»
Parties instrumentales, chacune, net.	»	75
Partie d'orgue.	6	»

Op. 13. **Bénédiction** (Tantum ergo), pour
3 voix avec accompagnement d'orgue.
Partition,	4	»
Chaque partie, net.	»	25

Première exécution à Bruxelles, de la « 2e Suite » d'orchestre
(EXTRAIT DES JOURNAUX)

L'Étoile belge.

En fait de musique nouvelle l'orchestre de M. Léon Jehin nous a présenté une aubade (en deux parties) pour flûte, hautbois, clarinette, basson, cor et quatuor, d'Édouard Lalo, l'auteur du *Roi d'Ys*, qu'on entendra cet hiver à la Monnaie, et les *Scènes de ballet*, de Fernand Le Borne.

La musique de M. Lalo est marquée à ce cachet d'élégance un peu super-ficielle et factice qui distingue l'école de Massenet et autres succédanés de Gounod.

M. F. Le Borne, un jeune compositeur belge établi à Paris, nous avait vivement intéressé il y a quelques années, par son *Daphnis et Chloé*, avec accompagnement d'orchestre. Les *Scènes de ballet* confirment notre bonne impression. La symphonie de M. Le Borne se distingue par une couleur chaude, des rythmes recherchés, mais non tour-mentée, une vigueur, une solidité quasi flamande. Cette facture a du nerf et des muscles. On pourrait reprocher à M. Le Borne d'abuser des timbres bizarres, sous prétexte de couleur locale. Ainsi, dans l'*Entrée-Valse*, le déchaî-nement des timbales et des cymbales produit des répercussions trop vio-lentes. La *Danse de la Bayadère* et le *Pas de la séduction* sont d'un pro-cédé mais un peu conventionnel. Nous préférons le *finale*, d'une belle fougue et d'une sauvagerie convaincue. Le public a fait un accueil très sympathique à cette œuvre, et appelé le jeune compositeur sur l'estrade.

L'Indépendance belge.

L'orchestre, outre une ouverture de Hanssens, a fait entendre deux nouveautés : une *aubade* en deux parties (*allegretto* et *andantino*) pour flûte, hautbois, clarinette, basson, cor et quatuor de M. Édouard Lalo, d'une grande fraîcheur d'inspiration et de contexture harmonique pleine de charme ; et une suite de M. Fernand Le Borne, intitulée *Scènes de ballet*. M. Le Borne est un compositeur belge qui a fait ses études à Paris successi-vement sous MM. Massenet, Camille Saint-Saëns et César Franck, trois maîtres qui comptent. M. Le Borne s'est déjà fait connaître dans différents genres ; il a un actif plusieurs *suites*, une sorte de cantate profane : *Daphnis et Chloé*, exécutée il y a pas longtemps à Bruxelles et qui nous avons analysée ici même, une *messe*, enfin un *concerto pour violon* que M. Marsick jouera pro-chainement aux Concerts Colonne de Paris. Les *Scènes de ballet* exécutées par l'Association se sont probablement pas l'œuvre capitale de M. Le Borne, elles n'en ont pas moins reçu un accueil très favorable. Le premier mou-vement développant un thème de valse a de la vigueur rythmique et de l'éclat dans l'orchestration; les deux parties suivantes(*Danse de la Bayadère* et *Pas de la séduction*) ont beaucoup de charme, seulement l'idée semble un peu courte; le finale (*Révolte sauvage*) est la partie la plus intéressante par son originalité, sa vive allure et sa couleur vigoureuse. L'œuvre dans l'ensemble est d'un artiste dont le talent permet d'espérer beaucoup. Le public a très chaudement applaudi l'œuvre et l'auteur qui, présent dans la salle, est venu saluer l'auditoire.

Journal de Bruxelles.

L'ouverture triomphale de Hanssens a été entendue d'une oreille distraite, mais on a prêté une attention soutenue et méritée à l'*Aubade* en deux parties —*allegretto* et *andantino*, — d'Édouard Lalo, à qui la réussite brillante du *Roi d'Ys* a donné une notoriété subite, et à une suite de ballet, pittoresque et colorées, tirée du poème pour orchestre de Fernand Le Borne. Ces deux numéros étaient judicieusement choisis. Ils avaient le mérite de la nouveauté et répondent par leur contexture instrumentale aux tendances du jour. L'agencement harmonique en est distingué, ingénieux, avec une délicatesse de touche toute particulière dans l'*Aubade*, de la force et de l'éclat dans les *Scènes de ballet*. La danse de la Bayadère et le pas de la Séduction ont des rythmes allanguie qui procèdent peut-être de l'école de Massenet, mais l'Entrée-Valse et la Révolte sauvage révèlent une note de vigueur, qui est absolument personnelle à notre jeune compatriote. Les applaudissements chaleureux du public l'ont forcé à paraître sur l'estrade.

Le Soir.

L'orchestre de l'Association des Artistes musiciens a exécuté dans la per-fection, — et une très grand succès — la première fois à Bruxelles, des *Scènes de ballet* de notre compatriote, M. Fernand Le Borne, — œuvre absolument charmante, d'un ton léger, spirituel, distingué, et d'une très jolie facture. De vrais airs de ballet, écrits dans le style voulu, avec de la bonne humeur tout plein. M. Le Borne a composé ainsi plusieurs *suites* à celle-ci était la seconde ; il y en a, m'a-t-on dit, une troisième, d'un caractère plus grave, dont déjà a été exécutée à Paris; nous espérons bien qu'on nous la fera entendre un de ces jours à Bruxelles.

Le Patriote.

L'Association des Artistes musiciens a fait entendre dans son premier concert de la Grande-Harmonie une suite de danses pour orchestre de

M. F. Le Borne, notre compatriote, qui nous confirme dans l'opinion favo-rable que nous avons émise au sujet de ce jeune compositeur lorsque la Société des concerts a exécuté à l'Alhambra sa grande cantate de *Daphnis et Chloé*.

M. Le Borne est élève de Massenet, mais il a plus que son maître l'éclat et la force, sans tapage. Son œuvre a des allures viriles et indomptées fort personnelles Elles a été d'ailleurs fort applaudie.

Nous espérons bien que M. Dupont nous fera entendre dans ses concerts populaires d'autres œuvres de notre compatriote. Leur place est là en attendant mieux, car nous serions fort surpris si M. Le Borne ne se faisait admettre un jour aux les grandes scènes lyriques.

La Gazette.

Enfin, *Scènes de ballet* d'un jeune musicien, M. F. Le Borne, — un Parisien natif d'Ixelles et élève de Massenet, — auxquelles on a fait un succès très vif. Musique mélodique pittoresque, qui du rythme et de l'allure. Une *Valse* charmante, une *Danse de bayadère* d'un orientalisme élégant et une *Révolte sauvage*, sans excès de sauvagerie, ont été gracieusement goûtées, — et l'auteur a été traîné sur la scène au milieu des acclamations.

La Réforme.

M. Le Borne est élève de M. Massenet, dont il s'est parfaitement assimilé les procédés d'orchestration Ses *Scènes de ballet* sont surtout écrites en vue de la scène et ne seront complètes que lorsque l'on verra la danse langoureuse et voluptueuse de la *Bayadère* et le *Pas de la séduction* dansés pour de bon au théâtre.

L'œuvre a néanmoins eu du succès. L'on a beaucoup applaudi et M. Le Borne est venu saluer.

L'Événement.

J'ai encore à vous dire le succès obtenu, au premier concert des Artistes musiciens par un poème symphonique de M. Le Borne, jeune com-positeur belge de beaucoup d'avenir et de talent. Elle est brillante en quatre parties, correspondant chacune à une scène de ballet: Entrée-Valse; danse de la Bayadère; danse de la Séduction; finale: révolte sauvage. Peu de développements, du trop courts peut-être. Une idée musicale exposée, habi-lement instrumentée, et un point à la ligne. La valse est bien rythmée, la danse de la bayadère d'une jolie couleur chatoyante. Le pas de la Séduction côtoie le ballet traditionnel. Des quatre parties, la dernière est la plus mou-vementée et la plus originale. Mais, comme les précédentes, elle est d'inspi-ration courte. Nous attendons, pour juger complètement M. Le Borne, une œuvre de plus longue haleine et de plus large envergure.

La Fédération artistique.

.....Parlons maintenant de l'orchestre, qui s'est fait justement applaudir, surtout dans les *Scènes de ballet* de F. Le Borne. Ce Belge qui, peneons-nous, nous a quittés pour se fixer à Paris, a produit là une œuvre charmante, vraiment originale. Que de bien n'avons-nous pas entendu des scènes de ballet ici, l'œuvre s'écrite dans le style et le caractère voulus! L'esprit et la distinc-tion n'y manquent pas, surtout dans deux de ses parties : la danse de la Bayadère et le pas de la Séduction.

Le Soir.

Notre compatriote, M. Fernand Le Borne, dont on a applaudi, la semaine dernière, à la Grande-Harmonie, les ravissantes *Scènes de ballet*, travaille en ce moment à un grand opéra en quatre actes, intitulé *Mudarra*, et dont les « paroliers » sont MM. Lionel Bonnemère et Louis Tiercelin.

Le titre de l'œuvre était primitivement la *Rive*; — mais, depuis l'apparition du roman de Zola, — qui va, lui aussi, du reste, être transformé en opéra, — il a fallu le changer.

On entendra aussi, de M. Fernand Le Borne, le jour de Noël, à Sainte-Gudule, une messe solennelle, exécutée déjà à Paris, avec beaucoup de succès et qui est, paraît-il, très remarquable.

L'effet produit par la jeune violoniste en a souffert. On n'en a pas moins reconnu les qualités exceptionnelles de son jeu, la sûreté de son mécanisme qui se joue des difficultés avec une admirable justesse, l'ampleur de son coup d'archet et la pureté de son style. C'est surtout dans le trio de Schubert (*si bémol*) par lequel s'était ouverte la soirée, que l'attention des musiciens s'était tout de suite portée sur elle, grâce au charme pénétrant qu'elle avait mis dans les phrases chantantes et à l'incomparable netteté des moindres traits de sa partie. Il serait grandement à souhaiter que le public l'entendît dans le *Concerto* de Brahms, qu'elle est, pour ainsi dire, seule à jouer et à pouvoir jouer.

M. Edouard Jacobs a eu sa bonne part du succès de cette première soirée-Schott, par son élégante interprétation de la *Polonaise* de Chopin pour violoncelle(piano M. Paderewski) et par sa participation au trio de Schubert, où il a la partie belle. Le piano a été tenu par M. Paderewski avec une discrétion et un tact trop rares chez les « pianistes de concert » pour ne pas être notés. Comme il a fait plaisir, ce joli, ce délicieux trio, si frais d'inspiration, si caressant, si chantant, si savoureux, et que Fétis père trouvait une composition assez ordinaire !   M. K.

M. Ernest Huysmans nous avait convié, mardi soir, à la première des séances de musique historique qu'il compte donner cet hiver : elle était consacrée aux néo-latins.

« Musique historique » et bien et « néo-latin » n'est pas mal dans le paysage. Malheureusement, notre tempérament répugne à ces alternances, d'un intérêt d'ailleurs incontestable, quand elles se prolongent pendant toute la durée d'un concert. D'historique qu'elle est, la première demi-heure, cette musique semble bientôt préhistorique, pour ne pas dire antédiluvienne.

C'est joli, très joli, trop joli ; la tristesse y est trop gaie et la gaieté trop triste, et, une fois évanouie la première volupté que l'on éprouve à se laisser transporter dans le souvenir d'un passé mélancolique et tendre, il ne reste plus qu'une sensation terne et morte; d'autant plus que, invinciblement, l'audition de ces mélodies grêles, accostées d'un perpétuel accompagnement babillard, évoque la non-pareille puissance de Celui de Bayreuth.

Cette réserve faite, il ne reste qu'à louer de leur bon vouloir artistique M. Huysmans et ses collaborateurs.

Un public nombreux et choisi a fêté particulièrement *Dans notre village*, brunette d'un rythme décidé, et les *Trois Princesses*, chanson de la Franche-Comté, naïve comme un conte de Perrault.

M⁽ˡᵉ⁾ Hasselmans a chanté en italien et en français, et sa virtuosité bilingue a été goûtée.

Le jeu précis et énergique de Mᵐᵉ Blauwaert s'est déployé dans quelques compositions de Scarlatti, et M. Lerminiaux a joué, d'un archet sûr, deux études-caprices et le mouvement perpétuel de Paganini.

La voix mordante et bien timbrée de Blauwaert a sonné merveilleusement dans une chanson de Clément Marot, et, — contraste piquant, — dans la chanson de la *Puce* et la *Sérénade* de la *Damnation de Faust*. Marot et Berlioz, le lait et l'acide sulfurique, le gracieux et le formidable; il n'y a que Blauwaert pour faire passer semblable mixture.

Signalons encore une superbe sonate de Saint-Saëns pour piano et violon supérieurement interprétée par Mᵐᵉˢ Blauwaert et M. Lerminiaux.   F. M.

Les séances de musique de chambre pour instruments à vent et piano ont repris dimanche au Conservatoire, devant une salle bien garnie.

MM. Guidé, Nahon, Poncelet, Heirwegh, Neumans, Leroux, Merck, Bayart, Gentzsch, Sanzoni, Méry et Danneels ont exécuté, avec cet ensemble que l'on a si souvent apprécié, l'*Ottetto* en *ut* mineur de Mozart, un *Andante* et un *Scherzo* de Sobeck, un *Andante* et un *Tempo di minuetto* de Dvorak.

Mᵐᵉ Cornélis prêtait le précieux concours de son talent à cette séance. L'éminente cantatrice a passé, on le sait, quelque temps à Paris pour s'y perfectionner auprès de Mᵐᵉ Marchesi... Bien disposée, avec une voix d'une émission plus facile que par le passé, surtout aux notes dépassant le médium, Mᵐᵉ Cornélis a chanté un air de la *Clemenza di Tito* de Mozart, puis, à sa seconde apparition, trois mélodies : le *Rêve* de Wagner, une jolie *Siciliana* de Pergolèse et une mélodie de Brahms. *Un dimanche*. On a vivement applaudi Mᵐᵉ Cornélis.

Le concert organisé dimanche dernier par M. J. Duysburgh, dans la grande salle des fêtes de l'Exposition avait attiré une foule considérable et a brillamment réussi. Véritable festival auquel participaient les huit sociétés dirigées par M. Duysburgh, ce concert a été une longue suite d'ovations pour l'excellent chef, qui a mené ses nombreux exécutants à une éclatante victoire.

Le public a chaleureusement applaudi les *Eburons* de Tilman, les *Esprits de la Nuit* de Riga, et le *Carnaval de Rome* d'Amb. Thomas; mais le grand succès de la fête a été l'exécution de la cantate *Jacques van Artevelde*, de Gevaert, et le chœur avec orchestre, *Près du fleuve étranger*, de Gounod, qui ont soulevé de véritables manifestations d'enthousiasme.

On a beaucoup remarqué avec quelle science artistique, quel sentiment des nuances et quelle justesse irréprochable les 1,500 exécutants ont chanté ces dernières œuvres, et nous devons savoir gré à M. Duysburgh de nous avoir fait assister à cette fête artistique.

ANVERS

La première séance de musique de chambre organisée par MM. Schott frères a eu lieu lundi dernier. Les honneurs de la soirée ont été pour Mˡˡᵉ Soldat, que nous ne connaissions jusqu'ici que par ses succès obtenus à Vienne et Londres. C'est réellement une virtuose de grand talent ; on ne peut imaginer un jeu plus correct et plus sûr, et la justesse de son mécanisme est vraiment étonnante. Elle a joué à la perfection le célèbre *Rondo-Introduction* de Vieuxtemps, un *Adagio* de Spohr et les *Danses Hongroises* de Brahms, arrangées par Joachim.

Grandissime succès également pour le pianiste Paderewski, qui a joué du Chopin, du Liszt et quelques morceaux de sa composition, d'une facture très distinguée et personnelle. Le *Menuet* a tout particulièrement plu, jeu très perlé, toucher merveilleux. Il a donné toute la mesure de sa virtuosité dans la *Fantaisie* de Schumann après laquelle il a été rappelé par l'auditoire entier.

Quant à M. E. Jacobs, l'excellent violoncelliste, nous n'avons plus à faire son éloge; il a été très applaudi après l'exécution de la *Polonaise* de Chopin. En somme, séance excessivement intéressante ; on n'a pas souvent, à Anvers, l'occasion d'entendre des artistes d'une telle valeur.

La deuxième séance aura lieu le 19 de ce mois. Mˡˡᵉ Blanche Deschamps y prêtera son concours et chantera, entre autres, l'air des *Noces de Figaro* et la *Prière* de Gounod.

L'oratorio *Lucifer* de Peter Benoit, dont une audition eut lieu à Paris, il y a quelques années, sera exécuté au mois de février prochain, à Londres, sous la direction du maître. Le nombre d'exécutants sera de 2,500. C'est le prince Albert, fils du prince de Galles, qui préside le comité d'organisation.

Notre sympathique baryton de grand opéra, M. Noté, vient de signer un engagement avec l'Opéra de Paris. Il y chantera, pendant la prochaine exposition, les rôles de *Guillaume Tell, Hamlet* et *Rigoletto*.   J. W.

GAND

Mercredi 31 octobre : *Haydée*; vendredi 2 novembre, les *Pêcheurs de perles*; dimanche 4 novembre, le *Cid*; lundi 5 novembre, les *Noces de Jeannette*; le *Postillon de Lonjumeau*.

Somme toute, bonne semaine.

La troupe de grand opéra n'a fait qu'une seule apparition : dimanche dans le *Cid*. Cette représentation a été, en général, beaucoup meilleure que la première : les rôles du Roi et de l'Infante avaient été retirés aux artistes dont on avait exigé la résiliation pour être confiés à Mᵐᵉ Boyer et M. Jau, qui s'en sont acquittés à la satisfaction générale. Il est regrettable que le dernier artiste ait fait lundi, dans les *Noces de Jeannette*, une apparition malheureuse. Quelques spectateurs d'une indulgence outrée, ont trouvé bon d'acclamer l'artiste, et ces applaudissements ont provoqué des manifestations en sens contraire, dont on ne saurait méconnaître l'importance. Pour moi, j'estime que M. Jau a surtout besoin d'un repos absolu. Le chanteur paraît atteint d'une affection des cordes vocales, assez commune chez les Méridionaux qui débutent sur notre scène à l'époque des premiers froids. Continuer dans ces conditions serait aussi téméraire que dangereux pour l'avenir de l'artiste.

Quant aux artistes principaux, MM. Merritt et Soum, ils ont été admirables.

Un mot à propos de Mᵐᵉ Laville-Ferminet, notre forte chanteuse. Cette artiste, adulée, acclamée les années précédentes, à provoqué, cette année, des mécontentements si vifs chez les abonnés et habitués que d'aucuns ont demandé sa résiliation. Voilà, certes, un revirement qui peut paraître excessif, si l'on considère surtout que notre falcon nous est revenue plus en talent que jamais, tragédienne superbe et consciencieuse, à défaut de chanteuse parfaite. Mais il ne faut pas oublier qu'une scène de province, fût-elle de premier ordre comme la nôtre, n'est forcément fréquentée que par un public restreint, qui finit, après deux ans d'audition, par connaître une artiste à fond, prévoit ses moindres gestes dans des rôles qu'elle a joués vingt fois devant les mêmes spectateurs, avec les mêmes partenaires, dans les mêmes décors. Il arrive alors que les plus difficiles, — il y en a toujours, — commencent par trouver une troisième édition absolument superflue.

Les autres suivent docilement, la salle se refroidit, — ou se vide ; les premiers ratent, les applaudissements se font plus rares, plus clairsemés, jusqu'au jour où la moindre défaillance provoque un *clut!* vigoureux, précurseur d'orages et de tempêtes.

N'est-il pas douloureux de songer qu'une artiste de la haute valeur de M™° Laville s'expose, par pur entêtement, à être sifflée un jour par quelques mécontents oublieux des moments délicieux qu'elle leur aura fait passer ? Pourquoi vouloir rester envers et contre tous?

Le pire, c'est que cette situation compromet beaucoup le succès de la campagne de M. Van Hamme, lequel se donne un mal du diable, fait de grands et louables sacrifices, perd probablement beaucoup d'argent, et ne recueille, somme toute que des réclamations d'une part, et des récriminations de l'autre. C'est le doigt meurtri entre l'arbre et l'écorce. Il faut avouer que la situation n'est pas tenable pour lui. Mais qu'y faire ? Le public boude, le public grogne, le public grommelle. Saluez, Messieurs : *Vox populi*, etc.

J'espère bien pouvoir vous écrire prochainement que l'état général s'est amélioré. Aujourd'hui, c'est désespérant. Avec des artistes comme ceux qu'il possède, autant dans l'opéra que dans l'opéra comique, M. Van Hamme devrait faire des salles combles ; mais, mais......   F.

LIÈGE

THÉATRE-ROYAL. Jeudi, 1ᵉʳ novembre : *Guillaume Tell;* vendredi : les *Amours du Diable;* dimanche : le *Trouvère.*

Reprise, et bonne reprise, de l'année théâtrale. Non que M. Lenoir nous ait fait entendre l'un ou l'autre sujet brillant : presque tous les acteurs sont des débutants, sauf le ténor Jourdain, bien connu à la Monnaie, et qui nous arrive en sauveur, pour remplacer le plus possible M. Dupuy, le seul dont les débuts aient été défavorables. Mais l'ensemble est bon ; le baryton Génécand, le soprano, la falcon, M™° Bellemont et Duril, ainsi que M™° Asch, alto, chantent avec méthode et mettent du soin à l'interprétation de l'œuvre. Citons aussi la seconde basse, M. Lissoty. Chose remarquable, presque tous prononcent bien, et l'on a la surprise de comprendre les paroles d'un opéra.

Avec une troupe pareille, meilleure que toutes celles que nous avons entendues à Liège depuis plusieurs années, égale et complète, et qui, de plus, ne connaît pas tous les poncifs du répertoire habituel, ne va-t-on pas devenir un peu entreprenant ? Nous avons presque le droit de l'espérer. A côté du *Roi d'Ys,* si l'on reprenait *Lohengrin,* joué sept fois avec succès, tout à la fin de l'année 1883? Tous s'accordent à le demander ; souhaitons que M. Lenoir fasse descendre le chevalier du Cygne, en la personne de M. Jourdain, sur la scène qu'il a su bien peupler.   F. V. D.

MARSEILLE

La campagne théâtrale inaugurée de façon si brillante continue dans les meilleures conditions; MM. Stoumon et Calabresi ont su gagner dès le début toutes les sympathies, rallier toutes les indifférences, faire taire toutes les hostilités. Après la *Favorite* et les *Huguenots,* ils viennent d'avoir un grand succès avec la *Juive,* où cette bonne *Juive* qui continue d'occuper despotiquement sa place au répertoire. On a blagué sa procession, ses cortèges, ses bannières flottantes, sa chaudière, ses « cantabile », ses « strette », son orchestration pompeuse et massive, sa figuration démodée ; elle fait salle comble, elle fait recette, et ses « a » naturels font tressaillir d'aise l'âme et les oreilles du parterre. Elle conserve son prestige. C'est indéniable. ..

Cette reprise a eu lieu samedi devant une salle archicomble. Pensez donc! la *Juive,* et M. Duc dans la *Juive.* On s'étouffait partout.

Le spectacle n'a pas trompé l'attente de l'empressement du public. Le ténor de l'Académie nationale de Paris lui en a donné pour son argent et même quelque chose de plus.

Au premier acte, la salle s'est emballée sur la « O ma fille chérie » avec une spontanéité et une unanimité de bravos qui a éclaté en tempête sur la fin de la phrase. M™° Fierens n'a pas voulu être au dessous de M. le Premier de l'Académie nationale; elle a riposté par un « Hélas! que faire! » qui est allé aux frises avec une crânerie de timbre et une persistance de son irrésistibles. La salle était en délire, et crépitait d'aise. Ce finale a été le triomphe de la soirée.

M™° Fierens est décidément un tempérament dramatique; elle a porté sans faiblir et non sans gloire jusqu'à la fin la difficile, et névreuse, et fatigante partie de Rachel. C'est à elle que revient la majeure part du succès de la soirée.

La soirée a été excellente aussi pour M. Bourgeois, dont le troisième début a été salué par d'unanimes bravos, et surtout pour les chœurs, pour l'orchestre et pour l'ensemble. N'a-t-on pas vu les choristes, messieurs et dames, entrer dans l'action, et doubler l'illusion scénique par la mimique du regard et du geste ! Enfin ! c'est un acheminement vers la vérité théâtrale.

ROUBAIX

Jeudi dernier, le Grand-Théâtre de Roubaix nous a représenté le *Cid* de J. Massenet. L'interprétation a été digne d'éloges. Tous les rôles ont été bien remplis par les principaux artistes du théâtre de Gand : M™° Laville-Ferminet et Boyer; MM. Merrit, Soum, Darmand et Jau. C'est tout dire.

M™° Laville-Ferminet, MM. Merrit et Soum ont été l'objet d'une ovation spéciale. Le public les a rappelés par trois fois. Le succès, en un mot, a été des plus chaleureux. Seul, M. Jau, dans le rôle du Roi, a été insuffisant; c'est, d'ailleurs, le seul artiste qui laisse à désirer.

Les chœurs ont été suffisants sans, toutefois, être parfaits, tant s'en faut.

Le corps de ballet a aussi droit à tous nos éloges. Les divertissements du deuxième acte : Chœur dansé, la Castillane, l'Andalouse, l'Aragonaise, la Madrilène, ont obtenu plein succès.

Une mention spéciale à M™° Zugliani et Rossi, et M. Holtzer, pour la façon vraiment gracieuse avec laquelle ils ont dansé la Madrilène. Aussi, ont-ils été bissés par le public enthousiasme.

Le corps de ballet comprenait quarante danseuses.

Malgré la Toussaint, jour peu propice et qui faisait prévoir peu de monde, la salle était archicomble.

Excellente soirée, qui comptera parmi les plus belles de la saison théâtrale.   TÉLIS.

AIX-LA-CHAPELLE

Voici la vraie saison commencée; le premier concert d'abonnement, qui l'a ouverte jeudi, a été vaillamment enlevé par l'orchestre, qui y occupait la place d'honneur. Tout d'abord, l'*Ouverture académique* de Brahms, bâtie, comme on sait, sur les chants populaires des étudiants de Breslau. Le travail orchestral, très intéressant, a été rendu avec toute la clarté désirable et beaucoup de brio.

Le violoniste Sauvet s'est fait entendre ensuite dans son concerto. Quel dommage que les solistes aiment tant à jouer leur musique! Nous l'avons préféré dans le *Liebeslse* de Raff, malgré le peu d'originalité de l'œuvre; mais nous regrettons, — avec bien d'autres, — que l'on se serve d'un talent pareil à celui de M. Sauvet, non pour interpréter les œuvres des maîtres, mais pour tâcher de faire admettre une *olla podrida* sans saveur spéciale.

Voulez-vous maintenant connaître la belle partie du concert ? La voici : M. Schwickerath avait inscrit à son programme le prélude du troisième acte des *Maîtres Chanteurs,* suivi de la danse des *Lehrbuben,* rattachée au finale de l'acte, avec la consécration de Hans Sachs par le peuple. Cela a été joué et chanté si bien que nous nous sommes revu à Bayreuth pendant le prélude, et que, comme là, nous avons ressenti cette impression d'envahissement qui vous fait comprendre une œuvre et vous en pénètre. Vous savez ce que Schopenhauer a dit de tous les arts, — sauf de la musique, — ils vous touchent alors que vous vous amusiez devant l'œuvre, alors que tout s'efface devant sa conception. Eh bien, pour la musique wagnérienne plus que pour tous les autres arts, cela est vrai; et l'art wagnérien, qui réunit tant de manifestations artistiques diverses, plus que tout autre art, procède à cette pénétration intime dont nous avons éprouvé les effets à une audition aussi réussie que celle de jeudi.

Pour mémoire, citons le petit chœur des *Bohémiens* de Schumann, légèrement enlevé. Et disons un mot de la seconde partie du concert. Elle était consacrée à la Septième Symphonie de Beethoven. Exécution excellente, classique sans froideur, rythmée avec une discipline parfaite.

Le rythme, n'est-ce pas la vie de la musique ?   F. V. D.

Nouvelles diverses

MM. Catulle Mendès et Messager ont lu, avant-hier, aux artistes de la Renaissance de Paris, *Isoline.*

Isoline sera jouée vers le 15 janvier, par MM. Morlet, Lamy, M™° Nixau, Aussourd et Eymard.

Un seul rôle, celui de Titania, est encore sans titulaire.

Le 22 octobre a eu lieu, à Weimar, la première réunion du comité de la *Fondation-Liszt,* dont le capital ne moins d'un an, a atteint le chiffre respectable de 70,000 mark. Cette fondation, qui a pour but de secourir les jeunes compositeurs et les virtuoses du piano, a, on le sait, un caractère-international. Elle a son siège dans l'ancienne demeure de Liszt, devenue musée et elle est placée sous la présidence du grand duc de Saxe-Weimar. M. Hans Richter, le célèbre chef d'orchestre, vient d'être appelé à siéger dans le comité.

Berlioz continue d'être fort en honneur en Allemagne. Sa symphonie *Harold en Italie* est inscrite au répertoire de plusieurs des grandes sociétés symphoniques d'outre-Rhin, notamment à la Philharmonique de Vienne et au Muséum de Francfort.

Après Beethoven et Schubert, le chevalier Gluck, va avoir, lui aussi, son monument au nouveau cimetière central de Vienne. Le conseil municipal de la capitale autrichienne vient de décider que les restes de l'auteur d'*Iphigénie* seront sous peu transférés à ce cimetière, où l'on élevera en son honneur un monument digne de lui. Gluck est inhumé au cimetière du faubourg de Matzleinsdorf, où sa tombe est ornée d'un obélisque en granit, érigé en 1846. C'est la ville de Vienne qui supportera les frais de la translation, laquelle aura lieu prochainement avec le même cérémonial que celui qui a été suivi pour la translation des restes de Beethoven et de Schubert.

Le maestro Suppé tient un nouveau et éclatant succès. L'*An der Wim* a donné la semaine dernière une nouvelle opérette de l'auteur de *Boccace*, sous ce titre : *la Chasse au bonheur*. La pièce et la partition ont également réussi.

On a représenté, le mois dernier, au théâtre Contavalli à Bologne, un opéra bouffe du maestro Rota, intitulé : *les Étudiants (gli Studenti)*. L'auteur a été appelé *vingt* fois sur la scène pour saluer le public enthousiaste. Les bonnes traditions ne se perdent pas en Italie !

Au Costanzi à Rome, reprise d'*Amleto* d'Ambroise Thomas, et grand succès de Mˡˡᵉ Calvé dans le rôle d'Ofelia, pour Mˡˡᵉ Litvinne dans celui de la Reine et pour le baryton De Vries.

Les directeurs de la Société philharmonique de New-York annoncent six concerts et six répétitions publiques au Théâtre métropolitain, durant la prochaine saison, sous la direction de M. Théodore Thomas. L'orchestre sera de cent musiciens.

D'autre part, six concerts seront donnés au même théâtre, par la Société de symphonie, sous la direction de M. Walter-Damrosch.

Les concerts symphoniques de Londres commencent leur troisième saison le 20 novembre, sous la direction de M. Henschel.

On ne s'occupe guère chez nous du mouvement musical à Constantinople, et pourtant le sujet n'est pas sans intérêt. Vous saviez à n'en pas douter qu'*Otello* de Verdi y a été représenté dernièrement avec un très grand succès, au théâtre de la Concordia. Mais connaissez-vous bien les moyens d'exécution ? — Un orchestre où l'on comptait six violons, une contre-basse et un violoncelle ! En tout quinze musiciens et douze choristes des deux sexes ! Il est vrai qu'on est à deux pas du Bosphore, et il est juste d'ajouter que les lois musulmanes ne prescrivent pas la fréquentation obligatoire de l'opéra à Stamboul.

La Société chorale «Oefening baart Kunst» organise à Amsterdam, pour le mois d'août 1889, un grand concours *international* de chant d'ensemble dont nous donnerons les détails en temps et lieu.

On nous annonce de La Haye la prochaine apparition d'une revue musicale mensuelle, organe de la Société Wagner d'Amsterdam, et qui aura pour rédacteur en chef M. Henri Viotta, l'éminent chef d'orchestre.

La revue contiendra des articles d'esthétique musicale, des analyses des chefs-d'œuvre *classiques* (notamment des œuvres de Richard Wagner). Elle aura des articles variés sur des sujets d'histoire musicale, des esquisses biographiques, des correspondances de Bayreuth et des diverses sociétés Wagner, une bibliographie et, enfin, des nouvelles diverses. La rédaction, tout en excluant les comptes rendus de concerts et de représentations ordinaires, se propose de mentionner seulement certaines exécutions remarquables et intéressantes.

GOD SAVE THE KING. — Le Dʳ John Bull, organiste de la reine Elisabeth, passe pour être l'auteur de l'hymne national anglais, ce que d'aucuns contestent. (Voir Sir GEORGE GROVE, *Dictionary of music*, t. I, p. 282 et p. 605.) Les musicographes ont ignoré longtemps dans quel pays John Bull avait passé ses derniers jours et à quelle époque il était décédé. M. le chevalier Léon de Burbure, à qui l'histoire de la musique est redevable de tant de découvertes d'un intérêt majeur, a comblé la lacune : ses recherches lui ont fait découvrir que ce Dʳ en *musique* était venu à Anvers, en 1617, solliciter la place d'organiste des trois orgues de la cathédrale, qui était vacante par la mort de Rombaut Waelrant. Le chapitre de Notre-Dame la lui accorda, et le docteur prêta serment le 29 décembre de la même année. Au mois d'avril 1620, John Bull habitait la petite maison voisine du portail du Sud, là même où habite actuellement le portier de la cathédrale. Il mourut à Anvers, le 12 mars 1628, et fut inhumé le 15 du même mois. D'autres particularités sur ce savant musicien, recueillies par M. Léon de Burbure, témoignent de la considération exceptionnelle dont il a joui en Belgique.

Le 8 novembre 1875, à Paris, Henri Vieuxtemps donne chez lui, rue Chaptal, une séance de quatuor qu'il avait organisée en l'honneur de John Ella, le directeur de la *Musical Union* de Londres, alors à Paris. Dans une de ses lettres toujours si intéressantes adressées à Mᵐᵉ Van H., d'Anvers, et auxquelles nous avons fait plus d'un emprunt pour nos Éphémérides, le grand artiste va nous dire ses impressions sur la séance en question. Il écrit :

« MM. Papini, 1ᵉʳ violon ; Marsick, 2ᵐᵉ violon ; Van Wafelghem, alto ; et Jacquard, violoncelle, sont des artistes de premier ordre. Le premier est Florentin, les deux suivants Belges, et le dernier Français de naissance. Ils ont joué mon quatuor d'une manière si remarquable que j'ai fini par le croire beau. De fait, il a produit un très grand effet sur mes invités au nombre d'une vingtaine, *sallement choisis parmi mes amensis*; et c'est ce qui me donne à réfléchir sur la valeur de leur appréciation ?... Mais ne soulevons pas cette question et disons que c'était réellement très beau, abstraction faite de l'œuvre.

» Après mon quatuor, les deux violonistes ont changé de rôle, c'est-à-dire que Marsick a joué le premier violon dans un quatuor de Beethoven, le 8ᵉ, qu'il a exécuté d'une façon admirable. Je tiens ce jeune homme qui a 26 ou 27 ans pour le premier violon de Paris et de mille autres lieux encore, et, en tout cas, pour celui qui a le plus d'avenir, de qualités solides, réelles et en qui j'entrevois un successeur plus tard. J'espère qu'il me remplacera un jour, si, bien entendu, il continue à travailler. Et dire que c'est un Belge, un Liégeois, un compatriote, un mien concitoyen ! J'en suis tout fier. *Personne, personne*, lisez bien, ne joue le premier allegro de mon concerto en *mi* majeur, la *Rubens*, comme lui. C'est splendide et il me donne quelquefois la chair de poule, quand je l'accompagne. Il y a dans la nature du son, dans la manière de-phraser quelque chose qui remue l'âme, la me rappelle à moi-même.

» Après le quatuor de Beethoven, Papini a repris son violon et la parole pour faire entendre à mes auditeurs mes dernières compositions : les six morceaux *à vous dédiés* et qui ont fait sensation. Toute modestie à part, je les tiens pour ce que j'ai produit de plus idéal. Ils réalisent ce que je m'étais proposé de faire, un genre nouveau pour la musique de violon et dans lequel toutes les difficultés mécaniques sont évitées pour ne mettre en lumière que la noblesse du style, l'élévation et la pureté du sentiment. Je m'arrête, car vous pourriez me croire atteint d'un accès d'orgueil... »

— Le 9 novembre 1820, à Bruxelles l'*Amant et le Mari*, 2 actes de Fétis. L'un des auteurs des paroles, J.-F. Roger, de l'Académie Française, — l'autre, était de Jouy, — au t. II, p. 12 de ses *Œuvres diverses* (Paris, Fournier, 1835), écrit ceci au sujet de cette pièce : « La musique a été confiée successivement à trois musiciens, Nicolo, Boïeldieu et Catel. Les deux premiers l'auraient composée à la manière de Grétry, mais ils ne purent s'en charger. Le troisième la passa; sans autre aveu, à M. Fétis. Nous n'eûmes point à nous en plaindre, puisque son œuvre a réussi. Nous croyons seulement que le succès en eût été plus complet, si le savant professeur avait su mieux oublier sa science ou mieux la déguiser. Il ne faut pas, comme dit un vieux proverbe, ouvrir une grande bouche pour souffler dans un chalumeau. Grétry, si dédaigné aujourd'hui de la plupart de nos compositeurs, vivra plus qu'eux, et pourquoi ? Parce qu'il est toujours resté dans la nature et dans la vérité; parce que sa musique, sans cesser jamais d'être chantante, est l'expression fidèle des sentiments, des passions, du caractère, de la situation et de l'âge même de tous les personnages qu'il fait chanter... »

Fétis (*Biogr. univ. des mus.*, t. III, p. 231), juge de la musique de théâtre, paraît en faire peu de cas, à en juger, par ces lignes : « Il écrivit plusieurs opéras sérieux et comiques dont quelques-uns ont eu du succès, mais qui n'ont pas satisfait leur auteur ».

L'*Amant et le Mari* : à Paris, 8 juin 1820 ; à Anvers, 15 févr. 1821 ; à Liège, 19 févr. 1821.

— Le 10 novembre 1851, à Manchester, décès de l'abbé Joseph Mainzer. Sa naissance, à Trèves, le 7 mai 1807.

Mêlé au mouvement politique de 1830 et bientôt forcé de s'expatrier, Mainzer ne s'occupa plus que de musique. A Paris, où, il passa un grand nombre d'années ; à Manchester, où il a fini ses jours, l'abbé maestro s'appliqua avec toute la ferveur d'un apôtre à la moralisation des masses au moyen de l'enseignement du chant.

A Paris, son opéra en 4 actes, la *Jacquerie* (théâtre de la Renaissance, 15 octobre 1839), était opposé, comme on dirait aujourd'hui, dans le sens wagnérien. Aussi, Fétis, que toute innovation horripilait, trouva-t-il que Mainzer manquait de sentiment dramatique et d'imagination ». (*Biogr.*, t. V, p. 408.) La *Jacquerie* ne fut pas moins un succès. L'auteur fut appelé sur la scène. « C'est un triomphe, s'écria une feuille parisienne, c'est une nouvelle école qui s'insurge contre la vieille routine. »

Chargé du feuilleton musical du *National*, les articles de Mainzer

de Mme Laville s'expose, par pur entêtement, à être sifflée un jour par quelques mécontents oublieux des moments délicieux qu'elle leur aura fait passer ? Pourquoi vouloir rester envers et contre tous ?

Le pire, c'est que cette situation compromet beaucoup le succès de la campagne de M. Van Hamme, lequel se donne un mal du diable, fait de grands et louables sacrifices, perd probablement beaucoup d'argent, et ne recueille, somme toute que des réclamations d'une part, et des récriminations de l'autre. C'est le doigt meurtri entre l'arbre et l'écorce. Il faut avouer que la situation n'est pas tenable pour lui. Mais qu'y faire ? Le public boude, le public grogne, le public grommelle. Saluez, Messieurs : *Vox populi*, etc.

J'espère bien pouvoir vous écrire prochainement que l'état général s'est amélioré. Aujourd'hui, c'est désespérant. Avec des artistes comme ceux qu'il possède, autant dans l'opéra que dans l'opéra comique, M. Van Hamme devrait faire des salles combles ; mais, mais.....　　　　　　　　　　　　　　　　　　　　　　F.

<hr>

LIÉGE

THÉATRE-ROYAL. Jeudi, 1er novembre : *Guillaume Tell;* vendredi : les *Amours du Diable;* dimanche : le *Trouvère.*

Reprise, et bonne reprise, de l'année théâtrale. Non que M. Lenoir nous ait fait entendre l'un ou l'autre sujet brillant : presque tous les acteurs sont des débutants, sauf le ténor Jourdain, bien connu à la Monnaie, et qui nous arrive en sauveur, pour remplacer le plus possible M. Dupuy, le seul dont les débuts aient été défavorables. Mais l'ensemble est bon ; le baryton Génecand, le soprano, la falcon, Melle Bellemont et Duzil, ainsi que Mme Asch, alto, chantent avec méthode et mettent du soin à l'interprétation de l'œuvre. Citons aussi la seconde basse, M. Lissoty. Chose remarquable, presque tous prononcent bien, et l'on a la surprise de comprendre les paroles d'un opéra.

Avec une troupe pareille, meilleure que toutes celles que nous avons entendues à Liége depuis plusieurs années, égale et complète, et qui, de plus, ne connaît pas tous les poncifs du répertoire habituel, ne va-t-on pas devenir un peu entreprenant ? Nous avons presque le droit de l'espérer. A côté du *Roi d'Ys*, si l'on reprenait *Lohengrin*, joué sept fois avec succès, tout à la fin de l'année 1883 ? Tous s'accordent à le demander ; souhaitons que M. Lenoir fasse descendre le chevalier du Cygne, en la personne de M. Jourdain, sur la scène qu'il a si si bien peuplée.　　　　　　　　　　　　F. V. D.

<hr>

MARSEILLE

La campagne théâtrale inaugurée de façon si brillante continue dans les meilleures conditions; MM. Stoumon et Calabresi ont su gagner dès le début toutes les sympathies, rallier toutes les indifférences, faire taire toutes les hostilités. Après la *Favorite* et les *Huguenots*, ils viennent d'avoir un grand succès avec la *Juive*, oui cette bonne *Juive* qui continue d'occuper despotiquement sa place au répertoire. On a blagué sa procession, ses cortéges, ses bannières flottantes, sa chaudière, ses « cantabile », ses « strette », son orchestration pompeuse et massive, sa figuration démodée; elle se fait comble, elle fait recette, et ses « si » naturels font tressaillir d'aise l'âme et les oreilles du parterre. Elle conserve son prestige. C'est indéniable.

Cette reprise a eu lieu samedi devant une salle archicomble. Pensez donc! la *Juive*, et M. Duc dans la *Juive*. On s'étouffait partout.

Le spectacle n'a pas trompé l'attente du public. Le ténor de l'Académie nationale de Paris lui en a donné pour son argent et même quelque chose de plus.

A peine entré en scène, la salle s'est emballée sur le « O ma fille chérie » avec une spontanéité et une unanimité de bravos qui a éclaté en tempête sur la fin de la phrase. Mlle Fierens n'a pas voulu être au-dessous de M. le Premier de l'Académie nationale; elle a riposté par un « Hélas! que faire! » qui est allé aux frises avec une crânerie de timbre et une persistance de son irrésistibles. La salle était au délire, et crépitait d'aise. Ce finale a été le triomphe de la soirée.

Mlle Fierens est décidément un tempérament dramatique; elle a porté sans faiblir et non sans gloire jusqu'à la fin la difficile, et dévreuse, et fatigante partie de Rachel. C'est à elle que revient la majeure part du succès de la soirée.

La soirée a été excellente aussi pour M. Bourgeois, dont le troisième début a été salué par d'unanimes bravos, et surtout pour les chœurs, pour l'orchestre et pour l'ensemble. N'a-t-on pas vu les choristes, messieurs et dames, entrer dans l'action, et doubler l'illusion scénique par la mimique du regard et du geste ! Enfin! c'est un acheminement vers la vérité théâtrale.

<hr>

ROUBAIX

Jeudi dernier, le Grand-Théâtre de Roubaix nous a représenté le *Cid* de J. Massenet. L'interprétation a été digne d'éloges. Tous les rôles ont été bien remplis par les principaux artistes du théâtre de Gand : Mmes Laville-Ferminet et Boyer; MM. Merritt, Soum, Darmand et Jau. C'est tout dire.

Mme Laville-Ferminet, MM. Merritt et Soum ont été l'objet d'une ovation spéciale. Le public les a rappelés par trois fois. Le succès, en un mot, a été des plus chaleureux. Seul M. Jau, dans le rôle du Roi, a été insuffisant; c'est, d'ailleurs, le seul artiste qui laisse à désirer.

Les chœurs ont été suffisants sans, toutefois, être parfaits, tant s'en faut.

Le corps de ballet a aussi droit à tous nos éloges. Les divertissements du deuxième acte : Chœur dansé, la Castillane, l'Andalouse, l'Aragonaise, la Madrilène, ont obtenu plein succès.

Une mention spéciale à Mmes Zugliani et Rossi, et M. Holtzer, pour la façon vraiment gracieuse avec laquelle ils ont dansé la Madrilène. Aussi, ont-il été bissés par le public enthousiasmé.

Le corps de ballet comprenait quarante danseuses.

Malgré la Toussaint, jour peu propice et qui faisait prévoir peu de monde, la salle était archicomble.

Excellente soirée, qui comptera parmi les plus belles de la saison théâtrale.　　　　　　　　　　　　　　　　　　　　　　TÉLÈS.

<hr>

AIX-LA-CHAPELLE

Voici la vraie saison commencée; le premier concert d'abonnement, qui l'a ouverte jeudi, a été vaillamment enlevé par l'orchestre, qui y occupait la place d'honneur, Tout d'abord, l'*Ouverture académique* de Brahms, bâtie, comme on sait, sur les chants populaires des étudiants de Breslau. Le travail orchestral, très intéressant, a été rendu avec toute la clarté désirable et beaucoup de brio.

Le violoniste Sauvet s'est fait entendre ensuite dans son concerto. Quel dommage que les solistes aiment tant à jouer leur musique ! Nous l'avons préféré dans le *Liebesles* de Raff, malgré le peu d'originalité de l'œuvre; mais nous regrettons, — avec bien d'autres, — que l'on ne serve d'un talent pareil à celui de M. Sauvet, non pour interpréter les œuvres des maîtres, mais pour tâcher de faire admettre une *olla podrida* sans saveur spéciale.

Voulez-vous maintenant connaître la belle partie du concert? La voici ; M. Schwickerath avait inscrit à son programme le prélude du troisième acte des *Maîtres Chanteurs*, suivi de la danse des *Lehrbuben*, rattachée au finale de l'acte, avec la consécration de Hans Sachs par le peuple. Cela a été joué et chanté si bien que nous nous sommes revu à Bayreuth pendant le prélude, et que, comme là, nous avons ressenti cette impression d'envahissement qui vous fait comprendre une œuvre et vous en pénètre. Vous savez ce que Schopenhauer a dit de tous les arts, — sauf de la musique, — ils vous touchent alors que vous vous anéantissez devant l'œuvre, alors que tout s'efface devant sa conception. Eh bien, pour la musique wagnérienne plus que pour tous les autres arts, cela est vrai; et l'art wagnérien, qui réunit tant de manifestations artistiques diverses, plus que tout autre art, possède cette pénétration intime dont nous avons éprouvé les effets à une audition aussi réussie que celle de jeudi.

Pour mémoire, citons le petit chœur des *Bohémiens* de Schumann, légèrement enlevé. Et disons un mot de la seconde partie du concert. Elle était consacrée à la Septième Symphonie de Beethoven. Exécution excellente, classique sans froideur, rythmée avec une discipline parfaite.

Le rythme, n'est-ce pas la vie de la musique?　　　　　　F. V. D.

<hr>

Nouvelles diverses

MM. Catulle Mendès et Messager ont lu, avant-hier, aux artistes de la Renaissance de Paris, *Isoline*.

Isoline sera jouée vers le 15 janvier, par MM. Morlet, Lamy, Mmes Nixau, Aussourd et Eymard.

Un seul rôle, celui de Titania, est encore sans titulaire.

Le 22 octobre a eu lieu, à Weimar, la première réunion du comité de la *Fondation-Liszt*, dont le capital en moins d'un an, a atteint le chiffre respectable de 70,000 mark. Cette fondation, qui a pour but de secourir les jeunes compositeurs et les virtuoses du piano, a, on le sait, un caractère international. Elle a son siège dans l'ancienne demeure de Liszt, transformée en musée et elle est placée sous la présidence du grand duc de Saxe-Weimar. M. Hans Richter, le célèbre chef d'orchestre, vient d'être appelé à siéger dans le comité.

Berlioz continue d'être fort en honneur en Allemagne. Sa symphonie *Harold en Italie* est inscrite au répertoire de plusieurs des grandes sociétés symphoniques d'outre-Rhin, notamment à la Philharmonique de Vienne et au Muséum de Francfort.

Après Beethoven et Schubert, le chevalier Gluck, va avoir, lui aussi, son monument au nouveau cimetière central de Vienne. Le conseil municipal de la capitale autrichienne vient de décider que les restes de l'auteur d'*Iphigénie* seront sous peu transférés à ce cimetière, où l'on élevera en son honneur un monument digne de lui. Gluck est inhumé au cimetière du faubourg de Matzleinsdorf, où sa tombe est ornée d'un obélisque en granit, érigé en 1846. C'est la ville de Vienne qui supportera les frais de la translation, laquelle aura lieu prochainement avec la même cérémonial que celui qui a été suivi pour la translation des restes de Beethoven et de Schubert.

Le maestro Suppé tient un nouveau et éclatant succés. L'*An der Wien* a donné la semaine dernière une nouvelle opérette de l'auteur de *Boccace*, sous ce titre : *la Chasse au bonheur*. La pièce et la partition ont également réussi.

On a représenté, le mois dernier, au théâtre Contavalli à Bologne, un opéra bouffe du maestro Rota, intitulé : *les Etudiants* (*gli Studenti*). L'auteur a été appelé *vingt* fois sur la scène pour saluer le public enthousiasmé. Les bonnes traditions ne se perdent pas en Italie!

Au Costanzi à Rome, reprise d'*Amleto* d'Ambroise Thomas, et grand succés pour Mlle Calvé dans le rôle d'Ofelia, pour Mlle Litvinne dans celui de la Reine et pour le baryton De Vries.

Les directeurs de la Société philharmonique de New-York annoncent six concerts et six répétitions publiques au Théâtre métropolitain, durant la prochaine saison, sous la direction de M. Théodore Thomas. L'orchestre sera de cent musiciens.

D'autre part, six concerts seront donnés au même théâtre, par la Société de symphonie, sous la direction de M. Walter Damrosch.

Les concerts symphoniques de Londres commencent leur troisième saison le 20 novembre, sous la direction de M. Henschel.

On ne s'occupe guère chez nous du mouvement musical à Constantinople, et pourtant le sujet n'est pas sans intérêt. Vous saviez à n'en pas douter qu'*Otello* de Verdi y a été représenté dernièrement avec un très grand succès, au théâtre de la Concordia. Mais connaissiez-vous bien les moyens d'exécution? — Un orchestre où l'on comptait six violons, une contre-basse et un violoncelle! En tout quinze musiciens et douze choristes des deux sexes! Il est vrai qu'on est à deux pas du Bosphore, et il est juste d'ajouter que les lois musulmanes ne prescrivent pas la fréquentation obligatoire de l'opéra à Stamboul.

La Société chorale «Oefening baart Kunst» organise à Amsterdam, pour le mois d'août 1889, un grand concours *international* de chant d'ensemble dont nous donnerons les détails en temps et lieu.

On nous annonce de La Haye la prochaine apparition d'une revue musicale mensuelle, organe de la Société Wagner d'Amsterdam, et qui aura pour rédacteur en chef M. Henri Viotta, l'éminent chef d'orchestre.

La revue contiendra des articles d'esthétique musicale, des analyses des chefs-d'œuvre classiques (notamment des œuvres de Richard Wagner). Elle aura des articles variés sur des sujets d'histoire musicale, des esquisses biographiques, des correspondances de Bayreuth et des diverses sociétés Wagner, une bibliographie et, enfin, des nouvelles diverses. La rédaction, tout en excluant les comptes rendus de concerts et de représentations ordinaires, se propose de mentionner seulement certaines exécutions remarquables et intéressantes.

GOD SAVE THE KING. — Le Dr John Bull, organiste de la reine Elisabeth, peut pour être l'auteur de l'hymne national anglais, ce que d'aucuns contestent. (Voir Sir GEORGE GROVE, *Dictionary of music*, t. I, p. 281.) Les musicographes ont ignoré longtemps dans quel pays John Bull avait passé ses derniers jours et à quelle époque il était décédé. M. le chevalier Léon de Burbure, à qui l'histoire de la musique est redevable de tant de découvertes d'un intérêt majeur, a comblé la lacune : ses recherches lui ont fait découvrir que ce D^r *en musique* était venu à Anvers, en 1617, solliciter la place d'organiste des trois orgues de la cathédrale, qui était vacante par la mort de Rombaut Waelrant. Le chapitre de Notre-Dame la lui accorda, et le docteur prêta serment le 22 décembre de la même année. Au mois d'avril 1620, John Bull habitait la petite maison voisine du portail du Sud, là même où habite actuellement le portier de la cathédrale. Il mourut à Anvers, le 12 mars 1628, et fut inhumé le 15 du même mois. D'autres particularités sur ce savant musicien, recueillies par M.Léon de Burbure, témoignent de la considération exceptionnelle dont il a joui en Belgique.

Le 8 novembre 1875, à Paris, Henri Vieuxtemps donne chez lui, rue Chaptal, une séance de quatuor qu'il avait organisée en l'honneur de John Ella, le directeur de la *Musical Union* de Londres, alors à Paris. Dans une de ses lettres toujours si intéressantes adressées à Mme Van H., d'Anvers, et auxquelles nous avons fait plus d'un emprunt pour nos Éphémérides, le grand artiste va nous dire ses impressions sur la séance en question. Il écrit :

« MM. Papini, 1er violon ; Marsick, 2me violon ; Van Wafelghem, alto ; et Jacquart, violoncelle, sont des artistes de premier ordre. Le premier est Florentin, les deux suivants Belges, et le dernier Français de naissance. Ils ont joué mon quatuor d'une manière si remarquable que j'ai fini par le croire beau. De fait, il a produit un très grand effet sur mes invités au nombre d'une vingtaine, *nullement choisis parmi mes amenuis*, et c'est ce qui me donne à réfléchir sur la valeur de leur appréciation?... Mais ne soulevons pas cette question et disons que c'était réellement très beau, abstraction faite de l'œuvre.

» Après mon quatuor, les deux violonistes ont changé de rôle, c'est-à-dire que Marsick a joué le premier violon dans un quatuor de Beethoven, le 8e, qu'il a exécuté d'une façon admirable. Je tiens ce jeune homme qui a 26 ou 27 ans pour le premier violon de Paris et de mille autres lieux encore, et, en tout cas, pour celui qui a le plus d'avenir, de qualités solides, réelles et en qui j'entrevois un successeur plus tard. J'espère qu'il me remplacera un jour, si, bien entendu, il continue à travailler. Et dire que c'est un Belge, un Liégeois, un compatriote, un mien concitoyen! J'en suis tout fier. *Personne, personne*, lisez bien, ne joue le premier allegro de mon concerto en mi majeur, le *Rubens*, comme lui. C'est splendide et il me donne quelquefois la chair de poule, quand je l'accompagne. Il y a dans la nature du son, dans la manière de phraser quelque chose qui vous enlève l'âme, il me rappelle à moi-même.

» Après le quatuor de Beethoven, Papini a repris son violon et la parole pour faire entendre à mes auditeurs mes dernières compositions : les six morceaux *à vous dédiés* et qui ont fait sensation. Toute modestie à part, je les tiens pour ce que j'ai produit de plus idéal. Ils réalisent ce que je m'étais proposé de faire, un genre nouveau pour la musique de violon et dans lequel toutes les difficultés mécaniques sont évitées pour ne mettre en lumière que la noblesse du style, l'élévation et la pureté du sentiment. Je m'arrête, car vous pourriez me croire atteint d'un accès d'orgueil... »

— Le 9 novembre 1820, à Bruxelles l'*Amant et le Mari*, 2 actes de Fétis. L'un des auteurs des paroles, J.-F. Roger, de l'Académie Française, — l'autre, était de Jouy, — au II, p. 12 des ses *Œuvres diverses* (Paris, Fournier, 1835), écrit ceci au sujet de cette pièce :

« La musique, en partie confiée successivement à trois musiciens, Nicolo, Boieldieu et Catel. Les deux premiers l'auraient composée à la manière de Grétry, mais ils ne purent s'en charger. Le troisième la passa sans notre aveu, à M. Fétis. Nous n'eûmes point à nous en plaindre, puisque son œuvre a réussi. Nous croyons seulement que le succès en eût été plus complet, si le savant professeur avait pu mieux oublier sa science ou mieux la déguiser. Il ne faut pas, comme dit un vieux proverbe, ouvrir une grande bouche pour souffler dans un chalumeau. Grétry, si dédaigné aujourd'hui de la plupart de nos compositeurs, vivra plus qu'eux, et pourquoi? Parce qu'il est toujours resté dans la nature et la vérité; parce que sa musique, sans cesser jamais d'être chantante, est l'expression fidèle des sentiments, des passions, du caractère, de la profession et de l'âge même de tous les personnages qu'il fait chanter... »

Fétis (*Biogr. univ. des mus.*, t. III, p. 231), parlant de son théâtre, paraît en faire peu de cas, à en juger, par ces lignes : « Il écrivit plusieurs opéras sérieux et comiques dont quelques-uns ont eu du succès, mais qui n'ont pas satisfait leur auteur ».

L'*Amant et le Mari* : à Paris, 8 juin 1820 ; à Anvers, 15 févr. 1821 ; à Liège, 19 févr. 1821.

— Le 10 novembre 1851, à Manchester, décès de l'abbé Joseph Mainzer. Sa naissance, à Tréves, le 7 mai 1807.

Mêlé au mouvement politique de 1830 et bientôt forcé de s'expatrier, Mainzer se s'occupa plus que de musique. A Paris, où,il passa un grand nombre d'années à Manchester, où il a fini ses jours l'abbé maestro s'applique avec toute la ferveur d'un apôtre à la moralisation des masses au moyen de l'enseignement du chant.

A Paris, son opéra en 4 actes, la *Jacquerie* (théâtre de la Renaissance, 10 octobre 1839), était conçu, comme on dirait aujourd'hui, dans le sens wagnérien. Aussi, Fétis, que toute innovation horripilait, trouva-t-il que Mainzer manquait de « sentiment dramatique et d'imagination ». (*Biogr.*, t. V, p. 408.) La *Jacquerie* ne fut pas moins un succès. L'auteur fut appelé sur la scène. « C'est un triomphe, s'écria une feuille parisienne, c'est une nouvelle école qui s'insurge contre la vieille routine. »

Chargé du feuilleton musical du *National*, les articles de Mainzer pourraient encore se relire aujourd'hui, à cause des aperçus judicieux qu'ils renferment.

— Le 11 novembre 1874, à Paris (théâtre de la Renaissance), *Giroflé-Girofla*, 3 actes de Ch. Lecocq. Tout comme pour Mme *Angot*, Bruxelles avait eu la primeur de cette opérette du même auteur (théâtre des Folies-Parisiennes, 21 mars 1874).

— Le 12 novembre 1844, à Pau, naissance de Pierre-Octave Fouque. Sa mort, dans cette ville, le 22 avril 1883. Il a écrit des morceaux de musique, a fait de la critique musicale au journal *la République française*, et a publié un très bon livre intitulé *les Révolutionnaires de la musique*, ainsi qu'une étude sur Michel Glinka.

— Le 13 novembre, la 20e année de la mort de Gioacchino Rossini (Paris, 1868). Sa naissance, à Pesaro, 29 févr. 1792. Le corps de l'illustre maître a été rendu par la France à l'Italie, il est déposé aujourd'hui au Panthéon Santa-Croce, à Florence. (Voir *Guide mus.*, 5 mai 1887.)

— Le 14 novembre, le 114me anniversaire de la naissance de Gasparo Spontini (Majolati, 1774). Sa mort, dans cette ville, 24 janv. 1841. (Voir Eph., *G. M.* 11 nov. 1886.)

— Le 15 novembre, la 101me année de la mort de Christophe Willebald Gluck. (Vienne, 1787.) Sa naissance, à Weidenwang (Bavière), 2 juillet 1714.

BIBLIOGRAPHIE

Édouard Grégoir. — Enseignement musical élémentaire et intuitif à l'usage des écoles normales et des écoles primaires (Anvers, Possoz). — Idem. De zang in de lagere scholen, bijzonder in België en in Nederland (Antwerpen, wed. Van Ishoven).

Avis et Communications

La distribution des prix aux élèves du Conservatoire royal de Bruxelles, lauréats des derniers concours, est fixée au dimanche 11 novembre courant, à une heure et demie.

Nécrologie

Sont décédés :

À Paris, le 27 octobre, à l'âge de 66 ans, Auguste Legrand, régisseur général de l'Opéra-Comique, ayant chanté les ténors au Théâtre-Lyrique.

— À London (Canada), à l'âge de 74 ans, George Holman, né à New-York, artiste lyrique et directeur de spectacle. Il avait débuté, en 1836, dans les rôles de ténor, et *Fra Diavolo* en était un de ses meilleurs. La troupe avec laquelle il a parcouru les Etats-Unis se composait en grande partie de sa femme et de ses quatre enfants.

— À Crefeld (Prusse rhénane), le peintre-musicien Kreutzer, neveu du compositeur bien connu Conrard Kreutzer, s'est suicidé après avoir tué ses deux enfants, deux garçons, de 6 et 8 ans. Kreutzer avait fait partie successivement de l'Académie de Dusseldorf et de l'orchestre du théâtre d'Aix-la-Chapelle. C'est la faim, paraît-il, qui a poussé le malheureux artiste à cet horrible attentat.

Un pianiste amateur cherche violoniste et violoncelliste amateurs, pour exécuter musique de chambre. S'adresser Bureau du journal, sous les initiales P. V. W.

La Direction de l'Orchestre (harmonie) de Rotterdam demande pour l'été prochain, à partir du 15 avril 1889 jusqu'au 1er octobre 1889, un bon Piston solo. S'adresser par lettre à M. J. W. Strieder, Kruis Straat, 28, Rotterdam.

AU CONGO !

Sa Majesté le Roi a accepté la délicace du chant patriotique « Au Congo ! » qui sera mis en vente vers le 10 novembre courant, au profit de la *Société antiesclavagiste de Belgique.*

Comme nous l'avons déjà annoncé précédemment, les paroles de ce chant sont de M. Alfred Ducarme, et la musique de M. Adolphe Wouters, professeur au Conservatoire royal de Bruxelles.

Ce chant, édité par la maison Schott, a été gravé en Allemagne, avec le plus grand soin, et a été tiré en deux éditions simultanées.

La première édition, tirée avec grand luxe, sur six feuillets de fort papier de chine, avec encadrement et et couleurs, ne sera que de vingt exemplaires, numérotés, signés par les auteurs, et qui seront mis en vente au prix de 15 francs ; 15 francs 50 cent. franco par la poste.

L'exemplaire n° 1 est retenu pour S. M. le Roi.

Le prix des exemplaires de l'édition ordinaire est de 1 fr. 50 ; 1 fr. 60 franco par la poste.

Le chant « Au Congo ! » sera mis en vente au local de la *Société antiesclavagiste de Belgique, Montagne aux-Herbes-Potagères, 4, à Bruxelles*, où l'on peut s'adresser par correspondance, et à la maison Schott, 82, Montagne de la Cour

XXXIVᵉ ANNÉE   15 novembre 1888   N° 46

Le Guide Musical

Paraissant tous les jeudis.

ABONNEMENT	Directeur : Pierre SCHOTT	ANNONCES
FRANCE et BELGIQUE : Avec musique 25 francs.	SCHOTT FRÈRES, ÉDITEURS.	S'adresser à l'Administration du Journal.
— Texte seul. . 10 —	Paris, Faubourg Saint-Honoré, 70	On traite à forfait.
UNION POSTALE : 12 —	Bruxelles, Montagne de la Cour, 82	

RICHARD WAGNER ET JACQUES OFFENBACH

ue les wagnériens appartenant à l'extrême gauche (catégorie des hydrophobes) me pardonnent cette juxtaposition. Elle paraît insolite à première vue, j'en conviens : ces deux noms hurlent d'être accouplés ensemble. Mais que veut-on ! La vie, dans son continuel devenir, dans l'éternel jeu des forces et le rapprochement curieux des choses les plus hétérogènes, a l'air de narguer notre science, nos prévisions, nos goûts et nos prédilections personnelles. Il est arrivé ainsi que Richard Wagner et Jacques Offenbach se sont un jour trouvés dans des rapports artistiques que ni l'un ni l'autre n'auraient pu prévoir avec la meilleure volonté du monde. En outre, la question que je traite actuellement est placée sur un terrain sainement moral, que la sagesse populaire avait déterminé depuis bien longtemps, lorsqu'elle disait : « Ne soyons pas plus royaliste que le Roi ». Conseil salutaire ! Ceci à l'adresse des adeptes exclusifs du wagnérisme !

Tout le monde sait que le vaudeville dans la manière aristophanesque, — la *Capitulation*, — écrit dans un accès de verve satirique bilieuse, a valu à Richard Wagner, surtout en France, plus d'ennemis qu'il n'eut jamais de cheveux sur la tête. Dans cette affaire, qui semble, du reste, très apaisée, il n'y a lieu de se prononcer actuellement ni pour ni contre, de crainte de ranimer un feu éteint (1). Possible que la charge fût inopportune et la plaisanterie douteuse ; — possible aussi que le mobile qui poussa Wagner à écrire cette œuvre satirique fût suffisant et que cette œuvre ait, par conséquent, sa raison d'être pleine et entière.

Mais ce n'est pas de cela qu'il s'agit ici : la *Capitulation* a été l'occasion, pour le plus grand dramaturge du siècle, de nous faire connaître son opinion sur le plus grand des persifleurs, — sur l'Aristophane moderne, et cela dans des conditions qui excluent toute arrière-pensée.

Ce qu'il y a de mieux, assurément, c'est de traduire en entier d'abord la courte quoique significative préface qui précède le vaudeville wagnérien et d'en tirer ensuite les conclusions dont l'évidence éclatera, j'espère, aux yeux des gens les plus prévenus. La voici :

Vers la fin de l'année 1870, écrit Wagner, déjà au début de l'investissement de Paris par les troupes allemandes, j'avais appris que la malice des auteurs dramatiques allemands avait voulu tirer parti, au profit de la scène populaire, de la situation embarrassante de nos ennemis : je n'ai trouvé rien de choquant dans cette intention, sachant que les Parisiens, avant le début de la campagne, avaient exploité au profit de leur amusement notre malheur anticipé. J'espérais donc que quelque bonne tête réussirait, à la fin, à traiter ce sujet d'une manière originale et populaire, d'autant que jusqu'à présent, même dans les plus basses couches du soi-disant théâtre populaire, tout s'était borné uniquement à la mauvaise imitation des inventions parisiennes. Le vif intérêt que je prenais à la chose a fini par changer mon attente en impatience. Dans un moment de bonne humeur, je traçai le plan

---

(1) *Revue politique et littéraire* (13 octobre 1888), « de Paris à Bayreuth », par René de Récy. Dans ce récit de son exploration bayreuthoise, l'auteur vient de ranimer fort mal à propos l'incendie. Qu'on lise le commencement de cet article pour se faire une légère idée du ton *convenable* qui y règne. Chose curieuse, quoique psychologiquement vraie, les gens les plus sensibles au ridicule et à la plaisanterie sont ceux qui ridiculisent et plaisantent le plus volontiers les autres. Le Français, spirituel, fin, moqueur, mordant, satirique ne souffre pas que l'on retourne contre lui ses propres armes ; blessé, il crie comme un enfant ; en cela, il n'est pas beau joueur du tout.

d'une pièce ainsi que j'aurais pu la désirer, et, considérant ce travail comme une gaie interruption de mes sérieux travaux, je poussai l'élaboration de ladite esquisse si loin que, quelques jours plus tard, j'ai pu remettre mon travail à un jeune musicien qui, à la même époque, se trouvait chez moi (1), afin qu'il tentât de le mettre en musique. Un important théâtre des faubourgs de Berlin, à qui nous offîmes la pièce anonymement, n'a pas voulu la recevoir. Grâce à cette circonstance, mon jeune ami se sentit délivré d'un grand tracas, car il m'avoua alors seulement qu'il ne se sentait pas capable de composer à la Offenbach la musique de la pièce satirique. En présence de ce fait, nous convînmes que toute chose, dans l'art, nécessite du génie et des dispositions naturelles particulières, et nous reconnûmes de grand cœur que, *dans ce cas, Monsieur Offenbach avait l'un et l'autre.*

Si, actuellement (1873), je communique à mes amis le texte du vaudeville, ce n'est pas pour ridiculiser les Parisiens encore à l'heure présente. D'ailleurs, mon sujet n'éclaire que les côtés des Français dans le reflet desquels nous autres, Allemands, nous devons paraître vraiment plus ridicules qu'eux, car, dans tous leurs travers, ils se montrent originaux, alors que nous, dans notre malpropre imitation de ces travers, nous descendons bien en-dessous de tout ridicule.

Si un thème aussi désagréable, et dont l'obsession m'avait gâté déjà mainte bonne journée de mon existence, avait pu, dans un heureux moment, se formuler d'une façon gaie et inoffensive, que mes amis ne m'en veuillent pas, car (tout en avouant *notre* impossibilité d'y adapter une musique convenable), j'ai voulu seulement, par la communication de mon poème comique, éveiller en eux le sentiment de délivrance passagère que j'avais éprouvé moi-même en l'écrivant.

De la lecture de cette préface se dégagent des considérations très instructives : 1° Wagner, avec son tact artistique immense n'entreprit pas, lui, l'immortel créateur de *Beckmesser*, de mettre en musique son propre vaudeville, mais confia cette tâche à un de ses disciples; 2° cette tâche parut tout aussi impossible au disciple qu'au maître lui-même; 3° c'est la non-réussite qui fit seulement comprendre à l'un et à l'autre que chaque genre, dans l'art, est difficile à traiter et qu'il nécessite du génie et des aptitudes spéciales; à la suite de quoi, le maître comme le disciple reconnaissent avec franchise qu'Offenbach a du génie, un génie dans son genre, naturellement; 4° l'aveu de l'impuissance de Wagner de mettre sa propre œuvre en musique, ou du moins de la faire mettre *par quelqu'un de son école*, n'amoindrit en aucune façon l'immense figure du grand dramaturge, il la rehausse, au contraire, de tout l'éclat de la loyauté et de l'objectivité du jugement; quand on songe surtout que cet aveu émane de l'auteur du *Judenthum in der Musik* et que, précisément, Offenbach appartenait aussi à la tribu d'Abraham.

La contre-partie, c'est-à-dire l'opinion d'Offenbach sur Wagner, pourrait bien n'être pas à l'avantage du critique. Cette opinion fut émise dans des conditions de grande publicité, occasion unique pour Offenbach, — de montrer son sens critique (2). Hélas! pourquoi n'eut-il pas le tact de se taire et de ne pas parler de choses dont il n'avait aucune espèce d'idée? L'aimable sceptique, tout à coup, se transforma en devin. Offenbach, parlant de Wagner, vaticina, et ses prophéties — à rebours — sont aujourd'hui bien plai-

santes. La frivolité et la partialité se sentent dans chaque phrase de son jugement, jugement qui ressemble fort à celui que prononça jadis certain roi de l'antiquité très connu, et qui laisse malheureusement de nombreux descendants parmi nous.

Voici quelques échantillons curieux de l'objectivité du roi de l'opérette :

Ils (les jeunes maîtres français) prennent pour un ·chef d'école cette individualité puissante (Wagner). *Les procédés nés avec lui mourront avec lui. Il ne procède de personne; personne ne procède de· lui* [sic !]. Exemple merveilleux de génération spontanée : Richard Wagner est inscrit sur l'état civil du mont Parnasse : *père et mère inconnus, n'aura pas de descendance »,* etc., etc.

A travers toutes les lignes de son articulet, suinte une haine non déguisée et une crainte ·terrible, mal dissimulée, —la crainte pour sa propre existence qui se croit sérieusement menacée. Chaque phrase de ce jugement (1) découvre une superbe ignorance de l'histoire de l'art, un cabotinage artistique, tout pratique, tout d'instinct et d'assimilation intuitive, lequel, au surplus, est proposé naïvement comme la seule voie à suivre ! — · — · —

Voulez-vous la continuation?

Ce novateur est pétri dans un limon absolument classique. Il connaît à fond les Hændel, les Bach, et surtout Gluck (Offenbach a· oublié Beethoven et Weber). Je l'en félicite. Sans leur rien prendre, *il c'est imprégné d'eux* (?). Wagner et ses adeptes représentent la musique de l'avenir. A quelle échéance places-vous cet avenir? Voilà trente-cinq ans que *Tannhæuser...* »

Non, décidément, je n'ai pas le courage de continuer, c'est par trop niais !

Comme bouquet de ce feu d'artifice, Offenbach nous apprend que les auteurs de la *Dame Blanche,* de *Guillaume Tell,* du *Pré-aux-Clercs,* etc., avaient, eux, de· ce feu divin, auquel Prométhée s'est brûlé les doigts, et que l'on appelle tout simplement le génie; ce feu, auquel lui, le grand Jacques Offenbach, s'était, cela va sans dire, littéralement calciné les siens· en écrivant la *Belle Hélène,* les *Brigands,* et la *Duchesse de Gérolstein.* Or, comme Wagner n'est pas chef d'école, et qu'il ne fut pas endommagé par ce maudit· feu sacré, — il n'a donc pas de génie ; d'avance, le· pauvre est exclu du séjour des bienheureux où Offenbach coulera son éternité glorieuse !

Comparez maintenant et jugez. Wagner reconnaissant franchement du génie à Offenbach, Offenbach déniant le génie à Wagner. — L'affaire est· assez comique. Cela a-t-il empêché l'un et l'autre de tracer un sillon dans l'histoire de l'art? Certes, non, et chacun l'a tracé à sa façon : l'un profondément, l'autre légèrement, du bout de la plume. Mais tous les deux, ils furent· *spécialistes* (2) dans le sens· profond et philosophique du mot, comme l'entendait· cet autre génie qui s'appelle Honoré Balzac, c'est-à-dire qu'ils avaient tous les deux *la vision· nette,* des·choses qui les occupaient et dont ils sentaient merveilleusement·l'essence.   LÉOPOLD WALLNER.

---

(1) Ce jeune musicien n'est autre que Hans Richter, le chef d'orchestre bien connu. Le *Neue Wiener Tagblatt* a publié (17 février 1884) la curieuse lettre de Wagner à M. Richter, où il lui propose de faire la musique d'*Une capitulation.*

(2) Dans le numéro illustré de *Paris-Murcia.*

(1) Le grand Pascal n'avait-il pas dit déjà, « que ceux qui jugent avec leur sentiment ne connaissent rien aux choses du raisonnement ? »

(2) LOUIS LAMBERT. *Études philosophiques* : « La spécialité consiste à voir les choses du monde matériel aussi bien que celles du monde spirituel *dans leurs ramifications originelles et conséquentielles »... « La perfection de la vue intérieure* enfante le don de la spécialité. » « Qui mieux que Balzac a spécifié le génie? » ·

Chronique de la Semaine

Théâtres et Concerts

PARIS

Bien que le dernier programme de M. Lamoureux ne portât aucune œuvre nouvelle, je dois cependant en dire un mot, car l'exécution a été si merveilleuse et l'affluence si grande qu'il est impossible de passer ce beau concert sous silence. Le prélude de *Tristan et Yseult*, les fragments de *Lohengrin*, avec le ténor Vergnet, ont eu les honneurs de la séance, en même temps que la *Danse macabre* de M. Saint-Saëns, si étonnamment interprétée (et Dieu sait si elle l'a été souvent déjà), qu'il faut regretter l'absence de l'auteur, trop occupé du ballet d'*Ascanio* pour faire le voyage du Cirque d'été... Et pourtant, — quel plus bel éloge à faire, — cela en eût valu la peine.

Les répétitions de la Société des concerts du Conservatoire vont commencer. Il y a un peu de retard, cette année, causé par la nécessité d'aménager la salle pour l'éclairage électrique. On a enfin reconnu cette nécessité au ministère; M. Lockroy a chargé la direction des bâtiments civils et celle des beaux-arts de conclure au plus tôt, chacune en ce qui la concerne, un traité avec la compagnie Edison, et déjà les travaux sont en train. C'était là le plus urgent. Prochainement, le ministère présentera un projet complet de protection des théâtres nationaux contre l'incendie, et, à cette époque, la salle du Conservatoire recevra les autres améliorations dont elle a besoin.

Une nouveauté prochaine et intéressante à signaler, en attendant, c'est le concerto inédit (concerto de piano, remarquez-le) de M. Edouard Lalo; cette œuvre récente doit être interprétée par le parfait virtuose Diémer.

Au Château-d'Eau, — le seul théâtre de musique, en vérité, qui ait les apparences de la vie, — on entendra prochainement le *Sire Olaf*, drame en vers de M. André Alexandre, musique de scène, préludes et chœurs de M. Lucien Lambert. Cette œuvre, où poésie et musique ont le même genre de distinction, a été déjà exécutée avec succès, l'hiver dernier, à Lille, et je l'ai signalée à ce moment. Espérons que les Parisiens la connaîtront à leur tour..... à moins, comme disait l'un des auteurs, que le théâtre n'ait fait faillite d'ici là.

Chose curieuse, l'intérêt musical, cette semaine, était à l'Odéon, où l'on reprenait *Caligula*, un vieux drame en vers d'Alexandre Dumas père, avec musique de Gabriel Fauré. Ce qu'on a pu entendre de cette musique, exécutée derrière la scène dans des conditions d'acoustique déplorables, a beaucoup plu par les qualités de grâce, de couleur voluptueuse, d'harmonie piquante et délicate; les chœurs de femmes (chœur des *Heures* et du *Sommeil de César*) ont été moins sacrifiés et ont pu porter davantage. Malheureusement, le plus personnel et le plus charmant de ces chœurs (en *ré* majeur, célébrant le retour du printemps, d'après Horace), a été supprimé. On le retrouvera dans la jolie partitionnette publiée par l'éditeur Hamelle, et ornée d'un beau dessin (le cheval consulaire) de la main de Frémiet, l'éminent animalier..... Je suis heureux d'annoncer en même temps que M. Fauré, en manière de compensation, vient d'être chargé d'une tâche plus importante et plus digne de son talent: celle de composer la musique destinée à l'adaptation, — faite pour l'Odéon, — du *Marchand de Venise* (Shylock), par M. Haraucourt, le remarquable poète de l'*âme nue*. Il y aura là des pièces instrumentales, exécutées *dans la salle* par un véritable orchestre; de plus, la couleur rêveuse, tendre, poétique, de certaines parties de l'œuvre convient à merveille au tempérament musical de M. Gabriel Fauré. Voilà une bonne nouvelle.

Quant à *Caligula*, je ne sais quel sera son sort, mais c'est un vrai grand opéra qu'il fallait en faire; il y a là de tout, et M. Massenet, par exemple, y eût tout à fait trouvé son compte. Dès le prologue, qui se termine par un « Triomphe de César », on a cette impression à un degré d'autant plus marqué que M. Porel n'a rien négligé pour la mise en scène, qui fait penser à l'Opéra; les costumes, d'ailleurs, ont été dessinés par Bianchini, l'auteur de ceux du *Lohengrin* de M. Lamoureux, qu'on avai remarqués et loués... Décidément, je crois que M. Porel serait mieux à sa place à l'Opéra que MM. Ritt et Gailhard.

M. Aurélien Scholl, dans la *Mains* de samedi, exprime le désir d'entendre chanter le rôle de Juliette, dans le *Roméo et Juliette* de M. Gounod, par M. Capoul, et celui de Jocelyn, dans l'œuvre de M. Godard, par Mme Patti, « dont la voix, craint-il, doit avoir des rides ». Cette métaphore hardie me semble à rapprocher de celle tant citée de M. Gounod : « La voix de cette dame a les cheveux bien plantés ». A ce compte-là, on pourrait dire que le galoubet de M. Capoul « ramène » trop pour être à ce point frisé au petit fer, et qu'il a besoin d'huile de Macassar, tandis que M. de Reszké est un Absalon, auquel il ne faut qu'un « shampooing » de temps en temps.....

Lundi matin, grand *extra* musical à Notre-Dame des Victoires, à l'occasion du mariage d'une sœur de M. Blondel, de la maison Erard. Toute l'élite du Paris artistique était là, et ce n'est pas une colonne qu'il faudrait pour énumérer les compositeurs, virtuoses, éditeurs, critiques, chanteurs, etc., etc., qui contribuaient par leur présence à l'éclat de la cérémonie. M. Taskin, de l'Opéra-Comique, le violoncelliste Delsart, le ténor Maury, le harpiste Hasselmans et les chœurs de la maîtrise ont fait assaut de talent à ravi l'auditoire. On peut être bon de signaler ce qu'il y avait de particulièrement chaleureux, empressé et cordial dans la présence de cette élite, heureuse d'avoir l'occasion de rendre un hommage collectif et public à cette maison Erard, si haut placée dans l'estime, la sympathie et la reconnaissance par son ancienneté, sa courtoisie, ses tendances éminemment artistiques, sa grande et généreuse tradition d'hospitalité aux artistes.

Cette semaine, le jour où paraîtra le *Guide* à Paris, première représentation au Petit-Théâtre (théâtre des Marionnettes), de la rue Vivienne, de la *Tempête* de Shakespeare, traduction nouvelle de M. Maurice Bouchor, musique de M. Ernest Chausson.

Je ne voudrais pas finir sans engager l'« Abonné » qui a eu, l'autre jour, l'excellente idée de glaner dans l'*Histoire de la musique* de M. Félix Clément, à feuilleter aussi le *Dictionnaire lyrique* du même cacographe : il y trouvera des merveilles, notamment au sujet des œuvres de Wagner, et de *Lohengrin* en particulier ; c'est à citer et à lire.

BALTHAZAR CLAES.

Selon sa coutume, l'Association des artistes musiciens, fondée par le baron Taylor, célébrera la fête de sainte Cécile en faisant exécuter, en l'église Saint-Eustache, le jeudi 22 novembre, à onze heures du matin, la messe à quatre voix, soli, chœurs et orchestre, de M. Camille Saint-Saëns. Une hymne de M. Saint Saëns sera exécutée à l'offertoire par tous les violons, avec accompagnement d'orgue et de harpes, et la messe sera suivie du chœur final de l'oratorio de Noël, du même compositeur. L'exécution sera dirigée par M. Vianesi, chef d'orchestre de l'Opéra.

Mlle Berthe Thibault vient d'être engagée à la Renaissance, pour y créer le rôle important de Titania dans l'*Isoline* de MM. Catulle Mendès et André Messager.

M. Senterre, directeur du Théâtre-Lyrique, ayant lu quelque part le succès prodigieux fait par le public de Rome à la reprise de l'*Orphée* de Gluck, au théâtre Costanzi, a eu l'idée d'essayer une reprise de ce même *Orphée* à Paris. Depuis les représentations de Mme Pauline Viardot, *Orphée* n'y a plus été donné. On dit que Mme Yveling Rambaud a été engagée spécialement pour prendre le rôle d'Orphée. Mlle Marguerite Gay chanterait Eurydice et Mme Mailly-Fontanel L'Amour.

On s'occupe aussi, au Théâtre-Lyrique, de la *Joconde*, de Nicolo.

Il paraît que la venue de Mme Patti à l'Opéra n'est rien moins que certaine. « La Patti à l'Opéra! s'écrie M. Adolphe Jullien dans le *Moniteur universel*. Mais on l'y a déjà vue, ou, plutôt, on l'a déjà vue s'essayer dans deux rôles du répertoire actuel de l'Opéra : Marguerite de *Faust* et Valentine des *Huguenots*. Elle chanta deux fois chacun de ces rôles, en 1874, en français, entourée de chanteurs français, — et ai l'on dut rendre justice à son intelligence, à son instinct dramatique, au soin qu'elle apportait à traduire fidèlement les sentiments secrets de ces héroïnes, il fallut reconnaître aussi que sa voix, si chaude et si brillante dans les opéras italiens de demi-caractère, était visiblement insuffisante, dans le grand opéra français, pour lutter contre une instrumentation infiniment plus chargée et plus travaillée que celle des partitions italiennes. Ces essais, dont elle n'était pas sortie victorieuse à tous égards, n'avaient même pas eu lieu sur la scène de la rue Le Peletier, mais sur celle de Ventadour, c'est-à-dire dans la salle la mieux appropriée aux moyens vocaux de la Patti, dans la salle où elle avait chanté si longtemps, remporté ses triomphes les plus éclatants. Et déjà, dans ce local de dimensions moyennes, il semblait que la voix de la jeune femme eût de la peine à traverser l'orchestre d'un Gounod ou d'un Meyerbeer. De 1874 à 1888, quel laps de temps écoulé ! De la salle Ventadour à l'immense salle de M. Garnier, quelle différence de vaisseau ! La Patti à l'Opéra! Mais la chose est tellement bouffonne en soi que j'entends déjà dire autour de moi qu'elle ne se fera pas et qu'après avoir lancé cette réclame formidable, on trouvera bien un prétexte pour lâcher Mme Patti comme on a lâché Mme Darclée.

D'autre part, nous trouvons dans le *Monde artiste* une curieuse lettre d'un Espagnol, qui proteste contre l'assertion que Mme Patti n'a plus de moyens que pour un public *espagnol ou américain*. L'auteur de cette lettre constate :

1° Que Mme Nicolini a chanté à Madrid, la saison dernière, six opéras, et qu'elle a eu six fiascos, notamment dans *Rigoletto* et *Linda*. Dans le *Barbier*, elle n'a pu chanter que la *Baria* d'Arditi, une valse qu'elle chante partout. 2° Que le public de Madrid et de Barcelone ne souffrirait pas un moment ce qu'on débite au public du Grand Opéra.

« Quant aux Américains, ajoute le marquis d'Alta-Villa, c'est à eux de se défendre, mais je crois que l'heure des étoiles à *queue* et sans *queue* est passée. »

—

Voici enfin ce que nous coupons dans une feuille américaine, *la Tribune* :

« Les directeurs de cet établissement essentiellement immoral, le Grand-Opéra de Paris, ont tenté vainement de faire sensation en annonçant, à grand renfort de puffisme, que le rôle de Juliette, dans l'opéra de Gounod, serait créé par Mme Patti, qui est à présent dans la quarante-sixième année de son âge et qui compte plusieurs retours d'Amérique.

» Si Mme Patti veut éviter d'amères désillusions, qui seront d'ailleurs compensées par de l'or, elle ne signera pas avec le Grand-Opéra. Toute la presse sera contre elle, et la colonie espagnole sud-américaine, seule, ira l'applaudir. Paris, décadent comme il l'est, ne peut être comparé à Chicago ou à Buenos-Aires.

» Le souvenir d'un concert donné, il y a quelques années, à l'Eden, par la diva voyageuse, est encore bien présent à notre mémoire. Nous nous rappelons le programme médiocre, la troupe indigente, le bataillon de laquais apportant des bouquets, le bruit des claqueurs et tous les trucs vulgaires inventés par Barnum, Strakosch et Abbey pour exciter l'enthousiasme délirant des foules exotiques.

» Nous nous rappelons sa voix, qui avait déjà perdu dans l'exquise fraîcheur des premières années. Nous nous rappelons cette virtuosité babille servant uniquement à faire valoir de la musique macaronique.

» Et nous entendons encore les regrets des critiques, des mélomanes, déplorant que la Patti n'eût jamais consacré ses facultés prodigieuses à la gloire de l'art ; que, de son passage à travers le firmament de la musique, il ne resterait d'elle, au déclin de son talent et de sa beauté, que le souvenir vague d'une étoile filante, d'une mélodieuse acrobate qui jamais, ne créa un seul rôle. Il est plus qu'absurde, de la part de Mme Patti, de s'imaginer qu'elle étonnera les Parisiens en créant « Juliette ».

Que devient dans tout cela, la *Juliette* de MM. Ritt et Gailhard ? On annonce son arrivée à Paris, pour le 22 novembre, et la première de *Roméo et Juliette*, pour le 28.

Auquel entendre ?

§§§§§§§§§§§§§§§§§§§§§§§§§§§§§§§§§

BRUXELLES

NICODÈME ET NICODIN

Bruxelles possède deux critiques d'art qui se partagent l'attention des lecteurs de journaux : Nicodème et Nicodin.

Deux autorités ! Ils sont tus, et on les écoute. Nicodème sanctionne ce que dit Nicodin et vice-versa. Je ne sais pas s'ils se complètent et l'on ne peut pas dire qu'ils se continuent ; ils se corroborent plutôt ; ils sont parallèles et corrélatifs. Chacun a sa sphère. Il serait fâcheux qu'ils ne fussent pas : sans leur personnalité, il manquerait quelque chose aux gaîtés variées de la capitale des arts et des lettres belges.

Ce n'est pas que Nicodème et Nicodin soient des esprits folâtres. Ils sont sérieux, au contraire ; ils remplissent une mission, celle de diriger le goût du public, de guider les jugements en matière d'art. C'est un rôle, et ils le remplissent avec la conscience que leur labeur quotidien a une importance. Le mauvais goût n'a pas de pires adversaires qu'eux ; ils sont pour la juste mesure dans l'art. Shakespeare a du génie, mais il est inégal. Nicodin et Nicodème sourient de ses maladresses. Schiller est un d'Ennery d'y a cent ans ; ils plaignent ceux qui l'admirent. Wagner n'a pas de proportions : Nicodème et Nicodin redressent ses conceptions boiteuses.

Ainsi, après la *Walkyrie*, Nicodin avait dit : J'admets Wagner, en attendant mieux. Après la reprise des *Maîtres Chanteurs*, il a dit : Ouf ! *Son opinion sur l'œuvre* (car il dit *son* opinion sur toutes choses) se résume en deux mots : *Plat vaudeville.*

Nicodème est moins primesautier... ou plus prudent. Il avait sur les lèvres *plat vaudeville et ouf*, mais il ne l'avait pas dit. Dans le journal gratuit, et obligatoire où Nicodème exerce présentement les fonctions de docteur Pancrace de l'art, il n'est pas été séant de se prononcer aussi ouvertement. Toutes les vérités ne sont pas bonnes à dire en face. Nicodème le sait. Il préfère opérer à distance. Plat vaudeville lui paraissait un peu cru à Bruxelles, il l'a répandu au dehors ; il a répété : « plat vaudeville » dans le journal de Paris qui est le réceptacle naturel de toutes les niaiseries antiwagnériennes. Nicodème exporte. Nicodin est local.

Assurément, des deux c'est Nicodème le plus intéressant. Il a du moins une originalité, celle de ne pas dire les bêtises de tout le monde. Il a les siennes, il y tient et ça suffit bien. D'ailleurs, il a de la verve, il a du trait, quelquefois même du bon sens, mais c'est l'exception. Avec lui jamais d'hésitation ; on sait toujours exactement où il trouve *son* ennui, où il rencontre *son* agrément. Il est de bonne ou de mauvaise humeur, selon qu'il digère ou ne digère pas le spectacle. Par là, sa critique est essentiellement le critère des gens qui vivent par l'intestin, des ruminants.

C'est un fait constaté : dans l'ordre moral et intellectuel, tout se spécifie comme dans le règne végétal ou animal. Il est certain que dans tout public se trouve représenté l'espèce veau. Le veau broute le roman genre Ohnet ; il pâture les prés éternellement vert-pomme de la mélodie italienne. Il broute, donc il est. On ne saurait le supprimer sans un crime de lèse-nature. C'est même un de ses préoccupations économiques de l'artiste de connaître ses besoins et ses aspirations. Qui dédaigne le veau s'expose à la vengeance du veau. Le veau refuse de se donner en pâture à l'artiste. C'est légitime, quelque triste. Nicodin reflète avec humour les tendances du parti veau, et c'est pourquoi son opinion (car il dit *son* opinion sur toutes choses) a parfois quelque intérêt.

Nicodème est d'une complexion différente. Pas viril du tout, Nicodème. Autant l'autre est quelquefois véhément, tenace, emporté, mordant, autant Nicodème est doux, onctueux, susurrant, mellifluœ. Ses impressions correspondent à celles du public que l'on pourrait classer dans le genre veau. Nicodème est féminin. C'est ce qui explique sa prédilection avouée « pour les œuvres fortes », l'irrésistible impérieux le contraint et le subjugue. Toute force l'entraîne, inconscient ; il sent seulement qu'il est entraîné, il est même hypnotisable. Ainsi, Wagner l'hypnotise. Il le subit, mais il ne sait ni l'analyser, ni l'expliquer, ni le comprendre. Timide, inconstant et flottant, il craint d'ailleurs de s'aventurer aux entreprises périlleuses. La nécessité l'a fait insinuant. Voyez Nicodème parmi les coteries littéraires et les clans artistiques ; il n'est d'aucun et il est de tous. Jamais tout à fait pour, jamais tout à fait contre personne. Son être est essentiellement vague. Sa plume bavarde, non sans agrément, mais inutilement, sur toutes sortes de sujets ; de la même encre, doucement émue, il s'apitoie sur le sort des vieux parapluies et vous décrit les joies ensoleillées de la peinture espagnole. Cela n'est pas déplaisant, non ; c'est moyen et quelconque.

Pour le moment, Nicodème s'amuse aux analogies. C'est un exercice mental qui plaît aux jeunes demoiselles ; elles aiment à comparer les mérites et les qualités diverses des cavaliers dont leurs rêves amoureux sont hantés ; leur raison faible, par les analogies, apprend à connaître les dissemblances, et ainsi se forme et se fixe leur jugement. Nicodème procède de la même manière. Tous les matins, dans sa glace, il se voit les oreilles de Midas ; tout le monde ayant des oreilles, il attribue à tout le monde les oreilles de Midas... par analogie. Les roseaux chantent : il comprend en *flamand* ce que les roseaux disent en *latin* ; par analogie, il croit que tout le monde doit entendre de même. Dans une partition, il reconnaître une vieille chanson dont les trois premières notes sont identiques aux trois premières notes d'*En revenant de la revue* : par analogie, il est d'autant plus en droit de le reste à le rien de commun avec cet air célèbre ; aussitôt, dans son cerveau incertain, s'établit l'analogie entre les deux mélodies et il l'explique naïvement à ses lecteurs (1). Aussi bien, quand il commente une lettre par ces mots : *Monsieur de X*... ou *Madame d'Y*... pourrait-il se croire l'esprit et le style de Mme de Sévigné... par analogie.

Nicodème a toujours passé pour vénérable parmi les confrères de son âge ; mais ne vous semble-t-il pas qu'il commence à marquer et que son système de critique par analogies indique les fâcheuses incertitudes d'un jugement qui à quelque peine à se fixer avec netteté ? Je n'affirme rien. C'est une impression, un doute que j'énonce. Plusieurs m'ont dit que Nicodème était fatigué.

Si on le couchait ?

M. K.

(1) Dans le *Soir* du 10 novembre : « Signalons l'*étrange analogie* de ce fameux chant latin (*Ah! ah! ah! Valete, studia*, dans *Milenka*), avec un chant non moins fameux mais beaucoup plus moderne : *En revenant de la revue*... Personne ne se doutait que l'air du brav' général eût une origine si ancienne. » Et dans le *Ménestrel* du 11 : « On n'a pas été peu surpris de constater la très grande ressemblance ce chant latin avec le fameux *En revenant de la revue*. » Il y a récidive, on le voit! Après quoi, dans le *Soir*, Nicodème demande aux Midas du *Guide* de lui expliquer. Il n'y a rien à expliquer, ô Nicodème. Pour qui a un peu de sens critique et un peu de sens musical, deux mélodies qui diffèrent par le rythme, par la mélodie et par l'harmonie ne peuvent pas se ressembler. Ça se comprend tout de suite, ou ça ne se comprend jamais.

Le Cercle artistique a donné, mardi soir, un intéressant concert auquel participaient Mlles Aline Bauveroy, Jeanne Douste et M. Johan Smit.

Mlle Douste, une jeune pianiste de talent que nous avons eu plus d'une fois le plaisir d'applaudir, a joué différents morceaux de Bach, de Chopin, de Wieniawski, de Rubinstein et de Liszt. Elle a de la virtuosité, un jeu solide, extraordinairement pour le jeu d'une aussi petite main, du charme et de la délicatesse. Il ne lui reste maintenant qu'à aérer son répertoire en le renouvelant dans un sens un peu plus moderniste.

C'est une recommandation dont Mlle Bauveroy n'a pas besoin. On se souvient de son début dans le *Printemps* de la *Walkyrie* au Conservatoire. Elle apparaît, l'autre soir, entre autres choses nouvelles, au public du Cercle, une mélodie de Wagner, *Rêve* (étude pour *Tristan et Yseult*), et la *Jeune Princesse* de Grieg. Elle les a dites avec un sentiment très discret et très délicat; et une accentuation très pure; elle les a dites en interprète intelligente, sans aucun souci de virtuosité. Son programme se complétait par l'air de *Sigurd*, chanté d'une voix chaude et vivante, une mélodie de Th. Dubois, *le Baiser*; une mélodie d'Hubert, *Hier au soir*. Mlle Bauveroy a choisi tout instinctivement la bonne voie : celle qui mène vers l'art profond des maîtres.

Nous l'engageons à demeurer dans ce domaine-là, pour ne faire chez les musiciens de parade que de courtes visites de politesse, quand il le faudra absolument.

M. Smit a joué la *Fantasia appassionata* de Vieuxtemps, les *Airs russes* de Wieniawski et différents petits morceaux, parmi lesquels une ravissante *Berceuse* de Fauré, qu'il a phrasée avec beaucoup de simplicité.

C'est un violoniste d'un très réel talent, ayant un coup d'archet large et solide, un joli son pur et soutenu, un peu étroit dans le haut.

Bien qu'il joue finement certaines choses d'une virtuosité un peu trop vieux jeu, il n'abuse jamais de l'acrobatisme.

C'est un interprète aussi.

L'administration des concerts populaires vient d'adresser à ses abonnés une circulaire annonçant quatre matinées d'abonnement sous la direction de M. Joseph Dupont. Comme de coutume, c'est au théâtre de la Monnaie qu'elles auront lieu, le dimanche, à une heure et demie.

Le premier concert est fixé au dimanche 9 décembre. Il aura lieu avec le concours du pianiste Paderewsky, qui a produit une si vive sensation aux soirées-Schott. M. Paderewsky jouera avec orchestre le concerto en mi bémol de Beethoven et la *Fantaisie* de Liszt; il jouera seul plusieurs petites pièces de Chopin. L'orchestre fera entendre, pour la première fois, une suite d'Edward Grieg, le charmant compositeur norvégien. Cette suite nouvelle, qui a été exécutée, pour la première fois, il y a quelques semaines, à Saint-Pétersbourg, sous la direction de l'auteur, est une sorte d'idylle champêtre, qui porte le titre de *Peer Gynt*. On la dit absolument charmante.

En outre, l'orchestre exécutera une *Ouverture* de Schumann, de Beethoven ou de Mendelssohn.

La distribution des prix aux élèves du Conservatoire a eu lieu dimanche. Peu de monde. M. le prince de Chimay, ministre des affaires étrangères et président de la commission de surveillance du Conservatoire a prononcé le discours d'usage. Après avoir signalé l'état brillant de l'enseignement et rendu un légitime hommage à l'éminent directeur de l'établissement parfaitement secondé par ses collaborateurs, le prince de Chimay a traité une question importante d'esthétique musicale : la virtuosité, qui ne suffit pas, a-t-il dit, pour faire un véritable artiste. Il a parlé ensuite du beau musée instrumental du Conservatoire et de la nécessité de lui donner des locaux plus favorables à l'installation de ses riches collections.

Après la proclamation des résultats des derniers concours, le concert traditionnel des élèves a commencé : l'Ouverture d'*Adrien*, de Méhul, exécutée par les élèves de la classe d'ensemble instrumental sous la direction de M. Colyns; un concertino de hautbois fort bien joué par M. Nahon; un *Andante* pour huit cors de M. L. Dubois, parfaitement rendu par les élèves de la classe de M. Merck; un air des *Bayadères* de Catel, chanté avec sentiment et chaleur par Mlle Bauveroy; une suite d'airs de ballet d'*Orphée* de Gluck, par la classe d'orchestre de M. Léon Jehin; deux *Chansons militaires* de la fin du quinzième siècle, pleines de caractère de franche originalité, par la classe d'ensemble vocal sous la direction de M. Warnots; l'air de la *Fauvette* de *Zémire et Azor* de Grétry, chanté par Mlle Nachtsheim; un *Andante* d'un concerto de Lindner, pour la violoncelle, dans lequel M. Henri Merck a fait preuve d'un sentiment musical distingué et d'une remarquable sûreté dans la conduite de l'archet; enfin les *Bohémiennes* de Brahms qui ont valu à Mlles Elisa Falize et Anna Wolf le prix de duo de chambre; tel a été le programme intéressant de ce concert.

Dimanche dernier, a été close l'Exposition du Grand Concours, par la proclamation des récompenses. À cette occasion, on a exécuté, sous la direction de l'auteur, la cantate l'*Humanité* de M. Tilman, qui avait déjà été exécutée lors de l'ouverture de l'Exposition. Succès pour l'œuvre et les interprètes.

MM. Dupont et Lapissida viennent de recevoir la lettre suivante :

« Messieurs,

» Je vous sais bien grand gré de l'aimable communication que vous m'avez faite et je vous félicite sincèrement du grand succès qu'ont obtenu les efforts si consciencieux que vous avez faits pour rendre correctement l'œuvre si difficile des *Maîtres Chanteurs*.

» J'ai été en particulier touchée de ce qu'après avoir obtenu un si grand succès avec la première mise en scène, vous ayez trouvé nécessaire de refondre votre représentation et de la rendre conforme à celle de Bayreuth. Ce fait témoigne d'un zèle artistique si grand qu'à lui seul il me garantirait l'excellence de votre exécution, si tant de journaux n'étaient venus m'en assurer.

» Or, rien ne saurait me tenir plus à cœur que de voir les représentations de Bayreuth exercer une action sur les autres théâtres. Je vous exprime, Messieurs, ma satisfaction et ma reconnaissance les plus vives.

Je vous prie de croire, etc.

C. WAGNER.

» Bayreuth-Wahnfried, le 2 novembre 1888. »

ANVERS

M. Jan Blockx, l'heureux auteur du ballet *Milenka* représenté à la Monnaie, a été, samedi dernier, au Cercle artistique, l'objet d'une manifestation très flatteuse. M. Demeyer, le président de la section de musique, que M. Blockx dirige avec beaucoup de dévouement et de savoir, l'a vivement complimenté au sujet du grand succès remporté à Bruxelles et lui a remis, de la part des membres du cercle, une splendide couronne.

M. Blockx est aussi très apprécié comme professeur. Quoique jeune encore, il a déjà formé plusieurs élèves, entre autres, M. Albert de Vleeschouwer, dont on a exécuté, il y a deux ans, lors de l'inauguration du kursaal de Blankenberghe, une cantate très bien écrite. Deux autres de ses élèves, MM. Mortelmans et Wagener, viennent d'être primés à un concours pour *lieder* organisé par la ville de Roulers.

On nous annonce que l'administration de notre théâtre est en pourparlers avec la direction de la Monnaie pour quelques représentations de *Milenka* à donner à Anvers par tout le personnel de Bruxelles.

Les dernières représentations au Théâtre-Royal ont été très orageuses, et si le directeur n'y prend garde, la campagne, qui avait été si bien inaugurée, pourrait être fortement compromise. Les deux contraltos que la direction a fait débuter jusqu'ici étaient absolument impossibles et ont dû résilier leur engagement dès leur apparition. De plus, il nous manque un second ténor. Nous espérons que le directeur parviendra à trouver promptement des sujets dignes de notre scène. Nous avons eu, cette semaine, deux représentations de *Faust*, l'une en grand opéra et l'autre avec les artistes de l'opéra comique, dont la première a été de beaucoup la meilleure. Grand succès pour le ténor Duras et pour la basse Fabre.

MM. Arthur Wilford, pianiste; J. Marien, violoniste, et J. Roelants, violoncelliste, annoncent, pour cet hiver, à la salle Rimmel, quatre séances de musique de chambre, lesquelles, vu le mérite de ces musiciens, ne manqueront pas d'attirer beaucoup de monde.

J. W.

GAND

GRAND-THÉÂTRE : mercredi 7 novembre, *Guillaume Tell*; vendredi 9, *Haydée*; dimanche 11, *Robert le Diable*; lundi 12, le *Postillon de Longjumeau*, le *Chalet*.

Je n'ai eu jusqu'ici que fort peu d'occasions de vous dire tout le bien que l'on pense de la troupe d'opéra comique en général, — et, en particulier, de MM. Trémoulet et Darmand.

Le premier de ces artistes a droit à la faveur du public autant qu'à la reconnaissance de son directeur. Il a sauvé la situation critique qui a été celle de notre première scène pendant les deux mois qui viennent de s'écouler. Grâce à lui, on a pu varier le répertoire de l'opéra-comique, exhumer quelques jolies choses qui sommeillaient dans les bibliothèques et, surtout, apprendre rapidement les reprises ou les nouveautés dont les interprètes du grand opéra avaient besoin pour reconquérir la faveur de leurs auditeurs. M. Darmand seconde son collègue de toute la grâce de sa jeune et brillant talent. Si la chanteuse légère que nous annonce M. Van Hamme répond réellement aux espérances que l'on fonde sur elle, nul doute que la troupe d'opéra comique n'atteigne, — sinon ne dépasse, — la faveur dont la troupe de grand opéra avait joui durant les années précédentes. Ce serait alors le moment de donner la jolie série des œuvres, tant applaudies naguère, le *Domino noir*, les *Mousquetaires de la Reine*, *Fra Diavolo*, etc., etc., et même, — pourquoi pas ? — de monter *Manon Lescaut*, que M. Trémoulet a déjà chanté, paraît-il.

En attendant ces restaurations, qui feront tressaillir d'aise les vieux abonnés et ne seront pas trop désagréables aux jeunes, M. Van Hamme nous annonce, pour vendredi prochain, la première de *Paul et Virginie*, l'œuvre de Victor Massé. M. Déo et Mlle Boyer seront, à Gand, les créateurs de cette jolie chose. C'est dire assez que l'exécution matérielle ne laissera que peu ou prou à désirer. À jeudi, les détails de cette première à laquelle les soins apportés par la direction semblent devoir donner l'importance d'un petit événement musical.

Deux mots pour vous dire le réel succès obtenu, lundi, par une concitoyenne, Mⁱˡᵉ Irma Théry, dans le rôle de Betty du *Chalet*. La gentille actrice, dont nous avions déjà pu apprécier le talent sur des scènes d'amateurs, 'a obtenu un succès réel et mérité. M. Van Hamme tient là une dugazon qui pourra lui rendre de grands services.

Au Conservatoire royal, on se prépare à la saison des concerts. Le premier concert d'abonnement comprendra, entre autres, la 3ᵉ symphonie de Saint-Saëns (avec orgue), le concerto de Max Bruch pour violon (soliste M. Smidt), le *cantabile* de la 5ᵉ symphonie de Henri Waelput et l'ouverture des *Maîtres Chanteurs*.

LIÉGE

THÉÂTRE-ROYAL: lundi 5 novembre, le *Barbier de Séville*; jeudi, le *Songe d'une nuit d'été*; vendredi, *Guillaume Tell*; dimanche, *Faust*.

Aujourd'hui encore, j'ai à vous parler du théâtre, qui continue la série des débuts. A citer, celui du jeune ténor Mauguière, qui avec MM. Génecand et Lissoty fait un très bon trio. M. Lissoty est un travailleur consciencieux et intelligent, doué d'une belle voix; il a chanté et joué le rôle de Méphisto, avec beaucoup de goût. De M. Jourdain nous parlerons peu, parce que ses qualités scéniques et vocales sont bien connues; mais qu'il se garde de viser trop à l'effet. Mⁱˡᵉ Dumont vient de débuter dans *Faust*. Que pourrions-nous en dire jusqu'à présent? On nous assure qu'elle se ressent encore d'une indisposition récente, et qu'en plus elle a le trac. Espérons-le, car l'impression qu'elle a produite n'est guère favorable. On pardonne facilement un physique désavantageux, quand il n'exclut pas un air intelligent; mais, dans le cas contraire..... Avec cela, pas beaucoup de voix. Que sera-ce dans des œuvres qui demandent de plus grands déploiements vocaux que *Faust*? Remettons pourtant à une seconde épreuve notre jugement définitif, que nous souhaitons plus favorable que celui-ci.

M. Dupuy, fort ténor, a rejoué *Guillaume Tell* vendredi, sans succès. Heureusement, Jourdain est là; mais il veut abandonner le grand répertoire pour prendre celui des opéras comiques et des traductions. C'est dommage pour ses auditeurs; espérons l'entendre souvent.

En somme, depuis de longues années, Liége n'a pas vu une troupe de la valeur de celle de M. Lenoir. L'orchestre ne ménage pas assez les chanteurs, malgré les efforts de M. Lecocq, mais il se modère plus que d'habitude; il y a en tout un vrai progrès. Peut-on demander plus, là où l'administration communale refuse tout subside et où le théâtre n'est fréquenté que par un public restreint?

Pour augmenter celui-ci, un moyen nous semble indiqué: jouer quelques œuvres moins connues que celles de l'éternel répertoire. Nous avons cité *Lohengrin*; l'entendrons-nous à Liége, cette année?

             F. V. D.

OSTENDE

Dans sa séance de mardi; le conseil communal d'Ostende a nommé directeur de l'académie de musique de cette ville M. Jules De Swert, le violoncelliste et compositeur bien connu, un des élèves les plus célèbres de François Servais.

M. Jules De Swert a été violoncelliste solo de la chapelle de l'empereur Guillaume 1ᵉʳ; il est l'auteur des *Albigeois* joués avec succès en Allemagne et à Anvers, et d'un autre opéra inédit *Graf Hammerstein*.

Il vient justement d'être invité par la Société philharmonique de Berlin à diriger sa symphonie *Nordseefahrt*, qui fut exécutée, pour la première fois, l'hiver dernier, au festival de Breslau. De Berlin, il doit se rendre à Saint-Pétersbourg pour trois concerts de la Société musicale russe.

Il y a lieu de féliciter la ville d'Ostende de cette nomination. M. De Swert, outre l'école de musique, dirigera les concerts du Kursaal. Le conseil communal lui accorde deux mois de congé en hiver, afin qu'il puisse, comme par le passé, faire des tournées artistiques.

Nouvelles diverses

M. E. Lalo doit se rendre prochainement à Genève, où la première représentation du *Roi d'Ys* aura lieu bientôt.

Profitant de la présence du maître français, M. Eyrin-Ducasnel, le directeur du Grand-Théâtre, organise un grand festival musical dont le programme sera exclusivement consacré aux œuvres orchestrales et vocales de M. Lalo.

Berlioz, auquel M. Adolphe Jullien vient de consacrer le magnifique ouvrage que l'on sait, est toujours un proscrit en France: on le joue dans les concerts, c'est vrai, mais les théâtres lui restent fermés. Il n'en est pas de même en Allemagne, où les théâtres, même subventionnés, montrent un large esprit artistique. Le Hoftheater de Dresde vient de donner, et avec un éclatant succès, — le *Benvenuto Cellini* du Wagner français. Il y a trois ou quatre ans, le même ouvrage avait

été joué avec un égal succès au théâtre de Hambourg sous la direction de Hans de Bulow, et en 1852 à Weimar, sous la direction de Liszt. L'exécution de Dresde, sous la direction du capellmeister Schuch a été, dit la presse locale, tout à fait remarquable. Les principaux rôles étaient tenus par le ténor Gudehus (Cellini), le baryton Scheidemantel (Fieramosca), Mᵐᵉ Schuch (Ascanio) et Mⁱˡᵉ Dörner (Teresa). Tout wagnériens qu'ils sont, tous les artistes ont joué l'œuvre du maître français avec une foi et un zèle artistique absolus. Entre le premier et le deuxième actes, on avait intercalé l'ouverture du *Carnaval romain*, qui a été chaleureusement applaudie.

Ajoutons qu'il n'y a eu aucune manifestation hostile, qu'on n'a sifflé ni au dedans ni au dehors, enfin qu'aucun marmiton n'a lancé de cailloux dans les fenêtres du Hoftheater.

Les honneurs du quatrième concert de l'Association artistique d'Angers ont été pour M. Emmanuel Chabrier: le programme était tout entier composé d'œuvres de ce compositeur. Parmi elles figurait une œuvre nouvelle: *Suite pastorale*, qui a vivement intéressé les musiciens et dont le « Sous-bois » et la «Danse villageoise » ont été beaucoup applaudis par le public.

Le cinquième concert de l'Association a été consacré à M. Bourgault-Ducoudray, le savant professeur du Conservatoire de Paris, qui a donné une conférence sur les mélodies de la basse Bretagne. L'orchestre a fait entendre trois pièces d'orchestre: *Sur le rempart*, *Gavotte* et la *Mort d'Ophélie*, et M. Auguez a chanté un air et deux mélodies: les *Gollands* et l'*Hippopotame* de M. Ducoudray. Au même concert, le violoniste Herwegh a joué le concerto de Saint-Saëns (dédié à Sarasate), et l'orchestre a exécuté la *Marche* et le *Chœur des fiançailles de Lohengrin*.

Les concerts d'Angers, sous la direction de M. Gustave Lelong, offrent toujours, d'ailleurs, un très vif intérêt. Ainsi, le jour de la Toussaint, l'Association avait organisé un concert spirituel, dans lequel ont été exécutés: la Symphonie en *ut* mineur de Beethoven, les *Sept paroles du Christ* de Haydn, l'*Offertoire* de Gounod, un air du *Stabat* de Rossini et l'ouverture d'*Obéron*. Voilà, certes, un programme qui n'est point banal.

Les journaux d'Amérique font entrevoir la possibilité d'une tournée de MM. Gounod et Saint-Saëns au pays des dollars. L'un et l'autre se montreraient aux Yankees, moyennant espèces bien sonnantes, dans des grands concerts avec orchestre dirigé par M. Gounod, M. Saint-Saëns se présentant comme soliste.

Qu'y a-t-il de vrai dans ce bruit étrange?

C'est par erreur que nous avons annoncé qu'une nouvelle opérette de Suppé, la *Chasse après le bonheur*, était jouée au Théâtre *An der Wien* à Vienne. C'est au *Carltheater* qu'a eu lieu cette première. Constatons, à ce propos, que le succès de cette « nouveauté » paraît être extraordinaire. Le *Carltheater* est comble, chaque soir; il a fallu même augmenter les postes de police pour maintenir l'ordre parmi la foule! Heureux auteurs; heureux directeurs!

L'Opéra de Vienne vient d'inscrire le *Chevalier Jean*, de Joncières, et *Manon*, de Massenet, sur le programme des nouveautés de sa saison.

Ali-Baba, la jolie opérette-féerie de Lecocq, dont Bruxelles a eu la primeur (au théâtre de l'Alhambra), vient de faire sa première apparition en Allemagne au théâtre du *Gartnerplatz*. Le succès a été complet.

La première représentation a été malheureusement suivie d'un incident tragique. L'acteur Ed. Brummer, le comique le plus choyé du public munichois, est tombé mort dans sa loge, au moment où il y entrait pour se déshabiller.

Nous avons annoncé que Rubinstein travaillait à la composition d'un nouvel opéra. Cet ouvrage a pour titre: *Goriuscha*; le poème est dû au poète russe Awerkieff. La première représentation à Saint-Pétersbourg aura lieu probablement l'automne prochain.

Un curieux concert se prépare à Berlin. Il s'agit d'un concert de trompettes. L'initiative en a été prise par deux trompettes du régiment des hussards que commandait l'empereur Guillaume II en sa qualité de prince royal. Ils ont adressé un appel à leurs «collègues » de tous les régiments de Berlin, et ils ont obtenu, en même temps que la salle de l'Opéra, l'adhésion de 300 trompettistes émérites! Ces 300 trompettes exécuteront d'abord une fanfare en l'honneur de l'empereur, dont la présence à ce concert est annoncée; ensuite ce singulier orchestre exécutera le choral de Bach: *Eine feste Burg*, un chœur d'*Iphigénie* de Gluck arrangé pour la circonstance, une marche de Frédéric le Grand, enfin un *Kaiserhymne* (hymné à l'empereur), composé par M. Kosleck. Les auditeurs feront bien de se munir d'ouate.

Nous avons déjà dit que l'oratorio *Lucifer*, poème d'Emmanuel Hiel, musique de Peter Benoit, sera exécuté à Londres dans l'Albert Hall, le 28 janvier 1889, par la Royal Choral Society, sous le patronage de S. M. la reine d'Angleterre et sous la présidence de S. A. R, le duc d'Edimbourg.

La première exécution de *Lucifer* a eu lieu à Bruxelles, en 1865. C'est la maison Schott qui publia alors le livret en quatre langues : allemande, anglaise, française et néerlandaise. Ce poème a été traduit plus d'une fois. Il y a quatre traductions françaises, deux traductions allemandes, une traduction italienne et deux traductions anglaises, dont la plus récente est de Mme Busterfield-Wood.

L'oratorio a été exécuté successivement à Bruxelles, à Anvers, à Gand, à Bruges, à Amsterdam, à Rotterdam et à Paris, et obtint partout le plus brillant succès. C'est une œuvre de grande envergure. Espérons que le succès ne sera pas moins grand à Londres que dans les autres villes. L'excellent baryton Blauwaert tiendra le premier rôle, il chantera le *Lucifer*.

Nous apprenons avec plaisir que l'ex-lord-mayor, le chevalier de Keyzer, ne restera pas indifférent à l'exécution de l'œuvre de ses deux compatriotes.

Une représentation pleine de péripéties a été celle de *Fidelio* au théâtre de Cologne, dimanche dernier. L'affiche du matin annonçait la *Walküre* et la salle était entièrement louée pour le soir, lorsque tout à coup, assez tard dans l'après-midi, le ténor chargé du rôle de Siegmund se fit porter malade. Or, la *Walküre* n'ayant pas de chœurs, la direction avait profité de la circonstance pour organiser à Bonn une représentation, où elle avait déjà expédié tout son personnel choral. On juge de son embarras. Le temps manquait pour faire revenir de Bonn les chœurs, ce qui eut, d'ailleurs, forcé la direction à abandonner la représentation annoncée dans cette dernière ville. Heureusement, quelques choristes n'étaient pas partis ; on les réunit à la hâte et, en leur adjoignant quelques membres de sociétés chorales de la ville, on parvint à reconstituer un chœur suffisant.

On se mit ensuite en quête des artistes libres le soir, et l'on annonça bravement le *Fidelio* de Beethoven. La direction se croyait sauvée. Pas du tout ! Au moment de lever le rideau, on s'aperçut de l'absence du baryton, chargé du rôle de Pizarro. On le chercha vainement : Pizarro avait disparu. En désespoir de cause, l'artiste chargé du rôle de Rocco, le geôlier, s'offrit à remplacer son camarade. Le ministre se trouva ainsi dégradé au rang de simple gardien, au premier acte. Au deuxième, le geôlier était redevenu ministre, et un simple prisonnier prit le trousseau de clefs de Rocco ! Le plus piquant de l'histoire, c'est que, de l'avis unanime des journaux, cette représentation incidentée a été l'une des meilleures de *Fidelio* au théâtre de Cologne !

〰〰〰〰〰〰〰〰〰〰〰〰〰〰〰〰〰〰

ÉPHÉMÉRIDES MUSICALES

Le 16 novembre 1859, à Bruxelles (théâtre royal), le *Diable au Moulin*, un acte de Gevaert. — Artistes : Audran, Gourdon, Borsary, Mmes Dupuy et Cébe. « Il y a dans la partition, une foule de jolis détails ; le travail de l'orchestre est surtout très ingénieux, trop ingénieux ; l'on y voudrait moins de vogue pareille à celle qu'obtint la *Cosa rara*, et avec la condition des personnages. M. Gevaert réussirait bien mieux s'il voulait oublier qu'il est un compositeur savant, et s'il laissait ses inspirations prendre un plus libre essor. » (E. Fétis, *Indépendance*.)

Le théâtre du Parc avait devancé le théâtre de la Monnaie en jouant le *Diabla au Moulin* (27 oct. 1859).

Les premières : à Paris, 13 mai 1859 ; à Liège, 7 janv. 1862.

— Le 17 novembre 1786, à Vienne (Nationaltheater), la *Cosa rara*, op. buffa, 2 actes de Vincent Martin y Soler. 59 représ. jusqu'au 17 août 1794. Ni les *Noces de Figaro*, ni *Don Juan*, représentés à la même époque, n'eurent une vogue pareille à celle qu'obtint la *Cosa rara*, et l'*Arbore di diana*, autre opéra de Martin y Soler: Mozart intercala un air de la *Cosa rara* dans le second acte de son *Don Juan*, ce qui ne l'empêcha pas de dire, et en cela il n'eut raison, que les œuvres du maestro espagnol n'auraient qu'une durée éphémère.

Les premières : à Londres, 10 janv. 1789 ; à Paris, 2 nov. 1791. Martin y Soler (et non Solar) son décès, le 11 févr. 1806, (et non mai 1810), voilà deux erreurs à relever dans Fétis (*Biogr.*, t. V, p. 475). Ces indications nous sont fournies par le *Diccionario de Musicos españoles* de Saldoni, t. II, p. 353.

— Le 18 novembre 1763, Mozart père arrive à Paris pour tirer parti des talents précoces de ses enfants. Grimm les entendit et fut dans l'enthousiasme. Il a raconté dans sa *Correspondance* (t. III, p. 367, édition Furne, Paris, 1829), les merveilles dont il fut témoin. Nous en extrayons ce passage :

« Les vrais prodiges sont assez rares pour qu'on en parle quand on a occasion d'en voir un. Un maître de chapelle de Salzbourg, nommé Mozart, vient d'arriver ici avec deux enfants de la plus jolie figure du monde. Sa fille, âgée de onze ans, touche le clavecin de la manière la plus brillante ; elle exécute les plus grandes pièces et les plus difficiles avec une précision à étonner. Son frère, qui aura sept ans au mois de février prochain, est un phénomène si extraordinaire qu'on a de la peine à croire ce qu'on voit de ses yeux et ce qu'on entend de ses oreilles. C'est peu pour cet enfant d'exécuter avec la plus grande précision les morceaux les plus difficiles, et cela avec des mains qui peuvent à peine atteindre la sixte ; ce qui est incroyable, c'est de le voir jouer de tête pendant une heure de suite, et là s'abandonner à l'inspiration de son génie, et à une foule d'idées ravissantes qu'il sait encore se faire succéder les unes aux autres avec goût et sans confusion. Le maître de chapelle ne saurait être plus profond que lui dans la science de l'harmonie et des modulations qu'il sait conduire par les routes les moins connues, mais toujours exactes..... »

On peut lire les lettres des voyageurs eux-mêmes, dans Nissen, *Mozart's Biographie nach original Briefen*, Leipzig, 1828, in-8. C'est de cet ouvrage que l'abbé Goschler a tiré le volume intitulé : *Mozart, vie d'un artiste chrétien au XVIIIe siècle*, Paris, 1857. Grimm, d'après l'une de ces lettres, avait écrit une dédicace pour des sonates de Wolfgang. La nouvelle traduction des *Lettres de W.-A. Mozart*, publiée tout récemment par Henri de Curzon (Paris, Hachette, 1888), rétablit en bien des points ce qu'il y a de défectueux et d'incomplet dans Nissen et l'abbé Goschler.

— Le 19 novembre 1865, à Darmstadt, *die Afrikanerin* de Meyerbeer. La seconde ville de l'Allemagne où l'œuvre se produit, Berlin ayant eu l'avance d'un jour sur Darmstadt (18 nov.). Dans les deux villes succès colossal, disent les journaux.

A Vienne, 27 févr. 1866 ; reprise, 27 avril 1870.

— Le 19 novembre, 60e anniversaire de la mort de François-Pierre Schubert (Vienne, 1828). — Sa naissance dans la même ville, le 31 janvier 1797.

Le 23 septembre dernier, les cendres de François Schubert, qui reposaient depuis 1828 au cimetière de Wæhring, ont été exhumées et transportées solennellement au cimetière central, dans le tombeau d'honneur accordé par le conseil municipal de Vienne au célèbre compositeur.

— Le 20 novembre 1805, à Vienne (théâtre *An der Wien*), *Fidelio*, 2 actes de Beethoven.

Il y avait sept jours que l'armée française était entrée à Vienne, et c'est devant les esprits distraits que *Lénore*, — la pièce ainsi nommée d'abord, — fut jouée trois fois seulement. Elle reparut l'année suivante, mais la masse des auditeurs n'était pas encore habituée à cette musique concertante, toujours profonde, complexe, langue d'un génie qui devançait son siècle. *Fidelio* disparut de nouveau et pour longtemps.

La troisième reprise eut lieu le 23 mai 1814, à l'Opéra (Kærntnerthortheater), à la suite d'un nouveau remaniement de la partition. Cette fois, on se trouvait en présence d'un public plus capable d'apprécier une composition de cette valeur, et *Fidelio* remporta un vrai succès. Aujourd'hui, en Allemagne, il est au répertoire de tous les théâtres.

Fidelio, joué sur toutes les grandes scènes du monde, nous ne l'avons connu à Bruxelles que par des troupes allemandes, en 1844 et 1846. L'adaptation française de Castil-Blaze allait passer au théâtre de la Monnaie, en décembre 1847, lorsqu'il fallut y renoncer par suite de la dislocation de la troupe. La traduction donnée au Théâtre Lyrique de Paris (5 mai 1860) est restée pour toute lettre morte. Mais enfin on nous promet pour cet hiver une toute nouvelle version de l'admirable ouvrage, et Gevaert, s'inspirant du grand nom de Beethoven, y aurait ajouté des récitatifs qui manquent à la partition.

— Le 21 novembre 1831, à Paris (Opéra), *Robert le Diable*, 5 actes de Meyerbeer. — A Liège, 20 mars 1832 ; à Anvers, 8 mars 1833 ; à Bruxelles, 20 mars 1833.

Voici un spécimen de la critique intransigeante que nous fournit un journal de Bruxelles au sujet de *Robert le Diable* :

« Quand donc extirpera-t-on du répertoire, comme des deuts gâtées d'une bouche de septuagénaire, ces chicots d'opéras qui n'ont plus de raison d'être et dont quelques passages seulement méritent encore l'exécution de concert ? » O mânes de Meyerbeer ! '

— Le 22 novembre 1887, à Vienne (Opéra), le *Cid*, 4 actes de Massenet. Traduction allemande du poème français. La musique, très appréciée comme elle l'avait été, à Paris (30 nov. 1885); à Anvers (20 janv. 1887); à Gand (16 févr. 1887). Dans les deux seules villes belges où le *Cid* a été monté, Massenet dirigeant l'orchestre le premier soir, fut l'objet des plus chaudes démonstrations. (Voir *Guide mus.* 27 janv. et 24 févr. 1887.)

Avis et Communications

Salle de la Grande-Harmonie, à Bruxelles. — Voici le programme de la deuxième Soirée-Schott, qui aura lieu le samedi 17 novembre, à 8 heures du soir, avec le concours de Mlle Blanche Deschamps (chant), de M. Gustave Kéfer (piano) et du quatuor du Conservatoire de Cologne (MM. G. Hollaender, J. Schwartz, Carl Körner, L. Hegyesi) : 1° *Quintette* pour piano, deux violons, alto et violoncelle, op. 34 (*fa mineur*) de Joh. Brahms (M. G. Kéfer et le quatuor de Cologne) ; 2. Air des *Noces de Figaro* (Mlle Blanche Deschamps) ; 3. *Variations du quatuor* en si mineur de Schubert (le quatuor de Cologne) ; 4. *Arabesque, Étude-Caprice* d'après Paganini de Schumann (M. Gustave Kéfer) ; 5. *a) Romance* pour violon de Max Bruch, *b) Prélude* de G. Hollaender (M. G. Hollaender) ; 6. *a) Prière* de Gounod, *b) Pensée d'automne* de Massenet, *c) Gondoliera* de E. Meyer Helmund (Mlle B. Deschamps) ; 7. *Quatuor à cordes* (en si bémol majeur) de Beethoven (le quatuor de Cologne).

Une demi-bourse spéciale de 600 francs, instituée par le Conseil provincial du Brabant, en vue d'encourager l'étude du chant au Conservatoire royal de Bruxelles, sera conférée à la suite d'un concours auquel sont admissibles tous les Belges ayant leur domicile réel dans la province de Brabant, et n'ayant pas dépassé l'âge de 26 ans pour les hommes et de 22 ans pour les femmes.

Les inscriptions seront reçues au secrétariat du Conservatoire jusqu'au lundi 19 novembre. Le concours aura lieu 22 novembre à 4 heures.

Les demandes doivent être accompagnées de l'extrait de naissance de l'aspirant et d'un certificat émanant du directeur d'une école de musique ou d'un professeur de chant, et constatant que le postulant possède les connaissances musicales et les dispositions requises pour se présenter au concours.

Les bourses sont conférées pour un an. Elles peuvent être renouvelées d'année en année pendant trois ans, sur l'avis du président du jury chargé de la collation.

Antoon BOUMAN, violoncelliste (solo) de concert, Utrecht (Hollande).

Un pianiste amateur cherche violoniste et violoncellistes amateurs pour exécuter musique de chambre. S'adresser Bureau du Journal, sous les initiales P. V. W.

La Direction de l'Orchestre (harmonie) de Rotterdam demande pour l'été prochain, à partir du 15 avril 1889 jusqu'au 1er octobre 1889, un **bon Piston solo**. S'adresser par lettre à M. J. W. Strieder, Kruis Straat, 28, Rotterdam.

AU CONGO !

Sa Majesté le Roi a accepté la dédicace du chant patriotique «Au Congo !» qui sera mis en vente prochainement, au profit de la *Société antiesclavagiste de Belgique*.

Comme nous l'avons déjà annoncé précédemment, les paroles de ce chant sont de M. Alfred Ducarme, et la musique de M. Adolphe Wouters, professeur au Conservatoire royal de Bruxelles.

Ce chant, édité par la maison Schott, a été gravé en Allemagne, avec le plus grand soin, et a été tiré en deux éditions simultanées.

La première édition, tirée avec grand luxe, sur six feuillets de fort papier de chine, avec encadrement et et couleurs, ne sera que de vingt exemplaires, numérotés, signés par les auteurs, et qui seront mis en vente au prix de 15 francs ; 15 francs 50 cent. franco par la poste.

L'exemplaire n° 1 est retenu par S. M. le Roi.

Le prix des exemplaires de l'édition ordinaire est de 1 fr. 50 ; 1 fr. 60 franco par la poste.

Le chant « Au Congo ! » sera mis en vente au local de la *Société antiesclavagiste de Belgique, Montagne aux-Herbes-Potagères, 4, à Bruxelles*, où l'on peut s'adresser par correspondance, et à la maison Schott, 82, Montagne de la Cour.

ABONNEMENT

FRANCE et BELGIQUE : Avec musique 25 francs.
— Texte seul. . 10 —
UNION POSTALE :   —   12 —

Directeur : Pierre SCHOTT
SCHOTT FRÈRES, ÉDITEURS.
Paris, Faubourg Saint-Honoré, 70
Bruxelles, Montagne de la Cour, 82

ANNONCES

S'adresser à l'Administration du Journal.
On traite à forfait.

Histoire d'un buste.

 'était par une belle soirée du mois de mai de l'année 1875. Après avoir suivi le cours de l'Isère, nous avions été, un ami et moi, nous reposer sur un des bancs de cette délicieuse promenade qu'on nomme l'*Ile-Verte*, située sur le glacis extérieur des fortifications de Grenoble. A travers les plantations d'arbres verts, nous jouissions des majestueux points de vue qu'offrent la vallée et les montagnes.

Ce beau pays du Dauphiné nous remettait en mémoire les noms de ses plus illustres enfants et, parmi les plus grands, celui d'Hector Berlioz. De la Côte-Saint-André, sa ville natale, il avait rayonné sur toute cette contrée ; il avait suivi souvent cette route pittoresque, bordée de hauts noyers, qui serpente, souple, gracieuse comme une allée de parc, à la base du massif de la Grande-Chartreuse et vient traverser le petit village de Meylan, hameau moitié caché dans un nid de verdure, moitié perché sur une colline allongée au pied du Saint-Eynard. C'est là qu'habitait son grand-père maternel Marmion, qu'il allait voir, presque tous les étés, avec sa mère et ses sœurs. Il y rencontrait son oncle, Félix Marmion, jeune et vaillant soldat du premier Empire, qui, entre deux batailles, venait leur conter, « tout chaud encore de l'haleine du canon », les prouesses de la grande armée.

Mais Berlioz devait ressentir à Meylan les premières atteintes de cette passion cruelle, l'amour, qui, à plusieurs reprises, joua un rôle funeste dans son existence troublée. Il faut lire et relire dans ses Mémoires les pages vibrantes qu'il écrivit sur sa rencontre avec la belle Estelle Gautier, la jeune fille aux brodequins roses, la *Stella montis !*

De cette splendide vallée du Graisivaudan, des récits belliqueux de son oncle Félix Marmion, de son premier amour pour la belle *Estelle*, notre jeune *Némorin* devait, avec son ardente imagination, rapporter des souvenirs impérissables. Transformés, exaltés, ces souvenirs furent les premiers germes de ses œuvres symphoniques et dramatiques où se font jour les élans de la passion la plus violente, où se laisse reconnaître l'écho des vives et fraîches émotions ressenties en face de la Nature.

« Et dire, murmura mon savant ami, comme conclusion à notre douce et poétique causerie sur les faits d'antan, que ce pays, qui a eu l'honneur de voir naître l'auteur de la *Damnation de Faust*, des *Troyens*, de la *Messe des morts*, n'a point songé encore à lui élever une statue, ni même à joindre son buste à ceux des illustres Dauphinois exposés dans la bibliothèque de la ville de Grenoble ! »

— « Ce buste, elle l'aura, m'écriai-je dans un accès d'enthousiasme juvénile. »

Le lendemain même, je constatais, en effet, que la bibliothèque de Grenoble, à bon droit renommée et magnifiquement installée à côté du musée de peinture, possédait les bustes des principales célébrités militaires, politiques, littéraires du Dauphiné, les Lesdiguières, Bayard, Condillac, Barnave (dont le buste est dû au ciseau de Houdon), Mounier, Casimir Perier..... ainsi que plusieurs portraits : Mᵐᵉ de Tencin, l'héroïne Philis de la Charce faisant face à Henri Beyle (Stendhal). Quant à Berlioz, il brillait par son absence.

Je me mis immédiatement en campagne. Dès les premières ouvertures et avant que j'eusse prononcé le nom de Berlioz, on crut de très bonne foi qu'il ne pouvait être question que du peintre Hébert, tenu en haute estime par les habitants de Grenoble, surtout depuis le jour où leur illustre compatriote leur a fait don de la magnifique vierge que l'on a installée en grande pompe dans la petite église de la Tronche (1), mais je dois ajouter que, lorsque je parlai de Berlioz au maire de Grenoble (2), je trouvai en lui les meilleures dispositions. Peu de jours après ma visite, il m'avisait que le conseil municipal autorisait la souscription et qu'il s'inscrivait pour une somme de cent francs.

L'affaire était lancée.

Rentré à Paris, je me mis en rapport, dès le 28 septembre, par l'obligeant intermédiaire de M. Irvoy, directeur de l'école de sculpture de Grenoble, avec le célèbre statuaire Perraud (Jean-Joseph), qui avait fait, en 1867, pour l'Institut, le buste en marbre de Berlioz. Je me rappelle encore ma première visite à son atelier, au n° 81 du boulevard Montparnasse. Il avait connu et aimé Berlioz, et il sut me captiver par le récit qu'il me fit de ses entretiens avec l'illustre compositeur. Il me dépeignait fort bien sa nature ardente et passionnée pour l'art, ses enthousiasmes, ses emportements, mais aussi ses désespérances et ses abattements, le plus souvent, se résolvaient en torrents de larmes : étonnants contrastes dans sa vie, comme dans ses œuvres !

Par amitié pour Berlioz, il refusa de prendre aucune rémunération pour son travail et voulut bien se charger lui-même de faire fondre une épreuve en bronze du buste fait par lui pour l'Institut.

La souscription ouverte parmi nos amis fut rapidement couverte. Je relève les noms des souscripteurs suivants : Le colonel Breton, Léonce Mesnard, Duc, Fantin Latour, A. Lascoux, O'Donnell, Du Seuil, l'abbé Seigneur, H. et A. Imbert, H. Denaut, Cormier, Dechamps, A. Labbé, etc....

Le 26 octobre, Perraud m'informait que la maison Boyer et Rolland venait de fondre le buste dans toute la perfection désirable et qu'il était à son atelier, à ma disposition.

Je l'expédiai immédiatement à M. le Maire de Grenoble, qui m'en accusait réception en ces termes :

VILLE DE GRENOBLE   *Grenoble, 14 décembre 1875.*
(ISÈRE)

Cabinet du Maire

N° 1600

MONSIEUR,

J'ai l'honneur de vous faire connaître que le buste en bronze de notre illustre compatriote Berlioz, exécuté par M. Perraud,

(1) On pourrait signaler le luxe plus que suspect dont on a entouré l'image de la divine protectrice.
(2) M. le colonel F. Breton, premier adjoint, faisant fonctions de maire.

statuaire, est arrivé à Grenoble et a été placé immédiatement dans la salle de la Bibliothèque publique consacrée aux célébrités dauphinoises.

Je remplis un devoir en vous remerciant aujourd'hui, Monsieur, de l'initiative que vous avez bien voulu prendre pour l'organisation de la souscription qui a assuré à la ville de Grenoble la possession de cette œuvre remarquable.

Veuillez agréer, Monsieur, l'assurance de ma considération la plus distinguée.

Le premier Adjoint, faisant fonctions de Maire,
F. BRETON.

Telle est l'histoire très véridique du premier buste offert par souscription à la mémoire de Berlioz, ce grand génie qui fut toujours en mal de création, toujours en ébullition et sur la tombe duquel aurait pu être inscrite cette épitaphe du maréchal Trivulce :

Hic tandem quiescit qui nunquam quievit.

Plus tard, la ville de Grenoble, toute fière de son récent agrandissement, s'avisa enfin qu'il était temps de se mettre en frais pour Berlioz. Dans l'intéressant opuscule qu'il vient de consacrer au grand musicien, M. Léonce Mesnard nous apprend jusqu'où alla sa générosité, venant en aide à son admiration. Nous lisons, en effet, à la page 27 de cet opuscule :

Il est vrai que, depuis peu, le nom de Berlioz a fini par être placé au coin d'une rue de cette grande ville, à deux pas d'un théâtre voué à l'opérette et d'une salle de concert qui ne fonctionne que pour les loteries pieuses ou laïques.

Moyennant cela et l'occasion d'entendre, de temps à autre, la *Marche hongroise arrangée* par le Maitre, on en est quitte, en pays dauphinois, avec sa mémoire, dans des conditions tout à fait économiques.

En revanche, cette mémoire a été protégée avec constance, honorée avec le plus remarquable talent par un Grenoblois qui n'est autre que M. Fantin Latour, le peintre justement célèbre qui envoyait au Salon de 1876 l'*Apothéose de Berlioz*. Dans cette merveilleuse page, où se reflète un sentiment intense uni à une simplicité grandiose, le peintre s'est plu à évoquer, pour en former le plus poétique des groupes, les héros et héroïnes chantés par le Maître :

C'est Didon, soupirant sa jalouse agonie,
Marguerite, l'enfance adorable du cœur,
Juliette, jetée aux bras de son vainqueur
Par le premier amour plein d'extase infinie !...

(Mai 1876. — LÉON VALADE.)

Ce ne fut qu'en l'année 1886, c'est-à-dire dix-sept ans après la mort de Berlioz, que la France éleva enfin à la mémoire de celui dont elle avait méconnu si longtemps le génie une statue vraiment digne de lui. Cette œuvre, due au ciseau d'Alfred Lenoir, a été inaugurée le 17 octobre 1886; à Paris, et placée au milieu du square Vintimille, à quelques pas de la maison, rue de Calais, n° 4, qu'habitait le grand compositeur et où cette âme ardente et inquiète entra dans le repos éternel le 8 mars 1869.

HUGUES IMBERT.

Chronique de la Semaine

PARIS

LA TEMPÊTE

Comédie de WILLIAM SHAKESPEARE, traduite par MAURICE BOUCHOR
(*Première représentation intégrale à Paris*, PETIT-THÉATRE)

Honte aux hommes, et gloire aux marionnettes! Elles ont toutes les belles audaces, des audaces dont les créatures, en chair et en os n'oseraient pas même concevoir la pensée. Nul obstacle ne les arrête; dans le domaine de la fantaisie souveraine et du rêve clair-voyant, elles se meuvent avec une aisance qu'il nous faut leur envier. Après les *Oiseaux* d'Aristophane, la *Tempête* de Shakespeare : à quand le *Prométhée* d'Eschyle, le *Faust* de Marlowe ou celui de Gœthe, ou bien la *Sakountala* de Kalidâsa, et le *Triomphe de la Croix* de Calderon?..... Car, aux seules marionnettes, il a été donné de parcourir, sans hésitations ni erreurs, les champs de la plus sublime imagination; pour elles seules, les Olympiens sont les pairs, des hôtes familiers; seules, elles ont l'autorité nécessaire pour se tourner vers le public, et lui dire avec le poète comique d'Athènes : « Hommes qui vivez une vie obscure, race aussi vaine que l'ombre, éphémères sans ailes, mortels infortunés qui ressemblez à des rêves, prêtez-nous l'oreille, à nous qui sommes des êtres immortels, éternels et aériens, toujours jeunes, toujours occupés d'éternelles pensées, nous vous ferons connaître à fond toutes les choses célestes..... »

Et seules aussi, les divines marionnettes ont qualité pour nous traduire les pensers profonds, les avis paternels du dramaturge de Londres : « Vous semblez émus : rassurez-vous. Notre divertisse-ment est terminé. Nos acteurs, je vous en ai prévenus, étaient tous des esprits, et ils se sont fondus en air, en air subtil, et, semblables à l'irréel édifice de cette vision, un jour viendra où les tours coiffées de nuages, les palais magnifiques, les temples solennels, le vaste globe lui-même, oui, avec tout ce qu'il renferme, se dissoudront aussi, et, pareils à ce vain spectacle qui n'est plus, ne laisseront pas même une trace. Nous sommes faits de la même étoffe que nos rêves, et notre petite existence est environnée d'un grand sommeil... »

Vraiment, qu'il vienne d'Athènes ou de Londres, n'est-ce pas un même et unique souffle qui anime ces petits êtres et passe par leurs étranges bouches, un souffle d'oracle, un souffle divin?... Ces voix, on ne sait d'où venues, ne semblent-elles pas, le son très pur de notre propre voix, notre profonde, intime voix, le soupir du « cœur de notre cœur », pour parler comme le grand Will!...

Écoutons-les donc, mystérieuses et familières, lointaines et proches, avec un pieux respect, avec une patience « religieuse ». N'imitons pas Caliban : obéissons le leur bienfaisante magie, suivons-les. Lais-sons-nous reconforter, laissons-nous divertir, laissons-nous enseigner et consoler.

Si nous jetons un regard sur la petite salle du passage Vivienne, le jour de la « première » de la *Tempête*, nous y trouvons nombreuse compagnie, et pas trop mauvaise. Je n'y vois pas M. Ambroise Thomas; mais je constate que les habitués du *Petit-Théâtre*, pendant cette saison, s'appelleront Ernest Renan, Puvis de Chavannes, Théodore de Banville, Anatole France, Henry Leroile, Charles Lamoureux, Richepin, Lemaître, etc., etc.

Quand la toile se lève, quand un régisseur fort bien stylé, dout la voix ressemble à s'y méprendre (et pour cause) à celle de Coquelin cadet, vient nous adresser quelques bonnes paroles gentiment rimées par le poète traducteur de la *Tempête* [M. Maurice Bouchor, bien connu de mes lecteurs], applaudissements et rires s'élèvent à l'envi se confondent en une joyeuse rumeur, surtout vers la fin.....

> Ainsi vous ferez tout, et comme il vous plaira.
> Heureux de vous sentir ailleurs qu'à l'Opéra.
>
> (*Explosion de rires et de bravos*)
>
> Vous abandonnerez votre âme à ses caprices,
> O chers amis, et vous, divins spectatrices;
> Du reste, nous ferons chacun de notre mieux.
> La mélodie, aidant au rêve de vos yeux,
> S'exhalera dans l'air par suaves bouffées;
> Vous entendrez, surpris, deux voix de jeunes fées;
> Et, pour nous obliger, vous daignerez, parfois,
> Ne pas vous souvenir que nous sommes en bois.
>
> (*Plusieurs salves crépitantes de bravos.*)

Et l'œuvre admirable, le chef-d'œuvre du maître se déroule, sur lequel je n'ai pas à m'étendre. Mais j'insisterai un peu sur la musique de M. Ernest Chausson. Elle est charmante, cette musique, à la fois simple et raffinée; elle a la fraîcheur des brises de mer, l'arôme des plantes sauvages. Malheureusement, les coulisses du théâtre ne se prêtent qu'imparfaitement au mariage de l'accompagne-ment et des voix; et c'est grand dommage, puisqu'en ces conditions, toutes les délicatesses, toute la poésie de la partition de M. Chausson ne parviennent pas jusqu'aux auditeurs. M. Chausson, pourtant, avait réduit au plus extrême « minimum » les ressources de son orchestre, et le parti qu'il a tiré de ces faibles ressources est vraiment fort heureux, notamment dans l'emploi du *Célesta* de Mustel (ancien « typophone ») et de la harpe, lesquels, unis à *une flûte* et *trois instruments à cordes*, composent tout l'orchestre. La direction, vraiment, devrait bien se préoccuper de cette question de bon logement de la musique, qui est, pour le Petit-Théâtre, une auxiliaire de marque, et qu'il serait malséant de traiter en étrangère dans une maison où l'on n'en aura toujours besoin... Dans l'œuvre finement colo-rée, toute imbue de grâce aérienne, de M. Ernest Chausson, je veux citer, parmi les chants d'Ariel, celui sur les vers :

> Ton père gît à cinq brasses profondes
> Sous les calmes eaux.....

d'une expression de mélancolie particulièrement pénétrante; et le duo délicieusement archaïque de Junon et Cérès (intermède des apparitions), avec ses exquises cadences finales, comme suspendues et balancées dans les airs :

> Rappelez-vous, parmi la joie et les chansons,
> Cette minute solennelle,
> Où toutes les deux nous vous bénissons.

Et maintenant je dois prendre congé de vous et des chères marion-nettes; je le ferais avec un grand regret, si je ne savais que nous nous retrouverons bientôt.

Une autre fois, je vous conterai l'aspect curieux des coulisses, et surtout du sous-sol de la scène, pendant les représentations.

CAMILLE BENOÎT.

—

Chantera-t-elle? ne chantera-t-elle pas?

Il s'agit de Mme Patti. Les paris sont ouverts. Dès à présent, il est certain qu'elle ne chantera pas plus de *trois fois* à l'Opéra. Dans une lettre adressée à un tiers, au directeur d'un journal ami, elle s'excuse de ne pouvoir pas chanter au delà de ce chiffre. Elle est très honorée, dit-elle, « de créer à l'Opéra le rôle de Juliette », ce qui est assez plaisant, comme le fait remarquer le *Gil Blas*, car le rôle de *Juliette* n'est plus à créer, même à l'Opéra, ayant été créé il y a beau temps par Mme Miolan-Carvalho; puis Mme Patti ajoute qu'elle est enchantée de reparaître devant le public français; mais des engagements an-térieurs l'empêchent, à son grand regret, de rester plus d'une semaine à Paris, et, pour rien au monde, elle ne voudrait laisser s'accréditer le bruit qu'elle accordera plus de trois soirées à ses chers Parisiens. Si ces engagements étaient déjà conclus et connus d'elle au moment de son entrevue avec M. Gailhard, pourquoi, en nous annonçant la grande nouvelle de sa venue à Paris, se demande M. Adolphe Jullien, pourquoi nous a-t-on d'abord laissé croire à une série illi-mitée de représentations ?

M. Jullien, et beaucoup d'autres avec lui, flairent dans cette lettre assez peu agréable, en somme, pour « son camarade Gailhard », comme un prétexte à rupture définitive; on semble lui fournir l'occasion de prendre la mouche et de rendre immédiatement sa parole à « sa camarade Patti ». La lettre « du moins l'avantage d'offrir un bais.

Mme Patti est si ménagère de ses notes, plus ou moins avariées, qu'elle ne daignera pas même chanter à la répétition générale, où le rôle de Juliette sera tenu par Mlle Darclée ou par Mlle d'Ervilly.

Après celle-là, il faut tirer l'échelle et l'on ne dira pas que MM. Ritt et Gailhard ne se montrent pas soucieux de la dignité de l'Académie nationale de musique.

Aux dernières nouvelles, mardi, 20 courant, la diva devait arriver à Brighton, pour se faire entendre au concert donné le soir par M. Kuhe. Deux jours après, soit le jeudi 22, elle devait chanter à Londres dans un concert donné à l'Albert Hall, et samedi, le 24, elle partira pour Paris. Pourvu qu'elle y arrive seulement !

—

Nombreuse assistance, dimanche, au Cirque d'Eté et au Châtelet. Chez M. Lamoureux, on a applaudi la Symphonie pastorale, l'ouver-ture de *Sigurd*, de M. Reyer, et l'ouverture du *Carnaval romain*. M. Vergnet a fait un plaisir infini dans le *Repos de la sainte famille* de l'*Enfance du Christ*, de Berlioz, et a retrouvé son succès dans les Adieux de *Lohengrin*. Bis nombreux, mais inutiles, après chaque frag-ment de la Suite tirée de l'*Arlésienne* de Bizet.

—

Grand succès, samedi, aux Folies-Dramatiques avec l'opérette nouvelle qui a nom : la *Petite Fronde*.

L'action qu'elle expose se passe en 1648. C'est dire que le sujet se rattache à la période de troubles qui signalèrent la minorité de Louis XIV et ne furent, nous enseigne-t-on, qu'une parodie de guerre civile, cette époque de notre histoire était donc, par prédestination, vouée à l'opérette : MM. Chivot et Duru n'ont pas été les premiers à s'en apercevoir; il est à croire ou à craindre qu'ils ne seront pas les derniers. Ils ont fourni, d'ailleurs, à M. Edmond Audran, d'aimables prétextes à couplets et rondeaux, et le compositeur n'a pas été en reste d'agrément.

La pièce est alertement conduite par le joyeux M. Gobin et jouée à ravir par Mme Simon-Girard, MM. Huguet, Larbaudière et Mme Riveri.

A propos de la reprise d'*Orphée*, de Gluck, au Théâtre-Lyrique, le *Monde artiste* raconte que M. Senterre comptait avoir les parties d'orchestre d'*Orphée*, revues par Berlioz, appartenant à la bibliothèque de l'Opéra ; mais la ville de Paris, estimant qu'elles constituaient une propriété artistique de la plus haute valeur, n'a pas autorisé M. de Lajarte à s'en dessaisir sans exiger une importante caution. M. Senterre s'est alors adressé à la municipalité de Liége, qui lui a envoyé pour rien l'orchestration dudit *Orphée*.

La ville de Paris est propriétaire des décors, des costumes et des partitions, à la suite de la faillite du Théâtre-Lyrique ; la ville a fait saisir tout ou partie des costumes, accessoires, décors et musique figurant dans le théâtre qui lui appartient encore. Elle les a gardés avec un soin jaloux.

C'est égal, il est au moins singulier que M. Senterre, qui, sans subvention, à ses risques et périls, tente une aventure intéressante à tant de points de vue, ne puisse obtenir des partitions de la ville de Paris, et que ce soit la municipalité de Liége qui, généreusement, mette sa bibliothèque au service d'un théâtre parisien.

L'Opéra-Comique prépare une reprise de *Lalla-Roukh*, pour les débuts de Mlle Eam, dans le rôle de Lalla-Roukh.

Les autres rôles seront tenus par MM. Mouliérat, Taskin et Mme Chevalier.

Mme Molé-Truffier étudie le rôle de Zerline de *Fra Diavolo*, qu'elle chantera prochainement.

On répète aussi le *Postillon de Longjumeau* pour Mme Bouland, qui jouera Madeleine.

M. Senterre, le directeur du Théâtre-Lyrique, a reçu le *Marquis de Mascarille*, opéra comique en trois actes, dont les paroles ont été écrites par nos confrères G. Duval et A. Tavernier, d'après un livret de Th. Sauvage, et dont M. Jules Van Brinck a écrit la musique.

Il doit jouer cet opéra entre *Galathée* et le *Saint-Mégrin* des frères Hillemacher.

BRUXELLES
Reprises de ZAMPA, CARMEN et HAMLET.

Trois reprises en quatre jours ! C'est plus que de l'activité ; c'est une fièvre dévorante, une explosion de zèle qui n'est pas sans laisser des ruines, à preuve ce pauvre *Zampa* qui n'a guère réussi auprès du public des premières. *Zampa* est un de ces chefs-d'œuvre qui attendent leur Messie et dont l'exécution est d'avance réputée mauvaise. M. Félix Clément (le docte) n'a-t-il pas dit qu'elle est « généralement médiocre ? »

Le Messie, c'est Chollet avec Mme Casimir, les anciens entendirent jadis, et dont ils ne démordent plus. Avec Chollet, le poëme de Mélesville est exquis et la musique d'Herold n'a pas de rides ; ses formules rossiniennes paraissent originales et ses « coups de fouet » sont du meilleur goût. Avec Mme Casimir de même. M. Mauras, qui remplit le rôle du brigand gentilhomme, contemporain d'Hernani, ne passe pas pour être l'un ; Mlle Pelosse ne remplace pas l'autre. Donc, les anciens, qui en tiennent fortement pour Chollet, sont restés de glace et les nouvelles couches, s'adoptant de confiance l'avis des Mages, n'ont pu faire autrement. On a fait une chaude ovation à l'ouverture, dirigée d'une main très ferme par M. Léon Jehin. Des applaudissements ont accueilli le premier acte ; puis, graduellement, le public s'est tu aux actes suivants, et le rideau est tombé dans le plus profond silence.

Voilà l'histoire de cette reprise de *Zampa*, de presque toutes celles qui ont précédé et de celles qui suivront, car on reprendra toujours *Zampa*, — jusqu'au Jour du Jugement dernier, qui, en fin de compte, nous rendra Chollet avec Mme Casimir. Et pourtant, M. Mauras a du personnage principal toute la fureur romantique, toute la beauté ténébreuse. Mais il n'en possède point le charme et la grâce délurée. Car ce farouche Zampa, figure complexe, est avant tout un séducteur, un Don Juan édulcoré, à l'usage des natures faibles à qui répugne le vrai Don Juan de Mozart. Mlle Pelosse était peu en voix, ce soir-là, et son interprétation du rôle de Camille est restée bien terne. En revanche, Mlle Legault est fort pimpante dans le petit rôle de Ritta, et MM. Gandubert et Chappuis tiennent très consciencieusement leur personnage. L'ensemble de l'exécution n'a pas laissé à désirer ; les chœurs étaient sus et l'orchestre a détaillé correctement la jolie partition d'Herold.

La présence à Bruxelles de Mlle Blanche Deschamps, dont on vous dira plus loin le succès au deuxième concert organisé par la maison Schott, a rendu possible une représentation de *Carmen*, — *Rara Carmen*

natans in gurgite vasto. Salle bondée, public avide, habitués de la semaine et des dimanches, venus beaucoup pour entendre Blanche Deschamps et beaucoup aussi pour découvrir Mme Landoury dans le rôle de Micaëla. La soirée a été une des bonnes de la saison. Il y a eu des rappels, nombreux comme on pense, et aucun des interprètes n'a été oublié. M. Mauras, qui, dans le rôle de Don José, n'a pas à lutter avec le souvenir de Chollet, y a été jugé très favorablement, et M. Renaud, qui n'est pas taillé pour être toréador, a été applaudi pour sa belle voix. Quant à Mlle Deschamps à Mme Landouxy, elles ont transporté l'auditoire et rendu très difficile tout essai ultérieur de représenter *Carmen* (1).

La reprise d'*Hamlet*, — et de trois ! — a été fort brillante (le théâtre de la Monnaie ne désemplit pas). On a revu avec plaisir M. Seguin dans un de ses meilleurs rôles, un de ceux où la déclamation lui vient en aide et lui permet de faire valoir ses belles qualités dramatiques. Dans la scène de l'esplanade au premier acte, dans celle des histrions au deuxième acte, M. Seguin a su émouvoir par la vérité et la puissance de l'expression. Son succès a été très grand. Mlle Rocher s'est tirée convenablement du rôle de la reine Gertrude et M. Vinche passablement de celui du roi Claudius.

La grande attraction, il faut bien le dire, était Mme Melba, qui abordait pour la première fois, en français, le rôle d'Ophélie, qu'elle avait chanté en italien l'hiver dernier. J'ai constaté qu'à part un léger accent anglais, Mme Melba se faisait mieux comprendre que la plupart de ses partenaires, et cela m'a fait un vif plaisir. De plus, la vaillante artiste est parvenue à décrocher quelques notes dramatiques dont l'effet n'a pas manqué de puissance. Son triomphe, car c'en est un, — est surtout dans la folie et la mort de la blonde Ophélie, où son mécanisme vocal, où l'art de phraser et de soutenir l'intérêt, sans défaillance, avec des recherches ingénieuses et une grande richesse d'effets, doivent évidemment lui valoir, dans la suite, une place au premier rang des virtuoses du chant. Mme Melba était costumée avec goût et sa tenue avait de la distinction et de la grâce.

M. Félix Clément, — toujours lui, — ayant prédit que jamais les *Tannhauser*, les *Lohengrin* et les *Rienzi* n'auront le nombre de représentations d'*Hamlet*, nous ne pouvons souhaiter qu'une chose, c'est que l'on veuille en faire l'essai, à condition que le « sphinx germanique » ait, comme avant dans son jeu, la belle voix de Mme Melba ou une voix équivalente, mieux appropriée aux œuvres de Wagner. En attendant, les *Maitres Chanteurs* se donnent une fois par semaine, tous les mercredis, ce qui est déjà très heureux. Et les *Maîtres Chanteurs* font salle comble ce jour-là, sans le concours de Mme Melba ni de ses étoiles sœurs, ce qui est mieux encore et ce qui fait espérer que les directeurs de la Monnaie ne s'en tiendront pas à une seule œuvre de Richard Wagner. Et comme ils ont tant de jolies voix à leur disposition, il faut souhaiter aussi qu'ils nous fassent entendre une œuvre de Mozart. Moyennant quoi, nous leur ferons grâce bien volontiers, des reprises dans le genre de celle de *Zampa* qu'il leur prendrait, encore fantaisie de décréter.

E. E.

La deuxième soirée-Schott n'a pas obtenu moins de succès que la première ; le nom magique de Blanche Deschamps avait produit son effet habituel sur les « Grands Harmonistes », qui ont envahi la salle, selon leur louable coutume, pour entendre le morceau de chant, le reste ne les intéressant pas. Ils n'auront pas eu à regretter leur curiosité. Mlle Deschamps les a ravis par l'ampleur et le timbre chaud de sa voix, qui convient mieux cependant à la scène qu'à la salle de concert.

Le quatuor de Cologne, dit quatuor Hollænder, a été très écouté et très fêté, comme il l'avait été l'année dernière au Cercle artistique. Ces estimables quartettistes nous sont revenus avec leurs qualités remarquables d'ensemble et de précision méticuleuse dans l'observation des nuances, et la justesse dans les intonations. Ils ont été particulièrement applaudis après les variations de Schubert et le quatuor de Beethoven, portés au programme. M. Hollænder, le chef du quatuor, s'est fait entendre aussi comme soliste dans la *Romance* bien connue de Max Bruch et la prélude de sa façon, où son jeu correct s'est fait agréablement valoir. M. Kefer, après avoir joué un, peu durement le quintette de Brahms avec les artistes colonais, a eu sa part de succès de la soirée avec l'*Arabesque* de Schumann et l'*Etude-Caprice* de Schumann, d'après Paganini.

La troisième soirée-Schott offrira sans aucune doute le plus vif intérêt. Depuis longtemps on n'a pas revu à Bruxelles M. de Bulow. Le programme sera tout entier consacré à Beethoven, l'interprétation duquel l'illustre virtuose et chef d'orchestre s'est fait, on le sait, une spécialité.

(1) En voyant reparaitre Mlle Deschamps après la chute du rideau, le public ne s'est pas douté que la charmante cantatrice venait de recevoir de Don José un vrai coup de poignard, heureusement sans gravité. On ne reprochera pas à M. Mauras de négliger ce qui peut tendre à donner aussi complète que possible l'illusion de la réalité.

Voici les œuvres que M. de Bülow jouera :

1. *Sonata quasi Fantasia* en *mi* bémol ; 2. a) *Rondeau* en *sol*, b) *Trente-deux variations sur un thème original* en *ut* mineur ; 3. *Sonate* en *fa* dièze ; 4. *Fantaisie* ; 5. *Sonate appassionata* en *fa* mineur ; 6. *Les deux dernières Sonates* : a) Sonate en *la* bémol, b) Sonate en *ut* mineur.

Foule d'artistes et de dilettanti, jeudi dernier, au *Te Deum* chanté à Sainte-Gudule, à l'occasion de la fête du Roi. Le *Te Deum* exécuté a été celui que M. Ad. Wouters, professeur au Conservatoire, a composé pour le 50° anniversaire de l'indépendance nationale, en 1880, et que nous avons analysé ici même lors de sa première exécution.

L'œuvre a été exécutée, jeudi, avec beaucoup de conscience et de soin sous la direction de M. Fischer. Le début grandiose du *Te Deum*, la puissante sonorité du *Sanctus* avec ses entrées de trompettes et ses longues tenues de voix planant sur les arpèges de la harpe ; le *Domine, salvum fac*, dont le caractère un peu théâtral ne messied dans une pièce de ce genre destinée à une cérémonie d'apparat ; enfin la belle fugue finale, largement établie et bien conduite, ont fait, comme en 1880, grande impression.

Le jour de Noël, on exécutera de M. Adolphe Wouters la *Messe de Sainte-Cécile*.

Dimanche, a eu lieu, suivant l'usage, une audition des lauréats des derniers concours du Conservatoire qui n'ont pas pu se faire entendre dans le concert de la distribution des prix. La séance a été ouverte par la symphonie en *ré* de Mozart, fort bien exécutée par la classe d'ensemble instrumental, que dirige M. Colyns. Sont venus ensuite la belle *Oratio dominicale* de M. Gevaert, chantée par la classe d'ensemble vocal sous la direction de M. Warnots ; le monologue de *Cérès* de l'opéra de Lulli, *Proserpine*, chanté avec style par Mlle Lepage ; un fragment d'un concerto de Vieuxtemps, dans lequel on a applaudi à la précoce virtuosité du jeune Crickboom, élève de M. Isaye ; des airs de ballet d'*Orphée*, de Gluck, joués le dimanche précédent, par la classe d'ensemble instrumental, sous la direction de M. Jehin ; les *Chansons militaires* du xv° siècle, qui avaient si bien réussi au concert du 11 et qu'on a redemandées ; une fantaisie de Chopin, jouée avec grâce et charme par Mlle Hélène Schmidt ; le grand air d'*Obéron*, chanté d'une très belle voix par Mlle Falize ; enfin, les *Bohémiennes* de Brahms, chanté par Mlles Falize et Wolf.

Les matinées musicales données par M. Joseph Wieniawski dans les salons Erard continuent à présenter un vif intérêt. L'autre jour, on y entendait M. Paderewski, le héros du premier concert organisé par la maison Schott. Dimanche dernier, c'était le tour de M. Hollaender, du quatuor de Cologne, engagé pour le deuxième concert Schott. Succès très mérité pour l'excellent violoniste et pour les autres collaborateurs de M. Wieniawski, parmi lesquels se trouvaient M. Huysmans, organisateur des concerts historiques, ainsi que Mlle Rachel Neyt, qui a fait valoir avec beaucoup de charme des mélodies de Mozart, Grieg et Wieniawski.

Nicodème est triste, — Nicodème n'est pas content. Son portrait, à ce qu'il paraît, a été trouvé assez ressemblant, et la fait rire ; Cela le rend mélancholieux. C'était, au contraire, le moment, semble-t-il, d'esquisser un sourire spirituel et railleur, et de faire tort au peintre en s'apprêtant un peu, en se faisant, au besoin, plus joli que nature. Nicodème fait la grimace, ce qui n'est pas le moyen de s'embellir.

Lisez, dans le *Soir* de dimanche dernier, l'article intitulé *Midas Camelot* ; — Il ne vous en coûtera que l'ennui de le lire. *Midas Camelot*, c'est moi. Le titre promettait ; j'attendais une fantaisie gaie ; Nicodème est lugubre, un mot drôle, Nicodème est sombre ; au trait mordant, zéro ; sa verve slanguie ne suggère à Nicodème que des phrases bayeuses, molles, fiasques, sans couleur, nicodémiteuses enfin, qu'il n'a même plus assez de souffle pour lancer à leur but et qui lui retombent sur le nez.

Car enfin, je pourrais rappeler à Nicodème, si sa mémoire incertaine l'a oublié :

1° Qu'il a fait jadis de pressantes démarches pour faire publier ses œuvres par la maison von Midas, comme il dit, laquelle n'a pas vu sa indulgence bienveillance abondamment récompensée ;

2° Qu'il a fait de non moins pressantes démarches pour entrer au *Guide*, propriété alors comme aujourd'hui de la même maison von Midas, où, chose rare, le respect de l'indépendance de la critique n'a jamais cessé d'être de tradition ;

3° Qu'ayant accepté ses services, la maison von Midas, suivant son principe constant, a toujours laissé à Nicodème liberté entière de manifester ses belles facultés de critique comme l'entendait : ce qui fut peut-être un tort, car,

4° De cette liberté d'appréciation, Nicodème a largement usé, si largement que souventes fois, en ce temps-là, se glissaient dans les colonnes du journal de petites notes modestement élogieuses de Nicodème sur Nicodème ;

5° Que les lecteurs ayant fini par se plaindre d'être nicodémisés à l'excès, il fallut songer à une séparation, devenue à la fin nécessaire,

après avoir été longtemps suspendue par un sentiment de bonne camaraderie. Je pourrais enfin ajouter :

6° Qu'il est extraordinairement plaisant d'entendre parler de servilisme le Nicodème qui, à peine lâché par un directeur de journal, — mésaventure fréquente chez lui, — n'a rien de plus pressé que d'aller se mettre au service du Midas d'en face, changeant de maître et, au besoin, d'opinion, sans changer d'ailleurs de talent.

Après cela, vous pensez si les colères impulsantes et les petites rancunes de Nicodème me font sourire. Ce vénérable embryon, dont la lymphe travaille, est simplement bouffon. On a peut-être tort de le laisser, à son âge, courir tout seul par les grands chemins de la critique et de l'exposer ainsi à toutes sortes de dangers. Mais ceci ne me regarde plus ; c'est affaire à l'infirmière commise à sa garde. Elle devrait le surveiller un peu mieux et ne pas lui permettre de s'éreinter davantage ; il va s'épuiser complètement. Il est déjà suffisamment triste de le voir se fatiguer comme il fait, sans aboutir à aucun résultat.   M. KUFFERATH.

ANVERS

La seconde séance de musique classique organisée par MM. Schott frères avait attiré encore plus de monde que la première. Il est vrai qu'elle était donnée avec le concours de Mlle Blanche Deschamps, de Paris, et du célèbre quatuor du Conservatoire de Cologne.

Comme le programme était identique à celui de la séance donnée, samedi à Bruxelles, je n'insisterai pas sur les détails et je me bornerai à constater que, dans les variations du quatuor (*ré* mineur) de Schubert, les artistes de Cologne ont excité un véritable enthousiasme ; on a surtout admiré leur *e* piano », qui est réellement merveilleux. Très applaudi aussi, le quatuor à cordes n° 6 de Beethoven, un chef-d'œuvre du genre.

Mlle Deschamps a été très fêtée. Sa belle voix sonnait admirablement, et l'artiste a été rappelée après chacune de ses apparitions.

Très intéressante l'audition organisée, samedi dernier, à la salle Rummel, par M. Wieland, l'excellent professeur de harpe de notre École de musique, dans laquelle il nous a fait entendre plusieurs de ses élèves. M. Wieland a exécuté supérieurement le solo pour harpe du cycle *les Saisons* de John Thomas, œuvre très fine et très mélodique, dont la partie *Été* a surtout beaucoup plu. Ses élèves ont joué avec assez d'ensemble une *Marche flamande* pour neuf harpes, ainsi qu'un choral pour neuf harpes et orgue-harmonium, tous les deux de sa composition. A mentionner aussi un *Harp-Zang* de Jan Blockx, chanté par Mlle Marie Flament, avec accompagnement de harpe et de trois flûtes, qu'on a écouté avec beaucoup de plaisir.
                                               J. W.

GAND

Mercredi 14 novembre : *Le Barbier de Séville* ; — vendredi 16 novembre : *Paul et Virginie* ; — dimanche 18 novembre : *Le Chalet*, *le Postillon de Longjumeau* ; — mardi 19 novembre : *La Juive*.

La première représentation de *Paul et Virginie*, l'avant-dernière œuvre de Massé, s'affirme, somme toute, comme un succès.

Certainement, ce n'est point là l'idéal du public bruxellois ; et je conçois la froideur du public bruxellois lors de l'apparition de cet opéra sur la scène de la Monnaie, il y a dix ans. Le sujet d'abord, — par trop naïf pour notre époque, — emprunte encore, à la transformation qu'on lui a fait subir pour le porter à la scène, une banalité désespérante, contre laquelle tout le talent d'un compositeur s'escrimerait vainement. Aussi, sauf quelques passages d'un charme réel, sent-on par trop l'effort, l'étude, le voulu. Et cette tension perpétuelle nuit à l'effet scénique de l'œuvre autant qu'à son effet musical, et contribue surtout à donner à *Paul et Virginie* une allure terne, froide, conventionnelle, dont la résultante la plus claire serait l'ennui, si quelques trouvailles heureuses ne venaient, de ci et de là, jeter leur pailletis scintillant sur le pâleur de l'ensemble.

Voilà pour la pièce. Quant à l'interprétation, elle est remarquable : artistes, chœurs, voire l'orchestre, ont tiré de la partition tout ce qu'elle pouvait donner. Et l'on peut affirmer qu'ils ont contribué dans une large mesure à la réussite générale de l'œuvre. La mise en scène est très soignée. Quelques vieux décors, habilement rafraîchis et plantés par un spécialiste en la matière, M. Antoine Van Hamme, forment une série de tableaux des plus séduisants, Il n'y a pas jusqu'au ballet qui ne se soit surpassé dans une danse aègre d'entrain, et pleine de *laissez-aller*. Le directeur mérite donc récompense des efforts accomplis.

Parmi ses pensionnaires, il faut citer en toute première ligne Mme Boyer, une Virginie vraiment séduisante et charmeuse. C'est à peine si on a le droit de reprocher à cette chanteuse légère de manquer de jeu et de maintien scénique. Soit, si vous entendez par là les allures conventionnelles que l'on enseigne à nos conservatoires. Mais est-ce bien un mal que d'être simple, gentille et naturelle, dans un rôle tout de simplicité, de gentillesse et de naturel ? Et j'aime bien mieux la fraîche naïveté, la jolie gaucherie de notre chanteuse que les grands gestes arrondis et corrects de tel grand prix de callisthénie. Tout est sincère dans la voix, là, la passion comme l'émotion. Et c'est là le grand secret de son charme.

M. Déo fait un Paul de belle allure, jeune, vivant et suffisamment passionné. On sent que le rôle a été étudié avec un soin extrême, ce qui n'est pas étonnant, l'artiste ayant eu tout le temps de se reposer grâce au concours précieux de son collègue, M. Trémoullet. Très applaudi dans ses romances de la cabane et de la lettre, il s'est fait bisser, ainsi que sa partenaire, dans le grand duo du second acte : *Par le ciel qui m'entend.*

M. Soum (Dominique) joue ce rôle de vieillard avec toute la conscience que l'on applaudit en lui à chacune de ses apparitions ; et Mlle Van Gelder (Maléa) est presque bonne dans son rôle d'esclave. Enfin, M. Darmand et Mmes Danglade, Vives et Thiry complètent un ensemble des plus satisfaisants.

Un mot de la représentation du *Barbier de Séville*, donnée mercredi pour les débuts de M. Gosselin, baryton. Quoique visiblement fatigué par le voyage, l'artiste a néanmoins plu. La voix est assez fraîche, le jeu est bon, l'acteur a bonne tenue. M. Trémoullet faisait un Almaviva parfait, malgré quelques oublis de mémoire, et Mlle Boyer une Rosine suffisante, quoique inférieure aux autres rôles de la jeune artiste.

Quant à M. Darmand, son Basile est de loin le moins bon rôle qu'il nous ait donné jusqu'ici. Autant m'avait plu son originale conception de Méphisto, autant m'a déplu celle de Basile. Il a fait du caractéristique personnage de Beaumarchais un type de vaudeville presque déplacé, — en tous cas, complètement faux. L'artiste, que nous nous plaisons à ranger parmi les meilleurs que nous ayons applaudis dans ce genre à Gand, fera bien de revoir son rôle de fond en comble. Il serait profondément triste qu'il allât perdre pour une petite négligence le bénéfice des laborieux efforts dont il nous a donné la preuve depuis son apparition au Grand-Théâtre.

A jeudi le compte rendu des débuts de Mlle Bloch, notre nouvelle chanteuse légère de grand opéra. Serait-ce, enfin, l'oiseau rare vainement attendu jusqu'ici ? Espérons-le !

A ce sujet, signalons le grand et légitime succès obtenu par une cantatrice de talent, Mlle Janvier, de l'Opéra de Paris, en un concert particulier donné à la Société royale des chœurs, avec le concours de Mmes Thénard, de la Comédie-Française, et M. de Mey, du Gymnase, Voix suffisante, diction irréprochable, sentiment artistique d'une rare intensité, telle sont, en deux mots, les qualités maîtresses de cette artiste vraiment remarquable.

F.

LIÉGE

THÉATRE-ROYAL : lundi 12 novembre, le *Trouvère*, *Maître Pathelin* ; jeudi, *Robert le Diable* ; vendredi, *Faust* ; dimanche, *Zampa*, la *Fille du Régiment.*

Que vous dirai-je du théâtre ? La semaine a présenté peu d'intérêt. L'année s'annonçait bien, elle continue moins bonne qu'on ne l'espérait. *Robert* a été un insuccès ; M. Dupuy, ténor, n'est pas même passable, et Mlle Dumont, falcon, n'est certes pas suffisante. Faisons remarquer, en passant, que Mlle Dustl, qui doit doubler l'emploi, nous semblerait bien mieux placée au premier rang. M. Labarre, basse, s'est donné un peu d'intérêt à la soirée, qui s'est prolongée dans le froid de l'emphase meyerbeerienne, si longuement représentée dans *Robert*.

Dimanche, *Zampa* a jeté une diversion heureuse ; la naïveté vieillotte de la musique d'Hérold a son charme, et l'exécution était intéressante. M. Jourdain, qui entreprend le répertoire léger, a finalement chanté le rôle de *Zampa*, en prononçant assez mal pourtant ; Mme Bellemont et Frasset ainsi que M. Maugière ont été passables. C'était, du reste, la bonne partie de la troupe.

Le Cercle choral de l'Emulation va reprendre ses répétitions. Il est temps, n'est-ce pas ? et les *Saisons* d'Haydn seront exécutées en premier lieu. Quand ? C'est là ce qu'on ne pourrait dire encore. Le premier concert aura lieu sans le Cercle choral, et l'on nous affirme que M. Paderewski y jouera.

F. V. D.

STRASBOURG

Au dernier concert d'abonnement de l'orchestre municipal, M. Stockhausen a fait œuvre d'artiste en offrant au public la Symphonie en *fa* mineur, op. 12 de Richard Strauss, l'essai généreux d'un « jeune », qui a tout de suite classé son auteur. Richard Strauss, qui n'a rien de commun avec les princes de la musique de danse, est né à Munich en 1864, où il est aujourd'hui chef d'orchestre. C'est un « jeune », nous l'avons dit, mais qui compte déjà dans son bagage musical plusieurs œuvres très remarquables et très remarquées. Il a écrit, entre autres, un concerto pour le violon, des sonates et des pièces pour le piano, une sérénade et une suite pour treize instruments à vent. Sa symphonie s'impose par son allure splendide. Le compositeur y entasse les combinaisons les plus ingénieuses, les sonorités les plus piquantes et mille détails de facture qui font de son ensemble harmonique un tableau d'un coloris des plus attrayants. Cette symphonie satisfait les goûts de toute nuance et de tout tempérament. Chacun peut l'interpréter dans son sens, car elle est à la fois large, abondante, pleine de beautés graves et mâles, fertile en idées, pour plus inattendues. Loin de laisser l'auditeur s'appesantir sur une idée riche, elle le distrait, au contraire, par d'autres idées, pour lui ramener plus tard, vers la fin de la dernière partie, la première idée desséinée dans un cadre original. Le scherzo, avec son curieux rythme d'entrée, qui fait faire à la basse une succession alternative d'intervalles de tierce majeure et de quinte augmentée, séduit par son animation, qui est franche et sans excitation factice. C'est à ce scherzo que l'auditoire a donné la préférence. Peut-être l'eût-il donnée au finale, si le maestoso, en *fa* majeur, avait été plus

---

vigoureusement rendu par les exécutants. Une seconde audition provoquerait certainement une impression plus profonde, car toute l'orchestration de cette première symphonie de Richard Strauss est d'une vie, d'une plénitude et d'une couleur rares. A. O.

Nouvelles diverses

M. Victor Wilder vient de mettre la dernière main à la version française de *Rheingold* (l'Or du Rhin), prologue du *Ring des Nibelungen* de Richard Wagner. La partition française paraîtra prochainement. Sous peu paraîtront aussi les *Cinq Poèmes* (*Fünf Gedichte*), traduits par M. Wilder.

Des nouvelles alarmantes ont couru, ces jours-ci, à Paris, sur la santé de l'auteur de *Faust*. Les nombreux admirateurs et amis de l'illustre maître peuvent être rassurés. Voici l'exacte vérité :

La semaine dernière, M. Gounod, fatigué des répétitions de *Roméo et Juliette*, s'était plaint de violents maux de tête ; il prit le lit. Un accès de fièvre se déclara. Samedi, il voulait se rendre à l'Institut, où avait lieu une élection. On a dû lui conseiller de ne pas sortir. Depuis ce jour, il est levé, et aucun symptôme alarmant ne s'est reproduit.

Demain, vendredi, doivent s'ouvrir à Paris les débats du procès intenté si témérairement à M. Henri Heugel par MM. Ritt et Gailhard. Il est probable, toutefois, que M. Carraby, le défenseur des deux directeurs académiques, en demandera la remise ; car, au moment où la Chambre s'apprête à discuter le budget des beaux-arts, et, par suite, à voter la subvention de l'Opéra, MM. Ritt et Gailhard appréhendent, dit-on, de voir faire la lumière sur leurs actes administratifs.

Nous apprenons avec plaisir que M. Léo Delibes, qui souffrait d'une albuminurie, est aujourd'hui complètement remis de cette indisposition, qui ne laissait pas que d'inquiéter ses nombreux amis.

M. Ernest Reyer termine son dernier feuilleton musical de *Débats* par ces simples lignes :

« M. Adolphe Jullien vient de donner un pendant au magnifique ouvrage qu'il publia, il y a deux ans, sur Richard Wagner. Son nouveau volume : *Hector Berlioz, sa vie et ses œuvres*, ne le cède en rien, pour le luxe typographique, à son aîné. Je me borne à l'annoncer aujourd'hui ; j'en parlerai plus tard... quand je l'aurai lu. Il a 380 pages d'impression, y compris l'appendice, et j'en veux pas sauter une ligne. Le sujet est, pour moi, des plus intéressants, et l'auteur a toute ma confiance, toute mon amitié. »

Pour saisir le sens de cette dernière phrase, il faut savoir que le superbe ouvrage de M. Adolphe Jullien s'ouvre par une dédicace qui justifient à la fois une mutuelle estime, une affection scellée par des antipathies et des admirations communes ; enfin, la reconnaissance de l'auteur pour les renseignements qu'il a trouvés auprès du disciple, de l'héritier musical de Berlioz.

Cette dédicace, plus significative en cinq mots que le reste une lettre dédicatoire toute remplie des formules usuelles d'admiration, de gratitude et de respect, est celle-ci : *A mon ami Ernest Reyer.*

Les journaux de Suède nous apportent l'écho des brillants succès remportés en Suède et en Norwège par trois artistes belges : M. Ysaye d'abord, puis MM. Degreef et César Thompson, qui sont allés faire là-bas en octobre une tournée organisée par M. Alexandre Bull, fils d'Ole Bull, le célèbre et capricieux violoniste norwégien. M. Alexandre Bull n'est pas un impresario de profession ; c'est un amateur enthousiaste, qui arrange pour son agrément et celui de ses compatriotes, des tournées d'artistes remarquables qu'il a l'occasion d'entendre en voyageant, l'hiver, dans l'Europe centrale. MM. Degreef et Thompson paraissent avoir été particulièrement fêtés. *Estretningen*, de Bergen, déclare que M. Thompson laisse bien loin derrière lui les maîtres du violon que l'on avait eu jusque-là l'occasion d'entendre à Bergen. Le *Dagbladet*, de Christiania, constate l'enthousiasme indescriptible provoqué par M. Thompson dans la capitale, où on le compare à Paganini. Et M. Degreef n'est pas moins choyé comme « virtuose d'un talent sérieux ».

Ajoutons que M. Ysaye a récemment joué à Francfort-sur-Mein avec un éclatant succès.

Petites nouvelles de Russie.

L'Opéra russe de Moscou vient de commencer les dernières répétitions de *Harold*, un nouvel opéra de M. Naprawnik, le célèbre chef d'orchestre de l'Opéra russe de Saint-Pétersbourg. M. Naprawnik est depuis quelques jours dans la capitale de la Vieille-Russie, pour veiller à la mise au point de son nouvel ouvrage.

A Saint-Pétersbourg, l'Opéra russe de reprendre avec succès le *Démon* de Rubinstein, après avoir donné, quelques jours auparavant, un opéra nouveau, de quatre actes et six tableaux de M. Boris Schoel, intitulé *Ivan-la-Teovrie* et tiré du drame de Tolstoy. Ce drame est, on le sait, une adaptation russe de la légende de *Don Juan*, déjà traité sous les idées russes par Pouchkine, qui en avait fait un drame d'où Dargomysky avait tiré le sujet de son opéra le *Convive de Pierre*, donné en 1872.

Dargomyjsky n'avait guère réussi à détrôner le *Don Juan* de Mozart, et il est peu probable que le *Juan Tenorio* de M. Boris Schœl y réussisse davantage. Sans doute, il ne viendra à l'idée de personne de comparer les deux opéras au point de vue de la musique, l'un étant une œuvre de génie, l'autre la production d'un dilettante. Mais la ressemblance entre le sujet des deux opéras saute aux yeux. Il y a, en effet, peu de différence entre le livret de l'abbé Lorenzo Da Ponte et celui dont M. Schœl s'est servi. Le motif de la mort du Commandeur est autre : c'est celui-ci qui provoque Don Juan, le prétendant de sa fille, en l'entendant chanter une sérénade sous le balcon d'une courtisane, Nicette, qui fait pendant à Dona Elvira de l'opéra de Mozart. Zerlina, l'espiègle paysanne, est métamorphosée en une mélancolique zingara du nom de Soulèma. Le couple de Donna Anna et Don Ottavio occupe dans les deux opéras une position à peu près semblable, quoique dans celui de M. Schœl, Don Juan tue Ottavio. Le valet Leporello est beaucoup plus effacé dans la pièce russe que dans l'opéra italien, quoiqu'il figure dans la scène de l'invitation de la statue et qu'il ait même dans sa partie quelque chose dans le genre de l'air : *Madamina! il catalogo è questo.*

Pour ce qui est de la musique de M. Schœl, il est difficile de trouver quelque chose de plus pâle ; sauf quelques crudités d'orchestration, rien ne blesse l'oreille, tout est même assez convenable, mais sans rien de très saillant. C'est une musique lymphatique par excellence, dit le critique du *Journal de Saint-Pétersbourg.*

Le peu qui se détache du fond gris de la partition est pour la plupart extrêmement commun ; il en est ainsi de la sérénade, de la danse-mauresque et davantage encore du *fandango*, qui a bien l'air de n'être que du bruit. La chanson tzigane de Soulèma, bissée à la première représentation, est d'une trivialité désespérante ; la scène de l'invitation de la statue n'a rien de mystérieux, et c'est seulement par des coups de grosse caisse que le compositeur réussit à lui donner du relief ; la dernière scène est tout aussi nulle.

On trouve quelque chose d'un peu meilleur que le reste dans une ou deux phrases rêveuses de la bohémienne, une strophe de Don Juan assez vigoureusement rythmée, au début du duo du 3ᵉ acte; enfin le quatuor du 4ᵉ tableau, qui, bien écrit pour les voix, ne manque pas de sonorité.

La direction s'est mise en frais, paraît-il, et le *Journal de Saint-Pétersbourg* vante le luxe des décors et des costumes.

Au deuxième concert symphonique de la Société musicale russe, a figuré une intéressante nouveauté, un poème symphonique inédit d'Antoine Rubinstein, intitulé *Don Quichotte.* C'est un véritable poème-héroï-comique musical, plein d'humour et de détails amusants. Chacun des exploits du chevalier de la Triste figure est exprimé par le compositeur avec autant de clarté que le comporte la peinture par les sons. La caractéristique de Rossinante et celle de la rustique Dulcinée, d'une allure si éminemment espagnole, sont d'un comique achevé. L'œuvre, malgré son mérite incontestable, n'a eu qu'un succès d'estime.

Au même concert, le violoniste Halir, de Weimar, a joué un *Concerto de violon* d'Ed. Lassen, l'éminent maître de chapelle de la cour de Weimar.

LA SAINTE-CÉCILE A BRUXELLES EN 1803. — La fête de la patronne des musiciens n'a plus de nos jours l'éclat qu'elle avait autrefois ; alors l'église et le théâtre s'unissaient dans un même hommage. La relation qui va suivre est empruntée au *Nouvel Esprit des journaux*, an XII, t. III.

« Le 30 frimaire an XII (22 novembre 1805) les musiciens les plus distingués de la ville, ceux attachés à l'orchestre du spectacle, les chanteurs et chanteuses de l'Opéra et une foule d'amateurs de l'art musical se sont réunis pour célébrer leur patronne.

» La fête a commencé par une messe solennelle dont la musique est de la composition de M. Pauwels, directeur de l'orchestre de Bruxelles, connu par plusieurs œuvres musicales très estimées, parmi lesquelles sont de très jolis opéras joués avec succès sur le théâtre de Bruxelles.

» Cette messe a été chantée à 11 heures du matin dans l'église du Grand-Béguinage ; plus de cent musiciens et musiciennes ont concouru à sa brillante exécution. Une foule immense de spectateurs a assisté à sa célébration.

» M. Pauwels, dans cette messe, a prouvé qu'il est élève du fameux Lesueur. Les connaisseurs ont admiré son style pur et savant, noble et majestueux.

» Un *largo* commençant au *Crucifixus* a paru de main de maître et a excité l'enthousiasme des émules de M. Pauwels.

» La *fugue* qui termine le *Gloria* ne fait pas moins d'honneur au talent et à l'esprit du compositeur, qui depuis longtemps tient un rang distingué parmi ses confrères, et à qui il ne manque, pour atteindre à la célébrité, qu'un poème bien fait, où il pourrait étaler toutes les richesses de son imagination et de son génie.

» Le soir, à six heures, tous ceux qui avaient été dévots à sainte Cécile, pendant la matinée, se sont réunis dans un banquet bien ordonné, où régnaient l'ordre, la décence et la gaîté. Divers *toasts* ont été portés en mémoire des plus célèbres compositeurs décédés. Ensuite on a bu à ceux qui honorent en ce moment la musique ; Grétry, Monsigny, Lesueur, Méhul, Cherubini, Berton, Cimarosa, Paisiello, Haydn, Viotti, Rode, etc., ont été, comme l'on se l'imagine, les premiers proclamés.

» A la fin de la fête, M. Rolland, acteur du théâtre de Bruxelles,

et excellent musicien, a offert, au nom de toute l'assemblée, une couronne à M. Pauwels, que sa modestie l'a empêché d'accepter ; il l'a placée sur la tête du vieil et estimable Vitzthumb, qui pendant 60 ans a fait fleurir la musique dans cette ville. M. Pauwels, en offrant cette couronne à son ancien professeur, a prouvé qu'il était digne de l'hommage que lui avaient rendu ses camarades. »

ÉPHÉMÉRIDES MUSICALES

Le 23 novembre 1808, à Bruxelles, *Un Jour à Paris*, 3 actes de Nicolo. — A Paris, 24 mai 1808 ; à Liège, 29 nov. 1808 ; à Anvers, 1ᵉʳ mars 1809.

Une des meilleures partitions de Nicolo qui eut grand succès et que d'autres œuvres du même maître, — les *Rendez-vous bourgeois*, *Cendrillon*, *Joconde*, entre autres,—ont fait oublier. A Bruxelles, la pièce fut jouée, pour la dernière fois, le 16 janvier 1828.

— Le 24 novembre 1880, à Paris, décès de Napoléon Henri Reber. — Sa naissance à Mulhouse, le 21 octobre 1807. Un monument a été élevé à sa mémoire et inauguré, le 26 mai 1883, au Père-Lachaise.

Reber comptait plusieurs succès honorables au théâtre, entre autres la *Nuit de Noël*, le *Père Gaillard*, les *Dames Capitaines*, les *Papillotes de M. Benoist* ; mais il excellait particulièrement dans le genre symphonique, imité d'Haydn. Savant professeur, ses préceptes n'ouvraient pas des horizons nouveaux et n'exaltaient pas l'imagination de ses jeunes disciples. Il les élevait bien plutôt dans le respect des vieilles formules, et ce n'est pas à lui qu'il fallait demander si l'œuvre d'Haydn, son aïeul, avait dit le dernier mot de la symphonie, et si Mozart avait fermé l'horizon du drame lyrique.

— Le 25 novembre, 58ᵐᵉ anniversaire de la mort de Jacques-Pierre-Joseph Rode (château de Bourbon, département Lot-et-Garonne, 1830). — Sa naissance à Bordeaux, le 16 févr. 1774.

Baillot a dit de son émule, surnommé le *Corrège du violon* : « Son jeu plein de charme, de pureté, d'élégance rendait les qualités aimables de son esprit et de son cœur. » Notre ami Pougin a retracé sa carrière dans une brochure publiée, en 1874, à la librairie Pottier de Lalaine.

Rode s'est fait entendre au théâtre de la Monnaie, les 23 et 29 janv. 1810. (Voir Eph. G. M. 27 janv. et 10 févr. 1887.)

— Le 26 novembre 1782, à Paris (Opéra), l'*Embarras des richesses*, 3 actes de Grétry. « La musique est remplie de choses agréables, dit Grimm, mais on y a trouvé des réminiscences et peu de variété. » A cette occasion, le barde liégeois, toujours si heureux jusque-là, reçut ce quatrain :

> De la nature, enfant gâté,
> Des plus beaux dons elle t'a fait largesse ;
> Grétry tu sais répandre la richesse
> Dans le sein de la pauvreté.

— Le 26 novembre, 22ᵐᵉ anniversaire de la mort d'Adrien-François Servais (Hal, 1866). — Sa naissance dans cette ville, le 6 juin 1807. (Voir *Ibid.* 30 mai 1886.)

— Le 27 novembre 1804, à Stuttgart, naissance de Sir Julius Benedict. — Sa mort, à Londres, le 5 juin 1885.

Tour à tour professeur, virtuose, chef d'orchestre, compositeur, son habileté et sa souplesse jointes à son réel talent lui avaient acquis une situation prépondérante dans le monde musical anglais. Il avait été anobli par la reine Victoria, ce qui explique le mot Sir précédant son nom. C.-M. von Weber, dont il a écrit la vie, avait été son maître.

— Le 28 novembre 1875, à Paris (Concerts populaires Pasdeloup), exécution du Concerto en *mi* majeur de Vieuxtemps.

« Concert splendide, et pour moi plein d'émotion et de souvenirs, les plus chers et les plus beaux de ma vie. Ainsi s'exprime Vieuxtemps dans une de ses lettres à Mᵐᵉ Van H... » Il continue :

« L'orchestre était en veine de belle exécution. L'ouverture de *Ruy Blas* de Mendelssohn par laquelle s'ouvrait la séance et la Symphonie héroïque de Beethoven, qui la suivait, ont été dites en perfection. Après un petit adagio de Raff, c'était bien à mon tour d'aborder la rude tâche devant soi de faire entendre à 5,000 personnes le concerto en *mi* majeur de votre serviteur dévoué. Le cœur me battait certainement plus fort qu'à lui, et par la pensée je songeais au temps où je jouais moi-même cette œuvre. De souvenir en souvenir, j'en vins à me retrouver dans les salons d'une certaine maison située rue Klapdorp à Anvers (1), au mois d'août 1840, d'où je partis pour l'exécuter le soir au Grand-Théâtre avec un succès que je n'ai jamais oublié..... De là partit, comme un trait électrique, ma réputation, qui se répandit non seulement l'Europe, mais dans l'univers entier. Eh bien, je me demandais alors si je méritais les ovations, l'enthousiasme dont j'étais l'objet. Je me croyais si peu de chose qu'il me paraissait hors de toute proportion avec mon mérite. Depuis, ces triomphes se renouvelèrent à Paris, à Londres, à Berlin, à Vienne. Je finis par m'y habituer et les savourer. Mais le seul qui m'ait arraché des larmes, qui m'ait émotionné à en mourir, c'est celui qui m'est arrivé à Anvers. C'est là que je suis redevable de ma longue et brillante carrière. Eh bien, toutes ces impressions avec leurs différentes phases, je les ai revécues, éprouvées, à 36 années d'intervalle, et en vous les décrivant, j'en ressens encore la puissance et le trouble. Il est vrai de dire aussi que c'est mon œuvre d'années que j'ai entendu pour la première fois mon œuvre exécutée selon mon cœur. Beaucoup l'ont affronté, mais sans

(1) Chez M. Désiré Lejeune, père de Mᵐᵉ Van H...

résultat ; seul Marsick a osé escalader cette roche tarpéienne de l'art musical. Son succès a été énorme. »

— Le 29 novembre 1825, à New-York (Park-Theatre), *il Barbiere di Siviglia* de Rossini. Première représentation de la première compagnie amenée aux États-Unis par Garcia, et composée de lui-même, de sa femme, de son fils Manuel, de sa fille Marie, de Crivelli fils, d'Angrisani, de Rosick et de Mme Barbieri. Les principales pièces de leur répertoire : *il Barbiere, la Cenerentola, Otello, Semiramide, Don Giovanni*. Les représentations, deux fois par semaine, durèrent jusqu'au mois d'août de l'année suivante.

C'est dans cette compagnie que commença la réputation de Marie Garcia, qui débutait à 17 ans, après quelques représentations en Angleterre. Sa beauté et son talent firent une vive impression sur un négociant français du nom de Malibran, et Marie devint sa femme. Ce nom qu'elle avait illustré, elle le garda, même après que son premier mariage ayant été rompu, elle put en contracter un second avec notre compatriote, Charles-Auguste de Bériot.

Nécrologie

Sont décédés :

À Paris, le 16 novembre, à l'âge de 63 ans, Antoine de Choudens, éditeur de musique. La seule partition de *Faust*, qu'il acquit de Gounod pour une bagatelle, a suffi pour l'enrichir. Son grand-père Pacini avait été moins heureux que-lui en vendant de la musique, y comprise celle de Rossini, Bellini, Donizetti, etc.

Les principales œuvres éditées ensuite par Antoine de Choudens furent : *Philémon et Baucis*, la *Reine de Saba, Mireille, Roméo et Juliette*, de Charles Gounod ; la *Statue*, d'Ernest Reyer ; les *Pêcheurs de perles*, la *Jolie fille de Perth*, l'*Arlésienne, Carmen*, de Bizet ; la *Prise de Troie* et les *Troyens*, de Berlioz ; les *Contes d'Hoffmann*, d'Offenbach.

Antoine de Choudens, fatigué par un labeur incessant de près d'un demi-siècle, avait été frappé, il y a un an, d'une attaque de paralysie. Il est mort, à la suite d'une crise d'étouffement, entre les bras d'Antony et de Paul de Choudens, ses fils et ses successeurs.

Homme de cœur et d'intelligence, M. de Choudens laissera de vifs regrets parmi ses confrères, dont il était hautement estimé. Nous adressons à ses fils nos sympathiques compliments de condoléance. (Voir *Souvenirs artistiques* d'Ed. Gregoir, t. II, p. 82.)

— A Nantes, Hippolyte Thibaud, né à Bordeaux en 1862, violon solo au théâtre et à l'Association artistique, ancien élève du Conservatoire de Paris.

— A Munich, le 10 novembre, à l'âge de 38 ans, Eduard Brummer, chanteur. Il venait de jouer dans la première d'*Ali-Baba* de Lecocq.

— A Séville, Isidoro Hernandez, compositeur dramatique. (Notice suppl. Pougin-Fétis, t. I, p. 466.)

— A Milan, à l'âge de 66 ans, Luigi Galli, ancien chanteur bouffe.

Avis et Communications

Concerts populaires de Bruxelles. — L'administration des Concerts populaires nous prie d'annoncer que les anciens abonnés pourront faire retenir les places qu'ils occupaient, l'an dernier, jusqu'au 25 novembre, en s'adressant à la maison Schott.

Le premier concert est fixé au 9 décembre. Il sera donné avec le concours du pianiste Paderewski. Le programme du concert est ainsi composé : 1° Ouverture de *Coriolan* de Beethoven ; 2° Concerto en *mi* bémol pour piano et orchestre de Beethoven ; 3° Ouverture, scherzo et finale, op. 52, de Schumann ; 4° Pièces pour piano solo ; 5° Suite d'orchestre d'Edward Grieg ; 6° Fantaisie hongroise pour piano et orchestre, de Fr. Liszt ; 7° Ouverture solennelle de Ed. Lassen.

· M. Franz Servais, fondateur des *Concerts d'hiver*, annonce que ces derniers, au nombre de six, auront lieu, sous sa direction, dans la salle du théâtre de l'Alhambra à Bruxelles. La date du premier concert est fixée au dimanche 16 décembre prochain.

Le bureau d'abonnement est ouvert dès à présent chez MM. Breitkopf et Haertel, 41, Montagne de la Cour. Le prix des places pour les six concerts est : de 1er loge, 36 francs ; baignoires, 36 francs ; fauteuil d'orchestre, 25 francs ; fauteuil de balcon, 25 francs ; stalles de parquet, 20 francs.

Les anciens abonnés sont priés de retenir, sans retard, les places dont ils étaient titulaires.

L'Association des Artistes musiciens de Bruxelles annonce son deuxième grand concert pour le samedi 24 novembre, à huit heures du soir, à la salle de la Grande-Harmonie. Ce concert aura lieu avec le concours de Mlle Caigniart et M. Renaud, du théâtre royal de la Monnaie, et de M. Bach, pianiste de la cour d'Allemagne.

L'orchestre, sous la direction de M.L. Jehin, fera entendre des œuvres de Flégier : *Dalila*, ouverture symphonique ; *Scènes antiques*, la *Fantaisie-Ballet* ; et une suite : *Scènes champêtres*, de M. Georges Street. Ce sera la dernière fois que M. Jehin dirigera les concerts de l'Association.

Antoine BOUMAN, violoncelliste solo de concert, Utrecht (Hollande).

La Direction de l'Orchestre (harmonie) de Rotterdam demande pour l'été prochain, à partir du 15 avril 1889 jusqu'au 1er octobre 1889, un bon Piston solo. S'adresser par lettre à M. J. W. Strieder, Kruis Straat, 28, Rotterdam.

XXXIVe ANNÉE   29 novembre 1888   N° 48

Paraissant tous les jeudis.

ABONNEMENT
France et Belgique : Avec musique 25 francs.
—   —   Texte seul.   10 —
Union Postale :   —   10 —

Directeur : Pierre SCHOTT
SCHOTT FRÈRES, ÉDITEURS.
Paris, Faubourg Saint-Honoré, 70
Bruxelles, Montagne de la Cour, 82

ANNONCES
S'adresser à l'Administration du Journal.
On traite à forfait.

L'AMOUR DANS LA MUSIQUE DE THÉÂTRE

près avoir mis à part certains passages de l'*Iphigénie en Aulide*, dont le charme, pâle encore et rapidement effacé, semble annoncer de loin les accents autrement délicieux de Mozart, peut-on dire que, dans les grandes créations dramatiques de Gluck, l'Amour, le jeune Amour avec ses espérances, ses promesses, ses douces agitations, se montre et s'exprime à travers une personnification féminine bien tranchée? Chez Armide, les langueurs, les mollesses, les révoltes intermittentes de la passion sont inséparables des artifices de la magie, dont l'art des sons, avec une souplesse inattendue, est venu diversifier à souhait les prestiges. Alceste et Iphigénie sont, avant tout, des héroïnes austères, résignées, ennoblies dans leur grave mélancolie, par l'oubli de soi, qui les rend dociles au sacrifice. Eurydice ne compte pas; c'est une ombre qui apparaît vaguement à travers les regrets passionnés d'Orphée.

A comparer le dévouement conjugal qui est le sujet d'*Alceste* avec cet autre dévouement conjugal qui, par ses nobles douleurs et les périls qu'il affronte, par les victoires, les incomparables transports qui paient et récompensent son audace, est l'âme de *Fidelio*, on poursuivrait une étude intéressante et féconde; car elle apprendrait ce que le génie musical peut faire d'un même sentiment, suivant qu'il le traduit d'après la tragédie antique ou sur le ton du drame moderne.

Gracieux, rêveur, tendrement insinuant ou ironiquement câlin, résigné s'il est trahi, violent jusqu'à la dernière éloquence en face d'une mortelle insulte, adorablement transposé enfin par une idéale métamorphose, l'Amour féminin est tout cela, et avec quelle justesse d'expression! de par l'auteur de *Don Juan*, des *Noces de Figaro*, de *Cosi fan tutte* et de la *Flûte enchantée*. Néanmoins, cela n'était pas tout encore. Il fallait qu'à Weber l'amour virginal, avec ses troubles innocents, ses élans candides, son exquise fraîcheur d'aurore, confiât ses plus intimes révélations. Il fallait que, dans *Euryanthe*, dans *Obéron*, dans le *Freischütz*, avant tout (1), des reflets de chevalerie, des reflets d'Orient et, par contraste, le sombre nuage de terreurs surnaturelles vinssent passer tour à tour sans y laisser la moindre altération sur cette limpidité morale; il fallait qu'à ces troubles, pour les rendre plus mystérieux, à ces élans, pour en doubler la vivacité, la Nature associât ses menaces et ses sourires, la complaisance de ses ombres et, après les ténèbres où la magie noire, traçant son cercle fatal, vient d'évoquer de redoutables apparitions, le retour fidèle de ses clartés. Oui, grâce à cette poétique évocation des harmonies naturelles et des harmonies morales les plus délicates, la caresse de la brise du soir, et la grâce rasérénante du matin, l'haleine embaumée de la forêt et le souffle tempétueux qui soulève les flots seront devenus et resteront inséparables de l'illusion ravissante, mais sans retour, qu'accorde à la première jeunesse, si, d'aventure, elle n'a pas été prématurément dépravée, le plus divin de nos sentiments.

Etait-ce tout, cette fois? Pas encore, et le triomphe de l'Amour sera mené avec une portée bien plus

(1) « Cet opéra est le seul, à notre avis, dans lequel tout, « absolument tout, est admirable ». (*De la vérité dans l'art musical*, par un amateur. Grenoble, 1885.) A notre avis, on ne saurait mieux dire.

haute. Pour l'évolution ou la révolution qu'il accomplit dans la sphère de l'art, Wagner se réclamera de l'antiquité grecque; mais il se servira presque exclusivement de la vaste légende poétique et religieuse des siècles qui ont reçu le nom de moyen âge. Il s'attachera à la Vénus mythologique, mais pour la traiter en ennemie et en vaincue, pour lui dérober et porter loin d'elle cet Amour dont le paganisme avait fait son fils. La tentation de s'emparer de l'inexprimable enlèvera cet élu du grand art sur les ailes de la chimère domptée et soumise. Entre ciel et terre, il rencontrera, à côté du couple de Siegmund et Sieglinde, cet autre couple plus étroitement enlacé encore, Tristan et Yseult, et il trouvera des accents jusque-là inconnus pour faire naître et durer le plus persistant des enchantements, un enchantement sans relâche et sans merci. A la hauteur et à la pureté de ses conceptions, à la fidélité de son respect pour l'art, il devra, entre autres bienfaits, comme une habitude de noblesse qui ne cessera d'accompagner sa pensée et de rehausser son langage ; et il n'y dérogera pas, alors même qu'il se rendra l'interprète de la volupté, alors même que les personnages qu'il aura empruntés à l'histoire se rapprocheront plus familièrement des conditions ordinaires de la vie humaine. Enfin, au sommet le plus lumineux de son dernier chef-d'œuvre (1), apparaîtra l'Amour encore, mais détaché du monde terrestre, rendant à la Nature tous ses sourires par une larme prise à la source divine de toute pitié. A ce triomphateur, auquel Wagner, avant de se séparer de lui pour toujours, semble dire, en cette dernière transformation, en cette consécration suprême,

... *io te sopra te corono e mitrio* (2),

quelle désignation, quelle qualification, oserait-on bien donner ? A propos de plus profondément germanique des grands compositeurs, on peut bien parler allemand, le mieux qu'on puisse faire, c'est de l'appeler l'Amour en soi, l'Amour transcendant.

S'il est une musique qui prête à la controverse, c'est bien celle que Meyerbeer a écrite en vue du Grand-Opéra de Paris avec ses disparates et ses bigarrures, avec ce mélange si souvent déconcertant d'élans et de platitudes, de hautes inspirations et de calculs extraordinairement habiles, à l'effet d'obtenir le succès, de le garder. La morale et la poétique de ce compositeur sont, en effet, d'accord pour admettre que, pour plaire à la masse des auditeurs, pour obtenir la quasi-universalité des suffrages, tout est bon : l'excellent, le médiocre, le mauvais exerçant tour à tour leurs droits et savamment rapprochés par une sorte de coalition, afin qu'il y en ait (osons le dire) pour tous les goûts. Ce qu'il y a, néanmoins, d'incontestable, c'est que, dans cette suite de hauts et de bas, la plupart des points culminants signalent et font surgir une certaine interprétation des suprêmes émotions de l'Amour à laquelle l'auteur s'est visi-

(1) Le Baptême de Kundry, dans *Parsifal*.
(2) Dante, *Purgatoire* chant XXVII.

blement complu. Le duo du quatrième acte des *Huguenots*, celui qui, dans *Robert le Diable*, intervient si heureusement entre les deux personnages du théâtre de Meyerbeer dont les rôles décèlent auparavant les plus étonnantes faiblesses, ont rendu avec une sorte d'éclatante franchise, qui n'avait pas encore été atteinte, la lutte de la passion avec quelque chose qui doit être plus fort qu'elle, ce quelque chose étant là le Devoir, ici l'Honneur. Le duo de l'*Africaine* a une signification tout autre. Renchérissant sur l'*Armide* de Gluck, précédant Wagner dans une voie où celui-ci devait marcher à pas de géant, Meyerbeer a voulu, cette fois, qu'un autre genre d'exaltation portât à sa dernière limite la passion humaine, que cette exaltation lui vînt d'une magie autre que sa propre magie, d'une ivresse goûtée à sa propre ivresse. Le *moment musical* ainsi trouvé par l'auteur de l'*Africaine* a sa valeur. Mais comment oublier, aujourd'hui, ce que le génie de la musique, dans la personne de Wagner, a su tirer de cette même donnée, la tournant, la retournant en tous sens, la rendant inépuisable en délices, inépuisable en tortures, la mettant tour à tour au service de la psychologie la plus raffinée et d'une sorte de pathologie délirante ?

(A suivre.)   LÉONCE MESNARD.

Chronique de la Semaine

Théâtres et Concerts

PARIS

L'intérêt des concerts était, cette semaine, chez M. Lamoureux. L'infatigable chef d'orchestre présentait à son public deux « jeunes », un compositeur et un virtuose.

Le compositeur, c'est M. Gabriel Fauré, bien connu des lecteurs du *Guide*, et dont le *Requiem* a été spécialement étudié ici. Si l'on n'avait égard qu'à la remarquable quantité et à l'exquise qualité des œuvres qu'il a déjà données, à la grande notoriété qu'il a déjà depuis longtemps acquise, en France et à l'étranger, dans le domaine spécial de la musique intime et de la musique d'église, M. Fauré ne devrait peut-être pas être classé parmi les « jeunes », si l'on fait de ce mot le synonyme de « débutant »; mais il se trouve qu'ayant moins écrit pour l'orchestre et pour le concert que pour le salon et la « chambre », c'est un véritable début qu'il vient de faire chez M. Lamoureux. Sa charmante *Pavane* a ravi l'auditoire; elle a été fort applaudie. Malheureusement, ce morceau délicat et d'un charme un peu intime se perd dans cette grande salle du Cirque d'Été : un papillon dans une cathédrale ! De plus, il y manquait un élément: vocal que l'auteur a imaginé pour l'accompagner, et qui en fait une sorte de ballet-pantomime chanté..... Et que diriez-vous d'un croquis de Watteau placé trop au-dessus de la cimaise? Je connais de M. Fauré un *Andante symphonique* d'un sentiment délicieux et d'une structure plus ample, qui est mieux fait l'affaire que sa très jolie et trop mignonne *Pavane*, fort goûtée d'ailleurs.

Le virtuose, c'était M. René Chansarel; et quand je dis « virtuose », c'est « interprète » qu'il faudrait le nommer. En effet, avec ce jeune pianiste, avec ce musicien de goût, ce qui est pensée, sentiment, couleur, caractère, dans une œuvre, reste toujours au premier plan, et l'on goûte avec lui ce rare bonheur d'oublier, en entendant cette œuvre, les difficultés de mécanisme qu'elle présente; M. Chansarel, en effet, en est assez maître pour en faire le subordonner à ce qui est l'essentiel, pour ne pas mettre l'accessoire en évidence au détriment du principal. Au surplus, je me permettrai de rappeler quelques lignes de l'éloge qu'il consacrais dans le *Guide* au mois de mai dernier : « De cette nature fine et nerveuse, qui cache, sous une apparence frêle, tant de ressort, qui aime la simplicité, qui fuit la mièvrerie et la recherche des petits effets faciles, de cette jeune intelligence si vive à pénétrer l'intime pensée des maîtres, on peut, on doit attendre beaucoup ; c'est une belle carrière qui s'ouvre. » Le public extraordinairement nombreux qui se pressait, dimanche, au Cirque d'Été a ratifié mon jugement par ses bravos; il était conquis dès le premier morceau du *Concerto* de Grieg; après le.finale, il a couvert d'applaudissements le jeune artiste, et l'a rappelé avec un entrain, une unanimité rares.

J'aurais voulu parler en détail de la *Messe* (à quatre voix, soli et chœurs, orchestre, grand orgue et orgue d'accompagnement), de M. Camille Saint-Saëns, exécutée, jeudi dernier, à Saint-Eustache. Cette œuvre, intéressante à beaucoup de points de vue, date d'une trentaine d'années ; elle a été écrite vers 1859, époque où l'auteur n'avait pas encore trente ans; beaucoup de ses meilleurs amis et élèves en ignoraient l'existence..... En vérité, cette œuvre était vouée au mystère dès sa naissance : gravée chez Richault, elle passa, il y a quelques années, entre les mains de l'éditeur Durand, qui en conserve quatre ou cinq exemplaires, avec le soin jaloux du dragon qui gardait les pommes d'or des Hespérides. Or, comme ce n'est pas une exécution à Saint-Eustache qui peut en donner une idée (la place de la Concorde vaudrait mieux), force n'est de renoncer à faire de cette œuvre l'étude sérieuse et approfondie qu'elle mériterait, et d'exprimer mes regrets au lecteur en attendant une occasion plus favorable..... Tout ce que j'ai pu saisir, pendant une heure d'audition grelottante, dans la partie de la nef où jétais confiné, derrière l'autel, c'a été dans le *Gloria*, la fin, *Quoniam tu solus sanctus*, partie fuguée d'un bel éclat et d'une fière allure, et l'*Offertoire* instrumental, morceau récent où les harpes font merveille, dont la fin est fort poétique, et qui m'a rappelé, par sa structure générale et le caractère de ses modulations, l'*Andante* de la symphonie en *ut* mineur de M. Saint-Saëns ; il serait, d'ailleurs, tout à fait à sa place au Conservatoire.   BALTHAZAR CLAES.

Au moment où nous étions sous presse, mercredi soir, a eu lieu la première représentation de Mme Patti à l'Opéra, dans le rôle de Juliette. On a annoncé que Gounod dirigerait cette reprise de *Roméo*; jusqu'au dernier moment, la chose pourtant a été douteuse.

Mme Patti chantera quatre fois aux dates suivantes : le mercredi 28 novembre, le samedi 1er décembre, le lundi 3 et le vendredi 7 décembre.

Quelques débuts à signaler : à l'Opéra, celui de Mlle Dartoy, dans le page des *Huguenots*, qui a été très favorablement accueillie ; à l'Opéra-Comique, dans la *Traviata*, celui de Mlle Sarolta, qui a fait un court passage à l'Opéra ; très jolie voix de mezzo-soprano ; c'est dire que le rôle de Violetta n'est pas tout à fait dans ses cordes ; Mlle Sarolta en a pas moins été bien accueillie pour ses qualités de comédienne et de chanteuse. Cette reprise de la *Traviata* a valu un très franc succès à M. Soulacroix dans le rôle du père. Il a chanté avec cette voix solide, ce style simple et charmant qu'on lui connaît, les célèbres couplets du second acte, que la salle entière lui a redemandés. M. Delaquerrière, en revanche, n'a pas réussi dans le rôle de Rodolphe.

À l'Opéra-Comique, les répétitions de l'*Escadron volant de la reine* se poursuivent activement.

Du 1er au 10 décembre, aura lieu la première représentation. Immédiatement après, sera mise à l'étude l'œuvre de M. J. Massenet, *Esclarmonde*.

Au Théâtre-Lyrique, M. Senterre vient de mettre en répétition un opéra comique, la *Guerre des femmes*, musique de M. Lucien Poujade.

Nous avons dit que M. Senterre allait monter le *Saint-Mégrin* des frères Hillemacher.

M. Furst, qui créa le rôle de Saint-Mégrin, il y a trois ans, à la Monnaie de Bruxelles, le reprendra ici ; M. Ferran jouera le duc de Guise et M. Badiali jouera le rôle de Joyeuse.

On annonce, aux Bouffes-Parisiens, les dernières d'*Oscarine*.

Mme France, qui a été si remarquée dans les rôles de duègne, au Théâtre-Libre, vient d'être engagée au Théâtre de la Renaissance. Elle jouera dans *Isoline*, la pièce de MM. Catulle Mendès et Messager.

Les principaux rôles d'*Isoline* seront donc tenus par MM. Morlet, Maugé; Mmes Maria Nixau, Aussourd, Jeanne Thibault et France.

Dimanche soir, a eu lieu l'assemblée générale de la Société nationale de musique ; ont été élus membres du comité : MM. César Franck, Fauré, d'Indy, Chausson, Camille Benoît, Messager, de Breville, E. Chabrier, Vidal et Chevillard. Les séances reprendront à la salle Pleyel le 22 décembre et se continueront, le samedi, tous les quinze jours. Il y aura en plus des séances ordinaires de musique de chambre, trois concerts avec chœurs et orchestre : l'un de ces concerts est dû à la générosité de Mme la princesse de Scey-Montbéliard.

La *Sonate du clair de lune*, tel est le titre d'un opéra en un acte que Mme Judith Gautier vient de remettre à M. Benedictus. Celui-ci expire à la fin de la présente saison et, conformément à l'article VII la musique. Beethoven est le héros du poème.

Au Conseil municipal, M. Benon a donné lecture d'un intéressant rapport qui résume les travaux de la commission supérieure des théâtres. Les principes généraux, dit M. Benon, ont été appliqués dans toute la mesure du possible. L'éclairage électrique est installé bientôt. Pour les dégagements, nous avons obtenu assez facilement satisfaction dans tous les théâtres.

En ce qui concerne l'ininflammabilité des décors, tout a été fait. La préfecture de police n'a pas demandé aux directeurs de théâtre s'ils avaient les ressources nécessaires; elle leur a imposé la mesure que tous ont exécutée. Aujourd'hui, trente salles de théâtre, vingt salles de café-concert ont des décors et bois de salle ininflammables, sauf quatre théâtres qui ne se sont pas conformés aux prescriptions de la préfecture de police : ce sont les quatre théâtres subventionnés : l'Opéra, l'Opéra-Comique, le Théâtre-Français et l'Odéon !

Dans les théâtres subventionnés, les travaux sont à peine commencés. « Dix-sept mois après l'incendie de l'Opéra-Comique, dit le rapporteur, on demande encore des délais, sous prétexte d'étudier la question. »

BRUXELLES

La direction du théâtre de la Monnaie est vacante. Bien que la saison théâtrale ait été plus fructueuse que la précédente, bien que les succès artistiques de leur troupe soient l'objet de l'unanime approbation, MM. Dupont et Lapissida n'ont pas cru devoir demander à la ville le renouvellement de leur privilège. Celui-ci expire à la fin de la présente saison et, conformément à l'article VII du cahier des charges, les directeurs du théâtre doivent faire connaître six mois à l'avance quelles sont leurs intentions, s'ils renoncent ou demandent le renouvellement de la concession pour trois autres années. MM. Dupont et Lapissida, estimant qu'il est impossible, même dans les circonstances les plus favorables, de « nouer les deux bouts » sans une augmentation de subside, ont déclaré qu'ils renonçaient et le collège leur a donné acte de leur désistement. On a parlé de l'acceptation de la démission des directeurs. Le terme est impropre. Il y a simplement vacance de la direction ; et MM. Dupont et Lapissida peuvent se représenter. Si, comme on l'espère, la ville consent à majorer son subside, le vœu général est que MM. Dupont et Lapissida continuent l'exploitation du théâtre.

Le théâtre de la Monnaie nous offrant les loisirs, après les trois reprises qu'il nous avait servies coup sur coup, je voudrais prendre à partie l'un de nos excellents confrères au sujet de son compte rendu de la reprise d'*Hamlet*. On accuse très souvent les wagnériens de jeter par-dessus bord, avec une extrême désinvolture, tout ce qui ne porte pas l'estampille du maître de Bayreuth. C'est même une idée généralement répandue que les adeptes de ce maître n'admirent ou affectent de n'admirer que les productions de leur fétiche; qu'en dehors du *Leitmotiv* et de la *mélodie de la forêt*, tout n'est que malfaçon et moisissure. Il me semble pourtant que ces prétendus wagnériens ne sont pas seuls à décrier toutes choses, en tant qu'ils soient réellement aussi méchants qu'on le dit. Notre estimable confrère de la *Gazette*, que personne ne songera sans doute à confondre avec un wagnérien, s'est montré plus d'une fois sévère à l'endroit des œuvres ou des artistes soumis à son jugement critique. Je ne veux pas me rappeler comment il a traité Liszt, ni de quel mépris il parlait, l'autre jour, des compositions de Vieuxtemps, à propos du violoniste Crickboom. Je tiens seulement à relever la manière expéditive dont il administre à l'opéra d'Ambroise Thomas ce qu'on nomme vulgairement « le coup du lapin ».

« Ce n'est pourtant pas un chef-d'œuvre que cet *Hamlet*, ah ! non ; cela n'est ni original, ni *même très bien fait*, rien que des restes, et même *de vieux restes;* c'est un sujet d'étonnement pour tous les musiciens que *cette machine* (!) soit restée au répertoire, lorsque Faure et Mme Nilsson n'y étaient plus. »

Peste ! si l'un de nous s'avisait de jeter sur un ouvrage aussi respectable, un blâme aussi méprisant, il lui en cuirait, soyez-en certain. *Hamlet* n'est pas un chef-d'œuvre, d'accord. Mais « cela » n'est pas mal fait, convenons-en. L'auteur du *Caïd* et de *Mignon* est, en somme, un musicien de haute valeur, auquel on ne devrait reprocher, en l'occurrence, que de s'être attaqué à l'*Hamlet* de Shakespeare, souffrez qu'on vous le dise, mon cher confrère, et qu'on prenne sa défense, alors même qu'on n'adore pas sa musique.

« Et cependant, on reprend *Hamlet*, et la salle est comble, et le public applaudit avec fureur, et cela au moment même où il boude le chef-d'œuvre des chefs-d'œuvre, le drame sacré par excellence (!), le *nec plus ultra* du « caulaussaal », les trimégistes *Maîtres Chanteurs.* »

Il me semble pourtant qu'entre *Hamlet* et « ces pauvres *Maîtres Chanteurs* qu'on est arrivé péniblement en un mois à jouer une demi-douzaine de fois », ces derniers sont encore, somme toute, les moins à plaindre, puisqu'ils attirent, d'après la *Gazette*, un public assez bien disposé pour leur faire « un triomphe » et qu'ils ont le prestige de susciter des « comptes rendus délirants », de provoquer « l'extase », de faire, en outre, que l'on « pleure de joie » et qu' « on s'embrasse », — toutes choses non observées à l'occasion d'*Hamlet*.

— Et cependant, conclut notre confrère ; on reprend *Hamlet !*

— Parfaitement, on reprend *Hamlet*, pour Mᵐᵉ Melba, pour Mˡˡᵉ Melba seule, rien que pour Mᵐᵉ Melba.　　　　　　E. E.

Le deuxième concert de l'Association des artistes musiciens aurait pu, selon la coutume angevine, être annoncé comme Festival Flégier. Le programme portait, de ce compositeur, une *Ouverture* dans le style solennel, une suite d'orchestre, *Scènes antiques*, un compesant pas moins de quatre parties ; enfin un fragment d'une *Fantaisie-ballet*, trois pièces symphoniques, en somme, qui comptent un nombre respectable de pages. Mais M. Flégier a trop de modestie et de simplicité pour prétendre aux honneurs réservés seulement aux maîtres. Il est célèbre et il n'a pas l'air de le savoir, ce qui est une preuve de goût. Le monde musical, doit-il à M. Flégier, une reconnaissance sans bornes : il nous a délivré des *Rameaux* de Faure et du *Noël* d'Adam. Ses *Stances* et sa romance du *Cor* ont détrôné, dans les concerts et les salons, les banales mélodies que je viens de citer et que le public ne se lassait pas de redemander sans cesse, bien qu'entendues cent fois. C'est maintenant aux *Stances* et au *Cor* que la faveur des dilettanti et des chanteurs s'adresse. C'est toujours cela de gagné ! J'ai quelque idée que la petite valse de la *Fantaisie-ballet* ne tardera pas à atteindre une vogue pareille. C'est tout à fait ce que, dans la langue des amateurs de musique, on appelle un bijou. C'est-à-dire qu'en son genre, c'est un morceau très bien fait ; une idée mélodique simple, bien développée, arrivant à sa conclusion sans effort ni recherche, délicatement instrumentée (et jouée à ravir, samedi ; par MM. Guidé , hautbois ; et Anthoni (flûte), destinée à plaire, en somme, par son absence de prétentions et son naturel, qui n'est pas ennemi d'une certaine banalité. Que voulez-vous ? Cette petite valse est tout à fait agréable à entendre, et ce seul mérite compense souvent bien des défauts. Ces mérites de simplicité et de naturel ne se trouvent pas au même degré, il me semble, dans les *Scènes antiques*. L'effort de l'artiste est assurément digne d'éloge, mais il lui arrive de le laisser voir, et l'esprit qu'on veut avoir gâte celui qu'on a. M. Flégier veut faire grand et il fait boursouflé. Non pas qu'il manque d'éclat et de vigueur ; mais il habille pompeusement des idées un peu minces et qui n'ont pas le caractère grand. Ainsi, dans la première partie (*marche sacrée*), surgit tout à coup un dessin des cordes, un trait montant en triples-croches rapides dont l'effet est singulier. Je ne sais quelle allure boiteuse ce dessin donne tout à coup à cette marche ; je m'imaginais voir un gros prélat, magnifiquement orné, glissant sur quelque objet humide qui lui fait faire un faux pas. Une véritable obsession ! et je n'ai pu m'empêcher de rire. L'*Invocation et le sacrifice* ont paru un peu languissants ; la *Danse des captives* est un bon morceau dans le genre plaintif et langoureux ; le *Divertissement* est de rythme piquant et ingénieux, mais le développement manque d'intérêt ; quand à la *Bacchanale*, je ne lui reprocherai pas d'être vulgaire, une bacchanale n'étant pas un menuet ; mais la rentrée du thème du cortège annoncée par une sonnerie de trompettes, malgré sa fière allure, vise trop ouvertement à l'effet, sans qu'il y ait, en réalité, une progression dans l'idée. Les applaudissements du public ont accueilli cette péroration bruyante des *Scènes antiques*, d'ailleurs très modernes de couleur et de style. M. Flégier, qu'on savait dans la salle, est venu saluer ses auditeurs à l'appel de son nom. Quant à l'ouverture de M. Flégier par laquelle s'ouvrait le concert, *Dalila*, c'est un bon morceau symphonique, sonore et brillant, dans la manière de l'ouverture d'*Athalie* de Mendelssohn, mais sans la distinction de celui-ci. Somme toute, cette revue d'œuvres de M. Flégier a été, pour l'auteur, un très honorable succès.

Une autre suite d'orchestre, *Scènes champêtres*, figurait au programme. Cette suite est l'œuvre d'un confrère de Paris, M. Georges Street, qui ne se contente pas d'être un très mordant critique, mais qui est aussi un excellent musicien. M. Street a longtemps habité Bruxelles, où il étudia le violon avec Henri Léonard ; et pianiste aussi et, pourja composition, quelque peu élève de Liszt. Ses *Scènes champêtres* sont une suite de petits tableaux d'un sentiment poétique très fin et d'une justesse de coloris charmante, avec de piquantes surprises harmoniques et de jolies recherches de timbres. Toute l'œuvre est d'un cachet extrêmement original et d'une distinction rare, sans l'ombre de mièvrerie. Les trois derniers numéros, les *Bluets*, *Au long du ruisseau* et *Carillon*, ont été très goûtés par le

public, d'abord un peu dérouté par la concision du premier numéro et le caractère délicat de l'œuvre. « C'est poétique comme du Grieg », me disait quelqu'un. Le mot me semble assez juste, si l'on y marque une nuance, pourtant : c'est un Grieg de l'école française.

Le deuxième concert de l'Association, on le voit, n'a pas été sans offrir, cette fois, un réel intérêt. Grâces en soient rendues à M. Léon Jehin. Selon la tradition, deux artistes de la Monnaie y prêtaient leur concours vocal : Mˡˡᵉ Cagniart, la gentille Eva des *Maîtres Chanteurs*, qui a montré, dans ce concert, sa très jolie voix et son goût distingué dans deux petites mélodies de Fauré (*Au bord de l'eau*) et de Saint-Saëns (l'*Enlèvement*), qu'elle a dites avec grâce et esprit, après avoir chanté avec style l'air de la *Reine de Saba* ; puis M. Maurice Renaud, le remarquable et parfait Beckmesser des mêmes *Maîtres Chanteurs*, auquel le public a fait un succès chaleureux après la romance de l'Étoile, du *Tannhauser* et l'air de la *Coupe du roi de Thulé*.

Enfin, l'on a entendu à ce concert un pianiste qui faisait sa *first apparence* devant le public bruxellois, M. L.-E. Bach, un élève de Kullack et disciple de Liszt, établi depuis longtemps à Londres, où il est l'un des chefs du mouvement moderniste. M. Bach n'est pas un virtuose à tous crins ; il a le son clair et distingué, et il joue avec correction, sans abuser de la sonorité. Dans sa manière de jouer la *Fantaisie* de Liszt, on avait plutôt la musicien que le virtuose. M. Bach a joué également un *Capriccio* de sa composition avec accompagnement d'orchestre. Il a été pareillement applaudi dans l'un et l'autre morceau.

Il nous reste à dire un mot d'une touchante manifestation, dont M. Léon Jehin a été l'objet au cours de la soirée. M. Jehin quitte Bruxelles, on le sait, pour aller diriger les concerts de Monte-Carlo, et il conduisait samedi pour la dernière fois les concerts de l'Association. Au nom des artistes, M. Dumon, président actuel de l'Association, a offert à M. Léon Jehin une lyre, et M. Slosse, président de la Grande-Harmonie, lui a offert une belle couronne. Ce qui a dû toucher plus encore M. Jehin, c'est l'unanimité avec laquelle le public s'est associé aux sentiments de regrets exprimés en excellents termes par MM. Dumon et Slosse. Musicien de science sûre et de goût distingué, violoniste habile, compositeur de talent , M. Léon Jehin a rendu de signalés services, d'abord comme chef d'orchestre des Jeunes Compositeurs belges, puis comme chef d'orchestre du théâtre de la Monnaie et de l'Association, enfin comme professeur d'harmonie au Conservatoire. Il fera, nous n'en doutons pas, une brillante carrière au dehors, pour nous revenir probablement quelque jour apprécié, estimé et regretté là-bas comme il l'est aujourd'hui ici.　　　　　　M. K.

M. De Greef vient de rentrer à Bruxelles de la tournée de concerts en Suède et en Norwège dont nous avons déjà parlé. Le jeune professeur a repris son cours de piano au Conservatoire de Bruxelles. A propos de cette tournée, nous avons déjà constaté le brillant succès remporté là-bas par M. César Thompson, qui était de la partie. M. De Greef n'a pas été moins fêté par le public suédois et norwégien que le célèbre violoniste liégeois. Détail caractéristique, M. De Greef a été partout ovationné comme interprète de Grieg. Les journaux manifestent à son égard un véritable enthousiasme, ils le comparent à Rubinstein et à Bulow. Peste! voilà qui n'est point banal.

Pendant tout son voyage, M. De Greef a eu à sa disposition un grand piano de concert de la maison Pleyel-Wolff, lequel a partagé son triomphe.

Il nous arrive une chose inattendue : Nicodème nous adresse une lettre ; il nous écrit sous un nom d'emprunt, celui de Lucien Solvay. Lucien Solvay, garçon de relations agréables, doux, poli, bien élevé, curieux de choses littéraires, qui faisait de gentils versiculets de peu d'accent, mais d'inspiration aimable, au demeurant bon enfant, pas méchant, incapable d'une grossièreté ou d'une incorrection ; Lucien, Solvay, enfin, le bon Luc, qui rit pendant quelques années, non, sans distinction, la critique à la *Gazette*. Un beau jour, il a disparu. Ce qu'il est devenu, je l'ignore ; mais je constate qu'à lui s'est substitué le peu sympathique personnage dont il a été question ici, tout récemment ; le flasque plumitif dont l'insolence vaine se sent assurée contre l'impunité, la pitié qu'inspire son inconscience et le dédain que soulèvent ses impertinences, celui-là même enfin, qui nous écrit, Nicodème.

Il nous envoie six longues pages pleines de fiel, de fiel très délayé, il est vrai, pour nous expliquer avec une candeur désarmante qu'il ne veut pas ennuyer les lecteurs du *Soir* en continuant, dans ce journal, la polémique qu'il a, lui-même nicodémiquement provoquée. Il compte, il exige même une infigéons cette lotion à nos lecteurs, à nous.

Ce Nicodème a un joli toupet ! Croire que nous nous imposerions l'ennui de sa lettre, pour éviter aux lecteurs de la feuille d'annonces dont « la publicité, c'est de l'or ? » Elle est vraiment bien bonne ! Que veut-il, d'ailleurs, Nicodème ? Continuer, la polémique dans ces colonnes ? Avec tout autre que lui, ce serait peut-être possible ; avec lui, la discussion est dès à présent digne des halles de Saint-Josse.

Et dans quel but nous écrit-il ? Pour se tailler une réclame sous prétexte de rectifications ! Il n'y a rien à rectifier. Je maintiens tout ce que j'ai dit.

Voilà tout.

M. KUFFERATH.

GAND

GRAND-THÉATRE. — Mercredi 2 novembre : *Si j'étais roi*; vendredi 23, seconde de *Paul et Virginie*; dimanche 25, le *Trouvère*, *Si j'étais roi*; lundi 26 : troisième de *Paul et Virginie*.

Paul et Virginie continue à apporter aux directeurs une juste rémunération des sacrifices faits par eux pour monter cette œuvre assez ingrate, en somme. Quelques coupures adroitement faites ont allégé la partition et mettent en relief les deux rôles principaux, — les meilleurs incontestablement.

Une représentation monstre, dimanche, a fait salle comble. Le spectacle, commencé à six heures, continuait encore à minuit. On annonce pour samedi la première reprise de *Roland à Roncevaux*, la grande machine de Mermet, dont la mise en scène sera, dit-on, absolument étonnante. Espérons que les bénéfices réalisés à cette occasion par les directeurs leur permettront de remonter quelques jolies choses, moins productives, peut-être, mais ardemment attendues par les artistes et les amateurs.

Une troisième et dernière audition du concert de Musique populaire flamande a eu lieu dimanche après-midi, au Casino, devant une salle désespérément vide. Les absents ont eu tort plus que jamais. Le petit orchestre s'est surpassé malgré la froideur de l'immense nef, et les rares dilettanti accourus pour les entendre n'ont pas regretté leur course. Espérons que cet insuccès purement matériel ne découragera pas nos excellents artistes.

Le Conservatoire s'était mis en grands frais, à l'occasion du concert d'abonnement qu'il nous a offert samedi. Jugez-en donc : La symphonie avec orgue (en *ut* mineur), de C. Saint-Saëns; l'ouverture des *Maîtres Chanteurs*; le *Concerto* de Max Bruch, pour violon; l'*Andante* de la 5e symphonie de H. Waelput, et le *Vären* de Grieg. Avec tout cela, un soliste remarquable, et que vous connaissez sans doute pour l'avoir applaudi récemment au Cercle artistique : Johan Smit.

L'œuvre de Saint-Saëns est une composition de grande envergure, pas banale du tout, avec des *hauts* et des *bas* qui empêchent cependant de la mettre au premier rang parmi les symphonies modernes. L'introduction, large et bien développée, amène un thème de belle allure, très heureusement soutenu par l'orgue. Mais l'inspiration semble avoir faibli à partir de ce passage, et le reste de la première partie est sec et trop visiblement artificiel pour soutenir cette impression.

Aussi, l'allegro trouve-t-il l'auditeur glacé dans une période très explicable, et que, seules, dissipent les belles phrases du finale, admirablement écrites pour les cordes et l'orgue. L'œuvre tout entière gagnerait considérablement à être réentendue dans une salle moins défavorable que l'espèce de cave humide et basse que l'on baptise pompeusement au Conservatoire du nom de *salle des Auditions*. Vous n'avez pas idée d'un local plus pitoyable. Aussi, malgré l'exécution irréprochable de l'orchestre, certaines parties de l'œuvre se perdaient-elles dans un brouhaha confus, où l'oreille la mieux exercée aurait eu grand'peine à démêler autre chose que du bruit.

Cette circonstance a surtout été désastreuse, pour l'exécution de l'ouverture des *Maîtres Chanteurs*. On avait eu la fâcheuse idée de placer ce chef-d'œuvre en queue du programme de sorte qu'une bonne moitié du public l'a écoutée debout, au milieu du bruit des départs, et des réclamations des papas courant au vestiaire. Interprétation remarquable pourtant. Compréhension fidèle et précise, ensemble parfait, dont on ne saurait assez louer directeur et exécutants. Et grand succès, malgré la coïncidence défavorable dont je vous ai parlé.

Le fragment de Waelput, mieux placé, et dont la contexture plus calme (l'*Andante cantabile*) avait moins à redouter les traîtresses phonétiques de la salle, aurait mérité plus d'enthousiasme. Mais le public, un peu distrait par la récente apparition du virtuose, n'a point prêté à cette exécution toute l'attention qu'elle méritait.

Ceci m'amène à parler de Johan Smit, absolument inconnu avant l'audition de samedi, et qui s'est de prime à bord révélé comme un interprète de grand talent.

Le phrasé est doux, mélodieux, d'une belle émotion. Le coup d'archet est ferme, le son d'une pureté remarquable. Avec cela, un artiste sincère plutôt qu'un virtuose; de la tenue, du goût, et, — ce qui ne nuit à rien, — une physionomie mobile et sympathique. A remarquer surtout, dans son programme, le concerto de Max Bruch, dont le joli scherzo, admirablement enlevé par l'orchestre, a obtenu son succès habituel. Charmante aussi la *Berceuse* de Fauré, bien française dans sa contexture harmonique.

J'ai gardé pour la fin cet admirable *Vären* de Grieg, que l'orchestre Servais a déjà, me semble-t-il, fait connaître à Bruxelles.

Cette admirable composition, exclusivement écrite pour le quatuor, aurait été bissée, si l'intolérable chaleur qui régnait dans la salle n'avait quelque peu fondu l'enthousiasme des auditeurs.

Comme vous pouvez en juger par ces notes rapides, le premier concert a admirablement réussi. Si le succès fait à M. Samuel et à son orchestre pouvait décider MM. Qui-de-droit à leur accorder une salle mieux appropriée aux auditions de ce genre, bien des personnes qui s'abstiennent aujourd'hui applaudiraient à l'œuvre entreprise par le vaillant directeur leur secours moral et .....pécuniaire, — ce qui ne serait pas un mal. Une petite dépense de ce côté constituerait donc un excellent placement.

F.

LIÉGE

THÉATRE-ROYAL : Lundi 19 novembre, les *Amours du Diable*; jeudi, *Si j'étais roi*, *Maître Pathelin*; vendredi, *Faust*; dimanche, *Lucia*, *Maître Pathelin*.

Nous parlerons du théâtre la semaine prochaine.

Une bonne nouvelle : M. S. Dupuis, l'intelligent organisateur des Nouveaux Concerts, que nous avons annoncés, donne une séance supplémentaire : Hans de Bülow y exécutera une partie de l'œuvre beethovienne. Voilà une idée vraiment artistique.

Le Conservatoire a donné, samedi, son premier concert annuel. Très beau programme, nombreuses *primiurs*, et deux solistes : de quoi contenter tout le monde.

Le pianiste Delaborde a obtenu un beau succès dans le concerto en *mi* bémol de Beethoven, ainsi que dans deux préludes de Stephen Heller et la *Rhapsodie tzigane* de Liszt. Son jeu, très correct, est pourtant un peu froid.

L'autre soliste était Mme Landoury, la charmante artiste de la Monnaie, qui, pleine de grâce et de petites moues, a chanté l'air de *Zémire et Azor*, puis les couplets du *Mysoli* et deux jolies mélodies de M. Radoux : *Fais dodo* et *A une fleur*. Le public connaissait déjà Mme Landoury, — elle est venue au Conservatoire il y a un an, — et il lui a décerné de chaleureux applaudissements.

Mais parlons des œuvres. D'abord, la 2e symphonie de Brahms. Voilà un nom qu'il faudrait populariser parmi nous, et j'espère que nous entendrons encore cette œuvre, qui a été jouée avec quelques défaillances. C'est nécessaire pour la bien comprendre. Les *Légendes pour orchestre*, de Dvorak, et la *Kaisermarsch* de Wagner sont les autres parties orchestrales à citer.

Pour finir, un mot des chœurs. Ils ont exécuté le *Chant élégiaque* de Beethoven (première exécution et le madrigal de Waelrant, *Adieu mon frère*. Tout cela a été bien chanté et présentait de l'intérêt.

F. V. D.

ROUBAIX

Mardi dernier, a eu lieu dans la vaste salle de l'Hippodrome, un grand concert, organisé par le Roubaix aristocratique, au profit des Écoles libres. Toutes les notabilités de la ville y étaient représentées. La salle était archi-comble et les organisateurs ont dû faire une bonne recette.

Toutes les parties du programme ont été interprétées par des amateurs roubaisiens de talent; aussi le succès a-t-il été des plus complets.

La soirée a débuté par la kermesse et valse de *Faust*, de Gounod, chœur chanté par les dames et messieurs de la ville, sous la direction de M. Koeul. Ce chœur, dit avec justesse et méthode, a été enlevé dans la perfection.

Mlle Léontine W...a joué une valse-caprice ainsi que la *Rhapsodie hongroise* de Liszt.

M. Charpentier, baryton, a obtenu également du succès. Il chante avec justesse, mais ses notes graves laissent beaucoup à dire.

Le clou de la soirée a été Mme Rousseau, qui a chanté d'une façon vraiment remarquable le grand air d'*Hamlet*, d'Amb. Thomas. Elle possède une voix souple, très étendue, et vocalise admirablement. Elle nous a donné, avec M. Charpentier, le duo de *Galathée*, de V. Massé, puis, avec les chœurs, des fragments de *Carolus*. Ce dernier numéro a obtenu de la part du public d'amples applaudissements.

La soirée s'est terminée par le chœur de *Charité*, de Rossini, chanté par les dames de la ville. Ce concert d'hiver obtient, tous les ans, de plus en plus de succès et a droit à toutes nos félicitations les organisateurs.

TÉLÈS.

AIX-LA-CHAPELLE

Au second concert d'abonnement, nous avons entendu une exécution intégrale de l'oratorio *Elie*, de Mendelssohn. Les occasions sont rares d'entendre des œuvres aussi vastes, exécutées avec le respect absolu de la volonté de l'auteur. Tout tendait vers ce but, chacun jouant et chantant pour l'œuvre, sans chercher le succès personnel; d'où l'ensemble parfait qui seul peut donner un caractère grandiose à une exécution.

Les chœurs ont été chantés avec une remarquable perfection. Nos louanges s'adressent surtout aux voix de femmes, qui forment une sonorité pénétrante, fondue, ressemblant par instant à de beaux sons d'orgue. L'articulation n'est nullement négligée, — ceci s'adresse aussi aux voix d'hommes, et les gradations de nuances sont d'un fini remarquable.

Les soli étaient chantés par des artistes de haut mérite : Mmes Koch-Bossenberger et Goldstein; MM. Zarnekow et Paul Hasse. Seul, M. Zarnekow est un ténor un peu douceureux. Paul Haase s'est montré chanteur et déclamateur de premier ordre dans les récits d'*Elie*. Fort belle voix, diction claire et dramatique et, de plus, musicien accompli.

Que vous dirai-je de l'orchestre et de la direction ? J'en ai déjà fait l'éloge et je ne pourrais que me répéter. L'exécution d'*Elie* a été soignée d'une façon particulière et le zèle de tous suivait le bâton de M. Schwickerath.

Est-ce que le militarisme allemand, qui conduit à l'habitude de la discipline, n'est pas l'une des raisons importantes de cette unité d'interprétation, qui donne à la musique sa plus grande puissance expressive ? F. D. V.

A signaler le beau succès remporté, au Cercle instrumental, par une jeune cantatrice bruxelloise, Mlle J. Nachtsheim. Elle s'est fait entendre dans la polonaise de *Mignon* et l'air des *Noces de Jeannette* ; elle réussit surtout dans les passages de finesse, sa voix n'étant pas très puissante. La presse locale s'accorde à lui reconnaître maintes qualités et beaucoup de charme. Le *Lied* surtout paraît être bien dans ses moyens, car elle sait exprimer à ravir les sentiments qui caractérisent cette sorte de chant.

AMSTERDAM

La Société *Cæcilia* (Association des artistes musiciens), a donné sa première séance annuelle, le 16 novembre, au Théâtre-Communal, sous la direction de M. de Lange. A l'exception des fragments de *Roméo et Juliette* de Berlioz, un programme ultra conservateur : la symphonie *Oxford* de Haydn, la 5e de Beethoven et l'ouverture d'*Euryanthe* de Weber. Quant à l'exécution, elle a été satisfaisante, ni plus, ni moins.

La Société pour l'encouragement de l'art musical a donné son premier concert samedi dernier, dans la nouvelle salle de concert, sous la direction du pianiste M. Röntgen et avec le concours de Mlle Braynin, de Berlin; MM. Candidus, de Francfort, et Schwarz, de Weimar. On y a exécuté une composition de M. Röntgen et un nouvel ouvrage de Rubinstein, *Sulamith*, un drame lyrique biblique, d'après le Cantique des cantiques, poème de Jules Rodenberg, une des dernières productions du maître russe. C'est une œuvre très intéressante, de couleur orientale, avec des couleurs de prédilection de Rubinstein, et qui contient des pages superbes, de premier ordre, à côté de parties beaucoup plus faibles. Dans le premier tableau nous avons remarqué le duo de Sulamith avec le Roi et le dernier chœur de femmes, d'une fraîcheur extrême. Dans la seconde partie, le chœur des vignerons, avec les récits du pâtre, est charmant et d'une grande originalité ; la complainte du pâtre est une vraie trouvaille. L'arioso de Sulamith et surtout le duo du troisième tableau nous ont vivement intéressé. Le duo et d'un coloris superbe. La quatrième partie est celle que je considère comme la plus faible, mais la marche du cinquième tableau, le chant du Roi et le chœur final; elle sont traitées de main de maître. En somme, une œuvre d'une valeur incontestable, que je signale volontiers aux sociétés de chant en Belgique. Dans l'exécution, elle a laissé beaucoup à désirer. Les chœurs souvent péchaient par la justesse et avaient l'air de ne pas comprendre et de ne pas saisir les intentions du trop nerveux *Kapellmeister* ; l'orchestre a eu de nombreuses défaillances, trahissant le nombre insuffisant de répétitions.

Parmi les solistes, c'est Mlle Braynin qui nous a fait la meilleure impression. Elle a une jolie voix, mais dont le volume n'est pas très grand; elle sait chanter et elle a le sentiment dramatique; il y a même souvent de l'excès de zèle. Le ténor Candidus est ce que les Allemands appellent un *Heldentenor* grandement sur le retour. C'est un chanteur routiné, mais qui manque de charme. Les demi-teintes et le *mezza voce* sont choses inconnues pour lui. Quant à M. Schwarz, le baryton, il chante faux le plus souvent et abuse d'un chevrotement écœurant. Je ne puis rien dire de la composition de M. Röntgen, n'étant arrivé que vers la fin de son exécution.

A l'Opéra néerlandais on a risqué, pour la première fois, un ouvrage d'un compositeur indigène, M. van der Linden, de Dordrecht, le successeur de M. Hageman, dont le règne comme *Kapellmeister* a été de très courte durée. Il y a même eu une polémique entre chef d'orchestre et les journaux entre le directeur, M. de Groot, et son ex-chef d'orchestre. Le premier a délivré, et *avec raison*, à M. Hageman un brevet d'*incapacité complète*, sur quoi l'autre s'est fâché tout rouge, en lançant à la tête de son directeur un vocabulaire de gros mots et d'insolences. Quant à l'opéra de M. van der Linden, j'en parlerai dans une prochaine lettre, n'ayant pu assister aux premières représentations. Celles de l'opéra français de La Haye au Théâtre-Communal sont très suivies, bien que l'ensemble de la troupe soit de beaucoup inférieur à celui des années précédentes. J'ai assisté à une assez bonne représentation de *Carmen*. M. Barbe, sans égaler Selrack dans le rôle de Don José, a eu de très beaux moments, et Mlle Dorian a été charmante. Quant à Mlle Dupouy (Carmen), elle n'a pas été du tout à la hauteur de son rôle.

D^r Z.

Le Théâtre-Lyrique de Paris semble jouer de malheur. Dernièrement, il s'y produisait une panique provoquée par l'explosion d'un ballon d'oxygène placé dans les frises. Jeudi dernier, un des quatre lustres du plafond s'est détaché de sa tige et est tombé sur les fauteuils d'orchestre, écrasant un spectateur. Le prince Eugène de Suède, qui se trouvait dans la salle, a été blessé légèrement par des éclats de verre.

Autre accident, à l'Opéra. Lundi, M. Bataille s'habillait pour jouer le rôle de Gessler dans *Guillaume Tell*, lorsqu'il fut pris d'une congestion cérébrale légère qui, sans donner d'inquiétude, l'a mis dans l'impossibilité de paraître en scène.

Jeudi dernier, a eu lieu à l'Opéra la première représentation du *Roi d'Ys*, de M. Ed. Lalo. Grand succès pour l'auteur et pour les interprètes très remarquables, principalement pour Mme Duvivier dans le rôle de Margared. Il y a des rappels à chaque acte et des ovations à l'auteur, qui a dû venir deux fois, dans le courant de la soirée, saluer le public.

Samedi, a eu lieu le grand festival donné par l'orchestre des Concerts populaires en l'honneur de M. Lalo. Plusieurs de ses œuvres, entre autres sa *Symphonie* et sa ravissante *Aubade*, figuraient au programme.

L'Association artistique des concerts populaires d'Angers vient de faire monter un grand orgue dans la salle des concerts. M. Alexandre Guilmant en a fait l'inauguration, dimanche dernier, devant une foule nombreuse et enthousiaste, qui a applaudi sa belle symphonie pour orgue et orchestre, le premier concerto et le largo de Haendel. Le succès de cette première séance a décidé la société à appeler successivement son organiste les plus célèbres, qui viendront là un bon orgue et un orchestre de premier ordre.

Le Grand-Théâtre de Lyon est, depuis quelques jours, transformé en place publique. Tous les soirs, ce sont des scènes violentes et tumultueuses. L'autre semaine, on jouait les *Huguenots* avec M. Cossira; les spectateurs se sont révoltés contre les artistes que leur présentait le directeur, M. Campo-Casso. Ils ont vivement protesté par les cris de : « A bas Campo-Casso ! Démission ! » On réclamait aussi la démission de M. Boufier, adjoint chargé de la surveillance des beaux-arts. Il y a deux jours, la représentation n'a pas pu se terminer, et M. Campo-Casso a dû demander l'aide de la police pour sortir du théâtre !

La première chambre du tribunal civil de la Seine vient de statuer sur un procès engagé entre M. Litolff, qui se prétendait concessionnaire du droit exclusif de publier le *Benvenuto Cellini* de Berlioz, et M. de Choudens, éditeur de musique, qui, aux termes d'un traité passé avec Berlioz, se disait en droit de publier la partition de piano.

Sur les plaidoiries de Me Fernand Worms pour M. Litolff et de Me Beaune pour M. de Choudens, le tribunal a rendu un jugement qui consacre les principes suivants :

L'autorisation que donne un compositeur à un éditeur de publier la partition de piano et chant de son opéra, en se réservant le droit de faire paraître ailleurs la grande partition d'orchestre, constitue une véritable cession partielle.

Le fait de ne point faire de nouveaux tirages de l'opéra, après épuisement de la première édition, et même de détruire les planches de la partition, n'a pu altérer la nature du droit conféré : il en résulte aucune déchéance qui soit opposable à l'éditeur.

On annonce de Bordeaux le prochain mariage de M. Gravière, directeur du Grand-Théâtre, avec Mlle Piguet, sa pensionnaire, qui faisait partie, l'année dernière, de la troupe de l'Opéra. Lundi a eu lieu la seconde représentation de *Paul et Virginie* avec Mlle Piguet dans le rôle de Meala, et M. Frédéric Boyer dans celui de Domingo. Grand succès pour les deux artistes, M. Devoyod, qui devait jouer mercredi dans l'*Africaine*, a été remplacé par M. Mondaud, par suite d'une indisposition persistante.

Le Cercle orphéonique de Limoges, dirigé par M. Ch. Van Eycken, vient de remporter un brillant succès au Concours international de Barcelone.

La Société a remporté le *deuxième premier prix* de 5,000 francs et une médaille d'or, grand module, spécialement décernée au Cercle en division d'excellence.

Ce résultat est l'un des plus beaux qu'un orphéon français ait obtenus dans un concours de cette importance. Les compatriotes de M. Van Eycken, qui est Belge, seront enchantés en apprenant ce grand succès, qui lui revient pour une large part.

Enfin les Viennois tiennent la revanche de Sadova. La ville de Berlin vient d'être captivée, conquise par les frères Schrammel. Qu'est-ce que les Schrammel ? Ce sont quatre musiciens de Vienne, plus ou moins ambulants et qui, armés de leurs seuls violons, sont partis pour Berlin, emportant dans leurs bagages une forte provision de valses. C'est avec cette munition-là qu'ils ont fait le siège en règle de la capitale prussienne et qu'ils ont conquis cette ville qu'on a l'habitude d'appeler la métropole de l'intelligence.

Il paraît, en effet, que les frères Schrammel viennent de faire fureur à Berlin. On les invite partout, ils se font entendre au théâtre comme au concert, et leurs valses font délirer les Berlinois. Les Viennois sont très fiers de ce triomphe. Car il faut vous dire que ce quatuor de musiciens joue un rôle considérable dans la vie sociale et même dans le *high life* de Vienne. Il y a environ trois à quatre ans qu'on en parle. Il est probable que ces braves gens râclent le violon depuis beaucoup plus longtemps, car le plus jeune des frères doit avoir passé la quarantaine; mais ce n'est que depuis quelques années qu'on les a *mis*-à la mode. Le quatuor se compose de deux violons, d'une clarinette et d'une guitare. Ils jouent les valses délicieusement, ils en composent également de très jolies, et c'est sans doute un jeune gentilhomme viennois qui les aura découverts un jour dans une de ces brasseries de faubourg qui sont, pour la chanson populaire, ce que l'Opéra est pour la grande musique.

Les Schrammel sont encore aujourd'hui le plus bel ornement de ces sortes d'établissements. Ce quatuor, mérite dit-on, d'être connu, car il a changé comme par enchantement les habitudes de l'aristocratie viennoise. Autrefois, quand on donnait une soirée, on offrait à ses invités les *ut* dièse d'un célèbre ténor ou les airs de bravoure d'une prima-donna. Aujourd'hui, on leur sert les Schrammel. Ils sont de toutes les fêtes, et il n'y a pas de palais qui n'ouvre ses portes devant les coups d'archet de ces quatre magiciens. On rencontre les Schrammel partout, en hiver dans les salons, en été dans les jardins, et si vous quittez Vienne, les valses de ces messieurs vous suivent et vous poursuivent jusqu'à Ischl ou Budapest.

Il paraît qu'à Prague il y a une sorte de crise à l'Opéra national tchèque. Trois chanteurs, appartenant à cette scène, trouvent que le critique musical des *Narodny Listy* ne les a pas appréciés selon leurs mérites. Or, le critique dont il s'agit est précisément le mari de la jeune chanteuse dramatique de l'Opéra. Il en résulte que les trois artistes qui croient avoir à se plaindre de lui ne veulent plus chanter avec sa femme. Ils se disent enrhumés, malades, chaque fois qu'elle doit paraître dans la même pièce qu'eux. La direction du théâtre a fini par confier son esthétique au rédacteur en chef des *Narodny Listy*, et maintenant on est curieux de savoir de quel côté se rencontreront le bon sens, la modération et l'esprit wagnérien.

On a exécuté dernièrement, à Manchester, *pour la douzième fois*, la *Damnation de Faust* de Berlioz.

Mme Albani quittera l'Angleterre le 1er janvier prochain, pour aller faire une tournée au Canada et aux Etats-Unis.

Le sénat de l'Université de Cambridge vient d'élire à l'unanimité MM. A.-C. Mackenzie et Villiers Stanford au grade de docteur en musique *honoris causa*.

Répertoires annoncés durant la prochaine saison du carnaval :
A Palerme (Politeama Garibaldi) : *Otello, Gioconda, Méfistofèle, Favorita, Barbiere.*
A Parme (Regio) : *Huguenots, Lohengrin* et *Faust.*
A Gênes (Carlo Felice) : *Otello, Asrael, Méfistofèle, Salambô, Edmea* et *Excelsior.*

L'assemblée annuelle, à Londres, des affiliés de l'Association wagnérienne universelle, qui vient d'avoir lieu à Trinity College, a permis de constater que cette branche de l'Association est dans une situation prospère. Il a été décidé que la cotisation serait portée de 10 sh. à 1 £ 1 sh. (26 fr. 50), somme qui donnerait droit à un abonnement au *Meister*, journal fondé, il y a un an, dans le but de propager les idées wagnériennes.

L'*Alceste* de Gluck a été représentée dernièrement au théâtre communal de Bologne.

On a inauguré, le 9 novembre, à Villanova, l'hôpital érigé aux frais de Giuseppe Verdi, lequel ne se contente pas d'être le plus

grand musicien d'Italie, mais veut encore se montrer le bienfaiteur de ses semblables.

La maison G. Ricordi, de Milan, publie une nouvelle édition des œuvres de Richard Wagner. La partition pour chant et piano de *Lohengrin* est mise, dès à présent, en vente dans tout le royaume d'Italie, au prix de 12 francs.

Le *Musical World* du 17 novembre contient une biographie du célèbre compositeur belge Peter Benoit ainsi qu'une analyse de son *Lucifer* dont l'exécution doit avoir lieu le 16 janvier prochain, à l'Albert Hall de Londres. Nous détachons de cet article le paragraphe final qui résume l'opinion du journal anglais sur l'œuvre de Benoit :

« *Lucifer* a été considéré par des critiques musicaux belges comme étant le point de départ, en musique, d'un art national nouveau, et M. Benoit a été désigné comme une sorte de Wagner flamand. Ceci paraît être exagéré, attendu que sa musique ne contient que peu d'innovations et qu'elle ne témoigne pas que le compositeur ait découvert une voie nouvelle. Le grand défaut de l'ouvrage consiste dans les répétitions constantes des mêmes motifs. Plusieurs thèmes se répètent surabondamment, sans la moindre altération dans les harmonies ou dans l'instrumentation, et sans égard pour le texte. Nonobstant cela, *Lucifer*, dans l'ensemble, peut être estimé à juste titre comme apportant un appoint honorable à l'art contemporain. »

Il est regrettable que M. Benoit n'ait pu se faire connaître en Angleterre par une œuvre que nous plaçons bien au-dessus de *Lucifer*, par ce magnifique *Oorlog*, exécuté pour la dernière fois, à Bruxelles, en 1880.

BIBLIOGRAPHIE

IL TEATRO ILLUSTRATO (Milan, Sonzogno). Livraison du mois de Novembre.

Illustration avec texte : *François le Champi*, comédie de G. Sand ; le nouveau théâtre de Montpellier ; *Roger la honte*, drame ; *Orphée* de Gluck.

Texte : le Dr Hugo Riemann et son système ; correspondance de Livourne, Vienne, Monaco, Berlin, Madrid ; opéras nouveaux : *Bice di Roccaforte*, de G. Medini, à Savone ; *Gli Studenti* de Rota, à Bologne ; exposition musicale de Bologne ; bibliographie ; musique brésilienne ; bulletin du mois d'octobre, etc.

ÉPHÉMÉRIDES MUSICALES

Le 30 novembre, Antoine-Grégoire Rubinstein entre dans sa 60me année. Il est né à Wechtwotynets près Jassy en 1829.

« Artiste universel, « cosmopolite », son talent n'est russe que par le côté thématique, et encore d'une manière intermittente.

» L'activité musicale de Rubinstein embrasse plusieurs formes de l'art. Il se présente au public tantôt comme pianiste, tantôt comme compositeur, tantôt comme chef d'orchestre. Sa gloire de grand virtuose a précédé sa gloire de compositeur, et n'a pas peu contribué à établir et à propager celle-ci. On a applaudi souvent Rubinstein, compositeur, grâce à Rubinstein, le prodigieux artiste.

» ..... Pour nous résumer en deux mots, nous dirons que Rubinstein est un infatigable compositeur de second ordre, qui ne fera pas époque, et qui n'exercera que peu d'influence sur les destinées futures de l'art. » CÉSAR CUI. (*La Musique en Russie.*)

— Le 1er décembre 1823, à Marseille, naissance de Louis-Etienne-Ernest Reyer, de son vrai nom Rey.

« Ernest Reyer a succédé à l'Institut à Félicien David. Il a remplacé Hector Berlioz au *Journal des Débats*. Si vous voulez savoir à quelle école il appartient, les noms des deux grands maîtres vous l'apprendront sans autre définition. C'est, du reste, un curieux rapprochement à faire : Reyer a suivi pendant la plus grande partie de sa carrière presque toutes les vicissitudes de son prédécesseur.....Il composa le *Sélam*, pendant du *Désert* de David ; il y retraçait l'Orient, comme l'avait fait le maître, et comme David il débutait par l'ode symphonie ; comme lui, il allait chercher dans *Sacountala*, dans la *Statue*, dans *Erostrate* la couleur orientale, se plaisant aux brillantes descriptions, aux scènes animées et lumineuses ; comme Félicien David aussi, il rejetait sévèrement les concessions au goût du jour, marchant consciencieusement, sans défaillance, dans la voie difficile entre toutes, celle de l'art sérieux.

» En même temps, il saluait en véritable chef d'école : l'auteur des *Troyens*. Nul n'a été plus dévoué que Reyer à ce cher grand Berlioz, nul n'est aujourd'hui plus fidèle à sa mémoire. Reyer ne manque jamais une seule audition des chefs-d'œuvres du maître, au Conservatoire, et c'est lui qui donne le signal des applaudissements. C'est cette école-là, qui est devenue la sienne : il a proscrit dans toutes ses œuvres tout ce qui est convention, banalité, recherchant uniquement la vérité de l'expression et le mouvement dramatique.

Sigurd, sous ce rapport, est une œuvre hors ligne,.... Bien qu'il n'ait pas pardonné à l'auteur de *Tannhäuser* certains mauvais procédés à l'égard de Berlioz, — pourtant celui-ci a eu des torts assez graves, de son côté, envers l'autre, — Reyer est le seul des compositeurs écrivains qui traite la question d'art avec toute l'impartialité et l'équité convenables.....

« ..... Quel malheur qu'il soit si sauvage; ce serait entre tous ên sympathique. Il l'est tout de même; pour quelques amis, il est vrai, mais c'est assez. »   EDMOND HIPPEAU.

— Le 2 décembre 1826, à Londres (King's Theater), et pour la première fois en Angleterre, traduction italienne de la *Vestale* de Spontini, chantée par d'Angeli, Giovanola, Curioni, Mmes Caradori et Biagioli. Près de vingt ans s'étaient écoulés depuis la première à Paris, 15 décembre 1807.

— Le 3 décembre 1880, à Gand, par une troupe allemande, *Hans Heiling*, 3 actes de Henri Marschner. Cet opéra romantique, joué pour la première fois à Hanovre, le 24 mai 1833, était inconnu en Belgique.

Dans *Hans Heiling*, comme dans ses autres productions, du reste, Marschner a suivi la voie ouverte par Weber et puissamment contribué à fonder l'opéra national allemand. Tous ses efforts tendaient à obtenir cette union intime de l'effet musical et de l'effet poétique que Wagner a indiquée et pratiquée. Ainsi, dans *Hans Heiling* tout se tient. Chaque tableau forme un fragment homogène; il faut que tout le monde, solistes, chœurs et orchestre, s'entendent pour concourir, par leur harmonieux ensemble, à l'effet général.

Le livret était d'Édouard Devrient, qui l'avait offert présenté à Mendelssohn. Celui-ci n'osa pas l'aborder, considérant la tâche audessus de ses forces. Après le succès énorme de *Hans Heiling*, des amis de Mendelssohn lui reprochèrent ses hésitations: « Ah! s'écria le grand artiste, si je m'étais seulement senti la force d'écrire de la musique comme Marschner ! »

— Le 4 décembre 1773, à Versailles, devant la Cour, puis à Paris (Opéra, 22 févr. 1774). *Sabinus*, 5 actes de Gossec. Pour sauver la pièce qui, au premier jour, n'eut qu'un succès d'estime, on l'amputa d'un acte; cela ne lui réussit pas davantage. « Le public est bien ingrat de s'ennuyer, s'écria Sophie Arnould, quand on se met en quatre pour lui plaire. »

— Le 5 décembre, 97me année de la mort de Wolfgang-Amédée Mozart (Vienne, 1791). — Sa naissance à Salsbourg, le 27 janv. 1756. (Voir Eph. *G. M.* 1er déc. 1887.)

— Le 6 décembre 1775, à Malte, de parents français, naissance de Nicolo Isouard. — Sa mort à Paris, le 23 mars 1818.

« La fécondité de Nicolo sent la négligence; son inspiration est banale; il petit que soit ce musicien, à côté des grands maîtres de l'école française, à côté de Méhul et de Cherubini, à côté de Boieldieu, dont il balança la fortune, quelques uns de ses opéras ne doivent pas être oubliés. Il a trouvé trois mélodies qui peuvent prendre place à côté des plus belles de notre art; l'une de *Joconde* (1814): « Dans un délire extrême »; l'autre, de *Jeannot et Colin* (1814): « Oh ! pour moi quelle peine extrême ».

« Non loin de ces deux petits chefs-d'œuvre, il faut placer la romance de *Cendrillon* (1810) pour sa simplicité touchante. Un maître illustre, Rossini, a refait le sujet de Cendrillon; il n'a pas retrouvé la ligne pure et délicate de ce Greuze musical. » M. LAVOIX. (*Histoire de la musique*.)

(1) Son frère cadet, chanteur au théâtre de Gand, s'est marié dans cette ville, en 1807, et dans l'acte de l'état civil, il est inscrit sous le nom d'*Isoïar*, dit Nicolo Isouard.

Antoon BOUMAN, violoncelliste solo de concert, Utrecht (Hollande).

On demande un bon harpiste pour le théâtre de l'Opéra de Porto; adresser les offres à la Maison Schott à Bruxelles.

La Direction de l'Orchestre (harmonie) de Rotterdam demande pour l'été prochain, à partir du 15 avril 1889 jusqu'au 1er octobre 1889, un bon Piston solo. S'adresser par lettre à M. J. W. Strieder, Kruis Straat, 28, Rotterdam.

Marche héroïque de Jeanne d'Arc
Théodore DUBOIS
pour piano à 4 mains, avec orgue ad libitum

Prix net : 3 fr. 35 (franco)

Arrangements divers (cotés à prix nets)

N°s 1 et 3, par Georges Marty, pour piano seul, 4 fr. 50; deux pianos, 5 fr.
" 4 et 5, par l'auteur, pour orgue, 3 fr.; pour orchestre, 6 fr.
N° 6, par Wettge, pour harmonie, 4 fr.; par Antoni, pour fanfares, 3 fr.

E. MENNESSON, Éditeur, à REIMS
et chez tous les marchands de musique

Imprimerie Th. Lombaerts, Montagne des Aveugles, 7.

XXXIVᵉ ANNÉE   6 décembre 1888   Nᵒ 49

Le Guide Musical

Paraissant tous les jeudis.

ABONNEMENT

FRANCE et BELGIQUE : Avec musique 25 francs.
Texte seul . . . 10 —
UNION POSTALE : . . . 12 —

Directeur : Pierre SCHOTT
SCHOTT FRÈRES, ÉDITEURS.
Paris, Faubourg Saint-Honoré, 70
Bruxelles, Montagne de la Cour, 82

ANNONCES

S'adresser à l'Administration du Journal.
On traite à forfait.

L'AMOUR DANS LA MUSIQUE DE THÉÂTRE

(Suite. — Voir dernier numéro.)

Pour reprendre une expression qui peut paraître hasardée, n'est-ce pas une analyse *psychologique* des plus pénétrantes que celle des réticences, des résistances, des subtils détours de la reine de Carthage interrogée par sa sœur, dans les *Troyens* de Berlioz ? Dans ces *Troyens* encore, et puis dans *Béatrix et Bénédict*, de quel réseau d'harmonie transparent, qui laisse passer des lueurs d'étoiles et deviner les *amica silentia lunæ*, le grand compositeur romantique a enveloppé, là, la douce extase des aveux, ici le gracieux et furtif mouvement d'un cœur de jeune fille qui s'éveille ! Ce charme printanier avait de quoi rendre jaloux un Weber. Opposez-lui le charme exotique, les influences faites d'ardeur et d'indolence que répand un ciel lointain dans le *Roi de Lahore* de M. Massenet.

L'admirable chef-d'œuvre de M. Reyer, *Sigurd*, appelle à bien des titres une étude attentive et sympathique. Contentons-nous d'y relever l'application si heureusement appropriée de cette sorte de parti pris qui consiste dans l'emploi d'une formule expressive tout à fait caractéristique pour ouvrir, en quelque sorte, par un pressentiment qui a quelque chose d'infaillible, l'arène où vont s'agiter des passions orageuses, et la fermer sur un souvenir auquel cette insistance préméditée semble communiquer quelque chose d'immuable.

Pour s'être inspiré à sa façon, jusqu'à s'en faire, si on ose le dire, une spécialité, du sentiment interprété par d'autres avec une telle diversité, un compositeur aura, de nos jours et de son vivant, atteint le comble de la gloire, et cela en un temps et un pays où l'invasion de la popularité bruyante a fait de la gloire une telle rareté. Si Alfred de Musset, en poésie, garde sûrement les préférences avouées des Français, qui, ayant profondément oublié Lamartine, se refusent (ou il s'en faut de bien peu) à tout ce qui, chez Victor Hugo, ne fait pas jeter les hauts cris aux rancunes politiques ou aux passions nationales, et si, musicalement parlant, Gounod est devenu le chantre favori de la société française contemporaine, cette double élection tient à des causes qui se touchent de fort près. Les partitions de *Faust* et de *Roméo et Juliette* (et celle-ci, suivant nous, mérite incontestablement d'être préférée à celle-là) rendent témoignage de l'art merveilleux avec lequel leur auteur a su ménager au sentiment dont il s'agit les inflexions les plus dociles, les gradations les plus fines, pour le porter de ses premières caresses jusqu'à ses dernières étreintes. Telle est, en effet, la délicatesse de cet art qu'il n'en coûte nul effort à l'auditeur exercé pour distinguer qu'il s'agit de ce qu'on est convenu d'appeler le *bon* ou le *mauvais* motif, suivant qu'il est mené vers la chambre nuptiale où l'abandon légitime de Juliette introduit son époux, ou jusqu'au seuil de la chaste demeure d'où la résistance pudique de Marguerite ne parvient pas à écarter son amant. A cet égard, nous ne saurions nous abstenir de citer un seul de ces passages ingénieusement nuancés, d'abord parce qu'il fait le plus grand honneur au tact de celui qui l'a écrit, ensuite et plus particulièrement parce que, s'en rendant compte ou à son insu, il est sorti manifestement, cette fois, de ses habitudes, et il a réussi à quoi ? A mettre à la portée du goût de ses compatriotes, par une application charmante et prudemment limitée, une sorte de procédé artistique dont il semble que des répugnances bruyamment affichées devaient l'écarter. C'est à ce méritoire oubli de soi que sont dues les quatre-vingts mesures commençant sur ces mots : *Hélas ! moi le haïr...* avec leurs accords plaqués, continuant et variant, tout au long d'une série de notes chantées qui tiennent du récitatif plus que de la mélodie, les sous-entendus de leurs intonations (1).

Au nombre des mensonges bienfaisants dont le grand art a le privilège, s'il en est un, doux par excellence, captieux à merveille, c'est bien celui qui, à la faveur d'un instant, fait passer pour inséparables ces deux maîtresses du Désir, également impérieuses, fatalement irréconciliables, l'Aspiration idéale, la Réalité sensuelle. Pas un musicien, sans doute, n'aura réussi comme Gounod à opérer cette union, heureusement décevante et à faire prendre le change sur le plus imaginaire des amalgames, et cela au moment même où s'impose à lui la situation qui marque clairement le triomphe tout proche, sinon immédiat, de la seconde de ces puissances rivales. Que cette situation soit déterminée par la chute de Marguerite ou par l'abandonnement volontaire de Juliette, l'expression mélodique à laquelle, dans ce dernier cas, les angoisses de la première séparation rendront tout à l'heure sa pleine indépendance, une si éloquente indépendance, cette expression comporte, des deux parts, même rythme et, sous ce rythme uniforme, mêmes intentions. On dirait que la mélodie, telle que le Maître la conçoit, affirme ainsi son exclusive et invariable souveraineté.

Et pourtant, il le sait bien, et il le fait trop sentir. Se fait-il faute, sur le tard, d'incliner vers une destination pieuse, sans trop les déranger ni les dépayser, ces phrases à double entente, de leur préparer, en quelque sorte, une bonne fin ? Que tel air de Mozart, empreint de cette grâce naïve et enfantine, familière, jusqu'au terme de sa courte existence, au grand musicien qui avait commencé par être le plus phénoménal des enfants prodiges, ait pu, tout naturellement, au sortir du théâtre, prendre son vol jusqu'à l'église catholique, sans que les femmes et les enfants qui fréquentent cette église, faite pour eux, fussent exposés à la moindre erreur, à la plus légère confusion, soit... Mais en va-t-il tout à fait de même, lorsque, avec peu de changement, les motifs de Gounod les plus justement réputés, parce qu'ils respirent tout autre chose que l'innocence, s'adaptent aux fantaisies plus ou moins chrétiennes et patriotiques du Maître auquel on passe tout ? Que le prologue de *Roméo et Juliette* se laisse aisément recon-

(1) Comparez notamment ce début de la scène du balcon à tel passage du duo d'Yseult et de Brangaene (2ᵉ acte de *Tristan*), qui porte sur les mots : *Weil du erblindet*, etc., et à la simple lecture, se trahira entre l'un et l'autre un air de famille tout uniment la plus justifiable de similitudes. Tout de même, Gounod surpris en flagrant délit de wagnérisme ou de wagnérianisme (comme on dit), le cas était bon à noter, et c'est bien grave !

naître au pied même de la croix (1), il n'y a pas grand mal à cela. Mais cette occasion est loin d'être la seule où Gounod ait prétendu célébrer, sans beaucoup varier ses notes et leur sens le plus naturel, les mystères de la passion amoureuse et ceux de la Passion divine. Aussi, quelque irrévérencieux serait bien capable de dire, à propos de cette musique si séduisante en son ambiguïté : « Elle exerce sa force, » sa douceur et sa vertu en vue de ce monde et en » vue de l'autre. A l'entendre, un harem, le plus » idéal et le plus élégant des harems, vous fait envie » à condition qu'il donne sur une chapelle où, devant » une jolie statue de la Vierge éclairée dans sa niche » au-dessus d'un bouquet de fleurs les unes naturelles, les autres artificielles, on puisse préalable-» ment ou subséquemment faire ses dévotions. A » rêver de l'au-delà avec elle, il est fort à craindre » que le rêve ne se trompe de route, et ne prenne le » chemin de la Croix que pour conduire au paradis » de Mahomet. »　　　　　　　LÉONCE MESNARD.

UNE PREMIÈRE A MILAN

La *Francesca da Rimini* « del maestro commendatore » Antonio Cagnoni n'est pas précisément une nouveauté. Il y a dix ans déjà, les colonnes de la *Gazetta musicale di Milano* donnaient l'hospitalité aux télégrammes et aux correspondances ayant trait à ce dernier ouvrage de l'auteur de *Papà Martin*, qu'il faut bien traduire le *Père Martin*, puisque l'accent grave est supporté par l'*à* final de *Papà*. C'est de la première de *Francesca* au théâtre du Verme qu'il est question aujourd'hui, et c'est de ce grand événement musical que nous voudrions donner à nos lecteurs un simple aperçu en empruntant nos renseignements au compte rendu de la *Gazetta*.

La lecture de ce document nous apprend que l'opera *Francesca da Rimini* a été composé pour le Théâtre-Royal de Turin en 1878. Le compositeur, bien avisé, fit sa musique « en parfait accord avec les » tendances du moment, abandonnant les formes conventionnelles » déjà condamnées, traitant l'orchestre comme élément intégral, » essentiel du drama, caractérisant ses personnages, mais restant » néanmoins éloigné des hardiesses, des innovations, ou mieux » encore des bizarreries à l'aide desquelles on croit aujourd'hui » s'ériger en modèle ». En un mot, Cagnoni est resté italien dans sa conception musicale, ce dont il y a lieu de le louer, et son œuvre répond au sentiment populaire : elle possède la clarté et la simplicité des choses qui se font comprendre aisément de toutes les intelligences.

Arrivons maintenant à la représentation qui nous est relatée dans ses moindres détails par l'historiographe de la *Gazetta*; nous abrégerons, si vous le voulez bien.

L'ouverture, morceau sans grande prétention, est bissée et, tout d'abord, l'auteur est appelé deux fois par le public enthousiaste.

Au premier acte, la prière du soprano soulève une nouvelle tempête de bravos et Cagnoni reparaît aussitôt. La scène suivante, où l'on remarque des passages d'un « suave abandon » sur les vers du Dante, oblige le maestro à se présenter pour la quatrième fois. La marche qui suit est d'un caractère peu défini, et sa présence semble inopportune ; mais la romance du ténor est d'un tour heureux, bien que la conclusion n'en soit point originale. Qu'importe ! l'auteur est de nouveau rappelé et acclamé.

Acclamé quand même et toujours, Cagnoni reparaît deux fois après la « canzonetta » et un nombre considérable de fois après la finale du deuxième acte, qui est bissée. Il y a, forcément, un peu de détente au troisième acte, où le public, au moins aussi occupé que les interprètes, éprouve le besoin de respirer; mais cela n'empêche qu'à la chute du rideau, Cagnoni en est à sa *seizième* apparition !

Terrible, ce quatrième acte ! Tout y conspire pour que le pauvre maestro ne puisse plus regagner la coulisse. Un « richissime » *Ave Maria*, où Cagnoni « se révèle le meilleur compositeur italien de musique sacrée » et le duo d'amour, joyau de la partition, valent successivement à l'auteur des ovations auxquelles prennent part tous les

(1) Dans *Rédemption*.

êtres vivants présents au théâtre, public, orchestre, chanteurs, etc., « sauf les deux carabiniers qui font la garde à l'entrée du parterre » (ces deux carabiniers, — que tu m'affliges, — sont, à n'en pas douter, d'infâmes wagnériens).

A la suite de cette page d'amour, synthèse de la pensée du Dante, viennent les pages de la mort, où la musique se maintient au même niveau, jusqu'à l'extinction finale, soupirée par les violons. Cette fois l'enthousiasme ne connaît plus de bornes et Cagnoni, et les deux chefs d'orchestre Toscanini et Masenghini comparaissent *bis* fois au bruit d'acclamations qui font venir les larmes aux yeux, « tant il est vrai, dit avec raison notre confrère, que les pleurs les plus suaves sont ceux que fait verser la joie ! »

Et, en manière de conclusion : « Telle est la vérité, l'unique vérité au sujet de l'issue de cette partition très réussie ; vingt-six rappels à l'avant-scène et trois morceaux bissés ». Savourons un instant ce récit véridique où l'on ne sait ce qu'il faut admirer le plus, ou de la modestie de l'auteur, ou de l'amusante folie du public, et disons-nous que l'Italie musicale est encore aux faciles émotions de l'âge d'or ; qu'elle est jeune à plaisir et d'une jovialité qui fait envie.

Du diable ! si l'on se préoccupe là-bas de respecter et de renforcer l'illusion scénique ! On n'y va pas au théâtre pour épuiser toute la gamme des sensations, ni pour se créer de sombres chimères. Aussitôt que la situation tourne au tragique et que l'assemblée fait mine de s'attendrir, vite on appelle à grands cris l'infatigable auteur, et l'intrusion d'un Monsieur en habit noir, souriant et saluant, suffit pour rassurer les cœurs sensibles, qu'allaient toucher les dantesques infortunes de Paolo et de Francesca.

Convenons que ces mœurs épicuriennes ont leur bon côté, puisqu'elles permettent de concilier la représentation d'aventures les plus poignantes avec la gaîté la plus folâtre. Ne cherchons plus ; voilà bien le théâtre idéal, voilà la vérité, dépourvue de mystère, d'apprêts savants et de combinaisons hypnotiques !

Ah ! vous êtes loin, bien loin de là, wagnériens mes amis, abstracteurs quintessenciés et moroses, disciples intolérants et sectaires qui voudriez affliger l'art d'une sorte de puritanisme chronique, humilier l'enivrez sous l'insupportable loi du tyran de Bayreuth, ou faire du théâtre impossible en rendant solidaires la poésie et la musique, alors qu'il serait infiniment plus agréable et plus hygiénique de faire du théâtre à la façon du maestro Cagnoni et de vous trémousser comme ce bon public du théâtre dal Verme.

Aussi, doit-on rendre grâce au *Musical Standard* pour l'admonestation paternelle qu'il daigne adresser aux « wagnéristes » de Bruxelles en son joyeux numéro du 1ᵉʳ courant. Nous tâcherons d'en profiter, pour notre part, cela va sans dire ; nous alimenterons désormais notre foi artistique aux dogmes qu'il propose avec une rare confiance, et c'est aussi dans les colonnes du *Ménestrel* que nous rechercherons dorénavant la lumière, comme nous venons de le faire dans celles de la *Gazetta musicale*, en proposant comme exemple à suivre ce qui se passe au dal Verme en cette fin de dix-neuvième siècle !

Chronique de la Semaine

Théâtres et Concerts

PARIS

En ce moment, la Patti éclipse tout. A ce qu'elle chante, on ne prête qu'une médiocre attention ; pourvu qu'elle chante, elle plaît. Si, au lieu des cantilènes suaves, des soupirs élégants, des sensualités de bon ton du *Roméo et Juliette* de M. Gounod, Mᵐᵉ Patti nous donnait *En revenant de la revue*, agrémentée de quelques vocalises, on l'applaudirait aussi. C'est un gosier qu'on acclame, un gosier présenté par une physionomie fort agréable encore.

Il faut bien le dire, la cantatrice si fêtée doit s'en rendre compte, la part du souvenir est grande en cet accueil. L'arrivée de la Patti est, pour beaucoup, un prétexte à louange de la vie, à se croire revenus à la fête des dernières années de l'Empire, à se donner l'illusion de ce milieu brillant, à revivre le passé. Albert Wolff et Aurélien Scholl, en quittant leur fauteuil d'orchestre, essuient une larme furtive en pensant à la bouquetière Isabelle, au Jockey-Club, à Grammont-Caderousse, etc., à tout cet accompagnement, à tout cet encadrement de la Patti qu'ils ne retrouvent plus. Ce qu'ils retrouvent, c'est, pour parler comme M. J. Weber, du *Temps*, « une bonne voix de soprano léger, où les gens qui l'ont connue autrefois trouvent une assez apparente trace du charme primitif », *Panta rei* ! Tout change ! « soupire la philosophie mélancolique d'Albert Wolff. « Moins ça change, moins c'est la même chose ! » s'écrie le dépit paradoxal d'Aurélien Scholl..... Et la jeune

génération, plus indifférente, fait à la *diva* l'accueil courtois qu'elle mérite, en réservant à M. Jean de Reszké la chaleur des ses applaudissements. C'est que M. de Reszké, sans avoir une voix exceptionnelle, chante et joue d'une façon intéressante, intelligente ; il a de la vie, de la jeunesse, de la flamme ; c'est là, ce qu'il faut partout, en art, et surtout au théâtre.

L'auteur de la musique disparaît en peu en cette affaire. M. Gounod a tellement prodigué sa personne au public qu'il a fini par le blaser, d'autant que, cette fois, il ne lui apporte qu'un supplément de musique parfaitement insignifiant dans le grand ensemble pompeux et vide, et le ballet dont il a surchargé sa partition de *Roméo et Juliette*.

Dans son compte rendu de la reprise de mercredi à l'Opéra, le *Matin*, avec une amabilité perfide, appelait cette soirée « le couronnement de la carrière de Mᵐᵉ Patti ». De ce compliment, où se dissimulait sous les fleurs un avis charitable, que M. Gounod prenne sa part, et qu'il renonce au moins à transplanter, retoucher, amender et compléter les œuvres de sa période heureuse.

Si le succès allait rendre l'exemple contagieux ? Si nous allions voir, à l'Opéra, outre *Mireille* avec Mᵐᵉ Caron et une gigantesque farandole, le *Roi d'Ys* avec une immense chorégraphie et la Materna, *Jocelyn* avec Van Dyck et une pastorale helvétique ; le *Roi malgré lui* avec Sellier, Lassalle, des processions de flagellants et des divertissements de mignons ?.....

En attendant ces prouesses, ces merveilles destinées à MM. Ritt et Gaillard, reconnaissons que les représentations de la Patti galvanisent un instant leur établissement. Il était temps que, de quelque chose, l'Opéra tirât quelque lustre..... pourvu que ledit lustre soit solide..et n'aille pas se décrocher, comme au Théâtre-Lyrique, et national, de M. Senterre !.,,,

A signaler au dernier concert Lamoureux, la première audition d'un *Poème mélancolique*, fantaisie pour orchestre, de M. Pierre Eustafieff. Cette *fantaisie* manque de « fantaisie ». M. P. Eustafieff a pourtant vingt-huit ans. Elève, pour la composition, de MM. Rimski-Korsakoff et Antoine Rubinstein, professeurs au Conservatoire de Saint-Pétersbourg, c'est surtout la manière du dernier que son *Poème mélancolique* rappelle..... si toutefois on peut dire qu'Antoine Rubinstein, comme compositeur, a une manière. Caractère mélodique et harmonique assez peu russe que possible, très « cosmopolite », une certaine enflure orchestrale, déguisant mal la pauvreté de l'idée, une certaine prédilection pour le cor en évidence, voilà tout ce que je puis dire de ce morceau, accueilli avec une certaine hésitation.

Le peu récréatif concerto en *ré* d'Antoine Rubinstein a été exécuté par Mᵐᵉ Roger-Miclos avec une certaine assurance assez vulgaire, qui lui excluait pas l'à-peu près dans certains traits. Je sais bien que l'œuvre ne prête pas beaucoup ; mais enfin le manque de charme et l'exagération dans la vigueur de l'attaque et dans la quantité de son ne devraient pas empêcher la netteté du jeu, la solide assiette de la mesure..... Mᵐᵉ Roger-Miclos a été applaudie, mais beaucoup moins que M. René Chansarel l'avait été, le dimanche précédent, dans le concerto en *la* mineur de Grieg (Edvard).

Au même concert, tiédeur remarquable et remarquée pour le *Dernier Sommeil de la Vierge* de M. Jules Massenet..... Enorme succès pour l'ouverture de *Tannhauser*.

BALTHAZAR CLAES.

Il faudrait plusieurs colonnes pour citer toutes les célébrités mondaines, littéraires, artistiques et politiques qui se pressaient mercredi dernier à l'Opéra à la reprise de *Roméo et Juliette*. Ce public d'élite a salué d'abord M. Gounod au moment où il est venu prendre place au pupitre. Gounod a conduit l'orchestre d'un bout à l'autre avec l'autorité et la passion qu'on lui connaît. L'accueil fait à Mᵐᵉ Patti, à son entrée, a paru un peu réservé, et l'on se rappelle les ovations sans fin qui l'accueillaient chaque fois qu'il y a quelques années elle chantait devant le public parisien. Mais le public s'est échauffé bien vite, et après la valse, — chantée un ton plus bas, — la glace était brisée. Jusqu'à la fin de la représentation, les ovations se sont renouvelées, tantôt pour Mᵐᵉ Patti, tantôt et surtout pour Jean de Reszké.

On dit qu'après avoir rempli les engagements qu'elle a contractés en Angleterre, Mᵐᵉ Patti reviendra à Paris à la fin de décembre pour continuer ses représentations. Pendant l'absence de la diva le rôle de Juliette sera chanté par Mᵐᵉˢ Darclée, qui fera très probablement son début cette semaine dans l'ouvrage de Gounod.

Toujours à l'Opéra, les études d'ensemble de *Benvenuto Cellini* sont commencées.

Les maquettes des décors ont déjà été soumises aux directeurs et aux auteurs. M. Bianchini terminera en ce moment les costumes.

Le nouvel ouvrage de M. Camille Saint-Saëns sera prêt pour la fin du mois de février.

A l'Opéra-Comique, on en est aux premières répétitions à orchestre de l'*Escadron volant de la Reine*.

Dans l'*Esclarmonde* de M. Massenet, le rôle de baryton sera créé par M. Bouvet et celui du roi par M. Taskin; Mlle Anderson étudie son rôle chaque jour et le saura bientôt entièrement.

—

A l'Eden, la reprise du *Petit Duc*, l'une des plus aimables partitions de Lecocq a obtenu du succès, grâce surtout à Mlle Granier, qui a retrouvé son succès de la création dans le rôle du Petit Duc, où elle met tout son entrain, sa fantaisie, sa verve franche; on a redemandé à Mme Desclauzas la fameuse leçon de chant, qu'elle dirige avec une autorité bouffonne et une maestria comique; M. Dupuis est amusant dans le rôle de Frimousse, qu'il a hérité de Berthelier; Mlle Crouze est gentille en Petite Duchesse; le reste est très suffisant.

Il resterait peut-être à se demander ce que gagne la pièce à être développée comme mise en scène dans ce cadre un peu vaste pour elle: les défilés, les cortèges, la cavalerie n'écrasent ils pas, par leur splendeur, la grâce de ces trois jolis actes, composés pour la Renaissance et qui s'y trouvaient mieux à l'aise?

—

Le théâtre des Marionnettes de la galerie Vivienne, a donné, vendredi soir, la septième représentation de la *Tempête*; annonces par la feuille de location du jour: lord Lytton, MM. Jean Richepin, Champfleury, Stéphane Mallarmé et Paul Margueritte, qui sont allés applaudir l'œuvre de Shakespeare.

—

Le conseil municipal de Paris vient d'adopter les conclusions dn rapport présenté à M. le préfet de la Seine au nom du jury du concours musical institué pour le prix de la ville de Paris. M. Jules Claretie, rapporteur, demandait que l'on n'attendît pas le retour de l'échéance triennale pour l'ouverture du prochain concours et que, dès la fin de l'année courante, les concurrents fussent saisis d'un programme ouvrant un concours pour l'année 1889.

Extrait du *Matin* :

« M. Ernest Reyer remanie sa partition de la *Statue*, qu'il transforme en grand opéra, avec un grand ballet; on dit que l'œuvre transformée sera représentée à l'Opéra; ce serait le gage de la réconciliation entre les directeurs et le compositeur, qui, du même coup, leur donnerait *Salammbô*. »

Ces nouvelles nous paraissent absolument invraisemblables. Il suffit de lire le dernier feuilleton de l'auteur de *Sigurd* au *Journal des Débats*, à propos de *Roméo et Juliette*. « Ne pouvant rétrécir le cadre, on a agrandi le tableau. C'était déjà fait pour *Don Juan* et pour *Freischütz*... Je ne crois pas, et c'est l'avis de la plupart des musiciens, que le chef-d'œuvre de Mozart et celui de Weber aient gagné aux embellissements et aux développements qu'on leur a fait subir. »

Eh bien alors, qu'y gagnerait la *Statue*?

Quant à la réconciliation avec MM. Ritt et Gailhard, elle est encore plus problématique. Elle se fera le jour de la rentrée de Mme Caron à l'Opéra et de la reprise de *Sigurd*, sans coupures!

ꗊꗊꗊꗊꗊꗊꗊꗊꗊꗊꗊꗊꗊꗊꗊꗊꗊꗊꗊꗊꗊꗊꗊ

BRUXELLES

La dernière des soirées-Schott a été un éclatant triomphe pour l'admirable pianiste qui a nom Hans de Bulow. « Jouer du piano, disait Schumann, est une expression très juste, car pour jouer d'un instrument, il faut réellement que ce soit un jeu. Qui ne se joue pas de l'instrument ne peut pas dire qu'il le joue. » Ce mot s'applique merveilleusement au maître accompli que nous venons d'entendre et dont l'impeccable sûreté se mécanisme, dont l'aisance calculée et réfléchie ne laisse supposer nulle part la difficulté vaincue. C'est une égalité de toucher si parfaite, une si complète souveraineté sur toute la partie matérielle de l'art que l'on oublie même la sécheresse de sonorité qui distingue M. de Bulow. De ces interprétations savantes et étudiées de Beethoven, on emporte une plus haute idée, s'il se peut, de l'incomparable génie de ce maître. Rubinstein émeut davantage, il charme et passionne; mais comme l'*idée* apparaît lumineuse, profonde, attendrissante, évoquée par le jeu de Bulow! Ce n'est ni un artiste ni un poète au piano, c'est un penseur. La musique serait un art bien mesquin si elle se bornait dans les sons et si elle n'était pas un langage offrant à notre esprit l'expression d'un état d'âme.

Et cet état d'âme est le souci profond de Bulow. Avec quelle clarté, avec quelle sûreté il analyse la phrase musicale en ses multiples transformations; avec quel bonheur il expose les épisodes, comme il caractérise fortement les thèmes où s'exprime tour à tour la tendresse caressante, l'ample rêverie, la fantaisie douloureusement ironique, la colère ou le dédain, la passion débordante du grand Beethoven! Le rendu est si parfait, qu'oubliant l'interprète, on est entièrement absorbé par la pensée même du maître. Le prodige la plus étonnant de cette virtuosité en apparence si sbstralte, si impersonnelle, est assurément qu'elle ne laisse à l'intelligence aucune incertitude. Sa netteté est impérieuse, et vous écoutez, étonné autant qu'ému par la prodigieuse variété de sentiments et d'idées que renferment ces sonates et ces fantaisies de Beethoven.

Et tout cela rechante ensuite dans la mémoire, grandissant la

sonorité grêle du pianiste et prêtant à l'uniformité de l'instrument les sons chauds et vibrants de l'orchestre.

Bulow fecit.

—

M. K.

—

Souhaitons la bienvenue à un nouveau confrère, l'*Eventail*, journal programme du théâtre de la Monnaie, qui nous paraît appelé à obtenir un réel succès. Il offre à ses lecteurs des chroniques, des compte rendus, des vers, des nouvelles du dehors et de l'intérieur, le tout galamment troussé.

Empruntons-lui pour commencer, les dernières informations du théâtre de la Monnaie. Voici la distribution des rôles de la *Richilde* de M. Em. Mathieu: Richilde, Mme Caron; Odile, Mlle Cagniart; Baudoin et Arnold, enfants de Richilde, Mlle Falize. et Lecion; Osbern, M. Engel; Robert le Frison, M. Renaud; Albert de Béthune, M. Gardoni; Wedric, M. Gandubert.

On a commencé les études de *Fidelio*. M. Gevaert a indiqué les rôles à tous les artistes, qu'il a déjà fait travailler.

L'interprétation de l'œuvre de Beethoven est confiée a Mme Caron et Falize; MM. Chevallier, Seguin, Renaud, Gandubert et Gardoni.

Quant à la question directoriale, elle en est au même point. MM. Dupont et Lapissida ont reçu de la ville une lettre prenant acte de leur désistement quant au renouvellement du privilège pour une nouvelle période de trois ans.

On cite, à présent, plusieurs candidats: M. Lafon, directeur du théâtre d'Anvers; M. Alhaiza, directeur du théâtre Molière; M. Verdhurt, et même M. Vizentini, directeur du théâtre Michel de Saint-Pétersbourg. Ce dernier paraît avoir des chances sérieuses.

A voir le chiffre des candidats, il faut croire que la situation du théâtre n'est pas si difficile.

—

On annonce au Cercle artistique, le 18 décembre, une séance musicale avec le concours de M. Hollmann, le célèbre violoncelliste néerlandais, lequel vient de se faire entendre à La Haye dans le concerto de Lindner, et plusieurs morceaux de sa composition, et qui est également engagé, à Wiesbade, au concert d'abonnement de l'orchestre municipal.

—

M Edouard Lalo, l'auteur du *Roi d'Ys* vient de passer trois jours à Bruxelles, qour s'entendre avec les directeurs du théâtre de la Monnaie, au sujet de la distribution de son ouvrage qui entrera sous peu, en répétition.

—

Nous apprenons que M. Joseph Wieniawski; ne donnera plus, à la salle Erard, qu'une seule matinée avant son départ pour la Russie, où l'appellent de très brillants engagements.

—

Les *Cloches de Corneville* remplacent, depuis cette semaine, la *Cigale et la Fourmi* sur l'affiche du théâtre de la Bourse.

✦✦✦✦

GAND

GRAND-THÉATRE.— Mercredi, 28 novembre: *Le Songe d'une Nuit d'été*; samedi, 1er décembre, *Roland à Roncevaux*; dimanche, 2, *Faust*, le *Postillon*; lundi, 3, *Roland à Roncevaux*.

La reprise de la vieille pièce de Mermet, *Roland à Roncevaux*, s'affirme comme un grand succès, tout d'interprétation et de mise en scène, — car la pièce en elle-même est trop nulle pour que je n'arrête un instant à en faire l'analyse. Mais M. Van Hamme, qui sentait la nécessité d'une opération productive, a — à ce point de vue, — la main heureuse en choisissant cet opéra, dont le sujet prêtait à de luxueuses amplifications scéniques; et dont la compréhension musicale est accessible aux intelligences les moins développées. Peut-être cette interprétation ne sont-elles pas d'un rigorisme artistique bien intense; mais il me semble permis à un directeur qui entend son métier de consacrer une soirée sur quatre à faire de l'argent. Bruqu'il passe courageusement les trois autres à en perdre. Les scènes de province se jouissent pas des subsides énormes qui permettent aux grands théâtres des capitales de ne compter qu'avec l'aide de la population artistique, se ne souciant assez peu du gros public. Il serait donc malséant et maladroit de trop exiger, m'on considère surtout que même les rossignols que doit nous servir quelquefois M. Van Hamme nous sont présentées avec tant de soin que le plaisir des yeux y trouve amplement son compte, à défaut du plaisir de l'ouïe. J'ajouterai plus : les prétentions de certains éditeurs deviennent tellement excessives que beaucoup d'œuvres de valeur tout au moins notable ne peuvent plus être représentées qu'à des conditions inacceptables.

La morale de tout cela, c'est qu'au lieu de représenter *Hamlet* ou *Françoise de Rimini*, M. Van Hamme joue *Roland* et monte les *Amours du Diable*. On ne peut cependant pas exiger que les directeurs et les publics soient plus désintéressés, plus artistes que les auteurs eux-mêmes. Tout ce manège tend à ravaler l'art au rang d'un négoce d'épiceries ou de mélasse contre lequel on ne saurait assez protester.

Pour en revenir à *Roland*, signalons le grand succès obtenu par

MM. Merrit et Pourret, Soum et Darmand, et MM^{ms} Laville et
Bloch. Cette dernière artiste est décidément une bien excellente
acquisition.

Parmi les tableaux les plus réussis, je cite celui de la *Mosquée*,
une pure merveille de bon goût, et celui du *Val de Rencenaux*, avec
ses rochers en gradins montant jusqu'aux cintres, et d'où se déroule
une farandole admirablement réglée. J'ai vu le moment où on
l'allait bisser d'enthousiasme, — à défaut d'autre chose. — Le fait
est que c'est charmant. E.

LIÉGE

Théâtre-Royal. — Lundi, 26 novembre, *Lucie*, le *Chalet*; jeudi, la
Juive; vendredi, le *Trouvère*, le *Chalet*; dimanche, 2 décembre, les
Dragons de Villars, la *Fille du Régiment*.

Le théâtre continue sa campagne d'une façon à moitié satisfaisante. Nos prédictions se vérifient au sujet de Mlle Dusil, qui montre
beaucoup de tempérament et d'intelligence, tout cela accompagné
d'une bonne voix, encore un peu inexpérimentée, mais solide et
chaude. Elle vient de jouer la *Juive* (Rachel), et tout l'intérêt s'est
concentré sur elle. Mme Prasset et Bellemont méritent aussi des
éloges pour les représentations de ces derniers jours.

M. Dupuy, ténor, et M. Lecoq, chef d'orchestre, ont résilié. Ce
n'est dommage que pour ce dernier, qui sera remplacé par M. Jahn.

Cette semaine a été marquée par le premier des Nouveaux
Concerts, dirigés par M. Sylvain Dupuis. Nous espérions quelque
chose de cette entreprise, et cet espoir n'a pas été déçu. La composition du programme était fort bien faite. D'abord, le *Huldigungs-
Marsch*, de Wagner, joué avec beaucoup plus d'ensemble que les
Liégeois ne sont habitués à en entendre. Et cela leur a plu, car la
salle, très garnie (il s'agit de la grande salle du Conservatoire), a
chaleureusement applaudi. Puis, la première symphonie de Beethoven. Dans cette œuvre, qui demande tant de légèreté et de
précision, l'orchestre a fait tout ce qu'il pouvait, sans aboutir toujours, mais en montrant un progrès remarquable sur les exécutions
ordinaires.

M. Scharwenka nous a ensuite joué son concerto de piano. C'est
un musicien et un instrumentiste de mérite; son concerto sort des
banalités que les exécutants-compositeurs écrivent d'habitude. Le
scherzo nous a rappelé certaines œuvres de l'école russe moderne;
l'*allegro* est d'un beau style, et l'on regrette que la virtuosité abso-
solument voulu s'affirmer dans la dernière partie. M. Scharwenka
a exécuté, de plus, trois pièces de Liszt et de Chopin, dans lesquelles
il s'est montré bon interprète et virtuose accompli.

Une partie intéressante du concert a été *Sieg-fried-Idyll*. Nous en
avons trouvé l'exécution un peu terne et nous espérons entendre
encore cette poétique et charmante œuvre. Pour finir, enfin, la
Rhapsodie norvégienne de Lalo.

M. Dupuis s'est montré chef d'orchestre habile, quoiqu'un peu
nerveux par instants. C'est permis, quand on entreprend une chose
difficile et importante; il est à souhaiter qu'il reprenne un calme
complet, maintenant qu'il a su tracer sa voie et qu'il peut être sûr
du succès en la poursuivant.

Il n'entre pas dans nos vues de dire quelques banalités élogieuses
sur cette nouvelle entreprise. Ce que nous voulons, c'est constater
que le public vient nombreux à ces concerts dont l'attrait se repose
pas sur les solistes et où l'orchestre a la plus large part. Si M. Dupuis persévère, ses exécutions seront un enseignement profitable,
capable de relever le goût et le niveau artistiques de notre ville.
F. V. D.

AMSTERDAM

Ni Sarah Bernhardt, ni la Sembrich, ni le *Lohengrin* par Van
Dyck, ni les belles exécutions du *Wagner-Verein*, ni même le *Bonifacius* de M. Nicolaï n'ont jamais provoqué une explosion d'enthousiasme pareille à celle provoquée par l'opéra néerlandais de M. Van
der Linden.

Quand la fibre nationale se réveille chez les braves habitants de
la ville bâtie sur pilotis, ils n'y vont pas de main morte. C'est une
« furia » toute française, qui ne laisse pas de faire sourire les sceptiques. Présentement on peut assister, à Amsterdam, à ce spectacle
unique d'un compositeur rappelé, tous les soirs, après chaque acte,
inondé de fleurs et de couronnes dont il offre la moitié au directeur,
qui en repasse la moitié aux artistes, le tout émaillé de discours patriotiques et touchants.

L'ouvrage qui a provoqué cette explosion d'enthousiasme a pour
titre: *Catherine et Lambert*. Le poème, d'un auteur qui a eu le bon esprit
de garder l'anonyme, n'a ni queue ni tête, et l'on se demande comment il a pu se trouver un musicien pour mettre en musique un tel
galimatias. Quant à la musique de M. Van der Linden, elle est géla-
tineuse et anodine; elle n'a pas, d'ailleurs, de grandes prétentions.
On se trouve en pays de connaissances d'un bout à l'autre; c'est un
panorama d'airs connus. Le public est enchanté de rencontrer tant
de motifs qui lui rappellent l'âge heureux où l'on découvre les chefs-
d'œuvre du passé. L'orchestration n'est pas mal faite, mais l'expérience du côté scénique fait complètement défaut. Je dois ajouter
que la critique néerlandaise s'est montrée, pour les auteurs, d'une
bienveillance exceptionnelle. Moyennant quoi, *Catherine et Lambert*

---

font le maximum. Les artistes se sont dévoués et font de leur mieux;
j'ai remarqué en particulier la belle voix de M. Orello.

M. Hollmann, le violoncelliste de plus en plus décoré, a donné
un concert avec le concours de Mme Witsen, MM. Cramer et Röntgen.
C'est un artiste de talent, mais on l'a trouvé un peu maniéré.

Mlle Dyna Beumer a obtenu un très grand succès au dernier concert de la Nouvelle Société de musique, où le violoncelliste Bos-
mans aussi s'est fait vivement applaudir dans une suite fort intéressante de Popper. D^r Z.

Nouvelles diverses

M. J. Weber, « l'éminent » critique musical du *Temps*, veut bien
s'occuper du *Guide Musical* et du clavi-harpe. Il raconte à ses lecteurs
qu'en 1774, un facteur d'instruments nommé Boyer, à Grenoble,
imagina d'ajouter un clavier à la harpe; qu'il avait dressé les dessins
et les tracés de son instrument, mais qu'un certain Frique, qui travaillait pour lui, déroba son mécanisme et ses plans; « on n'a plus
entendu parler, depuis ce temps, ajoute le savant critique; la
harpe à clavier, morte avant d'être née, *paraissait totalement oubliée*;
elle vient de faire son entrée dans le monde avec des airs de mata-
more quelque peu réjouissants ».

Autant de mots, autant d'erreurs. La harpe à clavier a fait réellement son entrée dans le monde, non en 1774, mais au commencement
de ce siècle seulement, et, détail que semble ignorer M. J. Weber,
c'est en Franceque le nouvel instrument parut pour la première fois. Il
fut breveté, à Paris, le 18 février 1814. Le premier *constructeur* de la
harpe à clavier fut Jean-Chrétien Dietz, sur lequel M. J. Weber
trouvera d'amples renseignements dans Fétis. Nous lui apprendrons,
en outre, que cet instrument a fait l'objet d'un mémoire adressé à
l'Académie des sciences de Paris; dans le *Revue Musicale* (tome III,
p. 593), M. Weber trouvera une notice importante du même Fétis,
sur les inventions musicales des facteurs d'instruments qui portent
le nom de Dietz et dont le dernier descendant direct, M. Christian
Dietz, de Bruxelles, vient de remettre aujour, en le complétant, l'ingénieux instrument inventé par son grand-père. En jetant enfin un
coup d'œil bienveillant sur une note publiée dans ce journal l'année
dernière (1), M. Weber apprendra que Liszt s'était vivement intéressé à la harpe à clavier de Dietz «morte avant d'être née ».

Le docte M. Weber, qui morigène assez volontiers et quelquefois
avec à-propos ses confrères de la critique, a eu, cette fois, la main
très malheureuse. Il parle avec une désinvolture plus qu'amusante
d'un instrument qu'il n'a ni vu ni entendu, bien que des auditions en
aient été données à Paris, l'année dernière. Comprenant mal une
note publiée récemment par le *Guide*, il paraît croire que « deux
mains mécaniques parcourent l'étendue de la harpe, que leurs doigts
s'écartent et se rejoignent à volonté »; et cela lui paraît invraisemblable; il faut donc lui apprendre que le clavier du *clavi-harpe* de
M. Dietz (nous ne parlons pas de la harpe à clavier de M. Caldera,
introduite à l'orchestre d'Angers, ni l'ayant point vue), est un clavier
identique à celui du piano, avec cette seule différence qu'aux
marteaux, qui sont la caractéristique du piano, sont substitués des
crochets revêtus de peau, au moyen desquels les cordes sont pincées
(caractéristique de la harpe) comme par les doigts du harpiste.

Au demeurant, M. J. Weber comprend qu'à Angers, où il n'est pas
facile de trouver des harpistes, ont ait recours à une harpe à clavier :
ce qui l'étonne c'est qu'à Bruxelles il n'y ait pas un bon harpiste.
« Il n'y a même pas de classe de harpe au Conservatoire de Bruxelles, continue-t-il ; mais il y a une classe d'alto. »

Nouvelle erreur du docte M. Weber! Non seulement il y a une
classe d'alto, qui est tout-à-fait utile, mais il y a aussi une classe de
harpe au Conservatoire de Bruxelles. Cette classe a été créée, il y a
trois ans, par M. Gevaert, justement soucieux de ne pas laisser périr,
faute d'exécutants, un instrument qui joue un si grand rôle dans l'orchestration moderne. Il y a même à l'orchestre de la Monnaie un
harpiste et un clavi-harpiste, qui jouent ensemble dans les partitions
comportant plusieurs parties de harpes.

Après cela, M. J. Weber eût peut-être bien fait d'aller se renseigner à Bruxelles, bien qu'il donne de peu de jeu valût la chandelle.
En tous cas, il n'aurait pas accumulé, en une cinquantaine de lignes,
un tissu aussi extravagant d'erreurs et de bévues. M. K.

M. César Franck vient de donner à Angers deux séances d'orgue
qui ont fait grande impression sur l'intelligent public de cette
ville; de son côté, l'Association artistique, pour honorer l'illustre
maître, a avait porté au programme de son 319e concert populaire
que des œuvres de M. César Franck auquel M. Lelong a gracieuse-

---

(1) Voir le *Guide musical*, n° 17, du 28 avril 1887.

ment cédé le bâton de chef d'orchestre. On a joué le *Chasseur maudit*, le ballet de l'opéra *Hulda*, un morceau symphonique de *Rédemption* ; M⁽ˡᵉ⁾ Peirani a chanté un air de *Rédemption* et deux *Mélodies* de Franck, enfin M. Théophile Ysaye a joué les *Djinns*, poème symphonique pour piano avec orchestre et, avec son frère, Eugène Ysaye, le célèbre violoniste, l'admirable sonate pour piano et violon. Enfin M. Franck s'est fait entendre sur l'orgue dans le concerto en *fa* de Hændel. L'illustre maître a été, de la part du public angevin, l'objet de chaleureuses ovations qu'ont partagées ses deux principaux interprètes, Th. et Eugène Ysaye.

Au 317ᵉ concert populaire, consacré tout entier à Beethoven, M. Eugène Ysaye a joué le concerto de violon du maître, et son frère, le pianiste, le concerto en *ut* mineur. Mᵐᵉ Boidin-Puisais a chanté à ce concert le grand air de Léonore (*Fidelio*) et deux couplets de la *Gloire de Dieu dans la nature*.

Signalons enfin, avant de quitter Angers, le très vif succès qu'a remporté au concert donné par M. Guilmant, une jeune violoncelliste, M⁽ˡˡᵉ⁾ Jeanne Fleschelle, lauréate du Conservatoire de Paris, élève de Jacquard, qui paraît débuter d'une façon brillante dans la carrière.

———

Nous avons parlé des incidents qui se sont produits au Grand-Théâtre de Lyon, le public ne s'étant pas montré satisfait des artistes que M. Campo-Casso lui avait présentés, et la plupart ayant dû résilier avant le troisième début, entre autres le ténor Cossira, que l'on n'a pas goûté dans les *Huguenots*.

Le maire de Lyon, pour mettre un terme à tout ce bruit, vient de rendre un arrêté ordonnant la fermeture provisoire du Grand-Théâtre.

Peu à peu, le public s'était monté contre le directeur, M. Campo-Casso, et avait tourné ses manifestations contre lui. A plusieurs reprises, on n'a pu terminer les représentations. La dernière fois, on a dû rembourser l'argent, le commissaire de police ayant été impuissant à maintenir l'ordre. Jeudi dernier, le maire avait pris un arrêté interdisant toute marque d'approbation ou d'improbation. Le public semblait prendre l'affaire à la *bon-enfant* ; les opposants se contentaient d'éternuer pour ne pas siffler. La représentation de vendredi semblait devoir se terminer ainsi, quand un grave incident survint. Le rideau venait de se lever sur le dernier acte du *Barbier*, lorsque M. Campo-Casso fit irruption aux fauteuils d'orchestre et lança à haute voix des invectives à l'adresse d'un chroniqueur théâtral en ce moment absent. Ce fut le signal d'un déchaînement général. Les huées et les sifflets recommencèrent avec une telle violence que la représentation ne put continuer. M. Campo-Casso, conspué, ne fut protégé que par la police. La manifestation se continua au dehors par des ovations ou des huées devant les bureaux des journaux de nuit. Sous les fenêtres du maire, les manifestants demandèrent des excuses de M. Campo-Casso ou sa démission. Les gardiens de la paix dispersèrent le rassemblement.

C'est à la suite de ces faits que le théâtre a été fermé.

Dans sa séance de samedi, le conseil municipal a décidé, sur la proposition du maire, M. Gailleton, que M. Campo-Casso continuerait à diriger le Grand-Théâtre, mais qu'un gérant lui serait imposé. Ce gérant sera choisi par la ville, d'accord avec M. Campo-Casso ; il sera chargé de l'organisation, des rapports avec la presse et des engagements des artistes. M. Campo-Casso n'aura donc plus que la responsabilité pécuniaire de l'entreprise.

Pendant la séance du conseil municipal, une foule d'environ 2,000 personnes attendait au dehors le résultat de la délibération. Heureux pays, où les questions d'art passionnent à ce point la foule ! Lundi on a rouvert avec *Mireille*. Aucun incident.

———

Le théâtre de Lyon n'est pas le seul qui subisse une crise ; à Lille la saison théâtrale paraît fortement compromise. Les pertes subies par la Société des artistes dont M. Bonnefoy était le directeur-gérant se sont accumulées pendant ces derniers temps, et force a été à M. Bonnefoy de donner sa démission.

Les artistes réunis en société ont demandé à la ville de nommer un gérant. Une réunion a donc eu lieu à cet effet, samedi. Le maire a proposé aux artistes en société la nomination de M. O. Petit comme gérant. Le vote a eu lieu de suite et M. O. Petit a été nommé. Le successeur de M. Bonnefoy n'entrera toutefois en fonctions que le 10 décembre, au plus tôt, c'est-à-dire lorsque l'administration aura eu le temps de vérifier le compte de la gestion de M. Bonnefoy et aura pu remettre au nouveau gérant une situation nette. Reste à savoir si vers le milieu de décembre on pourra compléter la troupe, c'est-à-dire trouver des titulaires pour les différents emplois lyriques ou dramatiques laissés jusqu'ici inoccupés. Si cette impossibilité se réalisait, M. O. Petit se retirerait et la ville aurait alors à chercher une autre solution. M. O. Petit vient, en attendant, de partir pour Paris, à la recherche d'artistes nouveaux.

———

On nous écrit de Lille que le ministre des beaux-arts vient de faire don d'un superbe violon de la maison Gand, de Paris, à la classe supérieure de violon de M. Schillio.

Le succès de cette classe au dernier concours lui a valu cette marque de distinction.

———

L'Opéra de Vienne est en plein wagnérisme. Selon la coutume inaugurée depuis quelques années, on y donne en ce moment une série de représentations cycliques de l'œuvre de Wagner. *Rienzi*, le *Vaisseau-Fantôme*, *Tannhæuser* et *Lohengrin* (avec M. Van Dyck) ont été donnés dans la dernière quinzaine. Les *Maîtres Chanteurs* seront repris la semaine prochaine, cette fois *sans coupures* et suivant la mise en scène de Bayreuth : M. Friedrichs le remarquable Beckmesser de Bayreuth a été engagé spécialement pour cette reprise. Ensuite viendront *Tristan et Iselde* et *l'Anneau des Nibelungen* tout entier. Grâce aux soins artistiques que Hans Richter, l'admirable chef d'orchestre, a donnés à ces reprises, ces représentations wagnériennes obtiennent énormément de succès, et la haute société de Vienne se dispute les places pour cette série vraiment intéressante de spectacles grandioses.

Après la *Théodora* de Sardou, qu'ils ont récemment vue par la troupe de Mᵐᵉˢ Sarah Bernhardt, les Viennois en ont entendu une autre en musique, un peu moins moderne, il est vrai : la *Théodora* de Hændel. Celle-ci est une jeune chrétienne, qui se donne courageusement à la mort pour la foi, un Polyeucte féminin. Ce drame sacré, écrit en l'espace d'un mois, du 28 juin au 31 juillet 1749, sur un livret du poète anglais Thomas Morell imité du français, n'est pas l'un des ouvrages les plus répandus du grand Hændel. Joué sans grand succès à Londres en 1750, il n'est guère sorti de l'oubli que depuis quelques années. Après avoir été donné une fois en 1841 par le *Sing-Akademie* de Berlin, il a seulement reparu en 1871 dans un festival, à Cologne, sous la direction de Hiller, et depuis à Munich (en 1872), à Stuttgart (en 1874). Cette partition a été jouée dimanche dernier pour la première fois à Vienne, sous la direction de Hans Richter et avec le concours de Mᵐᵉ Materna (Théodora), Mᵐᵉ Papier (Irène), de MM. Walter (Septime), et Weigand (Valens), dans la salle de la Société des amis de la musique.

Mᵐᵉ Materna, la célèbre cantatrice wagnérienne, viendra à Bruxelles, au mois de janvier, chanter aux concerts Servais la grande scène finale du *Crépuscule des Dieux*.

Joachim, l'illustre violoniste, célébrera, ce mois-ci, le cinquantième anniversaire de sa carrière artistique. Il a joué pour la première fois dans un concert en décembre 1838, à l'âge de 9 ans.

Nous avons annoncé naguère la tournée de concerts que M. Emile Blauwaert, l'excellent baryton belge, allait entreprendre en Allemagne. Après avoir chanté successivement à Berlin, Hambourg, Mayence, Wiesbade, Dresde et Heidelberg, M. Blauwaert parcourt en ce moment la Suisse, où des engagements l'attendent à Bâle, Zurich et Winterthour. Vendredi, il chante au concert du Museum à Francfort, puis à Meiningen, dans un concert de la chapelle ducale. Partout, M. Blauwaert a obtenu le plus vif succès. A Berlin, notamment, il a chanté au 3ᵉ concert philharmonique, sous la direction de Bulow, le *Van Arteselde* de Gevaert, qui lui a valu un succès éclatant. M. Blauwaert chante aussi beaucoup de *lieder* d'auteurs flamands : *Ons vaderland* de Blockx, *Maillad* de Huberti, *God seine Taverne* d'Antheunis, qui paraissent beaucoup plaire au public allemand. Mais son morceau de bravoure reste la sérénade de la *Damnation de Faust* de Berlioz, qu'il fait bisser partout et que partout on lui demande.

M. Blauwaert chante alternativement en flamand et en français.

Le jury de l'exposition de Bologne vient de conférer la grande médaille d'argent au traité de l'enseignement du violon de M. Julien Piot.

Cette récompense est d'autant plus digne de remarque que M. Piot n'avait adressé que ce seul ouvrage à l'Exposition.

Le *Guide musical* a déjà annoncé que le *Violon et son mécanisme* avait été adopté par tous les conservatoires de Belgique et de France.

———

Répertoire de la Scala : Otello, Asrael, Lohengrin, Zampa, Rigoletto, et comme nouveauté, l'*Edgar* de Puccini et les ballets *Teodora* et *Sorgents*.

———

Le théâtre de Cagliari sera complètement éclairé à la lumière électrique le 25 décembre courant.

Le théâtre Costanzi, de Rome, va donner prochainement la première représentation de *Medgé*, opéra-ballet inédit du jeune compositeur Spira Samara, dont le livret est de M. Pierre Elééar.

Medgé aura pour interprètes principaux : Mmes Emma Calvé, Hástreiter ; MM. Massart, Devriès, Cherubini, Terzi et Navarri.

On annonce aussi que *Néron* de M. Arrigo Botto est enfin terminé et qu'il sera représenté à la Scala de Milan, pendant le carnaval 1889-90.

M. Botto est, on le sait, à la fois l'auteur du livret et le compositeur de la partition ; il se propose de publier ce livret d'avance, de le faire représenter sur une scène purement dramatique, afin qu'on puisse juger de sa valeur. Après, seulement, on l'entendra avec le texte musical.

Petites nouvelles de Russie :

Avant de se rendre à Prague pour diriger la première représentation de la traduction tchèque d'*Eugène Onéguine*, M. Pierre Tchaïkovsky a passé une quinzaine à Saint-Pétersbourg, prêtant son concours à deux concerts donnés à la salle de l'Assemblée de la noblesse : le premier, celui du 3 novembre, que la Société philharmonique a consacré à l'audition de ses œuvres ; le second, — une semaine après, — le concert symphonique de la Société musicale russe, dont la deuxième partie ne renfermait que de ses compositions. Au concert philharmonique, il a fait entendre trois nouveautés, — une symphonie et un concerto de piano, ainsi qu'une ouverture de M. Laroche orchestrée par lui ; la seconde fois on a rejoué la nouvelle symphonie et une autre œuvre récente du maître, — *Hamlet* — désignée, cette fois, sous le titre d' « ouverture-fantaisie », et qui, quoique moins longue que ses devancières, se rattache néanmoins à la brillante série des poèmes symphoniques de M. Tchaïkovsky : *Roméo et Juliette*, *Tempête*, *François de Rimini*, l'*Année 1812* et *Manfred*.

La nouvelle symphonie de M. Tchaïkovsky, la cinquième de ce maître, est en *mi* mineur. Elle a été composée cette année. Le premier *allegro* et l'*adagio* en ont obtenu un très grand succès ; le finale, en revanche, et l'*allegro moderato* (valse) qui le précède, paraissent avoir moins porté.

L'inauguration des représentations italiennes au Théâtre-Panatew a eu lieu jeudi dernier, par le *Barbier de Séville*. La salle était bondée d'un public élégant et enthousiaste.

L'accueil fait à M. Masini à son entrée en scène a été une véritable ovation. Une couronne avec l'inscription : « Salut de bienvenue », lui a été remise. Les deux sérénades ont été bissées et, chaque fois, l'artiste les a présentées avec une cadence nouvelle.

La nouvelle Rosine, Mlle Sigrid Arnoldson, a produit une excellente impression. Les Pétersbourgeois trouvent que, comme voix et comme extérieur, elle rappelle Mlle Van Zandt, mais une Van Zandt brune, dont la voix est un peu plus nourrie, les cheveux plus foncés et les yeux tout à fait noirs. Le succès de la jeune artiste s'est, d'ailleurs, accusé dès l'air d'entrée, — l'*una voce poco fa*, et il s'est maintenu jusqu'à la fin.

Le spectacle a commencé par l'hymne national, chanté en italien par tous les participants, M. Masini en tête.

Samedi soir, pour la deuxième représentation, on a donné *Aïda* avec Mmes Sandra-Kartsow, Scalchi-Lolli et les débuts de MM. Ottaviani, Salassa et Contini.

Demain vendredi, au Théâtre-Marie, aura lieu le jubilé de vingt-cinq ans de service de M. Napravnik, le célèbre chef d'orchestre de l'Opéra-Russe. On a monté, pour cette occasion, avec le concours de M. Fiegner, les *Nijégorsky*, le premier opéra du jubilaire. Son second opéra, — *Harild*, — a été donné le 15 novembre. Pour la première fois, au Grand-Théâtre de Moscou. L'auteur, qui dirigeait en personne l'orchestre, a été reçu par les fanfares. Trois morceaux, dans le nombre un superbe chœur religieux *a capella*, ont été bissés. Les principaux interprètes étaient Mmes Korovina et Kroulikova, MM. Préobrajensky, Korsow, Khokhlow et Boutenko.

Signalons la présence à Saint-Pétersbourg de la violoniste italienne Teresina Tua, des pianistes Friedheim et Stavenhagen, de Mmes Minnie Hauck et Mlle Nikita, la jeune comète américaine, enfin d'une autre jeune violoniste, Mlle Torricelli, qui a récemment fait quelque sensation à Berlin.

Le répertoire des deux premières semaines de réouverture du Théâtre-Métropolitain de New-York a été arrêté comme suit : mercredi, 28 novembre, les *Huguenots* ; vendredi, les *Maîtres Chanteurs* ; samedi, les *Huguenots* ; lundi, *Guillaume Tell* ; mercredi, *Don Juan* ; vendredi l'*Africaine* ; samedi, les *Maîtres Chanteurs*. *Lohengrin* sera représenté dans le courant de la troisième semaine, et la première représentation du *Rheingold* aura lieu peu de temps après.

ÉPHÉMÉRIDES MUSICALES

Le 7 décembre 1824, à Paris (Odéon) *Robin des Bois*, 3 actes de Charles-Marie de Weber.

« Ouvrage sifflé, meurtri, bafoué, navré, moqué, conspué, turlupiné, hué, vilipendé, terrassé, déchiré, lacéré, cruellement enfoncé jusqu'au troisième dessous ; » tel est, d'après Castil-Blaze, le résultat de la représentation du *Freischütz*, autrement dit *Robin des Bois*, commise à l'Odéon, de Paris, le 7 décembre 1824.

Et pourtant, celui qui s'ingénie ainsi à épuiser les épithètes dédaigneuses, alors un des principaux intéressés dans la réussite du chef-d'œuvre, condamna, quelques jours après, ce même chef-d'œuvre, à être rogné, déchiqueté, altéré, corrigé, frelaté, transformé, estropié, mutilé, bouleversé, faussé, allongé, écourté, étranglé.

C'était un deuxième martyre plus cruel encore que le premier. Car, enfin, le public parisien était bien excusable de n'en point comprendre le premier mot, huit cinq années après, siffla *Guillaume Tell* de Rossini. Castil-Blaze, au contraire, le seul littérateur compétent que la France possédât alors, avec Fétis, savait très bien que l'acte qu'il accomplissait était une odieuse profanation, d'autant plus coupable qu'elle n'avait pas pour mobile qu'une idée d'exploitation et de trafic.

L'opéra *castilblasé* fut représenté à Bruxelles le 9 mars 1825, et personne n'y trouva à redire. On eut toutefois soin de mettre sur l'affiche : « d'après Weber » au lieu de « par Weber », pour n'avoir point l'air de rompre trop ouvertement en visière avec le bon sens. Les représentations ne cessèrent qu'en 1846.

Enfin, le *Freischütz* fut traduit aussi fidèlement que possible pour le Grand-Opéra de Paris (7 juin 1851). Berlioz y ajouta des récitatifs qui sont tout ce qu'ils doivent être : simples, expressifs, se subordonnant au chant qu'ils encadrent.

C'est seulement douze ans après (20 avril 1863) que l'œuvre de Weber, ramenée à son premier état, fut jouée, à Bruxelles, sous la direction Letellier, par Bertrand, Perié, Mme de Maesen et Andrée.

Celles de nos autres grandes villes qui n'ont mangé que du plat de Castil-Blaze : Liège, 21 oct. 1825 ; Gand, 26 oct. 1825 ; Anvers, 2 févr. 1826.

— Le 8 décembre 1844, à Paris (salle du Conservatoire), le *Désert*, ode symphonie en trois parties de Félicien David. Le talent, jusqu'alors inapprécié du compositeur français, se révéla tout à coup au public par cette œuvre qui eut un succès retentissant, non seulement à Paris, mais dans la plupart des villes de l'Europe, — à Bruxelles, le 12 févr. 1845. Néanmoins, les concerts que David alla donner à Leipzig, à Berlin, à Francfort, firent naître plus de critiques que d'admiration. A Aix-la-Chapelle, où poussa, si loin la couleur locale, que le *Désert* fut rendu en costumes. Quarante figurants et deux chameaux en carton parurent dans la représentation donnée au théâtre de la ville.

— Le 9 décembre 1832, à Paris (salle du Conservatoire), *Lélio* monodrame lyrique avec orchestre, chœurs et soli invisibles d'Hector Berlioz.

Lélio est le complément obligé de la *Symphonie fantastique* et devait former avec celle-ci l'*Épisode de la vie d'un artiste*, où Berlioz se représentait lui-même en proie à une passion indomptable. (Voir Adolphe Jullien, au chapitre III de sa belle monographie de Berlioz, laquelle vient de paraître à la librairie de l'Art.)

— Le 10 décembre 1825, à Paris (Opéra-Comique), la *Dame blanche*, 3 actes de Boieldieu. Il y a trois semaines que la pièce a été remise au répertoire de ce théâtre. « Allons, s'est écrié notre ami Jullien (*Moniteur Univ.* du 19 nov.), ce vieux chef-d'œuvre où la sincérité du sentiment, la justesse d'accent propres à Grétry, à Méhul, se mélangent à juste dose avec le brillant de l'école rossinienne, n'est pas près de s'éteindre, et Boieldieu, avec une science restreinte et de médiocres ressources orchestrales, a bien mérité de l'opéra comique français : Weber, Schumann et Richard Wagner, trois juges de marque, ne s'y sont pas trompés. »

La *Dame blanche* a été jouée, pour la première fois, dans la même année 1826 : à Liège, 13 mars ; à Bruxelles, 6 avril ; à Gand, 26 août ; à Anvers, 10 octobre.

— Le 11 décembre, 85me année de la naissance de Louis-Hector Berlioz (Côte-Saint-André, Isère, 1803). Sa mort, à Paris, 8 mars 1869.

La *Revue universelle illustrée*, n° de décembre qui vient de nous arriver, contient un article intéressant sur Berlioz, à propos du livre d'Adolphe Jullien. L'auteur conclut ainsi :

« Berlioz est désormais mis à son rang, Son influence est incalculable. Les jeunes compositeurs cherchent à pénétrer les secrets de son officine, les mystères de son magique coloris. A l'étranger, voici déjà longtemps qu'il est étudié, admiré comme un classique. Ainsi en est-il en Allemagne, en Autriche, en Russie, Dans ce dernier pays, il est, dit-on, l'objet d'un culte particulièrement fervent de la part de M. César Cui, tout ensemble grand compositeur et l'un des plus fermes esprits critiques de ce temps-ci.

« En France enfin, Berlioz est décidément entré dans la grande gloire. C'est ce dont témoigne le monument que M. Adolphe Jullien vient d'élever en son honneur; ce grand et beau livre, par la profondeur du savoir, la portée de la doctrine, la valeur des jugements et la grâce ingénieuse du style, demeurera une des œuvres les plus intéressantes qu'ait, en ce genre, accomplies notre temps. » Félix Naquet.

— Le 12 décembre 1837, à Riga, *Norma*, « grosse romantische Oper, in 3 Acten, von Bellini ».

La représentation était au bénéfice de Richard Wagner, alors chef d'orchestre à ce théâtre,et qui fit précéder la première de *Norma* par cet avis au public :

« Le soussigné ne croit pas pouvoir témoigner son respect au public éclairé de cette ville d'une façon plus évidente qu'en faisant choix de cet opéra pour la représentation à son bénéfice, laquelle lui a été accordée en récompense des efforts qu'il a faits pour former et développer les talents jeunes sur cette scène. *Norma* est de toutes les œuvres de Bellini celle qui unit le plus de richesse mélodique à la chaleur et à la vérité des sentiments; même les adversaires les plus décidés des tendances néo-italiennes ont reconnu que cette composition parlait à l'âme, révélait de nobles efforts et ne sacrifiait rien à la platitude moderne. Aucun soin n'a été négligé pour l'étude et la mise en scène de l'ouvrage, et je crois pouvoir y inviter respectueusement le public du théâtre. Je le fais avec le ferme espoir que mes efforts passés et constants pour remplir dignement mes fonctions seront reconnus d'une façon sympathique et bienveillante.

» Riga, le 8 décembre 1837. R. Wagner. »

— Le 13 décembre 1872, à Gand, *Roméo et Juliette*, 5 actes, de Gounod. — Artistes : Ketten (Roméo); Mlle Hasselmans (Juliette). Bravos, acclamations, rappels d'un côté ; quelques chuts de l'autre, telle fut l'impression recueillie le premier soir par notre correspondant gantois.

Les premières: à Paris (Th. lyr.) 27 avril 1867; à Londres, 11 juil. 1867 ; à Bruxelles, 18 nov. 1867 ; à Liège, 27 janv. 1868; à Anvers, 17 mars 1868; à Vienne, 30 mai 1869 ; à Berlin, 25 nov. 1869; à Paris (Op.-Com.) 20 janv. 1873; au Gr.-Op., 28 nov. 1888.

Avis et Communications

— Le conseil municipal de Paris ouvre un concours entre tous les littérateurs français pour la composition d'un poème destiné au concours musical de la ville de Paris.

Le programme de ce concours sera remis ou envoyé à toute personne qui en fera la demande à l'hôtel de ville, bureau des beaux-arts. C'est à ce même bureau que les manuscrits devront être déposés le 15 février 1889, au plus tard.

Le sujet, pris dans l'histoire, les légendes ou les grandes œuvres littéraires de la France, devra être de nature à comporter les développements les plus complets d'une œuvre musicale en plusieurs parties, avec soli, chœurs et orchestre, et exprimer les sentiments de l'ordre le plus élevé; aussi exclues les œuvres écrites au point de vue spécial du théâtre ou de l'église, ainsi que celles qui auraient déjà été exécutées ou publiées.

Le programme du premier concert populaire à Bruxelles, fixé au 9 décembre, est ainsi composé :

1° Ouverture de *Coriolan* de Beethoven; 2° Concerto en *mi bémol*, pour piano et orchestre, de Beethoven; 3° Ouverture, scherzo, finale (op. 52) de Schumann ; 4° Pièces pour piano seul; 5° Suite d'orchestre d'Edward Grieg; 6° Fantaisie hongroise, pour piano et orchestre, de Liszt ; 7° Ouverture solennelle d'Ed. Lassen.

Le concert sera donné avec le concours de M. Paderewski.

Salle Marugg, 15, rue du Bois-Sauvage, mardi 11 décembre 1888, à 8 heures 1/2 du soir, Concert donné par Monsieur Henri Heuschling, baryton (audition des œuvres de M. de Kervroux), avec le concours de Mlle Malvina Schmidt, violoncelliste.

‡‡ Direction de l'Orchestre (harmonie) de Rotterdam demande pour l'été prochain, à partir du 15 avril 1889 jusqu'au 1er octobre 1889, un bon Piston solo. S'adresser par lettre à M. J. W. Strieder, Kruis Straat, 26, Rotterdam.

Madame HOYER
Directrice d'un Cours de Jeunes Filles
Rue de Rome, 83, Paris

XXXIVᵉ ANNÉE   13 décembre 1888   Nº 50.

LeGuide Musical

Paraissant tous les jeudis.

ABONNEMENT
FRANCE et BELGIQUE : Avec musique 23 francs.
— Texte seul . . 10 —
UNION POSTALE : — 12 —

Directeur : Pierre SCHOTT
SCHOTT FRÈRES, ÉDITEURS.
Paris, Faubourg Saint-Honoré, 70
Bruxelles, Montagne de la Cour, 83

ANNONCES
S'adresser à l'Administration du Journal.
On traite à forfait.

Une réforme intéressante dans la musique

« Wie anders wirkt dies Zeichen auf
mich ein ! »   GŒTHE, *Faust.*

L'apparition récente des remarquables travaux de M. Hugo Riemann sur le rythme et l'harmonie a rappelé, depuis peu, en Allemagne et ailleurs, l'attention des savants et des artistes sur la réforme de la notation musicale, qui est encore assez incomplète et à laquelle il est urgent d'apporter des améliorations. Ce n'est pas exagérer que de dire que, de cette imperfection du système de notation, il est résulté que nos grands maîtres n'ont pas toujours exprimé leur pensée avec une clarté absolue. De là, tant d'interprétations, divergentes parfois, d'une même œuvre, ce qui ne devrait pas être possible et ce qui, certainement, ne serait pas, si la clarté du texte ne laissait pas à désirer.

N'est-ce pas, par exemple, un indice caractéristique que des artistes tels que Bülow, Lebert, Marmontel, Schola, Klindworth, bien d'autres encore, aient cru devoir publier des éditions nouvelles des maîtres classiques, où ils ont apporté des corrections au texte, selon qu'il leur paraissait que l'auteur n'avait pas exprimé sa pensée avec assez de précision ?

Ce qui est plus étrange encore, c'est que, bien souvent, ces artistes ont chacun une interprétation différente d'une même phrase. Le plus surprenant de ces commentateurs, sans doute, est celui qui nous a donné, dans un même morceau de Beethoven, trois interprétations différentes d'une même phrase, qui revient à trois reprises, sans qu'il y ait aucun motif d'en modifier l'expression.

En présence de pareils faits, on en vient à se demander si toutes ces annotations ne sont pas purement arbitraires.

La bévue que je viens de signaler prouve, en tous cas, que plus d'un de ces auteurs d'éditions revues et soigneusement corrigées ne sait pas exactement lui-même à quoi s'en tenir.

N'y aurait-il donc véritablement aucun principe fixe, aucune loi fondamentale du phrasé musical ?

La question est capitale, et elle a longtemps préoccupé artistes et théoriciens sans aboutir à une solution. Les travaux du docteur Riemann viennent d'y jeter une vive et nouvelle clarté. La matière aride en apparence, est au contraire extrêmement attachante, surtout telle que l'expose le docteur Riemann (1).

Son point de départ est extrêmement simple : il détermine les lois du phrasé au moyen des éléments constitutifs de la musique. On va voir à quels aperçus intéressants et nouveaux, du moins en théorie, il est arrivé.

Rendons tout d'abord à César ce qui est à César. L'honneur d'avoir le premier attiré l'attention sur ce sujet revient à M. Mathis-Lussy, dont le *Traité de l'expression musicale* a été accueilli avec un si vif intérêt. Ce traité contient de véritables hérésies, mais il renferme aussi quelques vérités qui ne sauraient être mieux dites et qui méritent d'être méditées. Ainsi, au chapitre IV : « Des rythmes » (page 13, édition de 1874), on lit ce qui suit :

« La musique n'a aucun signe spécial pour indiquer les rythmes ; la ligne courbe ⌒ qu'on emploie aussi bien pour indiquer le *legato* que pour grouper les différentes notes composant un rythme, ou un membre de phrase musicale, est le plus souvent placée à contre-sens. Il est donc indispensable de donner à l'exécutant les moyens de reconnaître chaque *rythme*, afin qu'il puisse faire sentir les notes *initiale* et *finale* de chacun et leur donner un relief spécial. Mal rythmer, c'est mal ponctuer et mal accentuer ; et, de même qu'il importe de laisser à chaque mot, à chaque membre de phrase, sa signification spéciale, de même il importe en musique de rythmer, d'accentuer selon la tendance naturelle des notes, selon les lois d'attraction (2) qui président à leur groupement et leur donnent un sens. Pour bien exécuter, il faut donc, avant tout, apprendre à bien rythmer. »

On ne saurait mieux dire.

Là-dessus, M. Mathis-Lussy donne quelques exemples de vers mis en musique et de dimensions différentes. Il conseille de faire la même chose avec romances, chœurs, etc., et l'on obtiendra, dit-il,

---

(1) *Musikalische Dynamik und Agogik,* Lehrbuch der musikalischen Phrasirung auf Grund einer Revision der Lehre von der musikalischen Metrik und Rhythmik, par le Dr Hugo *Riemann,* professeur au Conservatoire de Hambourg (Hambourg : chez D. Rahter). Il faut citer aussi les travaux du Dr *Carl Fuchs,* lesquels portent le titre : *Die Zukunft des musikalischen Vortrages und sein Ursprung.* Studien im Sinne der Riemannschen Reform und zur Aufklärung des Unterschiedes zwischen antiker und musikalischer Rhythmik (Danzig, bei A.-W. Kafemann) en deux volumes ; et *Die Freiheit des musikalischen Vortrags,* im Einklange mit H. Riemann's Phrasirungslehre. Nebst einer Kritik der Grundlagen poetischer Metrik und des Buches « le Rythme », von Mathis-Lussy (Danzig, A.-W. Kafemann) ; ensuite le petit livre publié par le Dr Hugo Riemann et le Dr Carl Fuchs, *Praktische Anleitung zum Phrasiren.* Darlegung der für die Setzung der Phrasirungszeichen massgebenden Gesichtspunkte mittels vollständiger thematischer, harmonischer und rhythmischer Analyse klassischer und romantischer Tonsætze (Leipzig, Max Hesse).

(2) Voir *Die Zukunft des musikalischen Vortrages : Ueber musikalischen Phrasirung.* L'avenir de l'exécution musicale : Du phrasé,

des groupes de notes, des groupes de mesures, dont chacune porte le nom de rythme.

« Un rythme, c'est donc un ensemble de notes qui correspond à un vers. Il est le moule dans lequel le vers est coulé : c'est son vêtement. De même qu'il y a des vers longs et des vers courts, de même il y a des rythmes composés de une, deux, trois, quatre, cinq, six mesures, etc. La mesure joue donc le rôle d'unité dans le *rythme*, comme le *temps* dans la *mesure*. Deux, trois, quatre mesures forment un rythme, comme deux, trois, quatre temps forment une mesure ».

L'importance du rythme est clairement et pratiquement exposée dans ces mots. Toutefois, c'est à Riemann qu'était réservée la tâche d'aller au fond de la question et de la résoudre avec la précision scientifique. La parole est désormais à ce dernier.

« Depuis longtemps, dit-il, je m'occupe du problème d'un perfectionnement de la notation musicale, qui doit la mettre à même de faire voir et comprendre directement la construction de la phrase en indiquant minutieusement ses subdivisions par motifs, etc., afin de faciliter la tâche du virtuose interprète, en lui montrant, de manière qu'il ne puisse s'y méprendre, la vraie physionomie d'une œuvre. »

On a trop l'habitude de lire un texte musical comme si les barres de la mesure remplissaient le rôle qu'ont dans la langue les virgules, points-virgules, etc.; bien rarement la fin des motifs ou des phrases tombe à cet endroit. Elles coïncident également très rarement avec les groupements de certaines notes, par *un*, *deux*, *trois* temps, etc.

L'un et l'autre apportent leur contingent à dissimuler le véritable sens d'une phrase musicale. Il est rare que les notes groupées par temps au moyen des barres qui réunissent plusieurs croches, doubles-croches, etc., — il est rare, dis-je, que ces notes, groupées ainsi, forment entre elles les composants d'un motif ou d'un plus grand membre de phrase.

Il est vrai, ce groupement, considéré d'un autre point de vue, est plus ou moins nécessaire pour ne pas se tromper sur le caractère de la mesure. Par exemple, il faudra toujours avoir soin d'écrire des croches en 3/4 de cette façon :

et en 6/8 ainsi :

Mais du moment que les motifs ne coïncident ni avec les temps ni avec les barres de la mesure, le mieux serait d'avoir recours à un signe pour indiquer la construction des motifs et, en général, la contexture de la phrase entière.

Voici toutes les formes (en valeurs de croches) de la mesure à 3/4 avec tous les temps levés possibles :

et celles de la mesure en 6/8 :

Tous les groupes, compris entre le signe < >, forment chacun une unité d'un ordre supérieur. L'idée de cette unité ne peut se former qu'en considérant une note du groupe comme le point culminant, et, suivant que le centre de gravité se trouvera sur telle ou telle note, nous aurons des groupes d'une différente valeur esthétique.

Il faut cependant fixer l'attention sur une division plus libre des mesures en question; une division qui dérive évidemment de la mesure de 2 × 3, mais qui s'en éloigne un peu, et qui n'est pas rare, du moment que des rapports mélodiques et harmoniques rendent impossibles les autres divisions, notamment 2 × 4 ou 4 × 2.

    au lieu de

Voici un exemple pour en donner une idée :

Beethoven. Op. 14, 2. Scherzo.

Ces formes ne sont plus purement métriques ; leur caractère est plutôt rythmo-mélodique, c'est-à-dire qu'elles sont du domaine des formes multiples qui peuvent se développer dans l'une ou l'autre mesure (*metrum*). (Voyez *Dynamik und Agogik*, § 39.)

Si maintenant on se représente ces notes comme étant des sons, on voit que le faible se développe du plus fort, et le plus fort du faible. En d'autres termes, nous obtenons par là, comme forme naturelle des principes métriques : le *crescendo* et le *diminuendo*, mais nullement une accentuation différente.

Nous verrons, d'ailleurs, à mesure que nous approfondirons la matière, que la vieille théorie de l'alternative des temps forts et faibles est complètement erronée.

L'erreur vient de ce que jusqu'à présent on a traité tout de travers la métrique musicale, en appliquant directement à la musique les principes de la métrique poétique.

M. Riemann attache une grande importance à cette distinction, quoiqu'elle puisse paraître peu importante; comme on le verra plus tard, elle nous donne également pour les grandes formes métriques, le *crescendo* et le *diminuendo*, qui ont une valeur si prépondérante dans la pratique de la musique.

(*A suivre*.)   Em. Ergo.

A PROPOS DE CRITIQUES MUSICALES

Il est des moments où, considérant la quantité de non-sens et de mensonges mis régulièrement en circulation, on a en horreur cette invention qui est l'imprimerie. Il en est où, voyant comment en use avec l'art cette autre invention moderne, la critique d'art, on la prend en grippe. Ne parlons que de la musique, et contentons-nous de ramener à quelques types pris en courant (il en est bien d'autres) la gent téméraire qui se mêle de la juger.

Commençons par la critique scientifique. Celle-là ferait volontiers de la plume qu'elle tient ce que l'entomologiste fait de son épingle. Elle la passerait au travers d'une idée musicale pour la définir, la fixer, la tuer en même temps (bien entendu), si, par malheur pour l'auteur de l'expérience, il ne se trouvait pas qu'une idée musicale est impalpable et vole, vole, vole.

Et la critique tintamarresque, celle qui fait infiniment plus de bruit que de besogne? Et la critique caricaturante, créée et mise aumonde pour servir de pendant à l'opérette, cette caricature de la musique? Et l'anecdotique, tout ce qui vise à être piquante? Et cette autre, qui va au delà de l'anecdote, laissant bien vite l'œuvre pour celui qui l'a faite, se permettant avec celui-ci toutes sortes de privautés, pour l'amusement des badauds, l'habillant pour attirer la vue sur la couleur de son chapeau et sur celle de son habit, le déshabillant ensuite pour montrer encore autre chose, entrant enfin dans toutes ses habitudes? Et celle qui, au lieu de se faire cancanière, a la sagesse de rester banale, tout uniment banale, et attrape au passage le succès en recevant du premier venu le *oui dire*, qu'elle transforme en un *on dit* à l'usage de tout le monde!

N'est-il pas réjouissant, l'égoïsme sans gêne de la critique sensualiste? Pour elle, il faut que la musique soit sensuelle, sinon elle ne sera pas. — Voici, sans doute, ce qu'elle aura fait de plus osé : Le sens même un moment malaisé à discerner d'une musique très particulière; le choix absolument significatif des sujets auxquels s'applique cette musique; les divulgations d'un ordre tout à fait intime par où l'auteur a livré le secret de sa poétique musicale; voilà comme les trois degrés d'une initiation qui révèle chez Wagner le plus effréné, si on peut dire, des idéalistes. Eh bien, la critique en question s'imaginera qu'à travers cet effet triple ligne de défense qu'elle ne voit pas, ne voulant pas la voir, elle va au cœur de l'œuvre. Bon gré, malgré, elle l'attire à soi, lui fait subir ses familiarités, et s'écrie : C'est la fille d'un adorateur de la *Vénus païenne*!

Pauvre et complaisante musique! que ne lui fait-on pas dire ou, plutôt, que ne dit-on pas en son lieu et place?

Honneur à cette autre critique, nationale, éminemment française, qui ne cesse de faire ses preuves de patriotisme! Hier encore ne traçait-elle pas à sa façon deux *profils de musiciens* (aujourd'hui, à bon droit, le mot et le genre ont cours), dont elle flattait l'un à outrance et faisait grimacer l'autre à plaisir? De ces deux personnages, le premier a un nom en *sky*. Cela ne suffisait-il pas pour que les moindres *Lieder* échappés à la façon fussent portés aux nues comme de purs chefs-d'œuvre en comparaison desquels les productions d'un Chopin, d'un Schumann n'avaient qu'à rentrer dans l'ombre? (Par bonheur, le maître des maîtres en fait de *Lieder*, J. Brahms, est, pour ce genre de critique, un inconnu. Sans cela, lui aussi était immolé devant l'aimable étranger!) Le second a un nom qui se termine en *ski*. Autre race, autre traitement. Celui-ci a bien osé *illustrer* par une interprétation symphonique l'une des principales tragédies qui honorent le théâtre classique de la France. Vite, pour la caractériser, on emprunte à un critique littéraire, bien connu par sa haine déclarée pour toute musique, le mot qu'il a appliqué à la musique dont il s'agit : Elle *gâte* la pièce. En effet; le moins qu'on puisse dire d'un compositeur dont le nom se termine en *son* n'est-ce pas de l'appeler un gêneur, un touche à tout? Ah! si elle était de l'autre, de l'auteur des *Lieder*, la composition symphonique si rudement tancée, quel langage contraire on entendrait! Elle tiendrait de la solennelle austérité d'un Bach, de l'inspiration pathétiquement tendre d'un Beethoven. Elle serait parfaitement dans le ton. Racine aurait trouvé son allié naturel, consciencieux et respectueux! Il ne serait pas de trop, celui-là!

Heureux au milieu de toutes ces déviations, de toutes ces entreprises intéressées et de tous ces préjugés hostiles, celui qui peut se dire sans la moindre épithète, UN CRITIQUE D'ART.

Chronique de la Semaine

Théâtres et Concerts

PARIS

Beaucoup de monde toujours chez M. Lamoureux. Au beau programme de dimanche dernier, figurait comme nouveauté, en première audition, la Bacchanale de *Tannhæuser*. Privée du concours indispensable de la scène et des chœurs, cette musique, composée pour les représentations de Paris, après *Tristan* et la plus grande partie de la *Tétralogie*, perd forcément de son à-propos et de son effet. Au point de vue historique et psychologique, elle reste d'un intérêt tout particulier; elle suggère des réflexions dont le complet développement ne pourrait trouver place ici et que je ne puis qu'indiquer.

Le génie « poétique » de Wagner s'affirma pour la première fois dans la conception de *Tannhæuser* avec une vigueur, une originalité, que lui seul a pu dépasser depuis; son génie « musical », en exceptant l'admirable ouverture et certaines pages, n'avait pas atteint encore le même degré de croissance et d'indépendance. Pour cette

raison, pour d'autres encore d'ordre matériel, la nouvelle et féconde union de la poésie et de la musique déjà clairement entrevue, ardemment poursuivie, restait imparfaitement réalisée. Le poète avait précédé, dépassé le musicien, et comme leur loi commune, inéluctable, était de marcher de concert et de faire route ensemble, l'essor de l'imagination proprement dite se trouvait parfois arrêté..... Aussi, quand les hasards de l'existence offrirent à Wagner, alors maître tout puissant de son génie, la première scène du monde, à ce moment, pour les proportions et les ressources, l'Opéra de Paris, avec toute facilité pour employer et accroître même les moyens dont cette scène disposait; quand cette fortune inespérée lui advint, le rêve inaccompli de sa jeunesse revint le hanter. L'idée d'une scène mythologique, d'une fête de volupté, d'une grande fresque de la Renaissance, dont les nombreux et merveilleux personnages, éveillés par la musique du sommeil de leur immobile beauté, seraient doués de vie et d'âme, se détacheraient, avec un frémissement ineffable, du froide paroi, cette idée pouvait donc enfin prendre corps. L'enchanteur disposait enfin de tous les éléments de l'exercice de son art; son plan, il s'en flattait du moins, lui permettait de céder à la grande envie qui lui était venue de donner aux Parisiens un avant-goût de son nouveau style.....

Qu'on relise la *Lettre sur Tannhæuser* (*Souvenirs*, Charpentier) : on y verra combien ce désir illusoire, obstinément entretenu, fut, pour soutenir le maître dans son entreprise, un important mobile.....Mais ce n'est pas impunément qu'on a vécu de *Tristan*, qu'on porte en soi, prêt à s'en échapper, une *Gœtterdæmmerung*, un *Parsifal*. Chez Wagner, si profondément absorbé en chaque création nouvelle, si absolument voué, corps et âme, à son « idée », les heures de la jeunesse ne pouvaient revivre, et les conceptions nouvelles ne pouvaient s'introduire dans l'œuvre des premières années sans disparate, sans donner quelque chose d'hybride et de forcé..... De toute façon, les avances aux Parisiens devaient échouer, ces représentations de *Tannhæuser* rester un pur épisode, mais singulièrement, significatif, dans cette vie d'artiste.

Peut-être est-ce tant mieux pour le maître, et tant pis pour nous : si l'affaire avait réussi, peut-être n'aurions-nous pas, à l'heure qu'il est, comme dernier mot de la musique dramatique en France, les représentations Patti, et la fumisterie d'un Théâtre-lyrique-national Senterre!..... dans la diversion de Paris, Wagner a obéi à sa nature propre. Était-ce obéir à la nôtre que de fermer la porte au génie, quand il venait à nous, que dis-je, de le laisser entrer chez nous, et de le mettre à la porte ensuite? Ces choses-là se paient. Le génie est chez lui partout; en dehors des vicissitudes du temps, le monde lui appartient; en dernier ressort, rien ne prévaut contre lui. Libre aux peuples de commettre la faute d'exiler, de proscrire cette force, cette lumière, on n'a jamais vu encore que ce fût là un acte de maturité, un symptôme de génération.

Pour terminer le concert Lamoureux, belle exécution de l'ouverture de *Manfred*, et surtout de l'*España* de Chabrier, qui est vraiment une joie pour l'oreille; j'allais dire pour l'œil.

Franchement, il faut être pris d'une bien violente envie de figurer sur une affiche, pour consentir à être joué présentement au Théâtre soit disant « lyrique » et « national » de M. Senterre. La première représentation du *Sire Olaf*, pièce fantastique avec musique symphonique et chorale, de MM. André Alexandre et Lucien Lambert, a été un massacre. Les deux morceaux principaux, l'ouverture et le prélude du troisième tableau, ont été déjà exécutés séparément dans les concerts, avec le succès que méritent ces deux pages d'un bon caractère et d'une excellente orchestration. J'en ai moi-même rendu compte ici, et j'ai signalé la mention obtenue par la *Vellèda* de M. Lambert au dernier concours de la ville de Paris. J'ai annoncé aussi son opéra de *Brocéliande*.

Dans la reprise de *Joconde* aussi, ce qu'il y a de plus remarquable, c'est l'insuffisance de l'orchestre (et Dieu sait si ces accompagnements sont difficiles) et le grotesque des chanteurs, dont pas un n'est à citer..... Et quel public, juste ciel!..... BALTHAZAR CLAES.

La Chambre, après une vive discussion, a cru devoir réduire de 50,000 francs la subvention de l'Opéra.

A ce propos, il n'est pas inutile de rappeler le texte de l'article du cahier des charges relatif à cette subvention :

ART. 85. Il est stipulé que, dans le cas où la subvention serait inférieure à la somme 800,000 francs, reconnue indispensable à la prospérité du théâtre, la subvention toucherait la subvention non par douzièmes, mais sur le pied de 70,000 francs par mois, et qu'il aura le droit de fermer le théâtre de l'Opéra pendant un temps proportionné à la réduction que la subvention aura subie.

Onze mois seulement à 70,000 francs représentent 770,000, c'est-à-dire 20,000 de plus que la subvention nouvelle; il en résulte que les directeurs de l'Opéra peuvent fermer une partie du onzième mois et pendant le douzième, ne les leur est pas payé, c'est-à-dire pendant six semaines!

M. Henri Maret, qui est le rapporteur du budget des beaux-arts, a publié dans le *Radical* un excellent article au sujet de ce vote inintelligent, provoqué en partie par la campagne de presse menée depuis longtemps contre MM. Ritt et Gailhard, en partie par l'ennui de n'avoir pu assister aux représentations de la Patti et par la haine de Paris chez quelques députés de la province.

« On a ramassé ce vieil argument, qui a traîné partout, du paysan qui, ne quittant point son village, paye tout de même sa part des magnificences qu'il ne contemple jamais, dit M. Henri Maret.

» Aucun chapitre du budget ne résisterait à ce beau raisonnement. A bas les musées ! A bas les bibliothèques ! A bas la Sorbonne ! A bas tout ce que le paysan qui paye ne peut voir et ne peut entendre !

» Soit ; voilà tout cela à bas ; arts, lettres, monuments et artistes ! »

Le Sénat, heureusement, s'est montré moins province. Dans sa dernière séance, sa commission des finances a rétabli, à une grande majorité, les 50,000 francs supprimés par la Chambre.

MM. Ritt et Gailhard avaient été appelés devant la Commission et ils y ont donné quelques explications qui ne sont pas sans intérêt, notamment sur la gestion financière de l'Opéra. Ils ont montré, chiffres en mains, que, malgré les économies faites, malgré les succès du *Cid*, de *Sigurd*, de *Patrie* (?), les directeurs perdaient encore, chaque foi, 500 francs. Si la direction a touché, en quatre ans, 3,200,000 francs de subvention, elle a donné aux pauvres 1,000,000 francs, aux auteurs 860,000 francs, etc. Les pièces nouvelles ont coûté, pour être montées, 650,000 francs.

Ce qui a donné de ces bénéfices, ce sont les bals et les différentes revenances. Le bénéfice est actuellement de 226,000 francs pour les quatre ans. Mais ce bénéfice va être engagé sur les frais que nécessitera la pièce nouvelle de M. Saint-Saëns, *Ascanio*. Si l'on suppute enfin les bénéfices que pourront donner les mois de l'Exposition, il faut mettre en balance les pertes qu'apportera sûrement l'année qui suivra.

Interrogé sur la question du personnel, et plus particulièrement du personnel féminin, M. Gailhard a montré que le recrutement des chanteuses était de plus en plus difficile. « Quelles chanteuses pourrait-on engager ? M⁰ˡˡᵉ Leisinger, de Berlin? Elle a été entendue à Paris. M⁰ˡˡᵉ Malten, de Dresde? Elle ne veut plus chanter que le répertoire de Wagner, qu'on ne pourrait guère donner à l'Opéra de Paris. Mᵐᵉ Schläger, de Vienne? Mᵐᵉ Schläger a été entendue par les directeurs, qui lui ont remis un engagement en blanc, pour qu'elle vienne chanter à Paris lorsqu'elle pourra chanter en français. Elle n'a pas encore fait dire qu'elle peut le faire. Mᵐᵉ Caron a refusé les propositions qui lui ont été faites.

Comme on lui demandait s'il n'y avait plus de chanteuses en France, M. Gailhard a répondu qu'à quelques exceptions près, les grandes cantatrices de l'Opéra étaient toujours de nationalité étrangère.

Les Françaises, ce sont Mᵐᵉˢ Falcon, Cinti-Damoreau, Dorus-Gras, Carvalho; les étrangères, c'étaient ou ce sont Mᵐᵉˢ Stoltz, Malibran, Viardot, Marie Sasse, Nilsson, Gueymard, Krauss, Fidès-Devriès, etc.

Pour ce qui est des chanteurs, très nombreux en France autrefois, M. Gailhard a montré à la commission que la pénurie irait s'accentuant de jour en jour, et cela par suite de la suppression de la subvention des maîtrises et du pensionnat du Conservatoire. Presque tous les grands chanteurs d'il y a vingt ans ont été enfants de chœur; ils recevaient dans les maîtrises une éducation musicale excellente; le plain-chant formait bien leur voix. Et les plus distingués pouvaient alors, aidés par les municipalités, venir au Conservatoire se perfectionner. Ils débutaient de vingt à vingt-deux ans. Aujourd'hui, on voit concourir au Conservatoire des chanteurs de trente ans, n'ayant qu'une éducation incomplète, de mauvaise voix.

M. Gailhard a encore fourni bien d'autres détails que nous laissons de côté. C'est après le départ de MM. Ritt et Gailhard que la commission des finances du Sénat a rétabli les 50,000 francs supprimés par la Chambre.

—

L'oiseau bleu s'est envolé. Mᵐᵉ Patti nous a quittés; elle s'est embarquée dimanche à Calais; mais elle reviendra à Paris, le 17 décembre, pour donner une série de huit représentations à l'Opéra.

Voici les dates fixées jusqu'au 1ᵉʳ janvier 1889 : lundi 17, vendredi 21, mercredi 26, samedi 29, lundi 31 décembre.

En attendant, M. Bernard apprend le rôle d'Arnold de *Guillaume Tell*, Mᵐᵉ Leavington répète la reine d'*Hamlet* et chantera prochainement Amnéris d'*Aïda*.

—

MM. Ritt et Gailhard, directeurs de l'Opéra, ont reçu la lettre suivante :

« Mes chers directeurs,

» Vous venez de faire à mon opéra, *Roméo et Juliette*, les honneurs de votre maison avec un soin et un dévouement dont je suis profondément touché. Vous ne pouviez répondre plus victorieusement aux critiques plus ou moins acerbes dont il me semble qu'on vous a

poursuivis avec une si injuste persistance, et je serais heureux que mon sincère témoignage vint en adoucir l'amertume.

» Nulle part au monde, on ne saurait trouver un plus bel ensemble musical que celui que vous m'avez offert, et je ne saurais oublier le lustre encore tout spécial que vous avez voulu y ajouter en présentant au public la fille de Capulet sous les traits de la grande artiste que les deux mondes ont justement acclamée.

» Croyez, mes chers directeurs, à mes sentiments tout dévoués.

» Ch. GOUNOD. »

On lit dans le *Figaro* :

« On nous assure que la Patti, touchée de l'accueil qu'elle a reçu en France, veut quitter son château de Craig-y-Nos et les brumes du pays de Galles pour acheter le château de Chenonceaux. »

—

Les Bouffes-Parisiens ont représenté, l'autre semaine, une opérette, le *Mariage avant la lettre*, dont le livret, de MM. Jaime et Duval, a au moins le mérite de rappeler invinciblement aux plus oublieux ce petit chef-d'œuvre de grâce et de sentiment qui s'appelle *Lalla-Roukh*; la musique de M. Olivier Métra, un peu trop dansante peut-être, n'est pas dépourvue d'agrément. Le second acte, particulièrement, est bien traité : d'abord un joli chœur nuptial, puis une charmante chanson villageoise, un duetto d'une allure franche : « J'ai tous les droits », un morceau d'orchestre imitant la musique d'horloge et un finale très enlevé.

La pièce est menée avec entrain par MM. Vauthier, Simon-Max, Mᵐᵉˢ Macé-Montrouge, Jeanne Thibault et Lardinois.

—

M. Dereims vient de quitter Paris, pour aller donner une série de représentations au Grand-Théâtre de Montpellier, sa ville natale.

Il y chantera l'*Africaine*, le *Songe d'une nuit d'été*, *Faust*, *Mignon* et *Carmen*.

Sa première représentation sera donnée au bénéfice des pauvres de la ville.

BRUXELLES

La reprise de *Guillaume Tell* n'a servi qu'à mettre en évidence les défauts criants du fort ténor, M. Chevallier, car on n'en était pas à ignorer le grand talent déployé par M. Séguin dans le rôle de Guillaume, ni celui de M. Joseph Dupont dans la direction musicale du chef-d'œuvre de Rossini. Il y a eu des applaudissements pour l'un et pour l'autre de ces deux derniers artistes, M. Dupont recueillant après l'ouverture un large tribut d'hommages où perçait la sympathie non dissimulée du public à l'égard du directeur de la Monnaie. Des applaudissements, M. Chevallier en a provoqué aussi pour sa part, moins universels, heureusement, et partant des régions de la salle où les coups de gosier donnés à tort et à travers sont bien venus. La façon assourdissante de dire le récitatif dénote chez ce chanteur une absence de goût qui n'a d'égale que l'insuffisance de sa méthode. Il est impossible d'être plus inhabile avec assurance et plus audacieux avec insuccès. Mais, comme M. Chevallier possède des notes élevées de poitrine, dont il abuse désespérément, il est arrivé dans les ensembles (duo avec Guillaume, trio avec Guillaume et Walther) à produire de l'effet quand même. Ayant abusé de ses forces durant les premiers actes, il ne lui en est guère resté pour surmonter comme il faut l'allegro de son air de bravoure. Le « Suivez-moi » est resté une déception, même pour les claqueurs indulgents, et les *ut* de poitrine sur lesquels ils avaient quelque droit de compter ont fait long feu.

Il faut signaler la manière distinguée dont M⁰ˡˡᵉ Legault a su trouver dans le rôle de Jemmy l'accent pathétique en rapport avec la situation. M⁰ˡˡᵉ Pelosse, en revanche, a manqué d'autorité dans celui de Mathilde, sans que sa voix, pourtant, soit dépourvue de charme. Il reste à nommer : M⁰ˡˡᵉ Rocher, qui chante le rôle d'Hedwige; M. Renaud (Melchtal), dont la belle voix plane majestueusement sur l'ensemble du premier acte; MM. Vinche et Gandubert, qui complètent un ensemble d'exécution honorable. *Guillaume Tell* aurait grand besoin d'être rajeuni par une mise en scène un peu plus moderne.   E. E.

—

Le public est sorti, ravi du premier concert populaire donné dimanche sous la direction de M. Joseph Dupont. Deux noms volaient de bouche en bouche et provoquaient surtout l'admiration générale. Celui de M. Paderewski, dont le succès de pianiste prennent à Bruxelles l'allure d'un triomphe; celui du compositeur norwégien Edvard Grieg, que ses compositions poétiques ont rendu célèbre auprès des connaisseurs. Le premier s'est distingué d'une façon remarquable dans l'interprétation de la *Fantaisie hongroise* pour piano avec accompagnement d'orchestre de F. Liszt et dans l'exécution absolument exquise de plusieurs morceaux de Chopin et de l'*Impromptu* (thème varié, op. 142) de Schubert. M. Paderewski avait exécuté, dans la première partie du concert, le concerto en *mi bémol* de Beethoven, et l'on s'est accordé pour reconnaître que son tempérament convient moins à l'interprétation de cette œuvre, dont le caractère exige un jeu plus sévère et plus accentué ; où le troisième mouvement, seul, justifierait, à la rigueur, l'allure capricieuse et cette recherche d'effets incompatibles avec le style presque toujours grandiose de l'auteur de la Neuvième Symphonie.

Cette remarque, on l'avait faite également au Cercle artistique, où M. Paderewski a donné, le jeudi précédent, un *recital* qui a produit d'ailleurs une sensation énorme, mais où il a été permis de comparer son interprétation de l'*Appassionata* (op. 57) avec celle autrement bien comprise qu'en avait donnée Hans de Bulow, quelques jours auparavant, à la Grande-Harmonie.

Quoi qu'il en soit, le talent de M. Paderewski n'en est pas moins de nature à lui concilier les suffrages du public le plus raffiné et à lui valoir l'estime de tous les vrais musiciens. Je ne parle pas des femmes, que la suprême élégance du trait, l'élan passionné sans rudesse, la vibrante émotion du chant (car M. Paderewski possède cette faculté maîtresse de faire chanter le piano) auront bientôt fait de conquérir et de rallier à sa cause. Et c'était plaisir de voir l'enthousiasme gagner la partie féminine de l'auditoire et se prolonger après chacun des numéros du programme, auquel il a bien fallu que M. Paderewski ajoutât un morceau supplémentaire.

Et l'on a fêté Grieg, ce maître rêveur et délicat, savouré jusqu'ici dans l'intimité de ses suaves et pittoresques croquis musicaux popularisés par l'édition Peters. Les habitués des concerts populaires se sont plu à découvrir et à consacrer définitivement le succès de ces fragments symphoniques connus sous le nom de *Peer Gynt* et déchiffrés à quatre mains par les plus friands de nos amateurs pianistes. Ç'a été une révélation de les entendre avec l'orchestration chatoyante, d'une coloration intense, d'une jolie sonorité de timbres, qui en rehausse l'éclat. Elles sont quatre, formant une suite de petits tableaux dont le sujet, renfermé dans un type mélodique, se développe un instant, soit pour reparaître avec de curieuses altérations harmoniques comme dans la *Mort d'Ase*, soit pour dégénérer graduellement en une sorte de danse vertigineuse comme dans le morceau intitulé : *Dans la halle du roi de la montagne*. En fait de choses gracieuses, on ne saurait trouver rien de plus séduisant que la *Danse d'Anitra* ni de plus pastoral que le *Matin*. Deux de ces morceaux, mis en valeur par une exécution des plus soignées, ont surtout électrisé les auditeurs, et M. Joseph Dupont s'est prêté de très bonne grâce à les redire.

Le programme du concert comprenait, en outre, l'ouverture composée par Beethoven pour la tragédie de *Coriolan*, les morceaux symphoniques (op. 52) de R. Schumann (*Ouverture, Scherzo* et *Finale*) ainsi que l'ouverture solennelle composée à l'occasion du mariage du grand-duc de Saxe par Edouard Lassen. L'exécution de ces divers morceaux, où l'imprévu avait part moindre, a obtenu néanmoins tout le succès désirable.   E. E.

ANVERS

Mlle Aline Bauveroy, qu'on avait entendue au Conservatoire de Bruxelles, où elle a obtenu récemment son premier prix, et dans quelques concerts, vient de débuter, au théâtre d'Anvers, dans le rôle de Léonor de la *Favorita*. Paralysée par un trac affreux à son entrée en scène, elle n'a recouvré ses moyens qu'au second acte. On l'a applaudie après son duo avec le baryton et plus chaleureusement après l'air du troisième acte, qu'elle a dit très purement avec un sentiment profond et qui a fait valoir le timbre chaudement coloré et la modulation souple de sa voix. Rappelée après le troisième acte, elle a joué tout le quatrième plus en artiste qu'en débutante, y faisant preuve non seulement de ce sentiment dramatique qu'on lui avait reconnu à plusieurs reprises, mais encore d'un rare instinct de la scène. Ajoutons que sa diction est d'une netteté classique. Ces qualités nous font espérer que Mlle Bauveroy, — qui n'est pas une antiwagnériste, — viendra renforcer le bataillon des interprètes du drame lyrique.

LIÈGE

THÉÂTRE-ROYAL. — Lundi, *Faust*; mercredi, *Mademoiselle la Quintinie* (par la troupe du Molière); jeudi, *Lucia* et le *Chalet*; vendredi, *Si j'étais Roi* et les *Noces de Jeannette*; dimanche, la *Juive*.

Dans la salle du Conservatoire, mercredi, Hans de Bulow a donné une séance consacrée à l'œuvre de piano de Beethoven. Inutile de constater de nouveau le talent et le succès de ce prodigieux artiste. Il n'y avait qu'une bonne demi-salle, chose peu flatteuse, non pour Hans de Bulow, mais pour une ville qui se pique de dilettantisme ; même les classes de piano du Conservatoire étaient à peine représentées. Entendre un virtuose aussi complet, me paraît cependant

être un enseignement qui, pour n'avoir rien d'officiel, ne nuirait peut-être pas à l'éducation des jeunes pianistes.

Le premier concert de l'Emulation se donnera prochainement avec le pianiste Paderewski et l'orchestre des Amateurs. Bientôt aussi, le Vestiaire libéral donnera une séance où chanteront Mmes Melba et M. Clayes, de l'Opéra de Paris.

Au théâtre, le nouveau chef d'orchestre M. Jahn, avantageusement connu à Liége, a pris possession de son pupitre, et deux nouveaux artistes du grand opéra ont débuté dimanche : le ténor Doria et la basse Severac. Ce sont deux bonnes recrues, qui permettront l'exécution régulière du répertoire. Du *Roi d'Ys*, depuis si longtemps annoncé, pas de nouvelles concernant la première ; les décors ne sont pas prêts, paraît-il.

ANGERS

LES FESTIVALS FRANCK A ANGERS

Cette semaine, les musiciens et les connaisseurs de la ville d'Angers se sont donnés tout entiers au maître organiste et compositeur César Franck.

Le vendredi 30 novembre, concert d'orgue. Il faut le dire à notre honte, les Angevins ont une excellente salle de concert, ni trop grande, comme à Paris les Cirques d'hiver et d'été, ni trop petite, comme celle du Conservatoire ; une salle avec un orgue et un excellent orchestre, bien composé, très soigneux, auquel il ne manque guère que d'avoir plus d'instruments à cordes. — Outre du J.-S. Bach et de l'Alkan, on a entendu des pièces d'orgue de Franck à ce concert, cela va sans dire. Peu de gens, malheureusement, connaissent de ce maître l'œuvre d'orgue, qui restera. Son premier recueil, commencé il y a *près de quarante ans*, était une apparition absolument nouvelle dans le domaine de la musique d'orgue française ; c'était (à côté de plus courtes pièces d'un charme et d'une délicatesse rares), le style symphonique le plus grandiose, le plus élevé, transporté à l'église. La *Prière*, dans ce recueil, est à la musique d'orgue ordinaire ce qu'est la *Missa solemnis* en *ré* aux nombreuses messes de facture; elle tiendrait à côté des plus belles pages de Beethoven et de Bach, de l'Andante de la grande Sonate pour piano en *si* bémol, de la *Passacaille* en *ut* mineur. Naturellement, les difficultés de style, de lecture et d'exécution aidant, la paresse d'esprit de la masse, l'horreur innée de tout ce qui est nouveau, vrai et supérieur s'y joignant, ce recueil, qui devait faire époque, a passé à peu près inaperçu, et l'auteur s'est laissé détourner de cette voie originale par d'autres travaux, qui ont aussi leur valeur, qui ont plus fait pour sa réputation. Mais, dans l'ensemble de son œuvre comme dans la musique française, ses compositions d'orgue sont un monument isolé, unique, qui a pas trouvé de précédant, ni formé d'imitateurs. M. César Franck est pourtant revenu à l'orgue, ces dernières années, mais d'une façon incidente et intermittente ; les pièces de cette seconde série sont très remarquables, plus corsées, à certains égards, que les précédentes ; mais, sauf dans l'adorable *Cantabile* en *si* majeur, exécuté vendredi dernier au concert d'Angers, le maître ne me semble pas avoir retrouvé toute la spontanéité, toute la fraîcheur d'inspiration du premier recueil....

Le grand succès de ce concert a été pour le célèbre et superbe *Quintette* (piano et cordes), unique aussi dans son genre, et où l'on avait intercalé...

L'éminent virtuose belge du violon, M. Eugène Ysaye, et son frère, l'excellent musicien et pianiste, Théophile Ysaye, a fait merveille dans ce *Quintette*, et partagé avec l'auteur les applaudissements chaleureux et prolongés de l'auditoire.

Le succès s'est renouvelé, au concert d'orchestre du dimanche 2 décembre, pour la belle et récente *Sonate* (piano et violon) ; interprétée par les deux frères dans la perfection, avec un sentiment ému et chaleureux; cette *Sonate*, chose étrange, a obtenu un succès de délire; auteur et virtuoses ont été rappelés *quatre fois de suite*, au milieu d'interminables et éclatants bravos.... Une *Sonate* !..... C'est qu'en effet, après la musique d'orgue, c'est dans la musique de chambre que Franck a le plus marqué sa trace, en y introduisant le grand style symphonique et les procédés nouveaux; là encore est sa voie propre, le domaine de son originalité incontestable, qu'il aurait tort de déserter trop longtemps..... A citer la jolie voix de Mlle Jeanne Perrani, très goûtée dans la touchante mélodie *l'Ange et l'Enfant*.

Disons-le bien haut : Honneur à Angers ! Et honneur au maître des *Pièces d'orgue*, du *Quintette*, de la *Sonate pour piano et violon* ! Son mérite, lentement, sûrement reconnu, nous console des macarades écœurantes, des exhibitions qui occupent les tréteaux en vue, qui encombrent les carrefours banaux de l'art et de la politique.

                                                        CAMILLE BENOÎT.

NANTES

La troupe présentée par M. Poitevin offre de bons éléments. Le ténor, M. Bucognani, a une fort jolie voix, d'un timbre excessivement sympathique. Ce chanteur a encore des progrès à faire sous le rapport de la diction. Comme chanteuse légère, nous possédons Mlle Ismaël, la femme du célèbre baryton. C'est une artiste hors ligne, qui possède une voix d'une rare étendue. Chez elle, les notes graves sont aussi belles que les notes élevées. Mlle Thuringer, que vous avez connue à Bruxelles, où elle a créé *Gwendoline*, de Chabrier, tient l'emploi des falcons. La voix de cette artiste manque un peu de médium, mais elle rachète ce défaut, assez grave pour les rôles qu'elle tient, par un véritable talent de chanteuse et de comédienne. Notre ancien baryton de grand opéra, M. Labis, nous est revenu après trois ans d'absence, et n'a pas retrouvé en entier son grand succès d'autrefois. La voix de cet artiste est un peu fatiguée. Enfin je dois une mention spéciale à notre jeune baryton d'opéra comique, M. Delvoye, que je crois appelé au plus bel avenir. Ce chanteur est doué d'un délicieux organe et il sait s'en servir avec une grande habileté.

Le *Pardon de Ploërmel*, qu'on n'avait pas joué à Nantes depuis de longues années, a été repris fort brillamment. L'interprétation de l'œuvre de Meyerbeer a été excellente. Mme Ismaël a fait une merveilleuse Dinorah. Elle a chanté d'une ravissante façon le Dans l'ombre. M. Labis a eu d'excellents passages dans Hoël, enfin notre ténor léger. M. Guiberteau, très discuté, a cependant rallié tous les suffrages dans le rôle de Corentin, dont il avait bien voulu se charger par complaisance.

Mais arrivons au grand événement de la saison, c'est-à-dire à la première de *Sigurd*, joué pour la première fois le 4 décembre. Je n'ai pas à parler dans ce journal de l'œuvre si belle et si personnelle de M. Ernest Reyer; il me suffit de constater l'immense succès qu'elle a remporté. M. Bucognani s'est vivement fait applaudir dans le rôle de Sigurd, qu'il a admirablement chanté. Le triomphateur de la soirée a été, avec lui, M. Delvoye, qui a ravi la salle entière avec l'invocation à Fréja. M. Labis n'a pas donné au rôle de Gunther tout le relief nécessaire. Mlle Thuringer paraissait indisposée et n'a pas remporté, dans le rôle de Brunehild, le succès qu'on pouvait espérer. J'espère que cette artiste, qui possède de réelles qualités, se relèvera aux représentations suivantes. Une de vos compatriotes, Mlle Lenders, a médiocrement chanté le rôle d'Uta.

M. Poitevin a remarquablement monté le chef-d'œuvre de Reyer. Les décors sont magnifiques. La mer de flammes notamment a produit sur le public un effet considérable.

Avec *Sigurd* nous allons sortir enfin des vieilleries qu'on nous sert depuis si longtemps à Nantes, et nous pourrons attendre sans impatience le *Roi d'Ys* et *Hérodiade*. ETIENNE DESTRANGES.

❦❦❦❦❦❦❦❦❦❦❦❦❦❦❦❦❦❦

Nouvelles diverses

Au Grand-Théâtre de Lyon, tout est rentré dans l'ordre et l'apaisement. Le public écoute avec intérêt ce que, la veille, il déclarait exécrable, il fait bon accueil aux chanteurs qu'il prétendait indignes de paraître sur la scène. La fée bienfaisante qui a opéré ce prodige, changé les sifflets en bravos et la colère en douceur, c'est M. Aimé Gros, le délégué municipal à l'administration du Grand-Théâtre. Il a été nommé, il est arrivé, il a tout apaisé.

M. Aimé Gros a tout de suite mis en répétition : les *Pêcheurs de perles*, le *Roi d'Ys*, *Manon*, *Lakmé*, il a engagé le ténor Duc ; en même temps, le nouvel administrateur a bénéficié d'une excellente reprise de l'*Africaine* où Mlle Tanésy et Beyle ont fait merveille et où le ténor Verbees, a montré d'inattendues qualités de charme et d'éclat dans le duo du quatrième acte. Quant à M. Cossira, il est rétabli ! Ce ténor qui, la semaine dernière, fuyait vers Nice et son soleil, et laissait en plan son directeur dans la plus abominable situation, Cossira a été guéri par l'arrivée de M. Aimé Gros. Et avec autant de désinvolture qu'il avait filé vers d'autres cieux sans crier gare, il est revenu chanter au pied levé les *Huguenots* et gagner son cachet de huit cents francs !

M. Massenet est, en ce moment, à Rouen, où il va diriger, au théâtre des Arts, les dernières répétitions de son *Hérodiade*.
La répétition générale aura lieu lundi et la première représentation le surlendemain, mercredi.

On se rappelle qu'à la mort de Liszt, inhumé au cimtière de Bayreuth en Bavière, il avait été question de transférer plus tard les restes de l'illustre maître à Pesth, en Hongrie. Il est aujourd'hui certain que cette translation ne se fera pas. Liszt a exprimé sa volonté expresse à ce sujet dans une lettre du 27 novembre 1879, retrouvée dans les papiers de la princesse de Hohenlohe et dans laquelle il déclare qu'il a protesté naguère contre les funérailles pompeuses faites à Rossini et que, pour lui, il ne veut rien qu'une messe basse et les cérémonies les plus simples; il ajoute qu'il veut être inhumé là où il aura rendu le dernier soupir.

A l'Opéra de Vienne, le cycle des représentations wagnériennes continue. Mardi dernier : *Tristan et Isolde* avec Mme Materna (Isolde),

Papier (Brangœne), M. Winkelman (Tristan). Vendredi, les *Maîtres Chanteurs* avec M. Friedrichs, du théâtre de Brême, dans le rôle de Beckmesser.

—

On dit que la direction du Conservatoire de Saint-Pétersbourg est sur le point de passer des mains de M. Rubinstein entre celles de M. Tschaïkowski.

—

A Rome, dans un concert donné à l'Argentina, le morceau qui a fait la plus vive impression est, sans aucun doute, dit l'*Italie*, la *Mort di Tristano*, jouée pour la première fois à Rome en public, Il a fallu bisser ce beau finale.

—

Répertoire annoncé au théâtre San-Carlo, de Naples, durant la prochaine saison de carnaval : *Africaine*, *Mefistofele*, *Tannhæuser*, *Guillaume Tell*, *Lucrèce Borgia*, *Otello*, la *Favorita*, opéras ; *Messalina* et *Rodope*, ballets.

—

Le jury de l'Exposition de Boulogne a conféré le diplôme de mérite aux leçons théoriques et pratiques de solfège, en trois parties, d'Etienne Soubre. Cette distinction est la consécration de la valeur de cet excellent ouvrage.

—

On nous écrit de Namur :
Le Cercle musical de notre ville a ouvert la série de ses concerts d'hiver sous la direction de M. Balthasar-Florence.
La chambrée d'hier était complète et, comme toujours, le programme était bien composé et d'autant plus attrayant que MM. Th. Radoux, le savant directeur du Conservatoire de Liège, et M. Sylvain Dupuis, grand prix de Rome et professeur distingué au même conservatoire, y prêtaient leur concours.

M. Sylvain Dupuis a dirigé lui-même, à l'ouverture du concert, un morceau d'orchestre de sa composition. M. Th. Radoux, dans la seconde partie, tenait le bâton d'orchestre dans l'exécution de l'ouverture de l'opéra *André Doria* et dans le *Lamento*, deux œuvres de l'artiste liégeois. M. Balthasar a, comme d'habitude, enlevé sa partie dans les autres morceaux, et particulièrement dans le *Concerto* en *la* mineur, de Vieuxtemps, et dans la *Rhapsodie hongroise* de Liszt. Le *Concerto* de Vieuxtemps a été joué à ravir par Mlle Balthasar-Florence, en qui l'on sent une âme d'artiste. Son doigté si habile, son coup d'archet si sûr, si délié, paraissent tout naturels chez Mlle Balthasar, et ces talents, que l'on vanterait dans un maître d'Académie ou de Conservatoire, ne sont pour ainsi dire qu'accessoires dans la virtuose namuroise. La charmante violoniste a été vivement applaudie non seulement dans le *Concerto* de Vieuxtemps, mais encore dans les *Airs russes*, de Henri Wieniawski, le *Lamento*, de Th. Radoux, et une fantaisie hérissée de difficultés, qu'elle a joué pour répondre aux applaudissements de toute la salle.
Très vif succès également pour Mlle Jeanne Mahieu, une jeune cantatrice d'avenir.

╬╬╬╬╬╬╬╬╬╬╬╬╬╬╬╬╬╬╬╬╬

ÉPHÉMÉRIDES MUSICALES

Le 14 décembre 1861, à Hanovre, décès de Henri Marschner. — Sa naissance à Zittau, le 16 août 1795. Un monument lui a été élevé à Hanovre, en 1877.
Paris ne connaissait aucune des compositions dramatiques de Marschner. En juin 1860, le célèbre maître étant dans cette ville, eut le plaisir d'entendre chanter par la société la *Liedertafel* divers morceaux de ses principaux opéras. Nous avons dit que son *Hans Heiling* a été joué à Gand par une troupe allemande. (Voir Eph. G. M. 29 nov. dernier.)

—Le 15 décembre 1832, à Paris (Opéra-Comique), le *Pré-aux-Clercs*, 3 actes d'Hérold.
Les artistes chargés de l'interprétation de l'œuvre étaient loin de posséder, au point de vue vocal, des moyens transcendants d'exécution. Thénard-Mergy n'avait que le moyen d'un filet de voix ; Lemonnier-Comminge et Féréol-Cantarelli touchaient au terme de leur carrière ; Farguell-Girot n'avait à sa disposition qu'un organe rebelle et mal lard; celui de Mme Ponchard-Marguerite était quelque peu problématique; Mlle Massy-Nicette débutait dans la carrière; seule, Mme Casimir-Isabelle possédait un magnifique instrument, et son talent était dans toute sa fleur. Néanmoins, avec ces moyens restreints d'exécution et d'autant plus difficiles à utiliser que le compositeur n'avait sous la main, sauf Farguell, que des ténors et des soprani, Hérold n'en créa pas moins un chef-d'œuvre. Ce fut son chant

du cygne. Un mois après, c'est-à-dire le 1ᵩ janvier 1833, la France perdait un de ses plus grands artistes.

Les premières, dans la même année 1833 : à Liége, 8 avril; à Bruxelles, 15 avril; à Anvers 18 novembre; à Londres, par une troupe française, à Princess's th., 2 mai 1849, et, en italien, à Covent Garden, 26 juin 1880.

— Le 16 décembre nous donne deux dates mémorables : la naissance de Louis van Beethoven, à Bonn, 1770, et celle de François-Adrien Boieldieu, à Rouen, 1775: Le premier, mort à Vienne, le 26 mars 1827, et le second, à Paris, le 8 oct. 1835.

L'an dernier, il a paru à Berlin, chez les libraires Brachvogel et Ranft, deux volumes in-8°, avec portrait, sous le titre de Louis van Beethoven, par J.-W. von Wasielewski. Nous voyons par l'analyse qu'a faite de l'ouvrage M. Johannes Weber (Temps du 20 août 1888), que Beethoven était rarement sans quelque inclination amoureuse. Il s'éprit d'abord d'une certaine Jeanne d'Honrath, qui épousa un militaire, puis d'une demoiselle Westerhold; puis il demanda la main d'une cantatrice, Marianne Willmann, qui répondit qu'il était trop laid et à moitié toqué. Son amour pour la comtesse Giulietta Guicciardi, à qui il dédia la sonate en ut dièse mineur, fut un des plus sérieux. Il se demande fut repoussée par le père, probablement parce qu'il n'était pas noble et n'avait pas de position assurée. Giulietta épousa le comte de Gallenberg. Plus tard, Beethoven la revit à Vienne et s'exprima à ce sujet envers Schindler dans des termes finissant ainsi : « Arrivée à Vienne, elle cherchait moi pleurant (sic); mais je la méprisais. » Ces mots sont en français dans le texte.

Comment en un plomb vil l'or pur s'est-il changé ?

Nous n'en savons rien. C'était fini de l'amour pour quelque temps ; mais cela n'empêchait pas Beethoven d'aimer la société des dames, surtout quand elles étaient jeunes et jolies. Plus tard, il eut une nouvelle passion, dont il n'a communiqué le secret à personne et qui se exprimée dans une lettre conservée et non envoyée ; cette fois encore, son mariage échoua, au moment même où il croyait toucher au port. On peut supposer que sa déconvenue venait de ce qu'il s'était encore adressé à une jeune fille noble. Quant à Bettina d'Arnim, elle s'est exagéré l'impression qu'elle a produite sur Beethoven. Ce célèbre bas-bleu aimait à écrire des fragments qu'elle aurait pu intituler: Vérité et Fiction, comme Gœthe; elle affectionnait la forme épistolaire, et les lettres qu'elle a mises sur le compte de Beethoven sont absolument controuvées. Beethoven savait d'ailleurs que Bettina était fiancée et cela aurait, sans doute, suffi pour le calmer, s'il en avait eu besoin.

L'amour de Beethoven pour Thérèse Malfatti n'eut pas de résultat; les parents n'eurent même pas besoin de s'en mêler ; la jeune fille vénérait le compositeur, mais ce fut tout. L'affection de Beethoven pour Amélie Sebald occupa le maître pendant plusieurs années, quoiqu'elle restât sans espoir et que la jeune fille, qui le charmait, ne lui témoignât que de l'amitié.

Si l'on comprend le naturel de Beethoven, on ne sera pas surpris qu'il ait aspiré à une vie d'affection, au bonheur domestique ; reste à savoir si ce bonheur eût été sans mélange, vu l'irritabilité de Beethoven, son caractère original, dont il parler de sa surdité. Lui-même finit par se dire qu'il se devait avant tout à son art.

Beethoven était d'une taille au-dessous de la moyenne ; il paraissait d'une constitution très robuste, mais cela ne s'appliquait qu'aux os et aux muscles; il était très impressionnable ; son système nerveux était d'une sensibilité presque maladive. Il y a là quelque rapport avec Berlioz. Les traits de Beethoven n'étaient pas beaux ; dans ses portraits et ses bustes, on l'a flatté ; la gravure ou celle donnée dans l'ouvrage de Wasielewski paraît mieux se rapprocher de la vérité, peut-être en la mitigeant un peu, comme de coutume. Ces désavantages extérieurs étaient largement compensés par le génie de Beethoven et ses qualités morales. Sous ce dernier rapport, il avait des principes très sévères; s'il n'a pas vécu absolument en ascète, il avait du moins des idées sérieuses et élevées ; les plaisanteries grivoises le laissaient froid et silencieux.

— Le 17 décembre 1870, à Naples, décès de Saverio Mercadante. — Sa naissance à Altamura le 17 septembre 1795.

L'Italie place Mercadante au second rang de ses compositeurs. On le cite encore pour son Giuramento, l'opéra que Nourrit chanta à Naples peu de temps avant de se tuer. Une troupe italienne nous a fait connaître à Bruxelles (20 mai 1843) le Giuramento, que nous revîmes au théâtre de la Monnaie (11 février 1847), sous la livrée française que lui avait fait endosser le pasticheur Gustave Oppelt, en lui donnant pour étiquette : Henriette d'Entragues ou un pacte sous Philippe II.

— Le 18 décembre 1866, à Anvers, Lara, 3 actes d'Aimé Maillart. Succès honorable, dit Bovy (Annales du th. voy. d'Anvers). — A Paris, 21 mars 1864 ; à Bruxelles, 4 mars 1865, reprise 11 févr. 1873 ; à Liége, 13 mars 1865.

« L'air d'entrée de Lara est calqué presque note par note sur la romance célèbre de Richard Cœur de Lion: « Une fièvre brûlante ».Grétry a fait cette trouvaille au prix de plusieurs nuits d'insomnie peut-être. Le morceau a été écrit, dit-il, dans le vieux style, pour qu'il tranchât avec tout le reste. « Cent fois, ajoute-t-il, on m'a demandé si j'avais rencontré cet air dans un vieux tableau. »

« Pauvre Grétry ! On supposait alors un larcin de sa part, parce que son imagination avait su évoquer, avec une vérité si frappante, le coloris antique. Aujourd'hui, que le plagiat existe d'une façon palpable, personne ne dit rien; et le tout passe à la faveur d'un adroit déguisement. Voilà pourtant le sort réservé aux œuvres de génie ! Ah ! si l'on voulait disséquer les ouvrages de nos compositeurs du jour, que de vols semblables ne découvrirait-on pas ! Pour les réminiscences proprement dites, elles sont innombrables. »

EDM. VANDER STRAETEN.

— Le 19 décembre 1834, à Bruxelles, le Chalet, un acte d'Adolphe Adam, chanté par Serda. Marquilly et Mᵐᵉ Duchampy. Sans contredit, dit une feuille bruxelloise, un des plus jolis petits opéras comiques que nous ayons entendus depuis longtemps. (Voir Eph., G. M. 20 sept. 1888.)

— Le 20 décembre 1856, à Paris, décès de Pierre Hédouin. Sa naissance, à Boulogne (Pas-de-Calais), le 28 juillet 1789. Amateur des arts aussi zélé que distingué, Pierre Hédouin, que nous avons eu l'honneur de connaître personnellement, a publié un ouvrage du plus haut intérêt, intitulé Mosaïque (Valenciennes, 1856, 1 vol. in-9° de 600 pages). Les principaux chapitres sont traité à des personnages qu'il avait vus de près, tels : Gossec, Grétry, Monsigny, Lesueur, Meyerbeer, Paganini, Rossini, Dessauer, Elleviou, etc. C'était une véritable bonne fortune que de causer avec ce vivant dictionnaire des contemporains, d'autant que, chez lui, tout venait en aide à la conversation, tout vous parlait des beaux-arts : ses autographes, ses dessins, ses tableaux, ses estampes, ses partitions, sa bibliothèque. L'air : Je t'ai planté, je t'ai vu naître, musique et paroles écrites de la main de J.-J. Rousseau, était peut-être le plus précieux morceau de sa collection. Il tenait cet autographe de Grétry.

Nécrologie

Sont décédés :

— A Bruxelles, le 2 décembre, Edmond Cabu, dit Cabel, né à Namur le 8 novembre 1832, élève du Conservatoire de Bruxelles, en 1849, puis de celui de Paris, en 1855, ténor d'opéra comique, successivement à Paris,à Bruxelles, à Liége,à Anvers, à La Haye, etc. Il était le frère de Louis Cabel, professeur au Conservatoire de Gand, et de Georges Cabel, professeur et directeur d'un Conservatoire néerlandais établi à Bruxelles, celui-ci époux divorcé de la fameuse chanteuse Marie Cabel-Dreulette.

Edmond Cabel avait survécu aux trois; il a laissé une veuve, née Hortense De Aynssa, qui a chanté les soprani, non sans succès, au théâtre de la Monnaie. (Notice, Artistes mus. belges d'Ed. Gregoir, Bruxelles, Schott, 1886, p. 80.)

— A Londres, Desmond Ryam, critique musical du Standard. On connaît de lui une symphonie et d'autres compositions.

— A Auteuil, près Paris, à l'âge de 43 ans, Stéphane Gaurion, organiste de l'église Notre-Dame d'Auteuil, ancien maître de chapelle de Sainte Clotilde. Il avait composé un grand nombre de messes et d'hymnes.

— A Paris, le 25 novembre, à l'âge de 44 ans, Mˡˡᵉ Victorine Demay, de son vrai nom Victorine Yon, une des chanteuses les plus populaires de Paris.

Avis et Communications

La distribution des prix aux élèves de l'Ecole de musique de Saint-Josse-tes-Noode-Schaerbeek aura lieu le mercredi 26 décembre courant, à 7 h. 1/2 du soir, dans la salle du Théâtre-Lyrique, à Schaerbeek.

Cette cérémonie sera suivie d'un grand concert vocal, exécuté par quatre cents élèves des cours supérieurs, sous la direction de M. Henry Warnots, directeur de l'Ecole.

Le programme comprendra des airs et des duos exécutés par les principaux lauréats des classes de chant individuel ; deux œuvres avec chœurs, inédites en Belgique : Cendrillon, scène féerique pour soprano, contralto et chœurs de femmes, poésie de Paul Collin, musique de L. de Naupeau, et Biblis, pour mezzo-soprano, ténor, baryton et chœurs, poëme de G. Boyer, musique de J. Massenet. Le concert se terminera par l'exécution du Chant du Crépuscule, solo et chœur de Moissonneurs, finale de la seconde partie de Ruth, églogue biblique de A. Guilmein, musique de César Franck.

Dimanche prochain, M. Franz Servais inaugurera la deuxième saison de ses Concerts d'abonnement, qui auront lieu, cette année, au théâtre de l'Alhambra, à Bruxelles.

Les concerts commenceront à 2 heures précises. Le samedi, même heure et même salle, répétition générale.

Le premier est purement symphonique : *Préludes* de Liszt; Symphonie en *ut* mineur de Beethoven; prélude et scène finale du *Tristan* de Richard Wagner; la *Méditation du chanteur*, poème symphonique de Hans de Bülow; et pour finir, l'ouverture du *Tannhæuser*.

Concerts du Palais de la Bourse

Dimanche 16 décembre, à 3 heures, neuvième matinée artistique, donnée par la musique du 2ᵉ régiment de guides, sous la direction de M. Ed. Simar, avec le précieux concours de Mᵐᵉ Pauline Lecion, cantatrice, et de M. Demont, flûtiste, 1ᵉʳ prix du Conservatoire royal de Bruxelles. Pianiste-accompagnateur : M. Triaille.

Prix d'entrée : places réservées : 1 fr.; en location, 1 fr. 50. Entrée générale : 50 cent.

On peut se procurer des cartes pour places réservées (au prix de 1 fr. 50, en location), chez les principaux éditeurs de musique et chez le concierge du Palais de la Bourse.

La Direction de l'Orchestre (harmonie) de Rotterdam demande pour l'été prochain, à partir du 15 avril 1889 jusqu'au 1ᵉʳ octobre 1889, un **bon Piston solo**. S'adresser par lettre à M. J. W. Strieder, Kruis Straat, 28, Rotterdam.

AU CONGO !

Sa Majesté le Roi a accepté la dédicace du chant patriotique « Au Congo ! » qui vient d'être mis en vente au profit de la *Société antiesclavagiste de Belgique*.

Comme nous l'avons déjà annoncé précédemment, les paroles de ce chant sont de M. Alfred Ducarme, et la musique de M. Adolphe Wouters, professeur au Conservatoire royal de Bruxelles.

Ce chant, édité par la maison Schott, a été gravé en Allemagne, avec le plus grand soin, et a été tiré en deux éditions simultanées.

La première édition, tirée avec grand luxe, sur six feuillets de fort papier de chine, avec encadrement et en couleurs, ne sera que de vingt exemplaires, numérotés, signés par les auteurs, et qui sont mis en vente au prix de 15 francs; 15 francs 50 cent. franco par la poste.

L'exemplaire nᵒ 1 est retenu pour S. M. le Roi.

Le prix des exemplaires de l'édition ordinaire est de 1 fr. 50; 1 fr. 60 franco par la poste.

Le chant « Au Congo ! » est mis en vente au local de la *Société antiesclavagiste de Belgique*, *Montagne aux-Herbes-Potagères, 4, à Bruxelles*, où l'on peut s'adresser par correspondance, et à la maison Schott, 82, Montagne de la Cour.

Marche héroïque de Jeanne d'Arc

Théodore DUBOIS

pour piano à 4 mains, avec orgue ad libitum

Prix net : 3 fr. 35 (franco)

Arrangements divers (cotés à prix nets)

Nᵒˢ 1 et 3, par Georges Marty, pour piano seul. 2 fr. 50; deux pianos, 5 fr.
» 4 et 5, par l'auteur, pour orgue, 3 fr.; pour orchestre, 6 fr.
Nᵒ 6, par Wettge, pour harmonie, 4 fr.; par Antoni, pour fanfares, 3 fr.

E. MENNESSON, Éditeur, à REIMS
et chez tous les marchands de musique

.Vient de paraître et en vente

chez SCHOTT Frères, 82, Montagne de la Cour

ADOLPHE JULLIEN

HECTOR BERLIOZ

Sa vie et ses œuvres, ouvrage orné de 14 lithographies originales par M. Fantin Latour, de 12 portraits de Hector Berlioz, de 3 planches hors texte, et de 122 gravures, scènes théâtrales, caricatures, portraits d'artistes, autographes, etc.

1 beau vol. gr. in-4ᵒ de XXI-338 pp. sur papier fort.

PRIX NET : 40 francs.

CÉSAR CUI

ESQUISSE CRITIQUE

par Mᵐᵉ la comtesse de Mercy Argenteau

1 vol. in-8ᵒ, portrait gravé. Prix : 6 francs

Le Guide Musical

Paraissant tous les jeudis.

ABONNEMENT	Directeur : Pierre SCHOTT	ANNONCES
FRANCE et BELGIQUE : Avec musique 25 francs.	SCHOTT FRÈRES, ÉDITEURS.	S'adresser à l'Administration du Journal.
— Texte seul. . 10 —	Paris, Faubourg Saint-Honoré, 70	On traite à forfait.
UNION POSTALE : — . . 13 —	Bruxelles, Montagne de la Cour, 82	

RICHILDE

Tragédie lyrique en quatre actes et dix tableaux, poème et musique d'Emile Mathieu, représentée, pour la première fois, sur le théâtre de la Monnaie, le 19 décembre 1888.

Emile Mathieu a eu le courage, n'y étant pas forcé, d'écrire le poème et la musique d'une tragédie lyrique en quatre actes et dix tableaux, tirée de l'histoire de Belgique. *Richilde* est le titre de cet ouvrage et Richilde est aussi le nom de l'héroïne, qui fut, de son vivant, comtesse de Flandre et de Hainaut. Avant de se porter à cette extrémité, M. Mathieu s'était produit au théâtre en des essais qui eurent des fortunes diverses et qui dévoilèrent un musicien de la plus sérieuse valeur. Ce furent : l'*Echange*, *Georges Dandin*, la *Bernoise*, les *Fumeurs de Kiff*. Délaissant ensuite le théâtre pour le concert, M. Mathieu donna successivement le *Hoyoux* et *Freyhir*, poèmes lyriques et symphoniques, dont le succès fut très marqué et qui accusèrent un progrès notable dans sa manière d'écrire pour l'orchestre et pour les voix.

Poussé par une tendance irrésistible, l'auteur de ces œuvres distinguées a rêvé d'agrandir le cadre de ses conceptions et de revenir à la scène par un de ces coups d'éclat qui décident de l'avenir. C'est dans les chroniques des Flandres qu'il a puisé l'histoire de Richilde et c'est le caractère passionné, mâle et vindicatif de cette princesse, trois fois veuve, qui paraît l'avoir séduit.

Son œuvre achevée et imprimée, M. Mathieu s'est enquis de la faire exécuter. On sait que cela n'a pas été sans peine. Il a fallu qu'une femme du monde, musicienne s'il en fut, payât de sa personne et de son talent pour faire entendre les principaux fragments de *Richilde* et pour amener, à force d'auditions répétées, avec une persévérance exemplaire, à forcer l'attention publique et à déterminer un courant favorable qui a fini par emporter l'assentiment des directeurs de la Monnaie, MM. Dupont et Lapissida.

Il est donc à noter qu'en ce dix-neuvième jour de décembre mil huit cent quatre-vingt-huit, chose vraiment extraordinaire, un auteur belge a fait représenter au théâtre de la Monnaie un drame lyrique de grandes dimensions, dont il a fait les paroles et la musique, et, chose plus extraordinaire encore, que cet ouvrage a été accueilli avec une faveur très marquée.

Voici maintenant quel est le sujet de *Richilde* :

Le comte Baudouin de Hainaut est mort laissant à sa veuve deux orphelins dont la tutelle est disputée à Richilde par son beau-frère, Robert le Frison.

De son premier mariage avec Herman, comte de Saxe et d'Ardennes, la veuve du comte Baudouin a gardé une fille du nom d'Odile. Ces trois enfants vivent avec leur mère au château de Lessines, où Odile, la grande sœur, lit à ses petits frères les aventures romanesques de chevaliers. Un jour, survient Osbern, gentilhomme normand que la fortune des armes a fait comte d'Essex et de Northumberland, et qui, chargé d'une mission par Guillaume le Conquérant, ne tarde pas à remarquer les charmes de la jeune princesse et à se faire aimer d'elle.

Osbern (cela va s'en dire) prendra parti pour Richilde contre Robert, qui veut s'emparer de la tutelle des jeunes comtes de Hainaut, et, grâce à ce concours inespéré, la victoire sourit tout d'abord à l'impérieuse mère. Mais celle-ci projette pour sa fille une alliance qui doit la mettre à l'abri des revendications ultérieures. Odile épousera Godefroid de Brabant, et, quant à Osbern, Richilde se le réserve pour elle-même, aspirant à de nouvelles chaînes, et ressentant un vif penchant pour le caractère et la figure du jeune comte d'Essex.

L'aveu de cet amour que Richilde ne cache pas au chancelier de Malgy, Odile, dissimulée derrière une draperie, l'entend déclarer par sa mère, et, soudain, sa résolution est prise. Pendant la fête qui célèbre la victoire d'Osbern sur les ennemis de Richilde, la jeune fille disparaît tout à coup, ne laissant pour toute trace qu'un voile blanc trouvé par un pêcheur sur le bord de la Dendre.

Richilde arrive à ses fins et, sans s'arrêter à la disparition d'Odile, elle entraîne à l'autel celui qu'elle a juré d'unir légitimement à son sort. Osbern, pendant la cérémonie nuptiale, est frappé d'une vision qui lui fait voir, dans l'un des personnages peints sur les vitraux de la chapelle, la figure d'Odile qui se détache et s'avance vers lui. Cette apparition le poursuit encore après le mariage, et Richilde ne tarde pas à s'apercevoir qu'une tristesse vague s'est emparée du cœur de son époux, qu'elle ne possède qu'à demi. Afin de distraire son seigneur et maître, elle l'envoie se battre contre Robert, qui vient de relever l'étendard et se dispose à prendre sa revanche. En même temps, sa jalousie lui suggère l'idée de faire surveiller de très près le comte Osbern par Wedric, un de ses fidèles serviteurs.

Vaincu pour la seconde fois, Robert rassemble à Cassel ses bataillons épars, pendant que Richilde se venge cruellement des peuples révoltés en faisant massacrer les habitants de Messines. Des soldats, conduits par Osbern, ont pénétré dans un cloître. Les religieuses fuient épouvantées et, parmi elles, Odile. Odile, qu'on croyait morte, Odile est là, et Osbern croit revoir la terrible apparition de la chapelle ! Mais l'illusion aussitôt dissipée, les deux amants succombent un moment à l'entraînement de leur cœur et finissent par se séparer courageusement en se promettant l'amour dans une autre vie.

La fortune, cependant, sera contraire à Richilde. Quoique combattant elle-même au premier rang, ses chevaliers et ses barons n'ont pas suivi son exemple; ils ont fui le champ de bataille et laissé leur souveraine prisonnière aux mains des ennemis. Robert, pris de son côté, en poursuivant avec trop d'ardeur un parti de fuyards, propose l'échange avec Richilde, et l'armistice permet à Osbern, mortellement blessé, de révéler, en mourant, l'existence d'Odile. Mais Richilde n'attend pas la fin du récit. Cette religieuse rencontrée au couvent de Messines, dont lui parle Osbern moribond, elle se hâte de le dire, a déjà payé son forfait... Wedric avait tout vu ! Et

Osbern, se dressant dans un suprême effort : « Tu l'as tuée?... Horreur! C'était ta fille ! »

Nous examinerons à huitaine quel parti M. Mathieu a tiré, au point de vue de la musique, de ce drame sombre, qui présente de belles situations et dont le développement se prête à la mise en scène.

E. E.

Une réforme dans la musique

(Suite. — Voir le dernier numéro.)

Il est étrange, qu'en établissant les principes fondamentaux de la métrique, on ne se soit pas aperçu que les sons appartenant à un groupe rythmique sont plus serrés que les différents groupes entre eux. En réalité, il s'effectue un très petit retard entre ces divers groupes; il serait difficile, toutefois, d'indiquer ce retard par un silence ou par un prolongement irrationnel de la note finale du groupe. Riemann propose un signe ∧, qu'il appelle : *accent agogique*. Dans son *Musik-Lexicon*, il en donne cette explication : « Ce signe se place sur certaines notes pour indiquer une petite prolongation de leur valeur ; par là, le centre de gravité des motifs (*Takimotive*) est sensiblement soutenu, surtout quand les rhythmes sont en contradiction avec la mesure. On le place souvent sur les notes de retards (*Vorhaltstonen*), et il prête beaucoup d'appui pour arriver à une interprétation précise. »

Pour passer rapidement d'un raisonnement philosophique à la pratique, j'appelle l'attention sur le fait que la notation musicale indique *le centre de gravité du groupe*, ou — pour m'exprimer autrement, — le *point culminant* de l'unité d'un ordre supérieur, par la barre. Celle-ci n'est donc pas une limite, une ligne de démarcation placée entre des groupes de sons qui forment entre eux une unité supérieure, — mais plutôt un signe dynamique, un indice, nous montrant le ton suivant comme le plus important, le plus fort du groupe.

Voilà un défaut de la notation et de l'interprétation mesure par mesure.

On appelle en général *motif*, la durée d'une mesure entière, ce que l'on pourrait traduire en allemand, dit Riemann, par *Bewegungskeim*, principe de mouvement ou d'action. Cette dénomination est ingénieuse, car il y a, dans la tendance du *crescendo* et du *diminuendo* de ces petits organismes, un véritable principe vital pour le développement de formes plus grandes. Les motifs dont le centre de gravité tombe sur la première note (du motif et non de la mesure, bien entendu), nous les appellerons mourants ou décroissants (*Anbetont*), et croissants (*Abbetont*), ceux dont la note finale est le centre de gravité, tandis que les motifs qui ont la note du milieu comme point culminant, nous les appellerons tournants (*Inbetont*).

Les motifs métriques (1) de la mesure à deux temps renferment que les deux premières formes, la mesure à trois temps les renferme toutes trois :

(1) *Motif métrique* = composé seulement de valeurs indiquées par le mètre, par la mesure : par exemple, dans le $\frac{4}{4}$, un motif métrique n'est formé que de noires.

Motif rythmique = composé d'un mélange de différentes valeurs.

A quatre temps :

(Le premier exemple dans ces mesures à quatre temps est *décroissant*, le deuxième, *tournant* ; le troisième, *tournant* ; le quatrième, *croissant*.)

Aux signes de *crescendo* et de *diminuendo* qui sont ajoutés à ces divers rythmes, on peut voir tout de suite leur différente valeur esthétique, et l'on comprend combien il serait erroné de lire tous ces motifs d'une barre à l'autre.

On peut observer aussi que, dans un motif avec *crescendo*, on est tenté (malgré soi) de presser un peu, car le *stringendo* est l'expression naturelle d'une plus grande animation ; un léger *ritardando*, au contraire, va de pair avec le *diminuendo*. C'est ainsi qu'une succession de sons, en apparence d'égale valeur, devient un organisme plein de vie, qui naît, se développe et se perd. Cela se remarque davantage à mesure que les motifs deviennent plus grands, c'est-à-dire qu'ils sont composés d'un plus grand nombre de notes ; par exemple dans la mesure à quatre temps.

J'ai signalé plus haut un nouveau signe, ' ou ° , que le docteur Riemann appelle *Lesezeichen* (signe de lecture), et qu'il propose de traduire par *guide* pour la France et par *guida* pour l'Italie. Ce signe doit servir à nous faire voir quelles notes tiennent ensemble, ainsi que les différentes syllabes d'un seul mot. Ce *guide* remplit donc le même rôle que, dans la langue écrite, les espaces qu'on laisse entre les mots pour ne pas les confondre et éviter que l'on n'accouple des syllabes appartenant à deux mots différents. On comprend immédiatement de quelle importance serait l'adoption générale de ce simple signe dans la notation musicale.

Un autre signe, connu déjà, mais employé à tort et à travers, à contre-sens, et même employé, dans ces derniers temps, comme l'a avoué Louis Köhler, d'une manière si arbitraire qu'il en a perdu toute signification, c'est le signe de la *liaison*. Autrefois, c'était un signe caractéristique déterminant la contexture d'une phrase. Aujourd'hui, c'est devenu un simple signe calligraphique ; on le met sur des demi-mesures, sur une, sur deux mesures, sur plusieurs même ; mais rarement le signe s'arrête à la note où finit réellement la phrase. C'est là un fait attristant, et M. Riemann a raison de vouloir que la liaison ne soit employée que pour indiquer la contexture de la phrase.

Prenons, par exemple, ces mesures de la *Sonate* de Beethoven op. 22. À quoi peuvent servir les liaisons qu'on trouve indiquées dans presque toutes les éditions et que je transcris ici :

Les motifs mélodiques et harmoniques se dessinent ici de la façon la plus claire. Un harmoniste un peu expérimenté s'étonnera qu'on ait pu l'interpréter ce passage d'une façon aussi banale. Comment reprocher à un élève des fautes de style, quand on voit des auteurs autorisés se tromper aussi grossièrement que dans cet exemple tiré de Beethoven. La véritable notation de ce passage de la *Sonate* op. 22, en tenant compte des motifs, est la suivante :

Ici, les motifs ont la durée d'une demi-mesure ; ils sont *croissants* (*Abstossend*), et par conséquent, doivent être interprétés *crescendo*. La mesure de 4/4 paraît ici divisée en deux fois deux quarts (noires) ; les motifs ne se dessinent ni par mesure, ni par demi-mesure, mais emplètent sur l'autre mesure et sur l'autre moitié.

D'un côté, ce sont les liaisons placées de travers ; de l'autre, la réunion des croches et doubles-croches par temps ou par deux temps, qui contribuent à altérer non seulement le texte, mais la pensée. Une grande partie de la vigueur des motifs se perd, si on lit l'exemple précédent d'une barre à l'autre et en le subdivisant par temps.

Prenons un autre exemple, tiré de Beethoven, la *Sonate* op. 2, I. Le premier thème, renversé et joué *legato*, au lieu de *staccato*, est (dans sa forme primitive) généralement noté ainsi :

Il ne faudrait là qu'une seule liaison, suivant la réforme de Riemann :

Les phrases ont, au point de vue métrique, la même signification. qu'ont les mesures composées ; c'est-à-dire la phrase n'a, comme les mesures composées, qu'un seul centre de gravité. A moins que le compositeur n'ait indiqué une déviation au principe général, c'est la note mélodique la plus élevée qui sera le point culminant de l'expression de la phrase ; c'est ce qui a lieu dans la première phrase de la sonate dont il est question ici :

Dans l'exemple précédent, au contraire, ce serait donc *mi* bémol. Cependant Beethoven a indiqué expressément, par un *sf*, qu'il voulait que la note la plus basse formât ici le point culminant de la phrase, c'est-à-dire le *fa* bémol. D'après le principe des nuances dynamiques exposé plus haut, il faudra donc jouer cette phrase *crescendo* jusqu'au *fa* bémol, qui sera suivi d'un *diminuendo*.

Il se présente cependant plus loin une petite difficulté, à savoir si la subdivision de la phrase doit se faire après le *mi* bémol ou après le *si* bémol de la seconde mesure ; M. Riemann pense qu'il serait préférable d'indiquer l'un ou l'autre par un *guide* ('), afin d'éviter une diction banale selon la vieille théorie de l'alternance des temps forts et des temps faibles :

Voici, au contraire, la notation telle qu'elle devrait être d'après M. Riemann, qui indique un retard minime après le *mi* bémol de la seconde mesure, où il place avec raison un *guide* :

Bien entendu, le *guide* n'indique pas qu'il faut détacher ; il indique seulement un léger retard, une tenue un peu prolongée de la note (*mib*), pour faire sentir la séparation des motifs ; — le commencement du motif suivant sera marqué alors par un léger accent.

(*A suivre.*) Em. Ergo.

Chronique de la Semaine

Théâtres et Concerts

PARIS

A l'Opéra-Comique, les œuvres se suivent et ne se ressemblent pas. Après le drame lyrique de M. Lalo, le *Roi d'Ys* (qui, par parenthèse, atteint présentement sa soixantième représentation), voici venir la grande opérette de M. Litolf, l'*Escadron volant de la Reine*. A quoi une Catherine de Médicis, dans l'intérêt de ses vues politiques ou autres, peut employer un bataillon formé des plus séduisantes personnes de sa suite, point n'est besoin de vous l'expliquer amplement. Complots, duels, mouchoirs oubliés, caquetages, marivaudages (avant Marivaux), flirtages, voilà le fond de ces choses : vous voyez cela d'ici. Tout le système de petits moyens, de ficelles usées, de fades douceurs prodigués par les auteurs, toute cette confiserie musicale éventée et rassie, sortie aux approches de la Noël de je ne sais quel vieux fonds de magasin par M. Litolf, seront-ils un appât suffisant et durable pour le public ? Je ne le crois pas, malgré l'éclat, le luxe de la mise en scène; loin d'être un régal, cet étalage de sucreries démodées, toutes servies qu'elles sont dans du Palissy ou de la vaisselle plate, est plutôt pour faire naître bien vite la satiété, sinon pour écœurer profondément. L'œuvre est sénile... Je constate en passant que, pour avoir quelques chances d'être joué à l'Opéra-Comique, il faut avoir... vécu.

L'interprétation vocale est inégale. A citer surtout Mᵐᵉ Chevalier dans le rôle de Corisandre; Mᵐᵉ Pierron, qui montre du talent dans le rôle de Catherine de Médicis, peu fait pour elle. Mᵐᵉ Vaillant-Couturier, dans celui de Thisbé, a le tort de peu prononcer et de chevroter..... Les rôles d'hommes sont bien tenus par les excellents barytons Fugère et Soulacroix, et par le ténor Dupuis.

Pourquoi donc ~~N₂ tout-puissants et machiavéliques~~ directeurs de l'Opéra ont-ils fait tant de manières pour nous présenter Mˡˡᵉ Darclée dans du Gounod ?..... Mystère à jamais insondable ! Problème à jamais insoluble !..... Toujours est-il que la jeune cantatrice roumaine vient de réussir vraiment fort bien, vendredi dernier, jour où elle a débuté dans *Faust*. Où donc était alors cette peur fantastique de Mˡˡᵉ Darclée, dont on nous avait tant fait peur ?..... Les conditions, n'étaient-elles pas à peu près les mêmes ?..... Non, il y avait une différence, une petite différence : M. Gounod ne dirigeait pas !

Mˡˡᵉ Darclée est jeune, jolie, douée d'une voix bien-timbrée en ses registres extrêmes; elle dit bien, elle a la grande et rare qualité de prononcer clairement..... Les abonnés de l'Opéra l'attendent avec impatience dans le rôle de Juliette.

La semaine est à la musique vocale, et aux débuts de chanteuses... même au concert.

M. Lamoureux, dans les fragments d'*Orphée* de Gluck, nous en a présenté, hier dimanche, deux à la fois, un soprano et un contralto. Le soprano, Mᵐᵉ de Montaland, nous l'avions déjà entendu dans *Athalie* à l'Odéon: belle voix, surtout dans le haut, excellente lectrice, musicienne solide, Mᵐᵉ de Montaland peut rendre de grands services au concert, en améliorant sa diction, et surtout sa prononciation, qui laisse à désirer comme clarté ; au Cirque d'été, cette qualité devient tout à fait indispensable. Mᵐᵉ de Montaland me paraît surtout faite pour la musique d'oratorio, et celles des œuvres classiques qui se rapprochent de la musique religieuse par leur sentiment simple, calme et large.

Le contralto, Mˡˡᵉ Landi, me semble très doué pour la musique dramatique; la voix, me voix dans le registre grave ; elle a de l'éclat dans le haut; si une seule audition n'était pas suffisante pour juger de son étendue dans ce dernier registre (surtout dans le rôle d'Orphée qui ne dépasse pas le *fa*), je dirais que Mˡˡᵉ Landi est une Falcon. La diction est intelligente, le style est large, les moyens simples ; pour agir sur le public, Mˡˡᵉ Landi dédaigne les petites ficelles, et elle n'a s'en trouve pas plus mal pour cela. Très applaudie hier, Mˡˡᵉ Landi mérite de l'être; j'entendais autour de moi prononcer à son sujet le nom de Mᵐᵉ Viardot, et la comparaison n'avait rien que de flatteur. Il est probable que nous aurons encore l'occasion d'entendre et de louer Mˡˡᵉ Landi.

On répète activement, à la Renaissance, l'*Isoline* de MM. Catulle Mendès et André Messager. C'est une féerie nouvelle, une partie musicale très importante. Il n'y a pas moins de dix tableaux. On a supprimé un rang de fauteuils pour faire place à l'orchestre, qui sera un orchestre complet, comme celui des théâtres spécialement musicaux. Mˡˡᵉ Cossas, harpiste des Concerts Lamoureux, a été spécialement engagée..... Cette intéressante « première » est imminente; elle aura lieu vraisemblablement avant la nouvelle année.

On prépare à l'Opéra-Comique une reprise de *Mireille*, pour servir de second début à M. Saléza, accompagné de M. Bouvet, de Mᵐᵉˢ Blanche Deschamps et Simonneau. BALTHAZAR CLAES.

Une grande réforme à l'Opéra-Comique.
Depuis dimanche dernier, les dames sont admises aux fauteuils d'orchestre, les dimanches et fêtes, aux soirées comme aux matinées.

La pièce qui succédera au *Mariage avant la lettre*, aux Bouffes-Parisiens, est le *Retour d'Ulysse*, opéra comique en trois actes, de M. Fabrice Carré, musique de M. Raoul Pugno.

L'Opéra a reçu environ *douze mille* demandes pour les quatre représentations de *Roméo et Juliette*; quatre mille demandes à peine ont pu être satisfaites.

Mᵐᵉ Patti est revenue dimanche soir de Londres, où elle vient de donner, à l'Albert hall, le concert pour lequel elle était précédemment engagée.

Pour laisser à Mᵐᵉ Patti le temps de se reposer des fatigues du voyage, la cinquième représentation de *Roméo et Juliette*, qui devait avoir lieu lundi, a été ajournée au mercredi 19 courant.

M. Edmond Audran travaille, en ce moment, pour l'Opéra-Comique ; l'œuvre nouvelle de l'auteur de la *Mascotte* est une comédie-lyrique en trois actes. dont le livret a été écrit par M. Louis Gallet. Titré : *Folie*.

La Société des auteurs, compositeurs et éditeurs de musique a tenu, lundi, une assemblée générale dans la salle du Grand-Orient de France.

Au cours d'une séance très houleuse, le syndicat a donné, puis retiré sa démission.

A la fin de la séance, on a procédé au vote pour le remplacement de certains membres sortants du comité.

Ont été élus :
MM. Burani, de Lajarte, Hiélard.
Pour la commission de comptabilité : MM. Desormes, Lagasse, d'Arsay, Boissière, Douville.
Pour la commission des pensions de retraite : MM. Ducret, Chautagne.

BRUXELLES

PREMIÈRE REPRÉSENTATION DE *RICHILDE*

La première représentation de *Richilde* a eu lieu avec un éclat extraordinaire. La salle, très brillante et absolument comble, présentait une vive animation. Il y avait des habits noirs au parterre et jusque dans les petites loges.

Le succès s'est déclaré très franchement dès la fin du premier acte et il s'est maintenu, en s'accentuant, jusqu'au dénouement, qui a soulevé une tempête d'enthousiasme. Le public, ayant payé à Mᵐᵉ Caron un juste tribut d'admiration pour la façon émouvante dont elle venait de jouer la scène finale, a rappelé l'auteur à grands cris, et M. Émile Mathieu a paru deux fois aux applaudissements de la salle entière.

Il faut dire, et l'on ne saurait trop le répéter, que Mᵐᵉ Caron a été au-dessus de tout éloge, qu'elle a fait une création absolument géniale de ce rôle de Richilde, qui marquera dans sa carrière de grande artiste. L'œuvre est de consistance, puisqu'elle fournit matière à une si noble interprétation ; mais on ne se figure pas l'interprète autre que celle dont le prestigieux talent de cantatrice et de comédienne vient de se révéler sous un aspect d'une telle puissance tragique

L'exécution de *Richilde* est parfaite jusque dans ses moindres détails. M. Engel et Mˡˡᵉ Cagniart, qui chantent les rôles d'Usbern et d'Odile, secondent très heureusement Mᵐᵉ Caron. L'un y est en pleine possession de tous ses moyens, et l'autre a déployé une énergie dramatique non encore soupçonnée jusqu'à présent. MM. Renaud, Gardoni, Gandubert, Mˡˡᵉˢ Falize et Lecion tiennent des rôles secondaires.

La mise en scène est superbe; il y a du mouvement dans les masses, et des effets nouveaux témoignent de l'initiative intelligente des directeurs de la Monnaie. Les décors sont d'un pittoresque achevé et les costumes d'un goût historique fort recherché.

Il convient de mentionner l'orchestre et les chœurs, tous deux très occupés dans *Richilde* et que M. Joseph Dupont a conduits d'une main très sûre à la victoire.

MM. Dupont et Lapissida ont fait largement les choses, et par là ils ont bien mérité de l'art belge. Venir, après un tel résultat, leur marchander les moyens de continuer l'exploitation du théâtre, serait une mauvaise action.

Quant à M. Mathieu, il vient de se poser en champion de ce même art et de prouver qu'il existe en Belgique un compositeur doublé d'un poète, capable d'affronter la rampe sur un théâtre qui a vu se produire les redoutables chefs-d'œuvre de Wagner. E. E.

On les croyait enterrés pour toujours, ces *Maîtres Chanteurs*, et déjà, le camp philistin s'apprêtait à fêter la victoire (c'est évidemment remporter une victoire que d'arriver à faire sombrer une œuvre de Wagner au tout vrai critique d'art doit se réjouir d'une telle victoire). Mais voilà que tout à coup, sortant d'un long sommeil, la plus ancienne société musicale de Bruxelles, décide qu'elle s'offrira une représentation, pour elle toute seule, de l'œuvre en question. Et les membres de la Grande Harmonie invitent le Roi et la Reine à par. tager avec eux ce plaisir. Et la famille royale accepte sur toute la ligne. La salle de la Monnaie est resplendissante, la représentation superbe et les souvenirs ne se retirent qu'après le dernier accord. On applaudit, on acclame et l'on sort enchanté et tout disposé à recommencer, car il n'y a eu, de toute la soirée, qu'une seule note discordante, c'est la *Brabançonne*, qui n'est pas du tout dans le style des *Maîtres Chanteurs*.

———

On s'étonne à bon droit, dans le public, que le rapport adressé à la ville par MM. Dupont et Lapissida sur la gestion du théâtre de la Monnaie n'ait pas été publié jusqu'ici. Qu'est-ce qui empêche cette publication? Elle n'intéresse pas que le collège et le conseil communal; le public a le droit d'être renseigné sur ce qui se passe au théâtre qu'il subventionne de ses deniers.

———

Après les Concerts populaires, les Concerts d'hiver ont rouvert leur saison. Programme intéressant, entièrement symphonique, qui a permis au jeune orchestre de M. Franz Servais de prouver qu'il est en sérieux progrès. L'acoustique de la salle de l'Alhambra, où les concerts d'hiver auront lieu cette année, lui est, du reste, infiniment plus favorable que la salle de l'Eden. Malgré quelques défaillances dans le finale de *Tristan et Yseult* et une précipitation inquiétante du quatuor dans certains passages de la symphonie en *ut* mineur de Beethoven, il faut rendre justice à la bravoure de l'orchestre de M. Servais, qui a eu quelques moments heureux d'éclat et de vigueur. Il s'est particulièrement distingué dans les *Préludes* de Liszt, et dans l'ouverture du *Tannhæuser*, qui complétaient le programme avec la *Malédiction du chanteur* de Hans de Bulow, erreur pardonnable d'un homme d'esprit et d'un parfait musicien; car, en dépit d'une grande recherche d'effets, cette *Malédiction* demeure, en somme, une page de pittoresque laborieux.

———

Jolie soirée musicale, mardi, au Cercle artistique et littéraire, avec le concours de Mlle Carlotta Desvignes, une jeune et très jolie Italienne dont le contralto a de belles notes; de Mlle Nora Berg, l'excellente pianiste, élève de Brassin, et du violoncelliste Hollmann, dont on connaît à la fois le rare talent de virtuose et le distingué talent de compositeur. Mlle Nora Berg a été très applaudie, et l'on a beaucoup apprécié le perlé et la grâce de son toucher. M. Hollmann a été tout aussi fêté pour l'ampleur et le charme de son jeu, particulièrement dans les petites pièces de sa composition.

———

Grâce à la généreuse initiative de M. Ed. Elkan, le public bruxellois aura, sous peu, la bonne fortune d'entendre Mme Adelina Patti dans une fête de bienfaisance, qui sera donnée au théâtre de l'Alhambra avec le concours de plusieurs artistes de Paris, entre autres M. Jean de Reszké.

C'est au mois de février qu'aura lieu cette fête donnée au profit des pauvres de Bruxelles: M. Elkan a offert à Mme Patti un cachet de 5,000 francs, que celle-ci a généreusement refusé, voulant, dit-elle, laisser aux pauvres toute leur part. C'est là un très beau trait, qui mérite d'être connu et qui stimulera, il faut l'espérer, les générosités bruxelloises.

———

Au concert de bienfaisance, organisé par le *Schiller Verein* et qui a eu lieu lundi, au palais des Académies, on a entendu Mme Falk-Mehlig, pianiste; M. Heermann, violoniste, maître de concert à Francfort, et M. Jacobs, violoncelliste, dans l'admirable trio en *si* bémol de Beethoven, parfaitement interprété par ces trois habiles virtuoses. Mlle J. R. d'Anvers, a dit avec un joli sentiment et d'une voix très expressive, des mélodies de Mendelssohn, de Grieg, de Wallnöfer et de Lassen. Un ténor, M. von Haupt, a dit, plutôt que chanté, la chanson du printemps de la *Walküre* et les *Adieux de Lohengrin.* On a beaucoup admiré le beau son de M. Heermann, ainsi que sa virtuosité dans l'exécution de la *Bourée* de J.-S. Bach et d'un morceau de David. M. Jacobs a présenté une nouvelle suite de Popper, *Im Walde*, qu'il a fait valoir en maître violoncelliste.

Deux morceaux de Liszt et le grand duo pour deux pianos, de M. Joseph Wieniawski, exécuté avec l'auteur, ont valu à Mme Falk-Mehlig, une part très large des applaudissements décernés aux excellents artistes qui prenaient part à cet intéressant concert.

———

M. Joseph Wieniawski a pris congé, dimanche, des familiers assidus à ses intéressantes matinées musicales. Un public sympathique, où dominait l'élément féminin, a pris grand plaisir à entendre M. Leenders, violoniste, directeur de l'Académie de musique de Tournai, le violoncelliste Merck et M. Van Cromphout. Le chant était représenté par Mlles Rachel Neyt, Morand et M. de F... Programme très artistement varié et exécuté dans la perfection.

———

Une audition des œuvres de M. de Kervéguen a été donnée, le 11 décembre, à la Salle Marugg, par M. Henri Heuschling, avec le concours de Mlle Malvina Schmidt, violoncelliste. Succès très honorable pour le compositeur dont les mélodies, écrites avec soin, ont trouvé en M. Heuschling un interprète sérieux et convaincu.

———

GAND

Mercredi 5 décembre : le *Barbier*. Vendredi 7 : *Roland à Roncevaux*. Dimanche 9 : *Mireille*, la *Juive*. Lundi 10 : *Paul et Virginie*. Mercredi 12 '*Carmen*. Vendredi 14 : les *Pêcheurs de perles*. Dimanche 16 : *Roland à Roncevaux*, Lundi 17 : *Faust*.

Roland, à défaut d'autres qualités, a du moins eu celle de dégeler l'indifférence de cette partie du public qui, jusqu'ici, boudait le théâtre. On a fini par reconnaître que le directeur Van Hamme se met en quatre pour satisfaire tout le monde, les artistes aussi bien que les amateurs de spectacles à sous-pieds. Et les premiers n'en ont été que plus heureux, après la débauche de fanfares, de tam-tams, de *si* naturels, etc., etc., qui constituent l'essence de l'œuvre de Mermet, d'entendre de nouveau, coup sur coup, deux des meilleures œuvres de Bizet, le coloriste puissant de *Carmen* et des *Pêcheurs de perles*. Toutes deux ont été accueillies avec une grande faveur, la seconde surtout, dont l'annonce avait attiré au théâtre la petite phalange d'amateurs que l'on rencontre à toutes les représentations musicales dignes d'être encouragées. Et M. Van Hamme aura eu là un petit étonnement fort agréable et qui lui aura prouvé que ce genre de monde salt *donner* aussi quand il y a vraiment lieu. Espérons que cette expérience l'encouragera à remonter quelques-unes des œuvres dont on attend impatiemment le retour sur l'affiche, au lieu des *Amours du Diable* et de *Roland à Roncevaux.* Cette représentation des *Pêcheurs* a, décidément, été l'une des meilleures de l'année. M. Déo et Mlle Boyer étaient admirablement en voix tous les deux. M. Soum a été, — comme toujours, — parfait en Zurga. Les chœurs ont bien marché, l'orchestre était bon, et un petit courant de sympathie courait de la salle à la scène et vice-versa, et n'a pas peu contribué à encourager tout le monde. La reprise de *Carmen* avait à affronter la mauvaise impression laissée par quelques expériences malheureuses, faites l'année dernière, et l'annonce du spectacle avait rencontré les prévisions les plus pessimistes. Heureusement, les inquiets ont eu tort, car le succès s'est franchement dessiné après le troisième acte, superbement enlevé et joué par M. Trémoulet (José) et Mme Danglade (Carmen). Je dis joué, parce que les moyens vocaux sont ceux qui laissent chez eux le plus à désirer. Mais il faut leur reconnaître une pratique approfondie de la scène, un souci d'art et de vérité qu'on ne saurait trop louer chez des artistes chantant en province, où le gros succès ne se décroche guère qu'à l'aide de grands moulinets de bras et d'amples coups de gosier. Ceci à l'adresse de M. Pourret, qui a fait, lundi, dans le *Méphisto* de *Faust*, la plus malheureuse expérience qu'il soit possible de tenter. Jeu exagéré, faux et commun; chant lourd, écrasant; absence de diction, tout ces défauts, que compense seulement la qualité supérieure de sa voix de basse, se sont montrés, dans ce rôle difficile, avec un relief qui a failli être désastreux pour l'artiste, généralement en faveur, complètement à l'envers. C'est avec de semblables surprises que l'on se gâte le succès le mieux assis.

Puisque ce mot succès nous tombe sous la plume, disons la faveur de plus en plus marquée que trouve Mlle Bloch auprès du public gantois. Sans avoir la maestria et la voix de son homonyme Rosine Bloch, elle la rappelle du moins en bien des points, et, surtout, par sa manière simple et discrète, et la conscience qu'elle apporte à l'interprétation des rôles qui lui sont confiés. Sa Rosine (du Barbier) est gentiment mutine, et sa Micaëla est charmante.

Au dernier concert de la Société royale des chœurs s'est fait chaleureusement applaudir Mlle Aline Bauveroy, la jeune et charmante cantatrice récemment sortie du Conservatoire de Bruxelles et déjà engagée comme première chanteuse au Théâtre-Royal d'Anvers. Je n'ai plus à vous faire l'éloge de l'excellente artiste dont plusieurs de mes collègues ont déjà parlé ici même. Je me contente donc de constater qu'elle a remporté, mardi, l'un des succès les plus complets de sa jeune carrière, féconde déjà en dates heureuses. Et je crois me faire l'interprète de tous ses auditeurs en signalant à M. Van Hamme le réel avantage qu'il y aurait pour lui à engager, — si possible, — Mlle Bauveroy pour quelques représentations de la *Favorite*, de *Hamlet*, de *Carmen* et de *Lohengrin*. Avec les cadres qu'il possède actuellement, ce serait autant de succès assurés.

F. E.

———

P.-S. — Le tribunal civil de Gand vient de rendre son jugement dans le procès intenté par la Société des auteurs et compositeurs belges contre la société des Mélomanes. Ce jugement donne gain de cause complètement aux Auteurs. Le tribunal reconnaît un *caractère privé* aux fêtes de société, auxquelles assistent les *dames* des membres, ce que les Auteurs ont toujours admis; en revanche, il déclare qu'il faut considérer comme réunions publiques et, comme telles, donnant lieu à l'application des droits d'auteurs, les fêtes auxquelles ont accès les personnes étrangères à la société. En fait, le tribunal, constatant que les Auteurs n'ont pas établi que des personnes étrangères aient assisté aux concerts litigieux, repousse leur demande de dommages-intérêts, et compense les dépens entre les deux parties.

———

LIÉGE

Théâtre-Royal. — Lundi 10, *Rigoletto*; mercredi 12, *Ma femme manque de chic* (troupe parisienne); jeudi 13, la *Favorite*; dimanche 16, *Guillaume Tell* et le *Caïd*.

Au Théâtre-Royal rien à signaler de bien vaillant; les représentations se suivent plus ou moins paisibles devant un public d'ordinaire peu nombreux, si ce n'est le dimanche. Même absence d'intérêt à la distribution des prix au Conservatoire, suivie du traditionnel concert consacré en grande partie à l'audition des élèves couronnés aux concours de l'année: Mlle Bastin et M. Demest pour le chant, Mlle Braconier pour le piano, et M. Harzé pour le violon. Ces lauréats ayant été appréciés ici lors de leurs concours il n'y a pas lieu d'y revenir. L'orchestre a joué de sa manière habituelle les *Festklänge* de Liszt, l'ouverture des *Maîtres Chanteurs*, et la classe d'ensemble de demoiselles a chanté une cantate anodine de Bourgault-Ducoudray, la *Conjuration des fleurs*.

Mardi, l'Émulation donnait son premier concert, dont presque tous les frais ont été faits par le pianiste Paderewski, qui a reçu, ici comme partout d'ailleurs, un accueil enthousiaste. L'orchestre (d'archets) des amateurs, conduit par M. Dossin, a fait entendre, entre autres pièces intéressantes, la *Mort d'Ase*, extrait de *Peer Gynt* de Grieg.

On a pu constater qu'une mesure rigoureusement appliquée l'an dernier, et décrétant l'exclusion des étrangers aux séances de la Société d'Émulation, n'a pas été prise cette fois. Tant mieux pour ceux qui en profitent, mais que dira la Société des auteurs?

LYON

Rien à dire, cette semaine, du Grand-Théâtre de Lyon. Le ténor Guille, assez cahoté dans le *Trouvère*, a pris sa revanche dans la *Juive*. Sous la robe d'Éléazar, il a produit une bonne impression, et, après avoir chanté fort bien la « Pâque », il a été rappelé par la salle entière; — c'est affaire à lui de terminer honorablement l'aventure par une bonne interprétation de *Guillaume Tell*. En revanche, la basse Miranda, retour d'Amérique, a résilié un engagement qu'à la première répétition il a vu ne pouvoir tenir.

M. Cossira continue d'être le plus fantaisiste des ténors. L'autre soir, il devait prêter son concours à une fête de bienfaisance. Seul de tous les artistes annoncés au programme, il a manqué au concert, retenu par « d'inattendues considérations de famille ».

Dimanche, a eu lieu le premier concert du Conservatoire : beau programme : la *Symphonie italienne* de Mendelssohn; air de Dalila, tiré du *Samson et Dalila* de Saint-Saëns, chanté par Mlle Armand, prélude de *Parsifal*, ouverture du *Pardon de Ploërmel*, morceaux de piano par M. Ritter, enfin, chœur de *Judas Macchabée* de Hændel. En somme, fort belle matinée, dont Wagner a eu les honneurs sans conteste.

Et dire que si on essayait de jouer *Lohengrin* sur cette même scène, il n'y aurait pas assez de sifflets pour satisfaire la férocité des mêmes gens qui applaudissaient frénétiquement *Parsifal* au concert de dimanche.

STRASBOURG

Mercredi dernier, MM. Agniez, De Greef, Dumon et Jacobs, professeurs au Conservatoire de Bruxelles, et Mlle Elly Warnots, la cantatrice belge que l'Alsace musicale tient en grande estime, font donné, au foyer du théâtre, un concert historique qui laissera à Strasbourg le souvenir de jouissances musicales à nulles autres comparables. Organisé pour l'audition spéciale d'œuvres des XVIIe et XVIIIe siècles sur des instruments de l'époque, qui font partie de la collection du musée du Conservatoire de Bruxelles, il devait piquer la curiosité générale par son caractère de manifestation d'art rétrospectif et faire sensation par la haute virtuosité universellement reconnue à ceux qui le donnaient.

L'âme de l'entreprise est M. Dumon, qui est dignement secondé par ses collègues en professorat du Conservatoire de Bruxelles. Ce sont : M. Agniez, qui tire une sonorité admirablement chantante de sa viole d'amour que Johanne Tauch a fabriquée en 1743; M. E. Jacobs, qui phrase sur sa viole de gambe du XVIIIe siècle avec une ampleur et un sentiment remarquables, et enfin M. De Greef, un pianiste de tout premier ordre que la Norwège et la Suède viennent de fêter en compagnie du violoniste Thompson, que Strasbourg n'a pas oublié.

C'est merveille de voir M. De Greef au clavecin. On ne s'imagine pas ce que l'exécutant prodigue de souplesse et de légèreté dans son toucher, tant celui-ci est naturel et élégant.

Que Mlle Warnots chante Bach et Caccini, le compositeur romain dont elle avait choisi un joli madrigal daté de 1600, ou qu'elle chante Legrenzi, le compositeur vénitien auquel elle avait emprunté une fine ariette de son opéra italien *Etæola y Poliuca*, la gracieuse cantatrice excelle dans tous les genres. La voici faisant les délices de toute la salle par l'esprit de sa diction de trois bluettes musicales d'une coquetterie toute provocante de charme : *Au mois de mai*, de Lefèvre (1613), *Brunelle*, d'un auteur inconnu (1650), et *Chanson de 1600*, dans laquelle la voilà si bien « emberlificotée » elle-même qu'il y a enthousiasme unanime qu'il ne lui reste qu'à bisser de bonne grâce, pour ne point faire durer éternellement ce charmant déduit.

Ouvert par un morceau, le concert devait se terminer de même pour tout l'ensemble dans l'air d'*Hippolyte et Aricie*, de Rameau (1733), ros. signalé avec une pureté caressante par Mlle Elly Warnots avec accompagnement de viole d'amour, de viole de gambe, de flûte traversière et de clavecin.　　　　　　　　　　　　A. O.

Nouvelles diverses

La première représentation d'*Hérodiade*, au théâtre des Arts, à Rouen, a valu une véritable ovation à M. Massenet qui, de la loge où il assistait à la représentation, a dû monter sur la scène, où le public l'a acclamé.

Les deux rôles principaux sont chantés par MM. Albert Guyot et Mlle Barety.

Au théâtre de Marseille, reprise de *Robert le Diable* avec Mlle Fierens, le ténor Duc et la basse Bourgeois.

« La représentation, dit notre confrère Pradelle du *Sémaphore*, a été splendide d'ensemble, de soins méticuleux, qu'on pouvait remarquer même dans le choix des accessoires, d'unité dans les voix des chœurs et de l'orchestre, et par la salle regorgeant de monde. »

Le 11 décembre, a eu lieu au théâtre Costanzi, en présence de la reine Marguerite et d'une brillante assistance, la première représentation de l'opéra *Medgé*, du jeune compositeur grec Spiro Samara, l'auteur de *Flora Mirabilis*. M. Samara a été rappelé sept à huit fois, comme on le faisait jadis, mais il a eu le tact et le bon goût de ne pas se présenter quand on applaudissait les artistes, mais seulement quand le parterre criait : *Il maestro! il maestro!* Cela prouve en faveur de M. Samara.

En somme, un succès modéré, qui s'est un peu accentué à la deuxième représentation, grâce à quelques coupures. On a bissé quatre morceaux et le compositeur a été rappelé à cette deuxième une dizaine de fois! Parmi les interprètes, il faut citer, à côté de Mlle Calvé, Mme Hastreiter, le ténor Massart et le baryton Devriès.

Le poème de *Medgé*, qui a une certaine analogie avec *Aïda*, est de M. Pierre Elzéar, qui a fait traduire ses beaux vers en italien pour permettre à M. Samara d'y mettre sa musique.

On assure que l'entreprise Sonzogno mettra *Medgé* au répertoire de la saison du Théâtre-Italien à Paris pendant l'Exposition.

Hermann Lévi, l'excellent chef d'orchestre du théâtre de Munich, qu'une grave maladie avait empêché, cet été, d'aller à Bayreuth diriger les représentations de *Parsifal*, est aujourd'hui complètement rétabli. Il a repris sa pupitre samedi dernier, pour diriger l'*Iphigénie en Aulide* de Gluck, dont la reprise a obtenu un éclatant succès.

Le violoncelliste Hollmann, que l'on applaudissait, mardi, au Cercle artistique de Bruxelles, vient de jouer avec grand succès, aux concerts du *Curhaus*, à Wiesbade, son concerto de violoncelle. « Cette œuvre, dit le *Rheinische Kurier*, se distingue notamment dans les deux premières parties par de jolies idées, qui, tout en n'étant pas d'une originalité transcendante, sont néanmoins bien présentées, instrumentées et, cela va sans dire, très favorables au soliste. »

On ne s'est pas ennuyé, l'autre soir, au Théâtre-Panaïew, à Saint-Pétersbourg, où nous avons annoncé le début de la troupe italienne ayant à sa tête le ténor Masini. On avait annoncé *Lachmé*, mais à cause d'une indisposition subite de Mlle Arnoldson, il fallut y substituer, au dernier moment, le *Barbier de Séville*. Cette représentation a dû être épique. Jugez-en : un effet, la Rosine, une jeune cantatrice de bonne volonté, s'est éclipsée après le 2e acte; n'y ayant pas réussi ; ce que voyant, le vieux Bartolo se débarrassa de son costume enrubanné, tandis que Don Basilio allait se coucher sans avoir attrapé *la scarlatine*; quand le rideau se releva pour ce qu'on croyait être le 3e acte du *Barbier*, on se trouva en présence d'un piano et d'un accompagnateur, flanqués de M. Masini dans le costume du soldat pompette et de M. Padilla en Figaro. L'opéra se métamorphosa en concert. Les deux artistes chantèrent un duo, et le reste de la soirée devint une joute vraiment triomphale entre le ténor-coqueluche et Mme Salchi. Grâce à cette intervention de M. Masini et de Mme Scalchi, le léger froid qui régnait dans la salle à la suite des déconvenues réitérées de la soirée, s'est bientôt dissipé ; la *cabscenia*, qui avait déjà commencé à se propager, en sourdine, contre la régie, *come un venticello*, a fini, il est vrai, par le *colpo di canon* de rigueur, mais un *colpo* d'enthousiasme, qui a éclaté avec frénésie quand M. Masini a lancé, comme il sait le faire, les premières notes de *La donna è mobile*.

Tout est bien qui finit bien !

Au troisième concert de musique classique donné sous la direction du maestro Mascheroni au théâtre Argentina, pour la troisième fois, le programme portait la *Mort de Tristan*, ainsi que l'ouverture du *Tannhäuser*, et pour la troisième fois, comme le constate l'*Italie*, les deux morceaux ont été bissés. L'Italie se civilise !

A mesure que le genre de l'opérette semble perdre de sa vogue en France et en Belgique, il paraît, au contraire, s'étendre en Allemagne et en Autriche. Voici que la Hongrie s'en mêle également. Le 9 décembre, au Théâtre-Populaire de Pesth, le *Baiser secret*, opérette imitée d'un vaudeville de Dumanoir, paroles de M. Luckascy, musique de MM. Vela Hegyi et Isidor Bator, a obtenu un éclatant succès.

Le même jour, à Prague, au Théâtre-Allemand de cette ville, une autre opérette, la *Nuit de Saint-Boniface*, musique de M. Fr. von Thul. Le livret est l'œuvre d'un commissaire de police, M. von Hannsen! Succès sur toute la ligne, du moins au dire des journaux de Vienne. Le compositeur a été rappelé après chaque acte.

Signalons, enfin, un nouvel opéra comique, dans le genre du *Trompette de Sakkingen : Der Deutsche Michel* (le *deutsche Michel* est un type analogue à celui de la *Nouvelle Presse*, et le succès a été énorme. Les premiers sique d'Ad. Mohr. Là également, le compositeur a été rappelé plusieurs fois dans le cours de la soirée.

À l'Opéra impérial de Vienne, tout l'*Anneau du Nibelung* de Wagner se déroule en ce moment devant les spectateurs. La première partie du *Ring*, le *Rheingold*, a été donnée le 11, devant une salle absolument comble, dit la *Nouvelle Presse*, et le succès a été énorme. Les premiers artistes de l'Opéra avaient, du reste, tenu à honneur de figurer dans cette œuvre grandiose, même dans les rôles secondaires, et c'est ainsi que le ténor Winkelmann n'a pas hésité à accepter le petit rôle du dieu Froh. Les trois filles du Rhin, c'étaient Mmes Rénard, Forster et Kaulich; Mlle Lola Beeth jouait Freia, Mlle Lehmann Fricka, et M. Reichmann Wotan. Tout a marché à la perfection.

Le 14, la *Walkyrie* n'a pas obtenu moins de succès, et Mme Materna, l'incomparable Brunnhilde, s'y est surpassée. Depuis le 5 mars 1877, date de la première représentation de cet ouvrage à l'Opéra de Vienne, la *Walkyrie* a aujourd'hui atteint le chiffre de 61 représentations. *Siegfried* a été joué lundi avec le ténor Winckelmann; le *Crépuscule des Dieux* sera donné à la fin de la semaine.

Nous avons annoncé là représentation donnée à l'Opéra russe de Saint Pétersbourg, pour le 25e anniversaire de direction du chef d'orchestre, M. Napravnik. M. Napravnik a reçu, à l'occasion de ce jubilé, des titres de noblesse, sans compter un nombre incalculable d'adresses et de présents magnifiques. M. Antoine Rubinstein s'est présenté chez M. Napravnik à la tête d'une députation du Conservatoire. Celle de la Société philharmonique à pris part au cortège qui a défilé sur la scène pendant la grande ovation organisée au théâtre après le quatrième acte des *Nijégorodtzy*, le plus beau de la partition de M. Napavnik, reprise à cette occasion.

On parle de l'organisation de représentations françaises d'opéra comique, à Saint-Pétersbourg, sous la direction de M. Lago.

Les choses sont fort avancées, paraît-il, et l'on doit considérer comme conclus les engagements de Mmes Van Zandt, Patoret, Eams; MM. Ibos, Cambot et Marris.

Le programme de la prochaine saison comprendra : le *Domino noir*, le *Barbier de Séville*, *Si j'étais roi*, le *Maître de Chapelle*, *Carmen*, *Mignon*, *Lahmé*, *Faust*, *Rondo* et *Juliette* et les *Pêcheurs de perles*.

Chaque saison durera trois mois.

Le gouvernement belge vient d'acheter, pour le musée des instruments anciens annexé au Conservatoire royal de Bruxelles, la viole de François Ier qui a figuré à l'Exposition des arts rétrospectifs du Grand Concours. Cet instrument de grand prix appartenait à un collectionneur français, qui s'en est départi, pour une forte somme d'argent, en faveur de l'État belge.

L'éminent chanteur belge Émile Blauwaert vient de recevoir du grand-duc de Saxe-Meiningen, la grand'croix de l'ordre du Mérite, après un concert à la cour grand-ducale.

M. Charles Oberthür, le célèbre harpiste et compositeur, vient d'être nommé chevalier de l'ordre de Léopold. Nos sincères félicitations à ce sympathique artiste.

ÉPHÉMÉRIDES MUSICALES

Le 21 décembre 1837, à Bruxelles (théâtre royal), *il Signor Barilli*, un acte d'Isidore Zerezo. En général bien exécuté par Renault, Thénard, Mmes Jawureck et Schnets, cet ouvrage, début d'un jeune compositeur belge, fut bien accueilli du public. Fétis en fit l'éloge dans la *Revue et gazette mus.* de Paris (31 déc. 1837), en signalant un chœur d'introduction qui se faisait remarquer par des idées originales », une romance « gracieuse et sentimentale », un air « chanté avec goût par Thénard et surtout un quatuor heureux d'idées, de facture et de sentiment de la scène ». Fétis ajoutait : « M. Zerezo possède un certain tact assez rare pour la propriété des idées appli-

quée à la scène, un bon goût de mélodie et l'art de faire bien chanter les voix. S'il reçoit des encouragements, il pourra produire par la suite des ouvrages dramatiques qui feront honneur à son pays. »

Le pronostic de Fétis était quelque peu téméraire, *il Signor Barilli* n'eut que cinq représentations, et l'auteur, qui possédait une belle voix de baryton, préféra chanter au théâtre la musique des autres. A travers une vie assez agitée, Zerezo, sous le nom de Lorezzo, eut des succès dans plusieurs villes de France, de Belgique et de la Hollande.

Isidore-François-Antoine de Zerezo de Tejada, né à Bruxelles le 14 avril 1811, est mort à Nice, le 3 décembre 1874.

Le *Dictionnaire lyrique* de F. Clément commet une double erreur en donnant à Zerezo le nom de Dreso et pour date de la première d'*il Signor Barilli*, le mois de janvier 1838.

— Le 22 décembre 1841, à Paris (Opéra), la *Reine de Chypre*, 5 actes de F. Halévy. — Artistes : Duprez, Barolhet, Massol, Mme Stoltz.

Pendant son séjour à Paris, — il y passa trois ans, — Richard Wagner écrivit des articles pour la *Revue et Gazette musicale*, éditée alors par Schlesinger. Il y en a trois qui ont trait à Halévy. (Nos de février et mars 1842.) Parlant de la *Reine de Chypre*, ce « chef-d'œuvre dans lequel la nouvelle manière d'Halévy s'est manifestée avec le plus d'éclat », Wagner loue tout sans réserve, de la première note à la dernière, et proclament bien haut que la « supériorité incontestable d'Halévy provient de la sobriété des moyens par lui employés », il termine ainsi :

« Que si nous jetons un dernier regard sur l'ensemble de la *Reine de Chypre*, si nous en examinons avec soin les qualités les plus saillantes, nous trouverons d'abord que l'auteur continue à s'avancer » dans la route qu'il a frayée dans la *Juive*, puisqu'il s'attache de plus en plus à simplifier les moyens. Cette tendance qui se révèle chez un compositeur doué de forces exubérantes qui auraient pu l'amener plutôt à douter de l'efficacité des moyens déjà en usage, est d'une grande importance ; elle prouve de nouveau qu'il n'y a que ceux qui font abus de ces moyens qui les trouvent insuffisants. C'est vraiment un beau spectacle que de voir comment Halévy, tout en restreignant ses moyens à dessein, comme il est facile de le remarquer, à réussi à obtenir une si grande variété d'effets sans compter que par là il rendait ses intentions d'autant plus claires et plus intelligibles ».

La *Reine de Chypre* : à Anvers, 2 févr. 1843; à Bruxelles, 21 août 1844; reprise, 17 mars 1875; à Liège, 26 nov. 1847; à Vienne, *die Königin von Cypern*, du 20 févr. 1858 au 18 janv. 1859, neuf représentations.

— Le 23 décembre 1835, à Bruxelles, la *Juive*, 5 actes de F. Halévy. — Artistes : Sirant, Renault, Marquilly, Mmes Lavry et Stoltz. Pendant la saison actuelle : avec Engel, Gandubert, Vinche, Rouyer, Mmes Caron et Ruelle. (Voir *Guide Mus.* 4 oct. dernier.)

Nous tirons aussi de la *Revue et Gazette mus.* dont il vient d'être question ce passage de Richard Wagner concernant la *Juive* :

« Rien n'était mieux assorti au genre du talent d'Halévy que le sujet de la *Juive*. On dirait que l'artiste a trouvé sur son chemin, par une espèce de fatalité, ce livret qui devait provoquer chez lui l'emploi de toutes ses forces. C'est dans la *Juive* que la véritable vocation d'Halévy se manifesta d'une manière irréfragable, et par les épreuves les plus frappantes et les plus multipliées : cette vocation, c'est d'écrire de la musique *telle qu'elle jaillit des plus intimes et des plus puissantes profondeurs de la nature humaine*. »

La *Juive* : à Paris, 23 févr. 1835; à Liège, 10 mars 1837; à Anvers, 16 janv. 1838; à Londres, à Drury Lane, par la troupe française de Bruxelles, 29 juillet 1846, et, à Covent Garden, en italien — *Ebrea* — 25 juill. 1850; à Vienne (Opéra), *die Jüdin*, 3 mars 1836.

— Le 24 décembre 1860, à Londres (Majesty's th.) *Queen Topaze*, opéra comique 3 actes de Victor Massé. Traduction anglaise de la *Reine Topaze*, jouée pour la première fois, au Th.-Lyr. de Paris, 27 déc. 1856; à Anvers, 13 avril 1859; à Liège, 14 déc. 1863; à Bruxelles, 17 oct. 1864.

— Le 25 décembre 1882, à Venise, Richard Wagner, pendant son séjour en cette ville, — il y est mort le 13 févr. 1883, — fait exécuter la symphonie qu'il composa, en 1833, pour la Gewandhaus de Leipzig, « une œuvre de jeunesse, écrivit-il au *Musikalische Wochenblatt*, d'un genre démodé qui n'a d'autre mérite que la sûreté et l'indépendance du travail contrapuntique des thèmes ». Wagner avait alors 20 ans. Il y fait, du reste, allusion dans l'autobiographie qui se trouve en tête de ses écrits.

— Le 27 décembre 1876, à Bruxelles, la *Fête du village voisin*,

— Le 26 décembre 8me anniversaire de la naissance d'Albert Grisar (Anvers 1808). — Sa mort, à Asnières-les-Paris, 15 juin 1869.

« Pour les parentés musicales, il semble qu'il y ait dans Grisar du sang de Grétry et d'Auber. La sensibilité de l'un, l'esprit agaçant de l'autre, ont pu entrer dans la composition de son talent, mais l'originalité délicate et tout moderne de Grisar domine ces éléments d'emprunt. C'est moins de l'assimilation que de la filiation d'idées. »

X. AUBRYET.

3 actes de Boïeldieu. — Reprise avec Soulacroix, Delaquèrrière, Guérin, Mmes Legault, Lonati, Magari et Ismaël (20 déc. 1882).

Les premières : à Paris, 5 mars 1816 ; à Liége, 17 nov. 1816 ; à Gand, 31 juil. 1817 ; à Anvers, reprise 14 sept. 1834 ; à Vienne (Opéra), *der Kirchtag im benachbarten Dorfs*, 5 mai 1817.

Nécrologie

Sont décédés :

— A Liége, le 16 décembre, à l'âge de 26 ans, Mme Staes (Mlle Célestine Begond) qui chanta avec succès les rôles de dugazon au théâtre de la Monnaie de Bruxelles dans la saison 1883-1884.

Après une brillante campagne, elle quitta le théâtre pour se marier et, depuis lors, ne se fit plus entendre que dans des concerts de bienfaisance où son talent de chanteuse et sa voix magnifique lui valurent des ovations enthousiastes.

— A Paris, à l'âge de 79 ans, Mme Saint-Saëns, mère de M. Camille Saint-Saëns. Femme distinguée, douée d'une remarquable énergie, elle avait pris une part considérable au développement du talent de son fils. Aussi celui-ci avait-il pour sa mère un véritable culte.

— A Paris, le 10 décembre, Auguste-Francis Placet, né le 14 octobre 1816, ancien chef d'orchestre à l'Opéra national et au Théâtre Lyrique.

— A Bordeaux, à l'âge de 45 ans, Aubert, baryton, autrefois à l'Opéra-Comique de Paris et en province.

— A Obernigk (Silésie), Wilhelm Mohr, né à Munstereifel en 1838, critique musical à la *Kœlnische Zeitung*.

— A Saint-Pétersbourg, le 28 novembre, Hugo Woelfl, directeur de l'école de musique, ancien professeur au Conservatoire.

— A Vienne, le 18 novembre, Jacob Dont, né à Vienne, le 2 mars 1815, ex-professeur de violon au Conservatoire et soliste à la chapelle impériale. (Notice, *Biogr. univ. des mus.*, de Fétis, t. III, p. 45.)

— A Hambourg, le 14 novembre, Mme Bertha Holm, professant le chant, autrefois cantatrice aux théâtres de Kœnigsberg et Hambourg.

Avis et Communications

Dimanche 23 décembre, à onze heures, aura lieu, à Mons, la distribution des prix aux élèves du Conservatoire de musique de cette ville. Voici le programme de la matinée qui sera donnée à cette occasion, par l'orchestre et les élèves du Conservatoire, sous la direction de M. Jean Vanden Eeden ; 1° Ch.-M. von Weber : Ouverture de *Freischutz*, exécutée par l'orchestre. 2° Ch. Hanssens : Concerto pour clarinette, exécuté par M. Bailliez, prix d'excellence au concours de 1888 (classe de M. Bricourt). 3° Henri Vieuxtemps ; Concerto pour violon (1re partie), exécuté par M. Willame, prix d'excellence au concours de 1888 (classe de M. Dongrie). 4° Briccialdi ; Concerto pour flûte, avec orchestre (1re partie), exécuté par M. Gondry, prix d'excellence au concours de 1888 (classe de M. Villame). 5° Ch.-M. von Weber ; Air d'*Euryanthe*, avec orchestre, chanté par M. Brihay, prix d'excellence au concours de 1888 (classe de M. Huet). 6° L. Van Beethoven : Concerto pour piano, avec orchestre (1re partie), exécuté par Mlle Moreau, prix d'excellence au concours de 1888 (classe de M. Gurickx).

Dimanche, 23 décembre, à 3 heures de relevée, au Palais de la Bourse, à Bruxelles, 10me matinée artistique, donnée par la musique du Régiment des Carabiniers, sous la direction de M. Steenebrugen, avec le gracieux concours de Mlle Rachel Neyt, cantatrice, et du jeune Henri Verbrughen, violoniste, âgé de 13 ans, Lauréat du Conservatoire Royal de Bruxelles, Elève de M. Ysaye. – Pianiste accompagnateur M. Triaille.

On peut se procurer des cartes d'avance chez les principaux éditeurs de musique et chez le concierge du Palais de la Bourse.

À vendre. – Revue et gazette musicale (édition Brandus), depuis 1862 (29° année) jusqu'à 1880 (fin de la publication). Ecrire, M. F. 18, bureau du journal.

Un professeur de musique (pianiste) et de dessin, compositeur, lauréat du Conservatoire et de plusieurs institutions, demande emploi de professeur dans un établissement. (Offres au bureau du journal.)

La Direction de l'Orchestre (harmonie) de Rotterdam demande pour l'été prochain, à partir du 15 avril 1889 jusqu'au 1er octobre 1889, un bon Piston solo. S'adresser par lettre à M. J. W. Strieder, Kruis Straat, 28, Rotterdam.

UNIVERSITÉ DE MELBOURNE, VICTORIA

PROFESSORAT DE MUSIQUE « ORMOND »

Le conseil de l'Université ayant fondé un professorat de musique, sous le nom de professorat Ormond, les postulants sont priés d'adresser leurs offres avec pièces et références à l'appui, à l'agent général pour Victoria, 8, Victoria chambers, Westminster, Londres, Angleterre, avant le 12 janvier 1889. Comme il faudra tenir des conférences et conduire les examens en anglais, les candidats doivent pouvoir s'exprimer facilement et correctement en cette langue. Renseignements complets, quant aux appointements, programme, etc., du professeur, seront envoyés à quiconque en fera la demande à l'adresse ci-dessus.

Graham Berry.
Agent général pour Victoria.

\Imprimerie Th. Lombaerts, Montagne des Aveugles, 7.

XXXIVᵉ ANNÉE — 27 décembre 1888 · — Nᵒ 52.

Paraissant tous les jeudis.

ABONNEMENT	Directeur : Pierre SCHOTT	ANNONCES
FRANCE et BELGIQUE : Avec musique 25 francs.	SCHOTT FRÈRES, ÉDITEURS.	S'adresser à l'Administration du Journal.
— Texte seul. . . . 10 —	Paris, Faubourg Saint-Honoré, 70	On traite à forfait.
UNION POSTALE : . . . . 12 —	Bruxelles, Montagne de la Cour, 82	

AVIS

Nous avons l'honneur de faire part à nos abonnés avec supplément musical qu'à partir de l'année prochaine, nous supprimerons l'envoi dudit supplément.

RICHILDE

Tragédie lyrique en quatre actes et dix tableaux, poème et musique d'Emile Mathieu, représentée, pour la première fois, sur le théâtre de la Monnaie, le 19 décembre 1888.

(SUITE)

Ce qui rend intéressant le poème de M. Emile Mathieu, ce n'est pas, à proprement parler, le tableau historique qu'il semble, au premier abord, avoir pour sujet principal. Les conflits qui résultèrent de la succession de Baudouin de Mons ne sont guère de nature à nous émouvoir au théâtre, pas plus que la condition misérable des gens de Flandre et de Hainaut pendant le onzième siècle. Ces choses ont vieilli. Mais l'auteur, avec un tact qui dénote un vrai tempérament de dramaturge, a détaché de ce fond d'histoire nationale un personnage dont l'énergique volonté, la passion inassouvie et les mésaventures se prêtaient merveilleusement à l'interprétation du poète. C'est la figure de Richilde, très naturellement présentée, idéalisée et atténuée, sans doute, mais virilement campée dans son milieu politique et familial, qui nous étreint et qui nous subjugue. Du plus ou moins de vérité de ce personnage, de sa situation prépondérante dans le drame,

et, finalement, de son interprétation, dépendait le succès de l'œuvre, car il est, en réalité, toute l'œuvre. Le problème a été résolu à la fois par M. Mathieu et par Mᵐᵉ Caron, l'une complétant l'autre, et si l'on prétendait que M. Mathieu n'a pas eu de collaborateur, lui-même, on peut en être sûr, protesterait de toutes ses forces en rendant justice à la grande artiste qui donne à sa création la flamme et la vie.

L'intention de M. Mathieu n'a pas été cependant de faire œuvre purement poétique. Il a voulu que sa pièce fût un document, autant que faire se peut, conforme aux faits et aux mœurs du temps, et il a pris soin d'introduire dans l'action de son drame tous les éléments nécessaires à la réalisation de ce plan. Aussi voit-on paraître les barons de Hainaut et de Flandre avec leurs armures et leurs bannières ; le clergé transportant processionnellement les saintes châsses ; des hommes d'armes, archers et soudards ; des danseurs et des jongleurs ; des gens du peuple, manants et bourgeois. Ne perçoit-on même pas, dans la mêlée, des magistrats chargés de recevoir le tribut ; des receveurs de contributions ? Tout ce monde tient une très large place et chante en chœur, sinon comme dans le premier opéra venu, tout au moins autant que dans la plupart des opéras du système condamné. On peut être certain que c'est là que se pratiqueront les coupures, et ces coupures seront avantageuses à l'unité autant qu'à la marche de l'action (1).

Si l'on examine de près les autres personnages de *Richilde*, on n'en trouve que deux dont la physionomie soit bien tranchée : Odile et Osbern. La première apporte au drame le chaud rayon de sa jeunesse et de sa grâce, l'attendrissante amertume de l'illusion arrachée dans sa fleur. Le second, moins bien défini,

---

(1) Il en a été ainsi dès la deuxième représentation.

joue un rôle passif; il devient presqu'inconsciemment la proie de qui s'en empare; il eût pu être un héros, sa faiblesse en présence de Richilde en fait un assez piètre sire.

Il est difficile de séparer la musique du poème dans le jugement que l'on est appelé à porter sur les scènes essentielles de _Richilde_, et c'est, à notre avis, l'un des meilleurs éloges que l'on puisse faire de l'œuvre. Partout où le compositeur s'est attaché à exprimer les sentiments des personnages, il a cherché à dépouiller l'ancienne forme en subordonnant la phrase musicale à l'idée poétique. Cette liberté d'expression, que n'opprime point la contexture absolue du morceau, a parfaitement servi M. Mathieu. Le role de Richilde est intéressant d'un bout à l'autre dans sa déclamation mélodique. Essayons d'en retracer les phases principales.

Le récit d'entrée de Richilde au deuxième tableau, _Salut à vous, barons de Hainaut et de Flandre_, précise le caractère chevaleresque et résolu de la souveraine récusant devant tous le testament dicté par son époux défunt. Il y a, dans ces fiers accents, soutenus de larges accords et entrecoupés par de courts appels de trompettes, une certaine analogie avec les récits du roi dans _Lohengrin_. L'intervention du chœur, louant d'une part et blasphémant d'autre part le nom de Richilde, est ici parfaitement justifiée, et prête à la scène un développement qui amène avec éclat l'ensemble final.

Le délicieux tableau d'intérieur qui ouvre le deuxième acte est une des pages les mieux venues de la partition. Tout s'y enchaîne avec un charme contenu et une parfaite observation de la nature. La musique souligne d'un dessin archaïque la lecture que fait Odile à ses jeunes frères utérins, et ceux-ci interrompent leur sœur en lui parlant d'Osbern, ce qui, à leur insu, ne peut qu'être agréable à la jeune fille, éprise du chevalier normand. Un gracieux terzetto met fin à l'entretien, lorsque survient Richilde. Un thème caractéristique, et non le seul,— M. Mathieu ayant veillé à ce que ses personnages fussent mélodiquement désignés, — annonce l'état d'âme de la comtesse, que tourmentent à la fois ses préoccupations politiques et son amour naissant pour Osbern. La façon maternelle dont elle congédie ses enfants, son entretien avec Odile, où l'on relève cette phrase d'un sentiment si profond : _Las ! c'est notre destin, pauvre ange, et l'on doit se quitter un jour_, tout cela est achevé de main de maître et révèle un vrai talent de poète et de musicien. Vient ensuite un monologue de Richilde trahissant la secrète angoisse de son cœur et l'indécision où elle est de savoir si Osbern répondra à sa flamme. Aux prises avec la difficulté de proportionner et de graduer cette scène importante, de soutenir l'intérêt sans tomber dans les redites, M. Mathieu s'en est tiré avec bonheur.

Nous passerons la scène où Richilde célèbre avec son entourage la victoire d'Osbern et qui n'a d'autre raison d'être que de fournir un prétexte au balle

d'ailleurs finement orchestré qui termine le deuxième acte.

M. Mathieu ne croit pas devoir nous initier aux ruses à l'aide desquelles cette enjôleuse de Richilde parvient à s'emparer du cœur d'Osbern. En revanche, il nous fait assister à la cérémonie du mariage, en un tableau symphonique servant d'intermède entre le deuxième et le troisième acte. Les personnages sont vus, à travers un rideau de gaze, dans l'intérieur d'une chapelle romane, où le prêtre à l'autel bénit le couple agenouillé. Les assistants forment de jolis groupes, et l'apparition d'Odile dans le vitrail est d'un effet saisissant. Le compositeur à très discrètement indiqué cette scène muette, où l'orchestre et l'orgue alternent, l'un rappelant des thèmes caractéristiques, l'autre modulant du plain-chant. L'idée est neuve, et sa réalisation, si conforme à la vraisemblance, produit une vive impression sur les spectateurs.

Mais s'il ne nous dit rien des préliminaires de cette union, l'auteur, du moins, en fait voir les conséquences. Dans l'air : _O vierge que j'implore_, entrecoupé des récits ramenant le thème d'Odile, le comte Osbern ne dissimule point qu'il a épousé Richilde par pitié et que l'apparition de la jeune fille le poursuit en tous lieux. C'est le commencement d'une scène conjugale où l'on eût désiré que le tempérament de la femme se montrât plus résolument. M. Mathieu a-t-il craint de pousser trop loin l'étude de son personnage et d'en accuser le côté sensuel ? Richilde se montre la sœur plutôt que la femme délaissée d'Osbern ; elle paraît ignorer toute coquetterie semble agir comme la personne la plus froidement raisonnable. Elle a, pour attirer son époux, des arguments de ce genre :

> Mais sur l'automne de ma vie,
> Rayon consolateur, ta jeunesse a brillé,
> D'un enivrant espoir ma douleur fut suivie,
> Et pour renaître en toi, mon cœur s'est réveillé.

C'est presque de la candeur ; mais la femme se réveille dans le monologue qui suit. Une idée terrible surgit dans l'esprit de Richilde : si Osbern aimait une autre femme! Et soudain, par la jalousie, voilà que la scène s'illumine et que le musicien, secondant le poète, trouve l'expression conforme à la situation, pleine d'émoi et de grandeur outragée. Mᵐᵉ Caron est vraiment pathétique dans ce beau passage, et la façon dont elle ordonne à Wedric d'espionner le comte fait frissonner.

On se passerait volontiers du tableau de Messines, si M. Mathieu n'avait traité avec tant de soin les ensembles et habillé de neuf ces chœurs de peuple, ces chansons de soudards et tout ce tumulte, d'une maison incendiée, de cris de femmes et d'enfants se confondant dans un ensemble de polyphonie tout à fait remarquable. L'attention se porte ailleurs que sur la musique dans ce va et vient de comparses et dans ce tohu-bohu qui requiert, en grande partie, l'art du régisseur et le concours des machinistes. L'arrivée de Richilde à cheval, éclairée par les lueurs de l'incendie, ne saurait impressionner qu'un public naïf. Il y a mieux que cela dans le scenario de Richilde

Le troisième tableau du troisième acte présente une situation capitale en dehors du rôle de Richilde; c'est le duo du couvent entre Odile et Osbern : morceau très travaillé et très développé, d'une belle gradation d'effets, se terminant par un unisson qui est loin d'être banal. C'est, avec l'introduction de *Richilde,* où l'on assiste à la première entrevue des deux jeunes amants, la partie de l'œuvre où la mélodie se dégage le plus franchement et frappe de prime à abord. Partout ailleurs, il sera bon d'y revenir, la musique de M. Mathieu n'étant pas de celles qui se livrent spontanément.

Les deux derniers tableaux appartiennent presqu'entièrement au rôle de Richilde. C'est d'abord l'esplanade du château de Cassel, où la guerrière maudit les lâches qui l'ont abandonnée dans sa défaite, en rappelant la trahison dont faussement elle accuse le comte, son mari. Le peuple révolté veut la mettre à mort, et Richilde, tirant le glaive qu'elle porte à son côté, fait face à la sédition. Autant Mme Caron se montre admirable de gestes et d'attitudes dans cette scène qui, avec toute autre qu'elle, pourrait prêter à rire, autant elle est effrayante de terreur au moment où Osbern, couché sur le champ de bataille, au tableau suivant et dernier, lui dévoile le meurtre de sa fille. Et ce n'est pas l'une des moindres qualités de l'œuvre de M. Mathieu que de mettre en relief ces choses qui, moins bien exprimées, sous une forme moins concise, eussent pu compromettre le résultat de ses efforts.

Mais il faut bien s'arrêter, quelque désir que l'on ait de s'étendre sur les particularités si intéressantes de l'œuvre de M. Mathieu. Et l'on peut se résumer en disant que cette œuvre profondément fouillée d'un musicien savant, d'un artiste de goût, mérite les sacrifices que l'on a faits pour elle, et justifie le très grand succès qu'elle obtient chaque soir au théâtre de la Monnaie. Si l'auteur a dû modifier sa partition pour l'accommoder à la voix de Mme Caron, et affaiblir l'accent du rôle écrit pour contralto, il bénéficie, par contre, de tout ce que cette œuvre profondément lyrique apporte, à ce rôle, d'expression sincère et d'émotion pénétrante.

Nous avons dit que l'exécution est de tous points irréprochable. Ajoutons que cette magnifique interprétation a gagné encore à la deuxième représentation, qui a vu se renouveler le triomphe de la première. Tout promet donc un succès durable, que nous souhaitons au vaillant compositeur dont le savoir et l'inébranlable attachement à son *credo* artistique se sont affirmés si hautement dans *Richilde.*

E. E.

Une réforme dans la musique

(Suite. — Voir le dernier numéro.)

Afin de développer la connaissance des formes métriques et rythmiques, il faudrait, dans nos conservatoires et écoles de musique, un cours spécial où toute cette théorie fût clairement exposée. Comme le demande M. Riemann, elle devrait faire partie du solfège, où ses éléments, tout au moins, devraient être enseignés afin de préparer l'élève à une étude plus approfondie de la matière dans ses rapports avec l'harmonie et le contre-point. Ces principes sont trop importants pour que l'on se contente de les enseigner dans les classes d'harmonie et de contrepoint, alors que toute l'éducation est peut-être déjà faussée.

M. Riemann, du reste, donne sur ce sujet un cours spécial au Conservatoire de Hambourg. Le cours d'*analyse*, qui forme, pour ainsi dire, le point essentiel de son enseignement, se borne en premier lieu à la détermination des harmonies de chaque morceau; ensuite, on passe à la délimitation des motifs et des phrases; puis à l'examen synthétique des thèmes, à la succession des tons, en général; enfin, on décompose la forme du morceau objet de la leçon.

Il va sans dire que les élèves qui suivent ce cours doivent au moins connaître l'harmonie, puisque la connaissance de celle-ci est nécessaire pour pouvoir trouver le dessin, délimiter les motifs et la contexture des phrases.

Prenons, pour en donner une idée, une même marche mélodique différemment harmonisée :

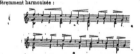

Il est évident qu'ici c'est l'harmonie, et l'harmonie seule, qui donne au autre dessin, une autre physionomie à la même mélodie. Dans le second exemple, à cause du retard du *fa*, la limite du motif ne peut tomber qu'après le *mi* (1re mesure,) car c'est sur cette note que se fait la résolution. Tout cela est clair et extrêmement simple, et pourtant c'est nouveau, car il est triste de le constater, jusqu'ici a régné fort peu de clarté en cette matière.

Ainsi, c'est précisément sur ce point que Mathis Lussy commet une erreur épouvantable. Il semble croire qu'une phrase est susceptible de plusieurs interprétations différentes; pour le prouver, il met huit vers différents sous les quatre premières mesures de l'*adagio cantabile* de la *Sonate pathétique* de Beethoven:

1° É - tre à toi voi - là mon seul bonheur
2° Toi que j'ai - me, toi mon bien su - pré - me.
3° Etre à toi, voi - là mon es - pé - ran - ce.
4° Prends mon à - me, prends mon cœur aus-si.
5° Vers — toi — vont mes vœux.
6° Vers — toi — vont mes sou-pirs.
7° Pour t'ai - mer, an - ge tu-té - lai - re,
8° É - tre à toi — pour l'é-ter-ni - té.

Après quoi, il ajoute triomphalement : « Tous ces vers vont à merveille ! »

Il s'attache ensuite à montrer la beauté de plusieurs de ces vers(1), et conclut ainsi : « La voilà détruite l'affirmation qu'il n'y aurait qu'une seule, bonne et acceptable interprétation d'un texte ! » Cet aphorisme est une simple monstruosité.

En procédant selon la méthode de M. Mathis Lussy, il ne serait pas bien difficile de mettre en musique tous les vers de l'*Iliade* et de l'*Odyssée*; certainement, nous n'aurions que l'embarras du choix. Le Dr Fuchs en fournit un exemple, bien amusant : Il prend les deux premiers vers d'une traduction allemande de l'*Odyssée* et les applique à la musique d'une chanson bien connue :

(1) Ils sont de M. Victor Wilder; le premier seul concorde avec la phrase musicale.

Nan-ce mir kle-ne den Mann, den   viel·gewandten,den vielfach.

Schweif·te nachdem er   Tro·ja: bei·li·ge Va·ns zer·stö   ret! †† †
(orchestre.)

On peut aussi dire de cet exemple qu'il va à merveille. Mais
qu'est-ce que cela prouve? Tout uniment que M. Mathis Lussy s'est
trompé en voulant déduire un principe esthétique d'un fait purement
accidentel.

Assurément, sous toute phrase musicale on peut toujours glisser
un texte explicatif; mais de ce que ce texte concorde avec le
rythme musical, il ne suit pas du tout que les paroles soient une
interprétation de la pensée musicale, ni surtout qu'elles soient une
bonneinterprétation; M. Mathis Lussy serait le premier embarrassé,
je crois, pour dire pourquoi dans les huit vers qu'il place sous la phrase
de la *Pathétique*, il n'est parlé que d'amour. S'il est vrai, comme il
l'affirme, qu'il y a plusieurs interprétations possibles d'un même
texte musical, pourquoi cette phrase ne s'appliquerait-elle pas aussi
à la pluie et au beau temps (1)?

Pur enfantillage que tout cela.

La vérité, c'est qu'aucun texte ne sera bon, parce que la Parole
et le mot ne recouvrent jamais complètement la musique. La réciproque est d'ailleurs exacte. Un même texte supporte plusieurs interprétations musicales. Cela ne prouve pas que l'expression musicale
ne peut être déterminée, comme semble le conclure M. Mathis
Lussy; cela prouve seulement que la musique constitue un langage
en soi, totalement différent du langage parlé. Nous ne sommes pas
plus maîtres de *déterminer le sens d'une phrase musicale par des
paroles* que de *déterminer le sens des paroles par une phrase musicale.*
M. Mathis Lussy tombe ici dans la déplorable confusion des esthé-
ticiens-littérateurs, qui n'ont jamais distingué nettement ce qui
constitue l'essence propre de chaque art, peinture, sculpture,
musique, parce qu'ils ont sans cesse ramené tous ces arts à la poésie
parlée. Autant d'arts, autant de *formes* différentes de la pensée et
dont le sens se trouvera seulement dans les éléments qui constituent
le domaine propre de chacun art distinctement.

Pour un revenir à notre sujet, il faut le dire et le répéter sans
cesse ; une phrase instrumentale n'a pas besoin de paroles pour être
comprise; elle repousse, au contraire, toute interprétation grammaticale, parce qu'elle porte en soi, et *rien qu'en soi*, les éléments constitutifs de son expression. Ce sens peut n'être pas clair, si on la
détache du complexe dont elle est une partie; il devient aussi net,
aussi précis que les paroles les moins énigmatiques, du moment
qu'on l'entend et qu'on l'examine dans l'ensemble *des éléments purement musicaux* où elle s'est produite. C'est cette loi que le Dr Riemann a nettement dégagée de toutes les erreurs qui l'obscurcissaient.
Les mêmes notes, se succédant de la même manière, ont un sens
différent suivant ce que les précède, les suit et les accompagne. Ce
qui détermine le sens et l'expression de toute phrase musicale, c'est
la contexture harmonique qui la revêt et l'unité rythmique dont elle
est un composé.

La logique musicale est, d'ailleurs, en cela absolument identique
à la logique du langage.

Un vieil auteur, Daniel Gottlob Turk, directeur de musique à
l'Université de Halle, en 1779, qui s'est aussi déjà occupé de cette
question, nous en donne un exemple frappant. Dans son *Ecole de
piano*, parue en 1789, il parle de la nécessité de la ponctuation musicale, et cite à l'appui cette phrase allemande :

Er verlor das Leben nicht nur sein Vermögen (ce qui veut dire : Il perdit
la vie non seulement sa fortune).

Selon que l'on ponctue cette phrase, elle change totalement de
sens :

Er verlor das Leben nicht, nur sein Vermögen, — ce qui veut dire :
Il ne perdit pas la vie, mais la fortune.

Ou bien encore :

Er verlor das Leben, nicht nur sein Vermögen, — ce qui signifie : Il
perdit là vie, et non seulement sa fortune.

En français, les exemples de ce genre ne sont pas moins nombreux
qu'en allemand. *Faute d'un point...* dit le vieux proverbe... Eh bien,
il en est de la phrase musicale comme de la phrase grammaticale :
selon la ponctuation, elle changera complètement de sens.

(1) Par exemple: Prends ma canne et mon riflard aussi ; cela va toujours à
merveille, suivant M. Mathis Lussy.

(N. DE LA R.)

Mais une fois la ponctuation fixée, son sens n'est plus variable, et
il n'y a plus qu'une bonne et acceptable interprétation.

(A suivre.)   EM. ERGO.

Chronique de la Semaine

Théâtres et Concerts

PARIS

On ne pourra pas dire que M. Lamoureux n'est pas hospitalier
'aux « jeunes ». Il y en avait deux, hier, à son programme.

La *Fantaisie pour hautbois principal et orchestre (sur des thèmes rustiques
du centre de la France),* de M. Vincent d'Indy, considérée au point de vue
du sentiment poétique, de la recherche de l'orchestration, du raffinement des détails, est peut-être d'un caractère trop intime, d'un travail
trop délicat, pour figurer tout à fait à son avantage dans une salle
comme celle du Cirque-d'Été; c'est un peu ce qu'on remarquait déjà,
l'autre jour, pour la *Pavane* de M. G. Fauré, qui était encore, d'ailleurs,
de moindres proportions, et d'un plan infiniment moins complexe.
La *Fantaisie* de M. d'Indy, exécutée avec un soin minutieux, écoutée
avec le vif intérêt qui s'attache aux tentatives si diverses et si captivantes du jeune maître, a produit une impression exquise, pénétrante. Dans quel paysage de rêve nous transporte ce début, adorable de mystère et de fraîcheur ombreuse ! Quel charme de contours dans les poétiques fantômes qui s'y succèdent, mélancoliques
ou joyeux, langoureux ou alertes ! Quelle chaste caresse dans les
sonorités choisies qui les évoquent !... Quelle aisance dans le maniement des thèmes cévenols, dans leur agencement avec les éléments
personnels adjoints par l'auteur ! Quelle ingéniosité dans l'accouplement du rythme binaire avec le ternaire, dans les modifications de
mouvement !... Toutes ces rares qualités seront sans doute mieux
discernées dans une salle moins vaste; que deviendraient le fini et la
grâce un peu raide d'une estampe de Martin Schongauer, exposée
dans le hall du palais de l'Industrie?... En attendant une autre audition de la *Fantaisie pour hautbois* de M. d'Indy, saluons en lui le chercheur infatigable, toujours dispos, qui ne s'arrête pas sur sa route,
même quand il aurait pleinement le droit de se reposer. C'est un
bel exemple que cette intelligence et ce caractère d'artiste.

M. Emile Bernard appartient à une génération un peu antérieure
à celle de M. d'Yndy ; c'est un disciple de Mendelssohn et de Schumann, que ses travaux d'organiste ont initié à la forte doctrine de
Bach. Homme de goût et de discernement, artiste consciencieux et
respectueux de son art, dont il connaît et apprécie les plus diverses
manifestations, M. Bernard a le bonheur d'atteindre à la grâce et à
la délicatesse sans sacrifier à la frivolité et à la mièvrerie; témoin la
scherzo si fin, si réussi en tous points, exécuté par Mlle Berthe Marx,
dans la *Fantaisie* en trois parties pour piano et orchestre. La mention
spéciale que je fais de ce *scherzo* n'empêche pas qu'il y ait d'excellentes et jolies choses dans le reste de la *Fantaisie,* que j'ai eu, d'ailleurs, l'occasion de louer ici déjà, ainsi que l'ouverture de *Béatrix,* le
Concerto pour violon et diverses autres œuvres de mérite de M. Bernard,
presque toujours de la musique de chambre. Mlle Berthe Marx est
une artiste de beaucoup de talent, et toujours en progrès; elle a
été très applaudie, et bien justement.

Voici se rouvrir les séances de musique de chambre. La Société
nationale a déjà commencé les siennes, la *Trompette* ne va pas tarder
à en faire autant. Les quatuors Lefort, Heymann, Nadaud, celui de
l'Ecole Monge rentrent en lice ; nous aurons aussi, salle Erard, la
Société Rivarde-Salmon, avec le concours pianistique de M. René
Chansarel... Nous reparlerons de tout cela en temps et lieu. Souhaitons que la nouvelle année nous apporte de nouvelles jouissances, et
permettez-moi, lecteurs amis, de prendre congé de 1888, en formu-
lant toutes sortes de vœux pour 1889.   BALTHAZAR CLAES.

La Patti a repris sa place à l'Opéra dans *Roméo et Juliette,* et termine, en ce moment, son engagement. Elle repartira ensuite pour
Londres. Mais, ses engagements remplis là-bas, nous la reverrons à
Paris, où elle doit se faire entendre dans une représentation au
profit de l'Association des artistes dramatiques.

À l'Opéra, on s'occupe beaucoup d'*Ascanio,* l'opéra de Saint-Saëns,
qui passera certainement dans le mois de février prochain. Les
chœurs sont déjà sus.

La partition de la *Tempête,* le ballet nouveau de M. Ambroise Thomas, à été confiée à M. Mangin, pour être réduite au piano. Son
travail, déjà très avancé, sera terminé avant même que l'ouvrage
soit en répétitions.

On a lu, à l'Opéra-Comique, l'*Esclarmonde* de MM. Blau et de
Gramont, musique de M. Massenet.

Les principaux rôles seront interprétés, comme nous l'avons dit, par Mlles Sanderson, Nardi, MM. Bouvet, Herbert. Pour le rôle de ténor, il avait été question de M. Talazac, puis de M. Saléza ou de M. Gilbert, qui est, en ce moment, à Rouen. Rien n'est décidé encore.

En même temps qu'il va monter *Esclarmonde*, M. Paravey s'occupera d'une reprise de la *Mireille* de Gounod.

Le ténor Saléza fera son second début dans cet ouvrage par le rôle de Vincent, et Mlle Simonnet reprendra celui de Mireille. Les rôles d'Ourias et du père de Mireille seront chantés par MM. Bouvet et Cobalet, et Mlle Deschamps sera chargée de celui de Taven.

Avec *Esclarmonde*, l'Opéra-Comique donnera la *Cigale madrilène*, musique de M. Perronnet, qui passera du 15 au 18 janvier.

A propos de l'Opéra-Comique, il y est question de l'engagement de Mme Vachot-Jouanne, qui remplacerait une des plus jolies pensionnaires de M. Paravey, sur le point de quitter le théâtre.

La commission du budget a donné un avis favorable à la demande du crédit de 30,000 francs proposé par la commission spéciale de l'Opéra-Comique pour le concours de reconstruction du théâtre.

Elle a, de plus, indiqué qu'elle appuierait, des deux systèmes qui étaient proposés, celui du forfait, considérant que c'était le seul moyen de régler et de fixer la dépense.

On dit qu'il est sérieusement question de représenter l'*Otello* de Verdi au théâtre de la Porte-Saint-Martin, avec les artistes qui ont créé cet opéra à la Scala de Milan, c'est-à-dire MM. Maurel et Tamagno, et Mme Pantaloni. *Otello* passerait après le *Chevalier de Maison-Rouge*. Voilà qui semble confirmer le bruit d'après lequel M. Duquesnel voudrait transformer la Porte-Saint Martin en théâtre lyrique. Toutefois, le directeur n'aurait pas encore, dit-on, le consentement de Verdi.

Jocelyn a été représenté, vendredi dernier, pour la dernière fois avec M. Capoul, au Théâtre-Lyrique. Le public, composé en grande partie de « nos plus élégantes demi-mondaines, » dit le *Monde artiste*, a fait un énorme succès au ténor aimé des dames, et cette soirée d'adieux a été des plus attendrissantes.

BRUXELLES
LA MESSE EN *SI* MINEUR DE BACH AU CONSERVATOIRE

C'est un très grand mérite de M. Gevaert d'avoir remis en honneur, au Conservatoire royal de Bruxelles, le nom de Jean-Sébastien Bach. Je ne sais si les œuvres chorales de cet incomparable maître exercent une profonde impression sur la masse du public ; elles ravissent, en tous cas, les musiciens. Et ils savent gré de son initiative à l'éminent directeur du Conservatoire, malgré les divergences d'opinion qui peuvent se produire au sujet de l'interprétation de certaines pages, à propos des mouvements qu'il imprime à certains morceaux, ou des pauses prolongées qu'il fait faire après chaque verset d'un choral. Ce sont là sujets qu'on peut discuter. Il y a des traditions reçues en Allemagne quant à l'exécution de Bach, traditions nullement arbitraires, établies par un long usage et par la constante pratique de l'Eglise protestante, où le choral se chante encore aujourd'hui comme au temps de Luther et de Bach. M. Gevaert s'en écarte souvent. Il n'en reste pas moins qu'il a fait faire à l'exécution de la musique du grand maître saxon, à peine connu en Belgique avant lui, des progrès dont tout le mérite lui revient ; on ne saurait le reconnaître et le proclamer assez haut. Les résultats obtenus sont d'autant plus dignes d'éloges que l'entreprise était plus périlleuse.

Ainsi l'on peut lire dans les lettres de Hauptmann, le grand contre-pointiste, ami de Mendelssohn, de Schumann et de Hauser à qui l'on doit la publication des œuvres de Bach, on peut lire combien l'exécution d'une des messes ou d'une des *Passions* causait de souci, de difficultés et d'inquiétudes à ces admirateurs passionnés du *Kantor* de l'Ecole Saint-Thomas. En ce temps-là, on ne savait comment exécuter la partie orchestrale de ces partitions où figurent tant d'instruments tombés en désuétude, le hautbois et les flûtes de chasse (oboi da caccia), la viole d'amour, la basse de gambe, etc. On se tirait d'affaire en faisant jouer par l'organiste les parties d'instruments absents à l'orchestre. M. Gevaert est le premier, je crois, qui, grâce au concours de l'habile constructeur, M. Mahillon, ait remis en pratique ces vieux instruments: et il nous a donné ainsi, en des exécutions très soignées de l'*Oratorio de Noël*, de quelques cantates, enfin d'importants fragments de la messe en *si* mineur, l'audition matériellement exacte de l'orchestre de Bach. Il est peu de villes actuellement en Europe où cela soit possible.

Le plus difficile de ces exécutions semble, toutefois, demeurer la partie vocale.

Où trouver les solistes capables de dire ces *aria* chargés de dessins que l'art du chant a complètement abandonnés. Et puis, avec notre manie de pousser en tout la soi-disant d'extrême de dramatiser le chant, nous défigurons complètement les larges phrases mélodiques de Bach, si expressives en leur sérénité calme et leur simplicité de sentiment.

Il y a là, entre nos habitudes et le caractère propre de cette musique ancienne, un conflit permanent que les répétitions les plus attentives ne permettent pas d'aplanir toujours. Et il est juste de ne pas imputer à M. Gevaert les défaillances des solistes. Louons plutôt sans réserve, cette fois, l'excellente tenue des chœurs. Là, l'influence du maître se fait sentir directement, et ce n'est pas exagérer que de dire qu'ils ont été admirables de vaillance dans l'attaque, de sûreté dans les intonations et de précision rythmique. C'est, après tout, dans ces chœurs, si extraordinairement contre-pointés, si riches et si variés en leurs harmonies expressives, qu'est la beauté sublime de la Messe en *si* bémol. L'admirable fugue sur le thème du *Credo*, l'*Incarnatus*, le *Crucifixus*, et ce *Resurrexit* d'une si exubérante vigueur, le solennel *Sanctus*, tout cela est parmi les pages les plus grandioses et les plus profondes qu'il y ait dans la musique. C'est une victoire éclatante pour M. Gevaert, pour le Conservatoire de Bruxelles, d'avoir réalisé une exécution si parfaite de ces fragments. Si les solistes n'ont pas été à la même hauteur, accusons-en les mauvaises habitudes que leur donne l'ordinaire musique qu'ils interprètent soit au théâtre, soit dans les concerts. Rendons néanmoins hommage à la bonne volonté et au zèle de Mme Cornélis-Servais et Flament (cette dernière remplaçant Mlle Baldo, indisposée), de M. Seguin, le bon chanteur wagnérien, qui s'est le plus rapproché du style de l'œuvre, et de M. Gandubert, dont la voix chevrotante luttait avec désavantage contre le violon de M. Colyns. Il faut reconnaître, d'ailleurs, que ces morceaux de chant sont d'une difficulté d'exécution peu commune. Hauptmann avouait qu'en les écoutant, il éprouvait une sensation analogue à celle que l'on a en se promenant dans une serre d'orchidées, pleine de plantes grimpantes, qui s'enlacent entre elles, dissimulant les troncs et les ramures. Ces airs de Bach ne sont pas, comme le chant italien, bâtis sur l'accentuation métrique et mélodique du mot ; ils développent leurs dessins d'une manière indépendante, avec une richesse admirable, mais, en somme, d'une façon plutôt instrumentale que vocale. « J'ai alors, ajoutait-il, un violent désir de sortir de la serre et d'aller dans le jardin, où les plantes sortent de la terre maternelle et forment leurs troncs et leurs ramures selon leur nature propre. »

M. Gevaert, malheureusement, n'avait pas songé au jardin, où plutôt il est volontairement demeuré dans la serre en entourant les deux fragments de la messe en *si*, le *Credo* et le *Sanctus*, d'autres compositions de même style : un choral de l'*Oratorio de Noël*, le choral varié pour orgue sur le cantique : *Devant ton trône, Seigneur, je me présents* (magistralement joué, d'ailleurs, par M. Alphonse Mailly), enfin une suite de *Morceaux d'orchestre* de Hændel, très curieux, très intéressants, mais qui ne formaient pas précisément une contraste marqué avec la manière de Bach. Aussi, cette séance de musique religieuse n'a-t-elle pas laissé d'être fatigante. Quelque hymne religieuse de Mozart, un fragment de Beethoven ou d'un autre maître y eût jeté peut-être une variété bienfaisante.

M. K.

La remarquable partition de M. Edgard Tinel, récemment exécutée à Malines, l'oratorio de *Saint François*, est au programme du prochain concert populaire, où il sera exécuté sous la direction de M. Joseph Dupont, avec le concours des chœurs de Malines et de MM. Engel, Seguin, et de Mme Melba, du théâtre de la Monnaie.

Pour le deuxième concert de M. Servais, la venue de Mme Materna est annoncée par de grandes affiches. La célèbre cantatrice viennoise chantera des fragments du *Tannhæuser* et le finale du *Crépuscule des Dieux*.

On parle beaucoup en ville d'un engagement de Mme Melba à Berlin. Il s'agit, non de l'Opéra impérial, comme on pourrait le croire, mais du théâtre Kroll, où se donne, tous les étés, une sorte de saison italienne.

Mme Durand-Ulbach, cantatrice des concerts Colonne, vient d'être engagée au théâtre de la Monnaie, pour y créer le rôle de Marguerite du *Roi d'Ys*; Mme Durand-Ulbach étudie le rôle sous la direction de M. Lalo ; elle aura pour partenaires Mme Landoury, M. Mauras et M. Renaud.

Mlle Zélie Moriamé, l'excellente pianiste belge, vient de remporter de très brillants succès en Hollande, dans une tournée qu'elle a faite en compagnie de M. Sarasate, l'illustre violoniste.

Une erreur s'est glissée dans notre compte rendu du concert donné par le *Schiller Verein*, au palais des Académies. Suivant les indications erronées d'un programme modifié par la suite, nous avons donné à Mlle J. R., d'Anvers, les chansons qui venaient de Mlle J. Welcker, la sœur de l'excellent pianiste et professeur bien connu à Bruxelles. Mlle Welcker est une élève du non pareil maître Stockhausen, à Francfort; elle s'assimile, en ce moment, la méthode française de chant avec M. Bonheur, l'excellent professeur gantois. Mlle Welcker a chanté tout récemment avec un vif succès au *Bach-verein* de Harlem et dans un concert à Hertogenbosch; elle chantera prochainement à Rotterdam, et, à Pâques, elle participera à une exécution de *la Passion selon saint Matthieu*, à Francfort.

GAND

GRAND-THÉATRE. — Mercredi, 19 décembre: *Carmen*; vendredi, 21, *Roland à Roncevaux*; dimanche, 23, *Carmen* et les *Pêcheurs de perles*; lundi, 24, *Haydée*.

Comme on voit, c'est Bizet qui a fait les frais des soirées de cette semaine. Ses deux œuvres principales, *Carmen* et les *Pêcheurs*, sont ici l'objet d'une grande faveur, et leur représentation simultanée a fait, dimanche, la plus belle salle de l'année. Grand succès d'interprétation pour tous les artistes: M. Trémoulet, quoique visiblement indisposé, a tenu avec sa puissance coutumière le rôle splendide de Don José. M. Soum fait florès en toréador, et Mmes Danglade et Bloch, achèvent de donner à l'œuvre un caractère et un relief qui nous semblent une garantie de durée pour le succès de cette reprise. Dans les *Pêcheurs*, ce sont MM. Deo et Soum, ainsi que Mlle Boyer, qui ont moissonné d'amples applaudissements. Les chœurs, quoique surmenés dans ces derniers temps, ont notablement bien marché. De même pour l'orchestre, en grand progrès, décidément.

La distribution des prix du Conservatoire royal a eu lieu samedi soir. La séance musicale donnée à cette occasion comprenait, — outre l'exécution de la cantate couronnée de M.Paul Lebrun,—l'ouverture des *Maîtres Chanteurs* et l'audition des lauréats de la classe de déclamation lyrique et d'art de la scène.

L'audition des *Supplientes* (second prix) a produit une excellente impression, malgré l'exécution très secondaire qui en a été donnée. L'orchestre, quoique très habilement mené par le jeune lauréat, manquait visiblement d'assurance, — résultat inévitable de répétitions trop restreintes. Les chœurs étaient mal placés, et les chanteurs, — sauf M. Wauters, — insuffisants. Malgré ces circonstances défavorables, l'œuvre a été fort bien accueillie.

L'ouverture des *Maîtres Chanteurs*, magistralement enlevée sous la direction de M. Samuel, qui avait osé entreprendre de diriger par cœur une œuvre de cette envergure, a certainement été.le clou de la soirée. Les cordes, en certains passages, ont bien un peu manqué de clarté. Mais j'attribue la chose au nombre trop restreint des premiers violons, bien clairsemés, samedi soir. Sauf cette remarque, succès complet.

Les lauréats du concours de déclamation flamande nous ont représenté la *Wuyst* de Van Gouthem, une jolie chose conçue malheureusement dans le goût local, trop lourd pour mener à bien une saynète aussi délicate comme donnée. On m'a assuré que les interprètes avaient grand mérite, et que leur fol cadrait admirablement avec l'esthétique flamande. Pour moi, je les ai trouvés lourds, communs, je dirai même mal élevés; non point de cette belle gaucherie populaire, qui est un charme et un attrait, mais d'une aisance de mauvais aloi, et qui *semble* de tradition. Les observations au jeune homme surtout.

La classe de chant de M. Devos a fourni une chanteuse, Mlle Vande Wegbe, qui possède une fort belle voix, bien travaillée, mais qui semble manquer de chaleur et de sentiment. Déjà, dans la cantate de Lebrun, cette froideur avait nui à son succès. La scène et l'animation communiquée à elle par son partenaire l'ont un peu dissipée dans le *Capitaine Henriot*. Mais elle n'en est pas moins restée son défaut dominant. C'est dommage, car il y a réellement en elle de bonne et solide étoffe.

M. De Wever, qui lui donnait la réplique, a peu de voix. Mais celle-ci est jolie et fraîche. La diction est agréable, et le jeune homme semble avoir pour la scène des dispositions heureuses. Certains mouvements sont cependant à revoir et à étudier.

Mlle Mad. Dumont (premier prix avec grande distinction, classe de M. Bonheur), a remporté un beau succès dans le duo du *Cid*, et surtout dans le trio de *Faust* (scène de la prison) admirablement jouée par elle. La voix est belle, la méthode excellente, la diction de premier ordre; le seul défaut de la jeune fille semble être une tendance à chanter trop haut, lorsqu'elle veut forcer l'émission. — Qu'elle se méfie de cet écueil, et comme l'officier de l'opérette, ne nous y donne que ce qu'elle a ».Les plus difficiles pourront déjà s'en déclarer satisfaits.

J'ai déjà fait ici l'éloge du ténor Wauters, qui s'est prodigué pendant la soirée de samedi, et, malgré cela, est arrivé sans fatigue jusqu'au bout de sa tâche. Il a supérieurement chanté le beau duo du *Cid*, l'a joué fort convenablement, et a partagé l'ovation faite à ses collègues après la scène de la prison, M. de Sutter, qui faisait un Méphisto de superbe allure, a tenu sa partie à la satisfaction générale.

J'aurais voulu vous parler aussi du succès fait à la Melba, qui est venue donner un concert à Gand, au Cercle musical. Le cercle étant une société privée, et le *Guide musical* n'y ayant pas été invité, je me trouve dans l'impossibilité matérielle et morale de vous en rendre compte rendu.　　　　　　　　　　　　　　　F. E.

LIÈGE

THÉATRE-ROYAL. — Lundi 17, *Zampa*; jeudi 20, les *Dragons de Villars*, *Maître Pathelin*; dimanche 23, la *Juive*, les *Noces de Jeannette*.

Semaine sans grand intérêt. — Au Conservatoire, première audition d'élèves lauréats. Les violons avaient la grosse part du programme. D'abord l'allegro du *Concerto* de Beethoven, par M. Charlier (médaille de vermeil), qui montre de sérieuses qualités techniques, puis le solo, par M. Bourdoux (médaille d'argent) d'une *Méditation* pour violon et orchestre, de M. Bordier, sur un prélude de Bach.

M. Dossin, après avoir dirigé une assez bonne exécution, par la classe d'orchestre,de la symphonie en si bémol de Mozart, et d'*Airs de ballet* de Gluck,a présenté sa classe de violon,qui a joué à l'unisson deux sonates de Framcœur et Hændel, et le *Præludal* des *Maîtres Chanteurs* arrangé par Wilhelmy.

Il y a eu, mercredi, concert organisé par le Vertiaire libéral avec le concours de Mme Melba et de M. Claeys. Cela a pu être fort beau, mais je n'en sais rien; le *Guide musical*, qui néglige le clérical et le libéral, a été jugé, dès lors, trop indépendant pour être invité à ce concert.

VERVIERS

CONCERT DE CHARITÉ DONNÉ PAR LA SOCIÉTÉ ROYALE L'ÉMULATION

La Société royale l'Emulation avait choisi,pour son grand concert annuel,*Hérode*, poème dramatique de E. Boyer, musique de M. William Chaumet, couronné au concours Rossini et exécuté au Conservatoire de Paris en décembre 1885. Travaillée avec un soin tout particulier, exécutée par une masse imposante, cette œuvre a reçu une interprétation très remarquable, qui a mis en relief les qualités et de la Société et de son chef, M. A. Voncken. De toutes les exécutions faites par l'Emulation depuis qu'elle chante des œuvres pour voix mixtes, celle de mercredi a été de beaucoup la plus complète, la plus irréprochable.

Musicien distingué, M. Chaumet est surtout un symphoniste; il traite avec habileté et autorité la partie orchestrale et a su trouver des effets très variés et d'une coloration très pittoresque. A citer surtout le chœur d'entrée, le ballet des Galiléennes, d'une grande originalité, une chanson à boire, le duo final et la scène de Rachel. Le public a fait un chaleureux accueil au chef, aux interprètes et à l'auteur, présent à la fête. Appelé par l'assistance, M. Chaumet a dû venir saluer au milieu des ovations les plus enthousiastes. Les solistes étaient Mme Cornélis-Servais, Mlle H. Hanssen, chanteuse amateur, M. Anthelme Lange, ténor du théâtre, et M. N. Dondiet, amateur. Ils ont tous quatre puissamment contribué à la bonne exé. cution de cette page intéressante.

Le reste du programme était rempli par l'orchestre et Mme Cornélis. Avec sa grande voix, son style et son sentiment si artistique, Mme Cornélis a chanté des fragments de Wagner, Pergolèse, Brahms, Massenet, Reinecke. L'orchestre a joué la *Jubel-Ouverture*, le prélude du *Déluge* de Saint-Saëns et la *Zamaçuera*. Bonne interprétation de la part des musiciens et de leur chef.

M. Voncken nous révèle chaque fois une perfection; plus maître de lui-même, il a dirigé ce long et lourd programme avec une=sureté, une autorité remarquables ; mais où a remporté surtout son plus grand triomphe, c'est après l'exécution du chœur de Radoux, la *Tempête*. Chanté par 125 chanteurs, ce chœur a été littéralement enlevé, aussi une fatblesse, avec une richesse de voix, une sonorité merveilleuses. L'Emulation et M. Voncken ont montré ce qu'ils pouvaient faire, et le succès qu'ils ont remporté lors du festival de Gand s'explique et se comprend.

AMSTERDAM

La dernière quinzaine a été beaucoup plus intéressante qu'à l'ordinaire, car nous avons eu la première représentation du *Roi d'Ys*, l'opéra de M. Lalo, et une excellente exécution de l'*Excelsior-Verein*, sous la direction de M. Henri Viotta.

La place me manque ici pour entrer dans une analyse détaillée du *Roi d'Ys*; mais, en me résumant, je dirai que c'est un ouvrage d'une valeur incontestable, où la partie symphonique surtout est traitée de main de maître. Ce n'est pas, à proprement parler, de la musique *française*, de cette belle école qui a produit Grétry, Boieldieu, Hérold, Adam, et qui a fini, hélas! par Auber, mais une partition remarquable, où peu tourmentée et trop fouillée, mais d'un beau coloris, et, chose fort rare, d'une certaine originalité de conception. Lalo me paraît avoir de grandes préférences pour l'école allemande moderne. L'intérêt principal de son œuvre se trouve, le plus souvent, dans l'orchestre, un peu trop cuivré pas ci par là; le côté mélodique est vocal est relégué au second plan. Chez l'innocr. tel Bizet, au contraire, l'orchestre aussi joue un grand rôle, mais jamais au détriment de l'élément mélodique. Bizet est bien le dernier compositeur qui, tout en entrant dans les voies nouvelles, soit resté *français* quand même.

Le *Roi d'Ys* a reçu un accueil très favorable, souvent même enthousiaste du public d'Amsterdam. L'ouverture a été acclamée; le second acte, que je considère comme la plus important de l'opéra, a fait grand plaisir, et l'on a même bissé le duo des femmes. Le premier acte aussi contient de fort belles choses, mais le dernier, à l'exception du duo avec chœur et orgu, me semble le plus faible, du moins à une première audition.

L'exécution a laissé beaucoup à désirer, surtout du côté des femmes. Mme Balleroy (Margared) n'a pas été à la hauteur de son rôle. Nous préférons Mlle Hollebeke (Rozenn), mais il est dommage que le medium de sa voix soit voilé et que la justesse laisse à désirer. Le ténor Barbe (Mylio) a été beaucoup moins heureux que dans le Don José de *Carmen*. Quant au baryton, M. Balleroy (Karnac), il a fait de son mieux; c'est surtout un bon comédien. Les chœurs et l'orchestre ont droit à nos éloges.

Le concert de l'*Excelsior-Verein*, donné samedi dernier, au Théâtre communal, avec le concours de Mme Wirth, d'Aix-la-Chapelle; de Mlle Sicca, de Francfort, et de MM. Blauwaert (l'enfant gâté des Néerlandais), et Rogmans, a offert un intérêt exceptionnel. Tout d'abord, un programme bien choisi : des fragments de l'*Oratorio de Noël* de J.-S. Bach, le *Schicksalslied* de Brahms, l'*Hiver* des *Saisons* de Haydn, des fragments du *Rienzi* de Wagner, la *Sérénade*, le chœur et la danse des sylphes de la *Damnation du Faust* de Berlioz, enfin un air de l'opéra *der Widerspänstigen Zähmung* de Goetz. Comme toujours, lorsque M. Viotta tient le bâton de commandement, l'exécution a été fort soignée, surtout de la part des chœurs et de l'orchestre. Il est fâcheux que l'intonation et la justesse des chœurs aient laissé à désirer, surtout dans les œuvres de Brahms et de Berlioz. Les fragments de Berlioz ont eu les honneurs de la soirée, et la *Sérénade*, chantée d'ailleurs à la perfection par Blauwaert, ainsi que le ballet des Sylphes ont été bissés. Blauwaert a été vraiment le héros de la fête, ensuite M. Rogmans, toujours adoré par ses concitoyens. Les femmes ont eu la part beaucoup moins belle. Mlle Sicca, une élève de Stockhausen, est une excellente musicienne qui dit fort bien des *lieder*, mais sa voix est peu sympathique, gutturale, et ce n'est pas une chanteuse d'oratorio. Quant à Mlle Wirth, elle n'a eu presque rien à chanter, et nous n'avons pu la juger à ce concert.

On dit que M. Van Dyck prêtera son concours au prochain concert du *Wagner-Verein*.

Pour terminer, je dois constater l'immense succès remporté par Sarasate au dernier concert de la nouvelle Société de Musique, où votre compatriote M. Isaye doit se faire entendre également dans un prochain concert. D^r Z.

Nouvelles diverses

Il paraît que l'Association artistique d'Angers, à laquelle on doit en grande partie le relèvement de l'art musical en France depuis une dizaine d'années, est-on ce moment très menacée. Le *Monde artiste* assure même qu'elle est sur le point de disparaître. Il est certain qu'un très grand découragement règne parmi les organisateurs des concerts classiques angevins. Le *Bulletin officiel* de l'Association, reproduisant l'intéressante correspondance que M. Camille Benoit nous a adressée à propos du dernier festival Franck, se plaint amèrement de l'indifférence du public. « A en croire l'article du *Guide musical*, dit M. de Bornier, les Angevins seraient des connaisseurs, des mélomanes, des appréciateurs convaincus de la vraie musique, ils seraient fiers de posséder, dans leur orchestre, de leur salle de concert... Rien n'est moins exact, et quoiqu'il soit pénible d'être forcé de détruire une illusion flatteuse pour mes compatriotes, je tiens à dire une bonne fois la vérité. Jamais l'abonnement n'a été plus faible... Jamais l'ensemble des recettes n'a été plus ridicule, et pourtant jamais les programmes n'ont été plus attrayants, jamais les plus grands artistes de notre époque ne nous ont apporté plus généreusement leur précieux concours... Le département subventionne l'Association de *cinq cents francs* ! Là ville nous accorde, après discussion, une allocation de *quatre mille francs*, après avoir voté sans difficulté une somme de *dix mille francs* pour l'*Harmonie Angevine*. Nous ne savons à l'heure présente si nous recevrons quelque chose de l'État !... Nous n'avons même jamais été, à proprement parler, *subventionnés* par l'État, mais bien simplement *secourus*. Nous fera-t-on l'*aumône* cette année ?... Mystère ! »

Bref, M. de Bornier paraît tout à fait découragé de l'indifférence du public et des pouvoirs publics contre laquelle lutte en vain la bonne volonté du petit groupe d'artistes et d'amateurs qui ont jusqu'ici apporté leur généreux appui à M. de Bornier dans l'œuvre entreprise par lui.

Nous n'hésitons pas à dire que ce serait une véritable honte pour la ville d'Angers et pour le département, voire pour le gouvernement, de laisser disparaître cette belle institution. Il est bon qu'on sache à Paris, si on l'ignore, qu'au dehors les concerts d'Angers ont exercé en faveur de l'école française une influence infiniment plus décisive que les concerts de Paris. Au point de vue musical et théâtral, l'opinion de Paris ne compte plus guère à l'étranger, parce qu'on ne peut avoir aucune confiance, sauf quelques honorables exceptions, dans les appréciations de la presse quotidienne, où la critique est-on cette généralement à des écrivains absolument incompétents, et semble, d'ailleurs, exclusivement vouée à la défense des intérêts d'un syndicat anonyme d'auteurs et de compositeurs tout à fait démonétisés.

On prêtait, au contraire, une grande attention au mouvement artistique dont les concerts angevins étaient le centre, parce qu'on y sentait vibrer l'esprit nouveau, la jeunesse et la vitalité, parce qu'on y voyait s'exercer et s'affirmer la jeune école, espoir de l'avenir. Il serait profondément regrettable que cette entreprise, dont les services rendus sont inappréciables, succombât sous l'indifférence des pouvoirs publics. Paris et le gouvernement se désintéressant d'Angers, c'est aussi intelligent que l'esprit provincial partant en guerre contre la subvention au Grand-Opéra de Paris.

A propos d'Angers, constatons le grand succès obtenu dans cette ville par M. Widor, comme organiste et compositeur. Dans une séance d'orgue, il a joué sa cinquième symphonie, œuvre magistrale, une fugue et un concerto de Bach. Au concert populaire du 16 décembre, le public a vivement applaudi plusieurs morceaux d'orchestre de M. Widor, entre autres, la *Nuit de Sabbat*, une *Sérénade*, des

extraits de *Maître Ambros* et un concerto, piano et orchestre, joué par M. Philipp.

Les représentations wagnériennes, à l'Opéra impérial de Vienne, ont été closes, cette semaine, par l'exécution, devant une salle archicomble, de *Götterdämmerung* (Crépuscule des dieux), la deuxième partie de l'*Anneau du Nibelung*, avec Mmes Materna (Brunnhilde), MM. Winckelmann (Siegfried) et Reichmann (Wotan). Au dire des journaux viennois (*Nouvelle Presse* et *Fremdenblatt*), l'exécution a été excellente et de beaucoup supérieure à toutes celles que l'on avait eues jusqu'ici à Vienne. La clôture de ces représentations wagnériennes a été saluée par le public avec un véritable enthousiasme. Après la chute du rideau, il a rappelé tous les interprètes, et une véritable ovation a été faite au chef d'orchestre, M. Hans Richter, à la direction duquel revient une large part du succès sans précédent de cette série de spectacles wagnériens. L'intendance de l'Opéra n'a pas eu à regretter son initiative : elle a fait, avec ce cycle, des recettes magnifiques.

Le ténor Van Dyck a fait, mardi, son second début à l'Opéra de Vienne, dans le *Roméo et Juliette* de Gounod, ayant pour partenaire Mlle Lola Beeth. Enorme succès !

Le prochain festival rhénan offrira un intérêt exceptionnel. L'illustre violoniste Joachim y jouera un concerto de sa composition, on donnera l'une des messes de Beethoven ou ses *Ruines d'Athènes*, le *Paradis et la Peri* de Schumann, la *Nuit de Walpurgis* de Mendelssohn. L'orchestre exécutera le scherzo de la *Reine Mab* de Berlioz, et trois symphonies : la première, (en *ut*) de Brahms, la symphonie en *ut* mineur de Beethoven et l'une des symphonies de Schubert.

Il paraît que les affaires de la compagnie italienne qui a chanté au théâtre Panaïew, à Saint-Pétersbourg, n'ont pas marché selon les vœux des entrepreneurs. L'imprésario Ughetti se retire. Il est remplacé par une association des artistes de la troupe, ayant M. Masini à leur tête. Il a fallu faire relâche pendant quelques jours. On vient de télégraphier à Milan pour l'engagement d'un soprano (On attendant son arrivée, on répète les *Pêcheurs de perles* de Bizet, — ô combien italienne partition ! — où M. Masini chantera le principal rôle.

Saint-Pétersbourg va connaître prochainement l'*Anneau du Nibelung* de Wagner. Une troupe allemande se propose d'aller donner dans la capitale russe une série de représentations des tous les opéras de Wagner, pendant le prochain carême. Ces représentations sont désormais assurées, les abonnements ayant atteint le chiffre nécessaire de 100,000 roubles.

On nous écrit de Roubaix que, dimanche dernier, a eu lieu dans cette ville un magnifique concert de bienfaisance, organisé par l'Association amicale des anciens élèves d'une des principales écoles de la ville. On y a beaucoup applaudi l'ouverture de *Marinille* de M. L. Montagne, un compositeur tourquennois, le *Marche nuptiale* de M. L. Canivez, des fragments du *Barbier*, du *Chalet* et des *Porcherons*, chantés par Mme M. Salembier et M. Desbonnets; enfin, on a particulièrement distingué un jeune ténor d'avenir, M. Edg. Waelès, et M. J. Marcelli, violoniste, élève du Conservatoire de Bruxelles.

M. Alfred Massau, professeur de violoncelle à l'Ecole de musique de Verviers, vient d'obtenir un joli succès à l'Exposition de Bologne. Il a remporté une médaille d'argent pour sa méthode élémentaire de violoncelle. Basée sur des données entièrement nouvelles, cette méthode est, paraît-il, conçue d'une façon tout originale et est appelée à une grande vogue.

ÉPHÉMÉRIDES MUSICALES

Le 28 décembre 1849, à Bruxelles, naissance de Camille Gurickx. — Un maître dans l'art de jouer du piano, et que l'on s'étonne de ne pas voir au Conservatoire de Bruxelles, où c'est sa vraie place. Notre ami Maurice Kufferath, dans les *Tablettes du musicien* (année 1886, p. 145), caractérise ainsi le talent de l'artiste : « Tempérament vigoureux, esprit poétique, Gurickx a le jeu nerveux et caressant tout à la fois. Le son est plein et chantant, le mécanisme irréprochable. »

— Le 29 décembre 1697, à Bruxelles (Théâtre de la Cour), *Thésée*, tragédie lyrique en 3 actes et un prologue, paroles de Quinault, musique de Lully. Un nouveau prologue de circonstance, substitué à celui de Quinault, fut mis en musique par Pierre-Antoine Fiocco, un maître renommé venu d'Italie et qui a fait souche en Belgique. La troupe d'opéra de Bruxelles, sous la direction de Bombarda, se rendit à Gand, pour y donner *Thésée*, la pièce en vogue, laquelle y eut douze représentations à partir du 1er juin 1698.

A Paris, *Thésée* fut un des plus longs succès de Lully — de 1675 à 1779, — même après qu'on ne jouait plus Rameau, alors que Gluck et Piccini, les deux jouteurs, allaient toute leur gloire.

— Le 30 décembre 1853, à Montluçon (Allier), naissance d'André Messager. Un jeune entre les jeunes, un des plus brillants élèves de

Saint-Saëns, de qui il tient la clarté et l'élégance de la facture et de l'instrumentation. Il eût pu faire un organiste de premier ordre, il s'est maintenu jusqu'à présent pianiste remarquable. Il faut l'entendre jouant le Wagner de la dernière manière, l'interprétant en virtuose adroit et en musicien consommé. (*Tablettes du musicien*, 1886.)

— Le 31 décembre 1859, à Prague, décès de Luigi Ricci. — Sa naissance à Naples, le 8 juin 1805. De ce compositeur fécond, trois de ses opéras, traduits en français, ont été joués à Bruxelles (th. de la Monnaie), savoir : 1. *Une aventure de Scaramouche* (14 juill. 1851); 2. *Crispin et la Comuère* (18 déc. 1866); 3. *Une folie à Rome* (11 fév. 1870).

Dans la *Biogr. univ. des musiciens* de Fétis, t. VII, p. 243, la date de naissance et, en grande partie, les dates assignées aux représentations des ouvrages de Ricci sont fausses ; elles ont été rétablies par F. de Villars dans ses *Notices sur Luigi et Fulorico Ricci* (Paris, Lévy, 1876, in-8°). et par. A. Pougin, au tome II de son supplément Fétis

— Le 1er janvier 1875, à Anvers, la *Meunière de Sanntluxn*, un acte de Joseph Michel. Interprétation très soignée de la part des quatre artistes Boyer, Herbert, Arsandaux et Mlle Douan. L'ouvrage fut écouté avec plaisir. (Bovy, *Annales du th. royal d'Anvers*.)

La pièce, originaire du théâtre royal de Liège (23 févr. 1872), était le début d'un jeune artiste qui, depuis, a fait ses preuves de talent dans d'autres productions ainsi que comme directeur de l'École de musique d'Ostende. Son opéra, *Ans avant-postes* joué à Bruxelles, théâtre de la Monnaie(20 avril 1876), fut particulièrement remarqué. Joseph Michel est mort à Ostende, le 6 sept. dernier. Il n'avait que 41 ans, étant né à Liège,le 14 déc. 1847.

— Le 2 janvier 1823, à Paris (Opéra-Comique), les *Infidèles*, 3 actes de M.-J. Mengal. Les paroles étaient de Ch. Paul de Kock. « Musique agréable et légère, c'est ce que le sujet demandait. Quelques journaux, en reconnaissant ses qualités, en ont conclu qu'elle n'était point *savante*. Le mot, s'il est *synonyme* d'ennuyeux, ne peut convenir à la musique de M. Mengal; s'il est pris dans son véritable sens, je dirai que ce musicien sait et sait très bien ; il a fait ses preuves plus d'une fois, et rien ne peut l'empêcher de continuer de composer de la musique *savante*, c'est-à-dire bien faite. » (*Journal des Débats*.)

Fétis (*Biogr. univ. des mus.*, t. III, p. 85), omet de dire que les *Infidèles* furent d'abord joués à Paris; il se borne à constater que la pièce obtint un « brillant succès » au théâtre de Gand (30 nov. 1823).

Martin Joseph Mengal était revenu dans son pays et avait pris la direction du théâtre de sa ville natale.

— Le 3 janvier 1786, à Waltersdorf près Zittau, naissance de Jean-Chrétien-Frédéric Schneider. — Sa mort à Dessau, le 23 novembre 1853.

Très humoristique le portrait de Frédéric Schneider esquissé par le critique Louis Rellstab de Berlin, il y a 50 ans. Nous en donnons ici la partie la plus saillante traduite de l'allemand:

« Voilà Dessau. Je n'entre nulle part plus joyeusement qu'ici, car je suis sûr de voir une honnête figure d'un rouge varióle — que Bacchus a fardée très évidemment — mettre la tête à la fenêtre et s'écrier à mon aspect : « Eh ! par le diable, Rellstab ! »

« Devinerait-on,à cette physionomie joviale et vineuse, un compositeur religieux, qui écrit pour toutes les grandes fêtes musicales un grand oratorio. Il en est pourtant ainsi. Frédéric Schneider, l'auteur du *Jugement dernier*, porte cette joviale physionomie. C'est le véritable musicien allemand. De savantes partitions, des fugues à vous retourner les entrailles, rien qu'à entendre les évolutions croisées de voix; mais à chaque pose, le verre levé et rempli jusqu'au bord. On dit ici : *Cantoros amant humores !* Je n'ai pas encore vu une seule fois mon honorable et savantissime Frédéric Schneider mélancolique. Sur sa face, il est toujours dimanche; il fait toujours soleil, pourvu que le reflet d'une bouteille de bon vin n'y manque pas; que ce reflet vienne du dedans ou du dehors, peu importe ! C'est avec une véritable joie de cœur que je saute de voiture et secoue la main du respectable feld-maréchal de musique de Dessau. Chantons ! buvons! c'est toujours le refrain. Nous allons de la bouteille au piano ou à l'orgue; qu'il touche avec une grande supériorité,et c'est ainsi que l'une et l'autre inspiration nous tiennent compagnie. Au diable les Philistins ! Laissons les oies penser ce qu'elles veulent ou peuvent ! Nous allons vider une bouteille de bourgogne, et nous irons ensuite au grand orgue de l'église. Bravo ! magnifique ! Mais que sont tous ces jeunes gens ? Des élèves, des disciples du maître : il tient, à Dessau, école de composition. A la porte, quiconque n'est pas ferme sur ses étriers dans le contre-point double. Mais à celui qui écrit une double fugue convenable avec sujet et contre-sujet, et le contre-point avec renversements, par mouvements contraires, contre-point rétrograde contre contre-point inverse contraire, on ne lui raccourcira ni la leçon ni le vin. Tels sont les principes et les idées de Dessau.

» Frédéric Schneider est le véritable type du musicien allemand du bon vieux temps. Si son goût n'est pas des plus raffinés, il ne tombe pas, en revanche, dans le précieux et le contourné, comme tant d'autres de notre temps. Si ses ouvrages ne sont point destinés à vivre éternellement, ils tiennent leur place parmi les plus recommandables de l'époque, et les oratorios du *Jugement dernier*, du *Déluge*, d'*Absalon*, etc., etc., forment un monument historique. »

Avis et Communications

Dimanche 30 décembre, à 2 h. 1/2 précises, au Palais de la Bourse, pour la clôture de l'année 1888, onzième matinée artistique, donnée par la musique du régiment des grenadiers, sous la direction de M. Bender, avec le concours de M. Arthur Wilford, pianiste-accompagnateur et de M. Jos. Mariën, violoniste.

Imprimerie Th. Lombaerts, Montagne des Aveugles, 7.

Lightning Source UK Ltd.
Milton Keynes UK
UKHW021117181218
334174UK00008B/418/P